EM HOMENAGEM
AO PROFESSOR DOUTOR
DIOGO FREITAS DO AMARAL

EM HOMENAGEM
AO PROFESSOR DOUTOR
DIOGO FREITAS DO AMARAL

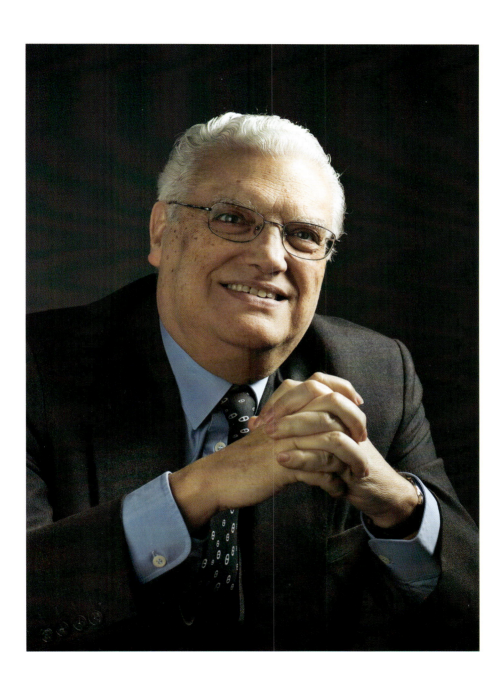

Fotografia tirada por Veríssimo Dias, em 2010

EM HOMENAGEM AO PROFESSOR DOUTOR DIOGO FREITAS DO AMARAL

Comissão Organizadora:
Augusto de Athayde
João Caupers
Maria da Glória F.P.D. Garcia

ALMEDINA

EM HOMENAGEM AO PROFESSOR DOUTOR DIOGO FREITAS DO AMARAL

COMISSÃO ORGANIZADORA
AUGUSTO DE ATHAYDE
JOÃO CAUPERS
MARIA DA GLÓRIA F.P.D. GARCIA

EDITOR
EDIÇÕES ALMEDINA, SA
Av. Fernão Magalhães, n.º 584, 5.º Andar
3000-174 Coimbra
Tel.: 239 851 904
Fax: 239 851 901
www.almedina.net
editora@almedina.net

DESIGN DE CAPA
FBA.

PRÉ-IMPRESSÃO | IMPRESSÃO | ACABAMENTO
G.C. GRÁFICA DE COIMBRA, LDA.
Palheira – Assafarge
3001-453 Coimbra
producao@graficadecoimbra.pt

Novembro, 2010

DEPÓSITO LEGAL
319327/10

Os dados e as opiniões inseridos na presente publicação
são da exclusiva responsabilidade do(s) seu(s) autor(es).

Toda a reprodução desta obra, por fotocópia ou outro qualquer
processo, sem prévia autorização escrita do Editor, é ilícita
e passível de procedimento judicial contra o infractor.

Biblioteca Nacional de Portugal – Catalogação na Publicação

EM HOMENAGEM AO PROFESSOR DOUTOR
DIOGO FREITAS DO AMARAL

Homenagem ao Professor Doutor Diogo Freitas
do Amaral / comis. org. Augusto de Athayde,
João Caupers, Maria da Glória F.P.D. Garcia.
(Estudos de homenagem)
ISBN 978-972-40-4300-5

I – ATHAYDE, Augusto de, 1941-
II – CAUPERS, João, 1951-
III – GARCIA, Maria da Glória Ferreira Pinto Dias, 1953-

CDU   34

NOTA DE ABERTURA

Quando, em 22 de Maio de 2007, Diogo Freitas do Amaral proferiu aquela a que chamou «*última lição*»[1], o grande auditório da Reitoria da Universidade Nova de Lisboa mostrou-se pequeno, tantos os alunos, discípulos, colegas, amigos e familiares que o quiseram «*acarinhar*», homenageando-o com o calor da sua presença.

Aos 65 anos, antes do limite de idade legal, razões de saúde levaram-no a requerer ao Reitor a aposentação da carreira universitária que 42 anos antes «*abraçara*» e que com brilho percorrera, deixando em todos os momentos a marca da sua inteligência acutilante, solidamente suportada por um pensamento estruturado de forma «*fina*» e por uma vasta cultura jurídica e política.

A sua «*última lição*», proferida, de acordo com a praxe académica, no ano lectivo em que se aposentou, contém, em voo de águia, o acompanhamento de quase meio século de direito público em Portugal, num trajecto que, em parte, se confunde com a sua investigação, o seu ensino, a sua experiência política e de legislação. Um trajecto, porém, que não terminou, enquanto nessa lição ficaram «*esboçados*» caminhos, numa apreciação aberta da mais recente investigação, ensino, legislação, que directa ou indirectamente acompanhou e que só o futuro poderá comprovar ou infirmar.

Não admira que a ideia de dar testemunho escrito do muito que todos somos devedores a Diogo Freitas do Amaral, seja no ensino universitário do Direito, seja no progresso da ciência jurídica, seja nos avanços legislativos, em especial na área jus-publicista, tivesse germinado de imediato na mente de muitos. Mas dar corpo a essa ideia exigia uma organização mínima de vontades, critérios de participação, metodologia de concretização.

---

[1] O texto integral da lição encontra-se publicado. Ver *Última Lição*, Almedina, 2007.

Quis o destino que, num encontro casual entre um amigo de juventude e colega de universidade, Augusto de Athayde, e dois amigos e colaboradores de longa data, João Caupers e Maria da Glória Garcia, se falasse sobre a justiça e a urgência de realizar um livro de homenagem a Diogo Freitas do Amaral, condiscípulo, professor, amigo. Assim surgiu a organização mínima de vontades, que, sem mais delongas, pôs em marcha o processo.

A primeira dificuldade – e não pequena – com que o grupo se confrontou residiu na escolha do modelo de homenagem escrita. Tudo porque o percurso de vida de Diogo Freitas do Amaral, rico e multifacetado, não se circunscrevendo a uma carreira académica bem sucedida, e desdobrando-se em múltiplas acções políticas, como cidadão, fundador e presidente de um partido político, governante, deputado, titular de órgãos de projecção europeia e mundial, bem como em diversas intervenções de homem de cultura, implicava, ainda que pontualmente, lhe pudessem prestar homenagem personalidades fora da vida universitária. A razão e a emoção ajudaram o grupo a decidir: os testemunhos deveriam acolher textos doutrinários e, bem assim, textos com experiências vividas na primeira pessoa, em específicos períodos da vida pública do homenageado.

A segunda dificuldade – não pequena também – que o grupo teve de resolver consistiu em determinar os critérios de participação no livro. Repousar na vontade de quem desejasse contribuir com um estudo ou um testemunho, logo se apresentou tarefa gigantesca, que a estrutura leve, em actividade, sentia que não conseguia gerir e levar a bom porto. Além disso, cedo se afigurou decisivo que os testemunhos se concentrassem num único livro, mais impressivo para quem se homenageia e capaz de transmitir a interessados uma ideia mais completa do homenageado.

Neste quadro, todo o esforço do grupo se focou, de um lado, no percurso académico de Diogo Freitas do Amaral, enquanto licenciado e docente que presta provas e enquanto membro de júris de mestrado, doutoramento, agregação, em diferentes universidades, e, de outro, no percurso político e de homem de cultura. Com base nestes critérios se receberam os textos de participação na obra.

Ao que vem de ser exposto, o grupo considerou importante dar corpo a outras duas ideias. A primeira respeita a um testemunho de vida, elaborado por Augusto de Athayde, que constitui o texto com que a obra se inicia. A segunda consiste em agregar os textos dos docentes que receberam orientação do homenageado durante a elaboração da respectiva dissertação de doutoramento. O capítulo I concretiza estas duas ideias, tendo a apresentação dos textos seguido a ordem cronológica das provas públicas de doutoramento.

Os capítulos II, III e IV seguem um critério material de arrumação de matérias e o capítulo V junta os testemunhos pessoais.

Três notas mais, a fechar. A primeira para registar uma curiosa coincidência: entre a reunião do grupo que fixou os critérios e a metodologia de trabalho e a reunião de ordenação e envio dos textos para a editora mediou precisamente um ano. As duas reuniões realizaram-se no mesmo dia 23 de Abril, uma em 2009 outra em 2010. A segunda nota para mostrar reconhecimento à Sra. Dra. Isabel Rolo Xavier, pela sua incansável disponibilidade e atenção aos múltiplos detalhes que o processo de recolha e envio de textos sempre exige, bem como para realçar e agradecer a presteza e o profissionalismo com que a Editora Almedina quis, desde a primeira hora, contribuir para a concretização do projecto. A terceira nota – *last but not least* – para dar público testemunho ao sentimento de profundo respeito e afecto, que não cabe em palavras mas está presente no diálogo, dos que participaram nesta obra e de muitos que nela gostariam de ter participado.

Lisboa, 6 de Julho de 2010

Augusto de Athayde
João Caupers
Maria da Glória F.P.D. Garcia

CAPÍTULO I
DIOGO FREITAS DO AMARAL, JURISTA

CURRÍCULO CIENTÍFICO E ACADÉMICO DE DIOGO FREITAS DO AMARAL

Augusto de Athayde

Julgou-se útil introduzir neste livro uma descrição, mesmo sintética, da brilhante carreira de Diogo Freitas do Amaral, inquestionavelmente um dos grandes juristas e académicos da sua geração.

Vamos, assim, depois de recordar os passos da sua carreira universitária, examinar sucessivamente a sua actividade académica e científica no campo do Direito Administrativo; os estudos que publicou; as características essenciais da sua obra quanto ao conteúdo (metodológicas e no plano científico); as suas intervenções na modernização do ensino do Direito em Portugal; a introdução em Portugal do ensino de disciplinas para além do campo do Direito Administrativo; e a participação na direcção de instituições universitárias.

Diogo Freitas do Amaral matriculou-se na Faculdade de Direito da Universidade de Lisboa em 1958 com 17 anos. Depressa se afirmou como o melhor aluno do seu curso. Licenciado em 1963, com 22 anos e com média final de 17 valores, fez no ano seguinte o Mestrado (então denominado Curso Complementar) na área de ciências jurídico-político-económicas, com a classificação de 18 valores, tendo apresentado uma tese, em Direito Administrativo, sobre "A utilização do domínio público pelos particulares" (publicada em 1965 em Portugal e no Brasil em 1982). Em 1967, com 26 anos, prestou provas de Doutoramento, nas quais foi aprovado com a classificação de 18 valores, tendo apresentado tese sobre "A Execução das Sentenças dos Tribunais Administrativos" (publicada em 1967), com uma 2ª edição, actualizada, em 1997.

Em 1983 apresentou-se a provas públicas de agregação, com uma dissertação sobre "Conceito e natureza do recurso hierárquico", 1981, tendo sido aprovado por unanimidade.

É, assim, um dos raros professores universitários portugueses que publicou em livro as três dissertações então exigidas na carreira académica – a de mestrado, a de doutoramento e a de agregação.

Em 1984 foi aprovado, também por unanimidade, no concurso para professor catedrático. O provimento na respectiva vaga, a título definitivo, exigia nos termos da lei uma nova apreciação curricular dois anos depois, a qual foi também concedida por unanimidade em 1986.

A área principal da actividade científica de Diogo Freitas do Amaral foi sempre, e é, a do Direito Administrativo, em cujo ensino, na Faculdade de Direito da Universidade de Lisboa, sucede a Marcello Caetano, no ano lectivo de 1968-69, mantendo a regência da cadeira até 1993-94, apenas com interrupções determinadas pelo exercício de actividades políticas, designadamente quando, entre 1980 e 1983, é membro do Governo e, em 95-96, exerce as funções de Presidente da Assembleia Geral da ONU.

Entre 1983 e 1995 regeu, também, Direito Administrativo na Universidade Católica Portuguesa, bem como História das Ideias Políticas.

Em 1997 desvincula-se da Faculdade de Direito da Universidade de Lisboa por ter pedido transferência para a recém-criada Faculdade de Direito da Universidade Nova de Lisboa.

Durante as décadas de trabalho na Faculdade de Direito de Lisboa exerce não só a regência da cadeira anual de "Direito Administrativo", no 2º ano, mas também a da mesma disciplina no mestrado e, por vezes, a de "Direito Administrativo II", semestral, no 5º ano.

Entre 1968 e 1974 publicou, anualmente, sumários, policopiados, do programa da cadeira do 2º ano (6 volumes); depois, lições policopiadas em 4 volumes correspondentes a um total de 1.993 páginas (899p + 217p + 533p + 344p).

Publicou também, em folhas policopiadas para uso dos alunos, uma colectânea de "Legislação Administrativa", 4 vols., 1972-73 (478 pp); outra de "Casos de Jurisprudência Administrativa", 1972 (67 pp.); e outra de "Textos doutrinais de Direito Administrativo", 1978 (1301 pp.).

Todos estes sumários, lições e colectâneas foram editados pela Associação Académica da Faculdade de Direito da Universidade de Lisboa, à excepção dos "Textos doutrinais", que o foram pela Universidade Católica Portuguesa.

Durante esses anos orientou mais de uma dezena de dissertações de mestrado e sete dissertações de doutoramento. As primeiras versaram,

Currículo Científico e Académico de Diogo Freitas do Amaral   13

designadamente: sobre "Indeferimento tácito", "Tribunal dos Conflitos", "Inquérito Público", "O modo no acto administrativo", "História da justiça administrativa em Portugal", "O recurso de anulação como acção", "Conceito de contrato administrativo", "A audiência dos interessados no procedimento administrativo", "Elaboração de políticas ambientais", etc.

As dissertações de doutoramento orientadas versaram sobre os seguintes temas: Administração periférica do Estado; História da justiça administrativa em Portugal; Conceito de acto administrativo; A fuga da administração para o Direito Privado; Recurso e acção no contencioso administrativo; Anulação de actos administrativos e relações jurídicas daí emergentes; Estado de Direito democrático e administração paritária (respectivamente da autoria de João Caupers, Maria da Glória Garcia, Vasco Pereira da Silva, Maria João Estorninho, Luís Fábrica, Mário Aroso de Almeida e Pedro Machete). E foi co-orientador da dissertação de Amparo Sereno sobre A Cooperação transfronteiriça europeia e o regime dos rios luso-espanhóis.

Ainda orientou algumas outras dissertações de doutoramento – sobre domínio público, acto tácito, responsabilidade civil da Administração, direito privado administrativo, etc. –, mas os candidatos, por motivos diversos, desistiram de as apresentar.

Foi co-fundador, com o Prof. Laureano López-Rodó, e tem sido co-presidente com o Prof. José Luís Meilán Gil, após a morte do primeiro, dos "Colóquios Luso-Espanhóis de Direito Administrativo", realizados alternadamente em Portugal e em Espanha, de dois em dois anos, e dos quais já tiveram lugar oito edições (Madrid, Lisboa/Universidade de Lisboa, Barcelona, Coimbra, Valladolid, Lisboa/Universidade Católica Portuguesa, Sevilha e Braga/Universidade do Minho). As actas respectivas estão quase todas publicadas. Não há (ao que se sabe) nenhuma iniciativa idêntica em qualquer outro ramo da Ciência do Direito portuguesa, quer no plano da cooperação com a Espanha quer no da cooperação com outros países.

No domínio do Direito Administrativo Comparado, Diogo Freitas do Amaral, aproveitando a regência, em 2007-2008, da disciplina semestral de "Direito Publico Comparado" no programa de doutoramento da Faculdade de Direito da Universidade Nova de Lisboa, ao contrário de anteriores regências dessa disciplina (que tiveram por conteúdo o Direito Constitucional Comparado), voltou a inovar e – julga-se que pela primeira vez em Portugal –, fez dela uma cadeira de "Direito Administrativo Comparado". O tema fulcral tratado na cadeira foi o da comparação dos

14 *Em Homenagem ao Professor Doutor Diogo Freitas do Amaral*

sistemas administrativos de tipo francês e de tipo britânico, com particular incidência na questão da existência ou não do chamado "privilégio da execução prévia".

Os resultados dessa importante reflexão vão ser publicados em obra colectiva – dirigida por Diogo Freitas do Amaral –, em que participam doutorandos e professores, que se espera venha a público ainda em 2010, ou princípios de 2011, estando prevista a sua posterior publicação em língua inglesa.

Ainda no campo do Direito Administrativo, cabe assinalar que vários Governos, por diversas vezes, lhe têm solicitado projectos legislativos. Entre os que foram convertidos em Lei ou Decreto-Lei refiram-se os seguintes: Lei dos terrenos do domínio público hídrico (com a colaboração de Augusto de Athayde e João Padrão), 1969; Lei Orgânica do Instituto de Acção Social Escolar (IASE), 1971; reforma da administração central do Ministério da Educação (em colaboração com Georges Langrod), 1972; reforma da administração central do Ministério das Finanças (em colaboração com Pierre Escoube), 1972-73; Lei de Defesa Nacional e das Forças Armadas, 1982; Resolução do Conselho de Ministros sobre um programa de Regionalização, 1982; proposta de lei do estado de sítio e do estado de emergência, 1982; proposta de estatuto dos objectores de consciência, 1982; Código do Procedimento Administrativo, 1991; Revisão final do Código de Processo nos Tribunais Administrativos, 2002; anteprojecto de proposta de lei contendo as bases gerais do regime jurídico das fundações (públicas e privadas), 2009.

Foi também presidente da Comissão de Estudo e Reforma do Sistema Prisional, a qual elaborou uma proposta de lei, publicada, com o respectivo relatório, em 2004.

Ao mesmo tempo que desenvolveu as actividades que acabam de ser referidas, Diogo Freitas do Amaral publicou regularmente um número considerável de estudos. A saber:

Em 1986 publicou o primeiro volume do seu "Curso de Direito Administrativo", com 2ª ed. em 1994 e 3ª ed. em 2007, esta última com a colaboração de Luís Fábrica, Carla Amado Gomes e Jorge Pereira da Silva;

O volume segundo do mesmo "Curso de Direito Administrativo" foi publicado em 2003, com a colaboração de Lino Torgal, e tem a 2ª ed. no prelo, prevista para 2010, com a colaboração de Pedro Machete e Lino Torgal.

Os dois volumes do curso correspondem, no total, a 1592 páginas. São ainda de assinalar outras obras publicadas em livro, designadamente:

- O caso do Tamariz, 1965;
- A utilização do domínio público pelos particulares, 1965; ed. brasileira, 1972;
- A execução das sentenças dos tribunais administrativos, 1967; 2ª ed., com a colaboração de Mário Aroso de Almeida, 1997;
- Conceito e natureza do recurso hierárquico, 1982;
- Comentário à Lei dos Terrenos do Domínio Hídrico, em co-autoria com José Pedro Fernandes, 1978;
- Código do Procedimento Administrativo anotado (com a colaboração de João Caupers, João Martins Claro, João Raposo, Maria da Glória Garcia, Pedro Siza Vieira e Vasco Pereira da Silva), 1ª ed., 1992; 6ª ed, 2007.
- Grandes linhas da Reforma do Contencioso Administrativo, em co-autoria com Mário Aroso de Almeida, 2002 (com mais 2 edições, subsequentes).
- Aspectos jurídicos da Empreitada de Obras Públicas, em co-autoria com Fausto de Quadros e José Carlos Vieira de Andrade, 2002.
- Estudos de Direito Público e matérias afins, 2 vols., 2004 (total de 1439 pp), contendo os seus principais artigos e trabalhos de investigação científica e de extensão universitária.

Manteve colaborações dispersas em diversas publicações como: a revista O Direito; a Enciclopédia Verbo; a Revue Francaise de Droit Administratif; a revista de Direito Público; a revista Direito e Justiça; a Revista da Ordem dos Advogados; e a Revista Thémis.

Cabe referir – pela sua importância – duas lições orais reduzidas a escrito. Uma proferida no âmbito das suas provas de agregação: Governos de gestão (1983, 2ª ed., 2002); e a "última lição", proferida em 2007, sobre "A evolução do Direito Administrativo português nos últimos 50 anos". Estão ambas publicadas.

Examinando as características mais importantes, quanto ao conteúdo, da vasta obra jurídica de Diogo Freitas do Amaral, no âmbito do Direito Administrativo, assinale-se antes de mais que ela traduz o permanente respeito por um método sempre rigorosamente usado e que assenta em alguns princípios básicos: "começar pelo mais simples e acabar no mais complexo" (na frase de J. Rivero); distinção rigorosa, a propósito do estudo de cada instituto jurídico-administrativo, entre o "conceito" (e espécies), o "regime" e a "natureza". Sempre com o duplo cuidado de nunca inserir na definição do "conceito" nada que o autor pense sobre a "natureza", na perspectiva de que o conceito apenas identifica enquanto a natureza qualifica; nunca tratar dos problemas da "natureza" antes de estudar todos os dados do "regime", já que a natureza resulta do regime, não sendo o regime que decorre da natureza (como se sustentaria numa linha conceptualista). São princípios simples mas cujo valor é decisivo para qualquer reflexão e análise, sendo de notar, repita-se, a consistência com que Diogo Freitas do Amaral a eles se mantém fiel.

Através de toda a sua obra manifesta-se a preocupação com a descoberta ou o exame de problemas teóricos aí onde eles não se encontravam suscitados ou estudados de forma aprofundada. É o caso do tratamento que dá, entre outros, aos temas seguintes: distinção entre poderes de direcção, superintendência e tutela – que, note-se, foi acolhida na Constituição da Republica Portuguesa de 1976; clarificação do conceito de acto definitivo, através da "doutrina da tripla definitividade" (primeiro expressa num curso livre na Primavera de 1983 e logo adoptada em diversos acórdãos do Supremo Tribunal Administrativo); natureza jurídica das pessoas colectivas privadas declaradas de utilidade pública ou de interesse colectivo; natureza jurídica do recurso hierárquico e do recurso tutelar; natureza jurídica do procedimento administrativo; natureza jurídica do recurso contencioso de anulação, enquanto existiu (até 2004); etc.

Outra constante da sua obra é a utilização, no desenvolvimento da Ciência do Direito Administrativo, do recurso sistemático à comparação com outros ramos da ciência jurídica: teoria geral do direito civil, direito das obrigações, direitos reais, processo civil, processo penal, etc.

Assinale-se, por outro lado, o cuidado que sempre manifesta em recorrer à história do Direito Administrativo e da Administração Pública no tratamento de novos institutos jurídico-administrativos, bem como a frequente atenção dada ao Direito Administrativo comparado.

Traço comum a toda a sua obra é o da clareza da exposição oral e escrita, cabendo aqui recordar as palavras do Prof. Doutor Afonso Queiró nas provas de agregação, arguindo a lição oral: "já todos sabíamos, e o candidato confirmou-o hoje aqui, que o doutor Freitas do Amaral é um "mestre em clareza".

Na sua "última lição", proferida no ano da aposentação, 2007, Diogo Freitas do Amaral apresentou uma notável visão de conjunto das

Currículo Científico e Académico de Diogo Freitas do Amaral

profundas transformações ocorridas, em meio século, no Direito Administrativo e na Ciência do Direito Administrativo portugueses, o que revela bem o quanto nelas esteve profundamente envolvido.

Em suma: a obra de Diogo Freitas do Amaral, como administrativista, não correspondeu apenas a uma "adaptação do marcelismo à democracia" (como dizem uns), nem sequer apenas a uma "evolução na continuidade" (como dizem outros). Corresponde, sim, a um esforço autónomo de fazer progredir, pela investigação efectuada, uma disciplina jus-científica que, – depois de ter sido construída por Marcello Caetano e vivido sob a sua influência durante 45 anos –, não precisava, essencialmente, de "continuidade", mas – muito para além disso – de um esforço de grande reformismo em extensão e profundidade. O que se ficou, inquestionavelmente, a dever a Diogo Freitas do Amaral. À sua obra, mais do que a qualquer outro factor, ficou o Direito Português a dever a completa adaptação da doutrina do Direito Administrativo própria de um "regime autoritário" à Constituição de 1976 e aos princípios gerais de um "regime democrático". E isto sempre em termos actualizados e modernizadores.

Segue-se uma lista, não exaustiva, das matérias em que inovou substancialmente no contexto da Ciência do Direito Administrativo portuguesa:

- A utilização do domínio público pelos particulares, 1965;
- A execução das sentenças dos tribunais administrativos, 1967;
- Conceito e natureza do recurso hierárquico, 1981;
- Curso de Direito Administrativo, I, 1986-1994-2006 (todas as citações são da 3ª ed., salvo indicação em contrário);
  - Evolução da Administração Pública segundo os tipos históricos de Estado (pp. 43-98);
  - Aprofundamento do contraste entre os sistemas administrativos de tipo francês e de tipo britânico (pp. 99-130);
  - Nova definição do conceito de Direito Administrativo (pp. 138-141);
  - Primeira abordagem, entre nós, do problema da natureza e função do Direito Administrativo (pp. 152-157);
  - Conceito de "reforma administrativa" (2ª ed., p.197 e seg.);
  - Renovação e ampliação da matéria referente ao "Governo", como órgão administrativo (pp. 243-280);
  - Actualização completa da análise do regime jurídico das empresas públicas (pp.383-417);
  - Natureza jurídica das associações públicas (pp. 472-478);
  - Transcrição e consideração da "Carta Europeia da Autonomia Local", de 1985 (pp. 489-497);

- O município do Direito Comparado (pp. 532-538);
- O sistema dos órgãos municipais em Direito Comparado (pp. 565-576);
- As regiões administrativas continentais e a problemática da "regionalização" (pp. 646-674);
- Aspectos jurídico-administrativos das Regiões Autónomas dos Açores e da Madeira (pp. 675-713);
- Natureza jurídica das sociedades de interesse colectivo (pp. 730-733);
- Nova classificação das pessoas colectivas de utilidade pública e sua natureza jurídica (pp. 737-739 e 744-748, respectivamente);
- Nova definição do conceito de órgão de uma pessoa colectiva (pp. 759-763);
- Interpretação do novo regime jurídico do dever de obediência hierárquica (pp. 823-831);
- Natureza jurídica da delegação de poderes (pp. 856-871);
- Natureza jurídica da tutela administrativa e da superintendência (pp. 890-894 e 902-906, respectivamente).

– *Curso de Direito Administrativo*, II, 2001:
- Nova concepção jurídica do dever de boa administração (pp. 38-40);
- Aprofundamento da distinção entre direito subjectivo e interesse legítimo ou interesse legalmente protegido (pp. 64-73);
- Nova formulação do conceito de poder discricionário e suas figuras afins (pp. 73-116);
- Estudo do princípio da justiça no quadro do Direito Administrativo (pp. 116-139);
- Nova definição do conceito de acto administrativo (pp. 203 e sgts.);
- Natureza jurídica do acto administrativo (pp. 236-242);
- Dissecação analítica do conceito de acto definitivo e não definitivo. O "princípio da tripla definitividade" (*Lições* policopiadas, III, 1984);
- Natureza jurídica do procedimento administrativo (pp. 298-300);
- Direito de audiência prévia dos interessados (pp. 316-326);
- Natureza jurídica do acto tácito (pp. 333-336);
- Distinção entre estado de necessidade e urgência administrativa (pp. 336-341);
- Cumulação de vícios e cumulação de formas de invalidade (pp. 396-397 e 419, respectivamente);

Currículo Científico e Académico de Diogo Freitas do Amaral 19

- Aprofundamento do regime jurídico da revogação (pp.434-462);
- O dever jurídico de revogar actos ilegais (pp. 463-465);
- Natureza jurídica da revogação; o efeito repristinatório (pp. 466-469);
- Novo regime jurídico da execução coerciva dos actos administrativos (pp. 477-494);
- Contributo para o alargamento e redefinição do conceito de contrato administrativo (pp. 495-522);
- Novas espécies de contratos administrativos (pp. 523-563);
- Primeira análise da incidência do Direito Comunitário europeu no procedimento de formação de certos contratos administrativos (pp. 565-574).

Note-se que, em 2ª edição já no prelo, o vol. II passará a incluir, entre outros assuntos, o estudo da relação juriídico-administrativa, das operações materiais e, bem assim, do Código dos Contratos Públicos e da lei da responsabilidade civil extra-contratual da Administração Pública.

A intensa actividade jurídico-científica de Diogo Freitas do Amaral não se limitou ao campo do Direito Administrativo, sua principal especialização. Ele foi, para além disso, o introdutor em Portugal do ensino, na licenciatura em Direito, de diversas disciplinas. Designadamente: Direito do Urbanismo, Direito do Ambiente, Direito Financeiro (público), Ciência da Administração Pública, e História das Ideias Políticas. Na altura em que as introduziu, foram disciplinas facultativas; hoje, pelo menos as três primeiras são disciplinas obrigatórias em grande parte das Faculdades de Direito portuguesas.

Em 1983, deu início ao ensino da História das Ideias Políticas na Universidade Católica Portuguesa, tendo o exemplo sido, depois, seguido em outras escolas. Toda a matéria, – terminando a exposição na época que se seguiu ao fim da 2ª Guerra Mundial –, foi publicada em três volumes de lições policopiadas. E a primeira parte – da Grécia antiga até Hobbes – está editada em livro (Almedina, Coimbra, 1997) que, generalizadamente muito apreciado, vai já na 9ª reimpressão.

Regeu, na Faculdade de Direito da Universidade Nova de Lisboa, em seis anos lectivos consecutivos, a cadeira de *Introdução ao Direito*, (a disciplina era então anual e é hoje bi-semestral), tendo publicado a primeira metade do respectivo texto num "Manual" (vol. I, 616 pp) em 2004. A obra foi escrita durante um ano de licença sabática (2003-2004),

Em Homenagem ao Professor Doutor Diogo Freitas do Amaral

com a colaboração do doutorando Ravi Afonso Pereira. De assinalar que o livro foi considerado como profundamente inovador (por ex. em matéria de fontes do Direito), e aborda, com bastante desenvolvimento, temas que ou não eram habitualmente tratados ou ficavam apenas aflorados (por ex., "direitos infra-estaduais e supra-estaduais", "direito, religião e moral", "direito, justiça e equidade", "normas técnicas e profissionais", "análise económica do direito", "sociologia jurídica", visão moderna do "Direito Natural" e sua distinção da "*xaría*" muçulmana, etc.). Em diversos pontos a obra revela a circunstância, rara em Portugal, de se tratar de um especialista do Direito Público a escrever sobre Introdução ao Direito, matéria, como se sabe, tradicionalmente tratada, entre nós, sobretudo por civilistas.

Diogo Freitas do Amaral deu, ainda na Faculdade de Direito da Universidade de Lisboa, início à docência de *Direito do Urbanismo*, tendo regido a cadeira e publicado sumários. Na mesma Faculdade, começou a reger *Direito do Ambiente*, existindo na respectiva biblioteca um "livro de sumários" da cadeira no qual se encontra detalhada informação referente às matérias tratadas.

São igualmente de referir os trabalhos desenvolvidos no campo do *Direito Financeiro (público)*. Por sugestão sua e de dois colegas economistas, na Faculdade de Direito da Universidade Nova de Lisboa a tradicional cadeira anual de "Finanças" foi dividida em duas disciplinas semestrais, diferentes mas complementares: *Economia Pública*, a cargo de um catedrático da Faculdade de Economia, e *Direito Financeiro*, a cargo de um professor de Direito Público. Diogo Freitas do Amaral regeu esta segunda disciplina apenas em 2002-2003, em substituição de um colega impedido, mas publicou os respectivos sumários. De notar que ao tratamento das matérias tradicionalmente compreendidas no Direito Financeiro foi acrescentado um importante capítulo sobre as múltiplas funções actuais do Tribunal de Contas.

Paralelamente ao desenvolvimento da sua carreira como docente e autor, Diogo Freitas do Amaral desempenhou funções de relevo na direcção, administração e governo de diversas instituições universitárias.

Em 1973/74 foi vogal da Comissão Instaladora da Universidade do Minho. Na mesma Universidade viria, mais tarde, a ser vogal dos respectivos Senado (1992/95) e Conselho Científico da Escola de Direito.

Durante cinco anos lectivos (entre 1988 e 1994) foi Presidente eleito do Conselho Científico da Faculdade de Direito da Universidade de

Lisboa. Em dois deles (1984 e 1985) foi representante eleito do mesmo órgão na Comissão Científica do Senado da Universidade de Lisboa. Em 1997/1998 foi Presidente da Comissão de Equivalência de graus académicos obtidos no estrangeiro (Ministério da Educação). No exercício destas últimas funções, foi autor de uma proposta e, sobre a mesma, conseguiu fazer aprovar uma deliberação que concede equivalência automática, em Portugal – mediante simples registo –, aos doutoramentos realizados em qualquer universidade de um país membro da "União Europeia". (Seguir-se-iam os outros países europeus, os E.U.A. e o Brasil; mas entretanto Diogo Freitas do Amaral teve de pedir a sua substituição na presidência dessa comissão). A citada deliberação, logo publicada no *Diário da República*, teve grande impacto no aumento do número de doutoramentos feitos por portugueses no estrangeiro e reconhecidos em Portugal.

Foi nomeado, em 1996, Presidente da Comissão Instaladora da então criada Faculdade de Direito da Universidade Nova de Lisboa, cargo que exerceu durante cerca de três anos, nos termos legais (1996-99)[1]. E, na mesma Universidade, foi eleito, por três anos (1999-2002), Director e, em acumulação, Presidente do Conselho Científico da respectiva Faculdade de Direito. Julgando desnecessário continuar a acumular as duas funções, propôs o nome de um colega para Director da Faculdade de Direito da Universidade Nova de Lisboa e aceitou a reeleição para Presidente do Conselho Científico, no ano lectivo de 2002-2003. Esteve, assim, oito anos seguidos à frente da nova escola de que foi co-fundador.

No plano da modernização do ensino do Direito em Portugal, foram assaz importantes, além de outras, as inúmeras inovações introduzidas na Faculdade de Direito da Universidade Nova de Lisboa.

É impossível enumerá-las todas, tantas foram. E se é certo que muitas delas provieram de propostas e sugestões de vogais da Comissão Instaladora, deve notar-se que um grande número das mais importantes ficou a dever-se ao próprio presidente da comissão, Diogo Freitas do Amaral.

---

[1] A comissão Instaladora, presidida por Diogo Freitas do Amaral, era constituída pelos Professores Carlos Ferreira de Almeida, José Carlos Vieira de Andrade, Maria Fernanda Palma, António Barreto, Diogo Lucena e Manuel Pinto Barbosa. Teve como Secretária a Drª Maria Ângela Pires e como Assessor Jurídico o Dr. José Robin de Andrade.

As principais, de entre estas, são as que adiante se enunciam. No que respeita ao currículo da licenciatura em Direito, refiram-se:

- Obrigação de, para concluir o curso, se ter de frequentar e ser aprovado em: Inglês para juristas; Contabilidade para juristas; Informática na óptica do utilizador.
- Criação de duas disciplinas, no 5º ano, de "Prática jurídica interdisciplinar" (1 e 2), com o objectivo de pôr os alunos, no ano em que se vão formar, em contacto articulado com diversos ramos do Direito, numa perspectiva predominantemente prática: trabalhos com *casos práticos* que envolvem a aplicação conjugada de vários ramos do Direito, antes estudados como se fossem estanques. (As aulas práticas em que se procedeu ao tratamento destes casos foram entregues à co-regência de professores/advogados, e de advogados com grande prática de "business law").
- Ampliação do leque de disciplinas não jurídicas consideradas necessárias à formação integral dos juristas: História das Ideias Políticas, Filosofia do Direito, Sociologia, Direito Comparado, Macro e Microeconomia, Economia Pública, etc.
- Inclusão, no plano curricular da Licenciatura, do estudo de alguns dos mais importantes ramos do Direito emergentes, tais como: Direito do Ambiente, Direito do Urbanismo, Direito Público da Economia, Direito da Saúde e Bioética, Direito da Segurança Social, Direito da Igualdade e da Condição Feminina, Direito Comercial Internacional, etc.

Ainda no que respeita às inovações introduzidas no ensino do Direito na Universidade Nova de Lisboa, assumem o maior relevo as que respeitam aos métodos de ensino e avaliação. Elas correspondem designadamente à adopção das seguintes regras e medidas:

- Necessidade de todas as aulas serem dadas em diálogo activo com os alunos, incluindo as teóricas, e ministradas por professores doutorados (ou convidados), incluindo as práticas. Conversão dos assistentes em alunos de doutoramento, com dispensa de serviço docente;
- Estabelecimento de contacto assíduo entre professores e alunos;
- Realização de testes de avaliação contínua, quinzenais ou mensais;
- Redução dos exames finais à prova escrita (só em algumas disciplinas básicas os alunos, com classificação de 14 ou superior,

Currículo Científico e Académico de Diogo Freitas do Amaral   23

ficaram com o direito de requererem prova oral, e apenas para melhoria de nota).
* Abolição de segundas e terceiras chamadas e redução das épocas de exame a duas (Janeiro e Junho).
* Definição/divisão do ano lectivo em dois períodos. O primeiro de 15 de Setembro a 23 de Dezembro, com exames em Janeiro; e o segundo de Fevereiro a Maio, com exames em Junho. Férias grandes de 1 de Julho a 15 de Setembro. Abolição da "época de Outubro";
* Estabelecimento da regra de o calendário de exames ser aprovado no Conselho Pedagógico, onde os estudantes têm presença paritária com os docentes.

Embora não diga respeito directamente à organização do ensino *jurídico*, é de notar o facto de, após prolongadas conversações de Diogo Freitas do Amaral com a primeira direcção da Associação de Estudantes, ter sido aceite por esta a proposta dele no sentido do *banimento completo das chamadas "praxes académicas" sobre os "caloiros"*, por as considerar contrárias, no seu espírito e nas suas modalidades mais radicais, à dignidade da pessoa humana. Em sua substituição, a direcção da Faculdade apoiou a organização pela Associação de Estudantes de uma "semana de recepção amigável aos novos alunos do 1º ano", incluindo palestras de professores sobre o conteúdo e a utilidade do curso, e encontros com estudantes dos anos mais avançados, a fim de que estes possam prestar informações, dar conselhos e fazer sugestões aos mais novos sobre as dificuldades do curso, as idiossincrasias dos professores, etc.

O vasto e multifacetado trabalho de inovação e modernização, levado a efeito por Diogo Freitas do Amaral na Faculdade de Direito da Universidade Nova de Lisboa, foi alvo de algumas críticas em certos meios académicos e de muitos elogios noutras universidades e, em geral, nos meios profissionais. Mas o facto é que quase todas as outras escolas de Direito portuguesas, cada uma à sua maneira e com maior ou menor êxito, reagiram à verdadeira "pedrada no charco" que estas mudanças tão inovadoras e tão avançadas representaram – num país que ainda, basicamente, pautava o ensino do Direito pela reforma de 1945, típica do "Estado Novo" e em vigor havia mais de meio século...

Justifica-se, assim, este livro de homenagem, no ano em que Diogo Freitas do Amaral completa os seus 70 anos de idade.

COM UM PASSO À FRENTE: ESTADO DE DIREITO, DIREITOS DO ORDENAMENTO DO TERRITÓRIO, DO URBANISMO E DA HABITAÇÃO E DIREITO DO AMBIENTE

Maria da Glória F.P.D. Garcia

A realidade
Sempre é mais ou menos
Do que nós queremos.
Só nós somos sempre
Iguais a nós próprios.

Fernando Pessoa

I

1. Com um passo à frente: a defesa do Estado de Direito Material

1.1. Na década de quarenta do século XX, dissertando sobre a 1ª edição do seu *Manual de Direito Administrativo* (1936/37), Marcello Caetano considerava:

> «*Com ou sem a sua ajuda o facto é que desde a sua publicação se operaram consideráveis progressos em todos os domínios da activi-dade jurídica da Administração pública portuguesa e parece ter-se iniciado – finalmente! – a era da independência do direito adminis-trativo*» (sublinhado nosso)[1].

---

[1] Prefácio do *Tratado Elementar de Direito Administrativo*, Coimbra, 1943, p.5.

Em Homenagem ao Professor Doutor Diogo Freitas do Amaral

E o mesmo autor continuava, numa exclamação:

«*Já chega de fazer de 'gata borralheira' junto ao brilho do direito civil... O facto de ser mais novo não quer dizer que seja menos valioso*»[2].

Para MARCELLO CAETANO, o Direito Administrativo tinha adquirido a maturidade em Portugal, no início da referida década, e podia interagir, de igual para igual, com os outros ramos de direito, concretamente o secular direito civil.

1.2. Contribuíram decisivamente para esta situação três realidades conjugadas.

Em primeiro lugar, a compreensão dogmática e a acção sistematizadora das normas de Direito Administrativo, empreendida numa primeira fase pela escola de Coimbra[3], e, em particular, numa segunda fase, pela escola de Lisboa, precisamente com o ensino de MARCELLO CAETANO. As normas administrativas, nascidas no século XIX, um século de permanentes convulsões político-constitucionais, discussões partidárias e alternâncias governativas[4], a que não presidiu um esforço doutrinário de vulto[5], caracterizam-se pela natureza fragmentária e ausência de espírito de unidade, e só com o ensino do referido mestre ganham alma e adquirem coerência interna.

Em segundo lugar, a participação efectiva de MARCELLO CAETANO na elaboração de diplomas legislativos de indiscutível importância no âmbito do Direito Administrativo, a partir da década de trinta[6]. Assim aconteceu, entre outros, com o Decreto-Lei n.º 23.185, de 30 de Outubro de 1933,

---

[2] Prefácio do *Tratado Elementar de Direito Administrativo*, Coimbra, 1943, p.7. Actualizámos a grafia.

[3] Pertencem à escola de Coimbra JOÃO MARIA TELLO DE MAGALHÃES COLAÇO e DOMINGOS FÉZAS VITAL, no início do século XX. Sobre o contributo destes Autores para a modelação do Direito Administrativo em Portugal, o nosso *Da justiça administrativa em Portugal. Sua origem e evolução*, UCP, 1994, pp. 338, 406, 431, 445, 483, 486 e ss, 576.

[4] Sobre este conturbado período, o nosso *Da justiça administrativa em Portugal. Sua origem e evolução*, UCP editora, Lisboa, 1994, pp. 339 e ss..

[5] BASÍLIO ALBERTO DE SOUSA PINTO e JUSTINO DE FREITAS, ainda no século XIX, foram professores de Direito Administrativo na Universidade de Coimbra. Sobre o contributo destes Autores para a modelação do Direito Administrativo em Portugal, o nosso *Da justiça administrativa em Portugal. Sua origem e evolução*, UCP, 1994, pp. 338, 475 e ss..

[6] É o caso do Decreto-Lei n.º 23.185, de 30 de Outubro de 1933, que deu ao Supremo Tribunal Administrativo a configuração moderna de órgão jurisdicional no seio

Com um passo à frente: Estado de Direito, Direitos do Ordenamento ... 27

que deu ao Supremo Tribunal Administrativo a configuração moderna de órgão jurisdicional no seio da Administração Pública, dotado de competência própria em matéria contenciosa, bem como com o Código Administrativo de 1936, reformulado em 1940.

Em terceiro lugar, a organização da jurisdição administrativa resultante da reforma introduzida pelo já referido Decreto-Lei n.º 23.185, de 30 de Outubro de 1933, que extinguiu o Supremo Conselho de Administração Pública e criou *«em moldes novos e originais»*[7] um Supremo Tribunal Administrativo, dotado de competência própria e a funcionar junto da Presidência do Conselho de Ministros. Mantendo embora as três auditorias administrativas e o Tribunal de Conflitos do tipo arbitral francês, criados três anos antes[8], a reforma pôs termo a uma longa fase de incerteza iniciada longe no tempo, na primeira metade do século XIX[9], e, aliada ao Código Administrativo de 1936, que definiu o contencioso administrativo da administração local (artigos 796º e seguintes), ficou aberto espaço ao desenvolvimento autónomo do Direito Administrativo.

Não admira que MARCELLO CAETANO vaticinasse, à época: *«se não houver, pelos anos mais próximos, inquietações reformadoras»*, é de esperar que o Supremo Tribunal Administrativo *«venha a desempenhar um papel de relevo no progresso do direito público português»*[10]. Mas podia ter acrescentado que iria exercer o seu magistério na sistematização global das matérias jurídico-administrativas, e empenhar toda a sua capacidade didáctica[11] e constantes comentários a acórdãos jurisprudenciais[12] para influenciar a acção dos órgãos e agentes administrativos, bem como das instâncias jurisdicionais, tendo por objectivo contribuir para o *«progresso do direito público português».*

---

da Administração, dotado de competência própria em matéria contenciosa, bem como o Código Administrativo de 1936, reformulado em 1940.

[7] MARCELLO CAETANO, *Manual de Direito Administrativo,* Lisboa, 1937, p.591.

[8] Decreto-Lei n.º 18.017, de 28 de Fevereiro de 1930, logo seguido pelo Decreto-Lei n.º 19.243, de 16 de Janeiro, que aprovou os regulamentos desses tribunais.

[9] Sobre este período, o nosso *Da justiça administrativa em Portugal. Sua origem e evolução*, UCP, 1994, pp. 448 e ss..

[10] MARCELLO CAETANO, *Manual de Direito Administrativo,* Lisboa, 1937, p. 594.

[11] Ver, em particular, as diferentes edições do *Manual de Direito Administrativo*, sendo a 1ª de 1937 e a última de 1972, bem como o *Tratado Elementar de Direito Administrativo*, Coimbra, 1943.

[12] Ver, em particular, as inúmeras anotações a acórdãos do Supremo Tribunal Administrativo na Revista *O Direito*.

Em Homenagem ao Professor Doutor Diogo Freitas do Amaral

1.3. Na ausência de um Tribunal Constitucional[13], os tribunais administrativos passaram a ser, no contexto do regime político fundado na Constituição de 1933, os órgãos de controlo por excelência do poder estadual, ainda que do poder estadual circunscrito à acção administrativa, já que podiam anular e declarar a nulidade dos actos administrativos. Organizados no interior da Administração Pública, os tribunais administrativos tinham competência para fiscalizar as decisões administrativas, garantindo externamente a obediência estrita ao Estado ao Direito e, em concreto, às leis administrativas que o Estado aprovava, seja através da Assembleia Nacional seja do Governo.

Não admira que a imagem de um Estado limitado pela lei – Estado de Direito Formal – pudesse ser transmitida por intermédio da existência de tribunais administrativos e, em especial, pela acção por estes desenvolvida. A garantia de conformidade legal da actividade do Estado, no exercício do seu poder administrativo, era dada através dos tribunais administrativos.

1.4. A concepção do Estado de Direito estreitamente ligada à existência e acção dos tribunais administrativos encontra a sua fonte na Alemanha do século XIX.

Embora a sugestiva expressão *Rechtsstaat* (Estado de Direito)[14], criada por ROBERT VON MOHL, tenha nascido com um sentido diferente, de cariz filosófico, concretamente tenha nascido para cobrir um conjunto de teorias que procuravam conferir uma justificação humana ao Estado – Estado que parte do homem e se desenvolve em função do homem –, cedo a expressão abandonou o plano filosófico para adquirir consistência na realidade dos factos. Estado de Direito assumiu o sentido de um concreto modelo de Estado, aquele que actua segundo normas[15] e tem

---

[13] Embora o artigo 123.º da Constituição de 1933 atribuísse aos tribunais, em geral, a fiscalização da constitucionalidade das leis, a verdade é que o regime político evoluiu normalmente sem ser incomodado pela desaplicação, em concreto, das suas leis, na sequência do juízo de constitucionalidade feito pelos tribunais. Sobre o assunto, o nosso *Da justiça administrativa em Portugal. Sua origem e evolução*, UCP, 1994, pp. 616-619.

[14] BISMARK, citado por LEGAZ Y LACAMBRA in «El Estado de Derecho», *Boletim da Faculdade de Direito de Coimbra*, vol. 27, p. 66, considera que a expressão Estado de Direito é uma *«expressão artística» (ein Kunstausdruck)*.

[15] OTTO MAYER dirá mais tarde que o Estado de Direito é aquele que age de acordo com o Direito Administrativo. Sobre a concepção de Estado de Direito de OTTO MAYER, PEDRO MACHETE, *Estado de Direito Democrático e Administração Paritária*, Almedina, 2007, pp.187 e ss..

Com um passo à frente: Estado de Direito, Direitos do Ordenamento ...   29

tribunais administrativos com competência para avaliar a conformidade da acção administrativas com tais normas, isto é, para controlar a legalidade da sua acção. Sob outro ângulo de análise, o Estado de Direito abandonou o campo dos valores e o substrato material que presidiu ao nascimento da expressão e assumiu uma dimensão formal[16]. Para tal contribuiu o pensamento de dois autores alemães, OTTO VON SARVWEY e JULIUS VON STAHL. No entender destes Autores, o Estado que tem tribunais administrativos ou órgãos jurisdicionais vocacionados para o controlo de legalidade dos actos do poder administrativo estadual, é um Estado de Direito[17]. De tudo resultou um deslizar do sentido material do Estado de Direito para um sentido pragmático e eminentemente formal – Estado de Direito Formal.

1.5. Esta última concepção ajustava-se ao regime político centralizado, hierarquizado, de concentração de poderes, moldado num monolitismo valorativo, instaurado em 28 de Maio de 1926, em Portugal, a que a Constituição de 1933 deu cobertura institucional, contribuindo para o seu enraizamento.

Além disso, a referida concepção permitiu criar em redor do Estado e, em especial, da sua Administração, uma imagem de respeitabilidade, em razão do controlo a que esta se sujeitava. Tudo sem que um tal controlo acarretasse ineficiências na acção controlada, já que, pertencendo a entidade controlada e a entidade controladora ao mesmo poder (administrativo) partilhavam problemas e finalidades ou interesses a atingir com a sua resolução, pelo que o sentido de oportunidade do agir era o mesmo e, sendo o mesmo, não havia perdas de eficiência.

A validade da acção estadual era encontrada dentro do Estado, por força do princípio da autolimitação. Num primeiro momento, em razão da acção legislativa. MARCELLO CAETANO afirmava, a propósito, que *«A limitação do poder político será assim puramente formal e relativista: ele está limitado pela existência de leis, mas não se sabe quais leis.*

---

[16]*«O Estado de Direito não significa de modo algum o fim e o conteúdo do Estado e só o modo e a forma de os realizar» (Rechtsstaat ist uberhaupt nicht Ziel und Inhalt des Staates, sondern nur Art und Charakter dieselben zu verwirklichen),* afirma JULIUS VON STAHL. Apud OTTO VON BÄHR, *Die Rechtsstaat,* 1961 (reimpressão da edição de 1864), p. 1.

[17] Ver OTTO VON SARWEY, «La giustizia nella amministrazione e l'ordinamento burocratico», in *Biblioteca di Scienza Politiche e Amministrative,* 1902, 2ª série, vol. VIII.

O Estado deve acatar as suas leis enquanto as mantiver em vigor, mas pode, a todo o tempo, de acordo com as regras vigentes sobre a elaboração da legislação, revogá-las e substituí-las por outras leis»[18]. Num segundo momento, através do controlo de validade da acção administrativa, já que o princípio da autolimitação se concretizava por intermédio de tribunais administrativos integrados na Administração.

Em suma, as normas que criam entidades públicas e definem as suas atribuições, organizam o seu funcionamento e distribuem competências pelos órgãos, fixam procedimentos e determinam as condições de validade da acção e a que se convencionou chamar Direito Administrativo, é da exclusiva competência dos órgãos legislativos. Além disso, ordenado de acordo com o modelo de inspiração francesa, só amplamente acolhido a partir da década de trinta do século XIX, o Direito Administrativo e a acção dos tribunais que fiscalizavam o seu cumprimento transmitiam aos particulares a imagem tranquilizadora de que viviam num Estado de Direito.

1.6. A estabilidade da lei, que a Administração executava, era uma garantia dos particulares em face da Administração estadual, potencialmente abusiva e arbitrária, a garantia na qual se consubstanciava o difícil, e simultaneamente frágil, equilíbrio entre poder e liberdade.

Por sua vez, a ligação do princípio da legalidade à teoria das diferentes formas da acção administrativa permitia concentrar nos tribunais administrativos a garantia da justiça do poder estadual, identificada com a justiça da lei. E, por força dessa identificação, as garantias políticas dos cidadãos eram deixadas no esquecimento, impedindo que se falasse numa justiça do poder para além da concretizada por aqueles tribunais.

Assim se vedava a infiltração, no sistema da acção do poder do Estado, de perturbadores elementos de instabilidade política geradas à margem da lei.

1.7. Esvaziado de garantias políticas, o Estado Novo enraízou-se, adquiriu estabilidade, mostrou eficiência, em razão da lei e das garantias nela fundadas. Mas, simultaneamente, essas garantias geraram um efeito perverso para os particulares.

---

[18] *Manual de Ciência Política*, vol. I, 6ª edição, revista e ampliada por Miguel Galvão Teles, 1970, p.396.

Com um passo à frente: Estado de Direito, Direitos do Ordenamento ... 31

Com efeito, como a lei era, para os particulares, a única garantia perante o poder do Estado, sempre que reclamavam do poder o cumprimento da lei entravam num círculo vicioso: ao exigirem o cumprimento da lei mostravam confiar nela e, logo, incentivavam o Estado a continuar fechado sobre si próprio, aprovando leis e autolimitando-se; ao dirigirem-se aos tribunais administrativos, solicitando a apreciação da validade dos actos da Administração que os afectavam, evidenciavam confiar nos tribunais e estimulavam a manutenção deste tipo de controlo integrado na Administração.

O resultado era a eternização do sistema jurídico-político, precisamente o que não reconhecia garantias políticas aos particulares, lhes retirava a possibilidade de traçar o seu destino em comunidade e a única liberdade que lhes deixava era a de impugnarem os actos administrativos perante tribunais integrados na Administração. O equilíbrio entre poder e liberdade jogava-se aqui e, com ele, a concretização do Estado de Direito (Formal)[19].

2. A fragilidade em que assentava este equilíbrio, o alfa e o gama do sistema jurídico-político português, não passou despercebida ao jovem assistente da Faculdade de Direito de Lisboa DIOGO FREITAS DO AMARAL, nos já recuados anos sessenta do século XX. Propôs-se, por isso, analisá-la aprofundadamente na dissertação de doutoramento em Ciências Jurídico-Políticas, que viria a defender na Faculdade de Direito da Universidade de Lisboa.

2.1. Foi no 2º ano do Curso de Direito, em 1959-60, que, como aluno de MARCELLO CAETANO, DIOGO FREITAS DO AMARAL tomou «*conhecimento das linhas gerais do Direito Administrativo português de então*»[20].

Licenciado em 1963, o Direito Administrativo logo lhe chamou a atenção como área a investigar. No trabalho do curso complementar de ciências político-económicas estudou o domínio público, desenvolvendo uma tese inovadora sobre o regime jurídico e a dogmática do uso dos

---

[19] Sobre o efeito perverso das garantias jurisdicionais administrativas no sistema jurídico-político do Estado Novo, o nosso *Da justiça administrativa em Portugal. Sua origem e evolução*, UCP, 1994, pp. 623 e ss.

[20] DIOGO FREITAS DO AMARAL, *Última Lição*, Almedina, 2007, p.13.

Em Homenagem ao Professor Doutor Diogo Freitas do Amaral

bens do domínio público pelos particulares, que viria a ser publicada em 1965, precisamente com o título «*A utilização do domínio público pelos particulares*».

Começando a trabalhar como assistente do Professor MARCELLO CAETANO, DIOGO FREITAS DO AMARAL não se intimidou pelo peso do magistério do professor nem pela respectiva construção do Direito Administrativo sobre que o Estado de Direito de então se fundava. A escolha do tema para a investigação com vista ao doutoramento comprova-o.

Se o ponto fulcral do Estado de Direito se encontrava na acção dos tribunais administrativos, então o «*puntum saliens*» do sistema jurídico-político não podia deixar de ser a execução das sentenças destes tribunais, último momento do percurso de contestação dos particulares. Foi precisamente este o tema escolhido para a dissertação. Defendida em 1967, daria origem ao texto publicado no mesmo ano com o título «*A execução das sentenças dos tribunais administrativos*».[21]

A opção pela matéria revela ousadia. Entre os múltiplos temas escolhe um que directamente interfere com a construção jurídica da Administração e do Estado em que se integra e, ainda, com a construção política do Estado de Direito, assente na justiça administrativa. Além disso, entre os múltiplos temas escolhe o que directamente toca na construção teórica fundamental de MARCELLO CAETANO, de quem tinha recebido o ensinamento da matéria.

A intuição que encaminhou DIOGO FREITAS DO AMARAL para o tema da execução das sentenças dos tribunais administrativos iria recompensá-lo. DIOGO FREITAS DO AMARAL provou que, afinal, o sistema jurídico-político português não era um Estado de Direito, sequer um Estado de Direito Formal, como pretendia, desde logo porque os particulares que obtivessem uma sentença de condenação da Administração Pública ao pagamento de uma verba em dinheiro ficavam dependentes do próprio poder cujo acto haviam impugnado, com êxito, em tribunal. A execução da sentença só teria lugar quando fosse julgado conveniente pelo Governo, reunido em Conselho de Ministros. A construção jurídica e política que fundava o Estado português esboroava-se teoricamente.

---

[21] *A execução das sentenças dos tribunais administrativos*, 1ª edição, Edições Atica, 1967.

Com um passo à frente: Estado de Direito, Direitos do Ordenamento ... 33

2.2. As palavras que abrem a dissertação são paradigmáticas, enquanto fixam o ângulo de análise e delimitam o seu objectivo:

«No sistema de garantias que o nosso direito administrativo, entre outros, oferece aos particulares, ocupam lugar cimeiro os tribunais administrativos, aos quais está confiada a função de fiscalizar a legalidade dos actos administrativos e atribuído o poder de os anular, se forem contrários à lei.

Mas as sentenças proferidas por estes tribunais a favor dos particulares têm de ser respeitadas e cumpridas pelas autoridades administrativas, ou não estaremos num Estado de Direito.» E acrescenta: *«o recurso contencioso, como instrumento que é, só pode satisfazer se servir cabalmente os fins a que é destinado: a sua utilidade depende por inteiro, não tanto de o recorrente obter uma decisão favorável, como da eficácia desta, que o mesmo é dizer da execução da sentença.»* O Autor remata, afirmando: *«...de nada servirá o contencioso administrativo se a Administração pública, ignorando as sentenças e recusando a sua execução, tiver nas mãos o poder de transformar as decisões dos tribunais em puras declarações platónicas do direito.»*[22] O mote da dissertação está dado, o tom da investigação fica claro e o seu objectivo também: o Estado de Direito depende do modo como o ordenamento jurídico resolver o problema da execução das sentenças dos tribunais administrativos, pelo que se ficar provado, em construção dogmática, que essas sentenças podem ser *«puras declarações platónicas do direito»,* o Estado de Direito não está garantido.

2.3. Ora DIOGO FREITAS DO AMARAL demonstrou, na sua dissertação, que, em certos casos, a execução das sentenças dos tribunais administrativos fica na disponibilidade de quem as tem de executar.

Com efeito, depois de construir a noção de *«execução»* das sentenças dos tribunais administrativos como consistindo, *«na prática, pela Administração activa, dos actos jurídicos e operações materiais necessários à reintegração efectiva da ordem jurídica violada, mediante a reconstituição da situação jurídica que existiria, se o acto ilegal não tivesse sido praticado»,* DIOGO FREITAS DO AMARAL confronta-se, entre outras realidades jurídicas, com o disposto no artigo 77.º do Regulamento

---

[22] DIOGO FREITAS DO AMARAL, *A execução das sentenças dos tribunais administrativos,* Edições Ática, n.º 39, 1967, pp.13-14.

do Supremo tribunal Administrativo, aprovado pelo Decreto n.º 41.234, de 20 de Agosto de 1957.

Ora, de acordo com o disposto no parágrafo 3º deste artigo 77.º, *«a execução será levada a efeito pelo Governo pela forma menos prejudicial ao interesse público, sempre que a execução envolva uma prestação de facto por parte da Administração»*, acrescentando o parágrafo 4º que *«se a execução for por quantia certa será levada a efeito quando o Governo, em Conselho de Ministros, julgar conveniente a sua liquidação»*. O parágrafo 5º completa o sistema presumindo determinada por impossibilidade a inexecução das decisões por parte do Governo.

O que concluiu DIOGO FREITAS DO AMARAL, na dissertação, sobre estes normativos?

Em relação à norma do parágrafo 3º do referido artigo 77.º do Regulamento do Supremo Tribunal Administrativo, entendeu não ser uma norma de atribuição de competência ao Governo para executar as sentenças, quaisquer que sejam as autoridades recorridas, e sim uma norma que regula os termos em que o Governo pode realizar o cumprimento do dever de executar, nos casos em que, por força das normas de competência aplicáveis, lhe couber proceder à execução[23]. Além disso, se a sentença não puder ser integralmente executada, entendeu que deve ser fixada uma compensação, a título de responsabilidade civil da Administração por facto lícito[24].

Em relação à norma contida no parágrafo 4º do sempre referido artigo 77º do Regulamento do Supremo Tribunal Administrativo, DIOGO FREITAS DO AMARAL, de forma veemente[25], conclui pela sua ilegalidade. Em sua opinião, o que flui da disposição normativa em apreciação é algo de ilógico, para além de estar em *«contradição flagrante com alguns dos princípios em que assenta o Estado de Direito»*[26].

---

[23] DIOGO FREITAS DO AMARAL, *A execução das sentenças dos tribunais administrativos*, Edições Atica, n.º 39, 1967, pp. 120-121.

[24] DIOGO FREITAS DO AMARAL, *A execução das sentenças dos tribunais administrativos*, Edições Atica, n.º 39, 1967, pp. 228-234.

[25] *«Impõe-se, por isso, modificar a redacção e o sentido do parágrafo 4º do artigo 77º do actual Regulamento do Supremo»*, afirma, in *A execução das sentenças dos tribunais administrativos*, Edições Atica, n.º 39, 1967, p. 148. E acrescenta, peremptório *«... entendemos que, até lá este preceito não pode ser invocado pelo Governo nem aplicado pelo Supremo Tribunal Administrativo porque é ilegal»*.

[26] DIOGO FREITAS DO AMARAL, *A execução das sentenças dos tribunais administrativos*, Edições Atica, n.º 39, 1967, p. 148.

Com um passo à frente: Estado de Direito, Direitos do Ordenamento ... 35

Finalmente, em relação à terceira situação, afirma, contra a opinião de AFONSO QUEIRÓ e, até 1965, contra a opinião de MARCELLO CAETANO, que o parágrafo 5º do aludido artigo 77.º consagra uma presunção *«iuris tantum»* e, logo, ilidível pelos particulares, e não uma presunção *«iuris et de iure»*, insusceptível de ser ilidida[27].

2.4. Num outro registo, DIOGO FREITAS DO AMARAL clama pela fixação de prazos de execução das sentenças, apontando o prazo de formação do acto tácito de indeferimento como solução para os casos de falta de fixação legal de prazo. O objectivo é claro: garantir que a referida execução das sentenças dos tribunais administrativos assuma para a Administração pública a natureza de dever jurídico[28]. Só desse modo se poderá afirmar verdadeiramente que a Administração está obrigada a executar as sentenças dos tribunais administrativos e, logo, acrescentamos nós de forma expressa o que está implícito na afirmação, só assim o Estado de Direito (Formal) se realiza.

Por outro lado, DIOGO FREITAS DO AMARAL chama a atenção para a importância da publicitação da inexecução das sentenças dos tribunais administrativos, no caso de ocorrerem. A *«coacção moral que pela publicação* (das sentenças) *se exerce sobre a Administração só é eficaz se a Administração souber que o público interessado, assim como fica a conhecer a sentença, virá também a ter notícia da sua inexecução, se ela ocorrer»*[29]. Porque só a certeza de que a inexecução da sentença será publicada *«é capaz de evitar uma inexecução projectada»*[30]. Acrescentamos ao expressamente afirmado o que também nela encontramos implícito: abrir espaço ao poder dissuasor da publicidade da inexecução das sentenças dos tribunais administrativos mostra que, para DIOGO FREITAS DO AMARAL, a construção do Estado de Direito passa por uma Administração aberta, transparente, falível, que não circunscreve nem esconde eventuais ilegalidades em que possa incorrer. O que não é senão o oposto

---

[27] DIOGO FREITAS DO AMARAL, *A execução das sentenças dos tribunais administrativos*, Edições Atica, n.º 39, 1967, pp. 217 e ss e 336 e ss.

[28] DIOGO FREITAS DO AMARAL, *A execução das sentenças dos tribunais administrativos*, Edições Atica, n.º 39, 1967, pp. 133 e ss.

[29] DIOGO FREITAS DO AMARAL, *A execução das sentenças dos tribunais administrativos*, Edições Atica, n.º 39, 1967, p. 275.

[30] DIOGO FREITAS DO AMARAL, *A execução das sentenças dos tribunais administrativos*, Edições Atica, n.º 39, 1967, p. 275.

da filosofia presente no Estado Novo, como vimos antes, fundada na procura da respeitabilidade do Estado e da Administração num todo que actua e, logo, se projecta publicamente, de acordo com a lei[31], nela encontrando a base do respeito pela sua acção.

Por outro lado, ainda, DIOGO FREITAS DO AMARAL não se coíbe de criticar a garantia de execução das sentenças oferecida pela responsabilidade penal, em caso de dolo, não só porque esta garantia não está prevista para a inexecução das sentenças das auditorias administrativas[32] como ainda porque, *«em relação aos membros do Governo e a certas autoridades administrativas, a lei estabelece condições de procedibilidade, como sejam a deliberação do Supremo Tribunal de Justiça (Constituição Política, artigo 114º, parágrafo único) e a garantia administrativa (v.g. Código Administrativo, artigos 82º, 282º e 412º)»*. Em suma, acrescenta, *«não há dúvida de que também por aqui se podem insinuar factores de ineficiência»*[33] da garantia de execução das sentenças conferida pela responsabilidade penal. E concluí, lapidarmente, que mesmo que seja fixada a pena de desobediência, *«envolvendo como efeito legal a suspensão do exercício da função»* desempenhada pelo agente administrativo, por força da interpretação conjugada dos artigos 77.º do Regulamento do Supremo Tribunal Administrativo e 188.º do Código Penal, *«ainda assim não protege suficientemente os interesses do particular ofendido com a inexecução da sentença.»*[34] Tudo porque, objectivamente, a execução da pena não equivale à execução da sentença.

Finalmente, e quanto ao pagamento de uma indemnização a título de efectivação da responsabilidade por inexecução ilícita, DIOGO FREITAS DO AMARAL insurge-se contra a opinião de MARCELLO CAETANO segundo a qual esta indemnização *«constitui uma forma de execução por suce-*

---

[31] DIOGO FREITAS DO AMARAL chega a levantar a hipótese de a Administração pública poder agir com má fé, o que, à época, se imagina que possa ter causado espanto, desde logo em razão da concepção hierarquizada da Administração e da responsabilidade última que, em consequência dessa construção, o Governo tinha sobre toda a Administração. *A execução das sentenças dos tribunais administrativos*, Edições Atica, n.º 39, 1967, p. 314.

[32] DIOGO FREITAS DO AMARAL, *A execução das sentenças dos tribunais administrativos*, Edições Atica, n.º 39, 1967, p. 340.

[33] DIOGO FREITAS DO AMARAL, *A execução das sentenças dos tribunais administrativos*, Edições Atica, n.º 39, 1967, pp. 341-342.

[34] DIOGO FREITAS DO AMARAL, *A execução das sentenças dos tribunais administrativos*, Edições Atica, n.º 39, 1967, p. 342.

Com um passo à frente: Estado de Direito, Direitos do Ordenamento ... 37

dâneo»[35], afirmando não haver aqui execução, tão simplesmente porque só há execução com o cumprimento do dever de executar e, logo, com a reintegração da ordem jurídica violada.

2.5. O balanço da investigação empreendida é feito pelo próprio DIOGO FREITAS DO AMARAL nas páginas finais da obra, após um percurso pelo Direito Comparado[36]. Sugerindo um aperfeiçoamento do ordenamento jurídico português com os olhos postos numa então recente reforma legislativa brasileira[37], DIOGO FREITAS DO AMARAL retoma a filosofia jurídico-política da abertura da dissertação e conclui que os problemas que ficam por resolver apenas encontram solução no plano político.

2.6. As palavras de fecho são, pois, um reencontro com as palavras de abertura e, simultaneamente, a consciencialização de algo intuído no início da investigação: o tema da execução das sentenças dos tribunais administrativos é a chave do Estado de Direito.

A conclusão a que chega ultrapassa em muito o pressuposto de que parte, revelando o *«seu ideário como homem político»,* como o saudoso Professor VASCO LOBO XAVIER lembrou em cerimónia pública, nos já longínquos anos oitenta[38].

A investigação levada a cabo sobre a execução das sentenças dos tribunais administrativos revelou a DIOGO FREITAS DO AMARAL que o Estado de Direito Formal, o Estado de Legalidade estrita, não é juridicamente

---

[35] MARCELLO CAETANO, *Manual de Direito Administrativo,* 7ª edição, actualizada, revista e com ínidce remissivo, Lisboa, Coimbra Editora, 1965, vol. p. 821 e DIOGO FREITAS DO AMARAL, *A execução das sentenças dos tribunais administrativos,* Edições Atica, n.º 39, 1967, p. 349.

[36] DIOGO FREITAS DO AMARAL, *A execução das sentenças dos tribunais administrativos,* Edições Atica, n.º 39, 1967, pp. 373 e ss.

[37] O Autor propõe, para o ordenamento jurídico português, e no final do caminho, a solução consagrada numa então recente reforma legislativa brasileira, embora com correcções, já que não a entende isenta de críticas. Concretamente, defende a existência de dotações do Orçamento Geral do Estado consignadas aos tribunais administrativos, com vista ao pagamento aos particulares de uma verba, a título de indemnização, pela inexecução das sentenças. DIOGO FREITAS DO AMARAL, *A execução das sentenças dos tribunais administrativos,* Edições Atica, n.º 39, 1967, p. 421.

[38] VASCO G. LOBO XAVIER, *Discurso proferido na Sala dos Capelos, em 17 de Julho de 1980, na cerimónia de doutoramento «honoris causa» do Presidente da República Federal Alemã, Karl Carstens,* in Separata do vol. XLI (1980) do Boletim da Faculdade de Direito da Universidade de Coimbra.

38   *Em Homenagem ao Professor Doutor Diogo Freitas do Amaral*

auto-sustentável. Contém fissuras incontroláveis no plano da validade jurídica e, logo, insusceptíveis de fiscalização jurisdicional. Vale o mesmo dizer que o Estado de Direito não coincide com o Estado de Direito Formal com que o Estado Novo foi *«vestido»* desde os anos trinta do século XX, além do mais por força do magistério de MARCELLO CAETANO, da sua intervenção na acção legislativa e da construção sistemática da justiça administrativa.

A modelação da justiça administrativa, em Portugal, assente no princípio da legalidade da Administração pública e no controlo desta por tribunais administrativos integrados no seu âmbito, que culmina com a execução das sentenças desses tribunais, não é uma questão fundamentalmente jurídica. Não o sendo, não pode ser resolvida através de uma construção de dogmática jurídica. E disso mesmo nos dá conta DIOGO FREITAS DO AMARAL quando termina, citando BALDO, em comentário ao Digesto (1.1.1.2.): «... *o problema da execução das sentenças dos tribunais administrativos, como todos os problemas que envolvem uma faceta política, pondo em causa o respeito da legalidade pelo Poder, mais ainda que das normas que o regulam, depende das pessoas que o vivem: <u>cum Respublica non sit aliud, nisi ipse homines</u>»*[39].

2.7. Alguns anos mais tarde, a Revolução de 25 de Abril de 1974 viria comprovar o esboroamento do poder estadual fundado no regime anti-democrático da Constituição de 1933 e na sua concepção de Estado de Direito Formal. Dois anos mais tarde, em 2 de Abril, a actual Constituição da República Portuguesa era aprovada, consagrando o seu artigo 1º o seguinte: *«Portugal é uma República soberana, baseada na dignidade da pessoa humana...».* O Estado de Direito Material iniciava o seu processo de institucionalização.

---

[39] *A execução das sentenças dos tribunais administrativos*, Edições Atica, n.º 39, 1967, p.423.

Com um passo à frente: Estado de Direito, Direitos do Ordenamento ... 39

II

3. Com um passo à frente: a pioneira tentativa de construção dos Direitos do Ordenamento do Território, do Urbanismo e da Habitação

3.1. O aparecimento do urbanismo como técnica de criação, desenvolvimento e reforma das cidades e o nascimento das regras sobre a polícia das construções e da higiene da cidade confundem-se, na história portuguesa, com o florescimento dos concelhos e com o reconhecimento, através de forais, de um governo autónomo ou auto-administração às colectividades locais.

Na auto-administração concelhia, o *almotacé* era o oficial municipal a quem estava atribuída a competência para fiscalizar o cumprimento das regras sobre as construções e higiene das cidades[40]. Estas tendiam, em razão da auto-administração, a adequar-se às circunstâncias concelhias e às concretas liberdades outorgadas nos forais, o que não significa que as exigências comunitárias, particularmente na área da higiene e da salubridade, impedissem o aparecimento do que hoje chamamos interesses públicos. Mas as diferentes respostas que, através de posturas, lhes eram dadas, vedavam a formação de regras unitárias e a institucionalização de restrições à liberdade de edificar[41].

A centralização do poder régio, em especial durante o período de D. José, que se viu a braços com a reconstrução da cidade de Lisboa, após o terramoto de 1 de Novembro de 1755, não alterou esta realidade. As normas urbanísticas então aprovadas[42], desde logo as que, com pioneirismo, modelaram soluções de construção antí-sísmicas e de harmonia

---

[40] Ver *Ordenações Filipinas*, Livro I, Título LVIII, n.os 22 e seguintes. De acordo com o disposto no n.° 23, «*E aos Almotacés pertence embargar a requerimento de parte qualquer obra de edifício que se fizer dentro da villa ou seus arrabaldes, pondo a pena que lhes bem parecer, até se lhes determinar a causa per Direito...*». Usou-se a edição da Fundação Calouste Gulbenkian que é uma reprodução «fac-simile» da edição feita por Cândido Mendes de Almeida, Rio de Janeiro, 1870.

[41] Sobre a falta de racionalização, Fernando Alves Correia, *O Plano Urbanístico e o Princípio da Igualdade*, Almedina, 1989, pp. 105 e ss.. Além disso, as restrições à liberdade de construir, nesta época, emanavam de normas que hoje integramos no direito público e de normas que hoje integramos no direito privado. Sobre o assunto, o nosso *Direito do Urbanismo (Relatório)*, Lex, Lisboa, 1999, p. 24.

40 *Em Homenagem ao Professor Doutor Diogo Freitas do Amaral*

do conjunto, procurando criar na cidade «*um plano regular e decoroso*», eram de aplicação circunscrita às áreas acidentadas[43] e, por isso, não puseram em causa, de forma geral, a liberdade de edificar em Portugal.

3.2. O século XIX e a introdução das ideias liberais, em especial a entrada em vigor de sucessivos códigos administrativos, ao longo do século XIX, são um momento decisivo para a uniformização de regras no âmbito do urbanismo e para a acentuação das tarefas municipais. Tenham-se presentes, a título exemplificativo, as normas respeitantes à atribuição de competência aos órgãos autárquicos para emitir licenças de construção junto de ruas, deliberar sobre o saneamento dos núcleos populacionais, ordenar a reparação ou demolição de edifícios que ameacem ruína, apro-var normas sobre o alinhamento dos edifícios dentro das povoações[44].

Registe-se, em especial, na segunda metade do século XIX, o Decreto de 31 de Dezembro de 1864, um diploma inovador, que previa um «*plano geral de melhoramentos*» para a cidade de Lisboa (artigo 34.º), para a cidade do Porto (artigo 50.º), bem como para outras cidades, vilas e povoações do Reino, desde que as respectivas câmaras municipais reclamassem a sua elaboração ao Governo (artigo 52º)[45].

O sentido de antecipação deste decreto reside no facto de ter definido o plano como instrumento de modernização das cidades, já que o

---

[42] Sobre esta legislação, CLÁUDIO MONTEIRO, *Escrever Direito por linhas rectas. Legislação e planeamento urbanístico na Baixa de Lisboa (1755-1833)*, Lisboa, 2010.

[43] Referimo-nos aos casos de Lisboa e Vila-Real de Santo António.

[44] Ver, no Código Administrativo de 1836, o artigo 82.º, parágrafos 13.º, 16.º e 17.º, sobre a salubridade das povoações, ruas e praças, e o artigo 82.º, parágrafos 18.º e 19.º, sobre a segurança das construções. Tenha-se, no entanto, presente que as deliberações das câmaras municipais só produziam efeitos «*precedendo autorização das Cortes*».

Mais tarde, o Código Administrativo de 1842 fazia depender a aprovação pela câmara municipal da apresentação de um projecto (artigo 123.º, n.º V) e atribuía à câmara municipal competência para «*regular o prospecto dos edifícios dentro das povoações*» (artigo 120.º, n.º VII). Também aqui as deliberações da câmara municipal estavam dependentes de aprovação para produzirem efeitos, neste caso do «*conselho de distrito*», pese embora se previsse a aprovação tácita (artigos 121.º e 129.º). Sobre a sucessão dos diferentes Códigos Administrativos no século XIX, MARCELLO CAETANO, «A codificação administrativa em Portugal (Um século de experiência: 1835-1935)», in *Revista da Faculdade de Direito de Lisboa*, vol. II, pp. 324 e ss. e o nosso *Da justiça Administrativa em Portugal. Sua Origem e evolução*. UCP, 1994, pp. 455-467.

[45] FERNANDO ALVES CORREIA, *O Plano Urbanístico e o Princípio da Igualdade*, Almedina, 1989, pp. 146 e ss

Com um passo à frente: Estado de Direito, Direitos do Ordenamento ... 41

plano tinha por objectivo melhorar as «*ruas, praças, jardins e edificações existentes e a construcção e abertura de novas ruas, praças, jardins e edificações, com as condições de higyene, decoração, commodo alojamento e livre trânsito do público*» (artigo 34.º). Para cumprir esse objectivo, o decreto obrigava quem pretendesse edificar a solicitar à câmara municipal «*o alinhamento e as cotas de nível*» (artigo 54.º), e proibia os proprietários, sob pena de demolição, de construírem novas edificações sem projecto ou modificando o projecto aprovado, proibição extensiva à reconstrução de antigas edificações (artigo 49.º). Além disso, definia a obrigação de construir para os proprietários dos terrenos confinantes às vias públicas (artigo 47.º).

A execução do Decreto de 31 de Dezembro de 1864 não esteve, porém, à altura do espírito pioneiro de quem o elaborou e aprovou. A sua vigência de setenta anos não deixou marca[46]. O facto dos códigos administrativos de 1878, de 1886 e de 1896 não terem sustentado nem estimulado a referida experiência legislativa, mantendo, pelo contrário, o sentido da tradição, terá contribuído para esse resultado.

3.3. O século XX iniciou-se com a aprovação de um importante diploma: o Regulamento de Salubridade das Edificações Urbanas, de 14 de Fevereiro de 1903, um Regulamento de âmbito geral e natureza técnica, que disciplinava a construção dos edifícios com vista a conferir-lhes melhores condições sanitárias e de higiene.

Embora o artigo 41.º do Decreto de 31 de Dezembro de 1864 previsse a regulamentação genérica dos «*preceitos de higiene no interior dos edifícios, públicos ou particulares*», o Regulamento da Salubridade das Edificações foi justificado com a necessidade de travar as doenças epidémicas que flagelavam a população portuguesa nos finais do século XIX.

Quanto à 1ª República, dela ficou somente, no âmbito urbanístico, a atribuição aos municípios da tarefa de promoção habitacional, através da Lei n.º 88, de 7 de Agosto de 1913.

3.4. Os anos trinta arrancaram para uma nova etapa, uma etapa com rosto, dotada de um dinamismo próprio e a que subjaz uma visão de

---

[46] Ver FERNANDO GONÇALVES, «Evolução Histórica do Direito do Urbanismo em Portugal (1851-1988)», in *Direito do Urbanismo*, coordenado por DIOGO FREITAS DO AMARAL, INA, 1989, pp. 240-241.

conjunto dos espaços urbanos e sua ordenação, bem como uma concepção da construção e desenvolvimento centralizado das obras públicas. O rosto é o do ENG. DUARTE PACHECO, Ministro das Obras Públicas e Comunicações (1932-36; 1938-43) e, em certo período, simultaneamente Presidente da Câmara de Lisboa (1938-43), um homem cujo sentido de futuro é uniformemente reconhecido.

Enquanto o ENG. DUARTE PACHECO esteve no Governo, foi aprovado o Decreto-Lei n.º 24.802, de 21 de Dezembro de 1934[47], que obrigava as câmaras municipais a promover o levantamento de plantas topográficas e a elaboração de *planos gerais de urbanização* para a sede dos municípios e outras localidades, com vista ao seu desenvolvimento económico e social e à maior comodidade dos seus munícipes. Porém, a ausência de técnicos especializados (urbanistas) nos municípios[48], aliada ao espírito centralizador do regime, que tornava a elaboração dos planos de urbanização dependentes da acção do Governo, impediu que os centros urbanos conhecessem os efeitos benéficos dos referidos planos gerais de urbanização. O Ministério das Obras Públicas e Comunicações, em concreto a Direcção-Geral dos Serviços de Urbanização, ficou, em pouco tempo, asfixiado com estudos sobre «*algumas centenas de planos de urbanização*»[49] e perdeu capacidade de resposta. A morte prematura do ENG. DUARTE PACHECO (1943) adensou o problema.

A fim de ultrapassar o impasse, o Decreto-Lei n.º 33.921, de 5 de Setembro de 1944, previu, ao lado dos planos gerais de urbanização, planos de expansão e planos parciais de urbanização, em qualquer dos casos planos de mais fácil e mais rápida concretização, seja por se destinarem a zonas a urbanizar (*planos de expansão*), seja por respeitarem a áreas restritas (*planos parciais*).

Dois anos mais tarde, o Decreto-Lei n.º 35.931, de 4 de Novembro de 1946, procurou acelerar o processo de planeamento, aproveitando os estudos preparatórios dos planos cuja consistência permitia acreditar que

---

[47] Diploma que substituiu o Decreto de 31 de Dezembro de 1864, contendo a regulamentação dos planos gerais de melhoramento, cuja concretização foi diminuta, apesar dos setenta anos de vigência.

[48] AUGUSTO CELESTINO DA COSTA afirma haver em 1942 somente dois urbanistas diplomados em Portugal. Apud FERNANDO GONÇALVES, «Evolução histórica do Direito do Urbanismo em Portugal (1851-1988)» in *Direito do Urbanis*mo, coordenado por DIOGO FREITAS DO AMARAL, INA, 1989, p. 244.

[49] Preâmbulo do Decreto-Lei n.º 35.931, de 4 de Novembro de 1946.

seria uma base sólida para futuros planos de urbanização[50]. Foi formalmente criada a figura jurídica dos *anteplanos de urbanização*.

Depois de aprovados pelo Ministro das Obras Públicas, com base em parecer do Conselho Superior de Obras Públicas, os anteplanos de urbanização, apesar de não serem publicados, vinculavam, isto é, eram obrigatórios para a Administração e para os particulares, concretamente na construção de edifícios e transformação de prédios, e na criação e alteração de arruamentos nas áreas por eles abrangidas. De tudo resultou uma ambiguidade jurídica: de um lado, o que fora trabalhado para ser acto preparatório (anteplano) passou a funcionar como definitivo, porque vinculava; de outro, mantinha-se a ideia de que o anteplano não era a última palavra da Administradição Pública porque nem sequer era publicado.

O sistema jurídico-político de então, autoritário e centralizado, assumia nesta ambiguidade uma falha, já que exteriorizava a sua incapacidade de, por forma eficiente e célere, cumprir a tarefa que se tinha imposto: dotar as sedes dos municípios e outras localidades de adequados planos de urbanização que ordenassem e modernizassem as cidades.

Numa área de renovada importância pública, os municípios passaram a desenvolver o conteúdo de actos (anteplanos) que o próprio Governo reconhecia não serem definitivos[51]. Sob outro ângulo de análise, diremos que onde o Governo pretendia introduzir ordem na realidade dos factos, reconhecendo a falta de urbanistas nos municípios e planeando centralizadamente com os seus técnicos especializados, introduziu desordem na realidade jurídica, sem que, ao nível técnico, tenha demonstrado possuir capacidade de resposta.

3.5. Entretanto, o fim da 2ª Grande Guerra deu oportunidade à Europa Ocidental, no processo de reconstrução das cidades, para iniciar o processo de florescimento de um urbanismo de qualidade, conduzido por uma malha jurídica flexibilizada por planos de urbanização, enqua-

---

[50] O diploma tem um único artigo, com o seguinte teor, na parte que interessa analisar: *«Os anteplanos de urbanização aprovados pelo Ministro das Obras Públicas e Comunicações sobre parecer do Conselho Superior das Obras Públicas serão obrigatoriamente respeitados em todas as edificações, reedificações ou transformações de prédios e no traçado de novos arruamentos nas áreas das sedes de Concelho e demais localidades ou zonas por ele abrangidas...»*

[51] Os anteplanos não eram publicados, embora vinculassem a Administração pública e os particulares, como se viu.

44 Em Homenagem ao Professor Doutor Diogo Freitas do Amaral

drados por planos de ordenamento do território, abertos à participação dos cidadãos, e tendo por fundamento a concretização de direitos pessoais, políticos e sociais, por onde perpassava um renovado sentido de dignidade humana. Como se as cidades fossem locais por excelência de cicatrização das feridas da guerra, centros capazes de estimular a esperança num desenvolvimento económico e social de base humana, lugares de relacionamento pacífico e agradável, que apagassem a memória do caos[52].

Enquanto isso, Portugal chegou aos anos setenta engessado à legislação sobre planeamento de urbanização dos anos quarenta, ou melhor, a uma prática administrativa por onde ecoa essa legislação[53].

3.6. Centrando a atenção no licenciamento urbanístico de obras particulares, este era, de acordo com o disposto no Código Administrativo de 1936-40, competência das câmaras municipais e estava circunscrito aos concelhos urbanos[54]. Já as operações de urbanização empreendidas por particulares, e a que hoje chamamos operações de loteamento, não estavam condicionadas pelo licenciamento, sendo tradicionalmente livres.

Além disso, como o Código Administrativo não previa serviços urbanísticos municipais, a intervenção directa dos municípios em operações urbanísticas era difícil. Por isso, à margem do Código, as câmaras municipais começaram a celebrar «*contratos com particulares, principalmente empresas de construção e de compra e venda de propriedades, pelas quais aqueles se comprometiam a realizar obras de urbanização de determinadas zonas*»[55]. Estes contratos pretendiam, de um lado, criar

---

[52] Por todos, JEAN PELLETIER e CHARLES DELFANTE, *Cidades e Urbanismo no mundo*, Ed. Instituto Piaget, 2000, pp. 252-255.

[53] Deste período ficou somente o Plano de Urbanização da Costa do Sol, aprovado pelo Decreto n.º 37.251, de 28 de Dezembro de 1948, e o Plano Director do Desenvolvimento Urbanístico da Região de Lisboa, aprovado pela Lei n.º 2099, de 14 de Agosto de 1959, abrangendo sete dos catorze concelhos do distrito de Lisboa e nove dos treze concelhos do distrito de Setúbal.

[54] As atribuições e competências urbanísticas constam dos artigos 46.º, 49.º e 50.º, do artigo 51.º, n.ºs 15-23, e 36 e dos artigos 61.º e 62.º do referido Código Administrativo de 1936-40. Destas disposições decorre não estarem as edificações em concelhos rurais sujeitas a licenciamento.

[55] FERNANDO GONÇALVES, «Evolução histórica do Direito do Urbanismo em Portugal (1851-1988)» in *Direito do Urbanis*mo, coordenado por DIOGO FREITAS DO AMARAL, INA, 1989, p. 251, transcrevendo um esclarecimento da Direcção Geral da Administração Política e Civil, a propósito do Decreto-Lei n.º 46.673, de 25 de Novembro de 1965.

adequadas infra-estruturas urbanísticas e, logo, realizar os correspondentes interesses públicos sanitários (esgotos e canalização de água), de estética, ordenação e qualidade de vida (arruamentos, praças, jardins, malha eléctrica) e, de outro, permitir aos particulares a transacção de terrenos para construção, de tudo resultando um controlo público, por via contratual, da criação de novos bairros da cidade[56].

O processo de licenciamento de obras particulares viria a ser profundamente alterado em meados dos anos sessenta com o Decreto-Lei n.º 46.673, de 25 de Novembro de 1965. Por influência francesa, este diploma criou um regime jurídico para o que chamou *loteamentos urbanos*[57] e incorporou, em parte, a prática administrativa nascida com a celebração dos mencionados contratos que reconheciam aos particulares casuisticamente benefícios a troco da construção de obras de urbanização em vastas áreas de expansão urbana, áreas por sua vez destinadas à venda de parcelas para construção. Desse regime jurídico resultou a dependência do loteamento urbano de licença da Câmara Municipal, em cujo território se situe o terreno fundiário a lotear (artigo 2.º), e resultou também um regime especial para os loteamentos em curso (artigo 18.º). Assim se procurou introduzir a ordem possível no quadro fragmentado e caótico da realidade dos factos.

E se o licenciamento de construção de obras particulares já evidenciava a natureza mista de interesses, públicos e privados[58], o licenciamento de loteamentos urbanos acentuou essa natureza, quer na diversificação dos interesses quer na complexidade técnica, económica e política da execução das operações licenciadas. Ao mesmo tempo que se começou a tornar claro o entrelaçamento dos interesses, públicos e privados, das tarefas urbanísticas, bem como o entrecruzamento das operações que envolvem (obras de urbanização, operações de loteamento e obras de

---

[56] Curiosamente, as urbanizações particulares têm o seu embrião no pioneiro Decreto de 31 de Dezembro de 1864 e estudos feitos por FERNANDO GONÇALVES levaram-no a concluir que o ENG. DUARTE PACHECO terá querido recuperar, nos anos trinta, tais urbanizações, correspondentes aos actuais loteamentos urbanos. Porém, a ideia desfez-se com a entrada em vigor do Código Administrativo de 1936-40 que não previu nem regulou essa figura. Sobre o assunto, FERNANDO GONÇALVES, «Evolução histórica do Direito do Urbanismo em Portugal (1851-1988)» in *Direito do Urbanismo*, coordenado por DIOGO FREITAS DO AMARAL, INA, 1989, pp. 243-244.

[57] Sobre o assunto, JOSÉ OSVALDO GOMES, *Manual dos Loteamentos Urbanos,* 1ª edição, Atlântica Editora, 1980, 2ª edição, 1983.

[58] Ver artigos 61.º e 62.º do Código Administrativo de 1936-40.

construção), começou a evidenciar-se a proximidade do planeamento público relativamente à actividade privada de planear um loteamento, bem como a proximidade das operações de loteamento relativamente à construção de obras privadas, pela dependência da licença camarária em que ambas se encontram.

A evolução descrita mostra uma nova falha do sistema jurídico-
-administrativo, a que o Decreto-Lei n.º 46.673, de 25 de Novembro de 1965 quis pôr cobro, uma falha traduzida no *«fechar de olhos»* do Governo a uma prática dos municípios desenvolvida à margem da lei. Sem base legal, os municípios celebravam contratos com os particulares (uma espécie de contratos de concessão de obras públicas), permitindo que estes planeassem espaços de expansão urbana, dividindo o terreno em parcelas destinadas à construção habitacional, comercial, etc., e executassem esse plano, promovendo as obras de infra-estrutura das áreas loteadas.

Mas a falha é também do sistema jurídico, já que o Governo, autoritário e centralizado, consentiu na acção planeadora dos particulares, em colaboração com os municípios, que durante anos modelaram, sem sua intervenção, soluções técnicas e económicas adequadas à expansão das cidades.

Em 1970, Portugal conheceu a primeira Lei dos Solos.

Aprovada pelo Decreto-Lei n.º 576/70, de 24 de Novembro, esta lei introduziu um particular regime jurídico dos solos urbanos, como instrumento de desenvolvimento urbanístico e como meio de combate à especulação imobiliária que entretanto se fazia sentir. De um lado, previu *medidas preventivas*, um instituto jurídico novo destinado a defender a efectividade dos planos de urbanização, tendo-lhes definido um prazo de vigência máximo de três anos, bem como a substituição por normas provisórias (artigos 1.º-5.º)[59]. De outro lado, definiu três modalidades de operações urbanísticas[60] e procurou soluções que garantissem a realização do princípio da igualdade dos proprietários de terrenos abrangidos pela execução de um plano de urbanização. Uma primeira modalidade de

---

[59] Sobre as medidas preventivas, FERNANDA PAULA MARQUES DE OLIVEIRA, «As Medidas Preventivas dos Planos Municipais de Ordenamento do Território – Alguns Aspectos do seu Regime Jurídico», *Studia Juridica 32, Boletim da Faculdade de Direito da Universidade de Coimbra*, Coimbra Editora, 1998.

[60] Estas operações urbanísticas englobam a criação de novos aglomerados populacionais, a expansão dos já existentes e a renovação de bairros ou zonas delimitadas das cidades.

Com um passo à frente: Estado de Direito, Direitos do Ordenamento ...   47

operação urbanística partia da *iniciativa dos particulares* (operação de loteamento), outra desenvolvia-se na base da *associação da Administração com os particulares*, devendo, neste caso, obter-se a igualdade de tratamento dos terrenos da área abrangida (artigo 33.º) e prevendo-se a expropriação dos terrenos pertencentes a proprietários que não quisessem fazer parte da associação (artigo 35.º) e, finalmente, a terceira modalidade assentava na *intervenção directa da Administração Pública*, através de expropriação sistemática (artigos 19.º-21.º e 24.º-32.º).

3.7. Quanto ao licenciamento de obras particulares em concelhos urbanos, previsto no Código Administrativo (artigos 61.º-62.º), estava dependente, além do mais, do cumprimento de regras de segurança (solidez dos edifícios e segurança contra incêndios), salubridade (instalações sanitárias, esgotos, evacuação de fumos, abastecimento de água potável, espaços verdes...) e correcta inserção na paisagem (edifícios em locais históricos, harmonia arquitectónica...), constantes do Regulamento Geral das Edificações Urbanas, aprovado pelo Decreto-Lei n.º 38.382, de 7 de Agosto de 1951, um diploma de grande rigor técnico, que permitiu um salto qualitativo das construções sujeitas a licenciamento e uma mais rigorosa polícia das edificações.

Reformulado pelo Decreto-Lei n.º 166/70, de 15 de Abril[61], o regime jurídico de licenciamento de obras particulares e, em concreto, das obras de construção, de reconstrução, ampliação, alteração, reparação e demolição de edificações (artigo 1.º), atribuiu particulares responsabilidades aos técnicos autores dos projectos (artigo 6.º) e exigiu a fundamentação dos actos de indeferimento ou de deferimento condicional (artigo 15.º), agilizando procedimentos e prevendo o acto tácito positivo para a falta de decisão administrativa no prazo legal. A licença de utilização, precedida de vistoria, prevista no Código Administrativo (artigo 51.º, n.º 21), foi também revista (artigo 17.º). Exceptuados ficaram os regimes jurídicos sobre localização, aprovação de projectos e licenciamento de estabelecimentos industriais, recintos de espectáculos e divertimentos públicos, bem como sobre a localização e aprovação de projectos de estabelecimentos hoteleiros ou de interesse para o turismo, regulados por diplomas especiais como aconteceu com o Decreto-Lei 49.399, de 24 de Novembro de 1969.

---

[61] Sobre este diploma, em particular, José Osvaldo Gomes, *Comentário ao novo regime de licenciamento de obras (Decreto-Lei n.º 166/70, de 15 de Abril)*, Edições Atica, n.º 44.

48 *Em Homenagem ao Professor Doutor Diogo Freitas do Amaral*

Por força do Decreto-Lei n.º 166/70, de 15 de Abril, o respeito pelos direitos dos proprietários de edificação e alteração das construções foi confrontado com o *«dever, por parte da Administração, de promover que seja acelerado o ritmo da construção urbana»,* facilitando a realização de *«imperiosas necessidades sociais e económicas»,* tudo sem abstrair dos *«condicionamentos impostos pela segurança, pela salubridade e pela estética ou pelos interesses urbanísticos das povoações»* e sempre assegurando *«certas restrições em zonas de protecção e determinadas por razões de ordem pública»*[62]. A procura de um *«justo equilíbrio de interesses»,* públicos e privados, e o fomento do *«indispensável espírito de franca compreensão e colaboração entre os agentes públicos e particulares»*[63] foram determinantes na aprovação do diploma, que pretendeu modernizar o procedimento licenciador.

O longo e elucidativo preâmbulo evidenciou os atrasos e as incongruências do procedimento tradicional, as deficiências organizatórias resultantes de as câmaras *«não disporem de técnicos de nível superior ou médio»*[64] e a consequente degradação urbanística das cidades. Uma degradação que o êxodo rural, intensificado na década de sessenta, iria acentuar, dando origem ao florescimento, nas periferias suburbanas, de bairros de barracas, construções clandestinas, carências generalizadas de saneamento básico[65]. Esta degradação correspondeu ao período de intensificação do movimento migratório, em busca de condições económicas e sociais dignas.

Em suma, a modernização do procedimento licenciador, constante do Decreto-Lei n.º 166/70, mostra que o regime jurídico-político não antecipou o futuro. Foi a reboque dos acontecimentos e chegou tarde às cidades e a quem nela residia ou desejava residir.

3.8. Numa outra perspectiva, territorialmente mais alargada e materialmente mais diversificada, e na expectativa de aumentar o nível de vida

---

[62] Preâmbulo do Decreto-Lei n.º 166/70, de 15 de Abril.

[63] Preâmbulo do Decreto-Lei n.º 166/70, de 15 de Abril.

[64] Alguns meses antes, o Decreto-Lei n.º 30/70, de 16 de Janeiro, permitiu que o Ministro do Interior, por despacho de 24 de Março, viesse equiparar os vencimentos dos técnicos dos municípios aos técnicos do Estado.

[65] Em 1970, 77% da população portuguesa vive em centros urbanos e nos concelhos periféricos de Lisboa e Porto, os *«cogumelos suburbanos»* são uma realidade. Ver «As 'mudanças invisíveis' do pós-guerra» in JOSÉ MATTOSO, *História de Portugal,* vol. VII, *O Estado Novo,* coordenado por FERNANDO ROSAS, pp. 423-426.

Com um passo à frente: Estado de Direito, Direitos do Ordenamento ... 49

e aliviar pressões demográficas, Portugal iniciou, no fim da 2ª Grande Guerra, a experiência dos Planos de Fomento.

Aprovado pela Lei 2.058, de 29 de Dezembro de 1953, para vigorar até 1958, o I Plano de Fomento organizou um programa de investimentos públicos, embora o apelo à iniciativa privada para tornar Portugal um país industrializado não estivesse ausente.

Já o II Plano de Fomento, aprovado pela Lei 2.094, de 25 de Novembro de 1958, surgiu como um programa de política económica e, enquanto esteve em vigor (1959-64), viu nascer o Banco de Fomento Nacional e o Instituto Nacional de Investigação Industrial. Entretanto, a guerra colonial tinha começado e a emigração estava a acelerar-se. Neste quadro nasceu o Plano Intercalar de Fomento (1965-67), que ensaiou um planeamento global, da defesa à economia, num esforço de resposta à adesão de Portugal à EFTA, em 4 de Janeiro de 1960[66].

Mais tarde, o III Plano de Fomento (1968-73) preparou o país para o ordenamento do território, ao colocar num nível prioritário o desenvolvimento regional[67]. As assimetrias territoriais, o agravamento dos desequilíbrios entre o interior e o litoral, o desaproveitamento dos recursos naturais e a atractividade das cidades impunham um ordenamento do território à imagem do que, em especial a Inglaterra e a França conheciam há muito, com vista ao desenvolvimento harmónico das regiões no respectivo quadro geográfico.

Por sua vez, os primeiros passos no sentido da concretização de uma visão alargada de ordenamento dos espaços regionais resultaram do Decreto-Lei n.º 48.905, de 11 de Março de 1969, que previu zonas de acção prioritária, do Decreto-Lei n.º 576/70, de 24 de Novembro, que previu parques industriais, e da Lei n.º 9/70, de 19 de Julho, que definiu parques naturais, abrindo caminho à criação do Parque Nacional da Peneda-Gerês pelo Decreto-Lei n.º 187/71, de 8 de Maio[68].

---

[66] Recorde-se que, em Novembro de 1960, Portugal aderiu ao Banco Internacional de Reconstrução e Desenvolvimento (BIRD), ao Fundo Monetário Internacional (FMI) e ao Acordo Geral sobre Tarifas e Comércio (GATT), tudo no mandato do Ministro da Economia FERREIRA DIAS (1958-62).

[67] Sobre este período «As 'mudanças invisíveis' do pós-guerra»...pp. 455-467.

[68] Referências legislativas são retiradas de DIOGO FREITAS DO AMARAL, «O Direito do Ordenamento do Território, do Urbanismo e do Ambiente (Um esforço pioneiro da Faculdade de Direito da Universidade de Lisboa)», in *Revista da Faculdade de Direito da Universidade de Lisboa*, vol. XXXV, 1994, pp. 246-247.

3.9. Uma palavra ainda para dar conta de outra área importante para a compreensão jurídica do fenómeno do urbanismo. Falamos dos regimes jurídicos de fomento à construção privada e dos regimes jurídicos de construção pública no domínio da construção social.

Com efeito, para a construção e a aquisição de habitação própria, foi criado um regime especial de empréstimo por parte de instituições de previdência (Lei 2.092, de 9 de Abril de 1958) e da Caixa Geral de Depósitos (artigo 7.º, n.º 1, do Decreto-Lei n.º 48.953, de 5 de Abril de 1959), bem como um regime fiscal de benefício (isenção de sisa), o mesmo acontecendo para a construção de habitação social por empresas privadas[69], a que acresceu a previsão de isenção da contribuição predial para habitações com rendas compatíveis com as possibilidades económicas de famílias de menores recursos (artigos 17.º e 21.º do Código de Contribuição Predial).

No que respeita à construção pública de habitação social, previram-se várias modalidades de regimes jurídicos, consoante os tipos de habitação: *casas económicas* ou casas com regime de propriedade resolúvel (Decreto-Lei n.º 23.052, de 23 de Setembro de 1933), *casas de renda económica* ou casas para arrendar com renda moderada, embora actualizável (Lei n.º 2.007, de 7 de Maio de 1945, e Lei 2.092, de 9 de Abril de 1958), *casas de renda limitada* ou casas para arrendar com renda moderada mas fixa (Decreto-Lei n.º 36.212, de 7 de Abril de 1947, e Decreto-Lei n.º 41.532, de 18 de Fevereiro de 1958), *casas para famílias pobres* ou casas para arrendar, a título precário, com rendas ajustadas às possibilidades dos moradores (Decreto-Lei n.º 34.486, de 6 de Abril de 1945, e Decreto-Lei n.º 35.106, de 6 de Novembro de 1945), de que as *casas de pescadores* são uma modalidade (Decreto-Lei n.º 37.750, de 4 de Fevereiro de 1950) e *casas desmontáveis* ou casas provisórias para os que ficassem sem abrigo, usadas a título precário (Decreto-Lei n.º 28.912, de 12 de Agosto de 1938)[70].

---

[69] Ver, também, a Lei 2.092, de 9 de Abril de 1958 e o artigo 17.º, n.º 16 do Decreto-Lei n.º 48.953, de 5 de Abril de 1969.

[70] Todas as referências legislativas são retiradas de DIOGO FREITAS DO AMARAL, «O Direito do Ordenamento do Território, do Urbanismo e do Ambiente (Um esforço pioneiro da Faculdade de Direito da Universidade de Lisboa)», in *Revista da Faculdade de Direito da Universidade de Lisboa*, vol. XXXV, 1994, pp. 258-259.

Com um passo à frente: Estado de Direito, Direitos do Ordenamento ...   51

4. Fruto de uma evolução de séculos, a que não presidiu uma ideia de unidade, as normas sobre ordenamento do território, urbanismo e habitação são este emaranhado legislativo que percorremos. E foi este emaranhado legislativo que DIOGO FREITAS DO AMARAL escolheu para leccionar no ano lectivo de 1970/71.

Dois anos depois de assumir a regência da cadeira de Direito Administrativo no 2.º ano da Licenciatura em Direito da Faculdade de Direito da Universidade de Lisboa, DIOGO FREITAS DO AMARAL seleccionou, para «*fazer a experiência de leccionar, após a parte geral da matéria, uma parte variável*»[71], a temática «Aspectos jurídicos do Ordenamento do Território, Urbanismo e Habitação».

4.1. Que dizer, num primeiro momento, desta opção?

Entendemos, em primeiro lugar, que revela uma particular intuição sobre a oportunidade política de reflectir juridicamente esta temática e lhe dar sentido de unidade. Em segundo lugar, entendemos que a opção demonstra uma espantosa maturidade, já que a concatenação interna dos normativos pertinentes se apresentava especialmente difícil por inexplorada. Em terceiro lugar, que impressiona pela novidade dos institutos jurídicos a trabalhar cientificamente (planeamento, medidas preventivas, operações de loteamento...) e pelo enorme acervo de informação jurídica que reuniu. Finalmente, em quarto lugar, que surpreende pela problematização dogmática que a opção em causa exigiu. Acresce que o título escolhido para a parte variável da leccionação é particularmente sugestivo: não só denota abrangência como cria uma sequência lógica entre os temas, prenunciando uma relação de unidade.

4.2. As razões específicas da escolha da temática em causa com vista à experiência de leccionação, no ano lectivo de 1970/71, são-nos fornecidas pelo Autor, alguns anos mais tarde.

Em primeiro lugar, uma razão político-ideológica. Com efeito, é DIOGO FREITAS DO AMARAL que, em 1989, afirma: «*... em minha opinião, a legislação urbanística, ao contrário do que muitos pensam, não é politicamente neutra, não é ideologicamente neutra*». E explica melhor essa

---

[71] «O Direito do Ordenamento do Território, do Urbanismo e do Ambiente (Um esforço pioneiro da Faculdade de Direito da Universidade de Lisboa)», in *Revista da Faculdade de Direito da Universidade de Lisboa*, vol. XXXV, 1994, pp. 243.

ideia dizendo que essa legislação pressupõe que *«os órgãos competen-tes... tenham feito determinadas opções de carácter político, inspiradas por determinadas orientações de tipo ideológico»*[72].

A segunda razão prende-se com a realidade fáctica. E, também aqui, é o Autor quem nos elucida: *«O Direito do Urbanismo do século XX... evolui sob a influência de dois factores muito diversos: o primeiro é o que eu chamo a pressão dos factos, e o segundo é o que chamo a pressão das ideologias»*[73]. Quanto ao plano dos factos, DIOGO FREITAS DO AMARAL desenvolve a ideia dizendo que o crescimento *«rápido e desordenado»* das cidades permitiu o nascimento de construções clandestinas, bairros sem arruamentos, parques ou jardins, sem escolas nem hospitais perto. Por isso – continua – ordenar o espaço físico, planear, ter atitude pros-pectiva *«tornaram-se exigências do Estado Social»*.

Em suma, as matérias a leccionar na parte variável do Direito Admi-nistrativo apresentam-se como o resultado de uma opção político-ideoló-gica e, bem assim, como uma escolha imposta pelos factos. E, como antes vimos, Portugal precisava, no difícil início da década de setenta, de recuperar o tempo perdido e dotar o território de um correcto ordena-mento das regiões, de transformar as cidades em locais onde apetecesse viver, equilibrando a oferta e a procura de habitações, e procurando garan-tir habitações condignas a todos os portugueses.

Para o jovem professor de Direito Público, leccionar os aspectos jurídicos do ordenamento do território, do urbanismo e da habitação eram – assim o entendemos – um desafio científico e uma forma de exercer serviço cívico.

4.3. Outra ideia que gostaríamos de registar prende-se não tanto com os temas tratados mas com a falta de referência a um tema, concre-tamente o da necessidade de codificação das normas urbanísticas, recor-rente em Portugal desde os anos trinta do século passado.

4.3.1. Com efeito, logo no início dos anos trinta, o arquitecto-urba-nista ALFRED AGACHE, que trabalhava, à época, no planeamento da Costa do Sol, confrontou o Eng. DUARTE PACHECO com estudos destinados a

---

[72] «Opções Políticas e Ideológicas Subjacentes à Legislação Urbanística» in *Direito do Urbanismo*, Edições INA, 1989, p.93.

[73] «Opções Políticas e Ideológicas Subjacentes à Legislação Urbanística» in *Direito do Urbanismo*, Edições INA, 1989, p.95.

Com um passo à frente: Estado de Direito, Direitos do Ordenamento ...   53

conferir coerência à legislação urbanística. A morte de DUARTE PACHECO (1943) terá travado o projecto, que, no entanto, não foi esquecido. Em 1945, no âmbito da Direcção Geral dos Serviços de Urbanização, o projecto renasceu, desta feita pela mão de ETIENNE GROER, colaborador de ALFRED AGACHE, que foi encarregado de elaborar um projecto de Código do Urbanismo. A exemplo do que acontecia em França, ETIENNE GROER projectou uma regulamentação em que inseria a disciplina do loteamento urbano, então desconhecido em Portugal, uma figura jurídica a meio caminho entre o planeamento urbanístico e a edificação de obras particulares. Mas tão-pouco a ideia da codificação se concretizou nesta altura.

Os anos cinquenta conheceram nova tentativa frustrada de codificação, embora circunscrita à regulamentação dos planos de urbanização, pela mão do então Director dos Serviços de Melhoramentos Urbanos da Direcção Geral dos Serviços de Urbanização, NAZARETH DE OLIVEIRA.

Na época em que DIOGO FREITAS DO AMARAL seleccionou a matéria do ordenamento do território, urbanismo e habitação para leccionar na cadeira de Direito Administrativo, o tema da codificação das normas urbanísticas é retomado. JOSÉ GOMES DE ALMEIDA, Director dos Serviços da Direcção Geral dos Serviços de Urbanização, desencadeou uma nova tentativa com vista a criar as *«bases para um código do urbanismo, isto é, as bases para uma lei orgânica do ordenamento do território e do seu planeamento»*[74].

Estamos certos de que DIOGO FREITAS DO AMARAL não desconhecia esta realidade, em razão do enorme acervo de informações que recolheu, compiladas nos sumários publicados.

4.3.2. Além disso, não esquecemos que DIOGO FREITAS DO AMARAL substituiu MARCELLO CAETANO na regência do Direito Administrativo e que MARCELLO CAETANO entendia ser o pensamento codificador decisivo no Direito Administrativo. Para MARCELLO CAETANO, a compreensão homogénea do Direito Administrativo, a sua unidade sistemática e o melhor desenvolvimento e execução das suas normas jurídicas beneficiavam e muito do esforço de codificação. Por isso havia encetado com êxito esse esforço nos já longínquos anos trinta. E, embora não conheçamos o seu

---

[74] Seguiu-se o texto de FERNANDO GONÇALVES, «Evolução histórica do Direito do Urbanismo em Portugal (1851-1988)» in *Direito do Urbanismo*, coordenado por DIOGO FREITAS DO AMARAL, INA, 1989, pp. 255-259.

pensamento no âmbito do direito administrativo especial, respeitante ao ordenamento do território, urbanismo e habitação, por identidade de razão entendemos que não deixaria de se considerar agradado com a ideia de codificação, pelo menos na área do urbanismo, onde a experiência normativa era mais consistente.

4.3.3. Daí também a pertinência da questão colocada, qual seja a de saber a razão da ausência de referência, nos sumários das lições, à codificação da legislação urbanística. E tanto mais evidente quanto é certo ter DIOGO FREITAS DO AMARAL manifestado, vinte anos mais tarde, a necessidade de Portugal ter um Código do Urbanismo. *«Falta, sem dúvida, um Código do Urbanismo»*, afirma na «Apresentação» da obra conjunta *Direito do Urbanismo*, publicada pelo Instituto Nacional de Administração, em 1989[75].

4.3.4. A resposta, em nosso entender, encontra-se implícita no texto que DIOGO FREITAS DO AMARAL escreve na referida obra conjunta, onde defende a codificação do Direito do Urbanismo. Aí apela *«ao debate político»* das questões urbanísticas, um debate que deve ser feito *«de uma forma aberta»*[76]. Acentuando este aspecto, convoca, para crticiar ou se inspirar, o pensamento de PLATÃO e ARISTÓTELES, TOMÁS MOORE e JOHN LOCKE, entre outros pensadores, para acrescentar que o Direito do Urbanismo evolui *«sob a influência de dois factores muito diversos... a pressão dos factos e ... a pressão das ideologias»*[77]. E, de uma forma que não deixa margem para dúvidas, conclui não acreditar *«na omnisciência e na omnipotência do Estado ou do Poder Local...»*[78],... *«na teoria da bondade natural dos governantes e dos burocratas»*[79].

Sendo este o pensamento de DIOGO FREITAS DO AMARAL, não admira que tenha optado por, em 1970, não falar em codificar o Direito do Urbanismo. Falar em codificar seria, nessa altura, acreditar *«na omnisciência e na omnipotência do Estado»*, já que a legislação vigente fora criada pelos peritos do Estado, de forma fechada sobre a sua omnisciência e fora aprovada sem debate público ou participação dos cidadãos, por

---

[75] Ver p. 14.
[76] Ver p. 94.
[77] Ver p. 95.
[78] Ver p. 99.
[79] Ver p. 99.

Com um passo à frente: Estado de Direito, Direitos do Ordenamento ... 55

apelo único à omnipotência do Estado. Além disso, seria acreditar, numa área tão sensível ao natural desejo de felicidade humana, na *«bondade natural dos governantes e dos burocratas»*, realidade em que tão-pouco acreditava.

Mesmo que DIOGO FREITAS DO AMARAL mencionasse a codificação das normas de ordenamento do território, urbanismo e habitação no sentido de a combater como ideia, a verdade é que, em 1970/71, um tal combate seria entendido como político e não como jurídico e decerto não iria suster o processo codificador em curso.

4.4. A conclusão a que se chegou não significa, porém, que DIOGO FREITAS DO AMARAL tenha cruzados os braços à crítica do sistema normativo.

Na verdade, DIOGO FREITAS DO AMARAL combateu a legislação urbanística de então. Mas combateu-a usando argumentos jurídicos e utilizando as garantias jurídicas de que o «Estado de Direito Formal» de então dispunha e de que pouco uso se fazia[80]: apelou à inconstitucionalidade de uma norma legal, garantia jurídica prevista no artigo 123.º da Constituição de 1933[81], uma Constituição pouco presente nas quatro décadas de vigência[82].

Acresce que a invocação pelo Autor da inconstitucionalidade de uma norma urbanística, em concreto, o artigo 28.º do Decreto-Lei n.º 576/70, de 24 de Novembro (Lei dos Solos)[83], não tinha por fundamento uma norma

---

[80] Sobre a pouca invocação de inconstitucionalidade de normas em tribunal, no período de vigência da Constituição de 1933, o nosso *Da justiça administrativa em Portugal. Sua origem e evolução*, UCP, 1994, pp. 618-619. Aí se lembra o pensamento de MIGUEL GALVÃO TELES, expresso em 1971: *«o verdadeiro risco está, sim, em os tribunais continuarem, como até agora, a desconhecer praticamente a Constituição»*, in «A concentração da competência para o conhecimento jurisdicional da inconstitucionalidade das leis» in *Revista O Direito*, 1971, p. 202.

[81] Dispõe o artigo 123.º o seguinte: *«Nos feitos submetidos a julgamento não podem os tribunais aplicar normas que infrinjam o disposto nesta Constituição ou ofendam os princípios nela consignados, cabendo-lhes, para o efeito, apreciar a existência da inconstitucionalidade, salvo se o seu conhecimento for da competência exclusiva da Assembleia Nacional nos termos do parágrafo 2.º deste artigo».*

[82] ADRIANO MOREIRA fala da *«falta de autenticidade»* da Constituição de 1933 in «A sede da legitimidade», publicada em *O novíssimo Príncipe. Análise da Revolução*, ed. Prefácio, 2003, p. 89.

[83] Dispõe este artigo n.º 28.º o seguinte: *«Os terrenos adquiridos para fins de urbanização não podem ser alienados, salvo autorização do Governo, quando tal se*

56 *Em Homenagem ao Professor Doutor Diogo Freitas do Amaral*

constitucional de atribuição de competências nem uma norma procedimental. A norma legal violava normas garantidoras de direitos e, logo, continha uma inconstitucionalidade material. Na opinião de Diogo Freitas do Amaral, o referido artigo 28.º da Lei dos Solos violava o artigo 8.º, n.º 15, da Constituição de 1933, que assegurava o direito de propriedade e sua transmissão em vida e por morte[84], e violava o artigo 14.º, n.º 1, da mesma Constituição, que assegurava às famílias, além do mais, o direito de exigir do Estado e das autarquias a constituição de lares independentes[85].

Por outras palavras, o mencionado artigo 28.º da Lei dos Solos criava uma restrição inconstitucional ao direito de propriedade, porquanto retirava aos proprietários de terrenos para fins de urbanização a capacidade de dispor deles, de os alienar, já que a alienação passava a depender de autorização do Governo, a conceder *«quando tal se justifique»*. Além disso, o mesmo normativo legal dificultava a manutenção, por parte das famílias, de lares independentes, já que a constituição do direito de superfície tornava as habitações familiares dependentes do termo desse direito.

4.5. Finalmente, uma palavra para ressaltar o espírito científico e de construção dogmática de Diogo Freitas do Amaral, numa área em que nenhum jurista se abalançara a entrar para estudar.

Com efeito e de um lado, a análise dos sumários mostra que as temáticas se ligam habilmente num encadeamento lógico (do planeamento de regiões para o planeamento de cidades e destes para o licenciamento das habitações e a enunciação dos regimes jurídicas das diferentes modalidades de construção social); de outro lado, a análise dos mesmos

---

justifique, devendo ser cedido o direito à utilização, mediante a constituição do direito de superfície, dos terrenos destinados aos empreendimentos que não devam ser realizados pela Administração».

[84] Dispõe o *«Artigo 8.º: Constituem direitos, liberdades e garantias individuais dos cidadãos portugueses: ...*

n.º 15: O direito de propriedade e a sua transmissão em vida ou por morte, nas condições determinadas pela lei civil;

...».

[85] Dispõe o *«Artigo 14.º: Em ordem à defesa da família, pertence ao Estado e autarquias locais:*

n.º 1: Favorecer a constituição de lares independentes e em condições de salubridade e a instituição do casal de família;

...».

Com um passo à frente: Estado de Direito, Direitos do Ordenamento ... 57

sumários revela que os problemas jurídicos novos não são contornados, antes escalpelizados – desde a natureza jurídica do plano à caracterização jurídica das medidas preventivas, passando pela tomada de posição sobre a definição de loteamentos urbanos, controversa à época, e pela distinção entre o ordenamento do território e o urbanismo.

O texto é acompanhado de referências de direito comparado, sendo interessante registar a menção à pioneira experiência, desenvolvida nos Estados Unidos da América, da *Tennesse Valley Authority,* que planeou de forma participada o uso da água na bacia hidrográfica do Tennesse Valley e permitiu o desenvolvimento ordenado da região e a adequada implantação de centros urbanos, uma experiência bem sucedida de democracia participativa, que continua ainda hoje uma referência para os estudiosos do ordenamento do território e do ambiente[86].

III

5. Com um passo à frente: a antevisão de uma nova civilização como pano de fundo do Direito do Ambiente

A iniciativa da Organização das Nações Unidas, na segunda metade dos anos sessenta do século XX, de desenvolver uma grande conferência internacional sobre a *«questão ambiental»*[87], que congregasse o maior número possível de Estados, desencadeou acções várias a nível mundial. Portugal não foi excepção. Em 1971, por iniciativa do Presidente do Conselho de Ministros, MARCELLO CAETANO, foi criada, na Junta Nacional de Investigação Científica, a *Comissão Nacional do Ambiente*[88].

Tendo presente que para a *«...preservação e melhoria do ambiente, a conservação da Natureza e a protecção e valorização dos recursos*

---

[86] Em especial, a dissertação de doutoramento de AMPARO SERENO ROSADO, defendida com êxito em Janeiro de 2010, na Universidade Católica Portuguesa, com o título *«O regime jurídico das águas internacionais. O caso das Regiões Hidrográficas Luso--Espanholas»*, a aguardar publicação.

[87] Sobre a *«questão ambiental»*, o nosso *O lugar do direito na protecção do ambiente*, Almedina, 2007.

[88] A Comissão Nacional do Ambiente foi criada pela Portaria n.º 316/71, de 19 de Junho de 1971.

naturais... é indispensável intensificar a investigação científica e tecnológica em relação a estes problemas e obter a colaboração cada vez mais activa das populações para a solução»[89], esta Comissão, de composição diversificada, começou a trabalhar nos planos científico e tecnológico. Além disso, preparou a participação portuguesa na *Conferência de Estocolmo,* em 1972, a 1ª Conferência Mundial sobre Meio Ambiente e Desenvolvimento, organizada pelas Nações Unidas. Esta conferência corresponde ao arranque de uma generalizada sensibilização dos cidadãos e dos Estados para a necessidade de alterar a forma de relacionamento do homem com o seu suporte de vida, o ambiente.

5.1. Mais tarde, a Constituição da República Portuguesa de 1976, que fez entrar Portugal no âmbito das democracias de tipo ocidental, irá ser uma das primeiras, a nível mundial, a consagrar, no artigo 66.º, o direito fundamental *«a um ambiente de vida humano sadio e ecologicamente equilibrado»,* de acordo com uma compreensão antropocêntrica do ambiente. A acentuação da dimensão de direito fundamental a um ambiente sadio e ecologicamente equilibrado seria reforçada no n.º 3 do artigo 52.º da Constituição com a abertura do direito de acção popular às acções de *«prevenção», «cessação»* ou *«perseguição judicial»* das infracções contra a *«degradação do ambiente».*

Por sua vez, a Lei de Bases do Ambiente, aprovada pela Lei n.º 11/87, de 7 de Abril, ainda em vigor, que se seguiu à Lei das Associações de Defesa do Ambiente, aprovada pela Lei n.º 10/87, de 4 de Abril, seriam os pilares do enquadramento jurídico da acção de defesa do ambiente em Portugal[90].

Não admira que a participação portuguesa na Conferência das Nações Unidas sobre Meio Ambiente e Desenvolvimento, realizada em 1992, no Rio de Janeiro (*Conferência do Rio*), também conhecida por *Cimeira da Terra*, marco de uma mais madura consciência do que está implicado na *«questão ambiental»,* fosse caracterizada por uma particular sensibilidade política, juridicamente alicerçada.

---

[89] Preâmbulo da Portaria n.º 316/71, de 19 de Junho de 1971.

[90] Esta lei das associações de defesa do ambiente foi substituída pela Lei n.º 35/98, de 18 de Julho, que aprovou o estatuto das organizações não-governamentais do ambiente (ONGAs).

No quadro das leis fundamentais de enquadramento da defesa ambiental tenha-se também presente a Lei n.º 83/95, de 31 de Agosto, conhecida como Lei sobre o Direito de Participação Procedimental e de Acção Popular.

Com um passo à frente: Estado de Direito, Direitos do Ordenamento ... 59

5.2. Quanto ao plano universitário, em especial quanto à investigação e ensino do Direito do Ambiente em Portugal, 1993 foi considerado por DIOGO FREITAS DO AMARAL como «*ano de oiro*»[91]. E por três razões fundamentais que correspondem a situações nas quais esteve directamente envolvido. Em primeiro lugar, porque fez parte do juri das provas de agregação de JOSÉ JOAQUIM GOMES CANOTILHO, na Universidade de Coimbra, que proferiu a lição oral, em 10 de Março de 1993, sobre «*Os actos autorizativos jurídico-públicos e responsabilidade por danos ambientais*» e terá sido esta a primeira prova académica numa Faculdade de Direito que versou sobre um tema de Direito do Ambiente[92]. Em segundo lugar, porque coordenou o primeiro curso de Direito do Ambiente que decorreu entre 22 de Março e 2 de Abril de 1993 na Faculdade de Direito da Universidade de Lisboa, integrado no Mestrado em «*Conservação da Diversidade Animal*» promovido pela Faculdade de Ciências e modelado num quadro de interdisciplinariedade[93]. Finalmente, em terceiro lugar, porque organizou um curso de Direito do Ambiente, realizado no Instituto Nacional de Administração, com a duração de duas semanas (17 a 28 de Maio)[94], no qual participaram inúmeros especialistas, estrangeiros e portugueses, e que cobriu um leque diversificado de temas jurídicos[95].

Foi o despertar, no mundo universitário, para a vertente jurídica da «*questão ambiental*».

5.3. Mas o Direito do Ambiente teve em 1993 o seu «*ano de oiro*», que DIOGO FREITAS DO AMARAL partilhou, por outra ordem de razões. Pensamos, em concreto, no enfoque inovador que, desde a primeira hora, JOSÉ JOAQUIM GOMES CANOTILHO, de um lado, e DIOGO FREITAS DO AMARAL, de outro, embora com perspectivas distintas, deram a este novo ramo do direito, rasgando, de forma pioneira, janelas de recompreensão do próprio Direito.

---

[91] «Apresentação» do 1.º Curso de Direito do Ambiente, organizado pelo Instittuo Nacional de Administração (INA), e publicada em *Direito do Ambiente*, INA, 1994, p. 13.

[92] O texto da lição encontra-se publicado no *Boletim da Faculdade de Direito da Universidade de Coimbra*, 1993, vol. LXIX.

[93] Os sumários deste curso e o elenco dos professores que assumiram as regências das diferentes aulas estão publicados na *Revista da Faculdade de Direito da Universidade de Lisboa*, ano XXXV, 1994, pp. 315-320.

[94] A organização e coordenação do curso de Direito do Ambiente no INA foi empreendida por DIOGO FREITAS DO AMARAL e por MARTA TAVARES DE ALMEIDA.

[95] Os textos das lições deste curso estão publicadas no livro *Direito do Ambiente*, INA, 1994.

Centrando a atenção na perspectiva de Diogo Freitas do Amaral, registamos a percepção que o Autor teve de que o Direito do Ambiente só poderia ser entendido em termos teóricos após a reordenação filosófica dos fundamentos do Direito. Deve, pois, em seu enbtender, partir-se de uma visão evolutiva do pensamento filosófico, particularmente o que analisa *«o problema da relação entre o Homem e a Natureza»*[96].

A passagem de um antropocentrismo utilitarista, em que a Natureza é vista como objecto de domínio do Homem, um domínio justificado com a utilidade da Natureza para o próprio Homem, para uma nova compreensão em que se reconhece a Natureza como um valor a preservar, independentemente da sua eventual utilidade para o Homem, corresponde, na opinião de Diogo Freitas do Amaral, a uma evolução essencial à modelação dos direitos e deveres em que o Direito do Ambiente se vai concretizar[97]. E, seguindo esta linha de pensamento, afirma que é *«uma nova era em que a humanidade está a entrar... é mesmo, porventura, uma nova civilização»*. Tudo para concluir que a *«nova civilização... começa a gerar o seu Direito – um novo tipo de Direito»*[98], sem natureza técnica.

5.5. Também aqui o tempo tem vindo a dar razão a Diogo Freitas do Amaral, já que a protecção do ambiente, em grande medida coincidente com a necessidade de garantir a continuidade de vida na Terra, com dignidade, exige, no âmbito da ciência jurídica, a incomodidade de reflectir sobre o que ainda não foi pensado, como procurámos demonstrar no nosso estudo *«O lugar do direito na protecção do ambiente»*[99]. Além disso, demanda a renovação do próprio sentido de validade do Direito num horizonte temporalmente alargado, já que nem metaforicamente se aceita hoje o brocado latino *«fiat iustitia, pereat mundus»*[100].

---

[96] «Apresentação» do 1.º Curso de Direito do Ambiente, organizado pelo Instituto Nacional de Administração (INA), e publicada em *Direito do Ambiente*, INA, 1994, p. 14.

[97] «Apresentação» do 1.º Curso de Direito do Ambiente, organizado pelo Instituto Nacional de Administração (INA), e publicada em *Direito do Ambiente*, INA, 1994, p. 17.

[98] «Apresentação» do 1.º Curso de Direito do Ambiente, organizado pelo Instituto Nacional de Administração (INA), e publicada em *Direito do Ambiente*, INA, 1994, p. 17.

[99] *O lugar do direito na protecção do ambiente,* Almedina, 2007.

[100] Sobre este brocado latino, o nosso *O lugar do direito na protecção do ambiente,* Almedina, 2007, p.423. Sobre a renovação do sentido de validade do direito exigido pelo Direito do Ambiente, pp. 433 e ss.. Em diálogo com o que então afirmámos, António Castanheira Neves, «O direito interrogado pelo tempo presente na perspectiva do futuro» in *Boletim da Faculdade de Direito da Universidade de Lisboa,* 2007, vol. LXXXIII, pp. 68 e ss.

A *«questão ambiental»,* tornada *«questão de destino» (Schicksalfrage),* convoca todos para a acção, cidadãos e Estados, e transforma o nosso quotidiano, na ampliação da atenção às rupturas relacionais onde a justiça irrompe e se estrutura[101]. Não admira, por isso, que a novidade com que a cidadania tende hoje a ser criativamente exercida, por força da protecção do ambiente, traga à memória o sentido ético da virtude aristotélica do cidadão, como tão-pouco admira que seja através da justiça que o risco ambiental e o tempo longo da continuidade da vida na Terra entrem no direito. Porque é no diálogo entre justiça e direito, fora de estreitas análises técnico-jurídicas, que se constrói a acção humana com futuro, uma acção que simultaneamente caracteriza a criação e a concretização do Direito do Ambiente.

Mas como *«'direito novo' pertence-lhe adiantar princípios, institutos, formas de actuação, esquemas de decisão e de valoração»,* como recentemente afirmou JOSÉ JOAQUIM GOMES CANOTILHO[102]. E isso mesmo teve presente DIOGO FREITAS DO AMARAL quando, depois de ter rasgado os horizontes jurídicos do Direito, em razão do *'direito novo'* (Direito do Ambiente), ensaiou, a partir da Lei de Bases do Ambiente, uma tipologia de *«ilícitos ecológicos»,* bem como uma tipologia das diferentes medidas repressivas legalmente previstas, tendo em conta as ofensas ecológicas[103].

Porque é importante que o Direito do Ambiente se enraíze, estruture, robusteça, enfim, tenha futuro. Tudo porque, como MICHAEL KLOEPFER sugestivamente escreveu, *«sem ele, não haverá qualquer futuro»*[104].

---

[101] PIERRE MOOR, *Dynamique du système juridique,* Bruylant, L.G.D.J., 2010, pp. 24-30.

[102] «Recensão do livro O lugar do direito na protecção do ambiente», Almedina, 2007, in *Revista do Centro de Estudos do Direito do Ordenamento do Território, Urbanismo e Ambiente* (RevCEDOUA), n.º 20, 2007, p. 164.

[103] «Lei de Bases do Ambiente e Lei das Associações de Defesa do Ambiente»», in *Direito do Ambiente,* INA, 1994, pp. 369-370 e 372-373.

[104] *Umweltrecht,* 3ª Auflage, Beck, 2004, p. 9.

O CONCEITO DE EMPRESA PÚBLICA
NO PENSAMENTO DE DIOGO FREITAS DO AMARAL[1]

João Caupers

1. Tempo: Outubro de 1969. Local: Faculdade de Direito da Universidade de Lisboa. Apresenta-se a mais de 300 estudantes do 2.º ano, para a primeira aula de Direito Administrativo do ano lectivo de 1969/1970, o jovem Primeiro Assistente Diogo Freitas do Amaral, discípulo de Marcello Caetano e herdeiro da cátedra de Direito Administrativo que fora até há bem pouco sua. Numa confirmação – desnecessária – da sua juventude, numa das aulas seguintes apareceria fardado, com os galões de Segundo Tenente da Reserva Naval.

O meu contacto com Diogo Freitas do Amaral durou esse ano lectivo. Impressionaram-me a clareza da sua exposição, a forma elaborada como sistematizava o seu pensamento e o método rigoroso com que confrontava posições e ponderava argumentos – tudo deixando adivinhar, para além de um apurado sentido jurídico, uma cuidadosíssima preparação das aulas.

Concluído o segundo ano, preocupado com outras disciplinas e envolvido nas lutas académicas do princípio da década de 70, apenas o vi esporadicamente na Faculdade, até ao termo do meu curso, em Julho de 1973. Após 25 de Abril de 1974, através da televisão, habituei-me a vê-lo noutros contextos.

Quando, na preparação do ano lectivo de 1984/1985, assistente estagiário, transferido para o Grupo de Ciências Jurídico-Políticas, após dois anos de serviço no Grupo de Ciências Jurídico-Económicas, participei na

---

[1] Por João Caupers, Professor Catedrático da Faculdade de Direito da Universidade Nova de Lisboa.

primeira reunião de distribuição do serviço docente do meu novo grupo, verifiquei que nos encontrávamos ambos na situação de quase estranhos: ele, porque havia estado vários anos afastado do ensino; eu, porque provinha de outra área.

Não estando nenhum dos então regentes das disciplinas do grupo especialmente interessado na minha colaboração, acabei integrado na equipa de Diogo Freitas do Amaral, juntamente com o meu colega e depois grande amigo, João Raposo.

Não creio que Diogo Freitas do Amaral se lembrasse de mim, estudante entre muitos outros, que nem sequer se havia distinguido especialmente na disciplina de direito administrativo. Tal como eu, não conhecia quase nenhum dos mais novos membros do grupo. Pela minha parte, julgo que se conformou com o que lhe saiu em sorte.

Encetámos então uma longa relação: com ele trabalhei e aprendi, na faculdade e fora dela, até ao meu doutoramento, que foi por ele orientado, com empenho, meticulosidade e exigência. O que sei de direito administrativo, aprendi-o, em larga medida, com ele. Aquilo de que sou capaz, como docente e investigador, também. Manteve comigo uma relação da maior cordialidade e amizade, que eu sempre procurei retribuir com respeito, estima e lealdade. Conhecedor das suas ideias e da sua profunda insatisfação quanto ao estado do ensino do direito em Portugal, nem hesitei em aceitar o seu convite para me transferir para a Faculdade de Direito da Universidade Nova de Lisboa, que ele e outros acabavam de criar. Aí completaria a minha carreira académica e viria a exercer as funções de seu subdirector.

Diogo Freitas do Amaral nunca me impôs os seus pontos de vista científicos ou pedagógicos. Sempre tive total liberdade de dele divergir; e com ele discuti, sem quaisquer restrições, os problemas e as soluções. Até por isso mesmo, e independentemente de naturais divergências, fui muito influenciado pela sua maneira de ver o ensino, a universidade e a docência. Foi com este espírito e em nome dessa sólida relação, que me decidi correr o risco de escrever sobre uma parte relevante do seu pensamento jusadministrativo.

E falo em *correr o risco*, porque expor e comentar o pensamento de alguém envolve sempre uma certa dose de presunção: partimos do princípio, obviamente indemonstrável, de que compreendemos – ou, pelo menos, julgamos compreender – aquele pensamento. Oxalá seja assim.

Interessando-me por problemas de organização administrativa, considerei lógico procurar neste âmbito um tema apropriado. O conceito de empresa pública pareceu-me uma boa escolha. Não por concordar – ou para concordar – com a maneira de ver de Diogo Freitas do Amaral, mas porque o tema lhe suscitou muitas e importantes reflexões, ao longo de décadas. Independentemente da minha posição sobre o tema, julgo que expor e comentar aquele que creio ser o seu pensamento é a melhor homenagem que lhe posso prestar.

2. Esperando não me ter escapado nada de importante, recenseei e pude aceder (num caso, graças ao valioso auxílio de uma Colega), a sete escritos em que Diogo Freitas do Amaral aborda o conceito de empresa pública.

O primeiro desses escritos foi, tanto quanto pude apurar, *As modernas empresas públicas portuguesas*, datado de 1971. O texto reproduz uma conferência proferida pelo Autor em Espanha.

O segundo escrito foram os *Sumários* de Direito Administrativo I, relativos ao ano lectivo de 1972-1973 (policopiados).

O terceiro escrito foram as *Lições* de Direito Administrativo, datadas de 1983 (policopiadas).

O quarto escrito foram novas *Lições* de Direito Administrativo, datadas de 1986 (policopiadas).

Os quinto, sexto e sétimo escritos foram as três edições do primeiro volume do *Curso de Direito Administrativo*, publicadas, respectivamente, em 1986, 1994 e 2006, pela Editora Almedina, de Coimbra.

3. O primeiro escrito de Diogo Freitas do Amaral publicado sobre o tema foi, como se disse, *As modernas empresas públicas portuguesas*, em 1971.

Trata-se, naturalmente, de um texto cuja compreensão exige uma contextualização, considerada a época em que foi escrito – em plena "primavera marcelista" – e, também, o público a quem se destinava, constituído por académicos espanhóis.

Diogo Freitas do Amaral começa por recordar as razões que conduziram à criação de empresas públicas na Europa – os processos de nacionalização desenvolvidos no pós-guerra em diversos países europeus, como a França e o Reino Unido, mas não em Portugal. Após ter tratado destes casos – no âmbito dos quais uma empresa privada preexistente foi transformada numa empresa pública – Diogo Freitas do Amaral passa a analisar a criação de empresas públicas de raiz pelo Estado – quando o próprio substrato empresarial é criado por este –, passando em revista as razões de tal criação e ponderando as inerentes vantagens e inconvenientes.

Centrando-se depois em Portugal, historia, breve e sucintamente, a criação de empresas pelo Estado, para logo se concentrar na situação das empresas públicas portuguesas à data em que escreve. Sublinha a falta de um regime jurídico específico destas, adequado à sua natureza empresarial e às respectivas necessidades de gestão, e as dificuldades que tal falta origina. Enumera e comenta os – poucos – contributos doutrinários nacionais para a teoria administrativa da empresa pública, praticamente limitados aos escritos de Marcello Caetano e Augusto de Athayde.

Passando então ao conceito de empresa pública – que constitui como que o centro de gravidade do seu escrito –, Diogo Freitas do Amaral considera que nele coexistem, nas suas próprias palavras, dois elementos essenciais: *por um lado, a combinação de factores produtivos e a produção para o mercado – é o carácter empresarial; por outro, os capitais públicos e a direcção pública – é o carácter público*[2].

4. Enunciados estes traços, que eram incontroversos à época, Diogo Freitas do Amaral passa a equacionar dois outros aspectos, esses menos pacíficos quanto à sua inclusão no conceito de empresa pública: o fim da empresa – isto é, a questão de saber se este é necessariamente lucrativo ou não – e a eventual inclusão no conceito de empresa pública também das empresas constituídas sob a forma de sociedades comerciais em que haja participação de capitais públicos.

No que toca à primeira questão, a posição de Diogo Freitas do Amaral pode resumir-se assim: para se tratar verdadeiramente de uma empresa, uma organização teria de visar a obtenção de lucro. Uma organização que assentasse na combinação de factores de produção e na produção de bens para o mercado mas não tivesse por objectivo o lucro, seria uma unidade produtiva, sem dúvida, mas não uma empresa. É, de resto, esta distinção que funda a afirmação de Diogo Freitas do Amaral de que certas organizações podem assumir ou não a natureza de empresas, consoante a obtenção de lucro esteja ou não entre os seus objectivos[3].

Quanto à segunda questão, a posição de Diogo Freitas do Amaral não é tão clara: fazendo referência a uma doutrina não identificada, atribui-lhe a inclusão no conceito de empresa pública das empresas em que o Estado detenha a maioria do capital – ou, por qualquer outra via, exerça

---

[2] *As modernas empresas públicas portuguesas*, p. 334.
[3] *Op. cit.*, p. 335.

O Conceito de Empresa Pública no Pensamento de Diogo Freitas do Amaral   67

controlo efectivo –, parecendo subscrever esta posição. Acrescenta, contudo, que *as leis e a prática administrativas parecem adoptar* outra posição: *nenhuma sociedade de economia mista em que o Estado seja maioritário ou exerça o domínio efectivo aparece legal ou administrativamente qualificada como empresa pública, mas sim como empresa de interesse colectivo*[4].

Quer dizer: Diogo Freitas do Amaral parece admitir que caibam no conceito de empresa pública sociedades comerciais de capitais maioritariamente públicos; mas sublinha que tal qualificação não tem a seu favor a lei nem a prática administrativa.

Mas o conceito de empresa pública de Diogo Freitas do Amaral não se ficava por aqui: incorporava outros três traços, que reconhecia nas empresas públicas então existentes, e que resumia em três *ideias basilares: direcção colegial, autonomia, gestão privada*[5].

A direcção colegial ditava a repartição por várias pessoas das responsabilidades que numa organização pública tradicional se concentram no órgão singular que ocupa o topo de uma hierarquia administrativa; a autonomia permitia à empresa escapar às peias burocráticas da administração pública, com os seus mecanismos de controlo e rituais administrativos; a gestão privada possibilitava a sua operação num contexto jurídico favorável à actividade empresarial.

5. Supomos que se pode afirmar, sem grande margem de erro, que, à época, o conceito de empresa pública de Diogo Freitas do Amaral correspondia, no essencial, a uma **organização produtiva com um propósito lucrativo pertencente ou controlada pelo Estado** (ou por outro ente público), **autónoma, colegialmente dirigida e operando segundo as regras da gestão privada.**

Um tal conceito representava, na prática, a recepção pelo direito de uma realidade essencialmente económica, que, por isso mesmo, não se preocupava com o estatuto jurídico da organização[6]. Na verdade, Diogo Freitas do Amaral não incluía na noção de empresa pública nem a personalidade jurídica pública, nem, sequer, a personalidade jurídica, *tout*

---

[4] *Op. cit.*, p. 336.
[5] *Op. cit.*, p. 337.
[6] Diogo Freitas do Amaral escreveu mesmo que tais organizações *podiam ter ou não ter personalidade jurídica, tanto de direito público como de direito privado – op. cit.*, p. 337.

court. Sublinhamos este ponto, na medida em que ele iria conhecer uma significativa evolução nos escritos subsequentes do Autor.

6. Esta visão, essencialmente económica, da empresa pública não era uma originalidade de Diogo Freitas do Amaral, antes se situando na linha de continuidade do pensamento de Marcello Caetano. É fácil comprovar esta nossa afirmação.

Na décima edição do Volume I do *Manual de Direito Administrativo* pode ler-se esta frase:

A empresa pública corresponde a um conceito económico e pode ter por suporte jurídico uma pessoa colectiva de direito público ou uma pessoa colectiva de direito privado[7].

E, na página seguinte:

À essência do conceito de empresa pública bastam a autonomia de administração, o fim de produzir bens ou serviços, e o destino destes ao mercado mediante venda por preços economicamente calculados... Assim, o que faz com que uma empresa, em sentido económico, possa ser considerada pública *é a conjugação dos capitais públicos com a direcção pública, ou seja, os capitais são fornecidos por uma pessoa colectiva de direito público e os órgãos dirigentes da empresa são nomeados e exonerados pelo Governo, ao qual pertencem ainda os poderes de tutela.*

Nestes dois excertos encontramos, já suficientemente explicitadas:

– a vertente económica do conceito de empresa pública, consubstanciada na combinação de factores capazes de produzir um bem destinado ao mercado (cfr., ainda, a página 378);

– e a vertente pública, traduzida nos capitais públicos e na direcção pública.

Mais importante: não encontramos qualquer exigência relativamente à personalidade jurídica, que pode ser pública ou privada, ou, mesmo não existir de todo (cfr. a página 377).

Como se vê, o essencial do pensamento de Diogo Freitas do Amaral já estava presente nos escritos do seu Mestre: o que ele fez foi aprofundar e resistematizar esse pensamento, conferindo-lhe uma racionalidade acrescida e uma "transparência" lógica, que constituíram desde sempre uma das mais notáveis características da sua forma de construir a ciência jurídica e de ensinar o direito.

---

[7] 5.ª reimpressão, Coimbra, 1991, p. 377.

7. No ano lectivo de 1972/1973, Diogo Freitas do Amaral prossegue com a regência da disciplina de Direito Administrativo na Faculdade de Direito de Lisboa, regência que havia sido iniciada em 1968, após Marcello Caetano ter assumido as funções de Presidente do Conselho de Ministros. Dessa docência resulta a publicação, em fascículos policopiados, de sumários das suas aulas.

Naturalmente que num escrito desta natureza não se poderiam encontrar grandes considerações teóricas: nas páginas que se lhes referem – 53-54 – apenas se encontram resumidos os principais traços das empresas públicas, com a menção inicial de que se abordam apenas as que constituem uma espécie de institutos públicos e a advertência de que nem todas dispõem de personalidade jurídica. Os termos em que o Autor menciona a natureza empresarial e o carácter público, vertentes essenciais do conceito, não se distinguem dos do escrito anterior.

8. Datam de 1983 as primeiras lições policopiadas de Direito Administrativo a que tivemos acesso, reflexo do ensino de Diogo Freitas do Amaral na Faculdade de Direito da Universidade de Lisboa. Nestas, as empresas públicas ocupam as páginas 422 a 479 do Volume I.

Tratando-se de um escrito já posterior à Constituição de 1976, bem como ao Estatuto das Empresas Públicas (EEP) aprovado nesse mesmo ano[8], compreende-se a meticulosidade – e, talvez mesmo, uma certa "vibração" – com que o problema das nacionalizações é abordado. Talvez um pouco ironicamente, se se considerar que no escrito anterior Diogo Freitas do Amaral havia sublinhado, com verdade, a circunstância de não ter havido em Portugal nenhuma vaga de nacionalizações, como noutros países europeus: as nacionalizações que outros conheceram no período subsequente à segunda guerra mundial, ocorreram entre nós trinta anos depois, no pós-guerra colonial[9].

Diogo Freitas do Amaral aborda as empresas nacionalizadas com a preocupação evidente de construir um quadro que pretende cientificamente rigoroso, limpo de convicções políticas e despido de preconceitos ideológicos – tarefa bem difícil no contexto político em que então ensinava e escrevia. Tentando expurgar o conceito do "creme" político-ideo-

---

[8] Decreto-Lei n.º 260/76, de 8 de Abril.

[9] Ou, se se preferir, como escreveria mais tarde o próprio Diogo Freitas do Amaral, *a seguir ao 25 de Abril de 1974* – cfr. a primeira edição do *Curso de Direito Administrativo*, I Volume, Coimbra, 1986, p. 335.

lógico com que o léxico então dominante o "recheava", Diogo Freitas do Amaral sustenta que as empresas nacionalizadas mais não eram, afinal, do que empresas que, tendo existido como privadas, haviam sido transformadas em empresas públicas[10]. Se recordarmos os dois elementos essenciais do conceito de empresa pública, tal como Diogo Freitas do Amaral o delineara no escrito anterior – o carácter empresarial e o carácter público –, estar-se-ia perante uma empresa que adquirira carácter público por via do acto de nacionalização.

Diogo Freitas do Amaral ocupa-se depois de comentar criticamente – muito criticamente – o conceito de empresa pública constante do n.º 1 do artigo 1.º do EEP. Três pontos principais constituem alvo das suas críticas:

a) A omissão pelo legislador de qualquer conceito de empresa;
b) A referência à criação da empresa pública pelo Estado;
c) Acima de tudo, os passos da definição legal que, com a marca da época, relacionavam as empresas públicas com o planeamento económico nacional e a construção de uma sociedade democrática e de uma economia socialista, aspectos que o Autor considerava nada terem a ver com o conceito em si.

Diogo Freitas do Amaral conclui a sua análise com uma frase que resume bem o seu pensamento:

Trata-se, portanto, [as empresas públicas] *de **unidades económicas** de tipo empresarial e, ao mesmo tempo, de **entidades** jurídicas de carácter público* (sublinhados do Autor)[11].

No desenvolvimento do seu pensamento, Diogo Freitas do Amaral enfatiza e aprofunda um aspecto que já tinha considerado no seu escrito anterior: o fim lucrativo como exigência da natureza empresarial.

9. Mas o ponto mais interessante das ideias que Diogo Freitas do Amaral veicula neste escrito tem a ver com a personalidade jurídica pública que, conjuntamente com o capital público e a direcção pública, considera constituir os três traços fundamentais da empresa pública[12].

No seu primeiro escrito, Diogo Freitas do Amaral não incluíra no conceito de empresa pública, como sublinhámos, nem a personalidade jurídica pública, nem, sequer, a personalidade jurídica.

---

[10] *Lições,* 1983, p. 426-427.
[11] *Lições,* 1983, p. 431.
[12] Noutros pontos conserva a referência, constante do anterior escrito, às necessárias *autonomia* (p. 454), *direcção colegial* (p. 457) e *gestão privada* da empresa pública (p. 468).

O Conceito de Empresa Pública no Pensamento de Diogo Freitas do Amaral 71

No que respeita a esta última, continua a não a considerar necessária: admite, como já admitira anteriormente, a existência de empresas públicas desprovidas de personalidade jurídica, citando como exemplos os serviços municipalizados com natureza empresarial[13].

Relativamente à personalidade jurídica pública, porém, o pensamento de Diogo Freitas do Amaral conhece uma evolução. Parece inclinar-se agora no sentido de considerar que todas as empresas públicas com personalidade jurídica – a grande maioria – têm necessariamente personalidade jurídica *pública*.

Na verdade, de dois passos do seu escrito se pode concluir que, no seu entendimento, as organizações empresariais que não têm personalidade jurídica pública não têm, de todo, personalidade jurídica.

No primeiro passo, após haver escrito que existem empresas públicas que são institutos públicos e outras que o não são, acrescenta que *há algumas raras, que não são institutos públicos, porque não têm personalidade jurídica, nem autonomia administrativa e financeira*[14].

No segundo passo, ao abordar a personalidade jurídica pública da empresa pública, escreve que esta *não é essencial ao conceito de empresa pública*, sublinhando que *pode haver empresas públicas que não têm personalidade jurídica, **como é o caso dos serviços municipalizados*** (sublinhado nosso)[15].

Quer dizer: a alternativa parece ser entre ter personalidade jurídica pública – a regra – ou não ter (nenhuma) personalidade jurídica – a excepção. A outra hipótese – ter personalidade jurídica, **mas não personalidade jurídica pública** não é explicitamente colocada por Diogo Freitas do Amaral. Aparentemente, o Autor apenas considerava tal possibilidade se o capital da empresa não fosse integralmente público, caso em que se estaria perante uma empresa de economia mista[16].

Mas Diogo Freitas do Amaral não desconhecia, evidentemente, a sociedade de capitais integralmente públicos, constituída nos termos do direito privado – bastante rara naquela época, diga-se. O que sucede é que duvidava que sociedades deste tipo fossem verdadeiras empresas públicas, como demonstra o facto de, noutro ponto do seu escrito, na página 450, pronunciando-se sobre a forma das empresas públicas, referir as

---

[13] *Lições*, 1983, pp. 424-425 e 450.
[14] *Lições*, 1983, p. 424.
[15] *Lições*, 1983, p. 440.
[16] *Lições*, 1983, pp. 440-441.

empresas públicas sob forma privada, como seria o caso *das sociedades comerciais com capitais exclusivamente públicos*, para concluir que *é duvidoso que nestes casos se esteja perante verdadeiras empresas públicas em sentido jurídico* (sublinhados nossos).

Este passo é especialmente significativo, visto que é a primeira vez, supomos, que a expressão *empresas públicas em sentido jurídico* aparece nos escritos de Diogo Freitas do Amaral – no texto anterior, como se disse, o conceito de empresa pública apresentava base essencialmente económica.

Na verdade, as dúvidas do Autor relativamente à natureza das sociedades comerciais de capitais exclusivamente públicos somente podiam radicar na falta de personalidade jurídica pública – um elemento puramente jurídico, portanto –, uma vez que todos os outros elementos do conceito se achavam presentes naquela espécie de sociedades: carácter empresarial, capital público, direcção pública colegial, gestão privada.

O pensamento de Diogo Freitas do Amaral parecia, pois, evoluir no sentido de um conceito mais jurídico do que económico de empresa pública.

10. Chegamos assim ao terceiro escrito, as segundas lições policopiadas, de 19861. Nestas Diogo Freitas do Amaral não altera em nenhum ponto significativo as suas ideias relativamente ao conceito de empresa pública.

O único aspecto a merecer referência é o empenho com que o Autor procura demonstrar que as alterações ao EEP, consubstanciadas no Decreto-Lei n.º 29/84, de 20 de Janeiro, não impunham qualquer revisão da sua tese de que o fim lucrativo constituía um elemento essencial do conceito de empresa pública.

Referia-se Diogo Freitas do Amaral às alterações ao artigo 21.º do mencionado estatuto, que tinham eliminado do texto da lei expressões como *princípios de economicidade* ou *remuneração do capital investido*. Segundo ele, as novas expressões utilizadas pelo legislador – *taxa de rentabilidade*, *período de recuperação do capital* ou *rentabilidade da exploração* – demonstravam, tão bem como as expressões eliminadas, que a empresa pública tinha necessariamente um propósito lucrativo[17].

11. Em 1986 Diogo Freitas do Amaral publica a primeira edição do primeiro volume do seu *Curso de Direito Administrativo*.

---

[17] *Lições*, 1986, p. 449.

O *Conceito de Empresa Pública no Pensamento de Diogo Freitas do Amaral* 73

Também neste escrito o Autor não altera em nenhum ponto significativo o seu conceito de empresa pública. Continua, designadamente, a considerar que as *sociedades comerciais formadas com capitais exclusivamente públicos* não são *verdadeiras empresas públicas, em sentido jurídico*[18], confirmando a evolução que sublinhámos no sentido de um conceito mais jurídico do que económico de empresa pública.

Um aspecto, porém, do seu pensamento é objecto de clarificação: referimo-nos ao sentido da aplicação às empresas públicas dos princípios e regras da gestão privada.

Diogo Freitas do Amaral esclarece que esta aplicação não é sinónimo de sujeição das actividades das empresas públicas ao direito privado, lembrando que às empresas privadas se aplicam múltiplas regras de vários ramos de direito público – de Direito Fiscal, de Direito Processual Civil, de Direito Penal Económico. O sentido da aplicação às empresas públicas dos princípios e regras da gestão privada seria, antes, o de que o direito aplicável às empresas públicas é, tendencialmente, o mesmo que se aplica normalmente às empresas privadas[19].

12. O primeiro volume do *Curso de Direito Administrativo* conheceu nova edição em 1994.

Nesta, o Autor incluiu uma nova – pelo menos, formalmente – definição de empresa pública: *organização económica de fim lucrativo criada com capitais públicos e sob a direcção e superintendência de órgãos da Administração Pública*[20].

Esta definição pouco difere, em substância, da anterior: numa precisão que julgou necessária relativamente à primeira edição do *Curso*, Diogo Freitas do Amaral acrescenta ao elemento *direcção* pública (que integra na vertente a empresa pública como entidade pública) o termo *superintendência*. Tratou-se, seguramente, de afinar o conceito em função da nomenclatura utilizada para cobrir as intervenções dos órgãos da Administração Pública que *superintendem* na empresa.

Os passos mais interessantes das páginas que o Autor dedica à empresa pública nesta segunda edição são constituídos pela análise da personalidade jurídica desta.

---

[18] *Curso de Direito Administrativo*, I volume, 1.ª edição, cit., p. 350.
[19] *Curso de Direito Administrativo*, I volume, 1.ª edição, cit., p. 361.
[20] *Curso de Direito Administrativo*, I volume, 2ª edição, Coimbra, 1994, p. 365.

No essencial, Diogo Freitas do Amaral não se afasta das posições que já vinha defendendo na matéria:

a) Começa por manter a ressalva da existência de empresas públicas sem personalidade jurídica;
b) Continua a desconsiderar a existência de sociedades anónimas de capitais exclusivamente públicos[21];
c) Mantém que as empresas de economia mista não são empresas públicas.

Nesta ordem de ideias, escreve:

*Sublinharemos, uma vez mais, que se restringirmos o nosso estudo, como estamos a fazer, às empresas públicas que sejam pessoas colectivas, **a personalidade jurídica de direito público é um traço permanente dessas empresas*** (os sublinhados são nossos)[22].

Feita esta afirmação, Diogo Freitas do Amaral volta um pouco atrás e passa a ponderar detalhadamente a personalidade jurídica das empresas públicas. Pergunta-se então: assente esta, trata-se de personalidade de direito público ou de direito privado?

Analisando as diversas posições doutrinárias então conhecidas, reparte-as por três grupos.

No primeiro grupo inclui aqueles que, como Marcello Caetano e ele próprio, entendiam que as empresas públicas (dotadas de personalidade jurídica) eram, *ipso jure*, pessoas colectivas públicas.

No segundo grupo reúne os que sustentavam que as empresas públicas tanto podiam ter personalidade jurídica pública como personalidade jurídica privada – como os jusadministrativistas Sérvulo Correia e Mário Esteves de Oliveira.

No último, limitava-se a referir uma posição isolada, que considerava as empresas públicas «pessoas colectivas públicas de direito privado».

Excluída esta última posição – que era uma espécie de jogo de palavras, incapaz de explicar o que quer que fosse –, restavam as outras duas.

Compreende-se facilmente o que as opunha.

De um lado estavam os que privilegiavam a natureza empresarial da empresa pública, enfatizando os aspectos económicos e desconsiderando as características da sua personalidade jurídica – posição, de resto, próxima da que Diogo Freitas do Amaral defendera no seu primeiro escrito.

---

[21] Que designa por *empresas de interesse colectivo* – cfr. *Curso de Direito Administrativo*, I volume, 2ª edição, p. 375.

O Conceito de Empresa Pública no Pensamento de Diogo Freitas do Amaral 75

Do outro lado, aqueles que, como agora Diogo Freitas do Amaral, salientavam os aspectos jurídicos do conceito, exigindo, como condição da empresarialidade pública, a personalidade jurídica pública.

13. Chegamos assim ao derradeiro escrito de Diogo Freitas do Amaral, a 3ª. edição do 1.º Volume do *Curso de Direito Administrativo*, aparecida em 2006.

Nesta edição o pensamento de Diogo Freitas do Amaral relativamente às empresas públicas sofre alterações muito apreciáveis. Escrevendo já após a substituição do velho EEP de 1976 pelo regime aprovado pelo Decreto-Lei n.º 558/99, de 17 de Dezembro, o Autor é manifestamente influenciado pela revisão operada no quadro legal aplicável à matéria.

Diogo Freitas do Amaral começa por recordar a sua posição relativamente às empresas nacionalizadas, para passar depois a uma breve história das empresas públicas em Portugal, história que reparte por três períodos: antes de 25 de Abril de 1974, desde esta data até 1999 e desde então até ao momento em que escreve. Desta divisão se extrai a importância decisiva que atribui ao diploma legal de 1999 que, na verdade, iria fundar importantes alterações ao seu pensamento.

Diogo Freitas do Amaral chama a atenção para aquilo que considera uma *diferença fundamental* entre o diploma de 1976 e o de 1999: *enquanto o de 1976 só se ocupava de uma espécie de empresas públicas, que era então praticamente a única importante que existia – a saber, a das empresas públicas sob forma pública* [sublinhados do Autor], *isto é, as que eram juridicamente institutos públicos –, o diploma de 1999 visa regular genericamente o «sector empresarial do Estado»* ...[23].

Seguidamente, Diogo Freitas do Amaral enumera as três espécies de empresas previstas no diploma legal, das quais apenas nos interessam duas: as *empresas públicas sob forma privada*, que são sociedades comerciais sobre as quais o Estado exerce o seu controlo, e as *empresas públicas sob forma pública*, qualificadas legalmente como «entidades públicas empresariais», que são pessoas colectivas públicas[24].

---

[22] *Curso de Direito Administrativo*, I volume, 2ª edição, cit., p.370.

[23] *Curso de Direito Administrativo*, Volume I, 3.ª edição, Coimbra, 2006, p.390.

[24] A terceira espécie de empresas, que não releva aqui, é constituída pelas empresas em que o Estado detenha uma participação minoritária, que não são, na terminologia adoptada pelo legislador, empresas públicas.

14. Tendo em conta a alteração legislativa e considerando expressamente que o legislador de 1999 *alargou muito o conceito de empresa pública, face ao conceito do D.L. n.º 260/76*[25], Diogo Freitas do Amaral procede à revisão do seu próprio conceito de empresa pública, escrevendo desta feita que *a forma jurídica da empresa pública é irrelevante para a definição do respectivo conceito, uma vez que há empresas públicas sob a forma de pessoas colectivas públicas, e há empresas públicas que são sociedades comerciais, as quais constituem pessoas colectivas privadas*[26].

Fazendo incidir a sua atenção sobre estas últimas, acrescenta que estas se caracterizam pela sua *subordinação à «influência dominante» do Estado, ou de outras entidades públicas, a qual pode resultar, quer da «maioria do capital», quer da existência de «direitos especiais de controlo»*[27].

Tudo considerado, Diogo Freitas do Amaral reformula o seu conceito de empresa pública, que continua a comportar dois elementos:

a) O elemento *empresarial*, que se mantém associado à prossecução de um fim lucrativo;

b) O elemento *público*, que decorre de um de dois factores – a titularidade da maioria do capital por entidades públicas ou a sujeição da empresa a uma influência pública dominante, em resultado da existência de direitos especiais de controlo por parte de tais entidades.

Resumindo, Diogo Freitas do Amaral adopta a seguinte definição de empresa pública:

Organização económica de fim lucrativo, criada e controlada por entidades jurídicas públicas[28].

15. O pensamento de Diogo Freitas do Amaral expresso neste último escrito, tanto pela sua actualidade, como pela revisão de anteriores posições que opera, justifica um comentário crítico mais aprofundado.

Começamos pela afirmação feita pelo Autor de que o velho EEP apenas tratou uma das espécies de empresas públicas existentes, a empresa pública sob forma pública. E chamamos a atenção para este ponto porque

---

[25] *Curso*, Volume I, 3.ª edição, cit., p. 396.
[26] *Curso*, Volume I, 3.ª edição, cit., p. 391.
[27] Idem.
[28] *Curso*, Volume I, 3.ª edição, cit., p. 392.

Diogo Freitas do Amaral nunca havia considerado explicitamente a existência de duas espécies de empresas públicas.

Na verdade, no seu primeiro texto, como acentuámos, parecia inclinar-se para um conceito de base essencialmente económica, não lhe importando especialmente a questão da personalidade jurídica pública. O conceito resultava, assim, unitário. Não parecia haver então espaço para a delimitação de duas eventuais espécies do género empresa pública.

A partir do seu terceiro escrito, porém, o conceito de empresa pública de Diogo Freitas do Amaral, acompanhando o EEP, ganha uma tonalidade claramente jurídica, que acaba por se sobrepor à base económica. Fala então de *empresa pública em sentido jurídico*.

Todavia, nem neste escrito, nem em qualquer dos três textos subsequentes, Diogo Freitas do Amaral assume explicitamente que a empresa pública dotada de personalidade jurídica pública seria uma espécie do género empresa pública. Isto mesmo é confirmado pela circunstância de tratar das sociedades de interesse colectivo (sociedades comerciais de capitais maioritariamente públicos) fora do capítulo que no seu *Curso* dedica às empresas públicas. Até à segunda edição deste, as sociedades de interesse colectivo não são uma espécie de empresas públicos – são uma realidade distinta[29].

Daí que seja de assinalar esta revisão do seu pensamento, que, de alguma forma, encetava a recuperação de um conceito amplo, essencialmente económico, de empresa pública, que subjazia ao seu primeiro escrito.

De harmonia com o novo regime legal, Diogo Freitas do Amaral redefine a empresa pública, abandonando a exigência da personalidade jurídica pública e passando a considerar que o elemento *público* do conceito se contenta agora com a titularidade do capital ou a existência de poderes especiais de controlo. Acomoda desta forma as antigas sociedades de interesse colectivo ao conceito redesenhado.

O mais interessante desta evolução é que ela dá a clara sensação de fecho de um círculo.

Na verdade, o seu novo conceito de empresa pública – *organização económica de fim lucrativo, criada e controlada por entidades jurídicas públicas* – coincide, no essencial, com o do escrito inicial –, que sublinhava a existência de dois elementos: o carácter empresarial, consubstan-

---

[29] *Curso*, Volume I, 2.ª edição, cit., pp. 558 a 565.

ciado na combinação de factores de produção voltada para o mercado, e o carácter público, traduzido nos capitais públicos e na direcção pública. A personalidade jurídica pública voltou a ser desconsiderada enquanto elemento integrante deste carácter público.

16. Num escrito com a natureza deste faz sentido tomar a evolução do pensamento jusadministrativo de Diogo Freitas do Amaral no que respeita ao conceito de empresa pública como ponto de partida para um breve esclarecimento sobre (aquilo que julgamos ser) a sua forma de ver o direito e a ciência jurídica.

Uma coisa parece segura: o principal agente determinante da evolução do pensamento de Diogo Freitas do Amaral foi a modificação do direito positivo. Devem-se às sucessivas alterações deste – a publicação do EEP de 1976, primeiro, a sua revisão em 1984, depois, a lei de 1999, por fim – as inflexões que o seu pensamento foi conhecendo.

No tempo em que nenhuma lei dispunha sobre a matéria – e Diogo Freitas do Amaral lamentava, recorde-se, a falta de tal lei – propendia para uma visão essencialmente económica da empresa pública. A ciência jurídica, nesta ordem de ideias, interessava-lhe pouco, enquanto fornecedora das ferramentas adequadas à qualificação precisa desta. O direito positivo interessava-lhe mais, na medida que a publicação de normas legais adequadas favoreceria o desenvolvimento da actividade das empresas públicas.

Pode dizer-se, supomos, que Diogo Freitas do Amaral tinha uma pré-compreensão da empresa pública que fazia assentar esta num mundo meta-jurídico ou, pelo menos, meta-jusadministrativo. O direito, o direito administrativo, limitava-se, no início, a ignorar a empresa pública; depois, recebeu-a, enquanto conceito essencialmente económico, conferindo-lhe um sentido jurídico e um "revestimento normativo".

Mas Diogo Freitas do Amaral tem uma visão positivista do direito, predominante na sua geração: uma tal visão é essencialmente influenciada pelo direito positivo, pelo direito vigente em cada momento. É isso que explica a permeabilidade do seu pensamento às modificações da ordem jurídica: cada vez que o legislador alterou a sua forma de encarar e tratar a empresa pública, Diogo Freitas do Amaral adaptou o seu conceito, de forma a acompanhar a evolução legal.

Mas o aspecto mais interessante desta evolução é que, no caso em apreço, quarenta anos de sucessivas reconfigurações do conceito terminaram na consagração legal do conceito de empresa pública, de perfil essencialmente económico, que Diogo Freitas do Amaral defendia aos vinte e poucos anos, numa época em que o direito positivo, por omissão, ainda lhe permitia a liberdade de formatar o seu próprio conceito.

Também neste caso se poderá dizer que a vida descreveu um grande círculo, trazendo o Homem de volta às suas origens.

ACTO ADMINISTRATIVO
E REFORMA DO PROCESSO ADMINISTRATIVO

VASCO PEREIRA DA SILVA[1]

1. Antes do Texto: Freitas do Amaral e o Direito Administrativo Português

Falar de Diogo Freitas do Amaral é falar do Direito Administrativo Português do Estado de Direito democrático. Na verdade, foi Freitas do Amaral quem, ainda no período da ditadura, defendeu a plena jurisdicionalização do Contencioso Administrativo, ao estudar a necessidade de um sistema jurisdicionalizado de execução de sentenças dos tribunais administrativos[2]. Foi Freitas do Amaral quem ajudou a alicerçar a estrutura legislativa do Direito Administrativo no âmbito da Constituição de 1976, quer inspirando o legislador ordinário (do D.L. 256-A/77 à reforma de 1984/85 da Justiça Administrativa), quer elaborando a legislação em domínios tão fundamentais como o Código de Procedimento Administrativo, quer desencadeando a reforma do Contencioso Administrativo de 2002-2004, através da preparação do primeiro projecto (ainda nos anos noventa). Foi Freitas do Amaral quem ensinou Direito e Processo Administrativo na Faculdade de Direito da Universidade de Lisboa, na Faculdade de Direito da Universidade Católica Portuguesa e na Faculdade de Direito da Universidade Nova de Lisboa, ensinando e formando sucessivas

---

[1] Professor Associado com Agregação da Faculdade de Direito da Universidade de Lisboa e Professor Catedrático Convidado da Faculdade de Direito da Universidade Católica Portuguesa.

[2] FREITAS DO AMARAL, *A Execução das Sentenças nos Tribunais Administrativos*, Ática, Lisboa, 1967 (2.ª edição, Almedina, Coimbra, 1997).

gerações de administrativistas portugueses, e quem elaborou o primeiro "manual" de Direito Administrativo do Estado de Direito democrático (primeiro, o «Direito Administrativo», de 4 volumes, em lições policopiadas, depois, em versão impressa, o «Curso de Direito Administrativo», de dois volumes[3]). Foi Freitas do Amaral quem sempre animou e protagonizou o diálogo académico no domínio jus-administrativo, tanto entre "escolas nacionais" como europeias (v.g. os Encontros Luso- Espanhois de Direito Administrativo).

Pela minha parte (e retomando o que antes escrevi na minha tese de doutoramento), foi com o Professor Doutor Freitas do Amaral que «aprendi a gostar de Direito Administrativo (primeiro nas disciplinas de Direito Administrativo e de Direito do Contencioso Administrativo, do Curso de Direito e, mais tarde, no Mestrado)», foi com ele que comecei a minha actividade docente no domínio do Direito e do Processo Administrativo, foi ele que orientou as minhas dissertações de Mestrado e de Doutoramento e que esteve presente em, praticamente, todas as minhas provas académicas. Ora, «em todos estes anos, e nas mais diversas situações, pude sempre contar com a sua palavra sabedora, atenta e amiga e com o seu encorajamento e apoio em todos os momentos da minha carreira académica»[4].

2. A Noção de Acto Administrativo e a Reforma do Processo Administrativo

Acto e processo administrativo encontram-se indissociavelmente ligados[5]. A noção de acto administrativo, nascida no Contencioso Administrativo dos tempos da "infância difícil", visava delimitar as actuações administrativas submetidas a uma jurisdição e a formas de processo "especiais". A sua posterior transformação em conceito substantivo central do Direito Administrativo não só nunca esqueceu essa origem processual,

---

[3] FREITAS DO AMARAL, *Curso de Direito Administrativo*, volume I, Almedina, Coimbra – 1.ª edição, 1996, 2.ª edição, 1994, 3.ª edição, 2006 –; volume II – 1.ª edição, 2001.

[4] VASCO PEREIRA DA SILVA, *Em Busca do Acto Administrativo Perdido*, Almedina, Coimbra, 1996, página 6.

[5] Vide VASCO PEREIRA DA SILVA, *O Contencioso Administrativo no Divã da Constituição*, 2.ª edição, Almedina, Coimbra, 2009, páginas 331 e seguintes.

Acto Administrativo e Reforma do Processo Administrativo   83

como andou sempre associada a um entendimento limitado da Justiça Administrativa, assente no recurso de anulação concebido como "processo a um acto". Um tal entendimento clássico do acto administrativo, típico do Estado Liberal, vai depois passar por sucessivas crises e transformações, decorrentes das alterações das formas de actuação administrativa inerentes à passagem de uma Administração meramente Agressiva a Prestadora, primeiro, e a Infra-estrutural, depois, que são consequência da evolução para os modelos de Estado Social e Pós-social. E todas essas transformações se verificam tanto nos planos do Direito Administrativo como no do Contencioso Administrativo, já que o conceito de acto administrativo necessita de ser repensado e reconstruído em razão da sua tripla dimensão: substantiva, procedimental e processual.

Em termos muito sintéticos (e esquemáticos), a interligação (historicamente) existente entre os modelos de Estado, a concepção de Administração Pública e o conceito de acto administrativo, pode ser reconduzida a três momentos principais [6]:

a) o do Estado Liberal, correspondente a uma lógica de Administração Agressiva e tendo como forma de actuação característica o acto de autoridade ou "de polícia". Paradigmáticas desta concepção eram as construções doutrinárias :
   – de OTTO MAYER, que assimilava o acto administrativo à sentença, caracterizando-o como a «manifestação da Administração autoritária que determina o direito aplicável ao súbdito no caso concreto [7];
   – de MAURICE HAURIOU, que ao aproximar a "decisão executória" dos negócios jurídicos colocava o acento tónico nos "privilégios exorbitantes" da Administração, tanto em matéria decisória como executória [8].

---

[6] Para um maior desenvolvimento da evolução dos modelos de Estado, de Administração Pública e de acto administrativo «Em Busca do A. A. P.», cit., pp. 11 e ss.; assim como «2001: Odisseia no Espaço Conceptual do Acto Administrativo», Cadernos de Justiça Administrativa, n.º 28, Julho/ Agosto 2001 (cujo texto, com as necessárias adaptações, se segue aqui de perto).

[7] OTTO MAYER, *Deutsches Verwaltungsrecht*, I volume, 6.ª edição (reimpressão da 3.ª edição de 1924), von Duncker & Humblot, Berlim, 1969, página 93.

[8] Vide MAURICE HAURIOU, *Précis Élèmentaire de Droit Administratif*, 5.ª edição (com a colaboração de A. HAURIOU), Sirey, Paris, 1943, páginas 6 e seguintes. De acordo com este autor, decisão executória é «qualquer declaração de vontade destinada a produzir

Mas nesta mesma linha, ainda que em circunstâncias diferentes, se pode incluir a construção de Marcello Caetano do «acto definitivo e executório», manifestação «por excelência de autoridade da Administração» [9], enquanto actuação administrativa «que obriga por si e cuja execução coerciva imediata a lei permite independentemente de sentença judicial» [10]. Concepção esta que, até há bem pouco tempo, era dominante na doutrina e jurisprudência portuguesas, assim como acolhida pela lei, só tendo sido posta em causa pelo legislador constituinte, através da revisão constitucional de 1989, e expressamente afastada pelo legislador da reforma.

b) o do Estado Social, caracterizado pela Administração Prestadora e pela generalização dos actos administrativos "favoráveis", virados para a atribuição de benefícios materiais ou "constitutivos de direitos" para os particulares.
A Administração Prestadora trouxe consigo uma certa "crise" do acto administrativo que:
– por um lado, deixou de ser o "centro" do Direito Administrativo, dada a utilização cada vez mais generalizada de outras formas de actuação administrativa como os planos e outros regulamentos, os contratos, as actuações técnicas e informais ou as operações materiais – na feliz expressão de Maurer, o acto administrativo deixou de ser «"a" forma de actuação administrativa para passar a ser apenas "uma", entre outras mais» [11]. O que levou à necessidade de buscar novos "conceitos centrais" para a dogmática administrativa, como a relação jurídica ou o procedimento, nos quais os actos administrativos (como as demais formas de actuação) necessitam de ser enquadrados e compreendidos. Uma vez que, de acordo com a conhecida

---

um efeito jurídico, emitida por uma autoridade administrativa (...) sob uma forma executória, quer dizer (...) que implique a execução oficiosa» (Maurice Hauriou, *Précis É. de D. A.*, cit., p. 240).

[9] Marcello Caetano, *Manual de Direito Administrativo*, volume I, 10.ª edição (reimpressão), Almedina, Coimbra, 1980, página 264.

[10] Marcello Caetano, *Manual de D. A.*, vol. I, cit., p. 447.

[11] Hartmut Maurer, *Allgemeines Verwaltungsrecht*, 14.ª edição, Beck, Muenchen, 2002, página 177.

Acto Administrativo e Reforma do Processo Administrativo 85

afirmação de BACHOF, «o acto administrativo é apenas uma fotografia instantânea que representa relações em movimento, porque ele fundamenta, cria ou põe termo a uma relação jurídica»[12];

– por outro lado, o próprio conceito de acto administrativo se transforma, perdendo aquelas características "autoritárias" que tinham estado na sua origem, já que a maior parte dos actos da Administração Prestadora do Estado Social não são mais, para usar as "clássicas" expressões portuguesas, nem "definitivos" (v.g. os actos de procedimento, as decisões prévias e provisórias, os actos dos subalternos, as decisões concertadas e participadas) nem "executórios" (v.g. os actos favoráveis cuja susceptibilidade de execução coactiva contra a vontade dos beneficiários é um contra-senso)[13];

c) o do Estado Pós-Social, com a nova dimensão da «Administração Infra-estrutural» (Faber)[14] e dos consequentes actos administrativos com eficácia múltipla (ou de "eficácia em relação a terceiros"), que se integram em relações jurídicas multilaterais. Multilateralidade que «abrange mesmo aquelas decisões que, tradicionalmente, eram vistas apenas de uma perspectiva particularista, no quadro de um relacionamento bilateral entre o particular e a Administração», como é o caso, por exemplo, das «autorizações administrativas (v.g., autorizações de construção, de instalação de

---

[12] OTTO BACHOF, *Die Dogmatik des Verwaltungrechts vor den Gegenwartsaufgaben der Verwaltung*, in *Veröffentlichungen der Vereininug der Deutschen Staatsrechtslehrer*, n.º 30 (reunião que teve lugar em Regensburg, de 29 de Setembro a 2 de Outubro de 1971), Walter de Gruyter, Berlin, 1972, página 231.

[13] Diga-se, de passagem, que os actos administrativos favoráveis vêm mesmo colocar «de pernas para o ar» a doutrina da executoriedade, já que o problema que eles obrigam a considerar não é o da execução contra a vontade do particular, mas sim o da execução contra a própria vontade da Administração que, tendo emitido o acto, não realiza as operações materiais necessárias para a sua execução. Vide, infra, a problemática do acto administrativo como título executivo, prevista no artigo 157.º, n.º 3, do Código de Processo Administrativo.

[14] De acordo com FABER, "a diferença fundamental em relação à Administração Agressiva e Prestadora é a da «multilateralidade» da Administração de infra-estruturas", cujas actuações não se caracterizam pela definição de situações individuais e concretas, «antes criam as condições gerais (premissas) para tais medidas ou decisões» (HEIKO FABER, *Verwaltungsrecht*, 3.ª edição, Mohr, Tuebingen, 1992, página 337.

um complexo fabril, ou de abertura de um estabelecimento comercial [que] não são apenas actos singulares, praticados pela Administração relativamente a indivíduos determinados, mas são também, simultaneamente, instrumentos reguladores de determinado sector da actividade económica, em razão dos efeitos produzidos relativamente aos terceiros afectados (vizinhos, empresas concorrentes, etc.)»[15].

Outra dimensão importante das formas de actuação administrativa é o da perda da sua dimensão subjectiva ou estatutária. O que é uma consequência da nova lógica da Administração infra-estrutural, assente na colaboração entre entidades públicas e privadas para o exercício da função administrativa. São, pois, de equiparar aos actos administrativos (e o mesmo se poderia dizer também relativamente aos contratos) mesmo as actuações que não provenham de autoridades administrativas, seja porque emanam de entidades da Administração pública sob forma privada (resultante da denominada "fuga para o direito privado"), seja porque são emitidas por concessionários ou outros particulares que colaboram com a Administração no exercício da função administrativa. Um tal fenómeno é também, como já se fez referência, potenciado pela "dependência europeia do Direito Administrativo", pois a busca de noções comuns para sistemas administrativos de origem muito diferente, conduziu o legislador comunitário a preocupar-se mais com a natureza do que com a forma de actuação, desta forma procedendo à transformação dos instrumentos tradicionais, sejam de natureza unilateral sejam de natureza bilateral.

Assim, na nossa ordem jurídica, verifica-se como que um duplo alargamento da noção tradicional de acto administrativo, já que, por um lado, cabem no âmbito da jurisdição administrativa as actuações unilaterais de órgãos de outros poderes estaduais (o artigo 4.º, n.º 1, alínea c, do Estatuto, fala em "actos materialmente administrativos" de "quaisquer órgãos do Estado ou das regiões autónomas"), por outro lado, também são de considerar como tal as actuações de particulares colaborando com a Administração no exercício da função administrativa (o artigo 4.º, n.º 2, alínea d, refere-se a «actos jurídicos praticados por sujeitos privados,

---

[15] Vasco Pereira da Silva, *Em Busca do A. A. P.*», cit., p. 131.

Acto Administrativo e Reforma do Processo Administrativo 87

designadamente concessionários, no exercício de poderes administrativos») – para além, como é óbvio, das já antes referidas actuações da Administração pública sob forma privada.

Daí que, em nossos dias, e perante a lógica de uma Administração cada vez mais complexa e multifacetada, se assista a uma multiplicidade e diversidade de actos administrativos, conjugando (em proporções diversas) dimensões agressivas, prestadoras e infra-estruturais. Bem, andou, pois, o Código de Procedimento Administrativo ao adoptar uma noção ampla e "aberta" de acto administrativo, que compreende toda e qualquer decisão destinada à produção «de efeitos jurídicos numa situação individual e concreta» (vide o artigo 120.º). Pelo que, entre nós, tanto as actuações agressivas como as prestadoras ou as infra-estruturais, tanto «as decisões de carácter regulador como as actuações de conteúdo mais marcadamente material, os actos de procedimento como as decisões finais, as actuações internas bem como as externas, são consideradas pela lei como actos administrativos» [16].

A "crise" das concepções restritivas de acto administrativo não poderia deixar de ter consequências contenciosas, abrindo o Processo Administrativo à multiplicidade e à diversidade das "novas espécies" de actuações administrativas. Daqui resultando que os actos administrativos impugnáveis se tornaram, «hoje em dia, (...) uma realidade de contornos muito amplos, que compreende não apenas as decisões administrativas finais e "perfeitas", criadoras de efeitos jurídicos novos, como também aqueloutras actuações administrativas imediatamente lesivas de direitos dos particulares, que tanto podem ser actos intermédios, como decisões preliminares, ou simples actos de execução»[17]. Tendência, esta, para o alargamento dos actos administrativos susceptíveis de ser apreciados em juízo, que se verifica em todos os países europeus, mesmo naqueles sistemas paradigmáticos, como os da França[18] ou da Alemanha[19], em que

---

[16] VASCO PEREIRA DA SILVA, *Em Busca do A. A. P.*, cit., p. 625.

[17] VASCO PEREIRA DA SILVA, *Em Busca do A. A. P.*, cit., p. 598 e 599.

[18] Em França, «recorríveis não são apenas os "actos executórios", aquelas declarações de vontade que criam um novo direito ou dever, mas também aqueloutros actos que não cabem nessa definição doutrinária, já que se entende que "todas as decisões susceptíveis de causar lesão" ("susceptibles de faire grief") podem ser objecto de um recurso jurisdicional"» (VASCO PEREIRA DA SILVA, *Em Busca do A. A. P.*, cit., p. 598 e 599). Assim, «a doutrina francesa é (...) unânime em reconhecer que o conceito de recorribilidade do

Em Homenagem ao Professor Doutor Diogo Freitas do Amaral

tinham sido anteriormente adoptadas (através de fonte jurisprudencial ou legislativa) noções restritivas de impugnabilidade.

Por tudo isto, também entre nós, são de afastar noções restritivas de acto administrativo seja ao nível substantivo, seja ao nível processual. Pois, «em minha opinião, não há que distinguir substantivamente os actos administrativos das "decisões executórias" ou dos "actos definitivos e executórios"[20] ou, ainda – para usar a terminologia de inspiração alemã – os "actos reguladores" dos "não actos administrativos" (os quais também se podem chamar de [actos] "instrumentais" ou "auxiliares")[21].

---

acto pode ir muito para além das construções dogmáticas de carácter restritivo. O que, de resto, vai ao encontro da tradição dogmática francesa de conceber o acto administrativo com o sentido amplo de actuação produtora de efeitos jurídicos (...)» (VASCO PEREIRA DA SILVA, *Em Busca do A. A. P.*, cit., p. 599). Sobre o problema em geral, vide por todos RENÉ CHAPUS, *Droit du Contentieux Administratif*, 11.ª edição, Montchrestien, Paris, 2004, pp. 506 e ss.; DEBBASCH / RICCI, *Contentieux Administratif*, 8.ª edição, Dalloz, Paris, 2001, pp. 366 e ss.

[19] Na Alemanha, a «crise» da noção restritiva de acto administrativo – de resto, expressamente consagrada na Lei de Procedimento Administrativo – tem originado «dois fenómenos de sentido contrário. Por um lado, a um alargamento da noção de acto administrativo, operada por via do processo, mas que inevitavelmente conduz também a um relativo desvirtuamento do conceito substantivo de regulação, de forma a abranger realidades que, de outra maneira, não caberiam neste conceito (...). Por outro lado, à proliferação de actuações administrativas unilaterais juridicamente relevantes, que ficam de fora do conceito de acto administrativo», mas que se entende que lhe devem ser juridicamente equiparadas, as quais adoptam denominações muito diversas, nomeadamente de «actuações administrativas informais» («informales Verwaltungshandeln»), de «actividades de Administração soberana simples» («schlichte Hoheitstätigkeit»), ou de «actos materiais» («Realakte») (VASCO PEREIRA DA SILVA, *Em Busca do A. A. P.*, cit., pp. 608 e 609). A este fenómeno acresce ainda a tendência dominante, no direito alemão, para fazer da relação jurídica o novo «centro» da dogmática administrativa, ocupando o lugar tradicionalmente ocupado pelo acto administrativo. Sobre o problema da impugnabilidade do acto administrativo, em geral, vide por todos WOLF-RÜDIGER SCHENKE, *Verwaltungsprozessrecht*, 8.ª edição, C.F. Müller, 2002, mx. pp. 175 e ss. e 236 ess.; FRIEDHELM HUFEN, *Verwaltungsprozessrecht*, 5.ª Edição, Beck, München, 2003, pp. 227 e ss. e 423 e ss.

[20] A «escola clássica de Lisboa», na esteira de MARCELLO CAETANO, distinguia entre um conceito amplo de acto administrativo e um conceito restrito de acto impugnável, que se caracterizava pelas características (substantivas) da definitividade e da executoriedade. Neste sentido, vide MARCELLO CAETANO, *Manual de D. A.*, cit., vol.I, cit., pp. 427 e ss.; FREITAS DO AMARAL, *Direito Administrativo*, lições policopiadas, volume III, 1989, páginas 59 e seguintes (mx. páginas 205 e seguintes).

[21] Tradicional, na «escola de Coimbra» (mas com defensores também em Lisboa) era a adopção de um conceito restrito de acto administrativo, tanto para efeitos substan-

Acto Administrativo e Reforma do Processo Administrativo 89

Actos administrativos são todos os que produzam efeitos jurídicos mas, de entre estes, aqueles cujos efeitos forem susceptíveis de afectar, ou de causar uma lesão a outrém, são contenciosamente» impugnáveis[22].

A impugnabilidade não é, portanto, «uma questão de "natureza", nem uma característica substantiva dos actos administrativos, ou de uma específica e delimitada categoria deles». Impugnáveis «são todos os actos administrativos que, em razão da sua "situação", sejam susceptíveis de provocar uma lesão ou de afectar imediatamente posições subjectivas de particulares». Tão importante é esta abertura da noção processual de acto administrativo, que o legislador constituinte lhe atribuiu mesmo natureza de direito fundamental, incluindo expressamente a faculdade de impugnar quaisquer actos administrativos susceptíveis de lesar posições subjectivas dos particulares no próprio conteúdo do direito de acesso à justiça administrativa (artigo 268.º, n.º 4, da Constituição).

A reforma, na linha das opções constitucionais e do que já tinha sido consagrado ao nível da regulação do procedimento, vai também proceder à «"abertura" do Contencioso Administrativo, que não trata mais apenas dos actos da Administração Agressiva, mas que passou também a ter de se ocupar da multiplicidade e diversidade das formas de actuação da Administração Prestadora e Infra-estrutural, fazendo incidir a sua apreciação sobre o universo do procedimento e da relação jurídica adminis-

---

tivos como processuais, caracterizado pela ideia de regulação ou de determinação de efeitos jurídicos novos, e afastando dessa qualificação outras actuações jurídicas unilaterais denominadas como «actos instrumentais» (ROGÉRIO SOARES) ou «actos auxiliares» (SÉRVULO CORREIA). Neste sentido, vide por todos, em Coimbra, ROGÉRIO SOARES, *Direito Administrativo*, lições policopiadas, Coimbra, 1978, páginas 51 e seguintes; em Lisboa, SÉRVULO CORREIA, *Noções de Direito Administrativo*, volume I, Danúbio, Lisboa, 1982, páginas. 288 e seguintes.

Na última versão das suas lições de Direito Administrativo, contudo, FREITAS DO AMARAL adere igualmente a esta noção restritiva de acto administrativo (vide FREITAS DO AMARAL, *Curso de Direito Administrativo*, vol. II, páginas 203 e seguintes – mx. pp. 253 e ss.), argumentando que, «inovando em relação às definições tradicionais, o artigo 120.º do CPA veio acrescentar mais um elemento à definição de acto administrativo». Pois, de acordo com o autor, ao estabelecer que o acto administrativo «é uma decisão proveniente de um órgão administrativo» (FREITAS DO AMARAL, *Curso de D. A.*, cit., vol. II, p. 220), isso deve agora corresponder à adopção de um «conceito estrito de decisão» como «estatuição ou determinação sobre uma certa situação jurídico-administrativa» (FREITAS DO AMARAL, *Curso de D. A.*, cit., vol. II, p. 221).

[22] VASCO PEREIRA DA SILVA, *Em Busca do A. A. P.*, cit., p. 627.

trativa» (bilateral e multilateral)[23]. Assim concretizando o modelo constitucional de uma Justiça Administrativa plenamente jurisdicionalizada e destinada a garantir de forma integral e efectiva os direitos dos particulares nas relações jurídicas administrativas (conforme estabelecido nos artigos 202.º e seguintes e nos números 4 e 5 do artigo 268.º da Constituição).

Se se atentar na noção de acto administrativo, pressuposta e adoptada pelo legislador da reforma do contencioso, pode-se dizer que ela apresenta, em relação às concepções tradicionais, dois tipos de transformações, que se podem distinguir entre:

– externas, na medida em que são determinadas pelas opções globais em matéria de processo, mas que não podem deixar de se reflectir em tal noção;

– internas, uma vez que resultam da própria modificação da noção de acto, em si mesma, resultando da mudança de pressupostos e de condições da respectiva apreciação contenciosa [24].

Das transformações externas se tem vindo a tratar nas páginas deste livro, mas a título de síntese, e realçando – de forma esquemática – apenas aquelas opções da justiça administrativa que mais directamente se prendem com a (evolução da) noção de acto administrativo, permito-me realçar as seguintes:

a) a "abertura" do Processo Administrativo ao controlo da relação jurídica e do procedimento (concretizando assim a disposição constitucional do artigo 212.º, n.º 3, que estabelece que o objecto do contencioso administrativo são as «relações jurídicas administrativas e fiscais» e que se encontra plasmada no artigo 1.º do Estatuto). Abertura à relação jurídica material que se traduziu, entre outras coisas, no princípio de que a todo o direito do particular deve corresponder uma tutela judicial adequada – e efectiva – (artigo 2.º, do Código de Processo); na regra pela qual se permite a cumulação de pedidos a fim de permitir a apreciação da

---

[23] Vasco Pereira da Silva, «"O Nome e a C." – A A. C. R. de A. e a R. do C. A.», in *Ventos de M. no C. A.*, cit., p. 136.

[24] Como é óbvio, esta distinção, entre transformações externas ou internas tem mais que ver com uma tentativa de «arrumação lógica» do tratamento da matéria, do que com a criação de «categorias científicas», mais ou menos estanques.

Acto Administrativo e Reforma do Processo Administrativo 91

integralidade da relação controvertida (artigo 4.º, do Código de Processo); ou na norma que, para salvaguarda dos direitos da relação jurídica administrativa, permite mesmo a apreciação, a título incidental, de um acto administrativo que se tornou inimpugnável (artigo 38.º do Código) – afastando assim a ideia de um pretenso efeito convalidatório (substantivo) dos actos cuja anulação já não é mais possível pelo decurso do prazo (de efeitos meramente processuais) [25] –; ou ainda na disposição que, ao estabelecer a impugnabilidade dos actos procedimentais (vide o artigo 51.º, do Código), atribui relevância jurídica autónoma às relações estabelecidas no decurso de um procedimento administrativo. Sendo certo que tal abertura à relação material vai implicar, igualmente, o estabelecimento de uma relação jurídica processual, mediante a consagração de princípios como o da igualdade das partes (artigo 6.º, do Código de Processo), ou o da cooperação e da boa fé processual (artigo 8.º, do Código de Processo), que são o espelho, ao nível do Contencioso Administrativo, do que se verifica no plano substantivo;

b) o abandono do clássico recurso de anulação[26] e sua substituição por uma acção administrativa especial, em que o juiz administrativo

---

[25] Vide Vasco Pereira da Silva, *A Acção para o Reconhecimento de Direitos*, in «Ventos de M. no C. A.», cit., pp. 49 e ss. (mx. 58 e ss.).

[26] Conforme anteriormente escrevi, «o «recurso por excesso de poder» começou por ser um simples recurso hierárquico jurisdicionalizado, uma vez que tanto o autor do acto como a entidade controladora se integravam na esfera da Administração». Mas, posteriormente ao «baptismo» e à «confirmação» da Justiça Administrativa, o recurso de anulação – tal como existia, no direito português, depois da reforma de 1984/85, mas antes da presente reforma do contencioso – «não é um recurso nem é somente de anulação, pelo que o nome não condiz com a realidade designada». E acrescentava-se que não é um recurso, mas sim uma acção, porque «não versa sobre uma decisão judicial nem consiste numa apreciação judicial de segunda instância», antes se trata «de uma primeira apreciação jurisdicional de um litígio emergente de uma relação jurídica administrativa, na sequência da prática de um acto pela Administração» (Vasco Pereira da Silva, «"O Nome e a C." – A A. C. R. de A. e a R. do C. A.», in *Ventos de M. no C. A.*, cit., p. 138). Mas também não é «apenas de anulação, uma vez que, por um lado, sob essa denominação, podem também ser proferidas sentenças condenatórias (v.g. quando estiver em causa o exercício de poderes vinculados) ou de simples apreciação (v.g. a declaração de nulidade de um acto administrativo), por outro lado, as sentenças ditas de anulação não possuem apenas efeitos demolitórios mas gozam igualmente de uma eficácia repristinatória e

goza de poderes de plena jurisdição. Assim, se superando definitivamente os "traumas de infância" da Justiça Administrativa, que estiveram na origem da concepção do recurso de anulação como "processo ao acto". O que implicou substituir um conceito restritivo de acto administrativo, construído em função da actuação autoritária da Administração Agressiva e delimitado em razão de um exclusivo meio processual, e de efeitos limitados, como era o clássico recurso de anulação, por uma noção ampla de acto administrativo, susceptível de compreender também as actuações da Administração Prestadora e Infra-estrutural, no âmbito de um contencioso em que os meios processuais são diversificados em razão dos pedidos, mas em que também os próprios pedidos podem ser cumulados, de modo a permitir uma tutela plena e efectiva dos direitos dos particulares nas relações jurídicas administrativas (vide os artigos 4.º e 47.º, do Código);

c) a delimitação do Contencioso Administrativo em razão da função administrativa, e já não do poder administrativo. Também aqui se verificando a superação dos "traumas" da "infância difícil" do Contencioso Administrativo – o qual, nos primórdios, correspondera a um "privilégio de foro", mediante a consagração de um juiz privativo para a Administração – e que conservara dessa origem histórica, de acordo com os cânones da concepção clássica da "doutrina do processo ao acto" (HAURIOU), o entendimento da Justiça Administrativa com um âmbito limitado apenas aos actos de autoridade, típicos da Administração Agressiva. Ora, a referida evolução dos módulos de Estado e de Administração, assim como a concomitante transformação do Contencioso Administrativo, nos Estados de Direito, implicou o alargamento do âmbito da justiça administrativa, que deixou de incidir apenas sobre os actos de "autoridade", para se ocupar também dos actos da "função" administrativa, que deixou de apreciar somente as "relações de poder" para passar a controlar todas as relações jurídicas administrativas (vide o artigo 212.º, n.º 3, da Constituição portuguesa). Tal transição de um contencioso ainda muito marcado

---

conformadora» (VASCO PEREIRA DA SILVA, «"O Nome e a C." – A A. C. R. de A. e a R. do C. A.», in *Ventos de M. no C. A.*, cit., p. 142).

pela ideia de controlo do poder, para uma justiça tendo por objecto a globalidade da função administrativa é notória, por exemplo, no que respeita à opção de pôr termo à (anteriormente existente) dualidade de jurisdições em matéria de contratos e de responsabilidade da Administração (vide os artigos 4.º, n.º 1, alíneas e, f, g, h, i, do Estatuto e 37.º seguintes do Código, relativos à "acção administrativa comum"). Assim se transferindo para o âmbito do Contencioso Administrativo todas as questões em matéria contratual e de responsabilidade, que correspondam ao exercício da função administrativa. Pena é que, no que respeita à responsabilidade civil pública, a reforma tivesse ficado "a meio do caminho" e que a unidade jurisdicional, agora consagrada, não tivesse sido acompanhada da necessária unificação e reforma do respectivo regime jurídico substantivo (continuando a manter-se em vigor a indesejável e inadequada dualidade legislativa, assente na ilógica e obsoleta distinção entre actos de gestão pública e de gestão privada).

Mas, como se disse, mais importantes do que estas transformações externas, são as próprias transformações internas do conceito de acto administrativo, por comparação com os paradigmas clássicos, que foram introduzidas pela reforma do contencioso, e das quais se podem destacar as seguintes:

a) O alargamento da impugnabilidade dos actos administrativos, que passa a ser determinada em razão da eficácia externa e da lesão dos direitos dos particulares (artigo 51.º, n.º. 1 do Código). Desta forma se dando cumprimento ao disposto no artigo 268.º, n.º 4, da Constituição, que estabelece um direito fundamental de impugnação dos actos administrativos lesivos dos particulares, no âmbito de um Contencioso Administrativo plenamente jurisdicionalizado e de natureza predominantemente subjectiva, porque destinado a garantir a tutela integral e efectiva dos particulares.

Relativamente à susceptibilidade de lesão de direitos deve dizer-se, em primeiro lugar, que ela consiste num pressuposto processual relativo ao acto administrativo e não à legitimidade das partes, pois uma coisa é afirmar que um acto administrativo está em condições de produzir uma lesão em posições substantivas dos particulares, outra coisa diferente é a alegação pelo particular da titularidade de um direito, que foi lesado por um acto administrativo ilegal[27]. No primeiro caso, a questão diz respeito à situação do acto administrativo e à sua susceptibilidade de provocar ou não uma lesão, pelo que está em causa a verificação de um pressuposto processual relativo ao comportamento da Administração, no segundo caso, do que se trata é da alegação pelo particular de uma posição de vantagem, pelo que se está perante um pressuposto processual relativo aos sujeitos.

Em segundo lugar, há ainda que esclarecer que, ao estabelecer um direito fundamental de impugnação de actos administrativos susceptíveis de lesar os direitos dos particulares (artigo 268.º, n.º 4, da Constituição), a Constituição está a consagrar um modelo de Justiça Administrativa de matriz predominantemente subjectiva, que tem por função e natureza principais a protecção dos direitos dos particulares. Mas, a Constituição não é uma lei de processo, pelo que se é inequívoco que, sempre que estão em causa direitos dos particulares, o critério de apreciação jurisdicional das actuações administrativas não pode deixar de ser o da susceptibilidade de lesão das respectivas posições substantivas, tal não significa, contudo, que o Contencioso Administrativo de um Estado de Direito não possa desempenhar também, complementarmente, um função de tutela directa da legalidade e do interesse público – o que no nosso sistema é realizado através dos mecanismos da acção pública e da acção popular. Impunha-se, assim, ao legislador da reforma que, por um lado, consagrasse o critério do acto lesivo (ou, melhor dito, do acto susceptível de lesão) sempre que esteja em causa a acção para defesa de posições substantivas dos particulares – concretizando assim as opções da Constituição – e, por outro lado, estabelecesse outro critério de impugnabilidade de actos administrativos sempre que esteja em causa a tutela directa da legalidade e do interesse público. Nesta medida, o critério da impugnabilidade do acto administrativo, sem se confundir com o pressuposto processual da legitimidade – repita-se –, está com ela intimamente relacionado, pois depende

---

[27] Em sentido contrário, vide SÉRVULO CORREIA, *Unidade ou Pluralidade de Meios Processuais Principais no Contencioso Administrativo*, in *Cadernos de Justiça Administrativa*, n.º 22, Julho/ Agosto, 2000, página 31.

Acto Administrativo e Reforma do Processo Administrativo 95

da questão de saber se está em causa uma acção jurídico-subjectiva ou, em alternativa, uma acção pública ou uma acção popular. Assim, julgo correcta a solução material adoptada pelo legislador em matéria de impugnabilidade (no referido artigo 51.º, n.º 1, do Código), ao referir-se a actos com eficácia externa e a actos lesivos, o que é de entender à luz da Constituição. Pelo que o critério de impugnabilidade depende da função e da natureza da acção de impugnação, havendo que distinguir consoante:

1) se trata de uma acção para a tutela de um direito (ou, se se preferir, de uma posição substantiva de vantagem) do particular em face da Administração, caso em que o meio processual de impugnação (nos termos do direito fundamental do artigo 268.º, n.º 4, da Constituição) assume uma função predominantemente subjectiva – pois se destina a garantir, em primeira linha, uma tutela plena e efectiva do particular e só em segunda linha, ainda que simultaneamente, se destina à tutela da legalidade e do interesse público – e, nesse caso o critério da impugnabilidade é determinado pela lesão dos direitos dos particulares;

2) ou se trata de uma acção para defesa da legalidade e do interesse público (como sucede nos casos da acção pública e da acção popular), em que a função do meio processual é predominantemente objectiva e, então, a recorribilidade depende da eficácia externa do acto administrativo.

Mas, se a solução é correcta, a formulação do n.º 1, do artigo 51.º, do Código, resulta algo infeliz. Pois ela parece dar a entender que o critério mais amplo é o da eficácia externa, sendo o critério da susceptibilidade de lesão de direitos uma mera especificação dentro do primeiro («são impugnáveis os actos administrativos com eficácia externa, especialmente aqueles cujo conteúdo seja susceptível de lesar direitos ou interesses legalmente protegidos»), quando se trata antes de dois critérios autónomos, com distinta natureza e função. Ora, esta aparente subalternização do critério da susceptibilidade de lesão de direitos não só é teoricamente insustentável – tanto da perspectiva qualitativa (segundo a Constituição, a função principal da justiça administrativa é a da protecção jurídica subjectiva), como quantitativa (a maior parte dos processos julgados nos tribunais administrativos correspondem a acções para defesa de direitos, sendo muito menos frequentes os casos de acção pública e de acção popular) –, como também é expressamente contrariada pelo regime jurídico consagrado pelo Código, que prevê a impugnação de actos desprovidos de eficácia externa (artigo 54.°), desde que lesivos (a provar que o critério da lesão funciona para além do da eficácia externa). Susceptibilidade de lesão de direitos e eficácia externa são, pois, dois critérios distintos de impugnabilidade dos actos administrativos, que dependem da natureza e da função do meio processual em causa.

b) A extensão da impugnabilidade decorrente da possibilidade de apreciação dos actos procedimentais. O que implica a relevância jurídica autónoma do procedimento e o abandono de uma qualquer ideia de "definitividade horizontal" dos actos administrativos como critério de impugnabilidade, também aqui dando cumprimento, pela via legislativa, ao imperativo da lei fundamental que (desde a revisão constitucional de 1989) tornara inconstitucional aquela exigência[28].

Assim, os actos de procedimento são susceptíveis de impugnação autónoma (artigo 51.°, n.° 1, do Código)[29], o que significa a continuação da transformação de um Contencioso Administrativo outrora exclusivamente centrado no acto administrativo, num processo que passa a alargar o seu objecto às relações jurídicas administrativas, designadamente as que têm lugar no decurso do procedimento. Uma vez que «qualquer acto administrativo é susceptível de impugnação contenciosa (...) em resultado da verificação do pressuposto processual da lesão de direitos dos particulares, não há qualquer problema em admitir que uma medida administrativa produza simultaneamente efeitos extermos e lesivos e efeitos internos de preparação de outras decisões, em cujo procedimento esteja inserida. Pois, perante um acto administrativo, a única coisa que é preciso saber é se ele afecta imediatamente, ou não, os direitos

---

[28] Vide Vasco Pereira da Silva *Em Busca do A. A. P.*, cit., p.p. 629 e ss..

[29] Como se estabelece no artigo 51.°, n.° 1, do Código de Processo Administrativa, «ainda que inseridos num procedimento administrativo, são impugnáveis os actos administrativos ...».

Acto Administrativo e Reforma do Processo Administrativo   97

dos particulares, para nada interessando o facto dele ter sido praticado no início, no meio, ou no fim do procedimento»[30].

E isto sem que se ponha em causa o direito fundamental à tutela judicial do particular, na medida em que a não impugnação do acto de procedimento («salvo quando o acto em causa tenha determinado a exclusão do interessado do procedimento») não preclude a possibilidade de impugnar a decisão «final com fundamento em ilegalidades cometidas ao longo do procedimento» (artigo 51.º, n.º 3, do Código). Daí que, perante um acto de procedimento lesivo dos seus direitos, o particular possa escolher entre impugnar desde logo essa actuação, ou esperar antes pela decisão final do procedimento, sem que o seu direito fundamental à protecção judicial possa ser por isso afectado[31]. [32]

c) A possibilidade de controlo judicial imediato dos actos dos subalternos. Trata-se, também aqui, de retirar todas as consequências do direito fundamental de impugnação contenciosa de actos administrativos (artigo 268.º, n.º 4, da Constituição), desde que lesivos dos particulares, o qual, conforme tenho defendido, feriu de inconstitucionalidade as disposições legais que estabelecem o recurso

---

[30] VASCO PEREIRA DA SILVA *Em Busca do A. A. P.*, cit., pp. 701 e 702.

[31] Conforme escrevi antes da reforma, mas tendo em conta o paradigma constitucional, «o alargamento do universo dos actos recorríveis, intencionado pelo legislador constituinte (artigo 268.º, n.º 4), não pode significar a diminuição das hipóteses de recurso contencioso por parte do particular, nomeadamente, através da preclusão da possibilidade de impugnar a decisão administrativa final. A nova formulação do direito fundamental (...) constitui um plus e não um minus relativamente à tradicional garantia de recurso contra os actos definitivos e executórios, pelo que o recurso contra actos de procedimento de carácter lesivo deve acrescer ao (e não substituir o) tradicional direito de recurso contra decisões finais» (VASCO PEREIRA DA SILVA *Em Busca do A. A. P.*, cit., p. 702).

[32] Vide VASCO PEREIRA DA SILVA *Em Busca do A. A. P.*, cit., pp. 691 e ss., mx. pp. 708 e 709. Conforme já então se escrevia, é «útil analisar, a esta nova luz, alguns exemplos de actos administrativos cuja recorribilidade era discutida (e, em regra, negada) mas que, hoje em dia, não podem deixar de se entender abrangidos pela garantia de recurso contencioso (...): [v.g.] os actos administrativos praticados no decurso do procedimento, os pareceres vinculativos, as verificações constitutivas, os actos internos, as decisões provisórias, os actos postos em execução a título experimental, os actos de execução, as ordens de regularização de situações ilegais, as declarações de incompetência, as promessas, os actos confirmativos» (p. 691).

hierárquico necessário[33]. É, pois, de saudar a orientação do legislador no sentido de determinar a impugnabilidade dos actos administrativos em razão da eficácia externa e da lesão dos direitos dos particulares, afastando assim expressamente toda e qualquer exigência de recurso hierárquico necessário (artigo 51.º, n.º 1, do Código)[34].

A exigência do prévio esgotamento das garantias administrativas como condição necessária de acesso aos tribunais constituía, de resto, uma das mais persistentes manifestações dos "traumas de infância" do Contencioso Administrativo, enquanto resquício dos tempos do administrador-juiz. E mesmo quando, em nossos dias, os defensores da sua manutenção propõem "novas justificações para velhos recalcamentos", nomeadamente o de que se trataria da «manifestação de uma procura de meios alternativos de resolução de litígios – de acordo com a filosofia da moda, [segundo a qual] o acesso ao direito não se confunde com o acesso ao juiz.» –, «forçoso é constatar [que elas representam] uma tendência (uma tentação?) de restrição do acesso ao juiz (...) [,] um sinal, entre outros, do estrangulamento persistente das jurisdições administrativas» (PIERRE-FRANÇOIS RACINE)[35].

Antes da reforma, sempre defendi a inconstitucionalidade da regra do recurso hierárquico necessário, com base nos argumentos seguintes (que passo a enunciar, em termos muito sintéticos), por entender que ela configurava a violação:

a) do princípio constitucional da plenitude da tutela dos direitos dos particulares (artigo 268.º, n.º 4, da Constituição), pois a inadmis-

---

[33] Para maior desenvolvimento da questão, vide VASCO PEREIRA DA SILVA *Em Busca do A. A. P.*, cit., pp. 660 e ss., mx. pp. 677 e ss.; «Breve Crónica de uma Reforma Anunciada», in «Cadernos de Justiça Administrativa», n.º 1, Janeiro / Fevereiro de 1997, páginas 3 e seguintes; «O Contencioso Administrativo como "Direito Constitucional Concretizado" ou "ainda por Concretizar"?», in «Ventos de M. no C.A.», cit., pp. 87 e ss..

[34] Vide VASCO PEREIRA DA SILVA, *De Necessário a Útil: a Metamorfose do Recurso Hierárquico no Novo Contencioso Administrativo*, in «Cadernos de Justiça Administrativa», n.º 47, Setembro / Outubro 2004, páginas 21 e seguintes (texto que resultou da autonomização, para efeito de publicação, com as necessárias adaptações, de excertos do presente livro relativos ao recurso hierárquico necessário).

[35] PIERRE-FRANÇOIS RACINE, *Les Grands Principes Spécifiques au Procès Administratif*, in RÉMY CABRILLAC / MARIE-ANNE FRISON-ROCHE / THIERRY REVET, *Libertés et Droits Fondamentaux*, 8.ª edição, 2002, Dalloz, Paris, página 627.

Acto Administrativo e Reforma do Processo Administrativo

sibilidade de recurso contencioso, quando não tenha existido previamente o recurso hierárquico necessário, equivale, para todos os efeitos, a uma verdadeira negação do direito fundamental de recurso contencioso;

b) do princípio constitucional da separação entre a Administração e a Justiça (vide os artigos 114.°, 205.° e seguintes., 266.° e seguintes, da Constituição), por fazer precludir o direito de acesso ao tribunal em resultado da não utilização de uma garantia administrativa (que não poderá ser outra coisa se não facultativa);

c) do princípio constitucional da desconcentração administrativa (artigo 267.°, n.° 2, da Constituição), que implica a imediata recorribilidade dos actos dos subalternos sempre que lesivos, sem prejuízo da lógica do modelo hierárquico de organização administrativa, pois o superior continua a dispor de competência revogatória (artigo 142.° do Código de Procedimento Administrativo[36]);

d) do princípio da efectividade da tutela (artigo 268.°, n.° 4, da Constituição), em razão do efeito preclusivo da impugnabilidade da decisão administrativa, no caso de não ter havido interposição prévia de recurso hierárquico, no prazo de trinta dias (artigo 168.°, n.° 2, do Código de Procedimento Administrativo[37], reduzindo assim drasticamente o prazo de impugnação de actos administrativos[38], o qual, por ser manifestamente curto, poderia equi-

---

[36] O artigo 148.°, n.° 1, do Código de Procedimento Administrativo, considera «competentes para a revogação dos actos administrativos, para além dos seus autores, os respectivos superiores hierárquicos, desde que não se trate de acto da competência exclusiva do subalterno».

[37] Segundo o artigo 168.°, n.° 1, do Código de Procedimento Administrativo, «sempre que a lei não estabeleça prazo diferente, é de 30 dias o prazo para a interposição do recurso hierárquico necessário».

[38] Este argumento já era decisivo antes da presente reforma do Contencioso Administrativo, pois o prazo normal de interposição de recurso contencioso era de dois meses, pelo que a exigência de recurso hierárquico necessário significava, na prática, a redução desse prazo a metade (vide o artigo 28.°, n.° 1, da LEPTA, que estabelecia prazos de impugnação que variavam de dois meses a um ano). Mas o argumento continua a fazer sentido em face dos novos prazos de impugnação (3 meses a um ano, segundo o artigo 58.°, do Código de Processo), já que a redução prática de tais prazos a um mês, que é o prazo de utilização do recurso hierárquico necessário, continua a poder considerar-se como uma restrição grave à efectividade do exercício do direito de acesso à justiça, susceptível de ser equiparada à lesão do próprio conteúdo essencial da posição jurídica subjectiva constitucional.

100   Em Homenagem ao Professor Doutor Diogo Freitas do Amaral

valer, na prática, à inutilização da possibilidade de exercício do direito e, como tal, susceptível de ser equiparada à lesão do próprio conteúdo essencial do direito.

Tal posição não era, no entanto, sufragada pela jurisprudência nem por importantes sectores da doutrina[39]. Pela minha parte, reitero a posição defendida (e a respectiva argumentação), que julgo manter-se válida e actual, mas considero também que não basta, agora, repetir acriticamente os argumentos da "velha" discussão relativa às vantagens e aos inconvenientes, ou à conformidade ou desconformidade com a Constituição do recurso hierárquico necessário, tal como a questão se colocava antes da presente reforma, pois isso se assemelharia ao comportamento de Charlot, no filme "Tempos Modernos", que, saído da cadeia de montagem de uma fábrica, continuava mecanicamente a apertar porcas e parafusos, como se ainda não tivesse parado de trabalhar... Antes é imperioso repensar o problema, considerando tanto as opções constitucionais como a forma como elas foram efectivamente concretizadas pelo legislador do Processo Administrativo. Ora, em minha opinião, o legislador da reforma veio afastar, de modo expresso e inequívoco, a necessidade de recurso hierárquico como condição de acesso à justiça administrativa, daqui decorrendo novos argumentos favoráveis à posição que defendia, de inconstitucionalidade da referida exigência[40].

De referir, ainda, para melhor enquadrar o problema, que a distinção entre recurso hierárquico necessário e facultativo tinha única e exclusivamente que ver com a questão de saber se o acto administrativo era «ou não insusceptível de recurso contencioso» (artigo 167.º, n.º 1, do Código de Procedimento Administrativo). Desta forma, a "necessidade" do recurso hierárquico não dizia respeito à existência, nem à produção de efeitos do acto administrativo, mas tão só à respectiva impugnabilidade contenciosa,

---

[39] Vide, por todos, o Acórdão n.º 499 / 96, do Tribunal Constitucional, pronunciando-se no sentido da não inconstitucionalidade do recurso hierárquico necessário, e respectiva anotação feita por Vieira de Andrade (Vieira de Andrade, *Em Defesa do Recurso Hierárquico Necessário – Ac. n.º 499/96, do Tribunal Constitucional*, in «Cadernos de Justiça Administrativa», n.º 0, Novembro / Dezembro de 1996, páginas 13 e seguintes).

[40] Neste sentido, embora manifestando (algo estranhas e contraditórias) dúvidas quanto à efectividade de tal solução, vide também Paulo Otero, *Impugnações Administrativas*, in «Caderno de Justiça Administrativa», n.º 28, Julho / Agosto, 2001, páginas 50 e seguintes (maxime página 54).

Acto Administrativo e Reforma do Processo Administrativo   101

constituindo um mero pressuposto processual daquele. O acto administrativo praticado pelo subalterno era, pois, "idêntico" ao praticado pelo superior hierárquico, produzindo os mesmos efeitos jurídicos, pelo que a "necessidade" da intervenção do órgão de topo da hierarquia só se verificaria se o particular pretendesse contestá-lo judicialmente, caso contrário ele continuaria a sua vigência normal. À semelhança das "lágrimas" do conhecido poema de António Gedeão, se se "pedisse para analisar" o acto administrativo de um subalterno e de um superior hierárquico, forçoso seria concluir pela sua identidade jurídica...

Segundo creio, o Código de Processo afasta inequívoca e definitivamente a "necessidade" de recurso hierárquico, como pressuposto de impugnação contenciosa dos actos administrativos, através das seguintes disposições:

– Consagração da impugnabilidade contenciosa de qualquer acto administrativo que seja susceptível de lesar direitos ou interesses legalmente protegidos dos particulares ou que seja dotado de eficácia externa (artigo 51.º, n.º 1, do Código). Ora, os actos dos subalternos, da mesma maneira como os actos dos superiores hierárquicos, são susceptíveis de preencher as referidas condições e, como tal, de ser autonomamente impugnados, pelo que, ao não haver no Código de Processo Administrativo qualquer referência – expressa ou implícita [41]– à necessidade de prévia interposição de uma garantia administrativa para o uso de meios contenciosos, ela deve ser considerada como afastada pela legislação contenciosa (mesmo que, porventura, conste de uma qualquer lei substantiva, a qual, em face da lei processual, fica desprovida de objecto). O que vale tanto para as disposições do Código de Procedimento Administrativo que regulam o recurso hierárquico necessário, como relativamente a qualquer lei avulsa que consagre a obrigatoriedade de recurso hierárquico ou outra garantia administrativa (reclamação, recurso impróprio);

---

[41] Diferentemente do que agora se verifica, antes da reforma, as leis de processo faziam referência ao recurso hierárquico necessário, tanto de forma expressa (vide o artigo 34.º da LEPTA, que estabelecia o regime jurídico da «precedência de impugnação administrativa»), como implícita (vide o artigo 25.º, n.º 1, da LEPTA, que determinava só ser «admissível recurso dos actos definitivos e executórios», remetendo implicitamente para a construção teórica da «definitividade vertical», que dependia da prévia interposição de recurso hierárquico necessário).

Em Homenagem ao Professor Doutor Diogo Freitas do Amaral

– Atribuição de efeito suspensivo do prazo de impugnação contenciosa do acto administrativo à utilização de garantias administrativas (artigo 59.º, n.º 4)[42]. O que significa conferir uma maior eficácia à utilização de garantias administrativas, dado que o particular, que decida optar previamente por essa via, sabe agora que o prazo para a impugnação contenciosa só voltará a correr depois da decisão do seu pedido de reapreciação do acto administrativo.

Assim, da perspectiva do particular, passa a poder valer a pena solicitar previamente uma "segunda opinião" por parte da Administração, não vendo precludido o seu direito de impugnação contenciosa pelo decurso do prazo, restando igualmente esperar que, do lado da Administração, as garantias administrativas sejam efectivamente consideradas como uma oportunidade de proceder à reapreciação da questão e aproveitadas para, sendo caso disso, satisfazer, logo aí, as pretensões dos privados (e não vistas como uma "prática rotineira", determinada pela inércia ou pela lógica da "não-contradição", que conduz à confirmação, por sistema, da decisão anterior – como, na prática, infelizmente, hoje tantas vezes sucede). Só assim as garantias administrativas podem funcionar como verdadeiros instrumentos de protecção subjectiva e de tutela objectiva da legalidade e do interesse público, adquirindo igualmente uma função de composição preventiva de litígios contenciosos[43]. Numa só frase, de acordo com o novo Código, o recurso hierárquico, tal como as demais garantias administrativas, passam a ser sempre "desnecessárias", mas tornam-se agora também sempre "úteis".

Da minha perspectiva, o legislador poderia ter dado ainda "um passo mais", no sentido de garantir a plena eficácia e utilidade das garantias administrativas. Que era o de determinar não apenas

---

[42] De acordo com o artigo 59.º, n.º 4, do Código, «a utilização de meios de impugnação administrativa suspende o prazo de impugnação contenciosa do acto administrativo, que só retoma o seu curso com a notificação da decisão proferida sobre a impugnação administrativa ou com o decurso do respectivo prazo legal».

[43] Pronunciando-se acerca do Projecto de Código de Processo Administrativo, PAULO OTERO refere que, em virtude da regra da suspensão dos prazos, se «acaba por transformar a impugnação administrativa facultativa em impugnação recomendável» (PAULO OTERO, Impugnações A., cit., in «Cadenos de J. A.», cit., p. 52.

Acto Administrativo e Reforma do Processo Administrativo   103

o efeito suspensivo do prazo de impugnação contenciosa, mas também o efeito suspensivo da própria execução de decisão administrativa, generalizando assim, a todas as garantias administrativas, o regime jurídico que se encontra estabelecido para os casos de recurso hierárquico necessário[44]. Mas sempre se pode dizer, em abono da solução encontrada, que tal medida não é já de natureza estritamente processual, pelo que a consagração desse regime suspensivo da eficácia dos actos administrativos deverá ser antes realizado pela necessária revisão do Código de Procedimento Administrativo, a fim de o compatibilizar com o novo regime processual. Oxalá...

– Estabelecimento da regra segundo a qual, mesmo nos casos em que o particular utilizou previamente uma garantia administrativa e beneficiou da consequente suspensão do prazo de impugnação contenciosa, isso não impede a possibilidade de imediata impugnação contenciosa do acto administrativo (artigo 59.º, n.º 5, do Código)[45]. O que significa o afastamento inequívoco da "necessidade" de recurso hierárquico, bem como de qualquer outra garantia administrativa, já que doravante é sempre possível ao particular aceder de imediato à via contenciosa, independentemente de ter ou não feito uso dessa via graciosa.

Assim, não só o particular tem agora sempre a possibilidade de escolher entre utilizar previamente uma garantia graciosa ou de aceder desde logo ao tribunal, como também, mesmo naqueles casos em que decidiu fazer uso prévio da via administrativa (o que vale para todas as garantias administrativas, quer as antes consideradas "necessárias", quer as ditas "facultativas"), tal em nada obsta, nem condiciona, a faculdade de suscitar a imediata apreciação jurisdicional do litígio, já que o privado continua a

---

[44] De acordo com o n.º 1, do artigo 170.º, do Código de Procedimento Administrativo, «o recurso hierárquico necessário suspende a eficácia do acto recorrido, salvo quando a lei disponha em contrário ou quando o autor do acto considere que a sua não execução imediata crie grave prejuízo para o interesse público».

[45] Segundo o n.º 5, do artigo 59.º, do Código de Processo Administrativo, «a suspensão do prazo prevista no número anterior não impede o interessado de proceder à imediata impugnação contenciosa do acto na pendência da impugnação administrativa, bem como de requerer a adopção de providências cautelares».

Em Homenagem ao Professor Doutor Diogo Freitas do Amaral

poder optar (a qualquer momento e sem ter de esperar pela decisão da Administração) por proceder à impugnação contenciosa do acto administrativo, assim como requerer as providências cautelares que entender adequadas.

Desta forma, desaparece a "necessidade" tanto do recurso hierárquico como de qualquer outra garantia administrativa. E isto, no duplo sentido de não mais ser necessária a sua prévia utilização para aceder ao Contencioso Administrativo, e de não ser mais também necessário, nos casos em que o particular optou por usar antecipadamente a via administrativa, esperar pelo resultado dessa diligência para, desde logo, impugnar contenciosamente o acto administrativo. Todas as garantias administrativas passaram a ser, portanto, "facultativas", delas deixando de depender o acesso ao juiz.

Tudo visto, forçoso é concluir que o Código de Processo Administrativo consagrou o afastamento da regra do recurso hierárquico necessário, bem como de outras garantias administrativas susceptíveis de ser consideradas como necessárias, estabelecendo, nos termos da Constituição, um regime jurídico que permite o imediato acesso à apreciação contenciosa de actos administrativos. Isto, ao mesmo tempo, que comina o efeito suspensivo automático do prazo de impugnação contenciosa das decisões administrativas, decorrente da prévia utilização das garantias administrativas, de forma a aumentar a respectiva eficácia tanto do ponto de vista da protecção subjectiva como da tutela objectiva da legalidade e do interesse público.

Mas, se é pacífico afirmar que «o CPTA não exige (...), em termos gerais, que os actos administrativos tenham sido objecto de prévia impugnação administrativa para que possam ser objecto de impugnação contenciosa (M.Aroso de Almeida)[46], tende agora a surgir uma interpretação restritiva deste regime jurídico[47], segundo a qual se estaria aqui apenas perante uma revogação da regra geral da exigência de recurso hierárquico necessário, constante do Código de Procedimento Adminis-

---

[46] Mário Aroso de Almeida, *O Novo Regime do P. nos T. A.*, cit., p. 147.

[47] Neste sentido, vide Mário Aroso de Almeida, *As Implicações de Direito Substantivo da Reforma do Contencioso Administrativo*, in «Cadernos de Justiça Administrativa», n.º 34, Julho / Agosto 2002, páginas 71 e seguintes; Vieira de Andrade, *A Justiça A. (L.)*, cit., pp. 203 e ss., mx. p. 222, nota 470.

Acto Administrativo e Reforma do Processo Administrativo 105

trativo, mas que ela não implicaria a revogação de eventuais regras especiais, que consagrassem tal exigência, quando existissem, nem afastaria a possibilidade do estabelecimento de similares exigências em lei especial.

Assim, de acordo com esta interpretação restritiva, independentemente da revogação da regra geral, o Código «não tem (...) o alcance de revogar as múltiplas determinações legais avulsas que instituem impugnações administrativas necessárias, disposições que só poderiam desaparecer mediante disposição expressa que determinasse que todas elas se consideram extintas» (MÁRIO AROSO DE ALMEIDA)[48]. Pelo que, «na ausência de determinação legal expressa em sentido contrário, deve entender--se que os actos administrativos com eficácia externa são imediatamente impugnáveis perante os tribunais administrativos, sem necessidade da prévia utilização de qualquer via de impugnação administrativa. As decisões administrativas continuam, no entanto, a estar sujeitas a impugnação administrativa necessária nos casos em que isso esteja expressamente previsto na lei, em resultado de uma opção consciente e deliberada do legislador, quando este a considere justificada» (M.AROSO DE ALMEIDA)[49].

Não acompanho esta interpretação restritiva ou minimalista, que me parece contrariar tanto as disposições constitucionais como o regime jurídico consagrado no Código de Processo Administrativo, e cuja justificação me parece residir mais em considerações de política legislativa do que em argumentos estritamente jurídicos. Da minha perspectiva, não é de adoptar tal interpretação restritiva, designadamente, pelas seguintes razões:

– Em primeiro lugar, não vejo como é possível compatibilizar a "regra geral" da admissibilidade de acesso à justiça, independentemente de recurso hierárquico necessário, com as "regras especiais" que supostamente manteriam tal exigência. Pois, se a única razão de ser da "necessidade" do recurso hierárquico era, como se viu, a de permitir a impugnação do acto administrativo e se, agora, se consagra sempre a possibilidade de impugnação contenciosa imediata dessa decisão administrativa, independentemente da via administrativa prévia e do respectivo efeito suspensivo, então qual é o sentido de considerar que tal exigência se mantém, apesar de já não poder produzir qualquer efeito do ponto de vista contencioso? Faz algum sentido dizer que a impugnação adminis-

---

[48] MÁRIO AROSO DE ALMEIDA, *O Novo R.do P. nos T. A.*, cit., p. 147.
[49] MÁRIO AROSO DE ALMEIDA, *O Novo Regime do P. nos T. A.*, cit., p. 147.

trativa prévia se tornou desnecessária, para efeito de impugnação contenciosa (que era, precisamente, a única razão de ser da sua existência), mas que continua a poder ser exigida? E se sim, para que efeitos, pois não está aqui em causa a existência nem a eficácia do acto administrativo, mas tão só a possibilidade da respectiva impugnação contenciosa, sendo certo que tal possibilidade, agora, foi expressamente consagrada pelo Código de Processo Administrativo, pelo que uma eventual lei especial, que mantivesse tal exigência, deixaria forçosamente de ter quaisquer consequências contenciosas?

Em síntese, considerar que, a partir de agora, o recurso hierárquico passou a ser sempre "desnecessário" (mesmo que "útil"), mas que ele pode continuar a ser exigido como condição prévia de impugnação, mesmo quando já não pode mais continuar a ser considerado como condição de impugnação, ou como pressuposto processual, é um absurdo. Trata-se de uma contradição insanável, que equivaleria a criar uma nova categoria conceptual: a do "recurso hierárquico necessário desnecessário" ou, se se preferir (porque, no domínio do "sem-sentido", a ordem dos factores é arbitrária), do "recurso hierárquico desnecessário necessário"[50].

– Em segundo lugar, para justificar a dualidade de regimes de impugnação de actos administrativos é utilizado um argumento formal para retirar conclusões que, salvo o devido respeito, me parecem infundadas. Diz-se que o Código de Processo revogou a "regra geral" do recurso hierárquico necessário, do Código de Procedimento Administrativo, mas não as "regras especiais". Ora, admitindo (sem conceder) que isso era assim, então seria forçoso concluir que, antes da reforma, tais normas ditas "especiais" não possuíam especialidade alguma, já que eram apenas a confirmação, ou a reiteração da "regra geral" da impugnação hierárquica necessária. Qual é, pois, o sentido de utilizar o argumento formal de que o Código revogou a "regra geral", mas não as normas que se

---

[50] Sobre o problema da necessidade de ter em conta a manutenção da razão de ser das normas jurídicas para efeito da continuação da respectiva vigência, em tese geral, vide WOLFGANG LOEWER, *Cessante ratione legis cessat ipsa lex – Wandlung einer gemeinrechtlichen Auslegungsregel zum Verfassungsgebot?*, Walter de Gruyter, Berlin / New York, 1989.

Acto Administrativo e Reforma do Processo Administrativo   107

limitavam a reiterar a "regra geral" e que, portanto, estavam nela incluídas, nada tendo de especial? Será que a revogação da "regra geral" não tem implícita a revogação de todas as outras normas que se limitavam a reiterar o mesmo regime jurídico? A admitir, sem conceder, o argumento formal aduzido, então, ele só poderia valer para o futuro, perante novas hipóteses de previsão legal de recursos hierárquicos necessários – esses sim, especiais, perante a nova regra geral – e não para o passado, relativamente a previsões avulsas de impugnações administrativas necessárias que mais não tinham feito do que confirmar a regra geral anterior, e que se deverão considerar igualmente revogadas pela revogação da regra geral.

– Em terceiro lugar, o próprio argumento formal, antes referido, de que o novo regime do Contencioso Administrativo revoga a "regra geral" do recurso hierárquico necessário, constante do Código de Procedimento Administrativo, mas não leis "especiais" avulsas, parece-me ser, ele próprio, improcedente. Já que, da minha perspectiva, o modo mais correcto de colocação do problema do relacionamento entre as normas do Código de Processo Administrativo, que permitem o acesso imediato ao juiz sem qualquer condição de utilização prévia de vias administrativas, e as normas que continuem a prever a existência de garantias administrativas necessárias – o que vale tanto para as constantes do Código de Procedimento Administrativo, como para as que estejam contidas em legislação avulsa, da mesma maneira como vale tanto para o caso de elas serem anteriores como posteriores à reforma – não tem a ver com o fenómeno da revogação, mas sim com o da caducidade destas últimas, por falta de objecto.

Se, como vimos, a única razão de ser da exigência do recurso hierárquico necessário era a de permitir o acesso ao juiz, e se, agora, o Código de Processo estabelece que tal garantia prévia não é mais um pressuposto processual de impugnação de actos administrativos, então isso só pode significar que a exigência do recurso hierárquico em normas avulsas deixa de ter consequências contenciosas, pelo que se deve considerar que (pelo menos, nessa parte) tais normas caducam, pelo desaparecimento das circunstâncias de direito que as justificavam. Caducidade esta, por falta de objecto, que acresceria ao fenómeno, antes referido, de caducidade decorrente da inconstitucionalidade da exigência do recurso hierárquico necessário (por violação do conteúdo essencial do direito à tutela plena e efectiva, assim como dos princípios da divisão de poderes e da descentralização).

E isto vale tanto para previsões especiais de garantias administrativas necessárias que sejam anteriores como posteriores à reforma (situação esta que só a título de hipótese meramente académica é de admitir, uma vez que, como é sabido, se deve presumir que o legislador ordinário não consagra soluções inconstitucionais ou ilógicas, para além de atentatórias da unidade do sistema jurídico no seu todo). Pois, a admitir, por hipótese absurda, que o legislador ordinário viesse a consagrar, já depois da reforma do Contencioso Administrativo, normas que estabelecessem a necessidade de recurso hierárquico necessário, ainda que a título especial, para além da questão da respectiva inconstitucionalidade, sempre haveria que considerar que a criação dessas "garantias administrativas necessárias desnecessárias" não teria qualquer efeito útil, já que tal "categoria" seria desprovida de consequências contenciosas (em face do novo regime do Código de Processo, lido à luz da Constituição).

– Em quarto lugar, do ponto de vista constitucional, se já era difícil considerar que a exigência do recurso hierárquico necessário não era inconstitucional, antes da Reforma, como se fez referência, eu diria tratar-se agora de uma "missão impossível" justificar, nomeadamente, que, depois da concretização legislativa do direito fundamental de acesso à Justiça Administrativa, mediante a consagração da regra da desnecessidade de impugnação administrativa prévia ao acesso ao juiz, pudessem existir excepções a um tal regime, levando à criação de uma espécie de contencioso "privativo" de certas categorias de actos administrativos, em derrogação ao regime geral, conforme à Constituição. Seria assim como que a "ressurreição" da categoria das ultrapassadas "relações especiais de poder"[51], só que agora ao nível do Contencioso Adminis-

---

[51] Conforme escreve lapidarmente MAURER, as relações especiais de poder são «um instituto que pertence ao passado», pois é constitucionalmente inadmissível a ideia de um «domínio estadual livre do direito», à margem do princípio da legalidade e dos direitos fundamentais (HARTMUT MAURER, *Allgemeines V.*, cit., páginas 177 e ss.).

Acto Administrativo e Reforma do Processo Administrativo 109

trativo, decorrente da criação de um regime de impugnação específico para certas categorias de actos, à margem dos direitos fundamentais, da Constituição e do Código de Processo Administrativo.

Daí que, mesmo aqueles que entendessem que o recurso hierárquico necessário não era inconstitucional, como regra geral, antes da reforma do Contencioso Administrativo, sempre teriam, agora, pelo menos, de reconsiderar a questão, não apenas perante as disposições constitucionais, mas também em face da intervenção legislativa que as concretiza e que põe termo a tal exigência, sem prever quaisquer excepções. Pois, mesmo (admitindo sem conceder) que não se considerasse, antes, que a exigência do recurso hierárquico necessário era inconstitucional, agora, perante um novo regime jurídico concretizador das disposições constitucionais, e que afasta expressamente essa exigência, não se vê como é que regras excepcionais ou avulsas, que não apenas afectam de forma drástica o exercício do direito de aceder a tribunal como também restringem o respectivo conteúdo, em termos que se podem considerar como arbitrários (porque desprovidos de critério lógico ou de utilidade material), podem deixar de ser consideradas como incompatíveis com a Constituição, por violação do conteúdo essencial do direito fundamental de acesso à justiça administrativa.

Desta forma, não só são desde logo de afastar, por manifestamente inconstitucionais, disposições normativas, anteriores à reforma do contencioso, que previssem a necessidade de impugnação administrativa prévia, como também julgo que seriam igualmente inconstitucionais eventuais derrogações legislativas (posteriores) do novo regime processual conforme à Constituição, nomeadamente por violação do conteúdo essencial do princípio constitucional da tutela plena e efectiva dos direitos dos particulares, assim como do princípio da igualdade de tratamento dos particulares perante a Administração e perante a Justiça administrativa, ao criarem "privilégios de foro" para certas categorias de actos administrativos.

– Em quinto lugar, ainda se pode aduzir outro argumento, de ordem sistemática e constitucional, invocável quer perante um qualquer legislador que, "contra ventos e marés", viesse eventualmente a consagrar regras especiais de garantias administrativas necessárias, quer, sobretudo, perante a jurisprudência que, não obstante o novo regime processual, continuasse a persistir na exigência do "recurso hierárquico necessário desnecessário". É que o Código de Processo Administrativo, concretizando o direito fundamental de acesso ao Contencioso Administrativo (do art. 268.º, n.º 4, da Constituição), estabelece um princípio de «promoção do acesso à justiça» (artigo 7.º do Código), segundo o qual o "mérito" deve prevalecer sobre as "formalidades", o que implica, entre outros corolários, a regra segundo a qual devem ser evitadas "diligências inúteis" (artigo 8.º, n.º 2, do Código).

Ora, não é possível imaginar nada mais inútil e despropositado do que continuar a exigir uma qualquer garantia administrativa prévia, quando tal exigência deixou de ser um pressuposto processual de impugnação dos actos administrativos, pelo que, também por esta via, se verificaria a ilegalidade (e inconstitucionalidade) de uma qualquer decisão judicial, bem como a inconstitucionalidade de uma qualquer intervenção legislativa, que persistisse na regra do "recurso hierárquico necessário desnecessário".

De tudo o que fica dito, resulta que o Código de Processo Administrativo, concretizando as opções constitucionais em matéria de direito fundamental de acesso à Justiça Administrativa, permite a imediata impugnação dos actos administrativos praticados pelos subalternos, afastando a exigência de recurso hierárquico necessário. Sendo agora necessário que o legislador, tendo em conta a Constituição e o novo regime processual, proceda à "harmonização" das disposições do Código do Procedimento Administrativo e demais legislação avulsa, nomeadamente daquelas que ainda procedem à distinção entre recurso hierárquico necessário e facultativo (vide os artigos 166.º e seguintes, do Código de Procedimento Administrativo), em termos que não mais se justificam.

Da minha perspectiva, a solução mais adequada, para compatibilizar os regimes jurídicos do procedimento e do processo, passaria pela revogação expressa das disposições que prevêem o recurso hierárquico necessário (por uma questão de certeza e de segurança jurídicas, uma vez que, como se viu, deve-se considerar que elas já caducaram), ao mesmo tempo que procedesse à generalização da regra de atribuição de efeito suspensivo a todas as garantias administrativas (nomeadamente, reclamação, recurso hierárquico, recurso administrativo impróprio) – eventualmente

Acto Administrativo e Reforma do Processo Administrativo 111

acompanhada da fixação de um prazo (curto) para o exercício da faculdade de impugnação administrativa pelos particulares (que poderia bem ser o prazo de 30 dias)[52], prazo este que não teria qualquer relevância para a questão da impugnabilidade do acto administrativo, mas que interessaria, tão só, para a aplicação do regime de suspensão automática da eficácia, até à decisão da garantia administrativa.

Trata-se de uma solução (que, se bem me lembro, chegou a ser considerada, aquando da feitura do Código de Procedimento Administrativo, ao nível da comissão encarregada dessa tarefa) que permitiria satisfazer todos os interesses relevantes em presença:

– o do particular, que passava a ter um estímulo acrescido para utilizar as garantias administrativas, decorrente do efeito suspensivo automático do acto administrativo, sem nunca ver prejudicado, nem precludido o respectivo direito de acesso ao tribunal – direito este que poderia exercer sempre que o entendesse (bem entendido, desde que verificados os pressupostos processuais, designadamente o da oportunidade);

– o da Administração, que passaria a gozar, em termos mais alargados, de uma "segunda oportunidade", para melhor cumprir a legalidade e realizar o interesse público, podendo também, sendo caso disso, satisfazer desde logo as pretensões do particular e pôr termo ao litígio;

– o do bom funcionamento do sistema de justiça administrativa, pois o eficaz funcionamento das garantias administrativas poderia servir de "filtro" a litígios susceptíveis de ser preventivamente resolvidos. Sendo certo que, em minha opinião, e para que o sistema de garantias graciosas pudesse ser verdadeiramente eficaz, seria ainda necessário criar também órgãos administrativos especiais, à semelhança dos "tribunals" do sistema britânico, de

---

[52] Tal como se estabelece no artigo 168.º, n.º 1, do Código de Procedimento Administrativo, segundo o qual «sempre que a lei não estabeleça prazo diferente, é de 30 dias o prazo para a interposição do recurso hierárquico necessário». Tal prazo, por um lado, poderia valer como regra geral, alargando-se a todas as garantias administrativas (o que não obstava a que se pudesse pensar em estabelecer prazos mais curtos para procedimentos especiais, ou para certas espécies de garantias, nomeadamente de algumas reclamações) por outro lado, deixaria de ter que ver com a impugnabilidade, uma vez que o particular poderia sempre optar desde logo pelo acesso ao tribunal, mas tão só com a possibilidade de usufruir do regime de suspensão automática da eficácia do acto administrativo.

modo a salvaguardar a autonomia e a imparcialidade das entidades decisoras, assim como criar simultaneamente novos e específicos meios administrativos – sem que tudo isso, obviamente, em caso algum, pudesse pôr em causa a faculdade do particular aceder imediatamente ao tribunal, se assim o entendesse.

Mas, se essa era, em minha opinião, a solução desejável de conciliação das regras de procedimento e de processo, resta saber qual vai ser a orientação do legislador, no exercício da respectiva "discricionaridade legislativa", sendo certo, como se viu, que a opção de proceder a meros "retoques cosméticos" e de "ressuscitar" o recurso hierárquico necessário como condição de impugnabilidade, pela via da regulação do procedimento, não se afigura ser juridicamente possível (já que ele, entretanto, se tornou desnecessário, de acordo com a regulação do processo), nem constitucionalmente admissível. Entretanto, e enquanto não sobrevier a intervenção do legislador do procedimento, deve-se entender que caducam todas as normas que prevejam a "necessidade" de recurso hierárquico, ou de qualquer outro meio gracioso, pelo que todas as garantias administrativas são de considerar como facultativas, no sentido de que não impedem o particular de utilizar imediata, ou simultaneamente, a via contenciosa, além de possuírem um efeito suspensivo dos prazos de impugnação contenciosa.

Mas, se a "necessidade" de recurso hierárquico não pode mais ter efeitos contenciosos, que dizer das normas de procedimento que prevêem a suspensão da eficácia dos actos administrativos submetidos a essa via graciosa, antes considerada necessária (vide o artigo 170.º do Código de Procedimento Administrativo)[53]. Da minha perspectiva, e a título transitório, enquanto não sobrevier a intervenção do legislador do procedimento, deve-se considerar que o particular lesado por um acto administrativo de um subalterno, que preenchesse a previsão do anterior recurso hierárquico necessário, pode optar por fazer uma de três coisas:

– intentar, desde logo, a acção administrativa especial, acompanhada ou não do respectivo pedido cautelar de suspensão da eficácia do

---

[53] Segundo o artigo 170.º, n.º 1, do Código de Procedimento Administrativo, «o recurso hierárquico necessário suspende a eficácia do acto recorrido, salvo quando a lei disponha em contrário ou quando o autor do acto considere que a sua não execução imediata causa grave prejuízo para o interesse público». Enquanto, por seu lado, o n.º 3, do mesmo artigo, estabelece que «o recurso hierárquico facultativo não suspende a eficácia do acto recorrido».

acto administrativo (sendo certo que, como se verá, a concessão de tutela cautelar se encontra facilitada pelo novo Código), optando exclusivamente pela via judicial para a resolução do litígio;
– proceder à prévia impugnação hierárquica que, para além do efeito geral de suspensão do prazo de recurso contencioso, deve continuar a gozar, neste caso, de efeito suspensivo da execução do acto administrativo e, só depois, em função do resultado da garantia administrativa, utilizar ou não a via contenciosa;
– impugnar hierarquicamente a decisão administrativa, que goza do referido efeito de suspensão da eficácia, mas tendo ainda a possibilidade de aceder imediatamente a tribunal, sem ter necessidade de esperar pela decisão do recurso hierárquico[54].

d) A sindicabilidade de actos administrativos que, sendo jurídicos, não são necessariamente de definição do direito. O que decorre da evolução histórica antes referida, uma vez que «o acto da Administração Prestadora e Infra-estrural, dos nossos dias, já não pode mais ser caracterizado como definidor do direito aplicável, à semelhança das decisões judiciais, de acordo com o paradigma de OTTO MAYER. Pois, enquanto forma de actuação da Administração – e manifestação de um poder estadual que não se confunde com a Justiça –, o acto administrativo é uma decisão destinada à satisfação de necessidades colectivas (e dotado de valor material, para além de natureza jurídica). A Administração não utiliza o direito como um "fim em si mesmo", que lhe caiba definir no caso concreto, como é tarefa da Justiça, antes utiliza o direito como um "meio" para a satisfação dessas mesmas necessidades colectivas»[55].

A superação do modelo tradicional de equiparação do acto administrativo à sentença – que levava a qualificar o primeiro como regulador ou como horizontalmente definitivo, consoante se

---

[54] Como é sabido, o efeito suspensivo do recurso hierárquico não impede, no caso, a possibilidade de impugnação imediata, nos termos do artigo 54.º, n.º 1, alínea b), do Código de Processo Administrativo, dado tratar-se de acto lesivo e susceptível de produzir efeitos jurídicos, os quais só se encontram temporariamente suspensos em virtude do respectivo destinatário ter optado pela utilização prévia da garantia administrativa.

[55] Vide VASCO PEREIRA DA SILVA, «"O Nome e a C." – A A. C. R. de A. e a R. do C. A.», in *Ventos de M. no C. A.*, cit., p. 139.

adoptasse as clássicas concepções da escola de Coimbra ou de Lisboa – decorre, entre outras coisas, do regime de impugnação dos actos meramente conformativos (artigo 53.º, do Código), que amplia a admissibilidade de impugnação desses actos[56] – os quais são desprovidos de efeitos jurídicos novos e, como tal, não possuem o dito carácter regulador, da mesma maneira como são insusceptíveis de ser considerados como definidores do direito aplicável, pelo que não gozam da dita definitividade material.

Mas a superação da ideia de "definição do direito", enquanto "resquício histórico" da assimilação do acto administrativo à sentença (MAYER), manifesta-se ainda noutras disposições da reforma do contencioso, designadamente, quando se admite a impugnabilidade dos actos de execução (vide o n.º 2 e o n.º 3, do artigo 52.º, do Código, relativo à pos-sibilidade de impugnação de actuações de execução e de aplicação tanto de actos administrativos contidos em norma, como de actos que não procedam à identificação dos respectivos destinatários)[57]. Pois, os actos de execução, sendo actuações administrativas susceptíveis de lesar direitos dos particulares e como tal impugnáveis, não gozam de carácter regulador nem de definitividade material.

Conforme se escrevia em momento anterior, há que começar por «distinguir, de forma nítida, as operações materiais dos actos administrativos de execução. Se as meras operações materiais (v.g. a efectiva demolição de um prédio em ruínas, mediante a utilização de processos manuais ou mecânicos, ou a colocação de flores na secretária de um director-geral) são simples factos

---

[56] De acordo com o artigo 53.º, do C, «uma impugnação só pode ser rejeitada com fundamento no carácter meramente confirmativo do acto impugnado quando o acto anterior:
a) tenha sido impugnado pelo autor;
b) tenha sido objecto de notificação ao autor;
c) tenha sido objecto de publicação, sem que tivesse de ser notificado ao autor».

[57] De acordo com o artigo 52.º, n.º 2, do Código de Processo Administrativo, «o não exercício do direito de impugnar um acto contido em diploma legislativo ou regulamentar não obsta à impugnação dos seus actos de execução ou aplicação». Determinando ainda o n.º 3, do referido artigo, que «o não exercício do direito de impugnar um acto que não individualize os seus destinatários não obsta à impugnação dos seus actos de execução ou aplicação cujos destinatários sejam individualmente identificados».

Acto Administrativo e Reforma do Processo Administrativo 115

jurídicos e não actos administrativos, já todas as decisões das autoridades administrativas destinadas à produção de efeitos jurídicos num caso concreto são de considerar, na nossa ordem jurídica, como verdadeiros e próprios actos administrativos (art. 120.º do Código de Procedimento Administrativo). O que significa que, entre nós, a noção de acto (administrativo) de execução não deve compreender apenas os actos reguladores, ou definidores do direito aplicável, ou constitutivos de direitos e deveres – como pretendiam as orientações doutrinárias substancialistas e restritivas do acto administrativo – mas deve igualmente abranger todas as actuações administrativas simplesmente produtoras de efeitos jurídicos (v.g. o acto que especifica o dia, a hora, em que vai ter lugar a demolição do prédio em ruínas)». Ora, nestes termos, qualquer acto de execução é, à partida, susceptível de impugnação contenciosa, a qual apenas depende «do facto do acto administrativo se encontrar [,ou não,] em posição de afectar imediatamente a posição jurídica dos particulares, ou seja, da verificação do pressuposto processual da lesão de direitos»[58].

e) A delimitação do âmbito da impugnabilidade em razão da eficácia e já não da executoriedade dos actos administrativos. Uma vez mais, verifica-se aqui a superação da concepção "autoritária" de acto administrativo (de acordo com o modelo já estabelecido na Constituição, desde 1989), abandonando a ideia de executoriedade, que não pode ser mais considerada como característica dos actos administrativos – porque a maior parte dos actos administrativos não é, por natureza, susceptível de execução coactiva (v.g. actos favoráveis, permissivos, declarativos); porque certas categorias de actos não são susceptíveis de execução por imposição legal (os actos que imponham deveres de natureza pecuniária, como resulta do artigo 155.º, n.º 1); porque em matéria de polícia e em estado de necessidade é legítima a passagem à execução coactiva da lei sem prévio acto administrativo[59]. Daqui decorrendo que a susceptibilidade de execução coactiva corresponde antes a

---

[58] VASCO PEREIRA DA SILVA, *Em Busca do A. A P.*, cit., pp. 725 e 726.
[59] Vide VASCO PEREIRA DA SILVA, *Em Busca do A. A P.*, cit., pp. 489 e ss..

um poder de autotutela da Administração, o qual, de acordo com o princípio da legalidade, só pode existir nos casos expressamente previstos na lei[60].

De referir, também, que o legislador da reforma propõe mesmo a possibilidade de impugnação de actos ineficazes ainda que lesivos (artigo 54.º, do PCTA), se bem que em termos limitados (quando o acto tenha começado a ser executado, ou quando a eficácia decorra de condição suspensiva dependente da vontade do beneficiário). O que, mais uma vez, vem realçar a importância da lesão dos direitos dos particulares como "chave" do acesso ao juiz administrativo, num contencioso de natureza subjectivista, como é o nosso.

Procurando fazer a síntese das transformações que a reforma do Contencioso Administrativo veio trazer à noção de acto administrativo, eu lembrava, em momento anterior, um conhecido filme de Stanley Kubrik, intitulado «2001: Odisseia no Espaço»[61]. E essa evocação, para além da oportunidade da coincidência da data do título do filme e do meu escrito, servia também para (re)lembrar que a referida obra de ficção científica, realizada em 1968, se (re)vista em nossos dias, correspondia já, na sua maior parte, à situação presente, apresentava também muitos aspectos que hoje nos parecem ser já do passado, e continha ainda alguma dose de futurismo.

Fazendo o paralelismo e olhando para a reforma do contencioso administrativo, apresentada em 2001 (mas que só entrou em vigor em 2004, como antes se referiu), a maior parte das soluções presentes, relativas ao acto administrativo, correspondem ao que deveria ter sido já, de há muito, a situação actual (ou porque correspondem a opções constitucionais, de 1989 e de 1997, que só agora foram concretizadas, ou porque se trata de soluções que se foram tornando consensuais, na doutrina dos últimos anos), algumas normas ainda fazem lembrar tempos passados (felizmente, poucas), outras ainda apontam ousadamente no sentido do

---

[60] Também no que se refere à execução coactiva se me afigura aconselhável a revisão do CPA, harmonizando as normas de procedimento com as de contencioso, uma vez que aquele código, não obstante todas as inovações e modificações positivas que introduziu nesta matéria, continua a fazer referência à noção de executoriedade.

[61] VASCO PEREIRA DA SILVA, *2001: Odisseia no E. C. do A. A.*, cit., in «Cadernos de J. A..», cit., pp..

futuro. Daí que, já nessa altura, eu fizesse votos – que agora tenho a oportunidade de reafirmar – para que a reforma do contencioso administrativo, apresentada em 2001, mas que não pretendia ser "ficção científica", e que se tornou já numa realidade do presente, ao entrar em vigor em 2004, possa ainda libertar-se – na sua aplicação e evolução – de algumas "teias" e "complexos" do passado, para além de ser capaz de não fechar as portas ao futuro...

A UTILIZAÇÃO DO DOMÍNIO PÚBLICO PELOS PARTICULARES, DE DIOGO FREITAS DO AMARAL
– REVISITADA (QUASE) 50 ANOS DEPOIS

MARIA JOÃO ESTORNINHO[1]

Ao Professor, a minha admiração
Ao Amigo, a minha gratidão

«Pôde assim ligar-se o passado da escola ao seu futuro,
um futuro em que, como o leitor verá, é legítimo depositar seguras esperanças»

MARCELLO CAETANO
(no prefácio da 1ª edição de *A Utilização do Domínio Público
pelos Particulares,* fazendo o elogio da obra)

O Código dos Contratos Públicos, de 2008, inclui, no seu âmbito objectivo de aplicação, os contratos «que confiram ao co-contratante direitos especiais sobre coisas públicas» [Artigo 1.º, n.º 6, al.c)] e, no Artigo 408.º, manda aplicar, subsidiariamente, o regime substantivo da concessão de obras públicas e da concessão de serviços públicos ao contrato de concessão de exploração de bens do domínio público[2].

---

[1] Professora Associada com Agregação da Faculdade de Direito da Universidade de Lisboa e Professora Catedrática Convidada da Faculdade de Direito da Universidade Católica Portuguesa.

[2] Recorde-se também que, actualmente, é possível identificar, nomeadamente no diploma que regula o Regime Jurídico do Património Imobiliário Público (Decreto-Lei n.º 280/2007, de 7 de Agosto), várias modalidades de contratos sobre coisas públicas. Assim, se a concessão de uso privativo se destina a conferir ao concessionário, durante

120 *Em Homenagem ao Professor Doutor Diogo Freitas do Amaral*

Esta inclusão dos contratos relativos à utilização do domínio público pelos particulares no âmbito de aplicação do actual Código dos Contratos Públicos insere-se numa linha de continuidade de soluções anteriormente consagradas no nosso ordenamento jurídico, na esteira do ensinamento de FREITAS DO AMARAL.

Em 1965, em *A Utilização do Domínio Público pelos Particulares* [3]– monografia que constituiu a sua dissertação final do Curso Complementar de Ciências Políticas e Económicas da Faculdade de Direito da Universidade de Lisboa – FREITAS DO AMARAL rompe com a concepção restritiva de contrato administrativo subjacente ao Artigo 815.º § 2.º do Código Administrativo de 1940, propondo a adopção de um conceito mais abrangente de contrato administrativo, no qual se passariam a incluir, entre outros, os contratos relativos à utilização do domínio público pelos particulares.

A obra versa sobre a utilização do domínio público pelos particulares, ou seja, consiste, segundo as palavras do autor, «numa indagação acerca dos principais problemas jurídicos que suscita o aproveitamento que os particulares realizam, ou podem realizar, das utilidades prestadas pelas coisas dominiais»[4].

A páginas 29 e seguintes, dá conta ao leitor do *estado da arte*, a propósito do tema em causa, sistematizando e analisando as classificações doutrinais sobre as modalidades de utilização do domínio público pelos particulares. Vai, então, a propósito do tema, percorrendo a doutrina portuguesa da época (Marcello Caetano, Melo Machado, Marques Guedes) bem assim como a doutrina estrangeira (Guicciardi, Zanobini, Alessi,

---

um determinado período e mediante o pagamento de taxa, poderes exclusivos de fruição dos bens do domínio público (Artigo 28.º RJPIP), a concessão de exploração ou gestão de domínio público tem um âmbito mais alargado e transfere para o particular, durante um determinado período de tempo e mediante o pagamento de uma taxa, poderes de gestão e de exploração de bens do domínio público (Artigo 30.º RJPIP). Autonomizado expressamente é também, no Artigo 24.º do RJPIP, um contrato de mutação dominial, por meio do qual uma entidade titular de um bem dominial transfere a respectiva propriedade pública para outra pessoa colectiva territorial.

[3] DIOGO FREITAS DO AMARAL, *A Utilização do Domínio Público pelos Particulares,* Coimbra Editora, Lisboa, 1965.

[4] FREITAS DO AMARAL, *A Utilização do Domínio Público pelos Particulares,* cit., p. 12.

A Utilização do Domínio pelos Particulares ...

Santi Romano, D' Alessio e Sandulli; Otto Mayer, Fleiner, Jellinek, Peters, Forsthoff e Maunz; Garrido Falla e Garcia Oviedo; Hauriou, Waline, Trotabas, Bernard e Laubadère).

Depois de uma análise minuciosa das classificações tripartidas e dualistas defendidas, nesta matéria, pelos diversos autores, FREITAS DO AMARAL confessa-se levado «a abandonar os sistemas da classificação tripartida em favor dos que a apresentam bipartida»[5].

Assim, onde MARCELLO CAETANO apresentava uma classificação tri-partida (uso comum, uso especial e uso privativo) de modos de utilização do domínio público pelos particulares, FREITAS DO AMARAL vem, em 1965, defender, de forma inovadora, uma classificação bipartida, definindo o uso privativo do domínio público como o «modo de utilização do domínio que é consentido a uma ou a algumas pessoas determinadas, com base num título jurídico individual», por contraposição ao uso comum, definido como «o modo de utilização do domínio que, sendo conforme ao destino principal da coisa pública sobre que se exerce, é declarado lícito pela lei para todos, ou para uma categoria genericamente delimi-tada de particulares»[6].

Outro dos importantes contributos desta obra consistiu no estudo da distinção entre as licenças e as concessões de uso privativo do domínio público, defendendo-se a autonomização destas últimas (ao contrário da tese defendida na época por MARCELLO CAETANO, para quem mesmo as formas mais extremas de utilização exclusiva dos bens dominiais não passavam de licenças de uso privativo que só impropriamente se desig-navam por concessões)[7].

Para compreender a importância da posição defendida por FREITAS DO AMARAL relativamente à questão da natureza jurídica dos contratos de utilização de bens do domínio público pelos particulares, importa ter presente que *A Utilização do Domínio Público pelos Particulares* foi escrita na vigência do Código Administrativo de 1940, cujo Artigo 815.º § 2.º (preceito aplicável, por força do Artigo 32.º da Lei Orgânica do

---

[5] FREITAS DO AMARAL, *A Utilização do Domínio Público pelos Particulares*, cit., p. 38.

[6] FREITAS DO AMARAL, *A Utilização do Domínio Público pelos Particulares*, cit., p. 46.

[7] FREITAS DO AMARAL, *A Utilização do Domínio Público pelos Particulares*, cit., p. 247.

122 *Em Homenagem ao Professor Doutor Diogo Freitas do Amaral*

Supremo Tribunal Administrativo, também à Administração central), gizava assim: «Consideram-se contratos administrativos unicamente os contratos de empreitada e de concessão de obras públicas, os de concessão de serviços públicos e os de fornecimento contínuo e de prestação de serviços celebrados entre a administração e os particulares para fins de imediata utilidade pública».

Tendo concluído pela natureza jurídico-administrativa dos contratos de utilização de bens do domínio público pelos particulares, FREITAS DO AMARAL confronta-se com o referido Artigo 815.º § 2.º do Código Administrativo e com a enumeração taxativa de contratos administrativos nele prevista e da qual tais contratos de utilização do domínio público não constavam[8].

Em bom rigor, já anteriormente, FREITAS DO AMARAL se havia confrontado com questão semelhante. Em *O Caso do Tamariz*[9], havia tratado da questão da natureza jurídica da concessão, em regime de exclusivo, da exploração do jogo a particulares. Contrariando a tese do Acórdão que estava a analisar (no qual se qualificava o referido contrato simultaneamente como um contrato de concessão de obras públicas e de concessão de serviço público), FREITAS DO AMARAL veio, pelo contrário, defender a necessidade de autonomização da figura da «concessão de jogo». Ou seja, preconizou tratar-se de uma verdadeira nova espécie de contrato de concessão, uma vez que não se trataria nem de concessão de obra pública nem de concessão de serviço público. No entanto, nesse momento, confrontado com a enumeração legal taxativa de contratos administrativos, reconhece ainda a impossibilidade de recondução da concessão de jogo ao referido elenco de contratos administrativos do Artigo 815.º § 2.º do Código Administrativo.

Quando em 1965, em *A Utilização do Domínio Público pelos Particulares*, se vê de novo confrontado com a taxativa e restrita enumeração de contratos administrativos do Artigo 815.º § 2 do Código Administra-

---

[8] FREITAS DO AMARAL, *A Utilização do Domínio Público pelos Particulares*, cit., p. 186.

[9] FREITAS DO AMARAL, *O Caso do Tamariz (Estudo de Jurisprudência Crítica)*, in Revista «O Direito», ano 96, 1964, pp. 178 e ss., ano 96, 1964, pp. 204 e ss., e ano 97, 1965, pp.37 e ss.; também publicado em FREITAS DO AMARAL, *Estudos de Direito Público e Matérias Afins*, Almedina, Coimbra, 2004, Vol. I, pp. 395 e ss..

tivo, Freitas do Amaral, aos 24 anos de idade, resolve a questão da não inclusão na referida lista dos contratos de utilização do domínio público (cuja autonomização e natureza jurídico-administrativa acabara de justificar), afastando-se da interpretação literal de Marcello Caetano da referida disposição legal e abraçando a tese segundo a qual o carácter taxativo da enumeração legal valeria apenas para efeitos processuais[10].

Sufraga, assim, a tese da existência, à época, no ordenamento jurídico português, de duas noções de contrato administrativo: uma, mais restrita, consagrada no Artigo 815.º §2.º do Código Administrativo e válida apenas para efeitos de delimitação da competência da jurisdição administrativa em matéria contratual; outra, mais abrangente, uma verdadeira noção substantiva de contrato administrativo.

Em simultâneo, defende, *de iure condendo*, a necessidade de alargar a competência do foro administrativo em matéria de contratos de utilização do domínio público, uma vez que tais contratos encontrariam, já nessa altura, a sua disciplina jurídica fundamentalmente em normas de direito administrativo[11].

Em *A Utilização do Domínio Público pelos Particulares*, Freitas do Amaral propõe um verdadeiro alargamento do conceito de contrato administrativo então vigente. Apercebe-se, aliás, da importância da tese defendida, afirmando que ela «não pode deixar de vibrar um golpe na unidade conceitual que liga entre si os vários contratos regulados no artigo 815.º § 2» do Código Administrativo, uma vez que, se até então o contrato administrativo havia sido essencialmente encarado entre nós como um «contrato de prestação de serviços», nada obstaria a que se passasse «a admitir doravante um outro tipo de contratos administrativos – o dos contratos que proporcionam o gozo de bens alheios»[12].

Recorde-se que, a este propósito, Marcello Caetano sublinhava que o direito português se mantinha na «linha de considerar essencial a associação duradoura do particular à Administração na realização de fins de

---

[10] Freitas do Amaral, *A Utilização do Domínio Público pelos Particulares*, cit., pp. 187 e ss..

[11] Freitas do Amaral, *A Utilização do Domínio Público pelos Particulares*, cit., pp. 191.

[12] Freitas do Amaral, *A Utilização do Domínio Público pelos Particulares*, cit., pp. 191.

Em Homenagem ao Professor Doutor Diogo Freitas do Amaral

interesse público para caracterizar os contratos» administrativos, os quais continuou a definir como contratos celebrados «entre a Administração e outra pessoa com o objecto de associar esta por certo período ao desempenho regular de alguma atribuição administrativa, mediante prestação de coisas ou serviços, a retribuir pela forma que for estipulada, e ficando reservado aos tribunais administrativos o conhecimento das contestações, entre as partes, relativas à validade, interpretação e execução das suas cláusulas»[13].

É possível, ainda hoje, sentir a originalidade e a importância decisiva da tese defendida em *A Utilização do Domínio Público pelos Particulares*. No fundo, o que aqui surge, em 1965, pela mão de FREITAS DO AMARAL, é o embrião da actual dicotomia contratos de colaboração/contratos de atribuição, defendendo FREITAS DO AMARAL a inclusão destes últimos num mesmo universo alargado de contratos administrativos.

Quase vinte anos depois de ter escrito *A Utilização do Domínio Público pelos Particulares*, FREITAS DO AMARAL viu a sua tese ter, em grande parte, consagração legal. Em 1984, o Estatuto dos Tribunais Administrativos e Fiscais[14] consagrou, no Artigo 9.°, n.° 1, uma noção de contrato administrativo «para efeitos de competência contenciosa», e, no n.° 2, uma enumeração meramente exemplificativa de tais contratos, determinando que o seriam, «designadamente», os contratos de empreitada de obras públicas, de concessão de uso privativo do domínio público e de exploração de jogos de fortuna ou de azar, de fornecimento contínuo e de prestação de serviços celebrados para fins de imediata utilidade pública[15].

Ou seja, não só a enumeração legal de contratos administrativos deixou de ser taxativa, como, em simultâneo, passou a incluir quer a concessão de uso privativo do domínio público quer a concessão de exploração de jogos de fortuna ou de azar – precisamente os contratos cuja natureza jurídico-administrativa FREITAS DO AMARAL havia anteriormente defendido.

---

[13] MARCELLO CAETANO, *Manual de Direito Administrativo,* vol.I, Almedina, Coimbra, 10ª ed., reimp., 1980, pp. 581 e 588.

[14] Decreto-Lei n.° 129/84, de 27 de Abril.

[15] Cfr. MARIA JOÃO ESTORNINHO, *Requiem pelo Contrato Administrativo*, Almedina, Coimbra, 1990.

Em 1991, o Código do Procedimento Administrativo[16], pela mão de FREITAS DO AMARAL, veio consagrar uma noção substantiva – a «tal» noção substantiva – de contrato administrativo, definindo-o, no Artigo 178.º, n.º 1, como o «acordo de vontades pelo qual é constituída, modificada ou extinta uma relação jurídica administrativa». Tal noção era coerente com o ensinamento de FREITAS DO AMARAL, que vinha adoptando, como critério do contrato administrativo, o critério do objecto, completado pelo critério do fim, afirmando que o objecto do contrato tem de «respeitar ao conteúdo da função administrativa e há-de traduzir-se, em regra, em prestações referentes ao funcionamento de serviços públicos, ao exercício de actividades públicas, ao provimento de agentes públicos, à gestão de coisas públicas ou à utilização de fundos públicos» ou, então, prosseguir um fim de imediata utilidade pública[17].

No n.º 2 do referido Artigo 178.º do Código do Procedimento Administrativo, a enumeração (mais uma vez meramente exemplificativa) de contratos administrativos inclui empreitada de obras públicas, concessão de obras públicas, concessão de serviços públicos, concessão de exploração do domínio público, concessão de uso privativo do domínio público, concessão de exploração de jogos de fortuna ou azar, fornecimento contínuo, prestação de serviços para fins de imediata utilidade pública. Ou seja, em relação ao elenco do ETAF de 1984, surge agora acrescentado, ao lado do contrato de concessão de uso privativo do domínio público, o contrato de concessão de exploração do domínio público.

Finalmente, em 2008, o actual Código dos Contratos Públicos, transpondo as Directivas Europeias sobre contratos públicos, não deixa, no entanto, – numa linha de continuidade relativamente às anteriores soluções no ordenamento jurídico português, influenciadas pelo ensinamento de FREITAS DO AMARAL – de incluir no seu âmbito de aplicação (mais alargado do que o das referidas Directivas Europeias[18]) os contratos relativos à utilização do domínio público pelos particulares.

---

[16] Decreto-Lei n.º 442/91, de 15 de Novembro.

[17] FREITAS DO AMARAL, Apreciação da Dissertação de Doutoramento do Lic. J.M. Sérvulo Correia, «Legalidade e autonomia contratual nos contratos administrativos», in *Revista da Faculdade de Direito da Universidade de Lisboa*, vol.XXIX, Lisboa, 1988, pp. 159 e ss..

[18] Sobre o universo dos contratos públicos no Direito Europeu, v. MARIA JOÃO ESTORNINHO, *Direito Europeu dos Contratos Públicos*, Almedina, Coimbra, 2006.

A EXECUÇÃO DAS SENTENÇAS DOS TRIBUNAIS ADMINISTRATIVOS NO PENSAMENTO DE *DIOGO FREITAS DO AMARAL*

MÁRIO AROSO DE ALMEIDA[*]

1. Seja-me permitido começar por uma breve nota de carácter pessoal. Antes de mais, para dar conta do especial significado que, para mim, assume a participação neste volume de homenagem, por razões das quais não me é possível dar aqui senão uma pálida imagem. Na verdade, o *Professor Diogo Freitas do Amaral,* para mim, é, acima de tudo, um amigo, a quem muito devo; e uma referência no plano académico, pela exemplar postura de universitário, genuinamente empenhado no progresso da ciência do Direito público em Portugal, a quem, em grande medida, se deve o notável florescimento a que, ao longo dos últimos vinte e cinco anos, se tem podido assistir do Direito público e, em particular, do Direito Administrativo nas nossas Faculdades de Direito.

Já no que especificamente respeita ao tema da presente exposição, e ainda num registo pessoal, devo começar por confessar que o meu primeiro contacto com a dissertação de doutoramento do *Professor Diogo Freitas do Amaral* sobre a execução das sentenças dos tribunais administrativos[1] se deu quando o nosso homenageado me desafiou a retomar o tema nela abordado, no âmbito da disciplina de Direito Administrativo que, há precisamente vinte anos, frequentei, sob sua orientação, no curso de mestrado em ciências jurídico-políticas da Faculdade de Direito da

---

[*] Professor da Faculdade de Direito da Universidade Católica Portuguesa.

[1] As citações ao longo da exposição reportar-se-ão à edição original da dissertação, publicada em 1967 (DIOGO FREITAS DO AMARAL, *A execução das sentenças dos tribunais administrativos*, Lisboa, 1967).

Universidade Católica Portuguesa. Embora eu não o imaginasse na altura, esse viria a ser o primeiro passo de um percurso de investigação de mais de dez anos, que nessa dissertação encontrou o seu esteio fundamental. Em 1999, tive, entretanto, a honra e o grato prazer de colaborar na preparação de uma nova edição do livro a que a dissertação deu origem[2], na qual, a partir da obra original e, por isso, no escrupuloso respeito pelo seu estilo formal, se procurou dar conta das importantes evoluções ocorridas sobre a matéria após a instauração do regime democrático em Portugal.

Embora a exposição subsequente não deixe, a cada passo, de o reflectir, não posso deixar de dar conta, a título introdutório, da profunda impressão que a dissertação desde logo me causou – e, aliás, ainda hoje me causa.

Impressionou-me, desde logo, pela extrema elegância do discurso; e, do mesmo passo, pela lógica irrepreensível com que cada um dos raciocínios era enunciado. Ainda hoje me impressiona, aliás, a força persuasiva da dissertação, que, a meu ver, advém precisamente da sua retórica argumentativa, assente na clareza do discurso e no irrepreensível rigor formal dos raciocínios formulados.

A atenção que, ao longo dos anos subsequentes, eu lhe viria a dedicar só fez aumentar, entretanto, a minha admiração pela dissertação, cuja qualidade me parece tanto mais invulgar se tivermos presente que se trata de um trabalho de juventude, que o Autor elaborou durante um período muito limitado de tempo e concluiu com a idade de apenas vinte e cinco anos. Em semelhante contexto, vários aspectos não podem deixar, na verdade, de impressionar.

Em primeiro lugar, a dissertação aborda um tema muito vasto e complexo, com base num acervo relativamente limitado de informação. A investigação que vim, no entanto, a empreender permitiu-me verificar que o Autor teve plena consciência de *todos* os problemas que o seu tema convocava e de *todas* as dimensões em que cada um deles se colocava; e a todos abordou num discurso simples e cristalino, sem iludir a complexidade das questões, nem deixar de tomar posição sustentada sobre elas, sintetizando, por vezes em duas ou três páginas, o que outros Autores haveriam de dizer em muitas mais, mas sem proporcional valor acrescentado.

É, aliás, verdadeiramente impressionante a quantidade e a complexidade das questões que, sem inibições ou subterfúgios, o nosso Autor

---

[2] Diogo Freitas do Amaral, *A execução das sentenças dos tribunais administrativos*, 2ª ed., Coimbra, 1999.

A *Execução das Sentenças dos Tribunais Administrativos no Pensamento ...* 129

tem a coragem de enfrentar ao longo da sua dissertação, assumindo, desse modo, o entendimento, que nunca viria a abandonar ao longo do seu percurso académico, de que o verdadeiro universitário não deve refugiar-se em posições ambíguas, mas deve tomar posição clara sobre as questões com que se vê confrontado, pois só assim pode contribuir verdadeiramente para o progresso científico.

E é ainda mais impressionante a sensatez e o sentido de responsabilidade com que o nosso homenageado procede à ponderação dos argumentos em confronto a propósito de cada questão, ou dos valores em conflito, que, a cada passo, ele é chamado a conciliar – sendo esta uma dimensão na qual, de modo inusitado, se evidencia, de modo precoce, a maturidade do Autor, assim como a sua aguda percepção das realidades da Administração Pública portuguesa à qual se reportava.

Last but not the least, a dissertação reflecte a consciência cívica do seu Autor, enquanto cidadão com as especiais responsabilidades do jurista e professor de Direito Administrativo, empenhado na construção de um verdadeiro Estado de Direito em Portugal. Trata-se, desse ponto de vista, de um trabalho coerente com a matriz de pensamento que viria a presidir a toda a construção doutrinária do Autor no domínio do Direito Administrativo. O ponto de referência é o modelo administrativo de matriz francesa e o propósito primacial, que decorre da sua visão personalista do Direito, é o de assegurar que esse modelo vá tão longe quanto possível na garantia dos direitos e interesses dos indivíduos perante o poder da Administração Pública, embora sem abandonar os traços essenciais que lhe conferem a sua identidade.

Nessa perspectiva se inscrevem as corajosas tomadas de posição que assume, designadamente quando denuncia os inadmissíveis obstáculos que a legislação do Estado Novo opunha à existência de um verdadeiro Estado de Direito em Portugal, no importantíssimo domínio da execução das sentenças dos tribunais administrativos. Mas também o sentido de equilíbrio com que assinala os limites à capacidade de expansão dos instrumentos de tutela dos particulares, que decorrem da lógica do modelo administrativo de matriz francesa, baseado no princípio da separação dos poderes administrativo e jurisdicional.

2. A exposição subsequente observará o seguinte trajecto.

Num primeiro momento, dedicaremos a nossa atenção a um conjunto de aspectos que, do ponto de vista científico, nos parecem mais relevantes na dissertação de doutoramento do nosso homenageado.

130 *Em Homenagem ao Professor Doutor Diogo Freitas do Amaral*

Num segundo momento, referir-nos-emos aos aspectos ou dimensões em que se pode dizer que a dissertação funcionou como um instrumento de denúncia das soluções que, na legislação do Estado Novo, limitavam a efectividade do direito à execução das sentenças dos tribunais administrativos e, desse modo, como um instrumento dirigido a promover a construção do Estado de Direito em Portugal.

Concluiremos com um ponto de situação, reportado ao momento presente e dirigido a avaliar o alcance do contributo da dissertação de doutoramento do nosso homenageado para o vigente modelo do contencioso administrativo português.

Ao que julgamos, a sequência adoptada permitirá recortar com nitidez os diferentes planos em que, do nosso ponto de vista, se projectou a notável dissertação a que nos reportamos: o plano da construção científica sobre o tema versado; o plano do aperfeiçoamento das garantias dos administrados no modelo tradicional do nosso contencioso administrativo; e o plano da própria superação desse modelo tradicional, à luz das mais recentes evoluções do contencioso administrativo português.

A exposição permitirá aferir da pertinência do percurso traçado. Encetemo-lo, pois.

1. Aspectos fundamentais de construção científica

3. Do ponto de vista científico, talvez o primeiro aspecto a sublinhar seja o de que a dissertação de doutoramento do nosso homenageado é o primeiro trabalho no qual, na doutrina portuguesa, se procede a um esforço consistente de concretização do conteúdo daquilo que, na senda da jurisprudência e da doutrina francesas, também entre nós foi sendo designado desde o século XIX como o *dever de executar as sentenças de anulação de actos administrativos*[3] – dever tradicionalmente imposto à Administração Pública, no contencioso administrativo de tipo francês, que dela exige que extraia as devidas consequências das sentenças que contra si sejam proferidas pelos tribunais administrativos.

Neste contexto, reveste-se de assinalável importância a circunstância de, pela primeira vez entre nós, o nosso Autor vir afirmar que o dever de executar as sentenças de anulação de actos administrativos não se

---

[3] Cfr. FREITAS DO AMARAL, *A execução...*, pp. 22 segs..

A Execução das Sentenças dos Tribunais Administrativos no Pensamento ... 131

esgota no mero dever de reconstituir o *statu quo ante,* correspondente à situação que existia no momento em que o acto anulado foi praticado, mas, pelo contrário, se estende ao cumprimento de todo um conjunto de outros deveres, que, por regra, devem conduzir à constituição de uma situação diferente daquela que existia inicialmente[4].

O Autor utiliza, a este propósito, uma fórmula que viria a fazer escola, a da *reconstituição da situação actual hipotética*[5], afirmando que a Administração tem o dever de extrair todas as consequências jurídicas da anulação decretada pelo tribunal através da "prática dos actos jurídicos e operações materiais necessários à reintegração efectiva da ordem jurídica violada, mediante a reconstituição da situação que existiria se o acto administrativo ilegal não tivesse sido praticado"[6].

Da definição do dever de executar a sentença de anulação por referência ao critério da reconstituição da situação actual hipotética, poderia retirar-se, numa primeira análise, que o dever de executar a sentença corresponderia ao dever de indemnizar pelos danos emergentes e lucros cessantes resultantes do acto anulado, no quadro de uma ilimitada responsabilidade objectiva da Administração. Na realidade, porém, não é este o alcance do critério que preside à utilização da referida fórmula neste contexto específico. Com efeito, o que, assumidamente, se pretende é impor à Administração, não apenas o dever de remover os efeitos positivos do acto anulado, mas também os seus *efeitos negativos,* "isto é, omissões que não se verificariam se o acto não tivesse sido praticado"[7]. Neste sentido se compreende a afirmação segundo a qual a *reconstituição da situação actual hipotética* se dirige à reconstituição da situação que existiria se "o curso dos acontecimentos nesse espaço de tempo se tivesse apoiado sobre uma base legal", "obrigando a realizar tudo o que se teria realizado se não fosse o acto ilegal"[8].

O que se pretende é, portanto, enquadrar no dever de executar a realização das prestações que a Administração teria realizado se não fosse o acto anulado. A análise das aplicações práticas da construção revela ser, portanto, na fronteira entre o dever de prestar e o dever de indemnizar que, neste contexto, se traçam os limites do dever de executar,

---

[4] Cfr. Freitas do Amaral, *A execução...,* pp. 50 segs. e 69 segs..
[5] Cfr. Freitas do Amaral, *A execução...,* p. 51.
[6] Cfr. Freitas do Amaral, *A execução...,* p. 56.
[7] Cfr. Freitas do Amaral, *A execução...,* pp. 52 e 83.
[8] Cfr. Freitas do Amaral, *A execução...,* pp. 51-52.

132 Em Homenagem ao Professor Doutor Diogo Freitas do Amaral

do qual se afasta, portanto, a indemnização por eventuais danos, que deve ser objecto de acção autónoma de responsabilidade[9].

O passo deste modo dado pelo nosso homenageado na sua dissertação de doutoramento revestiu-se, pois, da maior importância, lançando as sementes para ulteriores investigações, dirigidas a identificar, no vasto quadro das relações jurídicas emergentes da anulação dos actos administrativos, uma multiplicidade diferenciada de pretensões materiais, que tanto se podem dirigir à reconstituição do *statu quo ante,* como ao cumprimento dos deveres que a Administração Pública deveria ter cumprido na ausência do acto anulado e que se absteve de cumprir durante o período em que o acto anulado produziu os seus efeitos, ou ainda ao reexercício do poder manifestado com a prática do acto anulado, consubstanciado na substituição desse acto por outro, porventura com o mesmo conteúdo, se o acto anulado for renovável[10].

4. Reveste-se igualmente do maior interesse a diferenciação que, na dissertação, é traçada entre execução da sentença e respeito pelo caso julgado, de crucial importância no específico contexto da análise. Nesse sentido, assume, na verdade, o nosso homenageado que, "[s]em embargo da íntima conexão que as liga, são [...] inconfundíveis essas duas formas de acatamento voluntário da sentença, porque executar é dar realização efectiva à decisão contida na sentença e respeitar o caso julgado é apenas não contestar essa decisão, em si mesma ou nos seus fundamentos". Assim, "a execução de uma sentença é uma forma de acatamento voluntário desta, pela qual a Administração activa dá, ela própria, realização efectiva à decisão tomada na sentença. E a actividade de reintegração da ordem jurídica violada corresponde precisamente a este conceito. Pois esta reintegração consiste na prática de um ou mais actos jurídicos ou operações materiais destinados a pôr em prática a decisão tomada na sentença"[11].

---

[9] Exprimimos esta ideia pela primeira vez em 1993, na nossa dissertação de mestrado, *Do alcance das sentenças de anulação de actos administrativos,* sob o n.º 167. O ponto foi entretanto retomado por Margarida Cortez, na sua dissertação de mestrado, cujo original é de 1995: cfr. *Responsabilidade civil da Administração por actos administrativos ilegais e concurso de omissão culposa do lesado,* Coimbra, 2000, sobretudo a pp. 167-168.

[10] Para mais desenvolvimentos quanto a este ponto, cfr. Mário Aroso de Almeida, *Anulação de actos administrativos e relações jurídicas emergentes,* Coimbra, 2002, pp. 418 segs..

[11] Cfr. Freitas do Amaral, *A execução...,* pp. 48 e 53.

A *Execução das Sentenças dos Tribunais Administrativos no Pensamento* ... 133

Não podemos deixar de notar que, pelo modo como, em termos práticos, articula os dois conceitos, não nos parece que o nosso Autor extraia da diferenciação traçada no plano teórico as consequências devidas. Daí a crítica que, na nossa dissertação de doutoramento[12], dirigimos ao modo como configura a execução das sentenças dos actos administrativos renováveis, fundada no facto de colocar no mesmo plano o dever de reconstituir a situação que existiria se o acto anulado não tivesse sido praticado e o eventual dever de renovar o acto anulado, substituindo-o por outro acto com o mesmo conteúdo do primeiro[13] – quando, a nosso ver, o cumprimento deste último eventual dever é algo que, naturalmente, a sentença de anulação *não impede*, pelo que não ofende o respectivo caso julgado[14], mas que, em todo o caso, não dá corpo ao efeito repristinatório da anulação, que, no contexto da impugnação dos actos administrativos de conteúdo positivo[15], apenas tem por objecto a reconstituição da situação que existiria se tudo tivesse evoluído sem o acto anulado, e não a reconstituição da situação que existiria se, em lugar do acto anulado, tivesse sido praticado um outro acto administrativo.

Por este motivo, discordamos do modo como o nosso Autor configura o direito do impugnante à execução da sentença, associando-lhe o conteúdo formalizado de um mero direito à observância da legalidade.

---

[12] Cfr. MÁRIO AROSO DE ALMEIDA, *Anulação de actos administrativos...*, pp. 565 segs.. Para a apreciação crítica do Autor às posições assumidas na nossa dissertação, designadamente quanto a este ponto, cfr., entretanto, DIOGO FREITAS DO AMARAL, «Apreciação da dissertação de doutoramento do Mestre Mário Aroso de Almeida», in *Revista Themis*, ano II, n.º 3 (2001), pp. 305 segs.

[13] Cfr. FREITAS DO AMARAL, *A execução...*, pp. 109-110.

[14] O próprio Autor reconhece, aliás, que a renovação do acto anulado se coloca num plano diferenciado quando escreve: «É acentuadamente diverso o conteúdo da execução no caso de o acto ilegal ter sido anulado por incompetência ou vício de forma e no caso de o haver sido por violação de lei com fundamento na impossibilidade legal de praticar aquele acto: num caso a execução integral *compadece-se*, e no outro não, com a prática de um acto idêntico ao anulado, desde que não se repita o vício determinante da anulação»; «o respeito do caso julgado *não impede* a substituição do acto anulado por um acto idêntico»: cfr. FREITAS DO AMARAL, *A execução...*, pp. 66 e 68 – sublinhados nossos.

[15] A única, aliás, que hoje existe, na medida em que, como é sabido, no vigente contencioso administrativo, apenas são impugnáveis os actos administrativos de conteúdo positivo, e não os actos negativos, de indeferimento ou de recusa de apreciação de requerimentos: cfr. artigos 51.º, n.º 4, e 66.º do Código de Processo nos Tribunais Administrativos, e, na doutrina, por todos, MÁRIO AROSO DE ALMEIDA, *O novo regime do processo nos tribunais administrativos*, 4ª ed., 2005, pp. 149 segs..

Com efeito, embora reconheça ao impugnante que obteve a anulação a titularidade de uma posição jurídica qualificada relativamente à execução da respectiva sentença e até configure essa posição jurídica como um verdadeiro direito subjectivo, o *direito à execução da sentença,* a verdade, porém, é que a definição que o nosso Autor dá do conteúdo deste direito é uma definição eminentemente objectiva, assente numa concepção abstracta do que, na sequência da anulação, se entende por *reintegração da legalidade ofendida,* que se pode estender à própria renovação do acto anulado. Ora, a nosso ver, o direito à execução da sentença acaba, deste modo, por corresponder ao mero correspectivo formal do dever de executar a sentença, concebido como um dever funcional e objectivo da Administração Pública, cujo conteúdo não é definido por referência aos interesses do impugnante que obteve a anulação, mas por referência ao mais vasto conjunto dos actos jurídicos e operações materiais que – também no interesse de terceiros ou da própria legalidade objectiva – a Administração pode ser chamada a adoptar para dar cabal cumprimento ao seu dever de *reintegrar a legalidade ofendida*[16].

Não podemos deixar, em todo o caso, de reconhecer que, ao colocar, pela primeira vez entre nós, a questão da diferenciação e articulação entre execução da sentença e respeito pelo caso julgado nos termos em que a colocou, o nosso homenageado deu um contributo decisivo para a evolução do pensamento jurídico nacional sobre a matéria – sem o qual, aliás, nunca poderia ter surgido a discordância que acabamos de exprimir quanto a este aspecto pontual. Sem o seu contributo, não existiriam, pois, entre nós, quanto a este ponto, as condições para o diálogo científico que, desse modo, se tornou possível estabelecer.

5. Do nosso ponto de vista pessoal, as passagens mais interessantes da dissertação são as que se referem à figura das *causas legítimas de inexecução.*

O tema reveste-se, desde logo, do maior interesse, porque, no seu núcleo central, nos remete para a complexa e interessantíssima questão de saber se e em nome de que valores se deve admitir que, em certas circunstâncias, a Administração Pública se possa ver desonerada do dever que lhe incumbiria de executar a sentença de anulação. E são, a nosso

---

[16] Para mais desenvolvimentos, cfr. MÁRIO AROSO DE ALMEIDA, *Anulação de actos administrativos...,* pp. 44 segs. e 566 segs.

A Execução das Sentenças dos Tribunais Administrativos no Pensamento ... 135

ver, notáveis as páginas que o nosso Autor dedica ao tema. Como adiante se verá, o ordenamento jurídico português demorou muitos anos a assimilá-las, em todo o seu alcance: este é um ponto ao qual havemos de regressar em passo ulterior da exposição. É, no entanto, e desde logo, à notável consistência da argumentação expendida pelo nosso Autor em defesa das causas legítimas de inexecução[17] que, a nosso ver, se deve a sólida implantação desta figura no nosso regime democrático: primeiro, no Decreto-Lei n.º 256-A/77, de 17 de Junho; e, depois, no Código de Processo nos Tribunais Administrativos (CPTA), hoje vigente[18] [19].

Cumpre, na verdade, recordar que a previsão legal de *causas legítimas de inexecução*, que, no ordenamento jurídico português, remonta ao ano de 1930, se inscreve, originariamente, numa lógica de afirmação de uma *relativa fungibilidade* entre a *execução específica* e a mera *execução por sucedâneo* das sentenças de anulação de actos administrativos, segundo o entendimento de que a Administração poderia não executar as sentenças proferidas pelos tribunais administrativos, desde que o particular fosse devidamente compensado pelo facto[20]. Lógica, naturalmente, inspirada pelo contexto jurídico-político da época, no qual se inscrevia a solução autocrática, proveniente da legislação de 1930, aprovada ainda em plena ditadura militar[21], segundo a qual a inexecução das decisões

---

[17] Cfr. FREITAS DO AMARAL, *A execução…*, sobretudo a pp. 221 segs..

[18] Para o comentário ao artigo 163.º do CPTA, que hoje consagra a figura, cfr. MÁRIO AROSO DE ALMEIDA/CARLOS ALBERTO FERNANDES CADILHA, *Comentário ao Código de Processo nos Tribunais Administrativos*, 2ª ed., Coimbra, 2007, pp. 929 segs.

[19] Retomamos no passo subsequente parte da exposição desenvolvida em MÁRIO AROSO DE ALMEIDA, *Anulação de actos administrativos…*, pp. 780 segs..

[20] Cfr. MARCELLO CAETANO, *Tratado elementar de Direito Administrativo*, vol. I, Coimbra, 1943, pp. 372-373, para quem «deve deixar-se à Administração […] a escolha entre a execução directa e específica da decisão jurisdicional e a execução mediante o pagamento de indemnização, isto é, por sucedâneo. É de resto a regra comum da execução por prestação de facto infungível […] Trata-se sempre de acatar e de dar cumprimento ao caso julgado, por forma nele determinada ou procurando um justo equivalente patrimonial. O que é inteiramente inadmissível, sob pena de se negar a existência do Estado de direito e de relações jurídico-administrativas, é a liberdade de inexecução dos casos julgados deixada à Administração quando assim o entenda e sem que por isso tenha a obrigação de indemnizar».

[21] Referimo-nos ao § 2.º do artigo 6.º do Decreto n.º 18 017, que mais tarde veio a transitar para o artigo 77.º do Regulamento do Supremo Tribunal Administrativo. Também no direito espanhol vigorou, entre 1944 e 1956, a previsão, como causa de inexecução, de «qualquer outra que acarrete idêntica gravidade no juízo do Governo»:

136   *Em Homenagem ao Professor Doutor Diogo Freitas do Amaral*

proferidas contra o Governo – ou seja, o grosso das decisões, num modelo de acentuada centralização e concentração de poderes – se presumia determinada por impossibilidade[22].

Ora, o nosso homenageado teve o mérito, fundamental no contexto em que se pronunciava, de desmistificar a pré-compreensão que estava subjacente a esta construção, nos dois planos em que se impunha proceder a tal desmistificação.

Em primeiro lugar, fez notar que a *execução por sucedâneo* a que se referia *Marcello Caetano* não correspondia a uma qualquer forma de cumprimento, mas, pelo contrário, correspondia ao *incumprimento definitivo do dever de executar,* que a indemnização do impugnante que obteve a anulação não apagava[23]. O ponto reveste-se da maior importância, por assentar, a nosso ver, em argumentos próximos daqueles que, também no âmbito do Direito das Obrigações, determinaram a unânime rejeição das teses que configuravam a obrigação como um poder do credor sobre os bens do devedor com o argumento de que, como "a realização da prestação depende, em última análise, da vontade do devedor *(nemo praecise cogi potest ad factum)",* não faria sentido falar de um direito do credor à prestação mas apenas à execução do património do devedor em caso de incumprimento – teses justamente rejeitadas pelo facto de descurarem "o sentido básico, originário, fundamental do direito do credor", em favor de eventuais direitos auxiliares ou acessórios, que

---

cfr., a propósito, Sosa Wagner/Quintana López, «La ejecucion de las sentencias contencioso-administrativas», in *Documentacion Administrativa* n.º 209, p. 21.

[22] Para a justa crítica desta solução, cfr. Freitas do Amaral, *A execução...*, pp. 210 segs.. A ideia de relativa fungibilidade entre a execução específica da sentença e a substituição dessa execução pela prestação de um equivalente pecuniário é ainda hoje afirmada no direito espanhol, desde logo ao nível do próprio Tribunal Constitucional, embora se admita que, sendo a execução específica possível, ela só deve poder não ter lugar se nesse sentido concorrerem ponderosos interesses, capazes de sobrelevar os interesses protegidos pelas normas em cuja aplicação se baseou a sentença em presença: cfr., por todos, Font I Llovet, *La ejecución de las sentencias contencioso-administrativas*, Madrid, 1985, pp. 174 segs..

[23] Cfr. Freitas do Amaral, *A execução...*, pp. 349-350 e 356. O ponto também é hoje reconhecido pela doutrina espanhola mais atenta, consciente de que «o recurso que se faz à ideia de execução por substituição ou execução em que não se cumpre o princípio de identidade [...] logra omitir a referência expressa ao conceito de suspensão ou inexecução» da sentença: cfr. Font I Llovet, *op. cit.*, p. 177.

A Execução das Sentenças dos Tribunais Administrativos no Pensamento ... 137

só existem se e na medida em que se consume a (ilegítima) insatisfação do direito principal[24].

Por outro lado, distinguiu, de forma clara, as situações, *ilegítimas*, em que o *incumprimento é ilícito e culposo*, daquelas, *legítimas,* que podem ser determinadas pela pura impossibilidade de executar ou, em todo o caso, legitimadas pela existência de ponderosas razões de interesse público que, nos termos da lei, o justifiquem[25].

Deve-se, por isso, ao nosso homenageado a primeira tentativa, na doutrina portuguesa, de enquadramento sistemático dos fundamentos legalmente previstos de inexecução legítima das sentenças dos tribunais administrativos. Ao seu contributo se deve, pois, a própria construção, nessa perspectiva, do conceito de *causa legítima de inexecução,* que definiu como "uma situação excepcional que torna lícita, para todos os efeitos, a inexecução da sentença, obrigando, no entanto, ao pagamento de uma indemnização compensatória ao titular do direito à execução"[26]. E também, e sobretudo, a diferenciação, no seio do instituto, de duas categorias distintas, cada uma delas assente em diferentes pressupostos e com um alcance claramente diverso: a impossibilidade e a grave lesão do interesse público[27] – sendo que, como ninguém questiona a primeira, porque *ad impossibilia nemo tenetur*[28]*,* é na segunda que se justifica concentrar a atenção.

---

[24] Para a exposição e a crítica, na doutrina portuguesa, da chamada teoria patrimonial (ou *realista*) da obrigação e para a justa acentuação do relevo que deve corresponder ao cumprimento da obrigação, por ser a única causa de extinção do vínculo obrigacional que corresponde à «actuação do meio juridicamente predisposto para a *satisfação do interesse do credor*», cfr., por todos, ANTUNES VARELA, *Das Obrigações em geral*, vol. I, 9ª ed., Coimbra, 1996, pp. 140-145 (cfr. também a pp. 119 e 159); MENEZES CORDEIRO, *Direito das Obrigações*, vol. I, Lisboa, 1980, pp. 181-187, e vol. II, Lisboa, 1980, p. 173; e já, de forma muito incisiva e eficaz, MANUEL GOMES DA SILVA, *O dever de prestar e o dever de indemnizar*, vol. I, Lisboa, 1944, pp. 213 segs., *maxime* 223 segs. Na mesma linha, no quadro específico no qual nos movemos, FREITAS DO AMARAL, *A execução...*, p. 359.

[25] Cfr. FREITAS DO AMARAL, *A execução...*, pp. 348-349.

[26] Cfr. FREITAS DO AMARAL, *A execução...*, p. 161.

[27] Sobre o significado da distinção das duas categorias, cfr., em particular, FREITAS DO AMARAL, *A execução...*, pp. 203-204. Refira-se que, também no Direito das Obrigações, a doutrina distingue as situações em que existe uma causa legítima de não cumprimento de uma obrigação pelo devedor, das situações de impossibilidade da prestação, em que, para MENEZES CORDEIRO, *Direito das obrigações*, vol. II, p. 436, nem sequer se pode falar em não cumprimento, por não haver o que cumprir.

[28] Nesse sentido, cfr., por todos, FREITAS DO AMARAL, *A execução...*, pp. 198 e 203-204, e *Direito Administrativo*, vol. IV, policop., Lisboa, 1988, p. 243; MARCELLO CAETANO,

138   *Em Homenagem ao Professor Doutor Diogo Freitas do Amaral*

A "grave lesão do interesse público" é instituída, ao nível do próprio ordenamento jurídico, como fundamento da não realização da prestação e, portanto, da sua conversão no correspondente equivalente pecuniário. Não significa isto que se relativize o dever de executar. Apenas se admite que a grave lesão do interesse público pode constituir fundamento para um fenómeno cuja lógica até certo ponto se aproxima da do instituto da *expropriação* por razões de interesse público[29], que, envolvendo a imposição de um *sacrifício especial* ao impugnante que obteve a anulação, determinada pela necessidade de salvaguardar interesses considerados mais importantes, há-de necessariamente passar pelo pagamento da devida indemnização[30].

Esta causa legítima de inexecução assenta, entre nós, numa previsão legal, que lhe confere fundamento normativo[31]. A sua expressa consagração legal exprime uma opção política do legislador, que entendeu prever a possibilidade de, neste contexto, se sacrificar o direito do impugnante à execução. Não se trata, porém, cumpre notá-lo, de um fenómeno específico do ordenamento jurídico português. Tradicional objecto de consagração legislativa no direito espanhol, que neste ponto poderá ter influenciado o nosso próprio ordenamento jurídico[32], a possibilidade de se

---

Manual de Direito Administrativo, vol. II, 10ª ed. (reimpressão, 1983), p. 1401. Na doutrina alemã, PIETZKO, *Der materiell-rechtliche Folgenbeseitigungsanspruch*, Berlim, 1994, p. 507. É, de resto, reconhecido que, «por imperativo lógico, só a conduta possível pode ser devida»: cfr. MENEZES CORDEIRO, *Direito das Obrigações*, vol. II, p. 169.

[29] Neste sentido, escreveu-se no Acórdão do Supremo Tribunal Administrativo de 10.7.1997, Proc. n.º 27 739-A: «Situações deste género fazem ressaltar um duplo conflito em que um dos protagonistas é sempre o interesse público fundamental específico prosseguido por esses instrumentos de ordenamento do território. Um conflito desse interesse com o interesse do particular, 'expropriado' do direito à execução integral». Para o paralelo com o instituto da expropriação na doutrina espanhola, cfr., por todos, FONT I LLOVET, *op. cit.*, pp. 184 segs., com outras referências. Como, no entanto, bem assinala FREITAS DO AMARAL, *Direito Administrativo*, vol. IV, p. 246, embora seja, no fundo, como se o particular fosse expropriado do seu direito mediante o pagamento de uma indemnização, é claro que não se trata, aqui, de uma verdadeira expropriação, em sentido técnico.

[30] Neste sentido, FREITAS DO AMARAL, *A execução...*, pp. 181-182.

[31] Cfr., ainda que a propósito do direito anterior a 1977, M. CAETANO, *Manual...*, p. 1402. Embora a questão da falta de fundamento legal tenha sido suscitada na doutrina alemã, a objecção tem sido, no entanto, contornada, naquele país, como se seguida se dirá, por apelo ao princípio da proporcionalidade: cfr. TOBIAS SCHNEIDER, *Folgenbeseitigung im Verwaltunsgrecht*, Baden-Baden, 1994, pp. 165-166.

[32] Como faz notar DE LA OLIVA SANTOS, «Notas sobre la ejecucion de sentencias en el processo administrativa», in *Documentacion Administrativa* n.º 159, p. 92, «a diferença

A Execução das Sentenças dos Tribunais Administrativos no Pensamento ... 139

sacrificarem as pretensões que, para o recorrente, decorrem da anulação contenciosa, a outros valores considerados relevantes também é admitida em países como a Alemanha e a Itália[33]. O que bem se compreende, se se tiverem presentes as razões profundas que estão subjacentes à figura.

A causa legítima de inexecução por "grave lesão do interesse público" introduz, na verdade, um limite à lógica que resultaria da aplicação rigorosa das regras e princípios que presidem à repristinação jurídica operada pela sentença anulatória – trata-se de afastar certos deveres a cujo cumprimento a Administração estaria, à partida, adstrita, por se entender que tal cumprimento seria gravemente lesivo do interesse público[34]. O afas-

---

entre o sistema de execução espanhol e o de outros países não se estriba [...] em que unicamente aqui se dão casos de suspensão ou inexecução, mas em que tão só aqui é *legalmente* possível suspender a execução ou omiti-la», com o que se «prevê sinceramente a inexecução *de iure*». O Tribunal Constitucional espanhol confirmou, entretanto, na Sentença n.º 58/1983, de 29 de Junho, seguida por outras mais recentes, a solução tradicional, que, de resto, a nova lei da jurisdição contencioso-administrativa manteve, ao determinar que «o legislador pode estabelecer, sem afectar o conteúdo essencial do direito, as situações em que pode não se aplicar o princípio de identidade e substituir-se por uma indemnização». Cfr., a propósito, J.L.Piñar Mañas, «Jurisprudencia constitucional sobre la posicion dos tribunales y de la administracion en la ejecucion de las sentencias contencioso-administrativas», in *Documentacion Administrativa* n.º 209, pp. 154-156; F.Sosa Wagner/T.Quintana López, *op. cit.*, pp. 38 segs..

[33] Para a Alemanha, cfr., por exemplo, Schoch, *Folgenbeseitigung und Wiedergutmachung im Offentlichen Recht*, in Verwaltungs Archiv, vol. 79 (1988), pp. 50-52; Pietzko, op. cit., pp. 529 e 535-536; T.Schneider, *op. cit.*, pp. 156, 162 segs. e 190, nota 473. Para Olbertz, *Der sozialrechtliche Herstellungsanspruch im Verwaltungsrecht*, Frankfurt im Main, 1995, pp. 190-191, a *Folgenbeseitigungsanspruch* está sempre sob a reserva de sobrepujantes interesses públicos. Note-se, porém, que, na Alemanha, a jurisprudência não reconhece o fenómeno apenas em situações que se prendem com a protecção de interesses públicos, mas também, ainda que em situações-limite, com a protecção dos próprios beneficiários do acto ilegal, por aplicação do princípio da proporcionalidade.

A jurisprudência italiana reconhece, entretanto, o mesmo tipo de situações, que qualifica como de inottemperanza consentita: cfr. Piera Maria Vipiana, *Contributo allo studio del giudicato amministrativo*, Milão, 1990, p. 361; Franco Piga, «L' ottemperanza: giudizio di cognizione o esecuzione?», in *Il Giudizio di Ottemperanza*, Milão, 1983, pp. 143-144. Para a referência, entretanto, ao regime do artigo 2933.º, n.º 2, do Código Civil italiano, que, mesmo no âmbito das relações jurídico-privadas, determina que «não pode ser ordenada a destruição de uma coisa e o credor pode conseguir só a reparação dos danos, se a destruição da coisa for prejudicial à economia nacional», cfr. Mario Nigro, *Il giudicato amministrativo ed il processo di ottemperanza*, in *Il Giudizio di Ottemperanza*, Milão, 1983, p. 78; Klitsche de la Grange, *Cenni minimi su giudizio di ottemperanza e impossibilita d'esecuzione del giudicato*, in *Il Giudizio di Ottemperanza*,

140   *Em Homenagem ao Professor Doutor Diogo Freitas do Amaral*

tamento só é admissível em situações em que se possa afirmar que claramente superiores ao sacrifício que advém para o interessado da não satisfação dos seus direitos emergentes da anulação seriam os prejuízos que, para a comunidade, adviriam da satisfação desses mesmos direitos. O reconhecimento legal da possibilidade de a satisfação de pretensões emergentes da anulação poder ser afastada quando tal satisfação se revele gravemente lesiva do interesse público constitui, assim, a nosso ver, um corolário da aplicação do princípio da proporcionalidade à definição do quadro das relações jurídicas que podem resultar da anulação contenciosa de actos administrativos[35].

Cumpre, na verdade, recordar que a anulação é cega a quaisquer outros valores que não sejam o da estrita legalidade do acto impugnado. Ora, a realização do Direito não se esgota no sancionamento de actos jurídicos ilegais. Há que ter presente o tempo que pode ter decorrido desde o momento em que o acto anulado foi praticado e o que, entretanto, pode ter acontecido. A realização do Direito, no caso concreto e no momento presente, em que se trata de consubstanciar a anulação no plano dos factos, não pode deixar de atender a tudo isso, ponderando os diversos interesses em presença, segundo um critério de proporcionalidade. Afigura-se-nos, por isso, inteiramente compreensível a opção de política legislativa que esteve na base da consagração da causa legítima de inexecução em análise[36].

Milão, 1983, p. 409; e, entre nós, Vaz Serra, *Objecto da obrigação. A prestação – suas espécies, conteúdo e requisitos*, Lisboa, 1958, pp. 15-16, para quem a solução só se afigura razoável «quando se verifique algum dos casos em que seria admissível a expropriação por utilidade pública».

[34] Cfr. Bertrand Mathieu, *Les validations legislatives*, Paris, 1987, pp. 199-200. Desde logo, avultam, neste domínio, as situações em que, tendo sido construída uma obra pública, no interesse geral, no terreno que cumpriria restituir ao recorrente, funciona o princípio da intangibilidade das obras públicas, princípio que a jurisprudência francesa criou para funcionar mesmo em situações de apropriação irregular, em via de facto, de propriedades privadas por parte da Administração: cfr., a este propósito, Fernando Alves Correia, *As garantias do particular na expropriação por utilidade pública*, Coimbra, 1982, pp. 176-177; Jacques Israel, *La régularisation en droit français*, Paris, 1981, pp. 190-191.

[35] No mesmo sentido, cfr. Font I Llovet, *op. cit.*, pp. 179-183; e as referências alemãs por último indicadas. A nosso ver, reconduz-se a esta ideia o essencial da persuasiva argumentação desenvolvida nesta matéria por Freitas do Amaral, *A execução...*, pp. 155 segs., 175 segs. e sobretudo 221 segs.

[36] Como se afigura, mesmo, de admitir, a exemplo do que sucedeu na Alemanha (para além das referências já indicadas, cfr. ainda Pietzko, *op. cit.*, pp. 427-428 e 529;

A Execução das Sentenças dos Tribunais Administrativos no Pensamento ... 141

Tanto mais que ela só se pode considerar preenchida em situações de claro desequilíbrio dos interesses em presença[37] e que é reservada ao tribunal a decisão última sobre a questão da sua verificação. Por muitas que possam ser as questões que a opção pela consagração de uma causa legítima de inexecução fundada na existência de uma "grave lesão do interesse público", no plano da política legislativa, possa suscitar, não temos dúvidas em reconhecer a sua utilidade e mesmo imprescindibilidade; e a felicidade da solução que, colocando nas mãos do poder judicial a resolução última da questão da sua existência em cada caso concreto, evita os riscos que, de outro modo, a consagração de soluções deste tipo necessariamente envolveria[38].

6. Avulta, por último, a abordagem dos chamados actos consequentes. Também aqui, o nosso homenageado introduz inovações de sentido positivo, que haveriam de estar na origem de ulteriores desenvolvimentos doutrinais, contribuindo, desse modo, para o progresso do nosso Direito Administrativo quanto a este ponto. Com efeito, rejeita o modo como

---

SCHENKE, *Der Folgenbeseitigungsanspruch bei Verwaltungsakten mit Drittwirkung*, in *Deutches Verwaltungsblatt 1990*, pp. 334-335; e KNOKE, *Rechtsfragen der Rucknahme von Verwaltugnsakten*, Berlim, 1989, pp. 288-289), o pontual afastamento, por aplicação do princípio da proporcionalidade, do cumprimento de certos deveres emergentes da anulação, em situações de manifesta desproporção entre o interesse da reintegração da legalidade e da esfera do recorrente e outros eventuais interesses que com ele entrem em conflito, que não apenas o interesse público – porventura, em certos casos, os próprios interesses constituídos pelo acto ilegal na esfera de beneficiários de boa fé, segundo uma lógica na qual, aliás, se inscrevem as situações em que se admite a salvaguarda da posição de terceiros, beneficiários de actos consequentes do acto anulado, que, desse modo, se constituem precisamente em *causas legítimas de inexecução*. Quer-nos, na verdade, parecer que, à luz do princípio da proporcionalidade, eventuais situações-limite em que a execução da sentença implicaria o intolerável sacrifício de direitos fundamentais dos beneficiários do acto anulado devem ser objecto de tratamento idêntico ao que a lei formalmente reserva para as situações em que a execução da sentença causaria uma «grave lesão do interesse público».

[37] Assim se evitam muitas das perplexidades que tem suscitado a aplicação da mesma ideia, pela jurisprudência alemã, designadamente nos casos em que considera que a remoção das situações seria demasiado onerosa, em termos financeiros, para a Administração – hipótese que, na sequência da argumentação de FREITAS DO AMARAL, *A execução...*, pp. 171 segs., foi, entre nós, claramente afastada pela lei e que também é criticada, na doutrina alemã, por Autores como T.SCHNEIDER, *op. cit.*, p. 167, e PIETZKO, *op. cit.*, pp. 533-534.

[38] Cfr. FREITAS DO AMARAL, *A execução...*, pp. 184-187.

Marcello Caetano configurava a figura, recusando incluir na definição do acto consequente a dimensão subjectiva, de índole psicológica, que, de modo também a nosso ver inadequado, aquele Autor lhe emprestava, ao fazer apelo à ideia de que o acto consequente seria praticado na pressuposição da existência do acto que o precedeu; e propõe uma nova definição, assente na relação objectiva existente entre o acto anulado e o acto subsequente, que nele tinha a sua causa ou condição[39].

Na nossa própria abordagem do tema, que reconhecemos ser muito complexo e, por isso, também pela nossa parte não tivemos a pretensão de esgotar, procurámos ir um pouco mais longe na delimitação das situações em que entendemos ser de reconhecer a existência de uma conexão juridicamente relevante entre o acto anulado e aqueles que se lhe sucederam durante o período de tempo que precedeu a sua anulação[40]. É, em todo o caso, indiscutível o relevo do contributo do nosso Autor sobre a matéria: também neste domínio, a apreciação crítica a que submeteu o pensamento então dominante marcou toda uma época e abriu o caminho para que outros pudessem ter, mais tarde, a pretensão de ir mais além no afinamento do conceito.

2. Denúncia do Estado Novo e manifesto de cidadania

7. Não se pode ignorar, na dissertação de doutoramento do nosso homenageado, a dimensão política que, no mais nobre e elevado dos sentidos que a palavra envolve, ela indiscutivelmente comporta. Não estamos, naturalmente, perante um texto de doutrinação política, mas perante um trabalho de investigação científica, que em nenhum momento abandona o registo do discurso rigorosamente científico. E, no entanto, é evidente a preocupação do Autor em contribuir, enquanto cidadão investido nas especiais responsabilidades do jurista e professor de Direito Administrativo, para a construção de um verdadeiro Estado de Direito em Portugal, num dos domínios em que a questão se coloca com maior acuidade, por se tratar de assegurar o respeito da Administração Pública pelas decisões que contra elas são proferidas pelos tribunais administrativos.

---

[39] Cfr. FREITAS DO AMARAL, *A execução...*, pp. 97-98.
[40] Cfr. MÁRIO AROSO DE ALMEIDA, *Anulação de actos administrativos...*, pp. 311 segs.

A Execução das Sentenças dos Tribunais Administrativos no Pensamento ... 143

O modo como estrutura a Parte III da sua dissertação evidencia o propósito do Autor de contribuir para o aperfeiçoamento do sistema de garantias então existente em Portugal contra as situações de inexecução ilícita das sentenças por parte da Administração Pública. Nesse sentido, o Autor começa por proceder à identificação de cada uma das garantias existentes e à apreciação da sua efectividade, para concluir com a recensão das garantias existentes em outros países e a ponderação da pertinência da sua introdução no ordenamento jurídico português[41]. Neste plano, o Autor coloca-se, assim, na perspectiva de quem pondera as perspectivas de evolução do ordenamento jurídico português, no sentido do reforço das garantias dirigidas a promover o cumprimento, pela Administração Pública, do dever que lhe incumbe de executar as sentenças dos tribunais administrativos.

8. Do ponto de vista em que agora se coloca a análise, reveste-se, a nosso ver, da maior importância a tomada de posição do nosso homenageado, assumida com grande clareza logo no início da dissertação, no sentido de que o dever de executar as sentenças de anulação de actos administrativos desempenha uma função subjectiva: trata-se, na verdade, de um dever a que corresponde um direito, *o direito à execução,* de que é titular o impugnante que obteve a anulação[42].

Esta é, em grande medida, a pedra angular sobre a qual, na dimensão ora em análise, assenta a dissertação, na medida em que é neste relevante dado que se sustenta a defesa que nela é empreendida do reforço e aperfeiçoamento dos mecanismos de actuação com função subjectiva do direito à execução das sentenças dos tribunais administrativos[43].

Com efeito, daqui decorrem importantes consequências na economia da dissertação, a começar pela defesa de que ao impugnante que obteve a anulação seja reconhecida a possibilidade de se dirigir ao tribunal

---

[41] Cfr. FREITAS DO AMARAL, *A execução*..., pp. 265 segs..

[42] Cfr. FREITAS DO AMARAL, *A execução*..., pp. 35-36, e *Direito Administrativo*, vol. IV, p. 234; e, nessa senda, por todos, os Acórdãos do Supremo Tribunal Administrativo (Pleno) de 13.7.1995, Proc. n.º 31 129, e de 11.7.1996, Proc. n.º 38 292.

[43] E se apenas dizemos «em grande medida», é só porque, a nosso ver, e como já atrás foi notado, o Autor não atribui a este aspecto o relevo que, a nosso ver, lhe seria devido quando trata de identificar o conteúdo do dever de executar as sentenças de anulação de actos administrativos e o correspondente direito do impugnante à execução da sentença.

administrativo para fazer valer o seu direito à execução, pedindo-lhe que verifique se existe algum fundamento que legitime a situação de inexecução: as já atrás mencionadas *causas legítimas de inexecução*. Embora, à época, a lei não previsse tal possibilidade, vinha despontando na jurisprudência do Supremo Tribunal Administrativo uma orientação que tendia a admiti-la. O nosso Autor reconhece a importância desta corrente jurisprudencial, dá-lhe visibilidade e incentiva o seu desenvolvimento[44], lançando, desse modo, as sementes do processo de declaração de inexistência de causas legítimas de inexecução, que viria a ser introduzido, dez anos mais tarde, pelo Decreto-Lei n.º 256-A/77, de 17 de Junho. Adiante assinalaremos a enorme importância deste facto.

Por outro lado, reveste-se de especial interesse a preocupação do Autor em recusar à Administração Pública o poder de se furtar a executar as sentenças, ou de assumir execuções indevidas ou apenas parcelares, através da emissão de actos unilaterais de autoridade.

Com efeito, se fosse reconhecido à Administração Pública o poder de, através de acto unilateral de autoridade, decidir não executar ou decidir que nada há – ou nada mais há – a executar, mais não restaria ao titular do direito à execução do que lançar mão dos meios normais de reacção impugnatória, como se de tal direito não fosse titular. Era o que, à época, sucedia em França, com a conhecida sucessão de *anulações platónicas*. Ora, o nosso Autor tem plena consciência das dificuldades que, no silêncio da lei, se colocavam neste plano, da maior importância para a efectividade da tutela jurisdicional dos direitos e interesses dos particulares, num sistema em que à Administração Pública é tradicionalmente reconhecido, nos mais amplos termos, o poder de dizer o Direito de modo imperativo, através da emissão de actos unilaterais de autoridade. E mostra-se particularmente engenhoso na proposta de soluções para o problema[45], cuja sustentação era difícil com o modesto instrumentário que o ordenamento jurídico então vigente colocava à sua disposição, mas que, como o futuro viria a demonstrar, eram inequivocamente orientadas no sentido correcto, de evitar que o eventual exercício da prerrogativa, que à Administração Pública é genericamente reconhecida, de emitir actos unilaterais de autoridade, pudesse constituir-se em obstáculo ao exercício, através de meios próprios de tutela, do direito à execução das

---

[44] Cfr. FREITAS DO AMARAL, *A execução...*, pp. 318 segs..

[45] Sobre o ponto, cfr. FREITAS DO AMARAL, *A execução...*, pp. 292-293, 297-302, e 320 segs..

A Execução das Sentenças dos Tribunais Administrativos no Pensamento ... 145

sentenças de anulação de actos administrativos, que não pode deixar de ser reconhecido àqueles que as obtiveram dos tribunais administrativos.

A questão é complexa e, na senda do esforço pioneiro empreendido pelo nosso homenageado na sua dissertação de doutoramento, o nosso ordenamento jurídico tem procurado, ao longo dos últimos trinta anos, encontrar para ela a resposta adequada. Com efeito, o Decreto-Lei n.º 256-A/77 veio, nesse sentido, prever, no âmbito da específica forma de processo que instituiu para facultar aos interessados o exercício do seu direito à execução das sentenças, a possibilidade da declaração jurisdicional da nulidade dos actos administrativos desconformes com as sentenças de anulação que entretanto tivessem sido praticados. A fórmula perdura, hoje, no vigente CPTA, acompanhada, entretanto, da previsão da possibilidade da anulação dos actos administrativos que mantenham, sem fundamento válido, a situação ilegalmente constituída pelo acto anulado (cfr. artigos 164.º , n.º 3, 167.º , n.º 1, 176.º , n.º 5, e 179.º , n.º 2, do CPTA).

Estas soluções foram determinadas pelo propósito de promover aquilo a que, pela nossa parte, demos, em tempos, o nome de *plenitude do processo de execução das sentenças*[46]: trata-se, na verdade, de dotar o juiz dos processos promovidos para obter a execução de sentenças proferidas pelos tribunais administrativos dos poderes que lhe permitam verificar e sancionar a invalidade dos eventuais actos administrativos que, na pendência desses processos, sejam praticados em desconformidade com a sentença – o que, naturalmente, compreende eventuais pronúncias em que a Administração Pública se arrogue o poder de se recusar a executar ou determine de modo incorrecto ou incompleto o que entende dever ser o conteúdo da execução a realizar; assim como os eventuais actos que a Administração pratique, em substituição do acto anulado, apenas para dar nova cobertura às situações por ele constituídas, reincidindo nas ilegalidades anteriormente cometidas (o que configura ofensa do caso julgado) ou, em todo o caso, sem fundamento válido que legitime a emissão de tais actos[47].

Pelas razões enunciadas, é, pois, da mais inteira justiça reconhecer o notável esforço que, quanto a este ponto, o nosso Autor empreendeu,

---

[46] Cfr. MÁRIO AROSO DE ALMEIDA, *Reinstrução do procedimento e plenitude do processo de execução das sentenças*, in *Cadernos de Justiça Administrativa* n.º 3, pp. 12 segs..

[47] Para mais desenvolvimentos, cfr. MÁRIO AROSO DE ALMEIDA/CARLOS CADILHA, *op. cit.*, pp. 950-951.

146   *Em Homenagem ao Professor Doutor Diogo Freitas do Amaral*

de modo pioneiro, na sua dissertação de doutoramento. A esse esforço ficou, na verdade, a dever-se um dos aspectos mais interessantes do regime que, dez anos mais tarde, veio a ser introduzido pelo Decreto-Lei n.º 256-A/77 – com repercussões, depois, no vigente regime executivo do CPTA –, que, ao instituir uma específica forma de processo que tinha por objecto o exercício do direito à execução das sentenças, não deixou de ter consciência da necessidade de prever a possibilidade da extensão do objecto dessa forma processual à fiscalização dos eventuais actos administrativos, entretanto praticados, cujos efeitos pudessem ter o propósito ou, pelo menos, o alcance de obstar ao exercício daquele direito.

9. Reveste-se, entretanto, de especial importância na economia da dissertação a apreciação fortemente crítica das soluções normativas que, no contexto da legislação do Estado Novo então vigente, esvaziavam o direito à execução das sentenças, por não assegurarem sequer ao respectivo titular o pagamento da indemnização que lhes seria devida em caso de inexecução ilícita.

A especial atenção que, na sua dissertação, o nosso homenageado dedica à questão do reconhecimento ao titular do direito à execução do direito à percepção de uma indemnização pelos danos que para ele adviessem do eventual facto de uma inexecução e à questão da exequibilidade de tal direito explica-se porque se reconhecia que, na hora da verdade, a não poder contar com uma quantia de dinheiro que o compensasse, não haveria mais nada com que o titular do direito à execução da sentença de anulação de um acto administrativo pudesse contar, caso a Administração Pública não desse à sentença a devida execução.

Ao contrário de *Marcello Caetano,* o nosso Autor recusa a ideia de que a Administração Pública disponha de uma liberdade de escolha entre cumprir ou não cumprir o dever de executar que se lhe impõe e, portanto, que lhe seja lícito optar por não cumprir os deveres a que está vinculada. Pelo contrário: sempre que, sem que exista uma causa legítima de inexecução, a Administração Pública opte por não cumprir o dever que se lhe impõe de executar uma sentença, entende que ela comete um ilícito, que a constitui em responsabilidade civil, incorrendo o titular do respectivo órgão em responsabilidade criminal e, sendo caso disso, disciplinar[48]. E, como já atrás foi assinalado, este aspecto reveste-se da

---

[48] Cfr. Freitas do Amaral, *A execução*..., pp. 349-350 e 359. Cfr. também Diogo Freitas do Amaral, *Rapport Portugais*, in *L' effectivité des décisions de justice (Journées*

A Execução das Sentenças dos Tribunais Administrativos no Pensamento ... 147

maior importância, na medida em que só deste modo se torna possível traçar com clareza a fronteira entre as situações de causa legítima de inexecução e as situações patológicas de inexecução ilícita de sentenças. Mas o nosso Autor não deixa de reconhecer a eminente violabilidade do dever que à Administração Pública se impõe de executar as sentenças que contra ela são proferidas e de assumir que, quando esse dever não seja cumprido, mais não resta ao titular do correspondente direito do que aspirar a obter uma indemnização pelos danos daí decorrentes[49]. Com efeito, o nosso Autor parte do pressuposto de que todos os deveres da Administração Pública que não se consubstanciem no pagamento de quantias em dinheiro são, por definição, infungíveis[50] e assume, por isso, sem subterfúgios, que, em muitas situações, o direito à execução se terá, inevitavelmente, de convolar no direito ao pagamento de uma indemnização[51].

Ainda assim, não se conforma, sem mais, com a inevitabilidade da inexecução. Nesse sentido, defende, com efeito, a subrogação hierárquica e tutelar como um importante instrumento, de execução forçada pela própria via administrativa, para impedir que a execução administrativa das sentenças fique apenas dependente da boa vontade das autoridades a quem cumpriria executá-las[52]: este contributo viria a estar na origem da previsão, dez anos depois, do n.º 4 do artigo 9.º do Decreto-Lei n.º 256--A/77. E, sempre na mesma linha, a atenção do Autor volta-se, já na 2ª edição do livro, para a figura da *sanção pecuniária compulsória,* cuja introdução defende para o ordenamento jurídico português, com a configuração que, na imediata sequência disso, o CPTA lhe viria a dar no seu artigo 169.º[53]: este foi mais um contributo que o aperfeiçoamento do nosso Estado de Direito ficou a dever ao labor científico do nosso homenageado, neste domínio, de decisiva importância, da execução das sentenças proferidas pelos tribunais administrativos.

Mas o nosso Autor não deixa, ainda assim, de reconhecer que, muitas vezes, a efectividade da tutela do impugnante que obteve a anulação

---

françaises) – Travaux de l'Association Henri Capitant des amis de la culutre juridique française, tomo XXXVI, Paris, 1985, pp. 689-690.

[49] Cfr. Freitas do Amaral, *A execução...*, pp. 357-359.
[50] Cfr. Freitas do Amaral, *A execução...*, p. 358.
[51] Cfr. Freitas do Amaral, *A execução...*, pp. 145-146 e 210-214.
[52] Cfr. Freitas do Amaral, *A execução...*, p. 287.
[53] Cfr. Freitas do Amaral, *A execução...*, 2ª ed., Coimbra, 1999, pp. 289-290 e 295.

de um acto administrativo se acaba forçosamente por jogar no plano indemnizatório, da reparação dos danos decorrentes da inexecução. Ora, é neste plano que ele se insurge contra as inadmissíveis limitações que decorriam da legislação então vigente: concretamente, do artigo 77.º do Regulamento do Supremo Tribunal Administrativo, cujo § 4.º conferia ao Governo o poder discricionário de decidir se e em que momento daria cumprimento ao dever de executar as sentenças que o constituíssem em obrigações de pagar quantias em dinheiro, e cujo § 5.º estabelecia que a inexecução das sentenças por parte do Governo se presumia determinada por impossibilidade.

No que respeita ao primeiro dos dois preceitos, o nosso Autor rebate de modo consistente a solução nele consagrada e, com grande coragem – nunca seguida, infelizmente, pelo Supremo Tribunal Administrativo –, defende sustentadamente a sua inaplicabilidade, em razão da sua ilegalidade[54]. No que respeita ao segundo dos preceitos, sustenta fundamentadamente que a presunção nele prevista era apenas uma presunção *iuris tantum,* e não *iure et de iure,* e reconduz habilidosamente as situações em que a presunção opere ao instituto das causas legítimas de inexecução, defendendo, desse modo, para o interessado, o direito a ser indemnizado pelo facto da inexecução[55]. Dois contributos decisivos para a efectivação do Estado de Direito, num dos pontos em que, à época, ele era, entre nós, mais decisivamente posto em causa no domínio em análise.

10. Complementarmente, as preocupações do nosso Autor também se voltam, naturalmente, para a questão da exequibilidade dos direitos de crédito que possam ser movidos contra a Administração Pública[56].

Neste plano, mostra-se, desde logo, crítico em relação à garantia de impenhorabilidade dos bens públicos, com a extensão com que ela se encontrava consagrada no Código de Processo Civil, defendendo a penhorabilidade dos bens do domínio privado disponível do Estado[57].

Por outro lado, propõe a introdução no ordenamento jurídico português de um mecanismo de execução forçada das obrigações pecuniárias, existente no Direito brasileiro e que, naquele país, é objecto de vasta

---

[54] Cfr. FREITAS DO AMARAL, *A execução...*, pp. 410 segs..
[55] Cfr. FREITAS DO AMARAL, *A execução...*, pp. 210 segs..
[56] Veja-se a síntese em FREITAS DO AMARAL, *Rapport Portugais*, p. 696.
[57] Cfr. FREITAS DO AMARAL, *A execução...*, pp. 363-365.

A Execução das Sentenças dos Tribunais Administrativos no Pensamento ... 149

aplicação e elaboração doutrinal[58]: dez anos depois, esse mecanismo viria a ser introduzido em Portugal pelo artigo 12.º do Decreto-Lei n.º 256-A/77 e encontra, hoje, assento nos n.ºs 3, 4 e 5 do artigo 172.º do CPTA. Trata--se de um importante instrumento de efectivação dos direitos de crédito sobre as entidades públicas, cuja existência no nosso ordenamento jurídico se deve ao contributo atento do nosso homenageado.

3. Significado actual e influência no ordenamento vigente

11. Tivemos já oportunidade de dar conta do importantíssimo contributo que a dissertação de doutoramento do nosso homenageado deu para o aperfeiçoamento das garantias dos cidadãos no domínio, tão relevante para a edificação de um verdadeiro Estado de Direito em Portugal, da execução das sentenças que são proferidas contra a Administração Pública pelos tribunais administrativos. Como foi assinalado, foi a esta dissertação que o Decreto-Lei n.º 256-A77 foi buscar as soluções que, nos seus artigos 5.º a 12.º, consagrou no propósito de reforçar a efectividade da tutela do direito à execução das sentenças dos tribunais administrativos por parte da Administração Pública. E muitas dessas soluções transitaram para o vigente CPTA, que as retomou, ampliando-lhes, em alguns casos, o respectivo alcance.

Não se esgotou, porém, nesse plano a influência da dissertação a que nos reportamos no presente trabalho. Como é sabido, o contencioso administrativo português foi, nos últimos anos, objecto de uma profunda transformação, que o fez mudar de paradigma. Ora, por incrível que possa, à primeira vista, parecer, essa profunda reforma não deixou de denotar ainda a influência do pensamento do nosso homenageado, tal como ele, nos seus verdes anos, encontrou expressão na sua dissertação de doutoramento.

Este é um ponto que nos parece de especial interesse assinalar aqui, porque faz apelo a um segundo plano de leitura da sua obra, no que, a nosso ver, ela encerra de mais fecundo e criativo, e que nos parece que tende a passar despercebido. Com efeito, para além (ou a propósito) das propostas de aperfeiçoamento do sistema de garantias contra a inexecução ilícita a que, até aqui, fizemos referência, o nosso Autor, na sua

---

[58] Cfr. Freitas do Amaral, *A execução...*, pp. 416 segs..

dissertação, tece considerações sobre questões que calam mais fundo, indo ao cerne do próprio modelo do contencioso administrativo português então vigente e inalterável. No momento histórico e no contexto político--social em que foram proferidas, essas considerações não podem deixar, desde logo, de impressionar pelo seu desassombro. Mas, muito mais do que isso, não podem deixar de ser vistas como contributos da maior importância para o próprio repensar do modelo de contencioso administrativo da época, cujos alicerces punham, de algum modo, em causa.

12. São dois os planos em que se concretiza o que acabamos de dizer. Mas ambos se reconduzem a uma única ideia: o reconhecimento das limitações que, para a efectividade da tutela dos impugnantes, decorriam do modelo tradicional do contencioso de estrita anulação dos actos administrativos e da necessidade da superação de tais limitações e, portanto, de tal modelo.

O primeiro desses planos tem, mais uma vez, que ver com a figura das *causas legítimas de inexecução*. Como já tivemos oportunidade de notar, referem-se a esta figura aquelas que, do nosso ponto de vista pessoal, são as passagens mais interessantes da dissertação. Ora, podemos agora acrescentar, isso deve-se, em parte, à circunstância de, na abordagem a que procede do tema, o nosso Autor ascender a graus sucessivos de abstracção, que o conduzem a questionar o facto de não se atender, logo no âmbito do próprio processo de impugnação do acto administrativo, à eventual existência de causas legítimas de inexecução, para o efeito de nem sequer se chegar a proferir a sentença de anulação do acto impugnado[59].

Como facilmente se compreende, esta tomada de posição põe em causa um dos aspectos nucleares do contencioso de impugnação dos actos administrativos. Com efeito, ao fazer apelo a que, no processo de impugnação, se atenda à eventual existência de causas legítimas de inexecução, o que o nosso Autor está a propor é que, no âmbito desse processo, se atenda às circunstâncias que envolvem o acto impugnado e ao modo como elas evoluem na pendência do processo – abrindo, desse modo, as portas à superação do modelo tradicional do contencioso estritamente cassatório, em que a impugnação dos actos administrativos se concretizava num processo feito ao acto, no qual se abstraía de todas as envolventes, e à sua substituição por um outro modelo, em que as partes

---

[59] Cfr. FREITAS DO AMARAL, *A execução...*, pp. 230 segs..

A Execução das Sentenças dos Tribunais Administrativos no Pensamento ... 151

sejam admitidas a trazer ao processo impugnatório factos supervenientes, determinantes para a conformação da relação jurídica mais vasta que entre elas se estabelece, e no âmbito da qual se inscreve o acto que foi objecto de impugnação.

Como é natural, a notável abertura deste modo demonstrada pelo nosso Autor quanto às possibilidades de evolução do nosso sistema de contencioso administrativo não tiveram eco, no plano legislativo, até à recente reforma de 2002. Com efeito, só uma reforma de fundo poderia dar expressão a sugestão tão inovadora. A reforma de 2002 foi, no entanto, a ocasião propícia para a consagração da solução, que veio a encontrar expressão no artigo 45.º e no n.º 5 do artigo 102.º do CPTA. Não podemos deixar de assumir aqui que, para a concepção do conteúdo normativo destes artigos do CPTA, foi determinante a sugestão nesse sentido formulada pelo nosso homenageado na sua dissertação de doutoramento. É, pois, muito significativo que, trinta e cinco anos volvidos, esta dissertação continue a influenciar a marcha da evolução do nosso ordenamento jurídico – e, mais ainda, que o faça num contexto de reforma profunda, o que diz muito das virtualidades do seu texto.

13. O segundo plano em que é possível extrair da dissertação do nosso homenageado um importante contributo para o repensar do modelo então vigente do nosso contencioso administrativo, no sentido de eliminar as limitações que, para a efectividade da tutela dos impugnantes, decorriam do modelo tradicional do contencioso de estrita anulação dos actos administrativos, tem que ver com os poderes de pronúncia que ao juiz eram reconhecidos no âmbito do processo de impugnação de actos administrativos.

Com efeito, o nosso Autor defende que o juiz do contencioso de impugnação de actos administrativos não deve limitar-se a anular os actos que, perante si, são impugnados, mas também deve pronunciar-se sobre as consequências que decorrem das anulações que profere. Sustenta, por isso, que o contencioso de impugnação não deve ter um alcance estritamente cassatório do acto impugnado, mas que as sentenças também devem compreender um componente declarativo, mediante o qual explicitem o conteúdo do dever que, na sequência da anulação, à Administração Pública se impõe de executar a correspondente sentença[60].

---

[60] Cfr. FREITAS DO AMARAL, *A execução...*, pp. 393 segs..

Como facilmente se compreende, também esta tomada de posição põe em crise um dos aspectos nucleares do clássico contencioso de impugnação dos actos administrativos. Com efeito, ao fazer apelo a que, no processo de impugnação, o tribunal se pronuncie sobre as consequências que decorrem da anulação do acto impugnado, o que o nosso Autor está, mais uma vez, a propor é que, no âmbito desse processo, se atenda às circunstâncias que envolvem o acto impugnado e ao modo como elas evoluem na pendência do processo – abrindo, desse modo, as portas à superação do modelo tradicional do contencioso estritamente cassatório, em que a impugnação dos actos administrativos se concretizava num processo feito ao acto, no qual se abstraía de todas as envolventes, e à sua substituição por um outro modelo, em que as partes sejam admitidas a trazer ao processo impugnatório outros elementos, determinantes para a conformação da relação jurídica mais vasta que entre elas se estabelece, e no âmbito da qual se inscreve o acto que foi objecto de impugnação.

Tal como, no ponto precedente da exposição, vimos suceder com a proposta no sentido de que, logo no processo de impugnação, se atendesse à eventual existência de causas legítimas de inexecução, não pode deixar, pois, de reconhecer-se que, também com a proposta da explicitação, logo no processo impugnatório, do conteúdo do dever que à Administração Pública se impõe de executar a correspondente sentença, o nosso Autor põe em causa o modelo tradicional do contencioso de impugnação de actos administrativos, preconizando a sua substituição por um outro modelo, em que ao juiz da legalidade do acto fossem reconhecidos os poderes de cognição e de pronúncia que lhe permitissem proceder à adequada conformação da relação jurídica mais vasta que se estabelece entre as partes e na qual se inscreve o acto sobre cuja validade se pronuncia.

E não pode deixar de reconhecer-se que, por directa influência do contributo nesse sentido prestado pelo nosso homenageado na sua dissertação de doutoramento, foi, até certo ponto, isso que o Decreto-Lei n.º 256-A/77 veio precisamente fazer, ao introduzir no regime do nosso contencioso administrativo uma nova forma específica de processo, o chamado *processo de execução de sentenças,* mediante a qual, uma vez obtida a anulação de um acto administrativo, o impugnante era admitido a fazer valer o seu direito à execução da sentença por parte da Administração Pública, pedindo ao tribunal que anulou o acto a explicitação do conteúdo dos actos e operações a adoptar pela Administração Pública para dar execução à sentença.

A Execução das Sentenças dos Tribunais Administrativos no Pensamento ... 153

Para o efeito aqui em análise, não podemos deixar de sublinhar que a introdução desta nova forma de processo se revestiu de um significado da maior importância, no contexto da construção do contencioso administrativo do Portugal democrático, porque foi a primeira brecha que, apenas três anos após a queda do Estado Novo, foi introduzida no modelo tradicional do contencioso de impugnação de actos administrativos. A nova forma de processo foi, na verdade, concebida à margem – e, por isso, escapava completamente à lógica – desse modelo. E isto, não apenas em virtude dos novos poderes de pronúncia que, nesse âmbito, eram reconhecidos ao juiz, mas também porque a nova forma de processo foi configurada em termos que procuravam imunizá-la em relação à superveniência de eventuais actos administrativos desconformes com o julgado, o que, como já atrás foi explicado, se conseguiu alcançar subtraindo, precisamente, a fiscalização de tais actos ao modelo de impugnação tradicional, para permitir que eles pudessem ser directamente sindicados, a título incidental, no próprio âmbito da nova forma de processo.

14. Cumpre, em todo o caso, reconhecer que a abertura assumida pelo nosso homenageado, na sua dissertação de doutoramento, quanto à possibilidade da ampliação dos poderes de pronúncia dos tribunais administrativos apresenta uma extensão limitada, na medida em que ele desconfia, genuinamente, das virtudes da opção de se conferir aos tribunais administrativos o poder de condenarem os órgãos da Administração Pública quanto ao exercício dos seus poderes ou de se substituírem a esses órgãos no exercício desses poderes. Quanto a este ponto, a recente reforma do nosso contencioso administrativo foi, por isso, mais longe do que aquilo que, na sua dissertação, o nosso Autor preconizava.

Não se pode deixar, em todo o caso, de notar que a pedra de toque, neste domínio, reside na questão da exequibilidade das sentenças que impõem deveres à Administração Pública, sendo que, com a referida reforma, se deu, entre nós, um passo muito significativo nesse domínio.

Com efeito, vimos atrás que o pensamento do nosso Autor quanto a este ponto assentava no pressuposto de que todos os deveres da Administração Pública que não se consubstanciem no pagamento de quantias em dinheiro são, por definição, infungíveis[61]. Era, na verdade, por essa razão que ele não via qualquer vantagem no reconhecimento ao juiz

---

[61] Cfr. Freitas do Amaral, *A execução...*, pp. 358; na 2ª ed., pp. 252-253.

154 Em Homenagem ao Professor Doutor Diogo Freitas do Amaral

administrativo de poderes de condenação da Administração Pública quanto ao exercício dos seus poderes. O próprio Autor o explica com meridiana clareza, do seguinte modo: "Como escreve o Prof. MARCELLO CAETANO, «os tribunais, quaisquer que sejam, são impotentes para coagir a Administração: colocados com esta em pé de igualdade, para ela não são Poder». E, pois que a impotência dos tribunais diante da Administração é inevitável [...], o único problema que pode pôr-se é o de saber se se há-de ou não levá-la em conta ao definir os poderes de decisão do juiz. Por nós, cremos bem que sim: impõe-se proceder a essa definição dando mostras de realismo e de bom senso, sem esquecer portanto que a injunção inserida numa sentença que não possa de facto ser executada pela força nada acrescenta de útil à mera declaração do conteúdo da execução devida – e por isso é redundante"[62].

Ora, foi precisamente este dado de partida que, com a reforma de 2002, o vigente contencioso administrativo português veio afastar, ao instituir verdadeiros processos executivos, passíveis de serem accionados para obter a execução forçada de prestações de facto ou de coisa em situações de incumprimento por parte da Administração Pública (veja-se, em particular, o artigo 167.º do CPTA, aplicável à execução de todas as obrigações fungíveis) – solução sem a qual não faria, na verdade, qualquer sentido a existência de sentenças de condenação com esse objecto, atenta a natureza de títulos executivos de que se revestem tais sentenças.

Já no que respeita à consagração de poderes de substituição dos tribunais administrativos aos órgãos da Administração Pública no exercício dos seus poderes, cumpre reconhecer que o CPTA foi bastante contido sobre a matéria (veja-se, em particular, o n.º 6 do mencionado artigo 167.º), apenas admitindo essa possibilidade, como já admitia o nosso homenageado, dentro de "um campo de aplicação deveras limitado" de aplicabilidade[63]. Cumpre, em todo o caso, notar que, no que respeita a esta possibilidade, o nosso Autor não a excluía de modo liminar, limitando-se apenas a reconhecer que a sua eventual consagração no nosso ordenamento jurídico dependia de "uma tomada de posição de carácter eminentemente político", da qual o académico se devia abster na sua dissertação de doutoramento[64].

---

[62] Cfr. FREITAS DO AMARAL, A execução..., pp. 399-400.
[63] Cfr. FREITAS DO AMARAL, A execução..., p. 403.
[64] Cfr. FREITAS DO AMARAL, A execução..., p. 403.

15. É tempo de terminar.

Foi nosso propósito caracterizar o pensamento reflectido na dissertação do nosso homenageado sobre a execução das sentenças dos tribunais administrativos e o inestimável contributo que dele resultou para o progresso da construção científica sobre a matéria e para o próprio aperfeiçoamento do nosso ordenamento jurídico nesse domínio, de vital importância para a construção do Estado de Direito em Portugal. Esperamos, assim, ter sido capazes de dar devida conta da importância de uma obra que, como se procurou demonstrar, constitui um ponto de referência obrigatório no panorama da doutrina jurídico-administrativa portuguesa do século XX e para o século XXI.

ENTRE A LUZ GREGA E AS BRUMAS DE LONDRES. O CONTENCIOSO ADMINISTRATIVO SEGUNDO FREITAS DO AMARAL

Luís Fábrica

> *"E o que propõe como melhor, não o apresenta como um visionário que preconiza o sonho inatingível, mas como um estudioso, grande conhecedor dos homens e das coisas, que na base da experiência e do bom senso, por meio de argumentos lógicos e razoáveis, procura apontar um caminho possível e realizável, sem a pretensão de deter o monopólio da verdade"*
>
> Freitas do Amaral, sobre Aristóteles

Prólogo

A frase, ouvi-a várias vezes, sempre acompanhada pelo seu grande sorriso: "Talvez um dia vocês me venham a convencer disso; mas até agora ainda não o conseguiram".

"Vocês" eram os seus jovens assistentes de então, a quem custava a aceitar a persistente defesa que o Mestre fazia do contencioso administrativo clássico, herdado de Marcello Caetano, Otto Mayer e Laferrière. De facto, se quase todos seguíamos de perto a sua lição nas matérias da organização administrativa e só alguns confessavam dúvidas de peso quanto à teoria do acto e do contrato administrativo, existia por parte da maioria um claro distanciamento da sua perspectiva sobre o recurso contencioso de anulação e sobre o contencioso administrativo em geral (com ressalva da execução de sentença). Crentes fervorosos nos méritos do chamado "modelo subjectivista", dirigíamos críticas incisivas ao que

considerávamos ser o resquício último de um passado autoritário e de uma dogmática ultrapassada, a saber, a concepção do recurso contencioso como um verdadeiro e próprio recurso, tendo por objecto a legalidade objectiva do acto administrativo, aberto aos portadores de um interesse directo, pessoal e legítimo e concluído com uma pronúncia de estrita anulação (ou declaração de nulidade ou inexistência) do acto administrativo impugnado.

No notável *fair play* de Freitas do Amaral perante tais críticas, feitas com a contundência dos verdes anos, adivinhava-se a sua confessada admiração pela tradição cultural anglo-saxónica do debate de ideias e a genuína abertura a uma boa argumentação. Quando reconhecia peso às razões que lhe eram apresentadas, alterava sem hesitar a sua posição inicial – pude testemunhá-lo em diversas ocasiões. O facto de ao longo dos anos ter permanecido, no essencial, fiel a uma visão clássica do contencioso administrativo não se deve ao enquistamento de quem se julga portador de uma verdade definitiva, mas à convicção sincera de que faltavam argumentos suficientemente fortes para mudar de campo.

Para além da ambiguidade dos dados normativos anteriores à reforma das leis processuais de 2002-2003 – foi nesse contexto jus-positivo que ocorreu a sua produção científica sobre tais temas –, terá pesado na atitude conservadora de Freitas do Amaral o pragmatismo derivado de um *"it works-approach"*, também ele tão anglo-saxónico: a convicção, por outras palavras, de que as insuficiências práticas do modelo tinham sido em larga medida colmatadas através da consagração pelo legislador do Decreto-Lei nº 256-A/77 das suas propostas para a reforma do regime de execução de sentenças. Não se tornava necessário reflectir sobre uma mudança radical de paradigma, através da importação de princípios abstractos reclamando maior actualidade científica, pois que as exigências práticas de tutela dos particulares tinham ficado genericamente satisfeitas por uma reforma limitada e pragmática, feita dentro dos postulados clássicos. *It works, don't fix it.*

Nada disto contraria o consabido rigor lógico que nos habituámos a encontrar na exposição de Freitas de Amaral. Sucede apenas que para ele – por influência cultural anglo-saxónica, mais uma vez – a lógica surge como um instrumento essencial para descrever e compreender a realidade, mas não necessariamente como o critério para a sua transformação, no sentido de uma estratégia de aplicação dedutivística de princípios superiores (e seguramente nunca de *um* princípio superior, *v. g.*, a Administração como Poder em Marcello Caetano).

Entre a Luz Grega e as Brumas de Londres. O Contencioso Administrativo ... 159

Em estreita ligação com esta influência cultural anglo-saxónica, evidencia-se ainda com nitidez nos alicerces dos textos jurídicos de Freitas do Amaral a grande admiração que nutre por Aristóteles – já anunciada na *História das Ideias Políticas*. A influência revela-se na admirável sequência lógica da exposição, com evidentes vantagens pedagógicas. Mas alarga-se aos aspectos substantivos: entre o discurso de Aristóteles sobre a Cidade e o discurso de Freitas do Amaral sobre o Direito, as coincidências não são casuais ou anedóticas, antes traduzem uma confluência de entendimentos e estratégias, onde repousa muito da coerência e solidez interna da lição sobre o contencioso administrativo.

Para Freitas do Amaral, tal como para Aristóteles, a perfeição não se traduz na plena realização de uma ideia, mas num justo meio entre o defeito e o excesso. O equilíbrio e a moderação são os caminhos para a virtude. À busca utópica de um Bem absoluto e abstracto deve preferir-se a consideração pragmática do melhor projecto realizável no contexto efectivamente existente, o qual deve ser examinado com toda a atenção.

As instituições são plurais e essa pluralidade constitui um factor de enriquecimento, e não de enfraquecimento. O seu adequado funcionamento não passa pela redução a um princípio unitário, de validade absoluta, mas pela combinação harmónica dos princípios diversos que nelas se manifestam. A proposta de uma revolução redentora, visando reordenar a realidade segundo um princípio único, ignora que as melhores soluções práticas são aquelas que apresentam um carácter misto, reunindo elementos oriundos de perspectivas ou modelos diversos.

A chave interpretativa para muito do que Freitas do Amaral escreveu sobre contencioso administrativo encontra-se porventura aqui. A afirmação da natureza predominantemente objectiva do recurso contencioso dos particulares e da sua função predominantemente subjectiva; a conjugação no contencioso administrativo entre um segmento orientado para a tutela da legalidade objectiva – o recurso contencioso – e um segmento orientado para a tutela dos direitos – as acções; a atenção reivindicada para as especificidades do contencioso administrativo português, incluindo a sua matriz histórica, e as reservas perante a necessidade de uma reconstrução global, por dedução a partir dos princípios constitucionais; a preferência por reformas limitadas e de utilidade prática imediatamente aferível, como a alteração do regime de execução de sentenças; todos estes e outros pontos que impacientavam os seus assistentes de há duas décadas (em geral partidários da passagem imediata para um novo paradigma, a

160   Em Homenagem ao Professor Doutor Diogo Freitas do Amaral

construir geometricamente a partir da Constituição) não traduziam por parte do Mestre uma reflexão menos lúcida ou convicções menos vigorosas.

Bem ao invés: constituíam a expressão de um pensamento coerente, fundado em alicerces sólidos, por parte de um homem de ciência cujo melhor retrato fora afinal desenhado pelo próprio, quando descrevia Aristóteles aos jovens alunos de História das Ideias Políticas.

Enquanto modestíssima homenagem, o alinhavo que se segue destina-se a expor, a traço grosso, o equilíbrio proposto por Freitas do Amaral entre os elementos tradicionais do contencioso administrativo português e os elementos inovadores, seleccionando, por razões de brevidade, matérias situadas na proximidade dos institutos fundamentais da impugnação de actos administrativos e de acções de declaração de direitos. Aqui, como em várias outras partes da sua obra, encontra-se a preferência aristotélica por um sistema misto, que harmonize pragmaticamente o novo e o velho – que tal seja sempre possível, mantendo a indispensável coerência construtiva, continua a ser até hoje ponto de debate entre o Mestre e alguns dos seus discípulos, entre os quais tenho a honra de me incluir.

Convirá reiterar que a exposição de Freitas do Amaral sobre temas do contencioso administrativo tem por cenário predominante a situação jus-positiva anterior ao Estatuto dos Tribunais Administrativos e Fiscais e ao Código do Processo nos Tribunais Administrativos hoje vigentes.

1. A concepção da Administração como autoridade a quo e a fundamentação dos vínculos decorrentes da sentença anulatória

Segundo Marcello Caetano, era na ideia da unidade do processo administrativo, nas suas fases graciosa e contenciosa, que se encontrava a chave para a compreensão do relacionamento entre as autoridades da Administração activa e os tribunais administrativos. Funcionando estes como "estações superiores das hierarquias da Administração" para o efeito de fiscalizarem a observância da legalidade objectiva por parte dos actos administrativos, daqui resultava, entre outras consequências de monta, que não fazia sentido aproximar o recurso contencioso das variantes anulatórias das acções constitutivas, ou de quaisquer outras acções, porque era de facto de um recurso que se tratava, na acepção verdadeira e própria do termo. Mais concretamente, um "recurso hierárquico jurisdicionalizado" interposto de um acto praticado por uma autoridade da Administração activa para uma outra autoridade administrativa, encontrando-se

Entre a Luz Grega e as Brumas de Londres. O Contencioso Administrativo ... 161

esta numa posição de superioridade que se traduzia no poder de proferir a última palavra sobre a matéria em questão (ou melhor: sobre um dos seus aspectos, o da estrita legalidade)[1].

A visão do recurso contencioso como um recurso em sentido técnico tinha o notável mérito – com frequência descurado – de abrir as portas a uma construção dogmaticamente coerente para os vínculos colocados à actuação administrativa subsequente à eliminação do acto impugnado. A partir da consideração da Administração e do tribunal administrativo como duas instâncias de um mesmo processo, unidas numa "hierarquia" *sui generis*, tornava-se possível resolver um problema que para outras perspectivas teóricas constituía (e constitui) um nó górdio, a saber: como conciliar uma visão restritiva acerca do objecto da impugnação, do objecto do processo e do objecto do caso julgado com uma visão ampliativa acerca dos vínculos que incidem sobre a actuação administrativa subsequente à sentença; como explicar, por outras palavras, que da sentença resultem vinculações tão amplas quando o juiz se pronunciou sobre um objecto tão limitado.

Para esta concepção, nenhum obstáculo lógico ou de construção jurídica advinha da limitação do objecto da impugnação a um concreto acto administrativo, individualizado através de elementos espácio-temporais; nenhum obstáculo advinha da limitação do objecto do processo aos vícios assacados a tal acto; e nenhum obstáculo advinha da restrição do objecto do caso julgado à declaração da ilegalidade desse acto ou até ao próprio efeito anulatório produzido[2]. Nem por isso ficava por justificar o dever da autoridade recorrida de não praticar um outro acto idêntico ao anulado, o dever de eliminar os actos e operações baseados no acto anulado e, eventualmente, o dever de praticar todos os actos e operações necessários à criação do que se veio a chamar a "situação actual hipotética". E a justificação repousava precisamente no facto de a proclamada ligação orgânico-funcional existente entre a entidade *a quo* e a entidade *ad quem* alicerçar a vinculação da primeira às concepções jurídicas que a segunda manifestou no acto que decidiu o recurso. Essas concepções jurídicas podiam assumir carácter explícito ou implícito, podiam surgir formalmente na parte da decisão, na parte da fundamentação ou em

---

[1] *Manual de Direito Administrativo*, Coimbra, 1980, II, 9.ª ed. (reimp.), págs. 1326 e ss..

[2] Recusando que os fundamentos da anulação sejam cobertos pelo caso julgado, MARCELLO CAETANO, *Manual*, cit., II, pág. 1397.

qualquer outra. Pouco importava: quando duas entidades participam coordenadamente no desempenho de uma função comum, é um ónus daquela que se encontra em posição de subalternidade averiguar exaustivamente o sentido das orientações oriundas daquela que se encontra em posição de supremacia.

Ensaiando uma conceptualização destas soluções, é possível afirmar que as teses entre nós designadas por "monistas" encaram as imposições resultantes da sentença de provimento do recurso contencioso como expressão de um «efeito vinculativo endoprocessual» (o *innerprozessuale Bindungswirkung* da processualística alemã), isto é, como um efeito vinculativo unindo duas instâncias decisórias de um único processo, ainda em curso[3]. Anulada uma decisão em via de recurso e reenviado o processo para nova apreciação, o órgão de primeira instância deve ter-se por vinculado a não proferir uma decisão que incorra no mesmo vício que determinou a anulação da anterior e a exercer novamente os seus poderes em função das concepções jurídicas explícita ou implicitamente manifestadas na decisão rescindente[4]. De alguma forma, é como se a sentença anulatória proferida pelo tribunal administrativo correspondesse à decisão de uma questão prejudicial, a da legalidade do acto administrativo (delimitada pelos fundamentos da impugnação), questão inserida no processo mais amplo do exercício do poder administrativo e cuja solução condiciona, pela sua vinculatividade, os resultados finais desse processo. A Administração não fica vinculada pela sentença a decidir a final num ou noutro sentido, mas fica vinculada a tratar a questão prejudicial segundo as orientações dimanadas dessa sentença[5].

---

[3] O efeito vinculativo endoprocessual distingue-se claramente do efeito de caso julgado. Note-se, desde logo, que este pressupõe que o processo se extinguiu, ao passo que o efeito vinculativo endoprocessual pressupõe que não há caso julgado, que o processo ainda seguirá o seu curso, onde virão a relevar vinculativamente os princípios enunciados na instância superior. Daqui decorre que o efeito de caso julgado se projecta sobre processos futuros, ao passo que o efeito vinculativo endoprocessual se produz relativamente a processos pendentes. Cfr. GÖTZ, *Die innerprozessuale Bindungswirkung von Urteilen im Zivil-, Arbeits- und Verwaltungsprozeßrecht*, JZ 1959, pág. 681. V., porém, AROSO DE ALMEIDA, *Sobre a Autoridade do Caso Julgado das Sentenças de Anulação de Actos Administrativos*, Coimbra, 1994, pág. 133.

[4] V., por todos, SCHLOSSER, *Gestaltungsklagen und Gestaltungsurteile*, Bielefeld, 1966, pág. 415, e Götz, *JZ* 1959, págs. 681 e ss..

[5] V. GÖTZ, *JZ* 1959, pág. 683.

A imputação de um efeito vinculativo endoprocessual à sentença de provimento, enquanto decisão de um recurso, torna possível definir o âmbito e o conteúdo dos vínculos resultantes da anulação contenciosa em termos mais amplos do que os permitidos pelo efeito de caso julgado e pelo efeito executório. De facto, o efeito de caso julgado não pode ir mais além do objecto do processo, o qual, por sua vez, surge identificado na tese tradicional com o pedido de anulação de *um determinado acto* (pedido delimitado pelas ilegalidades específicas aduzidas). Por seu turno, a invocação do efeito executório *stricto sensu* defronta-se nomeadamente com a objecção clássica de que as sentenças constitutivas, e as sentenças anulatórias em particular, não exigem, nem sequer comportam, execução em sentido próprio (a qual não se confunde com a mera adequação do comportamento futuro das partes à nova situação jurídico-*material* resultante dessas sentenças)[6].

No quadro de um efeito vinculativo endoprocessual, a conduta da Administração subsequente à anulação contenciosa é determinada em substância pelo facto de *haver ainda uma decisão para tomar*. Da sentença proferida nenhum bem material resulta para o recorrente; o processo está de novo por decidir e os direitos do particular referem-se a essa segunda decisão (de "primeira instância") e ao seu conteúdo, não se referem directamente ao bem material que lhe serve de objecto. Com a sentença anulatória, pois, o processo retorna à Administração enquanto instância decisória, ficando esta investida no dever de praticar um novo acto administrativo em substituição do anterior.

Importa, todavia, ter em conta que na exposição de Marcello Caetano não resulta facilmente perceptível o papel decisivo de um efeito vinculativo endoprocessual como justificação dos vínculos sucessivos à sentença anulatória: é uma consequência da opção terminológica e conceptual do Autor, que entende por "caso julgado" a súmula dos diversos efeitos vinculativos da sentença ou dela decorrentes.

Em todo o caso, sob a invocação deste ambíguo "caso julgado" o que surge em Marcello Caetano é, no essencial, a construção da sujeição da Administração à sentença anulatória nos termos de um efeito vinculativo endoprocessual. E tem de reconhecer-se que tal via, aberta pela adesão ao monismo processual, permite-lhe basear sem dificuldades de

---

[6] Castro Mendes, *Direito Processual Civil*, Lisboa, s.d. (1987), I, págs. 243-244. A sentença constitutiva *evita* o processo executivo, pelo que não faz sentido adicionar-lhe uma execução que ela já contém em si.

164 Em Homenagem ao Professor Doutor Diogo Freitas do Amaral

maior uma vinculação com conteúdo e âmbito consideravelmente mais amplos do que os possibilitados pela via do efeito de caso julgado em sentido estrito, mesmo conjugada com o chamado "dever de execução" da sentença anulatória.

Todavia, este efeito vinculativo endoprocessual passou a partir de 1974 a defrontar-se com uma objecção, e decisiva: a destruição, um após outro, de todos os vínculos orgânicos entre a Administração e os tribunais administrativos. Consequentemente, nem a Administração participa na função do juiz e no seu processo decisório, nem o juiz participa na função da Administração e no seu processo decisório: entre ambos ergue-se uma dualidade inultrapassável.

Este câmbio de circunstâncias é claramente advertido por Freitas do Amaral. Sustenta, porém, que se a exclusão dos tribunais administrativos do Poder Executivo é incompatível com uma concepção monista do processo administrativo, já não impede, em contrapartida, a construção do recurso contencioso como um meio processual de natureza específica, irredutível ao modelo das acções tradicionais do processo civil. O recurso contencioso, apesar do corte orgânico entre a Administração e os tribunais administrativos, deve continuar a ser visto como um verdadeiro recurso, no sentido nuclear de meio de impugnação da legalidade objectiva de um acto de aplicação autoritária do Direito – sem referência às posições jurídico-materiais do particular e com a Administração colocada não no papel de parte, mas no de autoridade recorrida[7], *como se* de um juiz *a quo* se tratasse.

Globalmente considerada, a lição de Freitas do Amaral sobre estes temas pode ser vista simultaneamente como um *desenvolvimento lógico*, como um *aperfeiçoamento técnico* e como uma *actualização jus-positiva* das orientações avançadas por Marcello Caetano. Resta, porém, saber se esse notável esforço teórico não terá desembocado no resultado paradoxal de tornar mais notórias as debilidades internas da construção e a sua irremediável incompatibilidade com os caminhos trilhados pelo direito positivo: é o que veremos já em seguida.

---

[7] FREITAS DO AMARAL, *Direito Administrativo*, cit., IV, pág. 130: «no recurso contencioso de anulação, tal como o direito português o configura, a Administração Pública (…) não está pois no processo como parte, mas como autoridade pública. (…) no essencial, continua a ser verdade que o recurso contencioso de anulação não é um processo entre partes, mas um processo feito a um acto. Têm pois razão, a nosso ver, os objectivistas».

Numa linha de desenvolvimento lógico da construção clássica coloca-se a teorização sobre a chamada execução das sentenças proferidas em recurso contencioso: o facto de o próprio Marcello Caetano a ter ainda incorporado no *Manual* atesta a essencial compatibilidade das orientações prosseguidas por ambos os autores. Noutro plano, o facto de uma nova edição de *A Execução das Sentenças* ter surgido há alguns anos apenas com modificações menores demonstra a convicção de Freitas do Amaral de que não ocorreu nestes trinta anos nenhuma solução de continuidade, dogmática ou jus-positiva, que pusesse em causa a essencial actualidade da obra.

Tão discreto quanto o fora o efeito vinculativo endoprocessual em Marcello Caetano, perpassa por toda a construção de Freitas do Amaral um elemento que contribui sobremodo para a sua inegável solidez: referimo-nos à *concepção naturalística da anulação*. Em *A Execução das Sentenças*, o efeito vinculativo endoprocessual passou a andar de mão dada com uma anulação contenciosa entendida como um fenómeno, dir-se-ia, *naturalístico*[8], que se subsume na imagem impressiva de uma eliminação física do próprio acto. É precisamente porque a anulação contenciosa surge representada de forma sub-reptícia como uma destruição do acto impugnado, que o Autor preconiza que a actuação subsequente da Administração *reescreva o devir histórico*[9]; ou seja, que a Administração, após desfazer a sequência causal construída no passado a partir de um fenómeno agora eliminado (o acto administrativo anulado), coloque no seu lugar um fenómeno sucedâneo e (re)construa a partir deste uma sequência causal alternativa, que se desenvolve até ao momento a que vai referida a execução. Não é outra coisa dizer que a Administração, após eliminar as consequências do acto anulado, deve praticar um novo acto válido sobre a matéria, dotado de efeitos retroactivos, e reconstituir a partir dele a situação actual hipotética.

---

[8] Para uma visão crítica da concepção naturalística da anulação contenciosa do acto administrativo, v. MARTENS, «Streitgegenstand und Urteilsgegenstand der Anfechtungsklage», *DÖV 1964*, pág. 366.

[9] «*Destruição jurídica*» do acto impugnado é como o Ac. STA-P de 31/3/1998, proc. 22 715 (*AD* 467, 1455) descreve os efeitos da sentença anulatória. Cfr. ainda, entre tantos outros exemplos, o Ac. STA-P de 29/6/2000, proc. 28 957-A: «A decisão contenciosa da anulação de um acto administrativo deve ser executada, pela Administração, reconstituindo a situação actual hipotética *como se o acto anulado não tivesse existido na ordem jurídica*».

O conteúdo do «dever de executar» surge então como o resultado de um processo lógico-dedutivo derivado da eliminação do acto administrativo impugnado e assente no pressuposto de que tal acto corresponde a uma decisão de primeira instância, cuja cassação deverá necessariamente ser seguida por uma decisão substitutiva, enquanto reexercício desse poder decisório. A fórmula de Freitas do Amaral da «reconstituição da situação actual hipotética», a que Marcello Caetano aderiu, resume um importante corolário da visão naturalística sobre a anulação contenciosa e a «execução de sentença».

Freitas do Amaral introduz ainda alguns *aperfeiçoamentos técnicos* na exposição de Marcello Caetano, particularmente no que se refere aos efeitos da sentença. Em primeiro lugar, o «dever de executar» surge agora autonomizado do caso julgado[10], correspondendo a um efeito substantivo e não a um efeito processual – pois uma coisa é a Administração ter de se conformar com a declaração jurisdicional de que o acto que praticou era inválido; outra coisa é ter de eliminar as consequências desse acto e colocar ou recolocar o particular numa situação conforme às exigências da ordem jurídica. Do caso julgado é ainda destacado o efeito anulatório, qualificado também como um efeito de natureza substantiva (a par do efeito declarativo, nos casos de actos nulos ou inexistentes)[11]. E, por último, são eliminadas quaisquer referências às concepções monistas sobre o procedimento e o processo administrativos: Freitas do Amaral é muito claro na contraposição entre a situação vigente até ao advento do regime democrático, em que não havia «autênticos tribunais, mas sim órgãos administrativos», e os tempos posteriores, caracterizados pela integração plena dos tribunais administrativos no Poder Judicial[12].

A partir destes vários elementos, a dúvida que nos assalta é a de saber como alcançar uma base dogmática sólida para as amplas consequências

---

[10] Subsiste, porém, alguma ambiguidade, uma vez que nas «características do caso julgado» é incluída a «executoriedade» – «Se o conteúdo da sentença for exequível, o que nela se tiver decidido deve ser executado, sob pena de sanções contra os responsáveis pela inexecução (CRP, art. 210.º, n.º 3)» [hoje, art. 205.º, n.º 3] –, enquanto mais adiante se aponta como um dos efeitos *substantivos* da sentença precisamente o «efeito executório», a que corresponde o "dever jurídico de executar a sentença», extraindo "todas as consequências jurídicas da anulação ou declaração de nulidade ou de inexistência" (*Direito Administrativo*, cit., IV, págs. 221-222 e 228-229).

[11] *Direito Administrativo*, cit., IV, págs. 228-229.

[12] *Direito Administrativo*, cit., IV, págs. 99 e ss..

que o Autor imputa à sentença de provimento no recurso contencioso. Ou seja, como fundar a partir do efeito de caso julgado e do efeito executório da sentença, respectivamente, o dever da Administração de não praticar um acto que repita os vícios determinantes da anulação (ou declaração de nulidade ou inexistência) e, por outro lado, o dever de praticar um acto válido em substituição do acto eliminado e de adoptar todas as providências necessárias à reintegração da ordem jurídica violada, *maxime* a colocação do recorrente na situação em que se encontraria se não tivesse sido praticado o acto inválido.

Não nos parece, em primeiro lugar, que no contexto da tese de Freitas do Amaral o efeito de caso julgado possa constituir uma base sólida para o dever de não renovação do acto anulado. Por dois motivos: pela ambiguidade na própria delimitação do conceito de caso julgado, em especial perante o efeito anulatório; e, acima de tudo, pela adesão do Autor a uma concepção restritiva do objecto do processo no recurso contencioso.

Já atrás ficou dito que Freitas do Amaral contrapõe o efeito anulatório, de natureza substantiva, ao efeito de caso julgado, de natureza processual. É essa, aliás, a orientação corrente na processualística, que distingue entre a modificação introduzida pela sentença na realidade jurídico-material e a declaração autoritária que responde à questão que constitui o objecto do processo. Contudo, a ambiguidade instala-se quando a declaração da nulidade ou inexistência do acto impugnado é qualificada pelo Autor como um dos efeitos *substantivos* da sentença, ao lado do efeito anulatório[13]; e agrava-se ainda quando na parte relativa ao *caso julgado* surge tratada uma questão que, na realidade, diz respeito ao efeito anulatório, a de saber se *anulação* do acto impugnado *vale inter partes* ou *erga omnes*[14]. Aliás, é precisamente esta ambiguidade que vai conduzir depois o Autor à defesa de soluções aplicativas que não podemos acompanhar[15] e a transpor para o plano substantivo do efeito anula-

---

[13] *Direito Administrativo*, cit., IV, pág. 228.

[14] *Direito Administrativo*, cit., IV, pág. 228. Com idêntica orientação, v. Freitas do Amaral/Paulo Otero, «Eficácia Subjectiva das Sentenças de Provimento no Recurso Contencioso de Anulação», *in Estudos em Homenagem ao Professor Doutor Manuel Gomes da Silva*, Lisboa, 2001, págs. 519 e ss..

[15] Freitas do Amaral estende às sentenças de declaração de nulidade ou inexistência do acto impugnado o princípio da eficácia *erga omnes* do caso julgado (Freitas do Amaral/Paulo Otero, *Estudos Gomes da Silva*, cit., págs. 546 e ss.). Por nós, diríamos que

tório preocupações que têm a sua razão de ser no quadro processual do efeito de caso julgado[16].

Freitas do Amaral qualifica, por outro lado, o acto administrativo impugnado como "elemento do recurso contencioso", sendo a esse concreto acto que surgem referidos pedido e causa de pedir: o pedido tem por conteúdo a anulação (ou declaração de nulidade ou inexistência) do acto impugnado e a causa de pedir corresponde às específicas fontes de invalidade desse acto. Mas um objecto processual delimitado nestes termos restritivos não pode deixar de projectar-se num igualmente limitado objecto do caso julgado. Se o objecto do processo, como quer Freitas do Amaral, é a questão da(s) invalidade(s) do acto impugnado, então o que a sentença declara com força de caso julgado é apenas que *o acto objecto daquela impugnação* era inválido. Relativamente a *qualquer outro acto administrativo* ou relativamente a qualquer outra actuação da Administração, passada ou futura, nada é dito naquela sentença, com a consequência – tão drástica quanto lógica – de a Administração poder praticar um segundo acto em tudo idêntico ao primeiro sem com isso violar o julgado.

---

o princípio vigente em matéria de caso julgado propriamente dito é o oposto, salvo quando a lei disponha diversamente (como sucede no art. 19.º, n.º 1, da Lei da Acção Popular, que na realidade *não* se refere ao efeito anulatório). O efeito constitutivo é que se produz *erga omnes*, mas as sentenças de declaração de nulidade ou inexistência produzem apenas efeito de caso julgado (por regra *inter partes*, repita-se), e não efeito constitutivo, designadamente na modalidade anulatória: a pretensa eficácia *erga omnes* destas sentenças não é mais do que a tradução equívoca de um aspecto do regime dos actos nulos ou inexistentes, a saber, a faculdade de essa nulidade ou inexistência ser feita valer, antes ou depois da sentença, por qualquer interessado face a qualquer sujeito.

[16] Freitas do Amaral defende que o princípio da eficácia *erga omnes* da anulação não pode violar os direitos de defesa em juízo: «Mesmo as decisões que tenham eficácia *erga omnes* não podem prejudicar quem não tenha recorrido nem haja sido citado para contestar: a isso se opõe o princípio geral do direito de defesa, consagrado na Constituição (art. 20.º, n.º 2)» (*Direito Administrativo*, cit., IV, págs. 227-228. Ora, o que o direito fundamental de defesa implica, diríamos nós, é que exista um instituto como o recurso extraordinário de revisão de sentença e, bem assim, que o regime deste recurso seja interpretado, quanto aos pressupostos e à legitimidade para a interposição, no sentido da abertura àqueles a quem não foi dada a possibilidade de se defenderem no recurso contencioso. Aliás, a própria consagração de um recurso jurisdicional deste tipo demonstra precisamente que os efeitos de uma sentença podem afectar juridicamente quem não teve ocasião de se defender (cfr. SCHLOSSER, *Gestaltungsklagen*, cit., pág. 197; e GRUNSKY, *Grundlagen des Verfahrensrechts*, 2ª ed., Bielefeld, 1974, cit., pág. 296). Isto obviamente quanto ao efeito constitutivo ou anulatório: o efeito de caso julgado propriamente dito produz efeitos *inter partes*.

Entre a Luz Grega e as Brumas de Londres. O Contencioso Administrativo ... 169

A escassez de resultados garantísticos em que redunda tal recurso contencioso construído sobre um objecto do processo e do caso julgado limitado à questão da invalidade do acto impugnado poderia ser contornada, p. ex., através da eliminação do elemento temporal como factor de individualização e identificação do acto administrativo. O objecto processual seria então delimitado não em função de um acto administrativo enquanto realidade historicamente situada, mas em função de um *acto--tipo*, onde se subsumem todos os actos idênticos àquele que foi concretamente impugnado: nesta ordem de ideias, os actos idênticos já praticados seriam abrangidos pelo efeito anulatório e os actos idênticos praticados posteriormente seriam abrangidos pelo efeito de caso julgado. Mas a verdade é que de semelhante construção não se encontram vestígios na obra de Freitas do Amaral – e, de qualquer modo, a sua compatibilidade com o ordenamento positivo parece duvidosa, principalmente após o art. 123º, n.º 1, al. f), do Código do Procedimento Administrativo ter consagrado a data da prática do acto administrativo como seu elemento individualizador.

Deveremos então resignar-nos com a limitada protecção em face da renovação do acto administrativo que, no rigor dos conceitos, pode ser conferida pela tese de Freitas do Amaral ou por qualquer outra que eleja a questão da ilegalidade ou da invalidade do acto administrativo como objecto do processo e do caso julgado?

A resposta – negativa – resulta incompatibilidade de tais construções com o ordenamento positivo. Incompatibilidade logo no plano dos princípios, porque não existe tutela jurisdicional efectiva quando a Administração tem *poderes de disposição unilateral* sobre essa mesma tutela e os respectivos resultados, por via de um efeito de caso julgado tão restrito que lhe deixa a possibilidade jurídica de praticar um acto idêntico ao anulado. Mas incompatibilidade também no plano da regulamentação concreta, porque não se percebe, a partir de tais construções, como poderia verificar-se uma situação de nulidade do acto administrativo por violação do caso julgado, como prevê o art. 133.º, n.º 2, al. h), do Código do Procedimento Administrativo, quando o objecto deste caso julgado surge delimitado estritamente em função de *um outro acto administrativo*, individualizado pelo momento da sua prática. Por outras palavras, não se percebe como poderia um segundo acto administrativo (ainda que) idêntico ao anterior violar a declaração do juiz de que o primeiro acto administrativo era ilegal – ressalvada a hipótese, quase académica, de o segundo acto vir declarar que o primeiro era legal.

Mas se a delimitação do objecto do processo de impugnação de actos administrativos em função da ilegalidade do acto impugnado desemboca logicamente numa delimitação do efeito de caso julgado que não consegue fundar os (necessários) vínculos impostos à actuação administrativa subsequente à anulação, importa em todo o caso apurar se esses vínculos poderão, em alternativa, ser construídos a partir do chamado efeito executório da sentença.

Uma resposta afirmativa seria propiciada pela amplitude do conteúdo atribuído por Freitas do Amaral ao «dever de executar», que compreenderia «sempre três momentos: 1ª) A substituição do acto anulado por outro que seja válido sobre o mesmo assunto» – o que por si parece susceptível de abranger o dever de não renovação do acto com os mesmos vícios, pois este seria um acto inválido sobre o mesmo assunto, tornando supérfluo o recurso ao caso julgado *stricto sensu*; «2ª) A supressão dos efeitos do acto anulado, sejam eles positivos ou negativos; 3ª) A eliminação dos actos consequentes ao acto anulado».

Assalta-nos, porém, a dúvida quanto à compatibilidade lógica entre a afirmação do Mestre de que a Administração não surge no processo como parte, mas como autoridade *a quo*, e a sua ideia de que os deveres que a esta incumbem na sequência da anulação contenciosa traduzem um *efeito jurídico-material*, quer dizer, que são efeitos explanados fora do processo, no plano substantivo.

A natureza material dos efeitos decorrentes da sentença afigura-se coerente nos casos em que o acto anulado seja um despedimento ou uma deliberação societária, pois se o acto tiver sido executado, a eliminação dos seus efeitos implica um conjunto de actuações jurídico-materiais que o empregador ou o órgão societário levarão naturalmente a cabo enquanto partes vencidas, num quadro extraprocessual. Mas para quem entende que a Administração surge no processo impugnatório como a entidade decisória *a quo*, não será fácil justificar que a sentença acarrete o abandono desse estatuto proeminente e a *recondução a uma parte vencida*, cuja actuação subsequente se passa doravante a desenvolver no plano material e não no plano processual. E mais difícil ainda será justificar que essa troca de estatutos tanto possa ocorrer como não, consoante se verifique ou não uma circunstância fortuita, qual seja a produção dos efeitos a que vai destinado o acto impugnado: é que se este acto impugnado não tiver produzido efeitos, *maxime* em resultado da suspensão jurisdicional de eficácia, poderá não haver nada a eliminar, estando a Administração vinculada apenas a não renovar o acto com vício idêntico.

Parece-nos, em síntese, que a consequência lógica da qualificação da Administração como autoridade *a quo* teria de ser a construção das suas vinculações *também no plano processual*, quer nos termos do efeito de caso julgado, quer nos termos do efeito vinculativo endoprocessual.

Por outro lado, o afirmado dever de substituir o acto anulado por outro válido implica necessariamente a retroactividade do acto de reexercício do poder (muito em especial no contexto de uma concepção naturalística da anulação, como é a de Freitas do Amaral, cfr. *supra*). Se a anulação traduz a destruição jurídica do acto impugnado e se a Administração deve subsequentemente eliminar a sequência causal fundada neste e praticar outro acto sobre o qual edificará uma sequência causal alternativa, então não se pode admitir em coerência outro regime que não seja o da retroactividade – solução expressamente afirmada na 1.ª edição de *A Execução das Sentenças*. Ora, as consequências práticas desta lógica irrepreensível traduzem-se amiúde em vitórias pírricas do particular, uma vez que no caso dos actos renováveis a sequência causal alternativa pode replicar ao longo de toda a sua extensão a sequência causal originária, pelo que «a situação actual hipotética coincide com a situação actual real»[17]. Tais consequências explicam que este constitua um dos poucos aspectos em que a jurisprudência se afastou da tese de Freitas do Amaral e que o próprio legislador tenha proscrito a solução da retroactividade na norma do art. 128.º, n.º 1, al. b), do Código do Procedimento Administrativo.

Mas semelhante recusa da retroactividade do acto renovado retira à construção um elemento estruturante e perturba seriamente a sua coerência interna, pois sem retroactividade não há (ou pode não haver) verdadeira substituição do acto anulado, nem verdadeira reconstituição da situação actual hipotética[18].

---

[17] *A Execução das Sentenças dos Tribunais Administrativos*, 1ª ed., Lisboa, 1967, pág. 114.

[18] Deve notar-se ainda que o disposto na al. i) do n.º 2 do art. 133.º do Código do Procedimento Administrativo não pode conciliar-se com uma concepção naturalística da anulação, uma vez que a norma admite uma modulação das consequências da anulação em função das posições jurídicas de terceiros. Qualquer que seja o modo como se construa dogmaticamente o desvalor jurídico dos actos consequentes – note-se, p. ex., que esta «nulidade» não fica dependente das circunstâncias que rodearam a prática do acto, mas de circunstâncias que lhe podem ser posteriores –, o que importa aqui destacar é o facto de a anulação (ou revogação) do acto administrativo não acarretar necessariamente a eliminação da correspondente sequência causal, sendo os efeitos da anulação recortados

Concluindo com um balanço sintético, diríamos que a construção de Freitas do Amaral sobre o efeito de caso julgado e sobre o efeito executório (*hoc sensu*) não permite fundar satisfatoriamente o conjunto dos vínculos imputados à actuação da Administração subsequente a uma sentença anulatória. Não pretendemos com isto dizer que falte nessa exposição *um* fundamento para tais vínculos: o que sustentamos é apenas que esse fundamento não se encontra no caso julgado ou no efeito executório, se os tomarmos com a configuração que o ilustre Mestre lhes dá.

Já em contrapartida muitas das objecções construtivas ficariam afastadas no caso de se reconduzir a tese de Freitas do Amaral a uma variante do *efeito vinculativo endoprocessual*. Quer dizer, a Administração teria de comportar-se desta ou daquela forma não por força de um efeito de caso julgado ou de um efeito executório, mas porque se encontra subordinada, no plano orgânico, às orientações que lhe advêm de uma autoridade superior, com quem colabora na realização de uma tarefa comum.

E de facto a tese de Freitas do Amaral poderia funcionar como um complemento coerente das concepções monistas, uma vez que coloca a Administração num quadro exclusivamente procedimental e processual, como *autoridade decisória* e não como uma parte titular de posições jurídico-materiais. Actua como uma entidade decisória no quadro procedimental, aplicando autoritariamente a norma ao caso concreto; continua a actuar como autoridade decisória *a quo* no quadro do processo impugnatório; e termina actuando ainda como autoridade decisória no quadro do processo subsequente à anulação do acto, uma vez que lhe cabe substituir a sua decisão anterior e a respectiva execução (*lato sensu*) por uma nova decisão e pela respectiva execução, de acordo com as orientações decorrentes da intervenção do tribunal.

Por isso, se Freitas do Amaral defende a qualificação da Administração na fase da impugnação contenciosa como uma autoridade decisória, a coerência da construção exige uma qualificação análoga não apenas no quadro procedimental prévio, mas também no quadro subsequente à pronúncia anulatória. O que cabe à Administração não é executar a sentença enquanto parte, no quadro de um efeito executório, mas sim reexercer o poder decisório, enquanto autoridade *a quo*, no quadro do efeito vinculativo endoprocessual.

---

em função de ponderações que atendem às circunstâncias do caso. Na realidade, a anulação nada destrói: o que existe é uma produção de novos efeitos jurídicos que se vão adicionar ou substituir aos anteriormente existentes, segundo a vontade do legislador e não segundo critérios lógico-naturalísticos.

Entre a Luz Grega e as Brumas de Londres. O Contencioso Administrativo ... 173

Todavia, se o recurso ao efeito vinculativo endoprocessual permite ultrapassar as dificuldades internas, traduzidas nas insuficiências explicativas do efeito de caso julgado e do efeito executório, defronta-se ele próprio com graves objecções quando confrontado com o ambiente externo, isto é, com o ordenamento positivo, desde há muito incompatível com o monismo processual.

2. O recurso contencioso como exercício de um direito subjectivo material à anulação do acto administrativo impugnado e a legitimidade fundada no interesse directo, pessoal e legítimo

Num interessante escrito sobre a admissibilidade da intervenção principal no recurso contencioso[19], Freitas do Amaral vem afirmar que através deste meio processual o particular exerce um direito subjectivo material à anulação do acto administrativo impugnado. Quem for lesado na sua esfera jurídica por um acto administrativo adquire um direito material à anulação desse acto, que é feito valer no recurso contencioso.

Existem aqui dois direitos, explica Freitas do Amaral: o direito material à anulação e o direito processual ao recurso contencioso. Perdido o segundo pelo esgotamento do prazo de impugnação, o direito material permanece incólume na titularidade do particular e pode ainda ser feito valer em juízo através do direito processual de intervenção principal, no caso de outro sujeito ter exercido o direito de recorrer. Condição de legitimidade para esta intervenção é que o requerente seja titular, como o recorrente, de um interesse directo, pessoal e legítimo na anulação do acto impugnado.

O maior interesse desta passagem reside, para o que agora se cuida, na substantivação operada pelo Autor na posição jurídica do particular. Quem impugna em juízo um acto administrativo exerce um direito subjectivo material tendo por objecto a anulação do acto administrativo.

Substantivação muito limitada, é certo. Trata-se de um direito reactivo, ou seja, de um direito que nasce do acto administrativo e da lesão por ele provocada, não lhe pré-existindo como realidade autónoma. Por outro lado, dirige-se a um sujeito processual – o juiz – e tem por

---

[19] «Da Admissibilidade do Incidente de Intervenção Principal em Recurso Contencioso de Anulação», republicado em *Estudos de Direito Público e Matérias Afins*, Coimbra, 2004, vol. I, págs. 681 e ss..

objecto um bem processual – a pronúncia anulatória. Em todo o caso, ao distinguir-se do direito de interpor recurso contencioso, permite a Freitas do Amaral justificar a admissibilidade da intervenção principal quando tal direito de recurso já se extinguiu, por caducidade.

As dúvidas quanto a este elemento inovador na teorização do Professor sobre a impugnação contenciosa de actos administrativos não as encontramos tanto no carácter algo artificial da autonomização desse direito a uma pronúncia anulatória em face do direito de recurso contencioso. Tal autonomização permite, pelo menos, explicar como o não reconhecimento do direito à anulação (impugnações improcedentes) em nada afecta a existência de um objecto para a impugnação. Por outras palavras: é porque o direito de recurso não se confunde com o direito à anulação que o primeiro conserva o seu objecto quando o segundo não existe.

As dúvidas suscitam-se, sim, a propósito da coexistência – expressamente afirmada por Freitas do Amaral – entre tal direito material à anulação e o tradicional interesse directo, pessoal e legítimo como condição de acesso a juízo. O que deve, na realidade, exigir-se ao particular que pretende aceder ao juízo impugnatório: que afirme o seu direito material à anulação ou que seja portador de um interesse directo, pessoal e legítimo nessa mesma anulação?[20]

Tal direito e tal interesse provêm de mundos diversos e expressam perspectivas contraditórias. Uma coisa é defender que o acesso a juízo depende da afirmação de um direito subjectivo com (maior ou menor) conteúdo material; outra coisa, inconciliável, é sustentar que são os portadores de um interesse fáctico qualificado na anulação que podem requerê-la ao juiz.

Não podendo aqui desenvolver-se o tema, convém todavia recordar a este propósito que a fórmula do interesse directo, pessoal e legítimo tem um uma lógica e tem uma história.

Antes de mais, tem uma lógica. Se o objecto do processo impugnatório surge reconduzido à questão da legalidade objectiva de um acto administrativo, sem ligação necessária à esfera jurídica do particular, a consequência mais directa seria a acção popular, porque o interesse público do respeito da legalidade objectiva coincide com o interesse de cada um, enquanto membro da comunidade. Afastada a solução lógica da

---

[20] Pergunta esta a que o legislador do Código de Processo nos Tribunais Administrativos evitou responder, refugiando-se na fórmula sincrética da al. a) do n.º 1 do art. 51.º.

Entre a Luz Grega e as Brumas de Londres. O Contencioso Administrativo ... 175

acção popular por motivos práticos e políticos, a necessária diferenciação entre os sujeitos não pode deixar de limitar-se ao plano fáctico, através da selecção dos portadores de um interesse diferenciado na anulação do acto administrativo ilegal. Os critérios de acesso a juízo reconduzem-se assim a um *interesse fáctico qualificado*, que se aproxima mais do conceito de interesse em agir do que da legitimidade processual propriamente dita[21] – ou que se aproxima mais, se se quiser, de uma legitimidade processual entendida no seu originário sentido histórico-dogmático, como *legitimação do não titular*, quer dizer, como legitimação de um sujeito que, não invocando a titularidade do interesse a que se refere o objecto processual, apresenta apesar de tudo uma ligação especial à matéria litigiosa que justifica a sua admissão em juízo.

A consagração do interesse fáctico como critério de admissibilidade e, bem assim, os critérios de qualificação desse interesse vertiam-se tradicionalmente na fórmula do *interesse directo, pessoal e legítimo* do art. 821.º do Código Administrativo e do art. 46.º do Regulamento do Supremo Tribunal Administrativo. Como decorria do ensinamento de Marcello Caetano, na sua versão definitiva, a interpretação dessa fórmula devia ser feita à margem de qualquer ligação espúria às posições jurídico-materiais do particular[22]. Em especial, o interesse devia ter-se como legítimo não por força da *existência* de normas ou princípios que o elevassem ao plano de interesse juridicamente protegido, mas por força da *inexistência* de normas ou princípios de que resultasse um juízo de reprovação sobre a utilidade ou vantagem alcançada com a eliminação do acto administrativo: dito de outro modo, o conceito não implicava uma relação positiva ou de conformidade do interesse com o ordenamento jurídico, mas uma relação negativa ou de mera compatibilidade. A eliminação do acto administrativo tinha de representar uma vantagem para o próprio recorrente, individualmente considerado (interesse pessoal), que não pressupusesse a interposição de sequências causais de verificação contingente (interesse directo) e que não fosse reprovada pela Ordem Jurídica (interesse legítimo).

---

[21] Expressamente neste sentido, Rui Machete, *Contribuição para o Estudo das Relações entre o Processo Administrativo Gracioso e o Contencioso*, Lisboa, 1969, pág. 179. Cfr. ainda Wahl, *in* Schoch/Schmidt Aβmann/Pietzner, *Verwaltungsgerichtsordnung – Kommentar*, Munique, 1998, Introdução ao § 42 II, n.os 21 e 37.

[22] *Manual*, cit., II, págs. 1356-1357. Na jurisprudência, v., entre outros, o Ac. STA de 28/9/1989 (*BMJ* 389, 411).

Nesta ordem de ideias, a eventual invocação de um direito violado pelo acto administrativo não coloca o (alegado) titular desse direito num plano diverso de outro particular que apenas invoque a lesão de um mero interesse económico ou ideal; nem se repercute no conteúdo da sentença, que se limita a anular o acto com fundamento no desrespeito de uma qualquer norma jurídica – mesmo que tal norma não vise proteger o particular, nem afecte por qualquer modo a sua situação jurídico-material.

Por conseguinte, se é verdade que a revisão jurisdicional da legalidade dos actos administrativos beneficia os particulares e que os correspondentes mecanismos foram instituídos principalmente com esse fim, não pode deixar de operar-se uma distinção entre este plano *fáctico* e o plano intrinsecamente *jurídico*, onde o que predomina é a garantia da conformidade dos actos administrativos às normas que regulam a sua prática e o seu conteúdo. Só enquanto tradução desta diversidade de planos podemos aceitar a afirmação de Freitas do Amaral de que o tradicional recurso contencioso interposto pelos particulares apresentava uma natureza «objectivista» e uma função «subjectivista»[23].

Pelo exposto, julgamos que não é possível seguir a via da substantivação do interesse directo, pessoal e legítimo e da aproximação a uma posição jurídica material. E a demonstração desta impossibilidade de conciliar entre duas perspectivas histórico-dogmáticas tão díspares encontra-se na própria exposição de Freitas do Amaral, em especial na parte referente ao carácter legítimo do interesse.

Segundo as suas lições, «o interesse diz-se "legítimo" quando é protegido pela ordem jurídica como interesse do recorrente, acrescentando que por este motivo ficam excluídos os chamados interesses de facto e os interesses reflexos ou difusos, que não são protegidos pela ordem jurídica como interesses do recorrente»[24]. O interesse legítimo corresponde, pois, a um interesse objecto de protecção jurídica enquanto interesse do particular, e de uma protecção jurídica que é directa, e não meramente reflexa ou ocasional.

Mas se o interesse legítimo é um interesse de um sujeito intencionalmente protegido pela ordem jurídica, se é, em termos breves, um interesse juridicamente protegido, que conteúdo útil sobeja para os requisitos do carácter pessoal, e mesmo do carácter directo? Uma vez quali-

---

[23] *Direito Administrativo*, cit., IV, págs. 81-82 e 120 e ss.
[24] *Direito Administrativo*, cit., IV, pág. 171

Entre a Luz Grega e as Brumas de Londres. O Contencioso Administrativo ... 177

ficado o interesse como legítimo *hoc sensu*, por se apoiar numa norma que o protege como interesse do próprio sujeito, não se percebe o sentido útil de adicionar como requisito de qualificação o seu carácter directo e *pessoal*, que já estão *in re ipsa*.

O interesse tradicionalmente exigido como condição de legitimidade da impugnação contenciosa corresponde, na realidade, a uma utilidade *fáctica* retirada da anulação, utilidade qualificada e delimitada pelos requisitos da *imediatidade, pessoalidade e não contrariedade aos valores da ordem jurídica*. Não se encontra, ao que pensamos, em relação de fungibilidade ou, sequer, de compatibilidade com a afirmação de um direito à anulação do acto impugnado e não nos parece, salvo melhor opinião, que o novo e o velho possam aqui harmonizar-se no quadro de um mesmo discurso dogmático.

3. A contraposição entre contencioso administrativo por natureza e contencioso administrativo por atribuição e o âmbito de aplicação da acção de reconhecimento de direitos

Ao debruçar-se sobre a controversa delimitação do espaço aplicativo da acção de reconhecimento de direitos tal como consagrada na Lei de Processo nos Tribunais Administrativos (arts. 69.º), sustentava Freitas do Amaral que a utilização deste meio declarativo genérico deve obedecer a um critério de residualidade, no sentido de lhe caber ocupar os espaços que o recurso contencioso de anulação deixa por preencher, por ausência de um acto administrativo impugnável, e que também não são cobertos pelas acções específicas sobre contratos e responsabilidade (ou por qualquer outro meio do contencioso administrativo)[25]. Mais do que suprir as insuficiências dos meios pré-existentes na tutela conferida às pretensões abrangidas pelo respectivo objecto, o sentido da Revisão Constitucional de 1982 e da subsequente Lei de Processo terá sido o de preencher os espaços aplicativos deixados em branco por tais meios processuais. O critério legal da necessidade de efectiva tutela não convoca em primeira linha um juízo sobre as virtualidades garantísticas de cada meio individualmente considerado nos vários domínios de aplicação, antes se refere ao conjunto dos meios processuais do contencioso administrativo:

---

[25] *Direito Administrativo*, cit., IV, págs. 288 e ss..

a tutela não será efectiva na medida em que o objecto de determinadas pretensões materiais jurídico-administrativas careça de um meio processual que permita veiculá-lo em juízo.

A dúvida, todavia, é saber se existe a possibilidade lógica de combinar num mesmo discurso a adesão à dicotomia fundamental entre contencioso administrativo por natureza e por atribuição – com a inerente delimitação enumerativa do contencioso administrativo – e, por outro lado, o critério descrito de aplicação residual da acção genérica de reconhecimento de direitos. Ou se, pelo contrário, o elemento de novidade representado por este novo meio acarreta necessariamente a desagregação dos quadros dogmáticos e jus-positivos pré-existentes, que se exprimem na referida dicotomia. Numa palavra, está em causa a viabilidade de um sistema misto, preconizado por Freitas do Amaral, que permita enquadrar o elemento de inovação na contraposição clássica entre contencioso por natureza e contencioso por atribuição.

A questão desdobra-se em várias vertentes, que a necessária brevidade do texto obriga a traduzir em sucintos apontamentos.

À data das suas lições (1988), a adesão à dicotomia clássica entre contencioso administrativo «por natureza» e «por atribuição» revela que Freitas do Amaral adopta como ponto de partida uma *delimitação enumerativa* do contencioso administrativo: fora das matérias do contencioso dos regulamentos e dos actos administrativos, dependeria da contingente decisão do legislador a atribuição dos litígios jurídico-administrativos à competência dos tribunais administrativos ou a sua permanência na competência residual da jurisdição ordinária[26]. Nem a norma do n.º 3 do art. 268.º da Constituição (na versão dada pela Revisão de 1982), nem a do art. 3.º do Estatuto dos Tribunais Administrativos e Fiscais, nem quaisquer outros preceitos podiam ser interpretados no sentido de representarem a introdução de uma cláusula geral de competência dos tribunais

---

[26] *Direito Administrativo*, cit., IV, pág. 74 ss.. Se o contencioso administrativo já abrangesse então a generalidade dos litígios jurídico-administrativos, por força de uma correspondente cláusula geral, ter-se-ia invertido o sentido das «atribuições» efectuadas pelo legislador. Quer dizer, o legislador interviria não para *atribuir* certos litígios jurídico-administrativos à jurisdição administrativa, mas antes para os *retirar* do contencioso administrativo (nos limites admitidos para tal deslocação, bem entendido). Numa palavra, o contencioso *administrativo* por atribuição já teria então desaparecido, substituído por um «contencioso *ordinário* por atribuição».

Entre a Luz Grega e as Brumas de Londres. O Contencioso Administrativo ... 179

administrativos para os litígios surgidos no âmbito de relações jurídico-
-administrativas.

Neste contexto, a consagração da acção de reconhecimento tinha o significado de conferir tutela jurisdicional a pretensões jurídico-adminis- trativas que não a tinham (pretensões à adopção de uma conduta admi- nistrativa devida); de transferir para o contencioso administrativo pedidos até então da competência da jurisdição ordinária (pedidos de tutela pre- ventiva ou de efectivação de direitos fundamentais); e até, porventura, de dar vida a pretensões antes inexistentes no ordenamento jurídico (preten- sões de indemnização *in natura*, ao que parece). Ao associar estes efeitos à introdução da acção, o Autor conseguia ultrapassar a exiguidade aplicativa resultante da inserção de um meio de aplicabilidade residual num contencioso administrativo definido por enumeração: os "espaços livres" que a acção de reconhecimento ia ocupar não eram apenas aqueles que já existiam no contencioso administrativo no momento anterior à sua consagração, mas também, e acima de tudo, *aqueles que esta mesma consagração iria de algum modo criar.*

Dir-se-ia então que o resultado mais notável da introdução da acção de reconhecimento teria sido retirar aos meios da jurisdição ordinária a tarefa da cobertura residual dos litígios jurídico-administrativos. Tais pedi- dos deveriam doravante ter-se por incluídos no contencioso administra- tivo, por efeito de uma *norma atributiva implícita* que acompanhou a consagração do novo meio e que o associou a tais pedidos. O contencioso administrativo passou assim a abranger não só os pedidos de reconheci- mento dos direitos fundados em contrato administrativo, dos direitos a uma reparação pecuniária dos danos causados por actuações de gestão pública e de outros direitos abrangidos pelas demais normas específicas, mas também os pedidos de reconhecimento dos restantes direitos de natureza jurídico-administrativa.

A proposta de Freitas do Amaral para a delimitação do âmbito de aplicação da acção de reconhecimento não pode assim ser integralmente compreendida tomando apenas como pontos de referência a delimitação enumerativa do contencioso administrativo e o carácter essencialmente residual do novo meio. Torna-se indispensável acrescentar um *terceiro elemento*, estreitamente ligado aos anteriores, e que consiste na precedên- cia da *actio* sobre o *jus*, isto é, a ideia de que a introdução de um meio processual com determinadas características significa que hão-de ter-se por existentes as correspondentes pretensões materiais e hão-de ter-se por admissíveis em juízo os correspondentes pedidos[27]. Se o legislador consagrou no quadro do contencioso administrativo um meio destinado a obter o reconhecimento jurisdicional de direitos, deve concluir-se que existem direitos perante a Administração; que esses direitos podem dar origem, quando lesados ou ameaçados, a pedidos de reconhecimento jurisdicional; que esses pedidos pertencem ao contencioso administrativo; e que são veiculados precisamente através do meio em questão. O novo instituto surgiria não tanto como um meio de prossecução de um pedido, mas como uma manifestação desse mesmo pedido no âmbito material do contencioso administrativo[28].

Mas será que à consagração da acção de reconhecimento podem de facto associar-se as consequências descritas, *maxime* a ampliação do contencioso administrativo aos pedidos de reconhecimento de direitos ainda nele não incluídos?

Não custa aceitar que uma norma processual ou procedimental deva ter-se por acompanhada de normas implícitas de *natureza diversa*, designadamente normas materiais ou normas orgânicas: p. ex., a consagração de um pedido de intimação de um particular ou concessionário à observância de normas de direito administrativo poderá manifestar a introdução no ordenamento jurídico-administrativo de uma pretensão material do autor com um conteúdo correspondente. Muito mais duvidoso é que uma norma implícita tenha derrubado os limites até então colocados à jurisdição administrativa e colocado sob a sua égide todos os pedidos de reconhecimento de direitos de natureza jurídico-administrativa para que

---

[27] Trata-se de um raciocínio próximo do *aktionrechtliche Denken* de Rupp, caracterizado por partir da *actio* para concluir do *jus* e por determinar as características do *jus* com base nos pressupostos da *actio*. Rupp utilizou esse método, importado dos Glosadores, na análise do recurso contencioso, apoiando-se na consagração de uma acção de anulação de actos administrativos para afirmar a existência de pretensões materiais de conteúdo reactivo (*Grundfragen des heutigen Verwaltungsrechtslehre*, 2ª ed., Tubinga, 1991, pág. 174). V. crítica em HENKE, *Das subjektive öffentliche Recht*, Tubinha, 1968, págs. 37 ss., 134 e 138-139.

[28] Ao indicar as espécies que fazem parte do contencioso administrativo por atribuição, o Autor refere o contencioso dos contratos administrativos, o contencioso da responsabilidade da Administração e o «contencioso dos direitos e interesses legítimos», o que pressupõe, quanto a este último, uma norma (expressa ou implícita) atributiva de competência para o conhecimento dos litígios nele englobados e, por outro lado, uma tendencial ampliação desta categoria aos pedidos de reconhecimento de quaisquer direitos de natureza jurídico-administrativo (*Direito Administrativo*, cit., IV, pág. 75).

Entre a Luz Grega e as Brumas de Londres. O Contencioso Administrativo ... 181

não existam meios específicos. Admitir que a consagração da acção de reconhecimento estivesse acompanhada por uma cláusula geral implícita cobrindo todos os pedidos de reconhecimento de direitos implicaria que pouca coisa passaria a separar o contencioso administrativo português de um sistema de *cláusula geral*, uma vez que a jurisdição administrativa poderia doravante conhecer, salvo norma expressa, de quaisquer direitos de natureza jurídico-administrativa existentes perante a Administração, quer pela via de meios específicos, quer pela via residual da acção de reconhecimento. A competência residual da jurisdição ordinária para os litígios jurídico-administrativos ficaria assim quase inteiramente substituída pelo âmbito residual de aplicação da acção de reconhecimento.

Mais: a contraposição fundamental entre o contencioso administrativo "por natureza" e "por atribuição" reduzir-se-ia então, a uma dicotomia de escasso relevo, precisamente por força do desmesurado âmbito desta "atribuição" implícita – levantando-se assim fundadas interrogações quanto aos motivos pelos quais Freitas do Amaral continuava a considerá-la "absolutamente essencial para se conseguir entender o sistema de garantias contenciosas do nosso Direito Administrativo"[29].

Reside aqui porventura a maior fragilidade da construção: por um lado, no momento em que escreve, o Professor mantém a tradicional dicotomia entre contencioso administrativo por natureza e por atribuição e, consequentemente, a ideia de uma delimitação enumerativa do contencioso administrativo; mas, por outro lado, inclui no domínio de aplicação da acção de reconhecimento pedidos que antes da consagração daquele meio não cabiam aos tribunais administrativos (aliás, o domínio de aplicação da acção de reconhecimento resultaria bem diminuto caso se prescindisse desses litígios).

4. O princípio da separação de poderes e a prossecução em juízo de pretensões de indemnização *in natura*

Ao tratar das acções destinadas a efectivar a responsabilidade civil da Administração por actuações de gestão pública, Freitas do Amaral recorda que a tradição nos sistemas de tipo francês é a de «circunscrever a obrigação de indemnizar ao dever de pagamento de uma quantia em

---

[29] *Direito Administrativo*, cit., IV, págs. 80-81.

dinheiro»: a reconstituição natural implica a condenação à realização de prestações de facto, o que representaria uma intromissão dos tribunais no exercício da função administrativa proscrita pelo princípio da independência da Administração activa perante os tribunais administrativos. Adverte, porém, que «O problema terá (...) de ser revisto no contexto das novas acções para o reconhecimento de direitos ou interesses legítimos»[30] – e o resultado dessa revisão, no seu entender, aponta para a utilização destes meios processuais quando o lesado «não pretenda obter uma reparação pecuniária (que devia ser conseguida através de uma acção de responsabilidade) mas sim a 'reconstituição natural' do *statu quo ante*»[31]. Na correspondente sentença, esclarece ainda, está vedado ao juiz condenar a Administração à adopção de comportamentos determinados, embora possa «especificar os actos e operações em que a prestação [indemnizatória] deverá consistir e o prazo em que deverão ter lugar, por analogia com o que se passa em sede de execução de sentenças»[32].

Como é sabido, a delimitação dos poderes do juiz perante a Administração num sistema de tipo francês constitui objecto de um debate clássico na doutrina e jurisprudência administrativas, no qual confluem questões de *teoria geral* do processo – toda a sentença condenatória tem associada a possibilidade de execução forçada? Ou poderá a execução reduzir-se a providências de outro tipo, designadamente medidas coercitivas ou pronúncias constitutivas? E, nesta segunda hipótese, qual o alcance da distinção entre sentenças condenatórias e sentenças de mera apreciação? – com problemas específicos do *contencioso administrativo* – é a exclusão de uma execução forçada contra a Administração (na medida em que tal exclusão se verifique) que está na origem da inexistência de pronúncias condenatórias? Ou, ao invés, é a exclusão destas que explica a inexistência de execução forçada? Qual será, numa ou noutra hipótese, o fundamento jurídico para tais exclusões? E quais os contornos rigorosos do conceito de sentença condenatória no contencioso administrativo?

A doutrina mais atenta avisa que debalde se procurará nas conclusões deste debate científico a explicação definitiva para as severas restrições

---

[30] *Direito Administrativo*, cit., IV, págs. 287-288.

[31] *Ibidem*, pág. 294.

[32] *Ibidem*, pág. 297. O Autor admite sentenças de condenação da Administração à entrega de coisa certa (e ao pagamento de quantia certa), o que pode relevar para a questão tratada no texto, uma vez que a reparação *in natura* pode envolver uma prestação de coisa.

Entre a Luz Grega e as Brumas de Londres. O Contencioso Administrativo ... 183

aos poderes do juiz administrativo nos ordenamentos que seguem mais de perto o chamado modelo francês. Tais restrições dificilmente se poderão enquadrar num qualquer discurso dogmaticamente coerente, devendo antes imputar-se a uma jurisprudência tão imperturbável quanto miste-riosa[33], explicável à luz de uma certa «política jurisprudencial» – mais atenta à gestão cuidadosa do estatuto jurídico-político do contencioso administrativo do que à consistência prática da tutela concedida aos admi-nistrados –, quando não à luz de uma certa política *tout court*, preocupa-da em conciliar as garantias formais da legalidade administrativa com a maior liberdade possível para a actuação governamental[34]. Não pode, por isso, surpreender a rudeza impaciente com que o legislador da Revisão de 1997 cortou o nó górdio em que se tinha transformado a opinativa dis-cussão em torno da admissibilidade de sentenças condenando a Adminis-tração à prática de um acto administrativo devido (art. 268.º, n.º 4).

Não é este o momento para aprofundar tal questão. Do que agora se cuidará é tão-somente de apurar o alcance da afirmação de Freitas do Amaral de que a introdução da acção de reconhecimento obrigava a reequacionar a exclusão dos pedidos de indemnização *in natura*, tradicio-

---

[33] A qualificação pertence a Chapus e refere-se às orientações acolhidas em França pelo Conselho de Estado (*Droit du Contentieux Administratif*, 3ª ed., Paris, 1991, pág. 590): mas não é diversa a situação tradicionalmente verificada na generalidade dos orde-namentos que seguem o modelo francês. Na mesma ordem de ideias, nota Moderne que o Conselho de Estado parece querer compensar com a firmeza da argumentação a debi-lidade dos seus fundamentos («Étrangère au pouvoir du juge, l'injonction, porquoi le serait-elle?», *RfrDA* 1990, pág. 803).

[34] Cfr., entre tantos outros, RUI MACHETE, *A Garantia Contenciosa para Obter o Reconhecimento de um Direito ou Interesse Legalmente Protegido*, s. l., 1987, págs. 10-11; VELLEY, «La constitutionnalisation d'un mythe: justice administrative et séparation de pouvoirs», *RDP* 1989, págs. 766 ss.; CHEVALLIER, «Du principe de séparation au principe de dualité», *RfrDA* 1990, págs. 712 ss.; Moderne, *RfrDA* 1990, págs. 798 e ss.; e GOURDOU, «Les nouveaux pouvoirs du juge administratif en matière d'injonction et d'astreintes», *RfrDA* 1996, pág. 335. V. ainda CHEVALLIER, «L'interdiction pour le juge administratif de faire acte d'administrateur», *AJDA* 1972, pág. 67 ss.; GAUDEMET, «Réflexions sur l'injonc-tion dans le contentieux administratif», *Mélanges offerts a Georges Burdeau*, Paris, 1977, pág. 805 ss.; WOEHRLING, «Le contrôle juridictionnel de l'Administration en droit fran-çais», *RfrDA* 1984, pág. 197 ss.; GARCIA DE ENTERRÍA, «La transformación del contencioso administrativo francés: la reforma radical del sistema de ejécución de sentencias", agora publicado *in Hacia una Nueva Justicia Administrativa*, 2ª ed., Madrid, 1992, pág. 201 ss.; e BELTRÁN DE FELIPE, *El Poder de Sustitución en la Ejecución de las Sentencias Conde-natorias de la Adminstración*, Madrid, 1995, esp. págs. 31 e ss. e 141 ss..

Em Homenagem ao Professor Doutor Diogo Freitas do Amaral

nalmente fundada no princípio da separação de poderes ou no princípio da independência da Administração activa perante os tribunais administrativos.

Semelhante afirmação coloca dois tipos de questões: em primeiro lugar, a modificação trazida pela introdução da acção de reconhecimento traduziu-se em trazer à vida uma pretensão material antes inexistente, em conferir tutela jurisdicional a uma pretensão material que dela carecia ou, diversamente, em incluir no contencioso administrativo um pedido antes inserido na competência residual dos tribunais judiciais? Por outro lado, e qualquer que seja a solução dada à questão anterior, porque há-de a simples consagração de um novo meio processual implicar o repensar de uma solução cujo fundamento reside (alegadamente) num princípio de direito constitucional-jurisdicional[35] que reivindica, por natureza, validade geral?

Ao comentar o Ac. TConf de 10/2/1983 (que se pronunciou sobre a questão da determinação da jurisdição competente para conhecer dos pedidos de cessação das operações materiais lesivas e de reconstituição da situação originária), Freitas do Amaral contestou a atribuição de natureza indemnizatória à acção em causa, com o argumento de que «em Direito Administrativo a indemnização é sempre um pagamento em dinheiro»[36], por força do princípio da independência da Administração activa perante os tribunais administrativos. A natureza processual deste fundamento significava que o plano material não era afectado; ou seja, não resultava desse princípio a inexistência no plano substantivo de pretensões de indemnização *in natura*, mas apenas que não lhes seria concedida tutela jurisdicional[37].

---

[35] A expressão é de Bettermann (*gerichtsverfassungsrechtlicher Natur*), *DV* 1949, pág. 348.

[36] «Direitos Fundamentais dos Administrados», *in Nos Dez Anos da Constituição*, s. l. d. (1987), pág. 26, nota 19.

[37] A invocação do princípio da independência da Administração activa perante os tribunais administrativos parece dar a entender que também não era viável obter junto dos tribunais *judiciais* tutela para as pretensões material de indemnização em espécie. Não seria razoável que se imputassem a esse princípio limitações menores do que as decorrentes do princípio que historicamente está na sua origem, o princípio da separação de poderes. Quer dizer, se era com base no princípio da independência da Administração activa perante os tribunais administrativos que os pedidos de indemnização *in natura* ficavam excluídos do contencioso administrativo, não podia deixar de resultar do princípio da separação de poderes uma limitação análoga para os tribunais judiciais.

Mas o Autor vai acabar por admitir posteriormente, nas lições, que a introdução da acção de reconhecimento significava que doravante o contencioso administrativo compreendia pedidos de reconstituição natural e que a acção de reconhecimento, em vez de representar um *aliud* relativamente a uma acção de indemnização em espécie, constituía o meio processual de tutela das correspondentes pretensões materiais. Numa palavra, as pretensões indemnizatórias serão objecto de tutela jurisdicional pela via da acção de indemnização ou da acção de reconhecimento, consoante originem pedidos de ressarcimento por equivalente pecuniário ou pedidos de reconstituição natural.

A ser assim, coloca-se a segunda interrogação: por que motivo antes da acção de reconhecimento o princípio da independência da Administração activa perante os tribunais administrativos excluía pedidos de indemnização *in natura*, ao passo que já não constitui obstáculo a tais pedidos após a consagração da dita acção?

A ausência de resposta a esta questão torna-se ainda mais perturbadora quando se atenta em que as regras jurídicas relativas aos poderes do juiz na acção de reconhecimento[38] resultam da aplicação analógica de *regras pré-existentes,* próprias das acções sobre contratos administrativos ou sobre responsabilidade civil por actos de gestão pública (condenação da Administração ao pagamento de uma quantia em dinheiro ou à entrega de uma coisa), ou do processo de execução de sentença regulado no Decreto-Lei n.º 256-A/77, de 17 de Junho (declaração especificada das actuações que a Administração tem o dever de levar a cabo e do prazo a observar para o efeito).

Se já anteriormente à acção de reconhecimento se tinha afastado em certos domínios o princípio da independência da Administração activa perante os tribunais administrativos, ao menos com o alcance que Freitas do Amaral lhe atribuía, não é fácil perceber porque não podia a vulgar acção de indemnização veicular ela própria pedidos de reconstituição natural, antecipando a aplicação analógica do regime do art. 9.º, n.º 2, do Decreto-Lei n.º 256-A/77 que Freitas do Amaral entendeu reservar só para a acção de reconhecimento. Por outras palavras, não parece coerente invocar o dito princípio da independência da Administração activa para impedir que a acção de indemnização por actos de gestão pública veicule pedidos de reconstituição natural (recusando aplicação analógica à regra

---

[38] *Direito Administrativo,* cit., IV, págs. 295 e ss..

do art. 9.º, n.º 2, Decreto-Lei n.º 256-A/77) e, por outro lado, afastar esse princípio e admitir os referidos pedidos no quadro da acção de reconhecimento, por força da aplicação analógica ao novo meio da regra que habilita o juiz a especificar os comportamentos administrativos devidos.

Sem prejuízo, cremos que merece a pena repensar o problema, logicamente anterior, de saber se há de facto lugar para uma pretensão de indemnização *in natura* no direito administrativo português.

A solução de responsabilizar directamente o agente (constitucionalmente imposta: art. 271.º, n.º 1) levanta diversas dificuldades de construção dogmática, designadamente quanto à determinação da relação jurídica que une o agente ao lesado e quanto à qualificação publicística ou privatística do dever cuja violação gera a responsabilidade[39]. Mas o que interessa agora realçar é um dos corolários da opção legislativa pela responsabilização *pessoal* do agente pelos actos praticados no âmbito das suas funções, a saber, a redução do conteúdo da indemnização a prestações que este possa efectuar a título pessoal (uma vez que é demandado precisamente a título pessoal). Ao agente apenas poderá ser exigido pelo lesado uma indemnização em dinheiro (ou porventura outro bem fungível), e nunca uma indemnização in natura, que implicaria actos administrativos ou outras actuações *funcionais* que o lesante não está em condições de realizar neste contexto[40].

---

[39] V. esp. RUPP, *Grundfragen*, cit., págs. 294 e ss..

[40] No direito alemão posterior à *Grundgesetz*, a justificação para a exclusão de uma indemnização *in natura* a cargo da Administração já não reside no princípio da separação de poderes, mas no facto de as entidades administrativas assumirem perante o lesado a responsabilidade pessoal dos seus agentes nos precisos termos em que esta se constituiu: ou seja, o dever de indemnização que a Administração cumpre perante o lesado assume um conteúdo pecuniário porque foi com esse conteúdo que lhe foi transferido da esfera jurídica do agente. V. OSSENBÜHL, *Staatshaftungsrecht*, 4ª ed., Munique, 1991, págs. 10-11; BENDER, *Staatshaftungsrecht*, 3ª ed., Heidelberga, 1981, n.º 105; WEYREUTHER, «Empfiehlt es sich, die Folgen rechtswidrigen hoheitlichen Verwaltungshandeln gesetzlich zu regeln (Folgenbeseitigung, Folgenentschädigung)?», *in Verhandlungen des 47. Deutschen Juristentages*, I-B, Munique, 1968, pág. B 56; M. HOFFMANN, *Der Abwehranspruch gegen rechtswidrige hoheitliche Realakte*, Berlim, 1969, págs. 24-25; e BACHOF, *Die verwaltungsgerichtliche, Klage auf Vornahme einer Amtshandlung*, Tubinga, 1951, págs. 116-117.

No direito espanhol, enquanto se admitiu a responsabilidade pessoal do agente perante o lesado, a indemnização assumia apenas a forma pecuniária. Com a nova lei do procedimento de 1992, o regime de responsabilidade solidária do agente e da Administração foi substituído por um regime de exclusiva responsabilidade directa da Administração (art. 145.º, n.º 1), o que abriu as portas à consagração de uma indemnização em

Entre a Luz Grega e as Brumas de Londres. O Contencioso Administrativo ... 187

Esta solução deve ser conjugada com o regime de solidariedade imposto pelo art. 22.º da Constituição para a obrigação de indemnizar por facto ilícito culposo, que permite ao lesado exigir a realização da correspondente prestação ao agente[41], à entidade administrativa em que este se integre, ou a ambos. Pelos motivos acima expostos, tal prestação não poderá deixar de ter um conteúdo exclusivamente pecuniário quando é exigida apenas ao agente, ou exigida ao agente e à Administração. Resta saber se a prestação poderá ter por conteúdo uma prestação de facto – *maxime* um acto administrativo - quando o lesado opta por demandar a Administração.

Uma resposta afirmativa a esta questão pressupõe que uma obrigação solidária possa ter por conteúdo prestações de natureza diversa a cargo de cada um dos obrigados. Aparentemente, tal possibilidade encontra-se consagrada no n.º 2 do art. 512.º do CC: «A obrigação não deixa de ser solidária pelo facto de os devedores estarem obrigados em termos diversos ou com diversas garantias, *ou de ser diferente o conteúdo das prestações de cada um deles*». Todavia, o n.º 1 do mesmo preceito, ao qualificar a obrigação como solidária «quando cada um dos devedores responde pela *prestação integral* e esta a todos libera (...)», aponta no sentido oposto, porque refere a existência de uma única prestação. E, na verdade, a doutrina tem entendido que a solidariedade pressupõe necessariamente uma identidade de prestação, no sentido de que só há obrigação solidária relativamente à parte da prestação que seja comum a todos os devedores. O que a norma do n.º 2 permite é apenas que as prestações correspondentes a uma obrigação solidária tenham elementos *não comuns*; mas só existe solidariedade quanto à parte comum, só por essa respondendo cada um dos devedores[42]. Significa isto que não basta entre nós a mera identidade de interesse na prestação por parte do credor – identidade

---

espécie (art. 141.º, n.º 4). V. Garcia de Enterría/Ramón Fernández, *Curso de Derecho Administrativo*, II, 4.ª ed., Madrid, 1993, págs. 406-407.

[41] Esclarecendo que o lesado pode demandar apenas o agente, não tendo de propor a acção também contra a Administração, o Ac. STA de 28/11/1996, proc. 38 313, e a respectiva anotação, neste ponto concordante, por Rui Medeiros, «Admissibilidade de uma responsabilidade solidária em regime de litisconsórcio necessário», *CJA* 4 (Julho-Agosto de 1997), págs. 24 e ss..

[42] Antunes Varela, *Das Obrigações em Geral*, 9ª ed., Coimbra, 1996, I, págs. 783-785. No mesmo sentido, Menezes Cordeiro, *Direito das Obrigações*, Lisboa, 1980 (reimp. 1994), I, págs. 384-385; e Ribeiro de Faria, *Direito das Obrigações*, Coimbra, s. d. (1990), II, pág. 166, nota.

188 Em Homenagem ao Professor Doutor Diogo Freitas do Amaral

que poderia justificar a admissão do carácter solidário da obrigação indemnizatória em que um dos sujeitos passivos se constituiu devedor de uma prestação de facto e o outro, de uma prestação pecuniária[43].

Cremos, por conseguinte, que nos casos em que a responsabilidade da Administração revista uma natureza solidária, o lesado apenas lhe poderá exigir uma reparação sob forma pecuniária. Já nos casos em que a responsabilidade civil recaia exclusivamente sobre a Administração, a obrigação de indemnizar poderá ter por conteúdo a reparação *in natura*.

5. Epílogo: uma concepção platónica do princípio da separação de poderes?

O princípio da separação de poderes (ocasionalmente, o princípio da separação entre as autoridades administrativas e os tribunais administrativos) é invocado repetidamente por Freitas do Amaral para fundamentar as limitações aos poderes do juiz administrativo, *maxime* para justificar a exclusão da condenação à prática de actos administrativos. O modelo francês de contencioso administrativo surge referido a este propósito com frequência.

Se nos for permitido, diremos que o admirador de Aristóteles tem aqui o seu desvio platónico. Passamos a explicar.

É sabido que o ordenamento jurídico se encontra recheado de princípios jurídicos, frequentemente contraditórios no seu conteúdo e nas suas decorrências. Constitui, em primeira linha, uma tarefa do legislador proceder, no contexto de cada ordenamento jurídico, a uma concreta articulação desse princípio da separação de poderes com outros princípios e regras contrapostos, designadamente o princípio da tutela jurisdicional efectiva[44]. E os resultados dessa intervenção harmonizadora podem variar, e variam consideravelmente, no tempo e no espaço.

---

[43] Sustentando que o interesse do credor na obrigação solidária pode ser satisfeito por prestações de conteúdo diferente dos diversos devedores, LARENZ, *Lehrbuch des Schuldrechts*, 14ª ed., Munique, 1987, I, págs. 632 e ss. (com outras referências doutrinárias e jurisprudenciais).

[44] V. SÉRVULO CORREIA, «Separation of powers and judicial review of administrative decisions *in* Portugal», *RFDL* XXXIV, págs. 91 ss., e *Direito Administrativo II – Relatório sobre programa, conteúdo e métodos de ensino*, *RFDL* XXXV, pág. 62, e Schenke, «Vorbeugende Unterlassungs- und Feststellungsklage im Verwaltungsprozeß», *AöR* 95,

Nesta ordem de ideias, não será de aceitar, segundo pensamos, uma fixação apriorística do princípio da separação de poderes, desinserida da evolução do contexto histórico e do enquadramento jurídico-constitucional. De outro modo, aliás, tornar-se-ia sempre possível contrapor à afirmação de que o princípio da separação de poderes impede certo tipo de pronúncias dos tribunais relativamente à Administração a afirmação contrária de que o princípio da efectiva tutela jurisdicional impõe esse tipo de pronúncias, sem saída possível de tal círculo de oposições.

O princípio da separação de poderes, em suma, não tem o seu conteúdo decalcado de um modelo perfeito imutável, válido para todos os tempos e para todos os contextos. Não existe incólume e definitivo num mundo platónico das ideias, antes depende totalmente das opções do legislador de cada ordenamento e de cada momento histórico, na sua tarefa de combinar e harmonizar interesses contrapostos em função do contexto concretamente verificado.

---

págs. 228-229 – ambos os Autores contestando a possibilidade de uma fixação apriorística do princípio da separação de poderes, desinserida da evolução do contexto histórico e do enquadramento jurídico-constitucional. Para a crítica de um conceito pré--constitucional e supra-positivo do princípio da separação de poderes, sustentando que o seu conteúdo tem de ser apurado em face de cada concreto texto constitucional, v. ainda RUPP, *Grundfragen*, cit., pág. 126, e MAGER, *Der maßgebliche Zeitpunkt für die Beurteilung der Rechtswidrigkeit von Verwaltungsakten*, Berlim, 1994, pág. 36. Esta ideia ganha particular sentido no contexto de um ordenamento jurídico, como o português, em que o acréscimo de poderes fiscalizadores dos tribunais administrativos, com a correspondente redefinição do alcance do princípio da separação de poderes, tem sido essencialmente obra do próprio legislador constitucional: concretamente, o significado do princípio da separação de poderes do n.º 1 do art. 111.º da Constituição não pode ser dissociado da consagração no n.º 4 do art. 268.º do direito do administrado a uma tutela cautelar adequada.

A SUBORDINAÇÃO DA ADMINISTRAÇÃO PÚBLICA AO DIREITO E A DOGMÁTICA DO DIREITO ADMINISTRATIVO NO ÂMBITO DO ESTADO DE DIREITO DEMOCRÁTICO

PEDRO MACHETE

É com enorme satisfação e muita honra que participo nesta justíssima homenagem ao Senhor Professor Doutor Diogo Freitas do Amaral.

Iniciei-me no estudo do Direito Administrativo com as suas Lições, fui seu aluno na parte escolar do curso de mestrado e foi sob a sua orientação que elaborei a dissertação correspondente. O Professor Doutor Diogo Freitas do Amaral foi ainda meu orientador num primeiro momento da preparação da dissertação de doutoramento e um dos seus arguentes nas provas públicas em que a mesma foi objecto de discussão. Ao longo dos anos tenho colaborado com o Senhor Professor em inúmeros trabalhos de consultoria jurídica, circunstância que me proporcionou aprender a arte e o rigor necessários para colocar a teoria e a dogmática jurídicas ao serviço da vida prática.

Em todas essas ocasiões o Senhor Professor Doutor Diogo Freitas do Amaral foi para mim o Mestre e Amigo que, sempre sem prejuízo do rigor, da exigência e do espírito crítico, me permitiu que encontrasse e seguisse o meu próprio caminho. Sendo um Homem livre, o Senhor Professor tem a preocupação constante de respeitar a liberdade dos outros, desde logo, a daqueles que mais proximamente consigo colaboram. Também neste particular nunca deixou de ser o Pedagogo que argumenta e discute todos os pontos de vista e que, uma vez esgotados os argumentos, respeita integralmente as posições discordantes.

Como o próprio refere no prefácio de uma das suas obras mais recentes – o Manual de Introdução ao Direito –, a sua atitude, como Homem e como Jurista, é a de "procurar captar, com o máximo de autenticidade possível, a verdadeira realidade das coisas no mundo do Direito vivo e vivido que nos rodeia"; por isso mesmo, foi "levado, uma e mais vezes, a rejeitar idealismos puramente imaginários e conceptualismos não sujeitos ao crivo da razão crítica" e procura encaminhar os seus alunos "para exercitar a sua capacidade de utilizar a razão crítica para validar ou refutar teorias e conceitos, por muito respeitáveis que aparentem ser". É esta atitude e esta pedagogia, aliadas a uma invulgar capacidade de análise e de exposição, que fazem de Diogo Freitas do Amaral um eminente Académico e um Professor verdadeiramente notável e exemplar.

SUMÁRIO: *§ 1.º – Estado de Direito e Direito Administrativo.* 1. A importância do conceito de Estado de Direito na obra de Freitas do Amaral. 2. O conceito de Estado de Direito perfilhado por Freitas do Amaral. 3. O princípio da legalidade e a justiça administrativa como concretizações do princípio do Estado de Direito. 4. A correlação entre o princípio da separação dos poderes, o Estado de Direito e o Direito Administrativo. 5. Os dois modelos de sistema administrativo liberal e a sua evolução. 6. Breve apreciação crítica e razão de ordem. *§ 2.º – Separação dos poderes e Poder Administrativo.* 7. A ideia originária da separação dos poderes: garantir a liberdade individual. 8. A proeminência do Poder Legislativo e a independência recíproca dos Poderes Administrativo e Judicial. 9. O Direito Administrativo como direito do e para o Poder Administrativo. 10. O acto administrativo, enquanto decisão de autoridade, como consequência lógica da paridade entre os Poderes Administrativo e Judicial e a sua superação, em razão do princípio do Estado de Direito, pela paridade da Administração com os particulares. *§ 3.º – Estado de Direito e Administração paritária.* 11. O estatuto jurídico fundamental dos cidadãos e do poder público. 12. A relação jurídica como quadro de interacção dos cidadãos com os poderes públicos em geral, e, em especial, com a Administração. 13. Os alegados excessos e insuficiências do modelo da Administração paritária. 14. Defesa do modelo da Administração paritária. 15. Significado do acto administrativo no modelo da Administração paritária.

A subordinação da Administração Pública ao direito e a dogmática do Direito ... 193

§ 1.º – Estado de Direito e Direito Administrativo

1. A ideia de Estado de Direito é uma das chaves de compreensão do sistema de Direito Administrativo concebido por Freitas do Amaral e é à luz de tal ideia-força que este Autor pode, com toda a certeza, ser considerado um dos grandes reformadores do Direito Administrativo português dos últimos anos, marcado, segundo palavras suas, pela transição de um «Direito Administrativo autoritário e conservador» para um «Direito Administrativo democrático e de forte cunho social»[1]. Com efeito, desde sempre que Freitas do Amaral entendeu o Estado de Direito como critério de avaliação da coerência interna do Direito Administrativo e fundou naquele conceito a explicação da natureza dual e dinâmica deste mesmo Direito. Por outro lado, à fase do desenvolvimento legislativo e dogmático do Direito Administrativo em Portugal, em grande medida devido a Marcello Caetano[2], sucedeu, por força da Constituição de 1976, uma fase de reformas largamente tributárias de exigências decorrentes do princípio do Estado de Direito, tendo Freitas do Amaral contribuído activamente para muitas delas[3].

É também a sua concepção de Estado de Direito que leva Freitas do Amaral a pensar o Direito Administrativo, não apenas como um ramo do direito que reflecte e acompanha as vicissitudes da evolução política e do Direito Constitucional, mas igualmente como dependente de um enquadramento institucional e cultural favorável à prossecução do bem comum no respeito pela legalidade e pelos direitos de todos e de cada um, ou seja, do que se poderia designar por uma verdadeira cultura de Estado de Direito, entendida como cultura de realização do Direito e do seu valor supremo que é a Justiça[4].

---

[1] V. FREITAS DO AMARAL, *Última Lição – A evolução do Direito Administrativo português nos últimos 50 anos*, Almedina, Coimbra, 2007, *passim* (a referência à transição aludida no texto encontra-se na p. 14).

[2] Cfr. FREITAS DO AMARAL, «Marcello Caetano: o Grande Construtor do Direito Administrativo Português» in *Estudos em Homenagem ao Professor Doutor Marcello Caetano no Centenário do seu Nascimento*, vol. I, Coimbra Editora, Lisboa, 2006, p. 313 e ss., em especial, p. 315.

[3] Sobre tais reformas e a intervenção nelas de FREITAS DO AMARAL, v. a sua síntese em *Última Lição...*, cit., p. 14 e ss.

[4] Em o «Princípio da Justiça no Artigo 266.º da Constituição» in *Estudo em Homenagem ao Prof. Doutor Rogério Soares*, Coimbra Editora, Coimbra, 2001, FREITAS DO AMARAL considera que «os valores que integram o conceito de justiça impõem *uma*

Em Homenagem ao Professor Doutor Diogo Freitas do Amaral

A importância atribuída por Freitas do Amaral ao Estado de Direito e as diferentes dimensões em que o considera encontram-se bem patentes no modo como equacionou o problema da execução das sentenças dos tribunais administrativos, objecto da sua dissertação de doutoramento, já lá vão mais de cinquenta anos:

"[A]s sentenças proferidas por [aqueles] tribunais a favor dos particulares têm de ser respeitadas e cumpridas pelas autoridades administrativas, ou não estaremos num Estado de Direito.

Demais, o recurso contencioso, como instrumento que é, só pode satisfazer se servir cabalmente os fins a que é destinado: a sua utilidade depende por inteiro, não tanto de o recorrente obter uma decisão favorável, como da eficácia desta, que o mesmo é dizer, da execução da sentença. Por outras palavras, o recurso vale apenas o que valer a sua repercussão final nas situações reais da vida, pois de nada servirá o contencioso administrativo se a Administração pública, ignorando as sentenças e recusando a sua execução, tiver nas mãos o poder de transformar as decisões dos tribunais em puras declarações platónicas do direito.

[...Porém,] torna-se quase desnecessário acentuar que [tal execução] depende sempre, em último termo, de factores extra-jurídicos que a influenciam e condicionam em profundidade.

Depende, com efeito, antes de mais, do prestígio científico e da autoridade moral dos tribunais do contencioso administrativo, expressos numa jurisprudência norteada pela submissão à lei e pelo equilíbrio na ponderação dos interesses em conflito. Pois, caso contrário, não será fácil obter da Administração aquele assentimento que é pressuposto do cumprimento voluntário de qualquer dever.

Depende, depois, da consciência dos agentes incumbidos da execução das sentenças. Porque, se estes a não tiverem formada no

---

obrigação, e impõem-na quer ao Estado quer aos cidadãos: trata-se, pois, de uma obrigação que o Estado deve cumprir para com os seus membros, e que cada cidadão deve cumprir para com os seus concidadãos?» (p. 699; itálico no original). E, seguidamente, afirma: "no plano da *justiça colectiva*, cremos ser pacífico o entendimento de que o principal critério da justiça, como forma de organização de um Estado justo e de uma sociedade justa, é *o respeito dos Direitos Humanos*. Um Estado, um regime político, uma Constituição, uma sociedade, dir-se-ão justos se respeitarem todos e cada um dos direitos humanos – não apenas os direitos de natureza pessoal e política, mas também os direitos de natureza económica, social e cultural" (p. 700; itálicos no original).

A subordinação da Administração Pública ao direito e a dogmática do Direito ... 195

respeito do princípio da legalidade e imbuída do espírito que caracteriza o Estado de Direito, não passarão de palavras vãs todas as prescrições solenemente inscritas nos artigos da lei.

Nesta ordem de ideias têm a maior importância, como é óbvio, o ambiente geral em que se vive e, de modo muito particular, as pressões da opinião pública sobre as autoridades e as formas de fiscalização política da actividade governativa praticadas no país. Mas, por mais garantias que possam ser postas em funcionamento, juridicamente organizadas ou não, parece certo que o essencial estará sempre em que os responsáveis se compenetrem, por uma convicção vinda de dentro, da necessidade que para todos constitui o acatamento das decisões dos tribunais. O Estado, e com ele as restantes pessoas colectivas que compõem a Administração, deve dar o exemplo da submissão às leis e às sentenças, sem o que «desacredita a justiça que é emanação da sua soberania e afirmação de um dos seus fins supremos»"[5].

E é precisamente à luz de tais exigências culturais que o mesmo Autor, ainda não há muito, expressou o seu reconhecimento em relação aos administrativistas portugueses de épocas anteriores, com particular destaque para Marcello Caetano:
"[O]s grandes mestres da época anterior deixaram sementes bem plantadas e estas, logo que o ambiente se tornou favorável, começaram a dar frutos em abundância. Todos nós – juristas adeptos do regime democrático – devemos aos que foram nossos professores de Direito Público – todos adeptos do Estado Novo – a isenção e probidade intelectual com que nos incutiram o gosto do Direito e o amor pela Justiça e a lucidez com que nos transmitiram a noção básica de que a função primordial do Direito Público não é apenas conferir poderes especiais à autoridade para defender o Bem Comum, mas também regular e limitar os poderes do Estado (e dos entes públicos menores) a fim de garantir o respeito pelos direitos fundamentais dos cidadãos e das suas organizações"[6].

---

[5] V. FREITAS DO AMARAL, *A Execução das Sentenças dos Tribunais Administrativos*, Edições Ática, Lisboa, 1967, pp. 13-16 (as palavras entre aspas correspondem a uma citação de Marcello Caetano).

[6] V. FREITAS DO AMARAL, *Última Lição...*, cit., pp. 47-48.

2. Na verdade, para Freitas do Amaral, o Estado de Direito corresponde a um patamar civilizacional alcançado com as revoluções liberais, em especial a Grande Revolução em Inglaterra e a Revolução Francesa, que, em contraste com os sistemas administrativos existentes em momentos históricos anteriores, caracterizou o Estado liberal: subordinação do Estado ao direito; reconhecimento de direitos e liberdades individuais oponíveis aos poderes públicos; existência de tribunais que garantam a supremacia do direito:

"[P]roclamaram-se os direitos humanos como direitos naturais anteriores e superiores aos do Estado ou do poder político – e, com isso, não só a Administração Pública ficou submetida a verdadeiras normas jurídicas, de carácter externo e obrigatórias para todos, como os particulares ganharam o direito de invocar essas normas a seu favor na defesa de direitos ou interesses legítimos porventura ofendidos pela Administração. Nasceu o *Estado de Direito*.
Até às revoluções liberais, vigora pois o *sistema administrativo tradicional*, assente na confusão dos poderes e na inexistência do Estado de Direito; depois das revoluções liberais, estabelecem-se *sistemas administrativos modernos*, baseados na separação dos poderes e no Estado de Direito"[7].

No quadro da sua teoria sistemática do Estado, aquele Autor, a propósito das relações entre Estado e direito, apresenta e fundamenta a tese de que "toda a evolução histórica do mundo ocidental – bem como dos países que este influenciou no plano do Direito e do Estado – tem sido caracterizada pela crescente subordinação do Estado ao Direito"[8]. E conclui[9]:

"A subordinação do Estado ao Direito foi assim atingida, no essencial. E a limitação jurídica do poder político – que nalgumas ditaduras do séc. XX se considera ansiosamente como um sonho e noutras se olha com desdém, como um luxo ou como um precon-

---

[7] V. Freitas do Amaral, *Curso de Direito Administrativo*, vol. I, 3.ª ed. (com a colaboração de Luís Fábrica, Carla Amado Gomes e Jorge Pereira da Silva), Almedina, Coimbra, 2006, p. 102; itálicos no original.

[8] V. Autor cit., «Estado» in *Polis – Enciclopédia Verbo da Sociedade e do Estado*, 2.º vol., Editorial Verbo, Lisboa, 1984, cols. 1146-1148.

[9] V. *idem, ibidem*, col. 1148.

A subordinação da Administração Pública ao direito e a dogmática do Direito ... 197

ceito meramente formal – constitui hoje em dia uma das maiores conquistas da civilização gerada na tradição intelectual e política da Europa Ocidental e dos E.U.A.".

Ora, são os mencionados sistemas administrativos modernos que continuam hoje no Estado democrático, enquanto Estado social de Direito: "[A] melhor fórmula para retratar a passagem do século XIX ao século XX, no mundo ocidental [é a de perspectivar tal transição como uma evolução do Estado liberal de Direito para o Estado social de Direito] – "Estado social porque visa promover o desenvolvimento económico, o bem-estar, a justiça social; e Estado de Direito, porque não prescinde do legado liberal oitocentista, antes o reforça e acentua em matéria de subordinação dos poderes públicos ao Direito e de reforço das garantias dos particulares frente à Administração Pública"[10].

Por outras palavras ainda, e numa perspectiva mais abrangente: "Actualmente, e fora dos regimes totalitários, a Administração está submetida ao Direito. É assim em todo o mundo democrático: a Administração aparece vinculada pelo Direito, sujeita a normas jurídicas obrigatórias e públicas, que têm como destinatários tanto os próprios órgãos e agentes da Administração como os particulares, os cidadãos em geral. É o regime da *legalidade democrática*"[11].

3. Com efeito, nos dias de hoje, "a administração pública é uma actividade totalmente subordinada à lei: *a lei é o fundamento, o critério*

---

[10] V. *idem, Curso...*, vol. I, cit., p. 92.

[11] V. *idem, ibidem*, p. 132; itálico no original. O Autor denomina o subtipo do Estado moderno característico do século XX (e também do início do século XXI) de «Estado constitucional», considerando, todavia, «que se trata de uma designação meramente nominal, que encobre um antagonismo insanável e irredutível à unidade: entre as democracias pluralistas, as ditaduras fascistas, os socialismos autoritários do Terceiro Mundo e o totalitarismo nazi ou comunista, nada ou quase nada há em comum, de um ponto de vista jurídico-constitucional» (v. *idem, ibidem*, pp. 81-82). Daí a proposta de distinção de três modalidades do Estado constitucional, a partir da experiência europeia do século XX: o Estado comunista (cfr. *ibidem*, p. 82 e ss.); o Estado fascista (cfr. *ibidem*, p. 85 e ss.); e o Estado democrático (cfr. *ibidem*, p. 88 e ss.). O regime da legalidade democrática referido no texto – e, portanto, a qualificação de Estado de Direito – só quadra a este último.

198 Em Homenagem ao Professor Doutor Diogo Freitas do Amaral

e o limite de toda a actividade administrativa"[12]. Consequentemente, "os órgãos e agentes da Administração pública só podem agir com fundamento na lei e dentro dos limites por ela impostos"[13]. Assim, e em primeiro lugar, o princípio da legalidade cobre e abarca todos os aspectos da actividade administrativa, visando garantir o respeito das normas (que integram o *bloc légal*) aplicáveis, seja no interesse público, seja no interesse dos particulares[14]. Em segundo lugar, o mesmo princípio é o verdadeiro fundamento da acção administrativa, uma vez que o poder executivo deriva a sua existência e a sua legitimidade da Constituição e da lei e, por conseguinte, da soberania popular[15].

Na verdade, hoje, a legalidade administrativa consiste na disciplina do exercício da função administrativa e dirige-se, quer à Administração, quer aos particulares. Nessa mesma medida, a legalidade administrativa garante que a Administração vise "a prossecução do interesse público" e respeite os "direitos e interesses legalmente protegidos dos cidadãos" – assim o artigo 266.º, n.º 1, da Constituição da República Portuguesa. Acresce que, por também se dirigir aos cidadãos, a mesma legalidade lhes atribui posições jurídicas subjectivas, nomeadamente direitos subjectivos públicos.

Do princípio da submissão da administração pública à lei "decorre um outro princípio não menos importante – o da submissão da administração pública aos tribunais, para apreciação e fiscalização dos seus actos

---

[12] V. FREITAS DO AMARAL, *Curso...*, vol. I, cit., p. 46; itálico no original.

[13] V. *idem*, *Curso de Direito Administrativo*, vol. II (com a colaboração de Lino Torgal), Almedina, Coimbra, 2001, p. 42.

[14] Cfr. FREITAS DO AMARAL, *Curso...*, vol. II, cit., pp. 42 e 48: a Administração deve respeitar, além da lei ordinária, «a Constituição, o Direito Internacional que tenha sido recebido na ordem interna, os princípios gerais de Direito, enquanto realidade distinta da própria lei positiva e ordinária, os regulamentos em vigor e ainda os actos constitutivos de direitos que a Administração pública tenha praticado e os contratos administrativos e de direito privado que ela tenha celebrado, pois uns e outros constituem também uma forma de vinculação da Administração pública que é equiparada à legalidade».

[15] Cfr. FREITAS DO AMARAL, *Curso...*, vol. II, cit., pp. 42 e 49 e 56 e ss.: «o princípio da legalidade cobre todas as manifestações da Administração pública, inclusive as da administração constitutiva ou de prestação, e não apenas as da administração agressiva» (pp. 56-57); «quem tem de definir o interesse público a prosseguir pela Administração é a lei, não é a própria Administração; mesmo no quadro da administração constitutiva ou de prestação, mesmo quando se trata de conceder um direito ou de prestar um serviço, ou de fornecer bens aos particulares, a Administração só o deve poder fazer porque, e na medida em que, está a prosseguir um interesse público definido pela lei» (p. 60).

A subordinação da Administração Pública ao direito e a dogmática do Direito ... 199

e comportamentos"[16]. Por outro lado, este princípio exige, por sua vez, que o legislador, no exercício do seu poder normativo, respeito um mínimo de precisão ou determinabilidade da lei, isto é, uma densidade normativa suficiente da disciplina legal, já que, mediante uma disciplina imprecisa podem ser atribuídos ou indevidamente delegados poderes de decisão à Administração, frustrando, desse modo, os interesses subjacentes à reserva geral de lei[17].

Decorre do exposto, a correlação entre a subordinação do poder público ao direito e a garantia dos direitos dos particulares inerente ao Estado de Direito.

4. Outra correlação fundamental é a que existe entre o princípio da separação dos poderes, como elemento caracterizador do Estado liberal e do Estado democrático, e a qualificação destes como Estado de Direito.

Freitas do Amaral apresenta o sistema administrativo da monarquia tradicional – correspondente, no essencial, ao subtipo do Estado absoluto[18] – como assentando nas características seguintes[19]:

a) Indiferenciação das funções administrativa e jurisdicional e, consequentemente, inexistência de uma separação rigorosa entre os órgãos do poder executivo e do poder judicial;

b) Não subordinação da Administração Pública ao princípio da legalidade e, consequentemente, insuficiência do sistema de garantias jurídicas dos particulares face à Administração.

A superação de tal sistema, na sequência das revoluções liberais, obedece, segundo o mesmo Autor, a uma dupla acção concretizadora do programa plasmado no artigo 16.º da Declaração dos Direitos do Homem e do Cidadão de 1789, segundo o qual, "toda a sociedade na qual a garantia dos direitos não esteja assegurada, nem a separação dos poderes determinada, não tem Constituição":

---

[16] V. FREITAS DO AMARAL, *Curso...*, vol. I, cit., p. 48.

[17] Sobre a articulação entre o princípio da legalidade e a determinabilidade das leis, cfr. FREITAS DO AMARAL, *Curso...*, vol. II, cit., pp. 51-52. Especificamente sobre o princípio da precisão ou determinabilidade das leis, v., por todos, GOMES CANOTILHO, *Direito Constitucional e Teoria da Constituição*, 7.ª ed., Almedina, Coimbra, 2004, p. 258, e os Acórdãos do Tribunal Constitucional n.ºs 285/92 e 233/94.

[18] Cfr. Autor cit., *Curso...*, vol. I, cit., p. 66 e ss.

[19] Cfr. Autor cit., *Curso...*, vol. I, cit., p. 100.

Em Homenagem ao Professor Doutor Diogo Freitas do Amaral

"Por um lado, dividiu-se o poder do Rei em funções diferentes e entregaram-se estas a órgãos distintos – e, com isso, não foi apenas a função administrativa que passou a recortar-se com nitidez como actividade materialmente diversa da função jurisdicional, foram também os órgãos do poder executivo que surgiram diferenciados e independentes dos órgãos do poder judicial. Consagrou-se a *separação dos poderes.*
Por outro lado, proclamaram-se os direitos humanos como direitos naturais anteriores e superiores aos do Estado ou do poder político [...]. Nasceu o *Estado de Direito*" [20].

A verdade é que as duas aludidas características do sistema administrativo da monarquia tradicional se reconduzem à concentração de poderes no rei, sendo a separação dos poderes o pressuposto lógico da identificação da própria Administração e da sua actividade destinada a ser objecto de fiscalização e, bem assim, do parâmetro correspectivo, ou seja, da legalidade. Mas o sentido último da separação dos poderes é a limitação do poder público pelo direito.

A autonomização jurídica da administração pública, enquanto actividade imputável ao Estado, é correlativa daquele princípio no quadro de valores próprio do constitucionalismo moderno[21]: os sujeitos e órgãos responsáveis pelo exercício de tal actividade aparecem diferenciados dos demais poderes e órgãos do Estado (Administração em sentido subjectivo ou orgânico) e a actividade pública de administração surge bem individualizada relativamente às restantes actividades públicas (administração em sentido objectivo ou material)[22]. Esta autonomização da administração

---

[20] V. Autor cit., *Curso...,* vol. I, cit., p. 102; itálicos no original.

[21] A Constituição, em sentido moderno, pretende, por um lado, fundar, ordenar e limitar o poder político, e, por outro lado, reconhecer e garantir os direitos e liberdades perante o mesmo poder. Trata-se de um conceito ideal enquadrado por uma perspectiva teórica – «constitucionalismo moderno», entendido como técnica específica de limitação do poder com fins garantísticos – e por uma perspectiva histórico-descritiva – «constitucionalismo moderno», enquanto movimento político, social e cultural que questiona nos planos político, filosófico e jurídico os esquemas tradicionais de domínio político e inculca uma nova forma de ordenação e fundamentação do poder político (assim, v. GOMES CANOTILHO, *Direito Constitucional...,* cit., p. 51 e ss.).

[22] Sobre estes conceitos de administração, v., por todos, FREITAS DO AMARAL, *Curso...,* vol. I, cit, respectivamente, p. 30 e ss. e p. 36 e ss.

A subordinação da Administração Pública ao direito e a dogmática do Direito ... 201

no seu duplo sentido resulta da lógica do aludido constitucionalismo em vista da limitação do poder pelo direito.

Os poderes públicos exerceram, desde sempre, actividades materiais no interesse geral da colectividade com vista à satisfação regular e contínua das necessidades colectivas de segurança e de bem-estar[23]. Acresce que tais actividades eram frequentemente disciplinadas por normas jurídicas e que as violações correspondentes podiam ser sancionadas pelos tribunais. Também é verdade que existiam muitas excepções às regras – nomeadamente, dispensas e privilégios – não fundadas em critérios pré-definidos e que os tribunais conheciam diversas limitações – orgânicas e funcionais – no respeitante à fiscalização daquelas actividades[24]. No limite, a coerência do sistema era salvaguardada devido à concentração do poder no rei. Este era o soberano e a sua vontade era a lei, como, além disso, também era na sua vontade que, em última análise, se fundava a decisão dos litígios (especialmente aqueles que o opunham a particulares) e, bem assim, a decisão concreta de agir em vista dos interesses gerais.

A emergência do Estado liberal com a ideia de divisão de funções ou de separação dos poderes veio alterar profundamente esta situação, uma vez que impôs a subordinação das actuações concretas dos poderes públicos à «vontade geral», isto é, à vontade do povo – o novo soberano – expressa sob a forma de lei, em regra, geral e abstracta. Assim, a mesma actividade material exercida no interesse geral da colectividade passa a ter de ser enquadrada pela lei, sob pena de não ser possível a sua imputação ao soberano, o mesmo é dizer, compreendê-la como mani-

---

[23] Como refere BENVENUTI, «qualquer que tenha sido o contexto político e social da comunidade humana, sempre nela existiu, necessariamente, um tipo de actividade que corresponde, em substância, aos elementos da administração actual» (v. Autor cit., *Disegno della amministrazione italiana – linee positive e prospettive*, Padova, 1996, p. 6). No que se refere à história do direito da Administração anterior às revoluções liberais, v. BENVENUTI, *Disegno della amministrazione...*, cit., p. 10 e ss. (feudalismo, sistema dos comuns e principados, Estado absoluto e Estado de polícia); OTTO MAYER, *Deutsches Verwaltungsrecht*, I, 3. Aufl., Berlin, 1924 (reimp. Duncker & Humblodt), p. 25 e ss. (direitos senhoriais e Estado de polícia); e FREITAS DO AMARAL, *Curso...*, vol. I, cit., p. 50 e ss. (Estado oriental, Estado grego, Estado romano, Estado medieval e, já no quadro do Estado moderno, Estado corporativo e Estado absoluto). Com especial referência a Portugal, v. MARIA DA GLÓRIA GARCIA, *Da Justiça Administrativa em Portugal – Sua origem e evolução*, Lisboa, 1994, p. 27 e ss. (Estado de Justiça e Estado de Polícia).

[24] Cfr. a descrição sumária do sistema administrativo tradicional feita por FREITAS DO AMARAL, *Curso...*, vol. I, cit., pp. 100-101.

Em Homenagem ao Professor Doutor Diogo Freitas do Amaral

festação do poder público. A lei, enquanto expressão do poder político, tornou-se a fonte legitimadora da administração pública e, por conseguinte, esta passou a ter de se definir por referência àquela[25].

Daqui resulta, além disso, uma estreita conexão entre, por um lado, o Direito Administrativo e, por outro lado, o Estado liberal e o seu direito: o primeiro existe porque este último exigiu uma distinção entre os poderes legislativo e administrativo[26]. Mais: as características do Direito Administrativo são determinadas pelo Direito Constitucional em que o mesmo se baseia, visto ser a este que compete definir cada um dos poderes em que se analisa a soberania do Estado e os termos das respectivas relações. Tem, por isso, plena justificação a tese de Fritz Werner de que o Direito Administrativo é Direito Constitucional concretizado[27].

Todavia, o constitucionalismo moderno é apenas uma condição necessária mas não suficiente do Direito Administrativo, uma vez que não impõe um modelo único de sistema administrativo.

5. Como é conhecido, a implantação dos sistemas administrativos modernos seguiu vias distintas na Inglaterra e em França, dando origem, respectivamente, ao sistema de administração judiciária e ao sistema de

---

[25] Parece não ser outro o alcance do conceito de administração em sentido material proposto por MARCELLO CAETANO, *Manual de Direito Administrativo*, I, 10.ª ed., (4.ª reimpressão, 1990), Almedina, Coimbra, p. 8 (v., em especial, a referência às «orientações gerais traçadas pela Política»). Mais claramente ainda, FREITAS DO AMARAL propõe uma reformulação da noção do mesmo conceito de administração em sentido material que apresentara algumas páginas antes, a fim de que este possa tomar em consideração o quadro constitucional das funções do Estado (Autor cit., *Curso* ..., vol. I, cit., respectivamente, pp. 36 e 48; v., em particular, a introdução do inciso «sob a direcção ou fiscalização do poder político»).

[26] No texto omite-se a referência ao poder judicial, uma vez que aí apenas está em causa a conexão entre direito administrativo e Estado constitucional. Sobre a autonomização do poder judicial face ao legislativo e, no quadro da função executiva, relativamente ao poder administrativo, v. adiante.

[27] V. Autor cit., *Deutsches Verwaltungsblatt*, 1959, p. 527. No mesmo sentido afirma FREITAS DO AMARAL, *Curso...*, vol. I, cit., p. 185: «o Direito Constitucional está na base e é o fundamento de todo o direito público de um país, mas isso é ainda mais verdadeiro, se possível, em relação ao Direito Administrativo, porque o Direito Administrativo é, em múltiplos aspectos, o complemento, o desenvolvimento, a execução do Direito Constitucional: em grande medida as normas de Direito Administrativo são corolário de normas de Direito Constitucional».

A subordinação da Administração Pública ao direito e a dogmática do Direito ... 203

administração executiva[28]. Estes dois sistemas têm em comum o facto de consagrarem a separação de poderes e o Estado de Direito; porém, enquanto modelos de estruturação da Administração Pública, distinguem-se nitidamente quanto aos seguintes aspectos[29]:

– Controlo jurisdicional da Administração:
No primeiro, é da competência dos tribunais comuns, havendo, portanto, unidade de jurisdição; enquanto, no segundo, a mesma competência é atribuída aos tribunais administrativos, o que determina a existência de dualidade de jurisdições;

– Direito regulador da Administração:
No sistema de tipo britânico, é o direito comum, que basicamente é direito privado; no sistema de tipo francês, é o Direito Administrativo, que é direito público;

– Execução das decisões administrativas:
No sistema de administração judiciária, as decisões unilaterais da Administração não têm força executória própria, pelo que não podem ser impostas pela força sem uma prévia intervenção do poder judicial; no sistema de administração executiva, as decisões que correspondam a um acto administrativo gozam de uma autoridade própria quanto à definição do direito aplicável ao caso decidido e podem ser executadas pela própria Administração («privilégio da execução prévia»);

– Garantias jurídicas dos particulares:
No sistema de tipo britânico, são conferidos aos tribunais comuns amplos poderes de injunção face à Administração, que lhes fica subordinada à semelhança do que sucede com a generalidade dos cidadãos («plena jurisdição»); no sistema de tipo francês, os tribunais administrativos só podem anular ou declarar nulos os actos administrativos ilegais, ficando a Administração, em larga medida, independente do poder judicial («contencioso de mera anulação»).

Não obstante a aproximação relativa entre os dois modelos de sistema administrativo verificada nas respectivas concretizações históricas, muito em especial derivada da emergência de leis administrativas no âmbito dos sistemas de administração judiciária e do enorme reforço dos

---

[28] Cfr., por todos, FREITAS DO AMARAL, *Curso...*, vol. I, cit. p. 103 e ss.
[29] Segue-se, no essencial, a síntese de FREITAS DO AMARAL, *ibidem*, pp. 114-115.

204 *Em Homenagem ao Professor Doutor Diogo Freitas do Amaral*

poderes de controlo dos tribunais administrativos sobre a Administração Pública[30], "o princípio fundamental que inspira cada um [deles] é diverso, muitas das soluções que vigoram num e noutro [...] são diferentes, a técnica jurídica utilizada por um por outro não é a mesma"[31].

O «princípio fundamental» em causa vem a ser a separação dos poderes, na interpretação francesa de uma separação entre autoridades administrativas e judiciais: a independência recíproca da Administração e da Justiça[32]. É este o princípio que explica a emergência da Administração no quadro do sistema de administração executiva como um poder *a se* submetido a um direito especial, quer por confronto com os demais poderes do Estado, quer por confronto com os particulares. E é esse o princípio que fundamenta o conceito de Direito Administrativo de matriz francesa perfilhado por Freitas do Amaral e que o leva a acolher a concepção de «administração pública em sentido formal» – ou seja, a Administração Pública como poder – proposta por Marcello Caetano.

No que se refere aos termos e à justificação da opção pela subordinação da Administração, num sistema de tipo francês, ao Direito Administrativo e aos tribunais administrativos – ou «solução francesa» –, Freitas do Amaral distingue os dois aspectos:

"Quanto ao Direito Administrativo, a sua existência fundamenta-se na necessidadede permitir à Administração que prossiga o interesse

---

[30] Por exemplo, em Portugal, devido ao princípio constitucional da tutela jurisdicional efectiva, e na sequência da Reforma da Justiça Administrativa de 2002-2004, registou-se, por influência do modelo processual administrativo alemão, a superação do anterior «contencioso de anulação, de modo que, hoje, a anteriormente designada «independência» da Administração perante a Justiça significa tão-só a proibição funcional de o juiz administrativo invadir o espaço reservado pela lei ao exercício da função administrativa: o tribunal administrativo pode sempre condenar a Administração, e só a pode condenar, ao cumprimento estrito da lei; o tribunal administrativo não pode substituir-se à Administração na formulação de valorações próprias do exercício da função administrativa (cfr. o artigo 71.º, n.º 2, do Código de Processo nos Tribunais Administrativos). V. também Freitas do Amaral, *Curso...*, vol. I, cit., p. 130; e *Curso...*, vol. II, cit., p. 17.

[31] Assim, v. Freitas do Amaral, *Curso...*, vol. I, cit., p. 129. Para mais desenvolvimentos, v. *idem, ibidem*, p. 125 e ss.; e, destacando a importância fundamental da diferença de perspectivas – perspectiva processual, no caso do direito inglês; perspectiva do direito substantivo, no caso do direito francês –, Pedro Machete, *Estado de Direito Democrático e Administração Paritária*, Almedina, Coimbra, 2007, p. 127 e ss., *maxime* p. 131.

[32] Sobre este corolário da separação dos poderes no plano infra-constitucional («no campo do Direito Administrativo»), v. Freitas do Amaral, *Curso...*, vol. II, cit., p. 13 e ss., *maxime* p. 17.

público, o qual deve ter primazia sobre os interesses privados – excepto quando estejam em causa direitos fundamentais dos particulares. Tal primazia exige que a Administração disponha de poderes de autoridade para impor aos particulares as soluções de interesse público que forem indispensáveis [...]. A salvaguarda do interesse público implica também o respeito por variadas restrições e o cumprimento de grande número de deveres a cargo da Administração. [... A] actividade típica da Administração Pública é diferente da actividade privada. Daí que as normas jurídicas devam ser normas de direito público, e não as normas do direito privado, constantes do Direito Civil ou do Direito Comercial.
[Já] a razão de ser da existência de tribunais administrativos [...] não é hoje, como inicialmente foi, o estabelecimento de um *foro próprio* para a Administração, no intuito de a proteger e beneficiar em detrimento da justiça devida aos particulares.
O fundamento actual da jurisdição contencioso-administrativa é apenas o da conveniência de uma especialização dos tribunais em função do direito substantivo que são chamados a aplicar. [...]
Aqui temos, em síntese, como por razões lógicas e por razões práticas nasce o Direito Administrativo e surgem os tribunais administrativos. Na França, nascem primeiro os tribunais administrativos e, depois, resulta da actuação deles o Direito Administrativo; noutros países, onde as ideias francesas acabam por ser importadas, é o Direito Administrativo que vem primeiro, e os tribunais administrativos são criados em consequência da necessidade de ter órgãos jurisdicionais especializados no estudo e na aplicação do Direito Administrativo. Foi o que se passou designadamente em Portugal. De tudo quanto procede podemos concluir que o Direito Administrativo é, *historicamente*, a consequência de uma certa forma peculiar de subordinação da Administração ao direito; e é, *actualmente*, a base em que se alicerça essa mesma subordinação"[33].

A aludida "forma peculiar de subordinação da Administração ao direito" radica na «independência recíproca da Administração e da Justiça» – ou seja, segundo o relatório comum aos Decretos n.ºs 22, 23 e 24,

---

[33] V. Autor cit., *Curso...*, vol. I, cit., pp. 135-138; itálicos no original. V. também, do mesmo Autor, «Direito Administrativo» in *Pólis...*, cit., cols. 350-352

de 16 de Maio 1832, redigido pelo próprio Mouzinho da Silveira, "uma delas não pode sobreestar, nem pode pôr-lhe embaraço, ou limite: cada uma pode reformar os seus actos próprios"[34] – e, segundo Freitas do Amaral, inculca a ideia de que a Administração Pública é, ainda hoje, e tal como Marcello Caetano defendia, um poder:

> "Diz Marcello Caetano: «a administração pública não nos aparece hoje em dia na maior parte dos países como uma forma típica da *actividade* do Estado, mas antes como uma das maneiras por que se manifesta a sua *autoridade*. A administração deixa de se caracterizar como *função* para se afirmar como poder». E mais adiante continua: «o sistema dos órgãos administrativos recebe pois da lei a faculdade de definir a sua própria conduta para a realização dos fins que lhe estão designados e de impor à generalidade dos cidadãos o respeito dessa conduta. A Administração é um verdadeiro *poder*, porque define, de acordo com a lei, a sua própria conduta e dispõe dos meios necessários para impor o respeito dessa conduta e para traçar a conduta alheia naquilo que com ela tenha relação».
> Concordamos com esta concepção. A Administração pública é, efectivamente, uma autoridade, um poder público – é o poder administrativo"[35].

6. Sucede que o exercício por parte de uma entidade de poderes conferidos pela lei ou a sua subordinação a restrições especiais de direito público não implica nem a qualificação como um poder nem, tão-pouco, o posicionamento em paralelo com os tribunais e acima dos particulares. Diferentemente, as posições jurídicas conferidas pela lei são exercidas sempre no quadro de relações (jurídicas) para cujo conhecimento são competentes os tribunais. Comprova-o, desde logo, a actual existência de Direito Administrativo no quadro de sistemas de administração judiciária.

A razão de ser da perspectivação do Direito Administrativo como um direito de – e da – autoridade encontra-se exclusivamente na interpretação francesa do princípio da separação dos poderes (§ 2.°), a qual não parece hoje compatível com a ideia de Estado de Direito plasmada no artigo 2.° da Constituição da República Portuguesa (§ 3.°), designadamente na medida em que dela se pretenda inferir posições jurídicas, não

---

[34] Cit. *apud* FREITAS DO AMARAL, *Curso...*, vol. I, cit., p. 76.
[35] V. Autor cit., *Curso...*, vol. II, cit., p. 19; itálicos no original.

A subordinação da Administração Pública ao direito e a dogmática do Direito ... 207

da lei aplicável a cada caso, mas da qualidade dos intervenientes nas diferentes relações jurídicas, como sucede, por exemplo, e apesar do disposto no artigo 149.º, n.º 2, do Código do Procedimento Administrativo, relativamente ao denominado «privilégio da execução prévia».

§ 2.º – Separação dos poderes e Poder Administrativo

7. A separação dos poderes foi concebida por Montesquieu como fórmula de organização e distribuição do poder do Estado pela sociedade (o *status mixtus*) destinada a garantir a liberdade de todos e de cada um: "a liberdade política de um cidadão é essa tranquilidade de espírito que resulta da opinião de cada um sobre a sua segurança; e para que se tenha tal liberdade é necessário que o governo seja tal que um cidadão não possa temer um outro cidadão"[36]. Estabelecendo em função deste critério a importância política dos poderes do Estado, nomeadamente pelo perigo que representam para a aludida noção de liberdade, Montesquieu defende que os mesmos poderes, todos juntos ou dois a dois, não devem estar unidos sob uma mesma direcção a fim de não pôr em causa a citada liberdade.

Na nova ordem social que sucedeu ao *Ancien Régime* – residindo a novidade nos valores consagrados no já citado artigo 16.º da da Declaração dos Direitos do Homem e do Cidadão de 1789 – os homens nascem livres e iguais em direitos, devendo todas as diferenças entre eles fundar-se apenas na lei. Com efeito, os direitos do homem e do cidadão, porque compreendidos como direitos individuais naturais, são anteriores ao próprio Estado e, do ponto de vista jurídico-positivo, além de lhe assinalarem o fim precípuo enquanto associação política[37], apenas justificam a participação de todos na definição dos destinos da Nação, nomeadamente através da aprovação de leis. Com efeito, os direitos em causa não são oponíveis nem ao legislador nem ao poder exercido em conformidade com a lei.

---

[36] V. Autor cit., *De L'Esprit des Lois*, 1758 (tome premier, ed. por Gonzague Truc, Éditions Garnier Frères, Paris 1956), Livre XI, Chapitre VI, p. 164.

[37] Cfr. o artigo 2.º da Declaração dos Direitos do Homem e do Cidadão de 1789: «o fim de toda a associação política é a conservação dos direitos naturais e imprescritíveis do homem. Tais direitos são a liberdade, a propriedade, a segurança e a resistência à opressão».

"A lei é a expressão da vontade geral. Todos os cidadãos têm o direito de concorrer pessoalmente ou através dos seus representantes para a sua formação"[38]. A vontade legal é, assim, a vontade do todo que constitui a Nação: "o princípio de toda a soberania reside essencialmente na Nação. Nenhuma corporação, nenhum indivíduo pode exercer autoridade que daquela não emane expressamente"[39]. Ao rei-soberano sucede a Nação soberana[40]. E, como tal, a vontade do novo soberano revela-se em normas gerais garantindo, assim, a igualdade perante a lei e a abolição das *leges privatae* (privilégios e dispensas) frequentes no *Ancien Régime*[41]. Para além da função legislativa, o Estado tem igualmente de agir na prossecução dos fins que justificam a sua existência, nomeadamente a segurança (em sentido amplo) e a justiça. Tais funções são cometidas, respectivamente, ao poder executivo e ao poder judicial, ambos subordinados à lei.

O primeiro integra o Governo – órgão político – e a Administração, competindo àquele assegurar as relações constitucionais com o Parlamento e as relações externas do Estado e a esta prover à satisfação das

---

[38] Cfr. o artigo 6.º da Declaração dos Direitos do Homem e do Cidadão. No mesmo sentido, MONTESQUIEU, *De L'Esprit des Lois*, cit., p. 167, afirma que o poder legislativo não é mais do que «a vontade geral do Estado».

[39] Cfr. o artigo 3.º da Declaração dos Direitos do Homem e do Cidadão.

[40] TOCQUEVILLE salienta vários traços de continuidade entre o Antigo Regime e a Revolução fundados, nomeadamente, na uniformidade, unidade e centralização do poder público perante uma sociedade nivelada. Aquele Autor afirma nessa perspectiva: "tudo o que a Revolução fez, ter-se-ia feito, não duvido, sem ela; ela não foi mais do que um processo violento e rápido com a ajuda do qual se adaptou a situação política à situação social, os factos às ideias e as leis aos usos" (assim, Autor cit, *L'Ancien Régime et la Révolution*, éd. Flammarion, Paris, 1988, «État social et politique de la France avant et après 1789», p. 43 e ss. (pp. 84-85)). *Ibidem*, no Livro II de «L'ancien régime et la Révolution», p. 87 e ss., o mesmo Autor refere como exemplos da aludida continuidade: a centralização administrativa (cap. 2.º, p. 127 e ss), a tutela administrativa (cap. 3.º, p. 136 e ss.) e a justiça administrativa e a garantia dos funcionários (cap. 4.º, p. 146 e ss.). No mesmo sentido da continuidade entre a Revolução e o Antigo Regime, v., por exemplo, BÖCKENFÖRDE: «a Revolução Francesa limitou-se, neste particular [a subordinação de uma sociedade uniforme a um poder do Estado igualmente uniforme], a completar o que os monarcas absolutos já haviam ambicionado, substituindo, todavia, o detentor do poder uniforme do Estado» (v. Autor cit., «Die Bedeutung der Unterscheidung von Staat und Gesellschaft» in *Recht, Staat, Freiheit. Studien zur Rechtsphilosophie, Staatstheorie und Verfassungsgeschichte*, 2. Aufl., Suhrkamp, Frankfurt a.M., 1992, pp. 213-214).

[41] Cfr. FREITAS DO AMARAL, «Direito Administrativo», cit., cols. 346-347; e *Curso...*, vol. I, cit., p. 101.

A subordinação da Administração Pública ao direito e a dogmática do Direito ... 209

necessidades de ordem pública e assegurar o funcionamento dos serviços públicos para a satisfação dos interesses gerais. Fala-se em «poder executivo» devido às especificidades da execução das leis pelo Governo. Em primeiro lugar, só o Executivo dispõe da força armada e é a ele que compete o exercício organizado e legítimo da coacção: "não é o único incumbido da execução das leis, mas só ele pode dispor da força para assegurar tal execução"[42]. Em segundo lugar, devido ao princípio da separação das autoridades administrativas e judiciais instituído a partir da Revolução Francesa, os litígios emergentes da acção do Executivo ficam subtraídos à jurisdição ordinária, controlada pela *Cour de Cassation*, sendo o respectivo conhecimento e a sua decisão cometidos aos tribunais administrativos sob a autoridade do *Conseil d'État*, o qual, ao não aplicar o direito privado, determinou o aparecimento de um direito especial aplicável à Administração – o Direito Administrativo[43].

O segundo, o poder judicial, corresponde aos tribunais judiciais e, por força do aludido princípio da separação das autoridades administrativas e judiciárias, tem por objecto a resolução dos litígios entre particulares (jurisdição cível) bem como a decisão sobre a pretensão punitiva do Estado (jurisdição criminal). É, por conseguinte, um poder que se exerce imediatamente sobre os cidadãos e, como tal, aquele que mais directamente pode pôr em causa "a tranquilidade de espírito que resulta da opinião que cada um tem da sua segurança". Daí a conveniência de o neutralizar politicamente: tal poder "não deve ser atribuído a um senado permanente, mas exercido por pessoas sorteadas a partir do corpo do povo em determinadas alturas do ano, de acordo com um procedimento prescrito por lei, que formem um tribunal que não dure mais do que o tempo necessário. Deste modo, o poder de julgar, tão terrível entre os homens, não se encontrando ligado nem a um certo estado nem a uma certa profissão, torna-se, por assim dizer, invisível e nulo. Não se tem continuamente perante os olhos os juízes; teme-se a magistratura, e não os magistrados"[44].

---

[42] V. Vedel e Delvolvé, *Droit administratif*, I, 12ème éd., Paris, 1992, p. 27.

[43] Cfr. Vedel e Delvolvé, *Droit administratif*, I, cit., pp. 27-28.

[44] Nestes termos, v. Montesquieu, *De L'Esprit des Lois*, cit., p. 165. E o mesmo Autor prossegue com a exigência de que os juízes sejam da condição do acusado ou seus pares, «a fim de que este não possa pensar que caiu nas mãos de pessoas que lhe pretendem fazer mal» (v. *ibidem*, p. 166). Por outro lado, «se os tribunais não devem ser fixos, os juízos devem sê-lo a um ponto tal que não sejam mais do que um texto preciso da lei. Caso tais juízos correspondessem à opinião particular do juiz, viver-se-ia em sociedade sem conhecer

8. Na sua lógica inicial, e enquanto princípio estruturante da soberania, a separação dos poderes corresponde à forma de organização política de uma sociedade em que todos e cada um dos seus membros são igualmente soberanos. A citada organização, aliás, constitui uma dimensão da própria sociedade. Daí a importância central e fundamental da lei: esta constitui a expressão directa e imediata da vontade do soberano.

A crescente preponderância do poder legislativo (e, consequentemente, do Parlamento) é um corolário lógico do princípio da soberania popular. À supremacia absoluta do rei – Estado absoluto – sucede a supremacia absoluta do povo, nomeadamente da sua «vontade geral»: mediante a lei, ou subordinada à lei, a actividade do Estado não encontra limites. Nessa perspectiva, a lei não constitui tanto um limite do poder, quanto um seu veículo ou modo de manifestação. O poder do Estado, que antes se manifestava a partir da vontade do rei, agora, depois da conquista do mesmo Estado pela Nação, manifesta-se como vontade do povo, sob a forma de lei.

De igual modo, os actos de execução da lei, nomeadamente a sua aplicação em casos concretos, estão legitimados pela mesma vontade, constituindo, assim, expressões ou manifestações derivadas da «vontade geral», o mesmo é dizer, do poder soberano. Mas, pela mesma razão, a subordinação à lei dos poderes não legislativos e a correspondente fiscalização adquirem uma importância crítica, porquanto é da legalidade do seu exercício que depende afinal a efectividade da soberania popular.

No que respeita ao poder judicial, e considerando o respectivo objecto natural, a questão é relativamente linear, atenta a neutralidade política das suas decisões: decidir os litígios entre particulares ou perseguir infracções criminais exige tão-só uma aplicação correcta da lei. Daí esperar-se que os juízes sejam "a boca que pronuncia as palavras da lei; seres inanimados que não podem modificar nem a sua força nem o seu rigor"[45].

Maiores dificuldades apresenta o problema da fiscalização da legalidade das actuações do poder executivo, como, de resto, é evidenciado

---

com rigor os compromissos aí assumidos» (v. *ibidem*). Daí que os juízes da nação devam ser apenas «a boca que pronuncia as palavras da lei; seres inanimados que não podem moderar nem a sua força nem o seu rigor» (v. *ibidem*, p. 171). As afirmações anteriores e, bem assim, aquela que se encontra transcrita no texto são, deste modo, indispensáveis para contextualizar o juízo afirmado mais à frente pelo mesmo Autor, *ibidem*, p. 168: «dos três poderes de que falámos, o de julgar é, de certa forma, nulo».

[45] V. Montesquieu, *De L'Esprit des Lois*, cit., p. 171.

A subordinação da Administração Pública ao direito e a dogmática do Direito ... 211

pela própria evolução da legislação revolucionária e, bem assim, de toda a legislação posterior.

O legislador revolucionário consagrou o «princípio da separação das autoridades administrativas e judiciais» em ordem a assegurar a independência do poder executivo relativamente ao judicial: começou por proibir os tribunais comuns de apreciarem os litígios que opõem os particulares às autoridades administrativas[46] e, depois, e em alternativa, estabeleceu, relativamente a tal matéria, um sistema de recursos hierárquicos[47]. Nos termos

---

[46] Cfr. o artigo 13.º da Lei de 16-24 de Agosto de 1790: «as funções judiciais são distintas e permanecerão sempre separadas das funções administrativas. Os juízes não poderão, sob pena de alta traição, perturbar seja de que maneira for a actividade dos corpos administrativos nem citar os funcionários para comparecerem em juízo por razões ligadas ao exercício das suas funções». Idêntica proibição foi estatuída por um Decreto de 16 de Fructidor do Ano III (1795): «os tribunais estão proibidos de conhecer de quaisquer actos administrativos». Como salientam VEDEL e DELVOLVÉ, em si mesmo, este decreto nada veio acrescentar à lei de 1790; mas recorda a sua vigência, a qual muitas vezes terá sido esquecida (v. Autores cits., *Droit administratif*, I, cit., p. 102). Segundo os mesmos Autores, aqueles dois textos legais continuam hoje em vigor (v. *idem, ibidem*).

[47] V. a Lei de 7-11 de Setembro de 1790 que atribui aos directórios dos departamentos e dos distritos o julgamento das questões litigiosas. V. igualmente a Lei de 7-14 de Outubro de 1790 que, ao menos desde a Monarquia de Julho e até 1940, desempenhou idêntica função de fundamentar o recurso por excesso de poder e cujo artigo 13.º é tido como afloramento do princípio da competência exclusiva dos órgãos da ordem jurisdicional administrativa para exercício da jurisdição administrativa em matéria de anulação de actos do poder público.

Posteriormente, em 1799, são criados órgãos especialmente vocacionados para as matérias contenciosas: o *Conseil d'État* (artigo 52.º da Constituição do ano VIII) – órgão de mera consulta – e os *conseils de préfecture* (Lei do 28 Pluvioso) – órgãos com competência decisória relativamente às matérias expressamente atribuídas (jurisdição por atribuição). Com efeito, o primeiro daqueles órgãos limitava-se a instruir os processos e a preparar os projectos de decisão a que só a concordância dos órgãos executivos, nomeadamente do Chefe do Estado, conferia força executória («jurisdição reservada»). A Lei de 24 de Maio de 1872 (na sequência de um antecedente fugaz durante a Segunda República), ao deferir ao *Conseil d'État* a competência para «decidir soberanamente sobre os recursos em matéria contenciosa administrativa e sobre os pedidos de anulação por excesso de poder» referentes a actos de autoridades administrativas, assinala justamente a passagem da «jurisdição reservada» à «jurisdição delegada». De qualquer modo, embora conhecidos como tribunais administrativos (*tribunaux administratifs*), os conselhos de prefeitura (de resto, a partir da Reforma de 1953, redenominados "tribunais administrativos" e dotados de uma competência por definição na sequência da qual passaram a ser o juiz comum nas matérias administrativas) e o *Conseil d'État* (a partir de 1953, tribunal de apelação com competências especialmente atribuídas para julgar em primeira instância) integram a Administração e não o poder judicial (não são *cours*).

212   *Em Homenagem ao Professor Doutor Diogo Freitas do Amaral*

deste, todos os actos do poder executivo – os de carácter normativo ou individual, positivos ou negativos, e, bem assim, as omissões ou silêncios[48] – são susceptíveis de impugnação junto de órgãos administrativos mediante o recurso por excesso de poder. Tal excesso consiste precisamente no extravasar dos termos da lei que a Administração activa invoca como fundamento da sua actuação[49]. Segundo a tipificação tradicional, as ilegalidades que estão na base de um tal recurso como condições de provimento (*cas d'ouverture*) são a incompetência, o vício de forma, a violação de lei e o desvio de poder. A finalidade do processo consiste, assim, em controlar se a actuação da Administração enferma de algum destes vícios, o mesmo é dizer, em verificar se a situação concreta resultante de tal actuação se conforma com a situação legalmente prevista ou com aquela que resultaria de uma actuação conforme com os termos da lei.

A limitação da possibilidade de os tribunais comuns apreciarem a legalidade das actuações do poder executivo, tal como a formação de um corpo de funcionários hierarquizado e dependente do poder central com competências no domínio do contencioso, representam linhas de continuidade com o *Ancien Régime*. Com efeito, a partir do início da Idade Moderna os reis de França procuraram que a concentração do seu poder também abrangesse o âmbito da justiça, desde meados do séc. XV descentralizada por doze *parlements* locais dominados pela nobreza. Perante a resistência destes últimos, os primeiros proíbem que os *parlements*

---

[48] A regra da decisão prévia – admissibilidade do recurso somente depois de a Administração activa se ter pronunciado mediante decisão de autoridade – impunha a equiparação da falta de decisão sobre reclamação previamente apresentada à autoridade competente, ao fim de um determinado prazo, a uma decisão negativa.

[49] Como se referiu anteriormente no texto, é a lei que permite qualificar a actuação imputável à Administração como administrativa e, consequentemente, como legítima e justa (*voie de droit*). As ilegalidades correspondentes ao excesso de poder e cuja correcção é visada pela jurisdição administrativa não são suficientes para uma descaracterização da actuação da Administração, enquanto administrativa e, portanto, submetida a um regime especial – o *régime administratif* na expressão consagrada de Hauriou. Contudo, em situações de ilegalidade muito grave pode ocorrer uma tal desqualificação, valendo, então, a actuação da Administração como via de facto (*voie de fait*). É o caso, por exemplo, de operações materiais não precedidas de uma decisão executória (*manque de droit*) ou do desrespeito absoluto da forma legal da própria decisão executória (*manque de procédure*). Em tais hipóteses, justamente porque a actuação da Administração já não é administrativa, os tribunais comuns não estão impedidos de conhecer dos litígios delas emergentes e de os decidir de acordo com o direito civil aplicável, tal e qual como se se tratasse de um conflito entre particulares.

interfiram na sua administração e atribuem aos órgãos administrativos sob a sua dependência – em especial, o Conselho do Rei e os intendentes – as competências contenciosas.

Este antecedente, além de justificar a desconfiança dos deputados da Assembleia Nacional francesa face ao poder judicial, tê-los-á encorajado na busca de uma solução que conservasse a tradicional liberdade de acção do poder executivo. Tal preocupação justificava-se, tanto mais quanto a legislação revolucionária vinha consagrar e tutelar uma nova ordem de interesses e valores – a da burguesia –, conflituantes, em princípio, com os da aristocracia, amplamente representada na magistratura dos *parlements*: ou seja, a garantia da ordem revolucionária também exigia a separação entre a administração e a justiça.

Mas o aspecto mais relevante é o seguinte: na lógica do princípio da separação dos poderes, o controlo administrativo por juízes não corresponde originariamente à função do poder judicial, constituindo antes uma "ruptura sistémica" (*Systembruch*), uma vez que tal tipo de controlo releva do «cruzamento» (*Verschränkung*) e não da «separação» dos poderes[50]. Deste modo, a chamada interpretação francesa do princípio da separação dos poderes – *juger l'administration c'est encore administrer* – impôs-se como a solução simultaneamente mais conveniente e mais coerente com o espírito que presidiu à Revolução: substituir a monarquia, entendida como soberania de um só, pela soberania de todos, a soberania popular.

9. Para compreender o desenvolvimento do Direito Administrativo de matriz francesa a partir da jurisprudência dos tribunais administrativos, importa começar por distinguir entre o plano da legitimação do poder executivo – a actuação de um poder legal – e o do seu modo de agir, atenta a respectiva função precípua de satisfação das necessidades de ordem pública – a iniciativa em vista da prossecução dos interesses correspondentes àquela função. Se, quanto ao primeiro aspecto, o poder executivo se encontra num plano idêntico ao do poder judicial, visto que ambos retiram a razão de ser das suas decisões da lei, expressão da «vontade geral», parece evidente que, relativamente ao segundo, os dois poderes se têm de diferenciar. O poder executivo não pode limitar-se a reproduzir os juízos

---

[50] Nestes termos, v. RAINER WAHL, «Vorbemerkung, § 42 Abs. 2» in SCHOCH, SCHMIDT– AßMANN e PIETZNER (Hrsg.), *Verwaltungsgerichtsordnung Kommentar*, 8. Ergänzungslieferung, C.H. Beck, München, 2003, Rn. 3, citando uma expressão de Herzog.

legais perante casos concretos; aliás, se o fizesse, não cumpriria a sua função constitucional de prover à satisfação de necessidades públicas. O mesmo poder deve, isso sim, «chegar lá» aonde o legislador, pelas suas limitações intrínsecas, não pode alcançar: deve «fazer», deve realizar aquilo que a lei preconiza e prevê como objectivo. Daí a imagem tradicional do poder executivo como «extensão do braço do legislador».

Esta perspectiva sublinha igualmente as diferenças entre a lei civil e a lei administrativa: enquanto a primeira se limita a tutelar pretensões preexistentes e resultantes do exercício da autonomia privada, a segunda concorre, ela própria, para a constituição das pretensões dos poderes públicos. Nesse sentido, Otto Mayer observará: "no direito civil a norma jurídica e o negócio jurídico estão separados. A primeira representa apenas a forma vazia dentro da qual a vontade do indivíduo se move e que é preenchida em resultado das particularidades de tal acção; toda a determinação de fins e objectos resulta da utilização daquela forma pelo negócio jurídico. As normas jurídicas administrativas, enquanto acções do Estado, já são elas próprias ordenadas à consecução de determinadas finalidades do seu autor"[51].

Compreende-se, deste modo, a emergência de um direito especial – o Direito Administrativo – que tem em conta, nomeadamente, as exigências do serviço público e a necessidade de conciliar o interesse público com os direitos dos particulares. A unificação de todas as funções administrativas – a administração activa (incluindo a consultiva) e a contenciosa (*le pouvoir juridique*) – sob um único poder – o poder executivo – e a separação deste último do poder judicial – os dois aspectos que, conjugados, constituem a essência do *régime administratif* ou do modelo correspondente à administração executiva – foram condição indispensável para o efeito.

A partir de tal base, o *Conseil d'État*, reportando-se a algumas leis escritas antigas[52] e desenvolvendo uma jurisprudência criadora, irá sub-

---

[51] V. Autor cit., *Theorie des Französischen Verwaltungsrechts*, Sraßburg, 1886, p. 19. RÜDIGER BREUER sustenta mesmo que a estrutura normativa no Direito Administrativo francês é fundamentalmente finalística, isto é assente em directivas ordenadas à consecução de um dado fim, concedendo, por isso, um papel dominante ao poder discricionário (cfr. Autor cit., «Konditionale und finale Rechtssetzung» in *Archiv des öffentlichen Rechts* 2002, p. 523 e ss., em especial, p. 542 e ss.).

[52] Por exemplo, as já mencionadas Leis de 16-24 de Agosto de 1790 (separação das funções administrativa e judicial) e de 24 de Maio de 1872 (início da jurisdição delegada) ou a Lei *le Chapelier* (liberdade de comércio e indústria).

A subordinação da Administração Pública ao direito e a dogmática do Direito ... 215

meter a actividade da Administração a "princípios gerais de direito" deduzidos segundo o mencionado princípio filosófico-político do equilíbrio entre os interesses gerais e os interesses particulares: por exemplo, os regimes da responsabilidade civil, do domínio público ou dos actos administrativos. De salientar, ainda, que as interpretações da lei feitas pelo *Conseil d'État* e, bem assim, as suas deduções são, não só insindicáveis, como fundadas na legislação ordinária, o que bem evidencia a tradicional autonomia do direito administrativo francês relativamente ao correspondente direito constitucional.

O *régime administratif* implica a subordinação à lei anterior de todas as decisões administrativas, mas é a recorribilidade contenciosa destas decisões que assinala a medida da vinculação legal: "a susceptibilidade de recurso contencioso do acto é elevada a índice seguro da existência do dever de submissão à lei, enquanto a ausência da possibilidade de recurso traduz a efectiva liberdade de que a Administração goza no caso concreto, norteada, apenas num plano muito abstracto, pelos fins gerais de interesse público que a animam"[53]. Saliente-se apenas que, mesmo nesse âmbito, o poder concretamente exercido continua a ser legítimo.

Resulta do exposto, que o Direito Administrativo francês, sem prejuízo do valor político-jurídico das declarações de direitos, é originariamente concebido em função do poder do legislador. A vontade geral expressa na lei é absoluta: define os direitos individuais e as acções e objectivos a concretizar pela Administração. Deste modo, e por princípio, a acção da Administração conforme à lei não contende com os direitos individuais; a mesma visa apenas executar a lei, a qual, pelo seu lado, define tais direitos. Daí também que se deva reconhecer à Administração força idêntica à da lei. Tal só não sucederá no caso de a actuação administrativa se descaracterizar ao ponto de já não poder ser reconduzida à lei (*voie de fait*); então a Administração agirá como um particular, estando sujeita às regras correspondentes.

A especialidade do Direito Administrativo encontra aqui a sua razão de ser: é um direito que tem por objecto a disciplina de situações em que intervém o poder *qua tale* em vista da execução da «vontade geral». Essa é igualmente a justificação para o controlo objectivo da legalidade da actividade administrativa. Para o efeito, foi desenvolvido um acto de autori-

---

[53] V. RUI MACHETE, «Contencioso Administrativo» in *Estudos de Direito Público e Ciência Política*, Fundação Oliveira Martins, Lisboa, 1991, p. 223 (publicado originariamente no *Dicionário Jurídico da Administração Pública*, vol. II, 1972).

Em Homenagem ao Professor Doutor Diogo Freitas do Amaral

dade que define a situação jurídica concreta do particular de acordo com os termos da lei – o acto administrativo. Nestas condições, a acção dos particulares apenas pode relevar como condicionamento exterior do poder administrativo destinado a ser precipitado em acto, desde que a lei assim o preveja: eles são requerentes em procedimentos de iniciativa particular; a sua audição ou outras formas de intervenção procedimental constituem requisitos da forma legal; perante as decisões ilegais desfavoráveis aos seus interesses, os particulares podem recorrer contenciosamente em defesa da legalidade.

10. Perspectivada enquanto poder, a Administração pode agir sempre que considere estar em causa o interesse público e desde que respeite os limites legais. O acto administrativo constitui justamente o meio de canalizar juridicamente tal poder – que, em si mesmo, é pré-jurídico – e, por essa via, de o juridicizar. Perante os particulares, porém, a Administração tende a aparecer como uma instância decisória, definindo-lhes as respectivas situações jurídicas concretas. Como dizia Otto Mayer, "o acto administrativo opera autonomamente. Ele não é como o negócio jurídico do particular que retira toda a sua eficácia jurídica da lei; mas é, ele próprio, poder público que, por si mesmo, determina a vinculação jurídica, enquanto não lhe forem colocados limites especiais"[54]. Daí, também, o paralelismo com a sentença propugnado por aquele Autor.

Diferentemente, se a Administração só pode agir no exercício de competências legais – portanto, nos casos e com as consequências previstas na lei –, a mesma passa necessariamente a ser vista como uma entidade subordinada à lei que prossegue interesses próprios (isto é: colocados pela lei a seu cargo), numa situação estruturalmente paralela à dos particulares.

---

[54] V. Autor cit., *Deutsches Verwaltungsrecht*, I, cit., p. 97. E o mesmo Autor acrescentava em nota: "impressões descontroladas do direito privado e da justiça conjugam-se para justificar a afirmação de que cada acto administrativo, cada provisão ou acto dispositivo (*Verfügung*), ou como quer que se denominem tais determinações, teria de ter atrás de si uma norma jurídica para vigorar (*um zu gelten*) [...] A partir daqui não ficaria muito distante o caminho para a «civilização» de todo o direito público pretendida por Kelsen: «onde quer que alguém se proponha agir em nome do Estado, tem de se basear numa norma jurídica que permita que tal acção surja como querida pelo Estado»" (v. *ibidem*, nota 10). Aqui residirá também a justificação última do princípio da imediatividade dos efeitos jurídicos do acto administrativo e, outrossim, da anulabilidade como desvalor-regra dos actos administrativos ilegais (v., respectivamente, os atigos 127, n.º 2, e 135 do Código do Procedimento Administrativo).

A subordinação da Administração Pública ao direito e a dogmática do Direito ... 217

Agora, o acto administrativo corresponde à possibilidade normativamente fundada de determinação unilateral de consequências jurídicas; tal acto concretiza a previsão de uma norma jurídica e desencadeia as consequências jurídicas constantes da respectiva estatuição – caso dos actos de conteúdo vinculado – ou por ela admitidas – caso dos actos praticados no exercício de poderes discricionários. Praticar um acto administrativo significa, por isso, exercer uma posição jurídica subjectiva: ao fazê-lo, a Administração não «aplica» o direito objectivo, como se fosse um tribunal, mas prossegue interesses colocados por lei a seu cargo, exercendo em vista dos mesmos os poderes jurídicos que a mesma lei lhe confere.

Verifica-se, deste modo, que a diferença de funções entre a jurisdição e a administração, nomeadamente a imparcialidade e passividade da primeira e a parcialidade e iniciativa da segunda, se projecta sobre o significado da lei para cada uma delas. Para os tribunais, a lei substantiva é *norma de juízo*; a sua função é «aplicar» o direito objectivo ao caso concreto: o juiz, regendo-se pela lei processual, verifica a ocorrência dos factos constantes da previsão da lei substantiva e imputa-lhes as consequências constantes da respectiva estatuição. Para a Administração, a mesma lei substantiva é *norma de comportamento*; ao prosseguir o interesse público, ao agir, seja por que forma for – acto administrativo, operação material ou outra –, a Administração concretiza a respectiva previsão normativa e desencadeia as consequências jurídicas constantes da estatuição[55].

Resulta do exposto, que é a norma que fundamenta, quer a possibilidade de praticar o acto administrativo, quer a respectiva vinculatividade e força jurídica[56]. Com efeito, o acto administrativo é uma "manifestação

---

[55] A contraposição entre norma de juízo (*Beurteilungsnorm*) e norma de comportamento (*Verhaltensnorm*) deve-se a Goldschmidt e foi proposta por BETTERMANN como base da distinção entre direito processual e direito material (v. Autor cit., «Das Verwaltungsverfahren» in VVDStRL, Heft 17 (1959), pp. 118 e ss.), p. 120. Como refere PEDRO MACHETE, «as posições jurídicas do juiz e do administrador perante o direito processual e o direito substantivo não são unívocas em si mesmas nem na sua relação recíproca. Para a Administração o Direito Administrativo é norma de [comportamento]: fixa os critérios e os modos da actuação administrativa a realizar. Para o tribunal a mesma regulamentação é norma de [juízo]: é apenas critério de decisão sobre a regularidade de uma actuação verificada. O direito processual administrativo é sempre norma de [comportamento] quer para o juiz, quer para as partes num processo: disciplina a sua conduta recíproca *in iudicando et procedendo*» (v. Autor cit., *A Audiência dos Interessados no Procedimento Administrativo*, Universidade Católica Editora, Lisboa, 1995, p. 73).

[56] O que hoje o acto administrativo já não pode ser, por força da exigência de conformidade da administração com a lei, é «positivação normativa» (*Normsetzung*).

218   *Em Homenagem ao Professor Doutor Diogo Freitas do Amaral*

de vontade condicionadora de consequências jurídicas"[57]. No que se refere a este último aspecto, já há muito que Hans Kelsen advertiu para o erro de confundir a concretização da previsão normativa com a própria normação: "naqueles casos em que ao acto de vontade unilateral do Estado--pessoa (*Staatsperson*) se associam deveres de obediência dos súbditos é frequente a ideia de que a autoridade vinculativa emana do próprio Estado-pessoa que unilateralmente profere a ordem; em tais casos verifica-se a tendência para identificar com a própria ordem jurídica aquilo que é apenas uma situação de facto (*Tatbestand*), à qual a ordem jurídica liga efeitos jurídicos; para projectar no que é um acto qualificado pela ordem jurídica e imputável a determinado sujeito uma imanente força vinculativa"[58].

Diversamente, na perspectiva do Direito Administrativo tradicional (seja de matriz francesa ou alemã), as leis administrativas tendem a ser perspectivadas, em primeira linha, como normas de juízo. O objecto central é a acção administrativa entendida, não tanto como um comportamento exterior ou material, mas como acção decisória: a emissão de decisões administrativas. Assim, "as leis atribuíam à Administração a tarefa de ajuizar a situação jurídica e de, em função de tal juízo, tomar decisões que determinassem ao cidadão como é que ele devia agir no caso concreto (o que para ele era direito). Sobre tal conceito de decisão, a doutrina erigiu uma construção de grande envergadura, o chamado *direito administrativo geral.* No essencial, este é considerado direito *material*, o que é consequente quando se consideram as leis do direito administrativo normas de juízo"[59]. Com efeito, "o juízo emitido pela autoridade relativamente ao conteúdo jurídico-material da decisão materializa (*verkörpert*) em tal forma de acção administrativa o próprio direito material concretizado"[60].

No mesmo sentido, a doutrina maioritária, embora sem assumir a terminologia correspondente, tende a perspectivar o acto administrativo

---

[57] Assim, v. SEIBERT, *Die Bindungswirkung von Verwaltungsakten*, Nomos, Baden-Baden, 1989, p. 109.

[58] V. Autor cit., «Zur Lehre vom öffentlichrechtlichen Rechtsgeschäft» in *Archiv des öffentlichen rechts*, 1913, p. 223. V. *idem, ibidem*, pp. 217 e 218:

[59] V. MARTENS, «Der Bürger als Verwaltungsuntertan?» in in *Kritische Vierteljahresschriftfür Gesetzgebung und Rechtswissenschaft*, 1986, p. 116; itálicos no original. Este Autor refere, a propósito, os exemplos de Otto Mayer e de Gneist (v. *ibidem*, p. 115).

[60] V. *idem, ibidem*, p. 116, nota 79.

A *subordinação da Administração Pública ao direito e a dogmática do Direito* ... 219

como uma fonte de direito do caso[61]. Deste modo, a Administração autora dos actos administrativos, não obstante a sua subordinação ao direito, tende a ser vista como uma entidade que participa da supra-ordenação da própria ordem jurídica, enquanto instância decisória com poderes para fixar, em concreto, as consequências jurídicas que hão-de valer. Nesta perspectiva, é consequente a aproximação do conceito de acto administrativo relativamente ao conceito de lei e de sentença: aquele tem por objecto a definição da situação jurídica imputando-lhe efeitos jurídicos e goza de uma autoridade própria (a força de caso decidido). Fica, todavia, na sombra a vinculação jurídica da Administração e, nomeadamente, o paralelismo com os particulares que a mesma, no actual quadro do Estado de Direito, implica[62].

§ 3.º – Estado de Direito e Administração paritária

11. A intensificação da subordinação à lei da Administração, designadamente a exigência de um fundamento legal específico para cada uma das suas decisões, é apenas um dos aspectos em que se analisa a nova posição constitucional da Administração. A este acresce a integração jurídica plena dos cidadãos particulares na Constituição e no ordenamento do Estado, por via do reconhecimento de direitos fundamentais directamente aplicáveis[63]. A situação do Estado perante o cidadão e deste perante aquele é subjectivizada: se o Estado se funda na dignidade da pessoa humana e na vontade popular, então é o homem quem está no princípio e no centro do ordenamento jurídico do Estado e este último existe por causa do homem e para o homem[64]. A partir daqui, as posições recíprocas

---

[61] Cfr., SCHMIDT-DE CALUWE, *Der Verwaltungsakt in der Lehre Otto Mayer – Staatstheoretische Grundlagen, dogmatische Ausgestaltung und deren verfassungsbedingte Vergänglichkeit*, Mohr Siebeck, Tübingen, 1999, p. 41 (uma vez que o acto administrativo é considerado como expressão da ordem jurídica, o mesmo tende a ser visto como participando da respectiva supremacia e, por isso, a Administração-autora tende a situar-se num plano superior ao dos seus destinatários, nomeadamente enquanto instância decisória).

[62] Cfr. SCHMIDT-DE CALUWE, *Der Verwaltungsakt...*, cit., pp. 41-42 (em vez de atribuir direitos ou de impor deveres, a lei é vista como norma habilitadora da Administração, atribuindo-lhe tarefas e limitando a sua actividade; perante o particular, a Administração tende a aparecer como representante da lei).

[63] Cfr. os artigos 18.º, n.º 1, e 24.º e ss. da Constituição da República Portuguesa.

[64] Cfr. o art. 1.º da Constituição da República Portuguesa.

do indivíduo e do Estado são necessariamente objecto de normas jurídicas vinculativas de ambos e aquelas posições juridicizam-se: o Estado e o indivíduo apresentam-se um perante o outro como titulares de direitos e deveres recíprocos.

A tal entendimento da posição do cidadão no Estado corresponde, nos termos do princípio da proporcionalidade, o dever de privilegiar o diálogo e o consenso em ordem à resolução de eventuais conflitos de interesses entre a Administração e os particulares. Na verdade, o Estado, enquanto Estado de Direito democrático, não pode dispor, sem mais, da posição jurídica dos particulares: onde antes existia uma sujeição do indivíduo face ao Estado, em que a posição jurídica do primeiro era definida pelos actos deste último, existe agora um verdadeiro estatuto jurídico que, não só não está na disponibilidade do poder, como ainda integra a possibilidade de o seu titular se defender dos actos jurídicos públicos que o lesem. Com efeito, os direitos fundamentais constituem e garantem um estatuto constitucional originário que forma o núcleo do estatuto de cidadania, o qual, ao lado daqueles direitos, integra as posições jurídicas subjectivas definidas pelas leis no quadro da Constituição[65].

---

[65] Cfr. KONRAD HESSE, *Grundzüge des Verfassungsrechts der Bundesrepublik Deutschland*, 20. Auflage, Heidelberg, 1995, Rn. 280, pp. 127-128, que se refere, respectivamente, a um «estatuto jurídico-constitucional do indivíduo» (*verfassungsrechtlicher Status des Einzelnen*) e a um «estatuto geral de cidadania» (*allgemeiner staatsbürgerlichen Status*).

Em sentido convergente GRÖSCHNER afirma que a vinculação do legislador aos direitos fundamentais é, não apenas a marca distintiva do Estado de Direito consagrado no *Grundgesetz*, como «o pressuposto dogmático mais importante de uma relação jurídica constitucional, visto que o Art. 3 III daquela lei exclui que a posição do legislador em tal relação possa ser compreendida como uma posição jurídico-material do poder público supra-ordenada relativamente aos direitos fundamentais. A posição de um titular de direitos fundamentais relativamente ao poder legislativo não é a da infra-ordenação no sentido das diferentes teorias orgânicas, da sujeição ou da subordinação, mas sim de uma paridade material de princípio» (v. Autor cit., *Das Überwachungsverhältnis – Wirtschafts überwachung in gewerbepolizeirechtlicher Tradition und wirtschaftsverwaltungsrechtlichem Wandel*, Mohr Paul Siebeck), Tübingen, 1992, p. 88). O sentido exacto desta paridade corresponde, como se clarificará adiante, a uma igualdade estrutural-formal. De resto, é esse também o sentido intencionado por GRÖSCHNER: "as posições na relação jurídica constitucional apenas serão basicamente paritárias do ponto de vista material, se também as posições do Estado forem compreendidas como direitos – e não como qualquer coisa de superior" (v. *idem*, *ibidem*, pp. 88 e 89). E mais claramente ainda: "O «poder do Estado», que ainda antes da sua orientação em razão dos direitos do homem […] e da sua vinculação aos direitos fundamentais […] está, por força do disposto no Art. 1, parágr. I, 2ª frase, [do *Grundgesetz*,] obrigado a respeitar e proteger a dignidade da pessoa

A subordinação da Administração Pública ao direito e a dogmática do Direito ... 221

O estatuto em apreço afasta a ideia de uma posição do cidadão caracterizada por uma sua subordinação, potencialmente ilimitada, ao Estado-poder e que foi durante muito tempo a base da chamada «relação geral de poder» e, bem assim, o traço identificador do direito administrativo mais antigo assente na supra-ordenação sistemática da Administração. O mesmo estatuto funda uma posição de paridade da Administração e dos cidadãos que com ela se relacionam: como observa lucidamente Benvenuti, "uma posição paritária do cidadão no confronto com a Administração é aquela que deriva de uma relação em que ao cidadão seja reconhecida uma posição de direito subjectivo"[66].

humana, não é, desse modo, eliminado, mas integrado numa relação jurídica constitucional com os titulares de dignidade da pessoa humana, de direitos do homem e de direitos fundamentais para quem a Lei Fundamental vigora. Que estes direitos, não obstante todo o apreço em que são tidos no âmbito dos Estados constitucionais do Ocidente, não se encontram supra-ordenados relativamente ao poder do Estado deveria ser tão evidente como o facto inverso. Esta evidência decorre muito simplesmente da consideração do conceito de relação jurídica enquanto vínculo entre dois sujeitos disciplinado pelo direito. Quem tomar a sério esta determinação conceptual não pode admitir nem a ideia de um «direito originário do Estado à obediência» (ein «Urrecht» des Staates auf Gehorsam) nem «direitos originários próprios do executivo» (ureigene Regierungsrechte), mas tem de considerar a igualdade estrutural das posições jurídicas subjectivas nas relações jurídicas. O que importa salientar é o inciso «estrutural». Isto significa que a relação Estado – cidadão, como qualquer outra relação jurídica, na sua estrutura (isto é, na correlação dos seus elementos específicos), enquanto relação «de direito» (als «Rechts»-Verhältnis), não pode ser outra coisa senão um vínculo entre diferentes posições jurídicas. Assim como o poder paternal do § 1626 I do BGB não é um direito estruturalmente superior ao direito à autodeterminação religiosa do filho resultante do § 5 RKEG, mas um direito com um outro conteúdo [...]; ocorre o mesmo com as faculdades do poder do Estado relativamente aos direitos dos cidadãos: enquanto «direitos», são por definição estruturalmente iguais" (v. idem, "Vom Nutzen des Verwaltungsrechtsverhältnisses" in Die Verwaltung, 1997, pp. 323-324).

[66] V. Autor cit., «Per un diritto amministrativo paritario» in Studi in memoria di Enrico Guicciardi, Padova, 1975, p. 807 e ss. (810). Neste estudo BENVENUTI defende, a partir da interpretação do art. 113 da Constituição italiana, «a concepção do direito administrativo como disciplina de relações jurídicas» (v. ibidem, p. 807) e a consequente necessidade de uma revisão do sistema de justiça administrativa italiano no sentido de o mesmo se orientar, não tanto em função da «garantia da Administração perante a jurisdição», mas, sobretudo, da "garantia do cidadão perante a Administração sem que para tal garantia subsistam limites ou vínculos decorrentes do princípio da separação dos poderes" (v. Autor cit., ibidem, p. 813). Assim, o cidadão tem, «não só direito à tutela jurisdicional, mas tem direito a ela aí onde a mesma seja [...] mais eficaz e mais plena [devendo o legislador] eliminar tudo aquilo que habitualmente impeça o cidadão de

Em Homenagem ao Professor Doutor Diogo Freitas do Amaral

A citada posição jurídica dos particulares perante os poderes públicos é indispensável ao reconhecimento daqueles como sujeitos jurídicos e à consequente autonomia dos mesmos perante os mencionados poderes: os particulares, porque são pessoas dotadas de liberdade quanto à determinação dos fins que prosseguem e que orientam as suas vidas, não podem ser tratados como meros objectos da acção do Estado, seja quando este os agride, seja quando os protege; eles têm de dispor dos meios jurídicos necessários para, por iniciativa própria e com autonomia, se defenderem das agressões ilegais e exigirem a satisfação dos seus interesses nos termos legalmente previstos. Nessa perspectiva, não corresponderia à dignidade da pessoa humana "a atribuição aos direitos fundamentais de uma relevância apenas jurídico-objectiva, de acordo com a qual o cidadão fosse visto somente como um objecto passivo beneficiário de reflexos dos direitos fundamentais"; aquela dignidade exige que o cidadão seja visto também como chamado a defender, ele próprio, os direitos fundamentais que o protegem[67].

Deste modo, a partir de uma série de "decisões constitucionais estruturantes", a ordem jurídica vai definir tanto o estatuto jurídico do Estado como do cidadão, reconhecendo-lhes direitos e deveres recíprocos. O reconhecimento de que o Estado se baseia "na dignidade da pessoa humana e na vontade popular" e, bem assim, "no respeito e garantia de efectivação dos direitos e liberdades fundamentais"[68] significa que o Estado se encontra ao serviço dos cidadãos e não estes ao serviço do Estado, razão por que o indivíduo não pode mais ser considerado e tratado como um objecto de procedimentos estatais: os poderes públicos não existem por si nem os respectivos fins possuem um valor autónomo; caso a caso é necessário justificar a actuação do poder em prol da comunidade, entendida como um somatório de indivíduos, e não como uma qualquer grandeza de ordem metafísica[69].

---

defender a sua esfera jurídica» (v. *idem, ibidem*, p. 814). No respeitante à realidade italiana, a concepção paritária aponta no sentido de o interesse legítimo "ser não mais do que um direito subjectivo plenamente tutelado, ainda que tutelado perante um juiz diferente do juiz ordinário, dada a dualidade de órgãos jurisdicionais prevista na Constituição" (v. *idem, ibidem*, pp. 814 e 815).

[67] V. SCHENKE, *Rechtsschutz bei normativem Unrecht*, Berlin, 1979, pp. 61 e 62.

[68] Cfr. os artigos 1.º e 2.º, ambos da Constituição da República Portuguesa.

[69] SCHMIDT-DE CALUWE refere haver aqui uma «mudança de paradigma constitucional» (v. Autor cit., *Der Verwaltungsakt...*, cit., p. 281). A função do conceito de dignidade da pessoa humana será, sobretudo, a de fornecer um quadro de inteligibilidade de todo

A subordinação da Administração Pública ao direito e a dogmática do Direito ... 223

O Estado e cada um dos seus cidadãos são, assim, sujeitos de direito com um estatuto constitucional originário que se relacionam entre si com base e no respeito dos respectivos estatutos. À subordinação do cidadão ao poder do Estado, sucede a subordinação deste e daqueles ao direito: "o indivíduo não pode ser visto como um súbdito no quadro de uma relação geral de poder, uma vez que é um sujeito de direito com um estatuto constitucional originário. A sua relação com o Estado constitucional e com a Administração subordinada à lei é uma relação jurídica fundamentalmente paritária, no sentido de que, com base na Constituição, já só pode existir uma subordinação geral, a saber, a subordinação ao Direito"[70]. Daí falar-se agora de uma «relação jurídica geral», em substituição da aludida «relação geral de poder»[71]. Esta relação jurídica

---

o texto constitucional: mais do que uma fonte imediata de direitos ou de deveres, aquele conceito constituirá antes uma espécie de referente filosófico materialmente aberto, mas marcado pelos valores da cultura euro-atlântica (v., nesta linha, SOBOTA, *Das Prinzip Rechtsstaat – Verfassungs– und verwaltungsrechtliche Aspekte*, Mohr Siebeck, Tübingen, 1999, p. 424 e ss., seguindo de perto Gröschner e Morlok; também afirma a abertura do conceito de dignidade da pessoa humana, no quadro da ideia de uma comunidade constitucional inclusiva, GOMES CANOTILHO *Direito Constitucional...*, cit., p. 226: "como núcleo essencial da República, [aquele conceito significa] o contrário de «verdades» ou «fixismos» políticos, religiosos ou filosóficos"). É nessa perspectiva que a ideia de «auto-conformação» (*Selbstgestaltung* ou *Selbstformation*) do homem, ou a da «capacidade de este se auto-projectar» (*Entwurfsvermögen*), é correlacionada com a noção de dignidade humana da Renascença, nomeadamente com o conceito de dignidade do homem de Pico della Mirandola (*De dignitate hominis*; v. SOBOTA, *ibidem*, p. 425; v. também GOMES CANOTILHO, *ibidem*, p. 225, que, igualmente seguindo Gröschner, refere, a tal propósito, o *"princípio antrópico* [o qual] acolhe a ideia pré-moderna e moderna da *dignitas hominis* (Pico della Mirandola), ou seja, do indivíduo conformador de si próprio e da sua vida segundo o seu próprio projecto espiritual (*plastes et fictor)"*.

[70] V. SCHMIDT-DE CALUWE, *Der Verwaltungsakt...*, cit., p. 279. Para o mesmo Autor, trata-se de uma «mudança de perspectiva fundamental que, no quadro de uma Constituição democrática, é consequente. Se um Estado constitucional democrático só é concebível como juridicamente constituído (Böckenförde), então o mesmo encontra-se com todas as suas estruturas, funções e actuações submetido ao direito. [...] e, neste sentido, também a Administração, enquanto subordinada ao direito, se encontra no mesmo plano jurídico do cidadão (*dem Bürger rechtlich gleichgeordnet*). Se para a Administração não pode haver espaços livres do direito, o Art. 19, parágr. IV, do GG materializa e efectiva tal princípio para o cidadão, porquanto afasta, do mesmo modo, a ideia de domínios de autoridade isentos de jurisdição em todos aqueles casos em que as posições jurídicas do indivíduo são afectadas» (v. Autor cit., *ibidem*, p. 27).

[71] Sobre a perspectiva referida no texto, relativamente ao posicionamento recíproco do Estado e dos cidadãos, e a sua articulação com a ideia de Estado de Direito plasmada

224 *Em Homenagem ao Professor Doutor Diogo Freitas do Amaral*

constitucional entre quem é titular da dignidade humana, dos direitos do homem e dos direitos fundamentais e o Estado-poder não implica nem uma supra-ordenação daqueles relativamente a este, nem deste relativamente àqueles, porquanto está em causa uma relação disciplinada pelo direito entre sujeitos de direito[72]. Tal determinação conceptual, não só afasta a ideia de um «direito originário do Estado à obediência» (*ein «Urrecht» des Staates auf Gehorsam*) ou de «direitos originários próprios do executivo» (*ureigene Regierungsrechte*), como impõe a admissão de uma "igualdade estrutural das posições jurídicas subjectivas nas relações jurídicas"[73].

12. A ideia de uma paridade jurídica cidadão-Estado não deve suscitar equívocos. O que está em causa é a diferença entre a perspectiva autoritária em que o cidadão se encontra sistematicamente numa posição de subordinação à Administração, entendida esta como uma realidade dotada de uma "mais-valia" jurídica – justamente a natureza de poder – que legitima a supremacia das suas decisões, de tal modo que, por princípio, aquelas valem por si mesmas; e uma perspectiva de legalidade democrática em que a Administração, tal como os particulares, apenas pode exercer os poderes jurídicos que normativamente lhe hajam sido concedidos: aquela e estes estão, todos, e em igual medida, subordinados à lei e ao direito.

Daqui não se pode, todavia, inferir que no quadro de um Estado de Direito não haja lugar para o exercício de poderes jurídicos e que, portanto, a prossecução do interesse público se reconduza necessariamente a um modelo de actuação consensual; ou que as faculdades jurídico-materiais da Administração e dos cidadãos sejam necessariamente idênticas. Com efeito, a aludida paridade jurídica "não deve ser compreendida no sentido de uma situação de equilíbrio (*ein Balancezustand*), em que forças contrapostas reciprocamente se anulem e as possibilidades de actuação pública estejam paralisadas, mas sim como negação de uma omnipresente supremacia de um dado poder do Estado"[74]. O que está em

---

na Constituição da República Portuguesa, v. PEDRO MACHETE, *Estado de Direito Democrático...,* cit., pp. 382-403 e 454-457.

[72] Cfr. GRÖSCHNER, «Vom Nutzen des Verwaltungsrechtsverhältnisses» cit., pp. 323-324. V. também *idem, Das Überwachungsverhältnis...,* cit., pp. 88-89.

[73] V. *idem, ibidem,* p. 324.

[74] Assim, v. SCHNAPP, «Rechtsverhältnisse in der Leistungsverwaltung» in *Die Öffentliche Verwaltung,* 1986, p. 813.

A subordinação da Administração Pública ao direito e a dogmática do Direito ... 225

causa e importa sublinhar é, assim, que o poder público só pode existir legitimamente fundado numa norma legal e, consequentemente, o seu exercício ocorre necessariamente no quadro de uma relação jurídica[75]. A perspectiva da relação jurídica administrativa obriga à consideração simultânea das posições jurídicas da Administração e do particular, conferindo ao exercício dos poderes públicos, desse modo, um recorte dogmático-jurídico diferente daquele que resultava da consideração exclusiva das respectivas formas de acção.

Na verdade, a possibilidade de actuação unilateral constitutiva por parte da Administração existe e é legítima, desde que corresponda a uma faculdade legalmente prevista; o preenchimento dos pressupostos relativos à previsão de tal norma consubstancia o facto constitutivo da relação jurídica no âmbito da qual a Administração pode ser legitimada a exercer um determinado poder em concreto. A igualdade ou paridade jurídica da Administração e dos particulares é, por conseguinte, estrutural-formal no sentido de se tratar de uma subordinação ao direito do mesmo tipo, tanto no caso daquela, como no caso destes[76].

Para a compreensão de tal posicionamento recíproco, é essencial a subordinação à lei da Administração nas suas relações com os particulares e o reconhecimento de posições constitucionais destes últimos de que aquela não possa dispor – os direitos fundamentais: a Administração (já) não «é» um poder; ela desempenha as suas atribuições legais e, sempre que no âmbito das mesmas tenha de interferir com a actuação de particulares determinados, a Administração exerce os poderes e cumpre as obrigações que constitucional e legalmente lhe competem[77]. Do mesmo

---

[75] Neste sentido, v. SCHMIDT-DE CALUWE, *Der Verwaltungsakt...*, cit., p. 280. À luz do mesmo sentido, pode afirmar-se, com VASCO PEREIRA DA SILVA, que "o significado da teoria da relação jurídica é o da criação de um «novo equilíbrio» das posições relativas da Administração e dos particulares, colocando-os, numa posição idêntica à partida"; ou que "a adopção da doutrina da relação jurídica implica, portanto, o «acertar do fiel da balança» do relacionamento entre a Administração e o particular, reconhecendo a ambos uma identidade de posições de base, e não a aceitação de uma «relação desequilibrada»" (v. Autor cit., *Em Busca do Acto Administrativo Perdido*, Almedina, Coimbra, 1996, pp. 194 e 196, respectivamente).

[76] Cfr. SCHMIDT-DE CALUWE que refere uma «ordenação jurídica paritária formal» ou uma «ordenação jurídica paritária no sentido de igual subordinação ao direito» (v. Autor cit., *Der Verwaltungsakt...*, cit., p. 280).

[77] A Administração (*rectius*: as entidades que exercem a função administrativa), porque está adstrita à prossecução dos fins jurídico-públicos que estiveram na origem da sua criação – as atribuições –, não circunscreve a sua actuação ao âmbito de relações jurídicas

226   *Em Homenagem ao Professor Doutor Diogo Freitas do Amaral*

modo, os particulares em causa relacionam-se com a Administração na base do seu estatuto jurídico-constitucional próprio – os direitos fundamentais e demais posições jurídicas subjectivas conferidas por lei. Importa, assim, distinguir entre os direitos subjectivos públicos dos cidadãos e os direitos subjectivos públicos da Administração[78].

Em todo o caso, a existência de uma daquelas posições jurídicas subjectivas, seja do cidadão ou da Administração, é, por si só, suficiente para afirmar a existência de uma relação jurídica administrativa: "todo o direito representa, desde logo, uma relação jurídica ou, numa outra formulação, o direito subjectivo não é mais do que uma forma da relação jurídica vista da posição (*Warte*) do titular do direito"[79]. Tal relação consubstancia, assim, o vínculo resultante da atribuição recíproca de um direito e de uma vinculação[80].

---

determinadas. Por exemplo, o carro-patrulha da polícia que circula pelas ruas de uma cidade em missão de vigilância limita-se a concretizar uma tarefa especificamente administrativa sem constituir nenhuma relação jurídica concreta; a partir do momento em que os seus ocupantes decidem abordar um transeunte para efeitos de identificação, é constituída, por força da lei, uma relação jurídica entre a Administração e a pessoa a identificar (assim, GRÖSCHNER, «Vom Nutzen des Verwaltungsrechtsverhältnisses» cit., p. 326).

[78] Cfr. PEDRO MACHETE, *Estado de Direito Democrático...*, cit., respectivamente, p. 485 e ss. e p. 540 e ss.

[79] V. SCHENKE, *Rechtsschutz...*, cit., p. 216; v. a reafirmação da mesma ideia, *idem*, *Verwaltungsprozessrecht*, 12. Aufl., C.F. Müller Verlag, Heidelberg, 2009, Rn. 380, p. 121. O direito em causa no texto significa o poder jurídico conferido por uma norma a alguém em ordem a prosseguir interesses próprios tutelados pela mesma norma. Tal implica uma vinculação de outro ou de outros àquela pessoa em termos de dever ou de sujeição. Nesse sentido, SCHENKE prossegue: «através de um dever jurídico, a que não corresponda um direito, não é constituída qualquer relação jurídica, nem mesmo no respeitante àquele a quem o cumprimento do dever venha a beneficiar reflexamente» (v. Autor cit., *Rechtsschutz...*, cit., p. 217). Contudo, como o mesmo Autor também reconhece, admitindo-se direitos subjectivos públicos do Estado, sucederá frequentemente que aos deveres dos cidadãos correspondam direitos daquele e que, portanto, a tais deveres também correspondam relações jurídicas (cfr. Autor cit., *Verwaltungsprozessrecht*, cit., p. 121, nota 5).

[80] Nada impede que uma relação jurídica integre mais do que um direito e o correspondente dever: um direito subjectivo é apenas a condição mínima indispensável à existência de uma relação jurídica; inversamente, porém, esta não tem de se esgotar num único direito subjectivo, podendo integrar muitos mais. Com efeito, ao lado da relação jurídica simples (aquela que tem por objecto um direito e uma vinculação) a que se refere o texto, cumpre considerar a chamada relação jurídica complexa (um conjunto de relações estabelecidas entre as mesmas pessoas, unificadas por um factor especial, *maxime* o derivarem do mesmo facto jurídico). Exemplo desta última: a relação jurídica de trabalho em funções públicas (cfr. o Anexo I à Lei n.º 59/2008, de 11 de Setembro).

A subordinação da Administração Pública ao direito e a dogmática do Direito ... 227

Por último, cumpre salientar que a paridade em causa se estabelece e é relevante no plano do direito substantivo; a igualdade no plano processual, nomeadamente num processo administrativo de partes, não é nem condição necessária nem suficiente de tal paridade, visto que, não só a mesma é inerente ao processo, enquanto forma da função jurisdicional, como a garantia da imparcialidade do juiz, num processo daquele tipo, pressupõe que a capacidade de cada uma das partes influenciar a decisão final seja idêntica. Nesse sentido, a lei consagra expressamente a igualdade das partes: "o tribunal assegura um estatuto de igualdade efectiva das partes no processo, tanto no que se refere ao exercício de faculdades e ao uso de meios de defesa, como no plano da aplicação de cominações ou de sanções processuais, designadamente por litigância de má fé"[81]. De resto, "a subordinação [jurídico-material] não exclui a faculdade de o subordinado chamar à responsabilidade aquele que se encontra supra--ordenado, pelo que o processo administrativo seria compatível com uma eventual supra-ordenação do Estado (enquanto sujeito de direito)"[82].

13. A substituição da anterior subordinação jurídica dos cidadãos à Administração, característica do Estado de Direito formal, pela ideia de uma paridade jurídica, nos termos expostos, é criticada, tanto por ser considerada excessiva, como insuficiente.

No primeiro sentido, e a título exemplificativo, Eberhard Schmidt--Aßmann considera a mencionada tese da paridade demasiado indiferenciada no plano jurídico-constitucional e inadequada para o efeito de funcionar como modelo explicativo geral de um Direito Administrativo moderno. Com efeito, segundo este Autor, a mesma tese não explicaria, nem a necessidade de uma especial legitimação da acção do Estado, nem a pretensão de validade das suas decisões legítimas[83]. O *Grundgesetz*, ao invés, determinaria "a relação cidadão-Estado *assimetricamente* a partir

---

[81] Cfr. o artigo 6.º do Código de Processo nos Tribunais Administrativos.

[82] Nestes termos, v. SCHMIDT-SALZER, «Tatsächlich ausgehandelter Verwaltungsakt, zweiseitiger Verwaltungsakt und veraltungsrechtlicher Vertrag» in *Verwaltungs-Archiv* 1971, p. 147. Este Autor refere como exemplos de situações em que os particulares, apesar de no plano material se encontrarem numa posição de subordinação, se encontram processualmente numa posição de paridade, o procedimento de controlo de normas (*Normenkontrollverfahren*) e a acção de inconstitucionalidade (*Verfassungsbeschwerde*).

[83] Cfr. SCHMIDT-Aßmann, *Das allgemeine Verwaltungsrecht als Ordnungsidee – Grundlagen und Aufgaben der verwaltungsrechtlichen Systembildung*, 2. Aufl., Springer verlag, Berlin-Heidelberg-New York, 2003, n.º 26, p. 15.

228 *Em Homenagem ao Professor Doutor Diogo Freitas do Amaral*

da distinção entre a liberdade do cidadão e a competência do Estado: o cidadão age no âmbito de uma *liberdade* constituída juridicamente; os órgãos do Estado agem no âmbito de *competências* conferidas juridicamente. [E] esta diferença [seria] constitutiva para o sistema do direito administrativo"[84].

A aludida indiferenciação resultaria, por um lado, da circunstância de os Artigos 1 e 20 do *Grundgesetz* suporem a primazia do cidadão *face* ao Estado e não a paridade *com* o Estado: o indivíduo, enquanto pessoa, representa um valor único e, embora a sua referência comunitária determine necessidades de regulamentação a que o Estado é chamado a reagir, estas reacções têm de se legitimar a partir daquelas necessidades e encontram nas mesmas a sua medida[85].

Por outro lado, no plano dos poderes constituídos verificar-se-ia, ainda segundo Schmidt-Aßmann, uma inadequação do modelo paritário, atentas as necessidades de acção dos poderes públicos: "o Estado de Direito democrático é, justamente na sua constituição jurídica, *Estado* e, como tal, os seus órgãos estão legitimados a fundar unilateralmente vinculações. Aqui não há lugar apenas à cooperação e à celebração de acordos. O Estado tem um dever de garantia, relativamente ao direito e aos direitos dos seus membros, o qual não pode ser cumprido permanentemente num quadro de paridade e de consenso. Esta tarefa de garantia [...] é, numa parte significativa, confiada ao Executivo. Precisamente, a Administração não pode prescindir de uma larga série de possibilidades de intervenção, entre as quais se contam a utilização de meios de autoridade e decisões unilaterais, que não podem ser explicadas a partir de uma ordem paritária"[86]. Com efeito, "a subordinação jurídica não é apenas a submissão a uma lei que se executa a si própria, mas prossegue na submissão às faculdades decisórias da Administração e dos tribunais que, em conformidade com uma habilitação legal, existam. Também estes dois últimos órgãos, e tal como o legislativo, não exercem outra coisa que não seja o «poder do Estado»"[87].

No segundo sentido – o da insuficiência do modelo da Administração paritária –, Joachim Martens, por exemplo, entende que, de acordo

---

[84] V. *idem, ibidem*; itálicos no original.

[85] Cfr. *idem, ibidem*, n.º 24, p. 14.

[86] Cfr. *idem, ibidem*, n.º 25, pp. 14-15; itálico no original.

[87] V. SCHMIDT-AßMANN, «Die Lehre von den Rechtsformen des Verwaltungshandelns – Ihre Bedeutung im System des Verwaltungsrechts und für das verwaltungsrechtliche Denken der Gegenwart» in *Deutsches Verwaltungsblatt*, 1989, p. 539.

A subordinação da Administração Pública ao direito e a dogmática do Direito ... 229

com o quadro legal vigente, a posição jurídica do cidadão face à Administração já não se caracteriza pela sua subordinação; a juridicização dos comportamentos dos cidadãos e da Administração e a garantia de protecção jurisdicional determinariam, por si, a "igualdade jurídica do cidadão nas suas relações com a Administração"[88]. Este Direito Administrativo paritário seria, "não já um direito da Administração, mas um direito das relações entre cidadãos e Administração, um «direito da Administração e do cidadão» («*Verwaltungs-Bürger-Recht*»)"[89]. Para tanto, bastará interpretar as previsões do Direito Administrativo especial como normas de comportamento dirigidas tanto aos cidadãos como à Administração – e não como normas contendo um mandato para a Administração ajuizar, de acordo com os critérios nela contidos, os casos concretos, à maneira de um tribunal –, aplicando-as nos termos da lei de procedimento[90].

Com efeito, as formas de decisão acto administrativo e contrato administrativo previstas nesta última lei, a a adoptar na sequência de um procedimento participado pelos interessados, adequam-se à transposição do direito legal geral e abstracto para a disciplina concreta do caso. Tal pressupõe, em todo o caso, uma noção de acto administrativo "liberta de vestígios autoritários, enquanto uma forma de decisão não exclusivamente reservada à Administração nem, tão-pouco, por ela conformada em exclusivo"[91].

Segundo aquele Autor, a participação procedimental dos particulares é tão intensa e tão extensa que, em muitos casos, é co-determinante do conteúdo da decisão que põe termo ao procedimento; justifica-se, por conseguinte, falar de "uma colaboração do cidadão com a autoridade"[92].

---

[88] V. Autor cit., «Der Bürger als Verwaltungsuntertan?», cit., p. 128.

[89] V. *idem, ibidem*.

[90] V. *idem, ibidem*, p. 114 e ss. Sobre a distinção entre normas de comportamento e normas de juízo, v. *supra* o n.º 10.

[91] V. *idem, ibidem*, p. 128. Na verdade, MARTENS propõe o afastamento da interpretação corrente da definição legal de acto administrativo como "decisão vinculativa de carácter unilateral definidora da situação jurídica do cidadão", porquanto, em sua opinião, a mesma perpetua a concepção jusadministrativa de Otto Mayer, nomeadamente o seu conceito de acto administrativo, nos termos do qual o "cidadão, na sua relação com a autoridade continua a figurar como súbdito, ainda que se trate de uma espécie de súbdito emancipado" (v. Autor cit., *ibidem*, p. 106). Segundo tal perspectiva, o cidadão é «súbdito», porque a sua posição perante a autoridade administrativa é a de sujeição a um juízo de interpretação e aplicação da lei que lhe vai definir a situação jurídica; tal súbdito é «emancipado», uma vez que dispõe de uma tutela jurisdicional contra lesões da sua esfera jurídica causadas por actos daquela autoridade.

[92] V. Autor cit., *ibidem*, p. 128.

Acresce que, uma vez que a função estabilizadora do acto administrativo com referência à situação jurídica concreta só se desenvolve a partir da formação do caso decidido, "a decisão do particular favorável à consequência jurídica designada no acto administrativo, e documentada pela não impugnação de tal acto, tem um significado adicional e distinto da anterior colaboração"[93]. Na verdade, a prática de um acto administrativo constitui o particular no ónus de impugnar contenciosamente tal acto (e eventualmente de requerer medidas provisórias) a fim de evitar a consolidação na sua esfera jurídica dos efeitos correspondentes à con-sequência jurídica estatuída no mesmo (*Zugzwang*)[94]. Mediante tal reacção atempada, e sob a forma devida, o particular degrada o valor jurídico da consequência jurídica estatuída no acto administrativo ao nível de "uma simples *alegação jurídica* oficial" sobre cuja correcção apenas o tribunal pode decidir[95]. A partir daqui, Martens entende que a regulamentação contida no acto administrativo também é fruto de um acordo, ainda que escalonado. Ou seja: acto administrativo e contrato administrativo são apenas formas diferentes de uma mesma realidade consensual[96].

14. A assimetria referida por Schmidt-Aßmann, e subjacente à sua crítica do carácter indiferenciado do modelo paritário, é real e constitui uma evidência: a capacidade jurídica de direito público não é idêntica à capacidade jurídica de direito privado. Simplesmente, esta diferença não põe em causa a identidade estrutural da subordinação ao direito dos poderes públicos e dos particulares: uns e outros só podem agir juridicamente no exercício de faculdades conferidas pelo próprio direito.

No respeitante à inadequação do modelo paritário que aquele Autor alega, cumpre começar por referir que, justamente, não é à Administração

---

[93] V. *idem, ibidem*, p. 129.

[94] V. *idem, ibidem*, pp. 109 e 110.

[95] V. Martens, «Der Bürger als Verwaltungsuntertan?» cit., pp. 109-110. Cfr. também *ibidem*, p. 119. Aquele Autor defende a construção referida no texto mesmo para «os chamados actos constitutivos» (*sogenannte gestaltende Verwaltungsakte*), considerando que «o respectivo efeito jurídico, em caso de litígio, fica dependente do reconhecimento judicial (*richterliche Feststellung*) da situação jurídica material» (v. Autor cit., *ibidem*, p. 119, nota 95).

[96] Cfr. *idem, ibidem*, p. 129: «a distinção sistémica entre acto administrativo e contrato administrativo, ainda propugnada pela doutrina e pela jurisprudência, carece tanto de um fundamento suficiente, como as tentativas de, a propósito dos chamados actos carecidos de colaboração, desvalorizar o papel do particular».

A subordinação da Administração Pública ao direito e a dogmática do Direito ... 231

que cabe decidir se prescinde, ou não, "de uma larga série de possibilidades de intervenção". Essa decisão, hoje, compete em exclusivo ao legislador: é este que atribui à Administração a possibilidade de utilização de meios de autoridade e pode deixar à mesma espaços para, em concreto, actuar, ou não, esta ou aquela medida. A partir do momento em que os poderes administrativos se fundam exclusivamente na lei, a Administração só os pode exercer porque – e nos termos em que – os mesmos lhe foram atribuídos; e à subordinação da Administração à lei, quanto ao exercício de tais poderes, corresponde a subordinação dos particulares à mesma lei e, consequentemente, ao exercício dos poderes por ela conferidos. Não existe, decerto, igualdade jurídico-material, nomeadamente quanto aos poderes que integram a capacidade jurídica da Administração e dos particulares; mas existe seguramente igual subordinação à lei e ao direito e, nessa medida, paridade jurídica no sentido anteriormente defendido.

Finalmente, quanto às teses igualitaristas de Martens, as mesmas assentam num equívoco: a pretensa superação do paradigma autoritário decorrente da construção de Otto Mayer. O conceito de acto administrativo do primeiro só na aparência se liberta do modelo da sentença judicial correspondente ao conceito homólogo perfilhado pelo segundo, já que, ao perspectivar aquele acto apenas como decisão formal, o dissocia da norma de direito material que rege a relação jurídica administrativa e, portanto, não o considera integrado na própria relação.

Com efeito, Martens, seguindo o que considera ser o exemplo do direito fiscal e do direito social, entende que as normas de direito administrativo material estatuem as pretensões da Administração e dos particulares exclusivamente em função dos comportamentos fácticos nelas previstos[97]. O acto administrativo, por seu turno, constitui uma decisão com carácter declarativo (*Feststellungscharakter*) respeitante à situação que concretiza a previsão daquela norma: é uma decisão que exprime o resultado da apreciação de tal situação jurídica feita pela autoridade administrativa e que, simultaneamente, dá início a uma nova sequência procedimental, ao obrigar o respectivo destinatário a tomar a iniciativa de o impugnar contenciosamente, caso o mesmo pretenda evitar a consolidação na sua esfera jurídica da consequência jurídica estatuída pelo citado acto (*Zugzwang*)[98]. Ou seja, à maneira de uma sentença, aquele

---

[97] V. Autor cit., «Der Bürger als Verwaltungsuntertan?» cit., p. 115. Aquelas normas devem, assim, relevar como normas de comportamento.

[98] V. *idem, ibidem*.

Em Homenagem ao Professor Doutor Diogo Freitas do Amaral

acto administrativo declara o que numa dada situação vale como direito[99]; ou, na terminologia de Marcello Caetano, o mesmo acto «define» situações jurídicas: fixa os "direitos da Administração ou os dos particulares, ou os respectivos deveres, nas suas relações jurídicas. É essa definição autoritária de posições relativas que o acto definitivo contém; dela resultarão depois os convenientes efeitos"[100].

A importância deste momento declarativo é inerente ao paradigma da sentença. E a contraprova do carácter judicativo do acto administrativo na concepção de Martens resulta da seguinte consideração: segundo este Autor, aquele tipo de acto é praticado ao abrigo das normas de procedimento (direito administrativo formal); porém, o mesmo Autor não explica como é que, na sua concepção relativamente a tal decisão formal, as normas de direito material podem deixar de relevar como normas de juízo, à semelhança do que sucede com a interpretação corrente do conceito legal daquele acto.

Problema diferente é o da força vinculativa do acto administrativo, o qual se prende com a questão do significado e dos termos da garantia jurisdicional e também com a própria função e sentido daquele tipo de acto no actual quadro jurídico-constitucional.

Joachim Martens considera que o desenvolvimento da justiça administrativa impede a comparação da força jurídica de um acto administrativo impugnável com a de uma sentença judicial já transitada: de acordo com o direito vigente, antes da formação do caso decidido não há qualquer preponderância que decorra da decisão objecto daquele acto, porquanto, "em caso de litígio, a consequência jurídica designada no acto administrativo é examinada pelo tribunal sem qualquer vinculação à opinião da autoridade autora do mesmo. Deste modo, atingiu-se uma situação em que a consequência jurídica expressa num acto administrativo não tem um peso superior ao de qualquer outra alegação de direito produzida no âmbito do direito público ou fora dele"[101]. Daí parecer ao mesmo Autor razoável falar em «acordo», a propósito da consolidação

---

[99] Cfr., por exemplo, OTTO MAYER, *Deutsches Verwaltungsrecht*, I, cit., p. 100: a decisão judicial declara o que, segundo a lei, *vale* como direito (*was Rechtens ist*) num dado caso – é a sentença declarativa (*Feststellungsurteil*); *idem, ibidem*, p. 109: «segundo a lei, o juiz é obrigado a aceitar a acção devidamente proposta, a instruí-la e a declarar relativamente à mesma o que vale como direito».

[100] V. Autor cit., *Manual de Direito Administrativo*, I, cit., pp. 443-444.

[101] V. Autor cit., «Der Bürger als Verwaltungsuntertan?» cit., p. 119.

dos efeitos do acto administrativo na sequência da formação de caso decidido, em virtude de o mesmo acto não ser impugnado contenciosamente por aqueles que por ele são afectados. Dir-se-á: «quem cala, consente».

Contudo, a questão não é tão linear como Martens pretende fazer crer nem se afigura que a decisão unilateral consubstanciada num acto administrativo se reconduza sistematicamente a um acordo[102]. Aliás, se assim fosse, não só não se justificaria uma diferente capacidade jurídica relativamente à prática de actos administrativos e de contratos administrativos, como a previsão de uma alternatividade limitada das duas figuras também ficaria por explicar.

Em primeiro lugar, o figurino legal do acto administrativo determina, por um lado, a necessidade de o particular tomar a iniciativa processual, a fim de evitar resultados para si danosos – é esse o sentido fundamental do já diversas vezes referenciado *Zugzwang*, que o próprio Martens reconhece e afirma –, onerando, por isso, a sua posição; por outro lado, o mesmo figurino beneficia directamente a Administração. Com efeito, aquele ónus de iniciativa, além dos custos financeiros (adiantamentos e procuradoria) e do gasto de tempo, implica para o particular a assunção do risco inerente ao próprio processo e, porventura, a superação de eventuais inibições relativas ao confronto com a Administração; ao invés, esta, não só beneficia indirectamente das desvantagens que o regime legal do acto administrativo determina para o particular, como fica habilitada, salvo reacção do particular pelas vias processuais adequadas, a assegurar a realização dos seus direitos[103]. É patente não se poder falar aqui de «igualdade de armas» entre os particulares e a Administração.

Por outro lado, tal diferença de posições explica que o silêncio do particular ou a sua pura e simples passividade não possam, sem mais, valer como consentimento em termos fundamentalmente equivalentes ao daquele que é prestado em vista da formação de um contrato. De resto, a própria lei é clara no sentido de recusar tal equiparação: primeiro, a aceitação tácita de um acto administrativo não decorre da mera não impugnação do mesmo, porquanto esta "deriva da prática, espontânea e sem reserva, de facto incompatível com a vontade de impugnar"[104];

---

[102] Como refere SCHMIDT-SALZER, Joachim Martens parece incorrer no erro de considerar que a paridade jurídica é incompatível com a conformação jurídica unilateral (v. Autor cit., «Tatsächlich ausgehandelter Verwaltungsakt...» cit., p. 146, nota 61).

[103] Cfr. SCHMIDT-DE CALUWE, *Der Verwaltungsakt...*, cit., pp. 39-40.

[104] Cfr. o artigo 56.º, n.º 2, do Código de Processo nos Tribunais Administrativos.

234   *Em Homenagem ao Professor Doutor Diogo Freitas do Amaral*

segundo, mesmo a não impugnação tempestiva de um acto administrativo não impede, dentro dos limites estabelecidos pela lei substantiva e pela própria eficácia do ónus de impugnação contenciosa, a relevância da sua ilegalidade, nomeadamente no domínio da responsabilidade civil da Administração[105]; e terceiro, a aceitação, expressa ou tácita, de um acto administrativo produz apenas um efeito impeditivo quanto à respectiva impugnação pelo aceitante, não determinando a celebração de qualquer acordo com a Administração: esta continua a poder revogar aquele acto nos termos em que o podia fazer antes de o mesmo ter sido aceite pelo particular[106].

O acto administrativo e o contrato administrativo são, isso sim, formas distintas de actividade administrativa que exprimem diferentes modos e a que também correspondem diferentes faculdades de conformação das relações jurídicas em que a Administração é parte.

15. Importa, ainda, compreender o sentido do acto administrativo como decisão unilateral dotada de uma especial força jurídica no presente quadro constitucional das relações dos poderes públicos com os cidadãos. Parece estar fora de dúvida que tais relações enquadradas pelo Estado de Direito contemporâneo são diferentes das que existiam em anteriores quadros constitucionais, nomeadamente o Estado legal francês ou a monarquia constitucional alemã, dominados por um princípio de autoridade do Estado, no âmbito dos quais surgiu o conceito de acto administrativo. Como se referiu, hoje, já não existe uma «relação geral de poder» em que o poder público, por definição, esteja acima dos particulares, podendo a partir daí adoptar decisões dotadas de uma autoridade própria. Nessa perspectiva, o acto administrativo, como decisão unilateral da autoridade pública capaz de *per se* constituir uma relação de subordinação, já não tem lugar.

Na verdade, a faculdade de conformação jurídica unilateral não implica uma relação de domínio ou de supra e infra-ordenação. Como refere Joachim Schmidt-Salzer, tal correlação é um sofisma, porquanto "um direito à determinação unilateral de consequências jurídicas não é

---

[105] Cfr. o artigo 38.º do Código de Processo nos Tribunais Administrativos.

[106] Cfr. o artigo 56.º, n.º 1, do Código de Processo nos Tribunais Administrativos e o artigo 138.º e ss. do Código do Procedimento Administrativo, quanto à revogação. De resto, mesmo depois de inimpugnáveis, os actos administrativos continuam «livremente revogáveis», nos termos do art. 140.º deste Código.

A subordinação da Administração Pública ao direito e a dogmática do Direito ... 235

expressão nem resultado de uma supra-ordenação daquele que determina relativamente àquele que é atingido pela consequência jurídica assim determinada. Pelo contrário, do que se trata é simplesmente de uma faculdade concedida pela ordem jurídica em vista da conformação jurídica incondicionada, isto é, não sujeita ao mecanismo de uma prévia concordância. Aquele que é atingido por uma conformação jurídica unilateral encontra-se, não numa relação de subordinação relativamente àquele que está habilitado a proceder desse modo, mas sujeito a um direito potestativo" de que o mesmo é titular[107].

Com efeito, tais faculdades determinam efeitos jurídicos no âmbito delimitado pela disciplina normativa aplicável e nos termos em que a mesma os admite. Assim, o poder de direcção na relação laboral ou o poder paternal na relação familiar constituem faculdades de conformação unilateral de tais relações, sem que, todavia, se possa falar de qualquer supra-ordenação jurídica do empregador relativamente aos trabalhadores e dos pais relativamente aos filhos, já que, como sujeitos de direito privado, todos se encontram no mesmo plano jurídico[108]. Ou seja: "a sujeição (*Unterwerfung*) a uma faculdade de conformação jurídica unilateral não equivale, só por si, a uma subordinação jurídica (*rechtliche Unterordnung*). O indivíduo encontra-se subordinado apenas à ordem jurídica [... E] o Estado, enquanto sujeito de direito, isto é, enquanto titular de direitos concedidos pela ordem jurídica, também se encontra sob a ordem jurídica, a qual determina, com referência à relação Estado-cidadão, os direitos e deveres de ambos. O indivíduo e o Estado estão ambos subordinados à ordem jurídica [...] Embora eles sejam dotados de direitos e deveres diferentes, ainda assim são ambos juridicamente iguais"[109].

Este aparente paradoxo é resolvido por Schmidt-Salzer na base de uma identidade qualitativa: o direito do Estado a uma conformação jurídica unilateral concedido pela ordem jurídica não é qualitativamente diferente das faculdades de conformação unilateral conferidas pelo mesmo ordenamento, por exemplo, ao empregador ou aos pais; "consequente-

---

[107] V. SCHMIDT-SALZER, «Tatsächlich ausgehandelter Verwaltungsakt...» cit., p. 145.

[108] Cfr., por exemplo, HANS KELSEN, «Zur Lehre vom öffentlichrechtlichen Rechtsgeschäft», cit., (190) p. 194; SCHMIDT-SALZER, «Tatsächlich ausgehandelter Verwaltungsakt...» cit., pp. 145 e 146; GRÖSCHNER, «Vom Nutzen des Verwaltungsrechts-verhältnisses» cit., p. 324; e SCHMIDT-DE CALUWE, *Der Verwaltungsakt...*, cit., p. 280.

[109] Assim, v. SCHMIDT-SALZER, «Tatsächlich ausgehandelter Verwaltungsakt...» cit., pp. 145-146.

236   *Em Homenagem ao Professor Doutor Diogo Freitas do Amaral*

mente, o Estado (enquanto sujeito de direito) e o cidadão são juridicamente iguais, não obstante a atribuição àquele da faculdade de, mediante um acto administrativo, proceder à conformação jurídica unilateral"[110].

Como esclarece Rolf Gröschner, uma coisa é a "igualdade estrutural dos direitos subjectivos nas relações jurídicas", outra o conteúdo jurídico-material de tais direitos[111].

As pessoas relacionam-se juridicamente entre si através das posições jurídicas que o ordenamento lhes atribui ou reconhece; deste modo, uma relação jurídica é necessariamente um vínculo entre diferentes posições jurídicas subjectivas, nomeadamente direitos e vinculações (deveres e sujeições). Na sua estrutura, isto é, na correlação dos seus elementos específicos, direitos e vinculações, todas as relações jurídicas são iguais: todas elas, enquanto relações «de direito», consubstanciam um vínculo entre posições jurídicas subjectivas diferentes[112]. Estas distinguem-se entre si na sua própria estrutura: os direitos correspondem à previsão de uma norma que habilita a exigir de outrem determinado comportamento, positivo ou negativo, ou a sujeitá-lo a determinada consequência jurídica; as vinculações concretizam a consequência jurídica estatuída ou admitida pela mesma norma.

Porém, cada direito, enquanto tal, é estruturalmente idêntico aos demais direitos; pode é ter um conteúdo diferente. Assim, o poder paternal não é estruturalmente superior ao direito à autodeterminação religiosa dos filhos; o poder legislativo das regiões autónomas não é estruturalmente inferior ao poder legislativo do Estado. Em ambos os casos o que existe é uma diferença de conteúdo. E Gröschner prossegue: "a inquestionável diversidade dos direitos públicos e privados não é uma questão

---

[110] V. Autor cit., *ibidem*, p. 146.

[111] V. Autor cit., «Vom Nutzen des Verwaltungsrechtsverhältnisses» cit., p. 324. Este aspecto é também justamente sublinhado por Vasco Pereira da Silva: «as relações jurídicas administrativas podem realmente ser muito diversificadas, do ponto de vista dos fins últimos que lhes estão subjacentes e que elas visam realizar, por abarcarem virtualmente todos os domínios da actividade administrativa moderna (e, portanto, respeitarem a actividades que vão da polícia à segurança social, passando pela vida económica e cultural), mas não o são do ponto de vista da sua estrutura, já que não são marcadas por especificidades decorrentes de uma suposta posição especial de um dos sujeitos. Elas não se caracterizam por um qualquer estatuto especial do sujeito público [...], mas pela referência teleológica à realização de fins públicos [...]» (v. Autor cit., *Em Busca do Acto Administrativo Perdido*, cit., p. 194).

[112] V. Gröschner, «Vom Nutzen des Verwaltungsrechts-verhältnisses» cit., p. 324.

A subordinação da Administração Pública ao direito e a dogmática do Direito ... 237

de estrutura, mas de conteúdo: assim como o BGB confere aos pais direitos com um conteúdo mais alargado do que aos filhos – pelo que, por exemplo, não existem direitos de educação dos filhos em relação aos pais – o GG confere ao Estado-poder direitos com um conteúdo mais alargado do que aos cidadãos. São eles as faculdades de regulamentação unilateral (faculdades de positivação do direito e faculdades da sua execução), as quais constituem o Estado-poder na sua divisão tripartida de poder legislativo, poder executivo e poder jurisdicional"[113]. A supremacia dos poderes públicos numa dada relação não releva, assim, de uma natureza ou personalidade jurídica superior destes últimos, mas da distribuição de direitos e vinculações operada pelas normas jurídicas aplicáveis a tal relação[114].

Joachim Schmidt-Salzer invoca ainda um outro argumento contra a supra-ordenação da Administração relativamente aos particulares[115]: a mesma, a existir, exigiria uma norma de direito público que a previsse expressamente, de modo a diferenciar tal domínio normativo do direito privado administrativo, caracterizado pela igualdade jurídica entre a Administração e os particulares. Com efeito, sendo a faculdade de conformação jurídica unilateral concebível no plano da igualdade jurídica, não se pode deduzir da existência daquela faculdade, em especial no que respeita aos actos administrativos, a mencionada supra-ordenação, como é corrente fazer-se.

Em suma, como sublinha Schmidt-De Caluwe, verdadeiramente fundamental e decisiva para a compreensão da paridade jurídico-formal característica do Direito Administrativo contemporâneo é a noção de que o cidadão já não está submetido a determinações estatais em virtude de, como súbdito, se encontrar subordinado às mesmas e de o Estado, do ponto de vista jurídico, ser uma realidade dotada de uma «mais-valia»; aquele submete-se às aludidas determinações em razão da sua própria submissão ao direito: "na medida em que a ordem jurídica confere aos poderes públicos – os quais, por sua vez, também a ela estão submetidos – um direito unilateral de conformação jurídica, o destinatário do exercício de tal direito fica também necessariamente vinculado"[116]. Não po-

---

[113] V. Autor cit., «Vom Nutzen des Verwaltungsrechtsverhältnisses» cit., p. 324.

[114] Cfr. GRÖSCHNER, *Das Überwachungsverhältnis...*, cit., p. 86.

[115] Cfr. Autor cit., «Tatsächlich ausgehandelter Verwaltungsakt...» cit., p. 146.

[116] V. Autor cit., *Der Verwaltungsakt...*, cit., p. 280.

dendo o Direito Administrativo ficar imune a estes desenvolvimentos da teoria do Estado democrático e do direito constitucional actual, deve o instituto do acto administrativo ser entendido como correspondendo a "uma «faculdade» atribuída ao Executivo de, na base de uma ordem jurídica paritária, conformar unilateralmente consequências jurídicas"[117].

A Administração Pública do Estado de Direito democrático já não pode, assim, ser perspectivada como um poder ou uma instância decisória à qual os particulares se encontram submetidos e a partir de cuja natureza se podem inferir corolários não expressamente previstos nas normas jurídicas aplicáveis a cada caso. Hoje a Administração é um sujeito de direito que, tal como os particulares, e no quadro de relações jurídicas determinadas, exerce os seus direitos e cumpre os seus deveres.

---

[117] V. *idem, ibidem.*

CAPÍTULO II
ESCRITOS DE CARÁCTER GERAL

AS IDEIAS DE *CIDADÃO* E DE *CIDADANIA* EM PORTUGAL. GÉNESE E EVOLUÇÃO[1]

MARTIM DE ALBUQUERQUE

A oportunidade e pertinência do tema que nos propomos tratar não carece de explicação e menos ainda de demonstração. Julgamos que convirá, porém, como pressuposto de entendimento, proceder a uma delimitação do círculo em que colocamos as nossas considerações, para evitar equívocos. Fazê-mo-lo no quadro da história das ideias políticas, do pensamento político, e não de uma história das estruturas ou da história dos factos materiais. Sem com isso querermos, de forma alguma, desconsiderar semelhantes ângulos de abordagem ou negar a sua importância para um entendimento pleno. O que tudo não significa uma renúncia necessária a elementos materiais e aos contributos estruturais em sede de enriquecimento complementar ou de clarificação.

Situam-se, aliás, as presentes linhas na continuidade das investigações que desde 1972 temos vindo a desenvolver continuadamente em volta dos temas da *nação* e do *Estado*.

1. Na história da construção mental e ideológica da *nação* ou da consciência nacional existem dois grandes períodos. Um, dos inícios da nacionalidade até 1668, isto é, à paz com Espanha, ponto final das guerras

---

[1] No presente ensaio retomamos, ampliando e reformulando, o tema da comunicação que apresentámos ao *Congresso de Identidade e Soberania da Antiguidade aos nossos dias*, realizado em 20 de Outubro de 2006 (6.º Congresso da Associação Portuguesa de Estudos Clássicos) e organizado pelo Centro de História da Cultura da Universidade Nova de Lisboa.

da Restauração; outro que tem como termo *a quo* essa mesma efeméride. O primeiro traduz-se na fase de gestação e desenvolvimento de linhas de força em que tomam corpo as grandes aspirações básicas dos modernos nacionalismos: as ideias de *unidade, autonomia, individualidade* e *prestígio* de um povo. O segundo inicia-se com um compasso de espera, verdadeiro pousio de ideias adquiridas, para depois das grandes revoluções do século XVIII – a americana e a francesa –, a consciência nacional adquirir novo incremento e revestir, sob o princípio *democrático da igualdade* de todos os cidadãos, matizes diversos.

2. Sublinhamos os termos *unidade* e *individualidade*, que nos interessam particularmente. Por *individualidade*, entende-se algo que corresponde a um processo identitário – a construção de uma *imagem nacional própria*, no tríplice sentido:
– da raça;
– do território;
– da língua[2].

Ora, a *identidade* só se faz pela contraposição do *eu* com *os outros* – os *não eu*. Isto é, entre uma realidade *una* com realidades *plúrimas diversas*.

Obviamente, a ideia de *igualdade* é factor de identificação. Os *iguais* identificam-se pelo que lhes é comum e perfilam-se unitariamente frente ao que lhes é diferenciado.

Não nos deteremos na história da igualdade considerada em si mesma, remetendo os interessados para o quadro evolutivo traçado no livro que sobre a matéria escrevemos em 1993 de co-autoria com o Prof. Eduardo Vera Cruz[3]. Limitamo-nos agora a duas notas:
a) a igualdade pode ser considerada um *princípio absoluto* ou, pelo contrário, como pressupondo a *relatividade, parificação* e *justiça* (*semelhança* e *analogia*).
b) a igualdade legal, ou seja, através da lei enquanto comando normativo *global* e *abstracto*, não particular e concreto, representa o contrário do privilégio, que é sempre *particular, específico, pessoal*.

---

[2] MARTIM DE ALBUQUERQUE, *A Consciência Nacional Portuguesa*, Lisboa, 1972, I passim.

[3] MARTIM DE ALBUQUERQUE, *Da Igualdade. Introdução à Jurisprudência. Com a colaboração de Eduardo Vera Cruz Pinto*, Coimbra, Almedina, 1993, p. 7-79.

As *Ideias de* Cidadão *e de* Cidadania *em Portugal. Génese e Evolução*   243

Assente tudo isto, é tempo de nos ocuparmos da *cidadania*. E cremos útil, se não mesmo necessariamente avisado, começar pelo problema da palavra. Gostava de repetir Paulo Merêa, seguindo Fustel de Coulanges, que a história de um termo pode dar a história de uma instituição. E nós acrescentaremos, também, a história de uma ideia. Inversamente, aliás, a história de uma instituição ou de uma ideia pode fornecer a história de um vocábulo. Sem com isto reduzirmos ou pretendermos reconduzir pura e simplesmente o problema a uma história dos conceitos em qualquer das suas conhecidas formulações. Nem na dimensão da onomasiologia de Joachim Ritter, nem sob o enfoque da semasiologia de Reinhart Koselleck. Reconhecendo apenas que se a *semântica* e as *coisas* da vida não são forçosamente fungíveis, estão ou podem estar, contudo, interrelacionadas e configurarem-se, assim, como potencial e reciprocamente explicativas.

4. Foi notado que a palavra *civitas* no latim popular, além de tudo, lograra já um sentido de *grupo organizado* e no latim culto ou técnico revestiu uma acepção especificamente política ou jurídica. Os juristas medievais – civilistas e canonistas –, quer da escola dos Glosadores quer dos Comentadores –, debateram, nomeadamente, a natureza da *civitas* (*corpus*, *universitas*, pessoa jurídica sob a forma de *persona moralis*, *persona ficta*, *persona praesentata* ou *repraesentata*...).Sempre no sentido, porém, de um fenómeno comunitário em que estão presentes como elementos essenciais o sentido de unidade e a noção de pluralidade próprios dos entes colectivos. Chega a alcançar sinonímia com a *res publica*[4]. A problemática colectivística da *civitas* persistirá no Renascimento com os juristas cultos ou elegantes, os humanistas, e para além dele, estando, aliás, bem documentada quanto ao nosso país nos tratadistas políticos, como na própria doutrina jurídica. A mero título ilustrativo e quanto a Portugal, podem-se evocar já no século XVII os nomes de António

---

[4] Cf., por exemplo, J.BERTACHINUS DE FIRMO, *Reportorium elegantissimum*, P.1, s. v. *Civitas* [= Veneza,1525, fol.117e118]: «*civitas dicitur persona representata»*, «*civitas dicitur republ.*», «*civitas est hominum multitudo societatis vinculo adunata vel ad communitas constituta ex pluribus vicis habens per se terminum omnis sufficiente ad vitam»*, «*civitas vel universitas»*; modernamente, por todos, SANTIAGO PANIZO ORALLO, *Persona jurídica y ficción. Estudio de la obra de Sinibaldo de Fieschi (Inocencio IV)*, Pamplona, Ediciones Universidad de Navarra, 1975, v.g. p. 38, 48-49, 55, 135-136, 142, 143, 164, 210, 219 e 237.

244   *Em Homenagem ao Professor Doutor Diogo Freitas do Amaral*

Cardoso do Amaral e de Bento Gil, que falam da *civitas* em conjugação com *universitas*. O primeiro em 1610 numa obra prática destinada a magistrados e causídicos[5] e o segundo comentando (1616) a *L. ex hoc jure ff. de Iust. et Iur.*, a respeito da capacidade das *civitates*[6].

A *civitas* neste quadro ganha, pois, consonância na direcção daquilo que hoje chamamos personalidade colectiva. Paralelamente, *cidadão* (palavra que no nosso vocabulário se regista pelo menos desde 1269)[7] é aquele que se define por um vínculo especial com a *civitas*. Se quiséssemos sintetizar, podíamos dizer que, assim como o *cidadão* tem um laço com uma pessoa abstracta que é a cidade, o *povo* (o *populus*) possui ligação específica com a entidade designada em latim por *res-publica* e no vernáculo profusa e misticamente como *coroa, república, nação, pátria, Estado...* Neste contexto, a palavra cidadão irá mais tarde designar aquilo que depois se referiu através do termo *concidadão*, isto é, daqueles que fazem parte de uma mesma comunidade[8].

Sabendo nós, por um lado, que tal ente provém da congregação que é o *populus*, o qual, por seu turno, adquire um dos modos de expressão através dos representantes das *cidades*, e conhecendo, por outro lado, que durante a Idade Média e o Renascimento *o todo* podia ser representado pela melhor parte (*valentior pars*), compreenderemos, facilmente, como a ideia de *cidadão* se une com a globalidade e adquire expressão política.

5. Temos, pois, até aqui dois grandes vectores:
a) a ideia tendencial de igualdade;
b) a ideia de que o cidadão integra a *respublica*, ou a realidade política última – no caso português, como em muitos outros, a *nação*.

Cidadãos são os iguais que compõem o corpo político ou a pessoa comum.

---

[5] António Cardoso do Amaral, *Liber Utilissimus Iudicibus et Advocatis*, s.v. Civitas [= Lisboa 1610, fol. 43 e 43v.]

[6] Bento Gil, *Commentaria in L. hoc jure ff. de Just. Et Jur.*, P.2, cap.8[= Coimbra, 1700, p. 115 e s.].

[7] *Dicionário Houaiss da língua portuguesa*, Lisboa, Temas e Debates, 2005, tomo V, p. 2049.

[8] Para a equivalência dos dois termos – cidadão e concidadão – v., por todos, Edmond Huguet, *L'évolution du sens des mots. Depuis le XVIᵉ. siècle*, Genéve, Librairie Droz, 1967, p. 170-171.

As *Ideias de* Cidadão *e de* Cidadania *em Portugal. Génese e Evolução*   245

Este caminho parece linear e apresenta-se, num esquema intelectivo da história, facilmente compreensível. A história, contudo, acaba sempre por ser bem mais complexa que as linhas de síntese em que, para apreensão do múltiplo, acabamos inevitavelmente por encerrá-la ou reduzi-la. Raramente corresponde aos esquemas ou se deixa aprisionar por eles.

Os elementos perturbadores foram numerosos. Desde logo, a confusão entre a *respublica* e o seu principal representante o *princeps*, o governante, o soberano. Também os actos concretos – caso, por exemplo, do *privilégio* – que contrariam a normatividade geral e abstracta da lei. Ainda a complexa estratificação social existente. E a polivalência semântica. Serve aqui para elucidar este último aspecto, o próprio termo *cidadão*, que, partindo de uma conexão local, atingiu, consoante se sublinhou, o patamar político mais alto e genérico. Ao lado desta significação, vai adquirir, contudo, precisamente e contraditoriamente, em simultâneo, uma significação particularista e discriminatória, contrariando, incluso, a tonalidade igualitária a nível da *pólis*. De facto, *cidadão* serviu, também, para designar o portador de um *privilégio*. No séc. XVI e XVII, por exemplo, o cidadão do Porto, usufruiu, só por o ser, do foro de fidalgo da Casa Real e, como tal, gozava de certas preferências. A este respeito, não pode ser mais elucidativa a documentação existente na Torre do Tombo e relativa a uma pretensão do autor das *Famosas Armadas* – Simão Ferreira Paez – que entre as suas qualificações preferenciais contava com a de ser filho de um cidadão do Porto. Essa documentação, aliás, foi há muito publicada por nós mesmos[9]. Pode-se, ainda, ver a tal respeito a curiosa espécie bibliográfica que leva por título: «*PRIVILE-GIOS DOS CIDADÃOS DA CIDADE DO PORTO.* Concedidos & confirmados pellos Reys destes Reynos, e agora novamente por el Rey dom Phelippe II nosso senhor. No Porto, 1611 (1878), in-8.º de VI-61 págs.»[10]. Isto, por si só, nos adverte que se não tratou de um processo linear. Aliás o século XVII, o século XVIII e o século XIX evidenciam-no na perfeição.

---

[9] A.N.T.T., Liv. 33 do *Registo de Consultas da Mesa da Consciência* (1634-1636), fol. 108 e s.: «f.º de um Cidadão da Cidade do Porto» foi um dos requisitos levados em consideração para a sua nomeação como *Provedor das fazendas dos defuntos e* ausentes do Rio de Janeiro. MARTIM DE ALBUQUERQUE, *Simão Ferreira Paez Autor das «Famosas Armadas»*, Lisboa, Agência Geral do Ultramar, 1958, p. 59.

[10] Foi republicada conjuntamente com *A Observancia dos Estatutos da Associação dos Artistas de Coimbra*, narrada por um dos seus Sócios, Coimbra, Imprensa Litteraria, 1866, in-8º, de 15 págs.

246   *Em Homenagem ao Professor Doutor Diogo Freitas do Amaral*

6. Nas centúrias mencionadas, verifica-se, em verdade e generica-mente, uma sedimentação de factos e linhas doutrinais e ideológicas, nem sempre em harmonia, mas definitivas para a configuração da ideia de cidadão. E existem para este período lugares comuns que não passam de falsas ideias claras. É o caso da filiação da noção de cidadão no cons-titucionalismo francês. Com inexactidão, porém – sublinhe-se. Se este ostentou inegável papel no processo evolutivo-conceptual objecto do presente estudo, foi, também, efeito dos acontecimentos e das múltiplas coordenadas de pensamento a que se aludiu – desde o fundo clássico, medieval e renascentista já mencionado, aos ensinamentos de autores tão diversificados e até contrários entre si, como, por exemplo, Hobbes, Pufendorf ou Rousseau, às transformações e convulsões políticas da Inglaterra e da América. Só mais tarde, a tudo isso se aliou o impacto da Revolução Francesa.

Falta imperdoável seria não vincar aqui, ainda mais uma vez, a persistência matricial dos autores da Antiguidade, se nem sempre presen-tes de forma visível ao menos subjacentes e latentes nos séculos sobre os quais nos estamos debruçando. Sem a consciência de um tal substracto todo e qualquer modelo explicativo da formação do conceito de cidadão está, inevitavelmente, contaminado e será desvirtualizante. O que sobre o cidadão escreveram os autores citados depende, na verdade, do vasto domínio da Cultura grega e romana que possuíam. Decerto, não sofreram passivamente a respectiva influência. Triaram-na, adaptando-a, modifi-cando-a, distorcendo-a, manipulando-a, falsificando-a até, para a ajusta-rem ao seu particular modo de entendimento, às suas teses, aos seus propósitos. Jamais, contudo, o historiador ou qualquer intérprete poderá apreender o sentido desses homens e das respectivas ideias se olvidar o factor clássico que lhes serviu de alimento e de pano de fundo.

Isto posto, como pré-compreensão, consideremos agora mais de perto cada um dos autores mencionados a título exemplificativo. Em primeiro lugar Hobbes.

7. Célebre, acima de tudo, pelo *Leviathan*, escreveu também outro livro famoso intitulado «Do Cidadão» (*De Cive*), aparecido em 1642. E se é certo que em parte alguma desta obra se encontra uma definição precisa de cidadão, não pode ser esquecida a eloquente utilização, desde logo para a *intitulatio*, de uma terminologia latina carregada de signifi-cações. Terminologia que outros retomaram, igualmente, embora em con-textos diversos e com diversos intuitos. Para lá, todavia, dos desajusta-mentos há um denominador comum.

As Ideias de Cidadão *e de* Cidadania *em Portugal. Génese e Evolução* 247

Hobbes, se não define concreta e especificamente o que entende por cidadão, utiliza o vocábulo *cives* de forma que possibilita uma destrinça entre a multidão informe e a multidão organizada. Aquela atomística, sem vontade própria, atribuível ao conjunto dos membros, e apenas dando lugar a vontades e, por isso, acções individuais. Esta produto de uma multiplicidade alargada de vontades, que originam, assim, uma *cidade*, um corpo com capacidade volitiva. A cidade (a *civitas*) é, na sua óptica, uma pessoa cuja vontade, pelo pacto de muitos homens, pode exprimir a vontade de todos os que a constituem ou vierem a constituir. E o *cidadão*, esse, é todo aquele que se integra em semelhante realidade e equivale, neste sentido, a membro do *populus*[11].

Claro que no pensamento de Hobbes o *cidadão* não detém, face àquele ou àqueles para que trespassou o poder, qualquer *direito de resistência*. Mas é um dado a pertença a um corpo organizado e que se distingue da multidão informe.

8. Cerca de três décadas volvidas sobre o livro de Hobbes, o tema do *cidadão* será retomado pelo Barão Samuel de Pufendorf nos *De Officio Hominis, et Civis Secundum legem naturalem libri duo* (1673), que serão traduzidos para francês por Jean Barbeyrac, doutor e professor de Direito em Groningue.

Não é nossa intenção dissertar sobre a dissonância, para não dizer a oposição – a despeito de pontos de coincidência – de Pufendorf relativamente a Hobbes. Ela foi, já estudada entre nós por Isabel Bahnond de Almeida[12]. Focaremos, ao invés, a atenção no que Pufendorf escreveu sobre o *cidadão*. Parte este da constituição do Estado ou da Sociedade Civil, realidade para que se torna necessária a junção ou união de número

---

[11] Th. Hobbes, *Elementa Philosophica de Cive, Sub titulo Libertatis*, c. 5, n. 7 e s. e *Sub titulo Imperii*, c. 6, n. 1 e *annotatio*. Tivemos presente a ed. latina de Amsterdão de 1669, onde a matéria se pode ver respectivamente a p. 84-88 e 88-92. Deixámos de lado a versão inglesa menos importante para o nosso estudo. Cfr. *infra*. Os textos em causa podem também ler-se na trad. portuguesa de Renato Jamine Ribeiro, Martins Fontes, S. Paulo, 2002, p. 96-99, 101-102 e 369-370.

[12] *A Ideia de Liberdade em Portugal e a sua relação com os contributos de proveniência externa – do contratualismo absolutista às sequelas do triénio vintista* (*Estudo do Pensamento e da História das Ideias Políticas Portuguesas, mediante o substracto de Direito Público «Atlântico», fundamentos da sua opção*), dissertação policopiada de Doutoramento em Ciências Histórico-Jurídicas apresentada à Faculdade de Direito de Lisboa, 2004, I, p. 86, 88 e 89, 91, 94 e 95.

considerável de pessoas. A união, todavia, apenas se obtem por um compromisso em que cada qual submete a sua vontade particular à vontade de um só ou de uma assembleia composta por certo número. Conjunção de vontades e de forças. Por cima desta, deve existir ainda outra convenção, um segundo pacto, consignando as obrigações recíprocas do soberano e dos súbditos. Deste modo, fecha-se a arquitectura política em que, no seu entender, se traduz e reduz o Estado: uma *Pessoa*, distinta de todos os particulares, e que tem *nome* individualizante, *direitos* e os seus próprios *bens*. Pufendorf, de resto, não deixa concretamente de apresentar *definição exacta de Estado* (expressão sua). O Estado é uma Pessoa Moral composta, cuja vontade deriva da reunião das vontades de vários juntos em virtude das suas convenções, considerada como a vontade de todos em geral, e autorizada, por isso, a servir-se das forças e das faculdades de cada em particular, para obter a paz e segurança comum[13].

Barbeyrac, em nota a Pufendorf, classifica tal definição como tirada de Hobbes, cujos princípios – observa – eram bem diferentes dos do autor do *De Officio Hominis et Civis*[14]. O tradutor e comentador acusa-a de confundir o *Estado* com o *soberano* – ou de dar lugar a que tal suceda. Por isso, entende que deverá ser modificada para se falar num Estado como Corpo Moral (e não numa Pessoa), em que se estabelecem de comum acordo uma ou mais Pessoas, cuja vontade é reputada como vontade geral de todos...[15].

Descrita a formação do Estado, Pufendorf separa o soberano – «in quem imperium est collatum» – dos *súbditos* ou *cidadãos*, no sentido mais lato do termo[16].

9. Seduzido pelo mito do *bom selvagem* e pela concepção de bondade primitiva, Rousseau não poderia deixar de colidir frontalmente com o pessimismo antropológico da teoria hobbesiana. E fê-lo, na verdade. Mais de uma vez. Já em 1755, no *Discours sur l'origine et les fondements de l'inégalité parmi les hommes*[17]; depois, em 1762, no *Contrat*

---

[13] Pufendorf, *De officio Hominis, et Civis Secundum legem naturalem Libri Duo, cum Joannis Barbeyracii Notis, et Examine*, l. 2, c. 6, § 10 [= ed. Francfurt e Lipsia, 1758, p. 322 e s.].

[14] Barbeyrac, nota ao l. 2, c. 6, § 10 [= ed. cit., p. 332].

[15] Idem, *ibidem*.

[16] Pufendorf, *De officio Hominis, et Civis...*, l. 2, c. 6. § 13[= ed. cit., p. 334].

[17] Rousseau, *Discours sur l'origine et les fondements de l'inégalité parmi les hommes*, P. 1 [= Paris, Gallimard, p. 83 e 217].

Social[18] e no *Émile*[19]. Uma passagem do *Contrato Social* serve claramente para se ter noção da clivagem entre os dois. Nela, Grócio e Hobbes vêm – pasme-se – comparados a Calígula:

«Grotius nie que tout pouvoir humain soit établi en faveur de ceux qui sont gouvernés: Il cite l'esclavage en exemple. Sa plus constante maniere de raisonner est d'établir toujours le droit par le fait. On pourroit employer une méthode plus conséquente, mais non pas plus favorable aux Tirans.

Il est donc douteux, selon Grotius, si le genre humain appartient à une centaine d'hommes, ou si cette centaine d'hommes appartient au genre humain, et il paroit dans tout son livre pancher pour le premier avis: c'est aussi le sentiment de Hobbes. Ainsi voilà l'espece humaine divisée en troupeaux de bétail, dont chacun a son chef, qui le garde pour le dévorer.

Comme un pâtre est d'une nature supérieure à celle de son troupeau, les pasteurs d'hommes, qui sont leurs chefs, sont aussi d'une nature supérieure à celle de leurs peuples. Ainsi raisonnoit, au raport de Philon, l'Empereur Caligula; concluant assez bien de cette analogie que les rois étoient des Dieux, ou que les peuples étoient des bêtes. Le raisonnement de ce Caligula revient à celui d'Hobbes et de Grotius. Aristote avant eux tous avoit dit aussi que les hommes ne sont point naturellement égaux, mais que les uns naissent pour l'esclavage et les autres pour la domination»[20].

Para o autor do *Emílio* a pessoa pública (ou *Eu* comum), formada pela união de todos, recebeu o nome de *cidade* e, depois, o de *república* ou *corpo político*[21]. Os seus membros chamam-lhe *Estado* quando passivo; *Soberano* se activo; *Poder* se o comparam aos corpos iguais[22]. Quanto aos associados, tomam colectivamente o nome de *povo*, apelidando-se em particular *cidadãos*, como participantes na autoridade

---

[18] Rousseau, *Du Contrat Social*, l. 1, c. 2 [= Paris, Gallimard, 1964, p. 174-175].

[19] Cfr. nota de pág. 83, a p. 217, da ed. cit. do *Discours sur l'origine et les fondements de l'inégalité*.

[20] Rousseau, *Du Contrat Social*, l. 1, c. 2 [= ed. cit., p. 174-175]. Cfr. na trad. portuguesa de B.-L. Viana – *Contrato Social, ou Principios de Direito Politico, de J. J. Rousseau. Por B.-L. Vianna*, Paris «na Officina de Firmino Didot», 1821, p. 13.

[21] Jean-Jacques Rousseau, *Du Contrat social*, l. 1, c. 6 [= ed. cit., p. 183-184].

[22] Idem, *ibidem* [= ed. cit., p. 184].

soberana; *vassalos*, como submetidos às leis do Estado[23]. E não vai sem o cuidado de observar que os dois últimos termos se confundem com frequência e tomam-se um pelo outro. Impõe-se distingui-los, empregando-os com precisão[24].

A propósito da palavra cidade, Rousseau teve, porém, a preocupação de escrever uma longa nota do maior interesse, pois nela trata da mistura entre os termos *burguês* e *cidadão* e acaba, quanto a esta última denominação, por fazer cinco distinções. «Quase se apagou entre os modernos o verdadeiro sentido desta palavra; a maior parte toma burgo [*ville*] por Cidade, e burguês por cidadão. Ignoram que as casas compõem o burgo [*ville*] e o cidadão a Cidade. Aos Cartagineses custou caro outrora o mesmo erro. Não li que se desse jamais o título de *Cives* aos vassalos de algum Príncipe, nem mesmo antigamente aos Macedónios, nem hoje aos Ingleses, ainda que mais perto da liberdade que todos os outros. Só os Franceses tomam familiarmente o nome de Cidadãos, porque dele não têm alguma verdadeira ideia, como se pode ver em seus Dicionários; se assim não fora, usurpando-a, cairião no crime de Lesa-Majestade: esse nome entre eles exprime uma virtude, e não um direito. Quando Bodin quiz falar dos nossos Cidadãos e Burgueses enganou-se grosseiramente, tomando uns por outros. Não assim M. d'Alembert, que distinguiu bem, no seu artigo *Genève*, as quatro ordens de homens (cinco mesmo, a contar com os simples estrangeiros), que estão em nossa vila e das quais só duas compõem a Republica. Não sei que outro autor Francês haja compreendido o verdadeiro significado da voz *Cidadão*»[25].

D'Alembert tinha escrito, efectivamente, para a *Encyclopédie* um artigo sobre *Genève* no qual inseriu longa nota crítica (cerca de um décimo do texto) pelo facto de não ser autorizado o teatro naquela cidade[26], facto contra o qual Rousseau se insurgiu com violência[27]. Não obstante,

---

[23] Idem, *ibidem*.

[24] Idem, *ibidem*. Note-se que as afirmações em causa a que correspondem esta e as três notas antecedentes figuram tanto na versão inicial do *Contrato Social* como na versão impressa em 1762.

[25] Idem, *ibidem* [= ed. cit., p. 183-184].

[26] Publicado em 1957 na *Encyclopédie*, tomo VII.

[27] *J.-J. Rousseau, Citoyen de Genève, a M. D'Alembert, de l'Académie française, de l'Académie Royale des Sciences de Paris, de celle de Prussie, de la Société Royale de Londres, de l'Académie Royale des Belles Lettres de Suède, et de l'Institut de Bologne sur son Article GENÈVE. Dans le VII.ᵉ Volume de l'Encyclopédie, et Particulièrement sur le projet d'établir un Théatre de Comédie en cette Ville*, Amesterdão, 1758.

As Ideias de Cidadão e de Cidadania em Portugal. Génese e Evolução   251

é nesse artigo que entende existir, pela primeira vez, autêntica destrinça entre as várias ordens de pessoas. Merecerá, por isso, que nos detenhamos nas linhas em que D'Alembert perpetua semelhantes distinções, já que o autor do *Contrato Social* se louva nelas, mas sem explicitar o conteúdo.

Escreveu D'Alembert, que passamos a transcrever na própria língua: «On distingue dans *Genève* quatre ordres de personnes: les *citoyens* qui sont fils de bourgeois et nés dans la ville, eux seuls peuvent parvenir à la magistrature; les *bourgeois* qui sont fils de bourgeois ou de citoyens, mais nés en pays étranger, ou qui étant étrangers ont acquis le droit de bourgeoisie que le magistrat peut conférer; ils peuvent être du conseil général et même du grand-conseil appelé *des deux-cents*. Les *habitants* sont des étrangers qui ont permission du magistrat de demeurer dans la ville et qui n'y sont rien autre chose. Enfin les *natifs* sont les fils des habitants; ils ont quelques privilèges de plus que leurs pères mais ils sont exclus du gouvernement»[28].

10. Apesar de todos os antagonismos dialécticos e das divergências relativamente a Hobbes e entre os autores[29], a ideia de *cidadão* começa

---

[28] Utilizamos o texto do artigo sobre *Genève*, feito por D'Alembert para a *Encyclopédie*, inserido na edição de Rousseau, *Lettre à d'Alembert, Chronologie. Présentation. Notes. Dossier. Bibliographie par Marc Buffat*, Paris, Flammarion, 2003.

[29] Entre outros e quanto a Hobbes poderíamos citar Burlamaqui e Mably, autores bem conhecidos em Portugal, mas isso levar-nos-ia talvez demasiado longe com quebra do equilíbrio do texto e, portanto, da boa compreensão. Para Burlamaqui, um dos estados primitivos e originários – que não constituem obra do homem, mas de Deus – é o estado de sociedade, ou seja aquele em que os homens «estão huns a respeito dos outros» e «só por meio de socorros mutuos podem procurar a si hum estado agradavel e tranquilo». Mais: «Observa-se [...] nelles huma inclinação natural, que os une entre si, e entre elles estabelece hum commercio mutuo de serviços, e de beneficios donde rezulta o bem comum de todos, e a vantajem particular de cada hum». E «o estado natural dos homens [...] he [....,] sintese de união, e da sociedade». Por isso, a sociedade «não he outra couza mais, do que a *união de muitas pessoas entre si para sua commua vantajem*». Como se não bastasse, vinca, com energia, que a *sociabilidade* se reconduz a uma «disposição, que [...] inclina à benevolencia para com os nossos semelhantes; para lhes fazermos todo o bem, que pode depender de nós; para conciliarmos a nossa felicidade com a dos outros; e para sujeitarmos sempre o nosso bem particular ao bem geral, e comum». Da sociabilidade nascem as leis naturais. O quadro perfila-se de tal forma contrastante com as concepções hobbesianas para valer sequer a pena encarecer a antítese. Cfr. Burlamaqui,

252   *Em Homenagem ao Professor Doutor Diogo Freitas do Amaral*

a tomar forma consciente e vai progredindo. A prová-lo há um curioso episódio passado em 1774 com Beaumarchais. Este utilizou, então, a palavra *cidadão* em termos pressupondo clara diferenciação relativamente aos grupos específicos de poder: «Beaumarchais – são palavras de Antenor Nascentes –, tendo sido processado por um conselheiro de Paris, advogou em pessoa a sua causa diante do Parlamento e fez um apelo à opinião pública. 'Eu sou um cidadão, disse ele; não sou nem um banqueiro, nem um abade, nem um cortesão, nem um favorito, nada daquilo que se chama uma potência; eu sou um cidadão, isto é, alguma coisa de novo, alguma coisa de imprevisto e de desconhecido em França; eu sou um cidadão, quer dizer, aquilo que já devieis ser ha duzentos anos e que sereis dentro de vinte talvez!'. O discurso de Beaumarchais teve enorme retumbância. A datar deste momento o título de cidadão foi adoptado por todos os espíritos liberais, por todos os homens de iniciativa preocupados com o interesse social»[30]. Apesar da invocada novidade de enfoque, a verdade é que os dizeres de Beaumarchais apenas fazem sentido se o auditório a que se destinavam fosse receptivo; se os destinatários estivessem preparados para compreender o correlativo alcance. Não por acaso, aliás, apenas três anos depois, a Constituição dos Estados Unidos consagraria também o estatuto jurídico-político ao *cidadão* sem se julgar sequer necessário qualquer clarificação do que os constituintes entendiam por tal palavra. Como fosse coisa óbvia. Algo de adquirido. Logo no art.º 1.º, secção 2, fixa-se como requisito de membro da Câmara dos Represen-

---

Elementos de Direito Natural, P. 1, c. 4, § 3 [= trad. port. de José Caetano de Mesquita, Lisboa, 1768, I, p. 13] e P. 2, c. 4, §§ 15 e 16 [= ed. cit., II, p. 63-64 e 65 e s.]. Note-se, aliás, que além desta trad. para a nossa língua publicada e oferecida a D. José I pelo professor de Retórica e Lógica no Real Colégio dos Nobres, os *Elements* foram depois ainda editados entre nós na língua original pela Imprensa da Universidade de Coimbra em 1837, segundo a edição de Paris de 1821. Mably, esse, citando Grócio, Hobbes, Wolf e Pufendorf a respeito da ligação de cada cidadão pelas leis da sociedade de que é membro (*Direitos e Deveres do Cidadão*, carta 1 [= Lisboa, Imprensa Nacional, 1821, p. 7]), dirá do segundo: «Obbes [*sic*] poderia ter roubado a Locke a gloria de fazer-vos conhecer os principios fundamentaes da sociedade, mas seguindo por huma serie de acontecimentos, ou por interesses, hum partido desgraçado, empregou todos os recursos d'hum genio sublime em estabelecer hum systema funesto à humanidade, e que elle proprio teria reprovado, se em lugar das desordens da anarchia tivesse experimentado os inconvenientes do despotismo». Mably, *Direitos e Deveres do Cidadão*, carta cit. [= ed. cit., p. 11].

[30] Cfr. Antenor Nascentes, *Dicionário da Língua Portuguesa da Academia Brasileira de Letras*, Rio, 1932, cit. por José Pedro Machado, *Dicionário Etimológico da Língua Portuguesa*, Lisboa, Editorial Confluência, 1956 (1.ª ed.), s. v. «cidade», I, p. 599.

As Ideias de Cidadão e de Cidadania em Portugal. Génese e Evolução 253

tantes o ser *cidadão* dos Estados Unidos há, pelo menos, sete anos; e no mesmo artigo, secção 3, impõe-se para o cargo de Senador ser *cidadão* há nove anos. Também para o Presidente se estabelece que nenhuma pessoa que não seja cidadão dos Estados Unidos será elegível (art.º. 2, secção 1). É-se, de resto, cidadão dos Estados Unidos como dos vários Estados que os compõem. «Os cidadãos de cada *estado* em particular, terão nos outros *estados* – dispõe o art.º IV – direito a todos os privilégios, e liberdades, que aí gozarem os seus cidadãos». O termo *cidadão*, aliás, anda correlaccionado com o de *povo*, que está na origem do *poder*.

11. É certo, no respeitante a Portugal, que os autores que visitámos conheceram barreiras ou obstáculos quanto à respectiva divulgação, a começar pelos entraves da censura. Mas, de uma ou outra forma, os factores adversos foram superados. Não cabe aqui desenhar o caso de cada um. Limitamo-nos ao de Hobbes por menos conhecido e, até certo ponto, como paradigmático.

Cedo, a actividade censória recaiu sobre os livros de Hobbes e foi repetidamente enunciada. Bujanda, regista sobre os *opera omnia* os Decretos da Congregação do Índice de 5 de Outubro de 1649, de 29 de Agosto de 1701 e de 7 de Maio de 1703; para os *Elementa Philosophica de Cive*, por referência à edição de Amsterdão, 1647, o Decreto de 10 de Junho de 1654 e até 1758; para o *Leviathan*, com referência à ed. de Amsterdão de 1668 e à ed. inglesa de 1651, o Decreto de 12 de Março de 1703, censura que persistiu até 1900[31]. Nos verbetes relativos aos exemplares das obras de Thomas Hobbes pertencentes à Biblioteca do Palácio de Mafra, a que teremos oportunidade de nos voltar a referir, consigna-se também, para além dos Decretos mencionados, e relativamente a todas as obras, ainda um de 4 de Maio de 1709: «*Prohibidas todas as suas obras por Decreto de 4. de Maio de 1709.*», «*Prohib.ᵃˢ ut supra.*»[32]. A tudo acrescem as específicas interdições portuguesas. Em 24 de Setembro de

---

[31] J. M. Bujanda, *Index Librorum Prohibitorum. 1600-1966*, Centre d'Études de la Renaissance, Université de Sherbrooke, Montréal, Médiaspaul, Genève, Librairie Droz, 2002, p. 441.

[32] Biblioteca do Palácio de Mafra, respectivamente verbete «Hobbes / Thomas / Elementa Philosofica de Cive. Editio nova accuratior. Iuxta exemplar Amstelodami apud Henric. et Viduam Thomae Boon 1742, em 12. LI = 1 = 1 e V.»; e verbete: «Opera Philosophica, quae latine scripsit omnia: anté quidem per partes, nunc autem post cognitas omnium objectiones conjunctim, et accuratius edite: Amstelodami apud Joan Blaceu 1668 em 4º. LI = 4 = 6.».

1770, foram proibidos por edital da Real Mesa Censória tanto o texto latino do *De Cive* (Amsterdão, 1642) como a tradução francesa e o *Leviathan* (Londres, 1650)[33]. António Pereira de Figueiredo chegou a propor que na mesma lista fosse também incluído uma obra de Lambert Velthuysien intitulada *Dissertatio de principiis juxti et decori*, defendida já por Roma e contendo uma apologia hobbesiana[34].

A isto juntou-se, no que respeita à versão inglesa dos livros de Hobbes, a barreira linguística, ainda registada em 1825 por José Agostinho de Macedo, escrevendo, na qualidade de *censor ordinário*, ao examinar uma relação de livros presentes na Alfândega e de que constavam obras do nosso autor escritas em francês: «os livros ingleses eram aqui [em Portugal] pouco lidos e jaziam pasto da traça nas lojas dos livreiros que os introduziam neste reino»[35]. Se o acesso à produção literária inglesa constituía um facto em época já tão próxima de nós, a supressão das obras de Hobbes pelo frade truculento era, porém, igualmente tardia. O processo evolutivo da censura estava já na fase de declínio, como é sabido. Seja como for, ao censurar, fazia-o não levado por um rumor negativo que o nome acarretasse, mas com conhecimento concreto de causa. Ele não hesitou no *Espectador Português* em citar Hobbes, mas qualificando-o com o ferrete de «antesignano de todos os Publicitas»[36] e, embora fale na guerra *omnium contra omnes* e aluda a um princípio do pacto social, não vai, porém, como sublinhou Isabel Bahnond de Almeida, «além do que haviam feito os Mestres franceses na sua luta contra os princípios revolucionários assentes no voluntarismo contratualista»[37].

---

[33] MARIA ADELAIDE SALVADOR MARQUES, *A Real Mesa Censória...*, p. 157-158; MARTIM DE ALBUQUERQUE, *A Sombra de Maquiavel e a Ética Tradicional Portuguesa*, Lisboa, Instituto Histórico Infante D. Henrique, da Faculdade de Letras, p. 120 e *Maquiavel e Portugal. Estudos de História das Ideias Políticas*, Lisboa, Aletheia, 2007, p. 365, nota 85.

[34] MARIA TERESA ESTEVES PAYÃ MARTINS, *A Censura Literária em Portugal nos Séculos XII e XIII*, Lisboa, Fundação Calouste Gulbenkian e Fundação da Ciência e do Ensino Superior, 2005, p. 400 e 403. Para a exaltação hobbesiana de Velthuysien – «greeted *De Cive* with warm enthusiasm» no dizer de Samuel I. Mintz – no contexto dos entusiastas e adversários de Hobbes, v. do mesmo Samuel I. Mintz, *The Hunting of Leviathan. Seventeenth – century reactions to materialism and moral philosophy of Thomas Hobbes*, Cambridge, University Press, 1970, p. 20. Este autor chama-lhe Lambertino Velthuysien e cita a propósito: *Epistolica Dissertatio de Principiis Justi et Decori*, Amsterdam, 1651.

[35] MARIA TERESA ESTEVES PAYÃ MARTINS, *A Censura Literária em Portugal nos Séculos XII e XIII...*, p. 402.

[36] ISABEL BAHNOND DE ALMEIDA, *A Ideia de Liberdade em Portugal...*, vol. II, p. 999.

[37] Idem, *ibidem*.

As Ideias de Cidadão e de Cidadania em Portugal. Génese e Evolução   255

12. Não obstante as barreiras, as obras do grande pensador inglês conseguiam inquestionavelmente fazer percurso e dele deixaram claras marcas, como resultado de vária ordem de factos. Primeiramente, as dispensas para ler e possuir os livros do autor do *Leviatã* que se nos deparam nas fontes. D. Gastão José da Câmara Coutinho em Novembro de 1759, ao obter uma licença dessas, era impedido de ler várias obras, entre elas as de Hobbes[38], mas já em 1772 logrou, com base numa outra de 1757, ser autorizado a ler todos os livros proibidos, à excepção do *Adonis* de Marino e dos de Maquiavel[39]. Em Abril de 1776, D. José Pessanha possuia devidamente autorizado o *De Cive*[40]. De 1788, data um pedido, que viria a ser deferido, do Reitor e Bibliotecário do Real Colégio de S. Pedro, João de Magalhães e Avelar para adquirir para o Colégio e para si, ao livreiro João Pedro Aillaud, vários livros e, entre eles, mais uma vez o *De Cive*[41]. Em segundo lugar, a circunstância de as bibliotecas públicas portuguesas conservarem ainda hoje múltiplos exemplares seiscentistas e setecentistas da bibliografia hobbesiana. Na Biblioteca Nacional de Lisboa, existem dois exemplares do *De Cive*, edição de Daniel Elzevir, Amsterdão 1669[42]; na da Academia das Ciências (livraria dos frades) os *Elementa Philosophica*, Londres 1635[43] e o *De Cive*, Lausanne 1760[44]; na do Palácio da Ajuda, o *De Cive* quer em latim, ed. de Lausanne, cit.[45], quer em francês, Amsterdão 1649[46]; na do Palácio de Mafra o *De Cive* em latim, Amsterdão 1742[47], e os *Opera Philosophica*, também desta cidade, 1668[48]; na Biblioteca Pública do Porto, além do *De*

---

[38] Maria Teresa Esteves Payã Martins, *A Censura Literária...*, p. 196.

[39] Idem, *ibidem*.

[40] Idem, p. 402.

[41] Idem, p. 402-404.

[42] BNL., Elz. 171 e Elz. 339.

[43] Academia das Ciências de Lisboa, E 8ª/4.

[44] Academia das Ciências de Lisboa, E 8ª/4

[45] Biblioteca do Palácio Nacional da Ajuda, 96 – I – 12.

[46] Biblioteca do Palácio Nacional da Ajuda, 103 – I – 2a. Trata-se dos *Eléments philosophiques du cityoen traité politique où les fondements de la société civile sont découverts par Thomas Hobbes et traduit par un de ses amis*. A tradução é de Samuel Sorbière e a indicação de Amsterdão representa, como recorda Teresa Payã Martins, «une fausse adresse», pois, em verdade, o livro foi editado em Paris.

[47] Cfr. *supra*.

[48] Cfr. *supra*.

Cive, 1640[49], as edições de Amsterdão 1742[50] e Lausanne 1782[51], e, bem assim, traduções francesas de outras produções de Hobbes – *Les Elements de la Politique*, Paris, 1660[52], *De la nature humaine*, Londres, 1772[53], e *Oeuvres Philosophiques et Politiques*, Neuschatel, 1787[54].

Sem dúvida de algumas das espécies citadas não temos o *iter* e não sabemos exactamente quando deram entrada nas respectivas bibliotecas, mas, pelas datas e por alguns indícios, podemos razoavelmente presumir que aí foram integradas antes do fim da censura em Portugal – caso dos exemplares da Biblioteca do Palácio de Mafra – ou que já circulavam antes de isso acontecer. A este último propósito, vinque-se que um exemplar do *De Cive* da Biblioteca Nacional tem o pertence de Cipriano Ribeiro Freire, nasc. em 1749 e fal. em Lisboa a 4 de Junho de 1824, isto é, já depois da primeira Constituição portuguesa. É, aliás, aceitavel admitir que Ribeiro Freire tenha contactado com a obra de Hobbes e adquirido o seu exemplar do *De Cive* durante a longa permanência como diplomata em Inglaterra – de 1774 a 1791[55]. Seja como for, o certo é que na Biblioteca Nacional entrou um exemplar *in* 8.º do *De Cive*, proveniente da Real Mesa Censória, quando foi extinta. É o que consta do *Catálogo* dos livros suprimidos que desta transitaram para a Real Biblioteca Pública[56]. Livros provenientes das apreensões a livreiros, que, a despeito de tudo, continuavam a tentar importar e comercializar obras interditas, como as de Hobbes[57].

A dificuldade linguística, por seu turno, foi, em parte, superada pelas versões em latim e francês das produções de Hobbes, línguas a que, se o *extractos sociais inertes* – para usar uma expressão de Roberto

---

[49] B.P.M. Porto, J – 1 – 40.

[50] B.P.M. Porto, J – 1 – 41.

[51] B.P.M. Porto, J – 1 – 42.

[52] B.P.M. Porto, J – 1 – 43.

[53] B.P.M. Porto, R – 1 – 10.

[54] B.P.M. Porto, Q – 7 – 38.

[55] Esteves Pereira e Guilherme Rodrigues, *Portugal. Diccionario Historico, Chorsographico, Biographico, Heraldico, Numismatico e Artistico*, Lisboa, João Romano Torres, 1907, vol. III, p. 584, *sub voce* «Freire (Cypriano Ribeiro)».

[56] Maria Teresa Esteves Payä Martins, *A Censura...*, p. 405.

[57] Cfr. Teófilo Braga, *História da Universidade de Coimbra nas suas relações com a Instrucção Publica Portugueza*, Lisboa, Typographia da Academia Real das Sciencias, III, p. 50; Isabel Bahnond de Almeida, *A Ideia de Liberdade em Portugal....*, II, p. 861, nota 7498.

As *Ideias* de Cidadão e de Cidadania em *Portugal. Génese e Evolução*   257

López – não tinham acesso, as classes superiores e dirigentes, como o clero e a nobreza, manejavam e dominavam. Ou seja, que estavam no domínio intelectual e letrado.

13. O que se passou com Hobbes verificou-se relativamente a Portugal, com mais ou menos variantes de pormenor, mas de forma essencialmente análoga aos outros autores sobre que nos debruçámos. Eles serão, todavia, superados largamente pela marca dos constitucionalismos emergentes no último quartel do século XVIII e primeiro da centúria imediata. As ideias da Revolução Americana e da Revolução Francesa disseminaram-se pelos extractos económicos abastados e mais cultos e atingiram em particular, a prosa de combate de certa imprensa, a começar pelo jornalismo, sobretudo no período entre a nossa primeira revolução liberal – a de 24 de Agosto de 1820 – e a primeira Constituição portuguesa (a de 1822). Vale bem a pena determo-nos nestes dois pontos.

Entre 1820 e 1822 a palavra cidadão é manejada e serve em múltiplos sentidos, seja pelo lado da população liberal seja pelos realistas, estes embora com menos frequência, sem empenhamento idêntico e anatematizando, inclusive, o seu conteúdo revolucionário. Assim, acontece com a referência a *cidadãos activos* enquanto «nome que deram os Jacobinos à gentalha de Paris no tempo da revolução»[58]. Tirante isso, a palavra cidadão reveste, ou deve revestir, um significado positivo como resulta das qualificações que lhe são apostas: *cidadão honrado*; *cidadão de merecimento*; *cidadão amigo da Religião e da Pátria*; *cidadão venturoso*; *cidadão* [...] *justo, pacífico, virtuoso*; *cidadão imparcial*; *cidadão de talento...*[59]. O rei é o primeiro cidadão[60]; fala-se, também, em *direitos* (*e deveres*) *do cidadão*[61]; o vocábulo aparece em correlação com as ideias de *liberdade*[62], de *abolição de classes* e com a *igualdade*[63]; figura na

---

[58] Cfr. para estas e outras expressões de valor análogo os textos em TELMO DOS SANTOS VERDELHO, *As palavras e as ideias na Revolução Liberal de 1820*, Coimbra, Instituto Nacional de Investigação Científica, 1981, p. 248-250 *et passim*.

[59] Idem, ibidem.

[60] Idem, p. 234.

[61] Idem, p. 249. Com remissão para o «Amigo da Ordem» (II, 20). Quanto aos deveres v. ISABEL A *Aprendizagem da Cidadania em Portugal (1820-1823)*, Coimbra, Minerva, 1997, p. 108, com remissão para um texto de Manuel Ferreira de Seabra da Mota e Silva de 1820.

[62] ISABEL NOBRE VARGUES, *ob. cit.*, p. 107-108, onde se transcreve um soneto do célebre António Luís de Seabra em que se diz, v. g.: «erguei que é tempo, Ó Cidadãos, o brado / Da Lusitana antiga Liberdade» (1820).

258 *Em Homenagem ao Professor Doutor Diogo Freitas do Amaral*

titulação de impressos[64]; editam-se *catecismos constitucionais* e *catecismos do cidadão*[65]; conecta-se especificamente o cidadão com a Constituição: *cidadão constitucional*[66]. Não por acaso. O impacto dos constitucionalismos que, como se disse, vinha de trás, tem neste período um momento de grande impacto. De 1820 a 1822 viram a luz em português:

---

[63] ISABEL NOBRE VARGUES, *ob. cit.*, p. 109, com transcrição de vários textos probatórios.

[64] SANTOS VERDELHO, *ob. cit.*, p. 358: *O Cidadão Liberal rindo com sua sanfona dos corcundas portugueses*, por F.J.B. [Francisco José Bingre], Porto, Imp. de Gandra 1822; *O Cidadão Literato periódico de política e literatura*, coordenado por José Pinto Rebelo de Carvalho, Manuel Ferreira de Seabra e António Luís de Seabra, Coimbra, Imprensa da Universidade, 1821.

[65] SANTOS VERDELHO, *ob. cit..*, p. 273. ISABEL NOBRE VARGUES, *ob. cit.*, p. 159 e s. Como lembra esta investigadora, o *catecismo político*, género em que os *catecismos constitucionais* e os *catecismos do cidadão* se subscrevem, representa «importante prática cultural e política, bastante incrementada ao longo do triénio vintista», sendo nela que «melhor vemos a articulação entre o sagrado e o profano e a afirmação evidente de que a revolução liberal operava a sua própria sacralização» (p. 159-160). E, consoante anota pertinentemente, o *catecismo constitucional* e *político* que vem de trás, emerge «com muito mais fôlego depois de 1820» (p. 160). Lembra a propósito e nomeadamente (p. 162 e s.) a tradução para português do *Catecismo do Cidadão* de Volney, devida ao P.[e] José Portelli (1820), obra que foi proíbida e de que houve nova versão por Pedro Ciríaco da Silva em 1822; a tradução do *Catecismo patriotico para uso de todos os cidadãos portugueses* de De la Croix, realizada em 1820 por MANUEL FERREIRA DE SEABRA, o *Catecismo religioso – politico – agronomo* e o *Catecismo politico*, de 1821, aparecidos todos os três em periódicos; o projecto de lei de Borges Carneiro (20 de Dezembro de 1822), para se promover um catecismo político e as múltiplas respostas que obteve; o *Catecismo religioso, moral e politico* de JOAQUINA CÂNDIDA DE SOUSA CALHEIROS LOBO, o *Cathecismo polytico constitucional* de ANTÓNIO HERCULANO DEBOUIS e o *Cathecismo politico do cidadão portuguez*, por RODRIGO FERREIRA DA COSTA, estes três dados à luz impressória em 1822. Embora já mais tardio, próximo deste tipo podemos referir, de FERREIRA BORGES, a *Cartilha do cidadão constitucional, dedicada à mocidade portugueza*, Londres, T. C. Hansard, 1832. Nele enquadra, igualmente, mas a ainda posterior, de J. A. N. [JOAQUIM ANTÓNIO NOGUEIRA] o *Catão Portuguez ou Cathecismo Constitucional para instrucção politica da mocidade*, Lisboa, Typographia de M. J. Coelho, 1845.

[66] Idem, p. 371. Refere-se o *Manual político do cidadão constitucional*, Lisboa, Nova Impressão da Viúva Neves e Filhos, 1820. De mencionar é, igualmente, de INOCÊNCIO ANTÓNIO DE MIRANDA, Abade de Medrões, *O Cidadão Lusitano. Breve Compendio em que se demostrão os Fructos da Constituição, e os Deveres do Cidadão Constitucional para com Deos, para com o Rei, para com a Patria, e para com todos os seus Concidadãos. Dialogo entre hum Liberal, e hum Servil – o Abade Roberto – e D. Julio*, Lisboa, Nova Impressão da Viúva Neves e Filhos, 1822. Esta obra apenas vem apenas elencada na *Bibliografia* do livro de Santos Verdelho, p. 373, mas não mencionada no texto, teve segunda edição e conheceu crítica de *Ambrósio às direitas*.

As *Ideias de* Cidadão *e de* Cidadania *em Portugal. Génese e Evolução*   259

a Constituição francesa de 1789 (1790 e 1791), com a *Declaração dos direitos do homem e do cidadão*[67]; a Constituição espanhola dada em nome de Fernando VII, durante a sua ausência e cativeiro, pelas cortes gerais e extraordinárias[68]; as Constituições francesa de 1793[69] e de 1795[70]; a Constituição dos Países Baixos de 1815[71]; as francesas de 1799[72], 1804[73] e 1814[74]; em 1820-1821, a Carta Constitucional de Luís XVIII[75]; em 1821, a Constituição dos Estados Unidos da América[76]; a francesa de 1802[77]; a do império francês de 1815[78]; a de Espanha de 1808[79]; a dos Estados Unidos da Venezuela de 1814[80]; a das Províncias Unidas do Prata de 1811[81]; a da República da Colômbia de 1819[82]; a da Noruega de 1814[83]; por fim, em 1822, foi a vez, de novo, da Constituição dos Estados Unidos da América[84] e ainda diversos dos seus estados – Geórgia (1777)[85], Massachussetts (1780)[86], Carolina do Norte (1776)[87], Carolina do Sul (1778)[88], Maryland (1776)[89], Virgínia (também 1776)[90] e Pensilvânia (igualmente do mesmo ano)[91].

---

[67] *Colecção de Constituições Antigas e modernas com o projecto d'outras, seguidas de hum exame comparativo de todas ellas. Por dois Bachareis*, Lisboa, Typographia Roblandiana, 1820, I, p. 65-164.

[68] *Colecção...*, I, p. 165-323.

[69] *Colecção...*, 1821, II, p. 3-36.

[70] *Colecção...*, II, p. 37-140.

[71] *Colecção...*, II, p. 141-210.

[72] *Colecção...*, II, p. 211-242.

[73] *Colecção...*, II, p. 243-304.

[74] *Colecção...*, II, p. 305-313.

[75] *Colecção...*, II, p. 314-321; 1821, III, p. 3-38.

[76] *Constituição dos Estados Unidos da América traduzida em portuguez****, Lisboa, Typografia Morandiana, 184. Com licença da Comissão de Censura.

[77] *Colecção...*, III, p. 48-.

[78] *Colecção...*, III, p. 72-94.

[79] *Colecção...*, III, p. 103-128.

[80] *Colecção...*, III, p. 129-242.

[81] *Colecção...*, III, p. 243-282.

[82] *Colecção...*, III, p. 283-289.

[83] *Colecção...*, III, p. 300-335.

[84] *Colecção...*, 1822, IV, p. 1-61.

[85] *Colecção...*, IV, p. 62-89.

[86] *Colecção...*, IV, p. 90-168.

[87] *Colecção...*, IV, p. 169-195.

[88] *Colecção...*, IV, p. 196-231.

[89] *Colecção...*, IV, p. 232-270.

14. O termo *cidadão*, disse-se já, não passou então de uma «palavra de muita voga jornalística e oficiosa, sem ter entrado provavelmente no falar quotidiano dos portugueses, a não ser na acepção irónica e imprecativa de um qualquer 'titius' da casuística diária»[92]. Provavelmente. Sem discutirmos a asserto, há que levar, porém, em linha de conta que, para lá da difusão jornalística, o vocábulo penetrou fortemente no discurso parlamentar. A tal ponto que se regista de 1820 a 1822 em mais de mil entradas do Diário das Sessões. E em conexão, nomeadamente, com termos alta expressividade do prisma ideológico, embora apresentando frequências díspares. Pelo menos, 486 vezes (229 diários) em relação com a palavra *liberdade*; 415 vezes (220 diários) com *cidadão*; 96 (81 diários) com *deveres*; 62 (56 diários) com *igualdade*; 13 (12 diários) com *direitos e deveres*; 5 vezes (e 5 diários) com *democracia*[93].Conjugando estes dados, os dos periódicos e os das várias constituições invocadas, o substantivo cidadão emerge dotado da generalidade e das principais virtualidades que hoje lhe são atribuídas. Não é difícil descobrir no seu uso diversas significações essenciais: o cidadão enquanto membro de um corpo político organizado que se contrapõe ao indivíduo indiferenciado de uma multidão atomística; como alguém portador de deveres e direitos; pessoa capaz de eleger e de ser eleita políticamente; membro de um Estado ou de uma Nação, livre e articulado com iguais – os concidadãos... E não custa descobrir nesta polissemia as traves mestras de um estatuto político-jurídico específico – o da *cidadania* –, embora a noção de *cidadania* em concreto só muito mais tarde venha a ser consagrada conceptualmente, nem sequer figurando nos diários das primeiras constituintes.

15. O processo de vulgarização da ideia de *cidadania*, como sucede com frequência nos trajectos evolutivos das ideias, demorou, de facto, a

---

[90] *Colecção...*, IV, p. 271-288.

[91] *Colecção...*, IV, p. 289-319.

[92] TELMO VERDELHO, *As palavras e as ideias...*, p. 248.

[93] http://debates.parlamento.pt/search.aspx?cid=mc.c1821. Isto a despeito de no *Repertório ou Indice alfabético das matérias comprehendidas nos sete volumes dos Diarios das Cortes Geraes, Extraordinarias, e Constituintes da Nação Portugueza, congregadas no anno de 1821;e nos dous volumes da segunda legislatura, do anno de 1822*, Coimbra, 1835, p. 24, apenas se dedicarem quatro entradas à palavra cidadão com cerca de dúzia e meia de remissões.

As Ideias de Cidadão e de Cidadania em Portugal. Génese e Evolução   261

impor-se em Portugal. Para se ter uma ideia de quão tarde a consagração se deu, basta dizer que a palavra *cidadania* só adquire vulgarização e consagração bem ulteriormente. Refira-se que a não consignam a primeira edição do *Dicionário de Morais*, ou o *Dicionário de Língua Portuguesa* de Eduardo de Faria em 1855, nem ainda o *Novo Dicionário da Língua Portuguesa* de Cândido de Figueiredo em 1899. Vêm, nessas obras, apenas elencados os termos básicos *cidade* e *cidadão*. Para o primeiro vocábulo, do latim *civitate* (ablativo de *civitas, atis*) e derivado de *civis*, consigna-se o significado de povoação de certa graduação, povo, gente que habita uma cidade, que se opõe à do campo e à corte ou aos cortesãos (Faria); nome comum, legalmente reconhecido, das povoações de primeira ordem no país, bem como os respectivos moradores (C. de Figueiredo). Quanto ao vocábulo *cidadão* (de *cidade* + sufixo *ão*) é apontado como sinónimo de *nome* dos moradores de alguma cidade ou país livre, cuja constituição política lhes outorga certos direitos, privilégios e segurança, e opostos à classe da nobreza e da ínfima plebe; o que está no gozo dos direitos civis e político de um estado. Como, porém, lembra Houaiss, o termo *cidadania,* esse, só em 1913 passa a constar da dicionarística, graças à segunda edição de Cândido de Figueiredo[94]. Ainda assim, ao longo de todo o século dezanove e mesmo no primeiro quartel do século do século vinte ele nem sequer obteve expressão na retórica parlamentar. De facto, não aparece uma única vez no *Diário das Cortes Gerais e Extraordinárias da Nação Portuguesa* (1821-1822), no *Diário da Câmara dos Deputados* (1822-1910), nas *Actas da Câmara dos Pares* (1826-1838), no *Diário das Cortes Gerais e Extraordinárias* (1837-1838), nem no *Diário da Câmara dos Senadores* (1838-1842), ou seja em todo o período da Monarquia Constitucional[95]. E o mesmo sucede relativamente à primeira República, com uma excepção, já tardia. Nos Diários do Senado e do Congresso da República de 1911 a 1926[96], na verdade, não logrou acolhimento e em 1922 conta uma única referência no Diário da Câmara dos Deputados. Referência, aliás, incidental e num contexto não originário. Barbosa de Magalhães, ao tempo Ministro dos Estrangeiros, dava conta à Câmara da sua missão ao Brasil, acompanhando o Presidente António José de Almeida, e a certa altura informa: «Devo

---

[94] CÂNDIDO DE FIGUEIREDO.
[95] http://debates.parlamento.pt
[96] Idem.

ainda lembrar que já depois do regresso a Portugal, o Congresso Federal prestou ao eminente homem público que está á frente da República Portuguesa – a qual não pode deixar de ficar gravada no nosso coração – a maior honra que pode conceder-se, qual é a cidadania brasileira.»[97]. Paradoxalmente, será preciso aguardar pelo Estado Novo para o vocábulo começar a ser de algum manejo no léxico parlamentar nacional. Em 1936, o deputado João do Amaral, encontrando-se em debate a Reforma Administrativa ou mais exactamente a proposta de lei n.º 73, de bases para a reforma do Código Administrativo, a fim de defender o municipalismo contra aquilo que, seguindo o saudoso Mestre e camarada António Sardinha, designava por «cadeado do Poder Central», reclama em nome da função histórica do município – isto é, a coesão da nação pelo «apelo constante e forçado às paixões e interesses dos cidadãos» – uma mais ampla autonomia desta instituição ou, para usar as próprias palavras do orador, o reconhecimento da sua soberania social. É, então, que especifica: «Para bem definir uma atitude eu desejaria que o município fosse uma escola de cidadania e de civismo. Dir-se-á que é este um conceito romântico e medieval de município.»[98]. Nem dois anos volvidos, precisamente o mesmo deputado esgrime no hemiciclo de novo a palavra cidadania. Desta feita, o tema era o projecto de lei n.º 188 referente às alterações à Constituição. Pugna pela fiscalização parlamentar da actividade governativa e responde aos que possam ter medo de um hipotético perigo da coesão do sistema político vigente que ela «não se nutre de qualquer absurda cumplicidade com possíveis erros ou desmandos do Governo»[99]. Sob a capa do salvo e devido respeito pelo Chefe da Revolução Nacional, João do Amaral assume frontalmente: «preferia que as calúnias e as suspeitas que diariamente nascem nas trevas e no silêncio morressem aqui num grande banho de luz e de verdade»[100]. Traça logo as metas da solidariedade a prestar ao líder em razão dos objectivos que devem ser atingidos, à cabeça estando a obra «de readaptar este povo civicamente enfermo, ao exercício dos deveres e direitos da cidadania»[101]. A palavra cidadania, depois desta quase dupla e auspiciosa estreia parlamentar devida á influência ideológica de António Sardinha, todavia, só na

---

[97] Diário da Câmara dos Deputados, sessão n.º 157, em 23 de Outubro de 1922.
[98] Diário das Sessões da Assembleia Nacional, de 19 de Fevereiro de 1936, p. 588.
[99] Idem, de15 de Dezembro de 1937, p. 254.
[100] Idem, *ibidem*.
[101] Idem, *ibidem*.

As *Ideias de* Cidadão *e de* Cidadania *em Portugal. Génese e Evolução*   263

década de quarenta reaparecerá em sede da assembleia política nela sendo utilizada diversas vezes. A grande eclosão, porém, ocorrerá com o 25 de Abril. Não pretendemos traçar aqui os sentidos em que se desdobrou no período inaugurado com a revolução de 1974. Podemos, todavia, anotar que mais como *direito* que como *dever*. Sem margem para dúvida são os direitos do cidadão que em geral se esgrimem e não as suas obrigações, o que, aliás, está na linha da tradição do nosso constitucionalismo, já atrás referida.

O emprego do termo cidadania no sentido da utilização generalizada e, por isso, como algo de enraizado na consciência colectiva, consoante resulta dos dicionaristas e de quanto se vem alinhando, é, pois, serôdio. Mais ao menos serôdia, a cidadania perfilar-se-á, todavia, em Portugal, a partir daí, progressiva e inexoravelmente, como um direito *político geral*, ao menos tendencialmente, e *igualitário* para uma universalidade de pessoas, que podem decidir, bem como são aptas não só para elegerem como para serem eleitas. Haverá *nuances*. Algumas distinções. Trajectos convergentes e divergentes. Quanto importa agora vincar é que produto da longa evolução e dos materiais díspares acumulados pela sedimentação dos séculos, sob a capa da liberdade (depois da democracia), a regra passará a ser a da igualdade identitária, quer das pessoas entre si, quer em relação à *polis*. Encerra-se, neste aspecto, um ciclo histórico. E outro se abre. O da cidadania não por reporte à nação, mas no enquadramento de uma estrutura supra-nacional, como é o caso da União Europeia. Uma cidadania suplementar e uma história em curso e a escrever. Que, nomeadamente, poderá tornar-se num acréscimo ou vir a desenhar-se, pelo contrário, como superadora e término do já adquirido.

AS CONOTAÇÕES POLÍTICAS E JUS-FILOSÓFICAS DA SOCIEDADE E A LIBERDADE DOS POVOS: DA RESTAURAÇÃO A D. PEDRO II

ISABEL MARIA BANOND DE ALMEIDA

O presente texto foi pensado no âmbito da História das Ideias Políticas. Ter presente este mote é indispensável para se compreender o que em seguida será dito, na estreita ligação entre Autores que sobre a vertente temática se pronunciaram.

1 – A versão restauracionista do problema

O séc. XVII no campo político vai pautar-se pelo conflito latente entre Estado e Igreja do qual e numa primeira fase esta sairá vencedora. Enquanto o primeiro promovia as tentativas de concentração de poderes, a segunda por variadas fórmulas conseguirá impor-se no campo da doutrinação política. Veremos de seguida com a possível brevidade os aspectos fundamentais que no plano duma apreciação global dos acontecimentos se colocaram em Portugal.

Usando de máxima objectividade parece, por força da consulta dos trabalhos que sobre a matéria têm sido publicados[1] e de que não temos interesse em fazer detalhada análise, que «O Prudente» e seu filho ainda se terão importado, pelo menos em teoria, com os agravos elencados e manifestos pelos portugueses. O neto, contudo, ao que parece muito

---

[1] LUÍS REIS TORGAL, *Ideologia Política e Teoria do Estado na Restauração,* I, Coimbra, Biblioteca Geral da Universidade de Coimbra, págs. 74 e ss. e bibliografia que menciona.

pouco apto para negócios de Estado e que nunca terá vindo a Portugal, foi o catalisador que os conjurados portugueses necessitavam para levar a braços a empresa da Restauração. Com tão pouca arte para escolher ministros como para governar, encarregou o célebre Miguel de Vasconcelos dos destinos de Portugal, enquanto escolhia Diogo Soares para secretário de Estado de Portugal em Madrid. O ódio visceral que os portugueses sentiam por essas duas personagens, em conjunto com mais alguns validos, acabou por resultar o pior possível para os interesses castelhanos, a que a vinda da princesa Margarida, Duquesa de Mântua e prima de Filipe IV de Espanha para o governo de Portugal, só complicou ainda mais as coisas[2].

O descontentamento não era apenas do povo[3]; os nobres[4] tinham muitas razões de queixa e o clero[5] nunca fora tão desprestigiado quanto por essa altura....

---

[2] De um modo geral, todos os Autores portugueses da época (salvo os declaradamente pró-dominação espanhola) se referem a estes personagens, com adjectivos muito pouco recomendáveis. Nota-se dos seus escritos um ódio intestino aos castelhanos, que nem sequer tentam disfarçar e que perpassa ao longo de todo o que escrevem, sem peias nem meias palavras. Se dúvidas ficassem – e não ficam, de facto – da leitura da História Geral portuguesa, estes trabalhos específicos numa determinada área representam o amor à Liberdade e independência por parte dos portugueses, a aversão a Castela, a vontade de lhes dar um tratamento igual ao que dispensavam aos portugueses ao longo de 60 anos e o elenco de infindáveis queixas, com que pretendem fundar as suas razões. Exagero ou não, excesso de patriotismo, muito possivelmente. Contudo, se todos alinham pelo mesmo diapasão, algo de verdade haveria certamente, já que aqui não há radicais nem moderados; todos dizem o mesmo e todos reagem da mesma forma ... Para desenvolvimentos em termos de História Geral, ÂNGELO PEREIRA, *História de Portugal*, III, págs. 5 e ss.

[3] JOEL SERRÃO, «Introdução», D. FRANCISCO MANUEL DE MELO, *Alterações de Évora do ano de 1637 (Epanáfora Política Primeira)*, Lisboa, 1966. Parece-nos ser, para além do recurso a Histórias Gerais, este o local onde melhor se documenta o ambiente revoltosos que precedeu os acontecimentos de 1640.

[4] Podemos incluir no número de descontentes e activamente interessados em alterar a situação os próprios judeus, que tão maltratados foram antes e depois de 1640. Escreve RODRIGUES CAVALHEIRO, *1640 e o Duque de Bragança*, pág. 47 que «lado a lado com o clero católico, os jesuítas, a nobreza, o alto comércio e o povo, foram os judeus utilíssimos elementos, e dos mais dedicados, nas manobras conspiratórias que precederam a Revolução.»

[5] Daí o facto de hoje estar suficientemente provada a sua intervenção activa no derrube do governo espanhol. Há bibliografia abundante e interessante sobre o tema, mas podemos encontrar um resumo esclarecedor em de RODRIGUES CAVALHEIRO, *1640, Richelieu e o Duque de Bragança*, Lisboa, Livraria Clássica Editora, 1942, págs. 23 e ss.

Depois da expulsão dos Filipes e já em plena Restauração, o tipo de literatura portuguesa[6] não irá diferir muito, sobretudo se atendermos ao circunstancialismo da eleição de D. João IV, de quem se pode dizer que se não foi bem aceite por certas camadas da sociedade portuguesa[7], foi por outros alcandorado à figura do «Encoberto», dando azo a que o mito do sebastianismo[8] se consolidasse mais e mais[9].

---

[6] Luís Reis Torgal, *Ideologia Política e Teoria do Estado na Restauração*, I, págs. 55 e ss., apresenta as ideias gerais sobre o tema, que desenvolveremos ao longo deste parágrafo aditando-lhe contributos novos e desenvolvendo, sempre que possível, a maioria das que apresenta. De um modo mais sintético, Joaquim Veríssimo Serrão, *A Historiografia Portuguesa*, II, Lisboa, Verbo, 1974, pág. 155.

[7] Houve sectores da sociedade portuguesa que se mantiveram fiéis a Espanha. Foi o caso de D. Duarte Luís de Meneses, 3º. Conde de Tarouca, que logo depois de 1641 passou a Espanha onde exerceu cargos importantes, levando consigo a família. Um dos seus filhos, D. Estevão de Meneses voltaria a Portugal anos volvidos, manifestando os motivos que o levaram não só a criticar a atitude do pai, mas as razões porque terá em Espanha permanecido tempo demais para além do início da idade da razão. Veja-se D. Estevão de Meneses, *Copia de las cartas que dexó escritas em Castilla D. Estevan de Meneses, hijo segundo del Conde de Tarouca, passando a Portugal*, Lisboa, 1663, de que possuímos edição que usamos para citar. Para a sua biografia, Diogo Barbosa Machado, *Biblioteca Lusitana*, I, Lisboa, 1930 (a primeira edição é de 1741), págs. 736 e 737; Inocêncio Francisco da Silva e Brito Aranha, *Dicionário Bibliográfico Português*, não fazem menção deste Autor. Ambas as cartas são uma justificação da sua permanência em Espanha e um pedido para que o rei de Portugal leve em consideração não apenas o facto de não ter tido escolha quando foi para Espanha, mas sobretudo a fidelidade que manifestamente sempre lhe dedicou.

[8] Há uma razoável bibliografia sobre o sebastianismo. Traços importantes podem ser encontrados em J. Lúcio de Azevedo, *História de António Vieira*, I, Lisboa, Clássica Editora, 1931, págs. 62 e ss., que se refere a factos que são desmembrados nalgumas das fontes que são alvo de estudo neste parágrafo; outras informações com importância são as que dão Fortunato de Almeida, *História de Portugal*, IV, Coimbra, 1929, págs. 48 e ss.; Manuel Pinheiro Chagas, *História de Portugal*, Lisboa, 1901, págs. 148 e ss.; D. Francisco Manuel de Melo, *Tacito Portuguez. Vida, e morte, dittos e feytos de el-rey Dom João IV, segundo apógrafo inédito da Biblioteca nacional com int., inf. e notas de Afrânio Peixoto, Rodolfo Garcia e Pedro Calmon*, Rio de Janeiro, 1940, cit. e bibliografia que apresenta a págs. 21 e ss.; Martim de Albuquerque, *O valor Politológico do Sebastianismo*, Paris, 1974. Segundo de Rodrigues Cavalheiro, *1640 e o Duque de Bragança*, Lisboa, 1942, pág. 20, foi ao clero que mais ficou a dever-se o desenvolvimento do mito do sebastianismo, sendo esta ordem aquela que mais fortemente se empenhou na teorização da figura do «Encoberto.» No que respeita aos escritores da época é justo destacar as reflexões de D. Francisco Manuel de Melo, *Tacito Portuguez*, pág. 50: «Corria já de sessenta annos, entre os Portuguezes hua opinião, ou ceyta civil, que a muytos teve credulos, em que vivia peregrinando pelo mundo ElRey Dom Sebastião;

A intervenção política dos Autores nacionais espraia-se, durante este período, em vários domínios[10]. Era preciso legitimar a subida ao trono de D. João IV[11], combater as investidas espanholas pouco convencidas da

estes erão com nome alegre chamados sebastianistas; estendeo-se não só aos antigos vassalos, mas seduzio a filhos e nettos, cujo engano comprehendia homens virtuosos, e sábios.» Quanto a JOAQUIM VERÍSSIMO SERRÃO, *A Historiografia Portuguesa,* II, págs. 13 e ss., entende que o sebastianismo é coincidente ao desastre de Alcácer Quibir e não uma mera consequência da dominação filipina.

[9] Em nota 4 ao Livro terceiro do *Tacito Portuguez,* escreve PEDRO CALMON que «a 'ceyta civil, que a muytos teve credulos' – sebastianismo fecundo em inspirações patrióticas – pode ser apreciada nos aspectos mais diversos. Preferimos vê-la como uma psicose colectiva, uma espécie de enfermidade moral: mas, neste caso, o sebastianismo é apenas a corrupção de um sentimento superior. Este prevalece durante a ocupação espanhola: inconformidade, respeito ao velho Portugal, esperança na sua recuperação, «lusismo», que fazia do fantasma do rei morto em África, o seu símbolo e a sua bandeira.» A. DE SOUSA E SILVA COSTA LOBO, pág. 31, escreve a este respeito que «a alusão do sebastianismo infestou, durante séculos, o espírito do povo portuguez, e não só entre as classes ignorantes, senão também entre os varões distintos pela intelligencia e pela posição social. Como em todas as superstições, que brotam, dos processos intimos do coração, nesta se revela igualmente uma affecção psychologica, que se traduz mais ou menos distintamente nos actos da vida usual, e nos eventos políticos e sociaes, que não são mais que a traducção externa do pensar intimo, a sua vestidura material.» Posteriormente, o mito sebástico manteve-se, sendo alvo de perseguições os seus contados seguidores no tempo de Pombal e projectando--se mesmo para Oitocentos, por força dos renovados terrores em que a população portuguesa vivia. Estes eram propícios à recuperação do tudo o que lhes fosse garantidamente nacional e incentivador dos seus esforços na manutenção duma luta mesmo desigual contra os invasores franceses, o que levou mesmo JOSÉ AGOSTINHO DE MACEDO, *Os Sebastianistas, Reflexões sobre esta ridículo seita,* apud *O Sebastianismo. Breve panorâma dum mito português,* pág. 15, a afirmar: «na História Universal da Demência Humana, ainda não apareceu nem aparecerá hum delírio similhante.» Depois disto a importância do sebastianismo perde força no plano político e avança sobretudo no campo literário, sendo certo que alguns dos nossos liberais, como Garrett e Herculano a ele se referiram, tal como Guerra Junqueiro, Oliveira Martins e outros.

[10] Também no plano da literatura de carácter histórico encontramos uma obra emblemática da autoria D. LUÍS DE MENESES, conde da Ericeira, a mais que famosa *História de Portugal Restaurado,* publicada em Lisboa, 1679 e 1698 e de que usamos a edição do Porto, Civilização, de 1945-46, em 5 volumes, com notas e prefácio de ANTÓNIO ÁLVARO DÓRIA. Referindo-se a esta Obra, LUÍS REIS TORGAL, *Ideologia Política e Teoria do Estado na Restauração,* I, pág. 6, nota, menciona 4 volumes mas deve ser lapso tipográfico. Ainda hoje se considera este como um dos mais relevantes marcos da historiografia nacional da Restauração, pendor e veia política à parte, vista a intervenção directa do seu autor nos meandros da Restauração.

[11] Cerca de vinte anos antes da aclamação de D. João e segundo relato proporcionado por D. FRANCISCO MANUEL DE MELO, *Tacito Portuguez,* pág. 11, já este ambiente se sentia. Assim e reportando-se à vinda dos Braganças a Lisboa para participarem no

As Conotações Políticas e Jus-Filosóficas da Sociedade e a Liberdade dos Povos:... 269

perda de Portugal, manobrar para obter da Santa Sé o reconhecimento do
D. João IV, agir no sentido mais adequado à defesa dos interesses ultra-
marinos portugueses, incrementar a defesa da cultura e da religião nacionais, a questão do jansenismo[12], o complexo problema dos cristãos-novos
e tantos mais.

Estas e outras questões, que se vão prolongando no tempo, chegando
inclusivamente algumas ao governo pombalino foram sendo alvo das
preocupações dos nossos escritores nos diversos domínios da sua particular actividade, sendo no presente quadro matéria de pontual referência
sempre que tal se justifique[13]. Trata-se de período literário extremamente
profícuo, embora nos pareça que mais pela quantidade das Obras
publicadas que pela sua originalidade relativa; o síndroma da repetição
torna-se por demais evidente nos vários campos de acção.

Importa ainda fazer menção aos pasquins manuscritos e impressos
que circulavam um pouco por todo o país, ao longos dos séculos XVII
e XVIII, normalmente visando determinadas pessoas singulares colocadas em postos de governação e cuja forma era muito variada, desde cartas
e diálogos, até às comédias, romances, cópias, etc.[14]

---

juramento do rei de Espanha em 1619, «O povo de Lisboa, sequiozo de Principes naturais, que por quarenta annos tinha faltado a seus olhos, agora vendo todos juntos, começou a alegrar-se: indistinctamente julgavão os Menistros castelhanos, e ainda os segundos
Portuguezes, era offensa da Magestade e grande reverencia com que todos olhavão para
os Duques de Bragança e Barcelos; porem o vulgo, que não tem compassos para medir
demonstarções, ou não percebia os cuidados, que occazionava, ou tinha em menos que
a demonstração, com que cada hora confirmava os suspiros dos coraçoens ciozos do
seu obzequio.» Quanto a Pedro Calmon, nas notas ao Livro quarto deste trabalho, págs.
187-190, apresenta uma resenha dos problemas que se impunha aos juristas da Restauração dirimir, com a sua doutrina da soberania popular e a que se juntaram os diplomatas
presentes em Cortes estrangeiras, nos termos que já ficaram antes vistos.

[12] Para este Autor não existe unanimidade na doutrina nacional. Sobre o ponto ver
ANTÓNIO JOSÉ SARAIVA e OSCAR LOPES, *História da Literatura Portuguesa*, Porto, 1976,
págs. 499 e ss.; JOSÉ V. DE PINA MARTINS, *Cultura Portuguesa*, Lisboa, Verbo, 1974, págs.
110 e ss.

[13] O destaque que costuma ser atribuído aos juristas não é mera figura de retórica,
nem generalidade que por o ser não mereça ser assinalada. Foi o direito e os seus corifeus
quem mais contribuiu para o desenvolvimento duma argumentação específica em prol da
soberania popular neste período, estribando-se nas suas antecessoras fontes jurídicas e na
autoridade dos homens da Segunda Escolástica. Estes mais que ninguém lançaram as
sementes da fraseologia jurídica de Setecentos e ajudaram os nosso juristas a elaborar a
argumentação da defesa dos direitos de D. João IV.

[14] JOAQUIM VERÍSSIMO SERRÃO, *A Historiografia Portuguesa*, II, págs. 407 e ss.

Quando clandestinas, e se bem que procurando esquivar-se à censura imposta pelo Santo Ofício, podiam ser nacionais ou estrangeiras, veiculando correntes de opinião normalmente adversas à ortodoxia instituída. Daí o perigo que representavam. Em termos políticos, criticavam e contra-criticavam os intérpretes da governação, sendo neste domínio justo dar a preponderância aos panfletos e aos pasquins, como antecessores do jornalismo político que em Portugal irá florescer definitivamente a partir do séc. XIX[15].

São relevantes nesta matéria todo um infindável conjunto de intrigas políticas, em que os personagens apresentados, mais conhecidos uns que outros, dão boa nota do ambiente pesado e pouco propenso a grandes aberturas de espírito que se vivia em Portugal, apresentando de igual modo um retrato razoavelmente conseguido da proliferação da baixa política que não olhava a meios para conseguir fins[16] e que, no que respeita à oposição a D. João IV, se resume na frase: «havia muito de

---

[15] GASTÃO DE MELO MATOS, *Panfletos do século XVII,* Lisboa, separata dos «Anais» da Academia Portuguesa de História, volume X, 1946, págs. 15 e ss. e referências bibliográficas que cita; ANTÓNIO JOSÉ SARAIVA, *A Política de Discriminação Social e a Repressão da Heterodoxia,* Lisboa, 1958, págs. 168 e ss.

[16] Logo em 1641 deu-se uma conspiração contra D. João IV que visava repor no governo Filipe IV de Espanha, nela tendo intervindo algumas das mais influentes figuras nacionais como o Marquês de Vila Real, o Duque de Caminha e o conde de Amarante, todos condenados à morte; o arcebispo de Braga, D. Sebastião de Matos de Noronha, morreu encarcerado, o inquisidor-mor de Portugal, D. Francisco de Castro esteve também envolvido neste golpe. GASTÃO DE MELO MATOS, *Panfletos,* págs. 21 e ss., a propósito da conjura de 1641, apresenta uma carta de Miguel de Vasconcelos, datada de 1641 e onde são identificadas várias personalidades da época apoiantes do domínio castelhano em Portugal. A carta é um ataque aos visados, cujo conhecimento é desigual, mas em que a figura do arcebispo de Braga é especialmente falada, «mas não muito conhecida.» Os outros participantes estão de igual modo identificados como parciais de Castela, neles se encontrando além de vários portugueses alguns castelhanos. Outro documento que o mesmo autor apresenta, a págs. 55 e ss., é uma carta ao conde de Castelo Melhor, onde são mencionados os «amigos» e os «inimigos" do escrivão da puridade, mas onde se menciona que "tem interesse político o manuscrito, porque apresenta nitidamente e sem disfarce a ideia de que todos os negócios públicos dependem de Castelo Melhor.» Para um relato dos acontecimentos, DAMIÃO PERES, *História de Portugal,* VI, Porto, 1938, págs. 14 e ss. Sobre o desenvolvimento desta contenda, FORTUNATO DE ALMEIDA, *História de Portugal,* IV, págs. 153 e ss.; PINHEIRO CHAGAS, *História de Portugal,* V, págs. 288 e ss, onde existe um relato circunstanciado da dita conspiração. Para um resumo condensado mas conseguido, PEDRO CALMON, nota 10 ao Livro quinto do *Tacito Portuguez,* págs. 216 e 217.

As Conotações Políticas e Jus-Filosóficas da Sociedade e a Liberdade dos Povos:... 271

interesse dissimulado – de consciência plena de que cumpriam o papel dos *mediadores* cuja aquiescência era necessária para manter o domínio de Portugal – nessa atitude de *zelosos* e *repúblicos*»[17]. Não é tema que nos interesse em especial, salvo quando incida sobre o tema que nos importa e, por esse motivo, o tratamento que lhe daremos será precisamente o mesmo que em relação aos autores individuais[18]. Com a preven-

---

[17] Fernando Bouza Alvarez, *Portugal no tempo dos Filipes, Política, Cultura, Representações (1580-1668),* Lisboa, Cosmos, 2000, pág. 23. O contexto de análise do problema cifra-se na maior ou menor adesão duma certa parte da nobreza e dos fidalgos à causa da Restauração. E acrescenta o autor que o *zelo* de alguns dos aderentes «não tenha resultado de outra coisa senão da identificação dos seus próprios privilégios com as Liberdades do Reino, como era coerente e habitual naquela época; o que fazia com que a defesa destas passasse pelo cumprimento daqueles.»

[18] Sirvam de exemplo as observações feitas por J. Lúcio de Azevedo, *História de António Vieira,* I, págs. 59 e ss., onde não apenas D. João IV é criticado mas igualmente se desfia um rol de situações de valimento e de intrigas palacianas, que eram o sal e a pimenta da Corte. São sobretudo mencionados os fiéis servidores do monarca que por circunstâncias mais ou menos cinzentas «eram na hora de perigo abandonados a seus perseguidores», dando como mote os casos que já conhecemos de D. Francisco Manuel de Melo, Manuel Fernandes de Vila Real ou o próprio conde de Vila Real. Reconhecidamente apenas o padre António Vieira e D. Francisco de Sousa Coutinho, pela galhardia das suas personalidades não tiveram tantas complicações em vida do monarca, o que de resto bem retratado está em D. Francisco Manuel de Melo, *Obras Métricas de D. Francisco Manuel,* Leon, 1675, «Eloga a Francisco de Sousa Coutinho, Embaixador de Olanda», págs. 89 e ss.; págs. 118 e ss. Outro retrato não menos demolidor da personalidade de D. João IV, como homem e como rei, pode ser encontrado em Pinheiro Chagas, *História de Portugal,* V, págs. 350 e 351, onde o rei é mesmo muito mal tratado: «assim como abandonava Francisco de Lucena [acusado pelos procuradores do povo em Cortes de 1642 de ser adepto do governo espanhol, sendo a acusação ao que parece perfeitamente infundada], abandonou sempre D. João IV todos os seus amigos, *e estava disposto a sacrificar vassallos e reino ao seu próprio bem estar.* Havemos de o ver prompto a abandonar, a renegar os heroicos Pernambucanos, que o acclamam, que pelejam por elle, que lhe offerecem a pátria que vão reconquistando; (...) havemos de vel-o disposto ainda a sacrificar o próprio reino, a independencia do pais que jurou manter, os vassalos que por elle tudo arriscaram, a uma combinação sacrílega, que assegure a prosperidade da casa de Bragança, embora deite sempre por terra a obra do 1°. De Dezembro. *Nunca se sentou n'thromo mais feroz egoísta».* Já Edgar Prestage, *O Conselho de Estado de D. João IV e de D. Luísa de Gusmão,* Arquivo Histórico Português, s. l., 1919, pág. 12 tem uma posição algo diversa por considera que «D. João IV tem sido geralmente chamado egoísta, mas o seu egoísmo não prejudicava o país; antes foi vantajoso que ele não tivesse tido nem validos nem fortes afectos pessoais capazes de lhe distrair a atenção. (...) Pode dizer-se que além da rainha e de António Pais Viegas, seu secretário particular nos tempos de Vila Viçosa não tinha confidentes. Cioso da sua autoridade, mantinha grande reserva

272 Em Homenagem ao Professor Doutor Diogo Freitas do Amaral

ção que aqui se deixa e será reiterada nos locais próprios de uma boa dose de parcialidade e falta de isenção em que, de resto, os seus autores se compraziam em salientar.

O largo período de domínio filipino deixara graves embaraços não apenas à cultura portuguesa, mas também aos desígnios políticos nacionais. Entre 1580 e 1640 praticamente não houve Cortes em Portugal[19], porque o exercício do vicerreinato em nada se podia comparar ao esplendor do centro político de um reino. Posteriormente, as inúmeras ocupações com a problemática do reconhecimento do Estado português no

---

para com os outros (...). A sua desconfiança que o levava a praticar bastantes injustiças sem querer era natural num homem da sua raça e num soberano que a par das dedicações sinceras tinha experimentado muita duplicidade por parte dos servidores (...). *Como homem não o havemos de ver menos ingrato que como rei. (...).*» D. Francisco Manuel de Melo, *Tacito Portuguez,* refere-se a este controverso personagem que em nota 12 ao Livro Quarto da mesma Obra, págs. 192-194, considera que «antecipando de um seculo a política do Marquês de Pombal, faltava ao secretário a sua fidalguia. Plebeu letrado, a sua hostilidade aos grandes do Reino e aos generais (Vimioso, Martim Afonso de Melo, Álvaro de Abranches) não podia ser muito tempo socorrida de D. João IV, receioso dos traidores e agradecido aos que lhe tinham dado a coroa e os triunfos ... (...) A constituição duma espécie de "frente comum da nobreza contra o secretário, o desfavor em que caiu, a prisão, o suplício ...»

[19] Salvo nos casos de confirmação dos reis de Espanha e seu juramento ou em situações muito pontuais, que podem ser devidamente consideradas em Joaquim Leitão, *Cortes do Reino de Portugal,* Lisboa, 1940, bem como em Fortunato de Almeida, *História de Portugal,* V, pág. 35. Assinale-se que nas Cortes de 1641 uma das decisões desde logo tomadas pelos Três estados foi requerer a D. João IV que se fizessem novas Ordenações que não estivessem sob o nome de um rei estrangeiro, a que o rei respondeu que o faria. Como sabemos, tal não aconteceu e as mesmas foram confirmadas por lei de 29 de Janeiro de 1643. A este respeito Rui Manuel de Figueiredo Marcos, *A Legislação Pombalina. Dissertação para o Exame de Mestrado em Ciências Jurídico-Históricas na Faculdade de Direito da Universidade de Coimbra,* Coimbra, 1990, pág. 59, manifesta a opinião de que atendendo à debatida necessidade dumas Ordenações Filipinas que substituíssem as Manuelinas – cuja proficuidade discute – o Código Filipino se quedava «pela pretensão de constituir o repositório integral da legislação vigente, realizando mais obra de actualização do que de inovação. Este pendor nacionalista explica que, restaurada a independência, D. João IV se tenha bastado com a republicação das Ordenações Filipinas, mediante a Lei de confirmação de 19 de Janeiro de 1643.» Seguindo o mesmo Autor. Parece que se pode afirmar – e nós não temos quaisquer dúvidas disso – que as «Ordenações Filipinas já nasceram velhas.» Recomendamos vivamente a leitura do trabalho citado, que por todos elegemos como esclarecedor do contexto jurídico em que a tecitura jurídica nacional viveu depois de 1603 e até ás importantes reformas patrocinadas por Pombal.

As Conotações Políticas e Jus-Filosóficas da Sociedade e a Liberdade dos Povos:... 273

plano internacional sob comando de D. João IV, as prolongadas e difíceis negociações com Roma[20], os problemas durante o reinado de Afonso VI e a regência e depois governo de D. Pedro II[21], pouco ajudaram a alterar a questão de fundo.

A confiança da razão em si mesma no plano individual e com anseios de ordem e unidade, repercute-se no plano do poder civil e, logo, no plano da Liberdade dos povos.

O novo plano da consideração do indivíduo verte-se, necessariamente, no plano político em termos de organização racional da sociedade, tentando-se finalmente a conciliação entre a Liberdade individual e a Liberdade civil, no plano das garantias jurídicas, em ordem a uma Liberdade dos povos, nem sempre resolutamente afirmada. Certo é que aquilo a que se assiste nos países da Contra-Reforma é à continuação dos impedimentos colocados à plena Liberdade crítica, nos termos vistos, a que se contrapõe, no plano do poder civil, ao início das querelas entre soberania popular e soberania divina do monarca.

---

[20] FORTUNATO DE ALMEIDA, *História de Portugal*, pág. 237: «a França reconheceu D. João IV ainda em 1641; no mesmo ano foi celebrado um tratado de paz e comércio com a Holanda; e no ano seguinte um tratado de paz e amizade com a Inglaterra, renovado em 1654. Em Roma foram as negociações mais demoradas, porque o Papa Urbano VIII, apesar da sua boa vontade, não reconheceu logo D. João IV, por temer as ameaças que recebia da Corte de Espanha.» Para desenvolvimentos do tema, *História de Portugal. Edição Monumental comemorativa do 8º Centenário da Fundação da Nacionalidade*, Barcelos, VI, 1938, págs. 23 e ss. Também nesta Obra podemos encontrar um resumo muito bem conseguido das diligências que no plano interno e externo Portugal encetou ao longo destes primeiros anos da Restauração face ao resto da Europa. Apesar de antiga, continua a demonstrar a sua importância para um correcto posicionamento da complexa problemática portuguesa para este período.

[21] FORTUNATO DE ALMEIDA, *História de Portugal*, V, pág. 35, onde são indicadas as reuniões entre 1640 e o final do reinado de D. Pedro II; idem, *ibidem*, pág. 14. Note-se que D. Pedro II se precisou de sufragar o seu governo, durante a regência por incapacidade de D. Afonso VI por meio de Cortes, algum tempo depois veio a mudar de opinião. Por isso se o incluímos ainda dentro dos reinados que foram especialmente protagonizados pela via da soberania popular e da Liberdade dos povos, bom será não esquecer que datam da mesma época as primeiras manifestações de absolutismo em Portugal. No que ao nosso tema mais directamente se liga, podemos apontar os casos de das Cortes de 1674, dissolvidas por tumultuosas e da fase final do seu reinado, em que por aviso de 15 de Novembro de 1706, dirigido à câmara do Porto, ordena, sem audição prévia de Cortes, ordena a continuação do lançamento de décimas e demais contribuições. Foi nestas Cortes que por intermédios dos procuradores, de quem têm quase integral domínio, os inquisidores conseguem obter do regente providência contrárias aos cristãos-novos, havendo um nítido retrocesso em relação ao governo de seu pai.

274   *Em Homenagem ao Professor Doutor Diogo Freitas do Amaral*

Já no que respeita às questões da igualdade, nos vários planos que nos interessam, foram também alvo de ponderação. É por isso que, em regra, os Autores se referem ao tema, e muito particularmente aqueles que se dedicam a escalpelizar a definição de nobreza, não apenas porque dela provém, em conjunto com o clero, a maior parte dos conselheiros do rei, mas sobretudo porque é necessário proceder a distinção entre nobreza hereditária e nobreza política. Esta é a que mais nos importa, porque é mediante a sua observação que encontramos o campo da igualdade civil ou relacional, cujo estudo em sintonia com a Liberdade é, como sabemos, sintomático[22].

Segundo escreve Maria Teresa Trigo Neto e Cova[23], uma nova realidade social vai-se estrutura depois do séc. XVII em Portugal, tendendo--se para "uma certa 'democratização' da sociedade." A conformação desta ideia no plano dos poderes da comunidade e da Liberdade dos povos, com as questões inerentes à igualdade relacional, leva a mesma autora a considerar que a nobreza «concedida primeiro aos Reis e Príncipes que governavam os povos, foi depois obtida por muitos: não há rei que não descenda da linhagem de servo, nem servo que não descenda da linhagem de Rei»[24].

Antes de avançarmos convirá introduzir alguma precisão no discurso. Recordamos que os humanistas tinham uma deficitária concepção daquilo que normalmente é entendido como «povo» enquanto extracto social inferior da comunidade política, falando até da diferença entre o «bom» e o «mau» povo[25]. Esta diferença que implica a inexistência do funcionamento

---

[22] As diversas perspectivas de análise dos autores serão focadas quando os estudarmos individualmente. Nos casos em que esse estudo os não contemple directamente, por remissão comparativa com os seus coevos que do tema trataram.

[23] Maria Teresa Trigo Neto e Cova, «Introdução», frei Miguel Soares, *Serões do Principe*, I Parte, Lisboa, Instituto de Alta Cultura, 1966, págs. 16 e ss.

[24] Idem, *ibidem*, pág. 18.

[25] Saavedra Fajardo, *Ideia de un Principe Politico-Cristiano representada en cien empresas Ed. Comemorativa del IV Centenario de Saavedra Fajardo – 1584-1648)*, Academia Alfonso X, el Sabio, Murcia, 1985, págs. 467 e 468, apresenta um retrato demolidor do que seja o povo, cuja «naturaleza es monstruosa en todo, i desigual a si mesma, inconstante, i varia.» Depois segue-se um rol de adjectivações para as quais remetemos e que são no mínimo demasiado escaldantes para poderem ser reproduzidas sem temer corar um pouco. A final e com algo de muito objectivo e prático não descarte a afirmação que – este sim – para nós nem sequer é surpreendente: «Pero advierta el Principe, que no ai comunidad, ò Consejo grande, por grave que sea, i de varones selectos, en que no aya vulgo, i sea en muchas cosas parecido al popular.»

As Conotações Políticas e Jus-Filosóficas da Sociedade e a Liberdade dos Povos:... 275

do conceito de igualdade material – e mesmo formal – tem de ser explicada no âmbito do presente discurso, sendo este, segundo cremos, o local ideal para o fazer.

A ideia de «povo», neste contexto, pode coincidir com a de Terceiro estado, como conjunto de habitantes que não fazia parte dos grupos sociais tradicionalmente pertencentes aos que «lutam» ou aos que «rezam». Era o grupo dos que «trabalhava». Já sabemos isto, mas convém esclarecer de novo, até porque importa recordar que na Idade Média era à aristocracia dos concelhos, os «homens-bons», quem cumpria a representação popular em Cortes. Por isso, quando nos referimos à Liberdade dos povos, estamos a pensar em Liberdade do reino de Portugal, que junto em Cortes por força da já focada representação nacional decide com o rei o melhor destino a congraçar ao seu bem comum, que também implica essa sua presença[26].

Não restringimos a ideia de povo, neste particular, ao Terceiro estado, heterogéneo por natureza[27]; antes nele consideramos todos, nobres, eclesiásticos e povo ou Terceiro estado e por isso mantemos esta expressão por a considerarmos – ainda – a mais adequada aos nossos propósitos. Os «povos» são o «reino»; não é o «povo» que é o «reino», neste particular; nem isso seria possível, atentas as diferenças crassas de comportamento habitual de um e outro. E o «reino» compõe-se de nobreza, clero e Terceiro estado, por força da divisão que sendo tradicional não é definitiva ao caso; apenas e meramente funcional. A Liberdade dos povos existe, porque manieta o poder arbitrário e absoluto do monarca; é para isso que ela existe e é por isso que falamos de jusnaturalismo católico e não de despotismo seja qual for a feição que se lhe queira dar.

---

[26] Os «representantes» deviam ser a melhor parte da nação correspondendo à elite cada um dos braços da mesma, cujo conhecimento é suficientemente sabido para termos de o recapitular. Por isso mesmo e dada a falta de preparação que teria, na linguagem de Fernão Lopes, a «arraia miúda» para ser colocada perante situações que requeriam preparação superior às suas forças intelectuais, mais nos convencemos da nossa razão em interpretar o tema do modo que propomos.

[27] Se pensarmos que nele tanto se incluíam, numa classificação medieval que pouca alterações tinha sofrido, livres e semi-livres, que alegremente conviviam com letrados e proprietários rurais, a que se somava uma enorme panóplia de mesteres, simples artesãos ou mercadores, podemos ficar com uma ideia do problema que isto colocava. Não havia igualdade política, como não houve muito tempo depois disso. E se teoricamente, todos estes eram iguais entre e tão iguais entre si como a nobres ou eclesiásticos em presença do rei, o problema torna-se quase um quebra-cabeças.

O «reino» é a nação para este entendimento, que também consagra a nossa perspectiva de plena igualdade de todos os «vassalos» ou súbditos, qualquer que seja a sua origem face ao rei, como cabeça da nação, de que eles são corpo colectivo. Quer dizer, há uma igualdade entre iguais – todos são iguais perante o rei –, que por força de méritos próprios os distingue entre si, outorgando aos mais válidos – por qualquer razão – prerrogativas que os vão distinguir entre si[28]. Portanto, promove--se a igualdade relacional ou formal, a que correspondem as aristotélicas ideias de justiça comutativa e distributiva, devidamente trabalhadas pelo empenho da escolástica medieval e que se prolongam nesta fase. A distribuição dos cargos a ser entregues tendo em função a justiça distributiva e partindo dos seus pressupostos, era matéria a que a ética se haveria de dedicar[29].

O reino e o rei, em conjunto, formavam o corpo político e social; quanto a poderes decisórios, não se deveriam suplantar, trabalhando em harmonia enquanto instituições de direito público. Se dentro dos «povos» que constituíam o «reino» havia diferenças, quaisquer que elas fossem, isso era perfeitamente secundário tendo em vista a realização daquilo por que todos pugnavam: o bem comum.

Trata-se duma interpretação que é nossa e nos permite defender, como temos defendido e continuaremos a fazer a vertente fraseologia, por mais conforme aos nossos propósitos.

---

[28] No que respeita às questões relacionadas com a igualdade, que iremos pontualmente reflectindo em função dos vários escritores em presença, importa afirmar que as coordenadas lançadas pelo Cristianismo, desenvolvidas pela escolástica e pela Escola Peninsular do Direito Natural, não encontram no presente quadro modificações decisivas. A igualdade inicial que foi turbada pela Queda, apresenta as suas consequências práticas no domínio político, cuja teorização é medieval mas que, em função dos precedentes considerandos, continua a aplicar-se a Portugal. Note-se que o sistema corporativo continua a imperar e se a Igreja sempre proclamou a igualdade inicial dos homens, também nunca se preocupou demasiado em levar por diante tão boas intenções. Em Portugal estas situações são especialmente gritantes em certos domínios da sociedade, pautando-se por uma desigualdade que é sobretudo feita em função de crença religiosa ou de postulados étnicos, mau grado os brados de António Vieira e algumas medidas encetadas por D. João IV, já do nosso conhecimento. Em qualquer caso, a situação tende a manter-se face ao período imediatamente anterior, que nem o Humanismo conseguira definitivamente matizar nem, tão pouco, as invectivas de las Casas ou Vitória obnubilara das régias consciências a manutenção de um «status» piegas, beato, muito pouco cristão, a falar verdade.

[29] Não seria preciso alertar, mas damos por adquiridas estas noções, de cabal importância no plano conceptual da ideia de igualdade. O seu tratamento em conjunto, como sucede na maior parte dos casos, é meramente intuitivo.

A fundamentação da posição nacional de independência face a Espanha encontrou contributos decisivos na filosofia política do séc. XVI, cujas bases remontavam à Idade Média. Pronunciando-se sobre problemas como a origem do poder, a legitimidade do poder[30] e a Liberdade dos povos, ela prestava-se à perfeição na justificação jurídica da independência do reino. Ao contrário do que sucede com os protestantes, os países da Contra-Reforma mantêm que o poder político vem – teoricamente mais que na prática, bom será dizê-lo – de Deus para o povo, para a comunidade, que o possui e transfere ao monarca no exercício duma Liberdade que é apenas sua. O governante não tem o poder político por direito próprio, antes por delegação da comunidade que se exerce por força de um pacto que o compromete no exercício do poder. Sintetizando: o poder tem um fundamento teológico, vindo de Deus, sendo o rei uma espécie de lugar tenente de Deus na terra; o povo é o sujeito imediato do poder vazado na tese da Liberdade dos povos, que o consensualismo desenvolve na perspectiva duma transferência definitiva ou condicional do poder para o rei; este para conservar o poder tem de se conformar ao

---

[30] Entendemos que a questão da divergência entre legitimidade e legalidade é suficientemente conhecida para a aprofundarmos. Em qualquer caso aqui nos fazemos eco do sentimento que a este respeito apresenta um autor contemporâneo francês, cuja ideia valerá por qualquer outra consideração que se possa explanar. CLAUDE BRUAIRE, *La Raison politique,* Paris, Fayard, 1974, págs. 44 e 45, «la légitimité n'est donc jamais malgré la liberté, mais toujours grâce á elle. Ainsi la reconnaissance du pouvoir par les citoyens présuppose la reconnaissance des citoyens par le pouvoir, à condition et à mesure de la traduction de celle-ci dans le droit positif et en toute option conforme à la plus grande justice possible. (...) Si une légitimité n'a jamais pu subsister sans être toujours confirmée, si elle commence sans appui, hors l'adhésion obtenue, actuelle et continuée, c'est qu'elle n'est pas détenue, comme la force du pouvoir, mais qu'elle advient avec l'emploi de la force pour la justice, que vérifié la liberté. (...) L'adhésion se forme dans le temps d'une politique poursuivie et s'éprouve négativement si les résistances et refus deviennent marginaux et occasionnels." E conclui: «l'adhésion implique (...) un goût, un appétit de liberté, pour que son prix soit apprécié, pour que le savoir des pouvoirs garantis instaure le consentement. C'est le présupposé du tout du politique.» No caso português – e esta explicação geral é válida para todos os textos dos escritores da Restauração que sobre a matéria se pronunciaram - o argumento da legalidade baseia-se nos direitos de D. Catarina de Bragança ao trono de Portugal; o da legitimidade, tinha sobretudo conotações políticas, servindo para reforçar o primeiro e baseava-se na tese já mais que conhecida da soberania popular. Sendo a questão da legalidade suficientemente conhecida e repetida pela generalidade dos juristas não lhe dedicaremos muito espaço, inserindo mais o nosso plano de análise na questão política ou da legitimidade, por ser a mais importante em matéria de Liberdade dos povos.

«pactum subjectionis»[31], pois caso contrário surge a tirania e a resistência activa ou passiva ao déspota[32].

Como escreve Tierno Gálvan[33]: «A política é serva da moral, segundo a cosmovisão católica», ideia igualmente partilhada por D. Francisco Manuel de Melo, segundo o qual, «(...) que como trata de Sugetos Morales [referindo-se às suas *Obras Morales*], dirigidos a tanto más noble fin que los Polyticos, quanto es más ilustres la doctrina del Espíritu que del Estado (...)»[34]. Em todo o momento poderá ser chamado o rei perante aqueles que lhe conferem o exercício do poder e, em último caso, mesmo privado dele.

Trata-se de um tipo de argumentação em tudo conforme à caracterização estratificada do sociedade, em que o rei era apenas um dos elementos, eventualmente o mais dignificado e o mais dignificante, mas que implicava uma estreita colaboração entre órgãos de poder, cuja autoridade era sancionada e vista como «natural» pela tradição e antiguidade que

---

[31] JOAQUIM PEDRO MARTINS, «A doutrina da soberania popular segundo as Cortes de 1641 e os teóricos da Restauração», separata das *Memórias,* classe de Letras, Tomo III, Lisboa, 1937, pág. 7 entende que S. Tomás completou a doutrina de *lex imperii* avançada pelos jurisconsultos romanos «com o princípio do pacto expresso ou tácito, entre o povo e o imperante, a que parece incidentalmente referido Sto. Agostinho e que Manegold (...) já no séc. XI apontara nitidamente.» Esse é o *pactum subjectionis,* pelo qual «o povo transfere para o príncipe o poder com a organização e regime que melhor entendesse, e sempre com a condição substancial de que o imperante o exerceria para o bem da comunidade.» HERNÂNI CIDADE, *Lições de Cultura e Literatura Portuguesas,* I, pág. reproduz estas ideias manifestando a necessidade que a Igreja e o próprio Estado nos países da Contra-Reforma delas tiveram para se poderem impor, tal como faz na sua *A Literatura Autonomista sob os Filipes.*

[32] LUIS DE MOLINA, *Los Seis Libros de la Justicia y el Derecho,* trad., estudio Preliminar y notas de MANUEL FRAGA IRIBARNE, Madrid, 1941, pág. 387, reportando-se a palavras de Alfonso de Castro, sobre a impossibilidade do direito de resistência activa face a conduta injusta praticada pelo monarca, a menos que se trate de caso flagrante, esclarece que «(...) si el Rey quisiera usurpar un poder que no hubiera recibido, podría la República resistirle como tirano en aquella parte, como si fuera un estraño que quisiera inferir una injuria al Estado. La razón está en que ni el Rey es en aquello superior a la República ni la república le es inferior, sino que permanece tal como era antes de conceder al Rey poder alguno.»

[33] TIERNO GÁLVAN, *Introducción* à *Antologia de escritores políticos del Siglo de Oro,* apud MARTIM DE ALBUQUERQUE, «Introdução» ao *Tratado da Moral e dos Louvores* de D. Sancho de Noronha, nota 45.

[34] D. FRANCISCO MANUEL DE MELO, *Obras Morales,* I, «Aparato a los Lectores», Roma, 1664.

As Conotações Políticas e Jus-Filosóficas da Sociedade e a Liberdade dos Povos:... 279

revestiam. Por isso mesmo, ao rei não restava opção senão conformar a sua governação à existência destes auxiliares governativos, cuja disponibilidade não residia na sua vontade. Da conjugação da actividade régia com estes representantes da nação[35], salvaguardava-se o bem comum, como prerrogativa inerente à participação dos vários corpos na governação; o seu incumprimento por parte do monarca não apenas era eticamente reprovável como politicamente perigoso para qual monarca[36], pois que esses organismo se entendiam com direitos a participar no governo comum do reino.

Nisto se resume a origem popular do poder com a componente da Liberdade dos povos que implica o repúdio pelo poder absoluto do rei e o respeito pelos direitos dos vassalos, sob pena de acusação de tirania. A jurisdição activa e inicial reside nos povos que a delegam no príncipe, para que este os reja em paz que, é obra fundamental da justiça[37].

Esta a orientação nacional seguida sem interrupção até ao final do reinado de D. Pedro II[38].

E esta a razão porque muitos Autores falam aqui de Liberdade política, numa expressão que não adoptamos por entender que esta apenas se exerce mediante as assembleias representativas no séc. XIX, que não se compadece com a afinado sentido de corporativismo presente na sociedade portuguesa de Seiscentos e Setecentos. Ou seja, o parlamentarismo do séc. XIX e suas decorrências, que nos obriga a falar em Liberdade política, é-o por força dum tipo de representação fundado na von-

---

[35] Tribunais, Conselhos e reuniões dos Três estados da nação.

[36] BA, PEDRO VIEIRA DA SILVA, «Memorial que deu a S. A. o Bispo de Leiria na vila de Aljubarrota sobre o perdão geral, que pretende a gente da nação», de 6 de Agosto de 1673.

[37] JOAQUIM PEDRO MARTINS, «A doutrina da soberania popular segundo as Cortes de 1641 e os teóricos da Restauração», págs. 5 e ss. Depois de se reportar ao pensamento de Paulo Merêa, que já conhecemos dos vários trabalhos que neste plano publicou, escreve com a devida vénia ao Mestre que «a autoridade prodigiosa de que gozaram na Idade Média as obras de S. Tomaz, as quais o Papa João XXII que o canonizou, equiparou a milagres (...), universalizou pelo orbe católico a concepção humana da legitimidade do poder, assente sobre o consenso popular. O pensamento teológico interpretou-o em sentido absolutamente favorável à origem democrática do poder ou seja a soberania popular inicial.»

[38] LUÍS REIS TORGAL, Ideologia Política e Teoria do Estado na Restauração, I, pág. 65, «o tom da ideologia política da península, como o da ideologia religiosa, é quase monocórdico. A polémica absolutismo-monarquia limitada-republicanismo é praticamente inexistente.»

280 Em Homenagem ao Professor Doutor Diogo Freitas do Amaral

tade livre do indivíduo, em nada coincidentes com o sentido de «representação» inerente aos Três estados reunidos até 1820[39]. Donde, Liberdade dos povos, antes; Liberdade política depois, é nossa convicção.

As Cortes eram, neste preciso momento como o tinham sido em períodos mais recuados, o fórum ideal da Liberdade dos povos, o local onde estes se sentiam seguros e orgulhosos de participarem nos destinos colectivos da nação. Inculcados deste ânimo, os portugueses de Setecentos que encontrassem desvios a este rumo, reagiam com rapidez e invocavam os seus "ancestrais direitos", plasmados no único meio válido para a assunção de actos de natureza não meramente administrativa do reino; às vezes mesmo dessa natureza.

Diga-se que esta visão deve ser perspectivada com algum cuidado, sendo pertinente respeitar as observações de Paulo Merêa[40], que com alguma precaução lembra que «a doutrina democrática, tal como estes escritores a professavam, não era incompatível com uma entranhada fé monárquica, e até com acusadas predilecções absolutistas»[41]. De algum

---

[39] PEDRO CARDIM, *Cortes e cultura política no Portugal do Antigo Regime,* prefácio de António Manuel Hespanha, Lisboa, ed. Cosmos, 1998, discute o sentido do termo «representação» neste contexto. Salientamos uma ideia que é também a nossa segundo a qual se "os Tres estados juntos em Cortes representão o Reino", então temos o reino representado como se fora «corpo místico» do «reino», que todo junto decidia num mesmo local os assuntos inerentes á sua competência. Nelas não só se «chamava o reino», como era o mesmo «ouvido», como se o escasso número de participantes que nela tinham assento pudesse efectivamente representar todo um país, que por certo e em muitos caos nem sequer se revia nos ditos. Para o desenvolvimento da composição dos «Três estados», págs. 37 e ss.

[40] PAULO MERÊA, *Resumo das Lições de História do Direito Português, 1924/1925,* Coimbra, 1925, págs. 168 e 169; idem, «Ideia da origem popular do poder nos escritores portugueses anteriores à Restauração»; idem, *O Poder Real e as Cortes;. Suarez, Jurista. O problema da origem do poder civil,* Coimbra, 1917.

[41] Idem, «Ideia da origem popular do poder nos escritores portugueses *anteriores* à Restauração», pág. 236. A este respeito apenas concordamos parcelarmente com ROBERT DERATHÉ, *Jean-Jacques Rousseau et la Science Politique de son temps,* Paris, Vrin, 1995, págs. 33 e ss., que pretende colocar alguma ordem na falta de compreensão que este tema por vezes suscita. Nem sempre bem entendido, na verdade aquilo que os juristas da Segunda Escolástica e os da Restauração diziam foi tantas vezes deturpado por interpretações menos próprias que nos parece ser a hora de fazer interpretação «tão autêntica quanto possível» das fontes. Escreve, pois o citado autor que «La théorie de l'origine divine du pouvoir civil définit la position traditionnelle de l'Église catholique vis-à-vis du problème politique.» Sustentada já por Sto. Agostinho, encontrou desenvolvimentos lógicos e nos termos conhecidos nos séculos XVI e XVII onde todos os autores da Contra-

-Reforma se baseiam para sustentar as suas posições acerca do poder civil, como desenvolvimento da ideia pauliana segundo a qual «Non est potestas nisi a Deo». Vamos ver se nos entendemos de uma vez por todas: com isto não se pretende dizer, nem nunca os autores da Segunda Escolástica, nem os que se lhe seguiram o fizeram, que *Deus designa os governantes*, como aconteceu na antiga Israel; o que significa, isso sim, é que *uma vez estes designados por convenções humanas celebradas entre os homens reunidos em sociedade, eles, governantes, representam Deus, «são como se fossem Deus», gozando no plano temporal da sua mesma autoridade.* O direito no Estado é de origem divina, o poder é de origem mediata em Deus e essa é a origem do poder do Estado; mas quem escolhe e elege os reis – quem, detém imediatamente o poder - é a comunidade. Por isso é que não se devem confundir soberania inicial, constitutiva ou originária com soberania popular; a primeira pertence ao monarca – como poderia pertencer a um conjunto de cidadãos, os chamados aristocratas ou ao povo em bloco, no caso de se tratar duma democracia, porque Deus lha deu (causa eficiente). Este (s) apenas exerce o seu cargo enquanto escolhido por força da soberania popular que reside na comunidade (causa material). São duas coisas diversas e que não pode ser confundidas. Uma vez que o monarca é apenas um dos órgãos do Estado, mesmo que seja o supremos órgão de Estado e o seu poder é de direito humano como afirmavam os autores da Escola Peninsular do Direito natural, outorgado pela comunidade ou república. Mas o poder do Estado, que desce de Deus, esse é de origem divina e constitui a sociedade política que depois se organiza conforme quer. Não havendo aqui separação entre razão e Fé no que concerne às relações entre o poder político, bem se pode afirmar que nenhum problema existe na coexistência das duas origens do poder. Não se entrechocam antes se entreajudam; uma é mediata, a outra imediata; são colaborantes e respeitam-se. E é nisto que se distinguem os dois tipos de entendimento: o do consensualismo, que vem sendo exposto e o do jusdivinismo que não aceita intermediários entre Deus e o rei. É nestes precisos termos que deve ser compreendida toda a formulação da Escola Peninsular do Direito natural a que os nossos autores aderiram; caso contrário estaríamos a transformá-los em perfeitos democratas, conforme MANUEL FRAGA IRIBARNE, «Apendice», LUIS DE MOLINA, *Los Seis Libros de la Justicia...*, págs. 597 e 598: «Dice Molina: 'Es muy diferente el poder que la república comunica al Rey, de aquel otro que *en si misma tiene* y puede traspasarle en mayor o menor grado... No es que, creado el rey, permanezcan dos poderes, con la facultad entre ambos de ejercer el gobierno y la jurisdicción sobre los súbditos de la República. En efecto, en cuanto la república concedió al Rey un poder para el futuro, e independiente de ella misma, se privó a sí propia de él; pero sólo en cuanto a su uso inmediato; no debe negarse que permanecen dos poderes, uno en el Rey, otro como habitual en la república, incapaz de actuar y incapaz de actuar mientras perdure aquél; e incapaz precisamente en cuanto haya concedido al Rey un poder independiente. Pero abolido el poder real, puede la república usar libremente del suyo. Además, aun existiendo aquel, puede la república resistirle, si comete alguna injusticia o se excede en la potestad concedida. Puede también la república ejercer el uso del poder que se hubiera reservado.» Agora seja-nos permitido discordar dos exemplos que Robert Derathé utiliza

282   *Em Homenagem ao Professor Doutor Diogo Freitas do Amaral*

modo é a ideia já antes expandida por Abel de Andrade[42], segundo o qual as Cortes deixaram de ter importância efectiva desde D. João II, caindo em desuso, já que a «prerrogativa parlamentar tinha em si o vírus da sua decadência na mesma organização das Cortes; só podiam ser convocadas pelo monarcha, não tinham épocas fixas e determinadas», ficando ao seu arbítrio «os assumptos sujeitos a discussão dos representantes da nação», sendo certo que as «cartas convocatórias marcavam o proprio número dos representantes que os concelhos deviam mandar, os poderes que lhe deviam conferir e às vezes, o motivo da reunião»[43]. Mesmo assim, não parece que se possa contestar o ressurgimento, eventualmente oportunístico, concedemos, mas o ressurgimento destas teses da Liberdade dos povos em 1640, como bem se depreende dos seus escritos[44]. Em presença

---

para sedimentar as razões que levaram à oposição frontal entre os partidários duma e outra tese e que em Portugal são desajustados. Em Portugal nunca houve ninguém em período da Restauração que se posicionasse no plano de Filmer ou de Bossuet, dois conhecidos absolutistas. Não foi isso o que se passou em Portugal na divulgação dos nossos Autores, pelo que eles não servem de exemplo nem de esponja absorvente daquilo que outros fizeram e que levaram à sistemática crítica do contratualismo europeu, nas suas várias formulações.

[42] Com parte dos seus trabalhos publicados no *Instituto*. No caso reportamo-nos ao seu artigo «O Poder Real (séculos XIV-XVIII). Integração do Absolutismo», *BFDUC*, vol. XL, Coimbra, 1893.

[43] Idem, *ibidem*, pág. 221.

[44] EDGAR PRESTAGE, *O Conselho de Estado*, pág. 14: «os Três estados impunham-se, mostrando um desassombro que impressionava os estrangeiros, e em 1668 o povo obrigou o Principe D. Pedro a assinar a paz com Castela contra os desejos dele, da rainha e da fidalguia. (...) D. João IV convocou Cortes quatro vezes, atendendo às reclamações dos súbditos, embora com o espectáculo da Inglaterra ardendo em Guerra Civil perante os olhos, ele não podia ser favorável à fiscalização duma assembleia, quando convinha aos interesses nacionais que o poder executivo tivesse as mãos livres para poder conduzir a guerra a bom termo.»

[45] LUÍS CABRAL DE MONCADA, «1640 – Restauração do pensamento político português», *Estudos de História do Direito*, II, Coimbra, 1950, págs. 189 e ss. Ao caso damos nota duma passagem a pág. 193: «Primeiro que tudo: a afirmação de que *todo o poder vem de Deus*. Era essa, com efeito, a única origem do poder ou *soberania*, como hoje se diz. Considerados em si mesmos, em abstracto, como exclusivo fundamento do direito do os governantes mandarem, nos governados (...).Em segundo lugar: se todo o poder vem de Deus, na sua essência e *origem em abstracto*, isto não quer, porém, significar que esse mesmo poder, *em concreto*, como propriedade deste ou daquele, tenha vindo directamente de Deus para os príncipes ou governantes, porque (...) a sua investidura na função de reinar era obra dos homens: era um facto humano. A comunidade política, ou sociedade civil, era quem tinha recebido de Deus o poder, como corolário e consequência das

dos mesmos mais não podemos fazer que aceitar e desenvolver devidamente essa sua predilecção, com as salvaguardas apontadas[45].

Daqui resulta que o absolutismo não apresenta fundações claras e inequívocas neste período, nem em termos políticos, nem político-religiosos, como acontecia em França, por exemplo. E temos a certeza do que dizemos, para além das razões que costumam ser geralmente apontadas na constatação de que o povo, por estranho que pareça, começou a ver-se progressivamente valorizado e ouvidos os seus agravos. A justificação era obvia e prendia-se com a necessidade de em 1640 a nobreza precisar do apoio dos populares, tal como o próprio rei, na Guerra da Independência que se seguia[46]. Um trabalho impresso que importa assinalar mas que saiu sob pseudónimo é a *Demonstración que por el Reyno de Portugal ágora ofrece el Doctor Geronimo de Sancta Cruz*[47], da autoria de D. Francisco Manuel de Melo e que bem retrata os problemas

---

próprias condições naturais de existência que lhe tinham sido criadas (...).Terceiro ponto fundamental, finalmente: o povo, ou a comunidade tem sempre direito de resistir à opressão, se o referido pacto for violado pelo soberano (...).»

[46] Apenas terminada em 1668, por tratado de 13 de Fevereiro sendo depois quase de imediato feito reconhecimento pelos demais Estados europeus que ainda o não tinham feito.

[47] JERONIMO SANTA CRUZ = D. FRANCISCO MANUEL DE MELO, a *Demonstración que por el Reyno de Portugal ágora ofrece el Doctor Geronimo de Sancta Cruz,* Lisboa, 1664, data que vem no final do texto e que desmente a interpretação de DIOGO BARBOSA MACHADO seguida por INOCÊNCIO FRANCISCO DA SILVA e BRITO ARANHA, *Dicionário Bibliográfico Português,* nos locais já citados e que o datam de 1644. Da mesma altura *Declaración que por el Reyno de Portugal ofrece el doctor Geronimo de Sancta Cruz a todos los Reynos e Provincias de Europa,* que é possível situar por idênticas razões de data de licenças do Santo Ofício para publicação. Desconhecemos – e Edgar Prestage também o não menciona – a existência de edições anteriores, pelo que damos como segura esta informação, pelo que podemos afirmar, salvo gralha tipográfica que a informação prestada por INOCÊNCIO FRANCISCO DA SILVA e BRITO ARANHA, *Dicionário Bibliográfico Português,* é completamente errada. Ainda sobre questões militares durante o período e seus conselhos para melhor praticar a arte em que era especialista, tinha escrito a *Politica Militar* em 1637, dedicada ao Conde de Linhares e na altura em que os seus interesse ainda o encaminhavam no sentido dos espanhóis. Embora contrário aos intereses nacionais, cumpre fazer-lhe referência pelos conhecimentos que expande com singular clareza – até para nós, que nada entendemos do assunto – sobre a arte militar, pelo que adequadamente adaptada, bem poderia esta *Politica* se aproveitada em prol de Portugal. Posteriormente estes trabalho foi inserido em conjunto na *Aula Politica,* a que já tivemos ocasião de nos reportar e voltaremos oportunamente.

que se colocavam ao nosso país neste período e devido à guerra com a Espanha[48].

Daí a sua temporária projecção nas Cortes e, de modo muito mais constante, nas questões administrativas e municipais, que nem mesmo o absolutismo conseguiu eliminar.

A razão de Estado católica comanda as operações agora, como já o fazia desde os primeiros trabalhos da Segunda Escolástica e depois desenvolvidos por João Botero[49], em termos suficientemente conhecidos. De resto, os temas que mais importam à História das ideias neste período são o sebastianismo, como já se disse, as ideias autonomistas, a presença – mas geral repúdio – do maquiavelismo e do bodinismo na teoria política da Restauração[50], o estudo monográfico dos autores – por fazer na sua esmagadora maioria – e a teoria do poder político[51]. Neste último caso e associada à ideia de Liberdade dos povos, importam algumas reflexões no plano da origem do poder, com tratamento descriminado de parte substancial dos escritores nacionais estruturado em termos mais alargados que até hoje, que tenhamos conhecimento, se tenha feito[52].

---

[48] O período era não apenas de instabilidade em termos particulares entre as duas nações ibéricas, mas no campo mais vasto da Europa. A isto mesmo se reporta este Autor nas suas *Obras Métricas*, I, «El Harpa de Melponeme», Soneto XVII, pág. 9, ao escrever:

«Bárbaramente estremecida Europa
Arde en fuego marcial, y le acompaña
No menos ciega de aquel humo de la infiel copa.
La mar en una, y otra armada tropa
De mundo ayrado imitarla la saña,
Bañando en sangre, quanto en agua baña,
Si este a aquel coronado leño topa.»

[49] Luís Reis Torgal e Rafaella Loongonbardi e Ralha, *João Botero. Da Razão de Estado*, Lisboa, 1992.

[50] Repete-se a importância de ter bem presentes os estudos de Martim de Albuquerque, *A Sombra de Maquiavel e a Ética Tradicional Portuguesa* e *Jean Bodin na Península Ibérica*.

[51] Na verdade, se não temos dívidas do impacto que teve a Liberdade dos povos no contexto da Restauração, esta ideia não pode ser dissociada das demais que estiveram presentes no âmbito da História das Ideias Políticas, em que a razão de Estado é omnipresente mas as condições internas e externas que lhe estiveram subjacentes tanto a propiciaram como, em certo sentido, terão preparado as condições para o futuro absolutismo régio.

[52] É sem dúvida um ponto subsequente que promove e ligação desta breve excursão com próxima actividade estreitamente conexa e que se pondera para breve publicação.

As Conotações Políticas e Jus-Filosóficas da Sociedade e a Liberdade dos Povos:... 285

Importa previamente recordar um dos documentos que mais insistentemente são invocados por esta época e cuja importância já remonta a um conhecimento no período imediatamente anterior à dominação filipina[53]. Trata-se das Actas das Cortes de Lamego[54]. Estando hoje provado o seu carácter apócrifo bem como a sua inexistência factual e jurídica, serviram à perfeição para servir de base fundante aos direitos de D. João IV e seus sucessores, continuando inclusivamente certos autores do liberalismo a elas fazer referência, quer da banda dos liberais[55] quer do lado dos contra-revolucionários. Sendo assunto importante para o nosso tema e sem intenção de alongar um assunto já suficientemente tratado, daremos apenas algumas breves anotações a seu respeito. Curiosidade maior é terem sido igualmente alvo de amplo prestígio por parte dos teóricos do absolutismo régio em Portugal[56].

A propósito destas Actas escreve Coelho da Rocha[57] que «se fossem verdadeiras as célebres *Cortes de Lamego*, que se dizem celebradas no anno de 1143, cujo assento nos dois ultimos seculos foi tido por Lei Fundamental do Estado, facil seria nellas descobrir o primeiro pacto social dos portugueses, o exercício da soberania da Nação, e achar a origem do poder conferido a D. Affonso e seus Successores; porem tudo concorre para acreditar, que taes Cortes são suppostas, e que o traslado dellas, achado no cartorio de Alcobaça, foi forjado nos fins do Seculo

---

[53] José Seabra da Silva, *Dedução Chronologica, e Analytica,* I, Lisboa, 1767, §§ 334 e ss., pág. 189 e ss. atribui a dominação filipina às maquinações dos jesuítas, que para além de terem impedido com a leitura de bons livros uma eficaz oposição às pretensões espanholas, ainda e durante esses 60 anos a incentivaram no possível.

[54] Pascoal José Melo Freire dos Reis, «História do Direito Civil Português», *Boletim do Ministério da Justiça,* n.º 173, pág. 105 menciona todos os locais onde o texto das mesmas pode ser encontrado.

[55] *A Administração de Sebastião Jose de Carvalho e Mello, conde de Oeiras, Marquez de Pombal, secretario de Estado e Primeiro Ministro de Sua Magestade Fidelíssima o Senhor D. Joze I Rei de Portugal,* págs. 2 e ss., Obra do liberalismo nacional, elogia-as, considerando que formaram «a constituição de Portugal: as leis que promulgou são admiráveis e encerrão o cunho da nobreza. No estabelecimento das sociedades politicas tudo depende do começo: as primeira máximas são as que permanecem mais tempo gravadas na lembrança dos homens.»

[56] José Seabra da Silva, *Dedução Chronologica, e Analytica,* I, §§ 679 e ss., pág. 412 e ss.; Pascoal José Melo Freire dos Reis, «História do Direito Civil Português», *Boletim do Ministério da Justiça,* n.º 174, Lisboa, pág. 35.

[57] Manuel António Coelho da Rocha, *Ensaio Sobre a História do Governo e da Legislação de Portugal,* Coimbra, 1843, págs. 46 e ss. e notas respectivas.

16º. ou principios do 17º.», acrescentando que o próprio frei António Brandão[58] duvidava muito da sua autenticidade, chamando-lhes mesmo «fraude política». Mesmo assim, elas serviram tanto para defensores da soberania popular como para adeptos do absolutismo régio[59] fazerem prevalecer as suas respectivas posições.

Segundo a generalidade dos Autores destes período, a existência das Cortes de Lamego era facto indiscutível e fazia parte duma certa vaidade institucionalizada da Nação deter tão digno instrumento[60]; todos as mencionam e nelas se apoiam, não se dando na maioria dos casos, sequer ao trabalho de justificar a sua existência. As Cortes de Lamego e as suas Actas eram axioma patriótico e universalmente reconhecido pelos nossos escritores. Apenas em casos muito contados alguns iam mais longe e procediam a metódica refutação daqueles que, hipoteticamente, pudessem questioná-las. Eram, mais que isso, uma "originalidade" portuguesa, na medida em delineavam o poder electivo das Cortes assim como tinham competência de avaliação das capacidades governativas do monarca.

Assim João Salgado de Araújo[61] indica que «no puede negarse que ubo las dichas Cortes, porque demas existir en nuestros archibos, y Coronistas, la observancia pontual, que siempre tuuvo el Reyno en las successiones de lo que estas Cortes se ha celebrado, es prueva llana, que has uso, como se muestra en derecho, porque el uso, dize, Bartolo, tiene authoridad de ley, como lo prueva Suaréz, y es assi, porque conforme a derecho por la observancia prueba el pacto celebrado en el principio, como dizem Baldo, Y Molina», ao que acresce o pedido feito em tempo de D. Sancho II ao papa para que lhe desse rei que fizesse justiça.

---

[58] A. DE SOUSA SILVA COSTA LOBO, *O Estado e a Liberdade de Associação*, Coimbra, 1864, págs. 74-76 apresenta um péssimo retrato de frei Bernardo de Brito, a quem adjectiva de «falsario, crendeiro, trapaceito, ebusteiro», «valido da fortuna, a quem sorriram esperanças auspiciosas, tudo desprezou pela clausura monástica.» Já frei António Brandão «é um historiador conscencioso, e merecedor de todo o respeito, se bem que ainda assim pagou conhecença á dementação geral.»

[59] MANUEL ANTÓNIO COELHO DA ROCHA, pág. 46 nota, reportando-se à *Dedução Chronologica e Analytica,* em que a sua origem não deixava dúvidas. O autor apresenta um número considerável da motivos para se haverem como falsas tais Actas, fundando-se na autoridade de alguns dos nossos mais conceituados escritores e juristas, à cabeça dos quais o próprio autor da publicação.

[60] PINHEIRO CHAGAS, *História de Portugal*, V, págs. 218-220.

[61] JOÃO SALGADO DE ARAUJO, M*arte Portugues contra emulaciones castellanas,* «Certamen Segundo», Lisboa, 1642, pág. 105.

As Conotações Políticas e Jus-Filosóficas da Sociedade e a Liberdade dos Povos:... 287

O Pontífice assim entendeu, mas que fosse português e rei natural e eleito pelos portugueses, tal como «en las Cortes se avia assi paccionado, y jurado».

Apesar de tudo, o aspecto emblemático destas Actas não conseguiu evitar serem derrogadas parcelarmente quando a ocasião se verificou e a necessidade a tanto impôs. Logo no reinado de D. Pedro II e porque a única herdeira do trono era a princesa Isabel, cujo casamento com o Duque de Sabóia se vinha preparando, a cláusula que impedia o casamento da herdeira portuguesa com príncipe estrangeiro foi temporariamente derrogada[62]. Vista a conveniência em "segurar a sucessão de que totalmente depende o reino" a mesma disposição foi afastada pelas Cortes de 1674, já que em Portugal não parecia haver quem preenchesse os requisitos necessários ao casamento. Esta derrogação nunca chegou a ser necessária, já que D. Pedro teve vários filhos de segundo casamento, tendo-lhe sucedido D. João V, enquanto a infanta D. Isabel morreu em 1690[63].

A este respeito importa assinalar a existência de um outro texto fundamental, um daqueles que nem pode ser esquecido, nem merece tratamento superficial. Na verdade e em conjunto com as apócrifas Actas de Lamego[64], com as decisões saídas das Cortes de Coimbra de 1385, em que o Mestre de Avis foi eleito para rei de Portugal como D. João I, ou a as *Allegações* em favor de D. Catarina de Bragança produzidas pelos juristas de Coimbra, o *Assento feito em Cortes pelos Tres Estados dos*

---

[62] MANUEL ANTÓNIO COELHO DA ROCHA, *Ensaio Sobre a História do Governo e da Legislação de Portugal*, págs. 170 e 171: «Querendo depois o mesmo regente casar sua filha única D. Isabel com o principe herdeiro de Saboia, receoso porém de que na forma das Cortes de Lamego ella perdesse o direito de sucessão por casar com Principe estrangeiro; pedio e obteve das Cortes em 1679 a dispensa necessaria para este casamento (...). Nas de 1697 conseguio sendo já Rei, fazer derrogar o outro artigo das Leis de Lamego, pelo qual se exigia a eleição dos Estados para poder reinar o filho de Rei, que tivesse sucedido a um Irmão: caso que então se verificava em seu filho João V. Foi esta a ultima reunião das antigas Cortes.» Depois destas, apenas as saídas da Revolução de 1820, cuja fisionomia será bem diversa. A este respeito, ÂNGELO RIBEIRO, *História de Portugal*, III, Lisboa, 1936, pág. 74.

[63] FORTUNATO DE ALMEIDA, *História de Portugal,* V, pág. 16 e bibliografia que apresenta.

[64] JOAQUIM PEDRO MARTINS, *A doutrina da soberania popular segundo as Côrtes de 1641 e os teóricos da Restauração*, Lisboa, 1937, págs. 10 e 11; HERNÂNI CIDADE, *Lições de Cultura e Literatura Portuguesas,* I, Coimbra, 1959, pág. 291; A. DE SOUSA SILVA COSTA LOBO, *O Estado e a Liberdade de Associação*, págs. 77 e ss.

Reynos de Portugal[65], de 1641, é marco inultrapassável para a temática da Liberdade dos povos[66]. Depois dele, apenas o *Manifesto aos Soberanos e Povos da Europa,* de 1820, que antecedeu a Constituição de 1822, encontra paralelo na importância na defesa dessa Liberdade, compaginando-se este conjunto de documentos, com alguns de menor impacto mas igualmente interessantes[67], como uma espécie de guarda avançada da Lusitana Liberdade ao longo da sua História.

---

[65] Designação completa: *Assento feito em Cortes pelos Tres Estados dos Reynos de Portugal, da acclamação, restituição, & juramento dos mesmos Reynos, ao muito Alto, & muito poderoso Senhor Rey Dom Ioão o Quarto deste nome,* com indicação dos nomes de todos os representantes do clero, nobreza e povos presentes nas Cortes de Lisboa de 1641, onde o mesmo foi produzido. Encontra-se publicado em vários locais, mas é justo destacar a parte integrante que faz do escrito de Francisco Velasco de Gouveia, *Justa Acclamação do Serenissimo Rey de Portugal, D. João o IV,* págs. 7 e ss.

[66] PAULO MERÊA, *O Poder Real e as Cortes,* pág. 23: «Em Portugal, onde certos acontecimentos históricos importantes, como a eleição do Mestre de Avis, favoreciam a doutrina da origem popular do poder régio, os Mestres neo-escolásticos encontraram uma importante plêiade de adeptos.» Sobre o tema, Fortunato de Almeida, *História de Portugal,* V, pág. 13 e ss., que apresenta concordância com esta ideia mas não deixa de mencionar o formulário absolutista que era prosseguido na governação deste monarca, exemplificando com a lei de 29 de Janeiro de 1643, preambular à reiteração das Ordenações Filipinas: «de minha certa sciencia, poder real e absoluto.» Esta ideia era corroborada por outra segundo a qual apenas ao rei competia fazer leis, alterá-las ou revogá-las, «porque he Lei animada sobre a terra», o que significa que se mantém a interpretação que já os Glosadores e Comentadores tinham sufragado. Simplesmente isto em nada punha ou tirava à interpretação da soberania popular defendida pelos consensualistas, que entendiam que isto apenas acontecia com o monarca devido a consentimento popular. Portanto, bem se pode dizer que duma mesma fórmula podem resultar interpretações opostas: as conducentes ao absolutismo e as que entroncam no consensualismo. Ainda a este respeito Pinheiro Chagas, *História de Portugal,* V, pág. 263, escreve: «No dia 5 de março de 1641 separaram-se as Cortes portuguezas, que haviam dado ao mundo um grande exemplo. Em pleno séc. XVII fora proclamada o principio da soberania popular, e os direitos do rei eleito pela vontade nacional foram por ella julgados superiores a todas as pretensões dynasticas. N'essa memorável assembleia todos se portaram com dignidade, o povo, o clero e a nobreza, mostrando-se dispostos a fazer os maiores sacrificios para que triumphasse a independencia do pais: o rei prestando lisonjeira homenagem á vontade da nação, a soberania residente nas cortes.» O mesmo autor explicita que foi apenas um «relâmpago», mas sem dúvida que no contexto internacional do séc. XVII, mais não se poderia exigir.

[67] Outros casos, já mencionados, podem encontrar-se nos agravos apresentados a D. Fernando pelos povos em Cortes de 1372; os avisos feitos à rainha D. Leonor por um conjunto de homens bons, depois da morte de D. Fernando e no que toca a certas regras para a boa condução do reino; a atitude tomada pelos antigos partidários de D. Pedro

E no que respeita ao dito *Assento* – dos tais caso em que todo o documento é importante – começa por manifestar a harmonia existente entre os Tres estados «juntos nestas Cortes [de Lisboa, de 1641], onde representam os mesmos Reynos, & te todo o poder que nelles há». Nestes termos e por confirmação mediante este *Assento*, entendem outorgar a D. João IV «o direito de ser Rey, & Senhor delles», direitos que «pertencia, & pertence, ao muito alto, & muito poderoso Senhor D. Ioão o IV (...)»[68] e tendo em atenção o acto de aclamação executado em Lisboa, em Dezembro de 1640[69], a que se seguiram as demais cidades do reino. Não se trata de mera atitude formal, antes tendo em vista não apenas solenizar e perpetuar a aclamação do rei, mas de igual modo porque «sendo agora juntos, tornem, em nome do mesmo Reyno, fazer este assento por escrito, *em que o reconhecem, & obedecem, por seu legitimo Rey, & Senhor, & lhe restituem o Reyno, que era de seu Pay, & Avò, usando nisto, do poder que o mesmo Reyno tem, para assi o fazer, determinar, & declarar de justiça»*[70]. Tanto lhe cumpre fazer pois que «pres-

---

depois de Alfarrobeira, pretendendo salvaguardar face a D. Afonso V a sua Liberdade política; os vários juramentos pactícios estabelecidos entre rei e reino ao longo do período renascentista, etc.

[68] *Assento feito em Cortes pelos Tres Estados dos Reynos de Portugal*, fls. 1; PEDRO CARDIM, *Cortes e cultura política no Portugal do Antigo Regime*, antes mencionado. Logo no início do seu escrito assinala – e muito bem – a importância de todo um cerimonial associado às Cortes e onde em Portugal é justo destacar a tradição gótica do levantamento e da aclamação. Reportando-se a autores estrangeiros que contemporaneamente trataram do assunto, escreve a pág. 11 que «tais eventos envolviam um ritual ao qual cada novo rei estava obrigado, *implicando a aceitação de determinados compromissos e obrigações.»* Tendo como plano de fundo uma Constituição não escrita mas em que se continha o essencial do relacionamento entre Coroa e vassalos, implicava a existência da assunção de mútuos compromissos, insusceptíveis de ser rotos por qualquer das partes.

[69] DAMIÃO PERES, *História de Portugal*, págs. 11 e ss. O discurso foi recitado por FRANCISCO DE ANDRADE LEITÃO e encontra-se publicado com o título *Oração recitada a 15 de Dezembro de 1640 no auto de juramento d'elrei D. João IV*, Lisboa, 1641. Para a vida e obra deste jurisconsulto, que foi depois embaixador de D. João IV em Inglaterra e depois na Holanda, DIOGO BARBOSA MACHADO, *Biblioteca Lusitana*, III, págs. 96 e 97; INOCÊNCIO FRANCISCO DA SILVA e BRITO ARANHA, *Dicionário Bibliográfico Português*, II, pág. 334. Acerca do juramento de D. João IV a que se sucedeu o dos vassalos, JOSÉ DE ALMEIDA EUSEBIO, «Elogio do Direito. Os Juristas da Restauração», separata da *Revista «Independência»*, II, Lisboa, 1942, pág. 15.

[70] Idem, *ibidem*, fls. 1 v.-2. D. Francisco Manuel de Melo, *Tacito Portuguez*, pág. 67, refere-se a esta questão do seguinte modo: « (...) en publico Theatro, e segundo as ceremonias antiguas, con otras cautelas lumbradas dos juristas, se celebró solemne jura-

supondo por cousa certa em direito, que ao Reyno somente compete julgar, & declara, a legitima sucessão do mesmo Reyno, quando sobre ella há duvida, entre os pretendentes, por razão do Rey ultimo possuidor falecer sem descendentes, & eximirse também de sua sogeição, & dominio, quando o Rey por seu modo de governo, se fez indigno de Reynar». Remonta este estado de coisas ao despojamento duma parcela de Liberdade por parte dos homens perante outro, que elegeram para os governar, tese que remonta ao início das relações sociais, o que bem se percebe das palavras do *Assento*: «por quanto este poder lhe ficou, quando os povos a princípio, transferirão o seu no Rey para os governar. Nem sobre os que não reconhecem superior, há outro algum a quem possa competir, senão aos mesmos Reynos, como provão largamente os doutores, que escreveram nesta materia (...)»[71].

Resulta deste texto a concludente afirmação que apenas o reino tem o poder de «fazer ou desfazer» os reis, apenas a comunidade, usando da sua Liberdade pode assentar em que alguém a governe, apenas a unidade do reino representada em Cortes é legitima e tem capacidade para confirmar factos ocorridos, quais fossem a aclamação prévia de D. João IV como monarca eleito, e por direito de sucessão, ao reino de Portugal[72], no

---

mento, confirmado-se a voz da aclamação segundo o direyto, porque visse o mundo que ella não fora furioza, senão justa, não accidental mas premeditada, não popular senão illustre.»

[71] Idem, *ibidem*, fls. 2 v. Sobre o tema, Ângelo Ribeiro, *História de Portugal*, III, pág. 15 e ss.: « (...) um direito irrecusável foi posto em evidência: o que tinha a nação de escolher um novo soberano (...). Tal princípio – o da soberania originária da nação – foi solenemente proclamado nas Cortes que se reuniram em Lisboa em 1641 (...).»

[72] A fundamentação encontra-se, especialmente, a fls. 3 e ss. As controvérsias doutrinárias que alguns doutores encontram, não são chamadas ao caso, nem tão pouco nos cabe desenvolvê-las, face ao clausulado expresso e explícito do testamento de D. João I e depois de D. Afonso, que reitera as disposições do de seu avô, em Cortes de Lisboa de 1476. Esse mesmo testamento que já fora invocado na crise de 1580, é agora recuperado por força da necessidade de legitimar os direitos de D. João IV ao trono português, encontrando-se hoje publicado em excerto em J. J. Lopes Praça, *Colecção de Leis e Subsídios para o Estudo do Direito Constitucional Portuguez,* 2 volumes, Coimbra, 1893-1894, no caso concreto em I, pág. 63; também em D. António Caetano de Sousa, *Provas da História Genealógica*, I, pág. 359. Nele se afirma que «o Senhor Infante D. Duarte, seu filho primogénito, ou em seu defeito, seu filho ou seu neto, & qualquer outro legítimo descendente, por sua linha direita succedendosse nelle segundo se requeria por direito, & costume, na successão destes Reynos, & Senhorios», ponto em que a representação está admitida de forma clara. Em caso de não haver possibilidade de concurso pela linha

As Conotações Políticas e Jus-Filosóficas da Sociedade e a Liberdade dos Povos:... 291

que mais não faz seguir uma tradição iniciada com D. Afonso Henriques. Por outro lado, releva para a nossa reflexão a assunção que o direito de soberania inicial se devolve ao povo em caso de comportamento menos correcto da parte do rei ou quando cumpre proceder à sua eleição, nas mencionadas hipóteses. Donde, prevalece a teoria segundo a qual a entrega do poder ao rei não implica um desapossamento total e definitivo por parte da comunidade de seu poder, que sempre pode reassumir os seus direitos em caso de necessidade. Eis pois o *pactum subjectionis* devidamente enquadrado e interpretado pelos homens da Restauração.

Escrito por Sebastião César de Meneses[73], secretário do estado da Nobreza e personalidade a cujos contornos nos dedicaremos noutro parágrafo, foi assinado pelos membros presentes representantes dos estados do reino, nele se encontram personalidades de vulto da Restauração. Apenas alguns exemplos: D. Rodrigo da Cunha, arcebispo de Lisboa[74], D. Miguel de Portugal, bispo de Lamego, D. Manuel da Cunha, bispo de Elvas, Marquês de Ferreira, Marquês de Vila Real, Conde da Vidigueira,

---

directa ou do primogénito, teria de se passar às linhas dos outros filhos «por sua direita ordenança, a saber. Primeiramente, a do Infante D. Pedro (que era filho segundo) com todos os seus filhos, & netos: & faltando esta Segunda linha, chamou a do Infante D. Henrique, seu filho terceiro, & accrescentou que assi fosse nos outros filhos pelo modo sobredito (...)». As directrizes deste testamento são tão claras e evidentes que mal se percebe haver quem o queira questionar; é a opinião dos Três estados em 1641 e é a nossa, também, usando do maior grau de objectividade possível. Dos outros motivos aduzidos releva a invocação das Actas das Cortes de Lamego, onde se menciona que em falta de filhos herdeiros e sucessores, ao rei sucedesse irmãos, desde que o tivesse, devendo os filhos destes serem aprovados posteriormente pelo reino, enquanto não fosse dado esse consentimento não poderiam reinar. Tanto aconteceu com D. Dinis e com D. Manuel I, pelos invocados motivos. Sobre o ponto, PAULO MERÊA, *Suaréz, jurista. O problema da origem do poder civil*, págs. 47 e ss.

[73] Há quem queira a atribuir a autoria deste texto a Francisco Velasco de Gouveia, autor do texto oficial e justificativo da Restauração de 1640. Do conhecimento que vamos tendo dos dois autores, e sem termos bases sólidas, fica-nos a leve suspeita que poderá ser muito bem verdade esta pretensa atribuição, já pelo comportamento político de cada um dos autores antes e depois de 1860, já pelo tom do texto – muito mais ao jeito de Velasco que de César de Meneses – já porque as tibiezas de um são as indecináveis certezas de outro. Cremos que será assunto nunca completamente esclarecido – não há fonte que nos valham – mas se tivéssemos de manifestar uma opinião unicamente por comparação de personalidades, vidas e textos produzidos, subscreveríamos a paternidade histórica a Velasco e não a César de Meneses.

[74] Sobre D. Rodrigo da Cunha e a importância dos seus trabalhos históricos, JOAQUIM VERÍSSIMO SERRÃO, *A Historiografia Portuguesa*, II, págs. 228 e ss.

almirante da Índia, conde de S. Lourenço, regedor da Casa da Suplicação, todos do Conselho de estado do rei; além deste um numeroso grupo de pessoas representando o estado do povo, quantitativamente superior, pretendendo assumir uma feição tão fiel quanto possível dos vários pontos do reino que estavam representando.

Mesmo assim no debate centrado sobre se aclamação e vontade popular eram ou não fonte de direito, parece-nos atitude de prudência considerar antes, e com a maioria dos juristas deste período, que seriam antes aprovação ou declaração dum direito preexistente. Isto em nada contradiz os nossos propósitos nem a defesa da Liberdade dos povos, já que se limita a conciliar a tese da hereditariedade sucessória com a assunção de um pacto obrigatório e sucessivo celebrado entre rei e súbditos, em que este se compromete na defesa dos direitos e Liberdades dos povos e do reino e este, por meio dos seus representantes, reconhece obediência e presta vassalagem ao soberano. Isto é que nos parece correcto, devendo estar sempre subjacente a todas as considerações inerentes à Liberdade dos povos, que existe sem dúvida, mas deve ser conciliada com as Leis Fundamentais do Reino, que mandam levar em consideração na sucessão régia uma contagem feita em função de pressupostos definidos. E esses ligam-se à hereditariedade, consubstanciados na primogenitura, representação e exercício do poder régio no respeito pelos tratos assumidos face aos povos[75].

Em resumo, pela conciliação da legalidade com a legitimidade, como já se mencionou em várias ocasiões. Diga-se em abono da verdade que subscrevemos a afirmação de Paulo Merêa[76] segundo a qual os reis não só não podiam alterar as Leis Fundamentais[77], como isso não lhe era

---

[75] DAMIÃO PERES, *História de Portugal,* VI, págs. 19 e ss.; SAAVEDRA FAJARDO, *Idea de un Principe Politico Christiano representada en cien empresas*, pág. 444, pronuncia-se também favorável, dentre os vários títulos de aquisição do poder civil pela monarquia e nesta a monarquia hereditária, advertindo que no início «todos los reinos fueron electivos, i con ambición de extenderse perdieron la libertad, que quisieron quitar a los otros (...).» A monarquia hereditária é a mais segura, pois que nela não se correm os perigos de tumultos inerentes à eleição, sendo que depois de aclamado o primeiro rei, deverão os seus sucessores manter-se à testa da governação de um reino.

[76] PAULO MERÊA, *O Poder Real e as Cortes,* pág. 24.

[77] LUIZ DE MOLINA, *Los Seis Libros de la Justicia...*, pág. 386, reportando-se à opinião de Alfonso de Castro, escreve que «(...) quando no conste de otra manera, debe deducirse del uso recibido si el pueblo se reservó o no en la primitiva constitución de la

do mesmo modo permitido em matéria de foros e tradições. Por isso mesmo existia uma confusão entre «a sujeição do rei às Leis Fundamentais com a sua sujeição às leis ordinárias – confusão constante nos escritos deste período – [78], invocavam em seu favor a regra de que o rei estava sujeito às leis *vi directiva*, aliás seria tirano e não rei.»

---

república la aprobación y reprobación de las leys que gravan a la República, según que de hecho las contravenga o no. Y si existe la costumbre de que tales leyes no tengan fuerza de obligar sin la aprobación del pueblo, habrá de creerse que la República impuso al rey esta condición; ya que es muí verosímil que si los pueblos habían pensado en esto, no hubieron concedido mayor poder a sus Reys; luego, aun cuando entonces no lo adversasen, deberá creerse que ésta fue la intención de la República al constituir Rey, aun que no lo diga expresamente; y después deberá más bien presumirse que él Rey, prevaliéndose de su poder, lo amplió en este punto, no atreviéndose los súbditos a resistirle, más bien que los súbditos le hayan restringido a él un poder ya concedido. Por lo cual será lícito a la República no aceptar leyes que la graven notablemente, no siendo absolutamente necesarias para el bien común. Y si el Príncipe la obliga a la fuerza a ello, comete injusticia.»

[78] E cujos exemplos mais acabados são os trechos que escolhemos para ilustrar o pensamento dos vários autores, não lhes fazendo menção especial, tantos são os casos em que tal sucede. De facto, quando a afirmação não está expressa, está implícita, pelo que é desnecessária a sua sistemática repetição. Do mesmo modo, adequamos a nossa escrita a essa mesma situação, pese embora o aviso fique feito. D. Francisco Manuel de Melo, *Obras Métricas*, I, «La Tiorba de Polymnia», «Letrilla LVIII», De los Reys, pág. 249, num dado paso escribe sem explicitar o que por eso entende, que «Luego, en fin, donde forcejan

las virtudes con las leyes,
y donde ganan los reys
quando más sus casas dejan.»

A PERSONALIDADE JURÍDICA DO ESTADO, A RELAÇÃO JURÍDICA E O DIREITO SUBJECTIVO PÚBLICO EM GERBER, LABAND E JELLINEK

RUI CHANCERELLE DE MACHETE

1. Os fundamentos da nova teoria jurídica alemã do Estado – reconheceu-o Jelinek[1] – foram lançados na célebre recensão de Albrecht à obra de Maurenbrecher[2]. Se é certo que alguns juspublicistas da primeira metade do Século XIX – sobretudo os que Haefelin[3] englobou na orientação critico-positivista –, tenham, aqui e além usado o conceito de personalidade jurídica do Estado, e muitos falaram de relações jurídicas estabelecidas entre o rei e os súbditos, as ideias eram usadas de modo assistemático e impreciso, avultando a confusão entre a personalidade do Estado e a pessoa do monarca. A teoria do Estado era, antes de Albrecht, e mesmo durante muito tempo depois dele, dominada por uma concepção subjectivista, e a pluralidade de relações jurídicas entre o monarca e os sujeitos não se reconduzia a qualquer conceito unificador[4].

---

[1] «Algemeine Staatslehre», 3ª ed., reimp. de 1966, Bad Hamburg V. D. Hoehe, Berlim, Zurique, pág. 473. No mesmo sentido, STINTZING LANDSBERG, *Geschichte der Deutschen Rechtswissenschaft*, 3ª Parte, 2º tomo, Oldenburgo, Munique, Berlim, 1910, pág. 318 e segs..

[2] Recensão à obra de R. MAURENBRECHER, *Grunsaetze des heutigen Deutschen Staatsrechts*, Francoforte, 1837, publicada nos «Goettingische gelehrte Anzeigen», 1837 e reeditada pela Wiss Buchgesellschaft, Darmstadt, «Libelli» n.º 68.

[3] ULRICH HAEFELIN, *Die Rechtspersoenlichkeit des Staats*, 1º vol. Tubinga, 1959, pág. 75. Antes deles mas em termos mais filosóficos do que jurídicos, os jusnaturalistas tinham reconhecido a personalidade jurídica do Estado – cf. G. JELLINEK, *Algemeine Staatslehre*, cit., pág. 169, nota 1.

[4] Veja-se, sobre a doutrina e ambiência da primeira metade do Século XIX, Haefelin, ob.cit., págs. 68-89 e M. STOLLEIS, *Geschichte des Oeffentlichen Rechts*, vol. II, Munique, 1992, passim.

É com Albrecht, na sua célebre Recensão, que o Estado é concebido como um sistema jurídico unitário, cujos conceitos são hierarquizados e colocados nos lugares devidos. A personalidade jurídica estatal é a "fórmula fundamental" de uma verdadeira consideração jurídica do Estado, dela derivando uma genealogia conceptual que recorda a "Begriffsjurisprudenz".

A nova teoria, que o Professor de Goettinger expõe, nega o dualismo entre o Estado e o soberano, remetendo este para a categoria de mero órgão do Estado, recusando a identificação da soberania estatal com a soberania popular ou a da pessoa jurídica Estado com o povo.

Esta degradação da posição do monarca – "Depossedierung" é a palavra empregue por Haefelin – constitui uma das inovações mais radicais e importantes da teoria constitucional alemã do Século XIX. Albrecht que, todavia, sempre se defendeu contra as acusações de antimaniqueísmo que lhe foram feitas, estava bem consciente da sua relevância ao escrever: "a concepção jurídico-pública fundamental do nosso Direito, divide os direitos encabeçados no monarca em direitos privados de que este é titular e em direitos do Estado que deve exercitar enquanto órgão do mesmo, não já segundo as regras do direito privado, mas de acordo com a Constituição ..."[5]. A circunstância de a personalidade jurídica do Estado se substituir à do monarca, faz com que, por um lado, se passem a atribuir àquele as qualidades e os poderes que anteriormente predicavam a pessoa do soberano absoluto, designadamente a legitimidade e a "Herrschaftsgewalt" e, por outro lado, torna o Estado o único sujeito de todas as relações públicas[6] [7].

A personalidade jurídica do Estado, como conceito fundamental de um sistema jurídico público concebido em termos jurídico-formais, foi, porém, desenvolvido a partir da construção de Gerber e, depois, por Laband e Georg Jellinek.

---

[5] Recensão cit., pág. 20.

[6] Em Albrecht não é ainda, todavia, clara a contraposição entre a personalidade jurídica pública do Estado e a sua personalidade de direito privado e a das demais pessoas públicas. Cf. W. WILHELM, *Metodologia Giuridica nel Secolo XIX* (trad.), pág. 150, nota 25.

[7] Albrecht não concebia a personalidade pública do Estado como um conceito «a priori» que necessariamente se impusesse em todos os ordenamentos. Para que o Estado possuisse personalidade jurídica tornava-se necessário que o previsse o concreto ordenamento jurídico a que se referia. A consagração pelo direito positivo dessa personalidade jurídica constituia mesmo um sinal do seu progresso, da sua pertença ao novo direito constitucional.

A Personalidade Jurídica do Estado, a Relação Jurídica e o Direito Subjectivo... 297

2. A propósito da obra de Gerber e, mais em geral, do método jurídico e do sistema de direito público a que deu lugar, tem-se desenvolvido uma viva discussão, que largamento extravazou da historiografia jurídica, sobre o significado ideológico e o papel político que desempenharam. É assim que, enquanto Haefelin considera as teorias que qualifica como "anorganische" como um elemento adjuvante de relevo no movimento edificador de um Estado de direito liberal e democrata[8], e Oertzen e Nigro encontram[9] nos "Fundamentos" de Gerber já delineadas todas as traves mestras da concepção liberal do Estado e das suas relações com os cidadãos, a tese de Walter Wilhelm é dedicada a tentar demonstrar que o método jurídico de direito público fundado por Gerber e Laband não é mais do que a expressão no campo do direito de uma doutrina política destinada a justificar o condicionalismo monárquico e a política antiliberal de Bismarck[10]. A questão, porém, é mais complexa do que qualquer unilateralismo interpretativo deixa transparecer, não permitindo uma conclusão simples e unívoca[11]. É que se já o juízo global sobre o significado da obra ou da personalidade de um autor se revela insusceptível de ser traduzido numa etiqueta, os dogmas e formas jurídicas,

---

[8] «Die Rechtspersoenlichkeit...» cit., págs. 128-130. Haefelin inclui nas teses «anorganische» como principais autores, Gerber, Laband e Georg Jellinek, justamente os epígones do método jurídico formal.

[9] «Die Bedeutung C. F. Gerber ...» cit., pág. 198 e «Il Segreto di Gerber», Quaderni Fiorentini, 1973, pág. 304 e segs..

[10] «Metodologia Giuridica...» cit., pág. 177. Veja-se, a este respeito, a recensão crítica de E. W. Boeckenfoerde publicada no «Archiv fuer Rechts– und Sozialphilosophie», vol. LXVIII, 1962, pág. 249-254.

[11] Reveladora do carácter infrutífero de uma tentativa desse género, foi a polémica travada entre GARCIA DE ENTERRIA, *El Concepto De Personalidad Juridica En Lo Derecho Publico*, em particular a «Adenda», in «Administración Instrumental», livro de homenagem a Clavero Arevalo, Madrid, 1994, vol. II, pág. 825-836, e GALLEGO ANABITARTE, *Constitución Y Personalidad Juridica del Estado*, Madrid, 1992 e «Organos Constitucionales, Organes Estatales Y Derecho Administrativo», no mesmo volume de homenagem a Clavero Arevalo, pág. 881 e segs.. Não nos parece com efeito que a tese da personalidade jurídica unitária do Estado, centro da imputação da lei, da sentença e do acto administrativo e considerado como seus órgãos, nos mesmos termos, o legislador, o juiz e o administrador, seja necessariamente derivada de uma consagração autoritária e hegeliana do Estado, como o pretende Garcia de Enterria, e tão pouco se nos afigura que a posição contrária de Gallego Anabitarte seja a mais correcta do ponto de vista da interpretação da história dogmática e conduza a infirmar o essencial da posição de Enterria, que seja a Administração Pública que é dotada de personalidade jurídica e não o Estado na globalidade das funções legislativa, executiva e judicial.

sobretudo num grau elevado de abstracção, são ainda mais avessos a uma qualquer unifuncionalidade[12].

É assim que, por exemplo, o conceito de personalidade jurídica do Estado, tanto pode servir como expressão concentrada de uma qualquer Ethos de cariz autoritário, como ser o suporte subjectivo do lado passivo da relação jurídica fundamental que tenha do lado activo os direitos subjectivos dos cidadãos; também a identificação do Estado-pessoa com o ordenamento jurídico permite garantir a juricidade das relações com os cidadãos, conduzindo à autolimitação do poder, mas a separação entre o ordenamento e o Estado-Administração pode permitir uma heteronomia, com clara subordinação deste àquele. Mas o que dissemos, se aconselha prudência para evitar cair num vício paralelo ao da jurisprudência dos conceitos, obviamente não nega ou desconhece que o jurista na sua actividade teórica procura responder às interrogações e desafios do seu tempo e que, naturalmente o faz, de acordo com os valores que o norteiam e a concepção do mundo que perfilha[13]. O seu instrumentário conceptual, porém, desprende-se da interioridade com que foi pensado e, particularmente quando o seu nível de abstracção é maior, presta-se a ser reutilizado ou integrado noutras construções ou sistemas que lhe emprestem um significado diferente do original e, por vezes, até funcionalmente de sinal contrário. Só um exame atento de dada conceito ou da história de cada dogma permite apurar se, no uso que dele faz o legislador ou o jurista teórico ou prático, mantem o sentido orifinal ou adquiriu já outro significado diferente do momento em que nasceu.

É verdade, porém, que a ciência do direito público nasceu sob um cunho conservador, mais nítido ainda em Laband do que em Gerber, mais mitigado em Georg Jellinek, mas sempre fundamentalmente preocupada com o poder político. A articulação entre o Estado e os cidadãos é perspectivada como uma relação desigual, de subordinação, em que se procura limitar o poder, salvaguardando espaços de liberdade sempre ameaçados[14]. O princípio da legalidade tem uma função predominantemente

---

[12] Vejam-se as judiciosas considerações de HAEFELIN, «Die Persoenlichkeit...» cit., pág. 398.

[13] As páginas da «Introdução» ao «System» de Savigny, cada vez que são relidas, são sempre uma fonte de ensinamentos e de prudência para o jurista que procura compreender e construir o Direito, quer no plano teórico, quer no prático.

[14] O poder do domínio Estado é um poder limitado, auto-limitado e por isso, um poder jurídico, afirma Georg Jellinek variadas vezes – cf. «Algemeine Staatslehre» cit., pág. 386-7.

A Personalidade Jurídica do Estado, a Relação Jurídica e o Direito Subjectivo... 299

objectiva que só a partir de Georg Jellinek começa a ser subjectivado com alguma solidez. Mas, mesmo neste, o carácter de "potentior persona" do Estado permanece e explica os esforços que porfiadamente faz para enquadrar e limitar juridicamente o poder. Otto Mayer não subscreve a tese da personalidade jurídica do Estado e não empresta grande relevo ao conceito de relação jurídica e de direito subjectivo público, preferindo desenvolver as virtualidades dogmáticas do acto administrativo como acto de autoridade definindo a solução legal no caso concreto. Mas, também no seu sistema, prevalece a concepção do acto imperativo e do Estado como grande instituição ou empresa prestadora de serviços, cujos fins e interesses organizatórios devem prevalecer sobre os individuais. Tal como o resumiu Fioravanti, o problema central do juspublicismo de oitocentos "é o da assunção pela ciência jurídica do Estado como sujeito autónomo no qual se vem concentrar o poder público e que entra, de facto, em relação conflitual e dialéctica com uma sociedade atomizada e privatizada dominada pelo direito económico[15].

A construção jurídica do Estado liberal envolve um certo paralelismo entre o modo como se faz emergir a relevância jurídica do Estado e a dos cidadãos. Mas esse paralelismo configurado pela relação jurídica fundamental entre o Estado e o cidadão, é incompleto. O Estado, que é ao mesmo tempo, a ordem jurídica, ou que dispõe dela, pois que as leis constituem uma manifestação da sua vontade, possui uma superioridade sobre os cidadãos que a existência de limites jurídicos, entre os quais se contam os direitos subjectivos públicos, não consegue contrabalançar. Só quando o ordenamento jurídico se eleva e se superioriza ao Estado, como organização e centro da imputação jurídica, se torna possível construir alterações jurídicas paritárias, primeiro no campo processual e, depois, mais limitadamente, no domínio substantivo.

O estudo de Gerber, Laband e Georg Jellinek na teoria geral do Estado e de Otto Mayer no direito administrativo, bem como a exasperação positivista de Kelsen, é indispensável à compreensão da estrutura do Estado constitucional liberal e das tentativas da sua superação no post Segunda Guerra Mundial[16]. Nesse capítulo, as teorias organicistas, pese

---

[15] «Giuristi e Costituzione Politica Nell'Ottocento Tedesco», Milão, 1979, pág. 17.

[16] Veja-se, em geral, sobre esta temática, Alberto Massera, «Contributo Allo Studio Delle Figure Giuridiche Soggettive Nel Diritto Amministrativo», Milão, 1986. Para além do estudo de personalidade jurídica do Estado e da teoria de órgão nos principais autores da literatura alemã, francesa e italiana, tem um último capítulo com importantes indicações

300   *Em Homenagem ao Professor Doutor Diogo Freitas do Amaral*

muito embora a importância de Gierke, não tiveram impacte de igual importância. Só anos mais tarde, em Itália, com o institucionalismo de Santi Romano, desenvolveram as suas potencialidades. A análise que fazemos terá sobretudo em conta a relevância que as respecticas construções tiveram no que respeita ao controlo da legalidade da acção do Estado, aos direitos subjectivos públicos dos cidadãos e à justiça administrativa.

3. Gerber é politicamente um conservador reformista, preferindo o gradualismo da evolução à inglesa ao revolucionarismo francês, mas acentuando a caducidade das instituições do Século XVIII – a inevitabilidade de ruptura com o passado. O seu propósito é tentar conciliar a autoridade necessária com a liberdade desejável e possível[17]. Nos seus estudos sobre os direitos públicos, Gerber adopta ainda uma visão corporativa e organicista sobre o Estado. O Estado é um "organismo móvel" que se activa segundo um princípio vital interno que o anima. O Estado, como organismo, é um conceito que pertence ao domínio da ética, não é um conceito jurídico. O direito pressupõe-no mas não tem necessidade de determinar a natureza jurídica do Estado[18].

Os direitos públicos, os direitos dos vários sujeitos que compõem o Estado, constituem um sistema. Ao lado destes direitos subjectivos, encabeçados sempre em pessoas singulares, desde o monarca aos funcionários e aos súbditos, todos seus titulares enquanto membros da colectividade estadual, coexistem os princípios jurídicos do direito público, que são regras gerais objectivas, como a liberdade de imprensa ou a liberdade religiosa, que não podem como tais ser objecto da vontade de uma pessoa, mas apenas pressupostos, no caso concreto, da constituição de direitos individuais[19]. Quanto especificamente aos direitos dos súbditos,

---

sobre a pluralização do Estado pessoa colectiva e do próprio poder público e sobre a distinção entre o Estado pessoa e o Estado ordenamento, como a afirmação da superioridade do povo como poder constituinte – ob. cit., pág. 281 e segs..

[17] Cf. as considerações que faz sobre as constituições da Alemanha, de França e de Inglaterra, «Sui Diritti Pubblici», in «Diritto Pubblico», Milão, 1971, pág. 23 e segs. e tb. pág. 85 e segs..

[18] Ob. cit., pág. 21-22. Por esta forma pensava então o Professor de Ebeleben evitar os perigos da teoria de Albrecht, resolvendo muito embora em termos públicos, e não nos tradicionais termos patrimoniais privatistas, a relação entre o monarca e o Estado. O Estado deixaria assim de ser objecto da vontade de um privado. Os poderes régios são direitos públicos de um membro do organismo Estado. O rei age não como privado mas como rei, ibidem, pág. 47 e segs..

[19] Ibidem, pág. 32 e pág. 43-45.

A *Personalidade Jurídica do Estado, a Relação Jurídica e o Direito Subjectivo...* 301

"o significado geral dos assim chamados direitos dos administrados (liberdades políticas) só pode consistir em qualquer coisa de negativo, isto é, para garantir que o Estado, no seu domínio e sujeição sobre o indivíduo, se mantenha dentro dos seus limites materiais..."[20].

Nos "Fundamentos", o ponto de partida é, porém, completamente diferente. Logo na introdução, Gerber afirma: "ao olhar o povo, unido ao Estado, de um ponto de vista natural, tem-se a impressão de estar perante um organismo, ou seja, um conjunto de membros, cada um dos quais contribui, no seu modo próprio, para a consecução do fim comum. Se, porém, se considera o Estado de um ponto de vista jurídico, ressalta antes de mais o facto de nele o povo ascender à consciência jurídica colectiva e à capacidade jurídica de querer ou, por outras palavras, que nele o povo alcança a personalidade jurídica"[21]. O poder da vontade do Estado, é o poder de dominar e chama-se o poder de império ou poder público ("Staatsgewalt", à letra, poder do Estado)[22]. Objecto do direito público como disciplina científica é o estudo do direito que diz respeito ao Estado enquanto tal. A força de vontade ("Willensmacht") do Estado, o poder público ("Staatsgewalt"), é o direito do Estado[23]. Deste modo, o ordenamento jurídico, o direito objectivo constitui uma manifestação da vontade do Estado. A possibilidade de unificar juridicamente o Estado oferece a pedra angular segura para sobre ela edificar todo o direito público. Gerber afirma textualmente que "é na personalidade do Estado que se encontra o ponto de partida e o centro de todo o direito público; da articulação com ela dependem, ao mesmo tempo, a possibilidade e o critério informador de um sistema científico, de um sistema inspirado numa ideia unitária"[24].

Não se julgue, porém, que a personalidade do Estado se reconduz, apenas, a um mero instrumento técnico de construção jurídica destinado a unificar os vários elementos do Estado e capaz de explicar a sua capacidade de querer. Representa a própria constituição material do Estado, a sua ordem organizatória. Nesse sentido assume também um significado objectivo. É através dele, como encarnação da vontade colectiva do povo,

---

[20] Ibidem, pág. 67.
[21] «Grundzuege des deutschen Staatsrechts», rep. (Aalen) da 3ª ed. de Lípsia, 1880, pág. 1-2.
[22] Ibidem, pág. 3.
[23] Ibidem, pág. 3.
[24] Ibidem, pág. 4

302   *Em Homenagem ao Professor Doutor Diogo Freitas do Amaral*

e da sua unidade, que este realiza os fins éticos que lhe são próprios, que se afirma e vale como "unidade ética total"[25].

Ao caracterizar o poder do Estado, e justamente porque este é a "força de vontade de um organismo ético idealmente personificado", "a força ética de um povo consciente de si", Gerber considera que a expressão jurídica do poder público é o domínio, ao qual estão submetidos todos os membros do povo. A prevalência do poder público sobre quaisquer forças internas que lhe oponham deriva do facto de ser o poder supremo e da convicção generalizada da sua irresistibilidade. Por outras palavras, o poder do Estado é soberano; e é também indivisível essa força moral de personalidade estatal de um povo[26].

O poder público que reveste várias formas de eficácia – legislativa, administrativa, jurisdicional –, não é, porém, uma força de vontade absoluta. Só deve servir para a realização dos fins do Estado, pois que é essa a razão da sua existência. A existência do poder do Estado para além do seu fim ético, e ultrapassando o âmbito que lhe pertence, traduz-se num abuso[27]. Mas, é em vão que, no capítulo sobre os limites do poder do Estado, se procura uma explanação sobre os direitos subjectivos públicos dos particulares. Aparte uma afirmação de princípio de que "uma definição teórica do fim do Estado pode dar-se só com uma configuração muito geral e indicar só de modo muito indeterminado a fronteira que separa o âmbito da vontade estadual orientada para a realização ética da vida colectiva, do domínio da liberdade individual"), não se encontra no capítulo sobre os limites do poder público, qualquer desenvolvimento sobre os direitos subjectivos públicos. Há sim referências, nos limites especiais de poder, aos direitos adquiridos, que devem resistir ao próprio legislador salvo indemnização, e às normas de direito objectivo que representam manifestações e condições de vida de particular importância, cuja violação constitui uma injúria à degradada ética de um povo, ou um obstáculo ao seu desenvolvimento. Muitas vezes, estes limites ao poder do Estado, estes princípios jurídicos são designados como direitos do povo, podendo

---

[25] Cf. «Grunzuege...» cit., pág. 19 e segs.. O Estado como organismo ético denuncia claramente a influência hegeliana como observa Haefelin. «Die Rechtspersoenlichkeit ...» cit., pág. 131. Um dos grandes méritos de Gerber é não ter deixado contaminar a sua construção jurídica pelo idealismo especulativo. Essa uma das virtudes da «pureza» jurídica do seu método.

[26] «Grundzuege...» cit., pág. 19-22.

[27] Ibidem, pág. 31 e nota 1.

A Personalidade Jurídica do Estado, a Relação Jurídica e o Direito Subjectivo... 303

com isso dizer-se que todos os seus membros participam na liberdade de movimentos assim alongada e protegida. Mas, essa forma de exprimir-se induz em erro, pois que se não trata de direitos em sentido subjectivo, mas de normas jurídicas objectivas. Gerber enuncia entre esses "princípios" diversas liberdades, como a religiosa, a científica, de educação e escolha de profissão, de reunião, de associação, e garantias institucionais como a da imparcialidade e independência da actividade jurisdicional[28]. Não admira, por isso, que fosse posto em dúvida por Gerber, nos "Fundamentos" a existência de verdadeiros direitos subjectivos públicos dos cidadãos. A resposta dá-a o próprio Gerber na sua "Adenda" sobre a personalidade do Estado. Aí se confirma a importância da concepção do Estado como pessoa colectiva, que permite afirmar a existência de uma relação jurídica entre o Estado e as pessoas que lhe estão submetidas, com os correspondentes direitos e deveres, mas também a debilidade das situações subjectivas dos particulares.

A definição desta relação jurídica só pode obter-se com uma fórmula que exprima a subordinação jurídica ao poder do Estado. O grande jurista não hesita em dizer: "o instrumento dialéctico de que dispõe a jurisprudência para determinar mais exactamente esta relação é o de conceber os homens e as coisas submetidas ao domínio do Estado, como sendo objecto do seu poder de império ("Herrschaftsrecht")"[29]. Ciente de que esta sua posição que pode parecer simples ou até provocar escândalo, Gerber obriga-se a explicações complementares. "A primeira impressão que se retém quando se observa a posição do particular no Estado, é a de que aquele tem uma série de direitos. O gozo dos chamados direitos e liberdades civis bem como de direitos públicos surge com tão clara evidência, que se poderia ser tentado a considerar esse facto como ponto de partida do desenvolvimento jurídico do conjunto estatal[30]. Mas tal opção seria errada. Do ponto de vista do sistema jurídico, como acontece em muitos outros casos, deve ser considerado apenas como um elemento nuclear, dependente de uma conexão jurídica primária". E Gerber acrescenta: "Todos os direitos do particular num Estado, só os detem enquanto pertence a esse Estado como sujeito jurídico, como pessoa que lhe está

---

[28] Ibidem, pág. 33 e segs..
[29] Ibidem, pág. 226. Vejam-se a propósito as considerações de Wilhelm, «Metodologia...» cit., pág. 166 e segs..
[30] Ibidem, pág. 227.

juridicamente subordinada"[31]. Esta sujeição do cidadão ao poder do Estado não tem outra finalidade nem efeito, num Estado livre e bem ordenado, do que assegurar a existência dos direitos civis e políticos. Esse facto não deve porém iludir o jurista e fazê-lo esquecer o fundamento originário.

A subordinação ao poder do Estado não deve ser confundida com uma relação sujeito-objecto similar ao direito real, mas antes mais próxima do direito de família. A verdade é que, em virtude da submissão ao poder estatal. são atribuídos uma série de poderes, direitos civis e direitos políticos. E Gerber conclui que a relação de subordinação ao Estado deve qualificar-se como principal, enquanto os direitos subjectivos dos cidadãos, que "em sentido figurado" se designam por direitos reflexos, para os identificar no seu momento genético, devem considerar-se como derivados e secundários[32].

Os direitos dos cidadãos são assim verdadeiros direitos subjectivos, mas não materiais ou originários, antes derivados da vontade estadual, da lei, imputados à pessoa como membro da colectividade[33]. Os direitos subjectivos públicos são posições derivadas do direito objectivo, subjectivizações do direito objectivo, uma "função de lei"[34].

Nos "Grundzuege", a personificação do Estado permite considerar o monarca como órgão constitucional, "o órgão supremo da vontade do Estado[35]. O rei corporiza a personalidade abstracta do Estado, mas a sua vontade jurídica não é uma vontade de uma pessoa individual, está vinculada ao seu carácter institucional de órgão, e é jurídica enquanto se mantem dentro dos limites prescritos pelo direito constitucional para a sua manifestação[36]. Governo e funcionários públicos são meros servidores do monarca. A Administração tem funções meramente executivas, como simples emanação do poder do soberano. Muito embora a eliminação do arbítrio na actividade administrativa seja uma das consequências mais importantes do Estado de Direito, os pormenores da regulamentação das múltiplas instituições e sectores em que actua a Administração não deve pertencer ao "Staatsrecht" mas sim a um ramo separado e particular, o "direito administrativo"[37].

---

[31] Ibidem, pág. 227.
[32] Ibidem, pág. 230.
[33] NIGRO, "«Il Segreto» di Gerber", cit., pág. 311.
[34] Cf. HENKE, *Das Subjektive oeffentliche Recht*, Tubinga, 1968, pág. 28.
[35] «Grundzuege...», cit., pág. 77.
[36] Ibidem, pág. 79.
[37] Ibidem, «Adenda III», pág. 239 e segs..

A actividade jurisdicional deve desenvolver-se segundo as regras de carácter jurídico sem interferência de qualquer autoridade externa. A jurisdição destina-se à realização do direito objectivo ("absolutes Recht"), dividindo-se em actividade jurisdicional geral e actividade jurisdicional civil[38].

Gerber não reconhece qualquer competência dos tribunais civis sobre a Administração. O poder público, enquanto poder supremo que executa as tarefas do Estado, não pode ser rebaixado à posição de parte num processo[39]. A garantia do seu agir separado da lei resulta da sua própria organização interna e da existência de recursos administrativos ou, até de uma justiça administrativa[40].

Em Gerber em resultado da rigorosa aplicação do seu método jurídico formal e positivo, o "Estado de Direito" surge-nos no seu "nu e firme esqueleto jurídico"[41]. Nele ressalta o monopólio do poder por parte do Estado que, embora enquadrado e limitado pelo direito, se impõe aos particulares, que são seu objecto e lhe estão sujeitos. As limitações do poder resultam, primeiro dos próprios fins do Estado que não são abrangentes, mas se devem restringir ao essencial para a manutenção e progresso da convivência colectiva, em seguida das leis que ele próprio a si se dá e da estrutura federal do Estado alemão. Quando ao papel dos direitos subjectivos, há que distinguir. Os direitos subjectivos privados estão fora do vínculo da associação estadual, pois pertencem à personalidade individual, e não à estadual, dos particulares. Sobre estas relações de direito privado o Estado não intervem directamente, limitando-se a

---

[38] Ibidem, pág. 110 e segs. e 171 e segs..

[39] Ibidem, pág. 178 e segs., e ágs. 210-211. O controlo pelos tribunais comuns implicaria uma acrescida lentidão ou paralisia da actividade administrativa. Mas, Gerber aceita a competência dos tribunais civis para conhecer das pretensões indemnizatórias resultantes de acções ou omissões administrativas ilícitas, ob. cit., págs. 212-214.

[40] «Grundzuege», cit., pág. 187-8. A justiça administrativa é concebida como um procedimento sobre relações litigiosas, desenvolvido por funcionários administrativos, em que as partes são ouvidas de modo similar ao do processo civil e em que são trazidos ao seu conhecimento actos juridicamente eficazes contra os quais podem recorrer para instâncias superiores, dentro dos prazos estabelecidos na lei. «Uma tal instituição» – diz Gerber – «desde que a sua competência não se estenda arbitrariamente para além do campo da Administração, invalidando sem fundamento o domínio da jurisdição, e se oferece a garantia de um funcionamento regular e imparcial, não deve ser objecto de censura, mas de aprovação» – Ibidem, pág. 188.

[41] LANDSBERG, ob. cit., vol. III, 2, pág. 830.

legislar e garantir o direito objectivo (que, neste caso, Gerber designa por absoluto). O Estado possui um poder de intervenção bem diverso sobre as relações que tem a sua sede no próprio ordenamento estadual, que dizem respeito ao particular como membro da colectividade estadual e que estão submetidas à soberania daquele ordenamento geral. "Essas relações não são objecto de uma liberdade individual, mas, pelo contrário, encontram-se sujeitas ao poder de intervenção do Estado. Relações que, quando incertas ou litigiosas, requerem uma decisão do Estado que, porém, é tomada não apenas segundo as regras do direito objectivo, mas também tendo em atenção o interesse pessoal, devendo ainda curar do que é oportuno, útil para o bem público[42]. Estes direitos públicos são assim uma projecção subjectiva da lei e por isso não significam uma nova limitação do poder. Mas, mesmo as decisões que exorbitam do direito absoluto (direito objectivo) estão sujeitas a leis e regulamentos que proibem um agir arbitrário. Gerber cita a esse propósito a célebre frase de Stahl, segundo a qual o direito constitui um fim para os tribunais e um limite para a Administração[43].

4. Laband foi, na frase célebre de Landsberg, "o executor do testamento espiritual de Gerber no que concerne ao direito público do Império alemão"[44]. A sua fidelidade ao ensino do Professor de Lípsia revelou-se, sobretudo, através do método jurídico formal que desenvolveu com puro rigor lógico e do relevo dado ao poder do Estado e à Administração. Em contrapartida, os direitos subjectivos públicos dos cidadãos, que Gerber tinha desenhado ainda que de um modo um pouco vago, é certo, designando-os, às vezes, por direitos reflexos, mas apesar de tudo tinha introduzido nas relações jurídicas públicas, são negados por forma categórica.

---

[42] «Grundzuege», cit., pág. 183-6.

[43] Só os «direitos adquiridos» têm no direito público uma natureza similar aos direitos subjectivos privados, e estão subtraídos à intervenção do Estado. Mas estes «direitos públicos substanciais» reconduzem-se, praticamente, ao direito do monarca ao trono e ao exercício do seu cargo, o direito de sucessão no trono por parte de um príncipe, o direito ao reconhecimento de um estatuto de nobreza, outros direitos ao reconhecimento de uma categoria estamental, direitos a privilégios fundados em normas de direito público, «Grundzuege», cit., pág. 187 e págs. 201 e segs.. A distinção entre os direitos subjectivos públicos comuns e os «direitos adquiridos» não assenta, porém, num critério técnico claro, parecendo antes basear-se na preocupação de garantir certas situações ou privilégios do ordenamento monárquico.

[44] LANDSBERG, «Geschichte....», vol. III, cit., pág. 832.

A Personalidade Jurídica do Estado, a Relação Jurídica e o Direito Subjectivo... 307

A posição metodológica do Mestre de Estrasburgo e as suas ideias sobre a dogmática jurídica são expressas por forma lapidar nas curtas páginas do prefácio à primeira e segunda edições do seu "Direito Público Do Império Alemão". A tarefa científica da dogmática de um determinado direito positivo consiste na construção de institutos jurídicos, na redução dos simples preceitos jurídicos a conceitos mais gerais e, também, na declaração das consequências derivadas destes mesmos conceitos, diz na 2ª edição[45]. Para a realização desta missão só há um meio: a lógica. Na edição anterior, tinha escrito, a propósito da constituição do Reich resultar da aplicação vinculativa de conceitos jurídicos gerais: "a criação de um novo instituto jurídico, o qual não possa ser subsumido num conceito jurídico mais elevado e geral, é tão impossível como a descoberta de uma nova categoria lógica ou o aparecimento de uma nova força da natureza[46]. Este método rigoroso na sua pureza lógico-formal que o Gerber civilista recebeu do conceptualismo construtivista de Puchta e transpôs para o direito público, é aplicado com implacável rigor por Laband à análise do direito do novo "Reich"[47].

Se Gerber pode ser considerado simultaneamente o iniciador e o expoente máximo do que Wieacker designou por positivismo científico, Laband estabelece já a transição para o positivismo legal ("Gesetzespositivism"). Se o primeiro deduz os preceitos jurídicos e a sua concretização exclusivamente do sistema, dos conceitos e dos princípios da ciência do direito sem admitir quaisquer interferências de valores extra-jurídicos, sejam eles de carácter religioso, ético, político ou científico, o segundo considera que todo o direito é criado pelo legislador estadual e se exprime nos comandos deste[48].

Gerber desenvolveu a sua construção do direito público como um sistema de relações de vontade personificadas do lado do poder num sujeito, o Estado, capaz de querer através dos seus órgãos. A distinção da antiga ordem política da Alemanha do Século XVII ultimada pelas guerras

---

[45] Prefácio à 2ª ed. de «Das Staatsrecht des Deutschen Reiches». Utilizámos a reimpressão da Scientia Verlag de Aalen, 1964, da 5ª ed. em 4 volumes de Tubinga, 1911.

[46] Prefácio à 1ª ed.

[47] Cf. sobre a «genealogia» do método jurídico formal de Gerber e Laband, que vai fundar as suas raízes últimas em certas notas da Escola Histórica, a já várias vezes citada «Metodologia Giuridica...» de Walter Wilhelm.

[48] Cf. «Privatrechtsgeschichte der Neuzeit» 2ª ed., Goettinga, 1967, pág. 430 e segs.. Laband admitia, porém, o costume como fonte de direito, mesmo no direito público, «Das Staatsrecht...» cit., vol. II, pág. 186.

308   *Em Homenagem ao Professor Doutor Diogo Freitas do Amaral*

napoleónicas deu lugar a uma nova realidade do poder, em cuja titularidade, a pessoa física do soberano era substituída pela entidade abstracta da personalidade jurídica do Estado. Este Estado é também o "Estado orgânico do povo", pois que é através dele que o povo realiza a sua personalidade[49].

Por detrás do formalismo de Laband, subjaz igualmente uma teoria material do Estado como "potentior persona", detentora do monopólio do poder público. A personalidade jurídica do Estado é utilizada na construção labandiana para reforçar ainda mais a superioridade do Estado em face dos particulares. "A personalidade jurídica do Estado – lê-se no "Staatsrecht" – consiste em que o Estado possui um poder de império próprio ordenado à execução das suas tarefas e ao cumprimento dos seus deveres, e uma vontade autónoma do domínio"[50]. Ao distinguir entre confederações de Estado e estado federal, Laband acentua bem que no segundo, o poder central é soberano, isto é, é o poder jurídico supremo, que não reconhece qualquer outro como acima dele[51]. O poder público do domínio pertence, porém, a todos os Estados, soberanos e simples Estados federados. Os cidadãos são súbditos, isto é, objecto do poder do Estado[52]. Mais explicitamente ainda, a propósito da diferença entre o Estado e as comunidades locais, escreve o Professor de Estrasburgo: "dominar é o direito de ordenar a pessoas livres e às suas associações, acções, omissões e prestações, e para a sua obediência, usar a coacção"[53]. E, para que não restem dúvidas, procede à comparação com o direito privado, que só conhece um domínio sobre coisas, não contendo o poder de exigir a prestação do devedor nenhum direito de coacção, ou um direito de lhe dar ordens. O direito de soberania ("Hoheitrecht"), pelo contrário, consiste no poder jurídico de domínio sobre o súbdito, na força juridicamente reconhecida de o coagir a obedecer a uma ordem[54].

---

[49] «Grundzuege...», pág. 1-2, e 9-10. Vejam-se também as observações de Manfred Friedrich, «Paul Laband und die Staatsrechtswissenschaft seiner Zeit» in «Archiv des Oeffentlichen Rechts», 1986, pág. 207.

[50] «Das Staatsrecht...», cit., vol. I, pág. 57. A vontade do Estado é diferente e autónoma em relação à vontade dos seus membros.

[51] Ibidem, vol. I, pág. 57-8. A soberania não é, porém, uma nota essencial do Estado, pois que há Estados não soberanos, ibidem, pág. 72 e segs..

[52] Ibidem, vol. I, pág. 61.

[53] Ibidem, vol. I, pág. 68.

[54] Ibidem, pág. 69; Laband considera que o exercício de coacção se faz, quer pela previsão de penas, quer pela sua aplicação, se necessário com uso da força física, ibidem, vol. I, pág. 71.

A Personalidade Jurídica do Estado, a Relação Jurídica e o Direito Subjectivo... 309

Este poder de dominação sobre os homens que o Estado detem, faz com que a sua vontade tenha a força de quebrar a vontade contrária dos particulares e possa dispor sobre o seu património, sobre a sua liberdade natural e mesmo sobre a sua vida.

Seria, porém, um erro pensar que o Estado cumpre as suas tarefas só através do exercício destes direitos de autoridade; pelo contrário, só os exerce quando é necessário ser útil, mas a maioria das actividades do Estado realizam-se sem recurso à autoridade.

Em contraposição a Gierke, o seu conceito de personalidade jurídica do Estado nada tem de orgânico, nem atende às especificidades do seu substracto. A personalidade consiste apenas e tão só na capacidade jurídica, em ser um sujeito do direito. É uma individualidade impermeável à realidade subjacente. O povo nele não tem lugar[55]. A lei, o acto administrativo e a sentença são manifestações da vontade dessa pessoa unitária e de um poder de "imperium" único[56]. Essa vontade unitária é expressa através dos órgãos de pessoa colectiva.

A Administração Pública, que é mais do que a simples execução das leis, pois que tem uma componente muito importante de actividades não jurídicas, é um "pouvoir administratif" (em francês no texto), livre no seu exercício da interferência do parlamento e isento da interpretação da lei feita pelos tribunais[57]. As leis constituem um limite à liberdade de acção da Administração e também podem, em termos positivos, indicar o fim a atingir pelo acto administrativo. Mas este é sempre a realização de um objectivo desejado, de modo que a lei funciona como um mero motivo mas não como uma das premissas de um silogismo[58]. O "imperium" é, no Estado de direito um poder limitado por lei e não um poder arbitrário.

Laband entende que a função do direito é a de regular os poderes e os deveres dos sujeitos entre si, como portadores, cada um deles, de uma vontade autónoma. As normas do direito administrativo disciplinam as situações de contacto entre o círculo de vontade ("Willenssphaere") da

---

[55] Ibidem, vol. I, pág. 84. As críticas de Gierke foram consideradas no célebre artigo "Labandes Staatsrecht und die deutsche Rechtswissenschaft" in "Schmollers Jahrbuch", vol. 7, 1883, pág. 1097 e segs.. Sobre o confronto das opiniões de Laband e Gierke, veja--se Boeckenfoerde, "Gesetz und Gesetzgebende Gewalt", Berlim, 1958, pág. 235 e segs., especialmente nota 47.

[56] Ibidem, vol. I, pág. 90 e vol. II, pág. 1 e segs., 184 e segs..

[57] Ibidem, vol. II, pág. 175.

[58] Ibidem, vol. II, pág. 178.

Administração e o dos particulares. As regras internas que só concedem poderes ou prescrevem limitações a um único sujeito, não são normas jurídicas[59]. As normas de direito administrativo limitam o poder de que o Estado é titular para a realização dos seus fins, a Administração. Essas normas, ao conceder ao Estado os poderes para intervir sobre as pessoas e patrimónios dos que lhe estão sujeitos, do mesmo passo garantem a esfera jurídica que fica assim protegida de agressões[60].

O centro da actividade estadual, dos actos praticados pelos seus órgãos e imputados à pessoa colectiva Estado, é assim o Executivo ou a Administração. Os actos jurídicos praticados por esta são ordens que têm por destinatários os cidadãos sujeitos ao "imperium" estadual. Esta interpretação autoritária do "Rechtsstaat" é ainda reforçada pela negação aos "chamados direitos de liberdade ou direitos fundamentais" do carácter de direito subjectivo. As liberdades ou direitos fundamentais são normas que estabelecem limite às competências dos funcionários, ao poder do Estado, deste modo garantindo ao particular a sua liberdade natural dentro de uma certa zona. Mas têm natureza puramente objectiva, não são direitos subjectivos, até porque não têm objecto[61]. Laband reconhece direitos subjectivos públicos dos cidadãos face ao Estado federal e aos Estados federados, mas apenas de carácter político.

O ordenamento jurídico, o conjunto das regras abstractas que regulam as relações entre os sujeitos de direito, caracterizados essencialmente pela sua capacidade de querer, e de praticar actos jurídicos, é fundamentalmente um produto da vontade do Estado; é, como manifestação da autoridade deste, um poder que se exerce sobre os particulares[62]. No modo característico da escola formal-positivista, o Estado assume uma posição especial perante a ordem jurídica: é simultaneamente seu criador – com a excepção pouco relevante das normas consuetudinárias – e, por isso os actos legislativos são imputados à sua personalidade, e está-lhe

---

[59] Ibidem, vol. II, pág. 181.

[60] Ibidem, vol. II, pág. 186. Sobre os conceitos de direito, de lei e de regulamento em Laband e sobre a origem e o carácter marcadamente civilístico do seu sistema, veja-se a análise de Boeckenfoerde, «Gesetz...», cit., pág. 226 e segs..

[61] Ibidem, vol. I, págs. 150-1. Jellinek observa que esta posição extremamente restritiva em relação aos direitos subjectivos é desenvolvida na continuação do pensamento de Gerber, do Gerber dos «Grunzuege...», «System der Subjektiven Oeffentlichen Rechte», reimp. de Wiss. Buchgesellschaft, Darmstadt, 1963, da 2ª ed. de Tubinga, de 1905, pág. 5 e nota 1.

[62] Ibidem, vol. II, pág. 176 e pág. 181.

A Personalidade Jurídica do Estado, a Relação Jurídica e o Direito Subjectivo... 311

sujeito como os restantes sujeitos de direito. Esta contradição de o Estado ser ao mesmo tempo o criador da ordem jurídica e estar-lhe submetido como qualquer outro sujeito de direito não é, porém, claramente assumida como acontece em Jellinek que oferece como solução a sua célebre teoria da autolimitação do Estado[63].

5. A obra de Georg Jellinek, em particular a sua "Teoria Geral do Estado", representa a grande síntese do final do Século XIX que procura conciliar os conhecimentos filosóficos, políticos, sociológicos e psicológicos sobre o Estado – a Doutrina Geral do Estado – com a teoria geral do Direito Público, deste modo reagindo contra as tendências centrífugas de destruir a unidade global da ciência do Estado em ramos cada vez mais especializados. Procura simultaneamente garantir a pureza do método e construção jurídicos[64].

Jellinek mantem-se fiel ao método jurídico formal de Gerber e Laband, partilhando com este último o quadro filosófico relativamente flexível do neo-kantismo sul ocidental alemão[65]. A teoria dualista do Estado, ou dos dois lados do Estado de Jellinek é severamente criticada por Kelsen, que mais fiel a Kant, entende que o objecto se constitui em função do método e que, por consequência, dois métodos diferentes conduzem necessariamente a tratar de problemas ou coisas diferentes[66].

---

[63] «Allgemeine Staatslehre», pág. 367 e segs.. A teoria da autolimitação, como nota bem Haefelin, já tinha antecedentes no jusracionalismo. Gerber e Laband também admitiram o efeito autolimitativo das leis sobre o poder e o apoio da Administração.

[64] «Allgemeine Staatslehre», cit., pág. 10-12. Sobre a ambiência cultural e científica do fim do século na Alemanha, em especial sobre as tendências centrífugas a que se alude no texto, STOLLEIS, *Geschichte*, cit., vol. III, pág. 447 e segs..

[65] Georg Jellinek expõe claramente as raízes filosóficas do seu método no «System der Subjektiven Oeffentlichen Rechte», ant. cit., pág. 13 e segs.. Por forma mais sucinta, «Allgemeine Staatslehre», cit., pág. 50-2, onde é sublinhado que a teoria jurídica do Estado é uma ciência normativa que deve ser nitidamente separada do Estado como «Sein», como fenómeno social. Em geral, sobre o pensamento de G. Jellinek, veja-se J. KERSTEN, *Georg Jellinek und die Klassische Staatslehre*, Tubinga, 2000.

Sobre a filosofia jurídica neokantiana e a sua influência na definição de conceitos jurídicos e na formalização da ciência jurídica, veja-se a magistral análise de ERICH KAUFMANN, *Kritik der neukantischen Rechtsphilosophie*, publicada em Tubinga em 1921 e agora reproduzida nos «Gesammelte Schriften» cit., vol. III, pág. 176 e segs., especialmente sobre a Escola Sul Ocidental Alemã, pág. 202 e segs..

[66] «Hauptprobleme der Staatrechtslehre», 2ª ed., Tubinga, 1923, reimp. de Scientia Aalen de 1960, Prefácio, pág. XVI e segs. e sobretudo, «Der Soziologische Und Der Juristische Staatsbegriff», 2ª ed., Tubinga, 1928, reimp. de Scientia Verlag, 1962, pág. 114 e segs..

A teoria jurídica do Estado de Jellinek, juntamente com o sistema de direito administrativo de Otto Mayer, constituem os dois grandes pilares teóricos da construção da estrutura constitucional do Estado liberal, ponto de referência obrigatório para todas as críticas e todas as superações. Envergadura teórica da mesma dimensão terá só a obra de Hans Kelsen e da Escola de Viena. Compreender-se-á por isso que devamos prestar atenção especial à obra destes autores, tendo sempre em conta que o nosso propósito se limita tão somente a seguir a evolução do enquadramento jurídico do poder do Estado e dos seus limites, por um lado, da posição do particular e das suas garantias de protecção jurídica dentro desse mesmo Estado, por outro.

6. "Todas as investigações sobre o direito público devem começar com a definição do conceito de Estado ou, pelo menos, com uma clara indicação do que sobre ele se postula"[67]. Este ponto de partida, esta necessidade de "a priori" se possuir uma ideia sobre a essência do Estado condiciona todos os desenvolvimentos e resultados da pesquisa que o grande juspublicista empreende.

O Estado é para Jellinek uma pessoa jurídica. A personalidade jurídica não é uma mera ficção ou um acto constitutivo do ordenamento. Assenta em realidades, tem pressupostos não jurídicos.

As unidades subjectivas, isto é, as que não podem fundamentar-se em critérios do mundo exterior, do tempo ou do lugar, assentam na forma como categoria unificadora. A forma é o "principium individuationis" de um conteúdo variável. Os fins são um dos principais meios de constituir essas unidades formais. As acções dos homens adquirem através desse princípio teleológico a sua unidade jurídica. Mas os fins servem também para reduzir à unidade uma pluralidade de homens que agem. O Estado aparece-nos como uma unidade jurídica[68]. "A personalidade ou a pessoa consiste na capacidade de poder ser titular de direitos, por outras palavras, na capacidade jurídica. Não pertence ao mundo das coisas em si ("Dinge an sich"), não é de modo nenhum um ser ("Sein") mas uma relação de um sujeito com outro e com a ordem jurídica"[69].

A personalidade singular, a personalidade de cada um de não é o fundamento mas pelo contrário, constitui o resultado da comunidade jurídica, da união dos membros do corpo jurídico.

---

[67] «Gesetz und Verordnung», Friburgo, 1887, reimp. de Scientia Aalen, 1964, pág. 189.
[68] «System...», cit., pág. 21-26.
[69] Ibidem, pág. 28.

A Personalidade Jurídica do Estado, a Relação Jurídica e o Direito Subjectivo... 313

Tal como Jhering, Jellinek reconhece que cada sujeito de direito tem necessariamente uma vontade capaz de prosseguir o seu interesse jurídico. O Estado, por ser pessoa, tem também de possuir uma vontade. A grande dificuldade reside, porém, em como atribuir essa vontade ao Estado, visto que todo o querer é necessariamente de seres humanos, não existindo psicologicamente uma vontade colectiva.

O Professor de Heidelberg explica o seu pensamento em duas importantes passagens, uma do "Sistema", outra da "Teoria Geral". "O querer do Estado, que no que concerne a este ponto é apenas um caso especial dentro das pessoas colectivas, não é nenhuma ficção, mas existe – escreve Jellinek – por força da mesma necessidade com que pensamos de modo unitário uma pluralidade de homens que prossegue com constância e por forma unida, reunindo forças, um conjunto interdependente de fins, isto é, como a própria língua o expressa, e que se apreende como uma unidade". Sendo a unidade da pessoa admitida por exigência do pensamento político, então, na medida em que tem fins permanentes, dotados de coerência interna e unitários, possui um querer próprio expresso por forma imediata em actos de vontade orientados de modo permanente para a prossecução daqueles fins. Com a mesma necessidade com que o nosso pensamento reduz a pluralidade à unidade, também o querer activo e constante orientado para a realização daqueles fins, nos aparece como vontade daquela unidade e não apenas como o querer dos que fisicamente a manifestarem"[70]. Ao explicar, na parte dedicada à "teoria geral social do Estado, em que consiste a sua essência, acolhendo o fundamental da explicação de Bernatzik e de Haenel[71], sobre o substracto da pessoa colectiva, Jellinek diz "todos os partidários desta teoria do Estado-associação concebem, como não poderia deixar de ser, o Estado como uma entidade ("Wesen")[72]. Há, porém, tanto que evitar pensá-lo como uma ficção ou sequer abstracção, como consubstanciá-lo como um objecto sensível. A unidade é dada através da aplicação de uma categoria necessária de pensamento à síntese dos fenómenos, "categoria que está justificada na teoria do conhecimento, dado que não atribuimos os poderes conhecidos a nenhuma realidade transcendental"[73]. O colectivo é assim uma entidade subjectiva, que concebemos na nossa representação mental,

---

[70] «System...». cit., pág. 29-30.
[71] «Deutsches Staatsrecht», Lípsia, 1892, vol. I, pág. 81 e segs..
[72] «Allgemeine Staatslehre». cit., pág. 161.
[73] Ibidem, pág. 161.

314   *Em Homenagem ao Professor Doutor Diogo Freitas do Amaral*

sem correspondência no mundo sensível, como uma "unidade de fins" ("Zweckeinheit") que, apesar de meramente teleológica, não é menos real.

O Estado como entidade jurídica não pode, porém, ser confundido com o seu substracto. O conhecimento jurídico do Estado só pode ser alcançado pelo conceito jurídico apropriado, conceito jurídico que, como todos os outros conceitos de unidade do direito, não é mais do que a síntese dos factos jurídicos que se propõe ordenar, segundo perspectivas unificadoras de uma multiplicidade de regras jurídicas[74]. De um ponto de vista jurídico, o Estado não pode ser considerado como objecto, nem como relação jurídica, só pode ser uma pessoa[75].

Todas as associações ou comunidades, como unidades teleológicas, consistem em relações de vontades entre uma pluralidade de homens. O substracto do Estado é formado por homens que comandam e homens que obedecem, por relações de vontade entre os que dominam e os que são dominados. Quanto maior for a intensidade dos fins coerentes que são prosseguidos, maior é a unidade do conjunto de homens que pensamos como uma única entidade. Essa unidade exterioriza-se através de organizações, de um conjunto de pessoas que têm por encargo, através das suas acções, precisamente manter essa unidade. Na unidade de associação existe necessariamente entrelaçada a unidade do todo e a unidade das partes. Mas a unidade está estritamente limitada às finalidades da associação. Deste modo, cada indivíduo assume uma dupla posição: é membro da associação e é pessoa livre. A intensidade das relações de associação é variável consoante o seu tipo, assumindo o máximo da sua força no Estado. Todos os poderes de coerção das associações derivam do poder coactivo do Estado, que constitui a associação que prossegue o maior número de fins permanentes e possui a organização mais perfeita e compreensiva, dentro de um determinado território.

As relações que se desenvolvem na associação Estado são essencialmente relações de poder ("Herrenschaftverhaeltnisse"). O Estado tem o poder de comandar. Mandar, comandar significa ter a capacidade de poder fazer executar (incondicionalmente) a sua vontade sobre outras vontades[76]. O Estado, do ponto de vista sociológico, é a unidade da associação dotado de um poder originário de comando, e constituído por

---

[74] Ibidem, pág. 162-3.
[75] Ibidem, pág. 164-73.
[76] Ibidem, pág. 179-80.

A *Personalidade Jurídica do Estado, a Relação Jurídica e o Direito Subjectivo...* 315

homens domiciliados num território [77]. Como conceito jurídico, é o sujeito de direito, "a pessoa colectiva de base corporativa, formada por um povo fixado num determinado território, e dotado de um poder de comando ("Herrschermacht") originário"[78].

O Estado como pessoa jurídica possui uma vontade autónoma. Esta como todo o querer é força, poder[79]. O poder de comandar é o critério que distingue o poder do Estado de todos os demais poderes[80]. O Estado tornou-se mesmo, ao longo da História, "no grande leviatão que vai accionando todos os outros poderes públicos[81]. No capítulo em que estuda as propriedades do poder do Estado, Jelllinek traça com magistral segurança a história dos conceitos de soberania, desde os primórdios da sua formação como conceito funcionalmente negativo, excluindo qualquer subordinação ou limitação a poderes do Estado a outro poder, até ao conteúdo positivo que foi progressivamente adquirindo até se tornar no poder supremo e independente, e, por isso mesmo, ilimitado e insusceptível de limitação por outro poder[82]. À primeira vista pareceria que o poder do Estado quando soberano seria insusceptível de qualquer limitação jurídica. Mas esta impressão é falaciosa. Se o Estado escolhesse destruir a ordem jurídica, cair-se-ia na anarquia, isto é, no aniquilamento do próprio Estado. Na verdade, só o como e não o se da ordem jurídica se encontra à disposição do Estado[83]. Para justificar por que a lei vincula tanto o particular como o poder público, tal aliás como já era sustentado por Jhering, Jellinek constroi a sua teoria de autolimitação do Estado, da submissão dos seus órgãos às leis que ele próprio elabora. O Estado, através da lei, ordena que os seus órgãos se conformem com a sua vontade. A unidade do Estado significa que a submissão à vontade legal abrange não apenas a Administração e os tribunais, mas até a própria actividade criadora do direito, em particular quando há distinção entre as leis constitucionais e a legislação ordinária[84]. Kant elevou a moralidade autónoma à forma mais elevada do «ethos». O conceito de dever é um

---

[77] Ibidem, pág. 181.
[78] Ibidem, pág. 183.
[79] «Gesetz und Verordnung...», cit., pág. 196.
[80] «Allgemeine Staatslehre», cit., pág. 430.
[81] Ibidem, pág. 431.
[82] Ibidem, págs. 435-476.
[83] Ibidem, pág. 477.
[84] Ibidem, pág. 478.

conceito único. O dever jurídico e o dever moral, ainda que se diferenciem bastante um do outro, são ambos deveres. Deste modo, as modificações nos termos éticos dos deveres hão de necessariamente conduzir a modificações no modo de pensar os deveres jurídicos. No conceito de autovinculação do Estado não existe qualquer contradição tal como não existe na autonomia moral[85]. Torna-se, deste modo, possível transformar o conceito de soberania num conceito jurídico, dotado de um sentido positivo. A soberania passou a significar "a qualidade de um poder do Estado em virtude do qual cabe exclusivamente a este a capacidade de juridicamente se autodeterminar ou de se obrigar a si próprio[86].

A soberania não é uma nota essencial do poder do Estado, pois que há Estados não soberanos. A capacidade do Estado para se autoorganizar, através de um poder próprio, não derivado, e, depois, para se dotar de autonomia, isto é, a faculdade de dar a si próprio as suas próprias leis e de ter a capacidade de as fazer executar por forma administrativa ou exercendo a função judicial, são as notas definitórias do poder estadual. A soberania é uma qualidade que se lhe acrescenta quando nenhum outro poder tem a possibilidade jurídica de o limitar ou condicionar[87].

O poder do Estado é uno e indivisível pois que decorre da unidade do Estado pensado como pessoa. Por isso mesmo também o poder soberano é uno e individual[88]. A chamada teoria da separação de poderes é, em rigor, uma teoria de repartição de competências[89].

Na construção de Jellinek assume particular importância a sua teoria dos direitos subjectivos públicos que se tornou um ponto de referência obrigatório para todos os autores que posteriormente trataram do tema. O seu conceito de direito subjectivo público recolhendo a crítica de Bernatzik sobre o "dogma da vontade" e os seus ensinamentos sobre a necessidade de incluir o fim que justifica o poder de querer e deve ser prosseguido pelo titular do direito, procura combinar a teoria da vontade e a teoria do interesse[90]. Mas. o seu aspecto mais significativo, do ponto de

---

[85] Ibidem, pág. 481.

[86] Ibidem, pág. 481. Jellinek, um pouco mais adiante, precisa: «ao dizer-se que o poder soberano não tem limites, quer apenas referir-se que nenhum outro do ponto de vista jurídico tem poder para modificar a sua ordem jurídica», ibidem, pág. 482.

[87] Ibidem, págs. 486-496.

[88] Ibidem, pág. 496.

[89] Ibidem, pág. 501.

[90] BERNTZIK, *Kritische Studien ueber den Begriff der juristischen Person und ueber die juristische Persoenlichkeit der Behoerde insbesondere*, in Archiv des Oeff. Rechts,

A *Personalidade Jurídica do Estado, a Relação Jurídica e o Direito Subjectivo...* 317

vista que aqui mais nos interessa, é o facto de o direito subjectivo público ser sempre um "posse", um "koennen", e não um simples ser lícito ou "duerfen"[91]. Essa nota necessária resulta, como o subscreve agudamente Kelsen, do facto de outro sujeito de relação, o Estado, ser um sujeito de direito especial. É a diferença de substância entre o Estado, como criador da própria ordem jurídica, e os demais sujeitos, que afinal fazem parte e estão sujeitos ao direito que aquele elabora, que explica que entre pessoas jurídicas iguais haja relações de licitude e relações de poder ("koennen") e entre estas e o Estado haja exclusivamente relações de poder[92]. Reencontramos a propósito dos fundamentos de distinção entre o direito subjectivo público e direito subjectivo privado, e da análise do "quid" que consubstancia a diferença, o "imperium" originário, o conceito de Estado como poder, seja embora sob a veste da pessoa colectiva Estado. A importância que a obra de Jellinek reveste para a caracterização da estrutura do Estado de direito liberal e o impacte que a sua teoria dos direitos subjectivos públicos tem tido até aos nossos dias, justificam amplamente que dediquemos algum espaço a analisar a sua concepção.

Já referimos que Jellinek procura conciliar a teoria da vontade, de que reconhece as suas raízes jusnaturalistas bem como a influência hegeliana, com a teoria do interesse. Cada acto da vontade humana tem de ter um conteúdo. Esse algo que se quer é o fim ou fins do direito individual que a ordem jurídica reconhece e protege. É, por outras palavras, um bem, que, no ponto de vista subjectivo, é percebido como um interesse. "Um interesse é um bem adequado de acordo com a apreciação subjectiva que é feita à realização de fins humanos"[93]. A valoração comum ou média do bem permite que a sua apreciação não fique dependente da atitude psicológica de cada sujeito de direito em determinado momento, garantindo-se assim a sua autonomia normativa.

O direito subjectivo é, deste modo, "o poder da vontade dirigido a um bem ou interesse que é reconhecido e protegido pela ordem jurídica"[94]. O que, porém, distingue o interesse juridicamente protegido do direito subjectivo, é o reconhecimento deste poder de vontade: no campo

---

vol. V, 1890, agora reproduzido na colecção «Forschungen an Staat und Recht», n.º 113, Viena, 1996, pág. 19 e segs..

[91] «System...», cit., pág. 51.

[92] HANS KELSEN, *Hauptprobleme der Staatsrechtslehre*, 2ª ed., pág. 648 e segs..

[93] «System...», cit., pág. 43.

[94] «System...», cit., pág. 44.

do direito público, é a capacidade de pôr em movimento a favor do seu interesse normas de direito público[95].

A ordem jurídica pode tratar a vontade individual de diversas maneiras. Pode limitar a vontade natural do homem, pode reconhecê-la, sem modificações, pode acrescentar à sua capacidade de agir algo de novo que pela sua natureza não possuía. A ordem jurídica considera assim as acções do homem como lícitas ou, no caso de lhes acrescentar algo à sua capacidade natural, como pertencendo ao domínio de "posse". Sempre, porém, que a acção humana, a liberdade natural, não interfere com a esfera da acção de outros indivíduos, quando não produz efeitos juridicamente relevantes em relação a outrém, situamo-nos no domínio do juridicamente indiferente; não há um direito a passear ou a dormir.

No que concerne ao âmbito do lícito, o seu carácter ressalta melhor quando analisamos os efeitos de uma proibição. A violação de uma proibição traduz-se num acto ilícito, pois que a ilicitude se não traduz numa impossibilidade física de ultrapassar a ordem dada[96].

A ordem jurídica pode ainda atribuir à acção humana efeitos novos que a natureza não dispõe. Esse poder jurídico ("rechtliches Koennen") de produzir efeitos jurídicos, de praticar actos jurídicos geradores de efeitos só pode acontecer por decisão do Estado. O acto jurídico que não cumpre os requisitos legais é nulo, não produz efeitos, mas careceria de sentido dizer que é ilícito[97]. A violação de um não permitido é juridicamente relevante, a não observância dos requisitos negociais previstos na lei, não permite o surgimento do acto, é juridicamente irrelevante.

O alargamento da capacidade de acção que o poder jurídico traduz resulta de uma concessão da ordem jurídica ("Gewaehrung") e não apenas de uma simples permissão ou autorização ("Erlaubnis"). O permitido ou lícito podem imediatamente inserir-se em relações entre os diversos sujeitos jurídicos, o "posse" inscreve-se sem qualquer intermediação na relação entre um Estado criador de direitos, e os seus membros, isto é, entre o Estado e o indivíduo[98]. O não lícito pode ser ligado, por via da vontade do Estado expressa na norma, a um poder jurídico de um outro sujeito do ordenamento; também um poder jurídico directamente dirigido ao Estado, pode mediatamente ter consequências para um outro indi-

---

[95] «System...», cit., pág. 78 e segs..
[96] «System...», cit., pág. 46.
[97] Ibidem, pág. 47.
[98] Ibidem, pág. 49.

A Personalidade Jurídica do Estado, a Relação Jurídica e o Direito Subjectivo... 319

víduo, designadamente na medida em que se encontre ligado a um ser lícito. Em contrapartida, o que não é concedido como poder jurídico (o "Nichtgekonnte") não tem relevância jurídica alguma[99]. Todo o lícito pressupõe necessariamente um poder jurídico conexo. A liberdade natural que é reconhecida pela ordem jurídica assenta no pressuposto do seu reconhecimento e protecção por parte do Estado. O "posse", pelo contrário, pode existir sem ser acompanhado de qualquer licitude. É o que sempre acontece nas relações jurídicas públicas entre o indivíduo e o Estado. Os direitos privados estão assim necessariamente articulados com uma pretensão jurídica pública ao seu reconhecimento e protecção por parte do Estado. Deste modo, cada direito subjectivo privado contem uma autorização, um lícito ("duerfen") e também um "posse" que em Jellinek nos surge identificado com o poder de pedir a protecção do ordenamento jurídico no caso da sua perturbação por outro sujeito de direito. O "koennen" é, assim, sempre elemento de uma relação com o Estado, mesmo quando faz parte do conteúdo do direito subjectivo privado, o qual se torna assim numa figura complexa. O direito subjectivo público, esse, consiste só num poder jurídico, num "posse"[100]. O conjunto dos poderes jurídicos do sujeito constitui a sua capacidade, sendo por isso cada direito subjectivo público uma qualificação concreta da personalidade.

Jellinek distingue, de acordo com a teoria dominante já na época, entre direito e pretensão[101]. A pretensão é definida como uma exigência concreta e actual, decorrente de um direito subjectivo e dirigida a uma determinada pessoa[102]. As pretensões resultantes dos direitos subjectivos privados concretizam e expressam as acções juridicamente relevantes lícitas, a licitude[103]. As pretensões públicas nascem não exclusivamente

---

[99] Ibidem, pág. 49.

[100] Ibidem, págs. 50-1.

[101] Cf., por todos, WINDSCHEID, *Lehrbuch des Pandektenrechts*, 9ª ed., Francoforte, 1906 (Aalen, 1963), vol. I, parágrafo 43. Thon defendeu, como é sabido, uma posição diferente sobre a pretensão e a sua relação com o direito subjectivo, «Rechtsnorm und Subjektives Recht», Weimar, 1878, pág. 223 e segs., especialmente pág. 229 e segs.. (Há uma boa tradução italiana de Alessandro Levi, «Norma Giuridica e Diritto Soggettivo», 2ª ed., Pádua, 1951, que também consultámos. O capítulo sobre a pretensão vem, na tradução italiana, a págs. 219 e segs..

[102] «System...», cit., pág. 54.

[103] O fruir jurídico, o gozo da coisa, é juridicamente indiferente, «System...», cit., pág. 55-6.

320 *Em Homenagem ao Professor Doutor Diogo Freitas do Amaral*

de direitos, mas de "status" ou de aspectos da sua personalidade. A personalidade de cada um é constituída pela redução à unidade de diversas capacidades reconhecidas e atribuídas pela ordem jurídica; estas últimas consistem na possibilidade de pôr em movimento a favor dos seus interesses, normas do ordenamento estadual. A personalidade é assim algo de potencial como o é o direito subjectivo. A sua concretização realiza-se através de pretensões, que não são dirigidas a outros sujeitos jurídicos em posição de coordenação, mas contra o Estado como sujeito de poder[104].

Todas as normas de direito público prosseguem o interesse comum, o qual é coincidente com o interesse do Estado. O interesse comum ("Gemeininteresse") não é igual à soma dos interesses dos indivíduos, mas transcende-os. Mas, existem fontes de ordem jurídica que servem não apenas o interesse comum, mas também interesses individuais, cuja realização contribui para a prossecução daquele interesse geral. Neste último caso, a ordem jurídica pode favorecer o interesse individual sem se preocupar em aumentar a esfera jurídica do particular. Estaremos então perante um simples efeito reflexo do direito objectivo. A questão crucial reside porém em saber quando, para além do direito objectivo, nos encontramos diante de um direito subjectivo. O critério formal é simples: a existência na relação entre o indivíduo e o Estado de uma pretensão, o reconhecimento de uma pretensão de protecção jurídica individualizada[105]. Este critério formal tem de ser completado por um critério material, o qual consiste no reconhecimento de um interesse individual. Haverá, assim, direitos subjectivos públicos e direitos subjectivos públicos materiais a que correspondem os seus homólogos direitos reflexos formais e materiais. A introdução da jurisdição administrativa deu um grande passo no sentido do incremento dos direitos subjectivos formais. É o critério formal que explica a razão por que só os que vêem as suas pretensões violadas podem interpor recurso contencioso administrativo e não qualquer actor popular. A pretensão pública é sempre dirigida contra o Estado, mais exactamente contra o órgão estadual competente.

---

[104] «System...», cit., pág. 56-58.

[105] Ibidem, pág. 70. Mais adiante, e ainda por forma mais clara, escreve JELLINEK: «o critério jurídico-formal para saber se, com base no direito positivo, ume norma é definida para apenas servir o interesse colectivo ou também o interesse individual, reside em ser ou não dada ao indivíduo a capacidade de pôr em movimento em defesa dos seus interesses normas de direito público», ibidem, pág. 79.

A personalidade jurídica é "juris publici". Só ascende à personalidade jurídica o membro do Estado, só ele participa da protecção jurídica. Todo o direito privado assenta assim na base do público. Não há nenhum direito privado que não pressuponha uma determinada qualidade pública de pessoas, um "posse".

O "status" ou a personalidade é assim uma relação com o Estado. Enquanto o indivíduo está submetido ao Estado, a sua personalidade não existe; até onde o imperativo do Estado alcança, o indivíduo não tem capacidade de dirigir uma pretensão contra o Estado em defesa do seu interesse. O particular é, nesta situação, apenas sujeito de deveres, instrumento de um todo superior. O Estado moderno, porém, assenta noutras bases. Os seus fins procuram defender os interesses dos súbditos. A soberania é um poder sobre seres livres, isto é, sobre pessoas. Ao reconhecer a personalidade doutrem, o Estado autolimita-se. Limita-se, desde logo, porque ao traçar uma fronteira entre si e as personalidades dos seus súbditos, reconhece uma esfera da liberdade do indivíduo, livre do poder do Estado. Mas, também, se limita por forma positiva, ao atribuir aos particulares – através da ordem jurídica que ele próprio cria – capacidade jurídica de lhe poderem exigir prestações de "dare" e de "facere". Concede-lhe, por último, a capacidade de realizar a vontade do Estado, de executar as suas funções, como titulares dos seus órgãos[106].

No seu posicionamento face ao Estado, o indivíduo encontra-se assim num certo número de relações estatutárias. O estado passivo ou "status subjectionis" caracteriza a situação em que o indivíduo se encontra submetido ao poder do Estado, é sujeito de deveres, mas não possui qualquer autodeterminação, ou personalidade. A personalidade, quer a do Estado, quer a dos indivíduos, é sempre, porém, relativa, limitada. O poder do Estado não se exerce sobre súbditos completamente subordinados, mas sobre pessoas parcialmente livres. Os particulares detêm um estatuto, em que são senhores, em que negam o império estadual. Essa esfera da liberdade individual constitui o estado negativo ou "status libertatis", na qual os fins predominantemente individuais alcançam satisfação através da livre acção dos particulares.

O estado positivo ou "status civitatis" traduz a concessão de pretensões positivas face ao Estado, que se obriga a realizar prestações positivas em favor do interesse individual.

---

[106] «System...», cit., págs. 81-6.

322   Em Homenagem ao Professor Doutor Diogo Freitas do Amaral

Finalmente, no estado activo, o Estado atribui ao indivíduo a capacidade de agir como órgão do Estado, conferindo-lhe direitos públicos.

Nestes quatro estados se consubstanciam todas as posições do indivíduo como membro do Estado[107].

Todas as liberdades são afinal liberdade de não ser sujeito a qualquer coacção ilegal. O particular não deve ser sujeito a fazer qualquer prestação ilegal a favor do Estado, sendo, em consequência, titular de uma pretensão ao reconhecimento da sua liberdade, traduzida na omissão ou na anulação da ordem que viola aquela norma[108]. Este "status libertatis", tal como o direito de propriedade, é absoluto. É através de pretensões ou no reconhecimento e consequente omissão ou anulação dos factos que o neguem, que adquire relevo jurídico. A pretensão, de carácter reactivo, que consubstanciou essa transformação pertence, porém, já ao "status civitatis".

A existência de um meio de tutela jurídica e, sobretudo, a pretensão de protecção jurídica ("Rechtsschutzanspruch"), constitui o sinal seguro de estarmos perante um direito subjectivo público e não de um simples interesse reflexamente protegido. Esta pretensão de carácter público, este direito de acção diríamos nós, pode considerar-se como o elemento essencial da própria personalidade[109].

Apesar da importância conferida ao direito de acção, que Jellinek segundo os recentes progressos da ciência processualista, autonomiza claramente do direito material, não pode convir-se com Buehler, em interpretar-se o pensamento do grande Mestre de Heidelberg como integrando a corrente que identifica direito subjectivo e possibilidade de defesa em juízo da posição do particular[110]. Em várias passagens do "Sistema" afirma-se explicitamente a possibilidade de faltar uma indicação expressa do legislador, feita através da consagração de um meio de defesa, designadamente uma acção e, apesar disso, existir um direito subjectivo material. Mas, é verdade que os longos desenvolvimentos que consagra ao direito

---

[107] Ibidem, págs. 84-8.

[108] Ibidem, pág. 103.

[109] Ibidem, pág. 106 e pág. 124 e segs..

[110] «Die subjektiven oeffentlichen Rechte ...», cit., pág. 12, 18 e segs. e pág. 48, nota 66. Thon, cuja concepção sobre os direitos absolutos, em especial o de propriedade, Jellinek parece, por forma implícita adoptar, costuma ser apresentado como um dos expoentes dessa corrente – veja-se o capítulo sobre a pretensão, no seu «Rechtsnorm und Subjektives Recht», cit., pág. 223 e segs..

A Personalidade Jurídica do Estado, a Relação Jurídica e o Direito Subjectivo... 323

de acção e, particularmente, o facto de haver uma assimetria entre o binómio direito subjectivo privado tutelado pela pretensão da protecção jurídica, a acção pública, de um lado, e o exercício da acção, ou mais exactamente a pretensão da tutela judicial, no caso de intromissão ilícita do Estado no estado negativo, do outro, explica esse entendimento processualista.

A similitude funcional e mesmo de natureza dogmática entre os direitos privados absolutos e o "status libertatis" adoptado por Jellinek, e que, segundo Thon, se lhe afigura satisfatório para explicar a irrelevância jurídica do gozo de propriedade ou do uso da liberdade material, esquece que os direitos públicos têm como único sujeito passivo o Estado. A transposição da dicotomia direito absoluto, direito relativo do direito privado para o direito público não é exequível para quem, como Jellinek, considera o Estado como o único sujeito dos deveres ou obrigações que lhe contrapõem aos direitos subjectivos públicos. Acresce que as razões que podiam conduzir à rejeição da acção declarativa tendo como objecto direitos reais ou, mais em geral, direitos absolutos e que conduziria a considerar como objecto de processo apenas os direitos relativos ou, noutra alternativa, as pretensões, perde a sua razão de ser face à construção do poder jurídico ("Koennen") adoptada por Jellinek.

Se volvermos, agora, a nossa atenção para os estados positivos, o "status civitatis" e o estado activo, deparamos com a dificuldade de determinar o que pertence à acção pública, à "Rechtschutzanspruch" e o que diz respeito ao direito público que através dela se faz valer; se limitarmos aquela pretensão à tutela jurídica, à defesa e reposição das pretensões do "status libertatis", não se explica a accionabilidade destes direitos, nem se precisa exactamente o que neles é material ou processual.

A razão mais profunda destas dificuldades reside no corte radical e no distanciamento estabelecido por Jellinek entre a licitude e o poder jurídico. Antes dele já outros autores, designadamente Augusto Thon, tinham distinguido entre o lícito e o poder de produzir efeitos jurídicos, em moldes semelhantes aos do nosso Autor. A eficácia jurídica resultante da faculdade de disposição no último capítulo do célebre "Rechtsnorm und Subjektives Recht", é claramente contraposta, na sua qualidade de "koennen", quer ao gozo dos direitos reais, quer, nas relações obrigacionais, à garantia da prestação através da pretensão privada à coacção. Mas, Thon não considera que todo o "posse" seja por natureza público[111].

---

[111] «Rechtsnorm...», cit., pág. 325 e segs.. Thon em rigor, não admite direitos subjectivos públicos, pois que de acordo com a sua definição, "atribuem um direito público,

324   *Em Homenagem ao Professor Doutor Diogo Freitas do Amaral*

Do ponto de vista dogmático oferece certamente interesse distinguir, sobretudo tendo em atenção as consequências dos actos jurídicos, ou a falta delas, entre a realização da previsão da norma por actos em que a vontade de obtenção dos efeitos conforme ao direito é tomada em consideração, e os factos ou actos em que a vontade não é considerada, ou é tida em consideração apenas pela sua desconformidade com a norma. Neste ponto, a crítica imanente ao sistema feita por Kelsen e que já lembrámos[112], afigura-se-nos certeira. Jellinek considera que a ordem jurídica, para além de poder limitar a liberdade natural, proibindo ou ordenando, tem ainda a faculdade de reconhecer a liberdade natural – é a permissão ou licitude –, ou de ampliar a capacidade de acção do homem, criando-lhe mais possibilidades de acção que não possuia dantes – é o que designa pela concessão de poderes jurídicos, o "posse". Distingue ainda entre os actos juridicamente relevantes e os que o não são. Os actos juridicamente relevantes permitidos pela ordem jurídica constituem no seu conjunto a licitude jurídica. Mas, "a permissão – escreve Jellinek – só alcança até onde a liberdade individual pode afectar a esfera de outros indivíduos"[113]. A relevância jurídica está ligada à produção de efeitos jurídicos. Mas, para que um acto seja relevante e permitido não é suficiente que a ordem jurídica lhe atribua directamente efeitos jurídicos que não sejam resultantes de uma conduta contrária ao direito (estes últimos resultariam de uma violação da proibição). É ainda necessário que o impedimento ou perturbação por parte de terceiros acarrete as consequências próprias de um comportamento antijurídico. No Estado de Direito a liberdade e a inviolabilidade da pessoa estão garantidas pelo dever jurídico geral de abster-se de qualquer ingerência na órbita da liberdade do outro, regra que abrange não apenas o Estado mas qualquer sujeito do ordenamento. Assim, todos os actos não proibidos justamente por não acarretarem efeitos jurídicos próprios de um acto contrário ao direito, têm de ser vistos como actos permitidos e têm a protecção da ordem jurídica no sentido de considerar proibidos todos os actos que os per-

---

aquelas normas cuja violação dá origem ao exercício de uma coacção «ex officio» com vista ao seu cumprimento", ob. cit., pág. 135.

[112] «Hauptprobleme...», cit., pág. 832 e segs.. Vejam-se também as considerações críticas de Santi-Romano, *La Teoria dei Diritti Pubblici Subbiettivi*, in «Primo Trattato Completo di Diritto Amministrativo Italiano», vol. I, Milão, 1897, pág. 127 e segs..

[113] «System...», cit., pág. 46.

A *Personalidade Jurídica do Estado, a Relação Jurídica e o Direito Subjectivo...* 325

turbem. Deste modo, o passear e o dormir são juridicamente permitidos. O conceito de permissão convertir-se-ia, assim, refere Kelsen, numa simples negação de proibição[114].

Jellinek, contudo, não atribui uma extensão tão ampla ao seu conceito de licitude, reconduzindo-se apenas os actos que produzem efeitos jurídicos "positivos" e excluindo os que têm apenas relevância por o facto de a sua perturbação ou impedimento fazer surgir os efeitos próprios do comportamento contrário ao direito. Neste ponto, Jellinek segue, como já acentuámos, a construção defendida por Thon para os direitos absolutos, com a substancial diferença que a reacção à violação da liberdade natural, toda ela se consubstancie numa pretensão pública – o direito de acção judicial. Mas, é precisamente "a capacidade de exigir no interesse próprio o reconhecimento e a intervenção do Estado", que constitui um poder, a única via que confere relevância jurídica aos actos até aí indiferentes para o direito. Apesar de todos os esforços em contrário, e até porque não é possível descortinar nas páginas do seu "System", uma linha divisória clara entre o que é substantivo e privado e o que é processual, acaba por identificar conceptualmente o lícito e o "posse". O "koennen" acaba por abranger todos os actos relevantes que não implicam efeitos de uma conduta contrária ao direito[115].

Convimos com Kelsen que a diferença entre direitos subjectivos privados e direitos públicos assenta para Jellinek em que nos primeiros o poder se combina com a licitude, enquanto nos segundos aquele aparece isolado, sem a licitude. É, afinal de contas, como vimos, uma diferença inexistente[116].

A ideia central da construção de Jellinek que o "koennen" diz respeito às relações entre os indivíduos e o Estado e o "duerfen" às relações entre os indivíduos entre si, entre iguais, sem o Estado, é por um lado indicadora do particular lugar que o grande Professor reserva ao Estado e ao poder político, e por outro revela a inconsistência das suas teses neste ponto.

---

[114] «Hauptprobleme...», cit., pág. 635.

[115] Fundamentalmente no mesmo sentido, Kelsen, «Hauptprobleme...», cit., pág. 638-9. Sobre a irrelevância jurídica dos actos praticados por um incapaz e sobre a contradição com o conceito de poder jurídico de Jellinek, dos actos produtores de efeitos no «posse» mas ilícitos, porque proibidos, vejam-se as críticas que Kelsen desenvolve a seguir, ob. cit., págs. 640 e segs..

[116] «Hauptprobleme...», cit., pág. 646.

Jellinek, por forma flutuante ao longo dos seus escritos e muitas vezes no mesmo sector, ora usa as expressões ordem jurídica e Estado como sinónimas, ora se refere à ordem jurídica como uma criação do Estado, relegando o costume para um posto marginal[117].

Ao Estado, como sujeito do ordenamento jurídico e enquanto é considerado como tal, não deveria, porém, ser atribuída uma natureza diferente da dos restantes sujeitos, diferença resultante de ser o mesmo Estado quem cria a ordem jurídica ou se identifica com ela em algumas das suas manifestações. A personalidade jurídica do Estado situa-se no mesmo plano das outras pessoas jurídicas singulares ou colectivas. É a ordem jurídica quem reconhece a personalidade e concede poderes, encontrando-se necessariamente numa posição de supraordenação em relação à personalidade do Estado e dos restantes sujeitos do ordenamento. Mas é esta confusão de planos entre o Estado como ordenamento e o Estado como pessoa que simultaneamente justifica uma diferença de substância entre o sujeito de direito Estado e os restantes sujeitos e explica por que em Jellinek o "koennen" de que são titulares os particulares só pode ter como detentor exclusivo o Estado e o lícito só se refere às relações paritárias dos particulares entre si.

Jellinek é o expoente máximo da concepção do Estado de Direito pela via do método jurídico formal. A sua construção do Estado como autoridade autolimitada e pessoa colectiva unitária é simultaneamente criadora da ordem jurídica, cujas normas lhe são imputáveis como efeito dos actos legislativos praticados pelos órgãos estaduais, marcou profundamente toda a doutrina posterior. A sua concepção do direito subjectivo público dos particulares, de natureza radicalmente diferente do direito privado, sublinhou o carácter de "potentior persona" do Estado face ao indivíduo, e também a natureza reactiva dos direitos públicos mais típicos, os que resultam da violação do "status libertatis".

O Estado, nas manifestações de carácter quotidiano aparece assim, nas suas relações com os cidadãos, completamente jurisdicizado. A doutrina social sobre o Estado situa-se num momento anterior ao seu reconhecimento como pessoa jurídica. A natureza jurídica do Estado e do seu agir é dada precisamente pela sua personificação pelo ordenamento que é também a condição necessária para o reconhecimento dos outros sujeitos como pessoas, titulares não apenas de deveres, mas também de direitos.

---

[117] Vejam-se, entre tantos outros exemplos, «System...», cit., págs. 46, 49 e 50.

O carácter completo e sem lacunas de construção jurídica do Estado implica que a função administrativa e também a judicial sejam consideradas como de natureza executiva. Não há espaço para a afirmação da autonomia da Administração em relação ao ordenamento. Tal como em Gerber e Laband, o "Staatsrecht" domina e fora dele só há praticamente o direito privado. O direito administrativo não tem objecto próprio que justifique a sua constituição em ramo próprio, ficando relegado para os sectores especializados sem teoria geral que os articule[118]. É com Otto Mayer que se constrói a outra vertente da dogmática do Estado de Direito Liberal, revelando a especificidade dos actos administrativos, negando a possibilidade de regular toda a actividade do Estado com poder no normativo jurídico, criando espaço para um direito administrativo regulador das relações públicas, em paralelo com direito privado que disciplina as relações jurídicas privadas.

---

[118] É uma espécie de «conglomerado de normas jurídicas» de acordo com uma expressão que o uso tornou clássica, utilizada por OTTO MAYER, «Deutsches Verwaltungsrecht», 3ª ed., cit., vol. I, pág. 19.

O ESTADO EM TRANSFORMAÇÃO.
ALGUNS ASPECTOS*

AFONSO D'OLIVEIRA MARTINS**

1. O fenómeno do *Estado em transformação*. Considerações gerais

a) O estudo do fenómeno do *Estado em transformação*, no que agora nos interessa, implica que se considere um processo histórico de evolução progressiva e significativa da realidade típica do Estado moderno de matriz europeia, referido a determinados ou a um conjunto homogéneo de ordenamentos concretos, pelo qual se vai determinando, de modo gradual, uma modificação das suas características gerais identificadoras, conduzindo a que esse tipo de Estado venha afinal a adquirir uma nova identidade jurídica e política e a converter-se numa sociedade política de novo tipo.

Este fenómeno evolutivo envolve o Estado no que o define *em si mesmo* e de um ponto de vista *relacional*. Abrange, assim, desde logo, aspectos relacionados com as típicas *estrutura*, *fins* e *funções* do Estado. Intercede também com a concepção fundamental de poder público que é inerente a este tipo de Estado e com o característico relacionamento desse poder público com os membros da sociedade respectiva. Interfere

---

* O presente texto que agora se oferece em homenagem ao Professor Doutor Diogo Freitas do Amaral corresponde, no essencial, ao texto da conferência proferida no âmbito do Colóquio sobre «*O Estado em Transformação – Presente e Futuro – A Reforma do Estado*», realizado em 11 de Abril de 2003, na Universidade Lusíada do Porto. Respeitando a origem do texto, não vem o mesmo acompanhado de referências bibliográficas.

** Doutor em Direito. Professor e Vice-Chanceler da Universidade Lusíada de Lisboa. Responsável pelo Grupo de Investigação em *Direito Público e Teoria Política* do Centro de Estudos Jurídicos, Económicos e Ambientais.

Em Homenagem ao Professor Doutor Diogo Freitas do Amaral

ainda, nomeadamente, com a posição classicamente reconhecida ao Estado no contexto da Sociedade ou Comunidade Internacional.

b) Noutra ordem de considerações, dir-se-á que está em causa um fenómeno que corresponde, por um lado, a mais do que uma *simples e pontual modificação* do Estado e, por outro lado, a menos do que uma *consumada transformação do Estado*.

Uma *simples e pontual modificação do Estado* implica uma alteração da realidade do Estado que não procura interferir com a sua identidade jurídico-política, podendo mesmo dirigir-se a optimizar essa realidade estadual nos seus elementos identitários.

Por sua vez, uma *consumada transformação do Estado* acarreta para este o abandono efectivo e definitivo da sua identidade de origem, com o consequente surgimento de uma sociedade política de um novo tipo que se mostra inconfundível com a do Estado, tal como era até então conhecido.

A consumação de uma *transformação do Estado* é susceptível de ocorrer em termos e por vias diferentes, podendo traduzir o culminar de um processo histórico evolutivo e sendo até de admitir que se possa operar, de um modo radical, na sequência de um processo revolucionário (v.g., como o que se verificou no final do século XX com um outro tipo de Estado – o *Estado de matriz soviética*) destinado a reconfigurar, completamente e de um só golpe, a sociedade política pré-existente.

Diferentemente disto, o *Estado em transformação* representa um fenómeno de sentido intermediário pelo qual o Estado, sem perder logo a sua identidade jurídica e política de origem, vai sendo objecto de sucessivas modificações que vão interferindo, gradual e consistentemente, com a concepção e configuração geral do Estado, num processo que vai procurando dar resposta a uma alteração fundamental das circunstâncias da vida política e que se vai manifestando ao longo do tempo.

As sucessivas modificações da realidade do Estado que são susceptíveis de viabilizar este fenómeno podem ter alcance e expressividade diferentes, podendo assumir especial relevância, entre outras, as modificações que se concretizam por via de *reformas* do respectivo *sistema político* estadual (entendido este como uma unidade de sentido vital que nos permite identificar e compreender cada Estado na sua complexidade ou na complexidade do que, no fundamental, estática e dinamicamente, assegura a sua dimensão espiritual e estrutural, a sua natureza organizada e o carácter ordenado do mundo-de-vida colectiva que nele se desenvolve). Essas *reformas do sistema político* são aptas a potenciar o fenómeno do

Estado em transformação por terem, por definição, implicações de conjunto sobre o respectivo sistema político, podendo, neste sentido, traduzir-se no seguinte: (i) na introdução de ajustamentos estruturais do Estado em referência; (ii) na consagração de novas soluções relacionais e institucionais que melhor posicionem o Estado face a outras sociedades políticas; (iii) na actualização da definição da missão dos poderes públicos; (iv) na regeneração organizativa da vida política, mediante uma reconfiguração das principais instituições políticas; (v) na requalificação da posição dos membros da sociedade e, em geral, de todos quantos nela convivem, considerada por si, em termos relativos e face às instituições políticas; (vi) na remodelação dos comportamentos políticos que se apresentam como especialmente críticos e com reflexos mais abrangentes. Deve, no entanto, notar-se que só uma sequência de *reformas do sistema político* pode ser apta a favorecer o fenómeno do *Estado em transformação*: cada *reforma* que se operar, por si, deverá preservar a identidade do respectivo *sistema*, podendo todavia, quando articulada com outras *reformas* sucessivas, ser entendida como momento relevante de um processo de *transição política* e, em último termo, de *transformação do Estado* (Cfr., a propósito e para outros desenvolvimentos o nosso: *A Reforma dos Sistemas Políticos – Notas Teóricas*, in Estudos Jurídicos e Económicos em Homenagem ao Prof. Doutor António de Sousa Franco, Coimbra, 2006, págs. 19 e segts.).

No contexto do fenómeno do *Estado em transformação*, as modificações a que se vai sujeitando a realidade estadual (seja por via de sucessivas *reformas do sistema político*, seja por outras vias aptas para o efeito), pelo seu significado, prenunciam que se venha a operar, com grande grau de probabilidade, a seu tempo, uma situação de trânsito para uma sociedade política de um novo tipo. E isto mesmo que não seja possível imediatamente identificar o sentido e o tempo precisos em que se vai consumar esse trânsito: mesmo que não seja possível ter uma noção precisa sobre a identidade da nova sociedade política em gestação e sobre o momento crucial dessa viragem política.

c) O fenómeno do *Estado em transformação* traduz, em geral, o natural *dinamismo* das sociedades políticas, na perspectiva de que estas não representam realidades estáticas, sendo antes realidades dinâmicas que evoluem com a vida e com as circunstâncias históricas (*maxime*, de carácter cultural, jurídico, político, social e económico) que em cada momento são determinantes e que constantemente se alteram. Mas, para além disto, esse fenómeno traduz, uma natural *precariedade* das formas políticas, significando isso que cada tipo histórico de sociedade política terá o seu tempo próprio de existência, caminhando inexoravelmente para uma sua substituição por um novo tipo de sociedade política. Esse seu tempo de existência – num entendimento atento à História e não filiado em qualquer preconceito filosófico ou ideológico – tenderá a desenvolver-se em *continuum* através de sucessivos grandes momentos que, por regra, mas sem prejuízo de eventuais vicissitudes intercalares, serão basicamente os seguintes: um momento inaugural de sua gestação e crescimento; um momento de maturação e estabilização e um momento derradeiro de *crise de transição* para uma nova realidade.

Neste quadro de considerações, quando – como hoje ocorre – se debate sobre o fenómeno do *Estado em transformação* tal pressupõe que se reflicta sobre se, efectivamente, o *Estado moderno* entrou já num momento derradeiro de existência: num momento de *crise de transição* para uma nova realidade.

Este debate, em termos genéricos, vem sendo desenvolvido a partir da consideração de múltiplos *sinais* e *factores de mudança*, sendo uns de carácter endógeno ou interno (como os que se referem, v.g., a situações de renovação do ideário jurídico-político, de crescente valorização de interesses públicos de âmbito infra-estadual e de carácter fragmentário, de afirmação de novas necessidades colectivas a prover com atenção ao futuro, de recomposição de uma sociedade civil que reclama uma devolução de poderes e gera relevantes centros de decisão próprios ou, ainda, de desenvolvimento dentro do Estado de formas politicamente relevantes de convivência multicultural) e sendo outros de carácter exógeno ou externo (como os que se relacionam, v.g., com os fenómenos da *globalização* e da *integração europeia* que, na sua dimensão jurídico-política, e para além das suas dimensões económica e social, implicaram nomeadamente o reconhecimento de novas perspectivas de afirmação do *interesse público* – v.g., de um *interesse público global* e de um *interesse público europeu* –, bem como uma transferência de centros de decisão originariamente estaduais para fora do ordenamento jurídico estadual).

Tais *sinais* e *factores de mudança*, doutrinalmente, têm merecido distintas leituras que apontam para respostas diferentes: umas que consideram que ainda está por provar o fenómeno, admitindo, no limite, a verificação de uma *crise de crescimento* do Estado; outras que, indo mais longe e reconhecendo a ocorrência de mutações muito significativas nas características originariamente identificadoras do Estado, anunciam já o

O Estado em Transformação. Alguns Aspectos   333

fim do Estado e o surgimento de um novo tipo de sociedade política; outras ainda que, não deixando de valorizar essas mutações, reconhecem que elas determinaram para já apenas uma "nova arquitectura do Estado" ou ajustamentos significativos no modelo actual de Estado, salientando todavia que o Estado estará efectivamente *em transformação* – com tudo o que isso significa – e prenunciando o aparecimento, em tempo não muito longínquo, de uma nova sociedade política. Esta última posição é a que julgamos merecer defesa no presente momento histórico.

d) Na impossibilidade de aqui passarmos em revista e caracterizarmos em toda a sua extensão o fenómeno do *Estado em transformação*, considerá-lo-emos, no que se segue, particularmente, com referência ao ordenamento português actual. Por um lado, procuraremos analisar as exigências que, neste ordenamento e no contexto desse fenómeno, decorrem de uma reconsideração do respectivo ideário jurídico-político, o qual surge decisivamente associado à *Ideia de Estado de Direito Democrático* enquanto sua *Ideia fundamental*. Por outro lado, passaremos em revista as principais alterações a que, por força desse ideário jurídico-político ou por força das circunstâncias, o Estado-pessoa jurídica e o respectivo poder público estadual, por último, têm sido submetidos, salientando aspectos relativos à redefinição da posição do Estado por confronto com a de outras entidades, bem como das funções e tarefas que incumbe ao poder público estadual realizar.

2. *A Ideia de Estado de Direito Democrático*, como factor de mudança

a) A compreensão do fenómeno relativo ao *Estado em transformação*, no sentido do que antes referimos, deve assentar no entendimento de que, em cada ordenamento e em cada momento histórico, as realidades do Estado e do poder público estadual tendem a variar em função de uma multiplicidade de factores e, desde logo, por necessidade de consideração das sempre renovadas exigências postas pelas *Ideias de Direito* e de *Estado-poder político* vigentes, impondo-se registar, neste último aspecto, um adequado acompanhamento jurídico-político de tais *Ideias* nas suas mais actuais determinações fundamentais. É que, estão em causa *ideias fundamentais* que exprimem o sentido essencial das realidades jurídico-políticas sobre as quais se projectam, dizendo-nos, assim, por que razão, em que sentido e até que ponto representam um factor imprescindível de afirmação, actualização, desenvolvimento e aperfeiçoamento da Sociedade e do Homem situado (Cfr., neste sentido, o nosso artigo sobre *Legalidade Democrática e Legitimidade do Poder Político na Constituição, in* Perspectivas Constitucionais – Nos 20 anos da Constituição de 1976, org. Jorge Miranda, vol. II, Coimbra, 1997, págs.587-588). E, por isto mesmo e na medida em que tais *Ideias* beneficiem da sua consagração em *Constituição legitimada* ou, em qualquer caso, da *dignidade do reconhecimento da sua vigência pela Sociedade a que respeitam*, elas têm de ser pertinentemente incorporadas na realidade para que esta não resulte pervertida jurídica e politicamente. Lembrando Hegel, mas sem necessidade de acompanharmos outras implicações do seu pensamento, poderemos afirmar: *se a realidade jurídico-política concreta não acompanhar essas Ideias, tanto pior para ela.*

Qualquer vicissitude que interfira com o sentido dessas *Ideias* determina, pois e nomeadamente, uma correspondente variação na configuração do Estado e do poder público estadual, tornando obrigada uma sua adequada *modificação* ou *transformação*: se as realidades do Estado e do poder público estadual se mantiverem indiferentes às vicissitudes sofridas por tais *Ideias* elas resultarão debilitadas jurídica e politicamente.

Esse ideário jurídico-político representa, assim, um *factor de mudança* e de possível *transformação* da realidade do Estado e do seu poder político.

b) No ordenamento português actual, o ideário jurídico-político de que falamos tem expressão na Ideia de *Estado de Direito Democrático,* tal como resulta identificada nos dois primeiros artigos da Constituição E essa *Ideia* serve para resumir – para além do mais e naquilo que particularmente aqui nos interessa considerar – uma concepção que, geneticamente, começou por ser viabilizada pelas revoluções liberais dos finais do séc. XVIII e princípios do séc. XIX, traduzindo um seu progressivo enriquecimento, com a preservação dos seus elementos essenciais, mas também com a superação do que se considerou serem debilidades, primeiro, do *Estado liberal* e, depois, do próprio *Estado social.*

Seguindo essa *matriz constitucionalística*, a Ideia de Estado de *Direito Democrático* mantém-se tributária da célebre trilogia "liberdade, igualdade e fraternidade", agora na fórmula "liberdade, justiça e solidariedade" que passou a ser valorizada pela Constituição logo na sua norma de abertura.

Entendem-se, todavia, hoje, esses valores em termos renovados, sendo-lhes reconhecido um sentido capaz de superar insuficiências de leituras anteriores que produziram entretanto efeitos perversos.

Por força dessa *Ideia de Estado de Direito Democrático,* revalorizou-se a *liberdade,* desligando-a daquele entendimento puramente individualista que fora típico do *Estado liberal,* bem como daquele entendimento de sentido mais supra-individualista que fora típico do *Estado Social:* a *liberdade* é individual e dá-se no contexto de uma sociedade ou comunidade e de grupos sociais ou de interesses; mas, passa a ser entendida com outras implicações. Cuida-se agora, em especial, da *liberdade pessoal:* de uma *liberdade* de cada um para se realizar como *pessoa humana* e, afinal, para desenvolver integralmente a sua própria personalidade, permitindo-se a afirmação com toda a pujança da *dignidade* inerente à condição humana.

Essa *liberdade pessoal* pede, nomeadamente, no que interfere com a relação entre Estado e Sociedade e com a concepção de poder político, que cada um tenha *liberdade de participar constitutivamente* e de modo efectivo na vida política, mas também na vida cultural, social, económica. E, simetricamente, pede que o poder público passe a organizar-se e a ordenar a sua actuação em vista de tudo isso, deixando e, mais do que isso, optimizando, um amplo e decisivo espaço de realização dessa *liberdade pessoal,* considerada a todos os níveis e nas múltiplas expressões que assume no quadro dos direitos fundamentais.

Por outro lado, a *Ideia de Estado de Direito Democrático,* vinculou-se mais decisivamente à realização substantiva do valor da *Justiça,* carregando-se mais plenamente de sentido a ordenação da vida política, a função própria do poder público e, desde logo, o entendimento sobre a *igualdade.*

Neste último aspecto, não se trata já, apenas, de promover uma mera *igualdade formal* essencialmente jurídica, entendida à maneira *liberal,* ou um *igualitarismo* vocacionado para a homogeneizar o corpo social, no contexto de uma *sociedade de bem-estar material para todos.* A igualdade continua a ser entendida como *igualdade jurídica* e como *igualdade no bem-estar material.* Mas, passa, também, a conter uma referência à *igualdade na diferença,* a qual impõe o respeito e a valorização – desde logo, pelo Estado e pelos poderes públicos, mas também por todas as forças sociais – de posições diferenciadas que se afirmam no âmbito da sociedade, entendendo-se que todas elas – com o seu peso relativo específico – devem ser consideradas e devem poder concorrer para a conformação de um *devir comum.*

Finalmente, com a *Ideia de Estado de Direito Democrático* retomou-se o valor da *fraternidade,* hoje designada *solidariedade,* com um sentido que já não se esgota no entendimento de que, em sociedade, cada um dos membros a ela vinculados pode aspirar a não ser tratado – desde logo, pelo Estado e pelos poderes públicos – como se fosse tão só "meio ou elemento do mundo sensível"(G. Del Vechio) ou a ser tratado com a dignidade e as responsabilidades para com a sociedade inerentes a um estatuto de cidadão, com tudo o que este comporta. Retomou-se também esse valor com um sentido que pede mais do que uma actuação pública especial em favor dos mais desfavorecidos ou que pede mais do que simples solidariedade social. A *solidariedade,* enquanto valor fundamental, é ou passou a ser entendida com um sentido que obriga ainda a que se favoreça a *integração* social, política e cultural de todos quantos vivem no *espaço público estadual*, que se valorize a existência de um *património comum* (v.g., cultural e ambiental) que todos (e desde logo o poder público), solidariamente, são chamados a preservar e a defender; obriga também a que se tenha em atenção a posição das *gerações futuras,* permitindo que estas usufruam de tão boas ou melhores condições de vida; obriga a que se procurem, na política, os mais amplos *consensos,* de modo a que todos se sintam co-responsáveis – solidariamente responsáveis – pelo *devir comum.*

Neste quadro de considerações, a *Ideia de Estado de Direito* Democrático, em síntese, acaba por pedir uma concepção regenerada de poder público que implica que este, desde logo, para garantia da sua dignidade de origem, se apresente axiologicamente comprometido, fundamentando a sua actuação e agindo finalisticamente em vista dos valores da *liberdade pessoal*, da *justiça substantiva* e da *solidariedade*, entendidos com uma carga de sentido *personalista.* E tal concepção impõe, complementarmente, em perspectiva que procura levar mais longe a Democracia (entendida poliédricamente, como Democracia não só política, mas também económica, social e cultural), que o poder público se afirme, também e decisivamente, *aberto à participação* constitutiva e efectiva de todos no processo público, *favorável a uma partilha de posição* com as forças próprias da sociedade civil, *diferenciador, integrador, defensor de um património comum*, *aberto ao futuro* e *consensualista.*

3. A reconfiguração da posição relativa e funcional do Estado

a) Noutra ordem de considerações, cabe referir que, com a renovação do ideário jurídico-político vigente e no quadro de novas circunstâncias, o Estado-pessoa jurídica foi perdendo na Ordem interna, progressivamente, a sua posição – que originàriamente fora de monopólio do poder público – em favor de outros entes públicos territoriais, bem como de outras entidades públicas que foram ganhando autonomia ou vieram a beneficiar de um estatuto de independência. E isto em homenagem à consideração de que tais entidades apresentam, face ao Estado, a vantagem comparativa de estarem mais próximas dos cidadãos e, afinal, de muitos dos problemas específicos de interesse público que particularmente os envolvem, reconhecendo-se que essas entidades são centros adequados e, muitas vezes, *naturais* de representação e de participação dos cidadãos.

Numa perspectiva de realização de uma *Democracia descentralizada,* para a qual aponta a *Ideia de Estado de Direito Democrático,* desenvolveu-se uma tendência que, entre nós, foi de criação de entidades como as *regiões autónomas,* de reforço de posição de entidades como as *autarquias locais* e de valorização da posição de *associações públicas* e de *autoridades administrativas independentes,* num contexto alargado de *Administração autónoma.*

Por outro lado, passou a reconhecer-se *relevância pública* a um universo progressivamente cada vez mais alargado de *entidades privadas:* associações e fundações com capacidade especial de intervenção no domínio da *solidariedade social* e para defesa e promoção de *interesses difusos (*em matéria de ambiente, saúde pública, qualidade de vida, protecção do património). E essas entidades privadas assumiram uma posição de especial colaboração com as demais entidades públicas.

Finalmente, é de considerar que muitas actividades que originàriamente cabiam num monopólio de intervenção do Estado ou que estavam reservadas a entidades públicas passaram a poder ser exercidas em concorrência com entidades privadas.

Neste quadro global, acaba por ganhar consistência um conceito de *Estado subsidiário* que, por decorrência da *Ideia de Estado de Direito Democrático,* de acordo com uma perspectiva de *Democracia descentralizada* e à luz de um *princípio da subsidiariedade,* aponta para que o poder público estadual seja apenas chamado a intervir quando a sociedade civil ou quando outras entidades – públicas ou privadas – não sejam, por si, capazes de adequadamente prover às situações de necessidade colectiva que em cada momento relevam. Noutros termos, de acordo com esse conceito de *Estado subsidiário* e por força do *princípio da subsidiariedade,* o Estado e o seu poder público passaram a ser concebidos em vista de intervirem quando determinados interesses públicos pela sua magnitude ou alcance global apenas podem ser devidamente realizados a esse nível ou quando só o Estado e o correspondente poder público estão em posição adequada ou dispõem dos meios necessários para tanto.

b) Face a esta posição que hoje é reconhecida ao Estado e com atenção a exigências do ideário jurídico-político vigente, a concepção funcional acerca do respectivo poder público foi também, entretanto, objecto de alteração.

Neste ponto, não está em causa a capacidade do Estado-pessoa jurídica para exercer qualquer uma das suas clássicas funções: a *função política e legislativa,* a *função jurisdicional* e a *função administrativa.*

O problema está antes em saber até onde pode ir o poder público estadual ao exercer tais funções: qual é o conteúdo e a expressão possível do seu exercício.

Deste ponto de vista, começando com uma referência à *função política e legislativa,* no contexto do ordenamento português actual, será de considerar que continua a pertencer ao Estado-pessoa jurídica, enquanto entidade de fins gerais e omnicompreensivos, a definição preeminente das orientações de fundo relativas às políticas de âmbito nacional (sejam estas de incidência geral, sejam de incidência sectorial), dando-lhes a correspondente tradução em actos políticos e em actos legislativos.

A especificidade está aqui em que os correspondentes órgãos estaduais terão que contar, nomeadamente, com: (i) os limites que decorrem da necessidade de consideração do Direito internacional e comunitário, sendo neste último caso de referir que as respectivas limitações são de esperar particularmente no domínio das *políticas comuns*; (ii) a capacidade legislativa, embora de segundo grau, das regiões autónomas; (iii) o imperativo de se fazer participar consultivamente nos procedimentos legislativos determinadas entidades representativas de interesses públicos ou sociais relevantes.

No que respeita, por sua vez, à *função jurisdicional,* cabe mencionar que se mantém e tenderá a manter-se, no essencial, o monopólio público do seu exercício através daqueles seus órgãos de soberania que são os Tribunais.

O Estado em Transformação. Alguns Aspectos 339

Será, no entanto, de temperar esta afirmação com a alusão a um fenómeno cada vez mais expressivo de consagração de *meios alternativos de resolução de litígios,* incluindo-se aí uma referência às figuras da *arbitragem, mediação* e *conciliação,* quando estas pressupõem a intervenção de órgãos exteriores à máquina judiciária estatal.

Finalmente, será de considerar a *função administrativa,* no âmbito da qual se podem observar alterações mais significativas.

Neste domínio, desde logo por força dos princípios da descentralização e da subsidiariedade, muito do que pertencia ao poder público estadual realizar, em termos de satisfação de necessidades colectivas, foi objecto de deslocação para outras esferas de poder público relativas à Administração regional autónoma, à Administração local autárquica e a outras Administrações autónomas (v.g. de carácter associativo), que têm vindo a ver progressivamente ampliadas as suas respectivas esferas de atribuições. E diversas actividades que antes incumbia ao Estado-pessoa jurídica realizar passaram a poder ser exercidas em *concorrência* com os agentes privados, sendo ainda, neste particular, possível optar por formas de actuação tanto de *gestão pública* como de *gestão privada,* bem como recorrer a figuras como a das *parcerias público-privado.*

Apesar de todos estes fenómenos, pertence ainda ao Estado-pessoa jurídica, no momento actual, um espaço significativo de actuação administrativa, tendente em termos genéricos à realização em concreto de interesses públicos ou à satisfação concreta de necessidades colectivas que tenham um alcance nacional ou uma relevância fundamental para a configuração dos mundos-de-vida económico, social e cultural. E nesse contexto a Administração estadual não deixará de exercer -embora menos significativamente do que no passado e mesmo nalguns casos de forma residual– *actividades administrativas de carácter regulador, fiscalizador* ou *policial, sancionatório, prestacional,* de *fomento, subvencional e infra-estrutural.*

Mas, ao mesmo tempo, *novas actividades* se esperam dessa Administração, por atenção a uma nova concepção do poder público *(maxime,* estadual), entre as quais se incluem: (i) *actividades de promoção e defesa dos direitos fundamentais,* destinadas a garantir estes contra as intervenções cada vez mais significativas dos novos poderes públicos emergentes; (ii) *actividades de concertação* de posições das diversas administrações públicas e de concertação geral entre público e privado; (iii) *actividades de promoção da sustentabilidade* do desenvolvimento, seja este realizado a nível público, privado ou público-privado; (iv) *actividades de carácter integrador* dirigidas a favorecer o fortalecimento dos elos de ligação (maxime, de natureza cultural) que podem unir os portugueses ou a estimular o empenhamento de todos na realização dos grandes desígnios nacionais, mas sempre com atenção a um *multiculturalismo* que deve ser respeitado e que deve ser entendido como factor de enriquecimento colectivo.

Nestes aspectos por último referidos, o Estado aparece também reconfigurado, surgindo como *Estado funcionalmente selectivo*.

Concluindo e em face de tudo o que acabámos de expor, poderemos afirmar que o Estado-pessoa jurídica e o seu poder público já não são o que foram e tenderão progressivamente a sê-lo cada vez menos. E isto até que o Estado – tal como nos foi dado conhecê-lo – ganhe uma nova identidade, consumando-se a sua transformação – sem necessidade de grandes revoluções – numa entidade de novo tipo. Com a aceleração da História, porventura ainda poderemos vir a ter oportunidade de assistir à consumação deste fenómeno. Mas, mesmo que assim não seja, compete-nos reflectir sobre ele e tentar antecipar o futuro para melhor podermos responder aos seus desafios.

O ESTADO DA JUSTIÇA EM PORTUGAL*
BREVES NÓTULAS

GUILHERME DA FONSECA**

Ao escolher este tema da JUSTIÇA, é meu propósito debater criticamente alguns aspectos actuais e mais próximos da JUSTIÇA, mas sem a preocupação de uma abrangência total, que, aliás, estaria aqui deslocada, e proporcionar o levantamento de questões, fazendo, ao mesmo tempo, algumas distinções que nem sempre são evocadas. E tudo sem perder de vista o conjunto de normas e princípios que abundam na Constituição (CRP) e que preenchem verdadeiramente uma Constituição Judiciária ou Constituição da Justiça, muito rica na protecção dos direitos e interesses legítimos dos cidadãos, dela ressaltando que a JUSTIÇA é um bem essencial a que o Estado deve dar satisfação plena.

---

* É com muita honra que acedo ao amável convite para participar nesta obra em homenagem ao professor Diogo Freitas do Amaral, que, como eu, é de origem nortenha, e da minha geração, embora tivéssemos frequentado meios e universidades diferentes.

Desde esse tempo, já distante, da frequência universitária que me habituei ao nome do Professor Diogo Freitas do Amaral, que sempre me mereceu elevada admiração e muita consideração pessoal, ainda que só depois do 25 de Abril de 1974 é que tenham surgido os primeiros contactos pessoais, alguns relacionados com a Escola de Direito da Universidade do Minho e com a Associação Jurídica de Braga. Curiosamente o primeiro encontro deu-se em circunstâncias invulgares, pois, estando eu a presidir, em fins de 1974, a uma comissão de inquérito ao Centro de Documentação Internacional (CDI), que foi um organismo criado no âmbito do então Ministério da Educação, antes do 25 de Abril, para controlo dos estudantes universitários, tive de colher o depoimento do professor Diogo Freitas do Amaral, para ficar esclarecido sobre o funcionamento desse Centro, sendo que aquela comissão, a final, não alcançou nenhum resultado útil.

** Juiz-Conselheiro Jubilado. Tribunal Constitucional e Supremo Tribunal de Justiça.

342 *Em Homenagem ao Professor Doutor Diogo Freitas do Amaral*

1 – Nos tempos que correm, o tema da JUSTIÇA, no nosso País, interessa, em geral, a todos os cidadãos, que não podem deixar de ser sensíveis à sua mediatização. A JUSTIÇA ocupa sempre um lugar de destaque, seja na imprensa escrita, ocupando as primeiras páginas dos jornais e das revistas, seja nas redes de informação televisiva e radiofónica (e essa mediatização, por vezes, em especial, no campo criminal, vai ao ponto de logo ficar "adiantado" o julgamento perante a opinião pública, na medida em que são reveladas as provas e se conclui por um juízo sobre o caso, como foi, por exemplo, o caso do assassínio brutal de alguns portugueses numa praia brasileira, em que tudo foi logo publicitado). E registe-se ainda a mediatização recente de alguns casos relacionados com o instituto de adopção de crianças, em que os vários interessados e seus mandatários vêm revelar publicamente as suas posições, antes e depois das decisões judiciais.

A estátua da JUSTIÇA está nua e dessacralizada, é uma imagem que retrata a crise ou as crises da JUSTIÇA e, por consequência, todos sentem que ela pode ser censurada sobre diferentes perspectivas. Ninguém, letrado ou iletrado, jurista ou não jurista, se exime de tomar posição, opinando sobre os casos da JUSTIÇA.

Ainda bem, acrescento eu, até porque a JUSTIÇA que hoje conhecemos não foi beliscada com o 25 de Abril de 1974 e atravessou incólume o processo revolucionário. Todos os tribunais se mantiveram a funcionar tal como estavam a funcionar, e o Poder Político não se atreveu a mexer num sistema judicial fechado, autoritário e controlado a todos os níveis, não correspondendo, então, a uma verdadeira JUSTIÇA (mesmo o saneamento político que atingiu alguns magistrados, sobretudo, os que tinham servido nos tribunais políticos, como foi o Tribunal Plenário, ou nos postos políticos do Poder, acabou por sair "branqueado", com a reabilitação de quase todos os que foram objecto de medidas de saneamento).

Esta é uma realidade – a JUSTIÇA nua e dessacralizada – com que temos de contar para sempre, porque, mesmo com melhorias que se possam esperar e desejar, a que, normalmente, ficam indiferentes os cidadãos, haverá ciclicamente pontos negros na JUSTIÇA e que, em geral, chocam os cidadãos, despertando-lhes logo a atenção.

2 – Mas julgo que é importante aqui separar as águas, o que usualmente não se faz.

De um lado, a JUSTIÇA entendida no sentido nobre de apurar os factos e ditar o direito no caso concreto, nomeadamente, o julgamento das causas pelos juízes. Mas também é apurar os factos e ditar o direito da parte dos magistrados do Ministério Público (MP), quando decidem os processos que cabem no âmbito da sua competência ou dos seus poderes.

Esta é a essência da função jurisdicional e dá sentido ao órgão de soberania TRIBUNAIS.

De outro lado, a JUSTIÇA entendida no sentido amplo da administração da JUSTIÇA pelos tribunais, seja a nível dos juízes, seja a nível dos magistrados do MP, ou até a nível dos funcionários ou oficiais de justiça, o que corresponde, num ponto de vista impróprio, a uma actividade administrativa no seio dos tribunais, desde a sua gestão interna e logística, incluindo o material técnico e tecnológico, até à condução dos processos e dos actos processuais.

3 – Ora, naquele sentido nobre, as censuras que se possam fazer são as censuras que sempre se puderam fazer à JUSTIÇA, tendo em vista o resultado final do julgamento de toda e qualquer causa ou as decisões proferidas nos processos, apenas com a diferença que hoje faz o fenómeno da mediatização. Isto porque, antes não passavam as censuras de um círculo restrito, quando muito alargado aos meios académicos, agora são voz corrente nos meios de comunicação social.

Criticar os magistrados porque, por exemplo, decidiram ou julgaram mal, insensatamente ou erradamente, é um direito dos cidadãos, em especial, quando o acto de decidir ou julgar é obstruso e desajustado à realidade, ou quando se descobrem presumíveis diferenças de critério em casos aparentemente semelhantes ou ainda quando, havendo um recurso jurisdicional, se detectam injustificadas diferenças de julgamento entre tribunais de instância e tribunais superiores.

Aqui, porém, por muita razão que assista aos críticos da JUSTIÇA, pouco ou nada se pode fazer, para influenciar a acto de julgar ou o acto de decidir, pois ele é sempre um acto de consciência do julgador ou decisor. Um acto livre e que não pode suportar nenhuma pressão, conquanto envolva variados juízos de valor.

A menos que se entenda que os defeitos podem radicar-se na lei ou na arte de legislar, sabido como é que os magistrados devem obediência à lei, em cuja elaboração não têm qualquer intervenção, e têm de a aplicar no julgamento ou na decisão dos processos, salvo se há ofensa ou violação da CRP que envolva um juízo de inconstitucionalidade da lei (artigo 204.º da CRP).

344 *Em Homenagem ao Professor Doutor Diogo Freitas do Amaral*

Mas, então, não se impute a responsabilidade aos magistrados, pois ela é do Estado-legislador. Se, por exemplo, a intensidade ou a extensão da criminalização dos comportamentos humanos ou a dosimetria penal estão mal, ou se as medidas de coacção em processo penal não estão ajustadas à realidade social, ou se os regimes legais do divórcio, do arrendamento urbano ou do Código do Trabalho estão, em parte ou na totalidade, desconformes com os direitos e interesses legítimos dos cidadãos, ou ainda se o regime processual da acção executiva não vai ao encontro da posição do credor/exequente, se tudo isto vai mal, não se chamem os magistrados à responsabilidade. Se, ainda, os códigos de processo, constantemente alterados, com uma infinidade de regras a cumprir pelos operadores judiciários, não ajudam a tarefa de julgar, permitindo aos litigantes usar e abusar de expedientes, abrindo caminho a uma aparência de justiça discriminatória, uma justiça de classe, os magistrados não podem escapar ao "espartilho" desses códigos, mas não são responsáveis pela sua feitura.

Enfim, a arte de legislar, que já assumiu os contornos de um frenesim legislativo, agora não corresponde às exigências que os juristas reclamam quanto à qualidade da legislação, seja quanto às soluções legislativas escolhidas, seja mesmo quanto à própria linguagem do legislador.

Mas, se é assim, neste patamar da avaliação legislativa, e só para falar no exemplo das regras processuais, tão essencial para uma boa, sã e pronta Justiça, avance-se com códigos de processo totalmente novos, com soluções inovatórias, flexibilizando e simplificando as formas processuais, e permitindo ao juiz da causa uma condução firme e pronta nos vários actos processuais, sem esquecer a matéria dos recursos jurisdicionais, para deixarem de ser um obstáculo à resolução final e transitada das causas, em tempo razoável e útil.

O que não se pode esquecer é que é o juiz ou o magistrado do MP, com a sua formação – e destaque-se que o Centro de Estudos Judiciários (CEJ) tem contribuído para uma boa, embora indiferenciada, formação técnica dos auditores –, a sua experiência de vida, a sua educação, a sua cultura, a sua sensibilidade jurídica, a determinar como vai julgar ou decidir, formando a sua convicção perante a prova produzida, quando é caso disso, e aplicando rectamente o Direito, procurando sempre escapar às pré-compreensões que vestem o ser humano.

O *Estado da Justiça em Portugal. Breves Nótulas*

345

A independência e autonomia dos Tribunais e a irresponsabilidade e a imparcialidade dos juízes são valores constitucionais[1], como decorre dos artigos 203.º e 216.º, n.º 2, da Lei Fundamental, mas têm de conviver com o erro judiciário, qual erro técnico na arte de julgar, que pode dar lugar à efectivação da responsabilidade civil extracontratual por danos decorrentes do exercício da função jurisdicional, extensível aos magistrados por via do direito de regresso. É o que consta da Lei n.º 67/2007, de 31 de Dezembro, num capítulo próprio relativo à função jurisdicional, e não pode dizer-se que seja uma inovação absoluta, pois essa mesma responsabilidade estava já no Código de Processo Penal (artigo 225.º) e, a título de responsabilidade pessoal, estava prevista no Código de Processo Civil (artigos 1083.º e seguintes, que regulam a acção de indemnização contra magistrados).

Falar de crise da JUSTIÇA neste domínio não me parece rigoroso, pois a JUSTIÇA entendida no tal sentido mais nobre estava, está e estará sempre na eminência de criticas. Os maus julgamentos e o "mau Direito" aplicado acompanham e acompanharão o exercício da função jurisdicional. Ponto é que se exija uma JUSTIÇA sábia e responsável e que haja, como parece haver, mecanismos ajustados a reparar a violação dos direitos

---

[1] Não se esqueça que o tipo de organização judiciária ou o modelo dos tribunais que a CRP consagra nos seus Títulos V e VI aponta para a independência dos tribunais e para independência, irresponsabilidade e imparcialidade dos magistrados e para a autonomia do Ministério Público.

Mas, se a CRP não deixa dúvidas que os tribunais são independentes, a verdade é que, para ela ser efectiva, teria de passar, o que não acontece, por uma auto-suficiência económica-financeira, que permitisse os próprios tribunais autonomamente se sustentarem, quanto aos diferentes encargos que têm de suportar, dispondo de verbas orçamentais para esse efeito.

E também não há dúvidas relativamente à independência dos juízes e à autonomia do Ministério Público, o que, em princípio, está assegurado constitucionalmente com o esquema da autogestão, passando pelos conselhos superiores que regem autonomamente as magistraturas.

Ponto é que o poder político, maxime, Governo, respeite o quadro constitucional, o que nem sempre acontece, estando muitas vezes atraído pela ideia de intromissão no órgão de soberania Tribunais. Tal sucede com a adopção de medidas, sobretudo, medidas legislativas que comprometem a independência dos juízes e a autonomia do Ministério Público, de que são exemplos recentes a nova organização judiciária, por via do novo mapa judiciário, e a lei de política criminal.

Enfim, está sempre de pé um risco político de ataque por parte do Governo às ditas independência e autonomia.

Em Homenagem ao Professor Doutor Diogo Freitas do Amaral

e interesses legalmente protegidos dos cidadãos, quando se verifique o tal erro judiciário (seja por via dos recursos jurisdicionais, seja por via da reparação dos danos decorrentes do exercício da função jurisdicional, na óptica da citada Lei N.º 67/ 2007).

4 – Outra, porém, tem de ser a visão crítica, quando se trata da administração da JUSTIÇA, em sentido amplo, com a corrente de situações negativas que atingem os direitos e interesses legalmente protegidos dos cidadãos, a montante e a juzante do momento de intervenção dos tribunais. Aqui, sim, é rigoroso falar em crise.

À partida, e de modo mais visível, está o volume escandaloso de processos atrasados nos tribunais, com violação do princípio constitucional da prontidão da JUSTIÇA, consagrado no artigo 20.º, n.º 4 e 5, da CRP, reportando-se a "decisão em prazo razoável" e a "procedimentos judiciais caracterizados pela celeridade e prioridade", inquinando horizontalmente e praticamente todas as jurisdições, incluindo os tribunais superiores, embora, quanto a estes, em grau menor[2].

E esse volume escandaloso de processos passa pela sobrecarga dos serviços de secretaria, agravada pelo material técnico e tecnológico muitas vezes obsoleto, e pela sobrecarga de processos a que humanamente os magistrados não têm possibilidade de dar uma resposta pronta e eficaz, o que se reflecte tudo na pendência de processos de ano para ano. Tal sobrecarga vem de um passado recente, com o "boom" de processos entrados nos tribunais após o 25 de Abril de 1974, com números que, na prática, não têm baixado nos últimos anos em todos, ou quase, todos os tribunais, sem que tivessem sido tomadas, em tempo, medidas, relativamente a aumentos nos quadros do pessoal e dos magistrados (deixar um tribunal "afogar--se" em processos, e só depois acudir com tais medidas, pode ser tarde de mais).[3] É sintomático o exemplo actual das acções executivas, que ocupam 35% das acções entradas, por ano, no sistema judicial.

---

[2] Veja-se o exemplo actual do Tribunal Central Administrativo do Sul, com um volume anual, em 2008, de 1400 processos, no contencioso administrativo, a distribuir por 5 juízes desembargadores, o que significa, em média, 175 processos para cada um dos juízes.

[3] É o que sucede presentemente com os tribunais do trabalho e com os tribunais administrativos de primeira instância (por exemplo no tribunal administrativo de círculo de Lisboa, entre 1997 e 2001, a pendência processual passou de 2806 para 4405 processos, afectos a uma média de 11 juízes).

Mas é também, com violação do mesmo princípio constitucional da prontidão da JUSTIÇA, o atraso na realização de actos processuais e de audiências de julgamento e no proferimento das decisões, maxime, das sentenças (seja por acção, como é o caso actual de audiências de julgamento marcadas só para 2012, seja por omissão, deixando os processos "depositados" nas estantes meses ou anos a fio).

5 – Há, porém, infelizmente muito mais a apontar e a montante pode adiantar-se a situação do acesso ao Direito e do acesso à JUSTIÇA ou acesso à via judiciária, com as condições desfavoráveis de um esquema legal de custas processuais, sempre agravadas, como actualmente acontece com o recente Regulamento das Custas Processuais, em vigor desde 20 de Abril de 2009, desencorajando deste modo os cidadãos que pretendem acorrer aos tribunais. E também com as condições que dificultam o acesso ao Direito e o apoio judiciário, quando se trata, em especial, de cidadãos economicamente carenciados, quase desabrigados.

Sendo o direito à JUSTIÇA, com as características de universalidade e igualdade, um direito fundamental, na óptica dos artigos 20.º, 32.º e 268.º, da CRP, e reportando-se a Lei Fundamental à "tutela jurisdicional efectiva " e à "tutela efectiva e em tempo útil", pena é que as leis que concretizam e desenvolvem essa mesma Lei Fundamental são muito deficientes atingindo, sobretudo, os tais cidadãos economicamente carenciados.

É sabido que quem, na vida prática, se defronta com problemas que têm a ver com a defesa dos seus direitos – os exemplos do trabalhador que vê posto em perigo pelo empregador o seu posto de trabalho ou o inquilino que vê ameaçado pelo senhorio o seu direito à habitação – vai ter dificuldades para escolher um advogado para tratar do assunto e dar um conselho e, depois, para constituir um advogado para introduzir o assunto num tribunal. É que tudo isto representa um encargo que nem todos os cidadãos podem suportar, a que acresce o encargo com o pagamento de taxas de justiça e de custas, havendo insucesso.

Porém, para tais dificuldades não há resposta de um sistema legal eficiente de acesso ao Direito e apoio judiciário, com respeito pelo princípio da universalidade e pelo princípio da igualdade.

Desde logo, a impraticabilidade de um regime legal de informação jurídica ou consulta jurídica, que devia ser fácil e pronta para os cidadãos, para lhes proporcionar o conhecimento e o esclarecimento das situações concretas, para ser tomada a decisão de avançar ou não para

348 *Em Homenagem ao Professor Doutor Diogo Freitas do Amaral*

os Tribunais (os gabinetes previstos na lei não passam do papel e a Ordem dos Advogados não tem contribuído para a implementação e a divulgação do regime legal).

Depois, o apoio judiciário, sobretudo, quanto à nomeação de patrono ou advogado, não é fácil de avançar, pois passa pela intervenção dos serviços de segurança social, muitas vezes de difícil praticabilidade, e segundo um esquema que não é facilmente apreensível.

Por fim, o Regulamento das Custas Processuais é dissuasor do acesso à via judiciária, pois os encargos que a sua aplicação representa levam os cidadãos a "pensar duas vezes", antes de decidirem aceder aos tribunais.

Por tudo isto é que se fala, por vezes, numa aparência de justiça discriminatória e, naturalmente, desprestigiante, na medida em que saem favorecidos os cidadãos economicamente mais poderosos, beneficiando até de impunidade, e ficam desprotegidos os cidadãos de camadas sociais mais desfavorecidas, maxime, a classe trabalhadora.[4]

6 – A juzante, e ainda a propósito da administração da JUSTIÇA, em sentido amplo, há todo um universo de hipóteses que têm a ver com a condução dos processos e que podem traduzir uma violação do princípio do processo equitativo ou uma violação de regras de urbanidade, com influência negativa nas decisões ou nas sentenças dos Tribunais.

Pode ser, com efeito, a hipótese de desrespeito dos princípios do contraditório e da igualdade das partes, que devem ser respeitados nos processos, em especial, quando a lei processual os prevê. E também a hipótese da violação do dever especial de urbanidade, a que os magistrados estão vinculados estatutariamente, como seja, por exemplo, ser maltratado numa audiência de julgamento o advogado de um das partes, perturbando-o na sua actuação nesse acto, com prejuízo do seu constituinte.

Finalmente, conquanto noutro plano, não podem esquecer-se as situações, verificadas na prática, e que se relacionam com a logística dos tribunais: as instalações deficientes ou insuficientes ou até em tal estado de ruína que obriga ao encerramento dos tribunais.

---

[4] E não se esqueçam as situações, vividas hoje, de aliciamento, ou até compulsão, para afastar os cidadãos dos Tribunais estaduais, dissuadindo-os de procurar os Tribunais para resolução dos litígios. É a oferta dos meios alternativos de resolução de litígios, como sejam, a mediação e a arbitragem voluntária, numa óptica já instalada de vulgarização desses meios alternativos ou meios de desjudicialização, com risco mesmo de um mero jogo de interesses privados.

O *Estado da Justiça em Portugal. Breves Nótulas* 349

Que administração da JUSTIÇA se espera em tais condições, se, por exemplo, sendo vários os juízes a servir no mesmo tribunal, não se podem fazer julgamentos, porque não há salas disponíveis para o efeito? Ou se as pessoas a ouvir nos julgamentos, em especial, as testemunhas não dispõem de espaço para serem recolhidas e afastadas do que se passa na sala de audiência de julgamento, ou até se a segurança física dos magistrados não está assegurada eficientemente e, portanto, não têm eles a indispensável tranquilidade e acalmia para decidirem?

7 – **Concluindo,** e em jeito panfletário, pode afirmar-se que a JUS-TIÇA, no nosso País, entendida no tal sentido amplo de administração da JUSTIÇA, sofre de males endémicos, de longa data, com prejuízos muitas vezes, irremediáveis, dos direitos e interesses legítimos dos cidadãos.

E não se vê uma luz ao fundo do túnel, que acalente, qual forma mágica, uma perspectiva de reversibilidade para uma JUSTIÇA bem diferente da que hoje conhecemos.

Ou seja: uma JUSTIÇA sábia e responsável, pronta e acessível, que, em condições efectivas de igualdade para todos os cidadãos, seja prestada por Tribunais independentes e prestigiados, bem equipados e seja servida por operadores judiciários caracterizados por uma total autonomia e plena independência face aos poderes do Estado e da sociedade civil.

INTERESSE PÚBLICO, CONTROLE DEMOCRÁTICO DO ESTADO E CIDADANIA

João Salis Gomes[*]

Considerações introdutórias

Na segunda metade do século XX a economia mundial viveu um amplo processo de internacionalização, assente na interdependência de actividades e funções desenvolvidas em lugares diferentes por diferentes actores. Este processo redundou numa verdadeira globalização dos mercados e das relações sociais sob o impulso, nomeadamente, por um lado, da importância crescente assumida por empresas transnacionais que organizam os processos de produção e comercialização dos próprios produtos à escala internacional, deslocalizando em diversas regiões do mundo fases inteiras do processo produtivo; e, por outro lado, do desenvolvimento das tecnologias de informação, das telecomunicações e dos *mass media*, que fazem com que a vida dos indivíduos e das sociedades deixe de depender, na sua essência, das relações fundadas na contiguidade espacial para se basear na possibilidade de acesso aos mercados a qualquer distancia em tempo real.

A noção de interesse público é uma construção social da modernidade que necessariamente reflecte modelos de Estado e de sociedade. A globalização teve um impacto significativo nos parâmetros conformadores de tal noção, bem como no modo através do qual hoje opera enquanto ideologia institucional legitimadora das políticas públicas. Em causa está, nomeadamente, a hierarquia entre público e privado que a modernidade estabeleceu com clareza mediante a definição do interesse

---

[*] Professor Auxiliar Convidado do ISCTE – Instituto Universitário de Lisboa.

geral como fundamento, fim e limite do poder político no Estado de direito. A estatização da ideia de interesse geral que caracteriza a construção política e jurídica da teoria do interesse público, concretiza-se nos poderes de autoridade com que o Estado faz prevalecer o interesse geral sobre os interesses particulares. Hoje, a abertura das fronteiras e a submissão dos Estados a uma ordem comercial mundial, dando a primazia aos direitos exercidos sobre os mercados no plano global, subordinou a tais direitos e ao sistema de poder económico e financeiro que lhes está subjacente a prestação de serviços à comunidade feita pelo sector público a nível nacional ou local. De facto, na globalização tal como a conhecemos os mercados surgem como a referência fundamental, determinando ideologia e práticas. Assim, não só o espaço de sustentação do interesse público diminuiu como na sua definição se foi tornando cada vez mais difícil expressar a vontade autónoma das instituições democráticas do Estado de direito.

Naturalmente, o discurso oficial em nome do interesse público não desapareceu mas, por força da desestatização em curso, surge diluído na sociedade, definido por uma rede de actores públicos e privados com intervenção nos vários níveis da governação, protagonistas de lógicas distintas e, frequentemente, contraditórias. Findo o tempo da clara separação de águas entre actividades comerciais e actividades sem fins lucrativos, entre os interesses dos particulares e o interesse geral, a definição do interesse público reflecte as relações de interdependência e de troca entre público e privado que caracterizam as políticas públicas.

Neste contexto importa ter em conta as noções de complexidade e de governança. O problema chave de que "toda a verdade para um sistema de baixa complexidade baseado no constrangimento é um erro vital para um sistema hipercomplexo (baseado na diminuição dos constrangimentos)" (Morin, 1973: 233) ganha hoje particular acuidade. A governabilidade do sistema político impôs uma modificação profunda nos processos de decisão, assumindo esta como complexa e definindo para ela princípios e práticas genericamente reportáveis ao conceito de governança: "como ferramenta, a governança é perfeitamente adequada a este esquema" (Arnaud, 2008: 94), constituindo o seu sucesso "um indicador das importantes transformações verificadas ao longo dos últimos trinta anos no papel normativo do Estado" (Lascoumes, 2008: 115). Objecto de múltiplas leituras e desenvolvimentos, a governança pretende ser expressão de um modo de governação que, mediante a construção dos consensos necessários à pilotagem de sistemas complexos (Garcia, 2009:

Interesse Público, Controle Democrático do Estado e Cidadania   353

25)[1], "permita ao mercado operar e viabilize a participação activa dos cidadãos nas tomadas de decisão" (Gomes, 2003: 120). Todavia, por um lado não existem a nível global estruturas de governança com legitimidade democrática dotadas de efectiva capacidade de resposta aos desafios actuais; e, por outro lado, nas tentativas de regulação da complexidade pelo Estado de direito segundo modelos de governança, surge de forma evidente o recurso a práticas neo-corporativas, quer pondo a tónica no carácter centralizado da representação dos interesses sociais para obter a "domesticação" das tendências centrífugas no seio de cada sistema, quer assumindo a ideologia de concertação concretizada em modelos de parceria com vista a, mediante o desenvolvimento da comunicação entre sistemas, facilitar o consenso entre os actores públicos e privados envolvidos. Os reflexos desta perspectiva na governabilidade são pelo menos equívocos, não só porque também ela acaba por gerar espaços de fragmentação e de conflitualidade, mas também na medida em que tem como pressuposto a existência de elites que assegurem à partida a docilidade das suas bases respectivas, pressuposto esse cuja realização está bastas vezes longe de ser efectiva (Papadopoulos, 1995).

Parece claro que o sistema político não pode produzir mitos simplificadores para sociedades cada vez mais complexas sob pena de levar a uma "acção mutiladora e obscurantista" (Morin, 1981: 160). No fundo, a necessidade de regulação da complexidade, que leva à juridicização de procedimentos e, com eles, do quadro institucional a que se devem ater em sede de governança os parceiros e co-produtores da gestão pública, coloca o sistema político perante os limites da desestatização do interesse público. A grande questão estará em saber até que ponto tal desestatização, feita de acordo com a lógica duma economia de mercado globalizada, é compatível com a lógica do exercício da cidadania que caracteriza a essência do Estado de direito, ou seja, em que medida os cenários de governança criam condições para a democratização do interesse público, limitadas que são as expressões de cidadania activa no âmbito da cultura política e administrativa dominante.

---

[1] Na obra que dedica ao direito das políticas públicas, Maria da Glória Dias Garcia faz uma abordagem sistematizada aos diferentes conteúdos da governança e à sua relação com o sistema jurídico.

Soberania e Estado de direito

No contexto da modernidade, a relação entre Estado e direito surge como algo inerente à própria categoria político-jurídica de soberania. Poderíamos mesmo afirmar que a questão do Estado de direito, sendo um problema político, começa por ser um problema jurídico, dito de soberania do direito "se não se tratasse de uma contradição em termos" (Matteucci, 1986: 1184).

Quando Bodin, na segunda metade do século XVI, colocado perante o desafio das guerras civis confessionais, elabora um tratado de governação onde, ao dar uma base teórica ao absolutismo, define soberania como o "poder absoluto e perpétuo que é próprio do Estado" e identifica a sua essência com o "poder de fazer e de anular as leis", o Estado legislativo fica delineado. Bodin tem presente que, ao lado da lei, persiste um ordenamento jurídico distinto aplicável às relações quotidianas do foro privado que "reflecte fielmente a equidade", enquanto aquela "é apenas comando de um soberano que exerce o seu poder"[2]. Não demorará muito, porém, até que o que resta do pluralismo jurídico medieval, criação da sociedade civil, ceda lugar ao monismo baseado na produção normativa do soberano, cujas leis, expressão da sua vontade e tão só por isso legítimas, ganham a forma e o sentido dos novos tempos. Estamos, com efeito, perante leis cuja essência se afasta do conceito sustentado séculos atrás por S. Tomás de Aquino, que na sua célebre definição de *lex* considera primordial a dimensão objectiva e não a dimensão subjectiva desta, isto é, o seu conteúdo racional estabelecido em função da realidade política com vista à prossecução de valores pré-existentes nas coisas e nos seres e não o sujeito donde emana. Entendida como "regra ou medida" dos actos humanos cujo fim consiste, em primeiro lugar, no bem comum, a lei que traduza apenas a vontade do príncipe não representa para S. Tomás de Aquino mais do que o acto de poder de um tirano, pelo que, ainda nas suas palavras, "não é propriamente uma lei mas uma perversão da lei"[3]. Longe dos alvores da modernidade, portanto, onde a estatização

---

[2] A definição de soberania de Bodin consta do Livro primeiro, capítulo VIII (Sobre a soberania) da obra *Les Six Livres de la République*, cuja reprodução (edição de Lyon, 1579) pode ser lida no sítio http://gallica.bnf.fr/ark:/12148/bpt6k536293. Na sua *História das Ideias Políticas*, Diogo Freitas do Amaral recomenda a versão com actualização ortográfica editada em 1986, em Paris, pela Fayard (AMARAL, 1989:318).

[3] S. Tomás de Aquino expõe a sua concepção de lei no tratado «De legibus», parte integrante da obra monumental *Summa Theologica*, elaborada entre 1267 e 1273. As obras

Interesse Público, Controle Democrático do Estado e Cidadania   355

do direito e a sua redução a leis dão origem a "um sistema de regras autoritárias, de comandos pensados e definidos em termos abstractos e rígidos, cujo conteúdo não é sindicável porque não é da qualidade deste mas da qualidade do sujeito legislador que lhes vem a autoridade própria" (Grossi, 2005: 34).

Se para Bodin o cerne do poder soberano reside no monopólio do direito através do poder legislativo, Hobbes põe a tónica no momento da aplicação das leis, que implica o monopólio da coerção física. A construção de Hobbes tem como trave mestra em termos de legitimidade a existência dum pacto inicial que instaura a sociedade atribuindo ao poder soberano o conjunto dos direitos naturais dos associados. Este poder é necessariamente ilimitado, a sua soberania absoluta, porque herda o *jus in omnia* que era próprio a cada um no estado de natureza. A lei em geral, escreve, é "a palavra daquele que de direito comanda os outros", procede da vontade dum Leviathan, o soberano uno e indivisível, que determina as regras de distinção do justo e do injusto, inexistente no estado de natureza. Ao contrário de S. Tomás de Aquino, que fundamenta a lei na razão, Hobbes dissocia vontade e razão, considerando que esta, não detendo "a força que a tornará coerciva e portanto eficaz, não produz mais efeito que um conselho". A perspectiva de que "não é a sabedoria mas a autoridade que cria a lei", máxima do positivismo jurídico, leva deste modo a que a efectividade surja como um elemento chave na definição de lei – não há lei sem efectividade – e condição necessária, ainda que não suficiente, para que a lei represente um instrumento eficaz de legitimação do poder[4]. No fundo, como assinala Bobbio, a efectividade (e, com ela, em termos de soberania, a continuidade do poder, o seu carácter "perpétuo") é uma "prova empírica ou histórica de legitimidade (...) no sentido em que, quando os comandos do soberano são habitualmente obedecidos ou são eficazes nas suas grandes linhas, é sinal de que os destinatários de tais normas estão convictos da sua legitimidade" (Bobbio, 1999: 80). Com Hobbes, "a filosofia do direito torna-se filosofia do poder" (Atias, 2004: 88).

---

completas em francês de S. Tomás de Aquino podem ser consultadas no sítio http://docteurangelique.free.fr/fichiers/page.htm.

[4] As referências ao texto do *Leviathan* foram retiradas da edição da Cambridge University Press organizada por Richard Tuck (2007).

Rousseau vai democratizar o conceito de soberania ao considerá-la como atributo do povo no seu conjunto[5], o que paradoxalmente resulta, de algum modo, em acrescidas dificuldades teóricas. Se o soberano de Hobbes era materialmente individualizável ou como indivíduo ou como oligarquia, o soberano de Rousseau, em princípio concreto porque coincidente com uma realidade na aparência quantificável como é o povo, não parece fisicamente identificável. A vontade geral que, para Rousseau, de acordo com o contrato social fundador celebrado entre cada indivíduo e a comunidade, sustém o Estado e cria o direito, não se identifica em substância com a soma das vontades particulares nem é susceptível de representação, antes constitui um fenómeno moral, uma vontade superior e indivisível que emana directamente do povo como entidade única e, ao exprimir o interesse comum, "é sempre recta e tende sempre para a utilidade pública", permitindo que cada homem prossiga o seu próprio interesse. Na perspectiva comunitária e ética de Rousseau, os homens autogovernam-se para preservar a liberdade e a igualdade do estado de natureza, sendo ao mesmo tempo "cidadãos como participantes na autoridade soberana, e súbditos na medida em que sujeitos às leis do Estado". A pretensão de que a justeza da vontade geral traduzida em leis gerais e abstractas é, por definição, absoluta, faz com que Rousseau, ao afirmar que quem a tal vontade desobedecer tem de ser constrangido pela força à obediência e, logo, "forçado a ser livre", possa surgir como "o mais coerente teórico da democracia moderna e, ao mesmo tempo, o mais sistemático subversor não apenas do Estado de direito, mas do direito enquanto tal" (D'Agostino 2000: 183), tornando-se "o grande inspirador do Estado totalitário moderno" (Amaral, cit.: 51)[6].

Certo é que Rousseau, "exaltando a vontade geral, permitiu o aparecimento da soberania nacional" (Brimo, 1978: 130), ideia que reflecte a "evolução histórica do próprio conceito de nação", (...) "espécie de entidade mística, fortemente alicerçada no sentimento duma comunidade

---

[5] «A incorporação do conceito (pré-moderno) de soberania ao relato político da modernidade exige circunscrevê-lo exclusivamente à «esfera pública». E uma vez ali, quando o movimento social histórico joga por terra as monarquias absolutistas, o conceito de soberania serve para sentar o princípio de que não há poder político algum (nenhum poder que imponha sua vontade à coletividade) por cima do conjunto dos cidadãos» (CAPELLA, 2002: 110).

[6] Consultámos os textos políticos de Rousseau na edição da L'Age d'Homme, Lausanne, com introdução de Tanguy L'Aminot (2007).

Interesse Público, Controle Democrático do Estado e Cidadania 357

de sangue, de língua, de interesses, de tradições e de cultura", para a qual cumpre "transferir todos os poderes até aí acumulados e engrandecidos nas mãos dos reis" em nome duma "espécie de teoria do direito divino dos povos (...)" (Moncada, 1966: 188). Ora é na origem contratual do Estado, entendido como produto dum acordo entre os membros da comunidade nacional, que encontramos "em germe um princípio de limitação política e jurídica" do seu poder, "legitimando a resistência à opressão: o desaparecimento do consenso indispensável à sua existência e à sua sobrevivência fere o Estado de ilegitimidade" (Chevallier, 1992: 63). Segundo a concepção de soberania assumida pela revolução francesa, aquela é, em última análise, oponível ao Estado, uma vez que o Estado é uma expressão da nação e é na nação, símbolo da unidade social, que reside o fundamento da soberania, delegável em representantes que não traduzem a vontade particular dos eleitores mas a vontade geral da nação. Enfaticamente, a Declaração de Direitos do Homem e do Cidadão de 1789 proclama a ideia chave de que o poder emanado do povo se exerce no quadro da lei enquanto "expressão da vontade geral". A Declaração acolhe assim a fórmula de Rousseau e, com ela, a perspectiva de que a lei "deve ser a mesma para todos" e que "todos os cidadãos são iguais perante ela" (art. 6). Esta perspectiva leva a que a relação política do cidadão com o poder passe a ser uma relação jurídica específica de simples obediência à lei, entendida agora como garantia dos direitos individuais: "o exercício dos direitos individuais de cada homem não tem mais limites do que os que asseguram aos outros membros da sociedade o gozo desses mesmos direitos. Estes limites só podem estabelecer-se através da lei" (art. 4).

Eis-nos pois, de par com o *règne de la Loi*, perante direitos individuais reportáveis à concepção moderna de direito subjectivo. Desconhecida a figura pelo direito romano, tal concepção foi produto duma longa e controversa gestação histórica, cujo primeiro passo parece remontar à polémica travada durante a primeira metade do século XIV entre a Santa Sé e os franciscanos sobre a legitimidade da propriedade privada e a pobreza evangélica. A figura foi desenhada pelo monge e filósofo franciscano Guilherme de Occam, renovador do nominalismo[7], de modo

---

[7] A propósito do nominalismo de Occam e da «questão dos universais» vale a pena (re)ler o romance de Umberto Eco *O Nome da Rosa*, como bem sugere Kaufmann, que assinala o facto de o nominalismo ser «um precursor e companheiro do positivismo, a doutrina da soberania exclusiva das leis positivas» (KAUFMANN e HASSEMER (org.), 1994: 81).

"assombrosamente moderno" (Enterria, 2001: 52), tomando o conceito de *jus* em sentido subjectivo e definindo-o como *potestas*, ou seja, como um poder do indivíduo: *Ius utendi est potestas licita* (Parcero, 2007: 23). Trata-se, verdadeiramente, do "momento "copérnico" da história da ciência do direito", em que "nasce uma nova ordem social cuja célula elementar será o direito individual e que se construirá toda ela a partir da noção de *potestas*, elevada à dignidade de *direito*" (Villey, 2006: 267). A doutrina do direito subjectivo alcança, com a Segunda Escolástica, representada sobretudo pelos teólogos-juristas espanhóis do século XVI, "um grau notável de perfeição técnica" (Enterria, idem: 53) e influencia directamente Grócio e toda a Escola do Direito Natural e das Gentes dos séculos XVII e XVIII. Com eles surge a primeira proclamação da inviolabilidade pelos poderes civis e eclesiásticos dos *iura innata* do homem, comuns a todos os homens, que se desenvolverá numa construção racional e secularizada, levando ao contrato social como explicação última do fundamento da sociedade e do Estado.

Estamos perante uma perspectiva inteiramente inovatória, reflectida com clareza na evolução do direito de propriedade, a perspectiva do indivíduo isolado, titular de novos direitos naturais com alcance universal. Presente em Hobbes na óptica do absolutismo, é com Locke, teórico da revolução inglesa de 1688, que a ideia dos direitos naturais ganha os contornos que farão dela um esteio das reivindicações sociais durante o século XVIII e se reflectirão nas declarações de direitos das ex-colónias inglesas que atingem a independência (Declaração de Virgínia, Declaração de Independência dos Estados Unidos em 1776), na Declaração francesa de direitos do homem e do cidadão de 1789 e nas constituições liberais do século XIX. Para Locke, os homens possuem direitos inatos como a vida, a liberdade e a propriedade, de cuja essência não podem dispor e que devem ser garantidos pelo Estado, ao abrigo do pacto que lhe dá origem e segundo a norma de direito natural *pacta sunt servanda*. Se o Estado não os respeita, é legítimo opor resistência por incumprimento desse pacto uma vez que o direito de resistência à opressão é, ele próprio, um direito natural: "quem assume o exercício de uma função de autoridade pública por vias diferentes das prescritas pelas leis do Estado, não pode pretender qualquer obediência". O jusnaturalismo de Locke, "fazendo passar o direito natural para o lado da liberdade individual", na expressão de Marcel Prélot, lança as bases da democracia liberal (Brimo, idem:118).

Interesse Público, Controle Democrático do Estado e Cidadania   359

Locke desempenha também um papel crucial na fundamentação e desenvolvimento do princípio da separação de poderes, elemento chave na construção do Estado de direito, a que junta, paladino assumido do Estado laico da modernidade, a defesa da separação entre o Estado e a religião. Estamos perante a "tradução idealizada da Constituição inglesa, vista por um *whig*" (Chevallier 1982: 111). Segundo Locke, que se debruça sobre a monarquia constitucional saída da revolução de 1688, existem no Estado dois poderes essenciais, o poder legislativo e o poder executivo, este englobando não só a aplicação das leis pela Administração mas também através dos tribunais, cuja distinção se impõe por razões de ordem prática (descontinuidade no exercício do primeiro, continuidade no segundo) e humana (risco de abuso de autoridade). A estes dois poderes junta-se um terceiro, o poder federativo, ao qual compete conduzir as relações internacionais e defender a comunidade. Assumindo a separação orgânico-pessoal entre a função legislativa e a função executiva, Locke sustenta a supremacia política e jurídica da primeira, "alma que dá forma, vida e unidade ao Estado", cumprindo à segunda aplicar aos casos concretos os critérios previamente definidos pela lei em termos gerais e abstractos. A subordinação do executivo ao legislativo não impede, porém, o exercício do chamado poder de prerrogativa, que deixa à discrição do executivo certas decisões com base na ideia de que o bom funcionamento da sociedade política exigirá tal liberdade de actuação[8].

O princípio da separação de poderes é retomado por Montesquieu a partir da concepção da *rule of law* e "fundado numa discutível leitura da Constituição inglesa" (Novais, 1987: 84). Para Montesquieu, "a liberdade é o direito de fazer tudo quanto as leis permitem", cumprindo ao governo agir de modo que "um cidadão não possa temer outro cidadão" e, logo, tendo em conta ser "uma experiência eterna que todo o homem que tem poder é levado a abusar dele", estar organizado no sentido de evitar o abuso de poder: "é preciso que, pela disposição das coisas, o poder limite o poder". Ao colocar nestes termos a oposição entre o poder e a liberdade, fazendo dela a questão política central, Montesquieu fixa, de algum modo, a linguagem definitiva do liberalismo e, com ela, uma noção de poder alheia à discussão sobre a essência da natureza humana (o desejo de poder não decorre dela por si mas duma posição social ou política em

---

[8] As referências à obra de Locke foram retiradas da edição da Cambridge University Press organizada por Mark Goldie (2002).

que o indivíduo tem, já, algum poder) ou da legitimidade política (os problemas levantados pela soberania popular enquanto princípio de legitimidade não são desenvolvidos), que lhe permite desenhar, baseado numa experiência política concreta, a experiência inglesa, um modelo institucional de governação assente na distribuição das funções do Estado por vários titulares. De acordo com tal modelo, onde "são evidentes as reminiscências de Locke" (Chevallier 1982:138), Montesquieu distingue entre poder legislativo, poder executivo e poder judicial, ou seja, continua, tal como Locke, a centrar a sua análise na separação entre os poderes legislativo e executivo e a afirmar a supremacia do primeiro mas, ao contrário de Locke, autonomiza o poder judicial ("por assim dizer indivisível e nulo" dado os juízes serem apenas "a boca que pronuncia as palavras da lei") e remete para o poder executivo as funções por aquele atribuídas ao poder federativo. A doutrina da separação orgânico-funcional dos poderes formulada por Montesquieu teve eco nas primeiras constituições e são seus, "embora por vezes imperfeitamente esboçados, ou apenas entrevistos, os traços que hão-de converter o princípio homónimo numa das bases imprescindíveis à realização de uma certa concepção de Estado de direito" (Piçarra, idem: 101). Pelo caminho ficou, em termos de impacto imediato, a dimensão político-social da sua perspectiva relativamente à separação de poderes, traduzida na teoria dos "corpos intermédios" (nobreza, clero e antigas ordens privilegiadas), aos quais atribui uma função de contrapoder favorável aos "interesses de uma aristocracia (mal) colocada entre a concentração do poder real e a ascensão da ordem burguesa" (Novais, idem:85). Tal teoria será rejeitada como "uma sobrevivência do passado, um obstáculo às reformas desejadas pela nova classe que, no momento de fazer valer os próprios direitos, se identificaria com a nação inteira" (Bobbio, 1986: 929). O pluralismo moderno far-lhe-á, a seu tempo, tributo[9].

A limitação do poder soberano por via da submissão ao direito traduz-se pois, do ponto de vista distributivo, no reconhecimento dos direitos do homem como direitos naturais e, em termos organizativos, na divisão funcional do poder[10]. O discurso teórico do liberalismo moldou

---

[9] As referências à obra política fundamental de Montesquieu, *De l'esprit des lois*, foram retiradas da edição Garnie-Flammarion, Paris, com apresentação de Victor Goldschmidt (1979).

[10] Quanto à evolução do princípio da separação de poderes, cabe referir que «à perspectiva mais formal, ligada à repartição de competências entre os òrgãos constitucionais

Interesse Público, Controle Democrático do Estado e Cidadania 361

esta limitação jurídica no conceito de Estado de direito, que implica, nomeadamente, uma administração pública obediente às leis que estabelecem a base, o âmbito e os limites da sua acção, bem como a criação de adequados mecanismos de controle jurisdicional.

Sendo o Estado uma "realidade historicamente situada" (Miranda, 2004: 8), a construção do Estado de direito reflecte os diferentes contextos em que historicamente ocorreu. A perspectiva inglesa de império do direito (*rule of law*), o Estado de legalidade (*État légal*) desenhado em França, a arquitectura procedimental (*due process of law*) do Estado constitucional nos Estados Unidos e o Estado de direito (*Rechtsstaat*) desenvolvido pela doutrina alemã são expressão de culturas distintas que, partilhando valores chave, a seu tempo encontraram soluções próprias para problemas também eles em parte específicos. Na Europa continental, o Estado de direito faz emergir com muita clareza a distinção entre uma esfera privada e uma esfera pública, submetidas cada uma delas a sistemas de valores e dispositivos normativos diferentes. A distinção entre as esferas privada e pública tem como modelo de referência uma representação bipolar da vida social em que existem, de um lado, relações de interacção que ligam indivíduos e grupos com fundamento na livre iniciativa individual e, do outro lado, relações de autoridade e constrangimento, integrando o conjunto das funções de direcção e gestão da colectividade. Esta representação bipolar em termos de valores e normas leva, inevitavelmente, a princípios de gestão diferentes. Quanto ao sistema de valores, a esfera privada é dominada pelo interesse particular, ou seja, cada um prossegue a realização dos próprios fins, garantindo a sua autonomia e protegendo a sua intimidade, enquanto a esfera pública é dominada pelo interesse geral, agora também interesse público, entendido como interesse da sociedade e vector da sua unidade. No que respeita ao quadro normativo, a administração pública fica submetida a um regime jurídico globalmente derrogatório do direito comum vigente no sector privado ou, pelo menos, a regras parcialmente específicas. Assim, a gestão pública assume características próprias, distintas da gestão privada, fortemente marcadas pela identificação entre prossecução do interesse público e cumprimento da lei.

---

e às respectivas funções, acrescentou-se uma dimensão mais política, respeitante aos grupos que exercem os poderes e à diversidade do seu papel e importância no processo de decisão política» (MACHETE, 1991: 403-404).

A evolução do Estado de direito levará ao aparecimento do Estado social que, sob formas e designações várias (Estado Providência[11] e *Welfare State* avultam entre outras), se assume em plenitude como Estado democrático, quer no plano político, em sentido estrito, primeiro retirando baias à livre expressão da soberania popular nas instituições da democracia representativa e, depois, mediante a consagração de mecanismos de participação directa dos cidadãos e das suas organizações no desenvolvimento das políticas públicas, quer criando ou de algum modo promovendo a existência e funcionamento de uma rede de serviços e prestações com vista a garantir à população em geral um vasto rol de direitos económicos, sociais e culturais. A tutela destes direitos implica, para a lei, o estabelecimento de regimes diferentes em função da condição social dos destinatários e da situação específica em que se encontrem, reflectindo a assunção pelo Estado de direito dum novo compromisso histórico. Em tal contexto, o direito continua a definir, na esteira da ordem jurídica liberal, limites ao exercício do poder mas, orientado em nome da justiça social para o enquadramento da acção estadual sobre o processo económico, "torna-se antes de tudo uma técnica operacional de gestão" cuja legitimidade passa por "fazer prova da sua pertinência e da sua eficácia" (Chevallier, 1992: 114-115) com recurso a mecanismos de avaliação adequados (Gomes, 1998).

Hoje, o Estado social e democrático de direito atravessa uma fase de profundas transformações, ligadas, nomeadamente, aos processos de globalização, de integração supranacional e de fragmentação social. Quanto a este ultimo aspecto, constata-se a formação de verdadeiros arquipélagos de grupos sociais e de indivíduos só provisória e temporariamente associados para prossecução de interesses comuns, cuja diversidade se acentua com os fluxos migratórios. A situação favorece o aumento da conflitualidade social, agravada pela crise fiscal do Estado, que coloca limites à despesa pública e à redistribuição dos recursos, condicionando o exercício efectivo dos direitos económicos, sociais e culturais e o carácter universal da prestação de serviços que lhes está subjacente. Desprezando os freios políticos gerados por formas várias de integração supra-estatal, a globalização faz ela própria emergir, fundado numa nova *lex mercatoria*, um "soberano privado supra-estatal de carácter difuso" (Capella,

---

[11] O modelo político do Estado Providência e a sua concretização em Portugal são analisados por Juan Mozzicafreddo na obra de referência que dedica ao tema (MOZZICAFREDDO, 2000).

cit.: 258) cujo controle democrático carece de instituições e procedimentos adequados. Os equívocos de governar em governança "geram a impressão difusa e tenaz de mal-estar que paradoxalmente acompanhou o aparecimento duma sociedade civil mais activa, melhor informada e com maior intervenção na vida da cidade" (Rosanvallon, 2008). Na verdade, se sempre a complexidade "necessita de uma estratégia" (Morin, 2008:121), tal estratégia não pode deixar aqui de assumir que "os "soberanos" da globalização são as grandes empresas multinacionais" (Cassesse, 2002: 15), daí retirando as necessárias consequências.

A responsabilização (*accountability*) por via do controle social e da informação torna-se um ponto crítico a todos os níveis da governança democrática e exige medidas de simplificação da comunicação jurídica. A mensagem normativa não tem apenas como destinatários aqueles que, dum ponto de vista formal, são chamados a aplicá-la, ou seja, os grupos profissionais reconhecidos oficialmente como operadores do direito no plano administrativo e judicial, e aqueles cujos comportamentos pretende, em última instância, orientar ou determinar. Estamos perante um processo de comunicação multidireccional, em que as normas jurídicas são objecto duma mediação social diversificada, cuja eficácia contribuirá para uma maior ou menor aproximação da prática ao modelo ideal definido como Estado de direito (Ferrari 1997, 127). Este aspecto deve ser equacionado à luz das exigências comunicacionais da governança, cuja radicalidade democrática está na origem de várias iniciativas para promoção da chamada "linguagem clara" (*plain language*) nos textos jurídicos.

Sistemas em rede: um paradigma emergente

Modelo de governação dominante do Estado de direito, a governança tem subjacente um conjunto de sistemas em rede. O modo como o conceito de rede, hoje no cerne de numerosos trabalhos teóricos e práticos em áreas científicas diversificadas, permite caracterizar as transformações profundas em curso no Estado, nas políticas públicas e no direito leva a que, neste domínio como noutros, se fale da emergência dum novo paradigma, no sentido de Kuhn, embora nem sempre, é certo, com todas as cautelas que a epistemologia paradigmática recomenda (Atias, 1985: 163-165), antes dando azo a generalizações e mitificações pouco esclarecedoras. Mas se bem que não haja uma interpretação consensual quanto ao seu alcance, o novo paradigma é suficientemente preciso nos princípios de base em que se apoia, nos valores que sustenta e na visão do mundo que lhe está subjacente para se diferenciar com clareza, pela positiva e pela negativa, de outros conceitos e justificar a sua adopção.

Poucos anos depois de ter atingido a sua "idade do ouro" nas décadas de 50, 60 e 70 do século passado, o moderno Estado nação europeu vive uma situação de "incerteza estrutural" (Zurn e Leibfried, 2005: 25-27) e dá hoje lugar a "uma nova interacção entre as nações e o Estado, sob a forma de Estado em rede" (Castells, 2003: XXVIII). Bem entendido, a evolução no papel que foi atribuído ao Estado, de grande protagonista na regulação das sociedades modernas para o de actor que encarna a miríade de personagens criadas com a fragmentação da sua personalidade, não pode ser vista em termos lineares (Commaille, 2000: 40). Perdido o monopólio da soberania, partilhada agora por uma rede de actores públicos infra e supra estaduais e por actores privados, cabe agora ao Estado optar por fazer uma leitura minimalista do seu novo papel ou proceder à institucionalização e avaliação dos cenários e processos de negociação no sentido de conferir legitimidade democrática e sentido estratégico ao funcionamento do sistema. Há, de resto, que desmitificar o modo como o Estado surgiu definido no discurso dominante da modernidade, sob pena de não se compreender com rigor o que de essencial caracteriza a recomposição em curso. Como salienta Giannini, não é exacto que o Estado alguma vez tenha sido dotado de "uma estrutura organizativa unitária, uma vontade unitária, uma acção unitária", perspectiva sustentada pela doutrina jurídica da Europa continental. O próprio Estado absoluto (ou Estado de polícia[12]) só no plano internacional surge como uma entidade única, já que intramuros era composto por "uma pessoa jurídica, para as relações patrimoniais internas, que era chamada "Fisco", enquanto para as relações atinentes à soberania não era o Estado a figurar mas a Coroa – ou o órgão equivalente". A construção subsequente do Estado fez dele "um conjunto organizado de administrações diversas, ou seja uma entidade com administrações desagregadas e, consequentemente, com órgãos desagregados" (Giannini, 2001: 78-79).

---

[12] «Do ponto de vista da ciência administrativa, o Estado absoluto é chamado «Estado de polícia» (*Polizeistaat*), devido à sua ampla competência administrativa. Pelo conceito «polícia» entendia-se naquela época o conjunto da Administração interna (com excepção do exército e das finanças)» (WOLFF, BACHOF e STOBER, 2006: 105).

A construção dum discurso de deslegitimação dos conceitos de Estado e soberania, inevitável no contexto presente, deve muito, nomeadamente, à teoria sistémica desenvolvida por Luhmann, bem como a Foulcault e à sua análise dos dispositivos de poder e das práticas de governação. Na esteira de Parsons, Luhmann opõe ao estruturalismo funcional deste o seu funcionalismo estrutural, sustentando que o problema fundamental da análise sociológica não consiste, como pretende Parsons, em identificar as condições necessárias para a existência e a permanência de determinadas estruturas mas em identificar as condições através das quais podem ser desempenhadas algumas funções essenciais para o sistema social. Com recurso a uma linguagem cuja proclamada "obscuridade e ininteligibilidade" fazem parecer os textos de Parsons "um modelo de limpidez e de clareza"(Treves, 2002: 318)[13], Luhmann explica os fenómenos sociais sob a óptica da teoria geral dos sistemas, baseando a sua concepção de sociedade numa noção de sistema como conjunto estruturado de acções significativamente relacionadas, que acolhe as conclusões do notável desenvolvimento científico das últimas décadas, onde avulta, enquanto área de referência, a biologia dos construtivistas radicais como Maturana ou Varela. Uma vez que o conceito de soberania contradiz o ponto central da teoria de Luhmann, ou seja, a tese da autonomia dos subsistemas, surge como alternativa a ideia de *politische Steuerung,* que exprime coordenação e controle, instrumentos conceptuais mais de acordo com as exigências duma regulação flexível. Legitimado na modernidade "como regulador, disciplinador e simplificador da complexidade" (Portinaro, 2005: 40), o Estado mostra não ter já condições, ultrapassada a concepção hierárquica e piramidal da sociedade, centrada na existência da soberania, para gerir os processos de diferenciação social de uma sociedade complexa.

Quanto a Foucault, "nenhum teórico depois de Marx radicalizou a discussão sobre o poder tão intensamente" como ele (Waters, 1994: 230)· Numa perspectiva pós-estruturalista, Foucault assume como principal tarefa a desconstrução das estruturas de poder, que considera essencial analisar para lá do campo limitado da soberania jurídica e das instituições estaduais, tomando como objecto de estudo o complexo difuso, descen-

---

[13] Analisando a suposta «obscuridade e ininteligibilidade? de Luhmann, Losano compara o modo como este constrói a sua teoria ao de um geógrafo «que tenha redefinido os meridianos e os paralelos: os continentes estão sempre no mesmo local, mas os outros geógrafos não os encontram nos seus mapas» (LOSANO, 2002: 241).

trado e disperso do que chama as técnicas e as tácticas de dominação. Foucault conclui no sentido do carácter obsoleto assumido pelo discurso ideológico focado no Estado.

No campo da análise de políticas públicas, o conceito de rede remete para configurações muito diferentes, que dizem respeito à totalidade das formas de articulação entre os grupos sociais e o Estado. É nesta abrangência que reside o seu grande interesse mas também a sua principal limitação enquanto resposta à necessidade de abandonar a estrutura formal do processo político-administrativo – Parlamento, partidos, governo, aparelhos burocráticos – como sede natural para a análise da formulação, implementação e avaliação de políticas públicas (Muller e Surel, 1998: 91). Na verdade, a ideia de uma rede de actores, públicos e privados, dotados de recursos quantitativa e qualitativamente diversificados, e operando no interior de um espaço definido em função dos problemas de política (*policy*) é intrinsecamente coerente com a noção de políticas públicas surgida nos anos 70. Trata-se, em particular, de transferir o foco analítico de um qualquer tipo de "estruturas" para o interior de "relações" – mais ou menos intensas, extensas, institucionalizadas – tornando o conceito de redes de políticas (*policy networks*) muito útil no estudo das políticas públicas. Tal não significa que tenha surgido uma representação unitária e coerente do mesmo: se analisarmos a evolução nos Estados Unidos e na Europa verificamos que, no primeiro caso, sendo o pluralismo o paradigma chave na ciência política, foi dedicada particular atenção às relações de interesse recíproco que se instauram entre indivíduos, ou sujeitos singulares, isto é, tornou-se dominante uma concepção individualista de rede; e, no segundo caso, constituindo padrão, à época em que a ideia de subsistema de política era pela primeira vez aplicada, os estudos sobre neo-corporativismo, avultou, com os desenvolvimentos diferentes que a diversidade cultural europeia implica, o interesse pelas mudanças inter-organizacionais.

Existem vários tipos de rede. Uma das dimensões propostas pela literatura da especialidade para definir uma tipologia com base empírica é a do número e estabilidade dos actores envolvidos. Se todas as redes formadas no âmbito de processos de tomada de decisão são potencialmente abertas, há regras formais ou informais, mais ou menos rígidas, que lhes limitam de facto o acesso com vista a preservar a sua especialização ou influência. A facilidade-dificuldade de acesso e, logo, as modalidades de adesão a uma rede constituem, por consequência, uma segunda dimensão relevante, estreitamente ligada com a primeira. Outras dimensões

Interesse Público, Controle Democrático do Estado e Cidadania

tidas em conta são, nomeadamente, o tipo e intensidade das interacções prevalecentes no interior da rede, a sua articulação horizontal e vertical, a extensão a um ou mais sectores de política, o tipo de interesses eventualmente servidos, a presença de subgrupos no seu interior, as modalidades das relações mantidas com as instituições e as funções assumidas nas diferentes fases de *policy-making*.

Dentre as redes de políticas, dois tipos merecem particular atenção: as redes temáticas (*issue networks*) e as comunidades de políticas (*policy communities*), a que no chamado "modelo de Rhodes" se juntam três tipos intermédios, as redes de produtores (*producer networks*), as redes intergovernamentais (*intergovernmental networks*) e as redes profissionais (*professional networks*)[14]. As redes temáticas agrupam actores em função de problemas e reivindicações específicas ou de actividades consideradas experimentais e são mais elásticas ou têm uma malha mais larga que as comunidades de políticas, mais estáveis estas na sua composição e com maior interdependência dos actores, em regra menos numerosos, que partilham recursos e definem *outputs* comuns. Nas redes temáticas, actores públicos e privados juntam-se numa base voluntária em função não tanto de definir uma resposta comum a um dado problema de política mas do interesse de todos em participarem na produção e troca de informação útil para a gestão e o reforço do próprio sector. Nas comunidades de políticas, pelo contrário, desenvolve-se um processo de decisão isolado em segmentos verticais impenetráveis aos grupos não reconhecidos e à sociedade em geral, sendo exactamente esse reconhecimento recíproco e as expectativas de estabilidade e permanência na rede que garantem o carácter consensual das interacções no seu seio e favorecem jogos de soma positiva.

A análise das redes de políticas tem levantado alguns problemas chave, quer dum ponto de vista empírico, quer num plano mais teórico. É possível distinguir quatro pontos principais em equação: a colocação em relação de universos heterogéneos, as actividades de relação e de troca, a mobilidade das alianças e das oposições e o papel dos intermediários

---

[14] Em sentido diferente Wilks e Wright, que não integram as *policy communities* no âmbito das *policy networks*, distinguindo os conceitos mediante a associação do segundo à prossecução de interesses materiais pelos participantes na rede e o primeiro à sua intervenção com base no conhecimento específico da política em causa (*policy focus* comum) (Howlett e Ramesh, 2003: 136-138).

nestas dinâmicas (Lascoumes, 1996: 320). A reflexão feita permite ponderar, designadamente, por um lado, o reconhecimento pontual das dinâmicas específicas de política associadas a redes com características distintas e as relações com as percepções dos actores nos processos de tomada de decisão e, por outro lado, as variáveis macro-sistémicas e a mudança das e nas redes de políticas. O debate sobre esta última questão tem sido particularmente aberto e as suas conclusões contribuem para iluminar o processo geral de mudança e desenvolvimento das políticas. Em síntese, para alguns autores o que falta é um elo sólido com uma teoria do Estado, capaz de determinar a origem exógena das mudanças nas redes. Para outros, as mudanças são endógenas e devidas às características dos problemas das políticas em causa, sendo o contributo das meta teorias – o funcionalismo, o materialismo, o neo-institucionalismo, a teoria dos jogos – e não o das macro teorias que devem ser tidos em conta nos desenvolvimentos prospectivos. Sustentam ainda outros que colocar o problema nestes termos é falacioso, devendo a ideia de redes de política ser tratada não como um mero suporte descritivo mas inserida em modelos – possivelmente formalizados – relativos á negociação do poder.

Quanto ao direito, se bem que nele exista uma vocação de coerência ligada à ideia chave de segurança jurídica, o funcionamento concreto do sistema, por natureza complexo, não escapa hoje, em boa parte, à desordem ou, mesmo, ao caos. Estamos cada vez mais longe, na realidade e nas suas representações, duma hierarquia de normas definida passo a passo e formando um objecto unitário ou unificado cuja racionalidade formal se pode confundir com simplicidade. Tal como sucede em geral nas ciências humanas, a complexidade impõe-se na teoria do direito e leva a que a figura da rede suceda à pirâmide de Kelsen enquanto metáfora explicativa pertinente (Morand, 1999; Ost e van de Kerchove, 2002). Em vez duma hierarquia de normas sobrepostas de tal forma que cada norma ou conjunto de normas encontra fundamento justificativo num nível normativo considerado superior, constata-se a existência duma interacção ou interdependência entre os diferentes tipos de normas num sistema em rede onde todos os nós se relacionam directamente numa pluralidade de linhas e direcções. Tal sistema torna a apreensão do direito pela sociedade cada vez mais difícil, mas a utopia do regresso a uma suposta simplicidade original, defendida por alguns juristas, não resiste ao choque da realidade. Em primeiro lugar, não estamos perante uma patologia de desenvolvimento susceptível de correcção mas face a uma nova estrutura reticular produto de factores objectivos essenciais à caracterização da contemporaneidade. Em segundo lugar, recuando no tempo ao lugar mítico da moderna simplicidade jurídica, verificamos que se, à época, a codificação napoleónica pôde criar a "ilusão da simplicidade", não foi mais do que um episódio: a imagem do "formigueiro" traduz bem o que está na essência, complexa, do direito (Carbonnier, 1994: 331).

O direito surge, assim, como estrutura pluralista, cujos contornos estão naturalmente longe do pluralismo medieval e reflectem um funcionamento em rede onde avulta, para lá da multiplicidade de actores e níveis de poder sem relação hierárquica entre si, a imbricação dos espaços e das funções jurídicas numa dinâmica normativa que se desenvolve com autonomia significativa face ao Estado, mesmo se os fenómenos de auto regulação não dispensam, dum ou doutro modo, o poder de execução estadual (Auby, 2003:141-146). O pluralismo jurídico só pode ser entendido por referência à noção de complexidade, uma vez que ao modelo de jogo fechado das legislações modernas a sociedade contemporânea opõe "um modelo aberto, em que o informal ganha terreno e onde os actores desempenham um papel na própria elaboração da decisão complexa que dita a regra do jogo". Há, deste modo, um "pluralismo das fontes da regra do jogo" no âmbito dum sistema em rede que "poderia ser o Direito duma sociedade pós-moderna" (Arnaud, 1991: 43-62) e nada tem a ver com uma dispersão anárquica de direitos autónomos sob a hipotética arbitragem do Estado. Não se trata de um monismo alargado mas de algo qualitativamente diferente, um processo inter normativo irredutível aos restantes sistemas que nascem da crescente complexidade das sociedades humanas, sejam eles de ordem política, económica ou outra. O direito não funciona no mesmo plano destes sistemas, actua sobre eles juridificando-os, qual meta sistema cuja vocação, dada a sua flexibilidade, é englobá-los a todos, nunca o chegando a fazer por completo. Neste contexto, a ideia de instituição, revisitada e redesenhada, tem ganho novo fôlego ao oferecer uma grelha de leitura que, partindo por definição da resistência à mudança, permite integrar as relações complexas entre os diferentes elementos do sistema jurídico, salvaguardando tanto quanto possível a coerência interna deste.

Quanto ao conceito de complexidade, a que atrás já aludimos, tem utilização heterogénea e vários significados possíveis, pelo que o facto de nem sempre a construção teórica em seu torno definir com clareza qual o sentido adoptado causa óbvio prejuízo ao rigor epistemológico do discurso sobre o tema. Sem a preocupação de ser exaustivo, Millard aponta quatro significados diferentes do conceito de complexidade e estabelece a ligação destes com o direito. Assim, por oposição ao que se considera simples, complexo começa por ser aquilo que é meramente complicado dum ponto de vista substantivo ou procedimental, devido à inflação de textos normativos e à dificuldade de os interpretar e fazer respeitar. A complexidade define também, com referência à teoria dos conjuntos, o quadro jurídico do conjunto social enquanto objecto fragmentado que resulta da soma ou da interacção entre uma pluralidade de conjuntos parciais, eles próprios compostos por elementos relacionados entre si. Já noutro sentido, em contraponto aos princípios claros duma razão a priori, complexos serão os princípios que orientam a razão em acção e as suas manifestações, com o "questionamento do mito da lei como regra geral, abstracta e impessoal, que acompanha a interrogação sobre o silogismo jurídico e a interpretação, bem como o recurso considerado cada vez mais frequente a princípios não escritos e a generalização da interrogação sobre a justificação das decisões". Enfim, na hipótese que se apresenta como "a mais ambiciosa e a mais problemática", complexa é ainda a interdependência dos objectos evidente nos campos territoriais, normativos e cognitivos da sociedade contemporânea, fazendo com que nem o objecto direito nem o discurso sobre este sejam concebíveis de maneira autónoma (Millard, 2007: 143-144).

Como nota Arnaud, a redução do que é complexo a algo apenas complicado reflecte o facto de a racionalidade jurídica moderna incluir a simplicidade como paradigma. Uma vez que o sistema jurídico é visto, na sua essência, como um conjunto de disposições destinadas a proteger os direitos do indivíduo e estabelecer os respectivos deveres, tendo tais direitos, "gravados na razão e no coração" de todos os homens, um valor universal, bastaria invocá-los para que, sem necessidade de multiplicar leis e regulamentos, se tornassem perceptíveis e efectivos. À época da revolução francesa tal perspectiva leva mesmo alguns legisladores a considerar bastante a elaboração de "catecismos dos direitos" para permitir aos cidadãos responder às expectativas nascidas das relações jurídicas que se desenvolvem na vida em sociedade. Esta noção de simplicidade não toma em consideração a complexidade social nem remete, por uma ou outra via, para a redução da complexidade das trocas, antes se preocupará de modo crescente com a evolução sofrida pelo direito em consequência do seu modo histórico de produção, que leva à vigência de diversos estratos de normas sobrepostos e muitas vezes pouco ou nada coerentes entre si. Para o pensamento jurídico moderno uma tal evolução

Interesse Público, Controle Democrático do Estado e Cidadania   371

torna o direito complexo porque complicado e a resposta adequada estará em encontrar formas simples de o enquadrar, tão simples quanto, supostamente, na sua origem. As consequências para o mundo jurídico que hoje nos rodeia dum tal olhar sobre a realidade são significativas, já que é muito difícil trabalhar o direito em termos teóricos e práticos a partir dum paradigma de simplicidade quando a complexidade inerente às relações económicas e sociais se tem acentuado de forma extrema com o desenvolvimento das novas tecnologias de informação e comunicação, a globalização económica e a aceleração das transformações culturais (Arnaud, 1996).

Uma questão central que hoje se coloca ao direito é saber em que medida a lei, optando por definir "quadros flexíveis" de acção, se deve limitar, no essencial, quanto a esferas importantes do sistema político--administrativo, a um "papel puramente facilitador" da emergência e desenvolvimento duma regulação em rede, ou se, pelo contrário, sem prejuízo de tal regulação, lhe cumpre contribuir, também, para as tarefas governamentais de direcção, controle e avaliação (Loughlin, 1992: 259-264). A resposta a esta questão está ligada aos conceitos de governança e de *soft law* (Morth, 2004) que fôrem adoptados e, nomeadamente, ao papel que for reservado ao Estado.

A ideia de bem comum, que desempenha um papel central na tradição da democracia participativa, deve ser tida aqui em conta. É em torno do bem comum que supostamente se fazem os consensos embora, obviamente, se coloque a este propósito a questão de saber qual a definição de bem comum pertinente. Podemos afirmar que a existência de unanimidade sobre a definição de bem comum é em geral não só improvável como democraticamente indesejável. O pluralismo que, a todos os níveis, caracteriza a sociedade actual não é compatível com o desaparecimento de diferenças em matéria de identidades e interesses, diferenças das quais resultam perspectivas distintas quanto ao bem comum. É certo que a democracia participativa supõe que os seus actores assumam posições em função de perspectivas que transcendam os interesses particulares respectivos. Mas faz parte da essência da própria democracia admitir que os vários olhares são sempre contestáveis por outros olhares. Deste modo, a contribuição positiva da governança para o aprofundamento da democracia está sobretudo nos procedimentos que a concretizam e não na definição substantiva dum bem comum com valor tendencialmente universal (Hansen, 2008).

A posição que o direito reserva aos actores públicos na governança não é, ou não se afigura que deva ser, a mesma que a dos outros actores. Compete aos actores públicos prosseguirem o bem comum a partir duma visão que reflicta a vontade dos cidadãos expressa através dos mecanismos institucionais que o Estado de direito lhes disponibiliza. Ou seja, as suas escolhas são feitas de acordo com poderes discricionários que exercem com maior ou menor autonomia mas que implicam a prossecução do interesse público tal como foi definido pelo poder político e pela regulação jurídica aplicável. O bem comum é, para os actores privados, uma exigência ética. Para os actores públicos, o bem comum releva como interesse público e é, portanto, não só uma exigência ética como um imperativo político e jurídico que decorre da essência do Estado de direito.

Considerações finais

A responsabilização perante os cidadãos no quadro da governança coloca problemas de vária ordem à democracia. A legitimidade do Estado de direito assenta as suas traves mestras nas estruturas da democracia representativa, que são formadas de acordo com o voto dos cidadãos e perante eles respondem. Governos e parlamentos são, na construção clássica, responsáveis políticos pelas tomadas de decisão e pela respectiva implementação, que o aparelho administrativo leva a cabo com respeito das normas jurídicas aplicáveis e segundo o princípio hierárquico. Se este princípio é de algum modo subvertido, como ocorre quando as redes ocupam o lugar da pirâmide burocrática, as autoridades políticas deixam de ter condições para manter um controle pleno sobre o ciclo das políticas públicas. Perante os limites colocados à intervenção do Estado, que a globalização acentua dramaticamente, até que ponto é possível evitar que na regulação de tais redes predominem os interesses dos actores envolvidos, em detrimento do interesse colectivo, numa acepção alargada?

Não basta hoje, para a sociedade, controlar o Estado através dos instrumentos que a democracia liberal pôs à sua disposição e esperar que o Estado garanta o interesse público que constitucionalmente lhe cumpre defender. Num quadro de complexidade crescente, a responsabilidade pelas políticas públicas tornou-se mais difusa e a prestação de contas difícil de assegurar. A força do Estado reside, sobretudo, no domínio que possa manter sobre os recursos críticos da nova sociedade em construção, a sociedade do conhecimento, e não tanto nos poderes que lhe são formal-

Interesse Público, Controle Democrático do Estado e Cidadania   373

mente atribuídos pelo ordenamento jurídico e se diluem num processo político complexo, onde surge fragmentado e se confronta com outros actores com grande peso económico e social. Existe uma contradição entre a formulação e implementação das políticas públicas de acordo com os princípios e práticas da governança e a avaliação de que são objecto, na medida em que esta for centrada, como parece claro que continua a ser, nos mecanismos tradicionais do Estado de direito e na representação social que lhes está ligada.

O recurso aos mecanismos políticos do Estado tal como foi construído na modernidade não leva por si só – não pode levar – a resultados satisfatórios do ponto de vista da defesa do interesse público. Não mais único detentor do poder soberano, sem condições para gerir os processos de diferenciação social duma sociedade tão complexa como a que o rodeia, o Estado acaba por se tornar crescentemente um produtor disfuncional de complexidade, permitindo, sob o impacto da globalização, que a economia e a técnica surjam no mundo actual como terrenos adequados para a neutralização formal dos conflitos políticos. Dir-se-ia que "é como se a globalização interrompesse o capítulo da história europeia marcado pela centralidade dos Estados, impondo uma nova forma de imperialismo guiado pelas forças económicas" (Ferrarese, 2000: 12) e servido por um discurso onde os grandes problemas da democracia são reduzidos a questões de gestão: "na *global governance* desempenha um papel dominante a administração, mais do que a política" (Cassesse, 2002: 19)[15].

Sob pena de que se aprofundem disfunções lesivas do interesse público, a governança não pode ser legitimada meramente por referência à qualidade dos seus *output*, ou seja, nos termos do discurso dominante, pela sua capacidade de resolução de problemas num contexto de desestatização ditado pelo mercado. Com clareza: "o interesse público não resulta do mercado", faz deste instrumento ao serviço do bem comum (Gomes, 2007: 45).

Longe de ser necessariamente um mero processo de coordenação funcional, a governança tem condições para favorecer a democratização do interesse público ao atenuar a distinção entre Estado e sociedade civil mediante a criação de redes de organizações públicas e privadas fundadas

---

[15] Em vez de *global governance*, que refere a actividade de governo na ausência de uma instituição-governo, poderá falar-se aqui, com vantagem, de sistemas regulatórios globais (Cassesse, 2006: 44).

na participação cidadã. Na verdade, cada vez são mais numerosas as situações em que é conferido aos cidadãos o poder-dever de participar nas tomadas de decisão colectiva e sobre elas exercer alguma forma de controle democrático. Tal participação deve ser considerada à luz do princípio da igualdade: igualdade em termos do acesso dos interessados à rede e igualdade entre os participantes no âmbito da rede. Contudo, para lá das garantias políticas que neste domínio cumpre ao sistema jurídico consagrar, não podemos esquecer que os cidadãos dispõem, regra geral, de informação incompleta e assimétrica sobre quem faz o quê nos diferentes níveis de governança, o que dificulta o estabelecimento de uma relação causal entre os responsáveis pelas tomadas de decisão e os resultados obtidos. Em tempo de globalização sem rosto, avulta a dimensão cognitiva da política: "governar significa em primeiro lugar tornar o mundo inteligível, fornecer instrumentos de análise e de interpretação que permitam aos cidadãos gerir os seus assuntos e actuar com eficácia" (Rosanvallon, cit.: 313). Cremos ser este um bom ponto de partida para repensar estrategicamente o interesse público e o controle democrático do Estado, identificando caminhos para uma resposta cidadã aos desafios actuais.

Referências Bibliográficas

AMARAL, Diogo Freitas do (1999), História das Ideias Políticas, Volume I, Coimbra, Almedina.

ARNAUD, André-Jean (2008), «A globalização – um desafio ao papel regulador do Estado?», em Maria Eduarda Gonçalves e Pierre Guibentif, Novos Territórios do Direito – Europeização, Globalização e Transformação da Regulação Jurídica, Lisboa, Principia.

ARNAUD, André-Jean (1996), «Modélisation de la décision complexe en droit. Quelques pistes de recherche», Cahiers du CIRESS, nouvelle édition n.º 2, Toulouse, pp. 7-28, disponível em http://www.reds.msh-paris.fr/communication/textes/ciress96.htm.

ARNAUD, André-Jean (1991), «Du jeu fini au jeu ouvert. Réflexions additionnelles sur le Droit post-moderne», Droit & Société 17/18, Paris, pp. 43-62, disponível em http://www.reds.msh-paris.fr/publications/revue/html/ds017018/ds017018-04.htm.

ATIAS, Christian (2004), Philosophie du droit, Paris, PUF.

ATIAS, Christian (1985), Épistémologie juridique, Paris, PUF.

AUBY, Jean-Bernard (2003), La globalisation, le droit et l'État, Paris, Montchrestien.

Interesse Público, Controle Democrático do Estado e Cidadania

BOBBIO, Norberto (1999), *Teoria generale della politica*, Turim, Einaudi.

BOBBIO, Norberto (1986), «Pluralismo», in Norberto Bobbio, Nicola Matteucci e Gianfranco Pasquino (orgs.), *Dizionario di Política*, trad. port. *Dicionário de Política*, Brasília, Editora Universidade de Brasília, pp. 928-933.

BODIN, Jean (1986), *Les Six Livres de la République*, Paris, Fayard.

BRIMO, Albert (1978), *Les grands courants de la philosophie du droit et de l'État*, Paris, Éditions A. Pedone.

CAPELLA, Juan Ramón (1997), *Fruta prohibida: una aproximacion historico--teorica al estudio del Derecho y del Estado*, trad. port., *Fruto proibido: uma aproximação histórico-teórica ao estudo do Direito e do Estado*, Porto Alegre, Livraria do Advogado, 2002.

CARBONNIER, Jean (1994), *Sociologie juridique*, Paris, PUF.

CASSESSE, Sabino (2006), *Oltre lo Stato*, Roma-Bari, Editori Laterza.

CASSESSE, Sabino (2002), *La crisi dello Stato*, Roma-Bari, Editori Laterza

CASTELLS, Manuel (1996), *End of Millenium*, trad. port. *O Fim do Milénio*, em A Era da Informação: Economia, Sociedade e Cultura, vol. III, Lisboa, Fundação Calouste Gulbenkian, 2003.

CHEVALLIER, Jacques (1992), *L'État de droit*, Paris, Montchrestien.

CHEVALLIER, Jean-Jacques (1970), *Les grands oeuvres politiques de Machiavel à nos jours*, trad port., *As grandes obras políticas de Maquiavel a nossos dias*, Rio de Janeiro, Agih, 1982.

COMMAILLE, Jacques (2000), "De la «sociologie juridique» à une sociologie politique du droit", em Jacques Commaille, Laurence Dumoulin e Cécile Robert (dir.), *La juridicisation du politique – Leçons scientifiques*, Paris, L.G.D.J., pp. 29-46.

D'AGOSTINO, Francesco (2000), *Filosofia del diritto*, Turim, G. Giappichelli Editore.

ENTERRIA, Eduardo Garcia de (2001), *La lengua de los derechos. La formación del Derecho Público europeo tras la Revolución Francesa*, Madrid, Civitas Ediciones.

FERRARESE, Maria Rosaria (2000), *Le istituzioni della globalizzazione – diritto e diritti nella societá transnazionale*, Bolonha, Il Mulino.

FERRARI, V (1997), *Funzioni del diritto*, Roma, Editori Laterza.

GARCIA, Maria da Glória Dias (2009), *Direito das políticas públicas*, Coimbra, Almedina.

GIANNINI, Maximo Severo (2001), *Il pubblico potere. Stato e amministrazioni pubbliche*, Bolonha, Il Mulino

GOMES, João Salis (2007), «O conceito de interesse público no contexto da gestão pública contemporânea» em Juan Mozzicafreddo, João Salis Gomes e João S. Batista (orgs.), *Interesse público, Estado e Administração*, Oeiras, Celta, pp. 39-48.

376   *Em Homenagem ao Professor Doutor Diogo Freitas do Amaral*

GOMES, João Salis (2003), «A avaliação de políticas públicas e a governabilidade», em Juan Mozzicafreddo, João Salis Gomes e João S. Batista (orgs.), *Ética e Administração: Como Modernizar os Serviços Públicos?*, Celta Editora, Oeiras, pp. 389-408.

GOMES, João Salis (1998), «A perspectiva jurídica na avaliação de políticas públicas», em *A Avaliação na Administração Pública*, Acta Geral do 1.º Encontro INA, Oeiras, INA, pp. 197-209.

GROSSI, Paolo (2005), *Mitologie giuridiche della modernità*, Milão, Giuffré Editore.

HANSEN, Alan Dreyer (2008), «Governance Networks and Participation», em Eva Sorensen e Jacob Torfing; *Theories of Democratic Network Governance*, Nova Iorque, Palgrave Macmillan.

HOBBES, Thomas (2007), *Leviathan*, Cambridge, Cambridge university Press.

HOWLETT, Michael e M. RAMESH, (1995), *Studying Public Policy: policy cycles and policy subsystems*, trad. it. *Come studiare le politiche pubbliche* Bolonha, il Mulino, 2003.

KAUFMANN, Arthur (1994), «A problemática da filosofia do direito ao longo da história», em A. Kaufmann e W. Hassemer (orgs.), *Einfuhrung in Rechtsphilosophie und Rechtstheorie der Gegenwart*, trad. port. *Introdução à filosofia do direito e à teoria do direito contemporâneas*, Lisboa, Fundação Calouste Gulbenkian, 2002

LASCOUMES, Pierre (2008), «A acção pública vista pelo ângulo dos seus instrumentos», em Maria Eduarda Gonçalves e Pierre Guibentif, *Novos Territórios do Direito – Europeização, Globalização e Transformação da Regulação Jurídica*, Lisboa, Principia.

LASCOUMES, Pierre (1996), "Rendre gouvernable: de la «traduction» au «transcodage». Analyse des processus de changement dans les réseaux d'action publique", em CURAP, *La gouvernabilité*, Paris, PUF.

LOCKE, John (2002), *Political Essays*, Cambridge, Cambridge University Press.

LOSANO, Mario G. (2002), *Sistema e struttura nel diritto*, vol. III, Milão, Giuffré Editore.

LOUGHLIN, Martin (1992), *Public Law and Political Theory*, Oxford, Oxford University Press.

MACHETE, Rui Chancerelle de (1991), «Considerações sobre a dogmática administrativa no moderno Estado Social», em Rui Chancerelle de Machete, *Estudos de Direito Público e Ciência Política*, Lisboa, Fundação Oliveira Martins, pp. 403-421.

MATTEUCCI, Nicola (1986), «Soberania», em Norberto Bobbio, Nicola Matteucci e Gianfranco Pasquino (orgs.), *Dizionario di Política*, trad. port. *Dicionário de Política*, Brasília, Editora Universidade de Brasília, pp. 1179-1188.

MILLARD, Éric (2007), "Eléments pour une approche analytique de la complexité", em Mathieu Doat, Jacques Le Goff e Philippe Pédrot, *Droit et*

Interesse Público, Controle Democrático do Estado e Cidadania   377

complexité – Pour une nouvelle intelligence du droit vivant, Rennes, Presses Universitaire de Rennes, disponível em http://halshs.archives-ouvertes.fr/docs/00/14/49/44/PDF/Complexite.pdf.

MIRANDA, Jorge (2004), *Manual de Direito Constitucional*, Tomo III, Coimbra, Coimbra Editora.

MONCADA, Luis Cabral de (1966), *Filosofia do Direito e do Estado*, vol. II, Coimbra, Atlântida Editora.

MONTESQUIEU (1979), *De l'esprit des lois*, volumes I e II, Paris, Garnier-Flammarion.

MORAND, Charles-Albert (2003), *Le droit néo-moderne des politiques publiques*, Paris., L.G. D.J.

MORIN, Edgar (1990), *Introduction à la pensée complexe*, trad. port. *Introdução ao Pensamento Complexo*, Lisboa, Instituto Piaget, 2008.

MORIN, Edgar (1981), *Pour sortir du vingtième siècle*, Paris, Éditions Fernand Nathan.

MORIN, Edgar (1973), *Le paradigme perdu: la nature humaine*, Paris, Éditions du Seuil.

MORTH, Ulrika (ed.) (2004), *Soft Law in Governance and Regulation*, Cheltenham e Northampton, Edward Elgar.

MOZZICAFREDDO, Juan (2000), *Estado-Providência e Cidadania em Portugal*, Oeiras, Celta Editora.

MULLER, Pierre e Yves SUREL (1998), *L'analyse des politiques publiques*, Paris, Montchrestien.

NOVAIS, Jorge Reis (1987), *Contributo para uma teoria do Estado de Direito: do Estado de Direito liberal ao Estado social e democrático de Direito*, Coimbra, separata do vol. XXIX do Suplemento ao Boletim da Faculdade de Direito da Universidade de Coimbra.

OST, François e Michel VAN DE KERCHOVE (2002), *De la pyramide au réseau? Pour une théorie dialectique du droit*, Bruxelas, Publications des Facultés Universitaires Saint-Louis.

PARCERO, Juan Antonio Cruz (2007), *El lenguaje de los derechos. Ensayo para una teoría estructural de los derechos*, Madrid, Editorial Trotta.

PAPADOPOULOS, Yannis (1995), *Complexité sociale et politiques publiques*, Paris, Montchrestien.

PIÇARRA, Nuno (1989), *A separação dos poderes como doutrina e princípio constitucional – Um contributo para o estudo das suas origens e evolução*, Coimbra, Coimbra Editora.

PORTINARO, Pier Paolo (2005), «Stato: un tentativo di riabilitazione», em Olivia GUARALDO e Leonida TEODOLDI, *Lo stato del Stato. Riflessione sul potere politico nell'era globale*, Verona, ombre corte.

ROUSSEAU, Jean-Jacques (2007), *Textes Politiques*, Lausana, L'Age d'Homme.

378   *Em Homenagem ao Professor Doutor Diogo Freitas do Amaral*

ROSANVALLON, Pierre (2008), *La contre-démocracie – La politique à l'âge de la défiance*, Paris, Éditions du Seuil.

TREVES RENATO (2002), *Sociologia del diritto. Origini, ricerche, problemi*, Turim, Einaudi.

VILLEY, Michel (2006), *La formation de la pensée juridique moderne*, Paris, PUF.

WATERS, Malcolm (1994), *Modern sociological theory*, Londres, Sage.

WOLFF, Hans J., Otto BACHOF e Rolf STOBER, (1999), *Verwaltungsrecht*, trad. port. *Direito Administrativo*, vol. 1, Lisboa, Fundação Calouste Gulbenkian, 2006.

ZURN, Michael e Stephan LEIBFRIED (2005), "Reconfiguring the national constellation", em Stephan LEIBFRIED e Michael ZURN (eds.), *Transformations of the State?*, Cambridge, University Press Cambridge, pp. 1-34.

A LEI NA HISTÓRIA DAS IDEIAS.
PEQUENOS APONTAMENTOS

MARIA LÚCIA AMARAL[*]

Há já vários anos, pediu-me o Instituto de Filosofia da Linguagem da Faculdade de Ciências Sociais e Humanas da Universidade Nova de Lisboa que participasse, com a entrada "lei", numa enciclopédia *on line* sobre temas de Direito e de Filosofia Política. Aceitei com gosto a tarefa, que era, para as minhas capacidades e forças, árdua. Estava há pouco tempo na recém-criada Faculdade de Direito da Universidade Nova de Lisboa, cuja fundação se fizera *também* com o intuito de abrir o ensino e a aprendizagem do Direito à interdisciplinaridade, integrando-o mais estreitamente no grande corpo dos estudos sociais e humanísticos. Por isso, e face ao convite que me fora endereçado pelos colegas de Filosofia, senti-me a cumprir o desiderato da escola, esforçando-me por colocar o discurso dos juristas nesse espaço amplo de cultura que, naturalmente, é o seu.

Creio que a referida enciclopédia nunca chegou a ser finalizada; apesar disso, guardei o artigo, que resultou do meu esforço individual para ela. Publico-o a seguir, e faço-o em homenagem a Diogo Freitas do Amaral.

Nenhuma dúvida tenho de que o homenageado mereceria texto de outra qualidade. Mas não podendo eu, neste momento, dedicar-lhe trabalho de maior fôlego, é com esta *entrada* de enciclopédia sobre temas de Direito e de Filosofia Política que me associo à obra conjunta, pensando não apenas no Professor que se preocupou com a renovação do ensino do

---

[*] Professora da Faculdade de Direito da Universidade Nova de Lisboa. Juíza no Tribunal Constitucional.

Direito mas também no intelectual multifacetado, que se dedicou tanto ao direito público quanto à história das ideias políticas.

I
Três conceitos de lei

A lei como fonte, como acto e como vontade

1. No seu sentido mais amplo o termo "lei" significa sempre *ordenação* através de *regularidades*. As leis científicas, que descrevem aconteceres regulares, ordenam o nosso conhecimento sobre o mundo; as leis das artes, que prescrevem o modo (regular) de fazer determinada coisa, ordenam a actividade do artista; as leis jurídicas, que são "disposições genéricas provindas dos órgãos estaduais competentes" (artigo 1.º do Código Civil português) ordenam, com a positividade que é própria do Direito, os comportamentos regulares das pessoas no seu relacionamento social. Para além deste vago significado comum de *ordenação por meio de regularidades* não parece possível nem desejável procurar outro sentido geral para a palavra *lei*: mesmo no uso quotidiano da linguagem jurídica é tão extensa a sua plurisignificatividade que tornaria estéril qualquer tentativa de definição do *termo* através da enumeração dos seus possíveis significados. Por isso, o pensamento jurídico tende normalmente a abordar a ideia de lei, não a partir dos sentidos correntes conferidos à palavra, mas antes a partir do *lugar disciplinar em que o correspondente conceito é construído e trabalhado.* Há, assim, uma definição de *lei* que é própria da *teoria geral do Direito;* outra que é própria da *teoria geral do Estado* e ainda outra que é própria da *filosofia (do Direito.)* Em cada um destes campos, o conteúdo do conceito tende a ser obtido negativamente, isto é, tende a ser construído por oposição a outro ou outros conceitos. O problema fundamental da teoria geral do Direito é o problema das fontes da juridicidade; por isso, aí, lei significa tudo aquilo que é oposto quer ao costume quer à jurisprudência. O problema fundamental da teoria geral do Estado é o problema da distinção material das funções estaduais; por isso, aí, lei significa tudo aquilo que se opõe quer à sentença judicial quer ao acto administrativo. Neste domínio, o problema fundamental da (história da) filosofia do direito tem sido sempre o de saber se *é lei tudo aquilo que puder ser decretado como tal pela vontade humana* ou se, pelo contrário, se impõem aqui à *vontade* ou à acção

A Lei na História das Ideias. Pequenos Apontamentos 381

limites conferidos pela *natureza* (ou pelo *logos*, ou pela razão). Por isso, também neste lugar se tem alimentado o conceito de lei (ou a história da construção dele) de uma oposição. Não da oposição *teórica* que sempre distinguiu a lei por referência ao costume, à jurisprudência, à sentença do juiz e ao acto da administração, mas de uma outra oposição, *filosófica*, que associou sempre a discussão sobre a lei à discussão sobre os pares *actio/ratio, auctoritas/veritas.*

2. Não entrarei aqui na análise dos dois primeiros significados que o pensamento jurídico tem atribuído ao termo "lei". Não me referirei principalmente, portanto, nem ao significado que o termo ganha na Teoria Geral do Direito, em que a lei aparece construída como *fonte de juridicidade por oposição à doutrina e à jurisprudência*, nem ao significado que lhe é atribuído pela Teoria Geral do Estado, em que a lei aparece identificada como sendo o *acto próprio do poder legislativo*, por oposição à sentença, acto do poder jurisdicional, e ao regulamento e ao acto administrativo *stricto sensu*, formas de actuação do poder executivo. É importante no entanto dizer que, nestas duas acepções, os significados conferidos ao termo "lei" ocupam lugar relativamente recente na história do pensamento jurídico.

Tanto a imagem metafórica e refrescante das "fontes", que a Teoria Geral do Direito foi sedimentando para distinguir entre aquilo que revela a normatividade jurídica e o que o não faz, quer a construção conceitual dos diferentes tipos de "actos estaduais", que a Teoria Geral do Estado tem produzido para distinguir entre as formas típicas de expressão do poder legislativo, do poder jurisdicional e do poder administrativo, são construções próprias da cultura jurídica europeia do século XIX, e que se mantiveram, com suficiente operatividade prática, durante o século XX. A sua tessitura pressupôs aquisições históricas várias. Pressupôs em primeiro lugar a sedimentação das formas do Estado moderno, com a solidificação da doutrina revolucionária, e iluminista, da separação dos poderes; pressupôs de seguida a subordinação dos poderes jurisdicional e administrativo ao poder legislativo, através da construção e afirmação das doutrinas da *neutralidade da função jurisdicional* e da *legalidade da actuação administrativa*; pressupôs ainda a edificação dos grandes códigos, civis e penais, que ordenaram as relações entre privados e definiram os crimes e as penas.

A cultura jurídica continental europeia, que se costuma designar por cultura da *civil law* (por oposição ao mundo anglo-saxónico, com tradição na *common law*), foi construindo tudo isto ao longo do século XIX, de modo a elevar a "lei", prescrição normativa escrita por um parlamento representativo em nome da "vontade geral", a instrumento fundamental de criação do Direito. Para trás ficaram – seguramente no mundo da *civil law*, menos no mundo da *common law* – as tradições costumeiras, reveladas pelos tribunais e pelos comentadores. É, pois, este o processo que ecoa desde logo na *Teoria Geral do Direito*, que, através da imagem das "fontes", identifica a "lei" como sendo o primeiro, e mais importante, modo de produção e veículo de revelação da normatividade jurídica; e é também esse o processo que ecoa na *Teoria geral do Estado*, que, através da doutrina das funções estaduais, identifica a "lei" como sendo o acto próprio da primeira, e mais importante, função do Estado (depois do poder constituinte), subordinante das funções de jurisdição e de administração. À primeira acepção do termo lei – a da "fonte" – se refere o Código Civil português, quando diz que *são leis as disposições genéricas provindas dos órgãos estaduais competentes*; à segunda acepção – a do acto do poder legislativo – se refere o artigo 112.º, n.º 1, da Constituição da República, quando diz que *são actos legislativos as leis, os decretos-leis e os decretos legislativos regionais*. A nenhuma destas acepções dedicarei a atenção principal deste artigo.

3. Ao invés, ocupar-me-ei apenas dos pares conceituais que têm sido recorrentes nas discussões sobre a terceira acepção de lei que atrás identifiquei. *É lei tudo aquilo que puder ser decretado como tal pela vontade humana* ou haverá aqui limites que se impõem à acção, decorrentes da *natureza*, do *logos*, ou da *razão?* A esta interrogação, central na história da filosofia do Direito, têm sido conferidas respostas que alimentam, também elas, oposições. Não as oposição *teóricas* que sempre distinguiram a lei por referência ao costume, à jurisprudência, à sentença do juiz e ao acto da administração, mas as oposições *filosóficas* que sempre a viram *ou* como *razão* ou como *acção*, ou como *verdade* ou como *vontade*.

II
Actio/Ratio; Auctoritas/veritas

4. Aristóteles dá forma e ordem a esta controvérsia com o estabelecimento da oposição conceitual entre o *phusei dikaion* e o *nomikon dikaion* (*Ética a Nicómaco*, V, 10, 1134 *b*18 – 1135 *a* 5). De acordo com

A Lei na História das Ideias. Pequenos Apontamentos 383

este "par conceitual" – que, a partir da "Ética", nunca mais deixará de acompanhar a linguagem corrente do pensamento jusfilosófico –, *pode* e *deve* distinguir-se, numa mesma ordem de juridicidade, entre aquela lei que *vigora* pelo "facto" de ser positiva e aquela outra que *vale* pelo "facto" de ser natural. Entre a primeira e a segunda existem diferenças de proveniência e de universalidade. A lei *positiva*, que decorre tão somente de uma decisão tomada pelo corpo governante da cidade (*politeuma*), tem um conteúdo mutável no tempo e variável no espaço; mas a lei *natural*, que é imposta por tudo quanto é "próprio" do homem, tem um conteúdo inteligível pela razão e tendencialmente invariável na história e na geografia. Em caso de conflito entre ambas a supremacia hierárquica deve ser conferida à lei natural: a lei positiva que a contrarie é, portanto, *lex corrupta*[1]. Como quer que seja – e a ideia *vale*, por razões óbvias, sobretudo para a lei positiva – não é verdade (como o pretenderia o sofista Trasímaco no diálogo do Livro I da República) que *a lei pode ser tudo e que tudo pode ser lei*. Há uma ligação necessária entre a *nomos* (lei) e o *díkê* (justo), ligação essa que só será assegurada se, na sua actividade, o legislador se distanciar das particularidades do caso concreto e dispuser das coisas de modo igual, geral e abstracto (*Política*, II, 8, 1269 *a* 10; III, 11, 1282 *b*; III, 15, 1286 *a* 10). As ideias de generalidade e abstracção (das prescrições legais) integram portanto, e também a partir daqui, o próprio conceito de lei na exacta medida em que são elas mesmas garantia da moderação, da racionalidade e da "justeza" do agir do legislador[2].

5. A definição tomista de lei – *rationis ordinatio ad bonnum commune, ab eo qui curam communitatis habet, promulgata* (Summa Theologica, I.II q. 90, a.4) – demonstra bem o elo de continuidade que, quanto a todos estes pontos, se estabelece entre o pensamento aristotélico e o pensamento cristão medieval. Não é apenas a oposição entre o *phusei dikaion* e o *nomikon dikaion* (oposição sobretudo divulgada e ampliada pelos estóicos e pela sua influência no pensamento tardio dos jurisprudentes romanos) que permanece, desde o mundo clássico grego até ao mundo da filosofia cristã do século XIII. O que permanece é também a ideia segundo a qual *o conteúdo da lei* – sobretudo o conteúdo daquela

---

[1] ARTHUR KAUFMANN, *Rechtsphilosophie*, C.H.Beck, 2ª ed., 1997, pp. 22-23.
[2] H. HOFMANN, «Das Postulat der Allgemeinheit des Gesetzes», in C. STARCK, *Die Allgemeinheit des Gesetzes*, Göttingenn,Vandoeck & Ruprecht,1987, pp. 9-48 [15].

que for "só" positiva – nunca poderá ser um "conteúdo qualquer". A *rationis ordinatio* da definição tomista corresponde aos elementos de "racionalidade", de "medida" e de "não-particularidade" que são tantas vezes referidos por Aristóteles ao longo da *Política* como formando a *ratio essendi* da actividade do (bom) legislador. Há, no entanto, algo que inelutavelmente separa (que não pode deixar de separar) o pensamento cristão medieval e o pensamento aristotélico; e esse "algo" reside, precisamente, no modo pelo qual o primeiro "interpreta" a oposição conceitual, já presente na *Ética*, entre o *phusei dikaion* e o *nomikon dikaion*.

Na verdade, a tradição cristã não poderá permanecer fiel à dicotomia clássica sem lhe acrescentar novos elementos de complexidade, elementos esses que virão, afinal de contas, a prenunciar o próprio fim de ambas as tradições – tanto da aristotélica quanto da cristã-medieval. *Lex divina, lex aeterna, lex naturalis* e *lex humana vel positiva*: assim distinguia São Tomás (na sequência da tradição estóica agostiniana) entre aquela ordem das coisas que nos assinalaria o nosso fim sobrenatural, e que só conheceríamos por meio da revelação, e aquela outra ordem das coisas que não seria só nossa (humana) porque era universal – isto é, assinalava o lugar "natural" de cada ente na harmonia cósmica da criação – e a cujo conhecimento poderíamos aceder através da razão. A primeira correspondia ao domínio da *lex divina*. A segunda ao domínio da *lex aeterna* e da *lex naturalis* (sendo certo que esta última mais não seria do que o resultado da participação da criatura racional na inteligibilidade da ordem universal). Só a *lex humana* ou *positiva* decorreria, portanto, da vontade, ou do poder, de quem tivesse a seu cargo o governo da comunidade. A dicotomia clássica lei natural/lei positiva ganhava, portanto, inelutáveis complexidades.

6. Com elas viriam todas as dificuldades sentidas, depois do séc. XIII, por este "jusnaturalismo" de feição ainda "clássica". Os primeiros e mais importantes problemas que o pensamento moderno coloca à dicotomia inaugurada na *Ética* são, evidentemente, de índole gnoseológica. A distinção entre a lei que "vale" por ser universal e aquela outra que "vigora" pelo simples facto de ser positiva só pode manter-se se se mantiver, também, algum acordo quanto ao próprio conceito de "natureza". Mas é precisamente a possibilidade da *persistência deste acordo* que virá a ser negada pela razão crítica dos modernos. Como é que se acede à intelecção daquilo que é bom para o homem porque lhe é "próprio" ou *natural?* De acordo com a *teleologia* da resposta aristotélica – não muito

A Lei na História das Ideias. Pequenos Apontamentos 385

diversa aliás da resposta tomista –, "o natural [corresponde] sempre ao melhor estado de uma coisa" (*Política*, I, 2-1252 b)[3]. O que conduz em última análise à seguinte *petitio principii*: o que se toma primeiro como bom é apresentado como natural e que o que é apresentado como natural fornece o critério do conhecimento do bom[4]. A história da filosofia jurídica moderna é a história do quebrar deste círculo; e o seu início encontrar-se-á numa outra – *radicalmente outra* – concepção de "natureza".

7. Ao eleger, como postulado fundante das suas próprias construções, a hipótese da não existência de Deus ("Et haec quidem locum aliquem haberent, etiam si daremus, quod sine summo scelere dari nequit, non esse Deum aut non curari ab eo negotia humana": Grócio, *De jure belli ac pacis*, Pról., 11), o jusnaturalismo de feição racionalista dos modernos buscará só na "natureza do homem" – não metafisicamente concebida, mas empiricamente observável através da *clara et distinta perceptio* – os derradeiros critérios de distinção entre aquela lei de conteúdo universal, pré-existente à história e à circunstância variável dos homens nela imersos, e aquela outra de conteúdo mutável porque *só* positivo, isto é, *só* decorrente da "vontade" ou da "autoridade" de quem a impôs ou escreveu. O processo através do qual esta busca de distinção de critérios substanciais acabaria por redundar, a final, na eleição da "forma" como único elemento de identificação da *lei justa* (ideia que se transformará no próprio coração da concepção moderno-iluminista de lei, com Rousseau e Kant) é um processo por demais conhecido, tanto na sua *antevisibilidade* quanto na sua complexidade, para poder ser aqui resumido[5]. A este propósito basta agora que recordemos duas coisas. A 26 de Agosto de 1789 é aprovada em Paris a *Declaração dos Direitos do Homem e do Cidadão*. No texto do seu articulado a palavra "lei" aparecerá, pelo menos, nove vezes. A possibilidade da re-constituição do Mundo através da Revolução depende da possibilidade da existência de um Direito convertido em *legalidade*. Décadas mais tarde, em 1804, é aprovado o *Código de Napoleão*, expressão histórica pujante dessa juridicidade que

---

[3] Veja-se, quanto a este ponto, a obra clássica de H. Welzel, *Introduccion a la Filosofia del Derecho, Derecho Natural y Justicia Material*, tradução espanhola de *Naturrecht und materiale Gerechtigkeit* (1951) por Felipe González Vicén, Montevideo, 1970, p. 25

[4] Assim mesmo, Welzel, ob. cit. nota anterior, p. 59.

[5] Kaufmann, ob. cit. nota 1, p. 26

se converte (ou melhor, que se exaure) em lei. Toda a cultura jurídica europeia continental do século XIX e da primeira metade do século XX – nas suas oscilações várias entre positivismos e historicismos, racionalismos e organicismos de diferentes extracções – é incompreensível sem estes dois factos. O seu mais eloquente acontecimento ocorrerá por isso em meados de '800, no contexto do debate alemão (inaugurado por Savigny) sobre as funções da legislação e da jurisprudência *do nosso tempo*, e em que se terá finalmente dito que *o sonho do direito natural já foi sonhado*[6].

Quando hoje, em atitude autoreflexiva, a cultura jurídica do continente europeu pensa em si mesma *e no seu próprio tempo*, não se revê por certo naquele mesmo tempo de que falava, no princípio do século XIX, Savigny. A identidade do nosso presente remonta, claramente, à segunda metade do século XX. Para a tradição de pensamento que se inaugurou com a distinção aristotélica entre a *lei positiva* e a *lei natural* o que se passou nas primeiras décadas de '900 constituiu um *novum* inexplicável. 1945 assinalou, por isso, tanto um momento da ruptura quanto um momento de re-início; e o que se reabriu foi justamente a questão antiga de saber *se a lei pode ser tudo e se tudo pode ser lei*. Mas a resposta que a Europa foi dando, depois da segunda metade do século, a esta questão velha é verdadeiramente uma resposta *nova*; e é ela que marca a identidade do nosso tempo.

Hoje, o discurso filosófico sobre o conteúdo da lei situa-se muito para além da dicotomia simples jusnaturalismo/juspositivismo[7]. Por um lado, sabemos agora que não pode haver *lei justa que não seja positiva.* Logo depois de 1945 disse-o Radbruch com uma clareza inexcedível: faz parte da essência mesma do direito justo o "facto" de ser positivo[8], pelo que não pode haver pautas de *validade* da lei que se inscrevam em uma qualquer esfera de "meta-positividade" que seja *desconhecida* do legislador democrático ou exterior à sua autoridade. Depois, sabemos também que, em sociedades como as nossas, marcadas por uma pluralidade de concepções do bem, as formas de organização dos procedimentos legislativos são elas próprias garantia de *alguma racionalidade deliberativa,*

---

[6] K. LARENZ, *Metodologia da Ciência do Direito*, 3ª ed., tradução portuguesa de José Lamego, Lisboa, Fundação Calouste Gulbenkian, 1997, p. 45.

[7] KAUFMANN, ob. cit. nota 1, p. 39.

[8] WELZEL, ob. cit. nota 3, p. 25.

na exacta medida em que constituem os veículos possíveis de expressão do pluralismo social e de obtenção dos critérios da razão pública. Finalmente, e por causa de tudo isto, os nossos critérios de distinção entre a lei *justa* e a lei *injusta* – porque os temos, efectivamente – são eles próprios critérios positivos, intersubjectivamente aceites, imersos antes do mais naquilo a que já se chamou a "cultura dos direitos fundamentais". Semelhante "cultura", em Portugal incipiente e ainda tão mal compreendida, não pretende na verdade ser mais do que isso mesmo: uma pauta de valores comuns que nos permita distinguir *positivamente* entre as leis *que valem* e aquelas outras que não devem nem podem *valer*.

DO ESTADO NA SOCIEDADE CONTEMPORÂNEA[1]

PAULO FERREIRA DA CUNHA[*]

"Staat heißt das kälteste aller kalten Ungeheuer. Kalt lügt es auch; und diese Lüge kriecht aus seinem Munde: "Ich, der Staat, bin das Volk."

FRIEDRICH NIETZCHE[2].

"O declínio da autoridade do Estado conduz ao declínio de formas de identidade baseadas no civismo. A desorganização do Estado e o declínio da sua autoridade cedem o lugar à sociedade civil que por vezes é composta por uma variedade de organizações, incluindo as de base étnica."

TCHERNO DJALO[3]

---

[*] Catedrático da Faculdade de Direito da Universidade do Porto.

[1] Associamo-nos, com este artigo, à oportuna homenagem ao Senhor Prof. Doutor Diogo Freitas do Amaral, agradecendo aos organizadores a honra do convite. O presente estudo é apenas um ponto de partida sobre algumas inquietações, que esperamos vir a poder desenvolver em estudos mais aprofundados e extensos.

[2] NIETZSCHE, Friedrich – *Also sprach Zarathustra. Ein Buch für Alle und Keinen*, I., «Vom neuen Götzen», p. 27.

[3] DJALO, Tcherno – *Da Identidade à Etnicidade*, in «Africanologia», Lisboa, 2009, n.º 1, p. 217.

I. Do Estado, seus inimigos e seus amigos

1. *Do Estado mal-amado*

O Estado está mais ou menos sempre na ordem do dia, por esta ou aquela razão, por via desta ou daquela perspectiva. Apesar de todas as suas incompreensões, é tema a que se não pode fugir, nem na Política, nem no Direito Público, nem na vida.

Bem-amado ou mal-amado, o Estado faz iniludivelmente parte, tal como o Direito (*ubi societas, ibi ius*) do nosso quotidiano. Mas ousaríamos afirmar até que, por muitos, pelos cidadãos «normais», não particularmente juridistas ou *plaideurs*[4], será sentido decerto mais ainda o Estado que o Direito. O Estado está omnipresente no dia-a-dia de cada um de nós. E não apenas no nosso quotidiano de cidadania, como seria normal, mas em toda a nossa existência social, *tout court*[5].

Ainda não há muito, o Estado atravessaria uma crise, pelo menos uma crise teórica, ou entre os teóricos.

A moda anarco-capitalista ou neoliberal, prisioneira da «teologia do mercado», que chegou mesmo a animar os sonhos ideológico-políticos de uma geração (não desprovida de representantes de brilho) sem nenhuma «caridade», mas com uma fé e uma esperança só comparáveis às dos colectivistas extremos (que também contaram nas suas hostes com espíritos de excepção), apresentou aos povos a terra prometida de um Estado desertificado, à míngua de meios, de tarefas, e ainda, por acréscimo, muito caluniado na sua História e no seu papel. Ao Estado quase sem sociedade de uns se opunha a Sociedade quase sem Estado de outros, ou, talvez melhor, o Indivíduo (assim agigantado ao ponto de merecer maiúscula) explicitamente contra o *estado* e implicitamente contra a própria *sociedade* (conceitos ambos minusculizados).

---

[4] Recordemos a obra de Racine – *Les Plaideurs* (*v.g. in* ed. *Théâtre Complet*, texte établi, avec préface, notices et notes par Maurice Rat, Paris, Garnier, 1960, p. 179 ss.). E a personagem quereladora que reclama que viver sem um processo (em curso) não poderia ser considerado ser uma boa vida (ou nela haver contentamento).

[5] A complexidade e ambivalência desta quotidianidade do Estado fora já, entre nós, detectada por CAETANO, Marcelo – *Ensaios pouco Políticos*, Lisboa / São Paulo, Verbo, 1971, pp. 109-110.

2. Dos Amigos do Estado

Esta forma extremista de ver as coisas está hoje, porém, em franca queda na bolsa de valores das ideologias[6], apesar de alguns dos seus aurautos e fautores considerarem ainda a receita intocável, eterna e universal[7]. E não foi a crise dos anos finais da primeira década do ano 2000, que ainda atravessamos, o único antídoto (e poderoso) contra esta forma de ver o Estado. Vários se lhe haviam já oposto, desde o início, mesmo na maré de alta. E, até, deveríamos nesse rol quiçá começar pelos velhos liberais, que não quiseram nada com os novos.

Os colectivistas, honra lhes seja (mas como fariam de outro modo?), nunca puseram o Estado de parte: como bem observou Paul Ricoeur, mesmo apontando para a utopia escatológica do fim do Estado, faziam no presente suportar as agruras de um Estado duríssimo, ainda que pretensamente de transição (ou algo afim) para o não-Estado[8]. Afirmou, com efeito, o notável pensador francês:

"A redução da alienação política conduziu o marxismo-leninismo a substituir o problema do controlo do Estado por um outro: o do desaparecimento do Estado. Esta substituição parece-me desastrosa. Ela remete para um futuro indeterminado o fim do mal do Estado, enquanto que o problema político prático verdadeiro é o da limitação desse mal no presente. A escatologia da inocência toma o lugar de uma ética da violência limitada. Ao mesmo tempo, a tese do desaparecimento do Estado, prometendo demasiado para mais tarde, admite igualmente demasiado mas no presente: a tese do desapare-

---

[6] Cf., *v.g.*, GIANNETTI, Eduardo – *Mercado das Crenças. Filosofia Económica e Mudança Social*, trad. bras. de Laura Teixeira Motta, São Paulo, Companhia das Letras, 2003.

[7] A propósito do consenso de Washington afirma o iconoclasta ZIEGLER, Jean – *Les nouveaux Maîtres du Monde*, Paris, Fayard, 2002, trad. port. de Magda Bigotte de Figueiredo, rev. de Filipe Rodrigues, *Os Novos Senhores do Mundo e os seus Opositores*, Lisboa, Terramar, 2003, p. 49: «os princípios fundadores [do consenso de Washington] são aplicáveis a qualquer período da história, a qualquer economia, em qualquer continente. Visam obter, o mais rapidamente possível, a liquidação de qualquer instância reguladora, estadual ou não, a liberalização mais total e mais rápida possível de todos os mercados (de bens, de capitais, de serviços, de patentes, etc.) e a instauração a prazo de uma *stateless global Governance*, de um mercado mundial unificado e totalmente auto-regulado».

[8] Cf., a propósito, o nosso *Geografia Constitucional*, Lisboa, Quid Juris, 2009, p. 194 ss.

cimento futuro do estado serve de caução e de alibi à perpetuação do terrorismo. Por um maléfico paradoxo, a tese do carácter provisório do Estado torna-se a melhor justificação para o prolongamento sem fim da ditadura do proletariado e abre caminho para o totalitarismo"[9].

Mas, para além dos devotos do deus-Estado (mesmo se «deus menor» e deus dito provisório, de transição), e de forma mais consequente, sempre houve quem tivesse compreendido a imprescindibilidade do Estado – pelo menos nos tempos presentes (e como clamam por Estado alguns países do Terceiro Mundo! como eles sabem quão difícil é viver sem Estados plenamente organizados![10]). E em especial cabe referir aqueles que, não apenas defenderam o Estado, mas, muito mais do que isso, não advogaram ou advogam um Estado em abstracto, ou um mero estado-aparelho, ou até o estado-nação, mais ou menos todos sem identidade, sem timbre (ou com ar apenas mítico, simbólico e legitimador), antes explicitaram e explicitam a forma de Estado para o *hic et nunc* – um Estado com todas as características que a contemporaneidade para ele reclama: Estado de Direito. Estado Democrático. Estado de Direito democrático (ou Estado Democrático de Direito). Mas mais: Estado Social. E Estado de Cultura (*Kulturstaat*), designadamente como desenvolvido por Peter Häberle.

3. *Das Tópicas dos Fins e Funções do Estado* e seu Sentido Ideológico

Não se pode deixar de falar, em termos clássicos, de fins e funções do Estado nos manuais de Ciência Política e Direito Constitucional. Pelo menos em muitos. Há quem decore e repita essas listas de forma acrítica, mas o certo é que nem todos os autores concordam em tudo, e as subtis diferenças (ou menos subtis) são significativas, e transportam perspectivas diversas sobre o Estado. Não estamos perante uma Ciência imune ao observador... Ora, nos fins (e funções) do Estado há tópicas adversas,

---

[9] Ricoeur, Paul – *O Paradoxo Político*, trad. port. de artigo em «Esprit», de Maio de 1957, in *O Tempo e o Modo. Revista de Pensamento e Acção*, n.º 1, Janeiro 1963.
[10] Cf., *v.g.*, Djalo, Tcherno – *Da Identidade à Etnicidade*, cit.

Do Estado na Sociedade Contemporânea

designadamente mais liberais e mais sociais. Importa não esquecer que a questão dos fins (todos os fins políticos, e estes em concreto), sobretudo, é, antes de mais, um problema de filosofia política[11], com grande coloração ideológica até, como sucede nas discussões actuais sobre o problema.

Tradicionalmente, entretanto, continua a dizer-se (com mais ou menos variantes) que os fins essenciais ou jurídicos do Estado são a segurança e a justiça. Colocando-se por vezes o fim benévolo e demofílico, o bem estar, como um fim não essencial. E assim, frequentemente, na lógica liberal de *laissez faire* que preside a uma teorização que não é, evidentemente, inocente, estes elementos são colocados de forma instrumental. Explicando-se assim que a *segurança* é o exercício do poder de polícia na ordem interna e a defesa das fronteiras (territoriais e simbólicas) no plano externo (ou seja, defesa da soberania – que tem estes dois elementos de supremacia), que a justiça é, afinal, a capacidade legislativa e a judiciária (de produção normativa e sua tutela em tribunal)[12]. O *bem comum*, acaba nessas teorizações por reconduzir-se aos fins ditos não essenciais (na verdade, os sociais) do Estado, tais como a Educação, a Segurança Social, a Saúde, os Transportes públicos, etc. E esta teoria, considerando apenas essencial o mínimo, típico de um Estado guarda-nocturno, abre obviamente a porta a uma sua retracção ou alijamento das funções que, desde o Estado Iluminista, e sobretudo desde as duas guerras mundiais, se lhe foram incorporando naturalmente, com saltos de gigante aquando dos conflitos armados, como adverte, numa prosa aliás saborosíssima, o liberal Bertrand de Jouvenel[13].

Contudo, partindo embora da mesma teorização de base, outros autores suavizam a actualizam a rigidez do esquema. Diogo Freitas do Amaral, entre nós, depois de ponderar a ideia precisamente contrária à liberal da autoria, de S. Tomás de Aquino, segundo a qual a finalidade essencial do Estado, sempre e em toda a parte, seria o *bem comum*[14],

---

[11] V., desde logo, QUEIRÓ, Afonso Rodrigues – *Os Fins do Estado (Um Problema de Filosofia Política)*, Suplemento ao vol. XV do «Boletim da Faculdade de Direito», Coimbra, Universidade de Coimbra, 1939, pp. 1 a 72.

[12] Uma boa estilização desta perspectiva é relatada em FRIEDE, Reis – *Ciência Política e Teoria do Estado*, Rio de Janeiro, Forense, 2002, p. 36 ss., máx. p. 38.

[13] JOUVENEL, Bertrand de – *Du Pouvoir. Histoire naturelle de sa croissance*, nova ed., Paris, Hachette, 1972-1977.

[14] Bem-Comum não é, em rigor, idêntico a Bem-Estar, com é óbvio. Cf. o nosso *Política Mínima*, 2.ª ed., Coimbra, Almedina, 2005, p. 92 ss., e bibliografia aí apontada.

apresenta uma visão tripartida, em que se acolhem os dois elementos ditos essenciais, que consideraríamos tipicamente liberais, e o elemento que consideraríamos cristão e social, colocando assim como fins do Estado cumulativos e implicando realização simultânea a segurança, a justiça e o bem estar[15]. Além disso, afigura-se-nos que estamos perante uma perspectiva capaz de superar a malha teórica simplesmente funcional. Porque o autor densifica o conceitos de segurança, na linha, aliás, do que fazia já Marcello Caetano, que cita:

> "a sociedade política existe para substituir, nas relações entre os homens, ao arbítrio da violência individual certas regras ditadas pela Razão que satisfaçam o instinto natural de Justiça"[16].

Muitas vezes os fins e as funções são confundidos na doutrina[17]. A forma como a doutrina liberal restritiva apresenta os fins do Estado é muitas vezes excessivamente funcional. Se pensarmos a Justiça numa interpretação abrangente da quase antropológica (de antropologia filosófica) citação de Marcello Caetano, ligando a Justiça ao instinto natural de Justiça de uma natureza humana (sabemos como esta categoria está em crise... mas mesmo assim não deixa de ser utilizada, ao menos como tópico e de forma impressionista ou metafórica), afinal, evidentemente que essa Justiça é um fim, e se diria mesmo que habita o Reino dos Fins. Se identificarmos, por outro lado, a Justiça com a aplicação da justiça, e mesmo, também, com a legiferação, ela não passará certamente da adição das funções legislativa e jurisdicional do Estado.

Por outro lado, há quem o considere um valor jurídico: o que ainda torna a questão mais complexa. Cf. GUILLERMO PORTELA, Jorge – *Breve Análisis de los Valores Jurídicos*, «Cultura Jurídica», México, Tribunal Superior de Justicia del Estado de México, n.º 1, 2005, p. 127 ss., máx. p. 162 ss. O problema parece ser o de se tentar fazer conviver categorias com tempos diferentes, de tempos diferentes, na verdade. Já é complicado fazer caber num mesmo tempo valores, virtudes e princípios... Uma visão hodierna da tradição aristotélica do «Bem comum» e da chamada «vida boa», *in* BERTEN, André – *Philosophie politique*, trad. port. de Márcio Anatole de Souza Romeiro, *Filosofia Política*, São Paulo, Paulus, 2004, p. 70 ss.

[15] FREITAS DO AMARAL, Diogo – *Estado*, *in* «Pólis – Enciclopédia Verbo da Sociedade e do Estado», vol. II, Lisboa, 1984 col. 1140 ss.

[16] CAETANO, Marcello – *Manual de Ciência Política e Direito Constitucional*, 6.ª ed., vol. I, p. 145, citado *in* FREITAS DO AMARAL, Diogo – *Estado*, col. 1142.

[17] Uma breve síntese de algumas teorias sobre a questão *in* CUNHA, Paulo Ferreira da – *Política Mínima*, 2.ª ed., p. 143 ss.

4. Do Estado Social

Todas as características do Estado contemporâneo avançado se podem resumir numa palavra: Estado Social.

E seria bom que se fosse compreendendo esta verdade do nosso tempo, proclamada pelo constitucionalista brasileiro Paulo Bonavides:
"Enfim, o Estado social não é artigo ideológico nem postulado metafísico nem dogma religioso, mas verdade da Ciência Política e axioma da democracia"[18].

Advirtamos, porém, que a defesa e o desenvolvimento de um Estado social não é apanágio apenas destes ou daqueles. O mesmo autor faz uma importante divisão:
"Distinguimos em nosso estudo duas modalidades principais de Estado social: o Estado social do marxismo, onde o dirigismo é imposto e se forma de cima para baixo, com a supressão da infra-estrutura capitalista, e a consequente apropriação social dos meios de produção (...) e o Estado social das democracias, que admite a mesma ideia de dirigismo, com a diferença apenas de que aqui se trata de um dirigismo consentido, de baixo para cima, que conserva intactas as bases do capitalismo"[19].

E mais adiante:
"Ora, evidencia tudo isso que o Estado social se compadece com regimes políticos antagônicos, como sejam a democracia, o fascismo e o nacional-socialismo. E até mesmo, sob certo aspecto, fora da ordem capitalista, com o bolchevismo!"[20]

Mas o Estado social une afinal todos os que querem (ou quiseram) a organização ao nível estadual de alguma solidariedade social. Pode até haver defensores não demoliberais (velhos liberais, ou pré-liberais até; mesmo tradicionalistas, por exemplo) do Estado Social. Mas, como é

---

[18] BONAVIDES, Paulo – *Do Estado Liberal ao Estado Social*, 7.ª ed., 2.ª tiragem, São Paulo, Malheiros Editores, 2004, p. 22. Há já 8.ª ed. (comemorativa dos 50 anos da obra), São Paulo, Malheiros, 2007.

[19] *Idem, Ibidem*, p. 25.

[20] *Idem, Ibidem*, p. 184.

óbvio, o Estado Social que se pretende hoje em dia não pode ser, não deseja ser, um substituto da democracia liberal que é o substrato político para todas as conquistas económicas e sociais. Tal não contraria sequer as judiciosas observações de Paulo Bonavides, que são conceituais e históricas. Há também uma vida, uma evolução dos conceitos.

Não se pode também esquecer a importância que a doutrina social da Igreja Católica, com Encíclicas determinantes, desempenhou na consciência de muitos relativamente a fundamentos essenciais do Estado Social. Para não nos alongarmos excessivamente – porque as citações poderiam ser muitas, de vários documentos papais – seja-nos permitido citar apenas a encíclica *Mater et magistra*, de João XXIII:

"20. O Estado, cuja razão de ser é a realização do bem comum na ordem temporal, não pode manter-se ausente do mundo econômico; deve intervir com o fim de promover a produção de uma abundância suficiente de bens materiais, "cujo uso é necessário para o exercício da virtude"; (3) e também para proteger os direitos de todos os cidadãos, sobretudo dos mais fracos, como são os operários, as mulheres e as crianças. De igual modo, é dever seu indeclinável contribuir ativamente para melhorar as condições de vida dos operários.

21. Compete ainda ao Estado velar para que as relações de trabalho sejam reguladas segundo a justiça e a eqüidade, e para que nos ambientes de trabalho não seja lesada, nem no corpo nem na alma, a dignidade de pessoa humana. A este propósito, a encíclica leonina aponta as linhas que vieram a inspirar a legislação social dos estados contemporâneos: linhas, como já observava Pio XI na encíclica *Quadragesimo Anno*,(4) que eficazmente contribuíram para o aparecimento e a evolução de um novo e nobilíssimo ramo do direito, o "direito do trabalho"[21].

Os próprios liberais da Internacional Liberal (embora no seu seio nem todos sejam completamente amigos do Estado), nos seus documentos mais relevantes, não esquecem a importância do Estado nem a sensibilidade social. Com efeito, melhor se compreenderiam as posições

---

[21] *Apud* http://www.vatican.va/holy_father/john_xxiii/encyclicals/documents/hf_j-xxiii_enc_15051961_mater_po.html .

desta família ideológica (e quiçá ela melhor se compreenderia a si mesma) se meditássemos o conjunto de posições dos seus documentos fundadores, designadamente, o *Apelo de Roma*, que nomeadamente afirma:

"22. The link which exists for liberals between a social market economy and liberal democracy also implies a constant battle against monopolies, cartels, restrictive trusts, restrictive practices and so-called "dominant positions", open or disguised, private or public, except for cases authorised by law for justified and defined social needs.

23. Internationally, the natural corollary of a social market economy is free trade based on equality and partnership and, in some cases, on planning for the international market. Protectionism, de jure or de facto, conflicts with a market economy.

24. The stability of a liberal democratic system and the proper working of a social market economy are in jeopardy where large sectors of a country's population live in misery. The functioning of a market economy must be judged by its capacity to guarantee sufficiency and a fairer distribution of material wealth and economic power than any other system.

25. In the long term, the poverty of large parts of the world can best be alleviated through freedom of trade, but such freedom is endangered by cartels, restrictive trusts and by the artificial and unfair pricing of raw materials and crops. Where a market economy comes up against protection de jure or de facto, a case can be made for counter measures as an instrument for re-establishing freedom of trade, except for special arrangements for the poorest countries.

26. State or private monopolies, operating nationally or internationally, endanger the market economy and should be subject to strict legislation. Liberals favour, too, international codes of conduct and legislation when necessary for transnational companies. They recognise both the dangers they present of abuses of economic and political power and their positive influence in spreading investment and technology and in diversifying economies.

27. The liberal concept of the market has been wrongly connected with an economy controlled by purely monetary means or a "laisser--faire" economy disassociated from the interests of the poor and of the community as a whole. Liberals do not accept such a simplistic view of the market economy and of their attitude towards it. They

have long recognised that economic freedom, in the case where it could be hostile to the welfare of the community, degenerates into anarchy and is one of the sources of oppression.

28. Planning, in the liberal sense of the word, means planning of and for liberty. Planning in a social market economy is based on an interaction between private initiative and state intervention. Where conditions call for it, a flexible incomes policy can be a part of such planning. In a modern society economic problems are too complex to be mastered either by the private or the public sector alone."[22]

Perdoe-se-nos a citação um pouco longa, mas, tratando-se de um pensamento complexo e não unilateral, a escolha de um trecho mais reduzido limitaria a visão deste pensamento certamente a algum dos seus vários e dialogantes aspectos.

Evidentemente, esta linha liberal não se identifica com nenhuma forma de socialismo. Mas também não é a total desregulação, nem a completa insensibilidade aos problemas sociais.

Um vastíssimo rol de cristãos sociais, democratas cristãos, liberais sociais, sociais liberais, sociais-democratas, socialistas democráticos, nos seus diversos matizes (que todos comportam alguns), para não falar nos comunistas, "socialistas revolucionários" e "esquerdistas" de vários tons, que não partilham, pelo menos não partilhavam historicamente, o apego pelas "formalidades" "burguesas" da democracia liberal, todos esses, e decerto ainda alguns outros mais, estão do lado do Estado Social. Contra, fundamentalmente, os neoliberais, na perspectiva social, económica, cultural, ambiental, etc. E os antidemocratas na perspectiva política. Porque o novo Estado Social (o dos nossos dias: aquele em que constitucionalmente nos encontramos, por exemplo) não pode ser compatível com ditadura ou autoritarismo.

Assim, o lema do Estado Social tanto se opõe aos neoliberais que, no limite, são anti-Estado, quanto aos antidemocratas que são contra o Estado de Direito democrático, ainda que, em algumas interpretações, possam ser favoráveis a um Estado de Direito confundido com um Estado de simples legalidade, ou afim o que de pouco vale, porque meramente formal.

---

[22] *Apud* http://www.liberal-international.org/editorial.asp?ia_id=536 .

5. Prós e Contras Estatais e outras Formas Políticas

E com todas estas precisões, temos visto que, afinal, o Estado é, não ousaríamos dizer *ontologicamente bom*, mas se tem revelado e continua a revelar-se instrumentalmente muito útil à sociedade. Ao menos assim o consideramos, mesmo na estrita contabilidade de perdas e ganhos. Pelo menos ele assim se revela nos tempos que nos é dado viver, e em alternativa com o que poderia suceder sem ele. Muitos dos que contra o Estado clamam (desde logo os anarquistas, e anarquistas de diversos matizes) não conseguiriam pessoalmente sobreviver sem ele.

Tal tese não contraria o facto de que o Estado, na sua versão mais específica, que é a do Estado nascido com a Modernidade, não está isento de críticas, nem pode ser alvo de mistificações: precisa de ser encarado de frente, com olhar desnublado, em todos os seus mitos e utopias. Seria até claudicar ante os críticos economicistas do Estado ou os seus críticos anarquistas continuarmos envoltos num véu de ignorância mitificador e mistificador sobre a essência do Estado, os seus tiques e derivas.

E não podemos negar que, sem prejuízo da importância desta forma política ao nível nacional, por exemplo, há hoje múltiplas formas e ágoras políticas, quer infraestaduais (como as regionais e as autárquicas), como supraestaduais, caminhando-se – pelo menos assim o esperamos, mas são ainda *sinais dos tempos* – para soluções cada vez mais federalistas. E oxalá o federalismo fosse mais puro, na prática. No caso português, quer ao nível da União Europeia, quer noutros níveis e grupos de pertença e solidariedade, como, desde logo, a Lusofonia.

O Estado não é divindade a adorar, mas instrumento institucional e social (e jurídico) a prezar, e objecto a estudar. Além de que o Estado acaba por ser dificilmente avaliável em termos absolutos e radicais (até éticamente), porque, se visto no tempo e no espaço nas suas diversas modalidades, é mutável, é mesmo proteico, metamórfico, e pode bem ser ele o inspirador de alguns dos que aparentemente o desejam demolir ou liofilizar. Se ao « liberalismo » acrescentarmos « neo », subscreveríamos por completo o aforismo da poetisa e humanista Natália Correia:

«o liberalismo é uma manha do Estado para forjar algemas com a liberdade»[23].

---

[23] CORREIA, Natália – *A Ilha de Circe*, 2.ª ed., Lisboa, Editorial Notícias, 2001, p. 8.

Não precisamos, por isso, de mais uma Teoria do Estado. Mas certamente ainda necessitaremos de muitas *Análises do Estado*, profundas, serenas, e algo desconstrutoras desse mesmo Estado, ou melhor, das mil e uma teorias que o embalsamaram. Não precisamos, assim, de uma «liga de amigos do Estado», mas de menos detractores dele, sobretudo chocantes e com nula autoridade moral quando, não raro, vivem, directa, ou indirectamente, a suas expensas. Metáfora de o *Homem que era Quinta-feira*, de Chesterton, nas suas diversas variantes!

II. Do Estadualismo na Sociedade Contemporânea

1. *Prestígio e Dignificação do Estado e Cidadania*

Sem mistificações e sem segundas intenções, pensamos ser preciso dignificar o Estado. Não pela acção repressiva (as acções repressivas, além de em si mesmas muito discutíveis, pagam-se sempre caro, e não dão resultados senão a muito curto prazo: quando dão), mas pela actividade paciente e pedagógica. E desde logo por uma acção do Estado em que as pessoas se revejam, sem demagogia. Não é fácil, quando muitos clamam apenas por pão e circo. Não é fácil, quando por vezes, em tantos países, em tantas situações, falta mesmo pão, e o circo é de muito má qualidade (embora isso pouco importe às massas).

O Estado (não importa quem seja o titular dos respectivos órgãos de soberania – e isso é muito importante nesta argumentação) anda, nas vozes, muito maltratado, desrespeitado, desacreditado.

Não falamos de um Estado em concreto. Vários Estados sofrem essa situação. E são maltratados, desrespeitados e desacreditados não se pode dizer verdadeiramente por cidadãos, mas por quem deveria ser cidadão, e na verdade o não é. Porque cidadania não é maledicência nem ataque constante e sistemático (*a propos et sans propos*), nem deprimente negativismo. Pode e deve ser reclamação quando necessário, e intervenção, quando preciso, mas não a deprimente lamúria ou a diatribe nada construtiva.

Recordemo-nos de uma distinção que nem sempre anda nas mentes de quem opina e decide:

«Em todo o Estado civilizado, o primeiro matiz que se aprecia é a distinção entre duas classes de homens: os cidadãos e os indivíduos.

Os cidadãos são aqueles que, compenetrados dos seus deveres sociais, tudo subordinam ao interesse público... Os indivíduos, pelo contrário, são aqueles que [...] atendem mais ao seu benefício particular que a trabalhar pelo bem público»[24].

2. *O Negativismo anti-Estado*

Um dos males que temos que suportar (mas talvez nem sempre nem tanto) pelo preço (inestimável) da liberdade de expressão (que deveria ser responsável), é o ataque inconsequente, o insulto anónimo, a calúnia vil: que hoje a *Internet* facilmente acolhe e difunde. Num ou noutro caso, admite-se o grito de revolta. Mas é difícil conviver com o pessimismo e o sistemático negativismo (vulgo, «bota-abaixo»; criou-se até o neologismo, de gosto duvidoso, mas muita propriedade e sugestividade, «bota-abaixismo») que nos invade. Já vem de há muito e certamente continuará, se nada fizermos. É coisa de velhos do Restelo. E esse é um dos nossos mitos persistentes. Paciência? Não cremos que tal seja uma atitude construtiva.

Hoje em dia, qualquer um se considera habilitado a crucificar o Estado. Vejam-se – ou não se vejam, por higiene mental – alguns comentários, verdadeiramente execráveis, formulados praticamente a quaisquer notícias na *Internet*. O que legitima esses ataques? Quando muito, o pretexto de que o crítico «paga impostos», ou simplesmente sem pretexto (e em certos casos nem sequer impostos pagará).

Assiste-se, por falta de consciência cívica, por ausência de sentido das responsabilidades, a uma crescente onda de egotismo particularista (que em círculos mais bafejados pela sorte, ou talvez não, entra na categoria do «convencimento»[25]), de mãos dadas com uma ideologia

---

[24] Varenne, Billaud – *Sur la théorie du gouvernement démocratique*, discurso parlamentar de 20 de Abril de 1794, *in* «Archives parlementaires», vol. LXXXIX, trad. nossa, a partir da trad. de Ramón Maíz – *A Idea de Nación*, Vigo, Edicións Xerais de Galicia, 1997, p. 95.

[25] Sobre o qual são «imperdíveis» as páginas de O'Neil, Alexandre – «Os Convencidos da Vida», *in Uma Coisa em Forma de Assim*, Lisboa, Assírio & Alvim, 2004, p. 27 ss., de que nos permitimos respigar apenas este passo incial: «Todos os dias os encontro. Evito-os. Às vezes sou obrigado a escutá-los, a dialogar com eles. Já não me confrangem. Contam-me histórias. Querem vencer, querem, convencidos, convencer. Vençam lá à vontade. Sobretudo, vençam sem me chatear».

Em Homenagem ao Professor Doutor Diogo Freitas do Amaral

assistencialista, que nada tem a ver com o Estado Social bem entendido. A qual reclama por protecção e por subsídio sem que os destinatários (reivindicadores) hajam feito nada, ou se considerem responsáveis por nada. Pesos mortos na sociedade (quantas vezes a ela nocivos pela sua marginalidade tantas vezes criminosa), embora com saúde e capacidade para trabalhar, muitos se quedam pela maledicência e, mais espantoso ainda, pela genuína crença de que o Estado (e a Sociedade), nada tendo direito a exigir-lhes, lhes haveria de prover, de bandeja, saúde, habitação, subsídio disto e daquilo, e sabe-se lá se ainda mais mordomias. Educação e Cultura verdadeiras, pouco se reclamam, realmente. Títulos e proventos materiais, sim.

Coisa muito diferente, como é óbvio, é o combate à pobreza e à carência efectivas, não àquela (antes de mais espiritual) que considera direito o não mexer-se, à espera do Estado-provedor e tutor. São estes a «plebe» que alimenta os sonhos dos demagogos candidatos a ditadores. São estes subsidiodependentes que dão argumento aos «teólogos do mercado» para dizerem o que dizem do Estado Social. E pelo pecador paga o justo que, em casos de emergência ou «crise», precisa mesmo de assistência e subsídio...

3. Subsidiodependência e Mentalidades

Certo dia, um candidato a eleições nosso conhecido, foi visitar um mercado. Uma vendedeira puxou-lhe pela manga, e anunciou-lhe com ar muito sério:

«— Olhe que eu até voto em si.».

Abriu-se-lhe um sorriso ao candidato. Que se fechou logo quando a mulher atalhou:

«— Voto, sim senhor. Mas com uma condição...».

Estava a achar aquela conversa muito estranha («condições, para votar? Ora essa!»), mas ficou curioso. Franziu o sobrolho, e indagou, deixando transparecer que não estava a gostar do que ouvia. E ela rematou:

« — É que eu já tenho uma casinha em... (na terra X, não importa agora dizer qual) dada pela Câmara. Uma casinha até muito boa. Se agora vier a ter outra no Porto, dada por vocês, eu voto em si.».

Nem soube como responder à senhora. Virou-lhe as costas, com sorriso irónico ou amargo, e perdeu ali mesmo um eleitor. Irremediavelmente.

A peripécia é exemplar da perspectiva subsidiodependente, mesmo numa eventual «empresária»... O que é um factor pouco apercebido pelos defensores acríticos da *iniciativa*. Mas sabemos que é proverbial a dependência de muita da nossa *iniciativa*. O que é atavismo perverso.

4. *Contrato Social, Vontade Geral e Consciência dos Deveres*

Mas outra reflexão se impõe: a noção que do «contrato social» e da relação entre eleito e eleitor têm alguns parece-nos aparentar-se muito com esta lógica da vendedeira ambulante. Falta-nos essa conciência cívica em que, como bem sublinhou Jean-Jacques Rousseau, a *vontade geral* nem sequer é a vontade atomisticamente de todos somada[26]. Mas algo de maior. Aparentado com aquilo a que outro teórico chamaria o seu *interesse bem entendido*. Trata-se, pois, da vontade geral e do interesse geral, e não das vontades e interesses particularistas, e tantas vezes mesquinhos, deste ou daquele eleitor, ou eleito.

Não é incomum, em várias partes do Mundo, vários partidos proporem «contratos sociais» ou «pactos sociais» com o eleitorado ou com nichos do que pensam ser o seu público ou clientela eleitorais. Isso é o que mais contraria a própria ideia legítima de «contrato social», e nada tem a ver com a «vontade geral», como é óbvio. Do que se precisa não é de um compromisso de um grupo para com outro grupo que no primeiro vote. Nem isso (mesmo sendo cumprido, o que dizem ser coisa rara) teria nada de especial ou de espantar.

O que é necessário nas nossas sociedades que perderam o sentido do dever (e dos deveres de cada um), é o compromisso de cada um para com a sociedade, para que possa dizer-se cidadão. Seja esse indivíduo um particular, seja esse indivíduo um funcionário ou um político. E o compromisso para com a sociedade, e a auto-exigência de cada um aumenta, como é natural, com o grau de responsabilidade pública que a alguém seja confiada. O sentido do «sinalagma» entre direitos e deveres do cidadão tem se recuperar

---

[26] Para uma síntese deste aspecto do pensamento político do autor, entre todos, *v.g.*, recentemente, AUDIER, Serge – *Les théories de la république*, Paris, La Découverte, 2004, p. 32 ss.

404 *Em Homenagem ao Professor Doutor Diogo Freitas do Amaral*

Porém, há uma importantíssima prevenção a fazer aqui. O advogar dos deveres, da responsabilidade, em nada significa a apologia das democracias musculadas (ou menos que isso) ou um subtil levar de água aos moinhos ancestrais dos autoritarismos (quiçá dos totalitarismos mesmo) e das explorações, para os quais não há senão deveres e nenhuns direitos. O problema é que não pode mesmo haver direitos sem deveres, nem deveres sem direitos, como dizia o sábio Emile Potier em canção pouco na moda. E se hoje sofremos os males do laxismo (com espasmos contrários de rigorismo), de corrupção, de descrédito da coisa pública, tal se deve a um *déficit* de responsabilidade e de participação também desse dito elemento do Estado com o qual este muitas vezes gosta de se identificar: o Povo. Ora, como sabemos, o *déficit* de cidadania não se resolve com discursos, mas só se poderia começar a ir resolvendo com uma política cultural e educativa muito activa. Desde logo na escola, mas também nos *media*, dado que a família se encontra submersa no consumismo e na sobrevivência, e, assim, infelizmente, com poucas possibilidades de educar para a cidadania, salvo nalguns casos excepcionais... e felizes.

5. *Prioridade Educativa*

A prioridade da acção política, em prol de um Estado ou de uma República como instituições sérias e bem organizadas, é, assim, mais uma vez, a educação. Uma educação realmente e finalmente para todos. Não distribuindo diplomas a todos que tenham a dita de se inscrever em cursos, mas a todos mesmo ensinando e dando possibilidades para aprender. E isso não se resolve de forma fácil, antes implica uma profunda reforma (talvez mesmo uma revolução) de todo o sistema educativo.

Porém, há um círculo vicioso: porque nenhuma reforma educativa séria e radical consegue implantar-se sem implicar que muitos interesses particulares venham a ser afectados. E, desde logo, os dos alunos que não queiram estudar e obviamente desejem aprovações, dos professores que não estejam muito vocacionados para a sua função mas se sintam com todos os direitos, e dos pais dos estudantes que sempre pretendem que o seu investimento renda, em aprovações, e com boas notas. Ora, como estudantes, pais e professores são votantes, é preciso muita prudência, muito equilíbrio, muita capacidade de persuasão e muita vontade política para ao mesmo tempo reformar no sentido da qualidade – e que tem de

Do Estado na Sociedade Contemporânea 405

ser da exigência, exigência real e não de fachada, claro – e não lhes perder os votos, numa sociedade em que o exercício do poder deles depende (e ainda bem). No limite, «paciência» pelos votos, se o todo social (e os próprios, no seu interesse bem entendido) ganhar. Mesmo compreendendo que isso pode significar que, no próximo acto eleitoral, os não demagogos darão sempre lugar aos demagogos?...

O desemprego letrado de hoje é já um grito de alerta de que de nada adianta o laxismo educativo e o malbaratar de títulos. Pelo contrário. Mas sempre há exageros, como, por exemplo, bloquear as saídas profissionais aos mais novos.

Ora o nó górdio tem de cortar-se em algum lugar. Não pode ninguém refugiar-se no álibi, até certo ponto cómodo, de que a sociedade não suporta nem os males nem os remédios.

E alternativa não é sequer a vinda dos «Bárbaros», como o poema de Cavafi bem advertiu:

"Que esperamos nós, na ágora reunidos?
É que os bárbaros chegam hoje.
Por que razão tanta apatia no senado?
Os senadores não mais legislam?
É que os bárbaros chegam hoje.
Que leis pois hão-de fazer os senadores?
Os bárbaros que chegam ditarão a lei.
Por que madrugou o imperador
e coroado e solene postou seu trono na grande porta da cidade?
É que os bárbaros chegam hoje.
E o nosso imperador vai saudar
o seu chefe. Tem para oferecer-lhe
um longo pergaminho em que se lhe outorgam
muitas dignidades e títulos.
Por que hoje os nossos dois cônsules e os pretores
usam togas de púrpura, bordadas,
e pulseiras com grandes ametistas
e refulgentes anéis com tais brilhantes e esmeraldas explêndidas?
Por que hoje empunham bastões tão preciosos
de ouro e prata finamente cinzelados?
É que os bárbaros chegam hoje, e
tais coisas os deslumbram.
Por que não vêm os ilustres oradores
jorrar sobre nós a sua fecunda eloquência?

É que os bárbaros chegam hoje
e aborrecem arengas e abominam longos discursos.
Por que subitamente esta inquieta agitação?
(Que gravidade se vê nesses semblantes!)
Por que tão súbito as ruas se esvaziam
e sombrios todos regressam a penates?
Porque a noite cai, os bárbaros não vêm,
e gentes recém-chegadas das fronteiras
dizem que já não há bárbaros.
Que será de nós outros sem os bárbaros?
Eles eram, ao menos, uma solução."[27]

Talvez este investimento na espera, ainda que de um tempo ou de alguém que não virá, seja precisamente o que se não deve fazer. Os Desejados de hoje são, muitas vezes, os indesejados de amanhã. Falta neles sempre a nossa parte.

Depois de todas as teorias que podiam «salvar o mundo» (ou os Estados, ao menos) terem sido enfaticamente pronunciadas, só resta começar a «salvar o mundo», ou os Estados.

---

[27] Versão livre nossa.

O MAR: UM PROJECTO MOBILIZADOR PARA PORTUGAL

TIAGO DE PITTA E CUNHA

No final da primeira década do século XXI Portugal vive uma realidade interna marcada por uma generalizada decepção, motivada pelo abrandamento do crescimento económico dos últimos dez anos e pelo penoso adiamento da convergência real com os países mais bem sucedidos da União Europeia. A este cenário junta-se a actual crise internacional, o desemprego e a baixa produtividade, bem como a persistência de problemas estruturais que condicionam o desenvolvimento económico do país, com destaque para baixos níveis educacionais e para um Estado centralizador e ineficiente.

Na frente externa, o país depara-se com essencialmente três desafios principais: a inexorável globalização, o aprofundamento da integração europeia, com a entrada em vigor do Tratado de Lisboa, e a transformação das economias para economias de baixo teor de carbono. Os dois primeiros desafios significam concorrência acrescida, a qual obriga a pensar desenvolver nichos de excelência, onde possamos revelar mais valias, bem como encontrar factores de competência, distintivos e identificadores para o país e para a sua economia. Por outras palavras, o mundo global em que nos inserimos hoje, a interligação das economias e a concorrência entre regiões, países e continentes obriga-nos não apenas a "ser diferentes", mas a procurar "fazer a diferença".

Perante um reinante e generalizado pessimismo e confrontados com a incapacidade de fazer o país progredir, torna-se cada vez mais necessário encontrar novos projectos que sejam ambiciosos, mas realistas e concretos e, principalmente, que tenham capacidade de mobilizar vontades e reunir consensos. Estes projectos não devem continuar a resumir-se

Em Homenagem ao Professor Doutor Diogo Freitas do Amaral

a projectos pontuais e avulsos, mas devem inserir-se numa estratégia para décadas e ter um ponto de partida firme, que lhes dê sustentabilidade.

O ponto de partida deve, por seu turno, ser abrangido por uma visão clara do país para o século XXI. Uma visão de longo prazo, para um geração, que indique o lugar que queremos ocupar na Europa e no mundo, bem como que se preocupe mais com saber como é que podemos contribuir para fazer avançar a Europa, do que apenas beneficiar da sua solidariedade.

Poucos discordarão de tal rumo, mas em termos concretos onde podemos encontrar verdadeiramente o nosso ponto de partida?

Vejamos: nos últimos trinta anos, período correspondente à designada *Terceira República*, Portugal parece ter perdido consciência não apenas do seu posicionamento geográfico, enquanto país de fronteira entre três continentes (Europa, África e América), mas perdeu mesmo consciência da sua intrínseca geografia. Isto é, não só ignoramos onde nos encontramos, em termos de posicionamento estratégico, mas também ignoramos o que somos, julgando-nos um diminuto território terrestre na periferia da Europa e longe do seu centro de decisão: Bruxelas. No entanto, sem o notarmos, somos um país quase arquipelágico – com duas relevantes e bem distintas regiões autónomas nos Açores e na Madeira – e dispomos de uma vastíssima zona económica exclusiva (mar sob jurisdição nacional), que corresponde a quase vinte vezes o território (terrestre) nacional e que é a maior da União Europeia. Não obstante, por incrível que pareça, face a estas condições naturais, praticamente não dispomos de transportes marítimos, temos portos pouco competitivos e sem estratégias de desenvolvimento verdadeiramente complementares e duradouras, mudando com todos os governos, quase não temos construção naval, e muito menos temos um *cluster* de indústrias marítimas digno desse nome.

Para além disso, apesar de dispor de uma extensa linha costeira, onde habita quase dois terços da sua população e de beneficiar de um clima ameno, Portugal não aproveita este recurso para desenvolver o turismo náutico e marítimo, apresentando um dos *ratios* de barcos por habitante mais baixos da Europa. Existem em todo o território nacional menos postos de amarração destinados à náutica de recreio do que na vizinha região da Galiza.

Nessa vasta linha de costa desenvolvem-se também valiosos ecossistemas e nela reside biodiversidade de grande valor não apenas ambiental, mas de valor económico, dada o relevo dos serviços ecossistémicos que os habitats costeiros nos fornecem, incluindo por exemplo a considerável absorção de CO2 por zonas húmidas, ou a protecção pelas dunas da erosão costeira, das cheias e das tempestades. Apesar disso, não existem ainda planos de gestão e protecção desses ecossistemas, que nos indiquem serem os mesmos um valioso recurso natural, sendo que, em abono da verdade, os planos que existem para outros ecossistemas, como as florestas, não têm também sido uma garantia da sua boa gestão e preservação.

Face a esta realidade, perante o desacerto, por um lado, entre o que o país verdadeiramente é pela sua geografia, natureza e identidade, e por outro lado, aquilo que erroneamente se percepciona dele, no que se vem transformando e no que tem sido em consequência das opções políticas das últimas décadas, perde-se um potencial genuíno de desenvolvimento, descaracteriza-se a acção política e desencontra-se o país com o seu destino. Face aos resultados – incluindo o inegável fracasso do modelo de desenvolvimento vigente – torna-se imperativo parar para reflectir, mudar de rumo e num certo sentido ter até a coragem de começar de novo.

Numa linha lógica, para começar-se é preciso encontrar o ponto de partida e o nosso ponto de partida deve ser a geografia.

Foi ela, afinal, que fez o país e foi ela que o ligou inevitavelmente ao mar. Ninguém desconhece nem discorda do peso avassalador do elemento marítimo na manutenção, ao longo da história, da nossa independência política e económica, e até na definição da nossa mais intrínseca índole colectiva. Este elemento por si só deveria bastar para justificar que Portugal deva eleger a sua ligação ao oceano como elemento central da sua identidade e como principal imagem externa que necessita projectar. Desta feita, também no quadro do que é ou deve vir a ser a marca distintiva nacional a ligação ancestral ao oceano assume um significado especial para um país como Portugal.

Em resumo, geografia e uma forte imagem de marca são os factores que constituem o ponto de partida para projectar Portugal num novo grande projecto que é renovar a sua ligação ao mar.

Mais especificamente, o reconhecimento da nossa *maritimidade,* bem como a sua subsequente exploração, oferece múltiplos benefícios à afirmação de Portugal como um país moderno. Com efeito, o oceano encerra dimensões a que se associa cada vez mais a modernidade e o futuro: o oceano como um recurso crítico ao desenvolvimento sustentável do planeta; motor de energias renováveis; espaço de comércio e segurança;

Em Homenagem ao Professor Doutor Diogo Freitas do Amaral

como elemento chave na mitigação das alterações climáticas; como factor ambiental por excelência; "última fronteira" da ciência e da tecnologia; espaço privilegiado de turismo, de cultura, de desporto, de saúde, de lazer e de bem-estar.

Aqui chegados e perante a fortaleza de uma argumentação assente nas múltiplas virtualidades do mar para um país marítimo como Portugal, literalmente projectado sobre o oceano Atlântico, tudo parece claro e consensual, todos concordando na actualidade que o desenvolvimento da ligação de Portugal ao mar, se bem que esquecida nas últimas décadas, é algo de lógico e muito acertado. No entanto, nem assim se vislumbra hoje a mais pequena convergência para esse desígnio, que é o desenvolvimento e exploração da ligação de Portugal ao mar.

Por isso devemos admitir com toda a objectividade que, apesar das palavras e dos discursos que vêem sendo proferidos, aliás com uma cadência cada vez maior, não chegámos em Portugal ainda sequer àquele ponto de partida.

Ou seja, a realidade hoje, dez anos passados desde os slogans da EXPO 98 sobre o oceano e o futuro, é ainda a de um país que continua a não entender o valor do mar como um activo ao seu desenvolvimento económico, nem como um catalizador do seu projecto político de nação quase milenar. É esta ausência de sentido estratégico do valor do mar para Portugal que explica a relativa fraqueza das actividades marítimas nacionais, bem como a endémica falta de disponibilidade dos sucessivos governos e parlamentos nacionais para fomentar a economia do mar, ou para traçar as políticas públicas que urge adoptar.

Independentemente de haver hoje em Portugal uma ideia clara do que deve ser a estratégia nacional para o mar – desenvolvida em 2004 pela Comissão Estratégica dos Oceanos – e apesar da política gizada pelos recentes governos promover a ligação de Portugal ao mar, não se sente nem se vê que haja genuína vontade política, determinação, recursos ou meios adequados para pôr em prática estas estratégias e políticas. Dispomos até um Presidente da República, que desde o primeiro momento do seu mandato – no seu discurso inaugural – tem vindo a chamar a atenção do país para a importância que o oceano comporta para o futuro de Portugal.

O que é que falta, pois, para chegarmos ao ponto de partida e arrancarmos com outras nações europeias na corrida ao oceano do século XXI?

Desde logo, falta traçar prioridades para concretizar uma política para o mar. Traçadas as prioridades, falta pôr em prática as políticas

O Mar: Um Projecto Mobilizador para Portugal

públicas necessárias a cumprir essas prioridades. Uma vez postas em acção as políticas adequadas, falta ainda alertar os principais agentes de mudança, em particular os decisores económicos do país, para a convergência de interesses que emerge de uma aposta nacional na ligação ao mar.

É aqui que tudo se torna mais difícil. É difícil que os decisores nacionais, a começar pelos decisores políticos, se não a abracem, pelo menos compreendam a visão da exploração do mar como projecto estruturante para Portugal. Na verdade, são ainda hoje muitos os que não a compreendem. Uns porque tal visão é demasiada abstracta, de resultados longínquos ou duvidosos; outros porque a julgam uma visão passadista. É difícil também porque mesmo que interiorizada a visão, ainda assim haveria que conseguir traçar prioridades, fazer escolhas, canalizar e atribuir recursos económicos que são escassos e até ter de colidir com fortes interesses instalados.

O que isto significa é que a aposta na ligação de Portugal ao mar depende para se materializar da generalização da ideia em si mesma como factor de concertação nacional, com o potencial de reunir o consenso de uma larga maioria dos portugueses e dos seus representantes políticos.

Descendo ao plano do concreto, quais deveriam ser as prioridades no contexto de uma política nacional para o mar?

Sem pretender-se ser exaustivo, pode desde já indicar-se algumas prioridades estratégicas, a começar por uma política de fomento e recuperação do transporte marítimo em Portugal. Sem transporte marítimo será difícil acabar com a extrema dependência do transporte rodoviário e dos países por onde circula esse transporte, bem como poder beneficiar das Auto-estradas do Mar da União Europeia. Assim, é determinante adoptar uma política fiscal de apoio aos transportes marítimos (inclusive sob a forma do que se designa por taxa de tonelagem), conforme aliás adoptaram os principais países marítimos europeus. É importante igualmente progredir na ligação dos portos ao interior de Portugal e na medida do possível ao coração da Península Ibérica. É imperativo terminar a reforma e racionalização do modelo da administração pública dos portos, que estava em cima da mesa faz poucos anos e que ficou por adoptar. É preciso alterar as políticas das taxas portuárias e tornar os portos mais competitivos.

Noutros domínios é aconselhável continuar e mesmo reforçar os esforços de investigação e desenvolvimento de novas tecnologias para a energia offshore das ondas ou do vento. É preciso um programa nacional que junte as empresas às Universidades e estas aos laboratórios de investigação para transformar conhecimento e tecnologia do mar (que existe com abundância em Portugal) em produtos e serviços da economia portuguesa, incluindo na área da biotecnologia. É importante continuar o trabalho em curso de planeamento e ordenamento dos espaços marinhos, preservar os ecossistemas costeiros e subaquáticos e permitir o rápido desenvolvimento de novas actividades *offshore*, incluindo não só a energia renovável, mas também, por exemplo, novas formas de aquacultura sustentável.

É necessário igualmente reconhecer a especifica identidade, características e potencial do turismo costeiro em Portugal, (representa hoje quase 70% do valor do turismo nacional), bem como prevenir as suas ameaças (desordenamento da orla costeira, deterioração do ambiente marinho, erosão costeira e impacto das alterações climáticas), e desenvolver uma estratégia para a sua qualificação, bem como para a qualificação e desenvolvimento de todas as actividades marítimo-turísticas, da náutica de recreio e dos cruzeiros de turismo.

Ou seja, uma aposta na exploração da ligação de Portugal ao mar deve ser centrada nos sectores dos transportes; na investigação e desenvolvimento; nas energias renováveis *offshore*; no turismo; e no ordenamento do espaço marítimo e logo de todos os usos do mar.

Concluindo, como a Europa da *União* em que nos inserimos, que vive de metas e de projectos, também Portugal precisa para progredir de abraçar novas metas e projectos, de ter rumos e objectivos. A ausência na actualidade de projectos nacionais emblemáticos que consigam ser verdadeiramente mobilizadores das energias dos portugueses está a sentir-se como uma lacuna cada vez maior. Com efeito, no vácuo dessa lacuna, sem estratégias de longo prazo e sem concertação nacional prevalecem cada vez mais na sociedade portuguesa os interesses de grupo, reforça-se o poder das corporações e aumenta exponencialmente a conflituosidade social.

Seja como for, não obstante a realidade em que vivemos, ou apesar dela, ainda assim estamos seguros que a ligação ancestral de Portugal ao mar é incontornável e que mais tarde ou mais cedo, com mais ou menos visão política, ela voltará a ser reposta, daí advindo importantes benefícios ao desenvolvimento económico e ao bem estar dos portugueses. Ela contribuirá, sem dúvida, também para levar o país a reencontrar-se consigo mesmo, será mobilizadora de energia e potencial nacional e levará Portugal a ser novamente uma nação marítima desenvolvida da Europa.

Bruxelas, 15 de Dezembro de 2009

CAPÍTULO III

DIREITO CONSTITUCIONAL, DIREITO INTERNACIONAL PÚBLICO E DIREITO DA UNIÃO EUROPEIA

O ARTIGO 8.º DA CONSTITUIÇÃO
E O DIREITO INTERNACIONAL

JORGE MIRANDA*

1. Relevância do Direito Internacional na ordem interna portuguesa: evolução da questão

I – A questão da relevância do Direito Internacional na ordem interna portuguesa tem sido uma das questões mais estudadas e debatidas na doutrina portuguesa: foi assim nas duas últimas décadas da Constituição de 1937; e voltaria a sê-lo com a integração europeia de Portugal relativamente ao Direito Comunitário enquanto considerado uma parcela, mesmo se crescentemente autonomizado, do Direito Internacional.

A este respeito, cinco fases podem e devem ser recortadas: 1.ª) antes de 1933; 2.ª) entre 1933 e 1971; 3.ª) entre 1971 e 1976; 4.ª) entre 1976 e 1986; 5.ª) após 1986 e, principalmente, após 1992.

II – Antes da Constituição de 1933, havia consenso quanto à existência de uma cláusula geral de recepção plena (expressa nos arts. 26.º do Código Civil de 1867 e 6.º do Código Comercial) e o principal intérprete desta orientação era MACHADO VILELA[1].

III – A seguir a 1933, e sobretudo após 1957[2], a doutrina dividiu-se fortemente:

---

* Professor Catedrático das Faculdades de Direito de Lisboa e da Universidade Católica Portuguesa.

[1] *Tratado Elementar de Direito Internacional Privado*, I, Coimbra, 1921, págs. 27, 28, 53 e 54.

[2] Data da 1.ª edição do curso de *Direito Internacional Público* de SILVA CUNHA.

416   *Em Homenagem ao Professor Doutor Diogo Freitas do Amaral*

a) Continuou a haver quem defendesse uma cláusula geral de recepção plena (também com apoio nos arts. 3.º e 4.º da Constituição) – Isabel de Magalhães Collaço, Ferrer Correia, Afonso Queiró;
b) Havia quem entendesse (acolhendo uma visão dualista do art. 4.º da Constituição) que somente se encontravam cláusulas de recepção semiplena – Silva Cunha;
c) Inversamente (por indução das cláusulas de recepção semiplena), havia quem se pronunciasse no sentido da cláusula geral de recepção plena – Miguel Galvão Teles;
d) E havia ainda quem sustentasse não consagrar o Direito português nenhum sistema geral sobre a relevância do Direito Internacional, mas, ao mesmo tempo, por adopção de um monismo de Direito Internacional, se decidisse no sentido da sua aplicabilidade genérica na ordem interna – André Gonçalves Pereira[3].

IV – O Código Civil de 1966, apesar de abrir com um capítulo sobre "Fontes de Direito", ignora aí totalmente os tratados e as demais fontes específicas do Direito Internacional[4].

Mas a revisão constitucional de 1971 aditaria um § único ao art. 4.º da Constituição, dispondo expressamente sobre a relevância das normas internacionais[5]. Subsistiriam, entretanto, divergências (embora em novos moldes):
a) Entre defensores de um entendimento favorável à recepção plena (quer do Direito Internacional convencional, quer do comum) – André Gonçalves Pereira, Ferrer Correia, Jorge Miranda;
b) E defensores de um entendimento favorável à transformação implícita – Marcello Caetano, Afonso Queiró (admitindo, porém, este autor a recepção automática das normas constantes de acordos em forma simplificada)[6].

---

[3] Sobre o debate doutrinal neste período, v. Miguel Galvão Teles, *Eficácia dos tratados na ordem interna portuguesa*, Lisboa, 1967, págs. 27 e segs.; ou André Gonçalves Pereira, *Curso de Direito Internacional Público*, 2.ª ed., Lisboa, 1970, págs. 87 e segs.

[4] Todavia, no Código de Processo Civil de 1961 (que, no essencial, permanece em vigor) incluíam-se entre as regras de Direito de carácter substantivo, para efeito de recurso de revista, as constantes de tratados internacionais (art. 721.º, n.º 3).

[5] V. o relatório da proposta de lei de revisão in *Diário das Sessões* da Assembleia Nacional, 1970, 2.º supl. ao n.º 50, pág. 1048(14).

[6] V. o estado da questão em Afonso Queiró, *Relações entre o Direito Internacional e o Direito Interno ante a Última Revisão Constitucional Portuguesa*, Coimbra, 1972; André Gonçalves Pereira, *A Revisão Constitucional de 1971 e as Fontes de Direito*

O Artigo 8.º da Constituição e o Direito Internacional

V – A Constituição de 1976 dedica todo um artigo ao Direito Internacional, o art. 8.º[7], em que cuida, sucessivamente, do Direito Internacional comum (n.º 1), do Direito Internacional convencional (n.º 2), desde a revisão de 1982, também de normas dimanadas de órgãos de organizações internacionais (n.º 3) e, desde a revisão de 2004, especificamente, de normas da União Europeia (n.º 4).

Em face das normas constitucionais e no contexto global da Lei Fundamental, é agora quase unânime a opinião de que existe uma cláusula geral de recepção plena[8] – o que não significa, evidentemente, que os autores dela retirem idênticas consequências.

Internacional, Lisboa, 1972, págs. 5 e segs.; Jorge Miranda, *Ciência Política e Direito Constitucional*, policopiado, 19721973, II, págs. 142 e segs., e *Decreto*, Coimbra, 1974, pág. 71; Gomes Canotilho, *O Problema da Responsabilidade do Estado por Actos Lícitos*, Coimbra, 1974, pág. 181.

[7] É, como se sabe, a primeira Constituição portuguesa que o faz.

[8] Assim, Afonso Queiró, *Lições de Direito Administrativo*, policopiado, I, Coimbra, 1976, págs. 321, 322, 330 e segs., e 337 e segs., e «Fontes não Voluntárias de Direito Administrativo», in *Revista de Direito e Estudos Sociais*, 1976, pág. 21; André Gonçalves Pereira, *O Direito Internacional na Constituição de 1976*, in *Estudos sobre a Constituição*, obra colectiva, I, Lisboa, 1977, págs. 39 e segs.; Jorge Miranda, *A Constituição de 1976 – Formação, Estrutura, Princípios Fundamentais*, Lisboa, 1978, págs. 297 e segs. e «As Actuais Normas Constitucionais e o Direito Internacional», in *Nação e Defesa*, 1985; Nuno Bessa Lopes, *A Constituição e o Direito Internacional*, Vila do Conde, 1979, págs. 39 e segs.; Marcelo Rebelo de Sousa, «A Adesão de Portugal à CEE e a Constituição de 1976», in *Estudos sobre a Constituição*, III, Lisboa, 1979, págs. 465 e segs.; Mota Campos, *A Ordem Constitucional Portuguesa e o Direito Comunitário*, Braga, 1981, págs. 149 e segs.; *As Relações da ordem jurídica portuguesa com o Direito internacional e o Direito comunitário à luz da revisão constitucional de 1982*, Lisboa, 1985, págs. 55 e segs., e *Direito Comunitário*, II, 4.ª ed., Lisboa, 1994, pág. 195; Sérvulo Correia, *Noções de Direito Administrativo*, I, Lisboa, 1982, pág. 84; Adriano Moreira, *Direito Internacional Público*, Lisboa, 1983, págs. 193-194; Albino Azevedo Soares, *Lições de Direito Internacionl Público*, 4.ª ed., Coimbra, 1988, págs. 80 e segs.; Pedro Romano Martinez, «Relações entre o Direito Internacional e o Direito Interno», in *Direito e Justiça*, 198-990, pág. 171; Rui Medeiros, «Relações entre Normas Constantes de Convenções Internacionais e Normas Legislativas na Constituição de 1976», in *O Direito*, 1990, pág. 356; André Gonçalves Pereira e Fausto de Quadros, *Manual de Direito Internacional Público*, 3.ª ed., Coimbra, 1993, págs. 108 e segs.; Carlos Fernandes, *op. cit.*, págs. 92 e segs.; Maria Luísa Duarte, «O Tratado de União Europeia e a Garantia da Constituição», in *Estudos em Memória do Professor Doutor João de Castro Mendes*, Lisboa, 1993, pág. 695; Paulo Canelas de Castro, «Portugal's World Outlook in the Constitution of 1976», in *Boletim da Faculdade de Direito da Universidade de Coimbra*, 1995, págs. 488 e segs.; Mário Júlio de Almeida Costa e José Gabriel Queiró, «Reco-

418   *Em Homenagem ao Professor Doutor Diogo Freitas do Amaral*

2. Relevância do Direito Internacional na ordem interna portuguesa: a situação actual

I – Não custa descobrir um enquadramento favorável à recepção automática do Direito Internacional na Constituição de 1976.

Apontam, por certo (embora não decisivamente) nessa direcção os trabalhos preparatórios na Assembleia Constituinte: o teor das intervenções produzidas durante a discussão do art. 8.º°, o claríssimo texto aprovado acerca do Direito Internacional geral ou comum (pela primeira vez

---

nhecimento de Diplomas e Títulos Profissionais Brasileiros», in *Revista de Direito e Estudos Sociais*, 1996, págs. 385 e segs.; Luís SERRADAS DUARTE, *A Aplicação Interna das Convenções Internacionais face ao Controlo do Tribunal Constitucional*, Lisboa, 1997, págs. 30 e segs.; FAUSTO DE QUADROS, *A Protecção da propriedade privada pelo Direito Internacional Público*, Coimbra, 1998, págs. 531 e segs.; EDUARDO CORREIA BAPTISTA, *Direito Internacional Público*, I, Lisboa, 1998, págs. 427 e segs. (com a ressalva de pág. 429); INOCÊNCIO GALVÃO TELLES, *Introdução ao Estudo do Direito*, 11.ª ed., Coimbra, 1999, págs. 159 e segs.; FRANCISCO FERREIRA DE ALMEIDA, *Direito Internacional Público*, I, Coimbra, 2001, págs. 53 e segs.; GOMES CANOTILHO, *Direito Constitucional e Teoria da Constituição*, 7.ª ed., Coimbra, 2004, pág. 819 e segs.; MARTA CHANTAL RIBEIRO, «O Direito Internacional, o Direito Comunitário e a Nossa Constituição – Que Rumo?», in *Estudos em Comemoração dos Cinco Anos da Faculdade de Direito da Universidade do Porto*, Coimbra, 2001, págs. 942 e segs.; JÓNATAS MACHADO, *Direito Internacional – Do paradigma clássico ao pós-11 de Setembro*, Coimbra, 2006, págs. 157 e segs.; JORGE BACELAR GOUVEIA, *Manual de Direito Internacional Público*, 3.ª ed., Coimbra, 2008, págs. 429 e segs.; JORGE MIRANDA e RUI MEDEIROS, *Constituição Portuguesa Anotada*, I, Coimbra, 2005, págs. 88 e segs.; GOMES CANOTILHO e VITAL MOREIRA, *Constituição da República Portuguesa Anotada*, I, 4ª ed., Coimbra, 2007, págs. 253 e segs.; WLADIMIR BRITO, *Direito Internacional Público*, Coimbra, 2008, págs. 121 e segs.

Diversamente, JORGE CAMPINOS, *O Ministro dos Negócios Estrangeiros*, Lisboa, 1977, pág. 48 (para quem só haveria validade imediata na ordem interna do Direito Internacional geral ou comum, ao passo que, quanto ao Direito convencional, o sistema seria de transformação implícita); SILVA CUNHA e MARIA DA ASSUNÇÃO DO VALE PEREIRA, *op. cit.*, I, págs. 110 e segs. (que invocam contra a recepção geral plena o princípio da independência nacional e o art. 1.º do Código Civil).

Cfr. ainda, sem tomarem posição, ISABEL JALLES, *Implicações Jurídico-Constitucionais da Adesão de Portugal às Comunidades Europeias*, Lisboa, 1980, págs. 79 e segs. e 89 e segs.; MOITINHO DE ALMEIDA, *Direito Comunitário – A Ordem Jurídica Comunitária – As Liberdades Fundamentais na CEE*, Lisboa, 1988, págs. 98 e segs.

[9] V. *Diário*, n.ºs 29 e 30, de 9 e 13 de Agosto de 1975, págs. 753 e segs. e 772--773. Afirmámos, na altura, sem oposição, que a Constituição ia consagrar o monismo com primado de Direito Internacional (págs. 753-754).

O Artigo 8.º da Constituição e o Direito Internacional

entre nós) e a adopção, em vez de uma cláusula de reciprocidade[10], da regra de vigência das normas convencionais na ordem interna "enquanto vincularem internacionalmente o Estado Português"[11].

Ao mesmo tempo, e sobretudo, noutros preceitos fazem-se não poucos e não pouco importantes apelos a normas de Direito Internacional: arts. 4.º, 7.º, n.os 1, 6 e 7, 16.º, n.os 1 e 2, 29.º, n.º 2, 33.º, n.os 3, 4 e 5, 102.º, 273.º, n.º 2 e 275.º, n.º 5 (no texto após as sucessivas revisões constitucionais).

II – No tocante ao Direito Internacional comum, corroboram ou apoiam a tese da recepção automática: 1.º) a letra do art. 8.º, n.º 1, similar à do art. 25.º da Constituição federal alemã; 2.º) a referência a princípios de Direito Internacional nos arts. 7.º, n.º 1, 16.º, n.º 2, e 29.º, n.º 2[12].

Problema complementar consiste em averiguar se deve reconhecer-se a eficácia interna de todo e qualquer costume internacional ou se, apenas, daqueles em cuja formação Portugal tenha intervindo ou a que tenha dado aceitação tácita[13]. Congruentemente com uma fundamentação não voluntarista do Direito Internacional, é de preferir o alcance mais consentâneo com a universalidade do Direito Internacional.

Mais duvidoso é o estatuto do costume local e regional. Evidentemente, não cabe no âmbito literal do art. 8.º, n.º 1, conquanto este lhe possa (ou deva) ser estendido por analogia[14], por interpretação extensiva[15] ou por identidade de razão[16].

---

[10] O texto vindo da Comissão estipulava que as normas convencionais vigoravam na ordem interna, salvo se não fossem ou deixassem de ser aplicadas pela outra ou outras partes contratantes. Foi eliminado sob proposta do Deputado Freitas do Amaral, entendendo-se que não competia ao Estado definir o regime do cumprimento e do não-cumprimento das obrigações internacionais, problema diferente do da relevância do Direito Internacional na ordem interna (*Diário*, pág. 753).

[11] Resultou de proposta do Deputado Vital Moreira. V. a justificação in *Diário*, n.º 30, pág. 773.

[12] E, noutro plano, hoje também no já citado art. 721.º, n.º 3 do Código de Processo Civil.

[13] Em sentido restritivo, em face da Constituição de 1933, após 1971, AFONSO QUEIRÓ, *Relações...*, cit., pág. 17.

[14] Assim, ANDRÉ GONÇALVES PEREIRA e FAUSTO DE QUADROS, *op. cit.*, pág. 110.

[15] ALBINO AZEVEDO SOARES, *op. cit.*, págs. 82 e 83; FRANCISCO FERREIRA DE ALMEIDA, *op. cit.*, págs. 67 e segs.

[16] EDUARDO CORREIA BAPTISTA, *op. cit.*, I, pág. 428.

III – Quanto ao art. 8.º, n.º 2, ele não fez depender a vigência na ordem interna das normas constantes de convenções internacionais regularmente ratificadas ou aprovadas, senão da sua publicação oficial (o que bem se compreende, pois nenhum cidadão pode ser destinatário de uma norma jurídica sem que disponha de um meio objectivo de a conhecer); mas a publicação – que não é acto específico e livre do órgão de vinculação internacional do Estado, o Presidente da República –, ao contrário da ratificação, funciona como mera *condictio juris*.

Se não bastasse a interpretação histórica, literal e lógica do art. 8.º, alguns argumentos de natureza sistemática viriam confirmar ou demonstrar que nele se encontra uma regra de recepção geral plena do Direito Internacional convencional. Com efeito:

a) Os arts. 4.º, 7.º, n.os 6 e 7, 16.º, n.º 1, 33.º, n.os 3, 4 e 5, 102.º, 273.º, n.º 2 e 275.º, n.º 5 (que versam, respectivamente, sobre matérias tão importantes como a definição da cidadania portuguesa, a integração europeia, o Tribunal Penal Internacional, a enumeração dos direitos fundamentais, a extradição, o Banco de Portugal, a defesa nacional e os compromissos internacionais de âmbito militar) colocam os actos normativos de Direito Internacional a par da lei como fontes de regras de Direito interno; e não se trata nem de redundâncias, nem de cláusulas de recepção semiplena, mas sim de afloramentos naturais do princípio da recepção plena;

b) São os mesmos os órgãos – o Parlamento e o Governo – que têm competência de aprovação de convenções internacionais [arts. 161.º, alínea *i)*, e 197.º, n.º 1, alínea *c)*] e competência legislativa [arts. 161.º, alínea *d)*, e 198.º], pelo que não se justificaria por nenhuma razão de equilíbrio do sistema político a exigência de dois actos sucessivos de qualquer desses órgãos sobre a mesma matéria;

c) Mas, por outra banda (o que afasta a hipótese de transformação implícita), a competência de aprovação dos tratados e acordos internacionais é distinta e não totalmente coincidente com a competência legislativa [recordem-se os arts. 161.º, alínea *i)*, e 197.º, alínea *c)*, em confronto com os arts. 161.º, alínea *d)*, 198.º e 227.º, n.º 1, alíneas *a)*, *b)* e *c)*], e manifesta-se em actos típicos diferenciados – quanto à Assembleia da República, a resolução (por força do art. 166.º, n.º 5) e, quanto ao Governo, o decreto, o decreto simples, e não o decreto-lei (por força do art. 197.º, n.º 2);

O Artigo 8.º da Constituição e o Direito Internacional   421

d) Na fiscalização da constitucionalidade igualmente se distingue entre actos legislativos e tratados (arts. 277.º, n.º 2, 278.º, n.º 1, 279.º, n.º 4 e 280.º, n.º 3).

IV – Ainda a respeito do art. 8.º, n.º 2, observe-se que:
– a alusão do art. 8.º, n.º 2, a convenções "regularmente ratificadas ou aprovadas" tem de ser conjugada (como se vai ver) com o art. 277.º, n.º 2;
– no preceito abrangem-se os acordos sob a forma de troca de notas, porque, como se disse na altura própria, entre nós estão sujeitos a aprovação;
– a expressão "enquanto vincularem internacionalmente o Estado português" significa que a vigência na ordem interna depende da vigência na ordem internacional (as normas internacionais só vigoram no nosso ordenamento depois de começarem a vigorar no ordenamento internacional e cessam de aqui vigorar ou sofrem modificações, na medida em que tal aconteça a nível internacional)[17];
– em contrapartida, a eventual não-vigência de qualquer tratado na ordem interna por preterição dos requisitos constitucionais não impede a vinculação a esse tratado na ordem internacional[18].

V – Quanto às normas emanadas dos órgãos competentes de organizações internacionais de que Portugal seja parte e que vigoram directamente na ordem interna, por tal se encontrar estabelecido nos respectivos tratados constitutivos (art. 8.º, n.º 3)[19], nenhuma dúvida se suscita sobre a natureza do fenómeno com recepção automática no seu grau máximo[20].

---

[17] E sendo a publicação no nosso jornal oficial exigível pelas mesmas razões gerais de conhecimento pelos destinatários. Diversamente, EDUARDO CORREIA BAPTISTA, *op. cit.*, pág. 430.

[18] Naturalmente, esta regra vale também para o Direito das organizações internacionais.

[19] No texto de 1982, falava-se em "*expressamente* estabelecidos nos respectivos tratados constitutivos". O advérbio foi suprimido na revisão de 1989.

[20] A fórmula do n.º 3 foi fortemente criticada por ANDRÉ GONÇALVES PEREIRA e FAUSTO DE QUADROS, *op. cit.*, págs. 113 e segs., mas, a nosso ver, sem razão (*Curso de Direito Internacional Público*, 2.ª ed., São João do Estoril, 2004, págs. 153-154).

Dispensa-se não só qualquer interposição legislativa como qualquer aprovação ou ratificação a nível interno equivalente à dos tratados (e tão-pouco pode dar-se fiscalização preventiva). Mas deveria exigir-se sempre a publicação no jornal oficial português[21].

Pensado em 1982 na perspectiva da integração de Portugal nas Comunidades Europeias e da consequente recepção do Direito Comunitário[22], nunca esgotou aí o seu âmbito virtual. Como bem se sabe, há decisões normativas imediatamente aplicáveis das mais diversas organizações internacionais – entre as quais as resoluções do Conselho de Segurança das Nações Unidas[23].

VI – O art. 8.º é omisso relativamente a tratados celebrados por organizações internacionais de que Portugal seja membro.

É óbvio, porém, que eles não podem deixar de ser aplicados enquanto tais imediatamente na ordem interna, embora não por força do n.º 2 (que pressupõe tratados aprovados pelo Estado português), mas por extensão do n.º 3.

---

[21] O que, todavia, não tem acontecido com os regulamentos comunitários. Sem pôr em causa que a obrigatoriedade destes regulamentos apenas depende da publicação no *Jornal Oficial das Comunidades* (art. 254.º após o Tratado de Amesterdão), é óbvio que a sua publicação depois no *Diário da República* reforçaria a certeza e a segurança jurídica das pessoas.

[22] Cfr. ANTÓNIO VITORINO, *A Adesão de Portugal às Comunidades Europeias*, Lisboa, 1984, págs. 43 e segs.; MOITINHO DE ALMEIDA, *op.cit.*, págs. 102 e segs.; ALBINO AZEVEDO SOARES, *op. cit.*, págs. 89 e segs.; JOÃO CAUPERS, *Introdução ao Direito Comunitário*, Lisboa, 1988, págs. 170 e segs.; NUNO PIÇARRA, *O Tribunal de Justiça das Comunidades Europeias como Juiz Legal e o Processo do Artigo 177.º do Tratado CEE*, Lisboa, 1991, págs. 84 e segs.; MARCELO REBELO DE SOUSA, "A Transposição das Directivas Comunitárias para a Ordem Jurídica Nacional", in *Legislação*, n.os 45, Dezembro de 1992, págs. 69 e segs.; CARLOS BOTELHO MONIZ e PAULO MOURA PINHEIRO, "As Relações da Ordem Jurídica Portuguesa com a Ordem Jurídica Comunitária – Algumas Reflexões", *ibidem*, págs. 121 e segs.; GOMES CANOTILHO e VITAL MOREIRA, *op. cit.*, págs. 89 e segs.; ANDRÉ GONÇALVES PEREIRA e FAUSTO DE QUADROS, *op. cit.*, págs. 113 e segs. e 132 e segs.; MARIA LUÍSA DUARTE, *op. cit.*, *loc. cit.*, págs. 698 e segs.; EDUARDO CORREIA BAPTISTA, *op. cit.*, I, págs. 442 e segs.; JOÃO MOTA DE CAMPOS, *Direito Comunitário*, II, cit., págs. 92 e 93.

[23] V., por exemplo, as resoluções n.os 808 e 823, de 22 de Fevereiro e 25 de Maio de 1993, in *Diário da República*, 1.ª série-A, n.º 109, de 11 de Maio de 1995. Cfr. MARIE PIERRE LANFRANCHI, «La Valeur Juridique en France des Résolutions du Conseil de Sécurité», in *Annuaire Français de Droit International*, 1997, págs. 31 e segs.

O Artigo 8.º da Constituição e o Direito Internacional

VII – O n.º 4[24] – depois de, no primeiro segmento, repetir o que já consta dos n.ºs 2 e 3 – vem estabelecer que as disposições dos tratados que regem a União Europeia e as normas emanadas das suas instituições são *aplicáveis na ordem interna nos termos definidos pelo Direito da União*.

Os problemas que suscita serão considerados mais à frente, a propósito das relações entre normas de Direito da União Europeia e normas constitucionais.

3. Relações entre normas de Direito Internacional e normas de Direito interno

I – A força jurídica (ou o valor ou a eficácia) das normas de Direito Internacional recebidas na ordem interna frente à força jurídica (ou ao valor ou à eficácia) das normas de produção interna pode ser *a priori* concebida numa das seguintes posições: 1.ª) Força jurídica supraconstitucional das normas internacionais; 2.ª) Força jurídica constitucional dessas normas; 3.ª) Força jurídica infraconstitucional, mas supralegal; 4.ª) Força jurídica igual à das normas legais; 5.ª) Força jurídica infralegal.

II – Inexiste na Constituição portuguesa (na actual, como nas anteriores, e também na grande maioria das Constituições estrangeiras) consideração expressa e inequívoca do lugar que as normas de Direito Internacional ocupam na ordem interna. O legislador constituinte mostra-se aqui muito prudente[25].

---

[24] Feito por causa da chamada Constituição europeia (ainda antes de o respectivo tratado estar assinado... e tratado esse que, como se sabe, não chegaria a entrar em vigor).

[25] Mas encontrase a afirmação da supremacia do Direito Internacional geral ou comum sobre as leis na Constituição alemã (citado art. 25.º, 2.ª parte) e do Direito convencional sobre as leis nas Constituições norteamericana (citado art. I, n.º 2), francesa (art. 55.º), grega (art. 28.º, § 1.º), búlgara (art. 5.º, n.º 4), cabo-verdiana (art. 11.º, n.º 4), ou russa (art. 15.º, n.º 4).

Na Grã-Bretanha prevalece a lei posterior, embora haja a presunção de que o Parlamento não quererá infringir o Direito Internacional, razão pela qual qualquer diploma não deverá ser interpretado nesse sentido, a menos que a conclusão contrária seja irrecusável (J. L. BRIERLY, *op. cit.*, pág. 88).

Para uma visão comparativa, cfr. RUI DE MOURA RAMOS, *op. cit.*, *loc. cit.*, págs. 131 e segs.

Podem ser carreados, contudo, alguns elementos que permitem chegar a resultados fecundos na análise de diferentes problemas: relação entre Direito Internacional geral ou comum e normas constitucionais; relações entre Direito Internacional convencional e normas constitucionais; relações entre Direito das organizações internacionais e de entidades afins e normas constitucionais[26]; relação entre Direito Internacional e normas de lei ordinária.

4. Normas de Direito Internacional geral e normas constitucionais

I – A Constituição declara formalmente vários princípios de Direito Internacional geral ou comum no art. 7.º, n.º 1: respeito dos direitos do homem, direito dos povos à autodeterminação e à independência, igualdade entre os Estados, solução pacífica dos conflitos internacionais, não-ingerência nos assuntos internos dos outros Estados, cooperação com todos os outros povos para a emancipação e o progresso da humanidade.

Depois, no art. 16.º, n.º 2, estatui que os preceitos constitucionais e legais relativos aos direitos fundamentais devem ser interpretados e integrados de harmonia com a Declaração Universal dos Direitos do Homem. E esta é um complexo de princípios de Direito Internacional (como se demonstrará noutro capítulo).

Mais à frente, no art. 29.º, n.º 2, admite a punição, nos limites da lei interna, de acção ou omissão que, no momento da sua prática, seja considerada criminosa segundo os princípios gerais de Direito Internacional comummente reconhecidos.

II – Todos estes princípios assumem, assim, valor de princípios constitucionais? Ou não terão, porventura até, força supraconstitucional?

Importa discernir, porque são distintas, a sua função e a sua consistência jurídica.

---

[26] No sentido da supremacia da Constituição em geral, ANDRÉ GONÇALVES PEREIRA, *O Direito Internacional...*, cit., *loc. cit.*, pág. 41; RUI DE MOURA RAMOS, *A Convenção Europeia dos Direitos do Homem – Sua posição face ao Ordenamento Jurídico Português*, Coimbra, 1982, págs. 155 e segs.; MOTA DE CAMPOS, *As relações...*, cit., págs. 78 e 79, e *Direito Comunitário*, II, cit., págs. 387 e segs.; JORGE MIRANDA e RUI MEDEIROS, *Constituição...*, cit., I, págs. 91 e segs.

O Artigo 8.º da Constituição e o Direito Internacional

Os princípios consignados no art. 7.º, n.º 1, correspondem a princípios de *jus cogens*, como logo se reconhece; e correspondem-lhes também, na Declaração Universal, o princípio da igualdade e da dignidade de todos os seres humanos (arts. 1.º, 2.º, 3.º e 7.º) e o da proibição da escravatura e da atribuição universal de personalidade jurídica (arts. 4.º e 6.º).

Como princípio de *jus cogens*, são estruturantes da comunidade internacional e não podem, por isso, deixar de se sobrepor à Constituição de qualquer Estado enquanto membro dessa comunidade[27][28]. Exprimindo a consciência jurídica universal, não menos exprimem a consciência jurídica do povo português, hoje. Ainda que o art. 7.º não os contivesse, nunca o poder constituinte estaria habilitado a contrariá-los ou a subvertê-los; são seus limites *heterónomos*[29][30].

No que tange aos princípios enunciados na Declaração Universal e que não pertençam (ou não pertençam por enquanto) ao *jus cogens*, esses têm valor constitucional, por virtude da recepção formal operada pelo art. 16.º, n.º 2.

---

[27] Cfr. GIUSEPPE SPERDUTTI, «Le Principe de Souveraineté et le Problème des Rapports entre le Droit International et le Droit Interne», in *Recueil des Cours*, 1976, V, págs. 399 e segs.

[28] Cfr. art. 194.º, n.º 2 da Constituição suíça de 1999: a revisão parcial da Constituição não pode violar as regras imperativas de Direito Internacional.

[29] Cfr. JORGE MIRANDA, *Manual de Direito Constitucional*, II, 6ª ed., Coimbra, 2007, págs. 55 e segs. e 137. No mesmo sentido, EDUARDO CORREIA BAPTISTA, *op. cit.*, I, pág. 421; PAULO OTERO, *Legalidade e Administração Pública*, 2003, págs. 575 e segs. Contra, CARLOS BLANCO DE MORAIS, *Justiça Constitucional*, I, 2ª ed., Coimbra, 2006, págs. 37 e segs.

[30] Continuamos, contudo, a não aceitar as opiniões de AFONSO QUEIRÓ (*Lições...*, cit., págs. 325-326) e de PAULO OTERO («Declaração Universal dos Direitos do Homem e Constituição: A Inconstitucionalidade de Normas Constitucionais», in *O Direito*, 1990, págs. 603 e segs., *maxime* 605, 609-610 e 612) que atribuem, à Declaração Universal, em globo, valor supraconstitucional.

Continuamos a pensar que, salvo naquilo que é já *jus cogens*, se, por hipótese, alguma norma constitucional originária (não uma norma criada por revisão constitucional) contrariar a Declaração Universal, então isso apenas significará que aí não funcionará a recepção aberta pelo art. 16.º, n.º 2 da Constituição.

Sobre o art. 292.º (incriminação dos agentes e responsáveis da PIDEDGS), cfr. EDUARDO CORREIA BAPTISTA, *op. cit.*, I, págs. 433 e segs. Mas, simplesmente, o problema não tem hoje que se pôr, por esse preceito há muito ter caducado.

Quanto aos princípios referidos no art. 29.º, n.º 2, eles fazem corpo com a lei (conforme aí se diz) e, portanto, não podem ultrapassar os quadros do Direito ordinário[31].

III – A respeito das restantes normas de Direito Internacional geral ou comum, hesitamos entre reconhecer-lhes grau idêntico ao das normas constitucionais ou grau infraconstitucional, conquanto supralegal.

Qualquer das qualificações se afigura compatível com uma Constituição de vocação universalista como a nossa e o problema não oferece interesse prático por não ser concebível um juízo de inconstitucionalidade sobre esses princípios[32] [33].

Há quem pergunte que sentido teria afirmar que determinadas normas ou determinados princípios se impõem a todos os Estados se depois se vem a admitir que a Constituição possa infringir tais normas ou princípios[34]. Ou quem chegue a sustentar que todo o Direito Internacional geral ou comum é essencialmente *jus cogens*[35]. Ou quem proclame um princípio de harmonia da Constituição com o Direito Internacional, particularmente o Direito Internacional dos direitos do homem[36]. Mas pode contra-alegar-se com os próprios arts. 53.º e 64.º da Convenção de Viena, os quais, *a contrario*, levam a supor que nem todas as normas de Direito

---

[31] Cfr. José de Sousa e Brito, «A Lei Penal na Constituição», in *Estudos sobre a Constituição*, obra colectiva, II, Lisboa, 1978, págs. 242 e 243; Taipa de Carvalho, anotação em Jorge Miranda e Rui Medeiros, *op. cit.*, I, págs. 329; Gomes Canotilho e Vital Moreira, *op. cit.*, I, 4.ª ed., págs. 496-497.

[32] Cfr. Gomes Canotilho e Vital Moreira, *op. cit.*, 3.ª ed., pág. 984; e, doutro prisma, Eduardo Correia Baptista, *op. cit.*, I, págs. 456-457.

[33] A favor da infraconstitucionalidade, Paulo Otero, *A Autoridade Internacional de Fundos Marítimos*, Lisboa, 1988, pág. 177; Pedro Romano Martinez, *op. cit.*, *loc. cit.*, pág. 170; Carlos Blanco de Morais, *op.cit.*, I. págs. 486 e segs. (admitindo sujeição a controlo de constitucionalidade). Mas em *Legalidade...*, cit., pág. 593, Paulo Otero pronunciase pelo valor constitucional daqueles princípios.

[34] Albino Azevedo Soares, *op. cit.*, págs. 94 e segs.; André Gonçalves Pereira e Fausto de Quadros, *op. cit.*, págs. 116 e segs.; de certo modo, Marta Chantal Ribeiro, *op. cit.*, *loc. cit.*, págs. 954 e segs.

[35] André Gonçalves Pereira e Fausto de Quadros, *ibidem*: estes Autores entendem ainda que o art. 16.º atribui implicitamente grau supraconstitucional ao Direito Internacional dos direitos do homem. Só que não se descortina como pode um *preceito da Constituição* conferir a qualquer norma uma força jurídica superior àquela que possui.

[36] Fausto de Quadros, *A Protecção...*, cit., págs. 535 e segs.

O Artigo 8.º da Constituição e o Direito Internacional

Internacional geral ou comum cabem no *jus cogens*; e, quanto aos direitos do homem, com o próprio estádio em que se encontra o sistema de protecção das Nações Unidas.

IV – Se o *jus cogens* prevalece sobre a Constituição, isso implica a faculdade (ou a necessidade) de os tribunais desaplicarem normas constitucionais que lhe sejam contrárias?

A pergunta é puramente académica hoje perante a Constituição portuguesa. Mas, a pôr-se o problema, ele será idêntico (e com larga coincidência material) ao da ofensa de princípios de Direito natural, não podendo a resposta deixar de ser positiva, embora dependente, na prática, da autoridade social dos juízes e da consciência comunitária dos imperativos e valores em causa[37]. E o Tribunal Constitucional também poderá ser chamado a julgar casos de contradição dessa natureza – embora apenas em fiscalização concreta e incidentalmente, e não em fiscalização abstracta (reservada esta à garantia da própria Constituição)[38].

5. Normas de Direito Internacional convencional e normas constitucionais

Não parece justificarem-se quaisquer dúvidas sobre o modo como no Direito português se posicionam as normas constantes de tratados internacionais perante a Constituição: posicionam-se numa relação de subordinação.

Para lá de todos os argumentos de carácter geral que possam ser retirados do princípio da soberania ou da independência nacional [preâmbulo e arts. 1.º e 9.º, alínea *a*)] ou do princípio do Estado de Direito [preâmbulo e arts. 2.º e 9.º, alínea *b*)], bastaria lembrar a sujeição de tais normas à fiscalização da constitucionalidade, se bem que com especialidades significativas (arts. 277.º, n.º 2, 278.º, n.º 1, 279.º, n.º 4 e 280.º, n.º 3)[39][40].

---

[37] Assim, *Manual...*, VI, 3.ª ed., Coimbra, 2008, págs. 2122.

[38] Diversamente, EDUARDO CORREIA BAPTISTA, *op. cit.*, I, pág. 469.

[39] No mesmo sentido, ALBINO AZEVEDO SOARES, *op. cit.*, págs. 100-101; PEDRO ROMANO MARTINEZ, *op. cit.*, *loc. cit.*, pág. 172; MOTA DE CAMPOS, *Direito Comunitário*, II, cit., págs. 384 e 387 e segs.; MARIA LUÍSA DUARTE, *op. cit.*, *loc. cit.*, pág. 696; GOMES CANOTILHO e VITAL MOREIRA, *op. cit.*, 4.ª ed., págs. 255 e segs. (mas afirmando ser pouco

428 Em Homenagem ao Professor Doutor Diogo Freitas do Amaral

Bastaria ainda lembrar a necessidade de proceder a prévias revisões constitucionais, que se sentiu em 1992, aquando do tratado de Maastricht (o primeiro tratado da União Europeia); em 2001, aquando do estatuto de Roma institutivo do Tribunal Penal Internacional; e em 2004, aquando do (malogrado) tratado apelidado de "Constituição europeia. Se estes tratados valessem (ou valessem desde logo) como base de um novo e superior Direito, vinculariam os Estados, e entrariam em vigor independentemente disso e, depois, seriam as normas constitucionais desconformes que seriam tidas por ineficazes ou por revogadas; ora, não foi isso que aconteceu[41].

6. Normas de Direito das organizações internacionais e normas constitucionais

I – Se o Direito Internacional convencional se queda num plano inferior ao da Constituição, então o Direito próprio das organizações

---

consentâneo com o sistema constitucional das fontes que uma lei de valor reforçado tenha de ceder perante um simples acordo em forma simplificada).

Diversamente, ANDRÉ GONÇALVES PEREIRA e FAUSTO DE QUADROS, *op. cit.*, págs. 121 e segs., para quem o Direito Internacional dos direitos do homem e o Direito Comunitário originário primam sobre a Constituição, embora não o demais Direito convencional (e estando o Estado português constituído em responsabilidade internacional, enquanto se mantiver o actual sistema de fiscalização da constitucionalidade); assim como EDUARDO CORREIA BAPTISTA, *op. cit.*, I, págs. 438-439 e 445, que se refere à Carta das Nações Unidas, à Convenção de Genebra de 1949 e protocolo de 1977, à Convenção Europeia dos Direitos do Homem e aos tratados institutivos das Comunidades e da União Europeia; ou PAULO OTERO, *Legalidade...*, cit., págs. 605 e segs., para quem, à luz da cláusula do empenhamento na construção da União Europeia, os tratados comunitários determinam derrogações constitucionais, tornando inaplicáveis as normas constitucionais contrárias.

[40] É esta a solução acolhida em quase todos os países. Excepcionais são os casos da Constituição austríaca (arts. 50.º, n.º 3 e 44.º) e da holandesa (art. 91.º, n.º 3), que admite tratados modificativos de normas constitucionais, desde que aprovados por maioria de dois terços.

Quanto aos tratados sobre direitos do homem, algumas Constituições como a espanhola (art. 10.º, nº 2), a argentina (art. 75.º, n.º 22), a venezuelana (art. 23.º) ou a brasileira (art. 5.º, § 3.º, após 2008) consagram a paridade com normas constitucionais. Sobre o Brasil, v. INGO SARLET, *A Reforma Judiciária e os Tratados Internacionais de Direitos Humanos*, in *Interesse Público*, n.º 37, 2006, págs. 49 e segs.

[41] *Manual...*, III, 5.ª ed., Coimbra, 2004, pág. 206.

internacionais, o qual repousa nos tratados constitutivos destas organizações, também há-de, logicamente, assim situar-se.

Objectar-se-á em contrário que as coisas não são tão simples, porque não pode obliterar-se a dinâmica inerente a certas organizações, a relativa autonomia que adquirem em face dos momentos e actos fundadores. Mas vida institucional própria não implica transformação em realidade diferente com apagamento das Constituições dos Estados. Mesmo nas Nações Unidas a vinculatividade incondicionada *erga omnes* das suas decisões sobre ameaça à paz, ruptura da paz ou agressão é excepcional.

II – Problema colateral vem a ser o que se reporta à eventual contradição entre norma criada por uma organização internacional e norma de Direito Internacional geral ou comum ou norma de Direito Internacional convencional.

Nenhuma dúvida há-de subsistir quanto à preferência então de norma de Direito Internacional geral ou comum ou da norma constante de tratado constitutivo da própria organização ou de tratado de que ela seja parte.

Ao invés, entre norma derivada da organização e norma constante de tratado de que seja parte apenas o Estado em que surja a questão, deve prevalecer a primeira – mesmo que o outro Estado parte na convenção não seja membro da organização[42]. Aqui antolha-se inelutável o corolário da integração nessa organização: se certo Estado se tornou seu membro, não pode invocar tal tratado para deixar de cumprir uma norma que, em última análise, se funda no tratado constitutivo da organização. Mas pode surgir então um conflito de obrigações internacionais[43].

Em qualquer caso, os tribunais portugueses podem conhecer da incompatibilidade ao abrigo do princípio geral da fiscalização difusa.

7. Normas de Direito comunitário e normas constitucionais

I – Problema de particularíssima delicadeza tem-se posto diante das Comunidades e da União Europeia – hoje já muito mais do que meras

---

[42] Com consequente responsabilidade internacional, neste caso.

[43] Cfr. ALBINO AZEVEDO SOARES, *op. cit.*, pág. 104; EDUARDO CORREIA BAPTISTA, *op. cit.*, I, págs. 455-456.

430 Em Homenagem ao Professor Doutor Diogo Freitas do Amaral

organizações internacionais –, cuja ordem jurídica forma um sistema complexo e em constante crescimento, dotado de apurados mecanismos de garantia.

E o seu Tribunal de Justiça, numa ousada construção pretoriana, tem vindo a conferir-lhe um sentido uniformizador e até federalizante[44], com supremacia, inclusive, sobre as Constituições dos Estados-membros. Pois:

1.º Os tratados europeus criaram uma ordem jurídica *a se*, que envolve as ordens jurídicas dos Estados-membros;

2.º As normas jurídicas comunitárias têm aplicação imediata nos Estados-membros e vinculam todos os seus órgãos, sendo inadmissível a necessidade de mediação de leis internas;

3.º Eles têm efeito directo, podendo ser invocáveis enquanto tais em tribunal;

4.º A validade das normas jurídicas comunitárias não depende das ordens jurídicas nacionais, não podendo, na sua interpretação e na sua aplicação, ser tidas em conta as regras e as noções destas ordens jurídicas;

5.º Pela sua própria razão de ser e por um princípio de igualdade entre os cidadãos, as empresas e os Estados, as normas comunitárias têm de receber aplicação uniforme em todos os Estados-membros;

6.º A incorporação das normas comunitárias na ordem interna de cada Estado-membro, aceite na base da reciprocidade, impede quaisquer medidas unilaterais que ele possa adoptar;

7.º A validade das normas e dos actos dimanados de órgãos comunitários só pode ser apreciada à luz do Direito comunitário;

8.º As normas comunitárias tornam inaplicáveis de pleno direito as normas contrárias decretadas pelos Estados-membros, sejam previgentes ou subsequentes à sua formação;

---

[44] Cfr., na doutrina portuguesa, ANTÓNIO GOUCHA SOARES, *Repartição de Competências e Preempção no Direito Comunitário*, Lisboa, 1996, pág. 156; MARIA LUÍSA DUARTE, *A Teoria dos Poderes Implícitos e a Delimitação de Competências entre a União Europeia e os Estados-Membros*, Lisboa, 1997, págs. 291 e segs. e 359 (referindose à distinção proposta por JOSEPH WEILER entre supranacionalidade normativa e supranacionalidade decisional); RUI MOURA RAMOS, *Das Comunidades à União Europeia*, 2.ª ed., Coimbra, 1999, pág. 102 (falando numa bipolaridade, em que o progresso na construção comunitária é sobretudo realizado pela instância jurídica e em que o poder político funciona, não raras vezes, como travão e instância moderadora de uma integração realizada demasiado depressa).

O *Artigo 8.º da Constituição e o Direito Internacional*   431

9.º Por esse mesmo postulado de congruência estrutural, nem sequer se lhes podem opor normas constitucionais internas;

10.º Donde, o primado do Direito comunitário;

11.º Órgãos de aplicação do Direito comunitário tanto são o Tribunal de Justiça e o Tribunal de 1.ª Instância das Comunidades como os tribunais dos Estados-membros, enquanto decidam segundo normas comunitárias;

12.º No entanto, para garantia ainda da aplicação uniforme do Direito comunitário, cabe ao Tribunal de Justiça proceder à sua interpretação, mediante o mecanismo de reenvio prejudicial a que estão adstritos os tribunais nacionais;

13.º A acção por incumprimento, a propor pela Comissão contra os Estados, é uma garantia complementar da execução do Direito comunitário[45] [46].

---

[45] São bem conhecidos os primeiros e principais passos do percurso que o Tribunal de Justiça trilhou: o acórdão *Costa-ENEL*, de 15 de Julho de 1964; o acórdão *Internationale Handelsgesshschaft*, de 17 de Dezembro de 1970; o acórdão *Simenthal*, de 9 de Março de 1978.

[46] Cfr., entre tantos, MARIA ISABEL JALLES, «Primado do Direito Comunitário sobre o Direito Nacional», in *Documentação e Direito Comparado*, n.º 4, 1980, págs. 13 e segs.; ROBERT KOVAR, «As Relações entre o Direito Comunitário e os Direitos Nacionais», in *Trinta Anos de Direito Comunitário*, obra colectiva, Bruxelas-Luxemburgo, 1981, págs. 115 e segs.; VLAD CONSTANTINESCO, «Quelques Réflexions sur la Primauté du Droit Communitaire», in *Assentos Europeus*, n.º 2, Julho de 1982, págs. 225 e segs.; ANTÓNIO VITORINO, *op. cit.*, págs. 34 e segs.; RICARDO ALONSO GARCIA, *Derecho Comunitario, Derechos Nacionales y Derecho Comum Europeo*, Madrid, 1989; FRANÇOIS HERVOUET, «Politique Jurisprudentielle de la Cour de Justice et des Juridictions Nationales», in *Revue du Droit Public*, 1992, págs. 1257 e segs.; MARIA LUÍSA DUARTE, «O Tratado …», cit., *loc.cit.*, págs. 670 e segs.; FEDERICO SORRETINO, «Ai Limiti dell'Integrazione Europea: Primato delle Fonti o delle Istituzioni Comunitaria», in *Politica dei Diritto*, 1994, págs. 189 e segs.; JOÃO MOTA DE CAMPOS, *Direito Comunitário*, II, cit., págs. 321 e segs.; G. F. MANCINI, «Democracy and Constitutionalism», in *The European Union*, Oxónia, 2000, págs. 4 e segs.; CONSTANCE GREWE e HÉLÈNE FABRI RUIZ, «La Situation Respective du Droit International et du Droit Communautaire dans le Droit Constitutionnel des États», in *Droit International et Droit Communautaire: Perspectives Actuelles*, obra colectiva, Paris, 2000, págs. 251 e segs.; ANA MARIA GUERRA MARTINS, *A Natureza Jurídica da Revisão do Tratado da União Europeia*, Lisboa, 2000, págs. 66 e segs., e *Curso de Direito Constitucional da União Europeia*, Coimbra, 2004, págs. 427 e segs.; JORGE MIRANDA, «A 'Constituição Europeia' e a Ordem Jurídica Portuguesa», in *O Direito*, 2002-2003, págs. 9 e segs.; *The Relationship between European Community Law and National Law. The Cases*, obra colectiva (ed. por ANDREW OPPENHEIMER), Cambridge, 2003; FAUSTO DE QUADROS, *Direito da União Europeia*, Coimbra, 2004, págs. 398 e segs.,

432 Em Homenagem ao Professor Doutor Diogo Freitas do Amaral

II – Independentemente da construção assim erguida, os tribunais dos Estados-membros, mormente os tribunais constitucionais, não deixaram de ter consciência, também eles, desde o início, da problemática suscitada pela ordem jurídica comunitária, a que procuraram responder não sem influência das concepções monistas ou dualistas aí dominantes.

O primado sobre o Direito ordinário interno foi geralmente acolhido como imperativo imprescindível. Divergências só foram surgindo a propósito da apreciação da eventual desconformidade entre normas legislativas e normas comunitárias – se se reconduziria a inconstitucionalidade (indirecta) ou não e se seriam competentes os tribunais constitucionais ou outros tribunais[47].

Muito mais grave era a posição a tomar frente às relações do Direito comunitário com as Constituições, por força do princípio da soberania do Estado e por causa da salvaguarda dos direitos fundamentais. Mas foi-se dando uma evolução sensível de uma atitude muito rigorosa, sobretudo na Alemanha, para fórmulas mais flexíveis capazes de evitar ou superar conflitos.

Numa primeira fase, o Tribunal Constitucional federal afirmou a extensão, sem quebras, do princípio da constitucionalidade às normas europeias. Numa segunda fase, por admitir que na esfera comunitária os direitos fundamentais já obtinham um grau de protecção comparável ao atingido a nível interno, aceitou autolimitar o seu poder, embora reservando-se a indagação da comparabilidade. Num terceiro e mais recente momento, assentiu numa espécie de presunção de respeito dos direitos

---

maxime 405 e segs.; Carlos Vidal Prado, *El impacto del nuevo derecho europeo en los tribunales constitucionales*, Madrid, 2004; Patrícia Fragoso Martins, *O Princípio do Primado do Direito Comunitário sobre as Normas Constitucionais dos Estados-Membros*, Estoril, 2006; Bruno Galindo, *Teoria intercultural da Constituição*, Porto Alegre, 2006, págs. 169 e segs.; João Mota de Campos e João Luiz Mota de Campos, *Manual de Direito Constitucional*, 5.ª ed., Coimbra, 2007, págs. 389 e segs.; Francisco Fernández Segado, *Le controle de «communaurité» de l'ordre juridique interne realisé par le juge national et ses conséquences sur le système constitutionnel*, in *Renouveau du droit constitutionnel – Mélanges en l'honneur de Louis Favoreau*, Paris, 2007, 123 ss.; Jean-Paul Jacqué, *Droit constitutionnel national, droit communautaire, CEDH. Charte des Nations Unies – L'instabilité des rapports de système entre ordres juridiques*, in *Revue française de droit constitutionnel*, 2007, págs. 3 e segs.

[47] Cfr. um quadro básico país a país, em Joël Rideau, *Droit Institutionnel de l'Union et des Communautés Européennes*, 4.ª ed., Paris, 2002, págs. 911 e segs.

O Artigo 8.º da Constituição e o Direito Internacional

fundamentais pelas normas comunitárias, fazendo recair sobre quem as impugnasse o ónus da demonstração contrária[48].

Tem vindo, portanto, a reduzir-se a margem de intervenção dos tribunais constitucionais e de órgãos homólogos, em nome de um esforço de concertação ou de coordenação entre as ordens jurídicas e de reconhecimento de valores jurídicos comuns[49]. Não obstante, nunca esses tribunais se renderam a um primado puro e simples ou radical do Direito comunitário, nem renunciaram à defesa, em última análise, dos direitos e dos vectores básicos das correspondentes Constituições[50].

---

[48] V., por todos, o acórdão do Tribunal Constitucional federal de 7 de Junho de 2000 (sobre o mercado de bananas), traduzido in *Revue Trimestrielle de Droit Européen*, 2001, págs. 155 e segs.

[49] Para o que também têm contribuído a referência a direitos fundamentais nos últimos tratados e a Carta de Direitos Fundamentais de 2000.

[50] A bibliografia é imensa. Sobre a Alemanha, v., por exemplo, KARL CARSTENS, *A Posição do Direito Comunitário Europeu perante o Direito Interno*, trad., in *Boletim da Faculdade de Direito da Universidade de Coimbra*, 1980, págs. 50 e segs.; TORSTEN STEIN, «La Jurisprudencia de los Tribunales Alemanes en Relación al Derecho Comunitario Europeo», trad., in *Revista de Instituciones Europeas*, 1982, págs. 785 e segs.; MATHIAS HARTWIG, «La Corte Costituzionale Tedesca e il Diritto Comunitario», trad., in *Quaderni Costituzionali*, 1987, págs. 417 e segs.; PATRICIA NACIMIENTO, «Il Tribunale Costituzionale Tedesco e il Diritto Comunitario», *ibidem*, 1991, págs. 156 e segs.; CHRISTIAN WALTZER, «Le Contrôle de Constitutionnalité des Actes de Droit Communautaire Dérivé par la Cour constitutionnelle Fédérale Allemande», in *Revue du Droit Public*, 1997, págs. 1285 e segs.; CONSTANCE GREWE, «Le 'Traité de Paix' avec la Cour du Luxembourg: l'Arrêt de la Cour Constitutionnelle Allemande du 7 Juin 2000 Relatif au Règlement du Marché de Banane», in *Revue Trimestrielle de Droit Européen*, 2001, págs. 1 e segs. Sobre a Itália, PAOLO BARILE, «Un Impatto tra il Diritto Comunitario e la Costituzione», in *Giurisprudenza Costituzionale*, 1978, págs. 461 e segs.; MAURO CAPPELLETTI, «La Corte Costituzionale nel Sistema di Governo Italiano e nei Rapporti com l'Ordinamento Comunitario», in *Rivista di Diritto Processuale*, 1981, págs. 624 e segs.; ALESSANDRO PIZZORUSSO, «Sull'Applicazione del Diritto Comunitario da parte dal Giudice Italiano», in *Quaderni Costituzionali*, 1989, págs. 43 e segs.; *La Corte Costituzionale tra Diritto interno e Diritto Comunitario*, obra colectiva, Milão, 1991; FILIPO DONATI, *Diritto Comunitario e Sindacato di Costituzionalità*, Milão, 1995; IDA NICOTRO GUERRERA, «Norma Comunitaria come Parametro di Costituzionalità tra Monismo e Dualismo», in *Diritto Pubblico*, 1999, págs. 231 e segs.; FIAMMETA SALMONI, «La Corte Costituzionale e la Corte di Giustizia delle Comunità Europee», *ibidem*, 2000, págs. 491 e segs. Sobre a França, BRUNO GENEVOIS, «Le Conseil d'État et l'Ordre Juridique Communautaire», in *Conseil d'État – Études et Documents*, 31, 1979-1980, págs. 73 e segs.; THOMAS MEINDL, «Le Contrôle de Constitutionnalité des Actes de Droit Communautaire Dérivé en France», in *Revue du Droit Public*, 1997, págs. 1665 e segs.; FLORENCE CHALTIEL,

434   *Em Homenagem ao Professor Doutor Diogo Freitas do Amaral*

III – O Tribunal Constitucional português não teve até agora de se pronunciar sobre a questão.

No acórdão n.º 184/89, de 1 de Fevereiro[51], estava em causa um regulamento (respeitante ao Fundo Europeu de Desenvolvimento Regional), anexo à Resolução do Conselho de Ministros n.º 44/86, de 5 de Junho. O Tribunal só conheceu da competência regulamentar no âmbito dos órgãos do Estado português, mas não deixou de reconhecer eficácia obrigatória às normas comunitárias.

Houve quem depois dissesse que, assim admitindo regulamentos de execução de normas de Direito Internacional convencional e comunitário, o Tribunal estaria acabando por aceitar a subordinação da Constituição a normas de Direito comunitário, por tal regulamento não se fundar em lei, ao arrepio do art. 112.º, n.º 7[52].

Mas não. Trata-se apenas de uma consequência da recepção automática do Direito comunitário. Se, se exigisse uma lei habilitante num caso destes (ou perante um regulamento de execução de um tratado), estar-se--ia afinal a reverter a um sistema de transformação. O art. 112.º, n.º 7

«Droit Constitutionnel et Droit Communautaire», in *Revue Trimestrelle de Droit Européen*, 1999, págs. 395 e segs. Sobre a Espanha, ARACELE MANGAS MARTIN, «La Construción y la Ley ante el Derecho Comunitario», in *Revista de Instituciones Europeas*, 1991, págs. 587 e segs.; CESAREO GUTIERRES ESPADA, «De Nuevo sobre las Relaciones entre Constitución y Derecho Comunitario», in *Anuario de Derecho Constitucional y Parlamentario* (Múrcia), 1998, págs. 215 e segs. Em geral, MARCO DARMON, *Jurisdiction Constitutionnelle de Droit Européen*, 1988, págs. 217 e segs.; MAURO CAPPELLETTI, *Le pouvoir des juges*, trad., Aix-en-Provence – Paris, 1990, págs. 370 e segs.; S. PRECHAL, «Comunity Law in National Courts», in *Common Market Law Review*, 1998, págs. 681 e segs.; JOSEPH WEILER, «L'Unione e gli Stati Membri: Competenze e Sovranità», trad. in *Quaderni Costituzionale*, 2000, págs. 5 e segs.; GEORGES S KASTROUGALOS, «Le Problème des Rapports entre le Droit Communautaire et les Constitutions Nationales à la Lumière du 'Dualisme Institutionnel' de l'Union Européenne», in *Revue du Droit Public*, 2000, págs. 1235 e segs.; *Droit Constitutionnel, Droit Communautaire: Vers Un Respect Mutuel*, obra colectiva, Paris, 2001; MATTIAS KUMM, «The Jurisprudence of Constitutional Conflict: Constitutional Supremacy in Europe before and after the Constitutional Treaty», in *European Law Journal*, vol. 10, n.º 3, Maio de 2005, págs. 262 e segs.; FRANCISCO PAES MARQUES, *O primado do Direito da União Europeia: do acórdão Costa/ENEL ao Tratado de Lisboa*, in *Mercosur y Unión Europea*, obra colectiva, Coimbra, 2008, págs. 317 e segs.

V. algumas das decisões mais importantes em MARIA LUÍSA DUARTE e PEDRO ALVES, *União Europeia e Jurisprudência Constitucional dos Estados-Membros*, Lisboa, 2006.

[51] *Diário da República*, 1.ª série, n.º 57, de 9 de Março de 1989.

[52] PAULO OTERO, *Legalidade...*, cit., págs. 743 e segs. No mesmo sentido, FAUSTO DE QUADROS, *Direito...*, cit., págs. 415416.

O Artigo 8.º da Constituição e o Direito Internacional   435

[e o art. 199.º, alínea *c)*] tem de ser lido sistematicamente em conjunto com o art. 8.º e, por isso, não se vislumbra nenhuma preterição de normas constitucionais. Coisa diferente vem a ser o problema do controlo político dos actos do Governo.

Noutro acórdão, o n.º 163/90, de 23 de Maio[53], o Tribunal considerou o regime do reenvio prejudicial previsto no art. 177.º do Tratado de Roma (embora salientasse que o Tribunal de Justiça das Comunidades tinha uma jurisdição por atribuição e não por natureza). Mas, no caso, só se discutia um problema de inconstitucionalidade e, portanto, não ocorreu reenvio prejudicial.

IV – Naturalmente, a doutrina portuguesa não tem deixado de reflectir sobre a relação entre Direito comunitário derivado e Constituição. Prevalece a tese da supremacia desta, com mais ao menos contenção[54], mas há também quem defenda o valor supraconstitucional daquele Direito.

---

[53] *Diário da República*, 2.ª série, n.º 240, de 18 de Outubro de 1991.

[54] Caseiro Alves, «Sobre o Possível 'Efeito Directo' das Directivas Comunitárias», in *Revista de Direito e Economia*, n.º 9, 1983, págs. 214, nota; António Vitorino, *op. cit.*, págs. 56-57; Moitinho de Almeida, *op.cit.*, pág. 101; Azevedo Soares, *op. cit.*, 1988, págs. 101 e segs.; João Caupers, *Introdução ao Direito Comunitário*, Lisboa, 1988, págs. 171-172; José Luís da Cruz Vilaça, «Droit Constitutionnel et Droit Communautaire», in *Rivista di Diritto Europeo*, 1991, págs. 301 e segs.; Carlos Botelho Moniz e Paulo Moura Pinheiro, «As Relações da Ordem Jurídica Portuguesa com a Ordem Jurídica Comunitária», in *Legislação* n.º 4-5, Dezembro de 1992, 15, pág. 140; Gomes Canotilho e Vital Moreira, *op. cit.*, 3.ª ed., págs. 90-91 e 984 e 4.ª ed., I, cit., págs. 264 e segs.; Maria Luísa Duarte, *op. cit., loc. cit.*, págs. 698 e segs.; Cardoso da Costa, «O Tribunal Constitucional Português e o Tribunal de Justiça das Comunidades Europeias», in *Ab Uno Ad Omnes – Estudos em Homenagem à Coimbra Editora*, obra colectiva, Coimbra, 1998, págs. 1373 e segs.; Manuel Proença de Carvalho, «A Constituição Portuguesa e as Normas Comunitárias: Polémica e 'Mentes Piedosas'», in *Estudos em Homenagem ao Banco de Portugal*, obra colectiva, Lisboa, 1999, págs. 251 e segs.; Blanco de Morais, *op.cit.*, I, págs. 493 e segs.; Miguel Galvão Teles, *Constituições dos Estados e eficácia interna do direito da União e das Comunidades Europeias – Em particular sobre o art. 8.º, n.º 4 da Constituição portuguesa*, in *Estudos em homenagem ao Professor Doutor Marcello Caetano no centenário do seu nascimento*, obra colectiva, II, Coimbra, 2006, págs. 295 e segs.; João Mota de Campos e João Luiz Mota de Campos, *op.cit.*, págs. 401 e segs., *maxime* 405 e segs.; Paulo Ferreira da Cunha, *Do primado da Constituição ao Tratado de Lisboa – Ensaio sobre as Fontes e o Direito*, in *Interesse Público*, n.º 52, 2008, pág. 141; Jorge Bacelar Gouveia, *op. cit.*, págs. 457 e segs.

De certo modo, no sentido da paridade das normas constitucionais e das normas comunitárias, podendo estas afectar direitos fundamentais dos cidadãos, João

Segundo André Gonçalves Pereira e Fausto de Quadros, para que o Direito comunitário vigore na ordem interna dos Estados-membros e prime sobre todo o Direito estadual não é necessário que a Constituição o diga: quando um Estado adere às Comunidades aceita implicitamente a sua ordem jurídica com todas as suas características essenciais – com todos os seus atributos próprios – e o primado é o primeiro deles[55]. O disposto no art. 8.º, n.º 3, acrescentam, deve prevalecer sobre os arts. 207.º e 277.º, n.º 1, da Constituição, já que está colocado na parte da Constituição dedicada aos "Princípios Fundamentais"[56].

Por seu turno, Gomes Canotilho fala numa espécie de *procedimento constituinte evolutivo europeu*, simultaneamente processo constituinte em cada Estado-membro, de tal sorte que o Direito primário dos tratados – mas não todas as normas comunitárias – acaba por se impor ao Direito constitucional interno. No entanto, com um limite: ele não pode subverter os princípios constitucionais materialmente irreversíveis[57].

Em linha mais radical, Eduardo Correia Baptista considera incontornáveis o regime do Direito comunitário e os factos decorrentes do seu "implacável sistema de garantias". É "algo penoso" ter de o reconhecer, mas a existir uma norma nula internamente (ou ineficaz por revogação), esta norma será a constitucional por contrariar a norma comunitária e não o inverso... e as normas nulas não vinculam os tribunais[58] [59].

Baptista Machado, *Introdução ao Direito e ao Discurso Legitimador*, Coimbra, 1983, pág. 76.

[55] André Gonçalves Pereira e Fausto de Quadros, *Manual de Direito Internacional Público*, 3.ª ed., Coimbra, 1993, pág. 130. Cfr., também, António Nadais, António Vitorino e Vitalino Canas, *Constituição da República Portuguesa – Textos e Comentários à Lei N.º 1/82*, Lisboa, 1982, pág. 292; Nuno Piçarra, *O Tribunal de Justiça das Comunidades Europeias como Juiz Legal e o Processo do Art. 177.º do Tratado CEE*, Lisboa, 1991, págs. 71 e segs. e 84 e segs., *maxime* 89; Ana Maria Guerra Martins, *op. cit.*, pág. 71; Eduardo Correia Baptista, *op. cit.*, I, pág. 448; Fausto de Quadros, *Direito...*, cit., pág. 403; Diogo Freitas do Amaral, *Manual de Introdução ao Direito*, I, Coimbra, 2004 págs. 567 e segs. Cfr. a resposta a André Gonçalves Pereira e Fausto de Quadros de Carlos Blanco de Morais, *op. cit.*, I, págs. 500 e 501.

[56] *Op. cit.*, pág. 136. Não obstante, estes Autores reconhecem que, como o Direito comunitário *ainda* não é um Direito federal, a sanção para a violação do primado se situa no plano da eficácia, e não no da validade da norma estadual (pág. 142).

[57] 72 *Direito Constitucional...*, cit., págs. 826 e 827.

[58] *Op. cit.*, I, pág. 451.

[59] No sentido da supremacia do Direito comunitário económico sobre a Constituição, Paulo Otero, *Legalidade...*, págs. 577 e segs.

V – O problema ganharia particularíssima acuidade com o novo n.º 4 do art. 8.º da Constituição, aditado em 1997, à volta da qual se manifesta forte diversidade de posições, desde aqueles que adoptam uma posição de aceitação sem limites do primado do Direito da União Europeia (Freitas do Amaral, Fausto de Quadros, Ana Maria Guerra Martins, Rui Moura Ramos) àqueles que vêem nesse preceito ainda o reconhecimento do primado da Constituição (Miguel Galvão Teles, Blanco de Morais, João Mota de Campos e João Luiz Mota de Campos, Jorge Bacelar Gouveia e nós próprios) e àqueles que apenas considerem um primado aplicativo daquele Direito (Gomes Canotilho, Vital Moreira, Jónatas Machado, Wladimir Brito).

Para Freitas do Amaral, o primado do Direito Comunitário, mesmo derivado, sobre todo o Direito interno português, mesmo constitucional, fica assim expressamente acolhido. Quanto à ressalva dos "princípios fundamentais do Estado de Direito democrático" trata-se, no fundo, de uma declaração *política* para acalmar os nacionalistas mais ansiosos, mas cujo alcance *jurídico* é insignificante, pois os princípios fundamentais do Estado de Direito democrático – todos eles – já enformavam o Direito comunitário europeu, quando Portugal ainda era uma ditadura[60].

Mais matizado e revelando, porventura, algumas hesitações, é o pensamento de Gomes Canotilho e de Vital Moreira, em que se encontram tanto notas de acentuação como de atenuação da ideia da prevalência do Direito da União Europeia.

Acentuação, por falarem em relativização do carácter derivado do primado, que não é apenas refracção da autovinculação dos Estados mas também específica manifestação da competência própria da União[61] e pr sublinharem que nem o Tribunal Constitucional, nem os demais tribunais podem julgar da conformidade das normas de Direito da União com a Constituição ou outros instrumentos de Direito interno, e daí a sua imunidade em face do sistema constitucional de fiscalização[62].

Atenuação, por dizerem que a aceitação do primado resulta de uma "decisão constituinte" do povo português[63], que ele é um primado de

---

[60] *Manual* ..., cit., págs. 575576. Na mesma linha, mas noutros termos, Fausto de Quadros, *Direito* ..., cit., pág. 416; Ana Maria Guerra Martins, *Direito* ..., cit., pág. 441; Rui Moura Ramos, *Constituição europeia e Constituição da República Portuguesa*, in *A Europa e os desafios do século XXI*, obra colectiva, Coimbra, 2008, pág. 192.

[61] *Op. cit.*, pág. 265

[62] *Ibidem*, pág. 270.

[63] *Ibidem*, pág. 265.

438 *Em Homenagem ao Professor Doutor Diogo Freitas do Amaral*

aplicação, e não um primado constitucional[64], que a norma de colisão é, fundamentalmente, uma norma de salvaguarda de competência e não uma "ordem de valores", superior às Constituições dos Estados membros[65]; e que a União Europeia continua sendo uma comunidade de Estados independentes[66].

Quanto à ressalva dos princípios fundamentais do Estado de Direito democrático, seria uma via típica de interconstitucionalidade ou de constitucionalismo de vários níveis, com a necessária cooperação dos órgãos jurisdicionais europeus e nacionais na interpretação quer das Constituições nacionais quer da Constituição europeia. De resto, uma norma europeia contrária aos princípios do Estado de Direito transporta uma dupla maldade, pois viola princípios de umas e outra. Assim, o Direito da União só tem preferência de aplicação quando não agrida os princípios do Estado de Direito dos ordenamentos constitucionais dos Estados membros.

Por último, restaria saber se, não abrangendo o n.º 4 todos os limites materiais do art. 288.º e admitindo que prevaleçam normas de Direito da União incompatíveis com os princípios constitucionais protegidos contra revisão, a norma do n.º 4 não afronta o núcleo mínimo da protecção de independência nacional[67] [68].

Por seu turno, partindo da primazia do Direito comunitário sobre o Direito nacional, Jónatas Machado nota, todavia, que, continuando os Estados membros a ser entendidos ainda como Estados soberanos, a estadualidade do Direito democrático passa pela tutela das dimensões constitucionais essenciais de direitos fundamentais, do Estado de Direito e do autogoverno democrático, de resto, em boa medida, preservados pelo princípio da igualdade dos Estados membros perante o Direito comunitário[69].

É uma primazia funcionalmente adequada e condicionada[70]. Embora as normas europeias não sejam hierarquicamente superiores às Constituições

---

[64] *Ibidem*, pág. 268.

[65] *Ibidem*, pág. 266.

[66] *Ibidem*, pág. 267.

[67] *Ibidem*, pág. 267.

[68] Mais vincadamente, observa Blanco de Morais (*Justiça* ..., II, Coimbra, 2005, págs. 606 e segs.) que, se não se entendesse incluído o princípio de independência nacional entre os princípios mencionados no art. 8.º, n.º 4, estarseia diante de uma norma constitucional inconstitucional.

[69] *Op. cit.*, pág. 168.

[70] *Op. cit.*, pág. 169.

O Artigo 8.º da Constituição e o Direito Internacional

nacionais, as mesmas têm uma aplicação preferencial em caso de conflito, pelo menos, ao nível dos operadores jurídicos comunitários[71].

Em linha próxima se situa também WLADIMIR BRITO. A Constituição, ao fazer um reenvio dinâmico para a ordem jurídica europeia delegando nesta a competência para normativamente, determinar os critérios de aplicação das normas no Direito interno, limita-se a consagrar um princípio de paridade entre as duas ordens jurídicas com prevalência aplicativa do Direito europeu. Esse *princípio de paridade* com *prevalência aplicativa* impõe que não se reconhece a primazia do Direito europeu, mas confere-se a esse Direito prevalência aplicativa sempre que as duas ordens jurídicas regulem a mesma situação de facto de forma conflituante[72].

Posição bem diferente de qualquer destas é a de MIGUEL GALVÃO TELES, para quem a circunstância de a Constituição portuguesa consignar limites à aplicabilidade interna do direito da União e das Comunidades nos termos estabelecidos por este direito implica que aquela se arroga a competência para decidir, ela, sobre o direito aplicável na ordem interna. Assim, o art. 8.º, n.º 4 não significa a "rendição" da Constituição portuguesa ao direito da União e das Comunidades Europeias, nem o reconhecimento da sua competência para decidir sobre o seu efeito interno. Há, sim, reconhecimento de uma *pretensão* do direito da União e das Comunidades Europeias a ser internamente aplicável, sem limitação oposta pelos direitos nacionais. Mas, se essa pretensão fosse, como tal, reconhecida, a Constituição portuguesa não poderia, como todavia faz, impor-lhe limite. Este pressupõe que a Constituição portuguesa se considera competente para acolher ou não as pretensões do Direito comunitário[73].

E também da circunstância de o respeito das competências normativas da União representar um requisito autónomo, imposto pelo Direito português, de aplicabilidade, na ordem interna, do Direito da União segue-se que, ao verificar se as competências foram ou não respeitadas, o tribunal que o fizer *não estará a aplicar o Direito comunitário*, mas a aplicar, a *título prévio*, o art. 8.º, n.º 4 da Constituição portuguesa, isto é, o *Direito nacional*[74] [75].

---

[71] *Op. cit.*, pág. 170.

[72] *Op. cit.*, pág. 128129.

[73] *Constituições* ..., cit., *loc. cit.*, pág. 313.

[74] *Ibidem*, pág. 322.

[75] Cfr. ainda sobre o problema MARIA LUÍSA DUARTE e CARLA AMADO GOMES, *Portugal*, in *Justicia Constitucional y Unión Europea – Un estúdio comparado de las expe-*

Quanto a nós[76], concordamos no essencial com Miguel Galvão Teles. O n.º 4 do art. 8.º deve ser encarado como traduzindo a "competência das competências" do Estado português, por ser uma norma da sua Constituição que não apenas autoriza o Direito da União (e que é o Direito primário, visto que o art. 7.º, n.º 6 usa a locução "convencionar") tanto a definir os termos da sua aplicação como a estabelecer os respectivos limites.

Essa "competência da competência" equivale, ao mesmo tempo, ao princípio da soberania ou da independência nacional e, por outro lado, entre os princípios do Estado de Direito democrático não pode deixar de se contar o da constitucionalidade[77].

VI – Não pode negar-se a conveniência ou a "exigência estrutural" de uma interpretação e uma aplicação uniformes do Direito comunitário na ordem interna de todos os Estados pertencentes às Comunidades, derivadas da igualdade do Estado e dos seus cidadãos e da "lealdade comunitária".

Contudo, exigência análoga existe no Direito Internacional convencional, em face do princípio da boa fé na interpretação e na aplicação dos tratados (arts. 31.º e 26.º da Convenção de Viena). Remetemos aqui para os trechos de Miguel Galvão Teles[78] e de Rui Moura Ramos[79], que citámos a respeito da interpretação dos tratados. As normas de Direito Internacional convencional têm de ser interpretadas, integradas e aplicadas de forma idêntica por todas as partes.

A diferença entre Direito comunitário e Direito convencional, aliás não pouco importante (se bem que sem infirmar o postulado) está, por um lado, na maior extensão e na maior densidade das normas comunitárias e, por outro lado, na insuficiência de garantias que ao cumprimento dos tratados pode dar o Tribunal Internacional de Justiça, por desprovido de jurisdição obrigatória.

---

riências de Alemania, Austria, España, Francia, Italia y Portugal, obra colectiva, Madrid, 2008, págs. 267 e segs.

[76] Retomando o que escrevemos na anterior edição deste *Curso*, págs. 155156.

[77] Sobre o último ponto, v. igualmente Jorge Bacelar Gouveia, *op. cit.*, pág. 459.

[78] *Eficácia...*, cit., págs. 88-89.

[79] *A Convenção...*, cit., pág. 155.

O Artigo 8.º da Constituição e o Direito Internacional

VII – De todo o modo, o Tribunal de Justiça tem ido longe de mais no seu zelo integracionista[80] e levado a doutrina da supremacia absoluta do Direito comunitário, mormente sobre a Constituição, a um ponto que só se justificaria em Estado federal e Estado federal com tendência centralizadora[81].

A construção produzida pelo Tribunal (mau grado o seu apuramento técnico) não decorre do sentido básico, de grande originalidade do Tratado de Roma. É logicamente insustentável. Proveniente de juízes sem legitimidade democrática, não espelha a vontade comum dos Parlamentos nacionais.

Com efeito, os actos normativos das Comunidades assentam nas competências atribuídas pelos tratados institutivos aos respectivos órgãos. E estes são tratados (sublinhe-se, de novo), como quaisquer outros, sujeitos a aprovação e a ratificação pelos Estados-membros, nos termos das suas Constituições e no respeito dos seus princípios materiais. Logo, como poderiam actos derivados destes tratados prevalecer sobre as Constituições dos Estados-membros[82]?

Haveria ainda uma contradição inultrapassável com os alicerces políticos das Comunidades. Estas apelam aos princípios democráticos e ao respeito dos direitos fundamentais dos cidadãos. Ora, não é num Estado democrático a Constituição a máxima expressão da vontade popular, manifestada por assembleia constituinte ou por referendo? Como conceber então que a ela se sobreponha uma normação proveniente de órgãos sem base democrática imediata (o Conselho e a Comissão)? Como conceber que às democráticas Constituições dos países europeus se sobreponha uma normação burocrática e tecnocrática como a que desses órgãos dimana[83]?

Aliás, o próprio tratado da União Europeia (agora na versão de Lisboa, de 2007), diz expressamente que a União respeita a identidade nacional dos Estados membros, "reflectida nas estruturas politicas e

---

[80] Assim, PAULO DE PITTA E CUNHA, «A Lógica Integracionista e a Supremacia do Ordenamento Comunitário», in *Revista da Ordem dos Advogados*, 1984, págs. 260-261.

[81] Cfr. o acórdão do Tribunal Constitucional federal alemão sobre o Tratado de Maastricht (v., a tradução portuguesa de MARGARIDA BRITO CORREIA, in *Direito e Justiça*, 1994, págs. 263 e segs.).

[82] Igualmente, BLANCO DE MORAIS, *op. cit.*, I, pág. 499.

[83] Cfr. a referência ao princípio democrático no acórdão do Tribunal Constitucional alemão (na tradução de MARGARIDA BRITO CORREIA, cit., *loc. cit.*, pág. 290).

442   Em Homenagem ao Professor Doutor Diogo Freitas do Amaral

constitucionais fundamentais de cada um deles" (art. 4.º, n.º 2)[84] e continua a prescrever que a delimitação das competências da União se rege pelo princípio da atribuição (art. 5.º, n.º 1), o que implica que a União actue unicamente dentro dos limites das competências que os Estados membros lhe tenham atribuído nos tratados para alcançar os objectivos fixados por estes (art. 5.º, n.º 2).

VIII – Sem olvidar o postulado da unidade do Direito comunitário, tem, pois, de se procurar soluções de equilíbrio com as Constituições nacionais, soluções de harmonização e concordância prática. E, de resto, mesmo Autores como MIGUEL POIARES MADURO e FRANCISCO LUCAS PIRES, voltados para a afirmação de uma Constituição europeia, reconhecem a necessidade de um pluralismo[85] ou dialogismo jurídico[86], devendo a ordem jurídica europeia ser pensada como integrando, simultaneamente, as pretensões de validade das ordens jurídicas nacionais e comunitária[87].

Não é preciso destruir a função da Constituição para aceitar um princípio de cooperação entre ordens jurídicas[88], escreve CRUZ VILAÇA. À visão monista de supremacia-subordinação pode contrapor-se, diz, por seu turno, NUNO PIÇARRA, a ideia de uma repartição material de competências: à "competência das competências" dos Estados são subtraídas, por vontade destes, competências fundamentalmente em matérias económicas *lato sensu*[89]. A relação entre o Direito comunitário e os Direitos

---

[84] E algo de parecido constava do anterior e malogrado tratado, o de 2004 (art. 9.º, n.º 3). Cfr., de certo modo, ainda antes desse tratado, LOUREIRO BASTOS, *A União Europeia – Fins, Objectivos e Estrutura Básica*, Lisboa, 1993, págs. 50 e 51; ou FRANCISCO LUCAS PIRES, «O Factor Comunitário no Desenvolvimento Constitucional Português», in *Os 20 Anos da Constituição de 1976*, obra colectiva, Coimbra, 2000, pág. 225.

[85] MIGUEL POIARES MADURO, «O *Superavit* Democrático Europeu», in *Análise Social*, n.º 158-159, Primavera-Verão de 2001, págs. 144 e segs., *maxime* págs. 145, 148 e 149 (agora inserido em *A Constituição Plural – Constitucionalismo e União Europeia*, Estoril, 2006, págs. 259 e segs.

[86] FRANCISCO LUCAS PIRES, *op. cit.*, *loc. cit.*, pág. 228. E sublinha que a supremacia das normas comunitárias dir-se-ia, ela própria, subsidiária, limitada às esferas de competência que lhes são atribuídas (pág. 224). *In dubio pro* Constituição nacional.

[87] MIGUEL POIARES MADURO, *op. cit.*, *loc. cit.*, pág. 150. Cfr. GEORGES S. KATROUGALOS, *op. cit.*, *loc. cit.*, pág. 1248, falando numa pirâmide de normas a nível europeu que não obedece a uma geometria euclidiana, mas sim a uma geometria variável.

[88] CRUZ VILAÇA, *op. cit.*, *loc. cit.*, pág. 303.

[89] NUNO PIÇARRA, *op. cit.*, *loc. cit.*, págs. 81 e 82; MIGUEL POIARES MADURO, «O *Superavit*...», cit., *loc. cit.*, pág. 148.

O *Artigo 8.º da Constituição e o Direito Internacional*   443

nacionais constrói-se, como frisa MARIA LUÍSA DUARTE, com base nos princípios da atribuição de competências e da colaboração ou complementaridade funcional de ordenamentos autónomos e distintos[90].

A relação entre ordem constitucional europeia e ordem constitucional nacional é uma relação "interactiva", mais do que hierárquica (NEIL MC CORMICK). Cada sistema, acrescenta MARIA LÚCIA AMARAL[91], relaciona-se com o outro através de um modelo pluralista, e não através de modelos de submissão hierárquica. As relações entre Estados e entre Estados e União são de *coordenação* e não de *subordinação*. São modelos que actuam em conjunto, acomodando-se uns aos outros.

Na mesma esteira, escreve CRISTINA QUEIROZ que não há supremacia ou superioridade de um sistema sobre o outro. São ordens jurídicas distintas e parcialmente independentes, mas também parcialmente sobrepostas que interagem reciprocamente. O Estado constitucional nacional transformou-se num *Estado constitucional cooperativo* e passou a incorporar, por intermédio de uma "cláusula de recepção (art. 8.º, n.º 4 da Constituição), competências normativas europeias[92].

Ou, como escreve PATRÍCIA FRAGOSO MARTINS, apelando também a uma concepção pluralista, o ordenamento jurídico comunitário e os ordenamentos jurídicos nacionais são autónomos, cada um com uma hierarquia própria, mas potencialmente aplicáveis às mesmas relações jurídicas; e o problema do eventual conflito de normas reconduz-se a uma questão de concordância prática[93].

Refira-se ainda a proposta de uma "hierarquia entrelaçada" de MARCELO NEVES; de uma relação complementar e cooperativa entre o Direito da União e os Direitos dos Estados; de uma "conversação cons-

---

[90] MARIA LUÍSA DUARTE, *op. cit.*, *loc. cit.*, págs. 689-690. Fala em "coabitação necessária" (págs. 685 e segs.).

[91] MARIA LÚCIA AMARAL, *A Forma da República*, Coimbra, 2005, pág. 423. No entanto, por um lado, a Autora, referindose ao art. 7.º, n.º 6, diz que, se ele contém um elemento irredutível de *estadualidade*, daí decorre uma cláusula irredutível de *constitucionalidade* (pág. 418); mas, por outro lado, escreve que a aceitação, por parte da Constituição portuguesa, da doutrina do primado e do efeito directo implica a igual aceitação da competência exclusiva do Tribunal de Justiça para determinar os casos de ocorrência de conflitos.

[92] *As relações entre o Direito da União e o Direito Constitucional interno dos Estados*, in *Revista da Faculdade de Direito da Universidade do Porto*, 2006, pág. 201.

[93] *Op. cit.*, págs. 35 e 73 e segs.

titucional" fundada no aprendizado recíproco"; em suma, de um trans-constitucionalismo europeu[94].

IX – Poderá, por conseguinte, justificar-se alguma contenção – como temos sugerido[95] – no funcionamento dos mecanismos de fiscalização instituídos pelos arts. 204.º e 280.º e segs., embora nunca a pretexto de uma pretensa prioridade do art. 8.º, n.ºs 3 e 4. E ele poderá consistir em aplicar, por analogia, a regra do art. 277.º, n.º 2, de que, a seguir, vamos ocupar-nos.

Como bem conclui MARIA LUÍSA DUARTE[96], o princípio da repartição material de competências, concretizado nas cláusulas implícitas ou explícitas de limitação da soberania, é suficiente para justificar a não-fiscalização da constitucionalidade das normas comunitárias, salvo naqueles casos em que se trate de garantir o núcleo essencial da Constituição, insusceptível, por natureza, de integrar o âmbito da delegação de competências pacticiamente definido. Conferir à norma comunitária um valor supraconstitucional seria insuperavelmente contraditório com a própria ideia de Constituição.

8. Normas de Direito Internacional e normas de Direito ordinário

I – Ao contrário do que acontece noutros países[97], a Constituição não afirma explicitamente a supremacia do Direito internacional sobre o Direito ordinário.

---

[94] *Transconstitucionalismo*, São Paulo, 2009, págs. 133 e segs., e notando que o Tribunal de Justiça das Comunidades Europeias não é, em face dos tribunais nacionais, uma corte suprema como as dos Estados federais.

[95] *Manual…*, II, 3.ª ed., Coimbra, 1991, cit., pág. 424, e VI, cit., págs. 182 e segs. Cfr. também ANTÓNIO VITORINO, *op. cit.*, págs. 56 e segs.; CASEIRO ALVES, *op. cit., loc. cit.*, págs. 214-215, nota; CARDOSO DA COSTA, *O Tribunal Constitucional…*, cit., *loc. cit.*, págs. 1376 e 1377; RUI MEDEIROS, «A Carta de Direitos Fundamentais da União Europeia, a Convenção Europeia dos Direitos do Homem e o Estado Português», in *Nos 25 Anos da Constituição da República Portuguesa de 1976*, obra colectiva, Lisboa, 2001, págs. 282 e segs.

[96] *Op. cit., loc. cit.*, pág. 704.

[97] Por exemplo, na França (art. 55 da Constituição), na Holanda (art. 94.º) e em Cabo Verde (art. 12.º, n.º 4). Cfr., sobre o primeiro destes países, PATRICK RAMBAUD, *La reconnaissance par le Conseil d'État de la supériorité des traités sur les lois*, in *Annuaire français de droit international*, 1989, págs. 91 e segs.

O *Artigo 8.° da Constituição e o Direito Internacional* 445

Todavia, ninguém contesta hoje que tanto as normas de Direito Internacional geral ou comum quanto as de Direito derivado de organizações internacionais ou entidades afins, *maxime* as de Direito comunitário, primam sobre as normas de Direito ordinário português, *anteriores* ou *posteriores*.

Tão-pouco seria possível negar que o Direito Internacional convencional posterior deve prevalecer sobre o Direito ordinário português *anterior*.

Algumas dificuldades só podem ter que ver com a relação entre Direito Internacional convencional anterior e Direito ordinário *posterior*, ainda que também aqui a larga maioria da doutrina se pronuncie a favor da supremacia e, portanto, da inderrogabilidade do primeiro[98]. É um problema que se equaciona em moldes análogos em quase todos os países.

---

[98] Assim, João de Castro Mendes, *Introdução ao Estudo do Direito*, policopiado, Lisboa, 1976, pág. 89; Afonso Queiró, *Lições...*, cit., pág. 330; Rui de Moura Ramos, *A Convenção...*, cit., *loc. cit.*, págs. 144 e segs.; Jorge Campinos, *O Direito Internacional dos Direitos do Homem*, Coimbra, 1984, págs. 1920; Marques Guedes, *Direito Internacional Público*, Lisboa, 1985-1986, págs. 139 e 140; Albino Azevedo Soares, *op. cit.*, págs. 99 e 100; Pedro Romano Martinez, *op. cit.*, *loc. cit.*, pág. 172; Cardoso da Costa, *A Hierarquia das Normas Constitucionais e a Sua Função na Protecção dos Direitos Fundamentais*, Lisboa, 1990, pág. 27; Paulo Canelas de Castro, *Portugal...*, cit., *loc. cit.*, págs. 503 e segs.; J. Albuquerque Coelho, «Tratado Internacional Celebrado pelo Estado Português – Suas Relações com a Ordem Jurídica Interna», in *Revista da Ordem dos Advogados*, 1997, págs. 369 e segs.; Eduardo Correia Baptista, *op. cit.*, I, págs. 439 e segs.; Florence Cruz, *L'Acte Législatif en Droit Compare Franco-Portugais*, Aixen--Provence, 2004, págs. 537 e segs.; Jorge Miranda e Rui Medeiros, *Constituição ...*, I, cit., págs. 94 e 95; Gomes Canotilho e Vital Moreira, *op. cit.*, págs. 260261.

Diversamente, André Gonçalves Pereira, *O Direito Internacional...*, cit., *loc. cit.*, pág. 40; Barbosa de Melo, «A Preferência da Lei Posterior em Conflito com Normas Convencionais Recebidas na Ordem Interna ao Abrigo do n.° 2 do Art. 8.° da Constituição», in *Colectânea de Jurisprudência*, 1984, tomo 4, págs. 13 e segs.; Silva Cunha e Maria da Assunção Vale Pereira, *Manual de Direito Internacional Público*, 2ª ed., Coimbra, 2004, págs. 111 e segs.; Paulo Otero, *op.cit.*, págs. 594 e segs.

Posição especial é a de Rui Medeiros (*Relações...*, cit., *loc. cit.*, págs. 360 e segs.), para quem o tratado (solene) prevalece sobre a lei ordinária, mas esta prevalece sobre o acordo em forma simplificada, e para quem a lei orgânica (art. 166.°, n.° 2 da Constituição) se encontra a par do tratado. Mas julgamos excessivas as ilações que tira de categorias jurídico-internacionais ou jurídico-constitucionais tão fluidas como os acordos e as leis orgânicas.

446   *Em Homenagem ao Professor Doutor Diogo Freitas do Amaral*

II – Sempre temos defendido e continuamos a defender que todas as normas internacionais vinculativas de Portugal prevalecem sobre as normas legais, sejam anteriores ou posteriores[99].

E isso por vários motivos:

1.º) Pelo princípio geral de Direito segundo o qual alguém que se vincule perante outrem (no caso, por meio de tratado) não pode depois por acto unilateral (no caso, por meio de lei) eximir-se ao cumprimento daquilo a que se tenha obrigado;

2.º) Pela conveniência ou pelo interesse fundamental de harmonização da ordem interna e da ordem internacional que só dessa forma se consegue;

3.º) Pela lógica da recepção automática, que ficaria frustrada se o Estado, em vez de denunciar certa convenção internacional, viesse por lei dispor em contrário;

4.º) Pela prescrição do art. 8.º, n.º 2, de que os tratados vigoram na ordem interna "enquanto vincularem *internacionalmente* o Estado português";

5.º) Embora só complementarmente, pela colocação, no art. 119.º, n.º 1, das convenções internacionais imediatamente depois das leis constitucionais, e antes dos actos legislativos (e o mesmo ocorre no art. 280.º, n.º 3, e, quanto aos tratados solenes, no art. 278.º, n.º 1).

A primeira e a segunda razões valem para quaisquer Estados, ainda que sem disposição constitucional expressa.

III – Naturalmente, assim como a transposição de actos jurídicos da União Europeia para a ordem interna portuguesa exige acto legislativo (art. 112.º, n.º 8), também o conferir de exequibilidade ou de desenvolvimento a uma convenção internacional requer lei ou decreto-lei, conforme a natureza da convenção[100].

9. Regime de inconstitucionalidade de normas internacionais

I – Do primado das normas constitucionais relativamente às normas convencionais e derivadas de organizações internacionais decorre a

---

[99] V. A *Constituição de 1976...*, cit., pág. 301. E, à face da Constituição de 1933, *Decreto*, cit., pág. 107.

[100] GOMES CANOTILHO e VITAL MOREIRA, *op. cit.*, 4.ª ed., I, pág. 272.

O *Artigo 8.º da Constituição e o Direito Internacional*

inconstitucionalidade destas quando desconformes. Mas importa precisar o que isto significa.

A Constituição rege os comportamentos dos órgãos do poder que se movam no âmbito do Direito interno e, por conseguinte, todos os seus actos, quanto a todos os seus pressupostos, elementos ou requisitos, têm de ser conformes com ela. Aí se incluem actos de Direito interno que correspondam a fases do processo de vinculação internacional do Estado (como a aprovação de tratados ou a emissão de reservas), os quais podem, pois, ser inconstitucionais ou não.

Pelo contrário, os actos que decorram na órbita do Direito Internacional não são, enquanto tais, susceptíveis de inconstitucionalidade. Susceptíveis de inconstitucionalidade são, sim, os conteúdos desses comportamentos enquanto deles se desprendam, quer tomados em si mesmos (inconstitucionalidade material), quer tomados em conexão com os actos de Direito interno atinentes à vinculação do Estado e, assim, de certa maneira ainda à sua produção (inconstitucionalidade orgânica e inconstitucionalidade formal).

Donde, por outro lado, que um eventual juízo de inconstitucionalidade de normas jurídico-internacionais se limite à ordem interna do Estado cujos órgãos de fiscalização o emitem, e não para além dele – o que, sendo inteiramente lógico, levanta sérios problemas[101][102].

II – Se nenhum preceito específico da nossa Constituição se ocupa da inconstitucionalidade material de normas internacionais, da inconstitucionalidade orgânica e da formal cura o art. 277.º, n.º 2, estabelecendo

---

[101] Cfr. Luís SERRADAS DUARTE, *op. cit.*, págs. 75 e segs.

[102] Sobre a questão em Direito comparado, v., por exemplo, KELSEN, «La Garantie Juridictionnelle de la Constitution», separata da *Revue du Droit Public*, 1928, págs. 14 e segs.; GEORGES SCELLE, «La Prétendue Inconstitutionnalité Interne des Traités», in *Revue du Droit Public*, 1952, págs. 1012 e segs.; ANTONIO LA PERGOLA, *Constitución del Estado y normas internacionales*, trad., México, 1985, págs. 375 e segs.; HELMUT STEINBERGER, «Reception of International Rules and Constitutionality Control», in *Costituzione dello Stato e Norme Internazionali*, obra colectiva, Milão, 1988, págs. 187 e segs.; GIUSEPPE BARILE, «La Rilevanza del Parametro di Legittimità Costituzionale delle Norme di Attuazione di Un Trattato Emanato com Legge Ordinaria», in *Rivista di Diritto Internazionale*, 1988, págs. 94 e segs.; JOEL RIDEAU, «Constituton et Droit International dans les États Membres des Communautés Européennes», in *Revue Français de Droit Constitutionnel*, 1990, págs. 268 e segs.; ENZO CANNIZARO, *Trattati Internazionali e Giudizio di Costituzionalità*, Milão, 1991.

448 *Em Homenagem ao Professor Doutor Diogo Freitas do Amaral*

que "a inconstitucionalidade orgânica e formal de tratados internacionais regularmente ratificados não impede a aplicação das suas normas na ordem jurídica da outra parte, salvo se tal inconstitucionalidade resultar de violação de uma disposição fundamental"[103][104].

Reconhece-se, à vista desarmada, alguma proximidade do art. 46.º da Convenção de Viena de 1969: tal como ele, pretende assegurar a vigência interna dos tratados. Mas por isso mesmo não se enxerga por que não deva o preceito abranger também os acordos em forma simplificada – por causa do muito menor relevo que a inconstitucionalidade orgânica e formal reveste em confronto com a que possa atingir os tratados solenes[105].

Justifica-se, pois, em nome da preferência do elemento teleológico sobre o elemento literal e o histórico (o confronto com o art. 280.º, n.º 3, anterior a 1982), proceder a uma interpretação extensiva do art. 277.º, n.º 2[106].

III – Saber o que seja "violação de disposição fundamental" – de disposição de competência e de forma, não de disposição de fundo (insista-se) – eis algo a procurar no contexto da Constituição ou dos grandes princípios político-constitucionais, sem nunca perder de vista o objectivo de aproveitamento de tratados regularmente ratificados.

---

[103] No texto anterior a 1982 o problema era objecto do art. 280.º, n.º 3, de formulação bastante diferente e deficiente; cfr. a crítica de ANDRÉ GONÇALVES PEREIRA, *O Direito Internacional...*, cit., *loc. cit.*, pág. 43.

[104] Sobre o art. 277.º, n.º 2, cfr. MARCELO REBELO DE SOUSA, *O Valor Jurídico do Acto Inconstitucional*, Lisboa, 1988, págs. 273 e segs.; RUI MEDEIROS, *Relações...*, cit., *loc. cit.*, págs. 368, 370 e 371; JORGE BACELAR GOUVEIA, *O Valor Positivo do Acto Inconstitucional*, Lisboa, 1992, págs. 49 e segs.; ANTÓNIO DE ARAÚJO, «Relações entre o Direito Internacional e o Direito Interno – Limitação dos Efeitos do Juízo de Inconstitucionalidade (a Norma do Art. 277.º, n.º 2 da Constituição)», in *Estudos sobre a Jurisprudência do Tribunal Constitucional*, obra colectiva, Lisboa, 1993, págs. 18 e segs.; GOMES CANOTILHO e VITAL MOREIRA, *op. cit.*, 3.ª ed., págs. 998 e 999; LUÍS SERRADAS DUARTE, *op. cit.*, pág. 59; EDUARDO CORREIA BAPTISTA, *op. cit.*, I, págs. 459 e segs.; FRANCISCO FERREIRA DE ALMEIDA, *op. cit.*, págs. 11 e segs.; BLANCO DE MORAIS, *op. cit.*, I, págs. 256 e segs.; JORGE MIRANDA, *Manual...*, VI, cit., pág. 186.

[105] RUI MEDEIROS refere um estatuto menos protegido dos acordos em forma simplificada (*op. cit.*, *loc. cit.*, pág. 370), mas o problema é, antes, de consequências da inconstitucionalidade.

[106] Na linha da crítica que lhe fazíamos em *Direito Internacional...*, 1995, cit., págs. 200-201 e aderindo à leitura de EDUARDO CORREIA BAPTISTA (*op. cit.*, I, págs. 461-462). Diversamente, GOMES CANOTILHO e VITAL MOREIRA, *op. cit.*, 3.ª ed., pág. 998.

O Artigo 8.º da Constituição e o Direito Internacional 449

Nesta óptica, parecem caber na previsão do art. 277.º, n.º 2 quatro hipóteses:

a) Incompetência absoluta, por aprovação de convenção por órgão sem competência de aprovação de tratados internacionais (*v. g.*, pelo Presidente da República, ou por um Ministro, ou por uma Assembleia Legislativa Regional);

b) Incompetência relativa, por aprovação pelo Governo de qualquer tratado político das categorias indicadas na primeira parte do art. 161.º, *i)* da Constituição;

c) Aprovação de tratado sobre questão relativamente à qual tenha havido resultado negativo em referendo, antes do decurso dos prazos constitucionais (art. 115.º, n.º 10);

d) Inexistência jurídica da deliberação da Assembleia da República, por falta de *quorum* ou de maioria de aprovação (art. 116.º, n.ºs 2 e 3).

Outras hipóteses (como a falta de participação de órgãos das regiões autónomas em tratados que lhes digam respeito ou a aprovação de tratado solene pelo Governo sobre matéria não incluída na reserva legislativa do Parlamento) não correspondem, manifestamente, a violação de disposição fundamental[107].

IV – O art. 277.º, n.º 2, não afecta a fiscalização preventiva da constitucionalidade de tratados; apenas afecta – limitando-a no seu alcance – a fiscalização sucessiva.

E justificar-se-á mesmo *de jure condendo* a existência em geral de fiscalização sucessiva da constitucionalidade de normas de tratados? Não compromete a confiança nas relações internacionais a possibilidade de um Estado se dizer não vinculado ou desvinculado a pretexto de contradição com uma norma constitucional sua (eventualmente, criada por revisão posterior ao tratado)? Não será por virtude disso que o sistema de controlo quase não tem funcionado? Não seria melhor reduzir tudo à fiscalização preventiva, eventualmente obrigatória[108]?

---

[107] A admitir-se inconstitucionalidade por falta de participação de órgãos regionais, uma eventual declaração de inconstitucionalidade nunca poderia circunscrever-se à região autónoma afectada. Teria de atingir todo o território português, por causa do princípio da unidade do Estado [art. 288.º, alínea *a)*] e porque só o Estado é sujeito de Direito Internacional.

[108] Assim, Mota de Campos, em crítica ao regime actual quer de fiscaliação sucessiva, quer de fiscalização preventiva das normas internacionais (*As Relações...*, cit., págs. 81 e segs., 116 e 209 e segs. e *Direito Comunitário*, II, cit., págs. 390 e 391).

450   Em Homenagem ao Professor Doutor Diogo Freitas do Amaral

Hesitámos muito tempo sobre o problema. Hoje propendemos a responder no sentido da eliminação do controlo sucessivo abstracto (arts. 281.° e 282.°), embora não do concreto (arts. 204.° e 280.°)[109].

V – Até agora o Tribunal Constitucional apenas muito poucas vezes foi chamado a ajuizar da constitucionalidade de normas internacionais.

Assim, pelo Acórdão n.° 32/88, de 27 de Janeiro[110], ele considerou – e bem, a nosso ver – que as resoluções e os decretos de aprovação de convenções internacionais não eram actos normativos para efeito de apreciação. Só os tratados e os acordos o eram, não podendo ser sindicados senão depois de concluídos os respectivos processos de vinculação do Estado (com publicitação do instrumento de ratificação, se forem tratados solenes) – o que não se verificava no caso, pelo que o Tribunal não conheceu do pedido.

No Acórdão n.° 168/88, de 13 de Julho[111], estavam em causa quatro acordos de Portugal com os Estados Unidos sobre questões de defesa, sendo dois deles acordos por troca de notas, e invocavam-se fundamentos materiais (violação do princípio da independência nacional) e razões formais (não-observância da forma de tratado solene)[112].

O Tribunal só tomou, porém, em conta, as razões formais e só declarou inconstitucional um dos acordos celebrados por troca de notas. Quanto ao outro – aliás, mais importante (acrescente-se), porque relativo à extensão até 1991 das facilidades concedidas nos Açores às Forças

---

Diversamente, GOMES CANOTILHO e VITAL MOREIRA (*op. cit.*, I, pág. 259), para quem de duas, uma: ou o Estado se desvincula, podendo, da convenção em causa; ou altera a Constituição em sentido conforme às obrigações internacionais.

[109] Em *Ideias para Uma Revisão Constitucional em 1996* (Lisboa, 1996) propusemos, por um lado, a fiscalização preventiva obrigatória dos tratados de participação de Portugal em organizações internacionais, de amizade, de paz, de defesa, de rectificação de fronteiras e respeitantes a assuntos militares e, por outro lado, a impossibilidade de fiscalização sucessiva desses tratados no caso de pronúncia pela não-inconstitucionalidade (págs. 28-29).

[110] *Diário da República*, 2.ª série, n.° 86, de 13 de Abril de 1988.

[111] *Diário da República*, 1.ª série, n.° 235, de 11 de Outubro de 1988.

[112] Neste segundo acórdão, o Tribunal teve de se debruçar sobre a questão prévia de saber se os tratados-contratos (como seriam os acordos em apreço) estavam sujeitos ao seu controlo. E respondeu afirmativamente, não só por julgar ultrapassada e de difícil concretização na prática a dicotomia tradicional de tratados-leis e tratados-contratos mas também por (na esteira da sua jurisprudência) tomar norma num sentido funcional, e não necessariamente no sentido de regra geral e abstracta.

O Artigo 8.º da Constituição e o Direito Internacional 451

Armadas dos Estados Unidos, com base no tratado de defesa de 1951 – o Tribunal decidiu não se pronunciar, considerando que tinha havido a sua recepção material pelo acordo técnico a respeito da sua execução, o qual fora posteriormente aprovado pela Assembleia da República.

Não aplaudimos a tese assim expendida. Para nós, não é concebível essa pretensa recepção material, até porque os dois acordos foram concluídos em momentos diferentes. E, mesmo que fosse vontade política da Assembleia, aquando da aprovação do acordo técnico, aprovar também o acordo sobre as facilidades militares dos Estados Unidos nos Açores, ela não tinha poder para tal: o Parlamento não era competente para decidir (muito menos, retroactivamente) sobre a validade jurídica desse acto.

Para além disso, o Tribunal acolheu o princípio da distinção material de tratado e acordo a partir da correspondência, respectivamente, entre tratado e lei e entre acordo e regulamento. Todavia, tendo em conta o então art. 164.º, alínea *i)*, 2.ª parte, da Constituição, admitiu que nas matérias dele constantes o Governo pudesse aprovar acordos em forma simplificada que se circunscrevessem a uma disciplina executiva de tratados já concluídos.

No Acórdão n.º 494/99, de 5 de Agosto[113], apreciou-se a constitucionalidade da forma de acordo através da qual fora celebrada uma convenção de segurança social entre Portugal e o Chile. Recuando de certo modo sobre o Acórdão n.º 168/88, o Tribunal não quis agora tomar posição em geral sobre a distinção entre tratado e acordo; mas, afirmando que a convenção não fazia senão desenvolver a lei de bases de segurança social, considerou que não estava em causa matéria reservada à Assembleia da República [art. 165.º, alínea *f)*].

Ora, admitindo sem conceder que tudo se exauriria neste esquema, faltaria indagar da forma constitucionalmente correcta. Mas deste problema já cuidámos na altura devida.

Em três outros acórdãos, discutiram-se questões de inconstitucionalidade material que não cabe aqui examinar:

- O acórdão n.º 522/2000, de 25 de Janeiro[114], em que estava em causa o art. 34.º da Convenção de Bruxelas relativa à competência judiciária e à execução de decisões em matéria civil e comercial, por alegada ofensa do princípio do contraditório;

---

[113] *Diário da República*, 2.ª série, n.º 204, de 1 de Setembro de 1995.
[114] *Diário da República*, de 31 de Janeiro de 2001.

452 *Em Homenagem ao Professor Doutor Diogo Freitas do Amaral*

– O acórdão n.º 384/2005, de 13 de Julho[115], em que se considerou o art. 9.º, n.º 3 da Convenção Internacional para a Repressão de Atentados à Bomba, em face das regras constitucionais sobre extradição;
– O acórdão n.º 117/2008, de 20 de Fevereiro[116], em que se apreciou o art. 22.º da Convenção de Viena de 1929, sobre transporte aéreo internacional à luz do direito dos consumidores à reparação de danos consagrados no art. 60.º da Constituição.

Em nenhum destes casos, julgou o Tribunal inconstitucionais as normas impugnadas.

VI – Finalmente, quanto a normas dimanadas de órgãos próprios de organizações internacionais e de entidades afins de que Portugal seja parte, não se põe nenhum problema de constitucionalidade dos actos de produção – pois que nenhum órgão da República Portuguesa interfere aí; e, por isso mesmo, tão-pouco há lugar a fiscalização preventiva. Qualquer problema, a suscitar-se, será somente de conformidade material dessas normas com a Constituição.

Mas pode sugerir-se, na linha do que há pouco salientámos, uma via média: exercício de fiscalização para defesa dos valores básicos da Constituição (*maxime* a identidade nacional, o Estado de Direito democrático e os direitos fundamentais do art. 19.º, n.º 6)[117] e dos próprios princípios e normas conformadores da construção comunitária (art. 7.º, n.º 6)[118]; e adopção para o resto de algo de semelhante ao disposto no art. 277.º, n.º 2, com a consequente mera irregularidade aqui de eventual contradição.

Aliás, algo de semelhante se pode dizer quanto à inconstitucionalidade de normas de Direito Internacional convencional. Também somente em caso de violação de princípios e direitos fundamentais se justificará a sua desaplicação pelo juiz português.

Nem se invoque, no tocante ao Direito comunitário, para excluir totalmente a fiscalização, a omissão de referência no preceito respeitante

---

[115] *Ibidem*, de 20 de Setembro de 2005.
[116] *Ibidem*, de 9 de Abril de 2008.
[117] V. já *Manual...*, II, 3.ª ed., cit., pág. 424; e *Direito Internacional Público* – I, 1.ª versão, pág. 255. Cfr. Maria Luísa Duarte, *op. cit.*, *loc. cit.*, págs. 704-705.
[118] Em especial, o princípio da subsidiariedade e a regra segundo a qual o processo de integração se faz por via convencional, e não por decisão de órgãos comunitários. Cfr. o nosso «Direito Constitucional Português de Integração Europeia», in *Nos 25 Anos da Constituição da República Portuguesa de 1976*, obra colectiva, Lisboa, 2001, págs. 39-40.

O Artigo 8.º da Constituição e o Direito Internacional 453

ao recurso obrigatório para o Ministério Público de decisões dos tribunais de desaplicação de normas constantes dos actos de maior relevância (art. 280.º, n.º 3)[119], porque ele não apaga a regra geral da recorribilidade de decisões que recusem a aplicação de qualquer norma com fundamento em inconstitucionalidade [art. 280.º, n.º 1, alínea *a)*] e porque a não--obrigatoriedade de recurso bem pode ser entendida, justamente, na perspectiva de relativa autolimitação que sugerimos.

Muito menos aceitável, embora aliciante, seria convolar a questão de inconstitucionalidade suscitada em qualquer tribunal em questão prejudicial de validade jurídico-comunitária, funcionando então o Tribunal de Justiça das Comunidades como *juiz legal* para efeito do art. 177.º do Tratado de Roma (art. 234.º do tratado de Amesterdão)[120]. Além de não ter, neste momento, nenhum apoio de preceito positivo, poderia traduzir--se, em última análise, numa absorção do Direito constitucional pelo Direito comunitário.

VII – Segundo art. 161.º, alínea *n)*, da Constituição, compete à Assembleia da República pronunciar-se, nos termos da lei, sobre as matérias pendentes de decisão em órgãos da União Europeia que incidam na esfera da sua competência legislativa reservada.

Logo, na falta de pronúncia, verifica-se inconstitucionalidade formal, mas tão-só, evidentemente, uma inconstitucionalidade do procedimento da participação de Portugal na tomada de decisão da União. O Tribunal Constitucional poderá dela conhecer, mas também só com a consequência da irregularidade.

VIII – Problemática bem diferente vem a ser a da fiscalização da constitucionalidade de leis *internas* de transposição de directivas comunitárias.

---

[119] EDUARDO CORREIA BAPTISTA, *op. cit.*, I, pág. 450. Todavia, contraditoriamente, apesar de a omissão também abranger normas derivadas de organizações internacionais *proprio sensu*, o Autor admite recurso de decisões judiciais que as não apliquem (pág. 457).

[120] NUNO PIÇARRA, *op. cit.*, págs. 77 e segs., *maxime* 90 e 94 e segs. e também, quanto à violação de direitos, liberdades e garantias, EDUARDO CORREIA BAPTISTA, *op. cit.*, I, pág. 454. Tese próxima é a de CARDOSO DA COSTA (*O Tribunal...*, cit., *loc. cit.*, págs. 13761377), para quem o Tribunal Constitucional deve submeter a questão da interpretação e da validade da norma comunitária ao Tribunal de Justiça e para quem, só em caso de assim não se chegar a um resultado satisfatório, deverá aquele tribunal emitir um juízo de inconstitucionalidade por violação de princípios fundamentais da Constituição.

Evidentemente, nada pode impedir essa fiscalização nos termos gerais, pelo menos na parte em que traduzam desenvolvimento a adaptação pelo Direito português[121].

10. Regime da desconformidade de leis com normas internacionais

I – Afirmada a prevalência das normas de Direito Internacional sobre as leis internas, que sucede quando ocorre desconformidade?

Na hipótese de infracções de princípios da Declaração Universal, trata-se de inconstitucionalidade por causa da recepção operada pelo art. 16.º, n.º 2 da Constituição[122]. As dúvidas têm surgido, tal como noutros países, a propósito da contradição entre lei e tratado.

A doutrina e a jurisprudência têm-se dividido na qualificação do fenómeno, ora como inconstitucionalidade, ora como ilegalidade *sui generis*[123]. E ela não é irrelevante no plano prático: se for inconstitucionalidade, aplicar-se-á *de pleno* o correspondente regime geral de fiscalização; se não for e se não for possível estender-lhe esse regime, haverá que procurar uma solução adequada.

---

[121] GOMES CANOTILHO e VITAL MOREIRA, *op. cit.*, I, pág. 271.

[122] V. o Acórdão n.º 222/90 do Tribunal Constitucional, de 20 de Junho, in *Diário da República*, 2.ª série, n.º 215, de 17 de Setembro de 1990.

[123] Cfr. AFONSO QUEIRÓ, «A Hierarquia das Normas de Direito Administrativo», in *Boletim da Faculdade de Direito da Universidade de Coimbra*, 1982, pág. 780; BARBOSA DE MELO, «A Preferência...», cit., *loc. cit.*; SIMÕES PATRÍCIO, *Conflito de Lei Interna com Fontes Internacionais: o Artigo 4.º do Decreto-Lei n.º 262/83*, Lisboa, 1984; MOTA DE CAMPOS, *Direito Comunitário*, II, cit., pág. 385.

No Tribunal Constitucional, durante anos, uma das secções optou pela inconstitucionalidade (considerando-se, portanto, o tribunal competente para dela conhecer), ao passo que a outra secção recusou-a [com a inerente consequência: v., por todos, de um lado, o Acórdão n.º 27/84, de 21 de Março (in *Diário da República*, 2.ª série, n.º 153, de 4 de Julho de 1984) e o Acórdão n.º 409/87, de 21 de Outubro (*ibidem*, n.º 1, de 2 de Janeiro de 1988); e, de outro lado, o Acórdão n.º 107/84, de 14 de Novembro (*ibidem*, n.º 41, de 18 de Fevereiro de 1985)].

No Acórdão n.º 409/87 e noutros, o Tribunal, apreciando o fundo da questão, entendeu que não se verificava colisão de norma convencional em questão com a lei interna, porque aquela tinha caducado em virtude da cláusula *rebus sic stantibus*.

V. um resumo da disputa no Acórdão n.º 371/91, de 10 de Outubro, in *Diário da República*, 2.ª série, n.º 284, de 10 de Dezembro de 1991.

O Artigo 8.º da Constituição e o Direito Internacional 455

II – Mantemos a opinião segundo a qual a desconformidade entre normas dos dois tipos não se reconduz a inconstitucionalidade.

Isso não somente em nome de uma determinada visão do sistema de normas e actos como ainda a partir de uma análise do próprio teor do fenómeno. Pois o que está em causa é, primariamente, a contradição entre duas normas não constitucionais, não é a contradição entre uma norma ordinária e uma norma constitucional; o art. 8.º, n.º 2, da Lei Fundamental não rege a relação ou a situação jurídica – ele encerra, sim, o princípio abstracto de adstrição das normas legais às normas convencionais; e é apenas por se dar tal contradição que, indirectamente (ou, porventura, consequentemente), se acaba por falar aqui em inconstitucionalidade indirecta[124].

Nem sequer se verifica inconstitucionalidade quando ocorra violação de um tratado relativo a direitos do homem (como a Convenção Europeia ou qualquer das grandes convenções das Nações Unidas). O art. 16.º, n.º 1, da Constituição contém uma cláusula aberta ou de não-tipicidade de direitos fundamentais, mas não converte as normas para que remete em normas de valor constitucional[125].

III – O que se diz acerca da relação entre lei e tratado vale outrossim para a contradição entre lei e Direito Internacional geral ou comum ou entre lei e Direito das organizações internacionais ou de entidades afins.

IV – Do que precede não decorre, porém, uma insindicabilidade não consentida pelos princípios do Estado de Direito.

Pelo menos, sempre os tribunais, ao abrigo e nos termos da fiscalização difusa (art. 204.º), podem e devem conhecer da contradição entre normas internas e normas convencionais (assim como entre normas internas e normas de Direito Internacional geral ou comum). E, desde 1989, cabe recurso para o Tribunal Constitucional, em secção, das decisões de tribunais que recusem a aplicação de norma constante de acto legislativo com fundamento na sua contrariedade com uma convenção internacional ou a apliquem em desconformidade com o anteriormente decidido sobre a questão pelo Tribunal Constitucional [art. 70.º, n.º 1, alínea *i)*, da Lei

---

[124] *Manual...*, VI, cit., págs. 20 e segs.

[125] Neste sentido, Acórdão n.º 99/88 do Tribunal Constitucional, de 28 de Abril, in *Diário da República*, 2.ª série, n.º 193, de 22 de Agosto de 1988, pág. 7643.

456 Em Homenagem ao Professor Doutor Diogo Freitas do Amaral

n.º 28/82, de 15 de Novembro, na versão dada pela Lei n.º 85/89, de 7 de Setembro][126].

Por outra banda, afigura-se razoável pensar que, em caso de referendo, a fiscalização prévia necessária [arts. 115.º, n.º 8, e 223.º, n.º 2, alínea *f)*] inclua a apreciação da conformidade com normas de Direito Internacional.

O que não existe – porque não está previsto – é fiscalização sucessiva abstracta, seja por iniciativa de certos órgãos ou de certas fracções de titulares de órgãos, seja a partir de três decisões concretas do Tribunal Constitucional (art. 281.º)[127].

V – E poderão os tribunais portugueses conhecer da conformidade entre a lei estrangeira aplicável (quando seja caso disso) a feitos submetidos a julgamento e normas de Direito Internacional?

A resposta não pode deixar de ser positiva. É problema homólogo do da conformidade de leis estrangeiras com normas constitucionais[128].

VI – Quanto à eventual infracção de normas de Direito comunitário por lei interna, também os tribunais em geral são competentes para a apreciar e para não aplicar, em tal hipótese, a norma interna portuguesa. Não há, no entanto, recurso para o Tribunal Constitucional dessas decisões e a Lei n.º 28/82 não o contempla[129].

Na lógica do Direito comunitário, a haver recurso será para um tribunal das próprias Comunidades Europeias, por meio – então, sim – do

---

[126] Cfr. Acórdão n.º 354/97, de 30 de Abril, *ibidem*, 2.ª série, n.º 138, de 18 de Junho de 1997. No acórdão n.º 46/2004, de 19 de Janeiro (*Diário da República*, 2.ª série, n.º 50, de 28 de Fevereiro de 2004), o Tribunal Constitucional não conheceu de uma questão de desconformidade entre uma norma legal e o Tratado de Amesterdão, mas apenas por razões processuais [por o recurso ter sido interposto ao abrigo da alínea *a)*, e não da alínea *i)* do art. 70.º, n.º 2 da lei orgânica].

[127] Sobre os problemas que se suscitam à volta do art. 70.º, n.º 1, alínea *i)*, da Lei n.º 28/82, após 1989, v. Luís Serradas Duarte, *op. cit.*, págs. 179 e segs.; e *Manual...*, VI, pág. 153.

[128] V. *Manual...*, II, págs. 356-357 e segs. Cfr. Hélène Tourard, *op. cit.*, págs. 312 e segs.

[129] Cfr. a intervenção do Deputado António Vitorino aquando da 2.ª revisão constitucional (in *Diário da Assembleia da República*, V legislatura, 1.ª sessão legislativa, 2.ª série, n.º 55RC, acta n.º 53, reunião de 28 de Julho de 1988, pág. 1779); Cruz Vilaça, *op. cit.*, *loc. cit.*, págs. 308 e segs.; Maria Luísa Duarte, *op. cit.*, pág. 701.

O Artigo 8.º da Constituição e o Direito Internacional 457

reenvio prejudicial[130] [131]. E solução análoga deverá ser dada à desconformidade entre norma de Direito comunitário derivado e norma de Direito comunitário originário.

11. As consequências da desconformidade

I – A desconformidade entre norma legal e norma constitucional determina *invalidade*. Diversamente, a desconformidade entre norma convencional e norma constitucional, entre norma legal e norma convencional ou entre norma legal e norma de Direito próprio de organização internacional ou entidade afim determina *ineficácia jurídica*.

A diferença decorre de a Constituição ser o fundamento de validade da lei e dos demais actos do Estado, das regiões autónomas e do poder local (como diz o seu art. 3.º, n.ºˢ 2 e 3) e apenas limite de produção de efeitos das normas jurídico-internacionais. E tão-pouco o tratado é fundamento de validade da lei, mas somente obstáculo à sua eficácia: o clausulado nele não afecta a norma legal na sua raiz (que, essa, se situa no sistema jurídico estatal); limita-se a impedir, enquanto vincular internacionalmente o Estado, que a lei produza os seus efeitos típicos[132].

---

[130] Assim, os acórdãos n.ºˢ 163/90, 621/98 e 466/2003 do Tribunal Constitucional, de 23 de Maio, 3 de Novembro e 14 de Outubro, in *Diário da República*, 2.ª série, de 18 de Outubro de 1990, de 18 de Março de 1999 e de 25 de Novembro de 2003, respectivamente. O Tribunal afirmou, neste último acórdão, que compreendendo a ordem jurídica comunitária um tribunal vocacionado para apreciar a desconformidade com norma constante do tratado da C.E.E., seria incongruente intervir no plano interno outra instância de mesmo ou semelhante tipo.

[131] Cfr., sobre o problema ANA MARIA GUERRA MARTINS, *Efeitos dos Acórdãos Prejudiciais do Artigo 177.º do TR (CEE)*, Coimbra, 1988; NUNO PIÇARRA, *O Tribunal de Justiça*, cit.; JOSÉ CARLOS MOITINHO DE ALMEIDA, *O Reenvio Prejudicial para o Tribunal de Justiça da Comunidade Europeia*, Lisboa, 1992; BLANCO DE MORAIS, *Justiça ...*, cit., II, págs. 509 e segs.; JOÃO MOTA DE CAMPOS e JOÃO LUIZ MOTA DE CAMPOS, *Manual ...*, cit., págs. 417 e segs.

[132] Cfr. o nosso *Decreto*, cit., págs. 88 e 106 e segs.; ANDRÉ GONÇALVES PEREIRA e FAUSTO DE QUADROS, *op. cit.*, pág. 123; LUÍS SERRADAS DUARTE, *op. cit.*, págs. 274 e segs.; EDUARDO CORREIA BAPTISTA, *Direito...*, cit., pág. 439; e, sobretudo, MIGUEL GALVÃO TELES, *Eficácia...*, cit., págs. 99 e segs., e «Inconstitucionalidade Pretérita», in *Nos Dez Anos da Constituição*, obra colectiva, Lisboa, 1987, pág. 328, nota).

Como escreve MIGUEL GALVÃO TELES, a eficácia interna das normas internacionais não se justifica por nenhum juízo sobre o seu conteúdo, mas pelo interesse do Estado em

458   *Em Homenagem ao Professor Doutor Diogo Freitas do Amaral*

Por isso mesmo ainda, se não pode nunca dar-se constitucionalização superveniente de norma legal em consequência de revisão constitucional[133], já ela pode ser admitida relativamente a norma convencional; assim como pode admitir-se a legalização superveniente de norma legal por virtude de cessação de vigência ou de alteração de norma de Direito Internacional com que estava em conflito.

II – Haverá repristinação em caso de inconstitucionalidade de norma convencional ou de *ilegalidade* de norma legal contrária a tratado?

A repristinação de lei anterior parece possível[134], por tudo decorrer ainda no domínio do Direito português. Não, de jeito nenhum, a repristinação de tratado anterior a tratado inconstitucional: Portugal ou se considera vinculado por este tratado ou não; não pode ir buscar outro tratado à margem do consenso das outras partes.

III – O art. 22.º da Constituição consagra o princípio geral da responsabilidade do Estado por acções ou omissões praticadas no exercício das suas funções e por causa desse exercício, de que resulte violação dos direitos, liberdades e garantias ou prejuízo para os cidadãos[135]. Logo, estarão aí abrangidas quer a desconformidade de tratado com a Constituição quer a desconformidade de lei com tratado.

A Lei n.º 67/2007, de 31 de Dezembro, vem densificar o princípio em termos algo restritivos (art. 15.º). Os tribunais competentes para a efectivação da responsabilidade são os tribunais administrativos [art. 4.º, n.º 1, alínea *g*) do Estatuto dos Tribunais Administrativos e Fiscais, aprovado pela Lei n.º 13/2002, de 19 de Fevereiro][136].

---

harmonizar a sua ordem jurídica com o Direito das Gentes; e, sendo diferentes os fundamentos da eficácia na ordem estadual das fontes de origem interna e internacional, a vigência das normas provenientes de cada uma delas constitui apenas circunstância impeditiva de eficácia da outra.

Vale a pena ainda reler KELSEN, *La Garantie...*, cit., págs. 14 e segs.

[133] V. *Manual...*, II, cit., págs. 328 e 329.

[134] Em fiscalização concreta, naturalmente, só.

[135] Cfr. *Manual* ..., IV, 4.ª ed., Coimbra, 2008, págs. 347 e segs. e Autores citados.

[136] Cfr. CARLOS ALBERTO FERNANDES CADILHA, *Regime da Responsabilidade Civil Extracontratual do Estado e Demais Entidades Públicas Anotado*, Coimbra, 2008, págs. 236 e segs. Quanto à responsabilidade por violação do Direito comunitário, cfr. págs. 260 e segs.

BREVE ENSAIO SOBRE A PROTECÇÃO CONSTITUCIONAL DOS DIREITOS DAS GERAÇÕES FUTURAS

JORGE PEREIRA DA SILVA

1. Introdução

"Não há direitos fundamentais sem sujeito", afirmou categórica e lapidarmente o Tribunal Constitucional no seu Acórdão n.º 85/85, a respeito da lei que então despenalizou a interrupção voluntária da gravidez. Esta afirmação corresponde, aliás, a um daqueles aforismos em que o mundo do Jurídico é pródigo e em que, supostamente, a excepção apenas vem confirmar a regra. Segundo reza o próprio Código Civil, "a personalidade adquire-se no momento do nascimento completo e com vida" (artigo 66.º, n.º 1) e "cessa com a morte" (artigo 68.º, n.º 1). Nada pode parecer mais claro.

Não obstante, o problema dos direitos das gerações futuras – e dos deveres das gerações presentes para com as vindouras – é hoje incontornável. São poucos os que negam a sua autonomia, sustentando que a melhor forma de defender as novas gerações é garantir o respeito actual pelos direitos fundamentais dos cidadãos[1]. E mesmo esses preferem concentrar-se na demonstração da impossibilidade lógica de gerações de pessoas que *ainda não existem* serem titulares de direitos *agora*, dificilmente escapando ao reconhecimento de que a geração actualmente domi-

---

[1] BECKERMAN, *The impossibility of a theory of intergenerational justice*, in *Handbook of intergenerational justice*, Jörg Tremmel ed., Oxford, 2006, p. 66; mais desenvolvidamente, BECKERMAN / PASEK, *Justice, posterity, and the environment*, Oxford, 2004, pp. 11 ss..

nante tem obrigações para com as suas sucessoras[2]. A verdadeira questão que desafia o mundo do Direito não é, assim, tanto a de saber *se* os indivíduos do presente estão vinculados para com as gerações posteriores, mas antes a de saber *como* se fundamenta e se conforma juridicamente essa vinculação[3].

Este é, contudo, um problema cuja análise não pode confinar-se às fronteiras do Direito Constitucional ou, mesmo, da enciclopédia jurídica como um todo. Ele começa por ser um problema ético e filosófico que, não sendo rigorosamente novo, vê a sua premência hodierna resultar da circunstância de o homem ter adquirido capacidade científica e técnica para tornar impossível a vida na terra. Para que a história da vida possa prosseguir – e não apenas a da vida humana –, o homem terá, doravante, de agir de uma determinada maneira, fazendo uso da sua inteligência e dos recursos disponíveis de uma forma compatível com essa mesma continuidade. "A História torna-se objecto do dever ser humano, *responsabilidade humana* – não apenas a história do homem individual ou a dos grupos de homens, mas a História do homem simplesmente (e dos animais e das plantas)"[4]. Os reptos que neste mesmo plano estão lançados são, por isso, de grande envergadura: reformular as bases teóricas da ética de modo a que possam acomodar a ideia de responsabilidade para com o futuro; estabelecer os fundamentos de um novo princípio de justiça, já não entre pessoas concretas, nem entre classes sociais, nem tão-pouco entre Estados ou povos, mas sim entre gerações.

O profundo abalo causado pela ideia de que o homem está em condições de tornar impossível a vida das próximas gerações – ou, ao menos, de as impedir de ter uma existência condigna na terra – não podia deixar de marcar o debate político e todo o espaço público, onde se multiplicam os contributos de natureza científica. Além da magna "questão ambiental", que de forma impressiva marca a transição do século XX para o século XXI, todo o espectro da acção governativa passa a ser escrutinado à luz do problema dos direitos das gerações futuras, desde o

---

[2] BECKERMAN, *The impossibility*, pp. 53 ss., esp. p. 61; BECKERMAN / PASEK, *Justice*, pp. 107 ss.; na doutrina nacional, CARLA AMADO GOMES, *Risco e modificação do acto autorizativo concretizador de deveres de protecção do ambiente*, Coimbra, 2007, pp. 155 ss., esp. pp. 160-162. Para uma (contra)análise sistemática desta linha de argumentação, PARTRIDGE, *On the rights of future generations*, in *www.igc.org/gadfly*, 1990, pp. 5 ss..

[3] SALADIN / ZENGER, *Rechte künftiger Generationen*, Basel – Frankfurt, 1988, p. 129.

[4] SALADIN / ZENGER, *Rechte*, p. 21.

Ensaio sobre a Protecção Constitucional dos Direitos das Gerações Futuras 461

endividamento público excessivo, passando pela sustentabilidade financeira da segurança social, pela preservação do património e da herança cultural, terminando nas questões relativas ao emprego dos jovens e ao seu acesso a lugares políticos de decisão. Uma análise do modo de funcionamento dos sistemas políticos democráticos revela, contudo, que estes apresentam debilidades estruturais que os tornam pouco propensos a garantir o respeito pelos direitos das gerações subsequentes, tanto mais que os governantes, imbuídos do imediatismo que caracteriza a sociedade actual, só com relutância se dispõem a desenvolver políticas sustentáveis a longo prazo. As políticas de curto prazo, que produzem resultados mais rápidos, são, bem entendido, bastante mais compensadoras do ponto de vista eleitoral. Afinal, segundo o vaticínio keynesiano, "in the long run, we are all dead".

Neste contexto filosófico e político, não é de estranhar que o Direito tenha sido convocado para o tema. Considerando a natureza global de muitas das ameaças que pendem sobre as gerações vindouras, compreende-se que o Direito Internacional tenha aí um papel insubstituível de protecção[5]. Nos seus âmbitos específicos, o Direito do Ambiente, o Direito Financeiro, o Direito da Segurança Social, e o próprio Direito Penal são também crescentemente chamados a dar resposta a problemas que, de uma forma ou de outra, envolvem a protecção dos direitos ou dos interesses das gerações futuras[6]. Mas de momento é porventura para o Direito Constitucional que o desafio se apresenta mais estimulante: por este constituir o instrumento decisivo de limitação jurídica do poder político e das maiorias conjunturais que efectivamente o exercem; porque os direitos fundamentais compreendem em si mesmos uma dimensão intergeracional que é mais do que um simples corolário da Constituição enquanto pacto com vocação duradoura e, portanto, enquanto pacto entre

---

[5] O texto de Direito Internacional mais emblemático é a *Declaração (da UNESCO) sobre as Responsabilidades das Gerações Presentes para com as Gerações Futuras*, de 12 de Novembro de 1997.

[6] No Direito do Ambiente *lato sensu*, MARIA DA GLÓRIA GARCIA, *O lugar do Direito na protecção do ambiente*, Coimbra, 2007, esp. pp. 262 ss., pp. 288 ss., pp. 372 ss., e pp. 411 ss..; no Direito Financeiro, EDUARDO PAZ FERREIRA, *Da dívida pública e das garantias dos credores do Estado*, Coimbra, 1995, pp. 69 ss.; no Direito Penal, FIGUEIREDO DIAS, *O papel do Direito Penal na protecção das gerações futuras*, in *BFDUC*, 2002, 45, *passim*; ROXIN, *¿Es la protección de bienes jurídicos una finalidad del Derecho Penal?*, in *La teoría del bien jurídico*, Ronald Hefendehl ed., Madrid – Barcelona, 2007, p. 456.

gerações[7]. Neste sentido, alguns documentos constitucionais registam já afloramentos positivos da ideia de direitos das gerações futuras, bem como do correspondente princípio objectivo da solidariedade ou da justiça intergeracional.

Concretamente, é no Direito Constitucional que se tem perguntado se os *deveres de protecção de direitos fundamentais* que impendem sobre o Estado se referem apenas aos seus titulares presentes ou se abarcam também os direitos das gerações futuras[8]. A questão tem toda a pertinência. Por um lado, coincidência ou não, a teoria dos deveres de protecção começou por se afirmar, primeiro, a propósito da vida ainda não nascida, nos célebres arestos (germânicos e também portugueses) sobre a despenalização do aborto, desenvolvendo-se seguidamente a respeito da utilização da energia nuclear para efeitos pacíficos – onde, como é sabido, grande parte das ameaças jusfundamentais se alongam desmesuradamente no tempo –, e expandindo-se por último para outros domínios ambientais[9]. Por outro lado, a introdução do tema dos direitos das gerações vindouras na teoria dos direitos fundamentais faz sobretudo sentido na perspectiva das respectivas dimensões positivas, e não certamente na perspectiva da função negativa de defesa individual, contra restrições estaduais, de sujeitos que ainda nem sequer existem[10]. E, por outro lado ainda, a questão relativa à inclusão dos direitos das gerações futuras

---

[7] HÄBERLE, *La libertad fundamental en el Estado Constitucional*, Granada, 2003, pp. 261-265, e *A constitutional law for the future generations – the other form of the social contract: the generation contract*, in *Handbook*, cit., pp. 224-225.

[8] Fazem esta pergunta, designadamente: MURSWIEK, *Die staatliche Verantwortung für die Risiken der Technik*, Berlin, 1985, pp. 207 ss.; ROBBERS, *Sicherheit als Menchenrecht*, Baden-Baden, 1987, pp. 217 ss.; DIETLEIN, *Die Lehre von grundrechtlichen Schutzpflichten*, Berlin, 1992, pp. 124 ss.; SZCZEKALLA, *Die sogenannten grundrechtlichen Schutzpflichten im deutschen und europäischen Recht*, Berlin, 2002, pp. 287 ss.; LAWRENCE, *Grundrechtsschutz, technischer Wandel und Generationenverantwortung*, Berlin, 1989, pp. 174 ss.; SALADIN / ZENGER, *Rechte*, p. 76.

[9] Sobre a jurisprudência germânica (e europeia), KRINGS, *Grund und Grenzen grundrechtlicher Schutzansprüche*, Berlin, 2003, pp. 60 ss.; JAECKEL, *Schutzpflichten im deutschen und europäischen Recht*, Baden-Baden, 2001, pp. 35 ss., e pp. 117 ss.; STREUER, *Die positiven Verpflichtungen des Staates*, Baden-Baden, 2003, pp. 79 ss., e pp. 210 ss.; DOMÉNECH PASCUAL, *Derechos fundamentales y riesgos tecnológicos*, Madrid, 2006, pp. 77 ss..

[10] SALADIN / ZENGER, *Rechte*, p. 100; incontornável, para a compreensão da dupla dimensão positiva e negativa dos direitos fundamentais, ISENSEE, *Das Grundrecht auf Sicherheit*, Berlin – New York, 1983, pp. 21 ss..

Ensaio sobre a Protecção Constitucional dos Direitos das Gerações Futuras   463

como um tópico da teoria dos deveres estaduais de protecção é tão mais significativa quando se assiste ao colapso eminente de alguns dos mais comuns instrumentos técnico-institucionais de segurança[11].

Sucede que a pertinência da questão não implica inevitavelmente uma resposta positiva, tanto mais que – à semelhança das dificuldades sentidas no plano filosófico em fundamentar um princípio de justiça intergeracional, em face dos clássicos princípios de justiça comutativa e distributiva –, também no Direito Constitucional, nem tudo aquilo que faz parte da retórica bem intencionada dos direitos das gerações futuras é compatível com os quadros mentais da racionalidade jurídica e com as exigências de construção dogmática da figura em causa. Entre a consciência de que está em risco a possibilidade de as gerações futuras viverem uma vida humanamente digna na terra, por uma banda, e a afirmação de que o Estado tem já hoje um dever de protecção dos direitos fundamentais dessas gerações, por outra, existe um longo caminho a percorrer.

2. Perspectiva filosófica e ética

Como se disse, a consciência da radical dependência do futuro relativamente ao presente produziu, no plano filosófico e ético, uma verdadeira revolução coperniciana, pondo em causa as visões tradicionalmente optimistas quanto ao futuro da humanidade e o dogma do progresso contínuo[12].

Kant interrogava-se sobre as regras peculiares que regem o relacionamento entre gerações, mas o que o preocupava era, no fundo, apenas a não reciprocidade que inevitavelmente caracteriza as relações intergeracionais. Nem por um momento se punha em dúvida que os vindouros habitariam uma casa melhor do que a dos seus antepassados[13]. Quase

---

[11] FIGUEIREDO DIAS, *O papel*, pp. 45-46; mais amplamente, STOLL, *Sicherheit als Aufgabe von Staat und Gesellschaft*, Tübingen, 2003, esp. pp. 373 ss..

[12] MARIA DA GLÓRIA GARCIA, *O lugar*, pp. 82 ss.; no plano filosófico, em resposta à tese de H. Marcuse sobre as consequências sociais e institucionais (perversas) da «ideologia» do progresso técnico e científico, HABERMAS, *Técnica e ciência como «ideologia»*, Lisboa, 2006, pp. 45 ss., e pp. 72 ss..

[13] «Causa sempre surpresa que as velhas gerações pareçam empenhar-se nas suas ocupações trabalhosas só em vista das futuras, para lhes preparar um estádio a partir do qual possam elevar ainda mais o edifício (...); e que só as últimas gerações terão a sorte

duzentos anos volvidos, em 1971, num dos mais citados textos sobre justiça entre gerações, John Rawls continua a raciocinar sobre pressupostos semelhantes: o seu objectivo é a determinação de um princípio de poupança justa num contexto de crescimento económico, criticando, inclusive, a doutrina utilitarista por "exigir pesados sacrifícios às gerações mais pobres em favor dos maiores benefícios de gerações posteriores, que serão muito mais ricas"[14]. Mas a verdade é que, em 1979, apenas oito anos depois da publicação da *Teoria da Justiça*, a certeza de que a própria sobrevivência da espécie humana está em causa encontra-se no epicentro de uma verdadeira obra de viragem – *O Princípio da Responsabilidade*, de Hans Jonas –, em que o imperativo categórico kantiano – "age de tal modo que possas querer também que a tua máxima se converta em lei universal" – surge reformulado e inserido numa ética de responsabilidade para com o futuro, dirigida à subsistência da vida humana tal como a conhecemos hoje, ladeada pela natureza e pela cultura[15].

i) O cotejo do pensamento destes dois autores, que escreveram na mesma década, é sumamente esclarecedor.

Rawls rejeita a aplicação do seu "princípio da diferença" à questão da justiça entre as diferentes gerações, uma vez que é impossível as gerações posteriores ajudarem a melhorar a situação das gerações anteriores menos afortunadas. Segundo ele, "é um facto natural que as gerações se estendem ao longo do tempo e que os benefícios económicos se orientam apenas num único sentido". E como esta situação é imodificável, tem a ver com a própria natureza das coisas, não chega sequer a colocar-se aqui uma verdadeira questão de justiça. Necessário é apenas que as diferentes gerações se ponham de acordo quanto a um *princípio de poupança* que garanta a cada geração receber o quinhão que lhe cabe da geração anterior e contribuir com a sua parte para as gerações que lhe sucedem[16].

---

de habitar na mansão em que uma série dos seus antepassados (…) trabalhou, sem no entanto poderem partilhar da felicidade que prepararam. Mas se é assim tão enigmático, é ao mesmo tempo necessário» – *Ideia de uma história universal com um propósito cosmopolita,* in *A paz perpétua e outros opúsculos,* Lisboa, 1990, p. 25.

[14] *Uma teoria da justiça,* Lisboa, 1993, p. 229.

[15] *El principio de responsabilidad, Ensayo de una ética para la civilización tecnológica,* Barcelona, 1995, p. 40.

[16] *Uma teoria,* pp. 228-229.

Esse acordo deve ser achado colocando as partes do contrato numa peculiar *posição original*, em que desconhecem por completo a que geração pertencem. Sabem que são contemporâneas, mas ignoram se a sua geração é primitiva ou desenvolvida, pobre ou rica, porque esses factos estão absolutamente cobertos pelo *véu de ignorância*. Considera-se também que as partes representam linhagens familiares e que, consequentemente, se preocupam pelo menos com os seus sucessores mais imediatos. Considera-se finalmente que o princípio adoptado deve ser tal que as partes possam desejar que todas as gerações anteriores o tenham seguido. Assim, as partes estarão em condições de responder à questão ética de saber quanto devem dispor-se "a poupar em cada fase de desenvolvimento, partindo do princípio de que todas as outras gerações pouparam, ou pouparão, de acordo com o mesmo critério". O propósito é o de determinar uma taxa de esforço ajustada a cada geração e ao estádio de desenvolvimento em que se encontra: se a população é pobre, a poupança é mais difícil e, portanto, deve exigir-se uma taxa de poupança mais baixa; em compensação, se a população é rica, podem exigir-se razoavelmente poupanças mais generosas, dado que o sacrifício real imposto por essa poupança é menor[17].

Em todo o caso, o objectivo final das partes, que justifica a acumulação que lhes é exigida, é o de alcançar uma sociedade com um suporte material suficiente para "estabelecer instituições justas e efectivas, dentro das quais as liberdades básicas possam ser realizadas". Com um princípio de poupança fixado nos termos descritos, as gerações não podem fazer o que bem desejam – os respectivos membros têm deveres para com a posteridade –, mas todas as gerações (a partir da primeira) beneficiam com a sua aplicação. Ainda que por natureza não possa verificar-se reciprocidade entre as gerações, todas elas tiram proveito com o cumprimento escrupuloso do dito princípio de poupança. Cada uma tem o dever de deixar à seguinte um "equivalente equitativo", um "capital real" (em máquinas e fábricas, mas também em conhecimento e cultura, técnicas e competências), que lhe permitirá gozar de uma vida melhor numa sociedade mais justa[18].

Em contrapartida, absolutamente ciente de que a própria "ideia" de Homem está ameaçada, Jonas lança as bases de um princípio de respon-

---

[17] *Uma teoria*, pp. 230-231.
[18] *Uma teoria*, pp. 232-233.

sabilidade para com o futuro e corta cerce com os cânones éticos do passado. Com efeito, na ética tradicional, a natureza não era de todo objecto da responsabilidade humana – a natureza cuidava de si própria e do homem –, de modo que na relação deste com o mundo natural não se fazia uso de preceitos éticos, mas sim da inteligência e da capacidade inventiva e interventiva. A ética convencional é profundamente antropocêntrica – pensada numa lógica de reciprocidade, ela versa sobre a relação directa do homem com os outros homens e consigo mesmo – e habita num microcosmos caracterizado pela proximidade temporal e espacial, em que as consequências do agir humano, boas ou más, se produzem num contexto bastante circunscrito. "Ama o próximo como a ti mesmo", "não faças aos outros o que não queres que te façam a ti", ou "não trates os homens como meios, mas sempre como fins", são apenas alguns exemplos de máximas deste antropocentrismo de proximidade, cujo universo moral é exclusivamente composto pelos contemporâneos. Além disso, esta ética tradicional – de que a ética kantiana constitui apenas um entre muitos exemplos – é desprovida de uma especial conexão com o saber e, em especial, com o conhecimento científico, uma vez que actuar rectamente é algo que está acessível a todos os homens de boa vontade, se se dispuserem a perscrutar o seu íntimo[19].

Pelo contrário, Jonas arranca da vulnerabilidade da natureza em face da alteração qualitativa e quantitativa da acção humana, dos seus efeitos irreversíveis e acumulativos sobre a esfera natural, em última instância da possibilidade concreta de destruição do "Todo" pela mão do homem, para preparar uma ruptura com a ética da contemporaneidade e afirmar, como axioma geral, que "a existência de um mundo é melhor que a sua inexistência". Precisamente, a *presença do homem no mundo,* que era um *dado* inquestionável a partir do qual se desenvolviam todas as obrigações morais, deixa de o ser e volve-se, ela própria, em *objecto* de uma obrigação: a de garantir a premissa primeira das demais obrigações, ou seja, a "existência de candidatos a um universo moral no mundo físico". Há, portanto, um recuo da esfera ética para um momento lógico precedente, arrastando consigo a invalidade da limitação antropocêntrica da ética anterior e a constituição do "saber" como um "dever urgente", uma vez que ele há-de servir de medida à extensão da acção do homem e da sua responsabilidade. E, ao mesmo tempo, há também uma dilatação do

---

[19] *El principio*, pp. 28-31.

Ensaio sobre a Protecção Constitucional dos Direitos das Gerações Futuras 467

universo ético para nele incluir a obrigação de conservar o mundo físico, de modo a que as condições para a presença humana no planeta permaneçam intactas[20].

Daí a necessidade de um imperativo ético mais adequado às novas características e circunstâncias da acção humana, mais ajustado ao retumbante triunfo do *homo faber*, não apenas sobre a natureza, mas também sobre as suas acções reflexivas, uma vez que ele se não esquiva de aplicar a *techne* desenvolvida (por vezes ainda incipientemente) sobre si mesmo. Daí ainda que o novo imperativo tenha que dizer: "age de tal modo que os efeitos da tua acção sejam compatíveis com a permanência de uma vida autêntica na Terra"; ou, pela negativa, "não ponhas em perigo as condições da continuidade indefinida da humanidade na Terra". No fundo, o imperativo postula que não nos assiste o direito de escolher, nem sequer de arriscar, o *não ser* das gerações futuras por causa do *ser* da geração presente. Ele diverge do imperativo kantiano porque apela a outro tipo de concordância: já não a do acto consigo mesmo, mas à concordância dos *efeitos* do acto – quer se trate de efeitos próximos ou de efeitos remotos – com a continuidade futura da vida humana na terra. Sobretudo, tem um horizonte temporal que de todo falha na sua formulação original. Além disso, diverge também pelo facto de se dirigir mais à política pública do que propriamente ao comportamento privado[21].

Por um lado, o dever primeiro desta ética orientada para o futuro é o de procurar (cientificamente) a representação dos efeitos remotos das alternativas que se colocam à acção humana e, diante da incerteza das correspondentes projecções, conceder prevalência aos prognósticos maus sobre os bons. Em rigor, em questões de certa magnitude – de potencial apocalíptico – há-de dar-se sempre mais peso aos prognósticos pessimistas do que aos optimistas, porquanto, ainda que não se possa viver sem incluir nas apostas feitas alguns interesses das gerações vindouras, nunca é lícito apostar a própria existência do homem. Por isso, a cautela torna--se verdadeiramente no núcleo da acção moral[22]. Por outro lado, a ética de Jonas afasta assumidamente a ideia de reciprocidade – traduzida numa relação de correspondência entre direitos e deveres – e substitui-a por uma nova ideia de responsabilidade, só comparável (mas não assimilável)

---

[20] *El principio*, pp. 32-33, e p. 38.
[21] *El principio*, pp. 40-41.
[22] *El principio*, pp. 66 ss., esp. pp. 80-81.

468   *Em Homenagem ao Professor Doutor Diogo Freitas do Amaral*

à relação dos pais para com os filhos. Uma responsabilidade, bem entendido, para com a *existência* da humanidade futura e para com a *essência* da ideia de homem – mas não para com direitos de homens futuros concretos, porque "o não existente não pode colocar exigências e, por enquanto, os seus direitos também não podem ser violados". "Não tem direitos o que não existe de facto". Esta responsabilidade é, assim, independente de qualquer ideia de direitos futuros e de qualquer ideia de reciprocidade, pelo que a pergunta "o que fez o futuro por mim?" não postula nenhum argumento válido[23-24].

Sem mais delongas, o confronto do pensamento destes dois autores revela que as preocupações centrais de Rawls foram rapidamente ultrapassadas pela realidade. O que ocupava o seu espírito era fundamentalmente a repartição do bem-estar económico entre as sucessivas gerações – ainda que este fosse pressuposto do desenvolvimento das liberdades básicas. O seu objectivo primordial era o de adaptar às relações entre as gerações sucessivas os padrões usados na demanda da justiça intrageracional (*v.g.*, justiça distributiva, justiça social). De certa forma, o recurso à técnica contratualista para definir também o princípio da poupança justa representa ainda a reminiscência vaga de uma ideia de reciprocidade sinalagmática, num domínio em que, todavia, ela é objectivamente irrealizável[25]. Sem prejuízo da relevância actual do problema do conflito entre os princípios da justiça intra e intergeracional – como pedir hoje aos deserdados deste mundo, mormente nos países subdesenvolvidos, que se privem de algum do bem-estar a que podem aceder em nome dos direitos das gerações futuras? – o qual é também aflorado por Rawls[26] –, a verdade é que Jonas demonstrou que, no tocante às relações entre gerações, a questão com que as sociedades actuais se defrontam é mais radical do que a repartição do bem-estar económico. Desde logo, num

---

[23] *El principio*, pp. 82-89.

[24] Na doutrina portuguesa, para uma análise mais circunstanciada do pensamento de Hans Jonas, MARIA DA GLÓRIA GARCIA, *O lugar*, pp. 75-89.

[25] Em termos bastantes críticos sobre esta concepção, DIERKSMEIER, *John Rawls and the rights of future generations*, in *Handbook*, cit., pp. 72 ss.; também BIRNBACHER, *Responsability for future generations – scop and limits*, in *Handbook*, cit., p. 27; CASPAR, *Generationen-Gerechtigkeit und moderner Rechtsstaat*, in *Zukunftsverantwortung und Generationensolidarität*, Birnbacher / Brudermüller Hrsg., Würzburg, 2001, pp. 94-97, e pp. 101-102.

[26] *Uma teoria*, p. 233, onde se pode ler que «a expressão completa do princípio da diferença inclui, enquanto limite, o princípio da poupança».

Ensaio sobre a Protecção Constitucional dos Direitos das Gerações Futuras   469

futuro bem mais próximo do que o imaginado, pode não haver bem-estar algum para repartir, mas apenas riscos e passivos ambientais irreversíveis. A "verdade inconveniente" é, pois, a de que aquilo que desde já importa repartir e preservar são as *chances* de sobrevivência do homem, os próprios "pressupostos físicos da autonomia humana" nos futuros próximos e longínquos[27]. A questão dos (pressupostos naturais e humanos dos) direitos das gerações vindouras – ou dos deveres das gerações presentes para com elas – revela-se, assim, hoje, sob uma novíssima veste e em termos absolutamente indeclináveis.

Importante é, igualmente – também pelas suas refracções jurídicas –, a chamada de atenção de Jonas para o facto de o vínculo de responsabilidade dos contemporâneos para com as gerações futuras, a operar através da política, encontrar mais afinidades na relação dos pais para com os filhos do que nas relações de reciprocidade que norteiam em regra os contactos entre adultos autónomos. Em vez de direitos e deveres recíprocos, do que se trata é antes de um "cuidar de", cauteloso e permanentemente vigilante. Em causa está uma responsabilidade fundada no facto de se ser causador imediato do sujeito que, pela sua fragilidade e inteira dependência, carece de protecção continuada, mas que ao mesmo tempo tem por meta a sua emancipação e autonomia[28]. Se qualquer proposta de justiça intergeracional tem de se ocupar também das condições de possibilidade dos seus próprios princípios – da sua aplicação no mundo de hoje, complexo e contraditório[29] –, a verdade é que a ética de responsabilidade para com o futuro é relativamente avessa tanto à subjectivação das próprias gerações futuras, quanto à possibilidade de as mesmas (ou de os seus membros) serem titulares de direitos em face das actuais[30].

Uma última menção para destacar a relevância do vínculo que apenas Jonas estabelece entre ética e conhecimento científico, do qual deriva um dever de aprofundar esse mesmo conhecimento e de o aplicar nas decisões que afectam o futuro. Com efeito, não é apenas a capacidade

---

[27] SALADIN / ZENGER, *Rechte*, p. 36.

[28] Recusando, todavia, a absoluta assimilação do paradigma da responsabilidade paterna e da responsabilidade dos políticos, *El princípio*, pp. 171 ss..

[29] Confrontando, para este fim, o sistema capitalista e a utopia marxista, o próprio JONAS, *El princípio*, pp. 227 ss..

[30] Aparentemente, tercendo armas pelo «sujeito geração», GOMES CANOTILHO, *O direito ao ambiente como direito subjectivo*, in *Estudos sobre direitos fundamentais*, Coimbra, 2004, p. 177.

técnico-científica do homem para afectar o futuro que aumentou. Ampliou-se igualmente a capacidade científica para prever as consequências a médio e longo prazo das acções presentes. Donde, a necessidade de reconhecer – sem prejuízo de uma ética de precaução ou de cuidado, por relação com os conhecimentos científicos actuais[31] – que a crescente extensão das possibilidades de cálculo do risco a longo termo não pode ser desprovida de consequências na esfera normativa, levando aí a um alargamento proporcional da responsabilidade do homem para com o futuro[32].

Como é evidente, a ética de responsabilidade que em termos paradigmáticos se tem invocado acentua o *aspecto passivo* e assumidamente não sinalagmático do relacionamento entre o presente e a posteridade[33]. Se, no plano jurídico-constitucional, esta acentuação do lado passivo--objectivo se mantém é algo que só mais adiante se poderá averiguar. De todo o modo, uma análise dogmática que ignore o lastro ético sumariamente revelado mais não fará do que arranhar a superfície da "questão intergeracional" com que, nos dias de hoje, o Direito Constitucional está confrontado.

ii) Há ainda um outro aspecto, ligado a este, que interessa pôr em evidência. Com efeito, a ética de responsabilidade dirigida ao futuro – a sua afirmação no plano dos princípios, bem como a criação dos mecanismos para a sua imposição nos assuntos práticos da vida das sociedades contemporâneas – é tão mais importante quanto é certo ela contrariar, em absoluto, o modo como actualmente *o tempo* é vivenciado[34].

Não constitui propriamente uma novidade que todo o tempo é composto de mudança. De igual modo, não passa também de um lugar comum a ideia segundo a qual a aceleração do ritmo dessa mudança, ocorrida nas últimas décadas, produziu e produz alterações qualitativas – e não apenas quantitativas – no modo como o tempo é humanamente vivido e sentido e, por consequência, no modo como as diferentes gerações se relacionam entre si.

---

[31] Saladin / Zenger, *Rechte*, p. 139.

[32] Birnbacher, *Responsability*, p. 23.

[33] Saladin / Zenger, *Rechte*, p. 27.

[34] No plano sociológico (e filosófico), também sobre a vivência do tempo, com especial ênfase na educação, Brumlik, *Gerechtigkeit zwichen den Generationen*, Berlin, 1995, *passim*.

Nem é de agora que se sabe que "a tecnologia altera tudo"[35]. Mais significativa é a afirmação segundo a qual, "com a transição para a sociedade moderna e com o seu total desenvolvimento, aumenta a diferença entre passado e futuro e, com ela, a dependência decisional do devir"[36]. Quer isto dizer que, ao contrário do que sucedeu durante séculos e séculos, em que a vida se regia pelo princípio da conservação e ao ritmo de um *tempo longo* – cada geração transmitia à seguinte o legado cultural que recebera da sua antecedente[37] –, em virtude dos desenvolvimentos técnico-científicos que caracterizam a modernidade, o futuro será cada vez mais diferente e estará cada vez mais distante do presente, da mesma forma que este se distingue e se distancia já claramente do seu passado imediato. Em resultado da aceleração da sua cadência, o próprio tempo mudou: é vivido como um *tempo curto*, de forma impaciente e muito imediata e, assim também, muito centrada no momento presente[38]. Pode mesmo dizer-se que a sociedade actual tem uma compulsão irreprimível pelo presente. As pessoas perdem a resiliência que outrora as caracterizava, assim como perdem capacidade de sofrimento e de sacrifício em nome de dias melhores. Os comportamentos são medularmente determinados por aquilo que os economistas designam por "preferência temporal", que toma por base a tendência humana para desvalorizar a utilidade dos bens futuros quando comparada com a utilidade dos bens já disponíveis e que, por sua vez, está na origem das denominadas teorias do "desconto temporal"[39]. Por isso, vive-se o presente como se não houvesse

---

[35] Singer, *Um só mundo – A ética da globalização*, Lisboa, 2004, p. 37, atribuindo esta conclusão a Marx, mas considerando-a como uma «meia verdade perigosa». Também sobre o significado da técnica para o homem, Ortega Y Gasset, *Meditações sobre a técnica*, Lisboa, 2009, pp. 31 ss..

[36] Luhmann, *Sociologia del riesgo*, México, 2006, p. 170.

[37] Sobre a origem medieval deste princípio da conservação, Maria da Glória Garcia, *Da justiça administrativa em Portugal*, Lisboa, 1994, esp. p. 30.

[38] Em torno da dicotomia «tempo longo / tempo curto», Maria da Glória Garcia, *O lugar*, esp. pp. 265, 289-291 e 379-380.

[39] Birnbacher, *Responsibility*, pp. 34-35; e *Läß sich die Diskontierung der Zukunft rechtfertigen?*, in *Zukunftsverantwortung*, cit., pp. 117 ss.; Gethmann / Kamp, *Gradierung und Diskontierung bei Langzeitverpflictung*, in *Zukunftsverantwortung*, cit., pp. 137 ss.; Tepperwien, *Nachweltschutz im Grundgesetz*, Baden-Baden, 2009, pp. 63-66. Desenvolvidamente, em defesa da aplicação da teoria do «desconto temporal» às consequências de longo prazo das acções presentes, Farber, *From here to eternity: environment law and future generations*, in *University of Minnesota, Working paper n.º 02-7*, esp. pp. 2, 11, 16-17 e 25 ss..

Em Homenagem ao Professor Doutor Diogo Freitas do Amaral

futuro ou, pior, como se o futuro fosse apenas mais uma oportunidade de viver os dias correntes com mais bem-estar. O próprio presente é, no espaço comunicacional mediático, reduzido à pura actualidade.

Em contrapartida – ou, porventura, por isso mesmo –, dado o extra-ordinário alcance (construtivo e destrutivo) dos meios que os homens têm agora à sua disposição, o futuro está cada vez mais dependente do presente e das decisões que a geração actual é chamada a tomar hoje. Mais do que nunca, para o bem e para o mal, o homem tem na actualidade uma imensa capacidade para afectar o futuro. Basta pensar em realidades como a energia nuclear – em particular por causa dos perigos do armazenamento do lixo radioactivo –, como a nanotecnologia – devido sobretudo à possibilidade de libertação no ambiente de partículas nanométricas e aos problemas de interacção dos materiais criados ao nível atómico e subatómico –, ou como a manipulação genética – por causa do risco de lesões ou deformações genéticas decorrentes de operações de manipulação agora realizadas –, para perceber que a dramática dependência do futuro relativamente ao presente acima referida não respeita apenas às duas ou três gerações seguintes, mas sim a todos os futuros, por mais longínquos que possam parecer. Ilustrativamente, a história da humanidade apenas começou a ser registada há cerca de 10.000 anos, mas o plutónio produzido nas centrais nucleares nas últimas décadas tem um período médio de vida que ronda os 25.000 anos[40].

Em suma, uma ética de responsabilidade dirigida ao futuro, que exija a incorporação do tempo longo no agir político e individual, defronta--se com um clima cultural e técnico-científico extremamente desfavorável: por um lado, uma sociedade que vive apenas no presente e disposta a quase tudo para maximizar o seu bem-estar momentâneo; por outro lado, uma sociedade que detém capacidade tecnológica e material para afectar negativamente, por vezes em termos irreversíveis, a vida dos homens das gerações futuras, por mais longínquo que seja o horizonte em que estas se situem. O desafio da tradução prática, no quotidiano dos processos decisórios das instituições públicas e dos agentes privados, da ética de responsabilidade para com o futuro assemelha-se à quadratura do círculo: como impor aos decisores públicos e privados a obediência a princípios de justiça intergeracional, numa sociedade que *pode* e *quer* continuar a viver à custa do futuro?

---

[40] TREMMEL, *Establishing intergenerational justice in national constitutions*, in *Handbook*, cit., p. 187.

3. Perspectiva política

Este problema dos direitos das gerações futuras assume também, naturalmente, uma ressonância política crescente – entendendo-se aqui por gerações futuras todas aquelas que ainda não participam politicamente, mesmo que já existentes, ou ainda não usufruem de certos direitos ou vantagens[41]. Como se referiu acima, se não há praticamente domínio da governação que escape à sua influência e à sua análise crítica, nem por isso os sistemas de governo se apresentam à altura dos desafios com que estão confrontados[42].

i) O endividamento público é um dos domínios em que tradicionalmente as políticas públicas são escrutinadas à luz da posição ocupada pelas gerações futuras, com vista ao estabelecimento de parâmetros limitadores – *v.g.*, referentes à dimensão relativa das receitas fiscais e das receitas creditícias, ou a relação entre o tipo de despesa e o tipo de receita que a suporta[43]. A vulgarização acrítica de novos instrumentos de financiamento de projectos públicos de grande dimensão – à sombra do conhecido princípio "pay-as-you-use", atribuído a Richard Musgrave –, tem, todavia, agudizado o problema da transferência para as gerações futuras de pesados encargos financeiros, os quais se referem a decisões tomadas hoje, unicamente pela geração actual, em função das suas necessidades e aspirações presentes e dos modelos de desenvolvimento agora em voga[44]. Com um enquadramento não muito diferente, a inversão da pirâmide demográfica e a evolução preocupante da relação entre trabalhadores activos e pessoas dependentes dos sistemas públicos de segurança social têm suscitado uma dúvida fundada sobre a sustentabilidade financeira destes últimos, assim se colocando o problema dos direitos de uma

---

[41] Incluindo, portanto, a geração presente mais jovem. Sobre as querelas em torno do conceito geração, EDUARDO PAZ FERREIRA, *Da dívida*, p. 80; especificamente sobre a justiça entre as três gerações coexistentes, CASPAR, *Generationen-Gerechtigkeit*, pp. 81-83.

[42] TREMMEL, *The «generational justice principle»: a vision for the 21st century*, in *http://www.intergenerationaljustice.org*, pp. 2-3; CASPAR, *Generationen-Gerechtigkeit*, pp. 83-91.

[43] Veja-se, no plano constitucional, no artigo 115.º da *Grundgesetz*, a relação entre receitas creditícias e despesas de investimento.

[44] EDUARDO PAZ FERREIRA, *Da dívida*, pp. 92-93, e p. 100; SÜSSMUTH / WEIZSÄCKER, *Institutional determinants of public debt: a political economy perspective*, in *Handbook*, cit., pp. 170 ss..

474 Em Homenagem ao Professor Doutor Diogo Freitas do Amaral

geração que, sendo fisicamente presente, só no futuro poderá reivindicar o gozo dos direitos que agora está a constituir progressivamente[45].

Por outro lado, a persistência de taxas de desemprego jovem em muito superiores à média geral dos trabalhadores – com alguns números a apontar para o dobro de desempregados entre os jovens até aos 25 anos – pode ser vista como uma injustiça intergeracional carecida de correcção, seja mediante intervenções no domínio da educação e da formação profissional, seja mais directamente através de políticas de emprego e de juventude[46]. Assim também a discrepância existente entre o número de jovens (até aos 30, 35 anos) que ocupam lugares públicos de decisão e a sua representatividade social pode ser encarada como um problema de justiça entre gerações (próximas)[47] – problema esse que, não obstante apresentar algumas afinidades com as desigualdades de género, não tem desencadeado quaisquer medidas de correcção (ainda que controversas)[48-49]. Sendo evidente que, no respeitante à qualidade da decisão política, apenas as gerações mais velhas podem arrogar-se o argumento da experiência, certo é que os mais novos podem invocar em seu favor, precisamente, uma maior sensibilidade para os problemas das gerações futuras e para a necessidade de implementar políticas sustentáveis, quando não também uma preparação técnico-científica mais actualizada.

De resto, análises semelhantes poderiam ser desenvolvidas a respeito das políticas de educação – ou seja, do investimento que a geração dirigente faz na preparação das gerações mais novas – e, bem ainda, das políticas de cultura – estas sobretudo na perspectiva da preservação do património cultural, enquanto veículo de transmissão entre gerações de uma identidade e de uma herança comum.

---

[45] Para uma análise da sustentabilidade da segurança social portuguesa, MEDINA CARREIRA, *As políticas sociais em Portugal*, Lisboa, 1996, pp. 81 ss..

[46] Segundo o artigo 70.º da Constituição, os jovens beneficiam de protecção especial «no acesso ao primeiro emprego».

[47] TREMMEL, *Establishing intergenerational justice*, pp. 210-212; e *The «generational justice»*, pp. 5-6.

[48] Sobre os instrumentos de correcção das desigualdades de género, MARIA DA GLÓRIA GARCIA, *Poder e Direito no feminino ou simplesmente poder e Direito?*, in *Congresso da Cidadania*, Açores, 2005, pp. 189 ss.; VERA CARAPETO RAPOSO, *O poder de Eva*, Coimbra, 2004, pp. 241 ss..

[49] Significativamente, o artigo 70.º, sobre direitos dos jovens e políticas de juventude, não tem uma palavra sobre participação política dos jovens. E o artigo 109.º, sobre participação política, apenas se refere às desigualdades em função do sexo.

Ensaio sobre a Protecção Constitucional dos Direitos das Gerações Futuras   475

O âmago do problema dos direitos das gerações vindouras reside, porém, na denominada "questão ambiental", que por sua vez se divide em vários subquestões: a da *poluição*, com a passagem para as gerações futuras de enormes passivos ambientais, cujos efeitos se podem fazer sentir por longuíssimos períodos temporais; a da *biodiversidade*, com o risco de privar irreversivelmente os vindouros do contacto com inúmeras espécies animais e vegetais hoje existentes; a do aproveitamento dos *recursos naturais*, com a exploração desregrada de produtos biológicos e minerais não renováveis ou cujo ritmo temporal de renovação é muito inferior à velocidade com que são consumidos no presente; a da *energia*, com a utilização massiva de fontes energéticas não renováveis e altamente poluentes; o *ordenamento do território*, com a redução dos habitats naturais provocada pela ocupação desmedida do solo e com a degradação da paisagem e do próprio ambiente urbano.

Compreende-se bem esta especial conexão entre a questão ambiental e os direitos das gerações futuras. Primeiro, ao contrário do que sucede nas políticas financeiras e sociais acima referidas, em que o problema da justiça intergeracional se colocam entre gerações relativamente próximas, se não mesmo contemporâneas, no domínio do ambiente as gerações afectadas pela acção humana actual distanciam-se frequentemente no tempo, porventura mesmo milhares ou dezenas de milhares de anos. O tempo longo das gerações dá por vezes lugar ao *tempo longuíssimo* da história humana. Segundo, ao passo que os erros cometidos na generalidade das políticas públicas são por norma passíveis de correcção, muitas das decisões erróneas no domínio ambiental caracterizam-se pela sua irreversibilidade, quando não também pelos seus efeitos devastadores. Terceiro, é no campo do ambiente que se torna mais flagrante a verificação do pressuposto básico do problema dos direitos das gerações futuras: a existência de interesses divergentes entre a geração que toma as decisões políticas e as gerações que vêm a sofrer as respectivas consequências[50].

ii) Apesar de a ideia de direitos das gerações futuras constituir, cada vez mais, um parâmetro de aferição do mérito e da legitimidade da acção política, é indesmentível que os sistemas de governo democráticos se têm revelado inadequadamente estruturados para assegurar o respeito por

---

[50] Sobre a questão da divergência ou convergência de interesses entre gerações, EDUARDO PAZ FERREIRA, *Da dívida*, pp. 71-78.

aquela mesma ideia[51]. Pensados de raiz para implementar a convivência pacífica entre pessoas contemporâneas, e mais tarde redesenhados para impor princípios de justiça social, de novo entre coetâneos, não surpreende que os sistemas políticos democráticos actuais não se apresentem (ainda) adaptados às novas tarefas de concretização dos princípios da justiça entre gerações, já de si de árdua determinação. Essa inadaptação, que tem a sua origem última na grande discrepância existente entre o tempo da decisão política e o tempo em que se fazem sentir as suas consequências, independentemente de aquelas ocorrerem no plano social, económico, financeiro ou ambiental, revela-se em quatro "momentos" diferentes (mas entrelaçados): o da *participação política*; o da *responsabilização política*; o da aplicação da *regra da maioria*; o da *divisão de poderes*.

Em primeiro lugar, considerando que as gerações futuras não participam de todo no processo de formação das decisões políticas que as virão a afectar – desde logo, não votaram (nem podiam ter votado) nas últimas eleições, precisamente aquelas em que foram sufragadas pelo eleitorado as opções políticas a implementar na legislatura em curso –, a legitimidade das decisões tomadas pelos governantes actuais que sobre elas se repercutam negativamente não pode deixar de se considerar enfraquecida do ponto de vista democrático[52]. O ideário demoliberal do autogoverno dos cidadãos sai inevitavelmente prejudicado, uma vez que a presente geração comanda também, através dos seus governantes, os destinos de muitas das gerações que lhe hão-de sobrevir. Tão-pouco pode laborar-se no pressuposto de que as gerações vindouras vão querer aquilo que, democraticamente, a geração presente decidiu ser o melhor para todas. Num mundo cada vez mais imprevisível, não há qualquer garantia de coincidência entre os interesses das diferentes gerações, nem mesmo daquelas que entre si estão mais próximas. É quase inevitável que, sem a possibilidade de participação das gerações vindouras, os votantes e os governantes presentes tomem as suas opções à luz das actuais concepções sobre o interesse público, dos modelos de desenvolvimento em voga, das formas vigentes de balancear ambiente e progresso económico, enfim, das necessidades e aspirações de bem-estar actualmente sentidas.

Em segundo lugar, por norma, as gerações futuras não chegarão a tempo de efectivar a responsabilidade política dos governantes que tomaram

---

[51] TEPPERWIEN, *Nachweltschutz*, pp. 91-92.
[52] TREMMEL, *Establishing intergenerational justice*, pp. 188-189.

Ensaio sobre a Protecção Constitucional dos Direitos das Gerações Futuras   477

as decisões lesivas dos seus interesses ou dos seus direitos[53] – isto é, muitas delas estarão ainda longe de poder votar nas eleições seguintes ao momento em que essas decisões foram adoptadas, ou mesmo nos actos eleitorais subsequentes. Em virtude da enorme discrepância entre o tempo normal de permanência em funções dos governantes e o tempo em que os actos por si praticados produzem os seus efeitos mais penalizadores, aqueles podem razoavelmente esperar furtar-se à correspondente censura eleitoral. A escala temporal dos decisores políticos reparte-se em legislaturas de quatro ou cinco anos, enquanto a escala dos ciclos económicos estruturais e das mutações sociais e culturais profundas é bastante superior. E, em se tratando de processos biológicos e ambientais – *v.g.*, para efeitos de biodegradação de resíduos ou de renovação dos recursos naturais –, essa escala pode mesmo medir-se em centenas, milhares ou milhões de anos[54].

Em terceiro lugar, é evidente que a regra da maioria – enquanto instrumento fundamental da decisão democrática, e independentemente de se aderir às suas fundamentações fracas (não há outra melhor) ou fortes (liberdade igual para todos ou aproximação máxima possível ao autogoverno dos cidadãos)[55] –, foi concebida para funcionar sincronicamente, mas não diacronicamente[56]. Ela foi pensada para decidir questões de justiça social em sentido lato – que são determinadas fundamentalmente por princípios sincrónicos –, mas não para decidir questões de justiça entre gerações – que são determinadas por princípios diacrónicos (ou históricos)[57] –, nem tão-pouco para resolver questões de distribuição

---

[53] Sobre o princípio da responsabilidade política, JORGE MIRANDA, *Manual de Direito Constitucional*, VII, Coimbra, 2007, p. 78, nota 3; referindo-se expressamente à responsabilidade para com as gerações futuras, GOMES CANOTILHO, *Direito Constitucional e Teoria da Constituição*, 7ª ed., Coimbra, p. 227; mais amplamente, sobre o alcance e limites da responsabilidade (também política) para com o futuro, BIRNBACHER, *Responsability*, pp. 25 ss..

[54] TREMMEL, *Establishing intergenerational justice*, pp. 187-188.

[55] JORGE MIRANDA, *Manual*, VII, pp. 85 ss., esp. p. 88; MARIA LÚCIA AMARAL, *A forma da República*, Coimbra, 2005, pp. 210 ss.; também BOBBIO, *Teoria geral da política*, org. Michelangelo Bovero, Rio de Janeiro, 2000, pp. 428-440.

[56] Apontando um largo conjunto de questões que seria impossível ou injusto decidir segundo a regra da maioria, bem como sobre o problema dos «não votantes» como uma das suas aporias, BOBBIO, *Teoria*, pp. 441 ss..

[57] Esta distinção entre princípios de justiça sincrónicos *(current time-slice principles)* e diacrónicos *(historical principles)* remonta a NOZIK, *Anarchy, state and utopia*, Oxford, 1996, pp. 153 ss..

478   *Em Homenagem ao Professor Doutor Diogo Freitas do Amaral*

equitativa entre nações[58]. Ela foi concebida para permitir tomar opções políticas em que os interesses em confronto são contemporâneos e, portanto, em que a maioria prevalecente coexiste no mesmo lapso temporal (e no mesmo contexto espacial) com a minoria vencida. Contudo, o recurso à regra da maioria torna-se um *modus operandi* claudicante quando já não se trata, simplesmente, de fazer prevalecer a vontade da maioria sobre a da minoria, mas de fazer prevalecer a vontade da maioria presente (também) sobre as maiorias futuras[59]. Isto torna-se particularmente notório sempre que as decisões tomadas por essa maioria presente se repercutam em termos irreversíveis, ou dificilmente reversíveis, sobre gerações razoavelmente distantes e que são (ou serão) portadoras de interesses claramente discrepantes dos da geração decidente[60]. Com a decisão maioritária tomada no presente, várias gerações futuras podem ver-se privadas de uma parcela da sua capacidade para se autodeterminarem democraticamente.

Em quarto e último lugar, é sabido que ao longo do caminho de aperfeiçoamento do Estado de Direito democrático têm sido aduzidas ao tradicional princípio da separação (horizontal) de poderes – entre legislativo, executivo e judicativo –, outras dimensões de divisão do poder político, mormente a separação vertical (traduzida no federalismo ou na descentralização política territorial), a separação funcional (operada pela descentralização administrativa), a separação pessoal (resultante da imposição de incompatibilidades e impedimentos) e, por fim, a separação temporal (consubstanciada na demarcação temporal dos mandatos e na fixação de limites à sua renovação)[61]. Todas estas perspectivas de seccionamento do poder cooperam hoje na prossecução do mesmo desiderato de limitação do poder político, para contrariar a tendência natural do poder para o abuso. Entreajudam-se para *relativizar* a vontade das maiorias – por mais *absolutas* que estas possam parecer[62] –, confinando o seu

---

[58] Também por referência àquela dupla de princípios, SINGER, *Um só mundo*, pp. 57 ss..

[59] JOÃO LOUREIRO, *Da sociedade técnica de massas à sociedade de risco: prevenção, precaução e tecnociência*, in *Estudos em homenagem ao Prof. Doutor Rogério Soares*, Coimbra, 2001, p. 845.

[60] SALADIN / ZENGER, *Rechte*, p. 99.

[61] JORGE MIRANDA, *Manual*, VII, pp. 82-83.

[62] BAPTISTA MACHADO, *Participação e descentralização, democratização e neutralidade na Constituição de 1976,* Coimbra, 1982, pp. 79-81.

Ensaio sobre a Protecção Constitucional dos Direitos das Gerações Futuras   479

raio de acção a uma única função do Estado, ao acervo pré-defenido de atribuições de uma pessoa colectiva pública, ao conjunto de competências de um órgão, a um período delimitado de tempo.

Ora, sucede que esta última ideia de divisão temporal do poder – que possui uma validade alargada, embora a sua procedência seja particularmente notória quando se aproximam os finais de mandato, quanto a legitimidade adquirida pelo voto (ou pelo acto de designação) se encontra já diminuída – sai necessariamente fragilizada sempre que um governante ou uma maioria dispõem da capacidade para, agindo ainda dentro dos respectivos mandatos, condicionar de forma deliberada e irreversível o mandato daqueles que lhe irão suceder no exercício das mesmas funções. Quem está constitucionalmente limitado por um mandato de quatro anos, não deveria dispor de um poder absolutamente irrestrito para determinar a acção governativa por um período de oito anos, nem muito menos para adoptar medidas cujos efeitos se irão impor à sociedade por dezenas ou centenas de anos. Afinal, se "nenhuma geração pode sujeitar as gerações futuras às suas leis", impedindo a sua livre revisão – tal como se lia no artigo 28.º da Constituição francesa do Ano I (1793) –, porquê permitir aos governantes em exercício que, independentemente da função estadual em causa, tomem livremente decisões políticas que, por definição, são irrevisíveis[63]?

As debilidades apontadas aos sistemas democráticos no que respeita à salvaguarda das gerações futuras não têm um remédio evidente. Nem tão-pouco podem conduzir à paralisia da acção política ou à condenação dos governantes presentes à gestão do quotidiano. Elas representam antes um repto tanto para a Teoria Política como para o Direito Constitucional, sobretudo considerando a vocação contramaioritária deste último, em especial daquele seu capítulo respeitante aos direitos fundamentais[64] – que, por sinal, são aqueles direitos cujo núcleo se caracteriza precisamente pela sua intemporalidade (ou transtemporalidade). A questão está, no fundo, em saber como pode a Constituição (re)assumir-se como "contrato entre gerações", fazendo avultar a sua dimensão prospectiva de forma a

---

[63] Acentuando este problema da irreversibilidade de certas decisões, BIRNBACHER, *Responsability*, pp. 29-30; também SALADIN / ZENGER, *Rechte*, p. 32.

[64] Sobre esta vocação contramaioritária, JORGE REIS NOVAIS, *Os direitos fundamentais como trunfos contra a maioria*, Coimbra, 2006, pp. 17 ss.; BOBBIO, *Teoria*, pp. 443-444.

480 *Em Homenagem ao Professor Doutor Diogo Freitas do Amaral*

moderar a "tendência glorificadora do presente" e a pôr cobro à "irresponsabilidade organizada" que domina sectores significativos da sociedade
e da economia actuais[65]. A questão é, mais concretamente, a de saber
como pode a Constituição, enquanto instrumento simultaneamente
limitador e propulsor da acção dos poderes políticos conjunturais, vincular estes à incorporação do tempo longo nos respectivos processos
decisórios e, assim, à ponderação dos direitos ou dos interesses das gerações vindouras.

4. Perspectiva jurídico-constitucional

O percurso efectuado, apesar de longo, obedeceu a propósitos muito
precisos: *primeiro*, evidenciar que as gerações futuras estão (ou serão)
confrontadas com uma ameaça grave aos seus interesses vitais; *segundo*,
testemunhar no sentido de que, seguindo os novos caminhos da ética, é
hoje relativamente pacífica a vinculação dos membros da geração presente
para com aqueles que lhe hão-de suceder; *terceiro*, demonstrar que, apesar da realidade daquela ameaça e da consistência deste liame ético, os
sistemas políticos democráticos – e, por maioria de razão, todos os outros
– não dispõem de instrumentos que permitam proteger capazmente as
gerações futuras em face dos dramáticos perigos a que estão (ou estarão)
sujeitas.

Numa palavra, as considerações sobre a ética de responsabilidade
para com o futuro e sobre as aporias dos sistemas democráticos nesse
domínio confirmam que é sobre os ombros da Constituição e do Estado
de Direito que, actualmente, repousa o encargo de se assumirem como
derradeira esperança das gerações futuras. Admitindo como correcta a
ideia de que, ao menos no domínio em apreço, o Direito (Constitucional)
tem por obrigação corresponder a um *mínimo ético*[66] – ideia que, não

---

[65] A primeira ideia tem sido explorada por Häberle, *La libertad*, p. 263, e *A
contitutional law*, p. 215; a segunda é correntemente atribuída ao presidente alemão R.
von Weizsäcker; a terceira corresponde à caracterização da sociedade actual feita por
Beck, *La sociedad del riesgo global*, Madrid, 2006, esp. p. 9, p. 50 e p. 87.

[66] Para uma visão do modelo (não hierárquico) de *complementaridade* e *diferenciação* entre regras jurídicas e regras morais, Habermas, *Facticidad y validez*, Madrid,
2001, pp. 169 ss, esp. p. 172.

Ensaio sobre a Protecção Constitucional dos Direitos das Gerações Futuras 481

obstante as controvérsias que suscita, tem beneficiado de ampla aceitação[67] –, a vinculação jurídica do Estado a um dever de actuação em favor das gerações futuras resulta da imperiosa necessidade de salvaguardar todos aqueles que se acham ameaçados nos seus bens mais elementares e não têm, por razões óbvias, qualquer capacidade para se defender a si próprios. Ou, o mesmo é dizer, que decorre do imperativo de protecção de todos os que, em virtude da sua posição de fragilidade, estão colocados numa situação de absoluta dependência relativamente à conduta de terceiros.

Liminarmente excluída fica, portanto, toda e qualquer orientação segundo a qual o Estado não se encontra juridicamente obrigado a actuar em protecção das gerações vindouras, uma vez que, algures no futuro, é provável que se venham a descobrir remédios eficazes contra os males que, aos olhos de hoje, as sociedades actuais projectam sobre as gerações de amanhã[68]. E, do mesmo modo, são igualmente de excluir aqueloutras orientações que, reconhecendo embora a existência de vinculações genéricas (de natureza moral) em favor daqueles que hão-de suceder-nos – mas não direitos das gerações futuras[69] –, sustentam ao mesmo tempo que a melhor forma de lhes dar cumprimento é cuidar dos vivos, promovendo os seus direitos hoje e, em particular, aproveitando o potencial que os direitos de participação política podem ter no sentido da construção de um futuro melhor[70].

Mesmo que se queira desconsiderar o percurso feito até aqui, um exemplo de escola tem sido utilizado para demonstrar a improcedência destas argumentações simultaneamente optimistas e apologistas da passividade[71]: "Alguém construiu um engenho explosivo capaz de ceifar inúmeras vidas humanas, mas programa-o para explodir apenas daqui a 100 ou 150 anos. O Estado, através das suas forças policiais e da sua máquina

---

[67] Transportando para o campo dos direitos das gerações futuras o modelo de relacionamento entre moral e direito representado por duas circunferências secantes (e não concêntricas), TREMMEL, *Establishing intergenerational justice*, pp. 199-200.

[68] Desmontando este argumento, MURSWIEK, *Die staatliche Verantwortung*, p. 211; também no sentido de que não se deve sobrevalorizar as capacidades técnicas e inovadoras das gerações futuras, CASPAR, *Generationen-Gerechtigkeit*, p. 101.

[69] BECKERMAN / PASEK, *Justice*, pp. 15 ss..

[70] BECKERMAN, *The impossibility*, pp. 66-67; BECKERMAN / PASEK, *Justice*, pp. 114 ss.; retorquindo directamente, TREMMEL, *Establishing intergenerational justice*, p. 200.

[71] BIRNBACHER, *Responsability*, pp. 26-29, contrapondo os paradigmas optimista e pessimista no que respeita à responsabilidade para com o futuro.

judiciária, tem ou não um dever de acção imediata, desarmando a bomba e perseguindo penalmente o seu autor?"[72]. Em face deste exemplo singelo, quem poderá defender no plano jurídico que o desarmar da bomba é responsabilidade, não das autoridades públicas actuais – que, assim, poderiam simplesmente cruzar os braços –, mas sim das autoridades que estiverem em funções daqui a 100 ou 150 anos? E quem poderá sustentar que basta efectivar os direitos das pessoas actualmente vivas para que a vida humana esteja devidamente salvaguardada daqui a 100 ou 150 anos?

Nem se alvitre que, na hipótese dada, as autoridades têm o dever de desarmar a bomba porque sabem como fazê-lo, ao passo que, no actual estado da ciência e da técnica, desconhece-se o modo de resolução de muitos dos problemas que são deixados para as gerações seguinte. E, assim, *ultra posse nemo obligatur*! O argumento não procede porquanto, em rigor, o dever de agir das autoridades estaduais competentes – ainda que atendendo apenas à função geral de segurança do Estado – é bem mais complexo do que o simples desarmar do engenho já construído: ele começa logo na evitação do seu fabrico; passa pela sua localização, se esta for desconhecida; caso necessário, engloba também o desenvolvimento do saber indispensável ao seu desarmamento; e só termina com o desactivar, em segurança, da dita bomba. Trata-se de um dever de diligência orientado para um resultado e cujo alcance, portanto, não deve ser delimitado pelos meios já disponíveis para o alcançar. Se a geração presente não tiver os conhecimentos ou os meios técnicos para desarmar a dita bomba-relógio, nem por isso se torna ética e juridicamente legítimo relegar uma eventual solução do problema para as gerações seguintes. Muito pelo contrário, ela deve, antes de mais, procurar evitar o fabrico daquela e, se isso já não for possível, fica vinculada a uma *obrigação de investigação e desenvolvimento*, no sentido de contribuir para a resolução quanto antes do problema entretanto criado. Confiar numa hipotética solução futura para justificar a perpetuação de um problema presente seria, aliás, a antítese do princípio da precaução.

Isto posto, firmada a existência não apenas de um dever ético mas também de um dever jurídico de protecção das gerações futuras, resta saber se o objecto a que esse dever se refere é constituído, agora numa perspectiva dogmática, por verdadeiros direitos e, mais precisamente, por

---

[72] Lançando mão deste exemplo, MURSWIEK, *Die staatliche Verantwortung*, pp. 209, 212 e 215; PALOMBELLA, *Reasons for justice, rights and future generations*, in *IUE Working papers, Law 2007/07*, p. 6.

direitos fundamentais. Ou se, pelo contrário, o Direito Constitucional tem escolhido (ou pode escolher) outros caminhos para se desincumbir dessa sua missão de salvaguarda de um *mínimo da ética de responsabilidade* para com o futuro, afirmando os vínculos relativos às gerações vindouras pela via dos princípios gerais, das normas programáticas e de outras imposições ou tarefas constitucionais. Deveres por referência a direitos, ou simplesmente deveres?

i) A tendência recente para proceder à incorporação do tópico das gerações futuras nos textos constitucionais vigentes não representa de modo algum o arrastar de um corpo estranho para dentro do Direito Constitucional. A temática em causa integra-se com facilidade no campo mais vasto das relações entre o Direito Constitucional positivo e o decurso do tempo, que é, como se sabe, quase tão antigo quanto a própria ideia de Constituição escrita[73]. O problema das denominadas "cláusulas pétreas" em matéria de revisão constitucional é apenas uma das suas manifestações mais salientes[74]. Mesmo excluindo o tema mais óbvio da aplicação da lei constitucional no tempo, existem vários outros que revelam a natureza multifacetada daquele problema, como o do relevo do elemento histórico (e dos preâmbulos) na interpretação constitucional, o próprio papel da interpretação evolutiva, a medida da admissibilidade do costume constitucional, a atenção concedida à herança cultural do povo, a figura das garantias institucionais, as cláusulas (programáticas) de evolução e o cumprimento das tarefas e imposições (legislativas) constitucionais[75].

Não é de estranhar, por isso, que as gerações futuras e a justiça intergeracional se achem representadas em muitos textos constitucionais actualmente em vigor. Olhando apenas a alguns dos mais recentes, podem mencionar-se os seguintes:

a) Desde 1997, a alínea d) do n.º 2 do artigo 66.º da Constituição portuguesa incumbe o Estado, em ordem a assegurar o direito ao ambiente, de "promover o aproveitamento racional dos recursos naturais, salvaguardar a sua capacidade de renovação e a estabi-

---

[73] PALOMBELLA, *Reasons*, pp. 17-18; mais amplamente, sobre a dimensão temporal do Direito, CASPAR, *Generetionen-Gerechtigkeit*, pp. 73 ss..

[74] Por todos, JORGE MIRANDA, *Manual de Direito Constitucional*, II, Coimbra, 2003, pp. 198 ss..

[75] Para uma visão compreensiva, HÄBERLE, *Zeit und Verfassungsstaat – kulturwissenschaftlich betrachtet*, in *JURA*, Heft 1, 2000, pp. 1 ss..

484 *Em Homenagem ao Professor Doutor Diogo Freitas do Amaral*

lidade ecológica, com respeito pelo princípio da solidariedade entre gerações"[76];

b) O artigo 20a da Lei Fundamental de Bona prescreve, desde que foi introduzido em 1994 (e alterado em 2002), que, "tendo em conta a responsabilidade para com as gerações futuras, o Estado protege as bases naturais da vida (e os animais) no quadro da ordem constitucional, através dos poderes legislativo e, em conformidade com a lei, executivo e jurisdicional"[77];

c) Seguindo uma linha original, a Constituição francesa (1958) foi acrescentada, em 2004, de uma "Carta do Ambiente", a qual consagra simbolicamente a terceira geração de direitos fundamentais dos franceses – somando-se aos direitos da primeira geração, plasmados na Declaração dos Direitos do Homem e do Cidadão (1789) e aos direitos da segunda geração, recolhidos no preâmbulo da Constituição da IV República (1946) –, por entre os quais foram igualmente consignados os princípios da precaução (artigo 5.º) e do desenvolvimento durável (artigo 6.º)[78];

d) No preâmbulo da Constituição de 1999, o povo e os cantões suíços inscreveram "o adquirido comum e o dever de assumir as suas responsabilidades para com as gerações futuras" entre os fundamentos primeiros do novo texto constitucional;

e) Por sua vez, a Constituição polaca de 1997 – no que, aliás, é acompanhada por vários outros textos constitucionais da Europa de leste[79] –, depois de no seu preâmbulo reconhecer a "obrigação de deixar como herança às gerações futuras tudo o que é valioso para a actual", vem prescrever no artigo 74.º que "as autoridades públicas devem prosseguir políticas que garantam a segurança ecológica para a geração presente e para as gerações futuras";

---

[76] Para uma primeira densificação jurídica deste princípio, GOMES CANOTILHO / VITAL MOREIRA, *Constituição da República Portuguesa Anotada*, I, Coimbra, 2007, pp. 849-850; embora desvalorizando o alcance da referência constitucional, CARLA AMADO GOMES, *Risco*, pp. 155-166.

[77] CALLIESS, *Rechtsstaat und Umweltstaat*, Tübingen, 2001, pp. 104 ss., esp. pp. 118-121; HÖFLING, *Intergenerationelle Verantwortung und Verfassungsrecht*, in *Zukunftsverantwortung*, cit., pp. 107 ss.; BUBNOFF, *Der Schutz der künftigen Generationen im deutschen Umweltrecht*, Berlin, 2001, pp. 62 ss.; TEPPERWIEN, *Nachweltschutz*, pp. 106-107.

[78] BOURG, *The french constitutional charter for the environment: un effective instrument?*, in *Handbook*, cit., pp. 230 ss..

[79] HÄBERLE, *A constitutional law*, p. 217.

f) Noutra latitude completamente diferente, a Constituição brasileira estabelece, no seu artigo 225.º, integrado no título VIII sobre "ordem social", que "todos têm direito ao meio ambiente ecologicamente equilibrado, bem de uso comum do povo e essencial à sadia qualidade de vida, impondo-se ao poder público e à colectividade o dever de defendê-lo e preservá-lo para as presentes e futuras gerações";

g) Também a Constituição da África do Sul de 1996 prescreve, no seu artigo 24.º, que "todos têm o direito (...) a um ambiente que não seja ameaçador da saúde e do bem estar", bem como "a ter um ambiente protegido, em benefício das gerações presentes e futuras";

h) Noutros países ainda, como a Hungria ou Israel, optou-se pela criação de um órgão – respectivamente, um *ombudsman* e uma comissão parlamentar – cuja função é precisamente a de representar as gerações futuras e de salvaguardar os seus interesses[80];

i) No plano supra-estadual, a Carta dos Direitos Fundamentais da União Europeia declara, no seu preâmbulo, que o gozo dos direitos nela consagrados "implica responsabilidades e deveres, tanto para com as outras pessoas individualmente consideradas, como para com a comunidade humana e as gerações futuras".

De um modo ou de outro, todos estes exemplos se inscrevem na narrativa constitucional de afirmação do "Estado de Direito ambiental"[81]. Além disso, a leitura dos excertos apresentados sugere que, do ponto de vista substantivo, se oscila entre visões mais compreensivas do problema das gerações futuras, a começar por aqueles textos que o chamam para o preâmbulo, e outras que o tratam como um epifenómeno de outros institutos ou direitos constitucionais – como sucede com a Constituição portuguesa, em que o tópico das gerações futuras apenas surge como parâmetro aferidor do aproveitamento racional dos recursos naturais. Por outro lado, mesmo sendo a amostra pequena, ela é suficiente para dar conta de uma grande heterogeneidade de fórmulas de intercepção entre

---

[80] Jávor, *Institutional protection of succeeding generations – Ombudsman for Future Generations in Hungary*, in *Handbook*, cit., pp. 282 ss.; Shoham / Lamay, *Comission for future generations in the Knesset: lessons learnt*, in *Handbook*, cit., pp. 244 ss..

[81] Desenvolvidamente, Calliess, *Rechtsstaat*, pp. 30 ss.; também Häberle, *A constitutional law*, p. 223.

o Estado (constitucional) de Direito e a necessidade de nele dar guarida à posição das gerações futuras, especialmente no domínio ambiental[82]. Com efeito, é possível vislumbrar soluções normativas e soluções institucionais, e dentro das soluções normativas é patente a distinção entre as fracas – como é o caso das referências preambulares, sem prejuízo da sua grande carga simbólica – e as fortes –, como se verifica com os preceitos constitucionais propriamente ditos. Por último, é de sublinhar que a generalidade das soluções normativas fortes, apesar de surgirem no contexto dos direitos fundamentais, não são formuladas textualmente como tal, mas antes como princípios, como tarefas estaduais (e sociais) ou como fins ou programas públicos[83].

ii) O facto de os textos constitucionais mencionados não recorrerem nunca à expressão "direitos das gerações futuras" parece denunciar a primazia concedida ao lado passivo da relação entre a geração actual e as gerações subsequentes, em desprimor de um eventual lado activo. Tal primazia parece, aliás, estar de harmonia com a unilateralidade passiva que, na ética de responsabilidade para com o futuro, caracteriza assumidamente o relacionamento entre o presente e a posteridade[84]. Mas quererá isso dizer que, embora existam deveres jurídico-constitucionais para com as gerações seguintes, não é possível falar, ao menos numa perspectiva *de jure condendo*, de direitos fundamentais das gerações futuras?

Não parece que assim seja. A análise literal das Constituições que foi efectuada é insuficiente, deixando na sombra um sentido mais profundo do constitucionalismo e, em particular, dos direitos fundamentais. Um sentido que permite afirmar, com segurança, que de todo não pode aceitar-se que os direitos consagrados nos textos constitucionais em vigor sejam entendidos apenas como direitos das gerações presentes. Ou seja, tão-somente como direitos daquelas pessoas que, por estarem hoje vivas, podem assumir subjectivamente a titularidade das correspondentes posições activas. A pretexto da impossibilidade de erigir os "direitos (ainda) sem sujeito" numa categoria jurídica genérica, não deve admitir-se que se confinem os direitos fundamentais àquelas que são as suas dimensões

---

[82] Mais exemplos podem ser colhidos em TREMMEL, *Establishing intergenerational justice*, pp. 192-198; assim como em HÄBERLE, *A constitutional law*, pp. 215-221.

[83] Considerando as diferentes alternativas de positivação, SALADIN / ZENGER, *Rechte*, pp. 93 ss..

[84] SALADIN / ZENGER, *Rechte*, p. 27.

Ensaio sobre a Protecção Constitucional dos Direitos das Gerações Futuras   487

subjectivas – traduzidas em pretensões de defesa e na reivindicação de prestações –, esquecendo as diversas dimensões objectivas que são parte integrante da sua complexidade estrutural e funcional e que, com resultados apreciáveis, a doutrina e a jurisprudência têm vindo progressivamente a identificar[85]. Muito em especial, semelhante visão redutora olvidaria que, à luz da própria genealogia dos direitos fundamentais, logo na sua raiz natural e pré-constitucional, estes se caracterizam medularmente pela sua capacidade de atravessar o tempo, de forma contínua e incólumes na sua essência à passagem das gerações. Numa palavra, tais entendimentos ignorariam que os direitos fundamentais se acham originariamente marcados pela sua própria *intemporalidade*, que deflui da presença da dignidade da pessoa humana no núcleo irredutível de cada um deles e do próprio sistema jusfundamental[86]. Na verdade, do que se tem cuidado desde as revoluções liberais até hoje não é apenas dos direitos de todos os homens e em todos os lugares, mas também dos direitos dos homens em todos os tempos[87]. Por isso, eles são garantidos pelos textos constitucionais sem um horizonte temporal específico *(zeit-unspezifisch)*[88].

Logo nos adventos do movimento constitucional, na Declaração de Direitos da Virgínia, o perfil dos direitos inatos é definido, justamente, pela circunstância de o homem não poder, quando entra no estado de sociedade, "por nenhuma forma, privar ou despojar a sua posteridade". A própria Constituição dos Estados Unidos foi decretada, entre outras razões, para "assegurar os benefícios da liberdade a nós e aos nossos descendentes". Do lado de cá do Atlântico, a palavra "doravante" acha-se no centro do preâmbulo da Declaração dos Direitos do Homem e do

---

[85] BÖCKENFÖRDE, *Grundrechte als Grundsatznormen, Zur gegenwärtigen Lage der Grundrechtsdogmatik*, in *Der Staat*, 29, 1990, pp. 1 ss.; ALEXY, *Grundrechte als subjektive Rechte und als objektive Normen*, in *Der Staat*, 29, 1990, pp. 49 ss.; BERKEMANN, *Zur logischen Struktur von Grundrechtsnormen*, in *Rechtstheorie*, 20, 1989, pp. 451 ss.; MÜLLER, *Zur sog. subjektiv– und objektivrechtlichen Bedeutung der Grundrechte*, in *Der Staat*, 1990, 1, pp. 33 ss.; SCHERZBERG, *„Objektiver" Grundrechtschutz und subjectives Grundrecht. Überlegungen zur Neukonzeption des grundrechtliches Abwehrrechts*, in *DVBl*, 1989, pp. 1128 ss.; DREIER, *Subjektiv-rechtliche und objektiv-rechtliche Grundrechtsgehalt*, in *Jura*, 1994, pp. 505 ss..

[86] SZCZEKALLA, *Die sogenannten grundrechtlichen Schutzpflichten*, pp. 288-289; SALADIN / ZENGER, *Rechte*, pp. 23-24.

[87] V. ANDRADE, *Os direitos fundamentais na Constituição portuguesa de 1976*, Coimbra, 2001, p. 17.

[88] SALADIN / ZENGER, *Rechte*, p. 63.

488   *Em Homenagem ao Professor Doutor Diogo Freitas do Amaral*

Cidadão, para que daí em diante os cidadãos pudessem fundar as suas reclamações em princípios simples e incontestáveis. E logo no artigo 2.º deste texto fundador, os direitos aí consagrados são apelidados de "imprescritíveis". É assim possível dizer-se que, se há nota marcante dos alvores do constitucionalismo, e das primeiras consagrações formais dos direitos do homem, ela é exactamente um sentido muito apurado de futuro e, com ele, uma grande determinação em legar às gerações vindouras um conjunto de instituições políticas e jurídicas de que as gerações passadas e a geração então presente não tinham beneficiado[89]. Entre essas instituições definitivamente legadas a todas as gerações vindouras, destacavam-se, como é óbvio, os direitos do homem.

Os direitos fundamentais hoje consagrados nas Constituições – como herdeiros directos dos direitos do homem então reconhecidos e positivados – estão, pois, também eles, irremediavelmente imbuídos desse sentido apurado de futuro, compreendendo uma verdadeira *dimensão intergeracional*[90]. Evidentemente, aquilo que está em causa no (re)tomar desta dimensão jusfundamental não é o reconhecimento a cada um dos membros de todas as gerações futuras de pretensões subjectivas actuais e accionáveis sobre aqueles que são os concretos titulares presentes de direitos fundamentais ou contra os poderes públicos em exercício. Os direitos das gerações futuras existem – aliás, sem necessidade de se instituir artificialmente um novo sujeito constitucional denominado "geração", porventura para lhe nomear um representante legal específico, para além dos órgãos competentes do Estado[91] – e são merecedores de protecção constitucional enquanto realidades inscritas na dimensão jurídico-objectiva dos direitos fundamentais[92] – somando-se assim às funções institucionais, irradiantes, de eficácia entre privados, valorativas e estruturantes

---

[89] Para uma análise, nesta perspectiva, das clássicas declarações de direitos, Hofmann, *Rechtsfragen der atomaren Entsorgung*, Stuttgart, 1981, pp. 266-270.

[90] A paternidade desta designação parece ser atribuível a Häberle: *La libertad*, p. 261 e p. 263, em nota; *A constitutional law*, pp. 223-225.

[91] Não obstante, sobre o problema da representação das gerações futuras, Partridge, *On the rights*, pp. 8-13.

[92] Dietlein, *Die Lehre*, p. 126; Murswiek, *Die staatliche Verantwortung*, p. 207; Szczekalla, *Die sogenannten grundrechtlichen Schutzpflichten*, p. 290; Robbers, *Sicherheit*, p. 217; Hofmann, *Rechtsfragen*, p. 260; Calliess, *Rechtsstaat*, pp. 120; Bubnoff, *Der Schutz*, pp. 48 ss.; Tepperwien, *Nachweltschutz*, pp. 117 ss.; Steinberg, *Verfassungsrechtlicher Umweltschutz durch Grundrechte und Staatszielbestimmung*, in NJW, 1996, pp. 1987 ss..

da ordem constitucional[93]. E é nessa qualidade que, naturalmente, interagem com a vertente jusfundamental subjectiva reservada às gerações presentes e, por consequência, também com a posição jurídica actual assumida pelo próprio Estado. A ideia de direitos das gerações futuras não constitui, desta forma, uma alegoria dissolvente da noção histórica e dogmaticamente estabelecida de direitos fundamentais – ao contrário do que acontece, porventura, com outras ideias, como a de direitos dos animais, direitos da natureza, ou direitos dos povos ao desenvolvimento e aos recursos naturais[94].

Subjectivamente, os direitos fundamentais fluem de forma contínua entre gerações, sem rupturas nem descontinuidades, mas numa perspectiva objectiva eles coexistem no tempo em termos tais que os direitos das gerações futuras interagem hoje mesmo com os direitos da geração presente, cerceando-os no seu alcance material ou nas suas possibilidades de exercício, e vinculando as entidades públicas à sua salvaguarda. Trata-se assim, acima de tudo, de uma dimensão jusfundamental que compromete os seus titulares presentes para com os seus titulares supervenientes e que – como certamente já se vem pressentindo – depende da efectiva assumpção pelo Estado das suas responsabilidades (éticas e) jurídicas para com o futuro[95]. Os titulares presentes dos direitos fundamentais têm que agir, até certo ponto, como administradores fiduciários daqueles que lhes hão-de suceder[96]. Tal como, lapidarmente, se escreve no preâmbulo da recente Carta dos Direitos Fundamentais da União Europeia, o gozo dos direitos nela consagrados "implica deveres e responsabilidades", não apenas para com "as outras pessoas individualmente consideradas" e "a comunidade humana", mas também para com "as gerações futuras".

A ideia de direitos fundamentais das gerações futuras não é apenas um artifício retórico sem qualquer tradução jurídica, antes possuindo a consistência dogmática que deriva do facto de aqueles poderem já hoje produzir (pré)efeitos jurídicos delimitadores dos direitos actualmente titulados pela geração presente. Desde logo – adaptando uma ideia recorrente no que toca ao relacionamento entre direitos de sujeitos contemporâneos –, os

---

[93] Para uma análise autonomizada destas dimensões jusfundamentais, DOLDERER, *Objektive Grundrechtsgehalte*, Berlin, 2000, pp. 117 ss..

[94] Concretamente sobre os direitos dos animais, FERNANDO ARAÚJO, *A hora dos direitos dos animais*, Coimbra, 2003, esp. pp. 181 ss., e pp. 283 ss..

[95] SALADIN / ZENGER, *Rechte*, pp. 124-128.

[96] HÄBERLE, *La libertad*, p. 264.

direitos das gerações presentes terminam aí onde o seu exercício irrestrito (ou abusivo) ponha em causa a subsistência dos direitos das gerações futuras, considerando sobretudo a dependência destes em face dos pressupostos naturais da vida humana na terra. Os direitos fundamentais presentes incorporam como limites (imanentes), se não mesmo como restrições, a responsabilidade dos seus actuais titulares para com todos aqueles que lhes hão-de suceder nessa posição. Para que essa eficácia delimitadora se produza em termos efectivos – assim se fechando o círculo –, os direitos das gerações futuras carecem apenas do cumprimento por parte do Estado, com um alcance temporalmente alargado, dos seus deveres de protecção de direitos fundamentais. Por outras palavras, entre a dimensão intergeracional dos direitos fundamentais – que permite falar com propriedade jurídica de direitos das gerações futuras – e a teoria dos deveres estaduais de protecção existe uma ligação umbilical, uma vez que é esta que fornece o caminho dogmático que permite dar tradução prática àquela dimensão e àqueles direitos.

É assim indiferente que as Constituições acima citadas não se refiram expressamente a direitos das gerações futuras. Não tinham nem têm que o fazer. Por definição, os direitos fundamentais que todas elas consagram *são* também direitos das gerações futuras, embora numa perspectiva diferente daquela em que são direitos da geração presente[97]. Tão-pouco pode cavar-se um fosso entre a protecção constitucional concedida a uns e a outros. Muito pelo contrário, a dimensão intergeracional dos direitos fundamentais implica a continuidade substancial da sua protecção constitucional, sem nenhum corte geracional, sem separar o presente do futuro[98]. Todas as Constituições, sobretudo enquanto sede dos direitos fundamentais, incluem o futuro no seu programa normativo. É evidente que elas não são eternas, podendo ser revistas e passar por inúmeras outras vicissitudes que interrompem a sua vigência[99]. Mas não é menos evidente que – descontados alguns exemplos históricos de textos destinados a vigorar transitoriamente[100] – a generalidade das Constituições comunga de uma forte vocação de permanência, concebendo-se estas como

---

[97] MURSWIEK, *Die staatliche Verantwortung*, p. 211; BUBNOFF, *Der Schutz*, pp. 46-47.

[98] SALADIN / ZENGER, *Rechte*, pp. 76-78.

[99] Sinopticamente, sobre as diversas vicissitudes constitucionais, JORGE MIRANDA, *Manual*, II, pp. 150 ss..

[100] No entanto, considerando irrelevante, para o efeito em questão, a provisoriedade (original) da Lei Fundamental alemã, DIETLEIN, *Die Lehre*, pp. 126-127.

Ensaio sobre a Protecção Constitucional dos Direitos das Gerações Futuras 491

projectos de estabilização das relações políticas e sociais por períodos temporais alargados[101]. O tempo das Constituições é um tempo longo – não um tempo curto, nem menos ainda um tempo limitado à actualidade –, o que lhes permite afirmarem-se também como pactos entre gerações[102]. Acresce que, de entre todos os capítulos constitucionais, é precisamente no terreno dos direitos fundamentais que a referida vocação de permanência e de continuidade mais se acentua. O que explica, por exemplo, a presença relativamente frequente dos direitos fundamentais entre as cláusulas de limites materiais de revisão constitucional – como ocorre com a alínea d) do artigo 288.º da Constituição portuguesa[103-104].

Em suma, não se vislumbra nenhum obstáculo dogmático inultrapassável à inclusão dos direitos das gerações futuras na teoria dos deveres do Estado de protecção de direitos fundamentais. Não são argumentos procedentes contra essa inclusão, nem a impossibilidade de configurar uma relação jusfundamental intersubjectiva triangular em que tomem parte o Estado, as gerações presentes e as gerações vindouras, nem a circunstância de ser inviável a criação de uma categoria geral de "direitos fundamentais à espera de um titular", nem tão-pouco o facto de não fazer sentido colocar, relativamente aos direitos das gerações futuras, o conhecido problema da transmutação subjectiva (ou ressubjectivação) dos deveres estaduais (objectivos) de protecção[105]. Bem ao invés, numa perspectiva de construção progressiva de um *Estado de direitos fundamentais* e de um *Estado de Direito ambiental*, a partir dos seus alicerces constitucionais, é através do *dever de protecção dos direitos fundamentais das gerações futuras* que o Estado pode cumprir aquele mínimo ético de responsabilidade para com a posteridade a que está vinculado[106].

---

[101] Tepperwien, *Nachweltschutz*, pp. 101 ss..

[102] Häberle, *La libertad*, p. 263.

[103] Jorge Miranda, *Manual*, II, pp. 199-200; e, p. 228, qualificando os "direitos, liberdades e garantias", que figuram nesta alínea d), como *limites transcendentes* ao poder de revisão, "visto que, a partir do reconhecimento de alguns destes direitos (...), obtém protecção a dignidade da pessoa humana".

[104] Também o n.º 3 do artigo 79.º da Lei Fundamental alemã, ou o artigo 60.º, § 4.º, da Constituição brasileira.

[105] Entretanto, neste sentido, Szczekalla, *Die sogenannten grundrechtlichen Schutzpflichten*, p. 289.

[106] Calliess, *Rechtsstaat*, pp. 114 ss.; Bubnoff, *Der Schutz*, pp. 48 ss.; Tepperwien, *Nachweltschutz*, pp. 117 ss..

5. Questões de dogmática jusfundamental

Uma vez sufragada a tese que, partindo da dimensão intergeracional imanente aos direitos fundamentais, reconhece a natureza jusfundamental da posição das gerações futuras, outras questões ficam ainda por responder relativas à configuração do correspondente dever estadual de protecção. Quais são exactamente os direitos abrangidos por esse dever? A que gerações futuras pertencem esses direitos que importa proteger? Como se procede à respectiva ponderação com os direitos das gerações presentes? A que instrumentos jurídicos é possível recorrer para tutelar esses direitos[107]?

i) No que toca à primeira questão, importa começar por sublinhar que não cabe à geração presente antecipar qual será exactamente o elenco concreto de direitos fundamentais que vigorará no futuro[108]. É bem verdade que, desde finais do século XVIII até à actualidade, se tem registado uma tendência constante para o progressivo alargamento dos catálogos de direitos fundamentais, tanto pela abertura a direitos novos, quanto pelo desenvolvimento e densificação de direitos antigos. E que, portanto, é natural que as gerações futuras venham a considerar como evidente o carácter fundamental de outros direitos. Não é menos certo, porém, que só as próprias gerações futuras têm legitimidade (e capacidade) para decidir quais os direitos que devem ainda ser dotados dessa fundamentalidade, avaliando a cada passo os perigos sociais e tecnológicos emergentes e as exigências decorrentes da dignidade da pessoa humana[109]. Interiorizando como premissa básica a permanência da Constituição, à geração presente apenas pode competir a protecção no futuro dos direitos fundamentais naquela consagrados e com o alcance material com que hoje eles aí se encontram oficialmente consignados. Estando uma Constituição em vigor, não poderia ir-se além do que nela está estipulado.

Em contrapartida, também não pode ficar-se aquém, valendo a este respeito a "regra de ouro" segundo a qual não deve negar-se aos outros aquilo que para nós próprios desejamos ou exigimos. Ou, o mesmo é dizer, que o Estado de Direito deve ser capaz de impedir que se faça às

---

[107] Num elenco de questões parcialmente convergente, BIRNBACHER, *Responsability*, p. 29.

[108] SALADIN / ZENGER, *Rechte*, p. 32.

[109] SALADIN / ZENGER, *Rechte*, p. 37.

gerações futuras algo que, relativamente aos titulares vivos de direitos fundamentais, não seria constitucionalmente aceitável[110]. Portanto, se a Lei Fundamental não permite que, com ou sem o beneplácito estadual, se privem certos cidadãos de direitos fundamentais que fazem parte do respectivo elenco constitucional e que, à luz do princípio da universalidade, lhes assistem, de modo algum poderia permitir semelhante privação relativamente a futuros cidadãos.

Assim, em termos esquemáticos, não obstante a geração presente ser titular de um acervo de direitos pré-determinado constitucionalmente [*GP* ↔ *(DF = a)*] e de, em circunstâncias normais, as gerações vindouras virem a beneficiar de um acervo acrescido [*GF* ↔ *(DF = a + x)*], a verdade é que a responsabilidade da geração presente para com os direitos das gerações futuras *(R)* apenas pode abarcar aquele conjunto mais restrito de posições jusfundamentais positivadas na Constituição hoje vigente *(a)*, desconsiderando todos os eventuais alargamentos supervenientes *(x)*[111].

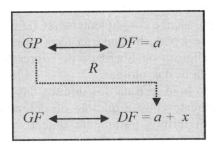

Além desta, uma segunda restrição é inevitável quando se procura delimitar a vinculação da geração presente aos direitos fundamentais das gerações futuras – em termos práticos, até mais relevante do que a acabada de formular. Com efeito, apesar de a dimensão intergeracional acima referida respeitar basicamente a todos os direitos fundamentais – no sentido em que cada um deles, dada a atemporalidade da sua raiz primeira, assume nuclearmente uma vocação perene, transmitindo-se de geração

---

[110] Acentuando a importância desta "regra de ouro", SALADIN / ZENGER, *Rechte*, p. 30-32; HOFMANN, *Rechtsfragen*, p. 273.

[111] Também no sentido de que para o futuro vale exactamente o que vale no presente, MURSWIEK, *Die staatliche Verantwortung*, p. 211; BUBNOFF, *Der Schutz*, p. 66.

em geração –, ela reparte-se entre eles em termos desiguais, sendo bem mais acentuada nuns do que noutros.

Sobretudo, os direitos das gerações futuras não são afectados com idêntica acutilância pelas acções abusivas ou imprevidentes da geração presente. É evidente que esta pode colocar em grave risco direitos das gerações futuras como o direito à vida, o direito à integridade física, o direito à saúde, os direito ao ambiente e ao ordenamento do território, o direito à segurança social, e que, em certa medida, pode até reduzir sensivelmente o alcance dos direitos de participação política – mormente, através da tomada de decisões políticas irreversíveis. Mas é inegável que a geração actual não possui, pela própria natureza dos direitos em causa, capacidade para prejudicar de forma directa o exercício pelos membros das gerações vindouras dos respectivos direitos de defesa em matéria penal, ou das liberdades religiosa, de associação, de expressão, de manifestação e de circulação, nem tão-pouco do direito à greve ou do direito à educação. A afectação destes direitos fundamentais só pode dar-se reflexamente, se pela sua actuação absolutamente irresponsável a geração actual condenar as suas sucessoras à extinção ou a viver na insalubridade, na pobreza, na insegurança, e consequentemente na violência e na guerra. Em última análise, se a vida humana na terra se extinguir, não haverá também liberdade religiosa ou liberdade de expressão, mas seria estultícia lamentar a perda destas últimas.

Por isso, quando hoje se trata dos direitos das gerações futuras, há que distinguir claramente entre a questão da delimitação do respectivo catálogo – aliás, em termos puramente objectivos – da questão da vinculação efectiva da geração presente aos direitos aí compreendidos e, por consequência, do alcance do dever de protecção do Estado. Assim é porque, numa visão substantiva, aquela vinculação e este dever apenas respeitam àqueles direitos fundamentais que, sendo hoje reconhecidos como direitos das gerações futuras, podem também ser directamente afectados a partir do presente, pela conduta activa ou omissiva da geração actual[112]. Esses direitos fundamentais correspondem, no essencial, aos pressupostos físicos da vida e da autonomia humana no futuro, de uma vida humana sobre a terra tal como a conhecemos, com dignidade e com

---

[112] SALADIN / ZENGER, *Rechte*, p. 81 e p. 100.

[113] Sobre o conceito de «fundamentos naturais da vida», TEPPERWIEN, *Nachweltschutz*, pp. 139 ss..

direitos[113]. Se o que está em causa é, no fundo, garantir a possibilidade de as gerações posteriores beneficiarem de oportunidades de vida e de liberdade idênticas às da geração que hoje habita o planeta, podendo auto-determinar-se nos planos político, social, económico e cultural, é também para os direitos fundamentais que estão na base dessas oportunidades que o dever estadual de protecção tem que se direccionar[114]. Neste sentido, aliás, considerando o carácter continuado de muitos dos perigos jusfundamentais, os deveres do Estado de protecção dos direitos das gerações futuras à vida, à integridade física, à saúde e ao ambiente não se distinguirão muito do simples prolongamento no tempo do mesmo dever estadual relativamente aos direitos da geração presente com o mesmo nome.

ii) A segunda interrogação acima suscitada, relativa à construção dogmática do dever de protecção dos direitos das gerações futuras, prende-se com o horizonte temporal do mesmo. Sabendo-se que certas tecnologias hoje utilizadas podem produzir externalidades negativas daqui a centenas ou milhares de anos, ou produzi-las continuamente por períodos temporais muitíssimo longos, com quantas gerações futuras tem o Estado que se preocupar hoje[115]?

A interrogação formulada, sem prejuízo do seu carácter algo capcioso – ainda que ninguém saiba como será o mundo daqui a 500 anos, não custa imaginar que Constituição de 1976 e os direitos fundamentais nela previstos já não estarão em vigor! –, não deixa de revelar uma das maiores debilidades da protecção das gerações futuras: a do grau de fiabilidade das prognoses que é possível fazer hoje, quer quanto à evolução a médio e longo prazo da realidade em si mesma, quer quanto aos efeitos que a acção (ou a inacção) humana pode ter sobre essa mesma realidade[116].

Não obstante, não existe outra forma de orientar a acção do Estado relativamente à protecção dos direitos das gerações vindouras se não a de aceitar como correctas as prognoses feitas de acordo com aquele que é estádio mais recente do conhecimento científico, matizando-as, de acordo com o princípio da precaução, por uma significativa margem de erro – e, porventura, concedendo prevalência às prognoses pessimistas sobre as

---

[114] SALADIN / ZENGER, *Rechte*, pp. 23-24, e pp. 30 e 36.

[115] PALOMBELLA, *Reasons*, pp. 3 ss.; sobre os limites temporais da responsabilidade estadual no domínio atómico, LAWRENCE, *Grundrechtsshutz*, pp. 191 ss..

[116] MURSWIEK, *Die staatliche Verantwortung*, pp. 207-208; BUBNOFF, *Der Schutz*, pp. 25 ss..

optimistas, sempre que estiver em causa a própria sobrevivência da espécie humana[117]. Antes de mais, a bitola por que se mede a responsabilidade da geração presente é a medida do saber humano actual e, concretamente, a capacidade que o homem tem para deslindar complexas cadeias causais e prever a sua evolução futura em termos cientificamente plausíveis. Sempre que esta se expande, expande-se também aquela[118]. Por outro lado, além de ser limitada pela finitude do conhecimento científico, a responsabilidade para com as gerações futuras – e o correspondente dever de protecção do Estado – está ainda limitada pela capacidade técnico--científica que o homem tem para influenciar o curso dos acontecimentos, para interromper ou inverter processos causais potencialmente lesivos de direitos de seres humanos vindouros.

Por conseguinte, não parece legítimo aplicar, como fazem alguns economistas, uma taxa de "desconto temporal", de modo a que a responsabilidade da geração presente vá decrescendo de forma contínua e proporcionalmente à medida que as consequências das decisões agora tomadas vão avançando no tempo[119]. Não importa tanto saber quando viverão os titulares futuros dos direitos fundamentais – se num futuro mais próximo, se num futuro mais longínquo –, mas saber se hoje é possível antever ameaças concretas para a vida, a integridade física, a saúde ou o ambiente de pessoas que viverão algures num tempo posterior e, em caso afirmativo, se a geração presente pode fazer algo para evitar a consumação dessas ameaças. Em termos sinópticos, a geração presente, sendo embora guardiã dos direitos das gerações futuras, não pode ser responsabilizada por ameaças jusfundamentais que desconhece, nem por aquelas que não tem capacidade para evitar.

iii) A terceira questão formulada parte, obviamente, do pressuposto segundo o qual, à imagem do que sucede nas relações jusfundamentais sincrónicas, também os direitos fundamentais das gerações futuras não

---

[117] Recorde-se o fundamento desta preferência em Jonas, *El principio*, pp. 71 ss..

[118] Birnbacher, *Responsability*, pp. 23-24; Partridge, *On the rights*, pp. 7-8; noutro contexto, mas também limitando a responsabilidade ao actual «estado dos conhecimentos», Esteve Pardo, *Técnica, riesgo y Derecho*, Barcelona, 1999, pp. 209 ss..

[119] Palombella, *Reasons*, p. 7; não obstante, em defesa de um modelo de "desconto temporal", Farber, *From here to eternity*, esp. pp. 25 ss..

[120] Saladin / Zenger, *Rechte*, pp. 102-104; avançando uma orientação para essa ponderação à luz do princípio da proporcionalidade, Bubnoff, *Der Schutz*, pp. 70 ss.; Tepperwien, *Nachweltschutz*, pp. 183 ss..

Ensaio sobre a Protecção Constitucional dos Direitos das Gerações Futuras   497

são direitos absolutos, antes carecendo de ponderação com os direitos da geração presente[120] – ponderação que, aliás, exprime também a difícil relação entre a justiça intergeracional e a justiça intrageracional[121].

Em particular, os direitos das gerações vindouras terão sempre de ser cuidadosamente balanceados com alguns direitos da geração presente cujo exercício pode comprometer as condições de possibilidade daqueles, como se verifica por certo com o direito de propriedade, a liberdade de iniciativa económica, a liberdade de investigação científica e, embora marginalmente, com algumas faculdades compreendidas em direitos como a liberdade de deslocação e fixação, a liberdade de escolha de profissão, o direito à habitação e, de resto, a própria liberdade geral de acção. Em termos genéricos, os direitos das gerações futuras terão sempre que ser ponderados nas decisões públicas destinadas a promover o bem-estar económico e a qualidade de vida dos cidadãos actuais, mormente quando impliquem o consumo de recursos naturais escassos ou a projecção a médio ou a longo prazo de efeitos nocivos.

Recusa-se, portanto, o argumento segundo o qual é logicamente impossível fazer o confronto entre direitos de pessoas que não sejam contemporâneas, em termos que redundem na atribuição de posições activas a umas e passivas a outras[122] – à semelhança, aliás, do argumento segundo o qual é inviável confrontar os direitos de pessoas que não se encontrem inseridas no mesmo espaço político[123]. Estes argumentos inserem-se, no fundo, nas orientações que negam a possibilidade de definir e aplicar princípios de *justiça intergeracional* e de *justiça entre povos* ou Estados, que pudessem acrescentar-se e articular-se com os tradicionais princípios de *justiça social* em sentido amplo (justiça comutativa e distributiva), ou seja, aos princípios que regem as relações entre pessoas que vivem num dado tempo e num dado espaço político[124]. Ora, uma

---

[121] Caspar, *Generationen-Gerechtigkeit*, pp. 98-100.

[122] Analisando criticamente este "time-spam argument", Partridge, *On the rights*, pp. 6-8. Considerando, porém, mais claras as vinculações entre as gerações mais próximas, isto é, entre as três gerações vivas, Caspar, *Generationen-Gerechtigkeit*, p. 98.

[123] Diferente é a posição daqueles que usam a (necessidade de corrigir a) presente injustiça entre nações como pretexto para negar a justiça intergeracional, afirmando que esta agravaria necessariamente aquela: Beckerman / Pasek, *Justice*, p. 105, e, mais desenvolvidamente, pp. 167 ss., e pp. 193 ss..

[124] Curiosamente, Rawls, que em *Uma teoria da justiça* se preocupa fundamentalmente com a questão da justiça social – sem prejuízo da passagem já referida sobre justiça

498 Em Homenagem ao Professor Doutor Diogo Freitas do Amaral

coisa é a dificuldade em delinear princípios de justiça aplicáveis às relações intergeracionais, outra a sua impossibilidade lógica[125].

Além do já muito difundido princípio da precaução, outros princípios ilustram bem que não é impensável definir princípios substantivos e adjectivos de justiça entre gerações. É o que se verifica com princípios como o da *equivalência* – cada geração só pode usar uma quantidade de recursos renováveis equivalente à que é possível repor no período de uso, e de recursos não renováveis para os quais possa providenciar um sucedâneo[126] –, o do *saldo positivo de poupança* – cada geração deve deixar à seguinte tantos bens (capital, tecnologia, recursos naturais, educação, conhecimento) quantos os necessários a que esta possa elevar o seu nível de bem-estar acima da precedente[127] –, o do *mínimo dano irreversível* – todas as actividades de que resultem danos irreversíveis devem ser limitadas no tempo e no espaço ao mínimo indispensável[128] –, o da *indisponibilidade do futuro dos outros* – se é possível em regra dispor dos direitos (presentes ou futuros) próprios, não é lícito a ninguém dispor dos direitos (presentes ou futuros) dos outros[129] – ou ainda o princípio (processual) da *imparcialidade intergeracional* – as decisões cujas consequências se estendam por várias gerações devem ser tomadas com abstracção da geração a que o decisor pertence, bem como ser defensáveis na perspectiva de todas as que são afectadas[130]. Estes princípios não são apenas a expressão retórica de boas intenções isoladas, sendo antes aptos a reunir à sua volta o apoio necessário para guiar certas políticas públicas

---

intergeracional (pp. 227-236) –, vem mais tarde a ocupar-se dos princípios da justiça entre os povos: *A lei dos povos*, Coimbra, 2000, esp. pp. 43 ss, e pp. 124 ss.. Também sobre os princípios de justiça entre países e a necessidade da sua tradução numa lei global, SINGER, *Um só mundo*, esp. pp. 155 ss..

[125] WALLACK, *Justice between generations: the limits of procedural justice*, in *Handbook*, cit., p. 86.

[126] LUMER, *Principles of generational justice*, in *Handbook*, cit., p. 39; CASPAR, *Generationen-Gerechtigkeit*, pp. 103-104.

[127] LUMER, *Principles*, pp. 45-46; menos exigente, mas mais realista, será o princípio da igualdade de *chances* de desenvolvimento (gleichen Entwiklungschancen), CASPAR, *Generationen-Gerechtigkeit*, p. 103; ainda menos exigente será o princípio da garantia de um mínimo ecológico de existência, referido por BUBNOFF, *Der Schutz*, pp. 60-62.

[128] WALLACK, *Justice*, pp. 97.

[129] PALOMBELLA, *Reasons*, p. 3 e pp. 18 ss..

[130] Sob inspiração de Rawls, WALLACK, *Justice*, p. 103; contra BECKERMAN, *The impossibility*, p. 64; sobre as limitações dos princípios processuais neste domínio, DIERKSMEIER, *John Rawls*, pp. 72 ss..

Ensaio sobre a Protecção Constitucional dos Direitos das Gerações Futuras   499

e, em alguns casos, para se traduzirem em directrizes juridicamente relevantes na ponderação dos direitos das gerações presentes e futuras[131]. Nem se pode dizer, sequer, que a controvérsia que geram seja superior à que sempre existiu em torno dos princípios da dita justiça social, sobretudo quando se discute a justiça distributiva.

Entre os que aceitam a possibilidade e a necessidade de ponderação dos direitos das gerações presentes e dos direitos das gerações futuras existem, no entanto, opiniões divergentes sobre o peso relativo que deve der atribuído a uns e a outros. Mesmo excluindo liminarmente a hipótese de diminuição do valor dos direitos das gerações vindouras por aplicação de uma qualquer regra de "desconto temporal" – por ostensiva contradição com a "regra de ouro" acima enunciada –, duas posições essenciais merecem registo: de um lado, estão os que são particularmente exigentes na valoração das ameaças incidentes sobre os direitos das gerações futuras, mas originadas pelo exercício de direitos de pessoas pertencentes à actual geração; do outro lado, estão os que entendem que a Constituição não permite conferir aos perigos jusfundamentais que se projectam sobre a posteridade um peso comparativamente superior ao que seria atribuído a idênticos perigos se reflectidos de imediato no presente[132]. Baseiam-se os primeiros no facto de, colocadas perante certas alternativas decisórias, as pessoas actuais admitirem correr certos riscos jusfundamentais na expectativa de retirar daí alguns benefícios, mas semelhante raciocínio não valer em relação às pessoas futuras, porque quanto a estas não existe uma compensação correspondente ao risco a que ficam submetidas[133] – como se passa, tipicamente, com a produção de energia nuclear, assim como sempre que o risco de certas actividades se repercute à distância ou decorre de processos de acumulação[134]. A energia produzida pelas cen-

---

[131] MARIA DA GLÓRIA GARCIA, *O lugar*, pp. 386-388, sobre a diferente origem e a diferente natureza dos princípios da justiça intergeracional, no confronto com os princípios jurídicos tradicionais. Também sobre os princípios no domínio ambiental, BUBNOFF, *Der Schutz*, pp. 31 ss..

[132] A primeira posição é tendencialmente defendida por HOFMANN, *Rechtsfragen*, pp. 280-281. A segunda é sustentada por MURSWIEK *Die staatlich Verantwortung*, pp. 212-213. Defendendo uma «preferência limitada pelo presente», e qualificando uma orientação semelhante à primeira como «ditadura ecológica», CASPAR, *Generationen-Gerechtigkeit*, pp. 100. Sobre o mesmo problema, BENDA, *Technische Risiken und Grundgesetz*, in *Technische Risiken und Recht*, Blümel / Wagner Hrsg., 1981, p. 7.

[133] GARDINER, *Protecting future generations*, pp. 153-154.

[134] Sobre a avaliação dos riscos das instalações nucleares e das instalações químicas, respectivamente: OSSENBÜHL, *Die Bewertung von Risiken kerntechnicher Anlagen*, in

trais nucleares é consumida hoje, mas o lixo radioactivo daí resultante permanecerá um perigo para as gerações futuras. E, ainda que estas mantenham a opção atómica que herdaram, ficarão sempre sujeitas a um nível de risco superior àquele de que tiram proveito – uma parte vinda do passado e outra parte originada no presente. Os segundos, por seu turno, invocam em seu favor a ausência de um princípio constitucional de *equivalência entre custos e benefícios* ou de identidade entre as vantagens de certa actividade – não individuais, mas geracionais – e as desvantagens daí decorrentes – também geracionais e não individuais[135].

Sem prejuízo da importância de integrar a posição das gerações futuras nas análises de custos/benefícios destinadas a avaliar certas decisões públicas, ainda que referentes a interesses ou projectos privados, contrariando alguma superficialidade que por vezes as tem caracterizado – *v.g.*, a tendência para o curto termo e para negligenciar aspectos culturais, ambientais e estéticos[136] –, a verdade é que nem aquelas análises constituem um critério de decisão imposto pela Constituição, nem tão-pouco elas esgotam os elementos (quantitativos e qualitativos) necessários a uma ponderação constitucionalmente adequada dos direitos das diferentes gerações. O problema é antes outro: os riscos jusfundamentais devem ser avaliados de forma meticulosa levando em conta essencialmente a sua intensidade, por um lado, e o seu potencial lesivo, por outro. Mas a dimensão temporal do risco – compreendendo a extensão máxima do intervalo de tempo em que este se produz e a sua distribuição ao longo desse intervalo –, é também indissociável de uma correcta avaliação do mesmo. Designadamente, não é possível averiguar da intensidade de um risco sem definir uma escala temporal, seja ela curta ou longa. Assim, a riscos que se prolongam no tempo por 100, 1000 ou 10 000 anos tem normalmente que corresponder, no momento de ponderar os direitos das gerações presentes e das gerações vindouras, um peso muito superior aos riscos cujos efeitos se esgotam em lapsos temporais mais curtos, compreendidos na vida daqueles que são responsáveis pela sua produção[137]. Este maior peso constitui, portanto, uma especificidade resultante da

---

Technische Risiken, cit, pp. 45 ss.; MARBURGER, *Die Bewertung von Risiken chemischer Anlagen*, in *Technische Risiken*, cit, pp. 27 ss..

[135] MURSWIEK, *Die staatlich Verantwortung*, pp. 213-214.

[136] GARDINER, *Protecting future generations: intergenerational buck-passing*, in *Handbook*, cit., pp. 157-158.

[137] MURSWIEK, *Die staatlich Verantwortung*, pp. 215-216.

Ensaio sobre a Protecção Constitucional dos Direitos das Gerações Futuras   501

medição e valoração dos riscos de longo prazo *(Langzeitrisikos)*, que depois se repercute no resultado das operações de ponderação e na dificuldade aí sentida em justificar jusfundamentalmente actividade privadas e decisões públicas causadoras de riscos com semelhante tipo de efeitos[138].

Em suma, inexistindo um princípio constitucional de equivalência entre custos e benefícios, a compressão de direitos fundamentais pertencentes à comunidade actual, com vista à protecção de direitos futuros, obedece aos padrões comuns constitucionalmente definidos em matéria de limitações e restrições, valendo para a oneração da esfera jusfundamental dos homens futuros os mesmos princípios e regras que valem para a oneração dos homens presentes: proporcionalidade, densidade e determinabilidade da lei, salvaguarda do conteúdo essencial, segurança jurídica, etc. Mesmo que fosse possível isolar entre si as sucessivas gerações, apartando de forma cortante o respeito pelos direitos da geração presente e a protecção dos direitos das gerações futuras, o certo é que, à luz da Constituição, as gerações posteriores não parecem exigir institutos jurídicos ou meios materiais mais exigentes do que as gerações actuais[139].

iv) A encerrar estas disquisições sobre o tema dos direitos das gerações futuras, impõe-se uma breve nota sobre a questão dos instrumentos institucionais, processuais ou procedimentais disponíveis para a sua protecção.

Na realidade, à semelhança do que sucede com a generalidade das ordens constitucionais, não existem em Portugal instrumentos especialmente vocacionados para a salvaguarda dos direitos das gerações futuras. Algumas ordens jurídicas, no entanto, seguiram outro caminho e nomearam-lhes um representante formal, encarregando-o de defender hoje as pretensões jurídicas que elas não podem ainda fazer valer por si, seja uma comissão parlamentar, seja um *ombudsman*, seja um órgão administrativo, de natureza consultiva ou técnica[140-141]. Alguns vêem nestas soluções

---

[138] Sobre os riscos (a as responsabilidades estaduais) de longo prazo, HOFMANN, *Rechtsfragen*, pp. 258 ss.; CALLIESS, *Rechtsstaat*, pp. 123-124; LAWRENCE, *Grundrechtsshutz*, pp. 174 ss.; GETHMANN / KAMP, *Gradierung*, pp. 137 ss.; BUBNOFF, *Der Schutz*, pp. 107 ss.; WAGNER / ZIEGLER / CLOSS, *Risikoaspekte der nuklearen Entsorgung*, Baden-Baden, 1982, pp. 146 ss..

[139] MURSWIEK, *Die staatlich Verantwortung*, p. 215; PALOMBELLA, *Reasons*, p. 21.

[140] SHOHAM / LAMEY, *Comission*, pp. 244 ss.; JÁVOR, *Institutional protection*, pp. 282 ss.; OPSTAL / TIMMERHUIS, *The role of CPB in Dutch economic policy*, in *Handbook*, cit., pp. 299 ss..

502   *Em Homenagem ao Professor Doutor Diogo Freitas do Amaral*

a única forma capaz de ultrapassar o argumento daqueles que negam os direitos das gerações futuras com base na impossibilidade prática de estas os invocarem pela sua própria boca e de os fazerem valer pelas suas próprias mãos[142]. Outros, porém, mantêm-se profundamente descrentes nas possibilidades de operacionalização dos direitos das gerações futuras e, nessa consonância, consideram preferível negar a sua existência[143]. Outros ainda adoptam uma atitude mais positiva, sem que isso os impeça de reconhecer uma certa intranquilidade quanto à adequação dos instrumentos actualmente utilizados pelo Estado de Direito para enfrentar os desafios que a ética de responsabilidade para com o futuro lhe coloca[144].

Sem embargo da utilidade que poderia ter uma solução institucional ancilar dos direitos das gerações futuras – sobretudo no que respeita à sensibilização dos decisores públicos e à promoção da corresponsabilidade dos cidadãos no desenvolvimento de uma tarefa que repousa, primacialmente, sobre os ombros do Estado[145] –, duas verdades parecem no entanto seguras.

Primeiro, não se distinguindo substantivamente a natureza dos direitos das gerações futuras dos demais direitos fundamentais, nada mais natural do que o prolongamento dessa identidade para o plano adjectivo. Assim como os direitos das gerações futuras não se impõem aos direitos das gerações presentes através de nenhum aparelho conceptual específico, mas por meio dos conceitos correntes da teoria do cerceamento, efectivação e ponderação de direitos fundamentais, nada mais natural do que garantir o respeito pela dimensão intergeracional destes através das ferramentas institucionais, processuais e procedimentais comuns da tutela jusfundamental e, mais concretamente, através das vias que permitem a efectivação dos deveres de protecção do Estado.

Segundo, não se pode sequer dizer que os instrumentos institucionais, processuais e procedimentais de tutela de direitos fundamentais actualmente previstos na Constituição e na lei sejam impermeáveis à

---

[141] Defendendo a institucionalização de um representante constitucional das gerações futuras, CASPAR, *Generationen-Gerechtigkeit*, pp. 90-91.

[142] PARTRIDGE, *On the rights*, pp. 8-11.

[143] CARLA AMADO GOMES, *Risco*, p. 162.

[144] MARIA DA GLÓRIA GARCIA, *O lugar*, esp. p. 290; também SALADIN / ZENGER, *Rechte*, pp. 107 ss..

[145] Acentuando o aspecto da corresponsabilidade dos cidadãos, SALADIN / ZENGER, *Rechte*, pp. 124 ss..

protecção dos direitos das gerações futuras. Bem pelo contrário, apesar de estas não poderem valer-se directamente do direito de acesso aos tribunais (artigo 20.°), a maioria dos meios de tutela jusfundamental permite de alguma forma acomodar a defesa das suas posições jurídicas, tal como ocorre com o Provedor de Justiça (artigo 23.°), o direito de petição (n.° 1 do artigo 52.°), o direito de acção popular (n.° 3 do artigo 52.°), o poder-dever do Ministério Público de defesa da legalidade democrática (n.° 1 do artigo 219.°) e o direito de participação procedimental (de associações representativas de certos interesses) (n.° 5 do artigo 268.°).

Em última instância, impende sempre sobre a Jurisdição Constitucional, tanto pelas vias concretas como pelas abstractas, a responsabilidade de decretar a invalidade das normas que ponham em causa os direitos fundamentais das gerações futuras em termos não admissíveis constitucionalmente[146]. Mas o Provedor de Justiça – isto é, o provedor único previsto no artigo 23.°, sem necessidade de qualquer desdobramento[147] – pode também desenvolver neste quadro uma acção inestimável, uma vez que nada na Constituição limita os seus poderes à defesa dos direitos fundamentais da geração actual e o respectivo estatuto legal admite também a sua intervenção nas relações jusfundamentais entre privados[148]. O próprio legislador ordinário, em face de riscos que afectem as gerações vindouras em termos particularmente agudos, pode mesmo ser convocado para agir normativamente, estabelecendo a obrigatoriedade de instrumentos de avaliação das decisões públicas, como os denominados "exames de sustentabilidade geracional"[149] – gizados um pouco à imagem do que acontece hoje com os "estudos de impacte ambiental".

Por conseguinte, as eventuais insuficiências do sistema de tutela jusfundamental relativamente aos direitos das gerações futuras são próprias da novidade dos problemas que a ordem constitucional tem de enfrentar, estando no entanto longe de constituir um argumento sólido contra o reconhecimento daqueles e a integração na teoria dos direitos fundamentais de uma nova dimensão: a *dimensão intergeracional*.

---

[146] TEPPERWIEN, *Nachweltschutz*, pp. 209 ss..

[147] JORGE MIRANDA, *Anotação ao artigo 23.°*, in Jorge Miranda / Rui Medeiros, *Constituição Portuguesa Anotada*, I, Coimbra, 2005, p. 220.

[148] Artigo 2.° do Estatuto do Provedor de Justiça (Lei n.° 9/91, de 9 de Abril; Lei n.° 30/96, de 14 de Agosto; Lei n.° 52-A/2005, de 10 de Outubro).

[149] SALADIN / ZENGER, *Rechte*, pp. 115-116.

CONFIGURAÇÃO CONSTITUCIONAL DA PROTECÇÃO DE DADOS

Luís Lingnau da Silveira

Já que o Diogo Freitas do Amaral sempre tem curado, quer como constitucionalista, quer como administrativista, do respeito pelos direitos fundamentais, aqui lhe deixo este apontamento acerca da configuração constitucional da protecção de dados pessoais.

I. Perspectiva Sistemática

A. *Autonomia*

O direito à protecção de dados pessoais (ou melhor: os direitos que perfazem essa protecção, como adiante se sustentará) foi, perlo nosso legislador constitucional, integrado nos direitos fundamentais.

A nossa Lei Fundamental foi, aliás, das primeiras (alguns dizem mesmo que a primeira) a seguir essa orientação, através do respectivo artigo 35.º.

E o que é mais relevante é que lhe reconheceu autonomia face ao direito à reserva da vida privada, previsto no anterior artigo 26.º.

É certo que a protecção de dados pessoais emergiu, historicamente, da defesa da privacidade[1].

Mas a verdade é que merece (exige?) tratamento e abordagem específicos.

---

[1] Concretamente, do «*right to be let alone*» proclamado por Warren e Brandeis.

Reconheceu-o, enfim, a nível comunitário, a Carta dos Direitos Fundamentais da União Europeia (artigo 8.º) – solução saudada amplamente, até porque, conquanto hoje só ostente relevância recomendatória, ganhará força vinculativa, porque integrada no Tratado de Lisboa, se este vier a entrar em vigor.

Mas não se olvide que esta apregoada novidade plasmada na referida Carta já desde 1976 constava, com cristalina nitidez, da Constituição Portuguesa.

B. *Inserção no conjunto dos direitos, liberdades e garantias*

Os vários direitos que perfazem a protecção de dados pessoais estão previstos no artigo 35.º da Constituição integrado no Capítulo I do Título II destinado aos *"direitos, liberdades e garantias"*.

Anote-se, a propósito, que a epígrafe desta norma está hoje desactualizada.

Originariamente, o legislador constitucional pretendeu apenas reportar-se à *"Utilização da informática"*.

Mas, tendo em conta o alcance da Directiva 95/46/CE, do Parlamento e do Conselho, de 24 de Outubro de 1995, aplicável tanto a dados tratados informaticamente como aos dotados de suporte manual, a Revisão Constitucional de 1997 teve em vista conferir análoga amplitude ao artigo 35.º em questão, alargando a sua previsão também aos dados pessoais tratados em suporte manual.

A verdade, porém, é que – decerto por desatenção – ao operar-se essa Revisão, não se ajustou correspondentemente a epígrafe do artigo 35.º, que assim ostenta hoje uma redacção mais acanhada que a do teor preceptivo dessa regra.

A consagração constitucional da protecção de dados pessoais não tem, importa realçar, um significado meramente formal.

Ela implica, desde logo, que o legislador ordinário não pode opor-se, ou sequer desconhecer, esse direito.

E mais: ao regular a matéria da protecção de dados pessoais, não lhe é lícito desrespeitar o cerne ou núcleo essencial desse direito, tal como configurado pela Lei Fundamental.

Acresce que a inserção desta matéria nos *"direitos, liberdades e garantias"* reclama a aplicação do regime estipulado no artigo 18.º da Constituição para este tipo de direitos fundamentais.

E assim, designadamente, o preceituado do artigo 35.°:

– é directamente aplicável, sem necessidade (salvo quando ele próprio a invoque) da intermediação do legislador ordinário;

– é oponível tanto às entidades públicas como aos particulares;

– só pode ser restringido por normas gerais que não atinjam o cerne dos direitos ai consagrados.

II. Conteúdo do direito

A. *Direito de acesso*

O n.° 1 do artigo 35.° denota bem que o cerne da protecção de dados pessoais é constituído pelo direito de acesso a tais dados.

Se a informação significa poder, toda e qualquer informação de que alguém sobre outrem disponha traduz-se em poder que sobre esta outra pessoa exerça.

A primeira protecção de que o titular desse dado deve dispor é a de conhecer ou ter acesso a tal informação.

Este é um direito a uma prestação, dirigida à pessoa ou outra entidade que esteja na posse da informação em causa – o responsável pelo seu tratamento.

O dito direito releva qualquer que seja o fundamento de legitimidade de tratamento de dados a que se reporte.

E, sendo um direito, implica que o acesso em que se traduz seja facultado sem delongas desproporcionadas nem envolva custos nem despesas que dificultem o seu exercício.

B. *Direito de rectificação e actualização*

Outro direito também previsto no mesmo n.° 1 do artigo 35.° é o direito a rectificação e actualização – dos dados porventura inexactos ou desactualizados.

Também se trata dum direito a prestação, dirigido ao responsável pelo tratamento.

Trata-se dum direito cujo exercício é normalmente proporcionado pelo acesso – que permite detectar a inexactidão ou desactualização dos dados.

Em Homenagem ao Professor Doutor Diogo Freitas do Amaral

De todo o modo, não pode restringir-se o valor do direito de acesso à propiciação da rectificação e actualização, pois que ele tem alcance mais amplo: tal como se apontou, o de permitir ao titular dos dados aperceber-se de que informações a seu respeito são detidas por outrem.

A consideração deste direito permite já indiciar algo que a completa análise do artigo 35.º patenteará: que não existe apenas um direito à protecção de dados pessoais e que, afinal, esta expressão representa e designa um conjunto de faculdades orientadas para esse objectivo.

C. *Direito de informação*

Desenvolvendo com proficiência o conteúdo da protecção de dados pessoais, o mesmo n.º 1 do artigo 35.º aponta ainda o direito a ser informado acerca da finalidade do tratamento em que estejam integrados.

A finalidade é o elemento definidor do tratamento de dados pessoais, já que representa o objectivo da operação em que se traduz.

Por isso, os dados não podem ser tratados para finalidades diferentes (ou pelo menos incompatíveis) das que justificam a sua recolha – salvo autorização excepcional legalmente conferida.

Este princípio do respeito pela finalidade é uma das regras básicas da protecção de dados pessoais – como tal proclamado nos mais relevantes instrumentos internacionais e comunitários (Convenção 108 do Conselho da Europa, artigo 5.º, *b)*; Directrizes da OCDE de 1980, n.º 9; Directiva 95/46/CE da UE, artigo 6.º, 1, *b)*).

D. *Direito de autodeterminação informacional*

A conjugação do direito de acesso do titular já considerado, com a proibição de acesso de terceiros (salvo autorização legal), estipulada no n.º 4 do artigo 35.º, permite a conclusão de que cada qual é *"dono"* dos seus próprios dados.

Pode pois afirmar-se que a Constituição consagra, por modo implícito, o princípio de autodeterminação informacional – ou seja, o de que, como regra, cada um é livre de decidir o destino das informações que lhe digam respeito.

Há que reconhecer, de todo o modo, que essa asserção não é feita de modo explícito para a generalidade das informações.

Ela é-o, sim, e por forma concludente, a propósito dos chamados dados sensíveis.

Assim é que o n.º 3 do artigo 35.º dispõe que só podem ser tratados com consentimento do próprio ou autorização legal os dados relativos a convicções filosóficas ou políticas, filiação partidária ou sindical, fé religiosa, vida privada e origem étnica.

Esta especial protecção decorre da circunstância de o tratamento destas informações poder dar azo a situações discriminatórias.

A propósito da regulação constitucional dos dados sensíveis merecem particular atenção duas questões.

A primeira é a de que da enumeração do n.º 3 do artigo 35.º não constam os dados de saúde.

A verdade, porém, é que o Tribunal Constitucional já teve ocasião, no seu Acórdão 355/97, de 7 de Maio[2], de precisar que os dados de saúde se devem considerar integrados na *"vida privada"* mencionada no n.º 3 em causa.

E é por isso, de resto, que o legislador ordinário não deixou inserir os dados de saúde no elenco de dados sensíveis que consta do artigo 7.º da Lei n.º 67/98.

A outra observação que suscita especial interesse diz precisamente respeito à inclusão das informações respeitantes à *"vida privada"* no conjunto dos dados sensíveis.

É patente, com efeito, que esses dados não constam da série de dados sensíveis indicados no artigo 8.º da Directiva 95/46/CE.

Isso tem suscitado várias críticas à solução adoptada pela ordem jurídica portuguesa nesta matéria – algumas delas provindas, mesmo, de representantes da Comissão Europeia.

Entendo que tal perspectiva não é defensável, já que a enumeração do dito artigo 8.º deve ser entendida como um mínimo, e não já dotada de carácter taxativo.

E, de qualquer modo – sem deixar de reconhecer a existência de posições diversas, mesmo sustentadas por algumas decisões judiciais comunitárias –, sempre deverá entender-se, no âmbito da actual estruturação da União Europeia, que o Direito Constitucional estadual se sobrepõe às regras de direito europeu.

---

[2] Publ. no *DR, II S, n.º 131/97,* de 7 de Junho.

E. Direito à eliminação de dados sensíveis

O n.º 3 do artigo 35.º proíbe, como se realçou, o tratamento de dados sensíveis, excepto autorização legal ou consentimento do titular.

Isto significa que os titulares de dados sensíveis têm direito a exigir a respectiva eliminação de qualquer tratamento que não beneficie de qualquer daqueles fundamentos excepcionais legitimadores.

F. Impulso legislativo

O falado artigo 35.º determinou, no seu n.º 2, que a lei define o conceito de dados pessoais, bem como as condições aplicáveis ao seu tratamento automatizado, conexão, transmissão e utilização.

E o subsequente n.º 6 acrescenta que é a lei que define o regime aplicável ao conjunto de fluxos de dados transfronteiriços. Este é um aspecto cada vez mais relevante no actual mundo globalizado.

E isto, designadamente, tendo em conta que muitos Estados não proporcionam ainda um nível de protecção de dados considerado adequado em termos europeus.

O legislador constitucional assume, assim, uma postura dinâmica, consignando nestas normas um verdadeiro impulso legislativo dirigido ao legislador ordinário.

E, estando em causa *"direitos, liberdade e garantias"*, a referência à *"lei"* significa, por força do artigo 165.º, n.º 1 alínea b), da Lei Fundamental, uma lei da Assembleia da República (ou um decreto-lei autorizado).

Porque o legislador ordinário tardou em corresponder a este impulso, o Provedor de Justiça solicitou ao Tribunal Constitucional a declaração de inconstitucionalidade por omissão acerca da emanação de legislação sobre protecção de dados pessoais (informatizados, na altura).

O Tribunal Constitucional, aceitando essa perspectiva, emitiu tal declaração através do Acórdão 182/89, de 1 de Fevereiro[3].

A Assembleia da República veio a colmatar essa omissão mediante a aprovação da Lei n.º 10/91, de 25 de Abril.

---

[3] Publ. no *DR, I Série, n.º 51/89*, de 2 de Março.

Como é sabido, esta primeira lei relativa á protecção de dados pessoais veio a ser substituída pela Lei n.º 67/98, de 26 de Outubro, hoje em vigor, emanada com o fito de transpor para a ordem interna a Directiva 95/46/CE.

G. *Garantia da protecção de dados pessoais*

O já mencionado n.º 2 do artigo 35.º da Constituição prescreve, ainda, na sua parte final, que a lei (parlamentar, como se realçou) garante a protecção de dados pessoais *"designadamente através de entidade administrativa independente"*.

Isto significa, pois, que a garantia da protecção dos dados pessoais não é exclusiva de tal entidade: baste recordar que, estando em causa um direito fundamental, a sua garantia sempre caberá também aos tribunais, como é típico da estrutura dum Estado de Direito.

Mas a regra em análise explicita, ainda, que a protecção dos dados pessoais não pode deixar de caber a uma entidade com as características que aponta.

Ou seja: nenhuma instituição, incluído o legislador ordinário, poderia opor-se à existência duma tal entidade, nem recusar-lhe os poderes necessários à prossecução das suas atribuições.

Mais: também aqui o legislador ordinário é estimulado, através de verdadeiro impulso legislativo, a criar tal entidade.

Prevista na Lei n.º 10/91, como Comissão Nacional de Protecção de Dados Informatizados, ela veio a ser instituída em 1994, vindo a conhecer um alargamento de competência também aos dados em suporte material por força da Lei 67/98 (perdendo então a sua denominação o qualificativo *"Informatizados"*).

Constata-se, assim, que o legislador constitucional optou pela criação de uma só entidade desta índole (a Directiva 95/46/CE prevê a criação de instituições deste tipo, mas deixa em aberto a escolha entre a existência, em cada Estado, de várias ou apenas uma delas).

Ao reportar-se a *"entidade administrativa independente"* (designação inspirada na legislação e doutrinas francesas), a Lei Fundamental confere duas características fundamentais à entidade em questão.

Trata-se de entidade administrativa, por isso integrada na Administração (indirecta) do Estado.

512 *Em Homenagem ao Professor Doutor Diogo Freitas do Amaral*

Nessa qualidade, as decisões que tome em casos concretos têm a natureza de actos administrativos, dotados de executoriedade e vinculatividade próprias destes.

Mas, enquanto tais, são naturalmente recorríveis para os tribunais, como não poderia deixar de suceder num Estado de Direito.

Importa, todavia, sobretudo atentar no carácter independente da entidade em causa.

Isto implica que ela não possa receber instruções, nem sequer recomendações, de qualquer outra instituição, nomeadamente do Executivo, ou sequer do Parlamento.

H. *Proibição do número único*

Não deixa de ter alguma originalidade, em termos de regimes constitucionais comparados[4], a enfática determinação do n.º 5 do artigo 35.º no sentido de ser proibida a atribuição de um número nacional único aos cidadãos.

Esta regra tem, como se sabe, uma explicação de ordem histórica: na fase final do regime anterior, fora publicada a Lei n.º 2/73, de 10 de Fevereiro (regulada pelo Decreto-Lei n.º 555/73, de 26 de Outubro), prevendo a criação dum número de identificação único para cada cidadão.

A referida Lei não chegou a ser aplicada, por entretanto ter ocorrido a mudança de regime do 25 de Abril de 1974 e o 1.º Governo Provisório ter suspendido a sua vigência.

E logo na sua originária versão de 1976, a Constituição proibiu expressamente a adopção dum número único de cidadão.

Não parece exacto, contudo, sustentar que a proibição do número único seja um elemento indispensável da configuração dum Estado de Direito.

A comprová-lo está a verificação de que, de entre os Estados Europeus, se repartem praticamente em grupos similares os que adoptam tal proibição e os que a desconhecem.

---

[4] Na Europa, apenas na Alemanha tem sido também sustentada essa perspectiva, em várias decisões do Tribunal Constitucional que declararam que o direito à autodeterminação informacional poderia ser afectado por interconexão proporcionada pelo número único.

Configuração Constitucional da Protecção de Dados 513

De todo o modo, se uma tal proibição não é indispensável, a verdade é que é legítimo afirmar que favorece ou propicia a construção de um Estado devidamente protector dos dados pessoais.

É que a existência dum número único de cidadão facilita a realização de interconexões entre dados integrados em tratamentos com finalidade diversas: saúde, fisco, segurança social, identificação civil e outros.

Por essa razão, aliás, a Comissão Nacional de Protecção de Dados foi particularmente atenta e cautelosa no parecer que emitiu acerca da legislação relativa ao cartão do cidadão[5], curando de evitar que ele acabasse por desempenhar as funções de um número único, dando azo à interconexão entre os dados correspondentes aos diversos números nele inseridos.

Na mesma linha, Canotilho e Vital Moreira consideram que a adopção do cartão de cidadão não é impedida pela proibição de número único, desde que não permita a interconexão de dados relativos a cada número sectorial[6].

I. *Acesso a redes de uso público*

O artigo 35.º, n.º 6.º, acrescenta ainda outra liberdade ao acervo de faculdades que compõem o chamado direito à protecção de dados pessoais.

Trata-se da liberdade de acesso às redes informáticas de uso público.

Há quem qualifique este direito como um aspecto ou faceta da liberdade de expressão.

Mas, em boa verdade, esta liberdade de acesso tem duas vertentes: essa, de através dela se exprimir o pensamento no âmbito de tais redes; mas também, decerto, a de livremente se aceder ao conhecimento das informações divulgadas mediante tais meios de comunicação.

III. Caracterização do "direito à protecção de dados pessoais"

Já se teve ocasião de sublinhar que, afinal, o que por simplificação se designa por *"direito à protecção de dados pessoais"* é, afinal, um conjunto de faculdades associadas em função desse objectivo comum.

---

[5] Parecer n.º 37/2006
[6] Constituição da República Portuguesa, 2.º edição, 2007, pág. 556.

Em Homenagem ao Professor Doutor Diogo Freitas do Amaral

E o que é particularmente marcante é que, integrando-se este conjunto de situações positivas nos chamados *"direitos, liberdades e garantias"*, nele se distinguem, afinal, faculdades de cada uma dessas modalidades.

Assim, distinguem-se direitos (a prestações) como o direito de acesso e o direito a rectificação; liberdades como a autodeterminação informacional e a liberdade de acesso às redes de uso público; e uma garantia especifica, traduzida na existência de entidade administrativa independente encarregada da defesa dos dados pessoais e do controlo de aplicação da legislação respectiva.

A ELEIÇÃO DIRECTA
DO PRIMEIRO-MINISTRO PORTUGUÊS[*]

Luís Barbosa Rodrigues

I – O actual modelo de governo português afirma-se democrático, semi-directo, governamental e primo-ministerial.

Democrático porque se encontram constitucionalmente autonomizadas e distribuídas por diferentes órgãos, dotados de legitimidade electiva ou para-electiva, as funções governativas de direcção política e de controlo político do Estado.

Semi-directo porque o conjunto de instrumentos de democracia não-representativa consagrado se apresenta como um dos mais abrangentes no concerto dos Estados europeus, surgindo apenas igualado pela Itália e superado pela Suíça.

Governamental porque a função político-governativa nuclear, isto é, a direcção-condução da política geral do Estado, está expressamente deferida ao Governo, e não à Assembleia da República ou, menos ainda, ao Presidente a República.

Primo-ministerial porque, no interior do Governo, surge juridicamente reservada ao Primeiro-Ministro, e nunca ao Conselho de Ministros, a essencialidade dessa função governativa[1].

Mais especificamente, a competência para, dentro dos parâmetros definidos pelo Direito Internacional, pelo Direito da União Europeia e

---

[*] Professor da Faculdade de Direito da Universidade Lusíada do Porto

[1] Diversamente, Lucas Pires, *op. cit*, p. 315: «tal governamentalismo seria porventura reforçado com o triplo suplemento de 'legitimidade' que a eficácia própria dos órgãos executivos, o mandato constitucional 'de serviço' da 'Constituição dirigente' e a própria tradição do Governo como centro político, vinda do antigo regime, conferem a essas soluções».

516 Em Homenagem ao Professor Doutor Diogo Freitas do Amaral

pela Constituição, proceder a uma preliminar identificação dos fins constituídos do Estado, determinar a sua primeira priorização, estabelecer primariamente o modelo de temporização dos mesmos, e definir, de forma prospectiva e global, os métodos e os meios adequados à respectiva implementação.

Semelhante intervenção político-directiva do Primeiro-Ministro é essencialmente veiculada através do Programa do Governo – derivado do programa eleitoral – das linhas gerais da política governamental, e dos actos de direcção primária que subsequentemente os interpretam, integram e desenvolvem, em especial as propostas das Grandes Opções dos Planos e do Orçamento de Estado.

Por seu turno, o controlo político-directivo que, no confronto com os remanescentes órgãos políticos de soberania, lhe é igualmente atribuído, traduz-se prevalecentemente na recusa de referenda, configurada como um veto político absoluto.

Não obstante, à supremacia jurídico-política que o constitucionalismo de Abril entendeu atribuir ao Primeiro-Ministro contrapõe-se, adequadamente, uma também intensa e múltipla responsabilidade política, pela sua acção política e pela produzida pelo Conselho de Ministros, quer face à Assembleia da República, quer frente ao Presidente da República, quer – embora num outro registo – na relação com o próprio Povo.

II – A esse conspecto funcional e a este alargamento da responsabilidade política do Primeiro-Ministro corresponde actualmente uma legitimidade não apenas democrática como democrático-imediata.

Imediata dado o esvaziamento de conteúdo do trâmite presidencial da audição dos partidos políticos e a desnecessidade das figuras virtuais da indigitação ou da pré-indigitação do Primeiro-Ministro, e por maioria de razão, do mandato exploratório conduzido por terceiro.

Imediata, também, considerado o carácter subsuntório e juridicamente vinculado da ulterior participação do Presidente da República no procedimento de designação do Primeiro-Ministro.

Imediata, igualmente, atenta a exterioridade da intervenção da Assembleia da República em relação ao procedimento directivo-decisório de determinação do Primeiro-Ministro e do próprio Governo, e a inserção deste trâmite na função de controlo político dos mesmos.

Imediata, ainda – embora em patamar distinto – observada a permanente cumulação da titularidade do órgão Primeiro-Ministro com a liderança partidária, bem como a existência de uma cada vez mais vincada e generalizada monocracia endo-partidária.

A Eleição Directa do Primeiro-Ministro Português 517

Legitimidade democrática-imediata do Primeiro-Ministro, assim, porque traduzida numa inalienável conexão, pessoal e nacional, entre os resultados eleitorais e a sua própria selecção.

Todavia, essa legitimidade não se afirma, não se afirma ainda, como legitimidade democrática-directa.

O que significa que a plena sufragação do Primeiro-Ministro da República portuguesa e, por inerência, a do próprio modelo de governo governamental primo-ministerial existente, implicaria a conversão da designação quase-popular do Primeiro-Ministro, e da sua correspondente nomeação, em eleição por sufrágio universal e directo.

Eleição que não se traduziria em ruptura ou transição, decorrendo apenas da necessidade de adequar a «verdade formal» à «verdade real»[2], ou, quiçá, de adequar a verdade expressa à verdade já implícita no próprio texto constitucional.

Mas que colocaria, decerto, um termo definitivo às fácticas – mas nem por isso menos relevantes, política, mediática e popularmente – «candidaturas ao cargo de Primeiro-Ministro».

III – A eleição directa do Primeiro-Ministro foi proposta, doutrinariamente, na Alemanha nos anos vinte[3], em França nos anos cinquenta[4] e setenta[5], e muito relevantemente, em Itália na década de oitenta[6], sendo retomada em Espanha[7] e na Alemanha[8] já no fim dos anos noventa do século passado, bem como, mais recentemente, no Japão[9].

---

[2] Parafraseando FEZAS VITAL, no seu parecer da Câmara Corporativa; *Diário das Sessões*, Suplemento ao n.º 176, ps. 642 (5) e segs.

[3] SCHMITT, *op. cit.*, p. 260.

[4] DUHAMEL, *op. cit.*, p. 590.

[5] Através do «Club Jean Moulin»; FORURIA, *op. cit.*, p. 139.

[6] Por iniciativa do «Grupo de Milão», de GIANFRANCO MIGLIO (coordenador), SERIO GALEOTTI, GIOVANNI BOGNETTI, FRANCO PIZZETTI e GIORGIO PETRONI; *op. cit.*

[7] No mesmo sentido, embora no quadro de um designado modelo "semi-parlamentar", FORURIA, *op. cit.*, p. 120.

[8] «A ideia de fazer eleger directamente o Primeiro-Ministro dos 'Lander' deve-se a um grupo de personalidades coordenado pelo constitucionalista HANS HERBERT VON ARNIN e do qual fazem parte, entre outros, o sociólogo RALF DAHRENDORF e o constitucionalista DIETER GRIMM»; «a proposta de eleição directa do 'Premier' foi recentemente elaborada, embora com um eco reduzidíssimo, com referência à eleição dos Ministros-Presidentes dos 'Lander' (...). No caso alemão, a motivação dos defensores da proposta é, antes de tudo, a de reduzir o poder dos partidos (...) no procedimento de formação do Governo»; assim, OLIVETTI, *op. cit.*, p. 80.

[9] RHEUBEN, *op. cit.*

518   *Em Homenagem ao Professor Doutor Diogo Freitas do Amaral*

Encontrou-se constitucionalmente consagrada, a nível nacional, em Israel entre 1996 e 2001[10].

E, a nível federal, subsiste ainda em alguns Estados alemães, embora nestes casos com supressão da figura do Chefe do Estado, o que os aproxima significativamente do modelo de governo presidencial.

Não obstante, os fundamentos subjacentes apresentavam-se parcialmente diversos daqueles que a aconselham em Portugal.

Efectivamente, o que na generalidade desses Estados se encontrava em questão era, num quadro parlamentar excessivamente pulverizado, a necessidade de assegurar a estabilidade política, de garantir a governabilidade e de perenizar a existência de Governos de legislatura[11-12].

Em Portugal, diferentemente, trata-se sobretudo de formalizar e de reforçar a legitimidade democrática do Primeiro-Ministro, tornando-a incontroversa e insusceptível de quaisquer dúvidas de teor hermenêutico[13].

O que se advoga é que o órgão detentor da supremacia jurídico-governativa – e, bem assim, da centralidade política – possua, inerentemente, uma legitimidade democrática popular formal idêntica ou superior à dos remanescentes órgãos de soberania.

Que ostente uma legitimidade conforme com a extensão e relevância das competências que lhe são deferidas, bem como em correspondência com a responsabilidade política detida.

Que detenha uma legitimidade adequada a um órgão de soberania, ele próprio, que não tem por pressuposto existencial a confiança política plena do Presidente da República, nem, tão-pouco, depende da confiança política expressa da Assembleia da República.

---

[10] A pretérita Lei Fundamental de Israel relativa ao Governo pode encontrar-se, traduzida para a língua francesa, em «Pouvoirs», n.º 72, 1995, ps. 125 e segs.

[11] No mesmo sentido, sobre Itália, GALLEOTTI, «*La proposta...*», p. 678: «é evidente que, na lógica do Governo de legislatura, com um Primeiro-Ministro eleito pelo Povo, não pode conceber-se a actual situação escandalosa dos nossos 'Governos com direcção plúrima dissociada'».

[12] Próximo, OLIVETTI, *op. cit.*, p. 68: «a forma de governo de eleição directa do Primeiro-Ministro emerge como um dos últimos capítulos da história infinita de tentativas de imitação da Constituição inglesa».

[13] Aliás, compreende-se mal por que razão se aceita como politicamente directa a eleição dos Presidentes da República que são juridicamente eleitos de modo indirecto, mas não se procede de igual modo – exceptuada a pragmática doutrina britânica – em relação ao Primeiro-Ministro.

Do que se trata, pois, em Portugal, é de aprofundar e oferecer coerência ao modelo democrático governamental primo-ministerial constitucionalmente previsto e facticamente consolidado.

Convertendo a legitimidade democrática imediata do Primeiro-Ministro em legitimidade democrática directa.

Aproximando o Soberano, sem excepção, de todos os seus representantes, e, por maioria de razão, aproximando-o daquele que detém a função das funções do Estado.

IV – A eleição directa do Primeiro-Ministro poderia consubstanciar-se num de dois modos procedimentais.

Ou em paralelo – e tendencialmente em simultaneidade – com a eleição dos Deputados à Assembleia da República, num fenómeno de dupla eleição[14].

Ou como efeito automático dessa eleição de Deputados, sendo então designado Primeiro-Ministro o líder do partido vencedor, num fenómeno eleitoral uno de duplo efeito.

Contudo, esta segunda construção apresentar-se-ia funcionalmente superior.

De um lado, porque qualquer necessidade de eleição do Primeiro-Ministro implicaria sempre a renovação da Assembleia da República, evitando-se desse modo dissonâncias entre a maioria do Primeiro-Ministro e a maioria da Assembleia da República, ao invés do que poderia verificar-se tratando-se de dois procedimentos eleitorais distintos – em especial se a respectiva realização surgisse também temporalmente diferenciada.

De outro lado, porque tanto essa fusão com a eleição parlamentar como a natureza dilemática das eleições para órgãos singulares contribuiriam necessariamente para a sedimentação – ou, porventura, para o regresso – de uma desejável dinâmica bipartidária ou bipolarizadora perfeita.

A apresentação de candidaturas ao cargo de Primeiro-Ministro incumbiria aos partidos políticos[15], a exemplo do que se verifica com as

---

[14] Como ocorria em Israel, podendo verificar-se a primeira sem que tenha lugar a segunda – as designadas «eleições especiais» – em caso de incapacidade para formar Governo ou de morte ou incapacidade permanente do Primeiro-Ministro (arts. 15.º, al. a), e 28.º, da Lei Fundamental relativa ao Governo).

[15] Diversamente, na construção anteriormente existente em Israel (art. 9.º, da Lei Fundamental relativa ao Governo).

candidaturas ao cargo de Deputado, subsistindo a actual incompatibilidade entre tais funções[16].

Sacrificadas seriam, pois – neste contexto específico – as candidaturas de grupos de cidadãos, em ordem a evitar prováveis clivagens entre o resultado da eleição da Assembleia da República e o resultado da eleição do Primeiro-Ministro.

O sufrágio eleitoral desenrolar-se-ia preferencialmente numa única volta, atendendo a que esta solução viabiliza a obtenção de um quadro parlamentar mais homogéneo, mesmo perante a opção por um modelo eleitoral misto[17].

Mas poderia, eventualmente, realizar-se em duas voltas[18], ou sempre obrigatórias, ou apenas obrigatórias na circunstância de nenhum dos candidatos haver atingido a maioria absoluta dos sufrágios.

Esta última solução teria a vantagem de impedir a existência de maiorias relativas, gerando soluções maioritárias pré-eleitorais e não pós-eleitorais.

No caso de à eleição primo-ministerial se apresentar um único candidato, o procedimento consubstanciar-se-ia então num voto a favor ou contra o candidato, sendo este eleito se tivesse obtido número maior de votos favoráveis do que de votos desfavoráveis[19].

V – A eleição directa do Primeiro-Ministro poderia ainda ser complementada com a atribuição de iniciativa em sede de referendo, de par com a atribuição de idêntica competência à Assembleia da República, dentro do quadro das competências governativas constitucionalmente definidas para cada um desses órgãos.

Mais: tratando-se de referendo desencadeado pela Assembleia da República, a desautorização popular implicaria *ipso jure* a respectiva

---

[16] Contrariamente, Israel (arts. 13.º al. a), e 24.º, da Lei Fundamental relativa ao Governo).

[17] Entendendo existir contradição entre a utilização do método *de Hondt* e a eleição directa do Primeiro-Ministro, OTTOLENGHI, «*L´elezzione...*», p. 103, e FORURIA, *op. cit.*, p. 137.

[18] Como se verificava em Israel (art. 13.º al. b), da Lei Fundamental relativa ao Governo), ou conforme é defendido pelo «*Grupo de Milão*»; assim, GALEOTTI, «*La proposta...*», p. 677.

[19] No mesmo sentido, o extinto modelo de Israel (art. 13.º, al. d), da Lei Fundamental relativa ao Governo); e a proposta de Foruria, *op. cit.*, ps. 149 e 150, para a revisão da Constituição espanhola.

A Eleição Directa do Primeiro-Ministro Português 521

dissolução, do mesmo modo que, sendo o referendo despoletado pelo Primeiro-Ministro, esse voto desfavorável teria como consequência necessária a sua demissão.[20]

Em contrapartida, os instrumentos de controlo político e de responsabilização política do Primeiro-Ministro deveriam ser imperativa e correspondentemente reforçados, em ordem a evitar uma eventual perpetuação em funções, potenciada quer pela eleição directa, quer pela utilização do referendo.

Desde logo, através da limitação do número de mandatos do Primeiro-Ministro, ou mesmo da sua redução a um único, embora necessariamente mais longo.

Depois, por via da manutenção e eventual aprofundamento da intervenção fiscalizadora da Assembleia da República.

Com efeito, a eleição popular do Primeiro-Ministro não deveria em caso algum excluir o controlo político pleno, genético e superveniente, deste por parte daquela.

E, consequentemente, não excluiria a própria efectivação de responsabilidade política, sob cominação de o modelo de governo desenhado se aproximar irreversivelmente do presidencial.

Mais: a existência desse controlo político implicaria sempre o termo antecipado da legislatura.

Nesse contexto, a recusa originária do Programa do Governo do Primeiro-Ministro e as supervenientes recusa da confiança ou censura teriam como efeito automático a dissolução da Assembleia da República[21].

Na verdade, se a actual designação imediata do Primeiro-Ministro torna democraticamente inadequada uma sua substituição sem recurso ao

---

[20] Num modelo próximo do auto-imposto – sem previsão constitucional expressa nesse sentido – por De Gaulle entre 1958 e 1969.

[21] No mesmo sentido, a solução antes consagrada em Israel (arts. 14.º, 19.º e 21.º, da Lei Fundamental relativa ao Governo); OLIVETTI, *op. cit.*, p. 62, referindo-se especificamente a Israel: «eleitos simultaneamente, a cessação de funções de um implica a cessação automática de funções do outro ("simul stabunt et simul cadent")»; e GALEOTTI, «*Proposta...*», ps. 677 e 683: «o Parlamento (...) terá sempre o poder (...) de provocar a queda do 'Premier' mediante um voto motivado e construtivo de desconfiança; este voto, todavia, provocará simultaneamente a dissolução automática da Assembleia, porque os dois poderes, nascidos juntos do voto popular, cessam juntos, para apresentar-se juntos ao juízo dos eleitores»; «poder da Assembleia de bloquear o 'Premier' e o seu Governo, provocando-lhe a demissão com o voto construtivo de censura, embora com o preço da sua própria dissolução automática».

Povo – como se verificou com meridiana clareza em 2004 – menos adequada, por maioria de razão, seria essa designação num quadro de eleição directa.

O controlo político da Assembleia da República destinar-se-ia pois, em qualquer dos casos, a remeter translativamente para a comunidade política a ultrapassagem de uma eventual crise, e não, e nunca, a permitir à Assembleia da República substituir-se ao titular da soberania[22].

Para além desse automatismo em matéria de dissolução, deveria estabelecer-se um outro, de natureza simétrica, gerado pela própria demissão voluntária do Primeiro-Ministro[23].

O que significa que semelhante demissão implicaria igualmente a dissolução da Assembleia da Republica, criando-se assim, em razão da necessidade de consonância entre a Assembleia da República e o Primeiro-Ministro, um equilíbrio entre as respectivas funções de controlo político.

Isto é, com a censura da Assembleia da República a conduzir à dissolução e com a demissão do Primeiro-Ministro a implicar idêntica dissolução.

Por fim, a definição de mecanismos impeditivos de uma fáctica perpetuação em funções gerada pela sua eleição directa compreenderia ainda a introdução de um procedimento excepcional de destituição popular.

Mais especificamente, de uma destituição com reserva absoluta de iniciativa popular, porventura, ancorada em violação manifesta do programa eleitoralmente acordado com o Soberano e, por inerência, do próprio Programa do Governo.

Com efeito, só essa construção surgiria inteiramente coerente com a eleição popular do Primeiro-Ministro e como verdadeiramente genuína em sede de princípios democráticos.

Num plano distinto, o plano político, acresce que a legitimidade democrática maximizada do Primeiro-Ministro surgiria sempre tempo-

---

[22] Próximo, GALLEOTTI, «*La proposta...*», p. 680: «previmos que a Assembleia pudesse votar a censura ao Primeiro-Ministro apenas se concorressem determinadas graves condições (que seriam a manifestação de um contraste de fundo sobre a política geral do País» (...). «O Povo seria então chamado, como árbitro supremo, para decidir com o seu próprio voto, mas numa única volta, quem deveria ser o Primeiro-Ministro».

[23] Em sentido oposto, o referido modelo de Israel, prevendo a necessidade de acordo entre o Chefe de Estado e o Primeiro-Ministro (art. 22.º, al. a), da Lei Fundamental relativa ao Governo).

ralmente limitada, sofrendo, pela sua própria natureza, e pela intensidade do seu relacionamento com o Povo, uma erosão superior à da legitimidade tradicional.

Isto é, a componente personalizada popular, que amplifica a legitimidade no momento da eleição, carrearia, identicamente, uma compressão no que concerne à cessação dessa legitimidade.

A construção proposta para o Primeiro-Ministro obrigaria, em simultâneo, a algumas mutações no estatuto constitucional do Presidente da República.

Com efeito, se a competência e a responsabilidade sem legitimidade democrática carecem de sentido, menos sentido assume a legitimidade democrática sem competência e sem responsabilidade.

Excluída ficaria, porém, qualquer vicissitude que implicasse a eleição indirecta do Presidente da República pela Assembleia da República.

De uma banda, porque se afigura democraticamente necessário que todos os órgãos políticos de soberania, sem excepção, assentem numa legitimidade popular directa.

Sendo abstruso, ademais, democratizar e autonomizar o Primeiro-Ministro e desdemocratizar e desautonomizar o Presidente da República.

De outra banda, porque mesmo se as funções de controlo político-institucional desempenhadas pelo Presidente da República surgem reduzidas, essas funções exigiriam sempre a manutenção de uma legitimidade democrática directa, universal e inquestionável.

Sobretudo considerando que os futuros destinatários da sua fiscalização política seriam uma Assembleia da República directamente eleita e um virtual Primeiro-Ministro eleito do mesmo modo.

Liminarmente afastada seria, igualmente, uma mutação constitucional que conduzisse a um monismo perfeito.

Isto é, que levasse à cumulação numa mesma pessoa das alargadas funções de Primeiro-Ministro e das limitadas funções de Presidente da República.

Efectivamente, essa ablação conduziria a que o controlo político do Primeiro-Ministro fosse efectuado apenas pela Assembleia da República.

Ou seja, conduziria a que esse controlo surgisse como controlo político horizontal equi-ordenado e não como controlo político vertical supra-ordenado.

Que incumbiria a uma entidade estritamente política e intrinsecamente partidarizada.

E, sobretudo, que ficaria reduzido ao exame por uma simples – e frequentemente ineficaz – minoria parlamentar, com a consequente compressão da separação de funções[24].

Em contrapartida, os mesmos valores democráticos que obrigam à subsistência do órgão Presidente da República e à eleição directa do seu titular apresentam-se incompatíveis com a sua actual irresponsabilidade estatutária.

Na verdade, para continuar a deter funções dotadas de efectiva politicidade, o Presidente da República teria de ser não só democraticamente legítimo mas também politicamente responsável e responsabilizável através de mecanismos jurídicos que permitissem o controlo da respectiva acção.

Concretamente, no que tange aos actos por si praticados sem qualquer intervenção referendatária do Primeiro-Ministro.

Mais: esse controlo teria necessariamente de se traduzir na introdução da figura da revocação popular do mandato.

Revocação que visaria, designadamente, sancionar a omissão ou o desvio presidencial das funções essenciais de garante de que continuaria a encontrar-se incumbido.

O que significa que, tal como se sustenta para o Primeiro-Ministro e para a Assembleia da República, importaria configurar constitucionalmente um instituto simétrico ao da própria eleição.

Ou através de uma autónoma revocação popular, com ou sem iniciativa representativa da Assembleia da República ou do Primeiro-Ministro.

Ou através de uma revocação popular articulada com outros actos, nomeadamente o de demissão do Primeiro-Ministro ou o de dissolução da Assembleia da República

VI – Sistemicamente considerada, a eleição directa do Primeiro-Ministro português concentraria doze vantagens.

Primeira e mais relevante: uma acrescida legitimidade democrática desse órgão Primeiro-Ministro.

Segunda: uma maior correspondência e interdependência entre as respectivas legitimidade, competência e responsabilidade.

---

[24] Em sentido contrário, FORURIA, *op. cit.*, p. 144: «a figura da Chefia do Estado é um resíduo procedente de formas de governo pretéritas e que, pelo menos teoricamente, causa maiores problemas do que vantagens ao funcionamento do Estado».

A *Eleição Directa do Primeiro-Ministro Português* 525

Terceira: endo-governativamente, uma tendencial inverificação das coligações pós-eleitorais.

Quarta: hetero-governativamente, uma consonância quase perfeita entre o Primeiro-Ministro e a Assembleia da República.

Quinta: uma consonância inter-orgânica duplamente sufragada pelo próprio Povo.

Sexta: mesmo numa situação pouco provável de dissonância, a criação de uma coexistência nuclear estabilizadora, na qual quer a efectivação de responsabilidade política pela Assembleia da República, quer a demissão voluntária do Primeiro-Ministro, implicariam o recurso ao Soberano.

Sétima: um automatismo integral dos procedimentos quer de designação do Primeiro-Ministro, com o definitivo afastamento de qualquer tentação de Primeiros-Ministros de iniciativa ou intervenção presidencial, quer de dissolução da Assembleia da República.

Oitava: a consequente desnecessidade ordinária comum de intervenção supra-partes de um terceiro órgão representativo.

Nona: uma redefinição e formalização da intervenção do Povo, quer no que concerne à função de direcção política, quer no que se refere à função de controlo político da totalidade dos órgãos políticos de soberania.

Décima: o reforço da bipolaridade política, tipicamente indutora de racionalidade e eficácia.

Décima primeira: a sensível redução da usurpação fáctica pelos partidos políticos das competências dos órgãos do Estado, quer na designação do Primeiro-Ministro, quer na selecção por este dos remanescentes membros do seu Governo.

Décima segunda vantagem: a emergência de um modelo político integralmente democrático.

Bibliografia

BALDIN, Serena, *La forma di governo dello Stato d'Israele,* In: Semipresidenzialismi (org. Lucio Pegoraro e Angelo Rinella), Quaderni Giuridici, n.º 3, 1997

CARAVALE, Giulia, *Il governo del Premier nell' esperienza costituzionale del Regno Unito,* Milão, 1997

CHELI, Enzo, *Atto politico e funzione di indirizzo politico*, Milão, 1961

CROSSMAN, R.H. S., *Prime ministerial government,* In: The british Prime Minister (ed. Anthony King), Londres, 1985

DUHAMEL, Olivier, *Remarques sur la notion de régime semi-presidentiel,* In: Droit, institutions et systèmes politiques. Mélanges en hommage à Maurice Duverger, Paris, 1987

FORURIA, Eduardo Virgala, *La forma de gobierno semi-parlamentaria como alternativa a la presidencial y a la parlamentaria,* In: Revista de Estudios Politicos, n.º 89, 1995

GALEOTTI, Serio, *Alla ricerca della governabilità,* Milão, 1983

—— *La proposta del "Gruppo de Milano" per un Governo scelto dal popolo: il "Governo di legislatura",* In: Giurisprudenza Costituzionale, Janeiro-Fevereiro, 1991

MIGLIO, Gianfranco, *Una Repubblica migliore per gli italiani,* Milão, 1983

MIGLIO, Gianfranco; Galeotti, Serio; Bognetti, Giovanni; Pizzetti, Franco; PETRONI, Giorgio («Gruppo di Milano»), *Verso una nuova Costituzione,* Milão, 1983

OLIVETTI, Marco, *L'elezione diretta del Primo Ministro e la teoria delle forme di governo,* In: Studi parlamentari e di politica costituzionale, n.º 2, 1997

OTTOLENGUI, Emanuele, *L' elezione diretta del Primo-Ministro: il caso d'Israele,* In: Quaderni Costituzionali, 1994

—— *Why Direct Election Failed in Israel,* In: Journal of Democracy – V. 12, N. 4, 2001

PASQUINO, Gianfranco, *Come eleggere il Governo,* Milão, 1992

PIRES, Francisco Lucas, *O sistema de governo: sua dinâmica,* In: Portugal – o sistema político e constitucional, 1974-1987 (coord. Baptista Coelho), Lisboa, 1989

QUEIRÓ, Afonso, *Teoria dos actos de governo,* Coimbra, 1948

RESCIGNO, Francesca, *Scritti sul sistema istituzionale israeliano,* Rimini, 1996

RHEUBEN, Joel, *A Presidential Prime Minister: Japan's Direct Election Debate,* Sydney, 2005

SUSSER, Bernard, *«Parliadential» politics: a proposed Constitution for Israel,* In: Parlamentary Affairs, n.º 1, 1989

TONIATTI, Roberto, *Israele: una Costituzione a tappe,* In: Rivista Trimestrale di Diritto Pubblico, 1977

—— *Accordi di coalizione e retazione del Primo-Ministro: appunti sulla recente esperienza in Israele,* In: Studi Parlamentari e di Politica Costituzionale, 1986

AS AGÊNCIAS NA UNIÃO EUROPEIA

Maria Celeste Cardona

I. Introdução

Os processos de liberalização e de privatização que emergiram na década de setenta, particularmente na Europa, envolveram uma significativa mudança no domínio das relações entre o Estado e a sociedade.

A passagem de um Estado intervencionista e agente directo do social, do político e do económico, a um outro Estado mais "neutro", deu origem, entre outras consequências, à diminuição significativa dos serviços públicos integrados na organização administrativa do Estado.

Proliferaram e cresceram as entidades autónomas e independentes do Estado. Referimo-nos ao aparecimento do Estado Regulador.

Apesar de naturalmente diferenciado em razão da natureza das instituições e das formas da respectiva organização, este movimento fez-se sentir, igualmente, na Comunidade Europeia.

Desde cedo, se deu inicio à discussão sobre a melhor forma de dar resposta às exigências dos cidadãos e das empresas, nomeadamente em termos de eficiência das decisões e de transparência nos respectivos processos e procedimentos.

Estava então em curso a redefinição do modelo e da organização interna das instituições comunitárias.

Discutia-se se deveria ser mantida a unidade dos serviços, entidades e organismos administrativos dependentes de uma única entidade ou, se pelo contrário, deveriam ser criadas instituições autónomas e independentes com missões e competências inter relacionadas e conexas com as finalidades da União Europeia.

O que estava e, ainda está em discussão é se deve ser o modelo de «abordagem americana» ou o da «abordagem europeia» que deve prevalecer, no sentido da sua completa independência ou o da sua dependência face ao poder executivo.

Constatava-se, por outro lado, que o Tratado CE não consagrava de forma expressa a possibilidade de criação de agências administrativas independentes.

A Comissão Europeia, como guardiã dos Tratados perfilhava – e perfilha – uma concepção «restrita» no âmbito do equilíbrio de poderes entre as diversas instituições comunitárias consagrado no Tratado CE.

Por outro lado, a doutrina Meroni proferida pelo TJCE no âmbito do Acórdão Meroni v. High Authority (1957-58) ECR 133, consagrou, igualmente, uma visão restritiva da política de criação de agências, estabelecendo limites e condições para a sua institucionalização com base no princípio do equilíbrio de poderes das instituições comunitárias.

Esta concepção, como é natural, significou que o desenvolvimento de uma politica europeia de criação de agências autónomas, não foi tão acentuado como aquele se verificou no âmbito da organização interna administrativa dos diversos Estados Membros.

Com efeito, decorreram cerca de vinte e cinco anos desde a criação das primeiras agências na década de setenta até meados da década de noventa, em que a politica europeia de criação de agências assumiu um significativo incremento.

Como mais adiante veremos, através da evolução institucional desta politica, são múltiplos e diversos os avanços e recuos das instituições comunitárias e, podemos com toda a certeza dizer que ainda hoje não vislumbramos uma definição clara e rigorosa das entidades que devem integrar a organização interna administrativa da União, qual deve ser a sua natureza jurídica e como devem relacionar-se quer com os cidadãos quer com as agências integradas no âmbito da organização interna dos Estado Membros e com as restantes instituições comunitárias.

Apesar de podermos ler no site oficial da EU a definição das agências «como um organismo de Direito Público Europeu, distinto das restantes instituições comunitárias (Conselho, Comissão e Parlamento Europeu), têm personalidade jurídica própria e são criadas mediante acto comunitário de direito derivado com a finalidade de exercer uma tarefa específica de natureza técnica, cientifica ou de gestão que se determina no respectivo acto dela criador», o que é certo é que não encontramos uniformidade quanto à respectiva qualificação e, em consequência quanto à sua posição relativa com as demais instituições.

É certo que a qualificação mais usual das agências existentes é a de «agência executiva» e de «agência de regulação».

Se é verdade que as actuais agências de execução encontram a sua base jurídica no Regulamento (CE) n.º 58/2003, do Conselho de 19 de Dezembro de 2002, também é verdade que o regime das denominadas agências de regulação, até ao momento, não logrou obter consenso quanto à possibilidade de ser adoptado um quadro legal que o suporte e consagre.

Foi criado recentemente um grupo de trabalho interinstitucional que, tanto quanto resulta dos documentos oficiais, deve apresentar as suas conclusões até final do ano em curso.

Pela nossa parte, a apresentação deste trabalho visa apenas intervir nesta discussão com um pequeno contributo em torno da questão de saber se a reforma da politica europeia de criação de agências autónomas e independentes em curso, deve ou não caminhar no sentido da institucionalização de um regime jurídico global e uniforme das agências europeias nele se incluindo o das agências de regulação.

II. A criação de agências europeias: Evolução institucional

A expansão e transformação das actividades económicas, financeiras e sociais emergentes de processos de privatização e liberalização que ocorreram na década de setenta reforçaram a necessidade de uma profunda reflexão em torno das possibilidades legais de criação de entidades que também a nível da União Europeia e no seio das respectivas instituições exercessem as suas competências de forma autónoma e independente do poder comunitário instituído.[1]

Com efeito, a mudança de paradigma que os novos ventos de mudança introduziram na organização interna dos Estados Membros teve, igualmente, consequências a nível da organização das instituições comunitárias.

A primeira vaga ou fase de criação das «agências europeias» reporta--se, portanto, à década de 70 com a criação do Centro Europeu para o Desenvolvimento e Formação Profissional (Cedefop) e da Fundação Europeia para a Melhoria das Condições de Vida e de Trabalho (Eurofound).

---

[1] No mesmo sentido do texto, entre outros, Eduardo Virgula Foruria – Agências (Y Agências Reguladoras) en la Comunidad Europea, pág. 13 e Giandomenico Majone – Causes na Consequences of Changes in the Mode of Government, Maio de 2007, pág. 70 e seguintes.

530 *Em Homenagem ao Professor Doutor Diogo Freitas do Amaral*

Só mais tarde e já na década de noventa, em consequência das crises ligadas à falta de controlo dos mercados e das crises relacionadas com questões sociais e políticas, é que a discussão em torno da criação de novas agências voltou a estar na ordem do dia.

Nesta época foram instituídas, entre outras, a Agência Europeia do Ambiente e (EEA) e a Fundação Europeia para a Formação.[2]

Também na década de 2000 se verificou algum desenvolvimento na política de criação de agências, entre outras, a Autoridade Europeia para a Segurança dos Alimentos (EMSA) e a Agência Europeia para a Segurança da Aviação (AESA).[3]

A politica adoptada neste período – de criação de agências com missões e competências diferenciadas, com níveis de poder heterogéneos e pouco significativos, com estruturas organizativas internas diversificadas, com regras de processo e procedimento pouco consistentes e com graus diversos de relação ou de dependência instrumental da Comissão Europeia – não obedecia a um quadro ou modelo ordenador das agências mas apenas à tentativa de dar uma resposta mais eficiente, imparcial e transparente à tomada de decisões ou à formulação de orientações que cabiam às instituições comunitárias no contexto do processo de aprofundamento da integração europeia.[4]

É certo que a ausência de um quadro legal que suportasse a politica de criação de agências europeias de regulação, no sentido de as dotar de efectivos poderes de decisão nas áreas ou sectores carecidos da sua intervenção, se ficou a dever a alguns factores que, pela sua importância, devem ser identificados, e que são os seguintes:

a) Em primeiro lugar o Tratado não consagrava, de forma expressa, norma habilitante de criação de entidades autónomas e independentes;

b) Por outro lado, o artigo 4.º do Tratado de Roma dispunha, em termos decisivos, que as diversas instituições comunitárias apenas

---

[2] Cf. Regulamento (CEE) n.º 1210/90, do Conselho de 7 de Maio de 1990 que criou a Agência Europeia do Ambiente e a Rede Europeia de Informação e de Observação do Ambiente.

[3] Cf. Regulamento (CE) n.º 178/2001 do Parlamento Europeu e do Conselho de 29 de Abril de 2002 que criou a Autoridade Europeia para a Segurança dos Alimentos e Regulamento (CE) n.º 1592/2002 do Parlamento Europeu e do Conselho de 15 de Junho de 2002 que criou a Agência Europeia para a Segurança da Aviação.

[4] Cfr. J.H.H. Weiler – The Development of Agencies at EU and National Levels: Conceptual Analysis and Proposals for Reform, pág. 43 e seguintes.

As Agências na União Europeia

podiam exercer os poderes que lhes eram expressamente conferidos pelo Tratado, ou seja, adoptava o princípio segundo o qual, em direito público, a competência é de ordem pública no sentido em que só podem ser exercidas as competências que resultem directamente do preceito delas habilitante;

c) Acresce que, a regra da proibição de criação de agências dotadas de poderes de decisão definitivos e executórios, por falta de base legal, foi corroborada pela doutrina Meroni que dimanou do Acórdão do TJCE Meroni v. High Authorithy, nos termos do qual, a possibilidade de delegação de poderes a agências independentes não permitia, em nenhuma circunstância, a da atribuição de poder discricionário;

d) Por último deve ainda assinalar-se que a Comunidade elegeu, desde o início, o procedimento legislativo como meio essencial de integração, no sentido em que eram os Estados Membros que, mediante transposição das Directivas para o direito interno, a executavam através das respectivas instituições.

É neste contexto de «paralisia institucional» que a Conferência Intergovernamental de 2000 – destinada a preparar o Tratado de Nice – propõe e discute a inclusão no próprio Tratado de um normativo destinado a consagrar a base legal para a criação de agências europeias. Estas propostas não obtiveram, no entanto qualquer acolhimento, tendo as mesmas sido expressamente rejeitadas.

Apesar disso, por esta via, este tema foi decisivamente relançado na agenda comunitária em termos de reflexão sobre a melhor forma de organizar as instituições comunitárias, especialmente no que se refere aos respectivos centros de decisão.

Em Julho de 2001 foi lançado, em termos públicos, o Livro Branco da Governança que avançava com um conjunto de propostas não apenas no que toca ao poder de criação de agências mas também quanto à natureza das competências que lhes deveriam ser atribuídas de que se destacam as seguintes:

a) O equilíbrio de poderes consagrado no Tratado CE deve ser mantido, ou seja, o núcleo essencial das competências do P.E. do Conselho e da Comissão não deveria ser afectado;

b) Os poderes e competências directamente atribuídos à Comissão (como por exemplo, a tomada de decisões no domínio das politicas de concorrência), não poderiam ser, em nenhuma circunstância, delegados às agências;

Em Homenagem ao Professor Doutor Diogo Freitas do Amaral

c) As agências não deveriam poder dispor de competência regulamentar;

d) As agências não deveriam poder dispor de poderes de decisão individuais e concretos em áreas ou matérias em que se verifique colisão de interesses públicos contraditórios e não devem ser titulares de poderes discricionários ou de competências de realização de avaliações económicas complexas;

e) As agências deveriam ser supervisionadas através de um sistema europeu de supervisão, avaliação e controlo.[5]

Apesar de terem sido criadas novas agências neste período, a discussão em torno das competências e também das relações entre estas e as demais instituições comunitárias não findou.[6]

Tratava-se e continua a tratar-se de matéria complexa e de difícil enquadramento na medida em que o que estava e continua a estar em causa é o equilíbrio de poderes no seio das instituições comunitárias relevantes e nas relações destas com as organizações internas dos Estados Membros.

Em Junho de 2002 a Comissão apresentou uma nova Comunicação subordinada ao tema «Governança Europeia – Legislar Melhor».

No final desse mesmo ano, em Dezembro de 2002 foi lançado um outro contributo oficial relativo ao Enquadramento Operacional das Agências de Regulação Europeias que, com base no Livro Branco, procurou estabelecer os marcos fundamentais para o futuro enquadramento das Agências de Regulação.[7]

Por outro lado e no contexto das denominadas «agências executivas» foi publicado o Regulamento (CE) 58/2003 do Conselho de 19.12.2002 que consagrou o estatuto destas agências.

Convém recordar que dada a natureza da questão controvertida – condições básicas a observar para efeitos de criação de agências sectoriais – a Comissão pretendeu, desde o início, a colaboração activa das restantes instituições comunitárias: O Parlamento Europeu e o Conselho.

---

[5] Cf. Livro Branco da Governança – COM (2001) 428 versão final, de 25.07.2001;

[6] Cfr. entre outros, Edoardo Chiti – Administrative Proceeding Involving European Agencies, pág. 5 e seguintes e G. Majone, Michelle Everson, Les Metcalfe and Adriaan Schout – The Role of Specialised Agencies in Decentralising EU Governance, Report presented to the Commission, pág. 11 e seguintes.

[7] Cfr. Communication from the Commission – The Operating framework for the European Regulatory Agencies – COM (2002) 718 versão final de 11.12.2002.

As Agências na União Europeia   533

Nasceu, por tal razão, uma proposta de acordo interinstitucional em 25 de Fevereiro de 2005.[8]

As negociações em torno deste Acordo arrastaram-se no tempo e no modo, tendo sido interrompidas em 2006.

Por outras palavras, em consequência desta interrupção negocial, as agências já existentes e a que o Acordo Interinstitucional pretendia dar «cobertura legal» bem como a falta de base legal para a criação de novas agências, gerou uma certa indefinição no movimento tendente à respectiva institucionalização.

Mais tarde e já em Março de 2008 a Comissão apresentou ao Parlamento Europeu e ao Conselho uma nova Comunicação sobre esta matéria designada "As Agências Europeias – Perspectivas Futuras».[9]

Esta Comunicação abordava um conjunto de questões em torno da natureza das funções das agências, da sua estrutura e funcionamento, da responsabilidade destas e das suas relações com as demais instituições.

Com o objectivo de aprofundar esta discussão, a Comissão assumiu, perante o Conselho e o Parlamento Europeu, entre outros compromissos, o de retirar a proposta de Acordo Interinstitucional antes identificado e de realizar, até final de 2009, uma avaliação horizontal das agências de regulação. Comprometeu-se, igualmente, até final do ano em curso a não apresentar qualquer proposta de criação de novas agências de regulação.

Em Maio de 2008, na sequência desta Comunicação, a Comissão convidou o Conselho e o Parlamento Europeu a constituírem um Grupo de Trabalho Interinstitucional com o objectivo de discutir e estabelecer um conjunto de regras susceptíveis de ser aplicadas a todas as agências.[10]

Em 21 de Outubro de 2008 foi aprovada uma Resolução que versava sobre a estratégia a adoptar no âmbito institucional.

Em 10 de Março de 2009 o Grupo de Trabalho Interinstitucional teve a sua primeira reunião e em 19 do mesmo mês foi proferida uma

---

[8] Cf. Proposta de Acordo Interinstitucional relativo ao enquadramento das agências europeias de regulação, COM (2002) 59 final de 25 de Fevereiro de 2005.

[9] Cf. Comunicação da Comissão ao Parlamento Europeu e ao Conselho relativo às agências europeias – Perspectivas futuras, COM (2008) 135 final de 11 de Março de 2008.

[10] Cf. Carta do Presidente da Comissão Europeia ao Presidente do Parlamento Europeu e ao Presidente do Conselho em exercício de 7 de Maio de 2008, citado no relatório do Parlamento Europeu sobre uma estratégia ara a resolução dos aspectos institucionais das agências de regulação (2008/2103(INI), pág. 3.

Em Homenagem ao Professor Doutor Diogo Freitas do Amaral

importante declaração pela Vice Presidente da Comissão Europeia que definia as principais questões a abordar por este grupo de trabalho bem como o prazo para a apresentação das suas principais conclusões.

Como vimos em síntese, as questões relativas à criação, regras de organização e funcionamento, natureza das competências e relações entre as agências europeias de regulação e as demais entidades comunitárias, continuam a ser objecto de análise e estudo.

É de admitir, nos termos dos documentos oficiais mencionados, que no final do ano em curso surja um novo quadro definidor das regras de criação, de organização e funcionamento, de processos e de procedimentos, de relacionamento entre instituições, de regime de financiamento, de composição da estrutura dirigente e, sobretudo do núcleo essencial dos poderes que devem ou podem ser outorgados às agências europeias.

III. Aproximação ao conceito de agência europeia

Como referimos, existem actualmente no âmbito da União Europeia 29 agências localizadas nos diversos Estados Membros.[11]

Desde os primórdios do seu aparecimento – na década de setenta – e até aos nossos dias, as agências foram sendo instituídas de forma pontual, por impulsos orgânicos ou funcionais e com o objectivo de dar resposta a circunstâncias/situações carecidas de intervenção institucional diversificada.

As agências europeias assumem características diversas, desde a natureza do acto que as institui até ao conjunto de missões e competências de que são titulares.

Também, do ponto de vista da respectiva qualificação, proliferam na doutrina e nos próprios documentos oficiais designações diferenciadas de agência europeia.

Dado estar em causa, a nosso ver, uma das mais importantes questões referentes à organização do sistema institucional da União Europeia, importa tentar uma aproximação ao conceito de agência europeia com o objectivo de procurar apreender as realidades, orgânicas e funcionais, que subjazem a tal conceito.

---

[11] Cf. Anexo 1 do Relatório Especial n.º 5/2008, do Tribunal de Contas Europeu relativo às Agências da União: Obter Resultados.

As Agências na União Europeia   535

Para isso, ainda que em termos breves, ensaiaremos uma primeira abordagem relativa às seguintes principais questões:
(i) Fundamento e natureza do acto instituidor da agências;
(ii) Breve análise das atribuições e competências das agências.

1. Quanto ao fundamento do acto instituidor das agências

Como já referimos, as primeiras agências surgiram, em consequência da necessidade de, após a «falência» do Estado intervencionista e do subsequente desenvolvimento dos processos de privatização e liberalização, dar resposta institucional a questões que se colocavam, numa primeira fase no âmbito interno dos Estados Membros e numa segunda fase no âmbito da União Europeia.

Na primeira parte deste trabalho salientamos que as agências europeias foram sendo criadas, desde a década de setenta até aos nossos dias, sem fundamento legal expresso nos Tratados.

A realidade, no entanto, impôs-se, e agudizou o engenho.

Começaram a surgir as primeiras distinções – em razão da natureza do acto fundacional e das missões a prosseguir – entre agências europeias de execução e agências de regulação.

As primeiras, ou seja, as **agências de execução,** são actualmente reguladas pelo Regulamento (CE) 58/2003, do Conselho de 19.12.2002 e têm por competência delegada (i) realizar tarefas administrativas, (ii) desenvolver missões de observatório e (iii) desenvolver actividades de cooperação no âmbito da aplicação, financiamento e gestão de programas comunitários relevantes que são, de acordo com o disposto no artigo 274.º do Tratado, da competência da Comissão Europeia.

É, pois, a Comissão que decide a criação das agências de execução podendo nelas delegar, entre outras, as seguintes actividades: (i) administrar a totalidade ou parte das fases do ciclo do programa comunitário e realizar as medidas de controlo necessárias para o efeito, (ii) adoptar os actos pressupostos em matéria de receitas e despesas, em particular, actos relacionados com a adjudicação de contratos bem como atribuição de subvenções, (iii) analisar e tratar a informação fundamental e relevante com o objectivo de habilitar a Comissão para os efeitos pertinentes, ou seja, para a tomada da decisão que ao caso couber.

Actualmente, a União Europeia, no âmbito da sua organização institucional, dispõe de um número significativo de agências europeias de

Em Homenagem ao Professor Doutor Diogo Freitas do Amaral

execução, criadas pela Comissão Europeia, todas elas vocacionadas para exercer missões específicas no contexto da gestão de programas comunitários.[12]

As segundas, as denominadas **agências de regulação,** começaram por ser qualificadas pela Comissão Europeia como novos modelos de organização administrativa ad hoc fundadas no saber-fazer pericial, técnico e científico.[13]

A maior visibilidade que este tipo de organização representa para os sectores relevantes, a maior economia de custos para as empresas e as vantagens decorrentes de uma melhor aplicação da legislação comunitária, eram outras tantas características assinaladas a este novo modelo organizativo.

As maiores dificuldades na concretização desta politica surgiram, desde logo, pela falta de base legal expressa legitimadora da criação de agências de regulação, bem como pelas condições e limites impostos pela doutrina Meroni.

Numa primeira fase, entendeu-se que o disposto no artigo 308.º do Tratado CE poderia ser concebido como norma habilitante da criação deste tipo de agências.[14]

---

[12] Ver, entre outras, (i) Agência de Execução relativa à Educação, ao Audiovisual e à Cultura, que iniciou as suas funções em 1 de Janeiro de 2006 com a missão fundamental de assegurar a execução de diversas componentes de mais de 15 acções e programas financiados pela União no domínio da educação e formação, cidadania activa, juventude, audiovisual e cultura; (ii) Agência de Execução par a Competitividade e a Inovação que gere os programas Energia Inteligente-Europa; Marco-Polo; Rede Empresa-Europa e Eco-Inovação; (iii) Agência Executiva do Conselho Europeu de Investigação instituída em Dezembro de 2007 com a finalidade de estimular a excelência científica na Europa, através de apoio e incentivo aos cientistas e investigadores, nomeadamente na «investigação de ponta»; (iv) Agência de Execução para a Saúde dos Consumidores que realiza a gestão de programas no domínio da saúde e da «melhor formação para uma maior segurança dos alimentos» tendo o seu mandato sido prorrogado recentemente até 31 de Dezembro de 2015.

[13] Cfr. Edoardo Chiti, ob.loc. cit. Pág. 3 e Damien Gerardin – The Developments of European Regulatory Agencies:What the EU Should Learn from the American Experience, Columbia Journal of European Law, Forthcoming.

[14] O artigo 308.º do Tratado CE estipula que: «Se uma acção da Comunidade for considerada necessária para atingir, no curso de funcionamento do mercado comum, um dos objectivos da Comunidade, sem que o presente Tratado tenha previsto os poderes de acção necessários para o efeito, o Conselho, deliberando por unanimidade, sob proposta da Comissão, e após consulta do Parlamento Europeu, adoptará as disposições adequadas».

Mais tarde, em 2002, a Comissão recomendou a alteração da aludida base jurídica no sentido de ser adoptada a disposição do Tratado que constitua fundamento específico da política que se pretende desenvolver através do acto fundacional da agência europeia.

Foi o caso, entre outros, da criação da AESM cujo fundamento é o Tratado CE, com base no disposto no artigo 80.2 relativo à política de navegação marítima e da AESA que se funda no disposto nos artigos 37.º, 95.º e 133.º relativo à segurança dos alimentos.[15]

Em síntese, parece ser possível identificar alguns critérios que tem vindo a ser utilizados como parâmetros da política de criação de agências europeias, e que são os seguintes:

a) A criação de agências depende de proposta da Comissão fundada em acto legislativo dela habilitante;

b) A base legal da criação da agência é o preceito do Tratado que constitua a base jurídica da política comunitária que a institucionalização da agência visa desenvolver;

c) As agências devem ser dotadas de personalidade jurídica;

d) A localização da agência deve ser estabelecida no acto que a institui.

Em conclusão julgamos estar habilitados a considerar que:

a) Quanto ao fundamento do acto instituidor da agência de execução o mesmo é o Regulamento (CE) 58/2003, do Conselho de 19.12.2002, nos termos de cujo artigo 3.º é a Comissão Europeia que é titular do poder de decidir a criação de uma agência executiva encarregada de determinadas tarefas relacionadas com a gestão de um ou vários programas comunitários;

b) Quanto ao fundamento do acto instituidor da agência de regulação, o mesmo é da competência da Parlamento Europeu e do Conselho que delibera em regra, mediante o processo de co-decisão, com fundamento, nuns casos, no disposto no artigo 308.º do Tratado e noutros casos com base nos preceitos respectivos do Tratado que consagram as politicas especificas que a criação da agência visa desenvolver.

---

[15] Das 23 agências do âmbito do Tratado CE, 12 dispõem de uma base jurídica adoptada ao abrigo do artigo 308.º do Tratado CE e as demais foram criadas no quadro de uma base sectorial do Tratado, tendo as bases jurídicas de 8 agências sido adoptadas com base no processo de co-decisão, conforme nota 7 do COM (2008) de 11.3.2008.

2. Quanto à natureza da tipologia funcional das missões atribuídas às agências europeias

Para além dos aspectos antes mencionados e como corolário lógico da nossa indagação, julgamos importante abordar a questão relativa à classificação das agências europeias existentes bem como das que estão em fase de implementação a partir da análise do conjunto das competências de que as mesmas são actualmente titulares.

Com base neste critério, os autores apontam, em regra, cinco «tipos» de agências:[16]

a) Uma primeira categoria é constituída por agências que têm por missão concretizar, desenvolver ou complementar certos regimes jurídicos comunitários, nomeadamente, os de aprofundar e, por outro lado, tornar mais operativo o funcionamento do mercado interno. É o caso, por exemplo do Instituto de Harmonização no Mercado Interno (OHIM) que na década de noventa e tendo em vista os obstáculos decorrentes da heterogeneidade das legislações nacionais em matéria de propriedade intelectual, foi dotado de competências para aplicar legislação uniforme às marcas e desenhos em todo o território da União Europeia. Dispõe para o efeito de poderes de decisão, nomeadamente quanto à atribuição de licenciamentos no domínio da gestão das marcas comunitárias. Idêntica finalidade assume o Instituto Comunitário das Variedade Vegetais (CPVO) que é titular, entre outras, de competências para decidir sobre os pedidos de reconhecimento de direitos comunitários de protecção de variedades vegetais.

b) Um segundo grupo de agências é composto por entidades mandatadas para exercer missões de observatório, no sentido em que exercem principalmente competências de recolha, tratamento e difusão de informação bem como de coordenação das correspondentes redes comunitárias de peritos. É o caso, entre outras, da Agência Europeia do Ambiente (EEA), do Observatório Europeu da Droga e da Toxicodependência (EMCDDA) e do Observatório Europeu do Racismo e da Xenofobia substituído em 2007 pela Agência dos Direitos Fundamentais da União Europeia (FRA);

---

[16] Cf. J.HH. WEILEN, ob. loca. cit. pág. 51 e seguintes; diferentes categorias de agências de regulação são adoptadas pela Comissão em COM (2008) 135 final, pág. 8.

As Agências na União Europeia

c) Uma terceira categoria de agências integra o modelo de cooperação, de aprofundamento do diálogo social a nível europeu e de promoção do ensino e da formação profissional na União Europeia. É o caso, nomeadamente do Centro Europeu Para o Desenvolvimento da Formação Profissional (Cedefop) e da Fundação Europeia para a Melhoria das Condições de Vida e de Trabalho (Eurofound);

d) Um quarto grupo de agências é composto por entidades que operam e exercem actividades na área de gestão de determinados programas de apoio e assistência comunitária, actuando como entidade instrumental da Comissão Europeia (unidades especiais da Comissão). É o caso, por exemplo, da Agência Europeia de Reconstrução (EAR), da Fundação Europeia para a Formação (ETF) e do Centro de Tradução para os órgãos da EU (CDT).

e) Finalmente um último grupo de agências que exercem competências de dois tipos: (i) as de assegurar, através da sua acção, níveis elevados e uniformes de segurança marítima e aérea, como por exemplo, as da Agência Europeia de Segurança Marítima (EMSA) e as da Agência Europeia para a Segurança da Aviação (AESA) e (ii) as de promover, mediante o exercício da sua actividade, o enquadramento das condições operativas destinadas a completar e a aprofundar o mercado interno, como seja, por exemplo as exercidas pela Agência Ferroviária Europeia (ERA).

Embora a tipologia funcional de que se deixou nota seja importante do ponto de vista analítico, a mesma, a nosso ver, não é susceptível de fundamentar a base para uma reforma no âmbito da política europeia de criação de agências, entre outras razões, porque a respectiva diversidade qualificativa – cinco categorias de agências – é susceptível de gerar dispersão e distorção no âmbito de uma preferencial definição uniforme da sua natureza e do seu regime jurídico.

Ora, o que está em causa nos actuais debates, nacionais e comunitários acerca deste tema é, justamente a reforma do estatuto das agências europeias.

Assim, mais do que procurar uma descrição funcional dos poderes das actuais agências europeias, com o objectivo do seu enquadramento comunitário, importa determinar um critério que nos permita apurar o conceito de «agência europeia tendente à definição do respectivo regime jurídico».

A nosso ver, o critério que parece revelar maior operatividade, ou seja, aquele que é o mais adequado à nossa finalidade: contribuir para a redefinição do conceito e do regime das agências europeias, é o da análise da «intensidade» – efeitos jurídicos – dos poderes que lhes são ou devem ser outorgados

De acordo com este modelo/critério parece ser possível assentar no princípio segundo o qual **as agências de execução** exercem funções de gestão de programas comunitários, são criadas por um período limitado e estão sempre localizadas na proximidade da sede da Comissão.

É a Comissão Europeia, nos termos do disposto nos artigos 1.º e 3.º do Regulamento (CE) n.º 58/2002, do Conselho de 19.12.2002, que é titular da competência para proceder á criação da agência executiva para, sob o seu controlo e a sua responsabilidade, executar algumas tarefas relacionadas com a gestão de programas comunitários.[17]

O seu estatuto jurídico é o que resulta do Regulamento (CE) do Conselho n.º 58/2003, de 19 de Dezembro de 2002.

Em segundo lugar e no que tange às agências **de regulação**, sabemos já que não existe qualquer dispositivo nos Tratados que estabeleça as regras da sua criação, organização e funcionamento.

Não é previsível, por outro lado, que uma eventual revisão do Tratado venha a acolher a base jurídica da criação de agências europeias de regulação. A história ensina-nos que assim é.

Em todo o caso, parece ser entendimento uniforme que as mesmas desempenham e podem desejavelmente continuar a desempenhar um papel fundamental na prossecução e desenvolvimento das políticas comunitárias em determinados sectores e áreas de actividade carecidas de regulação comunitária, nomeadamente telecomunicações e energia.[18]

No actual quadro comunitário em que nos movemos as agências denominadas de regulação estão subordinadas, entre outras, às seguintes limitações: (i) não dispõem de poder regulamentar; (ii) não dispõem de

---

[17] Não está prevista a criação de mais agências de execução no contexto do actual quadro financeiro que vigora até 2013 de acordo com o documento COM (2008) de 11.3.2008.

[18] Segundo o documento da Comissão antes referido, pág. 5, existem actualmente 29 agências de regulação, estando proposta a criação de outras duas. Três destas agências foram criadas no âmbito da Politica Externa e de Segurança Comum e três tratam de questões do domínio da cooperação policial e judiciária em matéria penal constante do Título VI do Tratado EU.

As Agências na União Europeia 541

poder discricionário; (iii) não dispõem de competências que hajam sido expressamente atribuídas à Comissão; (iv) apenas tomam decisões individuais em domínios específicos em que se exigem conhecimentos técnicos altamente especializados.

Mesmo com tais contingências institucionais as missões desempenhadas pelas agências de europeias de «regulação» tem vindo a contribuir para a actuação descentralizada da Comissão, para o reforço da sua intervenção «livre» de pressões politicas e subordinada a critérios exclusivamente técnicos bem como ao aprofundamento de formas de cooperação entre si e entre as autoridades administrativas independentes dos vários Estados Membros. Em suma, as agências europeias de regulação, através da sua acção, tem vindo a dissipar a ideia – muito difundida – de que a criação das mesmas consistem numa «intromissão indesejável» da Comissão no funcionamento e na organização interna dos Estados.[19]

Ora, da análise comparativa do estatuto jurídico das agências de regulação que operam nos diversos Estados Membros e das agências que, com idêntica denominação, operam no âmbito da União Europeia resulta, de forma inequívoca que a sua natureza jurídica, aferida a partir das suas atribuições e competências, não é a de agência de regulação.

Com efeito, a par de outras circunstâncias, a inexistência de poder regulamentar e de decisão definitiva e executória nas matérias que lhes estão reservadas bem como a ausência de poder discricionário revelam que a natureza das actividades que exercem a nível comunitário não se assemelham às que são exercidas pelas autoridades de regulação que, criadas pelos Estados Membros, actuam e operam nas respectivas áreas de intervenção de forma independente do poder político e do poder do regulado, são titulares de competências regulamentares e de aplicação de sanções, decidem, mediante actos definitivos e executórios quer em termos de observância estrita da lei – poder vinculado – ou ao abrigo de margens de livre apreciação – poder discricionário –.[20]

---

[19] Relembre-se que o termo «regulação» utilizado no texto é o que resulta do conjunto dos documentos das instituições comunitárias, nomeadamente e por todos ver Comunicação da Comissão ao Parlamento Europeu e ao Conselho, COM (2008) 135 final, de 11 de Março de 2008.

[20] Cf. entre outras a Autoridade da Concorrência, criada pelo DL 10/2003, de 18 de Janeiro; A Entidade Reguladora para a Comunicação Social, criada pela Lei 53/2005, de 8 de Novembro; A Entidade Reguladora da Saúde, criada pelo D.L. 309/2003, de 10 de Dezembro.

Em Homenagem ao Professor Doutor Diogo Freitas do Amaral

Aqui chegados e tendo presente que o nosso objectivo é o de contribuir para a discussão em torno do enquadramento da politica europeia de criação de agências que está em curso, julgamos pertinente tecer algumas considerações em torno das perspectivas de desenvolvimento institucional desta política.

IV. As agências europeias: Perspectivas futuras de desenvolvimento institucional

1. Enquadramento institucional das agências europeias

O Estado Regulador, dados os seus objectivos, tem vindo crescentemente a ser dotado de agências/entidades dotadas de amplos poderes decisórios, neles se incluindo poderes discricionários, bem como de poderes regulamentares e sancionatórios nas diversas áreas da sua intervenção.[21]

No âmbito da organização administrativa dos Estados Membros, tais instituições assumem as seguintes principais características: (i) as da independência do regulador perante o poder político (independência orgânica e funcional) (ii) as do mandato por tempo certo (iii) as da inamovibilidade, (iv) as da não sujeição a ordens ou orientações, (v) as da independência face aos interesses regulados (incompatibilidades), (vi) as da existência de regras preventivas contra «a captura» do regulador pelo regulado, (vii) as da separação entre operadores públicos ou concessionários públicos e o regulador, (viii) as da titularidade de poder regulamentar, administrativo e sancionatório.[22]

Por seu turno, a União Europeia, desde o Tratado de Maastricht, realiza missões fundamentais na área da realização da União Económica e Monetária que implica um conjunto de atribuições que vão desde a energia, às telecomunicações, à agricultura, aos transportes, ao ambiente, à concorrência, à protecção dos consumidores e à coesão social.

A União Europeia joga, pois, um importante papel na modelação e enquadramento das capacidades regulatórias dos Estados Membros para

---

[21] Cf., entre outros, GIANDOMENICO MAJONE, *Um Estado Regulador*, pág. 53; LUÍS MORAIS DA SILVA, *A Europa e os Desafios do séc. XXI*, pág. 323.

[22] Cfr. Stvdia Jurídica 60, Os Caminhos da Privatização da Administração Pública, pág. 223.

além de poder ser concebida ela própria, através das suas instituições, como uma estrutura de regulação por excelência.[23]

Em todo o caso, como já tivemos ocasião de referir quer o Tratado CE quer a doutrina Meroni têm impedido a transferência/delegação de determinados poderes para entidades autónomas e independentes, nomeadamente os que são directamente atribuídos à Comissão.

Assim, os «atalhos» que foram sendo desenvolvidos pela Comissão para superar estas dificuldades traduzem-se na institucionalização de agências que visaram o estabelecimento de relações de (i) de controlo, (ii) de coordenação e (iii) de cooperação no âmbito das agências europeias e destas com os Estados Membros e as autoridades administrativas independentes integradas na organização interna dos Estados.

Estas agências, de acordo com o critério que elegemos – o da intensidade dos respectivos poderes – podem ser qualificadas como:

(i) agências de execução, e;

(ii) agências decisórias «quasi regulatórias».[24]

As agências executivas devem englobar, em primeiro lugar, as que exercem actividades de gestão de programas comunitários, como seja, a Agência Europeia de Reconstrução, criada pelo Regulamento (CE) n.º 2667/2000 de 5.12.2000, a Fundação Europeia para a Formação, criada pelo Regulamento (CE) n.º 1360/90, de 7 de Maio de 1990 e o Centro de Tradução dos Organismos da União Europeia, criado pelo Regulamento (CE) n.º 2695/94 de 28 de Novembro de 1994; em segundo lugar, as que actuam com funções de observatório, como seja a Agência Europeia do Ambiente, criada pelo Regulamento (CE) n.º 1210/90, de 7 de Maio de 1990, o Observatório Europeu de Droga e de Toxicodependência, criado pelo Regulamento n.º 302/93, de 8 de Fevereiro de 1993, a Agência dos Direitos Fundamentais da União Europeia, criada a partir do Observatório Europeu do Racismo e Xenofobia (Regulamento (CE) n.º 1035/97, de 2 de Junho de 1997) pelo Regulamento (CE) n.º 168/2007,

---

[23] Cfr. Por todos. Luís Morais da Silva em EU – Função Reguladora e Estruturas de Regulação, pág. 221.

[24] No mesmo sentido do texto cfr. J.H.H. Weiler, The Development of Agencies at EU and National Levels: Conceptual Analysis and Proposals for Reform, pág. 41 e seguintes; em sentido contrário ao do texto, ver Damien Geradin, The Development of European Regulatory Agencies: What the EU Should Learn from the American Experience.

544   *Em Homenagem ao Professor Doutor Diogo Freitas do Amaral*

de 15 de Fevereiro de 2007; e ainda as que desenvolvem missões de cooperação, como seja, o Centro Europeu para o Desenvolvimento da Formação Profissional, criado pelo Regulamento (CE) n.º 337/75, de 10 de Fevereiro de 1975, a Fundação Europeia para a Melhoria das Condições de Vida e do Trabalho, criada pelo Regulamento (CE) n.º 1365/75, de 26 de Maio de 1975 e a Agência Europeia para a Segurança e Saúde no Trabalho, criada pelo Regulamento (CE) n.º 2062/94, de 18 de Junho de 1994.

As agências decisórias «quasi regulatórias» (decision-making) devem ser as cuja natureza decorre da interpretação dos respectivos poderes consagrados nos actos delas criadoras e podem ser de dois tipos:

(i)   poderes de adoptar decisões individuais juridicamente vinculativas, cujos efeitos se reflectem directamente na esfera jurídica de terceiros deles destinatários, e,

(ii) poderes consideráveis de influência e de assistência directa à Comissão e, em certos casos, aos Estados Membros, sob a forma de pareceres técnicos e científicos (actos preparatórios) habilitantes e/ou condicionantes dos actos que são da competência da Comissão.

De acordo com este critério – o da intensidade dos poderes estabelecidos nos actos de criação das instituições em causa – consideramos, por exemplo, que o Instituto de Harmonização no Mercado Interno, criado pelo Regulamento (CE) n.º 40/94, o Instituto Comunitário das Variedades Vegetais, criado pelo Regulamento (CE) n.º 2100/94, de 27 de Julho de 1994, a Agência Europeia para a Segurança da Aviação, criada pelo Regulamento (CE) n.º 1592/2002, de 15 de Julho de 2002, a Agência Europeia de Medicamentos, criada pelo Regulamento (CE) n.º 726/2004, de 31 de Março de 2004, a Autoridade Europeia para a Segurança dos Alimentos, criada pelo Regulamento (CE) n.º 178/2002, de 28 de Janeiro de 2002 e a Agência Europeia de Segurança Marítima, criada pelo Regulamento (CE) n.º 1406/2002, de 27 de Junho de 2002, devem ser qualificadas como agências decisórias «quasi regulatórias».

2. As agências europeias: Que futuro?

2.1. *As agências executivas e as agências decisórias: Quadro jurídico comum*

No quadro que deixamos traçado, as agências executivas, encarregadas da gestão de certos programas comunitários, são criadas com fundamento no Regulamento (CE) n.º 58/2003, do Conselho, de 19 de Dezembro de 2002 que estabelece o seu estatuto jurídico, as respectivas regras de organização e funcionamento, a estrutura, o regime de controlo administrativo e financeiro bem como as regras de apreciação da legalidade dos actos por elas praticados que afectem a esfera jurídica dos terceiros deles destinatários.

As agências decisórias são criadas, nuns casos, ao abrigo da(s) norma(s) do Tratado que versam sobre a política comunitária que a criação da agência visa desenvolver, e, noutros casos, nos termos do disposto no artigo 308.º do Tratado.

Esta distinção resulta, como deixamos sublinhado, não da natureza do acto formal que institui a agência, mas do regime e da intensidade dos poderes que o aludido acto lhes confere.

Distinguimos, pois, entre agências executivas e agências decisórias «quasi regulatórias».

Assim, face à dispersão, complexidade e diversidade, nuns casos, de regimes jurídicos e, noutros casos, de omissão e de indefinição dos mesmos, julgamos que é possível formular algumas regras que, a nosso ver, podem contribuir para alcançar alguma coerência interna e uniformidade no tratamento jurídico das questões relativas às agências europeias executivas e quais-regulatórias.

Em primeiro lugar, como sabemos, as agências europeias de execução têm o seu quadro legal definido no Regulamento (CE) n.º 58/2003, de 19.12.2002.

Em segundo lugar, no que se refere às agências que qualificamos de decisórias «quasi regulatórias», constatamos que continuando a verificar--se dispersão, complexidade e proliferação de regimes, entendemos que deveria ser adoptado um novo Regulamento que, mediante extensão do âmbito de aplicação do actual Regulamento (CE) n.º 58/2003 às agências decisórias «quasi-regulatórias», instituísse o regime da sua criação, organização e funcionamento bem como os princípios da boa governação, nomeadamente os da independência, responsabilidade, transparência, simplicidade e eficiência.[25]

A União Europeia passaria a dispor de um quadro normativo claro e uniforme para o desenvolvimento de uma política comum de criação de agências europeias de execução e de agências europeias decisórias «quasi-regulatórias».[26]

É uma solução que se nos afigura como razoável e que, a nosso ver, contribuiria para alcançar os valores que acima assinalamos, nomeadamente os da simplicidade, da eficiência e da transparência.

A adopção de um Regulamento comum e de enquadramento, como o que já existe para as agências executivas, aplicável às «agências quasi--regulatórias», significaria um passo importante não só a nível do funcionamento das instituições comunitárias como a nível do relacionamento entre a União Europeia e os Estados Membros.

Estou certa que se este caminho for percorrido, os obstáculos e os constrangimentos institucionais de que procuramos dar conta neste trabalho podem ser ultrapassados com ganhos significativos no desenvolvimento de uma politica europeia descentralizada, coerente e cooperante entre as instituições comunitárias e destas com os Estados Membros visando o aprofundamento e o reforço, por um lado, da integração europeia e por outro lado do aperfeiçoamento das relações de coordenação entre as agências europeias entre si e as agências administrativas independentes que actuam no contexto dos respectivos Estados Membros.

2.2. As agências de regulação europeias: Perspectivas de enquadramento comum

Entendemos que o moderno Estado Regulador correspondeu, no tempo, à resposta mais adequada e eficiente aos problemas que emergiram do funcionamento do Estado intervencionista.

Nessa medida e, entre outras fórmulas, devemos assinalar que a criação de autoridades administrativas independentes nos diversos Estados Membros tem contribuído não só para a reorganização das estruturas

---

[25] Ver Larosiére Report, página 10 e seguintes.
[26] A própria Comissão na Comunicação COM (2008) 135 final, pág. 11 admite que uma nova estratégia comum relativa ao conjunto das agências pode conduzir a alterações dos actos de base que regem as agências de regulação existentes.

administrativas internas, mas também para melhor prosseguir as principais atribuições do Estado.[27]

No contexto da União Europeia e das respectivas instituições este caminho tem encontrado vários obstáculos de índole estrutural e de organização, por um lado, pela falta de base legal expressa legitimadora da criação de agências de regulação e, por outro lado, dadas as inevitáveis dificuldades decorrentes das formas que tem vindo a ser adoptadas no que se refere aos princípios da integração e do aprofundamento da União Europeia.

A questão, é, pois a de saber se a prossecução de certas políticas comuns exige ou não a criação deste tipo ou categoria de agências. Pela nossa parte, a resposta é positiva, por exemplo, na área das comunicações electrónicas, da supervisão financeira e da energia, dado que aderimos às concepções que sustentam que estes sectores exercem actividades em áreas que pela sua inter ligação e conexão não podem ser suficiente e satisfatoriamente tratados pelas agências nacionais[28].

Neste sentido, a nosso ver, a medida certa para ultrapassar esta dificuldade seria a da revogação judicial do doutrina Meroni ou a introdução de uma emenda ou de um aditamento ao Tratado CE que permitisse uma regra expressa legitimadora da possibilidade de criação de agências europeias de regulação.

Devemos, no entanto, admitir que, a ser possível esta solução, a mesma vai continuar a defrontar-se com dificuldades que estimamos inultrapassáveis pelo menos, no curto e médio prazo.

Estamos certos, porém que a Comissão bem como as restantes instituições comunitárias não podem demitir-se de encontrar uma fórmula susceptível de melhorar os mecanismos de regulação a nível da União Europeia. São as condições e as circunstâncias actuais que o exigem.

A história recente da EU revela-nos, efectivamente, que estão a ser trilhados caminhos no sentido de dotar a União de mecanismos legais e de instituições credíveis que se mostrem aptas a exercer a actividade de supervisão e de regulação e nível comunitário.

---

[27] Ver, neste sentido Weiler, ob.loc.cit. que defende que a superação desta dificuldade passaria pela aprovação de um Regulamento Processual das Agências Europeias (RPAE) devendo o mesmo ser aplicável às agências executivas e às agências decisórias.

[28] Ver Regulamento do Parlamento Europeu e do Conselho que institui a Autoridade Europeia para o Mercado das Comunicações Electrónicas – (COM) 2007, 699 final.

Na sequência do alastramento da crise financeira actual foi criado, no âmbito da EU, um grupo de trabalho constituído por reconhecidos peritos financeiros e presidido por Larosiere que elaborou e apresentou um conjunto de Recomendações tendentes a superar, em termos institucionais a crise que atravessa o conjunto das economias europeias.[29]

Com efeito reconhece-se no aludido Relatório que embora o mercado único tenha mais de uma década de existência e muitas instituições financeiras operem além fronteiras, a supervisão é ainda realizada essencialmente a nível nacional por cada um dos governos dos países da EU.

Esta é, entre outras, uma das causas mais relevantes da actual crise que se vive no mundo e, na parte que nos ocupa, que se vive na Europa.

Assim e com o objectivo de ultrapassar a actual situação é proposta a criação de um organismo europeu responsável pela identificação de riscos sistémicos, susceptíveis de pôr em causa a estabilidade da totalidade do sistema financeiro.

A par deste organismo é também proposta a criação de um Sistema de Supervisores Financeiros para garantir uma vigilância constante das instituições financeiras que operam em vários países da EU. Este Sistema deveria incluir novas autoridades europeias dos sectores bancários, dos seguros e dos valores mobiliários que assegurariam a supervisão e a coordenação dos supervisores que actuam a nível nacional.

Do que vem dito, resulta que se a evolução dos modelos existentes na União Europeia vier a concretizar-se através de algumas das soluções institucionais propostas no âmbito do combate à crise financeira, teremos efectivamente e, de novo, relançado o tema relativo à base legal da delegação de algumas das actuais competências da Comissão Europeia nas entidades de regulação.

A ser assim, o que admitimos como previsível, a par das actuais agências executivas e quasi-regulatórias, a União Europeia passaria a dispor na sua organização administrativa de um «corpo de regulação» nele se incluindo as agências de regulação.

Na medida em que, como atrás dissemos, o desenvolvimento desta politica implica que, quer o equilíbrio de poderes consagrado no Tratado quer a natureza das competências que podem ser objecto de delegação em entidades diferentes e diversas das que actualmente compõem o acervo comunitário, devam ser repensado e, eventualmente modificados.

---

[29] Ver Comunicação da Comissão Europeia (COM) 2009 252 versão final, de 27 de Maio de 2009.

Sabemos, no entanto, que os caminhos da integração e do aprofundamento da União Europeia são morosos e complexos. Mas, se este é o objectivo a atingir, então, e tal como sucedeu noutras áreas, será da maior importância dar início ao processo de enquadramento comum das agências de regulação.

As recentes propostas de que acima demos notícia relativamente à melhor e mais adequada forma institucional de combater a actual crise financeira exigem, a nosso ver, que a nível comunitário se dê início ao procedimento tendente à definição do respectivo normativo comum dessas entidades.

A apresentação, discussão e aprovação de um novo Regulamento Processual das Agências Europeias (EAPR) representaria, como sustentam alguns dos mais eminentes autores que estudam estas matérias, um passo decisivo na harmonização do regime jurídico das agências europeias, nelas se incluindo as agências de regulação.[30]

Consideramos que esta visão do problema representaria uma «boa solução» no tempo presente se, como é sublinhado, este Regulamento consagrasse para além das matérias de organização, processo e procedimento, também normas relativas ao seu funcionamento, regimes de financiamento, regime de recurso – administrativo e judicial –. regras específicas de recrutamento e nomeação dos responsáveis, tempo de duração dos mandatos, regras de incompatibilidades e, sobretudo regras de boa governação tendentes a assegurar que a independência das entidades pudesse ser, desejavelmente, fundamento para melhores decisões norteadas e vocacionadas para a prossecução das finalidades consagradas no artigo 3.º do Tratado.

---

[30] Cf. Weiler, ob.loc.cit. pág. 93.

O SERVIÇO EUROPEU DE ACÇÃO EXTERNA: ASPECTOS INSTITUCIONAIS SOBRE A CRIAÇÃO DO NOVO SERVIÇO DIPLOMÁTICO EUROPEU[1]

MARGARIDA SALEMA D'OLIVEIRA MARTINS[*]

SUMÁRIO: 1. Introdução; 2. Breve historial; 3. O Alto Representante da União para os Negócios Estrangeiros e a Política de Segurança: entre o Conselho, a Comissão e os Estados-Membros da União Europeia; 4. O SEAE: criação, estatuto, organização e funcionamento.

1. Introdução

Classicamente descrita a Comunidade Europeia como um gigante económico e um anão político, há quem vaticine que o Serviço Europeu

---

[*] Professora auxiliar da Faculdade de Direito da Universidade de Lisboa e Professora associada da Faculdade de Direito da Universidade Lusíada de Lisboa.

[1] O presente estudo que se oferece em homenagem ao Professor Doutor Diogo Freitas do Amaral corresponde a uma intervenção proferida no seminário sobre o tema «No limiar da entrada em vigor do Tratado de Lisboa: modificações institucionais e políticas na UE» no âmbito do painel relativo à acção externa da UE e ao Serviço Europeu de Acção Externa, organizado pela Faculdade de Direito da Universidade de Lisboa e pelo Centro de Informação Europeia Jacques Delors, em 27 de Novembro de 2009, em que participaram o Dr. Pedro Lourtie, Secretário de Estado de Estado dos Assuntos Europeus, o Dr. Francisco Sarsfield Cabral e o Prof. Doutor Fausto de Quadros, sob a moderação do Embaixador Freitas Ferraz, Director-Geral dos Assuntos Europeus.

O Prof. Doutor Diogo Freitas do Amaral foi meu professor de direito administrativo na licenciatura em Direito no já longínquo ano lectivo de 1972-1973, integrou o júri das minhas provas de pós-graduação, em 1984, e o júri do concurso para assistente estagiário, a que me candidatei, em 1985.

Em Homenagem ao Professor Doutor Diogo Freitas do Amaral

para a Acção Externa pode contribuir para transformar a União Europeu num gigante político[2].

Este imenso desafio é lançado apesar da não manutenção da figura do Ministro dos Negócios Estrangeiros prevista no malogrado Tratado Constitucional de 2004[3].

Optando por uma versão mais "low profile" que não bulisse com os MNE's nacionais, representantes permanentes de há séculos das políticas externas das soberanias nacionais, as soluções encaradas pelo Tratado de Lisboa de 2007[4] não abdicaram porém dos aspectos essenciais organizativos e funcionais já antevistos, sendo um deles precisamente a criação do Serviço Europeu de Acção Externa[5].

A espera longa pela entrada em vigor do Tratado de Lisboa, após o calvário das ratificações nacionais, não foi impeditiva do desenvolvimento dos trabalhos preparatórios relativos ao Serviço Europeu para a Acção Externa, por força da Declaração ad artigo 27.º do Tratado da União (ou seja Declaração n.º 15 à Acta Final da Conferência Intergovernamental que aprovou o Tratado de Lisboa). Esta previa que, já a partir da assinatura do Tratado de Lisboa, a 13 de Dezembro de 2007, esses trabalhos

---

Em muitas ocasiões, fora da academia, pude apreciar e apoiar posições que o Prof. Doutor Diogo Freitas do Amaral foi defendendo, desde os tempos mais recuados da primeira revisão constitucional, no seio da Aliança Democrática, e da candidatura a Presidente da República, até à reforma das Nações Unidas, como Presidente da Assembleia Geral, sem esquecer a mais recente reorganização administrativa como Ministro dos Negócios Estrangeiros.

É vasta a sua obra científica como a sua experiência em cargos públicos e políticos cimeiros, mas é sobretudo como sua aluna que fui e discípula que ainda sou, que mais admiro a pedagogia, a clareza e a simplicidade que sempre imprimiu ao seu ensino e que guardo sempre como exemplo a seguir.

Por estas e muitas outras razões que não saberia sumariar tão bem como o homenageado merece, mal ficaria comigo se não participasse neste ensejo com uma contribuição.

[2] V. artigo «Serviço Europeu para a Acção Externa: a nova dimensão diplomática da UE – 27/10/2009» in http://www.europarl.europa.eu/news/public/story (consultado em 5 de Janeiro de 2010).

[3] V. Sobre esta figura, MIGUEL PRATA ROQUE, *O Ministro dos Negócios Estrangeiros na Constituição Europeia – A caminho de uma Política externa europeia?*, Almedina, Coimbra, 2005.

[4] V. Conclusões da Presidência-Conselho Europeu de Bruxelas, de 14 de Dezembro de 2007 relativo ao Acordo obtido na CIG de 18 de Outubro de 2007 – Doc./07/6, de 17/12/2007.

[5] V. MIGUEL PRATA ROQUE, op.cit., págs. 52 a 55.

O Serviço Europeu de Acção Externa: Aspectos Institucionais sobre a Criação ... 553

poderiam ser desenvolvidos pelo Secretário-Geral do Conselho, Alto Representante para a Política Externa e de Segurança Comum, pela Comissão e pelos Estados-Membros.

Declaração equivalente tinha constado aliás do precedente Tratado Constitucional[6]. Ora como este Tratado tinha sido assinado em 24 de Outubro de 2004, ainda se chegaram a realizar vários trabalhos preparatórios[7-8].

Com a entrada em vigor, prevista para 1 de Dezembro de 2009, do Tratado de Lisboa, de 13 de Dezembro de 2007, a criação do novo serviço diplomático europeu coloca-se então com acuidade e urgência, sendo especialmente relevante a problemática da articulação entre os vários intervenientes na acção externa da União Europeia.

Aliás, o Tratado da União Europeia (v. Título V) distingue entre a acção externa da União Europeia (v. artigos 21.º e 22.º) que tem a ver com as suas relações externas conduzidas de acordo com o modelo comunitário e a Política Externa e de Segurança Comum (PESC) conduzida ainda de forma intergovernamental (v. artigos 23.º a 46.º).

2. Breve historial

Fazendo um historial telegráfico recente do "ius legationis" activo da Comunidade Europeia, enquanto sujeito de direito internacional, podemos referir que tal legação activa é exercida pela Comissão e pelo Conselho. O Estado que exerce a presidência do Conselho representa as

---

[6] V. Declaração n.º 24 anexa ao Tratado que estabelece uma Constituição para a Europa (Declaração ad artigo III-296.º in JOUE C 310, de 16 de Dezembro de 2004, pág. 462).

[7] V., por exemplo, a Resolução do Parlamento Europeu de 5 de Setembro de 2000, sobre a diplomacia comum comunitária in JOUE C 135 de 7-5-2001, pág. 69; a Resolução do Parlamento Europeu de 14 de Junho de 2001 sobre a comunicação da Comissão relativa ao desenvolvimento do serviço externo in JOUE C 53 de 28.2.2002, pág. 390; a Resolução de 26 de Maio de 2005 do Parlamento Europeu sobre os aspectos institucionais do Serviço Europeu de Acção Externa in JOUE 117 de 18.5.2006, pág. 232.

[8] V. ANDREAS MAURER e SARAH REICHEL, *A threephase plan for the European External Action Service* in The International Spectator 2005, v.40, n.º 1, Janeiro-Março, págs. 77-89; BRIAN CROWE, The European External Action Service: roadmap for success, London, Royal Institute of International Affairs, 2008 (Chatham House Reports), http://www.chathamhouse.org.uk/files/11583_0508eas_report.pdf.

Comunidades Europeias através das suas missões diplomáticas nos terceiros Estados. A Comissão, por seu turno, abriu delegações exteriores num número significativo de Estados, delegações essas semelhantes às missões diplomáticas.

A Comissão dispõe de mais de 150 delegações em países terceiros, em todo o mundo, com cerca de 5.000 funcionários, dadas as responsabilidades globais e desafios da União Europeia, por ser o maior bloco comercial do mundo, o maior doador de assistência humanitária e ao desenvolvimento e constituir uma referência em matéria de estabilidade, democracia e direito humanos[9].

A Comissão também dispõe de delegações que exercem funções relativamente a várias organizações internacionais, como a OCDE, a OSCE, as Nações Unidas, a OMC e a FAO.

Só em finais dos anos 80 do séc. XX, é que as delegações na sua maioria, foram consideradas missões diplomáticas plenas pelos Estados hospedeiros, através da celebração de acordos de sede, e que os chefes da delegação foram acreditados a nível de Chefe de Estado, com credenciais assinadas pelo Presidente da Comissão, com a categoria e o título de cortesia de embaixador[10].

Estes acordos de sede tinham vindo a ser implementados com base na Convenção de Viena sobre Relações Diplomáticas de 1961[11].

A rede de delegações constitui um dos maiores serviços diplomáticos europeus.

Também o Conselho dispõe de gabinetes em Nova Iorque e Genebra para se ocuparem das relações com as Nações Unidas.

O artigo 20.º do Tratado da União Europeia (na versão Tratado de Nice) formalizava juridicamente o dever de cooperação entre as missões diplomáticas do Estado que preside ao Conselho e as delegações da Comissão, bem como as representações dos Estados-Membros.

Dispunha o § 1.º do artigo 20.º do TUE que «as missões diplomáticas e consulares dos Estados-Membros e as delegações da Comissão

---

[9] V. http://ec.europa.eu/external_relations/delegations/index_en.htm /consultado em 28/12/2009). V. ainda Taking Europe in the World – 50 years of External Service, elaborado por JAMES MORAN e FERNANDO PONZ CANTO (ibidem) S.P.O.CE, Luxemburgo, 2004. Este Serviço criado em 1954 sofreu transformações e ampliações notáveis, com a assinatura do 1.º Acordo ACP, com os alargamentos, a CPE, a PESC, etc.

[10] V. Taking Europe in the World cit., pág. 36.

[11] Idem, pág. 25.

O *Serviço Europeu de Acção Externa: Aspectos Institucionais sobre a Criação* ... 555

nos países terceiros e nas conferências internacionais, bem como as respectivas representações junto das organizações internacionais, concertar-se-ão no sentido de assegurar a observância e a execução das posições comuns e das acções comuns do Conselho». E o § 2.º estipulava que «as referidas missões, delegações e representações intensificarão a sua cooperação através do intercâmbio de informações, procedendo a avaliações comuns e contribuindo para a aplicação das disposições a que se refere o artigo 20.º do Tratado que institui a Comunidade Europeia».

O artigo 20.º do TCE por seu turno referia-se ao direito de qualquer cidadão da União Europeia de beneficiar, no território de países terceiros em que o Estado Membro de que é nacional não se encontre representado, de protecção por parte das autoridades diplomáticas e consulares de qualquer Estado-Membro, nas mesmas condições que os nacionais desse Estado, dependendo esse direito do estabelecimento de regras entre os Estados-Membros destinada a garantir essa protecção.

Esta dualidade criou dificuldades a uma adequada representação externa da Comunidade Europeia, tendo sido discutidas propostas tendentes à criação de um serviço diplomático externo da União Europeia dependentes de um Ministro de Assuntos Exteriores que fundiria os cargos de Alto Representante P.E.S.C. e do Comissário de relações exteriores. O plano de fundo seria a construção de uma diplomacia comum europeia, em função do interesse comum europeu e o desenvolvimento de uma cultura diplomática europeia[12].

---

[12] V. programa diplomático europeu in http://ec.europa.eu/externalrelations/delegations/edp/index_enhtm (consultado em 28/12/2009). O PDE é o resultado do trabalho efectuado no final dos anos 90 pelo grupo de trabalho do Conselho sobre administração e protocolo, com o objectivo de criar um programa de formação que promovesse a ideia de uma diplomacia europeia comum. As directrizes e o curriculum do PDE foram aprovados pelo Comité Político do Conselho em 1999-2000. O PDE é um projecto comum aos Estados-Membros da União Europeia e das instituições europeias. Faz parte da PESC. Na prática, o PDE é executado pelos Ministros dos Negócios Estrangeiros dos Estados-Membros, pelo serviço externo da Comissão e pelo Secretariado do Conselho. O PDE tem três objectivos: auxiliar os diplomatas europeus a criar redes de trabalho que promovam uma identidade europeia na política externa; aumentar o conhecimento dos diplomatas europeus sobre a dimensão especificamente europeia da diplomacia; e fornecer um ambiente de ensino cujo quadro transcende o plano estritamente nacional.

O PDE já vai na 9ª versão em Maio de 2009. É composto por 5 módulos, sendo anualmente escolhido um tema geral (por exemplo, para 2008-2009 foi escolhido o tema da política de vizinhança e desafio energético: dois aspectos prioritários para a U.E.).

556 *Em Homenagem ao Professor Doutor Diogo Freitas do Amaral*

Como é sabido tais propostas acolhidas no Tratado Constitucional de 2004 (artigo III-296) sofreram alterações, nomeadamente por ter sido tão criticado o cargo de MNE europeu[13].

3. O Alto Representante da União para os Negócios Estrangeiros e a Política de Segurança

O Tratado de Lisboa, de 13 de Dezembro de 2007[14], vem expressamente determinar que a União Europeia sucede à Comunidade Europeia (v. artigo 1.º § 3.º do TUE) e que aquela passa inequivocamente a constituir um sujeito de direito internacional enquanto tal (v. artigo 47.º do TUE).

Prevê então a criação de um novo cargo – o de Alto Representante da União para os Negócios Estrangeiros e a Política de Segurança, nomeado e exonerado pelo Conselho Europeu, com o acordo do Presidente da Comissão, deliberando por maioria qualificada (v.artigo 18.º n.º 1 do TUE).

Este Alto Representante da União conduz a política externa e de segurança comum (PESC) da União. A PESC, antigo 2.º pilar, actualmente

---

Os participantes no PDE são jovens diplomatas dos Estados-Membros e funcionários da Comissão Europeia (Relações Externas) e do Secretariado do Conselho, que escolhem, de acordo com os seus próprios procedimentos de selecção, um ou dois participantes.

[13] Considerando o cargo de Ministro dos Negócios Estrangeiros da UE como uma das mais significativas inovações institucionais e salientando a importância do departamento diplomático europeu, v. ANTÓNIO MARTINS DA CRUZ, Ministro dos Negócios Estrangeiros da UE in *Dicionário de Termos Europeus*, Lisboa, Carlos Coelho e Alêtheia Editores, 2005, págs. 207 e 208.

ANTÓNIO MARTINS DA CRUZ afirma que a PESC nunca foi uma política externa única conduzida pela UE em nome dos Estados-Membros, mas apenas a possibilidade de algumas expressões comuns nas políticas externas dos Estados-Membros. Mesmo assim, e quanto mais não fora pela prática de trabalhar em comum, criou rotinas positivas que sempre influenciaram as políticas externas nacionais em temas que não sejam vitais para os Estados-Membros (in Política Externa e de Segurança Comum – PESC,ibidem, págs. 258 a 260).

[14] V. versões consolidadas do Tratado da União Europeia (TUE) e do Tratado sobre o Funcionamento da União Europeia (TFUE) in JOUE C 115, de 9 de Maio de 2008. V. Acta de Rectificação do Tratado de Lisboa que altera o Tratado da União Europeia e o Tratado que institui a Comunidade Europeia, assinado em 13 de Dezembro de 2007 in JOUE C 290 de 30 de Novembro de 2009.

prevista nos artigos 23.º a 46.º do TUE (Capítulo 2 do Título V do TUE) é basicamente definida pelo Conselho Europeu e pelo Conselho nos limites do tratado.

O Alto Representante pode contribuir, com as suas propostas, para a definição dessa política, executando-a na qualidade de mandatário do Conselho (v. artigo 18.º, n.º 2 do TUE).

O Alto Representante preside ao Conselho dos Negócios Estrangeiros (v. artigo 18 n.º 3 do TUE).

Trata-se de uma nova formação do Conselho expressamente prevista no Tratado (v. artigo 236.º alínea b) do T.F.U.E.). De acordo com o artigo 16.º n.º 6 § 3.º do TUE, o Conselho dos Negócios Estrangeiros elabora a acção externa da União, de acordo com as linhas estratégicas fixadas pelo Conselho Europeu, e assegura a coerência da acção da União. Neste C.N.E. não há rotatividade da presidência (v. artigo 16.º n.º 9 do TUE). O Alto Representante participa nos trabalhos do Conselho Europeu, embora não faça parte dele (v. artigo 15.º n.º 2 do TUE).

O Alto Representante é ainda um dos vice-presidentes da Comissão. Assegura a coerência da acção externa da União. Cabem-lhe, no âmbito da Comissão, as responsabilidades que incumbem a esta instituição no domínio das relações externas, bem como a coordenação dos demais aspectos da acção externa da União. No exercício das suas responsabilidades ao nível da Comissão, e apenas em relação a essas responsabilidades, o Alto Representante fica sujeito aos processos que regem o funcionamento da Comissão na medida em que tal seja compatível com a sua posição relativa ao Conselho (v. artigo 18.º n.º 4 do TUE).

Esta dupla qualidade do Alto Representante como Vice-Presidente da Comissão e como mandatário do Conselho tem sido designada de «duplo chapéu»[15], sendo que consoante a perspectiva de cada instituição se acentua mais o pendor de Vice-Presidente ou o pendor de Alto Representante.

A Comissão e o Parlamento Europeu tendem a valorizar a primeira função enquanto o Conselho acentua a segunda. O Parlamento Europeu chega mesmo a referir-se à nova figura através da dupla sigla – VP/AR[16].

---

[15] V., por exemplo, Resolução do Parlamento Europeu, de 22 de Outubro de 2009, sobre os aspectos institucionais da criação do Serviço Europeu de Acção Externa – Doc. A7-0041/2009 in http://www.europarl.europa.eu/sides/getDoc.do?pubRef=-//EP//TEXT+TA+P7-TA-2 (consultado a 5 de Janeiro de 2010).

[16] Idem, ibidem.

558 *Em Homenagem ao Professor Doutor Diogo Freitas do Amaral*

Além dos dois aspectos focados trazidos pelo Tratado de Lisboa, isto é, a atribuição expressa de personalidade jurídica à União e o cargo de Alto Representante, também é de destacar pela relação com o SEAE a eleição de um presidente não rotativo do Conselho Europeu responsável pela representação externa da União a nível de Chefes de Estado ou de Governo.

A coordenação entre o Presidente permanente do Conselho Europeu, a presidência rotativa do Conselho da União Europeia, o Alto Representante na sua dupla veste, e as diplomacias nacionais, cuja órbita de interesses pode coincidir ou não com a órbita europeia, será um factor importante senão mesmo decisivo na construção de um serviço diplomático europeu eficaz e poderoso.

O Alto Representante afigura-se-nos como um órgão simultaneamente supra institucional e interinstitucional com funções aparentemente dignas de um super-Ministro. Daí que se possa questionar se não porá em causa o equilíbrio institucional nomeadamente na relação Comissão – Conselho, posicionando-se o Parlamento Europeu com uma mais fraca competência interventiva, até dada a natureza da matéria em causa.

Pensamos que por ora as funções do Alto Representante se centrarão mais na reorganização para efeitos externos dos serviços das duas principais instituições da União, afirmando e afinando posições internamente do que na concorrência com outros cargos europeus ligados às presidências das instituições para efeito de visibilidade pública deste posto. Ou seja, trata-se, antes ainda de prosseguir outros objectivos de maior fôlego, de desenvolver um trabalho de carácter burocrático imprescindível para o desempenho da actividade diplomática europeia.

4. O SEAE: criação, estatuto, organização e funcionamento

O artigo 27.º do TUE condensa todas as funções do Alto Representante: preside ao Conselho dos Negócios Estrangeiros; contribui com as suas propostas para a elaboração da PESC; assegura a execução das decisões adoptadas pelo Conselho Europeu; representa a União nas matérias do âmbito da PESC; conduz o diálogo político com terceiros em nome da União e exprime a posição da União nas organizações internacionais e em conferências internacionais. Prevê-se, no n.º 3 do artigo 27.º, que para o desempenho das suas funções seja apoiado por um serviço europeu para a acção externa (doravante SEAE).

O SEAE (em inglês EEAS – European External Action Service) trabalha em colaboração com os serviços diplomáticos dos Estados--Membros e é composto por funcionários provenientes dos serviços competentes do Secretariado-Geral do Conselho e da Comissão e por pessoal destacado dos serviços diplomáticos nacionais. Cabe ao Conselho emitir uma decisão sobre a organização e o funcionamento deste SEAE. Esta decisão é adoptada por maioria qualificada (por força do artigo 16.º n.º 3 do TUE) sob proposta do Alto Representante, após consulta ao Parlamento Europeu e após aprovação da Comissão (v. artigo 27.º n.º 3 do TUE).

Ora, das conclusões da Presidência, relativas ao Conselho Europeu de Bruxelas de 29/30 de Outubro de 2009, verifica-se um convite ao Alto Representante para que apresente a proposta logo que o Tratado de Lisboa entre em vigor de modo a que o Conselho possa adoptá-la o mais tardar no final de Abril de 2010[17].

Entretanto, em 19 de Novembro de 2009, o Conselho nomeou Alto Representante a Sr.ª Catherine Ashton. Esta nomeação foi alvo de muitas críticas, sobretudo por parte dos mais fervorosos europeístas, por ser uma personalidade pouco conhecida e portanto de fraca visibilidade europeia. Essa nomeação ocorreu simultaneamente com a escolha do Presidente do Conselho Europeu (Herman Van Rompuy) que, nos termos do n.º 5 do artigo 15.º do TUE, é eleito por maioria qualificada, por um mandato de dois anos e meio, renovável uma vez.

Passa assim a haver um presidente permanente do Conselho Europeu a par de uma presidência rotativa do Conselho da União Europeia (nomeadamente do Conselho dos Assuntos Gerais), com excepção da Presidência do Conselho dos Negócios Estrangeiros. O Presidente do Conselho Europeu assegura, ao seu nível e nessa qualidade, a representação externa da União nas matérias do âmbito da política externa e da segurança comum, sem prejuízo das atribuições do Alto Representante da União para os Negócios Estrangeiros (v. artigo 15.º, n.º 6 § 2.º do TUE).

Aliás, o Conselho dos Negócios Estrangeiros elabora a acção externa da União de acordo com as linhas estratégicas fixadas pelo Conselho Europeu, e assegura a coerência da acção da União (v. artigo 16.º, n.º 6 § 3.º).

---

[17] V ponto I.3 das Conclusões da Presidência do Conselho Europeu de Bruxelas (29/30 Outubro 2009) – Doc. 15265/09, Bruxelas, 30 de Outubro de 2009.

A Presidência Sueca do Conselho Europeu elaborou um relatório sobre o SEAE, onde se abordam já importantes aspectos organizativos e funcionais[18], após uma resolução do Parlamento Europeu em que este solicitava à Comissão, ao Conselho, aos Estados-Membros e ao futuro Alto Representante que se comprometam claramente a chegar a um acordo, com o envolvimento do Parlamento, sobre um plano detalhado, ambicioso e consensual para a criação do SEAE[19].

Prevê-se que o SEAE, para além de assistir o Alto Representante, também assista o Presidente do Conselho Europeu bem como os Comissários nas respectivas funções em matéria de relações externas, cooperando também estreitamente com os Estados-Membros.

Propõe-se que o SEAE se constitua com gabinetes geográficos e temáticos que continuem a desempenhar, sob a autoridade do Alto Representante, as tarefas que normalmente são desempenhadas pelos serviços relevantes da Comissão e do Secretariado do Conselho.

A política comercial e de desenvolvimento tal como contempladas no tratado devem continuar no âmbito da Comissão.

Quanto à condução da política comum de segurança e defesa (PCSD) pelo Alto Representante, os serviços como a Direcção da gestão de crises e planeamento, o planeamento civil e capacidade de condução e o pessoal militar devem integrar o SEAE. Tais estruturas devem formar uma entidade sujeita à autoridade directa e responsabilidade do Alto Representante, respeitando a Declaração n.º 14 anexa à Acta Final da Conferência Intergovernamental que aprovou o Tratado de Lisboa.

Para que o Alto Representante exerça a sua função de assegurar a coordenação e a consistência e ainda a direcção estratégica das políticas externas da União Europeia, o SEAE deve desempenhar um papel liderante na tomada de decisão estratégica, ficando envolvido na cadeia de programação e de implementação, ao nível dos instrumentos financeiros, independentemente das decisões que cabem à Comissão.

As delegações da União devem poder desempenhar um papel reforçado nessa programação e implementação.

Propõe o Conselho ainda que o SEAE disponha de recursos funcionais fundamentais, como segurança, gestão de recursos humanos, serviços

---

[18] Relatório da Presidência ao Conselho Europeu sobre o Serviço Europeu de Acção Externa – Doc. 14930/09, Bruxelas, de 23 de Outubro de 2009.

[19] V. ponto 3 da Resolução do P.E. de 22 de Outubro de 2009 cit.

O Serviço Europeu de Acção Externa: Aspectos Institucionais sobre a Criação ... 561

jurídicos, etc., sem embargo de poder recorrer a outros serviços quer da Comissão quer do Secretariado-Geral do Conselho.

Propõe-se pois a ponderação dos serviços que integram ou passam a integrar o SEAE e como se coordenam sobretudo com os serviços da Comissão que têm responsabilidades externas incluindo aqueles que têm a seu cargo as políticas comunitárias com significativas dimensões externas.

Também há que ponderar funções ligadas ao relacionamento com o Parlamento Europeu, já que o Alto Representante, como membro da Comissão que acaba por ser (sujeito a voto colegial de aprovação e a demissão colectiva em caso de aprovação de moção de censura, nos termos do artigo 17.º, n.º 7, § 3.º e n.º 8 do TUE), está adstrito a consultar regularmente o Parlamento Europeu sobre os principais aspectos e as opções fundamentais da política externa e de segurança comum (PESC) e da política comum de segurança e defesa (PCSD) e informa-o sobre a evolução destas políticas. O Alto Representante vela por que as opiniões do Parlamento Europeu sejam devidamente tidas em conta. Os representantes especiais podem ser associados à informação do Parlamento Europeu. O Parlamento Europeu, por seu turno, pode dirigir perguntas ou apresentar recomendações ao Conselho e ao Alto Representante. Procederá duas vezes por ano a um debate sobre os progressos realizados na execução da PESC incluindo a política comum de segurança e defesa (v. artigo 36.º do TUE).

Quanto à natureza jurídica do SEAE dado o seu papel único e as suas funções singulares, deve ser um serviço com uma natureza sui generis distinta dos secretariados da Comissão e do Conselho. Deve ter autonomia administrativa, do ponto de vista orçamental e de gestão do pessoal. Tal implicará alterações em vários Regulamentos, nomeadamente no Regulamento Financeiro e no Regulamento dos Funcionários.

O Parlamento Europeu entende diversamente que o SEAE deve ser incorporado na estrutura administrativa da Comissão[20].

O pessoal do SEAE provirá para além dos respectivos departamentos da Comissão e do Conselho também do pessoal dos Estados-Membros.

Este deverá receber o estatuto de «agente temporário» de modo a obter um estatuto semelhante ao do outro pessoal proveniente das instituições europeias. Deverá haver uma representação equilibrada entre as diversas categorias para que o pessoal proveniente dos Estados-membros

---

[20] V. ponto 7 da Resolução do PE de 22 de Outubro de 2009 cit.

represente pelo menos um terço de todo o pessoal, incluindo pessoal diplomático nas delegações.

O Alto Representante será o responsável pelas nomeações. O recrutamento deverá ser feito através de um procedimento transparente baseado no mérito e que assegure a selecção de pessoal com os mais elevados padrões de competência, eficiência e integridade, garantindo simultaneamente um adequado equilíbrio geográfico, uma presença significativa de nacionais dos Estados-Membros da União Europeia no SEAE e visando atingir um equilíbrio em razão do género. Deveria ser estabelecido um procedimento de recrutamento que associe representantes dos Estados--Membros, da Comissão e do Secretariado-Geral do Conselho.

Também se prevê a mobilidade do pessoal, implementando-se uma política em ordem a assegurar igual tratamento entre todos os membros do SEAE. Tal política incluiria a rotação dentro do Serviço, entre a sede e as delegações e entre os serviços da sede; a rotação entre o SEAE e os serviços diplomáticos nacionais; e a mobilidade, tanto quanto possível entre o SEAE e a Comissão e o Secretariado-Geral do Conselho para o pessoal vindo destas instituições.

Também se prevê a adopção de medidas para dar ao pessoal do SEAE formação comum adequada.

Todos os procedimentos relativos ao recrutamento e transferência de pessoal devem respeitar plenamente os direitos de todos os funcionários afectados.

Também são encaradas as questões do financiamento do SEAE, prevendo-se a criação de um número limitado de postos adicionais para os agentes temporários dos Estados-Membros que devem ser financiados no quadro das perspectivas financeiras actuais.

Com a entrada em vigor do Tratado de Lisboa, as delegações da Comissão transformam-se em delegações da União sob a autoridade do Alto Representante e passam a fazer parte da estrutura do SEAE.

As delegações da União abrangerão pessoal regular do SEAE (incluindo os Chefes de delegação) e pessoal dos serviços relevantes da Comissão. Todos trabalharão sob a autoridade do Chefe da Delegação. As Delegações devem receber instruções de e reportar ao Alto Representante /SEAE e aos serviços relevantes da Comissão se for adequado.

As Delegações deverão trabalhar em estreita colaboração com os serviços diplomáticos dos Estados-Membros e também prestar assistência à Comissão e ao Conselho e providenciar apoio logístico e administrativo aos membros de outras instituições, incluindo o Parlamento Europeu.

O Serviço Europeu de Acção Externa: Aspectos Institucionais sobre a Criação ... 563

O SEAE, as Delegações da União e os Estados-Membros devem partilhar mutuamente informação.

A coordenação local e a representação local da União implicam a permanente formação e coordenação com as presidências rotativas, já que a coordenação e eficiência na acção externa são de importância especial, por razões políticas ou operacionais.

As delegações da União deverão desempenhar um papel de apoio quanto à protecção diplomática e consular dos cidadãos da União Europeia em Estados terceiros.

Também deverá ser dada especial atenção às delegações da União Europeia acreditadas junto de organizações internacionais.

Estas posições do Conselho Europeu, reflectem de certo modo um estádio já avançado dos trabalhos preparatórios, mas prenunciam ainda dificuldades relativamente à coordenação inter-institucional, se se considerar que a burocracia da Comissão é quantitativamente superior à do Conselho, e certamente muito distinta dos serviços diplomáticos nacionais com séculos de experiência acumulada.

É pois com muito interesse que se segue a criação deste SEAE que independentemente das dificuldades de percurso representará seguramente um novo patamar na visibilidade externa da União Europeia.

Lisboa, 19 de Janeiro de 2010

O PRINCÍPIO DA PRECAUÇÃO NO DIREITO EUROPEU OU A DIFÍCIL RELAÇÃO DO DIREITO COM A INCERTEZA

Maria Eduarda Gonçalves[1]

Introdução

Poucos princípios de direito terão surgido, recentemente, envoltos em tanta polémica quanto o princípio da precaução. Este princípio tem oposto os que tendem a sublinhar a sua importância como instrumento de um «desenvolvimento harmonioso da sociedade do risco» (Vanneuville and Gandreau, 2006: 47) aos que apontam o dedo à sua ambiguidade e aos inerentes perigos de aplicação arbitrária e inconsistente (Sunstein, 2003; Marchant, 2003; Marchant and Mossman, 2004; Turner, 2004).[2] Reduzido por uns a pouco mais do que senso comum (Andorno, 2004), a precaução tem sido valorizada por outros pela sua «capacidade subversiva» da ordem jurídica (Johnson, 2006) ou pela sua particular adaptabilidade a um contexto pós-moderno do direito (Sadeleer, 2000: 131).

A verdade, se é que existe, deve situar-se algures a meio caminho. Não obstante cepticismos e críticas, o que se tem verificado é, de facto, um acolhimento generalizado do princípio da precaução quer pela legislação internacional, quer pela legislação interna, a sua crescente invocação pelos tribunais e a expansão do seu âmbito material. A União Europeia (UE) oferece quiçá a ilustração mais clara destes desenvolvimentos.

---

[1] Professora catedrática do ISCTE – Instituto Universitário de Lisboa e investigadora do DINÂMIA – Centro de Estudos sovre a Mudança Socioeconómica; Professora catedrática convidada da Faculdade de Direito da Universidade Nova de Lisboa.

[2] Sunstein chamou-lhe o "paralysing principle" (Sunstein, 2003).

Recordemos os traços essenciais do princípio da precaução. De um modo geral, reconhece-se que ele assenta em dois pressupostos básicos:

i) O imperativo político de antecipar, evitar ou mitigar potenciais ameaças ao ambiente ou à saúde pública;

ii) O reconhecimento de que, nestas áreas, a ciência nem sempre pode oferecer a demonstração cabal de que uma dada ocorrência é de molde a causar um determinado dano ou prejuízo e que mesmo nessa circunstância a precaução deve comandar a acção pública.

O que está em causa não é, pois, saber se importa regular ou não, mas antes saber como regular em face da incerteza científica. Por outras palavras, o que está em causa é em certa medida a necessidade de repensar a relação entre o sistema jurídico-regulatório e o conhecimento.

Como é sabido, o direito tem, tradicionalmente, procurado sustentar a sua objectividade e a sua legitimidade na «verdade dos factos» (Jasanoff, 1995). O rigor da prova constitui uma condição da autoridade da decisão judicial assim como o diagnóstico da realidade é razão de ser de políticas e medidas administrativas. Numa primeira análise, as margens de ignorância ou de indeterminação que determinam o recurso ao princípio da precaução permitem ampliar a discricionariedade de reguladores e juízes, ao mesmo tempo que reforçam o seu dever de avaliar o conhecimento e opinião científica disponíveis à luz dos interesses e valores em jogo. Neste exercício de ponderação, a precaução implica, por definição, que os decisores dêem prevalência à defesa da natureza sobre outros interesses, normalmente de mais curto prazo. Mas estarão estas proposições a fazer o seu caminho no quadro do direito europeu? Como é que o regulador e o juiz europeus vêm lidando com as incertezas da ciência?

Uma análise da prática das instituições europeias num campo em que a incerteza e a controvérsia são especialmente agudas, a regulação das culturas agrícolas e dos produtos alimentares contendo organismos geneticamente modificados (OGM), parece indicar que, não obstante os seus limites, o papel da ciência está, paradoxalmente, a ser sobrevalorizado. Mas, poderá esta tendência ser generalizada a outros campos da acção comunitária?

No texto que se segue, procuraremos responder a algumas destas questões. Começaremos por um breve exame das origens e evolução de sentido do princípio da precaução à luz da jurisprudência dos tribunais da União Europeia e da doutrina da Comissão, para centrarmos depois a

O Princípio da Precaução no Direito Europeu ou a Difícil Relação do Direito ... 567

nossa atenção no modo como estas instituições vêm lidando com a ciência e com a incerteza científica quando invocam o princípio da precaução. As ilações retiradas desta análise, apoiada em larga medida no estudo do caso dos OGM, oferecer-nos-ão matéria-prima para uma discussão de natureza preliminar do que nos parece ser uma dificuldade intrínseca do sistema jurídico de lidar com a incerteza.

Senso comum ou novo princípio?

Uma das primeiras formulações do princípio da precaução consta da Declaração do Rio de Janeiro sobre Ambiente e Desenvolvimento, aprovada pela Conferência das Nações Unidas sobre Ambiente e Desenvolvimento, em 1992:

«Com o fim de proteger o meio ambiente, o princípio da precaução deverá ser amplamente observado pelos Estados, de acordo com suas capacidades. Quando houver ameaça de danos graves ou irreversíveis, a ausência de certeza científica absoluta não será utilizada como razão para o adiamento de medidas economicamente viáveis para prevenir a degradação ambiental.»[3]

Nascido como um princípio moral e político, a precaução foi adoptada como um princípio geral do direito, nomeadamente pelo Tratado da União Europeia (1992) que o incorporou no Tratado de Roma como novo Artigo 130r (2) (subsequentemente renumerado como Artigo 174[2] e, no Tratado de Lisboa, como Artigo 191 [2]).[4] Nesta disposição se estipula que:

«A política da Comunidade no domínio do ambiente visará a um nível de protecção elevado, tendo em conta a diversidade das situações existentes nas diferentes regiões da Comunidade. Basear-se-á nos princípios da precaução e da acção preventiva. ...».

---

[3] http://www.unep.org/Documents.multilingual/Default.asp?DocumentID=78&-ArticleID=1163.

[4] A Carta Mundial da Natureza, adoptada pela Assembleia-geral das Nações Unidas em 1982, constituiu o primeiro reconhecimento internacional do princípio da precaução. O princípio foi consagrado pelo direito internacional desde o Protocolo relativo às Substâncias que Reduzem a Camada de Ozono (1987). Formulações ligeiramente diferentes do princípio da precaução têm sido incorporadas noutros acordos internacionais no domínio do ambiente, incluindo as Convenções das Nações Unidas sobre as Alterações Climáticas e sobre a Biodiversidade, o Protocolo de Cartagena sobre a Biosegurança ou a Convenção de Estocolmo sobre os Poluentes Orgânicos Persistentes.

Ainda que o Tratado não defina o princípio, a sua essência e a sua novidade podem ser dadas por adquiridas. De facto, o princípio da *precaução* distingue-se do princípio da *prevenção* ou acção preventiva. Enquanto esta se aplica quando a perigosidade de um produto ou actividade é conhecida (fumar e utilizar pesticidas químicos são exemplos familiares) e o que se desconhece são as circunstâncias concretas ou o momento das ocorrências adversas, a precaução impõe a antecipação dos problemas antes de o perigo poder ser demonstrado cientificamente. A incerteza tem, por isso, sido entendida como incluindo estados de ignorância e de indeterminação (Wynne, 1992).

Originariamente, a precaução teve precisamente em vista contrariar o argumento dos que invocavam a incerteza científica ou o desacordo entre peritos como táctica dilatória da tomada de medidas ambientais, a maior parte das vezes, em benefício de interesses económicos (Welstra, 1998). Para a emergência deste princípio contribuiu também o contexto de amplo alerta público quanto aos novos riscos associados à complexidade da sociedade tecnológica (Ladeur, 2003; Gonçalves *et al.*, 2007).[5]

Em face da gravidade e urgência de muitos desses problemas e crises confrontados pela humanidade, a precaução tem sido mesmo encarada crescentemente como um imperativo ético. De acordo com um relatório recente de um grupo de peritos da Unesco,

«A precaução pressupõe uma visão ética global das nossas responsabilidades perante a humanidade como um todo e constitui uma espécie de 'sabedoria planetária' de uma sociedade dotada de crescentes poderes tecnológicos» (Unesco, 2005).

Surgido no âmbito do direito do ambiente, o princípio estendeu-se gradualmente a um espectro mais alargado de riscos, nomeadamente de saúde pública, de consumo e alimentares.[6] O Tribunal de Justiça das Comunidades Europeias (TJ) invocou pela primeira vez o princípio da

---

[5] O risco refere-se à «combinação da possibilidade (probabilidade) e do dano (impacte adverso, e.g. mortalidade, morbilidade, dano ecológico, ou saúde prejudicada) resultante da exposição a determinada actividade ou produto» (WIENER, ROGERS, 2002: 320). Os novos riscos são difíceis de prever uma vez que a observação de acontecimentos passados é por definição impossível.

[6] É de prever que este movimento expansivo se venha a estender a outros campos marcados pela incerteza científica: por exemplo, à biomedicina, visto que algumas tecnologias reprodutivas e intervenções sobre células germinais são susceptíveis de causar dano

O *Princípio da Precaução no Direito Europeu ou a Difícil Relação do Direito ...* 569

precaução, embora não o citando explicitamente, precisamente a propósito de um risco de saúde pública, a potencial contaminação do homem pela BSE (Bovine Spongiform Encephalopathy).[7] Num caso posterior, o Tribunal de Primeira Instância admitiu igualmente que:

«Embora apenas seja mencionado no Tratado em relação com a política do ambiente, o princípio da precaução tem ... um âmbito de aplicação mais vasto. Tem vocação para se aplicar, tendo em vista a garantia de um nível de protecção elevado da saúde, da segurança dos consumidores e do ambiente, ao conjunto dos domínios de acção da Comunidade.»[8]

A expansão do âmbito material do princípio da precaução foi acompanhada pela afirmação explícita pelas instituições europeias dos *valores* imbuídos neste princípio. Vários pronunciamentos do TJ deram precedência à protecção do ambiente e da saúde relativamente a interesses económicos. Por exemplo, no seu acórdão sobre o caso Artegodan GmbH

---

irreversível às futuras gerações; ou à xenotransplantação, que é de molde a gerar doenças novas e incontroláveis (Rose, 2006).

[7] Acórdão do Tribunal de 5 de Maio de 1998. – Reino Unido da Grã-Bretanha e da Irlanda do Norte contra Comissão das Comunidades Europeias. – Agricultura – Polícia sanitária – Medidas de emergência contra a encefalopatia espongiforme bovina – Doença dita 'das vacas loucas'. – Processo C-180/96, *Colectânea da Jurisprudência 1998 página I-02265*, parágrafo 99. http://eur-lex.europa.eu/LexUriServ/LexUriServ.do?uri=-CELEX:61996J0180:PT:HTML. Cf., na mesma linha, o Acórdão do Tribunal de 4 de Julho de 2000, Laboratoires pharmaceutiques Bergaderm SA e Jean-Jacques Goupil contra Comissão das Comunidades Europeias. Recurso de decisão do Tribunal de Primeira Instância – Responsabilidade extracontratual da Comunidade – Adopção da Directiva 95/34/CE. Processo C-352/98 P. Colectânea da Jurisprudência 2000 página I-05291, parágrafo 66, http://eur-lex.europa.eu/smartapi/cgi/sga_doc?smartapi!celexplus!prod! CELEXnumdoc&lg=pt&numdoc=61998J0352.

[8] Acórdão do Tribunal de Primeira Instância (Segunda Secção Alargada) de 26 de Novembro de 2002, Artegodan GmbH e outros contra Comissão das Comunidades Europeias. – Medicamentos para uso humano – Procedimentos comunitários de arbitragem – Revogação das autorizações de comercialização – Competência – Critérios de revogação – Anorexígenos: anfepramona, clobenzorex, fenproporex, norpseudoefedrina, fentermina – Directivas 65/65 e 75/319. – Processos apensos T-74/00, T-76/00, T-83/00, T-84/00, T-85/00, T-132/00, T-137/00 e T-141/00. *Colectânea da Jurisprudência 2002 página II-04945*, http://eur-lex.europa.eu/LexUriServ/LexUriServ.do?uri=CELEX: 62000A0074:PT:HTML.

v. Comissão das Comunidades Europeias, o Tribunal reconheceu explicitamente que:

> «(...) o princípio da precaução pode ser definido como um princípio geral do direito comunitário que impõe às autoridades competentes que tomem medidas adequadas para evitar certos riscos potenciais para a saúde pública, a segurança e o ambiente, *dando prevalência* aos imperativos ligados à protecção destes interesses sobre os interesses económicos.»[9]

Considerando o contexto da sua emergência e as promessas que transporta, o carácter distintivo do princípio parece irrefutável. As maiores virtudes da precaução como princípio do direito serão, cremos, a sua especial sensibilidade à preocupação das sociedades actuais em face do risco tecnológico e o seu questionamento da hegemonia da análise de custo-benefício em favor de uma perspectiva mais ampla, no interesse do bem comum de presentes e futuras gerações.

Desvalorizar ou sobrevalorizar a ciência?

Como se indicou mais acima, um dos postulados do princípio da precaução é o de que a protecção do ambiente e da saúde não devem ceder perante a falta de prova científica dos potenciais impactes gravosos de produtos ou actividades. A inevitável desvalorização da evidência científica que daí decorre tem-se, todavia, prestado a críticas (Ladeur, 2003; Sunstein, 2003; Marchant and Mossman, 2004). «A fim de evitar situações absurdas», escreveu Sunstein (2003: 33), «a ideia de 'risco possível' deverá ser entendida como exigindo algum grau de plausibilidade científica», uma condição que, segundo este autor, a versão europeia do princípio da precaução não satisfaria.

Os críticos terão porventura razão quando se mostram perturbados pela natureza indeterminada do princípio e pela margem de poder discricionário que confere a reguladores e juízes. Mas será esta discricionariedade ilimitada como alguns questionam? Estarão a administração e o judiciário europeus interpretando o princípio da precaução em moldes

---

[9] Cf. Acórdão do Tribunal de Primeira Instância de 26 de Novembro de 2002, citado na nota 8, parágrafo 18.

O Princípio da Precaução no Direito Europeu ou a Difícil Relação do Direito ... 571

que negligenciam uma fundamentação adequada das suas decisões? E, em contrapartida, fará sentido reduzir em última análise a precaução a um princípio decisório assente no recurso à ciência, esquecendo a sua razão de ser fundamental – i.e., o estado de incerteza?

Uma resposta preliminar a estas questões poderá ser encontrada no já mencionado acórdão do TJ sobre a BSE.[10] Nesta decisão, o Tribunal considerou justificadas as medidas de protecção contra os riscos da doença decididas pela Comissão (sob a forma de embargo de comercialização de produtos bovinos) apoiado na *incerteza científica* que havia sido admitida por um órgão científico, o comité científico veterinário, e no facto de este ter admitido que o risco não podia ser excluído:

«... tendo em conta a *grande incerteza* quanto aos riscos apresentados pelos animais e produtos em causa, a Comissão estava no seu direito de adoptar as referidas medidas de protecção *sem ter de esperar que a realidade e a gravidade de tais riscos fossem plenamente demonstradas.*»

O recurso à precaução repousou no parecer do órgão europeu de aconselhamento científico competente e no seu reconhecimento da possibilidade de o risco de contaminação do ser humano pela BSE se materializar. Não se dispunha de uma demonstração conclusiva, mas sim de uma forte suposição desse risco com base em estudos desenvolvidos sobre a matéria, em especial no Reino Unido. O acórdão em causa seguiu-se, com efeito, à divulgação pública do parecer do UK Spongiform Encephalopathy Advisory Committee (SEAC) que reconhecera a relação entre a BSE e a nova variante da doença de Creutzfeldt-Jakob no homem. Nas palavras da Comissão,

«as novas informações comunicadas pelo SEAC haviam alterado significativamente a percepção do perigo representado por essa doença para a saúde humana, autorizando assim a Comissão a adoptar medidas de protecção».[11]

Poderemos talvez deduzir que, neste caso, a incerteza fora em grande medida superada uma vez alcançado um consenso científico alargado sobre o facto de a BSE representar um risco efectivo para o ser humano.

---

[10] Cf. Acórdão do Tribunal de 5 de Maio de 1998, citado na nota 7.
[11] Parágrafo 53.

Em Homenagem ao Professor Doutor Diogo Freitas do Amaral

Ficou patente, do mesmo passo, a preocupação das instâncias comunitárias de fundamentar as medidas de precaução na melhor ciência disponível (os investigadores britânicos eram sem dúvida os mais habilitados a pronunciar-se sobre a matéria).

No entanto, a Comissão acabaria por reagir às críticas provindas do lado de lá do Atlântico – veiculadas no quadro da Organização Mundial do Comércio (OMC) – contra um alegado uso arbitrário do princípio na Europa, encarado pela administração americana como um pretexto para a imposição de barreiras comerciais (Carr, 2002: 31).[12] Logo em 2000, a Comissão emitiu, na sua Comunicação sobre o recurso ao princípio da precaução, um conjunto de orientações a cumprir na interpretação e aplicação deste princípio pelas autoridades competentes (Comissão Europeia, 2000). A Comissão explicou aí que o princípio só pode ser aplicado quando os potenciais efeitos perigosos de um fenómeno, produto ou processo forem identificados através de uma *avaliação científica objectiva*, ainda que esta avaliação não permita a determinação do risco com suficiente certeza:

> «A invocação do princípio da precaução é uma decisão exercida quando a informação científica é insuficiente, inconclusiva ou incerta e *haja indicações* de que os possíveis efeitos sobre o ambiente, a saúde das pessoas ou dos animais ou a protecção vegetal possam ser potencialmente perigosos e incompatíveis com o nível de protecção escolhido.» (Comissão Europeia, 2000: 8).

Mais do que limitar-se a admitir que a incerteza científica justifica a tomada de medidas precaucionárias, a Comunicação considerou, assim, exigível a demonstração concreta do risco como condição prévia dessas medidas (Stokes, 2008: 491).

---

[12] A OMC foi cenário de uma disputa que opôs os Estados Unidos da América à UE em torno do princípio da precaução. A controvérsia fora suscitada pela utilização de hormonas de crescimento no tratamento de bovinos, prática generalizada nos Estados Unidos da América e no Canadá, mas proibida na Europa dada a preocupação de que o consumo dessa carne pudesse ter efeitos cancerígenos. Em Janeiro de 1998, o Órgão de Apelação da OMC recusou à UE o direito de manter o embargo de importação de carne tratada com esse tipo de hormonas ao abrigo do Acordo da OMC sobre Medidas Sanitárias e Fitossanitárias. A OMC deu razão ao argumento dos EUA e do Canadá de que o embargo carecia de base científica por falta de evidência de que as hormonas gerassem um risco para a saúde humana.

O Princípio da Precaução no Direito Europeu ou a Difícil Relação do Direito ... 573

Os tribunais europeus passaram, também eles, a exigir um teste mais exigente. No seu acórdão sobre o caso Alpharma, o Tribunal de Primeira Instância (TPI) afirmou que:

«Uma medida preventiva não pode ser validamente fundamentada por uma abordagem puramente hipotética do risco, assente em *meras suposições ainda não cientificamente verificadas*».[13]

Esta posição seria reiterada no acórdão do TPI sobre o caso Pfizer nos seguintes termos:

«Apesar da incerteza científica subsistente, esta avaliação científica deve permitir à autoridade pública competente apreciar, com base nos melhores dados científicos disponíveis e nos resultados mais recentes da investigação internacional, se foi ultrapassado o nível de risco que ela considera aceitável.»[14]

O princípio da precaução constitui «um meio de lidar com a incerteza científica» e não de «ignorar a ciência», conclui Cazala, num artigo em que qualifica a referida postura dos tribunais europeus como «moderada» (2004: 539). Longe de ser moderada, contudo, a doutrina e a jurisprudência europeias parecem-nos excessivas na medida em que a incerteza científica está sendo afinal de contas interpretada como requerendo

---

[13] Acórdão do Tribunal de Primeira Instância (Terceira Secção) de 11 de Setembro de 2002. – Alpharma Inc. contra Conselho da União Europeia. – Transferência de resistência aos antibióticos do animal para o homem – Directiva 70/524/CEE – Regulamento que retira a autorização de um aditivo na alimentação animal – Admissibilidade – Violação de formalidades essenciais – Erro manifesto de apreciação – Princípio da precaução – Avaliação e gestão dos riscos – Consulta de um comité científico – Princípio da proporcionalidade – Confiança legítima – Dever de fundamentação – Direito de defesa. – Processo T-70/99, parágrafo 156. *Colectânea da Jurisprudência 2002 página II-03495*, *http://eur-lex.europa.eu/LexUriServ/LexUriServ.do?uri=CELEX:61999A0070:PT:HTML.*

[14] Acórdão do Tribunal de Primeira Instância (Terceira Secção) de 11 de Setembro de 2002. – Pfizer Animal Health SA contra Conselho da União Europeia. – Transferência de resistência aos antibióticos do animal para o homem – Directiva 70/524/CEE – Regulamento que retira a autorização de um aditivo na alimentação animal – Admissibilidade – Artigo 11.º da Directiva 70/524/CEE – Erro manifesto de apreciação – Princípio da precaução – Avaliação e gestão dos riscos – Consulta de um comité científico – Princípio da proporcionalidade – Confiança legítima – Dever de fundamentação – Direito de propriedade – Desvio de poder. – Processo T-13/99. *Colectânea da Jurisprudência 2002 página II-03305*, http://eur-lex.europa.eu/LexUriServ/LexUriServ.do?uri=CELEX: 61999A0013:PT:HTML.

uma base científica firme. Ora, esta exigência é ao mesmo tempo paradoxal e inconsistente: paradoxal em relação ao sentido essencial do princípio da precaução; e inconsistente com a margem de autonomia que este confere aos órgãos administrativos e judiciais para decidirem em prol dos valores ambientais e de saúde em condições de incerteza.

Na realidade, os dados e informação disponíveis são necessariamente sujeitos à interpretação dos especialistas consultados. Em contextos de incerteza é frequente, para não dizer normal, o desacordo entre peritos quanto à avaliação do risco e à interpretação da prova. Mais do que o estado do conhecimento enquanto tal, o que importará, portanto, apurar será até que ponto existe um consenso entre os peritos consultados e como é que a sua opinião é valorizada por reguladores ou juízes (Oreskes, 2004; Levidow e Carr, 2007).[15]

É o que nos propomos fazer, tomando por referência o regime europeu em matéria de OGM.

Proceduralizar e europeizar a ciência

A introdução de culturas e produtos transgénicos no mercado europeu constitui hoje objecto de um regime jurídico vasto e denso fundado no princípio da precaução, que se exprime num conjunto de procedimentos centrados na ciência e no parecer de peritos.[16] A ciência intervém no procedimento de licenciamento em vários momentos: no estádio da notificação pela empresa interessada em introduzir um novo OGM no mercado europeu, a qual necessita de ser suportada por uma avaliação cientifica e na decisão final de autorização pela Comissão, que requer igualmente o parecer do comité científico competente. Qualquer intervenção dos Estados Membros tem, também ela, de encontrar apoio na ciência: os comentários

---

[15] Como observou Godard (2003), o grau de consenso entre cientistas ou peritos pode variar entre uma forte presunção do risco, justificada teórica e empiricamente, e a ignorância, passando por hipóteses mais ou menos plausíveis, sustentadas empiricamente por um maior ou menor número de cientistas.

[16] Cf. Directiva 2009/41/CE (investigação laboratorial), Directiva 2001/18/CE (libertação deliberada e colocação no mercado de OGM), Regulamento (CE) 1829/2003 (alimentos para animais e géneros alimentícios consistindo em ou contendo OGM), Regulamento (CE) 1830/2003 (rastreabilidade e rotulagem de OGM).

O *Princípio da Precaução no Direito Europeu ou a Difícil Relação do Direito ...* 575

ou objecções, assim como a invocação da cláusula de salvaguarda contemplada no artigo 23.º da Directiva 2001/18/CE (admitindo a restrição ou a proibição provisória do uso ou venda de OGM no território nacional) devem ser sustentados por «conhecimento novo ou adicional».

Regras detalhadas definem, assim, o modo como deve ser conduzida a avaliação de risco, estruturados e consultados os grupos de peritos e utilizada a opinião científica. A busca da racionalidade bem como da legitimidade sobre matéria cientificamente incerta, para mais, num sistema multinacional como é a UE, poderá explicar este cuidadoso desenho de procedimentos centrados, de forma determinante, na ciência – uma «ciência regulada», diríamos.

Consciente, porém, do potencial de conflito entre os peritos envolvidos na avaliação do risco, o legislador europeu entendeu atribuir a última palavra à Autoridade Europeia de Segurança Alimentar (EFSA) e aos respectivos comités científicos permanentes, incluindo o Painel dos OGM. Segundo o Regulamento (CE) 1829/2003, compete à EFSA assegurar «uma avaliação científica *harmonizada* dos alimentos transgénicos» cabendo-lhe dar parecer sobre cada OGM proposto para cultivo em caso de avaliações científicas divergentes provindas dos Estados Membros (Levidow, Carr and Wield, 2005: 265). Também o Regulamento (CE) 178/2002 relativo ao direito da alimentação tornou clara a vontade de «garantir uma maior *coerência científica* em relação à cadeia alimentar...».[17] Esta demanda de coerência e harmonização por via de uma «europeização» do parecer científico é, no entanto, problemática numa matéria intrinsecamente incerta e polémica como o desenvolvimento e utilização de OGM. A perplexidade reforça-se ao constatarmos que a Comissão tem desvalorizado sistematicamente o parecer científico de origem nacional em favor do parecer dos seus próprios órgãos consultivos em aparente contradição com a rejeição pela jurisprudência de uma eventual doutrina de supremacia do parecer científico europeu (Alemano, 2008: 29 ss.). Que implicação poderá ter esta atitude sobre o destino do princípio da precaução?

A fim de tentarmos responder a esta questão, analisaremos o conteúdo de um conjunto de decisões da Comissão Europeia nesta matéria.[18]

---

[17] Regulamento (CE) 178/2002, considerando 45.
[18] Para este fim, foram escrutinadas sete decisões da Comissão de entre 1993 e 1999, ano em que foi adoptada uma moratória de facto da comercialização de OGM

576   *Em Homenagem ao Professor Doutor Diogo Freitas do Amaral*

Do seu exame retirámos os seguintes padrões gerais no que respeita ao uso da ciência e do parecer científico:

1ª A Comissão considerou que os estudos preliminares apresentados pelas empresas satisfaziam os requisitos legais atendendo à sua conformidade com as orientações sobre métodos de detecção e quantificação internacionalmente aceites (e.g. Decisão 2004/657/CE; Decisão 2005//448/CE)[19];

2ª Os órgãos científicos consultados pela Comissão (comités científicos consultivos, Centro Comum de Investigação – CCR e EFSA e seu Painel dos OGM) foram de opinião que a substância ou produto em causa eram suficientemente seguros, apoiados quer na falta de evidência de que pudessem causar efeitos adversos (e.g. Decisão 2004/643/CE; Decisão 2006/197/CE; Decisão 2007/692/CE; Decisão 2007/701/CE; Decisão 2007/702/CE), quer na convicção de que a comparação substancial do produto com o seu equivalente convencional era indicativa de condições idênticas de segurança (e.g. Decisão 2004/643/CE; Decisão 2006/197/CE);

3ª Enquanto os Estados Membros inicialmente contactados pelas empresas deram opinião positiva sobre os pedidos recebidos[20], outros emitiram objecções, que foram sistematicamente rejeitadas pela Comissão uma vez consultados os respectivos órgãos consultivos;

4ª A Comissão aceitou a validade dos pareceres emitidos pelos seus próprios órgãos consultivos, em contraste com a sua atitude em relação aos pareceres emitidos pelas instituições científicas dos Estados Membros.[21]

(1999/2004), e dez decisões de entre 2004 e 2008, a saber: Decisões 93/572/CEE, 96/158//CE, 97/98/CE, 97/393/CE, 98/291/CE, 98/293/CE, 98/294/CE, 2004/643/CE, 2004/657//CE, 2005/448/CE, 2006/68/CE, 2006/69/EC, 2006/197/CE, 2007/692/EC, 2007/701/CE e 2007/703/CE. As decisões incluem informação detalhada sobre os procedimentos seguidos e as posições das várias partes intervenientes.

[19] As empresas directamente envolvidas nestes processos foram as seguintes: Rhône-Mérieux, Monsanto, Syngenta (ex-Novartis), Bayer Crop, Pioneer Overseas Corp e Dow AgroSciences Europe.

[20] É possível que a escolha pelas empresas dos países aos quais submetem os pedidos de colocação no mercado de variedades ou produtos geneticamente modificados tenha estado relacionada com a antecipação da receptividade das autoridades competentes nacionais em relação às suas pretensões.

[21] Por exemplo, quando foram levantadas objecções à intenção da Monsanto Europe de colocar no mercado a variedade de milho GM Zea mays L. T25, a CE, no seguimento de consulta do Comité Científico das Plantas, aceitou a opinião deste de «não haver motivos para crer que se registem efeitos adversos para a saúde humana ou para o

Em suma, em nenhum dos casos analisados a Comissão admitiu a incerteza científica sobre os possíveis impactos dos OGM como fundamento da tomada de medidas precaucionárias. Mais significativo ainda será o facto de não ter valorizado a falta de consenso entre as autoridades nacionais competentes e respectivos peritos favoráveis à adopção de medidas de precaução, de um lado, e os órgãos de aconselhamento científico europeus, de outro lado, como indicativa de *evidência inconclusiva* sobre potenciais efeitos adversos dos OGM. Pelo contrário, a Comissão aceitou sem visível hesitação a opinião dos que, apesar desses pareceres contraditórios, concluíram pela segurança das variedades vegetais ou produtos alimentares em questão. Nestas condições, o recurso ao princípio da precaução perdeu, realmente, sentido.

Um rápido olhar sobre a aplicação do artigo 23.º da Directiva 2001/ /18/CE, a chamada cláusula de salvaguarda, oferece indicações adicionais sobre a relação da Comissão Europeia com o risco e com a incerteza científica. Os Estados Membros mobilizaram esta cláusula em diversas ocasiões. Por exemplo, em 2002, a Áustria notificou a Comissão sobre uma proposta de lei para a Região da Alta Áustria (Lei da Alta Áustria, relativa à proibição da engenharia genética, 2002) destinada a ser aplicada por um período de três anos a fim de proteger os sistemas de produção orgânica tradicionais da contaminação por OGM, assim como a biodiversidade. Para fundamentar a medida, o governo austríaco apresentou dois relatórios que apontavam no sentido da existência de risco: um, do Comité Austríaco para os Assuntos Económicos defendendo que «de acordo com os conhecimentos científicos actuais, a utilização de organismos geneticamente modificados (OGM) na agricultura e na exploração florestal, com destaque para a produção vegetal, não é isenta de riscos, no que respeita quer à manutenção de uma produção agrícola livre de OGM (coexistência) quer à conservação do ambiente natural (biodiversidade)»; e o outro, intitulado «Zonas livres de culturas de OGM: concepção e análise de cenários e medidas de execução» de Werner Müller (Abril de 2002), suscitando a impossibilidade prática de proteger a produção orgânica e convencional da contaminação por OGM.[22]

---

ambiente decorrentes da introdução no milho do gene que codifica a fosfinotricina-acetiltransferase e do gene truncado que codifica a ß-lactamase» (Decisão 98/293/CE).

[22] Decisão 2003/653/CE da Comissão, de 2 de Setembro de 2003, relativa às disposições nacionais que proíbem a utilização de organismos geneticamente modificados na região da Alta Áustria, notificadas pela República da Áustria nos termos do n.º 5 do artigo 95.º do Tratado CE, parágrafo 19.

578   *Em Homenagem ao Professor Doutor Diogo Freitas do Amaral*

Apoiada num relatório da EFSA e do seu Painel dos OGM, a Comissão entendeu, no entanto, que os relatórios não ofereciam evidência científica nova susceptível de justificar qualquer proibição. A bibliografia citada pelo relatório Müller era anterior à adopção da Directiva 2001/18/ /EC, carecendo portanto de novidade, adiu a Comissão:

«As provas científicas apresentadas não continham informação científica nova ou exclusivamente local sobre os impactos exercidos no ambiente ou na saúde humana por vegetais ou animais geneticamente modificados, existentes ou futuros.»[23]

A ênfase foi posta, portanto, na falta de evidência científica adequada. As alegações da Áustria foram consideradas como demasiado genéricas e insubstanciais à luz desta requisito.

Posteriormente, novas medidas tomadas pela Áustria com vista à proibição da importação e da transformação para utilização na alimentação humana ou animal de *Zea mays* L. da linhagem T25, cuja colocação no mercado fora autorizada pela Decisão 98/293/CE, viriam a ser rejeitadas pela Comissão, após consulta da EFSA, com fundamentos idênticos.[24]

Também a Polónia submeteu uma proposta de alteração legislativa envolvendo derrogações à Directiva 2001/18/CE: a primeira, exigindo a autorização prévia das autoridades nacionais competentes para qualquer libertação de OGM no ambiente, bem como declarações escritas de não objecção dos agricultores vizinhos da área aonde essa libertação iria ter lugar; a segunda, implicando uma decisão específica do Ministro da Agricultura em consulta com o Ministro do Ambiente, nesses casos.[25] As justificações da Polónia apoiavam-se no *desconhecimento* dos efeitos dos OGM sobre «a rica biodiversidade existente na Polónia»[26], bem como na fragmentação da propriedade neste país, que tornaria impossível isolar as culturas convencionais e orgânicas, ameaçando seriamente o seu desen-

---

[23] Decisão 2003/653/EC, parágrafo 71.

[24] Decisão da Comissão de 7 de Maio de 2008 relativa à proibição provisória da utilização e da venda na Áustria de milho geneticamente modificado (*Zea mays* L. da linhagem T25), nos termos da Directiva 2001/18/CE.

[25] Decisão 2008/62/CE da Comissão, de 12 de Outubro de 2007, relativa aos artigos 111.º e 172.º do projecto de lei polaca sobre organismos geneticamente modificados, notificado pela República da Polónia nos termos do n.º 5 do artigo 95.º do Tratado CE como derrogação ao disposto na Directiva 2001/18/CE.

[26] Parágrafo 18.

O Princípio da Precaução no Direito Europeu ou a Difícil Relação do Direito ... 579

volvimento.[27] Pretendia-se ainda «corresponder às expectativas da sociedade polaca».

Como no caso austríaco, a Comissão respondeu à diversidade de argumentos das autoridades polacas com a constatação da incapacidade destas para apresentar «provas científicas novas relacionadas com a protecção do ambiente ou do meio laboral» ou «novos estudos, investigações, bibliografia ou eventuais descobertas de carácter científico posteriores à adopção da Directiva 2001/18/CE».[28] As medidas propostas imporiam indevidamente «requisitos administrativos adicionais para a autorização de tais libertações ... independentemente de qualquer risco potencial», devendo por isso ser consideradas como colidindo com o disposto na directiva».[29] A Comissão acrescentou que os Estados Membros não poderiam introduzir restrições adicionais a culturas legalmente autorizadas sem pôr em questão o princípio da liberdade de movimento das sementes geneticamente modificadas.[30]

No acórdão em que invocou pela primeira vez o princípio da precaução em matéria de OGM também o TJ rejeitou a legalidade de uma proibição provisória imposta pela Itália no que respeita à comercialização pela Monsanto de novos géneros alimentícios contendo OGM que haviam sido autorizados pela Comissão.[31] A Itália manifestava reservas quanto à segurança destes produtos. Em apoio da sua posição o governo italiano apresentara um parecer do *IIstituto Superiore di Sanita.* Consultado o Comité Científico da Alimentação, a Comissão concluiu, no entanto, que a informação apresentada não oferecia fundamentos científicos específicos sobre perigos para a saúde. O TJ reiterou a sua posição quanto às

---

[27] Parágrafo 26.
[28] Parágrafo 49.
[29] Parágrafo 38.
[30] Parágrafos 34 e 35.
[31] Acórdão do Tribunal de 9 de Setembro de 2003. – Monsanto Agricoltura Italia SpA e outros contra Presidenza del Consiglio dei Ministri e outros. – Pedido de decisão prejudicial: Tribunale amministrativo regionale del Lazio – Itália. – Regulamento (CE) n.º 258/97 – Novos alimentos – Colocação no mercado – Avaliação da inocuidade – Procedimento simplificado – equivalência substancial a alimentos existentes – Alimentos produzidos a partir de linhagens de milho geneticamente modificado – Presença de resíduos de proteínas transgénicas – Medida de um Estado-Membro que limita provisoriamente ou suspende, no seu território, a comercialização ou a utilização de um novo alimento. – Processo C-236/01., *Colectânea da Jurisprudência 2003 página I-08105, http://eur-lex.europa.eu/LexUriServ/LexUriServ.do?uri=CELEX:62001J0236:PT:HTML.*

Em Homenagem ao Professor Doutor Diogo Freitas do Amaral

condições justificativas do recurso ao princípio da precaução, designadamente, a necessidade de uma *avaliação prévia e objectiva do risco* apta a dar razão para receio de efeitos potencialmente perigosos para o ambiente ou a saúde humana, animal ou vegetal. A presença de vestígios da proteína transgénica nos alimentos, apontada pelo governo italiano, não impediria que fossem considerados como equivalentes a alimentos convencionais desde que não tivessem sido identificados riscos potencialmente adversos.

Ao apoiarem as suas decisões de modo praticamente exclusivo sobre a ciência, recusando ao mesmo tempo considerar a divergência de opiniões científicas como indicador de incerteza, as instituições europeias acabaram por reduzir radicalmente o alcance do princípio da precaução. Em última análise, o modo como vêm sendo regulados os OGM tende a aproximá-lo porventura mais dos requisitos de uma acção preventiva (ou do princípio da prevenção), o qual pressupõe a prova do risco, do que da precaução.

Conclusão

Um dos desígnios originais do princípio da precaução foi, como se indicou, obviar ao uso da *incerteza científica* como pretexto para a omissão da acção em face de um risco ambiental de consequências potencialmente graves e irreversíveis. Como princípio jurídico, a precaução implica, portanto, que sempre que seja possível antecipar um prejuízo sério para o meio ambiente (depois também para a saúde ou o consumidor), as autoridades responsáveis estejam obrigadas a tomar medidas de protecção não obstante a *falta de prova* desse prejuízo.

O princípio viu-se, porém, confrontado, em particular no quadro do direito europeu, com a necessidade que impende forçosamente sobre qualquer sistema de regulação de apoiar a sua acção em factos «objectivos». Em busca da precisão e autoridade do princípio, a União Europeia acabou, afinal de contas, por se voltar para a *ciência*: a avaliação científica do risco converteu-se, enfim, no núcleo central do próprio conceito de precaução.

A prática actual do regulador europeu no domínio dos OGM oferece uma ilustração das implicações do resultante menosprezo da incerteza científica. A Comissão tem inclusive descurado as divergências entre peritos nacionais e «europeus», ao mesmo tempo que mostra confiança

O Princípio da Precaução no Direito Europeu ou a Difícil Relação do Direito ... 581

sem reservas nas avaliações destes últimos. Acresce que a exigência de «informação científica nova» para justificar toda e qualquer proposta de restrição nacional à colocação no mercado ou à utilização de culturas ou produtos geneticamente modificados surge desproporcionada no estado actual do conhecimento sobre os OGM e os seus impactes.

Do estudo de caso que efectuámos poderá, por isso, deduzir-se que o princípio da precaução está operando mais como um meio de reforçar o uso da ciência no mundo do direito do que como uma forma de o direito poder responder adequadamente a situações às quais a ciência não oferece a resposta.

Desvanece-se, do mesmo passo, o progresso ético alcançado, desde logo, com a adopção do próprio princípio. A centralidade da ciência tem tido, aliás, o efeito de deixar de lado considerações valorativas que não podem obviamente ser avaliadas segundo os métodos da ciência. Acresce que as disposições relativas à consulta do público e das partes interessadas no quadro do regime dos OGM (contempladas nos artigos 7 e 9 da Directiva 2001/18/CE) não têm sido utilizadas de modo efectivo no sentido de incorporar as sensibilidades e expectativas da sociedade no processo de decisão (Carr, 2002).

Mas, objectar-se-á, não representa afinal o regime aplicável aos OGM um desvio da jurisprudência ostensivamente mais precaucionária dos tribunais europeus nos acórdãos BSE, Pfizer ou Alpharma? Como se viu atrás, os tribunais haviam então declarado desnecessário aguardar pela «demonstração da realidade ou gravidade do risco» antes de tomarem o partido da precaução. Importa, no entanto, lembrar que nesses casos fora possível constatar um grau significativo de consenso entre os peritos ouvidos sobre o risco em causa (i.e., a transmissão da BSE ao homem; o risco de resistência crescente do ser humano aos antibióticos), residindo aí o fundamento em que as instituições europeias se basearam para aceitar como válidos o embargo, num caso, e a proibição da comercialização, no outro caso. Nas decisões sobre OGM, pelo contrário, faltou esse grau de consenso. Mais importante terá sido, contudo, o facto de o desacordo entre peritos nacionais e europeus não ter sido valorizado em moldes susceptíveis de permitir captar a quintessência da precaução, a incerteza.

Estarão os órgãos constitutivos da UE a auto-limitar desse modo a sua autoridade para decidir em face da incerteza? E estará afinal o direito a descartar a sua missão essencial de prossecução dos valores fundamentais que constituem a razão de ser do princípio da precaução?

582 *Em Homenagem ao Professor Doutor Diogo Freitas do Amaral*

A análise constante deste capítulo revelou que, em face da incerteza e da controvérsia científicas, o regulador europeu tem utilizado de facto o seu poder discricionário para privilegiar uma fonte específica de aconselhamento, que, coincidência ou não, tem alinhado sistematicamente com os interesses das empresas. Não oferecendo a ciência respostas claras às questões do risco, o ónus tem sido colocado no ambiente e na saúde. Esta opção frustra as promessas abertas pelo princípio da precaução no sentido da instauração de processos de decisão mais pluralistas e justos (como salientam, entre outros, Stirling, 2008, e Wynne *et al.*, 2007).

Uma procura obsessiva da objectividade na linha de concepções convencionais, hoje obsoletas, de ciência e de direito acaba profanando os valores que estão na essência do princípio da precaução. De reguladores e juízes esperar-se-ia, pelo contrário, que sobrelevassem a dimensão ética implícita neste princípio.

Referências bibliográficas

ALEMANO, Alberto (2008), *The shaping of European risk regulation by European Courts*, Jean Monnet Working Paper 18/08, http://centers.law.nyu.edu/jeanmonnet/papers/08/081801.pdf.

ANDORNO, R. (2004), «The precautionary principle: A new legal standard for a technological age», *Journal of International Biotechnology Law*, (1), p. 11-19.

CARR, Susan (2002), «Ethical and value-based aspects of the European Commission's precautionary principle», *Journal of Agricultural and Environmental Ethics*, 15, p. 31-38.

CAZALA, Julien (2004), «Food safety and the precautionary principle: the legitimate moderation of Community Courts», *European Law Journal*, Vol. 10, No. 5, September, p. 539-554.

COMISSÃO EUROPEIA (2000), *Comunicação da Comissão de 2 de Fevereiro de 2000, sobre o recurso ao princípio da precaução*, COM (2000) 1 final, Comissão das Comunidades Europeias, Bruxelas, 02.02.2000.

GODARD, Olivier (2003), «Le principe de précaution comme norme d'action publique, ou la proportionnalité en question», *Revue Économique*, Vol. 54, N. 6, p. 1245-1276.

GONÇALVES, Maria Eduarda et al. (2007), *Os Portugueses e os Novos Riscos*, Lisboa: Imprensa de Ciências Sociais.

GONÇALVES, Maria Eduarda (2009), «The precautionary principle in European law», in Stefano Rodotà e Mariachiara Tallachini (eds.), *Treatise of Biolaw*, Milano: Giuffrè Editore. (no prelo)

JASANOFF, Sheila (1995), *Science at the Bar. Science and Technology in American Law*, MA: Harvard University Press.

JOHNSON, G. (2006), «Deliberative democracy and precautionary public reasoning: Exploratory thought», in http:// http://www.creum.umontreal.ca/IMG/pdf/ATELIERS_VOL1N1_05_81_87.pdf.

LADEUR, Karl-Heinz (2003), «The introduction of the precautionary principle into EU law: A pyrrhic victory for environmental and public health law? Decision-making under conditions of complexity in multi-level political systems», *Common Market Law Review*, 40, p. 1455-1479.

LEVIDOW, Les, Susan Carr and David Wield (2005), «European Union regulation of biotechnology: precautionary links between science, expertise and policy», *Science and Public Policy*, Vol. 32, Number 4, p. 261-276.

LEVIDOW, Les and Susan Carr (2007), «Europeanizing advisory expertise: The role of 'independent, objective and transparent' scientific advice in agri-biotech regulation», *Environment and Planning: Government and Politics*, Vol. 25 (6), p. 880-895.

MARCHANT, G. E., Kenneth L. Mossman (2004), «Arbitrary and Capricious: The Precautionary Principle in the European Union Courts», American Enterprise Institute Press, http://www.policynetwork.net/uploaded/pdf/Arbitrary-web.pdf.

Marchant, Gary E. (2003), «From general policy to legal rule: aspirations and limitations of the precautionary principle», *Environmental Health Perspectives*, Vol. 111 Nr 14, p. 1799-1803.

ORESKES, Naomi (2004), «Science and public policy: what's proof got to do with it?», *Environmental Science & Policy*, 7, p. 369-383.

ROSE, Nikolas (2006), *The Politics of Life Itself. Biomedicine, Power and Subjectivity in the Twenty-First Century*, Princeton: Princeton University Press.

SADELEER, Nicolas Van der (2000), «Le statut juridique du principe de précaution en droit communautaire: du slogan à la règle», *Cahiers de Droit Européen*, p. 91-132.

STIRLING, Andy (2008), «Science, precaution, and the politics of technological risk: Converging implications in evolutionary and social scientific perspectives», *Annals of the New York Academy of Sciences*, Vol. 1128, Number 1, p. 95-110.

STOKES, Elen (2008), «The EC courts' contribution to refining the parameters of precaution», *Journal of Risk Research*, Vol. 11, 4, p. 491-507.

SUNSTEIN, Cass (2003), «The paralyzing principle», *Regulation*, Winter 2002--2003, pp. 32-37.

TURNER, Derek (2004), «The lack of clarity in the precautionary principle», *Environmental Values 1*, p. 449-60.

UNESCO (2005), *The Precautionary Principle*, World Commission on the Ethics of Scientific Knowledge and Technology (COMEST), Paris: Unesco, 54 p.

VANNEUVILLE, Rachel and Stéphane Gandreau (2006), *Le Principe de Précaution Saisi par le Droit. Les enjeux sociopolitiques de la juridicisation du principe de précaution*, Paris: La Documentation Française.

WELSTRA, Laura (1998), *Living in Integrity: A Global Ethic to Restore a Fragmented Earth*, Rowman & Littlefield.

WIENER, Jonathan B., and Michael D. Rogers (2002), «Comparing precaution in the United States and Europe», *Journal of Risk Research*, Vol. 5, No. 4, p. 317-349.

WYNNE, Brian (1992), «Uncertainty and environmental learning: Re-conceiving science and policy in the preventive paradigm», *Global Environmental Change*, 2, n.º 2, p. 111-127.

WYNNE, Brian et al. (2007), *Taking Knowledge Society Seriously*, Brussels: European Commission.

A EFICÁCIA TRANSNACIONAL DOS ACTOS ADMINISTRATIVOS DOS ESTADOS-MEMBROS COMO ELEMENTO CARACTERIZADOR DO DIREITO ADMINISTRATIVO DA UNIÃO EUROPEIA[*]

NUNO PIÇARRA[**]

> SUMÁRIO: 1. Introdução. 2. Sobre a identidade da União Europeia. 3. A função legislativa da União Europeia. 4. A função administrativa da União Europeia. 5. A europeização dos direitos administrativos dos Estados-Membros. 6. O carácter compósito da Administração Pública da União Europeia. 7. A eficácia transnacional dos actos administrativos dos Estados-Membros, o princípio do reconhecimento mútuo e a harmonização normativa. 8. O caso dos diplomas, certificados e outros títulos de formação profissional. 9. O caso do visto uniforme de curta duração. 10. Conclusão

1. Introdução

O efeito transnacional de um importante conjunto de actos administrativos dos Estados-Membros da União Europeia (UE ou União) tornou-se

---

[*] Este texto desenvolve e actualiza o texto inédito que serviu de base à intervenção do autor no III Congresso Internacional de Direito Administrativo do Rio de Janeiro, em 15 de Novembro de 2008. Agradeço ao Dr. Francisco Borges a leitura crítica e as sugestões de que beneficiou a versão final, as quais não diminuem, evidentemente, a minha responsabilidade exclusiva pelas deficiências que subsistam.

[**] Professor associado da Faculdade de Direito da Universidade Nova de Lisboa.

586   Em Homenagem ao Professor Doutor Diogo Freitas do Amaral

um elemento identificador incontornável do chamado direito administrativo europeu. Tais actos administrativos caracterizam-se pela eficácia de que dispõem não só no Estado-Membro em que são praticados, mas também nos restantes, denominando-se por isso mesmo actos administrativos transnacionais. Embora não constituam um instituto exclusivo do direito administrativo europeu, é no seu âmbito que actualmente aquirem maior relevância[1].

A expressão direito administrativo europeu, susceptível de diversas acepções, será aqui utilizada para designar o conjunto de regras e princípios que regem a actuação da Administração Pública da UE – entendida como complexo institucional integrando não só as entidades de natureza administrativa organicamente pertencentes à própria União, mas também as administrações públicas dos Estados-Membros, na qualidade de administrações indirectas daquela –, incluindo a interacção dos diversos «níveis» que a integram[2]. Trata-se de um direito administrativo que pode ser classificado como regional, assumindo características muito próprias em relação tanto ao direito administrativo nacional, cujo referente é tradicionalmente o Estado soberano, como àquele que surgiu no âmbito de diversas organizações internacionais e sistemas de regulação global e se vem designando por direito administrativo global[3]. Importa salientar desde já

---

[1] Cf. MATTHIAS RUFFERT, «Der transnationale Verwaltungsakt», *Die Verwaltung*, 2001, p. 454; RAÚL BOCANEGRA SIERRA e JAVIER GARCÍA LUENGO, «Los actos administrativos transnacionales», *Revista de Administración Pública*, n.º 177, 2008, p. 12. Tal como referem os últimos autores, o âmbito de eficácia territorial do acto administrativo transnacional tanto pode coincidir com o da norma material que aplica, como pode ser mais vasto ou mais reduzido do que o desta; para exemplos, ver infra, n.ºs 8 e 9.

[2] Sobre os diversos sentidos do conceito de direito administrativo europeu, ver na doutrina mais recente MARIA LUÍSA DUARTE, *Direito Administrativo da União Europeia*, Coimbra, 2008, pp. 13 ss.; MARCOS ALMEIDA CERREDA, «La construcción del Derecho Administrativo Europeo», *Scientia Iuridica*, tomo LVII, n.º 314, 2008, pp. 194 ss.; JEAN-BERNARD AUBY e JACQUELINE DUTHEIL DE LA ROCHÈRE, «Introduction générale», in JEAN-BERNARD AUBY e JACQUELINE DUTHEIL DE LA ROCHÈRE (dir.), *Droit Administratif Européen*, Bruxelas, 2007, pp. 3 ss. Mencione-se ainda o estudo pioneiro na doutrina portuguesa de FAUSTO DE QUADROS, *A Nova Dimensão do Direito Administrativo. O Direito Administrativo português na perspectiva comunitária*, Coimbra, 2001, pp. 22 ss. Para um enquadramento geral, ver JACQUES ZILLER, «Europeização do direito – do alargamento dos domínios do direito da União Europeia à transformação dos direitos dos Estados-Membros», in MARIA EDUARDA GONÇALVES e PIERRE GUIBENTIF (coord.), *Novos Territórios do Direito. Europeização, Globalização e Transformação da Regulação Jurídica*, Estoril, 2008, pp. 23 ss.

[3] Sobre o tema ver, por exemplo, SABINO CASSESE, «Il diritto amministrativo globale: una introduzione», *Rivista Trimestrale di Diritto Pubblico*, 2, 2005, pp. 331 ss.; RICHARD

que o direito administrativo europeu tem-se desenvolvido não como uma «construção de conjunto», mas como «um conjunto de soluções descobertas incrementalmente»[4].

A escolha do tema para homenagear o Professor DIOGO FREITAS DO AMARAL, Administrativista sempre atento aos novos fenómenos que vão surgindo no ramo do direito que mais tem cultivado, baseou-se na convicção de que tal tema, na sua aparente tecnicidade, é particularmente ilustrativo da identidade da própria UE, cuja definição, como se sabe, não é tarefa fácil.

Por aqui se começará (2.), recordando liminarmente que a UE não é um Estado, desde logo porque lhe falta o atributo essencial mais notório da estadualidade, ou seja, a força coactiva legítima (forças armadas, polícias) – embora isso não signifique que se encontra privada de poder sancionatório sobre os Estados-Membros[5]. Analisa-se seguidamente os termos em que a União exerce a função legislativa (3.) e o modo como é executada a sua legislação, pela Administração Pública da própria UE e sobretudo pelas administrações nacionais (4.). É este, de resto, o contexto dos fenómenos que o presente estudo pretende percorrer: a europeização dos direitos administrativos dos Estados-Membros (5.), o carácter compósito e multinivelado da Administração Pública da UE (6.) e, em especial, a eficácia transnacional dos actos administrativos dos Estados-Membros (7.) – ilustrada com dois «estudos de caso»: o dos diplomas, certificados e outros títulos de formação profissional (8.) e o dos vistos uniformes emitidos a nacionais de determinados Estados terceiros para estadas de curta duração na UE (9.). Tudo isto permitirá chegar a conclusões quanto à natureza estadual ou não do direito administrativo europeu (10.).

B. STEWART, «Il diritto amministrativo globale», *Rivista Trimstrale di Diritto Pubblico*, 3, 2005, pp. 633 ss.; na doutrina portuguesa recente ver RAVI AFONSO PEREIRA, «O direito comunitário posto ao serviço do direito administrativo – uma leitura da jurisprudência do STA sobre reposição de ajudas comunitárias», *Boletim da Faculdade de Direito da Universidade de Coimbra*, vol. LXXXI, 2005, pp. 676-682.

[4] Assim, JEAN-BERNARD AUBY e JACQUELINE DUTHEIL DE LA ROCHÈRE, «Introduction générale», cit. na nota 2, p. 19.

[5] Sobre o tema ver MARIA JOSÉ RANGEL DE MESQUITA, *O Poder Sancionatório da União e das Comunidades Europeias sobre os Estados-Membros*, Coimbra, 2006.

2. Sobre a identidade da União Europeia

2.1. A UE assenta numa associação voluntária de actualmente vinte e sete Estados-Membros, os quais mantêm na íntegra o monopólio da coacção ou violência legítima, assim como o estatuto de sujeitos primordiais de direito internacional. A presença de alguns deles na cena internacional é, de resto, multissecular e em determinadas épocas foi-o na qualidade de superpotência[6].

Por outro lado, distinguindo-a ainda da generalidade das federações, o pacto fundador da UE consiste não numa constituição *proprio sensu* mas basicamente em dois tratados de direito internacional – o Tratado da União Europeia (TUE), assinado em Maastricht a 7 de Fevereiro de 1992, e o Tratado sobre o Funcionamento da União Europeia (TFUE), assinado com a denominação originária de Tratado da Comunidade Económica Europeia em Roma, a 25 de Março de 1957 – sucessivamente revistos, por último pelo Tratado de Lisboa, assinado a 13 de Dezembro de 2007 e entrado em vigor em 1 de Dezembro de 2009.

São no entanto tratados com características muito próprias no que toca tanto ao seu impacto jurídico, como ao quadro institucional e ao sistema de fontes de direito que estabelecem. Para designar tais características, bem como o processo evolutivo no âmbito do qual elas se vêm acentuando, tornou-se comum, como é sabido, o termo expressivo "constitucionalização"[7].

---

[6] Ver por último Luis María Díez-Picazo, *La Naturaleza de la Unión Europea*, Madrid, 2009, pp. 90-91, onde se salienta que os Estados-Membros «gozam do poder de auto-organização, delimitam o seu próprio território e a sua própria nacionalidade, determinando por esta via o território e a cidadania da União Europeia; e sobretudo, só eles dispõem da faculdade de coacção sobre os particulares. A isso há a acrescentar que a União Europeia nunca poderia forçar a permanência de um Estado-Membro que, mesmo não respeitando o preceituado pelo direito internacional, decidisse abandoná-la». A este propósito, cf. também as observações de Jean-Victor Louis, «Postface – le droit communautaire, cinquante ans après», in Paul Magnette e Anne Weyembergh (ed.), *L'Union européenne: la fin d'une crise?*, Bruxelas, 2008, p. 223, e de Sabino Cassese, *Lo spazio giudiziario globale*, Roma, 2003, pp. 29 ss.

[7] Para uma perspectiva recente ver Mario P. Chiti, *Diritto Amministrativo Europeo*, 3.ª edição, Milão, 2008, pp. 49 ss., sem esquecer o estudo seminal de Joseph Weiler, «The Transformation of Europe», *The Yale Law Journal*, vol. 100, 1991, pp. 2405 ss.; ver também do mesmo autor *The Constitution of Europe*, Cambridge, 1999.

2.2. Tentando definir positivamente a União, logo em 1963 o Tribunal de Justiça criado pelo Tratado de Roma com a transcendente função de garantir «o respeito do direito na interpretação e aplicação do presente Tratado» caracterizava – naquele que é, porventura, o seu acórdão mais famoso entre os vários milhares que até hoje proferiu (o acórdão Van Gend & Loos contra Administração fiscal neerlandesa[8]) – a então Comunidade Económica Europeia (de apenas seis membros) em termos que ainda hoje mantêm alguma actualidade: trata-se de «uma nova ordem jurídica de direito internacional a favor da qual os Estados limitaram, ainda que em domínios restritos, os seus direitos soberanos, e cujos sujeitos são não só os Estados-Membros, mas também os seus nacionais».

Hoje essa ordem jurídica autonomizou-se largamente em relação ao direito internacional, estando bem mais perto de uma ordem jurídica de direito interno, desde logo por a parte mais substancial do vastíssimo corpo normativo que a integra reger directamente comportamentos dos particulares e funcionar como critério de decisão aplicável aos casos concretos pelos tribunais dos Estados-Membros.

Por outro lado, enquanto à data do acórdão Van Gend & Loos o âmbito material do Tratado de Roma se circunscrevia ao estabelecimento de um mercado comum e, portanto, essencialmente ao domínio da integração económica – podendo caracterizar-se como um «ordenamento particular de fins determinados»[9] –, actualmente tal âmbito encontra-se radicalmente ampliado. Nele cabem inclusive a segurança interna, a administração da justiça e até, embora mais embrionariamente, a política externa e de defesa.

Quando, no início da última década do século XX, o TJ voltou a pronunciar-se sobre as características da ordem jurídica da UE, continuou a qualificá-la como derivando da limitação dos direitos soberanos dos Estados-Membros. Mas a expressão «ainda que em domínios restritos» foi significativamente substituída pela expressão «em domínios cada vez mais vastos»[10], colocando-se em consonância com uma significativa parte

---

[8] Acórdão de 5 de Fevereiro de 1963, processo 26/62, *Colectânea da Jurisprudência do Tribunal de Justiça das Comunidades Europeias (Colect.)* 1962-1964, pp. 205 ss.

[9] Cf., por exemplo, Massimo Severo Giannini, «Profili di un diritto amministrativo delle Comunità Europee», texto de 14 de Abril de 1967, republicado na *Rivista Trimestrale di Diritto Amministrativo*, 4, 2003, pp. 982 ss.

[10] Ver o Parecer 1/91, de 14 de Dezembro de 1991, sobre o projecto de acordo relativo à criação do Espaço Económico Europeu, *Colect. 1991*, p. I-6079, n.º 21.

Em Homenagem ao Professor Doutor Diogo Freitas do Amaral

da doutrina que já vê a UE como um poder político e um ordenamento jurídico de fins gerais[11].

2.3. Na actualidade, a UE é simultaneamente uma União Aduaneira, uma União Económica e Monetária, onde circula uma moeda única, e um espaço de fronteiras internas abertas e de fronteiras externas unificadas, onde se pode circular como se circula no interior de um só Estado, isto é, sem sujeição a controlos fronteiriços[12] e onde as polícias e as autoridades judiciárias vão ficando em rede (o chamado espaço de liberdade, segurança e justiça). Além disso, vigora na União uma cidadania própria – que «acresce à cidadania nacional e não a substitui», como o TUE, no artigo 9.º, e o TFUE, no artigo 20.º, fazem questão de clarificar –, da qual decorrem, para «qualquer pessoa que tenha a nacionalidade de um Estado-Membro», não só o direito de residir e exercer uma profissão no território de qualquer Estado-Membro, mas também determinados direitos de participação política e de protecção diplomática (artigos 21.º a 24.º do TFUE).

Entre as prerrogativas soberanas que os Estados-Membros voluntariamente limitaram, pondo-as em comum, contam-se algumas tão essenciais como a de cunhar moeda, o *jus includendi et excludendi* e o *jus puniendi*, sem com isso afectar, como já se referiu, o seu monopólio da violência legítima.

Noutra perspectiva, a União combina de uma maneira muito original características de uma confederação – por o seu aparelho político-institucional não chegar a ser autónomo em relação aos Estados-Membros, continuando, portanto, o poder político real a pertencer decisivamente ao conjunto deles – e características de uma federação – por o direito da União se relacionar com os direitos nacionais em termos plenamente assimi-

---

[11] Neste sentido, ver por exemplo STEFFANO BATTINI, apresentação de «Profili di un diritto amministrativo europeo delle Comunità Europee» de MASSIMO SEVERO GIANNINI, cit., p. 981; LUÍS FILIPE COLAÇO ANTUNES, *O Direito Administrativo sem Estado. Crise ou Fim de um Paradigma?*, Coimbra, 2008, p. 46.

[12] É certo que nem a moeda única circula em toda a UE, nem a totalidade do seu território constitui um espaço de fronteiras internas abertas. Em ambos os casos, há Estados-Membros que negociaram o direito de ficar fora e Estados-Membros que, pretendendo embora participar em tais domínios de integração, ainda não reúnem as condições necessárias para o efeito. Em contrapartida, no espaço de fronteiras internas abertas, estão integrados Estados que não são membros da UE, a saber, a Islândia, a Noruega, a Suíça e o Liechtenstein; ver infra.

A *Eficácia Transnacional dos Actos Administrativos dos Estados-Membros* ... 591

láveis aos federais, dispondo de primado sobre aqueles[13]. Nas palavras de WEILER, este federalismo ou «supranacionalismo normativo» tem coexistido com um considerável grau de controlo mantido pelos Estados-Membros sobre o processo de tomada de decisão política da UE – sem prejuízo, no entanto, das atenuações trazidas pela generalização progressiva da regra da votação por maioria qualificada no Conselho (artigo 16.º, n.º 3, do TUE) e do surgimento de novos actores políticos para além dos Estados-Membros[14].

O Tratado de Lisboa não pretendeu aparentemente mitigar tal controlo. Com efeito, não só reforçou o papel do Conselho Europeu – órgão que, representando ao mais alto nível os Estados-Membros no sistema político da UE e pronunciando-se por consenso, dá a esta «os impulsos necessários ao seu desenvolvimento» e define as suas «orientações e prioridades políticas gerais» (artigo 15.º do TUE) – como enfraqueceu a independência da Comissão Europeia – órgão encarregado de promover o interesse geral da União e de controlar a aplicação do direito desta (artigo 17.º do TUE)[15].

2.4. Perceber-se-á, assim, reflexamente que as características constitucionais da União vêm produzindo um forte efeito de mutação sobre a identidade dos Estados-Membros – que, por isso mesmo, muito se diferenciam daquilo que eram quando voluntariamente aderiram ao «projecto europeu». Tal como foi observado recentemente na doutrina portuguesa, «a abertura à construção e aprofundamento da União Europeia representa uma transformação radical do paradigma de Estado Constitucional e da própria estadualidade» dos seus membros[16]. Mais concreta-

---

[13] Sobre o tema ver por último DIOGO FREITAS DO AMARAL e NUNO PIÇARRA, «O Tratado de Lisboa e o princípio do primado do direito da União Europeia: uma "evolução na continuidade"», *Revista de Direito Público*, n.º 1, 2009, pp. 9 ss. Ver também ALESSANDRA SILVEIRA, «Constituição, Ordenamento e Aplicação de Normas Europeias e Nacionais», *Polis*, n.º 17, 2008, pp. 76 ss.

[14] Cf. «The transformation of Europe», cit., *maxime* pp. 2428 e 2472; MIGUEL POIARES MADURO, *A Constituição Plural – Constitucionalismo e União Europeia*, Cascais, 2006, pp. 342-343.

[15] Para maiores desenvolvimentos, ver MICHAEL DOUGAN, «The Treaty of Lisbon: Winning Minds, not Hearts», *Common Market Law Review*, vol. 45, 2008, pp. 692 ss.; «An ever mighty European Council – Some recent institutional developments», Editorial Comments, *Common Market Law Review*, vol. 46, 2009, *maxime* p. 1391.

[16] Assim, J. J. GOMES CANOTILHO e VITAL MOREIRA, *Constituição da República Portuguesa Anotada*, vol. I, 4.ª edição, Coimbra, 2007, p. 243.

Em Homenagem ao Professor Doutor Diogo Freitas do Amaral

mente, pelas razões apontadas, os elementos clássicos da estadualidade, desde o povo, ao poder político e ao território já não se configuram, nos Estados-Membros da União, como se configuravam antes do arranque do processo de integração europeia[17].

Sob outro ponto de vista, mas em estreita ligação com estes aspectos, observou-se também com toda a pertinência que a União, de algum modo, «revive o que foi a ordem institucional europeia entre 1400 e 1700, antes da era do nacionalismo – a ordem dos Estados ordenamentos gerais não excludentes mas comunicantes entre si»[18]. Trata-se, aliás, de uma observação em certa medida baseada no fenómeno da eficácia transnacional que produzem muitos dos actos de autoridade praticados pelos competentes órgãos dos Estados-Membros.

Apenas há a acrescentar neste contexto – e com isso se evidencia outra característica muito própria da União – que alguns Estados-Membros, com o Reino Unido à cabeça, têm resistido a esse efeito de mutação. Por isso, negociaram um estatuto de excepção no seio dela, adquirindo o direito de «ficar fora», porventura a título temporário, da moeda única e do espaço de fronteiras internas abertas, como já se referiu atrás[19], sem prejuízo de, com o Tratado de Lisboa, ter passado a constar expressamente do pacto fundador da UE o direito de qualquer Estado-Membro dela se retirar, «em conformidade com as respectivas normas constitucionais» (artigo 50.º do TUE).

---

[17] Cf., por último, Francisco Balaguer Callejón, «El Tratado de Lisboa en el diván. Una reflexión sobre estatalidad, constitucionalidad y Unión Europea», *Revista Española de Derecho Constitucional*, n.º 83, 2008, p. 70.

[18] Assim Andrea Manzella, «La ripartizione di competenze tra Unione Europea e Stati membri», *Quaderni costituzionali*, n.º 3, 2000, p. 535.

[19] Ver, respectivamente, Protocolo anexo ao TUE e ao TFUE relativo a certas disposições relacionadas com o Reino Unido da Grã-Bretanha e da Irlanda do Norte, nos termos do qual este Estado-Membro «não será obrigado a adoptar o Euro, a menos que notifique o Conselho de que tenciona fazê-lo» (n.º 1), e o Protocolo anexo ao TUE e ao TFUE relativo à aplicação de certos aspectos do artigo 26.º do Tratado sobre o Funcionamento da União Europeia ao Reino Unido e à Irlanda, nos termos do qual ambos ficam habilitados a exercer controlos de pessoas nas suas fronteiras com os outros Estados-Membros mediante reciprocidade. Sobre o tema ver por último Maria Fletcher, «Schengen, the European Court of Justice and Flexibility Under the Lisbon Treaty: Balancing the United Kingdom 'Ins' and 'Outs'», *European Constitutional Law Review*, n.º 5, 2009, pp. 71 ss., salientando que «as possibilidades de diferenciação trazidas pelo Tratado de Lisboa não têm paralelo na história da UE» (p. 95).

3. A função legislativa da União Europeia

A autolimitação dos direitos soberanos dos Estados-Membros traduziu-se concretamente na atribuição à UE de poderes tanto de natureza legislativa, como de natureza governamental, executiva ou administrativa e jurisdicional. Nos domínios em causa, a União exerce, pois, através de órgãos próprios, funções legislativas, de *indirizzo politico*, administrativas e jurisdicionais, embora em proporções muito díspares. Sem prejuízo do que se disse atrás, será difícil não ver na titularidade e no exercício pela UE de típicas funções do Estado um não menosprezável «traço de estadualidade».

Com base na análise da distribuição destas funções, alguns autores caracterizam a UE como «centrada na legislação» (*legislation-centred*), precisando que «a medida chave da competência da União é legislativa»[20], embora delimitada de acordo com o princípio da atribuição (artigo 5.º, n.º 2, do TUE). Isto significa que a UE, muito longe de poder «fazer leis sobre todas as matérias», só pode legislar na medida em que uma base jurídica específica do TUE ou do TFUE, num domínio precisamente determinado, lho consinta[21].

Importa realçar que, dentre a legislação aprovada pelos competentes órgãos da UE[22], avultou durante muito tempo aquela que se situa no âmbito do direito administrativo da economia. Isto porque a União tem como núcleo originário o estabelecimento de um mercado comum que evoluiu, como já foi referido, para uma união económica e monetária.

---

[20] Assim, por todos, NEIL WALKER, «In search of the Area of Freedom, Security and Justice: A Constitutional Odyssey», in NEIL WALKER (edit.), *Europe's Area of Freedom, Security and Justice*, Oxford, 2004, p. 21.

[21] Cf por último JACQUES ZILLER, *Les nouveaux traités européens: Lisbonne et après*, Paris, 2008, p. 58.

[22] Sobre a reconfiguração do legislador da UE operada pelo Tratado de Lisboa, ver WIM VOERMANS, «Is the European Legislator after Lisbon a *real* Legislature?», *Legislação*, n.º 50, 2009, pp. 391 ss., que conclui ter este tratado substituído, por um lado, um conjunto heterogéneo de procedimentos – que nalguns casos envolviam o Conselho e o Parlamento Europeu e noutros, não – por um legislador (o Conselho e o Parlamento, participando em pé de igualdade num procedimento legislativo uniforme, desencadeado por proposta da Comissão), e, por outro lado, reforçado o envolvimento dos parlamentos nacionais neste procedimento, com vista a sedimentar a ideia de que «a legislação europeia começa nos próprios Estados-Membros e não em Bruxelas» (pp. 412-413). Na doutrina portuguesa, ver por último AFONSO PATRÃO, «O direito derivado da União Europeia à luz do Tratado de Lisboa», *Revista Temas de Integração*, n.º 26, 2008, pp. 146-150.

594   *Em Homenagem ao Professor Doutor Diogo Freitas do Amaral*

Disso mesmo dava lapidarmente conta, em 1971, o juspublicista alemão OTTO BACHHOF, ao afirmar que «o direito da União Europeia é, na sua essência, direito administrativo e, muito em especial, direito administrativo da economia»[23].

Ainda hoje, grande parte da legislação aprovada pela União continua a ser de natureza administrativa, situando-se no domínio de vários outros direitos administrativos especiais, para além do da economia, como o direito do ambiente, o direito da segurança social, ou o direito da saúde pública – o que testemunha o progressivo alargamento da competência da União a muitos domínios não económicos. Além disso, para poder manter-se e desenvolver-se na actualidade também como espaço de fronteiras internas abertas e de fronteiras externas unificadas, a União tem necessidade de se expandir para novos direitos administrativos especiais como o direito da imigração, que rege a entrada, a permanência e o afastamento dos estrangeiros (nacionais de países terceiros) nesse espaço, ou o direito da cooperação policial. Por tudo isso, há quem continue a considerá-la como uma União de direito administrativo[24].

Todavia, não pode ignorar-se que também o direito penal e o direito processual penal caíram sob a alçada da UE, o mesmo sucedendo, em certa medida, com o direito civil e o direito processual civil, essencialmente em consequência do desenvolvimento da União como espaço de liberdade, segurança e justiça, onde se circula como no interior de um Estado[25].

4. A função administrativa da União Europeia

4.1. A análise da função administrativa exercida pela própria UE não deixa de confirmar reflexamente a centralidade que, no âmbito dela, mantém a função legislativa[26].

---

[23] Citado *apud* FAUSTO DE QUADROS, *A Nova Dimensão do Direito Administrativo*, cit., p. 11.

[24] Assim, JÜRGEN SCHWARZE, *Droit administratif européen*, 2.ª edição, Bruxelas, 2009, *maxime* p. 8.

[25] Ver respectivamente os artigos 82.º a 84.º e 81.º do TFUE. Cf. também JACQUES ZILLER, «Europeização do direito – do alargamento dos domínios do direito da União Europeia à transformação dos direitos dos Estados-Membros», cit., pp. 24 ss.

[26] Sem prejuízo do que adiante (5.1, *in fine*) se refere acerca do contributo decisivo da jurisprudência do TJ para a configuração do ordenamento jurídico da UE e para a concretização do conteúdo normativo da legislação da UE.

De acordo com os tratados da União, a execução da legislação aprovada pelos competentes órgãos desta cabe primordialmente às administrações públicas dos Estados-Membros, que podem, por isso mesmo, designar-se por executoras comuns do direito da União. O aparelho administrativo próprio da União está *a priori* confinado ao estatuto de executor especializado, tanto através de actos normativos como de actos individuais e concretos[27], das parcelas da legislação da UE enumeradas pelos tratados constitutivos (concorrência, defesa comercial, auxílios estatais, fundos estruturais, estatuto dos funcionários públicos europeus).

Os Estados-Membros dispõem, por conseguinte, de um poder-dever geral de execução do direito da União. É o que resulta, desde logo, do artigo 4.º, n.º 3, segundo parágrafo, do TUE, nos termos do qual «os Estados-Membros tomam todas as medidas gerais ou específicas para garantir a execução das obrigações decorrentes dos Tratados ou resultantes de actos das instituições da União». Além disso, na redacção que lhe foi dada pelo Tratado de Lisboa, o artigo 291.º, n.º 1, do TFUE explicita que «os Estados-Membros tomam todas as medidas de direito interno necessárias à execução dos actos juridicamente vinculativos da União»[28].

No entanto, «quando sejam necessárias condições uniformes de execução dos actos juridicamente vinculativos da União», o artigo 291.º, n.º 2, determina que esses mesmos actos «conferirão competências de execução à Comissão ou, em casos específicos devidamente justificados (...), ao

---

[27] Sobre o tema ver Maria Luísa Duarte, *Direito Administrativo da União Europeia*, cit., pp. 121 ss.; Saverio Sticchi Damiani, «Riflessioni sulla nozione di atto amministrativo comunitario dopo la tipizzazione degli "atti di esecuzione"», *Rivista Italiana di Diritto Pubblico Comunitário*, 2007, pp. 1197 ss.; Ricardo Alonso García, «El acto administrativo comunitário: imprecisión normativa, y luces y sombras al respecto en la doctrina del Tribunal de Justicia», in Colaço Antunes e Sáinz Moreno (coord.) *Colóquio Luso-Espanhol: O Acto no Contencioso Administrativo, Tradição e Reforma*, Coimbra, 2005, pp. 43 ss.; Fausto de Quadros, «O acto administrativo comunitário», ibidem, pp. 63 ss.; Colaço Antunes, «Um tratado francês lido em alemão? O acto administrativo no direito comunitário e na sua jurisprudência», *ibidem*, pp. 75 ss.

[28] Percebe-se neste contexto a afirmação de Bocanegra Sierra e García Luengo, «Los actos administrativos transnacionales», cit., p. 26, segundo a qual o desenvolvimento da figura jurídica do acto administrativo transnacional tem sobretudo a ver com o princípio da subsidiariedade e com a reduzida capacidade de actuação da administração directa da UE. É de recordar a este propósito que já o Tratado da Comunidade Europeia do Carvão e do Aço continha uma disposição expressa a este propósito, nos termos da qual «as instituições da Comunidade» exerceriam as actividades cometidas pelo tratado «com um aparelho administrativo reduzido» (artigo 5.º, último parágrafo).

596 Em Homenagem ao Professor Doutor Diogo Freitas do Amaral

Conselho»[29]. Só que, o exercício dessas competências de execução pela Comissão, determinado caso a caso pelo legislador da UE, no respeito dos princípios da subsidiariedade e da proporcionalidade, não deixa de ficar sujeito ao controlo dos Estados-Membros, através da associação de representantes das suas administrações, em comités criados junto da Comissão, à elaboração dos actos de execução. As regras e princípios gerais aplicáveis a estes procedimentos comummente denominados de «comitologia» constam actualmente da Decisão 1999/468/CE do Conselho, de 28 de Junho de 1999, na redacção que lhe foi dada pela Decisão 2006/512/CE, de 17 de Julho[30]. Porém, o novo artigo 291.º, n.º 3, manda que tais regras e princípios gerais constem de «regulamentos adoptados de acordo com o processo legislativo ordinário» pelo Parlamento Europeu e pelo Conselho.

A «comitologia» constitui, pois, o modo de associar os Estados-Membros ao exercício de um poder que normalmente lhes cabe, nos casos em que tal poder deva, pelas razões indicadas pelo próprio artigo 291.º, n.º 2, do TFUE, transitar para o nível da União[31].

4.2. Tudo isto concorre para que, através de uma espécie de desdobramento funcional, cada uma das administrações nacionais tenha passado a integrar a chamada administração indirecta da UE, com todo o efeito de mutação que tal acarreta para elas – e que vai da amplificação

---

[29] Salientando a «mudança radical» que esta solução, introduzida pelo Tratado de Lisboa, representa face à anterior solução constante do Tratado de Roma – que fazia do Conselho o titular da competência de execução a nível da UE, nos termos dos anteriores artigos 202.º, terceiro travessão, e 211.º, quarto travessão –, ver Jean-Paul Jacqué, «Introduction: pouvoir législatif et pouvoir exécutif dans l'Union européenne», in Jean-Bernard Auby e Jacqueline Dutheil de la Rochère, *Droit Administratif Européen*, cit. p. 34. Cf. também Afonso Patrão, «O direito derivado da União Europeia à luz do Tratado de Lisboa», cit., p. 161, defendendo a justo título que, por força do Tratado de Lisboa, passa a ser a Comissão, e não o Conselho, o titular da competência de execução dos actos legislativos europeus, sempre que, devido a exigências de aplicação uniforme desses actos, tal competência deva ser exercida a nível da UE e não a nível dos Estados-Membros.

[30] A versão consolidada da Decisão 1999/468/CE encontra-se publicada no *Jornal Oficial da União Europeia (JO)* C 255, de 21-10-2006, p. 4.

[31] Sobre a «comitologia», ver recentemente Olivier Dubos e Marie Gautier, «Les actes communautaires d'exécution», in Jean-Bernard Auby e Jacqueline Dutheil de la Rochère, *Droit Administratif Européen*, cit. pp. 137 ss.; Paul Craig, *EU Administrative Law*, Oxford, 2006, pp. 99 ss.

A Eficácia Transnacional dos Actos Administrativos dos Estados-Membros ... 597

material das suas tarefas à reconfiguração do âmbito de eficácia territorial dos seus actos, passando pela complexificação dos seus procedimentos decisórios e dos mecanismos de controlo a que ficam sujeitas[32]. Mas o efeito de mutação apontado não se esgota, nem poderia esgotar-se, neste âmbito. Na realidade, se, por força dos tratados constitutivos, as administrações públicas dos Estados-Membros se tornam também uma espécie de administrações comuns da UE – cabendo-lhes, por conseguinte, um papel primordial na execução do direito de fonte europeia –, é bom de ver que o bloco de legalidade material e procedimental que as rege não pode deixar de sofrer consideráveis adaptações, em função das necessidades de uma adequada execução daquele direito e da devida tutela do interesse público europeu[33].

4.3. A nova competência em matéria de cooperação administrativa, atribuída à União pelo Tratado de Lisboa (artigo 197.º do TFUE), completa de algum modo o enquadramento do tema em análise. Dado que «a execução efectiva do direito da União pelos Estados-Membros, essencial para o bom funcionamento da União», passa a ser expressamente «considerada matéria de interesse comum», é atribuída à UE competência para «apoiar os esforços dos Estados-Membros para melhorar a sua capacidade administrativa de dar execução ao direito da União», facilitando designadamente o intercâmbio de informações e de funcionários e apoiando programas de formação.

A este propósito, o novo artigo 197.º esclarece, por um lado, que nenhum Estado é obrigado a recorrer a tal apoio. E esclarece, por outro lado, que a cooperação administrativa assim prevista em termos transversais em nada poderá prejudicar «a obrigação dos Estados-Membros de darem execução ao direito da União, nem as prerrogativas e deveres da Comissão», nem evidentemente as cooperações administrativas específicas de determinados domínios, como a prevista pelo artigo 74.º do TFUE para o espaço de liberdade, segurança e justiça.

---

[32] Para maiores desenvolvimentos, ver PAULO OTERO, «A administração pública nacional como administração comunitária: os efeitos internos da execução administrativa pelos Estados-Membros do Direito Comunitário», *Estudos em Homenagem à Professora Isabel de Magalhães Collaço*, vol. I, Coimbra, 2002, pp. 821 ss.; JÜRGEN SCHWARZE, *Droit administratif européen*, cit., pp. 29 ss.

[33] Para maiores desenvolvimentos, ver por exemplo EDOARDO CHITI e CLAUDIO FRANCHINI, *L'Integrazione Amministrativa Europea*, Bolonha, 2003, pp. 91 ss.

598 *Em Homenagem ao Professor Doutor Diogo Freitas do Amaral*

Como melhor se verá adiante, é neste espaço de fronteiras internas abertas e com amplo lugar para os actos administrativos transnacionais que tal cooperação é mais indispensável. Confirma-o o facto de, anteriormente à entrada em vigor do Tratado de Lisboa, a previsão da cooperação administrativa se circunscrever a esse espaço (antigo artigo 66.º do Tratado de Roma).

5. A europeização dos direitos administrativos dos Estados-Membros

5.1. É precisamente no contexto da execução do direito da União que a doutrina vem falando de uma europeização dos direitos administrativos nacionais, na acepção de modelação ou conformação destes, antes de mais ao nível dos princípios, pelo próprio direito da UE[34]. Os «impulsos europeizantes» decisivos têm sido dados menos pela via legislativa do que através da jurisprudência do Tribunal de Justiça (TJ), em estreito diálogo e articulação com os tribunais dos Estados-Membros – e naturalmente sem fazer tábua rasa dos próprios princípios vigentes nos ordenamentos nacionais.

É oportuno recordar que, da mesma forma que as administrações nacionais se desdobram funcionalmente em administrações comuns da UE, assim, simetricamente, os tribunais nacionais se desdobram em tribunais comuns da mesma, papel para cujo desempenho contam com a cooperação do TJ no quadro da via processual denominada reenvio prejudicial, actualmente prevista pelo artigo 267.º do TFUE e também pelo artigo 19.º, n.º 3, alínea *b)*, do TUE. Como se sabe, este meio processual, juntamente com a acção por incumprimento prevista pelos artigos 258.º

---

[34] Cf. João Caupers, *Introdução ao Direito Administrativo*, 10.ª edição, Lisboa, 2009, pp. 58-59; Ravi Afonso Pereira, «O direito comunitário posto ao serviço do direito administrativo – uma leitura da jurisprudência do STA sobre reposição de ajudas comunitárias», cit., p. 682 ss.; Marcelo Rebelo de Sousa e André Salgado de Matos, *Direito Administrativo Geral – Introdução e princípios fundamentais*, tomo I, 2.ª edição, Lisboa, 2006, p. 65. Segundo Fausto de Quadros, «A europeização do contencioso administrativo», *Estudos em Homenagem ao Professor Doutor Marcello Caetano no centenário do seu nascimento*, vol. I, Lisboa, 2006, p. 402, o direito administrativo é o ramo que mais tem sofrido esse impacto, através da penetração do direito comunitário no seu interior. Para uma perspectiva geral no caso português, ver Afonso D'Oliveira Martins, «A europeização do direito administrativo português», *Estudos em Homenagem a Cunha Rodrigues*, vol. 2, Coimbra, 2001, pp. 999 ss.

a 260.º do TFUE, tem permitido ao TJ desempenhar funções semelhantes ao de um supremo tribunal federal, através do controlo da compatibilidade do direito dos Estados-Membros com o «*higher law*» constituído pelo direito da UE e da neutralização de todas as normas e actos jurídicos nacionais que se revelarem incompatíveis com este último[35].

Para dar apenas um exemplo recente e particularmente frisante do peso da jurisprudência nos «impulsos europeizantes» assinalados, no acórdão prejudicial de 13 de Janeiro de 2004, o TJ interpretou o princípio da cooperação leal decorrente do actual artigo 4.º, n.º 3, do TUE, já citado (anterior artigo 10.º do Tratado de Roma) no sentido de que, sob determinadas condições, ele impõe aos órgãos administrativos nacionais o reexame e a revogação das suas decisões definitivas, a fim de terem em conta a posterior interpretação das disposições pertinentes de direito da União efectuada pelo TJ[36].

---

[35] Para maiores desenvolvimentos, ver Diogo Freitas do Amaral e Nuno Piçarra, «O Tratado de Lisboa e o princípio do primado do direito da União Europeia: uma "evolução na continuidade"», cit., especialmente pp. 17-18.

[36] Acórdão proferido no processo Kühne & Heitz NV contra Productschap voor Pluimvee en Eieren, C-453/00, *Colect. 2004*, p. I-837, n.º 27. As condições em que um órgão administrativo, ao qual foi apresentado um pedido nesse sentido, é obrigado pelo artigo 4.º, n.º 3, do TUE a reexaminar e a revogar uma decisão administrativa definitiva para ter em conta a interpretação da disposição pertinente feita pelo TJ são as seguintes (n.º 28): (i) tal órgão dispõe, segundo o direito nacional, do poder de revogação da decisão; (ii) a decisão tornou-se definitiva em consequência de acórdão de um órgão jurisdicional nacional que decidiu em última instância; (iii) o referido acórdão fundamenta-se numa interpretação do direito da UE que se vem a revelar errada face à jurisprudência posterior do TJ, sem que a este tribunal tivesse sido submetida nenhuma questão prejudicial obrigatória nos termos do terceiro parágrafo do artigo 267.º do TFUE; (iv) o interessado dirigiu-se ao órgão administrativo imediatamente depois de ter tido conhecimento da nova jurisprudência do TJ. Em ulterior acórdão, de 12 de Fevereiro de 2008, proferido no processo Willy Kempter KG contra Hauptzollamt Hamburg-Jonas, C-2/06, n.ºs 56 e 59, o TJ veio precisar que a quarta condição enumerada no acórdão anteriormente citado não pode ser interpretada como obrigação de apresentar o pedido de reexame em causa num determinado prazo após o requerente ter tido conhecimento da jurisprudência do TJ na qual o pedido se baseou. Segundo o mesmo acórdão, os Estados-Membros podem porém exigir, em nome do princípio da segurança jurídica, que o pedido de reexame e de revogação de uma decisão administrativa, que se tornou definitiva mas é contrária ao direito da UE tal como interpretado posteriormente pelo TJ, seja apresentado à administração competente num prazo razoável. Sobre o acórdão Kühne & Heitz, ver com desenvolvimento Fausto de Quadros, «A europeização do contencioso administrativo», cit., pp. 397 ss., que o refere como exemplo de conformação de caso administrativo decidido com direito da UE posterior; ver também Alessandra Silveira, op. cit., pp. 81 ss.

600 Em Homenagem ao Professor Doutor Diogo Freitas do Amaral

Pode adiantar-se a este propósito que, num dos exemplos escolhidos para ilustrar a eficácia transnacional dos actos administrativos dos Estados-Membros – e que se reporta aos diplomas, certificados e outros títulos de formação profissional –, os contornos jurídicos dessa mesma eficácia foram também estabelecidos, no essencial, por via jurisprudencial. Trata-se, de resto, de exemplos bem ilustrativos do facto incontestável de que o sistema jurídico da União está mais próximo de um tradicional sistema de *common law* ou de matriz anglo-americana do que de um sistema de *civil law* ou de matriz romano-germânica[37].

5.2. A europeização dos direitos administrativos nacionais na acepção aqui tomada foi impressivamente sintetizada pelo juspublicista alemão EBERHARD SCHMIDT-ASSMANN nos seguintes termos:

> «o direito da organização administrativa e a teoria das fontes do direito, as formas jurídicas da actividade administrativa, a teoria das invalidades do acto administrativo, os princípios gerais, o procedimento administrativo e a concepção de tutela jurídico-administrativa entraram todos no campo gravitacional do direito administrativo da União Europeia»[38].

Perante isto, há autores que vão ao ponto de considerar os direitos administrativos dos Estados-Membros como «direito europeu concretizado» – e concretizado, antes de mais, em função da plena efectividade do direito europeu nos ordenamentos jurídicos estaduais[39].

---

[37] Salientando o peso da jurisprudência na conformação do ordenamento jurídico da UE, ver recentemente COLAÇO ANTUNES, *O Direito Administrativo sem Estado. Crise ou Fim de um Paradigma?*, cit., *maxime* p. 117; JOÃO CAUPERS, op. cit., p. 58, e VASSILI CHRISTIANOS, «Prolegomènes: "entité doctrinale européenne" ou auteurs à titre individuel?», in FABRICE PICOD (ed.) *Doctrine et droit de l'Union européenne*, Bruxelas, 2009, p. 13. Cf. igualmente MARCOS CERREDA, op. cit., p. 204, recordando, por seu lado, as «notáveis identidades» entre o nascimento e evolução do direito administrativo europeu e o processo de formação do direito administrativo francês, também essencialmente obra jurisprudencial, não obstante ser inegável a matriz romano-germânica do correspondente ordenamento jurídico.

[38] Cf. *Das Allgemeine Verwaltungsrecht als Ordnungsidee. Grundlagen und Aufgaben der verwaltungsrechtlichen Systembildung*, 2.ª edição, Berlim, 2004, p. 34.

[39] Assim, VASCO PEREIRA DA SILVA, *O Contencioso Administrativo no Divã da Psicanálise – Ensaio sobre as Acções no novo Processo Administrativo*, Coimbra, 2005, p. 104, que salienta ser o fenómeno particularmente evidente no domínio do processo administrativo, identificando como um dos «capítulos» mais desenvolvidos do actual

A Eficácia Transnacional dos Actos Administrativos dos Estados-Membros ... 601

Como quer que seja, a explicitação dos princípios com base nos quais se vem processando a europeização dos direitos administrativos dos Estados-Membros é, em medida decisiva, obra do TJ que, para o efeito, recorre frequentemente aos ordenamentos dos próprios Estados-Membros – os quais se influenciam entre si e concorrem para influenciar o direito da União.

Uma vez adaptados ou modulados em função das exigências próprias do ordenamento da UE, tais princípios são reexpedidos para os ordenamentos nacionais enquanto impulsionadores da dita europeização. Recorrendo a metáforas, trata-se de um movimento em espiral e simultaneamente de uma fertilização cruzada.

6. O carácter compósito da Administração Pública da União Europeia

6.1. O facto de as administrações dos Estados-Membros se terem convertido em administrações comuns da UE dá inevitavelmente lugar, por um lado, a um relacionamento mais estreito entre todas elas e, por outro lado, a um relacionamento directo e bilateral de cada uma delas não só com a Comissão Europeia, entidade em que se concentra a administração directa da União, mas também com as diversas agências europeias que, surgidas sobretudo a partir do início da última década do século passado, já se contam por mais de duas dezenas[40].

Surgem assim formas de administração mista ou de co-administração, podendo falar-se com propriedade de uma progressiva colocação em rede destas administrações, unidas pela circunstância de integrarem, em última análise, a Administração Pública europeia. Sem prejuízo das hierarquias existentes no interior de cada uma delas, o seu relacionamento recíproco processa-se sobretudo na base da cooperação ou colaboração entre iguais[41].

---

direito administrativo europeu o direito cautelar em matéria de contratos públicos (p. 111). Cf. também João Caupers, op. cit., p. 60.

[40] Para uma perspectiva actualizada das agências europeias e do seu papel, ver por último Mário Chiti, *Diritto Amministrativo Europeo*, cit., pp. 367 ss., e Paul Craig, *EU Administrative Law*, cit., pp. 143 ss.

[41] Para maiores desenvolvimentos, ver Sabino Cassese, «Le reti come figura organizzativa della collaborazione», *Lo spazio giuridico globale*, cit., p. 21 ss.; Jean-Luc Sauron, «Les réseaux d'administrations communautaires et nationales», in Jean Bernard-Auby e Jacqueline Dutheil de la Rochère, *Droit Administratif Européen*, cit., pp. 283 ss.

602 *Em Homenagem ao Professor Doutor Diogo Freitas do Amaral*

Estes fenómenos são explicados em termos muito elucidativos também por EBERHARD SCHMIDT-ASSMANN através do recurso à noção de «união administrativa europeia» (*europäischer Verwaltungsverbund*), que o autor caracteriza do seguinte modo: «entre as instâncias administrativas da União e dos Estados-Membros desenvolve-se uma "união" (*Verbund*) de informação, acção e controlo que se pode designar por administração europeia e cuja estrutura fundamental é dualista». O mesmo autor salienta, no entanto, que os elementos básicos desta «união» continuam a ser as administrações dos Estados-Membros, embora consideravelmente metamorfoseadas.

De um ponto de vista organizatório, as administrações envolvidas mantêm-se autónomas, mas de um ponto de vista funcional tornam-se «organismos interdependentes», relativamente aos quais o conceito analítico de «sistema multinivelado» adquire um relevante valor explicativo[42]. Sob este prisma, que não é de resto o único, nem porventura o mais elucidativo do quanto as administrações estaduais marcam presença no direito administrativo europeu, torna-se difícil concordar com quem vê neste um caso paradigmático de direito administrativo sem Estado.

6.2. Na prática, tal como já se notou, é hoje dificilmente descortinável um domínio jurídico em que, na sequência da adopção de legislação europeia, não haja também lugar à tomada de decisões administrativas por parte da própria União[43]. Mas isto não basta para pôr em causa a conclusão de que (i) a UE continua a centrar-se na função legislativa e (ii) continuam a ser as administrações públicas dos Estados-Membros as principais responsáveis pela execução do direito da União, embora no quadro compósito que acaba de mencionar-se, em que avulta cada vez

---

[42] Cf. EBERHARD SCHMIDT-ASSMANN, «Einleitung: Der Europäische Verwaltungsverbund un die Rolle des Europäischen Verwaltungsrechts», in EBERHARD SCHMIDT-ASSMANN e BETTINA SCHÖNDORF-HAUBOLD, *Der Europäische Verwaltungsverbund – Formen und Verfahren der Verwaltungszusammenarbeit in der EU*, Tubinga, 2005, pp. 2 ss; ver também do mesmo autor *Das Allgemeine Verwaltungsrecht als Ordnungsidee. Grundlagen und Aufgaben der verwaltungsrechtlichen Systembildung*, cit., *maxime* p. 38 e p. 389; JACQUES ZILLER, «L'autorité administrative dans l'Union européenne», *EUI Working Paper Law* n.º 2004/14. Especificamente sobre o carácter multinivelado do direito administrativo europeu, ver SABINO CASSESE, «Il diritto amministrativo europeo presenta caratteri originali?», *Rivista Trimestrale di Diritto Pubblico*, 1, 2003, pp. 35 ss.

[43] Assim, EBERHARD SCHMIDT-ASSMANN, segunda op. cit. na nota anterior, p. 386.

mais a interdependência, a participação e a cooperação relativamente a outros complexos orgânico-administrativos, a começar pelo que pertence à própria UE[44].

Não podendo perder-se de vista que a autoridade administrativa compósita em apreço apenas é concebível no quadro do princípio do Estado de direito, também não poderá deixar de se reconhecer que nela vão implícitos alguns riscos face ao princípio da tutela jurisdicional efectiva dos particulares, corolário fundamental do primeiro princípio. O próprio TJ já pôs em evidência tais riscos, ao decidir por exemplo que as irregularidades de que padeça qualquer acto administrativo nacional obrigatoriamente integrado num procedimento que culmina num acto administrativo lesivo praticado pela Comissão Europeia «não podem, em caso algum», pôr em causa a validade deste último acto[45].

Trata-se seguramente de uma decisão problemática face àqueles princípios, por mais lógica que se afigure à luz de uma repartição de competências administrativas e jurisdicionais originariamente não pensada para o carácter compósito que entretanto assumiu a Administração Pública da UE.

---

[44] Tendo isto em conta, autores como Edoardo Chiti, «The Relationship between National Administrative Law and European Administrative Law in Administrative Procedures», in Jacques Ziller (ed.) *What's New in European Administrative Law?/Quoi de neuf en Droit Administratif européen?*, EUI Working Paper Law n.º 2005/10, p. 7, vão ao ponto de afirmar que a execução administrativa da legislação e das políticas da UE é «na actualidade essencialmente uma questão de acção comum da administração da UE e das nacionais, enquanto administrações mistas, ou seja compostas por representantes das duas ordens de administrações». No mesmo sentido, Matthias Ruffert, «De la europeización del derecho administrativo a la Unión Administrativa Europea», in Francisco Velasco Caballero e Jens-Peter Schneider (coord.), *La Unión Administrativa Europea*, Madrid, 2008, p. 91, defende que, embora a diferenciação entre administração directa e indirecta seja útil como ponto de partida dogmático, não deixa de representar de forma simplista a realidade da actual União Administrativa Europeia.

[45] Ver o acórdão de 3 de Dezembro de 1992, Oleificio Borelli Spa contra Comissão Europeia, C-97/91, *Colect. 1992*, p. I-6313, n.º 12. Para maiores desenvolvimentos sobre a tutela dos particulares perante as actuações da União Administrativa Europeia, ver Matthias Ruffert, op. cit. na nota anterior, pp. 103 ss.

604   *Em Homenagem ao Professor Doutor Diogo Freitas do Amaral*

7. A eficácia transnacional dos actos administrativos dos Estados-Membros, o princípio do reconhecimento mútuo e a harmonização normativa

7.1. É inegável que, no âmbito da UE, cada vez mais actuações administrativas nacionais produzem efeitos transfronteiriços, repercutindo-se para além do território do Estado-Membro de origem, com todas as questões específicas de legitimação, de reconhecimento e de confiança mútua que daí resultam[46]. Trata-se de uma modalidade de decisão descentralizada com eficácia territorial em regra extensiva a toda a UE, baseada no princípio fundamental do reconhecimento mútuo que, como se sabe, conhece diversas técnicas jurídicas e conduz a que tal decisão seja aceite e executada pelas competentes autoridades de um Estado-Membro como se proviesse da correspondente fonte nacional.

O princípio do reconhecimento mútuo articula-se, por sua vez, em maior ou menor medida com o princípio da aproximação ou harmonização das normas de que tal decisão constitua aplicação. Desacompanhado de um certo grau de harmonização, o reconhecimento mútuo comporta, aliás, o risco de um «nivelamento por baixo» das legislações nacionais, sem incrementar a confiança mútua que constitui factor essencial para o bom funcionamento de um sistema nele baseado[47]. Neste contexto, a outra via para incrementar a confiança mútua e o reconhecimento/legitimação dos actos administrativos transnacionais é a criação de procedimentos administrativos abertos, através dos quais os Estados-Membros possam

---

[46] Em termos gerais sobre o tema da relevância interna de actos administrativos estrangeiros, ver Paulo Otero, *Legalidade e Administração Pública – O sentido da vinculação administrativa à juridicidade*, Coimbra, 2003, pp. 497 ss., e «Normas administrativas de conflitos: as situações jurídico-administrativas transnacionais», *Estudos em Memória do Professor Doutor António Marques dos Santos*, vol. II, Coimbra, 2005, pp. 781, onde se salienta que «nos termos de uma postura tradicional, o princípio da territorialidade conduzia a que as normas de Direito Administrativo apenas se aplicavam no território do Estado que as produziu» e que «nunca poderia ser a lei administrativa interna a conferir uma operatividade extraterritorial aos actos praticados pela respectiva administração pública nacional». No caso em apreço, a lei que confere tal operatividade é, directa ou indirectamente, a própria lei europeia em sentido amplo.

[47] Sobre as relações entre reconhecimento mútuo e harmonização das legislações nacionais, ver Miguel Poiares Maduro, *A Constituição Plural*, cit., pp. 131 ss., 137 e 162.

participar na formação de actos de outro Estado-Membro destinados a produzir efeitos transnacionais[48].

Os actos administrativos transnacionais assumem particular relevância a propósito da vertente da União que se traduz num espaço de fronteiras internas abertas e de fronteiras externas unificadas – o espaço de liberdade, segurança e justiça (ELSJ)[49]. Tendo-se tornado de algum modo no «motor da UE», o ELSJ recebe do Tratado de Lisboa, em consonância com isso, um novo fôlego.

Em todo o caso, a manutenção e o desenvolvimento de tal espaço, mais do que qualquer outro objectivo da União, só podem ser alcançados através de uma efectiva e estreita cooperação entre as administrações nacionais, dependente antes de mais da confiança mútua que se crie entre todas elas. Sem esta confiança, o princípio do reconhecimento mútuo – elemento axial neste contexto – torna-se, como já se referiu, inoperante. E se é certo que a efectividade de tal princípio não vai ao ponto de exigir um quadro normativo único de fonte europeia, consubstanciado em regulamentos da UE, que substitua os quadros normativos nacionais, suprimindo a diferenciação que lhes é inerente e pondo eventualmente em causa os princípios da subsidiariedade e da proporcionalidade, certo é também que não prescinde de um considerável grau de aproximação e harmonização desses quadros normativos nacionais. Para o efeito, a directiva europeia constitui, como se sabe, o instrumento adequado.

7.2. Neste contexto, um dos exemplos de acto administrativo transnacional escolhido no presente estudo não poderia deixar de relevar do ELSJ. Trata-se do visto uniforme de curta duração que, em aplicação directa da legislação europeia em vigor, a competente autoridade diplomática ou consular de um Estado-Membro concede aos nacionais de determinados Estados terceiros, como condição *sine qua non* para que eles possam entrar e permanecer por um certo período não só no correspondente território como também, em princípio, nos de todos os restantes Estados-Membros da União.

---

[48] Cf. Matthias Laas, «Instrumentos para la gestión comunitaria de la inmigración», in Francisco Velasco Caballero e Jens-Peter Schneider (coord.), *La Unión Administrativa Europea*, cit., p. 224.

[49] Ver Nuno Piçarra, «A União Europeia como espaço de liberdade, segurança e justiça: uma caracterização geral», *Estudos Comemorativos dos 25 anos do ISCPSI em Homenagem ao Superintendente-Chefe Afonso de Almeida*, Coimbra, 2009, pp. 391 ss.

Mas antes de o focar, analisar-se-á, como se anunciou, os efeitos que, por força do próprio direito da UE, os diplomas, certificados e outros títulos de formação profissional emitidos pela competente autoridade de um Estado-Membro – qualificados pela doutrina administrativa como actos permissivos, habilitações ou, talvez melhor, actos certificativos[50] – são susceptíveis de produzir no território dos restantes. Aqui situamo-nos no núcleo duro originário da integração europeia constituído pelo mercado comum, sendo os nacionais dos Estados-Membros os principais beneficiários dessa eficácia transnacional, mas podendo também dela beneficiar, sob determinadas condições, os nacionais de países terceiros com um estatuto jurídico assimilável ao daqueles, ou seja, os residentes de longa duração abrangidos pela Directiva 2003/109/CE, de 25 de Novembro de 2003[51].

No caso do visto uniforme de curta duração, o seu âmbito de eficácia territorial coincide em regra com o das normas materiais que executa, constantes de acto legislativo europeu de aplicação directa (regulamento)[52].

---

[50] Sobre a qualificação destes actos ver DIOGO FREITAS DO AMARAL, *Curso de Direito Administrativo*, vol. II, Coimbra, 2001, pp. 270-271, que fala a este respeito em «declarações de conhecimento», actos pelos quais a Administração declara ao público os factos ou as situações de que tem conhecimento oficial por se encontrarem documentados nos seus registos ou nos seus arquivos próprios, precisando que um certificado de licenciatura dá cobertura certificatória à situação do licenciado desde o momento em que tal situação se constituiu e não apenas a partir da data em que o certificado tenha sido passado. Cf. também MARCELO CAETANO, *Manual de Direito Administrativo*, vol. I, Coimbra, 1980, pp. 456-457; ROGÉRIO SOARES, *Direito Administrativo*, Coimbra, 1978, pp. 121-122; PAULO OTERO, *Legalidade e Administração Pública – O sentido da vinculação administrativa à juridicidade*, cit., pp. 499-500; MARCELO REBELO DE SOUSA e ANDRÉ SALGADO DE MATOS, *Direito Administrativo Geral – Actividade administrativa*, tomo III, Lisboa, 2007, p. 101. Recorde-se que o Decreto-Lei n.º 74/2006, de 24 de Março, relativo aos graus académicos e diplomas do ensino superior, na redacção que lhe foi dada pelo Decreto-Lei n.º 107/ /2008, de 25 de Junho, dispõe no seu artigo 49.º, n.º 2, que «a titularidade dos graus e diplomas é comprovada por certidão do registo [subscrito pelo órgão legal e estatutariamente competente do estabelecimento de ensino superior], genericamente denominada diploma».

[51] *JO* L 16 de 23.1.2004, p. 44. Sobre o tema, NUNO PIÇARRA, «A liberdade de circulação dos advogados na União Europeia – da metamorfose da regra do tratamento nacional à extensão a nacionais de países terceiros», *Estudos em Homenagem ao Professor Doutor Sérvulo Correia*, Lisboa, 2010.

[52] Ver no entanto infra, nota 62, para um exemplo de acto administrativo cujo âmbito de eficácia territorial é mais restrito do que o das normas materiais que aplica.

A *Eficácia Transnacional dos Actos Administrativos dos Estados-Membros ...* 607

Em contrapartida, no caso dos diplomas, certificados e outros títulos de formação profissional, as normas materiais por eles aplicadas constam de actos legislativos nacionais que, enquanto tais, não dispõem de eficácia transnacional[53]. Os actos administrativos em apreço adquirem tal eficácia através de um conjunto de regras europeias por força das quais «um Estado-Membro que subordina o acesso a uma profissão regulamentada ou o respectivo exercício no seu território à posse de determinadas qualificações profissionais *reconhece*, para o acesso a essa profissão e para o seu exercício, as qualificações profissionais adquiridas noutro ou em vários outros Estados-Membros que permitem ao seu titular nele exercer a mesma profissão» (artigo 1.º da Directiva 2005/36/CE do Parlamento Europeu e do Conselho, de 7 de Setembro de 2005, relativa ao reconhecimento das qualificações profissionais[54], ênfase acrescentada).

8. O caso dos diplomas, certificados e outros títulos de formação profissional

8.1. Logo na sua versão originária, o Tratado de Roma previu, na parte dedicada à liberdade de estabelecimento, uma disposição nos termos da qual, «a fim de facilitar o acesso às actividades não assalariadas e o respectivo exercício» em qualquer Estado-Membro de que não se fosse nacional, a União deveria aprovar legislação «visando o reconhecimento mútuo dos diplomas, certificados e outros títulos». Hoje tal disposição consta do artigo 53.º, n.º 1, do TFUE.

Só que, bem antes de essa legislação ser aprovada, um número considerável de titulares de diplomas, certificados ou outros títulos de formação profissional obtidos num Estado-Membro procuraram, com base nesses actos, aceder a e exercer noutros Estados-Membros profissões regulamentadas, na acepção atrás indicada, pretendendo, portanto, que tais actos produzissem nos territórios destes últimos o mesmo efeito

---

[53] No caso português, trata-se precisamente do citado Decreto-Lei n.º 74/2006, de 24 de Março, na sua actual redacção.

[54] *JO* L 255 de 30.9.2005, p. 22. O artigo 3.º, n.º 1, alínea *a)*, da Directiva define profissão regulamentada como «a actividade ou o conjunto de actividades profissionais em que o acesso, o exercício ou uma das modalidades de exercício se encontram directa ou indirectamente subordinados, nos termos das disposições legislativas, regulamentares ou administrativas, à posse de determinadas qualificações profissionais».

autorizativo ou habilitante que produziam no território em que tinham sido obtidos. Para isso invocavam as disposições do Tratado de Roma relativas à liberdade de estabelecimento ou de prestação de serviços.

A primeira reacção das competentes autoridades dos outros Estados-Membros foi a de recusarem tal efeito, baseando-se na legislação nacional que apenas o reconhecia aos diplomas e certificados regularmente emitidos nos respectivos territórios. Os litígios que assim se suscitaram, a propósito da interpretação e da aplicação do direito da União, entre as administrações de um Estado-Membro e nacionais de outros Estados--Membros, foram em vários casos levados aos tribunais nacionais. Estes, através do reenvio prejudicial ao TJ, obtiveram decisões no sentido de que, por força das disposições do mesmo tratado relativas às liberdades de circulação, tais actos administrativos deviam, em princípio, ser mutuamente reconhecidos pelos Estados-Membros, mesmo na ausência de legislação europeia harmonizadora, uma vez em presença de um nível comparável dos estudos que constituíam pressuposto da sua emissão.

Tal como o TJ declarou no *leading-case* Jean Reyners contra Estado belga[55], a liberdade de estabelecimento garantida pelo Tratado de Roma constitui «uma obrigação de resultado concreta, cuja execução deve ser facilitada, mas não condicionada, pela implementação de um programa de medidas legislativas progressivas».

Em desenvolvimento desta jurisprudência, o TJ pôde censurar, por contrária ao princípio fundamental da liberdade de circulação de pessoas, consignado no Tratado de Roma, a legislação nacional que vedasse às autoridades administrativas competentes de um Estado-Membro a tomada em consideração dos diplomas, certificados ou outros títulos adquiridos noutro Estado-Membro com o objectivo de exercer a profissão cujo acesso está subordinado no primeiro Estado à satisfação dessa condição. Por outras palavras, tal legislação não poderia bloquear sem mais a produção de efeitos jurídicos autorizativos transnacionais aos actos administrativos em causa.

No acórdão de 13 de Novembro de 2003, a propósito do exercício da profissão de advogado, o TJ confirmou a eficácia transnacional dos diplomas, certificados e outros títulos emitidos em cada Estado-Membro nos seguintes termos: o direito da União opõe-se à recusa, por parte das competentes autoridades de qualquer deles, de inscrição na lista nacional de advogados estagiários do titular de um diploma em direito obtido

---

[55] Acórdão de 21 de Junho de 1974, 2/74, *Colect. 1974*, p. 325.

A *Eficácia Transnacional dos Actos Administrativos dos Estados-Membros ...* 609

noutro Estado-Membro, apenas por não se tratar de um diploma obtido numa universidade do primeiro Estado[56].

8.2. A legislação europeia ulteriormente aprovada – de que a citada Directiva 2005/36/CE constitui a codificação – confirma, baseando-se na regra do reconhecimento mútuo combinada com diversos graus de aproximação/harmonização das correspondentes legislações nacionais, que as autoridades competentes de um Estado-Membro não podem, em princípio, recusar o acesso ou exercício a uma profissão ao cidadão europeu que possua o diploma exigido no seu Estado-Membro de origem para exercer essa profissão. O princípio é, pois, o da plena eficácia transnacional dos diplomas, certificados e outros títulos («títulos de formação») «emitidos por uma autoridade de um Estado-Membro designada nos termos das disposições legislativas, regulamentares ou administrativas desse Estado que sancionem uma formação profissional preponderantemente adquirida na União» (artigos 1.º e 4.º).

A directiva estabelece uma importante distinção consoante se trate de exercer a profissão regulamentada noutro Estado-Membro a título de prestação de serviços ou a título de estabelecimento.

Para o primeiro caso, o artigo 5.º, n.º 1, alínea *a)*, da directiva proíbe os Estados-Membros de restringirem, por razões relativas às qualificações profissionais, a livre prestação de serviços noutro Estado-Membro se o prestador de serviços estiver legalmente estabelecido num Estado-Membro para nele exercer a mesma profissão. Nestas condições, será plena a eficácia transnacional do acto que certifica a qualificação profissional do prestador.

No segundo caso, estando coordenadas/harmonizadas, nos termos da própria directiva, as condições mínimas de formação relativamente às profissões por ela enumeradas, o princípio é o do reconhecimento mútuo dos correspondentes títulos de formação e portanto o da plena eficácia transnacional destes actos, estabelecido nos seguintes termos: os Estados-Membros são obrigados a atribuir-lhes «nos respectivos territórios, no que se refere ao acesso às actividades profissionais e ao seu exercício, o mesmo efeito que aos títulos de formação por eles emitidos» (artigo 21.º).

---

[56] Acórdão proferido no processo Christine Morgenbesser contra Consiglio dell'Ordine degli avvocati di Génova, C-313/01, *Colect. 2003*, p. I-13467, n.º 72.

610 *Em Homenagem ao Professor Doutor Diogo Freitas do Amaral*

Mas, mesmo na ausência de uma tal coordenação/harmonização, a regra estabelecida pela directiva continua a ser a de que «quando, num Estado-Membro de acolhimento, o acesso a uma profissão regulamentada ou o seu exercício estiver subordinado à posse de determinadas qualificações profissionais, a autoridade competente desse Estado-Membro *permitirá* o acesso a essa profissão e o seu exercício, nas mesmas condições que aos seus nacionais, aos requerentes que possuam a declaração de competência ou o título de formação exigido por outro Estado-Membro para aceder à mesma profissão no seu território ou para nele a exercer» (artigo 13.º, n.º 1, ênfase acrescentada). Simplesmente, como esclarece o considerando 15 da directiva, nessa hipótese «deve ser prevista a possibilidade de o Estado-Membro de acolhimento impor medidas de compensação», susceptíveis de obstar à plena eficácia transnacional da declaração de competência ou do título de formação em causa.

Mais concretamente, em tal hipótese excepcional, baseada na prova de que a formação que o requerente recebeu no Estado-Membro de origem abrange «matérias substancialmente diferentes das que são abrangidas pelo título de formação exigido no Estado-Membro de acolhimento», este último Estado poderá exigir, a título de medida compensatória, ao requerente que possua a declaração de competência ou o título de formação exigido por outro Estado-Membro para aceder à mesma profissão no seu território ou para nele a exercer, a realização de um estágio de adaptação ou de uma prova de aptidão para efeitos do acesso ou exercício à profissão em causa. Mas não sem antes, em aplicação do princípio da proporcionalidade, se ter certificado de que os conhecimentos adquiridos pelo requerente no decurso da sua experiência profissional num Estado-Membro e/ou num país terceiro não são susceptíveis de compensar, no todo ou em parte, a diferença substancial de formação verificada (artigo 14.º).

Neste caso particular, uma vez que nem a declaração de competência nem o título de formação são susceptíveis de produzir no território do Estado-Membro de acolhimento os mesmos efeitos que produzem no Estado-Membro de origem, não se estará em presença de um acto administrativo transnacional em sentido estrito, mas antes de um «acto administrativo de referência»[57].

---

[57] Cf. Bocanegra Sierra e García Luengo, «Los actos administrativos transnacionales», cit., pp. 16-17; Francisco Velasco Caballero, «Organización y procedimientos

A Eficácia Transnacional dos Actos Administrativos dos Estados-Membros ... 611

Mas isto não obsta a que a propósito dos diplomas, certificados e outros títulos de formação profissional e da sua eficácia transnacional de princípio se fale com muita propriedade de uma «abertura horizontal» recíproca dos ordenamentos dos Estados-Membros[58], induzida pela sua integração na UE.

9. O caso do visto uniforme de curta duração

Tal «abertura horizontal» torna-se porventura ainda mais nítida no caso do visto uniforme de curta duração, acto administrativo permissivo que constitui uma das condições para que um nacional de país terceiro constante de uma lista estabelecida pela própria UE[59] possa entrar e circular não só no território do Estado-Membro que lhe concedeu tal visto (através da competente autoridade diplomática ou consular) – tal como o imporia o tradicional princípio da territorialidade dos actos estaduais –, mas também no território dos restantes Estados-Membros[60]. É o que resulta do artigo 2.º, n.º 3, conjugado com o artigo 5.º, n.º 1, ambos do

---

de la "Unión Administrativa Europea" en materia de fronteras, asilo y inmigración», in Francisco Velasco Caballero e Jens-Peter Schneider (coord.), *La Unión Administrativa Europea*, cit., p. 254, citando o autor referido na nota seguinte.

[58] A expressão encontra-se por exemplo em Jürgen Bast, «Transnationale Verwaltung des Europäischen Migrationsraums – Zur horizontaler Öffnung der EU-Mitgliedsstaaten», *Der Staat*, vol. 46/1, 2007, pp. 1 ss.

[59] Constante do Regulamento n.º 539/2001 do Conselho, de 15 de Março, que fixa a lista dos países terceiros cujos nacionais estão sujeitos à obrigação de visto para transporem as fronteiras externas e a lista dos países terceiros cujos nacionais estão isentos dessa obrigação, *JO* L 81 de 21.3.2001, p. 1, alterado por último pelo Regulamento n.º 1244/2009 do Conselho, de 30 de Novembro, *JO* L 336 de 18.12.2009, p. 1.

[60] Sobre o visto enquanto acto administrativo ver Nuno Piçarra, «A evolução da política comum de vistos na União Europeia», *Europa – Novas Fronteiras*, n.º 16/17, 2004/2005, p. 106, e por último Diogo de Figueiredo Moreira Neto, *Curso de Direito Administrativo. Parte Introdutória, Parte Geral e Parte Especial*, 15.ª edição, Rio de Janeiro, 2009, p. 456. O que o autor refere em termos gerais é plenamente válido para o tipo de visto europeu de que aqui se trata (o visto uniforme de curta duração): ele «não dá plenitude ao direito de ingresso ao território nacional pois as autoridades poderão opor *impedimentos* à sua execução, dentre os quais os fundados em motivos de saúde»; cf. o artigo 5.º do Código das Fronteiras Schengen, constante do Regulamento (CE) n.º 562//2006, de 15 de Março de 2006, *JO* L 105 de 13.4.2006, p. 1, alterado por último pelo Código de Vistos, cit. na nota seguinte, p. 25.

Código Comunitário de Vistos (Código de Vistos), aprovado pelo Regulamento (CE) n.º 810/2009 do Parlamento Europeu e do Conselho, de 13 de Julho de 2009[61].

Neste contexto, o princípio do reconhecimento mútuo complementa-se, por um lado, com um regime tendencialmente unificado adoptado pela própria União – o citado Código de Vistos –, que se substitui aos regimes nacionais, constituindo directa e imediatamente a base normativa do acto administrativo transnacional em apreço[62] – e permitindo aos outros Estados-Membros uma certa participação nos procedimentos nacionais de concessão de tais vistos (artigos 5.º, 22.º e 31.º do Código de Vistos) e até a anulação e a revogação dos próprios vistos concedidos (artigo 34.º).

O princípio do reconhecimento mútuo complementa-se, por outro lado, com um estreitamento da cooperação «entre as missões diplomáticas dos Estados-Membros em países terceiros», incluindo «a criação de postos consulares conjuntos para a emissão de vistos», embora não sob o tecto da UE, com todo o efeito de mutação sobre a identidade dos mesmos Estados face ao exterior que tal implica. E complementa-se, finalmente, com um mecanismo *sui generis* destinado a fomentar a confiança mútua, vital neste contexto, que dá pelo nome de avaliação mútua ou «fiscalização interpares»[63].

Em aplicação deste mecanismo, cada Estado-Membro é avaliado por uma comissão de natureza tipicamente administrativa sobre o modo como executa o regime europeu dos vistos nos seus diversos aspectos (consulta prévia aos outros Estados-Membros para a concessão de visto uniforme a cidadãos de «nacionalidades sensíveis», consulta às pertinentes

---

[61] *JO* L 243 de 15.9.2009, p. 1. Sobre o Código de Vistos, ver ANNALISA MELONI, «The Community Code on Visas: Harmonisation at last?», *European Law Review*, vol. 34, 2009, pp. 671 ss.; ver também MATTHIAS LAAS, "Instrumentos para la gestión comunitaria de la inmigración", cit., pp. 224 ss.

[62] Note-se que o próprio Código de Vistos também serve de base à emissão do «visto com validade territorial limitada» (artigos 2.º, n.º 4, e 25.º) que, como o seu nome indica, constitui «um visto válido para o território de um ou vários Estados-Membros, mas não todos». Trata-se pois de um caso em que o âmbito de eficácia territorial deste acto administrativo é mais reduzido do que o das normas materiais que aplica.

[63] Para maiores desenvolvimentos, ver NUNO PIÇARRA, «As garantias de cumprimento das obrigações dos Estados-Membros no espaço de liberdade, segurança e justiça: a avaliação mútua», *Estudos em Memória do Professor Doutor José Dias Marques*, Coimbra, 2007, pp. 707 ss.

bases de dados comuns antes da concessão de tal visto, concessão de vistos excepcionais, que são antes de mais os vistos de validade territorial limitada, abastecimento de vinhetas de visto uniforme e condições da sua conservação, em termos de segurança, nos respectivos postos consulares e diplomáticos, etc.).

Resta acrescentar que o visto uniforme – com todos os efeitos benéficos para os nacionais de países terceiros seus titulares, no que respeita às possibilidades de estadas de curta duração e dos respectivos custos no conjunto dos Estados-Membros da UE – tem um «reverso da medalha». Trata-se da obrigação de princípio que também impende sobre cada um dos Estados-Membros de reconhecerem mutuamente e, portanto, de executarem as decisões administrativas de expulsão de nacionais de países terceiros tomadas pelas competentes autoridades de cada um, de acordo com a Directiva 2001/40/CE, de 28 de Maio[64].

10. Conclusão

Por força da sua integração na UE, as administrações dos Estados--Membros afastam-se progressivamente do paradigma estadual clássico, que confinava o exercício dos seus poderes de autoridade soberana ao respectivo âmbito territorial. Mesmo que este paradigma ainda não tenha sido totalmente ultrapassado no estádio actual da integração europeia, pode dizer-se que o direito que a rege produz um intenso efeito «supressor de fronteiras» (*entgrenzend*, tal como identificado pela doutrina alemã).

Enquadrado pelo princípio do reconhecimento mútuo, isto manifesta--se primordialmente pelo efeito transnacional, extensivo a toda a União, de um número crescente de decisões administrativas tomadas por cada Estado-Membro, que se tornam assim susceptíveis de afectar relações jurídicas sob a alçada de outro(s). Estas decisões, ainda que directa ou indirectamente baseadas no direito europeu, continuam a ser actos administrativos estaduais e não uma espécie de actos supra-estaduais, imputáveis a uma entidade «superior» àqueles.

---

[64] *JO* L 149 de 2.6.2001, p. 34. Sobre esta directiva, ver MATTHIAS LAAS, «Instrumentos para la gestión comunitaria de la inmigración», cit., pp. 229 ss.; HENRI LABAYLE, «L'étranger dans l'Union européenne», *Mélanges en l'honneur de Philippe Léger – Le droit à la mesure de l'homme*, Paris, 2006, pp. 433-434.

O facto de um número crescente de decisões administrativas, e também judiciárias, de cada Estado-Membro dever ser executado em todo o espaço da UE constitui seguramente um dos dados em que observadores tão lúcidos do fenómeno da integração europeia como Andrea Manzella se baseiam para concluir que, das autolimitações de soberania que tal integração implica, «emerge um Estado diferente mas de modo nenhum enfraquecido, senão mesmo "reforçado", em relação ao Estado de plena soberania chegado agora ao seu ocaso»[65].

Confirma-se assim que o acto administrativo transnacional, enquanto modalidade específica de decisão descentralizada dos Estados-Membros tendencialmente executável em todo o espaço da UE, constitui um traço axial da identidade muito original e evolutiva desta – e simultaneamente do direito administrativo europeu na acepção aqui tomada.

Longe de dever ser qualificado como um «direito sem Estado», o direito administrativo europeu assenta decisivamente em Estados – embora consideravelmente metamorfoseados em relação ao paradigma do Estado soberano.

Bibliografia consultada

AUBY, Jean-Bernard, e ROCHÈRE, Jacqueline Dutheil de la, *Droit Administratif Européen*, Bruxelas, 2007;

AMARAL, Diogo Freitas do, *Curso de Direito Administrativo*, vol. II, Coimbra, 2001;

AMARAL, Diogo Freitas do, e PIÇARRA, Nuno, «O Tratado de Lisboa e o princípio do primado do direito da União Europeia: uma "evolução na continuidade"», *Revista de Direito Público*, n.º 1, 2009;

ANTUNES, Luís Filipe Colaço, «Um tratado francês lido em alemão? O acto administrativo no direito comunitário e na sua jurisprudência», in Colaço Antunes e Sáinz Moreno (coord.) *Colóquio Luso-Espanhol: O Acto no Contencioso Administrativo, Tradição e Reforma*, Coimbra, 2005;

ANTUNES, Luís Filipe Colaço, *O Direito Administrativo sem Estado. Crise ou Fim de um Paradigma?*, Coimbra, 2008;

BAST, Jürgen, «Transnationale Verwaltung des europäischen Migrationsraums – Zur horizontaler Öffnung der EU-Mitgliedsstaaten», *Der Staat*, vol. 46/1, 2007;

---

[65] «Lo Stato "comunitario"», *Quaderni costituzionali*, 2003, p. 273.

BATTINI, Steffano, apresentação de «Profili di un diritto amministrativo europeo delle Comunità Europee» de Massimo Severo Giannini, *Rivista Trimestrale di Diritto Amministrativo*, 4, 2003;

CABALLERO, Francisco Velasco, e SCHNEIDER, Jens-Peter (coord.), *La Unión Administrativa Europea*, Madrid, 2008;

CAETANO, Marcelo, *Manual de Direito Administrativo*, vol. I, Coimbra, 1980;

CALLEJÓN, Francisco Balaguer, «El Tratado de Lisboa en el diván. Una reflexión sobre estatalidad, constitucionalidad y Unión Europea», *Revista Española de Derecho Constitucional*, n.º 83, 2008;

CANOTILHO, J. J. Gomes, e MOREIRA, Vital, *Constituição da República Portuguesa Anotada*, vol. I, 4.ª edição, Coimbra, 2007;

CASSESE, Sabino, *Lo spazio giudiziario globale*, Roma, 2003;

CASSESE, Sabino, «Il diritto amministrativo europeo presenta caratteri originali?», *Rivista Trimestrale di Diritto Pubblico*, 1, 2003;

CASSESE, Sabino, «Il diritto amministrativo globale: una introduzione», *Rivista Trimestrale di Diritto Pubblico*, 2, 2005;

CAUPERS, João, *Introdução ao Direito Administrativo*, 10.ª edição, Lisboa, 2009;

CERREDA, Marcos Almeida, «La construcción del Derecho Administrativo Europeo», *Scientia Iuridica*, tomo LVII, n.º 314, 2008;

CHITI, Edoardo, e FRANCHINI, Claudio, *L'Integrazione Amministrativa Europea*, Bolonha, 2003;

CHITI, Edoardo, «The Relationship between National Administrative Law and European Administrative Law in Administrative Procedures», in Jacques Ziller (ed.) *What's New in European Administrative Law?/Quoi de neuf en Droit Administratif européen?*, EUI Working Paper Law n.º 2005/10;

CHITI, Mario P., *Diritto Amministrativo Europeo*, 3.ª edição, Milão, 2008;

CHRISTIANOS, Vassili, «Prolegomènes: "entité doctrinale européenne" ou auteurs à titre individuel?», in Fabrice Picod (ed.) *Doctrine et droit de l'Union européenne*, Bruxelas, 2009;

CRAIG, Paul, *EU Administrative Law*, Oxford, 2006;

DAMIANI, Saverio Sticchi, «Riflessioni sulla nozione di atto amministrativo comunitario dopo la tipizzazione degli "atti di esecuzione"», *Rivista Italiana di Diritto Pubblico Comunitário*, 2007;

DÍEZ-PICAZO, Luis María, *La Naturaleza de la Unión Europea*, Madrid, 2009;

DOUGAN; Michael, «The Treaty of Lisbon: Winning Minds, not Hearts», *Common Market Law Review*, vol. 45, 2008;

DUARTE, Maria Luísa Duarte, *Direito Administrativo da União Europeia*, Coimbra, 2008;

FLETCHER, Maria, «Schengen, the European Court of Justice and Flexibility Under the Lisbon Treaty: Balancing the United Kingdom 'Ins' and Outs'», *European Constitutional Law Review*, n.º 5, 2009;

616   *Em Homenagem ao Professor Doutor Diogo Freitas do Amaral*

GARCÍA, Ricardo Alonso, «El acto administrativo comunitário: imprecisión normativa, y luces y sombras al respecto en la doctrina del Tribunal de Justicia», in Colaço Antunes e Sáinz Moreno (coord.) *Colóquio Luso-Espanhol: O Acto no Contencioso Administrativo, Tradição e Reforma*, Coimbra, 2005;

GIANNINI, Massimo Severo, «Profili di un diritto amministrativo delle Comunità Europee», *Rivista Trimestrale di Diritto Amministrativo*, 4, 2003;

LABAYLE, Henri, «L'étranger dans l'Union européenne», *Mélanges en l'honneur de Philippe Léger – Le droit à la mesure de l'homme*, Paris, 2006;

LOUIS, Jean-Victor Louis, «Postface – le droit communautaire, cinquante ans après», in Paul Magnette e Anne Weyembergh (ed.), *L'Union européenne: la fin d'une crise?*, Bruxelas, 2008;

MADURO, Miguel Poiares, *A Constituição Plural – Constitucionalismo e União Europeia*, Cascais, 2006;

MANZELLA, Andrea, «La ripartizione di competenze tra Unione Europea e Stati membri», *Quaderni costituzionali*, 2000;

MANZELLA, Andrea, «Lo Stato "comunitario"», *Quaderni costituzionali*, 2003;

MARTINS, Afonso D'Oliveira, «A europeização do direito administrativo português», *Estudos em Homenagem a Cunha Rodrigues*, vol. 2, Coimbra, 2001;

MELONI, Annalisa, «The Community Code on Visas: Harmonisation at last?», *European Law Review*, vol. 34, 2009;

MESQUITA, Maria José Rangel de, *O Poder Sancionatório da União e das Comunidades Europeias sobre os Estados-Membros*, Coimbra, 2006;

NETO, Diogo de Figueiredo Moreira, *Curso de Direito Administrativo. Parte Introdutória, Parte Geral e Parte Especial*, 15.ª edição, Rio de Janeiro, 2009;

OTERO, Paulo, «A administração pública nacional como administração comunitária: os efeitos internos da execução administrativa pelos Estados-Membros do Direito Comunitário», *Estudos em Homenagem à Professora Isabel de Magalhães Collaço*, vol. I, Coimbra, 2002;

OTERO, Paulo, *Legalidade e Administração Pública – O sentido da vinculação administrativa à juridicidade*, Coimbra, 2003;

OTERO, Paulo, «Normas administrativas de conflitos: as situações jurídico-administrativas transnacionais», *Estudos em Memória do Professor Doutor António Marques dos Santos*, vol. II, Coimbra, 2005;

PATRÃO, Afonso, «O direito derivado da União Europeia à luz do Tratado de Lisboa», *Revista Temas de Integração*, n.º 26, 2008;

PEREIRA, Ravi Afonso, «O direito comunitário posto ao serviço do direito administrativo – uma leitura da jurisprudência do STA sobre reposição de ajudas comunitárias», *Boletim da Faculdade de Direito da Universidade de Coimbra*, vol. LXXXI, 2005;

A *Eficácia Transnacional dos Actos Administrativos dos Estados-Membros* ... 617

PIÇARRA, Nuno, «A evolução da política comum de vistos na União Europeia», *Europa – Novas Fronteiras*, n.º 16/17, 2004/2005;

PIÇARRA, Nuno, «As garantias de cumprimento das obrigações dos Estados-Membros no espaço de liberdade, segurança e justiça: a avaliação mútua», *Estudos em Memória do Professor Doutor José Dias Marques*, Coimbra, 2007;

PIÇARRA, Nuno, «A União Europeia como espaço de liberdade, segurança e justiça: uma caracterização geral», *Estudos Comemorativos dos 25 anos do ISCPSI em Homenagem ao Superintendente-Chefe Afonso de Almeida*, Coimbra, 2009;

PIÇARRA, Nuno, «A liberdade de circulação dos advogados na União Europeia – da metamorfose da regra do tratamento nacional à extensão a nacionais de países terceiros», *Estudos em Homenagem ao Professor Doutor Sérvulo Correia*, Lisboa, 2010;

QUADROS, Fausto de Quadros, *A Nova Dimensão do Direito Administrativo. O Direito Administrativo português na perspectiva comunitária*, Coimbra, 2001;

QUADROS, Fausto de, «O acto administrativo comunitário», in Colaço Antunes e Sáinz Moreno (coord.) *Colóquio Luso-Espanhol: O Acto no Contencioso Administrativo, Tradição e Reforma*, Coimbra, 2005;

QUADROS, Fausto de, «A europeização do contencioso administrativo», *Estudos em Homenagem ao Professor Doutor Marcello Caetano no centenário do seu nascimento*, vol. I, Lisboa, 2006;

SCHMIDT-ASSMANN, Eberhard, *Das Allgemeine Verwaltungsrecht als Ordnungsidee. Grundlagen und Aufgaben der verwaltungsrechtlichen Systembildung*, 2.ª edição, Berlim, 2004;

SCHMIDT-ASSMANN, Eberhard, «Einleitung: Der Europäische Verwaltungsverbund un die Rolle des Europäischen Verwaltungsrecht», in Eberhard Schmidt-Assmann e Bettina Schöndorf-Haubold, *Der Europäische Verwaltungsverbund – Formen und Verfahren der Verwaltungszusammenarbeit in der EU*, Tubinga, 2005;

SCHWARZE, Jürgen, *Droit administratif européen*, 2.ª edição, Bruxelas, 2009;

SIERRA, Raúl Bocanegra, e LUENGO, Javier García, «Los actos administrativos transnacionales», *Revista de Administración Pública*, n.º 177, 2008;

SILVA, Vasco Pereira da, *O Contencioso Administrativo no Divã da Psicanálise – Ensaio sobre as Acções no novo Processo Administrativo*, Coimbra, 2005;

SILVEIRA, Alessandra, «Constituição, Ordenamento e Aplicação de Normas Europeias e Nacionais», *Polis*, n.º 17, 2008;

SOARES, Rogério Soares, *Direito Administrativo*, Coimbra, 1978;

SOUSA, Marcelo Rebelo de, e MATOS, André Salgado de, *Direito Administrativo Geral – Introdução e princípios fundamentais*, tomo I, 2.ª edição, Lisboa, 2006;

618   *Em Homenagem ao Professor Doutor Diogo Freitas do Amaral*

Sousa, Marcelo Rebelo de, e Matos, André Salgado de, *Direito Administrativo Geral – Actividade administrativa*, tomo III, Lisboa, 2007;

Stewart, Richard B., «Il diritto amministrativo globale», *Rivista Trimstrale di Diritto Pubblico*, 3, 2005;

Walker, Neil, «In search of the Area of Freedom, Security and Justice: A Constitutional Odyssey», in Neil Walker (edit.), *Europe's Area of Freedom, Security and Justice*, Oxford, 2004;

Weiler, Joseph H. H., «The Transformation of Europe», *The Yale Law Journal*, vol. 100, 1991;

Weiler, Joseph H. H., *The Constitution of Europe*, Cambridge, 1999;

Ziller, Jacques, «L'autorité administrative dans l'Union européenne», *EUI Working Paper Law* n.º 2004/14;

Ziller, Jacques, «Europeização do direito – do alargamento dos domínios do direito da União Europeia à transformação dos direitos dos Estados-Membros», in Maria Eduarda Gonçalves e Pierre Guibentif (coord.), *Novos Territórios do Direito. Europeização, Globalização e Transformação da Regulação Jurídica*, Estoril, 2008;

Ziller, Jacques, *Les nouveaux traités européens: Lisbonne et après*, Paris, 2008.

THE STRUCTURE OF TRANSITIONS
IN INTERNATIONAL LAW

PAULA ESCARAMEIA

Foreword – Professor Freitas do Amaral was my Professor of Administrative Law in 1979 until he left teaching temporarily to assume functions in the Government. I had professional contact with him in1995, when he was the President of the General Assembly of the United Nations (UN) and I was the legal counselor of the Mission of Portugal to the UN. Finally, this professional contact became more permanent since 2003, when I started teaching as an invited professor at the Law School of the New University of Lisbon, which he founded and where he was then the President of the Scientific Council.

As a student, I admired this Professor who had the capacity for the clearest exposition I have ever known and that displayed the impressive simplicity of the classics, which one only achieves by incorporating a deep knowledge of the subject. At the UN, I admired his determined persistence in the defense of International Law, namely the attempts to make the jurisdiction of the International Court of Justice more universal and, above all, the capacity for engaging in new ideas and projects such as the Reforms Groups of the 90´s at which he presided. Finally, having had the good fortune of being able to cooperate in the efforts for the establishment of a new law school in Portugal through the teaching of the then new subject of International Criminal Law, I admired profoundly his capacity for innovation, for creative institutional building, for taking stands and risks and, above all, for doing all this in the pursuant of a dream.

The following short article tries to emulate some of the characteristics of Professor Freitas do Amaral: it ventures into a new field in which

620   *Em Homenagem ao Professor Doutor Diogo Freitas do Amaral*

hardly anything has been written and it presents some ideas as simple propositions, almost as intuitive reflections of our present legal world order, in the hopes that they can be shared and further studied by others in the future.

My hope is that Professor Freitas do Amaral will see in what is written here a reflection of the lessons I was fortunate enough to receive from him.

I. Introduction

In present times, international legal theorists have presented us with analysis of our reality and of the role of International Law in general, ranging from an attempt to rescue Westphalian concepts such as sovereignty by adapting them to modern times[1], to arguments that we live in times of superpower hegemony to which the legal order must adapt[2], having a stronger or weaker role depending on the needs of that hegemonic power[3], to the position that the role of International Law has entered a historic process of decline in our days[4].

However, much has also been written nowadays by international law scholars about the approaching end of a conceptual framework that is manifestly incapable of satisfying the needs of regulation of the present world. What seemed a bold proposal over twenty years ago, when

---

[1] An interesting attempt at harmonization can be found in Jackson, John «Sovereignty-Modern: a New Approach to an Outdated Concept», American Journal of International Law, vol. 97 n.4, October 2003.

[2] See, for instance, Byers, Michael and Nolte, Georg, editors, *United States Hegemony and the Foundations of International Law*, Cambridge University Press, 2003.

[3] See the excellent article of Krisch, Nico «International Law in Times of Hegemony: Unequal Power and the Shaping of the International Legal Order», European Journal of International Law, vol. 16, n.3, 2005, pages 369-408, in which the author analyses several periods of time in which, like in the present situation, there was a hegemonic power and lists several patterns of relation of that power with International Law, through instrumentalization, withdrawal, reshaping and replacing it with domestic law.

[4] See Koskeniemmi, Martti *The Gentle Civilizer of Nations, The Rise and Fall of International Law 1870-1960*, Cambridge University Press, Cambridge, 2002, in which the author engages in brilliant and deep historical research to conclude that our time is one of general weakening and decline of International Law.

Richard Falk started writing about it[5], became almost consensual in our days, i.e. the collapse of a world order founded on Westphalian premises of political units based on clearly defined territories and protected by the legal concepts of sovereignty over that territory and equality with other political/territorial units.

A few years ago I identified twelve characteristics of the present world legal order that led me to believe that the present moment was one of transition between what I called the classical model based on territorial sovereignty and a future model whose characteristics are not yet fully disclosed but that I believe will have a greater institutional recognition for the concerns for human rights and will reflect a much more interconnected world[6].

---

[5] Professor Richard Falk was probably the first international legal scholar to analyse the change in paradigm in recent times, having consistently approached the theme since the 1980s. His analysis is centered on the decline in importance of territorial sovereignty and the rise of new actors, especially non-governmental organizations. For a comprehensive view of his theories, see *Revitalizing International Law*, Iowa State University Press, Iowa, 1989, in which the author asserts on page 5: «The world-order shift now under way seems to be a reversal of the shift completed in the middle of the seventeenth century, by which time Medieval Europe had given way to the modern state system. The seventeenth century completed a long process of historical movement from nonterrritorial central guidance toward territorial decentralization, whereas the contemporary transition process seems headed back toward nonterritorial central guidance.» This process of transition was very much influenced by the writings of Grotius and Vattel, which shows the importance of International Law in the formation of paradigms, and was applied through the legal regime set in motion by the Treaty of Westphalia and consolidated by the Treaty of Utrecht (with established territorial frontiers, clear lines of royal succession and rules for avoiding the military build-up of any power). However, these treaties recognized other non-state actors on the world stage, and it was only the positivist theorization of the end of the 19th century that finally conferred an exclusive juridical personality on States.

See also, for the influence non-State actors have nowadays, Falk, Richard and Strauss, Andrew, «Toward Global Parliament», Foreign Affairs, vol. 80, n. 1, January/ /February 2001, pages 212-220.

[6] See Escarameia, Paula «Que Direito Internacional Público Temos nos Nossos Dias?» in *O Direito Internacional Público nos Princípios do Século XXI*, Almedina, Coimbra, 2003, translated into «The Status of Public International Law Today», in *Globalization and the Future of Economic, Social and Cultural Rights*, Kentigern Publishing, UK, 2006. The twelve characteristics of present International Law were: The Demise of the Traditional Paradigm of State Sovereignty with Reserved Internal Dominion, The Erosion of the Notion of Territory, The Strength of New Actors (movements, regions, groups, etc), A Surge of Institutional Creativity, especially at the level of structures for the application and imposition of law, An Increased Adoption of

What I propose to do here is not to dwell in more detail in these features of our world, although such a study ought to be done in a more complete fashion, but rather to look at the period we live in as a moment of transition between conceptual-institutional models, which some would call a moment of changing of paradigms, to borrow Kuhn´s felicitous expression[7], and try to capture the basic characteristics of such a moment, that is, its structure. This structure seems to me to be common to most periods of transition of regulatory models in History because its features are precisely those which permit a previous structure to fade away, normally rather gradually, and be replaced with a new framework whose aspects start to emerge and mingle with previous ones until a point when they finally become dominant. We then enter a new consolidated model within whose parameters explanatory theories will be built, concepts will be gradually consolidated and institutions will be created and will start operating.

What I propose is to say that we are still far from this future model but we are also no longer within our previous model. It is this time of transition that presents very fascinating features because it is, by its nature, rarer than periods within an established framework of thought and institutional existence, and its characteristics are therefore more elusive.

Although there are probably several more characteristics that could be analysed, I will highlight only seven in this short article: **1. Marginal**

Universal Jurisdiction at the Domestic Level, The Change in Importance of Sources of International Law, The Activity of the Security Council, The Reform of International Institutions, especially the UN, The Transformation of Self-Determination into Preferential Forms of Autonomy with the Guarantee of Human Rights, The Growing Inability to Find Adequate Vocabulary, The Use of Constructive Ambiguity, and The Fragmentation of Explanatory Theories.

[7] The theorization of the evolution of scientific knowledge as a progression of paradigms, which replace one another in a revolutionary manner, is due mainly to Thomas Kuhn, who conceived of it in the context of the exact sciences, in his classical work *The Structure of Scientific Revolutions*, The University of Chicago Press, 2nd edition, 1970. Although the author himself recognizes that he used the term in frequently different ways, he considers that there are two fundamental meanings: «On the one hand, it stands for the entire constellation of beliefs, values, techniques, and so on shared by the members of a given community. On the other, it denotes one sort of element in that constellation, the concrete puzzle-solutions which, employed as models or examples, can replace explicit rules as a basis for the solution of the remaining puzzles of normal science», ibid, page 175. In this article, I intend to use the terms «paradigm» and «model» interchangeably to reflect the two ideas referred to by Kuhn.

The Structure of Transitions in Unternational Law 623

aspects become nuclear; 2. Intensity of legislative and judicial production; 3. Major institutional reform; 4. High emotional level in negotiation processes; 5. Shift of importance from the legislator to the implementer of law; 6. Fragmentation of law both at substantive level and at the level of institutional decision; 7. Particular nature of the time of transition as a time in which footprints have future consequences.

II. The Characteristics of Times of Transition

1. Shift from Marginality to Centrality

One of the most vivid characteristics of any moment of transition is that aspects that used to be marginal, in the sense that they were merely tolerated but were not in the core of the system, become more and more important. Sometimes, these aspects were even disregarded because they did not fit the prevailing framework. When they were strong enough to be mentioned they were often presented as deviations, as «the exception that confirms the rule». Most of the time, they were aspects not worth being regulated since they fell out of the agreed framework.

The migration of these realities from the periphery to the nucleus of the conceptual/institutional prevailing framework is one sign of changing times. Of course, in periods of transition, the prevailing features do not disappear and so the result is a quite unique mixture of characteristics of different models that often battle for achieving dominance. The process, however, is normally gradual, in the sense that we are not faced with a Kuhnian revolution[8] but merely a series of accommodations of aspects that could be prevalent in several different models. Because the previous framework has become weaker, new, extraneous elements start meddling with the original ones and the framework no longer has the power, the legitimacy, to repel them as unimportant or bizarre. The consequence is the weakening of the model, whose internal coherence holds together with growing difficulty.

---

[8] Kuhn centered his attention on the progress of science through particularly singular moments, those of a revolutionary character, and not on moments of progressive transition from one paradigm to another. See note 7.

624   *Em Homenagem ao Professor Doutor Diogo Freitas do Amaral*

This shift from the margin (or non-existence) to the center is noticeable at various levels, from the most generic propositions to the most detailed regulations. The importance given today to areas of International Law such as human rights, seen as transversal, therefore affecting the whole international legal order, or to the protection of environment, seen as essential for survival, are examples, at a very broad encompassing level, of the preeminence of aspects considered previously as exotic at best and as unnecessarily provocative at worst. Human rights activists and environmentalists have now integrated most governments and, even in countries hostile to such policies, their rhetoric has become pervasive, with hardly any States willing to proclaim themselves hostile or even oblivious to human rights and to the cause of the environment.

This change is also visible at a more concrete level of institutional setup. Adjudicatory bodies as different as the International Criminal Tribunals and Court and the system of dispute resolution established within the World Trade Organization are good examples of this movement. The idea of creating, at least, a permanent Court to judge individuals irrespectively of their nationality for crimes of international relevance and where no immunities apply, runs against a model based on a territorial political unit that has sovereignty over its territory and its population. The same, however, applies for GATT and other disputes to be solved by the WTO Appellate Body because they are a testimony to the large commercial transactions often among economic blocs, rather than States, and to the need to create specialized bodies to solve the disputes that arise.

At a more detailed level, the shift from the margin to the core is blatant in many regulations of a specific nature. To continue with International Criminal Law, it is interesting, for instance, to notice the relevance given to the protection of women by the Statute of the International Criminal Court (ICC)[9]. It was often characterized as an irrelevant phenomenon by the previous framework (only the crime of rape is referred in the Statutes of the Nuremberg, Tokyo, Former Yugoslavia and Rwanda Tribunals, and only as a crime against humanity, more difficult to prove then a crime of war). The ICC Statute expressly considers some crimes that particularly target women as crimes against humanity and as war crimes, both in international and non-international

---

[9] Document A/CONF.183/9, namely arts. 7(1) g) (crime against humanity) and art. 8 (2) b) xxii and e) vi) (war crime).

conflicts, and, implicitly (see Elements of Crimes[10]) as crimes of genocide. Also, for the first time, several other crimes are taken into consideration, such as forced prostitution, sexual slavery and forced pregnancy. These situations were not internationally criminalized (no one was ever judged for the so-called "comfort women" taken by the Japanese army) and they passed from virtual non-existence in international legal terms to being in the center of many regulations and indictments.

2. Intensity of Legislative and Judicial Production

Another typical feature of periods of transition is the intensity with which new norms and institutions are created and new judgments are delivered. This is a consequence of the weakening grip of the former framework and of the growing possibility for new realities and ideas to assume concrete form, whether through new norms, new institutions or new judgments. This period is normally very creative precisely because it is situated between two models: concepts, decisions, organs, etc, do not have to fit perfectly into a pre-set of systematically arranged propositions, theories or organic outcomes. They not only become more abundant (the dike has been open) but they can express their individuality in a more assertive and original way, precisely because they do not have to fit a series of tight, pre-set conditions.

Of course, while this feature is normally very exciting because it allows for greater freedom in theory and institutional building, it carries, at the same time, the dangers of the unknown and the turbulence of social and political invention.

Normally, in transition periods, not only does legislative and judicial production accelerate (see, for example, the series of conventions adopted by the UN or the Council of Europe[11] in the last two decades or the increasing work load of the International Court of Justice[12] and, in general,

---

[10] Document ICC-ASP/1/3(part II-B), namely art. 6(b) footnote 3 and General Introduction paragraph 9.

[11] The very complete sites of the United Nations, *www.un.org* or of the Council of Europe *www.coe.int* testify to this intense legislative activity in areas as diverse as combating terrorism or cybercrime, or protecting the environment.

[12] See *www.icj-cij.org*. At the moment, the Court has 14 pending cases (contentious and advisory opinions), in sharp contrast with the very few cases that were solved until

of almost all other judicial or arbitral courts and tribunals[13]), but also the substantive contents of the rules adopted or of the judgments given present innovative features and a mixture of considerations from the previously dominant model and the incipient traces of a future model. Besides, there is a tendency to create new institutions that normally combine features of different paradigms. This can be seen in the developments of ICSID (International Center for Settlement of Investment Disputes) in the framework of the World Bank, of the panels and Appellate Body of the World Trade Organization, in the Treaty Monitoring Bodies of several human rights treaties, in the International Tribunal for the Law of the Sea, in the International Criminal Court, the other criminal tribunals or the special criminal tribunals such as that of Sierra Leone, Cambodia or Lebanon. They all combine Westphalian features (they were created by States, they have jurisdiction only if States have conferred it to them, and so on) with features of a different kind (entities before the courts can be individuals, commercial enterprises or others, state-related immunities do not normally apply, etc).

3. Major Institutional Reform

This is probably the most obvious characteristic in times of transition. While the conceptual/organic framework is being defied by reality and no longer satisfies it to the extent desired, organisms have to continue operating because there is a practical demand for the services they render and, to a certain extent, because institutional logic (survival of a bureaucratic entity once it has been created) so determines. The consequence is that

---

the end of the Cold War. In fact, in 44 years, from 1945 to 1989, 58 contentious cases were solved, whereas in 20 years, since 1989, judgment was rendered or will soon be rendered in 60 cases. This is more than a duplication of cases.

[13] Not only has judicial activity increased significantly in «traditional» courts, but many new courts or tribunals began their existence and consequent activity in this recent period. This is the case of the International Tribunal of the Law of the Sea (*www.itlos.org*), of the ad hoc Criminal Tribunals for Former Yugoslavia (*www.icty.org*) and Rwanda (*www.ictr.org*), of the International Criminal Court (*www.icc.cpi.org*), of the mechanisms inside World Trade Organization (*www.wto.org*), and so on. Besides, resort to arbitral tribunals has also increased and the Permanent Court of Arbitration *www.pca-cpa.org* has now nine pending cases whilst it solved only 17 cases from its creation in 1899 until the end of the Cold War.

institutions need to reform themselves to preserve their legitimacy, and even their existence.

This shift for reform has been very visible at the level of functions performed by, for example, NATO (originally a purely defensive organization of a limited regional scope that has turned into an instrument of intervention in various regions of the world), the UN (with major reforms in the Secretariat and in the functions of the Security Council, and a continued attempt at profound organic reform), or the European Union (EU), with a growing enhancement to integration and continuous adaptation of its institutions to new challenges, the Lisbon Treaty being the latest attempt in this direction.

The so much analyzed UN reform is, at the same time, an example of the pressing need for change and a realization that the time is not yet ripe for any changes that presuppose a Charter revision. Since the early 90s that there has been constant pressure for reform, mostly directed toward the composition of the Security Council but also encompassing many other fundamental aspects such as working methods of the General Assembly or the Security Council, structure of the Secretariat and so on[14].

Often, however, because this movement for change is constrained by the still strong framework of the previous model (in the UN case best represented by the difficulties of Charter revision imposed by article 108[15]), reform is done in an informal way. Only at a future moment, after practices and consequences of actions are consolidated, do they assume the character of a legal reform, in the sense that internal rules and constitutive instruments are revised. This type of shift follows as an almost inevitable consequence of new needs that the previous system can only fulfill by changing itself in each case whenever necessity arises.

A very clear example of this change inside an organization that is done informally is the functions and range of action of the UN Security Council. According to art. 24 of the Charter, «...Members confer on the

---

[14] To take the UN as an example, the 1990s saw the creation of the so-called five «reform groups», which included the Group on the Reform of the Composition of the Security Council (the only still meeting today), the Group on an Agenda for Peace (with three sub-groups), the Group on Financing for Development, the Group on the Financing of the UN and the Group on the Reform of the General Assembly. The reform efforts were followed by the 2004 Report of the High Level Panel on Threats, Challenges and Changes (A/59/565), by the Secretary-General´s 2005 Report «In Larger Freedom» (A/59/2005) and by the 2005 World Summit Outcome (A/60/L.1)

Security Council primary responsibility for the maintenance of international peace and security...» and the Charter limits its functions to the said maintenance of peace and security. However, mostly since the end of the Cold War, the Security Council has been the most active organ of the UN, in various different aspects of world life, in contrast with its almost paralysis until the end of the 80s.

How has the Council «legally» achieved that without revising the Charter? To begin with, it managed to equate the most serious world events with the «maintenance of peace and security», thus putting a wide range of issues under its jurisdiction, such as epidemics, migratory movements, issues of human rights, etc, that previously were merely under the scope of the General Assembly or the ECOSOC. Then, in a similar process, it enlarged its powers in temporal terms, covering situations of pre-conflict and post-conflict as well as situations of potential conflict. The traditionally limited powers of UN peace-keeping (themselves also a creative move to fulfill a gap due to the practical impossibility of establishing UN armed forces[16]) have been enlarged to such an extent that they are similar to State administrations, as was the case of East Timor or Kosovo. Besides these two moves (in substance and in time), the Security Council added institution creation; the international criminal tribunals for Former Yugoslavia and for Rwanda, as subsidiary organs of the SC[17] are the most elaborate of such institutions, themselves with a judicial character. Furthermore, the Security Council, in an even bolder step, altered the State-logic of the Charter regarding sanctions.

---

[15] Article 108 reads as follows: «Amendments to the present Charter shall come into force for all Members of the United Nations when they have been adopted by a vote of two thirds of the members of the General Assembly and ratified in accordance with their respective constitutional processes by two thirds of the Members of the United Nations, including all the permanent Members of the Security Council.»

[16] The Charter foresaw, in its Chapter VII, arts. 43 and ff., permanent UN armed forces, which were never created. Instead, the so-called peace-keeping forces are based on voluntary contributions by Members and are not foreseen in the Charter. They came about as the result of a Canadian proposal that was implemented by Dag Hammarskjöld when the Suez Canal conflict occurred in 1956.

[17] The «International Tribunal for the Prosecution of Persons Responsible for Serious Violations of International Humanitarian Law Committed in the Territory of the Former Yugoslavia since 1991» was created by SC resolutions 808 and 827 of 1993. The «International Criminal Tribunal for Rwanda» was established by SC resolution 955 of 1994.

Sanctions were foreseen for States, as is clear from arts. 39 (establishment of threat to peace, breach of peace, or act of aggression) and 41 and 42 (respectively, measures not involving and involving the use of armed force), but gradually the SC started applying them to individuals, first to leaders of outcast regimes or movements, and, more recently, to suspects of terrorism[18].

This shift has led to strong reactions, with accusations of lack of due process in decision-making, and controversy is on-going. In fact, several cases arose in European national courts and were appealed to the European Court of Justice concerning allegations of lack of due process. The so-called Kadi case[19], the first to be decided, has revealed the contradictions in a model based on States (the addressees, according to the Charter, of the actions of the Security Council) that is faced with the practical need of imposing sanctions on individuals, while lacking adequate means for doing so. Mr. Kadi, whose assets were frozen following a Security Council resolution and the European Union measures giving effect to it, complained of violations of his rights to property, to be heard before a court of law and to effective judicial review. The Court of Justice of the European Communities annulled the Council regulation insofar as it froze the assets of the appellants. The Court acted in spite of art. 103 of the UN Charter, which asserts that the obligations under the Charter prevail over any other obligation that might conflict with them.[20] The individual rights seemed to have overridden any considerations of world security, enshrined in the obligation to follow SC resolutions, and are a clear step away from the traditional model.

---

[18] Several resolutions, such as those on UNITA (res. 864 of 1993) or on Haiti in the 1990s, applied sanctions directly to movements, regimes and to their leaders. More recently, within the combat on terrorism, the Security Council, through the Counter--Terrorism Committee, created by SC resolution 1373, of 2001, has set lists of people to be considered terrorists and to whom sanctions apply. See, among others, SC res. 1388(2002), 1390(2002), 1452(2002), 1455(2003), 1456(2003), 1526(2004), 1617 (2005), 1699(2006), 1730 (2006), 1732 (2006) and 1735(2006).

[19] Case C-402/05 P, Yassin Abdullah Kadi & Al Barakaat International Foundation v. Council of the European Union and Commission of the European Communities.

[20] This point will be developed later when dealing with the issue of fragmentation.

4. High emotional level in negotiation processes

Once we are in a moment in which a framework is weakening and there is no other to replace it yet, the tensions among different points of view escalate, not only because of lack of consensus as to the best way of proceeding, but also because there is space for differing points of view to prevail. There is no single way of analyzing the present situation and determining what is the best conceptual/institutional framework for the future. However, social forces create pressure for change and sometimes the feeling is both of an urgent need for reform and frustration at its impossibility.

As with any other existence, death of a framework is strongly resisted by those who benefited from it and is highly pursued by those who were excluded by it. This leads to strong reactions from the *status quo* and to movements to reinforce its power. In the UN, this can explain the reinforcement of the powers of the Security Council, as seen above, or the dominance of the most powerful States through the adoption of negotiating methods such as consensus (which involves intense negotiations favoring delegations that can always be present and permitting only powerful States to veto the result) or of drafting techniques such as the recourse to language used in previous documents.

Tensions are most noticeable during the negotiating process of legal documents. The actors know, even if subconsciously, that it is not merely the substance that is at stake but also the early contours for the formation of a new model. Tensions rise and the level of emotions normally reaches a point not commonly seen in periods of stability.

Take, for instance, the creation of the International Criminal Court. What was at stake was not merely the powers of a court to judge individuals for international criminal acts. What was at stake was State sovereignty in the sense of non-interference with internal affairs, of respect for immunities of power holders, of keeping States as almost exclusive actors in this area and not transferring their powers to individuals such as the judges, and, even more «dangerously», the Prosecutor, and so on. What was at stake was the creation of an organ that eluded, in many aspects, the Westphalian framework and that directed itself to judge individuals accused of being criminals to protect those who were their victims, without regard for the official or other status of the former. Moreover, this Court could have jurisdiction over nationals of States that were not parties to the treaty if the crimes were committed in the territory of a State party.[21]

It is no wonder, therefore, that not only was the adoption of the Statute in the Rome in 1998 was followed by ten minutes of applause, an extremely rare occurrence in the diplomatic milieu, and by comments with very emotional content by those in favor of the whole process, but that it also gave rise to particularly strong reactions in the opposite sense, such as so-called art. 98 agreements of the Bush Administration.[22]

---

[21] Several articles of the ICC Statute are particularly revealing of this point, such as art. 27 (Irrelevance of official capacity) and, especially, art. 12 (Preconditions to the exercise of jurisdiction), paragraph 2, which refers to art. 13. These two articles read as follows: «1. A State which becomes a Party to this Statute thereby accepts the jurisdiction of the Court with respect to the crimes referred to in article 5. 2. In the case of article 13, paragraph (a) or (c), the Court may exercise its jurisdiction if one or more of the following States are Parties to this Statute or have accepted the jurisdiction of the Court in accordance with paragraph 3: (a) The State on the territory of which the conduct in question occurred or, if the crime was committed on board a vessel or aircraft, the State of registration of that vessel or aircraft; (b) The State of which the person accused of the crime is a national. 3. If the acceptance of a State which is not a Party to this Statute is required under paragraph 2, that State may, by declaration lodged with the Registrar, accept the exercise of jurisdiction by the Court with respect to the crime in question. The accepting State shall cooperate with the Court without any delay or exception in accordance with Part 9.» (Article 12); «The Court may exercise its jurisdiction with respect to a crime referred to in article 5 in accordance with the provisions of this Statute if: (a) A situation in which one or more of such crimes appears to have been committed is referred to the Prosecutor by a State Party in accordance with article 14; (b) A situation in which one or more of such crimes appears to have been committed is referred to the Prosecutor by the Security Council acting under Chapter VII of the Charter of the United Nations; or (c) The Prosecutor has initiated an investigation in respect of such a crime in accordance with article 15.» (Article 13-Exercise of jurisdiction).

[22] Article 98 (Cooperation with respect to waiver of immunity and consent to surrender), paragraph 2, reads as follows: «2. The Court may not proceed with a request for surrender which would require the requested State to act inconsistently with its obligations under international agreements pursuant to which the consent of a sending State is required to surrender a person of that State to the Court, unless the Court can first obtain the cooperation of the sending State for the giving of consent for the surrender.». This article was only inserted at a final stage, in the Rome Conference, and was supposed to address previous situations in which the State had obligations concerning the surrender or extradition of a particular category of persons. It was, however, used by the Bush Administration to conclude new bilateral treaties with several States in order for American citizens not to be surrendered to the International Criminal Court but, instead, to the American authorities.

5. Shift of importance from the legislator to the implementer of law

In periods when a model prevails uncontested, much of the regulation of world relations is done at the moment of creation of law, usually by treaties or custom. The same does not hold for periods of transition, in which substantive consensus is often nonviable. The legislator, faced with the impossibility of agreement among all the actors on how to regulate substantively those relationships, often uses methods that defer problems to the concrete moment of application, dealing with them only partially or vaguely at the stage of law-creation.

Although such methods occur at any point in history, they are particularly used in periods of transition because they allow for a different type of substantive agreement or promote agreement only at the level of words.

One of such methods has already been mentioned and consists of reproducing the exact wording of previous documents, even when such words were not clear (and many times precisely because of that). This technique can even lead to the repetition of expressions and concepts considered inadequate but whose authority overrides any possible consensus for new forms of expression[23]. This, I believe, is a sign of the weakness of a model and of the pressing need to reinforce it.

---

[23] Take, for instance, the Declaration on the Occasion of the 50th Anniversary of the United Nations, which, in paragraph 1, 3rd tier, states: «1. To meet these challenges, and while recognizing that action to secure global peace, security and stability will be futile unless the economic and social needs of people are addressed, we will: .... Continue to reaffirm the right of self-determination of all peoples, taking into account the particular situation of peoples under colonial or other forms of alien domination or foreign occupation, and recognize the right of peoples to take legitimate action in accordance with the Charter of the United Nations to realize their inalienable right of self-determination. This shall not be construed as authorizing or encouraging any action that would dismember or impair, totally or in part, the territorial integrity or political unity of sovereign and independent States conducting themselves in compliance with the principle of equal rights and self-determination of peoples and thus possessed of a Government representing the whole people belonging to the territory without distinction of any kind;». This sentence, extremely confusing, is a patchwork of previously accepted language in documents approved by the UN such as General Assembly res. 1514(XV) or 2625 (XXV). Namely, all the negotiators of the Declaration, among whom was the author of this article, were perfectly aware that the UN Charter does not give any indication as to what «legitimate action in accordance with the Charter of the United Nations» is to be

Another technique that is often used is the insertion in treaties of the so-called "without prejudice clauses", that is, clauses that exclude certain aspects from the regulation at issue. Several times, the issues excluded are quite central to the whole project[24] but, because they are so controversial, the method of not dealing with them is used. Furthermore, this type of technique can sometimes assume a more elaborate form and become another type of clause that excludes the subject matter from the regulation in question to the extent that it is regulated by other areas of International Law[25].

However, the most frequently used of these methods is, doubtless, that of so-called «constructive ambiguity», that is, the insertion in treaties of words or expressions that have such a vague meaning that they allow

---

taken to implement self-determination. Nevertheless, accuracy was much less important than political consensus-building and so the inclusion of this sentence was considered very relevant.

[24] Among many possible examples, a revealing one is the adoption of such clauses in the on-going work of the International Law Commission on Responsibility of International Organizations, now at the end of its first reading. One of the most visible and gravest problems of international organization responsibility has been the injuries to local populations by peace-keeping forces of several international organizations. However, this type of responsibility has been excluded from the scope of the draft articles and, only after persistent efforts form the author of this article, were two «without prejudice clauses» inserted. Draft article 36 (Scope of international obligations set out in this Part) states: «1. The obligations of the responsible international organization set out in this Part maybe owed to one or more other organizations, to one or more States, or to the international community as a whole, depending in particular on the character and content of the international obligation and on the circumstances of the breach. 2. This Part is without prejudice to any right, arising from the international responsibility of an international organization, which may accrue directly to any person or entity other than a State or an international organization.»; and draft art. 53 (Scope of this Part), affirms: «This Part is without prejudice to the entitlement that a person or entity other than a State or an international organization may have to invoke the international responsibility of an international organization.»

[25] See, for instance, the International Convention for the Suppression of Terrorist Bombings and how the controversial issue of «State Terrorism» (attacks that create terror and that are conducted by State forces or agents) is dealt in art. 19 (2): «The activities of armed forces during an armed conflict, as those terms are understood under international humanitarian law, which are governed by that law, are not governed by this Convention, and the activities undertaken by military forces of a State in the exercise of their official duties, inasmuch as they are governed by other rules of international law, are not governed by this Convention.».

634 *Em Homenagem ao Professor Doutor Diogo Freitas do Amaral*

for consensus at the level of drafting. The actors in negotiations are perfectly aware that their divergences are very deep but they still find it useful to achieve the result of a consensual document. They do it at the level or words and not of meanings, thus deferring to the implementer the real meaning, in the case at issue, of those expressions. It is clear that in periods when the framework of a certain model is being contested, substantive consensus is harder and so this technique prevails.

The outcome of these methods is that there is a shift of the nuclear moment from that of the legislator to that of the implementer. This implementer can be a judge in an international (and sometimes national) court, or, among others, an international prosecutor, a military commander in an international field operation, or, often, an international bureaucrat such as those in charge of UN administrations of territories. All these persons are not State representatives and they pose new challenges to a model based on the State as the fundamental actor. By shifting the decisive moment from the legislator to the implementer, while trying to save a contested model, the long-term result might be to weaken the model, because the decision-making power moves from the States, which are still the main legislators, to other entities, namely individuals, who are extraneous to the Westphalian framework, at least as originators of the law ruling world affairs.

6. Fragmentation of law both at substantive level and at the level of institutional decision

Moments of transition are also very favorable to what has been labeled «fragmentation of International Law»[26] mostly because they are,

---

[26] There are numerous studies on what has been labeled Fragmentation of International Law because it became one of the most «fashionable» topics, another sign of the demise of a model and the creation of several alternatives. For the substantive aspects of fragmentation, the most complete work is the 2006 International Law Commission Study Group Report, in UN document A/CN.4/L.682, entitled «Fragmentation of International Law: Difficulties Arising From the Diversification and Expansion of International Law – Report of the Study Group of the International Law Commission Finalized by Martti Koskenniemi» as well as the summarized «Conclusions» of the Group, in UN document A/CN.4/L.702.

For some works of the very rich literature in this field, see, among others, «Symposium: The Proliferation of International Tribunals: Piecing together the Puzzle», at the same time, moments of deep controversy and moments with a unique potential for creativity. This leads both to the multiplication of rules and institutions and to incompatibility among them. Thus, many new fields of International Law flourish, they develop their own normative systems (International Human Rights Law, International Environmental Law, International Commercial Law, International Criminal Law, etc) and, sometimes, even their own institutional settings for dispute resolution and adjudicatory decision.

Fragmentation encapsulates, at the same time, the richness of moments of transition and their incoherence as a system, since many divergent considerations enter into account. If such divergences are reflected at the level of decision-making, insecurity might arise and one can be faced with substantively different outcomes depending on the forum that is used. The Tadic test v. Nicaragua test as for State responsibility[27] or the Mox Plant case as for issues of environmental pollution[28] are vivid examples of this.

New York Journal of International Law and Politics, vol. 31 (1999) pages 679-993; Martti Koskenniemi & Päivi Leino, «Fragmentation of International Law. Postmodern Anxieties?» Leiden Journal of International Law, vol. 15 (2002) pages 553-579, Andreas Zimmermann and Reiner Hoffmann, *Unity and Diversity of International Law* , Duncker & Humblot, Berlin, 2006, Karel Wellens and Rosario Huesa Vinaixa (eds.), *L'influence des sources sur l'unité et la fragmentation du droit international,* Bruylant, Brussels, 2006 . See also, for the diversification of sources in International Law, Eric Loquin and Catherine Kessedjian (eds.), *La mondialisation du droit* , Litec, Paris, 2000 and Berman, Paul Schiff, *The Globalization of International Law*, Ashgate, Aldershot, 2005. For a recent reappraisal of the issue, see Simma, Bruno «Universality of International Law from the Perspective of a Practitioner» European Journal of International Law. Vol.20 n.2, April 2009.

[27] The issue of Fragmentation entered the international institutional debate especially after the conflict between the test of «overall control» as a source of responsibility, of the Appeals Chamber of the International Tribunal for Former Yugoslavia in the Tadic Judgment of July 15, 1999 (The Prosecutor v. Dusko Tadic, Case no. IT-94-1-A), contradicted the test of «effective control» that had been used by the International Court of Justice in the 1986 Nicaragua case (Case Concerning the Military and Paramilitary Activities in and Against Nicaragua – Nicaragua v. United States of America). The then President of the International Court of Justice, Judge Guillaume, in his reports to the General Assembly from 2000 to 2003, presented Fragmentation as the main problem of present International Law.

[28] The Mox Plant case is a good example of how a situation can be analyzed under different legal regimes. The comments in the ILC Study on Fragmentation, *supra*, are particularly clear: «10. Without going into details of the sociological or political

636   *Em Homenagem ao Professor Doutor Diogo Freitas do Amaral*

In moments of transition, it is also often the case that theoretical construction will try to make sense of the disparate situations, giving some reassurance of unity and systematic coherence to the existing situation. The most thorough example of this effort is certainly the already cited International Law Commission´s Study on Fragmentation[29], in which efforts are made to identify possible sources of fragmentation and to render them compatible on behalf of a pre-existing and always present unity of the International legal system. Structural rules of international legal thought are put to use to give a common meaning to the growing disparate rules in International Law. These are rules such as that of

---

background that has led to the emergence of special or specialist rule-systems and institutions, the nature of the legal problem may perhaps best be illustrated by reference to a practical example. The question of the possible environmental effects of the operation of the «MOX Plant» nuclear facility at Sellafield, United Kingdom, has recently been raised at three different institutional procedures: an Arbitral Tribunal set up under Annex VII of the United Nations Convention on the Law of the Sea (UNCLOS), the compulsory dispute settlement procedure under the Convention on the Protection of the Marine Environment of the North-East Atlantic (OSPAR Convention) as well as under the European Community and Euratom Treaties within the European Court of Justice (ECJ). Three rule--complexes all appear to address the same facts: the (universal) rules of the UNCLOS, the (regional) rules of the OSPAR Convention, and the (regional) rules of EC/EURATOM. Which should be determinative? Is the problem principally about the law of the sea, about (possible) pollution of the North Sea, or about inter-EC relationships? Already to pose such questions points to the difficulty of providing an answer. How do such rule-complexes link to each other, if at all? What principles should be used in order to decide a potential conflict between them? 11. Yet the problem is even more difficult. Discussing the British objection to its jurisdiction on account of the same matter being also pending before an OSPAR arbitral tribunal and the ECJ, the Arbitral Tribunal set up under Annex VII UNCLOS observed: even if the OSPAR Convention, the EC Treaty and the Euratom treaty contain rights or obligations similar to or identical with the rights set out in [the UNCLOS], the rights and obligations under these agreements have a separate existence from those under [the UNCLOS]. 12. The Tribunal held that the application of even the same rules by different institutions might be different owing to the «differences in the respective context, object and purposed, subsequent practice of parties and *travaux preparatoires*». The UNCLOS Arbitral tribunal recognized that the meaning of legal rules and principles is dependent on the context in which they are applied. If the context, including the normative environment, is different, then even identical provisions may appear differently. But what does this do to the objectives of legal certainty and the equality of legal subjects?» pages 12 and 13.

[29] See note 26 supra. For another appeal for unity, see also Dupuy, Pierre Marie «L'unité de l'ordre juridique internationale. Cours général de droit international public», *Recueil des Cours,* vol. 297 (2002).

special law prevailing over general law (made more complicated in International Law since there are several sources of Law and, even concerning treaties alone, their parties vary), of the so-called special regimes, with the assertion that there are no 'self-contained regimes'[30], of the posterior law prevailing over the previous one (mostly addressed by arts. 30 and 41 of the Vienna Convention on the Law of Treaties[31]), of the

---

[30] Self-contained regimes can be a set of secondary (procedural) rules to be applicable if primary (substantive) rules are violated, can be a set of special rules on certain issue (a certain type of arm, a river, a type of transportation, etc), but can also be an entire area of Law, such as Law of the Sea, International Humanitarian Law, Human Rights Law, International Commercial Law, International Environmental Law, and so on. See, among others, Simma and Pulkowski «Of Planets and the Universe: Self-Contained Regimes in International Law», European Journal of International Law, vol. 17, 2006, page 483 and ff.

[31] Art. 30 (*Application of successive treaties relating to the same subject matter*) reads as follows: «1. Subject to Article 103 of the Charter of the United Nations, the rights and obligations of States Parties to successive treaties relating to the same subject matter shall be determined in accordance with the following paragraphs. 2. When a treaty specifies that it is subject to, or that it is not to be considered as incompatible with, an earlier or later treaty, the provisions of that other treaty prevail. 3. When all the parties to the earlier treaty are parties also to the later treaty but the earlier treaty is not terminated or suspended in operation under article 59, the earlier treaty applies only to the extent that its provisions are compatible with those of the later treaty. 4. When the parties to the later treaty do not include all the parties to the earlier one:(*a*) as between States Parties to both treaties the same rule applies as in paragraph 3;(*b*) as between a State party to both treaties and a State party to only one of the treaties, the treaty to which both States are parties governs their mutual rights and obligations. 5. Paragraph 4 is without prejudice to article 41, or to any question of the termination or suspension of the operation of a treaty under article 60 or to any question of responsibility which may arise for a State from the conclusion or application of a treaty the provisions of which are incompatible with its obligations towards another State under another treaty.»

Art. 41 (*Agreements to modify multilateral treaties between certain of the parties only*) states: «1. Two or more of the parties to a multilateral treaty may conclude an agreement to modify the treaty as between themselves alone if: (*a*) the possibility of such a modification is provided for by the treaty; or (*b*) the modification in question is not prohibited by the treaty and: (i) does not affect the enjoyment by the other parties of their rights under the treaty or the performance of their obligations;(ii) does not relate to a provision, derogation from which is incompatible with the effective execution of the object and purpose of the treaty as a whole. 2. Unless in a case falling under paragraph 1 (*a*) the treaty otherwise provides, the parties in question shall notify the other parties of their intention to conclude the agreement and of the modification to the treaty for which it provides.»

systemic interpretation of rules (as addressed by art. 31(3)(c) of the Vienna Convention on the Law of Treaties[32]), or of hierarchical relationships among some norms, such as those originating from *erga omnes* rules, from rules of *ius cogens* and from art. 103 of the UN Charter[33].

This type of movement (both fragmentation and the attempt to control it), is, nevertheless, typical of moments of transition. The previous framework has weakened significantly but there is not yet another framework to replace it: multiplication of "innovative" areas and solutions arise and they lead to conflicts because there is no single system by which they can be assessed. At the same time, efforts must be made to save some of the main characteristics of any legal system, namely its internal coherence leading to security in the respective actors´ relationships. This result is normally achieved through the use of some features of the previous framework, such as those referred to above (hierarchy, specialty, rules of interpretation, rules in time, etc.).

This effort, however, will only last and will only be effective up to a certain point: with the progress of time, the previous framework is so much contested that even logical assumptions on which it is based will be put into question. Before that happens, several of the previous institutions come under suspicion and then are discredited, being replaced with others. A similar move happens with the substantive norms, entire new fields being created whereas others simply become obsolete or are challenged actively by new ones. Therefore, fragmentation is inevitable in periods of transition and the attempts at its control work only in the short run because the crux of the matter is that there is a progressive dissolution of a previous model and the gradual formation of a new one.

A parallel fragmentary process is that of the multiplication of international legal theories, none of which gathers universal consensus.

---

[32] Art. 31(3)(c) (General Rule of Interpretation) states: «3.There shall be taken into account, together with the context:... (*c*) any relevant rules of international law applicable in the relations between the parties.»

[33] Art. 103 of the UN Charter sates: «In the event of a conflict between the obligations of the Members of the United Nations under the present Charter and their obligations under any other international agreement, their obligations under the present Charter shall prevail.». The Kadi case, referred to *supra*, is extremely interesting in the sense that it promotes Fragmentation of International Law, for it results in regionalization, i.e., the protection of the rights invoked by Mr. Kadi within the European Union space but their irrelevance elsewhere.

International legal scholars have proposed and fought for very divergent ideas of what is International Law, what are its sources, what is a norm, what constitutes its coercive element, and so on. Positivism has battled with social theories and, more recently, critical legal studies or feminist theory have confronted law and economics[34]. This fragmentation of explanatory theories reveals, once more, how reality is perceived in a most different by way those it involves. This array of perceptions and the consequential creation of rules and institutions is, once more, a typical feature of times when a framework is weakening and nobody knows yet what will replace it.

7. Particular nature of the time of transition as a time in which footprints have future consequences

Periods in time differ considerably as to their characteristics. The period in between established models is one of the most interesting because of all the shifts that are taking place, because of its potential for virtually endless creativity but also because of another feature, probably the most important for the times to come.

A time in between models is particularly sensitive in the sense that what is done and reiterated not only influences the present but has an outcome in modeling the framework of the future. Normally, if actors operate within an established model, their actions might reinforce and give vigor to that model but the effects of their actions are contained within that framework. Because they act within the accepted set of assumptions, rules, institutions, etc, their actions have no influence for the long-run future.

When social forces start challenging the prevailing model in a significant way (of course, even in the most settled model there are

---

[34] The proliferation of explanatory theories in International Law has been particularly noticeable since the second half of the 20th century. For a very good summary of the present main schools of thought, see Steven Ratner and Anne-Marie Slaughter (edts.) «Symposium on Method in International Law», American Journal of International Law, vol. 93 n.2, April 1999, pages 291 to 423. The schools/methods identified were Positivism, Policy-Oriented Jurisprudence, International Legal Process, Critical Legal Studies, International Law and International Relations, Feminist Jurisprudence and Law and Economics.

always deviations and marginality), then the terrain is free for new forms to emerge. Periods of transition are always unforeseeable in their outcome because a mere single event of serious consequences might determine the way the future model will be shaped. If a comet were to hit the Earth and cause generalized devastation, probably the future framework would reflect the priority of basic needs and of a strong leadership; if a calamity of planetary proportions originated in a human--made disaster, such as atomic contamination or serious pollution of some sort, probably priority would be given to rules and means to guarantee that the environment is preserved. Even if no such disastrous event occurs in a period of change, future relationships, actors, and institutions will be shaped by the needs that are felt: if the prevailing need is that of protecting the human being from the abuses of power, then probably the new model would give priority to human rights issues; if the prevailing need is that of protecting societies against threats like terrorism or piracy, then the model will reflect a world that is much more concerned with security.

Of course, social events are always the source of legal and organic institutions but, if they occur in periods of stability, they do not have the impact that they do when we are in a transition. More emphasis can be placed in one or another aspect of regulation but the model is not challenged and it will maintain its basic features.

The same does not hold true for periods of change between models. The actions of the main actors have profound consequences because they will set a footprint that cannot be erased. Often, State leaders, institutions and even individuals with relevant positions in world affairs are not particularly sensitive to this characteristic and behave as if only the short-run of events were at stake. In fact, responsibility is much stronger in periods of transition because acts are going to be reflected in a future framework that is, at least partially, shaped by them.

III. Final Note

This article reflects what I believe to be the present status of International Law and comes as a consequence of the identification of certain aspects of the present that are testimony to the gradual dismissal of the model of territorial State sovereignty.

I hope it was clear that I believe that we are still within the concepts, theories, regimes and institutional setting of this model but, at the same time, that they no longer hold the final satisfactory answer to our problems. I do not believe that there will be a revolution, in the sense of an abrupt cut with the previous regime and the immediate setting up of a new one. Rather, I believe that the process is gradual, as most things in history are. Certainly, just as the Westphalia Treaty is often used as a landmark to inaugurate the model of State dominance, there will be an event or series of events in the future that will be presented as the beginning of another framework, mostly because we need markers to make our thought easier. I believe, however, that such a landmark has not occurred yet: we still live in a world whose predominant actors are States (not NGOs, not individuals and not even International Organizations), in which the sources of Law are mostly State-originated, namely treaties and custom, in which territorial borders are at the origin of many International legal norms, such as the non-use of force, and so on.

It is also true that phenomena like non-State territorial entities, such as the European Union, the emergence and power of international actors such as NGOs or the media, the creation of international criminal courts, the use of universal jurisdiction by the domestic criminal regulations of several States, the global nature of the economy and of technology, to mention just a few, pose serious threats to the model in which we have been living. These threats seem to grow every day, starting the creation of alternative sets of rules and institutions. The direction they will take is not very clear yet and, due to the sensitivity of periods like the present one, could lead us into quite different world orders in the future.

The sole purpose of these lines was to share some thoughts, sometimes even mere intuitions, of what might be the structure of a period of change, such as our present time. Here, I just began by identifying some features of that structure but there is room for much more thought concerning its dynamic, the mode by which these various moves, tensions, ideas, concepts, etc, interact to give rise to a new framework in International Law. I hope to be able to write on that one of these days.

Lisbon, August 26, 2009

A EUROPA COMO "SUPERPOTÊNCIA"*

PAULO DE PITTA E CUNHA

1. O peso da Europa no processo de globalização não parece justificar a inevitabilidade da ampliação que alguns pretendem fazer do quadro do Estado para o quadro plenamente supranacional. Quererá a Europa, no seu todo, vir a ser uma grande potência? Não lhe faltará a apetência e a capacidade de deter um autêntico poder militar, que são aspectos essenciais da configuração da superpotência, como se verifica no caso dos Estados Unidos, e porventura amanhã da China?

Poderá alguma vez a Europa alcançar os níveis de coesão que são próprios de uma superpotência, atentas a elevadíssima heterogeneidade e a dispersão dos seus elementos? Não será mais adequado assumir a concepção de um bloco de Estados de conteúdo diferente, aplicando os seus esforços nas soluções diplomáticas, no efeito de persuasão e na capacidade de negociação, sem que opere uma concentração de poder semelhante à dos grandes Estados federais?

2. Não poderá a Europa afirmar-se, numa outra esfera, com bases novas de sistema de resolução de conflitos, com apego aos princípios da ordem legal internacional, com a opção pela influência da diplomacia sobre as soluções militares na busca de acordos internacionais – afinal, numa esfera que paira acima da figura algo datada da superpotência maciça?

3. No futuro, a União Europeia poderá ser uma espécie algo imperfeita de superpotência, inevitavelmente diferente, dada as pressões cen-

---

* Extraído, com actualizações, de uma Comunicação apresentada pelo Autor em Novembro de 2008, numa Conferência Internacional em Bruxelas.

trífugas, a nível da proliferação linguística e da marcada heterogeneidade, num contexto em que, para mais, a orientação vai contra a igualização dos Estados membros. Em contraste com o que se passa nas próprias federações, onde a legitimidade dos Estados é realçada pela admissibilidade de uma segunda câmara, temos aqui um regime em que quer no Parlamento, quer no Conselho, o sistema de votação se baseia na força demográfica. O que é paradoxal é que este sistema está desajustado das regras próprias das federações autênticas, onde os Estados têm na referida segunda câmara o mesmo estatuto, independentemente da sua dimensão.

A Europa será talvez uma superpotência menos consistente, desconcentrada da fórmula do superEstado, mas se isso suceder não será só pelo simples capricho de manter certos poderes a nível dos Estados: é porque acontece que são os próprios Estados membros a manter diferenças na sua identidade e, em particular, nas suas visões de política externa.

4. A União Europeia continua a ser, depois de Lisboa, uma entidade híbrida de federalismo e intergovernamentalismo, dotada de pólos de supranacionalidade que lhe permitem influenciar as grandes questões mundiais: possivelmente as negociações comerciais internacionais, o combate ao terrorismo, a questão das alterações climáticas, a representação internacional da moeda única, na parte em que esta é adoptada na União. Será uma superpotência menos perfeita do que as clássicas, mas isto não porque não quer, mas porque não pode. Talvez até seja útil que assim se possa afastar da rivalidade entre os grande poderes, mantendo as missões tutelares de que se ocupa e a tomada de posição no terreno das influências para a paz no mundo.

De qualquer forma, no jogo das superpotências, mesmo que a Europa lá chegasse, isto é, que assumisse características federais fortes, dificilmente poderia aspirar, atento o declínio demográfico, a mais do que lutar pelo terceiro ou quarto lugar, após os Estados Unidos e a China (ou a China e os Estados Unidos), talvez um dia a par da Índia. O que não seria, afinal, um resultado particularmente brilhante...

5. Estão muito acesas as discussões sobre o renque ("ranking") das superpotências, discussões animadas pela óbvia intenção de se afirmar o inevitável declínio dos Estados Unidos perante a expansão da China.

É corrente prever-se que a ascensão da China precipitará, a prazo não extenso, o termo do mundo unipolar dos Estados Unidos. Este configurar-se-á, assim, como o caso, talvez único de um Estado que terá assumido a unipolaridade praticamente na mesma altura em que se sente ameaçado de vir em breve a ser desapossado de tal posição. Se assim for, será a mais efémera das unipolaridades da História!

Antevendo-se a próxima superioridade da China e a descida dos Estados Unidos para número dois, tenta-se amenizar esta conclusão, lembrando que, se o confronto não for entre a China e os Estados Unidos da América, mas entre aquele país e o sistema centrado no Oeste, baseado em regras internacionais de comportamento, com amplas e profundas afinidades políticas, então ainda assim seria de esperar que o sistema ocidental mantivesse durante (quanto tempo?) a prevalência.

Mas, ao alargar-se deste modo a análise, já se ultrapassa a contraposição entre superpotências, para se compararem sistemas políticos e económicos integrados por blocos nem sequer caracterizados por um factor de contiguidade geográfica.

6. Não se vê que verdadeiro interesse possa ter para a União Europeia embarcar nesta corrida para o estádio da superpotência.

Por que deverá a Europa reunir os mesmos ingredientes, desde o potencial de armamento à vontade política, para competir pela regulação do destino do mundo em condições semelhantes às das potências unificadas?

Não será melhor manter a idiossincrasia da hibridez que lhe é própria, com a combinação de (crescentes) elementos supranacionais e de elementos intergovernamentais ainda subsistentes, permitindo-lhe compatibilizar a vitalidade dos Estados (não só no tradicional plano cultural, mas no da capacidade de formular decisões como entes soberanos à face do direito internacional), ao mesmo tempo que assume forte coesão nas áreas em que a acção colectiva e uma presença unificada no mundo se torna imperativa?

7. De resto, ainda estão por antever-se as últimas consequências do controverso fenómeno da globalização. O alargamento da globalização é susceptível de retirar efeitos à própria divisão do mundo em blocos: no mundo multipolarizado (se não já meramente bi/ ou tripolarizado) é o próprio conceito de superpotência que se dilui. Da ordem aparente da unipolaridade facilmente se passa à multipolaridade desregrada que tende actualmente a despontar. E a acertada introdução pela Administração Obama de elementos da visão do "soft power" poderá concorrer para tal diluição.

Pretender-se que a Europa pode ter o destino de uma federação é, quanto a nós, falacioso. A fórmula híbrida da divisão do poder (entre os múltiplos Estados membros e a organização supranacional), justificada pela realidade, só por si desmente a possibilidade do salto final para a federação.

8. Mas, para além de uma céptica visão da Europa marcada por diferenças radicais entre os seus elementos, pela falta de vontade de cooperação, e em que as escolhas fossem feitas "à la carte", há espaço para outra perspectiva em que se observa um conjunto de regras e princípios intensamente assumidos, compreendendo áreas em que a influência e o poder podem rivalizar com o das grandes potências compactadas.

Afinal, o que está fora de moda parece ser o modelo federal, ligado à imagem da superpotência de grande densidade centralizadora.

A Europa ainda poderá dar ao mundo o exemplo de uma forma diferente de cooperação de países entre si muito próximos, fundados nos mesmos princípios democráticos e votados a decisões fundamentais de política semelhantes (designadamente como forma de enfrentar os novos grandes problemas internacionais), mas mantendo, ainda assim, a medida possível das decisões nacionais.

Lisboa, Maio de 2009

CAPÍTULO IV
DIREITO ADMINISTRATIVO E OUTROS

NOVOS HORIZONTES PARA O DIREITO ADMINISTRATIVO: PELO CONTROLE DAS POLÍTICAS PÚBLICAS. A PRÓXIMA MISSÃO[*]

DIOGO DE FIGUEIREDO MOREIRA NETO[**]

SUMÁRIO: 1. Prosseguindo no aperfeiçoamento do controle da administração pública. 2. Identificando o desafio da ineficiência. 3. Identificando um aspecto da evolução principiológica do controle da administração pública: Do conceito de *conteúdo determinante* ao de *resultado determinante*. 4. A referência ao *resultado determinante* atuando no controle da administração pública e a consequente emergência do conceito de *políticas públicas* como fenômeno político-administrativo juridicamente vinculado. 5. Definindo o controle jurídico das políticas públicas. 6. Propondo o controle das políticas públicas como a próxima missão do direito administrativo.

1. Prosseguindo no aperfeiçoamento do controle da administração pública

Este trabalho se inicia por declinar sua premissa central: ser missão própria do Direito Administrativo avançar na proscrição do arbítrio dos

---

[*] Texto que serviu de base à intervenção no Seminário Permanente sobre o Estado e o Estudo do Direito em 25 de Maio de 2009 na Faculdade de Direito da Universidade Nova de Lisboa.

[**] Professor Titular da Faculdade de Direito da Universidade Cândido Mendes – UCAM, Rio de Janeiro.

governos pelo aperfeiçoamento constante da efetiva sujeição do agir da Administração Pública a valores jurídicos definidos.

Com efeito, não tem sido tarefa fácil essa luta, quiçá ancestral, contra os desmandos do poder, pois jamais agradou a seus detentores o serem controlados... principalmente quando o exercem com abuso. Isso porque, como alertou LORD ACTON, o poder corrompe, e desde logo o faz infundindo a seu detentor uma perversa arrogância de considerar-se superior às instituições.

Curiosamente, esse aspecto épico da luta contra os abusos tem desempenhado historicamente um papel salutar na secular dialética que se trava entre a política e o direito – artes do poder –, contribuindo para um recíproco aperfeiçoamento.

Assim é que HOMERO assegura, na Ilíada, que historicamente *"fazem falta expedições punitivas"*, como a de Tróia, para que os homens exibam seus sentimentos elevados a motivá-los para a justiça e para que os bardos possam cantá-los...

Ao revés, cuidemo-nos, pois, contra a cumplicidade da tolerância e repudiemos a inércia acomodada ante todas as formas de arbítrio, uma vez que, com certeza, sempre farão falta ao Direito Administrativo e sempre sustentarão a sua trajetória as atitudes corajosas dos que travaram o que GARCÍA DE ENTERRÍA[1] denominou *luta contra as imunidades do poder*: um épico que assume distintas feições conforme os desafios da época.

Esta exposição pretende enfocar, portanto, um novo desafio, um novo campo de batalha dessa velha guerra: o da luta contra as ineficiências do poder, uma vez que, nas democracias contemporâneas, a ineficiência, tanto na destinação como no emprego do poder, se vem apresentando como uma nova forma de abuso: um arbítrio que não mais pode ser tolerado.

Esta frente, assim aberta, acrescenta um novo capítulo na histórica convergência entre política e direito, cujas repercussões pós-modernas foram antevistas por gigantes que nos levam aos ombros, tais como GIANNINI e BOBBIO, e que, em nossos dias, vem provocando a simultânea *juridicização da política* e *politização do direito*, fenômenos xifópagos que debuxam mais um fascinante desdobramento deste século.

Ora, na trajetória do Direito Administrativo distingue-se uma dupla evolução conceitual em paralelo: a dos valores jurídicos substantivos e a

---

[1] EDUARDO GARCÍA DE ENTERRÍA. *La lucha contra las inmunidades del poder*. Madrid, Cuaderno Civitas, 2004 (1ª ed., 1974, 2ª ed. 1979, 3ª ed. 1983 e reimpressões em 1989, 1995 e 2004).

dos valores jurídicos adjetivos. Os valores substantivos são definidos com o desenvolvimento dos princípios vinculantes de conteúdo do agir político-administrativo, partindo do princípio da legalidade e se completando com o princípio da legitimidade. Os valores adjetivos, por sua vez, são definidos com o desenvolvimento de técnicas vinculantes da formalização do agir administrativo, partindo da disciplina do ato administrativo para se aperfeiçoar com a disciplina do processo administrativo.

Duzentos anos de progresso nessas duas direções complementares produziram extraordinários frutos para o aprimoramento da racionalidade e da moralidade nas atividades da burocracia pública. Mas o necessário prosseguimento dessas conquistas exigirá que se adentre agora, corajosamente, a essa zona cinzenta, indefinida, volúvel e desafiadora que se situa mais além: entre a administração e a política.

Para tanto, é mister, desde logo, reconsiderar a missão do Direito Administrativo a partir de suas próprias conquistas, repensando sua nova extensão pós-moderna e, por isso, o instrumental que será necessário para provocar mais um salto qualitativo; desta feita, visando ao controle do ciclo de políticas públicas. Trata-se de um conceito ainda em formação, mas que oferece um aberto desafio ao Direito, com seu núcleo duro, impérvio ao *judicial review*, cuja sindicabilidade se vem ainda assim tornando possível, graças às contribuições incorporadas no enriquecido quadro do neoconstitucionalismo.

Com efeito, são todos esses novos conceitos incorporados ao Direito Constitucional pós-moderno – como os da sua efetividade normativa, a dos direitos fundamentais e, sobretudo, a do aperfeiçoamento substantivo e adjetivo do controle de constitucionalidade – que estão abrindo essa auspiciosa possibilidade de estabelecer novos parâmetros jurídicos em benefício da racionalidade, da moralidade e da eficiência da ação político-administrativa.

Esta é a questão que aqui se submete: em última análise, avançar mais um pouco na investigação da amplíssima discricionariedade que tem sido empregada pelo Poder Público no tratamento das políticas públicas, para fins de submetê-las a um controle de direito com o auxílio de algumas técnicas, como as desenvolvidas pelo, assim denominado, *harder look control*[2] da vertente jurídica anglo-saxônica.

---

[2] Christopher F. Edley Jr., *Administrative Law – Rethinking Judicial Control of Burocracy*, New Haven and London, Yale University Press, 1990.

652   *Em Homenagem ao Professor Doutor Diogo Freitas do Amaral*

Afinal, como no ensinamento de Luciano Vandelli[3], cabe aos juristas dar respostas às complexidades suscitadas pela governança democrática, pois é de realização da democracia substantiva que se está tratando. Eis o cerne do que se pretende propor neste trabalho.

2. Identificando o desafio da ineficiência

Desperdício, corrupção e inépcia: eis, entre outras, três ponderáveis causas da ineficiência do setor público. Mazelas da Administração, para as quais os controles juspolíticos tradicionais da democracia representativa se mostram cada vez mais insuficientes, propõem-nos, por isso, cada vez mais intensamente, o grande desafio deste início de século ao Direito Administrativo, que é o de abrir novas e mais efetivas soluções de controle de direito.

Mas não menos grave é também a inoperância do setor público, conexa aos três vícios apontados – desperdício, corrupção e inércia –, demandando um repensar do dever de proporcionalidade e do controle da omissão inconstitucional do administrador público. Isto porque, para atuações administrativas constitucionalmente mandatórias, inexiste qualquer sorte de discricionariedade, quer para o legislador, quer para o administrador público, como é o caso exemplar das políticas públicas nacionais – e não apenas governamentais – como o são as da educação, da saúde e da segurança pública, para ficarmos com as essenciais.

Para dar uma idéia da importância e da magnitude desse desafio, um estudo[4] empreendido pela OCDE (Organização para a Cooperação e Desenvolvimento Econômico) mostrou que 15 dos então Estados-Membros da União Européia poderiam cortar comodamente 27% de seus gastos públicos, mantendo os mesmos serviços, ou seja, reduzindo no total a participação do setor público de 50% para 35% do produto interno bruto (PIB).

No extremo negativo, aponta, o mesmo estudo, a Suécia, um reputado modelo de *welfare state*, que, não obstante tal nomeada, apresenta

---

[3] Luciano Vandelli, exposição no *1° Congresso Internacional de Direito Administrativo do Município do Rio de Janeiro*, proferida em 3 de outubro de 2006.

[4] Allister Heath, «Europe's Public Sectors Yield Increasing Evidence of Waste, Gross Inefficiency», *in Sunday Business, London Knight Ridder / Tribune Business News*, de 8 de março de 2003.

em sua notoriamente eficaz administração pública o mais alto grau de ineficiência na Europa, pois poderia cortar 43% de seus dispêndios sem que fizessem falta aos programas de governo... desde que alcançasse o nível de eficiência atingido pelos Estados Unidos da América.

Os autores do estudo – o reputado VITO TANZI, juntamente com ANTONIO ALFONSO e LUDGER SCHUKNECHT, estes dois últimos, técnicos do Banco Central Europeu – apontam, em contraste, o Japão, o Luxemburgo, a Austrália e a Suíça como os países que apresentam os mais elevados indicadores de eficiência da administração pública.

É intuitivo que, se a ineficiência está presente em tal grau em países da União Européia, em um Continente que apresenta a maior concentração de países desenvolvidos, considere-se então a magnitude e a gravidade desse problema nas nações em desenvolvimento...

Com efeito, apenas com relação ao Brasil, os dados disponíveis sobre desperdício[5] são ainda mais estarrecedores, pois dão conta de que *"corrupção e ineficiência administrativa consomem um terço da arrecadação"*, ou seja: perdia-se a astronômica importância de 234 bilhões de reais por ano: o equivalente a 100 bilhões de dólares norte-americanos, um desvio, em números relativos, de 32% da arrecadação de tributos no País.

Para se ter uma idéia do que representa esta fantástica cifra de desperdício, ela seria suficiente para:

– cobrir o déficit, sempre crescente, da previdência social, por quase seis anos seguidos;
– construir 13 milhões de moradias populares ao custo unitário de R$17.000,00;
– abrir 19,5 milhões de novas salas de aula, ao custo em média de R$ 12.000,00 cada uma;
– ampliar para todas as cidades do País o sistema de água canalizada e esgoto tratado, obra estimada em 220 bilhões de reais pela Associação das Empresas de Saneamento Básico Estaduais, ou
– restaurar toda a malha rodoviária estadual e federal, de 156 mil quilômetros, e mantê-la por sessenta anos consecutivos, segundo os cálculos da Associação Brasileira de Infra-estrutura e Indústrias de Base.

---

[5] Fonte: jornal *O Globo – Caderno de Economia*, p. 29, da edição de quarta-feira, 4 de outubro de 2006, divulgando o estudo realizado pelo *Instituto Brasileiro de Planejamento Tributário – IBPT*.

654   *Em Homenagem ao Professor Doutor Diogo Freitas do Amaral*

É nesse quadro que assoma, terrível e acabrunhante, a constatação da inanidade dos instrumentos jurídicos tradicionais para lograr reduzir a níveis admissíveis esse imenso desperdício dos preciosos recursos aportados pela sociedade. Se fossem eficientemente empregados, poderiam superar muito da carência e da marginalidade existente no País, o que seria, afinal, nada mais do que o cumprimento da tarefa constitucional de realização dos direitos fundamentais que se espera de um Estado solidário.

3. Identificando um aspecto da evolução principiológica do controle da administração pública: do conceito de *conteúdo determinante* ao de *resultado determinante*

Os *prolegomena* do controle jurídico da Administração partiram da afirmação dos princípios da legalidade e da finalidade, com a obrigatória vinculação do ato administrativo à regra legal de competência.

Desse modo, a presunção de legalidade – e, por conseguinte, o que se tinha como um suposto e incontestável atendimento implícito ao princípio da finalidade – que sobrevive como um restolho absolutista, sustentaria ainda por mais algum tempo essa confortável desnecessidade de se explicitar nos atos administrativos, de modo claro e racional, a sua, hoje exigida, conformidade finalística.

Do abalo dessa presunção e, como decorrência, a primeira afirmação vigorosa de um controle finalístico do agir administrativo, ainda que em microescala, ou seja, ainda se perfazendo sobre uma análise pontual, de ato por ato, viria a resultar a evolução, que logo se sucedeu, dos princípios da motivação e da transparência. Estes passaram a demandar do administrador uma cabal demonstração da vinculação do agir da Administração ao motivo e ao objeto de seus atos, ambos elementos constitutivos conformadores de seu conteúdo determinante.

Mas novo avanço só adviria tempos depois, com o ressurgimento contemporâneo de mais dois princípios – o da legitimidade e o da eficiência –, ambos formulados já com vista a um controle finalístico em macroescala do agir administrativo, e não mais na antiga microescala, de ato por ato, permitindo que se galgasse um novo patamar de vinculação jurídica da Administração: agora, à realização efetiva de um resultado determinante.

4. A referência ao *resultado determinante* atuando no controle da administração pública e a consequente emergência do conceito de *políticas públicas* como fenômeno político-administrativo juridicamente vinculado

Todavia, mais dois passos à frente faltavam ser dados para superar o micro-controle analítico para a aplicação de um macro-controle integrado da ação administrativa: *primo*, pela definição de um conteúdo integrador e, *secundo*, pela definição de uma forma integrativa.

Começando com a forma integrativa, surgiria primeiro com a instituição, embora com certo atraso no Brasil, do processo administrativo, como o necessário condutor formal da tomada de decisão, como a solução adequada para tornar explícita e sindicável a referência da atividade administrativa.

Desse modo, possibilitava-se a continuidade evolutiva do controle do resultado isolado do ato administrativo para passar-se ao controle do resultado integrado do processo administrativo, entendido como instrumento de ação e não meramente de controle, como, limitadamente, em geral se o compreendia.

Este segundo passo, aqui propugnado, parte, assim, da instituição de um conceito jurídico de política pública – agora entendida como o próprio conteúdo integrador – por ser o que porta a substância da decisão processualizada, da qual se espera que advenha a direta satisfação de resultados, posto que são estes necessariamente vinculantes da ação administrativa.

Avançados esses dois passos, tornou-se possível formular os elementos fundamentais de uma teoria do controle das políticas públicas considerando dois aspectos essenciais:

1º – um conceito jurídico de política pública, como um complexo de processos destinados a formular e a executar ações que implementam a funcionalização efetiva e concreta dos direitos fundamentais através de cometimentos constitucionalmente atribuídos, explícita ou implicitamente, obrigatória ou dispositivamente, ao sistema decisório juspolítico governança-administração, e

2º – uma conseqüente definição do que se entende como o conteúdo jurídico da política pública, como aqueles motivos e parâmetros de ação que devem estar necessariamente presentes na sua formulação e na sua execução.

Eis como se pode considerar ampliada, em dois tempos, a nova referência do Direito Administrativo, concebida do micro ao macro, em termos de manifestação de vontade: 1° – do ato administrativo ao processo administrativo; 2° – do processo administrativo à política pública (administrativa).

Como se observa, estavam, enfim, verificadas as condições técnicas necessárias para considerar-se, em nossos dias, que a juridificação do instituto das políticas públicas certamente as situará, em breve tempo, no coração do processo de governança democrática dos interesses públicos primários confiados ao Estado, destinando-se, com isso, a se tornar a tônica de uma renovada missão que se desvenda ao Direito Administrativo deste século – entendido como o direito público interno[6] – e se entrega à operosidade construtiva da comunidade de seus cultores.

Com efeito, depois de se trabalhar histórica e exaustivamente com o conceito de vício do ato e, depois, de vício do processo, é chegada a hora de se acrescer o conceito alargado de vício de resultado, pois que referido a uma visão constitucional integrada da Administração Pública, entendida como uma função de Estado – e não como, por inexplicável extensão conceitual, um "poder" do Estado –, definida como um conjunto de atribuições gerenciais pelas quais lhe é imposto o indeclinável dever jurídico-constitucional de implementar os direitos fundamentais.

No Direito Administrativo este avanço se prenuncia no processo de submissão jurídica do Governo: não apenas quanto à execução das políticas públicas, até há pouco insindicavelmente formuladas, mas, hoje, alcançando a própria formulação, dada a sua inafastável vinculação à realização dos princípios fundamentais.

Já não é mais sonho o que antes parecia tão distante, pois o controle pelo Direito sobre o antigo, polifacético e pertinaz abuso da discricionariedade, que se estendeu à formulação e à execução de políticas públicas, aponta os responsáveis pelos astronômicos desperdícios, que propiciam escandalosa corrupção e que acobertam, afinal, uma insuportável inépcia por parte de importantes segmentos do setor público.

---

[6] Como o caracterizam EDUARDO GARCÍA DE ENTERRÍA e TOMÁS-RAMÓN FERNÁNDEZ em seu celebrado *Curso de Derecho Administrativo*.

5. Definindo o controle jurídico das *políticas públicas*

Retorne-se aqui àquela trajetória histórica do controle da Administração, resumindo-a a dois tempos: originalmente, em que se partiu do objeto do ato para chegar ao resultado do ato, elegendo-se o objeto do ato administrativo como o efeito em tese, pretendido e juridicamente apreciável *in abstractu*; para, posteriormente, destacar-se o resultado do ato ou do processo administrativo, como o efeito em hipótese, alcançado e, por isso, juridicamente apreciado *in concretu*.

Com essa ampliação, do objeto ao resultado, passa a ter relevância não apenas exercer-se (1) um controle da eficácia —ou seja, incidente sobre a aptidão tética do ato para produzir os efeitos jurídicos desejados – como se desenvolver também (2) um controle da efetividade – vale dizer, sobre a efetiva realização dos efeitos jurídicos esperados e, sobre isso, dispor-se de (3) um controle de eficiência – que vem a ser a produção dos melhores resultados possíveis em termos de qualidade, de tempo e de meios. Portanto, com a integração do *iter* dogmático, caracterizador da eficácia, do *iter* dogmático caracterizador da efetividade, e do *iter* dogmático constitucionalizado da eficiência, integram-se, em conseqüência, os seus respectivos controles.

Para tanto, define-se, também, de modo autônomo, para cada característica: de um lado, os parâmetros do controle de eficácia (uma técnica jurídica voltada à verificação da legalidade, que se obtém pelo contrasteamento jurídico dos clássicos elementos constitutivos do ato administrativo com as referências legalmente vinculadas) e, de outro lado, os parâmetros dos controles de efetividade e de eficiência (técnicas jurídicas voltadas à verificação da legitimidade, obtida pela constatação da efetiva e satisfatória realização da finalidade constitucionalmente vinculada, a ser obtida por meio de indicadores de desempenho).

Retorna-se à eficiência, como conceito constitucional juridicizado que deve servir doravante como critério para a interpretação e aplicação das normas infraconstitucionais, na sutil zona cinzenta, na qual o juiz deve controlar sem administrar, preservando, simultaneamente, a independência das duas funções constitucionais e a realização da boa administração.

6. Propondo o controle das políticas públicas como a próxima missão do direito administrativo

Assim exposto esse ciclo teorético da atividade de controle, que aponta para a próxima grande missão do Direito Administrativo em sua trajetória civilizadora, é possível identificar alguns benefícios éticos e técnicos que certamente advirão do desbravamento dessas novas vias da sindicabilidade judicial.

Desde logo, os conceitos de resultado e o de seu controle, por se apresentarem mais concretos, mais visíveis e de mais fácil compreensão técnica, propiciarão maior aproximação entre Administração e administrado, estimulando uma desejável interação legitimatória pela participação.

Segue-se que os conceitos de resultado e o de seu correlato controle reporão em foco o valor jurídico da legitimidade e realçarão a sua indispensabilidade, enquanto fundamento de decisões políticas e administrativas no Estado Democrático de Direito.

Por outro lado, o controle das políticas públicas atuará beneficamente para o desenvolvimento de uma sadia consciência democrática, ao deixar expostos com nitidez os dois tempos de sua evolução, como na proposta habermasiana: o tempo moderno – da democracia formal, e o tempo pós--moderno – da democracia substancial.

Ficam definidos, portanto, dois momentos históricos: primeiro, o da ascensão da democracia representativa, ou censitária, com a conseqüente instituição de uma ordem jurídica de assento parlamentar, com fundamento na lei, e, depois, a sua transformação, para a realização de uma democracia substantiva, com a conseqüente instituição de uma ordem jurídica assentada em valores juspolíticos estáveis, com fundamento na Constituição.

O pretendido controle das políticas públicas assim se inserirá, destacadamente, com seus renovados instrumentos, na luta milenar do Direito para domar o *Leviathan*, como consectário indispensável do princípio da boa administração, que é a real e adequada satisfação dos cometimentos constitucionais postos a cargo do Estado Administrador[7].

Em outros termos: trata-se, nada mais, nada menos, do que realizar os valores constitucionais sem desvio, sem dissimulação e sem a charlatanice

---

[7] Sobre o tema, ver Diogo de Figueiredo Moreira Neto, «Cidadania e Administração de Resultado, Economia, Planejamento e Controle Prospectivo numa Perspectiva Jurídica», *in Revista Direito e Cidadania*. N.° 2, Ano 1, 2006, p. 535 e ss.

de legisladores afeitos ao uso imoderado das leis, mais preocupados com os efeitos mediáticos do que com os efeitos jurídicos dos seus projetos, como tem denunciado TOMÁS-RAMÓN FERNÁNDEZ.

É mister partir da saudável premissa republicana de que as políticas públicas podem e devem ser judicialmente controláveis: pela progressiva (1) vinculação a resultados e (2) vinculação à qualificação dos resultados, de modo a se vencer mais uma etapa de uma missão que não se esgota, senão que se renova, do permanente aperfeiçoamento da milenar empreitada civilizatória do Direito.

Finalmente, o próprio Direito Administrativo, como *o* direito público interno *par excelence*, se irá tornando progressivamente político, pelo simples fato de que lhe cabe realizar, em última análise, a ordem dos valores constitucionais – que é imanentemente política.

Na mesma linha, o Direito Administrativo, como criação estruturante do antigo Estado de Direito, portanto idealizado para atuar na contenção do poder, ao zelar pela fidelidade à lei, pelo controle de legalidade, ingressa no Século XXI como desdobramento indispensável ao Estado Democrático, ao zelar pela fidelidade ao direito, pelo controle de legitimidade – acenando ao advento de um Estado de Justiça, como propõe JUAN CARLOS CASSAGNE.

Este, portanto, alteia-se como um sentido de missão, tal como posto em relevo no subtítulo desta exposição: o de um cometimento que, sob a inspiração da bela imagem do camponês de EMERSON, consiste em que cada um dos operadores capilarizados desse dinâmico Direito Administrativo, renovado, ambicioso e pleno de esperança, desempenhe o seu trabalho – sem que importe a gravidade ou a modéstia das tarefas –, atrelando o seu arado a uma estrela.

Teresópolis, outono de 2009.

INTRODUÇÃO. OS PRINCÍPIOS GERAIS DE DIREITO ADMINISTRATIVO. SEU CONTEÚDO, TIPOLOGIA E ALCANCE

LUÍS CABRAL DE MONCADA[*]

SUMÁRIO: Introdução; os princípios gerais de direito administrativo; seu conteúdo, tipologia e alcance. 1. O que são os princípios gerais de direito administrativo? 2. Quais são os princípios gerais de direito administrativo? A tipologia. 3. Os princípios gerais no âmbito particular do direito administrativo. 4. O princípio do *Estado de direito democrático* e social. a) As consequências do Estado social ou da socialização do Estado-de-Direito. b) A componente democrática do Estado-de-Direito. c) As actuais aporias do *Estado de direito democrático* e as soluções possíveis. 5. Os corolários do princípio do *Estado de direito democrático*. a) O princípio da *dignidade da pessoa humana*. b) O princípio da *justiça.* c) O princípio da *igualdade.* d) O princípio da *prossecução do interesse público* no respeito pelos direitos e interesses legalmente protegidos dos cidadãos. e) O princípio da *legalidade.* f) O princípio da *imparcialidade.* g) O princípio da *proporcionalidade.* h) O princípio da *boa-fé.* i) O princípio da *colaboração* da Administração com os particulares. j) O princípio da *decisão.* k) Os princípios da *descentralização,* da *desconcentração* e da *participação* dos cidadãos na formação da decisão administrativa; a democracia *deliberativa.* 6. Outros princípios gerais da actividade administrativa. a) O princípio da *eficácia.* b) O prin-

---

[*] Professor de Direito.

cípio da *desburocratização*. c) O princípio da *gratuitidade*. d) O princípio da *unicidade* das Forças Armadas e das Forças de Segurança. 7. Os princípios gerais no âmbito dos contratos administrativos. 8. Os princípios gerais no contencioso administrativo. 9. O alcance dos princípios gerais como fonte de direito administrativo. 10. Conclusões.

Introdução

O tema dos princípios gerais de direito administrativo é bem conhecido da doutrina portuguesa. É com ele que me associo à homenagem ao Prof. Doutor Diogo Freitas do Amaral, personalidade marcante da vida pública e do mundo jurídico português das últimas décadas.

Não se pode dizer que o tratamento específico daquele tema seja frequente. Vem a propósito referir as Lições de Direito Administrativo do meu saudoso Mestre A. Rodrigues Queiró[1] e o vol. I do Curso do próprio Prof. Freitas do Amaral.

A escolha deste tema não é ingénua. Nunca é demais aproveitar as oportunidades que felizmente vão surgindo para combater o positivismo jurídico que, mais uma vez, ameaça assentar arraiais entre nós.

O que se pretende com este estudo é aprofundar quatro problemas principais; o que são os princípios gerais de direito administrativo, quais são eles, qual o seu conteúdo normativo e qual o respectivo alcance como fonte do direito administrativo.

A segunda questão é a mais simples. Mas as outras são muito complexas.

Como o tema é vasto, razões editoriais obrigam-nos a abordar certos assuntos de forma apenas sumária.

1. O que são os princípios gerais de direito administrativo?

Trata-se da mais difícil das questões postas. Mas a resposta a dar-lhe fornece-nos também a solução da terceira questão ou seja, a de saber qual o conteúdo normativo dos princípios gerais.

---

[1] Vol. I, Coimbra, 1976, p. 291 e ss.

Dizer que os princípios gerais de direito administrativo são a refracção dos princípios gerais de direito no âmbito particular do direito administrativo, sendo certo, é pouco. Necessário é começar por saber exactamente o que são estes últimos.

A resposta à questão depende da posição metodológica em que nos situarmos. Não se pretende necessariamente chegar à essência dos princípios gerais de direito em geral e dos de direito administrativo em particular. Nem esta questão tem de interessar ao jurista. No entanto, alguma posição sobre o assunto terá de ser tomada, a bem da clareza da exposição.

O jurista de boa formação encara os princípios gerais como ponto de partida na questão das fontes. Aceita-os, tal como eles são, sem se preocupar necessariamente em saber se a respectiva ontologia é metafísica, axiológica, lógico-dedutiva ou até meramente positiva, obtida esta por indução. Deve fazer como que uma espécie de «redução eidética», preocupando-nos apenas com a presença dos princípios gerais enquanto dados imediatos da consciência do jurista.

Assim sendo, parece que os princípios gerais correspondem necessariamente à constituição interna da compreensão e tratamento das realidades jurídicas. São como que um *a priori* da percepção da vida jurídica e do respectivo tratamento racional. São, portanto, indispensáveis por integrarem a nossa compreensão do direito *rectius*, o nosso modo de o compreender. Neste sentido, mesmo os mais ferozes positivistas os aceitam.

Visam, por sua vez, possibilitar o tratamento racional do direito, pois que sendo critérios gerais e (tendencialmente) universais possibilitam conclusões sólidas a partir do respectivo conteúdo que têm a vantagem de ser verdadeiras, no sentido cientista deste termo. Estão aptos a passar o teste popperiano da falsificabilidade racional. Mas falta o mais importante.

As dificuldades, e já vamos dizer mais do que queríamos, começam com o problema da sua ontologia; são os princípios gerais anteriores às normas positivas em que estão vazados? Se sim, qual a respectiva natureza? Será metafísica, tributária de uma ideia de «ordem» transcendente, moral ou, pelo menos, axiológica ou, pelo contrário, puramente racional?

Por sua vez, sendo a respectiva natureza puramente racional, qual o tipo de razão de que se alimentam os princípios gerais? Uma razão de tipo axiomático deduzida de certos pressupostos e, portanto fornecendo conclusões sempre verídicas expostas num percurso silogístico ou, pelo contrário, uma razão de tipo tópico, aferida por convencimento racional e exposta dialogicamente através de um percurso argumentativo que se manifesta através da linguagem? E, neste último caso, a orientação *pragmática* assim escolhida, à moda do *linguist turn,* é apenas empírica, ao sabor de um critério apenas processual e intersubjectivo da verdade, de alcance apenas semântico e sem «metafísica» (J. Habermas, na sequência do «segundo» E. Husserl[2] e do «segundo» L. Wittgenstein) ou, pelo contrário, é transcendental (K.-O. Apel)? Para esta última orientação, a da *pragmática transcendental,* que me parece a melhor, a linguagem, que favorece o entendimento e o consenso, não é um instrumento puramente neutro e racionalmente objectivo, sem lugar para a hermenêutica do sentido, hermenêutica esta que precisamente nos prova que há pontos de partida axiológicos sem os quais o consenso não é alcançável. E os princípios gerais de direito são esses pontos de partida, precisamente porque (só) deles é predicável conteúdo axiológico.

O consenso, contrariamente ao que quer Habermas, não é inerente à linguagem nem ao respectivo processo comunicacional. E apenas é possível porque pressupõe já uma base axiológica comum e esta transcende a simples sociologia da comunicação.[3]

Como se disse, não se pretende avançar nesta questão. Apenas parece evidente, utilizando aqui terminologia filosófica, que a natureza puramente racional dos princípios gerais não dá resposta aos problemas que o modo-de-ser interno da nossa compreensão do direito põe ao problema da fundamentação, problema este com que se defrontaram E. Husserl[4] e até L. Wittgenstein na segunda fase da vida intelectual de ambos e que os fez honestamente recuar nos seus propósitos iniciais.

---

[2] O HUSSERL de La Crise des Sciences Europeénnes et la Phenomenologie Transcendantale, Paris, 1976.

[3] Como diz magistralmente K.-O. APEL, in K.-O. APEL, M. ARAÚJO DE OLIVEIRA e L. MOREIRA, Com Habermas contra Habermas, Direito, Discurso e Democracia (org. L. Moreira), S. Paulo, s/data, p. 60 (it. nosso), *algum dia Habermas deverá decidir se pretende insistir na inconsistência (de evitar uma distinção metodológica entre filosofia e ciência reconstrutiva empiricamente comprovável) ou restituir à filosofia a sua genuína função de fundamentação (sic) que está vinculada com a defesa de pleitos de validade a priori (sic) universais e autoreferenciais.* E mais à frente (p. 97), a propósito do empirismo habermasiano, que o conduz a uma mera sociologia da comunicação, diz-nos que *em nenhuma sociedade humana seria possível que as pessoas se entendessem com sucesso apenas usando o emprego linguístico ...estratégico.* Com efeito, a comunicação *só é possível...a partir da perspectiva transcendental pragmática...e com isso capaz de...fundamentação.*

[4] Uma cuidada «redução eidética» dos princípios gerais, de modo a esclarecer o respectivo sentido, obviamente axiológico, leva-nos à conclusão da sua natureza não

Assim sendo, os princípios gerais não servem apenas para sistematizar interna e externamente as soluções jurídicas mais concretas, coisa que qualquer jurista aceita. Eles próprios são a fundamentação das mesmas soluções, pois que abrem caminho seguro para o «ser» essencial do direito. E se são fundamento, o próprio direito o é. Ora, apenas são fundamento porque lhes subjaz dignidade ética, porque justificam uma solução. E é apenas por isso que o consenso em torno deles é possível bem como o juízo crítico sobre o material legislativo que vai medrando à respectiva sombra. Sem a remissão para e a invocação dos princípios gerais, a linguagem jurídica é uma *langue de bois,* certamente que auto--referencial, até redutora de complexidades e sistematizável, pelo menos externamente, mas absolutamente incapaz de justificar as soluções e de proporcionar um consenso que seja mais do que o aproveitamento de uma oportunidade ou um compromisso.

A famosa «lei de Hume» ou da incomunicabilidade entre o ser e o dever-ser fica, portanto, arredada nesta matéria. Na verdade, no direito ontologia e axiologia coincidem em larga medida ou seja, a axiologia é um aspecto da ontologia jurídica.

Com certeza que os princípios gerais não se oferecem numa disposição sistemática perfeita, porque autoreferencial e hierarquizada, cuja aplicação aos casos da vida real se faça por modo como que automático porque dedutivo, verificando-se, pelo contrário, que os princípios não

---

exclusivamente racional e sistemática. Esta «redução» coloca-nos perante o seguinte enquadramento, a querer ser fiel aos pressupostos husserlianos; se o princípio geral é invocado a propósito do caso concreto pela Administração ou pelo juiz não é por imperativo moral do sujeito aplicador do direito que em boa hora o trouxe à colação nem porque por seu intermédio a ordem jurídica transporta para dentro da solução judicial ou administrativa qualquer predicado lógico, mas apenas para que fique esclarecido que na relação entre o juiz e a Administração a aplicação daquele princípio geral se revelou justificada e nada mais. O significado do princípio geral deve ser aferido através da relação que se estabelece entre o aplicador do direito, o caso concreto e a ordem jurídica global. E este significado é pura e simplesmente axiológico e não outro. E não se pense que esta orientação vai contra o rigor metodológico. O desconhecimento do papel justificativo dos valores só pode ser defendido por quem pretenda fazer das relações lógicas entre as palavras e as asserções a única realidade científica, limitando-se a filosofia à pura análise da semântica das palavras nos diversos contextos, ao jeito do «neo-positivismo lógico» de um B. Russell ou de um L. Wittgenstein, na sua primeira fase, mas se nem a ciência se reduz à lógica proposicional, muito menos o direito a ela se reduz. A perspectiva da justificação não se confunde com a da lógica das proposições.

estão hierarquizados, que apenas comportam aplicação gradual e parcial e não total, como tão bem demonstrou Dworkin, e apenas são chamados à colação desigualmente e de modo fragmentário a propósito de cada caso concreto, num movimento como que «de baixo para cima», o que significa que a respectiva aplicação coloca sempre um *problema* a ser encarado de modo não axiomático, ao sabor do peso relativo de cada um dos princípios a avaliar em função daquele mesmo caso concreto. Em suma; os princípios gerais são argumentos ou tópicos de aceitação generalizada cuja adequada utilização justifica as soluções perante a comunidade jurídica de que todos fazemos parte. Conduzem assim ao racional no sentido de «razoável». Mas, não esqueçamos, é assim porque os princípios gerais têm natureza axiológica aferida no e através do *problema*, cujo sinal distintivo é o caso concreto e não a dedução ou a indução. É, portanto, do *problema* colocado pela irredutibilidade do caso concreto que se parte e não do axioma.

Ao dizer isto, apenas pretendemos aproximar-nos da natureza interna dos princípios gerais. Independentemente dela, também são critérios racionais que possibilitam uma verdadeira sistematização (externa e interna) do direito ou seja, um discurso racional sobre as soluções jurídicas mais concretas por recondução delas ao estatuto racionalizado porque universalizável dos princípios e proporcionando a partir daí uma aplicação verificável por dedução.

Os princípios reportam-se a todos os aspectos da vida jurídica, desde a actividade do Estado e dos particulares, nas suas relações recíprocas, até à organização do Estado, e contactam assim com todos os ramos do direito público e privado, substantivos e processuais. Ao mesmo tempo, a relevância respectiva não é exclusiva de qualquer ramo do direito nem, dentro deste, de qualquer tipo de actividade ou de forma processual. Muitos deles relevam unitária e cumulativamente nos vários ramos do direito, muito embora em termos diferenciados, consoante a matéria a que se aplicam. Esta relevância cumulativa de certos princípios a propósito dos problemas colocados pela prática e até por simples dedução conceitual é particularmente evidente no direito público, obrigando a dogmática a um trabalho de sistematização para evitar duplicidades e mal-entendidos.

Os princípios gerais não são «auto-referenciais» ou seja, pouco ou nada significam por si próprios desligados da sua aplicação concreta aos casos reais. Não se encerram num laboratório nem são mensuráveis através de um recipiente, Por outro lado, não adquirem significado através da mera análise lógica do seu conteúdo proposicional, como se fossem teoremas matemáticos. Vivem da e para a aplicação aos casos da vida real e apenas em função deles adquirem a plenitude do respectivo conteúdo, tal como a matemática aplicada ou o *fuzzing* na engenharia. É isto que impede o estabelecimento de uma hierarquia rígida entre eles que é como quem diz, de uma prioridade axiológica.

Os princípios gerais não se relacionam, portanto, através de qualquer hierarquia. Todos têm o seu domínio de aplicação específico, que se não sobrepõe necessariamente ao dos outros, muito embora sejam frequentes os casos de (relativa) sobreposição. É assim do caso concreto cuja solução necessita de ser fundamentada que se espera a indicação sobre qual o princípio relevante e qual a extensão com que deve ser aplicado, tendo em vista a incontornável presença dos outros princípios gerais. A sobreposição referida resulta do contacto que os princípios gerais mantêm com a ética. Sendo esta um domínio unitário do pensamento e da acção humana, a operação intelectual da sua decomposição em princípios gerais autónomos há-de ter sempre qualquer coisa de convencional e artificial.

Diferentemente do que sucede no caso das normas positivas, os princípios convivem sem perda do alcance normativo de cada um. Não se lhes aplicam as regras da sucessão das leis no tempo nem da respectiva incompatibilidade material. Tal requer um difícil trabalho de ponderação do peso específico de cada um em confronto com os outros que só à luz do caso concreto poderá ser resolvido.

Assim sendo, os princípios gerais não comportam uma aplicação reciprocamente incompatível, o que conduz a que sejam perfeitamente possíveis conflitos entre o alcance dos diversos princípios gerais. O princípio da *eficiência* e unidade de acção pode contrariar o da *descentralização* e se reportado ao do sector público empresarial contraria parcialmente o da *legalidade* da respectiva actividade, etc... O problema da convocação de princípios gerais diversos e relativamente conflituantes deve ser resolvido apelando a um esquema de ponderação em função do caso concreto ou seja, apelando ao que Pascal chamava o *esprit de finesse* de base intuitiva, por oposição ao *esprit de géométrie,* de base dedutiva a partir de axiomas dados.

Da referida sistematização oferecida pelos princípios gerais e da dose de verdade lógica dela decorrente não flui, portanto, toda a respectiva justificação. Longe disso. O problema não é de «verdade» comprovável, é de justificação. E esta deve passar a difícil prova do *problema* e

Em Homenagem ao Professor Doutor Diogo Freitas do Amaral

a solução deste através da adequada aplicação do direito desconstrói a (segurança da) sistematização lograda. Esta tem assim mais alcance expositivo e cognitivo do que propriamente justificativo.

Importante é ainda evidenciar que a «principiologia» não é uma ciência independente e «auto-referencial». Começa por não ser uma verdadeira «ciência», ao menos na acepção moderna do termo, mas uma *ars* [5]articulada em torno de um raciocínio justificativo e não axiomático, como se disse.

É, contudo, importante chamar a atenção para o seguinte aspecto da «principiologia». Não se trata de um «ciência» independente, como se disse, ainda de outro ponto de vista. É que os princípios, embora dotados de conteúdo anterior à ordem jurídica, que meramente os declara e não constitui, não podem ser utilizados pelo jurista isoladamente no plano abstracto da especulação axiológica. Destinam-se a justificar e ao mesmo tempo a melhorar a aplicação do direito e, portanto, ficam no respectivo alcance condicionados pelo material normativo existente, também este destinado a ser aplicado. Isto significa que o alcance do princípio geral deve ser-lhe atribuído tendo em conta o da norma reguladora da situação apresentada à Administração ou ao juiz e não como se esta não existisse, além das vicissitudes do caso concreto, como se disse.

Significa isto que o alcance do princípio geral não interessa ao jurista apenas «a partir de cima» ou seja, visto abstractamente como precipitado da ética, mas também «de baixo para cima», condicionado pelo caso concreto e na perspectiva da aplicação conjunta com as normas que o disciplinam. [6]O percurso metodológico tem como ponto necessário de referência o caso, indo dele para a norma que o disciplina e, por último, colhe o conteúdo esclarecedor do princípio, na perspectiva da melhor aplicação do direito à realidade. Não se fica sobranceiramente pelo conteúdo do princípio geral para dogmaticamente interpretar a norma apenas nesta perspectiva, aplicando-o finalmente à realidade, mesmo que à custa desta. Esta orientação metodológica conduziria a um «positivismo dos princípios», afinal tão criticável como o outro, a que não é alheio o

---

[5] Lembre-se a este respeito a lição imorredoura de T. VIEWHEG, Tópica y Filosofia del Derecho, Barcelona, 1997, p. 198 e Tópica y Jurisprudencia, Madrid, 1986, p. 113 e ss.

[6] Sobre o assunto, o meu Os Princípios Gerais de Direito e a Lei, Estudos de Direito Público, Coimbra, 2001, p. 367 e ss. É a este propósito que lá me refiro a pags. 397 a um «direito natural de conteúdo democrático» (*sic*).

Os Princípios Gerais de Direito Administrativo. Seu Conteúdo, Tipologia e Alcance 669

próprio T. Viewehg. Também esta maximização idealista do alcance abstracto dos princípios gerais deve ser evitada sempre que possível.

Os princípios gerais apenas relevam para o jurista na tarefa da e na perspectiva da aplicação do direito. Não relevam apenas por si e em si. Pode ser esta a visão do filósofo mas não é a do jurista. Para o jurista, os princípios gerais nunca estão sozinhos e apenas relevam lidos e assimilados através da lei e com ela em conjugação e na dependência das exigências diferenciadas de cada caso concreto.

Tomemos o exemplo do princípio geral da boa-fé. A tutela da confiança na estabilidade de certas situações favoráveis ao particular que dele resulta não deve ser a preocupação única do aplicador do direito, pois que aquele valor não é absoluto ficando por vezes sujeito à prova dos interesses públicos que a lei quis proteger em dadas circunstâncias e sujeito ao veredicto do caso concreto. Daqui resulta que a tutela da confiança nem sempre é de atender, por mais evidente que seja a boa-fé do particular. Justifica-se perfeitamente que, em certos casos em que o peso dos interesses públicos, ambientais, p. ex., é de tal modo acentuado, a boa-fé ceda e o aplicador do direito lhe não dê importância, interpretando a lei à letra em sentido desfavorável ao particular ou utilizando a discricionariedade legal com o mesmo alcance. O direito não é um discurso moral. E o interesse público democraticamente escrutinado e legitimado limita determinados valores. São os custos «democráticos» que devem pagar os princípios gerais inerentes ao actual conceito de Estado-de-Direito.

Mas, por outro lado, o interesse público democrático plasmado na lei e cuja relevância o caso concreto exige também não se sobrepõe de modo absoluto à axiologia constante dos princípios gerais. Naqueles casos concretos referidos, a conciliação entre as linhas de força faz-se da seguinte maneira; o acto favorável ao particular pode não subsistir mas o particular beneficiário não fica desguarnecido. A lei prevê e o aplicador do direito não deve hesitar em lhe proporcionar a compensação adequada, a título indemnizatório. São os custos «axiológicos» da democracia.

Nunca será demais evidenciar o papel fundamental da Administração e dos tribunais na demarcação do conteúdo dos princípios gerais a propósito da respectiva aplicação ao caso concreto. Trata-se assim de princípios cujo conteúdo se esclarece pela respectiva aplicação e não apenas pela pré-compreensão conceitual, como se disse.

Dizer que o conteúdo dos princípios gerais se esclarece através da respectiva aplicação e em conjugação com o material positivo, não significa que tal seja possível sem uma orientação sobre o que é, em primeira mão, e independentemente ainda da aplicação, o respectivo conteúdo. Recusa-se qualquer «universalismo» mas também se deve resistir à tentação do «nominalismo» jurídico. Importa pôr em destaque que se os princípios gerais se esclarecem através da respectiva aplicação pela Administração e pelo juiz, em conjugação com o material positivo legislativo, isso apenas é possível se neles se descortinar um mínimo de conteúdo axiológico heterónomo que permita o seu prolongamento através da aplicação. Claro está que sem ele, a aplicação respectiva não é possível. Necessária é, portanto, uma pré-compreensão, ainda que mínima, sobre o respectivo conteúdo.

E sem ela, como podem a Administração e o juiz transmitir para os actos que praticam e as sentenças que proferem o conteúdo axiológico referido, justificando-as? Não é certamente apenas a partir do material legislativo existente que se esclarece aquele conteúdo, até porque, como é sabido, daquele material pode nada de seguro resultar ou até a traição ao ou a indiferença pelo dito conteúdo.

E o mesmo se diga dos cuidados interpretativos que Administração e o juiz devem usar quanto ao material positivo a aplicar, de modo a dar a efectividade máxima ao conteúdo dos princípios, embora sempre dentro das circunstâncias de cada caso concreto. Sem o conhecimento «de ciência certa» sobre o conteúdo, mesmo que mínimo, a transpor para a sentença ou o acto, como poderão fazê-lo?

A relação entre os princípios gerais e o material positivo que lhe pretende dar tradução é, portanto, recíproca ou dialéctica. Vai de «baixo para cima», como se disse, mas o inverso também é verdadeiro.

A «principiologia» é, portanto, uma parte da «ciência» jurídica em que a o cânone da aplicação do direito, não sendo o único, é metodologicamente decisivo. E contrariamente ao que é usual pensar, é tudo menos uma «ciência» abstracta. Como se dizia, é uma *ars*.

De um ponto de vista dogmático, a consideração dos princípios demonstra-nos claramente que a concepção constitucional e legislativa do contacto entre a Administração e os cidadãos é a da *relação jurídica administrativa* alimentada pela consideração dos limites axiológicos da respectiva actividade que a aplicação dos princípios exige e pela consequente consideração daqueles como interlocutores e não simples súbditos da Administração, titulares de uma autonomia necessariamente constitutiva do conteúdo da decisão administrativa e intervenientes no procedimento decisório. Sem autonomia não há personalidade e é esta é a valia axiológica que está no princípio e no fim da ordem jurídica. Assim se gera direito e não apenas um *diktat*.

Com o que fica escrito está esclarecida a questão de saber qual o conteúdo (normativo) dos princípios gerais de direito. O respectivo conteúdo é axiológico, como se viu, e dentro dele mais ético do que propriamente moral e isto porque os princípios gerais se reportam não a abstracções mas a sociedades historicamente datadas e concretas e não servem tanto de critério à conduta singular do indivíduo como à do legislador, da Administração e do juiz. É daquele conteúdo que se deve partir para o problema da justificação do direito positivo, medida esta pela sua conformidade com aqueles princípios gerais. Como se verá, aquela justificação não pode ser dada apenas pela autoridade da lei nem pela observância do procedimento democrático de decisão.

2. Quais são os princípios gerais de direito administrativo? A tipologia

Existem duas espécies de princípios gerais de direito; os de *direito natural*, expressão esta que utilizamos sem complexos, ou seja, os decorrentes da Ideia-de-Direito, anteriores à ordem jurídica positiva e dela independentes, de natureza axiológica e de alcance fundamentador e justificativo, como se disse, e os princípios gerais de *direito positivo*, simples induções obtidas a partir do material «dado» das normas, dos actos e das sentenças quotidianas. Os segundos têm uma natureza puramente positiva e servem um propósito sistematizador e expositivo e não justificativo. Não comunicam necessariamente com valores, apenas fornecem uma compreensão mais racionalizada do material jurídico existente, reconduzindo-o a um quadro geral de modo a possibilitar uma posterior sistematização e a mais clara exposição. Têm um papel cognitivo e não justificativo.

Vou essencialmente preocupar-me com os primeiros. E existe uma boa razão para isso. O direito administrativo é um ramo do direito muito mais novo do que aqueles ramos em que os princípios gerais de *direito positivo* mais desenvolvidos estão, desde logo o direito privado. Mas isso não quer dizer que estes princípios gerais nele não existam e mesmo nos seus ramos (ou galhos) especiais como, p. ex., o direito administrativo da economia e o do ambiente. Sucede com frequência que do material positivo da intervenção económica e ambiental do Estado resulta um conjunto permanente de soluções que permitem avançar um princípio geral por indução a partir daquele material, sem conotações axiológicas evidentes ou apenas contingentes. Estes princípios são generalizações e não fundamentos. Assim se torna possível induzir da intervenção do Estado na economia um princípio de preferência pelas pequenas e médias empresas, da eficiência do sector público empresarial, da eliminação dos «latifúndios», etc...

Tais princípios gerais de *direito positivo* apenas existem enquanto das soluções que historicamente forem surgindo eles possam ser inferidos. Não correspondem a nada de necessário. São o resultado da vontade contingente e por vezes até fortuita do legislador (mesmo que constitucional) e da Administração, mas sem que isso desvalorize o seu importantíssimo papel (cognitivo) na compreensão, conhecimento e exposição do direito positivo.[7]

Apenas um à parte para evidenciar que a natureza de *direito positivo* destes princípios não significa que eles nasçam como que por «geração espontânea», sendo certo que muitos deles correspondem até a imposições de política económica com assento constitucional, como sucede entre nós. Muitos destes princípios resultam da Constituição ou melhor dizendo, do material positivo a partir do qual são inferidos pode fazer parte o próprio texto constitucional. Apenas sucede que a compreensão do direito como uma ordem de justificação passa sem eles, por muito que correspondam a legítimas escolhas democráticas do legislador constitucional ou ordinário.

Pelo contrário, os princípios gerais de *direito natural* comunicam directamente com a Ideia-de-Direito. São critérios axiológicos que fundamentam e justificam as soluções legislativas e administrativas. Quanto mais próximas estas estiverem daqueles princípios gerais mais defensáveis, mais inatacáveis elas são.

Os princípios gerais *de direito positivo* relevam, enquanto conjunto dos modelos normativos concebidos em função do ordenamento positivo, apenas de uma teoria geral do direito. Só os princípios gerais de *direito natural* relevam de uma autêntica filosofia do direito, na medida em que por seu intermédio se questionam os fundamentos axiológicos do direito

---

[7] Sobre o tema, C.-W. CANARIS, Pensamento Sistemático e Conceito de Sistema na Ciência do Direito, 4ª ed., Lisboa, 2008, p. 66 e ss.

independentemente do material jurídico positivo que os pretenda concretizar. Este é um problema de axiologia jurídica, específico do tratamento filosófico e não positivo do direito.

A dignidade formal dos princípios é muito variável. Nem todos têm necessariamente reconhecimento constitucional. No caso do nosso país, todavia, a Constituição da República Portuguesa (CRP) recebe a grande maioria deles, constitucionaliza-os e ao fazê-lo dá-lhes a categoria formal e substancial de direito constitucional. Note-se contudo que, do nosso ponto de vista, a constitucionalização daqueles princípios, tratando-se de princípios de *direito natural*, tem alcance meramente declarativo e não constitutivo pois que eles são anteriores à CRP e critério da validade substancial de todo o direito constitucional e até do próprio poder constituinte, como predicados que são da Ideia-de-Direito.

O n.º 4 do art. 8 da CRP apoia sem dúvida esta concepção. Ao mandar aplicar o direito europeu originário e derivado na ordem interna, *nos termos definidos pelo direito da União* ou seja, com preferência sobre todo o direito interno, constitucional inclusive, mas ressalvando o *respeito pelos princípios fundamentais do Estado de direito democrático*, a norma diz-nos claramente que estes princípios gerais transcendem o direito constitucional e o próprio direito europeu, que é supraconstitucional. Significa isto que o respeito por tais princípios é critério de validade das normas constitucionais e europeias e, assim sendo, estas normas, no melhor das hipóteses, apenas os declaram e reconhecem mas não os criam, tendo a respectiva consagração constitucional ou europeia alcance apenas declarativo.

Não conheço exemplo mais claro da natureza transcendente daqueles princípios gerais.

Como disse, os princípios gerais não se dispõem numa hierarquia rígida, mas, ainda assim, são possíveis distinções de precedência lógica, não axiológica entre eles. E isto pela simples razão de que a extensão de cada um deles não é idêntica. Existem princípios mais gerais do que outros como, p. ex., os princípios da *justiça* e do *Estado de direito democrático*, qualquer um deles decomponível noutros princípios gerais próprios de zonas mais específicas do direito, civil, comercial, fiscal, urbanístico, ambiental, etc..., corolários dos primeiros.

Assim é que o princípio da *justiça* (n.º 2 do art. 266) se decompõe nos da *igualdade* (n.º 2 do art. 266), sendo certo que desde Aristóteles que se sabe que esta integra a ideia de *justiça*, no da *dignidade da pessoa humana* (art. 1 CRP), nos da *imparcialidade* e da *proporcionalidade* (*ibidem*), estes mais chegados à actividade administrativa concreta do Estado, e o último especialmente relevante no âmbito da polícia, nos termos do n.º 2 do art. 272), e no da *boa-fé* (*ibidem*). Este último, por sua vez, pode ainda decompor-se nos princípios da *não retroactividade* das normas e dos actos administrativos no tempo e no da *tutela da confiança* do cidadão.

O princípio da *unidade nacional* (n.º 1 do art. 6) é outro dos mais decisivos do ponto de vista da caracterização do regime político e do sistema de governo. Seus corolários são os princípios da *unicidade* das Forças Armadas (n.º 2 do art. 275) e de Segurança (n.º 4 do art. 272) e do apartidarismo das primeiras, nos termos do n.º 4 do art. 275.

Por sua vez, o princípio geral de direito público do *Estado de direito democrático* decompõe-se no do *respeito pelos direitos e interesses legalmente protegidos dos cidadãos* no exercício da actividade administrativa (n.º 1 do art. 266), no da *legalidade* da Administração (n.º 2 do art. 266), com todas as suas consequências, no da defesa pelo Ministério Público da *legalidade democrática* (n.º 1 do art. 219), corolário daquele, no da *participação* dos cidadãos na decisão administrativa, no da *descentralização* e no da *desconcentração* (n.ºˢ 1, 2 e 5 do art. 267).

O princípio geral da *prossecução do interesse público* (n.º 1 do art. 266) exige que este interesse, tal como definido pela Constituição e pela lei, se transmita a toda a posterior aplicação e concretização do direito. Decompõe-se no princípio da *constitucionalidade* de todos os actos do Estado, incluindo os da Administração, sendo certo que a Constituição é o mais elevado arranjo dos interesses públicos, e no da *legalidade*, aqui se sobrepondo em parte ao do *Estado de direito democrático*.

Os princípios gerais e seus corolários corporizam-se seguidamente na legislação e, por último nas decisões dos tribunais e nos actos administrativos. Claro está que quanto mais afastados estamos do núcleo originário dos princípios gerais, mais evidente se torna o contributo (relativamente) autónomo que legislador, Administração e juiz emprestam ao respectivo conteúdo, complementando-o e até diversificando-o. A ordem jurídica vai muito para além daqueles princípios. Acontece, porém, como se vai ver, que esta contribuição não atraiçoa o respectivo conteúdo, sendo este, pelo contrário, por ela esclarecido à medida da aplicação do direito.

Nunca será demais evidenciar o papel fundamental da Administração e dos tribunais na demarcação do conteúdo dos princípios gerais a propósito da respectiva aplicação ao caso concreto. Trata-se assim de princípios cujo conteúdo se esclarece pela respectiva aplicação e não apenas pela pré-compreensão conceitual.

Note-se que a decomposição dos princípios gerais em corolários, onde seja o caso, é uma tarefa racional. Não estão vinculados às classificações do legislador ordinário. Não admira, portanto, que muito dos corolários referidos e a referir nem sequer constem da lei, obtendo-se apenas por *dedução* axiológica ou por indução a partir do material legislativo, administrativo e judicial.

3. Os princípios gerais no âmbito particular do direito administrativo

Vamos agora referir-me apenas aos princípios gerais que relevam no âmbito particular do direito administrativo.

Os princípios gerais de direito administrativo são desenvolvimentos dos princípios gerais de direito no âmbito particular do direito administrativo. Ora, sendo o direito administrativo uma ordem positiva e historicamente datada, claro está que os primeiros não possuem a universalidade e intemporalidade própria dos princípios gerais de direito. Evoluem de acordo com a conjuntura histórica e com as particularidades volúveis da ordem jurídica de cada país. Adiante veremos que, p. ex., o princípio da legalidade da Administração sofreu grande evolução, recusando-se hoje em seu nome qualquer reserva de actividade em que a Administração possa actuar por direito próprio e sem lei, ao invés do que sucedia ainda nas primeiras décadas do século XX.

4. O princípio do Estado de direito democrático e social

Começo pelo princípio do *Estado de direito democrático* (art. 2), não por ser necessariamente o mais importante mas por ser o de maior extensão. O sincretismo que está na base da sua actual compreensão levanta uma das mais complexas questões do actual direito público.

O princípio decompõe-se em dois subprincípios; o do Estado-de-Direito e o democrático. Trata-se de um princípio eminentemente constitucional mas que nem por isso deixa de relevar ao mais alto nível no direito administrativo.

O princípio geral do *Estado de direito democrático,* sendo um princípio constitucional, não é exclusivo da função legislativa do Estado, prolongando-se pelo exercício da função administrativa e da judicial.

Em Homenagem ao Professor Doutor Diogo Freitas do Amaral

O sistema de garantias dos cidadãos perante o exercício do poder que dele é predicado bem como o conteúdo material daquele princípio têm consequências imediatas na relação da Administração com os cidadãos, muito para além das respectivas consequências no conteúdo das normas legislativas e na orgânica do Estado. Decompõe-se assim num conjunto de corolários (legalidade, boa-fé, eficiência, etc...) que relevam directa e exclusivamente do exercício da função administrativa.

Sem mais delongas, o entendimento clássico do princípio do Estado--de-Direito integrava a superioridade do texto constitucional, a separação dos poderes e um conjunto de garantias formais dos cidadãos perante o exercício do poder tendendo a que este fosse tanto quanto possível corporizado pelo direito que é como quem diz, tendendo a proteger o pleno exercício da liberdade de cada um. É este o seu conteúdo clássico e que continua perfeitamente actual. Só através da autonomia se gera direito. Sem ela apenas há *precarium*, como muito bem sabiam os clássicos.

Mas, como se verá, o *Estado de direito democrático* não se reduz hoje à garantia da autonomia individual. Compreende a garantia dos direitos fundamentais do cidadão, direitos não apenas pessoais mas também de participação política e económico-sociais e culturais. O Estado-de--Direito é um Estado de direitos e estes não se reduzem aos que defendem a autonomia pessoal. Quando se afirma que o *Estado de direito democrático* é um Estado em que se defendem os *direitos e interesses legalmente protegidos dos cidadãos*, é a pensar também nos direitos de participação política que se está e, como se verá, também nos *direitos e deveres económicos, sociais e culturais*, como aliás exige o art. 2 da CRP ao dizer-nos que o *Estado de direito democrático* compreende a *realização da democracia económica, social e cultural e o aprofundamento da democracia participativa*.

Com efeito, o *Estado de direito democrático* não se reduz a um aparelho formal de garantia do cidadão nem se satisfaz com as simples garantias formais do sufrágio e da plasticidade do diálogo democrático. Requer outros pressupostos (materiais) de legitimação do poder. O discurso democrático não é eticamente *neutro*, ao contrário do que quer Habermas, satisfeito da simples igualdade dos intervenientes e da ausência de coacção.

É imprescindível dar a devida atenção ao conteúdo do Estado-de--Direito democrático ou seja, aos seus elementos materiais. Estes revelam do conteúdo da acção do Estado e da ética «republicana» que deve

Os Princípios Gerais de Direito Administrativo. Seu Conteúdo, Tipologia e Alcance 677

presidir às condutas dos próprios cidadãos[8]. O Estado-de-Direito não é uma abstracção intelectual[9] predicável das características dos actos o que dá razão designadamente da sua generalidade. É preciso olhar para o alcance da respectiva actividade, ou seja, para os fins do Estado.

O conteúdo do Estado-de-Direito evoluiu de acordo com novas exigências materiais, depois de uma profunda reconstrução dos fins do Estado e do seu contacto com os cidadãos, operada no período de entre as duas Grandes Guerras, só compatíveis com o acesso de todos a um nível aceitável de bem-estar, no pressuposto que não bastam garantias

---

[8] Perfeitamente compatível com a natureza monárquica do regime político.

Para ROUSSEAU, Discours sur L´Économie Politique, Paria, 2002, p. 46 e ss, a legitimidade da lei vinha da sua conformidade com a vontade geral, como é sabido, sucedendo que esta vontade não era transcendente como em Diderot, autor do art. «direito natural» para a Encyclopédie, mas sim positiva e gerada pelo legislador. Trata-se do aspecto de mais difícil compreensão do pensamento de Rousseau; é que a vontade geral, sendo legislativa e logo positiva, não é puramente espontânea devendo o legislador conformar com ela a sua vontade contingente. Trata-se de um direito «natural» de conteúdo positivo.

Sendo a lei a expressão da vontade geral, a própria norma e respectiva execução traziam já em si próprias a sua justificação, desde que, como se viu, com aquela conformes (Contrato Social III, I). Mas a conformidade com a vontade geral não decorre da qualidade axiológica da lei mas sim da generalização dos interesses que comporta. Assim sendo, a lei tem à partida a qualidade necessária não sendo preciso confrontá-la com os factos e isto porque os interesses que a lei generaliza são apenas os que são generalizáveis e, portanto, a disciplina do respectivo conteúdo geral preserva a liberdade de todos.

[9] Afastamo-nos assim de KANT para quem a justificação do Estado vem apenas da auto-regulação do cidadão (Metafísica dos Costumes, Parte I). Para Kant, a liberdade é, por si só, um princípio ético bastante para justificar o Estado. A liberdade concebida como pura autonomia é um *a priori* da ética. Por conseguinte, se o Estado exprime uma decisão autónoma é logo ético.

Na verdade, Kant não dá importância à autonomia do corpo político apenas predicável de um regime democrático. A autonomia política não se reduz à autolegislação ou seja, à autonomia ética. Daí a indispensabilidade da democracia política para legitimar a lei, elemento capital em Rousseau.

A legitimidade do Estado não se reporta hoje, segundo é entendimento corrente, a um puro esquema racional retirado do papel constitutivo da autonomia na produção da lei ou da generalidade racional do respectivo conteúdo. Nem se esgota na idoneidade do procedimento conducente à decisão final. Os puros esquemas racionais e procedimentais apenas conduzem à indiferença ética do conteúdo do Estado ou ao terrorismo do legislador, tão do agrado dos regimes não democráticos e do jacobinismo. Fazer depender a validade respectiva da autonomia do sujeito da sua actividade ou de uma característica lógica do seu conteúdo não dá bons resultados. A solução é passar a lei pelo crivo ético dos corolários materiais dele próprios.

678   *Em Homenagem ao Professor Doutor Diogo Freitas do Amaral*

formais, sendo imprescindíveis condições materiais para o respectivo exercício. O Estado-de-Direito tem agora um conteúdo eminentemente material ou seja; é económico e social e realiza-se através da criação de condições para o pleno exercício da democracia económica, social e cultural. Se quisermos recuperar, a propósito, a referida figura do Estado de direitos, pode dizer-se que estes não são apenas os direitos subjectivos fundamentais de tipo clássico, direitos de autonomia contra o Estado, mas também os direitos *económicos, sociais e culturais,* direitos a obter do Estado todo um conjunto de prestações [10]essenciais à *democracia económica, social e cultural,* como se viu.

Dos elementos jurídicos que integram o conteúdo do Estado (de Direito) deu-se maior ênfase à igualdade e à liberdade (material) individual. Igualdade e exercício da liberdade sempre foram critérios da juridicidade, o primeiro desde sempre e o segundo desde o iluminismo. Mas o direito que é agora predicado do Estado-de-Direito não se reduz a um aparelho formal de protecção da liberdade individual no quadro das liberdades alheias mas requer determinado nível material de bem-estar considerado incidível do exercício efectivo da liberdade e da democracia e

---

[10] A importância dada aos direitos *económicos, sociais e culturais* exige uma atitude inconformista perante o *status quo* económico e social, mas não pode fazer-nos esquecer a essencialidade dos direitos de participação e de liberdade política na conformação do Estado-de-Direito. Foi em seu nome que os alemães de Berlim-Leste em 1953, os húngaros em 1956, os checos em 1968 e os polacos em 1972 se levantaram contra a ditadura soviética, logo criminosamente reprimidos em nome do socialismo, facto sempre tão cautelosamente ocultado entre nós e também foi em seu nome que os manifestantes de Leipzig em 1989, pouco antes da queda do muro de Berlim, lembravam perante a sede do partido comunista que «wir sind das Volk». O epíteto «liberdades formais» é enganador. Não pode servir para as desvalorizar, como se as liberdades verdadeiras fossem apenas as materiais e como se numa sociedade de mercado livre as liberdades «formais» fossem sempre e necessariamente menosprezáveis e contingentes como quer o marxismo. Sem a respectiva manutenção, as modificações revolucionárias da sociedade capitalista só geraram autoritarismo e desprezo pela democracia política e com a respectiva permanência tais modificações nunca teriam sido possíveis. Por outro lado, as liberdades pessoais e políticas constitucionalmente garantidas nunca em circunstância alguma poderão ser substituídas ou desvalorizadas pela maravilha da «participação» dos cidadãos, trabalhadores à cabeça, num projecto comum de construção do salvífico socialismo, sob a orientação de um partido único. Sobre o tema, a lúcida análise de R. Aron, Essai sur les Libertés, Paris, 1998, p. 57. O discurso marxista não se deformou pelo embate com a dura realidade da conjuntura histórica. Desde o berço que está marcado pelo desprezo pela democracia.

Os Princípios Gerais de Direito Administrativo. Seu Conteúdo, Tipologia e Alcance 679

critério da igualdade. O Estado-de-Direito transforma-se em Estado social (de direito) ou seja no Estado do direito social. Sem pão e sem instrução o homem é uma vítima das circunstâncias e dos outros homens. E com vítimas não há ordem jurídica válida nem democracia política.

Sem um mínimo de recursos materiais e sem instrução, o cidadão é formalmente livre mas não tem a capacidade necessária para exercer proveitosamente a sua liberdade. A liberdade não depende apenas da autonomia mas também da capacidade. Esta ligação da liberdade à capacidade é o coração do Estado social. [11]A liberdade não é apenas autonomia ou liberdade de. É uma liberdade de ser capaz de tirar o proveito adequado da autonomia de cada um. [12]Compreende a capacidade para o exercício da autonomia. O direito fica assim funcionalizado à criação de condições para aquela capacidade, medindo-se, também por aí, a sua legitimidade.

O Estado social é pleno de conteúdo material, frequentemente inconformista perante o *status quo*. É fiel ao entendimento segundo o qual entre o pobre e o rico é a liberdade que oprime e a lei que liberta.

Mas o Estado-de-Direito social não se confunde, à face da actual CRP, com uma reorganização radical da sociedade a partir da infra-estrutura económica pois que não pressupõe, como outrora, a apropriação pública dos principais meios de produção e solos, a reforma agrária e a planificação da produção. Não há um caminho necessário para o Estado social. Tudo ou quase tudo está em aberto. Depois da segunda revisão constitucional e ao fim de catorze anos, a democracia política chegou finalmente à esfera da infra-estrutura económica e da decisão macro-económica.

---

[11] Para o marxismo, a capacidade de pleno exercício da autonomia do proletário está pura e simplesmente inviabilizada pelo esquema do salariato e pela alienação no trabalho que ele proporciona. Sem a revolução na propriedade dos meios de produção a capacidade proletária é uma miragem. Mas de acordo com o próprio pensamento originário do marxismo e com as realidades históricas que tivemos a infelicidade de presenciar, não foi o socialismo que suprimiu a disciplina do trabalho, nem a mais-valia, nem a mediação do dinheiro. Pelo contrário. A alienação do proletário continuou no regime socialista e refinada pois que a ideologia justificatória passa a ser a do interesse do próprio proletário. Nunca a ideologia, no sentido marxista do termo, desempenhou tão bem a sua função legitimatória da realidade da exploração como nas antigas e actuais «democracias» ditas «populares».

[12] É no quadro deste princípio que nos Acórdãos do Tribunal Constitucional (TC) n.ºs 349/91, 318/99 e 509/02 se considerou que a garantia pelo Estado de um determinado rendimento mínimo *de inserção* é consequência da dimensão positiva do direito ao mínimo de existência condigna, limitando o *jus variandi* do legislador.

a) As consequências do Estado social ou da socialização do Estado-de-Direito

O Estado social tem consequências negativas que frequentemente estavam fora dos propósitos dos seus defensores.

O Estado social compreende uma ampla disciplina legislativa dos fins que faz seus e uma ampla execução administrativa dos mesmos. Trata-se de um Estado legislativo e administrativo. Conhecendo-se o procedimento próprio do trabalho parlamentar e a monopólio da política pelos partidos, logo se compreende que o seu resultado inevitável é a predominância do Governo como órgão responsável pela criação e implementação dos programas de realizações em que se traduz.

A reformulação do papel do legislador (*maxime* governamental) vai a par do seu compromisso com um programa de realizações. Para tanto, tem de legislar amiúde através de normas individuais e concretas. O Estado social teve também consequências evidentes no próprio conteúdo da legislação.

As consequências do princípio do Estado social ao nível do direito administrativo são profundas e verificam-se ao nível material e orgânico da actividade administrativa. Se *a intenção material ocupa o cerne da dimensão social do Estado de Direito,*[13] tal intenção há-de transformar a actividade administrativa numa actividade constitutiva, de modo a acertar o passo com a Constituição, o que tem por consequências o reforço da discricionariedade e liberdades afins, a utilização de linguagem técnica, o aumento dos poderes de execução material, a preferência pela arbitragem como modo de resolução de conflitos, etc... e há-de dotar a Administração de uma nova e especial orgânica apta a concretizar tal actividade e que se apresenta muito diferente da tradicional, vocacionada esta sobretudo para actividades fiscais e de polícia. Estas transformações são consequência da natureza eudemonística[14] do Estado social. Geraram uma felicidade social mas que se pagou cara, como se verá.

Com efeito, o Estado social apresenta uma factura de custos democráticos. A governamentalização é o custo democrático do Estado social ou melhor, o que o Estado para ser social tem de ceder em matéria de

---

[13] Nas palavras de J. REIS NOVAIS, Os Princípios Constitucionais Estruturantes da República Portuguesa, Coimbra, 2004, p. 39 (it. nosso).

[14] Do grego *eudemon* (felicidade).

Os Princípios Gerais de Direito Administrativo. Seu Conteúdo, Tipologia e Alcance 681

democracia política. E também apresenta custos garantísticos decorrentes da referida alteração do tradicional conteúdo da lei.

Para os não pagar, deve o Estado social ser acompanhado pelo reforço da democracia parlamentar, corporizado pelo aumento das competências legislativas e políticas do parlamento e pelo aprofundamento da democracia *deliberativa*, como se verá.

Mas a solução não pode esperar-se apenas do reforço da democracia política. Necessário é ainda confiar no aperfeiçoamento dos instrumentos garantísticos próprios do Estado-de-Direito. Este é assim chamado para complementar o Estado social. Os recursos garantísticos do Estado-de--Direito devem ser mobilizados.

Ao nível constitucional, deve acentuar-se a fiscalização da constitucionalidade das normas através das quais o legislador pretende concretizar a reforçada normatividade constitucional. Nunca os mecanismos contra-maioritários tiveram papel mais importante na história do que hoje na consolidação do verdadeiro Estado-de-Direito, muito embora o tema não possa ser aqui desenvolvido.

b) A componente democrática do Estado-de-Direito

Na sua acepção comum, o princípio democrático diz-nos que o poder de decisão deve estar entregue ao mais alto nível aos mandatários do povo eleitor escolhidos através de eleições periódicas, compreendendo o sufrágio universal e princípios claros de direito eleitoral, com os corolários da predominância do parlamento eleito como órgão legislativo e da subordinação da Administração aos ditames daquele poder legislativo.

Mas a democracia actual não é apenas parlamentar. O princípio da democracia política não pode ser visto isoladamente. O Estado não é apenas democrático; é um Estado-de-Direito, o que significa que a legitimidade da ordem jurídica integra dois elementos distintos; a origem popular do poder parlamentar de decisão e a natureza jurídica da decisão pela qual aquele se exprime, o que coenvolve, como se viu, uma normatividade contra-maioritária, [15]que se manifesta no controlo da constitucio-

---

[15] Sobre o tema, J. REIS NOVAIS, Direitos Fundamentais Trunfos contra a Maioria, Coimbra, 2006, p. 30 e ss. e CRISTINA QUEIROZ, Direito Constitucional as Instituições do Estado Democrático e Constitucional, Coimbra, 2009, p. 402 e ss.

nalidade das normas pelos tribunais, nos limites ao poder legislativo em nome dos direitos fundamentais dos cidadãos, na estrutura descentralizada do poder político e no reconhecimento do instituto do referendo como produtor de direito. São os custos jurídicos da democracia política ou melhor dizendo, o que esta tem de pagar ao direito para ser democracia. O princípio do *Estado de direito democrático* é sincrético, compreendendo dois elementos (democráticos e jurídicos) em relativa tensão e que se filiam nas duas tradições constitutivas do moderno direito público, o liberalismo e a democracia política, hoje unificadas mas na sua origem opostas.

Com efeito, o princípio do Estado-de-Direito não pode ser apenas identificado com o da democracia. Certamente que sem democracia política não há direito, pela simples razão que a democracia é indispensável ao uso livre da autonomia de cada um, mas a qualidade do direito não se reduz ao processo democrático da decisão. É indispensável para que de um Estado-de-Direito (democrático) se possa falar que a decisão parlamentar democrática surja dotada de qualidade jurídica. Não pode ser uma decisão qualquer. Bem sabemos que esta afirmação tem inimigos em países esmagados pelo peso da tradição jacobina.

A democracia puramente política é antes de mais um procedimento decisório e, como tal, não transporta necessariamente consigo a garantia da qualidade dos produtos decisórios da maioria. Esta garantia é o respeito pelos direitos fundamentais e pela ordem de liberdade por elas gerada. Para tanto, há que assegurar através de instituições e normas constitucionais adequadas, designadamente os tribunais e os direitos fundamentais, a liberdade dos cidadãos pois que só através do exercício da liberdade destes é que a lei votada pelos representantes eleitos dos cidadãos exprime a razão crítica e não determinada pelo oportunismo, pelo medo ou pelo carisma.[16] O mesmo se diga do respeito pelas decisões dos tribunais. Só assim, assente no direito gerado pelo livre e esclarecido exercício da liberdade individual e colectiva e no interior de procedimentos deliberativos adequados, é que o Estado (democrático) é «de Direito».

---

[16] Sem legalidade, a democracia transforma-se em demagogia, como já os clássicos sabiam. A comunidade política tem sempre alcance normativo. Sobre o tema, LEO STRAUSS, La Renaissance du Rationalisme Politique Classique, Paris, 1993, p. 125 e ss.

Mal anda o país em que tem de ser o legislador a proibir as candidaturas de condenados em tribunal por crimes de ordem pública porque o povo eleitor não tem o discernimento necessário para não votar neles. Como se dizia, a democracia deve ter conteúdo normativo e não apenas numérico.

Os Princípios Gerais de Direito Administrativo. Seu Conteúdo, Tipologia e Alcance 683

Sem liberdade individual e colectiva, não há razão (crítica). [17]Há apenas heterodeterminação e em nome de intenções obscuras. Só mediante a liberdade e com respeito por ela é que a lei votada pela maioria pode pretender ser direito positivo. Adiante veremos que esta liberdade tem hoje conteúdo material e não apenas político.

Uma coisa é certa; o procedimento democrático de decisão por si só não chega para alcançar o direito. É necessária a substância de e na deliberação a que por seu intermédio se chega. As teorias puramente processuais da justiça devem ser lançadas borda fora. O inverso seria substituir o direito pela «casca vazia da legalidade» processual-democrática.[18]

---

[17] Recorde-se que para Kant a liberdade é um *a priori* da razão. Sem liberdade qualquer resultado não é racional, no âmbito obviamente da vida prática ou seja, fora das ciências exactas. Ora, se a liberdade é o centro irradiante da racionalidade (prática), a democracia política deve institucionalizar-se a partir dela. É por isso que o direito é apenas a garantia das condições externas para que a liberdade de cada um possa exercer-se sem prejuízo da liberdade dos outros. Sem liberdade, a decisão de cada um e da maioria não seria sequer jurídica porque não seria racional.

Nestas condições, a conduta dos cidadãos que prescindem das suas liberdades pessoais e políticas em nome da construção do socialismo ou seja, em nome da participação num projecto salvífico, como sucedia nos antigos países comunistas e ainda hoje em Cuba, apesar das muitas saudades que desperta no nosso país, é pura e simplesmente irracional e degradante.

Adepto da liberdade como elemento constitutivo da natureza humana, tal como Locke (nascido no mesmo ano), indispensável para que o homem possa «perseverar no seu ser», porque a ele *conata*, foi Espinoza, um dos pais da modernidade política, numa posição oposta à do totalitarismo autoritário de Hobbes. A liberdade, esclarecida pelas «luzes naturais», é único passaporte seguro para a interpretação das Escrituras e para uma religião racional sem dogmatismos. Daí uma atitude de tolerância religiosa e até política, única capaz de gerar a concórdia civil; *liberdade de opinião sem ofender o direito do soberano*. Ao Estado compete uma atitude de tolerância política e de laicidade, antepassada das actuais concepções liberais. Cfr. Tratado Teológico-Político, Lisboa, 2004, p. 383 e ss.

No capítulo XX do seu Tratado Teológico-Político, cit., de que ressaltam certos fundamentos do pensamento liberal, demonstra Espinoza que o fim da comunidade política não é a obediência mas sim a defesa dos direitos fundamentais dos cidadãos e mesmo contra a lei se esta for contrária à *recta razão*. Assim sendo, a democracia não é outra coisa senão a liberdade politicamente organizada. Tb. no capítulo XVI da mesma obra (ob. cit. p. 331) nos diz que a República *mais livre é aquela cujas leis se fundamentam na recta razão*.

[18] Esta impressiva expressão foi tomada de empréstimo, com a devida vénia, a J. J. Gomes Canotilho, Direito Constitucional e Teoria da Constituição, 7ª ed., Coimbra, 2003.

Mas, se não há democracia sem direito, também não há Estado-de-
-Direito sem democracia política e mesmo sem outros conteúdos (*económicos, sociais e culturais*) de democracia, como se viu e verá mais detalhadamente. A realização do direito subentende um determinado processo
decisório, não um qualquer, e subentende também um nível mínimo de
«vida boa» para todos. Ora, este processo e este *standing* material de vida
são naturalmente democráticos na medida em que por seu intermédio se
manifesta não apenas a liberdade dos cidadãos [19]mas também a respectiva
igualdade no acesso à determinação do direito e a certo nível de bens
essenciais e a consequente capacidade concreta para o proveitoso exercício das suas liberdades, como se viu.

A democracia actual não é apenas representativa mas também *deliberativa*, o que significa que requer adequadas instituições aptas a veicular a comunicação [20]e é, além disso, *material*, o que significa o acesso
a determinados bens e serviços. Se assim não for, a decisão (política) não
será jurídica mas apenas um *diktat* oligárquico, por mais bem intencionada ou «paternalista» que seja, ou não passará de um desiderato puramente formal incapaz de reflexos concretos na capacidade dos cidadãos
ou de largo sector deles. Não há transigências com o despotismo mesmo
que «esclarecido» ou «tecnológico», de «direita», de «esquerda», do
«centro» ou «nacional» nem com uma concepção puramente legalista da
democracia.

Estado-de-Direito social e democracia política fundem-se assim
num princípio único mas com duas facetas e consequências diversas.[21]

A pretensão de dissolver o princípio do Estado-de-Direito no princípio democrático, como quer Habermas, [22]não pode levar a bons resultados. Certamente que ambos subentendem a auto-regulação dos cida-

---

[19] O que compreende, numa sociedade plural, a inclusão *do outro*. Sobre o tema.
J. HABERMAS, A Inclusão do Outro Estudos de Teoria Política, S. Paulo. 2002. p. 168.
Entre nós, Jónatas E. M. Machado, Liberdade de Expressão Dimensões Constitucionais
da Esfera Pública no Sistema Social, Coimbra, 2002, p. 357 e ss.

[20] Sobre o tema, CARLOS SANTIAGO NINO, La Constitucion de la Democracia Deliberativa, Barcelona, 1997, p. 180 e ss.

[21] Sobre o tema, J. REIS NOVAIS, Contributo para uma Teoria do Estado de Direito
do Estado de Direito Liberal ao Estado Social e Democrático de Direito, Coimbra, 1987,
p. 188 e ss e Os Princípios Constitucionais Estruturantes da República Portuguesa, cit.,
p. 30 e ss. Tb. MARIA LÚCIA AMARAL, A Forma da República uma Introdução ao Estudo
do Direito Constitucional, Coimbra, 2005, p. 150 e ss.

[22] Faktizitaet und Geltung, cit., p. 151.

Os Princípios Gerais de Direito Administrativo. *Seu Conteúdo, Tipologia e Alcance* 685

dãos, porque só ela gera direito e porque só ela conduz ao governo do povo pelo povo, mas a identidade acaba aqui. É indispensável fundamentar o resultado do processo democrático e isso só é possível através do Estado-de-Direito, na medida em que por seu intermédio se transporte para dentro das normas a necessária substância axiológica.[23]

Abdicar dela e esquecer a ligação endémica do direito à moral é optar por argumentos sociológicos e empíricos, degradando o direito a uma condição que não é a dele, é transformar o direito num factor de estabilização de condutas, [24]votado a uma mera estratégia de auto-preser-

---

[23] O que se diz é particularmente evidente ao nível internacional, sendo certo que a democracia política é perfeitamente compatível com um regime agressivo. Só o direito é capaz de garantir o cosmopolitismo e a justiça nas relações internacionais. Não significa isto, porém, desvalorizar o contributo do regime democrático interno para a paz na esfera internacional, como tão magistralmente demonstrou Kant na sua obra A Paz Perpétua.

[24] Esta transformação do direito num simples estabilizador de condutas, colmatando as dificuldades interpretativas da moral racional, dentro de uma visão funcionalista de um sistema vivo, acaba por fazer do homem um animal em luta pela sobrevivência, um pobre parente do chimpanzé, ao nível do mais bronco naturalismo cientista. E, no entanto, é isto que está em moda em certos meios ligados à neurocirurgia. Ainda não há muito, Damásio, o célebre cientista português radicado nos Estados Unidos, autor de O Erro de Descartes, afirmava alegremente em entrevista à imprensa portuguesa que a moral nada mais é do que a opção cerebral mais ou menos instintiva por condutas que colocam o cidadão em harmonia com o *meio ambiente*, segregada por não sei que zona do córtex cerebral, tese logo arvorada pela dita imprensa a grande novidade. Recorde-se, a propósito, que é este A. que pretende que a metodologia cartesiana da evidência racional de modo a ter acesso às «ideias claras e distintas» a partir do *cogito* do homem concreto é um erro científico porque esqueceu que na constituição do conhecimento humano a emotividade tem um papel essencial, como o próprio Damásio prova por experimentação científica. Ora, Descartes sempre reconheceu à emoção o seu lugar no conhecimento, génese daquilo a que chamava ideias «adventícias» e, a esse título, parte integrante do *cogito* o qual, por sua vez, junta alma e corpo. O A. do Tratado das Paixões da Alma reserva, porém, às ciências modernas uma metodologia específica, baseada nas ideias «inatas» e *a priori* que nada tem a ver com aquele reconhecimento. A emoção cartesiana não é critério metodológico do conhecimento científico, mas é critério cognitivo e até da moral. O erro é de Damásio, não é de Descartes. No mesmo erro (de Damásio) incorre KEITH DEVLIN, Adeus Descartes O Fim da Lógica e a Procura de uma Nova Cosmologia do Pensamento, Lisboa, 1999, p. 333.

Bem sabemos que Espinoza imputa a Descartes o entendimento segundo o qual as «paixões» humanas prejudicariam o entendimento, devendo ser silenciadas por um esforço da «Alma». É o que faz no prefácio à Parte III da sua Ética (Ética, Lisboa, 1992), e que no prefácio à Parte V duvida que no pensamento cartesiano paixões e razão possam ser unidas, tal a diferença que Descartes entre elas estabelece, ao passo que para Espinoza,

686   *Em Homenagem ao Professor Doutor Diogo Freitas do Amaral*

vação de uma sociedade concebida como organismo vivo (A. Gehlen) ou então apresentar uma visão utilitarista da ordem jurídica que pretende fundamentar a exigência fundamental da justiça na utilidade individual e colectiva, como se o critério para saber se as normas são ou não boas fosse apenas a respectiva contribuição para disseminar a utilidade individual e colectiva.

c) As actuais aporias do Estado de direito democrático e social e as soluções possíveis

É indispensável ter em conta que àquele princípio são hoje levantadas inúmeras dificuldades características do meio social actual. Abundam hoje os factores de desqualificação da democracia e do direito que lhe assiste.

O modelo político actual caracteriza-se pela predominância do *kratos* sobre o *demos*. A explicação para o fenómeno é clara e radica em diversos factores; o procedimento legislativo tende a afastar a responsabilidade pela decisão política que corporiza do parlamento em benefício dos partidos políticos nele representados. [25]O parlamento apenas ratifica decisões já tomadas nas sedes dos partidos da maioria, onde ficam sujeitas a todo o tipo de pressões, tendo em vista a relação de total subordinação política dos deputados eleitos relativamente ao grupo parlamentar e deste relativamente ao partido, agravada pelo facto de em certos países, como o nosso, ser do partido o monopólio da apresentação das candidaturas às eleições, o conteúdo legislativo, carregado de linguagem tecnocrática,

---

fiel a uma orientação monista, todos as paixões, *consideradas em si mesmas resultam da mesma necessidade e da mesma força da Natureza que as outras coisas singulares*, não havendo qualquer fundamento para as escravizar à razão pois que, tal como esta, são conaturais ao homem e inerentes ao desenvolvimento do seu ser. Mas o facto é que o próprio reconhece que para Descartes as mesmas não eram independentes.

Aquilo com que Espinoza quer romper não é com Descartes mas sim com a ideia judaico-cristã do pecado original resultante das «paixões» e da moral expiatória.

Não se pode imputar aquele pretenso erro gnoseológico ao Autor dos Princípios de Filosofia (Lisboa, 1984, p. 104 e ss.) para quem os sentimentos e as paixões também podem proporcionar conhecimentos claros e distintos, desde que passem pelo crivo do entendimento.

[25] Fenómeno há muito denunciado por H. LASKI, O Direito no Estado, Lisboa, 1939, p. 21 e ss.

Os Princípios Gerais de Direito Administrativo. Seu Conteúdo, Tipologia e Alcance 687

apresenta-se cada vez mais impenetrável ao cidadão comum, justificando o seu desinteresse pelas coisas políticas e a responsabilidade pela legislação tende a recair no Governo e não no parlamento, como se disse, designadamente em países como o nosso em que aquele dispõe de competência legislativa normal, tendência facilitada pela presença de maiorias absolutas que sistematicamente autorizam o Governo a legislar sobre matérias de reserva de lei e não levam a cabo a fiscalização das normas governamentais. [26]Fenómenos como o absentismo eleitoral não são nenhum mistério.[27]

Tal como o Rei de Inglaterra, o parlamento «reina mas não governa» porque a decisão pública está nas mãos dos partidos e dos peritos. O material jurídico está governamentalizado, partidarizado e tecnicizado. A lei perdeu a sua antiga dignidade e transformou-se num compromisso ou numa solução transitória.[28]

Mas o panorama da desqualificação da democracia é mais amplo. Os meios de comunicação social acentuam a natureza plebiscitária das escolhas políticas, desvalorizando a participação do cidadão no diálogo político. Este transforma-se num consumidor passivo do espectáculo da política, completamente desaparecido como está o debate de ideias. A representação política continua mas o cidadão desapareceu substituído pelo consumidor. E perante as ambiguidades da linguagem económica predominante, o cidadão decide-se por pessoas e não por ideias. Ora, sem debate político alicerçado em argumentos sensatos e acessíveis, a hora é dos técnicos e dos aldrabões.

A economia monopolizou a linguagem política; relevam apenas os investimentos públicos e privados, o nível do consumo, o crédito, os preços, o traçado das «acessibilidades» e os comboios de alta velocidade. Todos são induzidos pelos «media» a tomar posição sobre estes problemas. Plebiscitam-se opções económicas e financeiras e nada mais. O diálogo

---

[26] Se compararmos a produção legislativa da Assembleia da República com a da anterior Assembleia Nacional, num contexto de presidencialismo de primeiro-ministro ditatorial, os resultados serão pelo menos desconsoladores.

[27] A diagnose da crise da democracia representativa actual muito teria a aprender com Espinoza, designadamente quando este magnífico Autor nos demonstra que sem a consolidação de um vasto clima de confiança civil não há paz social mas apenas ausência de guerra, o que é bem diferente. A paz política e social implica que a *masse libre se guide d'aprés l'espoir plutôt que la crainte*; Traité de l'Autorité Politique, Paris, 1978, p. 117.

[28] Sobre o tema, o nosso Ensaio sobre a Lei, Coimbra, 2002, p. 133 e ss.

político elege temas económicos apresentados como tendo relevância geral mas afinal apenas veicula a questão do bem-estar perante a qual o cidadão infantilizado reage como um autómato. Na realidade, o cidadão é condicionado para apenas se interessar pelos seus assuntos privados sob o pretexto de temas económicos gerais. Fica indiferente a tudo o que transcende a sua esfera privada. [29]A noção de bem comum está muito longe. A isto tende a ficar reduzido o diálogo político nas democracias actuais.

A solução para esta situação não é fácil. Nem se resolve apenas pelo aumento da escolaridade obrigatória nem pelo acesso a meios informáticos. A reconciliação do cidadão com a política é uma tarefa para gerações. Passa pelo paulatino alargamento da «esfera pública».

Nestas condições, é da consagração constitucional de novos elementos (democráticos) participativos ou deliberativos que se pode esperar a inversão daquela tendência, sob pena de cairmos num modelo de astenia democrática que transformaria o texto constitucional num papel sem adequação à realidade e mistificador.

A democracia *deliberativa* é a única saída airosa para os problemas que afligem hoje o princípio do Estado-de-Direito a querer continuar a ser democrático. É necessário reforçar o nível participativo dos cidadãos, sob pena de os modelos políticos do parlamentarismo e do semi-presidencialismo servirem o objectivo ideológico de encobrir a realidade da ausência de vida democrática.

A consagração destes elementos deliberativos não faz perder de vista a crise do conteúdo da própria lei. Da generalidade da lei já se não pode esperar *a priori* a justiça do respectivo conteúdo. Como se dizia, as exigências de justificação pela ética são hoje mais difíceis de cumprir. Numa sociedade plural e fragmentária da lei espera-se uma intenção constante de justiça concreta atenta aos factos e esperando muito da ponderação que deve presidir à sua execução. Predominam os elementos sociais na peugada de uma intenção conformadora da sociedade, não raro crítica do *status quo*. Adiante serão tratados os aspectos sociais, culturais e económicos deste novo conteúdo da actividade estatal e da própria noção de Estado.

---

[29] Como já A. DE TOCQUEVILLE genialmente previa nos últimos capítulos da sua «A Democracia na América». De acordo com o A., eram estas as condições sociológicas para o aparecimento do novo totalitarismo do Estado paternalista.

Os Princípios Gerais de Direito Administrativo. Seu Conteúdo, Tipologia e Alcance 689

Outra aporia do *Estado de direito democrático* e social radica no nível incomportável das despesas públicas necessárias à efectivação dos programas de transformação das condições sociais e económicas existentes que o caracterizam. O inconformismo com o *status quo* paga-se caro. O assunto será à frente abordado.

5. Os corolários do princípio do Estado de direito democrático

O princípio (unificado) do *Estado de direito democrático* e social tem vários corolários, como se disse. É através deles que aquele princípio chega à função administrativa. Para além do princípio da *dignidade* da pessoa humana, relevam os princípios da *justiça,* da *igualdade,* da *prossecução do interesse público,* da *legalidade,* da *imparcialidade,* da *proporcionalidade,* da *boa-fé,* da *descentralização, desconcentração* e da *participação* dos cidadãos na formação da decisão administrativa, da *colaboração* da Administração com os particulares, da *decisão,* além de outros relevando do âmbito da contratação pública e do contencioso administrativo. Alguns deles na sua aplicação à actividade administrativa, sobrepõem-se inevitavelmente, em parte, aos outros, como já se disse.

a) O princípio da dignidade da pessoa humana

A *dignidade da pessoa humana* é um valor ético geral que sintetiza toda a qualidade axiológica dos princípios gerais de direito. A República portuguesa baseia-se nela, nos termos do art. 1 da CRP.

Aquele critério axiológico é a soma de todos os princípios gerais de direito consagrados pela CRP e pela lei ordinária. Claro está que nem todos eles têm uma ligação directa com aquele valor, sendo esta ligação mais própria dos princípios gerais de *direito natural* do que dos princípios gerais de *direito positivo.*

A *dignidade da pessoa humana* é assim a consequência natural da consideração daqueles princípios gerais, bem como dos direitos fundamentais dos cidadãos constitucionalmente consagrados. [30]Confere unidade

---

[30] Neste sentido. J. A. VIEIRA DE ANDRADE, Os Direitos Fundamentais na Constituição Portuguesa de 1976, 3ª ed., Coimbra, 2004, p. 97 e ss.

690   *Em Homenagem ao Professor Doutor Diogo Freitas do Amaral*

de sentido aos princípios gerais. Exprime uma determinada concepção do homem como ser dotado de liberdade e personalidade, com tudo o que isso implica em matéria de limites ao poder do Estado e obrigações dos poderes públicos para com os cidadãos.

Pelo seu elevado grau de abstracção, nem todos os AAs consideram a *dignidade da pessoa humana* um princípio geral de direito propriamente dito, ignorando-o no elenco daqueles, mas cremos que a sua consideração pela CRP justifica uma referência independente, muito embora realçando a sua natureza sintética e comum.

b) O princípio da justiça

Consta do n.º 2 do art. 266 da CRP e do art. 6 do Código do Procedimento Administrativo (CPA). O conteúdo do princípio da *justiça* decorre necessariamente da observância pela Administração dos outros princípios gerais de direito, designadamente a dignidade da pessoa humana, a igualdade, a imparcialidade, o respeito pelos direitos fundamentais e a boa-fé. A justiça não tem no enquadramento do Estado-de-Direito actualmente vigente em Portugal um conteúdo transcendente alheio à ordem jurídica e predicado de uma ordem metafísica revelada ou racional pois que aquela absorveu directamente determinados valores. Por esta razão, o princípio geral da *justiça* é o somatório de todos os outros princípios gerais de direito.

À justiça não se chega, portanto, directamente mas apenas através da observância e concretização dos outros princípios gerais de direito e na estrita medida deles. Tome-se o exemplo da igualdade. Desde Aristóteles que ninguém discute que a igualdade é critério da justiça.[31] É assim a atenção dada aos valores gerais da ordem jurídica que nos põe em contacto com a justiça. Apenas em casos excepcionais é que o valor da justiça terá relevância autónoma como critério da decisão administrativa.

c) O princípio da igualdade

O princípio da *igualdade* tem um conteúdo que evoluiu ao longo da história. Na presente situação constitucional, a igualdade não se limita à

---

[31] Éthique de Nicomaque, Paris, 1965, p. 127 e em especial o cap. III. Nas suas palavras (it. nosso), *le juste (est) ce qui s'accorde avec l'égalité.*

Os Princípios Gerais de Direito Administrativo. Seu Conteúdo, Tipologia e Alcance 691

tradicional isonomia ou seja, à igualdade dos cidadãos perante a aplicação dessa norma geral e abstracta que é a lei. A igualdade vai para além da legalidade. Tem um conteúdo positivo que requer um esforço legislativo no sentido da criação das condições económicas e sociais bastantes para o exercício concreto da autonomia individual. É a ligação umbilical entre a igualdade e a liberdade que obriga a este deslocamento de perspectiva. Sem o acesso a determinadas bens e serviços, a liberdade fica incompleta, como se viu. E tal acesso tem como resultado uma maior igualdade, sobretudo dos mais carenciados. Requer do Estado um programa de realizações no sentido de a proporcionar.[32]

Claro está que este programa beneficia mais uns do que outros, de modo a proporcionar aos primeiros o mais concreto exercício das respectivas liberdades. A criação das referidas condições económicas e sociais potenciadoras do pleno exercício das liberdades dá atenção às necessidades dos mais carenciados. Mas isso não significa uma autorização geral para a abolição das diferenças. Como já disse mais de uma vez; injusta é a exclusão não a desigualdade.

Parece assim conveniente esclarecer, sobretudo no nosso país, que a igualdade é uma consequência daquele programa de realizações e não um libelo contra os mais ricos ou os mais vistosos. A igualdade não é o igualitarismo nem o pretexto para a agressão aos diferentes ou seja, àqueles cuja liberdade gerou resultados diversos dos da média. A diferença nos resultados do exercício das liberdades é, por muito que isso entristeça largo sector da opinião pátria, inevitável e enriquecedor até do todo comum. A igualdade não é, portanto, um pretexto para a sistemática discriminação positiva contra a diferença.

Certamente que a criação das condições para o pleno exercício das liberdades, gerador de igualdade, requer, por vezes, medidas de discriminação positiva a favor de alguns, de modo a compensar situações de desigualdade herdadas do passado e atentatórias da liberdade e da dignidade da pessoa humana. Referimo-nos aos deficientes e aos idosos, sem prejuízo de outros grupos sociais. Mas mesmo aquelas não são necessariamente atentatórias da diferença.

A realização de um programa económico e social de criação de condições existenciais mínimas a favor dos mais desfavorecidos analisou-se

---

[32] Sobre o tema, Maria da Glória Fereira Pinto, Princípio da Igualdade-Fórmula Vazia ou Fórmula Carregada de Sentido?, sep. do BMJ, n.º 358, 1987, p. 26.

num aumento exponencial das despesas públicas. A base de sustentação ideológica para justificar tal aumento, financiado sobretudo através dos impostos, consistia na oneração dos mais ricos através de taxas fiscais fortemente progressivas, e tinha por pano de fundo uma rígida divisão social entre duas classes sociais claramente diferenciadas. Sucede, porém, que tal base de sustentação ideológica falha hoje completamente porque desapareceu o modelo de sociedade em que se fundamentava. A estrutura de classes das actuais sociedades plurais e heterogéneas é muito mais complexa do que nas primeiras décadas do século XX. A oposição entre duas classes absolutamente identificadas e opostas já não existe. O nivelamento social por um lado e a emergência de novas cisões e fracturas no todo social estilhaçaram aquele modelo que alimentou os alegados bons sentimentos de gerações de juristas e políticos. Acresce que a tolerabilidade económica da pressão fiscal já foi em muitos casos ultrapassada, com o cortejo de falências, evasão, fuga de capitais, desemprego e empobrecimento geral assim gerado, designadamente em países em que a estrutura empresarial se baseia nas pequenas e médias empresas.

A continuidade daqueles programas económicos e sociais tem de invocar novos fundamentos ou cessar. O fundamento redistributivo já não serve ou é, pelo menos, incompleto.

Mas o nível das despesas públicas não parou nem para de aumentar. A explicação é muito simples; já não é a intenção redistributiva que a motiva, é a puramente eleitoral. Qualquer atenuação deste ciclo de progressão das despesas públicas tem imediatas consequências eleitorais negativas, sobretudo no nosso país. E também não é pelo lado da pretendida satisfação das necessidades económicas e sociais dos mais carenciados que se explica aquele aumento. As necessidades a satisfazer já ultrapassam em muito as básicas e não cessam de aumentar em quantidade e qualidade. A realização da democracia económica e social e o aumento das despesas públicas já não vão a par. A lógica eleitoralista exige o aumento das despesas e o prestígio do enorme sector público vive delas. Este último rege-se por uma perniciosa lógica «incrementalista» que já se não justifica pelo bem-estar geral.

A parte das despesas públicas que pode ser financiada com o aumento do dinheiro dos impostos retirados aos mais ricos é hoje diminuta no cômputo geral. E o aumento dos impostos gera efeitos económicos «perversos», coisa que até no nosso país parece começar a perceber-se.

Os *Princípios Gerais de Direito Administrativo. Seu Conteúdo, Tipologia e Alcance* 693

Estamos perante os custos da igualdade económica e social. Assim se prova que esta igualdade, além de fronteiras como que «naturais», tem ainda claros limites financeiros.

d) *O princípio da prossecução do interesse público no respeito pelos direitos e interesses legalmente protegidos dos cidadãos*

Está constitucionalmente consagrado pelo n.º 1 do art. 266 e bem como pelo art. 4 do CPA. O interesse público é a instância necessária da actividade administrativa, bem como da de todas as funções do Estado em geral. Sem ele, nada distinguiria o Estado de um «bando de malfeitores», de acordo com a célebre fórmula de Santo Agostinho. O interesse público é a causa material de toda a função administrativa.

Sucede, contudo, que o interesse público é, no Estado-de-Direito, apenas aquele que consta da Constituição e da lei ordinária e que compete à Administração executar, coincidindo com os da constitucionalidade e da legalidade. Não há qualquer reserva da Administração em matéria de interesse público, ao invés de outrora. Nesta medida se compreende que aquele princípio seja corolário do princípio do Estado-de-Direito.

No entanto, o interesse público assume certa relevância independente pelo que toca às situações, não raras, em que o conteúdo da lei está desnormativizado, com prejuízo de critérios definidos de acção administrativa, e à actividade técnica e de direito privado da Administração. Mas mesmo aí não existe autonomia administrativa pelo que toca à definição do interesse público, devendo a Administração remeter para os critérios gerais decorrentes da ordem jurídica no seu todo, desde logo para o regime dos direitos e interesses dos cidadãos.

Assim se compreende que na CRP e no CPA a *prossecução do interesse público* pela Administração seja delimitada pelo *respeito pelos direitos e interesses legalmente protegidos dos cidadãos*. O regime constitucional vinculativo dos direitos dos cidadãos constitui uma ordem jurídica imperativa para a Administração, de acordo com o regime do n.º 1 do art. 18 da CRP, como é sabido, e constitui uma heterodeterminante fundamental da sua actividade com relevância especial naquelas situações.

A tendência actual é para um tratamento homogéneo dos direitos subjectivos e dos interesses legítimos, irmanados numa categoria única, a de posição jurídicas subjectiva. Assim sucede já em muitos domínios do procedimento e sobretudo do processo administrativos. O assunto não pode, porém, ser aqui tratado.

e) O princípio da legalidade

O alcance do princípio da *legalidade* da Administração (n.º 2 do art. 266 da CRP e art. 3 do CPA) evoluiu de modo não menos nítido que o anterior.

Certamente que a legalidade da actividade administrativa continua a significar que na sua actividade a Administração está subordinada à lei, por esta ter preferência sobre qualquer norma ou acto administrativos, pois que lhes é hierarquicamente superior (preferência da lei), e porque lhe ficam reservados determinados âmbitos materiais essenciais (reserva de lei), sendo a justificação para tanto o maior cabedal de legitimidade democrática de que apenas o legislador usufrui.

No âmbito da reserva de lei, deve esta última dispor de modo adequado, o que significa que a lei deve tratar das matérias com determinada densidade, sob pena de remeter para a Administração a disciplina do núcleo das matérias, o que equivale a falsear a própria noção da reserva de lei. A densidade normativa que é predicado da reserva de lei oscilará entre um mínimo e um máximo.[33]

A reserva de lei exige assim, no plano horizontal, que o essencial das matérias fique para tratamento legislativo e, no plano vertical, que este seja adequadamente denso.

No plano horizontal, cabe à lei a disciplina dos sectores em que a actividade administrativa é agressiva por contender com os direitos e deveres dos particulares e também aqueles em que a sua actividade assume natureza constitutiva ou conformadora. Também o desenvolvimento desta última actividade condiciona fortemente os direitos dos cidadãos. A actividade administrativa de prestação não é assim independente e decorre dos quadros gerais da lei. Não seria curial deixar para o Governo mediante decreto-lei ou até regulamento independente da Administração o tratamento em primeira mão das prestações mais significativas no contexto do Estado social de hoje. Esta posição leva-nos a compreender que

---

[33] Sobre o tema, D. FREITAS DO AMARAL, Curso de Direito Administrativo, (com a colaboração de Lino Torgal), vol. II, Lisboa, 2000, p. 51.

a reserva de lei transcende a extensão com que na CRP se delimita a reserva parlamentar de lei.[34]

Se não for assim, a legalidade consistiria apenas na submissão da Administração à lei numa parcela restrita da sua actividade, o que é uma solução inconveniente do ponto de vista do Estado-de-Direito democrático e social.

E se a extensão da legalidade se modificou também se alteraram as respectivas fontes.

Alterou-se muito, com efeito, o que se entende por lei. A lei agora já não é apenas a norma formal e organicamente parlamentar. Também o decreto governamental com força de lei passou parcialmente a fazer as vezes daquela. O fenómeno é bem conhecido entre nós, como é sabido. A justificação para a sua continuidade apesar da radical alteração do regime constitucional, baseia-se agora não na eficácia da acção governamental, como outrora, mas sim na legitimidade democrática do Governo, ao menos de tipo indirecto, no novo contexto constitucional.

Acresce o decreto legislativo regional como fundamento da legalidade, como é próprio de um Estado regionalizado como o nosso.

Da lei para os efeitos aqui tratados fazem também parte os princípios gerais de direito que relevem no caso concreto. Também eles integram a legalidade administrativa. A Administração deve-lhes obediência executando a lei de modo a proporcionar-lhes a maior eficácia possível, como se verá. Dos princípios decorrem critérios materiais de ponderação que devem iluminar de modo permanente a tarefa administrativa.[35] Integram juntamente com a lei o «bloco» da legalidade atendível pela Administração.

Também se alterou profundamente o conteúdo da própria legalidade. Ao pretender dominar matérias para as quais não está particularmente preparado, o legislador deixou e deixa amplas aberturas normativas por onde reentram os poderes discricionários e as liberdades afins da Administração. A defesa do ambiente e a intervenção pública na economia são dois bons exemplos. Pode dizer-se que se a legalidade aumentou em extensão diminuiu em intensidade. E a tal ponto assim é, que este fenó-

---

[34] Sobre o tema, o nosso Lei e Regulamento, Coimbra, *passim*. A Administração constitutiva sempre está sujeita à legalidade financeira das medidas em que se traduz esta forma de actividade, pelo menos na medida em que elas tenham tradução orçamental.

[35] Daí que certos AAs substituam o princípio da legalidade pelo da *juridicidade*, dando mostras de um entendimento das vinculações da Administração em acordo com as heterodeterminantes que se extraem daqueles princípios gerais.

Em Homenagem ao Professor Doutor Diogo Freitas do Amaral

meno chega a ser arvorado a característica do actual conteúdo do princípio da *legalidade* da Administração.[36]

Por outro lado, a tecnicização da lei afasta-a do clássico trabalho parlamentar e governamental. Se o fenómeno da especialização da feitura da lei no interior do parlamento é bem conhecido, ele não é menos nítido no interior da Administração. A preparação técnica da lei por gabinetes especializados (e o veredicto do Ministério das Finanças, confirmado sempre na leis orgânicas dos sucessivos Governos), reforça a componente técnica da lei em detrimento da política e contribui para o «calão» tecnocrático que empesta hoje o material legislativo mais simples. Tal componente transmite-se obviamente à linguagem utilizada. A breve trecho, a lei é apenas para especialistas e o cidadão comum não conhece a legislação que o governa porque a não pode conhecer, não tendo o menor acesso ao respectivo conteúdo.

O novo conteúdo da legalidade tem também consequências imediatas no teor do controlo jurisdicional da actividade administrativa. A tecnicização da lei dificulta o trabalho ao juiz. Não admira, portanto, que o recurso à jurisdição arbitral, mais rápida e integrada por peritos, esteja na ordem do dia.

São os custos que as preocupações eudemonísticas do legislador acarretam hoje à legalidade; uma legalidade governamentalizada, tecnicizada, impenetrável para o cidadão e de difícil controlo jurisdicional.

O princípio da *legalidade* tem dois corolários muito importantes do ponto de vista da actividade administrativa. São eles a proibição da *deslegalização* de matérias e a *inderrogabilidade singular* dos regulamentos.

A proibição da *deslegalização* tem honras de consagração constitucional. Consta do n.º 5 do art. 112 da CRP. Diz-nos ela que nenhuma lei pode atribuir ao regulamento a possibilidade de a alterar ou revogar. Assim se pôs termo a uma prática antiga do direito português, própria de um regime baseado na predominância não democrática do Governo como centro normativo e que consistia na remissão feita pelo próprio legislador para a Administração capacitando-a para precisamente modificar as suas própri-

---

[36] É o caso de M. Bullinger, La Discrecionalidad de la Administración Pública, Evolución, Función y Control Judicial, La Ley, Revista Jurídica Española de Doctrina, Jurisprudencia y Bibliografia, n.º 4, 1987, p. 896 e ss. O ponto de vista tem muita aceitação na doutrina alemã, designadamente entre os seguidores de Hans Peters (escola de Colónia, cujo continuador foi F. Ossenbuehl).

Os Princípios Gerais de Direito Administrativo. Seu Conteúdo, Tipologia e Alcance 697

as normas de acordo com o que entendesse conveniente, o que tinha como consequência colocar as matéria por natureza legislativas ao alcance da Administração em primeira mão e isto com a conivência da própria lei. Esta prática era liminarmente desculpabilizada por vários AAs. com o argumento, digno do pensamento positivista normativista, segundo o qual nada obstaria à vontade do legislador se tinha sido ele próprio a possibilitar a *deslegalização*. Tudo quanto o legislador fizesse estava bem. A noção de que a Constituição constituía um quadro normativo superior à vontade do legislador ordinário era desconhecida ou arrecadada.

Ora, a proibição da *deslegalização* é a única maneira de resguardar as matérias próprias da reserva de lei dos desmandos do legislador ordinário, impossibilitando que este delegue competências no Governo para o tratamento em primeira mão de matérias por natureza legislativas. Assim se resguarda a legalidade, de acordo com o critério do *congelamento do grau hierárquico* [37]segundo o qual, tratado certo assunto pela lei, apenas por intermédio dela e não por norma inferior pode a respectiva disciplina ser alterada, suprimida ou modificada, mais a mais tratando-se de matérias de reserva de lei, mas valendo mesmo para as matérias a ela estranhas.

Resta saber se esta autorização que a AR ou o Governo legislador dão à Administração para modificar ou revogar normas legais vale apenas no âmbito da reserva de lei ou se vale em geral. Nada há na lei constitucional que permita distinguir entre as duas situações. E cremos que existe outro argumento de peso para não distinguir e que consiste na capacidade legislativa normal do Governo. Fora da reserva de lei, se o Governo quiser modificar ou revogar uma norma legislativa pois que faça um decreto-lei. Dar-lhe a possibilidade de optar por um regulamento, mesmo que devidamente autorizado por diploma legislativo, seria desvalorizar as mais complexas formalidades procedimentais próprias do decreto-lei, em detrimento da transparência do procedimento normativo, pois que evitaria a *promulgação* do diploma pelo Presidente da República e a sua *apreciação parlamentar* a que o regulamento não está sujeito.

Com a *deslegalização* não deve confundir-se a remissão da lei para o regulamento. Esta não atropela a legalidade. [38]Esta remissão capacita a

---

[37] Na expressão de J. J. Gomes Canotilho, Teoria da Constituição, cit., p. 841.

[38] Sobre o tema, E. García de Enterría, Legislación Delegada, Potestad Reglamentária y Control Judicial, Madrid, 1970.

Administração para elaborar regulamentos que executam ou complementam a lei, sendo indispensáveis para preparar a transição do nível legislativo para o administrativo, mais perto da execução da lei.

O princípio da *inderrogabilidade singular* dos regulamentos é outro corolário da legalidade. Diz-nos que a Administração não pode ignorar no caso concreto o regulamento que elaborou. Este obriga-a a uma sua aplicação uniforme, única compatível com a legalidade. Do mesmo modo, o regulamento não pode prever a reserva da sua não aplicação no caso concreto, ao critério discricionário da Administração. O contrário seria ressuscitar a velha figura do «poder de dispensa» da Administração, próprio do Estado-de-Polícia e incompatível com o Estado-de-Direito. A norma regulamentar auto-vincula a Administração. O regulamento é assim fonte de legalidade para a Administração. Só os regulamentos internos é que não ficam sujeitos a estes limites de legalidade.

A reserva de não aplicação no caso concreto e a elaboração de normas individuais e concretas que derrogam as gerais são privilégios do legislador e não da Administração. O maior cabedal de legitimidade democrática do legislador relativamente à Administração o justifica.

A legalidade pode ainda decorrer para a Administração do contrato e do próprio acto administrativo. Do contrato, porque nem todas as modificações do conteúdo contratual, mesmo que alicerçadas no interesse público, são possíveis, como resulta da lei aplicável, o novo CCP, assunto que não cabe aqui, e do acto administrativo porque este auto-vincula, até certo ponto, a própria Administração. É o que resulta da alínea d) do n.º 1 do art. 124 do CPA que manda fundamentar os actos administrativos que decidam *de modo diferente da prática habitualmente seguida na resolução de casos semelhantes, ou na interpretação e aplicação dos mesmos princípios ou normas legais.* Esta norma preserva também a *imparcialidade* e a *igualdade* da Administração.

Uma vez praticado determinado acto, a Administração pode mudar de posição no futuro decidindo diversamente. Não está sempre auto-vinculada ao conteúdo do mesmo. Goza de *jus variandi.* A mudança administrativa pode resultar da adopção de novo regulamento interno que estabelece novos e diferentes critérios de interpretação da lei. Mas a nova posição da Administração deve ser fundamentada logo que se traduza na prática de actos administrativos. Pode assim falar-se de uma autovinculação ao acto praticado *rectius,* ao respectivo conteúdo e formalidades, sob reserva de fundamentação.

A *legalidade* prolonga-se na fase da execução material através do respeito pelo acto administrativo que lhe serve de base, sendo por isso que, com toda a correcção, o art. 151 do CPA se refere à *legalidade da execução* do acto administrativo. O princípio geral a este respeito é o de que a Administração não pode tomar medidas materiais ou técnicas sem ter previamente praticado um acto administrativo. O acto administrativo é o fundamento da legalidade do acto material de execução, nos termos do n.º 1 do art. 151 do CPA. Este princípio só cede em *estado de necessidade*, matéria que não é possível aqui desenvolver.

A legalidade compreende diversos modos de aplicação da lei, de acordo com o seu próprio conteúdo. Se este for denso e amplamente normativizado, pouca margem de manobra ficará para a Administração, dizendo-se que o poder desta é vinculado. Mas sucede que a lei frequentemente se apresenta com um conteúdo pouco normativizado. Tradicionalmente entendia-se que a lei tinha querido neste caso deixar ao agente administrativo a possibilidade de optar entre diversas soluções, todas elas indiferentemente legais, de acordo com aquilo que julgasse mais apropriado ao caso concreto, embora delimitando sempre e necessariamente a competência do agente e o fim legal. Hoje, porém, vai-se para o entendimento segundo o qual não há indiferença legal quanto à solução mas apenas dever de decidir da melhor maneira e isto atendendo ao peso do referido «bloco» da legalidade onde pontificam os critérios materiais decorrentes dos princípios gerais relevantes no caso. Não existe assim uma remissão da lei para o critério subjectivo do agente mas sim para o quadro objectivo geral da ordem jurídica, onde pontificam os princípios gerais.

Noutras situações, a substância das noções pela lei utilizadas não permite uma leitura sem margem para hesitações. É o caso das noções retiradas da vida económica e social, vulgares na intervenção do Estado na economia, no urbanismo e no ambiente, quais sejam a de empresa *economicamente viável*, de *abuso de posição dominante,* de *área crítica de reconversão e recuperação urbanística*, de *melhores técnicas* no combate à poluição, etc…

Deparamos com a realidade das noções indeterminadas pela lei utilizadas.

Nesta última situação, a Administração continua a ser convocada para aplicar a lei de acordo com o um dever de decidir da melhor maneira no caso concreto embora suceda que, sendo certas noções muito imprecisas,

700 *Em Homenagem ao Professor Doutor Diogo Freitas do Amaral*

a *margem de livre apreciação* [39]administrativa acaba por se assemelhar à de que dispõe no caso do poder discricionário propriamente dito. Assim sucede mesmo que tais noções tenham conteúdo técnico. [40]Noutros casos, a Administração pode precisar os referidos conceitos legais aplicando a lei com segurança, recorrendo a peritos ou ao simples senso-comum.

Pode pois dizer-se que o poder discricionário e a liberdade de aplicação dos conceitos indeterminados se aproximaram. O primeiro objectivou-se, como se viu, e a segunda desligou-se de uma visão meramente subsuntiva e lógico-formal da respectiva natureza. Os respectivos caminhos, a final, são paralelos e não opostos.

f) O princípio da imparcialidade

Diz-nos este princípio constante do n.º 2 do art. 266 da CRP e do art. 6 do CPA, que a Administração antes de deliberar ou decidir deve tomar em conta todos os interesses relevantes deles fazendo uma adequada e completa ponderação. Coincide em parte com o princípio da *legalidade*. Com efeito, os interesses a que a Administração deve dar vazão são os legais, posto que ela não tem interesses próprios, podendo assim esperar-se que do rigoroso cumprimento da lei resulte automaticamente a completa ponderação dos interesses relevantes. O tratamento que a Administração deve aos cidadãos requer a tomada em consideração de todos os interesses que a lei considerou, numa sua vertente positiva, e ao mesmo tempo a exclusão de todos os interesses a que a lei não deu relevância, numa sua vertente negativa. Apenas assim é que a Administração é imparcial.[41]

Importante é evidenciar que da escala de interesses legais a que a Administração deve dar relevância constam os interesses privados, como sucede, p. ex., no âmbito da expropriação por utilidade pública, do urbanismo em geral e na ponderação judicial das providências cautelares.[42]

---

[39] De acordo com o termo há muito proposto por BACHOF.

[40] Daí que FREITAS DO AMARAL, *ibidem*, p. 82, nos fale neste caso (it. do A.) em *discricionariedade imprópria*.

[41] MARIA TERESA DE MELO RIBEIRO, O Princípio da Imparcialidade da Administração Pública, Coimbra, 1995, e DAVID DUARTE, Procedimentalização, Participação e Fundamentação; para uma Concretização do Princípio da Imparcialidade Administrativa como Parâmetro Decisório, Coimbra, 1996, p. 259 e ss.

[42] A jurisprudência portuguesa é abundante. Cfr. DAVID DUARTE, ob. cit. *In fine* com referências destacadas e F. DO AMARAL, ob. cit., p. 139 e ss.

No entanto, perante o caso concreto, as coisas complicam-se. Este coloca exigências à Administração que a obrigam a um trabalho de conformação que vai para além do sentido literal da lei, como bem se sabe da metodologia de aplicação do direito. E também a este nível fica a Administração sujeita a um dever de imparcialidade.

Independentemente disto, o dever de imparcialidade tem implicações no desempenho da função administrativa pelos titulares dos órgãos, funcionários e agentes da Administração. Traduz-se em *garantias da imparcialidade*, impedindo aqueles de incorrer em determinadas situações negociais consideradas incompatíveis com o exercício das respectivas competências. Ao mesmo tempo, a lei impede certas acumulações de funções no sector privado, consideradas indesejáveis do ponto de vista da transparência no exercício das competências públicas.

O princípio da *imparcialidade* tem, portanto, consequências no exercício da função administrativa e na situação dos titulares dos órgãos, funcionários e agentes.

Os titulares dos órgãos, funcionários ou agentes estão assim sujeitos a determinados *impedimentos* previstos no art. 44 do CPA, sob a epígrafe *garantias da imparcialidade*. Tais impedimentos respeitam à intervenção daquelas entidades em procedimento administrativo ou negócio em que por si próprios ou por interposta pessoa tenham *interesse* de acordo com um elenco legal. Concretizam não apenas o princípio da *imparcialidade* mas também o da *prossecução do interesse público*, embora o CPA os invoque a propósito do primeiro. Com efeito, o respeito por determinadas *garantias da imparcialidade* na actividade administrativa resguarda obviamente o interesse público e contribui para a sua melhor prossecução.

Para a sua melhor exequibilidade, prevê a lei no n.º 1 do art. 45 do CPA a comunicação do próprio titular de órgão, funcionário ou agente, sob pena de sanção disciplinar.

Os impedimentos reportam-se a situações concretas relacionadas com as pessoas titulares dos órgãos administrativos, funcionários ou agentes, proibindo-lhes determinadas intervenções em procedimentos ou negócios em nome do valor da imparcialidade, directas ou como perito ou mandatário de outrem.

Dos *impedimentos* distinguem-se as *incompatibilidades* que tornam impossível o exercício simultâneo de determinados cargos ou funções que é como quem diz, certas acumulações, consideradas inconvenientes do ponto de vista da transparência da actividade administrativa e da isenção dos intervenientes e, portanto, relevando da imparcialidade do exercício das funções administrativas. Não constam do CPA mas de leis avulsas.[43]

Os *impedimentos* valem para a fase da decisão final bem como para as anteriores, designadamente a instrução de procedimentos administrativos e para as posteriores, designadamente a execução da decisão. Nos termos do n.º 2 do mesmo art. 44, apenas *as intervenções que se traduzam em actos de mero expediente, designadamente actos certificativos*, ficam excluídas de impedimento.

Verificados os *impedimentos* em causa, o acto administrativo é ilegal, o mesmo sucedendo com o contrato celebrado, seja este de direito público ou de direito privado, pois que a lei não distingue.

O impedimento deve ser declarado pelo próprio ou arguido por qualquer interessado ao superior hierárquico ou ao presidente de órgão colegial, nos termos do mesmo art. 45, devendo o impedido *suspender a sua actividade no procedimento*, nos termos do n.º 1 do art. 46, prevendo-se o regime da sua substituição (art. 47).

Outra das *garantias da imparcialidade* é a *suspeição* prevista no art. 48. Agora a lei não proíbe *a priori* a intervenção daquelas entidades em certas situações mas prevê que seja a Administração a decidir sobre a respectiva isenção depois de um pedido feito pelo próprio funcionário ou agente ou por qualquer interessado no sentido da *dispensa de intervir no procedimento*, nos termos do art. 48, perante *circunstância pela qual possa razoavelmente suspeitar-se da sua isenção ou da rectidão da sua conduta*. A decisão deve ser tomada em prazo curto.

g) O princípio da proporcionalidade

Este princípio, constante do n.º 2 do art. 266 da CRP e do art. 5 do CPA, diz-nos que no desenvolvimento da sua actividade, a Administração deve actuar com ponderação e preferindo sempre os meios menos gravosos para os particulares do ponto de vista das finalidades a atingir. Tem particular importância no âmbito da polícia.

O princípio geral da proporcionalidade decompõe-se em três momentos constitutivos, a *adequação* do meio utilizado ao fim legal, a *necessi-*

---

[43] As Leis n.º 64/93, de 26/8, alterada pela Lei n.º 28/95, de 18/8 e pela Lei n.º 42/96, de 31/8, com alterações posteriores, e ainda a Lei n.º 12/96, de 18/4.

Os Princípios Gerais de Direito Administrativo. Seu Conteúdo, Tipologia e Alcance 703

dade da medida para o fim proposto e a *proporcionalidade* propriamente dita ou equilíbrio entre os custos e as vantagens esperadas. Implica um raciocínio de comparação e de prognose.[44]

Claro está que os critérios em que tal raciocínio de comparação e de prognose se baseia devem ser válidos à luz da ordem jurídica, [45]como é também o caso do *interesse público* na ponderação judicial dos pedidos cautelares.

Como a utilização de meios gravosos tem por consequência restrições aos direitos fundamentais dos cidadãos, compreende-se que o respeito pelo princípio da proibição do excesso seja critério constitucional geral da tutela dos direitos fundamentais, de acordo com o n.º 2 do art. 18 e com n.º 2 do art. 272 da CRP, este último para o caso particular da actividade de polícia. Este princípio é assim, ao nível da actividade administrativa, uma consequência directa daquele princípio constitucional, este mais geral, pois que vale também para a actividade legislativa. Releva especialmente, por se tratar de matéria tão sensível, uma ideia de *necessidade* das medidas utilizadas, devendo sempre preferir-se aquela que menos lesar os direitos fundamentais, em atenção à *efectividade* que deles é predicado.

h) O princípio da boa-fé

O princípio da *boa-fé* consta do n.º 2 do art. 266 da CRP e do art. 6-A do CPA. Seu corolário objectivo é o da *tutela da confiança*. Trata-se de princípios de enorme importância na caracterização e na conformação da actividade administrativa, com consequências a todos os níveis, mas como já os estudámos noutra altura, para lá remetemos, com o devido pedido de desculpas pelo incómodo ao leitor[46].

Apenas se chama a atenção para o facto de as consequências da protecção a dar à conduta do particular, se motivada pela boa-fé, se repercutem especialmente nos poderes revogatórios da Administração, nas

---

[44] Corporiza aquilo a que KANT chamava o *juízo teleológico*, cujo critério é precisamente o da *conformidade ao fim*. Cfr. Crítica da Faculdade do Juízo, Lisboa, 1992, p. 273 e ss.

[45] VITALINO CANAS, Princípio da Proporcionalidade, DJAP, VI, Lisboa, 1996, p. 628.

[46] Cfr. Boa fé e Tutela da Confiança no Direito Administrativo in Estados em Homenagem ao Prof. Doutor Sérvulo Correia (no prelo).

consequências dos actos nulos e anuláveis, nos efeitos retroactivos dos actos anuláveis e nos limites ao *jus variandi* da Administração. Bem vistas as coisas, é todo ou quase todo o regime material do regulamento e do acto administrativo que fica compreendido.

A *tutela da confiança*, por sua vez, apenas pode ser considerada como seu corolário se considerarmos tão somente a confiança legítima, induzida pela boa-fé do particular, porque se assim não for, as consequências respectivas são avessas à tutela da boa-fé, como pode suceder, p. ex., com o regime da irrevogabilidade dos actos administrativos constitutivos de direitos passado um ano sobre a respectiva prática, nos termos do art. 141 do CPA, e que tanto aproveita ao particular de boa como ao de má-fé.

De uma maneira geral, a consideração da *boa-fé* obriga a uma especial atenção ao caso concreto, ao leme da adequada metodologia de aplicação do direito, modelando as consequências dos regimes jurídicos de acordo com a conduta do particular para daí retirar as devidas consequências. É por essa razão que no n.º 2 do referido art. 6-A do CPA se diz muito acertadamente que a sua consideração implica a ponderação dos *valores fundamentais do direito, relevantes em face das situações consideradas*. Subentende um difícil trabalho de ponderação para que o juiz está melhor preparado que a Administração.

i) *O princípio da colaboração da Administração com os particulares*

Consta do art. 7 do CPA. A *colaboração* Administração com os particulares concretiza-se num verdadeiro dever de *facere* da Administração, conforme está, aliás, previsto no nas alíneas a) e b) do referido art. 7. Este dever prova-nos que a figura dogmática adequada ao retrato da situação do cidadão perante a Administração é hoje a da *relação jurídica administrativa*. Administração e cidadãos contactam na base de direitos e deveres recíprocos, tendo o cidadão deixado de ser visto como o mero súbdito do poder de autoridade. No mesmo sentido apontam, aliás, outros princípios gerais de direito constitucional, designadamente o da aplicabilidade directa dos direitos, liberdades e garantias do cidadão consagrado pelo referido n.º 1 doart. 18 da CRP.

Corolário deste princípio, que apenas aqui pode ser sumariamente referido, é o *direito à informação* dos particulares, a que corresponde um dever geral e procedimental de informação a cargo da Administração. Tal dever não se reporta apenas às informações a prestar que tenham sido solicitadas durante a marcha do procedimento, de modo a possibilitar a proveitosa intervenção procedimental do particular, mas também às informações solicitadas antes dele.[47]

O princípio da *colaboração* da Administração com os particulares, a que corresponde um efectivo dever, como se viu, está, nos termos do próprio n.º 1 do art. 7, funcionalizado à *sua adequada participação no desempenho da função administrativa*. Pode assim dizer-se que este princípio é ainda um corolário do já referido princípio da *participação*. Para tanto deve a Administração, nos termos do n.º 1 do art. 7, *prestar* aos particulares as informações solicitadas, *apoiar e estimular* as respectivas iniciativas e *receber as suas sugestões e informações*.

Naturalmente que, pelo que toca a este último dever, a recepção das *sugestões e informações* dos particulares não é vinculativa para a Administração, conservando esta na íntegra o seu poder de decisão unilateral, como já se tinha dito a propósito do alcance da *participação* dos particulares no desempenho da função administrativa.

Corolário deste princípio da *colaboração* é a responsabilidade civil da Administração *pelas informações prestadas por escrito aos particulares, ainda que não obrigatórias*, de acordo com o n.º 2 do art. 7. A Administração incorre em responsabilidade civil por acto de gestão pública pelas informações dadas aos particulares, concorrendo os pressupostos da mesma responsabilidade, nos termos gerais da Lei n.º 67/2007, de 31/12.

De acordo com o referido n.º 2 do art. 7, a responsabilidade em que a Administração incorre é de tipo objectivo, não sendo exigível a prova de qualquer grau de culpa da Administração para obter a indemnização.

Decidir contra o teor de informação prestada gera ilicitude, mas outra coisa é saber se o teor da informação integra um elemento da legalidade do acto administrativo posterior. Quer dizer, estará a Administração auto-vinculada à informação que prestou, ficando o acto administrativo ferido de ilegalidade se a Administração ao praticá-lo a ignorou? A lei portuguesa apenas prevê a vinculação da Administração à *informação*

---

[47] Sobre o tema, M. Esteves de Oliveira, Pedro Costa Gonçalves e João Pacheco de Amorim, Código do Procedimento Administrativo Anotado, 2ª ed., Coimbra, 1997, p. 117.

706 *Em Homenagem ao Professor Doutor Diogo Freitas do Amaral*

prévia que prestou sobre a possibilidade de lotear ou construir no âmbito do direito do urbanismo, tema que não pode ser aqui abordado.

j) *O princípio da decisão*

Consta do art. 9 do CPA. Corresponde a um direito dos cidadãos.

O art. 9 compreende, porém, duas situações distintas. A uma corresponde um dever de decidir da parte da Administração, se o que o particular pede tem por objecto o exercício de uma competência administrativa cujo conteúdo é um acto administrativo e que compreende a abertura de um procedimento administrativo. À outra situação corresponde um dever de pronúncia da Administração, consequência do direito de *petição* previsto no art. 52 da CRP, regulado pela Lei n.º 43/90, de 10/8. O primeiro dever (de decisão) é mais restrito; é um dever procedimental que pressupõe o exercício de uma competência administrativa conducente à prática de um acto administrativo. Ao direito de *petição* corresponde um simples dever de *pronúncia* administrativa que se não concretiza na prática de um acto administrativo mas sim numa mera resposta a uma petição.

Em ambos os casos se pretende reagir contra uma omissão da Administração.

O dever de decidir verifica-se sendo o procedimento oficioso ou de iniciativa dos particulares.

Os deveres de *decisão* e de pronúncia visam sancionar a omissão da Administração, de consequências tantas vezes gravíssimas para o particular. A tutela da omissão pode ser administrativa através da figura do acto tácito de deferimento ou da caducidade do *jus puniendi* em matéria disciplinar [48] ou judicial através da acção de condenação à prática de acto legalmente devido. Tratando-se da omissão de um dever de *pronúncia*, a tutela socorre-se da intimação ou da acção para o reconhecimento de direitos.

Independentemente destes meios destinados a debelar uma situação de omissão, pode sempre o particular lesado pedir uma indemnização à Administração a título de responsabilidade civil extracontratual por acto ilícito de gestão pública, nos termos gerais da Lei n.º 67/2007, de 31/12.

---

[48] Finalmente consagrado pelo n.º 6 do art. 55 da Lei n.º 58/2008, de 9/9 que prevê a *caducidade do direito de aplicar a pena* disciplinar.

k) Os princípios da descentralização, da desconcentração e da participação dos cidadãos na formação da decisão administrativa; a democracia deliberativa

Estes três princípios gerais, constantes do art. 267 da CRP, decorrem necessariamente do princípio mais geral do Estado-de-Direito democrático. São os reflexos deste último princípio ao nível da *estrutura da Administração*. Não são meras criações adventícias do legislador constitucional ou ordinário. Radicam assim na própria Ideia-de-Direito constitucionalmente acolhida. Correspondem a imperativos, não a opções livres do legislador. Fazem parte, portanto, dos princípios gerais de direito «natural» e não dos meros princípios de direito positivo. Integram ao mais alto nível o modelo político constitucional e têm imediatas consequências na actividade administrativa e na orgânica da Administração.

Cada um deles merece obviamente um tratamento distinto, mas que não pode ser aqui feito. Cremos, no entanto, que lhes podemos atribuir um denominador comum, designadamente à descentralização e à participação; a já referida democracia *deliberativa*. [49]É quanto basta para justificar a respectiva importância.

No nosso modelo democrático de Estado, os mecanismos democráticos não servem apenas para legitimar a decisão nas mais importantes questões que interessam à sociedade no seu todo. Servem também para intervir num círculo de interesses muito mais próximo do cidadão, assim o chamando à efectiva deliberação. É este o propósito daquelas três figuras, muito embora de maneira diferenciada.

Os pressupostos cumulativos da *descentralização*[50] estão todos presentes na nossa ordem jurídica; as entidades descentralizadas têm personalidade jurídica autónoma, dispõem de competências próprias diferenciadas das do Estado, os respectivos órgãos são eleitos e têm capacidade financeira suficiente para a prossecução das respectivas competências. A *descentralização* gera assim corpos deliberativos intermédios entre o Estado e os cidadãos, com competências diferentes das do Estado, impedindo a centralização do voto e, por este lado, aprofunda muito a demo-

---

[49] A democracia *deliberativa* não se esgota naquelas três figuras, compreendendo ainda mecanismos de democracia directa como o referendo nacional e local, mas estes não podem ser aqui abordados.

[50] Apenas nos referimos à descentralização administrativa, não à política.

708 *Em Homenagem ao Professor Doutor Diogo Freitas do Amaral*

cracia política. Desempenha também um papel importante na concretização dos aspectos sociais e económicos da ordem democrática.

A *participação* dos cidadãos na decisão (ou deliberação) administrativa, faz da vontade democrática do cidadão um aspecto essencial do procedimento conducente àquela decisão final. Claro está que por seu intermédio, de que muito se esperou e espera, não deparamos com uma verdadeira repartição do poder de decisão final, continuando este integralmente nas mãos da Administração. Não se confunde com a *descentralização*, mas seguramente que ficam por seu intermédio criadas as condições para a transparência daquela decisão final e para a sua óptima repercussão social. Está presente em quase todos os domínios da decisão administrativa sem esquecer os hoje tão relevantes do ambiente e do urbanismo.

A *desconcentração* aproxima os serviços públicos dos cidadãos. Por seu intermédio, a Administração central transforma-se em periférica. [51]Importante é evidenciar aqui que a Administração desconcentrada não se traduz apenas em maior comodidade para os cidadãos. Tem consequências no próprio procedimento decisório, desde que este seja acompanhado pelo reforço dos níveis intermediários de decisão, sempre mais próximos do cidadão e, portanto, mais atentos às suas verdadeiras necessidades. Pata tanto deve utilizar-se o mecanismo da delegação de poderes. O cidadão fica melhor e mais rapidamente servido. Assim sendo, o procedimento decisório fica mais permeável ao cidadão e a prestação do serviço mais capaz.

6. Outros princípios gerais da actividade administrativa

Outros princípios gerais existem que nada têm a ver com o Estado-de-Direito nem participam do respectivo conteúdo axiológico. Pode dizer-se que a respectiva ligação à Ideia-de-Direito não é necessária, o que não significa, contudo, desvalorizar a sua importância na armadura jurídica da actual actividade administrativa. Tanto assim é que alguns deles têm mesmo consagração constitucional, como sucede com o princípio da *eficácia*.

---

[51] A obra central a este propósito é de João Caupers, A Administração Periférica do Estado Estudo de Ciência da Administração, Lisboa, 1994, p. 535 e ss.

Mas estes princípios, embora muito respeitáveis, não resultam necessariamente de considerações axiológicas. Integram aquilo a que se chamou princípios gerais de direito positivo e não de direito «natural». A respectiva função é muito mais sistematizadora do material jurídico avulso, deste modo proporcionando um mais completo conhecimento da ordem jurídica na medida em que tornam possível a dedução, critério sempre seguro de conhecimento.

Com efeito, correspondem a opções voluntárias do legislador, sobretudo do legislador ordinário, tal como sucede, p. ex., no caso do referido princípio da *desburocratização* e no da unicidade da orgânica e actividade das forças de segurança.

a) O princípio da eficácia

Este princípio consta do da alínea c) do n.º 81 da CRP, relativamente ao sector empresarial do Estado e do art. 10 do CPA, com um alcance mais geral, identificado com *eficiência*. Chamava-se-lhe outrora *dever de boa-administração*. Corporiza o mérito da acção administrativa.

A actividade administrativa não está apenas sujeita à lei e ao «bloco» da legalidade, como se viu. Deve também obedecer a determinadas regras, de acordo com as *leges artis*, de modo a responder a necessidades de afectação racional de recursos e adequado planeamento, sobretudo, mas não só, no âmbito da intervenção económica do Estado. [52]A Administração dispõe hoje de um enorme aparelho técnico, financeiro e industrial que se não compadece com amadorismos e que requer uma competente gestão. Tudo isto faz parte do dever de *boa-administração*.

Por *eficácia* não se deve entender o mero crescimento económico ou seja um simples valor contabilístico, olhos fechados para as respectivas consequências, e isto mesmo no âmbito do sector empresarial do Estado.

Fora do sector empresarial do Estado pontificam exigências de *eficiência*. Esta não se confunde com a *eficácia*. Analisa-se em deveres de plasticidade da decisão administrativa, evitando excessivos formalismos e complexidades susceptíveis de prejudicar a posição do cidadão como

---

[52] Sobre o tema, o nosso Direito Público e Eficácia, Estudos de Direito Público, Coimbra, 2001, p. 164 e ss.

interlocutor da Administração. A *eficiência* reporta-se ao desenvolvimento do procedimento administrativo e não à gestão económica das empresas estatais.

Os referido deveres são imperfeitos, como muito bem assinala Freitas do Amaral,[53]pois que não são sindicáveis pelos tribunais, incapazes de controlar o mérito da actividade administrativa. Mas a sanção destes deveres existe cabendo à própria Administração, designadamente ao superior hierárquico do agente ou funcionário que actuou e pode ser suscitada pelo recurso hierárquico apresentado pelo particular.

Mas não se pense que os tribunais estão completamente afastados do controlo do mérito. Apenas não controlam a correcção da oportunidade e valia da decisão administrativa. Mas podem censurar as respectivas consequências. Nada impede que os tribunais possam arbitrar ao particular lesado uma indemnização a título de responsabilidade civil da Administração se esta, precisamente por desobedecer e regras de mérito, provocou danos ao particular.

O n.º 1 do art. 9 da referida Lei n.º 67/2007, patrocina-se este entendimento pois que a violação de *regras de ordem técnica ou deveres objectivos de cuidado* no âmbito dos serviços públicos constitui presunção de *ilicitude* para efeitos de responsabilidade civil da Administração.

b) O princípio da desburocratização

Este princípio é um corolário do anterior, sendo por isso que no CPA figura tratado no mesmo art. 10. Reporta-se ao desenvolvimento do procedimento, evitando dilações e burocracias excessivas capazes de prejudicar gravemente a posição dos particulares, arredando tudo quanto seja impertinente ou supérfluo para a decisão final. Analisa-se assim num dever de *celeridade* procedimental expressamente consagrado pelo art. 57 do CPA.

Não se trata de um dever absoluto pois que a *celeridade* não pode arredar as exigências garantísticas próprias do procedimento administrativo. Reporta-se a tudo quanto for *impertinente ou dilatório,* em matéria probatória, p. ex, ou a uma injustificada demora, e nada mais.

---

[53] *Ibidem*, p. 39.

A tutela da violação deste dever pode fazer-se através da acção de indemnização a título de responsabilidade civil extracontratual da Administração por facto ilícito. Deve assim admitir-se que também a Administração está sujeita ao dever de decidir *em prazo razoável,* tal como agora os tribunais, sob pena de incorrer em responsabilidade civil.

c) O princípio da gratuitidade

Não se trata de um princípio geral de direito *natural* mas sim de um princípio geral de direito positivo, correspondendo a uma, aliás louvável, opção *facultativa* do legislador ordinário feita no art. 11 do CPA. O procedimento administrativo é *gratuito, salvo na parte em que leis especiais impuserem o pagamento de taxas ou de despesas efectuadas pela Administração.*

Com este princípio facilita-se não apenas a iniciativa procedimental do particular mas também o acesso aos meios de garantia administrativa

No n.º 2 do mesmo art. 11 estipula-se, dentro da mesma ordem de ideias, que a Administração tem o dever jurídico de isentar o interessado *do pagamento de taxas ou das despesas* referidas, ocorrendo *comprovada insuficiência económica, demonstrada nos termos da lei sobre o apoio judiciário.*[54]

d) O princípio da unicidade das Forças Armadas e das Forças de Segurança

Consta este princípio, pelo que toca às Forças Armadas, do n.º 2 do art. 275 da CRP, nos termos do qual a organização respectiva é *única para todo o território nacional.* Pelo que toca às Forças de Segurança, [55]idêntico princípio consta do n.º 4 do art. 272 da CRP, muito embora e ao invés das primeiras, aí se admitam vários géneros de Forças de Segurança, se bem que cada um com organização unitária para todo território nacional.

A explicação é simples; a responsabilidade política pelo funcionamento daquelas Forças fica assim clarificada perante quem de direito e

---

[54] Concretiza este dever o Decreto-Lei n.º 387-B/ 87, de 29/12.

[55] Que incluem agora também a Guarda Prisional, nos termos do Decreto-Lei n.º 391-C/2007, de 24/12.

712   *Em Homenagem ao Professor Doutor Diogo Freitas do Amaral*

perante os eleitores. Assim se evitam as «guardas pretorianas» e se clarifica a responsabilidade política da Administração no exercício de tão importantes funções.

7. Os princípios gerais de direito no âmbito dos contratos administrativos

Os princípios gerais de direito têm uma relevância especial no âmbito dos contratos administrativos, de acordo com os n.º 6 do art. 5 e com o n.º 3 do art. 280 do novo Código dos Contratos Públicos (CCP), no primeiro caso mesmo que o respectivo procedimento de formação não esteja obrigatoriamente disciplinado pela Parte II deste diploma. Com efeito, no CCP remete-se especialmente para *os princípios gerais da actividade administrativa* na disciplina dos contratos, quer estes fiquem ou não sujeitos ao regime do CCP pelo que toca ao seu procedimento de formação. Isto significa que o legislador considerou que a ordem jurídica decorrente dos princípios gerais é suficientemente clara e precisa para poder disciplinar os contratos em causa. É por esta razão que a aplicação dos princípios gerais não é subsidiária da de qualquer outra norma; é directa, nos termos dos referidos artigos do CCP.

Alguns dos princípios a referir agora são simples consequência dos princípios gerais já identificados mas outros são específicos dos contratos administrativos. E mesmo alguns dos primeiros apresentam especificidades neste âmbito como é o caso da igualdade. Daí que só agora se lhes faça referência, de forma necessariamente abreviada. Constam da Parte III do CCP.

Os princípios gerais relevam na formação (art. 278 e ss.) e na execução (art. 286 e ss) dos contratos administrativos. Pelo que toca à formação dos contratos, relevam o princípio da *autonomia pública*, pelo que toca à competência para a respectiva celebração, o da *legalidade contratual,* pelo que toca à disciplina jurídica aplicável, o princípio da *transparência* na respectiva formação, o da *concorrência* e o da *publicidade.* Pelo que toca à execução dos contratos administrativos, relevam o princípio da *estabilidade* da coisa contratada, o da sua *modificabilidade* e até *resolução* por razões *de interesse público* ou por outras razões, o da *reposição do equilíbrio financeiro* do contrato, na base da partilha do risco entre as partes, o da *fiscalização* e *direcção da execução* do contrato pela Administração, o da *equivalência das prestações* e o da *responsabi-*

lidade civil da Administração. Independentemente destes princípios específicos dos contratos, relevam também aqui os referidos princípios gerais de direito administrativo do CPA, designadamente a *proporcionalidade,* na medida em que deles decorrem óbvias consequências na formação e execução dos contratos.[56]

Pelas referidas razões editoriais ligadas a esta homenagem, não podemos prosseguir no tratamento dos princípios gerais no âmbito dos contratos administrativos. Apenas diremos que a respectiva disciplina se orienta no CCP por uma mais cuidada ideia geral de paridade entre a Administração e os particulares, ao leme da dogmática própria da *relação jurídica administrativa.*

8. Os princípios gerais no contencioso administrativo

No direito português constam estes princípios da CRP (n.º 4 do art. 268), do Código do Processo nos Tribunais Administrativos (CPTA), e do art. 12 do CPA; é o princípio do *acesso à justiça.* É por ele que vamos começar. Apenas são possíveis referências muito sumárias.

A consagração deste princípio geral no CPA deve ser hoje interpretada em conjugação com os princípios gerais do contencioso administrativo constantes do CPTA. Propõe-se, portanto, uma interpretação actualista. Assim sendo, o significado respectivo reporta-se ao imediato acesso aos tribunais administrativos ou seja, à *justiça,* sem necessidade da prévia interposição de qualquer recurso administrativo. Este deixou de ser condição do acesso aos tribunais administrativos. Condiz esta interpretação perfeitamente com o conteúdo dos próprios termos legais daquele acesso que é a *fiscalização contenciosa dos actos da Administração.*

Deste modo se coaduna na perfeição o conteúdo deste princípio geral com as disposições do CPTA que possibilitam imediata impugnação contenciosa de actos durante o procedimento administrativo, desde que lesivos por terem eficácia externa, desde logo o n.º 1 do art. 51. A noção processual de acto administrativo impugnável, sobre a qual

---

[56] J. ANDRADE DA SILVA, Código dos Contratos Públicos Comentado e Anotado, 2ª ed., Coimbra, 2009, p. 619 e ss. Tb. MARIA JOÃO ESTORNINHO, Direito Europeu dos Contratos Públicos um Olhar Português, Coimbra, 2006, p. 354 e ss., M. REBELO DE SOUSA, Concurso Público na Formação do Contrato Administrativo, Lisboa, 1994 e CLÁUDIA VIANA, Os Princípios Comunitários da Contratação Pública, Coimbra, 2007.

714 *Em Homenagem ao Professor Doutor Diogo Freitas do Amaral*

não podemos aqui abundar, deve ser encarada na perspectiva do mais alargado acesso à justiça.

Os outros princípios gerais do contencioso administrativo constam da CRP e do CPTA. São eles o da *tutela jurisdicional efectiva,* da jurisdição plena dos tribunais administrativos, da equiparação da tutela dos direitos à dos *interesses legalmente protegidos,* dos amplos poderes de pronúncia dos tribunais, da livre cumulação dos pedidos, entre outros magistralmente identificados por D. FREITAS DO AMARAL e M. AROSO DE ALMEIDA, para quem com a devida vénia remetemos.[57]

No âmbito do contencioso administrativo, os princípios referidos são consequência dos princípios gerais de direito. Não têm alcance meramente sistematizador. O mais importante deles é seguramente o referido princípio constitucional (e legislativo) da *tutela jurisdicional efectiva* do qual os outros são corolários. Apoio para esta visão das coisas retira--se do próprio n.º 4 do art. 268 da CRP que considera que aquele princípio geral inclui outros princípios mais específicos, *nomeadamente, o reconhecimento* dos direitos ou interesses legalmente protegidos, *a impugnação de quaisquer actos administrativos que os lesem, independentemente da sua forma, a determinação da prática de actos administrativos legalmente devidos e a adopção de medidas cautelares adequadas.*

9. O alcance dos princípios gerais como fonte do direito administrativo

Os princípios gerais de direito administrativo servem uma dupla função; legitimam e justificam a ordem jurídica e permitem a sua sistematização interna e externa, possibilitando a melhor compreensão do material jurídico positivo. Por sua vez, a legitimação e justificação da ordem jurídica não e apenas abstracta, efectivando-se através de uma cuidadosa aplicação daqueles princípios gerais. É este o respectivo alcance, duplo, como se vê.

Sendo assim, devem os órgãos encarregados da construção da ordem jurídica, legislador à cabeça, mas também Administração e tribunais, fazer todos os esforços possíveis para a respectiva vivificação, na certeza de que

---

[57] As Grandes Linhas da Reforma do Contencioso Administrativo, 3ª ed., Coimbra, 2004, p. 53 e ss.

quanto mais bem sucedidos forem mais valiosa será a ordem jurídica. Daqui se retira a aplicação directa dos princípios gerais de direito.

Isto mesmo fica claro do referido n.º 3 do art. 280 do CCP, ao dizer-nos que a *aplicação dos princípios gerais de direito administrativo* vai a par das normas *do presente Código* e da *lei especial*, subsidiários sendo apenas *as restantes normas de direito administrativo e, na falta destas, o direito civil*. Os princípios gerais aplicam-se directamente e com preferência até às normas de direito administrativo alheias ao CCP.

Se bem que o referido n.º 3 do art. 280 seja aplicável apenas à disciplina dos contratos públicos, cremos que a norma em causa pode ser generalizada às outras regiões do direito administrativo pelo que à aplicação directa dos princípios gerais diz respeito. Apoio para esta posição e com alcance mais geral retira-se também do n.º 5 do CPA que manda aplicar os princípios gerais da actividade administrativa que prevê a *toda e qualquer actuação da Administração Pública,* sem qualquer referência a uma sua pretensa subsidiariedade.

Sintoma da relevância directa dos princípios em causa é ainda o facto de deverem servir de critério da e na interpretação da lei e de outras normas pela Administração. Mais um sintoma do respectivo alcance directo como fontes de direito. A interpretação «conforme aos princípios» é o penhor deste alcance.

Na interpretação normativa a fazer deve a Administração, por um lado, fazer relevar o princípio geral para melhor aplicar a lei na conformidade daquele e, por outro, não ficar refém da visão, porventura escassa ou até distorcida, que do alcance do princípio o legislador teve, procurando uma solução não oposta mas ponderada da norma à luz do princípio relevante. Fazer pela interpretação da norma aquilo que o respectivo autor não fez dando-lhe um alcance mais próximo do princípio geral, a bem da valia do material positivo. Apenas se a letra da lei contrariar liminarmente tal possibilidade interpretativa é que a Administração fica remetida a uma posição de servil obediência, limitando-se à seca aplicação da lei.

A consagração dos princípios gerais de direito *natural* tem mera natureza declarativa de uma realidade que a transcende e não dela constitutiva. Se é esta a ontologia daqueles princípios, cabe à Administração um papel fundamental na respectiva aplicação dando-lhes a merecida e indispensável relevância. Na aplicação do direito, deve a Administração atender ao mesmo tempo à lei que a vincula e ao princípio que a ilumina. A aplicação dos princípios não é, portanto, subsidiária da lei; é directa, como se viu.

Além de directamente aplicáveis podem os princípios gerais de direito administrativo ser aplicados de modo independente. Basta que a norma não exista. A densidade normativa dos princípios é suficiente para proporcionar a sua aplicação independente. Os princípios gerais não servem apenas para colmatar lacunas intra-legais mas também para colmatar lacunas legais.

À partida, a aplicação dos princípios gerais deve fazer-se sempre em conjugação com a norma aplicável ou, na falta desta, com o material positivo disponível. Os princípios gerais são directamente aplicáveis mas não sozinhos. Permitem assim melhorar a aplicação da lei e preencher lacunas intra-legais.

Mas não está excluído que possam e devam ser aplicados de modo independente, se a lei não existir ou se do material disponível não se retirar um critério de decisão suficiente e preciso. É, aliás, isto mesmo o que se conclui do referido n.º 3 do art. 280 do CCP, e em termos que são generalizáveis, ao dizer-nos que a aplicação do direito subsidiário só tem lugar se o assunto a tratar *não for suficientemente disciplinado por aplicação dos princípios gerais de direito administrativo,* para além de, como não podia deixar de ser, pelas normas do CCP e pelas constantes de lei especial. Ora. Daqui se retira *a contrario* que dos princípios gerais podem constar critérios de decisão suficientes para o caso concreto, possibilitando a respectiva aplicação independente, muito embora, convenhamos, não seja este o caso normal.

10. Conclusões

Os princípios gerais de direito administrativo constituem uma fonte autónoma não voluntária do direito administrativo indispensável para legitimar as soluções positivas melhorando através da respectiva aplicação a qualidade axiológica das normas e preenchendo lacunas legais e intra-legais.

Comunicam directamente com valores pelo que a respectiva consagração tem sempre natureza declarativa.

Os princípios gerais decompõem-se em numeroso corolários, que por vezes se sobrepõem na respectiva aplicação ao caso concreto. O trabalho de aplicação remete assim para uma cuidadosa ponderação do peso normativo específico de cada princípio à luz do caso concreto.

Dos princípios de *direito natural,* distinguem-se os de *direito positivo,* meras induções do material positivo com funções sistematizadoras da ordem jurídica.

A ordem jurídica portuguesa consagra amplamente os princípios gerais de direito administrativo no CPA e no CCP, atribuindo-lhes um papel decisivo, directo e até independente, como fontes do direito administrativo. A jurisprudência tem feito eco desta orientação.

Lisboa, Setembro 2009

REVISITANDO O ESTADO DE NECESSIDADE

José Manuel Sérvulo Correia

> **Sumário:** 1. O princípio geral de direito. 2. O regime. 3. Os pressupostos. 4. Os parâmetros de actuação. 5. Os limites. 6. O controlo. 7. O conceito.

§ 1. O princípio geral de direito

1. O instituto da *necessidade administrativa* não é daqueles que dão lugar a uma jurisprudência abundante: o mais recente acórdão do Supremo Tribunal Administrativo referido pelo descritor "estado de necessidade" na respectiva base de dados informática data já de 2004. E esse aresto pouco discorre sobre a figura, visto que, no caso, ela nem sequer era invocada e se evidenciava liminarmente a sua não configuração. Interessa, apesar de tudo, esse acórdão, por definir *estado de necessidade*: "*actuação sob o domínio de um perigo iminente e actual para cuja produção não haja concorrido a vontade do agente*". Sobre a escassa presença da figura na nossa jurisprudência, parece sintomática a circunstância de, para reportar a definição à sua produção jurisprudencial, o STA ter ido buscar um outro aresto proferido cinco anos antes[1].

2. É de todos os tempos, e ultrapassa em muito o âmbito daquilo a que hoje chamamos Direito Administrativo, o reconhecimento de que as disciplinas estabelecidas pelo legislador a pensar em situações típicas

---

[1] *Acórdão do STA, 1.ª S., de 4.03.2004, Proc. 01353/03; Acórdão do STA, 1.ª Secção, de 11.02.1999, Rec. 36.231.*

têm de poder ser validamente afastadas, de modo pontual, perante circunstâncias inopinadas e passageiras que tornam as regras estabelecidas materialmente inaplicáveis ou de execução contraproducente. É esse o imperativo expresso no milenar aforismo *salus populi suprema lex est*.

Como tantos outros, o *estado de necessidade* é um princípio geral de direito prévio à formulação legislativa. Assim, por exemplo, no Direito Administrativo brasileiro – em tantos pontos semelhante ao nosso –, apesar de não existir uma norma escrita enunciando com âmbito geral o princípio do estado de necessidade, a consolidação deste faz-se através de uma construção jurisprudencial que o extrai, dedutivamente, de outros princípios gerais de direito e, indutivamente, de institutos ou preceitos avulsos[2].

Ao longo dos séculos, a doutrina foi detectando o *estado de necessidade* como *princípio*, que se manifesta enquanto incorporado numa prática que ele, ao mesmo tempo, explica através da evidenciação do significado normativo de certos elementos dessa realidade factual[3]. Desse modo, a realidade social surge impregnada pelo imperativo de preservar a licitude de condutas que, à partida, seriam desconformes com as directrizes deônticas provenientes do sistema jurídico. Assim sucede quando, por força de circunstâncias casuísticas, a observância das regras estatuídas provocaria um mal muito maior do que aquele gerado por (ou consistindo em) comportamentos abnormes. Como figura que transcende em muito o campo do Direito Administrativo, o estado de necessidade dá corpo ao artigo 339.º do Código Civil. Trata-se aí da permissão de destruir ou danificar coisa alheia quando com isso se remova o perigo actual de um dano manifestamente superior, quer do agente, quer de terceiro[4].

---

[2] Entre os preceitos avulsos nos quais se considera aflorar a ideia normativa do estado de necessidade, contam-se aqueles que permitem a contratação de advogados sem licitação pela Administração Pública e a contratação por tempo determinado para atender necessidades temporárias de excepcional interesse público. Cfr. Gomes Miranda, Juliana, *Indícios De Uma Teoria Da Excepcionalidade Administrativa: A Juridicização Do Estado De Necessidade*, pp. 50, 51, 158. Trata-se de uma obra no prelo. As citações aqui feitas reportam-se à versão copiografada da dissertação de mestrado sustentada em provas na Faculdade de Direito da Universidade de Lisboa.

[3] Cfr. Coleman, Jules, *The Practice Of Principle: In Defence Of A Pragmatist Approach To Legal Theory*, Oxford: University Press, 2003, pp. 6 e 8.

[4] Cfr. Freitas do Amaral/Maria da Glória Garcia, *O Estado De Necessidade E A Urgência Em Direito Administrativo*, in: Revista da Ordem dos Advogados, 1999, Abril, pp. 457 e 458.

No Direito Administrativo, a lesão directa não recai sobre coisa alheia, mas sobre o interesse público de que a Administração observe as regras estabelecidas. Da conduta administrativa desconforme, resultarão, eventualmente, também, prejuízos em esferas morais ou patrimoniais individualizadas. Mas é fácil surpreender um desígnio comum entre o artigo 339.º do Código Civil e o artigo 3.º, n.º 2, do Código do Procedimento Administrativo (CPA): o de validar comportamentos que se desviam das normas em princípio aplicáveis para com isso evitar males manifestamente superiores àqueles em que consiste o formal incumprimento e aos que, eventualmente, forem causados por tal incumprimento.

A comum orientação teleológica dos artigos 339.º do Código Civil e 3.º, n.º 2, do CPA articula-se com um traço manifesto do Direito da pós--modernidade: o das crescentes limitações – postas pela complexidade das estruturas e das relações sociais – ao papel da lei formal como modelo dos comportamentos devidos ou proibidos. Em particular no âmbito do Direito Administrativo, este circunstancialismo motiva o legislador a, cada vez com maior frequência, conferir às normas o papel menos ambicioso de mera legitimação competencial e de simples enunciação de directrizes finalísticas, em vez do de fonte directa dos parâmetros substantivos de qualificação e de conformação das relações administrativas. A par de outros fenómenos e metodologias, o *estado de necessidade* reflecte os limites de possibilidade (e, por vezes, de desejabilidade) da capacidade de omniprevisão e omniestatuição do legislador contemporâneo e o imperativo de compensar esse "enfraquecimento" da lei graças a outras soluções jurídicas capazes de corresponder aos requisitos do Estado de Direito[5].

3. Todos os sistemas jurídicos compreendem necessariamente normas estruturadas como princípios (e, portanto, não como regras). No tempo presente (sobretudo a partir do momento em que muitas Constituições assumiram um tecido material com peso equivalente ou superior ao das suas passagens organizatórias), a tendência é para a incorporação desses princípios no Direito escrito[6]. A positivação não faz com que o princípio deixe de o ser, mas raramente o acolhe na sua dimensão plena.

---

[5] Cfr. SÉRVULO CORREIA, *A Jurisprudência Constitucional Portuguesa e o Direito Administrativo*, in: Tribunal Constitucional, *XXV Anos de Jurisprudência Constitucional Portuguesa*, Coimbra: Coimbra Editora, 2009, p. 132.

[6] Cfr. ALEXY, Robert, *The Argument From Injustice: A Reply To Legal Positivism*, Oxford: Clarendon Press, 2002, pp. 68-74.

722 *Em Homenagem ao Professor Doutor Diogo Freitas do Amaral*

A positivação do princípio do estado de necessidade administrativa dotada de maior abrangência faz-se, hoje, no n.º 2 do artigo 3.º do CPA. Este preceito possui um alcance mais vasto do que a formulação que se podia encontrar anteriormente no campo do Direito Administrativo geral: a do artigo 9.º, n.º 2, do Decreto-Lei n.º 48.051, de 21.11.1967[7]. Sendo certo que, subjacente, estava em causa a actuação administrativa em estado de necessidade, o preceito visava apenas a indemnizabilidade dos danos causados a particulares. Implicitamente, resultava que se tratava de conduta lícita, mas a definição dos pressupostos incorria em tautologia (o implícito estado de necessidade consistia em sacrifício justificado pelo "caso de necessidade"). Por outro lado, a norma focava apenas os danos causados a particulares, mas não a preterição de regras jurídico-administrativas, da qual tais danos constituiriam o reflexo. Em consequência de tudo isto, só muito implicitamente se poderia encontrar no preceito uma habilitação de comportamento administrativo desconforme. E, no entanto, à falta de melhor, era ele, no Direito Administrativo escrito, a base mais evidente para uma teoria do estado de necessidade administrativa[8].

A formulação do n.º 2 do artigo 3.º do CPA aproxima-se mais do conteúdo e do âmbito do estado de necessidade enquanto princípio geral de direito administrativo. A essência da figura desloca-se do ocasionamento de danos a particulares (uma consequência eventual) para o aspecto central da preterição, sem efeito invalidante, de normas em princípio aplicáveis. O âmbito não é agora apenas o da responsabilidade administrativa, mas antes o da preterição de qualquer regra estabelecida no CPA. Trata-se de um espectro de matérias muito mais vasto, dado que, para além do regime do procedimento, ficam abrangidos os princípios gerais,

---

[7] O texto do n.º 2 do artigo 9.º do Decreto-Lei n.º 48.051 era o seguinte: «Quando o Estado ou as demais pessoas colectivas públicas tenham, em caso de necessidade e por motivo de imperioso interesse público, de sacrificar especialmente, no todo ou em parte, coisa ou direito de terceiro, deverão indemnizá-lo».

[8] MARCELLO CAETANO reconhece esse papel ao artigo 9.º, n.º 2, do Decreto-Lei n.º 48.051, embora sem deixar de sublinhar que se trata de uma intersecção entre as teorias do estado de necessidade administrativa e da responsabilidade administrativa por actos lícitos. Cfr. *Manual de Direito Administrativo*, II, Coimbra: Almedina, reimpr. de 1980, pp. 1305-1309. Por seu turno, observam FREITAS DO AMARAL/MARIA DA GLÓRIA GARCIA que, ao paralelizar a obrigação de indemnizar por actos danosos praticados em estado de necessidade com a obrigação de indemnizar por actos lícitos legalmente previstos, o legislador reconhecia a possibilidade de a Administração agir desvinculada de uma estrita obediência à lei. Cfr. *O Estado De Necessidade* ..., cit., p. 462.

o regime dos órgãos e os do regulamento, acto e contrato administrativo. E não apenas estes, visto que o estado de necessidade surge, correctamente, na sistemática do CPA, como uma vertente do princípio da legalidade, aplicando-se portanto, nos termos do artigo 2.º, n.º 5, "a toda e qualquer actuação da Administração Pública ...".

4. O estado de necessidade é, pois, um princípio geral de direito administrativo, como vertente, ou subprincípio, do princípio da legalidade administrativa.

Esta ligação umbilical à legalidade administrativa não resulta apenas da inserção do preceito sobre o estado de necessidade no artigo dedicado pelo CPA àquele princípio fundamental. O ponto é que, por força da permissão normativa (escrita ou ínsita no sistema), a actuação em estado de necessidade não implica a rejeição da legalidade, mas sim, como escreve ANDRÉ GONÇALVES PEREIRA, a adopção de uma *legalidade excepcional*[9]. Verificados os pressupostos, passam a competência, ou o procedimento, ou a forma ou o conteúdo da conduta administrativa ou, simultaneamente, alguns destes elementos, a ser disciplinados pelo regime jurídico do estado de necessidade, em vez de pelo regime geral, como meio necessário à salvaguarda de interesses essenciais tutelados pelo Direito. O princípio do estado de necessidade faz, como os restantes princípios gerais de direito administrativo, parte do *bloco de juridicidade*. Desempenhando um efeito de habilitação de conduta, o princípio valida as condutas permitidas que, nessa medida, não são ilegais. Não faria sentido a afirmação de que, através do estado de necessidade, o sistema jurídico permitiria a prática de um acto ilegal, ou seja, uma excepção à legalidade. Aquilo que normas jurídicas válidas permitam é automaticamente válido também. Agindo enquadrado na hierarquia de fontes, o legislador está para a validade dos comportamentos que permite (e para a invalidade daqueles que proíbe) como o Rei Midas para o ouro: o seu toque, traduzido na incidência da norma sobre a situação concreta, exerce o efeito validante (ou invalidante).

5. À primeira vista, poderia gerar-se a dúvida sobre a qualificação do estado de necessidade como princípio ou como regra jurídica. Dir-se-ia, a favor desta segunda qualificação, que, verificados os pressupostos,

---

[9] Cfr. *Erro e Ilegalidade do Acto Administrativo*, Lisboa: Ática, 1962, p. 75.

724 Em Homenagem ao Professor Doutor Diogo Freitas do Amaral

não haveria lugar para um comando de optimização, mas para um comando definitivo traduzido no efeito de inaplicação do regime geral.

Não é, no entanto, assim. O que caracteriza o princípio enquanto norma é a exigência de que um valor ou interesse seja realizado na mais extensa medida possível à luz das possibilidades jurídicas e fácticas. Dado que os princípios são comandos de optimização, podem variar os respectivos graus de aplicação, ao passo que as regras ou são cumpridas ou não. E, havendo concorrência ou colisão de princípios, os quais têm em geral o mesmo estatuto em abstracto, há que verificar qual o peso que cada um assume à luz das circunstâncias do caso concreto, estabelecer em função disso qual terá precedência e qual a medida em que o outro possa eventualmente ter alguma aplicação graças a uma relativa cedência do princípio prevalecente[10].

Às operações de ponderação (*balancing*, em inglês; *Abwägung*, em alemão) podem ser convocados mais de dois princípios de cada vez. E alguns destes, em vez de substantivos ou materiais, poderão ser formais ou instrumentais, por servirem de *standards* à ponderação entre os restantes. É, por exemplo, o caso daquele princípio que nos diz que se não deve pôr de lado sem boas razões uma praxis consolidada de exercício de um poder discricionário[11]. Os princípios são formais quando não têm um conteúdo substantivo para regulação final das situações concretas, consistindo o seu papel na determinação do modo como o respectivo conteúdo haverá de ser determinado[12]. Ora, parece-nos ser esse o caso do princípio do estado de necessidade. Ele não aponta directamente a solução a contrapor à que é ditada pela norma preterida. A sua função consiste antes em estabelecer um padrão normativo oposto ao da prevalência absoluta da preferência de lei e em apontar os pressupostos de uma ocasional inaplicação.

Alguns de tais pressupostos estabelecem, por seu turno, a moldura para uma operação de ponderação: quando se diz que, para evitar a produção de um mal maior, o agente terá de sacrificar um outro valor jurídico[13], pressupõe-se uma comparação do peso, à luz das circunstâncias do caso concreto, do interesse público tutelado pelo Direito e submetido a

---

[10] Cfr. ALEXY, Robert, *A Theory Of Constitutional Rights*, Oxford: University Press, 2002, pp. 47-56.

[11] *Idem*, p. 58.

[12] *Idem*, p. 416.

[13] Cfr. MARCELLO CAETANO, *Manual de Direito Administrativo*, II, cit., p. 1306.

um perigo iminente e actual que a aplicação da norma ordinária não arreda e, até, eventualmente, agrava, por um lado, e dos interesses de segurança e certeza jurídica e de efectividade do *indirizzo* democrático respaldados pela preferência de lei, além dos interesses específicos eventualmente servidos pela norma a preterir, por outro lado.

Como princípio formal ou instrumental, o estado de necessidade concentra em si, em cada ponderação feita à luz de um caso concreto, o peso dos interesses que serve, o qual se contrapõe ao peso próprio e instrumental de outros interesses opostos aos primeiros, concentrados na moldura oferecida pelo princípio da preferência de lei.

6. Enquanto princípio geral de direito administrativo, o estado de necessidade constitui um ponto em que se cruzam *coordenadas sistémicas* conducentes a outros institutos ou segmentos de regime cruciais para a consistência do Direito Administrativo geral, nos planos organizatório, da responsabilidade administrativa e da execução dos actos, dos contratos e das sentenças administrativas. Não queremos com isto excluir que possam existir ainda outros, mas os referidos chegam para mostrar desde logo que o Direito Administrativo geral tende a ser conformado por uma ideia de limitação da rigidez gerada pela preferência de lei e é sensível à imprescindibilidade de fórmulas de flexibilização, conciliadoras entre a generalidade e abstracção dos comandos jurídicos e a ajustabilidade destes perante situações em que a sua observância se torna nociva à colectividade.

Fazemos seguidamente referência às principais intersecções entre a ideia normativa de estado de necessidade e outros planos do Direito Administrativo Geral.

a) No plano do *Direito Administrativo organizatório*, sobressai a solução configurada no artigo 68.º, n.º 3, da Lei n.º 169/99, de 18 de Setembro, sobre competências e regime jurídicos dos órgãos dos municípios e das freguesias (LAL). Nos seus termos, "Sempre que o exijam circunstâncias excepcionais e urgentes e não seja possível reunir extraordinariamente a câmara, o presidente pode praticar quaisquer actos da competência desta ...". Trata-se, pois, da permissão da preterição de quaisquer *normas sobre competências* da câmara municipal a fim de poder responder, com urgência não compatível com a convocação extraordinária, a ameaças, suscitadas por circunstâncias excepcionais, a quaisquer interesses públicos a cuja realização se destinam os poderes do

Em Homenagem ao Professor Doutor Diogo Freitas do Amaral

órgãos colegial. O estado de necessidade constitui a fonte de um poder de substituição pontual e de brevissíma duração[14].

b) Ao contrário do que sucedia com o Decreto-lei n.º 48.051, de 21.11.1967, o actual Regime de Responsabilidade Civil Extracontratual do Estado e Demais Entidades Públicas (RRCEE), aprovado pela Lei n.º 67/2007, de 31 de Dezembro, já não arvora autonomamente o dano causado pelo exercício de *poderes de necessidade*[15] em fonte específica de *responsabilidade administrativa*. A ausência de uma referência expressa justifica-se. Em primeiro lugar, não é um diploma sobre o regime da responsabilidade administrativa o assento próprio, em termos sistemáticos, para habilitar em geral a Administração a preterir, em estado de necessidade, os comandos legais normalmente aplicáveis. Em segundo lugar, nem sempre tal actuação causa danos a particulares. E, em terceiro lugar, o estado de necessidade é apenas um contexto entre outros para indemnização pelo sacrifício causado por acto lícito. A licitude do exercício de poderes de necessidade tem por fonte um princípio geral que se positiva no CPA. O interesse do artigo 16.º do RRCEE para a estruturação do estado de necessidade enquanto instituto do Direito Administrativo é o de deixar claro que os danos decorrentes para particulares do exercício de poderes de necessidade são indemnizáveis. A qualificação, no mesmo artigo, dos danos indemnizáveis como *especiais e anormais* coaduna-se perfeitamente com a essência da necessidade administrativa, porque esta é um meio de resposta a situações anormais e, traduzindo-se na inaplicação casuística da norma geral, quando gerar danos, não poderão estes deixar de ser especiais[16].

c) O CPA não enuncia um regime autónomo dos *actos e operações materiais* da Administração enquanto categoria típica de conduta administrativa que, na realidade, são. Compreende-se por isso que seja no

---

[14] Cfr. PAULO OTERO, *O Poder De Substituição Em Direito Administrativo – Enquadramento Dogmático – Constitucional*, II, Lisboa: Lex, 1995, p. 392-399.

[15] A expressão, feliz pelo seu sintetismo, é de JULIANA MIRANDA; *ob. cit.*, p. 7, entre outras.

[16] Sobre a aplicação aos danos causados em estado de necessidade do artigo 16.º do RRCEE sobre a indemnização pelo sacrifício, cfr. CARLOS CADILHA, *Regime da Responsabilidade Civil Extracontratual do Estado e Demais Entidades Públicas, Anotado*, Coimbra: Coimbra Editora, 2008, pp. 305 s.

âmbito de um preceito dedicado à execução dos actos administrativos – o artigo 151.º – que, no respectivo n.º 1, se situe uma proibição geral da prática de actos ou operações materiais, de que resulte limitação de direitos subjectivos ou interesses legalmente protegidos, sem a moldura prévia de um acto administrativo. E entende-se igualmente que se abra uma excepção a tal proibição para o caso de estado de necessidade.

Existe um certo paralelismo entre a estatuição do artigo 3.º, n.º 2, e a do artigo 151.º, n.º 1, do CPA, se bem que o primeiro regule a prática de actos administrativos e o segundo a de operações materiais. Na verdade, ambos libertam a conduta administrativa de um vínculo que, em princípio, a emolduraria: o acto administrativo praticado em estado de necessidade não depende de norma ou normas jurídicas que de outro modo se aplicariam; a operação material restritiva justificada pelo estado de necessidade poderá encontrar em si mesma os fundamentos da sua validade, visto que não terá de os haurir em acto administrativo antecedente. Em rigor, não estamos, porém, perante normas integralmente paralelas: esgotado o efeito próprio do artigo 151.º, n.º 1, que é o de dispensar a sequência procedimental entre acto administrativo habilitante e operação material, poderá o teor desta última ter de, ao abrigo da permissão do artigo 3.º, n.º 2, divergir de uma configuração normativa de aspectos materiais da operação por força da anormalidade da situação. Teremos, então, uma aplicação sucessiva ou em cascata do princípio do estado de necessidade[17].

d) Não é usual considerar sob a perspectiva da necessidade administrativa os poderes do contraente público de *modificação unilateral de cláusulas do contrato administrativo* por razões de interesse público decorrentes de necessidades novas ou de uma nova ponderação das circunstâncias existentes (*Código dos Contratos Públicos* – CCP –, artigos 302.º, c), e 312.º, b)). E o mesmo se diga quanto ao paralelo *poder de resolução*

---

[17] Esteves de Oliveira/Pedro Gonçalves/Pacheco De Amorim observam, por seu turno, que, mesmo sem a possibilidade de organização de um procedimento, a prática de um acto administrativo antecedendo a operação material não se deverá considerar dispensada desde que ele possa ser emitido ao abrigo do regime próprio do estado de necessidade. Cfr. *Código do Procedimento Administrativo*, 2.ª ed., Coimbra: Almedina, 1997, p. 721. Ver, também, Carla Amado Gomes, *Contributo Para O Estudo Das Operações Materiais Da Administração Pública E Do Seu Controlo Jurisdicional*, Coimbra: Coimbra Editora, 1999, pp. 188-193.

728 Em Homenagem ao Professor Doutor Diogo Freitas do Amaral

do contrato por razões fundamentadas de interesse público (CCP, artigos 302.º, e), e 334.º, n.º 1)). Na verdade, porém, pelo menos naqueles casos em que divirjam, quanto à modificação ou à resolução, o interesse público de que é portadora a entidade administrativa contraente e os interesses do co-contratante e, ou, de terceiros em cujas situações se repercuta a execução do contrato, não parecerá totalmente descabida a análise da decisão de modificação ou resolução com o contributo da teoria geral do estado de necessidade. O exercício destes poderes envolve a preterição da velha máxima *pacta sunt servanda*, reproduzida em termos adaptados no artigo 286.º do CCP. E, porque vinculativas também para o contratente público, as cláusulas do contrato administrativo surgem englobadas no "bloco de juridicidade"[18]. O motor e a justificação da decisão terão de residir na superioridade do peso do específico interesse público incompatível com a continuidade do contrato (ou a sua continuidade no molde originário) em face do peso dos interesses na estabilidade do pactuado, também eles dotados de tutela jurídica. Dir-se-á haver aqui uma diferença básica em relação ao estado de necessidade porque, em vez de normas de habilitação em um tal quadro, os artigos 302.º, c) e e), 312.º, b), e 334.º, n.º 1, do CCP são, quando muito, normas excepcionais em face do dever de cumprir o contrato, sublinhado pelo artigo 286.º. Mas trata-se, no mínimo, de situações próximas, visto que, para poder prevalecer sobre o dever de cumprir (ou seja, de executar o contrato tal como estatuído), o interesse público subjacente à decisão de modificação ou de resolução não poderá ser um qualquer, mas terá de surgir nimbado da *essencialidade* requerida para que se confirme a necessidade de preterir aquilo que foi pactuado. E a situação em que se perfila o interesse público servido pelo *ius variandi* terá de se revestir também de *anormalidade*: a legítima expectativa do co-contratante e dos terceiros beneficiados pela execução do contrato é a de que este se mantenha estável até ao termo final pactuado. A decisão unilateral de o modificar ou extinguir prematuramente não poderá, por isso, ser algo com que se conte desde o início em cada contrato concreto. Só a verificação de circunstâncias que não sejam as comuns ao longo da execução daquele tipo de contrato administrativo constituirá pressuposto admissível.

No regime geral do estado de necessidade, a exigência de *boa fé* significa a irrelevância do perigo iminente e actual quando este seja

---

[18] Cfr. FREITAS DO AMARAL (c. Colaboração de LINO TORGAL), *Curso de Direito Administrativo*, II, Coimbra: Almedina, 2001, p. 48.

Revisitando o Estado de Necessidade

imputável à Administração. Trata-se de um limite compreensível dos poderes em causa do contraente público. É certo que este contraente pode estar na origem de uma nova visão da essencialidade do interesse público relevante para efeito da modificação ou resolução: basta pensar nas situações de nova ponderação das circunstâncias existentes (CCP, artigo 312.º, b)). Mas, mesmo aí, não se desvanece o requisito da boa fé: ele significará, em face das particularidades da situação em causa, uma exigência de objectividade, na acepção de que a nova ponderação deva ser genuína e prévia à decisão de modificação, em vez de mera cobertura de uma decisão motivada pela vontade de afastar a incomodidade causada pela vinculação a estipulações contratuais[19].

e) Cremos ainda que também a figura da *causa legítima de inexecução de sentença administrativa*, quando constituída por excepcional ou grave prejuízo para o interesse público, representa uma ramificação do instituto do estado de necessidade. A Administração encontra-se vinculada ao cumprimento dos deveres que as sentenças lhe imponham, desde logo por imperativo constitucional (CRP, artigo 205.º, n.º 2). Mas uma velha experiência, primeiramente explicitada na jurisprudência do Conselho de Estado francês[20], mostra que, perante circunstâncias excepcionais, o mal causado pela execução a interesses dignos de tutela pode ser claramente superior ao benefício colhido com a materialização da injunção jurisdi-

---

[19] Sobre a ponderação entre o princípio da prossecução do interesse público e o da protecção da confiança perspectivada já a propósito de um momento logicamente subsequente ao da decisão de modificar, que é o do dever de indemnizar sob a modalidade específica da reposição do equilíbrio financeiro inicial, cfr. VIEIRA DE ANDRADE, *A Propósito Do Regime Do Contrato Administrativo no «Código Dos Contratos Públicos»*, in: PEDRO GONÇALVES (org.), *Estudos de Contratação Pública*, II, Coimbra: Coimbra Editora, 2010, p. 34.

[20] O «grand arrêt» do *Conseil d'État* que encabeça esta jurisprudência é o Acórdão *Couitéas*, de 1923. Em face das perturbações graves que suscitaria a expulsão de norte-africanos de terras de que se consideravam legítimos detentores desde tempos imemoriais, para demarcação de uma concessão a favor de um colono, e da consequente recusa de assegurar o concurso das forças armadas para executar uma decisão judicial de expulsão, o C.E. observou que, perante tais circunstâncias, o governo se tinha limitado a exercer os seus poderes de preservação da ordem e da segurança públicas. No entanto, desde que esta recusa perdurasse, o particular deveria ser indemnizado, cabendo ao juíz determinar a medida em que o encargo decorrente daqueles factos deveria incumbir à colectividade e não ao imediatamente afectado. Cfr. LONG/WEIL/BRAIBANT/DEVOLVÉ/GENEVOIS, *Les grands arrêts de la jurisprudence administrative*, 10.ª ed., Paris: Sirey, 1993, pp. 238 s.

cional. Em vista disso, admite-se a legitimidade da imposição à parte vencedora do sacrifício da não execução, sob condição da substituição da tutela reconstitutiva pela tutela ressarcitória (Código de Processo nos Tribunais Administrativos – CPTA – artigos 45.º, 163.º e 178.º). Na letra dos dois primeiros preceitos, a terminologia difere: "excepcional prejuízo", no artigo 45.º, n.º 1, e "grave prejuízo" no artigo 163.º, n.º 1. Dado que o legislador se refere a um só e mesmo requisito, teria sido preferível a uniformidade terminológica. E o adjectivo "excepcional" parece mais indicado do que o de "grave", precisamente por nos encontrarmos perante uma modalidade de estado de necessidade: não se trata, aqui, de preterir as leis estatuídas para as condições normais (entre as quais a que impõe a execução das sentenças pela Administração) sempre que da sua observância resultem consequências negativas, mas de reservar a adopção de soluções inspiradas pelas circunstâncias do momento às hipóteses em que, da aplicação das primeiras, resultaria ferido um interesse público *essencial*. Retomando a qualificação usada no artigo 45.º, n.º 1, do CPTA, o prejuízo para o interesse público surge como "excepcional" quando o interesse lesado se destaque pela sua essencialidade. Isto significa, por outras palavras, que só em situações anormais, e não em situações correntes, se poderá enveredar pela inexecução[21]. A anormalidade revela-se no facto de a aplicação do regime legal estatuído para o tipo de situação causar, no caso concreto, a lesão de um interesse público essencial. A habitualidade de uma tal consequência só será possível em casos de refinada inconstitucionalidade do preceito legal. Mas estes resolvem-se por outra via. Num sistema jurídico estruturado segundo parâmetros de racionalidade, a ofensa de um interesse público essencial graças à aplicação da lei será *anormal*. Significa isto que uma tal ocorrência só será concebível em circunstâncias de contornos assaz raros, ou seja, em circunstâncias *excepcionais*.

---

[21] Como escrevem AROSO DE ALMEIDA/CARLOS CADILHA, colocando-se claramente sob a perspectiva do estado de necessidade (embora o não mencionem), «O afastamento dos deveres a cujo cumprimento a Administração estaria, à partida, adstrita, só é, naturalmente, admissível ... em *situações-limite*». Os Autores referem-se à modalidade de causa legítima de inexecução do *grave* prejuízo para o interesse público na execução da sentença, no artigo 163.º, n.º 1, do CPTA. Cfr. *Comentário ao Código de Processo nos Tribunais Administrativos*, 2.ª ed., Coimbra: Almedina, 2007, p. 933. A permissão normativa da inexecução da sentença administrativa é referida como afloramento do princípio do estado de necessidade em: SÉRVULO CORREIA, *Legalidade E Autonomia Contratual Nos Contratos Administrativos*, Coimbra: Almedina, 1987, p. 283.

7. A conclusão (provisória) que se pode extrair das páginas antecedentes é a de que a ideia que preside ao estado de necessidade é a da justiça da preterição das normas em geral aplicáveis, quando, perante circunstâncias excepcionais, a respectiva observância provoque danos a interesses públicos essenciais, com isso gerando inconvenientes de dimensão francamente superior aos benefícios que resultariam da aplicação. A essência do estado de necessidade reside, pois, num comando jurídico, com natureza de princípio, ele também uma vertente do princípio da legalidade. Esse comando tem por objecto a permissão, ou mesmo o dever, de ponderar, com emprego das máximas de proporcionalidade, entre a adesão ao princípio da preferência de lei e a admissão de excepções, a fim de evitar decisões totalmente desrazoáveis, lesivas de interesses essenciais da colectividade e, portanto, contrárias à ideia de Direito que preside ao bloco de juridicidade administrativa. O *princípio do estado de necessidade* aflora em todos os grandes planos do Direito Administrativo geral: do Direito organizatório, ao Direito das formas típicas de conduta administrativa (acto administrativo, contrato administrativo, operações materiais), do Direito do procedimento administrativo ao Direito do processo administrativo. Ele enquadra-se, também, como uma entre várias manifestações, na tendência contemporânea para, em número crescente de situações, o sistema jurídico se auto-conter a um papel de habilitador de condutas delineadas em função de directivas finalísticas e *standards*, como o da proporcionalidade, deixando ao aplicador administrativo ou judiciário a densificação concretizadora.

O breve exame levado a cabo até este momento evidencia a adequação do princípio do estado de necessidade às ideias estruturantes dos grandes sectores do Direito Administrativo geral. Como factor de interdependência, serve à reflexão prospectiva e à construção sistémica deste ramo de Direito. O nosso exame mostra também que o princípio preside à inaplicabilidade ocasional de normas administrativas de todo o tipo: organizatórias, de procedimento, de regulação substantiva e de processo administrativo[22]. Nas páginas seguintes, veremos como a teoria geral da necessidade administrativa permite compreender melhor alguns aspectos de institutos conexos, do mesmo passo que a reflexão sistémica nestes baseada projecta alguma luz sobre perfis mais obscuros do regime do estado de necessidade.

---

[22] No mesmo sentido: FREITAS DO AMARAL/MARIA DA GLÓRIA GARCIA, *O Estado De Necessidade* ..., cit., p. 474.

§ 2. O regime

8. O acolhimento do valor normativo da ideia de estado de necessidade implica em seu redor a arquitectura de um regime mínimo, que clarifique tanto os pressupostos de aplicabilidade quanto os efeitos de direito, ou seja, os termos em que se traduzirá a supremacia da justiça material sobre o legalismo formalista. A prevalência de um Direito mais justo e funcional para as circunstâncias excepcionais em detrimento do ditame da lei geral e abstracta desmente, designadamente no âmbito do Direito Administrativo, a velha máxima *dura lex, sed lex.* Mas, para que não nos quedemos sob o arbítrio do decisor, necessário se torna dispor de parâmetros normativos para determinar em que condições a lei geral se torna insuportavelmente "dura" e até onde se pode caminhar, quando assim suceda, ao encontro de parâmetros alternativos de juridicidade para a conformação da situação anormal. Sendo uma figura incontornável, o estado de necessidade administrativa carece de um tratamento dogmático cuidadoso: trata-se, por certo, de uma das poucas áreas do Direito em que os fins justificam os meios. Assim sendo, o essencial será uma elaboração jurisprudencial e doutrinária que permita distinguir entre meios legitimados e os restantes e reconduza os primeiros às duas coordenadas de sempre no Direito Administrativo: a tutela dos direitos dos particulares em face do exercício do poder e a promoção das condições de eficiente realização dos interesses públicos.

9. Constituindo o estado de necessidade um dos paradigmas de um sistema de direito administrativo aberto, que não pretende encerrar nas suas normas toda a visão da realidade a conformar e todo o sentido dessa conformação, também o preenchimento, em cada caso concreto, da *norma de necessidade* requererá do aplicador uma série de exercícios de apreciação valorativa, prognose e ponderação. Deste modo, o regime mínimo não pode assentar nem no elencamento de pressupostos tipificando situações de facto, nem na estatuição de efeitos de direito específicos. Pelo contrário, tanto no plano da previsão (*factispecie* ou *Tatbestand*), como no da determinação dos efeitos de direito a produzir, o elemento nuclear reside em *ponderações* levadas a cabo segundo as máximas (ou algumas delas) em que se desdobra o princípio da proporcionalidade.

Os pressupostos abstractos que formam a estrutura da *previsão* confluem para uma pesagem entre dois males. De um lado, perfila-se o mal resultante de se aplicar a uma situação anormal a regra que sobre esta tendencialmente continua a incidir, não obstante o preceito haver sido concebido em função de situações normais. Do outro lado, avulta o mal da inobservância dessa vertente do princípio da legalidade administrativa que é a *preferência de lei*, ou sejam, os inconvenientes que sempre decorrem de uma actuação administrativa *prima facie contra legem*.

No lado da *estatuição*, ou determinação dos efeitos de direito da *norma de necessidade*, haverá que proceder também a uma ponderação visando a escolha do conteúdo do *poder de necessidade* a exercer. Assim será, pelo menos, naqueles casos em que a alternativa se não coloque em termos simples de sim ou não (cumprir ou não um certo requisito procedimental, por exemplo).

É, no entanto, manifesta a indissolubilidade das ponderações a levar a cabo nos planos da previsão e da estatuição: a comparação entre os custos ou inconvenientes de cumprir rigidamente a legalidade ordinária ou de enveredar para uma actuação de necessidade depende também de uma avaliação da essência e dos efeitos da medida que irá dar corpo ao poder de necessidade.

§ 3. Os pressupostos

10. A expressão *estado de necessidade* corresponde a uma *cláusula geral* em que, para efeito de condicionar uma actuação administrativa, se espelha uma situação da vida caracterizada pela anormalidade. Na destrinça dogmática dos seus elementos essenciais, a jurisprudência desempenha um papel imprescindível. Mas, a essa avaliação, por essência casuística, da relevância normativa de componentes que se manifestam na dimensão material, segue-se o esforço doutrinário dos "fazedores de sistemas". Da teorização justificativa de uma *legalidade excepcional* resulta a identificação de *pressupostos*, que constituem categorias abstractas às quais se haverão de reconduzir os factores da situação real da vida. No artigo 3.º, n.º 2, do CPA, o legislador preferiu não definir *estado de necessidade*, deixando assim uma cláusula totalmente aberta à densificação jurisprudencial e doutrinária. Parafraseando MARCELLO CAETANO[23], o já referido Acórdão do STA de 4.03.2004 (a última pronúncia deste Tribunal que nos foi dado encontrar sobre a figura) define-o como

---

[23] *Manual de Direito Administrativo*, II, cit., p. 1305.

actuação sob o domínio de um perigo iminente e actual para cuja produção não haja concorrido a vontade do agente.

Convém atentar em que se justificam *dois conceitos concêntricos de estado de necessidade*. Com o mais amplo, proceder-se-á a uma síntese do próprio instituto, estruturado em termos de *factispecie* (previsão de uma situação tipificada) e de efeitos de direito a produzir em face dela. Embora imperfeitamente, a definição transcrita fá-lo, porque abre a porta a uma *actuação*, não se cingindo à descrição da situação em consideração da qual se permite um comportamento. Mas, em sentido mais restrito, o *estado de necessidade* é precisamente essa situação típica. E é desta que, por ora, nos ocuparemos, procurando elencar os pressupostos da habilitação para a inaplicação de uma norma jurídica administrativa injuntiva.

11. À nossa posição metodológica anticonceptualista, repugna tomar as definições como ponto de partida da destrinça dos filões dogmáticos: a definição deve representar a síntese de um instituto jurídico, ou de alguma sua parcela, e não a respectiva pré-compreensão desinserida do tecido normativo. Há, no entanto, que reconhecer o problema colocado pela escassez de material normativo, um problema comum aos princípios gerais de direito que o legislador menciona mais do que densifica. É, por isso, da análise da razão de ser da figura, apoiada, aqui ou ali, em aspectos dos seus afloramentos normativos positivos e da sua praxis aplicativa, que se extrairão os componentes da situação, isto é, daquele estado, (no sentido de estado de coisas) de interesses e valores capaz de tornar imperativa, à luz da ideia de direito, a preterição, na conduta administrativa, das regras jurídicas estabelecidas.

Esses *pressupostos*, cuja reunião forma o *estado de necessidade* enquanto situação típica, são os seguintes:
– perigo iminente e actual,
– para um interesse público essencial,
– causado por circunstância excepcional,
– não provocada pelo agente,
– só contornável ou atenuável pela inaplicação, pela Administração, de regra estabelecida.

12. *"Perigo iminente e actual"* era, como vimos, uma ideia utilizada pela doutrina clássica (Marcello Caetano) e da qual continua a socorrer--se o STA.

O *perigo* consiste num risco objectivo de lesão ou ofensa, ou seja, na probabilidade razoável de que o evoluir de uma situação presente conduza ao resultado lesivo.

A qualificação do perigo como *iminente* introduz a noção de *urgência* no estado de necessidade. A urgência significa que, tratando-se de situação de evolução rápida, só uma intervenção célere poderá ser eficaz na prevenção dos efeitos danosos. É, por outras palavras, indispensável que não haja tempo para tentar com probabilidade de êxito uma solução que não implique a preterição de norma vigente no caso concreto: na ponderação entre princípio da preferência de lei e princípio da legalidade excepcional, o primeiro prevalecerá, a menos que não haja qualquer possibilidade de conciliar a sua observância com a salvaguarda do interesse público essencial. A urgência significa a "exigência do imediatamente" e a recusa da realização diferida[24]. No estado de necessidade, a urgência não vale como estado de espírito do agente, mas como situação determinável através de um raciocínio de prognose repetível e infirmável. Não é, assim por acaso, que, no n.º 3 do artigo 68.º da LAL, o legislador circunscreve a preterição das competências da câmara municipal pelo respectivo presidente à verificação de "circunstâncias ... urgentes".

Mas, além de iminente, o perigo deverá ser *actual*. As duas qualidades são conexas, mas não se confundem. Na teoria do estado de necessidade, a actualidade do perigo vale sobretudo como transitoriedade ou ocasionalidade. Não se trata de uma situação permanente, que ao legislador caberá enfrentar com medidas gerais e abstractas, mas de algo que se cristaliza no presente de uma situação concreta. Por outro lado, também não releva o perigo que se estima que só possa vir a colocar-se mais tarde, porque um tal juízo de probabilidade não tem peso para justificar a inaplicação da lei no momento presente. Só a existência concretizada das circunstâncias que poderão conduzir à ofensa justifica a decisão de inaplicar a lei.

13. *Perigo para um interesse púbico essencial* significa a necessidade de qualificar o interesse público em risco.

---

[24] Cfr. DA FONSECA, Isabel Celeste, *Processo Temporalmente Justo e Urgência*, Coimbra: Coimbra Editora, 2009, p. 124. Sobre a urgência da actuação como condição do estado de necessidade: FREITAS DO AMARAL/MARIA DA GLÓRIA GARCIA, *O Estado De Necessidade ...*, cit., p. 485.

Em Homenagem ao Professor Doutor Diogo Freitas do Amaral

A essencialidade do interesse público a preservar pressupõe logicamente, que se trate de interesse juridicamente tutelado. Mas não será a preservação de qualquer interesse juridicamente tutelado da colectividade que justificará que, em nome da sua preservação contra uma lesão previsível, se postergue o Direito estatuído. Esse interesse deverá ter um peso tal que possa, à luz das circunstâncias do caso, prevalecer sobre o interesse à legalidade na vertente da preferência de lei, a qual proíbe as decisões administrativas *contra legem*. Este último prende-se, nomeadamente, com valores como os da certeza e segurança jurídicas e o princípio democrático, que implica a sujeição da actividade administrativa ao *indirizzo* do legislador democraticamente legitimado. Para poder prevalecer, ainda que ocasional e pontualmente, contra uma tal carga jurídico--constitucional, o interesse público em causa deverá reportar-se a aspectos essenciais da vida colectiva. A jurisprudência francesa começou por identificar como bens tuteláveis a tal propósito a ordem pública e o funcionamento dos serviços públicos[25]. Mas a tipologia de origem jurisprudencial nunca poderá proporcionar um elenco exaustivo. O que será necessário é que, para além de ancorar dogmaticamente a sua essencialidade na proveniência constitucional da tutela, o interesse público em causa mereça, à luz das circunstâncias, a conclusão de que a interferência contra ele resultante da aplicação das regras estatuídas seria mais séria ou forte do que o efeito negativo que se produziria sobre os valores e bens protegidos pela legalidade ordinária em caso de não-aplicação[26].

14. *Perigo causado por circunstância excepcional*, significa que a permissão dada à Administração para ignorar na sua conduta o comando de regras estatuídas não pode resultar de uma simples avaliação positiva quanto à instrumentalidade da conduta abnorme relativamente à preservação do interesse público em causa. É, ainda, indispensável que a situação se enquadre num condicionalismo social que não corresponda ao habitual. A *excepcionalidade* significa para este efeito também *anormalidade*: o Estado de direito democrático não se compaginaria com a normalidade do incumprimento da lei estatuída, porque ela contenderia com a separação de poderes, o imperativo de respeito dos direitos dos cida-

---

[25] Cfr. LAUBADÈRE/VENEZIA/GAUDEMET, *Traité de Droit Administratif*, I, 13.ª ed., Paris : L.G.D.J., 1994, p. 608.

[26] Sobre esta metodologia da ponderação, v. ALEXY, *A Theory of Constitutional Rights*, cit., p. 405s.

dãos e a certeza e segurança no tráfego jurídico. Mas, ao contrário do que ainda se faz em França (o berço da "teoria das circunstâncias excepcionais"), a excepcionalidade das situações não deverá ser tomada como sinónimo apenas de conjunturas cataclísmicas, como a guerra, as catástrofes naturais ou as sérias perturbações sociais[27]. Aquilo que importa é que a exegese das normas preteridas revele com segurança que elas terão sido concebidas para regular situações habituais da vida social, e não outras que, cabendo formalmente no seu âmbito de incidência, se revistam também de características cuja raridade não tenha permitido a sua previsão para efeito de, através de uma regra excepcional, prevenir os graves inconvenientes da sujeição à regra geral.

Isto mesmo se aplica também à previsão, no artigo 68.º, n.º 3, da LAL, do exercício, pelo presidente, de competências da câmara municipal, quando circunstâncias *excepcionais* o exijam. São, afinal, circunstâncias perante as quais não teria feito sentido continuar a reservar a competência ao órgão colegial, quando não existem condições para o fazer funcionar.

15. O *princípio da boa fé*, a que a Constituição hoje expressamente sujeita a Administração, não é consentâneo com a aplicação do regime do estado de necessidade a situações provocadas pelo próprio ente ou órgão administrativo, que, assim, delas se pudesse servir para voluntariamente se eximir à lei geral. O princípio do estado de necessidade é, a par do princípio da boa fé, um fruto, ou instrumento, do *valor da materialidade subjacente*[28]. Mas a permissão de outra conduta que não a formalmente prescrita deixaria de se coadunar com uma exigência de verdade material quando pudesse resultar de uma manipulação das circunstâncias pelo agente. Com o atentado à verdade material, distorcer-se-ia a necessidade e violar-se-ia paralelamente a boa fé.

16. Um último pressuposto do estado de necessidade reside na *adequação* da inaplicação da regra estabelecida. A invocação da adequação, como máxima de proporcionalidade, significa um juízo sobre a funcionalidade ou instrumentalidade da não-aplicação das regras estatuídas quanto ao preenchimento do objectivo do afastamento ou, ao menos, da atenuação,

---

[27] Cfr. TRUCHET, Didier, *Droit Administratif*, 2.ª ed., Paris : PUF, 2009, p. 213.

[28] Cfr. FREITAS DO AMARAL, *Curso de Direito Administrativo*, II, cit., p. 138.

738 *Em Homenagem ao Professor Doutor Diogo Freitas do Amaral*

do perigo iminente e actual para um interesse público essencial. Sem essa funcionalidade, a preterição da legalidade ordinária perderia justificação.

§ 4. Os parâmetros de actuação

17. Dificilmente se encontrará uma estatuição com maior abertura do que a do princípio – norma do estado de necessidade. Se abstrairmos de afloramentos específicos, o *efeito de direito* em causa consiste tão só na permissão da preterição de regra estabelecida. O texto do n.º 2 do artigo 3.º do CPA é a esse respeito bem elucidativo. Abstraindo por agora da referência ao dever de indemnizar nos termos gerais da responsabilidade administrativa, a letra do preceito apenas acrescenta, como requisito de validade do acto administrativo praticado em estado de necessidade, que "os seus resultados não pudessem ter sido alcançados de outro modo". Esta passagem é obscura. Um análise crítica logo mostra que se não pode tratar de todos e quaisquer resultados visados pelo acto concreto. Dada a razão de ser do instituto, há que entender "os seus resultados" como a concretização de fins visados pelas normas preteridas. Esta adstrição finalística do poder de necessidade à norma preterida constitui uma delimitação do âmbito admissível para o sentido da decisão. Mas não o define por si só.

Numa parte significativa dos casos, o sentido da decisão resultará da natureza da norma preterida. Assim sucederá quase sempre quando haja de preterir normas de competência, de procedimento ou de forma. Tratar-se-á então de assunção, a título excepcional, da competência pelo agente (caso da substituição da câmara municipal pelo respectivo presidente, nos termos do artigo 68.º, n.º 3, da LAL), ou de agir de modo informal (caso do artigo 151.º, n.º 1, do CPA). Noutras hipóteses, a preterição traduzir-se-á pura e simplesmente em conduta omissiva, como sucede com a inexecução da sentença administrativa (artigos 45.º, 163.º e 175.º do CPTA), sem prejuízo, naturalmente, do dever de indemnizar.

A complexidade aumenta quando se trata do afastamento de uma norma sobre o conteúdo do acto, havendo então que encontrar um outro conteúdo, adequado em termos de legalidade excepcional[29]. Na jurispru-

---

[29] Cfr. Sérvulo Correia, *Legalidade e Autonomia Contratual nos Contratos Administrativos*, cit., p. 283.

dência do Conselho de Estado francês, podem recensear-se a este propósito decisões como as de requisição, ordem de abandono de um local, actos de polícia e outras restrições de liberdades individuais[30].

A ausência de directivas normativas quanto ao conteúdo dos poderes de necessidade é compensada pela força estruturante do *princípio da proporcionalidade*. Este enquadra através das suas três vertentes a conduta administrativa sob invocação de necessidade. Isso significa desde logo que o comportamento adoptado se não pode mostrar funcionalmente inadequado à preservação e promoção dos interesses públicos que deixaram transitoriamente de poder ser servidos pela conduta decorrente das normas permanentes. Acresce – como aliás resulta da própria denominação do instituto – que o comportamento adoptado tem de ser o necessário em face da inoperância dos poderes ditados pelas normas vigentes. Como imperativo de proporcionalidade, a necessidade manifesta-se segundo duas vertentes, conexas mas distintas. Os poderes excepcionais só surgem porque, sem a alternativa que representam, os interesses públicos visados pelas normas de incidência habitual quedariam desprotegidos. E esses poderes só poderão ir até ao ponto em que tais interesses passem a estar salvaguardados. Por outro lado ainda, os poderes de necessidade terão de ser razoáveis ou proporcionais em sentido estrito: os novos inconvenientes que da sua execução devam resultar não poderão ter uma amplitude susceptível de neutralizar os benefícios esperados.

Perante as circunstâncias da necessidade, a metodologia assente no princípio da proporcionalidade estabelece uma *ponte obrigatória entre previsão e estatuição*, ou seja, entre o juízo sobre a existência do estado de necessidade e a escolha do sentido da decisão excepcional. Em rigor, a decisão de agir com preterição da norma estatuída não pode ser tomada por si só: o balanceamento entre custos e benefícios da preterição da norma estatuída passa necessariamente pelo exame das virtualidades da solução alternativa quanto à salvaguarda do interesse público essencial em risco.

18. Como parâmetros da actuação em estado de necessidade, valem, a par da proporcionalidade, a *transitoriedade da actuação* e a *indemnização pelo sacrifício*.

---

[30] Cfr. LAUBADÈRE/VENEZIA/GAUDEMET, *Traité de Droit Administratif*, I, cit., p. 610 ; CHAPUS, *Droit administratif*, I, 15.ª ed., Paris: Montchrestien, 2001, p. 1088.

O estado de necessidade não se confunde com a caducidade da norma preterida, ou seja, a cessação da sua vigência por terem desaparecido os pressupostos da sua aplicação. Não há (aqui) extinção da norma pelo desaparecimento do seu objecto mas, tão só, a absoluta inconveniência da sua aplicação a um caso concreto ou a um feixe de casos temporalmente delimitados[31]. Em caso de caducidade de uma norma jurídica administrativa, haverá, então, que procurar no sistema a norma ou normas que passam a abranger, com generalidade e abstracção, o tipo de situação na sua incidência.

19. Se os afectados pelo exercício dos poderes de necessidade não poderão, devido à licitude deste, contar com a tutela jurisdicional anulatória ou injuntiva contra ofensa ilegal de posições subjectivas, deverão poder contar com a *tutela indemnizatória*. Para que assim seja, será naturalmente necessário que a intervenção de poderes de necessidade (em lugar dos poderes comuns) seja especificamente causadora de encargos ou danos especiais ou anormais para certos particulares. Em tais hipóteses, a igualdade dos cidadãos perante os encargos públicos imporá a indemnização dos sacrificados em prol da preservação da *salus publica*. Trata-se, no fundo, de mais uma situação em que tem lugar a *indemnização pelo sacrifício*, ou seja, a compensação pela ocorrência de danos eventualmente resultante da prática de actos administrativos legais ou de operações materiais lícitas da administração, que sacrifiquem, de acordo com parâmetros de juridicidade, interesses particulares ao interesse público.

§ 5. Os limites

20. Pela negativa, conta ainda como parâmetro do conteúdo dos poderes de necessidade a *proibição de afectação dos Direitos Fundamentais que, nos termos do artigo 19.º, n.º 6, da CRP, não possam ser constrangidos mesmo em caso de declaração do estado de sítio ou de estado de emergência*. Trata-se de limites absolutos de suspensão, mesmo em casos de *necessidade constitucional*, ou seja, de agressão efectiva ou

---

[31] Cfr. JULIANA MIRANDA, *Indícios De Uma Teoria De Excepcionalidade Administrativa*, cit., pp. 128 e 129.

iminente por forças estrangeiras, de grave ameaça ou perturbação da ordem constitucional democrática ou de calamidade pública. Estas situações provocarão também, quase inevitavelmente, necessidade administrativa, não se vendo que interesses públicos a prosseguir através da actividade administrativa possam justificar restrições ainda mais severas do que as que se destinem a restabelecer a normalidade constitucional[32].

Isto significa que nenhum de tais direitos poderá ser levado à ponderação com interesses públicos alegadamente preservados pelo exercício de poderes de necessidade. Ainda que parcialmente, não poderão ser aqueles direitos sacrificados para efeito da enunciação de fórmulas de concordância prática. Quanto aos outros, serão passíveis de restrição, mas a observância a tal propósito dos requisitos do regime geral dos Direitos Fundamentais terá, ela também, a natureza de parâmetro de juridicidade do conteúdo dos poderes de necessidade.

§ 6. O controlo

21. A compatibilidade da figura e do regime do estado de necessidade com o princípio do Estado de Direito depende também essencialmente da sua sujeição a mecanismos de *accountability*.

Em primeiro lugar, merece uma curta menção o *controlo político*. A decisão administrativa de agir com preterição das normas estatuídas contende formalmente com o *indirizzo* democrático. É, pois, necessário que os órgãos competentes possam analisar as razões materiais da decisão e a real instrumentalidade desta em relação com o interesse público essencial que se pretende proteger. Um bom exemplo dá-no-lo, mais uma vez, o artigo 68.º, n.º 3, da LAL, quando subordina a validade das decisões do presidente no exercício excepcional de competências da câmara municipal a uma ratificação do órgão colegial.

22. Essencial à compatibilidade da necessidade administrativa com o Estado de Direito é, por seu turno, o *controlo jurisdicional*.

É certo que os *pressupostos* do estado de necessidade se traduzem em conceitos indeterminados, preenchíveis através de juízos de valor

---

[32] Cfr. JORGE MIRANDA/RUI MEDEIROS, *Constituição Portuguesa Anotada*, I, Coimbra: Coimbra Editora, 2005, pp. 164 a 169.

(*essencialidade* do interesse público a preservar) ou de prognose (*perigo*). Habitualmente, quando o legislador tipifica com emprego de conceitos jurídicos indeterminados os pressupostos de uma certa conduta administrativa – designadamente sob a forma de acto administrativo – ele reserva por esse meio à Administração uma *margem de livre apreciação*, em cujo exercício não deve o juiz substituir-se, cabendo-lhe tão só controlar a "legalidade externa" (competência, procedimento e ausência de erro de facto) e a legalidade substantiva decorrente dos princípios fundamentais da conduta administrativa (em particular, a idoneidade ou adequação enquanto máxima de proporcionalidade no juízo de avaliação).

Quanto à *estatuição* da norma sobre o estado de necessidade, ela caracteriza-se por uma abertura praticamente total, quando se trata de ignorar uma norma de *legalidade ordinária* que dite o sentido material de uma conduta administrativa. A *legalidade alternativa* passa apenas pela permissão abstracta de uma conduta diferente da legalmente estabelecida sem a tipificar. Em geral, nas normas jurídicas administrativas, a abertura da estatuição (ou "lado dos efeitos de direito" – *Rechtsfolgenseite*, em alemão) é considerada como fonte de discricionariedade. Isso significa mais uma vez a natureza limitada do controlo jurisdicional, que incide sobre as "zonas de legalidade" do acto administrativo, mas não envolve um poder de substituição no exercício das opções em que a discricionariedade se traduz.

Ora, o *paralelismo estrutural* entre o *estado de necessidade*, a *margem de livre apreciação* e a *discricionariedade administrativa* é patente. No caso da discricionariedade, a proximidade aumenta ainda se tomarmos em conta uma nova modalidade, detectada em anos recentes pela jurisprudência germânica em algumas soluções arquitectadas pelo legislador. Referimo-nos à *intendiertes Ermessen* ("poder discricionário orientado" na tradução para francês de MICHEL FROMONT). Trata-se da concessão, pelo legislador, de uma discricionariedade parcial ou "meia discricionariedade", visto que o preceito esquematiza qual seja o sentido em geral pretendido para a conduta administrativa, mas admite que, excepcionalmente, o aplicador decida de outro modo à luz da incongruência entre o sentido normativo da decisão e as circunstâncias do caso[33].

---

[33] Sobre esta «nova figura jurídica» e a perplexidade por ela causada em certos sectores da doutrina, v., a título de exemplo: KOCH/RUBEL/HESELHAUS, *Allgemeines Verwaltungsrecht*, 3.ª ed., München: Luchterhand, 2003, p. 215; MAURER, *Allgemeines Verwal-*

Estas situações de fronteira, em que a Administração deve normalmente fazer algo que o legislador lhe prescreve, mas se encontra ao mesmo tempo habilitada por este para agir diferentemente em casos excepcionais, ficando então ao seu critério a determinação do sentido da conduta, chamam a atenção para a proximidade das figuras do estado de necessidade e da discricionariedade em Direito Administrativo. Polarizando-as em conformidade com as suas características mais comuns, a diferença entre elas consiste em que, na discricionariedade, o legislador prescinde em regra de programar o conteúdo da conduta administrativa correspondente a certa situação que tipifica, ao passo que, no estado de necessidade, se trata apenas de permitir que uma conduta legislativamente determinada para certo tipo de situação possa, em razão da excepcional mas intolerável disfuncionalidade do regime legal, ser substituída por outra não determinada.

Dir-se-ia que a afinidade estrutural que a abertura da estatuição gera entre estado de necessidade e discricionariedade administrativa ganha vigor acrescido graças à modalidade de discricionariedade consistindo na *intendiertes Ermessen* (que, numa tradição não literal, preferiríamos traduzir por *discricionariedade excepcional*). Esta nova figura dogmática aproxima-se muitíssimo do estado de necessidade, visto que, em ambos os institutos, se trata de substituir casuisticamente o regime geral por uma solução *ad hoc*, devido à excepcional inadequação finalística daquele em face das características peculiares de uma situação concreta (ou de um feixe de situações concretas).

Mas, não obstante a abertura que caracteriza a norma de necessidade administrativa na previsão e, ainda mais, na estatuição, não cremos que esta possa ser considerada como uma modalidade da margem de livre avaliação e de livre decisão administrativa. A *diferença* reside, desde logo, na *natureza dos juízos que presidem à avaliação da situação como sendo de estado de necessidade* e, em consequência disso, à *determinação do sentido da conduta administrativa conteúdo do poder de necessidade*.

A razão de ser do princípio do estado de necessidade administrativa não é o deixar ao critério da Administração a opção entre a aplicação do

---

tungsrecht, 16.ª ed., München: Beck, 2006, p. 137 e a tradução para francês, por MICHEL FROMONT, de uma edição anterior da mesma obra: *Droit Administratif Allemand*, Paris: L.G.D.J., 1994, pp. 129 e 130.

Direito legislado e a passagem para um plano de legalidade excepcional. O estado de necessidade concebe-se como um evento que se impõe como inelutável e força a agir de modo diferente do estabelecido, sob pena de lesão grave dos interesses essenciais visados pelas regras que normalmente se aplicariam. Trata-se de uma válvula de segurança, graças à qual o sistema jurídico salvaguarda a sua unidade teleológica e axiológica. Instrumentos de flexibilização do ajustamento do tratamento jurídico à realidade própria de cada situação concreta da vida, tal como os conceitos de *essencialidade* do interesse a proteger graças à opção por uma legalidade alternativa e do *perigo* que o ameaça, terão, para efeito de passagem ao estatuto do estado de necessidade, de ser concretizados não através de um raciocínio causal-teorético, mas sim de um raciocínio teorético-discursivo, ou seja, com emprego de uma metodologia conducente ao apuramento da única solução juridicamente correcta. Não haverá, pois, aqui, lugar, para opções entre várias hipóteses causais de desenvolvimento futuro, das quais nenhuma objectivamente infirmável e todas elas juridicamente aceitáveis. O *perigo* não constituirá, a este propósito, o objecto de uma prognose fáctica, mas de uma densificação tipológica enunciada segundo uma metodologia interpretativa.

O mesmo se diga no tocante à operação de fixação do sentido da decisão a tomar quando se tenha concluído que a situação configura estado de necessidade. Também a este propósito, não seria correcto entender que a norma-princípio do estado de necessidade remete o sentido da decisão para o critério autodeterminado do aplicador administrativo. Em muitos casos, a invocação do estado de necessidade vem legitimar a preterição de regras de competência ou de procedimento. Nessas hipóteses, a alternativa surgirá quase sempre circunscrita pela natureza das coisas a uma só conduta: preterir, omitindo-o, um procedimento que normalmente deveria ter sido observado; ser o órgão ou agente que, à luz das circunstâncias, tem capacidade de actuar imediatamente, a fazê-lo em lugar do titular da competência legal, que as circunstâncias factuais impedem de agir com a brevidade que se impõe. Em tais hipóteses, é patente que o estado de necessidade não abre um leque de alternativas ao dispor da entidade actuante. Já as coisas se não porão com a mesma nitidez quando se esteja perante a necessidade de adoptar um conteúdo de decisão administrativa diferente daquele que a lei prevê. Mas, também a este propósito, a conclusão que se impõe é de não haver, por parte da norma de necessidade, a atribuição ao agente do poder de proceder, segundo os seus critérios político-administrativos e de experiência, a uma ponderação de interesses de cuja hierarquização dependerá o resultado. A norma de necessidade é uma daquelas em que a barreira lógica entre previsão e estatuição se atenua fortemente devido à necessidade de extrair o sentido da decisão dos pressupostos que integram *ab initio* o *Tatbestand*. O quadro de pressupostos cuja junção forma uma situação de estado de necessidade é todo ele normativo: não cabe à Administração completá-lo segundo o seu critério com a junção de outros aspectos da realidade concreta por ela livremente escolhidos. A conclusão quanto ao sim ou não de um certo estado de necessidade resultará de, na situação em causa, se reunirem os pressupostos normativos da figura. Daqui resulta que o conteúdo do acto administrativo que o estado de necessidade impõe decorra objectivamente do modo como, no caso, estão preenchidos os pressupostos normativos. Ao contrário do que sucede no âmbito da discricionariedade administrativa, não caberá ao aplicador qualquer liberdade de extrair da realidade outros factores alheios a um elenco incompleto de pressupostos normativos para, graças à sua inclusão numa operação de ponderação de interesses, encontrar de modo não arbitrário um sentido da decisão. A razão da impossibilidade (material ou axiológico--finalística) de uma actuação segundo o modelo legalmente estabelecido aponta de per si qual o sentido de decisão que em seu lugar se impõe como modo de preservar os interesses essenciais visados pelo legislador e cujo perigo de frustração o cumprimento formal da lei apenas viria concretizar.

Ora, tratando-se de um sentido de decisão a extrair do sistema jurídico segundo uma metodologia jurídica, ele é totalmente revisível e infirmável. Neste domínio, a última palavra cabe, portanto, na totalidade ao juiz. Ao contrário do que sucede com a discricionariedade, não existe, no estado de necessidade, uma zona de autodeterminação decisória que o juiz apenas possa controlar na medida em que se não trate de rever critérios metajurídicos de decisão.

§ 7. O conceito

23. Em face da análise do estado de necessidade tal como ele emerge do nosso sistema jurídico, estamos, finalmente, em condições de proceder a uma definição: *Estado de necessidade é a permissão normativa*

de actuação administrativa discrepante das regras estatuídas, como modo de contornar ou atenuar um perigo iminente e actual para um interesse público essencial, causado por circunstância excepcional não provocada pelo agente, dependendo a juridicidade excepcional de tal conduta da observância de parâmetros de proporcionalidade e brevidade e ficando a Administração incursa em responsabilidade pelo sacrifício.

GRACIOSO E TAMBÉM SIMPLES[*]

REFLEXÃO SOBRE O IMPACTO DA SIMPLIFICAÇÃO E DA ADMINISTRAÇÃO ELECTRÓNICA NO PROCEDIMENTO ADMINISTRATIVO

MARIA MANUEL LEITÃO MARQUES

1. Dois em um: simplificar com tecnologia

Tradicionalmente conhecido por processo administrativo gracioso – «expressão oriunda da época em que os súbditos solicitavam ao Rei a *graça*, ou favor, de lhes conceder certos direitos ou mercês»[1] – e também designado por «processo burocrático» (sem qualquer sentido pejorativo), que se caracteriza por uma sucessão de actos e formalidades juridicamente ordenados, poderá o procedimento administrativo ser também simples? Ou, pelo menos, ser mais simples do que estamos habituados?

---

[*] *Poucos juristas em Portugal dedicaram tanto do seu tempo de investigação ao procedimento administrativo como o Professor DIOGO FREITAS DO AMARAL. A sua obra nesta matéria é vasta e vai muito além da preparação do Código do Procedimento Administrativo. Neste texto, quis, por essa razão, aproveitar a minha experiência como Secretária de Estado da Modernização Administrativa, em particular na coordenação do Programa de Simplificação Legislativa e Administrativa (Simplex), para reflectir sobre o modo como as orientações e as mudanças mais recentes nos domínios da simplificação e da administração electrónica (eGovernment) traduzem, reforçam ou perturbam os objectivos da regulamentação do procedimento administrativo, tal como foram enunciados pelo Professor FREITAS DO AMARAL, em especial no seu Curso de Direito Administrativo.*

[1] FREITAS DO AMARAL, Diogo, *Curso de Direito Administrativo*, volume II, 8ª Reimpressão da Edição de 2001, Coimbra, Almedina, pág. 293.

Afinal se a sociedade e as suas dimensões políticas, económicas e sócio-culturais são complexas, se a vida é complexa, se o direito é intrinsecamente complexo, não será a tarefa da simplificação legislativa e administrativa uma miragem sem substância, para além daquela que o discurso político lhe permite transitoriamente imprimir[2]?

Eis uma pergunta pertinente para quem se habituou, em muitos países, a muitos programas de simplificação bem intencionados mas com poucos resultados e a inúmeras resistências que saíram vencedoras na sua defesa do *status quo.*

Apesar disso, o tema, a recomendação e o esforço para a simplificação não deixaram de estar no topo das prioridades em diferentes instâncias políticas e administrativas. Pelo contrário, nos últimos anos tornaram-se mais visíveis e mais discutidos pelos cidadãos, pelas empresas e pelas universidades e centros de investigação.

De facto, os programas de simplificação legislativa e administrativa são hoje um ícone de muitos países, na Europa e fora dela. Estão sob a mira de organizações internacionais, como a União Europeia, a Organização para a Cooperação e Desenvolvimento Económico (OCDE) e o Banco Mundial. Servem para classificar os países em matéria de bom ambiente para o investimento e, cada vez mais, mobilizam cidadãos e empresas para a participação na sua concepção, controlo e execução, dando origem a processos de co-produção[3].

Estes programas tornaram-se incontornáveis e também muito mais ambiciosos, sendo hoje desenhados de forma mais abrangente. Começam na simplificação dos regimes jurídicos, mas não se detêm aí, tocando

---

[2] Sobre os debates em torno da noção de simplificação e da sua pertinência *vide* MONJAL, Pierre-Yves, «Simplifiez, simplifiez, il en restera toujours quelque chose...», *in Revue du Droit de l'Union Européenne*, (2), Setembro de 2003.

[3] Por co-produção entende-se o «envolvimento dos cidadãos, a título individual ou colectivo, na produção e na prestação de serviços públicos, de modo a que os resultados também dependam, pelo menos em parte, do seu comportamento». O objectivo deste «envolvimento» é adaptar o serviço às necessidades e expectativas dos seus destinatários, através da interacção com eles ao longo de todo o processo e não apenas no momento da prestação final, ou seja no desenho, na decisão, na implementação e na avaliação do serviço. Sobre as práticas de co-produção de serviços públicos na Europa *vide* MINISTRY OF BUDGET, PUBLIC FINANCE AND PUBLIC SERVICES, *If you want to go fast, walk alone. If you want to go far, walk together: citizens and the co-production of public services*, 2008, Disponível na URL:
http://www.5qualiconference.eu/FCKeditor/userfiles/file/report.pdf

todos os instrumentos necessários à sua aplicação efectiva: a reengenharia do procedimento e a sua desmaterialização; a integração do serviço em pontos únicos de contacto, centrados nos eventos de vida do cidadão ou da empresa; a disponibilização do serviço em diferentes canais de atendimento (na Internet, no telefone, presencialmente)[4]; e, finalmente, a monitorização e a avaliação da reforma simplificadora, incluindo a que resulta da percepção dos seus utilizadores[5].

Isto significa que uma boa simplificação da lei, por si só, deixou de ser suficiente. Por exemplo, para facilitar a criação de empresas é necessário simplificar o regime jurídico aplicável e disponibilizar o serviço num só balcão, virtual ou físico, integrando, se possível, todas as licenças conexas necessárias para o início de uma actividade económica, independentemente dos departamentos e níveis da administração que concorrem para esse serviço[6]. Passou, ainda, a ser imprescindível mostrar resultados, quantificando-os de forma a serem internacionalmente comparáveis.

---

[4] A integração de serviços em pontos únicos de contacto está prevista, por exemplo, na Directiva 2006/123/CE do Parlamento Europeu e Conselho, de 12 de Dezembro – mais conhecida por Directiva de Serviços. A transposição da Directiva passa pela criação de balcões únicos que permitam a todos os prestadores de serviços o acesso facilitado, à distância e por via electrónica, à informação relevante sobre cada licença/autorização abrangida pela Directiva (artigos 6.º a 8.º). Esses balcões únicos devem permitir igualmente a submissão electrónica de requerimentos e o acompanhamento do pedido de licença/ /autorização perante as entidades competentes.

[5] O novo Regime de Exercício da Actividade Industrial (REAI), aprovado pelo Decreto-Lei n.º 209/2008, de 29 de Outubro, é um bom exemplo da aplicação desta abordagem mais abrangente. Primeiro, procedeu-se à simplificação da lei que incluiu a reengenharia do procedimento: foram reduzidos os prazos de decisão e consagrados mecanismos para o seu efectivo cumprimento (deferimento tácito, devolução das taxas em caso de decisão fora de prazo); e foram adequadas as formalidades exigidas ao risco efectivo de cada estabelecimento industrial, suprimindo vistorias prévias nos tipos de indústria com menor risco. Depois, efectuou-se a desmaterialização do procedimento, tendo-se desenvolvido um sistema de informação que permite ao industrial: conhecer antecipadamente, através de um simulador, os requisitos aplicáveis ao seu caso, o tempo e custo do processo; apresentar, de seguida, por via electrónica o seu pedido de autorização ou registo; receber notificações e efectuar o pagamento das taxas; e depois acompanhar o processo nas suas diferentes fases, obtendo, por exemplo, informação sobre o sentido dos pareceres e o prazo em que foram emitidos. Em paralelo, foi reforçado o princípio do balcão único, eliminando-se um conjunto de interacções com várias entidades, e disponibilizou-se o serviço em diferentes canais: na Internet e presencialmente. Por último, ficou previsto na lei que a reforma será avaliada no prazo de dois anos.

[6] Esta ideia de prestar serviços integrados, que incluem diferentes componentes, possibilitando inclusivamente ao cidadão escolher entre um leque de opções que lhe são

Foi, aliás, esta nova abordagem mais vasta, cobrindo todo o "ciclo de vida" da simplificação, bem como a quantificação e a publicidade dos resultados de várias iniciativas, que ajudou a dar credibilidade a estes programas e a reconquistar a confiança dos agentes da administração e dos cidadãos neste tipo de mudanças, contribuindo para a relevância crescente que vieram a assumir nas agendas governamentais e junto da sociedade civil.

Muitas vezes, as iniciativas de simplificação aparecem enquadradas em programas de modernização administrativa, em geral com maior espectro e ambição, estendendo-se também à reforma das organizações e da gestão dos recursos humanos. Ou surgem integradas nos programas designados de *«Better Regulation»* (Legislar Melhor) que, para além da simplificação legislativa e administrativa *ex-ante* e *ex-post*[7], incluem outros mecanismos relacionados com a produção da lei, como as consultas prévias de parceiros (*stakeholders*), de forma a trazer para os processos de decisão política as suas preocupações, ou ainda a substituição da regulamentação por instrumentos alternativos, tais como os códigos de conduta[8].

Actualmente, a simplificação administrativa aparece, igualmente, ligada aos programas de administração electrónica, passando estas duas políticas e reformas da administração pública a ser vistas, e bem, como duas faces da mesma moeda: a tecnologia oferecendo à simplificação os instrumentos necessários para que esta passe da letra da lei aos procedimentos e aos serviços integrados e mais amigáveis para os utilizadores;

---

oferecidas e, desse modo, compor uma espécie de *bouquet* à sua medida (por exemplo, constituição de empresa com marca, com *site*, com adesão ao centro de arbitragem, com licenças, ou apenas a criação de empresa), reflecte uma tendência que também ocorre no sector privado, onde são hoje frequentes serviços compostos deste modo: um computador com um curso de informática; a venda de móveis de cozinha com serviços de arquitectura e decoração ou até com um curso de culinária, etc. *Vide* sobre este tema: Moati, Philippe, *L'Économie des Bouquets, Les marchés de solutions dans le nouveau capitalisme*, France, L'Aube, 2005.

[7] A simplificação *ex-ante*, também conhecida por simplificação «preventiva», tem por objectivo evitar a entrada de encargos administrativos pela porta do processo legislativo. A simplificação *ex-post* actua de forma «correctiva», já após a introdução de encargos administrativos, no sentido de os eliminar ou reduzir.

[8] Sobre as políticas de *«Better Regulation»* vide: «Relatório Mandelkern – Melhoria da Qualidade Legislativa», *in Legislação. Cadernos de Ciência de Legislação*, (29), 2000; «Simplificar e melhorar o ambiente regulador», [COM (2001) 726 final]; e OECD, *Better Regulation in Europe: Portugal 2010*, OECD Publishing, 2010.

Gracioso e Também Simples 751

e a simplificação tornando muito mais visível o valor acrescentado da tecnologia para a eficiência e eficácia administrativas e, consequentemente, para a qualidade do serviço público[9].

É certo que há medidas de pura simplificação que não dependem da tecnologia, como a supressão de procedimentos, de que é exemplo a eliminação de licenças ou a dispensa de escrituras obrigatórias. Mas há muitas outras em que a simplificação beneficia do uso da tecnologia, onde a reengenharia do procedimento é prevista a pensar na sua desmaterialização e na sua integração de acordo com o evento de vida do cidadão ou da empresa, recorrendo designadamente a mecanismos de interoperabilidade, os quais permitem o diálogo entre diferentes sistemas de informação sem necessidade de os fundir num só[10]. Deste modo, a tecnologia serve para transformar o procedimento e não apenas para o desmaterializar.

Neste texto, irei apenas abordar e discutir alguns destes aspectos das políticas de simplificação e de administração electrónica para poder, a partir deles, verificar qual o seu impacto na visão mais tradicional do procedimento administrativo.

Se é tão difícil simplificar a lei e o procedimento, se a mudança tem custos, se existem resistências, se é grande o risco de falhar, importa começar por perceber as razões e os objectivos que levam a persistir nesta tarefa. É igualmente necessário enumerar os princípios orientadores, aqueles que hoje encontramos na maioria dos programas de simplificação, nos diplomas legais que por vezes lhes servem de fundamento, nas recomendações de organizações internacionais. São princípios que dão coerência e consistência a toda esta mudança.

---

[9] Sobre a avaliação da OCDE das iniciativas portuguesas que aliam simplificação e administração electrónica *vide* OCDE, *Tornar a vida mais fácil para cidadãos e empresas em Portugal: administração electrónica e simplificação*, INCM/OCDE, 2008.

[10] A interoperabilidade é um instrumento que garante a tradução e reconhecimento de sistemas de informação diferenciados e autónomos, permitindo a criação de uma arquitectura de informação na administração pública orientada para as necessidades dos seus clientes (cidadãos e empresas) e ao serviço de múltiplos canais de comunicação. É, por isso, muito mais do que um desafio puramente tecnológico, é também um desafio em termos semânticos e organizacionais: por um lado, exige a definição e partilha do significado de cada item de informação, das taxonomias e dos esquemas de dados; por outro, exige a concertação e o afinamento de processos e a cooperação entre organizações. Sobre este tema *vide* AAVv in [Coord. Greco, Mariano], *Interoperabilidade en la Administración Pública*, Buenos Aires, 2008.

752   *Em Homenagem ao Professor Doutor Diogo Freitas do Amaral*

Esses objectivos e estes princípios permitir-nos-ão, de seguida, analisar os impactos da simplificação e da administração electrónica no desenho do procedimento administrativo.

2. Objectivos e princípios da simplificação

2.1. *Objectivos*

«Evitar a burocratização e aproximar os serviços públicos das populações»[11] – exactamente um dos objectivos da regulamentação jurídica do procedimento administrativo – constitui uma das principais finalidades de todos os programas e iniciativas de simplificação administrativa e legislativa.

A orientação das administrações públicas para uma resposta pronta e eficaz aos cidadãos e às empresas, facilitando a sua vida quotidiana, o exercício dos seus direitos e o cumprimento das suas obrigações contribui, igualmente, para aumentar a confiança dos utentes nos serviços públicos[12].

A simplificação é também reconhecida como um importante instrumento para *favorecer a competitividade dos países*, tendo em conta o seu impacto na redução dos custos de contexto para o exercício das actividades económicas.

«Disciplinar da melhor forma possível o desenvolvimento da actividade administrativa, procurando nomeadamente assegurar a racionalização

---

[11] FREITAS DO AMARAL, Diogo, ob. cit., pág. 293.

[12] Reconquistar a confiança dos cidadãos na governação, na administração pública e nas próprias instituições democráticas constitui uma preocupação crescente não apenas dos governos democráticos, mas também das organizações internacionais, como a Organização para a Cooperação e Desenvolvimento Económico ou a Organização das Nações Unidas. Sobre este tema *vide* OCDE, *Renforcer la confiance dans l'action publique – Quel rôle pour l'État au 21ème siècle? – Conclusions d'une réunion du Comité de la gouvernance publique au niveau ministériel*, OCDE, 2006; BLIND, Peri K., *Building Trust in Government in the Twenty-first Century: Review of Literature and Emerging Issues*. Novembro de 2006. Disponível na URL: http://unpan1.un.org/intradoc/groups/public/documents/UN/UNPAN 025062.pdf; e MARQUES, Maria Manuel L., «Procura-se confiança» *in Serviço Público, Que Futuro?*, Coimbra, Almedina, 2009, pág. 113 a 115. Sobre as razões do declínio da confiança *vide* NYE JR., Joseph S./ZELIKOW, Philip D./KING, David C., *Why People Don't Trust Government*, USA, Harvard University, 1998.

dos meios a utilizar pelos serviços»[13], permitindo desse modo *aumentar a eficiência da administração pública*, libertar os serviços públicos de tarefas inúteis ou redundantes e deslocar recursos para áreas prioritárias, como a saúde, a educação, a inovação ou a segurança, é outra finalidade das políticas de simplificação, podendo ser obtida concomitantemente com as anteriores ou valendo por si só.

Destaca-se, por fim, o objectivo de *aumentar as oportunidades de «participação dos cidadãos* na formação das decisões que lhes digam respeito»[14]. Com este objectivo têm vindo a experimentar-se verdadeiras iniciativas de co-produção que permitem envolver os principais beneficiários da simplificação – cidadãos e empresas –, mas também os funcionários públicos, no desenho, na construção e na avaliação de medidas. São exemplo as iniciativas que possibilitam ao cidadão participar na escolha dos projectos que devem ser financiados na sua cidade (como o "Orçamento Participativo") ou ainda na identificação das situações que devem ser melhoradas na sua rua (como a "A Minha Rua"). Destacam--se, igualmente, os concursos de ideias para estimular a capacidade de inovação e o envolvimento dos agentes da administração pública e dos cidadãos nos programas de simplificação (como o "Prémio Ideia.Simplex")[15].

Como referi anteriormente, estes objectivos traduzem-se num conjunto de princípios orientadores que ajudam a dar coerência às propostas de simplificação.

---

[13] FREITAS DO AMARAL, Diogo, ob. cit., pág. 292.

[14] FREITAS DO AMARAL, Diogo, ob. cit., pág. 293.

[15] Promovido no âmbito do Simplex – Programa de Simplificação Legislativa e Administrativa –, o concurso Ideia.Simplex visa premiar as melhores ideias dos funcionários públicos na área da simplificação e modernização administrativa. Esta iniciativa pretende fomentar uma cultura de simplificação no interior da administração pública que desafie os funcionários públicos a questionar o seu trabalho e a participar na criação de serviços à medida dos cidadãos e das empresas. Medidas do Programa Simplex de 2010, como a «Receita Médica Electrónica» e o «Dossier Electrónico do Imóvel», foram ideias vencedoras da edição deste ano do Prémio.

2.2. Princípios orientadores da simplificação

a) Proporcionalidade ao risco

O primeiro princípio é o da proporcionalidade ao risco. Constitui um princípio básico de qualquer projecto de simplificação. Significa que em alguns casos, os de menor risco, o controlo não deve ser obrigatório e prévio (*ex-ante*), mas sim aleatório e posterior (*ex-post*) à realização de uma actividade. Um estabelecimento industrial no sector da petroquímica não envolve os mesmos riscos que uma pequena indústria de compotas. A construção de uma moradia numa zona urbanizada não tem as mesmas exigências que a de um prédio de 20 andares.

Traduzir este princípio nos regimes regulatórios e nos procedimentos a eles associados implica: desgraduar o controlo de determinadas actividades, cujo exercício é totalmente liberalizado, sujeitando-as a mero registo ou a verificações aleatórias posteriores; manter uma verificação prévia, mas mais sumária; e, finalmente, assegurar um regime de controlo apertado nos casos de maior risco.

Para além de não se gastarem meios a controlar situações de baixo risco (onde o custo do controlo não compensa o benefício), esta mudança permite poupar recursos para um controlo mais eficaz e ágil dos casos que merecem efectivamente uma verificação cuidadosa e prévia.

Esta alteração nas regras e nos procedimentos de controlo e a sua diferenciação em função do risco representa uma inversão do tradicional princípio de uma desconfiança sistemática da administração em relação ao cidadão. A confiança torna-se a regra em determinadas situações.

Mas, para que essa inversão possa ocorrer, é preciso que se verifiquem algumas condições: primeiro, é conveniente que as regras estejam bem definidas e que a informação seja clara e acessível (onde é possível construir ou instalar, que requisitos devem ser observados, etc.), o que hoje os meios electrónicos e, em particular, os sistemas de geo-referenciação permitem fazer com mais facilidade; segundo, é necessária uma efectiva responsabilização dos técnicos e do promotor pela observância das regras; e, por último, é importante que os prevaricadores sejam punidos, o que exige meios de fiscalização eficazes e sanções dissuasoras rapidamente aplicadas.

Além disso, a desgraduação de certos procedimentos e a sua simplificação não impede que se dê aos cidadãos a possibilidade de serem eles a avaliar o risco envolvido numa determinada operação e, assim, escolherem entre pagar uma segurança acrescida com um procedimento mais demorado ou, em alternativa, utilizar um procedimento mais simples. Nada impede, por exemplo, que antes de constituir uma sociedade comercial, que pode ter na sua origem um projecto complexo, o empresário consulte previamente um, dois ou três profissionais para avaliar com eles o modelo a adoptar, o risco e a forma de o gerir, muito embora, na maioria dos casos, essa mesma operação possa ser efectuada de uma forma rápida, utilizando um pacto social pré-formatado[16].

b) Pedir apenas a informação indispensável, reutilizá-la e partilhá-la com outras entidades públicas

Este princípio obriga, em primeiro lugar, a rever a informação que é solicitada pela administração pública ao cidadão para verificar se é mesmo necessária ou se não foi já recolhida, podendo ser reutilizada, como acontece, por exemplo, na renovação das matrículas escolares. A incomodidade com que os cidadãos e as empresas olham, cada vez mais, para as situações de replicação de pedidos de informação ajuda a detectar as redundâncias e a encontrar as alternativas.

Em segundo lugar, exige verificar se não há outra entidade administrativa que disponha dessa informação. A partilha de informação entre serviços públicos logo no momento em que a ela é solicitada – como acontece no serviço "Informação Empresarial Simplificada"[17] – permite concretizar este princípio. Outras soluções passam pela comunicação entre sistemas de informação, como é o caso das provas de rendimento necessárias para auferir certos benefícios (bolsas de estudo ou acesso a subsídios) e das provas de situação de não dívida de impostos ou contribuições para a segurança social.

---

[16] Mais de 90% das empresas criadas em Portugal, durante o primeiro semestre de 2010, optaram pelos serviços simplificados «Empresa na Hora» e «Empresa on-line» para a sua constituição.

[17] O serviço Informação Empresarial Simplificada (IES) veio permitir aos empresários cumprir quatro obrigações de prestação de informação, de natureza contabilística, fiscal e estatística, a quatro entidades distintas (Instituto dos Registos e Notariado, Direcção Geral dos Impostos, Instituto Nacional de Estatística e Banco de Portugal) através de uma única interacção e de forma desmaterializada, submetendo um formulário electrónico. Antes, esta formalidade era efectuada em formatos e momentos distintos, e implicava várias deslocações e a entrega de muito papel.

Quando se trate de dados pessoais, a partilha de informação deve ser precedida de autorização do cidadão.

c) Normalização

A preparação de instrumentos complementares do regime jurídico que assegurem a normalização da sua interpretação pelas diferentes entidades a quem cabe a sua aplicação é outra orientação importante para que a simplificação seja bem sucedida.

A tradução do regime em perguntas e respostas mais frequentes ou a produção de guias técnicos, para os utilizadores e para a administração, são formas de dar corpo a este princípio. Ajudam os interessados a compreender o regime e permitem padronizar as respostas da administração, evitando interpretações avulsas e desconformes, cuja probabilidade aumenta quando a aplicação é descentralizada e transferida para as autarquias.

d) Previsibilidade

Garantir a possibilidade de conhecer antecipadamente os tempos de resposta, em especial nos procedimentos mais demorados, constitui um princípio de qualquer boa simplificação. Não é suficiente saber o que é preciso fazer para iniciar uma actividade, registá-la, alterar a propriedade, etc. É importante prever quanto tempo é preciso esperar pela resposta e qual o montante a pagar ou a receber no final.

Compreende-se que uma licença para instalar um complexo industrial cimenteiro ou para aprovar uma urbanização não seja atribuída "na hora". Mas é mais difícil de entender que o tempo possa variar entre 2 e 20 anos, e que isso nunca se saiba quando o procedimento é iniciado.

Esta previsibilidade pode ser assegurada através da disponibilização de simuladores, que permitam ao promotor de um projecto saber, à partida, o tempo que deve esperar pela decisão final, salvo a ocorrência de incidentes imprevisíveis ao longo do procedimento, ou ao contribuinte saber quanto irá pagar de imposto ou receber de devolução.

e) Transparência

Concomitantemente, é recomendável assegurar a transparência do procedimento para os interessados. Essa transparência passa, em primeiro lugar, por facilitar o acesso à informação sobre os requisitos que devem ser preenchidos para exercer uma dada actividade, permitindo, por exemplo, saber quem são as entidades competentes para emitir as licenças ou conceder as autorizações. Na verdade, um dos factores que agrava a complexidade de muitos regimes é a sua opacidade, ou seja a dificuldade de perceber a tramitação, os prazos, as entidades que intervêm e com que poderes.

As tecnologias de informação e comunicação possibilitam também acompanhar as diferentes fases do procedimento, isto é, saber onde está o processo, quanto tempo se deverá esperar pela decisão, qual a fase seguinte, e assim por diante.

Esse acompanhamento e o impulso à decisão que dele poderá resultar constituem indubitavelmente bons exemplos das vantagens de associar a administração electrónica à simplificação. A administração electrónica é um instrumento de reforço dos direitos dos particulares que, por sua vez, se tornam aliados e impulsionadores do bom funcionamento da administração e dos seus serviços[18].

f) Agilização

Encurtar os prazos de resposta, nomeadamente através da eliminação de formalidades dispensáveis e da previsão de mecanismos que vinculem a administração ao seu cumprimento, como os deferimentos tácitos, é outro princípio importante.

Dispensar vistorias obrigatórias nos projectos de menor risco e utilizar entidades acreditadas para substituir verificações públicas é um exemplo de como pode concretizar-se.

Trata-se de mais um princípio cuja materialização pode ser favorecida pelo uso das tecnologias, que aceleram a comunicação entre diferentes entidades e entre estas e os cidadãos, bem como pela adopção da "regra da confiança no cidadão" que facilita decisões quase instantâneas ou até automáticas com verificações posteriores.

---

[18] Sobre a forma como as tecnologias da informação e comunicação podem promover a transparência na governação *vide*, entre outros: FUNG, Archon/GRAHAM, Mary/WEIL, David, *Full Disclosure, The Perils and Promise of Transparency*, USA, Cambridge University Press, 2007; e EGGERS, William, *Government 2.0 – Using Technology to Improve Education, Cut Red Tape, Reduce Gridlock, and Enhance Democracy*, USA, Rowman & Littlefield Publishers, 2005.

g) Balcão único multi-canal e gestão do processo

Para contornar a multiplicidade de intervenientes num procedimento é importante respeitar o principio do balcão único, presencial e/ou virtual. Isso significa ter um único interlocutor, o qual, por sua vez, interage com as diferentes entidades administrativas que dão parecer ou intervêm de qualquer outro modo no procedimento.

Disponibilizar ferramentas e garantir as condições que permitem a interoperabilidade entre sistemas de informação (nomeadamente no que se refere ao modelo de dados) contribui para esta integração dos serviços e para que este princípio possa ser observado, quando isso seja aconselhável.

h) Monitorização, avaliação e correcção

Por último, a transparência do procedimento, associada à facilidade com que se faz o seu acompanhamento, permite à entidade gestora do processo monitorizar o seu funcionamento e, deste modo, detectar mais rapidamente os estrangulamentos e encontrar soluções. Auxilia ainda a produção da informação necessária para avaliar, contínua ou periodicamente, o sucesso ou insucesso da reforma simplificadora. Essa avaliação deve ser prevista como obrigatória, através de relatórios regulares e outros instrumentos, como inquéritos de percepção ao cidadão, avaliações sobre a qualidade do serviço ou medição da poupança para os utentes resultante da redução de encargos administrativos.

A avaliação é, assim, um princípio fundamental, tendo em conta tudo o que foi referido anteriormente: a complexidade do procedimento, a tradição burocrática, os insucessos do passado. O mesmo pode dizer--se da introdução de correcções, logo que estas se mostrem necessárias.

3. As implicações no procedimento administrativo

Atingir os objectivos antes referidos e, para esse efeito, simplificar o procedimento de acordo com as orientações e os princípios enumerados, associando-os à utilização de instrumentos próprios da administração electrónica, tem implicações na abordagem mais tradicional do procedimento administrativo, tal como nos habituámos a desenhá-lo, a vivenciá-lo e a discuti-lo.

Neste último ponto, mostrarei *as cinco mudanças* cujo impacto me parece ser mais relevante e perturbador desse "desenho":

a) A primeira mudança é a que resulta da *integração de serviços num balcão único*, num só *front-office*, tendo em *back-office* diferentes entidades administrativas que validam informação, registam dados, partilham a receita, comunicando, para este efeito, através de *Web services* ou de plataformas de interoperabilidade. Essa forma de prestação de serviços, que hoje usamos para criar uma empresa, comprar uma casa, registar uma criança, emitir um cartão de cidadão, renovar um conjunto de documentos, etc., agrega num só procedimento, num só interlocutor, o que antes dependia de vários. Substitui uma abordagem *sectorial* e *linear* – cada parte do procedimento com o seu interlocutor próprio – por uma abordagem *transversal* e em *estrela* – um só procedimento para várias interacções com diferentes entidades da administração.

Permite também ter *back-offices* muito mais centralizados (a informação de suporte à decisão) e ao mesmo tempo *front-offices* muito mais descentralizados (a prestação do serviço), assegurados por outras entidades: podemos ter serviços de um Ministério assegurados pelos serviços desconcentrados de outro ou por uma autarquia local[19]. Esta separação, entre quem presta o serviço e quem decide (o "dono" do serviço), ou seja, entre o *front-office* e o *back-office*, pode, no limite, acontecer até entre administrações públicas de Estados diferentes. É hoje possível, por exemplo, pedir numa Loja do Cidadão em Portugal uma certidão de registo civil de Cabo Verde, um serviço executado por um funcionário português, ainda que a certidão seja emitida pelo registo civil cabo-verdiano.

Naturalmente, por detrás desta mudança está a passagem de uma administração assente numa estrutura rigorosamente hierarquizada (em "silos") para uma administração em rede, mais colaborativa[20].

---

[19] Por exemplo, requerer o passaporte – que é emitido pelo Ministério da Administração Interna – nos balcões dos serviços de registo do Ministério da Justiça, onde é pedido o cartão de cidadão; ou renovar a carta de condução num balcão multi-serviços de uma loja do cidadão, onde também são prestados serviços de outros ministérios e da administração local.

[20] *Vide* Badger, Mark/Johnston, Paul/Stewart-Weeks, Martin/Willis, Simon, *The Connected Republic, Changing the Way We Govern*, USA, Cisco System, Inc, 2004; C. Kamarck, Elaine, *The End of Government... as we know it*, USA, Lynne Reinner Publishers, Inc, 2007; Marques, Maria Manuel Leitão, «Uma administração pública em

b) A segunda mudança prende-se com a *alteração na forma de partilha de informação* entre diferentes entidades da administração e no modo como esta é disponibilizada ao cidadão. Segundo a abordagem mais tradicional do procedimento administrativo, é o cidadão que reúne os documentos e comprovativos necessários para a sua instrução, os pede e entrega em diferentes serviços públicos, pese embora o princípio do inquisitório. Actualmente, e cada vez mais, é a administração que vai obter a informação de que não dispõe, mas que existe noutra entidade pública central ou local. Quando muito, pede autorização ao cidadão para a consultar, se se tratar de dados pessoais, ou pede ao cidadão para a validar.

Começa ainda a ser frequente que a informação administrativa esteja acessível e actualizada permanentemente para quem dela necessitar, podendo ser disponibilizada a terceiros através de um código de acesso, como acontece, entre nós, com as certidões permanentes de registo civil, comercial ou predial.

c) A terceira mudança passa pela *agilização do procedimento* e da decisão, suportada pela comunicação electrónica. No procedimento tradicional existem, em geral, tempos diversos entre as diferentes fases, reflectindo a ideia de tramitação, de sucessão de trâmites e de etapas ou fases logicamente sequenciais. Existem hoje várias situações em que todas estas fases são concentradas em segundos ou minutos, permitindo cada vez mais transformar em decisões "na hora" procedimentos que demoravam meses a tramitar.

d) A quarta mudança resulta da *desmaterialização de toda a informação e da própria assinatura*, com recurso crescente à assinatura electrónica, permitindo transitar de um procedimento assente em documentos físicos para um procedimento totalmente desmaterializado, incluindo a prática de actos administrativos por via electrónica (por exemplo, adjudicações na contratação pública), com as implicações que isso pode ter na forma tradicional de efectivar garantias, provas e arquivos.

e) A quinta e última mudança tem a ver com o facto de estes novos suportes, modelos e canais de comunicação oferecerem também *novas*

---

rede», in AAVV [Coord. COELHO, José Dias], *Sociedade da informação – O Percurso Português, Dez Anos de Sociedade da Informação, Análise e Perspectivas*, Lisboa, Edições Sílabo, 2007.

oportunidades em matéria de participação e intervenção dos cidadãos – por exemplo, no acompanhamento do procedimento e no seu controlo – que vão além daquelas que estão previstas no modelo mais tradicional. Algumas das iniciativas que hoje se desenvolvem sob a designação de "administração aberta" (*open government*) visam aproveitar produtivamente esta oportunidade[21].

Haverá, seguramente, muitas outras implicações da simplificação e da administração electrónica no procedimento administrativo, para além daquelas que me limitei aqui a suscitar, quase em jeito de provocação, ou seja, sem declinar detalhadamente as consequências que delas podem advir. Mas, mesmo que fossem só as cinco *supra* enumeradas, seriam suficientes para suscitar e merecer uma reflexão aprofundada, interdisciplinar de preferência, sobre o desenho, presente e futuro, do procedimento administrativo e sobre a sua regulamentação.

---

[21] Os projectos «Data.gov» nos EUA (www.data.gov) e no Reino Unido (data.gov.uk) visam facilitar o acesso às bases de dados públicas, não só para promover a transparência e a partilha de conhecimento, mas, sobretudo, para estimular a inovação e a participação, incitando todos os interessados a fazerem uso criativo da informação aberta e a tornarem-se parceiros da administração na produção de serviços públicos. Sobre o tema da administração aberta vide AaVv [Edit. Lathrop, Daniel/Ruma, Laurel], *Open Government – Collaboration, Transparency and Participation in Practice*, O'Reilly, 2010.

A NULIDADE ADMINISTRATIVA,
ESSA DESCONHECIDA

J. C. Vieira de Andrade

Introdução

Desde sempre que a doutrina e a jurisprudência nacionais convivem habitualmente com a nulidade, no contexto da avaliação da conformidade das actuações administrativas com o Direito, mas a figura jurídica não deixa por vezes de surpreender, quando se tem de escolher o comportamento certo a adoptar perante ela em algumas situações da vida, quando se trata de conseguir a solução justa de determinados litígios ou, numa dimensão mais reflexiva, quando se pretende definir-lhe com maior rigor os contornos dogmáticos.

Isso resulta porventura de nem sempre se observar a nulidade administrativa "com olhos de ver", sobretudo desde que o Código do Procedimento Administrativo (CPA) a define e regula, dedicando-lhe alguns preceitos, que se tomam por tranquilizadores e se aplicam mais ou menos automaticamente, como se o problema se esgotasse na exegese legal, sem atender às inquietações que a opção legislativa afinal levanta.

Se uma relativa inércia doutrinal juspublicista se pode justificar pela vertigem causada pela sua genealogia, marcada pela teoria das invalidades do direito civil, certo é que se torna indispensável meditar na comple-

---

[1] E não apenas aos contratos com objecto passível de acto administrativo ou, em geral, sobre o exercício de poderes públicos – referimo-nos ao artigo 284.º, n.º 2 do referido Código, que comina a nulidade dos contratos administrativos quando se verifique algum dos fundamentos previstos no artigo 133.º do CPA para a nulidade dos actos administrativos.

xidade da categoria jurídica, tomando na devida conta as mutações genéticas impostas pela sua vivência no mundo administrativo – desde logo, as diferenças causadas pela relevância fundamental do interesse público na actividade e nas relações jurídicas administrativas, pelas refracções teóricas e normativas que separam intencionalmente o *posse* do *licere*, a ilegalidade administrativa da ilicitude, a invalidade e a ineficácia de decisões de autoridade dos desvalores da vontade negocial.

Tanto mais que, no domínio particular do direito administrativo, a doutrina se defronta neste aspecto com distinções de família que ultrapassam a clássica diferença entre os modelos anglo-saxónicos e os euro-continentais: mesmo no território dos sistemas de administração executiva, a construção da nulidade do acto administrativo apresenta divergências importantes, que, por exemplo, afastam o paradigma germânico e hispânico das invalidades, tendencialmente dualista, onde se demarca claramente a nulidade da anulabilidade, do tradicional paradigma francês e italiano, hoje em mudança, onde a invalidade surge tendencialmente unitária, remetendo para a figura da inexistência certos desvalores, atípicos ou mais graves, da actuação administrativa.

Nas breves páginas que se seguem não pretendemos, no entanto, senão desfiar algumas reflexões críticas, dogmáticas e práticas, sobre o conceito e sobre o regime da nulidade, que vamos pensadamente limitar ao âmbito do ordenamento jurídico nacional, tendo como ponto de partida os referidos preceitos do CPA, naturalmente enquadrados e articulados com os princípios jurídicos fundamentais que regem as relações jurídicas administrativas.

É dizer que iremos sobretudo expor problemas e dúvidas relativos à coerência e à racionalidade operativa da figura, em referência restrita ao acto administrativo, onde eles e elas se suscitam em primeira linha – com a consciência reconfortada pela inclinação normativa, expressa no recente Código dos Contratos Públicos, para a aplicação do regime das invalidades do acto às invalidades próprias de todos os contratos administrativos[1], a acrescer à importância dos actos pré-contratuais na invalidade dos contratos públicos derivada de anomalias verificadas no respectivo procedimento de formação[2].

---

[2] Lembre-se que o exercício dos poderes típicos do contraente público na execução do contrato reveste agora por determinação legal a natureza de acto administrativo, sujeito, por isso, ao respectivo regime de invalidade. Fora do objecto de análise fica, no entanto, o desvalor dos regulamentos, aos quais se aplica um outro regime de invalidade, apesar de (*et pour cause*) a tradição francesa os incluir no conjunto dos «actes administratifs».

1. O espaço da nulidade e o fantasma da inexistência

1.1. A primeira dúvida quanto ao âmbito da figura da nulidade, tal como é construída pelo CPA, tem a ver com o significado normativo dos preceitos contidos no artigo 133.º.

Até então, vigorava entre nós a regra da tipicidade dos actos nulos: a nulidade dependia de expressa cominação legal; agora a lei estabelece uma cláusula geral de nulidade ou um conceito genérico de actos nulos ("actos a que falte qualquer dos elementos essenciais"), embora mantenha a referência às nulidades por determinação legal ("ou actos para os quais a lei comine expressamente essa forma de invalidade").

Neste contexto, põe-se a questão de saber se a exemplificação contida n.º 2 do artigo 133.º ("são designadamente, actos nulos") deve ser considerada como concretização do paradigma substancial da nulidade ou como um conjunto de hipóteses típicas de determinações político-legislativas.

A enumeração de actos nulos – que repete, em larga medida, o catálogo anteriormente estabelecido na lei para os actos das entidades da administração local[3], acrescentado com hipóteses propostas pela doutrina e pela jurisprudência[4] – engloba, no essencial, situações que sempre foram e à primeira vista continuam a ser consideradas de nulidade por natureza[5], embora algumas delas, pelo menos parcialmente e numa interpretação literal, pudessem ser consideradas casos de anulabilidade se aí não estivessem expressamente previstas[6].

Assim, em face da decisão legislativa de estabelecer um conceito tipológico, julgamos que o problema do âmbito da nulidade no CPA se há-de pôr, em primeira linha, como questão de *natureza jurídica*, independente da qualificação legal das espécies – os tipos de invalidade são caracterizados por momentos substanciais próprios, sem prejuízo de a lei

---

[3] A enumeração das nulidades constava originariamente apenas do Código Administrativo e, mais tarde, da Lei das Autarquias Locais. No entanto, a jurisprudência, com apoio da doutrina, estendia a aplicação desses preceitos a todos os actos administrativos.

[4] Por exemplo, FREITAS DO AMARAL sugeriu a nulidade do acto por ofensa do caso julgado, a propósito da execução de sentenças anulatórias, e JORGE MIRANDA considerou nulo o acto praticado com violação do conteúdo essencial de direitos fundamentais.

[5] Por exemplo, a incompetência absoluta (falta de atribuições), a violação do conteúdo essencial de direitos fundamentais, a impossibilidade do objecto.

[6] Como, por exemplo, a coacção moral e a falta relativa (momentânea) de quórum.

Em Homenagem ao Professor Doutor Diogo Freitas do Amaral

ter autoridade para equiparar espécies concretas de imperfeição ou deficiência a um ou outro dos desvalores tipificados, sujeitando-as à aplicação do respectivo regime.

E, neste quadro, a enumeração legal pode ser entendida como uma concretização de nulidades substanciais, a interpretar adequadamente (se for caso disso até restritivamente[7]), em função do respectivo critério geral, que a lei, pela primeira vez, entendeu formular – as nulidades por determinação legal serão então aquelas que leis especiais resolvam engendrar, por opção política, designadamente em situações que de outro modo o não seriam[8].

1.2. *O carácter "excepcional" da nulidade administrativa*

A procura de um conceito operativo de nulidade tem partido, com naturalidade, da convicção do seu carácter especial ou excepcional, em relação à anulabilidade, vista como a regra da invalidade dos actos administrativos nos sistemas de administração executiva.

A ideia da anulabilidade como regra geral ou, pelo menos, como regime típico do acto administrativo, em contraposição com o regime típico da nulidade do negócio jurídico de direito privado, parece, à primeira vista paradoxal, tendo em conta, como já Kelsen salientou, a especial vinculação da Administração à legalidade e ao interesse público, mas tem resistido aos tempos – primeiro associada à *autoridade* administrativa como privilégio público, revive em contexto democrático como garantia da segurança jurídica e da praticabilidade, num universo em que se desenvolvem exponencialmente as áreas de intervenção administrativa e aí ganha importância decisiva a actividade autorizativa e concessória.

Mesmo que à ideia de poder se tenha sobreposto a de serviço e que a administração fechada e autocrática tenha sido substituída por uma administração aberta, participada e respeitadora dos direitos e interesses legalmente protegidos dos cidadãos, são justamente os direitos dos

---

[7] No sentido de uma interpretação restritiva de idêntico preceito na lei espanhola, quanto aos vícios no procedimento e na formação da vontade de órgãos colegiais, v. R. BOCANEGRA SIERRA, *La teoria del acto administrativo*, 2005, p. 187 e ss.

[8] As nulidades também podem naturalmente resultar de *preceitos especiais* de direito da União Europeia, quando esteja em causa a aplicação de normas comunitárias (por exemplo, em caso de violação da proibição de ajudas de Estado).

A Nulidade Administrativa, essa Desconhecida

particulares que exigem agora, em grande medida, a *força estabilizadora* do acto administrativo e um regime de invalidade que a assegure de forma consequente, seja através de um ónus de impugnação pelos (contra)interessados num prazo curto, seja através da limitação dos poderes de auto-tutela administrativa da legalidade.

Neste contexto, ainda que não se configure a anulabilidade como uma regra em sentido próprio, a nulidade sempre há-de ser a resposta normativa para situações contadas – para aquelas situações em que o desvalor da actuação administrativa revista especial gravidade, de tal modo que o respeito pela legalidade deva prevalecer sobre a segurança e a estabilidade.

A nulidade pressupõe, assim, por definição, uma desconformidade particularmente grave com o paradigma normativo do acto jurídico, a provocar um desvalor que o legislador não pode (ou não quer) submeter ao regime da anulabilidade – isto é, para o qual não é aceitável uma produtividade normal do acto, ainda que provisória, cuja manutenção dependa da vontade de particulares interessados e seja assegurada por um ónus de impugnação em prazo curto, sob pena de formação de caso decidido.

Ou, dito agora pela positiva, um desvalor tal que o interesse público da legalidade (juridicidade) implique a improdutividade normal do acto e a possibilidade ou o dever do conhecimento oficioso da invalidade, a todo o tempo, pelo menos enquanto o vício não for eliminado.

Podemos assim avançar a partir da asserção segundo a qual a nulidade do acto administrativo por natureza se baseia em uma razão substantiva de prevalência firme da legalidade sobre a estabilidade e segurança, e está ligada a um regime que visa garantir essa prevalência.

1.3. A *delimitação primária dos casos de nulidade: invalidade e inexistência*

Como vimos, o CPA veio estabelecer, pela primeira vez entre nós, uma cláusula geral contendo um critério para definição dos casos de nulidade, até então sujeitos a uma regra de estrita tipicidade legal.

O conceito escolhido para o efeito – "falta de elemento essencial" – é, no entanto, susceptível de gerar alguma ambiguidade, na medida em que a expressão tem sido utilizada na literatura jurídica, quer com um sentido primário estrutural, quer com um sentido primário substancial.

Em Homenagem ao Professor Doutor Diogo Freitas do Amaral

Por um lado, a ideia de elementos essenciais pode remeter para uma concepção lógico-estrutural do acto, em que tais elementos seriam os momentos definitórios do próprio conceito de acto administrativo – caso em que a definição legal de nulidade pela respectiva *falta* nos pode arrastar para o problema da ausência ou imperfeição estrutural e, portanto, para o da inexistência do acto.

O alcance normativo da absorção, por esta via, de situações de inexistência pela nulidade é reconhecido por alguma doutrina e pela jurisprudência[9], e até parece confirmar-se através de algumas das hipóteses concretizadas no próprio preceito legal, designadamente, as de coação física e de usurpação de poder, que implicariam a inexistência do acto, por falta de manifestação de vontade de um órgão da Administração ou por não se tratar do exercício da função administrativa[10].

Uma tal absorção da figura da inexistência pela da nulidade, ainda por cima parcial e relativa[11], suscita, porém, dúvidas de delimitação e de coerência de regime, para além de distanciar a solução normativa do CPA tanto do paradigma dualista alemão, em que à primeira vista se filia, como das soluções francesa e italiana, ao misturar e aplicar o mesmo regime a situações de inexistência e de invalidade, que ambos os paradigmas distinguem, ainda que em termos diferentes[12].

---

[9] V. MARCELO REBELO DE SOUSA /ANDRÉ SALGADO MATOS, *Direito Administrativo Geral*, Tomo III, 2007, p. 141 e ss e jurisprudência aí citada.

[10] Note-se que a tendência é, entre nós, para um conceito orgânico de inexistência jurídica, abrangendo as situações em que não há manifestação de vontade imputável a um órgão administrativo. A situação de falta de quórum também tem sido considerada como geradora de inexistência do acto, por falta de órgão (quanto a nós, indevidamente).

[11] Pois que se admite que a figura da inexistência continua a existir, seja para casos de não-actos ou actos incompletos ou em outras situações de aparência de acto – o que seria comprovado pelo regime estabelecido no CPTA para a declaração de inexistência de acto administrativo, a par da declaração de nulidade, no contexto da acção administrativa especial de impugnação de actos (artigos 46.°, n.° 2 a) e 79.°, n.° 3).

[12] No paradigma alemão, distingue-se o acto nulo do «não acto» – v. WOLFF /BACHOF /STOBER, *Verwaltungsrecht* I, 12.ª ed., 2007, p. 556. Na Itália, a inexistência reporta-se a desvalores administrativos, mas distingue-se da invalidade, mesmo nas recentes hipóteses de nulidade legalmente estabelecidas – v., por último, FABRIZIO LUCIANI, «L'invalidità dei provvedimenti amministrativi: profili generali», in CERULLI IRELLI / LUCA DE LUCIA, *L'Invalidità Amministrativa*, 2009, p. 5 e ss. Em França, a inexistência jurídica reporta-se tradicionalmente a irregularidades muito graves e não sujeitas a prazo de impugnação contenciosa, distinguindo-se da nulidade (que, no fundo, segue o regime da anulabilidade) – v., por todos, LAUBADÈRE / VENEZIA / GAUDEMET, T. I, 13.ª ed., 1994, p. 594 e ss.

A *Nulidade Administrativa, essa Desconhecida*

Por outro lado, a expressão "elementos essenciais" pode ser entendida em sentido substancial, referida especificamente aos aspectos nucleares do acto, cuja "falta", num modelo prático-funcional, significa que o acto sofre de uma malformação especialmente grave e importante.

Esta leitura substancialista, feita por parte da doutrina[13], tem a vantagem de, aproximando a solução portuguesa da alemã e da espanhola, acentuar a coerência e a razão de ser da figura invalidatória da nulidade, com base em critérios de gravidade e de evidência – que visam primacialmente distinguir a nulidade da anulabilidade, e não da inexistência, pressupondo que, afinal, só para actos existentes se põe o problema da sua invalidade.

Causas de nulidade são, nessa perspectiva, "as infracções do ordenamento jurídico especialmente graves e manifestas, no sentido de que um cidadão médio não possa considerá-las como uma actuação legítima do Estado"[14]. A essencialidade refere-se, assim, ao padrão normativo violado e denota, não apenas a especial gravidade da ofensa, mas também a evidência dessa mesma gravidade substancial, medida pela sua compreensibilidade ao alcance de todas as pessoas razoáveis – um exemplo paradigmático seria o da violação manifesta de princípios jurídicos fundamentais[15].

Por nossa parte, entendemos que, na definição do nosso modelo, se tem de começar por distinguir categoricamente as situações de *inexistência* das situações de *invalidade* do acto.

A *inexistência de acto administrativo* verifica-se em todas as situações em que, pelas mais variadas razões[16], não há ou ainda não há uma decisão de autoridade formalmente imputável a um ente administrativo[17]. E esta situação não deve confundir-se sequer com a construção jurídica

---

[13] V. Mário Esteves de Oliveira / Pedro Gonçalves /J. Pacheco de Amorim, *Código do Procedimento Administrativo*, 2.ª ed., 1997, p. 641 e ss

[14] V. R. Bocanegra Sierra / J. García Luengo, «La eficácia y la validez de los actos administrativos», in Tomás Cano Campos (coord.), *Lecciones – Derecho Administrativo*, 2009, Tomo III, vol. I, p. 195.

[15] Sobre essa infracção como manifestação de evidência, v. Wolff /Bachof /Stober, *ob. cit.*, 2007, p. 554.

[16] Porque há inércia ou silêncio, porque o acto não está constituído ou não é uma decisão ou é um acto privado ou de um privado não detentor de poderes públicos.

[17] Freitas do Amaral, *Curso de Direito Administrativo*, vol. II, 2001, p. 415, prefere utilizar a figura da tipicidade: há inexistência quando a falta de elemento essencial impeça que se reconheça o *tipo legal* a que o acto se reconduz.

Em Homenagem ao Professor Doutor Diogo Freitas do Amaral

do *acto administrativo inexistente*, em que a inexistência é vista, em si ou por qualificação legislativa expressa, como uma forma extremamente grave de invalidade de uma decisão imputável à Administração[18].

É certo que pode haver situações em que alguém, em regra um órgão administrativo, pretenda fazer valer como acto administrativo algo que o não é – nesse caso, até poderá admitir-se, para assegurar uma tutela judicial efectiva do interessado, o pedido judicial de declaração da inexistência de acto no quadro de uma acção administrativa especial impugnatória, como se houvesse um acto administrativo inexistente, isto é, um acto deformado por uma invalidade estruturalmente grave[19]. Mas, em rigor, no actual contencioso administrativo de plena jurisdição, a posição do particular face a situações de inexistência deveria ser tutelada através de pretensões condenatórias ou declarativas, eventualmente no âmbito de uma acção administrativa comum, como acontece, por exemplo, nas situações de via de facto, por não se tratar de uma pretensão emergente da *prática* de um acto administrativo.

Outra é a questão de saber se, dentro das formas de invalidade do acto, se podem distinguir as situações de acto nulo das de acto inexistente – aceitando a inexistência como forma de invalidade.

É neste contexto que o CPA parece ser contraditório: por um lado, taxa de nulidade, em geral, a falta de elementos essenciais, parecendo que afasta a autonomia da inexistência como figura de invalidade; por outro lado, seguido pelo CPTA, refere-se a vários propósitos à figura dos actos inexistentes, a par dos actos nulos.

Procurando harmonizar os preceitos legais, e tendo em conta também que o regime escolhido para a nulidade, na sua dimensão radical, se aproxima ou se iguala na prática ao das situações de inexistência, poderá entender-se que a figura do "acto inexistente" se reporta a nulidades específicas, absolutas ou gravíssimas: o acto nulo-inexistente será aquele ao qual deve ser aplicado, de forma irrestrita, o regime da nulidade, seja quando a lei o qualifique expressamente como tal, seja em casos excepcionalmente graves, de carência absoluta de elementos essenciais[20].

---

[18] V. Rogério Soares, *Direito Administrativo*, 1987, p. 233 e ss e também M. Esteves de Oliveira *et alii*, *ob. cit.*, p. 638 e s.

[19] Poderá valer porventura para esse efeito a prova da aparência exigida no 79.º, n.º 3 do CPTA.

[20] Nos restantes casos de vícios graves e evidentes, poderia aplicar-se o regime da nulidade em termos mais maleáveis, como veremos mais tarde, admitindo a produção de

A *Nulidade Administrativa, essa Desconhecida* 771

Assim, por exemplo, seriam, entre nós, geradoras de nulidade-inexistência a coacção absoluta ou a usurpação de poder[21], tal como a falta territorial de atribuições.

1.4. *As situações de nulidade*

Decisiva é, em nosso juízo, a circunstância de a lei portuguesa ter adoptado um modelo de tipo ou de cláusula geral, que há-de significar a escolha de uma concepção *substancial* da nulidade, a qual, tendo como razão de ser, como vimos, a prevalência da legalidade sobre a segurança e a estabilidade, há-de reportar-se à gravidade dos vícios do acto, comparada com as situações mais comuns e veniais de ilegalidade.

A construção legal foi pensada para actos administrativos que regulam situações jurídicas, designadamente das que envolvem direitos e interesses legalmente protegidos dos particulares, e visa a garantia de valores comunitários e interesses substantivos importantes – uma construção que se inscreve na luta pela consolidação dos valores do Estado de Direito Democrático no contexto das relações jurídicas administrativas[22].

Devem, pois, ser considerados nulos por natureza aqueles actos que sofram de um vício especialmente grave, avaliado em concreto em função das características essenciais de cada tipo de acto – será nulo um acto que contenha uma ilegalidade tão grave que ponha em causa os fundamentos do sistema jurídico, não sendo, em princípio, aceitável que produza efeitos jurídicos, muito menos efeitos jurídicos estabilizados, pelo menos enquanto tal vício subsista.

De facto, como a jurisprudência portuguesa hoje admite numa formulação feliz, "a nulidade haverá sempre de reportar-se a *um desvalor da*

---

efeitos putativos e até, embora entre nós apenas *de iure condendo*, a conversão ou a convalidação dos actos.

[21] Diferentemente do que sucede na generalidade dos outros países, quer em França e na Itália, onde são incluídas na inexistência, quer na própria Alemanha, onde são consideradas situações de não-acto.

[22] Vejam-se, por exemplo, os termos em que GARCÍA DE ENTERRÍA / TOMÁS-RAMÓN FERNANDEZ configuram a nulidade de desvio de poder para fim privado: «uma verdadeira apropriação da organização e dos seus instrumentos pelo agente em seu exclusivo benefício individual, uma usurpação de poderes administrativos indigna de qualquer protecção e cuja depuração não pode depender do arbítrio do particular concretamente afectado pelo acto produzido» (*Curso de Derecho Administrativo*, I, 4.ª ed., 1983, p. 580).

actividade administrativa com o qual o princípio da legalidade não pode conviver, mesmo em nome da segurança e da estabilidade, como acontece no regime-regra da anulabilidade"[23].

O problema que se põe é o de saber se o critério de *gravidade* deve ser complementado, à alemã, por uma ideia de *evidência* para o cidadão médio, avaliadas as circunstâncias, quer do vício, quer da sua gravidade[24] – característica que, para além de constituir uma garantia da excepcionalidade e de uma maior certeza na identificação da figura, está intimamente associada ao regime de invocação universal da nulidade. Julgamos que o critério da evidência não será decisivo para a qualificação do desvalor do acto como nulidade, mas será relevante para efeitos de regime, em termos que veremos melhor, sobretudo no que respeita à declaração administrativa de nulidade e ao seu conhecimento pelos interessados.

Sendo a gravidade substantiva definida pela lei por referência aos "elementos essenciais" do acto, deve tal entender-se como uma menção relativa aos momentos estruturais, mas compreendidos numa perspectiva valorativa, funcional e prática – a gravidade dos vícios mede-se relativamente aos aspectos principais do sujeito, do objecto, do fim, do conteúdo, da forma e do procedimento, de modo que o acto, pressuposta a sua existência, será nulo quando os vícios de que sofre impliquem ou se equiparem à falta de algum desses elementos, em função do respectivo tipo legal.

Impõe-se, neste quadro normativo, uma construção coerente do sistema de nulidades, que deve incluir a interpretação teleologicamente adequada das disposições legais que qualificam as nulidades, dando a atenção devida à jurisprudência e à doutrina[25].

Nesta perspectiva, será possível estabelecer uma conexão, ainda que meramente tendencial, entre os diversos vícios detectados na experiência prática e os tipos de invalidade dos actos em função do momento estrutural afectado.

---

[23] Cf. o Acórdão do STA de 17/02/2004, P. 1572/02, cuja leitura é especialmente elucidativa.

[24] Um vício de tal modo grave que não possa esperar-se de nenhum cidadão *médio* que cumpra ou respeite a decisão tomada – v. WOLFF /BACHOF /STOBER, *ob. cit.*, p. 555. A teoria da evidência, que se consagrou na Alemanha do pós-guerra, já teria raízes na doutrina do início do século, inclusivamente em França – cf. J. GARCÍA LUENGO, *La nulidad de pleno derecho de los actos administrativos*, 2002, p. 111 e ss.

[25] A preocupação doutrinal vai frequentemente no sentido de evitar uma extensão excessiva da nulidade – R. BOCANEGRA SIERRA / J. GARCÍA LUENGO, *ob. cit.*, p 195 e ss (198).

A Nulidade Administrativa, essa Desconhecida

Assim, quanto aos vícios relativos ao *sujeito*, serão nulos por natureza, em princípio, os actos praticados fora das atribuições, por órgão territorialmente incompetente (pelo menos na administração descentralizada)[26] ou com faltas graves de legitimação (falta de convocatória do órgão colegial ou falta de reunião, falta de investidura do titular). Já será discutível, no entanto, como sempre defendemos, que a mera falta momentânea de quórum deva sempre conduzir à nulidade[27].

Relativamente ao objecto, serão nulos, em regra, os actos cujo objecto (mediato) seja impossível (física ou juridicamente) ou indeterminado, tal como aqueles em que se verifique a impossibilidade, a ilicitude muito grave e a incompreensibilidade do conteúdo (objecto imediato). Não haverá dúvidas, pois, independentemente da qualificação legal, de que são nulos os actos cujo conteúdo constitua um crime ou os que ofendam o conteúdo essencial de um direito fundamental.

Quanto ao fim, embora os vícios relativos aos pressupostos legais conduzam em regra à anulabilidade, podem provocar nulidades em situações mais graves (por exemplo, quando a falta de base legal seja absoluta e se equipare à falta de atribuições). Nesta linha de entendimento cabe perfeitamente a atribuição da consequência da nulidade a actos administrativos que estejam viciados por *desvio de poder para realização de interesses privados*, comparado com o desvio de poder para outros fins públicos – figura que há bastante tempo é defendida na doutrina nacional[28], embora não resulte claramente dos textos legais[29].

No quadro de uma construção valorativa prático-funcional percebe-se ainda que seja relevante a distinção entre as invalidades substanciais

---

[26] Assim acontece na Espanha, bem como na Alemanha, embora aí só quando referido a bens imóveis ou a direitos «situados».

[27] Nessa parte, haverá quando muito uma nulidade por determinação legal (na medida em que não se entenda fazer uma interpretação restritiva do preceito do CPA).

[28] V. MÁRIO ESTEVES DE OLIVEIRA, *Direito Administrativo*, 1980, p. 547 e 579. FREITAS DO AMARAL, *ob. cit.*, 2001, p. 421, embora defendesse a solução da anulabilidade com base no direito positivo, chamava a atenção para a necessidade de repensar a solução para combater a corrupção.

[29] É que, nessa situação, não só não se cumpre o fim legal como se revela que o agente administrativo utiliza os poderes públicos que lhe foram confiados para proveito pessoal ou, de todo o modo, para satisfazer interesses privados de alguém – e isso é *especialmente grave* e, em regra, «evidente numa avaliação razoável das circunstâncias» (para utilizar a terminologia da lei alemã) – é dizer que viola gravemente a ordem jurídica, em termos que são equiparáveis à carência absoluta de fim legal.

774 Em Homenagem ao Professor Doutor Diogo Freitas do Amaral

e formais-procedimentais, em razão da instrumentalidade das formas, designadamente num contexto subjectivista de controlo da juridicidade. Serão, por isso, mais raras as situações de nulidade por vício de forma e de procedimento: só a carência absoluta de forma legal ou a violação do conteúdo essencial de direitos fundamentais procedimentais devem gerar a nulidade – quando a forma ou o procedimento preterido sejam imprescindíveis para a protecção de um direito subjectivo ou para a satisfação de uma exigência fundamental do Estado de Direito.

Os elementos essenciais são os indispensáveis para que o acto administrativo seja *juridicamente capaz de produzir os efeitos que visa*, incluindo os que caracterizam cada tipo de actos legalmente previstos. Por isso, uma teoria das invalidades substancialmente coerente deve ter em consideração a espécie de actos em causa, num plano estrutural e funcional.

Assim, por exemplo, numa verificação constitutiva, enquanto acto certificativo, deve ter-se por elemento essencial a veracidade dos factos certificados, sendo a falsidade equiparável à carência absoluta de objecto ou de conteúdo[30]. Do mesmo modo, num acto *sancionatório*, o procedimento tem de incluir necessariamente, por determinação constitucional, a oportunidade de defesa do destinatário[31]. Tal como um acto administrativo que vise impor uma *obrigação pecuniária* aos particulares, *maxime* a liquidação de um imposto, tem como elemento essencial do tipo a respectiva base legal impositiva, cuja falta deve implicar a nulidade[32]. E o mesmo se diga ainda de um parecer vinculante sem fundamentação, pois que a indicação dos fundamentos é co-essencial a este tipo de pronúncia decisória[33].

---

[30] Nesse sentido, v. M. Esteves de Oliveira *et alii*, *ob. cit.*, p. 642.

[31] Como sustentamos em «Validade», *Dicionário Jurídico da Administração Pública*, VII, p. 587. Sobre o conceito de sanção e a distinção de medidas administrativas desfavoráveis, v. Marcelo Madureira Prates, *Sanção administrativa geral: anatomia e autonomia*, 2005, p. 131 e ss..

[32] Defendemos isso em anotação discordante a um Acórdão do STA em *CJA*, n.º 43, p. 48.

[33] A questão da nulidade pode suscitar-se no plano interadministrativo ou mesmo em tribunal relativamente a pareceres vinculantes, na medida em que obrigam o órgão competente para a decisão final. O problema não se põe na generalidade dos pareceres, que, não sendo vinculativos, não constituem decisões.

A Nulidade Administrativa, essa Desconhecida

2. O regime da nulidade

2.1. O regime puro

Nos termos da lei geral[34], o acto nulo não produz quaisquer efeitos jurídicos, independentemente da declaração de nulidade; a nulidade dos actos administrativos é invocável a todo o tempo, por qualquer interessado e pode ser declarada, também a todo o tempo, por qualquer tribunal ou por qualquer órgão administrativo; os actos nulos (ou inexistentes) não são susceptíveis de ratificação, reforma e conversão.

E, a partir destas características legalmente definidas, a doutrina e a jurisprudência têm concluído naturalmente que o acto nulo não tem qualquer força jurídica – não é vinculativo, não tem força executiva, nem força executória –, de modo que nenhum órgão ou agente administrativo teria de o acatar (o subalterno não deveria obediência a ordens nulas do superior, mesmo que não implicassem a prática de um crime) e os particulares poderiam desobedecer-lhe, exercendo o seu direito de resistência.

Retiram-se consequências lógicas do princípio de que o acto nulo é absolutamente improdutivo e de que a declaração de nulidade não será mais do que o reconhecimento de uma evidência jurídica – no fundo, tudo parece passar-se como se o acto administrativo não existisse ou não existisse como acto jurídico.

Em primeiro comentário à configuração legal do regime da nulidade, deve dizer-se que um regime com esta dureza é mais próprio da inexistência do que de uma invalidade[35].

Na generalidade dos países em que se adopta a distinção, a nulidade, ao contrário da anulabilidade, implica a *ineficácia* da decisão, e uma ineficácia absoluta e perpétua, pois que o acto nulo não é susceptível de convalidação, não se admitindo a sanação dos vícios com efeitos retroagíveis ao momento da prática do acto[36].

---

[34] V. os artigos 134.º e 137.º, n.º 1, do CPA.

[35] Isso corresponde, aliás, de algum modo, a um entendimento tradicional, porventura aceitável quando os casos de nulidade estavam taxativamente fixados na lei – Marcello Caetano entendia que «a nulidade é equiparada nos seus efeitos à inexistência jurídica do acto» (*Manual de Direito Administrativo*, I, 9.ª ed., p. 491).

[36] Contudo, em Itália, onde desde 2005 existem várias hipóteses de nulidade administrativa determinadas por lei, admite-se a convalidação, pelo menos quando a lei o preveja, e pode até exigir-se a declaração da nulidade ou impor-se um ónus de

O panorama apocalíptico associado ao regime legal da nulidade compreender-se-á numa perspectiva histórica, na medida em que o regime foi elaborado tendo em mente os actos da "administração agressiva" (e, entre nós, da administração local) e com base numa enumeração, taxativa e concreta, das situações ou dos vícios geradores de nulidade – mas é excessivamente radical e não responde em termos adequados à realidade dos tempos de hoje, em que se impõe a consideração das relações jurídicas estabelecidas pelos actos administrativos.

Por um lado, o regime puro não funciona bem perante o alargamento do conceito e das espécies de acto administrativo, agora muitas vezes actos constitutivos de direitos e interesses legalmente protegidos, que exigem a produtividade ou merecem a estabilidade da situação de facto originada pelo acto. Por outro lado, não se coaduna com a definição qualitativa das nulidades por natureza e com o consequente carácter problemático da qualificação da invalidade – menos ainda entre nós, quando a definição legal de nulidade substancial se refere à falta de elementos essenciais, em termos que abrangem uma diversidade relevante de situações.

Como vimos, a questão da invalidade dos actos administrativos e dos respectivos efeitos constitui um problema, a resolver através da ponderação entre os valores da legalidade, de um lado, e os da segurança jurídica e da estabilidade das decisões, por outro lado – sendo especialmente relevante a protecção da boa fé e da confiança dos cidadãos quando estejam em causa decisões que lhes sejam favoráveis.

E não pode esperar-se que esse problema possa ser resolvido em abstracto, mediante a identificação de situações (excepcionais) de nulidade, quando o legislador utiliza conceitos indeterminados que necessitam de ser preenchidos, ou que essa ponderação possa ser realizada através da aplicação de um regime radical, que pressupõe a possibilidade de ignorar completamente os valores da segurança e da estabilidade[37].

Face à diversidade de situações e devido às exigências da realidade e do tempo, não é razoável nem justa uma leitura formalista dos requisitos de invalidade, que se limite a separar os casos de nulidade dos de

---

impugnação (um direito de acção prescritível em prazo longo), a par do reconhecimento de alguns efeitos colaterais do acto, justamente para distinguir a invalidade da inexistência – cf. F. Luciani, *ob. cit.,* p. 18 e ss.

[37] Nesse sentido, v. Pierre Moor, *Droit Administratif,* vol. III, 1992, p. 206 – um problema a resolver em concreto, em que é requisito a segurança jurídica.

A Nulidade Administrativa, essa Desconhecida

anulabilidade, aplicando aos primeiros indiscriminadamente um regime radical, como consequência automática da ilegalidade.

Torna-se necessário reconhecer a dificuldade problemática, mesmo para os juristas, em distinguir ou qualificar hoje os actos nulos, e introduzir alguma flexibilidade na aplicação dos regimes de invalidade, em função da diversidade de situações – o que justifica propostas de diferenciação interna e de modulação de regime nas distintas situações.

É dizer que a opção legislativa por uma categoria da nulidade, a par da anulabilidade, no que respeita à invalidade das actuações administrativas, não justifica iniquidades ou injustiças de resultado, nem deve dispensar os operadores jurídicos de pensarem e de actuarem racionalmente de acordo com os valores e interesses em jogo nas relações reais da vida social.

2.2. A moderação legal do regime

Nesse mesmo sentido, é a própria lei que admite algumas compressões e restrições no que respeita ao regime puro da nulidade.

A compressão manifesta-se, desde logo, na circunstância de a lei processual administrativa, por razões de tradição e de protecção dos direitos dos particulares, reconhecer os chamados "efeitos formais" do acto nulo, decorrentes da sua aptidão para encerrar o procedimento, ao prever a impugnação judicial e a suspensão da eficácia de actos nulos (e inexistentes), apesar de a sentença ter efeitos meramente declarativos.

Mais importantes são, no entanto, as restrições previstas na lei substantiva, ao limitar a nulidade de actos consequentes perante interesses legítimos de contra-interessados, e, muito em especial, ao reconhecer a possibilidade de atribuição de efeitos jurídicos a situações de facto duradouras criadas por actos nulos, por consideração de princípios jurídicos fundamentais e de direitos dos particulares[38].

No que respeita aos actos consequentes, embora à primeira vista não se trate de uma verdadeira limitação do regime da nulidade, mas de uma limitação do alcance das decisões anulatórias de actos administrativos, verifica-se a introdução, na esfera da nulidade, de momentos de ponderação de interesses, de acordo com princípios jurídicos fundamen-

---

[38] Cf. o artigo 133.º/2i, *in fine* e o artigo 134.º/3 do CPA.

Em Homenagem ao Professor Doutor Diogo Freitas do Amaral

tais, a temperar meros juízos lógicos de aplicação de conceitos legais – o conceito de acto consequente passa a ser entendido como um conceito funcional-material, excluindo-se a generalização indiscriminada da nulidade, com as suas consequências arrasadoras, e impondo-se um dever de avaliar os interesses em presença nas situações da vida cuja reconstituição é determinada pela anulação de um acto administrativo. No entanto, é de lamentar que a recente lei processual administrativa[39], com a pretensão de resolver um problema de ponderação, tenha adoptado uma solução formalista e potencialmente desequilibrada em favor da execução, na medida em que a situação jurídica dos beneficiários de actos consequentes do acto anulado, mesmo nos casos de anulação por vícios formais, só é garantida quando os danos causados pela anulação sejam de difícil ou impossível reparação e se, além disso, for manifesta a desproporção entre o interesse na manutenção da situação e o interesse na execução da sentença anulatória, tanto mais que tal benefício só é considerado se os actos tiverem sido praticados há mais de um ano e os terceiros *desconhecerem* sem culpa a precariedade da sua situação – quando uma ponderação razoável dos interesses dos terceiros apontaria para a protecção efectiva da sua *boa fé* e da confiança legitimamente depositada na actuação administrativa[40].

A principal morigeração do regime da nulidade reside, porém, na admissão directa da *atribuição de efeitos putativos* a actos nulos, fundada nos *princípios da protecção da confiança*, da *boa-fé*, da *proporcionalidade* – e até porventura em razões de *interesse público*, desde que à conduta do requerente se não possa imputar dolo ou má-fé[41].

---

[39] V. o artigo 173.º do CPTA, que contém regras de direito substantivo, aplicáveis à decisão judicial que deva ser proferida, não apenas em sede de execução, mas no próprio processo declarativo, quando tenha havido cumulação de pedidos, bem como à correspondente decisão administrativa.

[40] E não do desconhecimento: de facto, o beneficiário do acto consequente do acto anulado, ainda que não tenha qualquer responsabilidade na ilegalidade cometida, não poderá em regra desconhecer a precariedade da sua situação quando exista uma acção impugnatória do acto «causante».

[41] Cf. Esteves de Oliveira *et alii, cit.,* pp. 655 – esta condição, que está na base da protecção da confiança legítima, constitui, de resto, uma das diferenças assinaladas pela doutrina que distingue entre a nulidade e a inexistência. No entanto, Paulo Otero, *Legalidade e Administração Pública*, 2003, p. 1033 e ss (1035), admite tal relevância por imperativos de justiça, embora apenas nos casos que considera de «inexistência jurídica derivada ou consequente».

É certo que a lei se refere apenas aos princípios gerais de direito que permitem a relevância jurídica do decurso do tempo, o que poderia ser interpretado como se estivesse em causa a mera relevância do tempo como facto jurídico-administrativo, no quadro tradicional da prescrição aquisitiva – mas uma interpretação actualizadora leva-nos a concluir que a lei abre caminho a muito mais, que se trata da admissão da produtividade jurídica de actos nulos, alicerçada em princípios jurídicos fundamentais e envolvendo o reconhecimento de posições jurídicas subjectivas dos cidadãos, no quadro de uma tarefa de *ponderação* dos valores e interesses em presença nos casos concretos[42].

O *princípio da protecção da confiança legítima,* que tem hoje consagração legal expressa entre nós como desenvolvimento do *princípio da boa fé,* e que se vem afirmando na jurisprudência nacional como um parâmetro fundamental do controlo das actuações administrativas (em parte por influência das decisões do Tribunal de Justiça das Comunidades Europeias), consubstancia talvez o esteio mais importante para a limitação dos efeitos da nulidade.

O alcance deste princípio, na dimensão da boa fé dos administrados, pode ser sintetizado na seguinte formulação: "não se trata apenas de situações em que se tenha desencadeado um qualquer tipo de convicção psicológica no particular beneficiado por uma determinada actuação administrativa, mas sim quando essa convicção se fundamente em sinais externos emanados da Administração, que se revelem suficientemente razoáveis para que se possa confiar na respectiva legalidade" – circunstância que ganha especial relevo quando, no contexto da ponderação dos interesses públicos e privados em jogo, se venha a demonstrar que da declaração de nulidade "resultam para o património do beneficiário prejuízos que o mesmo não teria de suportar se não fosse a confiança que depositou na Administração"[43].

---

[42] Sobre a ponderação de bens no direito administrativo, v., por todos, KARL-HEINZ LADEUR, *Abwägung. Ein neues Paradigma des Verwaltungsrechts. Von der Einheit der Rechtsordnung zum Rechtspluralismus,* 1984.

[43] V. MUÑOZ MACHADO, *Derecho Administrativo y sistema de fuentes,* 2009, p. 46. Sobre o princípio, v., entre nós, REBELO DE SOUSA / SALGADO DE MATOS, *Direito Administrativo Geral,* T. I, 2.ª ed., 2004, p. 220 e ss. Em outras situações, o princípio pode justificar a estabilização de expectativas, a eliminação ou redução de uma obrigação, ou o direito à indemnização por prejuízos especiais. Sobre a aplicação do princípio na nossa jurisprudência, v. o Ac do. STA de 05.12.2007 (P. 0653/07).

Num Estado de Direito, os cidadãos têm o direito de poder confiar nos efeitos das decisões públicas verosimilmente válidas, com base nas quais alicerçaram e estabilizaram a sua actuação – o princípio da protecção da confiança consubstancia, assim, uma síntese pondera dos valores da boa fé e da segurança jurídica na perspectiva do indivíduo[44].

Além deste princípio, há ainda a considerar o *princípio da proporcionalidade*, como princípio constitucional, designadamente na sua dimensão de *equilíbrio*, que impõe uma avaliação comparativa da importância ou premência do fim que se pretende alcançar (a reintegração da legalidade) com a gravidade do prejuízo que resulta da declaração de nulidade[45].

Na realidade, o juízo de ponderação do tribunal[46], nos casos em que é solicitado a reconhecer efeitos putativos a um acto nulo, deve atender a todas as circunstâncias relevantes: de um lado, a todos os interesses públicos (e eventualmente interesses privados legítimos) associados à reintegração da legalidade, que, para além da reafirmação formal da regra, podem constituir, conforme os casos, bens muito ou moderadamente valiosos; do outro lado, além da protecção da confiança do destinatário do acto, a eventual lesão de posições jurídicas de terceiros[47], bem como os prejuízos para outros interesses públicos.

A racionalidade judicial não pode hoje deixar de tomar conhecimento da realidade e de ponderar, em termos de prognose, os efeitos das suas decisões – só assim realiza integralmente o direito, em especial nas situações em que, num contexto de abertura normativa, o juiz exerce efectivamente um poder.

Nas circunstâncias em que se ponha o problema do reconhecimento jurídico da situação de facto decorrente de actos nulos, o juiz não pode alegar que a sua tarefa é puramente hermenêutica, que só visa aplicar uma resolução previamente tomada pelo legislador – ele não se limita a conhecer, decide a solução do caso concreto e é juridicamente responsá-

---

[44] H. Maurer, *Kontinuitätsgewähr und Vertrauensschutz*, Handbuch des Staatsrechts, III, 1998; K.-A. Schwarz, *Vertrauensschutz als Verfassungsprinzip*, 2002, p. 103 e ss.

[45] V., sobre o princípio da proporcionalidade, Jorge Reis Novais, *Os princípios constitucionais estruturantes da República portuguesa*, 2004, p. 178 e ss; especificamente como padrão de actuação administrativa, R. Pitschas, «Masstäbe des Verwaltungshandelns”, in Hoffmann-Riem, Schmidt-Assmann, Vosskuhle, *Grundlagen des Verwaltungsrechts*, II, 2008, p. 1567 e ss (1621 e ss).

A Nulidade Administrativa, essa Desconhecida 781

vel por ela, devendo, para além de evitar injustiças extremas e situações de impraticabilidade (contra a ideia antiga de *fiat iustitia, pereat mundus*), respeitar a *proibição do excesso*, pois que só atendendo aos *efeitos reais* da decisão se alcança a paz social que a justiça sempre almeja.

A circunstância de as nulidades serem avaliadas em sentenças meramente declarativas não obsta a que o tribunal possa e deva considerar o tipo de ilegalidade do acto (por exemplo, formal ou substancial) e as repercussões decorrentes não só da sentença, mas também da respectiva *execução*[48] – designadamente quando opera sobre factos que ocorreram há algum tempo, e em que a aparente eficácia do acto nulo originou a consolidação de expectativas, cujo grau de legitimidade o tribunal tem de ponderar na decisão.

E – importa voltar a sublinhá-lo, em conclusão – em todas estas situações de atribuição de efeitos a actos nulos, não estamos perante o mero reconhecimento de uma juridicidade de facto, mas perante a operatividade de princípios jurídicos que moderam o alcance do regime legal da nulidade[49] – o tempo representa aqui o factor e a prova da estabilidade e há-de, por isso, entender-se como o tempo *razoável* para a geração, nas circunstâncias concretas, da confiança digna de protecção, ou o tempo *suficiente* para fundar o juízo do excesso.

2.3. *Um regime bem temperado*

Como acabamos de ver, é a própria lei a aceitar que a dureza do regime puro da nulidade não é compatível com as necessidades da adaptação à variedade de situações concretas, que a justiça material impõe –

---

[46] Ou da Administração, se for esta a proferir a declaração de nulidade, nos termos do n.º 2 do artigo 134.º.

[47] No sentido de que a aplicação do direito deve também assentar em juízos de prognose que atentem nos efeitos provocados sobre o bem-estar das pessoas, v. DOMÉNECH PASCUAL, «Principios, proporcionalidad y análisis económico», *in* LUIS ORTEGA / SUSANA DE LA SIERRA, *Ponderación y derecho administrativo, cit.*, p. 162.

[48] Para cujo efeito a declaração de nulidade se não distingue da sentença de anulação do acto – cf. FABRIZIO LUCIANI, *ob. cit.*, pp. 20-21. Na lei portuguesa, a forma de acção é, aliás, a mesma.

[49] Note-se, por exemplo, que a não declaração da nulidade do acto não exclui necessariamente a eventual indemnização de lesados, por facto ilícito.

o regime de improdutividade *total* e de invocação *perpétua* da nulidade é por demais rígido, sendo susceptível de afectar de forma desrazoável interesses dignos de protecção jurídica.

Mas a previsão legal da possibilidade de atribuição de efeitos jurídicos a situações de facto decorrentes de actos nulos, mesmo que interpretada nos termos mais amigos da ponderação principiológica de valores e interesses, como atrás procurámos fazer, não é suficiente para conferir uma flexibilidade aceitável ao regime, designadamente quando se trate de situações que não sejam de nulidade-inexistência.

Não se percebe, por exemplo, por que razão se proíbe em termos absolutos a *conversão* dos actos nulos, conferidos os respectivos pressupostos, designadamente a verificação no caso concreto dos elementos essenciais de outro acto[50].

Do mesmo modo, em rigor, não se compreende uma proibição absoluta da *convalidação* de actos nulos – a sanação do vício deveria admitir--se, quando possível, pelo menos em casos específicos e autorizada por lei, como é acolhido em alguns ordenamentos jurídicos administrativos e aceite entre nós relativamente a negócios jurídicos no direito civil e mesmo a certos actos de autoridade, como os actos notariais[51].

Uma tal rigidez do regime parece ser um produto ideológico – da lógica de uma ideia fixa de nulidade – aceitável numa época em que as nulidades eram casos contados em pequeno número, que só se justificará hoje nos casos mais graves de actos nulos-inexistentes.

Além disso, o desconforto de boa parte dos autores perante um regime tão rígido e insensível à consideração da realidade e dos valores

---

[50] Seja para benefício dos particulares, seja para garantia do interesse público (por exemplo, conversão da ordem de demolição em uma proibição de uso). A conversão de actos nulos é admitida, em determinadas condições, em Espanha (v. R. Bocanegra Sierra, *La teoria... cit.*, p. 192), bem como na Alemanha (Wolff /Bachof /Stober, *ob. cit.*, p. 565-6). Note-se que, entre nós, apesar da remissão para o regime da invalidade dos actos, a lei determina que todos os contratos administrativos e, em especial, os contratos sobre o *exercício de poderes públicos* são susceptíveis de conversão independentemente do respectivo desvalor, é dizer, mesmo em caso de nulidade (285.º, n.º 3 do CCP) – o que cria uma disparidade injustificada, designadamente quando se trate de contratos substitutivos de actos administrativos.

[51] Note-se que as nulidades agora previstas em Itália abrangem casos como «falta de requisitos mínimos do acto», «cometimento de ilícitos» e as chamadas «nulidades textuais» – cf. Fabrizio Luciani, *ob. cit.,* p. 18. V. ainda o artigo 293.º C. Civil e José Alberto Vieira, «Direito do Notariado», in Paulo Otero / Pedro Gonçalves (coords.), *Tratado de Direito Administrativo Especial*, vol. II, 2009, p. 135 e ss (190 e ss.).

A *Nulidade Administrativa, essa Desconhecida* 783

e interesses em jogo revela-se ainda quanto a outros aspectos do regime, nomeadamente perante razões práticas que implicam a necessidade de proteger os particulares interessados contra eventuais erros ou abusos de qualificação administrativa de vícios de actos administrativos como geradores de nulidade.

Um conjunto de problemas deste género respeita à declaração de nulidade, que, na letra da lei, pode ser feita a todo o tempo por qualquer órgão administrativo ou por qualquer tribunal.

Ninguém duvida hoje que o preceito legal tem de ser objecto de uma interpretação restritiva ou de uma redução teleológica, em função da diferença entre a *declaração formal* e o *conhecimento* da nulidade – se é admissível, em princípio, a competência de *qualquer* órgão ou de *qualquer* tribunal para *conhecimento* da nulidade (e consequente desaplicação do acto), já só os órgãos administrativos competentes para a decisão ou os tribunais administrativos têm poder para *declarar* a nulidade de um acto administrativo[52].

Mas, ainda que bem interpretada, justifica-se perguntar se a lei não deveria regular a declaração de nulidade por via administrativa em termos mais restritivos, aplicando-lhe, com as devidas adaptações, os princípios subjacentes ao regime da revogação anulatória.

Assim, por exemplo, deveria recusar-se ou limitar-se em certas hipóteses a competência administrativa para a declaração de nulidade, designadamente quando não é evidente a existência desse tipo de invalidade[53] ou, relativamente a determinados vícios, quando estes sejam inteiramente imputáveis ao órgão administrativo[54] – exigindo-se então a declaração de nulidade por via judicial.

---

[52] Neste sentido, no entendimento, que não nos parece necessário, de que se trata de uma interpretação em conformidade com a Constituição, v. MARCELO REBELO DE SOUSA /ANDRÉ SALGADO MATOS, *ob. cit.*, p. 203.

[53] A declaração deve entender-se já, em princípio, *impossível*, quando a nulidade resulta da aplicação de lei alegadamente inconstitucional – v. o nosso artigo *Validade*, no *Dicionário Jurídico da Administração Pública*, cit., p. 591.

[54] Designadamente quando configure um aproveitamento abusivo de vícios provocados pelo próprio autor do acto, em termos de representar um intolerável *venire contra factum proprium*, inadmissível em face da obrigação de actuação de acordo com as regras da boa fé – embora, ao avaliar a boa fé administrativa, se possa ter em consideração, quer a mudança de titular do órgão, quer a legítima, desejável e até devida alteração da concepção do interesse público em face das circunstâncias.

Tal como talvez não devesse admitir-se a todo o tempo a declaração de nulidade de actos favoráveis – quando se tenham produzido de facto esses efeitos, em especial os correspondentes a direitos subjectivos –, mas apenas num *prazo razoável*, contado do conhecimento do vício, dentro de um limite temporal máximo, medido em função da boa fé do particular beneficiado. Estas preocupações manifestam-se especialmente em determinadas áreas, sendo uma delas justamente a do direito do urbanismo, perante a necessidade de, após um período de um certo fundamentalismo público, assegurar um equilíbrio razoável entre a restauração da legalidade urbanística (e a garantia dos diversos e relevantes bens públicos que visa assegurar) e a estabilidade das situações jurídicas e protecção da confiança associada a direitos e interesses legítimos dos particulares – preocupações que levaram mesmo o legislador, em 2007, a criar um regime especial, fixando um prazo de caducidade de 10 anos para a declaração administrativa de nulidade de actos urbanísticos, bem como para a propositura da correspondente acção judicial pelo Ministério Público[55].

3. A invocação da nulidade

Um dos principais problemas que se suscita na prática é o de saber quais os pressupostos ou as condições de admissibilidade da *invocação* da nulidade por qualquer interessado.

Os destinatários do acto podem, obviamente, invocar a nulidade da decisão (em regra, a todo o tempo) perante as autoridades administrativas ou judiciais competentes, para que estas declarem ou conheçam a nulidade.

O problema é o de saber se têm o ónus de fazê-lo se quiserem evitar ou reagir contra a modificação da *situação de facto* que o acto nulo muitas vezes produz, uma vez que, de acordo com a lei, o acto nulo não produz quaisquer efeitos, "independentemente da declaração de nulidade".

Ou seja, como devem os destinatários comportar-se perante um acto que *considerem nulo*?

O artigo 21.º da Constituição consagra o *direito de resistência* dos cidadãos, passiva e defensiva, perante quaisquer ordens que ofendam os seus direitos, liberdades e garantias[56] – mas na lei nada se diz relativa-

---

[55] V. a redacção actual do artigo 69.º, n.º 4, do Decreto-Lei n.º 555/99 (RJUE).

[56] Permite justificar juridicamente certos factos, excluindo, por exemplo, a aplicação das disposições penais relativas ao crime de desobediência (artigo 348.º do Código Penal),

A Nulidade Administrativa, essa Desconhecida

mente a outras situações, que não digam respeito a actos impositivos ou ablativos, ou que não ofendam o conteúdo essencial de direitos fundamentais.

Tem de entender-se, no entanto, que o regime da nulidade não inclui a possibilidade de os destinatários – sejam os particulares ou outros órgãos administrativos – pura e simplesmente ignorarem ou desobedecerem a uma decisão de um órgão administrativo dotado de poderes de autoridade, como se esta não existisse, por considerarem que, em seu juízo ou opinião, o acto é nulo.

Não pode generalizar-se o poder de conhecimento autónomo da nulidade e a consequente *liberdade, direito ou poder de desaplicação do acto nulo*, sobretudo quando a identificação da figura se tornou um problema de solução não evidente, com a multiplicação dos casos controversos e de difícil juízo, mesmo para os especialistas – e o *risco* de um juízo errado há-de correr por conta do destinatário que não cumpra a decisão, não podendo justificar-se com a simples boa fé[57].

Uma vez mais, há que distinguir as situações, só se justificando a radicalidade do regime nos casos mais graves de nulidade-inexistência, precisamente quando seja *evidente* para um cidadão médio a ofensa insuportável de valores básicos de legalidade.

Em nosso entender, o *conhecimento* da nulidade pelos destinatários, com a consequente desaplicação do acto, há-de pressupor o exercício de um *direito* próprio anterior (um direito ou liberdade radicado na esfera jurídica do particular)[58] ou de uma *competência* própria do órgão ou agente administrativo (incluindo uma competência própria de execução)[59].

---

quando um particular se oponha, ignore, ou, em situações excepcionais, se defenda de actos evidentemente inconstitucionais (nulos) das autoridades administrativas. O preceito constitucional não pode, no entanto, ser interpretado no sentido de conceder aos particulares um poder *normal* de controlo dos actos das autoridades públicas – é um meio que só tem sentido como *ultima ratio* e de que o particular deve fazer uso prudente, quando esteja convencido, pela gravidade e evidência da ofensa, de que há violação do conteúdo essencial do seu direito fundamental, até porque o risco de erro corre por sua conta.

[57] Nesse sentido, também WOLFF /BACHOF /STOBER, *ob. cit.*, p. 560.

[58] Ainda que a invocação da nulidade não tenha de se limitar aos vícios que ofendam o direito do particular.

[59] Desde que esse direito ou essa competência não dependam, eles próprios, da eficácia da decisão considerada nula.

Em Homenagem ao Professor Doutor Diogo Freitas do Amaral

Assim, é óbvio que o requerente não pode ignorar o indeferimento da licença ou dispensa requerida que considere nulo[60]: o particular tem de reagir judicialmente perante o acto (hoje, através de uma acção de condenação à prática de acto devido, armada com as respectivas providências cautelares), visto que (ainda) não adquiriu o direito a exercer a actividade – não será assim, em princípio, no caso de se tratar de uma autorização permissiva, porque o particular já é titular do direito, embora na prática possa haver obstáculos ao seu exercício efectivo na falta da colaboração administrativa.

Já não é tão claro, mas algo de semelhante deverá valer, em regra, nos casos em que o acto desfavorável considerado nulo seja um acto de segundo grau, que anula ou declara nulo um acto anterior constitutivo de direitos ou poderes – o particular ou o órgão administrativo não podem ignorar ou desaplicar o acto administrativo secundário e exercer o direito ou o poder conferido pelo acto de 1.º grau, a não ser que se trate de um caso de nulidade-inexistência, em que não possa haver dúvidas razoáveis sobre a nulidade, por o vício ser evidente e especialmente grave[61].

Esta limitação do conhecimento universal da nulidade dos actos administrativos de autoridade aos casos de nulidade especialmente grave e evidente (nulidade-inexistência) valerá do mesmo modo se estiverem em causa actos ablativos, proibitivos ou impositivos de obrigações, quando não esteja envolvido o exercício de direitos, liberdades e garantias: o particular não goza do direito constitucional de resistência e será, muitas vezes ou até em regra, obrigado a suportar os *efeitos de facto* das decisões administrativas nulas que a Administração pretenda executar, se for caso disso coercivamente – cabe-lhe obter, por via judicial, protecção contra a actuação administrativa, bem como a reconstituição da situação de facto anterior, caso o tribunal confirme a existência de nulidade.

Por isso mesmo se torna fundamental a garantia de uma tutela judicial efectiva do particular nestas situações – daí que a lei preveja, apesar da respectiva ilogicidade formal, a impugnação contenciosa e, sobretudo,

---

[60] Em princípio, mesmo no caso de recusa de renovação de licença, embora aí possa haver um interesse legalmente protegido.

[61] Pense-se, por exemplo, num caso em que o acto de segundo grau seja nulo por violar claramente uma decisão judicial transitada em julgado – embora, mesmo aí, o particular possa ser na prática obrigado a obter a declaração judicial de nulidade, por o exercício da actividade em causa depender de pronúncias administrativas subsequentes.

a própria suspensão da eficácia de actos nulos[62], sendo certo que, actualmente, para além da concessão quase automática da providência requerida, quando se impugne um "acto manifestamente ilegal", se admite, designadamente em situações graves e urgentes, a convolação do processo cautelar, permitindo ao juiz antecipar o juízo sobre a causa principal[63].

A garantia de um amparo judicial, principalmente em situações de urgência, permite evitar o risco de uma invocação errada pelos particulares, com prejuízo para eles e para o interesse público, pois que mesmo nos casos que envolvam ofensa de direitos fundamentais deve haver um uso prudente do direito de resistência.

A questão do conhecimento e da invocação da nulidade dos actos administrativos não surge, porém, apenas no âmbito das relações externas, entre a Administração e os cidadãos, ganhando outra dimensão quando se trate da aplicação do regime nas relações administrativas internas – aí perdem espaço os direitos dos particulares e entram em consideração valores de disciplina, de segurança jurídica e de eficácia associados à organização e ao funcionamento das instituições.

Embora a doutrina administrativa ainda se divida sobre o assunto[64], parece-nos que o dever de obediência do agente ou titular de órgão sujeito a hierarquia há-de em princípio prevalecer, mesmo nos casos de nulidade[65], justamente para assegurar a disciplina e o normal funcionamento dos serviços públicos[66] – ressalva-se naturalmente a hipótese de a execução do acto envolver a prática de um crime, e porventura outras situações evidentes de nulidade – inexistência como aquelas em que esteja em causa o conteúdo essencial de direitos, liberdades e garantias dos cidadãos, embora, sobretudo nestas últimas hipóteses, se exija sempre

---

[62] Que oferece a vantagem de desencadear a proibição de execução do acto pela mera notificação judicial da apresentação do requerimento de suspensão.

[63] Cf. os artigos 120.º, n.º 1, alínea a) e 121.º do CPTA.

[64] FREITAS DO AMARAL, *ob. cit.*, II, 2001, p. 405.

[65] O dever de obediência não respeita apenas às ordens, mas também aos actos que o subalterno deva desenvolver ou executar, que contêm implicitamente uma instrução de cumprimento.

[66] V., por último, no sentido do texto, ANA NEVES, *O direito disciplinar da função pública*, 2007, (tese de doutoramento, policop.), Cap. II, Secção II, 3.3.3.1.3.a)6. Claro que o agente pode reclamar perante o superior e exigir uma ordem escrita de execução do acto, que o isente de responsabilidade civil.

a prudência do agente ou titular, que há-de possuir conhecimentos jurídicos e estar convencido da ofensa ao valor constitucional[67].

Situação diferente é, no entanto, a de um órgão, mesmo que subalterno, quando seja titular de uma competência própria, ainda que esta seja de mera execução, no exercício da qual poderá conhecer da nulidade do acto exequendo[68].

4. Alguns problemas específicos

Referimo-nos até agora a problemas gerais suscitados pelo regime legal da nulidade dos actos administrativos, tal como resulta do CPA.

Há, no entanto, uma série de questões especiais, substantivas e processuais, que dependem do sentido e alcance da nulidade administrativa, fazendo apelo a uma construção coerente e a uma aplicação prudente e razoável do respectivo regime, das quais nos limitaremos a enunciar, a título de exemplo, as que se reportam a soluções legislativas encontradas em duas áreas especialmente relevantes.

4.1. Um dos domínios em que se puseram de modo mais intenso os problemas da nulidade dos actos administrativos foi o da gestão urbanística, onde se defrontam interesses públicos e privados de grande relevância.

Nesta matéria, tendo em conta a necessidade de salvaguardar valores e interesses comunitários complexos e de primeira grandeza, associados ao ordenamento do território e à gestão do espaço urbano, o legislador optou por determinar a nulidade de actos por vícios procedimentais e substanciais que, mediante a aplicação das regras gerais, seriam apenas anuláveis. No entanto, também aí se perfilam interesses particulares especialmente valiosos – seja por se tratar de uma importante actividade empresarial, seja pela circunstância de estarem em causa, de uma maneira

---

[67] É esse o comportamento que é «razoável» exigir a um titular de órgão ou agente «zeloso e cumpridor», tal como é habitualmente definido para efeitos de responsabilidade civil ou disciplinar.

[68] Suscita-se um problema paralelo quanto à possibilidade de desaplicação de rendimentos ilegais (nulos) por outros órgãos administrativos, com fundamento na nulidade das normas – em que se desenvolvem argumentos semelhantes, designadamente quanto ao dever de obediência dos órgãos subalternos – cfr. RUI MEDEIROS, *A decisão de inconstitucionalidade*, 1999, p. 194-203.

ou de outra, direitos relativos à propriedade privada –, que solicitam uma protecção jurídica adequada.

Essa tensão forte entre interesses e valores vitais para a comunidade e para os particulares implica soluções específicas, capazes de assegurar um equilíbrio razoável – e se, num primeiro momento, houve uma compreensível preocupação dominante de garantia da legalidade urbanística planificada, percebeu-se depois, com a maturidade decorrente da experiência, que a iniciativa urbanística privada carecia de uma protecção adequada, não apenas como direito ao aproveitamento do solo, mas também como uma actividade de colaboração dos particulares com as entidades públicas na execução da política de ordenamento do território[69].

Se, por um lado, a importância dos valores comunitários envolvidos justifica a sanção da nulidade dos actos que os ofendam, por outro lado, os direitos dos empresários e dos proprietários tornam insuportável a aplicação radical do regime da nulidade – por isso, como já lembrámos antes, a lei acabou por estabelecer um prazo para a arguição da nulidade dos actos de gestão urbanística.

Na mesma linha de moderação se situava já, de resto, a tendência legislativa para diminuir as situações de nulidade – alteração que trouxe consigo o problema da eventual aplicação retrospectiva das normas legais que degradassem nulidades (por determinação da lei) em anulabilidades.

Na realidade, o princípio geral de aplicação das leis no tempo, segundo a qual a invalidade de um acto se aprecia de acordo com a lei vigente no momento da sua prática (*tempus regit actum*), associado à aplicação rígida do regime da nulidade, levaria a resultados absurdos e injustos – como a doutrina exemplarmente denunciou e demonstrou[70].

Aqui se comprova, pois, com nitidez, a necessidade de mitigar o regime puro da nulidade, tanto na sua definição como na sua aplicação – a mera lógica dedutiva a partir de um conceito radical não produz resultados juridicamente aceitáveis, isto é, justos.

4.2. O Código dos Contratos Públicos regula a invalidade dos contratos administrativos decorrente de actos pré-contratuais inválidos e, a

---

[69] No caso dos operadores económicos, porque mobilizam significativos recursos para o desempenho da sua actividade, assumindo integralmente o risco da promoção dos projectos.

[70] PEDRO GONÇALVES /F. PAULA OLIVEIRA, «A nulidade dos actos administrativos de gestão urbanística», in *CEDOUA*, Ano II, 1. 99, p. 17 e ss (31 e ss).

propósito, determina que a *nulidade* dos actos procedimentais implica a *nulidade* do contrato, embora só se aquela tiver sido ou ainda puder ser *judicialmente declarada* (pelo tribunal competente)[71].

Esta solução revela, no entanto, um automatismo lógico-formal que não tem justificação teleológica nem racionalidade prática.

Desde logo, a nulidade do acto pré-contratual não deveria acarretar sempre invariavelmente a nulidade do contrato: a comunicação da nulidade do acto ao contrato só deveria ter lugar em relação aos vícios de conteúdo que fossem *comuns* ao acto e ao contrato[72].

Além disso, nos outros casos, a nulidade exclusiva do acto pré-contratual, sobretudo se fosse decorrente de vício formal ou de procedimento, deveria ter o mesmo regime da anulação, originando, em regra, a anulabilidade do contrato, com as ressalvas estabelecidas no n.º 4 do artigo 283.º que fossem aplicáveis[73] – solução que permitiria conciliar a defesa eficaz dos direitos de terceiros interessados, que podem impugnar o contrato no prazo de seis meses do conhecimento do vício, com a protecção da estabilidade dos contratos celebrados, cuja manutenção pode ser de imperioso interesse público e justa da perspectiva da confiança do co-contratante privado[74].

Conclusão

Através das reflexões anteriores procurámos transmitir uma tripla de forma simples mensagem.

---

[71] V. o artigo 283.º do CCP. Não é clara, porém, a solução legal em caso de falta de declaração judicial da nulidade de actos pré-contratuais, designadamente quanto aos poderes reconhecidos aos órgãos administrativos competentes.

[72] Situações que, em rigor, não consubstanciam «invalidades derivadas», mas «invalidades comuns», que também são próprias do contrato, ainda que não exclusivas dele.

[73] Na realidade, a solução encontrada para os casos de nulidade torna-se menos compreensível se atentarmos em que o CCP, nas outras situações de invalidade derivada, visou justamente corrigir essas graves deficiências do anterior regime do CPA, ao prever a ponderação de interesses e a avaliação da gravidade dos vícios, evitando formalismos injustificados e automatismos cegos.

[70] Pense-se, por exemplo, numa deliberação de contratar cujo único vício seja a carência absoluta de forma legal, ou numa adjudicação feita por um órgão colegial que não tinha momentaneamente *quorum*, embora a solução fosse consensual entre os membros.

Em primeiro lugar, a de que a nulidade, ainda que englobe os casos mais graves de falta de elementos essenciais, constitui uma invalidade e não se deve confundir com as situações de inexistência, aconselhando-se um aprofundamento doutrinal da distinção.

Em segundo lugar, a de que a nulidade, por não englobar apenas os casos mais graves de falta de elementos essenciais, deve ter um regime diversificado e flexível e não um regime equivalente ao das situações de inexistência, impondo-se uma maior abertura legislativa.

Em terceiro lugar, a de que o regime da nulidade, enquanto forma de invalidade, não pode ser aplicado rigidamente como consequência automática da qualificação da ilegalidade, cabendo à jurisprudência fazer uma análise específica da qualidade da violação da lei e ter em conta os valores e interesses em jogo nos casos concretos da vida, num quadro que envolve necessariamente a aplicação de todos os princípios jurídicos fundamentais relevantes.

A tendência comportamental da doutrina e da jurisprudência, bem como do legislador, perante a nulidade administrativa é muitas vezes a da vertigem niilista – o acto é nulo, logo, não produz efeitos, é como se não existisse; não é preciso pensar, nem distinguir, nem adequar à realidade.

Só que assim não se consegue, como tentámos mostrar, nem uma solução adequada para a actual construção da nulidade administrativa, nem uma metodologia correcta para a realização do direito e da justiça.

A EXECUÇÃO DO ACTO ADMINISTRATIVO NO DIREITO PORTUGUÊS

RAVI AFONSO PEREIRA[*]

SUMÁRIO: Nota Prévia. I. Fundamento do Poder de Execução Coactiva. 1. A executoriedade como elemento do acto administrativo. 2. A autotutela executiva. 3. A lei como fundamento e a sua crise. II. Regime Jurídico da Execução do Acto Administrativo. 1. Admissibilidade de habilitação legal genérica. a) Colocação do problema. b) Trabalhos preparatórios. c) Enquadramento constitucional. 2. O procedimento de execução. a) Âmbito. b) Objecto. c) Competência. d) Verificação de incumprimento. e) Audiência dos interessados. f) Dever da fundamentação expressa. g) Notificação. h) Acções materiais de execução. 3. Modalidades de execução coactiva e meios coactivos. a) Execução para pagamento de quantia certa. b) Execução para entrega de coisa certa. c) Execução de prestação de facto. 4. Situações de urgência. 5. Admissibilidade de execução coactiva por entidades privadas. III. Natureza Jurídica do Acto de Execução. 1. Distinção de figuras afins. a) Acções materiais de execução. b) Acto meramente confirmativo. c) Coacção directa. d) Medidas sancionatórias. 2. Conteúdo do acto de execução. IV. Tutela Contra a Execução Ilegal. 1. Invalidade do acto exequendo. 2. Invalidade do acto de execução. 3. Ilegalidade de actuações materiais de execução. V. Conclusão.

---

[*] Doutorando da Faculdade de Direito da Universidade Nova de Lisboa. O autor agradece muito reconhecido ao Senhor Professor Doutor Diogo Freitas do Amaral, ao Senhor Professor Doutor José Carlos Vieira de Andrade, à Dr.ª Ana Rita Gil e à Dr.ª Vera Eiró os comentários feitos a uma versão inicial do trabalho.

Nota Prévia

É com saudade que recordo as aulas de Introdução ao Direito leccionadas pelo Professor Doutor Diogo Freitas do Amaral no primeiro ano do meu curso de licenciatura em Direito na Faculdade de Direito da Universidade Nova de Lisboa, instituição que decididamente ao Professor Freitas do Amaral deve a sua fundação e sucesso.

O texto que, muito modestamente, pretende contribuir para a sua justa homenagem corresponde a um estudo que tive oportunidade de preparar para integrar obra colectiva de direito público comparado coordenada pelo ilustre Mestre.

I. Fundamento do Poder de Execução Coactiva

O presente trabalho versa a execução coactiva do acto administrativo no direito português. O regime jurídico da execução coactiva do acto administrativo actualmente vigente consta dos artigos 149.º e seguintes do Código do Procedimento Administrativo (CPA), o que significa, desde logo, que a preocupação do legislador é, essencialmente, a de condicionar a um procedimento a execução coactiva do acto administrativo. A natureza procedimental ou substantiva das normas em questão é relevante, na medida em que uma das questões centrais discutidas a propósito do tema é justamente a de saber se o poder de a Administração impor coactivamente as suas decisões, sempre que estas não forem voluntariamente cumpridas pelo particular, caracteriza o poder administrativo ou antes se tal poder existe apenas na medida em que à Administração é atribuído por lei. A circunstância de o regime da execução coactiva do acto administrativo constar não de uma lei especial, como sucede na Alemanha[1], mas do CPA não é, porém, decisivo para a qualificação das normas como procedimentais, pois é entendimento pacífico na doutrina que muitas normas constantes do CPA assumem uma natureza substantiva, tendo o legislador optado por versar institutos substantivos que se apresentem como

---

[1] V. Maria da Glória Ferreira Pinto Dias Garcia, «A execução das decisões administrativas no direito alemão», in Diogo Freitas do Amaral (coord.), O poder de execução coerciva das decisões administrativas nos sistemas de tipo francês e inglês e em Portugal, 2010.

A *Execução do Acto Administrativo no Direito Português* 795

matérias conexas do procedimento administrativo. Por outro lado, fazer uma leitura substantivista do regime do CPA e daí retirar a conclusão de que o legislador entendeu atribuir à Administração, embora submetendo-o a um regime próprio, o poder genérico para executar coactivamente as suas decisões (art. 149.º, n.º 2) suscita o problema de saber se a tal se não opõe o regime dos direitos liberdades e garantias bem como o princípio da reserva de lei. O problema põe-se, assim, em termos da conformidade do regime do CPA com a Constituição da República Portuguesa (CRP). Deixamos para momento posterior o tratamento dessa questão.

O texto começa por apresentar uma breve – mas necessária – contextualização dogmática sobre o fundamento do poder de execução coactiva, sem a qual o regime respectivo previsto no CPA se torna ininteligível. Trata-se de opor o pensamento clássico que vê na executoriedade do acto administrativo e no privilégio da execução prévia justamente o que melhor caracteriza o sistema administrativo de tipo continental[2] a posições doutrinárias que, reconstruindo o conceito de acto administrativo e relativizando-o a uma forma de actuação administrativa – entre outras possíveis –, vêm pôr em causa a doutrina da executoriedade do acto e do privilégio da execução prévia.

1. A executoriedade como elemento do acto administrativo

O regime da execução coactiva do acto administrativo não se explica por si, antes é fruto de uma elaboração doutrinária consolidada sobre o próprio conceito de acto administrativo. Assim, importa começar por rever, ainda que de forma breve, os aspectos essenciais dessa elaboração na ciência do direito administrativo em Portugal.

Marcello Caetano contrapõe a uma noção ampla uma noção restrita de acto administrativo, a qual apresenta como elementos essenciais a definitividade e a executoriedade. Tal construção reproduz, essencialmente, o conceito de *décision executoire* de Maurice Hauriou[3], tendo,

---

[2] Sobre a caracterização dos sistemas de administração executiva e judiciária v. Diogo Freitas do Amaral, *Curso de Direito Administrativo*, I, 3.ª ed., 2006, 99-130, que observa uma aproximação relativa dos dois sistemas em alguns aspectos. No mesmo sentido, Sabino Cassese, *Le Basi del Diritto Amministrativo*, 6.ª ed., 2000, 30.

[3] V. Maurice Hauriou, *Précis de droit administratif et de droit public*, 11.ª ed., 1927, 353.

796   *Em Homenagem ao Professor Doutor Diogo Freitas do Amaral*

por isso, alguns autores dirigido a Marcello Caetano as críticas de que também a construção de Hauriou havia sido objecto, designadamente o problema de pôr no mesmo plano o poder de definição unilateral da situação jurídica do particular e o poder de executar coactivamente as suas decisões contra a vontade do particular[4]. A par da influência da doutrina francesa, importa também assinalar a influência alemã no pensamento do mestre de Lisboa. O tratamento da matéria da execução coactiva como elemento estrutural do acto administrativo resulta da adopção do método jurídico-formal na construção dogmática do direito administrativo, designadamente a adopção da perspectiva das formas de actuação, que, como se sabe, se fica a dever a Otto Mayer[5]. Por sua vez, a equiparação de acto administrativo à sentença judicial herdada da escola de Viena dispensa, para efeitos da sua execução, o recurso à pronúncia por parte de um tribunal[6]. Resulta, por último, de uma concepção objectivista do contencioso administrativo, no contexto da qual importa seleccionar, de entre os actos administrativos, aqueles susceptíveis de impugnação contenciosa. Tais pressupostos explicam a adopção de uma noção restrita de acto administrativo.

Devido à irredutibilidade semântica de *décision executoire* no pensamento de Hauriou, a elaboração posterior dos conceitos de definitividade e executoriedade jamais logrou precisão dogmática. Assim, Marcello Caetano afirma que a executoriedade do acto exprime de forma perfeita o privilégio da execução prévia, i. é, a faculdade de a Administração executar as suas decisões definitivas pela coacção antes da discussão nos tribunais e de sentença declaratória[7]. Portanto, para Marcello Caetano, a execução prévia empresta à Administração o seu carácter de poder[8]. Na interpretação que Vasco Pereira da Silva faz da construção desse Autor, o privilégio da execução prévia apresenta-se tanto como elemento do acto administrativo como uma especial qualidade da Administração enquanto sujeito[9], sendo que, em qualquer caso, o seu fundamento não é questionado.

---

[4] V. Vasco Pereira da Silva, *Em busca do acto administrativo perdido*, 1995, 525.

[5] V. Ernst Forsthoff, *Lehrbuch des Verwaltungsrechts*, Bd. I, 10. Aufl., 1973, 51 ss e Alfons Hueber, *Otto Mayer. Die «juristische Methode» im Verwaltungsrecht*, 1982.

[6] V. Rogério Ehrhardt Soares, *Direito Administrativo*, 1978, 192.

[7] V. Marcello Caetano, *Manual de Direito Administrativo*, vol. I, 10.ª ed., 1973, 26 e 447-452.

[8] *Id.*, 16, 26 e 33-36.

[9] V. Silva, *supra*, n. 4, 647.

A Execução do Acto Administrativo no Direito Português   797

Tanto se procura fundar a faculdade de execução coactiva do acto nos poderes da Administração como retirar estes da faculdade de execução coactiva do acto. Na origem do conceito de executoriedade existe assim, ao que parece, um apriorismo que é posto entre parênteses – não fosse o juspublicista entretanto civilizado pela ciência jurídica formalista relapsar na metafísica –, que consiste em uma reificação do poder administrativo a partir de uma certa interpretação do princípio da separação de poderes.

A construção dogmática de DIOGO FREITAS DO AMARAL aproxima-se da de MARCELLO CAETANO, na medida em que concebe o privilégio da execução prévia como uma manifestação do poder administrativo[10]. Distingue-se dela por, para esse Autor, a acção executiva da Administração surgir algo subalternizada face à sua actividade prévia de declaração autoritária do direito aplicável ao caso concreto[11]. Com efeito, ao mesmo tempo que considera o poder de decisão unilateral como "[...]uma das mais importantes manifestações do poder administrativo, porventura a mais importante"[12], o Autor aceita que "[t]eoricamente, poderia conceber-se um sistema em que a Administração tivesse o poder de definir unilateralmente o direito, mas, depois, na fase executiva, fosse obrigada a recorrer, na generalidade dos casos, a tribunal para conseguir a imposição forçada dessa declaração aos particulares recalcitrantes"[13]. O pensamento destes dois Autores foi – e continua a ser – amplamente difundido e assimilado tanto pela prática administrativa como pela jurisprudência dos nossos tribunais.

As vozes discordantes, encontramo-las em algumas posições doutrinárias que, quer pela sua solidez quer pela sua influência em outros autores, merece ser referida. Na sua dissertação de doutoramento, VASCO PEREIRA DA SILVA vem argumentar que as transformações nas formas de actuação administrativa, determinadas pelo surgimento da Administração prestadora e conformadora, vieram pôr em crise o modelo autoritário de acto administrativo, designadamente, na parte que aqui se torna relevante,

---

[10] V. DIOGO FREITAS DO AMARAL, *Curso de Direito Administrativo*, Vol. II, 2001, 25.

[11] V. MARIA LÚCIA AMARAL, «A execução dos actos administrativos no projecto de Código de Processo Administrativo Gracioso», 4 *Revista Jurídica da AAFDL* 153 (1984), 162.

[12] V. AMARAL, *supra*, n. 10, 24.

[13] *Id.*, 25-26.

798   *Em Homenagem ao Professor Doutor Diogo Freitas do Amaral*

o poder de execução coactiva pela Administração[14]. Em lugar de procurar ajustar tais formas de actuação ao modelo autoritário dominante, concebendo-as como excepções ou, do ponto de vista adjectivo, filtrando de impugnação contenciosa actos que não preencham pressupostos processuais inevitavelmente concebidos para outro tipo de actos, o Autor veio sustentar que, inversamente, se deve antes reconceptualizar o modelo de Administração e de direito administrativo a partir dessas formas de actuação. Do mesmo modo que, até então, as doutrinas do direito administrativo haviam sido construídas a partir da actividade administrativa dominante, o mesmo método – tomar como ponto de partida as formas de actuação administrativa – determinaria agora novas doutrinas e um novo modelo de direito administrativo. Ora, uma das consequências seria justamente o abandono da ideia de privilégio da execução prévia da Administração e também de executoriedade do acto administrativo.

Já em momento anterior, ROGÉRIO SOARES se havia manifestado contra a ideia de executoriedade e de privilégio da execução prévia que apenas faria sentido assinalar no contexto do Estado de polícia "[...] em que o poder do príncipe (e da Administração que age em seu nome) está assente num privilégio de libertação do direito"[15]. Além disso, denunciava o artifício de se resolver o problema resultante da circunstância de relativamente a certos actos administrativos falecer a característica da executoriedade através do conceito de "acto não-executório", na medida em que com isso "[...] o conceito de executoriedade esquece as motivações que levaram a criá-lo – ou seja, exprimir a essencial característica autoritária dos actos administrativos"[16]. Para o Autor, a falência do privilégio da execução prévia decorre do princípio da legalidade da Administração. A partir do momento em que toda a actividade administrativa encontra fundamento apenas na lei, apenas nos casos expressamente autorizados por lei, e nos termos aí previstos, pode o Administrador executar de ofício um acto por ele praticado[17]. Como veremos adiante, ao tratar com maior desenvolvimento do regime jurídico da execução coactiva do acto administrativo, a posição de ROGÉRIO SOARES exerceu

---

[14] V. SILVA, *supra*, n. 4, 489 ss. A um argumento de natureza teórica, o Autor acrescenta ainda um argumento jurídico-positivo a partir da interpretação a dar aos preceitos relevantes da Constituição da República Portuguesa.

[15] V. SOARES, *supra*, n. 6, 193.

[16] *Id.*, 193.

[17] *Id.*, 211.

A *Execução do Acto Administrativo no Direito Português*   799

uma enorme influência em parte significa da doutrina, mesmo perante uma orientação legislativa fiel à doutrina da executoriedade.

Já tivemos oportunidade de observar que na construção do conceito de acto administrativo ora se foi procurando integrar os elementos de definitividade e de executoriedade ora se foi procurando purificá-lo. Mas tal divergência não esgota as inquietações da doutrina nacional em torno dos conceitos de definitividade e de executoriedade. A sua utilização como critério de recorribilidade do acto merece ser destacada[18].

Rogério Soares[19], Sérvulo Correia[20] e Vasco Pereira da Silva[21], a partir de uma distinção rigorosa entre executoriedade e eficácia, procuram conciliar a teoria do acto administrativo com questões práticas de natureza eminentemente processual. É assim que deve ser entendido o esforço empreendido na delimitação conceptual entre executoriedade, exequibilidade, executividade e execução[22].

Em nosso entender, a preocupação desses Autores é motivada não apenas pela necessidade de uma reelaboração dogmática do acto administrativo com reflexos nos meios de defesa do particular mas também pela circunstância de a Constituição, no seu art. 289.º, n.º 2 (numeração anterior), limitar a garantia constitucional de recurso contencioso aos actos executórios. Na interpretação oferecida por esses Autores, estando essa disposição relacionada com as garantias dos particulares, dela não seria de retirar-se a consagração do privilégio da execução prévia, pois o legislador constituinte certamente não teria estado preocupado com elaborações dogmáticas. Entendem, por isso, que o uso do termo executoriedade não está dogmaticamente carregado, sendo antes susceptível de ser interpretado tendo em conta a finalidade da secção em que se encontra e que outra não pode ser que a de garantir a nível constitucional o recurso contencioso contra actos imediatamente lesivos dos direitos do particular.

---

[18] Note-se que a perspectiva contenciosa terá influenciado quer quem, começando por adoptar um conceito amplo de acto administrativo o vem restringir para efeitos de recorribilidade, quer quem adopta um conceito restrito por razões dogmáticas.

[19] V. Soares, *supra*, n. 6, 201 ss.

[20] V. José Manuel Sérvulo Correia, *Noções de Direito Administrativo*, Vol. I, Lisboa, 1982, 341-345.

[21] V. Silva, *supra*, n. 4, 646 ss.

[22] Optamos por dispensar a análise de cada um dos conceitos. V. Rogério Ehrhardt Soares, *Interesse público, legalidade e mérito*, 1955, pp. 308-309 e *supra*, n. 6, 195 ss e Massimo Severo Giannini, *Diritto Amministrativo*, Vol. II, 3.ª ed., 1993, 827 ss.

Em Homenagem ao Professor Doutor Diogo Freitas do Amaral

Ora, resulta da circunstância de o acesso à justiça administrativa não estar, actualmente, limitado ao recurso contencioso de anulação e de a impugnação do acto administrativo não depender de pressupostos processuais relacionados com a sua executoriedade que muitas das observações críticas que oportunamente esses Autores formularam podem hoje ser postas entre parênteses ao tratar-se da questão da execução coactiva do acto administrativo.

2. A autotutela executiva

A imprecisão da construção dogmática em torno do conceito de executoriedade leva à elaboração do conceito de autotutela administrativa que compreende quer a autotutela declarativa quer a autotutela executiva. O que está em causa é reconduzir o poder de execução coactiva não ao truísmo implicado na característica executória de todo o acto administrativo mas a uma actividade de autotutela da Administração consistente em garantir a realização das suas determinações[23]. Está assim em causa um interesse próprio da Administração[24]. Devendo esta prosseguir os interesses postos por lei a seu cargo, não lhe ser reconhecido o poder de executar coactivamente as suas decisões sem intervenção judicial prévia poderia impedir a prossecução daqueles. Simplesmente, por tratar-se justamente de um mecanismo de prossecução de um interesse próprio, o poder de autotutela não está na disponibilidade da Administração, antes lhe há-de ser atribuído por lei. Em abstracto, tal atribuição pode fazer-se de forma genérica, caso a caso, ou a meio caminho entre as duas soluções.

O primeiro Autor a sustentar que o poder de autotutela depende de habilitação legal específica é FELICIANO BENVENUTI[25]. Segundo o Autor, a autotutela executiva reveste carácter excepcional, outra não podendo ser a solução em um sistema em que o emprego da força para efeitos de satisfação de interesses próprios é punido criminalmente, sendo de rejeitar qualquer argumento no sentido de atribuir relevância ao facto de aí se tratar do emprego da força pública para a tutela de interesses públicos e não do emprego de força privada para a tutela de interesses privados, pois

---

[23] V. FORSTHOFF, *supra*, n. 5, 291.

[24] V. FELICIANO BENVENUTI, «Autotutela (diritto amministrativo)», in *Enciclopedia del Diritto*, vol. IV, 537, 553.

[25] *Id.*, 553.

A *Execução do Acto Administrativo no Direito Português* 801

também o processo executivo visa consentir o emprego da força pública para satisfazer uma pretensão decorrente de um acto público (a sentença)[26], além de que a autotutela tem sempre por objecto interesses próprios da Administração[27]. Em todo o caso, o principal argumento de BENVENUTI a favor da excepcionalidade da autotutela executiva baseia-se em normas do direito positivo italiano. A partir de uma análise de leis dispersas que atribuem à Administração, de forma específica, poderes de execução coactiva em situações de urgência, o Autor conclui que a autotutela executiva há-de revestir carácter excepcional[28]. O Autor começa por verificar a inexistência de qualquer base legal para sustentar uma habilitação genérica de poderes de execução coactiva, sendo certo que esta última não é de retirar de normas específicas que atribuem à Administração poderes de execução coactiva em certas situações, pois a aplicação analógica e mesmo a interpretação extensiva das mesmas seria uma afronta ao princípio do Estado de direito onde vigora a separação de poderes[29]. A interpretação do regime feita por esse autor situa-se, portanto, no plano do direito ordinário e não no plano do direito constitucional.

Também ALDO MARIA SANDULLI, após efectuar uma análise do direito vigente em Itália bem como a sua evolução histórica, conclui que não é de reconhecer a possibilidade de uma execução forçada por parte da autoridade administrativa fora os casos em que tal seja de algum modo – expressa ou implicitamente – previsto na lei[30]. Após dar-nos conta de normas constantes de diplomas avulsos, nos termos das quais, salvo em situações de urgência, se faz depender a execução coactiva da intervenção de uma autoridade judiciária, SANDULLI argumenta que decorre do princípio da legalidade que jamais poderão tais normas, sem se incorrer em uma petição de princípio, ser consideradas como excepções a uma

---

[26] *Id.*, 553.

[27] Contra, argumentando que a Administração, mais que realizar pretensões, cuida de interesses públicos, GIANNINI, *supra*, n. 22, 829-830.

[28] *Id.*, 553 ss.

[29] *Id.*, 554. Note-se que também a doutrina do privilégio da execução prévia se funda em uma certa interpretação do princípio da separação de poderes.

[30] V. ALDO MARIA SANDULLI, «Note sull potere amministrativo di coazione», 14 *Rivista Trimestrale di Diritto Pubblico* 819 (1964), 831. O Autor ressalva, porém, os casos em que esteja em causa um dever de não fazer – que, em rigor, configurariam casos de *coazione* e não de *esecuzione forzata* – afirmando que aí a Administração pode actuar em ordem a prevenir o incumprimento.

802 Em Homenagem ao Professor Doutor Diogo Freitas do Amaral

pretensa regra geral de poder coactivo[31]. Mais uma vez, a interpretação do autor situa-se no plano do direito ordinário e não no plano do direito constitucional.

Os estudos importantes de BENVENUTI e SANDULLI, apesar de estarem longe de representar uma posição consensual na doutrina italiana[32], foram recebidos na doutrina portuguesa sobretudo através de ROGÉRIO SOARES[33] e de MARIA DA GLÓRIA FERREIRA PINTO[34].

3. A lei como fundamento e a sua crise

Abandonada a doutrina da executoriedade do acto, a execução coactiva, enquanto autotutela administrativa, apenas tem a lei por fundamento. Simplesmente, hoje questiona-se, perante a crise da lei estadual enquanto instrumento dirigente e parâmetro de controlo[35], se a recondução à lei, conquanto necessária, é suficiente para legitimar o poder administrativo[36]. Tal discussão não deve passar ao lado de quem aborde o tema

---

[31] *Id.*, 832.

[32] Os autores clássicos vêem na presunção de legalidade do acto administrativo o fundamento para a sua execução coactiva. V. SANTI ROMANO, *Corso di diritto amministrativo*, 3.ª ed., 1937, 281 ss e GUIDO LANDI e GIUSEPPE POTENZA, *Manuale di Diritto Amministrativo*, 5.ª ed., 1974, 252-3. Já GUIDO ZANOBINI, *Corso di diritto amministrativo*, vol. I, 8.ª ed., 1958, 294 ss, embora mantendo-se fiel à doutrina da executoriedade, desassocia a executoriedade do acto da presunção de legalidade, fundando-a antes na exigência de que o acto administrativo, enquanto manifestação do poder público de autoridade, opere imediatamente. A difusão da doutrina da executoriedade fica-se a dever ao estudo clássico de UMBERTO BORSI, «L'esecutorietà degli atti amministrativi», in *Studi senesi*, XVIII-XIX, 1901, 123 ss e 285 ss. V. CARMELO CARBONE, «Esecuzione (atto amministrativo)», in *Enciclopedia del Diritto*, vol. XV, 412.

[33] V. SOARES, *supra*, n. 6, 209 nota 3.

[34] V. MARIA DA GLÓRIA FERREIRA PINTO, «Breve reflexão sobre a execução coactiva dos actos administrativos», *Separata da obra «Estudos» publicada por altura da comemoração do XX Aniversário do Centro de Estudos Fiscais*, 1983, 25-29 e 49-50.

[35] V. HELMUT WILLKE, *Entzauberung des Staates*, 1983 e *Ironie des Staates*, 1992.

[36] A doutrina alemã tem procedido a uma construção dogmática dessa possibilidade em torno de um *princípio de compensação*. V., por todos, ANDREAS VOßKUHLE, *Das Kompensationsprinzip*, 1999. Pode discutir-se se tal ideia de *compensação*, conquanto não elaborada enquanto *princípio jurídico*, não está já presente no artigo seminal de ERNST--WOLFGANG BÖCKENFÖRDE, «Demokratie als Verfassungsprinzip», in JOSEF ISENSEE e PAUL KIRCHHOF (eds.), *Handbuch des Staatsrechts*, vol. I, 1987, 887 (o Autor reviu alguns aspectos da versão original em artigo homónimo in JOSEF ISENSEE e PAUL KIRCHHOF (eds.),

A Execução do Acto Administrativo no Direito Português · 803

específico da execução coactiva do acto administrativo. Dada a natureza do presente trabalho, não nos abalançamos a uma abordagem com essa profundidade, embora não possamos deixar de problematizar a legitimidade do poder coactivo da Administração, ainda que legalmente habilitado, quando confrontada com outras fontes de legitimidade.

A norma jurídica vai além da lei e o direito é mais do que o direito do Estado, não existindo nenhuma razão para colonizar a vida social com a racionalidade deste último[37]. Uma teoria do direito que leve em conta tamanha amplitude normativa dificilmente há-de adscrever à norma jurídica mais do que uma função estabilizadora[38]. É contra esse pano de fundo teórico aqui deixado por desenvolver que se explicam alguns aspectos do regime da execução coactiva. Assim, como veremos, o dever de realização de audiência prévia e o dever da fundamentação expressa do acto de execução surgem como suplementos de legitimidade relativamente à lei estadual, podendo até determinar consequências diferentes das decididas pelo acto exequendo sempre que estas últimas não sejam suficientemente estabilizadoras. Esse mesmo pano de fundo teórico permite também explicar qual a finalidade do regime jurídico da execução do acto administrativo. Por assim se cumprir uma função estabilizadora, ela outra não é do que obter o cumprimento voluntário do particular.

Cumprida esta breve contextualização dogmática, importa agora analisar em detalhe o regime jurídico da execução do acto administrativo.

II. Regime Jurídico da Execução do Acto Administrativo

Esta secção analisa o regime jurídico da execução do acto administrativo no direito português. Importa, desde já, alertar o leitor para o facto de muitas das nossas observações sobre o mesmo apenas se tornarem inteligíveis se se qualificar o acto de execução como verdadeiro acto administrativo, susceptível de ser autonomizado quer do acto exequendo,

---

Handbuch des Staatsrechts, vol. II, 2004, 429). Julgamos, porém, ser de rejeitar tal atribuição, pois a «cadeia de legitimação democrática ininterrupta» böckenfördeana é insusceptível de sofrer qualquer tipo de compensação, admitindo o autor apenas uma compensação interna das várias dimensões em que o princípio da reserva de lei se analisa.

[37] V. KARL-HEINZ LADEUR, *Der Staat gegen die Gesellschaft*, 2006 e BOAVENTURA DE SOUSA SANTOS, *A crítica da razão indolente – contra o desperdício da experiência*, 2000.

[38] V. NIKLAS LUHMANN, *Das Recht der Gesellschaft*, 1993, 134 e THOMAS VESTING, *Rechtstheorie*, 2007, 22-23 e 57 ss.

Em Homenagem ao Professor Doutor Diogo Freitas do Amaral

que o precede, quer de acções materiais de execução que, eventualmente, venham a ter lugar, um ponto que retomamos mais adiante ao tratar da natureza jurídica do acto de execução[39]. Na base de tal construção dogmática está, desde logo, o regime do CPA que vem condicionar a execução coactiva do acto administrativo a um procedimento. Como teremos oportunidade de verificar, da análise das normas aí previstas resulta a autonomia do procedimento executivo. Além disso, a qualificação do acto de execução como verdadeiro acto administrativo impõe-se pelo facto de o mesmo produzir efeitos jurídicos autónomos face ao acto exequendo.

1. Admissibilidade de habilitação legal genérica

a) Colocação do problema

Importa começar por sublinhar – sobretudo porque este aspecto nem sempre é devidamente assinalado[40] – que o regime de execução coactiva previsto no CPA tem a lei por fundamento. Da mesma forma que à Administração atribui o poder genérico para executar coactivamente os seus actos, o legislador democrático pode condicionar o seu exercício, limitá-lo e até retirá-lo em absoluto. Como veremos, o CPA vem condicionar o exercício desse poder, desde logo, ao estabelecer uma tipificação dos fins da execução. Limita-o o legislador, também no CPA (art. 155.º), ao excluir a possibilidade de execução coactiva para pagamento de quantia certa. Enfim, pode o legislador retirar essa possibilidade em absoluto através da revogação eventual da disposição relevante do CPA que atribui essa competência genérica à Administração (art. 149.º, n.º 2). Importante assinalar é que, em todos esses casos, o legislador não está a subtrair algo que lhe seja inato, antes está a subtrair ou condicionar o exercício de poderes que ele, legislador, entendeu atribuir à Administração. Como afirmámos em momento anterior, a partir do momento em que

---

[39] V., infra, Parte III.

[40] Não assim CARLA AMADO GOMES, Contributo para o Estudo das Operações Materiais da Administração Pública, 1999, 104-105, que apresenta o problema nesses precisos termos («[a] escolha caberá ao legislador ordinário, dentro da sua liberdade de opção, mas a solução que daí resultar, tendo um fundamento essencialmente político, ver--se-á confrontada e conformada em função dos parâmetros constitucionais que envolvem a actividade administrativa»).

o poder de execução coactiva tem na lei o seu fundamento, é pouco rigoroso afirmar-se que a norma constante do art. 149.º, n.º 2 consagra o privilégio da execução prévia, porquanto neste último vai justamente pressuposta a dispensa de habilitação legal.

O problema que se põe é de natureza diferente. O que está em causa é saber se o legislador está autorizado a atribuir tal poder à Administração de forma genérica ou se antes se não exige uma habilitação legal específica. Dito de outro modo, trata-se de saber algo que apenas pode ser discutido em termos da conformidade do regime do CPA com a Constituição.

O argumento utilizado contra a possibilidade de a Administração passar à execução dos actos administrativos independentemente de lei específica que preveja, a par de uma competência material para a prática do acto exequendo, uma competência executória, assenta no princípio da legalidade da Administração, designadamente no princípio da precedência de lei. A quem defenda essa posição não satisfaz uma regra geral como a prevista no CPA, pois dessa maneira estar-se-ia a frustrar a própria razão de ser do instituto da precedência de lei que consiste justamente em reservar ao legislador democraticamente legitimado o poder de apreciar para cada matéria a extensão dos poderes que pretende delegar na Administração. E – assim é formulado o argumento – bem pode dar-se a situação de o legislador pretender delegar na Administração a regulação material de um sector da actividade económico-social sem que tal delegação vá acompanhada do poder de a Administração, perante a verificação do incumprimento por parte do particular, executar coactivamente um acto administrativo praticado ao abrigo dessa mesma regulação. Nas palavras de MARIA DA GLÓRIA FERREIRA PINTO, "[a] execução coactiva amplia a intervenção da Administração na esfera jurídica dos particulares relativamente ao acto administrativo que contém a obrigação, traduzindo uma actuação autónoma da que levou à prática do acto"[41]. Em tal entendimento vai pressuposta uma concepção de direito administrativo segundo a qual a actividade da Administração apenas é legítima na medida em que se deixa reconduzir efectivamente à lei que, por sua vez, é legítima por exprimir a vontade do povo em que reside a soberania[42].

---

[41] V. PINTO, *supra*, n. 34, 44. Desenvolvemos este aspecto, *infra*, ao tratar a natureza jurídica do acto de execução.

[42] Sobre a legitimação da Administração a partir do princípio democrático v. o já citado artigo clássico de BÖCKENFÖRDE, *supra*, n. 36, EBERHARD SCHMIDT-AßMANN, *Das*

806 Em Homenagem ao Professor Doutor Diogo Freitas do Amaral

É assim que deve ser enquadrada a discussão sobre a admissibilidade de uma habilitação legal genérica para a execução coactiva de actos
administrativos, tal como a que vem consagrada no art. 149.º, n.º 2 do
Código do Procedimento Administrativo. Retomamo-la mais adiante.
Importa agora abrir um parêntese para um breve apontamento sobre os
trabalhos preparatórios da norma do CPA em questão.

b) Trabalhos preparatórios

A primeira versão do Projecto de Código do Processo Administrativo Gracioso[43], de 1980, previa no n.º 1 do art. 231.º que "o cumprimento
das obrigações e o respeito das limitações que derivam de um acto administrativo podem impor-se coactivamente sem recurso aos Tribunais,
salvo quando a lei dispuser expressamente o contrário".

A orientação inicial era, assim, a de uma habilitação legal genérica
para a execução coactiva de actos administrativos.

Contra tal opção se manifestou ROGÉRIO SOARES[44], posição que teve
enorme impacto na doutrina nacional. Note-se como, pouco tempo decorrido desde a sua intervenção, SÉRVULO CORREIA, no seu manual, afirma
que, por imposição constitucional, "a actuação administrativa limitadora
de direitos pessoais e patrimoniais tem de estruturar-se em meios e formas consignadas em texto com valor formal de lei"[45].

Assim, foi sem surpresa que, em sentido radicalmente oposto, surgiu, logo em 1982, a segunda versão do Projecto de Código do Processo
Administrativo Gracioso[46], onde se estabelece, no n.º 1 do art. 202.º, que
"em matéria de polícia administrativa e, em outros casos, quando a lei
expressamente o autorizar, o cumprimento das obrigações e o respeito

---

allgemeine Verwaltungsrecht als Ordnungsidee, 2006, 89 e «Verwaltungslegitimation als
Rechtsbegriff», 116 *Archiv des öffentlichen Rechts* 329 (1991) e HANS-HEINRICH TRUTE, «Die
demokratische Legitimation der Verwaltung», in WOLFGANG HOFFMANN-RIEM, EBERHARD
SCHMIDT-AßMANN & ANDREAS VOßKUHLE (eds.), *Grundlagen des Verwaltungsrechts*, vol. I,
2006, 307, 311-317. A legitimação da Administração a partir da lei está hoje em crise.

[43] Publicada no *Boletim do Ministério da Justiça*, n.º 301 (1980), 41 ss.

[44] De acordo com o relato que nos foi transmitido oralmente pelo Professor Doutor
Diogo Freitas do Amaral, o Doutor Rogério Soares terá lançado uma crítica veemente à
opção do projecto em colóquio organizado pelo INA.

[45] V. SÉRVULO CORREIA, *supra*, n. 20, 343.

[46] Publicada no *Boletim do Ministério da Justiça*, n.º 362 (1987), 11 ss.

A Execução do Acto Administrativo no Direito Português 807

pelas limitações que derivam de um acto administrativo podem impor-se coactivamente sem recurso aos tribunais".

Como se vê, rejeita-se a opção inicial por uma habilitação legal genérica e faz-se depender a faculdade do emprego de meios coactivos para a execução de actos administrativos de previsão legal expressa e apenas no domínio da Administração de polícia[47]. Tal orientação recebe elogios por parte da doutrina. É o caso de MARIA DA GLÓRIA FERREIRA PINTO[48].

A versão definitiva originária, do art. 149.º, n.º 2 do CPA vem estabelecer que "[o] cumprimento das obrigações e o respeito pelas limitações que derivam de um acto administrativo podem ser impostos coactivamente pela Administração sem recurso prévio aos tribunais, desde que a imposição seja feita pelas formas e nos termos admitidos por lei". Ela é apresentada como uma solução de compromisso, "a meio caminho entre a solução *algo autoritária* [da primeira versão do Projecto de Código do Processo Administrativo Gracioso] e a solução *muito liberal* [da segunda versão Projecto de Código do Processo Administrativo Gracioso]"[49]. Dessa interpretação discorda RUI MACHETE, para quem a fórmula adoptada está longe de ser uma solução intermédia, antes reproduzindo, no essencial, a orientação da primeira versão do projecto[50].

O preceito sofreu uma alteração com a primeira revisão do CPA operada pelo Decreto-Lei n.º 6/96, de 31 de Janeiro, passando o art. 149.º, n.º 2 a dispor que "[o] cumprimento das obrigações e o respeito pelas limitações que derivam de um acto administrativo podem ser impostos coercivamente pela Administração sem recurso prévio aos tribunais, desde que a imposição seja feita pelas formas e nos termos previstos no presente Código ou admitidos por lei".

c) Enquadramento constitucional

Retomando o ponto em que tínhamos ficado antes deste breve apontamento sobre os trabalhos preparatórios da norma constante do n.º 2 do

---

[47] V. RUI CHANCERELLE DE MACHETE, «Privilégio da execução prévia», in *Dicionário Jurídico da Administração Pública*, vol. VI, Lisboa, 1994, 448, 461 ss.

[48] V. PINTO, *supra*, n. 34, 51-52.

[49] V. DIOGO FREITAS DO AMARAL *et alii*, *Código do Procedimento Administrativo Anotado – Com Legislação Complementar*, 5.ª ed., Almedina, Coimbra, 2005, 264-265 e Amaral, *supra*, n. 10, 478-9.

[50] V. MACHETE, *supra*, n. 47, 463.

artigo 149.º do CPA, a questão da admissibilidade de habilitação legal genérica para a execução coactiva de actos administrativos, aí prevista, deve pôr-se em termos da sua conformidade com a Constituição.

Crítico em relação ao regime constante do CPA é RUI MACHETE[51]. Segundo o ilustre administrativista, a Constituição veio introduzir profundas modificações na posição jurídica geral da Administração no nosso ordenamento jurídico e nas relações entre as autoridades administrativas e os cidadãos com repercussões significativas na matéria de execução coactiva dos actos administrativos. É em termos da sua conformidade com a Constituição que deve questionar-se a opção do legislador de atribuir à Administração um poder genérico de execução coactiva dos actos administrativos.

O Autor retira da exigência constitucional de lei expressa para a restrição de direitos, liberdades e garantias (CRP, art. 18.º, n.º 2) que, do mesmo modo, qualquer acto restritivo desses direitos tem de fundar-se necessariamente em lei que tenha disciplinado essa limitação. A necessidade de lei expressa tornaria problemática a adopção de uma norma habilitante genérica para a execução coactiva de actos administrativos como a que consta do CPA, na medida em que é difícil configurar situações de execução coactiva em que o emprego de meios coactivos não colida com direitos, liberdades e garantias ou direitos de natureza análoga do particular. Além disso, a atribuição genérica, não referente a um conjunto individualizado de direitos ou situações, viria bulir com o princípio da reserva de lei, na medida em que este implica um mínimo de densidade normativa. "Sem autorização legal – conclui o Autor – a execução [coactiva] do acto administrativo só será possível se se verificarem os pressupostos do estado de necessidade, devendo então a acção administrativa obedecer aos princípios que regem a coação directa"[52].

Já PAULO OTERO vem propor uma interpretação do art. 149.º, n.º 2 segundo a qual da formulação genérica adoptada não se deve extrair que o princípio da legalidade tenha uma mera intervenção negativa, pois da tipicidade legal das formas e termos da execução (art. 149.º, n.º 2, *in fine*) conclui que é de retirar da omissão legal quanto às formas ou termos de execução coactiva uma regra de proibição de execução administrativa

---

[51] V. RUI CHANCERELLE DE MACHETE, «A execução do acto administrativo», 6 *Direito e Justiça* 65 (1992), 81-85.

[52] *Id.*, 85.

coactiva[53]. Salvo o devido respeito, não podemos acompanhar o pensamento do Autor, pois, mesmo face à versão originária dessa disposição legal, da solução proposta decorreria a inutilidade da esmagadora maioria das normas do CPA em matéria de execução coactiva, sendo que parte delas não suscitaria qualquer problema de inconstitucionalidade. Com efeito, que sentido faria tipificar os fins da execução e limitar o emprego de meios coactivos, exigindo-se depois a sua previsão expressa em cada diploma legal que habilitasse a Administração a proceder à execução coactiva dos seus actos? Um sentido possível seria o de proibir fins da execução e mesmo meios coactivos alternativos àqueles que constam do CPA. Simplesmente, tal interpretação pressuporia um valor hierárquico superior do CPA relativamente a leis avulsas, o que não se verifica. Se já era então muito duvidosa, a posição do Autor tornou-se indefensável com a revisão do CPA cujo objectivo é o de esclarecer que as formas de execução reguladas nos artigos 144.º a 157.º do CPA concorrem com as que estiverem previstas em leis avulsas[54], algo que decorre, de resto, como assinalámos, do seu valor hierárquico equivalente.

A resolução da questão não se põe ao nível da interpretação do art. 149.º, n.º 2 do CPA cujo sentido é inequívoco – habilitação genérica para a execução coactiva de actos administrativos – mas, como bem notara Rui Machete, ao nível da validade da norma face à Constituição.

Independentemente da questão da sua admissibilidade constitucional – tema sobre o qual nos debruçamos já de seguida –, importa assinalar que a prática administrativa se refugia na norma constante do n.º 2 do artigo 149.º do CPA para proceder à execução coactiva de actos administrativos perante o seu não-acatamento voluntário por parte do particular, não tendo tal prática – tanto quanto se saiba – sido posta em causa, pelo menos até à data, pela jurisprudência dos nossos tribunais.

Com efeito, desconhece-se ter havido qualquer sentença que tenha recusado a aplicação dessa norma com fundamento em inconstitucionalidade, do mesmo modo inexistindo, sobre a mesma, qualquer decisão do Tribunal Constitucional.

---

[53] V. Paulo Otero, «A Execução do Acto Administrativo no Código do Procedimento Administrativo», in *Scientia Ivridica*, T. XLI, 1992, n. 238/240, 207, 225. Note-se que o artigo a que nos referimos é publicado em momento anterior ao da revisão do CPA, reportando-se, portanto à versão originária do preceito.

[54] V. Diogo Freitas do Amaral *et alii*, *Código do Procedimento Administrativo Anotado – Com Legislação Complementar*, 5.ª ed., Almedina, Coimbra, 2005, p. 265.

810 *Em Homenagem ao Professor Doutor Diogo Freitas do Amaral*

Tal significa que, para todos os efeitos, designadamente para efeitos de direito comparado, a norma constante do n.º 2 do artigo 149.º do CPA, nos termos da qual a Administração Pública se encontra legalmente habilitada, em termos genéricos, a executar coactivamente os seus actos administrativos, contém o regime de direito positivo vigente no ordenamento jurídico português.

No que à questão de constitucionalidade diz respeito, deve dizer-se que a colocação da mesma tem todo o sentido. A circunstância de a execução coactiva do acto administrativo consubstanciar, relativamente ao acto exequendo, uma autónoma agressão aos direitos do particular[55], significaria, para os defensores da tese da inconstitucionalidade, que a mesma carece, em cada caso, de habilitação legal.

Adiantamos, desde já, que temos as maiores dúvidas de que assim seja. Em nosso modo de ver, da natureza autónoma do acto administrativo de execução retira-se tão-somente a exigência de habilitação legal, não sendo legítimo daí desimplicar o que quer que seja sobre a densidade legal exigível para operar tal habilitação. Trata-se de questões bastante diferentes.

Como vimos, a tese da inconstitucionalidade tem por fundamento tanto o regime dos direitos, liberdades e garantias, designadamente a exigência de lei expressa para a sua restrição, como o princípio da reserva de lei.

Ora, apesar da sua distinção analítica, os dois fundamentos reconduzem-se a um único parâmetro de controlo. Tudo está em saber qual a densidade normativa a que, em matéria de execução coactiva de actos administrativos, o legislador se encontra constitucionalmente vinculado.

Quem defende tal posição concede não ser constitucionalmente exigível que o legislador efectue uma ponderação caso a caso – admite-se que o princípio da reserva de lei não implica uma densidade legal absoluta[56] – mas apenas que o legislador, pelo menos, configure um

---

[55] V. PINTO, *supra*, n. 34, 44. Desenvolvemos este aspecto, *infra*, ao tratar a natureza jurídica do acto de execução.

[56] Sem prejuízo de apenas mais tarde ser dogmaticamente elaborado enquanto princípio estruturante do direito administrativo e então adquirir valor normativo, o princípio da reserva de lei remonta ao período da monarquia constitucional (sendo, portanto, anterior à construção de um conceito material de lei por parte da Teoria do Estado tardia que, por sua vez, como se sabe, em virtude da cultura formalista *fin-de-siècle*, nasce da preocupação de identificar um critério que permita distinguir o mundo do direito do mundo

A Execução do Acto Administrativo no Direito Português 811

conjunto individualizado de direitos, situações ou mesmo até, no limite, áreas *satisfatoriamente delimitadas* do direito administrativo especial, em que a Administração fique habilitada a proceder à execução coactiva.

O que está em causa é saber se a decisão sobre a possibilidade de execução coactiva deve ser confiada àquele que dela beneficia – a Administração – ou se antes se não exige que seja o legislador a efectuar a ponderação sobre que grau de intensidade de sacrifício imposto ao particular é justificado, em cada caso ou constelação de casos, para assim se satisfazer o interesse público. Apenas a última solução seria compatível com o princípio democrático (CRP, art. 2.º). A razão por que estaria vedado ao legislador a atribuição de uma habilitação genérica é a de que, caso contrário, estar-se-ia a *interromper a cadeia de legitimação democrática*[57], deixando de ser possível reconduzir-se, de forma *efectiva,* a

---

do não-direito), determinando então que actos da Administração que consubstanciem uma agressão à liberdade e propriedade do indivíduo devem pressupor uma base legal (cláusula de liberdade e propriedade), o que significa que grande parte da actividade administrativa não é coberta pelo instituto. Tal delimitação do âmbito da reserva de lei resultava da estrutura dualista da monarquia constitucional que, por sua vez, decorria de uma separação estanque entre Estado e sociedade: da mesma maneira que o monarca e o seu executivo não respondem perante a sociedade – na medida em que o tipo de controle parlamentar disponível é limitado – também a sociedade deve ser protegida de qualquer tentativa de agressão aos direitos de liberdade e propriedade do indivíduo por parte do Estado. Apenas quanto a estes é vedado ao monarca legislar sem o consentimento do povo, expresso através dos seus representantes no parlamento. Tal consentimento opera-se através do princípio da reserva de lei. A evolução histórica do conceito de reserva de lei mais não é do que a compressão da actividade livre da Administração. A tal evolução não seria indiferente a transformação da estrutura constitucional. Ao passo que durante o período da monarquia constitucional a legitimação da actividade administrativa era originária e voluntariamente limitada por via da Constituição, na democracia parlamentar a actividade administrativa funda-se ela própria na Constituição, que a subordina ao parlamento. Por essa razão, o Tribunal Constitucional Federal alemão, desde cedo, procedeu a uma reformulação substancial do princípio da reserva de lei ao desenvolver a conhecida teoria da essencialidade («Wesentlichkeitstheorie»), que, em todo o caso, não tem tido grande eco na jurisprudência do nosso Tribunal Constitucional (v., porém, embora sem a ela se referir expressamente, o Acórdão do TC n.º 304/2008 bem como a declaração de voto do Conselheiro Vítor Gomes). A bibliografia sobre a teoria da essencialidade é legionária (v. Hans Herbert von Arnim, "Zur «Wesentlichkeitstheorie» des Bundesverfassungsgerichts", 102 DVBl. 1241 (1987); Dieter C. Umbach, «Das Wesentliche an der Wesentlichkeitstheorie», *Festschrift für Hans Joachim Faller*, 1984, 111; Jürgen Staupe, *Parlamentsvorbehalt und Delegationsbefugnis*, 1985; Thomas von Danwitz, *Die Gestaltungsfreiheit des Verordnungsgebers*, 1989; Armin von Bogdandy, *Gubernative Rechtsetzung*, 2000).

[57] V. Böckenförde, *supra*, n. 36.

812   *Em Homenagem ao Professor Doutor Diogo Freitas do Amaral*

decisão administrativa de executar concreta ao legislador e, portanto, ao consentimento do indivíduo.

Sem poder, na economia deste trabalho, esgotar o tratamento desta difícil questão, inclinamo-nos a pensar que a norma constante do n.º 2 do artigo 149.º do CPA, que habilita genericamente a Administração a executar coactivamente actos administrativos, não padece de inconstitucionalidade.

Em primeiro lugar, como os próprios defensores da tese da inconstitucionalidade reconhecem, do princípio da reserva de lei não decorre uma exigência de densidade legal total. Ao admitir a possibilidade de o legislador individualizar um conjunto de direitos, situações ou mesmo até, no limite, áreas *satisfatoriamente delimitadas* do direito administrativo especial, os defensores da tese da inconstitucionalidade estão a expor a fragilidade do seu argumento. É que também nessa hipótese deixaria de ser possível reconduzir-se de forma efectiva a decisão administrativa de executar concreta ao legislador e, portanto, ao consentimento do indivíduo.

É claro que, nessa hipótese, verificar-se-ia, apesar de tudo, uma mais intensa ponderação operada a nível legislativo. Simplesmente, do ponto de vista dogmático, tal modo de enquadrar a questão equivale a introduzir no próprio critério normativo de verificação de satisfação do princípio da reserva de lei um factor de ponderação. Em tal modo de proceder vão pressupostos os elementos que estão na origem da teoria da essencialidade acolhida pelo Tribunal Constitucional Federal alemão[58].

Assim posta a questão, a resolução da mesma não prescinde de um método de ponderação entre, de um lado, os direitos restringendos e, do outro, os valores constitucionais justificativos da restrição.

Ora, a norma objecto de controlo pode e deve ser analisada justamente à luz desse quadro dogmático, importando identificar o que nela há de revelador da própria ponderação efectuada pelo legislador.

Assim, importa considerar que, embora situadas dentro do âmbito de aplicação do art. 149.º, n.º 2, todas aquelas situações que, da perspectiva do legislador, representam uma agressão mais intensa dos direitos do particular estão devidamente salvaguardadas, face à limitação que àquele preceito é imposta pelo n.º 3 do artigo 157.º do CPA, o qual vem exigir habilitação legal específica para a execução coactiva de prestação de facto infungível.

---

[58] Sobre a teoria da essencialidade v. *supra*, n. 56 e JORGE REIS NOVAIS, *As restrições aos direitos fundamentais não expressamente autorizadas pela Constituição*, 2003, 823 ss.

A Execução do Acto Administrativo no Direito Português   813

Tal significa que, em rigor, a norma cuja conformidade com a Constituição há-de ser apreciada é a que resulta das disposições conjugadas dos artigos 149.º, n.º 2 e 157.º, n.º 3 do CPA, não fazendo sentido, face à existência deste último preceito, ler o disposto no n.º 2 do artigo 149.º de forma isolada.

Existe, portanto, uma ponderação, efectuada a nível legislativo, sobre o grau de densidade legal exigível, sendo este tanto maior quanto maior for a intensidade da agressão dos direitos do particular.

Ora, nos termos da teoria da essencialidade, qualquer que seja o critério dogmático adoptado, na legitimação da actividade administrativa é incorporada a dogmática dos direitos fundamentais – uma dogmática de ponderação[59]. Desse enquadramento decorre que a determinação do *quantum de determinação legal exigível* é relativo. Tal significa que, mesmo no paradigma da legitimação da actividade administrativa a partir do princípio democrático, mais do que uma "ininterrupta cadeia de legitimação democrática"[60], exige-se uma justificação racionalmente controlável a partir de critérios operantes elaborados a partir da dogmática dos direitos fundamentais construída em torno do princípio da proporcionalidade.

Ora, a norma resultante da leitura conjugada do artigo 149.º, n.º 2 com o n.º 3 do artigo 157.º do CPA, reflecte justamente uma ponderação efectuada a nível legislativo, excluindo da habilitação legal genérica os casos de afectação máxima dos direitos do particular, para estes prevendo uma densidade legal mais exigente. Tal ponderação não pode deixar de relevar para efeitos de apreciação da validade da norma, assim recortada, face à Constituição.

Além deste aspecto – que é fundamental – outros há que merecem consideração.

Olhando agora apenas para as situações que estão abrangidas pelo âmbito de aplicação da norma do n.º 2 do artigo 149.º, sempre se dirá que a opção legislativa pela generalidade da habilitação, conquanto se traduza em uma restrição mais intensa dos direitos do particular comparativamente com aquela que existiria no contexto de uma habilitação legal específica, respeita ainda, atendendo os valores justificativos dessa restrição, os requisitos do n.º 2 do artigo 18.º da CRP.

---

[59] V. Novais, *supra*, n. 58.
[60] V. Böckenförde, *supra*, n. 36.

É que o simples facto de ser possível hipotisar alternativas menos restritivas não implica, necessariamente, que a restrição seja, desnecessária. Nessa hipótese, importa ainda testar se o grau de satisfação do valor constitucional justificativo da restrição é, da perspectiva do legislador, indiferente a qualquer das alternativas menos restritivas hipotisadas, só em caso afirmativo se podendo considerar a restrição em causa ilegítima face à Constituição.

Não podemos aqui desenvolver os critérios dogmáticos que tornam tal teste operante. Dir-se-á apenas que, em abstracto, são configuráveis situações em que o julgador não está sequer em condições de efectuar esse teste (por exemplo, por não dispor de elementos de facto para, com segurança, aferir o *impacto global* de qualquer das alternativas alegadamente menos restritivas dos direitos do particular no ordenamento jurídico – inclusive nos direitos dos demais membros da comunidade), o que não pode senão levá-lo a deferir perante o juízo (dito de prognose) efectuado pelo legislador, gozando este último de ampla liberdade de conformação *relativamente ao próprio juízo quanto à necessidade* da restrição em causa[61].

Ora, estando em causa a própria efectividade de toda a actividade administrativa e, portanto, das condições de prossecução do interesse público pela Administração Pública (CRP, art. 266.º, n.º 1), é difícil sustentar que o juízo efectuado pelo legislador democraticamente legitimado sobre a *necessidade* de uma habilitação legal genérica para a execução coactiva de actos administrativos possa ser posto em causa pelo poder judicial.

Desde logo, a necessidade de tal opção não é intrinsecamente desrazoável, pois qualquer alternativa, designadamente a opção por uma mais rigorosa modelação legislativa do tipo de direitos, situações ou

---

[61] V., nesse sentido, o Acórdão do Tribunal Constitucional n.º 185/2010, onde se afirma que «[...] o controlo sobre o modo como o legislador ordinário cumpriu os seus *deveres de protecção* de bens jurídicos tutelados constitucionalmente, ainda que com restrição de direitos, liberdades e garantias individuais, não pode ter como consequência ser o poder judicial a proceder a avaliações sobre factos, a efectuar ponderações entre bens e a formular juízos de prognose que integram, na sua essência, a função legislativa do Estado.

Fazê-lo equivaleria a substituir um equilíbrio sistemático, intrinsecamente complexo e politicamente sensível, estabelecido pelo legislador ordinário, por um novo equilíbrio a estabelecer pelo próprio Tribunal Constitucional».

A Execução do Acto Administrativo no Direito Português 815

matérias em que seria admissível a execução coactiva pela Administração, não garantiria, na perspectiva do legislador, de forma *adequada*, o valor constitucional protegido de afirmação da autoridade de actos administrativos e, portanto, do poder público.

E tanto basta para que se não possa, com fundamento em inconstitucionalidade, invalidar a norma constante do n.º 2 do artigo 149.º do CPA.

A isso acresce que, aparentemente, estamos aqui justamente numa daquelas situações que referimos nas quais o julgador não está sequer em condições de efectuar o teste que se-lhe é de exigir para que a comunidade *aceite* um juízo contra-maioritário de inconstitucionalidade. É que não se sabe até que ponto é que, da própria perspectiva dos direitos restringendos[62], a opção legislativa por uma habilitação genérica para a execução coactiva de actos administrativos não é, bem vistas as coisas, mais vantajosa.

É que não é desrazoável admitir-se que a opção por uma habilitação legal específica redundaria em, nas situações cobertas por essa habilitação, uma menos rigorosa avaliação dos pressupostos de facto justificativos da execução coactiva por parte da autoridade competente. A Administração poderia interpretar o mandato legislativo de uma forma que, em concreto, traduzir-se-ia, sem com isso se estar a violar o princípio da proporcionalidade, em um maior recurso à execução coactiva do que aquela que efectivamente se verifica no quadro normativo de uma habilitação legal genérica.

O próprio valor normativo da unidade da Administração Pública[63] é relevante como reconhecimento da não-desrazoabilidade intrínseca da opção do legislador de não diferenciar o poder público de execução coactiva.

A isso acresce que os próprios particulares poderiam ficar prejudicados por uma complexificação do regime legal levada a tal ponto que deixariam de saber com o que contar.

Não interessa aqui saber se tal cenário é certo ou sequer provável. A mera incerteza sobre a sua verificação basta para que o poder judicial não esteja em condições de censurar a opção do legislador, de outra

---

[62] Que tais considerações são relevantes disse-o já o Tribunal Constitucional no já citado Acórdão do TC n.º 185/2010.

[63] V. Görg Haverkate, «Die Einheit der Verwaltung als Rechtsproblem», 46 *Veröffentlichungen der Vereinigung der Deutschen Staatsrechtslehrer* 217 (1988).

816   Em Homenagem ao Professor Doutor Diogo Freitas do Amaral

forma estando a substituir o juízo de prognose por este efectuado pela sua própria avaliação.

Assim, a norma constante do n.º 2 do artigo 149.º, excluídas que estão do seu âmbito de aplicação efectivo as situações cobertas pelo n.º 3 do artigo 157.º, apresenta-se como uma solução equilibrada. Mais do que isso, pelas razões apontadas por último, ela assume uma função estabilizadora, o que lhe confere uma legitimidade suplementar.

2. O procedimento de execução

a) Âmbito

Decorre do que vimos de dizer que o âmbito de aplicação das normas do CPA em matéria de execução coactiva do acto administrativo é amplo. Deve entender-se que as normas relativas ao procedimento de execução, aos fins da execução e ao emprego de meios coactivos se aplicam a todas as situações em que a Administração está habilitada por lei a empregar meios coactivos para executar as suas decisões, salvaguardando-se, naturalmente, a possibilidade de o legislador fazer acompanhar da atribuição de tal poder à Administração uma regulação detalhada do seu modo de exercício, podendo este divergir do regime previsto no CPA. Tome-se o seguinte exemplo. O legislador atribui à Autoridade Nacional do Medicamento e Produtos de Saúde (INFARMED) o poder de, verificados determinados pressupostos, apreender medicamentos[64], omitindo, porém, a forma como tal apreensão deve ser realizada. Assim, deve entender-se que o exercício do poder de apreensão de medicamentos por parte do INFARMED deve observar as normas relevantes do CPA que condicionam o exercício do poder de execução coactiva tais como o princípio da proporcionalidade (art. 151.º, n.º 2) ou o dever de notificação da ordem de execução (art. 152.º, n.º 1).

Além disso, as normas do CPA em matéria de execução configuram um autêntico procedimento executivo[65], autónomo do procedimento que

---

[64] Art. 6.º, n.º 2 do Decreto-Lei n.º 134/2005 de 16 de Agosto de 2005 (regime da venda de medicamentos não sujeitos a receita médica fora das farmácias).

[65] Pondo em evidência a natureza procedimental da execução coactiva, v. GIANNINI, *supra*, n. 22, 832 ss.

A Execução do Acto Administrativo no Direito Português 817

culminou com a prática do acto administrativo exequendo[66]. Tal não significa, porém, dada a natureza jurídica do acto de execução enquanto verdadeiro acto administrativo[67], que os requisitos de substância, de procedimento e de forma previstos em outras disposições do CPA não sejam igualmente aplicáveis ao procedimento executivo[68]. Como veremos, é o que sucede com a exigência de audiência prévia ou com o dever da fundamentação expressa do acto de execução, que se explicam também pela finalidade do regime da execução coactiva que outra não é do que obter o cumprimento voluntário do particular[69].

b) Objecto

A fase executiva pressupõe sempre uma prévia definição da situação jurídica do particular – a prática de um acto exequendo (art. 151.º, n.º 1) – e, além disso, o incumprimento por parte deste último das determinações que lhe são impostas. Tal significa que o problema da sua execução não se põe relativamente a todos os actos administrativos[70], tão-somente àqueles relativamente aos quais, aí prescrevendo-se ao particular uma conduta activa ou omissiva, se verifique uma situação de incumprimento por parte deste[71]. Assim, são insusceptíveis de execução coactiva actos cujos efeitos no ordenamento jurídico se bastam com a sua prática, para a sua completude não concorrendo qualquer conduta do particular. Do mesmo modo se entende que actos constitutivos de direitos são insusceptíveis de execução coactiva. Como explica RUI MACHETE, "[...] quando se fala de execução do acto administrativo, da imposição coactiva das obrigações ou

---

[66] Sobre a natureza autónoma do procedimento executivo de uma perspectiva dogmática v. FORSTHOFF, *supra*, n. 5, 295.

[67] V. *infra*, Parte III.

[68] Contra, MÁRIO ESTEVES DE OLIVEIRA, PEDRO COSTA GONÇALVES e JOÃO PACHECO DE AMORIM, *Código do Procedimento Administrativo Comentado*, 2.ª ed., 1997, 703, considerando que «[...] ao procedimento executivo presidem, em regra, os princípios da oficiosidade, da informalidade, da eficiência e da desburocratização».

[69] Note-se, porém, que SANDULLI, *supra*, n. 30, 824, distinguindo entre *coazione* e *esecuzione forzata*, consoante a natureza negativa (dever de não fazer) ou positiva (dever de dar, de fazer ou de suportar) da prestação devida, apenas à primeira adscreve uma função preventiva.

[70] V. OTERO, *supra*, n. 53, 215-218 e Giannini, *supra*, n. 22, 828.

[71] CARBONE, *supra*, n. 32, 416, desimplica esse pressuposto da circunstância de o fundamento da execução coactiva ser o poder de autotutela da Administração, mas ele vale mesmo para quem, como nós, à lei reconduz esse fundamento.

818 *Em Homenagem ao Professor Doutor Diogo Freitas do Amaral*

das limitações que derivam do acto administrativo [...], estamos a reportarmo-nos à zona da "Eingriffsverwaltung", a relações jurídicas em que os sujeitos dos deveres ou das obrigações são sempre os particulares, cabendo à Administração a titularidade dos direitos ou poderes"[72].

Da circunstância de o incumprimento do particular ser um pressuposto necessário da fase executiva decorre que a mesma é apenas eventual, pois, em princípio, espera-se do particular o acatamento voluntário do acto impositivo. Assim, de acordo com o art. 150.º, n.º 1, são insusceptíveis de execução actos cuja eficácia esteja suspensa, actos de que tenha sido interposto recurso com efeito suspensivo[73], actos pendentes de aprovação e actos confirmativos, pois não se configura aí qualquer situação de incumprimento.

Certo é também que actos nulos não podem ser validamente executados[74]. Uma questão que a doutrina põe é a de saber se a inconstitucionalidade da norma habilitante para a prática do acto exequendo tem consequências em sede de execução, entendendo a doutrina dominante que não terá até existir uma decisão de inconstitucionalidade[75].

Evidente é que o regime de execução coactiva regulado no CPA se limita a actos administrativos, não se aplicando a outras formas de actuação administrativa tais como as que predominam em sede de gestão privada e mesmo as que exprimem ainda poderes públicos de autoridade tal como sucede no caso de contratos administrativos.

c) *Competência*

O CPA não contém qualquer norma genérica atributiva de competência em sede de procedimento de execução. Tal omissão pode ser

---

[72] V. MACHETE, *supra*, n. 51, 69. V. também GIANNINI, *supra*, n. 22, 832.

[73] Actos de que tenha sido deduzida reclamação com efeito suspensivo (art. 163.º, n.º 4) também são insusceptíveis de execução. V. OLIVEIRA/GONÇALVES/AMORIM, *supra*, n. 68, 714.

[74] V. WOLFF/BACHOF/STOBER/KLUTH, *Verwaltungsrecht I*, 12. Aufl., Verlag C. H. Beck, München, 2007, 915.

[75] *Id.*, 915. Importa, porém, observar que o sistema de fiscalização da constitucionalidade alemão não limita os efeitos da decisão ao caso concreto, estando a Administração impedida de executar qualquer acto administrativo praticado ao abrigo da norma declarada inconstitucional. Em Portugal, os efeitos da decisão de inconstitucionalidade são circunscritos ao caso concreto.

A Execução do Acto Administrativo no Direito Português   819

explicada enquanto resquício inconsciente da doutrina da executoriedade do acto, assumindo-se então que o órgão competente é o autor do acto exequendo[76].

Salvo a hipótese de lei específica conter, relativamente ao procedimento executivo, norma atributiva de competência, podendo o órgão competente para a prática do acto de execução coincidir ou não com o autor do acto exequendo, deve entender-se que a determinação do órgão competente para conduzir o procedimento executivo é o órgão da pessoa colectiva pública com competência decisória e executiva. Em regra, tenderá a verificar-se uma coincidência entre o órgão competente para a prática do acto exequendo e aquele a quem compete conduzir o procedimento executivo[77].

Essa – não mais que tendencial – coincidência justifica-se atendendo à finalidade do procedimento de execução. Sendo ela a de obter o cumprimento voluntário do particular, a disponibilidade deste último para cumprir será maior se, em sede de execução, tiver como interlocutor o mesmo órgão de autoridade responsável pela regulação da relação jurídico-administrativa em questão.

d) Verificação de incumprimento

O primeiro momento do procedimento de execução consiste na verificação de uma situação de incumprimento. Tal verificação pressupõe a prática de diligências instrutórias por parte da Administração[78]. Mesmo nas situações em que a Administração opta por notificar o particular da execução juntamente com a notificação do acto exequendo (art. 152.º,

---

[76] Note-se, porém, que, ao referir-se ao «órgão administrativo competente», o art. 155.º, n.º 2, tendo em conta que se trata aí de proceder à emissão de uma certidão para efeitos de ter início o processo de execução fiscal, deve ser interpretado como referindo-se ao órgão da pessoa colectiva pública credora da prestação pecuniária em dívida competente para a emissão de uma certidão para esse efeito, podendo o mesmo coincidir ou não com o autor do acto exequendo.

[77] Note-se, porém, que nem sempre o autor do acto exequendo é estatutariamente competente para a execução das suas próprias decisões. OLIVEIRA/GONÇALVES/AMORIM, supra, n. 68, 729-730 dão como exemplo a divisão de competências entre a câmara municipal e respectivo presidente, entre órgãos hierárquicos superiores e subalternos e entre órgãos requisitantes e coadjuvantes.

[78] Que não terão lugar, caso o particular manifeste expressa e inequivocamente a sua intenção de incumprir.

Em Homenagem ao Professor Doutor Diogo Freitas do Amaral

n.º 2) – possibilidade que, quanto a nós, deve limitar-se a situações de urgência e em que a Administração dispõe de informação suficiente para indicar, desde logo, *fundamentadamente*, a forma de execução concreta a ter lugar – torna-se ainda necessário verificar uma situação de incumprimento. O acto de execução assume, assim, desde logo, uma natureza declarativa que consiste em verificar a situação de incumprimento por parte do particular.

e) Audiência dos interessados

Como veremos ao tratar da natureza jurídica do acto de execução, este constitui uma decisão autónoma face ao acto exequendo. Dessa natureza autónoma – tratar-se de um acto administrativo autónomo e potencialmente lesivo – decorre a necessidade de observar as formalidades legalmente proscritas para o acto administrativo, tais como a audiência dos interessados[79]. Com efeito, a Administração pode, com base em elementos novos trazidos ao seu conhecimento pelo particular, optar pela não-execução do acto e iniciar antes um procedimento administrativo novo com vista a regularizar de forma concertada a situação jurídica do particular, pois pode ser essa a melhor forma de prosseguir o interesse público concreto. Embora a audiência prévia regulada nos artigos 100.º e seguintes apenas diga respeito à decisão administrativa, resulta da natureza autónoma do acto administrativo de execução, na medida em que contém valorações próprias, a imperatividade da sua realização, ainda que se possa aplicar o disposto no art. 103.º, n.º 2, al. *a)* que permite a dispensa da audiência dos interessados se estes se já tiverem pronunciado no procedimento sobre as questões que importem à decisão e sobre as provas produzidas. Tal situação pode verificar-se com frequência, na medida em que já terá tido lugar audiência dos interessados para efeitos do acto exequendo. Porém, a dispensa da realização da audiência dos interessados não vale para aquelas situações em que o acto de execução excede os limites do acto exequendo, pois a audiência prévia que eventualmente tenha tido lugar não terá permitido ao particular pronunciar-se sobre a parte excessiva. Simplesmente, como veremos adiante ao tratar da tutela contra a execução ilegal, julgamos inútil, nesses casos, a autonomização da falta de realização da audiência do interessado como vício

---

[79] V. GOMES, *supra*, n. 40, 121-122.

A *Execução do Acto Administrativo no Direito Português* 821

próprio do acto de execução[80], porquanto que este último é ilegal decorre
já do art. 151.º, n.º 3 que deve ser interpretado no sentido de estabelecer
uma causa de invalidade, assumindo, portanto, uma natureza substantiva
e não meramente processual. Em qualquer caso, a decisão de dispensar
a audiência deve ser expressamente fundamentada.

Cometida à prossecução do interesse público, a Administração está,
em todo o caso, obrigada a apreciar todas as alternativas possíveis à
execução coactiva, podendo os elementos de facto novos bem como os
argumentos apresentados pelo particular ser valiosos para a correcta formação da decisão administrativa de executar. Sendo a finalidade da execução coactiva o cumprimento voluntário do particular, melhor será a
mesma cumprida através da participação do particular no procedimento
executivo. Com efeito, a realização da audiência prévia compreende uma
função legitimadora perante o particular que sente que o seu interesse
está a ser devidamente acautelado através da sua participação no procedimento. Além disso, perante o incumprimento declarado do particular,
os custos de uma execução coactiva podem ser tão desproporcionais ao
benefício para o interesse público alcançado pela realização das prestações impostas no acto exequendo, que mais vale obter a satisfação parcial
das mesmas quando o particular a tanto se declara disposto. Tal consequência decorre, desde logo, do princípio da proporcionalidade dos meios
de execução, que analisaremos mais adiante, além de estar em consonância com uma teoria do direito que a este adscreve uma função estabilizadora. Contra tal solução, não deve, pois, invocar-se, *de plano*, o princípio da legalidade, pois o mesmo não é absoluto e deve ceder sempre
que tal seja justificado pela necessidade de satisfazer outros princípios
com ele conflituantes. O que não quer dizer que o mesmo não imponha
uma forte limitação à admissibilidade de soluções alternativas àquelas
determinadas no acto exequendo. Em nosso modo de ver, e sempre
dependendo das circunstâncias do caso concreto, uma maneira equilibrada de temperar as exigências decorrentes do princípio da proporcionalidade com as limitações impostas pelo princípio da legalidade é a de
impor à Administração o *dever* de, perante uma proposta de conteúdo
menos agressivo apresentada pelo particular obrigado, a aceitar, desde

---

[80] Em sentido diferente, relevando autonomamente o vício da falta de realização da
audiência, v. o acórdão do STA de 24 de Março de 1999, proc. n.º 39671.

822   Em Homenagem ao Professor Doutor Diogo Freitas do Amaral

que a mesma satisfaça igualmente o interesse público procurado pelo acto exequendo[81].

No entanto, importa observar que a posição aqui sustentada não tem tido eco na jurisprudência do Supremo Tribunal Administrativo, que considera "abstractamente impossível" um "acto meramente executivo" padecer do vício da falta de realização de audiência prévia, considerando que a norma prevista no art. 100.º apenas se aplica aos actos administrativos "próprio sensu"[82]. Salvo o devido respeito, julgamos que, antes pelo contrário, resulta da natureza jurídica do acto de execução – está-se justamente, para todos os efeitos, perante um acto administrativo – a possibilidade abstracta da verificação de vícios próprios, entre os quais a falta de realização da audiência prévia.

Da perspectiva da legitimação da actividade da Administração, a realização de audiência prévia é tanto mais relevante quanto, perante a norma constante do n.º 2 do artigo 149.º do CPA, inexiste uma prévia ponderação legislativa sobre a adequação e necessidade de cada acto de execução coactiva concreto que possa servir de parâmetro de controlo para a validade deste último.

f) Dever da fundamentação expressa

Da natureza autónoma do acto de execução decorre a necessidade de observar uma série de requisitos de forma e de conteúdo legalmente proscritos para o acto administrativo, de entre os quais cumpre destacar o dever da fundamentação expressa (art. 124.º). O emprego de meios coactivos sobre o particular consubstancia uma agressão intensa dos seus direitos, exigindo-se a observância de princípios como o da proporcionalidade. O procedimento executivo visa assegurar a racionalidade da decisão de executar, assumindo o dever da fundamentação expressa um papel importante na realização desse objectivo. A fundamentação formal obrigatória dos actos administrativos é plurifuncional[83]. Ao articular as razões que motivaram a Administração a executar daquela forma concreta, pretende-se assegurar a correcção jurídica ou a racionalidade da própria

---

[81] V. Wolff/Bachof/Stober/Kluth, *supra*, n. 74, 911, que retiram esse dever do princípio da proporcionalidade.

[82] V. acórdão do STA de 10 de Novembro de 2007, proc. n.º 0478/07.

[83] V. José Carlos Vieira de Andrade, *O Dever da Fundamentação Expressa de Actos Administrativos*, 1992, 65 ss.

A Execução do Acto Administrativo no Direito Português   823

decisão administrativa, legitimar a decisão perante o particular bem como aperfeiçoar os mecanismos de controle para efeitos de uma eventual apreciação judicial. A fundamentação – sobretudo atendendo à função legitimadora da decisão perante o particular – concorre assim para a realização da finalidade do procedimento de execução coactiva – o cumprimento voluntário do particular.

No entanto, importa observar que a posição aqui sustentada não tem tido eco na jurisprudência do Supremo Tribunal Administrativo, que considera "abstractamente impossível" um "acto meramente executivo" padecer do vício da falta da fundamentação expressa, considerando que a norma prevista no art. 124.º apenas se aplica aos actos administrativos "próprio sensu"[84]. Salvo o devido respeito, tal como tivemos oportunidade de assinalar a propósito do dever de realização da audiência, julgamos que, antes pelo contrário, resulta da natureza jurídica do acto de execução a possibilidade abstracta da verificação de vícios próprios, entre os quais se inclui a falta da fundamentação expressa. Vale aqui igualmente o que então, a propósito do dever de realização de audiência prévia, dissemos, sobre a sua função legitimadora face à inexistência de prévia ponderação legislativa sobre a adequação e necessidade de cada acto de execução coactiva concreto.

g) *Notificação*

Segue-se, imediatamente após a fase instrutória, a notificação do particular do acto de execução. Através dela, o particular toma antecipadamente conhecimento da decisão de executar, não sendo, desse modo, surpreendido pelos agentes encarregados das operações materiais que visam concretizar a ordem de execução. Como veremos, adiante, ao tratar da natureza jurídica do acto de execução, este é, para todos os efeitos, um acto administrativo, produzindo efeitos jurídicos, devendo, por essa razão, distinguir-se das actuações materiais concretas que se lhe seguirão. A notificação do acto de execução pode levar ao cumprimento voluntário por parte do particular, caso em que se extingue o procedimento de execução. Pode o particular também impugnar o acto de execução, independentemente de ter impugnado o acto exequendo, na medida em que o acto de execução é susceptível de conter vícios próprios em violação

---

[84] V. acórdão do STA de 10 de Novembro de 2007, proc. n.º 0478/07.

824 Em Homenagem ao Professor Doutor Diogo Freitas do Amaral

do regime legal de execução (por exemplo, a adopção de medidas desproporcionais). O regime legal é, portanto, o de encorajar o cumprimento voluntário por parte do particular, condicionando a execução coactiva às situações em que a mesma se torna inevitável. No direito administrativo português, a execução coactiva rege-se, assim, pelo princípio da subsidiariedade[85]. Sendo essa e não outra a finalidade do procedimento de execução, deve a Administração, ao notificar o particular do acto de execução, fixar um novo prazo para o cumprimento voluntário deste e só após o decurso desse prazo dar início às actuações materiais de execução. A lei não estabelece limites mínimo e máximo para esse prazo, devendo o mesmo ser fixado em função das circunstâncias do caso concreto, tais como o prazo anteriormente já fixado por ocasião da notificação do acto exequendo e o período entretanto decorrido até à decisão de executar[86]. De tanto maior importância se reveste a notificação quanto no ordenamento jurídico português a impugnação contenciosa do acto administrativo não suspende a sua eficácia, o que significa que mesmo o particular que tenha impugnado o acto pode ter interesse em requerer a suspensão jurisdicional da sua eficácia[87].

Em síntese, da notificação do acto de execução deve constar: (*i*) a referência expressa ao acto exequendo bem como a reprodução do conteúdo essencial do mesmo, designadamente a explicitação da conduta aí imposta ao particular, (*ii*) a fixação de um novo e derradeiro prazo para o cumprimento voluntário, (*iii*) a explicitação das consequências do incumprimento, designadamente o fim ou modalidade de execução e os meios coactivos a empregar em concreto[88-89].

---

[85] V. Otero, *supra*, n. 53, 226.

[86] Sendo esse período extraordinariamente longo, deve a Administração fixar um prazo razoável para o cumprimento. Ainda que a confiança do particular na não-execução pelo decurso de um prazo tão longo não seja digna de tutela (v. acórdão do STA de 14 de Março de 1991, proc. n.º 27223), não podendo, portanto, contra a fixação de um prazo curto, invocar-se o princípio da boa fé, a finalidade da execução – obter o cumprimento voluntário do particular – impõe, quanto a nós, que se procure sempre obter a colaboração deste, daí decorrendo a necessidade de se fixar um prazo razoável.

[87] V. Otero, *supra*, n. 53, 226-227.

[88] Por fim ou modalidade de execução entende-se o conjunto de regras que formam um regime de execução específico tendo em conta a natureza da prestação devida, ao passo que por meio coactivo deve entender-se a medida concreta adoptada para efeitos de execução coactiva da prestação devida.

[89] V. Amaral, *supra*, n. 10, 486-7.

A Execução do Acto Administrativo no Direito Português 825

Põe-se a questão de saber qual a forma a que deve obedecer a notificação da ordem de execução ao particular. Salvo melhor opinião, sem prejuízo de lei específica poder impor a forma escrita ou mesmo exigir a observância de certas formalidades como, por exemplo, que a notificação seja feita por carta registada com aviso de recepção[90], entendemos que se aplica o regime geral previsto no CPA para a forma das notificações de actos administrativos (art. 70.º).

h) Acções materiais de execução

Decorre do exposto que o procedimento executivo pode extinguir-se sem que haja lugar a acções materiais de execução. Tal sucede sempre que o particular, uma vez para tanto notificado, cumpra voluntariamente, no prazo fixado, as determinações constantes do acto exequendo ou caso a Administração decida pôr termo ao procedimento executivo por assim entender melhor servir o interesse público. Tal significa que as acções materiais de execução coactiva são apenas eventuais.

Sempre que haja lugar à imposição de um sacrifício pessoal ao particular para efeitos de execução de um acto administrativo, a autoridade competente deve ser assistida pelas forças de segurança[91].

3. Modalidades de execução coactiva e meios coactivos

Já tivemos oportunidade de referir que a notificação da ordem de execução deve indicar qual o fim ou modalidade de execução coactiva bem como os meios coactivos a empregar em concreto, explicitando as consequências em que incorre o particular perante o incumprimento das determinações que lhe são impostas. O CPA prevê, no seu art. 154.º, que a execução pode ter por finalidade o pagamento de quantia certa, a entrega de coisa certa ou a prestação de um facto, se bem que, como veremos, em rigor, o ordenamento jurídico português apenas conhece duas modalidades de execução coactiva, designadamente a execução para pagamento

---

[90] V. art. 107.º, n.º 2 do Decreto-Lei n.º 555/99, de 16 de Dezembro (Regime Jurídico da Urbanização e da Edificação), alterado pela Lei n.º 60/2007, de 4 de Setembro.

[91] V. art. 3.º, n.º 2, al. g) do Decreto-Lei n.º 53/2007, de 31 de Agosto (Lei Orgânica da Polícia de Segurança Pública) e art. 3.º, n.º 1, al. g) do Decreto-Lei n.º 63/2007, de 6 de Novembro (Lei Orgânica da Guarda Nacional Republicana).

826 Em Homenagem ao Professor Doutor Diogo Freitas do Amaral

de quantia certa e a execução para prestação de facto[92]. As modalidades de execução são típicas, não podendo a Administração proceder à execução de actos administrativos para fins não previstos no CPA ou em lei específica (art. 149.º, n.º 2).

Embora o CPA não faça uma distinção entre fins ou modalidades de execução e meios coactivos, resulta das normas relevantes que o CPA apenas conhece dois meios coactivos que a Administração pode empregar em sede de execução do acto administrativo, a saber: a execução subsidiária (art. 157.º, n.º 2) e a (impropriamente designada[93]) coacção directa (art. 157.º, n.º 3). Tal significa que não pode a Administração optar por um meio coactivo não consagrado, ainda que o mesmo seja considerado relativamente menos agressivo dos direitos do particular (pense-se na mobilização da opinião pública[94] ou na publicitação do incumprimento por forma a constranger o particular a cumprir voluntariamente[95]).

---

[92] Também o ordenamento jurídico alemão apenas conhece duas modalidades de execução de função equivalente, designadamente a *Vollstreckung wegen Geldforderungen* e a *Erzwingung von Handlungen, Duldungen oder Unterlassungen*. V. GARCIA, *supra*, n. 1.

[93] Seria preferível utilizar-se aí o termo «coação física», porquanto o termo «coacção directa» carrega uma conotação dogmática específica. Para uma distinção entre os conceitos de execução (do acto administrativo) e coacção directa v., *infra*, Parte III – 1, c).

[94] Exemplo retirado de HARTMUT MAURER, *Allgemeines Verwaltungsrecht*, 16. Aufl., 2006, 518.

[95] A natureza jurídica da publicitação do incumprimento é controversa (estar-se-á perante um acto administrativo ou perante uma forma de actuação administrativa de natureza diferente?). A resposta à questão é decisiva para determinar os meios de tutela de que o particular dispõe. O que não deve deixar de reconhecer-se é que se está perante uma forma de actuação lesiva potencialmente mais eficaz – e, portanto, potencialmente mais lesiva – do que qualquer outra. A admissibilidade da sua prática – integrada ou não em um procedimento de execução de um acto administrativo anterior – depende de habilitação legal específica. O tratamento dogmático de formas de actuação administrativa que apresentam características específicas tem sido muito discutido no âmbito do exercício de poderes públicos de autoridade por parte de organizações internacionais. Sobre o tema v. ARMIN VON BOGDANDY e MATTHIAS GOLDMANN, «The Exercise of International Public Authority through National Policy Assessment – The OECD's PISA Policy as a Paradigm for a New International Standard Instrument», 5 *International Organizations Law Review* 241 (2008); MATTHIAS GOLDMANN, «Inside Relative Normativity: From Sources to Standard Instruments for the Exercise of International Public Authority», 9 *German Law Journal* 1865 (2008) bem como o texto introdutório do projecto de ARMIN VON BOGDANDY, PHILIPP DANN e MATTHIAS GOLDMANN, «Developing the Publicness of Public International Law: Towards a Legal Framework for Global Governance Activities», 9 *German Law Journal* 1375 (2008), estando os dois últimos artigos igualmente publicados

A *Execução do Acto Administrativo no Direito Português* 827

Salvaguardados ficam os casos em que lei específica preveja o emprego de meios coactivos alternativos. Simplesmente, mesmo aí a opção por cada meio coactivo concreto não é totalmente livre, antes se encontra, desde logo, condicionada pelo conteúdo do acto exequendo. Com efeito, da natureza do dever a que o particular se encontra sujeito depende o meio coactivo. Além disso, a escolha encontra-se igualmente vinculada pelo princípio da proporcionalidade[96], não podendo a Administração impor ao particular um meio coactivo de que resulte um sacrifício superior ao que resultaria daqueloutro resultante de um meio coactivo alternativo (art. 151.º, n.º 3). Finalmente, qualquer que seja o meio coactivo por que a Administração tenha optado, a sua adopção não é livre na medida em que o CPA estabelece regras específicas consoante o fim da execução (art. 149.º, n.º 2) e na medida em que os meios utilizados devem comportar o menor sacrifício possível dos direitos dos particulares (art. 151.º, n.º 3). De seguida, procede-se à análise de cada modalidade de execução prevista no CPA.

a) *Execução para pagamento de quantia certa*

À execução para pagamento de quantia certa aplica-se o processo de execução fiscal regulado no Código de Procedimento e Processo Tributário para o qual remete o CPA. A entidade administrativa credora deve emitir uma certidão, à qual se reconhece valor de título executivo, que deve remeter, juntamente com o processo administrativo, à repartição de finanças do domicílio ou sede do devedor (art. 155.º, n.º 2). Atendendo ao interesse público de celeridade na cobrança de créditos públicos, o processo de execução fiscal assume uma natureza administrativa e não uma natureza jurisdicional[97]. Embora assuma natureza administrativa, o mesmo encerra determinados momentos jurisdicionais, que implicam a intervenção de um juiz.

---

em ARMIN VON BODANDY et al, (eds.), *The Exercise of Public Authority by International Institutions*, 2010, respectivamente, 661 e 3.

[96] V. WOLFF/BACHOF/STOBER/KLUTH, *supra*, n. 72, 910. Importa observar que a lei federal – já não assim em alguns *Länder* – alemã estabelece uma relação de subsidiariedade entre cada meio de execução, de que os Autores retiram a vinculação legal da escolha. Apesar de o ordenamento jurídico português não conhecer uma relação de subsidiariedade entre cada meio de execução, deve entender-se que a mesma apenas comporta uma concretização do princípio da proporcionalidade.

[97] V. Acórdãos do Tribunal Constitucional n.ºs 152/02 e 263/02.

A doutrina discute se nos casos em que o credor de prestações pecuniárias é um particular, este tem legitimidade para dar início ao procedimento de execução para pagamento de quantia certa[98]. A dúvida surge pelo facto de o art. 155.º, n.º 1 se referir apenas a prestações pecuniárias devidas a "uma pessoa colectiva pública". A alternativa seria a de o particular ter de se munir de um título executivo, não sendo certo por que meio se cobram as quantias emergentes de actos administrativos praticados por particulares[99].

Sobre o problema se pronunciou CARLA AMADO GOMES, para quem o legislador não teria querido fraccionar procedimentos de cobrança relativos a actividades inseridas na função administrativa[100]. Inclinamo-nos a acompanhar o pensamento da Autora, embora com base em um argumento diverso. É que, em boa verdade, o fraccionamento para que a Autora chama a atenção decorre, desde logo, de a execução para pagamento de quantia certa apenas ter por objecto prestações cuja fonte é um acto administrativo, outro sendo o regime aplicável à cobrança de dívidas decorrentes, por exemplo, de um contrato administrativo, sendo que em ambas as situações se trata de uma actividade em que está em causa o exercício de poderes públicos de autoridade. Não vemos razões para recusar a possibilidade de também um particular, designadamente um concessionário, se fazer valer do processo de execução fiscal regulado no Código de Processo Tributário[101]. A Autora argumenta ainda que não faz sentido o legislador excluir do âmbito de aplicação do n.º 1 do art. 155.º situações em que um concessionário exerce de forma estável uma função administrativa ao mesmo tempo que admite a utilização do processo aí previsto a entidades, individuais ou colectivas, que apenas pontualmente,

---

[98] V. OLIVEIRA/GONÇALVES/AMORIM, *supra*, n. 68, 735 e Gomes, *supra*, n. 40, 135.
[99] *Id.*, 735.
[100] V. GOMES, *supra*, n. 40, 135.
[101] Um lugar paralelo do problema seria o da interpretação da norma do art. 157.º, n.º 2 do CPTA, que manda seguir o disposto na lei processual civil sempre que se trate de executar sentenças proferidas por tribunais administrativos contra particulares. A doutrina entende que a norma deve ser interpretada restritivamente, devendo seguir-se o processo administrativo quando esteja em causa a execução de sentenças de anulação de actos administrativos praticados por particulares. V. RUI CHANCERELLE DE MACHETE, «Execução de sentenças administrativas», 34 *Cadernos de Justiça Administrativa* 54 (2002), 60, JOSÉ CARLOS VIEIRA DE ANDRADE, *A Justiça Administrativa (Lições)*, 9ª. ed., 2007, 431, PEDRO GONÇALVES, *Entidades privadas com poderes públicos*, 2005, 1084 e MÁRIO AROSO DE ALMEIDA, *O Novo Regime do Processo nos Tribunais Administrativos*, 4.ª ed., 2005, 367.

A Execução do Acto Administrativo no Direito Português   829

para efeitos da execução subsidiária (art. 157.º, n.º 2), são chamadas a colaborar com a Administração. Salvo o devido respeito, tal raciocínio assenta numa interpretação discutível do regime legal. Quanto a nós, o n.º 3 do art. 155.º não vem alargar o âmbito de aplicação do n.º 1 desse artigo, estendendo-o aos casos de execução de actos fungíveis realizados por pessoa diversa do obrigado. Ele vem determinar que, realizada pela própria Administração ou por terceiro o conteúdo de uma prestação de facto incumprida pelo particular obrigado e ficando, nesse caso, nos termos do art. 157.º, n.º 2, todas as despesas por conta deste, a entidade administrativa pode ressarcir-se do valor dispendido nos mesmos termos em que o pode para efeitos de execução para pagamento de quantia certa. Certo é que o n.º 3 do art. 155.º não vem admitir a possibilidade de o particular substituto vir reclamar do particular obrigado o pagamento do seu trabalho até porque a relação jurídica se estabelece unicamente entre o primeiro e a Administração[102].

Também não acompanhamos a crítica que a Autora dirige à possibilidade de, nos termos do n.º 4 do art. 155.º, a Administração incluir nas despesas o montante de indemnizações que tenha tido de pagar em consequência do incumprimento do particular, na medida em que todo o processo está sujeito a controle judicial.

b) Execução para entrega de coisa certa

Nos termos do disposto no art. 156.º, deve a Administração proceder às diligências que forem necessárias para tomar posse administrativa da coisa devida. O âmbito de aplicação desse artigo suscita, desde logo, alguns problemas. Como veremos, a sua delimitação rigorosa esvazio-o de sentido útil[103].

Estando em causa a execução de um acto administrativo, tal procedimento não se confunde com outras formas de intervenção administrativa sobre bens do particular, tais como a expropriação ou a requisição que são objecto de legislação especial[104].

---

[102] V. MAURER, *supra*, n. 94, 515. Já assim FORSTHOFF, *supra*, n. 5, 298.

[103] V. GOMES, *supra*, n. 40, 139-140.

[104] Quer o procedimento de expropriação quer o procedimento de requisição vêm regulados na Lei n.º 168/99, de 18 de Setembro (Código das Expropriações), alterado pela Lei n.º 56/2008, de 4 de Setembro.

830   *Em Homenagem ao Professor Doutor Diogo Freitas do Amaral*

Fora do âmbito de aplicação do preceito ficam também as situações em que, tendo cessado, por decurso do prazo da licença ou concessão de utilização privativa, os poderes exclusivos de fruição do particular sobre um bem imóvel do domínio público[105], este se recusa a desocupá-lo[106].

Finalmente, não cabem na previsão normativa as situações em que a posse administrativa é instrumental à realização coactiva de uma prestação de facto, pois está-se aí perante uma execução de fim diverso[107]. É o caso de, por exemplo, o acto exequendo determinar a demolição de uma construção ilegal. Perante o incumprimento do particular, a execução rege-se pelo disposto no n.º 2 do art. 157.º, sendo a posse administrativa meramente instrumental à execução e não a finalidade desta. Da mesma forma, não estão compreendidas no âmbito de aplicação do artigo as situações em que a Administração se encontra habilitada por lei a apreender bens do particular em sede de fiscalização da actividade económica. A intervenção sobre bens do particular é instrumental à realização coactiva de uma prestação de facto tal como, por exemplo, a obrigação de os bens em causa serem retirados do mercado ou mesmo destruídos. É o que sucede com o poder de apreensão de medicamentos por parte do INFARMED[108] ou com o poder de apreensão de géneros alimentícios por parte da Autoridade de Segurança Alimentar e Económica (ASAE)[109]. Nessas situações, se o particular não cumprir voluntariamente a prestação a que está obrigado, a Administração substitui-se ao particular intervindo sobre os seus bens. A qualificação da apreensão como pertencendo a um fim da execução diferente, designadamente à execução para prestação de facto, é particularmente relevante para quem

---

[105] V. Decreto-Lei n.º 280/2007, de 7 de Agosto (regime jurídico do património imobiliário público).

[106] Nos termos do n.º 2.º do art. 7.º da Lei n.º 168/99, de 18 de Setembro (Código das Expropriações), alterado pela Lei n.º 56/2008, de 4 de Setembro, "a transferência de posse dos bens expropriados [que, nos termos do n.º 1 desse artigo, devam continuar afectos à obra ou ao serviço concessionado] opera-se conjuntamente com a dos que constituem objecto de resgate, ainda que a indemnização não esteja fixada".

[107] V. GOMES, *supra*, n. 40, 138-139.

[108] V. art.º 6.º, n.º 2 do Decreto-Lei n.º 134/2005, de 16 de Agosto de 2005 (regime da venda de medicamentos não sujeitos a receita médica fora das farmácias).

[109] Face à revogação do Decreto-Lei n.º 67/98, de 18 de Março, operado pelo art. 12.º do Decreto-Lei n.º 113/2006, de 12 de Junho, parece ter sido subtraído à ASAE o poder de determinar a retirada ou destruição de géneros alimentícios, anteriormente prevista no art. 13.º, n.º 1 do diploma revogado.

A Execução do Acto Administrativo no Direito Português   831

– como nós – contesta que o art. 149.º, n.º 2 padece de inconstitucionalidade e que, portanto, o poder de execução coactiva carece sempre de habilitação específica, na medida em que para tal situação se torna exigível, nos termos do art. 157.º, n.º 3, previsão legal expressa.

Porque não se configuram situações da vida real que não sejam susceptíveis de recondução a uma das figuras que vimos de analisar, vemo-nos obrigados a concluir que a delimitação rigorosa do âmbito de aplicação do preceito o esvazia de sentido útil. De excluir é certamente o recurso a essa modalidade de execução sempre que a intervenção recaia sobre bens imóveis, pois aí a Administração apenas tem à sua disposição, consoante os casos, as figuras da expropriação e da requisição. Já nas situações em que a posse administrativa do imóvel é instrumental à realização coactiva de uma prestação, o regime a observar é, como tivemos oportunidade de assinalar, o da execução para prestação de facto. Também não se configuram hipóteses de a intervenção recair sobre coisas móveis. Pois, de duas uma: ou se trata de uma coisa móvel fungível e a Administração dispõe da possibilidade de a adquirir no mercado, não havendo necessidade de qualquer procedimento de execução[110], ou está em causa uma coisa infungível e a sua subtracção ao particular é de natureza exproprietória, exige previsão legal expressa e não pode deixar de ser objecto de indemnização[111].

Tal significa que, em rigor, o ordenamento jurídico português conhece apenas duas modalidades de execução coactiva, designadamente a execução para pagamento de quantia certa e a execução para prestação de facto. Desta última nos ocupamos de seguida.

Execução de prestação de facto

À execução para prestação de facto aplica-se um regime diferenciado consoante a natureza fungível ou infungível da obrigação devida. No primeiro caso, o particular é notificado para que cumpra dentro do prazo fixado, sob pena de, de outra forma, a Administração optar por

---

[110] Quando muito pode, em momento posterior, haver lugar à execução para pagamento de quantia certa, caso o particular se recuse a pagar à Administração o valor correspondente ao preço por esta pago para efeitos de aquisição da coisa.

[111] Art. 91.º da Lei n.º 168/99, de 18 de Setembro (Código das Expropriações), alterado pela Lei n.º 56/2008, de 4 de Setembro.

[112] Nestas inclui-se, nos termos do art. 157.º, n.º 2 as que resultem de indemnizações e sanções pecuniárias.

832 Em Homenagem ao Professor Doutor Diogo Freitas do Amaral

realizar o facto directamente ou por intermédio de terceiro, suportando o particular todas as despesas[112]. Já a execução de uma prestação de facto infungível é, nos termos do art. 157.º, n.º 3, limitada aos casos expressamente previstos na lei e sempre com observância dos direitos fundamentais. Começamos por analisar o procedimento de execução de prestação de facto fungível a que se segue a análise do procedimento de execução de prestação de facto infungível.

Execução de prestação de facto fungível

O regime de execução coactiva de prestação de facto fungível estabelecido no art. 157.º, n.º 2 ganha maior expressão em sede de tutela da legalidade urbanística[113]. Encontra-se o particular obrigado, por acto administrativo, a demolir total ou parcialmente uma construção ilegal[114], uma vez verificado o seu incumprimento e ordenada a execução coactiva[115], pode o presidente da câmara municipal – por administração directa através dos serviços municipais competentes ou por intermédio de terceiro em regime de empreitada[116] – tomar posse administrativa do imóvel e realizar a prestação devida. A posse administrativa é realizada pelos funcionários municipais responsáveis pela fiscalização de obras, mediante a elaboração de um auto onde, para além de se identificar o acto de execução é especificado o estado em que se encontra o terreno, a obra e demais construções existentes no local, bem como os equipamentos que ali se encontrem[117]. Todas as despesas que a Administração tenha de suportar para o efeito são de conta do obrigado[118]. Caso este não efectue

---

[113] V. art. 106.º a 108.º do Decreto-Lei n.º 555/99, de 16 de Dezembro (Regime Jurídico da Urbanização e da Edificação), alterado pela Lei n.º 60/2007, de 4 de Setembro.

[114] Ou a realizar os trabalhos de correcção ou alteração da obra a que se refere o art. 105.º do Decreto-Lei n.º 555/99, de 16 de Dezembro (Regime Jurídico da Urbanização e da Edificação), alterado pela Lei n.º 60/2007, de 4 de Setembro.

[115] Que, nos termos do art. 107.º, n.º 2 do Decreto-Lei n.º 555/99, de 16 de Dezembro (Regime Jurídico da Urbanização e da Edificação), alterado pela Lei n.º 60/2007, de 4 de Setembro, é notificado ao dono da obra e aos demais titulares de direitos reais sobre o imóvel por carta registada com aviso de recepção.

[116] V. art. 107.º, n.º 9 do Decreto-Lei n.º 555/99, de 16 de Dezembro (Regime Jurídico da Urbanização e da Edificação), alterado pela Lei n.º 60/2007, de 4 de Setembro.

[117] V. art. 107.º, n.º 3 do Decreto-Lei n.º 555/99, de 16 de Dezembro (Regime Jurídico da Urbanização e da Edificação), alterado pela Lei n.º 60/2007, de 4 de Setembro.

[118] V. art. 108.º, n.º 1 do Decreto-Lei n.º 555/99, de 16 de Dezembro (Regime Jurídico da Urbanização e da Edificação), alterado pela Lei n.º 60/2007, de 4 de Setembro.

A Execução do Acto Administrativo no Direito Português   833

o pagamento voluntariamente no prazo de vinte dias a contar da data da notificação para o efeito, a lei determina a possibilidade de a sua cobrança ser feita através do processo de execução fiscal[119], algo que já decorreria do regime do art. 155.º.

O regime de execução coactiva em sede de tutela da legalidade urbanística defronta com o disposto no art. 34.º, n.º 2 da CRP que faz depender a entrada no domicílio dos cidadãos contra a sua vontade da intervenção de uma autoridade judicial. Em nosso entender, a intervenção judicial está devidamente assegurada pela circunstância de a impugnação do acto administrativo que determina a demolição de uma construção suspender os seus efeitos, devendo a autoridade administrativa, com a citação da petição, impedir, com urgência, o início ou a prossecução da execução do acto[120]. Ao contrário da regra geral do nosso processo administrativo, aqui a impugnação contenciosa suspende imediatamente os efeitos do acto, podendo o juiz, a requerimento da autoridade administrativa recorrida, conceder efeito meramente devolutivo ao recurso e, portanto, ordenar a execução coactiva[121]. A necessidade de impugnação contenciosa do acto exequendo por parte do particular deve ser considerada não uma *restrição* ao direito fundamental à inviolabilidade do domicílio, mas apenas um *ónus* que estará ao alcance do particular[122].

Execução de prestação de facto infungível

Voltamo-nos agora para o regime jurídico da execução coactiva de prestação de facto infungível, o qual apresenta especificidades consoante se trate de um dever de não fazer, de um dever de suportar ou de uma prestação de facto positivo. Assim, seguindo essa ordem, proceder-se-á à análise de cada uma das categorias em separado.

---

[119] V. art. 108.º, n.º 2 do Decreto-Lei n.º 555/99, de 16 de Dezembro (Regime Jurídico da Urbanização e da Edificação), alterado pela Lei n.º 60/2007, de 4 de Setembro.

[120] V. art. 115.º, n.º 1 e 2 do Decreto-Lei n.º 555/99, de 16 de Dezembro (Regime Jurídico da Urbanização e da Edificação), alterado pela Lei n.º 60/2007, de 4 de Setembro.

[121] V. art. 115.º, n.º 3 Decreto-Lei n.º 555/99, de 16 de Dezembro (Regime Jurídico da Urbanização e da Edificação), alterado pela Lei n.º 60/2007, de 4 de Setembro.

[122] Uma forma alternativa de compatibilizar o regime legal com a Constituição seria a de considerar que no âmbito de protecção da norma constitucional não cabem sequer as situações em que funcionários administrativos tomam posse administrativa de um imóvel em ordem a executar a prestação devida. Estar-se-ia perante um limite imanente da própria norma constitucional que garante a inviolabilidade do domicílio. V., nesse sentido, GOMES, *supra*, n. 40, 145-146.

834 *Em Homenagem ao Professor Doutor Diogo Freitas do Amaral*

Execução de dever de não fazer

A possibilidade de a Administração ou terceiro se substituírem ao particular na realização da prestação implica tratar-se aí de um facto positivo, pois um dever de não fazer é, por definição, insusceptível de ser realizado por outrem que não aquele a que a ele se encontra obrigado. Assim, o regime de execução coactiva de um dever de não fazer segue o regime da execução de prestação de facto infungível, o que significa que, mesmo para quem – como nós – contesta que o art. 149.º, n.º 2 padece de inconstitucionalidade e que, portanto, o poder de execução coactiva carece sempre de habilitação expressa, ainda assim se haveria de entender, por força do art. 157.º, n.º 3, que a execução coactiva de um dever de não fazer apenas é admissível nos casos expressamente previstos na lei[123]. É claro que, em rigor, não se trata de executar o dever a que o particular está obrigado, pois, como vimos, o mesmo é, por definição, insusceptível de ser realizado por outrem. Simplesmente, em caso de violação de um dever de não fazer, a lei pode estabelecer medidas adequadas à realização efectiva do resultado visado pelo dever incumprido. Note-se que, além de dogmaticamente mais rigorosa, daí resultando algumas implicações de regime, a construção do conceito de negatividade torna-se particularmente relevante para quem – como nós – contesta que o art. 149.º, n.º 2 padece de inconstitucionalidade e que, portanto, o poder de execução coactiva carece sempre de habilitação legal expressa. Assim, da construção da decisão de encerrar uma empresa como proibitiva e não como impositiva[124] decorre, para efeitos do regime de execução coactiva, não só que a mesma é insusceptível de ser realizada nos termos do art. 157.º, n.º 2, não devendo o particular obrigado suportar qualquer tipo de despesas que venham a ter lugar, salvo determinação legal expressa nesse sentido, como, fundamentalmente, que é exigível habilitação legal específica[125].

---

[123] É o que sucede, por exemplo, com a execução coactiva de uma ordem de embargo prevista no art. 107.º, n.º 4 do Decreto-Lei n.º 555/99, de 16 de Dezembro (Regime Jurídico da Urbanização e da Edificação), alterado pela Lei n.º 60/2007, de 4 de Setembro.

[124] Para efeitos do regime de execução coactiva, encerrar significa *não-prosseguir a actividade económica*. Está, portanto, em causa o dever de abstenção de um comportamento.

[125] Nos termos do art.º 42.º, n.º 3 do Decreto-Lei n.º 307/2007, de 31 de Agosto (regime jurídico das farmácias de oficina) e do art.º 6.º, n.º 2 do Decreto-Lei nº 134/2005, de 16 de Agosto (regime da venda de medicamentos não sujeitos a receita médica fora

A Execução do Acto Administrativo no Direito Português 835

Execução de dever de suportar

Do mesmo modo, a execução coactiva de um dever de suportar é fortemente limitada face ao art. 27.º, n.º 3 da CRP, que apenas admite a privação da liberdade sem intervenção de uma autoridade judicial nas seguintes situações: detenção em flagrante delito; prisão disciplinar imposta a militares e detenção de suspeitos para efeitos de identificação, nos casos e pelo tempo estritamente necessário. Assim, não é susceptível de execução forçada o cumprimento do programa nacional de vacinação, embora seja possível, por razões de saúde pública, condicionar a matrícula em estabelecimento de ensino escolar a crianças com o boletim de vacinas actualizado[126]. Do mesmo modo, o internamento compulsivo de portadores de anomalia psíquica, designadamente de pessoas com doença mental, não pode ser determinado sem a intervenção de uma autoridade judicial[127]. Mesmo o internamento compulsivo de doentes passíveis de propagar doença infecto-contagiosa depende da intervenção de uma autoridade judicial[128]. Já a compatibilidade da utilização de medidas compulsivas para prevenção e controlo das doenças transmissíveis[129] com o pre-

---

das farmácias), ao INFARMED é atribuído o poder de executar coactivamente uma ordem de encerramento.

[126] V. Decreto-Lei n.º 542/79, de 31 de Dezembro (Estatuto dos Jardins-de-Infância do sistema público de educação pré-escolar).

[127] V. Lei n.º 36/98, de 24 de Julho (Lei de Saúde Mental).

[128] A Lei n.º 2036, de 9 de Agosto de 1949, ao atribuir à Direcção-Geral de Saúde o poder para determinar o internamento compulsivo padece assim de inconstitucionalidade superveniente. V. acórdão do Tribunal da Relação do Porto de 6 de Fevereiro de 2002, proc. n.º 0110232 e acórdão do Tribunal da Relação do Porto de 21 de Dezembro de 2005, proc. n.º 0514697, que aplicam por analogia o procedimento de intervenção judicial previsto no Decreto-Lei n.º 547/76, de 10 de Julho (Doença de Hansen) e na Lei n.º 36/98 de 24 de Julho (Lei de Saúde Mental). Importa observar que, ao contrário do que sucede relativamente ao Projecto de Lei de Bases para a Prevenção e Controlo das Doenças Transmissíveis que está em discussão pública, disponível em http://www.min-saude.pt/NR/rdonlyres/EACE4B5C-DC10-49EE-9FAF-70CF705517D2/0/ProjectoLeiDoencasTransmissiveis.pdf, onde, reflectindo essa jurisprudência, se prevê justamente a intervenção de uma autoridade judicial para determinar o internamento compulsivo, a Lei n.º 81/2009, de 21 de Agosto é totalmente omissa quanto a essa questão.

[129] V. Lei n.º 2036, de 9 de Agosto de 1949. Encontra-se neste momento em discussão pública o Projecto de Lei de Bases para a Prevenção e Controlo das Doenças Transmissíveis, disponível em http://www.min-saude.pt/NR/rdonlyres/EACE4B5C-DC10-49EE-9FAF-70CF705517D2/0/ProjectoLeiDoencasTransmissiveis.pdf, onde se admite igualmente a utilização de medidas compulsivas tais como o aconselhamento,

836   *Em Homenagem ao Professor Doutor Diogo Freitas do Amaral*

ceito constitucional, salvo situações que configurem *estado de necessidade*, apenas se verifica se a lei que a prevê for concebida não como uma lei restritiva mas como uma lei harmonizadora[130].

Execução de prestação de facto positivo infungível

A execução coactiva de prestação de facto positivo infungível é inadmissível face à lei e à própria Constituição, caso contrário estar-se-ia a violar o conteúdo essencial do direito à integridade física e psicológica do indivíduo protegido pela Constituição (art. 25.º, n.º 1)[131]. A coacção física sobre pessoas afrontaria o princípio da dignidade da pessoa humana que se veria transformada em instrumento material de uma vontade alheia[132].

Porém, a lei parece admitir a execução de prestação de facto positivo infungível no caso de expulsão de cidadão estrangeiro que entre ou permaneça ilegalmente em território nacional. Com efeito, compete ao Serviço de Estrangeiros e Fronteiras dar execução às decisões de expulsão de cidadão estrangeiro de território nacional[133], sendo que a decisão de expulsão tanto pode ter assumido a forma de sentença judicial[134] como a forma de acto administrativo[135]. Neste último caso, a lei habilita a Administração a executar a sua própria decisão sem intervenção judicial prévia, cabendo-lhe fixar um prazo para que o cidadão estrangeiro abandone voluntariamente o território nacional[136], findo o qual, perante o

---

testes, rastreios, tratamentos, internamento, isolamento ou a quarentena por parte das autoridades de saúde.

[130] A categoria autónoma de leis harmonizadoras é defendida entre nós por José Carlos Vieira de Andrade, *Os Direitos Fundamentais na Constituição Portuguesa de 1976*, 4.ª ed., Almedina, Coimbra, 2009, 279 ss. V. também Novais, *supra*, n. 58.

[131] No mesmo sentido, v. Gomes, *supra*, n. 40, 150 ss.

[132] V. Soares, *supra*, n. 6, 216.

[133] Art. 159.º da Lei n.º 57/2007, de 4 de Julho (regime jurídico de entrada, permanência, saída e afastamento de estrangeiros do território nacional).

[134] Art. 151.º (pena acessória de expulsão) e 152.º (medida autónoma de expulsão) da Lei n.º 57/2007, de 4 de Julho (regime jurídico de entrada, permanência, saída e afastamento de estrangeiros do território nacional).

[135] Art. 145.º da Lei n.º 57/2007, de 4 de Julho (regime jurídico de entrada, permanência, saída e afastamento de estrangeiros do território nacional).

[136] Art. 160, n.º 2.º da Lei n.º 57/2007, de 4 de Julho (regime jurídico de entrada, permanência, saída e afastamento de estrangeiros do território nacional). Nos termos do art. 82.º, n.º 2 do Decreto Regulamentar n.º 84/2007, de 5 de Novembro esse prazo pode ir até vinte dias.

A Execução do Acto Administrativo no Direito Português

incumprimento deste, pode a Administração conduzir o cidadão estrangeiro ao posto de fronteira para afastamento do território nacional[137-138]. Note-se que a impugnação da decisão de expulsão não suspende os seus efeitos[139], o que significa que a expulsão pode consumar-se sem qualquer tipo de controle judicial.

A compatibilidade do regime com a Constituição é questionável. Sendo certo que o art. 33.º, n.º 2 da CRP apenas faz depender de intervenção judicial a expulsão de quem tenha entrado ou permaneça *regularmente* no território nacional, a execução coactiva de uma decisão de expulsão de cidadão estrangeiro que entre ou permaneça *ilegalmente* em território nacional à margem de qualquer tipo de controle judicial é problemática, desde logo, pela circunstância de a qualificação do estatuto – legal ou ilegal – ser, em muitos casos, controversa[140] mas também por existirem limites à expulsão[141] cuja inobservância pela Administração não pode dispensar uma tutela judicial. A tutela judicial há-de ser efectiva (CRP, art. 20.º, n.os 1 e 5), razão por que, em nosso modo de ver, mesmo uma solução que passe por conceder efeito suspensivo à impugnação judicial da decisão de expulsão[142] não passa de uma garantia meramente

---

[137] Art. 161.º, n.º 2 da Lei n.º 57/2007, de 4 de Julho (regime jurídico de entrada, permanência, saída e afastamento de estrangeiros do território nacional).

[138] De acordo com os dados que o SEF transmitiu para o Relatório Anual de Segurança Interna (RASI) de 2009, disponível em http://www.portugal.gov.pt/pt/GC18/Documentos/MAI/RASI_2010.pdf, durante o ano de 2009 foram afastados 779 cidadãos estrangeiros, a maior parte dos quais (423) por acto administrativo. Registaram-se, por outro lado, 189 conduções à fronteira e 167 expulsões de carácter judicial. É claro que do Relatório não consta o número de anulações judicias de decisões administrativas de expulsão.

[139] Art. 150.º da Lei n.º 57/2007, de 4 de Julho (regime jurídico de entrada, permanência, saída e afastamento de estrangeiros do território nacional).

[140] Deve também questionar-se a admissibilidade constitucional de uma leitura aberta da norma que define o que se deve entender por entrada ou permanência ilegal (art. 181.º, n.º 2.º da Lei n.º 57/2007, de 4 de Julho (regime jurídico de entrada, permanência, saída e afastamento de estrangeiros do território nacional)) como a que é feita por Júlio A. C. Pereira e José Cândido de Pinho, *Direito de Estrangeiros – Entrada, Permanência, Saída e Afastamento*, 2008, 627-8.

[141] Art. 135.º da Lei n.º 57/2007, de 4 de Julho (regime jurídico de entrada, permanência, saída e afastamento de estrangeiros do território nacional).

[142] O art. 13.º da Directiva 2008/115/CE do Parlamento Europeu e do Conselho, de 16 de Dezembro (relativa a normas e procedimentos comuns nos Estados-Membros para o regresso de nacionais de países terceiros em situação irregular) estabelece que o nacional

838 Em Homenagem ao Professor Doutor Diogo Freitas do Amaral

formal, na medida em que o indivíduo em questão dificilmente está em condições de recorrer ao tribunal em tempo útil (o prazo fixado para a expulsão é, no máximo, de vinte dias[143]). Porque existe o risco de a Administração qualificar de ilegais situações de entrada ou permanência regulares, a execução coactiva de uma decisão de expulsão deveria carecer sempre de validação judicial prévia.

Face ao exposto, conclui-se que o art. 157.º, n.º 3 deve ser interpretado no sentido de compreender tão-somente as prestações de facto negativo, sejam elas de não fazer sejam elas de suportar, dado não ser sequer admissível uma lei especial atribuir à Administração poderes de execução coactiva de uma prestação de facto positivo infungível.

4. Situações de urgência

O regime jurídico português não parece admitir excepções ao princípio da subsidiariedade. Nem mesmo em situações de urgência dispõe a Administração do poder de executar coactivamente os seus actos sem observar o procedimento executivo legalmente previsto, pois o art. 151.º, n.º 1, apenas ressalva o estado de necessidade, exigindo-se "a verificação de uma situação de perigo iminente e actual para cuja produção não haja concorrido a vontade do agente"[144]. Assim, parece-nos que, fora os casos em que lei especial preveja a possibilidade de, pela urgência da situação, a execução se desviar do regime estabelecido no CPA, a Administração apenas pode recorrer ao expediente previsto no art. 152.º, n.º 2 e notificar o particular da execução em simultâneo com a notificação do acto exequendo. Tal possibilidade pressupõe, porém, como dissemos, que a Administração dispõe, desde logo, de informação suficiente sobre as condições da execução concreta a ter lugar, devendo, sempre, fundamentar a sua decisão. Tanto a qualificação da situação como urgente como a definição dos termos concretos da execução são objecto de controle por parte do tribunal.

---

de país terceiro deve dispor de vias de recurso efectivas, parecendo incentivar o Estado-Membro a conferir efeito suspensivo ao recurso. Assim, a Lei n.º 57/2007, de 4 de Julho merece ser revista quanto a esse aspecto.

[143] Art. 82.º, n.º 2 do Decreto Regulamentar n.º 84/2007, de 5 de Novembro.

[144] V. acórdão do STA de 3 de Abril de 2004, proc. n.º 1353/03 e acórdão do STA de 2 de Novembro de 1999, proc. n.º 36231.

A Administração pode sempre, claro está, procurar obter título executivo junto de um tribunal. Não existe, porém, salvo legislação especial, um meio processual expedito para dar conta desse tipo de situações, verificando-se aqui um deficit legislativo grave, pois sendo o regime do CPA um regime adequado para a esmagadora maioria das situações, existindo sempre a possibilidade de lei especial vir ajustar alguns aspectos a determinadas situações, já situações que impliquem uma execução urgente não estão devidamente acauteladas. Quiçá por recear o abuso por parte da Administração da previsão legislativa de um procedimento executivo acelerado, o legislador terá optado por sacrificar a eficácia da prossecução do interesse público a favor da garantia dos direitos do particular. Sendo tal orientação legislativa conforme aos princípios constitucionais, julgamos, porém, que melhor equilíbrio se conseguiria através da criação de um meio processual especialmente expedito de que a Administração pudesse lançar mão em situações de urgência. O risco de abuso seria eliminado através da intervenção prévia do poder judicial que controlaria o carácter urgente invocado pela Administração, ao mesmo tempo que se acautelaria devidamente a prossecução do interesse público. Mesmo sistemas ditos de administração judiciária conhecem regimes expeditos em que, por exemplo, a Administração se limita a depositar a ordem de execução junto do tribunal[145].

5. Admissibilidade de execução coactiva por entidades privadas

O exercício de poderes públicos de autoridade por entidades privadas é um tema de eleição por parte dos cultores do direito administrativo que oferecem diferentes propostas no seu tratamento[146]. O enquadramento constitucional do exercício de poderes públicos de autoridade por entidades privadas há-de situar-se a meio caminho entre a inexistência de proibição constitucional de alcance geral e a inexistência de autorização constitucional expressa, importando, portanto, analisar os limites e as condições em que o fenómeno se pode legitimamente revelar[147].

---

[145] V. ANA RITA GIL, «A execução das decisões administrativas no direito canadiano», in DIOGO FREITAS DO AMARAL (coord.), *O poder de execução coercivo das decisões administrativas nos sistemas de tipo francês e inglês e em Portugal*, 2010. Note-se, no entanto, que o regime aí analisado não está unicamente previsto para situações de urgência.

[146] V. GONÇALVES, *supra*, n. 101, 932 ss.

[147] *Id.*, 947 ss.

840 *Em Homenagem ao Professor Doutor Diogo Freitas do Amaral*

No que respeita à execução coactiva de actos administrativos – está-se a pensar nas situações em que a lei investe uma entidade privada de um poder público e não naqueloutras em que o particular é contratado para, nos termos do art. 157.º, n.º 2, prestar um serviço à Administração (privatização funcional)[148] –, deve entender-se que a mesma é, em regra, ilegítima face à Constituição. O emprego da força representa a forma mais intensa de agressão da liberdade individual e deve estar sujeita a um monopólio estadual quer quanto à titularidade quer quanto à execução[149]. Assim, é inadmissível a delegação *isolada* de poderes de execução coactiva, i. é sem que a mesma seja acompanhada da execução de tarefas públicas, padecendo qualquer norma legal que a preveja de inconstitucionalidade[150]. Já a delegação legal de poderes de execução coactiva no contexto de execução de uma tarefa pública deve ser admitida[151].

A delegação legal tanto pode ser subjectivamente determinada como subjectivamente indeterminada. Nesta última hipótese a lei investe de poderes públicos todas as entidades privadas que se encontrem numa situação prevista na lei[152], tal como sucede na delegação de poderes de autoridade nos comandantes de navios. Admite-se ainda a delegação administrativa de poderes públicos de autoridade, efectuada através da prática de um acto administrativo ou da celebração de um contrato administrativo. A mesma tem obviamente que ter fundamento numa lei que estabeleça, ela própria, tanto quanto possível, o âmbito dos poderes de autoridade delegáveis[153].

---

[148] *Id.*, 370.

[149] *Id.*, 959 ss.

[150] *Id.*, 976 ss.

[151] *Id.*, 1060, afirmando que «[...] o interesse público que justifica o regime especial da forma acto administrativo não deixa de estar presente pelo facto de o poder ser exercido por uma entidade privada: assim, por ex., o interesse protegido pelo princípio da executividade [...] mantém-se como interesse público, apesar de o acto provir de uma entidade privada».

[152] Como observa Pedro Gonçalves (*ibid.*, 1028-1029), «[e]m regra, nestes casos, a situação jurídica estatutária de delegatário de funções e poderes públicos não resultará directa e exclusivamente da lei: será ainda necessário um acto posterior de individualização, que identifique a pessoa concreta que exerce funções (pode, contudo, tratar-se de um acto privado, *v. g.*, o contrato entre a empresa gestora da auto-estrada e o trabalhador que vai assumir funções de portageiro)».

[153] *Id.*, 1029.

O fundamento da delegação há-de ser o de o interesse público ser melhor servido pela circunstância de a entidade que gere uma tarefa pública estar em melhores condições para apreciar as situações que reclamam a mobilização de meios ofensivos. Além disso, sendo a finalidade da execução coactiva o cumprimento voluntário do particular, a proximidade existente entre a entidade privada responsável por uma tarefa pública e o particular obrigado pelo acto exequendo permite presumir que a disponibilidade deste último para cumprir será maior se o procedimento executivo for da competência da entidade responsável pela regulação da relação jurídico-administrativa em questão.

O exercício do poder de execução coactiva por entidades privadas encontra-se vinculado pelos princípios constitucionais dirigidos à Administração Pública e pela vinculação reforçada das entidades privadas com funções públicas pelos direitos fundamentais[154]. Sem prejuízo do que, eventualmente, venha estabelecido na lei que efectua a delegação sobre os termos em que se deve processar e as condições a que deve obedecer a execução coactiva, as normas relevantes sobre execução do acto administrativo previstas no CPA são aplicáveis por força do art. 2.º, n.º 3, nos termos do qual o regime instituído pelo CPA é "aplicável aos actos praticados por entidades concessionárias no exercício de poderes de autoridade", devendo interpretar-se extensivamente a referência a entidades concessionárias por forma a abranger todas e quaisquer entidades privadas no exercício de poderes de autoridade[155].

III. Natureza Jurídica do Acto de Execução

1. Distinção de figuras afins

Esta secção versa a natureza jurídica do acto de execução. Como tivemos oportunidade de assinalar, algumas das nossas observações sobre o regime jurídico da execução do acto administrativo apenas se tornam inteligíveis se se qualificar o acto de execução como verdadeiro acto administrativo, susceptível de ser autonomizado quer do acto exequendo, que o precede, quer de acções materiais de execução que, eventualmente,

---

[154] *Id.*, 1036 ss.
[155] *Id.*, 1047.

venham a ter lugar. A qualificação do acto de execução como verdadeiro acto administrativo assume particular importância para o tratamento dos meios de tutela de que o particular dispõe sempre que confrontado com uma execução ilegal e que será objecto de tratamento na secção seguinte

Começamos por distinguir o acto de execução de figuras afins.

a) Acções materiais de execução

Um acto que determine a execução do conteúdo de um acto administrativo anterior incumprido voluntariamente não deixa de ser, ele próprio, um acto administrativo[156], na medida em que implica um juízo sobre bens juridicamente relevantes[157] projectando-se na esfera jurídica do particular, carecendo, por isso, de ser legitimado autonomamente – i. é, independentemente da eventual legitimidade de que gozar o acto exequendo – pelo direito.

Assim, o mesmo não deve ser confundido com as chamadas acções materiais de execução, i. é operações que vêm concretizar o poder administrativo ao transformar materialmente a realidade, impondo ao particular, contra sua vontade, um sacrifício patrimonial ou pessoal[158]. Essas são apenas eventuais, pois bem pode dar-se o caso de o acto de execução se limitar a fixar um prazo dentro do qual o particular deve cumprir as determinações constantes do acto exequendo. Ora, caso o particular venha a fazê-lo, não terão lugar acções materiais de execução. Essas podem, aliás, surgir em consequência de se ter verificado o incumprimento voluntário de determinações de uma lei, de um regulamento ou de uma sentença judicial, não sendo apanágio do regime de execução do acto administrativo[159].

---

[156] V. Silva, *supra*, n. 4, 725 ss. Já Caetano, *supra*, n. 7, 447, considerava os actos de execução como verdadeiros actos administrativos, distinguindo-os das operações materiais. *Manual de Direito Administrativo*, vol. I, p. 447. Note-se que, ao qualificar os actos de execução como factos jurídicos e não como actos administrativos, Soares, *supra*, n. 6, 73, está a referir-se às acções materiais de execução e não ao acto administrativo que ordena a execução.

[157] V. Pinto, *supra*, n. 34, 45-47.

[158] V. Sandulli, *supra*, n. 30, 822-823 e Gomes, *supra*, n. 40, 32 (afirmando que «[as operações materiais] constituem a face mais visível da actuação das entidades administrativas, corporizam a finalização da maior parte das tarefas da Administração prestadora, um dos signos do Estado Social»). V. Caetano, *supra*, n. 7, 446.

[159] V. Soares, *supra*, n. 6, 49. Sobre as acções ou operações materiais da Administração v. Gomes, *supra*, n. 40.

b) Acto meramente confirmativo

Também se não deve confundir acto de execução e acto meramente confirmativo, pois este limita-se a reproduzir o conteúdo de um acto administrativo anterior, nada introduzindo de novo na esfera jurídica do particular, ao contrário do primeiro que justamente introduz uma alteração na ordem jurídica agredindo de forma autónoma direitos do particular. A prática desse tipo de actos, conquanto, por vezes, adequada por forma a evitar ter de passar-se à fase executiva, recordando o particular dos deveres que sobre ele impendem, de forma alguma dispensa o acto administrativo de execução[160]. Este é o acto que ordena a execução coactiva[161].

c) Coacção directa

Já na obra magna de OTTO MAYER surge a distinção entre execução coactiva e coacção directa[162]. Esta última consiste no recurso à força para restabelecer a ordem pública violada. Segundo o ilustre administrativista, situações de urgência que determinem uma actuação imediata por parte da Administração configuram casos de coacção directa, pois não se trata aí de executar qualquer acto administrativo. Coacção directa seria um modo de execução da lei. Está-se a pensar na mobilização de meios ofensivos para combater os perigos que mais intensamente põem em causa os bens protegidos pela ordem jurídica por parte dos agentes das forças e dos serviços de segurança ("medidas de polícia"), cujo regime

---

[160] O acórdão do STA de 19 de Junho de 1997, proc. n.º 41711 dá-nos conta de uma situação em que entre o acto administrativo exequendo e o acto de execução foi praticado um acto meramente confirmativo do primeiro. Não havendo nada a obstar quanto à irrecorribilidade de um acto meramente confirmativo já merece censura a decisão do Tribunal na parte em que considera o acto de execução – a decisão de, face à inércia do particular, confiar a demolição de obra ilicenciada aos serviços da câmara municipal – irrecorrível por falta de lesividade. Como veremos, o acto de execução é, para todos os efeitos, um acto administrativo, justamente porque introduz uma alteração na ordem jurídica agredindo de forma autónoma direitos do particular.

[161] V. GOMES, *supra*, n. 40, 129-130, que distingue a ordem de execução coactiva de actos de execução. Tratando-se de actos favoráveis ao particular, estes interessa analisar apenas da perspectiva da sua legalidade não se pondo o problema da sua execução coactiva. No texto optamos por uma utilização indiferenciada dos termos "acto de execução" e "ordem de execução".

[162] OTTO MAYER, *Deutsches Verwaltungsrecht*, 3. Aufl., 1924, 271 ss e 287 ss.

844 Em Homenagem ao Professor Doutor Diogo Freitas do Amaral

obedece a exigências constitucionais particularmente intensas (i. é, que vão além do princípio da legalidade da Administração)[163] e consta da Lei de Segurança Interna[164].

À coacção directa só é de recorrer sempre que se trate de repelir uma agressão actual e ilícita de interesses juridicamente protegidos, em defesa própria ou de terceiros ou importando vencer a resistência à execução de um serviço após intimação formal de obediência e esgotados os outros meios para o conseguir[165]. Ao emprego de meios coactivos aplica-se os princípios da intervenção mínima, da adequação e da proporcionalidade[166].

Fundamentalmente, a coacção directa distingue-se da execução coactiva de um acto administrativo por na primeira o emprego de meios coactivos não obedecer a um procedimento que culmine na prática de um acto administrativo[167]. Trata-se de uma diferença da maior importância, pois o procedimento executivo procura assegurar uma racionalidade decisória que assume uma função legitimadora. Recorde-se o que se escreveu sobre o dever da fundamentação expressa da decisão de executar.

Tal significa que, quando confrontados os dois institutos, a legitimidade relativa do instituto da execução coactiva dos actos deve ser assinalada. Daí deve retirar-se, desde logo, uma consequência em sede de interpretação da norma. Normas habilitantes do emprego de meios coactivos hão-de ser interpretadas como configurando concretizações do instituto da execução coactiva. Assim, deve qualificar-se as normas sobre apreensão de medicamentos ou de géneros alimentícios não como expressão do ins-

---

[163] Sobre o âmbito do conceito «medidas de polícia», v. PEDRO LOMBA, «Sobre a teoria das medidas de polícia administrativa», in *Estudos de direito de polícia*, vol. I, 2003, 177 ss; JOÃO RAPOSO, «O regime jurídico das medidas de polícia», in *Estudos em Homenagem ao Professor Doutor Marcello Caetano*, vol. I, 2006, 693, 696 ss e PEDRO MACHETE, «A polícia na Constituição da República Portuguesa», in *Professor Doutor Inocêncio Galvão Telles: 90 anos – Homenagem da Faculdade de Direito de Lisboa*, 2007, 1111, 1143 ss.

[164] Lei n.º 53/2008, de 29 de Agosto (Lei de Segurança Interna).

[165] V. art. 34.º da Lei n.º 53/2008, de 29 de Agosto (Lei de Segurança Interna).

[166] V. art. 2.º, n.º 2 da Lei n.º 53/2008, de 29 de Agosto (Lei de Segurança Interna). V. art. 2.º do Decreto-Lei n.º 457/99, de 5 de Novembro (Regime de utilização de armas de fogo e explosivos pelas forças e serviços de segurança).

[167] Note-se, porém, que para SANDULLI, *supra*, n. 30, 824, a distinção entre *coazione* e *esecuzione forzata* reside antes na natureza negativa (dever de não fazer) ou positiva (dever de dar, de fazer ou de suportar) da prestação devida.

A Execução do Acto Administrativo no Direito Português 845

tituto da coacção directa[168], mas antes como habilitando a Administração a, perante o incumprimento do particular das determinações impostas por acto administrativo, proceder à sua execução coactiva. A sua qualificação como tal assume enorme relevância, na medida em que a apreensão de medicamentos ou de géneros alimentícios, além de habilitação legal expressa, não dispensa os vários momentos do procedimento executivo.

d) Medidas sancionatórias

Finalmente, deve ainda distinguir-se a execução coactiva do acto de medidas sancionatórias que a Administração eventualmente adopte perante o incumprimento do particular[169]. Ao contrário de uma medida de natureza sancionatória, que, embora afecte os interesses do infractor, é insusceptível de, por si só, pelo menos directamente, satisfazer o interesse público lesado, a execução coactiva tem como única finalidade a realização do interesse público determinado pelo acto administrativo exequendo, não podendo exceder o conteúdo deste último, sob pena de, de outra maneira, estar-se já não perante a figura da execução coactiva mas antes perante uma medida sancionatória, devendo aí observar-se um regime jurídico diverso. O critério de distinção entre medida sancionatória e medida de reposição da legalidade é a finalidade da medida em questão, objectivamente determinada a partir do seu conteúdo e pressupostos segundo a norma que a estabelece[170].

Tem-se discutido, sobretudo, a qualificação jurídica de medidas adoptadas no âmbito da fiscalização de actividades económicas tais como

---

[168] No sentido da sua qualificação como coacção directa, v. AFONSO RODRIGUES QUEIRÓ, «Coacção administrativa», in Dicionário Jurídico da Administração Pública, Vol. II, 1990, 443, 444. V. GOMES, *supra*, n. 40, 244, que dá como exemplo de acções materiais praticadas pela Administração em coacção directa situações de apreensão de produtos de vendedores ambulantes sem licença para exercer a actividade de venda e o encerramento imediato de um matadouro cujo funcionamento apresenta graves riscos para a saúde pública. Note-se, porém, que a autonomização do instituto proposta pela Autora é instrumental à autonomização da categoria das actuações materiais como forma de actuação administrativa a par do acto administrativo.

[169] V. BENVENUTI, *supra*, n. 24, 550 e SANDULLI, *supra*, n. 30, 820 nota 2. Sobre as várias modalidades que concretizam o poder sancionatório da Administração v. DIOGO FREITAS DO AMARAL, «O poder sancionatório da Administração Pública», in *Estudos Comemorativos dos 10 Anos da Faculdade de Direito da Universidade Nova de Lisboa*, Vol. I, 2008. 215-234, 218 ss.

[170] V. acórdão do STA de 10 de Setembro de 2008, proc. n.º 0120/08.

846 Em Homenagem ao Professor Doutor Diogo Freitas do Amaral

a suspensão de actividade ou de encerramento de um estabelecimento. No entendimento do STA, está-se perante uma medida antecipatória da sanção acessória aplicável, aplicando-se, consequentemente, o procedimento de contra-ordenação, o que significa que os tribunais administrativos seriam incompetentes para conhecer dessa questão[168], o que redunda num prejuízo significativo para o particular[169].

A este propósito importa assinalar que, ao contrário do que sucede na lei alemã[170], o CPA não admite a possibilidade de a Administração aplicar uma sanção pecuniária compulsória como meio coactivo. Tal medida não tem natureza sancionatória antes visa obter o cumprimento voluntário do particular[171] que é, como assinalámos, a finalidade do regime da execução coactiva surgindo os actos materiais de execução apenas uma vez esgotadas as hipóteses concedidas ao particular para conformar a realidade com as determinações impostas pelo acto exequendo. Uma habilitação legal para a aplicação de uma sanção pecuniária compulsória seria apropriada para as situações em que a Administração não está em condições de – directamente ou por intermédio de terceiro – se substituir ao particular na realização da prestação.

2. Conteúdo do acto de execução

As distinções dogmáticas a que procedemos preenchem o objectivo de tornar claro que o acto de execução é, essencialmente, um acto administrativo. Tal entendimento é reforçado por uma análise do seu conteúdo.

O acto de execução analisa-se em duas operações que surgem condensadas mas que, em rigor, são distintas. Em primeiro lugar, o acto que ordena a execução contém uma declaração de ciência na medida em que

---

[171] V. acórdão do STA de 13 de Novembro de 2007, proc. n.º 0679/07. Em sentido contrário, qualificando uma medida desse tipo como «[...] independente e autónoma face ao processo contra-ordenacional que possa vir a ser instaurado» e declarando a competência dos tribunais administrativos, v. acórdão do TCAN de 28 de Junho 2007, proc. n.º 1877/06.

[172] Crítico em relação à posição que fez vencimento no STA é Vítor Gomes, «As sanções administrativas na fronteira das jurisdições. Aspectos jurisprudenciais», in 71 Cadernos de Justiça Administrativa 6 (2008), 10-11.

[173] V. Garcia, supra, n. 1.

[174] V. Wolff/Bachof/Stober/Kluth, supra, n. 74, 909 e Maurer, supra, n. 94, 516. Já assim Forsthoff, supra, n. 5, 299.

A Execução do Acto Administrativo no Direito Português 847

verifica o facto de o particular estar em incumprimento de um dever ou proibição constante do acto exequendo. Em segundo lugar, contém, em resultado de uma ponderação de interesses e valores, a especificação das medidas a tomar para efeitos de execução, projectando-se, assim, autonomamente (face ao acto exequendo), na esfera jurídica do particular.

A análise do acto que ordena a execução em estes dois momentos permite admitir que, muitas vezes, após ter verificado a situação de incumprimento por parte do particular, ainda assim não interesse à Administração – por assim esta entender não se prosseguir o interesse público – recorrer à execução coactiva. Tal deve-se à circunstância de entre a prática do acto exequendo e o momento de verificação da situação de incumprimento poder ter-se alterado a situação que determinou a prática do primeiro. O mero decurso do tempo pode ser relevante[175] e deve ser ponderado na decisão da Administração. O acto que ordena a execução é, assim, um acto discricionário, mesmo nos casos em que o acto exequendo houvesse sido um acto vinculado[176]. Dir-se-á que, dessa forma, se cria um incentivo para que o particular incumpra. Não deixando de ser verdade, trata-se de uma solução preferível à alternativa de vincular a Administração à execução de actos administrativos, mesmo quando tal não seja justificado – e possa mesmo ser prejudicial – para o interesse público[177]. Tal não significa que o procedimento de execução não possa

---

[175] Relevante – entenda-se – para o interesse público. Certo é que a confiança do particular na não-execução pelo decurso de um prazo longo não é digna de tutela. V. acórdão do STA de 14 de Março de 1991, proc. n.º 27223.

[176] No sentido do texto v. MAURER, *supra*, nota 94, 518, GIANNINI, *supra*, n. 22, 833-835 e VIEIRA DE ANDRADE, *supra* n. 130, 333. Contra: GOMES, *supra*, n. 40, 155-159, para quem a decisão de executar é sempre um acto vinculado. Já MACHETE, *supra*, n. 51, 71, considera que o acto de execução tanto pode ser vinculado como discricionário. Por sua vez, WOLFF/BACHOF/STOBER/KLUTH, *supra* n. 74, 910 consideram a decisão de proceder à execução como um acto discricionário, embora retirem da relação de subsidiariedade entre cada meio de execução previsto na lei federal – já não assim em alguns *Länder* – alemã que a escolha do meio de execução acaba por ser um acto vinculado. Apesar de o ordenamento jurídico português não conhecer uma relação de subsidiariedade entre cada meio de execução, deve entender-se que a mesma apenas comporta uma concretização do princípio da proporcionalidade. O princípio da proporcionalidade obviamente que reduz significativamente a margem de decisão da Administração. Simplesmente, quanto a nós, tal não basta para pôr em causa a natureza discricionária do acto.

[177] Um lugar paralelo seria a questão de saber se a Administração tem o dever de revogar actos administrativos ilegais ou se antes dispõe de um poder discricionário a esse respeito. Sobre o problema, v. AMARAL, *supra*, n. 10, 463 ss.

ter início por iniciativa de contra-interessados. Trata-se de um instrumento que visa contribuir para a correcta formação da decisão administrativa de executar. Por o facto de se tratar de uma decisão discricionária não significar que a mesma se encontra isenta de controle judicial[178], nada obsta a que a decisão de não-executar bem como a decisão de executar na parte respeitante ao conteúdo concreto da execução[179] seja susceptível de impugnação contenciosa, devendo os contra-interessados que preencham os requisitos de legitimidade, respeitando-se sempre o "princípio da provocação", formular o correspondente pedido de condenação da Administração à prática do acto devido.

Tratar-se de um acto discricionário reforça o entendimento de que se está perante um verdadeiro acto administrativo. O seu conteúdo não resulta imediatamente da lei habilitante, antes pressupõe a verificação de factos e a ponderação de valores e interesses. Tal significa que, além de observar as regras especificamente previstas para o procedimento executivo, a Administração não deve deixar de cumprir as regras de substância, de procedimento e de forma previstas para todo e qualquer acto administrativo. Como tivemos oportunidade de assinalar, é o que sucede com a exigência de audiência prévia ou com o dever da fundamentação expressa do acto de execução.

IV. Tutela Contra a Execução Ilegal

Voltamo-nos agora para os meios de tutela de que o particular dispõe contra a execução ilegal. No decorrer da nossa análise sobre o regime jurídico da execução do acto administrativo fomos dando conta aqui e ali de mecanismos de tutela postos ao dispor do particular. A presente secção trata-os de uma perspectiva dogmática, analisando-os consoante a ilegalidade se reporte ao acto exequendo, ao acto de execução ou às actuações materiais de execução. Tal tripartição pressupõe a autonomia do acto de execução discutida na secção anterior. Como procuraremos demonstrar, existem especificidades de regime – de natureza substantiva, uns, de natureza processual, outros – que justificam essa arrumação tripartida.

---

[178] V. WOLFF/BACHOF/STOBER/KLUTH, *supra* n. 74, 910.

[179] Estar-se-ia aí numa situação de indeferimento parcial do requerimento do contra-interessado.

1. Invalidade do acto exequendo

Sempre que o particular se veja confrontado com a possibilidade de execução de um acto administrativo inválido, deverá, desde logo, lançar mão dos meios de tutela legalmente previstos contra o acto. Assim, tem ao seu dispor os chamados meios graciosos tais como a reclamação (art. 161.º) e o recurso hierárquico (art. 166.º) e um meio jurisdicional que, como se sabe, é a acção administrativa especial (CPTA, art. 46.º). Porque, em princípio, a Administração estará legalmente habilitada a executar o acto[180], ainda que inválido, contra a vontade do particular, a sua posição jurídica apenas ficará devidamente salvaguardada se este requerer ao tribunal administrativo a suspensão jurisdicional de eficácia do acto, aplicando-se o disposto nos artigos 121.º e seguintes do CPTA.

A doutrina discute a questão de saber se, não tendo o particular impugnado o acto exequendo e tendo-se este entretanto consolidado na ordem jurídica, a ele se deve reconhecer a possibilidade de impugnar o acto de execução com fundamento na invalidade do primeiro.

A favor da admissibilidade argumenta-se que a consolidação do acto exequendo ou a preclusão do prazo do recurso contencioso não parecem justificar a prática de actos administrativos de execução ilegais nem a negação ao particular de tutela contra um acto que traduz o exercício de um poder da Administração diferente do que presidiu à prática do acto exequendo[181].

---

[180] Importa aqui fazer uma observação. Poderia argumentar-se que, dado o regime do contencioso administrativo vigente em Portugal, nos termos do qual, ao contrário do que sucede no ordenamento jurídico alemão, a impugnação contenciosa do acto administrativo não suspende os efeitos deste, o legislador teria partido de um modelo de administração executiva em que à Administração é permitido executar os seus actos independentemente de autorização judicial prévia. Nada de mais apressado. A opção legislativa de não atribuir efeito suspensivo à impugnação do acto administrativo, antes fazendo depender tal suspensão de um requerimento a apresentar pelo particular, é uma opção que em nada resolve a querela dogmática em torno do privilégio da execução prévia ou da executoriedade do acto administrativo. O poder de a Administração executar um acto administrativo decorre não do regime do CPTA, i. é não da circunstância de à impugnação se não atribuir efeito suspensivo, mas da habilitação legal genérica prevista no n.º 2 do art. 149.º do CPA. Tal significa que o poder de a Administração executar um acto administrativo nos termos do n.º 3 do artigo 157.º do CPA – i. é, tratando-se de executar coactivamente uma prestação de facto infungível – que tenha sido objecto de impugnação contenciosa pressupõe sempre a existência de uma norma habilitante específica que preveja a sua execução coactiva.

[181] V. Otero, *supra*, n. 53, 234.

850   Em Homenagem ao Professor Doutor Diogo Freitas do Amaral

Poderia acrescentar-se que tal solução cria um incentivo para a celeridade da actividade administrativa.

Julgamos, porém, que justamente da natureza autónoma do acto de execução decorre a inadmissibilidade de tal solução, devendo o fundamento de impugnação deste último cingir-se a vícios próprios.

Tal solução é mais coerente com o regime de invalidade do acto administrativo que consagra o princípio da estabilidade do acto administrativo reconhecendo a este, salvo situações de nulidade[182], a produção de efeitos imediatos.

O princípio da estabilidade do acto administrativo tem um valor sistémico muitíssimo importante e não pode ver-se neutralizado por um expediente que, na prática, passa por prorrogar indefinidamente o prazo para a apreciação judicial da validade do acto[183].

A tese da conexão deve, assim, ser rejeitada.

Importa, porém, questionar, se, pelo menos em certos grupos de casos, não será de admiti-la.

Parte da doutrina alemã admite tal possibilidade sempre que a Administração reconheça, ela própria, a invalidade do acto exequendo[184] e sempre que se esteja perante actos imediatamente exequíveis ou actos cuja execução haja sido ordenada ainda antes de os mesmos se terem tornado inopugnáveis[185].

De referir ainda é o disposto no n.º 3 do artigo 52.º do CPTA, nos termos do qual se admite a impugnação de actos de execução com fundamento na invalidade do acto exequendo, sempre que este último não

---

[182] Já assim FORSTHOFF, *supra*, n. 5, 295.

[183] V. WOLFF/BACHOF/STOBER/KLUTH, *supra*, n. 74, 916 e Maurer, *supra*, nota 94, 513-514.

[184] É claro que a tal possibilidade se opõe o regime previsto para a revogação de actos inválidos (art. 141.º, n.º 1). Crítico em relação ao regime legal é JOSÉ CARLOS VIEIRA DE ANDRADE, "A «revisão» dos actos administrativos no direito português", in 9/10 *Cadernos de Ciência de Legislação* 185 (1994), 193-6. A verdade é que a regra da irrevogabilidade para além do prazo de impugnação não é absoluta. O STA, em acórdão de oposição de julgados (v. acórdão do STA de 6 de Outubro de 2005, proc. n.º 2037/02), ao reconduzir a solução plasmada no art. 141.º, n.º 1 ao princípio da confiança legítima e da segurança jurídica, vem admitir que os mesmos possam ceder, sendo protegidos de forma menos intensa, face à necessidade de protecção de outros valores igualmente relevantes. Para uma análise da decisão v. RAVI AFONSO PEREIRA, «O direito comunitário posto ao serviço do direito administrativo – uma leitura da jurisprudência do STA sobre reposição de ajudas comunitárias», in 81 *Boletim da Faculdade de Direito* 673 (2005), 710-7.

[185] V. WOLFF/BACHOF/STOBER/KLUTH, *supra*, n. 74, 916-917.

A Execução do Acto Administrativo no Direito Português   851

tenha individualizado os seus destinatários. Está-se a pensar nos *actos administrativos gerais*, que produzem efeitos jurídicos imediatos. Apesar de estes últimos serem impugnáveis, a lei admite a impugnação dos seus actos de aplicação ou execução – aí se podendo invocar causas de invalidade imputáveis aos primeiros – de modo a proteger a confiança dos destinatários que, de outra maneira, poderiam ficar desprotegidos, na medida em que é razoável admitir-se a hipótese de se não terem apercebido do seu carácter lesivo.

2. Invalidade do acto de execução

Diferente é a situação do particular confrontado com a execução de um acto inexistente ou em que o conteúdo da execução excede ou contraria os termos definidos no acto exequendo. Não estando em causa a ilegalidade deste último – podendo o mesmo nem sequer ter sido praticado – a via da sua impugnação contenciosa não é evidente. Simplesmente, o entendimento da doutrina, seguido pela jurisprudência, é o de admitir a impugnação de "pretensos" actos jurídicos de execução. Objecto de impugnação é assim, não o acto exequendo, mas o acto de execução[186]. Tal é também a opção do legislador (art. 151.º, n.º 1 e 3).

Julgamos acertada a solução de admitir a impugnação de actos de execução, na medida em que, como procurámos demonstrar ao tratar da natureza jurídica do acto de execução, se está perante um verdadeiro acto administrativo que introduz uma alteração na ordem jurídica. Para quem defenda tal posição resulta, desde logo, a impugnabilidade geral de um acto de execução[187], seja este precedido ou não de um acto administrativo que se propõe executar e independentemente da validade deste último[188].

---

[186] AMARAL, *supra*, n. 11, 166 dá conta de uma posição isolada do STA em que, na argumentação do tribunal, a admissibilidade de impugnação contenciosa tem por objecto o acto exequendo.

[187] Embora AMARAL, *supra*, n. 11, 167 se-lhes refira como casos em que a execução se não comporta nos limites de acção definidos pelo conteúdo do acto a executar, a verdade é que boa parte deles (inadequação do meio de execução à natureza da prestação a executar, desproporção entre o meio de execução e o seu fim, utilização de métodos excessivamente penosos para o particular) configura vícios próprios do acto de execução e não excesso ou contradição relativamente ao acto exequendo. Com efeito, os requisitos de necessidade, adequação e proporcionalidade dos meios de execução em nada decorrem do âmbito mais ou menos generoso do acto exequendo, antes decorrem da lei.

[188] V. OTERO, *supra*, n. 53, 234.

Nos casos em que inexista acto exequendo ou se verifique desconformidade entre o âmbito do acto exequendo e o do acto de execução, não está já em causa a admissibilidade de impugnação contenciosa deste último – que, repetimos, deve ser sempre reconhecida – mas apenas uma causa de invalidade[189]. Por outras palavras, o problema assume não uma natureza adjectiva mas antes uma natureza substantiva. Evidente é, quanto a nós, que, nesse tipo de situações, o acto de execução é sempre inválido por lhe faltar um requisito essencial, o acto administrativo exequendo. A evidência desse tipo de invalidade é juridicamente relevante, na medida em que, em sede de apreciação do pedido de suspensão jurisdicional de eficácia do acto (de execução), deve o tribunal decretá-la nos termos do disposto no art. 121.º, n.º 1 al. *a)* do CPTA, i. é, sem que o particular tenha de demonstrar a produção de prejuízos de difícil reparação e sem que tenha lugar a ponderação entre os interesses públicos e privados a que se refere o n.º 2 desse artigo. Embora desnecessária, dada a natureza jurídica do acto de execução, a clarificação legislativa da impugnabilidade compreende-se face às dificuldades dogmáticas geradas pelos conceitos de definitividade e executoriedade.

Também o art. 151.º, n.º 4 procura responder às dificuldades dogmáticas geradas pelos conceitos de definitividade e executoriedade e também ele compreende uma dimensão substantiva[190]. Ao esclarecer que os actos de execução arguidos de ilegalidade são susceptíveis de impugnação contenciosa, o legislador admite a possibilidade abstracta de um acto de execução conter vícios próprios. Importa porém observar que o Supremo Tribunal Administrativo define o conceito de "vícios próprios" de forma – quanto a nós, salvo o devido respeito, demasiado – restritiva. Para a mais alta instância "são apenas [vícios próprios] os que tenham surgido naquilo que, em tais actos, era estrutural ou funcionalmente executivo, consistindo, portanto, nos desvios deles em relação ao que era abstractamente exigível no procedimento de execução; para além disso, poderá dar-se o nome de vícios próprios aos que provenham de alguma parcela de novidade acrescente à natureza básica dos actos – os quais, nesse segmento, não terão índole executiva e ficarão, por isso, sujeitos às regras impugnatórias gerais"[191]. Tratando-se de um acto administrativo, a sua prática está sujeita às demais regras de substância, de forma e de proce-

---

[189] V., nesse sentido, Aroso de Almeida, *supra*, n. 101, 164-5.
[190] V. acórdão do STA de 16 de Junho de 2004, proc. n.º 2011/03.
[191] V. acórdão do STA de 10 de Novembro de 2007, proc. n.º 0478/07.

A Execução do Acto Administrativo no Direito Português   853

dimento previstas no CPA, entre as quais, como tivemos oportunidade de assinalar, se inclui o dever de realização de audiência prévia (art. 100.°) e o dever da fundamentação expressa (art. 124.°). Um acto de execução praticado sem observância dos requisitos legais é não apenas contenciosamente recorrível (dimensão processual) como, fundamentalmente, inválido (dimensão substantiva).

3. Ilegalidade de actuações materiais de execução

Situação diferente ocorre sempre que o particular é confrontado com uma operação material de execução ilegal ou na hipótese de a actuação material de execução exceder o conteúdo da ordem de execução. Suponhamos que um agente da Administração pretende pôr termo ao funcionamento de um recinto recreativo baseando-se num acto administrativo perfeitamente válido que indefere o pedido de renovação de licença para exploração desse recinto[192]. Não se põe aqui a hipótese de impugnação contenciosa de um acto administrativo[193], embora se reconheça não dever ficar o particular sem tutela, na medida em que inexiste acto de execução e não teve lugar aquela apreciação material sobre a necessidade, oportunidade e condições de execução coactiva do acto. O legislador estabelece a regra da impugnabilidade para ambas as situações (art. 151.°, n.° 3), mas não é claro qual o meio processual de que o particular dispõe em casos de operações de execução ilegais[194]. Uma operação material, não consubstanciando sequer um acto administrativo, é insusceptível de impugnação[195]. Por outro lado, admitir para esses casos tão-somente a possibilidade de o particular se ressarcir dos danos causados através do

---

[192] Embora tratando-se de um acto negativo, este impõe deveres ao particular relativamente aos quais, perante o incumprimento deste, se põe o problema da sua execução coactiva.

[193] V., no entanto, o acórdão do STA de 15 de Outubro de 1998, proc. n.° 37451 (é inválida a apreensão de medicamentos efectuada por ocasião da execução de um acto que determinara o encerramento de um posto de medicamentos).

[194] Defendendo uma interpretação actualizada desse preceito v. VIEIRA DE ANDRADE, *supra*, n. 101, 205 nota 410.

[195] Não obstante o conceito processual de acto administrativo impugnável ser, nos termos do art. 51.° do CPTA, mais amplo face à lei processual anterior, exige-se, naturalmente, estar-se perante um verdadeiro acto administrativo. Assim, VIEIRA DE ANDRADE, *supra*, n. 101, 204 ss.

854 Em Homenagem ao Professor Doutor Diogo Freitas do Amaral

instituto da responsabilidade civil é insuficiente. Em situações de actuações materiais ilegais, deve reconhecer-se ao particular a possibilidade de lançar mão da acção administrativa comum, formulando um pedido de condenação da Administração nas condutas necessárias ao restabelecimento da situação anterior à actuação material ilegal[196]. Na hipótese avançada, a reabertura do recinto.

Perante as possibilidades de tutela dos direitos do particular, julgamos não ser de, em regra, se lhe reconhecer o direito de resistência[197]. A oposição do particular a actuações materiais de execução ilegais deve ser realizada através de meios de tutela junto dos tribunais. A resistência física à execução deve, salvo excepções, determinar a intervenção das forças de segurança e, eventualmente, a detenção do particular recalcitrante[198]. O particular deve, assim, ser prudente, fazendo uso desse direito apenas quando se trate de uma ofensa particularmente grave de um direito, liberdade e garantia e tão-somente perante a evidência da mesma. Além disso, deve limitar a sua conduta ao estritamente necessário para obviar as actuações da autoridade pública.

V. Conclusão

O presente trabalho versa a execução coactiva do acto administrativo no ordenamento jurídico português. Falecida a doutrina da executoriedade como elemento do acto administrativo e entendendo-se que o poder administrativo apenas na lei tem o seu fundamento, não pode hoje reconhecer-se à Administração o chamado privilégio da execução prévia. O poder de execução coactiva de actos administrativos apenas pode ser atribuído por lei.

Não obstante posições críticas entre a doutrina, a norma constante do n.º 2 do artigo 149.º do CPA, nos termos da qual a Administração Pública se encontra legalmente habilitada, em termos genéricos, a executar coactivamente os seus actos administrativos, é assim interpretada e aplicada pela prática administrativa, acolhida pela jurisprudência dos

---

[196] *Id.*, 185.

[197] No mesmo sentido, Giannini, *supra*, n. 22, 831.

[198] A resistência pode inclusive preencher o tipo dos crimes previstos e punidos pelo artigo 347.º (resistência e coacção sobre funcionário) e pelo artigo 348.º (desobediência) do Código Penal.

tribunais, pelo que contém o regime de direito positivo vigente no ordenamento jurídico português. São de rejeitar os argumentos que sustentam a tese da inconstitucionalidade desse preceito, por violação do regime dos direitos, liberdades e garantias e do princípio da reserva de lei. A opção do legislador por uma habilitação legal genérica apresenta-se como uma solução equilibrada. Mais do que isso, ela assume uma função estabilizadora, o que lhe confere uma legitimidade suplementar.

Sem prejuízo de a norma que habilita a Administração a executar coactivamente as suas decisões poder conter um regime específico, definindo o procedimento executivo e o emprego de meios de execução, deve entender-se que as normas do CPA em matéria de execução se aplicam em tudo o que não contrariar o regime legal específico. Com efeito, as mesmas configuram um autêntico procedimento executivo, autónomo do procedimento que culminou com a prática do acto administrativo exequendo. Tal não significa, porém, dada a natureza jurídica do acto de execução enquanto verdadeiro acto administrativo, que os requisitos de substância, de procedimento e de forma previstos em outras disposições do CPA não sejam igualmente aplicáveis ao procedimento executivo. É o que sucede com a exigência de audiência prévia ou com o dever da fundamentação expressa do acto de execução, que se explicam também pela finalidade do regime jurídico da execução que outra não é do que obter o cumprimento voluntário do particular.

O problema de a legitimação da Administração a partir da lei estar em crise tem reflexos em sede de execução do acto administrativo. Assim, o dever de realização de audiência prévia e o dever da fundamentação expressa do acto de execução surgem como suplementos de legitimidade relativamente à lei estadual, podendo até determinar consequências diferentes das decididas pelo acto exequendo sempre que estas últimas não sejam suficientemente estabilizadoras.

SOBRE O CONTRIBUTO DO PROFESSOR DOUTOR DIOGO FREITAS DO AMARAL PARA O ENSINO E O ESTUDO DA RESPONSABILIDADE CIVIL EXTRACONTRATUAL DO ESTADO

MARIA JOSÉ RANGEL DE MESQUITA[*]

> SUMÁRIO: 1. O ensino da matéria da responsabilidade civil extracontratual do Estado no âmbito do ensino do Direito Administrativo. 2. A obra escrita em matéria de responsabilidade civil extracontratual do Estado. 2.1 Sumários e lições. 2.2 Dissertação de doutoramento e monografias. 2.3 Artigos. 2.4 Pareceres. 3. A divulgação do regime português da responsabilidade civil extracontratual do Estado aquém e além fronteiras. 4. O contributo para o debate sobre a reforma da lei portuguesa em matéria de responsabilidade civil extracontratual do Estado e demais entidades públicas e para a apreciação crítica da nova lei.

O contributo do Professor Doutor Diogo Freitas do Amaral para a Ciência do Direito em geral e para o ensino e o estudo do Direito Administrativo em particular afigura-se tão relevante que, na qualidade de sua antiga aluna do 1.º ano do curso de Direito da Universidade Católica Portuguesa, no já remoto ano lectivo de 1982-1983, e de discípula, não nos atrevemos a evocar no seu todo, sob pena de cometermos alguma omissão indesculpável. Por essa razão – e também porque aos que têm o privilégio de poder prestar a sua modesta homenagem na presente obra não é concedido o desejo de poderem utilizar um número ilimitado de

---

[*] Professora da Faculdade de Direito da Universidade de Lisboa.

858 *Em Homenagem ao Professor Doutor Diogo Freitas do Amaral*

páginas indispensável para fazer jus à relevância, designadamente científica, do homenageado – apenas nos aventuramos a evocar uma parte ínfima daquele contributo: a obra do Professor Doutor Freitas do Amaral em matéria de responsabilidade civil extracontratual do Estado e demais entidades públicas, em particular da Administração, apresentando as nossas desculpas por alguma omissão involuntária porventura cometida.

O magistério do Professor Doutor Freitas do Amaral no domínio do Direito Administrativo, cujo início remonta ao ano lectivo de 1964-1965, então na qualidade de 2.º Assistente, além do quadro, do 3.º Grupo – Ciências Políticas, da Faculdade de Direito da Universidade de Lisboa[1], acompanhou, ao longo dos tempos, quer na Faculdade de Direito da Universidade de Lisboa, quer na Faculdade de Direito da Universidade Católica Portuguesa e, finalmente, na Faculdade de Direito da Universidade Nova de Lisboa, a temática da responsabilidade civil extracontratual do Estado, versada na perspectiva das garantias dos particulares.

Não só o programa da disciplina de Direito Administrativo leccionada no curso geral, depois licenciatura, a partir da década de sessenta, na Faculdade de Direito da Universidade de Lisboa contemplou reiteradamente o ensino da temática da responsabilidade civil extracontratual do Estado e demais entidades públicas – como o comprova o *Relatório sobre o Programa, os conteúdos, e os métodos do ensino de uma disciplina de Direito Administrativo* apresentado em 1983 nos termos do Estatuto da Carreira Docente Universitária com vista à prestação de provas para obtenção do título de agregado na Faculdade de Direito da Universidade de Lisboa[2] – como também a obra escrita do Professor Doutor Freitas do Amaral contemplou, especialmente em monografias e lições sucessivas disponibilizadas aos alunos e publicadas, aquelas temáticas. Ao ensino e à obra escrita acrescem um conjunto de intervenções

---

[1] Os elementos curriculares mencionados têm por base a consulta do *Curriculum vitae* apresentado nos termos do Estatuto da Carreira Docente Universitária e do Decreto n.º 301/72, de 14 de Agosto, com vista à prestação de provas para obtenção do título de agregado na Faculdade de Direito da Universidade de Lisboa, em 1983 e do *Curriculum vitae* apresentado nos termos do Estatuto da Carreira Docente Universitária, com vista ao concurso documental de provimento de um lugar de professor catedrático do 3.º grupo (Ciências Políticas) da FDUL, em 1984 – ambos consultados na Biblioteca da Reitoria da Universidade de Lisboa.

[2] Relatório consultado na Biblioteca da Reitoria da Universidade de Lisboa, mas também publicado na Revista da Faculdade de Direito da Universidade de Lisboa, Vol. XXVI, 1985, p. 257 e ss.

Sobre o Contributo do Prof. Dr. Diogo Freitas do Amaral para o Ensino e Estudo ... 859

proferidas em vários *fora*, nacionais e estrangeiros, sobre a responsabilidade civil extracontratual do Estado e seu regime jurídico no ordenamento jurídico português.

O magistério e a obra, escrita e oral, do Professor Doutor Freitas do Amaral em matéria de responsabilidade civil extracontratual do Estado tiveram como pano de fundo um enquadramento jurídico-constitucional e jurídico-legal que sofreu, desde a década de sessenta do século passado, mutações significativas: em especial pela cessação de vigência da Constituição de 1933 e a aprovação da Constituição da República Portuguesa de 1976, pela revogação do Código Administrativo de 1936-40, pela aprovação do Código Civil de 1966, pela aprovação do Decreto-Lei n.º 48051 de 21 de Novembro de 1967 e, finalmente, a revogação deste último pela Lei N.º 67/2007, de 31 de Dezembro – já sem mencionar a reforma do contencioso administrativo e as alterações introduzidas em matéria de regime processual para a efectivação da responsabilidade civil extracontratual do Estado e demais entidades públicas, no âmbito do qual a competência jurisdicional para a apreciação da responsabilidade do Estado não foi ainda confiada exclusivamente, em todos os casos, à jurisdição administrativa, mas pertence, excepcionalmente, ainda à jurisdição comum[3].

A obra do professor Freitas do Amaral em matéria de responsabilidade do Estado e o seu contributo para o estudo e o ensino do respectivo regime jurídico acompanhou, pois, a evolução constitucional, legislativa e jurisprudencial, inclusive contribuindo para o debate que conduziu à última reforma legislativa na matéria – que a Constituição de 1976 impunha, em especial desde a revisão constitucional de 1982 (1.ª revisão constitucional) – e para a formulação de uma visão crítica sobre alguns aspectos da reforma e da nova Lei.

A obra do Professor Doutor Freitas do Amaral em matéria de responsabilidade do Estado, em particular da Administração, reitera «(...) a atenção contínua e a análise penetrante que à responsabilidade da Administração sempre dedicou, desde 1937, o Prof. MARCELLO CAETANO, nas sucessivas edições do *Manual de Direito Administrativo* (...)»[4] – em cuja revisão e actualização das 8.ª, 9.ª e 10.ª edições o Prof. Doutor Freitas do Amaral colaborou – afigurando-se determinante para manter viva a matéria no âmbito da ciência do Direito Administrativo.

---

[3] Cf. art.º 4.º, n.º 3, a), do Estatuto dos Tribunais Administrativos e Fiscais.
[4] DIOGO FREITAS DO AMARAL, *Direito Administrativo, Vol. III*, Lisboa, 1989, p. 476.

Em Homenagem ao Professor Doutor Diogo Freitas do Amaral

São, pois, os principais passos dos referidos obra e contributo que de seguida se evocam, em torno de quatro vertentes: i) o ensino da matéria da responsabilidade civil extracontratual do Estado e demais entidades públicas no âmbito do ensino do Direito Administrativo; ii) a obra escrita em matéria de responsabilidade civil extracontratual do Estado e demais entidades públicas; iii) a divulgação do regime português da responsabilidade civil extracontratual do Estado e demais entidades públicas aquém e além fronteiras; iv) o contributo para o debate sobre a reforma da lei portuguesa em matéria de responsabilidade civil extracontratual do Estado e demais entidades públicas e para a apreciação crítica da nova lei.

1. O ensino da matéria da responsabilidade civil extracontratual do Estado no âmbito do ensino do Direito Administrativo

O ensino da matéria da responsabilidade civil extracontratual do Estado e demais entidades públicas no âmbito do ensino do Direito Administrativo, remontará à década de sessenta, em especial ao ano lectivo de 1968-69, ano em que, a partir de Outubro, na Faculdade de Direito da Universidade de Lisboa, o Professor Doutor Freitas do Amaral foi encarregado da cadeira de Direito Administrativo (2.º ano do curso geral), cuja regência assegurou durante seis anos lectivos consecutivos (1968-69 a 1973-74) – e a que regressou no ano lectivo de 1977-78, tendo sido encarregado da regência da disciplina de Direito Administrativo no curso complementar de Ciências Jurídico-Políticas. O ensino da temática da responsabilidade do Estado no âmbito da disciplina de Direito Administrativo perdurou não só no ensino na Faculdade de Direito da Universidade de Lisboa, mas também na Faculdade de Ciências Humanas da Universidade Católica Portuguesa, em Lisboa, na qual, nos anos lectivos de 1977-78 e de 1978-79, regeu, entre outros, os cursos de Direito Administrativo e de Ciência da Administração I e II (1.º ano do curso de Direito) e, em 1978-79, regeu também Direito Administrativo III (2.º ano do curso de Direito). Após o interregno do exercício de funções docentes, na década de oitenta, em virtude do exercício de cargos governamentais (1980 a 1983) e após a aprovação em 5 de Julho de 1983, em provas públicas de agregação, o Professor Doutor Freitas do Amaral retomou o exercício de funções docentes e o ensino do Direito Administrativo, em diversas disciplinas, a partir do ano lectivo de 1983-84, quer na Faculdade

Sobre o Contributo do Prof. Dr. Diogo Freitas do Amaral para o Ensino e Estudo ... 861

de Direito da Universidade de Lisboa, quer na Faculdade de Ciências Humanas da Universidade Católica Portuguesa e, após a sua saída daquela, na Faculdade de Direito da Universidade Nova de Lisboa.

Não obstante o ensino da matéria da responsabilidade civil do Estado no âmbito do ensino da disciplina de Direito Administrativo remontar a data anterior, a base de referência do mesmo encontra-se no referido *Relatório sobre o Programa, os conteúdos, e os métodos do ensino de uma disciplina de Direito Administrativo* apresentado em Lisboa, em 1983, nos termos do Estatuto da Carreira Docente Universitária e do Decreto N.º 301/72, de 14 de Agosto, com vista à prestação de provas para obtenção do título de agregado na Faculdade de Direito da Universidade de Lisboa.

O *Relatório* em causa, que integra uma Introdução, 4 Capítulos (Capítulo I – O ensino do Direito Administrativo; Capítulo II – Programa da cadeira; Capítulo III – Conteúdos do ensino; Capítulo IV – Métodos do ensino) e Anexos (1. Sumários da cadeira de Direito Administrativo; 2. Bibliografia geral), contempla, de modo desenvolvido, a matéria da responsabilidade civil extracontratual do Estado.

O programa proposto para a disciplina de Direito Administrativo, constante do Capítulo II (Programa da cadeira) do *Relatório* encontra-se estruturado em três partes fundamentais[5], para além da Introdução, que versa sobre «O Direito Administrativo» (§ 1.º) e «As fontes do Direito Administrativo» (§ 2.º): Parte I – A Organização Administrativa, que integra dois capítulos (Capítulo I – A organização administrativa portuguesa e Capítulo II – Teoria geral da organização administrativa); Parte II – O poder administrativo e os direitos dos particulares, que integra 3 Capítulos (Capítulo I – Conceitos fundamentais; Capítulo II – O exercício do poder administrativo, subdividido em 3 parágrafos (§ 1.º O regulamento; § 2.º O acto administrativo; § 3.º O contrato administrativo); e Capítulo III – As garantias dos particulares, também subdividido em 3 parágrafos (§ 1.º As garantias em geral; § 2.º O processo gracioso; § 3.º O processo contencioso)); e Parte III – O regime administrativo da liberdade individual e da propriedade privada, subdividida em 3 capítulos (Cap. I – Aspectos gerais; Cap. II – A polícia administrativa; Cap. III – Os poderes da Administração sobre a propriedade privada).

Ora é na Parte II do programa, dedicada ao Poder administrativo e os direitos dos particulares, em concreto no seu *Capitulo III*, dedicado às

---

[5] Vide o n.º 30, pp. 39-40.

862   *Em Homenagem ao Professor Doutor Diogo Freitas do Amaral*

Garantias dos particulares que se encontram as matérias relativas à responsabilidade do Estado, conforme decorre dos Sumários da cadeira de Direito Administrativo que integram o Anexo 1 do *Relatório*. Assim, as matérias relativas à responsabilidade do Estado que são objecto de tratamento na disciplina de Direito Administrativo, de acordo com o programa proposto, em 1983, pelo Professor Doutor Freitas do Amaral, correspondem a diversos números do programa e são as que de seguida se enunciam.

No Capítulo III (As garantias dos particulares), § 1.º (As garantias em geral), III (Garantias contenciosas, correspondentes aos n.ºs 481 a 493), o n.º 492, no quadro do estudo das espécies de garantias contenciosas versa, a título introdutório, sobre «A responsabilidade da Administração. Remissão (*infra* n.º 494)». Por seu turno, o ponto IV daquele § 1.º do Capítulo III versa especificamente sobre «A responsabilidade da administração»[6] e compreende os números 494 a 528, com o teor seguinte:

«IV – *A responsabilidade da administração*

494. a) Conceito

495. Responsabilidade da Administração e responsabilidade dos agentes administrativos

496. Fontes do regime jurídico da responsabilidade da Administração

497. b) Espécies.

498. Responsabilidade contratual e extra-contratual

499. Responsabilidade por actos de gestão privada e por actos de gestão pública

500. c) Regime jurídico

501. A responsabilidade contratual da Administração.

502. Idem: responsabilidade pela inexecução de contratos administrativos.

503. Idem: responsabilidade pela inexecução de contratos não-administrativos.

504. A responsabilidade extracontratual por actos de gestão privada.

505. A responsabilidade extracontratual por actos de gestão pública.

506. As três espécies de responsabilidade.

507. Primeira espécie: responsabilidade por facto ilícito.

508. Noção e fundamento.

509. Pressupostos.

---

[6] V. pp. 36-37 do Anexo 1.

Sobre o Contributo do Prof. Dr. Diogo Freitas do Amaral para o Ensino e Estudo ... 863

510. Idem: o facto ilícito.
511. Idem: a culpa.
512. Idem: o dano.
513. Idem: o nexo de causalidade.
514. Sujeitos da obrigação de indemnizar.
515. Segunda espécie: responsabilidade por facto casual.
516. Noção e fundamento.
517. Pressupostos.
518. Regime legal.
519: Terceira espécie: responsabilidade por facto lícito.
520. Noção e fundamento.
521. Pressupostos.
522. Regime legal.
523. d) A efectivação da responsabilidade.
524. Aspectos substantivos.
525. O direito à indemnização.
526. O dever de indemnizar.
527. A indemnização.
528. Aspectos processuais. Remissão (*infra*, n.º 609)».

Por último, no mesmo Capítulo III, dedicado às garantias dos particulares, mas agora no seu § 3.º, dedicado ao Processo contencioso (n.ºs 561 a 617), no ponto V sobre «As acções administrativas, o número 613, no quadro do enunciado das espécies de acções administrativas, versa sobre as «Acções sobre responsabilidade da administração», a que se seguem 4 números (n.ºs 614 a 617) sobre o regime processual das acções administrativas, incluindo, a par das acções sobre contratos administrativos, as acções sobre responsabilidade da administração, e que versam sucessivamente sobre tribunal competente, legitimidade e prazos.

2. A obra escrita em matéria de responsabilidade civil extracontratual do Estado

2.1. *Sumários e lições*

O ensino da matéria da responsabilidade do Estado e, em particular, do Estado Administração, integrou de modo constante o programa da disciplina de Direito Administrativo ministrada na Faculdade de Direito

864 — Em Homenagem ao Professor Doutor Diogo Freitas do Amaral

da Universidade de Lisboa. Assim o demonstram, quer os livros de sumários das disciplinas de Direito Administrativo[7] regidas, na Faculdade de Direito da Universidade de Lisboa, pelo Professor Doutor Freitas do Amaral, quer o texto, policopiado, das lições proferidas nessa Faculdade – e mesmo anteriormente ao *Relatório*.

Os sumários, policopiados, de Direito Administrativo II da Regência do Professor Doutor Freitas do Amaral na Faculdade de Direito da Universidade de Lisboa, relativos ao ano lectivo de 1972-1973, incluem, na Parte II (Garantias dos particulares)[8], Capítulo I (Das garantias em geral), § 1.º (Conceito e espécies), III (As garantias contenciosas), cinco números dedicados à Responsabilidade da Administração:

«130.b) Responsabilidade da Administração. 131. Responsabilidade extra-contratual da Administração. 132. Responsabilidade por facto ilícito. 133 Responsabilidade por facto casual. 134. Responsabilidade por facto lícito[9]».

---

[7] Reportamo-nos aos livros de sumários das disciplinas de Direito Administrativo I e de Direito Administrativo II disponíveis na Biblioteca da Faculdade de Direito da Universidade de Lisboa. Os sumários de Direito Administrativo I reportam-se aos anos lectivos de 1983-84, 1984-85, 1987-88, 1990-91, 1991-92 e 1994-95 (respectivamente cotas SC02-26, SC02-28, SC02-30, SC02-32, SC02-33, SC02-35) e os sumários de Direito Administrativo II reportam-se ao ano lectivo de 1986-87 (cota SC02-29).

[8] Note-se que a epígrafe do enunciado do programa (Parte II – Garantias dos particulares (p. 3)) não coincide inteiramente com a epígrafe do desenvolvimento dos sumários (Parte II – Garantias dos administrados (p. 33)).

[9] São objecto de tratamento, sucessivamente: Responsabilidade da Administração – Conceito de responsabilidade. Responsabilidade da Administração e responsabilidade dos agentes da Administração. Espécies de responsabilidade da Administração: responsabilidade contratual e extra-contratual (130.b); Responsabilidade extra-contratual da Administração – Assento legal da matéria: Código Civil, art.º 501.º, Dec.-Lei n.º 47051, de 21 de Novembro de 1967, e Código Administrativo, arts. 366.º e 367.º. Determinação do âmbito de aplicação destes preceitos; em especial, a distinção entre gestão pública e gestão privada (n.º 131); Responsabilidade por facto ilícito – Noção. Pressupostos. Os sujeitos da obrigação de indemnizar; nos casos de acto pessoal, de acto funcional doloso, de acto funcional com culpa grave e de acto funcional com culpa leve. Relações entre o direito à indemnização e o direito à anulação do acto danoso (n.º 132); Responsabilidade por facto casual – Noção; exemplos. Fundamento. Pressupostos. Regime legal (n.º 133); Responsabilidade por facto lícito – Noção; exemplos. Fundamento. Pressupostos. Regime legal. Sua consagração no Direito Administrativo português (n.º 134). Cada um dos números em causa faz uma referência para os números correspondentes do Manual (leia- -se do Manual de Direito Administrativo do Prof. Doutor Marcello Caetano).

Sobre o Contributo do Prof. Dr. Diogo Freitas do Amaral para o Ensino e Estudo ... 865

Os mesmos sumários, incluem na Parte II, Capítulo I, § 2.º (Meios e órgãos de garantia) um número (n.º 195) dedicado às «Acções sobre responsabilidade da administração».

Posteriormente, da leitura dos sumários da disciplina de Direito Administrativo I leccionada ao 3.º ano, Turma A, no ano lectivo de 1983-84, decorre que a matéria da responsabilidade da Administração foi leccionada no 2.º semestre desse ano lectivo, no âmbito da Parte II (O poder administrativo dos particulares), Capítulo III (As garantias dos particulares) do programa[10]. O § 3 daquele Capítulo III, intitulado «O contencioso das acções e a responsabilidade da Administração» e leccionado na 44.ª aula (e última aula), em 1/6/1984, desdobrava-se nos seguintes pontos:
«I – O contencioso das acções
292. Conceito. 293. Espécies. 294. Regime processual.
II – A responsabilidade da Administração
295. Importância desta garantia. 296. Conceito e espécies. 297. Evolução histórica. 298. Regime jurídico. 299. Idem: em especial, a responsabilidade extracontratual por acto de gestão pública. 300. a) Responsabilidade por facto ilícito. 301. b) Responsabilidade por facto casual. 302. c) Responsabilidade por facto lícito».

As lições aos alunos do curso de Direito, em 1983/84 (3.º ano, Turma A), foram reduzidas a escrito, através de lições policopiadas, em 3 volumes, datados de 1984. O Volume III destas Lições dedica o ponto II do §3 (O contencioso das acções e a responsabilidade da Administração), do Capítulo III (As garantias dos particulares) da Parte II (O poder administrativo e os direitos dos particulares) à *Responsabilidade civil da Administração,* ponto que inclui os números seguintes do programa:
«132. Preliminares. Conceito. 133. Evolução histórica. 134. A responsabilidade da Administração no direito vigente. 135. Idem: regime da responsabilidade por actos de gestão privada. 136. Idem: regime da responsabilidade por actos de gestão pública. 137. Apreciação crítica. 138. A responsabilidade pelo risco e por actos lícitos».
As primeiras lições escritas, policopiadas, aos alunos da Faculdade de Direito da Universidade de Lisboa, posteriores à apresentação do

---

[10] Refira-se que o Capítulo III (As garantias dos particulares), § 1 As garantias em geral, incluía, a par dos pontos I (Generalidades) e II (Garantias graciosas), um ponto III sobre «Garantias contenciosas» (261. Garantias contenciosas e contencioso administrativo; 262 Espécies de garantias contenciosas).

866   *Em Homenagem ao Professor Doutor Diogo Freitas do Amaral*

Relatório reflectem já, ainda que de modo não tão desenvolvido, a estrutura do programa da cadeira de Direito Administrativo naquele proposto.

Os sumários da mesma disciplina – Direito Administrativo I – leccionada no ano lectivo seguinte, de 1984-85, ao 2.º Ano, Turma A, incluem também aulas dedicadas ao tema da responsabilidade civil da Administração, ainda que com sistematização diferente da adoptada em 1983-84. Nesse ano lectivo, no 2.º semestre, no âmbito da Parte II (O poder administrativo e os direitos dos particulares), e após a leccionação do Capítulo I (Conceitos fundamentais) e do Capitulo II (O exercício do poder administrativo), foi leccionado, na 40ª aula, em 10/5/1985, e na 41.ª aula, em 14/5/1985[11], o Capítulo III intitulado «A responsabilidade da Administração» e que compreendeu os seguintes pontos:

«257. Enquadramento geral. 258 Evolução histórica. 259 Conceito e espécies (40ª aula). 260 Regime jurídico. 261 Idem: em especial a responsabilidade extracontratual por actos de gestão pública. 262. a) Responsabilidade por facto ilícito. 263. b) Responsabilidade por facto casual. 263. c) Responsabilidade por facto lícito (41.ª aula)».

Note-se, pois, que neste ano lectivo, a matéria da responsabilidade não foi leccionada, como sucedeu no ano lectivo anterior, no quadro da temática das garantias dos particulares, mas sim no quadro de um capítulo autónomo no âmbito da Parte II do programa sobre «O poder administrativo e os direitos dos particulares». No Capítulo IV (As garantias dos particulares) da referida Parte II, não foi autonomizado, no § 1 (As garantias em geral), qualquer número sobre as acções de responsabilidade, nem as acções, incluindo a acção de responsabilidade, foram objecto de um § autónomo daquele Capítulo IV[12].

Os volumes III e IV das lições de Direito Administrativo, policopiadas, correspondentes às lições aos alunos do Curso de Direito, em 1984/85, e que datam ambas de 1985, versam também sobre a matéria da responsabilidade civil da Administração, ainda que enquadrada sistematicamente no programa de modo diverso do adoptado nas lições aos alunos do ano

---

[11] Aulas leccionadas, aliás, pelos assistentes da disciplina (que pelas assinaturas respectivas se presumem ser João Raposo e João Caupers).

[12] Não obstante, o n.º 280 do programa, inserido no ponto III (Garantias contenciosas) do § 1 (As garantias em geral) do Capítulo IV (As garantias dos particulares) da Parte II (O poder administrativo e os direitos dos particulares) do programa intitulava-se «Meios contenciosos. Recurso e acção».

Sobre o Contributo do Prof. Dr. Diogo Freitas do Amaral para o Ensino e Estudo ... 867

anterior – em consonância com as aulas leccionadas naquele ano lectivo e respectivos sumários.

O Volume III das lições, de 1985, dedicado à continuação da Parte II do programa (O poder administrativo e os direitos dos particulares) dedica o § 6 do Capítulo I (O exercício do poder administrativo) ao tema «O exercício do poder administrativo e a responsabilidade civil da Administração». Este § 6 inclui os seguintes números do programa: «384. Preliminares. 385. Conceito. 386. Evolução histórica. 387. Apreciação do direito actual. 388. Regime da responsabilidade por actos de gestão privada. 389. Regime da responsabilidade por actos de gestão pública. 390. A) Responsabilidade por factos ilícitos culposos. 391. A responsabilidade pelo risco e por actos lícitos».

O Volume IV das lições, dedicado à conclusão da Parte II (O poder administrativo e os direitos dos particulares), contém o Capítulo III desta parte, sobre «Garantias dos particulares» e, neste quadro, dedica o § 3 ao tema «O contencioso das acções e os meios contenciosos atípicos» e, dentro deste, o ponto I ao contencioso das acções (48. Conceito e espécies e 49. Regime processual), no âmbito do qual se enquadrará o contencioso das acções de responsabilidade extracontratual da Administração.

A matéria substantiva da responsabilidade civil da Administração deixa, assim, nas lições datadas de 1985, de ser tratada no âmbito das garantias (contenciosas) dos particulares, passando a merecer um estudo autónomo no quadro do exercício da actividade administrativa – sem prejuízo do tratamento da matéria de índole processual – as acções de responsabilidade e respectivo regime – no quadro do estudo das garantias contenciosas dos particulares

As lições subsequentes, policopiadas, de Direito Administrativo (Vol. IV), aos alunos do curso de Direito, em 1987/88, na Faculdade de Direito da Universidade de Lisboa (Lisboa, 1988) e as lições de Direito Administrativo (Vol. III), aos alunos do curso do curso de Direito da mesma Faculdade, em 1988/89 (Lisboa, 1989) – volumes que, respectivamente, correspondem ao texto da segunda metade do Vol. III das lições publicadas em 1985 e à 2.ª edição do texto inicialmente publicado em 1985 – retomam a estrutura do programa apresentado em 1983.

Assim, o Vol. III das lições aos alunos do Curso de Direito, em 1988/1989, que versa sobre a (continuação da) Parte II do programa, dedicada a «O poder administrativo e os direitos dos particulares», dedica o § 6.º do Capítulo II («O exercício do poder administrativo») ao tema

Em Homenagem ao Professor Doutor Diogo Freitas do Amaral

«O exercício do poder administrativo e a responsabilidade civil da Administração». Este § 6.º inclui os n.ºs 119 a 126.º do programa, que versam sucessivamente sobre:

«119. Preliminares. 120. Conceito. 121. Evolução histórica. 122. Apreciação do direito actual. 123. Responsabilidade por actos de gestão privada. 124. Responsabilidade por actos de gestão pública. 125. A) Responsabilidade por facto ilícito culposo. 126. B) Responsabilidade pelo risco e por facto lícito».

Por seu lado, o Vol. IV das lições aos alunos do Curso de Direito, em 1987/1988, que versa sobre a (conclusão da) Parte IV do programa, dedicada a «O poder administrativo e os direitos dos particulares», dedica o § 4.º do Capítulo III («Garantias dos particulares») ao tema «As acções no contencioso administrativo», no qual se incluem um n.º 62 sobre «Acções sobre responsabilidade extra-contratual da Administração» e um n.º 64 sobre o «Regime processual das acções».

Relativamente à estrutura do programa proposto, em 1983, no *Relatório,* verifica-se em termos de sistematização que a apresentação da matéria da responsabilidade civil extracontratual da Administração é efectuada logo no Capítulo II («O exercício do poder administrativo») da Parte II («O poder administrativo e os direitos dos particulares») – e não, como sucede no *Relatório*, no Capítulo III, dedicado às «Garantias dos particulares». As lições apenas tratam em sede de Capítulo III («Garantias dos particulares») as «Acções sobre responsabilidade extra-contratual da Administração», no quadro das garantias contenciosas e, concretamente, das acções no contencioso administrativo, a par das acções sobre contratos administrativos e das acções para reconhecimento de direitos ou interesses legítimo.

Relativamente ao tratamento da matéria, as lições de Direito Administrativo retomam os pontos essenciais do programa proposto em 1983, em especial a distinção entre responsabilidade por actos de gestão privada e por actos de gestão pública – e, dentro desta categoria, as três modalidades de responsabilidade extracontratual da Administração, ou seja, por facto ilícito culposo, pelo risco e por facto lícito. É de salientar ainda o teor do número 121 dedicado à «Evolução histórica» do instituto, segundo a qual a responsabilidade do Estado, em concreto da Administração, foi consagrada a partir da década de 30 do século XX através da revisão do Código Civil de 1867 efectuada em 1930 (art. 2399.º), do Código Administrativo de 1936-40 (arts. 366.º e 367.º), da publicação do

Sobre o Contributo do Prof. Dr. Diogo Freitas do Amaral para o Ensino e Estudo ... 869

Código Civil de 1966 (art. 501.º) e, finalmente, do Decreto-Lei n.º 48051, de 21 de Novembro de 1967 que disciplinou a responsabilidade da Administração por actos de gestão pública – e da correspondente revisão da competência contenciosa.

As lições publicadas sob a designação de Curso de Direito Administrativo – Volumes I e II[13] –, nas suas sucessivas edições, não versam ainda sobre o exercício do poder administrativo e a responsabilidade da Administração nem sobre as garantias dos particulares, pelo que o texto escrito (policopiado) das lições de Direito Administrativo supra mencionado se manteve o texto de referência em matéria de responsabilidade civil extracontratual da Administração – e que, sem prejuízo da reforma do contencioso administrativo e das alterações em matéria de competência contenciosa para o conhecimento das acções de responsabilidade, se manteve actual até à entrada em vigor da Lei n.º 67/2007, de 31 de Dezembro, que ocorreu em 30 de Janeiro de 2008, e que pôs termo à vigência, de mais de quatro décadas, do Decreto-Lei n.º 48051, de 21 de Novembro de 1967.

Na Faculdade de Direito de Lisboa, os livros de sumários de anos subsequentes – 1987-88, 1990-91, 1991-92 e 1994-1995 – confirmam a relevância do ensino da matéria da responsabilidade civil da Administração no âmbito da disciplina de Direito Administrativo.

No ano lectivo de 1987-88, no 2.º semestre, a Parte II (O poder administrativo e os direitos dos particulares), Capítulo II (O exercício do poder administrativo), incluiu um §5.º sobre «O exercício do poder administrativo e a responsabilidade civil da Administração» leccionado na 35.ª aula, em 3/5, e na 36ª aula, em 6/5[14], e abrangendo os números seguintes: «259. Enquadramento geral. 260. Conceito. 271[15]. Evolução histórica. 272. Apreciação do direito actual. 273. Regime da responsabilidade por actos de gestão privada (35.ª aula). 274. Regime da responsabilidade por actos de gestão pública. 275. A) Responsabilidade por factos ilícitos culposos. 275. B) Responsabilidade pelo risco e por actos lícitos (36.ª aula)».

---

[13] Coimbra, Almedina, respectivamente, 1986 e 2001.

[14] Aulas leccionadas pelo então assistente da disciplina (que, pela assinatura se presume ser João Caupers).

[15] O livro de sumários da disciplina regista um lapso de numeração, passando do n.º 260 directamente para o n.º 271, e não tendo sido corrigido posteriormente. Os n.ºs 271 a 275, sobre a responsabilidade civil da Administração deveriam corresponder, pois, aos n.ºs 261 a 265 do programa.

870 *Em Homenagem ao Professor Doutor Diogo Freitas do Amaral*

Por seu turno, o Capítulo III (As garantias dos particulares), § 4 (As acções), incluía um número autónomo (n.º 332) sobre «Acções sobre responsabilidade da Administração», leccionado na 42.ª aula, em 27/5.

No ano lectivo de 1990-91, as aulas de Direito Administrativo leccionadas ao 2.º ano, no 2.º semestre, incluíram também na Parte II (O poder administrativo e os direitos dos particulares), Capítulo II (O exercício do poder administrativo), um §5.º sobre «A responsabilidade civil da Administração», leccionado na 36.ª aula, em 26-4, e que incluiu os números seguintes:

«219. Conceito. 220 Espécies. 221. Regime da responsabilidade por actos de gestão pública».

Neste ano lectivo, o Capítulo III (As garantias dos particulares), § 4.º (As acções), não autonomizou um número sobre as acções de responsabilidade civil da Administração.

Posteriormente, no ano lectivo de 1991-1992, os livros de sumários da disciplina de Direito Administrativo leccionada ao 2.º ano, incluem, no 2.º semestre, na Parte II (O poder administrativo e os direitos dos particulares), Capítulo II (O exercício do poder administrativo), a leccionação, na 35.ª aula, em 8-5, de um § 5.º sobre «A responsabilidade civil da Administração» e que incluiu os números seguintes:

«198. Origem histórica. 199. Conceito. 200 Espécies. 201. Regime jurídico da responsabilidade extra-contratual por actos de gestão pública».

O Capítulo III (As garantias dos particulares), § 4 (As acções) não comportou um número autónomo sobre as acções de responsabilidade da Administração

Por último, no ano lectivo de 1994-95, os sumários da disciplina de Direito Administrativo I leccionada ao 2.º ano, incluem no 2.º semestre, de igual modo na Parte II (O poder administrativo e os direitos dos particulares), Capítulo II (O exercício do poder administrativo), um § 4.º, leccionado na 35.ª aula, em 2-5[16], sobre «A responsabilidade civil da Administração» e incluindo os números seguintes do programa:

«242. Origem histórica. 243. Conceito. 244 Espécies. 245. Regime jurídico da responsabilidade extra-contratual por actos de gestão pública».

---

[16] Ministrada pela então assistente Mestra Maria João Estorninho.

Sobre o Contributo do Prof. Dr. Diogo Freitas do Amaral para o Ensino e Estudo ... 871

Nesse ano lectivo, o § 4.º, sobre «As acções administrativas» do Capítulo III (As garantias dos particulares), da Parte II do programa, também não comportou a autonomização de um número sobre as acções de responsabilidade[17-18].

2.2. *Dissertação de doutoramento e monografias*

A Dissertação de doutoramento em Direito (Ciências Jurídico-Políticas), na Universidade de Lisboa, subordinada ao título «A execução das sentenças dos tribunais administrativos» e datada de 1967[19], merece uma referência particular sob dois pontos de vista: cronológico e de contexto legislativo.

Em termos cronológicos, é de sublinhar em primeiro lugar que terá sido na Dissertação de doutoramento que o Prof. Doutor Freitas do Amaral se debruça, pela primeira vez, na sua obra escrita, sobre a matéria da responsabilidade civil extracontratual do Estado – no caso do Estado-

---

[17] Os livros de sumários da disciplina de Direito Administrativo II leccionada aos alunos do 5.º ano do Curso de Direito, em 1986-97, que teve por objecto o estudo do contencioso administrativo, incluíram, no Capítulo III (Outros meios contenciosos) um número (n.º 33) sobre «Acções sobre responsabilidade civil da Administração».

[18] São ainda de referir também, a título secundário, os seguintes elementos de estudo escritos destinados aos alunos da disciplina de Direito Administrativo e publicados: a Colectânea de «Jurisprudência Administrativa», Vol. III, da autoria de DIOGO FREITAS DO AMARAL e JOÃO CAUPERS (Lisboa, AAFDL, 1987/88), que contém jurisprudência seleccionada em matéria de «Acções sobre responsabilidade da Administração» (II, Jurisprudência sobre o contencioso administrativo, § 2 Outros meios contenciosos, A) Contencioso das acções, 2.º Acções sobre responsabilidade da Administração, n.ᵒˢ 26 e 27 – respectivamente Acórdão STA-1, de 10-12-1985 (José Maria de Pádua) e Acórdão STA-1, de 12-12-1985 (Duarte Barbosa e Beleza, Ldª); e a posterior Colectânea de «Jurisprudência Administrativa», Vol. II, da autoria de DIOGO FREITAS DO AMARAL, JOÃO CAUPERS e João MARTINS CLARO (Lisboa, AAFDL, 1990), que contém a mesma jurisprudência seleccionada em matéria de «Acções sobre responsabilidade da Administração» (II, Jurisprudência sobre o contencioso administrativo, § 2 Outros meios contenciosos, A) Contencioso das acções, 2.º Acções sobre responsabilidade da Administração, n.ᵒˢ 132 e 133 – respectivamente Acórdão STA-S, de 10 de Dezembro de 1985 (José Maria de Pádua) e Acórdão STA-S, de 12 de Dezembro de 1985 (Duarte Barbosa e Beleza, Ldª). Refira-se também a Colectânea de «Casos Práticos de Direito Administrativo», de que são co-autores DIOGO FREITAS DO AMARAL, MARIA JOÃO ESTORNINHO e VASCO PEREIRA DA SILVA, publicada pela AAFDL, Lisboa, 1989.

[19] Lisboa, Editorial Império, Lda., 1967 e Lisboa, Edições Ática, 1967.

872 Em Homenagem ao Professor Doutor Diogo Freitas do Amaral

-Administração. Na Dissertação sobre «*A execução das sentenças dos tribunais administrativos*», de 1967, a matéria da responsabilidade da Administração é objecto de estudo na Parte III, a qual versa sobre «As garantias dos administrados contra a inexecução ilícita» e, dentro desta, no Capítulo II («As garantias no direito português»), cujo § 7.º versa sobre «A responsabilidade civil da Administração e seus agentes». No âmbito do referido § 7.º são estudados, sucessivamente, «A inexecução ilícita como fonte de uma obrigação de indemnizar» (I) e o «Valor e eficácia desta garantia» (II), abrangendo quer a «Responsabilidade da Administração» (A) quer a «Responsabilidade dos agentes da Administração» (B).

Posteriormente, na segunda edição da dissertação, datada de 1997[20], a matéria da responsabilidade da Administração é também objecto de estudo na Parte III, a qual versa sobre «As garantias dos particulares contra a inexecução ilícita» e, dentro desta, no Capítulo II («As garantias no direito português»), mas agora não só no § 7.º que versa sobre «A responsabilidade civil da Administração e seus agentes» – tal como sucedia na primeira edição da dissertação – mas também no § 8.º que versa sobre «A efectivação da responsabilidade civil da Administração». Naquele § 8.º são tratados, sucessivamente, a «Interferência do tribunal na realização dos pagamentos devidos pela fazenda pública em virtude de uma sentença» (I) e o «Valor e eficácia desta garantia» (II)[21].

A matéria da responsabilidade civil da Administração é tratada na perspectiva da responsabilidade fundada em culpa – da Administração ou dos seus agentes – já que se trata de enquadrar a responsabilidade civil no sistema das garantias dos particulares contra a inexecução ilícita, ou seja, analisar a responsabilidade civil pela inexecução ilícita de sentenças.

---

[20] *A Execução das Sentenças dos Tribunais Administrativos,* 2.ª ed., Coimbra, Livraria Almedina, 1997.

[21] Note-se que o § 8.º do Capítulo II da Parte III da 2.ª edição – e respectivo conteúdo – corresponde ao § 5.º do Capítulo III da Parte III da versão originária da Dissertação, Capítulo que versava sobre «Outras garantias nos direitos estrangeiros». A diferença não reside no conteúdo dos parágrafos, que se afigura idêntica, mas sim no facto de na 1.ª edição, de 1967, a questão da efectivação da responsabilidade civil ser estudada no quadro do tratamento das outras garantias nos *direitos estrangeiros* (no Capítulo III da Parte III) e, na 2.ª edição, de 1997, a mesma questão ser já tratada no âmbito do Capítulo dedicado à garantias no *direito português* (Capítulo II da Parte III) – tendo em conta, naturalmente, a evolução do ordenamento jurídico português a partir de 1967.

Sobre o Contributo do Prof. Dr. Diogo Freitas do Amaral para o Ensino e Estudo ... 873

Ainda do ponto de vista cronológico é de sublinhar, em segundo lugar, que a Dissertação de doutoramento, apresentada na Universidade de Lisboa e discutida em provas públicas em Julho de 1967, surge no ano – e precedendo-a – da aprovação do Decreto-Lei n.º 48051, de 21 de Novembro de 1967, que veio consagrar o regime geral da "responsabilidade civil extracontratual do Estado e demais pessoas colectivas públicas no domínio dos actos de gestão pública" (art. 1.º), que vigoraria na Ordem Jurídica portuguesa durante quatro décadas, até à sua revogação pelo artigo 5.º da Lei n.º 67/2007, de 31 de Dezembro, a qual aprovou o Regime da Responsabilidade Civil Extracontratual do Estado e Demais Entidades Públicas.

Do ponto de vista do contexto legislativo e, assim, do próprio Ordenamento Jurídico português, o tratamento da matéria da responsabilidade civil da Administração e seus agentes, pelo Prof. Doutor Freitas do Amaral, na sua Dissertação de doutoramento datada de 1967, afigura-se também particularmente relevante, tendo em conta que à data da sua apresentação, não existia qualquer regime legal em matéria de responsabilidade do Estado por actos de gestão pública. Com efeito, o Código Civil de 1966, então vigente, não contemplava – ao contrário do anterior Código Civil de 1867, na redacção decorrente da reforma de 1930[22] – qualquer disposição em matéria da responsabilidade do Estado por actos de gestão pública, mas apenas uma disposição em matéria de responsabilidade do Estado e de outras pessoas colectivas públicas pelos danos causados a terceiros por acto dos seus órgãos, agentes ou representantes no exercício de *actividades de gestão privada*. O artigo 501.º do Código Civil de

---

[22] A nova redacção conferida ao artigo 2399.º do Código Civil de 1867 pelo Decreto n.º 19126 de 16 de Dezembro de 1930 veio consagrar, pela primeira vez, a responsabilidade civil do Estado (e das autarquias) em forma *solidária* com os seus funcionários e agentes, por actos por aqueles praticados no exercício das suas funções – dentro da sua competência mas com violação de lei. Como escreveria o Prof. Doutor Freitas do Amaral mais tarde «(...) a revisão do Código Civil efectuada em 1930, consagrou finalmente em Portugal a responsabilidade solidária do Estado com os seus agentes por actos praticados por estes no exercício das suas funções (...)» (*Direito Administrativo, Vol. III*, Lisboa, 1989, pp. 480-481), admitindo a «(...)responsabilidade civil da Administração por actos ilícitos culposos praticados pelos seus órgãos ou agentes no desempenho das respectivas funções (...)» (*idem*, p. 482). A responsabilidade civil das autarquias locais seria posteriormente regulada pelos artigos do Código Administrativo de 1936-40 (arts. 310.º e 311.º do Código Administrativo de 1936 a que corresponderiam depois os artigos 366.º e 367.º do Código Administrativo de 1940).

874 *Em Homenagem ao Professor Doutor Diogo Freitas do Amaral*

1966, com a epígrafe "responsabilidade do Estado e de outras pessoas colectivas públicas" previa que «O Estado e demais pessoas colectivas públicas, quando haja danos causados a terceiro pelos seus órgãos, agentes ou representantes no exercício de actividades de gestão privada, respondem civilmente por esses danos nos termos em que os comitentes respondem pelos danos causados pelos seus comissários»[23]. A responsabilidade civil extracontratual do Estado e demais pessoas colectivas públicas no domínio dos *actos de gestão pública* seria posteriormente objecto do regime aprovado pelo Decreto-Lei n.º 48051, de 21 de Novembro de 1967.

Assim, o facto de o Prof. Doutor Freitas do Amaral se ocupar da responsabilidade da Administração e seus agentes por inexecução ilícita na sua dissertação de doutoramento apresentada num período em que, por virtude da publicação do Código Civil de 1966 – e revogação do Código Civil de 1867 – tinha deixado de existir, no ordenamento jurídico português um regime legal aplicável à responsabilidade do Estado por actos de gestão pública – o qual seria aprovado posteriormente pelo Decreto-Lei n.º 48051 –, afigura-se particularmente digno de relevo.

Em matéria de responsabilidade civil extracontratual do Estado, a monografia de referência da autoria do Prof. Doutor Freitas do Amaral intitula-se «A responsabilidade da Administração no direito português»[24].

A monografia em causa, constituindo um estudo aturado do regime legal então vigente, reflecte as soluções traçadas pelo legislador, quer no Código Civil de 1966, quer no diploma sobre a responsabilidade civil extracontratual da Administração por actos de gestão pública. Nesta monografia são versadas, após uma introdução histórica, as profundas evoluções (então recentes) das leis reguladoras da matéria e, assim, tratados os regimes constantes quer do Código Civil de 1966, quer do Decreto-Lei n.º 48051, de 21 de Novembro e a dicotomia de regimes entre o regime da responsabilidade por danos causados no desempenho de actividades de *gestão privada* e por danos acusados no desempenho de

---

[23] A responsabilidade do comitente era então regulada pelo artigo 500.º do Código Civil de 1966.

[24] Lisboa, 1973 – publicada como Separata da Revista da Faculdade de Direito da Universidade de Lisboa e que, conforme se menciona na primeira nota (*), corresponde no essencial à lição proferida em 27 de Maio de 1972 num curso de extensão universitária organizado pela Faculdade de Direito da Pontifícia Universidade Católica de São Paulo (*infra*, 3).

Sobre o Contributo do Prof. Dr. Diogo Freitas do Amaral para o Ensino e Estudo ... 875

actividades de *gestão pública* – respondendo a Administração, no primeiro caso, segundo o *direito civil* e perante os *tribunais judiciais* e, no segundo caso, segundo o *direito administrativo* e perante os *tribunais administrativos*[25]. A apreciação desenvolvida de ambos os regimes, em especial do regime jurídico da responsabilidade da Administração por actos de gestão pública comportou, não obstante um balanço positivo, uma apreciação crítica do mesmo – sendo já então apontadas algumas lacunas do regime, designadamente, em matéria de responsabilidade por facto ilícito, a diferença de soluções prevista pela lei entre o dolo (solidariedade) e a culpa grave (responsabilidade exclusiva com direito de regresso), a falta de disposição expressa da lei sobre o mecanismo de exercício do direito de regresso, bem como sobre a competência para conhecer dos pedidos de indemnização feitos directamente contra os autores do ilícito, a não consideração da «faute *du* service» ou, ainda, o vazio legislativo no que diz respeito à determinação da pessoalidade ou funcionalidade dos factos danosos praticados pelos órgãos, agentes ou representantes da Administração[26].

2.3. *Artigos*

No âmbito da colaboração na "Enciclopédia Verbo" é de mencionar a entrada sobre «Responsabilidade. Direito Administrativo»[27], na qual o Professor Doutor Freitas do Amaral menciona as duas formas de responsabilidade reguladas pelo Direito Administrativo – a responsabilidade civil da Administração e a responsabilidade disciplinar dos funcionários. Quanto à primeira forma de responsabilidade, menciona, designadamente, as suas diferentes modalidades – responsabilidade por factos ilícitos (culpa), por factos casuais (risco) e por factos lícitos – e o facto de só abranger os factos praticados no exercício de gestão pública; quanto à segunda, menciona o seu sentido e o seu carácter independente relativamente às demais formas de responsabilidade.

---

[25] Diogo Freitas do Amaral, *A Responsabilidade Civil da Administração no Direito Português,* cit., pp. 16-17.

[26] *Idem,* pp. 31-37

[27] Enciclopédia Luso-Brasileira de Cultura, 16.º vol., Lisboa, Verbo, cols. 416-417.

2.4. Pareceres

Em matéria de pareceres publicados é de mencionar o Parecer, em co-autoria com o Prof. Doutor Rui Medeiros, intitulado «Responsabilidade civil do Estado por omissão de medidas legislativas – o caso Aquaparque», publicado na Revista de Direito e de Estudos Sociais[28], o qual visa responder à questão de «saber se há fundamento, no ordenamento jurídico português, para uma pretensão de indemnização fundada em responsabilidade civil do Estado por omissões ilícitas no exercício da função legislativa e, em caso afirmativo, se existe, no caso Aquaparque, uma omissão legislativa ilícita geradora da responsabilidade civil do Estado»[29]. Neste Parecer os co-autores apreciam, sucessivamente, após a delimitação negativa do objecto do parecer (I): «O princípio constitucional vigente da responsabilidade do Estado pelo ilícito legislativo» (II)[30], «A densificação do princípio constitucional da responsabilidade civil do Estado pelo ilícito legislativo» (III)[31], «Omissão legislativa e dever de indemnizar no caso *Aquaparque*» (IV)[32] e «Conclusões» (V). Nestas últimas, o parecer vai no sentido: da responsabilidade do legislador por danos ilicitamente causados aos particulares, acolhida pelos tribunais; da concretização do princípio, na falta de lei, pelos juízes por via da aplicação do artigo 22.º da Constituição ou, se necessário, dos princípios gerais da responsabilidade civil da Administração e dos princípios gerais do Código Civil em matéria de responsabilidade civil, tarefa que exige especial cautela; de a obrigação de indemnizar do Estado pressupor em

---

[28] Ano XLI, n.ᵒˢ 3 e 4, Agosto-Dezembro, 2000, pp. 299-383.

[29] *Responsabilidade...*, p. 299.

[30] Incluindo os seguintes parágrafos: § 1.º A discussão na doutrina portuguesa mais recente; § 2.º A pressão comunitária; § 3.º *Law in books* ou *law in action?* – a resposta dos tribunais.

[31] Incluindo os seguintes parágrafos: § 1.º Considerações preliminares; § 2.º Os perigos da generalização da responsabilidade civil do Estado por danos resultantes da função legislativa; § 3.º Os pressupostos da responsabilidade civil do Estado pelo ilícito legislativo.

[32] Incluindo os parágrafos seguintes: § 1.º Responsabilidade civil por acção *versus* responsabilidade civil por omissão; § 2.º Omissão legislativa inconstitucional, dever de legislar e dever de protecção dos direitos fundamentais; § 3.º De um dever *geral* de protecção ao dever *específico* de adopção de medidas legislativas de protecção da vida humana no caso Aquaparque; § 4.º Os demais pressupostos da responsabilidade no caso *sub judice*.

Sobre o Contributo do Prof. Dr. Diogo Freitas do Amaral para o Ensino e Estudo ... 877

regra um facto ilícito imputável ao legislador e, além do nexo de causalidade, um dano indemnizável; da responsabilidade do Estado legislador
por acções lesivas e omissões ilícitas; da diversidade de fundamentos
constitucionais do dever de legislar, em especial o dever constitucional de
legislar resultante do dever de protecção dos direitos fundamentais, o
qual apresenta uma dimensão subjectiva[33]; e, a final, face à factualidade
descrita e provada no caso *Aquaparque, no sentido* de «(...) a omissão do
dever de protecção do direito à vida e à segurança das pessoas, através
da não aprovação da legislação específica sobre parques aquáticos, constitui uma grave e evidente violação do dever de protecção dos direitos
fundamentais que recai sobre o Legislador» e de «(...) a pretensão indemnizatória dos pais de Frederico Duarte não naufragar por falta de um
comportamento culposo do legislador ou por ausência de um nexo de
causalidade adequada entre a omissão legislativa e a morte do seu filho»[34].

3. A divulgação do regime português da responsabilidade civil extra-contratual do Estado aquém e além fronteiras

No que diz respeito a cursos e conferências sobre matérias que
relevam da temática da responsabilidade do Estado e demais entidades
públicas, em particular da Administração, proferidas em Portugal e no
estrangeiro, são de mencionar a exposição efectuada no "Instituto de
Saúde Pública", em Lisboa, em 1972, sobre a temática, ainda tão actual,
de «A responsabilidade civil dos hospitais públicos», bem como a lição
proferida na Faculdade de Direito da Pontifícia Universidade Católica de
S. Paulo, em 27 de Maio de 1972, sobre «A responsabilidade do Estado
no direito português»[35] – depois publicada na Revista da Faculdade de
Direito da Universidade de Lisboa –[36], contribuindo para a divulgação
além fronteiras do regime português da responsabilidade então vigente.

---

[33] *Responsabilidade civil do Estado por omissão...*, pp. 380-383.
[34] *Responsabilidade civil do Estado por omissão...*, p. 383, respectivamente, 3.4
e 3.5.
[35] Título conforme indicado no *Curriculum vitae* apresentado em 1984 nos termos
do Estatuto da Carreira Docente Universitária, com vista ao concurso documental de
provimento de um lugar de professor catedrático do 3.º grupo (Ciências Políticas), da
Faculdade de Direito da Universidade de Lisboa.
[36] E a que já se aludiu, no número anterior (*supra,* 2.2)

878 *Em Homenagem ao Professor Doutor Diogo Freitas do Amaral*

Posteriormente, é de mencionar a intervenção subordinada ao tema «Natureza da responsabilidade civil por actos médicos praticados em estabelecimentos públicos de saúde»[37].

De referência incontornável é também o papel do Professor Doutor Freitas do Amaral na qualidade de Presidente português dos sucessivos Colóquios Hispano-Lusos de Direito Administrativo – que tiveram o seu início em Madrid, em 1994, com a realização do I Colóquio. O III Colóquio Hispano-Luso de Direito Administrativo, realizado em 16-18 de Outubro de 1997 em Valladolid, foi dedicado ao tema «La responsabilidad patrimonial de los poderes públicos». Na obra que compilou as intervenções proferidas no Colóquio[38], a «Introdução» da autoria do Professor Doutor Freitas do Amaral[39] evoca, para além da consolidação da tradição de cooperação entre Espanha e Portugal concretizada na realização dos Colóquios já realizados e vindouros, a responsabilidade da Administração como um dos dois – a par do recurso contencioso – pilares do Direito Administrativo, sobre os quais se ergue o sistema de garantias jurídicas dos cidadãos face às actuações ilícitas e ilegais da Administração e, ainda, a evolução verificada em Portugal e em Espanha na matéria no século XX, em especial desde a aprovação, respectivamente, das Constituições de 1976 e de 1978. Por último, evoca as questões a que o Colóquio e as intervenções nele proferidas procuram dar resposta, em particular como se desenha o sistema de garantias dos particulares em caso de prejuízos causados pelos poderes públicos.

Mais recentemente, é de sublinhar a participação do Professor Doutor Freitas do Amaral no Colóquio realizado em Lisboa, na Torre do Tombo, em 2001, e promovido pelo Ministério da Justiça, no âmbito do debate sobre a reforma da lei portuguesa em matéria de responsabilidade civil extracontratual do Estado que conduziu à aprovação da Lei n.º 67/2007, de 31 de Dezembro, e a que se aludirá no ponto seguinte.

---

[37] O texto da intervenção encontra-se publicado na obra colectiva *Direito da Saúde e Bioética,* Lisboa, Lex, 1991, pp. 121-131.

[38] *La responsabilidad patrimonial de los poderes públicos* coordenada por José Luis Martínez López-Muñiz e Antonio Calonge Velázquez, Madrid, Marcial Pons, 1999.

[39] *La responsabilidad...,* pp. 15-16.

Sobre o Contributo do Prof. Dr. Diogo Freitas do Amaral para o Ensino e Estudo ... 879

4. O contributo para o debate sobre a reforma da lei portuguesa em matéria de responsabilidade civil extracontratual do Estado e demais entidades públicas e para a apreciação crítica da nova lei

No âmbito do debate público que precedeu a reforma legislativa em matéria de responsabilidade civil extracontratual do Estado e demais entidades públicas é de salientar a intervenção produzida durante o colóquio "A responsabilidade civil extracontratual do Estado", realizado em Lisboa, na Torre do Tombo, em 8 e 9 de Março de 2001, promovido pelo Ministério da Justiça e Gabinete de Política Legislativa e Planeamento, que antecedeu a apresentação da proposta de Lei N.º 95/VIII apresentada pelo XIV Governo Constitucional à Assembleia da República. Neste Colóquio, o Professor Doutor Freitas do Amaral proferiu uma intervenção no painel dedicado aos «Problemas Gerais»[40]. Na sua intervenção, o Prof. Doutor Freitas do Amaral enuncia três questões gerais de enquadramento: i) deveria o diploma ter por objecto a responsabilidade civil extracontratual do Estado ou toda a responsabilidade civil do Estado, incluindo também a responsabilidade contratual?; ii) deveria o diploma ocupar-se apenas da responsabilidade por actos de gestão pública, na senda do Decreto-Lei n.º 48051, ou também por actos de gestão privada; iii) deveria o diploma preocupar-se apenas com a responsabilidade civil do Estado pelo exercício da função administrativa ou deveria alargar-se também ao exercício das demais funções do Estado, nomeadamente a função política, a função legislativa e a função jurisdicional? Quanto à primeira, considerou então que «talvez fosse indicado dizer alguma coisa em sede legislativa» sobre a responsabilidade contratual do Estado, sugerindo que o diploma poderá incluir uma disposição que estipulasse «"que se aplica à responsabilidade do Estado por violação de contratos administrativos o disposto no Código Civil sobre não cumprimento das obrigações contratuais, com as necessárias adaptações"»[41] deixando à doutrina e à jurisprudência o encargo de começar a desbravar quais são essas adaptações. Quanto à segunda questão geral colocada, tendo em conta que parecia então «já assente, em sede da preparação da reforma do contencioso

---

[40] A intervenção foi publicada na obra *Responsabilidade Civil Extra-Contratual do Estado. Trabalhos Preparatórios da Reforma,* Coimbra, Coimbra Editora, 2002, pp. 43-51.

[41] Diogo Freitas do Amaral, *Problemas gerais,* in Responsabilidade Civil extra- -contratual do Estado. Trabalhos preparatórios da reforma, Lisboa, Coimbra Editora, 2002, p. 44.

880 Em Homenagem ao Professor Doutor Diogo Freitas do Amaral

administrativo, que os tribunais administrativos adquiririam competência para julgar as questões relacionadas com a responsabilidade do Estado, incluindo aquela que tenha origem em actos de gestão privada»[42], considera ser esta uma boa orientação, não obstante ser uma questão prévia do tema a tratar. Relativamente à terceira questão elencada, pronuncia-se no sentido de ser de incluir no diploma a aprovar a responsabilidade pelo exercício de *todas as funções do Estado,* tendo em conta o disposto no artigo 22.º da Constituição.

De seguida o Prof. Doutor Freitas do Amaral aborda, sucessivamente, os vários capítulos que o diploma deveria conter: em matéria de responsabilidade pelo exercício da função administrativa, das funções política e legislativa e, finalmente, da função jurisdicional.

Em relação à responsabilidade pela função administrativa a intervenção: aponta algumas lacunas do regime então vigente – a previsão da falta do serviço e a presunção de culpa (e a previsão pela lei da solução consagrada pela jurisprudência administrativa, segundo a qual havendo um acto administrativo ilegal se presumia que foi praticado com culpa, dispensando o lesado do ónus da prova); aponta alguns defeitos da lei então vigente, como a redacção do artigo 7.º do Decreto-Lei n.º 48051, propondo a sua revogação e substituição por uma solução com sentido e apontando três soluções possíveis; sublinha a necessidade de articulação do novo regime com o artigo 22.º da Constituição que estabeleceu o princípio geral da responsabilidade solidária entre os seus órgãos agentes ou representantes, o que implicaria escolhas por parte do legislador e sugerindo a manutenção da ideia da responsabilidade exclusiva do Estado em caso de culpa leve apenas com responsabilidade solidária nos casos de culpa grave e dolo[43]. Por último, no tocante à responsabilidade objectiva, não obstante considerar que a solução contida no Decreto-Lei n.º 48051 é satisfatória, sublinha que há alguns temas novos a equacionar pelo legislador.

Quanto à responsabilidade do Estado pelo exercício das funções política e legislativa, perfilhando o entendimento de que o artigo 22.º comporta o princípio genérico da responsabilidade por actos da função legislativa, enuncia algumas das opções que o legislador tem que fazer, designadamente: se a responsabilidade pelo exercício da função legislativa

---

[42] *Idem.*
[43] *Ibidem,* pp. 45-47.

Sobre o Contributo do Prof. Dr. Diogo Freitas do Amaral para o Ensino e Estudo ... 881

deve abranger apenas os casos de ilícito legislativo ou também de actos lícitos; se se deve exigir, ou não, o requisito da culpa na responsabilidade pelo exercício da função legislativa; a questão da existência ou não de direito de regresso e da responsabilidade por omissões no âmbito da função legislativa; e se devem ser objecto de reparação todos os danos provocados no exercício da função legislativa ou apenas os prejuízos especiais e anormais. Quanto a estas questões, o Prof. Doutor Freitas do Amaral pronunciou-se, respectivamente: pela restrição na lei, numa primeira fase, da responsabilidade pelo exercício da função legislativa aos actos ilícitos – leis ilícitas; pela exigência do requisito da culpa, entendida como culpa do legislador em abstracto ou culpa do Estado em sentido colectivo, e não necessariamente de um dado indivíduo em concreto, designadamente tendo em conta a dificuldade em identificar o autor material de uma norma legislativa; pela não existência de direito de regresso nos casos de responsabilidade pelo exercício da função legislativa; pela existência da responsabilidade por omissões no âmbito da função legislativa mas mediante identificação dos casos típicos – e não de um dever genérico de reparação de danos causados por omissões legislativas – designadamente violação de um dever constitucional, internacional ou legal de legislar, violação do dever de protecção de direitos fundamentais e, porventura, a não legislação quando se prove que foi publicamente reconhecida a necessidade política de legislar por um titular de órgão legislativo; pela limitação da indemnização, numa primeira fase, por uma questão de prudência, aos prejuízos especiais e anormais.

Por último, em matéria de responsabilidade pela função jurisdicional, a intervenção do Prof. Doutor Freitas do Amaral vai no sentido de que a previsão da responsabilidade por erro judiciário deva ser bem definida, tendo em conta a delicadeza da matéria; da previsão da responsabilidade do Estado pelo mau funcionamento dos serviços da administração da justiça, ou seja, do serviço público da justiça – que considera dever ser bastante decalcado sobre o da responsabilidade pelo exercício da função administrativa, dado que existe analogia entre as duas situações e não se justificarão as cautelas defendidas para a responsabilidade pela função legislativa e jurisdicional *stricto senso*, admitindo designadamente a existência de presunção de culpa (do serviço) e a desnecessidade de restringir os danos aos danos especiais e anormais. Em último lugar, o Prof. Doutor Freitas do Amaral, antevendo um inevitável a aumento do número de casos de responsabilidade, sugere numa primeira fase a criação de um ou mais «"tribunais arbitrais necessários"» para apreciarem as

882 *Em Homenagem ao Professor Doutor Diogo Freitas do Amaral*

matérias de responsabilidade civil do Estado, pelo menos no âmbito da função administrativa[44].

No âmbito de debate sobre o novo regime da responsabilidade civil extracontratual do Estado e demais entidades públicas, aprovado pela Lei n.º 67/2007 de 31 de Dezembro, o professor Doutor Freitas do Amaral participou nas Jornadas sobre "A nova lei da Responsabilidade Civil Extracontratual do Estado" promovido pelo Instituto de Ciências Jurídico-Políticas da Faculdade de Direito da Universidade de Lisboa e realizado em 13 e 14 de Março de 2008. Nestas Jornadas o Professor Doutor Diogo Freitas do Amaral proferiu uma intervenção subordinada ao tema "A execução das sentenças dos tribunais administrativos e a responsabilidade civil do Estado", na qual pôs a descoberto as dificuldades, para os particulares lesados, em obter o pagamento da reparação devida por via da execução das sentenças condenatórias do Estado proferidas em acções de responsabilidade, em particular tendo em conta o afastamento do regime geral de execução das sentenças dos tribunais administrativos ditado pela nova Lei[45-46].

---

[44] *Ibidem*, p. 50-51.

[45] V. o art. 3.º da Lei N.º 67/2007, de 31 de Dezembro, cujo n.º 1, última parte, remete para a aplicação, em primeira linha, do regime da execução para pagamento de quantia certa regulado na lei processual civil. A apreciação ora efectuada resulta apenas da nossa qualidade de ouvinte da conferência proferida.

[46] O presente texto foi concluído em Lisboa, em 20 de Janeiro de 2010 e revisto em 28 de Março de 2010. Agradecemos à Senhora Professora Doutora Maria da Glória Dias Garcia as preciosas observações formuladas em relação ao texto inicial que em muito contribuíram para que o presente texto possa fazer jus ao contributo do Professor Doutor Freitas do Amaral para o ensino e o estudo da responsabilidade civil extracontratual do Estado.

A RESPONSABILIDADE CIVIL DO ESTADO

António Menezes Cordeiro

Sumário: I – Nota histórica e comparatística: 1. Origem; 2. Experiência alemã; 3. Experiência francesa; considerações finais. II – A experiência portuguesa até 2002: 4. O Código de Seabra (1867); 5. Guilherme Moreira e o pandectismo; 6. As propostas civis de Vaz Serra; 7. O Código Civil e o Decreto-Lei n.º 48 051, de 21 de Novembro; 8. Gestão pública e gestão privada; jurisprudência até 1987; 9. Segue; jurisprudência posterior a 1987. III – O regime civil vigente: 10. A reforma processual de 2002: 11. A remissão para a responsabilidade do comissário; 12. Crítica; 13. A responsabilidade directa; 14. A responsabilidade por gestão privada. IV – A Lei n.º 67/2007, de 31 de Dezembro: 15. Aspectos gerais; 16. Sistema; responsabilidade pela função administrativa; 17. A responsabilidade pelas funções jurisdicional e legislativa; 18. A responsabilidade pelo sacrifício. V – Considerações finais: 19. Aspectos dogmáticos; 20. O perigo da deriva formal; superação.

I. Nota histórica e comparatística

1. Origem

I. A aplicação do instituto da responsabilidade civil ao Estado e a outras entidades públicas é recente. Mau grado antecedentes antigos, ela data do século XX. De certo modo, tem pontos de contacto com a

884   *Em Homenagem ao Professor Doutor Diogo Freitas do Amaral*

contratação pública, que apenas aos poucos foi admitida[1]. Mas apresenta uma dinâmica própria e problemas específicos que se reflectem no actual regime.

II. No Direito romano, já surgiam situações de responsabilidade de entidades públicas por actos lícitos, em particular pela expropriação[2], com referências que se mantiveram no período intermédio.

III. Os jusracionalistas constroem uma ideia de direito eminente (*ius eminens*) do Estado, sobre todos os bens submetidos à sua soberania. A elaboração desse direito, mormente aquando da imposição da ideia de Estado absoluto, fez regredir quaisquer veleidades indemnizatórias, perante danos provocados pela Administração. Esta age em nome próprio, com o direito de usar os bens existentes nas suas fronteiras, em prol do interesse público. Os danos assim causados seriam legítimos, nada havendo a indemnizar.

IV. Como pano de fundo, chegamos ao século XIX com a ideia da irresponsabilidade do Estado: *the king can do no wrong*, na fórmula britânica, enquanto na França de 1888, a impossibilidade de responsabilizar o Estado ainda era dominante[3].

A abertura à responsabilidade seguiu caminhos distintos, designadamente em França e na Alemanha[4], sendo ainda de relevar a experiência italiana[5].

---

[1] *Vide* o nosso *Contratos públicos / Subsídios para a dogmática administrativa, com exemplo no princípio do equilíbrio financeiro*, Cadernos O Direito, 2 (2007), 31 ss..

[2] JOSÉ JOAQUIM GOMES CANOTILHO, *O problema da responsabilidade do Estado por actos lícitos* (1974), 30-31, com algumas indicações. *Vide* o escrito clássico de EDGAR LOENING, *Die Haftung des Staats aus Rechtswidrigen Handlungen seiner Beamtem nach deutschem Privat- und Staatsrecht* (1879), 7 ss. (Direito romano), 26 ss. (Idade Média), 34 ss. (recepção), 45 ss. (Idade Moderna), 53 ss. (Direito privado) e 93 ss. (Direito público).

[3] MARIA DA GLÓRIA DIAS GARCIA, *A responsabilidade civil do Estado e demais pessoas colectivas públicas* (1997), 10; MARCELO REBELO DE SOUSA/ANDRÉ SALGADO DE MATOS, *Direito administrativo geral* III (2007), § 23 (410 ss.).

[4] Uma comparação com o Direito inglês pode ser vista em MARTINA KÜNNECKE, *Tradition and Change in Administrative Law / An Anglo-German Comparison* (2007), 266 pp. (173 ss. e 186 ss.).

[5] Quanto ao Direito italiano, referimos: RENATO ALESSI, *La responsabilità della pubblica amministrazione*, 3ª ed. (1955), XXIV + 365 pp.; SALVATORI VAGNONI, *La responsabilità nelle amministrazioni statali e negli enti locali*, 2ª ed. (1992), XVII + 472

2. Experiência alemã

I. Na Alemanha, já com raízes no século XVIII, impôs-se uma ideia de responsabilidade pessoal dos funcionários pelos danos causados no exercício das suas funções. Tal responsabilidade estava reconhecida no ALR prussiano de 1794 e no Código da Saxónia de 1865[6] e pressupunha um vínculo de funções moldado sobre o mandato. O funcionário respondia pela quebra do mandato, para com o Estado, mas não comunicava a este a responsabilidade aquiliana adveniente dos seus actos. Tais actos, sendo ilícitos, ficavam fora do mandato que lhe havia sido conferido. Nos finais do século XIX, esta ideia veio a ser batida por considerações elementares de justiça e de equilíbrio: os funcionários não poderiam, em regra, satisfazer as indemnizações que os seus actos pudessem causar[7].

II. Técnica e praticamente, a responsabilização do Estado pelos danos causados no desenvolvimento da sua actividade foi-se desenvolvendo de modo muito diversificado, tendo sido entregue às leis dos diversos Estados federados[8]. A Constituição de Weimar dispõe, no seu artigo 131.º:

> Caso um funcionário, no exercício do poder público a ele confiado, viole o dever de função que lhe caiba perante um terceiro, surge uma responsabilidade principal do Estado ou da Corporação a cujo serviço o funcionário de encontre. É assegurado o regresso contra o funcionário. O procedimento jurídico ordinário não deve ser excluído. A regulamentação depende da legislação competente.

Este preceito veio, de certa forma, completar o § 839 do BGB, que estabelece a responsabilidade pessoal dos agentes do Estado[9]. Esse papel[10] é hoje assegurado pela Constituição alemã de 1949:

---

pp.; EUGENIO MELE, *La responsabilità dei dipendenti e degli amministrazioni pubblici*, 4ª ed. (1994), XII + 229 pp..

[6] FRITZ OSSENBÜHL, *Staatshaftungsrecht*, 5ª ed. (1998), 7-8; KAY WINDTHORST/HANS- -DIETER SPROLL, *Staatshaftungsrecht* (1994), 1.

[7] HEINRICH ZOEPLF, *Grundsaetze des allgemeinen und des constitutionell-monarchischen Staatsrechts*, 3ª ed. (1846), XX + 394 pp. (370 ss., anot. 6).

[8] FRITZ OSSENBÜHL, *Staatshaftungsrecht*, 5ª ed. cit., 89.

[9] MICHAEL WURM, no Staudinger II, *§§ 839, 839a / Unerlaubte Handlungen* 4 – *Amtshaftungsrecht* (2007), § 839, Nr. 46 (11).

[10] PETER BADURA, *Staatsrecht / Systematische Erläuterung des Grundgesetzes für die Bundesrepublik Deutschland* (1996), 282 e 283.

886   *Em Homenagem ao Professor Doutor Diogo Freitas do Amaral*

Caso alguém, no exercício de uma função pública que lhe tenha sido confiada, viole o seu dever de função que lhe caiba perante um terceiro, surge uma responsabilidade principal do Estado ou da Corporação a cujo serviço ele se encontre. Havendo dolo ou grave negligência, mantém-se o direito de regresso. Para a pretensão de indemnização ou para o regresso não pode ser excluído o procedimento jurídico ordinário.

III. A concretização desta regra manteve-se fragmentária até à Lei da Responsabilidade do Estado (*Staatshaftungsgesetz*) de 26-Jun.-1981, que pretendeu regular a matéria, nos termos gerais. A Lei em causa foi, todavia, declarada nula, pelo Tribunal Constitucional alemão, em decisão de 19-Out.-1982[11]: a Lei Fundamental não dava, à União, competência para tratar a matéria[12]. Apesar de a Constituição já ter sido alterada, a responsabilidade do Estado, mercê das flutuações históricas[13], mantém-se dispersa e complicada[14].

3. Experiência francesa; considerações finais

I. Em França, a evolução foi diversa[15]. No século XIX dominou, firme, a ideia de irresponsabilidade do Estado. Apenas foram sendo abertas algumas excepções por leis especiais[16]. Coube à jurisprudência adminis-

---

[11] BVerfG 19-Out.-1982, BVerfGE 61 (1982), 149-208 = NJW 1983, 25-32, também confrontável na Net.

[12] Alguns elementos sobre os antecedentes da Lei e sobre o episódio da sua anulação pelo Tribunal Constitucional alemão podem ser vistos em MICHAEL WURM, no Staudinger II, § 839, Nr. 11-12 (13-14). *Vide* ARNE EHLERS, *Grundlagen und Leitprinzipien des neuen Rechts der Staatshaftung / Eine rechtvergleichende Würdigung des Staatshaftungsgesetzes und seiner Entwürfe auf der Grundlage des geltenden Staatshaftungsrechts* (1983).

[13] FRITZ OSSENBÜHL, *Neuere Entwicklungen im Staatshaftungsrecht* (1984), 5 ss..

[14] Por último, neste momento, MICHAEL AHRENS, *Staatshaftungsrecht* (2009), 4 ss. (§ 839 BGB) e 44 ss. (relações jurídicas públicas) e MANFRED BALDUS, em MANFRED BALDUS/BERND GRZESZICK/SIGRID WIENHUES, *Staatshaftungsrecht / Das Recht der öffentlichen Ersatzleistungen*, 3ª ed. (2009), 3 ss. (delimitação entre o interesse público e as pretensões civis).

[15] Neste momento, como obra de referência: CHRISTOPH HERRMANN, *Das französische Staatshaftungsrecht zwischen Tradition und Moderne / Eine Untersuchung zum französische Staatshaftungsrecht unter besonderer Berücksichtigung seiner Entwicklungsfaktoren* (2010), 503 pp..

[16] MARIA DA GLÓRIA DIAS GARCIA, *A responsabilidade civil do Estado e demais pessoas colectivas públicas* cit., 11.

A *responsabilidade civil do Estado*

trativa, paulatinamente, construir um esquema de responsabilidade dita "administrativa"[17]. Esta seria uma "responsabilidade civil", não no sentido de uma responsabilidade de Direito civil, mas no de implicar a reparação de danos[18].

II. A responsabilidade do Estado por danos causados a particulares foi firmada pelo Tribunal de Conflitos a 8-Fev.-1873: o *arrêt Blanco*.

Sucedera o seguinte: em Bordéus, quatro empregados de uma manufactura de tabacos empurravam descuidadamente um vagão, na via pública, que veio a ferir gravemente uma menina de 5 anos; o Estado foi demandado, ao abrigo dos artigos 1382.º, 1383.º e 1384.º do Código Napoleão; o Tribunal entendeu que tais preceitos não eram aplicáveis mas, apenas, os princípios, não gerais, do Direito administrativo, sendo competente o foro administrativo[19]. Esta decisão foi tomada como firmando uma autonomia da responsabilidade administrativa.

III. Hoje distingue-se entre a responsabilidade por *faute* pessoal do agente, o qual pode ser demandado no foro comum, e a *faute de service* do agente, cabendo demandar a Administração nos tribunais administrativos. A *faute de service* cobriria qualquer disfunção de funcionamento dos serviços públicos. A matéria foi evoluindo para uma ideia de risco, baseada na distribuição equitativa de riscos e de encargos: por todos[20].

As doutrinas de língua francesa vieram ainda a ser sensíveis à evolução do Direito comunitário[21].

IV. A responsabilidade do Estado, mesmo em termos descritivos, presta-se a indagações de Direito comparado: entre nós como no estran-

---

[17] Alguns elementos em GOMES CANOTILHO, *O problema da responsabilidade do Estado* cit., 51-52, nota 36.

[18] PHILIPPE LE TORNEAU, *Droit de la responsabilité et des contrats* (2008/2009), n.º 111 ss. (117 ss.), com muitas indicações.

[19] TCFr 8-Fev.-1873, confrontável na Net. Quanto à História envolvida: H. FRANÇOIS KOECHLIN, *La responsabilité de l'État en dehors des contracts de l'an VIII à 1873 : étude de jurisprudence* (1957), 170 pp.; CHRISTOPH HERRMANN, *Das französische Staatshaftungsrecht* cit., 36 ss..

[20] Entre os autores mais antigos, CHARLES PIGNIER, *Principes de compétence en matière de responsabilité administrative* (1932).

[21] PETRA SENKOVIC, *L'évolution de la responsabilité de l'État législateur sous l'influence du droit communautaire* (2000), 490 pp..

888   *Em Homenagem ao Professor Doutor Diogo Freitas do Amaral*

geiro[22]. Ao acervo da sua discussão pertencem temas como os do seu fundamento jurídico e natureza[23], as suas consequências[24] e a sua articulação geral[25].

A natureza dispersa da responsabilidade do Estado – veremos que o caso português é excepção – leva a que seja privilegiado o *case law*[26], com copiosas análises de casos concretos[27]. Há, todavia, que contar com uma crescente influência do Direito europeu e com uma inerente pressão codificadora[28].

II. A experiência portuguesa até 2002

4. O Código de Seabra (1867)

I. O antigo Direito português assentava na irresponsabilidade do Estado. Todavia, a partir da Constituição de 1822, passou a ser referida

---

[22] Qualquer monografia sobre o tema expõe, sempre, os principais sistemas existentes; cabe enfatizar Luís Barbosa Rodrigues, *Da responsabilidade civil extracontratual da Administração Pública em cinco Estados das Comunidades Europeias*, em Fausto de Quadros (coord.), *Responsabilidade civil extracontratual da Administração Pública*, 2ª ed. (2004), 221-270 e, como curiosidade ainda interessante, referir Berthold Mondry, *Die öffentlicherechtliche Gefährdungshaftung in Frankreich und das Problem der Einfügung einer öffentlichrechtlichen Gefährdungshaftung in das deutsche System staatlicher Ersatzleistungen* (1964), 19 ss. (Alemanha) e 145 ss. (França).

[23] Karl August Bettermann, *Rechtsgrund und Rechtsnatur der Staatshaftung*, DÖV 1954, 299305.

[24] Richard Bartlsperger, *Die Folgen von Staatsunrecht als Gegenstand der Gesetzgebung*, NJW 1968, 1697-1705 e Martin Heidenhain, *Folgen rechtswidrigen hoheitlichen Verwaltungshandelns*, JZ 1968, 487-494; referimos, ainda, Walter Frenz, *Die Staatshaftung in den Beleihungstatbeständen* (1992), 97 ss. (§ 839 do BGB) e 122 ss. (Art. 32 do GG).

[25] Fritz Ossenbühl, *Staatshaftungsrecht*, 5ª ed. cit., 3.

[26] Após a tentativa falhada do *Staatshaftungsgesetz* de 1981, foi alterada a Lei Fundamental de modo a permitir nova iniciativa; estão em curso estudos preliminares.

[27] Jost Pietzcker, *Rechtsprechungsbericht zur Staatshaftung*, AöR 2007, 393-472.

[28] Heiko Bertelmann, *Die Europäisierung des Staatshaftungsrechts / eine Untersuchung zum Einfluss des Europäischen Gemeinschaftsrechts auf des deutsche Staatshaftungsrecht unter besonderer Berücksichtigung der Haftung für indikatives Unrecht* (2005), XV + 264 pp. e Athanasios Gromitsaris, *Rechtsgrund und Haftungsauslösung im Staatshaftungsrecht / eine Untersuchung auf europarechtlicher und rechtsvergleichender Grundlage* (2006), 301 pp..

A *responsabilidade civil do Estado* 889

a responsabilidade dos funcionários públicos pelos danos ilícitos cometidos no exercício das suas funções[29].

II. A responsabilização dos funcionários foi acolhida no Código Civil de Seabra (1867). Este diploma comportava um título expressamente dedicado à *responsabilidade por perdas e damnos causados por empregados públicos no exercicio das funções*. Compreendia os seguintes cinco artigos:

> Art. 2399.º Os empregados publicos, de qualquer ordem ou graduação que sejam, não são responsaveis pelas perdas e damnos, que causem no desempenho das obrigações que lhes são impostas pela lei, excepto se excederem ou não cumprirem, de algum modo, as disposições da mesma lei.
> Art. 2400.º Se os dictos empregados, excedendo as suas attribuições legaes, practicarem actos, de que resultem para outrem perdas e damnos, serão responsaveis do mesmo modo que os simples cidadãos.
> Art. 2401.º Os juizes serão irresponsaveis nos seus julgamentos, excepto nos casos em que, por via de recursos competentes, as suas sentenças forem annulladas ou reformadas por sua illegalidade, e se deixar expressamente aos lesados direito salvo para haverem perdas e damnos, ou se os mesmos juizes forem mulctados ou condemnados nas custas, em conformidade do codigo de processo.
> Art. 2402.º O que fica disposto no artigo precedente não obsta às acções, que podem ser intentadas contra os juizes, pelos crimes, abusos e erros de officio, que commettam no exercicio de suas funcções.
> Art. 2403.º Mas, se alguma sentença criminal for executada, e vier a provar-se depois, pelos meios legaes competentes, que fôra injusta a condemnação, terá o condemnado, ou os seus herdeiros, o direito de haver reparação de perdas e damnos, que será feita pela fazenda nacional, precedendo sentença controvertida com o ministerio publico em processo ordinario.

III. Estes preceitos eram pouco animadores, no tocante a uma qualquer responsabilização do Estado. O Estado não cometia ilegalidades: apenas os seus funcionários[30].

---

[29] JORGE MIRANDA, *A Constituição e a responsabilidade civil do Estado*, Estudos Prof. Rogério Soares (2001), 927-939 (927).

[30] Os preceitos referentes à responsabilidade dos juízes advinham do Direito antigo; JOSÉ DIAS FERREIRA, *Codigo Civil Annotado*, 5, 1ª ed. (1875), 131-133.

5. Guilherme Moreira e o pandectismo

I. A responsabilidade civil do Estado chegou tarde à Ciência Jurídica portuguesa. Mas fê-lo da melhor maneira, introduzida pela pena de Guilherme Moreira, precisamente quando transpôs o ordenamento nacional para o sistema mais evoluído da pandectística[31]. Este Autor defendeu uma responsabilidade civil comum alargada do Estado: este seria responsável civilmente pelos ilícitos dos seus funcionários, porque seria como se o próprio Estado os tivesse perpetrado[32].

II. Guilherme Moreira apresentou, entre nós o panorama doutrinário existente, na época, quanto à responsabilidade do Estado: sistemas que assentam na irresponsabilidade do Estado, que não pode ter culpa; sistemas que admitem uma certa responsabilidade, distinguindo entre actos de império e actos de gestão: a esta contraposição, Guilherme Moreira logo aponta, judiciosamente, as dificuldades em manter essa destrinça com precisão; sistemas que aceitam a responsabilidade do Estado, com base no vínculo de representação[33].

III. Fesas Vital, estudando a responsabilidade do Estado no exercício da função legislativa, concluiu pela inexistência de um princípio de Direito que o permitisse[34].

A influência do privatismo permitiu ainda que a reforma levada a cabo pelo Decreto n.º 19:126, de 16 de Dezembro de 1930, alterasse o artigo 2399.º, por forma a incluir a responsabilidade do Estado. Foi-lhe

---

[31] GUILHERME MOREIRA, *Estudo sobre a responsabilidade civil*, RLJ 37 (1905), 561-564, RLJ 38 (1905), 2-5, 17-20, 33-36, 49-52, 65-68, 81-84, 97-100, 113-116, 129-131, 145-147, 177-179, 193-196, 209-211, 225-228, 257-259, 273-275, 305-308, 321-324, 337-340, 353-356, 369-372 e 385-388, RLJ 38 (1906), 417-420, 433-436, 449-451, 465-468, 481-483, 513-515, 529-532, 545-548 e 561-564, RLJ 39 (1906), 2-4, 17-19, 33-36, 49-52, 81-84, 97-99, 113-115, 145-147, 161-164, 192-196, 225-228, 257-259, 289-291, 305-308, 321-323, 327-339, 353-356, 369-371, 385-388, 401-404, 417-420, 449-452 e 465-468 e RLJ 39 (1907), 481-483, 513-516, 544-547, 577-579 e 609-612; *vide*, especialmente, RLJ 39 (1906), 289/I.

[32] *Idem*, RLJ 39 (1906), 289/I.

[33] *Idem*, RLJ 38 (1905), 130, 145, 146 e 179.

[34] FESAS VITAL, *Da responsabilidade do Estado no exercício da função legislativa*, BFD 2 (1915-1916), 267-280 e 513-527 (526).

aditado um final: quando os empregados públicos fossem responsáveis, seriam também:

> (...) solidariamente com eles responsáveis as entidades de que forem serventuários.

IV. O Código Administrativo de 1936/1940 inclui algumas hipóteses (restritas) de responsabilidade das autarquias, enquanto a Constituição de 1933 inseria, no artigo 8.º/17, o direito dos cidadãos à reparação dos danos causados pelo Estado[35]. Com a afirmação da escola publicística de Marcello Caetano, esta matéria passou a ser tomada restritivamente. Veio-se dizer que o artigo 2399.º se reportava ao Direito civil e, portanto, apenas quando o Estado agisse como particular, ao abrigo da "gestão privada". Quando se comportasse como Estado, praticando actos de autoridade e de gestão pública, não poderia ser responsabilizado, a não ser que lei especial o determinasse[36].

6. As propostas civis de Vaz Serra

I. A doutrina publicista foi classificando as hipóteses de responsabilidade do Estado e outras entidades públicas equiparadas: de um modo geral sob um signo restritivo. A razão é científico-cultural: o publicismo nacional manteve-se, mau grado o esforço de Guilherme Moreira, sob o signo da influência napoleónica[37]. Um sobressalto de civilismo ocorreria aquando da preparação do Código Civil de 1966.

II. O Prof. Vaz Serra, no âmbito da preparação do Código Civil[38], tentou uma síntese de inspiração mais avançada. Preconizou quatro preceitos:

---

[35] MARIA DA GLÓRIA DIAS GARCIA, *A responsabilidade civil do Estado e demais pessoas colectivas públicas* cit., 17 e 20.

[36] MARCELLO CAETANO, *Tratado elementar de Direito administrativo* (1943), n.º 163 (405-406) e n.º 166 (412-417), especialmente 416-417. *Vide* MARIA JOSÉ RANGEL DE MESQUITA, *Da responsabilidade civil extracontratual da administração no ordenamento jurídico-constitucional vigente*, em FAUSTO DE QUADROS (coord.), *Responsabilidade civil extracontratual da Administração Pública*, 2ª ed. (2004), 56-57.

[37] *Vide* o nosso *Contratos públicos* cit., 10 e *passim*.

[38] ADRIANO VAZ SERRA, *Responsabilidade civil do Estado e dos seus órgãos ou agentes*, BMJ 85 (1959), 446-518. Refira-se, anteriormente, LUÍS LOPES NAVARRO, *A responsabilidade civil do Estado*, BMJ 4 (1948), 27-43.

892 *Em Homenagem ao Professor Doutor Diogo Freitas do Amaral*

Artigo 1.º Responsabilidade do Estado e dos seus órgãos ou agentes por actos praticados no exercício da função pública: haveria responsabilidade por "culpa funcional";

Artigo 2.º Responsabilidade por actos praticados fora do exercício das funções: os ditos "órgãos ou agentes" seriam responsáveis tal como os simples cidadãos;

Artigo 3.º Responsabilidade por deficiências no funcionamento da empresa administrativa: responderia o Estado.

Artigo 4.º Responsabilidade por actos lícitos: ocorreria quando os danos fossem suficientemente graves e pusessem em causa o princípio da igual repartição dos encargos públicos.

III. Tínhamos, assim, uma lógica de tratamento, no Código Civil, de toda a responsabilidade do Estado. Na primeira revisão ministerial do anteprojecto do Código ainda surgia um texto com a redacção seguinte (473.º)[39]:

(Responsabilidade do Estado por actos praticados
no exercício de funções públicas)

1. Se os órgãos ou agentes do Estado ou de qualquer outra corporação de direito público violarem culposamente, no exercício da função pública, algum dever em face de terceiros, respondem civilmente para com os lesados, salvo se a lei especialmente os isentar de toda a responsabilidade.

2. Com o órgão ou agente directamente responsável, responde solidàriamente o Estado ou a corporação de direito público; mas se estes pagarem a indemnização, gozam do direito de regresso contra os directamente responsáveis, sem prejuízo das regras próprias das relações que entre eles subsistam.

3. O que fica especialmente disposto nos números anteriores não é aplicável aos órgãos ou agentes fora do exercício das suas funções.

IV. No subsequente jogo de influências próprias dos corredores do Estado Novo, adoptou-se uma diversa orientação. Pretendeu-se excluir, do Código Civil, a matéria que apresentasse relevo público-administrativo. E assim, a Lei Civil fundamental apenas poderia reger questões civis e, daí, a responsabilidade do Estado quando este agisse ao abrigo do Direito privado. Donde, a distinção subsequente entre os actos de gestão privada e os de gestão pública.

---

[39] BMJ 119 (1962), 72-73.

A *responsabilidade civil do Estado*   893

V. A favor dessa distinção jogou ainda o tema do foro competente. Quando o Estado fosse responsabilizado nos termos gerais do Código de Seabra, o foro competente seria o jurisdicional. Já quando se tratasse da aplicação de normas administrativas, cairíamos nos tribunais administrativos[40]. A jurisprudência veio afeiçoando a contraposição usando a ideia (francesa) da culpa funcional[41]: este seria o elemento determinante que permitiria remeter para o foro administrativo os actos praticados: a futura "gestão pública".

7. O Código Civil e o Decreto-Lei n.º 48 051, de 21 de Novembro

I. Na sequência da evolução acima sintetizada, o Código Civil limita--se, no artigo 501.º, a regular a responsabilidade do Estado pelos danos causados a terceiros, no exercício de actividades de gestão privada. Assim, quando surgiu, o Código de 1966 revogou o Código de Seabra apenas na parte em que este se reportava à responsabilidade de Direito civil: no domínio do Direito público, o dispositivo de Seabra sobreviveu[42] até à sua substituição pelo Decreto-Lei n.º 48 051, de 21 de Novembro de 1967[43].

II. O Direito português da responsabilidade civil do Estado passou a obedecer a um sistema dualista:
- por actos de gestão privada, regia o artigo 501.º do Código Civil, sendo competente o foro comum;
- por actos de gestão pública, aplicava-se o referido Decreto-Lei n.º 48 051, de 21 de Novembro de 1967, sendo competente o foro administrativo.

---

[40] MARCELLO CAETANO, *Manual de Direito administrativo* II, 9ª ed. (1972), nº 503 (1368-1370).

[41] MARCELLO CAETANO, *Responsabilidade da administração pública*, O Direito 90 (1958), 235-240 (236, 238 e 239); este escrito surge em anotação a TConfl 12-Dez.-1957 (ANTÓNIO LOPES VAZ FERREIRA), TConfl 17-Abr.-1958 (*idem*), e TConfl 23-Out.-1958 (*idem*), O Direito 90 (1958), 203-207, 207-213 e 214-218, respectivamente, e a STA 7-Fev.-1958 (LUÍS VALENTE CARVALHO), STA 28-Fev.-1958 (*idem*) e STA 14-Mar.-1958 (ALBERTO SILVA PINTO), O Direito 90 (1958), 219-228, 228-231 e 232-235, respectivamente.

[42] STA 17-Dez.-1970 (JACINTO RODRIGUES BASTOS), O Direito 104 (1972), 158-165 (163), anot. DIOGO FREITAS DO AMARAL, *idem*, 165-166, favorável.

[43] MARIA DA GLÓRIA DIAS GARCIA, *A responsabilidade civil do Estado e demais pessoas colectivas públicas* cit., 29.

894   *Em Homenagem ao Professor Doutor Diogo Freitas do Amaral*

III. O Decreto-Lei n.º 48 051, de 21 de Novembro de 1967[44], procedia a um duplo desagravamento: os titulares dos órgãos ou os agentes culpados só respondiam, perante o Estado, por via do regresso, pelas indemnizações que ele fosse obrigado a satisfazer, se tivessem (...) *procedido com diligência e zelo manifestamente inferiores àqueles a que se achavam obrigados em razão do cargo* (2.º/2)[45]; o Estado só responderia solidariamente com os titulares do órgão e os agentes administrativos responsáveis, por actuações que tivessem excedido os limites, quando tais titulares ou agentes tivessem agido com dolo (3.º/2).

Para além disso, o Decreto-Lei n.º 48 051 adoptou a linguagem civil: "direitos", "disposições legais destinadas a proteger interesses", culpa a apreciar nos termos do artigo 487.º do Código Civil e solidariedade nos termos do artigo 497.º do mesmo Código[46].

Os artigos 8.º e 9.º fixavam a responsabilidade do Estado por actos lícitos, perante actividades especialmente perigosas ou que impusessem prejuízos especiais e anormais.

Não se vê, em bom rigor, nenhuma razão para não se ter inserido, no Código Civil, a matéria do Decreto-Lei n.º 48 051. Substancialmente, é Direito privado comum.

8. Gestão pública e gestão privada; jurisprudência até 1987

I. Na doutrina, diz-se que há gestão privada quando o Estado actue no âmbito do Direito privado, e gestão pública, quando o faça em termos de Direito público[47], numa posição mantida na jurisprudência[48]. Mas a

---

[44] Elaborado na base de um projecto do Prof. Afonso Queiró e sendo Ministro da Justiça o Prof. Mário Júlio de Almeida Costa.

[45] Solução inconstitucional, perante o artigo 22.º da Constituição: STJ 6-Mai.-1986 (JOAQUIM DE FIGUEIREDO), BMJ 357 (1986), 392-395 (394); *vide* MARGARIDA CORTEZ, *Responsabilidade civil da Administração por actos administrativos ilegais e concurso de omissão culposa do lesado* (2000), 28.

[46] *Vide* MANUEL A. CARNEIRO DA FRADA, *Direito civil / responsabilidade civil / O método do caso* (2006), 126-127.

[47] MARIA DA GLÓRIA DIAS GARCIA, *A responsabilidade civil do Estado e demais pessoas colectivas públicas* cit., 30; *vide* MARCELLO CAETANO, *Manual de Direito administrativo* 1, 10ª ed. (1977), nº 19 (44), nº 178 (431) e nº 190 (464) e 2, 9ª ed. (1972), nº 454 (1198); DIOGO FREITAS DO AMARAL, *Direito administrativo*, 3 (1987), 474, com expressa referência ao facto de se tratar de uma posição pacífica na doutrina administrativa, na civil e na jurisprudência; o nosso *Direito das obrigações* 2, 380.

A *responsabilidade civil do Estado* 895

própria distinção entre Direito público e privado só é possível a nível de sistema. Ou seja: uma situação jurídica não é, por si, pública ou privada: pode ser estruturalmente pública e, por razões histórico-culturais, surgir no Direito civil e inversamente[49]. Torna-se, por isso, muito difícil destrinçar certas situações. Ora o tema era fundamental, para determinar o tribunal competente. Multiplicavam-se as tomadas de posição jurisprudenciais. De facto, o anterior Estatuto dos Tribunais Administrativos e Fiscais, aprovado pelo Decreto-Lei n.º 129/84, de 27 de Abril, atribuía, no seu artigo 51.º/1, competência aos tribunais administrativos de círculo, para conhecer:

> *h)* Das acções sobre responsabilidade civil do Estado, dos demais entes públicos e dos titulares dos seus órgãos e agentes por prejuízos decorrentes de actos de gestão pública, incluindo acções de regresso;

II. Afigura-se importante, para conhecer a realidade da responsabilidade civil do Estado, referir alguma jurisprudência relativa a este ciclo. Principiando por arestos até 1987:

> *RCb 20-Abr.-1982*: o acto pelo qual uma junta de freguesia delibera invadir – e invade – um terreno dum particular para a construção dum campo de futebol é um acto de gestão privada:
>
> Ora não constitui função pública das Juntas de Freguesia a construção de campos de futebol (art. 33.º da Lei 79/77, de 25-10). Tal actividade é exercida (e tem sido), por particulares, em especial por colectividades desportivas. E, nessa medida, a ré ao fazer o campo está a actuar como qualquer particular. Nenhuma lei lhe confere poderes específicos para essa actividade, e muito menos para invadir a propriedade alheia, sem autorização do respectivo dono ou dos tribunais. (...) A Junta de Freguesia (caso se prove ter sido ela), actuou

---

[48] TConf 5-Nov.-1981 (PESTANA GARCIA), BMJ 313 (1981), 195-216 (202-203) ainda que fazendo, depois, novas precisões, TConf 2-Dez.-1983 (OCTÁVIO DIAS GARCIA), BMJ 333 (1984), 211-215 (214-215) e TConf 26-Jun.-1986 (TOMÁS DE RESENDE), BMJ 359 (1986), 332-337 (334-335); STJ 2-Dez.-1986 (PEREIRA DE MIRANDA), BMJ 362 (1987), 514-517 (517), STJ 13-Jan.-1987 (CURA MARIANO), BMJ 363 (1987), 291-295 (294), STJ 3-Fev.--1987 (CORREIA DE PAIVA), BMJ 364 (1987), 591-603 (597) e STJ 26Mar.-1987 (ALMEIDA RIBEIRO), BMJ 365 (1987), 588-591 (589-590); STA 30-Abr.-1987, BMJ 366 (1987), 396-497 (407); RLx 9-Out.-1986 (SILVA GUIMARÃES), CJ XI (1986) 4, 143-146 (144); RPt de 22--Out.-1987 (TAVARES LEBRE), CJ XII (1987) 4, 244-245 (245).

[49] O nosso *Tratado de Direito civil* I/1, 3ª ed., (2005, reimp., 2007), 41 ss..

896 Em Homenagem ao Professor Doutor Diogo Freitas do Amaral

como qualquer particular, ou seja, despida do seu poder público. Deste modo a sua actuação cai sob a alçada do foro comum[50].

RPt 16-Nov.-1982: o acto pelo qual uma Junta de Freguesia faz determinada declaração de ciência – a passagem de um atestado de residência – é de gestão privada:

(...) um atestado de residência não é, obviamente, um acto administrativo que, como se sabe, só pode ser constituído por uma declaração de vontade. (...) Um atestado de residência é, pelo contrário, uma declaração de ciência. Através dele, o órgão da Administração afirma o que sabe, não o que quer (...)

Com o processo de averiguação que precedeu o atestado de residência, a Junta de Freguesia realizou, pois, um apuramento ou mesmo um mero acertamento, constituindo a afirmação final produzida no atestado uma pura declaração de ciência que, não tendo sequer a natureza de acertação, e muito menos a de acto administrativo por não ser uma declaração de vontade, não está submetida ao contencioso administrativo.

Não estando, por outro lado, inserida na competência de qualquer outra jurisdição específica, é ao tribunal comum que, nos termos do art. 66.º do Código de Processo Civil, incumbe julgar a veracidade ou inveracidade de tal afirmação[51].

REv 24-Mai.-1984: o tribunal comum é o competente para a acção de reivindicação proposta contra um município, bem como para o pedido de indemnização que o acompanhe:

Portanto, o proprietário esbulhado por actos de agentes administrativos não poderá propor acção possessória ou de reivindicação no tribunal administrativo. Neste apenas poderá impugnar o acto administrativo pressuposto naquela conduta. Aliás, pode até inexistir acto administrativo, ou porque o acto está ferido de nulidade absoluta (...), ou porque nada mesmo há para além das meras operações materiais dos referidos agentes. (...)

Os danos cuja reparação a A. exige do R. estão numa relação de nexo causal com a ocupação levada a cabo pelos agentes deste. E, realizada à margem de qualquer poder legal, essa ocupação de modo algum se pode compreender no exercício de um poder público.

---

[50] RCb 20-Abr.-1982 (Pereira da Silva), CJ VII (1982) 2, 113-115 (115).
[51] RPt 16-Nov.-1982 (Simões Ventura), CJ VII (1982) 5, 217-218 (217 e 218). Os sublinhados correspondem a itálicos, no texto do acórdão.

A responsabilidade civil do Estado

Nos termos em que a acção foi proposta, ao procederem a tal ocupação, os agentes do R. violaram o dever geral, comum a todos os cidadãos, de se absterem de perturbar o proprietário, no exercício dos poderes que integram o respectivo direito e actuaram em condições idênticas à de qualquer particular, despidos de quaisquer poderes de autoridade, consequentemente sujeitas às normas do direito privado[52].

RLx 9-Out.-1986: o tribunal administrativo é competente para conceder uma indemnização conexa com o embargo de obra nova decidido pelo vereador em causa, foi praticado no exercício de uma função pública da Câmara Municipal de Cascais.

E o acto gerador de embargo administrativo e este foram praticados sob o domínio de norma de direito público, bastando ver os poderes de coerção traduzidos na cominação do crime de desobediência qualificada e nos poderes de demolição das obras, tudo isto tendo em vista o interesse geral das pessoas, de as construções deverem ser edificadas com segurança (para não pôr em risco a sua vida), higiene e salubridade[53].

RPt 22-Out.-1987: a ordem de demolição de uma vedação, dada pelo Presidente da Câmara com fundamento na clandestinidade da vedação em causa é de gestão pública: são claros os poderes de autoridade que a acompanham[54].

STJ 26-Jun.-1986: os actos praticados por funcionários do Ministério do Trabalho, no exercício de funções oficiais, relacionadas com a administração da empresa em autogestão são de gestão pública, competindo aos tribunais administrativos:

Com efeito, ao praticar os actos que ficaram mencionados ele agiu no exercício da sua função pública, sob o domínio de normas de direito público e mesmo envolvendo meios de coerção.

A Administração, através do seu agente, não interveio na vida da empresa na veste ou como se fosse um simples particular, e por isso os donos da empresa não puderam opor-se eficazmente a essa intervenção[55].

---

[52] REv 24-Mai.-1984 (Sampaio e Silva), CJ IX (1984) 3, 322-324 (323 e 324).
[53] RLx 9-Out.-1985 (Silva Guimarães), CJ XI (1986) 4, 143-146 (145).
[54] RPt 22-Out.-1987 (Tavares Lebre), CJ XII (1987) 4, 244-245.
[55] STJ 26-Jun.-1986 (Tomás de Resende) BMJ 359 (1986), 332-337 (335).

898   *Em Homenagem ao Professor Doutor Diogo Freitas do Amaral*

STJ 2-Dez.-1986: o derrube com corte de uma árvore de um parque público, executada pelos empregados ou agentes duma Câmara Municipal, integra-se no âmbito da gestão privada:

Em suma, o derrube com corte de árvore no parque público foi materialmente executado pelos empregados ou agentes da ré, Câmara Municipal, como o executaria qualquer particular nos quadros do direito privado, portanto, no âmbito da gestão privada[56].

STJ 13-Jan.-1987: a deliberação duma assembleia municipal que cria um parque de estacionamento de viaturas, sujeito a taxa de ocupação, em terrenos do domínio público municipal é de gestão pública:

Tendo o Município actuado no âmbito das suas legais atribuições, do domínio do "ius imperii" e sendo pública a coisa objecto da deliberação, dúvidas não se tem de que o acto praticado é de gestão pública. Como tal a competência para o seu conhecimento pertence aos tribunais administrativos[57].

STJ 3-Fev.-1987: a competência para julgar esse pedido de restituição de posse perante um esbulho alegadamente perpetrado pela Câmara Municipal é dos tribunais comuns, outro tanto sucedendo com a competente indemnização:

Existe, portanto, um correlacionamento legal entre a restituição de posse e a indemnização de prejuízos e encargos com essa mesma restituição.

Não faria sentido que para efeitos de competência para o julgamento, o tribunal comum a tivesse quanto à restituição da posse, determinação da existência do esbulho, etc., mas para a atribuição da indemnização resultante decidida, tal competência coubesse ao tribunal do contencioso administrativo[58].

STJ 26-Mar.-1987: tratava-se da actuação de um cantoneiro da Junta Autónoma das Estradas consistente em, de modo imprevidente e violando frontalmente a Lei, atear uma fogueira para queimar folhas, cascas e pastos secos, do que resultou o incêndio dum veículo pesado com a sua carga:

Face às citações acabadas de produzir já não surgem dificuldades para a caracterização dos actos do cantoneiro como meros actos de gestão privada uma vez constituindo falta pessoal do seu autor e ainda

---

[56] STJ 2-Dez.-1986 (Pereira de Miranda), BMJ 362 (1987), 514-517 (517).
[57] STJ 13-Jan.-1987 (Cura Mariano), BMJ 363 (1987), 291-295 (294).
[58] STJ 3-Fev.-1987 (Correia de Paiva), BMJ 364 (1987), 591-603 (602). Trata-se dum acórdão cujo texto compreende múltiplas referências doutrinárias e jurisprudenciais do maior interesse.

A responsabilidade civil do Estado

porque, ao fazer lume junto de folhas e mato seco, para além de violar um elementaríssimo preceito de prudência, violou a lei que expressamente lhe proibia tal prática – o artigo 4.º, alínea g), do Decreto-Lei n.º 13/71, de 23 de Janeiro.

Tratando-se de um acto de pura gestão privada, é o Tribunal comum o competente para o julgar e às suas consequências – artigo 66.º do Código de Processo Civil e 815, § 1.º, alínea b) do Código Administrativo[59].

STA 30-Abr.-1987: o tribunal comum é competente para julgar a responsabilidade do Estado derivada da sua intervenção numa empresa, à qual se teria seguido uma gestão incompetente:

Mas se os órgãos de gestão designados pelo Conselho de Ministros assumem poderes legais e estatutários dos órgãos sociais e da administração da empresa, eles actuam numa posição de paridade como agiriam aqueles órgãos sociais e de administração, praticam actos de gestão privada, aparecendo numa posição de igualdade com os particulares[60].

III. Tentando uma síntese deste material, verifica-se:

– que as condutas que envolvem violações da posse e de deveres gerais comuns a todos os cidadãos e a ela ligados, integram a gestão privada; assim no caso do esbulho perpetrado por funcionários da Câmara (REv 24-Mai.-1984)[61], no do derrube da árvore levado a cabo, também, por empregados ou agentes duma Câmara (STJ 2-Dez.-1986)[62], no do esbulho conduzido, do mesmo modo, pela Câmara (STJ 3-Fev.-1987)[63] e do da fogueira ateada pelo cantoneiro da Junta Autónoma das Estradas (STJ 26-Mar.-1987)[64]; todas as indemnizações conexas são feitas valer no foro comum;

– que as actuações concretizadas em áreas nas quais não haja poderes de autoridade são de gestão privada; assim o caso da Junta de Freguesia que deliberou construir um campo de futebol e passou

---

[59] STJ 26-Mar.-1987 (ALMEIDA RIBEIRO), BMJ 365 (1987), 588-591 (590): também aqui se contêm interessantes referências que reforçam o sentido da decisão.

[60] STJ 30-Abr.-1987 (PEREIRA DE MIRANDA), BMJ 366 (1987), 396-409 (407).

[61] Rev 24-Mai.-1984, CJ IX, 3, 323 e 324.

[62] STJ 2-Dez.-1986, BMJ 362, 517.

[63] STJ 3-Fev.-1987, BMJ 364, 602.

[64] STJ 26-Mar.-1987, BMJ 365, 590.

900 *Em Homenagem ao Professor Doutor Diogo Freitas do Amaral*

a vias de facto (RCb 20-Abr.-1982)[65] ou o dos gestores nomeados pelo Estado para uma empresa intervencionada, por agirem segundo as regras dos comuns órgãos sociais (STA 30-Abr.-1987)[66];

– que os desempenhos ao abrigo de poderes de autoridade dentro de funções específicas são de gestão pública, competindo ao foro administrativo; assim o caso do embargo de obra nova decidido pela Câmara e indemnização conexa (RLx 9-Out.-1986)[67], o caso da demolição de uma vedação ordenada e executada pela Câmara (RPt 22-Out.-1987)[68] ou o caso dos actos de intervenção levados a cabo pelos funcionários do Ministério do Trabalho (STJ 26--Jun.-1986)[69];

– que as declarações de ciência são de gestão privada e foro comum; tal o caso do atestado de residência passado pela Junta de Freguesia e arguido de falsidade (RPt 16-Nov.1982)[70].

A concluir a pesquisa jurisprudencial relativa a este período, cabe ainda voltar a salientar duas proposições sobre as quais não parecen ficar dúvidas:

– o foro competente para apreciar uma questão principal é competente para apreciar questões conexas; assim REv 24Mai.1984[71], RLx 9-Out.-1986[72] e STJ 3-Fev.-1987[73];

– o pedido deve ser apreciado de acordo com a forma por que vem posto na petição inicial (REv 9-Fev.-1984)[74] e (STJ 3Fev.1987)[75].

---

[65] RCb 20-Abr.-1982, CJ VIII, 2, 115.
[66] STA 30-Abr.-1987, BMJ 366 (1987), 407.
[67] RLx 9-Out.-1986, CJ XI, 4, 145.
[68] RPt 22-Out.-1987, 4, 244-245.
[69] STJ 26-Jun.-1986, BMJ 359, 335.
[70] RPt 16-Nov.-1982, CJ VII, 5, 217-218.
[71] REv 24-Mai.-1984, CJ IX, 3, 323 e 324.
[72] RLx 9-Out.-1986, CJ XI, 4, 145-146, implicitamente.
[73] STJ 3-Fev.-1987, BMJ 364, 602.
[74] REv 9-Fev.-1984, CJ IX, 1, 291.
[75] STJ 3-Fev.-1987, BMJ 364, 596 (com múltiplas indicações).

9. Segue; jurisprudência posterior a 1987

I. A jurisprudência posterior a 1988 mantém, no essencial, as grandes linhas apontadas. Cumpre verificar alguns exemplos:

STA 15-Nov.-1988: a distinção entre a gestão pública e a gestão privada só releva no domínio da responsabilidade delitual; na contratual, o foro administrativo só é competente perante contratos administrativos; estes implicam um relação de Direito administrativo a qual, citando Freitas do Amaral, é "aquela que confere poderes de autoridade ou impõe restrições de interesse público à Administração perante os particulares, ou que atribui direitos ou impõe deveres aos particulares perante a Administração", Assim, sujeita-se aos tribunais comuns um simples contrato de compra e venda[76].

STJ 7-Nov.-1989: os danos causados pela queda de um painel de sinalização sobre um automóvel são julgados pelo foro administrativo por se integrar no âmbito do cumprimento de deveres que a lei impõe a entidades públicas[77].

STJ 9-Jan.-1990: a compra de um automóvel é uma vulgar compra e venda sujeita, nos seus aspectos litigiosos, aos tribunais comuns[78].

STA 20-Fev.-1990: a Câmara, na gestão do património arbóreo tem, por lei, poderes de autoridade; assim, o corte de árvores integra-se na gestão pública, cabendo a competência aos tribunais administrativos[79].

REv 8-Mar.-1990:
O que distingue os actos de gestão pública dos actos de gestão privada (...) não é o facto de um corpo administrativo agir ou não no exercício das suas atribuições (...)
(...) havendo os corpos administrativos de agir sempre no quadro das suas atribuições, a distinção entre actos de gestão pública e actos de gestão privada há-de fazer-se em função do modo como tais atribuições são exercidas.
Assim, um contrato inominado relativo à recepção, em albufeira, de águas de ETAR é de Direito privado, sujeitando-se ao foro comum[80].

---

[76] STA 15-Nov.-1988 (AMÂNCIO FERREIRA), BMJ 381 (1988), 398-402 (400-401 e 402).
[77] STJ 7-Nov.-1989 (JOSÉ CALEJO), BMJ 391 (1989), 294-297, com um significativo voto de vencido de ELISEU FIGUEIRA.
[78] STJ 9-Jan.-1990 (JOSÉ DOMINGUES), BMJ 393 (1990), 459-464.
[79] STA 20-Fev.-1990 (AMÂNCIO FERREIRA), BMJ 394 (1990), 301-316 (310).
[80] REv 8-Mar.-1990 (MATEUS DA SILVA), CJ XV (1990) 2, 274-276 (275).

STJ 14-Mar.-1990: o afastamento de um oficial das forças armadas é um acto de gestão pública; a apreciação dos danos daí derivados cai no foro administrativo[81].

REv 7-Jun.-1990: os danos derivados do mau arranjo de caminhos têm a ver com atribuições da Câmara com referência às quais a lei concede poderes de autoridade; trata-se, pois, de gestão pública, sujeita aos tribunais administrativos[82].

STJ 29-Jan.-1991: o Estado, quando actua através da força militar, age no âmbito do *ius imperii*: há gestão pública[83].

STJ 1-Out.-1991: a intervenção do Estado em empresas privadas é um acto de soberania, a integrar na gestão pública[84].

RLx 8-Abr.-1992: a realização de obras, na via pública, por uma Câmara Municipal, é acompanhada de *ius imperii*: há gestão pública, caindo a competência jurisdicional no foro administrativo[85].

TConfl 15-Dez.-1992: os danos causados por uma caixa colectora de águas em escola têm a ver com serviços públicos que dispõem de "... prerrogativas de autoridade derivadas da lei ou de cláusulas contratuais". Há gestão pública e foro administrativo[86].

STA 26-Jan.-1993: os tribunais administrativos são incompetentes para apreciar a responsabilidade do Estado pelas decisões dos tribunais, neste caso: a prisão preventiva ilegal; elas só se ocupam da função administrativa[87].

STJ 17-Mar.-1993: a J.A.E. omitira assinalar uma vala na estrada, o que provocou danos. Ora "... a não reparação do pavimento da estrada nacional onde ocorreu o acidente e a não sinalização adequada do local onde estava aberta a vala, não são actos cuja remoção (sic) sejam da competência desse ente público, actuando como particular, antes se inserindo na sua gestão pública[88].

---

[81] STJ 14-Mar.-1990 (CASTRO MENDES), BMJ 395 (1990), 524-526.
[82] REv 7-Jun.-1990 (MATOS CANAS), CJ XV (1990) 3, 280-283.
[83] STJ 29-Jan.-1991 (SIMÕES VENTURA), BMJ 403 (1991), 371-378.
[84] STJ 1-Out.-1991 (MENÉRES PIMENTEL), BMJ 410 (1991), 469-474.
[85] RLx 8-Abr.-1992 (ANTUNES GRANCHO), CJ XVII (1992) 2, 176180.
[86] TrConfl 15-Dez.-1992 (SILVA PINTO), BMJ 422 (1993), 72-77 (76-77).
[87] STA 26-Jan.-1993 (FERREIRA DE ALMEIDA), BMJ 423 (1993), 285-292.
[88] STJ 17-Mar.-1993 (SANTOS MARTINS), BMJ 425 (1993), 460-466 (463).

A responsabilidade civil do Estado 903

RLx 1-Jul.-1993: a responsabilidade por danos derivados de actos legislativos não tem a ver com a gestão pública; ela assiste aos tribunais comuns[89].

STA 7-Out.-1993: a circulação de viaturas de comandos na 2ª circular é um acto de gestão privada do Estado,
(...) por se processar de forma idêntica à dos outros utentes da Estrada[90].

REv 14-Abr.-1994: a administração de justiça tem a ver com o *ius imperii* e, daí, com a gestão pública; a omissão duma citação é da responsabilidade do Estado, a efectivar no foro administrativo[91].

STJ 7-Dez.-1995: na hipótese de um município licenciar obras lesivas do ambiente, temos uma manifestação de *ius imperii*, a apreciar no foro administrativo[92].

II. Tentando a síntese destes desenvolvimentos jurisprudenciais, podemos considerar:

– que os contratos de Direito privado, tais como alienações (STA 15-Nov.-1988)[93], contratos inominados (REv 8-Mar.-1990)[94] e aquisições (STJ 9-Jan.-1990)[95], se submetem aos tribunais comuns;

– que os danos derivados de actuações em que o Estado, nos termos da lei, detenha poderes públicos ou *ius imperii* são de gestão pública e pertencem ao foro administrativo: quedas de painéis de sinalização (STJ 7-Nov.-1989)[96], administração do património arbóreo (STA 20-Fev.-1990)[97], afastamento de oficial das Forças Armadas (STJ 14-Mar.-1990)[98], arranjos de caminhos (REv 7--Jun.-1990 e RLx 8-Abr.-1992)[99] e estradas (STJ 17-Mar.--1993)[100], permissão de obras lesivas do ambiente (STJ 7-Dez.-

---

[89] RLx 1-Jul.-1993 (Cruz Broco), CJ XVIII (1993) 3, 144-146 (145-146).
[90] STJ 7-Out.-1993 (Fernandes da Silva), BMJ 430 (1993), 493.
[91] REv 14-Abr.-1994 (Costa Soares), CJ XIX (1994) 2, 265-267 (266).
[92] STJ 7-Dez.-1995 (Nascimento Costa), CJ/Supremo III (1995) 3, 147-150 (148).
[93] STA 15-Nov.-1988, BMJ 381, 402.
[94] REv 8-Mar.-1990, CJ XV, 2, 275.
[95] STJ 14-Mar.-1990, BMJ 395, 524-526.
[96] STJ 7-Nov.-1989, BMJ 391, 294-297.
[97] STA 20-Fev.-1990, BMJ 394, 310.
[98] STJ 14-Mar.-1990, BMJ 395, 524-526.
[99] REv 7-Jun.-1990, CJ XV, 3, 280-283 e RLx 8-Abr.-1992, CJ XVII, 2, 176-180.
[100] STJ 17-Mar.-1993, BMJ 425, 463.

904   *Em Homenagem ao Professor Doutor Diogo Freitas do Amaral*

-1995)[101], actuações de forças militares (STJ 29-Jan.-1991)[102], intervenções em empresas (STJ 1-Out.-1991)[103] e arranjos de colectores (TConfl 15-Dez.-1992)[104];

– que a responsabilidade por actos legislativos (RLx 1-Jul.-1993)[105] e por actos judiciais (STA 26Jan.1993; mas , em sentido não coincidente, REv 14-Abr.-1994)[106] cabe aos tribunais comuns;

– que as actuações processadas em termos comuns, como a circulação de comandos na 2ª circular, são de gestão privada e pertencem aos tribunais comuns (STA 7-Out.-1993)[107].

Tudo visto: materialmente, a destrinça não é possível: tornava-se necessário indagar o complexo normativo invocado pelo Estado para agir ou melhor: para ter agido. O sistema era formal e muito imprevisível.

III. O regime civil vigente

10. A reforma processual de 2002

I. A controvérsia e as decisões prosseguiram, nos anos subsequentes. Podemos apontar, na prática do sistema dual, uma clara pressão no sentido de ampliar a "gestão pública", de modo a retirar dos tribunais comuns as questões que envolvam o Estado. Tal movimento era sentido como uma limitação aos Direitos dos particulares: os tribunais administrativos, habituados a juízos de legalidade estrita e dominados por uma ideia difusa de tutela do interesse público, movimentavam-se pouco na área da concretização da responsabilidade civil aquiliana. Todo o esforço processual dos interessados era feito no sentido de reconduzir a competência para apreciar danos causados pelo Estado aos tribunais comuns. Muitos direitos ficaram ingloriamente sem tutela, por razões formais e de competência.

---

[101] STJ 7-Dez.-1995, CJ/Supremo III, 3, 148.
[102] STJ 29-Jan.-1991, BMJ 403, 371-378.
[103] STJ 1-Out.-1991, BMJ 410, 469-474.
[104] TConfl 15-Dez.-1992, BMJ 422, 76-77.
[105] RLx 1-Jul.-1993, CJ XVIII, 3, 145-146.
[106] STA 26-Jan.-1993, BMJ 423, 285-292 e REv 14-Abr.-1994, CJ XIX, 2, 266.
[107] STA 7-Out.-1993, BMJ 430, 493.

A responsabilidade civil do Estado

II. Tendo este problema como pano de fundo, o novo Estatuto dos Tribunais Administrativos e Fiscais, aprovado pela Lei n.º 13/2002, de 19 de Fevereiro e depois alterado pelas Leis n.º 4-A/2003, de 19 de Fevereiro, n.º 107-D/2003, de 31 de Dezembro, n.º 1/2008, de 14 de Janeiro, n.º 2/2008, de 14 de Janeiro, n.º 26/2008, de 27 de Junho, n.º 52/2008, de 28 de Agosto e n.º 59/2008, de 11 de Setembro e pelo Decreto-Lei n.º 166/2009, de 31 de Julho, veio substituir o anterior Estatuto, aprovado pelo Decreto-Lei n.º 129/84, de 27 de Abril.

O actual Estatuto comete aos tribunais de jurisdição administrativa e fiscal a competência para apreciar a responsabilidade civil extracontratual do Estado e demais pessoas colectivas públicas e dos seus funcionários e agentes, bem como o dos sujeitos privados aos quais se aplique o mesmo regime – 4.º/1, *g*), *h*) e *i*). A partir daí, perde interesse a distinção entre a gestão pública e a gestão privada. Tudo segue no foro administrativo[108]. Os efeitos desta reforma têm se vindo a acentuar no dia-a-dia.

11. A remissão para a responsabilidade do comissário

I. O artigo 501.º, do Código Civil, no tocante à denominada gestão privada, remete o regime da responsabilidade do Estado e das outras pessoas colectivas públicas para a responsabilidade do comitente. O preceito retoma o disposto no artigo 165.º, do Código Civil, quanto à responsabilidade civil das pessoas colectivas.

Segundo o referido artigo 165.º:

> As pessoas colectivas respondem civilmente pelos actos ou omissões dos seus representantes, agentes ou mandatários nos mesmos termos em que os comitentes respondem pelos actos ou omissões dos seus comissários.

O artigo 998.º/1, do Código Civil, repete, à letra esse preceito, aplicando-o às sociedades civis puras. Já o artigo 6.º/5 do Código das Sociedades Comerciais usa uma fórmula diferente:

> A sociedade responde civilmente pelos actos ou omissões de quem legalmente a represente, nos termos em que os comitentes respondem pelos actos ou omissões dos comissários.

---

[108] *Vide* Luís Cabral de Moncada, *A responsabilidade civil extracontratual do Estado e demais entidades públicas*, Est. Marcello Caetano II (2006), 9-82 (21).

906 Em Homenagem ao Professor Doutor Diogo Freitas do Amaral

II. Teremos, nestes preceitos, uma concretização da responsabilidade do comitente, tal como advém do artigo 500.°?

Adiantamos que as fórmulas e remissões dos transcritos preceitos não são satisfatórias: revelam uma área em que a doutrina da personalidade colectiva estava incompleta, à data da sua feitura. Todavia, se forem bem interpretadas, numa linha doutrinária em que é possível inscrever Manuel de Andrade e Oliveira Ascensão, poderemos colocar o Direito civil português dentro dos actuais parâmetros da responsabilidade civil das pessoas colectivas.

12. Crítica

I. Numa fase inicial, as pessoas colectivas eram consideradas insusceptíveis de incorrer em responsabilidade civil[109]. Mesmo ultrapassando a ideia da ficção e da não aplicabilidade analógica de normas e realidades ficciosas, quedavam dificuldades de fundamentação: a responsabilidade, depois de atormentada evolução, teria de se basear sempre na culpa; ora a pessoa colectiva não poderia ter culpa. Além disso, foi levantado um segundo obstáculo: sendo a pessoa colectiva "incapaz", ela teria sempre de se fazer representar. E os poderes de representação não se alargariam a actos ilícitos.

II. O primeiro avanço consistiria em estabelecer a responsabilidade civil das pessoas colectivas. Procedeu-se em duas fases: a da responsabilidade contratual e a da responsabilidade delitual ou aquiliana. Quanto à contratual, fácil foi demonstrar que a pessoa colectiva podia não cumprir as suas obrigações; seria mesmo injusto ilibá-la, nesse ponto, de responsabilidade, uma vez que isso iria provocar grave desigualdade nos meios económico-sociais. No tocante à aquiliana, a dificuldade era maior. Recorreu-se, então, à utilização do esquema da responsabilidade do comitente.

III. A solução de responsabilizar as pessoas colectivas, em termos aquilianos, pelos actos dos seus representantes e através do esquema da

---

[109] Tal era a posição de FRIEDRICH CARL VON SAVIGNY, *System des heutigen römischen Rechts*, 2 (1840), § 94 (310-318).

A responsabilidade civil do Estado
907

imputação ao comitente, não era satisfatória: nem em termos jurídico-
-científicos, nem em termos práticos. Assim:

– em termos jurídico-científicos, verifica-se que o recurso à imputação do comitente está enfeudado à ideia de pessoa colectiva como "incapaz"; agiria através de comissários ou mandatários, cujos feitos apenas mediatamente se repercutiriam na sua esfera jurídica;

– em termos práticos, a imputação ao comitente equivale a meter de premeio mais uns quantos requisitos; quer isto dizer que a pessoa colectiva acabaria por, no espaço jurídico-social, ter um tratamento diferenciado (mais favorável) do que as pessoas singulares; ima-gine-se, por exemplo, que o "representante" não tem culpa ou apresenta uma causa de justificação puramente pessoal: a pessoa colectiva potencialmente beneficiada com a sua actuação não responderia, em virtude do final do artigo 500.º/1; não pode ser.

Passa-se, pois, a uma terceira fase: a pessoa colectiva responde di-rectamente pelos actos ilícitos dos titulares dos seus órgãos, desde que tenham agido nessa qualidade.

IV. Em abono, sublinhamos que a solução da responsabilidade di-recta da pessoa colectiva pelos actos dos seus órgãos é a solução pacífica na Alemanha: tal a saída consignada no § 31 do BGB[110]. Costuma-se dar a seguinte explicação: pelo Direito alemão, a responsabilidade do comi-tente, consignada no § 831 do BGB, é fraca: permite, ao mesmo comi-tente, eximir-se à responsabilidade pelas regras da *culpa in eligendo*, isto é, provando que pôs na escolha do comissário todo o cuidado requerido. Ora admitir tal esquema no campo das pessoas colectivas equivaleria a uma potencial desresponsabilização em larga escala. Todavia, a solução latina (portanto: sem *culpa in eligendo*) não dá, ao contrário do que se lê em livros de doutrina alemã, uma completa solidez à responsabilidade das pessoas colectivas: há outros requisitos a ter em conta.

---

[110] Cf. LARENZ/WOLF, *Allgemeiner Teil des deutschen bürgerlichen Rechts*, 9ª ed. (2004), 193 ss. e, com imenso material, DIETER REUTER, *Münchener Kommentar zum BGB*, 1, 5ª ed. (2007), § 31 (701 ss.). Quanto às associações, KURT STÖBER, *Handbuch zum Vereinsrecht*, 8ª ed. (2000), 234 ss., EUGEN SAUTER/GERHARD SCHWEYER/WOLFRAM WALDNER, *Der eingetragene Verein*, 17ª ed. (2001), 204 ss. e BERNHARD REICHERT, *Handbuch des Vereins und Verbandsrechts*, 9ª ed. (2003), 706 ss..

908   *Em Homenagem ao Professor Doutor Diogo Freitas do Amaral*

Em França deu-se uma viragem favorável a essa mesma responsabilidade directa. Após a reforma das sociedades de 1966, que suprimiu a referência aos "mandatários", adoptou-se a teoria orgânica[111]. Os feitos perpetrados pelos titulares repercutem-se directamente na pessoa colectiva, responsabilizando-a, se esse for o caso[112].

V. Em Portugal, a responsabilização directa das pessoas colectivas, por actos dos seus órgãos, foi defendida por Manuel de Andrade, em termos cuidadosos e convincentes[113]. Um tanto na mesma linha, Ferrer Correia, no seu anteprojecto – artigo 7.º – distinguiu a responsabilidade da pessoa colectiva pelos actos e omissões "dos seus representantes estatutários", que era directa e a resultante de actos e omissões "de seus agentes e mandatários", que seguia os meandros da responsabilidade dos comitentes[114]. Infelizmente, esta contraposição perdeu-se nas revisões ministeriais. O artigo 165.º uniformiza, sob a imputação ao comitente, os actos ou omissões dos "representantes, agentes ou mandatários". Deu, assim, azo às confusões subsequentes. Com uma agravante: contagiou as próprias sociedades, como se alcança do artigo 998.º/1 do Código Civil e do artigo 6.º/5 do Código das Sociedades Comerciais, já citados.

13. A responsabilidade directa

I. Perante o teor literal do artigo 165.º, do Código Civil, reforçado, para mais, pelo artigo 6.º/5 do Código das Sociedades Comerciais, que fala em "quem legalmente a represente", a doutrina tem sido levada a pensar que, para efeitos de responsabilidade civil aquiliana, a pessoa colectiva é um "comitente", sendo o seu órgão um "comissário", de modo a aplicar o artigo 500.º[115]. Concretizam-se os óbices jurídico-científicos

---

[111] Cf. Ferid/Sonnenberger, *Das französische Zivilrecht* 1/1, 2ª ed. (1994), 377.

[112] Carbonnier, *Droit civil / Les personnes*, 21ª ed. (2000), 405 ("... é uma responsabilidade directa e não uma responsabilidade por facto alheio ...").

[113] Manuel de Andrade, *Teoria geral da relação jurídica* 1 (1972, reimpr.), 131 ss. (138 ss.).

[114] António Ferrer Correia, *Pessoas colectivas / Anteprojecto de um capítulo do novo Código Civil*, BMJ 67 (1957), 247-281 (249).

[115] Pires de Lima/Antunes Varela, *Código Civil Anotado*, 1, 4ª ed. (1987), 167-168 e Carvalho Fernandes, *Teoria geral do Direito civil* I, 3ª ed. (2001), 609 ss. (612).

A responsabilidade civil do Estado 909

e práticos, acima referidos. Há que procurar uma solução alternativa: fácil, de resto, uma vez que beneficiamos da doutrina de Manuel de Andrade e das de outros países, que se viram na situação de fazer evoluir o seu pensamento, na matéria.

II. A pessoa colectiva é uma pessoa. Logo, ela pode integrar, de modo directo, "aquele que com dolo ou mera culpa ...", referido no artigo 483.º, do Código Civil. A culpa – um juízo de censura! – é-lhe directamente aplicável: nada tem a ver, na concepção actual, com situações de índole psicológica.

III. O artigo 165.º[116] não tem a ver com a responsabilidade das pessoas colectivas por actos dos seus órgãos: antes dos seus representantes (voluntários ou "legais", porquanto nos termos da *lei*[117]) eventualmente constituídos para determinados efeitos, dos seus agentes e dos seus mandatários[118]. E aí já fará sentido apelar para a imputação ao comitente.

IV. O Código Civil dá-nos, ainda, um argumento sistemático, que depõe no mesmo sentido[119]. O artigo 164.º/1 fala em obrigações e responsabilidade dos "titulares dos órgãos das pessoas colectivas": expressão correcta, dentro do prisma da "representação" orgânica. Assim, quando no artigo 165.º refere os representantes das pessoas colectivas, não pode querer dizer os mesmos "titulares dos órgãos"; será uma realidade diferente e, designadamente: os representantes voluntários, expressamente escolhidos para a conclusão de um contrato ou para qualquer outro efeito.

Apenas nas pessoas colectivas públicas – num preceito cuja constitucionalidade é discutível – a responsabilidade teria de se efectivar com a intervenção do esquema da comissão, dado o teor do artigo 501.º. Mas, também aqui, pela interpretação sistemática, será possível operar uma "correcção" científica.

---

[116] Que não tem correspondente no Código Civil italiano; também aí a responsabilidade das pessoas colectivas é directa.

[117] Como modo de ultrapassar o artigo 6º/5 do CSC: este preceito é inexplicável, em 1986 (data do Código), tendo a ver com a falta de cuidado na sua revisão.

[118] Tal a posição de OLIVEIRA ASCENSÃO, *Direito civil / Teoria geral*, 1, 2ª ed. (2000), especialmente 275 e 276, que merece aplauso.

[119] Trata-se de uma ideia inicialmente apresentada por MARCELLO CAETANO, *As pessoas colectivas no novo Código Civil português*, O Direito 99 (1967), 85-110 (104) e retomada por OLIVEIRA ASCENSÃO, *Teoria geral* cit., 1, 2ª ed., 276.

910   Em Homenagem ao Professor Doutor Diogo Freitas do Amaral

14. A responsabilidade por gestão privada

I. Com os elementos obtidos, regressemos ao artigo 501.º do Código Civil. A remissão para o artigo 165.º do mesmo Código é incorrecta: assenta numa deficiente concepção da personalidade colectiva e desconhece as potencialidades da representação orgânica. Também aqui há que, pela construção jurídico-científica, emendar a letra da lei, em nome da superioridade do pensamento legislativo e do espírito do sistema.

II. Assim, na denominada gestão privada:
– o Estado responde directamente pelos actos ilícitos e culposos dos seus representantes; a ilicitude e a culpa são, por via do nexo de representação orgânica, imputadas ao próprio Estado;
– o Estado responde objectivamente pelos actos dos seus representantes voluntários, dos seus agentes e dos seus mandatários, quando os constitua, nos termos gerais e desde que não haja representação.

IV. A Lei n.º 67/2007, de 31 de Dezembro

15. Aspectos gerais

I. A Lei n.º 67/2007, de 31 de Dezembro, aprovou um denominado "regime de responsabilidade civil extracontratual do Estado e demais entidades públicas". Esse diploma revogou, designadamente, o Decreto-Lei n.º 48 051, de 21 de Novembro de 1967. Foi antecedido pela Proposta de Lei n.º 56/X, que obteve diversos estudos e comentários[120] e visou dar melhor concretização ao artigo 22.º da Constituição[121].

---

[120] Assim, LUÍS CABRAL DE MONCADA, *A responsabilidade civil extracontratual do Estado e demais entidades públicas*, Est. Marcello Caetano II (2006), 9-82 (9 ss.) e MARIA JOSÉ RANGEL DE MESQUITA, *A proposta de Lei nº 56/X em matéria de responsabilidade civil extracontratual do Estado e demais entidades públicas: breves notas à luz do Direito da União Europeia*, Est. Marcello Caetano II (2006), 233-258. Quanto às vicissitudes desta reforma e às tentativas anteriores de a levar a cabo, MARIA JOSÉ RANGEL DE MESQUITA, *O regime da responsabilidade civil extracontratual do Estado e demais entidades públicas e o Direito da União Europeia* 2 (2009), 10-11.
[121] JORGE MIRANDA/RUI MEDEIROS, *Constituição Portuguesa Anotada* I (2005), 209 ss..

A *responsabilidade civil do Estado* 911

Surge a ideia de que a responsabilidade do Estado está pouco representada, na nossa literatura[122]. De facto, quando se aborda um tema isolado, seja ele qual for, é essa a primeira sensação que assalta ao estudioso. Todavia, uma apreciação mais distante permite afirmar que o tema da responsabilidade do Estado tem merecido, por parte dos nossos administrativistas, uma especial atenção. Assim, entre as posteriores ao Código Vaz Serra, assinalamos monografias e recolhas de Gomes Canotilho[123], de Rui Medeiros[124], de Lúcia Amaral[125], de João Aveiro Pereira[126], de Fausto de Quadros[127] e de Nélia Daniel Dias[128]. Já depois da reforma de 2007, cumpre assinalar Carlos Alberto Fernandes Cadilha[129] e Maria José Rangel de Mesquita[130].

II. O regime aprovado pela Lei n.º 67/2007, de 31 de Dezembro, ignorou o Direito comunitário. Ora este tem vindo a prever diversas hipóteses de responsabilidade do Estado, designadamente por não transposição ou por transposição deficiente de directrizes[131]. Visando satisfazer (parte) da dimensão europeia, foi alterado, pela Lei n.º 31/2008, de 17 de Julho, o artigo 7.º do Regime da Responsabilidade Civil Extracontratual do Estado, adoptado no ano anterior. Outros aspectos ficaram por considerar, exigindo, na opinião de reputados especialistas, uma nova revisão da Lei[132].

---

[122] MARIA LÚCIA C. A. AMARAL PINTO CORREIA, *Responsabilidade do Estado e dever de indemnizar do legislador* (1998), 742 pp. (7, nota 1).

[123] JOSÉ JOAQUIM GOMES CANOTILHO, *O problema da responsabilidade do Estado por actos lícitos* (1974), 364 pp., já citada.

[124] RUI MEDEIROS, *Ensaio sobre a responsabilidade civil do Estado por actos legislativos* (1992), 364 pp..

[125] LÚCIA AMARAL, ob. cit. *supra* nota 122.

[126] JOÃO AVEIRO PEREIRA, *A responsabilidade civil por actos jurisdicionais* (2001), 258 pp. (49 ss.).

[127] FAUSTO DE QUADROS (coord.), *Responsabilidade civil extracontratual da Administração Pública*, 2ª ed. (2004), 374 pp., com oito estudos e um apêndice de jurisprudência.

[128] NÉLIA DANIEL DIAS, *A responsabilidade civil do juiz*, 2ª ed. (2005), 792 pp. (599 ss.).

[129] CARLOS ALBERTO FERNANDES CADILHA, *Regime da responsabilidade civil extracontratual do Estado e demais entidades públicas anotado* (2008), 376 pp..

[130] Ob. cit. no final da nota 120.

[131] *Tratado* I/1, 3ª ed., 250 ss..

[132] MARIA JOSÉ RANGEL DE MESQUITA, *O regime da responsabilidade civil extracontratual do Estado* cit., 49 ss. e *passim, maxime* 105 ss..

912   *Em Homenagem ao Professor Doutor Diogo Freitas do Amaral*

16. Sistema; responsabilidade pela função administrativa

I. O Regime da Responsabilidade Civil Extracontratual do Estado e demais Entidades Públicas (RRCEE), de 2007, reparte-se por dezasseis importantes artigos, assim agrupados:

Capítulo I – Disposições gerais (1.º a 6.º);

Capítulo II – Responsabilidade civil por danos emergentes do exercício da função administrativa:

Secção I – Responsabilidade por facto ilícito (7.º a 10.º);

Secção II – Responsabilidade pelo risco (11.º);

Capítulo III – Responsabilidade civil por danos decorrentes do exercício da função jurisdicional (12.º a 14.º);

Capítulo IV – Responsabilidade civil por danos decorrentes do exercício da função políticolegislativa (15.º);

Capítulo V – Indemnização pelo sacrifício (16.º).

II. Verifica-se que o RRCEE substituiu a anterior "gestão pública" pela ordenação em função legislativa, função jurisdicional e função político-legislativa. Ela aplica-se não só a pessoas colectivas de Direito público, seus agentes e trabalhadores, mas também às privadas e seus serventuários, por acções ou omissões que adoptem no exercício de prerrogativas de poder público. Temos novas categorias, que apontam uma natureza institucional do Direito público.

III. O RRCEE lida, fundamentalmente, com categorias civis, descontada a classificação, tipicamente publicística, das funções do Estado em administrativa, jurisdicional e político-legislativa. *Grosso modo*, fixa o sistema que segue.

Quanto à função administrativa, como tal se considerando as acções e omissões adoptadas no exercício de prerrogativas de poder público ou reguladas por disposições ou princípios de Direito administrativo (1.º/2), a Lei fixa:

– uma responsabilidade exclusiva do Estado por actos ilícitos cometidos com culpa leve pelos titulares dos seus órgãos, funcionários ou agentes (7.º/1) e pelo funcionamento anormal dos serviços (7.º/3);

– uma responsabilidade solidária do Estado por actos ilícitos por eles cometidos com dolo ou culpa grave, isto é, "diligência e zelo

A *responsabilidade civil do Estado*

manifestamente inferiores àqueles a que se encontravam obrigados em razão do cargo" (8.º/1); tem, depois, direito de regresso (8.º/3);

– uma responsabilidade exclusiva do Estado pelo risco, isto é, pelos danos decorrentes de actividades, coisas ou serviços administrativos especialmente perigosos (11.º/1).

IV. O RRCEE meteu-se afoitamente nas definições de ilicitude (9.º) e de culpa (10.º): caso único, pois tais noções, essencialmente jurídico-científicas, não podem ser formuladas por lei.

A ilicitude exige a violação de disposições ou princípios constitucionais, legais ou regulamentares ou o infringir regras de ordem técnica ou deveres objectivos de cuidado, e de que resulte a ofensa de direitos subjectivos ou de interesses legalmente protegidos (9.º/1)[133]; tomou-se, pois, à letra o artigo 483.º/1, do Código Civil, e desenvolveu-se o "ilicitamente", aí referido; todavia, "ilicitamente" postula a ausência de causas de justificação, sendo que a ilicitude advém (directamente) da violação de direitos subjectivos ou de normas de protecção[134]. A originalidade do RRCEE conduziria a que pudesse, *a contrario*, haver violações lícitas de direitos subjectivos ou de normas de protecção, independentemente de causas de justificação, o que seria absurdo: tal ocorrência traduziria, só por si, a violação da lei.

V. A culpa é definida de acordo com a bitola do "funcionário ou agente zeloso e cumpridor" (10.º/1)[135]. Veio-se a abandonar a fórmula milenária do *bonus pater familias* que, na sua aplicação profissional, diria precisamente o mesmo. Ora um Direito administrativo adulto não precisa de reconversões linguísticas para mostrar autonomia. A culpa é um juízo de valor: induz-se, mas não se "presume" (10.º/2 e 3!). As "presunções" de culpa civil são, consabidamente, presunções de factos indutores de culpa e de ilicitude.

Em suma: os artigos 9.º e 10.º são úteis porque, ao incitarem à sua crítica, permitem melhor explicar os pressupostos da responsabilidade civil. Mas o ideal teria sido evitá-los.

---

[133] CARLOS FERNANDES CADILHA, *Regime da responsabilidade civil anotado* cit., 147 ss..

[134] Com elementos, *vide* o nosso *Tratado de Direito civil*, II – *Direito das obrigações* 3 (2010), 443 ss..

[135] CARLOS FERNANDES CADILHA, *Regime da responsabilidade civil anotado* cit., 161 ss..

17. A responsabilidade pelas funções jurisdicional e legislativa

I. Na responsabilidade civil por danos decorrentes do exercício da função jurisdicional, a Lei distingue:
- o regime geral, aplicável designadamente quando falhe um prazo razoável para a decisão: equivale ao regime da responsabilidade por factos ilícitos cometidos no exercício da função administrativa (12.º);
- a responsabilidade por erro judiciário: o Estado responde, quando a decisão seja manifestamente inconstitucional, ilegal ou injustificada por erro grosseiro na apreciação dos respectivos pressupostos de facto (13.º/1);
- a responsabilidade dos magistrados: apenas existe, na forma de regresso, quando tenham agido com dolo ou culpa grave (14.º/1).

II. No domínio dos danos decorrentes do exercício da função político-legislativa, o artigo 15.º/1 prevê a responsabilidade do Estado e das regiões autónomas, verificados os seguintes pressupostos:
- danos anormais;
- causados a direitos ou a interesses protegidos;
- por actos político-legislativos desconformes com a Constituição, o Direito internacional, o Direito comunitário ou acto legislativo de valor reforçado.

A responsabilidade ocorre, ainda, perante omissões legislativas.

O artigo 15.º/6 admite que a indemnização possa ser fixada equitativamente em valor inferior ao dos danos, quando, sendo os lesados em elevado número, assim o justifiquem razões de interesse público de excepcional relevo. Trata-se de uma cláusula de salvaguarda, por evidentes razões financeiras.

18. A responsabilidade pelo sacrifício

I. Há responsabilidade pelo sacrifício sempre que o Direito admita, como lícita, a prática de determinados danos mas, não obstante, confira ao lesado o direito a uma indemnização. Por isso fala-se, também, em responsabilidade por actos lícitos.

A ideia de base é simples: o Direito, de acordo com critérios nominalmente enformados pelo interesse público exige, em certos casos, sacrifícios selectivos que envolvem a supressão ou a compressão de direitos privados ou o postergar de interesses seus legitimamente protegidos. Quando tal suceda, impõe-se compensar o atingido.

II. A responsabilidade pelo sacrifício surgiu precisamente no Direito público[136]. A partir daí, a matéria veio encontrar alguns paralelos no Direito civil[137]. Na origem, temos o fenómeno da expropriação pelo interesse público, admitida nas leis liberais do século XIX e, depois, progressivamente aperfeiçoada[138]. Nos termos de toda uma evolução jurídico-científica, entende-se hoje que, havendo expropriação, o atingido tem direito a ser indemnizado por exigência do princípio da igualdade. Os sacrifícios impostos pelo interesse colectivo devem ser equamente distribuídos por todos, dentro da sociedade e não apenas concentrados nalguns, pela mera casualidade de, no momento considerado, serem titulares dos interesses a atingir.

Pois bem: independentemente de expropriação, pode o interesse colectivo requerer a supressão ou a compressão de determinadas vantagens tuteladas. Desde que feita nos termos legalmente previstos e com cobertura constitucional, a lesão é lícita; mas o mesmo princípio da igualdade obrigará a compensar o lesado.

III. Nas leis sobre a responsabilidade do Estado e demais pessoas colectivas públicas por actos de gestão pública, constam precisões de imputação pelo sacrifício. Assim sucedia nos artigos 8.º e 9.º do Decreto-Lei n.º 48 051, de 21 de Novembro, relativamente à responsabilidade do Estado por actos lícitos, perante actividades especialmente perigosas ou que impusessem prejuízos especiais e anormais. O artigo 16.º da actual

---

[136] LARENZ/CANARIS, *Lehrbuch des Schuldrechts*, II/2, 13ª ed. (1994), § 85 (654).

[137] HEINRICH HUBMANN, *Der bürgerlichrechtliche Aufopferungsanspruch*, JZ 1958, 489-493; HORST KONZEN, *Aufopferung im Zivilrecht / Beitrag zu den Lehren vom bürgerlichrechtlichen und arbeitsrechtlichen Aufopferungsanspruch* (1969), 248 pp. ; JOHANNES S. SPYRIDAKIS, *Gedanken über einen allgemeiner privatrechtlichen Aufopferungsanspruch*, FG Sontis (1977), 241-251.

[138] *Vide* os nossos *Direitos reais*, 2 (1979), 794 ss., com uma resenha evolutiva. A matéria consta, hoje, do Código das Expropriações aprovado pela Lei nº 168/99, de 18 de Setembro e por último alterado pela Lei nº 56/2008, de 4 de Setembro.

Lei n.º 67/2007, de 31 de Dezembro, dispõe sobre o tema, adoptando mesmo a terminologia germânica "indemnização pelo sacrifício". Recordemos o seu conteúdo:

> O Estado e as demais pessoas colectivas de direito público indemnizam os particulares a quem, por razões de interesse público, imponham encargos ou causem danos especiais e anormais, devendo, para o cálculo da indemnização, atender-se, designadamente, ao grau de afectação do conteúdo substancial do direito ou interesse violado ou sacrificado.

Evidentemente: por via do princípio da legalidade, os "encargos" ou "danos especiais e anormais" só podem ser infligidos quando exista lei que o permita e lhe fixe o sentido e os limites.

IV. Aquando da preparação do Código Civil, Vaz Serra propôs que o tema fosse acolhido e merecesse uma referência de ordem geral[139]. Chegou mesmo a sugerir o preceito seguinte[140]:

> 1. Se, em benefício de um direito ou interesse juridicamente protegido de alguém, se lesar, mediante acto lícito, um direito ou interesse juridicamente protegido de outrem, tem este outro um direito de indemnização contra o beneficiário, desde que os danos sejam suficientemente graves para merecerem ser reparados, salvo se da lei, ao abrigo da qual a lesão se efectuou, resultar, expressa ou tàcitamente, que quis excluir o direito de indemnização.
> 2. A indemnização prevista neste artigo deve ser calculada nos termos gerais ou de acordo com a equidade, conforme as circunstâncias do caso ou o que resultar da lei.
> 3. Ao crédito de indemnização é aplicável a prescrição do crédito de indemnização por acto lícito.
> 4. O disposto no presente artigo é aplicável ao Estado e às demais corporações públicas, que, mediante acto lícito, lesem direitos ou interesses juridicamente protegidos de particulares, com ofensa do princípio da igual repartição dos encargos públicos.

---

[139] ADRIANO VAZ SERRA, *Fundamento da responsabilidade civil (em especial, responsabilidade por acidentes de viação terrestre e por intervenções lícitas)*, BMJ 90 (1959), 5-322 (288 ss.).

[140] ADRIANO VAZ SERRA, *Direito das obrigações* cit., 646-647.

A *responsabilidade civil do Estado* 917

V. Este preceito sobreviveu à primeira revisão ministerial (490.º)[141]: mas sucumbiu na segunda, sem indicação de motivos. A explicação é dada por Antunes Varela, autor material da supressão: em vez de uma previsão geral, preferiu-se deixar a disciplina concreta da matéria às diversas previsões legais de sacrifício, as quais fixariam o regime que mais lhes conviesse[142]. Cabe, assim, indagar nas distintas situações legalmente previstas a eventualidade de imputações pelo sacrifício.

VI. Procurando fixar directrizes de ordem geral, encontramos dois requisitos:
– a permissão de causar um dano, através da inobservância de direitos subjectivos ou de interesses juridicamente tutelados;
– a imposição de um dever de indemnizar.
A permissão de causar um dano é, seguramente, excepcional. Uma autorização geral para lesar as pessoas, em áreas de tutela jurídica, não surge compaginável com uma ideia consistente de ordenamento civil. Podemos, por isso, falar numa tipicidade de situações de possível imputação pelo sacrifício. Essa tipicidade infere-se, de resto, do artigo 483.º/2, do Código Civil. Todavia, um dos tipos de imputação objectiva tem contornos muito amplos, funcionando como uma pequena cláusula, nesse domínio: reportamo-nos ao estado de necessidade (339.º).

VII. No Código Civil há diversas previsões de imputação pelo sacrifício. Podemos agrupá-las em três blocos[143]:
– o estado de necessidade;
– a lesão ao direito de propriedade;
– o incumprimento de contratos.

Todas as situações nas quais as previsões em causa se consubstanciam constam de normas estritas. Outro tanto deverá suceder, *a fortiori*, no Direito público.

---

[141] BMJ 119 (1962), 80-81.

[142] João Antunes Varela, *Das obrigações em geral* cit., 1, 10ª ed., 717.

[143] Alguma doutrina tem optado por uma ordenação em dois grupos, reconduzindo o estado de necessidade à lesão da propriedade alheia: Mário Júlio de Almeida Costa, *Direito das obrigações*, 12ª ed. (2009), 657-658. Outra, como Luís Menezes Leitão, *Direito das obrigações*, 1, 8ª ed. (2008), 399-400, prescinde de uma ordenação.

918   *Em Homenagem ao Professor Doutor Diogo Freitas do Amaral*

VIII. O artigo 16.º refere a responsabilidade pelo sacrifício ou por acto lícito. Todavia, menciona o "direito ou interesse violado", o que demonstra a confusão de conceitos já denotada no artigo 9.º, quando o RRCEE se abalançou a definir ilicitude. Se a actuação é lícita, pode haver danos, mas não direitos violados.

Neste âmbito, o dever de indemnizar pressupõe "encargos" ou "danos especiais e anormais".

V. Considerações finais

19. Aspectos dogmáticos

I. O Direito português dispõe de legislação avançada sobre a responsabilidade civil extracontratual do Estado: a Lei n.º 67/2007, de 31 de Dezembro. Trata-se de um diploma amplo e generoso que, a ser aplicado, poderia provocar um enorme encargo para o Estado. De resto, o alargamento da responsabilidade vem a decorrer do artigo 22.º da Constituição[144], aplicável directamente mesmo antes da nova Lei.

II. Em termos jurídico-científicos, podemos considerar que se trata de um diploma materialmente civil. Os pressupostos gerais da responsabilidade têm plena aplicação, salvo algum desvio pontualmente imposto pela lei[145]. Esta consideração pode ser confirmada na jurisprudência atinente à ilicitude[146], à prescrição[147] e à determinação do próprio âmbito de aplicação dos institutos em jogo[148]. Pois bem: não vemos qualquer vantagem em, no início do século XXI, engendrar, a propósito da responsabilidade civil do Estado, um segundo sistema de responsabilidade civil.

---

[144] STJ 8-Set.-2009 (SEBASTIÃO PÓVOAS), Proc. 368/09; em sentido não coincidente: STJ 3-Dez.-2009 (MOREIRA CAMILO), Proc. 9180/07, segundo o qual houve que aguardar a Lei nº 67/2007, para responsabilizar o Estado pela função jurisdicional.

[145] STA 19-Nov.-2009 (COSTA REIS), Proc. 0533/09, reportando-se ainda ao Decreto-Lei n.º 48 051.

[146] STA 27-Jan.-2010 (FERNANDO XAVIER), Proc. 0358/09, distinguindo as normas de protecção propriamente dita das de tutela, meramente reflexa.

[147] STA 4-Nov.-2009 (ANGELINA DOMINGUES), Proc. 01076/07 e STA 27-Jan.-2010 (JOÃO BELCHIOR), Proc. 0519/09.

[148] STJ 14-Jan.-2010 (MARIA DOS PRAZERES BELEZA), Proc. 1450/06: a sociedade anónima segue a ordem jurisdicional.

III. Dentro da responsabilidade civil do Estado, reencontramos os vários subsistemas: acto ilícito, risco e sacrifício. Seja gestão privada, seja funções administrativa, jurisdicional ou político-legislativa, há que conservar as regras gerais. Não vemos que situações materialmente idênticas possam ser tratadas pelo Estado, diferentemente, consoante esteja em causa o Código Civil (501.º) ou a Lei n.º 67/2007. Haveria inconstitucionalidade por quebra do princípio da igualdade.

IV. De momento, a Lei n.º 67/2007 não chegou aos tribunais superiores[149]: a lentidão da justiça a tanto conduz, enquanto a matéria está ainda em fase de divulgação junto dos operadores jurídicos. Todavia, é previsível que, com o tempo, ela venha a ser intensamente utilizada, obrigando a um especial cuidado no seu manuseamento dogmático.

20. O perigo da deriva formal; superação

I. A vasta e, de resto, excelente literatura publicística sobre a responsabilidade civil do Estado mostra um afastamento considerável relativamente à problemática científica subjacente. Não é possível fazer doutrina sem um perfeito domínio da dogmática da responsabilidade. Seria, de facto, inconveniente que o incremento esperado na responsabilização do Estado viesse acarretar um retrocesso cultural e científico no campo da responsabilidade civil. Impõe-se, mais do que nunca, uma tarefa interdisciplinar descomplexada.

II. A concentração da responsabilidade do Estado nos tribunais administrativos reforça a tarefa de divulgação da responsabilidade civil. O foro administrativo está hoje muito próximo do jurisdicional comum: quer pelas leis que aplica, quer pelo processo. Alguns reflexos podem, porém, conservar-se: uma especial atenção à forma; uma sensibilidade acrescida para a necessidade de leis estritas; uma tendência ancestral para defender

---

[149] Assim tem-se, de um modo geral, em vista ainda o Decreto-Lei nº 48 051, e isso mesmo nos tribunais centrais: TCA/Sul 21-Fev.-2008 (José Correia), Proc. 00481/04 (responsabilidade por não transposição de directrizes), TCA/Sul 4-Jun.-2009 (Teresa Sousa), Proc. 04724/09 (risco) e TCA/Norte 15-Out.-2009 (Carlos Medeiros de Carvalho), Proc. 02334/06 (demora no funcionamento da Justiça).

o Estado enquanto suporte visível do interesse público. Os particulares continuam a sentir como desfavorável a necessidade de litigar nos tribunais administrativos. Reside, aqui, mais um desafio à divulgação do Direito das obrigações.

III. A especialização não deve provocar quebras de nível: pelo contrário. Pede-se ao civilista a humildade de se manter actualizado perante as leis, a doutrina e a jurisprudência administrativas. E paralelamente: os cultores da responsabilidade administrativa não devem esquecer a profunda remodelação que o tema milenário da responsabilidade vem acusando nos últimos vinte anos.

A Ciência do Direito não admite fronteiras.

DA NEGOCIAÇÃO NO PROCEDIMENTO
DE ADJUDICAÇÃO DE CONTRATOS PÚBLICOS[1]

PAULO OTERO[*]

SUMÁRIO: §1.º – Preliminares: A) Identificação do problema jurídico; B) Sequência da investigação. §2.º – Origem e fundamento de uma fase de negociações no procedimento da contratação pública: A) Génese e evolução das negociações na contratação pública; B) Pressupostos dos procedimentos por negociação. §3.º – Negociação e flexibilização

---

[1] O presente estudo consubstancia uma modesta homenagem ao Professor Doutor Diogo Freitas do Amaral que, a múltiplos títulos, marcou (e continua a marcar) a minha formação como jurista e como pessoa: o Insigne Mestre representa, em primeiro lugar, o principal responsável pelo seu gosto pelo Direito Administrativo, assumindo assinalável centralidade na minha estruturação de raciocínio a clareza das suas obras, a sistematização que sempre procura adoptar e, muito em particular, o contributo singular que para mim envolveu, enquanto aluno do 2.º ano de Direito, a leitura do seu livro «*Conceito e Natureza do Recurso Hierárquico*» – nenhum livro jurídico foi tão decisivo na minha vida como aluno e cientista do Direito; o Homenageado traduz, em segundo lugar, a fonte que me cativou para a necessidade do estudo da História do Pensamento Político, sem o conhecimento da qual tudo carece de uma base de sustentação – saber as causas históricas dos fenómenos é também compreender a possível evolução dos seus efeitos; o Professor Diogo Freitas do Amaral revelou, em terceiro lugar, e desde o primeiro momento, uma honrosa confiança ao longo de toda a minha carreira, estando presente nos principais momentos da minha vida universitária e convidando-me, múltiplas vezes, para colaborar consigo como jurisconsulto – há, por tudo isto, uma dívida de gratidão que, apesar de todas as divergências científicas que cultivamos (v.g., quanto à natureza da delegação de poderes, à configuração da hierarquia administrativa, o sistema de governo), dificilmente poderá por mim ser saldada. Limito-me, enquanto devedor, a confessar, publicamente, essa dívida, e ainda o elevado respeito e a muita admiração pela Obra e pela Pessoa do Homenageado.

[*] Prof. Catedrático da Faculdade de Direito de Lisboa.

922   *Em Homenagem ao Professor Doutor Diogo Freitas do Amaral*

das propostas a concurso: pressupostos e limites: A) Flexibilização e intangibilidade das propostas; B) Flexibilidade e propostas regulares e adequadas; C) Flexibilidade e propostas inadequadas; D) Flexibilidade e propostas irregulares. §4.º – Conclusões.

§1.º Preliminares

A) Identificação do problema jurídico

1.1. Visando implementar directivas da União Europeia em matéria de contratação pública, o Código dos Contratos Públicos, aprovado pelo Decreto-Lei n.º 18/2008, de 29 de Janeiro, cria, a propósito dos diversos procedimentos para a formação de contratos previstos no seu artigo 16.º, n.º 1, três situações que envolvem uma fase de negociação de propostas:

    (i)   No procedimento por ajuste directo, se tiver sido convidada a apresentar proposta mais de uma entidade, o convite deve indicar se as propostas serão objecto de negociação (artigo 115.º, n.º 2, alínea a)), devendo tais negociações incidir sobre os atributos das propostas[2];

    (ii) No âmbito do procedimento por concurso público, desde que se trate de contratos de concessão de obras públicas ou de concessão de serviços públicos, poderá existir uma fase de negociação de propostas (artigo 149.º, n.º 1), devendo o programa do concurso indicar os aspectos da execução do contrato a celebrar que se encontram excluídos de negociação (artigo 150.º, n.º 1, alínea b));

    (iii) Existe ainda um designado procedimento de negociação que, traduzindo um procedimento autónomo de adjudicação (artigos 16.º, n.º 1, alínea d), e 193.º e seguintes), engloba uma fase de negociação das propostas (artigo 194.º, alínea c)), devendo do respectivo programa do procedimento constar os aspectos da execução do contrato a celebrar que se encontram excluídos da negociação (artigo 196.º, alínea b)).

---

   [2] Cfr. artigo 118.º, n.º 1, segundo a redacção introduzida pelo Decreto-Lei n.º 278/ /2009, de 2 de Outubro, correspondendo ao anterior artigo 118.º, n.º 2, nos termos da versão inicial do Código dos Contratos Públicos.

Da Negociação no Procedimento de Adjudicação de Contratos Públicos   923

Em qualquer destas situações, sem entrar aqui na discussão se o procedimento do diálogo concorrencial envolve também uma implícita habilitação para uma mitigada negociação de propostas[3], deparamos com a introdução de uma fase de negociações entre a entidade adjudicante e os concorrentes.

1.2. É neste exacto domínio, estando em causa uma fase de negociações no âmbito de um procedimento administrativo visando a formação de um contrato público, que se situa o núcleo da presente investigação.

Tudo se resume, por conseguinte, em determinar se a fase de negociações no âmbito de um procedimento administrativo de formação de um contrato público, tal como resulta do Código dos Contratos Públicos e do Direito da União Europeia que aquele visa transpor, permite a correcção de falhas e lapsos das propostas apresentadas a concurso e seleccionadas para a fase das negociações e, em caso afirmativo, o recorte dos inerente limites de admissibilidade.

Trata-se, afinal, de determinar a exacta margem da liberdade conformadora da dinâmica negocial entre a entidade adjudicante e os concorrentes, isto num cenário que, fazendo apelo ao tradicional dogma da intangibilidade ou imutabilidade das propostas apresentadas num procedimento administrativo concursal[4], tudo se circunscreve na resposta à seguinte interrogação: em que medida a existência de uma fase de negociações num procedimento de formação de um contrato público envolve uma flexibilização das propostas dos concorrentes, permitindo ajustamentos, precisões e correcções de falhas e lapsos de tais propostas?

Eis o que importa averiguar ao longo da presente investigação.

---

[3] Essa possibilidade encontraria alicerce no artigo 29.º, n.º 6, da Directiva 2004/18//CE do Parlamento Europeu e do Conselho, de 31 de Março de 2004, isto na medida em que admite que, a pedido das entidades adjudicantes, as «propostas podem ser clarificadas, precisadas e ajustadas», ressalvando, todavia, que «não podem alterar elementos fundamentais da proposta ou do concurso». Igualmente sobre o tema, pronunciando-se em sentido contrário à exclusão da admissibilidade de negociação das propostas no procedimento de diálogo concorrencial, cfr. MARK KIRKBY, *O diálogo concorrencial, in* PEDRO GONÇALVES *(org.), Estudos de Contratação Pública,* I, Coimbra, 2008, pp. 289 e 290.

[4] Para uma relativização desse mesmo dogma, discutindo o alcance do princípio da intangibilidade ou imutabilidade das propostas, antes do Código dos Contratos Públicos, cfr. PAULO OTERO, *Intangibilidade das propostas em concurso público e erro de facto na formação da vontade: a omissão de elementos não variáveis na formulação de uma proposta, in O Direito,* Ano 131.º, 1999, em especial, pp. 97 ss.

924 Em Homenagem ao Professor Doutor Diogo Freitas do Amaral

B) Sequência da investigação

1.3. Recortado e identificado o problema jurídico a analisar, cumpre agora estabelecer a sequência de investigação:

(a) Começaremos, em primeiro lugar, por recortar a origem e o fundamento da fase das negociações na contratação pública, abordando o seu desenvolvimento à luz da ordem jurídica portuguesa e da evolução revelada pelo Direito da União Europeia;

(b) Num segundo momento, habilitados com o estudo já efectuado no ponto anterior, estaremos em condições de desenvolver e articular a relação entre a negociação procedimental e a flexibilização das propostas dos concorrentes, procurando recortar os seus pressupostos e respectivos limites;

(c) Encerraremos o estudo, por último, apresentando uma breve síntese das principais conclusões obtidas ao longo da investigação.

§2.º Origem e fundamento de uma fase de negociações no procedimento da contratação pública

A) Génese e evolução das negociações na contratação pública

2.1. Num primeiro momento, o processo de formação de contratos envolvendo entidades públicas não conhecia regras diferentes das aplicáveis aos contratos entre privados: o mútuo consentimento, envolvendo total liberdade de negociação, num cenário de ampla margem decisória conferida à autonomia da vontade das partes, seria o princípio geral dominante, num sistema em que o Direito comum regia toda a actividade contratual.

Há notícia, porém, que, nos termos das *Ordenações Manuelinas*, a atribuição da exploração de terras municipais deveria ser feita por pregão público, sob pena de expressa nulidade do contrato[5], alargando-se essa exigência procedimental de pregão, por força da Lei de 6 de Julho de 1596, à formação de todos os contratos municipais de empreitada, desde que superiores a mil reis, estabelecendo-se que o contrato seria celebrado,

---

[5] Cfr. *Ordenações Manuelinas*, Livro I, título 46, §28.º.

Da Negociação no Procedimento de Adjudicação de Contratos Públicos   925

nas palavras das *Ordenações Filipinas*, "a quem a houver de fazer melhor e por menos preço"[6].

Em tais casos, apesar de circunscritos ao âmbito contratual autárquico, a negociação típica privada foi, desde muito cedo, substituída por um sistema público de formação do contrato administrativo, limitando-se a margem de liberdade decisória ou a discricionariedade do decisor.

2.2. Será só no século XIX, no entanto, que, após a "invenção" do Direito Administrativo, as preocupações de publicidade, concorrência e igualdade passaram a dominar os mecanismos procedimentais de adjudicação[7].

Em Portugal, a primeira referência aos valores da publicidade e da livre concorrência surge na década de oitenta do século XIX[8], registando-se que remonta a 1936 a formulação, clara e inequívoca no âmbito da contratação pública, dos "requisitos" da publicidade, concorrência e igualdade dos concorrentes[9].

Controvertida mostra-se, no entanto, a questão de saber se vigorava um princípio geral de sujeição de todos os contratos públicos a concurso público[10] ou, pelo contrário, se a regra geral era, salvo preceito especial em contrário, o ajuste particular ou directo[11].

E a questão colocada não se mostra despicienda: a existência de um princípio geral de concurso público limita ou retira mesmo discricionariedade à escolha administrativa do co-contratante, enquanto a figura do ajuste directo, reforçando a liberdade decisória da Administração Pública, aproxima o procedimento de formação dos contratos públicos do modelo existente ao nível das relações contratuais entre privados.

---

[6] Cfr. *Ordenações Filipinas*, Livro I, título 66, §39.º.

[7] Neste sentido, cfr. E.V. FOUCART, *Éléments de Droit Public et Administratif*, III, Paris, 1839, pp. 138-139.
Fazendo uma síntese da evolução francesa, cfr., por todos, GASTON JÈZE, *Les Principes Généraux du Droit Administratif*, IV, 3ª ed., Paris, 1934, pp. 82 ss.

[8] Cfr. JACINTO ANTÓNIO PERDIGÃO, *Apontamentos de Direito, Legislação e Jurisprudencia Administrativa e Fiscal Dispostos em Ordem Alphabetica*, I, Lisboa, 1883, p. 291.

[9] Cfr. JOÃO DE MELO MACHADO, *Teoria Jurídica do Contrato Administrativo*, Coimbra, 1936, p. 161.

[10] Neste sentido, cfr. JACINTO ANTÓNIO PERDIGÃO, *Apontamentos...*, p. 293; JOÃO DE MELO MACHADO, *Teoria...*, pp. 162 e xvi.

[11] Neste sentido, cfr. MARCELLO CAETANO, *Manual de Direito Administrativo*, Lisboa, 1937, p. 541.

926   *Em Homenagem ao Professor Doutor Diogo Freitas do Amaral*

A evolução do pensamento de Marcello Caetano torna-se, neste domínio, paradigmática: apesar de reconhecer, segundo resultava do Código Administrativo de 1936-40, consagrar-se o concurso público como regra[12], continuava a afirmar que, salvo texto legal em sentido contrário, "em princípio a Administração tem a faculdade de contratar por ajuste particular"[13], verificando-se que só em 1960, na 5ª edição do seu *Manual*, perante a publicação do Decreto-Lei n.º 41.375, de 19 de Novembro de 1957, ocorre uma primeira reformulação do princípio geral, "sempre que a lei não permitir o ajuste directo, a escolha do contratante particular tem de ser feita mediante concurso"[14], para, numa formulação final do seu pensamento, acabar por proclamar que "a regra é de que os contratos administrativos devem ser celebrados precedendo concurso público"[15].

Mesmo abstraindo da incidência vinculativa da juridicidade sobre a actividade contratual pública, a liberdade dos termos de negociação da formação de contratos públicos passa a configurar-se como substancialmente diferente do processo adoptado entre particulares para a celebração de contratos de Direito Privado.

2.3. Esse progressivo distanciamento entre o procedimento de formação dos contratos públicos, envolvendo uma entidade pública e um particular, e, por outro lado, o processo subjacente à gestação dos contratos privados entre particulares é ainda reforçado, a partir do Código do Procedimento Administrativo, que, nos termos do seu artigo 183.º, dispunha que, salvo excepções autorizadas por lei, "os contratos administrativos devem ser precedidos de concurso público"[16].

A transformação do concurso público em mecanismo obrigatório de escolha do co-contratante, isto em termos de princípio geral, e sem

---

[12] Cfr. MARCELLO CAETANO, *Tratado de Direito Administrativo*, I, Coimbra, 1944, p. 317.

[13] Cfr. MARCELLO CAETANO, *Tratado...*, I, p. 316; IDEM, *Manual...*, 2ª ed., (1947), p. 501.

[14] Cfr. MARCELLO CAETANO, *Manual...*, 5ª ed., (1960), p. 291.

[15] Cfr. MARCELLO CAETANO, *Manual...*, I, 9ª ed., (1970), p. 573; IDEM, *Manual...*, I, 10ª ed., reimp. (1980), p. 597.

[16] Trata-se, aliás, de uma solução que acolheu doutrina anterior ao Código do Procedimento Administrativo e que, na sequência da última fase do pensamento de Marcello Caetano, afirma o princípio geral do concurso público nos contratos administrativos, cfr. DIOGO FREITAS DO AMARAL, *Direito Administrativo*, III, Policop., Lisboa, 1989, pp. 454-455.

Da Negociação no Procedimento de Adjudicação de Contratos Públicos   927

prejuízo de excepções, veio ainda distanciar mais a formação dos contratos públicos das regras aplicáveis à contratação privada entre particulares: a negociação, enquanto espaço de liberdade conformadora, tornou-se uma área de excepção no âmbito da contratação pública, substituída que estava por uma tendencial e progressiva visão de automaticidade ou vinculação decisória da escolha do co-contratante.

Não obstante as expressas referências legais ao ajuste directo e ao procedimento por negociação[17], ambos os mecanismos envolvendo espaços de liberdade conformadora negocial na formação de contratos administrativos, a progressiva influência da ordem de valores proveniente do ordenamento jurídico comunitário, visando a implementação de um mercado interno e a inerente aproximação das legislações dos Estados-membros no domínio da contratação pública, foi moldando as regras internas da contratação pública na escolha do co-contratante, limitando a discricionariedade da escolha e pulverizando mecanismos de apertada vinculação decisória: os princípios da não discriminação, da concorrência e da transparência passaram a assumir um valor materialmente constitucional na configuração dos regimes internos dos Estados-membros na formação dos contratos públicos[18], tornando as margens de autonomia negocial residuais na escolha do co-contratante.

Tudo isto foi acompanhado pela emanação de directivas comunitárias no domínio da contratação pública[19], fazendo emergir um Direito Europeu da Contratação Pública que, num primeiro momento, procurou "esquecer" a inevitável exigência de flexibilidade da contratação, visando implementar um modelo espartano de formação dos contratos públicos que tornou marginal a negociação.

---

[17] Cfr. Código do Procedimento Administrativo, artigo 182.º, n.º 1, alíneas d) e e).

Note-se, porém, que o procedimento por negociação apenas foi introduzido no Código do Procedimento Administrativo na sua revisão de 1996 (Decreto-Lei n.º 31/96, de 31 de Janeiro), tendo antes vigorado no âmbito do regime jurídico das empreitadas de obras públicas, segundo os termos do Decreto-Lei n.º 405/93, de 10 de Dezembro, sendo posteriormente também acolhido pelo Decreto-Lei n.º 55/95, de 27 de Março.

[18] Cfr. PAULO OTERO, *Legalidade e Administração Pública: o sentido da vinculação administrativa à juridicidade*, reimp., Coimbra, 2007, pp. 464-465 e 485.

[19] Para uma síntese dessa evolução até meados dos anos noventa do século XX, cfr. MARTÍN M.ª RAZQUIN LIZARRAGA, *Contratos Públicos y Derecho Comunitário*, Pamplona, 1996, pp. 39 ss.

928 *Em Homenagem ao Professor Doutor Diogo Freitas do Amaral*

2.4. Não deixa de ser curioso, confirmando a evolução até agora traçada, que as primeiras directivas comunitárias relativas à contratação pública tivessem como objectivo a definição de princípios relativos à proibição das especificações técnicas com efeito discriminatório, à publicidade comunitária dos contratos, à elaboração de critérios objectivos de participação e à instauração de um processo que permitisse velar em comum pela observância destes princípios[20], limitando-se, por todas estas vias, assim como pela imposição de concurso público ou de concurso limitado, sem prejuízo de excepções, a liberdade conformadora do decisor dos Estados-membros na escolha dos co-contratantes[21].

As referidas excepções, tanto previstas na Directiva 71/305/CEE do Conselho, de 26 de Julho de 1971[22], quanto na Directiva 77/62/CEE, de

---

[20] Cfr. Directiva 71/305/CEE do Conselho, de 26 de Julho de 1971, *relativa à coordenação dos processos de adjudicação de empreitadas de obras públicas,* e a Directiva 77/62/CEE, de 21 de Dezembro de 1976, *relativa à coordenação dos processos de celebração dos contratos de fornecimento de direito público.*

[21] Neste último sentido, cfr. DIOGO FREITAS DO AMARAL, *Curso de Direito Administrativo,* II, Coimbra, 2001, p. 569.

[22] Tais excepções, previstas no artigo 9.º, compreendiam os seguintes casos:
a) Na ausência de propostas, ou quando tenham sido apresentadas propostas irregulares na sequência do recurso a um dos processos previstos na directiva em causa ou na presença de propostas inaceitáveis à luz das disposições nacionais compatíveis com as determinações do título IV da directiva, desde que as condições do concurso inicial não sejam fundamentalmente modificadas;
b) Quanto a obras cuja execução, por motivos técnicos, artísticos ou relacionados com a protecção de direitos exclusivos, só possam ser confiadas a um determinado empreiteiro;
c) Quanto a obras realizadas exclusivamente a título de investigação, de experiência, de estudo ou de aperfeiçoamento;
d) Na medida do estritamente necessário, quando a urgência imperiosa resultante de acontecimentos imprevisíveis pelas entidades adjudicantes não seja compatível com os prazos exigidos por outros processos;
e) Quando as obras forem declaradas secretas ou quando a sua execução deva ser acompanhada de medidas especiais de segurança ou quando a protecção dos interesses essenciais da segurança do Estado o exigir;
f) Quanto às obras complementares que não constem do projecto inicialmente adjudicado nem do primeiro contrato celebrado e que se tenham tornado necessárias, na sequência de uma circunstância imprevista, à execução da obra tal como descrita naqueles documentos, na condição de que a adjudicação seja feita ao empreiteiro que executa a referida obra:
– quando essas obras não possam ser técnica ou economicamente separadas do contrato de empreitada principal sem inconveniente grave para as entidades adjudicantes;

Da Negociação no Procedimento de Adjudicação de Contratos Públicos   929

21 de Dezembro de 1976²³, excluindo o concurso público e o concurso limitado, admitindo a possibilidade de adjudicação por via negocial –

– ou quando essas obras, ainda que separáveis da execução do contrato inicial, sejam estritamente necessárias ao seu acabamento; contudo, o montante acumulado das adjudicações de obras complementares não pode ser superior a 50% do montante do primeiro contrato de empreitada;

g) Quanto a obras novas que consistam na repetição de obras similares confiadas é empresa preferida numa primeira adjudicação pelas mesmas entidades adjudicantes, desde que essas obras estejam em conformidade com um projecto de base e que esse projecto tenha sido objecto de uma primeira adjudicação de acordo com os processos mencionados no artigo 5.º, verificados ainda certos requisitos;

h) Em casos excepcionais, quando se tratar de obras cuja natureza ou riscos não permitam uma fixação prévia e global de preços.

²³ São as excepções previstas no artigo 6.º e referentes às seguintes situações:

a) Na falta de propostas, ou na presença de propostas irregulares no seguimento do processo previsto pela directiva, ou em presença de propostas inaceitáveis face a disposições nacionais compatíveis com as prescrições da capítulo IV da directiva, desde que as condições iniciais do contrato não sejam substancialmente alteradas;

b) Quanto a produtos cujo fabrico ou entrega, devido à sua especificidade técnica, artística ou por razões relativas à protecção de direitos exclusivos, não possam ser confiadas senão a um fornecedor determinado;

c) Quando se trate de objectos que não sejam fabricados senão a título de investigação, ensaio, estudo ou aperfeiçoamento;

d) Na medida estritamente necessária, quando o urgência imperiosa resultante de acontecimentos imprevisíveis para as entidades adjudicantes em questão não é compatível com os prazos exigidos nos processos previstos nos n.ᵒˢ 1 e 2 do artigo 4.º;

e) Quanto a entregas complementares efectuadas pelo primitivo fornecedor e destinadas seja à substituição parcial de bens fornecidos ou de instalações de uso corrente, seja à ampliação de bens fornecidos ou de instalações existentes, desde que a mudança de fornecedor obrigasse a entidade adjudicante a comprar um material de técnica diferente implicando uma incompatibilidade ou dificuldades técnicas desproporcionadas nas condições de utilização e manutenção;

f) Quando se trate de fornecimentos cotados e adquiridos numa bolsa na Comunidade;

g) Quando os fornecimentos forem declarados secretos ou quando a sua execução deva ser acompanhada de medidas especiais de segurança, em conformidade com as disposições legislativas, regulamentares ou administrativas em vigor no Estado-membro considerado, ou quando a protecção dos interesses essenciais da segurança desse Estado o exija;

h) Quanto a contratos de fornecimento de equipamentos no domínio da informática, sem prejuízo de decisões do Conselho, tomadas sob proposta da Comissão

930   *Em Homenagem ao Professor Doutor Diogo Freitas do Amaral*

sem nunca utilizar, todavia, esse termo –, conferiam às Administrações dos Estados-membros uma margem de liberdade decisória que, envolvendo um considerável poder discricionário, permitiam flexibilidade nos procedimentos de escolha dos co-contratantes.

Essas zonas de flexibilidade na formação dos contratos públicos decorrentes das excepções ao concurso público e ao concurso limitado, igualmente existente nos sectores excluídos dos domínios de aplicação de tais directivas comunitárias, conferiam aos Estados-membros a possibilidade de, segundo processos negociais típicos da contratação privada – sem embargo do respeito pelos princípios da não discriminação, da concorrência e da transparência –, gozarem de uma margem de discricionariedade na selecção do contraente privado.

2.5. Esse é também o sentido da evolução subsequente das directivas comunitárias em matéria de contratação pública que, depois de se verificar não ser possível os procedimentos de escolha dos co-contratantes se circunscreverem somente ao concurso público e ao concurso limitado, vieram introduzir a figura dos "procedimentos por negociação", enquanto "procedimentos nacionais em que as entidades adjudicantes consultam fornecedores à sua escolha, negociando as condições do contrato com um ou vários deles"[24] ou, em alternativa, "concursos por negociação", entendidos como "concursos nacionais em que as entidades adjudicantes consultam empresários à sua escolha, negociando com um ou vários deles as condições do contrato"[25].

Estava reconhecida com autonomia conceitual, segundo a ordem jurídica comunitária, a negociação como procedimento, mecanismo ou fase de escolha pelas entidades adjudicantes dos contratantes privados.

Neste contexto, durante os anos noventa são publicadas várias directivas que, procedendo à coordenação dos processos de adjudicação

---

definindo as categorias de materiais aos quais a presente excepção não é aplicável. Não pode recorrer-se à presente excepção após o dia 1 de Janeiro de 1981, salvo decisão do Conselho, tomado sob proposta da Comissão modificando esta data.

[24] Neste sentido, cfr. o aditamento de uma alínea f) ao artigo 1.º da Directiva 77/62/ /CEE, relativa à coordenação dos processos de celebração de contratos de fornecimento de direito público, segundo os termos resultantes da *Directiva 88/295/CEE do Conselho, de 22 de Março de 1988.*

[25] Cfr. a alteração introduzida pela Directiva do Conselho, de 18 de Julho de 1989, ao artigo 1.º, alínea g), da já mencionada Directiva 71/305/CEE.

Da Negociação no Procedimento de Adjudicação de Contratos Públicos   931

de diversos tipos de contratos públicos, falam agora em "concursos por negociação"[26], "procedimentos por negociação"[27] ou "processos por negociação"[28], remetendo para o ordenamento interno dos Estados-membros, visam traduzir, em síntese, um sistema de escolha do co-contratante em que as entidades adjudicantes, consultando particulares à sua escolha, negociam com eles, em momento posterior, as condições do contrato.

A existência de uma fase autónoma de negociação regressa, deste modo, ao procedimento de formação dos contratos públicos: os valores ou princípios da igualdade, concorrência e transparência têm de se harmonizar com a necessária flexibilização de um procedimento que, devolvendo margem de discricionariedade negocial às entidades adjudicantes, se torna uma inevitabilidade também da contratação pública[29].

Comprova-se, por esta via, a impossibilidade de uma rigidificação integral do procedimento de escolha do co-contratante privado pela Administração Pública, transformando-o num mecanismo globalmente vinculado de decisão, verdadeiro autómato decisório: a necessidade de ponderação administrativa da diversidade de situações factuais e a exigência sempre presente de uma melhor prossecução do interesse público tornaram impossível o inicial "sonho" de um procedimento de adjudicação sem margem de negociação.

Tudo reside agora, em vez de proibir ou negar a autonomia de um procedimento envolvendo uma fase negocial, em impedir que, por via da

---

[26] Cfr. artigo 1.º, n.º 6, alínea c), *Directiva 90/531/CEE do Conselho, de 17 de Setembro de 1990, relativa aos procedimentos de celebração dos contratos de direito público nos sectores da água, da energia, dos transportes e das telecomunicações.*

[27] Cfr. artigo 1.º, alínea f), da Directiva 92/50/CEE do Conselho, de 18 de Junho de 1992, relativa à coordenação dos processos de adjudicação de contratos públicos de serviços.

[28] Cfr. artigo 1.º, alínea f), da Directiva 93/36/CEE do Conselho, de 14 de Junho de 1993, respeitante aos processos de adjudicação de contratos públicos de fornecimento; artigo 1.º, alínea g), da Directiva 93/37/CEE do Conselho, de 14 de Junho de 1993, relativa à coordenação dos processos de adjudicação de empreitadas de obras públicas; artigo 1.º, n.º 7, alínea c), da *Directiva 93/38/CEE do Conselho, de 14 de Junho de 1993, relativa à coordenação dos processos de celebração de contratos nos sectores da água, da energia, dos transportes e das telecomunicações.*

[29] Para um confronto entre a negociação no âmbito da contratação pública e da contratação entre privados, sublinhando as limitações procedimentais e substantivas decorrentes de princípios gerais de Direito Administrativo a que a primeira, ao invés da segunda, se encontra subordinada, cfr. PELINO SANTORO, *Manuale dei Contratti Pubblici*, 7ª ed., Santarcangelo di Romagna, 2007, pp. 663 ss.

932   *Em Homenagem ao Professor Doutor Diogo Freitas do Amaral*

negociação, se cometam abusos ou preferências indevidas, lesivas dos princípios da concorrência, da igualdade e da transparência, conferindo natureza excepcional e tipificada às situações habilitantes da escolha do co-contratante por via negocial[30].

O Direito da União Europeia do século XXI no domínio da contratação pública comprova esse mesmo sentido evolutivo: a Directiva 2004/17/CE do Parlamento Europeu e do Conselho, de 31 de Março de 2004, relativa à coordenação dos processos de adjudicação de contratos nos sectores da água, da energia, dos transportes e dos serviços postais, tal como a Directiva 2004/18/CE do Parlamento Europeu e do Conselho, de 31 de Março de 2004, relativa à coordenação dos processos de adjudicação de contratos de empreitada de obras públicas, dos contratos públicos de fornecimento e dos contratos públicos de serviços, ilustram a valorização da negociação no procedimento de escolha do co-contratante[31].

Uma vez que tais directivas da União Europeia foram objecto de transposição pelo Código dos Contratos Públicos[32], esse mesmo espírito valorizador de procedimentos negociais na escolha do co-contratante nunca pode deixar de estar presente no ordenamento jurídico português.

Importa, por conseguinte, averiguar os pressupostos ou fundamentos de tais procedimentos por negociação.

B) Pressupostos dos procedimentos por negociação

2.6. A análise das Directivas 2004/18/CE e 2004/17/CE do Parlamento Europeu e do Conselho, de 31 de Março de 2004, permite verificar que os procedimentos por negociação visam introduzir uma flexibilida-

---

[30] Cfr. ROSSANA DE NICTOLIS / CARMINE VOLPE, *Le procedure aperte, ristrette e negoziate*, in MARIA ALESSANDRA SANDULLI / ROSSANA DE NICTOLIS / ROBERTO GAROFOLI (org.), *Trattato sui Contratti Pubblici*, III, Milano, 2008, p. 1762.

[31] Essa mesma evolução, «reabilitando» o procedimento por negociação, designadamente por razões de complexidade, segurança da informação ou segurança do abastecimento, encontra-se também subjacente à Directiva 2009/81/CE do Parlamento Europeu e do Conselho, de 13 de Julho de 2009, relativa à coordenação dos processos de adjudicação de determinados contratos de empreitada, contratos de fornecimento e contratos de serviços por autoridades ou entidades adjudicantes nos domínios da defesa e da segurança.

[32] Nesse mesmo sentido, cfr. o preâmbulo do Decreto-Lei n.º 18/2008, de 29 de Janeiro.

[33] Nesse sentido, cfr. preâmbulo (n.ºs 31 e 41) da Directiva 2004/18/CE do Parlamento Europeu e do Conselho, de 31 de Março de 2004, relativa à coordenação dos

Da Negociação no Procedimento de Adjudicação de Contratos Públicos 933

de[33] que, salvaguardando a concorrência e demais valores da contratação pública, permita às entidades adjudicantes, negociando as condições do contrato com um ou mais de entre os operadores económicos escolhidos[34], segundo um procedimento que pode envolver ou não a publicação do anúncio do concurso[35], fazer face às necessidades decorrentes de diversos factores.

Em termos sistemáticos, os procedimentos de negociação podem ser desencadeados, à luz das mencionadas directivas da União Europeia, tendo por base os seguintes pressupostos:

(a) Existindo a prévia publicação de anúncio de concurso[36]:
  (i) Em todos os tipos de contratos:
    – Verificando-se a existência de propostas irregulares ou inaceitáveis[37];
    – Em casos excepcionais, por natureza ou condicionalismo, que não permitam a fixação prévia e global de preços[38];

---

processos de adjudicação de contratos de empreitada de obras públicas, dos contratos públicos de fornecimento e dos contratos públicos de serviços.

No mesmo sentido, associando a ideia de flexibilidade ao procedimento por negociação, cfr. preâmbulo (n.º 48) da Directiva 2009/81/CE do Parlamento Europeu e do Conselho, de 13 de Julho de 2009, relativa à coordenação dos processos de adjudicação de determinados contratos de empreitada, contratos de fornecimento e contratos de serviços por autoridades ou entidades adjudicantes nos domínios da defesa e da segurança.

[34] Cfr. artigo 1.º, n.º 11, alínea d), da Directiva 2004/18/CE do Parlamento Europeu e do Conselho, de 31 de Março de 2004.

No mesmo sentido, cfr. artigo 1.º, n.º 9, alínea c), da Directiva 2004/17/CE do Parlamento Europeu e do Conselho, de 31 de Março de 2004, relativa à coordenação dos processos de adjudicação de contratos nos sectores da água, da energia, dos transportes e dos serviços postais.

[35] Cfr. artigos 30.º e 31.º. Respectivamente, da Directiva 2004/18/CE do Parlamento Europeu e do Conselho, de 31 de Março de 2004.

[36] Para mais desenvolvimentos sobre o tema, cfr. PELINO SANTORO, *Manuale...*, pp. 661 ss.; ROSSANA DE NICTOLIS / CARMINE VOLPE, *Le procedure...*, in MARIA ALESSANDRA SANDULLI / ROSSANA DE NICTOLIS / ROBERTO GAROFOLI (org.), *Trattato...*, III, pp. 1769 ss.

[37] Cfr. artigo 30.º, aliena a), da Directiva 2004/18/CE.

Note-se que, neste sentido, o artigo 26.º, n.º 1, da Directiva 2009/81/CE do Parlamento Europeu e do Conselho, de 13 de Julho de 2009, relativa à coordenação dos processos de adjudicação de determinados contratos de empreitada, contratos de fornecimento e contratos de serviços por autoridades ou entidades adjudicantes nos domínios da defesa e da segurança, permite que a negociação tenha como propósito adaptar as propostas «aos requisitos indicados no anúncio do concurso, no caderno de encargos e nos eventuais documentos complementares (...)»

[38] Cfr. artigo 30.º, aliena b), da Directiva 2004/18/CE.

934 *Em Homenagem ao Professor Doutor Diogo Freitas do Amaral*

- Tratando-se de situações contratuais baseadas em acordo-
-quadro[39];
(ii) Em contratos de serviços, desde que estejam em causa prestações intelectuais não especificáveis[40];
(iii) Em contratos de empreitadas de obras públicas, tratando-se
de obras com fins de investigação, experimentação ou desenvolvimento[41];
(b) Não existindo prévia publicação de anúncio de concurso[42]:
(i) Em todos os tipos de contratos:
- Se se verificar que o concurso ficou deserto, por não terem
sido apresentadas propostas, propostas adequadas ou candidaturas[43];
- Ocorrendo, por razões técnicas, artísticas ou de exclusivi-
dade[44], um executor determinado;
- Por motivos de extrema urgência[45];
- Verificando-se adjudicação tendo por base um acordo-qua-
dro exaustivo[46];

---

[39] Cfr. artigo 32.º, n.º 4, da Directiva 2004/18/CE.
[40] Cfr. artigo 30.º, aliena c), da Directiva 2004/18/CE.
[41] Cfr. artigo 30.º, aliena d), da Directiva 2004/18/CE.
[42] Cfr. PELINO SANTORO, *Manuale...*, pp. 661 ss.; ROSSANA DE NICTOLIS / CARMINE VOLPE, *Le procedure...*, in MARIA ALESSANDRA SANDULLI / ROSSANA DE NICTOLIS / ROBERTO GAROFOLI (org.), *Trattato...*, III, pp. 1783 ss.
[43] Cfr. artigo 31.º, n.º 1, aliena a), da Directiva 2004/18/CE; artigo 40.º, n.º 3, alínea a), da Directiva 2004/17/CE.
O artigo 28.º, n.º 1, alínea b), da Directiva 2009/81/CE do Parlamento Europeu e do Conselho, de 13 de Julho de 2009, relativa à coordenação dos processos de adjudicação de determinados contratos de empreitada, contratos de fornecimento e contratos de serviços por autoridades ou entidades adjudicantes nos domínios da defesa e da segurança, admite que, no âmbito de contratos de empreitada, de fornecimento e de serviços, apesar de não ter existido publicação do anúncio de concurso, o procedimento de negociações seja usado em caso de propostas que, além de inadequadas (alínea a)), sejam «irregulares ou de apresentação de propostas inaceitáveis ao abrigo de disposições nacionais compatíveis com (...), desde que (...)».
[44] Cfr. artigo 31.º, n.º 1, aliena b), da Directiva 2004/18/CE; artigo 40.º, n.º 3, alínea c), da Directiva 2004/17/CE.
[45] Cfr. artigo 31.º, n.º 1, aliena c), da Directiva 2004/18/CE; artigo 40.º, n.º 3, alínea d), da Directiva 2004/17/CE.
[46] Cfr. artigo 32.º, n.º 4, da Directiva 2004/18/CE; artigo 40.º, n.º 3, alínea i), da Directiva 2004/17/CE.

Da Negociação no Procedimento de Adjudicação de Contratos Públicos 935

(ii) Nos contratos de fornecimento:
- Tratando-se de produtos fabricados para fins de investigação, experimentação, estudo ou desenvolvimento[47];
- Envolvendo entregas complementares pelo fornecedor inicial e destinadas a propósitos específicos[48];
- Fornecimentos cotados e adquiridos num mercado de produtos de base[49];
- Aquisições de produtos em condições particularmente vantajosas, por cessação de actividade do fornecedor[50], ou, independentemente deste último facto, tratando-se de "aquisição de oportunidade" [51];

(iii) Nos contratos de empreitas de obras públicas:
- Estando em causa obras ou serviços complementares imprevistos, inseparáveis do contrato inicial ou absolutamente necessários à sua conclusão[52], desde que inferiores a 50% do montante desse contrato inicial[53];
- Face a obras ou serviços novos que se traduzam na repetição de obras e serviços similares confiadas ao adjudicatário de um contrato com o mesmo adjudicante, desde que conforme com o projecto de base, tendo existido concurso em relação a esse projecto e previsão dessa possibilidade[54];

(iv) Nos contratos de serviços, desde que resulte da sequência de um concurso para trabalhos de concepção, tendo o adjudicatário que ser o ou um dos vencedores desse concurso[55].

---

[47] Cfr. artigo 31.º, n.º 2, aliena a), da Directiva 2004/18/CE. Igualmente no mesmo sentido, atendendo ao respectivo âmbito material de aplicação, cfr. artigo 40.º, n.º 3, alínea b), da Directiva 2004/17/CE.

[48] Cfr. artigo 31.º, n.º 2, aliena b), da Directiva 2004/18/CE; artigo 40.º, n.º 3, alínea e), da Directiva 2004/17/CE.

[49] Cfr. artigo 31.º, n.º 2, aliena c), da Directiva 2004/18/CE; artigo 40.º, n.º 3, alínea h), da Directiva 2004/17/CE.

[50] Cfr. artigo 31.º, n.º 2, aliena d), da Directiva 2004/18/CE; artigo 40.º, n.º 3, alínea k), da Directiva 2004/17/CE.

[51] Cfr. artigo 40.º, n.º 3, alínea j), da Directiva 2004/17/CE.

[52] Cfr. artigo 31.º, n.º 4, aliena a), da Directiva 2004/18/CE; artigo 40.º, n.º 3, alínea f), da Directiva 2004/17/CE.

[53] Cfr. artigo 31.º, n.º 4, aliena a), da Directiva 2004/18/CE.

[54] Cfr. artigo 31.º, n.º 4, aliena b), da Directiva 2004/18/CE; artigo 40.º, n.º 3, alínea g), da Directiva 2004/17/CE.

[55] Cfr. artigo 31.º, n.º 3, da Directiva 2004/18/CE; artigo 40.º, n.º 3, alínea l), da Directiva 2004/17/CE.

2.7. Quais as ilações que se podem extrair do ordenamento jurídico da União Europeia em matéria de contratação pública referente aos procedimentos envolvendo negociação?

O quadro jurídico traçado permite extrair, segundo a respectiva configuração, as seguintes cinco principais ilações:

(i) Em primeiro lugar, sem prejuízo de situações especiais, verifica-se que a negociação pode ser, desde que se verifiquem os respectivos pressupostos, um procedimento de escolha do co-contratante relativamente a todos os contratos públicos: não existem, à partida, contratos públicos excluídos de um procedimento por negociação;

(ii) Em segundo lugar, o procedimento por negociação pode traduzir-se num mecanismo visando ultrapassar situações de ausência, irregularidade, inaceitabilidade ou inadequação das propostas ou, pelo contrário, situações em que não existem quaisquer destas vicissitudes nas propostas, tratando-se, por isso mesmo, de propostas regulares, aceitáveis e adequadas, configurando-se a negociação como puro mecanismo de aperfeiçoamento das vantagens ou contrapartidas que possam vir a ser obtidas na execução do contrato;

(iii) Em terceiro lugar, encontrem-se em causa propostas regulares ou irregulares, aceitáveis ou inaceitáveis, adequadas ou inadequadas, a negociação é sempre ditada por razões de interesse público, configurando-se como um inevitável instrumento de flexibilização das propostas em causa: "a imutabilidade das propostas não casa, por natureza, com a figura da negociação"[56];

(iv) Em quarto lugar, a flexibilização das propostas decorrente da fase negocial determina que as propostas iniciais dos concorrentes assumem uma natureza tendencialmente indicativa[57], isto pelo menos em todos os aspectos que não dizem respeito ao cumprimento de preceitos dotados de natureza imperativa, sendo o resultado final de vinculação contratual um produto directo

---

[56] Cfr. Diogo Freitas do Amaral, *Curso...*, II, p. 600.

[57] Cfr. Esther Michel / Peter Braun, *Rechtsnatur und Anwendungsbereich von „Indikativen Angeboten"*, in *NZBau – Neue Zeitschrift für Bau– und Vergaberecht*, 2009, n.º 11, pp. 686 ss.

Da Negociação no Procedimento de Adjudicação de Contratos Públicos   937

das negociações conjuntas entre a entidade adjudicante e o concorrente, podendo falar-se em acordo das negociações, enquanto expressão do resultado final do procedimento negocial[58], materializando-se esse acordo na proposta final do concorrente;

(v) Em quinto lugar, o procedimento de negociação (e o inerente acordo resultante das negociações) depara com limites que, sem embargo de resultarem da incidência normal dos princípios gerais reguladores da actividade administrativa, podem encontrar a sua génese em exigências procedimentais de natureza qualitativa ou quantitativa, fixadas pelo Direito da União Europeia ou ainda pelo Direito interno dos Estados-membros.

2.8. As ilações extraídas exigem ainda, atendendo à temática dos pressupostos dos procedimentos por negociação na contratação pública, três observações complementares

(i) Primeira observação – os procedimentos de negociação são mecanismos de escolha do co-contratante que, permitidos pelo Direito da União Europeia, se mostram uma realidade comum ao Direito da contratação pública dos Estados europeus: o Direito alemão fala em *"Verhandlungsverfahren"*[59]; o Direito Espanhol, em *"procedimientos negociados"*[60]; o Direito francês, em *"procédures négociées"*; o Direito inglês, em *"negotiated procedures"*; e o Direito italiano, em *"procedura negoziata"*[61];

(ii) Segunda observação – Os Estados-membros da União Europeia devem harmonizar os respectivos ordenamentos jurídicos internos com os imperativos ditados pelo Direito da União Europeia, procedendo a uma transposição integral, fiel e legal das directivas[62] e, por outro lado, aplicar o princípio da interpretação

---

[58] Cfr. FRANK ROTH, *Zur Verbindlichkeit von Vertragsentwürfen in Verhandlungsverfahren*, in *VergabeR – Vergaberecht*, 2009, n.º 3, pp. 423 ss.

[59] Cfr. WALTER FRENZ, *Handbuch Europarecht: Beihilfe– und Vergaberecht*, Berlin-Heidelberg, 2007, pp. 932 ss.

[60] Cfr. MIQUEL VINYOLES I CASTELLS, *La Adjudicacion de los Contratos Publicos*, Madrid, 1995, pp. 175 ss.

[61] Cfr. ROSSANA DE NICTOLIS / CARMINE VOLPE, *Le procedure...*, in MARIA ALESSANDRA SANDULLI / ROSSANA DE NICTOLIS / ROBERTO GAROFOLI (org.), *Trattato...*, III, pp. 1761 ss.

[62] Cfr. PAULO OTERO, *Legalidade e Administração Pública*, pp. 472 ss.

do seu Direito interno em conformidade com o Direito da União Europeia[63];

(iii) Terceira observação – em Portugal, a Constituição consagra, nos termos do seu artigo 7.º, n.ºs 5 e 6, uma cláusula de empenhamento na construção e aprofundamento da União Europeia[64], significando isto, no âmbito da presente investigação, um dever de fidelidade e lealdade do Estado português na transposição das directivas sobre contratação pública, encontrando-se todos os agentes aplicadores do regime emergente do Código dos Contratos Públicos vinculados ao dever de interpretar as suas soluções normativas em conformidade com o Direito da União Europeia: as soluções do Código dos Contratos Públicos envolvendo uma fase de negociação de propostas, tal como anteriormente foram identificadas (v. *supra*, n.º 1.1.), devem ser interpretadas e integradas de harmonia com o regime resultante das Directivas 2004/18/CE e 2004/17/CE do Parlamento Europeu e do Conselho, de 31 de Março de 2004, que o Decreto-Lei n.º 18/2008, de 29 de Janeiro, visou transpor para o ordenamento jurídico português.

Será que essa transposição, no âmbito referente ao procedimento que envolve negociações para a escolha pela entidade adjudicante do co-contrante, se mostra conforme ao Direito da União Europeia?

É o que cumpre averiguar no capítulo seguinte da presente investigação, circunscrevendo a análise aos aspectos que dizem respeito a saber se a fase de negociação pode servir para corrigir falhas ou lapsos das propostas apresentadas a concurso.

---

[63] Especificamente sobre o princípio da interpretação do direito interno em conformidade com o Direito da União Europeia, cfr. MARIA LUÍSA DUARTE, *O artigo 10.º do Tratado da Comunidade Europeia – expressão de uma obrigação de cooperação entre os poderes públicos nacionais e as instituições comunitárias*, in MARIA LUÍSA DUARTE, *Estudos de Direito da União e das Comunidades Europeias*, I, Coimbra, 2000, p. 94; PAULO OTERO, *Legalidade e Administração Pública*, pp. 579 ss.; IDEM, *Direito Constitucional Português*, I, Coimbra, 2010, p. 218.

§3.º Negociação e flexibilização das propostas a concurso: pressupostos e limites

A) Flexibilização e intangibilidade das propostas

3.1. O estudo até agora realizado permitiu apurar que os procedimentos negociais no âmbito da normatividade proveniente do Direito da União Europeia determinam uma necessária e inevitável flexibilidade das propostas dos concorrentes (v. *supra*, n.º 2.7.): a negociação envolve uma derrogação ou limitação do princípio da imutabilidade ou intangibilidade das propostas.

Com efeito, torna-se impossível afirmar, simultaneamente, que as propostas entregues não podem ser alteradas, encontrando-se o seu autor vinculado ao seu conteúdo, e admitir, por outro lado, que a adjudicação seja antecedida de uma fase de negociações.

Afinal, bem vistas as coisas, de que serviriam as negociações se as propostas, integralmente dominadas pelo princípio da intangibilidade ou imutabilidade, não podem sofrer alterações no seu conteúdo?

Compreende-se, neste sentido, que se afirme, repetindo a sugestiva frase do Professor Diogo Freitas do Amaral (v. *supra*, n.º 2.7.), que "a imutabilidade das propostas não casa, por natureza, com a figura da negociação".

Significa isto, por outras palavras, que a existência de procedimentos por negociação envolve sempre uma derrogação, uma excepção ou uma ruptura das ideias de imutabilidade ou intangibilidade das propostas.

3.2. Essa flexibilização que a existência de uma fase ou procedimento de negociação introduz na contratação pública, retirando automatismo na adjudicação e introduzindo-lhe uma dose de discricionariedade traduzida na relevância da vontade de quem é competente para a decisão[65], permite afastar qualquer concepção que visualize aqui a adjudicação como um acto vinculado.

Não se discute que a adjudicação se encontre vinculada a respeitar a juridicidade, contesta-se, no entanto, um entendimento que, pressupondo

---

[64] Cfr. Paulo Otero, *Direito Constitucional Português*, I, pp. 132-133.
[65] Cfr. Miquel Vinyoles I Castells, *La Adjudicacion...*, p. 175.

um procedimento negocial, configure a adjudicação como algo de automático, resultante de uma simples aceitação de uma proposta completa, fechada e inalterável. Esse não é, nem pode ser, o cenário em situações de negociação do procedimento tendente à adjudicação.

A negociação pressupõe que as propostas apresentadas tenham sempre uma margem de flexibilidade que, por efeito das discussões e conversações durante as reuniões conjuntas de negociação, acabem por conduzir a uma de duas situações:

1) Ou não existe acordo durante as negociações, verificando-se que as conversações entre a entidade adjudicante e o concorrente foram infrutíferas;
2) Ou, pelo contrário, há um acordo negocial que, sintetizando o resultado final das negociações, materializa aquela que é a proposta final do particular que pretende ser co-contratante, situação que, por sua vez, pode originar duas diferentes hipóteses:
   – Ou essa proposta final, fruto do acordo negocial, merece a aceitação da entidade adjudicante, através de um posterior acto de adjudicação;
   – Ou, em alternativa, essa proposta final, não é aceite pela entidade adjudicante, não recaindo sobre ela qualquer acto de adjudicação.

Neste sentido, em qualquer dos cenários, a proposta inicial é sempre uma mera indicação que, apesar de vincular o seu autor, não exclui que, se para tal for seleccionado, durante a fase das negociações, possa chegar (dentro de certos limites) a uma diferente formulação: a imutabilidade ou intangibilidade das propostas termina quando começam as negociações e renasce quando as negociações terminam.

3.3. A ideia de flexibilidade das propostas no âmbito dos procedimentos de negociação, apesar de se poder dizer natural ou inerente a tais mecanismos de escolha do co-contratante, podendo falar-se em proposta inicial, por oposição à proposta final resultante das negociações, encontra acolhimento no Código dos Contratos Públicos:

(i)   No domínio do ajuste directo, o convite à apresentação de proposta, devendo indicar se as propostas serão objecto de negociação[66],

---

[66] Especificamente sobre as negociações no âmbito do ajuste directo, cfr. Miguel Nogueira de Brito, *Ajuste directo*, in Pedro Gonçalves (org.), *Estudos de Contratação Pública*, II, Coimbra, 2010, pp. 334 ss.

Da Negociação no Procedimento de Adjudicação de Contratos Públicos   941

deverá ainda, caso se admita a negociação, mencionar os aspectos de execução do contrato a celebrar excluídos de negociação[67], significando isto que, incidindo as negociações sobre os atributos das propostas[68], os concorrentes podem *"propor, aceitar e contrapor modificações das respectivas propostas durante as sessões de negociação"*[69], razão pela qual se pode afirmar que as propostas têm duas distintas partes:
– Há partes das propostas que, encontrando-se excluídas da negociação, são intangíveis, correspondendo às "respectivas versões iniciais"[70];
– Há, por outro lado, uma segunda parte das propostas que, sujeita a negociação, se revela inicialmente como uma primeira indicação do proponente, passível de ser melhorada, corrigida ou modificada durante as negociações, no termo das quais surgem as "versões finais integrais das propostas"[71], salientando-se que depois, tendo sido entregues, já não podem ser objecto de quaisquer alterações[72] – a intangibilidade ou imutabilidade faz-se agora sentir;
(ii) No âmbito do concurso público, existindo uma fase de negociações, o programa do concurso, devendo definir os concorrentes que têm acesso às negociações[73], tem ainda que identificar os aspectos da execução do contrato a celebrar que estão excluídos de negociação[74], salientando-se que, por força do artigo 151.º, se mostram também aqui aplicáveis as normas definidoras das negociações quanto ao ajuste directo, razão pela qual se deve afirmar que, podendo os concorrentes *"propor, aceitar e contrapor modificações das respectivas propostas durante as sessões de negociação"*, as propostas apresentadas se caracterizam por uma flexibilidade que se pode sintetizar nos seguintes termos:

---

[67] Cfr. CCP, artigo 115.º, n.º 2, alíneas a) e b).
[68] Cfr. CCP, artigo 118.º, n.º 1.
[69] Cfr. CCP, artigo 120.º, n.º 4.
[70] Cfr. CCP, artigo 121.º, n.º 1.
[71] Cfr. CCP, artigo 121.º, n.º 1.
[72] Neste sentido, em termos expressos, cfr. CCP, artigo 121.º, n.º 2.
[73] Cfr. CCP, artigo 150.º, n.º 1, alínea a).
[74] Cfr. CCP, artigo 150.º, n.º 1, alínea b).

942 *Em Homenagem ao Professor Doutor Diogo Freitas do Amaral*

- A parte das propostas que incide sobre matérias excluídas de negociação, a respectiva versão inicial é intangível ou imodificável;
- Pelo contrário, a parte das propostas passível de ser objecto de negociação, a sua versão inicial, assumindo a simples natureza de uma primeira indicação ou intenção primeira do concorrente, não se encontrando abrangida por qualquer ideia de intangibilidade ou imodificabilidade, pode ser objecto de uma negociação que, modificando-a, origine uma versão final proposta que, apesar de não poder obter uma pontuação global inferior à sua versão inicial – isto sob pena de exclusão –[75], seja, todavia, consideravelmente diferente o seu texto inicial;

(iii) No que respeita ao específico procedimento de negociação previsto nos artigos 193.º e seguintes, igualmente aqui se parte da dicotomia entre "versões iniciais das propostas"[76] e, após a negociação das mesmas, "versões finais das propostas"[77], remetendo-se, também neste domínio, para as normas referentes à negociação no âmbito do ajuste directo[78], motivo pelo qual neste sector se comprova a flexibilidade das propostas por efeito das negociações, derrogando-se, o dogma da imutabilidade ou intangibilidade das propostas.

Em qualquer destas situações, conclua-se, o Código dos Contratos Públicos adere a uma postura de flexibilidade das propostas sujeitas a um procedimento negocial, permitindo que as negociações possam, no âmbito do respectivo espaço material de incidência definido pela entidade adjudicante, modificar a versão inicial da proposta, dando origem a uma versão final da proposta.

3.4. Se a flexibilidade das propostas é um pressuposto dos procedimentos de negociação, revelando-se aqui o Código dos Contratos Públicos compatível com o espírito que anima a solução resultante do Direito da União Europeia, importa ter presente que as directivas europeias em

---

[75] Cfr. CCP, artigo 152.º, n.º 3.
[76] Cfr. CCP, artigo 194.º, alínea b).
[77] Cfr. CCP, artigo 194.º, alínea d).
[78] Cfr. CCP, artigo 202.º.

Da Negociação no Procedimento de Adjudicação de Contratos Públicos   943

matéria de contratação pública[79] admitem que o procedimento por negociação possa ocorrer em três distintos cenários de propostas (v. *supra*,
n.° 2.6):

(a) *Primeiro cenário*: as propostas apresentadas são regulares e adequadas;

(b) *Segundo cenário*: as propostas apresentadas, apesar de regulares,
não são adequadas[80];

(c) *Terceiro cenário*: as propostas apresentadas são irregulares ou
inaceitáveis[81].

Vejamos, seguidamente, cada um destes cenários traçados.

B) Flexibilidade e propostas regulares e adequadas

3.5. Se as propostas inicialmente apresentadas são regulares e adequadas, a respectiva negociação visa, única e simplesmente, melhorar os
termos e as condições das propostas seleccionadas tendo em vista a execução do contrato a celebrar: a negociação procura, dentro dos limites da
juridicidade, modificar os termos iniciais da proposta, segundo um propósito de, à luz do princípio da melhor prossecução do interesse público
ou princípio da boa administração[82], obter uma melhor solução da proposta final, isto em termos de condições jurídicas, técnicas ou financeiras[83].

---

[79] Incluindo-se aqui também a recente Directiva 2009/81/CE do Parlamento Europeu e do Conselho, de 13 de Julho de 2009, relativa à coordenação dos processos de
adjudicação de determinados contratos de empreitada, contratos de fornecimento e contratos de serviços por autoridades ou entidades adjudicantes nos domínios da defesa e da
segurança.

[80] Cfr. artigo 31.°, n.° 1, aliena a), da Directiva 2004/18/CE; artigo 40.°, n.° 3, alínea
a), da Directiva 2004/17/CE; artigo 28.°, n.° 1, alínea a), da Directiva 2009/81/CE.

[81] Cfr. artigo 30.°, aliena a), da Directiva 2004/18/CE; artigo 28.°, n.° 1, alínea b),
da Directiva 2009/81/CE.

[82] Especificamente sobre o princípio da boa administração ao nível dos procedimentos de escolha do co-contratante envolvendo negociações, cfr. MIQUEL VINYOLES I
CASTELLS, *La Adjudicacion...*, p. 179.

[83] Compreende-se, neste sentido, que, sob pena de exclusão, as versões finais das
propostas resultantes de negociação não possam obter uma pontuação global inferior às
respectivas versões iniciais (CCP, artigo 152.°, n.° 3), hipótese essa em que se admite
manterem-se as versões iniciais para efeitos de adjudicação (CCP, artigo 152.°, n.° 4), o
que pressupõe, obviamente, a natureza regular e adequada de tais versões iniciais.

944 Em Homenagem ao Professor Doutor Diogo Freitas do Amaral

No limite, as negociações podem circunscrever-se, numa hipótese mínima, ao simples aprimoramento ou aclaração de redacção dos termos linguísticos de formulação da proposta: as negociações visam, numa tal situação minimalista, introduzir meras "benfeitorias voluptuárias" na proposta.

3.6. Naturalmente que a flexibilidade negocial tem limites, o que significa, por outras palavras, que a negociação de propostas regulares e adequadas, envolvendo um propósito de melhorar as condições ou termos da proposta, não é ilimitada: "toda a negociação inserida num concurso tem limites"[84].

E quais são esses limites?

Sabendo-se que os limites da negociação que recai sobre propostas regulares e adequadas nunca podem deixar de estar presentes, por identidade ou mesmo maioria de razão, perante propostas que são inadequadas ou irregulares, verifica-se, atendendo à juridicidade vigente que, sem prejuízo da subordinação a todos os limites genéricos vinculativos da actividade administrativa, se observam aqui os seguintes principais limites específicos:

(i) A selecção dos concorrentes e das respectivas propostas tem de fazer-se à luz de regras e critérios objectivos[85], garantindo-se, deste modo, os princípios da transparência, da igualdade e da concorrência[86];

(ii) Publicidade dos termos como se vai desenrolar o procedimento negocial, segundo regras a incluir no anúncio de concurso ou no caderno de encargos[87];

(iii) Igualdade de tratamento de todos os proponentes ou concorrentes durante a fase da negociação[88], proibindo-se, designadamente, qualquer forma discriminatória de fornecimento de informações que conduza a uma situação de vantagem de um proponente face aos outros[89];

---

[84] Cfr. DIOGO FREITAS DO AMARAL, *Curso...*, II, p. 600.

[85] Cfr. preâmbulo (n.º 50) da Directiva 2004/17/CE.

[86] Cfr. CCP, artigo 1.º, n.º 4.

[87] Cfr. artigo 30.º, n.º 4, da Directiva 2004/18/CE; artigo 26.º, n.º 3, da Directiva 2009/81/CE.

[88] Cfr. CCP, artigos 120.º, n.º 4, 151.º e 202.º.

[89] Cfr. artigo 30.º, n.º 3, da Directiva 2004/18/CE; artigo 26.º, n.º 2, da Directiva 2009/81/CE.

Da Negociação no Procedimento de Adjudicação de Contratos Públicos   945

(iv) Nos domínios excluídos de negociação, as versões finais das propostas resultantes da negociação não podem conter atributos diferentes dos constantes das respectivas versões iniciais[90];

(v) Dever de fundamentar o relatório preliminar, tanto no que diz respeito à ordenação das propostas, quanto à sua eventual exclusão[91];

(vi) Sujeição do relatório preliminar de ordenação ou exclusão das propostas a audiência prévia dos concorrentes[92];

(vii) Fundamentação do relatório final, ponderando as observações formuladas em sede de audiência prévia[93], havendo ainda lugar a nova audiência prévia se deste relatório resultar uma alteração da ordenação das propostas, tal como havia sido formulada no relatório preliminar[94].

C) Flexibilidade e propostas inadequadas

3.7. Um segundo cenário possível de desenvolvimento dos procedimentos de negociação tendo em vista a escolha do co-contratante, segundo as regras do Direito da União Europeia sobre contratação pública, diz respeito às designadas propostas inadequadas (v. *supra*, n.º 3.4.).

O que são, deve começar-se por questionar, propostas inadequadas?

Numa primeira aproximação conceitual[95], pode dizer-se que uma proposta é inadequada sempre que não seja irregular ou inaceitável à luz das normas legais, isto no sentido de não carecer de se "adaptar aos requisitos indicados no anúncio de concurso, no caderno de encargos e nos eventuais documentos complementar"[96]: a proposta não é adequada, apesar de se dever ter como respeitadora de todos os requisitos concursais de validade.

---

[90] Cfr. CCP, artigos 121.º, n.º 1, 152.º, n.º 2 e 203.º.

[91] Cfr. CCP, artigos 122.º, n.ºs 1e 2, 152.º, n.º 1, e 203.º.

[92] Cfr. CCP, artigos 123.º, 153.º e 203.º.

[93] Cfr. CCP, artigos 124.º, n.º 1, 148.º, n.º 1, e 200.º.

[94] Cfr. CCP, artigos 124.º, n.º 2, 148.º, n.º 2, e 200.º.

[95] Especificamente sobre o debate em torno deste conceito, cfr. Rossana de Nictolis / Carmine Volpe, *Le procedure...*, in Maria Alessandra Sandulli / Rossana de Nictolis / Roberto Garofoli (org.), *Trattato...*, III, pp. 1770-1771.

[96] Cfr. artigo 30.º, n.º 2, da Directiva 2004/18/CE; artigo 26.º, n.º 1, da Directiva 2009/81/CE.

946 *Em Homenagem ao Professor Doutor Diogo Freitas do Amaral*

A inadequação da proposta não se reconduz, por conseguinte, a uma situação de desconformidade legal, antes se assume como um problema de mérito: a proposta não é adequada se, num juízo valorativo técnico, económico ou financeiro sobre o seu conteúdo, se revela inconveniente ou inapropriada – aquela proposta não é, sob o ponto de vista técnico, económico ou financeiro, a melhor solução ou a solução mais apropriada para uma prossecução óptica do interesse público.

Entre diversas soluções possíveis, a proposta inadequada encerra uma solução que, sendo formalmente conforme com a legalidade, se revela, todavia, infeliz: é nessa infelicidade da solução que reside a sua falta de mérito ou o seu carácter inadequado.

A negociação visa aqui modificar ou reformar a proposta inicialmente considerada como sendo inadequada, tornando-se, numa óptica técnica, económica ou financeira de análise e avaliação, uma solução convincente, apropriada ou adequada ao interesse público.

3.8. Não pode a negociação face a propostas inadequadas ser feita, no entanto, sem limites.

Desde logo, segundo um corolário do princípio da proporcionalidade, não se mostra possível seleccionar para uma fase negocial qualquer proposta tida como globalmente inadequada se, nesse mesmo procedimento concursal, existem propostas que, qualificadas como sendo integralmente adequadas, atendendo à respectiva avaliação, foram melhor classificadas: revela-se insustentável, por via de regra, uma negociação entre propostas adequadas e propostas tidas, num momento anterior, como sendo inadequadas – a eventual excepção residirá no carácter parcial das qualificações avaliativas das propostas em causa.

Num outro sentido, além dos limites gerais aplicáveis à negociação de propostas que são regulares e adequadas (v. *supra*, n.º 3.6.), revela-se o procedimento negocial de propostas inadequadas especialmente onerado com as seguintes limitações:

(i) As negociações não podem conduzir a uma solução final em que as condições iniciais do contrato a celebrar sejam alteradas substancialmente[97];

---

[97] Cfr. artigo 31.º, n.º 1, alínea a), da Directiva 2004/18/CE; artigo 40.º, n.º 3, alínea a), da Directiva 2004/18/CE; artigo 28.º, n.º 1, alínea a), da Directiva 2009/81/CE.

Da Negociação no Procedimento de Adjudicação de Contratos Públicos 947

(ii) Mostra-se vedado, por conseguinte, a introdução de modificações nas propostas que atinjam os parâmetros base fixados no caderno de encargos[98].

D) Flexibilidade e propostas irregulares

3.9. O terceiro e último grupo de propostas passíveis de serem submetidas a negociação, nos termos das regras da União Europeia relativas à contratação pública, diz respeito às propostas irregulares (v. *supra,* n.º 3.4.), especialmente se estas, apesar da sua irregularidade, se mostram, sob uma óptica de boa administração, técnica e/ou financeiramente adequadas à prossecução do interesse público subjacente ao objecto do contrato público a celebrar.

A matéria não se mostra fácil, nem pacífica.

Será que uma proposta que tenha falhas ou lapsos inaceitáveis, revelando irregularidades que, numa severa e rigorosa aplicação da legalidade, deveria conduzir à sua exclusão, pode, apesar de tudo, atendendo à adequação técnica e/ou financeira do seu conteúdo, ser seleccionada para uma fase de negociações?

O tema, curiosamente, não é totalmente alheio na doutrina nacional.

Há quem fale em "mitigação ou matização das exigências de plena regularidade das propostas e da sanação da sua exclusão (...)", admitindo que, em procedimentos com fase de negociação, tais propostas possam ser admitidas a negociação, "se a falha da proposta em causa não afecta gravemente a sua economia geral, é dizer, se não incide sobre um aspecto decisivo à sua compreensão e avaliação"[99].

Naturalmente que, cumpre começar por sublinhar, uma qualquer possível admissão de tais propostas para efeitos de negociação nunca pode fazer concorrer num mesmo processo negocial propostas integralmente regulares e propostas irregulares: a eventual possibilidade de se admitir a selecção de propostas irregulares só poderá ocorrer quando, nos termos da avaliação efectuada, se verificar que todas as propostas a concurso comportam irregularidades.

---

[98] Cfr. CCP, artigo 29.º, n.º 4.

[99] Cfr. Rodrigo Esteves de Oliveira, *Os princípios gerais da contratação pública,* in Pedro Gonçalves (org.), *Estudos de Contratação Pública,* I, Coimbra, 2008, p. 76.

948   *Em Homenagem ao Professor Doutor Diogo Freitas do Amaral*

Exclusivamente nesse último cenário se mostra possível, diferenciando entre as irregularidades que conduzem fatalmente à exclusão e aquelas que justificam a não exclusão, segundo um critério de economia processual na melhor forma de prossecução do interesse público, proceder à selecção destas últimas para uma posterior fase de negociações, visando, em primeira linha, corrigir, eliminar e reformar tais irregularidades.

É que, em última análise, se se admite que, por efeito das negociações, propostas regulares podem sofrer alterações consideráveis ou substanciais, deve também reconhecer-se, se a falha da proposta irregular não afecta "um aspecto decisivo à sua compreensão e avaliação", a susceptibilidade de ser admitida à negociação[100].

Uma tal solução pode ser, sublinhe-se, a melhor forma de prossecução do interesse público para propostas que, apesar de irregulares, revelam, numa óptica técnica e financeira de avaliação, soluções adequadas ou interessantes a justificar a sua selecção para uma fase de negociação.

Por outro lado, a circunstância de, por um princípio geral de aproveitamento dos actos jurídicos[101], se reconhecer que a Administração Pública pode, por via unilateral, reformar actos, conservando de um anterior acto a parte não afectada de ilegalidade, ou proceder à sua conversão, aproveitando os elementos válidos de um acto ilegal para com eles construir um novo acto válido[102], habilita que se possa extrair a admissibilidade de, por via negocial e relativamente a propostas apresentadas por concorrentes, a Administração Pública possa também, em conjunto com o respectivo proponente, num cenário em que todas as propostas apresentadas a concurso são irregulares, aproveitar tais propostas seleccionadas para a fase das negociações, reformando-as ou convertendo-as em propostas regulares.

Aqui reside, em suma, o fundamento último habilitador de propostas irregulares poderem ser seleccionadas para uma fase negocial de um procedimento de adjudicação de um contrato público.

3.10. O problema da admissibilidade de propostas irregulares serem seleccionáveis para efeito de uma fase de negociação, visando aproveitar

---

[100] Neste sentido, cfr. RODRIGO ESTEVES DE OLIVEIRA, *Os princípios gerais...*, p. 76.

[101] Cfr. DIOGO FREITAS DO AMARAL, *Curso...*, II, p. 474.

[102] Sobre os conceitos de reforma e conversão dos actos administrativos, cfr. MARCELLO CAETANO, *Manual...*, I, 10ª ed., p. 559; DIOGO FREITAS DO AMARAL, *Curso...*, II, p. 475.

Da Negociação no Procedimento de Adjudicação de Contratos Públicos 949

e melhorar as propostas, sanando também as respectivas irregularidades, não pode deixar de ser abordado à luz do Direito da União Europeia. Como já tivemos oportunidade de observar (v. *supra*, n.º 2.6.), desde que tenha existido prévia publicação de anúncio de concurso, as directivas da União Europeia sobre contratação pública permitem que o procedimento por negociação seja desencadeado em "presença de propostas irregulares ou inaceitáveis"[103], determinando-se, expressamente, que "as entidades adjudicantes *negociarão* com os proponentes as propostas por estes apresentadas *a fim de as adaptar aos requisitos indicados no anúncio do concurso, no caderno de encargos e nos eventuais documentos complementares* (…)"[104] (sublinhado nosso).

Não se trata aqui, por conseguinte, de uma hipótese em que a negociação, tendo por base a irregularidade das propostas apresentadas, envolve a exigência de serem apresentadas pelos concorrentes novas propostas, desta vez regulares.

Em vez disso, aquilo que o Direito da União Europeia prevê é o aproveitamento das iniciais propostas irregulares para, em sede de negociações, as respectivas irregularidades serem corrigidas, reformando-se ou convertendo-se as iniciais propostas irregulares em propostas finais adaptadas " (…) aos requisitos indicados no anúncio do concurso, no caderno de encargos e nos eventuais documentos complementares (…)".

Não está em causa, repete-se, exigir novas propostas. Tudo se resume, pelo contrário, ao aproveitamento negocial de propostas irregulares: a fase das negociações pressupõe, por isso, o aproveitamento de propostas irregulares.

Uma tal admissibilidade expressa de a negociação poder incidir sobre propostas irregulares, designadamente por não se encontrarem adaptadas ou conformes "aos requisitos indicados no anúncio do concurso, no caderno de encargos e nos eventuais documentos complementares (…)"[105], visando a negociação, precisamente, essa compatibilidade ou adaptabilidade aos elementos concursais, revela-nos que o propósito de flexibilidade do procedimento de adjudicação de contratos públicos se

---

[103] Cfr. artigo 30.º, aliena a), da Directiva 2004/18/CE; artigos 26.º, n.º 1, e 28.º, n.º 1, alínea b), da Directiva 2009/81/CE.

[104] Cfr. artigo 30.º, n.º 2, da Directiva 2004/18/CE; artigo 26.º, n.º 1, da Directiva 2009/81/CE.

[105] Cfr. artigo 30.º, n.º 2, da Directiva 2004/18/CE; artigo 26.º, n.º 1, da Directiva 2009/81/CE.

950 Em Homenagem ao Professor Doutor Diogo Freitas do Amaral

estende até propostas desconformes com a juridicidade: a negociação surge, à luz do ordenamento da União Europeia, como procedimento também aberto a propostas irregulares.

E um tal sentido emergente do Direito da União Europeia não pode deixar de se fazer sentir no Direito interno dos Estados-membros:

   (i) Os Estados têm o dever de implementar esse modelo (v. *supra*, n.º 2.8.), transpondo este sentido resultante das directivas que determina a susceptibilidade de também propostas irregulares, isto à luz dos "requisitos indicados no anúncio do concurso, no caderno de encargos e nos eventuais documentos complementares (...)", poderem ser objecto de negociação: se o não fizerem, existirá uma deficiente ou incompleta transposição das directivas da União Europeia, situação essa reconduzível a incumprimento das obrigações do respectivo Estado-membro;

   (ii) Os Estados têm ainda o dever de interpretar e integrar o seu ordenamento interno de harmonia com o sentido resultante do Direito da União Europeia (v. *supra*, n.º 2.8.): o Código dos Contratos Públicos de Portugal, sob pena de contrariar o Direito da União Europeia e o seu primado, tem de ser interpretado e integrado no sentido de admitir que propostas irregulares, por não cumprirem integralmente os "requisitos indicados no anúncio do concurso, no caderno de encargos e nos eventuais documentos complementares", possam ser objecto de negociação, visando, precisamente, tal como as directivas determinam[106], adaptar as propostas a esses requisitos – nesse sentido se deve interpretar e integrar o disposto no artigo 29.º, n.º 1, alínea a), do Código dos Contratos Públicos.

3.11. Não pode a negociação ser palco, todavia, para toda e qualquer proposta contrária aos "requisitos indicados no anúncio do concurso, no caderno de encargos e nos eventuais documentos complementares" ser objecto de adaptação ou modificação: a negociação, apesar de introduzir uma certa flexibilidade face a propostas irregulares, não elimina a existência de propostas que devam ser excluídas.

Neste mesmo sentido, o Direito da União Europeia é claro: a negociação que incide sobre propostas irregulares tem limites.

---

[106] Cfr. artigo 30.º, n.º 2, da Directiva 2004/18/CE; artigo 26.º, n.º 1, da Directiva 2009/81/CE.

Da Negociação no Procedimento de Adjudicação de Contratos Públicos 951

A essa luz se compreendem, tomando apenas como referencial as directivas europeias sobre contratação pública, as seguintes limitações:

(i) A irregularidade das propostas, sendo aferida à luz das disposições nacionais dos Estados-membros, tem de dizer respeito, no entanto, a disposições internas que sejam compatíveis com as regras da União Europeia referentes às seguintes matérias[107]:

 – Proibição de discriminação ou imposição de forma jurídica de organização aos operadores económicos, entendidos estes como concorrentes ou proponentes;

 – Regras sobre variantes;

 – Regras sobre subcontratação;

 – Obrigações relativas à fiscalidade, à protecção do ambiente e às disposições em matéria de protecção e condições de trabalho;

 – Normas sobre a evolução do processo (: verificação da aptidão, selecção dos participantes e adjudicação dos contratos; critérios de selecção qualitativa e de adjudicação do contrato);

 – No que diz respeito aos contratos de empreitada, fornecimento e serviços nos domínios da defesa e da segurança, há ainda a tomar em consideração as normas de segurança na informação e de segurança no abastecimento[108];

(ii) Se não tiver sido publicado anúncio do concurso, desde que incluam no procedimento de negociação todos os proponentes[109], verificando-se em relação a eles as seguintes condições[110]:

 – Satisfaçam os critérios definidos pela directiva relativos à sua situação pessoal, à habilitação para o exercício da actividade profissional, à capacidade económica e financeira, técnica e/ou profissional, as normas de garantia de qualidade e de gestão ambiental, a documentação e informações complementares e ainda as referentes às listas oficiais de operadores económicos

---

[107] Cfr. artigo 30.º, n.º 1, alínea a), da Directiva 2004/18/CE; artigo 28.º, n.º 1, alínea b), da Directiva 2009/81/CE.

[108] Cfr. artigo 28.º, n.º 1, alínea b), da Directiva 2009/81/CE.

[109] Neste sentido, *a contrario,* tendo sido publicado anúncio do concurso, o procedimento negocial não necessita de compreender todos os proponentes, podendo, segundo as regras concursais vinculativas, limitar-se a fase das negociações aos proponentes cujas propostas foram avaliadas e melhor classificadas.

[110] Cfr. artigo 30.º, n.º 1, alínea a), da Directiva 2004/18/CE; artigo 28.º, n.º 1, alínea b), da Directiva 2009/81/CE.

952   *Em Homenagem ao Professor Doutor Diogo Freitas do Amaral*

       aprovados e certificação por organismos de direito público ou privado;

    – Tenham ainda, no concurso público ou limitado ou no diálogo concorrencial, apresentado propostas que correspondam aos requisitos formais do procedimento de adjudicação;

(iii) A negociação nunca pode conduzir, atendendo aos seus resultados finais, a uma substancial alteração das condições iniciais do contrato[111].

Não são tais limites, todavia, taxativos, pois a irregularidade das propostas em causa para efeitos de negociação, sendo aferida "à luz de disposições nacionais (...)"[112], devolve para o ordenamento jurídico dos Estados-membros a susceptibilidade de densificação ou aditamento de novos limites.

3.12. Se a admissibilidade de negociações envolvendo propostas irregulares revela a flexibilização que a existência de uma fase negocial introduz no procedimento de adjudicação de contratos públicos (v. *supra*, n.º 3.10.), a existência de limites a essa selecção de propostas irregulares, habilitando que se recortem as propostas que devam ser excluídas, vem relevar um equilíbrio ou concordância prática entre propostas contrárias à juridicidade.

No entanto, a remissão operada pelo Direito da União Europeia para a determinação das propostas irregulares, uma vez que o são "à luz de disposições nacionais (...)"[113], vem chamar à colação, em Portugal, o Código dos Contratos Públicos para a densificação do que sejam propostas irregulares para efeitos de admissibilidade de, em sede de fase de negociações, serem, utilizando a linguagem das directivas europeias (v. *supra*, n.º 3.10.), adaptadas "aos requisitos indicados no anúncio do concurso, no caderno de encargos e nos eventuais documentos complementares (...)"[114].

---

[111] Cfr. artigo 30.º, n.º 1, alínea a), da Directiva 2004/18/CE; artigo 28.º, n.º 1, alínea b), da Directiva 2009/81/CE.

[112] Cfr. artigo 30.º, aliena a), da Directiva 2004/18/CE; artigo 28.º, n.º 1, alínea b), da Directiva 2009/81/CE.

[113] Cfr. artigo 30.º, aliena a), da Directiva 2004/18/CE; artigo 28.º, n.º 1, alínea b), da Directiva 2009/81/CE.

[114] Cfr. artigo 30.º, n.º 2, da Directiva 2004/18/CE; artigo 26.º, n.º 1, da Directiva 2009/81/CE.

O artigo 70.º, n.º 2, do Código dos Contratos Públicos, definindo as propostas que devem ser excluídas, ajuda a proceder, até segundo uma interpretação *a contrário* dos seus preceitos, a um recorte das propostas irregulares que, apesar disso, e por força de um princípio geral de aproveitamento dos actos jurídicos (v. *supra*, n.º 3.9.) e do Direito da União Europeia (v. *supra*, n.º 3.10.), podem ser admitidas a uma fase de negociações tendente a escolher o co-contratante.

É que o mencionado artigo 70.º, n.º 2, apesar de se referir às situações de exclusão de propostas, não pode deixar de ser interpretado de harmonia com o Direito da União Europeia (v. *supra*, n.º 2.8.), isto no sentido de admitir que propostas irregulares, por não cumprirem integralmente os "requisitos indicados no anúncio do concurso, no caderno de encargos e nos eventuais documentos complementares"[115], possam ser objecto de negociação (v. *supra*, n.º 3.10.): nem todas as propostas violadoras dos "requisitos indicados no anúncio do concurso, no caderno de encargos e nos eventuais documentos complementares" conduzem à sua exclusão.

Esse mesmo sentido flexibilizante das situações de exclusão de propostas à luz do artigo 70.º, n.º 2, encontra-se consagrado no artigo 29.º, n.º 1, alínea a), do Código dos Contratos Públicos, apesar de se referir apenas ao procedimento de negociação: trata-se, porém, de um afloramento de um princípio geral em matéria de negociação procedimental da adjudicação de contratos públicos.

A interpretação em conformidade com o Direito da União Europeia conduz, deste modo, a uma restrição do sentido interpretativo e aplicativo do artigo 70.º, n.º 2: a preterição de "requisitos indicados no anúncio do concurso, no caderno de encargos e nos eventuais documentos complementares", apesar de gerar propostas irregulares, nem sempre obsta à sua selecção para uma fase de negociações.

Essa é, no domínio da negociação envolvendo propostas irregulares ou inaceitáveis, a principal lição a extrair da interpretação do Código dos Contratos Públicos em conformidade com o Direito da União Europeia.

Trata-se, aliás, de uma solução que, nos termos dos princípios da igualdade e da unidade da ordem jurídica[116], proibindo a arbitrariedade de

---

[115] Cfr. artigo 30.º, n.º 2, da Directiva 2004/18/CE; artigo 26.º, n.º 1, da Directiva 2009/81/CE.

[116] Para mais desenvolvimentos, cfr. PAULO OTERO, *Legalidade e Administração Pública*, pp. 203 ss., em especial, pp. 208 ss.

954   *Em Homenagem ao Professor Doutor Diogo Freitas do Amaral*

soluções normativas, nunca poderia encontrar-se circunscrita aos casos de propostas no âmbito do procedimento de negociação[117], antes se justifica que seja estendida, por identidade de razões, a todos os procedimentos de adjudicação que envolvam uma fase de negociações: o concurso público com fase de negociação não pode ser aqui excepção, antes deve admitir-se a susceptibilidade de envolver a selecção de propostas irregulares, segundo a terminologia do Direito da União Europeia.

3.13. Quais são, atendendo ao exposto, as propostas irregulares, utilizando a linguagem das directivas da União Europeia, que – sem prejuízo do afloramento previsto no artigo 29.º, n.º 1, alínea a), do Código dos Contratos Públicos face ao procedimento de negociação – podem ser seleccionadas para uma fase de negociações que exista num concurso público?

A interpretação do Código dos Contratos Públicos em conformidade com o Direito da União Europeia (v. *supra*, n.º 3.12.) permite extrair que, à luz dos princípios da igualdade e da unidade da ordem jurídica, são passíveis de ser seleccionadas para a fase de negociações num concurso público as propostas que, sem prejuízo de outros exemplos, apresentem as seguintes irregularidades:

(i) Propostas que não gerem uma redução do objecto do concurso ou do contrato a celebrar[118], salvo tratando-se de omissão de elementos não variáveis na formulação da proposta, pois, sendo esses elementos determináveis em termos objectivos e directos, e comuns a todos os concorrentes, a respectiva integração não envolve qualquer arbitrariedade ou manipulação[119], sendo possível a avaliação do risco da proposta;

(ii) São também passíveis de selecção para uma fase de negociações todas as propostas que, apesar de conterem falhas na apresentação de algum dos seus elementos ou atributos, se verifica que tais falhas, assumindo uma natureza instrumental ou acessória, não prejudiquem ou inviabilizem a avaliação das mesmas[120];

---

[117] Cfr. artigo 29.º, n.º 1, alínea a), do Código dos Contratos Públicos.

[118] Cfr. CCP, artigo 70.º, n.º 2, alínea b), *a contrario*.

[119] Neste último sentido e para mais desenvolvimentos, cfr. PAULO OTERO, *Intangibilidade das propostas...*, pp. 94 ss. Concordando com esta solução, cfr. RODRIGO ESTEVES DE OLIVEIRA, *Os princípios gerais...*, p. 83.

[120] Neste sentido, segundo uma interpretação *a contrario*, do disposto no artigo 70.º, n.º 2, alínea c), do CCP.

Da Negociação no Procedimento de Adjudicação de Contratos Públicos 955

(iii) As propostas que registarem o incumprimento de requisitos técnicos inerentes ao caderno de encargos são também passíveis de selecção para a fase de negociações, desde que se verifique que esse incumprimento se deve a uma de duas causas:
  – Tratar-se de um incumprimento decorrente de falhas, lapsos ou da incompletude dos estudos prévios fornecidos pela entidade adjudicante no caderno de encargos ou em documentos complementares, falando-se aqui em incumprimento consequente ou derivado imputável à entidade adjudicante[121];
  – Tratar-se de um incumprimento de requisitos técnicos que, sendo imputável ao concorrente, não inviabiliza, todavia, a avaliação da proposta[122], pois, note-se, se for impossível a sua avaliação tudo se reconduz a uma situação de exclusão da proposta[123];

(iv) São igualmente susceptíveis de selecção para a fase de negociações as propostas que contenham fragilidades ou deficiências na forma como o concorrente se propõe executar o contrato, conduzindo a uma futura alternativa de incumprimento do contrato ou de agravamento severo dos custos, desde que tais circunstâncias sejam passíveis de avaliação ponderativa[124], por exemplo, ao nível da redução do grau de confiança na própria proposta e no aumento do risco financeiro do concorrente: estamos aqui diante de verdadeiros lapsos ou erros de formulação que, tornando a proposta inaceitável nessa formulação inicial, e desde que não impossibilitem a sua avaliação, se mostram perfeitamente passíveis de correcção em sede de negociações, isto de modo a que a proposta final seja já aceitável;

(v) Podem também ter-se como seleccionáveis para negociação as propostas que contenham incoerências na sua formulação, desde que incidam sobre elementos não vinculados e, uma vez mais, não impossibilitem a sua avaliação: a incoerência, devendo reconduzir-se a uma situação de lapso, segue o regime traçado na alínea anterior;

---

[121] Admitindo um "reajustamento geral das propostas dos concorrentes" se o caderno de encargos ou o programa de concurso era ilegal, cfr. RODRIGO ESTEVES DE OLIVEIRA, *Os princípios gerais...*, p. 76.

[122] Neste sentido, cfr. CCP, artigo 70.º, n.º 2, alínea c), *a contrario*.

[123] Neste sentido, cfr. CCP, artigo 70.º, n.º 2, alínea c).

Em Homenagem ao Professor Doutor Diogo Freitas do Amaral

(vi) Igualmente as propostas cujo eventual contrato a celebrar envolva na sua execução, segundo um juízo técnico de prognose, a violação de puras normas técnico-científicas podem ser seleccionadas para uma fase de negociação, pois apenas a violação de vinculações legais e regulamentares de um tal contrato determina a exclusão das propostas[125]: as negociações serão aqui um momento de adaptação ou correcção de tais falhas técnicas da proposta referentes a um tempo futuro de execução do contrato;

(vii) Mostram-se ainda seleccionáveis para a fase das negociações as propostas que, apesar de encerrarem actos, acordos, práticas ou informações susceptíveis de falsear as regras da concorrência, não revelem a existência de fortes indícios[126] ou, apesar de existirem tais indícios, não integre a competência da Administração Pública, à luz do princípio da separação de poderes, a valoração desses mesmos indícios, sob pena de usurpação de poderes[127];

(viii) Num outro sentido, revelam-se também passíveis de selecção todas as propostas cuja desconformidade incida sobre aspectos que, nos termos do convite à apresentação de proposta, do programa do concurso ou do programa do procedimento de negociação (v. *supra*, n.º 3.3.), não digam respeito à execução do contrato, nem se encontrem excluídos da negociação: o convite à apresentação de proposta, o programa do concurso e o programa do procedimento por negociação configuram-se como instrumentos que balizam, por iniciativa da entidade adjudicante, os termos de repartição das fronteiras entre propostas irregulares a excluir e, por outro lado, propostas irregulares a incluir nas negociações[128].

Em qualquer destes cenários, sublinhe-se, a negociação, envolvendo tais propostas irregulares, sem deixar de estar vinculada aos princípios da

---

[124] Neste sentido, cfr. CCP, artigo 70.º, n.º 2, alínea c), *a contrario*.

[125] Cfr. CCP, artigo 70.º, n.º 2, alínea f).

[126] Neste sentido, cfr. CCP, artigo 70.º, n.º 2, alínea g), *a contrario*.

[127] Cfr. Código do Procedimento Administrativo, artigo 133.º, n.º 2, alínea a).

[128] Neste contexto, tratando-se de um procedimento em que foi publicado anúncio do concurso, deve sempre reconhecer-se relevância ao programa do procedimento na limitação do número de propostas a seleccionar para a fase das negociações, sob pena de derrogação desta anterior vinculação administrativa concursal.

transparência, da igualdade e da concorrência, encontra-se ainda pautada pelos limites específicos anteriormente referenciados face às propostas regulares e adequadas (v. *supra,* n.º 3.6.) e às propostas inadequadas (v. *supra,* n.º 3.8.).

§4.º Conclusões

4.1. O estudo desenvolvido em torno do objecto da presente investigação permite extrair as seguintes principais conclusões:

1) A existência de uma fase de negociações no procedimento de adjudicação de contratos públicos, revelando uma margem mais ampla de discricionariedade na decisão da entidade adjudicante, desde cedo que se procura limitar, discutindo-se no direito português anterior à influência do Direito da União Europeia se vigorava um princípio geral de ajuste particular (também dito, ajuste directo) ou, pelo contrário, um princípio geral de concurso público na escolha do co-contratante;

2) Não obstante se registar, desde o século XIX, preocupações de publicidade, concorrência e igualdade ao nível dos mecanismos procedimentais de adjudicação de contratos administrativos, é por influência da ordem jurídica comunitária, visando implementar um mercado único e uma harmonização das legislações dos Estados-membros no domínio da contratação pública, que se assiste, nas últimas décadas do século XX, a uma progressiva limitação da margem de autonomia negocial das entidades adjudicantes na escolha dos co-contratantes;

3) A verdade, porém, é que mesmo a legislação comunitária nunca conseguiu reduzir todos os procedimentos de formação dos contratos públicos ao concurso público e ao concurso limitado: a existência de uma considerável lista de excepções, sem tomar em consideração os sectores excluídos dos domínios de aplicação de tais directivas comunitárias, conferia aos Estados-membros a possibilidade de, segundo processos negociais, gozarem de uma considerável margem de discricionariedade na selecção do contraente privado;

4) A partir do final dos anos oitenta do século XX, o Direito Comunitário passa a conferir autonomia à negociação como procedi-

958 *Em Homenagem ao Professor Doutor Diogo Freitas do Amaral*

mento específico de escolha pelas entidades adjudicantes dos contratantes privados: surgem os conceitos de "concursos por negociação", "procedimentos por negociação" ou "processos por negociação" que traduzem um sistema de escolha do co-contratante em que as entidades adjudicantes, consultando particulares à sua escolha, negociam com eles, em momento posterior, as condições do contrato;

5) O ordenamento jurídico da União Europeia referente à contratação pública deste início do século XXI comprova o sentido evolutivo traçado, fazendo da negociação um instrumento de flexibilização e, nesse sentido, de ponderação administrativa da diversidade de situações factuais à luz de uma melhor prossecução do interesse público: revelou-se impossível a utopia de um procedimento de formação de contratos públicos destituído de qualquer margem de negociação, num modelo de decisão adjudicatória integralmente vinculado ou automático;

6) O Direito da União Europeia permitiu observar que, em matéria de contratação pública, os procedimentos por negociação, sendo passíveis de abranger todos os tipos de contratos, assentam sempre em pressupostos ditados por razões de interesse público, podendo ter ainda como propósito ultrapassar situações de ausência, irregularidade, inaceitabilidade ou inadequação das propostas;

7) Em qualquer caso, porém, apesar de os procedimentos negociais envolverem sempre uma flexibilização das propostas, a sua utilização encontra-se sujeita a limites;

8) Os procedimentos de negociação são mecanismos de escolha do co-contratante que revelam ser uma realidade comum ao Direito da contratação pública dos Estados-membros da União Europeia, encontrando-se todos eles vinculados aos deveres de fidelidade e lealdade na transposição das directivas sobre contratação pública, além de todas as soluções internas terem de ser interpretadas e integradas de harmonia com o regime resultante das Directivas 2004/18/CE e 2004/17/CE do Parlamento Europeu e do Conselho, de 31 de Março de 2004: Portugal não é aqui excepção;

9) Os procedimentos por negociação, introduzindo uma necessária e inevitável flexibilidade das propostas apresentadas pelos concorrentes, envolvem sempre uma derrogação ou limitação aos princípios da imutabilidade ou intangibilidade das propostas;

Da Negociação no Procedimento de Adjudicação de Contratos Públicos 959

10) A existência de uma fase de negociações determina que a adjudicação não possa ser entendida como algo de automático, resultante de uma simples aceitação de uma proposta completa, fechada e inalterável: a proposta inicial é sempre, neste contexto, uma mera indicação que, apesar de vincular o seu autor, não exclui que, se para tal for seleccionada, durante a fase das negociações, possa chegar a uma diferente formulação;

11) O Código dos Contratos Públicos, em conformidade com o Direito da União Europeia, adere a uma postura de flexibilidade das propostas sujeitas a um procedimento negocial, permitindo que as negociações possam, no âmbito do respectivo espaço material de incidência definido pela entidade adjudicante, modificar a versão inicial da proposta, dando origem a uma versão final da proposta;

12) O Direito da União Europeia diz-nos que nem sempre a negociação incide sobre propostas regulares, aceitáveis e adequadas: também as propostas inadequadas, irregulares ou inaceitáveis são susceptíveis de, verificando-se certos requisitos e limites, ser seleccionadas para uma fase de negociações;

13) Se a negociação incide sobre propostas regulares, aceitáveis e adequadas, o seu propósito é apenas de melhorar os termos e as condições jurídicas, técnicas ou financeiras das propostas seleccionadas tendo em vista, segundo o princípio da melhor prossecução do interesse público ou princípio da boa administração, a execução do contrato a celebrar;

14) Se, pelo contrário, a negociação respeita a propostas inadequadas, uma vez que está em causa a sua falta de mérito técnico, económico ou financeiro, o propósito negocial reside em modificar ou reformar a proposta inicialmente considerada como sendo inadequada, tornando-se uma solução convincente, apropriada ou adequada;

15) Se, num derradeiro cenário, a negociação diz respeito a propostas irregulares, o seu propósito consubstancia-se em adaptar tais propostas aos requisitos indicados no anúncio do concurso, no caderno de encargos e nos eventuais documentos complementares;

16) A selecção de propostas irregulares para efeitos de negociação, desde que contenham soluções técnicas e financeiras adequadas, num cenário em que nenhuma proposta a concurso é regular,

960   *Em Homenagem ao Professor Doutor Diogo Freitas do Amaral*

pode ser justificada à luz da melhor forma de prossecução do interesse público, segundo um princípio geral de aproveitamento dos actos jurídicos;

17) Regista-se, neste último sentido, que o propósito de flexibilidade do procedimento de adjudicação de contratos públicos estende-se também até às propostas desconformes com a juridicidade, verificando-se que esse sentido emergente do Direito da União Europeia assume natureza vinculativa para os Estados-membros: os Estados têm o dever de implementar esse modelo e ainda o dever de interpretar e integrar o seu ordenamento interno de harmonia com esse sentido resultante do Direito da União Europeia;

18) No entanto, a negociação, sem prejuízo de introduzir uma certa flexibilidade face a propostas irregulares, não elimina a existência de propostas que devam ser excluídas: a negociação que incide sobre propostas irregulares tem limites, sejam eles revelados pelo Direito da União Europeia ou pelo Direito interno dos Estados-membros;

19) O artigo 70.º, n.º 2, do Código dos Contratos Públicos, definindo as propostas que devem ser excluídas, ajuda a proceder, à luz de uma interpretação *a contrario*, de um princípio de aproveitamento dos actos jurídicos e também de uma interpretação de harmonia com o Direito da União Europeia, a um recorte das propostas irregulares que, apesar disso, podem ser admitidas a uma fase de negociações tendente a escolher o co-contratante: a interpretação em conformidade com o Direito da União Europeia conduz a uma restrição do sentido interpretativo e aplicativo do artigo 70.º, n.º 2, do Código dos Contratos Públicos;

20) A preterição nas propostas de certos "requisitos indicados no anúncio do concurso, no caderno de encargos e nos eventuais documentos complementares", apesar de gerar a sua irregularidade, não obsta, todavia, a que tais propostas possam ser seleccionadas para uma fase de negociações que, tendo como propósito a escolha do co-contratante, envolve o sanar, o corrigir ou o adaptar das propostas aos requisitos concursais.

4.2. Resumindo e concluindo: respeitados certos limites, a existência de uma fase de negociações no âmbito do procedimento de adjudicação de um contrato público, envolva uma situação de ajuste directo, de um concurso público ou de um procedimento de negociação, permite a correcção de falhas ou lapsos das propostas apresentadas, habilitando mesmo, à luz do Direito interno e ainda segundo o Direito da União Europeia vinculativo para os Estados-membros, que propostas irregulares sejam, durante as negociações, adaptadas aos requisitos indicados no anúncio do concurso, no caderno de encargos e nos eventuais documentos complementares.

CONCESSÃO DE OBRAS PÚBLICAS
E AJUSTE DIRECTO

LINO TORGAL

§ 1.º Introdução

1. É no mínimo enigmática a evolução recente do regime jurídico português da contratação de concessões de obras públicas.

Durante um período de tempo longo, vigorou, neste domínio, o *princípio da livre escolha do concessionário*, de acordo com o qual a selecção do co-contratante da Administração num contrato de concessão de obras públicas poderia ser normalmente efectuada através de um procedimento de ajuste directo.

Passou-se depois, sensivelmente a partir da década de 80 do século passado, num contexto político e económico bem diferente, em que avulta a tutela do bem jurídico «concorrência», ao princípio oposto, ou seja, o de que a escolha do concessionário de obras públicas deveria constituir o culminar de um procedimento adjudicatório de concurso público, relegando-se, a título de excepção, a via do ajuste directo para um conjunto circunscrito de situações ponderosas.

Quase dobrado o milénio, em nova regulação legal da matéria (cfr. artigo 244.º do Decreto-Lei n.º 59/99, de 2 de Março[1]) impulsionada pelo direito comunitário derivado, deu-se um passo adiante, determinando-se a adopção forçosa do concurso público para a formação de um contrato de concessão de obras públicas. Sem que tenha sido aduzida pelo legislador qualquer explicação para a inversão de rumo, fez-se, assim, aparen-

---

[1] Diploma que aprovou o *Regime Jurídico das Empreitadas de Obras Públicas* – doravante RJEOP/99.

temente, «xeque-mate» ao método do ajuste directo, tornando a concessão de obras públicas o único contrato «comunitário»[2] resistente à derrogação, a título excepcional, da regra do recurso a métodos publicitados e formais de escolha do co-contratante da Administração.

Enfim, a recente reforma da legislação portuguesa da contratação pública (2008[3]), que visou transpor (também) a Directiva 2004/18/CE[4], afasta-se do regime anterior ao alargar o leque dos procedimentos pré--contratuais à disposição das entidades adjudicantes para a formação de um contrato de concessão de obras públicas[5]. Ela parece, porém, manter a orientação da lei antecessora no sentido de não permitir (nem mesmo a título excepcional) às entidades adjudicantes o recurso ao ajuste directo[6], salvo em duas situações particulares (que, conforme veremos, são, em sentido verdadeiro e próprio, casos de «contratação excluída»). Segundo o n.º 1 do artigo 31.º do Código dos Contratos Públicos (CCP), na realidade, *"[s]em prejuízo do disposto nas alíneas d) e f) do n.º 1 do artigo*

---

[2] Recebem tradicionalmente esta designação, por a sua formação ser objecto de regulação específica por parte do direito comunitário, os contratos de empreitada de obras públicas, de concessão de obras públicas, de locação ou aquisição de bens móveis e de aquisição de serviços. Nominalmente, a *concessão de serviços públicos* também é um contrato comunitário, apesar de não ser típico, posto que não se trata de figura disciplinada *a se* pelo direito europeu.

[3] Aprovada pelo Decreto-Lei n.º 18/2008, de 29 de Janeiro, com a Declaração de Rectificação n.º 18-A/2008, de 28 de Março, e alterada já pelo Decreto-Lei n.º 278/2009, de 2 de Outubro.

[4] Directiva 2004/18/CE do Parlamento Europeu e do Conselho, de 31 de Março de 2004. Este diploma de um só passo reviu e unificou três directivas europeias dos anos '90 sobre contratação pública (: 92/50/CEE, sobre aquisição de serviços, 93/36/CEE, relativa a fornecimentos, e 93/37/CEE, respeitante a empreitadas e concessões de obras públicas) que haviam sido transpostas, a título definitivo, para o ordenamento jurídico português pelo Decreto-Lei n.º 59/99, de 2 de Março (regime dos contratos de empreitada e concessão de obras públicas), e pelo Decreto-Lei n.º 197/99, de 8 de Junho (regime dos contratos de fornecimento de bens e de aquisição de serviços).

[5] Segundo o n.º 1 do artigo 407.º do CCP, «*entende-se por concessão de obras públicas o contrato pelo qual o co-contratante se obriga à execução ou à concepção e execução de obras públicas, adquirindo em contrapartida o direito de proceder, durante um determinado período, à respectiva exploração, e, se assim estipulado, o direito ao pagamento de um preço*».

[6] Também segundo o CCP, «*o ajuste directo é o procedimento em que a entidade adjudicante convida directamente uma ou várias entidades à sua escolha a apresentar proposta, podendo com elas negociar aspectos da execução do contrato a celebrar*» (artigo 112.º).

Concessão de Obras Públicas e Ajuste Directo   965

24.º e no artigo anterior, para a formação de contratos de concessão de obras públicas e de concessão serviços públicos, bem como de contratos de sociedade, qualquer que seja o objecto do contrato a celebrar, deve ser adoptado, em alternativa, o concurso público, o concurso limitado por prévia qualificação ou o procedimento de negociação". Do segmento inicial da norma transcrita parece decorrer que, na formação de um contrato de concessão de obras públicas, o ajuste directo apenas poderá ser utilizado nas situações previstas nas alíneas *d)* e *f)* do n.º 1 do artigo 24.º[7] (epigrafado «escolha do ajuste directo para a formação de quaisquer contratos»); fora delas, e *a contrario*, as entidades adjudicantes teriam de seleccionar o concessionário de obras públicas segundo um dos outros mecanismos indicados em alternativa no n.º 1 do artigo 31.º do CCP.

Subsiste, deste modo, perante o direito em vigor a questão de saber se este contrato – que é dos mais antigos e, pelas habituais complexidade e dimensão económico-financeira dos interesses nele em jogo, importantes contratos administrativos portugueses, e que, além disso, corresponde a um instituto que, ao cabo de uma rica e diversificada evolução, foi recentemente revitalizado[8], ao ponto de, segundo alguns, representar o "arquétipo dos modos de envolvimento privado na realização de um projecto público"[9] – evidencia alguma singularidade que justifique a solução "original" que decorre *a contrario* da letra da lei ou se, afinal, ele pode, tal como os demais contratos públicos, incluindo várias modalidades concessórias (concessão de serviços públicos ou concessão de exploração de bens do domínio público), ser *excepcionalmente* precedido de um procedimento de ajuste directo em situações não indicadas no n.º 1 do artigo 31.º do CCP.

2. Para melhor situar a questão enunciada, à qual procuraremos responder no § 4.º, justifica-se que efectuemos um enquadramento sumário

---

[7] A alínea *d)* desta disposição prevê o ajuste directo quando as prestações que constituem o objecto do contrato *"se destinem, a título principal, a permitir à entidade adjudicante a prestação ao público de um ou mais serviços de telecomunicações"*, ao passo que a referida alínea *f)* viabiliza este procedimento quando, *"nos termos da lei, o contrato seja declarado secreto ou a respectiva execução deva ser acompanhada de medidas especiais de segurança, bem como quando a defesa de interesses essenciais do Estado o exigir"*.

[8] Sobre isto, cfr. a síntese de Diogo Freitas do Amaral / Lino Torgal, *Estudos sobre Concessões e outros Actos da Administração*, Coimbra: Almedina, 2002, pp. 583 e ss..

[9] Cfr. Ruggiero Dipace, *Partenariato Pubblico Privato e Contratti Atipici*, Milão: Giuffrè, 2006, p. 36.

966 Em Homenagem ao Professor Doutor Diogo Freitas do Amaral

sobre a origem e desenvolvimento desta específica modalidade de privatização da execução de uma tarefa administrativa[10] (a de provisão e exploração de obras públicas) e, especialmente, que lembremos os principais momentos da evolução, comunitária e nacional, do regime de *contratação pública* da concessão de obras públicas. Será essa a matéria dos subsequentes § 2.º e § 3.º do presente estudo.

§ 2.º O princípio da livre escolha do concessionário de obras públicas

2.1. *Introdução: a origem da concessão de obras públicas*

3. O recurso à figura da concessão de obras públicas assume especial feição a partir do segundo quartel do século XIX. É o início da conhecida época da "crença entusiástica no progresso indefinido", ou do "fervor dos melhoramentos materiais"[11], ou seja, do período em que, um pouco por toda a Europa Ocidental, a opinião pública, entusiasmada com as novas aplicações que a recém-descoberta máquina a vapor possibilitava, começa insistentemente a reclamar dos poderes públicos a realização dos mais diversos tipos de infra-estruturas (*v.g.*, estradas, caminhos-de-ferro, *tramways*, portos, pontes). Como a este propósito sugestivamente referiu, em 1849, um Autor, "(...) é força confessar que, em todo o continente de Portugal, nestes últimos anos, ouve-se de um ângulo a outro uma voz uníssona a reclamar o desenvolvimento dos interesses materiais do país, como sua única tábua de salvação; e sem o que a existência social e política do mesmo pode ser abalada até aos fundamentos, por isso que é impossível continuar uma existência, cujos princípios vivificadores se acham em desequilíbrio, e na mais completa desarmonia"[12].

---

[10] Sobre esta noção, cfr., entre nós, PEDRO GONÇALVES, *Entidades Privadas com Poderes Públicos*, Coimbra: Almedina, 2005, p. 321 e segs. V. também ALBERTO RUIZ OJEDA, «Hacia un nuevo entendimiento y articulación de las relaciones entre los factores implicados en la provisión y gestión de infraestructuras», in *La Financiación Privada de Obras Públicas*, coord. A. Ruiz Ojeda, Madrid: Civitas, 1997, p. 47 e segs..

[11] Cfr. MARCELLO CAETANO, *Lições de Direito Corporativo*, Lisboa, 1935, p. 154.

[12] Cfr. BENTO JOAQUIM CORTEZ MANTUA, *Memória relativa aos contractos que se tem feito em Portugal desde 1837 com relação a estradas, reclamações a que deram origem tais contratos, como foram atendidas e como o deviam ser, como se devem repelir as que ainda pendem por parte da empresa Lombré e companhia de obras públicas. E como se*

Concessão de Obras Públicas e Ajuste Directo 967

A Administração do Estado liberal não foi insensível às reclamações que lhe eram dirigidas, reconhecendo a necessidade de dotar o País de infra-estruturas adequadas (estradas, vias férreas, portos, canais de navegação, pontes, barragens, etc.).

Todavia, erguiam-se consideráveis entraves, de ordem ideológica e prática, à promoção dos pretendidos melhoramentos materiais.

a) Por um lado, entendia-se que o Estado "deveria manter-se longe do reino da economia"[13]. A Administração estava ideologicamente presa aos princípios doutrinais do liberalismo económico. Para garantir, na esteira dos ideais optimistas de ADAM SMITH e JEAN-BAPTISTE SAY, as instituições fundamentais da propriedade privada e da plena liberdade de contratar em matéria económica, "de que resulta a força equilibrante que é a concorrência"[14], os Estados propendiam para um respeito quase absoluto do *princípio da não intervenção na actividade económica*. Promovia-se, efectivamente, o *culto da iniciativa privada* (*laissez-faire*) e enaltecia-se o *abstencionismo da intervenção dos entes públicos nos mercados de bens e factores produtivos* (*laissez-passer*). Os particulares, basicamente, esperavam uma intervenção do Estado exclusivamente dirigida para a protecção de um conjunto de direitos básicos, designadamente, a propriedade privada e a liberdade de contratar. Significativamente, referiu-se, entre nós, que "o Governo não deve nunca visar ser fabricante nem empresário... Em todas estas empresas (grandes estradas, canais, minas, serviços de correio e mala-posta, etc.), o Governo não deve nunca perder de vista que é à indústria privada que a sua execução deve ser confiada..."[15].

E, na realidade, já antes lembrara o Autor do célebre *Inquérito sobre a Natureza e as Causas da Riqueza das Nações* que, sendo "facto indesmentível que a criação e manutenção dos serviços públicos que facilitam o comércio de qualquer país, como por exemplo boas estradas, pontes,

---

deve proceder na liquidação das contas da dita companhia, para elucidação do País, das Câmaras Legislativas e do Governo, Lisboa, Tipografia de Silva, 1849, p. 4 (actualizámos o português).

[13] Cfr. J. CASALTA NABAIS, *Contratos Fiscais*, Coimbra: Coimbra Editora, 1994, p. 125.

[14] Sobre o liberalismo económico e o sistema capitalista, cfr., entre nós, por exemplo, JOÃO LUMBRALES, *História do Pensamento Económico*, Coimbra: Coimbra Editora, 1988, p. 119 e ss..

[15] Cfr. SILVESTRE PINHEIRO FERREIRA, *Cours de Droit Public interne et externe*, Paris, 1830, *apud* A. MARQUES GUEDES, *A Concessão*, I, Lisboa, 1954, p. 59.

968 Em Homenagem ao Professor Doutor Diogo Freitas do Amaral

canais navegáveis, portos, etc., exigirão variadíssimos níveis de despesas nos diferentes períodos da sociedade", não se tornava "(...) necessário" que as correspondentes despesas fossem "custeadas por conta do rédito público (...)", já que "a maior parte dessas obras públicas poderão facilmente ser administradas de modo a fornecerem um rédito suficiente para o custeamento da sua própria despesa sem acarretarem qualquer encargo para o rédito geral da sociedade"; assim, "uma estrada, uma ponte, um rio navegável por exemplo, podem, muitas vezes, ser construídos e mantidos por uma pequena taxa sobre os transportes neles efectuados: um porto, por uma pequena taxa portuária moderada sobre a tonelagem dos barcos que aí carregam e descarregam"[16].

b) Além disto, o Estado estava descapitalizado, era inexperiente e pouco propenso a assumir riscos financeiros.

Na realidade, a Administração mostrava, por um lado, uma "comovente penúria financeira". Numa frase feliz e muito divulgada, caricaturava-se que a pessoa administrativa "(...) figurava de nobreza sem fortuna", sem "capacidade para tratar e explorar directamente as herdades"[17]. Recorde-se que, neste período, a tributação e as receitas patrimoniais do Estado pouco mais garantiam – e, muitas vezes, mal – que a segurança (pessoal e patrimonial) dos cidadãos e o financiamento da guerra (segurança externa). A realidade portuguesa era, aliás, comum à de outros Estados. Do país vizinho, por exemplo, dizia-se que *"una Hacienda depauperada, un sistema fiscal inexistente, una población analfabeta, una España rural e zarrapastrosa hacía imposible subvenir a las necesidades patrias"*[18].

Depois, o Estado revelara ser empresarialmente incapaz de promover, por si próprio, a realização de grandes obras públicas[19]. Os seus serviços não evidenciavam, na verdade, a capacidade técnica necessária

---

[16] Cfr. ADAM SMITH, *Inquérito sobre a Natureza e as Causas da Riqueza das Nações*, vol. II, tradução portuguesa, Edição da Fundação Calouste Gulbenkian, 1983, pp. 335 e 336.

[17] Cfr., assim, JOÃO DE MAGALHÃES COLLAÇO, *Concessões de serviços públicos (Sua Natureza Jurídica)*, Coimbra: Imprensa da Universidade, 1914, p. 14.

[18] Cfr. GASPAR ARIÑO ORTIZ, *Aspectos Juridico-Políticos del Problema, in La Financiación Privada de Obras Públicas*, coord. A. Ruiz Ojeda, Madrid, 1997, p. 21.

[19] Cfr. A. MARQUES GUEDES, *A Concessão*, I, p. 59, nota 2; e RAFAEL GOMÉZ-FERRER MORANT, *El Contrato de Obras. La Concesion de Obras Publicas como Contrato, in Comentario a la Ley de Contratos de las Administraciones Publicas*, Madrid, 1996, p. 607.

Concessão de Obras Públicas e Ajuste Directo 969

para promover e levar a cabo os *melhoramentos materiais* demandados pelo interesse colectivo[20]. Neste mesmo sentido, reconhece-se, em nossos dias, ainda do lado de lá da fronteira, que a execução de grandes obras de transporte (especialmente, as linhas de caminho de ferro) exigia *"cuantiosas sumas y una gestión o explotación profesional, imposibles de acometer por la Administración española de mediados del siglo XIX"*[21].

A isto acrescia o facto de a rentabilidade das grandes obras não constituir, à partida, um dado seguro – inexistiam, à época, quaisquer estudos de procura fiáveis[22]. Numa conjuntura de aversão administrativa à tomada de significativos riscos, propendia-se, assim, para uma incómoda inacção.

4. Neste quadro, o contrato de «concessão de obras públicas» funcionou como o "expediente de economia administrativa"[23] que permitiu, sobretudo em matéria de infra-estruturas de transporte (estradas e de linhas de caminho-de-ferro) *"de gran calado"*[24], ultrapassar o dilema criado.

Por seu intermédio, na realidade, "o Estado declarava a obra de utilidade pública, e concedia a sua realização a particulares que, *por sua conta e risco*, faziam as necessárias despesas mediante o privilégio de poderem explorar, em exclusivo, a utilização dessa obra durante um número de anos reputado suficiente para tirarem o lucro compensador do empate dos seus capitais"[25] – frequentes vezes, o prazo contratual era fixado até aos 99 anos. A Administração era, assim, subrogada pelo concessionário, legitimado, nos limites estabelecidos no acto concessório, a desenvolver as actividades concedidas[26].

---

[20] Sobre a assumida falta de vocação do Estado Liberal para a realização de vultuosos investimentos em infra-estruturas rodoviárias e ferroviárias, cfr. E. Paz Ferreira, *Da dívida pública e das garantias dos credores do Estado*, Coimbra: Almedina, 1995, p. 322.

[21] Cfr. Francisco Jiménez de Cisneros Cid, *Obras públicas e iniciativa privada*, Madrid: Editorial Montecorvo, 1998, p. 45.

[22] Cfr. J. Magalhães Collaço, *Concessões de serviços públicos*, p. 15.

[23] Cfr. J. Magalhães Collaço, *Concessões de serviços públicos*, p. 14.

[24] Cfr. Manuel Concha Jaraba, "La participación público-privada en la ejecución de infraestructuras", in *Reflexiones sobre el contrato de concesión de obra pública*, Sevilla: Libros Juridicos Hispanilex, 2005, p. 49.

[25] Cfr. Marcello Caetano, *Manual de Direito Administrativo*, II, 10ª ed., Coimbra: Almedina, 1991, reimp., pp. 1102-1103.

[26] Cfr. Giovanni Battista Garrone, *La Concessione di opera pubblica negli ordinamenti italiano e comunitario,* Napoli: Jovene, 1993, p. 5.

970 *Em Homenagem ao Professor Doutor Diogo Freitas do Amaral*

Entre nós, o Professor João Maria Tello de Magalhães Collaço descreveu superiormente toda esta situação na citada monografia *Concessões de Serviços Públicos (Sua Natureza Jurídica)*[27]. Vale a pena ouvi-lo: "[e] como as ideias do tempo eram ainda demasiado individualistas para que os corpos administrativos e o Estado ousassem a realização directa de tais grandes obras públicas, a esta circunstância acrescendo a da comovente penúria das suas disponibilidades financeiras e o carácter um tanto aleatório, dos resultados pecuniários, note-se dessas obras públicas a realizar, – tornou-se corrente e mister que um particular se aventurasse a assumir os encargos da sua execução, ficando com o direito de, como gestor, pelo tempo acordado, em nome e como representante do poder público, receber certas taxas impostas pelo uso que fizessem os particulares do serviço proporcionado (...)"[28].

Foi esta, em resumo, a caracterização essencial da concessão de obras públicas no sul da Europa ao longo da maior parte do século XIX e até sensivelmente ao termo das duas primeiras décadas do século XX, período que corresponde pois à sua "hora de glória"[29], posto que foi por intermédio dela que se realizaram as obras públicas de maior dimensão.

2.2. *Fundamento originário do princípio da livre escolha do concessionário*

5. No contexto assinalado, não surpreende que, em sede de regime de formação do contrato, se tenha defendido, de modo praticamente consensual, que a Administração Pública deveria dispor de uma "ampla margem de discricionariedade na escolha do co-contratante"[30] a quem, por acto ou contrato *administrativo* de concessão, *confiava* a execução de uma obra pública.

---

[27] Sobre a vida e obra deste ilustre jurista, cfr. Diogo Freitas do Amaral, «Vida e obra do Prof. João Tello de Magalhães Collaço», in *Estudos de Direito Público e Matérias Afins*, I, Coimbra: Almedina, 2004, pp. 99-127 (estudo originariamente publicado na revista *O Direito*, ano 126, I-II, p. 11 e ss.).

[28] Cfr. J. Magalhães Collaço, *Concessões de serviços públicos*, p. 14.

[29] Cfr. Herbert Maisl, «Les concessions d'autoroutes», in *Revue du Droit Public et de la Science Publique*, 1973, p. 923.

[30] Cfr. Michele Pallotino, «Costruzione di Opere Pubbliche (Concessione di)», in *Enciclopedia del Diritto*, pp. 350 e 358.

Concessão de Obras Públicas e Ajuste Directo 971

Vigorava, nesta matéria, o *principe du libre choix du concession-naire par la collectivité publique*, considerado um dos *"principes absolus"*[31] do regime da concessão de obras (e de serviços) públicos[32]. Razões de vária ordem justificavam o relevo que lhe era dado.

a) Como vimos, as concessões de obras públicas implicavam, por via de regra, o estabelecimento de uma relação *duradoura* entre as partes (para permitir ao particular, através da exploração, a amortização e remuneração do investimento efectuado na construção do empreendimento).

Assim, e desde logo, dizia-se que tal elemento temporal abonava, ou exigia mesmo, um cuidado redobrado da Administração na tarefa – a desenvolver sem o espartilho ditado pelo respeito de regras gerais pré-anunciadas – de análise da capacidade técnica e da capacidade financeira do adjudicatário (*intuitus personae*).

b) A escolha do concessionário *sem concorrência* justificava-se, sobretudo, pelo facto de o contrato em causa assumir um óbvio carácter fiduciário.

Na concessão de obras públicas, diferentemente de uma empreitada[33], ocorria um fenómeno de *substituição* da Administração pelos particulares – os concessionários assumiam, por sua conta e risco, o desenvolvimento (temporário e parcial[34]) de actividades de interesse geral confiadas à

---

[31] Cfr. CHRISTIAN BETTINGER/ GILLES LE CHATELIER, *Les Nouveaux Enjeux de La Concession*, Paris, 1995, p. 13.

[32] Neste mesmo sentido, refere-se, de Itália, que o traço comum aos diferentes procedimentos de atribuição de concessões previstos em leis sectoriais especiais do século XIX era «*l'attribuzione all'amministrazione della più ampia discrezionalità nella scelta del concessionario*». Cfr. ROBERTO GAROFOLI / GIULIA FERRARI, *Codice degli appalti pubblici*, II, 3ª ed., s.l., Nel Diritto Editore, 2009, p. 1229.

[33] Como se refere na doutrina italiana, em substância, as relações jurídicas constituídas através desses dois contratos são distintas, já que, no caso da concessão, existe, entre as partes, uma relação de substituição (*sostituizione*), ao passo que na empreitada ela é de mero auxílio (*ausiliarietà*) – cfr., por exemplo, MICHELE PALLOTTINO, «Costruzione di Opere Pubbliche (Concessione di)», in *Enciclopedia del Diritto*, p. 359.

[34] *Temporária*, porque os poderes transferidos só podem ser usados e fruídos durante certo período, mais ou menos longo (o julgado em cada caso necessário para o concessionário amortizar os custos que suportou e obter ainda um lucro razoável); *parcial*, porque a Administração nunca se demite de certa parcela de poder sobre a actividade cuja liberdade de exercício outorga a alguém – assim, MARCELLO CAETANO («Subsídios Para o Estudo da Teoria da Concessão de Serviços Públicos», in *Estudos de Direito*

972   *Em Homenagem ao Professor Doutor Diogo Freitas do Amaral*

Administração, as quais, amiúde, requerem o exercício de poderes de autoridade (promoção de processos de expropriações, actos ordenadores, gestão e utilização de bens dominiais, cobrança de taxas, etc.).

Para alguns, a concessão envolvia mesmo, basicamente, um exercício de redefinição da geometria da organização administrativa, procedendo-se, através dela, à criação de um *órgão indirecto* da Administração[35].

Nesta base, entendia-se que, "por força das relações que unem a colectividade concedente à empresa concessionária, da confiança que a primeira deve ter na segunda, do papel que esta exerce na gestão [da obra e] do serviço publico, a personalidade do co-contratante é determinante: o concedente deve poder escolher livremente, sem constrangimentos, sem concorrência"[36].

c) O princípio da livre escolha do concessionário explicava-se, também, por a concessão não envolver pagamentos da Administração ao particular[37].

Na verdade, num contrato desse cariz, o normal era o concessionário remunerar-se, uma vez construído e entrado em funcionamento o estabelecimento da concessão, exclusivamente através da cobrança de taxas aos utentes. Está-se, aí, entendia-se, perante um contrato de tipo *delegativo* e não de tipo *aquisitivo*[38]. Não se punha, assim, a exigência de, para satisfazer o interesse público de pagar o menos possível pelas prestações de que a Administração carecia para satisfazer uma necessidade pública, promover a realização de um procedimento adjudicatório de acordo com as regras normalmente seguidas na contratação de empreitadas de obras públicas, fornecimentos ou serviços.

Administrativo, Lisboa: Ática, 1974, p. 93). Nas palavras do Autor, «a Administração concedente conserva poderes de vigilância e de defesa do interesse público: é que, na raiz, a função concedida continua a pertencer-lhe».

[35] Tese, entre nós, adoptada por A. MARQUES GUEDES, *A Concessão*, I, p. 166. Para uma crítica, cfr. DIOGO FREITAS DO AMARAL, *Curso de Direito Administrativo*, I, 3ª ed., Coimbra: Almedina, 2006, p. 731 e ss..

[36] Cfr. PIERRE DELVOLVÉ, «La Concession de Service Public et le Droit Communautaire. Rapport de Synthése», in *La concession de service public face au droit communautaire*, Paris: Sirey, 1992, p. 114.

[37] Cfr. LAURENT RICHER, *Droit des contrats administratifs*, 6ª ed., Paris: L.G.D.J, 2008, p. 569.

[38] Cfr. ALBERTO RUIZ OJEDA, *La concesión de obra pública*, Madrid: Thomson Civitas, 2006, p. 374.

Concessão de Obras Públicas e Ajuste Directo 973

d) A ideia da *libre choix* era ainda coerente com a natureza do contrato de concessão de obras públicas. Este é, num primeiro momento, qualificado pela doutrina como um *contrato privado*[39]. Divisa-se, nele, como em qualquer convénio, a presença de um acordo de vontades, através do qual as partes assumem vinculações recíprocas num ambiente paritário[40] – isto, apesar do reconhecimento também imediato de que estes contratos revestiam algumas particularidades relativamente aos contratos civis. Entre nós, aliás, conforme assinalado por MARQUES GUEDES, a jurisprudência, "numa quietude próxima da inércia, e sem que os progressos entretanto feitos pela doutrina a demovessem, manteve até tarde a opinião de que o contrato de concessão é por essência um contrato de natureza civil"[41]. As coisas só mudariam a partir de 1928[42].

Nesta base, entendia-se que a escolha do particular num contrato de concessão deveria ter lugar sob a mesma autonomia com que, em geral, qualquer sujeito elege o seu parceiro contratual.

e) Enfim, importa sublinhar que a escolha do concessionário de obras públicas de acordo com um procedimento pré-contratual era um problema que, *em concreto*, por vezes nem sequer se equacionava. Na realidade, a iniciativa para a celebração de contratos de concessão de obras públicas partia, frequentes vezes, de particulares, que submetiam à Administração propostas para a realização de infra-estruturas cuja amortização exigia um período de exploração longo[43]. Muitas concessões

---

[39] A primeira definição conhecida de concessão de obras públicas foi dada pelo jurista francês DELALLEAU, em 1835. Para o A., a concessão de obras públicas era «*um contrato pelo qual uma ou mais pessoas se obrigam, para com a administração, a fazer executar, à sua conta, risco e perigos, uma obra de utilidade pública, mediante a fruição de uma portagem ou de outras vantagens estabelecidas no acto de concessão*». Cfr. XAVIER BEZANÇON, *Essai sur les contrats de travaux et de services publics. Contribution à l'histoire administrative de la délégation de mission publique*, Paris: L.G.D.J., 1999, p. 105.

[40] Cfr. XAVIER BEZANÇON, *Essai sur les contrats de travaux et de services publics*, p. 105-106. Entre nós, refere J. MAGALHÃES COLLAÇO, que, «*em face do concessionário, e pelo acto de concessão, a pessoa administrativa demitia-se das suas prerrogativas de direito público e surgia como quemquer que contrata*» – cfr. *Concessões de serviços públicos*, p. 18.

[41] Cfr. A. MARQUES GUEDES, *A Concessão*, I, p. 51.

[42] Cfr. as indicações de A. MARQUES GUEDES, *A Concessão*, I, p. 52 e ss.

[43] Cfr. sobre o tema, em Espanha, por último, ANABELÉN CASARES MARCOS, *La concesión de obras públicas a iniciativa particular: tramitación, adjudicación y garantía*

eram, noutros termos, directas (assentavam num procedimento de iniciativa particular) e não indirectas (resultantes de um procedimento de iniciativa pública)[44]. A lei encorajava, de resto, essa prática. Assim, entre nós, e a título de exemplo, a Lei de 19 de Dezembro de 1834 autorizava o Governo a promover todas as empresas de interesse público, podendo interessar-se até 10% nas que julgasse convenientes; e o Decreto de 12 de Março de 1835, que a executou, criou a Comissão Consultiva dos Melhoramentos de Comunicação Interior, com competência para elaborar um plano geral de obras e *receber e exa-minar oferecimentos e propostas de quaisquer companhias nacionais ou estrangeiras*[45]. Sucedeu, pois, nalguns casos, que a Administração, revelando interesse na execução dessas ofertas, as adjudicou directamente ao respectivo promotor, não organizando uma competição entre ele e outros eventuais interessados na realização do projecto.

6. Em suma, prevaleceu, durante quase um século, a concepção de que, no âmbito da actividade instrutória que a Administração tinha de desenvolver para escolher o particular a quem atribuía uma concessão de obras públicas, aquela não deveria permanecer vinculada *"ad algun tipo de gara pubblica né alle caratteristiche dell'evidenza pubblica"*[46]. Socorrendo-nos da formulação francesa, é de dizer que a regra vigente era pois a da *"liberté de passation"*[47].

2.3. A manutenção do princípio da livre escolha na fase pós--liberal

7. O princípio da livre escolha do concessionário iria subsistir, no essencial, embora bastante desligado do seu ambiente originário, no período que vai do final da primeira grande guerra até, sensivelmente, meados da década de 80 do século XX.

---

contractual de la calidad, Madrid: Editorial Montecorvo, 2007, pp. 31 ss.; cfr., também, Francisco Jiménez de Cisneros Cid, *Obras públicas e iniciativa privada*, p. 89 e ss., e Alberto Ruiz Ojeda, *La concesión de obra pública*, p. 375.

[44] Cfr. Alberto Ruiz Ojeda, *La concesión de obra pública*, p. 375.

[45] Cfr., assim, A. Marques Guedes, *A Concessão*, I, 1954, p. 59.

[46] Cfr. Eugenio Mele, *I Contratti delle Pubbliche Amministrazioni*, 3ª edição, Milão: Giuffrè, 2002, p. 203.

[47] Cfr. Christian Lavialle, *Droit administratif des biens*, Paris: Puf, 1996, p. 219.

Trata-se do período, como é sabido, em que a concessão de obras públicas – e a concessão em geral – entrou numa fase de *obscurecimento*. Na realidade, a participação do sector privado na realização de infra-estruturas "regrediu a partir do primeiro quartel do século XX, visto que os Estados privilegiaram a realização e a gestão directa de equipamentos e dos serviços prestados"[48].

De um modo geral, este eclipse da concessão foi o resultado do desenvolvimento e consolidação, em vários países da Europa ocidental, de ideologias ou políticas de cariz anti-capitalista. Por um lado, em certos regimes políticos não socialistas, designadamente em Portugal no período do Estado Novo, ganhou corpo a ideia de que "o Estado não pode ficar-se como espectador da vida económica, assistindo impassível ao choque de interesses, à luta imoral pelo lucro e ao triunfo por meios da injustiça e da força"[49]. A aplicação desta ideia no sector das infra-estruturas implicou a valorização do sistema da empreitada de obras públicas em detrimento do da concessão de obras públicas. A ideia prevalecente era a de que – podendo – o Estado deveria investir directamente "nas realizações que constituíssem condição de aceleramento do progresso económico, deixando o resto à iniciativa privada"[50]. Nesta linha, em Portugal, os sucessivos planos de fomento nacional elaborados a partir dos anos '30 do século XX previram grandes investimentos públicos na agricultura, na electricidade e indústria, nas comunicações e nos transportes. E, efectivamente, as *grandes* obras públicas estaduais rodoviárias, ferroviárias (incluindo o metropolitano de Lisboa), portuárias, aeroportuárias e hidráulicas foram realizadas por recurso ao sistema da empreitada e não ao da concessão de obras públicas. O investimento privado em Portugal, neste período, em matéria de grandes obras públicas, foi relativamente marginal.

Noutros quadrantes geográficos, a prevalência de ambientes ideológicos de pendor socialista deram azo quer à nacionalização pelo Estado de empresas concessionárias (são paradigmáticos os exemplos das nacionalizações francesas, de 1946, e as ocorridas em Portugal após 25 de Abril de 1974), quer à participação maciça do Estado no capital de algu-

---

[48] Cfr. *Comunicação Interpretativa da Comissão sobre as Concessões em Direito Comunitário*, 2000, p. C 121/5.

[49] Cfr. MARCELLO CAETANO, *Lições de Direito Corporativo*, p. 162.

[50] Cfr. MARCELLO CAETANO, *Minhas Memórias de Salazar*, Lisboa: Verbo, 2000 (reimpressão), p. 578.

mas sociedades de economia mista[51] (*dont les pertes pèsent en fin de compte sur les collectivités actionnaires*[52]). Estas sociedades tinham, por regra, uma estrutura accionária maioritariamente pública, cujo objectivo principal não era a realização de lucros e a distribuição de dividendos, mas, apenas, obter um equilíbrio da exploração a longo prazo. Outras vezes, tais sociedades emitiam empréstimos, frequentemente garantidos pelo Estado ou por outras entidades públicas. Os accionistas privados, de seu lado, frequentemente consideravam a sua participação no capital social como um investimento a fundo perdido. O carácter público destas empresas de economia mista predominava, claramente, sobre os respectivos traços jurídico-privados [53].

Por outro lado, foi frequente, neste período, assistir-se à prática sistemática da chamada «solidariedade financeira» do concedente com o concessionário, materializada na atribuição de subvenções fixas ou de compensações por resultados deficitários. Esta solidariedade realizou-se de diferentes modos. Conforme esclarecia MARCELLO CAETANO, "umas vezes trata-se de prestações certas e regulares a pagar ao concessionário durante certo número de anos (uma subvenção fixa anual, por exemplo). Outras vezes trata-se de prestações eventuais que o concedente só pagará se os rendimentos da exploração do ano não permitirem a remuneração do capital investido (garantia de dividendo) ou só do capital obtido por empréstimo (garantia de juros). Noutros casos, ainda, o subsídio é eventual e extraordinário destinando-se a compensar certos prejuízos que se hajam verificado por motivos imprevistos, ou certas despesas anormais"[54].

Neste contexto, não surpreende que tenha desaparecido ou, pelo menos, sido desvirtuada a essência da concessão do período liberal: a transferência do financiamento e dos riscos comerciais das actividades concedidas para o concessionário. Este não sofria, na realidade, as consequências da diminuição da procura, e era fortemente influenciado por

---

[51] Cfr. MARCEL SARMET, «Les Techniques Nouvelles de Financement Privé d'Ouvrages Publics Permettant la Coopération entre Secteur Public et Secteur Privé», in *Financement Privé D'Ouvrages Publics à L'Horizon 1993*, Paris, 1991, p. 79.

[52] Cfr. FRANÇOIS LLORENS, «La définition actuelle de la concession de service public en droit interne», in *La Concession de Service Public Face au Droit Communautaire*, Paris: Sirey, 1992, p. 24.

[53] Cfr. MARCEL SARMET, *Les Techniques Nouvelles*, cit., pp. 79-80.

[54] Cfr. MARCELLO CAETANO, *Manual*, II, p. 1127.

Concessão de Obras Públicas e Ajuste Directo 977

decisões do Estado[55]: o concessionário não tinha, numa palavra, autonomia, antes fazia, parafraseando ARIÑO ORTIZ, *"lo que diga el Ministro"*[56].

Diante deste cenário, como afirmam, numa imagem também sugestiva, RIVERO e WALINE, "o casamento da autoridade pública com o concessionário passou de um regime de separação de bens para um regime de comunhão. Por isso o processo de concessão perdia, aos olhos do poder público muito do seu interesse, e aos olhos dos empresários capitalistas muito da sua sedução"[57]. Desapareceu, assim, o pressuposto da concessão – o lucro[58]: na verdade, "o problema da concessão só se põe quando a exploração seja lucrativa, pois, se não há lucros a distribuir, nenhuma empresa terá interesse em tomar conta dela"[59].

8. Conforme referido, e sumariando, em sede do regime específico de formação da concessão de obras públicas a regra, neste período, não divergiu, no essencial, da que vigorou no período antecedente, sendo que tal manutenção se justificou, sobretudo, por ter sido aí marginal o recurso à técnica concessória (de obras e de serviços públicos) por parte da Administração Pública.

§ 3.º A submissão da formação do contrato de concessão de obras públicas ao princípio da concorrência

3.1. *Superação do paradigma anterior*

9. Os ventos mudaram, porém, a partir de meados dos anos '80 do século XX. Desde então, vem-se assistindo ao *ressurgimento*, um pouco por todo o lado, da figura da concessão. Como afirma SUE ARROWSMITH,

---

[55] Cfr. A. RUIZ OJEDA, *La Participación del Sector Privado en la Financiación de Infraestruturas y Equipamientos Públicos: Francia, Reino Unido y España*, Madrid: Civitas, 2000, p. 257.

[56] *Apud* A. RUIZ OJEDA, *La Participación del Sector Privado en la Financiación de Infraestruturas y Equipamientos Públicos: Francia, Reino Unido y España*, p. 257.

[57] Cfr. JEAN RIVERO e JEAN WALINE, *Droit Administratif*, 15ª ed., Paris: Dalloz, 1994, p. 407.

[58] Cfr. J. J. TEIXEIRA RIBEIRO, *Lições de Finanças Públicas*, 5ª ed., Coimbra: Coimbra Editora, 1995, p. 250.

[59] Cfr. J. J. TEIXEIRA RIBEIRO, *Lições de Finanças Públicas*, p. 250.

"*such (public works concessions) arrangements have become increasingly important in all sectors in the United Kingdom since the start of the governments «Private Finance Initiative», launched in autumn 1992, which seeks to promote private sector involvement in the provision of public services and infrastructure*"[60]. E o mesmo testemunho chega-nos, mais ou menos na mesma altura, de países culturalmente próximos do nosso. Da vizinha Espanha, referiu-se, logo em 1996, que a "*concesión de obra pública*", sendo "*una figura que tuvo extraordinaria importancia en el siglo XIX, que parecía haber desaparecido como figura autónoma, absorbida por la concesión de servicio publico, (...) ahora reaparece con carácter diferenciado*", acrescentando-se ainda que esta "*«reaparición» evidentemente no es casual, y tiene causas profundas – mas allá de la mera transposición de las Directivas del Derecho Comunitario – sobre las cuales es necesario preguntarse*"[61]. De França, registou-se, em 1995, que se assistia a "*une renaissance sans précédant de contrats classiques comme la concession de travaux (...)*"[62]. Por sua vez, observou de Itália um Autor, em 1990, que "*l'istituto della concessione risulta oggetto di una nuova attenzione (...) come strumento idoneo per realizzare quei processi di privatizzazione di cui tanto si parla*", sendo que "*a questa ripresa di interesse non è sfuggita la concessione di costruzione di opere pubbliche*", já que, "*il ricorso a tale tipo di concessione è divenuto infatti, frequentissimo, anche perché finora i risultati pratici ottenuti sono stati brillanti*"[63-64].

---

[60] Cfr. Sue Arrowsmith, *The Law of Public and Utilities Procurement*, Londres: Sweet & Maxwell, 1996, p. 354.

[61] Cfr. Rafael Goméz-Ferrer Morant, "El Contrato de Obras. La Concesión de Obras Públicas como Contrato", in *Comentario a la Ley de Contratos de las Administraciones Publicas*, Madrid: Civitas, 1996, p. 604.

[62] Cfr. Laurent Richer, *Droit des Contrats Administratifs*, Paris: L.G.D.J, 1995, p. 360.

[63] Cfr. Felice Ancora, *Il Concessionario di Opera publica Tra Pubblico e Privado*, Milão: Giuffrè, 1990, p. 1.

[64] Mesmo na Alemanha – País onde se verificou tradicionalmente uma certa renitência quanto ao recurso a capitais privados para financiamento de infra-estruturas públicas (cfr. por exemplo Hans-Werner Schiess, *L'Experience d'Utilisation de Capitaux Privés Pour des Equipements Publics en Allemagne*, in *Financement Privé D'Ouvrages Publics a L'Horizon 1993*, Paris, 1991, p. 63 e segs., e Otto Hieronnymi, *Besoins de Financement Prive d'Ouvrages Publics dans la CEE*, in *Financement Privé D'Ouvrages Publics à L'Horizon 1993*, Paris, 1991, p. 24) –, assistiu-se, nos últimos tempos, a uma mudança de mentalidades a este respeito – e a um maior recurso ao financiamento privado de infra-estruturas –, não só pelo enorme esforço financeiro realizado para integrar eco-

Concessão de Obras Públicas e Ajuste Directo 979

Entre nós, a viragem face ao período intervencionista anterior, e, designadamente, ao que imediatamente se sucedeu à revolução de 1974 – em que as razões ideológicas de cariz socialista ou socializante confirmaram o declínio da *concessão*[65] –, começou a dar-se a partir do início dos anos 90, na sequência da revisão constitucional de 1989, uma vez que nesta se procedeu à supressão quase completa de referências ideológicas desse teor que ainda restavam do texto da Lei Fundamental de 1976[66], em especial na parte respeitante à Constituição económica, e, designadamente, à eliminação da regra da irreversibilidade das nacionalizações[67].

a) O assinalado ressurgimento explica-se por várias ordens de razões.

---

nomicamente a Alemanha de Leste, como pela necessidade de cumprir os critérios financeiros comunitários. Desde logo, viu-se isso a respeito da construção de parques de estacionamentos públicos, de estações de tratamento de águas residuais, e de outros equipamentos públicos (reconstrução do estádio olímpico de Berlim). Depois, em matéria de aeroportos (Berlim) e de grandes túneis rodoviários (Lübbeck e Rostock). E a verdade é que *Fernstrassenbauprivatfinanzierungsgesetz (FstrPrivFinG)*, de 30 de Agosto de 1994, sobre financiamento privado construção de vias de comunicação, acabou por introduzir no ordenamento jurídico germânico uma figura similar à concessão de obras públicas. Cfr., sobre isto, SUSANNE SCHMIDT, *Bau, Erhaltung, Betrieb und Finanzierung von Bundesfernstrassen durch Private nach dem FstrProvFinG*, Berlim: Duncker & Humblot, 1999, p. 53 e segs.; ANNEGRET BUCHER, *Privatisierung von Bundesfernstrassen*, Berlim: Duncker & Humblot, 1996, pp. 76-79 e 176-196; HEINZ-JOACHIM PABST, *Verfassungsrechtliche Grenzen der Privatisierung im Fernstrassenbau*, Berlim: Duncker & Humblot, 1997; MARTINA GOTTSCHEWSKI, *Zur rechtlinien Durchsetzung von Europäishen Strassen*, Berlim: Duncker & Humblot, 1997; ou FRIEDERICH LUDWIG HAUSMANN, *Public Private Partnerships and the Award of Concessions*, in *Public Procurement Law Review*, 1999, n.º 6, p. 269. Cfr. ainda as referências de FRANCISCO JIMÉNEZ DE CISNEROS CID, *Obras públicas e iniciativa privada*, p. 240-242.

[65] Sobre este período, cfr. A. SOUSA FRANCO / GUILHERME D'OLIVEIRA MARTINS, *A Constituição Económica Portuguesa. Ensaio Interpretativo*, Coimbra: Almedina, 1993, pp. 132 e segs..

[66] Para VITAL MOREIRA (cfr. «A segunda revisão constitucional», in *Revista de Direito Público*, IV, Jan-Jun, 1990, n.º 7) "a revisão de 89 consumou uma generalizada «descarga ideológica», eliminando quase tudo o que restava das expressões e formulações ideologicamente mais marcadas que vinham desde a versão originária da Constituição" (p. 10), e que "com (...) a descarga ideológica a Constituição perdeu os seus mais típicos traços pós-revolucionários" (p. 11).

[67] Por todos, PAULO OTERO, *Privatizações, reprivatizações e transferência de participações sociais no interior do sector público*, Coimbra: Coimbra Editora, 1999, *passim*; v. ainda RUI MEDEIROS / LINO TORGAL, *Anotação ao artigo 293.º*, in Jorge Miranda /Rui Medeiros, *Constituição Portuguesa Anotada*, III, Coimbra: Coimbra Editora, 2007, pp. 978 e segs..

Desde logo, a alteração do contexto *político-ideológico*. Perante a falência do modelo do Estado intervencionista, foi proposto um novo modelo de Estado mínimo, "um Estado que, sem querer suportar os ónus de ser «social», pretende no entanto manter algumas «responsabilidades sociais»"[68]. Trata-se essencialmente de "um retorno ao mercado, mediante a privatização do sector empresarial público, a liberalização dos sectores que estavam sob regime de exclusivo público ou privado e a implementação de mecanismos da concorrência, em substituição dos antigos regimes de regulação administrativa". O papel do Estado passa a ser, por outras palavras, "o de regulador da economia privada, já para garantir os princípios da concorrência, já para fazer observar as «obrigações de serviço público», quando existam, já para defender o ambiente ou os direitos dos consumidores"[69]. Foram, assim, superadas as razões ideológicas de cariz antiliberal ou anticapitalista que ditaram, nas décadas anteriores, o declínio da *concessão*.

É diferente, também, hoje, o contexto *macro-económico*. Na Europa, os textos comunitários impõem aos Estados-membros o respeito de critérios de disciplina orçamental. Neste enquadramento, e de acordo com um Estado que, fiel ao modelo do Estado de «bem-estar», continua a precisar de elevados recursos para acudir a políticas públicas sociais, o financiamento privado subjacente à figura da concessão reaparece como uma forma adequada de ultrapassar o dilema causado pelo descomunal peso económico que a realização de grandes projectos acarreta, em termos normais, para o erário público. A técnica concessória permite, no fundo, *adicionar* recursos financeiros (aos orçamentais ou provenientes do endividamento público) para a provisão de infra-estruturas públicas[70]. Entre nós, face à crónica escassez das receitas públicas e aos constrangimentos em matéria de níveis de défice orçamental e de endividamento público, foi sob a acção conjugada do molde jurídico da concessão de obras públicas e da técnica bancária do *project finance*[71] que, por exemplo,

---

[68] Cfr. Pedro Gonçalves, *A concessão de serviços públicos*, Coimbra: Almedina, 1999, p. 20.

[69] Cfr. Vital Moreira, «Serviço Público e Concorrência. A regulação do sector eléctrico», in *Os caminhos da privatização da Administração Pública*, Coimbra: Coimbra Editora, 2001, p. 225-226.

[70] Cfr. Alberto Ruiz Ojeda, *La concesión de obra pública*, p. 352 e segs..

[71] Que, basicamente, consiste no financiamento *"of a particular economic unit in which a lender is satisfied to look initially to the cash flows and earnings of that economic unit as the source of funds from which a loan will be repaid and to the assets of*

activos no sector dos transportes como a ponte Vasco da Gama[72] ou como as auto-estradas, com portagem real (Aenor e Auto-Estradas do Atlântico) ou portagem sombra (Algarve, Costa da Prata, Beira Litoral e Alta, Beira Interior, Interior Norte, Norte Litoral e Grande Porto), foram, efectivamente, executados. Fora daquele sector, a concessão enquadrou também juridicamente um conjunto de operações relevantes (v.g., construção e exploração de redes de abastecimento e de tratamento de águas residuais). E o fenómeno segue o seu caminho com a promoção de outras infra-estruturas de dimensão e relevância não inferior às referidas.

Diverso é, enfim, o *contexto tecnológico*. Está hoje sedimentado o entendimento de que o *know-how* privado na construção e exploração de obras públicas é, na maior parte das vezes, mais eficiente que o da Administração Pública. Daí que, mesmo quando as pode financiar, a Adminis-

---

the economic unit as a collateral for the loan" – assim, P. K. Nevitt / Frank Fabozzi, *Project Financing*, 7ª ed., Londres: Euromoney Books, 2000, p. 1. Entre nós, Eduardo Paz Ferreira considera, na mesma linha, que o *project finance* se traduz "na utilização de consórcios empresariais que se encarregam da concretização dos investimentos e da execução do projecto, obtendo o respectivo financiamento pelo qual se responsabilizam, esperando em troca que o projecto venha a proporcionar os rendimentos que permitam compensar o investimento": *Direito da Economia*, Lisboa: AAFDL, 2001, p. 387. Por intermédio do *project finance*, portanto, e na sequência de uma *due diligence* (técnica, financeira, jurídica), os bancos aceitam financiar o desenvolvimento de certas actividades sem recurso (ou com recurso limitado a garantias dadas pelos promotores), fazendo-o na convicção de que o projecto gerará meios financeiros suficientes para assegurar, durante determinado período, o serviço da dívida. Naturalmente, esta técnica envolve a necessidade de se realizar uma sofisticada e rigorosa actividade de identificação e alocação de todos os riscos do projecto. Sobre isto, v. também Graham Vinter, *Project Finance*, 3ª ed., Londres: Sweet & Maxwell, 2005, *passim*. O que o *project financing* traz de novo à ancestral figura contratual da concessão de obras públicas é, no essencial, uma *especial e sofisticada técnica de repartição de riscos e de encargos do projecto – v.g.*, riscos de projecto, de expropriações e de consignações, de planeamento, de aumento dos custos da construção, de atraso dos prazos de construção, de operação e de manutenção e de diminuição da procura do serviço – *pelos seus vários intervenientes*. Nas palavras de Maurizio Zoppolato, *"(...) il* project financing *costituisce un'evoluzione – si badi, economica, non giuridica, trattandosi di una «tecnica di financiamento» – della concessione di costruzione e gestione: la quale di per sé non contempla la ripartizione dei rischi e degli oneri che invece caratterizza il* project financing" – "Il *Project Financing*", in *Legge Quadro sui Lavori Pubblici (Merloni-Ter)*, Milão: Giuffrè, 1999, p. 567.

[72] Sobre este projecto, cfr. as referências de Mário Aroso de Almeida, «Parcerias público-privadas: a experiência portuguesa», in *Direito e Justiça*, número especial dedicado ao IV Colóquio Luso-espanhol de Direito Administrativo, Lisboa, 2005, p. 176 e ss..

982   *Em Homenagem ao Professor Doutor Diogo Freitas do Amaral*

tração prefira, muitas vezes, a concepção e execução privadas da infra-
-estrutura. A busca da melhor eficiência na actuação do sector público
passa, assim, "por encontrar a simbiose com comportamentos do sector
privado, quer criando organismos administrativos que se aspira que fun-
cionem em regime semelhante ao das empresas privadas, quer permitindo
a atribuição de competências sobre construção, exploração ou gestão de
infra-estruturas públicas (antes ciosamente reservadas às Administrações
Públicas) a agentes económicos privados"[73].

b) Pode assim dizer-se que "a clássica figura da concessão encontrou, pois, a oportunidade de um segundo ciclo de expansão neste novo
contexto de proliferação de parcerias público-privadas, em que o Estado
procura conciliar a necessidade de satisfazer as necessidades colectivas,
designadamente através da construção de infra-estruturas e do estabelecimento de infra-estruturas de qualidade, com o imperativo de conter o
crescimento do endividamento público"[74].

E, também, que assistimos, nesta matéria, a uma espécie de regresso
ao passado. De facto, "agora, como no século XIX, o alargamento das
tarefas administrativas e o risco financeiro implícito em muitas delas
levam a que as entidades administrativas se voltem para o sector privado
para financiar os respectivos investimentos. A concessão de obras públicas
fornece-lhes um instrumento jurídico adequado, permitindo uma transferência de riscos, não só no momento da construção da obra pública,
mas também no da sua exploração"[75].

Portanto, a concessão reassumiu, nos nossos dias, com as adaptações evidentes que é necessário introduzir[76], o papel de instrumento jurídico por excelência do capitalismo liberal, ou seja, de veículo regulatório

---

[73] Cfr. Fernando Azofra Vegas, «La financiación privada de infraestructuras públicas», in *Revista Española de Derecho Administrativo*, Outubro-Dezembro de 1997, p. 454.

[74] Cfr. Mário Aroso de Almeida, *Parcerias público-privadas*, cit., p. 176.

[75] Cfr. Maria João Estorninho, «Responsabilidade por danos de concessionários»,
in AA. VV. *La responsabilidad patrimonial de los poderes públicos. III Colóquio
hispano-luso de Derecho Administrativo*, org. Luis Martínez López-Muñiz e Antonio
Calonge Velásquez, Madrid, 1999, p. 427.

[76] Na realidade, são hoje patentes a «maior complexidade das infra-estruturas, uma
maior sofisticação dos instrumentos de financiamento e uma maior complexidade do
poder público, na medida em que a democracia comporta exigências distintas», cfr. Joa-
quín Abril Martorell, «Financiación de infraestructuras y medios de transporte», in
Financiación y Gestión Privada de Infraestructuras de Interés Público, Madrid, 1996, p. 65.

Concessão de Obras Públicas e Ajuste Directo

específico do financiamento privado de infra-estruturas suporte da satisfação de necessidades colectivas[77].

10. Neste quadro, não surpreende que o argumentário liberal que justificou o acolhimento do princípio da livre escolha do concessionário, acima exposto, tenha sido superado e remetido, pela maioria das legislações nacionais, "para a história das concessões"[78]. Na generalidade dos países ocidentais, a ideia de que, na contratação de concessões de obras públicas, as Administrações podem, por regra, escolher livre e descondicionadamente o seu co-contratante[79] pertence, de facto, ao passado, embora, nalguns deles, a um passado não muito distante[80]. Ao contrário de outrora, a concessão deixou pois de ser um "lugar de eleição do ajuste directo"[81].

Vejamos, sumariamente, as principais causas da alteração desse paradigma.

a) Desde logo, consolidou-se a ideia de que o factor fiduciário, não só não é privativo do contrato administrativo de concessão, como não é

---

[77] Alertando porém para alguns perigos *práticos* da generalização da figura concessão de obras públicas, "que se assemelha a um «cavalo de Tróia», recebido com triunfalismos, mas que desde as suas entranhas introduz os elementos que estão desmontando a Administração Pública", cfr. JOSÉ MARIA GIMENO FELIÚ, *La nueva contratación pública europea y su incidencia en la legislación española*, Thomson Civitas, 2006, p. 174-175. O A. sublinha, especialmente, a «privatização encoberta» da Administração Pública por esta via introduzida, bem como o facto de este contrato poder ser *«una hipoteca presupuestaria de futuras generaciones al establecerse habitualmente endeudamientos a largo plazo para que esas concesiones puedan ser rentables y susceptibles por ello de explotación»*.

[78] Cfr. PEDRO GONÇALVES / RODRIGO ESTEVES DE OLIVEIRA, *As concessões municipais de distribuição de electricidade*, Coimbra: Coimbra Editora, 2001, p. 50.

[79] Cfr. LAURENT RICHER, *Droit des contrats administratifs*, p. 569.

[80] Em França, por exemplo, ANDRÉ DE LAUBADÉRE (*Direito Público Económico*, Coimbra: Almedina, 1985, p. 402), sublinhava, em 1979, que uma das características próprias do regime da concessão é a de que, atento o seu objecto, o concedente dispõe sempre *da livre escolha do concessionário* (sem necessidade de cumprir qualquer publicidade). No mesmo sentido, dizendo ter sido esse o regime até à lei de 29 Janeiro de 1993 (*loi Sapin*), que estabeleceu, doravante, um *«procédure de publicité»*, cfr. RENÉ CHAPUS, *Droit administratif général*, 2, 7ª ed., Paris: Montchrestien, 1994, pp. 519-520; e JEAN RIVERO e JEAN WALINE, *Droit Administratif*, p. 106.

[81] Cfr. ENRICO CARLONI, «Concessioni pubbliche e legittimità del ricorso all'affidamento diretto: specificità dell'istituto concessorio e principio di concorrenza», in *Revista Giuridica Quadrimestrale dei pubblici servizi*, 2001, p. 72.

984 *Em Homenagem ao Professor Doutor Diogo Freitas do Amaral*

objectivamente incompatível com a publicitação e promoção pela Administração, no respeito por princípios jurídicos fundamentais, de nível constitucional e comunitário, designadamente os da transparência e da não discriminação, de um procedimento aberto, assente em peças definidoras de um regime específico adequado a viabilizar, a final, a escolha da proposta cuja execução melhor permita a satisfação do interesse público que presidiu à decisão de conceder a execução e exploração de uma obra pública.

Com relativo consenso[82], a doutrina tem explicado, por outras palavras, "que a natureza pessoal da concessão, em vez de exigir o ajuste directo, parece exigir exactamente o contrário, ou seja, a competição entre os candidatos à concessão, pois (...) é graças à organização da competição que o concedente fica em condições de escolher a pessoa mais capaz, que é o que importa"[83].

Ainda de outro modo: como, muitas vezes, no ajuste directo, "a autonomia de decisão vai (...) além dos limites normais da discricionariedade porque a lei não costuma estabelecer pressupostos, que assim ficam totalmente ao critério do órgão competente"[84], ele deve constituir uma via *excepcional* de escolha do concessionário de obras públicas, apenas utilizável em face de situações particulares[85].

Abandonou-se – com maior ou menor resistência –, enfim, a ideia de que, por ser um *substituto* da Administração e não um simples *auxiliar*, o concessionário poderia ser por norma escolhido livremente (leia-se: directa e informalmente) por aquela.

b) Quanto ao argumento da ausência de dispêndio de dinheiros públicos numa concessão de obras públicas, é evidente que ele nem se-

---

[82] Vozes existem, porém, na actualidade que continuam a clamar pela *especificidade*, neste particular, da figura da concessão, afirmando ser, aí, difícil escolher o «concessionário *certo*» com o recurso a procedimentos adjudicatórios publicitados e formais e a critérios de escolha de base económica. V. a referência a esta posição na *Comunicação* da Comissão Europeia (sobre o *Livro verde das Parcerias Público-Privadas*), de 3 de Maio de 2005, p. 17.

[83] Cfr. Pedro Gonçalves / Rodrigo Esteves de Oliveira, *As concessões municipais*, p. 50.

[84] Cfr. Sérvulo Correia, *Legalidade e Autonomia Contratual nos Contratos Administrativos*, Coimbra: Almedina, 1987, p. 704.

[85] Cfr. Antonio Cianflone /Giorgio Giovannini, *L'Appalto di Opere Pubbliche*, 11ª ed., Milão: Giuffrè, 2003, p. 531 e 534.

quer é sempre verdadeiro – é cada vez mais frequente, perante a natural diminuição do número de projectos inteiramente auto-financiáveis, a celebração de contratos de concessão nos quais a Administração efectua pagamentos (avultados) ao seu co-contratante («concessões PPP», designadamente com «portagens sombra» ou contemplando «pagamentos de disponibilidade»[86]), o que está, aliás, em linha com a definição actual da figura (onde, conforme referimos, se prevê que a remuneração do concessionário pode envolver um pagamento do concedente).

De qualquer modo, mesmo quando a concessão não envolve o referido tipo de pagamentos, nem por isso o seu objecto deixa de compreender – como se diz hoje na nossa lei – *prestações que estão ou sejam susceptíveis de estar submetidas à concorrência de mercado*" (cfr. artigo 16.º do CCP), isto pelos benefícios económicos que, mesmo nesse cenário, o contrato pode conferir ao concessionário (através do direito de exploração), devendo, por isso, a sua formação, tal como a de qualquer contrato público, ser, por princípio, precedida de um mecanismo concorrencial.

c) Enfim, mesmo no âmbito dos sistemas jurídicos que consagram, em alternativa ao sistema concessional impulsionado pela Administração, regimes específicos de contratação pública de concessões na sequência da apresentação de propostas não solicitadas, a regra geral é, aí, a de que, caso tais propostas superem uma avaliação administrativa preliminar quanto ao respectivo mérito, a Administração deve, de seguida, promover um procedimento concorrencial com vista a suscitar o aparecimento de propostas alternativas, mesmo que se admita, no contexto desse procedimento, atribuir ao primitivo proponente uma específica vantagem sobre os demais competidores[87].

11. O ressurgimento da figura da concessão ficou assim associado à superação do princípio da livre escolha do concessionário e ao acolhimento do princípio oposto, ou seja, o de que, na formação da concessão

---

[86] Entre nós, para algumas referências ao tema, cfr., por último, NAZARÉ DA COSTA CABRAL, *As Parcerias Público-Privadas*, Coimbra: Almedina, 2009, pp. 69, 127 e 227.

[87] Sobre esta matéria, cfr., entre nós, LINO TORGAL / MARISA MARTINS FONSECA, «Contributo para um regime de contratação de concessões de obras e de serviços públicos na sequência de propostas não solicitadas (*Unsolicited Proposals*)», in *Estudos em Homenagem ao Professor Doutor José Manuel Sérvulo Correia*, 2010, no prelo.

Em Homenagem ao Professor Doutor Diogo Freitas do Amaral

de obras públicas, se deve realizar uma *mise en concurrence* análoga à que, até aí, por regra existia apenas para a formação de contratos de *tipo aquisitivo*, como era o caso da empreitada de obras públicas e dos fornecimentos de bens[88].

Vejamos, de seguida, as linhas de força que conduziram a este resultado, tanto no direito comunitário como no direito português da contratação pública.

3.2. Segue: o contributo do Direito Comunitário

A) Tratado de Roma

12. Não obstante a "enorme importância"[89] ou "transcendência" do sector da contratação pública para a plena realização do mercado interno na Comunidade, o Tratado de Roma de 1957 não continha qualquer preceito específico sobre aquela temática. Foi esta uma matéria que *"a été passée sous silence par les auteurs du Traité de 1957"*[90] (o que talvez se possa explicar, não só pelo facto de a referida importância do sector da contratação pública não ser nítida nos momentos iniciais da Comunidade, como pela circunstância de as consideráveis diferenças existentes nessa data entre os diferentes sistemas nacionais terem impossibilitado a obtenção de um acordo[91]).

Ninguém ignora, no entanto, que tal silêncio nunca equivaleu a uma indiferença do Tratado perante o fenómeno da contratação pública. Existe, na realidade, na Lei Fundamental comunitária um «incontornável» regime que «macro-configura» os principais aspectos do sistema da contratação pública[92]. Sendo tal direito expressão dos dogmas do liberalismo,

---

[88] Cfr. Olivier Raymundie, *Gestion Déléguée des services publics en France et en Europe*, Paris: Le Moniteur, 1995, p. 192.

[89] Cfr. Antonio Carullo, *Lezioni di Diritto Pubblico dell'Economia*, 2ª ed., Milão, 1999, p. 211 e ss..

[90] Cfr. Christian Bettinger / Gilles le Chatelier, *Les Nouveaux Enjeux de La Concession*, p. 99.

[91] Cfr. J. A. Moreno Molina, *Contratos públicos: Derecho comunitario y Derecho español*, Madrid: McGraw Hill, 1995, p. 71.

[92] Cfr. Piñar Mañas, «El Derecho Comunitario de la Contratacion Pública. Marco de Referencia de la Nueva Ley», in *Comentario a la ley de contratos de las Administraciones Publicas*, Madrid, 1996, p. 25.

ainda que "relativista e não intransigente", cedo se reconheceu que, apesar do referido emudecimento, todas as suas disposições visam assegurar a concorrência[93]. Desse modo, um "sistema de concorrência não falseado, como o que é previsto pelo Tratado, exige igualdade de oportunidades entre os diferentes operadores económicos" (acórdãos *Terminaux* e *RTT belge*)[94]. Não se compatibiliza com o Tratado a sistemática preterição por parte das entidades adjudicantes de mecanismos de publicidade na escolha do co-contratante. A própria Comissão Europeia confirmou esta ideia a propósito das concessões na sua *Comunicação Interpretativa sobre as Concessões em Direito Comunitário*, de Abril de 2000. Lê-se aí, com efeito, que, como "qualquer acto estatal que fixe as condições a que uma prestação de actividades económicas se encontra sujeita"[95], as concessões estão submetidas aos "princípios da não discriminação, da igualdade de tratamento, da transparência, do reconhecimento mútuo e da proporcionalidade que, no seu conjunto, visam estabelecer um regime que assegure o não falseamento da concorrência no mercado comum"[96].

B) Directiva 71/305/CEE

13. Apesar de, conforme sublinhado, o silêncio do Tratado no domínio da contratação pública não assumir um carácter *qualificado*, rapidamente se tomou consciência de que o estabelecimento e o funcionamento de um genuíno *mercado único europeu* exigia dos órgãos comunitários a adopção de medidas tendentes à aproximação das legislações nacionais no sector dos contratos públicos. Nessa senda, foi sendo produzida pelas instâncias competentes da Comunidade uma série de directivas sobre o processo da formação dos contratos públicos («*Direito Comunitário da Contratação Pública*»[97]).

---

[93] Cfr. PIERRE DELVOLVÉ, «*La Concession de Service Public et le Droit Communautaire. Rapport de Synthése*», p. 104.

[94] Cfr. CHRISTIAN BETTINGER / GILLES LE CHATELIER, *Les Nouveaux Enjeux de La Concession*, p. 124.

[95] Cfr. *Comunicação Interpretativa da Comissão sobre as Concessões em Direito Comunitário*, C 121/6.

[96] Cfr. MICHEL BAZEX, «La concession de service public et le traité de Rome», in *La concession de service public face au droit communautaire*, Paris: Sirey, 1993, p. 74.

[97] Cfr. PINÃR MAÑAS, «El Derecho Comunitario de la Contratacion Pública, Marco de Referencia de la Nueva Ley», loc. cit., p. 25.

Em matéria de contratos de obras públicas a directiva pioneira surgiu apenas no começo da década de 70: estamos a falar da Directiva 71/305/ /CEE, de 26 de Julho de 1971[98]. Nela se encontravam apenas as normas respeitantes aos processos de adjudicação dos contratos de empreitadas de obras públicas – definidos, aí, no artigo 1.º, como sendo *"contratos celebrados por escrito entre um empreiteiro e uma entidade adjudicante e que têm como objecto actividades de construção ou engenharia civil"*. Sobre quais eram essas entidades adjudicantes esclarecia-nos a alínea *g)* desse artigo 1.º, enunciando *"o Estado, as autarquias regionais e locais, os organismos de direito público e as associações formadas por uma ou mais autarquias locais ou regionais ou um ou mais desses organismos de direito público"*. A directiva aplicar-se-ia às obras de todos estes entes, de valor igual ou superior a 5.000.000 *ecus*[99].

Quanto aos contratos de concessão de obras públicas, nada se adiantava aí, a não ser a definição da figura (por remissão para a noção da empreitada de obras públicas) e a indicação de que tais acordos estavam excluídos do seu âmbito material de aplicação (artigo 3.º, n.º 1).

Deve, no entanto, informar-se que, nesse distante ano de 1971, os governos dos Estados membros da Comunidade Europeia haviam adoptado, *a latere* da Directiva citada, uma *decisão não vinculativa*, na qual se referia que os contratos de concessão de obras públicas deveriam estar submetidos a regras procedimentais aparentadas com as da Directiva 71/ //305/CEE. Estamos a referir-nos, concretamente, à *Declaração dos Representantes dos Governos dos Estados membros reunidos em Conselho*, de Julho de 1971[100]. Aí se afirmava, de uma banda, que, quando uma entidade adjudicante pretendesse recorrer a um contrato de concessão de obras públicas cujo montante global excedesse 1.000.000 *ecus*, deveria publicar um anúncio no *JOCE* indicando o objecto da concessão, as condições técnicas ou outras que o candidato devesse preencher, os principais aspectos da metodologia de avaliação e o prazo de apresentação de candidaturas. De outra banda, fixavam-se regras respeitantes às subempreitadas a celebrar pelas concessionárias com terceiros para a execução do objecto da concessão (as regras acordadas entre os Estados membros

---

[98] Publicada no JOCE L-185, de 16 de Agosto de 1971, p. 5 e ss..

[99] O valor referido inicialmente era de 1.000.000 ecus, mas obviamente esse patamar não poderia ficar cristalizado e, por isso, foi alterado para se conseguir uma maior adequação à realidade dos «mercados públicos».

[100] Publicada no JOCE C82, de 16 de Agosto de 1971 (13).

Concessão de Obras Públicas e Ajuste Directo   989

regulavam também a percentagem de obras cuja subempreitada se admitia). Esta Declaração funcionou, assim, como um precursor da disciplina que estava para vir. Tratava-se de um *ensaio*[101] para o que viria depois.

C) Directiva 89/440/CEE

14. A Directiva 71/305/CEE viria a ser posteriormente alterada pela Directiva 89/440/CEE, de 18 de Julho de 1989[102], que surgiu no seguimento de um programa de acção traçado pela Comissão Europeia, em 1987, para a área dos contratos públicos, visando fundamentalmente superar os inquietantes e desencorajadores resultados obtidos com as directivas do início dos anos 70, amiúde deficientemente transpostas para as ordens internas dos Estados membros.

Por outro lado, a nova disciplina é contemporânea do início do assinalado processo de renascimento das concessões de obras públicas à escala europeia. Conforme referido no preâmbulo, *"tendo em conta a importância crescente das concessões de obras públicas e a sua natureza específica, é oportuno incluir na Directiva 71/305/CEE regras de publicidade na matéria"*. Foram pois, em 1989, as concessões de obras públicas verdadeiramente integradas na legislação comunitária da contratação pública.

É necessário distinguir, de entre as inovações da Directiva 89/440//CEE, as respeitantes ao próprio contrato de concessão de obras públicas das relativas às empreitadas contratadas pelas respectivas concessionárias com terceiros. Apenas nos ateremos, aqui e agora, e de modo perfunctório, ao regime concernente ao contrato de concessão de obras públicas.

15. Em primeiro lugar, consagrou-se uma noção de contrato de concessão de obras públicas na alínea *d)* do n.º 1 do seu artigo 1.º em moldes similares à definição constante da directiva de 1971. Tal noção, no fundo, praticamente equipara esta figura à empreitada de obras públicas. Na verdade, a concessão é aí configurada como o contrato *"que apresenta as* mesmas características *de a)* (a empreitada de obras públicas),

---

[101] Cfr. HENRY LESGUILLONS, «Ouvertures des Marchés Publics à La Concurrence Européenne», in *Financement Privé D'Ouvrages Publics à L'Horizon 1993*, Paris: F.E.C., 1991, p. 40.

[102] Publicada no JOCE L210, de 21 de Julho de 1971.

com excepção de que a contrapartida das obras consiste quer unicamente no direito de exploração da obra quer nesse direito acompanhado do pagamento de um preço". Remete-se, deste modo, o intérprete, quanto à fixação das notas distintivas gerais do contrato de concessão, para o objecto do contrato de empreitada de obras públicas (daí resultando, portanto, que aquele negócio tem também por objecto trabalhos de construção e engenharia civil, é oneroso, formal e celebrado entre um empresário e uma entidade adjudicante). A variação essencial entre os dois tipos contratuais assentava, neste enquadramento, no modo de remuneração do particular: enquanto na empreitada o particular é directamente pago pela Administração pelo preço convencionado para os trabalhos executados, ficando a pertencer àquela a posse e exploração da obra realizada, na concessão, ao invés, é ao concessionário que cabe assegurar – preponderantemente – o financiamento da execução das obras, conservando o mesmo depois as obras para se remunerar através da sua exploração durante um determinado período de tempo contratualmente fixado[103]; mais tarde, como é sabido, a Comissão Europeia veio precisar, em diversos documentos, os termos desta distinção sublinhando que a qualificação de um *quid* como concessão de obras públicas exige, adicionalmente, que o co-contratante suporte o risco de eventuais sobrecustos na execução dessas obras, bem como, em medida significativa, o risco de exploração (procura ou disponibilidade) das mesmas[104].

Atendendo à "heterogeneidade dos direitos nacionais" nesta matéria, que tornava a concessão de obras públicas um terreno difícil para gerar consensos[105], o legislador comunitário definiu este instituto segundo uma lógica económico-financeira[106] e sem assumir qualquer compromisso com a sua tradicional caracterização jurídico-administrativa (assente, como vimos, na ideia de que a Administração, no exercício de uma autónoma tarefa de auto-organização, delega num privado o desenvolvimento temporário de tarefas públicas, desse modo se criando entre ambos um peculiaríssimo *"rapporto di sostituzione"*). Trata-se, assim, de uma noção

---

[103] Cfr. Diogo Freitas do Amaral, *Curso de Direito Administrativo*, II, com a colaboração de Lino Torgal, Coimbra: Almedina, 2001, p. 532.

[104] Cfr., desde logo, a *Comunicação Interpretativa da Comissão sobre as Concessões em Direito Comunitário*, 2000, p. C 121/5.

[105] Cfr. Patrícia Valcarcel Fernández, *Ejecución y financiación de obras públicas,* Madrid: Thomson Civitas, 2006, p. 330.

[106] Cfr. Ruggiero Dipace, *Partenariato Pubblico Privato e Contratti Atipici*, p. 39.

Concessão de Obras Públicas e Ajuste Directo

funcional, não se distinguindo, em substância, a empreitada da concessão, nem sob o aspecto tipológico, nem sob a perspectiva da disciplina jurídica[107]. Além disso, e acessoriamente, abandona-se na referida definição a ideia, de tradição francesa, de que, numa concessão de obras públicas, o particular, como contrapartida pela execução das obras, obtinha o direito de as explorar exclusivamente mediante a cobrança de taxas aos utentes, já que se previu agora a possibilidade de a tal direito acrescer o pagamento de um preço por parte da Administração.

A doutrina coincide em afirmar que esta novidade visou sobretudo terminar com certos abusos na utilização da figura da concessão, qualificação que terá servido, nalguns contextos geográficos, para "mascarar" verdadeiras empreitadas de obras públicas e, assim, para subtrair as mesmas às vinculações impostas pela directiva comunitária de 1971 em matéria de formação de contratos desse tipo[108].

a) Terá sucedido isso, desde logo, em Itália, onde a lei n.º 1137, de 1929, habilitava a Administração a celebrar com privados contratos de *concessione di sola costruzione*[109], por via dos quais aquela *transfere* para o concessionário (público ou privado) – como contrapartida a um pagamento que (além de cobrir os custos da realização da mesma e a respectiva acti-vidade organizatória) dê para obter algum lucro – a *gestão (lato sensu) de uma obra pública*, isto é, a *responsabilidade* pelas tarefas de

---

[107] Cfr., sobre isto, GIOVANNI BATTISTA GARRONE, *La Concessione di opera pubblica negli ordinamenti italiano e comunitario*, Napoli: Jovene, 1993, p. 88-89.

[108] Nas palavras de STEFANO VINTI, «*così, la concessione è presto divenuta (anche, ma non solo) lo strumento privilegiato dalle amministrazioni per eludere il enorme di derivazione comunitaria che vincolavano la scelta dell'esecutore all'esperimento di procedure concorsuali*» – *Limiti funzionali all'Autonomia Negoziale della Pubblica Amministrazione nell'Appalto di Opere Pubbliche*, Pádua: CEDAM, 2008, p. 251. Em termos semelhantes, considerando ser para o direito comunitário inadmissível que uma «empreitada dissimulada», como era a *concessione di sola costruzione*, fosse disciplinada em derrogação das normas sobre *evidenza pubblica*, ou seja, em prejuízo da livre concorrência, cfr. RUGGIERO DIPACE, *Partenariato Pubblico Privato e Contratti Atipici*, p. 36.

[109] A bibliografia italiana sobre a figura é vasta. Cfr. entre tantos M.S. GIANNINI, *Diritto Amministrativo*, II, 3ª edição, 1993, Milão, p. 445 e ss.; GIOVANNI LEONE, *Opere Pubbliche tra Appalto e Concessione*, Pádua: CEDAM, 1990, p. 56 e segs; FRANCO PELIZZER, *Le Concessioni di Opera Pubblica*, Pádua: CEDAM, 1990; A. CARNEVALE VENCHI, «Oppere Pubbliche (Ordinamento)», in *Enciclopedia del Diritto*, XXX, p. 373; ou DOMENICO SORACE/CARLO MARZUOLI, «Concessioni Amministrative», in *Digesto delle Discipline Pubblicistiche*, III, p. 280 e segs, *maxime*, p. 298 e ss.

992 Em Homenagem ao Professor Doutor Diogo Freitas do Amaral

projectar obras públicas, de promover e dirigir os processos de expropriação de terrenos e sua posterior ocupação, de organizar e dirigir o procedimento tendente à escolha do empreiteiro que as executará, de concluir o contrato, de fiscalizar a sua execução, etc.. O concessionário aparece como um *"«general contractor»"*, que, *em vez* da Administração e com um certo orçamento, providencia, com autonomia e exercendo poderes de autoridade, no mais curto período de tempo, à realização de uma obra pública, desde o seu projecto até à sua entrega «chave na mão»[110]. À Administração cabe, "na execução, apenas uma genérica vigilância"[111]. M. S. GIANNINI, que reconhecia a este tipo contratual, no confronto com a empreitada, vantagens para a Administração, confessava, porém, que o reverso dessa medalha *"è la corruzione che largamente essa* (fórmula) *induce"*[112].

b) Situação semelhante – refiramo-lo numa breve palavra – terá sido também registada em França a propósito da figura do *Marché d'Entreprise de Travaux Publics* (METP), contrato que se diferencia, não apenas da empreitada (na medida em que comporta a gestão da obra pelo particular, que é remunerado pela Administração durante um certo período de tempo, normalmente longo, fixado no contrato), mas, ainda, da concessão de obras públicas (uma vez que, no METP, o concessionário não é remunerado através do pagamento de taxas dos utentes)[113]. Foi também

---

[110] Cfr. GIOVANNI LEONE, *Oppere Pubbliche*, p. 52. Têm-se dividido as vozes sobre se esta *concessione di sola costruzione* goza ou não de autonomia ante o *appalto di opere pubbliche*. A doutrina dominante autonomiza-a, atendendo a que as funções desempenhadas pelo co-contratante são, num caso e noutro, completamente diversas. Se na concessão (de mera construção) o concessionário actua *«in luogo dell' amministrazione concedente»*, na empreitada ele faz uma mera *executio operis*, não desempenha funções públicas. Em consequência, no primeiro caso, está-se diante de um contrato *«di ogetto pubblico»* e, no segundo, perante um contrato de direito privado.

[111] M. PALLOTINO justificava o recurso a esta modalidade contratual nos seguintes termos: «bem pode a Administração entender que a melhor prossecução do interesse público pode justamente passar pelo exercício privado de um feixe complexo de tarefas, tais como: realização de projectos de empreendimentos de vulto; direcção, vigilância e contabilidade dos trabalhos; disponibilização da área em que devem ter lugar os trabalhos e disponibilização dos materiais; gestão das relações com os executores dos trabalhos» – cfr. «Costruzione di Opere Pubbliche (Concessione di)», in *Enciclopedia del Diritto*, p. 350.

[112] Cfr. *Diritto*, II, p. 447.

[113] Cfr. CHRISTIAN LAVIALLE, *Droit administratif des biens*, p. 223. V. ainda JEAN DUFAU, *Droit des Travaux Publics,* Paris: puf, 1998, p. 135 e ss.

Concessão de Obras Públicas e Ajuste Directo   993

notado além-Pirinéus que o emprego deste instituto *híbrido* teve como resultado a subtracção – legalmente muito duvidosa – da respectiva formação ao regime comunitário da empreitada de obras públicas.

c) Com a Directiva de 1989, que, recorde-se, expressamente determinou que as actividades englobadas no objecto do contrato de empreitada não podem, em nenhum caso, ser *concedidas* separadamente da exploração e gestão da obra a executar[114], pretendeu, portanto, o legislador comunitário, não apenas impedir a fuga de certos contratos à aplicação do regime comunitário de formação das empreitadas de obras públicas[115], como ainda lançar as bases de um verdadeiro mercado das concessões de obras públicas[116].

16. No que concerne ao regime jurídico, assinale-se, desde logo, que nem todos os contratos de concessão de obras públicas ficaram sujeitos ao regime estabelecido na directiva: era necessário, para que esta se aplicasse, que o seu valor fosse igual ou superior a 5.000.000 *ecus*.

Por outro lado, prescrevia-se, na parte dispositiva do diploma (veja-se o n.º 1 do artigo 1.º-B), o regime específico destes contratos, fixado, uma vez mais, por remissão para os correspondentes preceitos do contrato de empreitada.

Desse regime, saliente-se, por um lado, a norma, considerada como a "mais inovadora e importante", segundo a qual as concessões de obras se devem pautar por regras de publicidade (as definidas nos n.ºˢ 3, 6, 7 e 9 a 13 do artigo 12.º).

Além disso, impunha-se um prazo mínimo de 52 dias para a apresentação de candidaturas à concessão (artigo 15.º-A).

Finalmente, a Directiva regulava expressamente o regime de formação das empreitadas a celebrar pelos concessionários com terceiros (n.º 2 do artigo 15.º-B).

---

[114] Cfr. GIOVANNI GARRONE, *La Concessione di opera pubblica negli ordinamenti italiano e comunitario*, p. 114.

[115] Reconhecendo expressamente que a *concessione di sola costruzione* foi abrangida pela noção comunitária de empreitada de obras públicas, STEFANO VINTI, *Limiti funzionali*, p. 253.

[116] Cfr. FRANCO PELLIZZER, «L'affidamento delle concessioni di lavori pubblici e gli appalti dei concessionari», in (org. A. SANDULLI, R. DE NICTOLIS, R. GAROFOLI), *Tratatto sui Contratti Pubblici*, IV, Milão: Giuffrè, 2008, p. 2569.

17. Ciente, efectivamente, "de que subtrair a concessão de obras públicas ao âmbito de actuação das Directivas clássicas em matéria de empreitadas de obras públicas poderia defraudar a abertura do mercado da contratação pública à livre concorrência"[117], ou seja, "receando que a concessão pudesse ser o instrumento para ludibriar a regra da transparência da actividade administrativa"[118], o legislador comunitário pretendeu submeter a formação de contratos desse tipo ao «princípio-chave» da concorrência[119]. Por norma, a formação das concessões de obras deveria, em suma, passar a sujeitar-se à ideia basilar da concorrência.

Para o efeito, tomou-se como paradigma o citado regime (aberto à concorrência) do contrato (vizinho) de empreitada de obras públicas, posto que, sem se confundir, se entendia – e dizia oficialmente – que este apresentava basicamente as mesmas características da concessão. Na perspectiva comunitária, na realidade, a concessão é considerada, na sugestiva expressão de um A., como uma "variante excêntrica"[120] da empreitada de obras públicas, restando como traço distintivo entre as figuras, conforme referido, a obrigatória remuneração do concessionário mediante a atribuição do direito de exploração das obras.

No entanto, confrontado com pressões da parte de diversos Estados-membros (fundamentalmente a França e a Itália)[121] – baseadas, naturalmente, na tradicional visão das concessões como contratos celebrados *intuitu personae*[122] –, o legislador viria a determinar, invocando a relativa singularidade deste sistema de execução de obras públicas, que, na respectiva formação, as entidades adjudicantes deveriam dispor de uma flexibilidade inexistente no âmbito da empreitada de obras públicas, ou seja, que lhes assistia liberdade para conformar o procedimento em moldes se necessário diferentes dos do concurso público, do concurso limitado ou da negociação previstos e regulados na directiva.

---

[117] Cfr. Maria João Estorninho, *Direito Europeu dos Contratos Públicos*, Coimbra: Almedina, 2006, p. 107.

[118] Cfr. Eugenio Mele, *I Contratti delle Pubbliche Amministrazioni*, 3ª edição, Milão: Giuffrè, 2002, p. 203.

[119] Cfr., assim, Pierre Delvolvé, «La Concession de Service Public et le Droit Communautaire. Rapport de Synthése», cit., p. 113.

[120] Cfr. Alberto Ruiz Ojeda, «El Eurotunel. La Provision y Financiación de Infraestruturas Públicas en Regimen de Concesión», in *Revista de Administración Pública*, Set-Dez 1993, p. 479.

[121] Cfr., assim, Anabelén Casares Marcos, *La concesión de obras públicas a iniciativa particular*, p. 176.

[122] Cfr. Maria João Estorninho, *Direito Europeu dos Contratos Públicos*, p. 107.

Concessão de Obras Públicas e Ajuste Directo 995

Desse modo, ao disciplinar a concessão, esta directiva de 1989 não remeteu em bloco para as regras que, a propósito do regime da empreitada, disciplinavam os procedimentos de formação desta, mas, apenas, para algumas das suas regras e, designadamente, para as relativas à obrigação inicial de publicitação do início (abertura) do procedimento e a prazos.

Numa opção que não deixou de ser (abertamente) criticada por alguma doutrina[123], a lei comunitária, num compromisso óbvio com a posição dos Estados que preconizavam a preservação da matriz clássica (francesa) da figura, definiu um regime pré-contratual que, abrindo embora as concessões "à concorrência no espaço europeu"[124], preservou uma ampla liberdade de conformação das entidades adjudicantes na modelação dos concretos termos destes procedimentos. Em face da latitude desse modo concedida àquelas[125], comentou-se mesmo que, apesar da nova regulação, "*le choix du concessionnaire reste discrétionnaire (...)*"[126].

18. Ao executar tecnicamente a sua "posição moderada", de, recorde-se, "deixar o processo de selecção do parceiro privado à livre opção das entidades adjudicantes"[127], o legislador comunitário foi, porém, a nosso ver, algo infeliz, para dizer o menos, nos termos como se expressou, já que, em matéria de formação de concessões de obras públicas, remeteu expressamente para a *regra* e não – como coerentemente se esperaria decorrer das premissas em que assentou –, também, para a *excepção* (ou certas excepções) consagradas.

---

[123] Para SUE ARROWSMITH, *The Law of Public and Utilities Procurement*, Londres, 1996, p. 358-359, por exemplo, «*there is no justification for this exclusion of concession contracts from the obligation to use competitive procedures. Even if special procedures may be appropriate for the award of certain concessions – for example, because of their complexity and the cost of bidding, or the need for an ongoing partnership between the authority and the concessionaire in carrying out the project – in general such awards should be subject to much more stringent regulation than is presently the case*».

[124] Cfr. CLÁUDIA VIANA, *Os princípios*, p. 386.

[125] Segundo CHRISTOPHER BOVIS, *EC Public Procurement: case law and regulation*, Oxford, 2006, p. 144, na realidade, «*it would seem that a contracting authority may limit itself to selecting a single candidate, provided the intention to award a concession contract has been adequately published*».

[126] Cfr. PIERRE DELVOLVÉ, «La Concession de Service Public et le Droit Communautaire. Rapport de Synthése», p. 115.

[127] Cfr. MARIA JOÃO ESTORNINHO, *Direito Europeu dos Contratos Públicos*, p. 107.

996 *Em Homenagem ao Professor Doutor Diogo Freitas do Amaral*

Compreende-se, na realidade, que, para alcançar a flexibilidade procedimental que o *particularismo* da concessão requeria, não tenha indicado, no n.º 3 do artigo 12.º, que a formação publicitada daquela se deveria fazer segundo qualquer dos "caminhos" definidos para a contratação de empreitadas (concurso público, concurso limitado, negociação).

Impunha-se-lhe, no entanto, sendo coerente com a ideia que expressamente perfilhou de que a concessão, para os efeitos em causa, era um *quid*, no essencial, equivalente à empreitada (dela divergindo só quanto ao tipo de remuneração do particular), o cuidado de ressalvar a possibilidade de, em matéria concessória, as entidades adjudicantes poderem dispensar o cumprimento de tal obrigação de publicidade nos casos em que excepcionalmente o podiam fazer no domínio das empreitadas (cfr. o n.º 3 do artigo 5.º).

Por outras palavras, quis-se, assumidamente, seguir, nesta matéria, o paradigma regulatório da empreitada, figura desde o início dos anos 70 submetida a um salutar e justificado princípio de «concursalidade»; nessa medida, importava – não fora, porventura, nesse contexto histórico, o desassossego trazido pela memória de certos excessos praticados sob o *nomen juris* «concessão de obras públicas» –, no entanto, segui-lo logicamente, ou seja, consagrando a *regra* da formação publicitada (segundo um anúncio) do contrato de concessão de obras públicas, mas, também, a *excepção* da sua formação não publicitada em situações em que a mesma, fundamentadamente, não deveria ou não poderia ocorrer. Ainda em síntese, o legislador, ao pretender, para a concessão, o paradigma virtuoso da empreitada (formação do contrato, por via de regra, "às claras"), deveria, sendo concordante consigo próprio, ter acolhido também as situações em que a formação da empreitada ocorre legítima, mas excepcionalmente, sem concorrência (as situações previstas no citado artigo 5.º, n.º 3, da Directiva 89/440/CEE).

Se a invocação preambular do *quid specificum* da concessão justificava que, na sua formação, ela se subordinasse a regras menos pesadas do que as definidas para a empreitada (mero cumprimento de regras sobre publicidade e prazos, e não já necessidade de obediência a figurinos procedimentais complexos), ela não fundamentava, manifestamente, a respectiva submissão, a "todo e qualquer custo", a regras que, em casos contados, nem sequer eram exigíveis (e exigidas) para contratos por via de regra antecedidos de tramitações legais complexas (empreitadas) – por exemplo, por motivo de urgência imperiosa ou por infungibilidade do co-contratante.

Concessão de Obras Públicas e Ajuste Directo 997

De resto, jamais havia sido sugerido que a conveniência em submeter a formação de concessões a regras mínimas de concorrência não poderia ser simultaneamente conjugada com a regra de que assim não teria de ser quando, comprovadamente, se verificassem as situações justificativas do recurso ao ajuste directo. Não é isso, efectivamente, sugerido na «propulsora» *Declaração dos Representantes dos Governos dos Estados membros reunidos em Conselho* de 1971, citada, nem tão-pouco na "exposição de motivos" que integra os trabalhos preparatórios dessa Directiva[128].

Lembre-se, ainda, que o Direito Comunitário confirmava, indirecta e implicitamente, não existir uma antinomia de princípio entre a concessão de obras públicas e o procedimento de ajuste directo, já que dispunha que a Directiva só era aplicável a contratos cujo valor fosse igual ou superior a determinado montante.

Portanto, ao não ter tido esse cuidado na concretização da sua (boa) concepção, a formulação seguida pelo legislador comunitário de 1989 sugere, afinal, que, na formação de uma concessão de obras públicas, diferentemente do que sucede na empreitada, a *evidenza pubblica* não pode, em caso nenhum, por mais extraordinário ou singular que o mesmo se apresente, ser dispensada – assim se tornando a concessão de obras públicas, paradoxalmente, no contrato público menos sujeito a vinculações pré-contratuais, mas, também, sem que se perceba bem a razão material para tanto (nada é, repete-se, dito a título preambular, o que seria legitimamente de esperar perante uma solução tão original), aquele em que as entidades adjudicantes se encontram dispensadas do cumprimento da obrigação de publicitar inicialmente a decisão de conceder – como se fizesse algum sentido admitir-se que uma taxativa formação publicitada da concessão era o preço que este instituto teria doravante de pagar pelo tratamento relativamente mais favorável que lhe foi reservado pelo legislador, num duplo aspecto: em termos de não submissão ao regime da contratação pública até 1989, de um lado, e de sujeição a menos formalidades procedimentais, de outro...

E, num imobilismo que permanece até aos nossos dias – uma vez que, conforme veremos, o legislador comunitário, apesar dos ensejos para

---

[128] Cfr. *proposition modifiée de Directive du Conseil modifiant la Directive 71/305/ /CEE portant coordination des procédures de passation de marchés publics de travaux*, p. 2 e p. 40, in COM (88) 354 FINAL – SYN 71, de 20 de Junho de 1988.

Em Homenagem ao Professor Doutor Diogo Freitas do Amaral

tal, não emendou ainda a mão a este respeito –, várias legislações nacionais foram replicando este equívoco comunitário, não raras vezes empregando normas pouco claras, tudo isto sob o silêncio cúmplice da doutrina que, salvo pontuais excepções, foi aceitando de modo pacífico a solução decorrente da letra da lei.

D) Directiva 93/37/CEE

19. A disciplina introduzida em 1989 foi, no essencial, transposta para a Directiva 93/37/CEE, de 14 de Junho de 1993[129].

a) Na realidade, esta não trouxe qualquer inovação de tomo ao regime antes fixado, mas, tão-só, para além da «confirmação da corrente de opinião favorável à aplicação sem ambages dos princípios comunitários à celebração»[130] de concessões de obras públicas, inovações de ordem sistemática, já que as soluções plasmadas nas Directivas 71/305/CEE e 89/440/CEE nesta matéria – e também quanto ao regime dos contratos a celebrar pelas respectivas concessionárias – foram acolhidas neste diploma de 1993 (o qual, aliás, revogou toda a legislação comunitária anterior sobre o tema; cfr. artigo 36.º).

Efectivamente, "mantiveram-se as definições de empreitada e de concessões de obras públicas, e continuou a distinguir-se entre a obrigação de seguir os procedimentos típicos da Directiva para a adjudicação de contratos de empreitada e a mera obrigação de publicidade nos casos de adjudicação de concessões. As entidades adjudicantes gozavam assim de ampla discricionariedade na regulamentação concreta dos procedimentos de adjudicação de contratos de concessão de obras públicas, e ao abrigo dessa discricionariedade diversas modalidades de procedimentos adjudicatórios foram sendo adoptadas pelas autoridades nacionais dos vários Estados-membros"[131].

b) Em face do texto comunitário de 1989, no essencial mantido em 1993, a doutrina juscomunitária da contratação pública, conforme vimos,

---

[129] Publicada no JOCE L199, de 9 de Agosto de 1993.

[130] Cfr. ANABELÉN CASARES MARCOS, La concesión de obras públicas a iniciativa particular, p. 184.

[131] Cfr. PEDRO SIZA VIEIRA, «O Código dos Contratos Públicos e as parcerias público-privadas», in Estudos de Contratação Pública, I, Coimbra: Coimbra Editora, 2008, p. 489.

Concessão de Obras Públicas e Ajuste Directo

aceitou, maioritariamente, a ideia de que não seria possível o recurso ao ajuste directo em matéria de formação de concessão de obras públicas – assertivamente, refere, por exemplo, neste sentido, CHRISTIAN BOVIS que *"a contracting authority may under no circumstances refrain from publicising a notice in the* Official Journal *indicating its intention to proceed with the award of a concession Works contract"*[132].

Importa porém referir algumas relevantes posições dissonantes. Assim, SUE ARROWSMITH, por exemplo, na 1ª edição, de 1996, do seu *The Law of Public and Utilities Procurement* (Londres: Sweet & Maxwell), p. 357, diz que *"there is nothing in the regulations or directives to exempt an authority from applying the rules set out below, even though the circumstances are such that were the contract not a concession arrangement it could be awarded by negotiation without advertisement – for example, circumstances of urgency.* **It would be desirable to include exemptions to cover that kind of case"** (destaque nosso).

De uma forma aparentemente mais favorável à derrogação pontual da regra da publicidade obrigatória, a A. refere, na 2ª edição (Londres: Sweet & Maxwell, 2005) da obra em causa, que *"the rules of advertising are not intended to apply when the circumstances are such that were the contract not a concession it could be awarded by negotiation without advertisement – as, for example, in certain cases of extreme urgency"*.

De modo mais afirmativo (embora não necessariamente mais justificado), alguns AA. transalpinos que escreveram nos anos 90, analisando expressamente o regime comunitário de formação do contrato de concessão de obras públicas (e o italiano que se lhe seguiu), referem, no mesmo sentido, que, à face deste, será admissível recorrer ao ajuste directo (*trattativa privata*) em certos casos também previstos para a empreitada de obras públicas[133].

---

[132] Cfr. *EC Public Procurement: case law and regulation*, Oxford: Oxford University Press, 2006, p. 463.

[133] Cfr., assim, GIOVANNI GARRONE, *La Concessione di opera pubblica negli ordinamenti italiano e comunitario*, p. 105; e FABRIZIO FRACCHIA, *La Distinzione Fra Concessioni di Servizio Pubblico e di Opera Pubblica*, in AA.VV *La Concessione di Pubblico Servizio*, Milão, 1995, p. 208, nota 16. Este segundo Autor informava, aliás, ter isso sido expressamente consagrado no Direito italiano. Assim, o artigo 8.º do Decreto Legislativo, de 19 de Dezembro de 1991, n.º 406, *«prevede che le concessioni di lavori pubblici sono attribuite con le procedure della licitazione privata ovvero della trattativa privata»*.

E) Comunicação Interpretativa sobre o regime das Concessões no Direito Comunitário

20. Não é absolutamente clara a posição sobre esta questão adoptada pela Comissão Europeia, na citada *Comunicação Interpretativa sobre as Concessões em Direito Comunitário*, de 29 de Abril de 2000, documento, conforme referido, "de orientação política, não produtor de efeitos jurídicos, pelo qual a Comissão expôs a sua posição oficial"[134] sobre as regras em vigor em matéria de concessões. Aquele órgão comunitário teve aí oportunidade de esclarecer, a propósito do regime de formação de concessões de obras públicas, que:

"3.2.1.1. *Regras de publicidade e transparência*
No que respeita às concessões de obras, as entidades adjudicantes são obrigadas a publicar um anúncio de concessão no *Jornal Oficial das Comunidades Europeias* de acordo com o modelo previsto na Directiva 93//37/CEE, com vista a abrir o respectivo contrato à concorrência a nível europeu. (...)
[A] Directiva 93/37/CEE impõe publicidade prévia à adjudicação de qualquer contrato de concessão de obras públicas, quer o concessionário potencial seja público ou privado. Aliás, o n.º 3 do artigo 3.º da Directiva 93/37//CEE prevê expressamente que o concessionário possa ser uma das entidades referidas na directiva, o que implica ainda que este tipo de relação seja sujeita, a montante, a uma publicação, nos termos do n.º 1 do artigo 3.º dessa mesma directiva
3.2.1.2. *Escolha do tipo de processo*
No que respeita às concessões de obras, *o concedente poderá escolher livremente o processo mais apropriado, nomeadamente optar por um processo negociado*" (destaque nosso).

É certo que, à partida, do contexto deste trecho parece resultar que a Comissão se está apenas a referir à negociação *com publicidade*. A verdade, todavia, é que, ao nível comunitário, a referência ao procedimento negociado pode abranger também, como ninguém ignora, a negociação sem anúncio (ajuste directo)[135]. Surge, assim, a dúvida sobre o seu

---

[134] Cfr. Pedro Gonçalves / Rodrigo Esteves de Oliveira, *As concessões municipais*, p. 52.

[135] Na realidade, a Directiva 93/37/CEE define processos por negociação como «os processos nacionais em que as entidades adjudicantes consultam empreiteiros à sua escolha, negociando as condições do contrato com um ou mais de entre eles» – alínea *g)* do artigo 1.º.

Concessão de Obras Públicas e Ajuste Directo

1001

alcance. Teria sido desejável que a Comunicação tivesse desambiguado, de forma inequívoca, o sentido em que, no mencionado excerto, empregava o termo «procedimento negociado».

Certo, não se poderá, porém, criticar demasiado o carácter lacónico deste texto comunitário. É consabido que o âmbito de certeza jurídica dado por uma Comunicação Interpretativa é limitado, visto que, como instrumento de *soft law*, apenas proporciona uma proposta de interpretação da legislação em vigor – e, obviamente, mais limitado o será perante a falta de precisão da norma interpretanda (como sucede na questão em apreço), posto que tal insuficiência não pode ser facilmente ultrapassada com o simples recurso a uma interpretação.

3.3. Segue: a evolução do Direito português

A) CPA

21. O direito português também sujeita, há algum tempo, a formação dos contratos de concessão de obras públicas a regras mais exigentes que o *"standard* mínimo comunitário"[136].

Para não recuar mais longe, cumpre referir que, na esteira de relevantes apelos doutrinais quanto à conveniência ou, mesmo, necessidade, para realização de interesses públicos e salvaguarda de interesses dos particulares, de se criar no nosso ordenamento um regime geral adequado de escolha do «co-contratante» da Administração, o *Código do Procedimento Administrativo* (CPA), aprovado em 1991, criou uma regra básica de procedimentalização nesta matéria, virando a página relativamente à situação anterior, na qual se reconhecia que *"não existem no Direito português contemporâneo nem normas expressas nem um princípio geral que imponham que a conclusão de um contrato administrativo seja em todos os casos precedida de um procedimento integrado por um ou mais actos administrativos tipificados"*[137]. Assim, além de determinar serem *"aplicáveis à formação dos contratos administrativos, com as necessárias adaptações, as disposições deste Código relativas ao procedimento*

---

[136] Cfr. PEDRO GONÇALVES / RODRIGO ESTEVES DE OLIVEIRA, *As concessões municipais*, p. 73.

[137] Cfr. SÉRVULO CORREIA, *Legalidade e Autonomia Contratual nos Contratos Administrativos*, p. 580.

1002 *Em Homenagem ao Professor Doutor Diogo Freitas do Amaral*

administrativo" (artigo 181.°), o CPA veio prever vários métodos de selecção do co-contratante (artigo 182.°), bem como consagrar a regra da obrigatoriedade de concurso público para a formação dos *"contratos que visem associar um particular ao desempenho regular de atribuições administrativas*" (artigo 183.°)[138], entre os quais se incluía o contrato de concessão de obras públicas (artigo 178.°, n.° 2, alínea *b)*).

No âmbito deste diploma, a regra geral é a de que um contrato de concessão de obras públicas deve ser precedido de concurso público, podendo, no entanto, a Administração recorrer a outros métodos de individualização do co-contratante, e também ao de ajuste directo, contanto isso fosse permitido pela legislação avulsa reguladora das diferentes formas de contratação pública.

B) RJEOP/93

22. Em 1993, viria a ser aprovado um diploma relevante em matéria de concessão de obras públicas: o Decreto-Lei n.° 405/93, de 10 de Dezembro (RJEOP/93)[139]. Do respectivo preâmbulo resulta claro que uma das principais razões – senão mesmo a principal – que levou o

---

[138] Cfr. LINO TORGAL /MARISA MARTINS FONSECA, «Contributo para um regime de contratação de concessões de obras e de serviços públicos na sequência de propostas não solicitadas *(Unsolicited Proposals)*», *loc. cit.*.

[139] Que, no artigo 1.°, n.° 5, definia a *concessão de obras públicas* da seguinte maneira: «*entende-se por concessão de obras públicas o contrato administrativo pelo qual alguém se encarrega de executar e explorar uma obra pública, cobrando aos utentes as taxas que forem devidas*». A fonte inspiradora da definição não foi claramente a comunitária mas a lição da doutrina tradicional. «Dá-se o contrato de concessão de obras públicas quando uma pessoa colectiva de direito público transfere para outra pessoa o poder de construir, por conta própria, determinadas coisas públicas artificiais, destinadas ao uso público directo ou ao estabelecimento de um serviço público, as quais ficarão na posse do concessionário durante certo número de anos para que este cobre dos utentes as taxas que forem fixadas». Era nestes precisos termos que MARCELLO CAETANO – cujo pensamento nesta matéria influenciou significativamente a generalidade da doutrina administrativista portuguesa posterior – definia a p. 583 do I volume do seu *Manual de Direito Administrativo* (10ª ed., Coimbra: Almedina, reimp., 1990) o contrato administrativo de «concessão de obras públicas». Noutra passagem desta obra, o mesmo Professor assinalava, em termos que no essencial cobram também actualidade, que aquele contrato consistia «em o Estado, ou outra pessoa de direito público legalmente autorizada, transferir para uma empresa particular o poder de executar certos trabalhos, com capitais desta e a seu risco, mediante o privilégio de exploração exclusiva, durante um período determinado, dos imóveis construídos ou das instalações feitas» *(Manual*, II, p. 1011).

Concessão de Obras Públicas e Ajuste Directo 1003

legislador a elaborá-lo foi a necessidade de transpor para o nosso direito as alterações introduzidas pela Directiva 89/440/CEE no texto da Directiva 71/37/CEE[140].

Quanto ao regime de contratação de concessões de obras públicas, mencione-se que o Estado português, estando apenas «comunitariamente» obrigado, como se viu, a sujeitá-los (quando lançados por entidades adjudicantes) a determinadas regras de publicidade e prazos, foi, no entanto, mais além, ao estipular, no n.º 3 do artigo 1.º, que *o regime do presente diploma é igualmente aplicável, com as necessárias adaptações, às concessões de obras públicas (...) promovidas pelas entidades referidas no número anterior"*.

Portanto, em sede de concessão de obras públicas, as soluções do RJEOP/93, em face das directivas comunitárias, caracterizavam-se, por um lado, por ele se lhes aplicar, com adaptações embora, *in totum* (quer na fase pré-contratual, quer na execução, extinção e contencioso do contrato[141]) e, por outro, por essa disciplina ser aplicável a todos os contratos de concessão de obras públicas, independentemente de o valor dos mesmos suplantar (ou não) o que estava fixado na directiva para este efeito (5.000.000 *Ecus*).

O RJEOP/93 foi, assim, muito além do que era imposto ao legislador português pelas directivas comunitárias aplicáveis.

Seja como for, de acordo com a sua letra, as entidades adjudicantes poderiam recorrer a uma vasta gama de procedimentos pré-contratuais – e, inclusivamente, ao de ajuste directo (cfr. artigo 47.º e segs.) – para a formação de um contrato de concessão de obras públicas.

C) RJEOP/99

23. O RJEOP/99 preservou, em ampla medida, a disciplina da concessão de obras públicas plasmada no predecessor RJEOP/93.

---

[140] Refere-se na verdade no quarto parágrafo do preâmbulo que: «(...) impõe-se adequar o regime normativo nacional às novas realidades económico-sociais, bem como às novas disposições derivadas do direito comunitário, tendo presente que nos processos de formação e celebração de contratos de obras públicas devem imperar os princípios da equidade, da transparência e da modernidade, com especial incidência no equilíbrio das obrigações e deveres das partes, salvaguardando a natureza de contratos de direito público».

[141] Esta extensão indiscriminada do regime da empreitada de obras públicas à concessão de obras públicas suscitava, porém, as maiores dúvidas interpretativas.

Em Homenagem ao Professor Doutor Diogo Freitas do Amaral

Assim, à concessão de obras públicas aplicam-se, com as necessárias adaptações, as regras da empreitada de obras públicas (cfr. artigo 2.º, n.º 2) e, além delas, as "normas reguladoras específicas" (cfr. preâmbulo) definidas nos seus artigos 243.º a 252.º.

As "normas reguladores específicas" constantes dos artigos 243.º e segs. do RJEOP/99 foram criadas para transpor para o direito interno as alterações introduzidas pela Directiva 89/440/CEE no texto da Directiva 71/305/CEE. Refere-se, na verdade, no preâmbulo daquele diploma nacional que: "consagram-se normas reguladoras específicas para o contrato de concessão de obras públicas. Tal resulta, por um lado, de um imperativo comunitário, já que a Directiva 93/37/CEE tem disposições concretas sobre esta matéria (designadamente quanto às matérias de publicidade, prazo para apresentação das propostas e subcontratação), e, por outro, das próprias exigências de sistematização e coerência do direito interno, que, até ao momento, apresenta uma *lacuna* quanto a este regime".

Neste núcleo de regras específicas incluía-se a do artigo 244.º do RJEOP/99, que, inovando neste ponto relativamente à legislação anterior, veio agora determinar que "*a celebração de um contrato de concessão de obras públicas será obrigatoriamente precedida de concurso público, iniciando-se com a publicação de anúncio, conforme modelo reproduzido no Anexo VI*" – note-se que se trata de um concurso público que não comporta uma fase de negociação das propostas.

Conforme mencionado, faz-se, nestes termos, um «xeque-mate» ao ajuste directo em matéria de concessão de obras públicas.

Recorde-se, por outro lado, que o Direito Comunitário não vinculava o legislador português a impor necessariamente o concurso público em matéria de formação de um contrato de concessão de obras públicas. A própria doutrina não conseguia explicar esta imposição da utilização do concurso público "sempre e em qualquer caso", posto que, num projecto anterior, se tinha previsto a possibilidade de "a adjudicação deste contrato ser feita através de concurso limitado com apresentação de candidaturas"[142]. Aliás, acrescentava-se, a própria Directiva 93/37/CE parece pressupor, ao exigir um determinado prazo para a apresentação de candidaturas, que a adjudicação de concessões de obras públicas seria por

---

[142] Cfr. JORGE ANDRADE DA SILVA, *Regime Jurídico das Empreitadas de Obras Públicas*, 9ª edição, Coimbra: Almedina, 2004, p. 679.

Concessão de Obras Públicas e Ajuste Directo

regra feita em dois degraus (*two-stages*), tal como sucede num concurso limitado por prévia qualificação e num procedimento de negociação[143].

De resto, importa assinalar que a prática contratual portuguesa relativa à execução de auto-estradas não seguiu exactamente o figurino delineado pelo legislador português de 1999 (nem pelo de 1993) em matéria de formação de contratos de concessão de obras públicas. Vários foram, na verdade, os contratos que, na esteira do definido em legislação dos anos 90 (relativa a novas concessões de auto-estradas com portagem real, conhecidas como «Brisinhas» – cfr. Decreto-Lei n.º 9/97, de 10 de Janeiro –, e em regime sem cobrança de portagens ao utente, conhecidas como SCUT – cfr. Decreto-Lei n.º 267/97, de 2 de Outubro), foram precedidos de concurso público, sim, mas não do definido no regime então vigente – seguiram, antes, o modelo do concurso público com uma *fase de negociação* das melhores propostas. Mais recentemente, foi esse o caso, também, das subconcessões rodoviárias celebradas pela EP – Estradas de Portugal, S.A. (EP) com diversas subconcessionárias a partir de 2008[144].

24. Resumindo: a evolução do direito nacional relativo à formação do contrato de concessão de obras públicas evidencia que, depois de a mesma se reger pelo princípio da livre selecção do concessionário, evoluiu, e bem, num sentido de submissão de tal escolha ao princípio basilar de concorrência.

E mostra, além disso, mais recentemente, que, depois de se ter começado por referir (CPA e RJEOP/93) que a regra nesta matéria para as entidades adjudicantes era a do recurso ao concurso público – o que, portanto, não excluía o recurso, dentro de certos termos, a outros tipos de procedimento –, se evoluiu para uma situação extrema com o RJEOP/99 que, a pretexto de bem traduzir a Directiva 93/37/CE, impôs, para tal efeito, sem excepção, a adopção obrigatória do método concurso público,

---

[143] Cfr. Christopher Bovis, *EC Public Procurement: case law and regulation*, p. 144.

[144] Como é sabido, a EP foi transformada em sociedade anónima de capitais exclusivamente públicos pelo Decreto-Lei n.º 374/2007, de 7 de Novembro. Em concretização do novo modelo de gestão e financiamento do sector das infra-estruturas rodoviárias instituído pela Resolução do Conselho de Ministros n.º 89/2007, de 11 de Julho, o Decreto-Lei n.º 380/2007, de 13 de Novembro, alterado pelo Decreto-Lei n.º 110/2009, de 18 de Maio, aprovou as bases da concessão da concepção, projecto, construção, conservação, exploração, requalificação e alargamento da rede rodoviária nacional, a qual foi atribuída à EP.

1006   Em Homenagem ao Professor Doutor Diogo Freitas do Amaral

preterindo-se, inclusivamente, a via do concurso limitado por prévia qualificação, em desvio, aliás, do disposto no mencionado texto comunitário.

§ 4.º Quadro actual

4.1. *Direito comunitário*

25. É sabido que a Directiva 2004/18/CE "é muito mais do que uma mera compilação de textos" anteriores, tendo antes "subjacente uma nova *filosofia*, que procura compatibilizar o regime da contratação pública com as novas preocupações comunitárias, assumindo definitivamente que a contratação pública é um instrumento privilegiado de execução de políticas estruturais e sectoriais da União Europeia, nomeadamente políticas sociais e ambientais"[145].

A verdade, porém, é que, no que respeita especificamente à disciplina do contrato de concessão de obras públicas propriamente dito (e não das empreitadas das concessionárias), a Directiva de 2004, apesar de alguns aprimoramentos, não apenas formais ou sistemáticos, não trouxe, no Capítulo I (tautologicamente designado «*Regras aplicáveis às concessões de obras públicas*») do seu Título III (epigrafado «*Regras no domínio das concessões de obras públicas*», artigos 56.º e segs.), algo que se possa considerar uma autêntica renovação da regulação anterior[146], continuando pois estes contratos a representar, à face do Direito comunitário da contratação pública, uma "área cinzenta"[147].

a) Refira-se, desde logo, que permanece, no essencial, intacta a definição da figura. Esta continua a ser feita, *"malheureusement"*[148], por

---

[145] Cfr. Maria João Estorninho, *Direito Europeu dos Contratos Públicos*, p. 53

[146] Cfr. Anabelén Casares Marcos, *La concesión de obras públicas a iniciativa particular*, p. 193.

[147] Cfr. Christopher Bovis, *EC Public Procurement: case law and regulation*, p. 464.

[148] Cfr., assim, Xavier Bezançon, *Essai sur les contrats de travaux et de services publics*, p. 647. Como aí bem se refere – reforçando a ideia já antes exposta no texto de que a concessão não é uma variante excêntrica da empreitada de obras públicas –, «*depuis toujours une concession de travaux publics est un contrat complexe par lequel une autorité publique délègue à une organisation privée le soin de créer un ouvrage en le finançant puis de l'entretenir et l'exploiter pendant une longue durée de temps* qui permet

referência à noção de empreitada de obras públicas. Na verdade, reitera--se que a *"«concessão de obras públicas» é um contrato* **com as mesmas características** *que um contrato de empreitada de obras públicas, com excepção de que a contrapartida das obras a efectuar consiste quer unicamente no direito de exploração da obra, quer nesse direito acompanhado de um pagamento"* (artigo 1.º, n.º 3). Perdura, assim, a equiparação, sob uma óptica predominantemente económico-financeira, dos dois contratos no plano comunitário.

Verifica-se, depois, que o regime aplicável continua a ser, no confronto com os demais contratos públicos regulados no diploma, "um regime *light*"[149] – *"the Directive does not prescribe the use of specific award procedures for concession contracts"*[150], pelo que, hoje como ontem, *"Public Works concessions are not subject to the full rigours of the Directive's procurement requirements"*[151]. Desde que assegure o cumprimento de uma obrigação inicial de publicidade, é à "entidade adjudicante que cabe, seleccionar, discricionariamente, o procedimento administrativo a abrir com vista à adjudicação dos contratos em questão"[152].

Além disso, o mencionado regime apenas se aplica à formação de contratos de concessão de obras públicas de valor *igual ou superior* a determinado montante (artigo 56.º).

No artigo 57.º, prescreve-se que a regulação definida no Título III da Directiva é inaplicável: a determinado tipo de concessões no domínio das telecomunicações; a contratos declarados secretos ou que requeiram medidas de segurança especiais; a contratos celebrados ao abrigo de regras internacionais; e a contratos de concessão celebrados por entidades adjudicantes que desenvolvam actividades no âmbito dos sectores especiais, desde que *"essas concessões sejam atribuídas para o exercício dessas actividades"* (alínea b))[153].

---

l'amortissement des investissements. Ceci nécessite *donc un transfert de responsabilité* du concédant au concessionnaire et une notion de *globalité du contrat*, qui inclut de nombreuses fonctions (construction, financement, exploitation) quelle que soient les modalités de paiement du concessionnaire».

[149] Cfr. CLÁUDIA VIANA, *Os Princípios*, p. 383.

[150] Cfr. CHRISTOPHER BOVIS, *EC Public Procurement: case law and regulation*, p. 463.

[151] Cfr. GRAHAM VINTER, *Project Finance*, p. 17.

[152] Cfr. PEDRO GONÇALVES / RODRIGO ESTEVES DE OLIVEIRA, *As concessões municipais*, p. 72.

[153] Note-se que, de acordo com o artigo 18.º da Directiva 2004/17/CE, de 31 de Março de 2004, «*a presente directiva não é aplicável às concessões de obras ou de*

Depois, subsiste a indicação segundo a qual "*as entidades adjudicantes que desejem recorrer à concessão de obras públicas darão a conhecer a sua intenção através de um anúncio*" (artigo 58.º, n.º 1), o qual deve conter as informações constantes no Anexo VII B da Directiva e publicado de acordo com as regras dos n.º 2 a n.º 8 do artigo 36.º (artigo 58.º, n.º 3)[154]. Não se estende expressa e literalmente à concessão o regime de dispensa de publicidade previsto no n.º 1 do artigo 31.º do diploma em causa para a empreitada de obras públicas – o contrato a que ela foi, repete-se, equiparada. Permanece, assim, a ideia de que a formação de uma concessão de obras públicas acima de certo valor não pode dispensar, *seja qual for o quadro circunstancial existente*, um "*confronto concorrenziale*"[155]. Desaproveitou-se, nesta sede, mais uma oportunidade (depois da de 1993) para inverter o manifesto «excesso» (face ao objectivo de tornar a concessão de obras públicas um contrato, *por regra*, submetido à concorrência do mercado) do legislador comunitário originário (1989), continuando o direito da União Europeia – pelo menos, a sua letra – a ser, nesta matéria, passe a expressão, mais «papista que o papa». Na realidade, 25 anos após a definição do primeiro regime na matéria, a concessão de obras públicas parece continuar a expiar o «pecado» de, durante muito tempo, ter porventura sido (a par da concessão de serviços públicos) o contrato público cuja formação, pelas razões que acima mencionamos (§ 2.º e § 3.º), menos observou o princípio da concorrência.

Do mesmo modo, e tal como as normas equivalentes das directivas anteriores, o citado n.º 1 do artigo 58.º não indica nenhum tipo específico de procedimento pré-contratual formalizado que deva ser, nesta sede, promovido pelo concedente (nem, tão-pouco, indica qual deva ser o *critério de adjudicação* da concessão). Valem aqui apenas os princípios gerais definidos no Tratado e, especialmente, o princípio da não discriminação[156].

---

serviços adjudicadas por entidades adjudicantes que exerçam uma ou várias das actividades referidas nos artigos 3.º a 7.º sempre que tais concessões sejam adjudicadas para o exercício dessas actividades».

[154] Para uma crítica ao excesso de dirigismo destas disposições, cfr., Giancarlo Montedoro e Vania Talienti, «Le concessioni di lavori nel codice appalti: nozione e caratteristiche», in (org. A. Sandulli, R. De Nictolis, R. Garofoli), *Tratatto sui Contratti Pubblici*, IV, Milão: Giuffrè, 2008, p. 2492.

[155] Cfr. Roberto Garofoli / Giulia Ferrari, *Codice degli appalti pubblici*, II, p. 1230. No mesmo sentido, Peter-Armin Trepte, *Public procurement in the EU*, 2ª ed., Oxford, 2007, p. 218; v. porém nota 117.

[156] Cfr. Hans-Joachim Priess, *Handbuch des europaischen Vergaberechts*, 3ª ed., Köln-Berlin-München: Carl Heymanns Verlag, 2005, p. 134.

Concessão de Obras Públicas e Ajuste Directo   1009

Enfim, a Directiva de 2004 consagra, também, sem grande novidade face às suas antecessoras, regras gerais sobre o prazo para a apresentação de candidaturas à concessão (artigo 59.º) e sobre a (chamada) *subcontratação* de obras pelo concessionário de obras públicas com terceiros (artigo 60.º).

b) Importa destacar todavia um dispositivo que não tinha paralelo na anterior Directiva de 1993, e que releva especialmente nesta matéria. Estamos a falar do artigo 61.º da Directiva 2004/18/CE (*"Adjudicação de obras complementares ao concessionário"*). Aí se determina – em linha com o disposto em matéria de empreitadas e aquisição de serviços no n.º 4 do artigo 31.º da citada Directiva – que as regras respeitantes aos processos de adjudicação dos contratos públicos não se aplicam *"às obras complementares que não estejam previstas no projecto inicial da concessão nem no contrato inicial, mas que, na sequência de uma circunstância imprevista, se tornem necessárias para a execução da obra, tal como se encontra descrita no contrato, e que a entidade atribua ao concessionário, desde que a adjudicação seja feita ao operador económico que executa esta obra"*, isto desde que (1) tais obras complementares não possam ser, técnica ou economicamente, separadas do contrato inicial sem inconveniente grave para a entidade adjudicante, ou (2) quando estas obras, embora possam ser separadas da execução do contrato inicial, sejam absolutamente necessárias ao seu acabamento. Além disso, tal possibilidade depende, ainda, nos termos do citado artigo, de *"o montante acumulado dos contratos adjudicados para as obras complementares não ultrapassar os 50% do montante da obra inicial que foi objecto da concessão"*.

No condicionalismo descrito nesta norma – pontuada por conceitos "assaz amplos, imprecisos e indeterminados"[157], e que, porventura, na sugestiva expressão de um A. italiano, *"potrebbe essere fonte di attività molto elastiche se non di vere e proprie elusioni"* [158] – prevê hoje o legislador comunitário a possibilidade de atribuição não concorrencial (*Vergabe ohne Wettbewerb*) ou *directa* ao concessionário da concessão da

---

[157] Cfr. Franco Pellizzer, «L'affidamento delle concessioni di lavori pubblici e gli appalti dei concessionari», cit., p. 2580.

[158] Cfr. Giancarlo Montedoro e Vania Talienti, «Le concessioni di lavori nel codice appalti: nozione e caratteristiche», cit., p. 2496.

1010   *Em Homenagem ao Professor Doutor Diogo Freitas do Amaral*

construção de obras complementares das previstas no plano de investimentos da «concessão originária» (*ursprünglichen Konzession*[159]).

No nível comunitário, abre-se aqui – não sem alguma perplexidade (até, mais uma vez, pela falta de fundamentação) – uma (ampla) brecha à ideia da formação invariavelmente publicitada da concessão, posto que a norma em causa permite que o titular da concessão possa, nos termos assinalados, vir a ser, *sem concorrência*, contemplado com benefícios económicos que podem ir até 50% do valor dos trabalhos originariamente concedidos.

Não significa necessariamente isto, no entanto, a introdução de um fundamento de *ajuste directo* pelo legislador comunitário. De modo neutro, este deixa a configuração jurídica exacta da relação entre o objecto eventual e o objecto originário do contrato de concessão para o direito de cada Estado-membro; ou seja, a lei comunitária não toma, bem, qualquer posição quanto à questão de saber se se está, aí, perante um contrato "adicional" da concessão inicial, ou em face de uma mera modificação objectiva da concessão pré-existente.

c) Numa nota final, refira-se, ainda, que a Directiva 2004/18/CE, numa opção que, na sequência dos desenvolvimentos da jurisprudência (Telaustria), é hoje cada vez mais "difícil de compreender"[160], não regula a formação do contrato de concessão de serviços públicos, permanecendo a sua atribuição, por conseguinte, "*outside the thrust of EU procurement rules*"[161]. Isto, não obstante se dar, aí, uma definição da figura no artigo 1.º, n.º 4 (simétrica, de resto, da definição de concessão de obras públicas), na esteira, aliás, da noção preconizada na Comunicação Interpretativa de 2000.

Permanece, assim, o vazio ao nível do direito comunitário derivado nesta matéria[162], continuando portanto estes contratos a ter uma regula-

---

[159] Cfr. Hans-Joachim Priess, *Handbuch des europaischen Vergaberechts*, p. 134.

[160] Cfr. *Comunicação da Comunicação Europeia*, de 15.11.2005.

[161] Cfr. Christopher Bovis, *EC Public Procurement: case law and regulation*, p. 463.

[162] Refira-se que o Conselho das Comunidades, ao adoptar a Directiva 92/50/CEE, de 18 de Junho de 1992 (alterada pela Directiva 97/52/CEE, de 13 de Outubro de 1997), relativa à coordenação dos processos de adjudicação dos contratos públicos de serviços (doravante, «directiva-serviços»), havia decidido não incluir no seu campo de aplicação as concessões de serviço público como lhe propusera a Comissão. Cfr. Ghyslaine Guisolphe, «Les concessions de service public et les directives communautaires sur les

Concessão de Obras Públicas e Ajuste Directo 1011

mentação meramente assente em princípios (e designadamente os *princípios da igualdade e da não discriminação em razão da nacionalidade*), com as inerentes incertezas ao nível da determinação do direito aplicável à respectiva formação e execução.

26. No (a vários títulos importante) *Livro Verde sobre as Parcerias Público-privadas e o Direito Comunitário em matéria de contratos públicos e concessões,* de 30 de Abril de 2004, publicado, portanto, logo a seguir à Directiva 2004/18, a Comissão volta a não abordar directamente a questão de saber se uma concessão pode ser ou não, em determinadas circunstâncias, precedida de ajuste directo.

O mesmo sucede com a *Comunicação da Comissão ao Parlamento Europeu, ao Conselho, ao Comité Económico e Social Europeu e ao Comité das Regiões sobre as Parcerias Público-Privadas e o Direito Comunitário Sobre Contratos Públicos e Concessões,* de 15 de Novembro de 2005 (COM(2005) 569), isto apesar de, aí, no ponto 3.2, se referir, significativamente, que "a adjudicação de concessões tem que ter em conta a complexidade das concessões e a necessidade de negociações entre as entidades adjudicantes e os proponentes". Confirma-se, assim, indirectamente pelo menos, a ideia da desnecessidade do recurso obrigatório ao concurso nesta matéria, bem como que a negociação pode ser um mecanismo adequado para a formação de contratos de concessão de obras públicas.

4.2. *O Código dos Contratos Públicos*

27. Ao cabo de mais de quase dois séculos de concessões de actividade pública em Portugal, o CCP consagrou, pela primeira vez na nossa história, um regime geral para este instituto, confessadamente inspirado naquilo que se julgaram ser as melhores práticas contratuais neste domínio, mas sem pretender transformar essa regulamentação legal numa espécie de «contrato normativo» – circunstância que, como é assinalado no preâmbulo do diploma, constitui uma das suas novidades mais significativas.

---

marchés publics», in *La Concession de Service Public face au Droit Communautaire,* Paris, 1993: Sirey, p. 88.

1012 *Em Homenagem ao Professor Doutor Diogo Freitas do Amaral*

Pretendeu-se, também, por essa via, sobretudo em atenção ao grande recrudescimento que a concessão de obras públicas registou nos últimos três lustros, ultrapassar a regulamentação fragmentária e, sobretudo, insuficiente da figura plasmada no RJEOP/99.

28. Naturalmente, a disciplina constante do CCP abarca, desde logo, o regime de formação da concessão de obras públicas, de resto em termos que excedem as exigências do estalão comunitário.

a) Por um lado, o Código não se limita a impor às entidades adjudicantes a publicitação da intenção de celebrar um contrato de concessão de obras públicas. O n.º 1 do artigo 31.º do CCP, conforme introdutoriamente referido, elenca, sim, em alternativa, três tipos de procedimentos pré-contratuais «normais» – concurso público (que pode incluir uma fase de negociação[163]); concurso limitado por prévia qualificação; e procedimento de negociação. É pois discricionária a escolha pelas entidades adjudicantes de qualquer um destes métodos.

Diferentemente do determinado no regime anterior, é de saudar, desde logo, a possibilidade de aquelas entidades poderem recorrer ao concurso por prévia qualificação (amiúde, as concessões, por implicarem a realização de prestações tecnicamente complexas e envolverem montantes elevados, "exigem uma pré-avaliação das capacidades técnicas, comerciais, financeiras e administrativas dos concorrentes"[164]), bem como, "estando em causa contratos de longa duração, [que] se possa de novo recorrer a um procedimento por negociação, "quer através do concurso público com fase de negociação das propostas quer do procedimento de negociação", posto que esta via pode permitir "à entidade adjudicante afeiçoar melhor o conteúdo de uma proposta à execução do contrato"[165]. Supera-se, assim, muito positivamente, a regra do artigo 244.º

---

[163] Para um comentário ao regime do CCP, cfr. Margarida Olazabal Cabral, «O concurso público no Código dos Contratos Públicos», in *Estudos de Contratação Pública*, I, Coimbra: Coimbra Editora, 2008, pp. 217-220.

[164] Cfr. Pedro Gonçalves / Rodrigo Esteves de Oliveira, *As concessões municipais*, p. 77.

[165] Cfr. Fernanda Maçãs, «A concessão de serviço público e o Código dos Contratos Públicos», in *Estudos de Contratação Pública*, I, Coimbra: Coimbra Editora, 2008, p. 406.

Concessão de Obras Públicas e Ajuste Directo 1013

do RJEOP/99, que, como assinalado, «afunilava» para o concurso público (que não comportava, diga-se, a possibilidade de realização de uma fase de negociações).

Prevê-se, ainda, e bem, a possibilidade de fazer preceder a celebração do contrato de concessão de obras públicas de um procedimento de *diálogo concorrencial*, verificados que sejam os pressupostos indicados no artigo 30.º do CCP. Como é sabido, com este procedimento o legislador comunitário pretendeu introduzir no sistema da contratação pública, para a formação de contratos de objecto complexo a nível técnico, financeiro e/ou jurídico, maior flexibilidade do que a proporcionada pelos concursos, isto, porém, sem provocar uma derrogação excessiva dos princípios da transparência e da não discriminação (daí, porventura, que as propostas apresentadas na fase final do diálogo sejam inegociáveis).

b) O CCP também se afasta da Directiva 2004/18/CE (artigo 56.º) ao determinar, *independentemente do valor do contrato* de concessão de obras públicas a celebrar (normalmente, como é sabido, elevado em função dos pesados investimentos de capital na construção da infra-estrutura), a obrigatoriedade de se recorrer a um dos procedimentos-regra indicados alternativamente no n.º 1 do artigo 31.º (cfr. CCP, artigo 21.º, n.º 1). É uma opção que não pode deixar de considerar-se legítima, naturalmente, e que até já vem de trás (cfr. RJEOP/99, artigo 244.º), mas que, em abono da verdade, não nos parece inteiramente justificada.

c) Enfim, em concretização do disposto no artigo 31.º, n.º 4 (e, implicitamente, no artigo 61.º) da Directiva 2004/18/CE, o CCP não configura a atribuição *directa* ao co-contratante de obras complementares das iniciais, dentro de certos pressupostos e abaixo de determinado liminar, como *contratos adicionais* (inevitavelmente precedidos de um ajuste directo) do contrato originário.

Para o CCP, tal situação corresponde, antes, a um exemplo de *modificação objectiva do contrato* – cfr. CCP, artigo 370.º e ss. (aplicável por analogia à concessão de «obras complementares»).

Ora, a concretização deste objecto complementar não reclama, em rigor, a adopção de nenhum procedimento pré-contratual de ajuste directo. Na realidade, no contexto de alterações "identitariamente" neutras do objecto de um contrato, a variação económica da contraprestação a cargo da Administração (como resultado da modificação da prestação do co-contratante) não gera um contrato novo, mas corresponde a um reajuste dos interesses *ab initio* regulados pelas partes; não cumpre, assim, em tal caso, utilizar qualquer procedimento de contratação pública (ajuste directo)[166].

29. Quanto à questão de saber se é ou não possível às entidades adjudicantes recorrer, segundo critérios materiais, ao ajuste directo, vimos que o CCP, depois de prever, no artigo 24.º, n.º 1, o recurso a tal procedimento para a formação de quaisquer contratos, só contempla expressamente, no segmento normativo inicial do n.º 1 do artigo 31.º, o recurso ao ajuste directo em dois casos (os referidos nas alíneas *d)* e *f)* do n.º 1 do artigo 24.º).

A determinação do sentido e alcance desta norma jurídica é, por isso, problemática: circunscrever-se-á o ajuste directo às duas situações ali assinaladas?

30. Não é unânime a opinião da (escassa) doutrina que se pronunciou sobre esta matéria.

Afirmam alguns AA. que, apesar de, no artigo 24.º, se encontrarem "enumeradas as situações em que, para quaisquer contratos sujeitos à Parte II do Código, as entidades adjudicantes poderão recorrer ao ajuste directo, independentemente do valor do contrato", certo é que, por força da primeira parte do n.º 1 do artigo 31.º do CCP, para a formação de concessões de obras públicas "não podem as entidades adjudicantes, em regra, recorrer ao ajuste directo. Só não será assim nos casos expressamente excepcionados das alíneas *d)* e *f)* do n.º 1 do artigo 24.º..."[167]. Noutros termos, e por força de um argumento a *contrario* extraído da letra do n.º 1 do artigo 31.º, entende-se que só nos dois casos aí mencionados é viável a adopção do método do ajuste directo para a formação de um contrato de concessão de obras públicas.

---

[166] De acordo com o RJEOP/99, e por força da remissão genérica aí efectuada para o regime da empreitada (artigo 2.º, n.º 2), poderia entender-se que a atribuição dessas obras complementares da concessão originária devia ser titulada por um *contrato adicional*, o qual era, pois, precedido de um procedimento de ajuste directo (cfr. artigo 26.º, n.º 7).

[167] Cfr. Gonçalo Guerra Tavares / Nuno Monteiro Dente, *Código dos Contratos Públicos Comentado*, Coimbra: Almedina, 2009, pp. 159 e 184. Assim também, já antes, Fernanda Maçãs, *A concessão de serviço público*, pp. 406-407 e, aparentemente, Jorge Andrade da Silva, *Código dos Contratos Públicos*, Coimbra: Almedina, 2008, p. 142.

Concessão de Obras Públicas e Ajuste Directo

Em sentido diferente, outros AA. afirmam, embora sem problematizar a questão, que, para a celebração de um contrato de concessão de obras públicas, as entidades adjudicantes podem adoptar o procedimento de ajuste directo (com base no disposto no artigo 31.º, n.º 1, primeira parte), nos termos gerais do artigo 24.º[168]. Ou seja, sugere-se, que aquela regra do n.º 1 do artigo 31.º do CCP permite a escolha do ajuste directo, não apenas nos casos aí expressamente referidos, mas, ainda, em todos os casos mencionados no n.º 1 do artigo 24.º.

31. Tão-pouco o Direito comparado é particularmente esclarecedor a este respeito. Na verdade, ordenamentos jurídicos sujeitos à obrigação de transposição da Directiva 2004/18/CE consagraram, neste particular, soluções diametralmente opostas. Basta atentar em dois exemplos:

a) Assim, em Espanha, a *Ley de Contratos del Sector Público*[169] não estabelece qualquer restrição quanto ao possível recurso ao procedimento negociado (sem publicidade) por parte de uma entidade adjudicante em matéria de formação de um contrato de concessão de obras públicas. Verificando-se os *supuestos generales* enunciados no artigo 154, com efeito, poderá – ao que parece – recorrer-se ao *procedimiento negociado* sem publicidade, tanto para os acordos mencionados nos artigos 155 a 158 da *Ley* (obras, aquisição de bens e aquisição de serviços), como para «outros contratos» (artigo 159), entre os quais se deve incluir o contrato de concessão de obras públicas[170];

b) Em contrapartida, em Itália, parece impor-se à entidade adjudicante nesta matéria o cumprimento de uma obrigação de publicidade, permitindo-se, por outro lado, que ela opte, para o efeito, entre o concurso público e o concurso limitado (mas excluindo-se o recurso ao procedimento de negociação)[171]. Nos termos do artigo 144/2, do *Codice dei Contratti Pubblici di Lavori, Servizi, Forniture* (D.Lgs. 12 aprile 2006,

---

[168] Cfr. Marcelo Rebelo de Sousa / André Salgado de Matos, *Contratos Públicos*, Lisboa: Dom Quixote, 2008, p. 89, e ver ainda, no mesmo sentido, o quadro esquemático representado na p. 90.

[169] Ley 30/2007, de 30 de octubre.

[170] Para um comentário a esta disposição, cfr. por exemplo, José María Fernández Astudillo, *Contratación Pública*, I, Barcelona: Bosch, 2008, pp. 570-592.

[171] Neste sentido, refere expressamente Luca Guffanti que o Codice «esclude la possibilità di ricorso alla trattativa privada» – cfr. AA.VV., *Codice dei contratti pubblici,*

1016   *Em Homenagem ao Professor Doutor Diogo Freitas do Amaral*

n. 163, revisto), na realidade, *"quale que si ala procedura prescelta, le stazioni appaltanti pubblicano un bando in cui rendano nota l'intenzione di affidare la concessione"*. Ressalva-se, assim, como *"unica ipotesi di procedura negoziata senza bando"*, nos termos do artigo 147 do *Codice*, a atribuição directa ao concessionário de trabalhos complementares, nas condições e limites aí mencionados (na linha do disposto no citado artigo 61.º da Directiva 2004/18/CE)[172].

32. Centremo-nos, assim, no CCP.

Que o texto do seu artigo 31.º, n.º 1, sugere, *a contrario*, em matéria de formação de contratos de concessão de obras públicas, não ser admissível o recurso ao ajuste directo na generalidade das hipóteses em que este se encontra permitido pelo n.º 1 do artigo 24.º do mesmo diploma, é ponto isento de discussão.

Que, contudo, a letra da lei, se é o ponto de partida da interpretação[173], é um cânone hermenêutico frágil[174], pelo que o argumento *a contrario* "deve ser utilizado com muita prudência"[175] – eis algo também incontroverso.

Milão: Giuffrè, 2007, p. 1313. Também para ROSANNA DE NICTOLIS, parece ser claro que «*secondo la direttiva l'affidamento delle concessioni avviene sempre previa pubblicazione di un bando (...)*» (*Manuale degli appalti pubblici*, Roma: EPC Libri, 2008, p. 852). No mesmo sentido, CARULLO / IUDICA, *Commentario breve alla legislazione sugli Appalti Pubblici e Privati*, Pádua: CEDAM, 2009, *sub* artigo 144. Crítico da solução legal, cfr., porém, FRANCO PELLIZZER, «L'affidamento delle concessioni di lavori pubblici e gli appalti dei concessionari», pp. 2577 e 2581, que afirma não perceber bem a razão da exclusão do diálogo concorrencial e da negociação (com e sem anúncio) – para mais, quanto a esta última modalidade (ajuste directo), em função da previsão do artigo 147 do Código (onde se legitima a atribuição directa ao concessionário de obras complementares das inicialmente concedidas).

[172] Cfr. ROSANNA DE NICTOLIS, *Manuale degli appalti pubblici*, p. 852.

[173] De acordo com o artigo 9.º do Código Civil, a «*interpretação do texto não pode deixar de assentar nas palavras desse texto, veículo indispensável para a comunicação dum sentido*» – cfr. OLIVEIRA ASCENSÃO, *O Direito – Introdução e teoria geral*, 10ª ed., Lisboa, 1995, pp. 381-382.

[174] Na realidade, «há palavras por vezes vagas, equívocas e pode bem suceder que o legislador tenha dito mais ou menos do que pretendia dizer. Por isso, o elemento literal é o menos importante e raramente dispensa o recurso aos elementos lógicos, a cujo resultado devemos, em homenagem ao espírito da lei, dar preferência se conflituar com o sentido literal» – cfr. A. SANTOS JUSTO, *Introdução ao Estudo do Direito*, 4ª ed., Coimbra, 2009, p. 336.

[175] «Em último termo – escreve BAPTISTA MACHADO –, o argumento *a contrario* apenas terá força plena quando se consiga mostrar a existência de uma *implicação*

Concessão de Obras Públicas e Ajuste Directo 1017

Ora, a nosso ver, o problema em apreço é justamente daqueles que não legitimam o recurso ao referido argumento – a circunstância de se assinalarem apenas dois casos de ajuste directo na primeira parte do n.º 1 do artigo 31.º não permite a inferência de que, fora deles, não será lícito recorrer a tal procedimento no contexto de um contrato de concessão de obras públicas.

a) Nesse sentido, depõe, desde logo, a *occasio* da norma – como é sabido, o artigo 9.º do Código Civil permite relevar o elemento histórico ao consignar que o intérprete deverá ter em conta "*(...) as circunstâncias em que a lei foi elaborada*" (n.º 1).

Com a indicação das alíneas *d)* e *f)* na primeira parte do n.º 1 do artigo 31.º, o legislador nacional reproduz, em matéria de concessão de obras públicas, uma indicação constante da alínea *a)* do artigo 57.º da Directiva 2004/18/CE. Como vimos, exclui-se nesse artigo do regime publicitado de formação de concessões de obras públicas contratos que, nos termos dos artigos 12.º a 15.º desse diploma, não estariam sujeitos a tal formação "aberta", porque, pura e simplesmente, são situações de «contratação excluída». Concretamente, aquelas duas alíneas *d)* e *f)* do n.º 1 do artigo 24.º correspondem às hipóteses dos artigos 13.º e 14.º da Directiva 2004/18/CE. No artigo 13.º, estão contemplados os "*contratos públicos cujo objectivo principal seja permitir às entidades adjudicantes a abertura ou exploração de redes públicas de telecomunicações ou a prestação ao público de um ou mais serviços de telecomunicações*". Por outro lado, o artigo 14.º refere-se "*aos contratos públicos que sejam declarados secretos ou cuja execução deva ser acompanhada de medidas de segurança especiais nos termos das disposições legislativas, regulamentares ou administrativas em vigor no Estado-Membro em questão, ou quando a defesa de interesses essenciais desse Estado-Membro o exigir*".

Simetricamente, e renunciando, tal como o legislador anterior (RJEOP/99), à tarefa de proceder à adaptação de regras comunitárias menos felizes, o CCP, com a menção feita às alíneas *d)* e *f)* do n.º 1 do artigo 24.º na primeira parte do n.º 1 do artigo 31.º, vem, no fundo, permitir também a formação não publicitada de concessões de obras

---

intensiva (ou *replicação*) entre a hipótese e a estatuição – quando se mostre, pois, que a consequência jurídica se produz quando se verifique a hipótese e que tal consequência *só* se produz quando se verifique tal hipótese» – cfr. *Introdução ao Direito e ao Discurso Legitimador*, Coimbra, 1982, p. 187.

1018 *Em Homenagem ao Professor Doutor Diogo Freitas do Amaral*

públicas em duas situações em que tal dispensa de publicidade já parece ser permitida pelo preceito – que se aplica "qualquer que seja o objecto do contrato a celebrar" – do n.º 1 do artigo 24.º do CCP.

Por outro lado, a lição da história mostra que o que se quis, em boa hora, nesta matéria, foi criar um «mercado das concessões de obras públicas» (inspirado no que existia em matéria de empreitadas), tendo, para esse efeito, sido decidido criar a regra da sua formação publicitada. Está pois fora de causa contestar a tese de que o ajuste directo não deve ser, como no passado, o instrumento geral de adjudicação de concessões de obras públicas. Todavia, parece ser desnecessário e desequilibrado (desproporcionado) que, para atingir o objectivo fixado, se proíba taxativamente o recurso ao ajuste directo. O mercado (comunitário) das concessões de obras públicas, por outras palavras, compatibiliza-se bem com o reconhecimento de que, em casos devidamente fundamentados, a formação de concessões de obras públicas pode dispensar publicidade prévia.

No mínimo, a ponderação da evolução da norma em causa revela a replicação de uma solução comunitária que não parece propriamente feliz, desde logo por inutilidade, pelo que, conforme dissemos, ela desautoriza o mencionado argumento *a contrario* extraído a partir do elemento literal.

b) O mesmo argumento também não é abonado pelos demais elementos lógicos do processo tradicional da interpretação jurídica (sistemático e teleológico).

Desde logo, do contexto normativo do n.º 1 do artigo 31.º não resulta minimamente clara a intenção de querer restringir o ajuste directo em matéria de formação de contratos de concessão de obras públicas às duas hipóteses aí mencionadas.

Recorde-se que, no n.º 1 do artigo 24.º, o legislador, com uma expressão inequívoca, enuncia vários critérios materiais legitimadores do recurso ao ajuste directo para a formação de *«quaisquer contratos»* (cfr. epígrafe) públicos. *"Qualquer que seja o objecto do contrato a celebrar, pode adoptar-se o ajuste directo quando"* – refere-se no proémio dessa norma – se verificarem os pressupostos enunciados nas alíneas *a)* a *f)*, bem como se for respeitado o demais dispositivo regulado nesse artigo. É assim claríssima a vocação abrangente desta disposição, posta para se aplicar a *todos* os contratos públicos submetidos à Parte II do CCP e, muito especialmente, aos expressamente nominados no n.º 2 do artigo 16.º do CCP, entre os quais se encontra o contrato de concessão de obras públicas.

Nada indicia, com efeito, qualquer particularidade da concessão de obras públicas neste domínio. Ninguém conseguirá explicar, designadamente, que ponderação pode justificar que uma concessão de obras públicas não seja precedida de um ajuste directo quando, *"na medida do estritamente necessário e por motivos de urgência imperiosa resultante de acontecimentos imprevisíveis pela entidade adjudicante, não possam ser cumpridos os prazos inerentes aos demais procedimentos, e desde que as circunstâncias invocadas não sejam, em caso algum, imputáveis à entidade adjudicante"* (alínea c)). Nessa hipótese (cuja concreta verificação no âmbito de um contrato qualificado como concessão de obras públicas não pode ser negada por qualquer razão lógico-jurídica), como *impor* às entidades adjudicantes a adopção de um procedimento publicitado? Do mesmo modo, como negar, neste contexto da concessão de obras públicas, a ocorrência de uma situação em que, *"por motivos técnicos, artísticos ou relacionados com a protecção de direitos exclusivos, a prestação objecto do contrato só possa ser confiada a uma entidade determinada"* (alínea e))? E, nesse caso, qual a razão lógico-jurídica ou qual o valor ou interesse material que pode ser validamente brandido para vedar a possibilidade de adopção de um procedimento não publicitado para a formação de um contrato de concessão cuja execução é adequada e, mais do que isso, *necessária* para a satisfação de uma necessidade colectiva[176]? Por outro lado – e estas serão provavelmente hipóteses de ocorrência mais verosímil na formação de um contrato de concessão de obras públicas –, que razão válida poderá brandir-se para proibir a possibilidade de recurso ao ajuste directo se, em anterior concurso, nenhum concorrente tiver apresentado proposta (artigo 24.º, n.º 1, alínea a)), ou *"todas as propostas apresentadas tenham sido excluídas"* (artigo 24.º, n.º 1, alínea b))? Desde que obviamente, em ambos os casos, *"o caderno de encargos não seja substancialmente alterado em relação ao daquele procedimento"*, não vemos efectivamente como defender também aqui, sob o ponto de vista material, a *impossibilidade* de recorrer ao ajuste directo no contexto da formação de um contrato de concessão de obras públicas.

E trata-se, demais, de uma leitura compatível com o contexto normativo comunitário. Como vimos, a noção de concessão é aí plenamente equiparada à de empreitada de obras, com excepção do modo de

---

[176] A aplicação desta alínea à concessão de obras públicas foi também defendida por SÉRVULO CORREIA / JOÃO AMARAL E ALMEIDA / PEDRO FERNÁNDEZ SÁNCHEZ, num *Parecer Jurídico*, inédito, de Julho de 2010.

remuneração do co-contratante; nesta base, não deve nem pode estar excluída a possibilidade de aplicar àquela algumas normas do regime geral desta, desde que a isso se não oponha o específico modo de remuneração do concessionário de obras públicas. Ora, não existe a menor evidência no direito comunitário (nem isso foi, tanto quanto sabemos, alguma vez apontado pela jurisprudência ou pela doutrina) de que o mencionado factor distintivo entre as figuras impeça ou vede, no contexto de uma concessão, a derrogação do princípio da concorrência prevista, em certos casos, para a empreitada (Directiva 2004/18/CE, artigo 31.º, n.º 4). Pelo contrário: como vimos, autorizadas vozes parecem admitir essa possibilidade (ARROWSMITH), clamando pela introdução de maior clareza a este respeito no texto das directivas. É certo, por outro lado, que o proémio do artigo 31.º prevê a derrogação dos métodos pré-contratuais publicitados no contexto da formação de «contratos públicos» (conceito definido no artigo 1.º, n.º 2, alínea *a*), da Directiva) e não em «concessões de obras públicas»; mas, em face da expressa referência à circunstância de a concessão de obras públicas ter *"as mesmas características"* do «contrato público» denominado empreitada de obras públicas (cfr. artigo 1.º, n.º 3), não é forçado concluir-se que, no referido conceito «contratos públicos», se podem incluir, além da empreitada, os contratos *equiparados* a esta, como é, confessadamente, repete-se, o caso da concessão de obras públicas. A regra do artigo 58.º, n.º 1, da Directiva 2004/18/CE pode e deve ser lida, portanto, como uma regra geral: as entidades adjudicantes que desejem recorrer à concessão de obras públicas darão a conhecer a sua intenção através de um anúncio, *salvo nos casos em que, nos termos do n.º 1 do artigo 31.º da Directiva, seja possível promover um procedimento de negociação sem publicação prévia de um anúncio.* É este pois o *resultado* que, a nosso ver, deve ser respeitado pelos Estados-membros na tarefa de transposição da disciplina comunitária para as respectivas ordens internas. No âmbito da formação de um contrato de concessão de obras públicas, em síntese, não será absolutamente imperioso as entidades adjudicantes darem a conhecer a sua decisão de conceder por meio de um anúncio.

De resto, como também mencionámos, o Direito Comunitário confirma, ainda que implicitamente, não existir qualquer antinomia de princípio entre a concessão de obras públicas e o procedimento de ajuste directo, já que permite, existindo fundamento para tanto, que a Directiva só se aplique a contratos cujo valor seja igual ou superior a determinado valor. Fora mesmo dos casos de contratação excluída, o legislador comu-

Concessão de Obras Públicas e Ajuste Directo 1021

nitário evidencia claramente (embora de modo implícito e indirecto) não se opor à compatibilização da concessão de obras públicas com o ajuste directo, desde que o valor do contrato se quede abaixo de certo patamar. Além disso, vimos ainda que o artigo 61.º da Directiva 2004/18/CE expressamente autoriza, dentro de certo circunstancialismo, a atribuição *directa* ao co-contratante de obras complementares das compreendidas no objecto contratual originário. Depois, a Directiva parece admitir implicitamente que as concessões de obras públicas promovidas por concessionários «privados» (aqueles *«que não sejam entidades adjudicantes»*) possam ser atribuídas a terceiros sem cumprimento prévio de qualquer obrigação de publicidade; ou seja, independentemente do valor das obras, a atribuição de (sub)concessões de obras públicas pelo concessionário de obras públicas pode ser feita por ajuste directo (cfr. os artigos 63.º a 65.º da Directiva 2004/18/CE, que concernem à contratação de empreitadas)[177].

Enfim, é de dizer que a própria Directiva 2004/18/CE reconhece a *dispensa do cumprimento da obrigação de publicidade inicial* no caso de contratos de concessão celebrados por entidades adjudicantes que desenvolvam certas actividades no âmbito dos sectores especiais, contanto *"essas concessões sejam atribuídas para o exercício dessas actividades"* (artigo 57.º, alínea *b)*); sabendo-se que a formação de tais concessões – pela teleologia própria da contratação pública nos sectores especiais – é, por norma, submetida a um procedimento de ajuste directo (cfr. artigo 18.º da Directiva 2004/17/CE, transcrito), a referência feita no artigo 57.º, alínea *b)*, não pode deixar de ser vista como mais um reconhecimento, pelo menos indirecto, da compatibilidade do procedimento de ajuste directo com o sistema comunitário da contratação pública de concessões de obras públicas.

Assim, e como "nenhum preceito pode ser interpretado isoladamente do *contexto*" em que se situa, vale dizer, como o sentido de um trecho normativo preceito só se alcança "se o situarmos perante todo o texto do artigo, cada artigo perante os que o antecedem ou imediatamente o seguem"[178], parece-nos, por recurso ao elemento sistemático da interpretação, ser ilegítimo extrair, *a contrario*, do n.º 1 do artigo 31.º, a proposição

---

[177] Neste sentido, cfr. também FRIEDERICH LUDWIG HAUSMANN, «Public Private Partnerships and the Award of Concessions», cit., p. 271.

[178] Cfr. OLIVEIRA ASCENSÃO, *O Direito. Introdução e Teoria Geral*, p. 396.

1022   *Em Homenagem ao Professor Doutor Diogo Freitas do Amaral*

de que, fora dos casos aí mencionados, não está permitido o recurso pelas entidades adjudicantes ao ajuste directo para a formação de um contrato de concessão de obras públicas.

Deste modo, por apelo ao respectivo contexto normativo da norma, não se descortina qualquer razão material *bastante* – aliás, nunca ninguém ousou afirmá-lo entre nós, e tão-pouco o direito comparado o confirma (conforme referido introdutoriamente) – para, em sede de concessões, vedar o recurso ao procedimento adjudicatório do ajuste directo se, concretamente, se verificarem as razões que típica e genericamente o recomendam ou justificam (artigo 24.º, n.º 1, do CCP).

c) Por outro lado, um argumento extraído *a contrario sensu* do n.º 1 do artigo 31.º do CCP é também de repudiar em face do regime definido na lei para tipos contratuais vizinhos da concessão de obras públicas (lugares paralelos)[179]. Tomemos, desde logo, o caso da empreitada de obras públicas. Qual a razão material para – em função do maior ou menor grau de risco assumido no contrato a formar pelo co-contratante da Administração – permitir que a escolha do empreiteiro se faça por ajuste directo, nos termos gerais do n.º 1 do artigo 24.º, e para vedar a utilização desse mesmíssimo método para a escolha do concessionário de obras públicas? Não vislumbramos. Na realidade, e atendendo até a que o "envolvimento" (temporal e, sobretudo, material) do concessionário no desempenho de actividades públicas – na prossecução do interesse pú-

---

[179] Como é sabido, o recurso aos lugares paralelos não é outra coisa senão o raciocínio analógico aplicado à interpretação, em termos, de resto, análogos àqueles em que (é) aplicado à integração de lacunas. «Neste último caso, parte-se do princípio de que a vontade hipotética do legislador que não regulou certo caso seria a de querer para ele uma regulamentação paralela à dos casos análogos que ele regulou; naquele, parte-se do princípio de que dois ou mais casos previstos, quando análogos, devem ter uma regulamentação análoga devendo a interpretação realizar-se no sentido de obter tal resultado. Supõe-se (...) que o legislador, sendo coerente consigo mesmo, terá querido consagrar soluções semelhantes para casos semelhantes» (cfr. Dias Marques, *Introdução ao Estudo do Direito*, 2ª ed., Lisboa, 1994, pp. 143-144). Se «de analogia fala-se particularmente como um método de integração de lacunas das fontes», a verdade é que "a analogia, como categoria mental, é referível a toda a realidade. Também se manifesta na interpretação, através dos (...) «lugares paralelos»" (cfr. Oliveira Ascensão, *O Direito. Introdução e Teoria Geral*, p. 397). Em suma: é «legítimo recorrer à norma mais clara e explícita para fixar a interpretação de outra norma (paralela) mais obscura ou ambígua» (cfr. Baptista Machado, *Introdução ao Direito*, p. 183).

Concessão de Obras Públicas e Ajuste Directo 1023

blico – é, de longe, consabidamente superior ao do empreiteiro de obras públicas (mero *auxiliar* da Administração), não é claro como se pode justificar que a escolha do concessionário esteja submetida a uma regra absoluta de concorrência, e a escolha do empreiteiro, não[180].

Vejamos agora a concessão de serviços públicos[181]. Que justificação material aduzir para sustentar que, existindo um «interesse público relevante», é possível recorrer ao ajuste directo para a formação de um contrato de concessão de serviços públicos (CCP, artigo 31.º, n.º 3), mas, entretanto, que a verificação de um tal tipo de interesse no contexto de um contrato de concessão de obras públicas não releva para o efeito de permitir a respectiva formação não publicitada – para mais, sendo essas duas figuras (quantas vezes confundidas ao longo da história) espécies ontologicamente próximas da mesma técnica concessória?

Não vemos, também, qual possa ela ser.

E o mesmo poderia ser dito, analogamente, para o contrato de concessão de exploração de bens do domínio público (cfr. artigo 408.º do CCP).

Não nos parece assim existir qualquer razão para separar, neste aspecto, o regime de formação da concessão de obras públicas do destoutros contratos vizinhos, onde o recurso a tal procedimento derrogatório do princípio da concorrência é permitido, assim se verifiquem de modo consistente, o que terá de ser sempre devidamente fundamentado, razões de «interesse público relevante».

Por outro lado, não pode deixar de referir-se que o CCP, diferentemente do que determina em geral para as empreitadas de obras públicas dos concessionários de obras públicas «privados» (*que não sejam entidades*

---

[180] Cfr., no mesmo sentido, Enrico Carloni, «Concessioni pubbliche e legittimità del ricorso all'affidamento diretto: specificità dell'istituto concessorio e principio di concorrenza», *cit.*, p. 73 e 75.

[181] Que o CCP, parece que pela primeira vez no nosso ordenamento jurídico, define genericamente nos seguintes termos no n.º 2 do artigo 407.º: «*entende-se por concessão de serviços públicos o contrato pelo qual o co-contratante se obriga a gerir, em nome próprio e sob sua responsabilidade, uma actividade de serviço público, durante um determinado período, sendo remunerado pelos resultados financeiros dessa exploração ou, directamente, pelo contraente público*». Em contraste com a concessão de obras públicas, a *concessão de serviços públicos* não havia sido, entre nós, objecto de qualquer definição legal. O seu crisma legal num diploma substantivo de vocação geral (cfr. artigo 178.º, n.º 2, alínea *c*), do CPA), em 1991, não foi, portanto, acompanhado de qualquer definição.

adjudicantes: cfr. artigo 276.º), admite implicitamente, na linha da Directiva 2004/18/CE, que a celebração de (sub)*concessões de obras públicas* por tais entidades não está sujeita ao prévio respeito de qualquer obrigação de publicidade, ou seja, tais concessões de obras públicas poderão ser celebradas por ajuste directo, observados estejam, claro está, os requisitos de que o CCP faz depender a subcontratação (artigos 316.º e segs.).

A finalizar, mencione-se ainda que, na linha do Direito Comunitário – Directiva 2004/18 (artigo 57.º, alínea *b*)) e Directiva 2004/17/CE (artigo 18.º) –, o próprio CCP, noutro preceito, reconhece implicitamente a compatibilidade do ajuste directo com a concessão de obras públicas. Determina-se, com efeito, no n.º 1 do artigo 33.º que, *"sem prejuízo do disposto nos artigos 24.º a 27.º e do n.º 3 do artigo 31.º, para a formação de contratos que digam directa e principalmente respeito a uma ou várias das actividades exercidas nos sectores da água, da energia, dos transportes e dos serviços postais pelas entidades adjudicantes referidas no n.º 1 do artigo 7.º, estas entidades devem adoptar, em alternativa, o concurso público, o concurso limitado por prévia qualificação ou o procedimento de negociação"*. É, pois, viável, no quadro dos pressupostos referidos, preceder-se à formação de um contrato de concessão de obras públicas na sequência de um procedimento de ajuste directo escolhido com fundamento em qualquer das alíneas do n.º 1 do artigo 24.º. Demais, a razão que legitima, a título excepcional, o recurso ao ajuste directo para as concessões de obras públicas nos sectores especiais, deve permitir também, a esse mesmo título, o ajuste directo para as concessões de obras públicas celebradas fora deles. Posto de outra forma, a maior flexibilidade que, por razões que não se irão explanar aqui[182], caracteriza o regime de contratação pública das entidades adjudicantes que operam nos sectores especiais (recorde-se, desde logo, que o artigo 33.º, n.º 1, se aplica a todos os contratos públicos e não apenas às concessões e à sociedade), não explica uma maior derrogação do princípio da concorrência na formação de concessões dos sectores especiais do que a existente na formação de concessões sob o regime comum. Doutro prisma ainda: para o legislador português, a particular natureza dos sectores

---

[182] Cfr., por último, Mark Kirkby, "A contratação pública nos «sectores especiais»", in *Estudos de Contratação Pública*, II, Coimbra: Coimbra Editora, 2010, p. 41 e segs.

Concessão de Obras Públicas e Ajuste Directo   1025

especiais justifica a atribuição às entidades adjudicantes que aí operem de uma mais ampla liberdade de escolha dos procedimentos pré-contratuais a utilizar (designadamente, viabiliza-se o recurso «normal» ao *procedimento de negociação*), no pressuposto de que tal escolha recairá sobre procedimentos de matriz concorrencial, sujeitos a publicidade inicial. Agiliza-se a actuação daquelas – não se facilita, e muito menos se promove, a derrogação do princípio da concorrência.

d) Enfim, e apelando mais directamente à própria *ratio* da norma do n.º 1 do artigo 31.º, também nos parece clara a rejeição do apontado argumento *a contrario*.

Na realidade, o que nesta norma se pretendeu estabelecer, tendo presente o contexto sistemático e os lugares paralelos mencionados, e conhecida também a latitude conferida pelo legislador comunitário neste domínio, foi, no fundo, que, ao contrário do regime anterior, existem três procedimentos normais à escolha das entidades adjudicantes para a formação dos contratos aí mencionados (concessões de obras, concessões de serviços e contrato de sociedade) e, muito especialmente, a indicação de que o recurso ao procedimento de negociação não dependia, no que respeita a estes tipos contratuais, da verificação dos pressupostos apertados indicados no artigo 29.º, n.º 1, do CCP. É esta, afinal, a indicação (mais) útil da norma: que a utilização da negociação (com anúncio), em matéria de contratos de sociedade e de concessões de obras e de serviços públicos, qualquer que seja o valor do contrato a celebrar, está desvinculada do cumprimento dos pressupostos plasmados no n.º 1 do artigo 29.º do Código.

33. Por apelo a elementos diversos do processo hermenêutico tradicional, é de defender que nenhuma razão relacionada com a *natureza* da concessão de obras públicas justifica a *"assolutizzazione della regola della selezione publica"* do concessionário[183].

O aludido argumento *a contrario* não deve ser impeditivo do recurso ao ajuste directo quando se verifiquem, concretamente, as hipóteses das alíneas do n.º 1 do artigo 24.º não mencionadas na primeira parte do n.º 1 do artigo 31.º do CCP, pelo que esta primeira parte (no que respeita

---

[183] Cfr. E. CARLONI, «Concessioni pubbliche e legittimità del ricorso all'affidamento diretto: specificità dell'istituto concessorio e principio di concorrenza», *cit.*, p. 75.

1026 Em Homenagem ao Professor Doutor Diogo Freitas do Amaral

ao ajuste directo) nada acrescenta, afinal, ao que (também) para as concessões de obras públicas resultava do disposto no artigo 24.º, n.º 1, alíneas *d)* e *f)*.

Pela positiva: se e quando isso se justifique, de acordo com o disposto nessas outras alíneas do n.º 1 do artigo 24.º do CCP, as entidades adjudicantes poderão dispensar uma *call for competition*, não estando a concessão de obras públicas submetida a um regime de contratação neste ponto diferente do estabelecido para os demais contratos públicos sujeitos à parte II do CCP.

A título excepcional, portanto, ou seja, em situações «limite» de impossibilidade ou de grande onerosidade, o ajuste directo pode ser escolhido pelas entidades adjudicantes para a formação de um contrato de concessão de obras públicas para além dos casos mencionados nas alíneas *d)* e *f)* do n.º 1 do artigo 24.º do CCP. *Se este contrato não é nem deverá obviamente ser mais o "lugar de eleição" do ajuste directo, tão-pouco é verdade que ele seja refractário, a título excepcional, a tal método de individualização do co-contratante da Administração.*

A RELEVÂNCIA PARA O CONTENCIOSO ADMINISTRATIVO NACIONAL DO ACTO ADMINISTRATIVO COMUNITÁRIO E DO ACTO ADMINISTRATIVO NACIONAL CONTRÁRIO AO DIREITO DA UNIÃO EUROPEIA

FAUSTO DE QUADROS[*]

> SUMÁRIO: *1. Introdução. 2. Conceito de acto administrativo comunitário. 3. A validade do acto administrativo comunitário: A) Os vícios. 4.* Idem*: B) As sanções. 5. Relevância do acto administrativo comunitário para o contencioso administrativo nacional. 6. Relevância para o contencioso administrativo nacional do acto administrativo nacional que contrarie o Direito da União Europeia. 7.* Idem*: vícios e sanções. 8. A revogação dos actos administrativos nacionais contrários ao Direito Comunitário. 9. O contributo dos Acórdãos* Kühne, Kapferer *e* Lucchini *para a elaboração do Direito Administrativo nacional. 10. Conclusão.*

1. Introdução

A Ciência portuguesa do Direito Público fica a dever muito ao labor de Diogo Freitas do Amaral nas últimas quatro décadas do século XX e neste início do século XXI.

Juntamente com André Gonçalves Pereira ele deu continuidade ao magistério de Marcello Caetano em Direito Administrativo, embora com

---

[*] Professor Catedrático da Faculdade de Direito da Universidade de Lisboa.

independência científica. Nesse sentido foi muito importante ele ter robustecido e desenvolvido as três últimas edições do Manual de Direito Administrativo de Marcello Caetano, em coautoria com este.

Mas há que referir também que, mais uma vez com André Gonçalves Pereira, mas tendo disposto para o efeito de mais tempo do que este, Freitas do Amaral deu continuidade à Escola de Direito Público iniciada por Marcello Caetano. Esse labor produziu resultados notáveis sobretudo na Faculdade de Direito da Universidade de Lisboa, mas também na Faculdade de Direito da Universidade Católica Portuguesa, na Escola de Direito da Universidade do Minho e na Faculdade de Direito da Universidade Nova de Lisboa. Essa Escola de Direito Público materializou-se em largas dezenas de dissertações de Mestrado e em muitos doutoramentos em Ciências Jurídico-Políticas, sobretudo nos domínios do Direito Administrativo tanto geral como especial. À data de hoje três Professores que ascenderam à Cátedra já são fruto da Escola de Freitas do Amaral: Paulo Otero, João Caupers e Maria da Glória Dias Garcia.

Além disso, através do seu próprio trabalho de investigação científica, Freitas do Amaral aprofundou a doutrina do Direito Público e da Ciência Política em Portugal: escrevendo o seu Curso de Direito Administrativo; publicando as suas Lições em Direito do Urbanismo e em História das Ideias Políticas; e dando à estampa um grande número de monografias sobre temas muito variados daquelas áreas bem como publicando comentários a diplomas que ajudou a elaborar, e dos quais se destaca o Comentário ao Código do Procedimento Administrativo. Sublinhe-se que em toda esta sua actividade científica Freitas do Amaral sempre demonstrou um grande poder criativo, estando permanentemente familiarizado com a mais recente evolução do Direito Comparado e da doutrina e da jurisprudência e procurando encontrar resposta actual para os sucessivos desafios que ao Direito Público português se iam colocando na fase da democratização do regime, depois de 25 de Abril de 1974 e até aos nossos dias. Essa característica – a da permanente actualidade do seu pensamento e da constante abertura do seu espírito – constitui, aliás, um dos mais louváveis traços da sua personalidade como Académico, como Cientista e como Cidadão. E é nesse quadro que se deve colocar também a iniciativa a que em 1992 lançou mãos, com o Professor López Rodó, de promover, com periodicidade, Colóquios Luso-Espanhóis de Professores de Direito Administrativo. Não só é perfeitamente natural, como diríamos que é quase obrigatório que Estados vizinhos debatam em conjunto matérias de Direito que interessam aos dois. Ora, esses Colóquios têm vindo a ter lugar de forma regular em Portugal e em Espanha, já atingiram o número de nove, têm sido muito participados, têm versado sobre temas muito diversificados e sempre de interesse actual, e têm sido muito enriquecedores para a doutrina de Direito Administrativo dos dois países. O Direito Administrativo é, aliás, o único ramo de Direito em que os Estados vizinhos de Portugal e Espanha, através dos Professores daquele ramo de Direito, reflectem em conjunto, e de modo regular, publicando a seguir os resultados da sua reflexão.

Oxalá Diogo Freitas do Amaral continue, como sempre até aqui, a enriquecer a Ciência Jurídica Portuguesa e que, durante muitos mais anos, possamos contar com a sua presença activa e empenhada no debate dos grandes temas de Direito Público em Portugal.

2. Conceito de acto administrativo comunitário

Na modernidade e na abertura que Freitas do Amaral colocou no ensino e na investigação no domínio do Direito Administrativo ele foi sensível às estreitas relações que se estabelecem entre o Direito Administrativo nacional e a Ordem Jurídica da União Europeia, mais simplesmente designado de Direito da União Europeia[1]. Isso não é vulgar na doutrina administrativa portuguesa, ao contrário do que acontece, por exemplo, na Alemanha, na Itália ou na Espanha. Por isso quisemos que o objecto deste nosso estudo se situasse numa zona de confluência entre o Direito Administrativo nacional e o Direito da União Europeia, que é muito importante porque condiciona fortemente a elaboração e a evolução do Direito Administrativo estadual, portanto, no nosso caso, do Direito Administrativo português.

---

[1] A partir da entrada em vigor do Tratado de Lisboa a expressão Direito Comunitário perdeu actualidade porque a Comunidade Europeia quase que foi dissolvida na União Europeia por força do novo art. 1º, par. 3, do Tratado da União Europeia (TUE). Por isso, passou a ter de se falar só em Direito da União Europeia, aplicando-se a expressão Direito Comunitário apenas à Comunidade Europeia da Energia Atómica (CEEA). Se neste estudo utilizarmos a expressão Direito Comunitário isso ficará a dever-se apenas à falta de hábito com a nova terminologia. É essa a mesma razão pela qual nos referimos neste trabalho ao acto administrativo *comunitário* e não ao acto administrativo da *União*. A primeira expressão fez carreira na terminologia do Direito da União pelo que julgamos ser cedo para a abandonar.

1030   *Em Homenagem ao Professor Doutor Diogo Freitas do Amaral*

Já por mais de uma vez, mas especialmente em 2005, nos ocupámos, de modo embrionário, do acto administrativo comunitário[2]. Vamos agora, tanto quanto a índole deste trabalho no-lo permite, rever e actualizar as nossas concepções acerca desse tema, que se reveste da maior importância para a elaboração tanto do Direito Administrativo da União como do Direito Administrativo dos Estados membros.

Na doutrina quer do Direito da União Europeia quer do Direito Administrativo estadual ou nacional este conceito continua a ser muito esquecido. Mas vamos ver, na justa medida em que isso é possível neste lugar, que a sua importância e a sua utilidade impõem que ele seja objecto de maior atenção da parte dos estudiosos.

Os Tratados da União não empregam nunca a expressão "acto administrativo", quer no singular, quer no plural. Mas, do elenco das fontes de Direito constantes do art. 288.º do novo Tratado de Funcionamento da União Europeia (TFUE), aprovado pelo Tratado de Lisboa (ex-art. 249.º CE, antes do Tratado de Lisboa), extrai-se que a decisão se enquadra claramente no conceito de acto administrativo, isto é, um acto jurídico que visa produzir efeitos num caso concreto. A decisão cabe, portanto, no tipo legal do acto administrativo dos Direitos Administrativos dos sistemas francês e alemão[3]. E é nesses termos que a decisão é passível de recurso de anulação para os Tribunais da União, como prescreve o art. 263.º TFUE (ex-art. 230.º CE)[4].

Embora a decisão seja, dos actos mencionados no citado art. 263.º TFUE, o acto administrativo por excelência, nada nos impede de colocar a mesma interrogação quanto aos outros actos referidos no mesmo artigo. E, indo por aí, podemos concluir que também a recomendação, enquanto ela puder ser vista como um acto que obriga ou vincula, como já foi entendido tanto pela jurisprudência comunitária como na prática administrativa da União[5], deve ser vista como acto administrativo definitivo,

---

[2] Ver o nosso *O acto administrativo comunitário*, in Colaço Antunes e Sáinz Moreno (coordenadores), O acto no Contencioso Administrativo – Tradição e reforma, Coimbra, 2005, págs. 63 e segs.

[3] Veja-se MATHIAS VOGT, *Die Entscheidung als Handlungsform des europäischen Gemeinschaftsrechts*, Tubinga, 2005, pgs. 29 e segs.

[4] Veja-se FAUSTO DE QUADROS e ANA MARTINS, *Contencioso da União Europeia*, 2ª ed., Coimbra, reimp., 2009, pgs. 137 e segs.

[5] FAUSTO DE QUADROS, *Direito da União Europeia*, Coimbra, reimp., 2009, pgs. 367-368.

A relevância para o contencioso administrativo nacional do acto administrativo ...   1031

embora o citado art. 263.º TFUE a não tenha concebido dessa forma para o efeito de considerar, também a ela, como acto contenciosamente recorrível.

Em situação análoga encontram-se os pareceres. Tal como se entende pacificamente no Direito Administrativo nacional, os pareceres são actos administrativos. Só que eles apenas poderão ser vistos como actos definitivos ou lesivos quando vinculem sob a forma de parecer conforme, isto é, quando o parecer imponha ao órgão com competência para decidir uma decisão no mesmo sentido do parecer, não lhe deixando qualquer margem de liberdade de decisão. Ou seja, o parecer, nessa hipótese, pré-decide o caso concreto[6]. Em qualquer caso, também o parecer, mesmo nessa hipótese, não poderá ser objecto de um recurso de anulação para os Tribunais da União, porque está expressamente excluído dele por força do art. 263.º, n.º 1, TFUE. Aliás, chegamos aqui a um ponto sobre o qual a doutrina e a jurisprudência da União terão que reflectir. A exclusão expressa dos pareceres do elenco dos actos recorríveis no art. 263.º, par. 1, TFUE, já vem dos Tratados institutivos das Comunidades. Só que nessa altura estes quase nunca exigiam parecer obrigatório do Parlamento Europeu (então designado de Assembleia) nem seu parecer conforme (designado de parecer favorável). Eles contentavam-se com pareceres não obrigatórios e não vinculantes. Com a significativa evolução que nesta matéria o Direito Comunitário e, depois, o Direito da União sofreram no âmbito do reforço da competência do Parlamento Europeu é de perguntar se, modernamente, os autores dos Tratados continuam conscientemente a recusar-se a aceitar a recorribilidade de todos os pareceres do Parlamento Europeu mesmo quando eles tenham de ser obrigatoriamente colhidos no respectivo processo de decisão e sejam vinculantes no sentido de terem de ser pareceres favoráveis. Um pequeno e, simultaneamente, grande pormenor atesta o bem-fundado destas nossas dúvidas. Em pelo menos dois artigos dos Tratados o Tratado de Lisboa substituiu a referência ao "parecer favorável" do Parlamento Europeu pela palavra "aprovação": os arts. 49.º, par. 1, TUE, e 218.º, n.º 6, al. *a*, neste último caso, por contraste manifesto com o mesmo n.º 6, al. *b*, e num preceito sobre a importante matéria da celebração pela União de acordos internacionais. Em

---

[6] Demonstrámo-lo há quarenta anos na dissertação que apresentámos em 1966-67 no Curso Complementar de Ciências Político-Económicas, mais tarde equiparado ao Mestrado – *Os Conselhos de Disciplina na Administração Consultiva Portuguesa*, separata de Cadernos de Ciência e Técnica Fiscal, Lisboa, 1974, pgs. 183 e segs.

nosso entender, embora não encontremos referência alguma aos propósitos dos autores dos Tratados nesta matéria (nem mesmo ao nível dos grupos interuniversitários que participaram na reflexão dos projectos de revisão que iriam desembocar no Tratado de Lisboa), não devemos excluir que o principal deles tenha sido o de permitir o recurso de anulação, do art. 263.º TFUE, desses actos de "aprovação" (que, no seu conteúdo, não deixam de ser pareceres favoráveis) já que, com essa nomenclatura, esses actos escapam à previsão dos actos irrecorríveis constante do par. 1 daquele preceito.

Dos outros actos referidos no art. 263.º TFUE, no que toca ao regulamento, temos que distinguir o regulamento de base, o regulamento delegado, previsto no art. 290.º, e o regulamento de execução. O primeiro é um acto legislativo, enquanto que o segundo e o terceiro poderão ser equiparados a um acto materialmente administrativo. Por sua vez, no que diz respeito à directiva, ela tem sempre um conteúdo geral e abstracto, pelo que nunca será assimilável a um acto administrativo.

Passando ao Direito Comunitário derivado, este não ignora a noção de acto administrativo comunitário. Assim, por exemplo, o importante Regulamento n.º 2913/92 do Conselho, que aprova o Código Aduaneiro Comunitário, define no seu art. 4.º a decisão como "qualquer *acto administrativo* de uma autoridade aduaneira em matéria de legislação aduaneira que decida sobre um caso concreto e que produza efeitos de direito relativamente a uma ou mais pessoas determinadas ou susceptíveis de serem determinadas" (itálico nosso).

Do mesmo modo, o Regimento do Conselho, aprovado pela Decisão n.º 937/2009, ao dispor, no art. 8.º, n.º 1, sobre a competência do Conselho, refere-se a «*actos administrativos*» (itálico nosso).

Por sua vez, a jurisprudência comunitária tem aceite a existência de actos administrativos comunitários. É certo que o tem feito com prudência, evitando empregar aquela expressão. Mas o modo como tem abordado a questão mostra insofismavelmente que tem a consciência de que está perante verdadeiros actos administrativos imputáveis à União. Assim, muito cedo o TJ, pensando nas decisões, previstas no actual art. 288.º TFUE, viria a admitir a existência, na Ordem Jurídica comunitária, de "actos executivos individuais", que definiu como "actos de conteúdo concreto dirigidos a destinatários determinados"[7]. Pouco depois, o mesmo

---

[7] Ac. TJ 22-3-61, caso *S.N.U.P.A.T.*, Procs. 42 e 49/59, Rec., pgs. 103 e segs., e Ac. 15763, *Plaumann*, Proc. 25/62, Rec., pgs. 199 e segs.

Tribunal qualificaria a decisão como "um acto emanado de órgão competente, destinado a produzir efeitos jurídicos, e que põe termo a um procedimento no qual aquele órgão decide de modo definitivo"[8]. Mais tarde, aquele Tribunal viria a decidir que "o poder de execução previsto no Tratado inclui o poder de adoptar actos executivos-normativos e também o poder de execução mediante actos individuais"[9].

O novo TFUE, no Título I da Parte VI, intitulado "Disposições institucionais", contém o Capítulo II, cuja epígrafe reza "Actos jurídicos da União, processos de adopção e outras disposições". Quanto aos "Actos jurídicos da União", de que se ocupa a Secção I desse Capítulo, o seu art. 288.º, que corresponde ao antigo art. 249.º CE, não introduz alterações no que este último dispunha para o que nos interessa neste lugar. Pouco depois, o art. 291.º refere-se, mais do que uma vez, às "competências *de execução*" da Comissão, para indicar a competência desta para praticar, entre outros, actos administrativos, mas sem alguma vez utilizar esta última expressão. Ou seja, pelo que aos próprios Tratados diz respeito, continua a haver um receio da parte destes em fazerem referência literal à função *administrativa* ou aos actos *administrativos*. Eles têm preferido referir-se a actos de execução, sendo, todavia, certo que a execução de actos comunitários de conteúdo legislativo não têm necessariamente de se efectivar através de actos administrativos, porque pode também ser levada a cabo por outros actos de natureza legislativa, para além do caso dos regulamentos de execução e dos actos delegados previstos no citado art. 290.º[10].

3. A validade do acto administrativo comunitário. A) Os vícios

Porque ainda é escassa a dogmatização do instituto do acto administrativo comunitário não encontramos, nem no Direito originário, nem no Direito derivado, nem na doutrina, nem na jurisprudência, uma tentativa de definição de uma teoria da validade do acto administrativo comunitário. Contudo, os Tratados não a ignoraram, pelo menos num preceito.

---

[8] Ac. 16-6-66, *Forges de Châtillon*, Proc. 54/65, Rec., pgs. 265 e segs.

[9] Ac. 15-7-70, *Chemiefarma*, Proc. C-41/69, Rec., pgs. 661 e segs.

[10] Especificamente sobre a matéria deste número veja-se S. DAMIANI, *Riflessioni sulla nozione di atto amministrativo comunitario dopo la tipizzazione degli «atti di esecuzione»*, Rivista italiana di diritto pubblico comunitario, 2007, pgs. 1.197 e segs.

1034   *Em Homenagem ao Professor Doutor Diogo Freitas do Amaral*

De facto, o já citado art. 263.º TFUE, ao regular o recurso de anulação dos actos aí previstos, teve, obviamente, de enunciar os fundamentos do recurso, ou seja, os vícios do acto. E fê-lo socorrendo-se da clássica enunciação dos vícios do acto administrativo da teoria francesa do acto administrativo. Assim, segundo aquele preceito, esses vícios são a incompetência, o vício de forma, a violação de lei e o desvio de poder. Dos vícios clássicos da teoria francesa do *recours pour excès de pouvoir* só falta referência à usurpação de poder. Não encontramos na jurisprudência comunitária, ao longo de todas estas décadas desde os anos 50, nenhum caso em que o recorrente tivesse suscitado o vício de usurpação de poder como fundamento do recurso previsto no antigo art. 230.º CE. A acontecer isso, cremos que, para os efeitos deste artigo, esse vício teria de ser reconduzido a um vício geral de "incompetência", a fim de poder servir de fundamento para aquele recurso[11].

4. *Idem*: B) As sanções

Chegados a este ponto há que perguntar: quais são as sanções jurídicas para os vícios do acto administrativo comunitário? Nesta matéria, os Tratados ajudam-nos pouco. Cremos que não é exagerado concluirse que eles aceitaram conscientemente a anulabilidade do acto, ou seja, a sua nulidade relativa. De facto, os arts. 264.º e 266.º TFUE (ex-arts. 231.º e 233.º CE) utilizam as palavras "anulação", "anulado". E, mais do que isso, o art. 263.º, par. 6, TFUE (ex-art. 230.º, par. 5, CE), prevê um prazo para o recurso de anulação, e, por sua vez, decorre do art. 264.º, par. 2, TFUE (ex-art. 231.º, par. 2, CE), que o acto produzirá efeitos até ser anulado. Tudo isso se conforma com o regime da anulabilidade[12]. Parece, portanto, dever concluir-se que a sanção da anulabilidade foi pensada pelos Tratados como a forma-regra da invalidade, por força do princípio do aproveitamento dos actos jurídicos, princípio esse que vem do Direito Romano[13]. Mas ficam muitas questões por esclarecer. Designadamente,

---

[11] V. o mais actualizado Comentário aos Tratados, de GRABITZ e HILF, *Das Recht der europäischen Union – Kommentar*, 4 vols., Munique, 2009, anotações ao art. ex-230º CE, e FAUSTO DE QUADROS e ANA MARTINS, *op. cit.*, pgs. 176 e segs.

[12] No mesmo sentido, PAUL CRAIG, *EU Administrative Law*, Oxford, 2006, pg. 268, e STEFAN KADELBACH, *Allgemeines Verwaltungsrecht unter europäischen Einfluss*, Tubinga, 1999, sobretudo pgs. 457 e segs.

[13] Assim, JÜRGEN SCHWARZE, *Droit administratif européen*, 2ª ed., Bruxelas, 2009, que consiste na mais recente obra de carácter geral onde esta matéria é tratada com

os Tratados não dizem se o acto do qual não se recorre dentro do prazo se sana, e qual é, nesse caso, o regime da sanação. Não dizem, também, se admitem ou não a nulidade e a inexistência dos actos e, em caso afirmativo, qual é o regime jurídico de uma e de outra. E este ponto é particularmente importante porque, segundo o regime comum da nulidade e da inexistência jurídica, os órgãos e agentes da União deverão conhecer *ex officio* de uma e de outra e recusar-se a aplicar um acto administrativo da União inquinado por essas formas de invalidade.

É verdade que o TJ não tem sido insensível à figura da inexistência jurídica no Direito da União. De facto, logo em 1957[14], quando ainda só existia a Comunidade Europeia do Carvão e do Aço, ele acolheu-a ao rejeitar um recurso de anulação por falta de objecto dado que, em seu entender, o acto recorrido era juridicamente inexistente. Mais tarde, em 1969[15], ele voltou a invocar a inexistência jurídica para fulminar com essa sanção uma decisão da Comissão, que, em seu entender, havia sido tomada no âmbito das atribuições dos Estados. Mais recentemente, em 1987[16], decidiu que um acto inexistente não produz qualquer efeito jurídico e que a sanção da inexistência deve ser reservada a actos "afectados de vícios particularmente graves e evidentes". Todavia, como se vê particularmente pelo último caso citado, o TJ não é claro na distinção entre a inexistência jurídica e a nulidade absoluta, embora mostre saber que elas são duas figuras distintas, nem se tem preocupado em definir com rigor o regime de uma e de outra no Direito da União. Como tal, e nos termos em que isso decorre quer do último caso acima citado, quer, mais recentemente, do caso *BASF*[17] (onde ele se recusou a aceitar a sanação de um acto por decurso do tempo depois de o ter julgado juridicamente

---

desenvolvimento, KADELBACH, *op.cit.*, pág. 467, apoiado na doutrina que cita na nota 844 e na jurisprudência indicada na nota 857, MARIO AIROLDI, *Lineamenti di diritto amministrativo comunitario*, Milão, 1990, pgs. 170 e segs., e TOMÁS DE LA QUADRA-SALCEDO, *Acto administrativo comunitario*, in Luciano Parejo Alfonso e outros (eds.), Manual de Derecho Administrativo Comunitario, Madrid, 2000, pgs. 193 e segs. (218 e segs.).

[14] Ac. 10-12-57, caso *Société des resines*, Procs. 1 e 14/57, Rec., pgs. 201 e segs.

[15] Ac. 10-12-69, *Comissão c. República francesa*, Procs. 6 e 11/69, Rec., pgs. 143 e segs.

[16] Ac. 26-2-87, Proc. 15/85, *Consorzio Cooperative d'Abruzzo*, Rec., pgs. 1.005 e segs.

[17] Ac. 15-6-94, Proc. C137/92, Rec., pgs. I2.555 e segs.

inexistente), ele reserva a sanção da inexistência para "hipóteses extremas", mas sem precisar quando é que estas se encontram verificadas[18].

Ora, tudo isto nos permite afirmar que em matéria de formas de invalidade dos actos administrativos comunitários (e também dos actos legislativos, porque, com base nas disposições conjugadas dos arts. 263.º, par. 1, e 264.º, par. 2, TFUE, temos de concluir que os Tratados também pensaram neles quando reflectiram sobre este assunto) o Direito Administrativo da União tem ainda um longo caminho a percorrer, sabendo-se de antemão que, mais uma vez, vai ter de ser a jurisprudência a ajudar a densificar a dogmática jurídica em torno dessa matéria.

Uma nota final para se sublinhar que não se coloca o problema de saber se qualquer órgão ou agente dos Estados membros (de qualquer dos seus Poderes) pode, em qualquer situação, conhecer, *ex officio* ou não, da invalidade, mesmo na formas da nulidade ou da inexistência jurídica, de actos, administrativos ou outros, provindos da União. De facto, os Estados membros, no actual sistema de repartição de atribuições entre eles e a União, não têm competência, em caso algum, para emitir um juízo acerca da validade, seja a que pretexto for, de um acto jurídico da União. Nessa matéria, o mais que os Tratados permitem é que os tribunais nacionais suscitem perante o Tribunal de Justiça uma questão prejudicial de validade do respectivo acto comunitário, com as alterações trazidas à letra do Tratado designadamente pelo Acórdão *Foto-Frost*[19]. O acto administrativo comunitário, enquanto não for anulado ou revogado por quem tem competência para o fazer (e só a têm órgãos da União), goza da presunção de validade[20-21]. Esta presunção obriga tanto os órgãos da União como os Estados membros e, por outro lado, contagia-se às medidas nacionais de execução do acto comunitário em questão[22].

---

[18] No mesmo sentido, MARIO CHITI, *Diritto amministrativo europeo*, Milão, 1999, pg. 347, e TOMÁS DE LA QUADRA, *op.cit.*, pgs. 220-221.

[19] Ver o nosso *Direito da União Europeia*, cit., pgs. 466 e segs. e 470 e segs.

[20] Cedo reconheceu-o o TJ, no referido Ac. de 10-12-57, e repetiu-o depois no Ac., também já cit., de 26-2-87.

[21] Assim, KADELBACH, *op.cit.*, págs. 466 e segs.

[22] Sobre a problemática, colocada em termos gerais, da invocabilidade *ex officio* do Direito da União pelos tribunais nacionais, v., por último, R. LAUWAARS, *The Application of Community Law by National Courts* ex officio, Fordham International Law Journal, 2008, pgs. 1.161 e segs.

A relevância para o contencioso administrativo nacional do acto administrativo ... 1037

5. Relevância do acto administrativo comunitário para o contencioso administrativo nacional

O que nos propomos estudar agora é em que medida, sob que condições, e com que efeitos, pode um acto administrativo comunitário ser invocado perante os tribunais administrativos nacionais. Sublinhamos que vamos colocar o problema apenas quanto ao acto administrativo comunitário e não em relação a outras fontes do Direito da União.

a) Uma decisão dirigida a pessoas da ordem interna de um Estado (e não ao próprio Estado), assim como acontece, por exemplo, com um regulamento de execução que vise produzir efeitos num caso individual e concreto na ordem interna de um qualquer Estado, goza de aplicabilidade directa na ordem interna. Por isso, o tribunal nacional (tal como a Administração Pública nacional) tem de o aplicar nos termos da teoria do primado nos moldes em que esta se encontra consagrada pela jurisprudência do TJ[23].

b) Uma decisão dirigida a um Estado, para produzir efeitos na sua ordem interna, tem de ser vertida para o Direito interno nos mesmos termos em que isso acontece com a transposição da directiva[24]. Enquanto isso não acontecer goza de efeito directo e, nesses termos, pode ser invocada por qualquer interessado perante um tribunal nacional nos mesmos termos que a directiva[25].

c) Qualquer acto administrativo comunitário constitui um elemento de referência para a interpretação das normas ou dos actos nacionais que lhe dêem execução. Ou seja, segundo o método da interpretação conforme do Direito estadual com o Direito da União, o tribunal nacional é obrigado a dar aos actos de interpretação e aplicação de um acto administrativo comunitário uma interpretação (e, portanto, também uma aplicação) em conformidade com o acto administrativo comunitário em causa. Tem de se aplicar ao acto administrativo comunitário a mesma doutrina defendida

---

[23] Sobre o primado do Direito da União sobre o Direito estadual, inclusive com as especificidades que ele suscita quanto ao Direito Português, v. o nosso *Direito da União Europeia*, cit., pgs. 396 e segs. e 410 e segs.

[24] Para essa transposição são exigíveis os mesmos requisitos da transposição das directivas – v. a nossa ob.cit. na nota anterior, pgs. 521-522.

[25] Sobre o efeito directo da directiva v. a nossa ob.cit. na penúltima nota, pgs. 430 e segs.

1038 *Em Homenagem ao Professor Doutor Diogo Freitas do Amaral*

pelo TJ para a directiva, no caso *Colson*[26]. Nesses termos, deve-se entender que, quando aplica o Direito nacional e, especialmente, o Direito nacional que desenvolve ou executa um acto administrativo comunitário, o tribunal nacional está obrigado a interpretar e aplicar o Direito nacional em função da letra e do espírito do acto administrativo comunitário. Isto quer dizer que o tribunal nacional tem o dever de *ex officio* interpretar e aplicar as normas nacionais de execução do acto comunitário em conformidade com a interpretação que decorre deste último[27].

d) O acto administrativo comunitário pode ser objecto de uma questão prejudicial de interpretação a suscitar pelo juiz nacional perante os Tribunais da União, por força do art. 267.º, par. 1, al. *b*, TFUE (ex-art. 234.º CE, sendo de sublinhar que o TFUE inclui a importante inovação do par. 4). Nesse caso, o juiz administrativo nacional deverá respeitar todo o regime jurídico das questões prejudiciais de interpretação, que decorre do denso tratamento jurídico que lhes foi dado ao longo de décadas pela jurisprudência do TJ. Especial atenção deverá o juiz nacional dedicar à circunstância de saber quando é que ele *deve* ou, não devendo, *pode* suscitar essas questões prejudiciais, e quais são os efeitos que para si advêm do acórdão prejudicial que, em consequência, ele venha a receber dos Tribunais da União. E, nessa matéria, como já demonstrámos em ocasião anterior, o juiz português terá de corrigir os erros em que, não raro, tem incorrido, com violação do Direito da União[28].

e) O acto administrativo comunitário pode também ser objecto de uma questão prejudicial de apreciação da sua validade, nos termos do mesmo preceito do TFUE. Aqui, o tratamento jurídico que o TJ deu a essas questões prejudiciais, e que o juiz nacional deverá respeitar, é ainda mais complexo. Designadamente, o juiz administrativo nacional terá que atender à doutrina firmada pelo TJ no caso *Foto-Frost*[29] e que depois o TJ repetiu e apurou em casos posteriores[30]. Sendo assim, e fugindo à regra geral definida nos pars. 2 e 3 do actual art. 267.º TFUE, o tribunal administrativo nacional, mesmo que não julgue um litígio em última

---

[26] Ac. 10-4-84, Proc. 14/83, Rec., pgs. 1.891 e segs.

[27] Sobre o que se diz no texto acerca da interpretação conforme veja-se o nosso *Direito da União Europeia*, cit., pgs. 488 e segs., bem como demais bibliografia aí citada.

[28] Sobre o recurso do juiz português às questões prejudiciais previstas nos Tratados Comunitários veja-se o nosso *Direito da União Europeia*, cit., pgs. 484 e segs.

[29] Ac. 22-10-87, Proc. 314/85, Col., pgs. 4.199 e segs.

[30] V. sobretudo o Ac. 17-7-97, *Krüger*, Proc. C-334/95, Col., pgs. I-4.517 e segs.

instância, *é obrigado* a suscitar a questão prejudicial da apreciação da validade de um acto administrativo comunitário quando estiver convencido da sua invalidade. Isto é assim porque, no entendimento do TJ, só ele, e nunca um tribunal nacional, pode concluir, mesmo a título prejudicial, pela invalidade de um acto de Direito Comunitário, dado que, de harmonia com a separação entre as Ordens Jurídicas da União e dos Estados pela qual se regem as relações entre aquela e estes, o tribunal nacional nunca é juiz da validade de um acto de Direito Comunitário. Já nos referimos a isso atrás, neste estudo. Ao que então ficou dito acrescentaremos agora que, se o juiz nacional não pode conhecer da validade ou da existência jurídica de um acto comunitário (portanto, concretamente, não pode anulá-lo, declará-lo nulo, ou declará-lo inexistente), por maioria de razão não pode suspender a sua eficácia. Está, pois, excluída a possibilidade de um tribunal administrativo nacional suspender, mesmo a título cautelar, a aplicação e a execução de um acto comunitário.

Pelas mesmas razões um tribunal nacional não pode julgar da validade, da existência jurídica ou da eficácia (não podendo, nesta sede, suspender a eficácia mesmo a título cautelar) de qualquer medida nacional de aplicação ou execução de um acto da União, administrativo ou não. Se o fizer estará, de forma indirecta, a julgar da validade, da existência jurídica ou da eficácia *do próprio acto da União* em que o acto nacional se funda, o que, repetimos, não tem competência para fazer. Já escrevemos atrás que a presunção da validade (ou, se se preferir, da legalidade) de que goza o acto administrativo comunitário transmite-se às medidas nacionais de execução desse acto. Se as autoridades nacionais decidissem da invalidade destas com fundamento na alegada ilegalidade do acto comunitário estariam a fiscalizar a legalidade deste último, o que, insiste-se, lhes é vedado fazer, sob pena de o acto nacional que assim proceder ser juridicamente inexistente por estar ferido de usurpação de poder[31]. O tribunal nacional só pode, portanto, fiscalizar da validade, da existência jurídica ou da eficácia da medida nacional de execução de um acto da União desde que não tome para esse efeito como fundamento o acto de Direito da União que esse acto nacional executa e, portanto, desde que circunscreva o seu controlo apenas à conformidade dessa medida *com o respectivo Direito nacional*, respeitando, dessa forma, os

---

[31] No mesmo sentido, KADELBACH, *op.cit.*, pgs. 466 e segs.

1040   *Em Homenagem ao Professor Doutor Diogo Freitas do Amaral*

limites permitidos para o efeito pelo princípio da autonomia dos Estados na aplicação do Direito da União Europeia[32]. Por exemplo, o tribunal nacional pode decidir se o acto nacional proveio ou não do órgão que, pelo Direito nacional, era competente para o efeito[33]. Trata-se de matéria de puro Direito interno, não se trata de matéria de Direito da União. De qualquer modo, o Estado em causa encontra-se constituído, por força do Direito da União, na obrigação de adaptar o princípio da autonomia ao seu dever de dar eficácia à Ordem Jurídica da União no respectivo Direito interno em conformidade com os requisitos definidos por aquela, inclusive, os princípios da subsidiariedade, do primado, da aplicabilidade directa e do efeito directo[34].

Além disso, nesta matéria o tribunal administrativo nacional deverá atender também ao entendimento do TJ segundo o qual o juiz nacional, através das questões prejudiciais, pode não questionar a validade de uma decisão da qual não foi interposto, em prazo devido, podendo tê-lo sido, o recurso de anulação previsto no art. 263.º TFUE. Com isso o TJ pretende que o meio das questões prejudiciais não seja utilizado para se discutir a validade de uma decisão que não foi posta em causa, na altura oportuna, em sede de recurso de anulação. Foi o que aquele Tribunal deixou claro nos casos *Textilwerke Deggendorf*[35] e *Wiljo*[36] [37].

f) Caso o juiz administrativo nacional não respeite qualquer das regras pelas quais ele deve conceder relevância ao acto administrativo comunitário, e que ficaram acima enunciadas, ele constitui o respectivo Estado em situação de incumprimento, ou violação, do Direito da União. Enquanto mera situação de incumprimento, ela pode gerar um processo de incumprimento a instaurar contra o Estado, nos termos dos arts. 258.º a 260.º TFUE (ex-arts. 226.º-228.º CE). Mas, enquanto situação de responsabilidade civil extracontratual do Estado, ela pode fundamentar uma acção de responsabilidade moldada pela doutrina *Francovich*, enriquecida pelos complementos trazidos, de modo específico para a responsa-

---

[32] Veja-se o nosso *Direito da União Europeia*, cit., pgs. 513 e segs.

[33] Veja-se o que, perante uma situação análoga, dissemos na obra citada na nota anterior, pgs. 415-416 e 516, acerca do Ac. do Tribunal Constitucional n.º 184/89.

[34] Veja-se a mesma obra, pgs. 515-517.

[35] Ac. 9-3-94, Proc. C-188/92, Col., pgs. I-833 e segs.

[36] Ac. 30-1-97, Proc. C-178/95, Col., pgs. I-585 e segs.

[37] Veja-se o nosso *Direito da União Europeia*, cit., pgs. 471-473, com as reservas que aí colocámos a esta posição.

A relevância para o contencioso administrativo nacional do acto administrativo ...   1041

bilidade emergente de actos jurisdicionais, pelos Acórdãos proferidos pelo TJ nos casos *Köbler* e *Traghetti del Mediterraneo*[38]. É certo que a doutrina resultante destes Acórdãos encontra-se em divergência com o regime da responsabilidade civil extracontratual do Estado Português por actos jurisdicionais tal como ela se encontra regulada na Lei n.º 67/2007, de 31 de Dezembro, sobre Responsabilidade civil extracontratual do Estado e das demais entidades públicas. Mas, no que toca estritamente à responsabilidade do Estado, incluindo à do Estado-Juiz, pela violação do Direito da União (o que abrange, portanto, a execução e a aplicação do Direito da União na ordem interna, nos termos do regime jurídico geral das relações entre o Direito da União e o Direito Português), o regime definido na citada jurisprudência comunitária prevalece sobre o regime resultante daquela Lei e, mais do que isso, este último tem de ser adaptado ao regime definido na jurisprudência dos Tribunais da União. Estaremos perante uma situação de desrespeito ou incumprimento do Direito da União Europeia pelo Estado Português se os tribunais nacionais aplicarem a Lei n.º 67/2007 contra o que resulta da jurisprudência comunitária em matéria de responsabilidade civil extracontratual do Estado, assim como vivemos numa situação de incumprimento do mesmo Direito pelo Estado Português (agora, do Estado-Legislador) enquanto aquela Lei conflituar com o Direito da União e não for revista para se adaptar a este último[39].

Note-se, todavia, que a situação de incumprimento, e a consequente responsabilidade, em que incorreria o juiz administrativo em caso de se recusar a dar relevância na ordem interna ao acto administrativo comunitário, seria, em Portugal, ainda mais grave. De facto, para além de uma situação de incumprimento do Direito da União, e da consequente responsabilidade a ser aferida em face do Direito da União, teríamos, aqui, uma violação também da nossa Constituição.

Com efeito, a garantia judicial efectiva, ou, se se preferir, o direito à tutela judicial, ou jurisdicional, efectiva, assegurada no art. 20.º, n.º 1, da

---

[38] Veja-se esta matéria desenvolvida no nosso *Droit de l'Union Européenne*, Bruxelas, 2008, pgs. 507-508.

[39] Sobre este ponto, v., no quadro da preparação da Lei n.º 67/2007, a nossa comunicação *A responsabilidade civil extracontratual do Estado – problemas gerais*, in Ministério da Justiça (ed.), *Responsabilidade civil extracontratual do Estado – Trabalhos preparatórios da reforma*, Coimbra, 2002, pgs. 53 e segs., e, mais tarde, o nosso *Droit de l'Union Européenne*, cit., pgs. 507-508.

1042 Em Homenagem ao Professor Doutor Diogo Freitas do Amaral

Constituição, engloba a aplicação efectiva na ordem interna portuguesa, pelos respectivos tribunais, de *todas* as fontes do Direito português. Portanto, a aplicação efectiva também do Direito da União. Isto quer dizer que se o juiz português se recusar a dar relevância na ordem interna ao acto administrativo comunitário, *com respeito pelo regime próprio que a este é concedido pelo Direito da União*, ele estará a violar aquela garantia reconhecida pela Constituição. É nestes casos que se sente a falta, no nosso Direito Constitucional, da queixa constitucional para a salvaguarda de direitos fundamentais, que ficou consagrada, com evidentes vantagens, na Lei Fundamental de Bona, e que, por influência desta, foi acolhida também por outras Constituições, incluindo a da vizinha Espanha ("*recurso de amparo*"). Não havendo em Portugal este rápido e simples meio contencioso para a salvaguarda também do direito à tutela judicial efectiva, no caso em apreço a inconstitucionalidade só poderá ser suscitada pelos lentos meios jurisdicionais que o nosso Direito prevê.

6. Relevância para o contencioso administrativo nacional do acto administrativo nacional que contrarie o Direito da União Europeia

Vamos agora estudar uma situação diferente da do número anterior. Vamos ver de que forma e com que efeitos pode ser atendido pelo tribunal administrativo nacional um acto administrativo praticado por autoridades administrativas nacionais mas em violação do Direito da União.

Começamos por deixar claro que esse acto não poderá ser objecto do recurso de anulação a interpor para os Tribunais da União à luz do art. 263.º do TFUE. De facto, dizemo-lo mais uma vez, a relação entre o sistema jurídico estadual e o da União Europeia está organizado segundo um critério não federal, ou seja, entre outras consequências, os Tribunais da União não são juízes, em sede de contencioso de legalidade, da validade de normas ou actos nacionais. Só existe *uma única excepção* a essa regra: a do art. 14.º, n.º 2, par. 2, do Protocolo relativo aos Estatutos do Sistema Europeu de Bancos Centrais (SEBC) e do Banco Central Europeu, incorporado pelo Tratado de Maastricht como anexo ao Tratado CE e que continua em vigor, agora como anexo ao TUE e ao TFUE. Esse preceito admite recurso directo de anulação para o TJ do acto nacional de destituição do governador do banco central nacional[40].

---

[40] V. o nosso *Direito da União Europeia*, cit., pgs. 336-337.

A *relevância para o contencioso administrativo nacional do acto administrativo* ...   1043

Mas, se não está sujeito ao contencioso de legalidade da União Europeia, o acto administrativo nacional encontra-se sujeito ao contencioso de plena jurisdição da União por via do já referido processo por incumprimento, regulado nos arts. 263.º a 265.º TFUE. De facto, o acto administrativo nacional que infringe o Direito da União Europeia configura uma situação de incumprimento deste Direito. Nessa medida, pode servir de fundamento para ser desencadeado contra o respectivo Estado um processo por incumprimento[41] e, se for o caso, para ser instaurado um processo de responsabilização do Estado por prejuízos causados, nos termos da jurisprudência *Francovich*.

Mas se só está sujeito, a título excepcional, ao contencioso dos Tribunais da União, o acto administrativo nacional que contrarie o Direito da União Europeia encontra-se submetido, como regra, ao contencioso administrativo nacional. Isso decorre simplesmente do facto de o bloco de legalidade que vincula os tribunais nacionais, inclusive os tribunais administrativos, englobar também o Direito da União Europeia como fonte do Direito interno, no nosso caso, do Direito Português, e com o grau hierárquico que ele ocupa dentro das fontes do Direito português, isto é, com primado sobre o Direito português. Dito de outra forma, também o Direito da União Europeia constitui padrão de validade dos actos administrativos nacionais e com respeito pela teoria do primado. Isto quer dizer que o princípio da legalidade impõe o respeito pelo Direito da União Europeia, com as características próprias deste, por todos os Poderes do Estado e, concretamente, pela Administração Pública e pelos tribunais administrativos. É nessa medida que se diz que os Estados são a "Administração indirecta" da União e, concretamente quanto aos tribunais estaduais, se afirma que eles são tribunais comuns do contencioso comunitário[42]. Isto, e com esse fundamento, não pode continuar a ser posto em dúvida em Portugal e, ainda por cima, decorridos que já estão quase vinte e cinco anos sobre a adesão de Portugal às Comunidades Europeias e, portanto, sobre a vinculação do Estado Português ao Direito da União Europeia.

---

[41] Sobre o regime processual do processo por incumprimento, v. GRABITZ e HILF, *op.cit.*, e C. CALLIES e M. RUFFERT, *Kommentar zu EU-Vertrag und EG-Vertrag*, 2ª ed., Neuwied, 2002, em ambos os Comentários as anotações aos respectivos artigos do antigo Tratado CE, e FAUSTO DE QUADROS e ANA MARTINS, *op.cit.*, pgs. 225 e segs.. V. também o nosso *Direito da União Europeia*, cit., pg. 552.

[42] V. o nosso *Direito da União Europeia*, cit., pgs. 506 e segs., e FAUSTO DE QUADROS e ANA MARTINS, *op.cit.*, pgs. 22-23 e segs.

7. *Idem*: vícios e sanções

Do que ficou dito no número anterior resulta que os vícios que inquinam um acto administrativo nacional que contrarie o Direito da União encontram-se definidos pelo Direito nacional, no nosso caso, pelo Direito Português. Do mesmo modo, os termos em que eles podem ser conhecidos, inclusivamente, o seu conhecimento oficioso, são os regulados pelo Direito nacional.

O mesmo vale para as sanções para a ilegalidade do acto. O acto administrativo nacional que viola o Direito da União será inexistente, nulo ou anulável segundo as regras do Direito nacional sobre a inexistência ou a invalidade dos actos administrativos. A autonomia dos Estados para definirem essas matérias encontra-se, porém, subordinada ao respeito que eles devem às características próprias do Direito da União, incluindo o princípio da repartição de atribuições e o primado sobre o Direito nacional. Um exemplo: um acto nacional praticado em matéria que já não caiba nas atribuições do Estado mas, sim, nas da União, pelo funcionamento das regras sobre repartição de atribuições contidas nos arts. 2.º a 4.º TFUE, encontra-se inquinado pelo vício de incompetência absoluta, se não de usurpação de poder, e, portanto, está ferido de nulidade, se não de inexistência jurídica. Isso mostra-nos até que ponto é que o Direito positivo, a Administração Pública e os tribunais nacionais têm de conhecer o Direito da União quando se pronunciarem sobre a validade de um acto nacional que aplique ou execute o Direito da União.

A jurisprudência da União ajuda-nos aqui muito pouco. O TJ fala em actos nacionais "inválidos" por ofenderem o Direito da União, mas não concretiza qual é a forma da invalidade. Parece que quer deixar isso ao Direito nacional[43].

Do facto de as sanções para a ilegalidade do acto administrativo serem definidas pelo respectivo Direito nacional ao abrigo da autonomia dos Estados pode resultar que actos nacionais idênticos, isto é, com os mesmos vícios, tenham um regime diferente, de Estado para Estado, de sanções para a sua desconformidade com o Direito da União. Daí poderá decorrer uma diferente aplicação do Direito da União pelos diversos Estados e, por aí, um desvio à regra da aplicação uniforme do Direito da

---

[43] Assim, KADELBACH, *op.cit.*, pgs. 466 e segs.

A relevância para o contencioso administrativo nacional do acto administrativo ... 1045

União[44]. Não há nada a fazer: é o preço que o sistema jurídico da União tem de pagar pelo facto de a sua uniformidade ter de se compatibilizar com os princípios da subsidiariedade e da autonomia dos Estados.

8. A revogação dos actos administrativos nacionais contrários ao Direito Comunitário

Dentro do problema da relevância para o contencioso administrativo nacional dos actos administrativos nacionais que infrinjam o Direito Comunitário ganhou especial importância na doutrina e na jurisprudência tanto de Estados membros como do Direito da União Europeia a questão do regime jurídico a que deve obedecer a revogação de actos nacionais e, ainda mais especificamente, de actos nacionais que sejam constitutivos de direitos. Do ponto de vista do Direito Administrativo a questão é fascinante e ela mostra bem como é que, por vezes, construções clássicas dos Direitos Administrativos nacionais, que pareciam consolidadas e estabilizadas, são postas em causa, para serem repensadas e aperfeiçoadas, por força do Direito da União Europeia.

Por duas vezes, em 2004[45] e em 2008[46], já expusemos de modo desenvolvido o nosso pensamento sobre o assunto, levando em conta o estado da doutrina e da jurisprudência dos Estados membros da União, inclusive de Portugal, e da doutrina e da jurisprudência do Direito da União. Não vamos repetir o que então dissemos, até por falta de espaço neste local. Remetemos para aí o leitor. Aqui e agora vamos apenas recapitular a problemática jurídica que está subjacente à questão, levando em conta os novos contributos que entretanto lhe têm sido trazidos pela doutrina e pela jurisprudência. Quanto à doutrina, tanto de Direito Administrativo como de Direito da União, ela tem vindo a ocupar-se, de modo progressivamente intenso, desta matéria a propósito das "ajudas do Estado" (ou seja, dos subsídios, auxílios e subvenções, positivos ou negativos, concedidos pelos Estados membros da União) que violam o Direito da Concorrência da União Europeia, a que os Estados devem obediência[47].

---

[44] Sobre a uniformidade como princípio constitucional do Direito da União, v. o nosso *Direito da União Europeia*, cit., pg. 84.

[45] *Direito da União Europeia*, cit., pgs. 531 e segs.

[46] *Droit de l'Union Européenne*, cit., pgs. 482 e segs.

[47] Sobretudo a doutrina de Direito Administrativo da União Europeia: veja-se, de modo especial, e dentro das obras mais recentes, *Vade-mecum des aides d'État*,

Ela tem sido espicaçada pelo carácter cada vez mais ambicioso da jurisprudência comunitária neste domínio, como se pode ver pelo mais recente Acórdão, o proferido pelo TJ no caso *Lucchini, SpA*[48].

Em matéria de regime dos actos administrativos constitutivos de direitos há que dizer, logo para começar, que, como é sabido, encontramos nela uma tensão entre vários princípios, à partida opostos, todos eles igualmente caros ao Direito: por um lado, os princípios da legalidade e da prossecução do interesse público, e, por outro, os princípios da certeza e da segurança jurídicas, da protecção da confiança e do respeito pelos direitos e pelas legítimas expectativas criadas.

Os princípios da legalidade e da prossecução do interesse público impõem que o acto constitutivo de direitos, quando é ilegal, seja revogado. Por seu lado, os princípios da certeza e da segurança jurídicas, da protecção da confiança e do respeito pelos direitos e pelas legítimas expectativas criadas exigem que, nessa revogação, se conceda a devida ponderação aos direitos constituídos e às legítimas expectativas criadas, e que, por isso, a revogação ocorra dentro de um certo prazo. Tradicionalmente, nesta ponderação, os Direitos Administrativos nacionais concedem peso muito forte aos princípios da certeza jurídica e da protecção da confiança, ao estabelecerem um prazo curto para a revogação – de um ano, no sistema jurídico modelar em matéria de procedimento administrativo, o Direito alemão, que nesta matéria foi seguido pelo Direito português[49]. Diferentemente, a jurisprudência comunitária, ao debruçar-se sobre a matéria a propósito dos actos nacionais que violam o Direito Comunitário da Concorrência, e na ausência de preceitos expressos do Direito da União sobre esta questão, tem defendido, com muita firmeza, a necessidade de os Estados revogarem esses actos, mostrando pouca contemplação perante actos ilegais dos Estados que concedam ajudas a

---

Documentation française, Paris, 2009, M. Dony, *Controle des aides d'État*, 3ª ed., Bruxelas, 2007, Wolfgang Mederer, Nicola Pesaresi e Marc van Hoof, *European Union Competition Law*, vol. IV, Book 1, Londres, 2008, pgs. 647 e segs., e André Decocq e Georges Decocq, *Droit de la concurrence*, 3ª ed., Paris, 2008, pgs. 493 e segs.

[48] Ac. TJ 18-7-2007, Proc. C-119/05, questão prejudicial suscitada pelo Conselho de Estado de Itália, Col., pgs. I-6.199 e segs.

[49] Cfr. o art. 48.º, n.ºs 1 e 4, da Verwaltungsverfahrensgesetz (VwVfGe), a Lei alemã do Procedimento Administrativo, e o art. 141.º, n.º 1, do Código português do Procedimento Administrativo (CPA), completado pelo art. 58.º, n.º 2, al. *a*, do Código de Processo nos Tribunais Administrativos (CPTA).

A relevância para o contencioso administrativo nacional do acto administrativo ...   1047

particulares, especialmente quando os beneficiários desses actos estejam de má fé. Os Acórdãos básicos que consagraram essa doutrina foram os proferidos nos casos *Deutsche Milchkontor*[50], *Deufil*[51] e *Alcan*[52], por ordem cronológica. Esses Acórdãos coincidem no essencial, embora o mais expressivo deles seja o último, o proferido no caso *Alcan*. Todavia, numa questão prejudicial suscitada poucos anos depois por um tribunal português, o TJ iria mais longe, ou, pelo menos, seria mais explícito em afirmar que, "se, na ausência de disposições comunitárias sobre o processo de recuperação de auxílios ilegalmente concedidos, essa recuperação deve ter lugar, em princípio, de harmonia com as disposições aplicáveis do Direito nacional, estas disposições, todavia, devem ser aplicadas por forma *a não tornarem impossível, na prática, a recuperação exigida pelo Direito Comunitário* (...)[53]. Ou seja, deste Acórdão parecia resultar a obrigação para o Estado de, *sem limitação por qualquer prazo*, revogar a ajuda ilegal. E a dúvida ficou desfeita mais tarde, no caso *Lucchini*, já referido atrás. Neste Acórdão, aquele Tribunal adoptou uma posição muito audaz, ao dirigir uma injunção às autoridades nacionais para ordenarem a restituição da ajuda concedida e, portanto, para revogarem a ajuda ilegal. O Tribunal foi do entendimento de que essa obrigação do Estado prevalecia mesmo sobre a autoridade do caso julgado no Estado respectivo. Sem o dizer de modo expresso, este Acórdão consignou uma obrigação absoluta (portanto, sem prazo) de o Estado recuperar a ajuda concedida, isto é, de revogar o acto de concessão da ajuda ilegal. Voltaremos a este Acórdão mais adiante. Entretanto, retomemos o nosso raciocínio.

Na ponderação dos princípios acima referidos e que há que atender na revogação dos actos ilegais constitutivos de direitos terá de ser encontrada uma plataforma alargada de compromisso. De facto, e como atrás dissemos, o primado da lei e a prossecução do interesse público (neste caso, envolvendo a defesa de uma sã e leal concorrência entre as empresas bem como a transparência no uso de dinheiros públicos) impõem que esses actos sejam revogáveis, sobretudo se os beneficiários desses actos estiverem de má fé. Contudo, a certeza jurídica e a protecção da con-

---

[50] Ac. 21-9-83, Procs. 205/82 a 215/82, Rec., pgs. 2.633 e segs.
[51] Ac. 24-2-87, Proc. 310/85, Col., pgs. 901 e segs.
[52] Ac. 20-3-97, Proc. C-24/95, Col., pgs. I-1.591 e segs.
[53] Ac. 27-6-2000, *Comissão c. Portugal*, Proc. C-404/97, Rec., pgs. I4.897 e segs., ponto 55 (itálico nosso).

1048 Em Homenagem ao Professor Doutor Diogo Freitas do Amaral

fiança exigem que haja um prazo para essa revogação[54]. E aqui é que reside o possível e necessário ponto de encontro entre os dois caminhos: a existência de um prazo e a dimensão desse prazo. Não pode deixar de haver um prazo para a revogação. Como dissemos anteriormente[55], se no Direito português existe um prazo para a usucapião de bens imóveis mesmo com posse de má fé, não pode deixar de haver também um prazo máximo para a revogação de actos constitutivos de direitos mesmo se ilegais e mesmo quando o beneficiário do acto esteja de má fé. De contrário, lançar-se-ia uma incerteza perpétua sobre os direitos constituídos. Por outro lado, o prazo tem de ter uma dimensão. E essa dimensão não pode ser tão longa que faça mergulhar os direitos constituídos numa situação de incerteza que perdure no tempo, mas também não pode ser tão curta que, razoavelmente, dificulte, se não inviabilize, a revogação, sobretudo nos casos em que o beneficiário do direito se encontrar de má fé. Um prazo de tão curta duração, como é o caso do prazo de revogação de um ano, adoptado pelos Direitos alemão e português, foi pensado manifestamente para situações de boa fé e no pressuposto de que o procedimento administrativo de revogação seria de curta duração no tempo. Mas temos que pensar também, e antes de mais, na hipótese em que o beneficiário do acto constitutivo de direitos se encontra de má fé, isto é, ele, por dolo ou por negligência, tinha conhecimento, ou, segundo o critério do homem prudente, podia ter tido conhecimento, da ilegalidade do acto. E o nosso conhecimento da vida mostra-nos que na generalidade dos actos constitutivos de direitos muito dificilmente o beneficiário do acto não conhecia, ou não podia conhecer, a ilegalidade do acto.

E pensemos também, como dissemos, nos Estados em que o procedimento administrativo dura muito tempo. Nos Estados em que o prazo de revogação dos actos constitutivos de direitos é de um ano é preciso notar que esse é o prazo máximo. O que significa que ele, de facto, é de duração mais curta se, como é provável, a ilegalidade não for conhecida

---

[54] Esta é também a opinião expressa num dos mais recentes estudos sobre a matéria: D. RIETLENG, *La retrait des actes administratifs contraires au droit communautaire*, in J. SCHWARZE (ed.), Bestand und Perspektiven des europäischen Verwaltungsrechts, Baden--Baden, 2008, pgs. 237 e segs. Sobre o modo como a jurisprudência administrativa francesa encara esta questão veja-se MATHIEU DISANT, *Le juge administratif et l'obligation communautaire de récuperation d'une aide incompatible*, Revue française de droit administratif, 2007, pgs. 547 e segs.

[55] *Direito da União Europeia*, cit., pgs. 539-540.

das autoridades administrativas logo a seguir à prática do acto. Ora, um procedimento de revogação em matérias onde mais vulgarmente podem vir a ser praticados actos constitutivos de direitos facilmente pode vir a ganhar complexidade e dificuldade, sobretudo em matéria probatória, que impeçam o fim do procedimento em poucos meses, ou seja, dentro de um ano a contar da data da prática do acto. Em Portugal, devemos confessar que não conhecemos nenhum procedimento administrativo de revogação, de complexidade e dificuldade médias, que tenha sido decidido dentro de um ano, e conhecemos, ao contrário, muitos que foram decididos em três, cinco, ou mais anos.

Por tudo isso, a ter de ser de mais de um ano, como nos parece, o prazo para a revogação dos actos constitutivos de direitos, para englobar as ajudas do Estado, chegamos à conclusão de que, ou se cria um prazo novo para o efeito, ou se utiliza, por analogia, um prazo já existente. Quanto a um prazo novo, entendemos que ele deve ser pensado no quadro da necessária reformulação do art. 141.º, n.º 1, do CPA, que, tanto quanto se sabe, está em consideração na revisão, que já tarda muito, desse Código. Em nosso entender, o CPA deve distinguir consoante o beneficiário do direito criado pelo acto ilegal em causa estiver ou não de boa fé quanto à ilegalidade. Se estiver, o prazo da revogação deve ser curto mas, em qualquer caso, superior a um ano. Pelas razões atrás expostas, o prazo de um ano parece-nos ser demasiado curto para a defesa da legalidade e a protecção do interesse público. Se o beneficiário tiver agido ou estado de má fé quanto à ilegalidade do acto (por exemplo, fazendo as autoridades incorrer em erro ou deixando estas incorrer e permanecer em erro), nesse caso o prazo deverá ser mais longo. Enquanto não se decidir pela criação de um prazo novo especificamente para esse fim, poderá o Legislador tomar como ponto de referência o prazo de vinte anos, que no Direito português é, simultaneamente, o prazo para a aquisição de imóveis por usucapião mesmo em caso de posse de má fé e o prazo geral de prescrição[56].

Esta problemática, assim enunciada, estava subjacente às dúvidas que os Acórdãos *Deutsche Milchkontor*, *Deufil* e *Alcan* permitiam ali-

---

[56] Na recente 10ª edição da sua *Introdução ao Direito Administrativo* (Lisboa, 2009, pgs. 271-273), JOÃO CAUPERS discorda desta nossa posição quanto ao prazo máximo. A índole deste trabalho não nos permite dar aqui a importância devida à nossa divergência sobre esta questão. Fá-lo-emos quando retomarmos essa matéria numa obra de carácter geral.

Em Homenagem ao Professor Doutor Diogo Freitas do Amaral

mentar quanto ao prazo de que as autoridades estaduais dispunham para revogar e recuperar as ajudas ilegais. Mas, como já demos a entender, o panorama mudou com o caso *Lucchini* e, com ele, a discussão do prazo perdeu sentido. Segundo ele, o Estado tem o dever de recuperar a ajuda ilegal mesmo se já se tiver formado sentença nacional em contrário e essa sentença já tiver transitado em julgado.

9. O contributo dos Acórdãos *Kühne*, *Kapferer* e *Lucchini* para a elaboração do Direito Administrativo nacional

Estamos a assistir a uma harmonização, que já vai longe, dos Direitos Administrativos nacionais em matéria de revogação dos actos administrativos constitutivos de direitos e ilegais. Mas, para a percebermos bem, temos que compreender a relação especial que se estabelece entre os casos *Kühne* e *Kapferer*, por um lado, e o caso *Lucchini*, por outro.

No caso *Kühne*[57], que já analisámos antes com detença[58], e onde o TJ desenvolveu a tese que deixara, ainda timidamente, defendida no caso *Ciola*[59], ele decidiu que um órgão administrativo nacional está obrigado a reapreciar uma sua decisão administrativa definitiva anterior a fim de levar em conta a interpretação que entretanto o TJ tiver dado à disposição do Direito da União que estiver em causa, desde que estejam reunidas as condições indicadas no Acórdão, uma das quais era a de, de harmonia com o Direito nacional em questão, o acto ainda poder ser revogado. Ou seja, o TJ entendeu que a reapreciação, com a eventual revogação, de um acto administrativo anterior só é possível se o Direito Administrativo nacional o permitir. Ou, dito doutra forma, é o Direito Administrativo nacional, e não o Direito da União, que vai determinar as condições da revogação de um acto administrativo anterior.

Foi em coerência com essa posição que, no caso *Kapferer*, decidido mais tarde[60], o TJ entendeu que uma sentença nacional transitada em julgado não podia ser modificada ou revogada. Ele fundamentou a sua decisão, entre outras razões, no facto de o Direito nacional em causa

---

[57] Ac. 13-1-2004, Proc. C-453/00, Col., pgs. I-858 e segs.
[58] V. o nosso *Droit*, cit., pgs. 498 e segs.
[59] Ac. 29-4-1999, Proc. C-224/07, Col., pgs. I-2.517 e segs.
[60] Ac. 16-3-2006, Proc. C-234/04, Col., pgs. I-2.585 e segs.

A relevância para o contencioso administrativo nacional do acto administrativo ... 1051

prescrever a imutabilidade das sentenças judiciais, mesmo sabendo que dessa forma se estava a pôr em causa a efectividade do Direito da União no caso concreto[61]. Ou seja, assim como no caso *Kühne* o TJ entendera que era o Direito nacional que definia o regime de revogação dos actos administrativos nacionais, no caso *Kapferer* ele decidiu que era o Direito nacional que fixava o regime de revogação das sentenças judiciais[62].

Mas não foi essa a orientação adoptada pelo TJ no caso *Lucchini*. Ali, como se viu, o TJ dirigiu uma *injunção* (portanto, um acto impositivo) ao Estado em causa para que este ordenasse a restituição da ajuda e, portanto, revogasse uma ajuda ilegal. Ou seja, neste processo o TJ foi do entender de que essa obrigação do Estado de revogar a ajuda ilegal e, desse modo, de obter a devolução dessa ajuda prevalecia mesmo sobre a autoridade de uma sentença nacional transitada em julgado[63].

Perguntar-se-á: decidiu o TJ no caso *Lucchini* contra o caso *Kühne* e, ainda mais concretamente, contra o caso *Kapferer*? A resposta a esta pergunta vai-nos mostrar que a relação entre o Direito Administrativo nacional e o Direito da União Europeia está, como é óbvio, dependente das atribuições que, por força do Tratado, em cada momento incumbem à União Europeia, ou, ainda melhor, está dependente da repartição de atribuições entre a União, por um lado, e os Estados membros, por outro.

Com efeito, nos casos *Kühne* e *Kapferer* o TJ decidiu em domínios que ainda pertencem às atribuições-regra das Comunidades, ou seja, às atribuições concorrentes (que os Tratados chamam "partilhadas") entre as Comunidades (hoje, a União) e os Estados. Nessas matérias, vigoram, de forma conjugada, os princípios da subsidiariedade e da autonomia dos Estados enquanto as atribuições não sejam absorvidas pela União[64]. Por conseguinte, é o Direito nacional que disciplina a revogação tanto dos actos administrativos como das sentenças judiciais nacionais. Ou seja, no domínio das atribuições concorrentes os Estados têm preferência na regulamentação da revogação dos actos nacionais.

Ao contrário, no Acórdão *Lucchini*, o TJ decidiu que "a apreciação da compatibilidade de medidas de auxílio ou de um regime de auxílios

---

[61] Pontos 21-24 do Acórdão.

[62] V. o nosso *Droit*, cit., pgs. 494-495.

[63] Ver P. NEBBIA, *Do then rules on State aids have a life of their own? National procedural autonomy and effectiveness in the* Lucchini *case*, European Law Review, 2008, pgs. 427 e segs.

[64] V. o nosso *Direito da União Europeia*, cit., pgs. 513 e segs.

1052   *Em Homenagem ao Professor Doutor Diogo Freitas do Amaral*

com o mercado comum é da competência exclusiva da Comissão, sob a fiscalização do juiz comunitário"[65]. Esta orientação, enunciada desta forma, está correcta: a política de concorrência da União Europeia é da competência exclusiva da Comissão, desde que caiba no âmbito das atribuições exclusivas da União, elencadas no art. 3.º TFUE, especialmente no seu n.º 1, *b)*. O TJ, aliás, já desde 1977 que o vem defendendo[66]. O que foi novo no caso *Lucchini* foi o TJ ter utilizado a competência exclusiva da Comissão como fundamento para daí concluir que o Direito da União impõe aos Estados o dever de recuperarem ajudas ilegalmente concedidas, isto é, o dever de as revogar, independentementem do que dispuser ou permitir o Direito nacional, isto é, e voltando ao Acórdão, mesmo contra sentença judicial nacional já transitada em julgado. Isto significa que é irrelevante para o Direito da União Europeia a invocação pelo Estado de qualquer obstáculo (de prazo ou outro) à eliminação, da sua Ordem Jurídica, da ajuda concedida. A questão que se deve colocar é a de saber se, mesmo para o Direito da União Europeia, não deverá haver um prazo para a recuperação da ajuda ilegalmente concedida, sendo certo que também para ele são caras a certeza jurídica e a tutela da confiança[67]. Sobre esta questão, o TJ até agora não se pronunciou.

Para se levar até às últimas consequências a doutrina que resulta do caso *Lucchini*, parece-nos que, por maioria de razão, uma exclusão do Direito estadual igual à que ele se refere se deverá verificar quando as ajudas do Estado sejam concedidas em matérias que já passaram para a competência exclusiva da União e onde, por conseguinte, os Estados já perderam o direito de intervir. Essas matérias encontram-se, antes de mais, cobertas pelas políticas de competência exclusiva da União, que ficaram, no Tratado de Lisboa, pela primeira vez a constar de norma escrita do Direito originário da União (art. 3.º TFUE), que, todavia, se limitou a codificar a jurisprudência do TJ[68]; mas também são as matérias, dentro das competências partilhadas, que passem para a competência da União por efeito do princípio da subsidiariedade[69].

---

[65] N.º 52 do Acórdão.

[66] Ac. 22-3-77, *Steinike e Weinlig*, Proc. 78/76, Col., pg. 203, n.º 14. Este Acórdão foi depois seguido pelos outros arestos citados no n.º 52 do Acórdão *Lucchini*.

[67] Veja-se o nosso *Direito da União Europeia*, cit., pgs. 100 e 350.

[68] V. o nosso *Direito da União Europeia*, cit., pgs. 195 e segs.

[69] V. o nosso *Direito da União Europeia*, cit., pgs. 197 e segs. e demais bibliografia aí citada.

A relevância para o contencioso administrativo nacional do acto administrativo ... 1053

Daqui há que extrair as seguintes conclusões.

A primeira é a de que os Acórdãos proferidos pelo TJ nos casos *Kühne* e *Kapferer*, por um lado, e *Lucchini*, por outro, não obstante divergentes entre si, são todos conforme com o Direito da União.

A segunda é a de que o Direito Administrativo que se tem vindo a harmonizar entre os Estados membros em matéria de revogação de actos administrativos por força do Direito da União Europeia não pode deixar de conter regimes diferentes de revogação, neste caso de actos constitutivos ilegais, consoante incida ou não em matérias de atribuições exclusivas ou concorrentes da União.

A terceira é a de que tanto a Administração Pública estadual como o juiz nacional, também neste domínio, devem previamente verificar se a matéria que é objecto do acto administrativo nacional que tem de ser revogado por infringir o Direito da União é uma matéria da competência exclusiva ou concorrente da União. No primeiro caso, a revogação terá de ser julgada em face do Direito da União e já não do Direito do respectivo Estado. No segundo caso ela terá de ser apreciada à luz do respectivo Direito nacional se a matéria em causa não tiver passado ainda para a competência da União por via do princípio da subsidiariedade.

10. Conclusão

O que ficou escrito nas páginas anteriores permite-nos chegar às seguintes conclusões.

A primeira é a de que o acto administrativo comunitário ainda aguarda que o seu conceito e o seu regime jurídico sejam objecto de uma teoria sólida, coerente e global. Para tanto, e como acontece no Direito da União pela própria natureza das coisas, é indispensável o contributo do juiz comunitário. Todavia, pode-se dizer que esse acto, muito embora não esteja sujeito ao controlo da legalidade pelos tribunais administrativos nacionais, não deixa de assumir relevância importante para a competência contenciosa dos tribunais nacionais.

A segunda conclusão é a de que o acto administrativo nacional que divirja do Direito da União deverá ser tratado pelos tribunais administrativos nacionais partindo estes do facto de o Direito da União fazer parte do bloco de legalidade ao qual se encontram vinculados a Administração Pública e os tribunais administrativos nacionais. Assumem particular especificidade os actos administrativos nacionais que sejam constitutivos de direitos, se encontrem feridos de ilegalidade e tenham como conteúdo ajudas do Estado concedidas em violação das regras de concorrência do Direito da União Europeia. Se esses actos incidirem em matérias que nunca foram das atribuições dos Estados mas, sim, da União, ou que, tendo sido das atribuições dos Estados, passaram entretanto a atribuições da União, a sua revogação já não se regula pelo Direito estadual mas, sim, pelo Direito da União.

A terceira conclusão é a de que tudo isso nos mostra que o juiz administrativo nacional deve estar permanentemente ao corrente da relação estreita que se estabelece entre o Direito Administrativo estadual e o Direito da União Europeia e, sobretudo, do impacto deste naquele. E, dentro dessa linha de orientação, ele deve estar especialmente atento à influência crescente que o sistema jurídico da União exerce sobre o Direito Administrativo nacional nos domínios da teoria do acto administrativo e do Contencioso Administrativo.

Lisboa, 10 de Março de 2010

A IMPUGNAÇÃO CONTENCIOSA DAS DECISÕES DE ADMISSÃO DE PROPOSTAS E DE SELECÇÃO DOS CONCORRENTES PARA A FASE DE NEGOCIAÇÕES NO CONCURSO PÚBLICO COM UMA FASE NEGOCIAL

ALEXANDRE DE ALBUQUERQUE

I. Nota prévia

Cremos que o tema que nos propomos abordar nas linhas seguintes se reveste de inegável interesse teórico e prático. Com efeito, o seu tratamento jus-científico convoca os principiais dogmas e institutos do Direito Administrativo moderno, sendo que as situações procedimentais a que respeita se tornam cada vez mais frequentes para quem lida de perto com o regime jurídico da contratação pública em geral e com os procedimentos de formação de contratos públicos em particular. Justificaria, por isso, uma reflexão de fundo, no entanto, incompatível com o formato do presente texto. Termos em que nos limitaremos a um breve enquadramento da matéria e à apresentação de algumas conclusões que nos parecem de maior relevo, com destaque para a jurisprudência que mais recentemente personaliza as posições em confronto.

Do ponto de vista jus-científico o tema respeita à problemática dos dois mais importantes, complexos e estudados pressupostos processuais do contencioso administrativo de natureza impugnatória: a recorribilidade – *rectius* a impugnabilidade – contenciosa da decisão administrativa e a legitimidade processual.

Estes dois institutos processuais foram objecto de um sem número de estudos e de abordagens, a mais das vezes apaixonantes, em variadas sedes nos diferentes países que adoptaram um sistema de contencioso administrativo de tipo francês, tendo a respectiva problemática e o debate que em seu torno se estabeleceu estado no centro da discussão que, durante mais de um século, se estabeleceu a propósito dos fundamentos e da natureza do contencioso administrativo, do Direito Administrativo, da Administração Pública e do próprio Estado.

É certo que, dadas as reformas legislativas mais recentemente concretizadas nos vários países da Europa Continental, designadamente em Portugal, tendo em vista a aproximação do contencioso administrativo ao processo civil, a discussão em torno desses institutos perdeu alguma da importância decisiva que teve na Ciência Jurídica administrativa. Admitimos, no entanto, que a sua abordagem será sempre indispensável para todos aqueles que pretendam tratar o processo administrativo, visto que as questões que continuam a suscitar-se em seu redor assumem, a mais das vezes, importância decisiva.

Já do ponto de vista prático o tema tem-se vindo a revelar incontornável para todos aqueles que, designadamente, lidam com procedimentos de formação de contratos administrativos, dada a previsão, nas últimas décadas, de um enorme número de procedimentos de concursos públicos que incluíram uma fase de negociação e, recentemente, com a consagração, em termos gerais e mais amplos, de procedimentos de natureza negocial e sub-procedimentos negociais pelo Código dos Contratos Públicos.

Por esta razão a jurisprudência da contratação pública tem-se debruçado, cada vez mais, sobre a questão específica da impugnabilidade contenciosa das decisões que admitem propostas e que convidam os concorrentes para a fase de negociações, principalmente em concursos públicos com uma fase negocial. Admitimos, contudo, porventura em consequência do peso da tradição e de alguma inércia que sempre ocorre nos momentos de ruptura, que o respectivo tratamento contencioso necessite de clarificação.

Com efeito, a tendência, designadamente de uma certa jurisprudência, tem sido a de considerar inimpugnáveis as decisões administrativas que admitem propostas e que convidam os concorrentes para a fase das negociações no concurso público com uma fase negocial, com o fundamento principal de que lhes faltaria a característica da definitividade nas vertentes horizontal e material, bem como a lesividade actual e imediata[1].

---

[1] Cfr. *v.g.*, O Acórdão do Tribunal Central Administrativo do Sul de 3 de Março de 2005, rec. n.º 545/05 que mais abaixo apreciaremos *ex professo*.

A Impugnação Contenciosa das Decisões de Admissão de Propostas ... 1057

Somos do entendimento que o tema justifica hoje uma solução diferente. Vejamos pois sinteticamente em que termos.

II. A impugnação contenciosa da decisão administrativa

Até à reforma do contencioso administrativo concretizada pelo Código de Processo nos Tribunais Administrativos em 2004, a decisão administrativa, para ser contenciosamente impugnável, teria que consubstanciar um acto administrativo, dotado das características da definitividade e da executoriedade – cfr. *v.g.* o artigo 25.º, n.º 1 da Lei de Processo nos Tribunais Administrativos.

O conceito de acto administrativo e o que se deveria entender por definitividade e executoriedade foram matérias largamente debatidas entre nós.

O Professor Marcello Caetano, a quem podemos atribuir a responsabilidade de ter desenvolvido e estabelecido a dogmática do acto administrativo, concebeu, no contexto do debate que se estabeleceu em torno da evolução conceptual do acto de administrativo nos principais países que sufragaram um sistema administrativo de tipo francês, um conceito amplo de acto administrativo, que definiu, na sua última edição do Manual de Direito Administrativo[2] como sendo "a conduta voluntária de um órgão da administração que, no exercício de um poder público e para a prossecução de interesses postos por lei a seu cargo, produza efeitos jurídicos num caso concreto."

Este conceito de acto administrativo não se identificava, no entanto, com o noção de acto susceptível de sindicância contenciosa, pelo que, paralelamente, o Professor Marcello Caetano propôs uma definição de acto administrativo contenciosamente impugnável, mais restrita, o qual seria "a conduta voluntária de um órgão da administração no exercício de um poder público para prossecução de interesses a seu cargo, pondo termo a um processo gracioso ou dando resolução final a uma petição, definindo, com força obrigatória e coerciva, situações jurídicas num caso concreto."

Não é possível proceder a uma análise detalhada dos fundamentos da doutrina do Professor Marcello Caetano na presente sede. Apenas

---

[2] *Manual de Direito Administrativo*, Vol. I, 10ª. ed., Almedina, Coimbra, 1980, pág. 428.

importa mencionar que ela assenta numa determinada compreensão do Estado e da Administração entendida como Poder, que tinha a lei como critério de decisão e não como norma de comportamento. Nesse contexto o molde da decisão administrativa era a sentença judicial, e o contencioso administrativo por natureza configurado na linha do contencioso subsequente, destinado à reacção contra as definições autoritárias do direito em termos próximos aos do recurso jurisdicional. A lei não seria geradora de situações jurídicas subjectivas de vantagem do particular perante a Administração, cabendo a esta, através do acto de autoridade, dizer o direito no caso concreto. Assim, verdadeiramente, só após a Administração *dizer* o direito é que se constituía a situação jurídica administrativa. Nestes termos o contencioso administrativo servia para o particular reagir contra a definição autoritária do direito, quando *tirada* em violação dos respectivos pressupostos legais de decisão.

A conclusão a extrair desta construção era a de que, na realidade, apenas o acto criador da situação jurídica administrativa – *rectius* constitutivo, modificativo ou extintivo da pretensão do particular – poderia ser contenciosamente apreciado. Fora deste caso, a actuação administrativa não era de molde a definir o direito e, consequentemente, insusceptível de ser objecto de apreciação judicial. Relevante era, assim, a estatuição autoritária do direito e não os respectivos efeitos, os quais daquela decorriam como simples consequência. Para que o acto fosse recorrível, em suma, exigia-se que *dissesse o direito* no caso concreto, não bastando que produzisse efeitos.

Este foi o entendimento maioritariamente subscrito pelos nossos legislador e jurisprudência até à Reforma do Contencioso administrativo em 2004.

De facto, o artigo 25.º da LPTA estabelecia, em linha com a nossa tradição legislativa que "só é admissível recurso contencioso dos actos definitivos e executórios". Já a Jurisprudência, seguindo a lição de Marcello Caetano e, mais recentemente, de Freitas do Amaral, exigiu, como requisito do conceito de definitividade para os efeitos processuais mencionados, que esta se manifestasse na sua tripla acepção, a saber, a definitividade material, a definitividade horizontal e a definitividade vertical.

Vejamos, a título ilustrativo, o que nos diz um recente aresto do Supremo Tribunal Administrativo nesta matéria, que consideramos revelador da referida orientação jurisprudencial na matéria:

> *E as decisões e as deliberações só serão definitivas se, cumulativamente, no exercício de um poder administrativo definirem a situação*

A Impugnação Contenciosa das Decisões de Admissão de Propostas ... 1059

*jurídica de um particular perante a Administração, ou da Administração perante um particular (**definitividade material**), se forem a resolução final de um procedimento ou de incidente autónomo (**definitividade horizontal**) e se emanarem de órgão com poderes para emitir a última palavra da Administração activa (**definitividade vertical**). Freitas do Amaral, in "Direito Administrativo", III, 1989, páginas 214, 223 e 234[3].*

Assim, qualquer comportamento da Administração que não se subsumisse a este conceito de tripla definitividade e não possuísse os respectivos requisitos era considerado irrecorrível e o recurso contencioso contra ele interposto era rejeitado, visto que não consubstanciava uma definição autoritária do direito aplicável no caso concreto, susceptível de execução coerciva.

Esta noção de acto de autoridade, assente na tripla definitividade e na executoriedade, enquanto requisito do acto contenciosamente recorrível, foi sendo objecto de uma interpretação cada vez mais ampla e generosa, no sentido de permitir a impugnação de actuações administrativas que não se lhe reconduziam em sentido próprio. Referimo-nos, *v.g.* à impugnação de actos que, não pondo termo ao procedimento administrativo, dele eram considerados autónomos ou destacáveis para efeitos contenciosos, por implicarem de per si a decisão final relativamente a certa pessoa – por exemplo, a exclusão de um candidato num concurso público –, ou por comprometerem irremediavelmente em certo sentido a decisão a tomar – é o caso da impugnação do parecer vinculativo que certa doutrina e jurisprudência foram advogando na linha *supra* mencionada.

O mesmo se diga relativamente à imposição coerciva, visto que cedo se reconheceu a existência de uma ampla panóplia de actos administrativos que, constituíam, modificavam ou extinguiam situações jurídicas administrativas, e por isso deveriam ser susceptíveis de impugnação contenciosa, mas que não eram dotados de coercividade.

A evolução mencionada teve, assim, a consequência de por em crise, desde logo, os conceitos de definitividade horizontal e de executoriedade enquanto requisitos do acto recorrível. De facto, constatou-se há tempo o abandono, na prática, da definitividade horizontal enquanto requisito do

---

[3] Cfr. Acórdão do STA de 13 de Fevereiro de 2008, rec. n.º 875/07.

Em Homenagem ao Professor Doutor Diogo Freitas do Amaral

acto recorrível, decorrente da salientada necessidade de se admitir – e justificar dogmaticamente – a recorribilidade de actos que, claramente, não se encontravam dotados de tal característica.

Igualmente, verificou-se a recondução do conceito de executoriedade, enquanto requisito de recorribilidade do acto, à respectiva eficácia[4].

O conceito de executoriedade começou por ser configurado pelo Professor Marcello Caetano, na linha de Hauriou, como a possibilidade de execução forçada do acto administrativo que dizia autoritariamente o direito, enquanto condição da sua recorribilidade, tendo depois evoluído no sentido da sua obrigatoriedade ou da efectiva capacidade do acto definitivo para vincular, dado o reconhecimento de que nem todos os actos que, manifestamente, deviam ser – e eram – considerados contenciosamente recorríveis, possuíam a característica da execução forçada – basta pensar, por exemplo, nos actos de conteúdo negativo.

Termos em que o conceito de executoriedade, enquanto requisito da impugnação contenciosa do acto administrativo, acabou por se reconduzir, designadamente pela mão de Freitas do Amaral, ao da eficácia do acto[5].

O CPTA, dando eco às vozes críticas que durante anos foram surgindo contra o regime que sumariamente acabamos de enunciar, naquilo que foi considerado uma maior ou menor ruptura com o passado – consoante a interpretação e o entendimento mais ou menos conservador que deste fizeram os autores que se dedicaram ao seu estudo –, veio estatuir que são impugnáveis os actos administrativos com eficácia externa, ainda que inseridos num procedimento administrativo, especialmente aqueles cujo conteúdo seja susceptível de lesar direitos ou interesses legalmente protegidos.

Termos em que, à luz do artigo 51.º do CPTA, as condutas da Administração, para serem contenciosamente impugnáveis, têm de consubstanciar uma *decisão*, i.e., têm de constituir, modificar ou extinguir uma situação jurídica administrativa.

Nestes termos, o *Código* veio consagrar a regra da impugnabilidade de todas as *decisões*, deixando apenas de fora comportamentos tais como

---

[4] Veremos mais adiante que a questão da eficácia, se deveria colocar, em rigor, a propósito do conceito de legitimidade processual e não de recorribilidade do acto, apesar da orientação doutrinária e jurisprudencial que a tal propósito foi sendo dada à questão.

[5] Não confundir a questão da eficácia do acto administrativo com a sua capacidade para produzir efeitos de que falámos acima, visto que aquela tem, em principio, que ver com um elemento externo, enquanto que esta decorre da natureza do acto.

A Impugnação Contenciosa das Decisões de Admissão de Propostas ... 1061

os actos opinativos – pareceres, informações e propostas –, as declarações de ciência e as operações materiais, que não dizem o direito aplicável no caso concreto e que, por consequência, não produzem directamente efeitos jurídicos para no particular.

Já a questão da *eficácia externa* do acto, enquanto requisito da impugnabilidade legalmente autonomizado, no artigo 51.º do CPTA, do conceito de *decisão* tem, no nosso entendimento, que ver, na verdade, não com a natureza do acto susceptível de apreciação contenciosa – a capacidade para produzir efeitos, uma vez que esta se recunduz ao conteúdo *decisório* do acto –, mas verdadeiramente, com a matéria da legitimidade processual.

As considerações acima feitas, dão-nos o mote e o enquadramento para entramos na apreciação da questão concreta que nos propusemos tratar.

III. A impugnação contenciosa das decisões que admitem propostas e seleccionam os concorrentes para a fase das negociações nos concurso públicos, com uma fase negocial.

Tradicionalmente a Doutrina e a Jurisprudência têm entendido, de modo mais ou menos acrítico, e dado o enquadramento mencionado, a inimpugnabilidade contenciosa, em geral, dos actos que admitem propostas num procedimento concursal e, em concreto, das decisões de selecção dos concorrentes para a fase de negociações no concurso público para a celebração de contratos públicos.

Trata-se de um entendimento que consideramos desajustado da realidade jurídica vigente e dos regimes que acima enunciamos de modo sucinto, a mais das vezes desatenta da questão concreta em análise.

Um dos exemplos de Escola apresentados pela Doutrina como sendo um acto ininpugnável por carecer de definitividade era o do acto que admitia um concorrente a um concurso. A tal propósito escreveu Marcello Caetano:

"Assim, num concurso aberto para provimento de uma vaga num serviço, o acto de *admissão* dos candidatos é preparatório."[6]

---

[6] Cfr. *Manual...*, Vol. I, pág. 445.

1062 *Em Homenagem ao Professor Doutor Diogo Freitas do Amaral*

A razão de ser da argumentação era a de que este acto se limitava a preparar a decisão final, não a consubstanciando ele próprio, e não definindo, assim, uma situação jurídica.

Conforme dissemos, esta posição foi sendo adoptada pela Jurisprudência sem grande problematização.

Acontece que existem, conforme dissemos, cada vez mais concursos públicos cujos procedimentos prevêem uma fase de negociações, com especial incidência nos procedimentos concursais daquilo a que se vulgarizou chamar *parecerias publico-privadas*, a ponto de o próprio Código dos Contratos Públicos ter vindo, recentemente, a prever, de forma geral, essa possibilidade.

Pretenderam o Legislador e a Administração com a negociação entre os júris ou as comissões do concursos e os concorrentes admitir a discussão de certos aspectos das propostas por eles apresentadas tendo em vista a respectiva melhoria, em benefício do interesse público. A condução dessas negociações com dois ou mais concorrentes em compita visa a maximização do efeito desejado.

As negociações têm tido formato variado, ditado de modo mais ou menos casuístico, pela realidade da matéria em concurso, podendo abranger aspectos múltiplos das propostas, com uma condição mais ou menos comum a todas elas: a de a proposta resultante das negociações não poder ser, globalmente, de menor qualidade relativamente à inicialmente concursada.

Como dissemos a Jurisprudência mais conservadora tem continuado, na linha atrás descrita, a considerar inimpugnáveis os actos que admitem propostas ou que convidam os concorrentes para a fase das negociações em procedimentos concursais com uma fase de negociações.

Vejamos, por nos parecer merecer reflexão mais detalhada, o que a este propósito foi decidido relativamente à impugnação de um acto que admitiu uma proposta num procedimento de natureza negocial, consubstanciado num leilão do preço e das condições a oferecer à Administração pelos concorrentes.

No caso julgado pelo Acórdão do Tribunal Central Administrativo do Sul de 3 de Março de 2005, rec. n.º 545/05 acima citado[7] estava em

---

[7] O processo julgado pelo aresto citado era de natureza cautelar, visto que estava, desde logo, em causa o pedido de suspensão de eficácia da decisão de admitir a proposta de um concorrente num concurso com uma fase de negociações consubstanciada num

A *Impugnação Contenciosa das Decisões de Admissão de Propostas ...* 1063

causa um procedimento concursal para a atribuição de uma pareceria público-privada, correspondente a uma concessão, em regime de serviço público, da exploração de uma determinada infra-estrutura.

À época um dos dois concorrentes decidiu proceder, já ao abrigo do CPTA, à impugnação do acto que admitiu a proposta do outro concorrente. Para tal defendeu a possibilidade de serem impugnados contenciosamente actos administrativos de admissão a concurso, desde que os mesmos configurassem uma decisão e fossem dotados de lesividade imediata e actual, sustentando que no caso dos autos a intervenção concursal do outro concorrente ilegalmente admitido teria efeitos no conteúdo da sua proposta tal como resultaria das negociações. Com efeito, argumentaram as recorrentes processuais que seriam confrontadas nas negociações, consubstanciadas num verdadeiro leilão da condições a oferecer à Administração, com um concorrente ilegalmente admitido, vendo-se forçadas a acompanhar os lances a realizar, em termos que excederiam os limites do que seria razoável, ficando presas a um preço oferecido nas negociações, porventura excessivo. Pelo que seria evidente que a admissão ilegal da proposta da concorrente consubstanciava uma decisão dotada de lesividade própria e actual. Mais afirmaram que o próprio concorrente cuja admissão da proposta se contestava, em fax dirigido à Comissão do Concurso, reconheceu que se enganou na sua proposta, dando indicação de qual iria ser o seu comportamento no leilão, e que iria corrigir o erro mediante o aumento das condições por si oferecidas. Defenderam, assim, a possibilidade de serem impugnados actos administrativos de admissão a concurso, desde que, como era em seu entendimento, caso os mesmos correspondessem a uma decisão e fossem dotados de lesividade imediata e actual. Referiram ainda as recorrentes processuais que, de facto, nem todos os concursos são iguais e que há concursos, como acontecia no concurso em crise nos autos, nos quais a intervenção de um concorrente ilegalmente admitido teria efeitos directos e imediatos no conteúdo da proposta dos demais.

---

leilão. No entanto esta questão é irrelevante para a apreciação que dela se pretende extrair, sendo certo que a orientação jurisprudencial adoptada pelo TCA do Sul foi igualmente sufragada na decisão de primeira instância que rejeitou a acção administrativa especial onde se pediu a anulação do acto. Da sentença da primeira instância não foi apresentado recurso para o TCA do Sul, tendo a matéria sido apreciada pelo Tribunal superior apenas em sede de procedimento cautelar.

1064   *Em Homenagem ao Professor Doutor Diogo Freitas do Amaral*

Isto é, existiria um fenómeno de interdependência entre as propostas apresentadas pelos concorrentes a concurso, de tal forma que a admissão da proposta de um concorrente acabaria por condicionar, directa e imediatamente, a proposta de outro concorrente.

O Tribunal de primeira instância entendeu que o acto cuja suspensão da eficácia se solicitava era inimpugnável. Para tal considerou, de um modo geral, que a jurisprudência do S.T.A. se tem pronunciado no sentido de que não é contenciosamente recorrível por qualquer dos candidatos a um concurso público de fornecimento de serviços a decisão de admissão da proposta de um outro, por carecer de lesividade actual. Entendeu que a deliberação de admissão de um concorrente se limita a dar sequência ao procedimento concursal, não garantindo qualquer direito na futura escolha, mas tão somente a passagem à fase seguinte.

O TCA do Sul, solicitado a apreciar o recurso interposto da sentença da primeira instância, considerou que a questão essencial que se colocava nos autos era a de saber se a sentença recorrida decidiu bem ao considerar inimpugnável a admissão da concorrente, por não afectar de imediato a esfera jurídica das recorrentes, ou se tal admissão constituiu desde logo um acto lesivo recorrível.

O Tribunal de recurso seguiu a decisão recorrida, tendo considerado que

"(…) o acto de admissão de uma dada proposta limita-se ao exame da respectiva regularidade formal, não garantindo qualquer direito ou preferência na escolha final que tenha por base o mérito substancial da proposta (cfr. Ac. STA de 14.01.03, Rec. n.º 535/02, in "Antologia de Acórdãos do STA e do TCA", Ano VI , n.º 2, p. 81 e seguintes; Ac. STA de 22.05.03, Proc. n.º 808/03; Ac. STA de 27.01.04, Proc. n.º 1956/03; Ac. STA de 14.04.04, Proc. n.º 1793/03). Como se escreve no primeiro dos arestos mencionados, "o critério da recorribilidade é, assim, o da *lesividade* dos actos, em harmonia com a indicação do próprio texto constitucional (cfr. art. 268 n.º 4 da CRP).

Um acto é lesivo a partir do momento em que afecta a esfera jurídica do interessado, e por isso só é relevante para efeitos de recorribilidade contenciosa a lesividade *actual e imediata* (...) não sendo isso que acontece com um acto de não exclusão de um concorrente, uma vez que se a adjudicação não for feita a esse candidato os demais concorrentes não ficarão minimamente afectados. A sentença recorrida acolheu esta orientação jurisprudencial, ao constatar que "a argumentação expendida pelas requerentes pressupõe uma apreciação e avaliação substancial da proposta admi-

A Impugnação Contenciosa das Decisões de Admissão de Propostas ... 1065

tida, sendo certo que tal fase procedimental ainda não ocorreu, pois a admissão na fase procedimental em causa restringe-se à verificação formal do cumprimento dos requisitos da admissibilidade das propostas. Tal motivação conduziu ao reconhecimento do carácter irrecorrível do acto suspendendo e à verificação da inexistência do requisito previsto no art. 120.º n.º 1, alínea a) do C.P.T.A., realçando-se todavia que a procedência da excepção de inimpugnabilidade "obsta ao conhecimento do mérito da presente providência".

Termos em que considerou que
"apenas no recurso contencioso do acto final do procedimento concursal poderão ser suscitadas perante o tribunal as questões de ilegalidade de actos procedimentais não destacáveis (cfr. Ac. STA de 31.05.2000, Proc. 40.892), o que corresponde à consagração do principio da impugnação unitária, conforme previsto no art. 51 n.º 3 do C.P.T.A.",
tendo procedido à rejeição do processo.[8]

A primeira constatação a retirar do Acórdão citado é a de que o Tribunal invocou jurisprudência passada e tirada num contexto legislativo distinto do consagrado no CPTA, para julgar – o da LPTA.

Em segundo lugar, importa salientar que a sentença não cuidou de apreciar adequadamente se a questão de mérito levantada nos autos justificaria, ou não, uma solução diferenciada relativamente à dos casos julgados nos arestos por ela citados; i.e., o Tribunal não se debruçou a indagar se, efectivamente, a admissão da proposta do concorrente num procedimento de natureza negocial, que se concretizava exclusivamente

---

[8] No âmbito do procedimento concursal referido no texto, os recorrentes processuais requereram ainda a suspensão da eficácia e impugnaram o acto da Comissão do concurso que convidou o outro concorrente para a fase das negociações na sequência da admissão da sua proposta, o que fizeram com o fundamento de que estaria em causa um acto autónomo do acto da Comissão que admitiu a proposta do concorrente. Alegaram que na deliberação de admissão das propostas realizada no acto público a apreciação que delas foi feita incidiu sobre aspectos meramente formais, pelo que a decisão de convidar o concorrente para a fase das negociações era daquela deliberação autónoma, apesar de consequente, visto que deveria pressupor uma apreciação de fundo da proposta. Também esta argumentação foi desatendida pelo Tribunal e rejeitados os pedidos formulados contra o acto que convidou o concorrente para a fase das negociações, com a alegação adicional de que não tinha autonomia por referência ao anterior do qual era consequente, não tendo o Tribunal tido presente que a natureza consequencial de um acto administrativo não lhe retira a autonomia para efeitos da sua impugnação.

1066   *Em Homenagem ao Professor Doutor Diogo Freitas do Amaral*

num leilão, era ou não susceptível de condicionar a proposta dos demais recorrentes, tendo-se limitado a considerar a irrecorribilidade de actos de admissão de propostas a concurso de forma genérica, prescindindo da apreciação do caso concreto e da efectiva análise da questão de saber se o acto requerido consubstanciava uma *decisão* e se encontrava, ou não, dotado de *lesividade*.

Finalmente, constata-se que o Tribunal defendeu que o artigo 51.º, n.º 3 do CPTA consagraria o princípio da impugnação unitária.

É nosso entendimento que o Acórdão enunciado, em concreto, e que a jurisprudência por ele perfilhada, em geral, justificariam uma abordagem em sentido diferente.

Importa começar por sublinhar, em linha com o anteriormente enunciado, que a regra geral em matéria de impugnação de actos administrativos consagrada no artigo 51.º, n.º 1 do CPTA é a de que são impugnáveis todos os actos administrativos com eficácia externa, ainda que inseridos num procedimento administrativo, especialmente aqueles cujo conteúdo seja susceptível de lesar direitos ou interesses legalmente protegidos. E que a não impugnação de um acto inserido num procedimento administrativo não impede o interessado de impugnar o acto final com fundamento em ilegalidades cometidas ao longo do procedimento.

Nestes termos, impõe-se, desde logo, começar por esclarecer que, ao contrário do que se encontra mencionado no Acórdão, o n.º 3 do artigo 51.º do CPTA não impõe o *princípio da impugnação unitária* como condição de recorribilidade do acto administrativo, mas limita-se admitir tal princípio – o que é outra coisa.

De facto, o sentido da norma é todo outro: com efeito, o *Código* não limita a impugnação de actos administrativos de acordo com esse princípio – caso em que, como num passado bem longínquo, apenas o acto horizontalmente definitivo seria impugnável –, mas, pelo contrário, abre a impugnação do acto final do procedimento nos casos em que, tendo o interessado tido a possibilidade de impugnar um acto intermédio, não o fez.

Nestes termos consideramos indevida a interpretação que do preceito foi realizada pela sentença mencionada e que a invocação do princípio nele versado foi feita ao contrário de quanto dispõe – neste caso em claro prejuízo do recorrente.

Em segundo lugar cabe salientar que o acto impugnado nos autos era, efectivamente, uma decisão administrativa, com eficácia externa. Esta conclusão aparece-nos como incontestável.

A Impugnação Contenciosa das Decisões de Admissão de Propostas ... 1067

Trata-se, efectivamente, de uma deliberação de uma Comissão dotada de poderes de autoridade, praticadas ao abrigo de normas de Direito Administrativo, que produziu efeitos directos e imediatos na esfera jurídica dos concorrentes, tendo o alcance de modelar a situação jurídica concursal e, consequentemente, de fixar os direitos e obrigações da Administração e dos concorrentes em compita – a participação de um deles no concurso e a obrigação da Comissão e do outro concorrente de tomarem essa participação em linha de conta e de com ela terem de lidar.

É claro que esse acto não consubstanciava a decisão final do procedimento, mas, dela sendo preparatória, condicionou-a em termos irreversíveis, não se reconduzindo, assim, a uma mera opinião, declaração de ciência ou operação material. Na verdade, tratou-se de uma decisão que conformou o procedimento concursal num determinado sentido, de modo irreversível e com consequência directa e imediata nos vários agentes nele envolvidos.

Não se perca de vista que o procedimento administrativo é de formação prodrómica e que existem certas decisões interlocutórias que, apesar de não consubstanciarem a decisão final, a condicionam de forma irresistível.

Termos em que não nos parece haver como sustentar a inimpugnabilidade do acto que admitiu a proposta do concorrente à luz da regra constante do citado artigo 51.º, n.º 1 do CPTA.

De maneira que discordamos da jurisprudência sufragada nos autos, por entendermos que esse acto é um acto administrativo impugnável para os efeitos da lei vigente.

Questão distinta – mas que a Jurisprudência tem reconduzido indiferenciadamente à da impugnabilidade do acto, como aliás fez o aresto em apreço – é o de saber se tem, para o impugnante, a característica da *lesividade* a decisão que admite uma proposta ou convida outro concorrente para as negociações num procedimento com uma fase negocial.

Como vimos, o Tribunal invocou a alegada falta de lesividade da decisão de admitir a proposta do concorrente relativamente à situação jurídica concursal do recorrente, para se decidir pela inimpugnabilidade do acto.

Só que a questão da lesividade do acto é de colocar, não como fez o Tribunal acerca da impugnabilidade do acto, mas a propósito de um outro pressuposto do processo administrativo – a legitimidade processual.

A legitimidade processual, enquanto pressuposto do recurso contencioso de anulação foi, à semelhança da recorribilidade do acto administrativo, objecto de amplo e apaixonado debate, não apenas entre nós, mas também além fronteiras, e a seu propósito apreciaram-se matérias como a natureza do recurso contencioso de anulação e do próprio contencioso administrativo.

A legitimidade processual no recurso contencioso de anulação era definida como um interesse directo, pessoal e legítimo na anulação do acto, tendo-se, discutido largamente qual o sentido desse interesse – a própria questão controvertida, i.e., o mérito dos autos, ou apenas um interesse processual.

Esta matéria foi também regulada pelo CPTA.

Hoje diz-nos o artigo 55.º, n.º 1, alínea a) do CPTA ter legitimidade processual *quem alegue ser titular de um interesse directo e pessoal, designadamente por ter sido lesado pelo acto nos seus direitos ou interesses legalmente protegidos.*

Vejamos pois se no caso em apreço no Acórdão citado se deveria, ou não, ter reconhecido aos recorrentes a legitimidade processual na impugnação do acto.

A este propósito é de salientar que a jurisprudência há largos anos que vem defendendo, na esteira dos tribunais cíveis, que a relação jurídica processual é configurada e deve ser apreciada tal como o autor *afirma a acção.* Assim, também no processo administrativo o julgamento da validade da relação jurídica processual constituída pelo autor é feito por referência ao modo com ela é processualmente afirmada. Note-se que o legislador cuidou de referir que tem legitimidade processual *quem alegue* ser titular do interesse, para bem clarificar esta questão.

No caso dos autos supra analisados não parecem restar grandes dúvidas de que o interesse reclamado pelos agora recorrentes na impugnação do acto que admitiu a proposta do outro concorrente era pessoal, dado que alegaram que a vantagem resultante do provimento do processo se repercutiria na sua esfera jurídica.

O mesmo se diga relativamente à natureza *directa* do interesse.

Com efeito, num procedimento concursal, com uma fase de negociações consubstanciada num leilão, a participação de um concorrente nessa fase não pode deixar de ter um impacto directo e imediato na situação jurídica concursal do outro concorrente, visto que a actuação procedimental deste último será necessariamente conformada e condicionada pela do seu competidor.

Ora, esta situação é estruturalmente diferente daquela que foi, ao longo dos anos, tradicionalmente apreciada em juízo e que levou à fixação

A Impugnação Contenciosa das Decisões de Admissão de Propostas ... 1069

de uma jurisprudência já mencionada no sentido de que os actos que admitem concorrentes a concurso não são susceptíveis de apreciação contenciosa visto que são meramente preparatórios da decisão final e não afectam as situações jurídicas dos outros intervenientes no concurso.

Com efeito, a jurisprudência passada foi formada, como dissemos, apreciando concursos segundo um modelo tradicional, no âmbito do quais a avaliação da proposta de um concorrente era feita autonomamente das dos demais, pelo que não se vislumbrava interesse – ainda que a questão fosse colocada, a mais das vezes como se viu, a propósito da recorribilidade do acto – na respectiva impugnação.

As coisa não se passam, no entanto e como se viu, da mesma forma quando está em causa a participação de um concorrente numa fase negocial. Agora, a participação de um terceiro concorrente na compita vai condicionar o concorrente na necessidade de trabalhar a sua proposta em função da intervenção do terceiro[9].

Note-se, aliás, que, paradoxalmente, na linha jurisprudencial agora criticada encontra-se em melhor posição de defender os seus interesses processualmente o concorrente a quem não foi adjudicado o concurso do que o adjudicatário.

É que o concorrente que decaiu no concurso sempre pode proceder à impugnação, de acordo com essa jurisprudência, do acto de adjudicação com o fundamento na indevida admissão da proposta ou da ilegítima participação nas negociações do adjudicatário. Enquanto que este, ainda na linha dessa jurisprudência, tem de se contentar com o conteúdo da adjudicação tal como ela lhe foi atribuída, sem a poder questionar, embora tenha sido condicionada e determinada pela participação no concurso de um concorrente cuja proposta foi indevidamente admitida, sem que, no entanto, possa ser impugnada pelo seu destinatário por falta de interesse na anulação.

Assim, não parecem restar grandes dúvidas de que o acto que admite uma proposta num procedimento com uma fase de negociações ou convida um concorrente para essa fase é um acto com efeito lesivo directo e imediato dos demais concorrentes.

---

[9] O mesmo se diga quando estão em causa formulas de avaliação do critério preço que estabelecem um determinado número de propostas que são consideradas para o cálculo da média do valor de referência da respectiva avaliação, casos em que a decisão final da avaliação pode divergir em função das propostas admitidas mesmo que não estejam em posição de ser adjudicadas.

1070   *Em Homenagem ao Professor Doutor Diogo Freitas do Amaral*

Termos em que deve poder ser impugnado, bem como deve poder ser objecto de providências cautelares.

Em sentido similar com o por nós professado nestas linhas já julgou o Tribunal Central Administrativo do Sul, mantendo o sentido da sentença de primeira instância do Tribunal Administrativo e Fiscal de Lisboa que tinha decidido em sentido idêntico.

Dada a importância que atribuímos a estas decisões, as quais consideramos indiciadoras de uma mudança que se almeja e aplaude, pensamos ser útil a enunciação de quanto oportunamente escreveu o Tribunal, visto que a fundamentação por ele sufragada justifica o seu tratamento *ex professo* mesmo num artigo com a índole do presente.

Vejamos pois quanto consta do Acórdão de 12 de Julho de 2005 do Tribunal Central Administrativo do Sul, rec. n.º 510/05:

> "Antes do mais importa recordar o carácter não líquido da questão (mesmo ao nível da jurisprudência do STA) posta amiúde face ao regime jurídico do DL 134/98, tendo-se no entanto firmado orientação maioritária no sentido de que '*é contenciosamente irrecorrível por qualquer dos candidatos a um concurso público de empreitada a decisão de admissão da proposta de um outro, por carecer de lesividade actual*' (*in* sumário do acórdão deste STA de 28-08-2002 – Rec. 01309/02, com citação no texto de muita outra jurisprudência, do Pleno inclusive: caso, v.g., do acórdão de 17/01/ /2001-Rec. 44249-P.º), reafirmada, entre muitos outros, em recente acórdão desta Subsecção de 27-01-2004 (REC. 01956/03).
>
> "Será que as coisas se alteraram com a entrada em vigor do CPTA? Prescreve o citado artigo 51.º '1 – Ainda que inseridos num procedimento administrativo, são impugnáveis os actos administrativos com eficácia externa, especialmente aqueles cujo conteúdo seja susceptível de lesar direitos ou interesses legalmente protegidos.
>
> "(...)
>
> "3 – Salvo quando o acto em causa tenha determinado a exclusão do interessado do procedimento e sem prejuízo do disposto em lei especial, a circunstância de não ter impugnado qualquer acto procedimental não impede o interessado de impugnar o acto final com fundamento em ilegalidades cometidas ao longo do procedimento.
>
> "(...)
>
> "Mário Aroso de Almeida e Carlos A. Fernandes Cadilha (*In* COMENTÁRIOS AO CÓDIGO DE PROCESSO NOS TRIBUNAIS ADMINISTRATIVOS, Almedina, a p. 259), afirmam que, '*em face dos elementos do conceito enunciados no n.º 1, o acto contenciosamente impugnável não é apenas o acto conclusivo do procedimento administrativo ou de uma fase*

A Impugnação Contenciosa das Decisões de Admissão de Propostas ... 1071

autónoma desse procedimento, mas também pode ser um acto propulsor do procedimento (como o acto de abertura de um concurso...para adjudicação de um contrato) ou um qualquer acto intermédio (como o acto de aprovação do projecto de arquitectura no âmbito de licenciamento municipal)'.

"Na exposição de motivos da Proposta de Lei n.º 92/VIII, pode ler-se que, '*deixa de se prever a definitividade como requisito geral de impugnabilidade, não exigindo que o acto tenha sido praticado no termo de uma sequência procedimental ou...*' (*in* loc. e op. citados). No que tange à definitividade material, sendo embora certo que a *lesividade* (Relativamente à qual os mesmos autores afirmam que, 'a virtualidade de o acto lesar um concreto interesse individual é sobretudo uma condição de legitimidade activa, que opera apenas em relação às acções impugnatórias de feição subjectiva' (*ibidem,* a p. 261)) do acto constitui um limite incontornável da garantia ao recurso contencioso dos particulares inscrita na Lei Fundamental, pode no entanto o legislador na sua liberdade de conformação estabelecer um *minus* como requisito de impugnabilidade.

"Será então que aquele *minus* se pode ver na aludida asserção, *acto administrativo com eficácia externa*, no sentido de que bastará, como se afirma na sentença, um '*qualquer acto procedimental não final e com efeitos externos*', como no caso, um simples acto emitido antes do acto final que decidiu o procedimento, e que afinal, embora sem lesar ou afectar algum direito ou interesse legítimo de algum dos oponentes ao concurso lhes retiraria uma vantagem fáctica (mas meramente eventual, por ser menor a probabilidade de selecção final), por verem, mercê do acto impugnado, alargado o elenco de oponentes no processo concursal, em virtude de o mesmo ter conduzido à admissão da proposta de outro candidato, um acto de lesividade potencial em suma?

"É certo que a emergência de uma situação em que fica diminuído o elenco de oponentes no processo concursal, no caso, levaria a que apenas restasse um concorrente, não garante, *ipso facto,* que venha a ser adjudicada a empreitada ao autor da (única) proposta que subsistiria, atenta a faculdade que assiste ao dono da obra de poder rejeitar a proposta, em virtude de, nomeadamente, da ocorrência do condicionalismo previsto no art.º 105.º do REOP (verificação de preço *anormalmente baixo*).

"De todo o modo, pelo que se deixa exposto, é inegável em tal situação a produção de efeitos negativos na esfera jurídica do autor da acção, o que, segundo aqueles Autores, 'determinará o carácter impugnável do acto' (Referindo-se a um acto similar, e no regime pré-vigente, afirma-se no acórdão deste STA de 26/01/00 (Rec. 45707) que, 'actos como o que vem impugnado deixam o concorrente numa posição mais desfavorável...

1072 *Em Homenagem ao Professor Doutor Diogo Freitas do Amaral*

projectam-se negativamente sobre a sua posição competitiva, trazem-lhe alguma acrescida onerosidade' (*in* APDR de 8/NOV/02).).

"Pelo exposto, atenta a asserção contida no n.º 1 do art.º 51.º, e pela efectiva vantagem que a eliminação do acto impugnado conferiria ao impugnante, propende-se a concluir pela impugnabilidade do acto cuja anulação se pediu (Vieira de Andrade reconhece que a impugnabilidade de actos intermédios, cuja lesividade apenas se produz com a decisão final, não está prevista, nem excluída do art. 51.º, pelo que, '(…) deve ou deveria decorrer expressamente ou inequivocamente de uma lei' (*in* A Justiça Administrativa, 4ª edição, Coimbra, 2004, pág. 204.).)."

Em conclusão, somo da opinião de que hoje em dia é incontornável reconhecer às decisões da Administração que admitem propostas ou que convidam concorrentes para a fase das negociações em procedimentos concursais com uma fase negocial, que essas decisões são actos administrativos, susceptíveis de impugnação contenciosa, visto que conformam em termos objectivos e subjectivos o procedimento concursal, e são dotadas de lesividade para os outros concorrentes admitidos, os quais, por essa razão detém legitimidade processual para o efeito, dado que a sua participação no concurso, em termos materiais, é necessariamente condicionada pela intervenção do concorrente indevidamente admitido.

A UTILIZAÇÃO DO DOMÍNIO PÚBLICO PELOS CIDADÃOS

J. J. Gomes Canotilho

§§ 1. A memória do domínio público e da sua utilização

O título deste trabalho convoca incontornavelmente uma das obras paradigmáticas do direito público português. Referimo-nos, como é fácil de intuir, ao livro de Freitas do Amaral, com o título a *"A Utilização do Domínio Público pelos Particulares"*[1]. Limitámo-nos a substituir *particulares* por *cidadãos*. A mudança de palavras não é apenas um mero exercício linguístico. Como irá ver-se, pretendemos abordar o domínio público como espaço de exercício de direitos fundamentais.

A esta memória da literatura juspublicistica, acrescenta-se uma outra nota de recordação das coisas públicas – a recordação da *rua* como uma obra de arte constitucional. Num texto que publicámos recentemente, sob a influência manifesta de um número monográfico da revista francesa *Pouvoirs*[2], considerámos a rua um corredor de protestos e manifestações, um leito processional de liturgias, um tratado de direitos, desde o direito de nascer até ao direito de morrer.

Talvez não seja simples coincidência o facto de a rua – o domínio público, as estradas – ter estado presente em algumas das provas académicas mais recentes. Jorge Reis Novais ilustra as restrições aos direitos fundamentais não expressamente autorizadas pela constituição

---

[1] Cfr. Diogo Freitas do Amaral, *A Utilização do Domínio Público pelos Particulares*, Coimbra, 1965.

[2] Cfr. *La Rue*, in *Pouvoirs*, 116 (2005).

1074 *Em Homenagem ao Professor Doutor Diogo Freitas do Amaral*

com a colisão de direitos na rua[3]. O "espaço público" volta a ganhar relevância nos trabalhos de Sérvulo Correia sobre o direito de manifestação[4] e de Eduardo Correia Baptista[5] incidente sobre o direito de reunião e de manifestação. A intencionalidade destes trabalhos justifica que o tema seja de direitos e de colisão de direitos e só, indirectamente, da utilização do domínio público pelos particulares. Propomo-nos fazer um *cruzamento de problemáticas* – de exercício de direitos e de utilização do domínio público –, de forma a justificar o título do trabalho e a abrir os caminhos de ligação para o livro de Freitas do Amaral sobre a utilização do domínio público.

§§ 2. A rua como espaço de cidadania

Um grande número de trabalhos dedicados ao problema da utilização das ruas insinua logo nos seus títulos que estamos num espaço de cidadania. Em vez de se proceder a uma distinção rigorosa entre *uso geral, uso especial* e *uso privativo*, ou seja, as três formas típicas de utilização das vias públicas pelos particulares, procura-se transformar estes espaços em "institutos com pluralidade de fins"[6] de modo a contornar algumas dificuldades colocadas pela legislação referente a vias, estradas e caminhos públicos. Contesta-se, desde logo, que o direito estradal seja localizado exclusivamente no campo do direito administrativo, onde a doutrina pouco mais vê do que os usos típicos, em vez de tomar a sério a sua *constitucionalização*. É esta pressão constitucionalizadora que conduz alguns autores a rotular o direito estradal – pelo menos em algumas das suas dimensões, sobretudo a dimensão de "espaço livre" –, como "direito constitucional concretizado" ou "direito constitucional específico"[7]. Abre-se, assim, o caminho para um uso novo: o *uso geral comu-*

---

[3] Cfr. JORGE REIS NOVAIS, *As Restrições aos Direitos Fundamentais não Expressamente Autorizadas pela Constituição*, Coimbra Editora, Coimbra, 2003, p. 847 segs.

[4] Ver J. M. SÉRVULO CORREIA, *O Direito de Manifestação, Âmbito de Protecção e Restrições*, Almedina, Coimbra, 2006.

[5] Cfr. EDUARDO CORREIA BAPTISTA, *Os Direitos de Reunião e de Manifestação no Direito Português*, Almedina, Coimbra, 2006.

[6] Cfr. JOACHIM WÜRKNER, «Strassenrecht contra Kunstfreiheit?», in *Neue Juristische Wochenschrift*, 1987, p. 1793 segs.

[7] Veja-se, por exemplo, ENDERS, «Die Sondernutzung im Strassenrecht zwischen Erlaubnispflicht und Freiheitsanspruch des Bürgers» in *Verwaltungs Archiv*, 1992, p. 530.

A Utilização do Domínio Público pelos Cidadãos 1075

nicativo[8]. Nesta perspectiva, o conceito de "tráfego viário" abrangeria não apenas a deslocação de pessoas e de coisas através das estradas públicas, mas também a comunicação com outras pessoas, designadamente os transeuntes. Isto seria particularmente notório nas zonas pedonais dos aglomerados urbanos. Colocada a questão nestes termos, não é de admirar que o reconhecimento de um uso geral comunicativo transforme as vias públicas em *espaços públicos de colisão de direitos*[9]. *Prima facie*, as vias de tráfego recebem a bênção da arte, com o charme da originalidade e da espontaneidade dos músicos, dos pintores, dos actores de teatro[10]. Mas também o sabor do "botellon" alcoólico, da publicidade ambulante de produtos e mercadorias, da oferta de produtos, da venda de livros antigos e modernos. De uma forma ou de outra, a rua, um bem escasso, que, só de forma excepcional, admite usos especiais e estes sempre sujeitos à "proibição com reserva de autorização", abre-se ao exercício de direitos, liberdades e garantias com a inevitável consequência da intensificação da colisão de direitos em plena via pública. Acontece, até, que a "praxis" da "música" e da "pintura" pedonais vai- se radicando como matriz identitária de muitas cidades, obrigando não apenas a uma nova suspensão dogmática em torno dos usos, mas também a uma complexa tessitura dos pressupostos jurídico-constitucionais das referidas manifestações artísticas. De qualquer modo, a velha interrogação de Laubinger em torno desta questão central – "a arte na rua: uso geral ou uso especial?"[11], já dificilmente pode ser respondida com o arsenal das formas típicas da utilização do domínio público pelos particulares. Daí o nosso título: a utilização do domínio público[12] pelos cidadãos.

---

[8] Cfr., precisamente, F. HUFEN, «Zur rechtlichen Regelung der Strassenkunst- -Kommunikativer Gemeinbrauch oder Verbot mit Erlaubnisvorbehalt?», in *Die öffentliche Verwaltung*, 1983, p. 355.

[9] Consulte-se o recente trabalho de ANDREAS DIETZ, «Grundrechtskolisionen im öffentlichen Raum», *Archiv des öffentlichen Rechts,* 133 (2008), p. 557 segs.

[10] Cfr. JOACHIM WÜRKNER, «Strassenrecht contra Kunstfreiheit?», *Neue Juristische Wochenschrift*, 1983, p. 1793 segs.

[11] Veja-se, precisamente, H. W. LAUBINGER, «Strassenkunst: Gemeingebrauch oder Sondernatzung?», in *Verwaltungs Archiv*, 81 (1990), p. 583 ss.

[12] É óbvio que se pressupõe aqui a pertença das estradas ao domínio público (Constituição da República, art. 84/1/d)

§§ 3. A rua como bem escasso: a indispensabilidade da dogmática dos usos do domínio público

Quem se der ao trabalho de ler o Código da Estrada facilmente comprovará a *ratio* do uso comum: procura-se garantir a "liberdade de trânsito" ou a "livre circulação" com a consequente imposição de um dever de abstenção, por parte das pessoas, de actos que impeçam ou embaracem o trânsito ou comprometam a segurança ou comodidade dos utentes das vias (cfr. Código da Estrada, art.º 3.º/1 e 2). Se o conceito de uso comum das estradas e vias públicas deixa de ter como função típica, central e quase exclusiva, a livre circulação de pessoas e coisas, abrindo--se a outros fins (artísticos, políticos, comerciais, religiosos), corre-se o risco de ele se transmutar num "conglomerado" de usos especiais, com a consequente problemática de saber se ainda é possível recortar um uso geral (mesmo "comunicativo"), livre de qualquer autorização ou licença, ou se a pluralidade de fins obriga a introduzir o regime jurídico de usos especiais, interditos em via de princípio, e só admissíveis mediante licença das autoridades competentes. No fundo, é esta problemática que se encontra já subjacente na liberdade de manifestação e de reunião nas vias públicas. Aqui radica, porém, uma outra dimensão de conflitualidade. A intervenção ingerente das autoridades na fiscalização de "usos gerais comunicativos" – sobretudo quando eles se sedimentaram como "praxis" dos lugares – gera novos focos de tensão, pois enquanto os defensores de legalidade dos usos gerais comunicativos insistem na dispensa de qualquer autorização, as autoridades tendem a considerar essas práticas como usos especiais e, consequentemente, sujeitos a reserva de acto autorizativo. Logicamente, ao falar-se de reserva de acto autorizativo pressupõe-se que essa reserva tem o carácter de proibição preventiva com reserva de autorização[13]. Em termos porventura mais claros, isso significa a proibição de usos especiais das vias destinadas ao tráfego até à emissão da licença respectiva. Em regra, a decisão administrativa transporta uma folga discricionária que nem sequer inclui na ponderação da emissão de licença autorizativa o alargamento do âmbito jurídico de protecção do uso geral aos usos comunicativos. Sendo assim, aos eventuais conflitos de direitos entre vários pretendentes aos usos especiais (ou se se preferir ao uso geral comunicativo) acrescentam-se os conflitos entre os cidadãos

---

[13] Cfr. MAURER, *Allgemeines Verwaltungsrecht*, 16ª ed., 2006, p. 9 ss.

A *Utilização do Domínio Público pelos Cidadãos*   1077

e as autoridades de polícia. Perante a radical divergência entre "uso geral comunicativo" e "uso especial", é de presumir que a linha orientadora da decisão administrativa dê centralidade à "liberdade de circulação" e à "liberdade de tráfego" típicas do uso comum. No caso de licenciamento de usos especiais, a reserva de autorização serve precisamente para ponderar a relevância jurídico-pública e jusfundamental destes usos, ao mesmo tempo que procura desempenhar uma função distribuidora e igualizadora dos usos especiais, muitas vezes conflituantes[14].

§§ 4. Usos gerais e usos gerais comunicativos

A solução dos problemas a que se acaba de fazer referência pressupõe uma breve mas indispensável suspensão reflexiva em torno dos conceitos de uso geral e de uso especial. Uma parte desses problemas resulta mesmo de transmutação de usos especiais típicos em uso geral, crismando--os de uso geral comunicativo. A pergunta será então esta: qual a dimensão constitutiva típica do uso geral? A resposta orienta-se no sentido funcional: o uso geral das estradas e vias tem como função básica assegurar a liberdade de trânsito e a possibilidade de deslocação de pessoas e de coisas. Nestes termos, o uso geral transporta duas dimensões básicas: (1) direito de utilização sem necessidade de autorização (2) o uso estar em conformidade com a afectação das vias públicas à deslocação de pessoas e de coisas. É este, de resto, o conceito subjacente à definição de liberdade de trânsito pelo Código da Estrada a que nos referimos atrás. Mesmo com este perfil, não faltam autores que sublinham a dimensão jusfundamental deste uso geral, pois é através dele que se concretiza o direito de deslocação, a liberdade de ir e vir dos cidadãos e a liberdade de tráfego. De qualquer forma, recortam-se com clareza as dimensões constitutivas – interna e externa – de um conceito restrito de uso geral. São elas: (1) dimensão objectiva, traduzida na deslocação de pessoas e de coisas; (2) dimensão subjectiva, traduzida no fim da utilização que é sempre o da livre circulação. Numa fórmula plástica, dir-se-ia que o uso geral só existe quando as estradas forem utilizadas para fins de circulação

---

[14] Assinalando claramente esta função à reserva de autorização do regime de uso especial cfr. Schlarmann/Wagners, «Kommunale Werbnutzungsverträge und Ermessensbindung bei der Erteilung strassenrechtlicher Sondernutzungserlaubnisse», *Deutsches Verwaltungsblatt*, 23 (2007), p. 1472.

do tráfego[15]. Neste fim de circulação inclui-se o aparcamento ligado à própria circulação, mas já não o estacionamento para fins de venda ambulante, publicidade, ou, até, de acampamento provisório.

Esta caracterização do uso geral pautada pela afectação e fim das vias estradais restritamente confinadas à liberdade de tráfego, tem merecido enérgica oposição por parte dos defensores do chamado *uso geral comunicativo* que, como o adjectivo "comunicativo" insinua, aponta para o alargamento de algumas vias – ruas pedonais, praças, alamedas com espaços pedonais – à comunicação com os transeuntes. A favor de um fim autónomo de comunicação é invocada a mudança funcional das ruas em zonas pedonais ou destinadas primordialmente à circulação de pessoas. Estreitamente conexionada com esta mudança, surge a radicação de posições jusfundamentais da mais diversa natureza, desde a comunicação de ideias, o teatro de rua, a música, a venda de produtos artesanais, as bancas de alfarrabistas, etc. Estas utilizações da rua transmutam-se em situações normais, socialmente reconhecidas e aplaudidas e turisticamente estimuladas. Não mais o uso geral é pautado pela liberdade de tráfego, mesmo quando esta liberdade é reconduzida a um eventual direito de livre desenvolvimento da pessoa. Pelo contrário, o uso geral das zonas pedonais ou fundamentalmente destinadas aos transeuntes é agora o *uso comunicativo* intimamente referenciado ao livre desenvolvimento de direitos fundamentais, desde a liberdade de expressão até à liberdade de criação artística e cultural. Aqui vem entroncar a associação do uso comunicativo com o exercício de direitos fundamentais e a pressão dogmática no sentido da interpretação deste uso em conformidade com os princípios informadores da restrição destes direitos[16]. Não admira, também, que, a partir do uso comunicativo, a problemática central deixe de estar relacionada com o recorte conceitual do uso geral e dos usos especiais e respectiva teoria dos actos autorizativos (sobretudo da reserva de proibição de usos especiais com possibilidade de autorização/licença), para convocar para a rua a titularidade e exercício de direitos, liberdades e garantias. Os títulos dos trabalhos revelam a nova *ambiance* jusfundamental: "regulação jurídica da arte na estrada: uso geral comunicativo ou

---

[15] Sobre isto cfr., por ex. SAUTHOFF, «Die Entwicklung des Strassenrecht seit 1998», *Neue Zeitschrift für Verwaltungsrecht*, 2004, p. 679 segs.

[16] Neste sentido, de forma expressiva, Friedhel Hufen, «Zur rechlichen Regelung der Strassenkunst – Kommunikative Gemeinbrauch oder Verbot mit Erlaubnisvorbehalt?», *Die Öffentliche Verwaltung*, 36 (1983), p. 355.

A Utilização do Domínio Público pelos Cidadãos 1079

proibição com reserva de autorização?"[17], "direito estradal contra a liberdade artística?"[18], "do charme da originalidade e espontaneidade para o dever de obtenção de licença", "o uso especial no direito estradal, entre o dever de licenciamento e a pretensão de liberdade do cidadão"[19].

§§ 5. A "Libertação"dos vínculos autorizativos?

No plano prático, a autonomização dos fins comunicativos dentro do uso geral, significa a desvinculação de usos, precedentemente considerados como especiais, da velha dogmática do direito de ordenação, expressa na fórmula "proibição com reserva de autorização". A deslocação dos usos especiais para o uso geral e o alargamento do âmbito normativo deste ao uso comunicativo não convence uma significativa corrente doutrinal. O ponto de partida é sempre este: as próprias zonas pedonais estão afectadas, em primeira linha, ao tráfego de pessoas; não são palcos de teatro ao ar livre, ateliers de pintura, painéis de discussão, mercado de lembranças ou "casa da música". A objecção de cariz sociológico usualmente invocada – os usos especiais transmutaram-se num uso comunicativo identificador do espírito dos lugares – é neutralizada pela vivência quotidiana, demonstrativa da afectação das zonas pedonais ao fim primordial da liberdade de circulação. "A maioria dos passantes utiliza as zonas pedonais como 'areal' para a autodeslocação", reconduzindo-se os "momentos comunicativos", também na sua esmagadora maioria, a encontros e conversas dentro dos estabelecimentos comerciais situados nestas zonas[20]. É abusiva a pretensão de reclamar uma equivalência funcional entre "zonas pedonais" e locais ou espaços destinados pelas autarquias locais a *multiusos*, que vão desde manifestações artísticas a congressos políticos, comerciais ou desportivos. Uma segunda objecção contra a extensão do uso geral aos usos comunicativos assenta na dimensão marginal destes usos, pois, em geral, a originalidade e espontaneidade dura

---

[17] Cfr. F. Hufen, cit.

[18] Cfr. Joachim Würkner, «Strassenrecht contra Kunstfreiheit?», cit., p. 1793; idem, «Die Freiheit der Strassenkunst», *Neue Zeitschrift fur Verwaltungsrecht,* p. 841 segs.

[19] Cfr. Christof Enders, «Die Sondernutzung im Strassenrecht Zwischen Erlaubnispflicht und Freiheitsanspruch der Bürgers», *Verwaltungs Archiv,* 83 (1992), p. 527 ss.

[20] Neste sentido, cfr. Andreas Dietz, «Grundrechtskolisionen im öffentlichen Raum», cit., p. 561.

Em Homenagem ao Professor Doutor Diogo Freitas do Amaral

enquanto se mantiverem abertos os estabelecimentos nas zonas pedonais, não havendo, qualquer manifestação artística antes ou depois dos horários dos estabelecimentos comerciais ou de serviços. A objecção fundamental dirige-se, porém, num sentido estritamente jurídico-administrativo. Os usos comunicativos enxertados no uso geral criarão a desordem na rua, pois o direito estradal ou direito do ordenamento do tráfego citadino não prevêem procedimentos ou mecanismos para, em sede de uso geral, se harmonizarem e resolverem conflitos inevitavelmente presentes no caso de exercício livre de rua para as mais diversas manifestações. Dir-se-ia que a teleologia do licenciamento de *usos especiais* aponta, hoje, para a transformação dos actos autorizativos em actos de ponderação e de harmonização de direitos e pretensões, e não para a lógica binária tradicional de actividades livres e actividades proibidas, uso geral sem necessidade de autorização ou uso especial carecido de licenciamento. Como se disse atrás, a reserva de autorização dos regimes de uso especial desempenha, neste contexto, a importante função de equilíbrio, ajustamento e repartição[21]. Diferentemente, o alargamento do âmbito normativo do uso geral às já mencionadas dimensões comunicativas, com a consequente dispensa de licenciamento para os vários usos, acaba por impedir o cumprimento da missão principal das redes de tráfego, transformando-as não apenas em espaços de colisão de direitos, mas, até, de confrontações entre vários titulares de pretensões jusfundamentais[22]. É precisamente no exercício dos seus poderes discricionários (sempre juridicamente vinculados), no momento da outorga ou não de licenças de uso especial, que as autoridades podem e devem tomar em consideração e ponderar os interesses conflituantes.

É duvidoso que se possa falar em todas as hipóteses de "uso comunicativo" de um uso especial. Na verdade, e em rigor, um uso especial para a autorização de utilização de uma via pública pressupõe uma pretensão de (1) uso não incluído no uso geral ou para além deste uso (2) ou excludente do uso geral por parte de terceiros. Estas duas aproximações ao conceito de uso especial não resolvem todas as dúvidas. Em alguns casos, os usos especiais (por parte de pintores, músicos, actores) não

---

[21] Cfr. SCHLARMANN/WAGNER, «Kommunale Werbenutzungsverträge und Ermessensbindung bei der Erteilung strassenrechtlicher Sondernutzungserlaubnisse», cit., p. 1472.

[22] Cfr. ANDREAS DIETZ, «Grundrechtskollisionen...», cit., p. 563, que alude à neutralização do «Daseinszweck» primário das estradas e rua como garantia da liberdade de circulação.

A *Utilização do Domínio Público pelos Cidadãos*   1081

excluem o uso geral das ruas (liberdade de circulação) e coexistem bem uns com outros. Noutros casos, a aparente conformidade com o uso geral (ex: veículos em andamento a anunciar publicidade) ou transeuntes a distribuir jornais e folhetos, esconde finalidades diversas, mais próximas dos usos especiais. Estes exemplos servem, porém, para pôr em evidência que o *punctum saliens* de toda esta problemática reside no cruzamento de suas dogmáticas: (1) a dogmática dos direitos, liberdades e garantias que procura abordar a questão a partir da delimitação do âmbito normativo das posições jusfundamentais (não interessando agora se o ponto de partida se aproxima das teorias internas ou das teorias externas); (2) a dogmática dos usos do domínio público que pretende encontrar medidas de decisão com base no recorte preciso de uso geral e de usos especiais. Nos trabalhos mais recentes sobre esta problemática adopta-se uma aproximação *tópica*, inventariando as diversas situações de conflito de direitos fundamentais nas diversas *constelações tópicas de usos* do domínio público estradal[23]. No âmbito deste trabalho vamos limitar-nos à sua utilização com finalidades artísticas.

§§ 6. A liberdade da arte na rua

"A arte na rua" é um dos exemplos mais significativos a favor do uso geral comunicativo[24]. Mas é também o caso paradigmático da confusão conceitual (e não só) que perturba a discussão em torno deste tipo de uso. Muitas vezes, o uso comunicativo é agitado a propósito das políticas culturais dos municípios e outras autarquias locais. Argumenta-se com a duplicidade de critérios da administração prestadora que confere subsídios generosos aos estabelecimentos culturais institucionalizados enquanto desqualifica outras manifestações artísticas ("arte na rua"), não obstante

---

[23] Veja-se ANDREAS DIETZ, «Grundrechtskolisionen im öffentlichen Raum», cit., p. 580 segs, que percorre sucessivamente os seguintes casos: (1) utilização das estradas com fins económicos (publicidade de produtos, serviços, mercadorias, artigos impressos), (2) utilização com referências políticas (publicidade política, vendas, reuniões); (3) utilização com referências religiosas (publicidade de conteúdo religioso, oferta e venda de produtos e serviços religiosos; (4) utilização das estradas com fins artísticos; (5) utilização para encontros de festas dominadas pela ingestão de álcool, mendicidade, pernoita, etc.

[24] Cfr. JOACHIM WÜRKNER, «Strassenrecht contra Kunstfreiheit?», cit., p. 1793; idem, «Die Freiheit der Strassenkunst», *Neue Zeitschrift fur Verwaltungsrecht,* p. 841 ss.

Em Homenagem ao Professor Doutor Diogo Freitas do Amaral

esta arte ser considerada, muitas vezes, com o verdadeiro ADN do espírito do local. Ainda por cima – acrescenta-se –, estas manifestações artísticas são coagidas pela mesma administração a requerer e a pagar a licença de um uso especial. Tratando-se, como se trata – esgrimem ainda alguns autores – de um direito, liberdade e garantia livre de restrições constitucionalmente expressas, ele deve ser exercido sem exigência de licenças ou outros actos autorizativos que, neste contexto, outra coisa não são senão regimes restritivos inconstitucionais à liberdade de criação artística. Por outras palavras: a utilização do domínio público das ruas – mais especificamente das zonas pedonais – por parte dos mais exóticos artistas – músicos, acro-batas, pantominas, fotógrafos, pintores, fabricantes de artesanato –, nacionais ou estrangeiros, só, em termos excepcionais, se reconduz ao uso especial.

Outros actores tocam músicas diferentes. Os habitantes vizinhos, que dispõem de um uso privativo, invocam a lesão de direito à integridade física (começando pelo direito ao sossego) e de segurança para contestarem os "ajuntamentos artísticos". Os estabelecimentos comerciais da zona vêem a sua clientela inquietada pelos "gestos de mendicidade" e algumas vezes são confrontados com actividades de concorrência desleal. Não raro, os colegas de profissão", mas pertencendo a escolas diferentes – o violinista doce contra um percussionista puro e duro – agitam-se no mesmo espaço tornando o uso comunicativo num "uso comum insustentável". Vejamos alguns dos problemas aqui trazidos à colação.

a) Os "usos comunicativos" sob o ponto de vista do direito estradal

A questão básica, nos seus traços mais simples, é esta: a mudança das zonas pedonais de artérias ou vias destinadas à circulação de pessoas em lugares de comércio e de comunicação artística legítima ou não a autorização do "chamado uso geral comunicativo", livre de quaisquer actos autorizativos e aberto às diversas formas de comunicação acabadas de assinalar? Uma parte da jurisprudência, ancorada nas leis estradais, costumes próprios e regulamentos locais, mantém-se hostil à transformação da rua em "espaço de direito constitucional concretizado", orientando-se no sentido de considerar os usos objectivamente não destinados à deslocação e subjectivamente predispostos para finalidades outras que não a de deslocação de pessoas e coisas, como usos *especiais carecidos de actos autorizativos*. O argumento principal continua a ser o da neces-

A *Utilização do Domínio Público pelos Cidadãos* 1083

sidade de um procedimento de ponderação e de controlo dos vários usos especiais. Para esse efeito a "arte na rua" é um uso especial[25].

b) A *"arte na rua" como manifestação artística jusfundamentalmente protegida*

A abordagem a partir de uma perspectiva jusfundamental começa por contestar a lógica administrativista que, em último termo, dá como demonstrado aquilo que é preciso demonstrar: (1) que o uso comum da rua é um "bem" sempre prevalecente, em caso de concorrência ou colisão, sobre os usos comunicativos; (2) que a exigência de actos autorizativos não constitui, mesmo tomando em consideração a discricionariedade das autoridades na emissão da licença, qualquer restrição inconstitucional ou ilegal da liberdade de criação artística. A aceitação acrítica destes pressupostos justificaria mesmo a "dispensa de ponderação", por parte das autoridades administrativas, das circunstâncias de facto e de direito que envolvem a colisão de direitos e bens constitucionais no caso concreto.

Na ponderação entre uso especial para fins artísticos[26] e uso geral impõe-se, desde logo, a tomada em consideração da situação concreta. É muito diferente analisar o problema no caso de utilização de vias pedonais ou no caso de estradas destinadas à circulação de veículos motorizados. Se o uso comum para assegurar liberdade de circulação e deslocação em vias estradais para veículos motorizados se revela inequivocamente prevalecente em caso de colisão com usos especiais de natureza artística, já o mesmo não acontece ou pode acontecer nas zonas pedonais. Quanto mais as cidades se "concentram" e "compactam" de novo em torno do centro ou centros históricos com amplos espaços pedonais tanto mais se fornece abertura para a lógica de "multifunções" ou "multiusos" destes espaços com a consequente afirmação da bondade urbanística, turística e cultural dos usos artísticos.

---

[25] Cfr. em sentido próximo deste, FIKENTSCHER/MÖLLERS, «Die (negative) Informationsfreiheit als Grenze von Werbung und Kunstdarbietung», NJW, 1998, p. 1137 ss.

[26] Deixamos entre parêntesis o uso geral comunicativo para tornar mais clara a argumentação.

1084 Em Homenagem ao Professor Doutor Diogo Freitas do Amaral

c) Uso especial ou uso geral comunicativo?

O facto de a colisão de direitos e bens poder ser resolvida a favor da liberdade de criação artística na rua não afasta, como é óbvio, todos os problemas. Permanece o problema de saber se os usos artísticos se reconduzem a usos especiais sujeitos a "reserva de licenciamento" (ou a simples "reserva de autorização"), sendo certo que estas reservas têm em ambos os casos a natureza de proibição preventiva com reserva de autorização[27]. Nesta perspectiva, como já foi referido, o uso especial artístico permaneceria proibido até que a licença ou autorização fosse concedida. Quanto muito, os pretendentes a um uso especial poderão invocar um "direito subjectivo público" a uma decisão administrativa isenta de "vícios de discricionariedade" na emissão do acto autorizativo.

Contra este modo de ver as coisas estão os defensores do uso geral comunicativo. O ponto de partida radica logo na consideração dos "artistas de rua" como titulares de direitos fundamentais, sobretudo do direito de criação artística sem quaisquer restrições. A discussão em torno de "uso geral", "uso geral comunicativo" e "uso especial" não pode deixar de proceder a uma clarificação do âmbito normativo e do âmbito juridicamente protegido da liberdade de criação artística e da titularidade de direitos fundamentais dos artistas "de rua". Precisamente por isso, a definição dos pressupostos jurídico-constitucionais e as tarefas de concordância prática dos direitos em conflito pressupõem sempre uma interpretação em conformidade com a constituição. A dogmática jusfundamental de restrição de direitos, liberdades e garantias e dos instrumentos de regulação do uso geral das ruas e estradas[28] carece também de afinações harmonizadoras. A exigência de uma interpretação conforme coloca em dúvida o acerto jurídico e dogmático dos que defendem existir apenas um "direito subjectivo público", por parte dos "artistas de rua", ou uma "discricionariedade isenta de vícios" na emanação do auto autorizativo. Desde logo, não se vê como manejar o instituto da "discricionariedade decisória" no campo dos direitos, liberdades e garantias. Mas não só isso. A diferença entre "uso geral comunicativo" e "uso especial" começa logo no dever de obtenção de licença para o exercício da liberdade de criação

---

[27] Cfr., por ex., MAURER, *Allgemeines Verwaltungrecht*, p. 9, 51.

[28] Acentuando esta dimensão, cfr. F. HUFEN, «Zur rechtlichen Regelung der Strassenkunst – kommunikative Gemeinbrauch oder Verbot mit Erlaubnisvorbehalt?», cit., p. 353.

A Utilização do Domínio Público pelos Cidadãos   1085

artística na rua. A favor de uso especial e inerente dever de obtenção de licença argumenta-se com o "perigo de colisão de direitos fundamentais". Só um procedimento de licenciamento dos usos especiais permitirá a harmonização dos vários usos que, em alguns casos, serão até usos privativos dos cidadãos moradores na vizinhança dos espaços pedonais (ou até nos próprios espaços). Este argumento, que começa logo pelo intrigante "perigo de colisão", é, nas suas diferentes formulações, o argumento clássico a favor de um uso geral traduzido na afectação das estradas ao direito de circulação ("uso normal"). É também o ponto de partida para a teoria dos usos especiais sujeitos a licença. Mas não resolve o problema que aqui nos preocupa. O uso comum está em crise porque, por um lado, a intensificação dos transportes motorizados expropriou as vias rodoviárias do uso comum dos transeuntes pedonais. Como resposta, assiste-se nos perímetros citadinos à demarcação de zonas pedonais com exclusão de trânsito motorizado. Nestas zonas, recupera-se o "uso comum" de afectação das vias a vários fins, começando pelas manifestações artísticas, sem se perder o sentido de que mesmo as zonas pedonais servem, em primeiro lugar, para a deslocação – o "ir e vir" – das pessoas. Daí que comece a procurar-se uma via para a restrição do "uso geral" comunicativo através do *princípio da sustentabilidade do uso geral.* Quando os usos gerais comunicativos prejudicarem em termos excessivos ou desproporcionados o *uso geral*[29] deve colocar-se o problema da introdução de restrições ao exercício do direito de liberdade de criação artística. Restrições, como, quando e por quem? Quais os critérios para avaliar da sustentabilidade do uso geral comunicativo? O número de artistas de rua? O impacto ambiental provocado por algumas manifestações artísticas (ex. ruído)? O espaço ocupado na via pública? O tempo gasto pelos artistas? A resposta dada pelos defensores do uso geral comunicativo pauta-se, a maior parte das vezes, por uma notória falta de operacionalidade. Este é, de resto, um dos argumentos para se continuar a considerar que o uso geral comunicativo esconde um conglomerado de usos especiais sem o instrumentarium regulador destes mesmos usos. Em alguns casos, o problema encontra solução em leis gerais definidoras das restrições gerais de direitos, liberdades e garantias. É o caso da legislação sobre o ruído que, naturalmente, se aplicará aos "concertos" e aos "coros" com trompete nas zonas pedonais. Já a determinação da sustentabilidade através do número apresenta mais problemas, dada a inexistência de critérios objectivos,

---

[29] Cfr. HUFEN, ob. Cit., p. 359.

1086 Em Homenagem ao Professor Doutor Diogo Freitas do Amaral

parecendo seguro que um grande número de artistas poderá "entupir" a zona, enquanto um quarteto de cordas facilmente se revelará compatível com a sustentabilidade do uso geral. O mesmo valerá quanto ao espaço e tempo. Daqui se concluirá que, sob a aparente amizade jusfundamental do uso geral comunicativo, este poderá trazer mais incerteza regulativa do que a criada pela exigência de um procedimento de licenciamento administrativo. Subsiste, porém, um déficite incontornável nesta perspectiva que é a de considerar como "estradas separadas" o "direito estradal" e o direito de criação artística nas vias públicas"[30] quando, na verdade, o direito de criação artística na via pública assume foros de cidade em determinados espaços urbanos, deixando de ser uma actividade proibida, em princípio, sob reserva de autorização licenciadora. Ao mesmo tempo, porém, a perspectiva jusfundamentalista não poderá adoptar as teorias de restrições no sentido mais radical das teorias externas (as que, de resto, defendemos), pois a liberdade de criação artística, mesmo sem restrições expressas, não tem prevalência indisputada sobre outras posições jusfundamentais. Por isso – desde que a regulação dos usos especiais e das respectivas licenças – seja plasmada na lei e contenha uma disciplina conforme o regime dos direitos, liberdades e garantias, poderemos admitir que, ponderando a esgrima de argumentos, o melhor e mais subtil procedimento de solução de conflitos de direitos e de conflitos de usos, continuará a ser o procedimento autorizativo, pautado pelos princípios que hoje regem a actividade administrativa (justiça, proporcionalidade, boa fé).

d) Arte espontânea

Tal como existem manifestações (políticas, sociais) espontâneas na rua, sem necessidade de qualquer autorização, também haverá manifestações artísticas ocasionais dificilmente reconduzíveis a um uso especial carecido de licença. Relativamente a estas, a problemática não se distinguirá, no essencial, do regime jurídico-constitucional da liberdade de manifestação e de reunião.

---

[30] Aludindo a estas estradas, cfr. Joachim Würkner, "Die Freiheit der Strassenkunst, cit., p. 849.

O NOVO REGIME DO PROCEDIMENTO DE CLASSIFICAÇÃO DE BENS CULTURAIS IMÓVEIS

MIGUEL NOGUEIRA DE BRITO

1. Introdução: a evolução histórica desde o Decreto n.º 20.985, de 7 de Março de 1932 até ao Decreto-Lei n.º 309/2009, de 23 de Outubro

Uma exposição sobre o procedimento administrativo relativo à classificação de bens culturais deve adoptar como ponto de partida uma breve descrição da evolução legislativa que nesta matéria se oferece.

A este propósito, podemos considerar três fases essenciais: *i)* O regime de classificação constante fundamentalmente dos artigos 24.º e seguintes do Decreto n.º 20.985, de 7 de Março de 1932[1]; *ii)* O regime de classificação constante da Lei n.º 13/85, de 6 de Julho, onde esta matéria surge regulada nos artigos 7.º e seguintes; *iii)* O regime de classificação contido na Lei n.º 107/2001, de 8 de Setembro, actualmente em vigor e recentemente desenvolvido pelo recente Decreto-Lei n.º 309/2009, de 23

---

[1] É importante salientar o contexto temporal em que surge a nossa lei mais significativa sobre a tutela do património cultural: o Decreto n.º 20.985 foi aprovado pouco menos de um ano depois da realização da Conferência de Atenas sobre a conservação artística e histórica dos monumentos, realizada entre 21 e 30 de Outubro de 1931, que todavia não contou com a presença de qualquer representante português [cfr. FRANÇOISE CHOAY, «Introduction», in idem (ed.), *La Conférence d'Athènes sur la Conservation Artistique et Historique des Monuments (1931)*, Les Éditions de l'Imprimeur, Besançon, 2002, p. 7, nota 2]. Como nota FRANÇOISE CHOAY, «Introduction», *cit.*, p. 8, a Conferência de Atenas constitui um momento chave na história das teorias e práticas relativas à conservação do património histórico construído, em que pela primeira vez os monumentos históricos são evocados em termos de «*património artístico e arqueológico da humanidade*».

Em Homenagem ao Professor Doutor Diogo Freitas do Amaral

de Outubro, que tem justamente por objecto estabelecer «*o procedimento de classificação dos bens imóveis de interesse cultural, bem como o regime jurídico das zonas de protecção e do plano de pormenor de salvaguarda*». Atendendo a que o regime de classificação da Lei n.º 107/2001 apenas foi desenvolvido no que toca aos bens imóveis, são estes que irei ter sobretudo em mente na exposição subsequente, tecendo também algumas considerações em relação aos bens móveis.

É questionável, todavia, que possamos apresentar a evolução legislativa nesta matéria como compreendendo efectivamente três momentos distintos. Assim, o artigo 61.º, n.º 1, da Lei n.º 13/85 estabelecia que «*o Governo promoverá a publicação, no prazo de 180 dias, dos decretos-leis de desenvolvimento indispensáveis*», sem prejuízo de o artigo 62.º revogar toda a legislação que contrariasse o disposto no mesmo diploma. Apesar disso, os decretos de classificação de bens como de interesse cultural continuaram a invocar as disposições do Decreto n.º 20.985, e demais legislação complementar, e a utilizar as respectivas categorias de classificação[2].

Por seu turno, o artigo 111.º da Lei n.º 107/2001 estabelecia um prazo de um ano para o Governo aprovar a legislação de desenvolvimento, sendo que o artigo 114.º, n.º 1, da mesma lei revoga expressamente a Lei n.º 13/85.

Em face do exposto, e sem entrar aqui na discussão movediça das disposições das Leis n.º 13/85 e n.º 107/2001 que seriam directamente aplicáveis[3], a verdade é que, em vez de três fases, seria talvez mais realista distinguir duas fases na descrição dos regimes jurídicos efectivamente exequíveis em matéria de procedimento de classificação dos bens culturais: o regime do velho Decreto n.º 20.985 e o regime do novíssimo Decreto-Lei n.º 309/2009. O primeiro vigorou pelo menos cinquenta anos, se contarmos o seu período de vigência temporal até 1985, sendo talvez mais correcto estendê-lo até 2001 ou mesmo 2009: neste último caso teríamos cerca de oitenta anos de vigência. O segundo diploma entrou em vigor em 1 de Janeiro de 2010, de acordo com o respectivo artigo 79.º, contando, por isso, pouco mais de mês de vigência.

---

[2] Cfr., por exemplo, o teor do Decreto n.º 26-A/92, de 1 de Junho.

[3] Cfr., sobre isto, ANTÓNIO MARQUES DOS SANTOS, «A Protecção dos Bens Culturais no Ordenamento Jurídico Português», in AA. VV., *Estudos em Homenagem ao Professor Doutor Manuel Gomes da Silva*, Faculdade de Direito da Universidade de Lisboa, 2001, pp. 690-691.

É, pois, oportuno o tema deste escrito. As considerações introdutórias que precedem são também reveladoras do enorme abismo que separa as boas intenções do legislador – e a Lei n.º 13/85 não passou de uma manifestação disso mesmo – e o completo desinteresse da Administração pela tutela efectiva do património cultural.

O sistema do Decreto n.º 20.985 era simples e expedito:

– A lei previa a classificação de bens imóveis de interesse cultural nas categorias de «*monumento nacional*» (artigo 24.º) e «*imóvel de interesse público*» (artigo 30.º), considerando aplicáveis aos bens classificados nesta última categoria todas as disposições concernentes à classificação, desclassificação, alienação, demolição e conservação dos monumentos nacionais. A estas duas categorias, as Bases I e II da Lei n.º 2.032, de 11 de Junho de 1949, vieram acrescentar os «*valores concelhios*».

– O artigo 3.º, § único do Decreto n.º 20.985 previa a inventariação dos bens móveis pertencentes a particulares que fossem «*de subido apreço, reconhecido valor histórico, arqueológico ou artístico e cuja exportação do território nacional constitua prejuízo grave para o património histórico, arqueológico ou artístico do País*».

– Na prática, a diferença entre monumentos nacionais e imóveis de interesse público consistia no regime do restauro dos imóveis em causa: quanto aos monumentos nacionais vigorava o disposto no artigo 28.º, isto é, o decreto que classificasse um imóvel não pertencente ao Estado como monumento nacional deveria indicar a entidade a quem incumbiam os encargos de restauração, reparação ou conservação; no caso dos imóveis de interesse público, consignava o artigo 30.º que «*nenhuma obra de restauro poderá realizar-se neles sem que o respectivo projecto haja sido superiormente aprovado, ouvido o Conselho Superior de Belas Artes*».

– As propostas relativas à classificação de imóveis poderiam ser formuladas por entidades oficiais, podendo os particulares apresentar pedidos de classificação, devendo tais propostas e pedidos ser acompanhados dos necessários elementos justificativos (artigo 28.º).

– Os imóveis que fossem propriedade particular seriam classificados ouvido o proprietário, podendo ser expropriados em caso de oposição (artigo 25.º).

– Os imóveis classificados gozavam de uma zona de protecção de 50 metros, não podendo os imóveis aí abrangidos ser alienados ou ser objecto de construções e suas alterações ou receber qualquer nova utilização sem parecer favorável do Conselho Superior de Belas Artes (artigo

26.º). Em acréscimo a esta zona de protecção automática, o artigo 45.º previa ainda uma área de defesa, com extensão a indicar pelas autoridades competentes, em que nenhuma instalação, construção ou reconstrução poderia ser executada sem aprovação das entidades competentes.

– Durante a instrução do processo, os imóveis cuja classificação tivesse sido proposta não poderiam ser alienados, expropriados, restaurados ou reparados sem autorização das entidades competentes (artigo 27.º).

– Comunicada oficialmente a classificação do imóvel, ficava o seu proprietário ou usufrutuário responsável pela sua conservação e obrigado a comunicar quaisquer modificações ou estragos sofridos, podendo uma modificação não autorizada dar lugar ao competente embargo judicial (artigo 32.º). Os proprietários e usufrutuários estavam ainda obrigados a fazer as obras que as entidades competentes entendessem necessárias para a respectiva conservação, podendo tais obras ser feitas pelo Estado por sua conta ou ficar a propriedade onerada a favor do Estado caso se provasse que o proprietário ou usufrutuário não tinham meios para o respectivo pagamento (artigo 44.º).

– A concessão do título de monumento nacional ou imóvel de interesse público poderia ser anulada por decreto ministerial (artigo 37.º).

– A alienação de imóveis classificados estava sujeita à aceitação pelo adquirente do encargo de conservação, sendo atribuído ao governo um «direito de opção» (artigos 39.º e 40.º).

– A expropriação, demolição, total ou parcial, e restauração não podia ser efectuada sem autorização e parecer das entidades competentes (artigos 42.º e 43.º).

– A fixação de anúncios em imóveis classificados era expressamente proibida (artigo 46.º).

– O acto de classificação de monumentos nacionais e imóveis de interesse público devia constar de decreto expedido pelo Ministério da Instrução Pública (artigo 24.º).

Compreende-se por que razão afirmei, logo de início, que o regime aqui sucintamente descrito era expedito: por um lado, operava, quanto aos imóveis, apenas com um sistema de classificação, com duas categorias, a que se juntou depois uma terceira (os valores concelhios); por outro lado, o regime era tendencialmente idêntico para as diversas categorias de imóveis, quer quanto ao procedimento, quer quanto aos efeitos substantivos do acto de classificação.

Com a Lei n.º 13/85, as coisas complicaram-se.

O Novo Regime do Procedimento de Classificação de Bens Culturais Imóveis 1091

As razões do acréscimo de complexidade prendem-se, essencialmente, com a circunstância de os bens passarem a ser classificados de acordo com dois sistemas: segundo o artigo 7.º, n.º 2, os bens imóveis podiam ser classificados como monumento, conjunto e sítio, eventualmente agrupáveis em categorias, nos termos que viessem a ser regulamentados, e os móveis, unitária ou conjuntamente, como de valor cultural, podendo ainda todos os bens, móveis ou imóveis, ser classificados como de valor local, valor regional, valor nacional ou valor internacional. Ora, desde logo, não fazia sentido a classificação de valor internacional, a qual se afigura ser da competência da UNESCO[4]. Depois, era artificial a distinção entre valor local e valor regional[5]. Em resultado do corte radical e injustificado com o esquema tradicional, não houve vontade política de adequar os serviços a este novo esquema de classificação, mais complexo. O resultado, como se disse, foi a sobrevivência do velho

---

[4] Cfr. MIGUEL NOGUEIRA DE BRITO, «Sobre a Legislação do Património Cultural», in *Revista Jurídica*, n.ᵒˢ 11-12, Nova Série, 1989, pp. 175-176. Cfr. o artigo 11.º da Convenção para a Protecção do Património Mundial, Cultural e Natural, adoptada em Paris na 17.ª Conferência Geral da UNESCO, em 23 de Novembro de 1972, aprovada para ratificação pelo Decreto n.º 49/79, de 6 de Junho, publicado no *Diário da República*, I Série, n.º 130, de 6 de Junho de 1979, tendo o depósito do instrumento de ratificação sido efectuado em 2 de Outubro de 1980, conforme Aviso do Ministério dos Negócios Estrangeiros de 28 de Outubro de 1980, publicado no *Diário da República*, I Série, n.º 264, de 14 de Novembro de 1980, p. 3883.

[5] A distinção entre âmbito nacional, regional ou local é também adoptada pela Lei n.º 11/87, de 7 de Abril (Lei de Bases de Ambiente) para a classificação das áreas protegidas. Como resulta do Decreto-Lei n.º 19/93, de 23 de Janeiro, essa distinção releva na iniciativa da classificação, regulamentação e gestão das áreas protegidas em causa e tem, portanto, um sentido próprio, inexistente no caso dos bens culturais, em que faz pouco sentido falar da respectiva regulamentação e gestão como atribuições das administrações regional e local. Por outro lado, seria ainda interessante estabelecer um paralelo entre a classificação de bens culturais e a classificação em matéria de ambiente, a que se refere o artigo 29.º da Lei n.º 11/87, como sugere ANTÓNIO MARQUES DOS SANTOS, «A Protecção dos Bens Culturais no Ordenamento Jurídico Português», *cit.*, p. 679, nota 26, muito embora o paralelo sirva sobretudo para acentuar a ausência de instrumentos operativos de classificação em ambas as áreas, como acentua JOÃO MARTINS CLARO, «Enquadramento e Apreciação Crítica da Lei n.º 13/85», in JORGE MIRANDA, JOÃO MARTINS CLARO e MARTA TAVARES DE ALMEIDA (coords.), *Direito do Património Cultural*, INA, s. l., 1996, p. 305. Esse mesmo paralelo estende-se às medidas de polícia previstas na Lei n.º 11/87 (cfr. artigos 34.º a 36.º) e na Lei n.º 107/2001 (cfr. artigo 33.º), a que adiante farei referência.

1092   *Em Homenagem ao Professor Doutor Diogo Freitas do Amaral*

regime e o facto, não inusitado entre nós, de a letra do legislador não passar de letra morta[6].

Este é, pois, o horizonte histórico à luz do qual devemos enquadrar a análise do novo regime de procedimento de classificação.

2. Razão de ordem

Antes de o fazer, porém, importa, desde já, esclarecer quais os aspectos a tratar na exposição subsequente. Interessa, com efeito, não perder de vista que o direito do património cultural é, simultaneamente, um ramo especial do direito administrativo, mas também uma importante área de incidência do direito de polícia administrativa, isto é, do ramo do direito administrativo que trata o controlo de perigos pelas autoridades administrativas[7].

Nesta perspectiva, começarei por me debruçar sobre o acto de classificação, uma vez que este constitui o termo do procedimento de classificação[8]. No que toca a este acto, analisarei primeiro o seu objecto e conteúdo, para depois abordar a questão da sua natureza jurídica. Seguidamente, farei o mesmo quanto às medidas de polícia administrativa previstas no procedimento em causa.

Numa segunda parte, abordarei o procedimento propriamente dito, tratando os sujeitos do procedimento, a sua marcha e as garantias dos particulares. Também aqui terei presente a distinção entre o procedimento tendente ao acto de classificação e o procedimento das medidas de polícia.

Finalmente, e antes de concluir, farei algumas referências ao acto e procedimento de desclassificação.

---

[6] Para uma crítica exaustiva do regime da Lei n.º 13/85, cfr. João Martins Claro, «Enquadramento e Apreciação Crítica da Lei n.º 13/85», *cit.*, pp. 279 e ss.

[7] Cfr. Miguel Nogueira de Brito, «Direito de Polícia», in Paulo Otero e Pedro Gonçalves (coords.), *Tratado de Direito Administrativo de Polícia*, vol. I, Almedina, Coimbra, 2009, pp. 306 e ss.

[8] Sigo assim o exemplo de José Manuel Sérvulo Correia, «Procedimento de Classificação de Bens Culturais», in Jorge Miranda, João Martins Claro e Marta Tavares de Almeida (coords.), *Direito do Património Cultural*, INA, s. l., 1996, pp. 329 e ss.

O Novo Regime do Procedimento de Classificação de Bens Culturais Imóveis 1093

3. O acto de classificação

Quanto ao acto de classificação, seguindo, com alguns desvios, a lição de Sérvulo Correia, importa distinguir o seu objecto, o seu conteúdo, os efeitos e, por fim, a sua natureza jurídica.

3.1. *Objecto*

O objecto do acto de classificação é constituído pelos bens culturais, tal como definidos no artigo 14.º da Lei n.º 107/2001, isto é, os bens móveis e imóveis que, de harmonia com o disposto nos n.os 1, 3 e 5 do artigo 2.º, representem testemunho material com valor de civilização ou de cultura.

À partida, parece estar excluída a classificação de bens imateriais, a que se refere o artigo 91.º da Lei n.º 107/2001.

É necessário salientar que a lei é especialmente exigente no que toca à classificação dos bens móveis. Segundo o artigo 18.º, n.os 2 a 4, da Lei n.º 107/2001, os bens móveis pertencentes a particulares só podem ser classificados como de interesse nacional quando a sua degradação ou o seu extravio constituam perda irreparável para o património cultural; dos bens móveis pertencentes a particulares só são passíveis de classificação como de interesse público os que sejam de elevado apreço e cuja exportação definitiva do território nacional possa constituir dano grave para o património cultural (à semelhança do que previa o artigo 3.º, § único do Decreto n.º 20.985); finalmente, só é possível a classificação de bens móveis de interesse municipal com o consentimento dos respectivos proprietários.

3.2. *Conteúdo*

Nos termos do artigo 15.º, n.º 1, da Lei n.º 107/2001 os bens imóveis podem pertencer às categorias de monumento, conjunto ou sítio, nos termos em que tais categorias se encontram definidas no direito internacional, e os móveis, entre outras, às categorias indicadas no título VII. Surge aqui uma primeira dificuldade: é que não é claro quais as categorias indicadas no citado título do diploma em causa. Se se tratar das diversas categorias de património mencionadas nos capítulos segundo a

1094   *Em Homenagem ao Professor Doutor Diogo Freitas do Amaral*

sétimo do título VII (património arqueológico, arquivístico, áudio-visual, bibliográfico, fonográfico e fotográfico, respectivamente) é, desde logo, duvidoso que aí estejam sempre em causa bens móveis. Não há dúvida de que assim será com o património arqueológico, arquivístico e bibliográfico. Já se afigura duvidoso, todavia, que estejam em causa bens móveis nas restantes categorias de património indicadas. Assim sucede com o património áudio-visual, que o artigo 84.º da lei define como séries de imagens *«fixadas sobre qualquer suporte»*. Do mesmo modo, também o património fonográfico é constituído por séries de sons *«fixados sobre qualquer suporte»* (artigo 89.º) e o património fotográfico consiste em imagens obtidas por processos fotográficos *«qualquer que seja o suporte»*. Os bens móveis são necessariamente corpóreos, parecendo aqui estarem antes em causa, como se vê, bens imaterais, a que se refere o artigo 91.º da Lei n.º 107/2001. Parece, assim, que nos casos do património audio-visual, fonográfico e fotográfico a classificação incidirá sobre os bens móveis ou imóveis que consubstanciam o suporte daquelas categorias, desde que os mesmos revelem especial interesse etnográfico ou antropológico, como parece resultar do disposto no citado artigo 91.º, n.º 3.

As categorias de monumento, conjunto e sítio têm o sentido que lhes é dado pelo direito internacional, como se diz no artigo 15.º da Lei n.º 107/2001 e no artigo 2.º do Decreto-Lei n.º 309/2009[9]. Ao contrário do que sucedia com o artigo 8.º da Lei n.º 13/85, o novo regime resistiu a definir estas categorias. Como nota Martins Claro, através destas categorias, a lei ultrapassa a noção de imóvel própria da legislação civil, procurando sublinhar o valor cultural de um ou vários imóveis agregados em função do seu destino ou integração espacial[10].

Finalmente, de acordo com uma terceira categoria (as duas primeiras são, recordemo-lo, as que distinguem bens culturais imóveis/móveis, por um lado, e monumentos, conjuntos e sítios, por outro), os bens imóveis e móveis podem ser classificados como de interesse nacional – a que corresponde a designação de *«monumento nacional»* ou de *«tesouro*

---

[9] Cfr. o artigo 2.º da Convenção para a Protecção do Património Mundial, Cultural e Natural, adoptada em Paris na 17.ª Conferência Geral da UNESCO, em 23 de Novembro de 1972.

[10] Cfr. João Martins Claro, «Notas sobre o Regime Jurídico de Protecção dos Bens Culturais Imóveis», in AA. VV., *Direito do Património Cultural & Ambiental: Actas do Colóquio realizado em Monserrate (Sintra), a 7 de Junho de 2005* (Cadernos de Património, Série História & Arte # 29), Câmara Municipal de Sintra, 2006, p. 43.

O Novo Regime do Procedimento de Classificação de Bens Culturais Imóveis 1095

nacional», consoante, estejam em causa, respectivamente, bens imóveis ou móveis – de interesse público e de interesse municipal (cfr. artigos 15.º da Lei n.º 107/2001 e 3.º do Decreto-Lei n.º 309/2009). Houve aqui o cuidado de manter uma certa correspondência com categorias da classificação do Decreto n.º 20.985: ao monumento nacional e ao imóvel de interesse público correspondem agora os monumentos, conjuntos ou sítios de interesse nacional e de interesse público, ambos com importância nacional[11].

3.3. *Efeitos*

Quais os efeitos da classificação? É esta, na verdade, a questão essencial colocada a qualquer regime de tutela do património cultural que se pretenda eficaz, o que nem sempre tem sido o caso no nosso País.

O artigo 20.º da Lei n.º 107/2001 prevê a atribuição dos seguintes direitos aos titulares de direitos reais sobre bens classificados: *a*) O direito de informação quanto aos actos da administração do património cultural que possam repercutir-se no âmbito da respectiva esfera jurídica; *b*) O direito de conhecer as prioridades e as medidas políticas já estabelecidas para a conservação e valorização do património cultural; *c*) O direito de se pronunciar sobre a definição da política e de colaborar na gestão do património cultural, pelas formas organizatórias e nos termos procedimentais que a lei definir; *d*) O direito a uma indemnização sempre que do acto de classificação resultar uma proibição ou uma restrição grave à utilização habitualmente dada ao bem; *e*) O direito de requerer a expropriação, desde que a lei o preveja.

Para além disso, o artigo 31.º, n.º 3, do mesmo diploma prevê ainda que o registo patrimonial de classificação abrirá, aos proprietários, possuidores e demais titulares de direitos reais sobre os bens culturais classificados, o acesso aos regimes de apoio, incentivos, financiamentos e estipulação de acordos e outros contratos a que se refere o n.º 1 do artigo 60.º, reforçados de forma proporcional ao maior peso das limitações[12].

---

[11] Existe, com efeito, um evidente paralelo entre os termos do artigo 15.º, n.os 4 e 5, da Lei n.º 107/2001 com os dos artigos 24.º e 30.º do Decreto n.º 20.985.

[12] Sobre o registo patrimonial de classificação, cfr. os artigos 16.º, 60.º e 64.º da Lei n.º 107/2001.

Em Homenagem ao Professor Doutor Diogo Freitas do Amaral

Entre as situações jurídicas passivas que afectam o titular de direitos reais sobre bens culturais, cabe destacar as seguintes, elencadas no artigo 21.º da Lei n.º 107/2001: *a*) Facilitar à administração do património cultural a informação que resulte necessária para execução da presente lei (cfr. ainda o dever de comunicação das situações de perigo, a que alude o artigo 32.º); *b*) Conservar, cuidar e proteger devidamente o bem, de forma a assegurar a sua integridade e a evitar a sua perda, destruição ou deterioração; *c*) Adequar o destino, o aproveitamento e a utilização do bem à garantia da respectiva conservação; *d*) Observar o regime legal instituído sobre acesso e visita pública, à qual podem, todavia, eximir-se mediante a comprovação da respectiva incompatibilidade, no caso concreto, com direitos, liberdades e garantias pessoais ou outros valores constitucionais; *e*) Executar os trabalhos ou as obras que o serviço competente, após o devido procedimento, considerar necessários para assegurar a salvaguarda do bem.

A lei prevê ainda outras situações jurídicas passivas, quer para os titulares dos bens, quer para terceiros, como a insusceptibilidade de aquisição por usucapião (artigo 34.º), o direito de preferência (artigos 35.º e seguintes), a proibição de inscrições ou pinturas (artigo 41.º), a suspensão de prazos relativos a actos e operações urbanísticas (artigo 42.º), o estabelecimento de zonas gerais e especiais de protecção (artigo 43.º), a previsão de requisitos especiais quanto a projectos, obras e intervenções (artigos 45.º e 51.º), o dever de execução de obras de conservação obrigatória (artigo 46.º), a sujeição a regras especiais em matéria de deslocamento e demolição (artigos 48.º e 49.º).

O equilíbrio (ou a sua falta) entre direitos e vinculações do detentor de bens classificados é bem expresso nos n.os 1 e 2 do artigo 60.º da Lei n.º 107/2001. Assim, o n.º 1 limita-se a estabelecer, de forma genérica, que o registo patrimonial de classificação abrirá aos proprietários, possuidores e demais titulares de direitos reais sobre os respectivos bens culturais o acesso a regimes de apoio, incentivos, financiamentos e estipulação de contratos e outros acordos, nos termos da presente lei e da legislação de desenvolvimento. Já o n.º 2 da mesma disposição se afigura mais minucioso na indicação das restrições e ónus a que ficam sujeitos os bens classificados como de interesse público[13]. Tais restrições e ónus

---

[13] As mesmas restrições e ónus são também aplicáveis aos bens classificados como de interesse nacional e municipal, nos termos do artigo 31.º, n.º 4, do mesmo diploma.

abrangem os seguintes aspectos: *a*) Dever, da parte do detentor, de comunicar a alienação ou outra forma de transmissão da propriedade ou de outro direito real de gozo, para efeitos de actualização de registo; *b*) Sujeição a prévia autorização do desmembramento ou dispersão das partes integrantes do bem ou colecção; *c*) Sujeição a prévia autorização do serviço competente de quaisquer intervenções que visem alteração, conservação ou restauro, as quais só poderão ser efectuadas por técnicos especializados, nos termos da legislação de desenvolvimento; *d*) Existência de regras próprias sobre a transferência ou cedência de espécies de uma instituição para outra ou entre serviços públicos; *e*) Sujeição da exportação a prévia autorização ou licença; *f*) Identificação do bem através de sinalética própria, especialmente no caso dos imóveis; *g*) Obrigação de existência de um documento para registos e anotações na posse do respectivo detentor.

É patente o desequilíbrio: a classificação abre aos titulares de bens culturais «*o acesso*» aos regimes de apoio nos termos da legislação de desenvolvimento que há-de vir, mas os bens, esses ficam desde já sujeitos a «*restrições e ónus*». O equilíbrio entre as situações passivas e activas que atingem os titulares dos bens culturais pode ser restabelecido por duas vias, previstas na lei: o direito de requerer a expropriação, previsto no artigo 20.º, alínea e), da Lei n.º 107/2001; o regime de benefícios e incentivos fiscais relativos à protecção e valorização do património cultural, a que se refere o artigo 97.º do mesmo diploma. Sucede que o direito de requerer a expropriação é conferido «*desde que a lei o preveja*»; por seu turno, a definição e estruturação do regime de benefícios e incentivos fiscais «*são objecto de lei autónoma*». Na falta de tal «lei autónoma» o regime de benefícios fiscais existente resume-se ao seguinte: o artigo 44.º, n.º 1, alínea n), do Estatuto dos Benefícios Fiscais, na redacção do Decreto-Lei n.º 108/2008, de 26 de Junho, isenta do imposto municipal sobre imóveis «*os prédios classificados como monumento nacionais e os prédios individualmente classificados como de interesse público ou de interesse municipal, nos termos da legislação aplicável*»; o artigo 6.º, alínea g), do Código do Imposto Municipal sobre as Transmissões Onerosas de Imóveis, aprovado pelo Decreto-Lei n.º 287/2003, de 12 de Novembro, isenta de IMT «*as aquisições de prédios classificados como de interesse nacional, de interesse público ou de interesse municipal, ao abrigo da Lei n.º 107/2001, de 8 de Setembro*».

Finalmente, um importante conjunto de efeitos que está associado à classificação de bens culturais, ou à mera possibilidade de essa classifi-

Em Homenagem ao Professor Doutor Diogo Freitas do Amaral

cação vir a ser levada a cabo, é a sujeição a um regime jurídico próprio em matéria de polícia administrativa, a que adiante farei referência.

3.4 . Conceito e natureza

A própria Lei n.º 107/2001 dá-nos, no seu artigo 18.º, n.º 1, uma definição do acto de classificação: «*Entende-se por classificação o acto final do procedimento administrativo mediante o qual se determina que certo bem possui um inestimável valor cultural*». Parece mais correcta, porque mais completa, a definição legal que foi proposta por Sérvulo Correia: «*acto de classificação de bens culturais é o acto administrativo que constitui a certeza jurídica do valor cultural de uma coisa para efeito da submissão desta ao regime jurídico do património cultural e eventualmente a situa nas subcategorias que a lei estabelece para os bens de valor cultural*»[14].

Com efeito, a definição legal dá-nos uma parte do conceito, respeitante à verificação do pressuposto da classificação, isto é, a comprovação do valor cultural do bem a classificar, deixando de lado as consequências da classificação, relativas à sujeição ao regime jurídico do património, que expus brevemente no ponto anterior. Em ambos os casos estão em causa efeitos do acto de classificação: um efeito directo, a comprovação do valor cultural inestimável, que fica assim estabelecida com carácter de autoridade; um efeito reflexo, que consiste na sujeição do bem a um regime especial.

Discute a doutrina se está aqui em causa um acto cognoscitivo ou declarativo ou, pelo contrário, um acto constitutivo. À luz do que fica dito, o acto envolve uma margem de livre apreciação, nos domínios da designada discricionariedade técnica, isto é, uma actividade de valoração que implica elementos subjectivos, e por isso, reveste natureza constitutiva. Isto significa que, no plano da respectiva sindicabilidade contenciosa, o acto de classificação envolve uma reserva parcial de administração em face do juiz administrativo, nas palavras de Sérvulo Correia[15].

---

[14] Cfr. José Manuel Sérvulo Correia, «Procedimento de Classificação de Bens Culturais», *cit.*, p. 330.

[15] Cfr. José Manuel Sérvulo Correia, «Procedimento de Classificação de Bens Culturais», *cit.*, pp. 340-341.

O que acaba de ser dito pode ser confirmado através da comparação entre o acto de classificação e o acto de inventariação, a que alude o artigo 19.º da Lei n.º 107/2001. Neste último, consistindo num levantamento sistemático, actualizado e exaustivo dos bens culturais existentes a nível nacional, com vista à respectiva identificação, e podendo abranger bens não classificados (artigo 19.º, n.º 3), avulta claramente o aspecto cognoscitivo. Salvaguardadas as devidas distâncias, será mesmo possível estabelecer um paralelo entre o acto de classificação e o acto de inventariação de bens culturais, por um lado, e o acto de atribuição do estatuto dominial aos bens reservados (isto é, os bens cuja incorporação no catálogo das coisas públicas atende exclusivamente às suas características naturais, como sucede com as coisas que se integram nos domínios marítimo, hídrico e geológico) e aos bens de destinação pública (isto é, os bens que se caracterizam pela sua vocação para servirem uma função de utilidade pública, como estradas, caminhos de ferro, aeroportos, instalações militares e edifícios públicos), por outro[16]. As devidas distâncias consistem no seguinte: o acto de atribuição de estatuto dominial aos bens de destinação pública constitui, certamente, um *plus* em relação ao acto de classificação de um bem cultural. No primeiro caso é necessário um acto de afectação do bem à função de utilidade pública de que constitui suporte material; no segundo, está em causa uma prerrogativa de avaliação por parte da Administração. Já o acto de atribuição de estatuto dominial aos bens reservados envolve, tal como sucede com o acto de inventariação de bens culturais, o exercício de competências de carácter «meramente *accertativo*»[17].

4. As medidas provisórias

O procedimento de classificação culmina, sem dúvida, no acto de classificação. Mas a existência de um acto de classificação, ou mesmo a

---

[16] Sobre esta distinção, cfr. BERNARDO AZEVEDO, «Linhas Fundamentais por que se rege a disciplina jurídico-normativa aplicável à constituição, gestão e extinção dos bens públicos», in ANTÓNIO CÂNDIDO OLIVEIRA (coord.), *Domínio Público Local*, CEJUR, Braga, 2006, pp. 43-44.

[17] Cfr. CERULLI IRELLI, «Beni Pubblici», cit. em BERNARDO AZEVEDO, «Linhas Fundamentais por que se rege a disciplina jurídico-normativa aplicável à constituição, gestão e extinção dos bens públicos», *cit.*, p. 45.

Em Homenagem ao Professor Doutor Diogo Freitas do Amaral

abertura de um procedimento de classificação, habilita as autoridades competentes a adoptar certas medidas de polícia, isto é medidas destinadas a evitar «*o risco de destruição, perda extravio ou deterioração*» do bem em causa, como se lê no artigo 33.º da Lei n.º 107/2001.

Entre essas medidas contam-se as medidas provisórias, tal como as designa o citado artigo 33.º, que podem consistir em actos administrativos (intimações para a realização de determinados actos ou obras), mas também em operações materiais (intervenções em bens). É importante salientar que o artigo 33.º consagra uma verdadeira cláusula geral de polícia administrativa, como decorre de aí se prever que em caso de risco de destruição, perda, extravio ou deterioração de um bem classificado ou em vias de classificação poderão as entidades competentes «*determinar as medidas provisórias ou as medidas técnicas de salvaguarda indispensáveis e adequadas*»[18].

Para além disso, o artigo 50.º do mesmo diploma prevê casos de expropriação que devem ser configurados como verdadeiras medidas de polícia. Assim, dispõe o n.º 1 do citado artigo que a expropriação pode ter lugar: *a*) quando por responsabilidade do detentor, decorrente de violação grave dos seus deveres gerais, especiais ou contratualizados, se corra risco sério de degradação do bem; *b*) quando por razões jurídicas, técnicas ou científicas devidamente fundamentadas a expropriação se revele a forma mais adequada de assegurar a tutela do bem.

Do mesmo modo, também o depósito, previsto no artigo 58.º deve ser considerado uma medida de polícia administrativa, no caso previsto no respectivo n.º 2, que dispõe o seguinte: «Em caso de incumprimento, por parte dos detentores, de deveres gerais, especiais ou contratualizados, susceptível de acarretar um risco sério de degradação ou dispersão dos bens, poderá o Governo, os órgãos de governo próprio das Regiões Autónomas e os órgãos municipais competentes nos termos da presente lei ordenar que os mesmos sejam transferidos, a título de depósito, para a guarda de bibliotecas, arquivos ou museus».

No âmbito do urbanismo, são também medidas de polícia administrativa a suspensão dos procedimentos de concessão de licença ou autorização de operações de loteamento, obras de urbanização, edificação, demolição, movimentos de terras ou actos administrativos equivalentes,

---

[18] Sobre a problemática das cláusulas gerais no direito de polícia administrativa, cfr. Miguel N. de Brito, "«Direito de Polícia», *cit.*, pp. 366 e ss.

O *Novo Regime do Procedimento de Classificação de Bens Culturais Imóveis* 1101

bem como a suspensão dos efeitos das licenças ou autorizações já concedidas, a qual se mantém até à decisão final do procedimento de classificação, nos termos conjugados dos artigos 42.º da Lei n.º 107/2001 e 15.º do Decreto-Lei n.º 309/2009. Esta suspensão ocorre não apenas em relação aos bens em vias de classificação, mas também aos bens situados nas zonas de protecção de 50 metros a que a lei sujeita automaticamente os mencionados bens, de acordo com o disposto nos artigos 43.º da Lei n.º 107/2001 e 16.º do Decreto-Lei n.º 309/2009.

Em regra, as garantias dos particulares são reduzidas tratando-se de medidas de polícia, sobretudo se estiverem em causa operações materiais: revestirá aí especial importância a intimação para a protecção de direitos, liberdades e garantia, a que se refere o artigo 109.º do Código de Processo nos Tribunais Administrativos. A este propósito, importa, todavia, notar a preocupação do legislador em procedimentalizar a actividade de polícia administrativa nesta matéria, ao estipular no artigo 33.º, n.º 2, que se as medidas ordenadas importarem para o detentor a obrigação de praticar determinados actos, deverão ser fixados os termos, os prazos e as condições da sua execução, nomeadamente a prestação de apoio financeiro ou técnico. Igualmente revelador da importância garantística que se atribuiu ao procedimento neste âmbito específico da polícia administrativa é o regime de notificação, publicação, divulgação electrónica e impugnação administrativa do acto de abertura do procedimento (artigos 9.º a 13.º do Decreto-Lei n.º 309/2009). Com efeito, uma vez que todos os efeitos decorrentes do acto final do procedimento decorrem também do seu acto de abertura, justificam-se as especiais cautelas do legislador nesta matéria.

A importância da perspectiva do direito de polícia administrativa no contexto do procedimento de classificação de bens culturais é demonstrada por uma característica peculiar deste último: como anteriormente se disse, quase todos os efeitos associados à classificação são estendidos por lei aos bens «*em vias de classificação*», entendendo-se como tal o bem relativamente ao qual foi efectuada aos interessados a notificação da decisão de abertura do procedimento (cfr. artigos 25.º da Lei n.º 107/2001 e 14.º do Decreto-Lei n.º 309/2009). As entidades a considerar para efeitos de notificação da decisão de abertura do procedimento são o proprietário, o possuidor ou titular de outro direito real sobre o imóvel, a câmara municipal do município onde se situe o bem imóvel e, quando diferente, o requerente da decisão de abertura do procedimento de classificação (artigo 9.º, n.º 1, do Decreto-Lei n.º 309/2009).

1102 *Em Homenagem ao Professor Doutor Diogo Freitas do Amaral*

5. O procedimento de classificação.

5.1. *Acto de classificação, medidas provisórias e procedimento de classificação*

Se é grande a margem de livre apreciação da Administração no acto de classificação, como vimos, tanto mais importância reveste o procedimento como forma de garantir os direitos dos particulares. É claro que essa importância verifica-se ainda no caso das medidas de polícia e isso decorre, desde logo, de estas poderem ser adoptadas em relação aos bens em vias de classificação.

5.2. *Sujeitos do procedimento*

Os sujeitos do procedimento são a Administração e os particulares. É preciso, no entanto esclarecer que quando se diz a Administração não se pretende apenas significar a entidade responsável pela abertura e condução do procedimento, que é o IGESPAR, I.P. (artigos 5.º e seguintes do Decreto-Lei n.º 309/2009), ou o membro do Governo responsável pela decisão final do procedimento de classificação de um bem imóvel (artigo 30.º do Decreto-Lei n.º 309/2009) mas também todo órgão e agente administrativo a quem cabe o impulso para a abertura de um procedimento (artigo 25.º). Do mesmo modo, quando se diz particular não se pretende significar apenas o proprietário, possuidor ou detentor de um bem cultural, mas também todo o interessado, incluindo associações de defesa do património (artigos 10.º e 25.º da Lei n.º 107/2001).

5.3. *Marcha do procedimento*

Importa neste âmbito considerar as seguintes fases: *i)* a iniciativa do procedimento (artigo 25.º da Lei n.º 107/2001 e artigo 4.º do Decreto-Lei n.º 309/2009), *ii)* a abertura do procedimento (artigo 25.º da Lei n.º 107/ /2001 e artigos 8.º a 13.º do Decreto-Lei n.º 309/2009), *iii)* a instrução do procedimento (artigos 26.º da Lei n.º 107/2001 e artigos 18.º e seguintes do Decreto-Lei n.º 309/2009), *iv)* audiência prévia (artigo 27.º da Lei n.º 107/2001 e artigos 25.º a 28.º do Decreto-Lei n.º 309/2009), *v)* decisão final (artigo 28.º da Lei n.º 107/2001 e artigos 29.º a 33.º do Decreto-Lei n.º 309/2009).

Na impossibilidade de tratar todas estas fases do procedimento, limitar-me-ei a abordar questões concretas a propósito de algumas delas.

5.3.1 *Iniciativa e abertura do procedimento*

O primeiro aspecto que importa abordar prende-se com característica do procedimento em causa que já mencionei e que tem antecedentes no nosso direito desde, pelo menos, o Decreto n.º 20.985: o despacho de abertura do procedimento determina a produção imediata de efeitos jurídico-materiais e que se prendem com a atribuição de um estatuto limitativo. No novo regime do procedimento, constante do Decreto-Lei n.º 309/2009, houve o cuidado de enunciar conjuntamente os principais traços desse estatuto.

Assim, o artigo 14.º, n.º 2, do citado diploma estabelece que um bem imóvel em vias de classificação fica ao abrigo, designadamente: *a)* Do dever de comunicação de situações de perigo que o ameacem ou que possam afectar o seu interesse como bem cultural, nos termos do artigo 32.º da Lei n.º 107/2001, de 8 de Setembro; *b)* Da prática dos actos ou operações materiais indispensáveis à sua salvaguarda no âmbito do decretamento de medidas provisórias ou de medidas técnicas de salvaguarda, nos termos do artigo 33.º da Lei n.º 107/2001, de 8 de Setembro; *c)* Da insusceptibilidade de usucapião, nos termos do artigo 34.º da Lei n.º 107/2001, de 8 de Setembro; *d)* Do dever de comunicação prévia da alienação, da constituição de outro direito real de gozo ou de dação em pagamento, nos termos do n.º 1 do artigo 36.º da Lei n.º 107/2001, de 8 de Setembro; *e)* Do dever de comunicação da transmissão por herança ou legado, nos termos do n.º 2 do artigo 36.º da Lei n.º 107/2001, de 8 de Setembro; *f)* Do pedido de autorização prévia para a execução de inscrições ou pinturas, bem como a colocação de anúncios, cartazes ou outro tipo de material informativo fora dos locais reservados para o efeito, nos termos do artigo 41.º da Lei n.º 107/2001, de 8 de Setembro; *g)* Do regime de suspensão relativo aos procedimentos de concessão de licenças ou autorizações, nos termos do artigo 42.º da Lei n.º 107/2001, de 8 de Setembro, bem como a suspensão dos procedimentos de admissão de comunicações prévias; *h)* Das restrições previstas para a zona geral de

1104 *Em Homenagem ao Professor Doutor Diogo Freitas do Amaral*

protecção ou zona especial de protecção provisória, nos termos do artigo 43.º da Lei n.º 107/2001, de 8 de Setembro; *i*) Do pedido de autorização de obras ou intervenções no bem imóvel, nos termos do artigo 45.º da Lei n.º 107/2001, de 8 de Setembro; *j*) Das regras estabelecidas em relação a projectos, obras e intervenções de conservação, modificação, reintegração e restauro, designadamente, nos termos do artigo 45.º da Lei n.º 107/ /2001, de 8 de Setembro, de acordo com o previsto no Decreto-Lei n.º 140/2009, de 15 de Junho; *l*) Das qualificações legalmente exigidas para a autoria de estudos, projectos e relatórios, bem como para a execução de obras ou intervenções, nos termos do artigo 45.º da Lei n.º 107/ /2001, de 8 de Setembro, de acordo com o previsto no Decreto-Lei n.º 140/2009, de 15 de Junho.

A importância justamente atribuída ao estatuto do bem em vias de classificação determina ainda que, nos termos do artigo 13.º do Decreto--Lei n.º 309/2009, a impugnação administrativa do acto de abertura do procedimento não suspenda os respectivos efeitos, que se prendem justamente com a atribuição do mencionado estatuto. A obtenção de tal efeito suspensivo poderá apenas ser obtida por via judicial. Por outro lado, resulta também da disposição citada o carácter meramente facultativo dos meios de impugnação administrativa aí referidos, isto é, a reclamação e o recurso tutelar, o que aliás, sempre decorreria do regime previsto nos artigos 164.º, n.º 2, e 177.º, n.º 2, do Código do Procedimento Administrativo.

5.3.2 *Instrução*

A instrução do procedimento é conduzida pelo IGESPAR no prazo máximo de um ano, prorrogável por igual período de tempo, nos termos dos artigos 24.º, n.º 2, da Lei n.º 107/2001 e 19.º do Decreto-Lei n.º 309/ /2009. A não observância destes prazos pode dar lugar à caducidade do procedimento, nos termos previstos no citado artigo 24.º, n.º 5.

Está prevista a emissão de parecer obrigatório, mas não vinculativo, do órgão consultivo competente, nos termos do disposto nos artigos 22.º e 74.º do Decreto-Lei n.º 309/2009. O carácter não vinculativo decorre do regime dos artigos 98.º e 99.º do Código do Procedimento Administrativo.

5.3.3 *Audiência prévia*

A audiência prévia é descentralizada, devendo ter lugar nas direcções regionais de cultura territorialmente competentes (artigos 27.º e 28.º do Decreto-Lei n.º 309/2009), e tem como destinatários não só os interessados, mas também a câmara municipal do município onde se situe o imóvel (artigo 25.º, n.º 3, do mesmo diploma).

O prazo para a audiência prévia deverá ser não inferior a 30 dias (artigo 26.º do Decreto-Lei n.º 309/2009), consideravelmente superior aos prazos gerais previstos nos artigos 101.º e 102.º do CPA. Por outro lado, são dificilmente concebíveis no caso vertente as hipóteses de inexistência de audiência prévia previstos no artigo 103.º do CPA. Com efeito, uma vez que o acto de abertura do procedimento já produz os efeitos associados aos bens em vias de classificação e que, em relação a este estatuto, o acto de classificação em si mesmo não traduz um acréscimo de protecção do bem, não se vislumbram hipóteses de urgência ou de comprometimento da execução ou utilidade do acto. Por outro lado, não parece também ser de admitir a existência de casos de impraticabilidade em função do número de interessados a ouvir, atento o regime do artigo 25.º, n.º 2, do Decreto-Lei n.º 309/2009: a audiência prévia reveste a forma de consulta pública quando o número de interessados for superior a 10, e é objecto de notificação e publicação nos termos dos n.ºs 1 e 2 do artigo 9.º.

5.3.4 *Forma do acto de classificação*

A exigência de se praticar um acto administrativo com forma solene, isto é, um decreto assinado pelo Presidente da República, para a classificação de um bem imóvel como monumento nacional ou imóvel de interesse público constava dos artigos 24.º e 30.º do Decreto n.º 20.985 e manteve-se no regime da Lei n.º 13/85, como decorre do respectivo artigo 12.º, com excepção dos imóveis classificados pelas regiões autónomas e pelas autarquias locais[19]. De acordo com o regime actual, previsto nos artigos 28.º da Lei n.º 107/2001 e 30.º do Decreto-Lei n.º 302/2009,

---

[19] Sobre a assinatura dos decretos pelo Presidente da República, cfr. o artigo 81.º, 9.º, da Constituição de 1933 e o artigo 137.º, n.º 1, alínea b), da Constituição de 1976, a que corresponde o artigo 134.º, n.º 1, alínea b), na versão em vigor.

a decisão final do procedimento de classificação de bem imóvel como de interesse nacional (ou monumento nacional) cabe ao Governo, sob a forma de decreto, sendo que a decisão final do procedimento de classificação de um bem imóvel como de interesse público compete ao membro do Governo responsável pela área da cultura, sob a forma de portaria. Houve assim uma diminuição da solenidade da forma do acto de classificação para os casos dos bens classificados como imóveis de interesse público. A decisão final do procedimento de fixação de zona especial de protecção compete ao membro do Governo responsável pela área da cultura, revestindo também a forma de portaria, nos termos previstos no artigo 48.º do Decreto-Lei n.º 302/2009.

6. O acto de desclassificação e o procedimento de desclassificação

A lei prevê a caducidade do procedimento pelo decurso do prazo (artigos 24.º, n.º 5, da Lei n.º 107/2001 e 34.º do Decreto-Lei n.º 309/ /2009), o que faz sem dúvida sentido, e prevê também o procedimento de desclassificação, que deverá seguir os termos do procedimento de classificação, com as necessárias adaptações, designadamente quanto à forma dos actos (artigos 30.º da Lei n.º 107/2001 e 35.º do Decreto-Lei n.º 302/ /2009). Trata-se de uma figura com antecedentes na anulação da classificação, a que se referia o artigo 19.º, § 1, 4.º, do Decreto n.º 46.349, de 22 de Maio de 1965. O artigo 13.º da Lei n.º 13/85 previa igualmente a figura da desclassificação.

Mas precisamente poderá entender-se que entre a anulação (a hipótese de erro de sobre os pressupostos de facto do acto de classificação é que aquela que mais imediatamente se perfila) e a desclassificação vai uma distância significativa, sendo que esta última figura parece implicar uma maior margem de livre apreciação da Administração. Se tal livre apreciação é admissível no acto de classificação pergunta-se se este não envolveria uma auto-vinculação da Administração. Por outras palavras, pergunta-se se não teria sido útil limitar os casos em que será admissível proceder à desclassificação de um bem como sendo de interesse cultural. É que, se no caso do acto de classificação o procedimento é aliado dos particulares contra a margem de livre apreciação da Administração, no caso da desclassificação esse mesmo procedimento poderá ser auxiliar e mesmo potenciador de tal margem de livre apreciação. Isto é tanto mais assim se se pensar na aludida diminuição da solenidade da forma dos actos de classificação e desclassificação.

7. Reflexão final

Seja como for, a conclusão só pode ser uma: o regime do Decreto-Lei n.º 309/2009 constitui um enorme progresso na tutela do património cultural português. Pena é que o regime dos bens móveis continue carecido de desenvolvimento. Pena é, ainda, que o regime dos incentivos e benefícios fiscais continue, nos termos do artigo 97.º da Lei n.º 107/2001 à espera de *«lei autónoma»*. Até chegar essa lei o regime jurídico da tutela do património cultural será sempre um regime amputado e incompleto.

Lisboa, Março de 2010

RISCOS E DIREITO DO URBANISMO[*]

FERNANDO ALVES CORREIA

1. Introdução

Constitui actualmente um *topos* discursivo a afirmação segundo a qual nos encontramos numa *sociedade de risco*, cujo impulso motor se concretiza, na expressiva frase de U. Beck, "tenho medo!", e que coloca à comunidade a relevantíssima questão de saber "como vencer o medo, se não podemos combater directamente as causas do nosso medo?" ou "como continuar a viver no vulcão que é esta civilização, sem tentar conscientemente esquecê-lo e sem morrer asfixiado pelo medo?"[1].

Sem pretendermos, neste momento, traçar um quadro da complexa teia que envolve a *teoria do risco* – o que extravasaria largamente o âmbito do presente artigo –, impõe-se um esclarecimento conceitual sobre a noção de *risco*, bem como a sua confrontação com o *perigo*, com

---

[*] Pretendemos com este singelo texto homenagear o Ilustre Professor e o Insigne Administrativista Doutor Diogo Freitas do Amaral, mas também o Mestre e o Amigo que participou, com grande generosidade, em quase todas as provas académicas da nossa carreira universitária. E a melhor maneira que encontrámos de homenagear tão eminente personalidade foi versar um tema do «direito do urbanismo», uma disciplina jurídica estudada pioneiramente pelo Professor Doutor Freitas do Amaral e cuja importância teórica e prática foi por ele visionariamente proclamada nas suas lições universitárias do já longínquo ano de 1971.

[1] U. BECK, *La Irresponsabilidad Organizada*, trad., www.nodo50.org/dado/textosteoria/beck4.rtf, Março 2009, p. 4. A associação do risco ao medo assume contornos especialmente relevantes nas actuais teorias sociológicas – cf., *v. g.*, numa reflexão sobre as perspectivas de Beck e Douglas, SCOTT, «Risk Society or Angst Society? Two Views of Risk, Consciousness and Community», in: ADAM/BECK/VAN LOON (eds.), *The Risk Society and Beyond*, Sage, London/Thousand Oaks/New Delhi, 2000, pp. 33 e ss.

1110 Em Homenagem ao Professor Doutor Diogo Freitas do Amaral

o objectivo de delinear o nosso campo de análise. Risco e perigo andam associados à probabilidade da ocorrência de um facto lesivo ou danoso, mas distinguem-se em função da menor ou maior probabilidade dessa ocorrência[2] ou da destrinça entre potencialidade e actualidade[3], respectivamente. Risco está, por isso, associado à eventualidade incerta de um dano futuro.

Verificam-se ainda propostas no sentido de levar mais longe a categoria do risco, assumindo a existência de riscos jurídicos[4]. Claro está que, no limite, toda a decisão administrativa não estritamente vinculada, na medida em que pressupõe uma escolha, implica a emergência de riscos, em virtude da *voluntas* que necessariamente a predica[5]. Todavia, não serão estes os riscos que se encontrarão no quadro das nossas preocupações, mas apenas aqueles que resultam de uma acção humana (riscos tecnológicos), bem como os riscos naturais[6]. Uns e outros têm de ter

---

[2] Sem prejuízo de, no interior do risco, ser igualmente possível encontrar várias gradações, combinando os elementos da probabilidade de ocorrência do evento e do potencial lesivo dos seus efeitos. Cf. CARLA AMADO GOMES, *Risco e Modificação do Acto Autorizativo Concretizador de Deveres de Protecção do Ambiente*, Coimbra Editora, Coimbra, 2007, pp. 227 e s.

Por vezes, o legislador também ensaia algumas definições: assim, *v. g.*, o DL n.º 164/ /2001, de 23-5 (cf. *infra*), identifica *perigo* como "a propriedade intrínseca de uma substância perigosa ou de uma situação física de poder provocar danos à saúde humana e ou ao ambiente" [artigo 3.º, alínea *h)*], caracterizando o *risco* como "a probabilidade de que um efeito específico ocorra dentro de um período determinado ou em circunstâncias determinadas" [artigo 3.º, alínea *j)*].

[3] Cf. LUHMANN, *Soziologie des Risikos*, W. de Gruyter, Berlin/New York, 1991, p. 26.

[4] Cf. BROYELLE, «Le Risque en Droit Administratif "Classique"», in: *Revue du Droit Public et de la Science Politique*, n.º 6, 2008, pp. 1522 e s., que identifica um conjunto de mecanismos construídos pelo Direito Administrativo para responder aos riscos jurídicos (teoria do funcionário de facto, princípio da não retroactividade dos regulamentos, teoria dos direitos adquiridos).

[5] Cf., também, a propósito do risco no quadro das decisões judicativas, FERNANDO JOSÉ BRONZE, «Argumentação Jurídica: O Domínio do Risco ou o Risco Dominado?», in: *Boletim da Faculdade de Direito*, vol. LXXVI, 2000, p. 27.

[6] Como sublinha FERNANDO REBELO, não se pode afirmar que nos riscos naturais o homem não esteja envolvido, pelo menos, através da noção de vulnerabilidade, às vezes, tornando-se responsável pelo incremento da violência da sua manifestação, outras vezes, expondo-se a ela descuidadamente. Cf. «Riscos Naturais. Problemática da sua Definição e Adaptação aos Principais Elementos da Teoria do Risco», in: C. GUEDES SOARES/A. P. TEIXEIRA/P. ANTÃO, *Análise e Gestão de Riscos, Segurança e Fiabilidade*, Salamandra, Lisboa, 2005, p. 304.

repercussão territorial, sendo este o factor de relevância dos riscos no direito do urbanismo.

2. Riscos e direito

O direito e os institutos jurídicos não puderam ficar imunes à permeabilidade do risco. Se estamos diante de uma categoria que, transversalmente, afecta toda a ordem jurídica, compreendemos com facilidade que existem ramos dogmático-doutrinais e figuras jurídicas mais penetráveis por ponderações relacionadas com a consideração do risco e do perigo: eis o que sucede, paradigmaticamente, com o direito do ambiente e o direito do urbanismo e com as figuras jurídicas à sombra das quais se constituem relações jurídicas duradouras.

Em geral, o direito português dá relevo a vários tipos de risco. Já em 2001, e a propósito da consecução de uma política integrada de minimização de riscos públicos, a RCM n.º 65/2001, de 6 de Junho, pretendeu iniciar um processo periódico de avaliação e revisão dos sistemas de minimização de riscos públicos. Nessa medida, mandatou o Ministro da Ciência e da Tecnologia para "proceder, com urgência, em articulação com os outros membros do Governo, à identificação das capacidades científicas e técnicas necessárias ao funcionamento eficaz e à avaliação dos sistemas de minimização de riscos públicos, à verificação da disponibilidade actual daquelas, à determinação da capacidade operacional da sua incorporação em rotinas de certificação ou controlo e à definição institucional do seu desenvolvimento" (n.º 1). Para tanto, o n.º 2 passou a assumir como *riscos públicos*, submetendo-os à regulação e controlo das autoridades administrativas: a segurança alimentar; a prevenção e controlo das epidemias; a qualidade e segurança de medicamentos; a segurança ambiental, incluindo o controlo da poluição industrial; a segurança das infra-estruturas, edifícios e meios de transporte; a segurança contra incêndios; a segurança rodoviária; a qualidade do controlo do tráfego aéreo e marítimo; a segurança no trabalho; os riscos associados a sismos ou vulcões; a protecção radiológica e nuclear; a capacidade de previsão meteorológica; e a segurança dos sistemas informáticos.

A simples previsão normativa de riscos não constitui, porém, elemento suficiente para fazer face à sua prevenção (bem como às consequências jurídicas emergentes da sua concretização). Torna-se, pois,

Em Homenagem ao Professor Doutor Diogo Freitas do Amaral

imprescindível a intervenção legislativa nestas matérias, a qual, no caso do nosso ordenamento jurídico, se encontra ausente, revestindo a intervenção normativa pública alguma tibieza. Atente-se, *v. g.*, no que sucedeu com a RAR n.º 53/2002, relativa ao Código de conduta e boas práticas para a instalação de equipamentos que criam campos electromagnéticos, adoptada na sequência da Recomendação n.º 1999/519/CE, do Conselho, de 12 de Julho[7], relativa à limitação da exposição da população aos campos electromagnéticos (0 Hz –300 GHz). Ao invés de, seguindo o exemplo italiano, adoptar uma lei que disciplinasse a matéria em causa[8], o Parlamento ficou-se pela forma jurídico-constitucional mais débil da "recomendação", sugerindo ao Governo que, dentro do prazo de um ano, adoptasse um código de conduta e boas práticas que definisse os princípios orientadores para a instalação e localização de equipamentos que geram campos electromagnéticos (*v. g.*, radares, antenas de telemóveis e rádio, linhas de transformação, transmissão e transporte de energia), com o objectivo de eliminar ou reduzir, tanto quanto possível, os efeitos sobre os seres humanos.

Não se estranhará, pois, que a intervenção normativa pública (*maxime*, legislativa) em matéria de riscos seja precipuamente impulsionada (mesmo exigida) pelo direito internacional e, sobretudo, pelo direito comunitário. Assim, *v. g.*, num domínio com incidência no direito do urbanismo, regista-se o DL n.º 164/2001, de 23-5, que transpõe para a

---

[7] *JOCE*, n.º L 199, 30.07.1999, pp. 59-70.

[8] Defendendo, perante a citada Resolução, que "a disciplina jurídico-normativa da instalação de equipamentos que criam campos electromagnéticos cabe, em primeiro lugar, ao legislador", cf. J. J. Gomes Canotilho, «*Electrosmog* e Relações de Vizinhança Ambiental – Primeiras Considerações», in: *Revista do CEDOUA*, n.º 10, ano V, 2002, p. 12.

Até ao momento, ainda não foi adoptado o código recomendado pela Resolução n.º 53/2002. Todavia, o Despacho Conjunto n.º 8/2002 dos Ministros do Equipamento Social, da Economia, da Saúde e da Ciência e da Tecnologia (in: *DR*, II Série, n.º 5, 07.01.2002) já havia previsto a criação de um grupo de trabalho interministerial ao qual competia analisar os efeitos das radiações electromagnéticas (de frequência entre os 0Hz e os 300 GHz) na saúde humana, bem como definir as limitações para a emissão de tais radiações.

Entretanto, foi emanado o DL n.º 11/2003, de 18-1, que regula a autorização municipal inerente à instalação e funcionamento das infra-estruturas de suporte das estações de radiocomunicações, e respectivos acessórios, e adopta mecanismos para fixação dos níveis de referência relativos à exposição da população a campos electromagnéticos (0 Hz-300 GHz), e o respectivo regulamento (a Portaria n.º 1421/2004, de 24 de Novembro).

Riscos e Direito do Urbanismo 1113

ordem jurídica portuguesa a designada Directiva Seveso II[9], e que aprova o regime jurídico da prevenção e controlo dos perigos associados a acidentes graves que envolvem substâncias perigosas. Trata-se de um diploma com importantes repercussões na área em que nos movemos, visto que, como adiante consideraremos com mais pormenor, os objectivos relacionados com a prevenção de acidentes graves e com a limitação das respectivas consequências devem ser acautelados pelas entidades competentes no planeamento e gestão da utilização dos solos, bem como no desenvolvimento de outras políticas com incidência territorial (cf. artigo 4.º)[10].

Também o DL n.º 138/2005, de 17-8, surge na sequência da Recomendação 2000/473/Euratom, da Comissão, de 08.06.2000 (relativa à aplicação do artigo 36.º do *Tratado Euratom* respeitante ao controlo dos níveis de radioactividade no ambiente para efeitos de avaliação da exposição de toda a população)[11]. Este diploma aprova um sistema de monitorização ambiental do grau de radioactividade, designadamente os meios de amostragem, os tipos de medições, a sua periodicidade e os requisitos mínimos de cada registo, tendo em vista o controlo do grau de radioactividade da atmosfera, das águas e do solo (cf. o artigo 1.º). Em causa está a instituição de avaliações radiológicas de riscos para a saúde dos trabalhadores e das populações, a realização de acções de levantamento e vigilância radioecológico e a avaliação da segurança e garantia de qualidade das instalações radiológicas e nucleares e respectivos materiais (cf. o preâmbulo).

Decorre dos exemplos expostos que, no nosso País, o problema da consideração dos riscos surge essencialmente tematizado a propósito do

---

[9] Directiva n.º 96/82/CE, do Conselho, de 9 de Dezembro de 1996, relativa ao controlo dos perigos associados a acidentes graves que envolvem substâncias perigosas (*JOCE*, n.º L 10, 04.01.1997, pp. 13-33), alterada pela Directiva 2003/105/CE, do Parlamento Europeu e do Conselho, de 16 de Dezembro de 2003 (*JOUE*, n.º L 345, 31.12.2003, pp. 97-105).

[10] É possível encontrar ainda outros exemplos no mesmo sentido. No campo dos organismos geneticamente modificados, cf. o DL n.º 77/2003, de 19-4, destinado a transpor para o ordenamento nacional a Directiva n.º 2001/18/CE, do Parlamento Europeu e do Conselho, de 12 de Março (*JOCE*, L 106, 17.04.2001, pp. 1-39); e, no âmbito dos tecidos e células de origem humana, cf. a Lei n.º 12/2009, de 26 de Março, que transpõe as Directivas n.ºs 2004/23/CE, do Parlamento Europeu e do Conselho, de 31 de Março, 2006/17/CE, da Comissão, de 8 de Fevereiro, e 2006/86/CE, da Comissão, de 24 de Outubro (*JOUE*, n.ºs L 102, 07.04.2004, pp. 48-58, L 38, de 9.2.2006, pp. 40-52, e L 294, de 25.10.2006, pp. 32-50, respectivamente).

[11] *JOCE*, n.º L 191, 27.07.2000, pp. 37-46.

Em Homenagem ao Professor Doutor Diogo Freitas do Amaral

direito do ambiente. Aliás, não é por acaso que o legislador previu um regime especial de responsabilidade ambiental (constante do DL n.º 147/ /2008, de 29-7), atendendo quer aos danos causados às pessoas nos seus bens jurídicos pessoais e patrimoniais como consequência da contaminação do ambiente, quer aos danos causados à natureza em si, ao património natural e aos fundamentos naturais da vida (a designada responsabilidade por *danos ambientais*). Neste contexto, a lei, além de tomar em consideração as consequências associadas à concretização de riscos (*in casu*, a responsabilidade civil perante os cidadãos e perante a Administração), não deixa de chamar a atenção para a importância das medidas de prevenção ante uma ameaça iminente de danos ambientais ou do surgimento de novos danos ambientais (cf. o artigo 14.º).

Esta nítida imbricação entre risco e direito do ambiente não permite, contudo, fundamentar o afastamento entre aquela categoria e os demais ramos do direito, porquanto o risco perpassa transversalmente todo o ordenamento jurídico. Trata-se de uma ideia que encontra apoio num dos subprincípios concretizadores do Estado de direito e, por conseguinte, num alicerce do sistema jurídico: o *princípio da protecção da confiança*. Ainda que, em regra, se encontre associado à tutela da segurança dos cidadãos contra os actos *jurídicos* dos poderes públicos[12], o princípio da protecção da confiança ganha um novo fôlego quando confrontado com a temática do risco, ao abrir uma conexão com o direito dos indivíduos a confia-rem que quaisquer actuações (jurídicas e materiais) dos poderes públicos são adoptadas no final de um juízo de prognose que, em atenção ao estado da técnica, visa prevenir a eclosão de riscos e/ou a minimizar os respectivos efeitos lesivos. Efectivamente, e sem prejuízo das explicitações já aduzidas por LUHMANN[13], a segurança é o contra-conceito (*Gegenbegriff*) do risco.

Ademais, a temática sobre que nos debruçamos possui implicações decisivas ao nível do sentido e alcance das normas dirigidas à tutela dos direitos fundamentais, não só em virtude de as questões relacionadas com o risco se encontrarem subjacentes a certos direitos fundamentais (pense--se, paradigmaticamente, no que sucede com o direito ao ambiente e à

---

[12] Sobre este princípio, cf., *v. g.*, J. J. GOMES CANOTILHO, *Direito Constitucional e Teoria da Constituição*, 7.ª ed., Almedina, Coimbra, 2003, pp. 257 e ss.; e JORGE REIS NOVAIS, *Os Princípios Constitucionais Estruturantes da República Portuguesa*, Coimbra Editora, Coimbra, 2004, pp. 261 e ss.

[13] LUHMANN, *Soziologie...*, cit., pp. 28 e s.

Riscos e Direito do Urbanismo

qualidade de vida – cf. o artigo 66.º da Constituição), mas sobretudo por nos encontrarmos num horizonte propício ao surgimento de conflitos ou colisões de direitos, a solucionar mediante o critério da concordância prática. Com efeito, a tarefa de prevenção de riscos implica uma harmonização e um ajustamento recíprocos entre, por um lado, o direito de propriedade (cf. o artigo 62.º da Constituição) ou a liberdade de iniciativa económica privada (cf. o artigo 61.º da Constituição) e, por outro lado, os direitos à vida e à integridade pessoal (cf. os artigos 24.º e 25.º da Constituição), o direito de propriedade de terceiros e o direito à saúde (cf. o artigo 64.º da Constituição).

Abordada a relevância da categoria do risco no direito, em geral, importa compreender quais as refracções que a mesma exerce no direito do urbanismo, em especial.

3. O impacto da consideração dos riscos no direito do urbanismo

A ligação indelével do direito do urbanismo à prevenção de riscos constitui uma marca de contraste deste sector jurídico-dogmático, assinalando-o desde o seu nascimento. Recorde-se que uma das primeiras manifestações jus-urbanísticas consistia na previsão de normas de segurança das edificações (como sucedeu no direito romano), ideia que ressurge com especial impacto a partir da Revolução Industrial, em consequência do êxodo rural e do afluxo das populações às cidades, a pressupor a existência de normas jurídicas voltadas também para a protecção da saúde pública e para a tentativa de evitar o deflagrar das epidemias[14].

Contextualizando o problema no estado actual do desenvolvimento do direito do urbanismo, urge apreciar em que medida a tarefa de avaliação e prevenção de riscos é levada em linha de conta pelos poderes públicos (quer ao nível normativo, quer ao nível da gestão urbanística), sem prejuízo da necessária intervenção dos cidadãos e quais as consequências jurídicas associadas à percepção superveniente de riscos ou à sua concretização.

---

[14] Sobre a evolução do direito do urbanismo, cf. as nossas obras *O Plano Urbanístico e o Princípio da Igualdade*, Almedina, Coimbra, 1989, pp. 98 e ss., e *Manual de Direito do Urbanismo*, vol. I, 4.ª ed., Almedina, Coimbra, 2008, pp. 183 e ss. Quanto à influência da Revolução Industrial no direito do urbanismo, cf. BLACKHALL, *Planning Law and Practice*, 3.ª ed. (reimp.), Cavendish, Oxon, 2005, pp. 1 e s.

1116   *Em Homenagem ao Professor Doutor Diogo Freitas do Amaral*

3.1. *A prevenção de riscos*

A tarefa de prevenção de riscos postula a consideração de dois andamentos (apenas dogmaticamente cindíveis, mas já não sob o ponto de vista prático): por um lado, a detecção e avaliação do risco; por outro lado, a adopção das medidas necessárias à prevenção do potencial prejuízo, as quais se localizam temporalmente num momento em que o prejuízo ou o evento danoso assume natureza eventual.

3.1.1. *A detecção e avaliação do risco: tarefa pública ou tarefa privada?*

A preocupação com a identificação de um conjunto de *riscos públicos*, constante da já citada RCM n.º 65/2001, aponta no sentido de que a tarefa da respectiva prevenção não é deixada na esfera privada, mas, pelo contrário, surge claramente assumida pelos poderes públicos, como decorre do próprio elenco de riscos públicos, relacionado de forma íntima com certos direitos fundamentais.

O legislador assume um papel fundamental na concretização dos dados constitucionais, sobretudo quando disciplina os procedimentos urbanísticos, a propiciar uma complexa teia normativa entre disposições com finalidades especificamente urbanísticas e legislação atinente à tutela de bens ambientais[15], da qual se extrai uma autêntica imbricação entre as autoridades das Administrações central e local, como veremos. Submetida a um imprescindível enquadramento legal, a tarefa de detecção e avaliação do risco a cargo dos entes públicos tem o seu momento áureo no planeamento urbanístico.

A responsabilidade pública pela tarefa de detecção e avaliação do risco não oblitera o papel relevante desempenhado pelos particulares. Desde logo, estes últimos têm um direito geral à informação administrativa, tal como decorre do artigo 268.º, n.ºs 1 e 2, da CRP. Concebido como direito de natureza análoga aos direitos, liberdades e garantias[16], assume

---

[15] Cf., *infra*, o que diremos quanto à consideração do risco no planeamento e na gestão urbanística.

[16] Cf., *v. g.*, o Acórdão do Tribunal Constitucional n.º 231/92, in: *Acórdãos do Tribunal Constitucional*, 22.º vol., 1992, pp. 569 e ss., que, qualificando o direito como direito de natureza análoga, acentua a sua dupla dimensão de *defesa* dos particulares em face da Administração e de *participação* no procedimento administrativo, constituindo ainda um "momento de realização de princípios essenciais da ordem constitucional democrática".

Riscos e Direito do Urbanismo 1117

igualmente natureza instrumental face ao direito de participação, na medida em que "a abertura do arquivo dá aos cidadãos a possibilidade de nele catarem as informações que desejem, pondo a 'memória' administrativa, tradicionalmente protegida pelo segredo de Estado, à mercê da curiosidade cívica a fim de alargar a participação do povo na vida administrativa"[17-18].

Estando em causa riscos de natureza ambiental, o ordenamento dispõe de normas específicas sobre a matéria. Enquadrado pela *Convenção sobre Acesso à Informação, Participação do Público no Processo de Tomada de Decisão e Acesso à Justiça em Matéria de Ambiente* (assinada em Aarhus, em 25.06.1998)[19] e, sobretudo, pela Directiva n.º 2003/4/CE, do Parlamento Europeu e do Conselho, de 28 de Janeiro[20], o direito à informação ambiental está consagrado na Lei n.º 19/2006, de 12 de Junho. Possuindo um âmbito de aplicação subjectivo mais vasto que o da Directiva que se destina a transpo[21], a Lei n.º 19/2006 assegura a todos os cidadãos o direito de acesso à informação detida pelas autoridades públicas (ou em seu nome) relativa ao ambiente, aqui se incluindo, *v. g.*, o estado dos elementos do ambiente (ar e atmosfera, água, solo, organismos geneticamente modificados), resíduos radioactivos, emissões, descargas e outras libertações para o ambiente e contaminação da cadeia alimentar. Além da possibilidade de consulta desta informação junto da

---

[17] A. BARBOSA DE MELO, «As Garantias Administrativas na Dinamarca e o Princípio do Arquivo Aberto», in: *Boletim da Faculdade de Direito*, LVII, 1981, p. 269.

[18] O regime do acesso e reutilização dos documentos administrativos consta da Lei n.º 46/2007, de 24 de Agosto, que fixa os titulares, os destinatários e as condições do acesso, cometendo a uma entidade administrativa independente – a *Comissão de Acesso aos Documentos Administrativos* (CADA) – a competência para zelar pelo cumprimento das suas disposições. Sobre a CADA, cf. também a Lei n.º 8/95, de 29 de Março, que aprova o respectivo regulamento orgânico. Cf. ainda o artigo 62.º do *Código do Procedimento Administrativo* (CPA).

[19] Aprovada pela RAR n.º 11/2003, em anexo à qual vem publicada, e ratificada pelo Decreto do Presidente da República n.º 9/2003 (in: *DR*, I Série, n.º 47, 25.02.2003, pp. 1252 e 1315 e ss., respectivamente). A referida Convenção foi objecto de uma Emenda adoptada em Almaty, em 27 de Maio de 2005, tendo a mesma sido recebida *in foro domestico* pela RAR n.º 54/2009, de 30-7, ratificada pelo Decreto do Presidente da República n.º 69/2009, de 30-7.

[20] *JOUE*, n.º L 41, 14.02.2003, pp. 26-32.

[21] Comparem-se, *v. g.*, os conceitos de «autoridade pública» constantes de um e outro diploma: artigos 3.º, alínea *a)*, da Lei n.º 19/2006, e 2.º, n.º 2, da Directiva n.º 2003/4/CE.

1118   *Em Homenagem ao Professor Doutor Diogo Freitas do Amaral*

autoridade pública que a detém (cf. o artigo 6.º, n.º 3), o diploma prevê a paulatina disponibilização da mesma em bases de dados electrónicas facilmente acessíveis através de redes públicas de comunicação (cf. o artigo 5.º, n.º 2). A não prestação da informação nos termos previstos pela Lei n.º 19/2006 abre aos interessados a faculdade de impugnação junto de uma entidade administrativa independente (a CADA), sem prejuízo do recurso à Justiça Administrativa (cf. o artigo 14.º)[22].

Mas a intervenção dos particulares neste domínio ganha uma maior acuidade com o reconhecimento do direito de participação nos procedimentos administrativos, em especial os dirigidos à elaboração de planos. Como constataremos *infra*, é no momento da planificação urbanística que a detecção e avaliação do risco conhece o seu espaço por excelência. Nesta medida, o n.º 5 do artigo 65.º da CRP garante aos interessados a participação na elaboração dos instrumentos de planeamento urbanístico e de quaisquer instrumentos de planeamento físico do território. No mesmo sentido, mas com um âmbito de aplicação mais alargado, aponta o artigo 4.º da Lei n.º 83/95, de 31 de Agosto (direito de participação procedimental e acção popular), que reconhece o direito de audição a quaisquer cidadãos interessados e às entidades defensoras dos interesses que possam vir a ser afectados no âmbito dos procedimentos tendentes à adopção de planos de urbanismo, de planos directores e de ordenamento do território e à decisão sobre a localização e a realização de obras públicas ou de outros investimentos públicos com impacte relevante no ambiente ou nas condições da vida das populações ou agregados populacionais de certa área do território[23].

Para a tarefa de prevenção de riscos, reveste particular relevância a posição assumida pelos peritos. Com efeito, nos termos do artigo 10.º do

---

[22] O reconhecimento deste direito à informação ambiental não se afigura isento de restrições, como resulta do n.º 6 do artigo 11.º, relativo aos fundamentos do indeferimento. Os problemas relativos aos limites do direito de informação já constituíram objecto de reflexão pelo Tribunal Constitucional – cf., *v. g.*, Acórdão 136/2005, in: *DR*, II Série, n.º 120, 24.06.2005, pp. 9289 e ss., recuperando considerações já tecidas no Acórdão n.º 254/99, in: *DR*, II Série, n.º 137, 15.06.1999, pp. 8586 e ss.

[23] A par destas disposições gerais encontramos ainda normas especiais de participação em certos sectores: *v. g.*, o artigo 33.º do já citado DL n.º 164/2001 prevê a divulgação (com o objectivo de assegurar a participação do público) de todas as informações relativas à localização de novos estabelecimentos sujeitos à apresentação de relatório de segurança (RS), à alteração de estabelecimentos existentes e às opções de gestão territorial em torno de estabelecimentos existentes sujeitos à apresentação de RS.

Riscos e Direito do Urbanismo 1119

RJUE, os actos de iniciativa dos particulares relativos ao controlo das operações urbanísticas devem ser acompanhados por um «termo de responsabilidade», isto é, uma declaração dos autores dos projectos, da qual conste que foram observadas as normas legais e regulamentares aplicáveis, designadamente as normas técnicas de construção em vigor, bem como do coordenador dos projectos, que ateste a compatibilidade entre os mesmos (n.º 1)[24]. O preceito em análise exige uma especial idoneidade aos subscritores dos projectos, prevendo a necessidade de habilitação legal e inscrição em associação pública de natureza profissional ou organismo público legalmente reconhecido (n.ºs 3 e 4)[25-26].

3.1.2. *O juízo da prevenção do risco*

O juízo de prevenção do risco corresponde a um típico juízo de prognose: trata-se de avaliar, à luz do estado dos conhecimentos e da técnica em dado momento, quais as consequências (em regra, lesivas) associadas à adopção de um certo comportamento ou à ocorrência de determinada actividade, bem como à respectiva omissão. A acentuada

---

[24] O modelo do termo de responsabilidade consta do Anexo I da Portaria n.º 232/2008, de 11 de Março.

[25] Cf., a este propósito, a Lei n.º 31/2009, de 3-7, que estabelece, entre o mais, as qualificações profissionais exigíveis aos autores de projectos, aos coordenadores de projectos e às equipas de projectos (vejam-se, sobretudo, os artigos 6.º a 12.º), bem como a Portaria n.º 1379/2009, de 30 de Outubro, que regulamenta as qualificações específicas profissionais mínimas exigíveis aos técnicos responsáveis pela elaboração de projectos, pela direcção de obras e pela fiscalização de obras, previstas naquela lei, sem prejuízo do disposto em legislação especial.

[26] O «termo de responsabilidade», com o conteúdo e o sentido assinalados, constitui uma expressão do fenómeno da «privatização de responsabilidades públicas e activação de responsabilidades privadas», no âmbito dos procedimentos de controlo prévio dos poderes públicos. De facto, por efeito do «termo de responsabilidade», a tarefa de fiscalização *ex ante* da observância das regras técnicas de construção é devolvida e confiada a peritos contratados pelo interessado (*in casu*, os autores e coordenadores dos projectos), estando-se, por isso, em face de um sistema de controlo e certificação por terceiro: *third party certification*. Cf. PEDRO GONÇALVES, «Controlo Prévio das Operações Urbanísticas Após a Reforma Legislativa de 2007», in: *Direito Regional e Local*, n.º 1, 2008, pp. 14 e 15, e «Simplificação Procedimental e Controlo Prévio das Operações Urbanísticas», in: F. ALVES CORREIA (coord.), *I Jornadas Luso-Espanholas de Direito do Urbanismo*, Almedina, Coimbra, 2009, pp. 79 a 81. Cf. também JORGE ALVES CORREIA, *Contratos Urbanísticos – Concertação, Contratação e Neocontratualismo no Direito do Urbanismo*, Almedina, Coimbra, 2009, pp. 153-155.

natureza pública da tarefa de prevenção de riscos orienta o problema no sentido de que aos poderes públicos competirá a realização daquele juízo de prognose, o qual, dependendo das entidades em causa (e do papel que desempenham no quadro das funções estaduais), revestirá um sentido e uma forma diversos. Ora, a arquitectura do sistema jus-urbanístico aponta para a consideração de dois momentos essenciais: o nível normativo (legal e infra-legal – ou, por conseguinte, de carácter legislativo e administrativo, respectivamente) e o nível da gestão urbanística (de natureza administrativa).

3.1.2.1. A prevenção do risco ao nível normativo

Na sua dimensão normativa, a consideração e a prevenção de riscos resultam das normas que disciplinam a ocupação, uso e transformação do solo. Essas regras jurídicas são essencialmente de dois tipos: *normas legais*, que estabelecem um regime particular para certos tipos de solos ou que prevêem especificamente mecanismos de defesa contra riscos, e *normas de valor infra-legal*, constantes dos vários tipos de planos territoriais (ou, na expressão utilizada pelo legislador, dos diversos instrumentos de gestão territorial – IGT), bem como de regulamentos municipais.

I – O nível legal

A prevenção e minimização de riscos surgem, com a Lei n.º 58/2007, de 4-9 (que aprova o PNPOT), como um dos objectivos estratégicos que constituem o quadro referencial de compromissos das políticas com incidência territorial, conjugando-a com a conservação e valorização da biodiversidade, dos recursos e património natural, paisagístico e cultural e com a utilização sustentável dos recursos energéticos e geológicos [cf. o artigo 5.º, n.º 2, alínea *a)*], em plena consonância com um dos problemas para o ordenamento do território identificados no *Relatório do PNPOT*: a ineficiente gestão de riscos[27]. Nesta medida, o PNPOT erige os

---

[27] Cf. CEDOUA (org.), *Programa Nacional da Política de Ordenamento do Território*, Almedina, Coimbra, 2007, p. 122. Neste domínio, o PNPOT identifica os seguintes riscos: degradação do solo e riscos de desertificação, agravados por fenómenos climáticos (seca e chuvas torrenciais) e pela dimensão dos incêndios florestais; degradação da qualidade da água e deficiente gestão dos recursos hídricos; insuficiente desenvolvimento dos instrumentos de ordenamento e de gestão das áreas classificadas integradas na Rede Fundamental de Conservação da Natureza; e insuficiente consideração dos riscos nas

Riscos e Direito do Urbanismo 1121

riscos como um dos vectores estruturantes de identificação e organização espacial dos recursos territoriais e determina que a gestão preventiva de riscos deve constituir uma prioridade da política de ordenamento do território e um elemento obrigatório dos outros instrumentos de gestão territorial, tendo em conta o conjunto abrangente de vulnerabilidades e riscos presente no território nacional (actividade sísmica, movimentos de massa, erosão do litoral e instabilidade das arribas, cheias e inundações, incêndios florestais, secas e desertificação, contaminação de massas de água, contaminação e erosão dos solos, derrames acidentais no mar, ruptura de barragens e riscos associados a diversas infra-estruturas e acidentes industriais graves) – objectivos a cumprir mediante a adopção das medidas prioritárias indicadas no *Programa de Acção do PNPOT*[28].

Ao lado das orientações gerais constantes do PNPOT, vigora um conjunto de diplomas legais que, com maior ou menor impacto no direito do urbanismo, possui a finalidade de prevenção de riscos, com repercussão ao nível do planeamento territorial e da gestão urbanística[29]. Revestem aqui importância decisiva as normas legais a observar pelos técnicos responsáveis dos projectos de obras e construções (designadamente em termos de segurança) – veja-se, *inter alia*, o que sucede com o *Regulamento de Segurança e Acções para Estruturas de Edifícios e Pontes*, aprovado pelo DL n.º 235/83, de 31-5[30]. A diversidade e a dispersão sistemática destas disposições levou a que o artigo 123.º do RJUE estabelecesse que, até à codificação das normas técnicas de construção, compete aos membros do Governo responsáveis pelas obras públicas e pelo ordenamento do território promover a publicação da relação das disposições legais e regulamentares a observar pelos técnicos responsáveis dos

---

acções de ocupação e transformação do território, com particular ênfase para os sismos, os incêndios florestais, as cheias e inundações e a erosão das zonas costeiras.

[28] Cf. *Programa...*, cit., pp. 193, 196-197 e 250-252, respectivamente.

[29] Cf., *inter alia*, o DL n.º 302/90, de 26-9 (ocupação, uso e transformação da faixa costeira; DL n.º 55/2007, de 12-3 (áreas florestais percorridas por incêndios); DL n.º 232/2007, de 15-6 (avaliação ambiental de planos e programas); DL n.º 142/2008, de 24-7, rectificada pela Declaração de Rectificação n.º 53-A/2008, de 22-9 (estabelece o regime jurídico da conservação da natureza e da biodiversidade, incluindo a Rede Nacional de Áreas Protegidas); e DL n.º 166/2008, de 22-8 (Reserva Ecológica Nacional).

[30] Este diploma considera diversas acções, acautelando outros tantos riscos: pesos próprios, variações de temperatura, vento, neve, sismos e acções específicas de edifícios e de pontes rodoviárias e ferroviárias e de passadiços.

Em Homenagem ao Professor Doutor Diogo Freitas do Amaral

projectos de obras e sua execução, devendo essa relação constar dos sítios na Internet dos ministérios em causa[31].

II – O nível infra-legal

α) Como já adiantámos, o ordenamento do território, em geral, e o planeamento urbanístico, em especial, constituem a arena privilegiada para a prevenção dos riscos. Enquanto segmento do planeamento administrativo, o planeamento urbanístico contribui para a previsibilidade das actuações da Administração, podendo constituir um instrumento de antecipação de riscos – embora nunca da sua eliminação.

No âmbito do planeamento territorial, a consideração específica dos riscos ocorre fundamentalmente a quatro níveis: *a)* tipologia, *b)* procedimento, *c)* conteúdo e *d)* dinâmica.

a) No primeiro nível, referente à tipologia, urge sublinhar a existência de planos sectoriais e especiais, com clara vocação de prevenção de riscos e com especial incidência no direito do ambiente – aliás, não é por acaso que a Constituição associa a prossecução de um desenvolvimento sustentável às tarefas destinadas a "ordenar e promover o ordenamento do território, tendo em vista uma correcta localização das actividades, um equilibrado desenvolvimento sócio-económico e a valorização da paisagem" [artigo 66.º, n.º 2, alínea *b)*].

---

[31] Esta matéria consta da Portaria n.º 193/2005, de 17-2, que actualizou a relação das disposições legais e regulamentares, reportada a 31 de Dezembro de 2003 (e, como tal, já inadequada à actual realidade normativa). Uma análise das disposições aí elencadas aponta para a existência de um conjunto significativo de normas técnicas atinentes quer à localização das construções, quer aos requisitos a cumprir por estas últimas, nomeadamente em termos de segurança das edificações e protecção do ambiente.

O legislador impõe a observância de disposições suplementares destinadas a prevenir riscos em actividades que se revelem especialmente perigosas. Por exemplo, quando estejam em causa decisões relativas ao licenciamento da implantação de novos estabelecimentos que manipulem substâncias perigosas ou de alterações de estabelecimentos existentes sujeitos ao relatório de segurança, bem como a novos desenvolvimentos urbanísticos nas imediações de estabelecimentos existentes, devem as mesmas respeitar o regime a definir mediante decreto regulamentar quanto às regras procedimentais de consulta à Direcção-Geral do Ambiente em matéria de risco ambiental dos estabelecimentos e de distâncias mínimas de segurança a observar entre os estabelecimentos e as zonas circundantes (artigo 4.º, n.º 5, do DL n.º 164/2001).

Riscos e Direito do Urbanismo   1123

Assim, e quanto aos planos sectoriais, destacamos os planos de defesa da floresta contra incêndios[32], os planos de gestão de resíduos[33]) e os planos de recursos hídricos[34]. Já no que tange aos PEOT, assumem

---

[32] O planeamento da defesa da floresta contra incêndios encontra-se previsto nos artigos 7.º e seguintes do DL n.º 124/2006, de 28-6, possuindo um nível nacional, regional ou supramunicipal, municipal e intermunicipal e um nível local. Como a própria designação sugere, estes planos dirigem-se a estabelecer mecanismos de prevenção da ocorrência de incêndios nas zonas florestais (cf., *v. g.*, artigos 8.º, n.º 2, e 10.º, n.º 2).

[33] Os *planos de gestão de resíduos* constituem um instrumento jurídico importante do *direito catabólico* – também designado direito dos resíduos em sentido estrito e que alguma doutrina vem considerando, a par do *direito anabólico,* como constituindo um novo ramo de direito, tradicionalmente incluído no direito do ambiente –, que trata da escolha dos destinos finais mais adequados para os resíduos que não foi possível evitar, e que vem sendo definido como "o conjunto de normas jurídicas que, com respeito pelo princípio do nível elevado de protecção ecológica, regulam os fluxos descendentes de materiais entre a esfera social-tecnológica e a esfera natural–tecnológica, com vista à escolha dos destinos finais mais adequados e à promoção de uma boa gestão catabólica" (cf. ALEXANDRA ARAGÃO, *O Princípio do Nível Elevado de Protecção Ecológica – Resíduos, Fluxos de Materiais e Justiça Ecológica,* polic., Coimbra, 2004, em especial, pp. 28 e 721). De acordo com o DL n.º 178/2006, de 5-9, o planeamento da gestão dos resíduos obedece aos princípios da prevenção e da redução, nos termos dos quais a gestão de resíduos é orientada no sentido de evitar ou reduzir o risco para a saúde humana e para o ambiente causado pelos resíduos sem utilizar processos ou métodos susceptíveis de gerar efeitos adversos sobre o ambiente, nomeadamente através da criação de perigos para a água, o ar, o solo, a fauna e a flora, perturbações sonoras ou odoríficas ou de danos em quaisquer locais de interesse e na paisagem (cf. o artigo 6.º). Além disso, devem os vários planos (*plano nacional de gestão de resíduos, planos específicos de gestão de resíduos e planos multimunicipais, intermunicipais e municipais de acção*) dispor sobre o tipo, origem e quantidade dos resíduos a gerir; as normas técnicas gerais aplicáveis às operações de gestão de resíduos; os locais ou instalações apropriadas para a valorização ou eliminação; as especificações técnicas e disposições especiais relativas a resíduos específicos; e os objectivos quantitativos e qualitativos a atingir, em conformidade com os objectivos definidos pela legislação nacional ou comunitária aplicável (cf. o artigo 17.º).

[34] Os planos de recursos hídricos abrangem o *Plano Nacional da Água,* de âmbito territorial, que abarca todo o território nacional, os *planos de gestão de bacia hidrográfica,* de âmbito territorial, que abrangem as bacias integradas numa região hidrográfica e incluem os respectivos programas de medidas, e os *planos específicos de gestão de águas,* que são complementares dos planos de gestão de bacia hidrográfica e que podem ser de âmbito territorial, abrangendo uma sub-bacia ou uma área geográfica específica, ou de âmbito sectorial, abrangendo um problema, tipo de água, aspecto específico ou sector de actividade económica com interacção significativa com as águas [cf. os artigos 23.º a 31.º da *Lei da Água* (Lei n.º 58/2005, de 29 de Dezembro, rectificada no *DR,* I Série-A, de 23 de Fevereiro de 2006; em especial, sobre os objectivos do planeamento, cf. o artigo 24.º, n.º 1)].

Em Homenagem ao Professor Doutor Diogo Freitas do Amaral

relevo decisivo os planos de ordenamento de áreas protegidas[35], os planos de ordenamento de albufeiras de águas públicas, os POOC e os planos de ordenamento dos estuários[36]. Possuindo uma conexão determinante com a protecção do ambiente, todos estes IGT se destinam, de um modo ou de outro, a prevenir quer os riscos da acção humana sobre os bens ambientais, quer os riscos que a natureza pode comportar para a urbanização: assim, *v. g.*, a fixação, nos POOC, de uma zona terrestre de protecção (cf. o artigo 3.º, n.º 2, do DL n.º 309/93) dirige-se, *inter alia*, a impedir a construção em zonas de elevados riscos naturais (drenagem natural, erosão, abatimento, escorregamento, avalanches ou outras situações de instabilidade[37]), susceptíveis de fazer perigar as construções e, sobretudo, a integridade física e a vida das pessoas, mas também a proteger

---

[35] Os planos de ordenamento de áreas protegidas são uma das modalidades dos *planos especiais de ordenamento do território*, cuja disciplina consta dos artigos 8.º, alínea *d)*, 9.º, n.º 4, 10.º, n.º 4, 11.º, n.º 2, e 33.º da LBPOTU e dos artigos 42.ª a 50.º do RJIGT. A sua elaboração é determinada por despacho do ministro competente em razão de matéria (actualmente, o Ministro do Ambiente, do Ordenamento do Território e do Desenvolvimento Regional). A aprovação dos mesmos é feita por RCM (cf. o artigo 49.º do RJIGT). O regime especial de ocupação, uso e transformação do solo constante do decreto regulamentar de classificação de uma área protegida de âmbito nacional deve ser respeitado pelos planos territoriais, designadamente pelos planos municipais de ordenamento do território. É o mesmo vale para o regime específico da área protegida constante do respectivo plano especial de ordenamento do território.

[36] Os planos de ordenamento de albufeiras de águas públicas, os POOC e os planos de ordenamento dos estuários constituem IGT destinados a estabelecer medidas adequadas à protecção e valorização dos recursos hídricos na área a que se aplicam, de modo a assegurar a sua utilização sustentável (cf. os artigos 19.º a 22.º da *Lei da Água*).

Relativamente aos POOC, assumem-se estes como uma resposta integrada à importância estratégica da zona costeira em termos ambientais, económicos, sociais e culturais e, sobretudo, à constatação dos riscos a que as mesmas têm estado sujeitas. Estamos, pois, diante de IGT que se destinam a proteger os recursos naturais de zonas especialmente sensíveis, caracterizadas pela extrema vulnerabilidade ambiental e pela diversidade de usos, com destaque para as actividades de lazer e turismo – daí que os mesmos constituam os instrumentos privilegiados para estabelecer um conjunto de obrigações acrescidas aos titulares de direitos sobre as parcelas por eles abrangidas, obrigações essas que permitam o convívio das várias utilizações e a valorização das áreas envolvidas (*maxime*, as praias), sem prejuízo da defesa e conservação da natureza. O regime da elaboração e aprovação dos POOC encontra-se plasmado no DL n.º 309/93, de 2-9 (alterado pelos DL n.º 218/94, de 20-8, 151/95, de 24-6, e 113/97, de 10-5). Sobre os POOC, cf. a nossa obra *Manual...*, cit., pp. 304 e s.

[37] Sobre estes riscos naturais, cf. o Anexo II, n.º I, 6, do DL n.º 309/93, bem como o Anexo ao DL n.º 302/90, de 26-9, que define o regime de gestão urbanística do litoral.

Riscos e Direito do Urbanismo 1125

a integridade biofísica da área envolvida, com a valorização dos recursos naturais e a conservação dos seus valores ambientais e paisagísticos, mediante o ordenamento dos diferentes usos e actividades específicas da orla costeira (cf. o artigo 21.º, n.º 2, da *Lei da Água*).

Repare-se, porém, que, embora os citados planos possuam uma conexão mais próxima com a tarefa de prevenção de riscos, esta tarefa não está ausente dos planos globais, *maxime* dos PMOT e, dentro destes, dos PDM: basta atentar no facto de as disposições destes últimos acolherem, no seu conteúdo, as normas emergentes quer da lei, quer de outros planos. Isso mesmo decorre, em geral, da identificação dos PMOT como instrumentos que estabelecem o regime do uso do solo (definindo modelos de evolução previsível da ocupação humana e da organização de redes e sistemas urbanos e de parâmetros de aproveitamento do solo e de garantia da qualidade ambiental – cf. o artigo 69.º, n.º 2, do RJIGT) e dos objectivos a eles inerentes (cf. o artigo 70.º do RJIGT), e, em especial, da concepção do PDM como instrumento que estabelece a estratégia de desenvolvimento territorial, a política municipal de ordenamento do território e urbanismo e demais políticas urbanas, bem como o modelo de organização espacial do território municipal, *integrando e articulando as orientações estabelecidas pelos instrumentos de gestão territorial de âmbito nacional e regional* (cf. o artigo 84.º, n.º 1, do RJIGT)[38].

b) A relevância da prevenção de riscos no âmbito dos procedimentos de elaboração de planos encontra-se conexionada com três dos princípios subjacentes ao respectivo regime jurídico: a colaboração entre vários sujeitos de direito público na formação dos planos, a avaliação ambiental estratégica dos planos e a participação dos interessados na elaboração dos planos[39].

---

[38] Esta consideração surge corroborada por diplomas especiais: cf., *v. g.*, o DL n.º 364/98, de 21-11, cujo artigo 2.º determina que os PMOT referentes aos municípios com aglomerados urbanos atingidos por cheias (e que, como tal devem elaborar uma carta de zonas inundáveis) incluem obrigatoriamente a delimitação, na planta de síntese, das zonas inundáveis e estabelecem, no regulamento, as restrições necessárias para fazer face ao risco de cheia. Nos mesmo sentido, os PMOT, designadamente os PDM, devem identificar as áreas de povoamento florestais, classificando as respectivas manchas de acordo com os critérios previstos nos artigos 5.º, 7.º e seguintes do DL n.º 124/2006, de 28-6 (ou seja, de acordo com os critérios de classificação de risco espacial de incêndio), e no respectivo plano regional de ordenamento florestal e, bem assim, estabelecer medidas de protecção contra incêndios em áreas florestais, em conformidade com o disposto naquele diploma legal e no respectivo plano regional de ordenamento florestal (cf. o artigo 4.º, n.ºˢ 1 e 2, do DL n.º 327/90, na redacção do DL n.º 55/2007).

[39] Sobre os princípios do procedimento de formação dos planos, cf., mais desenvolvidamente, a nossa obra *Manual...*, cit., pp. 391 e ss.

1126   *Em Homenagem ao Professor Doutor Diogo Freitas do Amaral*

Um dos aspectos em que se cifra a colaboração dos vários sujeitos públicos reside na criação de *organismos de acompanhamento* da elaboração dos diferentes tipos de planos, constituídos, quase sempre, por representantes de uma pluralidade de entes públicos, a testemunhar que a elaboração dos planos não é uma tarefa exclusiva da pessoa colectiva pública a quem incumbe especificamente a sua elaboração, mas um trabalho conjunto de vários sujeitos de direito público, os quais têm, por isso, o dever de carrear as informações necessárias à identificação e avaliação dos diversos tipos de riscos subjacentes às opções planificadoras das entidades competentes. Com efeito, os referidos organismos de acompanhamento traduzem, na respectiva composição, a pluralidade de interesses a salvaguardar, bem como as diversas implicações técnicas a considerar, permitindo que o órgão competente obtenha uma informação actualizada sobre os mesmos. Aliás, a legislação prevê que devem integrar os referidos organismos as entidades às quais, em virtude das suas responsabilidades ambientais específicas, possam interessar os efeitos ambientais da aplicação do plano, competindo-lhes acompanhar a elaboração do relatório ambiental. A colaboração institucionalizada nos organismos de acompanhamento surge complementada por meios suplementares de concertação, destinados a obter soluções harmonizadas que permitam ultrapassar as objecções suscitadas naqueles organismos[40].

Momento igualmente decisivo é o da avaliação ambiental dos planos prevista no DL n.º 232/2007, de 15-6, que transpôs para a ordem jurídica nacional a Directiva n.º 2001/42/CE, do Parlamento Europeu e do Conselho, de 27 de Junho[41]. Prosseguindo uma função estratégica de análise das grandes opções, a avaliação ambiental vem colmatar as falhas manifestadas pela avaliação de impacte ambiental (AIA), que tem lugar numa altura em que as possibilidades de tomar diferentes opções e de apostar em alternativas de desenvolvimento são muito restritas, porque previamente condicionadas por planos ou programas nos quais o projecto se enquadra, esvaziando de utilidade e alcance a própria AIA a realizar. Deste modo, a avaliação ambiental traduz uma aplicação mais antecipada ou recuada do *princípio da prevenção*, já que a análise e ponderação dos efeitos no ambiente têm lugar não apenas quando se decide concretizar

---

[40] Cf., sobre esta matéria, os artigos 31.º e 32.º (PNPOT), 47.º (PEOT), 56.º e 57.º (PROT), 65.º (PIOT), 75.º, 75.º-A, 75.º-B, 75.º-C e 76.º (PMOT) do RJIGT.

[41] *JOCE*, n.º L 197, 21.07.2001, pp. 30-37.

um projecto, mas quando se elabora o plano ou programa em que esse projecto é previsto. Submetidos a esta avaliação estão não apenas os instrumentos de planeamento territorial (denominados planos ou programas de *"ordenamento urbano e rural ou utilização dos solos"*), mas todos os planos e programas susceptíveis de produzir efeitos significativos no ambiente, de acordo com os critérios constantes do anexo ao DL n.º 232/2007 [42]. Segundo o RJIGT, encontram-se, em princípio, sujeitos a avaliação ambiental os planos sectoriais [artigo 38.º, n.º 2, alínea *g)*, e n.º 4], os PEOT [artigo 45.º, n.º 2, alínea *b)*], os PROT (artigo 54.º, n.º 3), os PIOT (artigo 64.º, n.º 3), os PDM [artigo 86.º, n.º 2, alínea *c)*] e, caso se comprove que produzem efeitos significativos no ambiente, os PU e os PP [artigos 89.º, n.º 2, alínea *b)*, e 92.º, n.º 2, alínea *b)*].

Por último, importa sublinhar o relevo da participação dos interessados como mecanismo dirigido a levar ao conhecimento da Administração eventuais riscos por aquela ainda não considerados. Dando cumprimento ao imperativo constitucional da participação e acolhendo a orientação presente já na Lei n.º 83/95, o RJIGT consagrou dois momentos azados para a intervenção dos cidadãos nos procedimentos dos planos, viabilizando a distinção entre *participação preventiva* e *participação sucessiva*. A lei é clara no sentido de que a participação pode ter lugar em qualquer fase do procedimento de elaboração dos planos, vincando a obrigação de as entidades públicas divulgarem a decisão de desencadear o procedimento de elaboração (ou de alteração e revisão) do plano, com identificação dos objectivos a prosseguir, para que todos os interessados possam, desde logo, apresentar sugestões e observações sobre as opções a consagrar no plano. O legislador demonstra especial rigor na disciplina jurídica da participação preventiva no procedimento de elaboração dos PEOT e dos PMOT (cf. os artigos 48.º, n.º 2, e 74.º do RJIGT, respectivamente), admitindo a possibilidade de participação logo após a divulgação da decisão ou deliberação de elaboração do plano. A *participação*

---

[42] Podemos, assim, falar numa opção do legislador português por uma solução *monista*, na transposição da Directiva n.º 2001/42/CE, traduzida na consagração, num mesmo diploma legal, *in casu*, o DL n.º 232/2007, de todo o *regime substantivo* da avaliação ambiental de todos os planos e programas susceptíveis de produzirem efeitos significativos no ambiente, independentemente da sua natureza urbanística ou ambiental, deixando para o RJIGT apenas a disciplina do *procedimento* da avaliação ambiental dos instrumentos de planeamento territorial, através da sua *incorporação* no procedimento de elaboração dos planos.

1128　Em Homenagem ao Professor Doutor Diogo Freitas do Amaral

sucessiva tem lugar uma vez concluída a proposta do plano e tem como momento privilegiado o período de *discussão pública*, durante o qual todos os interessados podem formular *reclamações, observações, sugestões* e *pedidos de esclarecimento* sobre um documento – a proposta do plano – que antecipa, em certa medida, aquilo que ele virá a ser. O RJIGT regula, de modo detalhado, entre outros aspectos, a publicitação do período de discussão pública, a duração do mesmo, a indicação das eventuais sessões públicas a que haja lugar e dos locais onde se encontra disponível a proposta do plano, o respectivo relatório ambiental, os pareceres que a acompanham, os resultados da concertação e, bem assim, a forma como os interessados podem apresentar as suas reclamações, observações ou sugestões (cf. os artigos 33.º, n.ºs 1, 2 e 3, 40.º, n.ºs 1, 2, 3 e 4, 48.º, n.ºs 3 e 4, 58.º, 65.º e 77.º, n.ºs 3 e 4, do RJIGT).

c) Em termos de conteúdo dos planos, a percepção da existência de riscos dá, em regra, origem ao estabelecimento de proibições, restrições e condicionamentos ao uso, ocupação e transformação do solo[43], os quais não conferem, por via de regra, ao respectivo proprietário um direito de indemnização. Com efeito, a caracterização do direito de propriedade privada não se compadece hoje com qualquer conceptualização que a aproxime do clássico *ius utendi, fruendi ac abutendi*, encontrando-se unanimidade na doutrina, que alude à *função, vinculação ou obrigação social da propriedade privada*[44]. Trata-se de uma consideração tanto mais relevante quando nos reportamos ao direito de propriedade dos solos, bem jurídico marcado pela escassez e irreprodutibilidade. Assim, a função social da propriedade privada deve considerar-se como um limite implícito em várias regras ou princípios constitucionais – como sucede, *v. g.*, com os artigos 61.º, n.º 1, e 88.º da Constituição –, cuja observância

---

[43] Assim, *v. g.*, em matéria de riscos associados à utilização de substâncias perigosas, o artigo 4.º do DL n.º 164/2001 estabelece que "na elaboração e execução dos instrumentos de gestão territorial devem as entidades competentes assegurar as distâncias adequadas entre os estabelecimentos abrangidos pelo presente diploma e as zonas residenciais, as zonas de utilização pública e as zonas ambientalmente sensíveis" (n.º 3), cabendo aos PMOT prever ou definir as zonas em que podem ser construídos novos estabelecimentos (n.º 4). Para efeitos do DL n.º 164/2001, «estabelecimento» significa "a totalidade da área situada sob controlo de um operador em que se verifique a presença de substâncias perigosas, numa ou em várias instalações, incluindo as infra-estruturas ou actividades comuns ou conexas" [artigo 3.º, alínea *e)*].

[44] Cf. a nossa obra *Manual...*, cit., pp. 810 e ss.

Riscos e Direito do Urbanismo 1129

se impõe ao legislador ordinário. Na fixação do conteúdo e limites do direito de propriedade, aquele é obrigado a estabelecer um regime jurídico socialmente justo do direito de propriedade[45], a permitir conceber o direito de propriedade urbana como um «direito planificado»[46]: cabendo aos planos a definição do destino urbanístico do solo e da respectiva utilidade económica, aqueles assumem-se como o meio de conformação da propriedade imobiliária, por excelência (princípio da reserva do plano).

Esta vinculação social da propriedade do solo conhece na *vinculação situacional* uma subespécie[47]. As proibições (designadamente a proibição de construção), restrições ou condicionamentos à utilização dos bens considerados necessários à *conservação* das suas características físicas (e também do seu destino económico) são, em geral, como salienta a doutrina e a jurisprudência germânicas, uma mera consequência da *vinculação situacional (Situationsgebundenheit)* da propriedade que incide sobre os solos incluídos em *áreas protegidas* ou em *zonas costeiras*, isto é, um simples produto da especial situação factual destes, da sua inserção na natureza e na paisagem e das suas características intrínsecas. Por outras palavras, se a possibilidade de edificação não está, *em geral*, contida no direito de propriedade sobre um terreno, quando este se encontre afectado por uma vinculação situacional, tal possibilidade encontra-se, *em especial*, totalmente interdita – é que, nesta hipótese, existe uma proibição de construção que resulta *naturaliter* do terreno, em virtude dos riscos que comportaria para bens naturais ou para as pessoas (quer por a edificação se revelar impossível, *v. g.*, devido à falta de esta-

---

[45] Como sublinha o Tribunal Constitucional, "não definindo o texto constitucional o que deva entender-se por direito de propriedade, nem sempre têm sido pacíficas as conclusões atingidas pelos seus intérpretes a propósito da dimensão e contornos daquele conceito, sendo, porém, seguro que a velha concepção clássica da propriedade, o *jus friendi ac abutendi* individualista e liberal, foi, nomeadamente nas últimas décadas deste século, cedendo o passo a uma concepção nova daquele direito, em que avulta a sua função social. Como quer que seja, o direito de propriedade constitucionalmente consagrado não beneficia de uma garantia em termos absolutos, havendo de conter-se dentro dos limites e nos termos definidos noutros lugares do texto constitucional" (cf. o Acórdão n.° 866/96, de 4 de Julho, in: *DR*, I Série, n.° 292, 18.12.1996, p. 4524).

[46] Cf., *v. g.*, as nossas obras *Estudos de Direito do Urbanismo*, Almedina, Coimbra, 1997, p. 47, e *Manual...*, cit., p. 825, na senda de Escribano Collado, *La Propriedad Privada Urbana*, Montecorvo, Madrid, 1979, pp. 163 e ss.

[47] Cf. a nossa obra *Manual...*, cit., pp. 819 e ss. (cf. também pp. 291 e ss., a propósito das áreas protegidas).

Em Homenagem ao Professor Doutor Diogo Freitas do Amaral

bilidade dos solos, quer por se tratar de uma área de *habitat* natural, imprescindível ao equilíbrio ambiental).

A tese exposta não excluirá, todavia, que, em situações decerto excepcionais, esteja em causa uma *expropriação do plano*, a implicar a atribuição a algum ou alguns proprietários de uma indemnização. Isso sucederá, seguramente, quando do plano resultar uma proibição ou uma grave restrição à utilização que o proprietário vinha habitualmente efectivando no seu terreno. Numa situação dessas – cuja identificação não se compadece com formulações genéricas, antes pressupõe uma punctualização tópica e típica –, o plano produz na esfera jurídica do proprietário danos *singulares* e *graves*, devendo, por isso, ser-lhe reconhecida natureza expropriativa (expropria-ção de sacrifício) e, consequentemente, ser acompanhado de indemnização[48].

Por outro lado, não se encontra de todo afastada a hipótese de, sobre as áreas afectadas pelo risco, não incidir apenas uma vinculação situacional, mas exigir-se, em razão do grau de potencial lesividade, uma expropriação dos terrenos em causa (e, como tal, a respectiva transferência para a titularidade pública). Efectivamente, o Código das Expropriações acolhe um conceito amplo de expropriação, que compreende qualquer pri-

---

[48] Estas considerações encontram pleno acolhimento, desde logo, no artigo 18.º da LBPOTU, onde não só se impõe que os instrumentos de gestão territorial dotados de eficácia plurisubjectiva prevejam *mecanismos de perequação compensatória* (destinados a assegurar a repartição equitativa dos encargos e benefícios deles resultantes), como ainda se consagra o *dever de indemnização*, sempre que tais instrumentos determinem restrições significativas de efeitos equivalentes a expropriação, a direitos de uso do solo preexistentes e juridicamente consolidados, que não possam ser objecto daquela compensação. No mesmo sentido, o artigo 143.º do RJIGT prevê a emergência de um dever de indemnização dos particulares quando a compensação efectuada nos termos de tais mecanismos não seja possível e estejam em causa restrições às possibilidades de aproveitamento do solo de tal forma significativas que possuam o efeito equivalente a uma expropriação. Sobre o sentido e alcance dos preceitos citados, cf. as nossas obras, *Manual...*, cit., pp. 761-791, «Problemas Actuais do Direito do Urbanismo em Portugal», in: *Revista do CEDOUA*, n.º 2, ano I, 1998, pp. 20, 30 e s. (notas 31 e 32), e *A Jurisprudência do Tribunal Constitucional sobre Expropriações por Utilidade Pública e o Código das Expropriações de 1999*, Separata da *Revista de Legislação e Jurisprudência*, s.n., Coimbra, 2000, pp. 16 e ss., nota 13.

Sobre o conceito de expropriação do plano e a necessidade de um conceito amplo de expropriação como decorrência da protecção do direito de propriedade privada, ao nível constitucional e no âmbito da Convenção Europeia dos Direitos do Homem, cf. a nossa obra *A Jurisprudência...*, cit., pp. 13 e ss.

Riscos e Direito do Urbanismo 1131

vação ou subtracção do direito de propriedade e sua transferência para um sujeito diferente, para a realização de *qualquer fim de utilidade pública* (cf. o artigo 1.º), naturalmente sem prejuízo do respeito pelo princípio da proporcionalidade (cf. o artigo 3.º); dito de outra forma, a elasticidade inerente à noção de utilidade pública perfilhada pelo legislador permite o abarcamento de uma cópia de situações (incluindo as ditadas pela tarefa de prevenção do risco), sendo que, em qualquer hipótese, a possibilidade de ablação do direito de propriedade e o respectivo âmbito se encontram circunscritos pelo fim determinante da mesma[49].

Atente-se, porém, que a subordinação das medidas expropriativas ao princípio da proporcionalidade implica que, quando a finalidade de prevenção de risco se baste com a constituição de servidões administrativas, se deve dar preferência a esta solução. Em geral, a possibilidade de constituição de servidões administrativas encontra-se prevista no artigo 8.º do Código das Expropriações, que as subordina à realização de interesse público, determinando a respectiva indemnização quando inviabilizem a utilização que vinha sendo dada ao bem, considerado globalmente; inviabilizem qualquer utilização do bem, nos casos em que este não esteja a ser utilizado; ou anulem completamente o seu valor económico[50]. Alguma legislação estabelece regimes especiais de servidões administrativas, destinadas a funcionar, de algum modo, como mecanismo de prevenção de riscos: eis o que sucede, *v. g.*, com as servidões impostas para protecção do património cultural[51] ou com as constituídas para a exploração de recursos geológicos[52].

---

[49] Sobre os princípios da utilidade pública (ou do bem comum) e da proporcionalidade como pressupostos de legitimidade da expropriação, cf. a nossa obra, *As Garantias do Particular na Expropriação por Utilidade Pública*, Separata do vol. XXIII do *Suplemento ao Boletim da Faculdade de Direito*, Coimbra, 1982, pp. 103 e ss., 116 e ss., respectivamente.

[50] Sobre o correcto entendimento deste preceito – necessariamente articulado com a tutela constitucional e internacional do direito de propriedade e o princípio da proporcionalidade – cf. a nossa obra *Manual...*, cit., pp. 158 e ss., em especial, n. 193 (pp. 159-160). Em geral, sobre a figura das servidões administrativas e os problemas que suscita, cf. a nossa obra *Manual...*, cit., pp. 324 e ss.; cf. também BERNARDO AZEVEDO, *Servidão de Direito Público*, Coimbra Editora, Coimbra, 2005.

[51] O artigo 43.º da Lei n.º 107/2001, de 8 de Setembro, prevê que os imóveis classificados ou em vias de classificação beneficiam de uma zona geral de protecção de 50 metros, devendo ainda dispor de uma zona especial de protecção, zonas essas concebidas como servidões administrativas, nas quais não podem ser concedidas pelo município

1132   *Em Homenagem ao Professor Doutor Diogo Freitas do Amaral*

d) Pode suceder, porém, que os riscos não tenham sido considerados (porque inexistentes ou ainda não conhecidos) no momento da elaboração dos planos. Se os planos com eficácia plurisubjectiva, enquanto instrumentos de programação e de coordenação e factor de previsibilidade das decisões administrativas, possuem uma inequívoca vocação de estabilidade, a necessária articulação com a realidade a que se reportam erige a alterabilidade dos planos em sua dimensão constitutiva. Destarte, a resposta à percepção da existência de riscos após a elaboração dos IGT passa pela consideração das figuras relacionadas com a dinâmica do planea-mento urbanístico[53].

Sem a pretensão de nos debruçarmos pormenorizadamente sobre o regime da dinâmica dos planos – o que extravasaria a temática em causa –, importará atender às situações em que o conhecimento de situações de risco poderá conduzir à modificação dos IGT. De entre as várias figuras previstas no RJIGT (alteração, correcção de erros materiais e rectificação, revisão e suspensão), a que melhor se adequa a responder à necessidade de mudança em consequência da emergência ou do conhecimento de riscos corresponde à alteração prevista nos artigos 94.º e 95.º do RJIGT, relativos à alteração de planos sem e com eficácia plurisubjectiva, assumindo, neste contexto, especial relevo o último dos preceitos citados. A alteração prevista nestas normas consiste numa *reanálise meramente parcelar* ou *pontual* do mesmo, através da introdução de

---

ou qualquer outra entidade licenças para obras de construção e para quaisquer trabalhos que alterem a topografia, os alinhamentos e as cérceas e, em geral, a distribuição de volumes e coberturas ou o revestimento exterior dos edifícios sem prévio parecer favorável da administração do património cultural. Cf. também os artigos 36.º a 52.º do Decreto-Lei n.º 308/2009, de 23 de Outubro, que estabelece o procedimento de classificação dos bens imóveis de interesse cultural, bem como o regime jurídico das zonas de protecção e do plano de pormenor de salvaguarda.

[52] Cf. o artigo 23.º, n.º 1, alínea *f)* – que atribui aos concessionários o direito de obter, a seu favor, a constituição das servidões necessárias à exploração dos recursos geológicos –, e o artigo 35.º – que estabelece que o prédio sobre o qual se localize uma pedreira ou uma exploração de nascente, bem como os prédios vizinhos, podem ser objecto de servidão administrativa, em razão do interesse económico da exploração –, ambos do Decreto-Lei n.º 90/90, de 16-3 (cf. ainda os artigos 36.º e seguintes do mesmo diploma).

[53] Sobre esta matéria, cf. a nossa obra *Manual...*, cit., pp. 564 e ss. Cf. ainda, embora referindo-se às disposições do RJIGT anteriores à redacção de 2007, João Miranda, *A Dinâmica Jurídica do Planeamento Territorial*, Coimbra Editora, Coimbra, 2002.

Riscos e Direito do Urbanismo 1133

algumas modificações no seu conteúdo prescritivo, ainda que relacionadas com as regras e princípios respeitantes à ocupação, uso e transformação do solo, com vista a adaptar o plano às mudanças das circunstâncias de facto ou de direito (relacionadas estas com a entrada em vigor de leis, regulamentos ou planos supervenientes) entretanto ocorridas.

Repare-se que, como medida da salvaguarda da estabilidade do planeamento, o n.º 1 do artigo 95.º do RJIGT prevê que os PMOT e os PEOT só podem ser objecto de alteração decorridos três anos sobre a respectiva entrada em vigor. O facto de o n.º 2 do mesmo preceito estabelecer excepções a esta regra – entre as quais a alteração resultante de *circunstâncias excepcionais*, designadamente em situações de alteração substancial das condições (económicas, sociais, culturais e ambientais) que fundamentaram as opções definidas no plano [alínea *c)*] – assegura que ficam cobertas as hipóteses mais graves do surgimento ou do conhecimento superveniente de riscos.

β) Embora paradigmaticamente preenchido pelos planos, o nível infra-legal não se circunscreve a estes. O artigo 3.º do RJUE prevê que os municípios, no exercício do seu poder regulamentar próprio, aprovem regulamentos municipais de urbanização e ou edificação, destinados a concretizar e a executar as disposições constantes do mesmo RJUE. Por outro lado, e também os PMOT são, por vezes, completados por disposições de regulamentos municipais de urbanização e ou edificação, quando a lei remete o tratamento de certas matérias, que, em princípio, caberiam nos regulamentos daqueles instrumentos de planeamento, para regulamentos municipais.

Uma análise do conteúdo destes regulamentos permite considerá-los também como instrumento de prevenção de riscos. Com efeito, encontram-se aí fixadas «normas técnicas», constituídas por regras urbanísticas e construtivas a ser seguidas nos projectos de arquitectura e urbanização. Assim, *v. g.*, tais diplomas podem prever que a realização de quaisquer construções seja precedida de estudos geológicos ou hidrogeológicos (com o propósito, designadamente, de aferir as condições de estabilidade dos terrenos)[54], bem como estabelecer condições para o depósito de re-

---

[54] Cf., *v. g.*, o artigo 6.º do RMUE de Coimbra (in: *DR*, II Série, n.º 304, Apêndice n.º 159, 30.12.2004, pp. 11 e ss.) e o Anexo III do RMUE de Lisboa (in: *DR*, II Série, n.º 8, 13.01.2009, pp. 1443 e ss.).

Em Homenagem ao Professor Doutor Diogo Freitas do Amaral

síduos sólidos urbanos e normas sobre a compatibilidade de usos e actividades[55] ou impor que os pedidos de licenciamento sejam acompanhados de projecto de segurança contra incêndios[56].

3.1.2.2. A prevenção do risco no âmbito da gestão urbanística

O problema da prevenção de riscos não se circunscreve ao momento do planeamento, mas afecta igualmente a gestão urbanística, possuindo implicações ao nível do controlo prévio das operações urbanísticas. Actualmente moldado, no essencial, de acordo com a dicotomia licença/comunicação prévia[57], a possível consideração dos riscos encontra-se como que partilhada entre particulares e Administração. Com efeito, se, por um lado, a elaboração dos projectos pelos particulares deve respeitar as normas (legais e regulamentares) de prevenção de riscos, por outro lado, o particular e/ou a Administração urbanística têm de promover as consultas, autorizações ou aprovações de entidades externas, bem como verificar o cumprimento daquelas normas e extrair as consequências jurídicas em caso de incumprimento.

Assim, ao nível procedimental, já se encontra prevista a necessidade de, em certos casos, ser efectuada a consulta de entidades externas nos termos dos artigos 13.º e 13.º-A do RJUE. Pense-se, *v. g.*, nas hipóteses em que o deferimento de pedidos de licenciamento para a realização de

---

[55] Cf., *v. g.*, o artigo 8.º do RMUE de Coimbra, nos termos do qual "as utilizações, ocupações ou actividades a instalar não podem: *a)* produzir ruídos, fumos, cheiros, poeiras ou resíduos que afectem de forma significativa as condições de salubridade ou dificultem a sua melhoria, quando na proximidade de áreas habitacionais; *b)* perturbar as normais condições de trânsito e de estacionamento ou provocar movimentos de cargas e descargas que prejudiquem as condições de utilização da via pública, sem que estejam estudadas e previstas as medidas correctivas necessárias; *c)* Acarretar riscos de incêndio ou explosão; *d)* prejudicar a salvaguarda e valorização do património classificado ou de reconhecido valor cultural, estético, arquitectónico, paisagístico ou ambiental; *e)* corresponder a outras situações de incompatibilidade que a lei geral considere como tal".

[56] Cf., *v. g.*, a Norma 13C do RMUE de Coimbra, que inclui o projecto de segurança contra incêndios nos projectos de especialidades destinados a instruir o pedido de licenciamento de obras de edificação.

[57] Sobre o controlo prévio das operações urbanísticas, à luz das alterações introduzidas em 2007 no RJUE, cf. Pedro Gonçalves, «Controlo...», cit., pp. 2 e ss., e «Simplificação...», cit., pp. 79 e ss.; Fernanda Paula Oliveira, «A Alteração Legislativa ao Regime Jurídico da Urbanização e Edificação: Uma Lebre que Saiu Gato?», in: *Direito Regional e Local*, n.º 0, 2007, pp. 55 e ss. (cf. também o quadro-síntese da p. 70).

Riscos e Direito do Urbanismo 1135

obras de edificação referentes a estabelecimentos de restauração e bebidas ou a empreendimentos turísticos carece de parecer favorável do Serviço Nacional de Bombeiros e Protecção Civil, destinado a verificar o cumprimento das regras de segurança contra riscos de incêndio (cf. os artigos 6.º e 22.º do DL n.º 57/2002, de 11-3). Diferentes destas são as situações contempladas no artigo 37.º do RJUE, relativas às operações urbanísticas cujo projecto carece de aprovação pela Administração central, aprovação essa que constitui pressuposto necessário (ainda que não suficiente) para o deferimento dos pedidos de licenciamento e para a admissão das comunicações prévias a que respeitam. Todavia, também neste momento procedimental, a Administração central poderá ter de ponderar factores de risco, eventualmente com recurso ao *know-how* dos particulares: assim acontece, *v. g.*, com a intervenção das entidades privadas acreditadas nos termos do DL n.º 152/2004, de 30-6, no âmbito dos processos de licenciamento industrial[58].

Ao nível da Administração urbanística, a apreciação das pretensões dos particulares incide sobre a respectiva conformidade com as disposições constantes dos planos e com *quaisquer normas legais e regulamentares aplicáveis*, designadamente as relativas ao uso dos edifícios: assim sucede, *v. g.*, no âmbito da apreciação dos projectos de obras de edificação, bem como dos projectos de loteamento, obras de urbanização e trabalhos de remodelação de terrenos (cf. os artigos 20.º e 21.º do RJUE). A inobservância de tais normas conduz à invia-bilização das pretensões dos particulares: nos termos da alínea *a)* do n.º 1 do artigo 24.º do RJUE, a violação de disposições constantes dos planos e de quaisquer normas legais e regulamentares aplicáveis constitui fundamento suficiente para o indeferimento do pedido de licenciamento; por sua vez, o n.º 1 do artigo 36.º do RJUE prevê a rejeição da comunicação prévia quando se verifique que a obra viola as disposições constantes dos planos ou as normas legais e regulamentares aplicáveis ou as normas técnicas de construção em vigor. O eventual deferimento do pedido de licenciamento ou

---

[58] De acordo com o artigo 8.º do citado diploma, a tais entidades encontram-se cometidas competências de emissão de pareceres técnicos sobre processos de instalação ou alteração de estabelecimentos industriais ou equiparados, relativamente à sua compatibilização com a regulamentação em vigor, ou de verificação da conformidade dos projectos de instalação e alteração de estabelecimentos industriais ou equiparados com as normas técnicas aplicáveis a cada caso.

Em Homenagem ao Professor Doutor Diogo Freitas do Amaral

a admissão da comunicação prévia nestas hipóteses origina a invalidade dos mesmos, de acordo com o disposto nos artigos 67.º e 68.º do RJUE[59].

A realização de quaisquer operações urbanísticas encontra-se sujeita a fiscalização administrativa, com o objectivo de assegurar a respectiva conformidade com as disposições legais e regulamentares aplicáveis e de prevenir os perigos que da sua realização possam resultar para a saúde e segurança das pessoas (cf. o artigo 93.º do RJUE). Embora a competência para a realização de vistorias e inspecções se encontre primacialmente devolvida às entidades públicas, os n.ºs 5 e 6 do artigo 94.º do RJUE admitem a possibilidade de contratação com empresas privadas habilitadas a efectuar a fiscalização de obras – fenómeno este que configura o *exercício privado* de tarefas ou funções públicas (*in casu*, da tarefa ou função pública da realização de inspecções e vistorias, no âmbito da fiscalização ou controlo sucessivo das operações urbanísticas).

Quando se verifique que se estão a realizar obras (de urbanização, de edificação ou de demolição) em desconformidade com o respectivo projecto ou com as condições do licenciamento ou comunicação prévia admitida ou em violação das normas legais e regulamentares aplicáveis, entram em jogo as medidas de tutela de legalidade urbanística. Nestas hipóteses, tem o município o poder de decretar o embargo das obras em causa, determinante da suspensão imediata dos trabalhos de execução prévia (cf. os artigos 102.º a 104.º do RJUE), bem como de ordenar os trabalhos de correcção ou de alteração da obra (cf. o artigo 105.º do RJUE)[60] e de impor a demolição da obra ou a reposição do terreno nas condições em que se encontrava antes da data de início das obras ou trabalhos (cf. o artigo 106.º do RJUE). O desrespeito de qualquer das medidas de tutela da legalidade urbanística faz incorrer os autores em

---

[59] Essa invalidade assume inclusivamente a forma de nulidade quando as licenças ou as comunicações prévias infrinjam o disposto em PMOT ou PEOT, quando o requerente não apresentou documento comprovativo da aprovação da Administração central (nos casos que dela careçam), ou quando não tenham sido precedidas de consulta das entidades cujos pareceres, autorizações ou aprovações sejam legalmente exigíveis, bem como quando não estejam em conformidade com esses pareceres, autorizações ou aprovações (cf. o artigo 68.º do RJUE).

[60] Nesta hipótese, e tratando-se de obras de urbanização ou de outras obras indispensáveis para assegurar a protecção de interesses de terceiros ou o correcto ordenamento urbano, dispõe o n.º 3 do artigo 105.º que a câmara municipal pode promover a realização dos trabalhos de correcção ou de alteração por conta do titular da licença ou do apresentante da comunicação prévia.

responsabilidade criminal (cf. o artigo 100.º do RJUE) e permite ao presidente da câmara determinar a posse administrativa do imóvel onde está a ser realizada a obra, de forma a viabilizar a execução coerciva de tais medidas, tudo a expensas do infractor (cf. os artigos 107.º e 108.º do RJUE).

As questões relacionadas com a segurança e a prevenção de riscos voltam a manifestar-se após a edificação. Por um lado, em certas circunstâncias, a atribuição da autorização de utilização carece de vistoria prévia, destinada a aferir da idoneidade da edificação ao fim a que se destina, bem como da sua conformidade com o projecto (cf. os artigos 64.º, n.º 2, e 65.º do RJUE). Por outro lado, o artigo 89.º do RJUE impõe a realização de obras de conservação (no mínimo, uma vez em cada período de oito anos), conferindo à câmara municipal o poder de, oficiosamente ou a requerimento de qualquer interessado, determinar a execução das obras necessárias à correcção de más condições de segurança, bem como de ordenar a demolição das construções que ameacem ruína ou ofereçam perigo para a saúde pública e para a segurança das pessoas[61].

O último ponto a apreciar relaciona-se com as consequências emergentes da existência ou conhecimento supervenientes de riscos que, como tal, não puderam ser tidos em conta aquando dos procedimentos de controlo das operações urbanísticas. Nesta hipótese, e importando tal circunstancialismo a alteração do plano nos termos já apontados, o plano alterado poderá determinar a caducidade das licenças, a qual deve ser acompanhada do direito a uma indemnização. Ou, então, pode a câmara municipal alterar, por sua iniciativa, as condições da licença ou comunicação prévia de uma operação de loteamento, desde que tal alteração seja necessária à execução do PMOT ou do PEOT, que tenha sido objecto de alteração, em consequência do conhecimento superveniente de riscos, havendo, nesse caso, direito a indemnização (cf. artigo 48.º do RJUE). No direito do ambiente e nos ramos jurídicos conexos, o legislador prevê ainda soluções alternativas, admitindo a possibilidade de modificação (revisão) ou revogação de licenças, em caso de conhecimento ulterior dos riscos: eis o que sucede, *v. g.*, com os títulos de utilização privativa dos recursos hídricos dominiais, que podem ser revogados "por razões de-

---

[61] O incumprimento destes actos promove a posse administrativa dos bens para a execução imediata das obras (cf. o artigo 91.º do RJUE), bem como o despejo administrativo (cf. o artigo 92.º do RJUE).

1138   *Em Homenagem ao Professor Doutor Diogo Freitas do Amaral*

correntes da necessidade de maior protecção dos recursos hídricos ou por alteração das circunstâncias existentes à data da sua emissão e determinantes desta, quando não seja possível a sua revisão" (cf. o artigo 68.º, n.º 6, da *Lei da Água*).

3.2. A concretização dos riscos

Não obstante a preocupação dos poderes públicos com os aspectos atinentes à prevenção de riscos no âmbito do direito do urbanismo, não está excluída a verificação de factos lesivos correspondentes à concretização de riscos (desconhecidos ou não acautelados). Importa, pois, determinar quais as consequências jurídicas associadas a tais hipóteses, *maxime*, em termos de responsabilidade (penal, contra-ordenacional, civil e disciplinar).

Da perspectiva criminal, visam responder a esta temática o artigo 277.º, n.º 1, alínea *a)*, bem como os artigos 278.º, 279.º e 280.º do Código Penal, todos sistematicamente incluídos no capítulo dedicado aos *crimes de perigo comum* [62]. Especial relevância assume o primeiro dos preceitos citados, que pune quem, no âmbito da sua actividade profissional, infringir regras legais, regulamentares ou técnicas que devam ser observadas no planeamento, direcção ou execução de construção, demolição ou instalação, ou na sua modificação ou conservação, e criar deste modo perigo para a vida ou para a integridade física de outrem, ou para bens patrimoniais alheios de valor elevado. As restantes normas dirigem-se a criminalizar as condutas de quem, não observando disposições legais, regulamentares (ou obrigações impostas pela autoridade competente em conformidade com aquelas disposições) provocar danos contra a natureza (artigo 278.º, n.º 1) ou poluição (artigos 279.º e 280.º). Como logo se subentende, constitui elemento específico destas disposições a responsabilização não dos poderes públicos, mas dos particulares, pela inobservância da legislação atinente à matéria em causa, em especial, da correspondente à tarefa de prevenção de riscos. O mesmo sucede, aliás, quando

---

[62] Sobre os crimes de perigo, cf. J. FARIA COSTA, *O Perigo em Direito Penal*, Coimbra Editora, Coimbra, 1992, *passim*; mais sinteticamente, J. FARIA COSTA, «Artigo 272.º», in: FIGUEIREDO DIAS (dir.), *Comentário Conimbricense do Código Penal*, tomo II, Coimbra Editora, Coimbra, 1999, pp. 866-869 (§§ 3 a 6).

Riscos e Direito do Urbanismo

estão em causa comportamentos determinantes das contra-ordenações previstas no artigo 98.º do RJUE [63], igualmente incidentes sobre os particulares infractores.

Esta observação não oblitera que, nos termos já apontados, se encontre cometida à Administração a relevante actividade de fiscalização do cumprimento das disposições legais e regulamentares aplicáveis. Daí que o artigo 101.º do RJUE estabeleça que incorrem em responsabilidade disciplinar (punível com pena de suspensão a demissão) os funcionários e agentes que deixem de participar infracções às entidades fiscalizadoras ou prestem informações falsas ou erradas sobre as infracções à lei e aos regulamentos de que tenham conhecimento no exercício das suas funções.

A concretização do risco pode ainda dar lugar a responsabilidade civil das pessoas colectivas públicas. Neste domínio, podemos equacionar várias hipóteses, em função da disciplina normativa aplicável: por um lado, a responsabilidade por omissão ou actuação ilícita e a responsabilidade pelo risco (constante, no essencial, do RCEE); por outro lado, a responsabilidade ambiental (contemplada no DL n.º 147/2008, de 29-7).

Perspectivando estas normas sob a nossa lupa teleológica, a ocorrência dos factos lesivos (correspondentes a riscos não previstos ou não prevenidos) resultará quer por falta de norma destinada a avaliar ou a acautelar o risco em causa (isto é, por omissão de norma devida – seja legislativa, seja administrativa), quer em consequência da inobservância (por acção ou omissão) das normas emitidas com esse propósito.

No que tange à primeira situação, urge sublinhar que o RCEE prevê duas hipóteses distintas: tratando-se de omissão legislativa, e na sequência do artigo 283.º da Constituição, a responsabilidade (por danos *anormais*) só emerge perante a omissão de providências legislativas necessárias para tornar exequíveis *normas constitucionais*, desde que previamente *verificada pelo Tribunal Constitucional* (artigo 15.º, n.ºs 3 e 5); a ausência de norma regulamentar necessária para dar exequibilidade a actos legislativos carentes de regulamentação pauta-se pelo regime geral aplicável

---

[63] Pense-se, *v. g.*, na realização de operações urbanísticas em desconformidade com o projecto, não observando os condicionalismos de segurança aí previstos, em consequência de imposição do regulamento municipal [cf. n.º 1, alínea *b*)]; e em falsas declarações dos autores e coordenadores de projectos no termo de responsabilidade relativamente à observância de normas técnicas gerais e específicas de construção, bem como das disposições legais e regulamentares aplicáveis ao projecto [cf. n.º 1, alínea *e*)], com a consequente ocorrência do desmoronamento do edifício.

Em Homenagem ao Professor Doutor Diogo Freitas do Amaral

à responsabilidade civil por danos decorrentes do exercício da função administrativa, *in casu*, pela responsabilidade por facto ilícito (artigos 7.º e seguintes).

Ora, é precisamente este o regime a seguir também sempre que a Administração, por actos materiais ou em consequência do deferimento de licenças ou da admissão de comunicações prévias com violação das normas legais e regulamentares aplicáveis, cause danos a terceiros. Especial relevância assumem, para este efeito, os pressupostos da ilicitude (cuja verificação depende de um atentado contra disposições ou princípios constitucionais, legais ou regulamentares ou de uma ofensa de regras de ordem técnica ou deveres objectivos de cuidado e de que resulte a ofensa de direitos ou interesses legalmente protegidos – cf. o artigo 9.º, n.º 1) e da culpa (apreciada à luz do critério do funcionário médio, presumindo-se a existência de culpa leve na prática de actos jurídicos ilícitos – cf. o artigo 10.º, n.os 1 e 2)[64]. No domínio em que nos movemos, a responsabilidade por actos (*maxime*, jurídicos) ilícitos servirá, sobretudo, os interesses de terceiros que, não sendo os destinatários dos actos emitidos, sofrem prejuízos em resultado da desconsideração administrativa das normas dirigidas à prevenção de riscos[65].

---

[64] A aferição da culpa possui um impacto na determinação dos sujeitos obrigados ao pagamento de indemnização. Na senda da tradição nacional, o legislador distingue as hipóteses em que o funcionário ou agente agiu com culpa leve – caso em que a responsabilidade é exclusiva das entidades públicas – daquelas em que actuou com dolo ou culpa grave – situação em que existe responsabilidade solidária das entidades públicas e do funcionário (cf. os artigos 7.º e 8.º).

A eventual desconformidade com o artigo 22.º da Constituição da isenção de responsabilidade dos funcionários em caso de culpa leve já havia constituído objecto de amplo debate doutrinal e jurisprudencial, tendo o Tribunal Constitucional proferido uma decisão negativa de inconstitucionalidade. Sobre esta matéria, cf., por último, Acórdão n.º 5/2005, de 5 de Janeiro, in: *DR*, II Série, n.º 75, 18.04.2005, pp. 6234 e ss.

[65] Tal não significa, porém, que, em certos casos, a Administração não incorra também em responsabilidade civil perante os destinatários dos actos. Na verdade, o artigo 70.º do RJUE prevê a responsabilização do município pelos prejuízos causados em caso de revogação, anulação ou declaração de nulidade de licenças, comunicações prévias ou autorizações de utilização, sempre que a causa da revogação, anulação ou declaração de nulidade resulte de uma conduta ilícita dos titulares dos seus órgãos ou dos seus funcionários e agentes. Embora dificilmente configurável no domínio da concretização de riscos, pode acontecer que a Administração tenha admitido a realização de operações urbanísticas em violação, *v. g.*, de um parecer conforme do Serviço Nacional de Bombeiros e de Protecção Civil, vendo-se agora na necessidade de anular o acto administrativo em causa. Este exemplo não dispensa, porém, dois esclarecimentos complementares: por

Resulta do n.º 1 do artigo 11.º do RCEE que só nos casos de danos decorrentes de actividades, coisas ou serviços administrativos *especialmente perigosos* haverá lugar a responsabilidade pelo risco. Não obstante uma tendência de pendor restritivo adoptada pelo STA[66], estarão aqui em causa situações em que é a própria actividade da Administração que, pelas suas características, se revela susceptível de gerar danos, em situações mais ou menos excepcionais, mas, de qualquer modo, ainda previsíveis. O que distingue este tipo de responsabilidade daquela emergente de actos ilícitos. Pense-se, por exemplo, na situação subjacente ao caso *Öneryildiz c. Turquia* [67]: o desconhecimento indevido dos riscos e a não adopção das providências necessárias para, de acordo com o estado da técnica, prevenir ou minimizar riscos imputáveis aos poderes públicos geram responsabilidade civil por factos ilícitos; já se se concluísse que, embora tendo sido cumpridas as disposições normativas existentes e utilizadas as melhores técnicas disponíveis, a índole especialmente perigosa da actividade não permitiria eliminar todos os riscos possíveis e previsíveis em abstracto, a concretização do risco causador de danos faria incorrer a Administração em responsabilidade pelo risco.

Abreviaturas

AIA   – Avaliação de Impacto Ambiental
CADA   – Comissão de Acesso aos Documentos Administrativos

---

um lado, a anulação do acto administrativo pode ocorrer num momento em que o risco tutelado pelo parecer em causa ainda não se concretizou; por outro lado, se a ausência de parecer favorável se dever à inobservância de normas técnicas que vinculavam também o destinatário do acto, o montante indemnizatório será reduzido em virtude de concorrência de culpa do lesado.

[66] Para uma síntese jurisprudencial da matéria, cf. CARLA AMADO GOMES, «A Responsabilidade Administrativa pelo Risco na Lei n.º 67/2007, de 31 de Dezembro: Uma Solução Arriscada?», in: *Três Textos sobre o Novo Regime da Responsabilidade Civil Extracontratual do Estado e Demais Entidades Públicas*, AAFDL, Lisboa, 2008, pp. 66-67.

[67] Acórdão do Tribunal Europeu dos Direitos do Homem, de 30 de Novembro de 2004, P. 48939/99. Da factualidade descrita na decisão decorre, sumariamente, que, em consequência de um acidente (explosão de gás metano), ocorrido, em 28 de Abril de 1993, numa lixeira intermunicipal (gerida pelo município de Istambul), faleceram nove membros da família do requerente. Tal acidente deveu-se à não adopção de medidas para prevenir explosões de gás metano, para cujo risco já havia alertado um relatório técnico elaborado em 1991.

CRP	– Constituição da República Portuguesa
DL n.º	– Decreto-Lei (n.º)
DR	– Diário da República
LBPOTU	– Lei de Bases da Política de Ordenamento do Território e de Urbanismo (Lei n.º 48/98, de 11 de Agosto, alterada pela Lei n.º 54/2007, de 31 de Agosto)
PDM	– plano(s) director(es) municipal(ais)
PEOT	– plano(s) especial(ais) de ordenamento do território
PIOT	– plano(s) intermunicipal(ais) de ordenamento do território
PMOT	– plano(s) municipal(ais) de ordenamento do território
PNPOT	– Programa Nacional da Política de Ordenamento do Território
POOC	– plano(s) de ordenamento da orla costeira
PROT	– plano(s) regional(ais) de ordenamento do território
RAR	– Resolução da Assembleia da República (n.º)
RCEE	– Regime da Responsabilidade Civil Extracontratual do Estado e Demais Entidades Públicas (aprovado pela Lei n.º 67/2007, de 31 de Dezembro, alterada pela Lei n.º 31/2008, de 17 de Junho)
RCM n.º	– Resolução do Conselho de Ministros (n.º)
RJIGT	– Regime Jurídico dos Instrumentos de Gestão Territorial (Decreto-Lei n.º 380/99, de 22 de Setembro, alterado e republicado em anexo ao Decreto-Lei n.º 46/2009, de 20 de Fevereiro)
RJUE	– Regime Jurídico da Urbanização e Edificação (Decreto-Lei n.º 555/99, de 16 de Dezembro, alterado e republicado em anexo à Lei n.º 60/2007, de 4 de Setembro)
RMUE	– Regulamento Municipal de Urbanização e Edificação
STA	– Supremo Tribunal Administrativo

O EMBARGO DE OBRAS NO REGIME JURÍDICO DA URBANIZAÇÃO E DA EDIFICAÇÃO[1]

CLÁUDIO MONTEIRO

SUMÁRIO: 1. O embargo de obras na legislação urbanística portuguesa. Do embargo ou nunciação de obra nova ao embargo administrativo de obras. 2. As relações entre o embargo administrativo e o embargo judicial. 3. Conceito e natureza do embargo administrativo de obras. 4. O objecto mediato da ordem de embargo. Critérios de delimitação do conceito de obras em execução 5. O efeito suspensivo do embargo de obras licenciadas. O problema da suspensão da eficácia de actos de licenciamento nulos 6. Pressupostos jurídicos da ordem de embargo. Vinculação e discricionariedade. 7. Competência para embargar. 8. A eficácia da ordem de embargo. Relevância da notificação feita a pessoa diversa do interessado. 9. A caducidade da ordem de embargo.

1. O embargo administrativo de obras particulares é um instituto com raízes antigas na tradição jurídica portuguesa, com origem no poder

---

[1] Tive o privilégio de iniciar a minha carreira académica no ano lectivo de 1990-91 como Assistente de Direito Administrativo do Professor Diogo Freitas do Amaral na Faculdade de Direito da Universidade de Lisboa, e de ter sido por ele orientado na elaboração da minha dissertação de mestrado em Ciências Jurídico-Políticas subordinada ao tema *«O embargo e a demolição de obras no Direito do Urbanismo»*, defendida em 1995 perante um júri que ele próprio presidiu, e que integrava também os Professores José Manuel Sérvulo Correia, Marcelo Rebelo de Sousa, Fernando Alves Correia, Pedro Romano Martinez e Maria da Glória Garcia.

1144 Em Homenagem ao Professor Doutor Diogo Freitas do Amaral

conferido aos almotacés para «*embargar a requerimento de parte qualquer obra de edifício, que se fizer dentro da villa, ou seus arrabaldes,
pondo a pena, que lhes bem parecer, até se determinar a causa per
Direito*»[2], mas que se perdeu no tempo e apenas voltou a ser utilizado
regularmente como um meio de tutela da legalidade urbanística em
meados do século XX.

Até então, o meio jurídico adequado para impor a suspensão de
trabalhos de construção civil ilegais era o embargo de obra nova previsto

---

A nossa afinidade científica comum por temas de Direito do Urbanismo já vinha
de trás, desde o ano lectivo de 1992-1993, quando colaborei com o Professor na docência
da disciplina de Direito do Urbanismo, no primeiro ano em que aquela disciplina foi
leccionada na Faculdade de Direito da Universidade de Lisboa, e manteve-se por muitos
anos, mesmo depois de ele deixar a Faculdade, nomeadamente no âmbito de um projecto
editorial comum de publicação de um Manual de Direito do Urbanismo, que infelizmente
os nossos percursos de vida académica, pessoal e política não permitiram concluir, e na
elaboração de pareceres académicos, de que um dos mais significativos, sobre a transferência dos direitos de urbanização e de edificação da Aldeia do Meco, se encontra publicado no número 20 da Revista Jurídica do Urbanismo e do Ambiente.

O Professor Diogo Freitas do Amaral já tinha sido o precursor do ensino do Direito
do Urbanismo em Portugal, quando, mais de vinte anos antes, no longínquo ano lectivo
de 1970-71, leccionou um capítulo sobre os «*Aspectos jurídicos do Ordenamento do
Território, Urbanismo e Habitação*» na disciplina de Direito Administrativo, tendo então
publicado uma pequena sebenta policopiada sobre a matéria, que ainda hoje constitui uma
referência.

Foi também por sua iniciativa e responsabilidade que o Instituto Nacional de Administração (INA) organizou em 1988 o primeiro Curso de Direito do Urbanismo realizado em Portugal, que deu origem a uma das primeiras publicações científicas de relevo
sobre a matéria.

E foi ainda com o seu alto patrocínio e empenho que, em 1994, foi fundada a Ad
Urbem – Associação para o Desenvolvimento do Direito do Urbanismo e da Construção,
de que ele foi o primeiro Presidente da Assembleia Geral, e cuja direcção tenho hoje a
honra de presidir.

O Professor Diogo Freitas do Amaral é, por isso, não apenas uma referência no
meu percurso académico pessoal, mas uma figura incontornável no panorama científico
do Direito do Urbanismo em Portugal, a quem, sobretudo por essa razão, presto aqui a
minha sincera homenagem.

O texto que aqui publico e lhe dedico é, aliás, o resultado da actualização e da
adaptação de um dos capítulos da minha dissertação de mestrado, ao qual, para além da
sua adequação ao direito positivo vigente, me limitei a acrescentar as principais referências sobre o tema produzidas nos últimos quinze anos pela doutrina e jurisprudência
portuguesas.

[2] Cfr. OF, I, Título 68, § 23.°.

O Embargo de Obras no Regime Jurídico da Urbanização e da Edificação 1145

e regulado nas leis processuais civis, e mesmo este só muito tarde foi admitido como instrumento de defesa de interesses públicos.

A matéria foi objecto de uma primeira previsão normativa na Lei n.º 1.670, de 15 de Setembro de 1924, cujo artigo 1.º atribuía às câmaras municipais competência para *«embargar (...), observando-se o disposto nos artigos 380.º, 382.º, 384.º e 385.º do Código de Processo Civil, quaisquer obras, construções ou edificações, quando iniciadas ou feitas pelos particulares, sem licença da respectiva câmara municipal ou com inobservância de prescrições constantes de licença por esta concedida ou de quaisquer disposições dos regulamentos ou posturas municipais».*

Tratava-se de uma disposição inovadora, já que os artigos do Código de Processo Civil de 1876, para os quais remetia, na tradição do nosso direito antigo, concebiam o embargo de obra nova exclusivamente como um meio de tutela da propriedade ou da posse, no âmbito estrito das relações de vizinhança[3].

Embora sujeito à mesma forma de processo, o embargo previsto na Lei n.º 1.670 assentava num fundamento diverso do previsto no código, servindo para impedir a continuação de obras urbanas desconformes com prescrições de natureza administrativa.

Nos termos dos preceitos ali referidos, as câmaras municipais deveriam proceder ao embargo extrajudicial das obras e dirigir-se aos tribunais judiciais no prazo de três dias para requerer a respectiva ratificação, não dispondo de poderes próprios para impor a suspensão dos trabalhos contra a vontade do dono da obra.

Além do mais, deveria ser proposta a competente acção de demolição nos dez dias subsequentes à decisão do juiz, nos termos do artigo 10.º do mesmo diploma legal, sob pena de caducidade daquela providência cautelar.

---

[3] O embargo ou nunciação de obra nova tem a sua origem na *operis novi nunciatio* do direito romano, e no nosso direito antigo vinha regulado no § 4.º do Título 78 do Livro III, das Ordenações Filipinas, de onde «transitou» para o artigo 290.º da Novíssima Reforma Judiciária, antes de merecer consagração no Código de Processo Civil de 1876. Para uma breve síntese sobre o embargo de obra nova v. L. P. MOITINHO DE ALMEIDA, *Embargo ou nunciação de obra nova*, 1994, e bibliografia aí citada. No direito antigo, a obra mais completa sobre a nunciação de obra nova é o Livro IV do *Tractatus de Novorum Operum Aedificationibus, et adversus construere volentes in alterius praejudicium*, ou *Tratado da Edificação e Embargo de Obras Novas*, de MANUEL ALVARES FERREIRA, editado em Lisboa em 1750.

1146 Em Homenagem ao Professor Doutor Diogo Freitas do Amaral

As disposições da Lei n.º 1.670 foram transpostas para o artigo 421.º do Código de Processo Civil de 1939, que passou a regular autonomamente o embargo de obra nova promovido por câmaras municipais. Dispunha-se aí que *«podem as câmaras municipais embargar as obras, construções ou edificações que os particulares começarem em contravenção dos regulamentos e posturas municipais».*

Em comentário a este artigo, Alberto dos Reis afirmava que o embargo como meio de reacção contra a realização de obras em contravenção dos regulamentos e posturas municipais surge como uma afirmação do poder de polícia das câmaras municipais e não como um instrumento de defesa de direito particular[4].

O mesmo autor salientava que não era admitido o recurso ao embargo previsto no artigo 421.º para prevenir a violação das referidas normas regulamentares, apenas sendo possível o embargo de obras já iniciadas e ainda não concluídas[5], mas não daquelas que apenas se encontram em fase de preparação[6].

Ao embargo de obra nova promovido por câmaras municipais assistia, assim, uma função repressiva[7], ainda que a providência tivesse natureza cautelar e se destinasse a evitar que a continuação dos trabalhos agravasse a lesão dos interesses ofendidos pela obra ilegal.

De certa forma, a obrigação imposta às autoridades administrativas de legitimarem a execução dos seus embargos através do recurso prévio aos tribunais corresponde ainda a uma forma de tutela da propriedade privada, só que neste caso era tutelada a propriedade do embargado e não a do embargante.

Tendo em conta o seu efeito limitador da liberdade de construir, então amplamente reconhecida aos proprietários privados, o embargo de obras era visto com alguma desconfiança, sendo reservado para os casos em que a ameaça à segurança e salubridade públicas se manifestava concretamente.

---

[4] Cfr. ALBERTO REIS, *Código de Processo Civil anotado*, 1949, p. 69.

[5] A Lei n.º 1670 parecia admitir o embargo de obras já concluídas, ao referir-se a *«obras, construções ou edificações, quando iniciadas ou feitas pelos particulares».* Neste sentido, cfr. JOÃO DE CASTRO MENDES, *«Embargos processuais e embargos administrativos»,* in *DJ*, 1987/88, III, p. 26.

[6] Cfr. ALBERTO REIS, *Código de Processo Civil anotado*, 1949, pp. 58 e 69 ss.

[7] Ibidem.

O *Embargo de Obras no Regime Jurídico da Urbanização e da Edificação* 1147

A disciplina do Código de Processo Civil não viria a ser posta em causa pelo Código Administrativo de 1940, que no seu artigo 51.º , § 23.º se limitou a estabelecer a competência da câmara municipal para *«embargar quaisquer obras, construções ou edificações iniciadas pelos particulares sem licença, ou com inobservância das condições desta, dos regulamentos ou das posturas municipais»*, sem cuidar do respectivo processo de execução.

O referido preceito foi interpretado como contendo uma remissão para o regime estabelecido nas leis processuais civis[8], pelo que a plena executoriedade do embargo ordenado pela câmara municipal continuava a depender da sua ratificação judicial, de acordo com um sistema misto em que à Administração competia proferir a decisão e ao Tribunal autorizar a sua execução[9].

Aos poucos, porém, foi sendo generalizada a convicção de que o recurso aos tribunais não correspondia às novas exigências do controlo administrativo sobre a edificação e uso dos solos, que cada vez menos representava uma interferência de natureza policial na esfera de liberdade individual dos proprietários para se assumir como um instrumento de ordenação urbanística.

Desde logo, o regime estabelecido no Código de Processo Civil impunha às câmaras municipais uma excessiva rigidez em matéria de prazos, tendo em conta que estas se encontravam limitadas nos seus movimentos processuais pela burocracia inerente aos procedimentos administrativos legalmente estabelecidos para o exercício da sua competência.

Exigia-se, nomeadamente, que o embargo fosse requerido no prazo de trinta dias a contar do conhecimento do facto lesivo do interesse a tutelar[10], o que frequentemente impedia a reacção das câmaras municipais em tempo útil, permitindo a consolidação de situações de facto ilegais.

Por outro lado, não se revelava adequado à tutela de interesses urbanísticos fazer depender a manutenção do embargo das obras da propo-

---

[8] V., entre outros, ANTÓNIO PEDROSA PIRES LIMA e MANUEL BAPTISTA DIAS DA FONSECA, *Código Administrativo actualizado e anotado*, 1954, pp. 108-109.

[9] *«Ordem administrativa, execução judiciária»*, nas palavras de CASTRO MENDES – cfr. «Embargos processuais e embargos administrativos», in *DJ*, 1987/88, III, p. 29.

[10] Cfr. artigo 420.º do Código de Processo Civil de 1939. Com a entrada em vigor do Código de Processo Civil de 1961, as câmaras municipais, bem como o Estado, que de acordo com o seu artigo 413.º /1 passa a poder requerer a providência cautelar em questão, serão dispensados do cumprimento desse prazo – cfr. artigo 413.º /2.

1148 *Em Homenagem ao Professor Doutor Diogo Freitas do Amaral*

situra de uma acção de demolição, que não constitui necessariamente a sequência lógica da suspensão de trabalhos de construção civil, por exemplo, nos casos em que estas são apenas formalmente ilegais.

Uma das primeiras referências expressas ao embargo administrativo de obras surge no artigo 40.º /1 do Decreto-Lei n.º 49.399, de 24 de Novembro, relativo aos estabelecimentos hoteleiros e similares de interesse para o turismo[11], embora nele se remetesse para o regime estabelecido no RGEU, na redacção inicial que lhe foi dada pelo Decreto-Lei n.º n.º 38.382, de 7 de Agosto de 1951, que previa no artigo 165.º uma ordem camarária de «suspensão dos trabalhos» de construção civil realizados em desconformidade com as suas disposições.

Esta última disposição não especificava qual a via de execução da referida ordem de suspensão dos trabalhos, criando assim a dúvida sobre se a câmara municipal deveria recorrer aos tribunais ou poderia impor a decisão pelos seus próprios meios[12].

A dúvida era pertinente, tanto mais que o -§ 3.º do mesmo artigo impunha que a demolição de obras ilegais teria de ser decretada *«pelo tribunal da situação das obras em acção movida pela câmara contra o infractor»*, só sendo autorizada a sua execução administrativa coerciva em caso de incumprimento da sentença judicial.

Contudo, o § 1.º do artigo 165.º do RGEU regulava o procedimento administrativo de embargo de obras com maior detalhe que as normas que o precederam, dispondo, nomeadamente, sobre a forma de realizar a sua notificação ao interessado.

De acordo com este preceito, caso não tivesse sido precedida de uma deliberação da câmara municipal, a suspensão dos trabalhos ordenada por funcionários da fiscalização municipal só produziria efeitos pelo prazo de quinze dias, salvo se entretanto aquela ordem viesse a ser

---

[11] Antes disso, já o Decreto-Lei n.º 40.388, de 21 de Novembro de 1955, atribuía competência à Direcção-Geral dos Serviços de Urbanização, mediante despacho do Ministro das Obras Públicas, *«para promover directamente o embargo e a demolição de obras realizadas sem prévia autorização nas zonas de protecção dos edifícios ou construções de interesse público não classificados como monumentos nacionais e, bem assim, das obras realizadas nas áreas urbanizadas ou urbanizáveis com desrespeito dos condicionamentos fixados nos respectivos planos de urbanização e seus regulamentos»*.

[12] No sentido de que as câmaras municipais já não estavam obrigadas a recorrer aos tribunais, defendendo a natureza administrativa do embargo previsto na redacção inicial do artigo 165.º do RGEU, v. João de Castro Mendes, *«Embargos processuais e embargos administrativos»*, in *DJ*, 1987/88, III, p. 27 ss.

O Embargo de Obras no Regime Juridico da Urbanização e da Edificação 1149

expressamente confirmada por uma deliberação camarária oportunamente notificada ao interessado[13].

Nestes casos, haveria que distinguir dois actos administrativos distintos: a suspensão dos trabalhos determinada por ordem de funcionários municipais, imediatamente executória mas ainda não definitiva, que poderia ser comunicada ao dono da obra, aos seus prepostos ou comitidos, ou inclusive aos respectivos encarregados; e o embargo propriamente dito, consubstanciado numa deliberação camarária confirmativa daquela suspensão e notificada directamente ao interessado.

Parece assim evidente que ao estabelecer este regime o legislador quis abrir uma via de direito nova à câmara municipal, distinta do embargo de obra nova regulado nas leis processuais, pois como salientou Castro Mendes não seria razoável que nestes casos a lei pretendesse exigir dois actos de ratificação, *«uma judicial requerida em (então) 3 dias, outra administrativa, prévia ou obtida e notificada ao interessado em 15 dias»*[14].

Perante as dúvidas suscitadas pela sua redacção inicial, o artigo 165.º do RGEU viria a ser alterado pelo Decreto-Lei n.º 42.258, de 31 de Março de 1962, nele passando a dispor-se que *«as câmaras municipais poderão ordenar (...) a demolição ou o embargo administrativo das obras executadas em desconformidade com o disposto nos artigos 1.º a 7.º»*.

---

[13] A fixação do prazo de quinze dias resultou de uma proposta da Câmara Corporativa, justificada pela necessidade de permitir a realização de, pelo menos, uma reunião ordinária da câmara municipal – cfr. Parecer n.º 20/V, in *Pareceres da Câmara Corporativa* (V Legislatura), Ano de 1951, Lisboa, 1952, Vol. II, pp. 175-176. Mais tarde esse prazo viria a ser prolongado pelo Decreto-Lei n.º 44.258, de 31 de Maio de 1962, para vinte dias.

[14] Cfr. João de Castro Mendes, *«Embargos processuais e embargos administrativos»*, in *DJ*, 1987/88, III, p. 30. Embora o termo ratificação não possa ser aqui usado em sentido próprio, o efeito útil das duas medidas é, de facto, o mesmo, pois do que se trata é de confirmar o sentido de uma decisão anterior, autorizando o prosseguimento da sua execução. A imediata executoriedade da ordem suspensão dos trabalhos, num e noutro caso, justifica-se pela natureza cautelar da medida ou da providência, já que o prosseguimento das obras entre o momento da sua comunicação ou notificação e o da sua confirmação poderia permitir a consolidação de uma situação de facto potencialmente lesiva dos interesses públicos defendidos pela câmara municipal. Sobre a figura da ratificação-confirmação, v. Marcello Caetano, *Manual de Direito Administrativo*, 1986, Vol. I, pp. 556-557 e Diogo Freitas do Amaral, *Manual de Direito Administrativo*, 2001, Vol. II, pp. 268-269; v. também o Parecer da PGR n.º 53/87, de 22/10, in *DR*, II Série, n.º 100, de 30/4/88, que se refere especificamente à ratificação do embargo.

Em Homenagem ao Professor Doutor Diogo Freitas do Amaral

Para além da expressa qualificação legal, a natureza administrativa do embargo resultava ainda de diversos aspectos do regime jurídico inovador introduzido por aquele diploma, com particular relevância para três deles.

Em primeiro lugar, a notificação da suspensão dos trabalhos passou a ser feita por meio de um auto de embargo[15], à semelhança do que sucede nos embargos processuais, estendendo-se o prazo para a sua confirmação para vinte dias.

Em segundo lugar, o prosseguimento da obra após a notificação da deliberação camarária de embargo ou de confirmação da suspensão dos trabalhos passou a constituir crime de desobediência qualificada[16], o que atribuía a esta medida uma especial força jurídica vinculante.

E, em terceiro lugar, a continuação da suspensão dos trabalhos deixou de estar exclusivamente dependente da sua demolição[17], que passou também a ser administrativa, podendo preceder a legalização da obra ou a adopção de outras medidas de protecção da legalidade urbanística.

Deste modo, era inequívoco que o poder de embargar administrativamente obras particulares envolvia não apenas o reconhecimento de uma autotutela declarativa, que autorizava a autoridade administrativa competente a decidir unilateralmente, procedendo à definição do direito aplicável na sua relação com o dono da obra, como também o reconhecimento de uma autotutela executiva, que a dispensava de recorrer previamente aos tribunais para impor a sua decisão[18].

O regime do embargo administrativo de obras de construção civil previsto no RGEU, entretanto tornado extensível às obras de urbanização pelo artigo 16.º do Decreto-Lei n.º 46.673, de 29 de Novembro de 1965, não viria a ser significativamente alterado por nenhuma das disposições legais que se lhe sucederam até à entrada em vigor dos Decretos-Lei

---

[15] Cfr. artigos 165.º §1.º do RGEU e 426.º do Código de Processo Civil de 1939, em ambos se fazendo referência à descrição detalhada do estado dos trabalhos.

[16] Cfr artigo 165.º §3.º.

[17] O mesmo diploma acrescentou ao RGEU um novo artigo 167.º , nos termos da qual a demolição das obras referidas no citado artigo 165.º poderia *«ser evitada»* caso fosse reconhecido que as mesmas *«são susceptíveis de vir a satisfazer aos requisitos legais e regulamentares de urbanização, de estética, de segurança e salubridade»*.

[18] Sobre a autotutela v., em especial, FELICIANO BENVENUTI, «Autotutela amministrativa», in *ED*, 1959, IV, p. 537 ss. Entre nós, v. MARIA DA GLÓRIA GARCIA, «Breve reflexão sobre a execução coactiva dos actos administrativos», in *Estudos em Comemoração do XX Centenário do Centro de Estudos Fiscais*, 1983, p. 52 ss.

O *Embargo de Obras no Regime Jurídico da Urbanização e da Edificação*   1151

n.º s 445/91 e 448/91, de 20 e 29 de Novembro de 1991, respectivamente, sem prejuízo de algumas questões que vieram a suscitar quanto à titularidade, ao âmbito e à natureza dos poderes.

O artigo 19.º do Decreto-Lei n.º 166/70, de 15 de Abril, que aprovou um novo regime de licenciamento de obras particulares, reiterou a competência da câmara municipal[19], embora ressalvando a possibilidade de a mesma também ser atribuída a entidades estaduais, o que aliás já sucedia em legislação especial diversa[20].

Na delimitação do objecto, porém, este preceito omitiu qualquer referência às obras executadas em desconformidade com a respectiva licença de construção, e referiu-se única e exclusivamente à violação das normas técnicas gerais e específicas da construção, sendo certo que na parte omissa mantinha-se em vigor o disposto no corpo do artigo 165.º do RGEU[21].

Aliás, este objecto viria a ser precisado pela primeira Lei das Autarquias Locais – Lei n.º 79/77, de 25 de Outubro – cujo artigo 62.º/ /2/g) estabelecia a competência para embargar *«quaisquer obras, construções ou edificações iniciadas por particulares ou pessoas colectivas, sem licença ou com inobservância das condições desta, dos regulamentos, posturas municipais ou planos de urbanização»*[22].

Quanto à natureza vinculada ou discricionária dos poderes, o citado artigo 19.º do Decreto-Lei n.º 166/70, contrariamente às disposições que

---

[19] Essa competência viria a ser transferida para o presidente da câmara pela Lei n.º 18/91, de 12 de Junho, que alterou a Lei das Autarquias Locais aprovada pelo Decreto-Lei n.º 100/84, de 29 de Março, nas «vésperas» da aprovação do Decreto-Lei n.º 445/91. Antes disso, porém, a mesma competência já se encontrava tacitamente delegada no presidente por força do artigo 52.º /1 da LAL, na sua versão inicial.

[20] V., nomeadamente, os já citados Decretos-Lei n.º s 40.388 e 49.399.

[21] Preferindo falar em interpretação extensiva do artigo 19.º do Decreto-Lei n.º 166/70, v. José Osvaldo Gomes, *Comentário ao novo regime do licenciamento de obras*, 1971, p. 154.

[22] Apesar de tudo, não se pode falar em «alargamento» do âmbito material da competência já que, por um lado, os planos urbanísticos têm natureza regulamentar, subsumindo-se ao conceito de regulamentos e posturas municipais utilizado no Código Administrativo e, por outro, os artigos 1.º a 7.º do RGEU já exigiam a conformidade dos projectos com planos de urbanização geral ou parcial. No Decreto-Lei n.º 100/84, de 29 de Março, que aprovou a nova Lei das Autarquias Locais, a delimitação do objecto seria ainda mais precisa, abrangendo todos os instrumentos de planeamento urbanístico tipificados na lei – v., na redacção que foi dada a esse diploma pela lei n.º 18/91, de 12 de Junho, o artigo 53.º /2/l).

1152   *Em Homenagem ao Professor Doutor Diogo Freitas do Amaral*

o antecederam, parecia apontar para a vinculação da câmara municipal ao embargo das obras que se integrassem na sua previsão, ao dispor que as mesmas não apenas poderiam ser embargadas como deveriam sê-lo[23].

Contudo, o argumento literal não parece ser suficientemente convincente, como adiante melhor se demonstrará, havendo mesmo algumas disposições legais posteriores ao Decreto-Lei n.º 166/70, nomeadamente em matéria de obras de urbanização, que continuaram a referir-se ao embargo como uma mera faculdade[24].

2. Mais até do que o problema da existência de uma liberdade de decisão entre embargar ou permitir a continuação de obras ilegais, a questão que tem sido mais discutida na jurisprudência e na doutrina é a de saber se existe uma liberdade de opção entre duas vias alternativas de embargo: a judicial e a administrativa[25].

Seguindo alguma jurisprudência cível[26], Castro Mendes considerou que estas duas vias não eram mutuamente excludentes, afirmando que *«a autarquia local tem, em princípio, a possibilidade de escolha entre o embargo processual e o embargo administrativo»*[27].

Entendia este autor que nada proíbe que o legislador preveja vários meios de actuação jurídica, diferentes e optativos, sendo esta a única interpretação que permitiria harmonizar o estatuído no artigo 165.º do RGEU com o Código de Processo Civil, aprovado em 1961[28].

---

[23] Neste sentido, por exemplo, ANTÓNIO PEDROSA PIRES DE LIMA e JOÃO DOS SANTOS ALMEIDA CORREIA, *Licenciamento de obras*, 1970, p. 33. Segundo estes autores, *«o disposto neste artigo tornou imperativo o embargo de obras executadas sem licença, quando a elas sujeitas, bem como as que forem executadas com inobservância das respectivas condições. Anteriormente, à face do disposto no n.º 22 do artigo 51.º do Código Administrativo e do artigo 165.º do Regulamento Geral da Edificações Urbanas, o embargo constituía mera faculdade»*.

[24] Cfr. artigos 21.º /3 do Decreto-Lei n.º 289/73, de 6 de Junho e 52.º /3 do Decreto-Lei n.º 400/84, de 31 de Dezembro.

[25] Uma questão que, aliás, não é exclusiva do Direito do Urbanismo. Sobre a discussão desta questão no quadro do direito do ambiente v. VASCO PEREIRA DA SILVA, *Da protecção jurídica ambiental: os denominados embargos administrativos em matéria de ambiente*, 1997.

[26] V., entre outros, Acórdãos do STJ, de 26/11/85, in *BMJ* 351/365; e TRE, de 9/6/82, in respectivamente, *BMJ* 320/467 e *Col. Jur.*, 1982, Tomo III, p. 293.

[27] Cfr. JOÃO DE CASTRO MENDES, *«Embargos processuais e embargos administrativos»*, in *DJ*, 1987/88, III, pp. 33-35.

[28] Ibidem

O Embargo de Obras no Regime Juridico da Urbanização e da Edificação 1153

Se a via administrativa é a que melhor satisfaz o interesse público, a via judicial é a que oferece melhores garantias aos particulares, cabendo à câmara municipal escolher a mais adequada ao caso concreto de acordo com «*critérios de política local, conveniência e oportunidade*»[29].

Esta não é, contudo, uma interpretação compatível com as normas e princípios gerais de direito administrativo, que ao reconhecerem nesta matéria a existência de um privilégio de execução prévia afastam não apenas a necessidade mas também a possibilidade de recurso prévio aos tribunais[30].

Se, como é entendimento corrente, o poder de autotutela não é inerente aos actos administrativos, apenas resultando da sua expressa consagração legal[31], está implícita na atribuição desse poder a intenção de afastar a via da execução judicial[32].

Com efeito, a existência de um meio processual alternativo resultaria em prejuízo para o princípio que o reconhecimento da autotutela visa promover – o da eficiência administrativa –, sem que isso se traduza num ganho sensível em matéria de garantias dos particulares, pois estes conservam a faculdade de impugnar perante os tribunais administrativos os actos de embargo que lhes causem prejuízo, requerendo, se for caso disso, a respectiva suspensão jurisdicional da eficácia.

Por outro lado, está hoje expresso no artigo 29.º do Código do Procedimento Administrativo que a competência é de ordem pública – irrenunciável e inalienável – pelo que tem de ser exercida sempre que a satisfação do interesse público, pressuposto pelo legislador na sua atribuição, o exija[33].

---

[29] Ibidem

[30] Neste sentido, na doutrina, v. RUI CHANCERELLE DE MACHETE, «*Privilégio da Execução Prévia. Embargo de obra nova*», in *Estudos de Direito Público e Ciência Política*, 1991, pp. 515-516. Na jurisprudência, v. Acórdãos do STJ, de 27/7/82, in *BMJ* 319/196; STJ, de 24/5/83, in *BMJ* 327/566; TRE, de 15/10/81, in *BMJ* 312/322; TRP, de 4/11/82, in *BMJ* 320/440; TRP, de 10/2/83, in *BMJ* 3247620; TRC, de 19/10/83, in *Col. Jur.*, 1983, Tomo IV, p. 83; TRC, de 16/1/85, in *Col. Jur.*, 1985, Tomo I, p. 88; e TRP, de 8/6/91, in *BMJ* 408/653.

[31] Neste sentido, MARIA DA GLÓRIA GARCIA, «*Breve reflexão sobre a execução coactiva dos actos administrativos*», in *Estudos em Comemoração do XX Centenário do Centro de Estudos Fiscais*, 1983, p. 523 ss.

[32] Neste sentido, referindo-se concretamente ao poder de embargo administrativo, cfr. RUI CHANCERELLE DE MACHETE, «*Privilégio da Execução Prévia. Embargo de obra nova*», in *Estudos de Direito Público e Ciência Política*, 1991, p. 516.

[33] Sobre a irrenunciabilidade da competência, criticando o Acórdão do STJ, de 19 de Outubro de 1978, segundo o qual as câmaras municipais poderiam prescindir do

Em Homenagem ao Professor Doutor Diogo Freitas do Amaral

O poder de embargar obras ilegais é, pois, um poder funcional, conferido por lei a um órgão da Administração para a prossecução necessária das atribuições da pessoa colectiva em que o mesmo se integra[34]. Não está na disponibilidade do órgão competente a opção entre a via judicial e a via administrativa.

Não impressiona a circunstância de o legislador ter mantido uma previsão relativa ao embargo de obra nova promovido pelo Estado e pelas autarquias locais no Código de Processo Civil de 1961, mesmo considerando que este apenas entrou em vigor após a alteração ao RGEU que definitivamente consagrou a figura do embargo administrativo[35], pois os respectivos campos de aplicação não eram então totalmente coincidentes.

Conforme foi salientado por Castro Mendes, o embargo administrativo dirigia-se exclusivamente contra obras urbanas ilegais, as únicas abrangidas pelo âmbito material do licenciamento municipal, deixando de fora as obras não urbanas e quaisquer outras que ofendessem o direito de propriedade ou qualquer outro direito real de gozo ou posse do Estado e dos municípios[36].

Acresce ainda que à data não eram tão extensas as competências atribuídas ao Estado para embargar administrativamente obras sujeitas a licenciamento municipal, pelo que relativamente a este a previsão do código tinha um significado particular.

---

privilégio da execução prévia para fazerem reconhecer judicialmente o seu direito à demolição de construções ilegais, cfr. JOSÉ MANUEL SÉRVULO CORREIA, *Noções de Direito Administrativo*, 1982, p. 174; no mesmo sentido, MÁRIO ESTEVES OLIVEIRA, GONÇALVES. PEDRO COSTA e JOÃO PACHECO AMORIM, *Código do Procedimento Administrativo Comentado*, 1993, Vol. I, p. 243. Sobre os princípios caracterizadores da competência administrativa em geral, v. PAULO OTERO, *A competência delegada no Direito Administrativo português*, 1987, p. 115.

[34] Neste sentido, entre nós, v. FERNANDO ALVES CORREIA, *As grandes linhas da recente reforma do Direito do Urbanismo português*, 1993, p. 104; na doutrina estrangeira v. ANTONIO IANNELLI, *Le violazioni edilizie amministrative, civili e penali*, 1981, p. 381. Na jurisprudência, embora referindo-se à demolição, v. o Acórdão do STA 1S, de 11/7/87, in *AD* 322/1181.

[35] O CPC foi aprovado pelo Decreto-Lei n.º 44.129, de 28 de Dezembro de 1961, cujo artigo 2.º marca o seu início de vigência para 24 de Abril de 1962. Por seu turno, o Decreto-Lei n.º 44.258, de 31 de Março de 1962, que alterou o RGEU, entrou em vigor no quinto dia após a sua publicação.

[36] Cfr. JOÃO DE CASTRO MENDES, «*Embargos processuais e embargos administrativos*», in *DJ*, 1987/88, III, pp. 34-35. Na jurisprudência, v. Acórdão TRP, de 4/11/82, in *BMJ* 321/440.

O *Embargo de Obras no Regime Jurídico da Urbanização e da Edificação* 1155

A situação hoje é bastante diversa, tendo o embargo de obra nova previsto e regulado no artigo 413.º do Código de Processo Civil, não obstante a alteração introduzida pelo Decreto-Lei n.º 329-A/95, de 12 de Dezembro[37], perdido todo o seu significado útil, e mesmo a sua base constitucional.

O alargamento do âmbito de sujeição a prévio licenciamento municipal das obras de urbanização e de edificação reduziu à insignificância o leque de situações em que o embargo judicial de obra nova pode operar com autonomia relativamente ao respectivo embargo administrativo.

Actualmente, o critério legal determinante da qualificação de uma obra como urbana não é o da sua localização geográfica mas o da sua aptidão funcional, o que generaliza o controlo urbanístico a todo o território nacional, e mesmo em alguns casos de dispensa de licenciamento municipal a autarquia local conserva os seus poderes de fiscalização repressiva, incluindo o de embargo.

Do mesmo modo, o reforço da intervenção estadual na actividade de fiscalização dos actos de edificação e uso dos solos de iniciativa privada, ainda que criticável, reduz drasticamente o campo de aplicação daquela providência cautelar.

A admissibilidade do embargo de obra nova como meio de tutela judicial de interesses públicos está, em qualquer caso, prejudicada pela existência de um outro meio processual de natureza cautelar para se proceder à suspensão de trabalhos de construção ilegais.

Nos termos do número 3 do artigo 37.º do Código do Processo nos Tribunais Administrativos (CPTA), os tribunais administrativos dispõem de competência para condenarem quaisquer particulares ou concessionários a adoptarem um comportamento conforme com normas de direito administrativo, incluindo a abstenção de realizar actos de edificação e uso dos solos realizados sem licença ou em desconformidade com a mesma[38].

---

[37] De acordo com a redacção dado ao referido artigo por aquele diploma legal, o Estado e as demais pessoas colectivas públicas apenas podem embargar obra nova *«quando careçam de competência para decretar o embargo administrativo»*.

[38] De acordo com a referida disposição, a acção administrativa comum de condenação na adopção de um comportamento conforme com as normas de direito público aplicáveis apenas pode ser utilizada naqueles casos em que a conduta do particular não tem fundamento num acto administrativo impugnável, pelo que se a obra em causa estiver licenciada é necessário lançar mão da acção administrativa especial de impugnação do respectivo acto de licenciamento. Se, porém, a obra estiver a ser realizada em desconfor-

Esta acção administrativa comum pode e deve ser utilizada como meio de proceder ao embargo judicial de obras ilegais por quaisquer entidades públicas que não disponham de competência própria para o embargo administrativo e pretendam fazer valer um interesse público que caiba no âmbito das suas atribuições, bem como pelos particulares em defesa dos seus interesses próprios e pelo Ministério Público em defesa da legalidade objectiva.

Existindo um meio processual idóneo no foro administrativo, não faz sentido permitir que o Estado e as autarquias locais continuem a recorrer aos tribunais judiciais para outro fim que não seja o de embargar de obra nova em defesa do seu direito de propriedade ou posse[39].

Aliás, desde a entrada em vigor da Lei Constitucional n.º 1/89 esta competência encontra-se reservada aos tribunais administrativos pelo artigo 212.º /3 da Constituição, competindo-lhes em exclusivo «o *julgamento das acções e recursos contenciosos que tenham por objecto dirimir os litígios resultantes de relações jurídicas administrativas»*.

No caso do embargo de obra nova com fundamento na violação de normas de direito administrativo, não existem quaisquer razões de especialização ou de reforço da efectividade da tutela judicial que possam justificar a competência dos tribunais judiciais[40]. Os tribunais administrativos encontram-se em melhores condições técnicas para apreciar a legalidade urbanística de obras de urbanização ou de edificação, e oferecem as mesmas garantias de justiça e imparcialidade.

Em suma, mesmo tendo um âmbito de aplicação limitado aos casos em que o Estado e as demais pessoas colectivas públicas careçam de competência para decretar o embargo administrativo, o artigo 413.º do Código de Processo Civil é inconstitucional, por violação da reserva de competência estabelecida pelo artigo 212.º /3 da Constituição a favor dos tribunais administrativos.

---

midade com a licença, a mesma excede o respectivo acto de licenciamento pelo que a acção administrativa comum tem cabimento.

[39] Nos termos gerais do artigo 412.º do CPC.

[40] V., por exemplo, a argumentação utilizada para justificar a atribuição da competência para conhecer da impugnação judicial de coimas aplicadas em processos de contra-ordenação social aos tribunais judiciais em JOAQUIM PEDRO CARDOSO DA COSTA, *«O recurso para os tribunais judiciais da aplicação de coimas pelas autoridades administrativas»*, in *CTF*, 1992, 366, especialmente a p. 59 ss.

O Embargo de Obras no Regime Juridico da Urbanização e da Edificação 1157

3. Já foi observado que o embargo administrativo de obras traduz o exercício de poderes de autotutela declarativa e executiva.

Em regra, porém, a imposição do embargo não carece de quaisquer actos de execução coerciva, já que o mesmo consiste numa mera proibição ou ordem de conteúdo negativo[41], que cria na esfera jurídica do seu destinatário uma obrigação de *non facere*.

O embargo de obras é o acto administrativo através do qual é imposta a obrigação de suspender a execução material de actos de edificação dos solos ou outros trabalhos de construção que estejam a ser realizados em violação de normas de direito administrativo, com o fim de evitar a consolidação de situações de facto lesivas dos interesses materiais tutelados por essas normas.

A definição proposta suscita várias questões, que a seu tempo serão devidamente analisadas, mas desde logo afasta a qualificação do embargo de obras como um acto de natureza preparatória ou instrumental relativamente à prática de quaisquer outros actos administrativos, designadamente a ordem de demolição.

O embargo não constitui um pressuposto jurídico da demolição, que pode ser ordenada independentemente da existência prévia daquele acto, nem a ordem de demolição constitui uma consequência necessária do embargo, que pode anteceder a adopção de outras medidas de protecção da legalidade urbanística ou a prática de um acto de legalização ou tolerância das obras embargadas.

Não existe uma relação de meio a fim entre os dois actos. O embargo não se encontra funcionalmente dirigido à ordem de demolição, e os respectivos procedimentos têm vidas separadas e autónomas. Entre eles existe antes uma correlação, dado que estão ambos preordenados aos mesmos objectivos de tutela da legalidade urbanística.

Poderá falar-se numa instrumentalidade hipotética[42]. O prévio embargo das obras, por si só, não assegura o efeito útil da ordem de demolição ou

---

[41] Sobre as ordens administrativas v., em especial, FRANCO BASSI, «*Ordine* (dir. amm.)», in *Enciclopedia del Diritto*, 1980, p. 995 ss.; entre nós, v. MARCELLO CAETANO, *Manual de Direito Administrativo*, 1986, Vol. I, p. 459 e ROGÉRIO EHRHARDT SOARES, *Direito Administrativo*, 1978, pp. 124-125.

[42] Tem-se falado em instrumentalidade hipotética, nomeadamente, em relação às medidas preventivas de planeamento urbanístico, com as quais o embargo tem alguns pontos de identidade – sobre esta característica das medidas preventivas, v. JOSÉ OSVALDO GOMES, «*Operações urbanísticas e medidas preventivas*», in *Direito do Urbanismo*

1158 *Em Homenagem ao Professor Doutor Diogo Freitas do Amaral*

de qualquer outra medida de protecção da legalidade urbanística, mas caso alguma dessas medidas venha a ser adoptada a sua execução não será prejudicada pela relevância jurídica que eventualmente pudesse vir a ser atribuída à situação de facto entretanto consolidada.

Aqui o embargo afasta-se das medidas provisórias previstas no artigo 84.º do Código do Procedimento Administrativo, das quais constitui um tipo especial[43], já que não se configura como um mero incidente autónomo de um procedimento administrativo determinado. Embora seja previsível a existência de um procedimento consequente destinado a produzir outro acto assente nos mesmos pressupostos[44], o embargo pode ser ordenado antes do seu início e não depende do conhecimento prévio do respectivo tipo[45].

A principal função do embargo é a de conservar a situação de facto existente à data da verificação da ilegalidade da execução de actos materiais de edificação dos solos ou outros trabalhos de construção, até que se encontre uma solução jurídica «definitiva» e conciliável com os interesses urbanísticos tutelados pelas normas violadas.

Nesta perspectiva o embargo é um acto de natureza conservatória, que procede a uma definição provisória da situação jurídica da obra. Não

---

(Comunicações apresentadas no curso realizado no Instituto Nacional da Administração), 1989, p. 386.

[43] Neste sentido, JOSÉ MANUEL SANTOS BOTELHO, AMÉRICO PIRES ESTEVES e JOSÉ CÂNDIDO DE PINHO, *Código do Procedimento Administrativo Anotado – Comentado*, 1992, p. 224 e MÁRIO ESTEVES OLIVEIRA, GONÇALVES. PEDRO COSTA e JOÃO PACHECO AMORIM, *Código do Procedimento Administrativo Comentado*, 1993, pp. 475-476.

[44] Referindo-se ao embargo, por essa razão, como uma decisão «interlocutória», v. LEARCO SAPORITO, *«Illecito urbanistico e sistema sanzionatorio»*, 1984, p. 33.

[45] Contrariamente ao que sucede, por exemplo, com as já referidas medidas preventivas de planeamento urbanístico, que só podem ser estabelecidas para acautelar planos cuja elaboração *já «tenha sido decidida»* – cfr. artigo 107.º /1 do Decreto-Lei n.º 380/99, de 16 de Setembro. No entanto, o disposto no artigo 7.º /1 da Lei dos Solos, aprovada pelo Decreto-Lei n.º 794/76, de 5 de Novembro, parece permitir o estabelecimento de medidas preventivas para qualquer área *«que se presuma vir a ser abrangida por um (...) projecto de empreendimento público de outra natureza»*, pelo menos na parte em que não é revogado pelo referido artigo 107.º /1 do Decreto-Lei n.º 380/99. Propondo uma interpretação restritiva do citado preceito da Lei dos Solos, no sentido de *«mesmo nos casos de medidas preventivas para garantia de projecto de empreendimentos públicos a prévia decisão de elaboração do projecto parece ser exigível por decorrência do princípio da proporcionalidade»*, cfr. PEDRO SIZA VIEIRA, *«Solos urbanos»*, in *Legislação Fundamental de Direito do Urbanismo*, 1994, p. 34.

é em si mesmo um acto provisório, no sentido em que tradicionalmente se emprega esta qualificação, pois não antecipa os efeitos de direito que virão a ser produzidos por decisões subsequentes que assentem nos mesmos pressupostos[46].

Não é também um acto meramente preparatório dessas decisões, pois apesar de não se destinar a vigorar indefinidamente, contém uma primeira definição da situação jurídica susceptível de lesar direitos subjectivos ou interesses legalmente protegidos do dono da obra ou titular da licença[47].

O acto de embargo procede ao *accertamento* provisório da ilegalidade da obra, sem prejuízo de esse juízo vir a ser renovado no momento da adopção de qualquer das medidas de tutela da legalidade urbanística que porventura se lhe sucedam[48].

---

[46] Rejeitando a qualificação de actos provisórios às medidas provisórias previstas no artigo 84.º do CPA, cfr. MÁRIO ESTEVES DE OLIVEIRA, PEDRO GONÇALVES e JOÃO PACHECO DE AMORIM, *Código do Procedimento Administrativo Comentado*, 1993, pp. 467-469. V. ainda, a propósito dos actos provisórios, JOSÉ MANUEL SÉRVULO CORREIA, *Noções de Direito Administrativo*, 1982, pp. 312-313. Este autor refere que *«os actos provisórios revestem, as mais das vezes, natureza de actos conservatórios: actos cuja prática se justifica pela necessidade de obter uma expedita protecção provisória de interesses públicos e privados»*. Contudo, no sentido com que o autor emprega a expressão não parece existir uma relação necessária entre tutela provisória, ou tutela antecipada, e a natureza conservatória do acto que a concede. O acto provisório terá ou não natureza conservatória consoante antecipe efeitos jurídicos de conteúdo negativo ou positivo. Veja-se o exemplo das «normas provisórias» de planeamento urbanístico previstas na legislação anterior, que embora tratando-se de actos provisórios de natureza regulamentar são idóneos a impor uma modificação positiva da realidade – sobre o «efeito de antecipação» das normas provisórias v. LUÍS PERESTRELO DE OLIVEIRA, *Planos Municipais de Ordenamento do Território*, 1991, p. 44 e ANTÓNIO DUARTE DE ALMEIDA, *«Planos urbanísticos»*, in *Legislação Fundamental de Direito do Urbanismo*, 1994, p. 166.

[47] No mesmo sentido, v. ANDRÉ FOLQUE, *Curso de Direito da Urbanização e da Edificação*, 2007, p. 269.

[48] Quando o embargo assenta na verificação de uma ilegalidade meramente formal – na falta de uma licença de construção – nem sequer é feito qualquer juízo sobre o «fundo da questão», ou seja, sobre a conformidade ou desconformidade das obras com o ordenamento urbanístico. Este é, nomeadamente, o entendimento tradicional na doutrina espanhola, pois naquele país não é normalmente admitido o embargo de obras em execução ao abrigo de uma licença – v. Antonio Carceller Fernández, *«Medidas de protección de la legalidad urbanística: en especial la suspensión de obras en curso de ejecución»*, in *RDU*, 1994, Ano XXVIII, n.º 137, pp. 105-106.

Em Homenagem ao Professor Doutor Diogo Freitas do Amaral

Aliás, o embargo pressupõe a verificação de uma ilegalidade já cometida e não pode ser ordenado apenas no intuito de se apurar da sua existência[49]. Embora não deixe de «acautelar» os interesses materiais protegidos pelas normas jurídicas violadas, o embargo é ainda uma medida de carácter repressivo, destinada a evitar o agravamento de uma lesão já consumada[50].

Por outro lado, é do embargo que directa e imediatamente nasce a obrigação de suspender a execução das obras em curso[51], ainda que de acordo com as normas jurídicas violadas o dono da obra não as devesse ter começado sem a necessária licença ou, pelo menos, as devesse ter executado em conformidade com as prescrições da mesma.

É isso que resulta, nomeadamente, do artigo 103.º do Regime Jurídico da Urbanização e da Edificação (RJUE), aprovado pelo Decreto-Lei n.º 555/99, de 16 de Dezembro, na redacção que lhe foi dada pela Lei n.º 60/2007, de 4 de Setembro, que estabelece os efeitos da ordem de

---

[49] Cfr. NICOLA ASSINI, *Abusi edilizi e sanzioni amministrative*, 1979, p. 163. Também na doutrina alemã se considera que o embargo assenta numa *"ilegalidade formal apurada"* – cfr. KLAUS FINKELNBURG e KARSTEN-MICHAEL ORTLOFF, *Öffentliches Baurecht*, 1990, p. 122.

[50] Conforme refere NICOLA ASSINI, a natureza cautelar da medida *«refere-se ao perigo de com o prosseguimento dos trabalhos se produzir um dano de maiores dimensões e não ao perigo da produção pura e simples do dano»* – cfr. *ob. cit.*, pp. 162-163. Entre nós pode dizer-se que esta característica «repressiva» foi herdada do embargo judicial de obra nova que está na origem do instituto em análise. Contudo, só se pode afirmar que o embargo não é uma medida cautelar com função preventiva no sentido em que este não pode ser ordenado com *fundamento exclusivo* no mero receio, mesmo que justo ou fundado, de uma lesão de determinados interesses públicos, sem que se verifique concomitantemente uma concreta ilegalidade que o fundamente. É que, em bom rigor, quando a ilegalidade pressuposta na ordem de embargo é meramente formal nem sequer se pode dizer que se verifica uma qualquer lesão dos interesses materiais tutelados pelas normas que exigem um controlo administrativo prévio à realização das obras embargadas. Nestes casos o que existe é precisamente um «receio» de que a falta desse controlo prévio permita consolidar uma situação de facto contrária ao ordenamento urbanístico susceptível de lesar interesses públicos merecedores de tutela. A diferença fundamental é que o "receio" que está na base da previsão normativa que permite o embargo é presumido pelo legislador e não pode ser avaliado autonomamente pelo órgão competente para a prática do acto.

[51] Conforme refere FRANCO BASSI, só se pode falar em ordem administrativa quando esta é a fonte directa e exclusiva da obrigação do administrado – cfr. «*Ordine* (dir. amm.)», in *Enciclopedia del Diritto*, 1980, p. 998.

O Embargo de Obras no Regime Jurídico da Urbanização e da Edificação 1161

embargo, associando a sua decretação ao momento constitutivo da obrigação de suspender a execução da obra.

A constituição *ex-novo* dessa obrigação também resulta do facto de se estatuir uma sanção autónoma para o incumprimento da referida ordem. Nos termos do número um do artigo 100.º do mesmo diploma legal, o prosseguimento dos trabalhos em desrespeito daquele acto administrativo constitui crime de desobediência punível nos termos do artigo 384.º do Código Penal, cujo tipo não é integrado pela simples verificação dos pressupostos do embargo[52].

O embargo tem, pois, uma eficácia constitutiva própria, configurando-se como um acto administrativo contenciosamente recorrível.

4. Ao criar no seu destinatário a obrigação de suspender a realização das obras fica claro que a ordem de embargo incide sobre a execução material de actos de edificação dos solos ou outros trabalhos de construção e não sobre a obra propriamente dita.

O objecto do embargo administrativo de obras é a actividade de construir, razão pela qual apenas podem ser embargadas obras em execução, e não obras já executadas[53].

À semelhança do que a este propósito tem sido reiterado pela doutrina e jurisprudência cíveis em matéria de embargos judiciais, não é admissível o embargo de uma obra que ainda não tenha sido iniciada ou que já tenha sido concluída[54], pois a suspensão de uma actividade que não

---

[52] Em outros ordenamentos jurídicos, designadamente no francês e no italiano, a realização de obras sem licença ou em desconformidade com a mesma integram, por si só, um tipo especial de crime urbanístico – v., respectivamente, Gabriel Roujou de Boubée, *Le droit pénal de la construction et de l'urbanisme*, 1988, p. 77 ss. e Marcello Marinari, «Illecito urbanistico-edilizio e sanzioni penali», in *Manuale di Diritto Urbanistico*, 1991, p. 639 ss.

[53] No mesmo sentido, v. Fernanda Paula Oliveira, Maria José Castanheira Neves, Dulce Lopes e Fernanda Maças, *Regime Jurídico da Urbanização e Edificação Comentado*, 2ª ed., 2009, pp. 554 e 557; contra, considerando que o embargo de obras já executadas tem ainda um efeito útil, v. André Folque, *Curso de Direito da Urbanização e da Edificação*, 2007, p. 274.

[54] V. doutrina e a jurisprudência citadas em L. P. Moitinho de Almeida, *Embargo ou nunciação de obra nova*, 1994, p. 15 ss. No mesmo sentido, na doutrina administrativa, v. José Osvaldo Gomes, *Comentário ao novo regime do licenciamento de obras*, 1971, p. 154 e António Pereira da Costa, *Regime jurídico de licenciamento de obras particulares anotado*, 1993, p. 170.

Em Homenagem ao Professor Doutor Diogo Freitas do Amaral

está a ser desenvolvida não «*exerceria função útil*»[55]. Tais actos seriam nulos por impossibilidade física do respectivo objecto, ex-vi do disposto no artigo 133.º /2/c) do Código do Procedimento Administrativo (CPA).

No que se refere ao início das obras, deverão considerar-se quaisquer actos materiais que impliquem uma transformação estrutural ou funcional dos solos para fins urbanísticos, ainda que estes não consistam em actos de edificação.

Assim, cabem no objecto do embargo aquilo a que se tem convencionado designar de actos preparatórios da realização de obras de urbanização ou de edificação[56]. Tais actos, que podem consistir em quaisquer alterações à configuração geral do terreno realizadas por meio de aterros, escavações ou terraplanagens e derrube de árvores em maciço, estão genericamente sujeitos a licenciamento administrativo[57] e integram o conceito de construção em sentido amplo.

Mais complexa é a questão da conclusão das obras, pois os critérios a adoptar na determinação do momento em que juridicamente se pode considerar uma obra como concluída poderão variar consoante a actividade de construir esteja a ser levada a cabo a descoberto de qualquer título de legitimação ou tenha sido objecto de prévio licenciamento administrativo ou comunicação pelo interessado[58].

---

[55] Cfr. ALBERTO REIS, *Código de Processo Civil anotado*, 1949, p. 63. Referindo-se nos mesmos termos relativamente à suspensão administrativa de trabalhos de construção, no direito italiano, cfr. NICOLA ASSINI e MARCELLO MARINARI, *«Gli abusi edilizi e le sanzioni amministative e civilistiche»*, in *Manuale di Diritto Urbanistico*, 1991, p. 574.

[56] Embora em sentido mais restrito, a expressão «actos preparatórios» já era utilizada pela doutrina cível, que os excluía do objecto do embargo judicial de obra nova – cfr. ALBERTO REIS, *Código de Processo Civil anotado*, 1949, p. 63. Para este autor acto preparatório é, por exemplo, *«a simples junção dos materiais»* no local da obra.

[57] O princípio geral estabelecido no artigo 1.º da Lei dos Solos, aprovada pelo Decreto-Lei n.º 794/76, de 5 de Novembro, é o da sujeição a prévio licenciamento administrativo de qualquer actividade que implique *«a alteração do uso e da ocupação dos solos para fins urbanísticos»*. A sujeição a prévio controlo administrativo dos actos preparatórios da realização de obras de urbanização ou de edificação resulta especificamente do artigo 4.º do RJUE. Sobre as «acções preparatórias» da realização de operações de loteamento urbano e obras de urbanização, v. LUCIANO MARCOS e MANUEL JORGE GOES, *«Loteamentos urbanos»*, in *Legislação Fundamental de Direito do Urbanismo*, 1994, pp. 521-522.

[58] Também se devem considerar legitimadas as obras realizadas por imposição coerciva da Administração. Neste sentido já se havia pronunciado AFONSO QUEIRÓ, para quem *«é impossível deixar de notar a incoerência entre o facto de, por um lado, ser lícito*

O *Embargo de Obras no Regime Juridico da Urbanização e da Edificação* 1163

Existindo licença ou comunicação prévia, o critério a adoptar será de natureza formal, já que o primeiro parâmetro de legitimidade da actividade de construir é o projecto da obra. Em princípio, uma obra deverá ter-se por concluída quando o respectivo projecto tenha sido integralmente executado.

No caso de obras sem licença, o critério mais ajustado parece ser o da adequação funcional da edificação ou construção. A obra encontra-se concluída quando esteja apta a ser utilizada para o fim a que se destina.

O recurso a um critério funcional não é isento de problemas, tendo em conta que o nosso direito positivo não contém regras claras sobre o que se deve entender por adequação da obra ao fim a que se destina.

É duvidoso, nomeadamente, que possa ser ordenado o embargo de uma obra executada sem prévia licença que se encontra em fase de acabamentos, designadamente quando estes já só estejam a ser realizados no interior da edificação. A dúvida resulta do facto de que parece ser essa também a solução a dar no caso de obras realizadas ao abrigo de uma licença de construção.

Com efeito, no regime jurídico da urbanização e da edificação não é exigido ao requerente de uma licença de construção a apresentação de um projecto de acabamentos[59], o que permite supor que é legal a emissão de uma autorização de utilização de uma obra concluída em tosco, desde que a mesma se revele conforme com o projecto aprovado[60].

O legislador parece ter querido deixar essa fase do processo construtivo fora do âmbito do controlo administrativo, garantindo aos particulares uma ampla esfera de liberdade individual em matéria de acabamentos interiores. Aliás, esta opção parece justificar-se no quadro do

---

a certos serviços públicos imporem aos particulares determinadas obras e por outro lado se sujeitarem essas mesmas obras a licença municipal» – cfr. Parecer da Câmara Corporativa n.º 20/V, in *Pareceres da Câmara Corporativa,* (V Legislatura), Ano de 1951, Lisboa, 1952, Vol. II, p. 152.

[59] V. Portaria n.º 216-E/2008, de 3 de Março.

[60] Diversamente, no direito alemão não é possível autorizar a utilização de um edifício ou fracção autónoma em tosco. Normalmente são exigidas duas vistorias à obra: uma vistoria do tosco, realizada antes dos acabamentos e destinada a verificar a conformidade da obra executada com o projecto aprovado, e uma vistoria final, realizada antes do início da efectiva utilização do edifício ou fracção autónoma e destinada a atestar a sua adequação ao fim a que se destina – v. KARL HEINRICH FRIAUF, *«Baurecht»*, in *Besonderes Verwaltungsrecht,* 1988, p. 582.

1164 Em Homenagem ao Professor Doutor Diogo Freitas do Amaral

regime de dispensa de controlo prévio da realização de obras interiores[61] e vem de encontro às exigências dos agentes do mercado imobiliário, interessados em oferecer aos seus clientes edifícios ou fracções autónomas à medida das suas necessidades reais[62].

Porém, a autorização de utilização perde definitivamente a sua função útil de controlo preventivo da efectiva utilização das edificações ou suas fracções autónomas, destinado a verificar a sua adequação ao fim a que se destinam, configurando-se como um mero controlo *ex-post* da legalidade da obra. Já não é possível afirmar que «*o acto assenta num exame técnico para apuramento dos requisitos de idoneidade para o exercício de certa actividade*»[63].

Conformando-se com o projecto aprovado, a obra apenas concluída em tosco deverá presumir-se conforme com o uso previsto no alvará de licença de construção e idónea a ser utilizada para esse fim. Por maioria de razão, também se deverá ter como concluída uma obra construída sem licença à qual apenas faltem os acabamentos interiores. Nestes casos, e na ausência de outro meio de fiscalização da conformidade legal da obra, resta o recurso à ordem de demolição, «*quando for caso disso*»[64], ou a outras medidas de tutela da legalidade urbanística de carácter definitivo.

5. Tendo por objecto a actividade de construir, o embargo não poderá deixar de interferir com a eficácia jurídica dos actos administrativos que legitimam o exercício dessa actividade.

Quando a obra embargada se encontre licenciada ou admitida, o embargo acarreta como efeito necessário a suspensão da eficácia da respectiva licença ou admissão[65], dado que o objecto mediato daqueles dois

---

[61] Cfr. artigo 6.º do RJUE.

[62] A emissão de licenças de utilização de obras concluídas em tosco facilita o tráfego jurídico imobiliário, na medida em que os edifícios ou suas fracções autónomas podem facilmente ser adaptados ao gosto ou às exigências funcionais dos compradores.

[63] Cfr. José Manuel Sérvulo Correia, *Noções de Direito Administrativo*, 1982, pp. 460-461, referindo-se à vistoria prévia à emissão da licença de utilização.

[64] Cfr. artigo 103.º /1 do RJUE.

[65] Cfr. artigo 103.º /2 do RJUE. Mesmo antes da sua expressa previsão legal, a suspensão da eficácia da licença foi defendida por Diogo Freitas do Amaral, *Direito do Urbanismo*, 1992, p. 60; António Duarte de Almeida, «*Planos urbanísticos*», in *Legislação Fundamental de Direito do Urbanismo*, 1994, p. 218; Luciano Marcos e Manuel Jorge Goes, «*Loteamentos urbanos*», in *Legislação Fundamental de Direito do Urbanismo*, 1994, p. 726 e Claudio Monteiro e Jorge Gonçalves, «*Obras particulares*», in

O Embargo de Obras no Regime Juridico da Urbanização e da Edificação   1165

actos coincide. Enquanto a licença ou admissão de comunicação prévia autoriza o seu titular a realizar uma obra, i.e., a exercer a actividade de construir num determinado local e de acordo com determinado projecto, o embargo proíbe o exercício dessa mesma actividade.

A coincidência dos respectivos objectos é, no entanto, parcial, porque o embargo apenas goza de eficácia *ex-nunc*. O embargo projecta os seus efeitos para o futuro, pelo que não afecta globalmente a eficácia jurídica do acto de controlo prévio, limitando-se a impedir a produção dos efeitos que este ainda não produziu.

O embargo também não afecta necessariamente todos os efeitos ainda não produzidos daquele acto, podendo incidir apenas sobre parte da obra[66]. Se atendendo a um critério material o embargo for parcial, não é prejudicada a continuação da obra na parte em que ela se conforma com o projecto aprovado ou, pelo menos, na parte em que este se conforma com as normas legais e regulamentares aplicáveis.

Porém, a suspensão parcial da eficácia do acto de licenciamento ou de admissão de comunicação prévia apenas ocorrerá quando a parte embargada tenha autonomia funcional relativamente à parte restante[67], sob pena de, pela própria natureza dos trabalhos a realizar, a continuação da obra não ser possível no seu todo[68]. Neste último caso o pretenso embargo parcial não poderia deixar de determinar a suspensão de todos os efeitos daqueles actos que se relacionam com a realização da obra,

---

Legislação Fundamental de Direito do Urbanismo, 1994, p. 938. Na doutrina italiana v. NICOLA ASSINI, *Abusi edilizi e sanzioni amministrative*, 1979, p. 161. Refira-se que a Itália é um dos poucos países em que é admitido o embargo de obras licenciadas.

[66] Cfr. artigo 102.º /5 do RJUE.

[67] Conforme se tem notado no ordenamento jurídico italiano a propósito da distinção entre desconformidade total e desconformidade apenas parcial da obra executada com a respectiva licença, o critério determinante é fornecido pela total dissociação da parte da obra ilegal relativamente à parte legitimada pela licença de construção, em termos de permitir a identificação de um *quid* autonomamente utilizável – cfr. SALVATORE BELLOMIA e MARIA ALESSANDRA SANDULLI, «*La nuova disciplina degli illeciti edilizi e il recupero degli insediamenti e delle opere abusive alla luce della Legge 28 Febraio 1985 N. 47 e sucessivi modificazioni: aspetti amministrative e penali*», in *Sanzioni urbnistiche e recupero degli insediamenti e delle opere abusive*, 1985, p. 67.

[68] Se essa autonomia existir e o embargo for restrito aos trabalhos que estejam a ser executados em «desconformidade» com o respectivo projecto ou, por outras palavras, «para além» do previsto no respectivo projecto, ficarão intocados todos os efeitos jurídicos da licença, pois na parte em que excede o projecto aprovado a obra deve reputar-se como não licenciada.

Em Homenagem ao Professor Doutor Diogo Freitas do Amaral

designadamente os relativos ao termo do respectivo prazo de execução. É que, estando efectivamente impedido de a realizar, não teria qualquer cabimento privar o dono da obra das vantagens que a licença ou admissão de comunicação prévia lhe conferem sem que, simultaneamente, ele fosse isento das correspondentes obrigações.

Mais complexa é a questão da projecção da ordem de embargo sobre os efeitos de uma licença de obras ilegal quando o vício determinante dessa ilegalidade seja gerador da nulidade do acto de licenciamento, tanto mais que essa é actualmente a sanção com a qual genericamente se comina a desconformidade das licenças urbanísticas com os instrumentos de planeamento físico do território[69].

Em princípio, deve entender-se que a suspensão da eficácia de um acto nulo é juridicamente impossível, aplicando-se-lhe o que se dispõe sobre a revogação no artigo 139.º /1/a) do CPA[70]. Trata-se de uma impossibilidade jurídica por natureza, pois de acordo com o regime da nulidade dos actos administrativos não haveria efeitos jurídicos a suspender.

Tudo se passaria então como se o embargo se limitasse a pressupor a nulidade da licença, não a declarando a título principal[71]. O embargo incidiria exclusivamente sobre a situação de facto constituída ao abrigo de um acto de licenciamento nulo, em nada contribuindo para a «cessação» dos respectivos efeitos.

---

[69] Cfr. artigo 68.º do RJUE.

[70] Tem sido entendimento corrente na doutrina administrativa que existe uma «conexão entre o poder de suspender e o poder de revogar», segundo o adágio de que "quem pode o mais pode o menos" – cfr. MARCELLO CAETANO, *Manual de Direito Administrativo*, 1986, Vol. I, p. 563 ss; v. também JOSÉ MANUEL SÉRVULO CORREIA, *Noções de Direito Administrativo*, 1982, p. 515 ss e Parecer da PGR n.º 53/87, de 22/10, in *DR*, II Série, n.º 100, de 30/4/88, p. 23 ss. Dado que o objecto mediato da suspensão é idêntico ao da revogação – os efeitos jurídicos do acto anterior – se esta não for sujeita a termo poderá mesmo revelar-se difícil distinguir uma da outra quanto ao seu objecto imediato. Essa conexão justifica, nomeadamente, que seja aplicável à suspensão administrativa da eficácia de um acto administrativo o regime da respectiva revogação, designadamente em matéria de competência – neste último sentido, para além dos autores citados, v. MÁRIO ESTEVES DE OLIVEIRA, *Direito Administrativo*, 1980, p. 605 e JOSÉ MANUEL SANTOS BOTELHO, AMÉRICO PIRES ESTEVES e JOSÉ CÂNDIDO DE PINHO, *Código do Procedimento Administrativo Anotado – Comentado*, 1992, p. 468.

[71] Nos termos do artigo 134.º /2 do CPA, a nulidade pode ser declarada a todo o tempo por qualquer órgão administrativo ou por qualquer tribunal, entendendo-se com isso, pelo menos, que a nulidade é uma questão de conhecimento oficioso que pode ser decidida a propósito de uma qualquer decisão administrativa que pressuponha ou fique prejudicada pelo acto inválido.

O Embargo de Obras no Regime Jurídico da Urbanização e da Edificação 1167

Apesar da lógica que lhe é inerente este raciocínio não pode ser aceite sem reservas, nomeadamente no que se refere às consequências que dele resultam para a própria subsistência do acto de licenciamento.

Entendida enquanto conjunto de regras de produção dos efeitos jurídicos de um acto administrativo, a eficácia jurídica não se confunde com os seus efeitos concretos, i.e., com a sua adequação à realidade. Se é certo que no plano normativo ideal o acto nulo não é idóneo a produzir os seus efeitos jurídicos, não é menos verdade que os mesmos se projectam sobre a realidade material, alterando-a em conformidade com o seu conteúdo protótipo[72].

Em regra, porém, o embargo não incidirá sobre a eficácia jurídica da licença globalmente considerada, limitando-se a interromper a produção de efeitos do acto[73]. Dito de outra forma, o embargo não é idóneo, por natureza, a neutralizar os efeitos que o acto de licenciamento já produziu, mas apenas aqueles que o mesmo produz ou ainda não produziu.

Admitir que o acto de embargo pode levar implícita a declaração de nulidade da licença equivaleria a atribuir-lhe uma eficácia retroactiva que ele não tem e não pode ter[74], pois o mesmo tem por única função conservar a situação de facto existente à data da sua prática, não cabendo no seu escopo a transformação da realidade material ilegalmente alterada.

Se levasse implícita a declaração de nulidade da licença, o embargo não seria adequado a tutelar a legalidade urbanística, devendo a Administração recorrer directamente à ordem de demolição e/ou de reposição do terreno na situação em que o mesmo se encontrava à data do início da obra ilegal.

---

[72] Sobre a distinção entre eficácia jurídica e efeitos do acto administrativo, embora na perspectiva da delimitação do objecto mediato da suspensão jurisdicional da eficácia, v. o que escrevemos em *Suspensão da eficácia de actos administrativos de conteúdo negativo*, 1990, p. 59 ss. e bibliografia aí citada.

[73] O embargo produz o efeito típico do acto administrativo de suspensão, traduzindo-se numa paralisação temporária dos efeitos da licença, que assim ficam «*temporalmente inoperativos*» ou «*latentes*» – cfr. ROGÉRIO EHRHARDT SOARES, *Direito Administrativo*, 1978, pp. 126 e 188; v. ainda MÁRIO ESTEVES DE OLIVEIRA, *Direito Administrativo*, 1980, p. 605; JOSÉ MANUEL SÉRVULO CORREIA, *Noções de Direito Administrativo*, 1982, p. 515 ss.; DIOGO FREITAS DO AMARAL, *Direito Administrativo*, 1989, p. 356 e MARCELLO CAETANO, *Manual de Direito Administrativo*, 1986, Vol. I, p. 563 ss.

[74] Sobre as características do regime da nulidade e os efeitos de uma decisão que a declara v., por todos, MARCELO REBELO DE SOUSA, *O valor jurídico do acto inconstitucional*, 1988, pp. 185 ss. e 332.

O embargo não produz efeitos *ex-tunc* pelo que não pode conduzir à destruição integral dos efeitos jurídicos da licença ilegal ou ao reconhecimento da sua não produção. A tutela que o embargo confere aos interesses materiais lesados pelo acto de licenciamento é provisória e nada permite afirmar *a priori* que a tutela definitiva desses mesmos interesses não passa pela subsistência do acto de licenciamento.

A este entendimento não se opõe a insanabilidade própria dos actos nulos, já que esta regra comporta excepções. Para além do disposto no artigo 134.º /3 do CPA, que não parece ter um campo de aplicação muito alargado no caso de embargo[75], a sanação dos efeitos de facto constituídos ao abrigo de uma licença portadora de um vício gerador de nulidade pode resultar da «legalização» *ex-post* das obras, nos termos do número dois do artigo 106.º do RJUE. Se o embargo não tem como consequência necessária a demolição, dele não pode nascer qualquer certeza jurídica quanto à validade da licença.

Também não obsta a este entendimento a circunstância de nestes casos o embargo assentar o seu fundamento na própria ilegalidade da licença. Não se confunda o pressuposto material do embargo com os seus efeitos. Embora pressupondo a verificação de uma ilegalidade já cometida, o embargo não faz «caso decidido» quanto à existência do vício e do respectivo desvalor, e muito menos retira desse juízo todas as consequências jurídicas possíveis.

Inserindo-se no conjunto das medidas cautelares de tipo conservatório, o embargo não antecipa a tutela definitiva dos interesses materiais lesados pela licença ilegal e não pode abarcar todos os efeitos jurídicos do acto que a conceder. Deste modo, não se vê razão para negar ao embargo de obras que estejam a ser executadas ao abrigo de um acto de licenciamento nulo o efeito suspensivo dessa licença, mesmo que isso implique o reconhecimento provisório de uma «eficácia jurídica de facto»[76].

---

[75] De certa forma o disposto neste artigo pressupõe a consolidação das situações de facto constituídas ao abrigo de actos nulos, de tal forma que se deva reconhecer a prevalência de outros interesses relativamente ao interesse público tutelado pela norma cuja violação é sancionada com a nulidade. Ora, o embargo visa precisamente impedir a consolidação da obra ilegal pelo que, em princípio, afasta a sua aplicação.

[76] Conforme salientam García de Enterría Tomás-Ramón Fernandéz, a presunção de legalidade e o privilégio de execução prévia de que gozam a generalidade dos actos administrativos provocam uma distorção nos quadros conceptuais do regime da nulidade dos actos administrativos. *«O acto nulo produz de imediato uma modificação da realidade»* e é imposto como se de um acto válido se tratasse. Conclui aquele autor que a

O Embargo de Obras no Regime Juridico da Urbanização e da Edificação 1169

6. A ilegalidade das obras em execução constitui um pressuposto jurídico necessário do embargo, que apenas pode ser ordenado após a verificação de uma concreta violação das disposições legais e regulamentares aplicáveis.

Tanto serve de fundamento ao embargo a ilegalidade formal das obras em execução como a sua ilegalidade material. O embargo pode ser ordenado quando as obras estejam a ser executadas sem licença ou em desconformidade com esta, ou ainda quando as mesmas não respeitem os instrumentos de planeamento do território e outras normas legais e regulamentares relativas à construção. Neste último caso, não obsta ao embargo a existência de uma licença ou admissão de comunicação prévia de obras de urbanização ou de edificação.

A possibilidade de se embargarem obras que estejam a ser realizadas ao abrigo de uma licença em vigor com fundamento na ilegalidade da própria licença sem que, previamente, se proceda à sua revogação ou, pelo menos, à suspensão administrativa da sua eficácia, não é aceite por uma grande parte da doutrina europeia[77].

Na doutrina alemã, por exemplo, entende-se geralmente que o embargo só pode ser decretado com fundamento exclusivo na ilegalidade material do projecto da obra em casos de dispensa de licenciamento. De outro modo o embargo pressupõe sempre uma obra sem licença ou em desconformidade com a mesma, ainda que por obras sem licença se devam entender, não apenas aquelas que nunca a tiveram, como também

---

«nulidade de pleno direito do acto administrativo em nada afecta a eficácia imediata do acto», designadamente no que se refere à possibilidade de o mesmo vir a ser objecto de uma decisão expressa de suspensão – cfr. *Curso de Derecho Administrativo*, 1988, pp. 566-567. No mesmo sentido, entre nós, Sérvulo Correia afirma que «*teoricamente esta suspensão não teria objecto, mas possui um interesse prático indesmentível e não conhecemos qualquer caso em que o STA tenha recusado o pedido de suspensão com fundamento na possível nulidade do acto*» – cfr. *Noções de Direito Administrativo*, 1982, p. 366.

[77] Em alguns casos porque os respectivos ordenamentos jurídicos assim o prevêem expressamente. Em Espanha, por exemplo o artigo 253.º da Ley del Suelo prevê a suspensão da eficácia da licença de construção como uma medida diversa da suspensão das obras prevista no artigo 248.º, que se refere exclusivamente à suspensão de actos materiais de edificação. Embora qualquer destas medidas seja idónea a criar no seu destinatário a obrigação de interromper os trabalhos, os respectivos regimes jurídicos são diversos – sobre a suspensão dos trabalhos de obras licenciadas v., por todos, Tomás-Ramón Fernandéz, *Manual de Derecho Urbanistico*, 1992, p. 242 ss.

aquelas que ainda ou já não a têm, ou seja, aquelas cujo procedimento de licenciamento se encontra pendente ou cuja licença já se extinguiu por revogação ou caducidade[78].

Entre nós o embargo de obras licenciadas ou previamente comunicadas com fundamento na ilegalidade da licença ou admissão de comunicação prévia é expressamente permitido pela alínea c) do número um do artigo 102.º do RJUE, ao prever que constitui fundamento bastante do embargo a *«violação das normas legais e regulamentares aplicáveis»*.

Daí não decorre, porém, que as obras de urbanização ou de edificação que tenham sido objecto de um acto de controlo prévio e que estejam a ser realizadas em conformidade com este possam ser embargadas com fundamento em qualquer vício de ilegalidade.

Dada a sua natureza, o embargo de obras realizadas ao abrigo de uma licença ou admissão de comunicação prévia com fundamento na sua ilegalidade apenas é admissível quando aquelas obras sejam susceptíveis de contrariar o direito material aplicável[79], designadamente instrumentos de planeamento urbanístico, não relevando, por si só, quaisquer vícios de natureza orgânica ou formal de que o mesmo possa padecer.

É pois necessário, com base na consideração dos fins prosseguidos pelo embargo, fazer uma interpretação restritiva dos preceitos legais que se limitam a estabelecer como seu pressuposto a realização de obras *«em violação das normas legais e regulamentares aplicáveis»*.

O embargo é uma medida de tutela da legalidade urbanística que visa impedir o agravamento da lesão dos interesses materiais normalmente acautelados pelos actos de licenciamento de obras de urbanização e de edificação.

É compreensível que recaia sobre obras não licenciadas uma suspeita de lesão daqueles interesses[80], sendo conveniente impedir a consolidação da situação de facto para que, mais tarde, caso venha a confirmar-se a hipotética lesão, o interesse privado na conservação da obra ilegal não venha a prevalecer sobre o interesse público na sua eliminação[81].

---

[78] V., por todos, KLAUS FINKELNBURG e KARSTEN-MICHAEL ORTLOFF, *Öffentliches Baurecht*, 1990, pp. 120-123.

[79] Neste sentido, v. DULCE LOPES, *«Medidas de tutela da legalidade urbanística»*, in *Revista CEDOUA*, n.º 14, p. 58.

[80] Cfr. HELY LOPES MEIRELLES, *Direito de Construir*, 1987, pp. 175-176.

[81] Neste sentido, cfr. ANTONIO IANNELLI, *Le violazioni edilizie amministrative, civili e penali*, 1981, p. 401.

O *Embargo de Obras no Regime Juridico da Urbanização e da Edificação* 1171

No caso de obras desconformes com a respectiva licença ou admissão de comunicação prévia há mesmo um indício seguro de que a lesão está consumada, sendo igualmente conveniente suspender a sua realização para evitar que o restabelecimento da legalidade urbanística violada seja mais difícil ou oneroso. Mas quando uma obra se conforma com o seu título jurídico tem de se partir da presunção inversa.

Como quaisquer actos administrativos, os actos de licenciamento urbanístico gozam de uma «tripla presunção de legalidade»: orgânica, formal e material. Sendo um acto provisório, o embargo não é idóneo a ilidir essa presunção em definitivo. Quanto muito a poderá afastar temporariamente, se isso se revelar necessário e adequado à prossecução dos seus fins.

Uma licença ferida de incompetência só muito raramente será susceptível de lesar interesses urbanísticos sem que aquela ilegalidade orgânica esteja associada a vícios de outra natureza, designadamente violação de lei ou desvio de poder. O mesmo não se passa com o vício de forma, quando este resulte da preterição de uma formalidade essencial que é exigida pelo legislador para, precisamente, tutelar um interesse público urbanístico ou diferenciado. É o que sucede, nomeadamente, com os actos de licenciamento ou admissão que não tenham sido precedidos do necessário parecer de uma entidade estranha ao município, casos em que o embargo será admissível apesar da natureza do vício[82].

Porém, quando seja indispensável embargar uma obra licenciada ou previamente admitida com fundamento na ilegalidade desses actos não há necessidade de previamente praticar um acto expresso de revogação ou suspensão da eficácia.

Se houver uma revogação, o embargo da obra deixa de fazer qualquer sentido dado o carácter definitivo da definição de direito contida no acto revogatório. Pense-se no absurdo da situação hipotética em que é revogada a licença de construção de uma obra que, mais tarde, após nova avaliação, vem a ser «legalizada». A suspensão da eficácia, por seu turno, está implícita na ordem de embargo e não carece de ser externada para adquirir relevância jurídica.

---

[82] O que se poderá discutir nestes casos é apenas a competência para embargar, dado que o interesse público prosseguido com tal ordem de embargo apenas cabe no âmbito das atribuições da entidade cujo parecer era devido, excepto se o mesmo entretanto tiver sido «absorvido» por um qualquer instrumento de planeamento urbanístico.

1172   *Em Homenagem ao Professor Doutor Diogo Freitas do Amaral*

Do exposto resulta evidente que o embargo de obras é um acto predominantemente discricionário, que exige do órgão competente a ponderação dos interesses concretos envolvidos na realização de uma obra de urbanização ou de edificação[83].

Não obstante, o embargo normalmente constituirá um meio de reacção adequado aos fins de tutela da legalidade urbanística a que está funcionalmente vinculado[84]. A necessidade de uma avaliação cuidada da situação jurídica da obra quase sempre exige que a dinâmica da situação de facto seja travada, sob pena de qualquer intervenção posterior da Administração se revelar inútil ou, pelo menos, demasiado difícil ou onerosa. Desde que seja respeitado o seu carácter provisório, o embargo não lesa excessivamente a esfera jurídica do seu destinatário, não inviabilizando, nomeadamente, a legalização ou a tolerância da obra ilegal.

Casos há, porém, em que apesar da verificação dos seus pressupostos o embargo se revela desnecessário, o que acontece quando existem elementos de ponderação suficientes para que se proceda à definição da situação jurídica da obra com carácter de definitividade. Sempre que seja possível, por exemplo, legalizar a obra ou ordenar imediatamente a sua demolição, o embargo não tem qualquer cabimento.

Mais do que uma liberdade de decisão entre embargar ou não embargar, o que existirá é uma liberdade de escolha do meio mais adequado à satisfação dos fins de interesse público que estão subjacentes à

---

[83] Neste sentido se tem pronunciado a generalidade da doutrina europeia, embora com fundamentos variáveis em função da especificidade própria de cada um dos respectivos ordenamentos jurídicos – cfr., entre outros, KARL HEINRICH FRIAUF, *«Baurecht»*, in *Besonderes Verwaltungsrecht*, 1988, pp. 562-563; ROBERT SAVY, *Droit de L'Urbanisme*, 1981, p. 635 e FREDERICO SPANTIGATI, *Manuale di Diritto Urbanistico*, 1969, p. 252. Em Portugal a doutrina não se tem pronunciado expressamente sobre a questão, embora exista uma tendência para considerar o embargo como um acto predominantemente vinculado, com base na ideia de que se trata de um poder que deve ser exercido sempre que se postule o fim para o qual foi concedido. Neste sentido cfr. ANTÓNIO PEDROSA PIRES DE LIMA e JOÃO DOS SANTOS ALMEIDA CORREIA, *Licenciamento de obras*, 1970, p. 33, pronunciando-se na vigência do Decreto-Lei n.º 166/70, de 15 de Abril, e ANTÓNIO PEREIRA DA COSTA, *Regime jurídico de licenciamento de obras particulares anotado*, 1993, p. 171.; v. também, embora sem qualificar o poder como vinculado, FERNANDO ALVES CORREIA, *As grandes linhas da recente reforma do Direito do Urbanismo português*, 1993, p. 104.

[84] Neste sentido, considerando que o embargo constitui sempre um meio adequado de reacção à execução de obras sem licença, cfr. KLAUS FINKELNBURG e KARSTEN-MICHAEL ORTLOFF, *Öffentliches Baurecht*, 1990, p. 122.

O Embargo de Obras no Regime Juridico da Urbanização e da Edificação 1173

realização da obra, para além de uma considerável margem de livre apreciação dos pressupostos de facto que é inerente à generalidade das decisões administrativas em matéria urbanística.

7. Desde a entrada em vigor da Lei n.º 18/91, de 12 de Junho, que o embargo administrativo de obras é uma competência dispositiva do presidente da câmara municipal, sem prejuízo da competência atribuída a órgãos do Estado ou de outras entidades públicas para embargar obras em defesa dos seus interesses públicos sectoriais ou diferenciados[85].

Na prática, porém, o presidente da câmara vem exercendo essa competência «por direito próprio» desde a entrada em vigor da primeira Lei das Autarquias Locais, que a incluiu no lote das competências nele tacitamente delegadas pela câmara municipal[86].

Tendo em conta os efeitos atrás apontados à ordem de embargo, a atribuição desta competência ao presidente sem sujeição a qualquer espécie de controlo por parte da câmara municipal não deixaria de causar alguma perplexidade, designadamente por a lei não estabelecer qualquer distinção entre o embargo de obras sem licença e o embargo de obras licenciadas. É que a competência dispositiva para o licenciamento pertence à câmara municipal[87] e no caso de esta ter emitido um acto de controlo prévio da realização das obras de urbanização ou de construção em questão o embargo não deixará de constituir uma estranha forma de «controlo invertido» da legalidade da sua actuação.

A opção do legislador justifica-se pelo carácter urgente que normalmente é atribuído a qualquer providência de natureza cautelar[88], que exige uma intervenção administrativa eficiente, bem como pela circunstância de se tratar de uma medida de carácter provisório. Conforme se referiu anteriormente, o embargo não faz «caso decidido» quanto à subsistência da licença, cuja presunção de legalidade se mantém latente até que venha a ser reafirmada ou ilidida por um acto administrativo com

---

[85] Cfr. artigo 83.º /1 do RJUE.

[86] Cfr. artigo 63.º da Lei 79/77, de 25 de Outubro; v. também o artigo 52.º /2 Sobre a delegação tácita v. PAULO OTERO, *A competência delegada no Direito Administrativo português*, 1987, p. 327 ss. e DIOGO FREITAS DO AMARAL, *Curso de Direito Administrativo*, 1994, pp. 666-667.

[87] Cfr. artigo 5.º /1 do RJUE.

[88] Neste sentido se pronunciou ANTÓNIO PEREIRA DA COSTA, *Regime jurídico de licenciamento de obras particulares anotado*, 1993, pp. 167-168.

1174 *Em Homenagem ao Professor Doutor Diogo Freitas do Amaral*

carácter definitivo, e só nesse pressuposto é que se pode aceitar a atribuição da respectiva competência ao presidente.

Porém, para que dessa opção não resulte uma diminuição das garantias dos particulares, o legislador entendeu – e bem – que as câmaras municipais deveriam poder revogar ou suspender os actos de embargo praticados pelo presidente da câmara municipal sempre que este envolva um juízo de legalidade sobre a licença ou admissão de comunicação prévia por ela concedidas[89].

O que já não pode merecer a nossa concordância é a atribuição aos presidentes das Comissões de Coordenação e Desenvolvimento Regional (CCDR) de competência para ordenar o embargo de *«quaisquer operações urbanísticas desconformes com o disposto em plano municipal ou plano especial de ordenamento do território, sempre que não se mostre assegurada pelo município a adopção das referidas medidas de tutela da legalidade urbanística»*[90].

A competência de embargo administrativo de obras dos presidentes das CCDR apenas se pode justificar pela prossecução de interesses públicos diferenciados do Estado que lhes incumba tutelar, nomeadamente em matéria ambiental, mas nunca como medida de natureza tutelar relativamente à prossecução das atribuições das autarquias locais em matéria urbanística[91].

Com efeito, nos termos da Constituição, os poderes tutelares do Estado são restritos à verificação da legalidade da actuação dos órgãos das autarquias locais, neles não cabendo quaisquer poderes de tutela suspensiva e, muito menos, poderes de tutela substitutiva[92].

O artigo 108.º-A do RJUE é, por isso, claramente inconstitucional, na parte em que atribui aos presidentes das CCDR competência para embargar obras com fundamento na violação de planos municipais de ordenamento do território, substituindo-se aos órgãos do município[93].

---

[89] Cfr. artigo 94.º /2 do RJUE.

[90] Cfr. artigo 108.º-A do RJUE.

[91] Sobre a repartição de atribuições e competências entre o Estado e as autarquias locais em matéria de ordenamento do território e urbanismo, v. o que escrevemos em *«Cidade, Democracia e Direito. A autonomia do poder local em matéria urbanística»*, in Álvaro Domingos (org.), *Cidade e Democracia*, 2006, pp. 394-399.

[92] Cfr. artigo 242.º da CRP e Lei n.º 27/96, de 1 de Agosto.

[93] No mesmo sentido, v. FERNANDA PAULA OLIVEIRA, MARIA JOSÉ CASTANHEIRA NEVES, DULCE LOPES e FERNANDA MAÇAS, *Regime Jurídico da Urbanização e Edificação Comentado*, 2ª ed., 2009, pp. 565-566.

8. O destinatário da ordem de embargo é o dono da obra ou, quando exista, o titular da licença ou comunicação prévia, pois é na sua esfera jurídica que se constitui o dever de suspender a execução material dos trabalhos. Apenas este dispõe dos poderes jurídicos necessários ao cumprimento da referida obrigação, em virtude da sua qualidade de proprietário, possuidor ou titular de outro direito real de gozo do terreno, das edificações nele implantadas e dos materiais de construção incorporados na obra.

Nos termos do número dois artigo 102.º do RJUE, porém, o embargo produz efeitos desde que seja notificado, ou ao titular da licença de obras de urbanização ou de edificação ou apresentante da respectiva comunicação prévia, ou ao director técnico da obra, ou ainda à entidade que executa a obra.

Significa isto que o legislador privilegiou a efectiva disponibilidade sobre a realização da obra, preocupando-se mais com a efectiva interrupção dos trabalhos do que com a eventual lesão que o embargo é susceptível de causar na esfera jurídica do sujeito directamente atingido pela sua execução. A obra deve parar desde que o embargo seja do conhecimento de quem está a dirigir a sua execução ou de quem esteja a executá-la materialmente.

São conhecidas as «ponderações de praticabilidade» que estão subjacentes à solução adoptada. Se a eficácia jurídica do embargo estiver exclusivamente dependente do conhecimento do dono da obra ou titular da licença ou comunicação prévia, este poderá esvaziar o conteúdo útil da sua obrigação furtando-se ao recebimento da notificação. E o embargo ineficaz conduz à consolidação da obra, o que torna mais difícil ou onerosa a execução de quaisquer medidas de tutela da legalidade urbanística que pressuponham a repristinação da realidade material ilegalmente alterada.

Não obstante, ao permitir que a ordem de embargo possa produzir efeitos antes do conhecimento pessoal pelo seu destinatário, o disposto no referido preceito legal não deixa de constituir uma excepção ao princípio geral de que os actos administrativos só são eficazes após a notificação do interessado[94] e como tal deve ser interpretado com cautelas.

De acordo com o disposto no artigo 132.º do CPA, os actos que constituam deveres ou encargos apenas produzirão efeitos antes de serem notificados ao seu destinatário se este tiver deles um conhecimento

---

[94] Cfr. artigos 268.º /3 d CRP e 66.º e 132.º do CPA.

1176 Em Homenagem ao Professor Doutor Diogo Freitas do Amaral

oficial ou se já tiver sido iniciada a sua execução, considerando-se como começo de execução *«o início da produção de quaisquer efeitos que atinjam o seu destinatário»*[95].

A redacção deste preceito não é muito feliz, pois no que se refere ao começo da execução o que nele se dispõe, rigorosamente, é que o acto começa a produzir efeitos desde o início da sua produção de efeitos. Contudo, o intérprete não pode deixar de dar um sentido útil à disposição, exigindo dois requisitos específicos para que a execução se considere iniciada: que o acto produza quaisquer efeitos, bastando para tal que produza um dos seus efeitos típicos; e que estes efeitos atinjam o seu destinatário, ou seja, que sejam susceptíveis de lesar a sua esfera jurídica.

No caso do embargo é evidente que o começo da execução do acto dá-se com a notificação a qualquer dos sujeitos referidos no número dois do artigo 102.º, pois ela determina, de facto, a suspensão dos trabalhos, tornando-se assim susceptível de lesar a esfera jurídica do dono da obra ou titular da licença. Mas isso não pode significar que o embargo é plenamente eficaz desde essa data, independentemente do conhecimento pessoal que dele tenha o dono da obra ou titular da licença.

Apesar de indissociavelmente ligado à materialidade da actividade desenvolvida pelo dono da obra ou titular da licença ou comunicação prévia, i.e., à obra propriamente dita, o embargo é antes do mais um acto que cria no seu destinatário um dever jurídico de carácter pessoal. Não tendo conhecimento da existência desse dever, o destinatário do acto não pode ser responsabilizado pelo seu incumprimento nem pode ver diminuídas as suas garantias de tutela jurisdicional.

Se o embargo apenas for notificado ao empreiteiro e este prosseguir com os trabalhos, não é imputável ao dono da obra ou titular da licença ou comunicação prévia o crime de desobediência previsto no número um do artigo 100.º do RJUE e punido nos termos do artigo 384.º do Código Penal.

Nestes casos, até é discutível que a própria conduta do empreiteiro integre o referido tipo criminal, já que aquele não é destinatário da decisão mas apenas destinatário da respectiva notificação.

A notificação nada acrescenta ao conteúdo do acto notificado, limitando-se a dar conhecimento de um facto. Embora feita ao responsável pela direcção técnica da obra ou ao empreiteiro, nem por isso estes passam a ser destinatários do embargo, não se lhes podendo impor um dever cujo cumprimento é juridicamente impossível. Se o dono da obra

---

[95] Cfr. artigo 132.º /3.

O Embargo de Obras no Regime Juridico da Urbanização e da Edificação 1177

quiser prosseguir com mesma apesar da oposição do director técnico ou do empreiteiro, apenas terá que os substituir por outros que estejam dispostos a fazê-lo e não tenham sido notificados do embargo.

O começo da execução do embargo sem que o dono da obra ou titular da licença ou comunicação prévia tenha conhecimento desse facto também não pode determinar o início da contagem do prazo para a propositura da respectiva acção administrativa especial de impugnação.

Aliás, ainda que o dono da obra ou titular da licença dele tenha conhecimento, não é dispensada a sua notificação para efeitos de contagem daquele prazo, pois o disposto no número dois do artigo 58.º do CPTA não é prejudicado pelo início da produção de efeitos do embargo, não sendo revogado pelo artigo 132.º do CPA e, muito menos ainda, pelo número dois do artigo 102.º do RJUE.

O prazo para a impugnação contenciosa do acto que ordena o embargo conta-se da data da notificação feita ao dono da obra ou titular da licença ou comunicação prévia, o único que cabe no conceito de interessado tal como ele resulta da Constituição e da lei de processo. Entender de modo diverso conduziria a uma violação do princípio constitucional da tutela jurisdicional efectiva, pois o que se visa garantir ao recorrente é o conhecimento efectivo do conteúdo do acto e não apenas da sua existência.

Coisa diversa é admitir, como decorre do número dois do artigo 59.º do referido código, que o interessado não notificado pode imediatamente impugnar o embargo cuja execução já se iniciou, tendo em consideração que a partir do começo da sua execução o acto é susceptível de lesar os seus direitos ou interesses legalmente protegidos.

9. O reconhecimento do carácter provisório da ordem de embargo implica necessariamente o estabelecimento de limites temporais à sua vigência.

A possibilidade de não sujeitar o embargo a qualquer espécie de prazo, como acontecida no passado, configurar-se-ia como uma violação do princípio da proporcionalidade já que o sacrifício imposto ao dono da obra com o prolongamento *«sine die»* da proibição de construir não seria compensado por um acréscimo marginal do grau de satisfação do interesse público[96].

---

[96] Neste sentido de que se deve evitar que por via do embargo se possa paralisar uma obra *sine die*, v. Salvatore Bellomia e Maria Alessandra Sandulli, *«La nuova*

1178   *Em Homenagem ao Professor Doutor Diogo Freitas do Amaral*

O embargo não é idóneo, por si só, a restabelecer a legalidade urbanística violada. Excepto se a obra ilegal for tolerável ou susceptível de legalização, a satisfação do interesse público urbanístico exige que a Administração imponha em tempo útil ao dono da obra um dever de conteúdo positivo: a realização de trabalhos de correcção ou de alteração da obra, a sua demolição, parcial ou integral, ou ainda a reposição do terreno nas condições em que o mesmo se encontrava à data do início da construção.

De outro modo se frustrariam os próprios fins da medida. A manutenção de uma situação de facto precária por um período de tempo demasiado longo acabaria por determinar uma lesão do interesse público mais grave do que aquela que resultaria da tolerância da obra ilegal, em termos tais que muito provavelmente o interesse na sua conservação prevaleceria sobre o interesse na sua eliminação, se fosse o caso disso.

Pelas razões apontadas, o legislador estabeleceu no artigo 104.º do RJUE que *«a ordem de embargo caduca logo que for proferida uma decisão que defina a situação jurídica da obra como carácter definitivo ou no termo do prazo que tiver sido fixado para o efeito»*[97] ou, na falta da sua fixação, no prazo de seis meses, prorrogável uma única vez por igual período.

Discute-se na doutrina e na jurisprudência, se a Administração pode voltar a embargar uma obra depois de se verificar a caducidade do respectivo embargo.

Em sentido favorável pronunciaram-se recentemente Fernanda Paula Oliveira, Maria José Castanheira Neves, Dulce Lopes e Fernanda Maçãs[98], que em comentário ao artigo 104.º do RJUE consideram que a continuação da obra pelo particular consubstancia uma obra nova e como tal susceptível de ser embargada, caso se verifiquem os respectivos pressupostos legais.

Esta opinião não tem, contudo, qualquer apoio legal, nem é aceitável à luz dos princípios fundamentais que regem o exercício da actividade administrativa, em especial os da boa-fé e da proporcionalidade.

---

disciplina degli illeciti edilizi e il recupero degli insediamenti e delle opere abusive alla luce della Legge 28 Febraio 1985 N. 47 e sucessivi modificazioni: aspetti amministrative e penali», in *Sanzioni urbnistiche e recupero degli insediamenti e delle opere abusive*, 1985, p. 65.

[97] Cfr. n.º 1.

[98] Cfr. *Regime Jurídico da Urbanização e Edificação Comentado*, 2ª ed., 2009, p. 560.

O Embargo de Obras no Regime Juridico da Urbanização e da Edificação   1179

É certo que a caducidade do embargo não opera, por si só, a legalização da obra embargada[99], e que o particular não pode, por isso, prossegui-la se não tiver para tal um título jurídico bastante, nomeadamente uma licença ou um acto de admissão de comunicação prévia.

Mas precisamente por essa razão, é necessário estabelecer uma distinção entre as obras embargadas com fundamento na sua mera ilegalidade formal, nomeadamente por falta de licença ou de comunicação prévia, das obras embargadas com fundamento na sua ilegalidade material, nomeadamente por estarem a ser realizadas ao abrigo de uma licença ou admissão de comunicação prévia concedidas em violação do plano ou de outra disposição legal ou regulamentar que defina as respectivas condições de realização.

Neste último caso, a caducidade do embargo repõe em vigor a licença ou admissão de comunicação prévia anteriormente concedidas, que volta por isso a gozar da mesma presunção de legalidade de que gozam todos os actos administrativos eficazes, investindo assim o seu titular na confiança necessária à continuação das obras, até que a mesma venha a ser revogada ou declarada nula, caso não possa ser confirmada ou alterada em conformidade com as disposições legais e regulamentares aplicáveis.

Desde que o particular execute a obra em conformidade com a respectiva licença ou comunicação prévia, estamos ainda perante a mesma obra, e não perante uma obra nova, sendo por isso inadmissível a repetição de um embargo que já esgotou integralmente os seus efeitos legais.

Admitir que o particular continua impedido de realizar uma obra previamente licenciada ou admitida, apesar da inércia da Administração, é o mesmo que prolongar *sine die* os efeitos do embargo, em clara violação do espírito e da letra da lei.

---

[99] Concordamos, assim, neste ponto, com DULCE LOPES, «*Medidas de tutela da legalidade urbanística*», in *Revista CEDOUA*, n.º 14, p. 64.

ACÇÃO PÚBLICA E ACÇÃO POPULAR
NA DEFESA DO AMBIENTE – REFLEXÕES BREVES

CARLA AMADO GOMES[*]

Palavras iniciais

Em 1993, ano em que me licenciei em Direito na Faculdade de Direito de Lisboa, o Professor Diogo Freitas do Amaral incentivou-me a continuar os estudos para o mestrado em Direito Administrativo. Fora regente da disciplina no ano em que a frequentei – tive na altura o privilégio de assistir às aulas teóricas por si leccionadas, à medida que *devorava* as *Lições*, então ainda policopiadas…. Fui novamente bafejada pela sorte de poder colher os seus ensinamentos no 5.º ano, na disciplina de Direito do Urbanismo, em cuja oral nos aproximámos decisivamente. A conversa que tivemos posteriormente traçou o meu destino académico e despertou em mim uma vocação desconhecida: a docência. Palavras proféticas, portanto.

No mesmo ano, Diogo Freitas do Amaral tecia, na sessão de abertura de um Curso promovido pelo Instituto Nacional de Administração dedicado ao Direito do Ambiente, as considerações seguintes:

> *"(…) já não é mais possível considerar a protecção da natureza como um objectivo decretado pelo Homem em benefício exclusivo do próprio Homem. A Natureza tem de ser protegida também em função dela mesma, como um valor em si, e não apenas como um objecto útil ao Homem.*

---

[*] Professora Auxiliar da Faculdade de Direito da Universidade de Lisboa. Professora Convidada da Faculdade de Direito da Universidade Nova de Lisboa.
carlamadogomes@fd.ul.pt

Em Homenagem ao Professor Doutor Diogo Freitas do Amaral

(...) daí resulta que o Direito do Ambiente (...) é, em minha opinião, o primeiro ramo do Direito que nasce, não para regular as relações dos homens entre si, mas para tentar disciplinar as relações do Homem com a Natureza (...).

*É uma nova era em que a humanidade está a entrar ante os nossos olhos; é mesmo, porventura, uma nova civilização. Por isso mesmo, essa nova civilização começa a gerar o seu Direito – um novo tipo de Direito. O Direito do Ambiente não é mais um ramo especializado de natureza técnica, mas pressupõe toda uma nova filosofia que enforma a maneira de encarar o Direito. Estudemo-lo, pois, com redobrada atenção porque, ao estudá-lo, não estaremos a executar uma tarefa especializada de carácter técnico, mas a tomar consciência de uma nova fase da história da humanidade em que estamos a entrar, e a que felizmente nos é dado assistir ainda em vida"**.*

Mais uma vez, as palavras do Professor teriam uma influência determinante nas minhas escolhas académicas, nomeadamente na minha opção de tema de doutoramento e no singular "programa" que desenvolvi na arquitectura do "meu" sistema de compreensão do Direito do Ambiente. É em homenagem à modernidade do pensamento de Diogo Freitas do Amaral que deixo o texto para esta obra colectiva.

É pública e já por diversas vezes afirmada a minha profunda amizade e incomensurável gratidão pelo Doutor Diogo Freitas do Amaral. Dele partiu o impulso decisivo que determinou a escolha da vi(d)a académica e nele tive sempre um apoio incondicional. Ao exemplo de seriedade científica juntou-se a afabilidade no trato e o incentivo nos momentos difíceis. O texto com que me associo a esta homenagem é um fraco tributo à herança que a sua obra constitui no panorama jurídico nacional e uma baça reflexão do intenso agradecimento que as suas lições, de Direito e de vida, me merecem.

Porque não tenho palavras que resumam a admiração e estima que lhe dedico, tomo emprestadas as de RICARDO REIS:

** Diogo FREITAS DO AMARAL, «Apresentação», *in Direito do Ambiente*, INA, 1994, pp. 13 segs, 17.

Mestre, são plácidas
Todas as horas
Que nós perdemos,
Se no perdê-las,
Qual numa jarra,
Nós pomos flores.

Não há tristezas
Nem alegrias
Na nossa vida.
Assim saibamos, Sábios incautos,
Não a viver,

Mas decorrê-la,
Tranquilos, plácidos,
Tendo as crianças
Por nossas mestras,
E os olhos cheios
De Natureza...

À beira-rio,
À beira-estrada,
Conforme calha,
Sempre no mesmo
Leve descanso
De estar vivendo.

O tempo passa,
Não nos diz nada.
Envelhecemos.
Saibamos, quase
Maliciosos,
Sentir-nos ir.

Não vale a pena
Fazer um gesto.
Não se resiste
Ao deus atroz
Que os próprios filhos
Devora sempre

Colhamos flores.
Molhemos leves
As nossas mãos
Nos rios calmos,
Para aprendermos
Calma também.

Girassóis sempre
Fitando o sol,
Da vida iremos
Tranquilos, tendo
Nem o remorso
De ter vivido

Acção Pública e Acção Popular na Defesa do Ambiente 1185

Sumário: 0. Questões prévias; **1.** O juiz administrativo, *juiz natural* de acções promovidas por entidades investidas em legitimidade alargada para defesa do ambiente?; **2.** O universo de entidades detentoras de legitimidade alargada; **3.** As especialidades processuais das acções promovidas por entidades investidas em legitimidade alargada para defesa do ambiente; **4.** Algumas questões avulsas

0. *"Não pergunte o que o ambiente pode fazer por si; pergunte-se o que pode fazer pelo ambiente!"*

A glosa ao famoso discurso do Presidente J. F. Kennedy[1] soa especialmente bem como mote para um texto sobre defesa do ambiente. O tempo de exploração irrestrita dos recursos naturais chegou ao fim, urgindo tomar medidas de recuperação e conservação que retardem a chegada ao ponto de não retorno (que, para alguns e em certos sectores, já foi atingido). É já um lugar-comum afirmar que a prevenção de danos ao ambiente constitui, hoje, o grande desafio da Humanidade, a par da manutenção da paz. Todos os esforços contam, portanto.

Acção pública e acção popular são realidades próximas. Uma apontada à defesa do interesse público, outra mais voltada para a defesa de interesses da colectividade, incidem ambas sobre grandezas maiores do que a capacidade de apropriação do sujeito individual. A protecção do ambiente traduz-se num interesse de preservação de um bem de fruição colectiva que se presta a ser defendido através de instrumentos de alargamento da legitimidade processual activa[2] – pois é disso, e não de vias processuais específicas, que se trata. Apesar da indefinição do bem jurídico *ambiente* que resulta da amálgama de objectivos reunidos nas várias alíneas do n.º 2 do artigo 66.º da CRP – que retrata um nítido caso de

---

[1] Discurso inaugural do Presidente J. F. Kennedy proferido em 20 de Janeiro de 1961, §25.

[2] Em geral sobre o problema da legitimidade popular no âmbito do Direito do Ambiente, podem ver-se Miguel Teixeira de Sousa, «Legitimidade processual e acção popular no Direito do Ambiente», *in Direito do Ambiente*, INA, 1994, pp. 409 segs; José Lebre de Freitas, «A acção popular ao serviço do ambiente», *in Ab Uno Ad Omnes, 75 anos da Coimbra Editora*, Coimbra, 1998, pp.797 segs; António Almeida, *A acção popular e a lesão dos bens ambientais, in Lusíada*, 2002/1-2, pp. 367 segs. Em especial sobre o problema dos efeitos das sentenças, José Eduardo Figueiredo Dias, «Os efeitos da sentença na Lei de Acção Popular», *in CEDOUA*, 1999/1, pp. 47 segs.

obesidade normativa já por nós recenseado noutro local[3] –, é possível, através da articulação com a Lei de Bases do Ambiente (Lei 11/87, de 7 de Abril = LBA) discernir nos *bens ambientais naturais* a noção operativa de ambiente baralhada pela miopia do legislador constitucional.

Não cabe aqui explanar a nossa concepção restrita de ambiente, que corporiza uma compreensão relativamente singular na doutrina portuguesa – remetemos para estudos anteriores onde justificámos esta nossa opção, que insufla de sentido o artigo 66.º e que sublinha a sua relação existencial com o artigo 52.º /3/a) (ambos da CRP), emergente da terceira revisão constitucional[4]. Mas é forçoso que se estabeleça como pressupostos do pensamento que iremos desenvolver, por um lado, e numa perspectiva positiva, *a natureza simultaneamente pública e colectiva do bem ambiente* – que resulta dos artigos 9.º /e), 52.º /3 e 66.º /2 da CRP – e, por outro lado, e numa perspectiva negativa, *a não individualidade dos interesses defendidos* ou, por outras palavras, a insusceptibilidade de defender directamente o interesse ambiental através da legitimidade singular tradicional.

Dito isto, convém esclarecer também, em termos preliminares, que, salvo quando a particularidade da solução processual o justificar, trataremos legitimidade pública e popular como se de um único instituto se tratasse. Com efeito, quer o artigo 26.º A do CPC, quer o artigo 9.º /2 do CPTA aliam Ministério Público e actores populares na lista de entidades com legitimidade para sindicar a defesa judicial de determinados interesses, embora remetam para a lei a fixação do regime concreto desta modalidade de intervenção processual. A excepção reside, precisamente, na Lei 83/95, de 31 de Agosto (=LAP), cujo artigo 2.º /1 omite, enigmaticamente, a referência ao Ministério Público – apenas o artigo 16.º o menciona, agindo em substituição do autor desistente, em homenagem à relevância social dos interesses em jogo[5]. Ausência tão mais singular quanto o caso seminal da jurisprudência ambiental portuguesa decidido pelo Tribunal Judicial de Coruche em 1990 – o *Caso das cegonhas brancas* (proc. 278/89, de 23 de Fevereiro) – resultou de uma iniciativa processual do Ministério Público...

---

[3] Veja-se o nosso «Constituição e ambiente: errância e simbolismo», *in Textos dispersos de Direito do Ambiente (e matéria relacionadas)*, II, Lisboa, 2008, pp. 21 segs.

[4] Vejam-se os nossos «O ambiente como objecto e os objectos do Direito do Ambiente; Ambiente (Direito do); e O *direito ao ambiente* no Brasil: um olhar português», todos em *Textos dispersos de Direito do Ambiente*, I, reimp., Lisboa, 2008, pp. 7 segs, 73 segs, e 271 segs, respectivamente.

[5] Idêntica estranheza revela António ALMEIDA, «A acção popular...», *cit.*, p. 375.

Quiçá a ausência se deva ao facto de a LAP ser também aplicável ao procedimento administrativo (é também uma lei sobre participação procedimental) e, neste contexto, a figura da iniciativa pública ser ignorada – cfr. o artigo 53.º /2 do CPA, que pré-existiu à LAP. No entanto, e sem pormos em causa o princípio da prioridade das iniciativas particular e popular no procedimento administrativo – um pouco pela natureza das coisas, outro tanto como forma de promover a democracia participativa –, sempre observaremos que a solução prevista no artigo 68.º /1/c) do CPTA é passível de fundar a intervenção do Ministério Público no plano procedimental, ainda que a título subsidiário, quanto a actos vinculados cuja ilegal omissão pela Administração constitua ofensa de direitos fundamentais dos particulares, bem assim como de interesses públicos especialmente relevantes e demais interesses reconduzíveis ao lote inscrito nos artigos 52.º /3/a) da CRP, 1.º /2 da LAP, e 9.º /2 do CPTA[6].

Cumpre também assinalar que se irá privilegiar a referência à utilização da legitimidade alargada em acções propostas nos tribunais administrativos. A lei, como se sabe, admite o recurso ao instituto em ambas as jurisdições, como a menção que fizemos *supra* aos dispositivos que consagram a figura no CPC e no CPTA demonstra, e o artigo 12.º da LAP confirma. Não é esta, no entanto, a nossa preferência, uma vez que entendemos que, enquanto bem simultaneamente público e colectivo, o ambiente *qua tale* deve ser defendido junto da jurisdição com competência especializada para questões de direito público. Sobre este ponto, vale a pena deixar algumas linhas de maior desenvolvimento em **1.**.

Depois de abordarmos o problema da jurisdição, convém debruçarmo-nos sobre a natureza dos sujeitos investidos em legitimidade popular – uma vez que são de vária ordem (**2.**). A heterogeneidade reclama algumas considerações, bem assim como a aparente reserva do direito a cidadãos no pleno gozo de direitos civis e políticos, ou a duvidosa exigência de um nexo de proximidade territorial entre o autor popular e o bem lesado.

As questões mais relevantes serão tratadas no ponto **3.** – nomeadamente as especialidades que a via da legitimidade popular traz, à luz da

---

[6] Com efeito, a legitimidade processual reconhecida na disposição citada conduz necessariamente a admitir a legitimidade procedimental com vista à formação dos pressupostos de utilização da acção para a condenação à prática de acto devido, plasmados no artigo 67.º/1 do CPTA.

Em Homenagem ao Professor Doutor Diogo Freitas do Amaral

LAP. A (con)fusão que a LAP operou entre interesses difusos e interesses individuais homogéneos perturba a inteligibilidade das soluções.

Finalmente, equacionaremos de forma avulsa algumas dúvidas que o instituto da legitimidade popular particularmente nos suscita (**4.**).

1. Não pode afirmar-se que a nova legislação do contencioso administrativo tenha introduzido alterações substanciais na matéria da legitimidade popular, na medida em que o artigo 9.º /2 do CPTA remete para a LAP a definição dos traços gerais do regime que especializa, em questões pontuais, o quadro traçado no CPTA (e no CPC, no que à acção administrativa comum concerne – cfr. o artigo 42.º /1 do CPTA). Salvo, porventura, e no que tange ao ambiente, a correcção de um equívoco de há muito detectado por doutrina e jurisprudência através do artigo 6.º da Lei 13/2002, de 19 de Fevereiro: a revogação substitutiva do artigo 45.º da LBA, no sentido de o conformar ao parâmetro constitucional do artigo 212.º /3 da CRP[7]. Com efeito, na versão original (de 1987), o artigo 45.º da LBA reservava ao contencioso cível o julgamento das acções emergentes de litígios jusambientais, partindo de um pressuposto claramente personalista e privatista desta disciplina. Na versão actual, é a natureza da relação jurídica subjacente ao litígio que decidirá a questão da atribuição da jurisdição[8].

Na sequência desta modificação, o artigo 4.º /1/l) do ETAF dá um segundo passo na clarificação do que deve entender-se por relação jurídica administrativa no domínio da gestão de bens de fruição colectiva – mais vulgarmente designados por interesses difusos. A disposição aponta claramente um critério – o da *natureza do sujeito* – e indicia, numa leitura sistemática, outro – o da *natureza dos poderes desenvolvidos pelo sujeito*. Ou seja, numa primeira análise, cabe aos tribunais administrativos o julgamento de questões emergentes de comportamentos que consubstanciem lesão ou ameaça de lesão de bens ambientais levadas a

---

[7] Cfr. Miguel Teixeira De Sousa, «A competência material para a acção popular administrativa, Anotação ao Acórdão do Tribunal de Conflitos de 11 de Janeiro de 2000», *in CJA*, n.º 23, 2000, pp. 28 segs.

Ver também os Acórdãos do mesmo Tribunal de 6 de Abril de 2000 (proc. n.º 347) e de 28 de Novembro de 2000 (proc. n.º 345).

[8] Regressamos aqui a um ponto já objecto de reflexão anterior – cfr. Carla Amado Gomes, «A ecologização da justiça administrativa: brevíssima nota sobre a alínea l) do n.º 1 do artigo 4.º do ETAF», *in Textos...,* I, *cit.*, pp. 249 segs.

cabo por entidades organicamente públicas, bem como de entidades que, muito embora revistam forma privada, desempenham funções materialmente administrativas.

Aqui chegados, pode questionar se no termo "violações" se compreendem apenas actuações de natureza activa, jurídicas e materiais, ou também comportamentos omissivos. Parece cristalino que esta segunda dimensão deve ser considerada; mas apenas para omissões directas dos poderes públicos (e equivalentes) ou também para omissões de fiscalização de entidades privadas? Repare-se que, se assim for, e por força da possibilidade de demanda conjunta de entidades públicas e privadas (cfr. o artigo 10.º /7, mas também, com determinados pressupostos, o artigo 37.º /3, ambos do CPTA), um privado que, por acção ou omissão viole normas de protecção de bens ambientais naturais, pode ser demandado nos tribunais administrativos, uma vez que estará consubstanciada uma relação jurídica administrativa na omissão indevida da entidade com competência fiscalizadora[9].

Esta afirmação ganha sentido quando contextualizamos a relação jurídica ambiental a partir de uma lógica de *proibição sob reserva de autorização*. A máxima de prevenção que norteia o Direito do Ambiente – e que o legislador constituinte não deixou de ressaltar na alínea a) do n.º 2 do artigo 66.º da Lei Fundamental – determina a necessidade de autorização da esmagadora maioria das intervenções susceptíveis de causar impactos relevantes no meio natural. Daí advém a natureza de *juiz natural* do julgador administrativo ambiental (passe o pleonasmo): a relação jurídica terá normalmente por base um acto autorizativo – ou uma norma de um plano especial com suficiente densidade para dela resulta-

---

[9] Cfr., todavia, o Acórdão do Tribunal dos Conflitos de 9 de Dezembro de 2008 (proc. n.º 17/08), no qual se afirmou que:

> *«Pese a peculiar natureza da acção popular, a que subjaz a defesa de interesses públicos, ainda que exercida por um particular, não pode considerar-se que esteja em causa uma relação de natureza administrativa, nem quanto aos sujeitos, nem quanto ao objecto, mau grado a conexão que existe com o interesse público e a defesa de interesses difusos que a acção postula.*
>
> *(...)*
>
> *O facto de a pretensão do autor ser exercida contra um particular, visando a defesa do que considere um bem do domínio público autárquico, não permite que se qualifique a relação jurídica como administrativa, o que exclui, desde logo, a competência da jurisdição administrativa».*

Em Homenagem ao Professor Doutor Diogo Freitas do Amaral

rem vinculações específicas para os sujeitos –, cuja presença é susceptível de arrastar o litígio para os tribunais administrativos[10].

Repare-se que, mesmo não sendo sindicada – num tribunal cível – a validade do acto mas *apenas e só* a ilicitude da conduta do titular da autorização, grande probabilidade existirá em que este se defenda alegando estar a agir à sombra de um acto conformador da sua actividade, chamando a Administração à demanda, facto que *poderá* gerar da parte do tribunal um convite à suspensão dos autos[11] e à propositura de uma acção administrativa especial com vista à declaração de nulidade do acto, cumulada com um pedido indemnizatório deduzido contra a Administração (cfr. o artigo 97.º /1 do CPC)[12]. Perante a inércia do autor, o tribunal cível apreciará o litígio na sua coloração puramente privatista[13] e poderá até chegar

---

[10] Contra: Acórdão do STA de 11 de Dezembro de 1995 (proc. n.º 96A483), relativo a um pedido de suspensão de actividade de venda de combustíveis licenciada, remetido para o tribunal comum; Acórdão do STJ de 23 de Outubro de 1997 (proc. n.º 98A200), caracterizando os tribunais comuns como competentes para avaliar a legalidade da decisão de localização de um centro de tratamento de resíduos (note-se que ambos os arestos foram prolatados em tempo de vigência da versão inicial do artigo 45.º da LBA; num caso idêntico ao segundo, o STJ, em Acórdão de 26 de Janeiro de 2006 – proc. n.º 05B3661 – entendeu ser a administrativa a jurisdição competente para apreciar a validade da decisão de localização, estabelecendo um diálogo com o Acórdão de 1997 que espelha bem a confusão que grassa no entendimento desta questão…).

A favor da solução indicada no texto, vejam-se os Acórdãos do Tribunal dos Conflitos de 11 de Dezembro de 2001 (proc. n.º 372), do STJ de 24 de Janeiro de 2002 (proc. n.º 01A3241) e do TCASul de 14 de Abril de 2005 (proc. n.º 632/05).

[11] Note-se que o princípio de que o juiz competente para a causa principal tem também competência para resolver, com efeitos restritos ao processo *sub judice,* questões prejudiciais – traduzido no artigo 97.º do CPC –, permite ao juiz cível como que avocar (ou ignorar) a dimensão administrativa da questão. No entanto, perante a máxima do artigo 212.º/3 da CRP, temos as mais sérias dúvidas de que, fora dos casos de nulidade do acto (que pode ser sindicada e declarada por qualquer tribunal), o juiz cível tenha competência para, mesmo restrito ao processo, pressupor a anulabilidade de um acto (descontado já o problema do prazo de impugnação, muito provavelmente já esgotado) e para decretar a efectivação de responsabilidade civil extracontratual da Administração solidária por acto de gestão pública…

[12] Ou uma acção administrativa comum de efectivação da responsabilidade da Administração abdicando de sindicar (por esgotamento do prazo de impugnação de actos anuláveis) a validade do acto – artigo 38.º/1 do CPTA.

[13] Note-se que o artigo 97.º do CPC não permite ao juiz julgar, como pedido principal, a pretensão condenatória deduzida contra a Administração, na medida em que não se trata aí de um mero incidente, referindo-se antes à licitude de uma actividade que traduz o exercício da função administrativa.

Acção Pública e Acção Popular na Defesa do Ambiente 1191

à conclusão de que o réu age sem culpa por a ilicitude residir no padrão de actuação (no acto). O que obrigará o autor a propor nova acção, agora junto dos tribunais administrativos, contra a Administração... Ora, talvez mais valesse ter começado por aí.

Problemático (ou mais problemático) é saber se a publicização do litígio ocorre apenas em situações de pré-existência de acto autorizativo – ou norma regulamentar atributiva do concreto dever de fiscalização –, ou se a densificação da omissão ocorre por *mera* violação do comando constitucional que impõe às entidades públicas a tarefa de protecção do valor ambiente. A ser assim, mesmo em situações de actuação clandestina (sem acto corporizador da relação autorizativa, necessário ou não[14]), o requerente teria a opção de apresentação da acção, principal e/ou cautelar, na jurisdição administrativa. Sublinhe-se que, nestas situações, a legitimidade passiva forma-se em litisconsórcio passivo necessário entre a(s) autoridade(s) administrativa(s) a quem se imputa a omissão e o particular prevaricador, contra quem se deduzem pedidos de *facere*.

Cumpre assinalar que, posicionando-nos em sede de acção administrativa comum (nomeadamente, em situações reconduzíveis ao tipo de pedidos descritos no artigo 37.º /2/c) do CPTA), o pressuposto do n.º 3 deve ser adaptado, sob pena de inviabilizar qualquer acção deste tipo promovida por autores populares contra privados (não há, na verdade, uma "ofensa directa" a direitos ou interesses daqueles, tendo em consideração a grandeza que nos ocupa). Admitindo um compromisso entre os *fins* da norma – que traduz um princípio de preferência pela pronúncia administrativa prévia, à semelhança do que sucede na acção administrativa especial de condenação à prática de acto devido (e que, ao cabo e ao resto, só espelha a subsidiariedade da intervenção do tribunal na conformação da relação administrativa) – e os *objectivos* de protecção de inte-

---

[14] Repare-se que o regime de responsabilidade por dano ecológico, aprovado pelo DL 147/2008, de 29 de Julho, prevê a responsabilização de qualquer agente, público ou privado, que provoque danos ao ambiente, mesmo fora do elenco de actividades indicadas como envolvendo um risco potencial (anexo III) – ou seja, mesmo em casos de desenvolvimento de comportamentos que não exijam autorização prévia. A esta responsabilização precede um dever de prevenção que impende em primeira linha sobre o agente mas subsidiariamente sobre a Administração.

Resta saber se num Estado Social que luta com falta de meios, técnicos e humanos, será razoável exigir o cumprimento de tão hercúlea tarefa – embora essa questão já resvale para o mérito da acção e não impeça o reconhecimento, à partida, de jurisdição ao tribunal administrativo (uma vez definida a natureza do bem como critério atributivo de jurisdição).

1192   Em Homenagem ao Professor Doutor Diogo Freitas do Amaral

resses difusos, admitimos que os autores populares devam provar ao tribunal administrativo que a ele recorrem em virtude da inércia da Administração, e que essa prova seja essencial à abertura das portas da jurisdição administrativa[15].

Até aqui parece, assim, configurar-se um quadro de duplicidade:

– por um lado, estando em causa violações de normas jusambientais perpetradas por entidades *públicas* (ou equivalentes), o contencioso natural das acções movidas por autores populares ou pelo MP será o administrativo. Esta hipótese, suportada pelo artigo 4.º /1/l) do ETAF, abarca quer actuações directas, quer indirectas – violações levadas a cabo por privados cuja actividade se encontra titulada por acto autorizativo no qual radicam deveres de fiscalização da actividade do titular da autorização;

– por outro lado, estando em causa violações de normas jusambientais perpetradas por entidades *privadas* (não exercendo funções materialmente administrativas) sem base em acto autorizativo, há uma situação de alternativa, devendo os autores populares provar a denúncia prévia da situação às autoridades competentes e a sua inércia para poderem recorrer aos tribunais administrativos. Sem esta operação prévia, o litígio terá uma coloração puramente privada – apesar da natureza pública do bem lesado ou ameaçado de lesão[16] –, que permitirá o conhecimento pelos tribunais comuns (sem a presença da Administração em juízo, naturalmente).

---

[15] Isto dando de barato que os autores populares – e o MP – detêm legitimidade na acção comum, situação que a ausência de referência no artigo 37.º do CPTA, ao contrário da expressa menção no artigo 40.º/n.º 1/b) e n.º 2/c) e d) do CPTA, poderia fazer duvidar. Pronunciando-se no sentido afirmativo, salvo para o MP, J. C. VIEIRA DE ANDRADE, «A justiça administrativa (Lições)», 8ª ed., 2006, p. 211, nota 404 – embora o argumento utilizado, da inexistência de alusão ao MP, em bom rigor, valha também para os autores populares; não será de invocar antes o paralelo com o artigo 26.ºA do CPC para justificar também a possibilidade de acção pública, matriz primordialmente adoptada em sede de acção comum?

Duvidosa pode revelar-se a «adaptação» do n.º 3 do artigo 37.º à intervenção do MP, uma vez que se estará aí perante a defesa de interesses que, na sua óptica funcional, são públicos. Tenderíamos, ainda com reservas, a excluir a possibilidade de intervenção do contencioso administrativo contra privados como réus principais, não só em razão da letra do n.º 3 do artigo 37.º, como da estrutura dos interesses em jogo e da aptidão funcional do MP.

[16] Sublinhe-se que o critério da natureza pública do bem não determinaria a jurisdição exclusiva dos tribunais administrativos em todos os litígios jusambientais. Pense-se, *de iure condendo* e assente na premissa da consagração do critério da natureza do bem enquanto atributivo de jurisdição aos tribunais administrativos, no seguinte caso: um

Acção Pública e Acção Popular na Defesa do Ambiente 1193

Há, todavia, mais um aspecto a considerar nesta problemática, que se prende com a parte final da alínea l) do n.º 1 do artigo 4.º do ETAF. Aí se exclui da jurisdição administrativa os contenciosos das contra-ordenações[17] e dos crimes ecológicos, respectivamente sediados na Lei 50/2006, de 29 de Agosto, e nos artigos 274.º, 278.º, 279.º e 281.º do Código Penal (e outros previstos em leis avulsas). Estranho local para incluir uma zona de exclusão na economia do artigo 4.º : na verdade, os n.ᵒˢ 2 e 3 parecem *zonas* mais adequadas à inserção desta interdição. A incomodidade adensa-se quando, pelo menos no que tange aos procedimentos contra-ordenacionais, verificamos que, se é certo que a iniciativa pode ser promovida por autores populares ou por delegados do MP junto das entidades administrativas competentes para aplicação da coima, a contestação judicial é do interesse do lesante. Ora, estando a norma construída a pensar em entidades que promovem a defesa do ambiente (entre outros), a referência aos procedimentos contra-ordenacionais, aí, não faz, salvo melhor opinião e reflexão, grande sentido.

Já quanto aos ilícitos criminais a perspectiva é outra, dado tratar-se de crimes públicos cuja acusação pode ser deduzida pelo MP, através da acção pública[18]. Neste caso a menção ganha significado, afastando os

---

proprietário de uma mata constituída por espécies protegidas reclama de um incendiário uma indemnização pela destruição causada pelo fogo. Trata-se de um dano ecológico que é, na configuração do objecto do processo pelo seu autor, um dano patrimonial. As medidas de reconstituição natural, primária e complementar, exigidas pelo proprietário, serão, em regra, suficientes para cumprir os objectivos da lei. Esta acção será proposta nos tribunais comuns, dado o ofensor ser privado e o objecto da acção ser de natureza privada – embora com refracção pública (a afectação do equilíbrio do ecossistema).

Caso uma associação de defesa do ambiente reclamasse, nos tribunais administrativos – porque, *aos olhos desta entidade,* a natureza do dano é diversa – a efectivação da responsabilidade pelo lesante, esta acção teria forçosamente que ser suspensa até decisão da primeira, uma vez que os pedidos são parcialmente sobrepostos. E a inversa é identicamente verdadeira, em virtude da (justa) proibição de dupla reparação a que alude o artigo 10.º do DL 147/2008: no caso de o proprietário intentar a acção em segundo lugar, ficariam os autos suspensos até decisão da acção apresentada pela associação, cabendo ao proprietário, a final, reclamar o ressarcimento de alguma parcela remanescente do dano (patrimonial) – e sendo admitida a sua intervenção espontânea na acção proposta pelos autores populares.

[17] Reserva de jurisdição essa decorrente de razões históricas e práticas e concretizada nos artigos 61.º e 73.º do DL 433/82, de 27 de Outubro (com alterações posteriores).

[18] Cfr., aliás, o artigo 25.º da LAP, reconhecendo direito de denúncia ao MP aos titulares de legitimidade popular com vista à dedução, por este, de queixa-crime, com a

1194   *Em Homenagem ao Professor Doutor Diogo Freitas do Amaral*

tribunais administrativos do julgamento destas acções. Mas o "desloca-mento" é notório, podendo dar até a impressão de que o legislador do ETAF quis afinal reservar para a justiça administrativa os litígios crimi-nais e contra-ordenacionais alheios aos domínios dos interesses difusos.

Deve insistir-se, para finalizar, na natureza de interesse público do objecto da acção. Quando há autores populares ou agentes do MP a promover a acção de defesa do ambiente o que se almeja, em primeira linha, é a defesa de interesses supraindividuais. Não se trata de direitos subjectivos, mas antes de interesses de facto na fruição das qualidades de um bem ameaçado ou lesado pela actuação de um particular ou de um ente público. Esta observação é particularmente importante nas acções em que se não pede apenas a cessação do comportamento lesivo (ou potencialmente lesivo) ou a actuação positiva no sentido da evitação do dano, mas já o ressarcimento de um dano ecológico (puro). Note-se que, quer nos termos da LBA (artigo 48.º), quer do CC (artigo 566.º /1), quer da Lei 67/2007, de 31 de Dezembro (artigo 3.º /2), a reconstituição *in natura* é o modo preferencial de efectivar a responsabilidade do agente de um dano ecológico. Ora, nos casos em que as medidas de reparação primária e complementar não sejam suficientes para repor o *status quo ante* do bem lesado e se lance mão de medidas de fim da linha (compen-satórias) que se traduzam no pagamento de quantias pecuniárias, é impe-rioso caracterizar a natureza pública destes montantes e a afectação ao Fundo de Intervenção Ambiental (criado pela Lei 50/2006, de 29 de Agosto, e implementado pelo DL 150/2008, de 30 de Julho).

2. O leque de sujeitos investido em legitimidade popular, nos termos dos artigos 2.º e 3.º da LAP, é constituído por:

i) Cidadãos no gozo dos seus direitos civis e políticos, isolada-mente ou em grupo;

ii) Associações e fundações que tenham por função estatutária a promoção do ambiente;

iii) Autarquias locais "em relação aos interesses de que sejam titu-lares residentes na área da respectiva circunscrição".

---

possibilidade de aqueles se constituírem assistentes no processo. PAULO OTERO chama-lhe uma quase-acção popular penal – «A acção popular. Configuração e valor no actual Direito português», *in ROA*, 1999, III, pp. 871 segs, 881.

Acção Pública e Acção Popular na Defesa do Ambiente 1195

i) Relativamente a este primeiro grupo, convém sublinhar, por um lado, que o exercício do direito de acesso à justiça investido em legitimidade popular não é um direito exclusivo dos portugueses mas também de todos os estrangeiros que em Portugal (ou no estrangeiro, em virtude de fenómenos de poluição transfronteiriça com origem em Portugal) detectem ameaças a bens ambientais naturais[19]. Não vamos alargar-nos neste ponto, já por nós escalpelizado em momento anterior[20]. Deixamos apenas a conclusão no sentido de que a "legitimidade popular" a que a Constituição se reporta no artigo 52.º /3 não é apenas a "acção popular correctiva" prevista no Código Administrativo de 1936/40, ainda em vigor em 1976, mas um conceito mais vasto – e por isso mais equívoco na adopção de uma fórmula já "carregada de sentido" –, extensível à tutela de interesses difusos. Nessa perspectiva, condição de exercício do direito de acção não é ser eleitor (interessado na legalidade dos actos praticados pelos órgãos cujos titulares elege) mas ser pessoa (interessado na qualidade de fruição de bens colectivos)[21].

Por outro lado, a condição de residência para que aponta o artigo 15.º /3 não é aplicável à legitimidade popular em sede de interesses difusos mas apenas quanto a interesses individuais homogéneos. Sobre este ponto, também já nos pronunciámos noutro local, para onde remetemos os desenvolvimentos necessários[22]. Resta sublinhar que a natureza imaterial e plurilocalizada das utilidades dos bens naturais faz com que qualquer cidadão possa agir em sua defesa, independentemente do contacto efectivo com o suporte corpóreo e que se encerra (*v.g.*, descargas poluentes num rio do Norte do país sindicadas por um residente em

---

[19] Contrariamente ao que sucede no Brasil, onde a Lei 4.717, de 29 de Junho de 1965 (Lei da acção popular, com alterações posteriores), exige a prova da cidadania como condição de capacidade judiciária do autor popular (artigo 1.º, §3.º).

[20] No nosso «D. Quixote, cidadão do mundo: da apoliticidade da legitimidade popular para defesa de interesses transindividuais, Anotação ao Acórdão do STA, I, de 13 de Janeiro de 2005», *in Textos dispersos de Direitos do Ambiente (e matérias relacionadas),* II, Lisboa, 2008, pp. 7 segs. Veja-se também António ALMEIDA, «A acção popular...», *cit.,* p. 375.

[21] Propugnando a necessária condição de eleitor para o investimento do sujeito em actor popular, vejam-se os Acórdãos: do STA de 25 de Março de 2004 (proc. n.º 1581/03), e do TCASul de 13 de Janeiro de 2005 (proc. n.º 85/04) e de 17 de Maio de 2007 (proc. n.º 2467/07).

[22] Carla AMADO GOMES, «O Provedor de Justiça e a tutela de interesses difusos», *in Textos dispersos...,* II, *cit.,* pp. 235 segs, 248 segs.

Faro). A natureza das coisas fará com que as acções sejam promovidas por quem está mais próximo do bem, em razão da maior probabilidade de percepção da sua degradação, mas em teoria a legitimidade é extensível a qualquer cidadão nacional ou estrangeiro.

ii) No que toca às acções promovidas por entidades associativas e fundacionais, cumpre assinalar o pressuposto da especialidade das atribuições estatutárias, frisado pelo legislador no artigo 3.º. Perante a noção amplíssima de ambiente para que somos arrastados pelo artigo 66.º da CRP, dir-se-ia que esta conformidade não constitui problema, uma vez que tudo é ambiente – saúde, urbanismo, ordenamento do território, arquitectura urbana... No entanto, e ainda que assim se entenda, sempre se exigirá um segundo controlo, se no caso couber, tendo em consideração o âmbito geográfico de actuação da associação ou fundação (cfr. o artigo 7.º /3 da Lei 35/98, de 18 de Julho, sobre as ONGAs)[23]. Poderá dizer-se que há aqui uma contradição no nosso pensamento, por nos termos manifestado de forma tão generosa para com os cidadãos e tão rigorosos para as ONGAs. Mas não é assim: a personalidade colectiva é uma personalidade criada em atenção a objectivos (estatutários) determinados. Se a acção extravasar este âmbito, a associação não pode actuar – porque ela própria se auto-limitou na sua capacidade de actuação. O que não impede os seus dirigentes e associados de agir investidos em legitimidade popular, despidos do colete institucional[24].

iii) O terceiro caso, respeitante às autarquias – leia-se: municípios e freguesias – é o que nos suscita mais dúvidas, na medida em que estas entidades estão constitucional e legalmente comprometidas na tarefa de protecção do ambiente, facto que lhes confere competência própria de actuação nesta sede, independentemente do recurso aos tribunais (cfr. os artigos 13.º /l) e 14.º /h) da Lei 159/99, de 14 de Setembro). Ou seja, o

---

[23] *V.g.*, a *Associação de defesa dos sobreiros do Ribatejo* não poderá agir em defesa de um conjunto de sobreiros sito no Algarve.

Neste sentido, António ALMEIDA, «A acção popular...», *cit.*, p. 375. Ver também o Acórdão do STA de 17 de Maio de 2007 (proc. n.º 107/07).

[24] Mas atente-se em que o artigo 11.º/2 da Lei 35/98, de 17 de Julho, isenta as ONGAs de preparos, custas e imposto de selo em todos os processos em que intervenham – regime ainda mais favorável, portanto, do que o da "acção popular" (veja-se o artigo 20.º da LAP).

Acção Pública e Acção Popular na Defesa do Ambiente 1197

exercício da tutela declarativa, dentro da sua competência, precede e prefere (quer por argumentos de economia processual quer por razões ligadas à separação de poderes) a via judicial. Não enjeitamos, no entanto, a existência de hipóteses de defesa de bens ambientais naturais pelas autarquias contra entidades públicas (problemas de delimitação de competências, por exemplo) ou contra entidades privadas mas numa perspectiva puramente patrimonialística (v.g., acções de reivindicação de propriedade em zona de reserva natural). O que não é já é acção popular para defesa de interesses *difusos...*

A lei parece querer reportar-se ao fenómeno da representação sem mandato análogo ao que está subjacente ao mecanismo de tutela de interesses individuais homogéneos no artigo 15.º da LAP. Simplesmente, se aí se prescinde da "vinculação territorial", no caso das autarquias esta é intrínseca à sua natureza de entes territoriais (um princípio da especialidade por natureza e não por acto voluntário) e terá, portanto, de verificar-se para poder suportar esta representação[25].

Não pode fechar-se este ponto sem aludir, uma vez mais, ao Ministério Público. Como se avançou logo de início, as razões da sua exclusão do leque de entidades enunciadas no artigo 2.º /1 podem estar relacionadas com o facto de a LAP ser também um regime de alargamento da legitimidade procedimental, realidade da qual o MP estará, em regra, arredado. No entanto, nos locais especificamente contenciosos, o MP está presente enquanto detentor de poder de acção pública. Sublinhe-se que a sua actuação, no que tange a interesses difusos, se traduz numa intervenção duplamente qualificada: age em defesa da legalidade objectiva *e* da qualidade material de fruição do bem natural ameaçado ou lesado.

Além da iniciativa processual – quer em acções administrativas comuns, quer em acções administrativas especiais, a título principal e cautelar, e na intimação para consulta de documentos[26] –, o MP tem ainda

---

[25] Cfr. a sentença do Tribunal Administrativo e Fiscal de Sintra 16 de Março de 2007 (proc. n.º 1354/06), a propósito da legitimidade da autarquia para apresentar, alegadamente investida em legitimidade popular, uma providência cautelar de suspensão de eficácia do acto de licenciamento de linhas de alta tensão pelo Ministério da Economia, alegando violação quer de direitos individuais dos fregueses, quer de interesses difusos. O Tribunal entendeu haver ilegitimidade quanto à parte do pedido relativa a direitos individuais, nomeadamente de propriedade.

[26] Cfr. o artigo 104.º/2 do CPTA.

legitimidade substitutiva (de actores populares) em caso de desistência (nos enigmáticos termos do artigo 16.º /3 da LAP[27]). As dúvidas quanto à possibilidade de utilização da acção comum pelo MP já foram aduzidas *supra* – escusamo-nos a regressar ao problema.

Cumpre também assinalar as especiais prerrogativas que ao Ministério Público são concedidas no plano do contencioso de normas. Olhando para os artigos 73.º /3 e 130.º /3 do CPTA, rapidamente nos apercebemos da posição privilegiada do MP nesta sede: só ele pode pedir declaração de nulidade com efeitos *erga omnes* sem esperar pela desaplicação em três casos concretos (tendo o dever de requerer tal declaração uma vez registados estes), e só ele pode requerer a suspensão jurisdicional de eficácia de normas (imediatamente exequíveis) com efeitos *erga omnes* independentemente da alegação da recusa de aplicação da norma em três casos anteriores[28].

3. A legitimidade popular é uma extensão da legitimidade processual – logo, um pressuposto processual, que neste caso dispensa a prova do interesse directo e pessoal. Não se trata de um *meio* processual, mas antes se traduz num *conjunto de especialidades processuais* que se enxertam nos meios processuais concretamente utilizados pelos autores populares, na jurisdição administrativa ou na cível[29]. Esta afirmação decorre claramente

---

[27] O que quererá o legislador dizer com a segunda parte do n.º 3 do artigo 16.º da LAP? Quererá afirmar que o Ministério Público pode obrigar o autor a desfazer a transacção ou «apeá-lo» do processo em caso de «comportamentos desviantes»? Julgamos que se a transacção não servir o interesse colectivo e público objecto da acção, caberá ao juiz recusar a sua homologação [a admitir que haja disponibilidade deste interesse, pois se não existir, a lei veda a transacção (cfr. o artigo 1249.º do CC). Manifestando-se contrários à possibilidade de transacção, António ALMEIDA, «A acção popular…», *cit.,* p. 376, e Sylvia CAPPELLI, «Acesso à justiça, à informação e participação popular em temas ambientais no Brasil», *in Aspectos processuais do Direito Ambiental,* coord. J. Rubens Morato Leite e Marcelo Buzaglio Dantas, Rio de Janeiro/S. Paulo, 2003, pp. 276 segs, 306]. Já no caso de o autor popular adoptar comportamentos lesivos dos interesses difusos que pretende defender, o juiz deverá condenar por litigância de má fé, apelando ao conceito inscrito no artigo 456.º do CPC, e absolver o réu do pedido.

[28] Noutro local nos manifestámos criticamente sobre estas normas. Veja-se o nosso «Dúvidas não metódicas sobre o novo processo de impugnação de normas do CPTA», *in Textos dispersos de Direito do Contencioso Administrativo,* Lisboa, 2009, pp. 503 segs, *max.* 512 segs. Veja-se também Mário LEMOS PINTO, «Impugnação de normas e ilegalidade por omissão no contencioso administrativo português», Coimbra, 2008, pp. 307-309.

[29] Tal como tivemos oportunidade de explicar desenvolvidamente no nosso «Acção popular e efeito suspensivo do recurso: processo especial ou especialidade processual?»,

Acção Pública e Acção Popular na Defesa do Ambiente 1199

do artigo 12.º da LAP. Já o leque de especialidades que a legitimidade popular acarreta não se pode considerar tão nítido. Vejamos porquê.

A LAP não regula apenas a legitimidade popular, mas também o instituto da acção de grupo – filiada na *class action* americana – ou, noutra expressão que preferimos, a figura dos interesses individuais homogéneos. Esta bipartição torna-se cristalina quando atentamos mais detidamente em normas como os artigos 14.º, 15.º, 19.º e 22.º /2, 3 e 4. Nestas disposições, o legislador teve por objectivo resolver o problema de representação atípica em casos de interesses individualizados pertencentes a pessoas afectadas por um risco de origem idêntica, tais como ingestão de água contaminada proveniente de um mesmo furo artesiano, ou intoxicação por emissões poluentes produzidas por uma mesma unidade industrial. Os interesses não são relativos a bens individualmente inapropriáveis, mas antes se reportam a bens pessoais (integridade física; património). Directamente, bem entendido, uma vez que a sua tutela poderá reverter indirectamente a favor de toda a comunidade e do próprio ambiente enquanto ecossistema.

Note-se que o artigo 48.º do CPTA constitui uma forma de agilização processual – pelo menos para o(s) processo(s) seleccionado(s)[30] – especialmente útil no âmbito da tutela de interesses individuais homogéneos. Isto porque, na ausência de uma iniciativa processual baseada numa representação sem mandato, a multiplicação de acções cuja resolução implica a aplicação das mesmas normas ou a elucidação da mesma questão de direito, é susceptível de uma *reductio ad unum* através do mecanismo de selecção do artigo 48.º . Tal como o artigo 17.º da LAP veicula a auto-exclusão de sujeitos que desejem prosseguir uma diferente estratégia processual e, em consequência, ficar imunes aos efeitos do caso julgado, também o CPTA oferece aos vários autores, quer a possibilidade de requerer a extensão de efeitos da decisão ao seu caso [artigo 48.º /5/b)], quer a prossecução autónoma da acção [artigo 48.º /5/c)].

---

in Textos dispersos..., I, cit., pp. 105 segs. Ver também «Farsa em dois actos: enganos e desenganos sobre o artigo 18.º da Lei 83/95, de 31 de Agosto», no mesmo *loc. cit.,* pp. 177 segs.

Neste sentido, vejam-se os Acórdãos do STA de 31 de Janeiro de 2002 (proc. n.º 47338), de 7 de Março de 2006 (proc. n.º 380/05) e do Pleno do STA, de 29 de Junho de 2004 (proc. n.º 1334/03).

[30] Sobre as perplexidades suscitadas por este mecanismo, v. MÁRIO e RODRIGO ESTEVES DE OLIVEIRA, «Código do Processo nos Tribunais Administrativos e Estatuto dos Tribunais Administrativos, Anotado», I, Coimbra, 2004, pp. 317 segs.

1200 Em Homenagem ao Professor Doutor Diogo Freitas do Amaral

Já no âmbito da tutela dos interesses difusos, o artigo 48.º não representa qualquer maior valia, na medida em que o caso julgado em acções promovidas por autores populares para tutela daqueles interesses produz, forçosamente, efeitos *erga omnes* — em virtude da natureza dos bens que sustentam os interesses (de facto) de fruição colectiva.

É a *pessoalidade* (embora "colectivizada" na sua semelhança) que define este tipo de interesses. Assim se explica que um autor esteja em juízo por todos aqueles que se não sintam indevidamente representados no objectivo das suas pretensões e, por isso, se auto-excluam (artigos 14.º e 15.º), bem como assim se compreende o modo de citação circunstancial ou geograficamente orientada (artigo 15.º /2 e 3)[31]. Do mesmo passo se ilumina a norma constante no artigo 19.º , sobre eficácia *erga omnes* do caso julgado (ressalvados os sujeitos que se auto-excluíram)[32], e se confere inteligibilidade aos n.ºˢ 2, 3 e 4 do artigo 22.º , respeitantes à indemnização.

Este último ponto é particularmente sensível, uma vez que as indemnizações pecuniárias reclamadas por autores individuais são legitimamente devidas em virtude de lesões particulares, ao passo que as indemnizações pecuniárias por dano ecológico reclamadas por autores populares, pessoais ou institucionais, pertencem à comunidade. A criação do FIA veio resolver o equívoco aberto pelo artigo 22.º /2 – ou pela LAP no seu todo, ao não distinguir claramente entre interesses difusos e interesses individuais homogéneos[33] –, determinando o destino de quantias que se não reconduzam a medidas de reparação primária e complementar do bem lesado por forma a não promover o enriquecimento do autor popular à custa alheia (da colectividade). O Anexo III do DL 147/2008, ao proibir a atribuição de quantias pecuniárias a sujeitos individuais –

---

[31] A falta de clareza da LAP tem dado origem a equívocos jurisprudenciais graves, na medida em que os tribunais chegam a considerar que a ausência de citação prevista no artigo 15.º constitui causa de nulidade de todo o processado – cfr. os Acórdãos do TCASul de 13 de Maio de 1997 (proc. n.º 2736/99) e de 25 de Janeiro de 2007 (proc. n.º 1895/06). Curiosamente, o mesmo TCASul, em Acórdão de 17 de Maio de 2007 (proc. n.º 2462/07) vem afirmar que o artigo 15.º da LAP não prevê, afinal, a «citação do Réu», não devendo portanto considerar-se aplicável a cominação do artigo 194.º/a) do CPC (*ex vi* o artigo 1.º CPTA), descartando, assim, qualquer nulidade...

[32] Encontramos norma idêntica na lei brasileira 4.717, no artigo 18.º, em caso de provimento. Revelando-se a acção improcedente, qualquer cidadão (ou o Ministério Público) poderá recorrer novamente a juízo para defesa do mesmo interesse.

[33] Tecendo igualmente críticas muito acesas ao regime do artigo 22.º, António ALMEIDA, «A acção popular...», *cit.,* pp. 379-380.

que há-de ser a *ultima ratio*, na medida em que se prefere a reconstituição natural –, acentua a natureza pública do dano, não inviabilizando, todavia, a configuração de um "dano moral colectivo" da comunidade que veja afectada a qualidade ambiental que a envolve[34]. Este dano tem natureza mista (qual ciclope com cabeça de homem e corpo de cavalo): a sua origem é o sentimento de perda de pessoas individuais por afectação do nível de fruição de um recurso de que habitualmente usufruiam, mas a sua tradução pecuniária deve ser canalizada para fins de promoção da qualidade do ambiente comunitário.

Verdadeiras especialidades das acções promovidas por autores populares (bem como das interpostas por portadores de interesses individuais homogéneos) constam dos artigos 13.º, 17.º, 18.º e 20.º da LAP:

i) O artigo 13.º visa responsabilizar os autores populares, desincentivando-os da propositura de acções com fins puramente dilatórios – sobretudo porque o acesso à justiça é facilitado pelo regime especial de preparos e custas previsto no artigo 20.º . Note-se que a figura do indeferimento liminar é familiar ao CPC (cfr. os artigos 234.º A e 812.º E), bem como ao CPTA – mas aqui apenas no domínio das providências cautelares (artigo 116.º). Logo, o juiz vê acrescidos os seus poderes de saneamento liminar em acções promovidas por autores populares – mas não, pensamos, quando a acção é apresentada pelo MP[35] (aqui as razões que levam à consagração desta hipótese de filtragem claudicam);

ii) O artigo 17.º constitui um sinal inequívoco da natureza pública deste tipo de processos. O juiz não circunscrito a um papel passivo, próprio de quem está adstrito ao princípio da imparcialidade, mas antes vê reconhecida a faculdade de promover diligências que permitam iluminar as circunstâncias do caso e obter a melhor fundamentação possível da decisão[36]. O juiz está vinculado ao pedido mas não aos elementos de prova carreados, que podem ser acrescidos na sequência de iniciativa sua;

iii) O artigo 18.º visa salvaguardar o efeito útil de uma decisão de provimento do pedido do autor popular, atendendo à natureza frágil do

---

[34] Sobre esta noção, vejam-se José Rubens Morato Leite, «Dano ambiental: do individual ao colectivo extrapatrimonial», 2ª ed., S. Paulo, 2003, esp. pp. 265 segs; e João Carlos de Carvalho Rocha, «Responsabilidade civil por dano ao meio ambiente», *in Política Nacional do Meio Ambiente, 25 anos da Lei n.º 6.938/1981,* coord. João Carlos de Carvalho Rocha, Tarcísio H. P. Henriques Filho e Ubiratan Cazetta, Belo Horizonte, 2007, pp. 217 segs, 236 segs.

[35] Que nessas situações não será ouvido, como previsto no artigo 13.º da LAP.

1202   *Em Homenagem ao Professor Doutor Diogo Freitas do Amaral*

objecto subjacente ao litígio e à possibilidade de provocação de danos irreparáveis ou de difícil reparação. O juiz imprimirá, oficiosamente, caso entenda necessário à salvaguarda dos bens em jogo, efeito suspensivo ao recurso, ainda que a lei processual aplicável o não preveja – o que se verifica no CPC (cfr. o artigo 692.º /1, que estabelece a regra do efeito devolutivo do recurso de apelação[37]), mas não no CPTA (cfr. o artigo 143.º /1, consagrando a regra do efeito suspensivo[38])[39].

Questão diversa seria certamente a de saber se ao juiz, atendendo à natureza dos bens em jogo e à magnitude que a sua salvaguarda reveste para a comunidade em geral, e para o ecossistema em particular, não deveria ser reconhecido o direito de decretar medidas inibitórias da actuação lesiva – e presumivelmente ilícita – ainda que tal pedido não fosse formulado (na petição inicial) pelos autores populares, à semelhança do exemplo brasileiro[40]. Note-se que estaríamos aqui perante uma verdadeira excepção ao princípio do pedido, uma vez que não se trataria de *conceder um diferente efeito* a um impulso processual, mas *substituir*-se ao impulso processual (cautelar). A natureza do bem pode até justificá-lo, mas o legislador teria que o afirmar expressamente e sempre se deveriam implementar

---

[36] Embora o CPC não deixe de prever exemplos, precisamente em sede de prova, de cedência ao princípio do inquisitório: cfr. os artigos 578.º/2, *in fine* (alargamento do objecto da perícia fixado pelas partes), 579.º (perícia oficiosa), 612.º (inspecção de coisas ou pessoas), 645.º (inquirição de testemunha não arrolada).

[37] Note-se que a disposição elenca, no n.º 3, os casos excepcionados ao n.º 1, de efeito suspensivo e prevê, no n.º 4, a possibilidade de a parte requerer a atribuição de efeito suspensivo sempre que a execução seja susceptível de lhe causar prejuízo considerável e mediante caução.

[38] Atente-se em que, nos processos de intimação para protecção de direitos, liberdades e garantias em sede de providências cautelares, o efeito do recurso é, em regra, devolutivo (n.º 2). O n.º 3 admite o requerimento, pela parte vencedora, de efeito devolutivo ao recurso, baseado na alegação de emergência de prejuízos de difícil reparação, podendo o tribunal impor a prestação de garantias (n.º 4).

[39] Ressalte-se que estas causas são sempre recorríveis para o tribunal de alçada superior independentemente do valor atribuído à acção, dado que se trata de bens imateriais (cfr. o artigo 34.º/1 do CPTA).

[40] Cfr. A. Pellegrini Grinover, «A acção popular portuguesa: uma análise comparativa», *in RPDConsumo*, n.º 5, 1996, pp. 7 segs, 16, e Vera Jukovsky, «O papel do juiz na defesa do meio ambiente», *in Lusíada*, 1999/1-2, pp. 491 segs, 499-500. A última autora refere também a possibilidade de o julgador determinar, *ex officio,* sanções pecuniárias compulsórias a aplicar aos réus que recusem/atrasem o cumprimento da decisão condenatória (solução acolhida pelo artigo 44.º do CPTA, em sede contenciosa-administrativa).

Acção Pública e Acção Popular na Defesa do Ambiente 1203

mecanismos de recurso urgente a favor do réu, para assegurar um mínimo de contraditório, essencial à salvaguarda do princípio do processo equitativo;

iv) O artigo 20.º pretende constituir um incentivo à promoção de acções por autores populares, dispensando-os do pagamento de preparos e isentando-os do pagamento de custas em caso de procedência da acção, ainda que parcial, da acção. Em face de decaimento total, o montante a liquidar é ainda assim simbólico ("entre um décimo e metade das custas que normalmente seriam devidas", ponderando-se a situação dos requerentes e a razão formal ou substancial da improcedência do pedido).

4. Depois desta brevíssima vista panorâmica dos principais aspectos ligados à acção pública e popular, gostaríamos de deixar algumas pistas de reflexão sobre o tema, admitindo que as questões e eventuais conclusões sejam extrapoláveis para domínios diversos do ambiental (mas dentro dos interesses difusos).

i) Faria sentido inserir uma norma sobre litispendência na LAP – na vertente aplicável aos interesses difusos? Lembramos que a propositura de várias acções com o mesmo pedido e causa de pedir (relativas, portanto, à ofensa do mesmo bem pela mesma causa, material e/ou jurídica), embora promovida por autores populares diferentes, pode gerar um fenómeno de litispendência material. Na verdade, não estão preenchidos os requisitos previstos no artigo 498.º do CPC, uma vez que as partes são diversas – o réu será o mesmo mas não o(s) autor(es) – e os pedidos podem também variar (e conformar diferentes estratégias processuais). Porém, o interesse material prosseguido pelos autores nas diferentes acções é idêntico: prevenir, fazer cessar, a ofensa e/ou promover a reconstituição do estado de qualidade do bem ambiental lesado[41].

A questão que se coloca é a de saber qual a melhor forma de resolver a questão: através da inserção de uma norma que permitisse ao juiz[42] conhecer apenas do mérito da acção intentada em primeiro lugar, absolvendo da instância os réus das acções litispendentes[43]? Ou antes fazer apelo à apensação de processos, com assento no artigo 28.º do CPTA,

---

[41] Cfr. o Acórdão do TCASul de 13 de Março de 2008 (proc. n.º 3271/07), no qual se chegou a conclusão idêntica.

[42] Recorde-se que a litispendência é uma excepção dilatória de conhecimento oficioso (artigos 494.º/i) e 495.º do CPC).

decidindo o juiz todos os processos como se de um só se tratasse, aproveitando todos os pedidos e causas de pedir para emitir a sua decisão? Esta última opção parece-nos preferível, dada a possibilidade de haver pedidos diferentes e de poderem ficar sacrificados na primeira solução[44].

ii) A questão acima enunciada pode ser antecipada através da coligação de autores[45]. Nesse caso, haverá apenas uma acção com vários autores, ainda que populares. O interesse jurídico desta coligação – neste litisconsórcio activo voluntário – parece diminuto, mas pode relevar em termos de multiplicação de argumentos trazidos para suportar a causa ambiental, bem assim como por contar com novos intervenientes que fortaleçam a divulgação da causa à luz da opinião pública. Frise-se que a coligação superveniente é admissível nos termos dos artigos 320.º /b), 321.º, 322.º /1, 2ª parte, e 323.º do CPC, *ex vi* o artigo 1.º do CPTA[46].

iii) E poderá um sujeito que defende um interesse individual arvorar-se simultaneamente em autor popular? Teoricamente, nada o impede, desde que os pedidos sejam diferentes – *maxime*, em acções de efectivação de responsabilidade nas quais possa haver, para além da satisfação do interesse patrimonial, interesse na reposição do *status quo ante* estritamente ecológico. No fundo, a situação é assimilável a uma coligação consigo próprio, deduzindo pedidos diferentes contra o mesmo autor com base na mesma causa de pedir (cfr. o artigo 12.º /1/a) do CPTA). Na prática, esta hipótese pode ser dificultada em razão da norma do artigo 20.º da LAP, que isenta de preparos os autores populares – bem assim como problemas de alçada (e consequente direito ao recurso). Destarte, e apesar da economia processual que esta solução promoveria, parece ser de afastar tal possibilidade.

---

[43] A lei brasileira 4.717 dispõe neste sentido, estabelecendo que: "A propositura da ação prevenirá a jurisdição do juízo para todas as ações que forem posteriormente intentadas contra as mesmas partes e sob os mesmos fundamentos" (artigo 5.º, §3.º).

[44] Reconsideramos, assim, a solução proposta no nosso «O Provedor de Justiça...», *cit.*, p. 263.

[45] Expressamente admitida pela lei brasileira 4.717, no artigo 6.º, §5.º.

[46] Sendo certo que, nos termos destas disposições conjugadas, a intervenção principal espontânea que venha a produzir-se até ao despacho saneador é passível de ser sustentada por articulado próprio, enquanto que, se for posterior (mas sempre anterior à audiência de julgamento), o interveniente deverá cingir-se à adesão aos fundamentos do autor.

iv) Inexistindo uma providência cautelar específica da tutela contenciosa ambiental – em razão da imprestabilidade do artigo 42.º da LBA[47] –, os autores populares movem-se entre as providências cautelares do contencioso administrativo (artigos 112.º e segs do CPTA) e do contencioso cível (artigos 381.º e segs do CPC). Deve ressaltar-se, por um lado, a possibilidade de decretamento provisório da providência previsto no artigo 131.º do CPTA, em casos de "especial urgência" (n.º 1), associado a pedidos de providências cautelares especificadas e não especificadas. Por outro lado, assinale-se a potencial valia da alínea a) do n.º 1 do artigo 120.º do CPTA, que apela ao critério da evidência: perante uma violação manifesta de normas de protecção jusambientais – *v.g.*, inexistência de avaliação de impacto ambiental num projecto do Anexo I do DL 69/2000, de 3 de Maio (na redacção do DL 197/2005, de 8 de Novembro) –, o juiz concederia a suspensão do acto autorizativo (cuja eficácia, por força do artigo 128.º /1 do CPTA, se encontraria já provisoriamente suspensa) sem proceder à ponderação exigida no n.º 2 do mesmo artigo 120.º.

Impõe-se, todavia, caracterizar a "manifesta ilegalidade", a qual é assimilada[48] à violação de preceitos materiais que a lei comine com a nulidade. Os vícios formais (ou a grande maioria) tendem a escapar a esta delimitação, uma vez que podem ser supridos posteriormente à prática do acto, tornando inútil e mesmo contraproducente a intervenção do Tribunal, em homenagem a uma lógica de aproveitamento do acto (ou sanação retroactiva do mesmo). Posição, como se depreende, que denota uma extrema cautela na utilização da disposição e que neutraliza uma boa parte do efeito útil que dela poderia advir para a tutela ambiental.

v) Claro que a forma de contornar este problema seria conceder efeito inibitório automático a uma providência cautelar requerida em defesa do ambiente, em homenagem à natureza pública do bem e à fragilidade que o caracteriza[49]. Porém, tal valoração seria provavelmente

---

[47] Carla AMADO GOMES, «Direito Administrativo do Ambiente», *in Tratado de Direito Administrativo Especial*, I, coord. de Paulo Otero e Pedro Gonçalves, Coimbra, 2009, pp. 159 e ss, 264-265.

[48] Em Acórdão do STA de 20 de Janeiro de 2005, proc. 1314/04.6BEPRT.

[49] A lei brasileira 4.717 consagra a suspensão liminar do acto lesivo quando se vá a juízo defender o património público (artigo 5.º, §4.º, por referência ao artigo 1.º, §1.º – para a noção de património público).

Em Homenagem ao Professor Doutor Diogo Freitas do Amaral

inconstitucional se admitida de forma cega, uma vez que atentaria contra o critério de ponderação casuística para que aponta o artigo 18.º /2 da CRP. A solução do efeito suspensivo automático é adoptada pelo legislador no contexto da lei dos estrangeiros (cfr. o artigo 132.º /3 da Lei 23/ /2007, de 4 de Julho, relativamente à recusa de concessão do estatuto de residente de longa duração e de revogação do mesmo) – tratando-se aí, todavia, de proteger interesses pessoais da maior delicadeza. Um exemplo mais próximo é o da suspensão imediata da eficácia de actos de licenciamento urbanístico violadores de planos, quando sindicados pelo MP (cfr. o artigo 69.º /2 do DL 555/99, de 16 de Dezembro, na redacção dada pela Lei 60/2007, de 4 de Setembro) – mas ainda assim a suspensão pode ser levantada na sequência de contraditório.

Por mais intra e intergeracionalmente relevante que o interesse ambiental seja, não nos parece que o legislador deva avançar para uma solução de suspensão automática e irreversível (ou de ordem de cessação imediata de actividades) de actos presumivelmente lesivos do ambiente. O decretamento provisório da providência acolhido no artigo 131.º do CPTA cumpre suficientemente a função de providenciar tutela urgentíssima sem promover sobrevalorações automáticas do interesse ambiental, que pode até estar a competir com outros de igual natureza.

vi) A existência do mecanismo do decretamento provisório da providência constitui, em nossa opinião, um argumento prático para reforçar a exclusão dos interesses difusos do âmbito de aplicação do artigo 109.º do CPTA. Como já explicámos noutro local, esta acção sumária pressupõe a existência de uma posição jusfundamental devidamente individualizada[50] – sem ser forçosamente um direito de natureza pessoal para os efeitos da catalogação constitucional[51] –, cujo resultado se traduza directa e imediatamente numa melhoria, material e/ou jurídica, sentida na esfera do autor. Ora, não é isto que sucede no plano dos interesses difusos, onde lidamos com realidades metaindividuais. E não se venha invocar o "di-

---

[50] Carla AMADO GOMES, «Contra uma interpretação demasiado conforme à Constituição do artigo 109.º do CPTA», *in Textos dispersos de Direito do Contencioso...*, *cit.*, pp. 473 segs.

[51] Sobre a problemática da natureza da posição jusfundamental exigida no artigo 109.º do CPTA, por todos e por último, Jorge REIS NOVAIS, «"Direito, liberdade ou garantia": uma noção constitucional imprestável na justiça administrativa?, Anotação ao Acórdão do TCA Sul de 6 de Junho de 2007», *in CJA*, n.º 73, 2009, pp. 48 segs.

Acção Pública e Acção Popular na Defesa do Ambiente 1207

reito ao ambiente", que mais não é que um *testa de ferro* de direitos, pessoais ou patrimoniais devidamente identificados no capítulo dos direitos de personalidade ou de propriedade.

Assim, nem do ponto de vista teórico nem prático se justifica o recurso à intimação para tutela do ambiente. E não se pode esquecer que, mesmo começando de forma dual (providência cautelar + acção principal), o processo pode sempre acabar por ser sumarizado pela via do artigo 121.º do CPTA, caso o julgador entenda estarem reunidos os pressupostos para conhecer e decidir do fundo – alcançando-se assim um resultado prático similar.

Lisboa, Setembro de 2009

BREVES CONSIDERAÇÕES ACERCA DO REGIME JURÍDICO DAS ORDENS POLICIAIS

JOÃO RAPOSO[*]

1. Ocupando-se dos actos administrativos impositivos – entendidos como *«aqueles que impõem a alguém uma certa conduta ou a sujeição a determinados efeitos jurídicos»* –, o Professor Diogo Freitas do Amaral distingue quatro espécies principais, a saber, os actos de comando, os actos punitivos, os actos ablativos e os juízos.

O Autor define os primeiros como os actos *«que impõem a um particular a adopção de uma conduta positiva ou negativa. Assim: se impõem uma conduta positiva, chamam-se* **ordens***; se impõem uma conduta negativa, chamam-se* **proibições»**. E, invocando Forsthoff, acrescenta: *«O domínio principal deste tipo de actos é, inequivocamente, o direito da polícia»*[1]. Aliás, já anteriormente, ao assinalar as dificuldades na distinção entre actos genéricos ou normativos e actos administrativos, e procurando estabelecer a distinção entre actos administrativos *colectivos*, *plurais* e *gerais*, o Ilustre Mestre se socorrera das ordens de polícia para exemplificar nos seguintes termos esta última espécie: *«(...) juntam-se vinte pessoas a ver uma determinada montra, numa rua da Baixa de Lisboa. Vem um agente da polícia e diz:* **fazem favor de dispersar!***. Trata-se de uma ordem policial dada em termos gerais a vinte pessoas, mas sabe-se perfeitamente a quem se aplica»*. E prossegue Freitas do Amaral: *«Ora bem, estes actos* **gerais** *também não devem ser considerados como actos genéricos. Não são normas jurídicas: são ordens concretas dadas a pessoas concretas e bem determinadas, ou imediatamente*

---

[*] Professor do Instituto Superior de Ciências Policiais e Segurança Interna e advogado.

[1] *Curso de Direito Administrativo,* Vol. II, Coimbra, 2001 (9.ª reimp., 2009), p. 254.

determináveis. São um feixe de actos administrativos, que se reportam a várias situações individuais e concretas».

No mesmo sentido, Sérvulo Correia, a propósito do exercício do direito de manifestação, identifica *quatro **actos administrativos típicos** que poderão ser praticados pelas autoridades competentes (…). São eles a **interdição** de manifestação (…), a **interrupção** de manifestação (…), a **ordem de alteração de trajecto** (…) e a **ordem de distanciamento** relativamente a instalações especialmente protegidas»*[2]; Eduardo Correia Baptista refere-se também ao *«acto administrativo de interrupção de uma reunião»*[3]; e António Francisco de Sousa afirma que *«A ordem de **dissolução** é um acto administrativo constitutivo, na medida em que constitui os presentes no dever de abandonar o local»*[4].

Não estando, naturalmente, em causa a natureza administrativa das ordens policiais, a especialidade do seu regime jurídico coloca-nos, todavia, algumas reservas quando se trata de as adoptar como paradigma ou exemplo puro de *acto administrativo*. Na verdade, e como se procurará demonstrar através dos desenvolvimentos subsequentes, aquelas ordens afastam-se em aspectos essenciais do regime geral dos actos administrativos, havendo mesmo quem recuse a sua qualificação como tal.

Vejamos primeiramente o sentido em que utilizamos aqui a expressão *ordens policiais.*

2. Entendemos por ordens policiais *as determinações das autoridades ou agentes policiais impositivas ou impeditivas de uma conduta dos particulares. Autoridades de polícia* são as autoridades administrativas responsáveis pela chefia dos serviços ou corpos de polícia, bem como o pessoal de certas carreiras policiais (como é o caso do pessoal das carreiras de oficial de polícia da Polícia de Segurança Pública ou de oficial da Guarda Nacional Republicana), quando no exercício de funções de comando ou chefia operacional. No caso das forças e serviços de segurança, as autoridades de polícia são, na formulação legal, os *«funcioná-*

---

[2] *O Direito de Manifestação – Âmbito de Protecção e Restrições,* Coimbra, 2006, p. 66. Segundo o Autor, *«Estes actos merecem a qualificação conjunta de **medidas de polícia das manifestações».***

[3] *Os Direitos de Reunião e de Manifestação no Direito Português,* Coimbra, 2006, pp. 347 e 385.

[4] *Direito de Reunião e de Manifestação,* Lisboa, 2009, p. 146.

Breves Considerações Acerca do Regime Jurídico das Ordens Policiais   1211

rios superiores indicados como tais nos [respectivos] *diplomas orgânicos»*[5]. Por seu turno, *agentes de polícia* são o restante pessoal com funções policiais[6] dos serviços ou corpos de polícia[7], que têm a natureza de *agentes de execução.*

Conforme se alcança do n.º 1 do artigo 32.º da Lei de Segurança Interna, as autoridades de polícia são competentes para a aplicação das denominadas *medidas de polícia;* excepcionalmente, porém (nos casos de *urgência* e de *perigo na demora),* algumas dessas medidas podem ser aplicadas pelos próprios agentes das forças e serviços de segurança, como se prevê no n.º 2 [8]. Tal é, nomeadamente, o caso das previstas no artigo 28.º, que se traduzem em verdadeiras ordens policiais[9].

---

[5] Cfr. artigo 26.º da Lei de Segurança Interna (Lei n.º 53/2008, de 29 de Agosto). O Sistema de Segurança Interna compreende as forças e os serviços de segurança. As *forças de segurança* são a Guarda Nacional Republicana, a Polícia de Segurança Pública e a Polícia Marítima; os *serviços de segurança* são a Polícia Judiciária, o Serviço de Estrangeiros e Fronteiras, o Instituto Nacional de Aviação Civil, I.P., e o Serviço de Informações de Segurança. Os dois últimos não têm natureza policial. As *autoridades de polícia,* no caso das forças de segurança, estão indicadas nos artigos 10.º da Lei n.º 53//2007, de 31 de Agosto, que aprova a orgânica da Polícia de Segurança Pública; 11.º da Lei n.º 63/2007, de 6 de Novembro, que aprova a orgânica da Guarda Nacional Republicana; e 4.º, n.º 2, do Estatuto do Pessoal da Polícia Marítima, aprovado pelo Decreto-Lei n.º 248/95, de 21 de Setembro. No que se refere aos serviços de segurança, os artigos 11.º da Lei n.º 37/2008, de 6 de Agosto, que aprova a orgânica da Polícia Judiciária, e 3.º do Decreto-Lei n.º 252/2000, de 16 de Outubro, que aprova a orgânica do Serviço de Estrangeiros e Fronteiras, estabelecem o elenco das *autoridades de polícia criminal* destes corpos.

[6] Segundo o artigo 39.º do Estatuto do Pessoal Policial da Polícia de Segurança Pública, aprovado pelo Decreto-Lei n.º 299/2009, de 14 de Outubro, consideram-se funções policiais *«as que implicam o exercício de competências legalmente estabelecidas para o pessoal policial».* Estas classificam-se em função de *comando e direcção,* função de *assessoria,* função de *supervisão* e função de *execução* (cfr. n.ºs 3 a 6 seguintes). No caso da Guarda Nacional Republicana, a lei fala em *função de comando, função de direcção ou chefia, função de estado-maior e função de execução* (cfr. artigos 40.º a 44.º do Estatuto dos Militares da Guarda Nacional Republicana, aprovado pelo Decreto-Lei n.º 297/2009, de 14 de Outubro).

[7] Como é sabido, nem todo o pessoal que desenvolve a sua actividade nos serviços ou corpos de polícia exerce funções policiais. Só o pessoal com funções policiais detém os poderes de autoridade pública inerentes a essa qualidade (cfr. artigos 3.º do Estatuto do Pessoal Policial da Polícia de Segurança Pública e 2.º do Estatuto dos Militares da Guarda Nacional Republicana).

[8] Não era assim anteriormente: com efeito, na Lei n.º 20/87, de 12 de Junho, apenas as autoridades de polícia podiam aplicar medidas de segurança policial.

[9] Têm-se ali em vista a ordem de identificação de suspeitos; a interdição temporária de acesso e circulação a local ou via terrestre, fluvial, marítima ou aérea; a evacuação ou

1212 *Em Homenagem ao Professor Doutor Diogo Freitas do Amaral*

3. Com as ordens policiais em sentido restrito não se confundem *as ordens em matéria de polícia das autoridades administrativas com poderes policiais.*

Como é sabido, existem no nosso ordenamento jurídico várias autoridades administrativas com competências policiais, como é o caso dos governadores civis[10], e das câmaras municipais e respectivos presidentes[11], para não falar de outras[12]. Tais autoridades não fazem, no entanto, parte da Polícia em sentido institucional, isto é, do sistema de serviços policiais estabelecido na lei. Quando tais autoridades emitem ordens em matéria de polícia administrativa (por exemplo, a ordem de demolição de um edifício que represente um risco para a segurança pública; ou a ordem de encerramento de um estabelecimento insalubre), é, por isso, mais apropriado falar em *actos administrativos em matéria de polícia* – cuja execução pode, naturalmente, convocar a actuação dos serviços de polícia competentes e implicar a emissão, por parte destes, de estatuições de autoridade destinadas a promover a execução de tais actos –, para os distinguir das ordens *de iniciativa policial.*

Pode, portanto, afirmar-se que as ordens das autoridades e agentes de polícia são determinações *material e subjectivamente policiais,* ao passo que as ordens em matéria de polícia das autoridades administrativas com poderes policiais apenas revestem tal natureza do ponto de vista do seu objecto.

4. Quanto aos seus efeitos jurídicos, as ordens policiais podem consistir na imposição de uma conduta positiva (a evacuação de uma

---

abandono temporário de local ou meio de transporte; e a remoção de objectos, veículos ou obstáculos colocados em locais públicos. Revestem igualmente a natureza de ordens policiais as medidas especiais de polícia das alíneas e), g), h) e i) do artigo 29.º, as quais, todavia, não estão ao alcance dos agentes policiais.

[10] Cfr. artigo 4.º-D do Decreto-Lei n.º 252/92, de 19 de Novembro.

[11] Nos termos da Lei n.º 159/99, de 14 de Setembro (transferência de atribuições e competências para as autarquias locais), os municípios dispõem de atribuições de polícia municipal [cfr. artigos 13.º, n.º 1, alínea p), e 30.º]. As competências da câmara municipal e do presidente da câmara estão fixadas na Lei n.º 169/99, de 18 de Setembro (competências e funcionamento dos órgãos autárquicos); algumas destas competências têm natureza policial e podem dar lugar à emissão de ordens [cfr., nomeadamente, artigos 64.º, n.ºs 1, alíneas s) a z), e 5, e 68.º, n.º 2, alíneas m), n) e o)].

[12] Como os membros do Governo com responsabilidades em matéria de segurança interna (*v. g.,* o Primeiro-Ministro, o Ministro da Administração Interna e o Ministro da Justiça) ou o Secretário-Geral do Sistema de Segurança Interna.

Breves Considerações Acerca do Regime Jurídico das Ordens Policiais 1213

estação de metropolitano ou a circulação em velocidade reduzida, por virtude da ocorrência de um acidente) – ordens propriamente ditas – ou de uma abstenção ou conduta negativa (o impedimento de passagem de peões num passeio ou a interdição de circulação automóvel numa rua) – proibições –, ou de ambas (a ordem de cessação de uma actividade ruidosa ilícita, acompanhada da obrigação de manutenção dessa situação até que seja obtido o necessário licenciamento) – ordens mistas; e tanto podem respeitar a uma pessoa ou pluralidade de pessoas determinadas (a ordem de identificação de um ou mais suspeitos da prática de um ilícito encontrados num lugar aberto ao público) como a uma pluralidade de pessoas indeterminadas, mas mediatamente determináveis (a ordem de evacuação de um recinto desportivo ou a ordem de inversão de marcha dada aos condutores que se dirigiam para uma ponte entretanto vedada ao trânsito).

5. Como é próprio dos actos de comando, as ordens policiais têm natureza constitutiva, fazendo emergir na esfera jurídica dos particulares a quem se dirigem um dever de obediência *personalizado*. Nos termos do artigo 5.º, n.º 1, da Lei de Segurança Interna, os cidadãos têm um dever geral de colaboração com as forças e serviços de segurança na prossecução dos fins da segurança interna, que passa, nomeadamente, pelo acatamento das ordens e mandados legítimos das autoridades. Por sua vez, no caso particular das ordens em matéria de trânsito o artigo 4.º, n.º 1, do Código da Estrada estatui expressamente que *«O utente deve obedecer às ordens legítimas das autoridades com competência para regular e fiscalizar o trânsito, ou dos seus agentes, desde que devidamente identificados como tal»*[13].

Ora, a imposição individualizada de determinada conduta por parte da autoridade ou agente policial competente representa a concretização desse dever, obrigando os respectivos destinatários a cumprir o que lhes foi ordenado, sob ameaça da aplicação de uma penalidade – uma coima (cfr. artigo 4.º, n.os 2 e 3, do Código da Estrada) ou uma sanção penal de multa ou prisão (cfr. artigo 348.º do Código Penal) – e sem prejuízo, se for caso disso, da execução forçada da ordem.

---

[13] Sublinhe-se que as ordens dos agentes reguladores do trânsito prevalecem sobre as prescrições resultantes dos sinais e sobre as regras de trânsito (cfr. artigo 7.º, n.º 3, do Código da Estrada), o que marca uma especialidade de tais comandos.

1214 *Em Homenagem ao Professor Doutor Diogo Freitas do Amaral*

6. Afirmámos inicialmente que as ordens policiais, no sentido em que aqui utilizamos a expressão, não correspondem ao conceito típico de acto administrativo, do qual se dissociam em vários aspectos, havendo até quem se recuse a qualificá-las como tal.

Na verdade, para além da opinião daqueles que consideram as ordens policiais como verdadeiros actos administrativos, destinados a efectivar o princípio de autoridade em matéria de segurança pública – ou que, pelo menos, nelas descortinam um acto administrativo *implícito* –, uma tese mais radical nega às ordens policiais a natureza de acto administrativo; e uma tese intermédia propugna que se está em presença de actos administrativos *desprocedimentalizados*.

Enfileira na primeira orientação, por exemplo, Javier Barcelona Llop, para quem «(...) *na coacção directa não há, em rigor, acto administrativo algum verbal ou não procedimentalizado. Há somente uma ordem de execução emanada da autoridade competente, ordem que actualiza no caso concreto a habilitação legal conferida à polícia de segurança para fazer frente às situações de facto atentatórias dos bens jurídicos cuja defesa e protecção se encontra a seu cargo, sendo irrelevante, também, que a dita ordem proceda de uma autoridade administrativa em sentido estrito – o Governador Civil ou o Delegado do Governo, consoante o caso – ou de uma autoridade executiva, ainda que o normal seja que proceda da primeira. Por outro lado, o facto de tal ordem ser insusceptível de controlo contencioso-administrativo carece também de real importância, porque tanto a responsabilidade penal como a patrimonial e a sanção disciplinar cobrem notoriamente as consequências de uma possível ilegalidade da acção da polícia de segurança (...)»* [14].

Já para outros autores – como Eduardo García de Enterría e Tomás Ramón Fernández[15], ou Iñaki Agirreazkuenaga[16] –, as ordens policiais correspondem a actos administrativos, mas desprovidos de forma solene e desintegrados de um procedimento. Não estando vedada a possibilidade de os actos administrativos serem praticados sob forma oral (nesse sentido, cfr. entre nós o artigo 122.º, n.º 1, do Código do Procedimento

---

[14] *Él régimen jurídico de la policía de seguridad,* Bilbau, 1988, p. 221 (a tradução é da nossa responsabilidade). No mesmo sentido, LÓPEZ RAMÓN, *La caracterización jurídica de las Fuerzas Armadas,* Madrid, 1987, pp. 339-342.

[15] *Curso de Derecho Administrativo,* Vol. I, 9.ª ed., Madrid, 1999.

[16] *La Coacción Administrativa Directa,* Madrid, 1990, pp. 402-408.

Breves Considerações Acerca do Regime Jurídico das Ordens Policiais   1215

Administrativo[17]), as exigências próprias da acção policial, derivadas, nomeadamente, do perigo e da urgência, impõem a adopção de *condutas--relâmpago*, desprovidas das formalidades próprias do procedimento administrativo decisório comum, só desse modo sendo possível assegurar a respectiva eficácia.

7. Que pensar destas concepções?

Como é sabido, para os efeitos do Código do Procedimento Administrativo consideram-se actos administrativos *«as decisões dos órgãos da Administração que ao abrigo de normas de direito público visem produzir efeitos jurídicos numa situação individual e concreta»*. Ora, cumpre reconhecer que as ordens policiais se dissociam efectivamente deste paradigma em vários aspectos essenciais.

Começando pela *autoria,* os actos administrativos provêm, pois, de um órgão da Administração, entendido como um *«centro institucionalizado de poderes funcionais»* a exercer pelo(s) respectivo(s) titular(es), com vista a manifestar a vontade imputável à pessoa colectiva em cuja organização aquele se integra[18]. Nos corpos de polícia, os órgãos são servidos por autoridades de polícia, que exercem funções dirigentes[19].

Os trabalhadores da Administração que não se encontram providos em cargos dirigentes ou de chefia não se encontram em posição de tomar decisões com efeitos externos, limitando-se a sua função a coadjuvar os órgãos na preparação e na execução das decisões destes; e, como atrás se

---

[17] Um dos exemplos de actos cuja natureza impõe a adopção de outra forma que não a forma escrita proposto por MÁRIO ESTEVES DE OLIVEIRA, PEDRO COSTA GONÇALVES e J. PACHECO DE AMORIM é, precisamente, o das ordens de polícia (cfr. *Código do Procedimento Administrativo,* 2.ª ed., Coimbra, 1997, p. 578).

[18] MARCELLO CAETANO, *Manual de Direito Administrativo,* 9.ª ed., Tomo I, Lisboa, 1970, p. 200.

[19] Nos termos do artigo 36.º, n.º 2, do Estatuto do Pessoal Policial da Polícia de Segurança Pública, a hierarquia de comando tem por objectivo *«estabelecer, em todas as circunstâncias de serviço, relações de autoridade e subordinação entre o pessoal policial, sendo determinada pelas carreiras, categorias, antiguidade e precedências previstas na lei, sem prejuízo das relações que decorrem do exercício de cargos e funções policiais».* Diversamente, pois, daquilo que se passa com a hierarquia administrativa e as chefias que lhe correspondem, a hierarquia de comando ou chefia operacional não é necessariamente assegurada por uma autoridade de polícia. No caso da Guarda Nacional Republicana veja--se o artigo 28.º do Estatuto dos respectivos Militares, nos termos do qual a hierarquia militar é determinada pelos postos, antiguidades e precedências.

1216 *Em Homenagem ao Professor Doutor Diogo Freitas do Amaral*

viu, os agentes de execução dos serviços ou corpos de polícia encontra-se numa situação equiparada à dos demais trabalhadores subordinados da Administração Pública.

No entanto, e diversamente daquilo que se passa com tais trabalhadores, *no seu relacionamento com o público os agentes de polícia estão em condições de, por iniciativa própria ou em execução de determinações superiores, dar ordens com efeitos externos no âmbito da missão atribuída por lei ao serviço a que pertencem*. Pense-se, por exemplo, na ordem de identificação de um suspeito dada por um agente da Polícia de Segurança Pública (cfr. artigos 250.º, n.º 1, do Código de Processo Penal, 1.º da Lei n.º 5/95, de 21 de Fevereiro, e 49.º do Decreto-Lei n.º 433/82, de 27 de Outubro[20]); ou na ordem de imobilização dada por um guarda da Unidade Nacional de Trânsito da Guarda Nacional Republicana ao condutor de um veículo automóvel; ou, ainda, na ordem de dispersão do ajuntamento na via pública dada pelo agente de polícia no exemplo de acto geral utilizado pelo Prof. Diogo Freitas do Amaral. Em todos estes casos estamos, assim, perante actuações de agentes de polícia no âmbito do serviço que lhes está confiado, sem intermediação das respectivas chefias, com cuja intervenção prévia, aliás, muitas vezes nem sequer se compadecem.

Portanto, quando assim acontece, estamos perante actos que não provêm de *órgãos administrativos,* verdadeiros e próprios, *mas de meros agentes de execução* – o que constitui um primeiro e importante *desvio* em relação ao regime geral do acto administrativo.

8. Mas o afastamento em relação a tal regime não se fica por aqui: na verdade, em matéria de formalidades procedimentais o divórcio é irremediável, podendo a este propósito falar-se de *actos administrativos não procedimentalizados*, como fazem, por exemplo, Iñaki Agirreazkue-naga e outros[21].

A singularidade da actuação policial, de carácter predominantemente operacional e decorrendo *no terreno*, em exposição permanente a situações atentatórias da segurança pública, pouco tem, na verdade, em comum com a restante actividade administrativa, que é, por natureza, uma actividade resguardada, *de gabinete*, com prazos e formas de decisão que são

---

[20] Com a observação de que a expressão *autoridade policial* deve aqui entender-se como significando também *agente policial*.

[21] *La Coacción...,* cit.

Breves Considerações Acerca do Regime Jurídico das Ordens Policiais   1217

perfeitamente compatíveis com a realização das necessárias diligências instrutórias, a oportuna participação dos interessados no procedimento, a fundamentação circunstanciada das decisões tomadas e a sua comunicação formal aos destinatários, previamente à respectiva execução.

Diversamente, as ordens policiais são dadas, as mais das vezes, *em cima dos acontecimentos*, por causa deles e para lhes fazer face, sem participação prévia dos visados no processo de formação da vontade decisória e destinando-se a ter execução imediata, podendo tais determinações de autoridade, em caso de desobediência, e sempre que tal se mostre necessário, ser impostas através do recurso a meios coercivos. Situamo-nos aqui no patamar da coacção, território que Otto Mayer começou a desbravar no início do século passado e a cuja lição se torna ainda proveitoso reverter nesta matéria[22].

Entre nós, é à Prof.ª Carla Amado Gomes, na sua dissertação de mestrado, que se deve o tratamento mais desenvolvido e aprofundado desta problemática[23]. Nas suas sugestivas palavras, *«O domínio das actividades de polícia, sobretudo da polícia de segurança, é, assim, povoado de actuação atípicas, desformalizadas, que se manifestam muitas vezes*

---

[22] *Derecho Administrativo Alemán* Buenos Aires, 1982, Tomo II (traduzido de *Le droit administratif aleman*, Paris, 1904) Distinguindo *execução por coacção* e *coacção directa*, escreve este autor: *«A execução por coacção tem como único fim servir uma ordem – ao não poder ela obter, por causa da desobediência, o objecto que persegue, a execução por coação põe ao seu serviço diferentes meios para vencer a desobediência –; a coacção directa tem um fim próprio: o recurso que pertence ao poder público lança-se, sem intermediário, contra o facto contrário à polícia»* (*op. cit.*, p. 141, sendo a tradução da nossa responsabilidade; a ordem de polícia é tratada nas pp. 37-58). Sobre a temática específica do uso de armas de fogo, veja-se na doutrina espanhola M.ª Isabel Sánchez Garcia, *Exercício legítimo del cargo y uso de armas por la autoridad*, Barcelona, 1995, e entre nós, Hugo José Gomes Nunes, *O recurso a armas de fogo como forma de coacção administrativa*, in *Estudos de Direito de Polícia*, coord. de Jorge Miranda, Lisboa, 2003, pp. 97-156.

[23] *Contributo para o Estudo das Operações Materiais da Administração Pública e do seu Controlo Jurisdicional*, Coimbra, 1999. Como refere a Autora, *«Prevenção e repressão, as duas formas de manifestação da coacção directa. Têm em comum a necessidade de rapidez no exercício, em atenção aos valores de interesse público em jogo. É na actividade de polícia que mais se exterioriza este tipo de actuação desformalizada, porque nesse domínio, numa grande parte dos casos, não há tempo a perder. Tendo verificado uma situação de iminente infracção, a polícia faz um juízo sobre uma aparência de perigo e age materialmente, numa acção que congrega indissociavelmente* **constatação-qualificação-intervenção***, por força da necessidade de reacção rápida»* (pp. 164-165).

*de modo puramente material, porque a **efervescência** dos acontecimentos não se compadece com as delongas próprias de um procedimento formal»*[24].

Porém, daí não se segue necessariamente a dispensa ou *redução a zero* de formalidades em matéria de ordens policiais. Assim, e desde logo, as ordens devem ser claras, sob pena de não serem compreendidas pelos seus destinatários e o seu cumprimento se tornar, nessa medida, inexigível. Bem assim, a lei pode estabelecer formalidades especiais para certas ordens: por exemplo, nos termos do artigo 250.º, n.º 2, do Código de Processo Penal, a ordem de identificação de suspeito tem de ser fundamentada, devendo igualmente indicar-se os meios através dos quais este se pode identificar. Em tese geral, e sempre que pedida pelo visado, devem ser indicadas, ainda que de forma sucinta, as razões da emissão da ordem – desde que, como é natural, as circunstâncias objectivamente o permitam. Por último, não deve ser recusada, a requerimento dos interessados, a redução a escrito de ordem verbal e da respectiva fundamentação (cfr. artigo 126.º do Código do Procedimento Administrativo).

Por outro lado, existem formalidades posteriores à emissão da ordem cuja observação é imprescindível para a sua própria validade, como é o caso da comunicação imediata à autoridade de polícia competente prevista no artigo 32.º, n.º 2, da Lei de Segurança Interna, e da comunicação ao tribunal da aplicação de medidas especiais de polícia, interessando-nos a este propósito aquelas que se apresentam como ordens policiais.

9. A urgência e o perigo na demora costuma ser apontadas como a *«essência da actividade administrativa policial»*[25]*;* e a nossa lei credencia *expressis verbis* em tais pressupostos certas actuações das autoridades de polícia criminal [por exemplo, a detenção fora de flagrante delito ou a delegação de poderes do Ministério Público nas autoridades de polícia criminal – cfr. artigos 257.º, n.º 2, alínea c), e 270.º, n.º 3, do Código de Processo Penal; e, em geral, as medidas cautelares e de polícia dos artigos 248.º a 252.º-A do mesmo código]. Bem assim, e conforme se referiu, a competência excepcional dos agentes de execução para a adopção de certas medidas de polícia repousa igualmente nas apontadas vicissitudes.

---

[24] *Op. cit.,* p. 166.

[25] Assim, Sérvulo Correia, *O Direito de Manifestação...,*cit., p. 98; Carla Amado Gomes, *Contributo para o Estudo...* , cit., pp. 180-193.

Breves Considerações Acerca do Regime Jurídico das Ordens Policiais 1219

Nas sugestivas palavras da Prof.ª Carla Amado Gomes, isso decorre da já referida *«efervescência dos acontecimentos* [que] *não se compadece com as delongas próprias de um procedimento formal»;* e fazendo também assentar na urgência a *«circunstância habilitante da coacção directa»,* afirma ainda certeiramente que *«A desprocedimentalização da actuação administrativa é (...) sinónimo da luta contra o tempo. É na actuação policial, de salvaguarda de valores essenciais da comunidade, que se torna mais evidente a qualificação da necessidade em função da urgência. A coacção directa sobre pessoas e bens, que pode ir desde a manifestação de autoridade por forma oral até à utilização da força, encontra na premência de actuação o seu fundamento»*[26].

No caso das ordens policiais, não custa surpreender o fundamento do poder de ordenação na exposição permanente e continuada dos serviços de polícia e dos seus funcionários às situações da vida que reclamam uma intervenção expedita destinada a garantir a segurança pública[27], nas quais o perigo e a urgência assumem, inequivocamente, um papel determinante. No entanto, não tem forçosamente de ser assim: há ordens que não são inadiáveis nem se destinam a esconjurar um perigo – como será, por exemplo, o caso da ordem de remoção de uma viatura regularmente estacionada na via pública, com fundamento na necessidade futura daquele espaço público para a realização de filmagens – mas nem por isso os seus alicerces resultam abalados.

10. Acompanhando, pois, a perspectiva daqueles que vêm nas ordens policiais actos administrativos *sui generis,* marcados pela informalidade ou desprocedimentalização – que, de certo modo, é o *preço* a pagar pela eficácia da actuação policial –, cumpre atentar neste momento nas garantias dos particulares face a ordens ilegais.

Pela própria natureza das coisas, tais garantias deslocam-se compreensivelmente do contencioso de estrita legalidade para o direito de resistência contra as ordens que ofendam os direitos, liberdades e garantias, previsto no artigo 21.º da Constituição da República, bem como para o domínio da responsabilidade (civil e disciplinar – senão mesmo penal) da Administração policial e dos seus agentes. Mas em certos casos – ordens de efeitos duradouros – poderá perspectivar-se com utilidade para

---

[26] *Op. cit.,* pp. 166 e 184.

[27] Eduardo García de Enterría e Tomás Rámon Fernández falam no *«inmediato contacto com las circunstancias causales» (Curso...,* cit., Vol. I., pp. 717-718).

1220   *Em Homenagem ao Professor Doutor Diogo Freitas do Amaral*

o particular a tutela cautelar, incluindo o decretamento provisório de providências, nos termos do artigo 131.º do Código de Processo nos Tribunais Administrativos, e, caso este não seja possível ou suficiente, a intimação para protecção de direitos, liberdades e garantias do artigo 109.º do mesmo código. Na primeira hipótese terá, naturalmente, de se seguir a acção principal que se mostre adequada.

No caso particular do direito de manifestação, o artigo 14.º do Decreto-Lei n.º 406/74, de 29 de Agosto, estabelece que das decisões ilegais das autoridades (sem distinção) cabe recurso para os tribunais ordinários, a interpor no prazo de quinze dias a contar da data da decisão impugnada. Este preceito, pelo menos na parte que diz respeito à competência daqueles tribunais, deve, porém, considerar-se revogado pelo artigo 4.º, n.º 1, alínea a), do Estatuto dos Tribunais Administrativos e Fiscais (senão mesmo anteriormente)[28].

11. Assim, e em síntese, poderá agora concluir-se que as ordens policiais – isto é, aquelas que provêm de autoridades e agentes policiais – são, é certo, actos administrativos, revestindo carácter geral quando são dadas a um conjunto inorgânico de destinatários indeterminados, mas mediatamente determináveis.

No entanto, não se trata de actos administrativos puros, afastando-se as ordens policiais, em vários aspectos, do conceito vertido no artigo 120.º do Código do Procedimento Administrativo. Assim, e nomeadamente, as ordens policiais podem ser dadas por agentes de execução – que não são órgãos administrativos; e caracterizam-se por uma relativa informalidade e desprocedimentalização, apresentando-se, nessa medida, como actos administrativos *sui generis*.

A especialidade do regime jurídico das ordens decorre das particularidades da administração policial, que reveste natureza predominantemente operacional e exige respostas rápidas, senão mesmo imediatas, às necessidades da segurança pública. A constante exposição dos agentes policiais às situações da vida real que exigem uma intervenção, situações essas pontuadas pela urgência e perigo na demora, está na base dos apontados *desvios* ao regime geral dos actos administrativos, tanto no que

---

[28] Nesse sentido, SÉRVULO CORREIA, *O Direito de Manifestação...*, cit., p. 106. Já quanto ao prazo de propositura da acção, temos algumas dúvidas, pois que, tratando-se de um prazo especial de impugnação, o mesmo pode considerar-se ao abrigo da ressalva do artigo 58.º, n.º 2, do Código de Processo nos Tribunais Administrativos.

se refere à respectiva autoria como no que se prende com a sua desprocedimentalização – que, no entanto, só em situações-limite é levado ao extremo.

Sobre os cidadãos recai um dever geral de colaboração na prossecução dos fins da segurança interna, que passa, nomeadamente, pelo cumprimento das disposições legais preventivas e pelo acatamento das ordens e mandados legítimos das autoridades. Assim, uma vez proferida uma ordem de polícia, constitui-se um dever jurídico concreto de obediência para o respectivo destinatário, cuja violação faz incorrer o infractor em responsabilidade contra-ordenacional ou penal, ficando, bem assim, concomitantemente criadas as condições para a respectiva execução forçada por parte da Administração policial, se necessário através da utilização de meios coercivos. Está-se, por conseguinte, no limiar da execução coactiva.

O direito de resistência contra ordens ilegítimas – com todas as limitações e dificuldades que coloca –, quando exista, e a responsabilidade da Administração e dos seus servidores constituem os instrumentos melhor vocacionados para fazer valer os direitos dos particulares face a ordens ilegítimas que os ofendam. A tutela cautelar, incluindo o decretamento provisório de medidas cautelares, seguidas da acção administrativa adequada, e a intimação para protecção de direitos, liberdades e garantias, poderão, em alguns casos, revelar-se apropriados para paralisar os efeitos e obter a anulação de ordens policiais, mormente se os respectivos efeitos perdurarem no tempo.

OS CONSELHOS GERAIS DAS UNIVERSIDADES E AS ASSEMBLEIAS MUNICIPAIS: O PROBLEMA DA DEMOCRACIA PARTICIPATIVA

António Cândido de Oliveira[*]

Sumário: 1. Introdução. 2. Os conselhos gerais das universidades: composição e poderes. 3. As assembleias municipais: composição e poderes. 4. O que aproxima estes dois órgãos colegiais. 5. A lei é exigente. 6. A prática pode alterar tudo: degradação destes órgãos. 7. Conclusões.

1. Introdução

O título deste estudo poderia ser mais extenso e dizer «O Conselho Geral das Instituições de Ensino Superior e as Assembleias Deliberativas das Autarquias Locais: o Problema da Democracia Participativa» de modo a abranger não só as universidades e os institutos superiores politécnicos como as assembleias municipais e as assembleias de freguesia do nosso país. Optámos pela limitação por comodidade de exposição e, principalmente, porque os problemas que queremos abordar não são prejudicados pela restrição feita.

Ao longo do trabalho pretendemos verificar quais são os poderes dos conselhos gerais das universidades (os dos institutos superiores politécnicos são muito semelhantes) e os das assembleias municipais (as assembleias de freguesia têm poderes parecidos). Depois trataremos de verificar em que medida os conselhos gerais das universidades e as

---

[*] Professor da Universidade do Minho.

Em Homenagem ao Professor Doutor Diogo Freitas do Amaral

assembleias municipais estão próximos (ou não) e o que deles se deve esperar. De seguida tentaremos ver como eles poderão funcionar (dando uma particular atenção à actuação dos membros) e acabaremos por indicar a prática mais consentânea com o que a lei lhes determina.

2. Os conselhos gerais das universidades: composição e poderes

A Lei n.º 62/2007, de 10 de Setembro [Regime Jurídico do Ensino Superior – RJIES[1]], estabelece que as instituições de ensino superior públicas e, portanto, as universidades dispõem de órgãos de governo próprio (artigo 76.º). Eles são o conselho geral, o reitor e o conselho de gestão (artigo 77.º).

As universidades públicas são institutos públicos de regime especial, nos termos do artigo 48.º da lei quadro dos institutos públicos (Lei n.º 3/2004, de 15 de Janeiro), gozando do regime específico que resulta da Lei n.º 62/2007. Este regime afasta-se muito do regime geral dos institutos, desde logo no que respeita à composição e nomeação dos seus órgãos. Na verdade, nos institutos de regime geral, o principal órgão é o conselho directivo, composto por um presidente e dois a quatro vogais, podendo um destes ser substituído por um vice-presidente, e os membros são nomeados por despacho conjunto do primeiro-ministro e do ministro da tutela, sob proposta deste (artigo 19.º, n.ºs 1e 3, da Lei n.º 3/2004).

Como veremos de seguida, nada disso sucede com as universidades pois estas têm órgãos eleitos. Aliás, o regime jurídico específico das universidades públicas tem fundamento na Constituição ao determinar, no n.º 2 do seu artigo 76.º, que «as universidades gozam, nos termos da lei, de autonomia *estatutária*, científica, pedagógica, administrativa e financeira». Não é por acaso que parte da doutrina defende que as universidades fazem parte da administração autónoma do Estado[2].

---

[1] Doravante, os artigos indicados sem referência expressa ao respectivo diploma consideram-se feitos ao RJIES.

[2] J. J. GOMES CANOTILHO/VITAL MOREIRA – *Constituição da República Portuguesa Anotada*, vol. I, Coimbra, 2007, pp. 913 e segs.; JORGE MIRANDA/RUI MEDEIROS – *Constituição Portuguesa Anotada*, Tomo I, Coimbra, 2005, p. 741; M. REBELO DE SOUSA – *A Natureza Jurídica da Universidade no Direito Português*, Lisboa, 1992.

Os Conselhos Gerais das Universidades e as Assembleias Municipais: ... 1225

a) Composição de base democrática

O conselho geral é composto por 15 a 35 membros, conforme a dimensão de cada universidade e o número das respectivas escolas e unidades orgânicas de investigação, como resulta do artigo 81.º, n.º 1, do RJIES. Dentro deste leque, o número de membros do conselho depende ainda da opção de cada universidade ao abrigo da autonomia estatutária que lhes é reconhecida.

Nos termos do n.º 2 do mesmo artigo, membros do conselho geral são os «representantes dos professores e investigadores», por estes directamente eleitos pelo método de Hondt, e os «representantes dos estudantes», também por estes eleitos nos mesmos termos. Ainda podem acrescer (a lei não obriga, mas permite, desde que tal seja previsto nos estatutos) representantes eleitos dos funcionários (pessoal não docente e não investigador). Fecham a composição deste órgão «personalidades externas de reconhecido mérito não pertencentes à instituição, com conhecimentos e experiência relevantes para esta», que são cooptadas pelos membros directamente eleitos.

Nota-se aqui a preocupação de estabelecer um órgão de base democrática, não muito numeroso, assente na vontade dos membros que compõem a academia, em especial os professores (e investigadores) e os estudantes. Na verdade, os representantes dos professores e investigadores devem constituir mais de metade da totalidade dos membros do conselho geral [artigo 81.º, n.º 3, alínea *b)*] e os representantes dos estu dantes devem representar pelo menos 15% desse mesmo total [artigo 81.º, n.º 4, alínea *b)*]. Se tivermos em conta, por sua vez, que os membros cooptados devem representar pelo menos 30% da totalidade dos membros do órgão [artigo 81.º, n.º 5, alínea *b)*], veremos que sobram menos de 5% para outros membros. É por aqui que podem entrar representantes dos funcionários (muito poucos) ou acrescentar-se um número também muito pequeno de representantes dos professores e investigadores ou dos estudantes ou ainda dos cooptados. Na Universidade do Minho – e nos termos dos respectivos estatutos – o conselho geral tem 23 membros, dos quais 12 professores, 4 estudantes, 1 funcionário e 6 personalidades cooptadas[3].

---

[3] Artigo 30.º dos Estatutos da Universidade do Minho publicados no *Diário da República*, 2.ª série, de 5 de Dezembro de 2008, pp. 49 234 e segs.

Nesta representação da academia no conselho geral releva, como acabámos de ver, a presença dos professores e investigadores (mais de metade) e dos estudantes (pelo menos 15%). A presença dos funcionários é pequeníssima e não é obrigatória. O poder de todos estes membros que é costume designar por membros internos acresce porque são eles que vão escolher os membros cooptados que não surgem assim impostos de fora, tendo antes uma legitimidade democrática ainda que indirecta. É a universidade que, através de representantes eleitos, os escolhe.

A razão por que a presença dos professores e investigadores é muito forte justifica-se certamente pela importância que o corpo docente tem nas universidades a que acresce a permanência na instituição, situação que não ocorre com os estudantes, que, aliás e por isso, têm um mandato de dois anos e não de quatro como os restantes membros (artigo 81.°, n.° 8). A presença também importante de membros cooptados está relacionada com a vontade do legislador de abrir as universidades ao exterior e de as enriquecer com o mérito que eles devem possuir.

b) Poderes dos conselhos gerais: órgão máximo de governo das universidades

O conselho geral tem um amplo e importante leque de competências como órgão de governo das universidades. Não só elege o reitor [artigo 82.°, n.° 1, alínea a)] como tem o poder de o suspender ou destituir nos precisos termos do artigo 89.° do RJIES («situação de gravidade para a vida da instituição»). Isto significa que a legitimidade do reitor provém do conselho geral não só quanto ao início de funções como quanto à continuidade nas mesmas.

A juntar a estes importantes poderes do conselho geral estão os de apreciar os actos do reitor e do conselho de gestão, órgão por aquele presidido (artigo 82.°, n.° 1, alínea d), do RJIES) e os de tomar as principais deliberações relativas à universidade.

Quanto à apreciação dos actos do reitor, deve entender-se que se trata de verificar o modo como este exerce as relevantes funções que estão a seu cargo e de as valorar. A apreciação de tais actos implica conhecê-los e depois formar uma opinião que poderá ser positiva ou negativa.

Quanto às deliberações relativas à universidade, elas evidenciam bem a importância do conselho geral. Trata-se não só de «propor as iniciativas que considere necessárias ao bom funcionamento da instituição»

Os Conselhos Gerais das Universidades e as Assembleias Municipais: ... 1227

[artigo 82.º, n.º 1, alínea *f)*] – preceito amplo que dá ao conselho geral um largo espaço de manobra que este pode utilizar sempre que o entender e por iniciativa própria – como de, *sob proposta do reitor*, tomar, entre outras, as seguintes deliberações: 1) aprovar os planos estratégicos de médio prazo e o plano de acção para o quadriénio do mandato do reitor; 2) aprovar as linhas gerais de orientação da instituição no plano científico, pedagógico, financeiro e patrimonial; 3) aprovar o plano anual de actividades e a proposta de orçamento; 4) aprovar as contas anuais consolidadas e apreciar o relatório anual das actividades da instituição; 5) criar, transformar ou extinguir unidades orgânicas.

É de notar que as deliberações tomadas sob proposta do reitor acima referidas devem ser, excepto a da aprovação do orçamento, obrigatoriamente precedidas pela apreciação de um *parecer*, a elaborar e aprovar pelos membros externos. Há assim nestas deliberações um procedimento formal que começa com a apresentação da proposta em concreto pelo reitor, continua com um parecer dos membros externos do conselho e acaba com uma deliberação na qual tomam parte todos os membros do órgão.

3. As assembleias municipais: composição e poderes

Nos termos da Constituição da República Portuguesa (CRP), as autarquias locais são [pessoas colectivas territoriais dotadas de órgãos representativos que visam a prossecução de interesses próprios das populações respectivas] (artigo 235.º, n.º 2) ou, na definição mais cuidada do Professor FREITAS DO AMARAL, [pessoas colectivas públicas de população e território, correspondentes aos agregados de residentes em diversas circunscrições do território nacional, e que asseguram a prossecução de interesses comuns resultantes da vizinhança mediante órgãos próprios, representantes dos respectivos habitantes][4].

Elas compreendem na sua organização uma «assembleia eleita dotada de poderes deliberativos e um órgão executivo colegial perante ela responsável» (artigo 239.º, n.º 1, da CRP). Nos termos do n.º 2 do mesmo artigo, a assembleia é eleita por [sufrágio universal directo e secreto dos

---

[4] DIOGO FREITAS DO AMARAL – *Curso de Direito Administrativo*, Coimbra, vol. I, 3.ª ed., pp. 480/481.

Em Homenagem ao Professor Doutor Diogo Freitas do Amaral

cidadãos recenseados na área da respectiva autarquia, segundo o sistema da representação proporcional].

As autarquias locais actualmente existentes em Portugal são as freguesias e os municípios (artigo 236.º, n.º 1, da CRP), pois as regiões administrativas, também previstas neste artigo, não estão ainda em funcionamento.

a) Composição resultante do voto dos cidadãos

As assembleias municipais são o órgão deliberativo representativo dos municípios (artigo 250.º da CRP) e, por força do artigo 251.º, a sua composição não respeita integralmente o n.º 2 do artigo 239.º, acima referido, pois nela intervêm, para além dos membros que resultam das eleições pelo sistema proporcional, os presidentes de junta de freguesia que fazem parte do município em causa.

A Lei n.º 169/99, de 18 de Setembro, conhecida por Lei das Autarquias Locais e que concretiza os princípios constitucionais relativos ao poder local, determina que as assembleias municipais são constituídas por membros eleitos directamente que devem ser ao mesmo tempo em número não inferior ao triplo do número de membros da câmara municipal e em número superior ao dos presidentes de junta de freguesia.

O tamanho destas assembleias seria razoável se fosse tida em conta apenas a regra do triplo do número de membros da câmara municipal em causa, mas com a adição dos presidentes de junta de freguesia pode atingir um número exagerado de membros, superando em alguns casos a centena[5].

b) Poderes das assembleias municipais

As assembleias municipais não têm actualmente o poder de eleger o órgão executivo colegial do município (câmara municipal), embora a Constituição, depois da revisão constitucional de 1997, permita uma alteração legislativa nesse sentido. De qualquer modo, nunca poderá eleger o presidente da câmara dado o disposto no n.º 3 do artigo 239.º da CRP.

No entanto, elas têm sobre a câmara e respectivo presidente largos poderes de fiscalização e assim expressamente os de: 1) acompanhar e

---

[5] ANTÓNIO CÂNDIDO DE OLIVEIRA – *A Democracia Local (Aspectos Jurídicos)*, Coimbra, 2005, pp. 131 e segs.

Os Conselhos Gerais das Universidades e as Assembleias Municipais: ... 1229

fiscalizar a actividade da câmara municipal, dos serviços municipalizados, das fundações e das empresas municipais[6]; 2) acompanhar, com base em informação útil da câmara, facultada em tempo oportuno, a actividade desta e os respectivos resultados, nas associações e federações de municípios, empresas, cooperativas, fundações ou outras entidades em que o município detenha alguma participação no respectivo capital social ou equiparado; 3) apreciar, em cada uma das sessões ordinárias, uma informação escrita do presidente da câmara acerca da actividade do município, bem como da situação financeira do mesmo, informação essa que deve ser enviada ao presidente da mesa da assembleia com a antecedência de cinco dias sobre a data do início da sessão, para que conste da respectiva ordem do dia; 4) solicitar e receber informações, através da mesa, sobre assuntos de interesse para a autarquia e sobre a execução de deliberações anteriores, o que pode ser requerido por qualquer membro em qualquer momento; 5) apreciar a recusa, por acção ou omissão, de quaisquer informações e documentos, por parte da câmara municipal ou dos seus membros, que obstem à realização de acções de acompanhamento e fiscalização; 6) conhecer e tomar posição sobre os relatórios definitivos, resultantes de acções tutelares ou de auditorias executadas sobre a actividade dos órgãos e serviços municipais; 7) deliberar sobre a constituição de delegações, comissões ou grupos de trabalho para estudo dos problemas relacionados com as atribuições próprias da autarquia, sem interferência no funcionamento e na actividade normal da câmara; 8) votar moções de censura à câmara municipal, em avaliação da acção desenvolvida pela mesma ou por qualquer dos seus membros. Tem ainda a assembleia municipal o poder de «tomar posição perante os órgãos do poder central sobre assuntos de interesse para a autarquia» e «pronunciar-se e deliberar sobre assuntos que visem a prossecução das atribuições da autarquia» (cfr. artigo 53.º, n.º 1, da Lei n.º 169/99).

No domínio das deliberações são igualmente muito importantes os poderes das assembleias municipais exercidos sobre proposta da câmara e assim, entre muitos outros, os de: 1) aprovar as opções do plano e a proposta de orçamento, bem como as respectivas revisões; 2) apreciar o inventário de todos os bens, direitos e obrigações patrimoniais e respectiva

---

[6] Esta acção de fiscalização consiste numa apreciação casuística e posterior à respectiva prática dos actos da câmara municipal, dos serviços municipalizados, das fundações e das empresas municipais, designadamente através de documentação e informação solicitada para o efeito (n.º 5 do artigo 53.º da Lei n.º 169/99).

avaliação, bem como apreciar e votar os documentos de prestação de contas; 3) aprovar ou autorizar a contratação de empréstimos nos termos da lei; 4) autorizar a câmara municipal a adquirir, alienar ou onerar bens imóveis de valor considerável (a lei indica o que entende por tal); 5) autorizar o município, nos termos da lei, a integrar-se em associações e federações de municípios, a associar-se com outras entidades públicas, privadas ou cooperativas e a criar ou participar em empresas privadas de âmbito municipal que prossigam fins de reconhecido interesse público local e se contenham dentro das atribuições cometidas aos municípios, em quaisquer dos casos fixando as condições gerais dessa participação; 6) aprovar, nos termos da lei, a criação ou reorganização de serviços municipais; 7) aprovar os quadros de pessoal dos diferentes serviços do município, nos termos da lei; 8) aprovar os planos necessários à realização das atribuições municipais; 9) aprovar as medidas, normas, delimitações e outros actos, no âmbito dos regimes do ordenamento do território e do urbanismo, nos casos e nos termos conferidos por lei (cfr. artigo 53.º, n.ºs 2 e 3, da Lei n.º 169/99).

4. O que aproxima estes dois órgãos colegiais

Se é certo que os conselhos gerais das universidades e as assembleias municipais estão afastados em muitos aspectos, desde logo porque o conselho geral tem o poder de eleger e destituir o reitor, enquanto a assembleia municipal se encontra perante um presidente de câmara que invoca uma legitimidade igualmente resultante do voto popular, eles aproximam-se em aspectos muito importantes, como a extracção democrática de ambos. O conselho geral não tem membros nomeados mas antes directamente eleitos pelos corpos da academia e mesmo os membros cooptados são-no pelos membros eleitos; do mesmo modo, a assembleia municipal emana do voto dos cidadãos residentes no município, juntando membros eleitos directamente e presidentes de junta de freguesia (eleitos pelos cidadãos da respectiva autarquia) que a Constituição de certo modo cooptou para o órgão.

Acresce que ambos os órgãos expressam uma forma semelhante de organização das respectivas pessoas colectivas que assenta na existência de um órgão amplo de natureza deliberativa e fiscalizadora perante o qual responde um órgão mais restrito de natureza executiva (órgão singular no caso das universidades, órgão colegial nos municípios). São esses pode-

Os Conselhos Gerais das Universidades e as Assembleias Municipais: ... 1231

res deliberativos e fiscalizadores que vão merecer, ainda que de forma breve, a nossa atenção, começando exactamente por estes últimos.

a) Poderes fiscalizadores de ambos

As leis respectivas são muito claras quanto a estes poderes e, como vimos, enquanto a Lei n.º 62/2007, que regula as instituições do ensino superior e assim as universidades, estabelece, no artigo 82.º, n.º 1, alínea *d)*, o poder do conselho geral de apreciar os actos do reitor e do conselho de gestão, órgão por aquele presidido, a Lei n.º 169/99, relativa às autarquias locais, estabelece o poder das assembleias municipais de acompanhar e fiscalizar a actividade da câmara municipal e do seu presidente, que, aliás, é obrigado a facultar uma informação escrita acerca da actividade do município no período entre sessões ordinárias da assembleia.

Estes poderes estão extensamente referidos na Lei n.º 169/99, mas o facto de a Lei n.º 62/2007 ser mais sucinta, neste aspecto, não pode ser interpretado como sinal de menos poder fiscalizador. Por um lado, a palavra *apreciação* tem um conteúdo suficientemente amplo de modo a abranger aquilo que a palavra *fiscalização* significa e, por outro, um órgão que tem o poder não só de eleger como de destituir o reitor, tem naturalmente o direito de avaliar a actividade deste pois só desse modo poderá estar em condições de suscitar (ou não) nomeadamente o poder de suspensão ou de destituição.

Repare-se que um órgão só responde verdadeiramente perante outro quando este está em condições de apreciar o que ele fez, o que implica o conhecimento adequado da respectiva actividade.

O reitor que sente a responsabilidade perante o conselho geral e através deste perante a academia tem uma concepção democrática, respeitadora da Constituição e da lei, do exercício do cargo; por sua vez, o reitor que limita ao mínimo a sua relação com o conselho geral tem uma concepção autoritária do cargo que desempenha. O mesmo se pode dizer da câmara municipal e do seu presidente nas relações com a assembleia.

b) Poderes deliberativos de ambos

Mas para além dos poderes de fiscalização, estes órgãos juntam-se no que respeita aos poderes deliberativos, como vimos. Se o conselho geral tem o poder de aprovar o plano anual de actividades e a proposta de orçamento, a assembleia municipal tem o poder de aprovar as opções do plano e a proposta de orçamento, bem como as respectivas revisões. Se o conselho geral tem o poder de aprovar as contas anuais consolidadas e apreciar o relatório anual das actividades da universidade, a assembleia municipal tem igual poder de aprovar as contas («documentos de prestação de contas») e, embora a lei não o diga de modo expresso, o relatório de actividades (cfr., nesse sentido, a alínea *a*) do n.º 2 do artigo 49.º da lei das finanças locais – Lei n.º 2/2007, de 15 de Janeiro). Trata-se de instrumentos fundamentais para o desenvolvimento da actividade das instituições em causa que dependem do voto favorável destes órgãos deliberativos.

A relevância destes órgãos colegiais afere-se ainda por outros importantes poderes deliberativos que possuem nas respectivas áreas de actuação. Efectivamente, as mais importantes deliberações relativas às universidades passam pelo conselho geral e as mais importantes deliberações relativas aos municípios passam pela assembleia municipal.

5. A lei é exigente

Uma análise destes preceitos mostra-nos que a lei exige muito destes órgãos e assim exige muito dos respectivos membros.

Fiscalizar a actuação dos órgãos executivos implica conhecimento. Só conhecendo se pode apreciar e conhecer implica um esforço persistente por parte de quem tem essa tarefa. Como pode um membro da assembleia municipal apreciar os actos da câmara e do seu presidente ou como pode um membro do conselho geral apreciar os actos do reitor se não estiver ao par deles? Do mesmo modo, como podem estes órgãos tomar deliberações sobre os mais importantes assuntos da pessoa colectiva a que dizem respeito sem conhecimento sério das matérias sobre que elas incidem?

Os membros dos órgãos precisam de informação e precisam de a trabalhar. Esta adquire-se ou porque está disponível ou porque é fornecida regularmente ou porque é solicitada. O mais natural é que o membro do órgão obtenha a informação pelos três modos descritos. Ele informa-se, consultando os lugares onde está disponível, recolhe e estuda a que lhe é directamente fornecida e solicita aquela de que precisa ou procura e não dispõe. Mas há aqui um problema bem sério. Os membros destes órgãos não exercem funções a tempo inteiro. Têm muitos outros afazeres. Como superar esta dificuldade?

Não se vê outra possibilidade que não seja, por um lado, a de poderem dispor de algum tempo que lhes permita estudar os assuntos e, por outro, terem o apoio necessário para obter a informação de que necessitam. Para esse efeito, nada melhor do que ter pessoal qualificado e de confiança que recolha e faça uma primeira selecção da informação a pedido dos membros que dela precisam. Este pessoal deve servir a tempo inteiro e ter um estatuto que lhe permita chegar à informação rapidamente e sem barreiras (para além das que são de admitir e previamente definidas).

Não se pense que estamos a defender que cada membro do conselho ou da assembleia deva ter um colaborador ao seu dispor. Defendemos apenas que esse pessoal não esteja só ao serviço da mesa e do seu presidente mas de todos os membros do órgão. O respectivo número deve ser adequado ao trabalho que lhes cumpre desempenhar. Aqui existe um aspecto que diferencia o conselho geral da assembleia. Nesta, compreende-se que cada grupo municipal tenha pessoal de apoio dada a clivagem político-partidária existente nos órgãos autárquicos. No que respeita ao conselho geral, bastará certamente menos pessoal mas sempre qualificado e suficiente para atender às solicitações que lhe sejam feitas.

De posse da informação, devidamente trabalhada, o membro do conselho ou da assembleia está em condições não só de contribuir para uma fiscalização efectiva do órgão executivo pertinente como para debater os assuntos a deliberar de modo a formular uma opinião esclarecida. O debate permitirá preparar e aperfeiçoar a deliberação a tomar, seja por unanimidade ou por maioria.

Tomada a deliberação, o conselho geral e a assembleia municipal aparentemente terminaram a sua tarefa («deliberaram»), mas só aparentemente, pois destes órgãos exige-se que acompanhem a execução das deliberações para verificar se foram devidamente cumpridas e vejam depois também os efeitos que tiveram. Trata-se já de uma actividade de acompanhamento e fiscalização mas que não pode ser dispensada, pois é muito importante para tomar deliberações futuras sobre a mesma matéria ou outras com ela conexas. É um ciclo que se vai renovando periodicamente.

Isto significa que o conselho geral e a assembleia municipal não têm trabalho apenas durante as sessões. Os seus membros, embora não exercendo a tempo inteiro, têm de trabalhar continuamente para os respectivos órgãos e é por isso que o apoio que devem ter é muito importante. É de recomendar também vivamente a realização de reuniões informais destes órgãos ou dos seus membros, bem como a existência de comissões

1234 *Em Homenagem ao Professor Doutor Diogo Freitas do Amaral*

especializadas para trabalhar os mais diversos assuntos. Tudo isto coloca problemas de estatuto dos membros destes órgãos. É necessário um estatuto que lhes permita poder dedicar a atenção devida aos órgãos de que fazem parte e de que a lei, quer a relativa às autarquias locais, quer a relativa às universidades, não cuidou devidamente.

6. A prática pode alterar tudo: degradação destes órgãos

A prática, porém, pode deturpar todo este quadro de exigência. Bastará que os membros dos órgãos não dediquem o tempo devido aos problemas de governo da universidade ou do município e assim não façam bem o trabalho que lhes cabe. Pode acontecer que os membros considerem que o essencial é participar nas reuniões devidamente convocadas (quantas menos melhor e tanto melhor quanto mais rápidas), lendo no dia anterior, se o tempo para o efeito o permitir, a agenda e os documentos respectivos.

Para que tudo funcione sem violação aparente da lei basta que o presidente do órgão deliberativo prepare bem a reunião ou, se tal não suceder, que essa preparação seja devidamente feita pelo presidente da câmara ou pelo reitor. Quando chegar o dia da sessão os assuntos serão submetidos a apreciação, os membros dirão sobre eles o que a sua facilidade de palavra lhes permitir, farão observações e críticas, mas todas elas com os limites que resultarão da não preparação adequada dos assuntos da reunião.

O presidente da câmara ou o reitor participarão na discussão dos temas (não como membros, que não são, dos órgãos deliberativos, mas exercendo o direito de plena participação ainda que sem direito a voto) mas o debate dificilmente poderá ter um alto nível e a votação estará de certo modo viciada.

Quem não prepara devidamente uma reunião (e isso pressupõe a informação de que acima falámos) não pode votar com pleno conhecimento. Tenderá a votar favoravelmente se tem confiança no órgão executivo, tenderá a votar desfavoravelmente no caso contrário. A abstenção, sempre que permitida, poderá ser também uma saída. Fácil é de ver que neste enquadramento os órgãos deliberativos não cumprirão a missão que a lei lhes pôs a cargo. É certo que formalmente a cumprem pois deliberam e é isso que se lhes pede. Mas, como vimos, não se lhes pede uma qualquer deliberação, muito menos baseada em confiança ou simpatia

Os Conselhos Gerais das Universidades e as Assembleias Municipais: ... 1235

(ou falta delas), exige-se-lhes antes uma deliberação devidamente fundamentada assente no conhecimento que resulta de uma adequada informação e elevado debate.

Ora, a prática, principalmente a das assembleias municipais, que é aquela de que todos temos mais conhecimento – e já tem a prova do tempo –, está longe de ser satisfatória. Sobre a dos conselhos gerais o futuro o dirá, sendo de esperar que as universidades dêem exemplo também neste domínio. De outro modo, continuaremos a assistir àquilo que devemos chamar de presidencialização destas entidades. O poder desloca-se, mesmo contra o que dispõe a lei, da assembleia deliberativa para o órgão executivo e dentro deste, se não é individual, para o respectivo chefe. As assembleias deliberativas passam a ser um mero lugar de debate cada vez menos interessante e acompanhado. As reuniões nem sequer chegarão a despertar interesse por parte da comunidade local ou da academia.

7. Conclusões

A lei criou um sistema de governo quer das universidades quer dos municípios assente numa assembleia colegial ampla com poderes de fiscalização e deliberativos e num órgão executivo colegial ou individual.

Há neste sistema de governo uma opção pelo princípio democrático e por um diálogo vivo entre o órgão deliberativo e o executivo de acordo com as exigências da democracia participativa consagradas no nosso ordenamento jurídico. Esta opção legislativa exige muito dos membros dos órgãos deliberativos sem que lhes tenha sido dado o devido estatuto.

Na verdade, enquanto os membros dos órgãos executivos exercem os seus cargos em regime de tempo inteiro, os membros dos órgãos deliberativos exercem-nos, em regra, simultaneamente com outras actividades, ficando com muito pouco tempo para cumprir as que derivam das suas funções. Isso pode conduzir a uma situação desnivelada em que os membros dos órgãos executivos têm um conhecimento profundo da instituição que servem enquanto o conhecimento dos membros dos órgãos deliberativos é muito limitado. Estes órgãos perdem, por isso, prestígio e tornam-se secundários.

A presidencialização do sistema de governo, nestas condições, é inevitável. Para impedir que tal suceda, importa dotar os membros dos órgãos colegiais de meios para o bom exercício das suas funções.

Deixando de lado o exercício a tempo inteiro que seria muito oneroso e mesmo inconveniente, a solução poderá estar num qualificado apoio de secretariado que lhes permita um conhecimento adequado da respectiva instituição. Implicará também um estatuto de direitos e deveres que lhes possibilite dedicar mais tempo às funções que são chamados a desempenhar.

A democracia participativa é uma prática que tem ainda um longo caminho a percorrer. As universidades têm aqui uma responsabilidade acrescida e devem servir de «escola». Dentro de algum tempo poderemos recolher e apreciar as «lições» que nos derem neste domínio.

UNA APROXIMACIÓN JURÍDICA
A LA REGULACIÓN ECONÓMICA Y FINANCIERA[*]

José Luis Meilán Gil[1]

> **Sumário:** 1. Actualidad y alcance de la regulación económica. 2. El paradigma americano. 3. La aproximación europea. 4. Encuadramiento jurídico de la regulación económica: el título habilitante. 5. Los entes reguladores. 6. Regulación y supervisión bancaria. 7. Reflexión conclusiva.

1. Actualidad y alcance de la regulación económica

La regulación económica es una expresión acuñada en EE.UU., deudora de una concepción de la economía y que en el Derecho administrativo de aquel país se encuentra muy ligada a la existencia de Agencias y Comisiones independientes, en concreto las reguladoras. Tan es así que se da por válida la afirmación de que esa rama del Derecho nace con la creación de la *Interstate Commerce Commision* en 1887[2].

La regulación implica una intervención del Estado en una economía basada fundamentalmente en el mercado y, en concreto, en aquellas

---

[*] Este trabajo se realiza teniendo en cuenta la realidad española, como testimonio de afecto y admiración al profesor Diogo Freitas do Amaral, europeísta universal, animador de las relaciones académicas luso-españolas, siempre abierto a los nuevos rumbos de la historia desde profundas convicciones éticas.

[1] Catedrático de Derecho administrativo. Universidad de A Coruña. Ex-Consejero de Estado.

[2] Cfr. B. Schwartz, *Administrative Law*, Little, Brown and Company, Boston, 2ª ed., 1984, p. 21.

1238 *Em Homenagem ao Professor Doutor Diogo Freitas do Amaral*

actividades que tienen un interés general, como las *public utilities* en EE.UU. Esa actividad se ha presentado como un paradigma para ordenamientos jurídicos distintos vinculados a la tradición continental europea, en los que la noción de servicio público, como servicios esenciales para los ciudadanos, ha tenido un largo arraigo. Coincide con la oleada de privatizaciones y liberalizaciones que en Europa vino impulsada por exigencias de un mercado común o único y en Latinoamérica claramente por el influjo de la orientación ideológica de un rampante neoliberalismo. A la eficacia del mercado, abierto a las inversiones extranjeras quedaron las actividades anteriormente de titulación estatal, aunque gestionadas por concesionarios privados, sin el contrapeso que el Tratado de la U.E ofrece con su apelación a la misión de servicio público y al servicio universal. En ocasiones, la regulación se introdujo después de la privatización y, en todo caso, la pregonada mejor solución para la universalización del servicio ha quedado en entredicho. El trasplante de las *Independent Regulatory Agencies* a sistemas constitucionales diferentes ha añadido más confusión[3].

Este fenómeno de importación indiscriminada de categorías jurídicas incardinadas en un ordenamiento constitucional distinto, frecuente en la historia del Derecho administrativo[4], pone en guardia sobre la posible validez generalizada de la regulación económica entendida en el sentido estricto[5] de intervención en *public utiles* y servicios públicos privatizados.

La crisis financiera que empezó en 2007, se manifestó con claridad en 2008 y desembocó en una crisis económica, ha introducido dudas en relación con el aireado soporte neoliberal. Las medidas adoptadas para hacer frente a la crisis, como las de rescate de entidades financieras y empresas, con participación incluso en ellas, y de estímulo de la economía van más allá de lo que supone una vigilancia o supervisión del mercado financiero y sus agentes. Se adoptan medidas para liberar a los Bancos de la carga de "hedge funds" que ponían en peligro su subsistencia y para

---

[3] *Ad exemplum,* P. R. FERREIRA META, *Regulaçao e universalizao dos servicios públicos,* Forum, Belo Horizonte, 2009.

[4] Sobre la exportación de problemas y soluciones del *régime administratif,* cfr. J. L. MEILÁN GIL, *Progreso tecnológico y servicios públicos,* Thonsom-Civitas, Cizur Menor, 2006, pp. 21 y ss; *La estructura de los contratos públicos,* Iustel, 2008, pp. 152 y ss. «El acto administrativo como categoría jurídica» *El Derecho,* n.º 12370, Buenos Aires, 2009.

[5] Ese sentido en S. MUÑOZ MACHADO (Dir) *Derecho de la regulación económica,* Iustel, Madrid, 2009.

Una Aproximación Jurídica a la Regulación Económica y Financiera 1239

proporcionar liquidez que les permitiera mantener la capacidad de competir en un libre mercado. El Estado pasó a ser, incluso, accionista. Ha ocurrido no sólo en EE.UU. Por lo que concierne a las empresas no financieras, Crysler, en el sector automovilístico, icono americano y como tal exhibido, es un ejemplo altamente significativo en un país tradicionalmente receloso del intervencionismo del Estado en la economía. Todo ello ha dado lugar a que, en sede doctrinal, se haya planteado el interrogante de una vuelta al "Estado gestor" que habría sido sustituido anteriormente por el "Estado garante"[6]. Más que una caracterización de etapas del Estado habría que entenderlo como una coexistencia de esas notas, que confirma la subsistencia de la actividad de la Administración prestadora de servicios[7].

Las medidas antes aludidas constatan la variedad de respuestas del Estado a los desafíos de la economía en la procura del bien común o del interés general. Con ese fin, la característica de la regulación económica se refiere a que el Estado opera con la convicción en el protagonismo del mercado, cuyo correcto funcionamiento ha de garantizar.

La respuesta desde el Derecho y, en particular, desde el Derecho administrativo necesita ser entendida teniendo en cuenta los supuestos político-económicos, sin caer en el riesgo de desnaturalizar categorías y técnicas jurídicas, con un impropio mestizaje, por incorporación de lo que pertenece a otras ramas científicas y responde a objetivos distintos y se maneja de forma diferente[8].

Desde ese punto de vista es preciso analizar qué de novedad hay en la denominada regulación económica, si se trata de una categoría nueva o de un sistema compuesto de categorías jurídicas existentes que mantienen su individualidad o que, al relacionarse unas con otras al servicio de una finalidad, sólo desde esta unidad pueden ser entendidas.

De entrada, ha de plantearse que, dicho en forma deliberadamente simplificada, la *regulation* referida a las *public utilities* supone una inter-

---

[6] Esa transición en J. ESTEVE PARDO, «La regulación de la economía desde el Estado garante» en *Publicaciones de la Asociación española de profesores de Derecho administrativo,* 2, Thomson-Aranzadi, 2007. Sobre el interrogante que plantea la crisis cfr. J. MUÑOZ MACHADO, *Regulación económica,* I, Iustel, 2009, pp. 62-64.

[7] E. FORSTHOFF, *Rechstsfragen der leistenden Verwaltung,* Stuttgart, 1950, (hay traducción española por C. Fernández de la Vega, ENAP).

[8] Cfr. J. L. MEILÁN GIL, «El estudio de la Administración económica», *RAP,* n.º 50; 1966, pp. 51-81. G. ARIÑO ORTIZ, *Principios de Derecho público económico,* Comares, Granada, 1999, pp. 5 y ss.

Em Homenagem ao Professor Doutor Diogo Freitas do Amaral

vención del *government* en actividades de titularidad privada, en tanto
que la regulación económica, en versión europea y latino americana,
implica intervención del Estado en actividades –servicios públicos– que
inicialmente eran de su titularidad mediante la correspondiente *publicatio*.
Tampoco existe equivalencia, pese al nombre, entre las Independent
Regulatory Commissions y las comisiones regulatorias independientes.

2. El paradigma americano

La regulación americana está condicionada por los principios fundamentales de su Constitución, que desde su inicio, "Nosotros el Pueblo de
los Estados Unidos", evidencia el protagonismo de la sociedad civil y la
separación y equilibrio de poderes que dificulta lo que puede interpre-
tarse como una intromisión del *government* en las funciones de los poderes legislativo y judicial.

En EE.UU., la regulación no se produce como una consecuencia de
una previa desregulación, como en Europa, sino como respuesta natural
a la actividad económica, llevada tradicionalmente a cabo, en su mayor
parte, por los particulares[9], aunque nunca se haya formalizado el principio liberal del *laissez faire*. El "due process", la "contract clause" la "just
compensation" fueron un obstáculo y, al cabo, han sido la puerta para una
creciente intervención pública, a través de agencias reguladoras. Por eso,
el importante crecimiento de la intervención administrativa en la economía ha sido un proceso lento y no exento de dificultades, a las que ha
contribuido la interpretación del sistema constitucional y la pugna de
grupos de presión[10].

Si el libre mercado ha sido una premisa fundamental de la economía
americana, la regulación de una actividad empresarial supone un fallo de
aquel. Se ha justificado de varias maneras, en protección de usuarios y
consumidores[11], invocando razones de interés público a través de instrumentos jurídicos, como *franchises* o *certificates of convenience and
necessity*.

---

[9] Cfr. Melvin ANSHEN, Francis D. WORMUTH, *Private Enterprise and Public Policy,*
The Macmillan Company, New York, 1954, pp. 15 y ss.

[10] Una muestra de la jurisprudencia recaída en A. M. MORENO MOLINA, *La Administración por agencias en los Estados Unidos de Norteamérica,* B.O.E:, 1995, pp. 83-86.

[11] Cfr. William F. FOX, Jr., *Understanding Administrative Law,* 4ª ed., Lexis
Publishing, N.Y., 2000, pp. 10 y ss.

Una Aproximación Jurídica a la Regulación Económica y Financiera   1241

No es del caso exponer el itinerario de esa intervención administrativa protagonizada por las agencias reguladoras y propiciada por fenómenos de crisis económica (la gran depresión y el New Deal) o por apremios bélicos (segunda guerra mundial) o la tensión de la posterior guerra fría y que reflejan las orientaciones políticas de las distintas Presidencias[12].

Un elemento paradigmático de ese proceso es el desarrollo espectacular del ferrocarril. No existía en sus comienzos, en los años siguientes a la guerra civil, una real regulación. Dominaba en los Estados y en la Federación un gran interés por la inversión privada en el desarrollo del ferrocarril, otorgando incluso ayudas y donando terrenos de dominio público. La revuelta de los agricultores forzaron a la creación de las primeras comisiones en distintos Estados con funciones sólo de inspección y supervisión y más tarde de establecer límites a la libertad de precios por las compañías.

El ejercicio de esta función, aplicada a los silos situados en las estaciones en los que los agricultores almacenaban el grano, sujetos a los precios de las compañías de ferrocarril, provocó una contienda judicial que se revuelve por la sentencia Munm v. Illinois, un *leading case* en la materia. La legitimidad de la decisión de la Railroad and Warehouse Commission se basó en que esas actividades -property– llegan a estar revestidas con un interés público cuando afectan a la comunidad "at large". Son lo que se llamarán *"public utilities"*. El desarrollo del ferrocarril, que cruzaba varios Estados, condujo a la lógica consecuencia de considerarlo como asunto federal, dando lugar a la creación de la Insterstate Commerce Commision, que se presenta como la referente de las creadas con posterioridad para otros sectores económicos[13].

Las dificultades de las Agencias reguladoras[14], a las que se atribuye la función que les da nombre, provienen de la estructura constitucional ya que, desde esa perspectiva, se reconoce que actúan con poderes propios del legislativo y judicial, aunque la Federal Administrative Procedure Act defina a la agencia como una "authority... of the Government

---

[12] *Ibidem.*

[13] Cfr. M. Anshen and F. D. Wormuth, *Private* ... pp. 33 y ss, J. Esteve Pardo, «La regulación de insdustrias y public utilities en los Estados Unidos de América» en *Derecho de la regulación económica*, dir. S. Muñoz Machado y J. Esteve Pardo, Iustel, 2009, pp. 293 y ss.

[14] Una exposición en B.Schwartz, *Administrative Law*, cit, capítulos 1 y 2.

of the United States other than Congress, the courts". La realidad es que esas agencias tienen poder de dictar normas (rulemaking) con fuerza de obligar, como la ley, y autoridad para decidir "cases", como el poder judicial, además de la facultad de "adjudication" que inciden en derechos y obligaciones (autorización de acceso a la actividad, fijación de precios y tarifas, poder sobre el ejercicio de actividad).

Todos los esfuerzos se dirigirán a ampliar cada vez más las delegaciones de poder y a superar las dificultades que desde el *common law* supone el reconocimiento de que la agencia puede ser parte en el asunto controvertido, con vulneración de la situación de igualdad ante el juez. La concentración de esos poderes en una agencia se justifica porque la rígida separación impide una regulación de las industrias. El talismán de esa justificación será la invocación del "interés público" al que debe someterse el poder económico, definido y defendido por la misma agencia y que, en no pocas ocasiones, coincide con el de las compañías reguladas, que ofrecen información económica y técnica al regulador.

Las controversias girarán en torno al alcance y determinación del "interés publico", un concepto general necesitado de concreción en estándares que faciliten la decisión en cada caso concreto. En ese sentido se ha utilizado la razonabilidad de los precios o tarifas, una "fair and impartial" regulación de todos los modos de transporte, un "fair and orderly market", la "public convenience, interest or necessity" del servicio, que dejan un amplio margen para la decisión judicial acerca del jurídicamente adecuado uso de la potestad normativa de la agencia.

En cuanto a la competencia jurisdiccional su defensa se ha hecho descansar, aparte del socorrido recurso al "quasi", en que el "due process" no es necesariamente un "judicial process", por lo que aquella se estima constitucionalmente legítima.

En la moderna historia americana puede detectarse una suerte de compromiso entre regulado y regulador. Aquel acepta el sometimiento a la regulación, en la que influye, a cambio de ventajas frecuentemente unidas a la consideración de la actividad como un monopolio natural, defendido como el modo más eficiente de realizarla.

Esa significación del operador de la actividad se pone de manifiesto en la importancia que en el sistema americano de regulación económica se da a la tasa de retorno (*rate of return*), como expresión de los beneficios adecuados para la realización de la actividad, fijada unilateralmente por la Agencia en función de datos suministrados por la empresa operadora (equilibrio entre costes e inversiones e ingresos) y la consideración del sector económico en que actúa.

Una Aproximación Jurídica a la Regulación Económica y Financiera 1243

Para lo que aquí interesa, bastará con recordar que en el meollo de las controversias judiciales está dilucidar si las decisiones de las Agencias tienen un carácter confiscatorio, contrario a la Constitución, que prohíbe al *government* tomar o hacer uso de la propiedad sin justa compensación. En todo caso, y es la cuestión a decidir, las *"public utilities"* están destinadas al "public service"; las empresas han de actuar para la "convenience of the public"[15]. La regulación llega, como máximo, a la protección de usuarios y consumidores.

3. La aproximación europea

La intervención del poder público en la economía tiene una larga historia. Es comprobable en lo que hoy podría denominarse Derecho público romano[16], del que el Código teodosiano ofrece variadas muestras[17] y en el Antiguo Régimen, como para España muestra la Novisima Recopilación[18].

En Europa continental, con diferentes motivaciones y en diferentes circunstancias, el Estado ha tenido una presencia determinante en el desarrollo de la economía, aun cuando sean particulares los protagonistas de la actividad. Se pone de manifiesto en el alumbramiento de la idea del servicio público, en su configuración como precisa categoría jurídica y en la progresiva ampliación de la misma hasta su desnaturalización.

La idea nace, aunque resulte paradójico, como una afirmación "anti autoritaria", en contra de situar la "puissance publique" como nota dominante del Derecho público[19]. La tecnificación de la idea en categoría

---

[15] Caso Smyth v. Ames, 169, US.466.546, Cfr. M.ASHEN and F. D. WORMUTH, *Private,* pp. 178-189. Sobre la evolución de la jurisprudencia, con sus avances y retrocesos y del propio modelo de regulación orientado hacia la competencia, cfr. J. ESTEVE PARDO, «La regulación....» pp. 311-347.

[16] Cfr. A. PÉREZ de BUJÁN, *Derecho público romano,* 12 ed. Civitas, Madrid, 2009.

[17] Cfr. The Theodosian Code, ed. DE CLYDE PHARR, Princeton University Press, New Jersey, 1952.

[18] Edición de 1805: libros VII, VIII, IX, Cfr. Ramón Lázaro DOU y BASSOLS, *Instituciones de Derecho público general de España,* 9 vols. Madrid, 1800 en especial volumen V que se refiere a la policía y a la regulación de distintos sectores como agricultura, industria, comercio exterior e interior.

[19] Cfr. L. DUGUIT, *Las transformaciones del Derecho público,* ED. Heliesta, Buenos Aires, 1975, p. 9.

jurídica supondrá un compromiso entre la función servicial y la potestad función. El poder no ha sido sustituido por el servicio, dirá Hauriou[20]. El poder se somete a la idea de servir en lugar de a la de dominar. Un compromiso entre la ideología liberal y la incipiente socializadora, en este caso. El Estado queda legitimado en el ejercicio de poderes soberanos no sólo por expresar la *volonté generale* (Rousseau), sino como titular de responsabilidades sociales.

Un compromiso también entre el Estado que encarna la razón, en la ideología de la Revolución, con los intereses de los particulares, en la etapa del Estado liberal burgués. El Estado, en virtud del dogma de su racionalidad ideal, no puede implicarse con la gestión económica, que la sociedad –la burguesía emergente– reclama; pero no puede desentenderse de ella. Se delimitan las tareas de una y otra. El Estado se reserva la titularidad del servicio, mediante una *publicatio,* y se deja a los particulares la gestión, de acuerdo con el principio de libertad de industria y comercio[21].

En Alemania, que no se adscribe a la doctrina del servicio público, al modo francés, el protagonismo del Estado se evidencia por arrastres o razones ideológicas y políticas. La *Fiskuslehre*[22], herencia medieval que hunde sus raíces en principios del Derecho romano, aparta a Alemania de la corriente del *service public.* Sirve para delimitar el terreno del Estado y de la sociedad y explica la resistencia tradicional alemana al contrato administrativo y que las materias de contenido económico se ventilan ante el juez ordinario[23].

Bajo la influencia del idealismo, del que Hegel es un referente inexcusable, se delimita el campo de juego de Estado y sociedad. Aquel encarna la idea moral. Entronca con la racionalidad que representa la voluntad general frente a los dispersos y múltiples intereses particulares. Esa distinción marca los ámbitos respectivos de Estado y sociedad[24].

---

[20] *Precis de Droit administratif et de Droit public géneral,* 11ª ed.

[21] Cfr. J.L. MEILÁN GIL, *Progreso tecnológico y servicios públicos,* Thomson--Civitas, 2006, pp. 21-30.

[22] Cfr. J. L. VILLAR PALASÍ, *Prologo* a *La cláusula de progreso en los servicios públicos,* de J. L. MEILÁN GIL, IEA, Madrid, 1968. Los privilegios del Fisco se reconocen en varios textos del Digesto. Cfr. J. L. MEILÁN GIL, *El proceso de la definición del Derecho administrativo,* ENAP, Madrid, 1967, pp. 18 y ss.

[23] La preferencia del acto sobre el contrato en J. L. MEILÁN GIL *La estructura de los contratos públicos,* Iustel, 2008, pp. 59-64.

[24] Sobre la dialéctica público-privado. Cfr. A. LLANO, *La nueva sensibilidad,* Espasa –Calpe, Madrid, 1988.

Una Aproximación Jurídica a la Regulación Económica y Financiera   1245

El aumento de las tareas del Estado, en virtud de la ampliación de los servicios públicos en el paradigma francés, va a verificarse a través del Estado social de Derecho como superación de un Estado formal de Derecho[25]. Esta línea, que tuvo su eclosión en la etapa de proliferación de empresas públicas en la Europa continental y también en el Reino Unido[26], se mantiene en el ámbito de la Unión Europea, a pesar del sometimiento de las empresas públicas a las normas sobre competencia[27] y del establecimiento del mercado común o único.

El término servicio público es generalmente olvidado en el Tratado[28]. No obstante, el artículo 86,2 del Tratado, al referirse a las empresas encargadas de la gestión de servicios económicos de interés general, excepciona su sometimiento a las normas sobre competencia en la medida que la aplicación de dichas normas impidan el cumplimiento de la misión específica a ellas confiada. Con independencia de que puedan subsistir servicios tradicionales[29], la idea o misión u obligaciones del servicio público coexiste con los antiguos servicios públicos liberalizados en el llamado "servicio universal"[30]: servicios esenciales, de una calidad determinada, asequibles para todos los ciudadanos con independencia de su situación geográfica. Con ello se trata de que la prestación del servicio por las empresas privadas tenga una cobertura territorial y social completa.

En publicaciones oficiales de la UE se habla de "una combinación armónica de mecanismos de mercado y misiones de servicio público"[31]. La insuficiencia del mercado para cumplir los objetivos sociales que

---

[25] La crisis del Estado burgués de Derecho en E. FORSTHOFF, *Tratado de Derecho administrativo,* trad. Esp. Madrid, 1958. Sobre las características de un Estado social de Derecho, cfr. H. J. WOLFF, *Verwaltungsrecht,* I, 5ª ed. Munich y Berlín, 1963, pp. 45-46 que comprende articulación de poder, Estado formal de Derecho basado en el principio de legalidad, Estado material de Derecho, en el que los intereses superiores prevalezcan sobre los inferiores, general-particular y aspiración a transformar el orden social existente y superar la desigualdad social y económica de sus miembros.

[26] Cfr. J. L. MEILÁN GIL, *Empresas públicas y turismo,* ENAP, Madrid, 1967.

[27] Artículo 86,1 del Tratado de la UE.

[28] Se encuentra en el artículo 73 al referirse a ayudas públicas que excepcionalmente se admiten para reembolsar obligaciones inherentes a la noción de servicio público.

[29] En el ámbito local o transportes por carretera en España.

[30] Cfr. J. L. MEILÁN GIL, *Progreso* ... PP. 44-51 Y 121 Y SS. En la misma línea, con una interpretación del artículo 128,2 de la CE que me parece excesiva, M. CARLON RUIZ, *El servicio universal de telecomunicaciones,* Thomson-Civitas, 2007.

[31] Libro Blanco sobre los servicios de interés general.

1246 Em Homenagem ao Professor Doutor Diogo Freitas do Amaral

revelan las obligaciones de servicio público se manifiesta en las compensaciones posibles para mantener un equilibrio financiero en la actividad correspondiente, que han de justificarse, de lo que existe reflejo en la jurisprudencia comunitaria[32]. Son la contrapartida de las actividades prestadas por el servicio universal[33]. Se admite excepcionalmente restringir o excluir la competencia, esencial para el mercado, cuando peligra el equilibrio financiero del servicio universal o es necesario para que se preste en condiciones económicamente aceptables[34].

4. Encuadramiento jurídico de la regulación económica: el título habilitante

La regulación económica ha planteado de nuevo el reto de considerar su naturaleza en el ámbito del Derecho y más concretamente del Derecho administrativo. No es la primera vez que se presenta un requerimiento de esta naturaleza. Hitos de ese esfuerzo intelectual de sistematización serán la ciencia de la Policía (Von Mohl, Von Stein), la trilogía de policía, fomento y servicio público (Álvarez Gendín, Jordana de Pozas), con la agregación de la gestión económica (Villar Palasí). La actividad de la Administración se desenvuelve a través de normas, que integran el ordenamiento jurídico –con carácter general e incluso singular– actos unilaterales, que suponen imposición de obligaciones o limitación de derechos, de ofrecimiento para aceptación voluntaria o de contratos.

La regulación económica ¿supondría un elemento nuevo para la sistematización del Derecho administrativo? Quizá pueda sostenerse para el caso estadounidense ligado a la figura de las comisiones y agencias reguladoras, por la novedad que supone, en la interpretación de su sistema constitucional, que se concentren en ellas poderes "legislativos y judiciales".

En Europa, incluido el Reino Unido, y en América latina la regulación económica de nuevo cuño aparece ligada a fenómenos de privatización-

---

[32] Sentencias significativas del TJCE son la de 19 de mayo de 1993, asunto Corbeau, de 27 de abril de 1994, asunto Almelo, de 24 de julio de 2003 asunto Altmark.

[33] A cargo del presupuesto del Estado, loterías, reparto entre los participantes en el mercado, concediendo derechos especiales y exclusivos, contribuyendo a un fondo.

[34] Cfr. STJCE de 17 de mayo de 2001 asunto c-340/99, TNT Traco, STJCE de 15 de noviembre de de 2007 asunto c-162/06 International Mail Spain.

-liberalización de actividades configuradas como de servicio público que suponían la titularidad del Estado.

En 1968 concluí que los objetivos perseguidos por el servicio público tendían a lograrse por el empleo de medidas de policía –entendida en sentido amplio– para certificar que ya no era preciso que el Estado declare pública, de su titularidad, una actividad, bastando la imposición unilateral, característica de la técnica de la policía[35]. La actuación del Estado no fundada en una previa "publicatio", propia de la categoría del servicio público, es la que corresponde a la regulación económica, que no se circunscribe a la policía, bajo la cual se han situado figuras jurídicas diferentes, dentro de lo que podría denominarse teoría de limitaciones en el ejercicio de derechos[36], por razones de interés general (ordenamientos sectoriales), actos de comprobación de la legalidad (licencias) o derivadas del contrato o acto que atribuyen el derecho (concesión de servicio público, autorizaciones varias), actos de ejecución, sanciones[37].

El título habilitante de la potestad ayuda a hacer los oportunos deslindes de las categorías jurídicas. El de la policía es el orden público, entendido constitucionalmente como seguridad pública o seguridad ciudadana, en una reducción del ámbito de aquélla, que es propio de un Estado democrático. El de la regulación económica es el mercado, con el principio de la libre competencia, en el que se concreta el fin justificador de la actividad de la Administración pública, de servicio al interés general, desarrollada, en parte, por unos entes que se configuran como Administraciones independientes, o Agencias reguladoras[38]. Esto es lo fundamental.

---

[35] J.L. MEILAN, *La cláusula* ... pp. 89-90.

[36] En ese sentido Celso Antonio BANDEIRA DE MELLO, *Curso de Direito administrativo,* 14ª ed. Malheiros, Sao Paulo, 2002, p. 696.

[37] Cfr. J.L. MEILAN GIL, Prólogo a *Poder policial y derecho administrativo,* de C.A. AMOEDO SOUTO, Universidad de A Coruña, 2000.

[38] En la exposición que se hace en el texto se tiene en cuenta el modelo europeo, –y sobre todo español– aunque exista coincidencia con el americano en que unas y otras pueden tener en común una «neutralización del Gobierno». Cfr. J. L. MEILÁN GIL «*La Administración pública en perspectiva*», Universidad de A Coruña, 1996, pp. 375-77. En la bibliografía española un trabajo pionero fue el de J. M. SALA ARQUER, «El Estado neutral. Contribución al estudio de las Administraciones independientes», *REDA,* 42 (1984). Cfr. A BETANCOR, *Las Administraciones independientes,* Madrid, 1994.

Una ley de 22 de abril de 1980 configuró por primera vez un organismo, el Consejo de seguridad Nuclear, como «ente de Derecho público independiente de la Administración del Estado».

1248   *Em Homenagem ao Professor Doutor Diogo Freitas do Amaral*

El Estado actúa como garantía de que el mercado cumpla con esa finalidad, sin desarrollar la actividad, sin declararla pública[39].

A esta situación se llega mediante un proceso que presenta, por su propia dinámica, distintas fases con manifestaciones varias: mantenimiento de participaciones privilegiadas (golden share) coste de transición a la competencia[40] o la realización del servicio por una entidad pública empresarial.[41]

Al servicio de la competencia, esencial para el correcto funcionamiento del mercado, se ha llevado a cabo normativamente "la desintegración vertical y la separación de actividades", propiciada por Directivas de la U.E.[42]. Pero, como ocurría en el sector eléctrico, que se cita como referencia, no era esencial al servicio público que toda la actividad de ese sector económico fuese desarrollada bajo esa categoría, configurándose de diferente modo la producción y la distribución.

La regulación de la seguridad y de la calidad, que se presenta también como una característica propia de la nueva regulación económica[43] tienen numerosos precedentes y con implícitas obligaciones de incorporar las mejoras, de acuerdo con estándares requeridos por el progreso[44].

Tampoco la autorización para acceder al mercado supone una novedad. Ésta consiste en que, al abandonarse la categoría del servicio público para determinadas actividades, no tenga sentido la concesión de carácter contractual. Las autorizaciones en este ámbito de la regulación económica no difieren, en cuanto a su naturaleza jurídica, de las que existen en otros sectores, superada la teoría de una amplia concepción de la policía y la remoción de límites para justificar las licencias. Las autorizaciones, cuando existen, exigen a los operadores el cumplimiento de los requisitos previstos e indispensables, de carácter técnico y econó-

---

[39] El artículo 2 de la Ley 54/1997 de 27 de noviembre del sector eléctrico reconoce la libre iniciativa empresarial para el suministro de energía eléctrica con la consideración de servicio esencial, que según el artículo 128 de la CE puede ser reservado al sector público.

[40] Cfr. R. GÓMEZ-FERRER RINCON, *La transición a la competencia: sus costes y sus posibles compensaciones,* Marcial Pons, Madrid, 2003.

[41] Caso del servicio universal postal.

[42] Cfr. S. MUÑOZ MACHADO, *Fundamentos* ... pp. 170-177.

[43] *Ibidem.*

[44] Cfr. J. L. MEILÁN GIL, *Progreso....* pp. 81 y ss.

Una Aproximación Jurídica a la Regulación Económica y Financiera   1249

mico, que habilitan para el ejercicio de la actividad[45]. En algunos casos se declara expresamente que la autorización es reglada[46] e incluso automática[47]. No obstante, la autorización puede ser denegada por incidencia negativa en el mercado [48]o se otorga en régimen de competencia por limitaciones que imponga el propio mercado, lo que inclina a su consideración como discrecional. Tampoco desde este punto de vista existe novedad en cuanto a la naturaleza jurídica.

La autorización, como acto unilateral, puede contener cláusulas accesorias que influyen en el desarrollo y mantenimiento de la actividad. La autorización contiene la obligación del operador de aceptar condiciones de contenido no económico que se establezcan reglamentariamente con posterioridad "por motivos de interés general[49]" en los que se comprenden los avances tecnológicos para garantizar la calidad del servicio. Tampoco esto es una novedad[50]. El título habilitante de la actividad no se limita a comprobar al inicio el cumplimiento de los requisitos legales exigidos, porque la Administración autorizante no puede desentenderse de una actividad que ha de desarrollarse de acuerdo con las reglas del mercado y de su propio dinamismo. Tampoco en ello existe novedad, al replantearse en sede doctrinal la pertinencia de las denominadas autorizaciones operativas o de tracto sucesivo[51], y son ampliamente conocidas las autorizaciones como técnicas de "resultado" en materia medioambiental[52].

---

[45] Para el servicio postal (arts. 11 y 12 de la Ley 24/1998); instalaciones de distribución eléctrica (art. 40 de la Ley 54/1997); licencias de explotación y de servicios aéreos para el transporte aéreo, Cfr. S. RODRÍGUEZ-CAMPOS, *La liberalización del transporte aéreo: alcance y régimen jurídico,* Marcial Pons, Madrid, 2005, pp. 123 y ss.

[46] Autorizaciones singulares para el servicio postal, instalaciones para producción eléctrica en régimen especial (energías renovables) que, sin embargo, suelen otorgarse en régimen competitivo en las Comunidades autónomas.

[47] Autorizaciones generales para el servicio postal.

[48] Las autorizaciones para distribución de energía eléctrica pueden denegarse, aún cumpliendo los requisitos previstos, por su incidencia negativa en el mercado.

[49] Ad exemplum, en las autorizaciones singulares del servicio postal.

[50] Cfr. J. L. MEILÁN GIL, *Progreso* ... pp. 125-131.

[51] Crítico de esa figura por entender que supone una «tendencia expansiva de los poderes de la Administración», J.–C. LAGUNA DE PAZ, *La autorización administrativa,* Thomson-Civitas, 2006, pp. 60-69.

[52] Caso típico y tradicional en actividades molestas, nocivas o peligrosas. Sobre las cuestiones planteadas en el texto, cfr. J. L. MEILÁN GIL, "Sobre la determinación conceptual de la autorización y la concesión", *RAP,* núm. 71, 1973, pp. 84 y ss.

Las novedades proceden del protagonismo del mercado y del dinamismo privado, asumidos por el Estado. Explica los fenómenos de "autorregulación"[53], así como la influencia o participación privada en el ejercicio de la potestad normativa de la Administración, que favorece la aceleración del progreso tecnológico por la mayor rapidez de las empresas privadas para incorporarlo. El protagonismo del mercado limita la potestad discrecional de la Administración, como para la imposición de obligaciones de servicio universal ha advertido la Directiva 2002/22 CE[54] y facilita su control. Las distorsiones del mercado, como las ayudas públicas, están prohibidas como regla general. La Administración es la primera obligada, por un principio de coherencia, a impedir posiciones dominantes, a que sea efectivo el acceso a las redes que sean imprescindibles para el desarrollo de la actividad.

En definitiva, el título habilitante de la regulación económica es el mercado con su nota inherente de la competencia, por sectores singularizados[55] que se corresponden a antiguos servicios públicos[56], con un respaldo constitucional que reconoce la libertad de empresa, precisamente en una economía de mercado y que se concreta en normas de obligado cumplimiento para los operadores existentes o que solicitan acceder a ellos y se incorporan mediante actos y pueden ser sujetos de sanciones.

Esto es lo realmente nuevo: la utilización del mercado y lo que ello supone de libre competencia en los distintos sectores al servicio de la procura del interés general. Para ello se emplean categorías y técnicas

---

[53] Cfr. J. ESTEVE PARDO, *Autorregulación. Génesis y efectos,* Aranzadi, Cizur Menor, 2002.

[54] No deben fomentar artificialmente determinadas opciones tecnológicas en detrimento de otras, ni imponer una carga financiera desproporcionada, o que repercuta injustamente en los consumidores de rentas bajas.

[55] Se ha hablado de ordenamientos sectoriales, por influencia italiana, M S. GIANINI «Gli elementi degli ordinamenti giuridici», *Rev. Trimestrale di Diritto Público,* 1958, pp. 291 y ss. En relación con el mercado de valores se ha sostenido que se trata ya de un ordenamiento general por B. BELANDO GARIN, *La protección pública del inversor en el mercado de valores,* Thomson-Civitas, 2004, pp. 43-45. T. R. FERNÁNDEZ, «El ordenamiento crediticio y bancario español, reflexiones después de la crisis» *Comentarios a la ley de disciplina e intervención de las entidades de crédito* C.E. Cajas de Ahorro de Madrid, 1989, pp. 15-16.

[56] Cfr. J. L. MEILÁN GIL, *Progreso* ..., pp. 121 y ss sobre mercado y actuación reguladora.

Una Aproximación Jurídica a la Regulación Económica y Financiera   1251

jurídicas conocidas[57]. Es lo que ocurre con la de fomento de variadas formas y, por supuesto, las que en una concepción clásica correspondería a la de policía como reconocedoras o limitadoras de derechos e imposición de obligaciones. La de servicio público está presente al referirse a obligaciones de servicio público o al servicio universal. El protagonismo del mercado no es, sin embargo, inocuo. El servicio público ha tendido al monopolio, incluido el natural, o a la exclusiva. Algo que rechaza el mercado. Por eso se garantiza el acceso de diferentes operadores a la red en servicios que se prestan de ese modo[58].

5. Los entes reguladores

Las agencias o entes reguladores constituyen un elemento clave para diferenciar el régimen de la regulación económica. Aunque en el caso español tengan la consideración de independientes, esta característica no es coincidente con la de las homónimas americanas. Las diferencian el sistema constitucional y la organización y el fundamento jurídico de la Administración Pública. Se ha optado, en el caso español, por unos entes administrativos de carácter instrumental, dotados de variable autonomía, especializados en el sector correspondiente. La intervención, por norma o actos, se orienta a asegurar que el funcionamiento del mercado cumple con la misión de que los servicios prestados a través de las empresas operadoras se corresponda al carácter de esenciales que tienen para el Estado.

---

[57] Ley 24/1988 del Servicio postal universal y de liberación de los servicios postales: Ley 32/2003 General de Telecomunicaciones. Ley 54/1997 del sector eléctrico.

[58] La interpretación jurisdiccional es favorable a su entendimiento más amplio aunque no faltan votos particulares en algún caso, como el de distribución de energía eléctrica. Cfr. STS de 21 de enero de 2009, RJ 766 y otras anteriores en ella citadas.

[59] La CNE como ente regulador del funcionamiento de los sistemas energéticos vela por la competencia efectiva (disposición adicional 11ª de la Ley 34/1998). La CMT tiene por objeto el establecimiento y supervisión de las obligaciones específicas de los operadores en los mercados de telecomunicaciones y el fomento de la competencia en los mercados de los servicios audiovisuales (art. 48 de la Ley 32/2003 de 3 de noviembre). La CNSP, como organismo regulador del sector postal vela por su transparencia y buen funcionamiento y el cumplimento de las exigencias de la libre competencia (art. 1 de la Ley 23/2007 de 8 de octubre).

1252 *Em Homenagem ao Professor Doutor Diogo Freitas do Amaral*

Esa referencia al mercado, en el que la competencia juega un papel fundamental, está presente en el objeto de estos entes reguladores[59] nacidos con ocasión de la ola de privatizaciones comenzada en la última década del siglo pasado[60]. Dada la importancia de la sana competencia para el correcto funcionamiento del mercado ha de asegurarse la colaboración de los entes reguladores sectoriales con el encargado de velar por la competencia, la Comisión Nacional del mismo nombre (CNC), que se concreta en la obligación de informaciones recíprocas. Ello no ha impedido que existan conflictos competenciales ya que una de las funciones de los entes reguladores sectoriales es velar e incluso fomentar la competencia en el sector.

Razones de eficacia, en las que el carácter técnico es relevante, figuran para justificar su creación así como una ambigua apelación a la independencia del gobierno de turno y una inconfesada influencia foránea, perceptible también en otros países[61].

Estos entes reguladores son definidos como organismos públicos[62] con personalidad jurídica propia e independencia funcional y están adscritos al Ministerio sectorial correspondiente. En cuanto ejerzan funciones públicas se rigen por el Derecho propio la Administración pública sometiéndose en el resto de su actividad al derecho privado.

Considerando la existencia de otros entes reguladores que no tienen su causa en el fenómeno privatizador, como la Comisión Nacional de Mercado de Valores (CNMV) y el Banco de España [63]puede hablarse con propiedad de una "escala de la independencia"[64] en términos jurídicos.

---

[60] Cfr. G. ARIÑO (Dir.) *Privatizaciones y liberalizaciones en España, Balance y resultados* (1996-2003).

[61] En el Reino Unido la creación de estos «regulatory bodies» con motivo de las privatizaciones ha constituido también una innovación sin precedentes. Cfr. COSMO GRAHAM, *Regulating Public Utilities: A Constitucional Aproach*, Hart Publishing, Oxford–Portlan Oregon, 2000, p. 19.

[62] La disposición adicional décima de la Ley 6/1997 de 14 de abril de organización y funcionamiento de la Administración General del Estado (LOFAGE) se refiere a determinados organismos públicos, entre los que figuran entes reguladores como la Comisión Nacional de Energía (CNE), la Comisión del Mercado de las Telecomunicaciones (CMT), la Comisión Nacional del sector postal (CNSP), y Comisión Nacional de la Competencia a los que se aplica supletoriamente la ley. Son los enumerados en el anteproyecto de ley del gobierno de Economía Sostenible (diciembre 2009).

[63] A él se refiere la disposición adicional octava de la LOFAGE que no se aplica supletoriamente.

[64] L.A. POMED SÁNCHEZ, *Régimen jurídico del Banco de España,* Tecnos, Madrid, 1996, p. 277.

Una Aproximación Jurídica a la Regulación Económica y Financiera 1253

La neutralidad que se busca en los directivos de los entes reguladores se concreta en el carácter de un reconocido prestigio y competencia profesional. La independencia del poder político se pretende con un nombramiento que no es de libre revocación por un período superior al del mandato constitucional del Gobierno que los nombra, a propuesta del Ministro correspondiente. En el caso de la CNMV el Gobierno no tiene que dar cuenta al Congreso de los Diputados. En el de la CMT se requiere una previa comparecencia ante la Comisión correspondiente del Congreso "para informar sobre las personas a quienes pretende proponer". De un modo menos claro pero equivalente se alude a esa comparecencia en el de la CNSP y en el de la CNE, para constatar la competencia de los propuestos[65]. La situación actual no es satisfactoria y episodios acaecidos propician la idea de que, al menos indiciariamente, la independencia de los entes reguladores no es siempre real. En algún caso la existencia de un recurso administrativo ante el Ministro que propuso el nombramiento contra una resolución del ente regulador (CNE) incrementa la duda. Las personas propuestas deberían comparecer en sede parlamentaria y responder a las preguntas que tengan que ver con la idoneidad para las funciones a desempeñar.

Aunque la competencia supervisora de estos entes reguladores no es ciertamente irrelevante, para calibrar su relevancia en la regulación económica ha de tenerse en cuenta que ni el acceso[66], ni el establecimiento de las obligaciones de servicio universal que se imponen unilateralmente[67], ni la fijación de tarifas y precios se lleva a cabo por los entes reguladores, sino por el gobierno[68]. En este sentido su existencia no supone mucha innovación. La fijación del precio regulado no se realiza en el ámbito de un

---

[65] En el anteproyecto de ley de economía sostenible se propone la comparencia del Ministro y de las personas propuestas ante la Comisión correspondiente del Congreso de los Diputados «que versará sobre la capacidad de los candidatos». La del Presidente «se extenderá a sus planes de actuación sobre el organismo y sobre el sector regulado».

[66] *Ad exemplum,* artículo 9 y 13 de la ley de servicio postal universal y de liberalización de los servicios públicos.

[67] Artículo 22 de la ley general de telecomunicaciones.

[68] Así para las tarifas eléctricas, art. 17,2 de Ley 54/1997. En sentido crítico cfr P. NAVARRO RODRÍGUEZ, *La Comisión Nacional de Energía,* Marcial Pons, 2008, p 150. Año tras año se han interpuesto recursos contencioso-administrativos contra Decretos del Gobierno que se han desestimado. La fijación se hace «con base en unos costes razonables» que se sostiene no ha contravenido el principio de suficiencia tarifaria, STS 2582//2006 de 3 de mayo; STS 1777/2006 de 22 de marzo.

1254   *Em Homenagem ao Professor Doutor Diogo Freitas do Amaral*

contrato de gestión de un servicio público[69], pero incluso bajo ese régimen se ha sostenido el carácter normativo de la tarifa del servicio[70]. Decir que "en el nuevo régimen liberalizado el precio del servicio lo fija el mercado" no pasa de ser una afirmación teórica, a la que conduce la lógica y desmiente la realidad, al servicio de diferentes fines de la política[71]. Otra cosa es que la fijación del precio[72] haya de hacerse teniendo en cuenta el mercado, así como las retribuciones (date of return) de las actividades[73].

Los entes reguladores son titulares de una potestad normativa (circulares, instrucciones) en desarrollo y ejecución de disposiciones reglamentarias del Gobierno o del Ministerio al que están adscritos (CNE), dictan instrucciones dirigidas a los operadores del sector (CMT, CNSP)[74]. En el caso de la CNMV y del Banco de España la potestad normativa, expresamente reconocida[75], deriva directamente de una habilitación de la ley[76].

---

[69] Por la fórmula contractual parece inclinarse J. C. Casagne, *La intervención administrativa,* Abeledo–Parrot, 2ª ed., Buenos Aires, 1994, p. 179.

[70] Cfr. J. L. Meilán Gil, *La distinción entre norma y acto administrativo,* ENAP, Madrid, p. 48 y G. Ariño Ortiz, *Las tarifas de los servicios públicos,* I.G.O., Sevilla, 1976. En J. C. Casagne–G. Ariño, *Servicios públicos, regulación y negociación,* Buenos Aires, 2005, pp. 104 y ss. se orienta hacia «lo contractual». Personalmente sigo manteniendo el carácter normativo. Cfr. J. L. Meilán, *Progreso ...* p. 130. Es también hoy la tesis de J. Tornos Mas «Regulación de precios y tarifas» en *Regulación económica,* p. 559, también F. J. Villar Rojas, *Tarifas, tasas, peajes y precios administrativos,* Comares, Granada, 2000, pp. 195-7.

[71] Tornos, Regulación .... p. 557

[72] Las tarifas eléctricas a pagar por los consumidores se establecen teniendo en cuenta el coste de producción de energía eléctrica, peajes por transporte y distribución, costes de comercialización, costes permanentes del sistema y de diversificación y seguridad de abastecimiento (art. 17 Ley 54/1997).

[73] Para la determinación de tarifas, peajes y precios que deben satisfacer los consumidores se establece reglamentariamente «la retribución de las actividades con criterios objetivos, transparentes y no discriminatorios que incentiven la gestión, la eficiencia económica y técnica de dichas actividades y la calidad de suministro eléctrico» (art. 15) a partir de datos de mercado (art. 16).

[74] La potestad normativa debe enmarcarse dentro de los límites de la propia ley habilitante y el resto del ordenamiento jurídico por lo que el organismo regulador sectorial no puede extralimitarse invadiendo competencias del organismo encargado de la defensa de la competencia (STS 1 de febrero de 2006 por la que se anula una circular de la CMT).

[75] Disposición adicional cuarta 1 y 2 de la Ley 29/1988 de 13 de julio reguladora de la jurisdicción contencioso-administrativa.

[76] STS de 10 de julio de 2007, RJ 7726. La STC 133/1997 de 16 de julio, aunque reproduce lo sentado en la STC 135/1992 deja traslucir la posible habilitación directa de

Una Aproximación Jurídica a la Regulación Económica y Financiera 1255

La novedad en la integración sucesiva de la norma, frecuente en el ordenamiento jurídico-administrativo[77], estriba en que uno de los escalones es un ente que no se encuentra en una relación de jerarquía[78]. En realidad, opera más que como un ente independiente, como un ente instrumental dotado de una determinada autonomía[79].

Por lo que se refiere a los actos en aplicación de la potestad normativa o sancionadora la "escala de la independencia" de los entes se manifiesta en que en unos casos agotan la vía administrativa y son impugnables directamente ante la jurisdicción contencioso-administrativa (CNMV, CMT, CNSP) y en otros, antes de acudir a ésta, procede un recurso de alzada –impropio– ante el Ministro con el que se relaciona (CNE).

Los entes reguladores, en fin, supervisan el cumplimiento de los requisitos exigidos legalmente y el ejercicio de la actividad velando por la efectividad de la competencia, procuran su fomento, contribuyen a la ordenación del funcionamiento del mercado, fijan el coste neto de las obligaciones del servicio universal[80] otorgan autorizaciones, imponen sanciones, hacen requerimientos[81], de cuyo ejercicio da cuenta la jurisprudencia, además de realizar actividades de arbitraje, asesoramiento e información[82] y formular informes y propuestas[83].

---

la ley al afirmar que no se opone a lo dispuesto en el artículo 97 de la CE que «el legislador estatal haya dotado a la Comisión Nacional del Mercado de Valores de una serie de potestades, incluida la reglamentaria, para que pueda cumplir adecuadamente sus funciones».

[77] Cfr. J. L Meilán Gil, *La distinción* ... p. 45 y ss.

[78] Las relaciones entre la CMT y la Administración a que se adscribe no son de jerarquía por lo que aquella está legitimada para interponer recurso contencioso-administrativo contra acuerdo del gobierno por el que se aprueba un reglamento (STS de 10 de marzo de 2009, RJ 2842; STS de 11 de febrero de 2009, RJ 1231).

[79] Cfr. M. Fuertes López, *La Comisión Nacional del Mercado de Valores,* Lex Nova, Valladolid, 1994, pp.379-380.P.– Navarro Rodriguez, *La Comisión...*, pp. 313 y ss.

[80] *Ad exemplum,* STS de 24 de febrero de 2009, RJ 1251. La función arbitral no tiene carácter público (STS de 16 de enero de 2008, RJ 899).

[81] La CMT los hace para obtener información de entidades del sector antes de resolver una denuncia. Son actos de trámite, debidamente motivados (STS de 16 de mayo de 2006 RJ 2389), ejecutivos (STS de 6 de mayo de 2006, RJ 2358) susceptibles de ser recurridos en vía contenciosa si producen perjuicio irreparable por afectar a la estrategia comercial de la entidad requerida (STS de 3 de febrero de 2008, RJ 1600).

[82] Ad exemplum, de las normas reguladoras de la CNMV, CMT, CNE, CNSP.

[83] El anteproyecto de ley de economía sostenible cita como funciones generales «supervisión, habilitación e inhabilitación de los títulos correspondientes, inspección, sanción, resolución de conflictos entre operadores, arbitraje en el sector».

6. Regulación y supervisión bancaria

Existen entes reguladores que no tienen su origen en la liberalización de servicios públicos y las correspondientes privatizaciones, como es el caso de la Comisión Nacional del Mercado de Valores (CNMV)[84] y el Banco de España.

La regulación y supervisión bancaria no ha sido resultado de la exportación americana, ni de las exigencias de la Comunidad económica europea, a la que España no se incorporaría hasta 1986, sino de una tradición marcada por el intervencionismo del Estado en la economía[85], anterior a la nacionalización del Banco de España en 1962[86] y a su configuración como ente regulador autónomo en 1994. La exposición de motivos de la ley de disciplina e intervención de las entidades de crédito de 29 de julio de 1988 lo manifiesta con claridad, al referirse a las experiencias "acumuladas a lo largo de muchos años ... la necesidad de someter las entidades financieras a un régimen especial de supervisión administrativa, en general mucho más intenso que el que soporta la mayoría de los restantes sectores económicos"[87].

---

[84] Cfr. M. FUERTEZ LÓPEZ, *La Comisión Nacional del Mercado de Valores,* Lex Nova, Valladolid, 1994. Trae causa de la Ley 24/1988 de 28 de julio. El modelo, como en otros países europeos, fue la *Securities and Exchange Commission* estadounidense. Tienen funciones de supervisión e inspección, contando con potestad normativa, a través de circulares, y sancionadora como se recordó anteriormente por nota. Un ejemplo reciente de aquellas es la circular 4/2009 de 4 de noviembre sobre comunicación de información relevante.

[85] En esa materia, *ad exemplum,* la ley de ordenación bancaria de 1946 contenía una minuciosa regulación de la banca privada. Sobre la evolución del ordenamiento jurídico anterior a la situación actual cfr. S. MARTÍN RETORTILLO, *Derecho administrativo económico,* II La Ley, 1991, pp. 68-90. Sobre el exceso de «estatalización». Cfr. J. M. ECHEVARRIA, «El control público de la Banca», *Ordenación jurídica del crédito,* Instituto de Estudios Fiscales, Madrid, 1978, pp. 292-3.

[86] Por la ley de Bases de Ordenación del Crédito y la Banca de 14 de abril, como instrumento del Primer plan de desarrollo, en el movimiento liberalizador de la economía española iniciada con el Plan de estabilización de 1958, un punto de inflexión histórico de una economía condicionada por el rígido intervencionismo estatal ligado a las consecuencias de una guerra civil y el aislamiento político del Estado emergente de ella.

[87] Por la Ley 26/1983 de 26 de diciembre se regula el coeficiente de caja, la Ley 13/1985 de 25 de marzo versa sobre coeficientes de inversión, recursos propios y obligaciones de información de intermediarios financieros.

La preocupación de los Estados por regular suele estar ligada a la crisis, como en relación con la actual han puesto de relieve las conclusiones del G-20 en sus reuniones de Londres y Pittsburg. Las acaecidas en España en los años setenta y noventa del pasado siglo explican que exista un sistema de regulación "autoelogiado" oficialmente y con un reconocimiento fuera[88]. Estos antecedentes explican que se hubieran adoptado unas amplias medidas regulatorias hasta el punto de que se haya criticado la "hiperregulación financiera" o la "exuberancia regulatoria"[89] que causa rigidez en el funcionamiento del sistema en el que operan entidades privadas (bancos) o de carácter social (cajas de ahorro).

La tradición regulatoria es coherente con el reconocimiento de la actividad bancaria, sin que se haya impuesto la consideración del crédito como servicio público, ni se haya acudido a la nacionalización de la Banca. Esa realidad, propia de la economía de mercado que será reconocida en la Constitución de 1978, ha sido compatible con la existencia de crédito oficial y de bancos públicos especializados por sectores[90], de la que sobrevive el Instituto de Crédito oficial, al que en la actual crisis se ha encomendado un plan de ayuda a las entidades de crédito, con préstamos a bajo interés para favorecer su liquidez[91].

Se trata de una actividad privada, necesitada de autorización previa y regulada administrativamente en algunos aspectos de su funcionamiento y no sólo para salvaguarda de los intereses de los depositarios de fondos en las entidades que la desarrollan y de los usuarios de ellas, sino también por su importancia para el conjunto de la economía. Por eso, resulta razonable que las entidades no sean consideradas exclusivamente de un modo singular, sino formando un conjunto o sector financiero, que ha sugerido la categoría jurídica de ordenamiento sectorial y que la inclusión en el sector

---

[88] Spanish Steps, The Economist, 15 de mayo 2008. J. A. Osorio, «Las provisiones anticíclicas: uso e importancia para la estabilidad del sistema financiero», Banco Central de Reserva de El Salvador, n.º 26, 20 de enero de 2009.

[89] Es la opinión del Presidente de la Confederación Española de Cajas de ahorros J. R. Quintás Seoane, «Los nuevos entornos regulatorios y las Cajas de ahorros españolas» Rev. Derecho bancario y bursátil, núm. 108, 2007, pp. 9 y ss.

[90] De crédito industrial, a la construcción hipotecaria o agrícola, del que fui Presidente (1979-1982).

[91] Cfr. Real Decreto-ley 6/2008 de 10 de octubre por el que se crea el Fondo de adquisición de activos financieros con 30.000 millones de euros ampliables a 50.000 para aumentar la oferta de crédito a empresas y particulares.

1258 *Em Homenagem ao Professor Doutor Diogo Freitas do Amaral*

sea configurable con la discutible –e innecesaria– categoría de o relación especial de sujeción (besonderes Gewaltverhältnis)[92].

Para lo que aquí interesa, la regulación tiene por finalidad la salvaguarda del sistema financiero, que puede verse en peligro por el fallo de sus piezas; en suma, la estabilidad del conjunto del sistema financiero y la confianza en él[93].

Las normas reguladoras son leyes, que son desarrolladas y completadas por reglamentos del Gobierno y por disposiciones de la misma naturaleza del Ministro competente en la materia, así como por circulares del Banco de España[94]. Ninguna novedad supone ello respecto de lo que es normal en el ordenamiento jurídico, con la única salvedad de que el Banco de España goza de una potestad normativa que, en alguna medida, proviene directamente de la habilitación que le otorga la ley[95].

El itinerario legislativo seguido es ilustrativo de cómo se ha ido afrontando la necesaria regulación del sistema financiero. El impacto de la crisis de mediados de los años setenta del pasado siglo, que hubo de ser afrontada coincidiendo con el momento delicado de transición a la democracia, condujo a una operación de salvamento con la creación del Fondo de garantía de depósitos en establecimientos bancarios en noviembre de 1977, poco después de formarse el primer gobierno democrático[96].

---

[92] Cfr. A Gallego Anabitarte, «Las relaciones especiales de sujeción y el principio de legalidad de la Administración» *RAP*, 34 (1961) pp. 11 y ss. El término disciplina utilizado en la ley favorece la admisión de esa categoría que ha sido aceptada por el Tribunal Supremo. Cfr. T. R. Fernández, «Poderes públicos de ordenación bancaria y eficacia preventiva» *Libro homenaje al profesor Villar Palasí*, Civitas, Madrid, pp. 418-419.

[93] Este último objetivo, por ejemplo, se presenta como el principal reto de la regulación en Argentina después de un azaroso periplo. Cfr. *Banking Regulation*, 2009, Law Bussines Research, Londres, 2009, que contiene la respuesta a un cuestionario sobre la materia en 27 países, entre los que no se encuentra España.

[94] El preámbulo del Real Decreto-Ley 9/2009 reconoce que por su especialidad técnica, como garante del buen funcionamiento y estabilidad del sistema financiero, participa con el legislador y el gobierno en la ordenación del crédito. Cfr. R.D. 216/2008.

[95] Cfr. nota 74. En ese sentido también L. Parejo Alfonso, «La potestad normativa de las administraciones independientes». *Administración instrumental*, libro homenaje a Manuel Clavero Arévalo, Civitas, Madrid, I, pp. 645-6.

[96] Se reformó en 1980, constituyéndose también en 1982 el relativo a las Cajas de ahorro y al de Cooperativas de crédito. La solución ha permanecido y se ha reforzado recientemente con motivo de la crisis actual, según se expondrá más adelante.

La ley sobre disciplina e intervención de las entidades de crédito es expresiva de su contenido[97], que revela una cierta heterogeneidad. Aunque la Exposición motivos presenta inicialmente la ley con una invocación general a la necesidad de la regulación y supervisión pública en términos coincidentes con lo anteriormente expuesto sobre la justificación de esas intervención del Estado, el contenido evidencia la importancia que le presta al régimen sancionador al que se refieren 27 de los 48 artículos de la ley. La urgencia venía provocada por la falta de cobertura legal de sanciones impuestas, reconocida por los Tribunales. Tan es así, que la propia exposición de motivos califica esos artículos como temas centrales, incluido el procedimiento, y el artículo 1 arranca declarando que incurrirán en responsabilidad administrativa sancionable "las entidades de crédito y quienes ostenten cargos de administración o dirección en las mismas que infrinjan normas de ordenación y disciplina".

En la ley se contienen otros temas, aunque su propia exposición de motivos reconoce la necesidad de una ley general sobre ordenación de la actividad de las entidades de crédito, que "por su complejidad no puede abordarse –se decía en 1988– con premura". Entre ellos habría que destacar aquí la intervención de la entidad o la sustitución provisional de sus órganos de administración o dirección cuando aquella "se encuentre en una situación de excepcional gravedad que ponga en peligro la efectividad de sus recursos propios o su estabilidad, liquidez o solvencia"[98]. Es el caso extremo, compatible con el ejercicio de la potestad sancionadora, que puede adoptarse durante la tramitación de un expediente sancionador. Esas medidas se acuerdan por el Banco de España, previa audiencia a la interesada si no se hiciera a instancia suya, dando cuenta razonada al Ministro de Economía y Hacienda.

Una medida típicamente regulatoria es la que impone el establecimiento de **coeficientes de inversión y recursos propios**. A ello se refiere la Ley 13/1985 de 25 de mayo reformada, en parte, por la 36/2007 de 16 de noviembre. La medida consiste en que las entidades de crédito quedan obligadas a destinar parte de los recursos que proceden de tomar dinero de terceros –función típica– a las inversiones establecidas en la ley: financiación al sector público español, fomento a la exportación, la inversión o el empleo, la protección de los sectores retrasados, la reestructuración

---

[97] Es la Ley 26/1988 de 29 de julio que lleva a cabo una necesaria limpieza de normas anteriores.

[98] Artículo 31.En 2009 se ha intervenido una Caja de Ahorros y otra en 2010.

1260   *Em Homenagem ao Professor Doutor Diogo Freitas do Amaral*

de la economía y la atención de necesidades de carácter social. Para ello el Gobierno queda habilitado para exigir que los activos calificados para cubrir esas obligaciones "estén dentro de unos límites máximos y mínimos de rentabilidad".

Este tipo de coeficientes obligatorios ha motivado la crítica de representantes del sector. Se dirigen a objetivos de política económica o general, para lo que se utiliza a las entidades de crédito de un modo instrumental[99].

El título II, reformado por la ley de 2007, que pasa a denominarse **de recursos propios mínimos y limitaciones a la actividad de las entidades de crédito por razones de solvencia**, a consecuencia de la Directiva europea 2006/48/CE transpuesta al Derecho interno siguiendo recomendaciones de Basilea II tiene, en cambio, como finalidad "garantizar la estabilidad del sistema financiero previniendo la aparición de crisis entre aquellas entidades que conforman su tejido". La medida fundamental, para ello, consiste en la obligación de "mantener en todo momento un volumen suficiente de recursos propios en relación con las inversiones realizadas y los riesgos asumidos".

Esa suficiencia se concreta en que las entidades dispondrán en todo momento de fondos iguales o superiores a la suma de recursos propios mínimos, de acuerdo con el cálculo que se establezca reglamentariamente para determinados riesgos[100].

De otra parte, se podrán imponer límites máximos a las inversiones en inmuebles u otros inmovilizados, a las acciones y participaciones, a los activos, pasivos o posiciones en moneda extranjera, a los riesgos que pueden contraerse con una misma persona, entidad o grupo económico y, en general, a aquellas operaciones que impliquen riesgos elevados para la solvencia de las entidades.

La ley contiene una amplia habilitación al Gobierno para el desarrollo reglamentario, advertida por el Consejo de Estado (informe 740/2007),

---

[99] Cfr. J. R. Quintás, «Los nuevos»... Esa utilización instrumental se manifiesta, por ejemplo, en relación con el blanqueo de dinero por motivos tan importantes como la lucha contra el narcotráfico o el terrorismo, en aplicación de la Ley 19/2003 de 4 de julio. Entre la escasa jurisprudencia SSTS de 20 de marzo y 18 de octubre de 2007, que declaran conforme a derecho sanciones a un Banco por no informar a la Administración de haber bloqueado determinadas cuentas.

[100] Riesgo de crédito, de dilución, de posición, de liquidación, de contraparte, sobre materias primas, operacional (art. 6). Cfr. R. D. 216/2008 de 15 de febrero.

Una Aproximación Jurídica a la Regulación Económica y Financiera   1261

fundamental para la eficacia de sus disposiciones, ya que por aquella vía se fija el alcance y cuantía de las obligaciones de las entidades de crédito.

En ese proceso de concreción sucesiva de la norma regulatoria, el Banco de España juega un papel importante y, sobre todo, en la supervisión del sistema. No es cuestión de narrar su historia hasta el momento actual[101], sino de analizar sus funciones como ente regulador y supervisor del ordenamiento bancario. Sin llegar, a la configuración de una auténtica entidad independiente[102], el Banco tiene autonomía, como declara la ley 12/1998 de 28 de abril que modifica la 13/1994 de 1 de junio del mismo nombre, transposición de la Directiva 89/646/C.E.E.

El Banco de España es una entidad de Derecho público, con personalidad jurídica propia, que para el cumplimiento de sus fines actúa con autonomía respecto de la Administración General del Estado y, en ese sentido, a diferencia de los otros entes reguladores, no está sometido a las previsiones establecidas en la ley que regula aquella administración y, salvo en los casos en que ejerza potestades administrativas, queda sometido al ordenamiento jurídico-privado.

De los hitos hasta esa culminación habría que recordar la disposición adicional octava de la Ley de 1988 que declara, zanjando discusiones doctrinales, que podrá dictar las disposiciones necesarias para el desarrollo o ejercicio de la regulación contenida en las disposiciones del Gobierno o del Ministro que la habiliten para ello, lo que se corrobora en el artículo 3,1 de la Ley de 1994, consolidando el nombre de circulares[103].

Prescindiendo aquí de sus funciones en relación con la política monetaria en cuyo ejercicio podrá dictar circulares monetarias[104] y su

---

[101] Cfr. L. A. POMED SÁNCHEZ, *Régimen jurídico del Banco de España,* Tecnos, Madrid, 1996, pp. 29-122.

[102] El modelo sería el Banco federal alemán, que derivaría del artículo 88 de la Ley fundamental. El enganche a la Constitución es fundamental.

[103] La STC 135/1992 de 5 de octubre dictada en recursos contra la Ley 13/1985 sobre coeficientes de inversión reconoció la constitucionalidad de la potestad normativa del Banco de España, con base en que «forma parte de la Administración del Estado en su vertiente institucional o indirecta». Por ello entiende que es posible la desconcentración de la potestad reglamentaria, que el artículo 97 de la Constitución atribuye al Gobierno, en el Banco de España que es «asesor de aquel y ejecutor de su política monetaria y crediticia».

La justificación es discutible a la luz de la Ley de 1994 de autonomía del Banco y de la diferencia de sus funciones como consecuencia de su integración en el SEBC.

[104] Esa potestad normativa deriva directamente de la ley.

1262 *Em Homenagem ao Professor Doutor Diogo Freitas do Amaral*

pertenencia al sistema europeo de bancos centrales (SEBC) con sometimiento a las disposiciones del Tratado de la Unión Europea, el Banco de España deberá supervisar "la solvencia, actuación y cumplimiento de la normativa específica de las entidades de crédito".

La supervisión se lleva a cabo de un modo continuo, basada en la información recibida, el análisis a distancia e inspecciones "in situ" y a través de requerimientos y recomendaciones, aprobación de planes de saneamiento, pudiendo llegar a la intervención y sustitución de administradores y el ejercicio de una potestad disciplinaria y sancionadora.

La función ejercida a través de Circulares ha sido determinante de la regulación de las entidades de crédito, como ponen de manifiesto las dictadas sobre determinación y control de los recursos propios mínimos. De especial importancia ha sido la circular 9/1999 de 17 de diciembre, que entró en vigor en julio de 2000, que modificó la regulación sobre provisión de insolvencia contenida en la circular 4/1991 de 14 de junio sobre normas de contabilidad[105].

La novedad fundamental fue la llamada **provisión estadística** o anticíclica. A diferencia de las tradicionales provisión específica, cuyo objeto es cubrir los activos morosos, y genérica, que es un porcentaje del crecimiento crediticio, la estadística se constituye para cubrir pérdidas esperadas. Con esta provisión, se trata de eludir las consecuencias del provisionamiento que sigue el curso de la economía, en el sentido de que desciende en los períodos de crecimiento y crece en los de recesión. La provisión estadística opera, en cambio, con una visión cíclica: aumenta cuando disminuye la específica y se recurre a ella cuando ha de aumentar ésta como consecuencia de la fase recesiva del ciclo.

Esta provisión anticíclica responde, por tanto, a la necesidad de cobertura de los riesgos de crédito que no han dado señales de deterioro y la determinación de su importe se realiza mediante un sistema integrado de medición y gestión del riesgo que se funda en la experiencia e historia de la entidad[106].

Esa perspectiva de futuro, en previsión de una de esas fases recesivas, se evidencia por el momento en que se introdujo la provisión estadística, que correspondía a una situación óptima de crecimiento

---

[105] La contabilidad es la imagen fiel del patrimonio, de la situación financiera, de los resultados y de los flujos de efectivo de la entidad o del grupo indispensable para la eficaz supervisión.

[106] J. A. Osorio, «Las provisiones»... cit.

económico, con morosidad mínima y excelentes cuentas de resultados de las entidades financieras. A ello ha de atribuirse, en buena medida, la resistencia del sistema, en los primeros tramos de la actual crisis financiera y recesión económica, con aumento de la morosidad, acentuada por el derrumbe del sector inmobiliario.

El aumento de la morosidad ha provocado que las entidades crediticias, principalmente Cajas de Ahorro, hayan tenido que echar mano de las provisiones anticrisis. Lo que era un instrumento de estabilidad se convierte en una dificultad, por su severidad, en un momento de recesión opuesto al del boom inmobiliario en el que se impusieron[107].

Las peticiones por una mayor flexibilidad se dirigieron a la circular 4/2004 de 22 de diciembre sobre normas de información financiera pública y reservada y modelos de estados financieros[108], modificada por la 6/2008, en cuanto afectan a las provisiones provocadas por las hipotecas y la incidencia en ellas de los incumplimientos, como consecuencia de la crisis.

Los **Fondos de Garantía de Depósitos en Establecimientos bancarios, Cajas de ahorro y Cooperativas de crédito**[109] siguen constituyendo un instrumento relevante para asegurar la estabilidad del sistema financiero.

Los Fondos son patrimonios independientes, dotados de personalidad jurídica, en la órbita del Banco de España. Cumplen con las finalidades de asegurar los depósitos y de saneamiento y reflotamiento de entidades de crédito en dificultades. Se constituyen con las aportaciones de las entidades, consistentes en el 2 por 1000 de los depósitos existentes en ellas al final del ejercicio, pudiendo disminuirse a propuesta del Banco de España que, de un modo excepcional, puede realizar aportaciones al Fondo. La administración del Fondo está llevada por una comisión gestora compuesta de ocho miembros nombrados por el Ministro, cuatro

---

[107] En abril de 2009 el FASB, que determina las normas contables en EE.UU., acordó relajar su aplicación a los bancos para que los activos financieros no hayan de ser valorados mensualmente a precios de mercado *mark to market*. Se mejoran los resultados y disminuye la transparencia.

[108] De acuerdo con el Reglamento 1605/2002 del Parlamento europeo y del Consejo que adoptó las normas internacionales de información financiera (NIF). Cfr. también la circular 3/2005 de 22 de mayo sobre determinación y control de los recursos propios mínimos, consecuencia del Real Decreto 216/2008 de 15 de febrero.

[109] R.D. 2606/1996 de 20 de diciembre, completa la transposición de la D. 94/19/ /CE.

1264   *Em Homenagem ao Professor Doutor Diogo Freitas do Amaral*

en representación del Banco de España y otros cuatro en el de las entidades de crédito. La actuación a realizar puede consistir en ayudas financieras, reestructuración del capital y medidas de gestión que mejoren la organización, procedimiento y control interno de la entidad.

El Real Decreto-ley 9/2009 de 26 de junio[110] creó el **Fondo de Reestructuración Ordenada Bancaria**. Ante una situación que "no puede calificarse de normal" amplía los instrumentos adicionales previstos para hacer frente a un "potencial riesgo sistémico" que podría generarse por "la consideración conjunta" de los problemas de viabilidad de entidades susceptibles de entrar en dificultades[111].

Para ello se plantea una estrategia que "favorezca la solución de los problemas mediante una reestructuración ordenada del sistema bancario", para la que se proponen tres fases. La primera supone la búsqueda por parte de cualquier entidad financiera de una solución privada para reforzar su solvencia. Se trata de una iniciativa libre, no reglada ni predeterminada, en la que el Banco de España no interviene.

La segunda se corresponde a una solución también privada, pero en la que interviene el Banco de España. Existen debilidades que pueden afectar a la viabilidad de las entidades de crédito. Para afrontarlas se acude a los respectivos Fondos de Garantía de Depósitos sectoriales[112], previa presentación de un plan de actuación, que requiere la aprobación del Banco de España, y que puede tener como objetivos, reforzar el patrimonio y solvencia de la entidad, su fusión o absorción o el traspaso total o parcial del negocio o unidades del mismo.

---

[110] Fue convalidado por el Congreso de los Diputados. Ha suscitado discusión por parte de algunas Comunidades autónomas, que han interpuesto recursos de inconstitucionalidad por entender que algunos de sus preceptos vulneran competencias de ellas.

[111] El Fondo de reestructuración tiene una dotación de 9.000 millones de euros, de los cuales 6.750 son a cargo de los Presupuestos Generales del Estado y 2.250 de los Fondos de garantía de depósitos, sin perjuicio de que esta última aportación sea incrementada por ley y el Fondo pueda adicionalmente emitir valores de renta fija y realizar operaciones de endeudamiento.

El gobierno del Fondo corresponde a una Comisión rectora compuesta por ocho miembros, de los cuales cinco lo serán a propuesta del Banco de España –uno de ellos subgobernador– y tres en representación de los respectivos Fondos de garantía de depósitos.

[112] Son los relativos a establecimientos bancarios, Cajas de Ahorro y Cooperativas de crédito. El Fondo de Reestructuración ordenada bancaria (FROB) puede otorgarles financiación a precio de mercado.

El FROB opera en casos en que persista la situación de debilidad porque no se hubiera presentado el plan antes descrito al Banco de España, no se le hubiese comunicado la situación de la entidad, el plan presentado no fuese viable, la entidad hubiese incumplido de forma grave el plazo de su ejecución, las medidas concretas contenidas en él, o las previstas en un plan relativo a los recursos propios previamente aprobado por el Banco de España[113]. Se trata de supuestos tasados. Aún así resulta evidente el decisivo papel del ente regulador. A él corresponde designar al Fondo de reestructuración como administrador provisional. El plan de reestructuración podrá prever la fusión con otra u otras entidades, cesión global o parcial de sus activos y pasivos mediante procedimientos que aseguren la competencia, como la subasta.

El FROB puede operar también en procesos de integración de las entidades financieras que necesiten reforzar sus recursos propios y no se encuentran en la necesidad de acometer un proceso de reestructuración de los anteriormente descritos. Aquellos pueden incluir "sistemas institucionales de protección" (SIP) que se consideran como fusiones virtuales al coincidir en los objetivos de las fusiones reales. Para facilitarlos el FROB puede adquirir excepcionalmente títulos emitidos por las entidades financieras.

El nuevo Real Decreto-ley y la Ley 5/2009 de 29 de junio, que modifica la 26/1988 sobre disciplina e intervención de las entidades de crédito, han reforzado la función supervisora del Banco de España, de cuya amplitud dan cuenta las Memorias anuales[114].

Con la crisis global como referencia y el arma del Fondo el Banco de España está impulsando una profunda reestructuración, "ordenada" se dice, del sector, especialmente en las Cajas de Ahorro, estimulando la fusión. Es una apuesta decidida del Banco de España, sobre todo en relación con las Cajas de Ahorro[115], dentro de la capacidad de maniobra

---

[113] Ver artículo 75 del Real Decreto 216/2008 de 15 de febrero, de recursos propios de las entidades financieras.

[114] En la correspondiente al año 2008 estaban sometidas a su supervisión 500 entidades, de las cuales 361 eran entidades de crédito; formuló 77 escritos de recomendaciones y requerimientos, de los cuales la mitad se refirieron al riesgo del crédito; se incoaron 14 expedientes sancionadores y se revolvieron otros tramitados contra 9 entidades y 42 miembros de sus órganos de dirección y administración.

[115] Responde, entre otras razones, a que las Cajas al haber crecido durante el «boom» inmobiliario haciéndose con cuota de mercado a costa de los bancos, se encuentran en una posición más proclive a la intervención del ente regulador.

1266 *Em Homenagem ao Professor Doutor Diogo Freitas do Amaral*

que posee, aunque no es la única de las alternativas previstas legalmente. El título del Real Decreto-Ley es, en ese sentido, significativo ya que junto a la reestructuración bancaria habla de reforzamiento de los recursos propios de las entidades de crédito.

7. Reflexión conclusiva

La llamada regulación económica responde a una de las variadas formas de intervención del Estado en la actividad económica que ni es única, ni homogénea en los distintos ordenamientos jurídicos, ni responde a idénticos postulados, aunque exista una convergencia en considerar el mercado y sus reglas como una referencia fundamental.

La insuficiencia del mercado para cumplir con los fines asumidos de diversas formas por los Estados como de interés general ha quedado de manifiesto de un modo singularmente claro con el defectuoso mecanismo de autorregulación en el ámbito financiero con ocasión de la actual crisis. Esa insuficiencia y los propios fallos han justificado la regulación de las *public utilities,* la imposición de obligaciones de servicio público para asegurar un servicio universal, sin necesidad de que el Estado asuma la titularidad, como en el servicio público y tampoco la gestión de servicios que, no obstante, se consideran esenciales, trátese de servicios económicos de interés general o de servicios de interés general[116].

La regulación bancaria, aunque no ligada, a fenómenos de privatización y liberalización, participa de esa referencia fundamental al mercado. La intervención del Estado ejercida a través de entes reguladores que implica la "supervisión prudencial de las entidades de crédito"[117] ha de garantizar que puedan desarrollarse las actividades económicas de un modo acorde con las reglas del mercado y la sana competencia. La confianza del público que necesitan las entidades de crédito en su actuación justifica que se haya insistido en "el efecto disciplinario que ejerce el escrutinio del mercado", lo que obliga a que aquellas divulguen información sobre aspectos clave de su gestión.

La crisis ha puesto en evidencia que los instrumentos y mecanismos estatales de supervisión son insuficientes. A superar esa insuficiencia

---

[116] Cfr. J. L. MEILÁN, *Progreso...*, pp. 45-51.
[117] Exposición de motivos de R. D. 216/2008.

Una Aproximación Jurídica a la Regulación Económica y Financiera   1267

responden las recomendaciones de Basilea II[118] o del Foro de estabilidad financiera (FSF)[119] convertido en Consejo del mismo nombre (FSB) por acuerdo del G-20, que propuso un marco regulador más fuerte y globalmente más coherente, en el marco de un sistema financiero mundial. La interdependencia supranacional requiere fórmulas regulatorias de la misma naturaleza, que no encuentran su fundamento último en un inexistente poder legislativo, sino en procedimientos típicos de un emergente Derecho administrativo global correspondiente a una gobernanza en red[120].

La regulación tiene limitaciones. La crisis ha respondido a comportamientos humanos dominados por la codicia reprobables también desde la ética. En eso existe un amplio consenso desde la autoridad moral de Benedicto XVI, a la científica de premios Nóbel de economía como P. Krugman, del que se han hecho eco publicaciones periódicas de interés general y el propio G-20 al pronunciarse sobre la necesidad de decoro, integridad y transparencia[121].

---

[118] Cfr. Convergencia internacional de medidas y normas de capital: marco revisado, 2004 y Core Principles Methodology, 1996, 2006.

[119] Cfr. Report of the Financial Stability Forum on Enhancing Market and Institutional Resilience.

[120] Cfr. J. L. MEILÁN GIL, «Fundamento principial del Derecho administrativo global», Ponencia en el III Congreso internacional de Derecho Administrativo, Universidad autónoma de Nuevo León (México), Abril 2009.

[121] Se ha producido una amplia reestructuración de las Cajas de Ahorro mediante fusiones o constutución de SIP, cuya entidad central tendrá la naturaleza de sociedad anónima. El 9 de julio de 2010 se aprobó un Decreto-Ley que modifica el régimen jurídico de las Cajas de Ahorro. Para favorecer su capitalización se permite la emisión de cuotas participativas con derechos políticos hasta un 50 por 100. Las Cajas se «bancarizan», no sólo por su integración en un SIP, sino tamién porque pueden ceder todo su negocio financiero a un banco, manteniendo la obra social y la cartera industrial o transformándose en fundación y participando en el banco.

FIM NÃO LUCRATIVO E FIM LUCRATIVO NOS CONTRATOS DE COOPERAÇÃO ASSOCIATIVA[*]

CARLOS FERREIRA DE ALMEIDA[**]

1. Contratos de cooperação

A expressão contratos de cooperação deve-se, segundo julgo, a Messineo, que, numa classificação das funções económicas do contrato, delimitou os contratos de colaboração ou de cooperação como aqueles em que uma das partes exerce a sua actividade em concurso com a actividade de outra. No conjunto de tais contratos, distinguiu os contratos em que o exercício é independente (exemplificando com o mandato, a agência, a edição) e os contratos associativos ou de organização (exemplificando com a sociedade, a associação em participação, o consórcio)[1].

A ideia foi retomada na doutrina portuguesa, onde se construiu uma categoria de contratos de cooperação, caracterizada pela concertação da actividade das partes com vista à obtenção de um fim comum e subdividida em contratos de cooperação associativa e contratos de cooperação auxiliar[2].

---

[*] Diogo Freitas do Amaral é um académico ilustre, um político esclarecido, um espírito imaginativo e empreendedor, um homem bom, um ouvinte atento e um amigo generoso. O que faz dele uma personalidade ímpar é a acumulação de qualidades que raramente se conjugam e harmonizam numa só pessoa.

[**] Professor catedrático jubilado da Faculdade de Direito da Universidade Nova de Lisboa.

[1] F. MESSINEO, *Dottrina generale del contratto*, 3ª ed., Milano, 1948, p. 21. MESSINEO veio a abandonar esta formulação, preferindo contrapor contratos de troca e contratos associativos (*Contratto plurilaterale e contratto associativo*, Enciclopedia del Diritto, X, Milano, 1962, p. 139 ss, p. 152 s, 165).

[2] MARIA HELENA BRITO, *O contrato de concessão comercial*, Coimbra, 1990, p. 205 ss. L. LIMA PINHEIRO, *Contrato de empreendimento comum* (joint venture) *em Direito*

1270 *Em Homenagem ao Professor Doutor Diogo Freitas do Amaral*

Mas estas categorias não estão estabilizadas em nenhum sistema jurídico, concorrendo com outras, a que correspondem conceitos, por vezes imprecisos ou apenas implícitos e raramente coincidentes, que são afins ou parcialmente equivalentes aos contratos de cooperação: contratos de colaboração[3], contratos de organização[4], contratos de fim comum[5], contratos parciários[6], contratos associativos[7].

Todas estas designações são impressivas para a indicação de algum elemento comum (a função, o meio, os efeitos). Como a ênfase varia, varia também a nomenclatura. Como os critérios são diversos, é natural que se verifiquem sobreposições parciais na extensão dos conceitos. Para colocar em destaque uma função económico-social comum e com amplitude bastante, a designação mais adequada parece-me ser a de contratos de cooperação.

Internacional Privado, Lisboa, 1998, p. 120 ss, julga a expressão demasiado ampla, preferindo circunscrevê-la de modo a incluir apenas os contratos de cooperação económica.

[3] Além de Messineo (cfr. nota 1), ver, na literatura portuguesa, Ana Paula Ribeiro, *O contrato de franquia* (franchising) *no direito interno e internacional*, Lisboa, 1994, p. 62. Contra esta expressão, pode alegar-se que a colaboração (ou a cooperação) entre as partes é exigível em qualquer contrato; cfr. a propósito D. Markovits, *Contract and Collaboration*, The Yale Law Journal, 2004, p. 1417 ss.

[4] L. Raiser, *Vertragsfunktion und Vertragsfreiheit*, Festschrift für hundertjährigen Bestehen des deutschen Juristentages (org. von Cammerer e o.), Karlsruhe, 1960, p. 101 ss (p. 109 s), e; entre outros, A. Menezes Cordeiro, *Tratado de Direito Civil Português*, I, *Parte Geral*, tomo I, *Introdução. Doutrina Geral. Negócio Jurídico*, 3ª ed., Coimbra, 2005, p. 476 s (distintos dos contratos parciários e dos contratos de distribuição).

[5] Oetker & Maultzsch, *Vertragliche Schuldverhältnisse*, cit., p. 9. Em várias obras, o fim comum aparece conjugado com outro critério de classificação: fim comum e organização (assim, em relação ao contrato de sociedade, A. Ferrer Correia, *Lições de Direito Comercial*, II, *Sociedades comerciais. Doutrina geral*, Coimbra, 1968, p. 51 ss) ou fim comum e cooperação (Maria Helena Brito, loc. cit.; P. Sousa de Vasconcelos, *O contrato de consórcio no âmbito dos contratos de cooperação entre empresas*, Coimbra, 1999, p. 146 ss).

[6] C. Mota Pinto, *Teoria geral do direito civil*, 4ª ed. por António Pinto Monteiro e Paulo Mota Pinto, Coimbra, 2005, p. 405; P. Pais de Vasconcelos, *Teoria geral do direito civil*, 5ª ed., Lisboa, 2008, p. 448 ss.

[7] Além de Messineo (cfr. nota 1) e de outros autores italianos, como G. B. Ferri, *Causa e tipo nella teoria del negozio giuridico*, Milano, 1958, p. 389 ss. Na doutrina portuguesa, Maria Helena Brito, ob. cit., p. 206 ss (como subcategoria dos contratos de cooperação) e Sousa de Vasconcelos, ob. cit., p. 159 ss (como categoria mais ampla do que os contratos de cooperação).

[8] Sobre a função económico-social dos contratos e as suas variantes, ver os meus livros *Texto e enunciado na teoria do negócio jurídico*, Coimbra, 1992, p. 496 ss, e *Contratos II. Conteúdo. Contratos de troca*, Coimbra, 2207, p. 111 ss.

Fim Não Lucrativo e Fim Lucrativo nos Contratos de Cooperação Associativa 1271

A função económico-social de cooperação, como elemento comum ao conteúdo de vários tipos contratuais[8], caracteriza-se pela intersecção de dois factores: a bilateralidade de custos e benefícios; e a coincidência da finalidade típica dos contraentes entre si e com a finalidade global do contrato.

Os custos ou sacrifícios consistem ora em contribuições para um fundo comum ou para o património da outra parte (em dinheiro, noutras coisas ou em serviços) ora na assunção de obrigações, que podem ser iguais ou diferentes em natureza e quantidade. Os benefícios ou vantagens podem decorrer da participação no lucro, da redução de custos, do incremento do activo ou do desenvolvimento do volume de negócios. Mas, nalgumas associações, não têm natureza nem pessoal nem patrimonial, veiculando a realização de um objectivo social ou favorecendo terceiros.

A bilateralidade de custos e benefícios implica uma pluralidade de objectos, mas, em comparação com os contratos de troca, não é necessária a reciprocidade, porque as vantagens não derivam directamente dos sacrifícios do outro contraente, advêm antes do exercício do fim comum, seja pela partilha de resultados seja pelo aproveitamento das sinergias propiciadas pelo contrato. Mesmo que haja reciprocidade de obrigações, como sucede nos contratos de distribuição, a obtenção de vantagens depende também do êxito das transacções com terceiros.

Nos contratos de cooperação, a coincidência de finalidades, associada à bilateralidade, convive com a eventual diferença de interesses pessoais. Para resolver esta antinomia, é indispensável que o contrato programe um fim comum, ao serviço do qual prefigura uma actividade comum ou coordenada entre as partes. Alguns tipos contratuais estabelecem uma organização e têm como efeito a criação de uma pessoa jurídica ou de um património autónomo. Por isso, os contratos de cooperação são especialmente aptos para associarem mais do que dois contraentes.

A coincidência de finalidades perfila-se pois de modo diferente da função de liberalidade. Nesta, a vantagem de uma só das partes (vantagem assimétrica) corresponde à finalidade de ambas. Com a cooperação pretende-se que as vantagens, patrimoniais ou não, favoreçam todos os contraentes ou o objectivo por eles programado, de modo equilibrado e proporcionado, ainda que desigual. Em consequência, as vantagens, quando não sejam simétricas, são, pelo menos, partilhadas pelas partes ou estabelecidas em favor de um objectivo comum. Mesmo que o fim comum seja o bem de terceiros, como sucede nas associações de solidariedade social, só com outros contratos (de doação, de prestação de serviço gratuito) se realizam funções de liberalidade. Tais contratos de associação não são pois contratos de liberalidade, são contratos de cooperação para a liberalidade.

2. Tipologia dos contratos de cooperação

De entre os critérios possíveis para distinguir os tipos contratuais de cooperação, os mais aptos parecem ser a natureza do fim comum, o modo de exercício da actividade e a natureza dos efeitos gerados pelo contrato, embora nenhum deles seja suficiente para caracterizar a totalidade dos tipos legais ou sociais de cooperação. Deverá pois recorrer-se à intersecção de todos estes critérios, sendo ainda necessário, para alguns deles ou para alguns subtipos, apelar a critérios complementares relativos a elementos pessoais, objectivos ou circunstanciais.

Dando a primazia à natureza do fim comum, os contratos de cooperação distribuem-se entre os que não têm e os que têm fim lucrativo.

Os contratos de cooperação sem fim lucrativo esgotam-se em dois grandes grupos – os contratos de associação e os contratos para a constituição de cooperativa – que entre si se distinguem pelo fim e pela natureza do lucro que excluem.

Para retratar a multifacetada e complexa variação dos contratos de cooperação com fim lucrativo, pode usar-se como primeiro critério de subdistinção o modo como o contrato prefigura o exercício da actividade de cooperação: exercício em comum e exercício em separado.

Para o exercício em comum (cooperação associativa), adoptam-se basicamente dois modelos: a constituição de uma sociedade ou a criação de um outro tipo de estrutura (contrato de grupo societário, contrato de agrupamento de empresas, consórcio)[9].

O exercício em separado, que corresponde aproximadamente à cooperação auxiliar, efectua-se, por sua vez, segundo uma de duas modalidades, que se podem designar como exercício assimétrico, em que o fim comum é desenvolvido apenas por uma das partes (contratos parciários – parceria, associação em participação, associação à participação) e exer-

---

[9] Outros contratos de cooperação preparam, acompanham ou reestruturam a vida interna das sociedades comerciais (contrato de subscrição, acordo parassocial, contrato de fusão).

cício simétrico, com participação activa de ambas partes (contratos de distribuição – agência, concessão comercial, franquia).

Neste artigo considerar-se-ão em especial (sem prejuízo de menções esporádicas a outros contratos) os tipos tradicionais e modelares dos contratos de cooperação associativa – de associação, de cooperativa e de sociedade – com a finalidade específica de os relacionar com o seu fim lucrativo ou não lucrativo.

Por isso, convém começar por clarificar o conceito de lucro, que, servindo como critério básico de classificação dos contratos de cooperação, continua a ser causa de controvérsia quanto aos tipos contratuais seleccionados para o presente estudo.

3. Cooperação e lucro

A palavra lucro tem vários sentidos. No sentido mais comum, coincidente com o sentido *contabilístico*, lucro significa a diferença positiva entre proveitos e custos patrimoniais (salvo os custos de oportunidade do capital investido). Este conceito serve também, com algumas correcções, como base para o cálculo do lucro fiscal[10].

O lucro contabilístico reporta-se geralmente a um conjunto de operações realizadas por uma empresa (lucro empresarial) num determinado período (lucro de balanço, geralmente referido ao exercício anual) ou durante todo o tempo da sua duração (lucro de liquidação), sendo calculado com base na diferença entre os valores do património líquido no início e no fim do período (cfr. CIRC, artigo 3.º, n.º 2). Mas o lucro contabilístico e o lucro fiscal também se podem referir a operações isoladas (cfr. CIRC, artigo 30.º), *rectius*, a um conjunto limitado de operações associadas, por exemplo, a revenda de coisa que se comprou para revender.

Em sentido *económico*, considera-se adicionalmente como custo para o cômputo do lucro o valor correspondente ao que seria o rendimento normal do capital em aplicações alternativas. O lucro em sentido económico (lucro puro ou lucro normal) é portanto sempre inferior ao lucro

---

[10] Cfr. CIRC, artigos 3.º, 17.º, 21.º ss; J. Casalta Nabais, *Direito Fiscal*, Coimbra, 2000, p. 366 ss; J. L. Saldanha Sanches, *Manual de Direito Fiscal*, 3ª ed., Coimbra, 2007, p. 367 ss.

1274   *Em Homenagem ao Professor Doutor Diogo Freitas do Amaral*

contabilístico pela diferença para menos igual ao montante corresponden-te à remuneração do capital[11].

Quando o lucro é gerado no âmbito da actividade exercida por uma pessoa jurídica ou por entidade dotada de património autónomo, é fre-quente considerar, em obras jurídicas[12], uma outra dupla dimensão do lucro: o lucro em sentido *objectivo*, para referir o acréscimo do patrimó-nio da entidade que o gerou (v. g. o lucro da sociedade); e o lucro em sentido *subjectivo*, para referir a repartição, total ou parcial, do lucro em sentido objectivo pelas pessoas que participam na entidade cujo patrimó-nio foi acrescido (v. g. o lucro dos sócios). Generalizando este sentido subjectivo a todas as situações em que haja direito à partilha de lucros e considerando que o lucro, em qualquer dos sentidos, tanto pode ser actual como potencial, é admissível construir mais um conceito de lucro – o lucro *distribuível*.

Finalmente, lucro pode significar, num sentido muito amplo[13], qual-quer benefício de natureza patrimonial, incluindo economias de escala e redução de custos operacionais. Mas este conceito é tão amplo que não chega para ser distintivo, pelo menos no direito português vigente.

Ora, nos contratos de cooperação, defrontamo-nos com a concorrên-cia de todos aqueles sentidos de lucro, não sendo sempre pacífico qual deles releva para a caracterização de cada um dos tipos contratuais.

Assim, no direito português vigente, a legislação tipifica contratos de cooperação em que o fim lucrativo está excluído, a saber, os contratos constitutivos de "associações que não tenham por fim o lucro económico dos associados" (Código Civil, artigo 157.º) e os contratos constitutivos de cooperativas, cuja caracterização implica a actuação "sem fins lucra-tivos" (Código Cooperativo, artigo 2.º).

Pelo contrário, na definição de contrato de sociedade, o artigo 980.º do Código Civil exige, entre outros, o requisito de que o exercício em

---

[11] Sobre estes sentidos de lucro, ver, por todos, R. G. Lipsey, *An introduction to positive economics*, 7ª ed., London, 1989 (reimp. 1992), p. 174 s; Fernando Araújo, *Introdução à economia*, 3ª ed., Coimbra, 2005, reimp. 2006, p. 325. Em obras jurídicas, não é vulgar esta contraposição; cfr. porém Farrar's *Company Law*, por Farrar, Furey & Hannigan, 3ª ed., London, 1995, p. 4.

[12] Ver, por todos, na doutrina italiana, F. Galgano, *Le società*, 16ª ed., 2006, p. 15 s, e, no direito português, P. Tarso Domingues, *Capital e património sociais, lucros e perdas*, Estudos de direito das sociedades, 8ª ed., Coimbra, 2007, p. 167 ss (p. 212 ss).

[13] Cfr. Ferrer Correia, *Sociedades comerciais. Doutrina geral*, cit., p. 9, 15.

Fim Não Lucrativo e Fim Lucrativo nos Contratos de Cooperação Associativa 1275

comum de uma actividade económica se realize com o "fim de repartirem os lucros resultantes dessa actividade" (cfr. também os artigo 991.º e 992.º, sobre distribuição periódica de lucros e perdas, e o artigo 1018.º, sobre a partilha entre os sócios dos bens remanescentes na liquidação da sociedade).

A participação nos lucros ou a sua repartição surgem também como fim necessário na caracterização do contrato de parceria pecuária ("com o ajuste de repartirem entre si os lucros futuros", Código Civil, artigo 1121.º) e de associação em participação ("participar nos lucros ou nos lucros e perdas", Decreto-Lei n.º 231/81, de 28 de Julho, artigos 21.º e 25.º).

Em zona intermédia situam-se:

– o contrato de consórcio, em que o benefício dos contraentes deriva geralmente da percepção directa dos valores devidos por terceiros, mas que admite também a participação dos consorciados nos lucros e nas perdas resultantes da actividade concertada (mesmo Decreto-Lei n.º 231/81, artigos 16.º a 18.º);

– o contrato constitutivo de agrupamento complementar de empresas (ACE), cujo fim principal consiste em melhorar as condições de exercício ou de resultado das actividades económicas das empresas agrupadas, embora a realização e partilha de lucros possa ser estipulada como fim acessório (Lei n.º 4/73, de 4 de Junho, Base I, n.º 1, e Base II, n.º 1, e Decreto-Lei n.º 430/73, de 25 de Agosto, artigo 1.º).

Nos contratos de distribuição, o fim lucrativo não figura entre os elementos contratuais típicos, mas ajusta-se ao resultado económico esperado por ambas as partes, em termos similares aos contratos de troca.

A dilucidação do sentido de lucro que alguns dos preceitos legais pressupõem, seja pela positiva seja negativa, oscila entre aquilo que claro e o que é mais ou menos obscuro e discutível. Os aspectos controversos são os seguintes:

Em relação às associações reguladas pelo Código Civil, é clara a inadmissibilidade de lucro distribuível, mas continua na dúvida se é admissível todo e qualquer lucro que não seja distribuído.

Em relação às cooperativas, é nítida a exclusão do lucro em sentido económico, mas o regime do retorno de excedentes e a licitude da remuneração limitada do capital (Código Cooperativo, artigos 3.º, 3.º princípio, 26.º e 73.º) tornam relativamente fluida a linha de demarcação do lucro subjectivo compatível com a sua especial natureza.

Em relação às sociedades, ninguém põe em dúvida a licitude do lucro em qualquer dos sentidos, incluindo o lucro económico especulativo, mas

1276 *Em Homenagem ao Professor Doutor Diogo Freitas do Amaral*

vão sendo cada vez mais frequentes as opiniões favoráveis a prescindir do lucro distribuível como elemento necessário das sociedades comerciais, admitindo como bastante o fim lucrativo amplo e mediato.

Como pano de fundo destas interrogações está a questão de saber se, em relação a cada das diferentes categorias de pessoas jurídicas (e, em consequência, em relação a cada um dos tipos contratuais de cooperação por que se constituem), deve corresponder uma vocação própria e um fim comum específico ou se, pelo contrário, a sua destrinça se deve antes fazer por outros critérios – de denominação, de forma, de organização e de regime – segundo escolha livre, ou quase livre, dos contraentes.

Nos sistemas jurídicos latinos, a orientação clássica apontava para o modelo de diferenciação, em especial quanto ao contraste entre o escopo lucrativo das sociedades e o escopo não lucrativo das associações[14], ainda que na concretização do conceito de lucro subjacente à distinção nunca se tenham resolvido todas as ambiguidades e flutuações.

Nos sistemas jurídicos germânicos e anglo-saxónicos, pelo contrário, o critério do lucro nunca foi considerado essencial para distinguir categorias de pessoas jurídicas, ainda que se verifique a tendência para preferir certos tipos de pessoas jurídicas ou de estruturas contratuais para a prossecução de certos fins. No direito alemão, em que a lei distingue entre associação (*Verein*) sem fim económico e com fim económico (BGB, §§ 21 e 22), o regime dos diversos tipos de sociedade (*Gesellschaft*), tanto civis como comerciais, adapta-se particularmente ao exercício de actividades lucrativas[15]. No direito inglês, as *companies* e as *partnerships* foram concebidas para a realização de fins lucrativos, embora se mostrem também idóneas para prosseguir fins ideais, em substituição das fórmulas tradicionais (*charitable trust* e *unincorporated association*)[16].

Estas soluções abertas têm atraído uma parte significativa da comunidade jurídica latina. No direito francês, a definição de sociedade, constante do artigo 1832 do *Code Civil*, foi alterada em 1978, de modo a abranger nos seus fins, além da partilha do lucro, também a vantagem

---

[14] D. FREITAS DO AMARAL, *Curso de Direito Administrativo*, I, 3ª ed., 2008, p. 423 ss, segue esta orientação clássica.

[15] Cfr., por todos, H. KÖHLER, *BGB. Allgemeiner Teil*, 28ª ed., München, 2004, p. 321 ss; F. KÜBLER, *Gesellschatfrecht*, 5ª ed., Heidelberg, 1999, p. 20 ss, 41 ss, 111 ss.

[16] Cfr., por todos, SMITH & KEENAN'S *English Law*, 8ª ed., London, 1986, p. 169 ss; GOWER & DAVIES, *Principles of Modern Company Law*, 8ª ed., London, 2008, p. 4, 11 ss.

Fim Não Lucrativo e Fim Lucrativo nos Contratos de Cooperação Associativa 1277

económica, embora se tenha mantido a redacção do artigo 1.º da Lei de 1 de Julho de 1901, que exclui a partilha do lucro enquanto fim das associações. Considerando ainda que se mantêm em vigor as leis sobre cooperativas (1947) e sobre GIE's (*Groupements d'intérêt économique*, 1967), a situação actual permite que o exercício em comum de várias actividades (por exemplo, saúde, ensino, turismo, lazer, desporto, lares de terceira idade, rádio-taxis) se realize por qualquer uma daquelas estruturas jurídicas[17]. Uma parte da doutrina considera este sistema insatisfatório, porque propicia confusão gerada por erro ou por disfarce voluntário para beneficiar de um ou de outro aspecto particular de regime[18].

No direito italiano, uma parte da doutrina converge na admissibilidade de um tríplice escopo das sociedades (lucrativo, mutualista e consorcial). Para tanto, baseia-se, quanto aos dois primeiros, na redacção originária do *Codice Civile* (cfr. o artigo 2247, que define contrato de sociedade, e o artigo 2511, que define sociedade cooperativa) e, quanto ao último, no aditamento, por lei de 1976, do artigo 2615-*ter*, que permitiu que as sociedades em nome colectivo tenham objecto igual ao do contrato de consórcio[19]. Uma corrente minoritária aceita que a distribuição do lucro seja o escopo normal das sociedades, mas não o seu escopo necessário, sendo suficiente o exercício colectivo de uma empresa com benefício económico para todos os sócios[20].

Noutros sistemas jurídicos latinos, mesmo sem alteração legislativa, difundiu-se a ideia de que a distinção entre pessoas jurídicas pelo critério do lucro estava ultrapassada e devia ser superada, até por força do direito constitucional de associação[21]. Entre nós, há mesmo quem entenda que

---

[17] RIPERT, ROBLOT, GERMAIN & VOGEL, *Traité de Droit Commercial*, tomo 1, 17ª ed., Paris, 1998, p. 792 ss; COZIAN, VIANDIER & DEBOISSY, *Droit des sociétés*, 13ª ed., Paris, 2000, p. 11 ss.

[18] P. MERLE, *Droit commercial. Sociétés commerciales*, 6ª ed., Paris, 1998, p. 46 ss (p. 49, 51).

[19] G. F. CAMPOBASSO, *Diritto Commerciale. 2. Diritto delle società*, 6ª ed. por M. Campobasso, 3ª reimp., Torino, 2008, p. 25 s; V. BUONOCORE, *Le società. Disposizioni generali*, Il codice civile. Commentario diretto da Piero Schlesinger, art. 2247, Milano, 2000, p. 105 s; crítico, P. ABBADESSA, *Le disposizioni generali sulle società*, Trattato di diritto privato (dir. P. Rescigno), 16, Torino, 1985, p. 3 ss (p. 25 ss).

[20] G. FERRI, *Manuale di Diritto Commerciale*, 9ª ed. por C. Angelici & G. B. Ferri, Torino, 1993 (reimp. 1994), p. 254 ss.

[21] Ver, para o direito espanhol, C. PAZ-ARES, *La sociedad en general: caracterización del contrato de sociedad*, Curso de Derecho Mercantil (org. Uría & Menéndez), I,

1278 *Em Homenagem ao Professor Doutor Diogo Freitas do Amaral*

nada impede que uma função puramente benemérita seja exercida por uma sociedade (civil ou comercial) nem que o objectivo de uma associação seja lucrativo, ainda que afectando os lucros a fins beneméritos. Tratar-se-ia apenas de uma questão de mercado ou de técnica de gestão[22].

Outras orientações mais moderadas limitam-se a ampliar o conceito de sociedade comercial, desafectando-o do conceito de contrato de sociedade civil, de modo a abranger o exercício de uma actividade económica em benefício dos seus membros[23], ou a interpretar latamente o fim não lucrativo das associações, de modo a possibilitar que exerçam funções coincidentes com as próprias do ACE e do consórcio[24].

Não me parece que sobre o fim lucrativo dos contratos de cooperação associativa se possa tomar uma postura genérica, a favor ou contra a indiferença na caracterização de cada um dos tipos contratuais. Desde logo, porque o conceito de lucro está longe de ser unívoco e, pelo que já se viu numa primeira análise, não coincide em todos os tipos contratuais. Em seguida, porque nenhuma solução se pode adoptar sem considerar as políticas subjacentes às normas legais, não sendo metodologicamente correcto ignorar os dados do direito vigente, mesmo quando a sua coerência não seja perfeita. A liberdade de associação não equivale à livre escolha dos tipos disponíveis para a cooperação. A utilização de um tipo legal com fins diversos daqueles que a própria lei estabelece configura-se, consoante as circunstâncias, como negócio indirecto ou em fraude à lei[25], com as respectivas consequências jurídicas. E finalmente porque não

---

Madrid, 1999, p. 429 ss (p. 432 ss); M. Broseta Pont, *Manual de Derecho Mercantil*, 11ª ed. por F. Martínez Sanz, vol. I, Madrid, 2002, p. 263 s, 274 s. Mas a ideia encontra resistência nalgumas obras modernas, por exemplo, F. Vicent Chuliá, *Introducción al derecho mercantil*, 20ª ed., Valencia, 2007, p. 262.

[22] A. Menezes Cordeiro, *Manual de Direito das Sociedades*, I, *Das Sociedade em Geral*, Coimbra, 2004, p. 238 s; ID., *Tratado de Direito Civil Português*, I, *Parte Geral*, tomo III, *Pessoas*, Coimbra, 2004, p. 547 s.

[23] R. Pinto Duarte, *(Uma) Introdução ao Direito das Sociedades*, Escritos sobre Direito das Sociedades, Coimbra, 2008, p. 9 ss (p. 26 ss), seguindo na linha iniciada por Ferrer Correia, loc. cit.

[24] P. Videira Henriques, *O regime geral das associações*, Comemorações dos 35 anos do Código Civil e dos 25 anos da reforma de 1977, vol. II, A Parte Geral do Código e a Teoria Geral do Direito Civil, Coimbra, 2006, p. 271 ss (p. 291).

[25] Para Díez-Picazo & Gullón, *Sistema de Derecho Civil*, vol. I, 11ª ed., Madrid, 2002 (reimp. 2005), p. 602, constitui fraude à lei formar uma associação com fim de lucro ou uma sociedade para realizar um fim não lucrativo.

Fim Não Lucrativo e Fim Lucrativo nos Contratos de Cooperação Associativa 1279

passa sem prova a tese da superioridade do sistema da indiferenciação sobre o sistema da compartimentação dos tipos contratuais associativos, que continua a ser defendido por uma parte significativa da doutrina.

A livre escolha pode ter vantagens para os contraentes, mas tem como reverso a menor transparência nas relações com terceiros e com a comunidade representada pelo Estado. Não se vislumbra de resto nenhum movimento irreversível ou mesmo contínuo no sentido da mera distinção formal e estrutural entre sociedade e associação, sem consideração do fim lucrativo ou não lucrativo. Basta lembrar: o Código Civil suíço, que, no artigo 60, n.º 1, continua a delimitar as associações em função do fim não económico; a lei espanhola 1/2002, de 22 de Março, que regula as associações que não tenham como fim o lucro (artigo 1.º, n.º 2); o BGB, que, ao distinguir entre associações com fim ideal e com fim económico, atribui personalidade jurídica às primeiras com o simples registo e, em relação às segundas, exige um acto administrativo de concessão, que pode ser recusado se a actividade puder ser exercida, de modo adequado, através de outras fórmulas, v. g., a sociedade ou cooperativa[26]; e, em geral, a tendência para que as leis exijam certos tipos de pessoas jurídicas para o exercício de certas actividades de grande relevância (por exemplo, a sociedade anónima para a actividade bancária ou a associação para a actividade sindical).

Renunciando pois a qualquer tese geral sobre o assunto, ver-se-á em relação a cada um dos tipos contratuais de cooperação associativa seleccionados (associação, cooperativa e sociedade) se, e de modo, no direito português vigente, o fim lucrativo está excluído ou está implicado pelo respectivo fim comum. Dir-se-á, a propósito, o que for necessário em relação a outros aspectos do fim do contrato e da pessoa jurídica que por ele se gera.

4. Fim não lucrativo das associações

Do contrato pelo qual uma associação se constitui deve constar o seu fim (artigo 167.º, n.º 1). É pelo fim que se afere a capacidade de gozo da associação criada pelo contrato, de acordo com o princípio da especia-

---

[26] U. EISENHARDT, *Allgemeiner Teil des BGB*, 4ª ed., Heidelberg, 1997, p. 359 s; KÖHLER, *Allgemeiner Teil*, cit., p. 325.

lidade (artigo 160.º do Código Civil). O esgotamento, a impossibilidade ou a dissimulação do fim são causas de pedir idóneas para a extinção judicial da associação (artigo 182.º, n.º 2, alíneas a) e b). O fim é portanto elemento essencial tanto do contrato de associação como do estatuto da pessoa jurídica, cuja subsistência depende da genuinidade e da persistência do fim contratual.

Fim significa, neste enquadramento, o mesmo que objectivo. O fim (ou os fins) das associações equivale pois ao objecto das sociedades, tal como está definido no artigo 11.º, n.º 2, do CSC e referido no artigo 1007.º, alínea c), do Código Civil. Não há aliás qualquer inconveniente em usar como sinónimos os vocábulos fim, fins, objectivo e objecto com referência à finalidade que pode e deve ser prosseguida por uma pessoa jurídica, de qualquer categoria, segundo o estatuto constante do respectivo acto institutivo[27].

Mas, além deste fim, imediato, necessário e especial, porque variável de associação para associação, é indispensável considerar também, embora para o excluir, um outro fim (mediato), o fim lucrativo. Ora, assim como fim não tem um sentido unívoco, unívoco não é também, como já se disse, o sentido de fim lucrativo.

Fim lucrativo têm certamente as pessoas jurídicas cujo fim seja o "lucro económico dos associados", isto é, a realização de lucro em sentido subjectivo. Esse fim está vedado às associações reguladas pelo Código Civil nos artigos 157.º e seguintes. Daqui resultam as seguintes consequências:

Se uma cláusula estatutária prescrever ou admitir a distribuição de lucros pelos associados, uma de duas hipóteses se pode verificar: ou é seguro que o contrato, interpretado no seu conjunto, deve ser qualificado como contrato de associação, sendo então a cláusula nula (por violar norma imperativa), embora seja possível a redução do contrato, expurgado de tal cláusula; ou a qualificação do contrato está ainda em aberto, de tal modo que, considerando aquela e outras cláusulas, se possa qualificar o contrato como contrato de sociedade.

---

[27] J. OLIVEIRA ASCENSÃO, *Direito civil. Teoria geral*, I, *Introdução. As pessoas. Os bens*, Coimbra, 1997, p. 232 s, referindo-se às pessoas colectivas em geral, distingue entre fim (elemento teleológico geral) e objecto (algo que mais concreto que delimita as actividades que vão ser exercidas).

Se, com ou sem tal cláusula, se concluir que se trata de um contrato de associação, não é permitida a distribuição pelos associados do lucro contabilístico, que a associação eventualmente realize.

Esta proibição abrange certamente a distribuição periódica no final do exercício. E a distribuição de lucros pelos associados na liquidação do património, como parece admitir o artigo 181.º do Código Civil?

Este artigo comina como efeito da saída ou exclusão de associado a perda do "direito ao património social". À letra, parece que os associados beneficiariam afinal do direito à partilha do património, que se actualizaria a quando da extinção da associação[28], ao menos se tal estiver previsto nos estatutos[29].

Mas os direitos patrimoniais dos associados têm de ser compatibilizados com a exclusão do seu lucro económico dos associados, que é requisito essencial delimitativo as "pessoas colectivas" reguladas pelos artigos 157.º e seguintes do Código Civil. Ora, por mais estrito que seja o sentido de lucro, este compreende de certo, como se viu, o lucro subjectivo, o lucro distribuído pelas pessoas que participam na base corporativa de uma pessoa jurídica, isto é, no caso das associações, os associados. Estes estão pois, pela própria natureza das associações, privados de partilhar os lucros da associação, sendo indiferente para o efeito que a distribuição se faça periodicamente ou por uma só vez na liquidação.

A conciliação entre estes artigos 157.º e 181.º exige portanto, parece, a enunciação de duas regras complementares implícitas na conjugação destes preceitos legais:

1ª: O "direito ao património social" não pode exceder o reembolso do somatório das contribuições patrimoniais que cada um dos associados tenha efectuado desde a sua entrada até à extinção da associação, isto é, aquelas com que concorreram para o património social (cfr. artigo 167.º, n.º 1);

2ª: Este direito ao reembolso depende de cláusula estatutária que o preveja (cfr. artigo 166.º, n.º 2).

Se o património líquido exceder o valor total dos reembolsos, o restante (que é afinal o lucro da associação), terá o destino indicado pelos

---

[28] M. VILAR DE MACEDO, *As associações no Direito Civil*, Coimbra, 2007, p. 28.

[29] Parece ser este o alcance pressuposto em PIRES DE LIMA & ANTUNES VARELA, *Código Civil anotado*, vol. I, 4ª ed. (com a colaboração de M. HENRIQUE MESQUITA), Coimbra, 1987, p. 177, onde, em comentário ao artigo 181.º, se remete para o artigo 166.º, n.º 2.

1282 *Em Homenagem ao Professor Doutor Diogo Freitas do Amaral*

estatutos, por deliberação dos associados ou por decisão judicial, com exclusão, em qualquer caso, da repartição pelos associados (cfr. o mesmo artigo 166.º, n.º 2)[30].

Como distribuição (indirecta) de lucros devem ainda considerar-se as remunerações excessivas a associados administradores ou trabalhadores e os contratos que a associação celebre com associados em termos injustificadamente favoráveis para estes[31]. As deliberações da assembleia geral ou do órgão de administração que aprovem a distribuição de lucros ou actos com efeito equivalente são inválidas e, se forem reiteradas, justificam a dissolução da associação por desvio do fim (artigo 182.º, n.º 2, alíneas b) e c).

Por último. Como do artigo 157.º deriva apenas a proibição do fim lucrativo que consiste na distribuição de lucros aos associados, poder-se--ia inferir a inexistência de restrições à realização de lucro contabilístico e económico em favor da própria associação. Mas há outras normas legais que, a este propósito, devem ser tomadas em conta.

Alguns tipos associativos (associações de cooperação para o desenvolvimento, clubes desportivo, federações desportivas) são caracterizados, em legislação especial, com a exclusão de fins ou intuitos lucrativos[32]. Não se explicita porém qual o sentido (subjectivo ou subjectivo) do lucro excluído. Mais clara é a norma aplicável às associações de defesa do ambiente, às quais se exige que "não prossigam fins lucrativos, para si ou para os seus associados" (Lei n.º 33/98, de 18 de Julho, artigo 2.º, n.º 1). Em relação às associações (patronais) de empregadores, dispõe o Código do Trabalho que "não podem dedicar-se à produção ou comercialização de bens ou serviços ou de qualquer modo interferir no

---

[30] Note-se que o projecto de FERRER CORREIA (*Pessoas colectivas. Anteprojecto de um capítulo do novo Código Civil*, Boletim do Ministério da Justiça, n.º 67, 1957, p. 247 ss), publicado sem motivação, mencionava, no artigo 35.º, «o direito sobre o património social» e dispunha, no artigo 51.º, que nas associações com fim económico cada um dos associados que não tivesse votado em assembleia geral um destino diferente tinham «direito à parte que no [...] saldo [de liquidação] lhe caberia, se os bens fossem repartidos irmãmente por todos os associados». Ora este regra, que não deixou vestígios no texto do Código Civil, era compatível com o mesmo projecto, porque este não incluía o requisito da exclusão do lucro económico dos associados (cfr. artigo 1.º). Será que, na redacção final, escapou a incoerência entre exclusão do lucro e direito ao património social?

[31] VIDEIRA HENRIQUES, *O regime geral das associações*, cit., p. 290.

[32] Cfr., respectivamente, Lei n.º 66/98, de 14 de Outubro, artigo 3.º, Lei n.º 30//2004, de 21 de Julho, artigos 18.º e 20.º.

Fim Não Lucrativo e Fim Lucrativo nos Contratos de Cooperação Associativa 1283

mercado", podendo contudo "prestar serviços aos seus associados" (artigo 443.º, n.º 3 510.º, n.º 1, alínea b)[33].

É assim irresistível perguntar se estas normas são especiais e, designadamente, se têm o campo de aplicação restrito à atribuição a algumas associações de um certo estatuto de parceiro social ou de vantagens fiscais ou se correspondem antes a um princípio geral de proibição do lucro, mesmo do lucro contabilístico, aplicável a todas as associações ou a certas categorias de associações, em termos mais exigentes do que a simples proibição do lucro subjectivo, tal como resulta do Código Civil.

Para resolver a dúvida, não se deve esquecer o CIRC, que atribui às associações, com e sem personalidade jurídica, a qualidade de sujeitos passivos do imposto (cfr. artigo 2.º, n.º 1, alínea a) e n.º 2, e artigo 3.º, n.º 1, alínea a), isentando porém do imposto as pessoas colectivas de utilidade pública administrativa, as instituições particulares de solidariedade social, as pessoas colectivas de mera utilidade pública que prossigam fins científicos, culturais, de caridade, assistência, beneficência, solidariedade social ou defesa do meio ambiente (artigo 10.º, n.º 1) e, em geral, as actividades culturais, recreativas e desportivas exercidas por associações, desde que estas não distribuam resultados e os corpos sociais não tenham interesse, directo ou indirecto, nos resultados da exploração (artigo 11.º, n.ºs 1 e 2, alínea a).

Mas estes preceitos não são decisivos, porque, em direito fiscal, a realidade económica prevalece sobre o estrito enquadramento jurídico-privado, não sendo a licitude requisito da tributação.

Fundamental é, sim, atentar no artigo 14.º, n.º 1, do Código Comercial, uma das poucas normas que resistiu à erosão deste Código oitocentista, que proíbe a "profissão do comércio [...] às associações e corporações que não tenham por objecto interesses materiais". Esta disposição deve ser interpretada em conformidade com a nomenclatura do Código Civil de 1867 (em vigor à data da promulgação do Código Comercial de 1888), que, nos artigos 32.º e seguintes, distinguia entre associações de utilidade pública, associações de utilidade pública e particular e associações de utilidade particular e que, no artigo 35.º, § 2.º, n.º 2, se referia precisamente às associações e corporações [...] que não tenham por objecto interesses materiais".

---

[33] O artigo 443.º, n.º 3, substituiu o artigo 510.º, n.º 2, do anterior Código do Trabalho, que, por sua vez, substituíra, sem alteração substancial de redacção, o n.º 2 do artigo 5.º do Decreto-Lei n.º 215-C/75, de 30 de Abril.

1284   *Em Homenagem ao Professor Doutor Diogo Freitas do Amaral*

Ora, na opinião de quem mais aprofundou a interpretação do citado artigo 14.º, n.º 1, do Código Comercial, estas associações coincidiam com as de utilidade particular, por sua vez, equivalentes às sociedades, significando "interesse material" o mesmo que realização e distribuição de lucros. Em consequência, a proibição do comércio abrangeria não só as associações de utilidade publica como as de associações utilidade pública e particular conjuntamente, exemplificadas com as associações de classe, os sindicatos agrícolas e as associações de socorros mútuos. O artigo 14.º, n.º 1, não representaria mais do que uma redundância em relação ao artigo 13.º, n.º 2, resultando de ambos que o exercício do comércio por pessoas colectivas apenas seria permitido às sociedades comerciais[34].

Esta doutrina continua, penso, a valer no essencial perante o direito vigente[35]. À subsistência intocada destes preceitos do Código Comercial junta-se, como argumento confirmativo, a já referida proibição de as associações patronais produzirem ou comercializarem bens ou serviços e de interferirem no mercado. Se assim é para estas associações de fim económico interessado, destinadas à prossecução de interesses empresariais, por maioria de razão há-de ser para quaisquer outras associações.

As associações em sentido restrito[36], de qualquer natureza, não podem portanto exercer o comércio como actividade principal. Como, para este efeito, o comércio engloba, além da intermediação especulativa, também a generalidade das indústrias e dos serviços organizados em empresa (cfr. Código Comercial, artigo 230.º), nenhuma destas actividades pode figurar nos estatutos das associações como fim-objectivo. As cláusulas que contrariarem esta regra serão nulas e o exercício efectivo de tais actividades a título principal constitui fundamento de dissolução por desvio do fim (artigo 182.º, n.º 2, alínea b).

Proibir o comércio não é porém exactamente o mesmo que proibir o lucro em sentido objectivo, embora restrinja a probabilidade de o obter.

---

[34] J. G. Pinto Coelho, *Lições de Direito Comercial*, 1.º vol., 3ª ed., Lisboa, 1957, p. 206 ss.

[35] Neste sentido, Fernando Olavo, *Direito Comercial*, vol. I, 2ª ed., Coimbra, 1979, p. 237 ss; J. M. Coutinho de Abreu, *Curso de direito comercial*, I, 7ª ed., Coimbra, 2009, p. 116 ss.

[36] Em relação ao Código vigente, usam a distinção entre associações em sentido amplo e em sentido restrito, J. Castro Mendes, *Teoria Geral do Direito Civil*, I, Lisboa, 1978, p. 270 s, e L. Carvalho Fernandes, *Teoria geral do direito civil*, I, 5ª ed., Lisboa, 2009, p. 483 s.

Fim Não Lucrativo e Fim Lucrativo nos Contratos de Cooperação Associativa 1285

As associações, seja qual for o seu fim, podem, como qualquer pessoa, física ou jurídica, praticar actos de comércio no âmbito da sua capacidade, desde que acessórios do seu fim, desinteressado ou interessado, económico ou não. Se o lucro (contabilístico) for alcançado, está sujeito, salvo isenção, a ser tributado e, não sendo lícito distribuí-lo pelos associados, beneficia apenas a situação líquida da própria associação, que o deverá afectar ao seu fim estatutário específico.

O contrato de associação é pois, como se queria demonstrar, um contrato de cooperação sem fim lucrativo, tanto pela exclusão absoluta do lucro em sentido subjectivo como pelo alcance limitado e atípico do lucro em sentido objectivo.

5. Fim não lucrativo das cooperativas

As cooperativas têm uma origem histórica peculiar, marcada pela criação, em 1844, em Inglaterra, por 28 operários tecelões, da *Rochdale Equitable Pioneers Society*, cujos estatutos continuam na base dos princípios por que se regem as cooperativas em todo o mundo. A definição dos princípios cooperativos compete à Aliança Cooperativa Internacional, fundada em 1894, que os formulou em três versões evolutivas datadas de 1937, 1966 e 1995[37].

No essencial, as cooperativas são organizações que pretendem, através da iniciativa empresarial em auto-ajuda, enfrentar e substituir a mediação e a especulação capitalista pela "dupla qualidade"[38] de quem fornece e utiliza bens e serviços. As cooperativas não se confinam porém à satisfação de necessidades económicas dos seus membros, que devem ser sempre enquadradas por objectivos sociais e culturais. O cooperativismo está geneticamente associado às classes trabalhadoras menos favorecidas e à cultura popular, assumindo, aqui e acolá, carácter político de feição socialista, com a pretensão de transformação dos sistemas de produção, de distribuição e até da estrutura global da sociedade[39].

---

[37] Ver enunciação e explicação em RUI NAMORADO, *Acerca dos princípios cooperativos*, em Cooperatividade e direito cooperativo. Estudos e pareceres, Coimbra, 2005, p. 9 ss.

[38] Cfr. o meu livro *Direito Económico*, I, Lisboa, 1979 (policop.), p. 266 ss.

[39] Literatura portuguesa relevante: ANTÓNIO SÉRGIO (org.), *O cooperativismo. Objectivos e modalidades*, Porto, sem data; F. FERREIRA DA COSTA, *Doutrinadores cooperativistas*

1286 *Em Homenagem ao Professor Doutor Diogo Freitas do Amaral*

No direito português, a Constituição da República de 1976 autonomizou, desde a versão originária, um sector cooperativo composto por cooperativas que obedeçam aos princípios cooperativos (actual artigo 82.º, n.º 4, alínea a), correspondente ao primitivo artigo 89.º, n.º 3). Em consequência, os princípios cooperativos, tal como enunciados pela Aliança Cooperativa Internacional, foram recebidos pelo Código Cooperativo [40], que, no artigo 3.º, lhes confere valor imperativo na constituição e funcionamento das cooperativas e que, no artigo 89.º, alínea a), sujeita a dissolução as cooperativas que no seu funcionamento os não respeitem.

A legislação designa como objecto o conjunto das actividades que a cooperativa se propõe exercer. Objecto equivale pois ao que na legislação sobre associações se designa, em regra, como fim (imediato). O objecto da cooperativa deve ser indicado quer no acto constitutivo quer nos estatutos anexos, que referem também o ramo de actividade em que a cooperativa se integra (artigos 12.º, n.º 1, alíneas d) e e) e 15.º, n.º 1, alínea b).

Quanto ao fim mediato, resulta literalmente do artigo 2.º, n.º 1, do Código Cooperativo que os "fins lucrativos" são incompatíveis, por definição, com as cooperativas. A maioria da doutrina portuguesa leva a sério o preceito legal, concluindo no sentido da finalidade não lucrativa das cooperativas e a consequente exclusão da classe das sociedades[41]. Mantém-se porém viva a opinião contrária, que reconduz ao lucro os excedentes e o seu retorno e qualifica as cooperativas como sociedades[42].

A diversidade de opiniões compreende-se pela pluralidade de conceitos de lucro (embora algumas possam ter também subjacente uma certa perspectiva do mercado capitalista). Para assumir uma posição sustentada é imprescindível analisar primeiro o sistema de operações das

---

portugueses. Subsídios para o estudo do sector cooperativo português, Lisboa, 1978; RUI NAMORADO, *Introdução ao Direito Cooperativo. Para uma expressão jurídica da cooperatividade*, Coimbra, 2000.

[40] Aprovado pela Lei n.º 51/96, de 7 de Setembro, que substituiu uma versão anterior aprovada pelo Decreto-lei n.º 454/80, de 9 de Outubro.

[41] Assim também J. FEDTKE, *Rechtsbegriff und Rechtsnatur der eingetragenen Genossenschaft in Portugal und Deutschland*, Direito contratual entre liberdade e protecção dos interesses e outros artigos alemães-lusitanos (org. S. Grundmann), Coimbra, 2008, p. 437 ss (p. 454 s, 463).

[42] Ver, entre outros, MENEZES CORDEIRO, *Manual de Direito das Sociedades*, I, cit., p. 352; próximo, J. PINTO FURTADO, *Curso de Direito das Sociedades*, 5ª ed., Coimbra, 2004, p. 148 ss.

cooperativas e as regras legais que demarcam o destino dos eventuais excessos dos proveitos sobre os custos patrimoniais dessas operações.

As cooperativas realizam necessariamente operações com os cooperadores compreendidas no âmbito do respectivo objecto, mas é em geral admissível a realização complementar de operações com terceiros (Código Cooperativo, artigo 2.º, n.º 2). Nas operações com os cooperadores (actos cooperativos *stricto sensu* [43]), a prestação monetária a prestar ou a receber pelo cooperador em contrapartida da atribuição da cooperativa ou do cooperador executa-se (ou pode executar-se) em dois momentos:

– uma primeira prestação (do cooperador ou da cooperativa), imediata e com valor provisório calculado por estimativa;

– uma segunda prestação (da cooperativa), adicional, eventual e diferida, igual à diferença entre o montante da primeira prestação e o valor patrimonial efectivo da operação, calculado com base no conjunto total das operações da mesma natureza realizadas pela cooperativa com os cooperadores no decurso de todo o exercício.

Esta segunda prestação, chamada retorno, destina-se assim a corrigir o que foi cobrado ao cooperador em excesso ou pago por defeito[44].

Nas cooperativas de consumo ou de serviços aos cooperadores, por exemplo, o montante entregue pelo cooperador à cooperativa no acto de aquisição dos bens ou de benefício dos serviços, ainda que designado como preço, será ainda um valor provisório, a corrigir, para menos, no final de exercício, através do retorno do que o cooperador pagou a mais em relação ao custo efectivo dos bens ou dos serviços para a cooperativa. O preço efectivo será afinal igual ao montante provisório pago, deduzido do valor retornado.

Nas cooperativas de comercialização ou de produção, por exemplo, a quantia recebida pelo cooperador imediatamente após a entrega de bens à cooperativa ou a realização do trabalhos só a título provisório se pode considerar como preço de venda ou como salário, porque o montante efectivo do preço ou do salário poderá ser mais elevado, se for adicionado com o retorno da diferença em relação ao benefício patrimonial efectivo para a cooperativa.

Em qualquer das hipóteses, o retorno calcula-se com base na proporção das operações realizadas por cada cooperador (artigo 73.º, n.º 1,

---

[43] Rui Namorado, *O acto cooperativo – uma ausência que confunde*, em Cooperatividade e direito cooperativo, cit., p. 95 ss.

[44] Rui Namorado, *Acerca dos princípios cooperativos*, cit., p. 30.

e artigo 3.º, 3.º princípio) em relação com o total das operações realizadas pela cooperativa com o total dos cooperadores. Não resulta pois para cada cooperador benefício directo das operações com outros cooperadores ou com terceiros (artigos 72.º e 73.º, n.º 1). Pode haver apenas benefício indirecto, na medida em que o incremento do volume de transacções contribua gerar economias de escala, reduzindo os custos ou aumentando a produtividade.

As cooperativas tendem assim a obter lucro em sentido contabilístico, que a tradição cooperativa e a lei portuguesa designam como excedentes, nos quais se integram os resultados das operações com terceiros e o montante destinado a retorno. Mas os cooperadores não beneficiam de distribuição de lucro em sentido subjectivo, visto que não é tal a natureza do retorno e os lucros provenientes das operações com terceiros têm de ser levados a reservas, destinadas ao auto-financiamento, à educação cooperativa ou à formação cultural e técnica dos cooperadores, dos trabalhadores da cooperativa e da comunidade (artigo 70.º). Na liquidação, não há também distribuição de lucros a favor dos cooperadores, revertendo o valor residual para o património de outra cooperativa (artigo 79.º).

Adicionalmente, os cooperadores podem beneficiar de juro do capital e de títulos de investimento (artigo 3.º, 3.º princípio, artigos 26.º e 73.º, n.ºs 1 e 3). Mas a remuneração deve moderada, isto é, limitada pelo nível normal das aplicações alternativas não especulativas, tendo designadamente em conta as taxas correntes do mercado financeiro. Está portanto excluído o lucro em sentido económico.

De acordo com a lei e com os princípios cooperativos que a lei recebeu, os cooperadores estão assim impedidos de beneficiar de distribuição periódica ou final dos lucros contabilísticos gerados pela cooperativa. Nas relações financeiras com a cooperativa, é inadmissível o lucro especulativo. Nada disto surpreende, porquanto é esta mesma a razão de ser histórica e actual das cooperativas, via autónoma de cooperação que, no direito português como noutros, se distingue das associações pela vocação empresarial e das sociedades pela finalidade não lucrativa *hoc sensu* [45]. Quando assim não seja na prática, a entidade que desvirtua estes

---

[45] Cfr., neste sentido, Rui Namorado, *Introdução ao Direito Cooperativo*, cit., p. 267 ss, 313 ss; Coutinho de Abreu, *Curso de direito comercial*, cit., I, p. 281 ss; II, *Das sociedades*, 3ª ed., Coimbra, 2009, p. 24 ss. Segundo o Ac. STJ de 05.02.2002, «as cooperativas conformam-se na ordem jurídica nacional como um verdadeiro *tertium genus* entre as sociedades e as associações, por isso que, não perseguindo um lucro capitalístico, prosseguem fins de natureza inegavelmente económica».

princípios, embora se auto-qualifique como cooperativa, deve ser dissolvida (artigo 89.º, n.º 1, alíneas a) e c).

O essencial destes princípios e destas regras está igualmente consagrada no Regulamento n.º 1435/2003 do Conselho, de 22 de Julho de 2003, relativo ao Estatuto da Sociedade Cooperativa Europeia (SCE), que, no preâmbulo, se refere aos princípios de funcionamento específicos das cooperativas, entre os quais se destacam a estrutura e o controlo democráticos, a distribuição do lucro líquido do exercício numa base equitativa, a impossibilidade de os membros exercerem direitos sobre o activo da cooperativa, a remuneração limitada do capital, a distribuição dos excedentes em função das actividades ou necessidades dos seus membros e a partilha desinteressada dos activos no acto de dissolução da SCE.

Em concreto, o Regulamento estabelece a satisfação das necessidades dos seus membros como objecto principal da SCE (artigo 1.º, n.º 3), limita ao reembolso do capital subscrito o direito dos membros que percam essa qualidade (artigo 16.º, n.º 1), admite que os estatutos prevejam a distribuição de dividendos na proporção das operações realizadas com a cooperativa (artigo 66.º) e que os excedentes disponíveis sejam afectos a reservas ou consignados à remuneração do capital (artigo 67.º).

No regime das SCE, está portanto circunscrito o lucro em sentido subjectivo e excluído o lucro em sentido económico.

6. Fim lucrativo das sociedades civis

O Código Civil português regula o contrato de sociedade (artigos 980.º e seguintes), que define do seguinte modo: "contrato de sociedade é aquele em que duas ou mais pessoas se obrigam a contribuir com bens ou serviços para o exercício em comum de certa actividade económica, que não seja de mera fruição, a fim de repartirem os lucros resultantes dessa actividade".

Como sucede com qualquer contrato de cooperação, deste deve resultar um fim comum das partes. A lei portuguesa vigente é, sob este aspecto, assaz limitativa, porventura em demasia, visto que o *fim imediato* do tipo legal de contrato de sociedade regulado pelo Código Civil tem de ser "o exercício em comum de certa actividade económica, que não seja de mera fruição".

Actividade implica a prática projectada de um conjunto encadeado e coerente de actos, sendo insuficiente a prática de um só acto. A actividade tem de ser "certa", isto é, tem de ser projectada numa cláusula do contrato. Mas a certeza da actividade não é incompatível com uma pluralidade justaposta de actividades, desde que razoavelmente delimitadas. Afasta-se porém a sociedade universal prevista nos artigos 1243.º e seguintes do Código de Seabra.

A natureza económica da actividade pouco significa, importando apenas que o resultado seja susceptível de valoração patrimonial para que possa ser repartido entre os sócios. Uma actividade artística, por exemplo, pode ser também, para o efeito, qualificada como actividade económica, se diversos artistas acordarem utilizar o mesmo *atelier* e partilhar o lucro proveniente da venda das suas obras.

Mais problemático é o sentido de exercício em comum, em que se acentua ora a actividade unitária ora a gestão conjunta dos sócios. Também se admite, como variante desta segunda hipótese, que baste a actuação de cada sócio por conta dos outros[46].

Parece-me que, na falta de critério expresso da lei, o exercício em comum se pode dar como verificado com qualquer um deste modos de actuação de cada um dos sócios, seja através de actos compreendidos no objecto social seja pela participação interna na administração (cfr. artigo 985.º) seja ainda pela prática de actos com eficácia externa por conta da sociedade ou dos outros sócios.

Não chega a simples contribuição em dinheiro ou outros bens, mas não é necessária uma organização específica. Em comparação com o contrato de sociedade comercial (e com o contrato de sociedade civil sob forma comercial), o contrato de sociedade civil tem precisamente a vantagem de se adaptar melhor aos negócios mais simples, porque admite, mas dispensa, uma estrutura organizativa diferente do colectivo dos sócios (cfr. artigos 985.º e 988.º).

---

[46] Cfr., respectivamente, PIRES DE LIMA & ANTUNES VARELA, *Código Civil anotado*, vol. II, 3ª ed., Coimbra, p. 309, e OLIVEIRA ASCENSÃO, *Direito civil. Teoria geral*, I, cit., p. 265; L. MENEZES LEITÃO, *Direito das obrigações*, III, *Contratos em especial*, 4ª ed., Coimbra, 2006, p. 252; e A. MENEZES CORDEIRO, *Manual de Direito das Sociedades*, II, *Das Sociedades em Especial*, 2ª ed., 2007, p. 270. A tese da actuação por conta aparenta-se, neste contexto, com a ideia anglo-saxónica que considera que, na *partnership*, cada *partner* é *agent* dos restantes *partners* (ver, para o direito inglês, G. MORSE, *Partnership Law*, 6ª ed., Oxford, 2006, p. 12, e para o direito dos Estados Unidos, M. P. DOOLEY, *Fundamentals of Corporation Law*, Westbury, New York, 1995, p. 17).

A actividade económica desenvolvida pela sociedade não pode ser de "mera fruição". A doutrina salienta a propósito a distinção entre sociedade, compropriedade e comunhão, mas tal distinção não basta para circunscrever o conceito de mera fruição, que inclui qualquer simples colheita de frutos naturais ou cobrança de frutos civis (rendas, juros), mesmo que efectuada em conjunto e por acordo entre pessoas, com ou sem relação de compropriedade ou de comunhão. Excluído do campo do contrato de sociedade está também, por maioria de razão, o mero uso conjunto ou partilhado de faculdades de uso de bens, porque é insusceptível de gerar lucros para repartição.

Mas o limiar da mera fruição não é difícil de alcançar. A sociedade civil é compatível com a fruição comum de bens pessoais dos sócios (cfr. artigo 1017.º) e até com a situação de compropriedade que, a outro título, relaciona uma parte ou a totalidade dos sócios. Indispensável é que a sociedade, não se limitando ao mero uso ou fruição de bens em comum, tenha como fim imediato a realização de uma actividade com o mínimo de projecção externa, através da prática de actos com terceiros, e que, além disso, o exercício em comum se baseie em decisões de gestão que ultrapassem o simples e rotineiro aproveitamento de faculdades compreendidas nos direitos subjectivos postos em comum.

O *fim mediato* é o lucro. Trata-se aqui de lucro em sentido subjectivo (lucro dos sócios), que pressupõe o lucro objectivo (lucro da sociedade), em sentido contabilístico. Como o lucro há-de ser repartido pelos sócios, o requisito do fim lucrativo não fica satisfeito com outros benefícios de natureza patrimonial, que não se repercutam no património da sociedade, nem com vantagens para terceiros.

O lucro dos sócios, distribuído periodicamente conforme deliberação dos sócios (artigo 991.º) e/ou no termo final do contrato (artigo 1018.º, n.º 2), não está sujeito a qualquer limite máximo (porque é admissível o lucro em sentido económico) nem a qualquer limite mínimo (do lucro objectivo), porque, salvo cláusula do contrato, todo o lucro efectivo é distribuível, sem as restrições derivadas da constituição de reservas legais. Todos os sócios participam nos lucros na proporção das respectivas entradas, salvo convenção em contrário (artigo 992.º), válida até o limite do pacto leonino (artigo 994.º), isto é, a exclusão total ou a redução desproporcionada em desfavor de um sócio ou mais.

1292   *Em Homenagem ao Professor Doutor Diogo Freitas do Amaral*

7. Fim lucrativo das sociedades comerciais

Para tomar posição sobre este ponto, é necessário começar por resolver uma questão prévia: se o contrato de sociedade comercial é uma espécie do género mais amplo, isto é, um sub-tipo do contrato de sociedade, cujos elementos coincidiriam com o contrato de sociedade civil, correspondente à sociedade simples noutros direitos; ou se o contrato de sociedade comercial e o contrato de sociedade civil são dois tipos contratuais diferentes, apenas com algumas afinidades.

Na verdade, a controvérsia não tem focado directamente esta questão relativa aos actos, mas uma outra afim relativa aos seus efeitos. Trata-se afinal de saber se, na norma sobre o campo de aplicação do CSC (artigo 1.º, n.º 2), a frase inicial ("são sociedades comerciais aquelas que... ") pressupõe ou não um conceito genérico de sociedade, que engloba as sociedades comerciais, e se este conceito se infere ou não do artigo 980.º do Código Civil, que define o contrato de sociedade civil[47]. Uma posição intermédia consiste em partir do conceito de sociedade civil, mas admitir que alguns dos seus elementos são normais, mas não essenciais, nas sociedades comerciais[48].

Contrato de sociedade e sociedade são realidades distintas: sempre, porque o contrato é um acto jurídico e a sociedade é uma entidade (pessoa jurídica ou património autónomo) que do contrato resulta, ou pode resultar, como efeito; no caso especial das sociedades comerciais, porque estas podem ser geradas por acto não contratual – negócio jurídico unilateral gerador de sociedade unipessoal, deliberação social (nos casos de transformação extintiva, de cisão simples e de cisão-dissolução), sentença homologatória de plano de insolvência ou lei.

---

[47] Pela resposta positiva pronunciaram-se, entre outros, V. G. Lobo Xavier, *Sociedades Comerciais*, Coimbra, 1987 (policop.), p. 5 ss, 27; J. Oliveira Ascensão, *Direito comercial*, IV, *Sociedades comerciais*, Lisboa, 2000, p. 9 ss; F. Cassiano dos Santos, *O direito aos lucros no Código das Sociedades Comerciais (à luz de 15 anos de vigência)*, Problemas do Direito das Sociedades, Coimbra, 2002, p. 185 ss (p. 185 s). Em sentido contrário, ver, entre outros, Pinto Duarte, *(Uma) Introdução ao Direito das sociedades*, cit., p. 26 ss; Pais de Vasconcelos, *A participação social nas sociedades comerciais*, Coimbra, 2005, p. 15, 20 ss. Esta orientação tem antecedente em Ferrer Correia, *Sociedades comerciais. Doutrina geral*, cit., p. 20 ss.

[48] Pinto Furtado, *Curso de Direito das Sociedades*, cit., p. 93 ss, 139 ss (em relação ao fim lucrativo); Coutinho de Abreu, *Curso de Direito Comercial*, II, cit., p. 5 ss, 13, 21 (em relação ao exercício em comum e ao fim lucrativo).

Mas esta observação não resolve ainda o problema de saber se, quando o acto de criação de uma sociedade comercial seja um contrato, este tem ou não a natureza de um subtipo do contrato de sociedade tal como configurado pelo artigo 980.º do Código Civil. Ou, visto o problema por outro prisma, se a sociedade criada por tal contrato deve revestir todas as características da sociedade civil, além daquelas que são específicas das sociedades comerciais.

Não vislumbro preceito legal ou razão lógica ou sistemática que imponha a remissão implícita do CSC para o Código Civil quanto ao conceito de sociedade ou quanto ao tipo de contrato de sociedade. Nesse sentido aponta porventura o elemento histórico de interpretação e nada mais. Mas este elemento não deve ser decisivo. Basta que os conceitos civis mudem ou que o regime do CSC e da legislação extravagante sobre sociedades comerciais não confirme para a sociedade comercial os elementos próprios da sociedade civil para que aquela remissão seja colocada em crise. A melhor metodologia aconselha pois a extrair a tipologia do regime, sem prejuízo de considerar como referência os elementos característicos do contrato de sociedade civil.

Ora, o regime legal infirma a coincidência de conceitos ou a mera especificidade do contrato de sociedade comercial em relação ao contrato de sociedade civil. Para construir um tipo amplo de contrato de sociedade (ou melhor, uma categoria única de contratos de sociedade) é portanto necessário sobrepor ambos os tipos e verificar os elementos convergentes.

Antecipando o resultado, poder-se-á definir contrato de sociedade como aquele pelo qual duas ou mais pessoas estipulam contribuir com bens ou serviços para o exercício de uma actividade económica, a fim repartirem entre si os lucros provenientes dessa actividade.

O *fim imediato* do contrato de sociedade comercial (e de qualquer sociedade comercial) é o exercício de uma actividade ou de um conjunto de actividades de natureza económica a realizar pela pessoa jurídica (a sociedade) criada pelo contrato e pelo seu registo. Esse fim ou objectivo, que é também um meio para a realização do fim mediato (o lucro), designa-se por objecto social (ou objecto da sociedade; cfr. CSC, artigo 11.º, n.º 2) e é específico de cada contrato, consoante o projecto constante da respectiva cláusula estatutária. O objecto social não é portanto o objecto do contrato, mas o objecto da pessoa jurídica criada pelo contrato.

Além da licitude, da determinabilidade e da natureza comercial dos actos a praticar, nenhum outro critério genérico limita o objecto das sociedades comerciais. A pretensa exclusão de actividades de mera fruição, elemento negativo próprio das sociedades civis, não deixou rasto no regime das sociedades comerciais, pelo que não deve ser atendido na caracterização do contrato de sociedade comercial[49].

Também o exercício em comum pelos sócios não é elemento necessário do contrato de sociedade comercial. Não bastando para tanto a simples contribuição financeira, tal característica está geralmente ausente nas sociedades de capitais e só é seguro que se verifica nas sociedades em nome colectivo em que participam apenas sócios de indústria. Acresce que, como as sociedades comerciais são dotadas de personalidade jurídica, é a elas (não aos sócios) que, em rigor, compete o exercício das actividades compreendidas no respectivo objecto.

O *fim mediato* das sociedades comerciais, e portanto dos contratos de sociedade comercial, é o lucro, entendendo-se como tal o lucro subjectivo ou distribuível[50].

Esta conclusão não se extrai da simples transposição do conceito de contrato de sociedade civil para o conceito de sociedade comercial. Resulta antes do regime próprio e comum destas sociedades, que atribui a todos os sócios o direito a quinhoar nos lucros (CSC, artigo 21.º, n.º 1, alínea), que comina com nulidade a cláusula que exclua um sócio "da comunhão nos lucros" (artigo 22.º, n.º 1) e que estabelece um modelo supletivo para a participação nos lucros na "proporção dos valores nominais das respectivas participações no capital" (n.º 2 do mesmo preceito).

Como é óbvio, o direito ao lucro dos sócios depende da existência de lucro objectivo ou contabilístico da sociedade. A sua distribuição, periódica e/ou na liquidação, depende dos estatutos de cada sociedade e de regras imperativas para protecção das minorias (v. g. artigos 217.º e 294.º do mesmo Código).

Os argumentos que têm sido invocados contra a necessidade do fim lucrativo das sociedades comerciais não me parecem procedentes[51].

---

[49] Neste sentido, pronunciando-se sobre a caracterização das sociedades comerciais, PINTO DUARTE, *(Uma) Introdução ao Direito das sociedades*, cit., p. 31 s, aditando embora que a mera fruição dificilmente se concilia com a prática de actos de comércio.

[50] Neste sentido, ver, entre outros, MANUEL A. PITA, *O direito aos lucros*, Coimbra, 1989, p. 19 ss; F. CASSIANO SANTOS, *A posição do accionista face aos lucros de balanço*, Coimbra, 1996, p. 19 ss; ID., *O direito aos lucros...*, cit., p. 185 ss; P. TARSO DOMINGUES, *Capital e património sociais, lucros e perdas*, cit., p. 218, 226 s.

[51] Com variantes na enunciação e na argumentação, pronunciaram-se contra a essencialidade do fim lucrativo nas sociedades comerciais: PAIS DE VASCONCELOS, *A participação social nas sociedades comerciais*, cit., p. 25 ss; PINTO DUARTE, *(Uma) Introdução*

Fim Não Lucrativo e Fim Lucrativo nos Contratos de Cooperação Associativa 1295

O artigo 980.° do Código Civil é neutro; se não serve como fundamento positivo, tão pouco a sua inaplicação basta como fundamento negativo.

A mera existência de entidades *non profit* que nos estatutos se denominam como sociedades não passa de um dado de facto que tem de ser avaliado à luz do direito aplicável[52]. Mesmo quando já não seja possível questionar a sua validade (cfr. CSC, artigo 42.°), subsiste a oportunidade para uma qualificação jurídica correcta[53]. A realização de interesses legítimos que não prossigam o lucro, ainda que conexos com a actividade empresarial, pode ser satisfeita por outras vias, designadamente através de constituição de associação ou de agrupamento complementar de empresas.

E, finalmente, não vislumbro no regime das sociedades gestoras de participações sociais (SGPS) nem no regime das empresas públicas com estrutura societária nada que exclua o fim lucrativo subjectivo. Se tiverem lucro em sentido contabilístico, ele deve ser distribuído pelos sócios, periodicamente ou a final.

8. Conclusões

Como contrapartida dos custos que recaem sobre os contraentes, todos os contratos de cooperação têm como objectivo e fim comum a atribuição de benefícios, patrimoniais ou não, que favorecem os contraentes ou a realização de um objectivo social.

Nos contratos de cooperação associativa que neste artigo especialmente se analisam (contratos de associação, de cooperativa e de sociedade)

---

ao Direito das sociedades, cit., p. 30, 34, 41 (nota 67); PINTO FURTADO, *Curso de Direito das Sociedades*, cit., p. 138 ss; J. COUTINHO DE ABREU, *Curso de direito comercial*, II, p. 17 ss. Também neste ponto, estas opiniões tem antecedente em FERRER CORREIA, *Sociedades comerciais. Doutrina geral*, cit., p. 21 ss.

[52] As *not-for-profit companies* são frequentes e válidas, por exemplo, no direito inglês; cfr., por todos, GOWER & DAVIES, *Principles of Modern Company Law,* cit., p. 4, 7 s, 19 s, distinguindo entre um sentido forte da expressão (sociedade cujo estatuto proíbe a distribuição de lucros) e um sentido fraco (sociedades que só ocasionalmente distribuem lucros).

[53] COUTINHO DE ABREU, *Curso de direito comercial*, II, cit., p. 18, citando GALGANO, *Le società*, cit. (cfr. p. 19 da ed. aqui citada).

o fim comum típico pode excluir ou exigir que os benefícios tenham a natureza de lucro, ainda que o sentido de lucro não seja uniforme em cada um dos tipos. Assim, no direito português vigente:

Os contratos de associação são compatíveis com a atribuição de benefícios aos associados, incluindo benefícios patrimoniais, mas são incompatíveis com a atribuição aos associados de acréscimos patrimoniais gerados pela associação. O lucro objectivo (contabilístico ou fiscal) da associação não pode ser portanto repartido pelos associados (proibição do lucro subjectivo). O lucro objectivo da associação está, além disso, limitado pela proibição de exercício do comércio como actividade principal.

Os contratos de cooperativa admitem, além de outros benefícios, também o retorno aos cooperadores do que foi cobrado em excesso ou pago por defeito nas operações realizadas com a cooperativa. Mas estas atribuições e outras que remuneram o capital investido pelos cooperadores têm como limite máximo o nível normal das aplicações alternativas não especulativas (proibição do lucro económico).

Pelo contrário, o fim comum típico dos contratos de sociedade (civil ou comercial) é a repartição, periódica ou na liquidação, pelos sócios (lucro em sentido subjectivo) do lucro (objectivo) realizado pela sociedade.

É este, julgo, o quadro que determina a qualificação e o regime destes contratos e das entidades que por eles se criam. A escolha entre a diferenciação e a indiferenciação das pessoas jurídicas é uma questão de política legislativa que deve avaliar as vantagens e as desvantagens dos dois modelos. Não decorre de nenhuma necessidade dogmática, histórica ou económica, não estando provado que qualquer dos modelos seja mais eficiente do que o outro. Mas os princípios basilares da segurança e da igualdade jurídicas não permitem que, nessa escolha, a doutrina se substitua à competência da legislação.

AMPLIAÇÃO DO PEDIDO EM CONSEQUÊNCIA OU DESENVOLVIMENTO DO PEDIDO PRIMITIVO

José Lebre de Freitas

1. O objecto do processo entre estabilidade e disponibilidade

Constitui, como é sabido, uma das traves mestras do princípio dispositivo a concessão às partes do monopólio da conformação da instância processual, nos seus aspectos **subjectivo** (disponibilidade dos sujeitos do processo) e **objectivo** (disponibilidade do objecto do processo)[1]. Não há processo civil[2] sem iniciativa do autor, que assim dispõe do início da instância. Esta veicula o exercício dum direito de acção e este, por definição, implica a afirmação duma situação jurídica, dum efeito querido ou dum facto jurídico, com base na qual é solicitada uma providência judicial[3], a tomar perante quem tenha, no conflito de interesses de que a afirmação emerge, posição contrária à do autor. Em torno deste objecto (o pedido assim deduzido, bem como aquele que eventualmente o réu deduza em reconvenção), vai-se desenvolver toda a discussão entre as partes e sobre ele irá, no final, ser proferida, se ocorrerem os pressupostos processuais, a decisão de mérito.

Embora sem ter dignidade constitucional, o princípio dispositivo enforma a generalidade dos sistemas jurídico-processuais dos países democráticos, nomeadamente no que se refere à conformação objectiva da

---

[1] Remeto para a minha **Introdução ao processo civil**, Coimbra, Coimbra Editora, 2006, n.º II.6.1 (ps. 135-137).

[2] Contencioso. Figura diversa é a do processo de jurisdição voluntária, que não releva do domínio da jurisdição, embora igualmente se desenvolva nos tribunais judiciais.

[3] O pedido desdobra-se nesses dois aspectos complementares, o primeiro reportado ao direito substantivo e o segundo ao direito processual (minha **Introdução** cit., n.º I.4.6).

1298 *Em Homenagem ao Professor Doutor Diogo Freitas do Amaral*

instância. Mas divergem os sistemas quanto ao momento processual até ao qual é possível às partes ampliar ou alterar o pedido primitivo.

Sistemas há mais abertos. Assim é que o **direito alemão** confere ao **juiz** o poder de admitir, **em qualquer momento**, **qualquer alteração** do pedido que julgue conveniente (§ 263 ZPO) e admite, também em qualquer momento, a **ampliação** do pedido, por vontade unilateral da **parte**, desde que não seja alterada a causa de pedir (§ 264, n.º 2, ZPO)[4], sem prejuízo ainda da alteração do pedido fundada em **facto superveniente** (§ 264, n.º 3 ZPO)[5-6]. Por seu lado, o **direito francês** não cuida de enunciar os casos nem o momento do "pedido adicional", pelo qual a parte modifica os seus pedidos anteriores: limita-se a estabelecer a sua admissibilidade, quando ele se ligue ao pedido originário por uma "**conexão suficiente**" (arts. 65 e 70 do CPC fr).[7]

---

[4] Para o apuramento (objectivo) da conveniência da alteração do pedido, é fundamental verificar *se com ela se evita um segundo processo*, especialmente quando a matéria de facto é praticamente idêntica (OTHMAR JAUERNIG, *Zivilprozessrecht*, München, Beck, 1998, § 41, n.º III.2, citando o *Bundesgerichtshof*). Quanto à ampliação unilateral, entende-se que pode ser quantitativa ou qualitativa, nesta se compreendendo a ampliação do conteúdo da providência pretendida, como quando, em vez da mera apreciação do direito, se pretende agora a condenação do réu na sua satisfação, ou vice-versa (*idem*, § 41, n.º II.2). A reparação dum novo dano, o pagamento de outras rendas e o pedido da importância total devida, quando dela apenas se havia pedido uma parte, são exemplos habitualmente dados de ampliação quantitativa (EBERHARD SCHILKEN, *Zivilprozessrecht*, Köln, Karl Heymanns, 1995, § 20, n.º 1.b)).

[5] Embora o art. 264 ZPO formule em geral o requisito da não alteração da causa de pedir («ohne Änderung des Klagegrunds»), entende-se que, no caso do n.º 3, esse requisito tem forçosamente de ser restritivamente interpretado (SCHILKEN, *cit.*, § 20, n.º 1.c)) ou, mais precisamente, entendido no sentido de apenas se permitir a alteração da causa de pedir na estrita medida imposta pela alteração da matéria de facto por via da superveniência ocorrida (JANERNIG, *cit.*, § 41, n.º II.3).

[6] Este regime coaduna-se com a alegabilidade, em direito alemão, de novos factos até uma semana antes da audiência final (§ 132 ZPO) e mesmo ainda em recurso de apelação (§ 519, n.º 3, 2, ZPO).

[7] LOÏC CADIET, *Droit judiciaire privé*, Paris, Litec, 2000, n.os 991 e 992. Ainda em recurso de apelação são admitidos pedidos não deduzidos na primeira instância, desde que "tendam à mesma finalidade que os submetidos ao juiz da primeira instância, mesmo que o seu fundamento jurídico seja diferente" (art. 565 CPC fr). Foi assim tido como admissível pela Cassação francesa o aumento quantitativo do pedido de indemnização, do pedido erradamente feito em certo montante ou de pedido modificado em função da decisão da primeira instância (LOÏC CADIET, *Code de Procédure Civile*, Paris, Litec, 2007, n.º 2 da anotação ao art. 565). Daí que se considere hoje académica a discussão sobre o conceito de causa de pedir, que o debate, mais alargado, sobre os poderes do juiz e das partes deita na penumbra (LOÏC CADIET, *Droit judiciaire privé* cit., n.º 1070).

Outros sistemas são muito mais restritivos. Vejamos o caso do **direito italiano**. Segundo o art. 183-1 CPC it, as partes podem, na primeira audiência (realizada após os articulados), **precisar** e, sendo caso disso, **modificar** os pedidos deduzidos na petição inicial e na contestação, faculdade que podem ainda exercer, de acordo com o art. 184 CPC it, até ao momento em que, encerrada a fase da instrução, o juiz instrutor remete o processo para a audiência perante o tribunal colectivo; mas a modificação não pode traduzir-se num **pedido novo**, o que seria contrário ao princípio do contraditório[8], a menos que, tal como em direito alemão, o novo pedido se funde em **facto superveniente**[9]. Também fortemente restritivo é o **direito espanhol**: é admitida na audiência preliminar ("audiência previa al juicio") a **aclaração** ou **precisão** da petição inicial, designadamente quanto ao pedido, bem como alegações complementares que não impeçam o exercício do contraditório (arts. 424-1 e 416, n.os 1 a 3, da LEC), mas todos os pedidos dedutíveis têm de ser, sob pena de preclusão,

---

[8] CRISANTO MANDRIOLI, *Corso di diritto processuale civile*, Torino, Giappichelli, 1995, II, n.º 19. Diz-se que as modificações *consentidas* são as que se revelem oportunas após o conhecimento, por cada parte, dos pedidos, excepções, argumentos e proposições de prova da outra parte, pois precisar e modificar significa, para a lei, tão-só *«rectificar* o alcance dos pedidos, em face do mesmo pedido (por exemplo: preciso que o imóvel cuja entrega foi pedida abrange também certo local não mencionado inicialmente) e da mesma causa de pedir (por exemplo: preciso que ao contrato ao qual me referi foram aditadas, por documento posterior, outras cláusulas, em função das quais peço agora uma importância maior do que a inicial)». É que *mudar* o pedido, a causa de pedir ou ambos na pendência da instância corresponde a introduzir uma *nova causa*, em termos que violariam o princípio do contraditório. Entende-se, pois, que o que a lei consente é a *emendatio*, mas não a *mutatio*. Para se saber se se está perante uma ou outra, a Cassação italiana tem em especial conta a possibilidade de lesão dos interesses da contraparte, considerado o princípio do contraditório, e por isso não reconhece a faculdade de introduzir temas novos «que possam desorientar a defesa da outra parte» (*cit.*, I, n.º 29, nota 21). A Cassação admite, por exemplo, a invocação do enriquecimento sem causa no processo em que se pediu inicialmente indemnização (*cit.*, I, n.º 29, nota 11-C), mas não a invocação da posse de estado em acção de reconhecimento de paternidade em que se invocou inicialmente a convivência *more uxorio* (*cit.*, I, n.º 29, nota 21). Do mesmo modo, é modificação consentida a imputação da qualidade de proprietário do veículo causador do acidente a quem inicialmente foi apenas demandado como condutor ou a invocação duma diferente causa aquisitiva do direito de propriedade, por este ser um «direito auto-individualizado», mas não a invocação da relação causal quando inicialmente apenas se invocou a relação cambiária de letra (FRANCESCO LUISO, *Diritto processuale civile*, Milano, Giuffrè, 2000, II, n.º 6.9).

[9] LUISO, *cit.*, II, n.º 6.11.

1300 *Em Homenagem ao Professor Doutor Diogo Freitas do Amaral*

deduzidos com a petição inicial (art. 400 LEC) ou em articulado anterior à contestação (art. 401-2 LEC), ressalvada apenas a ocorrência de **factos supervenientes** ou de conhecimento superveniente (arts. 286, 400-1 e 426-4 da LEC)[10].

O nosso sistema processual coloca-se no meio termo. O art. 268 CPC consagra o **princípio da estabilidade da instância**, mas admite as excepções constantes dos arts. 269 CPC a 271 CPC (quanto aos elementos subjectivos) e 272 CPC a 275 CPC e 506-1 CPC (quanto aos elementos objectivos). Entre as excepções à estabilidade do objecto da instância contam-se as que, previstas no art. 273-2 CPC, permitem ao autor alterar ou ampliar o pedido: a alteração ou ampliação é **livre** na réplica; não tendo esta lugar ou depois dela, a ampliação é ainda admissível até ao encerramento da discussão em primeira instância, mas **condicionadamente** a tratar-se de desenvolvimento ou consequência do pedido primitivo. Este preceito, datado de 1939, tem-se mantido incólume até hoje[11].

2. Consequência e desenvolvimento do pedido

Tentemos percorrer casos que a doutrina tem usado dar como exemplo ou a jurisprudência tem considerado como de consequência ou desenvolvimento do pedido primitivo: pedida a entrega do prédio, pede-se mais tarde a entrega dos rendimentos por ele produzidos durante a ocupação ilegal[12]; pedida a restituição da posse, pede-se mais tarde a indemnização do dano causado pelo esbulho[13]; pedida a anulação do registo da patente de invenção, pede-se depois a indemnização do dano causado com a sua exploração ilícita[14]; pedida a resolução do contrato, pede-se depois a

---

[10] FRANCISCO RAMOS MÉNDEZ, *Guia para una transición ordenada a la LEC*, Barcelona, J.M.Bosch, 2000, n.ºs 10.3 e 10.7.

[11] Indirectamente, o seu alcance foi restringido quando o diploma intercalar de 1985 circunscreveu a admissibilidade da réplica (no processo ordinário) aos casos em que o réu haja excepcionado ou reconvindo (art. 502-1 CPC).

[12] ALBERTO DOS REIS, *Comentário ao Código de Processo Civil*, Coimbra, Coimbra Editora, 1945-1946, III, p. 93. Ponto é que o autor tenha inicialmente alegado a *má fé* do réu como possuidor (VARELA-BEZERRA-NORA, *Manual de processo civil*, Coimbra, Coimbra Editora, 1985, ps. 356-357).

[13] ALBERTO DOS REIS, *ibidem*.

[14] Ac. do STJ de 27.1.70 (ALBUQUERQUE ROCHA), proc. 063043, www.dgsi.pt.

Ampliação do Pedido em Consequência ou Desenvolvimento do Pedido Primitivo 1301

devolução do sinal entregue[15]; pedida a anulação da compra e venda dum bem imóvel, é depois pedido o cancelamento da respectiva inscrição predial[16]; pedida a declaração da inexistência de certo facto ofensivo do bom nome do autor, que o réu propalou em certo meio, é depois pedida a publicação da sentença, por conta do réu, em um ou dois dos jornais mais lidos naquele meio[17]; pedida uma prestação de facto infungível, pede-se depois a condenação do réu em sanção pecuniária compulsória[18]; pedida uma prestação de capital, pede-se depois o pagamento do respectivo juro[19]; pedido o pagamento da quantia em dinheiro, é depois pedida a sua actualização monetária[20]; pedidos os juros duma dívida em marcos alemães, vencidos até à data da petição inicial, pede-se depois os juros vencidos na pendência da acção, a uma taxa de câmbio actualizada, bem como os juros vincendos[21]; pedida uma prestação da dívida, pede-se depois as prestações seguintes, de vencimento posterior à propositura da acção[22]; pedido o reconhecimento do direito de propriedade, com base em usucapião, sobre parte de uma parcela do prédio, é depois pedido que

---

[15] No Ac. do STJ de 5.12.95 (FERNANDO FABIÃO), proc. 086956, www.dgsi.pt, foi rejeitada a ampliação do pedido de resolução com a condenação do réu na restituição do sinal, mas apenas por ter sido requerida intempestivamente.

[16] Acs. do STJ de 25.11.75 (JOSÉ ANTÓNIO FERNANDES), *BMJ*, 251, p. 118, e de 6.12.87 (TINOCO DE ALMEIDA), proc. 075508, www.dgsi.pt; ac. do TRL de 2.6.76 (SEBASTIÃO SÁ GOMES), *CJ*, 1976, II, p. 537.

[17] VARELA-BEZERRA-NORA, *Manual* cit., p. 357.

[18] LEBRE DE FREITAS, *Introdução* cit., n.º II.6 (30). Nunca, porém, depois de cessada a mora (cf. ac. do TRL de 20.9.07, NETO NEVES, proc. 8519/2006-2, www.dgsi.pt).

[19] ALBERTO DOS REIS, *ibidem*; LEBRE DE FREITAS, *ibidem*; acs. do STJ de 25.3.80 (FERREIRA DA COSTA), *BMJ*, 295, p. 319, de 2.12.87 (ALMEIDA RIBEIRO), proc. 075528, www.dgsi.pt, de 3.10.89 (ALCIDES DE ALMEIDA), proc. 077633, www.dgsi.pt, de 7.11.91 (AMÂNCIO FERREIRA), proc. 082249, www.dgsi.pt, de 14.12.94 (FERREIRA DA SILVA), proc. 085327, www.dgsi.pt, e de 6.11.07 (RUI MAURÍCIO), proc. 07A2328, www.dgsi.pt.

[20] Acs. do STJ de 21.7.81 (AMARAL AGUIAR), proc. 069389, de 9.7.85 (MOREIRA DA SILVA), proc. 072789, de 13.5.86 (ALCIDES DE ALMEIDA), proc. 073421, de 5.7.88 (ALCIDES DE ALMEIDA), proc. 076126, de 6.12.90 (ANTÓNIO DE MATOS), proc. 079591, e de 8.7.93 (ZEFERINO FARIA), proc. 083627, todos www.dgsi.pt; ac. do TRC de 3.4.84 (MANUEL PEREIRA DA SILVA), *CJ*, 1984, II, p. 48; ac. do TRL de 11.12.86 (JOSÉ DE MAGALHÃES), *CJ*, 1986, V, p. 151; ac. do STA de 17.3.87 (FERNANDO SAMAGAIO), *BMJ*, 365, p. 655.

[21] Ac. do TRL de 26.2.87 (GOMES DE NORONHA), *CJ*, 1987, I, p.147.

[22] Ac. do STJ de 11.11.83 (MIGUEL CAEIRO), proc. 000572, www.dgsi.pt; ac. do TRL de 17.7.2002 (SANTANA GUAPO), proc. 0043701, www.dgsi.pt.

1302 *Em Homenagem ao Professor Doutor Diogo Freitas do Amaral*

o reconhecimento abranja toda a parcela[23]; pedida a indemnização do dano consistente em 150 dias de incapacidade total para o trabalho em resultado de acidente de viação, é depois pedida indemnização dos danos resultantes de incapacidade permanente de 20% para o trabalho[24]; pedido o reembolso dos juros pagos em consequência da primeira prorrogação da data de vencimento duma livrança, pede-se depois o reembolso dos juros pagos em consequência duma segunda prorrogação[25].

Uma vez formulado, um pedido é **consequência** de outro quando a procedência deste implica a procedência do primeiro, ainda que em medida que pode depender de factos que excedam o âmbito da respectiva

---

[23] Ac. do STJ de 26.11.80 (JACINTO RODRIGUES BASTOS), *BMJ*, 301, p. 425. Os actos de posse contínua do autor incidiam sobre terreno cuja área tinha sido deficientemente indicada.

[24] Ac. do TRL de 2.12.82 (JOÃO DE SÁ ALVES CORTÊS), *BMJ*, 328, p. 631. De maneira geral, quando inicialmente se pediu a quantia correspondente aos *danos conhecidos* à data da propositura da acção, é possível pedir maior indemnização quando, na pendência da acção, se tome conhecimento de *novos danos* (VARELA-BEZERRA-NORA, *Manual* cit., p. 281) ou estes se produzam posteriormente (CASTRO MENDES, *Direito processual civil*, cit, II, ps. 346-347). É o que vemos admitido em vários acórdãos do STJ: acs. de 8.10.92 (MÁRIO NORONHA), proc. 081456, de 3.11.93 (CASTRO CALDAS), proc. 084019, e de 25.5.2006 (FERREIRA GIRÃO), proc. 06B1088, todos www.dgsi.pt. Neste último, único integralmente transcrito, vinca-se que o autor tivera o cuidado de dizer, na petição inicial, que a sua incapacidade permanente parcial *não era "inferior a 30%"*, só o exame médico posteriormente realizado lhe tendo permitido descobrir sequelas que desconhecia. Pelo sumário do ac. de 8.10.92, vê-se que o caso é semelhante e a solução idêntica, e o ac. de 3.11.93 é expresso em que só é admitida a ampliação por ter sido provada a superveniência dos danos. A jurisprudência das relações, proferida em casos de acidente de viação e também consultável em www.dgsi.pt, vai dominantemente no mesmo sentido (por exemplo: acs. do TRP de 26.6.2008, DEOLINDA VARÃO, proc. 0831515, de 15.7.2004, FERNANDO BATISTA, proc. 0433943, de 30.11.2000, VIRIATO BERNARDO, proc. 0031482, de 8.2.96, OLIVEIRA VASCONCELOS, proc. 9450298), embora algumas decisões surjam a negar a admissibilidade da ampliação com base em novos factos (acs. do TRP de 27.4.93, ARAÚJO DE BARROS, proc. 9250980, e de 11.10.93, LÚCIO TEIXEIRA, proc. 9320130). Leia--se especialmente o muito bem fundamentado ac. de 26.6.2008, cuja transcrição integral mostra que o pedido de ampliação só foi recusado por não ter revestido a forma de articulado superveniente, em que o autor tivesse feito valer os 5% de incapacidade permanente de que só teve *conhecimento* pelo exame médico realizado no decurso da acção, em que pedira a indemnização de outros danos que não esse. No caso do ac. de 8.2.96, a julgar pelo sumário, houve, no decurso da acção, *aumento* da incapacidade inicialmente determinada. Já quando não ocorrem factos supervenientes a mesma jurisprudência usa pronunciar-se em sentido negativo (ver os acórdãos citados *infra*, nota 40).

[25] Ac. do STJ de 28.5.85 (CORTE-REAL) *BMJ*, 347, p. 359.

Ampliação do Pedido em Consequência ou Desenvolvimento do Pedido Primitivo 1303

causa de pedir[26]. O pedido primitivo é **desenvolvido** quando ao conteúdo inicial do direito a que ele se refere vem acrescer um conteúdo **acessório** ou **complementar** da mesma natureza[27], ou quando, tendo-se feito valer inicialmente **parte** do direito, se pretende agora fazê-lo valer em **outra parte** ou na **totalidade**[28], sem que a procedência do pedido primitivo implique necessariamente a procedência do acréscimo decorrente do desenvolvimento e mesmo, na segunda situação, sem que haja entre os dois, fundados ou não na mesma causa de pedir, uma relação de dependência.

---

[26] Peguemos na exemplificação atrás feita. A *condenação* do réu na entrega do rendimento do prédio reivindicado (*supra*, nota 12), na indemnização do dano causado pelo esbulho (*supra*, nota 13) ou pela utilização da patente (*supra*, nota 14) ou na restituição do sinal entregue (*supra*, nota 15) é *implicada*, respectivamente, pela condenação na entrega do prédio reivindicado ou na restituição da posse, pela anulação do registo da patente ou pela declaração da resolução do contrato; mas o *montante* do rendimento, da indemnização ou do sinal tem de ser apurado *em função da alegação e prova de factos* (o rendimento produzido; o dano ocorrido; a quantia entregue) que não é necessário alegar e provar para a procedência do pedido principal. Já o cancelamento da inscrição predial (*supra*, nota 16) depende tão-só da anulação da compra e venda e do respectivo registo, sendo o seu conteúdo pré-definido, a publicação da sentença de mera apreciação nos jornais depende apenas da verificação da inexistência do facto ofensivo (*supra*, nota 17) e a condenação na sanção pecuniária compulsória (*supra*, nota 18), embora de conteúdo a definir segundo o prudente arbítrio do juiz, é mera decorrência da verificação da dívida da prestação de facto infungível.

[27] Veja-se os casos a que se referem as notas 19 e 20 *supra*. O pedido de restituição do capital pode proceder, mas improceder o de pagamento do juro (por hipótese, não convencionado ou não devido por não haver mora do devedor) ou da actualização (basta que nenhuma inflação se tenha verificado).

[28] Veja-se os casos a que se referem as notas 21, 22, 23, 24 e 25 *supra*. O pedido de reconhecimento do direito de propriedade sobre a totalidade da parcela do prédio, o de indemnização do dano resultante da incapacidade permanente para o trabalho (bem como de outros danos supervenientes ou de conhecimento superveniente) ou o de reembolso dos juros pagos em consequência da segunda moratória não será necessariamente procedente se proceder, respectivamente, o pedido de entrega da parte da parcela inicialmente pretendida, o de indemnização do dano inicialmente alegado ou o de reembolso dos juros pagos em consequência da primeira moratória. Mais ainda: pode proceder o segundo pedido, mas improceder o primeiro. Isto pode também acontecer, embora só parcialmente, no caso do pedido de condenação no pagamento dos juros vencidos na pendência da acção e dos vincendos: basta que parte dos juros vencidos antes de proposta a acção tenha prescrito. Notemos que só nos casos das notas 21, 22 e 23 (neste alegava-se a posse de uma porção determinada de terreno, apenas mal medida na petição inicial) é que a causa de pedir é a mesma e que nos outros dois a ampliação se baseará normalmente em *factos supervenientes*.

A consequência ou desenvolvimento do pedido primitivo, justificativo da sua ampliação fora da réplica, verifica-se, pois, **independentemente de se manter a causa de pedir**, que pode ser distinta[29]. Só que, uma vez que o art. 273-1 CPC não permite a **ampliação da causa de pedir** depois da réplica, esta ampliação, como suporte do pedido ampliado, só é admissível quando os factos que a integram são **supervenientes** (são os "factos constitutivos" do art. 506-1 CPC[30]).

Não sendo a identidade da causa de pedir condição necessária da admissibilidade da ampliação do pedido, o critério a utilizar é, pois, o que ficou indicado: há que ver se entre os direitos a que se referem os pedidos, inicial e subsequente, se verifica relação de **implicação**, que torne a procedência de um mera consequência da procedência do outro, ou relação de **conteúdo** (acessoriedade, complemento, extensão), que permita falar de desenvolvimento do pedido primitivo.

---

[29] Dizia ALBERTO DOS REIS que a ampliação do pedido primitivo que estamos a considerar se dava «dentro da mesma causa de pedir» (*Comentário* cit., III, p. 94). A afirmação, que servia ao autor para contrapor a ampliação do pedido à cumulação de pedidos (que pressuporia diversidade de causas de pedir), não era rigorosa, como logo, contraditoriamente, mostravam os exemplos que dava (ver, *maxime*, os das notas 12 e 13 *supra*). Em correcção desta falta de rigor, CASTRO MENDES preferia falar de «origem comum – causas de pedir, senão totalmente idênticas, pelo menos integradas no mesmo complexo de factos» (*Direito processual civil*, Lisboa, AAFDL, 1980, II, n.º 64, II, a ps. 347); mas o apelo aos conceitos de «origem comum» e «mesmo complexo de factos» têm uma conotação naturalística que igualmente os tornam juridicamente pouco rigorosos (percurso semelhante, no campo do estudo da causa de pedir, é feito pelos autores que, com pouco sucesso, a querem retratar como «acontecimento da vida» ou «acontecimento histórico»: *infra*, nota 43).

[30] Na maior parte dos casos, a alegação de um facto constitutivo superveniente faz-se *no âmbito do pedido primitivo* (ex.: alega-se a transmissão para o autor, por morte do réu, seu pai, do prédio que está sendo reivindicado com fundamento na compra e venda). Mas o facto superveniente, invocável por força do art. 506-1 CPC, pode *fundar a ampliação do pedido primitivo*, nos termos do art. 373-1 CPC. É o que acontecerá nos três primeiros casos referidos na nota 26 e nos dois últimos referidos na nota 28 (o rendimento e o dano continuam a produzir-se na pendência da acção; a incapacidade permanente para o trabalho manifesta-se na pendência da acção; a segunda moratória tem lugar na pendência da acção), *sob pena, em meu entender, de a ampliação ser inadmissível.*

3. Ampliar o pedido ou pedir noutro processo.

Admitir que o autor amplie o pedido fora da réplica, quando a ampliação for consequência ou desenvolvimento do pedido primitivo, corresponde a uma manifestação do **princípio da economia processual**[31]. Trata-se de permitir que, na mesma acção, se aprecie o pedido inicial e o pedido subsequente, em vez de só permitir o conhecimento deste em outra acção.

É indiferente que o pedido inicial e o pedido subsequente se fundem num só, como acontece quando a ampliação é quantitativa, ou que a dedução do segundo dê lugar a uma cumulação sucessiva de pedidos[32]. Em qualquer dos casos, constitui **alternativa** à ampliação essa possibilidade de o autor fazer valer o novo pedido, ou o acréscimo ao pedido primitivo, em **processo distinto**, o que equivale a dizer que, a não se requerer a ampliação no primeiro processo, o caso julgado formado pela sentença de mérito que neste venha a ser proferido não obstará ao conhecimento desse pedido ou acréscimo no segundo processo. Já assim não será se, ao invés, a nova pretensão do autor for abrangida pelo caso julgado. Sabido que a excepção de caso julgado exige a identidade de pedido e de causa de pedir, a exclusão dar-se-á se, considerada a delimitação operada pelo objecto do primeiro processo, a sentença nele proferida excluir, por **implicação**, a nova pretensão[33].

É fácil verificar esta ligação entre o princípio da economia processual e a concessão ao autor da faculdade de ampliar o pedido quando se percorram os casos atrás exemplificados. Em todos eles, o autor tinha a **opção entre deduzir o novo pedido na acção pendente**, a título de consequência (os sete primeiros casos) ou de desenvolvimento (os restantes sete) do pedido primitivo, **ou guardá-lo para uma segunda acção.**

---

[31] Aliás, toda a admissibilidade de alteração ou ampliação do pedido ou da causa de pedir brota do mesmo princípio processual. Remeto para a minha *Introdução* cit. II, 10.2.4.

[32] Castro Mendes, *Direito processual civil*, cit., II, n.º 64, II, a ps. 344. Diversamente, como deixei dito, em Alberto dos Reis (*supra*, nota 29).

[33] Lebre de Freitas – Montalvão Machado – Rui Pinto, *Código de Processo Civil anotado*, Coimbra, Coimbra Editora, 2008, II, n.º 4 da anotação ao art. 498.

4. Os limites da confissão e da renúncia

Diversamente do que já entre nós vigorou no campo do direito processual do trabalho (art. 30-1 CPT de 1981), a lei processual civil portuguesa não onera o autor com a dedução, na petição inicial, de todos os pedidos que possa deduzir contra o réu no âmbito da causa de pedir ou da relação jurídica de direito substantivo invocada. Mas a dedução inicial do pedido e a invocação da causa de pedir, ao conformarem o objecto do processo e portanto também o objecto da sentença[34], podem implicar a exclusão da dedutibilidade futura de outro pedido, ou parte de pedido, seja por via de ampliação, seja por via da propositura de nova acção. Pode isso acontecer, nomeadamente, por da interpretação da petição inicial resultar a **renúncia** ao pedido, ou parte do pedido, não formulado, ou por esse novo pedido ser incompatível com a alegação dos factos que constituem a causa de pedir, por tal alegação ter o alcance dum acto de **confissão**[35].

Nestes casos, não pode o pedido formulado ser tido como reportado a uma **parte** do objecto do direito, de que mais tarde se peça o reconhecimento de outra parte: o pedido reporta-se, sim, à totalidade do objecto do direito, tal como o autor o configura. Se mais tarde o autor se convencer de que esse objecto era mais amplo, a renúncia ou a confissão terá produzido o seu efeito de direito substantivo[36], impedindo-o de ampliar

---

[34] LEBRE DE FREITAS, *Introdução*, cit., n.º I.4 (3).

[35] LEBRE DE FREITAS e outros, *CPC anotado* cit., II, n.º 4 da anotação ao art. 498.

[36] Nomeadamente, a confissão (sem prejuízo, quando feita por advogado em articulado, da possibilidade da sua destruição retroactiva por revogação da parte: arts. 38 CPC e 567-2 CPC) produz o seu efeito probatório *imediatamente*, isto é, logo que é feita a declaração confessória: a confissão é uma *figura de direito substantivo*, como tal regulada no Código Civil, e a prova dela resultante é independente do objecto do processo em que seja feita ou invocada e, inclusivamente, das eventuais modificações deste objecto no decurso da instância. Julgo tê-lo demonstrado ao longo de dois capítulos da minha *Confissão* cit., de ps. 269 a 326. Veja-se, designadamente, a p. 302, quanto ao recorte operado pelo objecto dum futuro processo no âmbito das várias relações jurídicas em que a confissão produz efeito (efeito directo de prova do facto confessado e, consequentemente, efeito indirecto correspondente ao efeito do próprio facto confessado dentro dessas relações jurídicas), o qual não opera de modo diferente do recorte que a definição da relação jurídica litigiosa sempre estabelece no todo das situações jurídicas em que as partes se encontram investidas pelo direito substantivo. Isto continua a ser assim quando o recorte referido é feito, não já entre várias relações jurídicas implicadas, mas *«dentro duma mesma relação jurídica, na medida em que se peça menos do que o que se podia pedir»*

Ampliação do Pedido em Consequência ou Desenvolvimento do Pedido Primitivo 1307

o pedido inicial[37] (ressalvada, porém, a possibilidade da anulação por erro no acto de renúncia ou confissão: arts. 251 CC e 359 CC): a **auto--limitação** do autor ao formular o pedido na petição inicial[38] exclui que este tenha a virtualidade de conter a ampliação posteriormente pretendida[39]. Ponto é que a renúncia ou confissão seja **inequívoca**[40-41].

(*ibidem*, nota 7). A legitimidade para confessar afere-se em referência à data do facto confessado e não à data da confissão (*idem*, n.ºs 7.2.2.A e 15.1.5). Em *A confissão* cit., n.º 13 (1), defendi que a retratabilidade da confissão feita em articulado tinha como limite temporal o último articulado do confitente. A posterior revisão de 1995-1996, ao admitir um novo articulado de completamento ou concretização das alegações (art. 508-3 CPC) e o completamento ou concretização na audiência preliminar (art. 508-A-1 CPC), leva a estender esse limite, pelo menos, até ao momento da elaboração do elenco dos factos assentes e da base instrutória (LEBRE DE FREITAS, *A acção declarativa comum*, Coimbra, Coimbra Editora, 2000, n.º 16 (28)). Em acórdão de 21.3.56 (CARLOS SAAVEDRA), o STJ julgou que, levado o facto confessado ao questionário, em vez de ser levado à especificação, o direito de retratação se manteve (*BMJ*, 57, p. 335), de onde resultava que, não fora o erro do juiz ao questionar em vez de especificar, a confissão não poderia, segundo o Supremo, ser retirada a partir do momento em que o facto que dela era objecto fosse especificado. No seu *Comentário* cit., I, p. 51, ALBERTO DOS REIS parecia defender que a confissão não aceite se mantinha retratável até ao *termo da discussão de facto*; mas já no *Código de Processo Civil anotado*, Coimbra, Coimbra Editora, 1948, I, p. 126, o autor deixa perpassar ideia diversa, conforme com a por mim defendida em *A confissão*, quando escreve que "o confitente, para retirar ou rectificar a confissão comprometedora, não carece de esperar *pelo seu articulado seguinte*; pode e deve acudir imediatamente, logo que se aperceba do erro, para evitar que a parte contrária faça a aceitação especificada".

[37] No ac. do STJ de 20.12.94 (JOAQUIM DE MATOS), proc. 087307, www.dgsi.pt, julgou-se inadmissível a ampliação do pedido baseada no mesmo documento que servira de suporte ao pedido inicial e no ac. do TRC de 20.12.94 (NUNO CAMEIRA), *BMJ*, 442, p. 265, julgou-se inadmissível a ampliação pela qual se deduz um pedido que *podia e devia* ter constado da petição inicial.

[38] No caso da confissão, esta limitação constitui *efeito indirecto* da declaração sobre a realidade dos factos de que o direito (directamente) resulta. Sendo a confissão uma declaração de ciência, e não uma declaração de vontade, a consideração desse seu efeito indirecto leva a alguma equiparação do seu regime ao regime do negócio jurídico, visto que através dela é possível alcançar um resultado prático semelhante ao resultado negocial (cf. LEBRE DE FREITAS, *A acção declarativa* cit., n.º 16.2.3.B).

[39] Utilizo a formulação de ALBERTO DOS REIS, *Comentário* cit., III, p. 93 («a ampliação há-de ser o desenvolvimento ou a consequência do pedido primitivo, quer dizer, *a ampliação há-de de estar contida virtualmente no pedido inicial*»).

[40] Compare-se a decisão do TRL de 2.12.82, referida na nota 24 *supra* (pedida a indemnização do dano resultante de incapacidade *provisória* total para o trabalho, é possível pedir depois a indemnização do dano resultante de incapacidade parcial *permanente*) com as decisões do TRP de 17.2.99 (SAMPAIO GOMES), proc. 9851457, www.dgsi.pt (alegadas na petição inicial certas lesões, causadoras de 7,5% de incapacidade *permanente*

1308 Em Homenagem ao Professor Doutor Diogo Freitas do Amaral

parcial para o trabalho, o posterior apuramento, em exame médico, duma incapacidade permanente parcial de 15% não pode fundar a ampliação do pedido, por desenvolvimento do pedido primitivo), de 27.4.93 (ARAÚJO DE BARROS), proc. 9250980, www.dgsi.pt («não é curial atribuir ao autor, a título de danos morais, quantia maior do que aquela que ele próprio indicou»), de 17.6.2002 (FONSECA RAMOS), proc. 0250739, www.dgsi.pt (é admissível a ampliação com base em novos factos, mas não com base em novos *factores de cálculo* da indemnização) e de 2.12.97 (PAIVA GONÇALVES), proc. 9750940, www.dgsi.pt (é inadmissível *rectificar* para mais o cálculo de uma parcela do pedido, com base em *critério* diverso do utilizado na petição inicial). Tanto quanto a publicação destes acórdãos deixa perceber, não há entre eles contradição. No caso a que se refere a nota 23 *supra*, não ocorreu renúncia ou confissão que impedisse a ampliação, na medida em que o autor, na petição inicial, apenas errou ao *medir* a parte do terreno de que se disse possuidor: vindo a verificar, na pendência da acção, que a parcela que possuía era toda a que seguidamente pretendeu reivindicar, e não apenas a parte inicialmente reivindicada, não fez alegação *fáctica* desconforme da inicial, mantendo que a sua posse incidia sobre a mesma parte do terreno, embora esta, na sua representação cadastral, fosse maior do que pensava. Diferente seria, a meu ver, se, tendo afirmado possuir determinada parte do terreno, *e só essa*, mais tarde viesse afirmar que era possuidor de uma outra parte: estaria então pondo em causa a confissão inicialmente feita. A interpretação da petição inicial é fundamental para estas distinções.

[41] Esta exclusão não constitui um efeito de direito processual, mas de direito substantivo (ARWED BLOMEYER, *Zivilprozessrecht*, Berlim, Duncker und Humblot, 1985, § 89, n.º V; ROSENBERG SCHWAB, *Zivilprozessrecht*, Munique, Beck, 1986, § 156, III). A doutrina alemã dominante entende que, mesmo quando o autor apresenta como sendo *total* um pedido que, na realidade, é *parcial*, o caso julgado que se forme sobre o pedido deduzido, sem que o réu o tenha reconvencionalmente ampliado, não impede a propositura duma acção posterior que tenha por objecto a parte que exceda esse pedido; mas que a interpretação das peças processuais do autor pode levar a concluir pela renúncia a essa parte não incluída no pedido. Já grande parte da doutrina e a jurisprudência italianas fecham a porta da nova acção ao autor que, *sem reserva*, deduza um pedido de mera apreciação ou condenação no cumprimento de obrigação pecuniária (indemnização compreendida) que seja inferior àquele que podia ter deduzido no âmbito da mesma relação obrigacional (PROTO PISANI, *Diritto processuale civile*, Nápoles, Jovene, 1996, capítulo I, n.ᵒˢ 10 e 11; mais restritivo ainda, MENCINI, *Il limiti soggettivi del giudicato civile*, Milão, Giuffrè, 1987, ps. 276-284, negando a própria admissibilidade da *reserva*). É, de qualquer modo, elucidativo que a controvérsia incida fundamentalmente sobre partes *divisíveis* do conteúdo duma relação jurídica (várias prestações; capital e juros; actualização) e não tanto sobre um mesmo objecto *indivisível*, diversamente valorado (veja-se, por exemplo, SATTA-PUNZI, *Diritto processuale civile*, Padova, Cedam, 1987, n.º 81). O instituto de ampliação do pedido visa proporcionar trazer ao objecto do processo pendente pedidos que, de outro modo, poderão ser objecto de outros processos, tendo sempre o autor a opção entre uma e outra dessas possibilidades (*supra*, n.º II.3).

À ESPERA DOS BÁRBAROS?
PRISÃO, TORTURA E CIVILIZAÇÃO,
TRINTA ANOS DEPOIS[1]

TERESA PIZARRO BELEZA

**Para Diogo Freitas do Amaral, meu Professor e Amigo,
que também se dedicou às questões prisionais**

> «*In my dreams I am again in the desert, plodding through
> endless space towards an obscure goal. I sigh and wet my
> lips. 'What is this noise?' I ask when the guard brings my
> food. They are tearing down the houses built against the
> south wall of the barracks, he tells me: they are going to
> extend the barracks and build proper cells. 'Ah, yes', I say:
> 'time for the black flower of civilization to bloom.' He does
> not understand*»[2].

Na sua obra *Waiting for the Barbarians*, uma notabilíssima condenação da tortura sob a forma de metáfora que se move fora do Mundo e
da História, publicada em 1980, J. M. Coetzee utiliza a expressão «black
flower of civilization» para se referir à prisão. O guarda seu interlocutor
não o compreende, nem Coetzee expressa a fonte da citação, um hábito
aliás recorrente nas suas obras literárias. O próprio título do livro foi
certamente inspirado na versão inglesa do poema homónimo de Constantino Cavafis, que Jorge de Sena tão bem verteu para português[3].

---

[1] Agradeço a Frederico da Costa Pinto a ajuda prestada na revisão final do texto.
[2] J. M. COETZEE (1982) *Waiting for the Barbarians*, Harmondsworth, Penguin, p. 79.
[3] CONSTANTINO CAVAFY, *90 e Mais Quatro Poemas*, Tradução, Prefácio, comentários
e notas de Jorge de Sena, Porto, Editorial Inova, s./d.

1310 *Em Homenagem ao Professor Doutor Diogo Freitas do Amaral*

Como tudo no livro de Coetzee parece ser uma condenação da «civilização» do império, que se tenta manter guerreando e perseguindo uns bárbaros em boa medida imaginários (enquanto perigo real), o uso da imagem de N. Hawthhorne só pode ter um sentido de cáustica ironia. Note-se que o livro foi publicado ainda em pleno regime político e jurídico de *Apartheid* na África do Sul e que a escrita metafórica de Coetzee desses anos de chumbo foi certamente marcada por isso mesmo.

Os edifícios de cadeias parecem aliás estar condenados a sofrer curiosas metamorfoses, entre as vidas que aprisionam e as vidas que libertam. Alguns florescem em espaços de arte, saber e ritos judiciários (Relação do Porto, Centro de Estudos Judiciários, no Limoeiro, em Lisboa, Tribunal Constitucional da África do Sul), enquanto outros despertam as ambições empreendedoras da plutocracia nacional (Penitenciária de Lisboa, Estabelecimento Prisional de Pinheiro da Cruz).

Em 1979, o Estado Português publicou a lei penitenciária que acolhia no sistema prisional os novos princípios democráticos, consagrados na Constituição da República de 1976. Trinta anos depois, em Outubro de 2009, é publicado o novo «Código da Execução das Penas e Medidas Privativas da Liberdade» (Lei n.º 115/2009, de 12 de Outubro).

O mundo e o país mudaram muito. Mas as prisões mantêm-se no centro do sistema penal. E com elas, de um lado, a necessidade de justificação da sua existência e, do outro, o reconhecimento da violência institucional que comportam e a consequente urgência da protecção das pessoas a ela sujeitas.

I. Prisão e Modernidade. A prisão como a "flor negra da civilização"

1. No início do romance publicado em 1850, *The Scarlet Letter*, o escritor americano Nathaniel Hawthorne descreve a (porta da) prisão de uma colónia de imigrantes Puritanos na Nova Inglaterra no séc XVII (antecessora da cidade de Boston). Chama à prisão, no contexto descritivo, *the black flower of civilized society*[4]. E diz ser a cadeia, além do cemi-

---

[4] A expressão «the black flower of civilized society, a prison» é de Nathaniel Hawthorne, no início de *The Scarlet Letter*. «The rust on the ponderous iron-work of its oaken door looked more antique than anything else in the New World. Like all that pertains to crime, it seemed never to have known a youthful era. Before this ugly edifice

À *Espera dos Bárbaros? Prisão, Tortura e Civilização, Trinta Anos Depois*   1311

tério, uma das primeiras preocupações de um grupo de colonos quando alcança o seu destino, sugerindo a sua essencialidade.

As prisões como hoje as conhecemos são evidentemente muito diferentes do que seria a prisão descrita nessa reconstrução ficcionada. Mas a genealogia daquilo a que ainda hoje frequentemente chamamos *penitenciárias*[5] não é estranha ao que então se poderia configurar como um local de detenção. É difícil e perigoso generalizar, mas a origem da prisão como pena central no Direito Penal contemporâneo (não já estatística, mas simbólica e *virtualmente*) será um misto de sistema de ordem e disciplina que levaria à redenção pelo trabalho, o isolamento e a oração – casas de trabalho, casas de correcção, sítios de recolha e disciplina de pobres, vadios, etc – e as prisões locais que albergariam suspeitos aguardando a vinda de juízes de fora, condenados à espera de execução (morte) ou transporte (degredo), ou devedores refractários.

Enquanto instituição que alberga e contem por longos períodos, chegando até à duração física da vida (a *prisão perpétua* que historicamente tendeu a suceder à pena de morte nas fases abolicionistas) grandes

---

(…) was a grass plot, much overgrown with burdock, pigweed, apple peru, and such unsightly vegetation, which evidently found something congenial in the soil that had so early borne the black flower of civilized society, a prison.» Nathaniel Hawthorne, *The Scarlet Letter*, Harmondsworth, Penguin, 1994 (edição original de 1850), p. 40-41 (1. *The Prison Door*).

[5] «Penitenciária» vem, como é óbvio, de *penitência*. A origem histórica explica essa designação (a ideia de arrependimento pelo isolamento e reflexão sobre o mal cometido). A Penitenciária de Lisboa foi inaugurada em 1885 (aqui tão perto da Faculdade de Direito da Universidade Nova, no que era então um descampado, considerado saudável e bem colocado, mais longe do Rio que Xabregas, o local alternativo, e com água facilmente acessível – o aqueduto!). No final de 2006, foi vendida pelo Estado ao próprio Estado, a uma sociedade anónima de capitais públicos, a Estamo, que depois a colocaria no mercado, ainda a tempo de o valor da compra (60 milhões de euros) ser contabilizado no orçamento do Estado de 2006. De acordo com as declarações políticas de então, o produto da venda seria usado para financiar as reformas prisionais em curso. O destino final do complexo tem oscilado entre a preservação do núcleo histórico do edifício e a criação de equipamentos de apoio à Universidade Nova de Lisboa ou mesmo a criação de novos equipamentos hoteleiros. Uma das ideias publicamente discutidas foi a de afectar o edifício da ainda Penitenciária ao projecto «Lisboa – Cidade Erasmus». Em meados de 2009, a Câmara Municipal de Lisboa iniciou o procedimento administrativo para a eventual classificação do Estabelecimento Prisional de Lisboa. Em Março de 2010, as notícias das decisões governamentais indiciam que a Penitenciária continuará a funcionar como tal por uns anos.

massas de condenados[6], as prisões datam do fim séc. XVIII, inícios do séc. XIX. A prisão de Millbank, em Londres, é de 1814; mas a de Gloucester é de 1782. Em Filadélfia, antes da construção da célebre Penitenciária, em 1829, fez-se experiência celular na cadeia anterior. Aquela, a *Eastern State Penitentiary*, funcionou desde 1829 até 1971 (é o mesmo ano do motim em Attica, que marca simbolicamente um ponto de viragem na história penitenciária); agora é um museu, que recebe visitas, alberga exposições de artistas...muitos outros edifícios que foram prisões tiveram destinos semelhantes. É o caso, como se referiu, da Cadeia da Relação do Porto, hoje sede do Museu de Fotografia; ou do Limoeiro, hoje Centro de Estudos Judiciários; ou, num destino igualmente curioso, o Tribunal Constitucional da África do Sul, construído sobre «a única prisão no mundo que albergou Gandhi e Nelson Mandela», como os seus juízes gostam de fazer notar. Uma memória que nos recorda, mais do que a história do edifício, a impossibilidade última de aprisionar a liberdade.

A construção das penitenciárias marca normalmente períodos de declínio de penas corporais violentas, em que a força é exercida de uma forma directa e imediata sobre o corpo do condenado, designadamente a pena de morte, e em alguns casos o abrandar ou extinguir da prática do degredo ultramarino, com o fim dos impérios que o suportavam (como aconteceu com a independência dos Estados Unidos da América do Norte) ou com a resistência das colónias (como foi o caso da Austrália) que começam a opor-se ou impedem definitivamente a continuação da *transportation*... Em alguns países, como Portugal e a Inglaterra, o degredo conviveu com a penitenciária, sucedendo-lhe na execução concreta da pena para muitos condenados; assim se associavam a preocupação de regeneração dos condenados e a vontade de êxito das políticas colonizadoras[7].

2. Quando, em 1867, a Lei de 1 de Julho aboliu a pena de morte em Portugal para os crimes comuns e a substituiu pela prisão celular (a *penitenciária*), o debate parlamentar centrou-se, sem grandes clivagens partidárias – o que parece ter permanecido sem grandes alterações até as nossos dias, no que respeita à *questão penal* – na contraposição entre a

---

[6] Embora continue a servir para medidas a que chamamos de coacção – prisão preventiva, e até certas fases históricas para coagir ao pagamento de dívidas (constitucionalmente proibido).

[7] Ver por exemplo TIAGO PIRES MARQUES, *Crime e Castigo no Liberalismo em Portugal*, Livros Horizonte, 2005.

À Espera dos Bárbaros? Prisão, Tortura e Civilização, Trinta Anos Depois 1313

barbaridade do carrasco, tomado como o epítome da justiça primitiva, instintiva, irracional, e a modernidade, ou a civilização, da penitenciária, um modo penal científico, racional, útil, em suma, *moderno*.

Curioso e significativo pormenor nesta defesa da introdução da modernidade penal no nosso país é a referência de Ayres de Gouveia, que notou a substituição da forca em Lisboa pela estação de caminho de ferro do Rossio, símbolo de progresso e modernidade implantado no mesmíssimo local.

A associação da instituição penitenciária ao projecto da Modernidade é, suponho, evidente. A racionalidade da punição com objectivos e base mais ou menos científica, a ordenação da vida pela disciplina afim da fábrica e da escola, a responsabilização dos condenados pela sua redenção ou ressocialização, paradoxalmente prosseguida através da mais desumana e infantilizadora forma de desapossamento da autonomia individual, a criação da normalidade do "bom cidadão" pelo efeito de espelho convexo da massa dos condenados... que tudo isto, com diversas formas e diferentes raízes, acompanhe a ascensão do sistema capitalista e o retrocesso das penas de morte e degredo, só será completamente compreensível para alguém com a formação historiográfica que eu não tenho. Mas julgo ser capaz de entender que a tenacidade com que a prisão enquanto instituição resistiu, desde o início da sua utilização generalizada, às críticas à sua (dis)funcionalidade, só pode ter uma explicação de inevitabilidade histórica e de associação a formas localizadas de poder e regime social.

Como afirma Tiago Pires Marques[8], é sintomático que Camilo Castelo Branco tenha, em *A Queda de um Anjo* (1865), escolhido o debate sobre as prisões (citando, na sua verve inigualável, o «Dr. Aires») para ridicularizar os políticos seus contemporâneos. A retórica parlamentar atingiu um particular esplendor neste contexto. Dificilmente a tentação de sarcasmo tão típica de Camilo lhe resistiria.

Mas a esperança de modernização e melhoria que acompanhou a institucionalização do sistema penitenciário entre nós depressa deparou com as dificuldades que se tornariam endémicas no nosso sistema penal. A demora e os obstáculos, de natureza financeira ou organizacional, que se foram sucedendo na colocação em prática dos planos políticos e legislativos (a Penitenciária de Lisboa só recebeu os primeiros presos

---

[8] *Crime e Castigo no Liberalismo em Portugal*, Livros Horizonte, 2005.

quase vinte anos depois, em 1885) foram sabotando o entusiasmo inicial. A desilusão face aos efeitos reais, ou assim supostos, da sujeição à pena de prisão, muito cedo olhada como *escola do crime* em vez da escola de virtudes que deveria ter sido e ambicionara ser, foi-se tornando rotina. A mais óbvia verificação do absurdo da lógica penitenciária cedo se impôs: o isolamento e o silêncio levavam ao desequilíbrio e à loucura e não à desejada emenda espiritual dos condenados.

Esta diferença entre o que os políticos defendiam no Parlamento ou mesmo o que era legislado e a aplicação dos mesmos princípios será fenómeno ubíquo, não exclusivo do nosso país, mas particularmente notório na nossa tradição nacional. António Hespanha afirma-o, quanto às penas mais graves, no notável estudo publicado sob o título *Da Iustitia à Disciplina* (as execuções da pena de morte e mesmo do degredo, ficavam muitíssimo aquém do que era legalmente previsto)[9]. É claro que esta diferença não é exclusivo nacional, mas o comentário de G. Bender à nossa legislação colonial parece indiciar uma especial vocação do legislador para existir divorciado da realidade[10]. As análises contemporâneas das alterações das leis penais por especialistas contratados para o efeito parecem confirmar esse défice sistemático de aplicação das boas intenções legislativas[11].

Crónicas na nossa política penal se tornaram as desilusões, as críticas e as reformas. Mais perto de nós, a febre de legislação no campo penal («à flor da pele», nas sugestivas palavras de Costa Andrade) levou a que um Código Penal de 1982, que entrou em vigor em Janeiro de 1983, tenha já sido revisto vinte e sete vezes... e a questão prisional, ou penitenciária, no seu sentido moderno, recorre na passagem do séc XX para o XXI, nas tentativas de Reforma que são desencadeadas por promessas eleitorais (XV Governo Constitucional, Ministério de Celeste Cardona, Projecto Freitas do Amaral, publicamente apresentado em

---

[9] ANTÓNIO MANUEL HESPANHA, «Da 'Iustitia' à 'disciplina' – Textos, poder e política penal no antigo regime», *in* Hespanha, António M. (org.), *Justiça e Litigiosidade. História e Prospectiva*, Lisboa, Gulbenkian, 1993, pp. 287-379.

[10] GERALD J. BENDER: *Angola under the Portuguese: the myth and the reality*, University of California Press, 1978.

[11] Como por exemplo os muitos estudos de avaliação legislativa levados a cabo pelo Centro de Estudos Sociais (CES) da Faculdade de Economia da Universidade de Coimbra, dirigido por Boaventura de Sousa Santos.

À Espera dos Bárbaros? Prisão, Tortura e Civilização, Trinta Anos Depois   1315

2003/2004)[12]; ou por evidente mal estar político – em parte pela actuação do Provedor de Justiça? (XIII Governo Constitucional, Ministério de Vera Jardim, Projecto de Anabela M. Rodrigues, só publicado em 2002[13], mas apresentado ao Governo em 1997[14]).

Em Outubro de 2009, o XVII Governo Constitucional, chefiado por José Sócrates e tendo na pasta da Justiça Alberto Martins, publica enfim o novo «Código da Execução das Penas e Medidas Privativas da Liberdade» (Lei n.º 115/2009, de 12 de Outubro), destinado a entrar em vigor em Abril de 2010.

II. A discussão sobre a reinserção social enquanto objectivo da pena de prisão

> «... Boredom, time-slowing boredom, interrupted by occasional bursts of fear and anger, is the governing reality of life in prison»
>
> «The Contemporary Prison»,
> NORVAL MORRIS, in The Oxford History of the Prison, 1998

Uma das alterações mais evidentes dos últimos anos do séc XX no que respeita ao sistema prisional consistiu na relativa perda de graça do ideal da ressocialização enquanto objectivo da pena de prisão.

Mas o endurecimento do sistema penal, com aumento pronunciado do número de presos em múltiplos países europeus e "ocidentais" (Estados Unidos da América, designadamente)[15], terá porventura pouco que ver com essa perda. A associação entre os dois fenómenos pode ser feita, mas o discurso do desencanto penal (Nothing Works) não terá por si mesmo causado o endurecimento, será antes uma das várias justificações

---

[12] Relatório da Comissão de Estudos e Debate da Reforma do Sistema Prisional CEDERSP – Presidida por Diogo Freitas do Amaral, Coimbra: Almedina, 2005.

[13] Anabela Miranda Rodrigues: Novo Olhar Sobre a Questão Penitenciária, Coimbra: Coimbra Editora, 2002.

[14] Muito criticado pelos Serviços Prisionais, segundo Miranda Pereira (2004, Direito e Justiça, número especial, jornadas organizadas por Paulo Pinto de Albuquerque na UCP).

[15] Ver dados na página electrónica do International Centre for Prison Studies, do King's College, Londres, certamente um dos melhores sites existentes sobre a questão penitenciária: http://www.kcl.ac.uk/schools/law/research/icps.

politico-ideológicas para o populismo penal (*being tough on crime*). Esta posição política, que atingiu paroxismos inéditos nos USA e em Inglaterra a partir do final dos anos 70 do séc XX, através de manifestações exacerbadas de eleitoralismo punitivo, já foi sugestivamente designada como a de *governing through crime*.

As subidas fulgurantes de taxas de encarceramento nos Estados Unidos e no Reino Unido são atribuídas em parte a esta política de deliberado *governing through crime*. Além do mais, de facto aconteceram em períodos em que os números da criminalidade oficialmente conhecida *baixaram* (David Garland).

Chegou em alguma medida a Portugal com o proverbial atraso: durante a década de 90, os partidos políticos de Direita começam a fazer campanha reclamando penas mais graves (CDS-PP). A partir de certa altura, o próprio Partido Socialista coopta o discurso securitário, como o *Labour* fez no Reino Unido.

Em Portugal, à entrada em vigor de um Código Penal deliberada e expressamente *ressocializador* (1982), seguiu-se uma forte subida de números de presos, em parte devido à constitucionalmente *inadmissível* categoria dos «crimes incaucionáveis» e em grande medida à legislação da droga. Por muitos anos, o sistema penal parece estar completamente colonizado pelas questões do consumo e tráfico de drogas, ao ponto de ser legítimo questionar «para que servia antes». A sobrelotação sistemática começa em 1984.

O nosso país atingiu aliás o topo da taxa de encarceramento na Europa, nos anos 90 do séc XX, continuando o Código Penal – como foi, aliás, acentuado em 1995 – a professar uma ideologia de ressocialização. Nessa reforma de 1995 tentou-se recuperar alguma da lógica da ideia de ressocialização e restabelecer algum equilíbrio da escala comparativa de penas como existia nos projectos originais de Eduardo Correia. Sobem em geral as penas para crimes contra as pessoas (em vez de baixarem sistematicamente as dos crimes contra o património – mas algumas baixaram significativamente, como as do furto, abuso de confiança e burla, sobretudo pela distinção entre os diferentes casos de crime qualificado).

Na verdade, o aumento contínuo e a partir de certo ponto insustentável do número de detidos só foi travado pontualmente com a concessão de amnistias celebratórias de acontecimentos vários (eleições, vindas a Portugal do Papa...). Quando politicamente foram consideradas inviáveis (talvez mal, porque o poder de graça sempre acompanhou o poder de

À *Espera dos Bárbaros? Prisão, Tortura e Civilização, Trinta Anos Depois* 1317

punir e pode obviamente ser entendido como sua parte integrante)[16], a crise de sobrelotação agravou-se a um extremo sem precedentes e só a descriminalização do consumo de droga, o progressivo recurso ao controlo à distância («pulseira electrónica») e a subida das exigências legais para permitir a prisão preventiva terão feito baixar os números da população prisional recentemente (revisão de 2007). A concessão de liberdade condicional (revisão de 2007) também perdeu excepções em certos crimes que, numa das anteriores revisões, só aos 2/3 podiam ser objecto de concessão da dita.

Note-se que documentos internacionais como as *Regras Penitenciárias Europeias* (2006)[17] continuam a insistir na finalidade ressocializadora da prisão (art. 102.1). Mas a verdade é que o preceito seguinte lembra que a prisão é em si um castigo, *enquanto privação da liberdade* e, por isso mesmo, o regime aplicável aos presos não deve agravar o sofrimento inerente a essa situação. Dirk Smit[18], um dos seus autores materiais, comenta que este preceito foi incluído para vincar que *this objective is not a licence for oppressing sentenced prisoners* [19].

O Comité Europeu para a Prevenção da Tortura e Tratamentos Cruéis ou Degradantes (CPT), instituído pela Convenção Europeia de idêntico nome de 1987, filha da Convenção Europeia para a Salvaguarda dos Direitos Humanos e Liberdades Fundamentais de 1950, também insiste na mesma ideia: a pena de prisão deve ter um objectivo (ressocialização). É bem possível que esta insistência seja vista como uma tentativa de não excessiva desumanização dos sistemas prisionais.

Anabela M. Rodrigues (na segunda edição, de 2002, do seu *Novo Olhar...*, em que é publicado o seu Projecto de Execução de Penas e

---

[16] Entre outras clássicas referências ficcionais: WILLIAM SHAKESPEARE: *The Merchant of Venice*, discurso e argumentação do «Advogado» Baltasar no julgamento do caso que opõe Shylock, credor «usurário» a António (mercador, devedor); dívida não paga; garantia dada: *one pound of flesh* do devedor. Ver, sobre um outro clássico sobre a concessão de graça – Séneca, o filósofo – http://www.stoics.com/ seneca_essays_book_1.html#MERCY1 (cons. 31Março2010).

[17] Publicadas em português na página da DGSP (*www.dgsp.mj.pt*).

[18] DIRK SMIT, *The 2006 European Prison Rules*, 2006, p. 138, *online* em (consultado 31Março2010) http://www20.gencat.cat/docs/Justicia/Documents/ARXIUS/ doc_16992330_1.pdf.

[19] Exactamente como CAMILO, em *A Queda de Um Anjo*: ... «Impugno os sistemas de reforma que disparam em acrescentamento de flagelação sobre o encarcerado.» (Unibolso, Lx, sd, p.103).

Medidas, de 1997)[20] insiste em que o objectivo de *não dessocialização* engloba não só evitar actuações que tenham esse efeito mas também prestações positivas do Estado (saúde, educação...) para promover activamente esse fim[21].

Hoje a afirmação da ideia de ressocialização (ou *não dessocialização*) é muitas vezes (correctamente, em meu entender) vista e proposta como uma garantia adicional dos direitos dos presos, na medida em que torna mais provável a continuação de prestação de cuidados e condições por parte dos sistemas penitenciários... e corporiza, por outro lado, uma curiosa espécie de *Penal Welfarism* (a expressão é de David Garland). A mais ou menos consciente e deliberada utilização do sistema prisional como sucedâneo (ou mesmo parte integrante) de um sistema de Segurança Social com falhas graves é uma evidência difícil de negar nos países de desenvolvimento capitalista avançado.

III. O movimento de reforma do sistema penitenciário. Eterno retorno?

1. Em 1865, Camilo Castelo Branco, em *A Queda de um Anjo*, põe na boca do deputado Calisto Elói, eleito por Miranda, uma sátira feroz e lúcida aos projectos reformistas de Aires de Gouveia:

«O que eu melhor entendi, graças à linguagem correntia e pedestre da arenga, foi que o ilustre colega, avençado com o sr. dr. Aires, querem que *todo o preso seja de todo barbeado semanalmente, lave rosto e mãos duas vezes por dia, e tenha o cabelo cortado à escovinha, e não beba bebidas fermentadas nem fume.*

(...)

Querem que o preso se regenere hidropaticamente. Mandam-no lavar a cara duas vezes por dia. *Água em abundância, conclamam os dois doutores.* Fazem eles o favor de dar ao preso água em abundância; mas descontam nesta magnanimidade probindo-os de falarem aos companheiros de infortúnio, com o formidável argumento de que *saiem das cadeias delineamentos de assaltos, e assassinatos de homens que sabem ricos!...*

(...)

---

[20] Ver *supra* nota 13.

[21] Manuela Ivone Cunha (*Entre o Bairro e a Prisão: Tráfico e Trajectos* Lisboa: Fim de Século, 2002) conta como algumas reclusas (Tires) admitiam a hipótese de denunciar os próprios filhos, *para que eles pudessem beneficiar de tratamento de desintoxicação na cadeia...*

À Espera dos Bárbaros? Prisão, Tortura e Civilização, Trinta Anos Depois 1319

Inclinando razoamento (peço vénia para me também enriquecer com esta locução do sr. dr. Aires), inclinando razoamento a pôr fecho neste palanfrório com que dilapido o precisoso tempo da Câmara, sou a dizer, sr. presidente, que a melhor reforma das cadeias será aquela que legislar melhor cama, melhor alimento, e mais cristã caridade para o preso. Impugno os sistemas de reforma que disparam em acrescentamento de flagelação sobre o encarcerado. (...)».

CAMILO CASTELO BRANCO, *A Queda dum Anjo*,
Unibolso, Lx, sd, p. 102-103.

A penitenciária ainda não fora introduzida em Portugal – embora já proposta – e pela boca do fidalgo "perdido" em Lisboa, Camilo parece aperceber-se da crueldade e desumanidade que ela trazia no seu seio. Muitos aspectos do regime celular se traduziram, de facto, «em acrescentamento de flagelação sobre o encarcerado». A elevada quantidade de presos que enlouqueciam na prisão de Pentonville (Norte de Londres) ou, pouco depois, na Penitenciária de Lisboa, transferidos para Rilhafoles, era sinal seguro do efeito deletério do isolamento.

Charles Dickens apercebeu-se disso quando visitou a *Eastern State Penitentiary* em Filadélfia, em 1842. Ao contrário de A. De Tocqueville[22], Dickens não apreciou positivamente o sistema penitenciário:

«*In its intention I am well convinced that it is kind, humane, and meant for reformation; but I am persuaded that those who designed this system of Prison Discipline, and those benevolent gentlemen who carry it into execution, do not know what it is that they are doing....I hold this slow and daily tampering with the mysteries of the brain to be immeasurably worse than any torture of the body; and because its ghastly signs and tokens are not so palpable to the eye,... and it extorts few cries that human ears can hear; therefore I the more denounce it, as a secret punishment in which slumbering humanity is not roused up to stay.*»

CHARLES DICKENS, *American Notes for General Circulation* (1842),
capítulo «Philadelphia and its Solitary Prison».

2. A prisão, pode dizer-se, encontra-se em processo de reforma desde que nasceu. Passado o entusiasmo inicial do movimento penitenciário,

---

[22] Alexis de Tocqueville, *Da Democracia na América*. Tradução Carlos C. Monteiro de Oliveira, Cascais: Principia, 2001 (original de 1835).

parece tratar-se de uma realidade em permanente crise e por isso em permanente reforma. A grande diferença entre as reformas contemporâneas e as que se iniciaram logo no séc XIX será certamente que as antigas se centravam na necessidade de dotar o regime penitenciário de viabilidade e eficácia enquanto as actuais são também formuladas em termos de protecção dos direitos dos presos.

Algumas das penitenciárias mais emblemáticas – além das americanas de Auburn (Estado de Nova Iorque) e Filadélfia (*Eastern State Penitentiary, Pensylvannia*), que se instituíram enquanto modelos em termos de regime – como a inglesa de Pentonville, no Norte de Londres, ainda hoje em funcionamento, inspiraram eco, fama e visitas em todo o mundo que então se descrevia como "civilizado". Dostoeivsky foi um dos muitos ilustres visitantes da *peerless, priceless Pentonville*, que aliás inspirou a construção da nossa Penitenciária de Lisboa (1885), numa primeira fase planeada segundo um modelo francês, mas depois executada à imagem e semelhança da grande prisão Vitoriana. O regime duro e rigoroso dos inícios de Pentonville (1842), com separação, silêncio e máscaras que impediam o reconhecimento dos presos uns pelos outros[23] e com a obliteração da sua identidade até à substituição total dos nomes dos detidos por números, funcionou num período inicial em que os seus clientes eram escolhidos criteriosamente entre homens fortes e saudáveis. Quando essa selectividade se tornou inviável, a potencialidade para a doença e a loucura tornou-se rapidamente no flagelo que ditou o rápido recuo dos projectos isolacionistas extremos[24].

Aliás, diferença funda entre o que hoje é corrente defender-se quanto a regimes prisionais e as ideias que originaram lugares como Pentonville nos seus inícios é o princípio segundo o qual a vida na cadeia se deve assemelhar o mais possível à vida no exterior (Regras Europeias, *Standards* do CPT, Princípios da ONU, mas também regras constitucionais como a do art 30.º da CRP, aditado em 1989. E lei penitenciária de 1979, com poucas modificações até ser substituída em 2009, trinta anos depois). A organização interna da disciplina e do castigo mudaram também substancialmente: as celas de isolamento, que são hoje lugar de especial

---

[23] A obsessão dos penitenciaristas pela separação total entre os presos terá algo de social e simbolicamente ligado à percepção das classes perigosas e criminais, que em conjunto desafiavam o poder das oligarquias nascentes ou que se fortaleciam?

[24] R. S. DUNCAN (2000) *Peerless Priceless Pentonville: 160 Years of History of Pentonville*, edição de autor.

À *Espera dos Bárbaros? Prisão, Tortura e Civilização, Trinta Anos Depois* 1321

castigo eram, na origem histórica da penitenciária, a própria essência do regime... (castigos eram então chicote, açoites, ou quarto escuro a pão e água, todos hoje considerados ilegítimos). A retenção da titularidade dos direitos fundamentais não directamente postos em causa pela situação de detenção (privação da liberdade), a insistência na prestação de cuidados de saúde idênticos aos disponíveis no exterior, a desejável aproximação dos regimes laborais... tudo isto são exemplos de uma atitude legislativa e política tão profundamente diferente das origens e lógica da penitenciária que será legítimo perguntar se ainda estamos perante a mesma coisa, ou apenas face a uma aparência externa de continuidade.

Esta mudança significativa é claramente assumida nos discursos sobre o tema. Por exemplo, o CPT fala da *qualidade de vida* nas prisões (*CPT Standards*, 2006, p. 17), que se exprimirá em *evolving standards of decency*.[25]

Na verdade, hoje os princípios e as regras consignadas em múltiplos documentos de origem interna ou internacional, vinculativos ou não, parecem apontar num sentido algo paradoxal: encerrem-se os condenados, mas depois tudo se faça para que a sua vida seja *como se não estivessem presos*. O que não só está nos antípodas da lógica penitenciarista do início desse movimento e da própria lógica da prisão como pena, como (me) parece consumar o reconhecimento final do *Absurdo Prisional*.

3. Em Portugal os Relatórios do Provedor de Justiça apresentados à Assembleia da República (anos 1996, 1998, 2003) terão desencadeado nova atenção pública e política para a questão prisional. Levantaram aliás algum mal-estar entre o Provedor e o Ministro da Justiça, que se terá sentido «desautorizado». Algumas visitas de grupos de deputados também tiveram lugar – acontecem de vez em quando, embora a Assembleia da República no século XX não se tenha em geral empenhado em discussões acesas e longas sobre a questão penal (*penitenciária*), como aconteceu ao longo de parte do séc XIX.[26]

Duas tentativas recentes de Reforma, depois da legislação de 1976 (juízes de execução de penas) e 1979 (regime penitenciário) que consistiu na *recepção dos princípios democráticos post 1974* em matéria de prisões, e depois da Reforma da legislação penal (1982) e processual penal

---

[25] D. Smit, 2006, cit. nota 18, p. 133.

[26] Ver por exemplo Tiago P. Marques, cit. nota 7.

1322 *Em Homenagem ao Professor Doutor Diogo Freitas do Amaral*

(1987) foram levadas a cabo pelos Governos em que Vera Jardim (PS) e Celeste Cardona (CDS, Governo do PSD) se encarregaram da pasta da Justiça. Anabela M. Rodrigues e Diogo Feitas do Amaral dirigiram as comissões que apresentaram Anteprojectos de Reforma.[27]

IV. Os movimentos abolicionistas da prisão. Descriminações (descriminalização) e descarceração. Substituição, diversão, mediação... e o contrário.

O séc XX foi, sobretudo na segunda metade e de forma talvez mais óbvia a partir dos anos 60/70, marcado por tendências parcialmente antagónicas de criminalização/descriminalização e de avanços e recuos da intervenção penal. Os Estados democráticos – é deles que trato, aqui – foram descriminalizando certos comportamentos cuja manutenção no sistema penal era de duvidosa legitimidade. Ou porque associados a códigos discutíveis de conduta moral ou religiosa (caso dos crimes sexuais), ou porque considerados *crimes sem vítima*, ou porque mais próprios de um Direito para-penal (dito Direito de Mera Ordenação Social), muitas incriminações foram deixando o Código Penal. Algumas destas alterações foram surgindo por pressão de sindicância constitucional ou internacional (Tribunal Constitucional Português ou Sul Africano, em matéria de crimes sexuais; ou Tribunal Europeu dos Direito Humanos, *idem*).

Mas a desintervenção também surgiu a título de abolição ou substituição de penas. A pena de morte desaparece da Europa perto do fim do século (Espanha com a restauração da monarquia e democracia depois do fim do franquismo; França 1981 – Texto da Lei: *La peine de mort est abolie* – sendo Robert Badinter Ministro da Justiça; Países de Leste em geral depois da queda do Muro de Berlim, o que originou nestes uma grande quantidade de presos condenados a prisão perpétua, o habitual

---

[27] O programa apresentado pela Comissão presidida por Diogo Freitas do Amaral (CEDERSP) tinha um carácter mais geral e programático, conforme o caderno de encargos recebido do Governo: Projecto de Proposta de Lei-Quadro da Reforma do Sistema Prisional (2003; Relatório 2004); publicado 2005, ver *supra* nota 12. O projecto apresentado por Anabela Miranda Rodrigues (Projecto de Proposta de Lei de Execução das Penas e Medidas Privativas de Liberdade – 2001; Relatório 1997) é um projecto de Código de execução de penas e medidas, publicado na 2ª edição de *Um Novo Olhar sobre a Questão Penitenciária*, ver *supra* nota 13.

À Espera dos Bárbaros? Prisão, Tortura e Civilização, Trinta Anos Depois 1323

substituto da pena de morte nas fases abolicionistas). Neste momento (Março 2010) na Europa só a Bielorrússia mantém a pena de morte no seu sistema legal.

A pena de prisão começa a ser objecto de substituição sistemática nas leis, com *medidas alternativas*. As penas não detentivas – além da multa, muito antiga – fazem a sua aparição no nosso Código Penal em 1982, embora com lenta e difícil *habituação* da jurisprudência, à semelhança do que aconteceu por exemplo em França (é curioso e sintomático desta dificuldade notar que em 1939, no *Relatório sobre o estado das prisões*, Beleza dos Santos argumenta contra a aplicação da *probation* em Portugal, considerando-o desadequado ao nosso país).

No plano «extra-legal», as correntes (e os movimentos) abolicionistas da prisão têm as mais variadas genealogias e os mais diversos fundamentos teóricos ou políticos. Muitos deles agruparam-se na chamada ICOPA (*International Conference for Prison Abolition*), que se encontra regularmente de dois em dois (às vezes quatro) anos.

No actual ambiente securitário, compreensível perante a insegurança dos Estados face a novas ameaças – algo de semelhante ao que aconteceu na Europa dos *Anos de Chumbo*, mas agora com uma dimensão mais global, mais *mediatizada* e também por isso mesmo mais assustadora – o *elan* do movimento abolicionista da prisão parece ter esmorecido. Mas as críticas e as reacções à prisão como algo em si mesmo *desumano* ou intolerável não desapareceram, apenas são menos audíveis. A ICOPA realizou o seu mais recente encontro mundial, organizado pela *Howard League for Penal Reform*, em Julho de 2008, em Londres.

Contra a abolição ou mesmo o retraimento do sistema penal, ou da pena de prisão, múltiplos movimentos sociais e políticos reivindicam maior intervenção legal, de preferência no campo penal, para a defesa de certos interesses e direitos. A protecção do ambiente, a necessidade de combater a corrupção, a luta contra a discriminação racial, sexual ou outra, a protecção da integridade física ou da autodeterminação sexual das crianças, a oposição à chamada violência doméstica, o respeito efectivo dos direitos humanos em geral são constantemente invocados para justificar um redesenhar dos sistemas penais, quer no plano interno quer na arena internacional (Tribunal Penal Internacional, depois dos tribunais *ad hoc* para ex-Jugoslávia e o Ruanda, por exemplo).

Excluída em alguns destes âmbitos a manutenção da pena de morte (por exemplo, no Estatuto do Tribunal Penal Internacional), a pena de prisão é o sinal da *criminalização a sério*. Muitas das reivindicações de

1324 *Em Homenagem ao Professor Doutor Diogo Freitas do Amaral*

criminalização de violações de direitos humanos exigem aplicação de sanções de significativa gravidade, o que hoje quer normalmente dizer privação de liberdade. Ou até, no Direito Europeu (União Europeia), a exigência de sanções de gravidade adequada ou equiparável a outras sanções no Direito interno dos Estados Membros.

A Convenção das Nações Unidas (CAT) exige (art. 4.º) aos Estados partes a criminalização da tortura (incluindo tentativa e participação), com sanções apropriadas: os actos de tortura devem ser "considerados infracções ao abrigo do seu direito criminal", sujeitos a "penas adequadas à sua gravidade".

No plano português interno, talvez o exemplo mais óbvio seja o da agora oficialmente denominada violência doméstica, por último (2009) objecto de legislação autónoma, depois de sucessivas alterações do Código Penal, que denotaram a longa hesitação do legislador nesta matéria[28]. A vizinha Espanha é talvez o país europeu em que a "violência de género" tem recebido mais sistemática atenção legislativa, jurídico--dogmática, política e mediática.

V. Tortura, maus-tratos e condições de privação da liberdade. O sistema internacional de protecção dos direitos dos presos.

«It is difficult to imagine a class of people more vulnerable to majoritarian indifference and excesses of state power than prisoners.»

DEBRA PARKES, 2007, «A Prisoners' Charter?...»
in *U.B.C. Law Review*, Vol. 40:2 (p. 632)

1. A Declaração Universal de Direitos Humanos, que completou 60 anos de existência no passado ano de 2008[29], proíbe a tortura no seu art. 5.º. O Pacto Internacional sobre Direitos Civis e Políticos (aprovado entre nós pela Lei n.º 29/78, de 12 de Junho) que também proíbe a tortura e as penas e os tratamentos cruéis, desumanos ou degradantes (art. 7.º),

---

[28] Sobre o tema, TERESA PIZARRO BELEZA, 1984, *Maus tratos conjugais. O artigo 153.º do Código Penal*, AAFDL, Lisboa, 1989; e, depois, «Violência Doméstica» *in Revista do CEJ* 8 (2008), p. 281 e ss.

[29] Veja-se JAICHAND and M. SUKSI (eds), 2008, *60 Years of the Universal Declaration of Human Rights in Europe*, Intersentia (capítulo sobre Portugal da autoria de Teresa Pizarro Beleza e Helena Pereira de Melo).

À *Espera dos Bárbaros? Prisão, Tortura e Civilização, Trinta Anos Depois*   1325

determina no seu art. 10.º que os presos ("Todos os indivíduos privados da sua liberdade") devem ser tratados *com humanidade e com respeito da dignidade inerente à pessoa humana.*

Os regimes democráticos tendem hoje a preocupar-se com a protecção dos direitos dos presos, embora haja ainda muitas zonas e práticas de duvidosa legalidade, ou pelo menos *legitimidade*, como o *disenfranchisement* sistemático dos presos nos Estados Unidos. Mas os regimes democráticos são também vulneráveis à opinião pública e quando as instâncias internacionais censuram um país pelas condições em que vivem as pessoas sujeitas a penas de prisão as reacções têm uma tónica de preocupante incompreensão pelas condições de vida dos detidos. Assim, por exemplo, quando o TEDH julgou contra o Reino Unido (*Hirst versus UK*, 2005), alguns *blogs* demonstraram espanto: "*The whole point of prison is to suspend the prisoners' human rights*"....

Apesar desta vulnerabilidade das democracias às manifestações do discurso securitário, a protecção dos direitos dos presos é matéria que integra o Estado de Direito em sentido material e, por isso mesmo, tem obtido reconhecimento constitucional. Nesse plano, a Constituição portuguesa afirma (revisão de 1989) no seu artigo 30.º, n.º 5 (Limites das penas e das medidas de segurança), o seguinte:

> *Os condenados a quem sejam aplicadas pena ou medida de segurança privativas da liberdade mantêm a titularidade dos direitos fundamentais, salvas as limitações inerentes ao sentido da condenação e às exigências próprias da respectiva execução.*

Do ponto de vista da sua efectividade real, talvez (apesar de importantes) se revelem insuficientes proclamações genéricas sobre a titularidade de direitos ou a dignidade de condições prisionais. Por exemplo, a Constituição da África do Sul (1996) contem, na *Bill of Rights*, um preceito mais específico que o habitual, no Art. 35, 2 (a que não será provavelmente estranho o facto de muitos *leaders* post Apartheid e *drafters* da Constituição terem sido prisioneiros políticos):

> *Everyone who is detained, including every sentenced prisoner, has the right to conditions of detention that are consistent with human dignity, including at least exercise and the provision, at state expense, of adequate accommodation, nutrition, reading material and medical treatment (...).*

Para além da proibição de prática de tortura no sentido mais dramático do termo (a imaginação humana não tem limites, desde o tempo em

1326   *Em Homenagem ao Professor Doutor Diogo Freitas do Amaral*

que a tortura era legalmente regulada, como na Europa até ao séc XVIII, até aos tempos actuais, de tortura «clandestina»), as instâncias internacionais têm insistido de várias maneiras e por várias formas e processos na necessidade de controlar as *condições de detenção*. Isto é, não só actos de violência «esporádica» (no momento da detenção, no interrogatório policial que tipicamente se segue e que é em termos de probabilidade estatística o momento de maior risco) mas também as condições de habitação, espaço, regime prisionais são fiscalizadas como garantia de respeito de um mínimo de *decência*.

Desde a proclamação da DUDH, multiplicaram-se os sistemas de controlo judicial e extrajudicial do tratamento de pessoas detidas sob autoridade pública. Uma das «zonas protegidas» é a prisão. Aceitando que ela é historicamente inevitável, há que fazer tudo para que seja o menos desumana possível. Para que os seus efeitos sejam o menos destrutíveis que for viável. Entre a crença na *ressocialização*, problemática em termos de possibilidade e até de legitimidade, e a simples condenação radical do sistema penitenciário[30], há uma faixa de defesa e garantia dos direitos dos prisioneiros que merece ser explorada e assegurada enquanto réstia possível de humanidade. É nisso que trabalham muitas organizações internacionais, muitas organizações governamentais ou não, muitos organismos de diversa natureza e constituição.

Entre os vários sistemas de protecção de direitos dos presos no plano internacional, destacam-se pela sua complexidade e riqueza de meios e alternativas os da ONU e do Conselho da Europa.

2. Desde 1955 (Regras Mínimas, aprovadas no 1.º Congreso das NU para a prevenção do crime e o tratamento dos delinquentes, depois

---

[30] É emblemática a declaração dos *Quakers* Canadianos: «*The prison system is both a cause and a result of violence and social injustice. Throughout history, the majority of prisoners have been the powerless and the oppressed. We are increasingly clear that the imprisonment of human beings, like their enslavement, is inherently immoral, and is as destructive to the cagers as to the caged.*» O particular significado desta afirmação relaciona-se com o facto de os *Quakers* terem sido historicamente uma das forças sociais impulsionadoras do movimento penitenciário, como pode ver-se em Michael IGNATIEFF, (1978) *A Just Measure of Pain. The Penitentiary in the Industrial Revolution 1750-1850* (Peregrine Books). Podem ver-se a frase citada e outras referências com interesse na página,   http://www.justiceaction.org.au/ index.php?option=com_content&task=view&id=43&Itemid=43 (consultada em 3 de Fevereiro de 2008).

adoptadas pelo ECOSOC) que a ONU se preocupa com os direitos dos presos. Uma das formas dessa preocupação diz respeito à proibição da tortura.

As Nações Unidas proclamaram o objectivo de lutar contra a tortura, fazendo «campanha» pela sua proibição legal, na *Declaração* sobre a Protecção de Todas as Pessoas contra a Tortura e Outras Penas ou Tratamentos Cruéis, Desumanos ou Degradantes[31] que precedeu a *Convenção* contra a Tortura e Outras Penas ou Tratamentos Cruéis, Desumanos ou Degradantes. Como é frequente no campo de acção da ONU, a Convenção – vinculativa, fonte de Direito - foi precedida por uma Declaração meramente programática, instrumento de *soft law*, mas não verdadeira fonte formal de Direito. A ONU criou ainda o Relator Especial sobre a Tortura, neste momento (Dezembro 2009) personificado no Prof. Manfred Nowak, da Universidade de Viena.

Mais tarde, em 2002, o *Protocolo Adicional à CAT*, conhecido internacionalmente pelo acrónimo em língua inglesa OPCAT, criou um organismo de inspecção e visita (SPT) semelhante ao entretanto criado no âmbito do Conselho da Europa (CPT), instituindo ainda para os Estados que ratifiquem o Protocolo também a obrigação de criar ou designar um mecanismo nacional de fiscalização entregue a uma entidade específica.

O SPT reuniu pela primeira vez em Genebra em Fevereiro de 2007 e fez já as suas primeiras visitas. Alguns membros do SPT são simultaneamente membros do CPT europeu, desde logo a sua primeira presidente eleita, Silvia Casale. A experiência obtida ao serviço do CPT seria certamente preciosa para o trabalho do SPT. Dificuldades financeiras e organizacionais terão estado na origem da sua renúncia ao cargo, no ano de 2009[32].

A menor disponibilidade financeira da ONU em comparação com o Conselho da Europa, além da evidente diferença dos potenciais campos de aplicação geográfica, terão também levado ao reconhecimento da necessidade do apoio em mecanismos de base nacional. Note-se que Portugal ainda não ratificou o Protocolo (Março 2010).

---

[31] Adoptada pela Assembleia Geral das Nações Unidas, na sua Resolução 3452 (XXX), de 9 de Dezembro de 1975.

[32] Ver, por exemplo, a página da APT (Associação para a Prevenção da Tortura), uma das ONGs que trabalham neste campo, em http://www.apt.ch/component/ option,com_search/ Itemid,5/lang,en/index.php?searchword=spt.

Na verdade, o projecto que deu origem ao Protocolo Adicional precedeu a Convenção Europeia Para a Prevenção da Tortura, que naquele declaradamente se inspirou. As mais difíceis condições de consenso mundial, em comparação com as existentes no seio do Conselho da Europa, ditaram, entre outras razões, a maior rapidez e facilidade de adopção de um mecanismo de visitas e diálogo franco e aberto, sob o manto da confidencialidade (perante terceiros) no âmbito restrito europeu. O seu congénere de vocação universal teve de esperar mais vinte anos para ver a luz do dia.

3. Os Estados membros do Conselho da Europa inscreveram na sua Convenção para a salvaguarda dos direitos humanos (ou "do Homem", como mais habitualmente se diz em Portugal, por influência francófona) e das liberdades fundamentais (art. 3.º) a proibição de tortura e maus-tratos:
"Ninguém pode ser submetido a torturas, nem a penas ou tratamentos desumanos ou degradantes".

Nos termos dessa Convenção de 1950, que entrou em vigor em 1953, foi estabelecido um Tribunal, o Tribunal Europeu dos Direitos Humanos, com sede em Estrasburgo e dotado de jurisdição subsidiária (face à dos Estados) em matéria de violações dos direitos e garantias estabelecidos no seu texto. O Protocolo n.º 11 alterou significativamente a estrutura e o funcionamento do Tribunal.

A Convenção Europeia Direitos Humanos (Conselho da Europa, 1950) não se refere expressamente a "direitos dos presos", enquanto tais. Proíbe a tortura e os maus-tratos, ou tratamentos cruéis e degradantes, no seu art. 3.º.

Essa proibição convencional da tortura e dos maus-tratos foi objecto de várias decisões do Tribunal Europeu dos Direitos Humanos (TEDH)[33], que mantém naturalmente jurisdição, enquanto Tribunal, sobre os Estados membros, nestas matérias. O nascimento do CPT, enquanto órgão não jurisdicional de funções preventivas, em nada diminuiu o papel do Tribunal nem gerou qualquer conflito de competências (como se chegou a recear).

---

[33] Ver por exemplo, nesta matéria, Paulo Sérgio Pinto de Albuquerque, «A prisão à luz da Convenção Europeia dos Direitos do Homem», em *Revista Portuguesa de Ciência Criminal* 15 (2005), p. 369 e ss e online em *Panóptica*.

À Espera dos Bárbaros? Prisão, Tortura e Civilização, Trinta Anos Depois 1329

Em Novembro de 1987, o Conselho da Europa abriu à assinatura dos Estados membros uma Convenção, "filha" da Convenção Europeia dos Direitos Humanos, dita Convenção Europeia para a Prevenção da Tortura e das Penas ou Tratamentos Desumanos ou Degradantes, e em 1989 começou a funcionar o CPT, instituído por essa Convenção-filha.

Com a nova Convenção de 1987 pretendeu-se estabelecer uma entidade com poderes não jurisdicionais de inspecção – diferente, portanto, do Tribunal – capaz de fazer recomendações aos Estados em cujos territórios observasse situações que indiciassem perigo ou verificação da prática efectiva de actos de tortura ou maus tratos de pessoas privadas da sua liberdade. Apesar de tais comportamentos serem proibidos pela generalidade das legislações dos vários Estados (entre nós, por exemplo, a Constituição e o Código Penal) e por tratados internacionais, a experiência demonstrou a necessidade de criar outros mecanismos de protecção além das possibilidades de recurso judicial reguladas por esses instrumentos. O seu campo de acção é essencialmente o da *prevenção* da tortura e maus-tratos.

Assim nasceu a oficialmente chamada *Convenção Europeia para a Prevenção da Tortura e das Penas ou Tratamentos Desumanos ou Degradantes*, que instituiu o *Comité* com idêntica designação – habitualmente designado pelo acrónimo "CPT". Desse Comité fazem parte, a título individual – isto é, não em representação oficial dos Estados – pessoas que são eleitas pelo Conselho de Ministros do Conselho da Europa, partindo de uma lista de três nomes sugeridos por cada Estado membro. São na sua maioria juristas ou médicos, desempenhando ou tendo desempenhado funções académicas ou cargos políticos, havendo ainda alguns profissionais da polícia ou do sistema prisional do seu país, em alguns casos já reformados (o trabalho do Comité, designadamente as visitas aos países e a elaboração dos consequentes Relatórios, é muito exigente em termos de tempo e dedicação) mas a maior parte ainda na vida activa.

4. De acordo com a Convenção Europeia para a Prevenção da Tortura, o CPT funciona como um órgão não-jurisdicional, com funções de natureza eminentemente preventiva, baseado em visitas sistemáticas, periódicas ou *ad hoc*, aos países que ratificaram a Convenção – todos os quarenta e sete países membros do Conselho da Europa o fizeram; o Protocolo Adicional n.º 1, que entrou em vigor em 2002, abriu aliás a possibilidade de Estados não membros do Conselho da Europa serem convidados a aderir à Convenção.

Princípios essenciais do seu funcionamento são a *cooperação* (entre os Estados e o CPT) e a *confidencialidade*. Depois de efectuada uma visita, o CPT apresenta ao Estado visitado um Relatório, em que são normalmente sugeridas alterações, medidas de vária ordem, designadamente melhorias nas situações detectadas. Podem dizer respeito às condições materiais de detenção em certos estabelecimentos, ou ao necessário treino profissional dos guardas ou outro pessoal, ou ainda à necessidade de respeitar efectivamente garantias geralmente reconhecidas na legislação interna que são de particular importância na salvaguarda dos direitos dos detidos, como a possibilidade de comunicar com algum familiar, de ter um advogado presente ou de ser observado por um médico a partir do momento em que se é privado da liberdade. Ou pode estar em causa a imperiosa necessidade de os detidos serem, eles próprios, informados dos seus direitos, em língua que possam compreender – questão particularmente relevante em países com muitos estrangeiros em situação de privação de liberdade, como os países de forte imigração. Esta última questão vem ganhando relevância acrescida com a pressão da imigração oriunda de países terceiros, em relação à qual nem sempre os Estados europeus adoptam políticas claras e sem ambiguidades, porventura em função de cedências a necessidades conjunturais do mercado de trabalho. As altas taxas de encarceração de estrangeiros terão, certamente, alguma parte de explicação nesse contexto.

A obrigação de cooperação por parte dos Estados traduz-se na necessidade de pôr à disposição dos membros visitantes os meios para desempenharem as suas funções, respeitando a sua total liberdade de movimentação, de entrevistar detidos em privado ou quaisquer pessoas que possam fornecer informações úteis, de consultar registos. A confidencialidade significa que o Comité trabalha à porta fechada e que os Relatórios das visitas são estritamente confidenciais, assim como as respostas dos Estados às observações ou recomendações. No entanto, a recusa sistemática de cooperação de um Estado, designadamente de tomar medidas sugeridas pelo Comité para melhorar a situação nos seus estabelecimentos de detenção, pode levar, nos termos da Convenção, a uma declaração pública por parte do Comité – processo raramente utilizado e de uma eficácia sobretudo simbólica e política. Um Estado que seja candidato à admissão na União Europeia, por exemplo (Turquia), ou que tenha particular interesse em manter boas relações com a mesma União (Federação Russa), poderá entender que uma declaração emanada do CPT por falta de cumprimento das suas obrigações de cooperação significará uma imagem

À *Espera dos Bárbaros? Prisão, Tortura e Civilização, Trinta Anos Depois* 1331

negativa e comprometedora para a sua pretensão face às instâncias comunitárias. Esta medida de último recurso é raramente utilizada, mas tem, por isso mesmo, algum impacte mediático e político. Por outro lado, cada Estado pode solicitar a publicação do Relatório da visita e dos comentários relativos ao texto (nos quais não são, em todo o caso, identificadas pessoas em concreto que sejam possíveis autoras ou vítimas de tortura) – e até hoje (Março 2010) foram tornados públicos duzentos e trinta e quatro[34], o que denota uma efectiva preocupação e respeito por parte dos Estados em relação ao trabalho do Comité.

Talvez os Relatórios das visitas a Portugal do CPT não tenham recebido a devida atenção em alguns projectos de reforma da lei penitenciária. Julgo que esses Relatórios poderiam porventura ter sido mais utilizados, com proveito, para as discussões em boa hora iniciadas pela Comissão presidida por Diogo Freitas do Amaral (CEDERSP) e que tiveram várias continuações em diversos *fora* académicos..

O Conselho da Europa também tem agido nesta matéria através de inúmeras Recomendações sobre múltiplos aspectos da prática e das regras penitenciárias nos Estados membros, entre as quais se destaca a que contem as actuais Regras Penitenciárias Europeias (2006).

VI. As Regras Europeias e os *standards* do CPT. E servem para alguma coisa? Por uma prisão decente.

1. Ao longo dos seus quase vinte anos de funcionamento, o CPT foi desenvolvendo *standards* de condições prisionais aceitáveis/inaceitáveis, em termos de espaço, regime, garantias de informação, defesa e assistência médica, actividades e tempo fora das celas ou em exercício ao ar livre, alimentação, higiene, meios de coação, registo de incidentes de indisciplina, controlo ou castigo, etc. Boa parte desses *standards* resulta do trabalho de elaboração dos Relatórios e Recomendações, que foram sendo recolhidos e sedimentados nas *Substantive Sections* dos *General Reports* que o Comité apresenta anualmente e publica também na sua página electrónica.

---

[34] «As of 31/03/2010, 283 visits (171 periodic visits + 112 ad hoc visits); 234 CPT Reports published» *in* http://www.cpt.coe.int/en/about.htm, consultado em 6 de Abril de 2010.

Esses *standards* foram por sua vez compilados numa publicação *The CPT Standards* e são a partir de certa altura citados com crescente frequência pelo TEDH quando este decide sobre algum caso que envolva invocação (queixa) de violação do art. 3.º da CEDH (proibição de tortura e maus tratos). Através desta «recepção judicial», os níveis do tolerável ou intolerável em termos de condições de detenção tornam-se em algo mais do que meras indicações do que é conveniente ou recomendável, na medida em que é exigido o seu respeito por parte dos Estados.

Uma outra fonte de produção de *soft law* nesta matéria foi aliás também beber inspiração aos *CPT Standards*. Refiro-me às "Regras Penitenciárias Europeias", que na versão actual datam de 2006, correspondendo a uma revisão substancial da versão anterior (1987). O Conselho da Europa adoptou, é claro, múltiplas Recomendações (da Assembleia Parlamentar ou, sobretudo, do Comité de Ministros) em matéria de política criminal e aplicação de penas, ao longo dos anos.

As regras de 1987 sucederam às originárias *Regras Mínimas*, que em 1973 foram declaradamente inspiradas nas das Nações Unidas, de 1955 (Sociedade das Nações adoptou em 1934 umas primeiras *Standard Minimum Rules*, mas com a II Guerra perderam oportunidade de impacte).

A revisão de 2006 foi desencadeada, segundo Dirk Smit, um dos seus autores materiais (juntamente com Andrew Coyle e Gerard de Jonge), por um conjunto de factores que pode ser sistematizado assim:

    (i)   Aplicação da Convenção Europeia Prevenção Tortura (pelo CPT);

    (ii) Jurisprudência TEDH aplicando a CEDH, quer na probição da tortura (art. 3.º) quer em muitos outros preceitos (direito à vida, à integridade física, à vida familiar e intimidade, etc.);

    (iii) Novos Estados membros do Conselho da Europa. Muitos aboliram recentemente a pena de morte e têm muitos presos perpétuos ou com penas muito longas e inerentes problemas; tradições distintas (por exemplo, visitas íntimas de dois ou três dias em vez das «humilhantes duas ou três horas mais comuns nos países ocidentais»);

    (iv) Actividades políticas do Parlamento Europeu e da AssParlCE, com múltiplas declarações e recomendações sobre direitos dos presos.

Smit receia que se o Conselho da Europa não se prontificar a adoptar uma *Carta* (vinculativa) de direitos dos presos, a União Europeia o

À Espera dos Bárbaros? Prisão, Tortura e Civilização, Trinta Anos Depois 1333

faça, deixando de fora os Estados não comunitários (e, assim, muitos milhares de presos...). A criação do mandado de detenção europeu tornou mais urgente a comparabilidade dos *standard*s dos vários sistemas prisionais no âmbito da UE.

Dirk Smit (2006)[35] sugere o estabelecimento de uma determinada hierarquia de regras: Uma Carta (só com princípios gerais, os mais importantes), e depois a panóplia já habitual de Regras e Recomendações contendo um grau mais afinado e pormenorizado de questões e problemas.

2. No momento em que escrevo este texto, anuncia-se e espera-se entre nós a entrada em vigor (em Abril de 2010) da nova lei penitenciária, agora dita «Código da Execução das Penas e Medidas Privativas da Liberdade» (Lei n.º 115/2009, de 12 de Outubro). Todos os princípios justos e correctos nela se encontram reproduzidos.

Por outro lado, o Governo iniciou, em 2008, um programa de construção e reconstrução de estabelecimentos prisionais em larga escala. A reacção mediática não se fez esperar: «Novas prisões-hoteis, com cinema e salas de encontro» (DN *online*, de 27.6.08) é apenas um exemplo de título sugestivo. Todos os programas governamentais de melhoria de condições prisionais são presa fácil da especulação populista e demagógica. Sempre.

A isto se junta a convicção generalizada – a acreditar na comunicação social – de que as reformas das leis penal e processual penal de 2007 provocaram um aumento da criminalidade e do sentimento de insegurança. Se este último é de fácil identificação e alta probabilidade (o ambiente político, económico e social geral só muito improvavelmente a isso *não* levariam), aquele carece de sustentação empírica e sobretudo de discussão teórica sobre as bases escorregadias e problemáticas da possibilidade mesma dessa verificação.

As notícias recentes das intenções governamentais quanto ao programa de construção e substituição de cadeias são de adiamento significativo. A apresentação do "Pacto de Estabilidade e Crescimento" (PEC) – Março 2010 – faz supor uma forte desaceleração neste processo. Em qualquer caso, o aumento da capacidade penitenciária é uma decisão problemática, dada a probabilidade empírica de representar um mero adiamento do problema (as cadeias voltam inevitavelmente a encher-se,

---

[35] Ver supra nota 18.

1334 Em Homenagem ao Professor Doutor Diogo Freitas do Amaral

se as condições económicas e sócias forem favoráveis a que isso aconteça; enquanto houver lugares, eles serão preenchidos).

Seja qual for a evolução da política criminal do Governo e seja qual for a real aplicação do novo Código ou até a evolução legislativa, o futuro próximo anuncia-se como um tempo sombrio. O *frio penitenciário*[36] dificilmente abrandará em tempo de austeridade e inquietude.

Abril 2010

---

[36] A expressão é de SIMONE BUFFARD, *Le froid pénitentiaire. L'imposible réforme des prisons Paris: Le Seiul*, 1973.

CAPÍTULO V
DEPOIMENTOS

HOMENAGEM AO PROFESSOR DOUTOR DIOGO FREITAS DO AMARAL

António Ramalho Eanes

Agradecidos nos devemos sentir – nós, portugueses – pelo facto de a nossa aspiração a um regime de liberdade, a uma democracia constitucional pluralista idêntica à dos países europeus mais avançados, ter tido realização.

Consabido é que fáceis não são as transições para regimes democráticos, mesmo quando a via seguida é a de uma transição negociada – uma reforma pactuada ou ruptura pactuada, como no-lo demonstrou a vizinha Espanha. E natural é que assim aconteça porque não é fácil, nem sequer para as "elites que aprendem com os seus próprios erros, quando estão submetidas à pressão de acontecimentos múltiplos" – nacionais e, mesmo, internacionais –, "confusos e inesperados", como sói acontecer nos processos de transição de Estados totalitários ou autoritários para a democracia. Situações, estas, em que normal é que as próprias elites, "para evitar o estado de incerteza, recorram às ideologias e à linguagem que já conhecem e adoptem padrões de conduta" que já anteriormente se mostraram úteis. Se é assim nas transições negociadas/ pactuadas, fácil é concluir quão difícil é a transição para a democracia em situações de ruptura, em especial nas de génese ou de desenvolvimento revolucionário.

Natural é, pois, que a transição para a democracia constitucional pluralista em Portugal tivesse sido bem complexa, bem agitada, bem contraditória, com maximalismos de toda a ordem.

A perturbar bem mais a situação havia ainda:

- A falta de unidade na direcção política, responsável, do País e a falta de consenso sobre o grande propósito político a alcançar;
- A desinstitucionalização das Forças Armadas que, sem hierarquia, unidade e disciplina, se fragmentarizaram, abrindo as «portas de

armas» à perturbação e às ideologias que conflitualmente opunham o País ao País;

– A inoperacionalização das chamadas forças de segurança;
– A reimplantação e generalização do medo – do medo do saneamento político, do medo da prisão política, do medo da perda do emprego;
– A violentação cultural que a chamada «dinamização cultural» representou;
– Uma comunicação social que, generalizadamente submetida a uma esquerda, civil e militar, se esquecia do País, da sua personalidade e história, do seu desejo de liberdade e lhe «divinizava» os modelos do Leste europeu.

Apesar desta nefasta e perversa situação, a transição democrática acabou por terminar com sucesso, resultante da acção de diversas personalidades e forças partidárias, e de muitas outras organizações da Sociedade Civil.

Naquele universo de personalidades referência relevante merece Diogo Freitas do Amaral.

Ao seu saber, ao seu talento, à sua competência e à sua inteligência prudencial (na acepção aristotélica) se deve o prestígio que adquiriu junto de muitos dos portugueses protagonistas do processo revolucionário, o que lhe terá valido a nomeação para o Conselho de Estado (de que é exonerado a seu pedido, juntamente com Henrique de Barros, Isabel Magalhães Colaço, Azeredo Perdigão, Teixeira Ribeiro e Rui Luís Gomes, a 13 de Março de 1975).

A Freitas do Amaral se deve papel primacial na criação do CDS (a 15 de Julho de 1974), facto político de relevante importância no reequilíbrio pendular da política portuguesa, então em preocupante deriva esquerdista (marxista, maoísta e marxista-leninista, sobretudo). Criação que concedeu espaço e voz a uma parte até então silenciada, estigmatizada mesmo, da cidadania nacional.

E a Freitas do Amaral, principalmente, se deve uma governação sábia do CDS, levando-o a ultrapassar tempestades alterosas de esquerda (em que muitos outros partidos soçobraram), como foram, em especial, o 28 de Setembro de 1974 e o 11 de Março de 1975 (consegue mesmo, depois de 11 de Março, a possibilidade de apresentar novas listas de candidatura às eleições da Assembleia Constituinte, em todos os círculos em que se havia apresentado em frente eleitoral com o Partido da Democracia Cristã).

À sua acção se deve também:
- A reacção equilibrada ao assédio a que manifestantes esquerdistas sujeitaram congressistas e seus convidados estrangeiros, no Palácio de Cristal, no Porto, onde o CDS realizava o seu Congresso (a 22 de Janeiro de 1975);
- O cuidado em convidar personalidades estrangeiras para o Congresso;
- A legalização do CDS logo a 24 de Janeiro de 1975, o que constituía verdadeira avalização revolucionária.

Inteligentemente, também:
- Leva o CDS a subscrever a Plataforma de Acordo Constitucional do MFA com os partidos políticos (subscrevem-no, além do CDS, o PS, PPD, PCP, MDP, FSR), a de 11 de Abril de 1975, assim libertando o CDS de qualquer tentação persecutória ou ilegalizante do poder;
- Mesmo na altura mais acalorada do PREC (10 de Julho de 1975), não teme criticar o Documento-Guia da Aliança Povo-MFA (criticada também pelo PS e PPD), "acusando os «gonçalvistas» de «esquerdistas» e de tentarem impor um novo sistema corporativo de índole oposta".

Papel de relevo desempenhou, também, na negociação do 2° Pacto MFA-Partidos (destinado a substituir o 1°, assinado em pleno PREC), em que se estabelecia a subordinação das Forças Armadas ao poder político, legitimado democraticamente em eleições, e em que se estabelece a extinção do Conselho da Revolução, com a aprovação do texto resultante da primeira revisão da Constituição; papel que Freitas do Amaral desempenhou manifestando sempre a sua discordância com o modelo negociado e que viria ser subscrito pelo PS, PPD, CDS e PCP.

Sob sua liderança, papel importante também desempenhou o CDS nos trabalhos da Assembleia Constituinte, acabando por votar contra a apreciação na generalidade da Constituição da República Portuguesa (2 de Abril de 1976).

No curto espaço que me foi disponibilizado, pretendi sublinhar a acção de Freitas do Amaral no período de transição, marcado não raro por arbitrariedades, por perseguições, pelo medo, mas também pela resistência a essa situação.

Pretendi, pois, em especial sublinhar o seu papel relevante nesse período, de longe o mais arriscado e difícil da transição para a democracia, obviamente para sublinhar o que a democracia e a cidadania lhe devem. Mas fi-lo também para mostrar como o saber, político e histórico nomeadamente, sujeito a cuidada reflexão, usado com prudencial inteligência, preocupado com a responsabilidade social e norteado pelo interesse comum, permite resposta política de tolerante eficácia, de modernizante efeito, de correcta unidade social.

Fevereiro de 2010

BREVE TESTEMUNHO

MÁRIO SOARES

Conheci, pessoalmente, Diogo Freitas do Amaral quando regressei do exílio, logo a seguir ao 25 de Abril. Conheci-o como, aliás, ele próprio escreve nas suas Memórias, num cocktail de uma embaixada estrangeira, não me lembro qual. Segundo a versão de Freitas do Amaral atravessei a sala para o ir cumprimentar, quando alguns amigos dele o evitavam, dada a mudança de regime...

Com efeito, até então, só conhecia o seu percurso académico e político. Sabia que era professor da Faculdade de Direito, antigo discípulo de Marcelo Caetano, de quem herdara a Cátedra, e que o meu filho, João, tinha sido aluno dele, com o qual aliás tivera um conflito.

Dessa conversa breve guardo uma recordação agradável. Simpatizei com ele e com a sua disposição de criar, com Amaro da Costa, um Partido Democrata Cristão. Era útil, do meu ponto de vista, para consolidar a Democracia Pluripartidária, com que sonhava para Portugal. Nesse tempo – eufórico para a antiga Oposição – tudo nos parecia fácil, uma vez que o regime ditatorial tinha caído como um fruto podre e todos os horizontes nos pareciam abertos...

Não foi assim. As dificuldades económico-administrativas e político-sociais, começaram logo, desde o I Governo Provisório, em Maio de 1974.

Que me lembre, Freitas do Amaral tornou a falar-me, desta vez pelo telefone, depois da criação do CDS por altura do Congresso realizado no Porto e dos incidentes criados por extremistas radicais. Ele e alguns dos seus correligionários ficaram bloqueados no Palácio de Cristal e ameaçados de graves represálias. Era uma situação difícil, irresponsável, que poderia ter consequências muito negativas para o prestígio da Revolução, tanto mais que estavam a participar no Congresso, como observadores, conhecidos políticos europeus democratas cristãos. Procurei actuar de

1342 *Em Homenagem ao Professor Doutor Diogo Freitas do Amaral*

imediato, prevenindo o Presidente da República e o Governo, ao qual pertencia, as autoridades militares e as estruturas do PS no Porto e, claro, manifestando aos dirigentes do CDS a minha solidariedade.

Desde então, as nossas relações tornaram-se mais fluidas e cordiais. Não só com Freitas do Amaral mas também com Amaro da Costa, que sempre considerei um grande parlamentar, apesar de alguns choques – e divergências – que com ele tive no Parlamento...

Como se sabe, durante o chamado PREC, a situação portuguesa tornou-se muito perigosa e agressiva. O PS, que provocou a crise do IV Governo Provisório, abandonando o Governo, como reacção ao caso República, liderou o movimento que se formou contra a tentativa de transformar Portugal, no que chegou a chamar-se "A Cuba do Ocidente". Os partidos que se reclamavam então do Centro-Direita – o PPD e o CDS – seguiam e apoiavam o PS, que liderava todo o processo de defesa da Liberdade, que culminou na colossal manifestação da Fonte Luminosa.

Nessa época, em que estivemos à beira da guerra civil, contactei frequentemente com Freitas do Amaral e – por exemplo – avisei-o da minha deslocação para o norte em 25 de Novembro de 1975. No Porto, onde o Chefe da Região Militar era o General Pires Veloso e onde estava o Vice Chefe da Força Aérea, Lemos Ferreira, que levara a nossa aviação militar para Cortegaça e de onde passou a emitir a RTP, depois de cortada a emissão em Lisboa, nas mãos dos extremistas, estava concentrada a resistência, para o caso de em Lisboa as coisas virem a complicar-se. Felizmente não foi necessário. O Presidente Costa Gomes teve, nessa altura, um papel decisivo, bem como o General Eanes, Vasco Lourenço e todo o chamado Grupo dos Nove, Pinheiro de Azevedo e a neutralização dos fuzileiros.

Naturalmente que esse tempo, em que por diversas vezes contactámos, tornou mais fácil e confiante o meu entendimento com Freitas do Amaral. Isso explica – em parte – que depois da queda do meu I Governo, a seguir a ter posto uma moção de confiança no Parlamento, num momento dificílimo, em que estávamos a negociar um acordo indispensável com o FMI, a moção ter sido derrotada pelo voto unânime de todos os Partidos da Oposição, da Esquerda à Direita. Houve então que criar um governo maioritário e, dadas as circunstâncias, só podia sê-lo com o CDS. Foi um Governo a que chamei de "incidência parlamentar", que contou com três ministros do CDS (Negócios Estrangeiros, Reforma Administrativa e Comércio e Turismo).

Quando passados poucos meses caiu esse Governo, que aliás funcionou muito bem, como é do entendimento geral, foi justamente por causa do CDS nos ter retirado o seu apoio, com o pretexto da Reforma Agrária. Um pretexto inconsequente como se veria depois. Tratou-se, simplesmente, do facto das intrigas políticas e as ambições de poder – vindas de vários lados – se terem sobreposto ao interesse nacional. Mas, note-se, nessa altura já tínhamos assinado o acordo com o FMI e os meios financeiros respiravam de alivio...

Este incidente não alterou as minhas relações com Freitas do Amaral, nem sequer com Amaro da Costa que, suponho, terá estado no centro da conspiração que levou à queda do Governo. Sempre distingui as relações pessoais das relações políticas, como acho que deve acontecer em Democracia. Fomo-nos encontrando e conversando sempre cordialmente.

Em 1985, suspendi as minhas funções no PS, para me apresentar a Candidato à Presidência da República, depois do Partido, por grande maioria, em Convenção Nacional, me ter apoiado como seu Candidato. Inesperadamente, algum tempo depois, Freitas do Amaral apresentou-se também como Candidato, com o apoio do PSD, então liderado por Cavaco Silva. A Esquerda dividiu-se, apresentando-se também o meu amigo Salgado Zenha, com o apoio do General Eanes, do PCP e, obviamente, de alguns socialistas e Maria de Lourdes Pintasilgo, antiga primeira-ministra, com o apoio transversal da Esquerda e da extrema-Esquerda. Os resultados são conhecidos. Importa tão só reconhecer que apesar dos debates políticos que fizemos, alguns duros, as nossas relações pessoais não se alteraram.

Durante os meus dois mandatos, tive sempre relações cordiais com Freitas do Amaral, que me acompanhou em várias visitas ao Estrangeiro e frequentemente ouvi em questões de Estado.

Freitas do Amaral é uma figura singular do meio português, com uma formação jurídica excepcional e com uma larga e invulgar experiência político-administrativa. Foi ministro da Defesa e dos Negócios Estrangeiros, da última vez no Governo de José Sócrates. As nossas relações que sempre foram cordiais, nos últimos anos, evoluíram, naturalmente, para uma amizade sincera e, do meu lado, misturada de verdadeiro apreço, consideração e estima pessoal.

Lisboa, 24 de Fevereiro de 2010

DEPOIMENTO DO DR. JORGE SAMPAIO SOBRE O PROFESSOR DOUTOR DIOGO FREITAS DO AMARAL

JORGE SAMPAIO

Testemunhar sobre amigos de longa data é quase sempre uma forma de adeus, o que empresta ao exercício um toque, quase inevitável e pouco exaltante, de elegia.

Para lhe fugir, resta-nos encarar este desempenho como o da procura de um retrato, aquele que nunca encontraremos, de resto, em nenhum álbum de fotografias, que nos restitua o nosso conhecido ou amigo como um todo, condensando a linha do tempo que a vida vai desenrolando numa página, numa imagem, num conjunto único de recordações.

Conheci Diogo Freitas do Amaral na Universidade, cursávamos ambos Direito, mas já então as nossas afinidades electivas se repartiam por campos opostos. De trato afável e delicado, data dessa altura o respeito mútuo que sempre nos uniu e que porventura explica o tratamento recíproco por tu que ainda hoje mantemos ao cabo de uma vida em que tantas vezes os nossos caminhos se cruzaram.

Acompanhei o itinerário muito próprio que, desde os tempos em que foi discípulo de Marcelo Caetano, talhou para si de democrata esclarecido e, na altura, de conservador europeu, atento, porém, aos desafios que foi enfrentando e que procurou resolver com liberdade de juízo e de actuação política.

Depois do 25 de Abril, Freitas do Amaral desempenhou um papel crucial na inquestionável criação de uma alternativa democrata-cristã que veio alargar o espectro ideológico e partidário da jovem democracia portuguesa. Perante o inopinado desaparecimento das figuras tutelares de Sá Carneiro e de Amaro da Costa, revelou já então Diogo Freitas do Amaral um claro sentido de Homem de Estado, a que mais tarde viria dar plena expressão ao candidatar-se às eleições presidenciais de 85-86. Nunca ninguém esquecerá o quanto a segunda volta dessas eleições polarizou o debate político em Portugal, de que saiu vencido Freitas do Amaral e toda a direita que então representava, embora por uma escassa margem de 100.000 votos. A tal derrota vir-se-iam depois a somar os desaires que veio a enfrentar dentro do seu próprio partido, o qual, parecendo cumprir mitos clássicos bem conhecidos, enveredara pelos caminhos imparáveis da libertação da tutela criadora... refiro-me ao início dos anos noventa quando Freitas do Amaral decide deixar a presidência do CDS/PP. Datará porventura de então a sua decisão de progressivamente se ir retirando da vida política interna, o que aliás se viria a confirmar quando, eleito para a presidência da 50º sessão da Assembleia-Geral das Nações Unidas, se mudou em 1995 para Nova Iorque. Dessa tribuna, Diogo não só revelou a sua faceta de internacionalista e os seus talentos natos de diplomata, como deu também provas de que mantinha, tal como nos tempos de estudante, a mesma mobilização para causas, agora expressa na sua determinação em contribuir para a reforma das Nações Unidas, desígnio porém ainda hoje, passadas várias décadas, incumprido pela enorme complexidade dos interesses em causa.

Já no novo milénio, recordo ainda a surpresa de ver Diogo Freitas do Amaral, titular, independente, dos Negócios Estrangeiros do XVII Governo Constitucional formado pelo PS. Neste período mantivemos, com certeza, uma estreita relação de carácter institucional, mas marcada, outrossim pela qualidade única que a amizade e a estima mútua proporcionam.

Hoje Senador da República, escritor-historiador também, o que para mim foi uma revelação, não quero terminar sem mencionar o ilustre professor de Direito Administrativo, num percurso académico significativo que muito admiro no meu colega Diogo. Conciliar as exigências de uma carreira universitária com as vicissitudes e as solicitações da vida política e pública não resulta nem de vida indisciplinada nem de um mero e feliz acaso – por isso quero também, a este título, prestar merecida homenagem ao homem rigoroso e ao trabalhador infatigável que tornaram possível enriquecer, com o Professor Freitas do Amaral, a galeria dos mestres de direito administrativo português.

Ao finalizar este esboço que, para além do homem, traça também a história de uma vida que atravessa várias épocas, que me seja agora permitido juntar à voz da amizade o testemunho justo do observador externo, para quem o caminho político percorrido por Freitas do Amaral não pode deixar de se afigurar como uma trajectória iniciada à direita, mas deslizando gradualmente para um centro de moderado progressismo com claras preocupações sociais, porventura movido pela preocupação de encontrar respostas adequadas aos desafios de cada tempo para além das segmentações partidárias, embora na fidelidade aparente a uma linha doutrinária de um certo humanismo cristão que, aliás, a nova esquerda trabalhista, por exemplo, nunca deixou de partilhar também...

Lisboa, 10 de Março de 2010

MESSAGE TO
MR. DIOGO PINTO DE FREITAS DO AMARAL

KOFI A. ANNAN

I have long been impressed by the way in which Mr. Diogo Pinto de Freitas do Amaral has combined political and scholarly achievements. His ability to balance diplomatic skills with academic insights ensured that his term as President of the 50th session of the United Nations General Assembly was productive and helped to lay the foundations for important reforms in the organization.

Mr. Freitas do Amaral and I worked closely together on numerous issues when I served as Under-Secretary-General for Peacekeeping Operations and then as UN Secretary-General. I remember clearly Mr. Freitas do Amaral's concern and involvement on the question of East Timor. In this regard, he made a valuable contribution which helped to pave the road for a successful peace agreement.

I am delighted to have this opportunity to express my heartfelt wishes for an enjoyable retirement and I am certain that he will be missed by the students, faculty and staff.

Yours sincerely,

FREITAS DO AMARAL,
FUNDADOR DA DEMOCRACIA PORTUGUESA

MANUEL BRAGA DA CRUZ

A democracia portuguesa, instaurada após o 25 de Abril de 1974, é o resultado de muitos contributos, e de um atribulado processo de instauração e consolidação. Para se afirmar, a democracia precisou de derrubar o regime anterior, o que aconteceu com o golpe de Estado de 1974, e seguidamente de vencer as tentativas de instauração de um regime de liderança militar e de "democracia popular", a caminho do socialismo.

A instauração da legitimidade democrática, através da realização de eleições gerais, de um parlamento pluripartidário, de uma liderança civil do Estado e do governo, e de uma economia livre, e a integração europeia, tiveram que enfrentar e vencer tentativas de sobreposição da legitimidade revolucionária, de constitucionalização do Movimento das Forças Armadas (dando continuidade à presença dos militares na cena política), de condicionamento da liberdade e da representação partidária, de formas paralelas de representação política, de estatização dos principais sectores da vida económica, e de desalinhamento externo ocidental.

O Prof. Freitas do Amaral desempenhou um relevante papel neste processo de instauração da democracia, podendo justamente ser considerado um dos "founding fathers" do nosso moderno regime democrático, atendendo às funções que desempenhou como membro do Conselho de Estado, como fundador e dirigente do partido do Centro Democrático Social, como constituinte, como dirigente da Aliança Democrática e como Vice-Primeiro Ministro e Ministro da Defesa e dos Negócios Estrangeiros.

1. Democratização da opinião pública conservadora

O Prof. Freitas do Amaral, ao integrar ele próprio o primeiro Conselho de Estado e ao fundar, já nessa qualidade, o partido do Centro Democrático Social, deu um importante contributo para a integração política, no quadro partidário democrático, de amplos sectores da opinião pública conservadora, até então muito identificada com o regime autoritário anterior.

Ao aceitar liderar politicamente esta área política, e ao conduzi-la para o moderno enquadramento democrático, o Prof. Freitas do Amaral deu um enorme contributo para a legitimação democrática do novo regime. Tal como o Dr. Mário Soares contribuiu para a integração na democracia de importantes sectores da opinião pública mais radical e de esquerda, assim também o Prof. Freitas do Amaral integrou e iniciou na democracia sectores da direita portuguesa, demasiado enquadrada até então pelo autoritarismo.

Para tal muito contribuiu o risco de novo autoritarismo de esquerda, liderado pelo partido comunista, que colocou a quase totalidade da direita na oposição, a reivindicar democracia contra o perigo comunista.

Contudo, a oposição feita pelo Prof. Freitas do Amaral ao processo revolucionário, a votação contra a Constituição de 1976, a contestação do Conselho da Revolução e da economia nacionalizada, foram sempre feitas em nome da democracia, que era contrariada por aqueles factores, e nunca em nome de qualquer outra perspectiva. Nesse sentido, a actuação do Prof. Freitas do Amaral constitui uma pedagogia democrática, para muitos dos seus seguidores.

A crítica aos rumos antidemocráticos do processo revolucionário nunca foi feita por ele em termos passadistas ou de retorno ao passado, mas em nome de um desejo de progresso e de evolução, que traduziu bem no lema da sua campanha presidencial "Prá frente Portugal!". Freitas do Amaral foi um líder progressista da direita e um opositor não reaccionário do comunismo e da esquerda radical.

2. A desmilitarização da transição democrática

Outro dos contributos relevantes para a democratização plena do regime foi o do afastamento dos militares da cena política, seu regresso exclusivo à vida militar e sua clara subordinação ao poder político democrático.

A "civilização" da transição democrática deve muito quer à nova Lei da Defesa Nacional, quer à revisão constitucional de 1982, em que Freitas do Amaral se empenhou de forma determinante, quer ainda à sua candidatura presidencial de 1985, nas eleições que concluíram o processo de desmilitarização das instituições políticas e afastamento completo delas dos militares de Abril.

Esta sua oposição à presença dos militares na vida política conheceu já momentos determinantes quando o CDS se recusou a fazer parte dos governos de transição com os militares, se recusou a assinar o primeiro Pacto MFA-Partidos, em que os militares garantiam a institucionalização da Assembleia do MFA como segunda câmara, e o sistema de governo se configurava com forte dependência do Conselho da Revolução.

Freitas do Amaral e o CDS recusaram sempre a tutela militar da nascente democracia porque viam nela uma diminuição e perigosa subordinação a outra legitimidade que não a democrática.

A recusa em aprovar o texto da Constituição em 1976, e todo o esforço político pela sua revisão em 1982, findo o período de transição constitucionalmente estipulado, que passou pelas eleições presidenciais de 1981 em que a Aliança Democrática apoiou Soares Carneiro contra Ramalho Eanes e o Conselho da Revolução, inscrevem-se neste esforço de democratizar plenamente as instituições, inclusive as Forças Armadas, subordinando-as ao poder político legitimamente eleito democraticamente, e afastando-as de qualquer protagonismo político.

3. A liberalização da economia

O terceiro contributo, e não menos importante para a consolidação da democracia, foi o da plena institucionalização da liberdade económica, ou seja da desnacionalização dos principais sectores da actividade económica e financeira, e da plena instauração da economia de mercado.

A oposição às nacionalizações levada a cabo pelo Conselho da Revolução, após o 11 de Março, a recusa do primado constitucional do sector estatal da economia, a defesa de uma lei dos sectores que pusesse termo à subalternidade da iniciativa privada, e a revisão constitucional que possibilitou a sua plena liberdade, foram passos de uma actuação de Freitas do Amaral e do CDS que muito contribuiu para a consagração da liberdade e da democracia económica.

4. A europeização de Portugal

Por último, o não menos decisivo contributo para a integração europeia de Portugal, constitui uma decisiva ancoragem do regime democrático.

O pedido de adesão à CEE, para o qual Freitas do Amaral tanto contribuiu como Ministro dos Negócios Estrangeiros, contrariando pretensos alinhamentos não ocidentais, foi motivado não apenas por razões económicas e sociais mas sobretudo por razões políticas. Pretendia-se amarrar Portugal a compromissos internacionais democráticos, acima de tudo.

Também deste ponto de vista, Freitas do Amaral promoveu a europeização de Portugal, ultrapassando as tendências isolacionistas que haviam marcado os sectores da direita portuguesa, sem descurar o reforço do atlantismo nas nossas relações externas, expurgado agora dos entraves que decorriam das posições ultramarinas do regime anterior.

Freitas do Amaral permitiu com a sua actuação uma nova abertura de Portugal ao mundo, um novo relacionamento com a Europa e com as Nações Unidas. Para esse esforço foram determinantes os cargos que desempenhou de Presidente da União Europeia das Democracias Cristãs e, mais tarde, de Presidente da Assembleia Geral das Nações Unidas, no cinquentenário da sua fundação, ocasião em que teve ensejo de iniciar o processo de reforma da organização.

Em suma, foram vários os processos em que Freitas do Amaral se empenhou para a construção de um Portugal democrático, europeu e desenvolvido, que nos obriga a reconhecê-lo como um dos fundadores do regime em que vivemos.

UM ESTADISTA NUNCA SE RETIRA

João Bosco Mota Amaral

Como qualquer personalidade política marcante, Diogo Freitas do Amaral não deixa ninguém indiferente: – suscita controvérsia, tem admiradores e detractores.

Embora um percurso de vida tão variado e fecundo só no limite se possa ter por encerrado, já é possível dar-lhe balanço, mesmo sumário e concluir que é pesadamente positivo.

Sem nunca ter abandonado a carreira académica – que fez com brilho, com valiosas realizações no plano científico e deixando escola – Diogo Freitas do Amaral esteve presente e fez contributos relevantes em vários momentos decisivos da construção da democracia em Portugal.

Logo após o 25 de Abril, quando ainda se antevia uma transição serena para o novo regime, Diogo Freitas de Amaral foi designado para o Conselho de Estado, instituído pelas primeiras leis constitucionais como órgão de consulta do Presidente da República e, por ele, da Junta de Salvação Nacional. E com isso assegurou incontestáveis credenciais democráticas, muito úteis para os posteriores solavancos do período revolucionário.

As suas reconhecidas capacidades de jurista foram ajuda preciosa na fase inicial de estruturação das instituições transitórias, incluindo o decisivo e expresso reconhecimento do direito à auto-determinação e independência dos povos e territórios integrantes do antigo império colonial português.

Afastado por força da extinção do Conselho de Estado, todo ele considerado um empecilho aos propósitos revolucionários da ala então prevalecente no Movimento das Forças Armadas, Diogo Freitas do Amaral concentrou-se na fundação do CDS.

Hábil e eficacíssimamente apoiado por Adelino Amaro da Costa – amigo dedicado, cuja trágica morte muito o abalou – apresenta ao País um projecto e um programa aspirando a ocupar o centro do espectro político. A vertigem do desequilíbrio à esquerda, apenas deixava, porém, livre os sectores mais à direita… Mas mesmo estes tinham de ser trazidos e bem ancorados no regime democrático, cortando terreno a quaisquer veleidades restauracionistas, o que efectivamente, com o tempo, veio a acontecer e não é o menor dos méritos da liderança política de Diogo Freitas do Amaral.

Na Assembleia Constituinte, o CDS apresentou uma bancada combativa, temperada pelas adversidades do período revolucionário. Estas culminaram no cerco ao congresso realizado no Porto, onde se encontravam como observadores dirigentes dos partidos democrata-cristãos de muitos países europeus, assim elucidados sobre a intolerância do radicalismo esquerdista dominante…

O voto contrário à Constituição de 1976 vincou o distanciamento e a discordância do CDS e do seu presidente face ao modelo socialista estatizante que se visava cristalizar em tal diploma. No entanto, as posteriores revisões constitucionais fizeram rodar o *arco constitucional*, que passou a incluir o CDS, excluindo o PCP e outros partidos já na extrema--esquerda, remetidos assim ao saudosismo de ontens cantantes…

Durou apenas meio ano a participação do CDS no II Governo Constitucional, no qual Diogo Freitas do Amaral não se envolveu directamente – tratava-se aliás de um governo socialista com independentes oriundos do CDS e assente num acordo de incidência parlamentar entre os dois partidos.

E se alguma coisa tal participação permitiu concluir foi que, mesmo metendo na gaveta o socialismo colectivista, segundo a fórmula tão lembrada, era afinal o próprio projecto de sociedade preconizado ao tempo pelo PS que estava em causa. Desde logo porque, concentrando na propriedade do Estado, e portanto na decisão do Governo, cerca de oitenta por cento da economia nacional, nacionalizada à má fila por uma assembleia militar revolucionária, no seguimento do golpe falhado de 11 de Março de 1975, acumulava o poder político e o poder económico em termos prejudiciais à consolidação de um regime democrático pluralista, do tipo vigente na Europa Ocidental.

A Aliança Democrática, liderada por Francisco Sá Carneiro, pretendia dar resposta a estes e outros problemas de fundo da sociedade portuguesa. A presença de Diogo Freitas do Amaral no Governo revela-se particularmente eficaz. Na primeira fase, como Ministro dos Negócios Estrangeiros, conduz as diligências prévias à apresentação do pedido formal de adesão de Portugal às então designadas Comunidades Europeias. Na segunda fase, já com Francisco Pinto Balsemão como Primeiro-Ministro, é-lhe confiada a pasta da Defesa Nacional e aplica com sucesso as novas regras constitucionais, introduzidas pela revisão de 1982, que extinguiram o Conselho da Revolução e submeteram as Forças Armadas ao poder político democrático. O regresso da tropa a quartéis fica plasmado na Lei da Defesa Nacional e das Forças Armadas, cuja elaboração e aprovação Diogo Freitas do Amaral protagonizou. O prudente equilíbrio das soluções adoptadas não tem melhores testemunhas do que a serena estabilidade militar desde então existente e a própria diuturna vigência do diploma, que se prolongou por mais de um quarto de século.

O percurso político de Diogo Freitas do Amaral teria atingido o apogeu com o sucesso da sua candidatura a Presidente da República, em 1986. A campanha "Pra Frente Portugal" galvanizou então a sociedade portuguesa, especialmente a juventude. A derrota tangencial fez empalidecer a sua estrela, mas não o afastou da lide pelas ideias que sempre o nortearam. Foi um período duro, de travessia do deserto quase solitária! Com fidalga altivez, trabalha para saldar o passivo da campanha presidencial, regressa à cátedra, à escrita e até à liderança de um CDS quase esmagado pelo fulgor do consulado cavaquiano.

O reconhecido valimento pessoal de Diogo Freitas do Amaral permite-lhe intervir *in extremis* para travar o eurocepticismo que ia larvando no seu partido e em áreas adjacentes, propensas ao discurso nacionalista de tom bastante serôdio. Chega mesmo a retomar o mandato parlamentar que tinha suspendido para se pronunciar, em sessão plenária da Assembleia da República, em favor do projecto da integração europeia de Portugal, do qual de resto tinha sido um dos iniciadores.

Para a presidência da Sessão do cinquentenário da Assembleia Geral da ONU, Diogo Freitas do Amaral aceita e faz triunfar a candidatura portuguesa, apoiada pelo Presidente Mário Soares e pelo Primeiro-Ministro Aníbal Cavaco Silva. Anfitrião dos líderes do mundo inteiro, incluindo o Papa João Paulo II, no hemiciclo do Palácio de Vidro de New York, Diogo Freitas do Amaral reforçou o seu prestígio e prestigiou Portugal.

Quis-me parecer, na altura, que se visava, com esse afastamento para uma espécie de exílio dourado, esconjurar a tentação de uma nova candidatura presidencial em 1996, não fosse Diogo Freitas do Amaral abalançar-se a uma persistência do estilo Miterrand ou Lula... Mas nunca pude confirmar essas suposições.

Reconhecendo-lhe o peso político específico, os sucessivos candidatos presidenciais cortejaram e valorizaram o apoio pessoal de Diogo Freitas do Amaral, que nisso capitalizou de bom grado, sem se vincular aos respectivos sucessos ou insucessos.

A mais próxima passagem de Diogo Freitas do Amaral pela cena política, como Ministro de Estado e dos Negócios Estrangeiros do primeiro governo de José Sócrates e com maioria absoluta do PS no Parlamento, foi especialmente polémica. Tendo sido relativamente breve, deixou-o imune às penosas complicações da fase final do mandato socratiano.

Em entrevista recente a um jornal, Diogo Freitas do Amaral revelava estar a trabalhar na biografia de alguns dos reis da I Dinastia. O seu livro sobre Dom Afonso Henriques foi um verdadeiro sucesso editorial. Diogo Freitas do Amaral continua portanto a pensar em Portugal e nas raízes da sua identidade multissecular e as suas reflexões hão-de certamente ajudar muitos, em concordância ou desafiando ao confronto de ideias. É bem verdade que um político com dimensão de homem de Estado, como inegavelmente é o caso de Diogo Freitas do Amaral, nunca se retira!

DEPOIMENTO SOBRE O PROFESSSOR DOUTOR DIOGO FREITAS DO AMARAL

JOSÉ SÓCRATES

Sempre tive uma grande admiração pelo Professor Diogo Freitas do Amaral. Admiração pela sua moderação política, enquanto fundador e líder do CDS, num quadro histórico politicamente muito radicalizado, mas também pelas suas qualidades humanas, profissionais e intelectuais. Desempenhou um papel fundamental no enquadramento democrático do nosso país e é, com toda a justiça, considerado um dos pais fundadores da democracia portuguesa do pós-25 de Abril.

O Professor Freitas do Amaral sempre se distinguiu também, para além da sua carreira política, como um eminente Professor Universitário e Jurista, em particular no âmbito do Direito público e administrativo, sendo considerado um dos mais importantes juristas portugueses. E, todavia, a sua brilhante e precoce carreira académica não o haveria de confinar, como intelectual, às matérias do Direito. Ele viria a afirmar-se também como reconhecido escritor e ensaísta, tendo as suas obras atingido grande sucesso. Recordo-me do gosto que me deu ler o magnífico ensaio sobre D. Afonso Henriques, da rigorosa e aprofundada sistematização do importante volume sobre a História das Ideias Políticas e, muito em particular, da imersão na história política contemporânea portuguesa para a qual somos transportados pelas suas memórias políticas, estilo que é, infelizmente, raro em Portugal, mas que o Professor Freitas do Amaral domina na perfeição.

Freitas do Amaral ocupa hoje, de pleno direito, a galeria dos mais importantes homens políticos da nossa democracia, não só por ter sido historicamente um dos seus principais protagonistas, mas também por ter desempenhado, ao longo do tempo, relevantes funções políticas institucionais, como fundador e líder do CDS, como Deputado, Ministro, Vice-Primeiro-Ministro e Primeiro-Ministro interino e, no plano internacional, como Presidente da 50ª Assembleia Geral das Nações Unidas.

Tive a honra de o ter como Ministro de Estado e dos Negócios Estrangeiros, no XVII Governo Constitucional, e pude confirmar o que já sabia quando o convidei para esta função: que se tratava de uma personalidade dotada de excepcionais qualidades intelectuais, de elevada capacidade política e de uma consistência e um rigor inexcedíveis.

Saiu do governo por razões alheias à sua actividade política e institucional e senti que acabara de perder um precioso colaborador no Governo. Ficámos amigos e em grande sintonia política sobre os grandes desígnios nacionais. Fiquei-lhe grato por ter aceitado partilhar comigo esta grande responsabilidade de servir o nosso País.

É por isso que tenho muito gosto em aqui declarar a minha profunda admiração e estima por um homem que dedicou a sua vida à causa pública, quer como eminente Professor quer como político que deixou a sua marca na génese e na consolidação da nossa Democracia. E por isso lhe estou grato, desejando que continue a dar-nos o seu valioso contributo para um País melhor.

FREITAS DO AMARAL – VIDA, OBRA E SERVIÇO PÚBLICO

MANUEL FERNANDO DOS SANTOS SERRA

É com prazer que me associo à justa homenagem a uma figura incontornável da vida pública portuguesa e a um Ilustre Administrativista, o Prof. Doutor Diogo Pinto de Freitas do Amaral.

O meu primeiro contacto com o Professor Freitas do Amaral data de há muitas décadas atrás. Freitas do Amaral era então assistente da cadeira de Direito Administrativo e eu um dos muitos alunos que frequentavam as suas aulas práticas na Faculdade de Direito da Universidade de Lisboa. Dessas aulas recordo, sobretudo, a clareza da exposição e a preocupação em aliar a transmissão dos conteúdos ao desenvolvimento de um raciocínio jurídico ágil e crítico. Preocupação que se plasmava, então, na busca de casos práticos que enquadrassem devidamente os conceitos e ilustrassem a correcta aplicação da norma aos factos – o Direito com ligação à vida.

A profissão de professor assume, aliás, enorme importância nessa carreira extraordinariamente multifacetada que foi a de Diogo Freitas do Amaral. Desde muito cedo academicamente muito promissor, Freitas do Amaral obteve o grau de Doutor em Direito – Direito Público – em 1967, com 18 valores, e foi, entre 1970 e 1998, Professor da Faculdade de Direito da Universidade de Lisboa, onde se tornaria professor catedrático em 1984, sendo reeleito para o cargo de Presidente do Conselho Científico por cinco vezes, o que muito, e bem, fala das suas capacidades de liderança e gestão. Ao longo dos anos, a actividade docente de Freitas do Amaral estendeu-se da instituição matricial a outras instituições do ensino superior português, público e privado, onde a marca por si deixada é indelével, bem como a instituições universitárias do mundo lusófono.

1362 Em Homenagem ao Professor Doutor Diogo Freitas do Amaral

Em Portugal, destaca-se, inequivocamente, o seu papel enquanto funda-dor da Faculdade de Direito da Universidade Nova de Lisboa, uma ins-tituição inovadora no conteúdo e forma do ensino do Direito, de que Freitas do Amaral foi, também, o primeiro Director, entre 1996 a 2001, e presidente do Conselho Científico, de 1999 a 2003. Mas para além deste projecto, que goza de um lugar cativo entre a "obra" académica de Freitas do Amaral, foram regulares as suas colaborações com a Univer-sidade Católica Portuguesa, o Instituto Superior Técnico, a Universidade Lusíada, e, em anos mais recentes, com a Universidade Lusíada de Angola e o Instituto Superior de Ciências e Tecnologia, sedeado em Maputo, num gesto claro de investimento, pessoal e institucional, no futuro, que se quer auspicioso, do ensino e da prática do Direito no mundo lusófono. Em todas estas instituições Freitas do Amaral aprofundou, junto de dife-rentes gerações de discentes, o interesse pelas temáticas politológicas e jurídicas, algumas das quais eram à época pouco versadas no nosso país, assim continuando e muito ampliando o legado inestimável da Escola de Direito Público que o formara. Foram, de resto, muitas as cadeiras cuja regência Freitas do Amaral assumiu ao longo da sua carreira docente, e isto tanto a nível de licenciatura quanto de mestrado e doutoramento. Da Ciência Política ao Direito Constitucional e às Finanças Públicas tudo foram ramos do saber indelevelmente tocados pelo labor científico do Professor Freitas do Amaral. Mas, até pela centralidade assumida no percurso do homenageado, permitia-me aqui sublinhar a sua contribui-ção, que é, a todos os títulos, singular, para o ensino do Direito Admi-nistrativo e de dois importantíssimos ramos do Direito Administrativo Especial, a saber: o Direito do Urbanismo e o Direito do Ambiente, cuja introdução pioneira no currículo da licenciatura em Direito em Portugal tem a impressão digital de Diogo Freitas do Amaral.

Do labor científico desenvolvido por Freitas do Amaral na docência, e também por causa dela na investigação, resulta uma obra numerosa, permeada de livros que são referências para qualquer jurista, sobressain-do os títulos na área do Direito Público, e muito especialmente na área do Direito Administrativo, o seu domínio de produção por excelência. Seleccionando, de memória, alguns desses volumes, que têm assento perene nos escaparates das nossas livrarias e bibliotecas públicas e pri-vadas, mencionaria: o livro de 1967 sobre a execução das sentenças dos tribunais administrativos; um outro sobre o conceito e natureza do recurso hierárquico, de 1981; o pedagogicamente trabalhado *Curso de Direito Administrativo*, que foi lançado em 1986, mas vai já em várias reedições;

tal como acontece, aliás, com o *Código de Procedimento Administrativo* anotado, com colaboração de eminentes Colegas Administrativistas; o estudo sobre aspectos jurídicos da empreitada de obras públicas, de 2002, escrito com Fausto de Quadros e J.C. Vieira de Andrade, também eles nomes maiores do Direito Administrativo em Portugal; e, do mesmo ano, os estudos sobre concessões e outros actos da administração, com Lindo Torgal; a monografia traçando as grandes linhas da recente reforma do contencioso administrativo, elaborada com Mário Aroso de Almeida, que foi lançada no mercado em 2002. Isto para já não falar nos numerosos artigos, publicados em revistas de referência, nacionais ou estrangeiras, que todos nos recordamos de ler, com a atenção que é devida à reflexão sistemática, criteriosa e invariavelmente ponderada sobre as questões mais candentes no domínio do Direito Administrativo.

Não obstante a sua orientação fortemente académica, o Professor Freitas do Amaral sempre entendeu o Direito como um instrumento de intervenção na sociedade e de reforço das credenciais democráticas do regime. Daí que a sua carreira académica tenha sido trilhada paredes meias com uma intensa imersão na actividade político-partidária. Logo após a Revolução de Abril, Freitas do Amaral foi nomeado membro do Conselho de Estado, tendo fundado, ainda em 1974, o Centro Democrático Social (CDS), de que foi presidente até 1982 e, novamente, entre 1988 e 1991. O combate político-partidário levá-lo-ia, por diversas vezes, à participação em executivos, aí continuando o seu notável serviço à coisa pública. Foram, de resto, várias as funções governativas exercidas por Freitas do Amaral, entre 1980 e 2005, enquanto Vice Primeiro-Ministro dos VI e VIII Governos Constitucionais, enquanto Ministro dos Negócios Estrangeiros, dos VI e XVII Governos Constitucionais, enquanto Ministro da Defesa do VIII Governo Constitucional, enquanto Ministro de Estado do XII Governo Constitucional e enquanto candidato à Presidência da República em 1986. Europeísta e internacionalista convicto, Freitas do Amaral não confinou a sua actividade política ao território nacional, tendo sido Presidente da União Europeia das Democracias Cristãs (UEDC), entre 82 e 83, e Presidente da 50ª Assembleia Geral da ONU, em 95-96. O Portugal de Freitas do Amaral é, assim, um Portugal aberto, dialogante, inscrito no mundo. Um Portugal cujos interesses melhor se defendem, quando se abre à cooperação internacional e se bate pelo multilateralismo.

Foi esse mesmo sentido de serviço público, subjacente à sua actuação política, que levou Diogo Freitas do Amaral a exercer um papel

1364 *Em Homenagem ao Professor Doutor Diogo Freitas do Amaral*

preponderante numa das mais importantes reformas jurídicas e judiciárias do Portugal democrático, e também aquela que, por óbvias razões, me é mais próxima – a reforma do contencioso administrativo de 2002-2004.

Além de ter apresentado, corria o ano de 1990, um pioneiro Projecto de Código do Contencioso Administrativo, visando tanto a consolidação das garantias jurisdicionais dos particulares quanto a sistematização das matérias relativas ao contencioso, à altura pulverizadas por inúmeros diplomas, Freitas do Amaral seria também, uma década mais tarde, um dos mais activos, diria mesmo, um dos mais generosos participantes no amplo debate público que precedeu a entrada em vigor da última das muitas versões da reforma do contencioso administrativo vindas a público. De debate em debate, Freitas do Amaral esmiuçou, com elevado acúmen crítico, mas também, invariavelmente, com sentido construtivo, os inúmeros problemas levantados pelas novas leis de processo, assim como pela arquitectura gizada para os tribunais administrativos e fiscais. As suas palavras foram sempre de encorajamento e de confiança absoluta na direcção tomada – de prossecução de uma tutela jurisdicional plena e efectiva dos direitos e interesses legalmente protegidos dos cidadãos. Talvez por saber histórico o voltar de página que se preparava no contencioso administrativo, e, através dele, na própria forma de actuar da administração pública, Freitas do Amaral escrutinou detalhadamente os diplomas em análise. E fê-lo, não porque estivesse interessado na crítica pela crítica, mas antes porque os entendia susceptíveis de um considerável número de melhorias, para as quais quis, e soube, dar o seu melhor contributo, sem nada pedir em troca. Na recordação que guardo das suas várias intervenções, que acompanhei sempre com o maior interesse, avultam três aspectos. Primeiro, a sua insistência, que foi também a minha, na necessidade de anteceder a reforma de um diagnóstico objectivo e imparcial, a um tempo, quantitativo e qualitativo, da situação do contencioso administrativo, diagnóstico esse, infelizmente, inexistente à altura do arranque do debate público sobre a reforma. Segundo, a prudente chamada de atenção para o imperativo da simplificação das formas processuais e para a perigosidade de soluções que, assentando num entendimento mais quantitativo do que qualitativo das garantias, acabariam por paralisar a administração e por bloquear ainda mais os já atolados tribunais administrativos e fiscais, assim ficando comprometido o desiderato de agilização da justiça administrativa que presidia ao esforço reformador. Palavras sensatas, palavras premonitórias, que aqui importa recuperar, em face dos milhares de recursos e acções que presentemente asfixiam os movimentos dos tribunais administrativos e fiscais. Terceiro, tenho viva memória do meu regozijo perante a defesa intransigente, que Diogo Freitas do Amaral publicamente fez, da urgência na transferência de toda a competência administrativa e logística sobre os tribunais fiscais para o Ministério da Justiça, e sua resultante subtracção à "tutela" do Ministério das Finanças, naquilo que, no entender de Freitas do Amaral – que inteiramente partilho –, constituía uma situação aberrante num Estado de Direito consolidado, como Portugal, definitivamente, quer ser.

A associação de Freitas do Amaral à profunda transformação recente da Justiça Administrativa portuguesa não se limitou, porém, ao contributo para a política legislativa. Em 2002, Freitas do Amaral aceitou actuar como membro do júri no concurso de recrutamento de juízes para a jurisdição administrativa e fiscal. Pode assim, sem qualquer exagero, dizer-se que o legado de Freitas do Amaral nos tribunais administrativos e fiscais se encontra hoje incarnado em cada um dos jovens juízes que, com afinco, distribui o seu de cada um, de Norte a Sul do país. Pela sua reconhecida idoneidade e competência técnico-jurídica, Freitas do Amaral foi ainda convidado a intervir em acções de formação de magistrados, o que fez sempre com aquela isenção, empenho, rigor, responsabilidade e cativante simpatia que lhe são característicos.

A reforma do contencioso administrativo levou-me a conviver mais de perto com o Professor Diogo Freitas do Amaral. Enquanto Presidente do Supremo Tribunal Administrativo e, por inerência, Presidente do Conselho Superior dos Tribunais Administrativos e Fiscais, tive o prazer de com Freitas do Amaral me cruzar regularmente, em reuniões oficiais, colóquios e seminários científicos, painéis de debate e vários outros encontros de trabalho, menos publicamente expostos, organizados no próprio Supremo Tribunal Administrativo. Em todas essas ocasiões, tive oportunidade de testemunhar a grande disponibilidade e o entusiasmo contagiante com que Freitas do Amaral desbrava, em conversa aberta com os demais, caminhos de futuro para uma justiça administrativa capaz de responder tempestivamente às solicitações dos cidadãos e fiel à sua natureza de justiça que é, a um tempo, e sem desequilíbrios, uma justiça do cidadão e uma justiça da administração. Desses múltiplos intercâmbios, foi nascendo uma estima profunda – pela afabilidade natural, pelo prazer no convívio, pela simplicidade no trato, pela seriedade no tratamento das questões, que não dispensa, no entanto, um sentido de humor apurado, e capaz de humanizar a discussão, por vezes árida, do Direito.

Por tudo o que Freitas do Amaral soube fazer, e foi muito, pelo nosso Direito e pela nossa Justiça Administrativa, honra-me participar nesta obra colectiva, na forma que encontrei, de um curto testemunho pessoal, que é de reconhecimento e de gratidão a quem tocou tão fundo as traves mestras da relação entre Direito e Democracia em Portugal.

Lisboa, Setembro de 2009

Presidente do Supremo Tribunal Administrativo

HOMENAGEM AO PROFESSOR DOUTOR DIOGO FREITAS DO AMARAL

João Cravinho

Não tenho formação académica e profissional que credencie a minha afirmação dos méritos do Prof. Freitas do Amaral, que julgo grandes, no plano do direito. Mas sei da sua vida política o suficiente para lhe render homenagem como cidadão e como referência da nossa democracia.

Na expressão feliz de Ortega y Gasset, não fosse ele grande pensador de Espanhas, um homem é ele próprio e as suas circunstâncias. Quanto aos grandes, não porque as esposem ou a elas se submetam mas porque as superam. Sem me dar bem conta disso, primeiro, mas a breve trecho intencionalmente, foi assim que fui compreendendo a actividade política do Prof. Freitas do Amaral durante cinco décadas, tantas quantas nos separam do início dos anos 60.

A sincera admiração que a sua personalidade me merece assenta numa soma larga de factos de ordem vária, de natureza intelectual, cívica e política. Chamado a um testemunho sintético, conjugando todas essas razões, do meu ângulo de observação direi que a estima nacional pela sua personalidade tem excelentes razões no empenho e na capacidade que o Prof. Freitas do Amaral sempre revelou em sucessivas opções fundamentais ao longo da sua trajectória política, decidindo muitas vezes o seu posicionamento em superação das amarras conservadoras consideradas típicas das suas circunstâncias. Justamente, o Prof. Freitas do Amaral é hoje expoente reconhecido dos que defendem o enriquecimento da nossa vida democrática, sob a égide de princípios de justiça e de solidariedade, quer no plano nacional, quer internacional. Uma personalidade de referência no discurso democrático voltado para o nosso futuro.

Não foram pouca coisa as mudanças das circunstâncias pessoais e colectivas que balizaram o percurso da geração que no início da década de 60 se fez à vida por sua conta e risco. Nas quatro décadas seguintes operou-se a maior concentração de transformações de fundo, nos planos político, económico e social, que o país experimentou após a revolução liberal. A "distância" a que estamos hoje do Portugal pré 25 de Abril é imensa. (Mesmo o Portugal pré-adesão à actual União Europeia, em 1985, não será mais do que memória fragmentada para a maioria). Deste modo, é relativamente comum a ignorância, ou subestimação, do peso que as circunstâncias de então assumiam na vida e no posicionamento de cada um. Nunca lhes atribui determinismos de qualquer espécie, mas tambem nunca ignorei as suas potenciais consequências, consoante o que a cada um coubera em sorte ou aspirava vir a ser.

Saído do Instituto Superior Técnico em 1959, apesar disso, tinha no início dos anos 60 conhecimento razoável do que se passava na Universidade de Lisboa. Por essa altura, conservava fortes ligações ao movimento estudantil, de que fui um dos dirigentes. Através do Jorge Sampaio, Vitor Wengororius e José Abreu, entre outros, ia sabendo notícias da Associação de Estudantes da Faculdade de Direito, de cuja Assembleia Geral Freitas do Amaral era presidente. Sabia-o aluno brilhante, sob influência de Marcelo Caetano, pré-destinado, se assim se pode dizer, a fulgurante carreira académica numa Faculdade justamente tida por um baluarte da ortodoxia governamental. Mesmo nessas circunstâncias, Freitas do Amaral quis estar presente no movimento estudantil então objecto de activa hostilidade e repressão por parte do Governo, nele desempenhando funções de grande visibilidade. Uma primeira superação na sua vida pública do que lhe teria sido mais confortável e imediatamente vantajoso. Essa atitude muito contribuiu para manter Freitas do Amaral na consideração de largo leque daqueles que acompanharam a sua geração.

Na década de 60, os ecos que me chegaram confirmavam a solidez da sua carreira académica em ascensão. Para além do saber, eram geralmente reconhecidas a dedicação ao ensino e as qualidades pedagógicas. Já no fim da década, dadas as suas ligações a Marcelo Caetano, especulava-se bastante sobre a sua próxima entrada no Governo em posição de manifesta relevância. Presumo que não lhe faltaria certamente propensão à intervenção política a escala tão significativa como a governamental. As circunstâncias não só lhe abriam o caminho como forçosamente o pressionariam a percorrê-lo. O certo é que nada disso se verificou. Dizia-se que a recusa fora fundamentada em razões políticas substantivas. Sem poder ter tido acesso ao fundo da questão, nunca deixei de relevar a singularidade da negativa, em contraponto ao que as circunstâncias nos levavam a antever.

O 25 de Abril afastou desde o início soluções puramente militares para a governação do país. Não obstante o peso do MFA em todo o período de transição para a democracia, e por maioria de razão na sua fase inicial, os órgãos do Estado acolheram desde Maio de 1974 significativa participação não militar, por via da inclusão quer de personalidades prestigiadas no seio da sociedade civil, quer de representações de partidos institucionalizados e garantidos no exercício de direitos fundamentais de associação política. Diogo Freitas do Amaral, a um e outro título, deu importante contribuição para a institucionalização e consolidação da democracia que saiu do 25 de Abril.

Em primeiro lugar, como membro do Conselho de Estado que acompanhou os primeiros passos da transição. Foi extremamente importante a sua posição de lealdade à trajectória da democratização do país através de uma Constituição votada em Assembleia Constituinte normalmente eleita. Não se deixou seduzir por Spínola e pelo seu projecto de plebiscitação de uma República bonapartista logo no Verão/Outono de 1974. Ao contrário de Sá Carneiro, por exemplo, que se colou incondicionalmente a essa saída "democrática" para o 25 de Abril.

Com o benefício de uma visão retrospectiva longa de quase trinta e cinco anos, hoje percebe-se também que a direcção imprimida por Freitas do Amaral ao CDS até à aprovação da Constituição da República, em Abril de 1976, foi decisiva para assegurar a democracia plural no nosso país, não apenas no plano formal da Constituição, mas, sobretudo, como prática política concreta. É verdade que Freitas do Amaral e o CDS não votaram a Constituição. Mas não é menos verdade que a discutiram ponto a ponto de tal modo que não ficaram excluídos do pacto de regime que essa mesma Constituição consagrou e inculcou na percepção nacional. Se houvesse que invocar prova, bastaria apontar para a sua participação no II Governo Constitucional com o PS, logo em 1977, e em Governos com o PSD, designadamente, no fim dessa década e início da seguinte. A escassíssimos anos da entrada em vigor da Constituição. Vai no mesmo sentido, a participação de Freitas do Amaral nas presidenciais de 1985. Fui contra todos esses Governos e não votei em Freitas do Amaral em 1985. Mas como cidadão, penso que Freitas do Amaral soube sempre projectar o enriquecimento que o pluralismo pode trazer à vitalidade da nossa democracia.

A sua nomeação para a Presidência da Assembleia Geral das Nações Unidas foi um marco importante no nosso relacionamento internacional. O seu exercício ambicioso ainda hoje é referência numa ONU cada vez mais necessitada das orientações que então Freitas do Amaral lhe quis imprimir, como impulsionadora de um mundo mais justo e solidário. No plano interno, penso que fomos também largamente beneficiários da visão do mundo que Freitas do Amaral trouxe dessa sua experiência. O inteligente reposicionamento da política externa portuguesa tentado por Freitas do Amaral como recente Ministro dos Negócios Estrangeiros é disso testemunho. Vai tambem no mesmo sentido a sua participação no nosso debate publico. Ponderando a trajectória política de Freitas do Amaral, creio que a sua visão do mundo e do lugar que nele cabe a Portugal, tornam-no portador de um projecto de justiça e solidariedade que é um dos denominadores comuns essenciais à revitalização do nosso pacto social.

Mais uma vez, o meu reconhecimento a quem não se deixou prender pelas amarras conservadoras das circunstâncias, suas e nossas.

HOMENAGEM AO PROFESSOR DOUTOR DIOGO FREITAS DO AMARAL

João Gomes Cravinho

Faço parte da geração que cresceu em torno do 25 de Abril, a geração que teve uma educação política precoce e entusiasmada, fascinada pelo processo de construção de uma democracia que seria em tudo diferente do regime anacrónico e esclerosado que acabava de ser derrubado. E para a minha geração restará sempre uma sensação de profunda dívida àquelas que são as caras do Mount Rushmore da nossa democracia. Freitas do Amaral tem lá o seu lugar de pleno direito, diria que por aclamação. O ideário que ele defendia não coincidia com aquele que se ia afirmando em mim, mas foi sempre com facilidade que eu reconhecia a presença dele no panteão do país rejuvenescido. Contudo, o apreço fácil era apenas isso, pois de forma alguma era capaz de imaginar que viria a trabalhar em estreita colaboração com o Professor Freitas do Amaral, e a ganhar por ele uma franca e viva amizade pessoal. Tal possibilidade, se alguma vez me tivesse sido colocada como hipótese, ter-me-ia parecido tão improvável como seria se falássemos de uma daquelas figuras da montanha americana.

O primeiro contacto foi pouco auspicioso, julgo eu. Por algum desvario do trânsito cheguei com uma boa meia hora de atraso ao escritório que o Professor Freitas do Amaral tinha no edifício Imaviz. Viviam-se nessa altura os primeiros tempos da era dos telemóveis, e florescia na sociedade portuguesa um debate sobre a intrusão desses novos aparelhos nas nossas vidas. Eu alinhava com uma posição defendida nos jornais por António Barreto, segundo a qual vivíamos bem sem telemóveis antes deles existirem, e não havia razão para agora andarmos sempre contactáveis e importunáveis. Ora acontecia que a reunião no Imaviz ocorreu precisamente por António Barreto ter sugerido o meu nome, tendo sido ele a dizer a hora para eu lá estar. Foi portanto a olhar para o relógio, cujos ponteiros se afastavam decididamente da hora marcada, que me aproximei do meu primeiro encontro com aquela figura que eu já conhecia tão bem, mas que nunca me havia posto os olhos em cima. Desdobrei-me em desculpas pelo atraso, e retenho a clara recordação da firmeza com que o Professor passou rapidamente ao assunto da reunião, com a indicação de que se já havíamos perdido tempo convinha não perder mais. Devo pois ao António Barreto a apresentação ao Professor Freitas do Amaral, tal como devo a decisão de me municiar finalmente de um telemóvel.

O resto da reunião deve ter corrido melhor porque resultou na minha contratação como professor convidado da Faculdade de Direito da Universidade Nova, que o Professor Freitas do Amaral estava a fundar. Pouco tempo mais tarde apresentei-lhe um plano para a cadeira de Introdução às Relações Internacionais, que ele aprovou na generalidade, pedindo no entanto que eu ajustasse para dar mais tempo ao tratamento da Organização das Nações Unidas. Embora me tenha envolvido pouco na vida da Faculdade, várias recordações sobressaem. Desde logo, o entusiasmo e o idealismo académicos, partilhados tanto pelos docentes como pelos alunos. Estes últimos, apesar de não conhecerem outra realidade universitária, pareciam ter absorvido dos docentes a noção de estarem a criar algo de inovador. Por este infeccioso entusiasmo, o primeiro responsável era o Professor Freitas do Amaral. No plano académico, a ambição do Professor era clara, e pouco dada a cedências às condicionantes da nossa condição universitária nacional. A mensagem que ele transmitia era clara: temos limitações? Pois superemo-las! E se nem sempre foi possível, o facto é que muitas vezes foi conseguido. Foi uma lição para mim e para toda a nossa comunidade universitária. Houve ainda uma outra dimensão que me surpreendeu, talvez por nunca ter sido aluno dele, e por dele ter sobretudo a imagem do homem político: o sincero afecto que existe entre ele e os alunos. A meu convite, o Professor Freitas do Amaral partilhou com os alunos da minha cadeira a sua experiência enquanto Presidente da Assembleia Geral das Nações Unidas, e eu não esqueço nem o fascínio dos alunos por aquilo que ele contava, nem a corrente de indisfarçada simpatia que os ligava a ele.

Ao fim de três anos a vida levou-me por outros caminhos, e não voltei a estar com o Professor Freitas do Amaral, até tomar posse como seu Secretário de Estado cinco anos mais tarde. E no entanto as circunstâncias do mundo fizeram com que ele marcasse novamente uma forte presença nos debates nacionais. Como todos nós, eu vivi de forma intensa os debates em torno da invasão do Iraque, e acompanhei em pormenor o seu envolvimento cívico no debate que atravessava e dividia a nossa sociedade, tal como em tantos outros países do mundo. Como já se poderá depreender, através do meu contacto na FDUNL eu tinha ganho pelo Professor um sentimento de admiração, e uma tímida amizade, muito pautada ainda pela diferença geracional e de experiências que nos separava. Mas foi nesses debates sobre o Iraque que me apercebi da sua verdadeira dimensão cívica e política.

A grande força motriz da sua intervenção resultava de uma vontade singela, mas nem por isso frequente no nosso mundo, de simplesmente ser coerente consigo próprio. A guerra que se preparava tão obviamente ofendia a sua sensibilidade de jurista, e ofendia-o o desprezo a que se remetera as Nações Unidas, que com todas as suas deficiências não deixava de ser uma estrutura basilar da ordem internacional. Mas a referência ao arrazoado jurídico e político (à qual a distância de alguns anos veio dar inconfundível razão) representa apenas o começo daquilo que importa dizer. Porventura mais importante ainda é a decisão de colocar todo o seu prestígio e a sua respeitabilidade pública ao serviço de um debate público, quando seria seguramente mais cómodo para este antigo Ministro de Negócios Estrangeiros, Vice Primeiro Ministro e presidente da Assembleia Geral das Nações Unidas refugiar-se no silêncio ou na discrição. Sobretudo se nos recordarmos que a sua postura pública em relação a esta matéria levou a que ele se ancorasse com firmeza do lado esquerdo da fractura que dividia a sociedade portuguesa em duas partes. A implacável honestidade intelectual, e o compromisso cívico com o debate público, traçaram-lhe um caminho de ruptura com a direita da qual ele tinha sido em outros tempos paladino. Alguns, sectários e tribalistas, não lhe perdoaram, nem lhe perdoarão, a sua recusa em papaguear argumentos com os quais não concordava. Para mim, trata-se apenas da renovada confirmação daquilo que todos sabemos: ser livre, tem sempre um preço, mas a honradez das pessoas, e sobretudo dos políticos, mede-se pela sua disponibilidade para pagar o preço.

Quando em Março de 2005 o Professor Freitas do Amaral me telefonou, convidando-me para ser seu secretário de estado, foi com sincera honra que aceitei. Aquilo que me teria parecido tão inverosímil alguns anos antes, era agora motivo de muito orgulho e entusiástico compromisso quanto às tarefas que ele me confiava. Nos quinze meses que se seguiram trabalhei de perto com o então Ministro, dando-lhe conta das minhas actividades e recebendo ocasionalmente instruções ou orientações.

Infelizmente, poucos meses depois de iniciar funções começaram a fazer-se sentir os problemas de saúde que afectariam o Professor Freitas do Amaral durante boa parte do tempo em que esteve nas Necessidades. Eu estava já em Luanda em Julho de 2005, quando o Ministro lá chegou, queixando-se de dores nas costas. Na véspera, em Bruxelas, tinha sofrido uma queda, e por não querer deixar de estar na reunião anual de Ministros de Negócios Estrangeiros da CPLP, ele viajou durante a noite para Luanda. Ainda participou na reunião durante várias horas, mas era para mim evidente que ele não tinha condições físicas para aí estar, e acabou por encurtar a estadia, viajando de novo durante a noite, a segunda viagem nocturna consecutiva, para ser visto por especialistas em Lisboa. Durante o ano em que ainda se manteve em funções foram diversas as ocasiões em que o tive de substituir por razões de saúde, mas a expectativa era sempre que em pouco tempo recuperaria. A recuperação acabou por não ter lugar no horizonte da viabilidade política, fazendo com que a sua segunda passagem pelo MNE tivesse sido bastante mais curta do que se imaginava.

Competirá a outros tecer juízos sobre aquilo que nesse período se fez, mas penso que não me levarão a mal os leitores se eu fizer algumas referências sumárias e incompletas, até algo arbitrárias, a três pontos que julgo importantes. Em primeiro lugar, julgo que não foi suficientemente reconhecido o extraordinário resultado que o país obteve nas negociações das Perspectivas Financeiras da UE 2007-2013, devendo-se uma parte relevante desse êxito à actuação do Professor Freitas do Amaral. Segundo, quero sublinhar o esforço moralizador da reforma efectuada em matéria de nomeação de adidos e conselheiros das várias áreas especializadas do quadro externo. A contenção financeira, necessária naquele momento das nossas finanças públicas, impôs limitações excessivas ao Ministério de Negócios Estrangeiros nesta matéria, mas o certo é que o livre arbítrio do poder político nestas nomeações ficou condicionado, e bem. Terceiro, merece também referência o esforço naquilo que se convencionou chamar "diplomacia económica". Há muitos diplomatas que dizem, com toda a razão, que desde sempre se fez diplomacia económica. Contudo, foi só em 2002 que a expressão entrou na gíria popular, como bandeira de uma aparente nova forma de estar no mundo. Aquilo que o Professor Freitas do Amaral percebeu em 2005 é que nada de novo se havia inven-

Depoimentos   1375

tado, e que o trabalho de sistematização e geração de sinergias entre ministérios e instituições estava quase todo por fazer. Avançou-se claramente, se tomarmos por comparação aquilo que (não) havia antes; não foi no entanto fácil, e as reticências corporativas rapidamente se fizeram sentir. Nesta matéria, apesar de algum ganho de causa, o importante é não ceder à complacência: julgo que será consensual dizer que a dimensão económica da nossa política externa continua a precisar da atenção (e a tê-la) que o Professor Freitas do Amaral lhe dedicou durante os seus quinze meses de Ministro no XVII Governo.

Estas breves páginas de testemunho referem-se apenas à pequena parte que eu pude partilhar da longa e riquíssima actividade académica, política e diplomática do Professor Freitas do Amaral. A vida é feita de surpresas, é comum dizer-se. Ora, pela minha parte foi uma excelente surpresa – marcante na minha vida – esta partilha com o Professor Freitas do Amaral.

HOMENAGEM AO PROFESSOR DOUTOR DIOGO FREITAS DO AMARAL

Daniel Proença de Carvalho

Diogo Freitas do Amaral é uma personalidade complexa, multifacetada, cujos percursos se entrecruzam em várias direcções. Em todos esses percursos tem deixado marcas fortíssimas e memórias indeléveis. É um jurista dos maiores do seu tempo mas também um professor que, como poucos, tem o talento de tornar aparentemente simples e claros os conceitos, as doutrinas e as teorias com que a ciência do direito tenta regular a complexidade das relações da vida real. Todos os alunos de Diogo Freitas do Amaral que conheci ao longo da minha vida profissional – sem excepção – destacam essa sua invulgar capacidade de ensinar. Mas esta é a única faceta em que não o conheci pessoalmente.

Conheci-o na política, logo a seguir a 25 de Abril de 1974. O meu primeiro contacto foi fortuito: no rádio do carro em que viajava estava a começar uma entrevista, salvo erro no Rádio Clube Português, de um Professor de Direito que eu não conhecia pessoalmente.

O entusiasmo com que eu tinha recebido a revolução dos cravos estava então a ceder perante o desvario e mesmo loucura daqueles dias. Um País atrasado e ignorante estava a ser bombardeado por uma mistura explosiva de propaganda comunista com populismos variados que lançaram o País numa anarquia sem lei nem ordem. Era aterrador ouvir os responsáveis militares que comandavam a revolução, com discursos recheados de palavras de ordem e slogans importados de várias experiências revolucionárias, mas sem o mínimo de coerência e sensatez. O que se ouvia na TV e na Rádio e se lia nos jornais naquela época estava a deixar-me seriamente preocupado com a segurança e o futuro da minha família.

Foi neste estado de espírito que ouvi pela primeira vez Diogo Freitas do Amaral. Ao ouvir uma voz serena e um discurso racional, fluente, a minha atenção fixou-se, subi o volume do aparelho e ali fiquei a escutar um homem estranhamente lúcido, com ideias arrumadas e uma serenidade tão contrastante com o ambiente geral. Foi assim que o conheci e passei a admirá-lo. O futuro reservar-me-ia outros encontros bem mais próximos. A minha memória não é grande coisa e, ao contrário de Diogo Freitas do Amaral, nunca fiz um diário nem tomei notas do que se foi passando na minha vida pessoal ou nos contactos com a política.

Mas recordo bem alguns episódios. Recordo bem o que penso ter sido a primeira entrevista de Diogo Freitas do Amaral na RTP. Já então ele era o dirigente político mais à direita do novo regime, a "direita" que conseguiu sobreviver ao terramoto político entre 11 de Março e 25 de Novembro de 1975, sobrevivência que em grande parte ficou a dever-se ao tacto e prudência com que Diogo Freitas do Amaral e Adelino Amaro da Costa dirigiram o CDS durante aquele conturbado período. Os entrevistadores eram, à época, três conhecidos pensadores muito à esquerda, absolutamente convencidos de que ali iriam arrasar alguém que se atrevia a defender a democracia burguesa, perturbando a inexorável caminhada para o socialismo inscrito nas estrelas. O espectáculo foi memorável e é pena se já não existir no arquivo da RTP. Metódica e calmamente, o entrevistado acabou por desmontar as armadilhas que os entrevistadores tentaram colocar-lhe, arrasou os seus argumentos e mostrou a supremacia das suas ideias. E foi nesse momento que o grande público reparou que ali estava um dos actores principais da construção do Portugal democrático.

O político Diogo Freitas do Amaral foi um dos quatro maiores actores da década que se seguiu ao 25 de Abril de 1974 e um dos três com maior relevo na luta pela liberdade, pela democracia e pela consolidação do nosso Estado-de-Direito. Ele esteve na linha da frente, com Mário Soares e Sá Carneiro, na resistência à tentação totalitária de Álvaro Cunhal. Esteve de alma e coração com Sá Carneiro na aliança para dotar o País de um Governo de regeneração, que morreu com o seu líder em Camarate, a 4 de Novembro de 1980. Nessa mesma noite, recebi Diogo Freitas do Amaral no Lumiar, era eu então Presidente da RTP, para a alocução que dirigiu ao País, comovida mas serena e responsável, no tom certo para aquele momento de incerteza. Como sempre, o seu sentido de Estado prevaleceu sobre quaisquer outros sentimentos.

Por essa altura, o meu apreço por Diogo Freitas do Amaral tinha já atingido uma quota muito elevada. Admirava, não apenas a sua inteligência e cultura, mas também a sua integridade, a sua coragem e começava a sentir que, para lá da sua muralha de austeridade e distância, morava uma pessoa bem mais sensível do que a sua imagem política aparentava. Facilmente me senti seu amigo.

Com o desaparecimento de Sá Carneiro, que me tinha convencido a presidir à RTP num momento político crucial, entendi que devia demitir-me, deixando ao novo líder do Governo a liberdade de escolher quem desejasse para um cargo que naquela época tinha uma importância bem grande. Diogo Freitas do Amaral presidia então ao Governo. Escreveu-me uma carta compelindo-me a não abandonar o lugar nesse momento delicado da vida do País. Disse-me que essa era a sua firme posição, mas era também a opinião unânime do Governo e também do Dr. Francisco Pinto Balsemão, que havia de chefiar o Segundo Governo da Aliança Democrática. E eu fiquei.

O relacionamento entre Francisco Sá Carneiro e Diogo Freitas do Amaral terá sido um dos melhores exemplos de convivência democrática que o País conheceu e que deveria ser recordado no momento em que escrevo este depoimento. Os dois políticos souberam interpretar a necessidade de o País se dotar de um Governo forte, com maioria parlamentar, com um programa reformista que pusesse termo à instabilidade, regenerasse o nosso tecido económico e gerasse confiança no País.

A Aliança Democrática, mercê da forte relação de lealdade entre os seus líderes, foi o melhor exemplo do Governo de que o País tanto precisa.

Infelizmente, a experiência da Aliança Democrática não prosseguiu após o desaparecimento de Sá Carneiro. Seguiu-se-lhe um Governo de aliança PS/PSD, que embora tenha superado uma grave crise financeira que nos forçou a recorrer ao FMI, não conseguiu levar a cabo as reformas de que o País precisava para modernizar a sua economia, que permanecia refém da forte estatização do processo revolucionário de 1975. Em 1985 o País voltava a cair numa crise política, com o Bloco Central em agonia, o PSD em processo de balcanização e uma eleição presidencial sem candidato à direita. O PSD debatia-se com a questão presidencial, entre apoiar Mário Soares ou um candidato não socialista e neste caso um militar ou um civil.

Foi então que voltei a cruzar-me com Diogo Freitas do Amaral. Combinámos almoçar, salvo erro no Sheraton. E tudo foi tão simples. Ele manifestou a intenção de se candidatar e eu decidi apoiá-lo com toda a convicção. E aceitei dirigir a sua campanha. E que campanha! Vivemos momentos exaltantes num ambiente de extraordinária emoção. Os portugueses conheciam bem o candidato. Admiravam a sua inteligência invulgar, a sua cultura, a sua integridade pessoal, a sua competência. Mas para ter sucesso, uma campanha presidencial precisa de algo mais, precisa de um suplemento de forte emoção, que toque sentimentalmente os eleitores, que os ligue afectivamente ao candidato. Diogo Feitas do Amaral superou-se a si próprio, arrastou multidões, encheu as praças de todo o País, encheu a Fonte Luminosa e a Avenida da Liberdade em Lisboa, emocionou-se, fez uma campanha memorável. Não ganhámos. Venceu Mário Soares, ele também um político de excepção.

Nessa eleição, foram derrotados à primeira volta os candidatos que não acreditavam na democracia e a segunda volta foi disputada por dois líderes que sempre apostaram num Portugal democrático, com uma economia de mercado, ancorado na Aliança Atlântica e adeptos da nossa adesão às Comunidades Europeias. Por isso, a votação na primeira volta foi uma vitória da democracia e da esperança para Portugal. Foi um momento de consolidação da democracia, em que os eleitores rejeitaram os modelos socialistas à época ainda bem vivos numa parte muito significativa do Mundo e que em Portugal procuravam impedir a nossa aproximação aos modelos político e económico do Ocidente.

Espero que Diogo Feitas do Amaral continue as suas memórias e relate com a fidelidade e o talento com que escreveu os seus volumes anteriores o que foram esses tempos maravilhosos que compartilhei com ele, e também com a Mizé e os filhos.

A vida de Diogo Freitas do Amaral não se tem esgotado no Direito e na Política.

É um historiador talentoso. As memórias que publicou são garantidamente um dos relatos mais fidedignos dos períodos que abarcaram e estão escritos com a sobriedade, a clareza e a elegância que o seu autor tem cultivado. Estão incompletas e os seus leitores, entre os quais me incluo, não lhe perdoariam que as não continuasse.

Outro dos motivos da minha admiração por Diogo Freitas do Amaral é a sua espantosa capacidade de trabalho. Como é possível que este homem tenha tido ainda disponibilidade para se lançar como escritor no campo da ficção histórica, uma vez mais com sucesso, por entre as suas múltiplas actividades e obrigações!

Neste meu despretensioso relato, falta ainda falar da minha experiência de advogado com Diogo Freitas do Amaral, na veste de juiz. Ao contrário do que a generalidade das pessoas pensa, a Justiça, ou seja, a actividade de julgar e decidir litígios, não se faz apenas nos Tribunais do Estado. Crescentemente, os particulares e até o Estado recorrem aos Tribunais Arbitrais para julgarem e decidirem os litígios que surgem nas suas relações económico-jurídicas.

Diogo Freitas do Amaral tem, evidentemente, o perfil de um Juiz--Árbitro de excepção. Tive o privilégio de ser advogado num processo importante e extraordinariamente complexo num Tribunal presidido por Diogo Freitas do Amaral, tendo como membros dois outros ilustres professores de direito. Foi uma experiência exaltante pleitar perante um Tribunal presidido por um jurista dos maiores e um homem íntegro, ladeado por outros dois juristas prestigiados. Como dá prazer advogar num Tribunal de pessoas que respeitamos!

FREITAS DO AMARAL,
UMA PERSONALIDADE ESTRUTURANTE

José Ribeiro e Castro

Não há muitas personalidades de que se pode dizer terem tido influência e acção estruturantes no Portugal contemporâneo. Entre essas, Diogo Freitas do Amaral é uma delas. Aquela que melhor conheci e com quem tive a oportunidade de trabalhar directamente.

Foi meu professor de Direito Administrativo. Mas foi na política que melhor o conheci. E, de algum modo, sempre afloraram na política muitas das qualidades que o marcavam já como grande mestre de Direito: a clareza, o pensamento arrumado, o sentido de sistema, a vivência profunda do Estado de Direito, o gosto pela dialéctica, o propósito e o poder da síntese, o brilho da exposição escrita e oral, o talento pedagógico.

Foi com estes atributos – e mais um: a coragem cívica e patriótica – que Freitas do Amaral marcou a estruturação do Portugal democrático dos nossos dias. Fê-lo de várias maneiras e em diferentes tempos. Evocarei apenas cinco.

Em primeiro lugar, a **fundação do CDS**, o Partido do Centro Democrático Social. É facto que o CDS nunca foi aquele partido absolutamente centrista, "rigorosamente ao centro", que o seu primeiro fundador sempre aspirara – a cavalo da dinâmica da história concreta e das marés da revolução e da pós-revolução, ficou mais à direita do que o seu desenho original e criador. Mas a Freitas do Amaral e aos que acompanharam a sua linha e a sua liderança se deve o facto de que o CDS ficasse como um partido estruturante da democracia portuguesa (um dos quatro, hoje cinco, partidos fundamentais), apesar de – o que é uma proeza notável – nunca ter estado no poder nos anos de baptismo do regime.

O CDS tornou-se estruturante do regime democrático a partir da oposição. E não é, aliás, por acaso que uma das leis que saiu praticamente do punho de Freitas do Amaral correspondeu justamente ao projecto que daria o primeiro Estatuto da Oposição, a Lei nº 59/77, de 5 de Agosto.

A figura de Freitas do Amaral foi essencial àquele posicionamento do CDS, baliza e garantia de pluralismo e de Alternativa. Isso ficou marcado nitidamente a letras de bronze num célebre debate na televisão em pleno Verão quente – um "Responder ao País", em 11 de Junho de 1975. Entrevistado agressivamente por três jornalistas, o que aí emergiu foi a Oposição, a voz da diferença, pela clareza, contraste e serenidade de Diogo Freitas do Amaral. Foi ele também que pontuou o memorável voto do CDS contra o projecto final da Constituição em 2 de Abril de 1976. E, mais tarde, já no período constitucional, é também a liderança de Freitas do Amaral que consolida a posição do CDS no sistema político, ao fazer (e, poucos meses depois, desfazer) o acordo de Governo com o Partido Socialista em 1978 e ao lançar, com Sá Carneiro, em 1979, esse grande sucesso que foi a Aliança Democrática, a hoje mítica AD.

Em segundo lugar, a **opção europeia de Portugal**. Já não estava no Governo quando, em 1985, era assinado nos Jerónimos o Tratado de Adesão de Portugal à CEE, hoje União Europeia. Mas foi também Freitas do Amaral que, como Vice-primeiro-ministro e ministro dos Negócios Estrangeiros no Governo Sá Carneiro, deu impulso determinante a esse resultado. Depois do pedido de adesão formulado por Mário Soares ainda em 1976, o processo de adesão de Portugal tinha adormecido e estava praticamente estagnado, em boa medida como efeito e dano colateral da constante instabilidade governativa desses primeiros anos do regime. É, então, Freitas do Amaral, em 1980, que vem definir a integração europeia de Portugal como a "prioridade das prioridades" da política externa portuguesa, arrancando o processo à inércia do dormitório e liderando uma poderosa ofensiva diplomática nas diferentes capitais da CEE que seria rapidamente coroada de êxito. O processo foi relançado com grande vigor interno e sólido apoio externo. E, se não tivéssemos tido que ficar à espera da Espanha, a nossa adesão ter-se-ia concretizado mais cedo do que 1985.

Em terceiro lugar, a **revisão constitucional de 1982**, uma das duas mais marcantes revisões constitucionais e aquela que permitiu a Portugal aceder plenamente à democracia. Foi uma obra de filigrana política, que necessitava do apoio do PS à esquerda para romper com os espartilhos institucionais remanescentes da revolução, nomeadamente a extinção do Conselho da Revolução, com a inerente redistribuição dos seus poderes, e a revisão pontual do estatuto do Presidente da República e, por conseguinte, também do equilíbrio entre órgãos de soberania. Foi Freitas do Amaral que, do lado da AD, conduziu esses trabalhos, num quadro político muito difícil, pois a AD perdera as eleições presidenciais e o PS ficara dividido por causa destas. Fê-lo uma vez mais com maestria e com sucesso.

Em quarto lugar, a **Lei de Defesa Nacional**, Lei n.º 29/82, de 11 de Dezembro, que vigorou até Julho de 2009, depois de quase vinte e sete anos de vigência. Como Vice-primeiro-ministro e ministro da Defesa Nacional, escreveu-a do seu próprio punho. Era a irmã gémea da primeira revisão constitucional ou, mais apropriadamente, a sua filha maior. Por essa Lei, oito anos depois do 25 de Abril e da ascensão dos militares ao poder, concretizava-se o pleno regresso aos quartéis e a subordinação das Forças Armadas ao poder político democrático. Foi uma tarefa difícil e dura, por que Freitas do Amaral sofreu inúmeros e violentos ataques políticos e em que houve que negociar, passo a passo, com a oposição na Assembleia da República, com as chefias militares e com o Presidente da República. Foi uma lei estruturante da plenitude do regime democrático e que só triunfou mercê de atributos característicos de Freitas do Amaral: inteligência, sentido estratégico, patriotismo, perseverança, serenidade.

Enfim, em quinto lugar, as **eleições presidenciais de 1986**. É facto que Diogo Freitas do Amaral não venceu, mas foi a sua vibrante candidatura "P'rá Frente Portugal" que marcou a pauta e que provocou, em Portugal, um levantamento e uma mobilização de cidadania como nunca se viu – nem antes, nem depois.

Perdeu, na segunda volta, para Mário Soares, que conseguiria reunir toda a esquerda atrás de si. Perdeu por uma unha negra – 51% contra 49%. E perdeu numa segunda volta, rara em termos de ciência política. Por um lado, tendo praticamente esgotado e alargado ainda o seu campo político na primeira volta, Freitas do Amaral perde, subindo: consegue obter na segunda volta ainda mais quase 250 mil votos do que na primeira. Por outro lado, é normal que, nas segundas voltas, a participação eleitoral seja menor e a abstenção mais elevada, pois há eleitores que desistem de votar com a eliminação do "seu" candidato. Ora, em 1986, em Portugal, não foi assim: a abstenção baixou de 25% para 22% da primeira para a segunda volta, o que confirma a intensidade do combate político que atravessou essas eleições espantosas.

O Prof. Freitas do Amaral apareceu, aliás, nesse tempo eleitoral em grande forma, pessoal e política. Esteve a 100 por cento, ou mesmo a 150 por cento das suas capacidades. Conduziu uma campanha longa, desde

Abril de 1985 a Fevereiro de 2006. Abriu-a com o lançamento de um livro: "Uma Solução para Portugal" – coisa que nunca se vira entre nós. E caminhou depois em crescendo contínuo, tendo por eixo um pensamento e sabendo rodeá-lo de cor, de comunicação, de alegria, de entusiasmo, de uma poderosa capacidade de atracção e de mobilização popular. Foi um grande momento de estruturação política do país, na onda da anterior Aliança Democrática, mas levando-a mais longe, mais alto e a patamares mais profundos.

Estes são, a meu ver, cinco dos contributos estruturantes que Diogo Freitas do Amaral inscreveu no Portugal do nosso tempo: o pluralismo concreto da democracia e a alternativa; a adesão europeia do país; a normalização do regime e a plenitude democrática; o respeito pelas Forças Armadas e o seu normal enquadramento institucional; a consolidação social de dois grandes campos democráticos. Não é coisa pouca. É grande, na verdade, profundo e longo, o legado político que Freitas do Amaral já distribuiu e enraizou, entre nós.

DIOGO FREITAS DO AMARAL: UM POLÍTICO DRAMATURGO, UM DRAMATURGO POLÍTICO

DUARTE IVO CRUZ

Começo por uma nota pessoal, que remonta a Outubro de 1958. Era o primeiro curso que se iniciava na nova Faculdade de Direito: a inauguração do edifício dera-se a meio desse ano e por isso, para nós, alunos do 1º ano, a nova vida universitária tinha também algo de inovador no que respeita às próprias condições de trabalho. Já lá fizemos o exame de aptidão. Lembro-me aliás de ter muito conversado com Almada Negreiros, velho amigo dos meus pais, que encontrava na Faculdade a acompanhar a execução final dos frescos da entrada.

Naquele tempo, sentávamo-nos por ordem alfabética. E assim, à minha esquerda ficou o meu primo Duarte de Castro, à minha direita ficou um desconhecido, precisamente Diogo Freitas do Amaral. E rigorosamente à frente, outro desconhecido, Augusto de Athayde. Somos todos amigos até hoje.

Mas porque do Professor Freitas do Amaral aqui se trata, direi que antes do Natal já ele era conhecido em toda a turma, e a breve prazo, de toda a Faculdade.

A ordem alfabética fez também com que não raro prestasse as provas orais logo após o Diogo, o que não era fácil nem cómodo para mim.

Revelou-se desde logo o grande professor, jurisconsulto, tratadista, que bem se conhece. Depois, tornou-se sobejamente conhecida a intervenção politica, governamental e internacional. Vice-Primeiro Ministro, Ministro da Defesa, Ministro dos Negócios Estrangeiros, antes candidato à Presidência da Republica, Presidente da União Europeia das Democracias Cristãs, aqui recordo em especial pela óbvia "internacionalização" a nível mundial do cargo, o desempenho na Presidência da Assembleia

Geral da ONU. Para encontrarmos um antecedente português mais ou menos equiparável, teríamos de recuar a 1926, ano em que Afonso Costa é eleito Presidente da Assembleia Geral da Sociedade das Nações.

Mas para encontramos antecedentes sólidos na convergência da carreira politica e da actividade de dramaturgo, remontamos a Garrett, ao constitucionalismo monárquico e, escassamente, à Primeira Republica, pois no Estado Novo e mesmo no regime democrático foram e têm sido poucas as situações de desempenho de altos cargos políticos por parte de dramaturgos: o que não tem nada a ver com tomadas de posições cívicas e doutrinárias.

E no entanto, no caso específico de Diogo Freitas do Amaral, ambas as linhas de intervenção surgem coerentes e complementares nessa mesma coerência.

Uma tradição perdida

Existe em Portugal uma tradição sólida de teatro de abordagem, temário e entrecho politico, numa perspectiva histórica ou de actualidade. Mesmo quando se está perante situações, hoje históricas, mas que, na época, representavam opções politicas no sentido clássico do termo.

Essa tradição não se perdeu: mas perdeu-se quase por completo a coincidência da actividade politica e da actividade de criação dramatúrgica. Vejamos um e outro caso.

No plano politico, no sentido mais abrangente do termo, Gil Vicente opta pela expansão no Norte de África em detrimento da Índia. António Ferreira dá a D. Afonso IV um tratamento profundamente renascentista, meditação da solidão do poder e de escolha do mal menor, que nunca seria (nem foi...) o do Rei medieval face a alegadas influências familiares castelhanas. Camões questiona, de forma sub-reptícia, o casamento régio. D. Francisco Manuel de Melo ironiza sobre a nobreza. António José da Silva mergulha num mundo ambíguo e elíptico enquanto sofre a perseguição do Santo Ofício.

Nenhum deles foi "político" no sentido moderno. Mas é com Garrett que a questão se assume e individualiza. A ideologia liberal está bem patente quando defende a independência de Portugal face a Castela, quando envolve os conflitos sentimentais do plebeu Bernardim face à nobreza, ou a resistência a um também indirectamente elogiado Pombal, ou até quando invoca o Senado romano com fonte legítima de poder.

Ora, Garrett serviu o Estado, foi representante de Portugal em Embaixadas, Ministro, Deputado, Par do Reino. E a partir dele, sobretudo a partir dos ultra-românticos, surge uma forte corrente de peças politizadas, escritas pelos grandes protagonistas do constitucionalismo, ou mesmo, com menor incidência, da Primeira Republica.

O liberalismo monárquico foi pródigo em dramaturgos nos Governos: Mendes Leal, Andrade Corvo, Serpa Pimentel, Pinheiro Chagas, Rebello da Silva, Oliveira Martins, António Ennes... A Republica deu-nos nomes como Teixeira Gomes, o que mais alto subiu na hierarquia do Estado (se não contarmos com as traduções shakespereanas de D. Luís!), Jaime Cortezão, mas também Julio Dantas, António Sérgio, João de Barros, Ramada Curto... e até Oliveira Salazar quando era professor no Seminário! Como bem sabemos, alguns deles mantiveram-se firmes nos respectivos quadrantes políticos, outros nem tanto, com mudanças para a direita como para a esquerda.

O período do Estado Novo restringiu essa convergência, que só esporadicamente se verificou, em obras dispersas de António Ferro e Henrique Galvão, estes os mais consistentes e perseverantes como dramaturgos, ou de Humberto Delgado.

E podemos aqui alinhar nomes de dramaturgos que exerceram, de uma forma ou de outra, os seus direitos e deveres de cidadania, antes e depois da Revolução de 25 de Abril escreveram peças de contudo político-social, mas sem terem actuação de destaque no desempenho de cargos políticos: além dos citados, Carlos Selvagem, Vitoriano Braga, Alfredo Cortez, Joaquim Paço d'Arcos, Sttau Monteiro, Alves Redol, José Cardoso Pires, José Gomes Ferreira, Luís Francisco Rebello (Deputado substituto com intervenção restrita ao debate sobre o regime dos Direitos de Autor), José Saramago, Bernardo Santareno, Fernando Dacosta, escreveram ou escrevem teatro político, mas não desempenharam, ou pouco, funções políticas no aparelho do Estado.

Enfim, restringindo ainda mais o âmbito, se o critério for, especificamente, a participação em Governos, teríamos Vasco Graça Moura, José Sasportes, David Mourão Ferreira – e Diogo Freitas do Amaral, este, o de maior constância, permanência e acutilância numa carreira politica.

E que, numa dramaturgia breve mas qualificada e consistente, dá testemunho dos grandes debates da História e da politica portuguesa.

O teatro de Diogo Freitas do Amaral

Diogo Freitas do Amaral escreveu até hoje três peças: "O Magnífico Reitor" (1999), "Intervenção em África" (2001 – inédita) e "Viriato" (2002). Inscrevem-se todas elas na tradição histórico-política do teatro português.

Todas elas trazem o valor acrescentado da sua própria qualidade, consistência e coerência: qualidade literária e teatral, numa linha de sólido realismo não naturalista, com certos tons de farsa trágica na "Intervenção em África" e com expressão musical em "Viriato" e sublinhado pelo rigor e pelo conhecimento das situações reais ou potenciais, das psicologias e condutas e pelos mecanismos políticos do poder. – e isto aplica-se também à peça histórica.

E trazem um grande grau de coerência e consistência, na medida em que Freitas do Amaral projecta no seu teatro, não só a experiência política, mas também as características de uma solidíssima carreira jurídica e científica, aplicada à investigação histórica, com tudo o que pressupõe de rigor, clareza e escrúpulo na demonstração das teses defendidas. Com o acréscimo do conhecimento interno dos mecanismos, mentalidades e hábitos da realidade política, universitária e governamental, o que torna mais credível todo o envolvimento e relacionamento de cada uma das peças.

Diremos mesmo que esse núcleo duro de efabulação politica, até quando transposto para a peça histórica, guarda as melhores cenas e os melhores momentos desta dramaturgia.

E diga-se ainda que a coerência das peças decorre também da coerência humanista do autor, na medida em que as soluções apontadas mesmo quando não se concretizam em cena, são equilibradas e modera das.

Assim se passa com a força e a fraqueza do protagonista de "O Magnífico Reitor" e com uma pista histórica apontada na carta que o malogrado Manuel não chega a ler, e que o país não chegou a conhecer, E assim ocorre na politica de "Intervenção em Africa" que o infeliz Carlos Ferreira tenta prosseguir e até na perspectiva histórica de "Viriato", aqui com todas as transposições epocais exigidas.

Nesse aspecto, torna-se muito interessante a análise, vista por dentro, das tentações, das pressões, das contradições e das traições do poder. Mas aí, há obviamente que distinguir a peça histórica das duas peças "de actualidade", para utilizar a terminologia tradicional: e dentro destas últimas, há que distinguir pela mudança politica, ou histórico-politica de cada uma.

É que em "O Magnífico Reitor", vive-se o final do período de Salazar: Na "Intervenção em Africa" vive-se em democracia. Na primeira, o Presidente do Conselho "só quer saber do Ultramar, dos Negócios Estrangeiros e da Defesa Nacional". Na segunda, trata-se de uma intervenção de forças de paz, concertada com outras potências e com organismos internacionais: "já morreu um português, não podem morrer mais(...) Os apelos que lançamos à França, ao Secretário Geral das Nações Unidas, não tiveram até agora qualquer efeito prático". Na primeira, a polícia vigia os professores e estudantes, as manifestações são proibidas e reprimidas. Na segunda, a prisão do Primeiro Ministro é efectuada pelos órgãos judiciais competentes...

Mas nestas duas peças, e no "Viriato" também, o que ressalta é a mensagem bem actual e perene da Liberdade. De tal forma que se cita agora, como síntese, a fala vigorosa do próprio Viriato, no seu programa político e existencial: "não tenho nenhuma ambição que não seja impedir os romanos de ocuparem a nossa terra, substituírem os nossos deuses, e roubarem a nossa liberdade".

O rigor da demonstração sistemática

Quem convive, quem lê ou quem ouve Diogo Freitas do Amaral – e aí se contam sucessivas gerações de colegas, de alunos, de cidadãos nacionais e estrangeiros, numa quantificação vertiginosa – reconhece a metódica clareza e a rigorosa sistemática da exposição e transmissão de mensagens e ideias, sejam elas na área científica e jurídica, na investigação, na política interna e externa, no mero contacto pessoal. Tente-se pois aqui uma sistematização das características e grandes qualidades desta dramaturgia.

Em primeiro lugar, uma escrupulosa exaustão de fontes.

Em segundo lugar, uma metodologia de aplicação, tanto ao facto histórico como ao facto politico, de conceitos de interpretação moderna e coerente com a própria dialéctica de análise.

Em terceiro lugar, uma visão ajustada aos grupos em presença, devidamente transpostos em especial no plano da linguagem teatral e o sentido do espectáculo e das técnicas respectivas.

Em quarto lugar, o equilíbrio entre a trama politica, jurídica, policial e militar, e o envolvimento dos enredos sentimentais.

Em quinto lugar, e será esse por certo o mais relevante, a mensagem coerente, veemente, consistente e bem actual da liberdade.

A SUA MAIS VELHA ALIADA

PAULO LOWNDES MARQUES

O propósito deste pequeno texto é descrever e meditar sobre a longa relação e amizade entre Diogo Freitas do Amaral ("DFA") e as Ilhas Britânicas.

Devo confessar e imediatamente, o conflito de interesses onde me encontro. Sou o produto de um casamento entre uma senhora inglesa (embora sua mãe, por sua vez, fosse filha dum francês e duma inglesa) e dum português que estudou e viveu muitos anos em Inglaterra. Fui criado em Portugal num ambiente bilingue e imerso na cultura britânica, portanto sou algo parcial quanto às tendências anglóficas de DFA.

O ambiente familiar de DFA, como todos aqueles nascidos durante a última guerra (somos ambos do "vintage" de 1941) foi influenciado pelos grandes acontecimentos que se desenrolavam. Ora, a família de DFA era, sem dúvida, anglófila como então se dizia. Há hoje uma certa tendência para caracterizar muitos que participavam activamente e que seguiam as ideias do Estado Novo como tendo sido germanófilos e desejarem a vitória das potências do Eixo. Ora isto não é verdade. Embora os houvesse, claro, também existia uma forte corrente pró-Aliados. Há muitos que argumentam que foi essa a básica convicção de Oliveira Salazar. Basta relatar um facto: durante a primeira metade da guerra houve uma grande mobilização dos dois blocos beligerantes para obter matérias primas essenciais para os respectivos esforços de guerra. Neste sentido esta "guerra económica" que se desenrolou em Portugal foi importante. Não só com o volfrâmio como para muitos outros produtos originais do continente e do Ultramar. Os Aliados com o seu acesso ao então Império Britânico tinham menos necessidade e o seu esforço era mais de adquirir produtos para que a Alemanha os não obtivesse. O Eixo, esse sim, precisava muito mais e directamente destas matérias primas. Ora o Governo

Português obrigava a Alemanha a pagar a pronto (e muitas vezes em ouro) o que era adquirido em Portugal enquanto à Inglaterra se dava crédito para ser pago no fim das hostilidades o que presumia que o Governo português acreditava na vitória dos Aliados. A família do Eng. Duarte do Amaral era pois anglófila e a figura de Churchill bem considerada e venerada. Alías na família contava-se uma curiosa história. Entre 1937-1938 um avô de DFA visitou Londres, integrado num grupo. Foram convidados pelos ingleses e nesses tempos mais calmos (viagens de navio, etc.) fazia parte do programa almoçarem num típico "gentleman's club" na capital britânica. Depois da refeição o anfitrião apontou para um senhor corpulento dormitando numa cadeira (decerto de cabedal) obviamente já influenciado pala ingestão de uma boa quantidade de álcool: " Olhem para aquele, foi uma grande promessa política, todos o julgavam destinado aos cumes da política, mas, como seu Pai, afundou--se no espectáculo que observam – faz muita pena." Era Churchill!

Recordamos que, na altura, no ensino secundário só se aprendia inglês a partir do 3º ano do Liceu (Francês a partir do 1º ano) e durante três anos para aqueles que optavam pelo curso de Direito pois no 6º e 7º ano só tínhamos aulas de Alemão. Pois os pais de DFA sempre defenderam que o inglês seria a língua do futuro e portanto urgia que o jovem (já bom aluno com provas dadas) aprendesse e bem a língua inglesa. Neste sentido e na sua adolescência (1956) e durante vários anos DFA foi enviado para Inglaterra durante o verão para que, no seio de famílias inglesas, se integrasse na língua e cultura britânicas. Por vezes, estas famílias que albergavam estudantes estrangeiros, aceitavam vários alunos de cada vez, o que significava que o ou a jovem regressassem a falar – espanhol! Não foi o caso de DFA pois era hóspede sozinho nestas famílias geralmente fora de Londres. DFA aliás já tinha explicações de inglês a partir do seu 1º ano do Liceu com uma Mrs. Dasy Paço de quem ele se lembra com alguma saudade pois utilizava algumas elaborações linguísticas extravagantes como "It's raining cats and dogs and little fishes" ou "Famalicão – family dog".

Ao princípio foi difícil, pois DFA, algo mimado no seio da sua família, não era propriamente um entusiasta da culinária britânica (nem da sua exígua quantidade) e do rigor (e alguma frieza) dos seus anfitriões. Esteve no sul de Inglaterra contemplando uma Mancha (que os ingleses chamam "the English Channel") algo cinzenta comparando com a luz do seu país. Mas ia às suas aulas ("Davies's School of English for Foreign Students"), lia e adquiria livros ingleses e aos fins de semana ia a Londres onde se albergava em casa de uma antiga empregada da família que emigrara para Inglaterra onde casara com um Polaco (muitos polacos combateram nas forças aliadas durante a guerra e depois ficaram). Faziam trabalho doméstico e com isto prosperavam. Conta-se na família que um tio de DFA, oficial superior no Exército Português, visitou Londres, isto, portanto, nos finais dos anos '50 e estando com a referida ex-empregada de família constatou-se que o casal ganhava cerca de 20 vezes o que auferia, na altura, um coronel nas F.A. portuguesas! O dito Polaco desafiou o ilustre oficial superior para ir para Londres servir jantares em Embaixadas pois havia sempre trabalho e ficou bastante surpreendido e desgostoso perante a amável e polida recusa deste. Contou-me um amigo comum que foi viver para o Brasil durante o PREC, que ali encontrou um emigrante "antigo", isto é, dum meio social bem mais modesto do que a "nova emigração" pós-revolução dum modo geral todos formados e procurando empregos compatíveis. Ora o tal emigrante disse-lhe perante a procura de lugares, nem sempre fácil, desta nova onda de portugueses: "Oh Senhor Doutor, o que nos lixa é a gravata".

Em Londres DFA fez o percurso do visitante. Visitou a Torre de Londres, assistiu à mudança da guarda em Buckingham Palace, percorreu livrarias, foi ao Harrods, ao British Museum e a outros locais.

Foi também um período onde foi a muitos concertos em Londres. Esta cidade, desde a guerra, tornou-se um dos grandes centros mundiais musicais. Foi várias vezes aos concertos no Albert Hall – os chamados "proms" (The Promenade Concerts), embora só muito mais tarde e já casado, tivesse ido ao famoso concerto final dos proms onde a assistência britânica abandona por completo a sua proverbial reserva e fleuma e, em termos de música clássica, comporta-se como a mais ruidosa e entusiasta "claque" futebolística cantando em coro as tradicionais canções ("Rule Britania", "Land of Hope and Glory", "Jerusalém", etc.). Enfim.

Conseguiu ainda assistir a uma sessão de Câmara dos Comuns onde, como é sabido, os deputados se sentam em bancadas opostas (os que apoiam o Governo à direita do Speaker e os opositores à esquerda). Não é como a normal disposição das câmaras de debates no continente europeu (e hoje nos parlamentos regionais da Escócia e no País de Gales) onde os senhores representantes da nação se sentam em hemiciclo. Na última guerra, a Câmara dos Comuns foi atingida por uma bomba e na altura muito se debateu se se devia reorganizar a câmara em hemiciclo. Churchill opôs-se muito (e levou a melhor) dizendo que o sistema tradicional dificultava psicologicamente que um deputado mudasse de partido

"E eu sei disso (acrescentou) porque o fiz não uma, mas sim duas vezes". Churchill foi primeiro eleito pelo Partido Conservador, depois juntou-se ao Partido Liberal e finalmente voltou aos Conservadores. Mas aqui DFA assistiu ao esgrimir da intervenção e resposta do debate parlamentar, das sessões de perguntas ao Primeiro Ministro, do decoro dos debates, suas tradições, mas também da força das convicções expressas, do espírito de fiscalização das acções governativas (incluindo dos deputados apoiantes do governo) e da autoridade do Speaker. Foi uma valiosa experiência para DFA que ficaria para toda a sua vida e que fortemente influenciou a sua maneira de estar na política. Recordemos o que era a vida política nacional nos finais dos anos '50 (as eleições de Delgado são de 1958), sem imprensa livre, os deputados todos de uma "cor" e de uma deferência que hoje parece absurda ao Primeiro Ministro (recordo-me de, durante as eleições de 1958, muitos se referirem à "falta de gratidão" para com Oliveira Salazar). Ora, como jogavam as ideias que o jovem DFA trazia de Inglaterra, com o ambiente familiar em Portugal onde seu Pai era deputado da União Nacional e um convicto apoiante do "status quo"? Parece que não havia guerras nem grandes discussões pois o Eng. Duarte do Amaral limitava-se a dizer "Pois é, mas ali funciona e aqui não". Recordo-me bem deste tipo de conversas (meu Pai embora, claro, muito anglófilo era também um sólido apoiante do Estado Novo) e de ouvir o clássico rosário do que fora a 1ª República – 44 governos, 8 Chefes de Estado, revoluções constantes – enfim a vergonha da Europa. A culpa claro era sempre do carácter português, incapaz de se governar. Curioso como a 1ª República representou uma espécie de canga à volta da vida política portuguesa. O Estado Novo justificava o seu autoritarismo com o que se passara entre 1910 e 1926 e a Oposição (o "reviralho") sentia-se na obrigação de sempre justificar o que se passara ("as Revoluções eram feitas pelos Monárquicos", etc). Isto é, o pensamento político, todo ele, olhava para o passado e não para o futuro e o que acontecia com a restante Europa ocidental onde os países e suas populações prosperavam (e para onde os portugueses cada vez mais emigravam) mantendo as suas estruturas democráticas e de liberdades públicas, era ignorado. Este desejo de dar a Portugal as oportunidades que a Europa recebeu no pós-guerra com a escolha das economias de mercado, liberdades públicas e a importância dos partidos Democratas Cristãos fortemente influenciaram DFA. Mas infelizmente poucos mais, pois a oposição com os seus complexos de esquerda, namoriscava, senão esposava, o marxismo.

Antes de regressar à nossa narrativa só mais um apontamento sobre a Câmara dos Comuns. Anos mais tarde, já depois da revolução, DFA visitou o parlamento britânico na companhia de um deputado inglês que lhe explicava como a Câmara funcionava "Aqui estamos nós e em frente estão os outros", ao que DFA disse: "Ali, pois, estão os vossos inimigos" "Não, não, ali está a oposição, os nossos inimigos estão todos deste lado"!

Outra forte influência britânica sobre o jovem DFA foi a Televisão. Nessa altura, mais do que agora, a BBC reinava suprema com o seu espírito de serviço público e cultivo de qualidade. Todos nos recordamos das "séries inglesas" e sua excelência. Meditemos sobre o contraste com a RTP nacional de um só canal e o impacto da mesma "diferença" num jovem português. Toda a vida DFA gostou de ver os canais britânicos e seus debates e exploração de ideias para além das "séries". Tiveram uma grande importância na sua formação jovem.

Pois os anos passavam e DFA distinguia-se academicamente. No liceu foi um aluno brilhante e preparava-se uma entrada na Faculdade de Direito onde muito se distinguiria.

Os anos de faculdade e até ao seu casamento representam um certo hiato nas suas relações com as Ilhas Britânicas. Embora continuasse a adquirir e a ler muitos livros ingleses não visitou a Inglaterra durante este período, embora lesse o Daily Telegraph (e o Figaro) todos os dias.

Diga-se que no capitulo legal DFA durante a sua adolescência e visitas a Inglaterra, assistira a julgamentos no Tribunal Central Criminal (The Old Bailey) e geralmente com mais interesse e variedade, a sucessão de pequenos casos nos tribunais de Magistrados. Anos mais tarde nos princípios dos anos '80 participou em Londres em importantes Arbitragens como "expert" em lei portuguesa.

DFA casou, doutorou-se e fez a tropa (na Armada) e Albion continua e, pelo menos, como lugar de visita, a ser ignorada. Claro que havia livros, jornais e decerto outras coisas mais. Foi depois da tropa que DFA na companhia de Maria José, sua mulher, recomeçou, após onze anos, as suas visitas a Londres. Teatro, lojas, livros, concertos e, claro, a televisão que na altura não atravessava como hoje as fronteiras.

E veio o 25 de Abril. Tudo parecia possível mas a tendência geral era esquerdizante. O então PPD pretende aderir à Internacional Socialista (Mário Soares vetou), Sá Carneiro foi Presidente da Assembleia Geral do MDP-CDE, contava-se a piada que as nossas duas mãos era designadas respectivamente por: a mão esquerda e a mão extrema-esquerda. Enfim o PREC em todo o seu esplendor e pesadelo.

Pois antes do Verão de 1974, DFA e alguns amigos (entre os quais este autor e a Isabel, sua mulher) fundam o CDS como partido centrista, democrata-cristão e não-socialista. Não é esta a altura nem o lugar certo para descrever as muitas vezes difíceis opções e decisões políticas que foram tomadas e o perigoso equilíbrio necessário para sobreviver. Como disse Sieyès, anos depois da Revolução Francesa, perguntado sobre o que ele fizera durante a Revolução, respondeu: "J'ai survecu".

O certo é que durante o desenrolar do PREC os grandes países europeus e os E.U.A. observaram Portugal com grande atenção e preocupação. Entre estes países encontrava-se, como seria de esperar, a velha Aliada, Inglaterra.

Poucos anos depois DFA defendeu numa palestra a um "think tank" britânico que, se Portugal na altura do PREC tivesse por alguma razão geo-política, tropas soviéticas na sua fronteira, teria sido invadido pela União Soviética e um regime comunista imposto pela força com grande apoio, claro, de Álvaro Cunhal. Ouvi esta palestra que foi muito aplaudida, e recordei-me do graffiti pintado nas paredes da Universidade de Varsóvia: "Troquem a nossa gloriosa história por uma melhor geografia!". Portugal de facto em 1975 gozou e bem da sua boa geografia.

Por incumbência de Lord Carrington, na altura Ministro sombra dos Negócios Estrangeiros do Partido Conservador, este partido enviou numa "fact finding mission", um observador, Michael Young. Jovem, trabalhava no gabinete de Carrington e veio a Portugal para conhecer as pessoas e formar opiniões. Regressou a Londres e relatou a Carrington que, apesar de democratas-cristãos e centristas, DFA, Amaro da Costa e o CDS eram o parceiro que mais convinha ao partido conservador britânico, até porque era o que mais claramente defendia o interesse da Europa e do mundo ocidental.

Michael Young, que se tornou um bom amigo de DFA e do CDS, anos mais tarde teve um importante e decisivo papel histórico pois organizou com discrição e hábil diplomacia as reuniões na África do Sul entre Mandela e Le Klerk contribuindo deste modo para o fim do regime do apartheid.

Embora nunca o Partido Conservador tivesse dado dinheiro ao CDS, ajudou indirectamente com treino e bom aconselhamento sobre como organizar campanhas eleitorais ("spots" de televisão por exemplo) com muito saber e experiência. Recordo-me do DFA e do Adelino Amaro da Costa aprenderem como ser entrevistado na televisão (não olhar para as câmaras, etc.), como lidar com entrevistadores agressivos (e por vezes insolentes) e muitas coisas mais. Foram conselhos e programas que foram de grande utilidade na formação dos quadros superiores do CDS e de muito valor no futuro. A nova chefe do Partido Conservador, a Senhora Thatcher, nessa altura ainda na oposição, tornou-se uma grande fã de DFA (e ele dela). Aliás, DFA foi um dos raros chefes partidários estrangeiros a ser convidado a dirigir-se ao Congresso do Partido que naquele ano se realizou em Blackpool, no noroeste de Inglaterra.

Os partidos centristas e do centro-direita europeus aglomeravam-se basicamente em duas organizações. A União Europeia das Democracias Cristãs (UEDC) que reunia como o seu nome indica, os partidos democratas cristãos e se encontrava estreitamente ligada ao Partido Popular Europeu. A UEDC incluía por exemplo a Democracia Cristã Italiana. A segunda organização era a "European Democratic Union" (EDU), mais alargada do que a UEDC e talvez com um cariz mais de centro-direita, onde se encontravam os gaulistas e os Conservadores britânicos mas não a Democracia Cristã italiana. O CDS pertencia a ambas as organizações e participava activamente nas suas reuniões e iniciativas. DFA entre 1978 e 1981 foi Vice-Presidente da UEDC e entre 1981 e 1983 foi Presidente desempenhando um lugar importante e muito aplaudido por todos os já referidos grandes partidos europeus. Recordemos que em 1981 estava a Aliança Democrática no poder.

Em 1979 Thatcher ganha as eleições e DFA tem naturalmente muitos contactos com o governo inglês não só no âmbito partidário como em termos de relações de Estado. Portugal, conforme disse, era então governado pela AD onde DFA exerceu lugares de destaque nomeadamente na política externa. Nem sempre as relações foram fáceis, nomeadamente nas negociações que conduziriam à adesão de Portugal à então Comunidade Económica Europeia. A Inglaterra "puxava" pelos seus interesses, como seria de esperar, como, por exemplo, defendendo a sua indústria têxtil querendo limitar a liberdade da importação de têxteis portugueses para os mercados britânicos. Dizia algo melodramaticamente e com algum exagero: "Sem quotas, vocês arruinariam (isto é, nós, os portugueses) a indústria têxtil inglesa". Recordo-me bem de diligências neste sentido do então embaixador britânico em Lisboa (Sir Hugh Byatt) junto do Palácio das Necessidades pois eu era na altura Secretário de Estado dos Negócios Estrangeiros. Nem sempre as relações de DFA com os representantes de Sua Majestade eram boas. Recordo-me de um embaixador britânico durante a AD, Lord Moran, filho do médico particular de Churchill e por este motivo enobrecido, que tinha alguma dificuldade de relacionamento com portugueses e nomeadamente com DFA. Lembro-me de se dizer de um director da Tate Gallery "É a todos os títulos excelente, culto, bom organizador, com iniciativa e energia, bom "fund-raiser" mas só tem um problema – não gosta de pintura". Lord Moran teria decerto muitas qualidades mas não gostava dos portugueses!

Enfim, os anos passaram e as visitas a Londres continuaram no esquema já descrito.

No primeiro governo Sócrates DFA assume, como independente, mais uma vez a pasta de Ministro dos Negócios Estrangeiros. Desta vez Portugal é parte integrante da União Equropeia e da zona euro (a que o Reino Unido não aderiu). Houve, como se deve imaginar, múltiplas reuniões e contactos com os seus homólogos europeus, nomeadamente com o respectivo ministro britânico.

Durante as reuniões mensais europeias a que DFA assistiu durante a sua chefia no Palácio das Necessidades, Jack Straw era então o Ministro britânico e tiveram muitos contactos, agradecendo este, por exemplo, uma intervenção de DFA quando se discutia a possibilidade de negociações com a Turquia para sua adesão à EU e alguns países hesitavam e levantavam dificuldades como a Áustria. Tanto a Inglaterra como a Alemanha são muito a favor da admissão da Turquia (talvez não exactamente pelas mesmas razões – a Inglaterra sempre achou que numa EU alargada é mais difícil de prosseguir um caminho federalista). Tony Blair era o Primeiro Ministro britânico e durante a presidência do Reino Unido houve uma certa tendência deste país para criar "faits acomplis" tendo vários países, nomeadamente Portugal, oferecido resistência.

DFA, como é sabido, teve que sair do Ministério por graves razões de saúde e mais tarde e em consequência disto passou seis meses vivendo em Londres em convalescença (em Ebury Street, rua onde o jovem Mozart se albergou).

Mas se a influência desta velha aliada em DFA foi indubitável e importante não se poderá afirmar que DFA seja um "estrangeirado". Certos embaixadores ficam por tal forma fascinados pelo país estrangeiro onde estão colocados que por vezes esquecem-se de que são os representantes do seu país cujos interesses têm que defender e não embaixadores do país onde estão acreditados. Aconteceu ao Embaixador Armindo Monteiro, durante a última guerra, em Londres. De tal maneira defendia os interesses de Inglaterra que Oliveira Salazar acabou por o demitir. Os ingleses ficaram, claro, muito maçados e o então Ministro dos Negócios Estrangeiros britânico Eden, num banquete de despedida disse no seu discurso "Grandes coisas o esperam no futuro" esperando, que, após a guerra, Monteiro substituísse Oliveira Salazar. Era não conhecer o Presidente do Conselho Português. Não foi, nem é o caso de DFA. Nunca deixou de defender com vigor os interesses e a dignidade de Portugal. Nas difíceis negociações, já referidas, sobre o financiamento da EU, Portugal opôs-se tenazmente à posição britânica tendo até sido acusado pela imprensa portuguesa de promover uma cruzada contra a Inglaterra. Mais tarde com "fairplay" Tony Blair afirmou no último dia das negociações (Dezembro de 2005) que Portugal fora o país que negociara de forma mais construtiva. O Primeiro Ministro Sócrates, ao sair da reunião, dirigiu-se a DFA e disse-lhe "Parabéns! Ficamos a dever-lhe esta!".

É curioso meditar que DFA no cultivo das ciências jurídicas se distinguiu sobretudo no Direito Administrativo fazendo muitos e importantes trabalhos de investigação e divulgação desta matéria. Fortemente influenciou o pensamento jurídico neste ramo. Mas é curioso que neste capítulo, a Inglaterra desconsidera o Direito Administrativo. Poder-se-á defender que o sistema jurídico inglês não inclui esta matéria. DFA estudou aprofundadamente o sistema adminstrativo britânico e na sua tese de doutoramento, de 1967, incluiu várias referências às semelhanças entre ele e o nosso, de tipo francês. Já aposentado, dirigiu um seminário de doutoramento para jovens assistentes (na Faculdade de Direito da Universidade Nova de Lisboa), em 2007-2008, o qual foi dedicado ao tema central da "comparação entre os sistemas administrativos de tipo francês e de tipo britânico". Em Inglaterra não há Tribunais Administrativos como tal, embora haja tribunais com atribuições específicas que nós chamaríamos de direito administrativo como, por exemplo, tribunais que tratam de assuntos de emigração, mas o conceito de que todo o Estado está abrangido por um direito seu e diferente do dos privados é uma ideia sem raízes na ordem jurídica britânica. Nesta matéria as contribuições de quatro alunos e de três professores sobre o direito administrativo francês e a abordagem britânica deste assunto estão a ser aprofundadas e devem ser publicadas, em 2010, numa obra colectiva que DFA tenta neste momento possa ser traduzida para inglês e publicada por uma casa editora britânica. Até neste capítulo, de todos o menos provável, o anglofilismo de DFA continua a manifestar-se já depois de reformado!

DIOGO FREITAS DO AMARAL
O ACADÉMICO, O PEDAGOGO
E O ADMINISTRATIVISTA

Marcelo Rebelo de Sousa

1. Para além de múltiplas outras – e muito importantes – vertentes da sua vida, Diogo Freitas do Amaral apresenta um percurso notável como académico, pedagogo e administrativista.

2.1. Como académico, esse percurso inicia-se, com maior expressão pública, na Faculdade de Direito da Universidade de Lisboa, então qualificada de Clássica.

É um aluno probo, inteligente, culto, com as mais elevadas classificações, e que se não divorcia da vida académica em geral. Antes desempenha funções associativas – presidindo à Mesa da Assembleia Geral da Associação Académica – e intervém, com independência, em sessão de abertura solene de ano lectivo da Universidade em representação do corpo discente, num tempo em que a ausência ou a limitação de liberdades essenciais dominam a sociedade e a educação em Portugal.

2.2. Convidado para o exercício de funções docentes no domínio do Direito Público – depois de ter chegado a equacionar a dedicação a outras áreas –, são singulares a celeridade e o brilho com que completa o Curso Complementar de Ciências Político-Económicas e o Doutoramento em Ciências Políticas. O que lhe permite ser um jovem Doutor numa Escola que, a partir dos anos 70 e até hoje, conhece a realidade da obtenção de tal grau académico em momento mais tardio da vida dos seus docentes.

1404   *Em Homenagem ao Professor Doutor Diogo Freitas do Amaral*

2.3. Apesar das ausências que o seu empenhamento político imporá nas décadas de 70 e de 80, será constante a sua ligação à Faculdade de Direito da Universidade de Lisboa, traduzida em consecutivas coordenações e regências, na licenciatura como no mestrado e em inúmeras pós--graduações.

Nela assumirá, por mais de uma vez, a presidência do Conselho Científico, terá papel relevante nos principais debates científicos e pedagógicos, mas sobretudo sucederá a André Gonçalves Pereira na liderança da Escola de Direito Público, formando e orientando sucessivas gerações de investigadores e de professores, durante mais de uma década.

Por tudo isso, e pelo prestígio institucional resultante da participação cívica, da intervenção em diversos processos legislativos, da parecerística abundante e diversificada e dos contactos internacionais, o seu nome constituirá uma referência essencial para a Faculdade, de que ela beneficiará, quer no mais de quarto de século de vinculação funcional, quer depois dele.

Ao fim e ao cabo, contados os anos de discência, estamos a falar de a caminho de quarenta anos de vivência conjunta. O que, naturalmente, vale para Diogo Freitas do Amaral. Mas, também, para a Faculdade de Direito da Universidade de Lisboa.

Razão pela qual, ao principiar as minhas aulas, outrora em Outubro, agora em Setembro, e ao sintetizar a História da Faculdade, não esqueço nunca o nome de Diogo Freitas do Amaral no elenco daqueles que assinalam o contributo da Escola, e, nela, do Direito Público, para a actual realidade jurídica portuguesa.

2.4. Seria, contudo, injusto e empobrecedor reduzir o percurso académico de Diogo Freitas do Amaral à sua Faculdade de origem.

Importa não esquecer a docência e a primeira experiência de elaboração de texto de lições de Direito Administrativo na Faculdade de Ciências Sociais e Humanas da Universidade Católica Portuguesa.

Será longa e frutuosa a sua presença nessa Faculdade, como é hoje renovada a mesma presença na sua sucessora – a Faculdade de Direito da Universidade Católica Portuguesa.

Membro do Conselho Científico, coordenador e regente, orientador de dissertações, o traço da sua influência marcará mais esta instituição do nosso ensino universitário.

2.5. Finalmente – e passo por cima de colaborações outras, reparti-
das por diversas Universidades nacionais e estrangeiras –, é Diogo Freitas
do Amaral o fundador da Faculdade de Direito da Universidade Nova de
Lisboa.

Testemunhei os antecedentes e o arranque da ideia, e posso certificar como uma personalidade pode desempenhar um protagonismo único
na génese de uma nova escola de Direito (ressalvado, como é óbvio, o
essencial apoio do Reitor José Esperança Pina e do Vice-Reitor Manuel
Pinto Barbosa).

Essa será a aposta académica da vida de Diogo Freitas do Amaral,
a partir de meados dos anos 90 do século passado.

Criar uma instituição diferente, que se quer mais internacional, inspirada em características anglo-saxónicas, com programas, métodos e
relações com a sociedade envolvente correspondentes à visão que ele
próprio, Diogo Freitas do Amaral, afeiçoara, na base da experiência da
fase anterior do seu percurso académico.

É hoje já mais fácil, a uns e a outros – da sua Faculdade de origem
e da sua Faculdade de criação *ex novo* –, começarem a encarar sem
acrimónias, ressentimentos ou remoques, o significado da intenção e da
concretização do sonho de Diogo Freitas do Amaral.

E, ao menos num ponto, estarão quase todos de acordo: o ser
invulgar a capacidade de insatisfação, de inventiva e de determinação
reveladas pelo fundador da Faculdade de Direito da Universidade Nova
de Lisboa.

Motivando uma situação ímpar – o ser, legitimamente, celebrado
como símbolo prestigiante pela Faculdade sua criação, ao mesmo tempo
que continua a ser, naturalmente, associado à imagem da sua Faculdade
de origem, e na qual viveu os instantes decisivos como aluno e no *cursus
honorum* universitário, bem como os lances mais significativos da sua
afirmação cívica e legislativa.

2.6. Em suma, é indiscutivelmente notável o percurso académico de
Diogo Freitas do Amaral.

Feito de reconhecidas qualidades científicas, pedagógicas e institucionais. E ainda de um raro misto de visão organizativa, irrequietude de
espírito e pertinácia pessoal, que explicam a variedade das experiências
e a disponibilidade para recomeçar a vida académica sem as grilhetas da
inércia que algum espírito nacional, a tradição da nossa Academia e até
a sua aparência de alguém precocemente maduro pareceriam indicar.

1406   *Em Homenagem ao Professor Doutor Diogo Freitas do Amaral*

3.1. Segunda dimensão que ressalta da vida e obra de Diogo Freitas do Amaral é o seu excepcional talento pedagógico.

É verdade que, numa parte, pode ter sido influenciado pelos seus Mestres, nomeadamente Marcello Caetano, cuja excelência nesta dimensão pôde acompanhar de muito perto,

Mas ensinar nos anos 30 a 60 do Século XX é muito diverso de leccionar nas décadas seguintes e após o virar do século.

Mais alunos e mais diversificados, matérias mais complexas, métodos mais exigentes, peso crescente do audiovisual, mais curto tempo de atenção, mais ampla e especializada bibliografia, maior isolamento de cada disciplina, novos condicionamentos de enquadramento curricular – antes e a seguir a Bolonha.

Por outro lado, continua a ser coisa diversa saber-se pesquisar e elaborar cientificamente e saber-se ensinar.

3.2. Diogo Freitas do Amaral regerá, dominantemente, disciplinas da sua área de eleição – o Direito Administrativo. Mas terá incursões importantes na História das Ideias Políticas, no Direito Constitucional e na Introdução ao Estudo do Direito, *inter alia*.

E conviverá com avaliação contínua em ritmo anual e docência teórico-prática em ritmo anual e semestral, sempre com a preocupação de conjugar especulação e aplicação, exposição oral e base escrita de apoio.

3.3. Oralmente, são impressionantes a organização do pensamento, a ligação a prelecções anteriores, a sistematização das matérias, o rigor do conceito, a clareza na palavra, o exemplo sugestivo, a atenção aos destinatários, a correcção da narrativa, se necessária, a formulação de conclusões.

Se possível, é ainda mais impressionante o seu poder de escrita com as mesmas características da exposição oral, mas conjugadas com a distinção entre o essencial e o secundário, o sublinhado do primeiro, a utilidade das notas, a preocupação com a realidade vivida – do confronto da lei com a prática administrativa à jurisprudência e à sua percepção de ambas.

Razão tinha Marcello Caetano, pedagogo da escrita, ao permitir que Diogo Freitas do Amaral usasse o mesmo tipo de letra nos aditamentos às edições derradeiras do Manual de sua autoria. Ambos primavam pela qualidade na transmissão do pensamento científico.

3.4. Dirão alguns que Diogo Freitas do Amaral – no seu afã de buscar a simplicidade na mensagem – acaba por empobrecer a densidade dos conceitos ou exagerar nos tiques de sistematização e compartimentação das ideias.

Essa crítica, que será levada ao extremo, com ensaios de caricaturar o homem e a obra, reduzindo-os a forma sem conteúdo ou com conteúdo aligeirado, peca por injusta.

Pode concordar-se ou não com o facto de Diogo Freitas do Amaral, em boa parte da sua obra, preferir a linhagem doutrinária nacional, com aberturas europeias mais próximas e associada a uma intenção concreta e a um profundo conhecimento da prática administrativa, a especulações teoréticas mais especificadas ou ao aproveitamento dos ensinamentos germânicos.

Pode concordar-se ou não com opções suas, em termos de conceitos, figuras, regimes.

Mas é manifestamente injusto negar um talento pedagógico, que prende o ouvinte numa aula teórica, que apela à sua participação numa aula teórico-prática ou prática, ou faculta leitura fácil e com substância útil de um texto, seja ele um artigo, uma monografia ou um curso.

3.5. Em síntese, Diogo Freitas do Amaral não é menos notável na sua dimensão pedagógica do que no seu percurso académico global.

4.1. Terceira vertente cumpre realçar, neste ensejo: a do administrativista.

Embora com incursões apreciáveis noutros domínios curriculares, o seu terreno preferido é o Direito Administrativo.

E, nessa medida, constitui um cientista predominantemente unidimensional. O que é, cada vez mais, a realidade dos nossos dias.

Só que o seu apreço pelo Direito Administrativo não faz dele um cultor igual aos demais.

Diogo Freitas do Amaral dominará o ensino, a reflexão e a criação legislativa e até a crítica jurisprudencial a partir dos anos 70 e em diferentes temáticas.

Marcello Caetano assume uma função refundadora nos anos 30 e mantê-la-á ao longo de quarenta anos.

Cabe ao seu discípulo dilecto no Direito Administrativo começar a fazer a transição, no início dos anos 70, e afirmar a sua autonomia, no tocante a lições próprias, uma década volvida.

1408 *Em Homenagem ao Professor Doutor Diogo Freitas do Amaral*

4.2. Tal com Marcello Caetano, Diogo Freitas do Amaral cultiva o Direito Administrativo Geral ou Teoria Geral do Direito Administrativo, ainda que, mais do que o seu Mestre, abra para a nova realidade que irrompe nos anos 80 e 90 – os Direitos Administrativos Especiais e os recém-consagrados ramos do Direito que cruzam Público e Privado.

E, em traços sumários, o seu papel determinante corresponde a reconstruir a doutrinação de 30 a 70 à luz do Estado de Direito Democrático e dos novíssimos desafios enfrentados por causa quer das vicissitudes dos sucessivos regimes económicos constitucionais e da integração europeia, quer da tutela dos direitos dos cidadãos perante uma Administração Pública muito lenta a transformar-se.

4.3. No plano da definição do objecto e dos métodos da Ciência do Direito Administrativo, Diogo Freitas do Amaral segue muito da linhagem de Marcello Caetano, mas abre-a a novas matérias e explora diferentes perspectivas. Tudo num equilíbrio teorético-prático e conceptualista-realista, que uns chamarão positivista sociológico, outros dirão, aqui e ali, institucionalista concretizador. No geral, atento à política da Administração e fomentando mesmo indagações de Ciências Administrativas (que não virá a desenvolver, mas proporá a seguidores).

4.4. Mais drástica é a ruptura no plano dos Princípios enformadores do regime administrativo português.

Embora, durante muito tempo, haja anteposto – em termos didácticos – a Organização Administrativa a esses Princípios, é quanto a eles que assume posição mais inovatória na Ciência do Direito Administrativo, criando nuns, reformulando noutros, com relevo para a legalidade, os direitos e interesses protegidos, o interesse público, a imparcialidade, a proporcionalidade e a decisão. E, na legalidade, para distinções respeitantes à discricionariedade própria e imprópria, que dominarão até à mudança de século.

4.5. De grande fôlego são os contributos, doutrinários e legislativos, na Organização Administrativa.

Já não contando com intervenções constituinte e reconstituinte – em projectos do início de 80 –, reequaciona o Estado e a sua Administração Directa (logo em 1972 e, sucessivamente, até à legislação do último Governo constitucional, a que imprime a sua marca). Também teoriza – e, pontualmente, acompanha a legislação – sobre a Administração Indirecta do Estado (dos institutos públicos às empresas públicas, tópico em que é precursor, ainda antes de 1974). Analisa e destrinça várias das realidades da Administração Autónoma, dedicando às associações públicas e às autarquias locais reflexões, no ensejo, raras nos anos 80. Trabalha menos as Regiões Autónomas, mas interessa-se pela Administração Independente, mal ela se expande. E ocupa-se, laboriosamente, das entidades privadas integradas ou colaborantes com a Administração Pública, dissecando a sua confusa transição do regime constitucional de 1933 para o de 1976.

Aliás, o relevo dado à Organização Administrativa e à sua constante mutação revela, ao mesmo tempo, a curiosidade do cientista, o desvelo do pedagogo, a preocupação do cidadão e até o empenhamento do político.

4.6. Se possível, é ainda maior o destaque que Diogo Freitas do Amaral dá à Teoria Geral da Actividade Administrativa, em especial ao acto administrativo.

Não que ignore o regulamento – matéria paredes meias com a lei – ou menospreze o contrato administrativo – domínio que escolherá no Curso Complementar –, ou não aponte para outras formas de actividade administrativa.

Pelo contrário. A edição que ultima do seu Curso prima por aprofundar todas essas temáticas, tal como a responsabilidade civil da Administração Pública.

No entanto, o eixo da actividade administrativa será, para Diogo Freitas do Amaral, desde os anos 70, o acto administrativo.

Isso lhe permitirá ir muito mais longe do que Marcello Caetano – até pelo novo contexto vivido – na definição, na classificação, na tipologia, na relação entre pressupostos e elementos, de um lado, e vícios e desvalores, do outro, na eficácia e nas respectivas vicissitudes.

Durante quase 30 anos, a doutrina e a jurisprudência reconhecer--lhe-ão – mesmo ao contestá-lo – relevância primordial em questões tão centrais como a trilogia da definitividade, a subdivisão da executoriedade, os vícios da vontade, o alargamento da nulidade, o regime da anulabilidade, a destrinça na revogação de actos constitutivos e não constitutivos de direitos, ou a ampliação do conceito de acto constitutivo de direitos.

Como tudo na vida, dirão uns que Diogo Freitas do Amaral abre para as novas pistas da actividade administrativa, que crescem desde os anos 90, e dirão outros que o seu papel é mais o de continuar, revendo, uma tradição antiga do que convidar ao seu questionamento.

Adiante retomarei essa controvérsia, que, em rigor, abarca toda a sua obra jusadministrativista.

Neste tópico da actividade administrativa, o que não pode ser negado é que a Teoria Geral do acto administrativo constitui um dos seus centros de interesse científico. E que da confluência desse centro com o da Organização Administrativa nasce, com naturalidade, o contributo maior que dirige com sucesso: o Código do Procedimento Administrativo.

4.7. Sonho de muitos, desde os anos 60, o Código acolhe muita da doutrina de Diogo Freitas do Amaral sobre garantias de imparcialidade, órgãos – em especial os colegiais –, procedimento *proprio sensu*, e, subliminarmente, acto administrativo.

E isto porque está, todo ele, pensado para o acto administrativo, só, de modo subsidiário, atendendo ao regulamento ou ao contrato.

O Código do Procedimento Administrativo, revisto em 1996, mas não em 2000, 2004 ou 2008, projecta, até hoje, quinhão apreciável da teorização e do ensino de Diogo Freitas do Amaral.

4.8. O Direito Processual Administrativo, classicamente apelidado de Contencioso Administrativo, é objecto de interesse e visão prospectiva de Diogo Freitas do Amaral na sua dissertação de doutoramento, salutarmente heterodoxa para a época.

Mais tarde, representa, porém, temática menos desenvolvida, e, na qual, até muito tarde, é patente uma resistência a mutações significativas.

Só com o processo que conduzirá à legislação ora vigente, se assistirá a evolução sensível de pontos de vista legatários de tempos anteriores. E, sinal de capacidade de adaptação no pensamento como nas atitudes, essa evolução culminará em prelecções orais e texto escrito acerca das grandes linhas orientadoras da reforma, em co-autoria com o vulto porventura mais relevante na mesma reforma, Mário Aroso de Almeida.

4.9. Um cientista nunca trabalha isolado, por cimeiro que seja o seu protagonismo.

Daí que seja impossível não mencionar, além de Marcello Caetano, nomes como Afonso Queiró e Rogério Soares, e, mais pontualmente, no Direito Administrativo, José Joaquim Gomes Canotilho, que, decerto, influenciaram o período inicial do percurso sumariado. Ou José Manuel Sérvulo Correia e Rui Machete, seus contemporâneos e cultores da mesma área, e influentes em legislação mais recente ou mais antiga. Ou Jorge

Miranda, colega constitucionalista e constituinte, e, por essa via, condicionando indagações administrativistas. Ou muitos outros, como Francisco Lucas Pires, José Carlos Vieira de Andrade, Fernando Alves Correia e Vital Moreira, de Coimbra, Augusto Athaíde, António Sousa Franco, José Robin de Andrade ou Fausto de Quadros, em Lisboa.

E não menciono quantos, em rigor, são já seguidores de Diogo Freitas do Amaral, nas mais diversas Escolas.

O diálogo científico criado e mantido, no tempo, também ele, não é alheio ao percurso evocado.

4.10. E, aqui chegado, duas interrogações derradeiras ocorrem. Um delas, de resto, já antes aflorada.

Ela é a de saber se Diogo Freitas do Amaral representa mais o *aggiornamento* democrático da Escola de Lisboa – leia-se de Marcello Caetano – ou mais a abertura de uma nova fase na Ciência do Direito Administrativo.

Respeitando embora juízos opostos, entendo corresponder ao período porventura cimeiro do seu contributo – do final dos anos 70 até ao início do Século XXI – uma fase própria, autónoma, que se não reduz à actualização e à reformulação da herança do tempo imediatamente anterior, percorrendo caminhos novos e abrindo para outros horizontes e desafios diversos.

Aproveitando muito do recebido? Parece pacífico. E mesmo compreensível, olhando à participação no processo de transição doutrinária.

Dando sequência a uma Escola e projectando-a para, pelo menos, duas outras? É manifesto.

Mas isso não apaga a originalidade e a afirmação específica de Diogo Freitas do Amaral, nem o seu papel liderante nas décadas enunciadas.

A outra interrogação que, de quando em vez, acorre ao espírito do próprio Diogo Freitas do Amaral traduz-se em apurar se pode ser considerado Mestre alguém que tem a sensação de não ter deixado discípulos. Ou pelo menos quem como tal aceite qualificar-se.

Neste passo, existe patente erro de análise.

São vários os administrativistas que aceitam ser seus discípulos. E são muitos mais aqueles que, mesmo não o aceitando, objectivamente assim devem ser qualificados.

Pode haver discípulos mais concordantes com a doutrina do Mestre, e discípulos a ela contrapostos.

O importante é que, na formação como na emancipação científica, tenha estado presente a matriz do pensamento do Mestre. Para com ela concordar, ou dela dissentir.

Dito de outra forma, se não tivesse existido aquele pensamento, o seu percurso teria sido muito diferente.

Neste sentido, praticamente todos os que laboramos na Ciência do Direito Administrativo fomos discípulos de Diogo Freitas do Amaral.

Não sei se isso o satisfaz. Se não quereria mais – em adesão a ideias e em proclamação de fidelidades doutrinárias.

Penso que não.

O que verdadeiramente importa, ao avizinhar-se o tempo de balanço de percursos académicos, pedagógicos e científicos, é a realidade objectiva da influência no trilho de quantos ouviram, retiveram, debateram, aceitaram ou repudiaram.

4.11. Uma palavra última.

Para um académico de vocação, mesmo com intensa projecção pública, a Academia acaba por ser o alfa e o ómega da vida.

Tudo o mais pode ter tido sucesso – e, no caso de Diogo Freitas do Amaral, teve, inúmeras vezes – mas não é o essencial.

E, no essencial, este académico de vocação, pedagogo no talento, e recriador do Direito Administrativo – domínio em que lidera décadas a fio –, pode afirmar-se plenamente realizado.

O que, além do mais, é gratificante para aqueles que, ainda quando discordantes, são seus discípulos e, ainda quando recalcitrantes, são seus amigos. Na Universidade como na vida.

Cascais, Dezembro de 2009

LEMBRANÇAS DE OUTROS TEMPOS

Pedro Soares Martinez

1. Quando **Diogo Freitas do Amaral** foi meu aluno era já largo e bem conhecido o passado daquele jovem. Mesmo sem se recorrer a remotas genealogias. Entre as efemérides frequentemente recordadas então pela gente da geração anterior à dele contava-se o episódio do atentado sofrido por Salazar, em 1937, por ocasião de uma das suas regulares visitas a um dos seus dilectos amigos, que era o avô materno daquele jovem, elegante e promissor escolar de leis. Seu pai, que fora secretário de Salazar, era um dos ditos "senhores do petróleo", pessoa grada dos meios empresariais da época, de cujo trato conservo muito gratas lembranças; assim como também de seu tio, militar distinto e ajudante de campo do Presidente da República. Mas, para além do enquadramento social recebido por via familiar, **Diogo Freitas do Amaral** tinha já então um passado próprio, bem vincado pela manifestação de assinaláveis qualidades pessoais. A capacidade intelectual, o gosto do trabalho, a vivacidade de espírito, tinham sido prontamente reconhecidos a nível universitário. Desde o seu ingresso na Faculdade. Era o melhor do seu curso, a par com Augusto de Ataíde. A sua seriedade no estudo e na investigação conjugava-se com uma impecável compostura de forma. Era pontual, aplicado, disciplinado.

2. Dessa compostura continuou a dar provas depois de, por indiscutíveis méritos, ter ingressado no corpo docente da Escola em que se formara. Continuou a ser disciplinado e revelou-se também disciplinador, prosseguindo nas suas investigações com extremo rigor e nas exposições com inteira precisão. Era já, muito jovem ainda, um Mestre modelar. E revelou-se igualmente um elemento valiosíssimo, pletórico de energia e de disponibilidade, nas tarefas que se impõem geralmente aos docentes

1414   *Em Homenagem ao Professor Doutor Diogo Freitas do Amaral*

para além das respeitantes **à** regularidade na orientação, no ensino e na valorização dos alunos. Recordo-me, a propósito, da preciosa contribuição dada por **Diogo Freitas do Amaral** para um projecto de revisão dos estudos jurídicos que fora solicitado pelo Ministro da Educação. **Diogo Freitas do Amaral** pareceu-me ter posto nesse projecto o melhor da sua ponderação e do seu entusiasmo juvenil. Sem ter esquecido sequer o aforismo latino *"mens sana in corpore sano"*, em termos de equilíbrio que se me afiguraram amplamente oportunos. Aquele projecto, que muito ficou a dever a **Diogo Freitas do Amaral,** em minha opinião era bem melhor do que a reforma depois adoptada por via legislativa. Nem esqueci que aquele promissor universitário, de harmonia com o citado aforismo latino, considerava desejável que a cultura intelectual se conjugasse com a cultura física; e quando tantos, ao tempo, procuravam evitar as incomodidades e os sacrifícios do serviço castrense, **Diogo Freitas do Amaral** seguiu, com a maior aplicação, o seu curso de oficial miliciano da Armada, desempenhando depois funções nos quadros do respectivo serviço de Justiça.

3. Era geral, ao tempo, o ambiente de admiração e de simpatia gerado em torno da figura daquele jovem professor, em razão de muitas e excelentes qualidades, sublinhadas através das duras provas universitárias às quais se submeteu. E tais qualidades não se ajustavam apenas às exigências de uma brilhante carreira de jurista, pois se revelaram também sempre nas acentuadas curiosidades culturais e no trato social corrente. Dizia-se, nos "mentideros" políticos de então, que, não obstante a sua juventude, lhe estaria reservado um subsecretariado de Estado, ou mesmo uma pasta ministerial. Essas mesmas muitas qualidades, em extremo relevantes, me foram ainda recordadas também pelo testemunho autorizado do Almirante Américo Tomás, cuja inteira objectividade não sofreria quebra por motivo do afecto que o ligara a **Diogo Freitas do Amaral.** Já no seu exílio do Rio de Janeiro, o Almirante, com a bonomia e a benevolência nele habituais, nas conversas havidas comigo, mostrava gosto, como era natural, em lembrar situações e pessoas por ambos conhecidas; e **Diogo Freitas do Amaral** não era então esquecido. Naturalmente muitos outros testemunhos poderiam ser invocados a tal respeito. Lembrei-me deste, talvez pela hierarquia do testemunhante e pelas circunstâncias dos nossos encontros em Copacabana.

4. **Diogo Freitas do Amaral,** sem prejuízo da multiplicidade dos seus pendores, incluindo o literário, deu a maior relevância à trajectória

Depoimentos 1415

da sua carreira de professor, com acentuada preocupação de enriquecer a cultura jurídica e de ministrar aos seus alunos, com inevitável exigência, a informação e a formação inseparáveis da dignidade científica. E nem haverá limites de tempo que vedem a um Mestre de tal nível a continuidade no cumprimento da vocação dominante. Por isso, estou certo de que **Diogo Freitas do Amaral** prosseguirá a sua obra de universitário, sem desfalecimentos, no pleno sentido do ideal aristocrático de servir.

14 de Abril de 2010

ÍNDICE

CAPÍTULO I
DIOGO FREITAS DO AMARAL, JURISTA

Currículo Científico e Académico de Diogo Freitas do Amaral
Augusto de Athayde 11

Com um passo à frente: Estado de Direito, Direitos do Ordenamento
do Território, do Urbanismo e da Habitação e Direito do Ambiente
Maria da Glória F.P.D. Garcia 25

O conceito de empresa pública no pensamento de Diogo Freitas do
Amaral
João Caupers 63

Acto Administrativo e Reforma do Processo Administrativo
Vasco Pereira da Silva 81

A Utilização do Domínio Público pelos Particulares, de Diogo Freitas
do Amaral – revisitada (quase) 50 anos depois
Maria João Estorninho 119

A Execução das Sentenças dos Tribunais Administrativos no Pensamento
de *Diogo Freitas do Amaral*
Mário Aroso de Almeida 127

Entre a Luz Grega e as Brumas de Londres. O Contencioso Administrativo segundo Freitas do Amaral
Luís Fábrica 157

A subordinação da Administração Pública ao direito e a dogmática do
Direito Administrativo no âmbito do Estado de Direito democrático
Pedro Machete 191

CAPÍTULO II
ESCRITOS DE CARÁCTER GERAL

As Ideias de *Cidadão* e de *Cidadania* em Portugal. Génese e Evolução
  Martim de Albuquerque 241

As Conotações Políticas e Jus-Filosóficas da Sociedade e a Liberdade
dos Povos: da Restauração a D. Pedro II
  Isabel Maria Banond de Almeida 265

A Personalidade Jurídica do Estado, a Relação Jurídica e o Direito Subjectivo Público em Gerber, Laband e Jellinek
  Rui Chancerelle de Machete 295

O Estado em transformação. Alguns aspectos
  Afonso D'Oliveira Martins 329

O Estado da Justiça em Portugal (Breves Nótulas)
  Guilherme da Fonseca 341

Interesse Público, Controle Democrático do Estado e Cidadania
  João Salis Gomes 351

A Lei na História das Ideias. Pequenos Apontamentos
  Maria Lúcia Amaral 379

Do Estado na Sociedade Contemporânea
  Paulo Ferreira da Cunha 389

O mar: um projecto mobilizador para Portugal
  Tiago de Pitta e Cunha 407

CAPÍTULO III
DIREITO CONSTITUCIONAL, DIREITO INTERNACIONAL PÚBLICO E DIREITO DA UNIÃO EUROPEIA

O artigo 8.º da Constituição e o Direito Internacional
  Jorge Miranda 415

Breve Ensaio sobre a Protecção Constitucional dos Direitos das Gerações
Futuras
  Jorge Pereira da Silva 459

Índice

Configuração Constitucional da Protecção de Dados
Luís Lingnau da Silveira 505

A eleição directa do Primeiro-Ministro português
Luís Barbosa Rodrigues 515

As Agências na União Europeia
Maria Celeste Cardona 527

O Serviço Europeu de Acção Externa: aspectos institucionais sobre a criação do novo Serviço Diplomático Europeu
Margarida Salema d'Oliveira Martins 551

O Princípio da Precaução no Direito Europeu ou a Difícil Relação do Direito com a Incerteza
Maria Eduarda Gonçalves 565

A eficácia transnacional dos actos administrativos dos Estados-Membros como elemento caracterizador do Direito Administrativo da União Europeia
Nuno Piçarra 585

The Structure of Transitions in International Law
Paula Escarameia 619

A Europa como "Superpotência"
Paulo de Pitta e Cunha 643

CAPÍTULO IV
DIREITO ADMINISTRATIVO E OUTROS

Novos horizontes para o Direito Administrativo: pelo controle das políticas públicas. A próxima missão
Diogo de Figueiredo Moreira Neto 649

Introdução. Os Princípios Gerais de Direito Administrativo. Seu conteúdo, tipologia e alcance
Luís Cabral de Moncada 661

Revisitando o Estado de Necessidade
José Manuel Sérvulo Correia 719

Gracioso e também simples
Maria Manuel Leitão Marques 747

1420   *Em Homenagem ao Professor Doutor Diogo Freitas do Amaral*

A nulidade administrativa, essa desconhecida
José Carlos Vieira de Andrade 763

A execução do acto administrativo no Direito Português
Ravi Afonso Pereira 793

Sobre o Contributo do Professor Doutor Diogo Freitas do Amaral para
o Ensino e o Estudo da Responsabilidade Civil Extracontratual do
Estado
Maria José Rangel de Mesquita 857

A Responsabilidade Civil do Estado
António Menezes Cordeiro 883

Da Negociação no Procedimento de Adjudicação de Contratos Públicos
Paulo Otero 921

Concessão de Obras Públicas e Ajuste Directo
Lino Torgal 963

A relevância para o contencioso administrativo nacional do acto admi-
nistrativo comunitário e do acto administrativo nacional contrário ao
Direito da União Europeia
Fausto de Quadros 1027

A impugnação contenciosa das decisões de admissão de propostas e de
selecção dos concorrentes para a fase de negociações no concurso
público com uma fase negocial
Alexandre de Albuquerque 1055

A Utilização do Domínio Público pelos Cidadãos
J. J. Gomes Canotilho 1073

O Novo Regime do Procedimento de Classificação de Bens Culturais
Imóveis
Miguel Nogueira de Brito 1087

Riscos e Direito do Urbanismo
Fernando Alves Correia 1109

O embargo de obras no Regime Jurídico da Urbanização e da Edificação
Cláudio Monteiro 1143

Acção pública e acção popular na defesa do ambiente – Reflexões breves
Carla Amado Gomes 1181

Índice 1421

Breves considerações acerca do regime jurídico das ordens policiais
João Raposo 1209

Os Conselhos Gerais das Universidades e as Assembleias Municipais: o Problema da Democracia participativa
António Cândido de Oliveira 1223

Una Aproximación Jurídica a la Regulación Económica y Financiera
José Luis Meilán Gil 1237

Fim Não Lucrativo e Fim Lucrativo nos Contratos de Cooperação Associativa
Carlos Ferreira de Almeida 1269

Ampliação do Pedido em Consequência ou Desenvolvimento do Pedido Primitivo
José Lebre de Freitas 1297

À Espera dos Bárbaros? Prisão, Tortura e Civilização, trinta anos depois
Teresa Pizarro Beleza 1309

CAPÍTULO V
DEPOIMENTOS

Homenagem ao Professor Doutor Diogo Freitas do Amaral
António Ramalho Eanes 1337

Breve Testemunho
Mário Soares 1341

Depoimento sobre o Professor Doutor Diogo Freitas do Amaral
Jorge Sampaio 1345

Message to Mr. Diogo Pinto de Freitas do Amaral
Kofi Annan 1349

Freitas do Amaral, Fundador da Democracia Portuguesa
Manuel Braga da Cruz 1351

Um estadista nunca se retira
João Bosco Mota Amaral 1355

Depoimento sobre o Professor Doutor Diogo Freitas do Amaral
José Sócrates 1359

Freitas do Amaral – Vida, Obra e Serviço Público
  Manuel Fernando dos Santos Serra 1361

Homenagem ao Professor Doutor Diogo Freitas do Amaral
  João Cravinho 1367

Homenagem ao Professor Doutor Diogo Freitas do Amaral
  João Gomes Cravinho 1371

Homenagem ao Professor Doutor Diogo Freitas do Amaral
  Daniel Proença de Carvalho 1377

Freitas do Amaral, uma personalidade estruturante
  José Ribeiro e Castro 1383

Diogo Freitas do Amaral: Um Político Dramaturgo, Um Dramaturgo
Político
  Duarte Ivo Cruz 1387

A Sua Mais Velha Aliada
  Paulo Lowndes Marques 1393

Diogo Freitas do Amaral. O Académico, o Pedagogo e o Administrativista
  Marcelo Rebelo de Sousa 1403

Lembranças de outros tempos
  Pedro Soares Martínez 1413